Reina Valera Gómez 2010

Las palabras de Dios preservadas en español

CHICK PUBLICATIONS
www.chick.com | 909-987-0771 (USA)

ISBN: 9780758912848 (Piel Fabricada)
ISBN: 9780758912954 (Rústica)

April 2019 printing

LA SANTA BIBLIA
"Reina Valera Gómez"
(RVG 2010)

Antigua Versión De Casiodoro De Reina (1569)
Revisada Por Cipriano De Valera (1602)
Revisión de La Antigua Reina Valera (1909)

Todas y cada una de las palabras han sido revisadas minuciosamente tomando como base el texto hebreo y arameo "Texto Masorético" para el Antiguo Testamento, y el texto griego "Textus Receptus" llamado en castellano, "Texto Recibido" para el Nuevo Testamento. Cotejada con todas las Versiones "Reina Valera" y con la Biblia "King James".

Revisor Dr. Humberto Gómez Caballero

Agradecemos la valiosa colaboración de cientos de hombres de Dios de Argentina, Belice, Brasil, Chile, Colombia, Costa Rica, Ecuador, España, Guatemala, Honduras, México, Nicaragua, Paraguay, Perú, Puerto Rico y USA.

DERECHOS RESERVADOS
Copyright © 2010 RVG

Dr. Humberto Gómez
P.O. Box 1286
Olmito, Tx 78575

Email: humberto_gmz@yahoo.com

Impresa en China

Obra Realizada en México

TABLA DE LOS LIBROS DE LA BIBLIA
ANTIGUO TESTAMENTO

Génesis	Gn	1	Eclesiastés	Ec	617
Éxodo	Éx	54	Cantares	Cnt	625
Levítico	Lv	98	Isaías	Is	629
Números	Nm	131	Jeremías	Jer	680
Deuteronomio	Dt	176	Lamentaciones	Lm	738
Josué	Jos	213	Ezequiel	Ez	743
Jueces	Jue	239	Daniel	Dn	795
Ruth	Rt	266	Oseas	Os	811
1 Samuel	1 Sm	269	Joel	Jl	819
2 Samuel	2 Sm	303	Amós	Am	822
1 Reyes	1 Re	331	Abdías	Abd	828
2 Reyes	2 Re	365	Jonás	Jon	829
1 Crónicas	1 Cr	396	Miqueas	Mi	831
2 Crónicas	2 Cr	426	Nahúm	Nah	835
Esdras	Esd	462	Habacuc	Hab	837
Nehemías	Neh	473	Sofonías	Sof	839
Esther	Est	489	Hageo	Hag	842
Job	Job	497	Zacarías	Zac	843
Salmos	Sal	525	Malaquías	Mal	852
Proverbios	Pr	593			

NUEVO TESTAMENTO

Mateo	Mt	855	1 Timoteo	1 Tim	1072
Marcos	Mr	889	2 Timoteo	2 Tim	1076
Lucas	Lc	911	Tito	Tit	1078
Juan	Jn	947	Filemón	Flm	1080
Hechos	Hch	975	Hebreos	Heb	1081
Romanos	Rm	1011	Santiago	Stg	1092
1 Corintios	1 Co	1026	1 Pedro	1 Pe	1096
2 Corintios	2 Co	1040	2 Pedro	2 Pe	1100
Gálatas	Gá	1050	1 Juan	1 Jn	1103
Efesios	Ef	1055	2 Juan	2 Jn	1107
Filipenses	Fil	1060	3 Juan	3 Jn	1107
Colosenses	Col	1063	Judas	Jud	1108
1 Tesalonicenses	1 Ts	1067	Apocalipsis	Ap	1109
2 Tesalonicenses	2 Ts	1070			

PESOS Y MEDIDAS 1126
GLOSARIO 1127
¿QUÉ HACER CUANDO....? 1130

LA EDICIÓN DE PIEL CONTIENE

CONCORDANCIA 1133
ÍNDICE DE MAPAS 1258
MAPAS A COLORES 1261

Libro Primero De Moisés
GÉNESIS

CAPÍTULO 1

E n el ^bprincipio creó Dios el cielo y la tierra.

2 Y la tierra *estaba* ^cdesordenada y vacía, y las tinieblas *estaban* sobre la faz del abismo, y el Espíritu de Dios se movía sobre la faz de las aguas.

3 Y dijo Dios: ^dSea la luz; y fue la luz.

4 Y vio Dios que la luz *era* buena; y separó Dios la luz de las tinieblas.

5 Y llamó Dios a la luz Día, y a las tinieblas llamó Noche. Y fue la tarde y la mañana el primer día.

6 Y dijo Dios: Haya un firmamento en medio de las aguas, y separe las aguas de las aguas.

7 E hizo Dios el firmamento, y apartó las aguas que *estaban* debajo del firmamento, de las aguas que *estaban* sobre el firmamento. Y fue así.

8 Y llamó Dios al firmamento Cielos. Y fue la tarde y la mañana el segundo día.

9 Y dijo Dios: ^hJúntense las aguas que *están* debajo de los cielos en un lugar, y descúbrase lo seco. Y fue así.

10 Y llamó Dios a lo seco Tierra, y a la reunión de las aguas llamó Mares. Y vio Dios que *era* bueno.

11 Y dijo Dios: Produzca la tierra hierba verde, hierba que dé semilla; árbol de fruto que dé fruto según su género, que su semilla *esté* en él, sobre la tierra. Y fue así.

12 Y produjo la tierra hierba verde, hierba que da semilla según su naturaleza, y árbol que da fruto, cuya semilla *está* en él, según su género. Y vio Dios que *era* bueno.

13 Y fue la tarde y la mañana el tercer día.

14 Y dijo Dios: Haya lumbreras en el firmamento de los cielos para separar el día de la noche; y sean por señales, y para las estaciones, y para días y años;

15 y sean por lumbreras en el firmamento de los cielos para alumbrar sobre la tierra. Y fue así.

16 E hizo ^aDios las dos grandes lumbreras; la lumbrera mayor para que señorease en el día, y la lumbrera menor para que señorease en la noche; *hizo* también las estrellas.

17 Y las puso Dios en el firmamento de los cielos, para alumbrar sobre la tierra,

18 y para ^eseñorear en el día y en la noche, y para apartar la luz y las tinieblas. Y vio Dios que *era* bueno.

19 Y fue la tarde y la mañana el cuarto día.

20 Y dijo Dios: Produzcan las aguas criaturas que se muevan y tienen vida, y aves que vuelen sobre la tierra, en el firmamento abierto de los cielos.

21 Y ^fcreó Dios las grandes ballenas, y toda criatura que se mueve y tiene vida, que las aguas produjeron según su género, y toda ave alada según su género. Y vio Dios que *era* bueno.

22 Y Dios los bendijo, diciendo: ^gFructificad y multiplicaos, y llenad las aguas en los mares, y las aves se multipliquen en la tierra.

23 Y fue la tarde y la mañana el quinto día.

24 Y dijo Dios: Produzca la tierra seres vivientes según su género, bestias y reptiles y animales de la tierra según su género. Y fue así.

25 E hizo Dios animales de la tierra según su género, y ganado según su género, y todo animal que se arrastra sobre la tierra según su género. Y vio Dios que *era* bueno.

26 Y dijo Dios: ⁱHagamos al hombre a nuestra imagen, conforme a nuestra semejanza; y ^jseñoree sobre los peces del mar, sobre las aves de los cielos, sobre las bestias, sobre toda la tierra, y sobre todo reptil que se arrastra sobre la tierra.

27 Y creó Dios al hombre a su imagen, a imagen de Dios lo creó; ^kvarón y hembra los creó.

28 ^lY los bendijo Dios; y les dijo Dios: Fructificad y multiplicaos; llenad la tierra y sojuzgadla, y señoread sobre

---

a Sal 136:7-9
b Sal 136:5
 Jn 1:1-3
 Col 1:16-17
c Jer 4:23

d 2 Co 4:6
e Jer 31:35

f Sal 104:26

g cp 8:17
 y 9:1
h 2 Pe 3:5

i cp 5:1
 y 9:6
 1 Co 11:7
 Ef 4:24
 Col 3:10
 Stg 3:9
j cp 9:2
 Sal 8:6
k cp 5:2
 Mal 2:15
 Mt 19:4
 Mr 10:6
l cp 9:1-7

GÉNESIS 2

Dios hizo al hombre y a la mujer

los peces del mar, y sobre las aves de los cielos, y sobre todas las bestias que se mueven sobre la tierra.

29 Y dijo Dios: He aquí que os he dado toda planta que da semilla, que *está* sobre la faz de toda la tierra; y todo árbol en que hay fruto de árbol que da semilla, ᵇos será para comer.

30 ᶜY os he dado a toda bestia de la tierra, ᵈy a todas las aves de los cielos, y a todo lo que se mueve sobre la tierra en *que hay* vida; y toda planta verde les será para comer. Y fue así.

31 ᵉY vio Dios todo lo que había hecho, y he aquí que *era* bueno en gran manera. Y fue la tarde y la mañana el sexto día.

CAPÍTULO 2

Y fueron acabados los cielos y la tierra, ᶠy todo el ejército de ellos.

2 ᵍY acabó Dios en el séptimo día su obra que había hecho, y reposó en el séptimo día de toda su obra que había hecho.

3 Y bendijo Dios al día séptimo, y lo santificó, porque en él reposó de toda su obra que Dios había creado y hecho.

4 ⁱÉstos son los orígenes de los cielos y de la tierra cuando fueron creados, el día que Jehová Dios hizo la tierra y los cielos,

5 y toda ʲplanta del campo antes que fuese en la tierra, y toda hierba del campo antes que naciese; porque aún no había Jehová Dios hecho llover sobre la tierra, ni *había* hombre ᵏpara que labrase la tierra,

6 sino que subía de la tierra un vapor, que regaba toda la faz de la tierra.

7 Formó, pues, Jehová Dios al hombre *del* ᵐpolvo de la tierra, ⁿsopló en su nariz aliento de vida; y fue el hombre un alma viviente.

8 Y Jehová Dios plantó un ᵒhuerto en Edén, al oriente, y puso allí al hombre que había formado.

9 Y Jehová Dios hizo nacer de la tierra todo árbol delicioso a la vista, y bueno para comer; ᵠtambién el árbol de la vida en medio del huerto, y el árbol del conocimiento del bien y el mal.

a	cp 26:18
b	Mt 7:28
	Lc 4:32
	Jn 7:46
c	Sal 145:15
	y 147:9
d	Job 39:3
1	<Cush>
e	1 Tim 4:4
f	Sal 33:6
g	Éx 20:11
	y 31:17
	Dt 5:14
	Heb 4:4
h	Rm 6:23
	Stg 1:15
i	cp 1:1
	Sal 90:1-2
j	cp 1:12
k	cp 3:23
l	cp 15:12
m	cp 3:19-23
	Ec 12:7
	1 Co 15:47
n	cp 7:22
o	cp 13:10
	Is 51:3
p	Mt 19:5
	Mr 10:7
	1 Co 6:16
	Ef 5:31
q	Ap 2:7
	y 22:2,14

10 Y salía de Edén un río para regar el huerto, y de allí se repartía en cuatro ramales.

11 El nombre del uno *era* Pisón; éste *es* el que rodea ᵃtoda la tierra de Havila, donde *hay* oro;

12 y el oro de aquella tierra *es* bueno; *hay* allí también bedelio y piedra ónice.

13 El nombre del segundo río *es* Gihón; éste *es* el que rodea toda la tierra de ¹Etiopía.

14 Y el nombre del tercer río *es* Hidekel; éste *es* el que va delante de Asiria. Y el cuarto río *es* el Éufrates.

15 Tomó, pues, Jehová Dios al hombre, y le puso en el huerto de Edén, para que lo labrara y lo guardase.

16 Y mandó Jehová Dios al hombre, diciendo: De todo árbol del huerto libremente podrás comer;

17 pero del árbol del conocimiento del bien y el mal no comerás; porque el día que de él comieres, ciertamente ʰmorirás.

18 Y dijo Jehová Dios: No *es* bueno que el hombre esté solo; le haré ayuda idónea para él.

19 Formó, pues, Jehová Dios de la tierra toda bestia del campo, y toda ave de los cielos, y las trajo a Adán, para que viese cómo les había de llamar; y de la manera que Adán llamó a los animales vivientes, ése *es* su nombre.

20 Y puso nombres a toda bestia y ave de los cielos y a todo animal del campo: mas para Adán no se halló ayuda idónea para él.

21 Y Jehová Dios ˡhizo caer sueño profundo sobre Adán, y se quedó dormido; entonces tomó una de sus costillas, y cerró la carne en su lugar;

22 Y de la costilla que Jehová Dios tomó del hombre, hizo una mujer, y la trajo al hombre.

23 Y dijo Adán: Ésta es ahora hueso de mis huesos, y carne de mi carne; ella será llamada Varona, porque del varón fue tomada.

24 ᵖPor tanto, dejará el hombre a su padre y a su madre, y se unirá a su esposa, y serán una sola carne.

25 Y estaban ambos desnudos, Adán y su esposa, y no se avergonzaban.

Adán y Eva caen en pecado

GÉNESIS 3-4

CAPÍTULO 3

Pero [b]la serpiente era [c]astuta, más que todos los animales del campo que Jehová Dios había hecho; la cual dijo a la mujer: ¿Conque Dios os ha dicho: No comáis de todo árbol del huerto?

2 Y la mujer respondió a la serpiente: Del fruto de los árboles del huerto podemos comer;

3 [g]pero del fruto del árbol que *está* en medio del huerto dijo Dios: No comeréis de él, ni le tocaréis, para que no muráis.

4 Entonces la serpiente dijo a la mujer: No moriréis;

5 mas sabe Dios que el día que comiereis de él, serán abiertos vuestros ojos, y seréis como dioses sabiendo el bien y el mal.

6 Y vio la mujer que el árbol *era* bueno para comer, y que *era* agradable a los ojos, y árbol codiciable para alcanzar la sabiduría; y [m]tomó de su fruto, y comió; y dio también a su marido y él comió con ella.

7 [n]Y fueron abiertos los ojos de ambos, y conocieron que *estaban* desnudos; entonces cosieron hojas de higuera, y se hicieron delantales.

8 Y oyeron la voz de Jehová Dios que se paseaba en el huerto al aire del día; y Adán y su esposa se escondieron de la presencia de Jehová Dios entre los árboles del huerto.

9 Y llamó Jehová Dios a Adán, y le dijo: ¿Dónde *estás* tú?

10 Y él respondió: Oí tu voz en el huerto, y tuve miedo, porque *estaba* desnudo; y me escondí.

11 Y le dijo *Dios*: ¿Quién te enseñó que *estabas* desnudo? ¿Has comido del árbol de que yo te mandé no comieses?

12 Y el hombre respondió: La mujer que me diste por compañera me dio del árbol, y yo comí.

13 Entonces Jehová Dios dijo a la mujer: ¿Qué *es* lo *que* has hecho? Y dijo la mujer: La serpiente me engañó, y comí.

14 Y Jehová Dios dijo a la serpiente: Por cuanto esto hiciste, maldita serás entre todas las bestias y entre todos los animales del campo; sobre tu pecho andarás, [a]y polvo comerás todos los días de tu vida;

15 Y pondré enemistad entre ti y la mujer, y entre [d]tu simiente y su simiente; [e]Él te herirá en la cabeza, y tú le herirás en el calcañar.

16 A la mujer dijo: Multiplicaré en gran manera tus dolores y tus preñeces; con dolor darás a luz los hijos; y [1]tu deseo será para tu marido, y [f]él señoreará sobre ti.

17 Y al hombre dijo: Por cuanto obedeciste a la voz de tu esposa, y comiste del árbol de que te mandé, diciendo: [h]No comerás de él; [i]maldita *será* la tierra por tu causa; [j]con dolor comerás de ella todos los días de tu vida;

18 espinos y cardos te producirá, y comerás plantas del campo.

19 Con el sudor de tu rostro comerás el pan hasta que vuelvas a la tierra porque de ella fuiste tomado; pues [k]polvo eres, [l]y al polvo volverás.

20 Y llamó Adán el nombre de su esposa, [2]Eva; por cuanto ella era madre de todos los vivientes.

21 Y Jehová Dios hizo al hombre y a su esposa túnicas de pieles, y los vistió.

22 Y dijo Jehová Dios: He aquí el hombre es como uno de Nosotros, sabiendo el bien y el mal; ahora, pues, que no alargue su mano, [o]y tome también del árbol de la vida, y coma, y viva para siempre:

23 Y lo sacó Jehová Dios del huerto de Edén, para que labrase la tierra de que fue tomado.

24 Echó, pues, fuera al hombre, y puso al oriente del huerto de Edén [p]querubines, y una espada encendida que se revolvía por todos lados para guardar el camino del árbol de la vida.

CAPÍTULO 4

Y conoció Adán a su esposa Eva, la cual concibió y dio a luz a Caín, y dijo: He adquirido varón de parte de Jehová.

2 Y después dio a luz a su hermano Abel. Y Abel fue pastor de ovejas, y Caín fue labrador de la tierra.

3 Y acontenció en el transcurrir del tiempo, que Caín trajo [q]del fruto de la tierra una ofrenda a Jehová.

GÉNESIS 5

4 Y Abel trajo también de los [a]primogénitos de sus ovejas, y de su grosura. [b]Y miró Jehová con agrado a Abel y a su ofrenda;
5 mas no miró con agrado a Caín y a su ofrenda. Y se ensañó Caín en gran manera, y decayó su semblante.
6 Entonces Jehová dijo a Caín: ¿Por qué te has ensañado, y por qué ha decaído tu rostro?
7 Si bien hicieres, ¿no serás exaltado? Y si no hicieres bien, el pecado está a la puerta; con todo esto, [1]a ti *será* su deseo, y tú señorearás sobre él.
8 Y habló Caín con su hermano Abel. Y aconteció que estando ellos en el campo, Caín se levantó contra su hermano Abel, [c]y le mató.
9 Y Jehová dijo a Caín: ¿Dónde *está* Abel tu hermano? Y él respondió: [e]No sé. ¿Acaso *soy* yo guarda de mi hermano?
10 Y Él le dijo: ¿Qué has hecho? La voz de la sangre de tu hermano [g]clama a mí desde la tierra.
11 Ahora pues, maldito *seas* tú de la tierra que abrió su boca para recibir de tu mano la sangre de tu hermano:
12 Cuando labrares la tierra, no te volverá a dar su fuerza: errante y extranjero serás en la tierra.
13 Y dijo Caín a Jehová: Mi castigo *es* más grande de lo que puedo soportar.
14 [j]He aquí me echas hoy de la faz de la tierra, [k]y de tu presencia me esconderé; y seré fugitivo y vagabundo en la tierra; y sucederá [n]que cualquiera que me hallare, me matará.
15 Y le respondió Jehová: Ciertamente que cualquiera que matare a Caín, [o]siete veces será castigado. Entonces Jehová puso [q]señal en Caín, para que no lo matase cualquiera que le hallara.
16 Y Caín se fue de la presencia de Jehová, y habitó en tierra de Nod, al oriente de Edén.
17 Y conoció Caín a su esposa, la cual concibió y dio a luz a Enoc: y edificó una ciudad, y llamó el nombre de la ciudad del nombre de su hijo, Enoc.
18 Y a Enoc nació Irad, e Irad engendró a Mehujael, y Mehujael engendró a Matusael, y Matusael engendró a Lamec.

a Nm 18:17
  Pr 3:9
b Heb 11:4

[1] a ti estará sujeto
  cp 3:16

c Mt 23:3,35
d ver 15
e Jn 8:44

f cp 5:3
[2] sustituto
g Heb 12:24
  Ap 6:10

h cp 5:6
i Is 43:6-7

j Job 15:20-24
k 2 Re 24:20
  Sal 51:11
  y 53:7
  Jer 52:3
l cp 1:26 9:6
  Ef 4:24
  Col 3:10
m cp 1:27
n cp 9:6
  Nm 35:19-27
o cp 1:27
p cp 4:25
q Ez 9:4-6
r 1 Cr 1:1
s cp 3:19
t cp 4:26

Caín mata a Abel

19 Y tomó para sí Lamec dos esposas; el nombre de la una *fue* Ada, y el nombre de la otra Zila.
20 Y Ada dio a luz a Jabal, el cual fue padre de los que habitan en tiendas y *crían* ganado.
21 Y el nombre de su hermano *fue* Jubal, el cual fue padre de todos los que tocan arpa y órgano.
22 Y Zila también dio a luz a Tubal-caín, artífice de toda obra de bronce y de hierro; y la hermana de Tubal-caín *fue* Naama.
23 Y dijo Lamec a sus esposas: Ada y Zila, oíd mi voz; esposas de Lamec, escuchad mi dicho: Que a un varón maté por mi herida, y a un joven por mi golpe:
24 Si [d]siete veces será vengado Caín, Lamec en verdad setenta veces siete lo será.
25 Y conoció de nuevo Adán a su esposa, la cual dio a luz un hijo, [f]y llamó su nombre [2]Set: Porque Dios (*dijo ella*) me ha sustituido otro hijo en lugar de Abel, a quien mató Caín.
26 Y a Set también [h]le nació un hijo, y llamó su nombre Enós. [i]Entonces los hombres comenzaron a invocar el nombre de Jehová.

CAPÍTULO 5

Éste *es* el libro de las generaciones de Adán. El día en que creó Dios al hombre, [l]a la semejanza de Dios lo hizo;
2 [m]Varón y hembra los creó; y los bendijo, y llamó el nombre de ellos Adán, el día en que fueron creados.
3 Y vivió Adán ciento treinta años, y engendró *un hijo* a su semejanza, conforme a su imagen, y llamó su nombre [p]Set.
4 Y [r]fueron los días de Adán, después que engendró a Set, ochocientos años, y engendró hijos e hijas.
5 Y fueron todos los días que vivió Adán novecientos treinta años, [s]y murió.
6 Y vivió Set ciento cinco años, [t]y engendró a Enós.
7 Y vivió Set, después que engendró a Enós, ochocientos siete años, y engendró hijos e hijas.
8 Y fueron todos los días de Set novecientos doce años; y murió.

Generaciones de Adán a Noé

GÉNESIS 6

9 Y vivió Enós noventa años, y engendró a Cainán.
10 Y vivió Enós después que engendró a Cainán, ochocientos quince años, y engendró hijos e hijas.
11 Y fueron todos los días de Enós novecientos cinco años; y murió.
12 Y vivió Cainán setenta años, y engendró a Mahalaleel.
13 Y vivió Cainán, después que engendró a Mahalaleel, ochocientos cuarenta años, y engendró hijos e hijas.
14 Y fueron todos los días de Cainán novecientos diez años; y murió.
15 Y vivió Mahalaleel sesenta y cinco años, y engendró a Jared.
16 Y vivió Mahalaleel, después que engendró a Jared, ochocientos treinta años, y engendró hijos e hijas.
17 Y fueron todos los días de Mahalaleel ochocientos noventa y cinco años; y murió.
18 Y vivió Jared ciento sesenta y dos años, y engendró a ᵈEnoc.
19 Y vivió Jared, después que engendró a Enoc, ochocientos años, y engendró hijos e hijas.
20 Y fueron todos los días de Jared novecientos sesenta y dos años; y murió.
21 Y vivió Enoc sesenta y cinco años, y engendró a Matusalén.
22 ᶠY caminó Enoc con Dios, después que engendró a Matusalén, trescientos años, y engendró hijos e hijas.
23 Y fueron todos los días de Enoc trescientos sesenta y cinco años.
24 Caminó, pues, Enoc con Dios, y ⁱdesapareció, porque Dios se lo llevó.
25 Y vivió Matusalén ciento ochenta y siete años, y engendró a Lamec.
26 Y vivió Matusalén, después que engendró a Lamec, setecientos ochenta y dos años, y engendró hijos e hijas.
27 Fueron, pues, todos los días de Matusalén, novecientos sesenta y nueve años; y murió.
28 Y vivió Lamec ciento ochenta y dos años, y engendró un hijo;
29 Y llamó su nombre Noé, diciendo: Éste nos aliviará de nuestras obras, y del trabajo de nuestras manos, a causa de la tierra que Jehová ⁿmaldijo.

a Dt 7:3-4
b Gá 5:16-17
1 Pe 3:19-20
c Sal 78:39
d Jud 14,15
e cp 8:21
Sal 51:5
Jer 17:9
Mt 15:19
f cp 6:9
Mi 6:8
Mal 2:6
g Nm 23:19
1 Sm 15:11,29
1 Sm 24:16
Jl 2:13
h Is 63:10
Ef 4:30
i 2 Re 2:11
Heb 11:5
j cp 19:19
Éx 33:12-17
Lc 1:30
Hch 7:43
k cp 7:1
Ez 14:14-20
Heb 11:7
2 Pe 2:5
l cp 5:22
m Sal 14:2-3
y 53:2-3
n cp 3:17

30 Y vivió Lamec, después que engendró a Noé, quinientos noventa y cinco años; y engendró hijos e hijas.
31 Y fueron todos los días de Lamec setecientos setenta y siete años; y murió.
32 Y siendo Noé de quinientos años, engendró a Sem, Cam, y a Jafet.

CAPÍTULO 6

Y aconteció que cuando comenzaron los hombres a multiplicarse sobre la faz de la tierra, y les nacieron hijas,
2 viendo los hijos de Dios que las hijas de los hombres *eran* hermosas, ᵃse tomaron mujeres, escogiendo entre todas.
3 Y dijo Jehová: ᵇNo contenderá mi Espíritu con el hombre para siempre, ᶜporque ciertamente él *es* carne; mas serán sus días ciento veinte años.
4 Había gigantes en la tierra en aquellos días, y también después que entraron los hijos de Dios a las hijas de los hombres, y les engendraron *hijos*: Éstos fueron los valientes que desde la antigüedad fueron varones de renombre.
5 Y vio Jehová que la maldad de los hombres *era* mucha en la tierra, ᵉy *que* todo designio de los pensamientos del corazón de ellos *era* de continuo solamente el mal.
6 ᵍY se arrepintió Jehová de haber hecho hombre en la tierra, ʰy le pesó en su corazón.
7 Y dijo Jehová: Raeré de sobre la faz de la tierra, a los hombres que he creado, desde el hombre hasta la bestia, y hasta el reptil y las aves del cielo; porque me arrepiento de haberlos hecho.
8 Pero Noé ʲhalló gracia en los ojos de Jehová.
9 Éstas *son* las generaciones de Noé: ᵏNoé, varón justo, perfecto fue en sus generaciones; ˡcon Dios caminó Noé.
10 Y engendró Noé tres hijos: a Sem, a Cam y a Jafet.
11 Y se corrompió la tierra delante de Dios, y estaba la tierra llena de violencia.
12 ᵐY miró Dios la tierra, y he aquí que estaba corrompida; porque toda carne había corrompido su camino sobre la tierra.

GÉNESIS 7

13 Y dijo Dios a Noé: ªEl fin de toda carne ha venido delante de mí; porque la tierra está llena de violencia a causa de ellos; y he aquí que yo los destruiré con la tierra.

14 Hazte un arca de madera de gofer; harás compartimentos en el arca y la calafatearás con brea por dentro y por fuera.

15 Y de esta *manera* la harás: De trescientos codos la longitud del arca, de cincuenta codos su anchura, y de treinta codos su altura.

16 Una ventana harás al arca, y la acabarás a un codo *de elevación* por la parte de arriba; y pondrás la puerta del arca a su lado; y le harás *piso* bajo, segundo y tercero.

17 ᵈY he aquí que yo traigo un diluvio de aguas sobre la tierra, para destruir toda carne en que haya espíritu de vida debajo del cielo; todo lo que hay en la tierra morirá.

18 Mas estableceré mi pacto contigo, ᵉy entrarás en el arca tú, tus hijos, tu esposa, y las esposas de tus hijos contigo.

19 Y de todo lo que vive, de toda carne, ᵍdos de cada *especie* meterás en el arca, para preservarles la vida contigo; macho y hembra serán.

20 De las aves según su especie, y de las bestias según su especie, y de todo reptil de la tierra según su especie, dos de cada especie entrarán contigo para preservarles la vida.

21 Y toma contigo de todo alimento que se come, y almacénalo para ti; y servirá de alimento para ti y para ellos.

22 ⁱY lo hizo así Noé; hizo conforme a todo lo que Dios le mandó.

CAPÍTULO 7

Y Jehová dijo a Noé: ᵏEntra tú y toda tu casa en el arca ᵖporque a ti he visto justo delante de mí en esta generación.

2 De todo ⁿanimal limpio tomarás de siete en siete, macho y su hembra; mas de los animales que no son limpios, una pareja, el macho y su hembra.

3 También de las aves de los cielos, siete parejas, macho y hembra; para guardar viva la simiente sobre la faz de toda la tierra.

4 Porque *pasados* aún siete días, yo haré llover sobre la tierra ᵇcuarenta días y cuarenta noches; y raeré de sobre la faz de la tierra a todo ser viviente que hice.

5 ᶜE hizo Noé conforme a todo lo que le mandó Jehová.

6 Y era Noé de seiscientos años cuando el diluvio de las aguas vino sobre la tierra.

7 Y Noé entró en el arca, con sus hijos, su esposa, y las esposas de sus hijos, por causa de las aguas del diluvio.

8 De los animales limpios, y de los animales que no eran limpios, y de las aves, y de todo lo que se arrastra sobre la tierra,

9 de dos en dos entraron con Noé en el arca; macho y hembra, como mandó Dios a Noé.

10 Y sucedió después de siete días que las aguas del diluvio vinieron sobre la tierra.

11 El año seiscientos de la vida de Noé, en el mes segundo, a los diecisiete días del mes, aquel día fueron rotas todas ᶠlas fuentes del grande abismo, y las ʰcataratas de los cielos fueron abiertas;

12 y hubo lluvia sobre la tierra cuarenta días y cuarenta noches.

13 En este mismo día entró Noé en el arca, y con él Sem, Cam y Jafet, hijos de Noé, la esposa de Noé, y las tres esposas de sus hijos.

14 Ellos, y todos los animales *silvestres* según su especie, y todos los animales mansos según su especie, y todo reptil que se arrastra sobre la tierra según su especie, y toda ave según su especie, y todo pájaro, de toda especie.

15 ʲY entraron con Noé al arca, de dos en dos de toda carne en que había espíritu de vida.

16 Y los que entraron, macho y hembra de toda carne entraron, ᵐcomo le había mandado Dios. Y Jehová le cerró *la puerta*.

17 ᵒY fue el diluvio cuarenta días sobre la tierra; y las aguas crecieron, y alzaron el arca, y se elevó sobre la tierra.

18 Y prevalecieron las aguas, y crecieron en gran manera sobre la tierra; y flotaba el arca sobre la faz de las aguas.

Referencias:

a Ez 7:2-6
b vers 12,17
c cp 6:22
d cp 7:4-23
e cp 7:1-13
f cp 8:2
Pr 8:28
Am 9:6
g cp 7:8-16
h cp 8:2
2 Re 7:19
Is 24:18
Mal 3:10
Sal 78:23
i cp 19:19
Éx 33:12-17
Lc 1:30
Hch 7:43
j cp 6:20
k Mt 24:38
Lc 17:26-27
Heb 11:7
1 Pe 3:20
2 Pe 2:5
l cp 6:9
m vers 2,3
n Lv cp 11
o vers 4,12

Noé edifica un altar a Jehová

19 Y las aguas prevalecieron mucho en extremo sobre la tierra; y todas las altas montañas que había debajo de todos los cielos, fueron cubiertas.

20 Quince codos más alto subieron las aguas; y fueron cubiertas las montañas.

21 [a]Y murió toda carne que se mueve sobre la tierra, así de aves como de ganado, y de bestias, y de todo reptil que se arrastra sobre la tierra, y todo hombre:

22 Todo lo que tenía [b]aliento de espíritu de vida en sus narices, de todo lo que *había* en la tierra, murió.

23 Así fue destruido todo ser viviente de sobre la faz de la tierra, desde el hombre hasta la bestia, y los reptiles, y las aves del cielo; y fueron raídos de la tierra; [c]y quedó solamente Noé, y los que con él *estaban* en el arca.

24 Y prevalecieron las aguas sobre la tierra ciento cincuenta días.

CAPÍTULO 8

Y [d]se acordó Dios de Noé, y de todos los animales y de todas las bestias que estaban con él en el arca; [f]e hizo pasar Dios un viento sobre la tierra y disminuyeron las aguas.

2 [g]Y se cerraron las fuentes del abismo, y las cataratas de los cielos; y la lluvia de los cielos fue detenida.

3 Y las aguas retornaron gradualmente de sobre la tierra; y al cabo [i]de ciento cincuenta días, las aguas decrecieron.

4 Y reposó el arca en el mes séptimo, a los diecisiete días del mes, sobre los montes de [1]Ararat.

5 Y las aguas fueron decreciendo hasta el mes décimo; en el décimo, al primer *día* del mes, se descubrieron las cimas de los montes.

6 Y sucedió que al cabo de cuarenta días abrió [k]Noé la ventana del arca que había hecho,

7 y envió un cuervo, el cual salió, y estuvo yendo y volviendo hasta que se secaron las aguas de sobre la tierra.

8 Envió también de sí una paloma para ver si las aguas se habían retirado de sobre la faz de la tierra;

a ver 4
cp 6:13-17
2 Pe 3:6

b cp 2:7

c 2 Pe 2:5

d cp 19:29
Éx 2:24
1 Sm 1:19
e cp 7:13
f Éx 14:21
g cp 7:11

h cp 1:22

i cp 7:24

1 Armenia
j Éx 29:18-41
Lv 1:9
Ez 16:19
y 20:41
2 Co 2:15
Ef 5:2
Fil 4:18
k cp 6:16
l cp 3:17 6:17
m cp 6:5
Sal 51:5
Mt 15:19
Rm 1:21
n cp 9:11
Is 54:9

9 Y no halló la paloma donde sentar la planta de su pie, y se volvió a él al arca, porque las aguas *estaban aún* sobre la faz de toda la tierra; entonces él extendió su mano y tomándola, la hizo entrar consigo en el arca.

10 Y esperó aún otros siete días, y volvió a enviar la paloma fuera del arca.

11 Y la paloma volvió a él a la hora de la tarde: y he aquí *que traía* una hoja de olivo tomada en su pico; y entendió Noé que las aguas se habían retirado de sobre la tierra.

12 Y esperó aún otros siete días, y envió la paloma, la cual no volvió ya más a él.

13 Y sucedió que en el año seiscientos uno *de Noé*, en el mes primero, al primer *día* del mes, se secaron las aguas de sobre la tierra. Y quitó Noé la cubierta del arca, y miró, y he aquí que la faz de la tierra estaba seca.

14 Y en el mes segundo, a los veintisiete días del mes, se secó la tierra.

15 Y habló Dios a Noé, diciendo:

16 Sal del arca [e]tú, y tu esposa, y tus hijos, y las esposas de tus hijos contigo.

17 Todos los animales que están contigo de toda carne, de aves y de bestias y de todo reptil que se arrastra sobre la tierra, sacarás contigo; y vayan por la tierra, [h]y fructifiquen, y multiplíquense sobre la tierra.

18 Entonces salió Noé, y sus hijos, y su esposa, y las esposas de sus hijos con él.

19 Todos los animales, y todo reptil y toda ave, todo lo que se mueve sobre la tierra según sus especies, salieron del arca.

20 Y edificó Noé un altar a Jehová y tomó de todo animal limpio y de toda ave limpia, y ofreció holocausto en el altar.

21 Y percibió Jehová un [j]perfume grato; y dijo Jehová en su corazón: [l]Nunca más volveré a maldecir la tierra por causa del hombre; porque [m]el intento del corazón del hombre es malo desde su juventud; [n]ni volveré más a destruir todo viviente, como he hecho.

22 Mientras la tierra permanezca, no cesarán la sementera y la siega, el

frío y el calor, el verano y el invierno, [a]y el día y la noche.

CAPÍTULO 9

Y bendijo Dios a Noé y a sus hijos, y les dijo: [c]Fructificad y multiplicaos, y llenad la tierra.

2 [d]Y el temor y el pavor de vosotros estarán sobre todo animal de la tierra, y sobre toda ave de los cielos, en todo lo que se mueva *sobre* la tierra, y en todos los peces del mar. En vuestra mano son entregados.

3 [f]Todo lo que se mueve y vive, os será para mantenimiento; [g]así como las legumbres y plantas verdes; os lo he dado todo.

4 [i]Pero carne con su vida, *que es su* sangre, no comeréis.

5 Porque ciertamente demandaré la sangre de vuestras vidas; [k]de mano de todo animal la demandaré, [l]y de mano del hombre; de mano del varón su hermano demandaré la vida del hombre.

6 [m]El que derramare sangre del hombre, por el hombre su sangre será derramada; [n]porque a imagen de Dios es hecho el hombre.

7 Mas vosotros fructificad, y multiplicaos; procread abundantemente en la tierra, y multiplicaos en ella.

8 Y habló Dios a Noé y a sus hijos con él, diciendo:

9 He aquí que [o]yo establezco mi pacto con vosotros, y con vuestra simiente después de vosotros;

10 Y con toda alma viviente que está con vosotros, de aves, de animales, y de toda bestia de la tierra que está con vosotros; desde todos los que salieron del arca hasta todo animal de la tierra.

11 Y [r]estableceré mi pacto con vosotros, y no será exterminada ya más toda carne con aguas de diluvio; ni habrá más diluvio para destruir la tierra.

12 Y dijo Dios: [s]Ésta *es* la señal del pacto que yo establezco con vosotros y con todo ser viviente que *está* con vosotros, por perpetuas generaciones.

13 [t]Mi arco pondré en las nubes, el cual será por señal del pacto entre mí y la tierra.

14 Y será que cuando haré venir nubes sobre la tierra, se dejará ver entonces mi arco en las nubes.

15 [b]Y me acordaré de mi pacto, que *hay* entre mí y vosotros y todo ser viviente de toda carne; y no serán más las aguas por diluvio para destruir toda carne.

16 Y estará el arco en las nubes, y lo veré, y me acordaré del pacto eterno entre Dios y todo ser viviente de toda carne que *hay* sobre la tierra.

17 Y dijo Dios a Noé: Ésta es la señal del pacto que he establecido [e]entre mí y toda carne que *está* sobre la tierra.

18 Y los hijos de Noé que salieron del arca fueron [h]Sem, Cam y Jafet: y Cam *es* el padre de Canaán.

19 Estos tres *son* los hijos de Noé; [j]y de ellos fue llena toda la tierra.

20 Y comenzó Noé a labrar la tierra, y plantó una viña;

21 y bebió del vino, y se embriagó, y estaba descubierto en medio de su tienda.

22 Y Cam, padre de Canaán, vio la desnudez de su padre, y lo dijo a sus dos hermanos que estaban afuera.

23 Entonces Sem y Jafet tomaron la ropa, y *la* pusieron sobre sus propios hombros, y andando hacia atrás, cubrieron la desnudez de su padre teniendo vueltos sus rostros, y así no vieron la desnudez de su padre.

24 Y despertó Noé de su vino, y supo lo que había hecho con él su hijo el más joven;

25 Y dijo: [p]Maldito *sea* Canaán; [q]siervo de siervos será a sus hermanos.

26 Dijo más: Bendito *sea* Jehová el Dios de Sem, y sea Canaán su siervo.

27 Engrandezca Dios a Jafet, y habite en las tiendas de Sem, y sea Canaán su siervo.

28 Y vivió Noé después del diluvio trescientos cincuenta años.

29 Y fueron todos los días de Noé novecientos cincuenta años, y murió.

CAPÍTULO 10

Estas *son* las generaciones de los hijos de Noé: Sem, Cam y Jafet, a quienes les nacieron hijos después del diluvio.

La torre de Babel

2 ªLos hijos de Jafet: Gomer, Magog, Madai, Javán, Tubal, Mesec y Tiras.
3 Y los hijos de Gomer: Askenaz, Rifat y Togarma.
4 Y los hijos de Javán: Elisa, ᶜTarsis, ᵈQuitim y Dodanim.
5 Por éstos fueron repartidas las ᵉislas de los gentiles en sus tierras, cada cual según su lengua, conforme a sus familias en sus naciones.
6 ᵍLos hijos de Cam: Cus, Mizraim, Fut y Canaán.
7 Y los hijos de Cus: Seba, Havila, Sabta, Raama y Sabteca. Y los hijos de Raama: Seba y Dedán.
8 Y Cus engendró a Nimrod, éste comenzó a ser poderoso en la tierra.
9 Éste fue vigoroso cazador delante de Jehová; por lo cual se dice: Así como Nimrod, vigoroso cazador delante de Jehová.
10 Y fue la cabecera de su reino ⁱBabel, Erec, Acad y Calne, en la ʲtierra de Sinar.
11 De esta tierra salió Asur, y edificó a Nínive, y la ciudad de Rehobot, y a Cala,
12 y Resén entre Nínive y Cala; la cual *es* ciudad grande.
13 Y Mizraim engendró a Ludim, a Anamim, a Lehabim, a Naftuhim,
14 a Patrusim y a Casluhim (ˡde donde salieron los filisteos), y a ᵐCaftorim.
15 Y ᵒCanaán engendró a Sidón, su primogénito, a Het,
16 al jebuseo, al amorreo, al gergeseo,
17 al heveo, al araceo, al sineo,
18 al arvadeo, al samareo y al hamateo; y después se dispersaron las familias de los cananeos.
19 Y fue el término de los cananeos desde Sidón, viniendo a Gerar hasta Gaza, hasta entrar en Sodoma y Gomorra, Adma y Zeboim hasta Lasa.
20 Éstos *son* los hijos de Cam por sus familias, por sus lenguas, en sus tierras, en sus naciones.
21 También le nacieron hijos a Sem, padre de todos los hijos de Heber, el hermano de Jafet el mayor.
22 ˢY los hijos de Sem: Elam, Asur, Arfaxad, Lud y Aram.
23 Y los hijos de Aram: Uz, Hul, Geter y Mas.
24 Y Arfaxad engendró a ᵛSala, y Sala engendró a Heber.

GÉNESIS 11

a 1 Cr 1:5
Éx 38:1-6
b 1 Cr 1:19
1 División
c Sal 72:10
Ez 38:13
d Nm 24:24
Is 23:1
Dn 11:30
e Is 11:11
Jer 2:10
Sof 2:11
f 1 Re 9:28
y 10:11
g 1 Cr 1:8

h cp 9:19

i cp 11:9
j cp 11:2
y 14:1-9
Dn 1:2
Zac 5:11

k cp 10:10

l 1 Cr 1:12

m Dt 2:23
Jer 47:4
Am 9:7
n cp 14:10
Éx 2:3
o Jos 9:23
1 Re 9:20-21
p Dt 1:28
q cp 18:21

r cp 1:26
Sal 2:4

s 1 Cr 1:17
t Lc 1:51
u cp 10:25-32
v cp 11:12
Lc 3:35-36
2 confusión

25 ᵇY a Heber nacieron dos hijos: el nombre de uno *fue* ¹Peleg, porque en sus días fue repartida la tierra; y el nombre de su hermano, Joctán.
26 Y Joctán engendró a Almodad, a Selef, a Hazarmavet, a Jera,
27 a Hadoram, a Uzal, a Dicla,
28 a Obal, a Abimael, a Seba,
29 a ᶠOfir, a Havila y a Jobad; todos éstos *fueron* hijos de Joctán.
30 Y fue su habitación desde Mesa viniendo de Sefar, región montañosa del oriente.
31 Éstos *fueron* los hijos de Sem por sus familias, por sus lenguas, en sus tierras, en sus naciones.
32 Éstas *son* las familias de los hijos de Noé por sus descendencias en sus naciones; ʰy por éstos fueron divididas las naciones en la tierra después del diluvio.

CAPÍTULO 11

Tenía entonces toda la tierra un solo lenguaje y unas mismas palabras.
2 Y aconteció que, cuando partieron de oriente, hallaron una llanura en la ᵏtierra de Sinar, y asentaron allí.
3 Y se dijeron unos a otros: Vamos, hagamos ladrillo y cozámoslo con fuego. Y les fue el ladrillo en lugar de piedra, ⁿy el betún en lugar de mezcla.
4 Y dijeron: Vamos, edifiquémonos una ciudad y una torre, ᵖcuya cúspide *llegue* al cielo; y hagámonos un nombre, por si fuéremos esparcidos sobre la faz de toda la tierra.
5 ᵠY descendió Jehová para ver la ciudad y la torre que edificaban los hijos de los hombres.
6 Y dijo Jehová: He aquí el pueblo *es* uno, y todos estos tienen un solo lenguaje; y han comenzado a obrar, y nada les retraerá ahora de lo que han pensado hacer.
7 Ahora, pues, ʳdescendamos, y confundamos allí su lengua, para que ninguno entienda el habla de su compañero.
8 ᵗAsí los esparció Jehová desde allí ᵘsobre la faz de toda la tierra, y dejaron de edificar la ciudad.
9 Por esto fue llamado el nombre de ella ²Babel, porque allí confundió Jehová el lenguaje de toda la tierra,

y desde allí los esparció Jehová sobre la faz de toda la tierra.

10 ᵇÉstas *son* las generaciones de Sem: Sem, de edad de cien años, engendró a Arfaxad, dos años después del diluvio.

11 Y vivió Sem, después que engendró a Arfaxad quinientos años, y engendró hijos e hijas.

12 Y Arfaxad vivió treinta y cinco años, y engendró a Sala.

13 Y vivió Arfaxad, después que engendró a Sala, cuatrocientos tres años, y engendró hijos e hijas.

14 Y vivió Sala treinta años, y engendró a Heber.

15 Y vivió Sala, después que engendró a Heber, cuatrocientos tres años, y engendró hijos e hijas.

16 ᵍY vivió Heber treinta y cuatro años, y engendró a Peleg.

17 Y vivió Heber, después que engendró a Peleg, cuatrocientos treinta años, y engendró hijos e hijas.

18 Y vivió Peleg, treinta años, y engendró a Reu.

19 Y vivió Peleg, después que engendró a Reu, doscientos nueve años, y engendró hijos e hijas.

20 Y Reu vivió treinta y dos años, y engendró a Serug.

21 Y vivió Reu, después que engendró a Serug, doscientos siete años, y engendró hijos e hijas.

22 Y vivió Serug treinta años, y engendró a Nacor.

23 Y vivió Serug, después que engendró a Nacor, doscientos años, y engendró hijos e hijas.

24 Y vivió Nacor veintinueve años, y engendró a Taré.

25 Y vivió Nacor, después que engendró a Taré, ciento diecinueve años, y engendró hijos e hijas.

26 Y vivió Taré setenta años, ᵖy engendró a Abram, a Nacor y a Harán.

27 Éstas son las generaciones de Taré: Taré engendró a Abram, Nacor y a Harán; y Harán engendró a Lot.

28 Y murió Harán antes que su padre Taré en la tierra de su nacimiento, en Ur de los caldeos.

29 Y Abram y Nacor tomaron esposas para sí; el nombre de la esposa de Abram *era* ᶠSarai, y el nombre de la esposa de Nacor

a cp 22:20
b cp 10:22
1 Cr 1:17
c cp 16:1-2
d cp 12:1
e cp 15:7
Jos 24:2
Neh 9:7
Hch 7:4

f Hch 7:2-3
Heb 11:8
g 1 Cr 1:19

h cp 17:6
y 18:18
Gá 3:14
i cp 27:29
Nm 24:9
j cp 18:18
22:18 y 26:4
Jer 4:2
Hch 3:23
Gá 3:8

k cp 14:14
l cp 11:31

m cp 13:18
Heb 11:9
n Dt 11:30
Jue 7:1
o cp 13:7
p Jos 24:2
1 Cr 1:26-27
q cp 13:15
y 17:8
Éx 33:1
Sal 105:9-11
r cp 13:18
y 22:9

s cp 26:1 43:1

t cp 17:15

ᵃMilca, hija de Harán, padre de Milca y de Isca.

30 ᶜMas Sarai era estéril, y no *tenía* hijo.

31 Y tomó Taré a ᵈAbram su hijo, y a Lot hijo de Harán, hijo de su hijo, y a Sarai su nuera, esposa de Abram su hijo; ᵉy salió con ellos de Ur de los caldeos, para ir a la tierra de Canaán; y vinieron hasta Harán, y asentaron allí.

32 Y fueron los días de Taré doscientos cinco años; y murió Taré en Harán.

CAPÍTULO 12

Llamamiento de Abraham

Pero ᶠJehová había dicho a Abram: Vete de tu tierra y de tu parentela, y de la casa de tu padre, a la tierra que yo te mostraré;

2 ʰy haré de ti una nación grande, y te bendeciré, y engrandeceré tu nombre, y serás bendición.

3 ⁱY bendeciré a los que te bendijeren, y a los que te maldijeren maldeciré; ʲy serán benditas en ti todas las familias de la tierra.

4 Y se fue Abram, como Jehová le dijo; y fue con él Lot; y *era* Abram de edad de setenta y cinco años cuando salió de Harán.

5 Y tomó Abram a Sarai su esposa, y a Lot hijo de su hermano, y todos sus bienes que habían ganado, ᵏy las personas que habían adquirido ˡen Harán, y salieron para ir a tierra de Canaán; y a tierra de Canaán llegaron.

6 ᵐY pasó Abram por aquella tierra hasta el lugar de Siquem, ⁿhasta el valle de Moreh: ᵒy el cananeo *estaba* entonces en la tierra.

7 Y apareció Jehová a Abram, y le dijo: ᵠA tu simiente daré esta tierra. ʳY edificó allí un altar a Jehová, que le había aparecido.

8 Y se pasó de allí a un monte al oriente de Betel, y tendió su tienda, *teniendo* a Betel al occidente y Hai al oriente; y edificó allí un altar a Jehová e invocó el nombre de Jehová.

9 Y partió Abram de allí, caminando y yendo aún hacia el sur.

10 ˢY hubo hambre en la tierra, y descendió Abram a Egipto para peregrinar allá; porque *era* grande el hambre en la tierra.

Abraham y Lot se separan

GÉNESIS 13-14

11 Y aconteció que cuando estaba para entrar en Egipto, dijo a Sarai su esposa: He aquí, ahora conozco que eres mujer de hermoso parecer;

12 Y será que cuando te vean los egipcios, dirán: Su esposa es; [c]y me matarán a mí, y a ti te reservarán la vida.

13 Ahora, pues, di que eres mi hermana, para que me vaya bien por causa tuya, y viva mi alma por causa de ti.

14 Y aconteció que, cuando entró Abram en Egipto, los egipcios vieron que la mujer era muy hermosa.

15 La vieron también los príncipes de Faraón, y la alabaron delante de Faraón; y fue llevada la mujer a casa de Faraón.

16 E hizo bien a Abram por causa de ella; y él tuvo ovejas, vacas, asnos, siervos, criadas, asnas y camellos.

17 [j]Mas Jehová hirió a Faraón y a su casa con grandes plagas, por causa de Sarai esposa de Abram.

18 Entonces Faraón llamó a Abram y le dijo: ¿Qué *es* esto *que* has hecho conmigo? ¿Por qué no me declaraste que era tu esposa?

19 ¿Por qué dijiste: Es mi hermana, poniéndome en ocasión de tomarla para mí por esposa? Ahora pues, he aquí tu esposa, tómala y vete.

20 Entonces Faraón dio orden a *sus* hombres acerca de Abram; y le acompañaron, y a su esposa con todo lo que tenía.

CAPÍTULO 13

Subió, pues, Abram de Egipto hacia el sur, él y su esposa, con todo lo que tenía, y con él Lot.

2 Y Abram era riquísimo en ganado, en plata y oro.

3 Y volvió por sus jornadas de la parte del sur hacia Betel, hasta el lugar donde había estado antes su tienda entre Betel y Hai;

4 [p]al lugar del altar que había hecho allí antes; e invocó allí Abram el nombre de Jehová.

5 Y también Lot, que andaba con Abram, tenía ovejas, y vacas, y tiendas.

6 Y [r]la tierra no podía darles para que habitasen juntos: porque sus posesiones eran muchas, y no podían morar en un mismo lugar.

7 [a]Y hubo contienda entre los pastores del ganado de Abram y los pastores del ganado de Lot; [b]y el cananeo y el ferezeo habitaban entonces en la tierra.

8 Entonces Abram dijo a Lot: [d]No haya ahora altercado entre nosotros, entre mis pastores y los tuyos, porque somos hermanos.

9 [e]¿No está toda la tierra delante de ti? Yo te ruego que te apartes de mí. Si *vas* a la mano izquierda, yo iré a la derecha; y si tú *vas* a la mano derecha, yo iré a la izquierda.

10 Y alzó Lot sus ojos, y vio toda [f]la llanura del Jordán, que toda ella *era* de riego, como el [g]huerto de Jehová, como la tierra de Egipto entrando en [h]Zoar, antes que [i]destruyese Jehová a Sodoma y a Gomorra.

11 Entonces Lot escogió para sí toda la llanura del Jordán: y se fue Lot hacia el oriente, y se apartaron el uno del otro.

12 Abram asentó en la tierra de Canaán, y Lot asentó en las ciudades de la llanura, y fue poniendo *sus* tiendas hasta Sodoma.

13 [k]Mas los hombres de Sodoma *eran* malos y pecadores contra Jehová en gran manera.

14 Y Jehová dijo a Abram, después que Lot se apartó de él: Alza ahora tus ojos, y mira desde el lugar donde estás hacia el norte, y el sur, al oriente y al occidente;

15 porque toda la tierra que ves, [l]la daré a ti y a tu simiente para siempre.

16 [m]Y haré tu simiente como el polvo de la tierra: que si alguno podrá contar el polvo de la tierra, también tu simiente será contada.

17 Levántate, ve por la tierra a lo largo de ella y a su ancho; porque a ti la daré.

18 Abram, pues, removiendo su tienda, vino y [n]moró en el valle de Mamre, que *está* en [o]Hebrón, y edificó allí altar a Jehová.

CAPÍTULO 14

Y aconteció en los días de Amrafel, rey de [q]Sinar, Arioc, rey de Elasar, Quedorlaomer, [s]rey de Elam, y Tidal, rey de naciones,

2 que éstos hicieron guerra contra Bera, rey de Sodoma, y contra Birsa, rey de Gomorra, y contra Sinab, rey de ªAdma, y contra Semeber, rey de Zeboim, y contra el rey de Bela, la cual es Zoar.

3 Todos éstos se juntaron en el valle de Sidim, ᵇque es el Mar Salado.

4 Doce años habían servido a Quedorlaomer, y al año decimotercero se rebelaron.

5 Y en el año decimocuarto vino Quedorlaomer, y los reyes que estaban de su parte, y derrotaron a ᵍlos refaítas en ʰAsterot Karnaim, a ⁱlos zuzitas en Ham, y a ʲlos emitas en Save Quiriataim,

6 y a los horeos en el monte de Seir, hasta la ˡllanura de Parán, que está junto al desierto.

7 Y volvieron y vinieron a Emispat, que es Cades, y devastaron todas las haciendas de los amalecitas, y también al amorreo, que habitaba en ⁿHazezón-tamar.

8 Y salieron el rey de Sodoma, y el rey de Gomorra, y el rey de Adma, y el rey de Zeboim, y el rey de Bela, que es Zoar, y ordenaron contra ellos batalla en el valle de Sidim;

9 es decir, contra Quedorlaomer, rey de Elam, y Tidal, rey de naciones, y Amrafel, rey de Sinar, y Arioc, rey de Elasar; cuatro reyes contra cinco.

10 Y el valle de Sidim estaba lleno de pozos de ᵖbetún; y huyeron el rey de Sodoma y el de Gomorra, y cayeron allí; y los demás huyeron ʳal monte.

11 Y tomaron toda ˢla riqueza de Sodoma y de Gomorra, y todas sus provisiones, y se fueron.

12 Tomaron también a Lot, ᵗhijo del hermano de Abram, que moraba en Sodoma, y sus bienes, ʸy se fueron.

13 Y vino uno de los que escaparon, y lo dijo a Abram el hebreo, ᶻque habitaba en el valle de Mamre amorreo, hermano de Escol y hermano de Aner, ªlos cuales estaban confederados con Abram.

14 Y oyó Abram que su ᶜhermano estaba prisionero, y armó sus criados, ᵈlos criados de su casa, trescientos dieciocho, y los siguió hasta ᶠDan.

15 Y se esparció contra ellos de noche, él y sus siervos, y los hirió, y los fue siguiendo hasta Hobah, que está a la izquierda de Damasco.

16 Y recobró todos los bienes, y también a Lot su hermano y sus bienes, y también a las mujeres y a la gente.

17 Y cuando volvía de derrotar a Quedorlaomer y a los reyes que con él estaban, salió el rey de Sodoma a recibirlo al valle de Save, ᶜque es el valle del Rey.

18 Entonces ᵈMelquisedec, Rey de Salem, el cual era ᵉsacerdote del ᶠDios Altísimo, sacó pan y vino,

19 y le bendijo, y dijo: Bendito sea Abram del Dios Altísimo, ᵏposeedor de los cielos y de la tierra;

20 y bendito sea el Dios Altísimo, que entregó tus enemigos en tu mano. ᵐY le dio Abram los diezmos de todo.

21 Entonces el rey de Sodoma dijo a Abram: Dame las ˡpersonas, y toma para ti los bienes.

22 Y respondió Abram al rey de Sodoma: ᵒHe alzado mi mano a Jehová Dios Altísimo, poseedor de los cielos y de la tierra,

23 que desde un hilo hasta la correa de un calzado, nada tomaré de todo lo que es tuyo, para que no digas: Yo enriquecí a Abram;

24 excepto solamente lo que comieron los jóvenes, y la porción de los varones que fueron conmigo, ᵠAner, Escol, y Mamre; los cuales tomarán su porción.

CAPÍTULO 15

Después de estas cosas vino la palabra de Jehová a Abram en visión, diciendo: ᵘNo temas, Abram; yo soy tu ᵛescudo, y soy tu ˣgalardón sobremanera grande.

2 Y respondió Abram: Señor Jehová ¿qué me has de dar, siendo así que ando sin hijos, y el mayordomo de mi casa es ese damasceno Eliezer?

3 Dijo más Abram: Mira que no me has dado hijos, ᵇy he aquí que es mi heredero uno nacido en mi casa.

4 Y luego vino a él la palabra de Jehová, diciendo: No te heredará éste, sino el que ᵉsaldrá de tus entrañas será el que te herede.

5 Y le llevó fuera, y dijo: Mira ahora a los cielos, y ᵍcuenta las estrellas, si

Sara y Agar   **GÉNESIS 16**

las puedes contar. Y le dijo: ^aAsí será tu simiente.

6 ^bY creyó a Jehová, y Él se lo contó por justicia.

7 Y le dijo: ^dYo *soy* Jehová, que te saqué de Ur de los caldeos, para darte a heredar esta tierra.

8 Y él respondió: Señor Jehová ^f¿en qué conoceré que la he de heredar?

9 Y le dijo: Apártame una becerra de tres años, y una cabra de tres años, y un carnero de tres años, una tórtola también, y un palomino.

10 Y tomó él todas estas cosas, ^hy las partió por la mitad, y puso cada mitad una enfrente de otra; ⁱmas no partió las aves.

11 Y descendían aves sobre los cuerpos muertos, y Abram las ahuyentaba.

12 Mas a la caída del sol ^ksobrecogió el sueño a Abram, y he aquí que el pavor de una grande oscuridad cayó sobre él.

13 Entonces dijo a Abram: Ten por cierto ^lque tu simiente será peregrina en tierra no suya, y servirá ^ma los *de allí* y será afligida por cuatrocientos años.

14 Mas también a la nación a quien servirán, juzgaré yo; ^oy después de esto saldrán con grande riqueza.

15 ^pY tú vendrás ^qa tus padres en paz, ^ry serás sepultado en buena vejez.

16 Y en la cuarta generación volverán acá; ^sporque la maldad del ^tamorreo aún no *ha llegado* a su colmo.

17 Y sucedió que puesto el sol, y ya oscurecido, se dejó ver un horno humeando, y una antorcha de fuego que pasó por entre los animales divididos.

18 En aquel día ^vhizo Jehová un pacto con Abram diciendo: ^xA tu simiente daré esta tierra desde el río de Egipto hasta el río grande, el río Éufrates;

19 Los cineos, los cenezeos, los cadmoneos,

20 los heteos, los ferezeos, los refaítas,

21 los amorreos, los cananeos, los gergeseos y los jebuseos.

CAPÍTULO 16

Y Sarai, esposa de Abram ^cno le daba hijos; y ella tenía una sierva ^degipcia, que se llamaba ^eAgar.

a cp 22:17
Rm 4:18
b Rm 4:3
y 9:22
c cp 30:3-9
d cp 11:28-31
y 12:1
e cp 12:5
f cp 24:13-14
Jue 6:17,37
2 Re 20:8
Lv 1:18
g Pr 30:21-23
h Jer 34:18
i Lv 1:17
j cp 31:53
1 Sm 24:13
k cp 2:21
l Hch 7:6
m Éx 1:11
n cp 25:18
Éx 15:22
o Éx 12:36
Sal 105:37
p Job 5:26
q Hch 13:36
r cp 25:8
s Dn 8:23
Mt 23:32
t 1 Re 21:26
u cp 17:20
21:18 y 25:12
v cp 24:7
x cp 12:7
13:15 y 26:4
Éx 23:31
Nm 34:3
Dt 1:7 11:24
y 34:4
Jos 1:4
1 Re 4:21
2 Cr 9:26
Neh 9:8
Sal 105:11
Is 27:12
y cp 21:20
z cp 25:18
a cp 24:62
y 25:11
b Gá 4:24
c cp 15:2-3
d cp 21:9
e Gá 4:24

2 Dijo, pues, Sarai a Abram: Ya ves que Jehová me ha hecho estéril; te ruego ^cque entres a mi sierva; quizá tendré hijos de ella. Y atendió Abram al dicho de Sarai.

3 Y Sarai, esposa de Abram, tomó a Agar su sierva ^eegipcia, al cabo de diez años que había habitado Abram en la tierra de Canaán, y la dio a Abram su marido por esposa.

4 Y él cohabitó con Agar, la cual concibió; y cuando vio que había concebido, ^gmiraba con desprecio a su señora.

5 Entonces Sarai dijo a Abram: Mi afrenta *sea* sobre ti: yo puse mi sierva en tu seno, y viéndose embarazada, me mira con desprecio; ^jjuzgue Jehová entre tú y yo.

6 Y respondió Abram a Sarai: He ahí tu sierva en tu mano, haz con ella lo que bien te pareciere. Y como Sarai la afligía, ella huyó de su presencia.

7 Y la halló el Ángel de Jehová junto a una fuente de agua en el desierto, ⁿjunto a la fuente que está en el camino de Shur.

8 Y le dijo: Agar, sierva de Sarai, ¿de dónde vienes tú, y a dónde vas? Y ella respondió: Huyo de delante de Sarai mi señora.

9 Y le dijo el Ángel de Jehová: Vuélvete a tu señora, y ponte sumisa bajo de su mano.

10 Le dijo también el Ángel de Jehová: ^uMultiplicaré tanto tu descendencia, que no será contada a causa de la multitud.

11 Le dijo también el Ángel de Jehová: He aquí que has concebido, y darás a luz un hijo, y llamarás su nombre Ismael, porque Jehová ha oído tu aflicción.

12 ^yY él será hombre fiero; su mano *será* contra todos, y las manos de todos contra él, ^zy delante de todos sus hermanos habitará.

13 Entonces llamó el nombre de Jehová que con ella hablaba: Tú Dios *me* ves; porque dijo: ¿No he visto también aquí al que me ve?

14 Por lo cual llamó al pozo, ^aPozo del Viviente que me ve. ^bHe aquí *está* entre Cades y Bered.

15 Y Agar dio a luz un hijo a Abram, y llamó Abram el nombre de su hijo que le dio Agar, Ismael.

GÉNESIS 17-18

16 Y Abram *tenía* ochenta y seis años cuando Agar dio a luz a Ismael, de Abram.

CAPÍTULO 17

Y siendo Abram de edad de noventa y nueve años, Jehová apareció a Abram y le dijo: ᶜYo *soy* el Dios Todopoderoso; ᵈanda delante de mí, y ᵉsé perfecto.

2 Y yo estableceré mi pacto contigo, ᵍy te multiplicaré en gran manera.

3 Entonces Abram cayó sobre su rostro, y Dios habló con él diciendo:

4 He aquí mi pacto *es* contigo: ʰSerás padre de muchas naciones:

5 Y no se llamará más tu nombre Abram, ʲsino que será tu nombre ³Abraham, ᵏporque te he puesto por padre de muchedumbre de gentes.

6 Y te multiplicaré mucho en gran manera, ˡy de ti haré naciones, ᵐy reyes saldrán de ti.

7 ⁿY estableceré mi pacto contigo, y *con* tu simiente después de ti en sus generaciones, por pacto perpetuo, ʳpara ser Dios tuyo y de tu simiente después de ti.

8 ᵗY te daré a ti, y a tu simiente después de ti, la tierra de tus peregrinaciones, toda la tierra de Canaán en heredad perpetua; ˣy seré el Dios de ellos.

9 Y dijo Dios a Abraham: Tú guardarás mi pacto, tú y tu simiente después de ti en sus generaciones.

10 Este *es* mi pacto, que guardaréis entre mí y vosotros y tu simiente después de ti: Será circuncidado todo varón de entre vosotros.

11 Circuncidaréis, pues, la carne de vuestro prepucio, ʸy será por señal del pacto entre mí y vosotros.

12 ᶻY de edad de ocho días será circuncidado todo varón entre vosotros en vuestras generaciones, el nacido en casa, y el comprado por dinero de cualquier extranjero, que no *fuere* de tu simiente.

13 Debe ser circuncidado el nacido en tu casa, y el comprado por tu dinero; y estará mi pacto en vuestra carne por pacto perpetuo.

14 Y el varón incircunciso que no hubiere circuncidado la carne de su prepucio, aquella persona será borrada de su pueblo; ha violado mi pacto.

1 princesa
a cp 18:10
b cp 35:11
c cp 28:3
y 35:11
d cp 48:15
e cp 6:9
Dt 18:3
g Job 1:1
Mt 5:48
f cp 21:6
g cp 12:2
13:16 y 22:17
h Rm 4:11-17
i cp 18:10
y 21:2
j Neh 9:7
2 risa
3 padre de multitud
k Rm 4:17
l cp 35:11
m ver 16
n Gá 3:16-17
o cp 16:10
p cp 25:12-16
q cp 21:18
r cp 20:24
y 28:13
Heb 11:6
s cp 26:2-5
t cp 12:7
y 13:15
u cp 21:2
v cp 35:13
x Éx 6:7
Lv 26:12
y Dt 14:2
y Hch 7:8
Rm 4:11
z Lv 12:3
Lc 2:21
Fil 3:5
a cp 18:19

b cp 13:18
y 14:13

Dios establece pacto con Abraham

15 Dijo también Dios a Abraham: En cuanto a tu esposa Sarai, no la llamarás Sarai, mas ¹Sara *será* su nombre.

16 Y la bendeciré, ᵃy también te daré de ella hijo; sí, la bendeciré, ᵇy vendrá a ser *madre* de naciones; reyes de pueblos serán de ella.

17 Entonces Abraham cayó sobre su rostro, y ᶠse rió, y dijo en su corazón: ¿A hombre de cien años ha de nacer *hijo*? ¿Y Sara, ya de noventa años, ha de dar a luz?

18 Y dijo Abraham a Dios: Te ruego que Ismael viva delante de ti.

19 Y respondió Dios: ⁱCiertamente Sara tu esposa te dará a luz un hijo, y llamarás su nombre ²Isaac; y confirmaré mi pacto con él, y con su simiente después de él por pacto perpetuo.

20 Y en cuanto a Ismael, también te he oído; he aquí que le bendeciré, y le haré fructificar y ᵒle multiplicaré mucho en gran manera; ᵖdoce príncipes engendrará, ᵠy haré de él una nación grande.

21 Mas yo ˢestableceré mi pacto con Isaac, ᵘel cual Sara te dará a luz por este tiempo el año siguiente.

22 Y acabó de hablar con él, y ᵛsubió Dios de estar con Abraham.

23 Entonces tomó Abraham a Ismael su hijo, y a todos los siervos nacidos en su casa, y a todos los comprados por su dinero, a todo varón entre los domésticos de la casa de Abraham, y circuncidó la carne del prepucio de ellos en aquel mismo día, como Dios le había dicho.

24 Y Abraham *tenía* noventa y nueve años cuando circuncidó la carne de su prepucio.

25 E Ismael su hijo *tenía* trece años cuando fue circuncidada la carne de su prepucio.

26 En el mismo día fueron circuncidados Abraham y su hijo Ismael.

27 ᵃY todos los varones de su casa, el siervo nacido en casa, y el comprado por dinero del extranjero, fueron circuncidados con él.

CAPÍTULO 18

Y le apareció Jehová en ᵇel valle de Mamre, estando él sentado a la puerta de su tienda en el calor del día.

Abraham intercede por Sodoma

GÉNESIS 18

2 ªY alzó sus ojos y miró, y he aquí tres varones que estaban junto a él; ᵇy cuando *los* vio, salió corriendo de la puerta de su tienda a recibirlos, y se inclinó hacia la tierra,

3 y dijo: Mi Señor, si ahora he hallado gracia en tus ojos, te ruego que no pases de tu siervo.

4 ᵉQue se traiga ahora un poco de agua, y lavad vuestros pies; y recostaos debajo de un árbol,

5 y traeré un bocado de pan, ᵍy sustentad vuestro corazón; después pasaréis, ʰporque por eso habéis pasado cerca de vuestro siervo. Y ellos dijeron: Haz así como has dicho.

6 Entonces Abraham fue de prisa a la tienda a Sara, y le dijo: Toma presto tres medidas de flor de harina, amasa y haz panes cocidos debajo del rescoldo.

7 Y corrió Abraham a las vacas, y tomó un becerro tierno y bueno, y lo dio al criado, y éste se dio prisa a aderezarlo.

8 Y tomó mantequilla y leche, y el becerro que había aderezado, y lo puso delante de ellos; y él estaba junto a ellos debajo del árbol; y comieron.

9 Y le dijeron: ¿Dónde *está* Sara tu esposa? Y él respondió: ⁿAquí en la tienda.

10 Entonces dijo: ᵒDe cierto volveré a ti ᵖsegún el tiempo de la vida, y ᵠhe aquí, tendrá un hijo tu esposa Sara. Y Sara escuchaba a la puerta de la tienda, que *estaba* detrás de él.

11 ˢY Abraham y Sara *eran* viejos, entrados en días; y a Sara le había cesado ya la costumbre de las mujeres.

12 ᵘSe rió, pues, Sara entre sí, diciendo: ˣ¿Después que he envejecido tendré deleite, siendo también mi ʸseñor ya viejo?

13 Entonces Jehová dijo a Abraham: ¿Por qué se ha reído Sara diciendo: Será cierto que he de dar a luz siendo ya vieja?

14 ᵇ¿Hay para Dios alguna cosa difícil? Al tiempo señalado volveré a ti, según el tiempo de la vida, y Sara tendrá un hijo.

15 Entonces Sara negó diciendo: No me reí; porque tuvo miedo. Y él dijo: No es así, sino que te has reído.

a	Heb 13:2
b	cp 19:1
c	Sal 25:14
	Am 3:7
	Jn 15:15
d	cp 12:3
	y 22:18
	Hch 3:25
	Gá 3:8
e	cp 19:2
	y 43:24
	Lc 7:34
	Jn 13:14
f	Dt 4:9-10
	y 6:7
	Jos 24:15
	Ef 6:4
g	Jue 19:5
	Sal 104:15
h	cp 33:10
i	cp 4:10
	y 19:13
	Is 3:9
	Stg 5:4
j	cp 11:5
	Éx 3:8
k	cp 19:1
l	ver 1
m	Nm 16:22
	2 Sm 24:17
n	cp 24:67
o	ver 14
p	2 Re 4:16
q	cp 17:19-21
r	Job 8:20
s	cp 17:17
	Rm 4:19
	Heb 11:11
t	Job 8:3
	Rm 3:6
u	cp 17:17
v	cp 35:13
x	Lc 1:18
y	1 Pe 3:6
z	Lc 18:1
a	cp 3:19
	Job 4:19
b	Job 42:2
	Jer 32:17
	Zac 8:6
	Mt 19:28
	Lc 1:37

16 Y los varones se levantaron de allí, y miraron hacia Sodoma: y Abraham iba con ellos acompañándolos.

17 Y Jehová dijo: ᶜ¿Encubriré yo a Abraham lo que voy a hacer,

18 habiendo de ser Abraham una nación grande y fuerte, ᵈy habiendo de ser benditas en él todas las naciones de la tierra?

19 Porque yo lo conozco, ᶠsé que mandará a sus hijos y a su casa después de sí, que guarden el camino de Jehová, haciendo justicia y juicio, para que haga venir Jehová sobre Abraham lo que ha hablado acerca de él.

20 Entonces Jehová le dijo: ⁱPor cuanto el clamor de Sodoma y Gomorra se aumenta más y más, y el pecado de ellos se ha agravado en extremo,

21 ʲdescenderé ahora, y veré si han consumado su obra según el clamor que ha venido hasta mí; y si no, lo sabré.

22 Y se apartaron de allí los varones, ᵏy fueron hacia Sodoma; ˡmas Abraham estaba aún delante de Jehová.

23 Y se acercó Abraham y dijo: ᵐ¿Destruirás también al justo con el impío?

24 Quizá haya cincuenta justos dentro de la ciudad: ¿destruirás también y no perdonarás al lugar por amor a los cincuenta justos que estén dentro de él?

25 Lejos de ti el hacer tal cosa, que hagas morir al justo con el impío ʳy que sea el justo tratado como el impío; nunca tal hagas. ᵗEl Juez de toda la tierra, ¿no ha de hacer lo que es justo?

26 Entonces respondió Jehová: ᵛSi hallare en Sodoma cincuenta justos dentro de la ciudad, perdonaré a todo este lugar por amor a ellos.

27 Y Abraham replicó y dijo: ᶻHe aquí ahora que he comenzado a hablar a mi Señor, aunque soy ᵃpolvo y ceniza:

28 Quizá faltarán de cincuenta justos cinco: ¿destruirás por aquellos cinco toda la ciudad? Y dijo: No la destruiré, si *hallare* allí cuarenta y cinco.

29 Y volvió a hablarle, y dijo: Quizá se hallarán allí cuarenta. Y respondió: No lo haré por amor a los cuarenta.

GÉNESIS 19

30 Y dijo: No se enoje ahora mi Señor, si hablare; quizá se hallarán allí treinta. Y respondió: No lo haré si hallare allí treinta.

31 Y dijo: He aquí ahora que ᶜhe emprendido el hablar a mi Señor: quizá se hallarán allí veinte. No la destruiré, respondió, por amor a los veinte.

32 Y volvió a decir: ᵈNo se enoje ahora mi Señor, si hablare solamente una vez: quizá se hallarán allí diez. ᶠNo la destruiré, respondió, por amor a los diez.

33 Y Jehová se fue, luego que acabó de hablar a Abraham; y Abraham se volvió a su lugar.

CAPÍTULO 19

Llegaron, pues, los ʰdos ángeles a Sodoma a la caída de la tarde; y Lot estaba sentado a la puerta de Sodoma. ʲY viéndolos Lot, se levantó a recibirlos, y se inclinó hacia el suelo;

2 y dijo: Señores míos, he aquí os ruego ᵏque vengáis a casa de vuestro siervo y paséis en ella la noche, ᵐy lavaréis vuestros pies; y por la mañana os levantaréis y seguiréis vuestro camino. Y ellos respondieron: ⁿNo, sino que en la plaza pasaremos la noche.

3 Mas él porfió con ellos mucho, y se vinieron con él, y entraron en su casa; y les hizo banquete, y coció panes sin levadura y comieron.

4 Pero antes que se acostasen, rodearon la casa los hombres de la ciudad, los varones de Sodoma, todo el pueblo ʲjunto, desde el más joven hasta el más viejo.

5 ᑫY llamaron a Lot, y le dijeron: ¿Dónde están los varones que vinieron a ti esta noche? ˢSácalos, ᵗpara que los conozcamos.

6 Entonces Lot salió a ellos a la puerta, y cerró las puertas tras sí,

7 y dijo: Os ruego, hermanos míos, que no hagáis tal maldad.

8 ᵘHe aquí ahora yo tengo dos hijas que no han conocido varón; os las sacaré fuera, y haced de ellas como bien os pareciere: solamente a estos varones no hagáis nada, ᵛpues que vinieron a la sombra de mi tejado.

Los ángeles vienen a Lot

9 Y ellos respondieron: Quita allá; y añadieron: ᵃVino éste aquí para habitar como un extraño, ᵇ¿y habrá de erigirse en juez? Ahora te haremos más mal que a ellos. Y hacían gran violencia al varón, a Lot, y se acercaron para romper la puerta.

10 Entonces los varones alargaron la mano, y metieron a Lot en casa con ellos, y cerraron la puerta.

11 Y a los hombres que estaban a la puerta de la casa ᵉdesde el menor hasta el mayor, hirieron con ceguera; de modo que ellos se fatigaban buscando la puerta.

12 Y dijeron los varones a Lot: ¿Tienes aquí alguno más? Yernos, y tus hijos y tus hijas, y todo lo que tienes en la ciudad, ᵍsácalo de este lugar:

13 Porque vamos a destruir este lugar, por cuanto ⁱel clamor de ellos ha subido de punto delante de Jehová; por tanto, Jehová nos ha enviado para destruirlo.

14 Entonces salió Lot, y habló a sus yernos, los que habían de tomar sus hijas, y les dijo: ˡLevantaos, salid de este lugar; porque Jehová va a destruir esta ciudad. Mas pareció a sus yernos como que se burlaba.

15 Y al rayar el alba, los ángeles daban prisa a Lot, diciendo: ᵒLevántate, toma tu esposa, y tus dos hijas que se hallan aquí, para que no perezcas en el castigo de la ciudad.

16 Y deteniéndose él, los varones asieron de su mano, y de la mano de su esposa, y de las manos de sus dos hijas ᵖsegún la misericordia de Jehová para con él; y le sacaron, y le pusieron fuera de la ciudad.

17 Y fue que cuando los hubo llevado fuera, dijo: Escapa por tu vida; ʳno mires tras ti, ni pares en toda esta llanura; escapa al monte, no sea que perezcas.

18 Pero Lot les dijo: No, yo te ruego, mi Señor.

19 He aquí ahora ha hallado tu siervo gracia en tus ojos, y has engrandecido tu misericordia que has hecho conmigo dándome la vida; mas yo no podré escapar al monte, no sea que me alcance el mal y muera.

20 He aquí ahora esta ciudad está cerca para huir allá, la cual es

Destrucción de Sodoma y Gomorra GÉNESIS 20

pequeña; escaparé ahora allá (¿no es ella pequeña?), y vivirá mi alma.

21 Y le respondió: He aquí ªhe recibido también tu súplica sobre esto, y no destruiré la ciudad de que has hablado.

22 Date prisa, escápate allá; porque nada podré hacer hasta que hayas llegado allí. Por esto ᵇfue llamado el nombre de la ciudad, ¹Zoar.

23 El sol salía sobre la tierra, cuando Lot llegó a Zoar.

24 ᶜEntonces Jehová hizo llover sobre Sodoma y sobre Gomorra azufre y fuego de parte de Jehová desde los cielos;

25 y destruyó las ciudades, y toda aquella llanura, con todos los moradores de aquellas ciudades, y el fruto de la tierra.

26 Entonces la esposa de Lot miró atrás, a espaldas de él, ᶠy se volvió estatua de sal.

27 Y subió Abraham por la mañana ⁱal lugar donde había estado delante de Jehová;

28 Y miró hacia Sodoma y Gomorra, y hacia toda la tierra de aquella llanura miró; y he aquí que ᵐel humo subía de la tierra como el humo de un horno.

29 Así fue que, cuando destruyó Dios las ciudades de la llanura, ᵖse acordó Dios de Abraham, y envió fuera a Lot de en medio de la destrucción, al asolar las ciudades donde Lot estaba.

30 Pero Lot subió de Zoar, ʳy asentó en el monte, y sus dos hijas con él; porque tuvo miedo de quedar en Zoar, y habitó en una cueva él y sus dos hijas.

31 Entonces la mayor dijo a la menor: Nuestro padre es viejo, y no queda varón en la tierra que entre a nosotras conforme a la costumbre de toda la tierra:

32 Ven, demos a beber vino a nuestro padre, y acostémonos con él, y conservaremos de nuestro padre descendencia.

33 Y dieron a beber vino a su padre aquella noche; y entró la mayor, y se acostó con su padre; mas él no sintió cuando se acostó ella, ni cuando se levantó.

34 Y aconteció que al día siguiente dijo la mayor a la menor: He aquí que

a Job 42:8-9
b cp 14:2
1 pequeña
c Dt 29:23
Is 13:19
Jer 20:16
y 50:40
Ez 16:49-50
Am 4:11
Sof 2:9
Lc 17:29
2 Pe 2:6
Jud 7
d Dt 2:9
e Dt 2:19
f Lc 17:32
g cp 18:1
h cp 16:7-14
i cp 18:22
j cp 26:6
k cp 12:13
26:7
l cp 12:15
m Ap 18:9
n Sal 105:14
o Job 33:15
p cp 8:1
q cp 18:23
r vers 17,19
s cp 39:9
Sal 51:4
t 1 Sm 7:5
Job 42:8
u Nm 16:32

anoche yo me acosté con mi padre; démosle a beber vino también esta noche, y entra y acuéstate con él, para que conservemos de nuestro padre descendencia.

35 Y dieron a beber vino a su padre también aquella noche; y se levantó la menor, y se acostó con él; y él no se dio cuenta cuando se acostó ella, ni cuando se levantó.

36 Y concibieron las dos hijas de Lot, de su padre.

37 Y la mayor dio a luz un hijo, y llamó su nombre Moab, ᵈel cual es padre de los moabitas hasta hoy.

38 La menor también dio a luz un hijo, y llamó su nombre Ben-amí, ᵉel cual es padre de los amonitas hasta hoy.

CAPÍTULO 20

ᵍDe allí partió Abraham a la tierra del sur, ʰy asentó entre Cades y Shur, ʲy habitó como forastero en Gerar.

2 Y dijo Abraham de Sara su esposa: ᵏMi hermana es. Y Abimelec, rey de Gerar, envió ˡy tomó a Sara.

3 Pero ⁿDios vino a Abimelec ᵒen sueños de noche, y le dijo: He aquí muerto *eres* a causa de la mujer que has tomado, la cual *es* casada con marido.

4 Mas Abimelec no se había llegado a ella, y dijo: Señor, ᑫ¿matarás también la gente justa?

5 ¿No me dijo él: Mi hermana *es*; y ella también dijo: *Es* mi hermano? Con sencillez de mi corazón, y con limpieza de mis manos he hecho esto.

6 Y le dijo Dios en sueños: Yo también sé que con integridad de tu corazón has hecho esto; y yo también te detuve de pecar ˢcontra mí, y así no te permití que la tocases.

7 Ahora, pues, devuélvele *su* esposa a este hombre; porque él es profeta, ᵗy orará por ti, y vivirás. Y si tú no la devolvieres, sabe que de cierto morirás, ᵘcon todo lo que *fuere* tuyo.

8 Entonces Abimelec se levantó de mañana, y llamó a todos sus siervos, y dijo todas estas palabras en los oídos de ellos; y temieron los hombres en gran manera.

GÉNESIS 21

9 Después llamó Abimelec a Abraham y le dijo: ¿Qué nos has hecho? ¿En qué pequé yo contra ti, que has atraído sobre mí y sobre mi reino tan gran pecado? Lo que no debiste hacer has hecho conmigo.

10 Y dijo más Abimelec a Abraham: ¿Qué viste para que hicieses esto?

11 Y Abraham respondió: Porque dije para mí: Cierto ^cno hay temor de Dios en este lugar, ^dy me matarán por causa de mi esposa.

12 ^fY a la verdad también *es* mi hermana, hija de mi padre, mas no hija de mi madre, y la tomé por esposa.

13 ⁱY fue que, cuando Dios me hizo salir errante de la casa de mi padre, yo le dije: Ésta *es* la merced que tú me harás, que en todos los lugares adonde lleguemos, ^jdigas de mí: Mi hermano *es*.

14 Entonces Abimelec ^ktomó ovejas y vacas, y siervos y siervas, y lo dio a Abraham, y le devolvió a Sara su esposa.

15 Y dijo Abimelec: ^mHe aquí mi tierra *está* delante de ti, habita donde bien te pareciere.

16 Y a Sara dijo: He aquí he dado mil *piezas* de plata ^oa tu hermano; mira que él te es ^pcomo velo de ojos para todos los que *están* contigo, y para con todos: así fue reprendida.

17 Entonces Abraham ^qoró a Dios; y Dios sanó a Abimelec y a su esposa, y a sus siervas, y tuvieron *hijos*.

18 Porque Jehová ^shabía cerrado completamente toda matriz de la casa de Abimelec, a causa de Sara esposa de Abraham.

CAPÍTULO 21

Y ^tvisitó Jehová a Sara, como había dicho, e hizo Jehová con Sara ^ucomo había hablado.

2 Y ^vSara concibió y dio a luz un hijo a Abraham en su vejez, ^xen el tiempo que Dios le había dicho.

3 Y llamó Abraham el nombre de su hijo que le nació, que le dio a luz Sara, ^yIsaac.

4 Y ^zcircuncidó Abraham a su hijo Isaac de ocho días, ^acomo Dios le había mandado.

5 Y ^bera Abraham de cien años, cuando le nació Isaac su hijo.

Abraham y Abimelec

6 Entonces dijo Sara: ^aDios me ha hecho reír, y cualquiera que lo oyere, se reirá conmigo.

7 Y añadió: ¿Quién dijera a Abraham que Sara había de dar de mamar a hijos? ^bPues que le he dado un hijo en su vejez.

8 Y creció el niño, y fue destetado; e hizo Abraham gran banquete el día que fue destetado Isaac.

9 Y vio Sara al hijo de Agar ^ela egipcia, el cual ésta le había dado a luz a Abraham, ^gque se burlaba.

10 Por tanto dijo a Abraham: ^hEcha a esta sierva y a su hijo; pues el hijo de esta sierva no ha de heredar con mi hijo, con Isaac.

11 Este dicho pareció grave en gran manera a Abraham a causa de su hijo.

12 Entonces dijo Dios a Abraham: No te parezca grave a causa del muchacho y de tu sierva; en todo lo que te dijere Sara, oye su voz, ^lporque en Isaac te será llamada descendencia.

13 Y también del hijo de la sierva haré ⁿuna nación, porque *es* tu simiente.

14 Entonces Abraham se levantó muy de mañana, y tomó pan, y un odre de agua, y *lo* dio a Agar, poniéndolo sobre su hombro, y le entregó el muchacho, y la despidió. Y ella partió, y andaba errante por el desierto de ^rBeerseba.

15 Y faltó el agua del odre, y echó al muchacho debajo de un árbol;

16 y se fue y se sentó enfrente, alejándose como a un tiro de arco; porque decía: No veré cuando el muchacho morirá: y se sentó enfrente, y alzó su voz y lloró.

17 Y oyó Dios la voz del muchacho; y el Ángel de Dios llamó a Agar desde el cielo, y le dijo: ¿Qué tienes, Agar? No temas; porque Dios ha oído la voz del muchacho en donde está.

18 Levántate, alza al muchacho, y tómalo en tus manos, porque haré de él una gran nación.

19 Entonces ^yabrió Dios sus ojos, y vio una fuente de agua; y fue, y llenó el odre de agua, y dio de beber al muchacho.

20 Y Dios fue con el muchacho; y creció, y habitó en el desierto, ^cy fue tirador de arco.

---

a Is 54:1
Gá 4:27

b cp 18:11-12

c Pr 16:6
d cp 12:12
y 26:7
e cp 16:1
f cp 11:29
g Gá 4:29
h Gá 4:30
i cp 12:1-11

j cp 12:13

k cp 12:16
l Rm 9:7-8
Heb 11:18

m cp 13:9
n ver 18
cp 16:10
y 17:20
o ver 5
p cp 24:65

q Job 42:9
r ver 31

s cp 12:17

t 1 Sm 2:21

u cp 17:19
y 18:10-14
v Gá 4:22
Heb 11:11
x cp 17:21
y Nm 22:31
2 Re 6:17-20
Lc 24:16-31
z Hch 7:8
a cp 17:10-12
b cp 17:1-17
c cp 16:12

Abraham ofrece a Isaac

21 Y habitó en el desierto de Parán; y su madre le tomó esposa de la tierra de Egipto.
22 Y aconteció en aquel mismo tiempo que habló ªAbimelec, y Ficol, príncipe de su ejército, a Abraham diciendo: ᵇDios es contigo en todo cuanto haces.
23 Ahora pues, júrame aquí por Dios, que no faltarás a mí, ni a mi hijo, ni a mi nieto; ᶜsino que conforme a la bondad que yo hice contigo, harás tú conmigo y con la tierra donde has peregrinado.
24 Y respondió Abraham: Yo juraré.
25 Y Abraham reconvino a Abimelec a causa de un pozo de agua, ᵉque los siervos de Abimelec le habían quitado.
26 Y respondió Abimelec: No sé quién haya hecho esto, ni tampoco tú me lo hiciste saber, ni yo lo he oído hasta hoy.
27 Y tomó Abraham ovejas y vacas, y dio a Abimelec; ᵍe hicieron ambos alianza.
28 Y puso Abraham siete corderas del rebaño aparte.
29 Y dijo Abimelec a Abraham: ¿Qué significan esas siete corderas que has puesto aparte?
30 Y él respondió: Que *estas* siete corderas tomarás de mi mano, para que me sean en testimonio de que yo cavé este pozo.
31 Por esto ⁱllamó a aquel lugar ˡBeerseba; porque allí juraron ambos.
32 Así hicieron alianza en Beerseba; y se levantó Abimelec y Ficol, príncipe de su ejército, y se volvieron a tierra de los filisteos.
33 Y plantó *Abraham* un bosque en Beerseba, e invocó allí el nombre de Jehová, el ˡDios eterno.
34 Y moró Abraham en tierra de los filisteos muchos días.

CAPÍTULO 22

Y aconteció después de estas cosas, ᵐque probó Dios a Abraham, y le dijo: Abraham. Y él respondió: Heme aquí.
2 Y le dijo: Toma ahora a tu hijo, tu único, Isaac, a quien amas, y ve a la tierra de ºMoriah, y ofrécelo allí en holocausto sobre uno de los montes que yo te diré.

3 Y Abraham se levantó muy de mañana, y enalbardó su asno, y tomó consigo dos mozos suyos, y a Isaac su hijo: y cortó leña para el holocausto, y se levantó, y fue al lugar que Dios le dijo.
4 Al tercer día alzó Abraham sus ojos, y vio el lugar de lejos.
5 Entonces dijo Abraham a sus siervos: Esperaos aquí con el asno, y yo y el muchacho iremos hasta allí, y adoraremos, y volveremos a vosotros.
6 Y tomó Abraham la leña del holocausto, y ᵈla puso sobre Isaac su hijo: y él tomó en su mano el fuego y el cuchillo; y fueron ambos juntos.
7 Entonces habló Isaac a Abraham su padre, y dijo: Padre mío. Y él respondió: Heme aquí, mi hijo. Y él dijo: He aquí el fuego y la leña; mas ¿dónde *está* el cordero para el holocausto?
8 Y respondió Abraham: ᶠDios se proveerá el cordero para el holocausto, hijo mío. E iban juntos.
9 Y cuando llegaron al lugar que Dios le había dicho, edificó allí Abraham un altar, y compuso la leña, y ató a Isaac su hijo, y ʰle puso en el altar sobre la leña.
10 Y extendió Abraham su mano, y tomó el cuchillo, para degollar a su hijo.
11 Entonces el Ángel de Jehová le dio voces desde el cielo, y dijo: Abraham, Abraham. Y él respondió: Heme aquí.
12 Y dijo: ʲNo extiendas tu mano sobre el muchacho, ni le hagas nada; ᵏque ya conozco que temes a Dios, pues que no me rehusaste tu hijo, tu único.
13 Entonces alzó Abraham sus ojos, y miró, y he aquí un carnero a sus espaldas trabado en un zarzal por sus cuernos; y fue Abraham, y tomó el carnero, y le ofreció en holocausto en lugar de su hijo.
14 Y llamó Abraham el nombre de aquel lugar, ⁿJehová proveerá. Por tanto se dice hoy: En el monte de Jehová será provisto.
15 Y el Ángel de Jehová llamó a Abraham por segunda vez desde el cielo,
16 y dijo: ᵖPor mí mismo he jurado, dice Jehová, que por cuanto has

---

a cp 20:2
b cp 26:28
c cp 20:14-15
d Jn 19:17
e cp 26:15-22
f Jn 1:29-36
1 Pe 1:19
Ap 5:13
g cp 26:31
h Heb 11:17
Stg 2:21
i cp 26:33
¹ Pozo del juramento
j Mi 6:7-8
k cp 26:5
l cp 4:26
y 12:8
Sal 90:2
Is 40:28
m 1 Co 10:13
Heb 11:17
Stg 1:12
1 Pe 1:7
n ver 8
o 2 Cr 5:1
p Sal 105:8-9
Lc 1:73
Heb 6:13-14

hecho esto, y no me has rehusado tu hijo, tu único;

17 bendiciendo te bendeciré, y multiplicando multiplicaré tu simiente ᵃcomo las estrellas del cielo, ᵇy como la arena que está a la orilla del mar; ᶜy tu simiente poseerá las puertas de sus enemigos.

18 ᵈEn tu simiente serán benditas todas las naciones de la tierra, ᵉpor cuanto obedeciste a mi voz.

19 Y volvió Abraham a sus siervos, y se levantaron y se fueron juntos a ᶠBeerseba; y habitó Abraham en Beerseba.

20 Y aconteció después de estas cosas, que fue dada nueva a Abraham, diciendo: He aquí que también ʰMilca ha dado a luz hijos a Nacor tu hermano:

21 A ⁱUz su primogénito, y a Buz su hermano, y a Quemuel padre de Aram.

22 Y a Quesed, y a Hazo, y a Pildas, y a Jidlaf, y a Betuel.

23 Y ʲBetuel engendró a Rebeca. Estos ocho hijos dio a luz Milca a Nacor, hermano de Abraham.

24 Y su concubina, que se llamaba Reúma, dio a luz también a Teba, a Gaham, a Tahas y a Maaca.

CAPÍTULO 23

Y fue la vida de Sara ciento veintisiete años; *tantos fueron* los años de la vida de Sara.

2 Y murió Sara en ᵐQuiriat-arba, que es ⁿHebrón, en la tierra de Canaán; y vino Abraham a hacer duelo a Sara y a llorarla.

3 Y se levantó Abraham de delante de su muerta, y habló a los hijos de Het, diciendo:

4 ᵖPeregrino y advenedizo soy entre vosotros; ᵠdadme heredad de sepultura con vosotros, y sepultaré mi muerta de delante de mí.

5 Y respondieron los hijos de Het a Abraham, y le dijeron:

6 Escúchanos, señor mío, eres un príncipe de Dios entre nosotros; en lo mejor de nuestras sepulturas sepulta a tu muerta; ninguno de nosotros te impedirá su sepultura, para que entierres tu muerta.

7 Y Abraham se levantó, y se inclinó al pueblo de aquella tierra, a los hijos de Het;

8 Y habló con ellos, diciendo: Si tenéis voluntad que yo sepulte mi muerta de delante de mí, oídme, e interceded por mí con Efrón, hijo de Zoar,

9 para que me dé la cueva de Macpela, que tiene al cabo de su heredad; que por su justo precio me la dé, para posesión de sepultura en medio de vosotros.

10 Este Efrón se hallaba entre los hijos de Het: y respondió Efrón heteo a Abraham, en oídos de los hijos de Het, de todos los que ᵍentraban por la puerta de su ciudad, diciendo:

11 No, señor mío, óyeme: te doy la heredad, y te doy también la cueva que *está* en ella; delante de los hijos de mi pueblo te la doy; sepulta tu muerta.

12 Y Abraham se inclinó delante del pueblo de la tierra.

13 Y respondió a Efrón en oídos del pueblo de la tierra, diciendo: Antes, si te place, te ruego que me oigas; yo daré el precio de la heredad, tómalo de mí, y sepultaré en ella mi muerta.

14 Y respondió Efrón a Abraham, diciéndole:

15 Señor mío, escúchame: la tierra *vale* cuatrocientos ᵏsiclos de plata; ¿qué es esto entre tú y yo? Entierra, pues, tu muerta.

16 Entonces Abraham se convino con Efrón, y ˡpesó Abraham a Efrón el dinero que dijo, oyéndolo los hijos de Het, cuatrocientos siclos de plata, de buena ley entre mercaderes.

17 ᵒY la heredad de Efrón que *estaba* en Macpela enfrente de Mamre, la heredad y la cueva que estaban en ella, y todos los árboles que había en la heredad, y en todo su término al derredor, quedaron asegurados

18 a Abraham en posesión, a vista de los hijos de Het, y de todos los que entraban por la puerta de la ciudad.

19 Y después de esto sepultó Abraham a Sara su esposa en la cueva de la heredad de Macpela enfrente de Mamre, que es Hebrón en la tierra de Canaán.

20 Así Abraham ʳadquirió de los hijos de Het el campo y la cueva que

Rebeca y su hermano Labán   **GÉNESIS 24**

había en él, como una propiedad para sepultura.

CAPÍTULO 24

Y Abraham era viejo y bien entrado en días; y Jehová había ᵇbendecido a Abraham en todo.

2 Y dijo Abraham a ᶜun criado suyo, el más viejo de su casa, ᵈque era el que gobernaba en todo lo que tenía: ᵉPon ahora tu mano debajo de mi muslo,

3 y te haré jurar por Jehová, Dios de los cielos y Dios de la tierra, ᵍque no has de tomar esposa para mi hijo de las hijas de los cananeos, entre los cuales yo habito;

4 sino que ⁱirás a mi tierra y a mi parentela, y tomarás esposa para mi hijo Isaac.

5 Y el criado le respondió: Quizá la mujer no querrá venir en pos de mí a esta tierra: ¿volveré, pues, tu hijo a la tierra de donde saliste?

6 Y Abraham le dijo: Guárdate que no vuelvas a mi hijo allá.

7 Jehová, Dios de los cielos, ʲque me tomó de la casa de mi padre y de la tierra de mi parentela, y me habló y me juró, diciendo: ᵏA tu simiente daré esta tierra; ˡÉl enviará su ángel delante de ti, y tú tomarás de allá esposa para mi hijo.

8 Y si la mujer no quisiere venir en pos de ti, ᵐserás libre de este mi juramento; solamente que no vuelvas allá a mi hijo.

9 Entonces el criado puso su mano debajo del muslo de Abraham su señor, y le juró sobre este asunto.

10 Y el criado tomó diez camellos de los camellos de su señor, y se fue, ⁿpues tenía a su disposición todos los bienes de su señor: y puesto en camino, llegó a ᵒMesopotamia, a la ciudad de Nacor.

11 E hizo arrodillar los camellos fuera de la ciudad, junto a un pozo de agua, a la hora de la tarde, a la hora en que ᑫsalen las doncellas por agua.

12 Y dijo: Oh Jehová, ˢDios de mi señor Abraham, dame, te ruego, el tener hoy buen encuentro, y haz misericordia con mi señor Abraham.

13 ᵘHe aquí yo estoy junto a la fuente de agua, y las hijas de los varones de esta ciudad salen por agua:

14 Sea, pues, que la doncella a quien yo dijere: Baja tu cántaro, te ruego, para que yo beba; y ella respondiere: Bebe, y también daré de beber a tus camellos; que sea ésta la que tú has destinado para tu siervo Isaac; ᵃy en esto conoceré que habrás hecho misericordia con mi señor.

15 Y aconteció que antes que él acabase de hablar, he aquí Rebeca, que había nacido a Betuel, hijo de Milca, esposa de Nacor hermano de Abraham, la cual salía ᶠcon su cántaro sobre su hombro.

16 Y la doncella era ʰde muy hermoso aspecto, virgen, a la que varón no había conocido; la cual descendió a la fuente, y llenó su cántaro, y se volvía.

17 Entonces el criado corrió hacia ella, y dijo: Te ruego que me des a beber un poco de agua de tu cántaro.

18 Y ella respondió: Bebe, señor mío; y se dio prisa a bajar su cántaro sobre su mano, y le dio a beber.

19 Y cuando acabó de darle a beber, dijo: También para tus camellos sacaré agua, hasta que acaben de beber.

20 Y se dio prisa, y vació su cántaro en la pila, y corrió otra vez al pozo para sacar *agua*, y sacó para todos sus camellos.

21 Y el hombre estaba maravillado de ella, callando, para saber si Jehová había prosperado o no su viaje.

22 Y sucedió que cuando los camellos acabaron de beber, el hombre le presentó un pendiente de oro que pesaba medio siclo, y dos brazaletes para sus manos que pesaban diez *siclos* de oro,

23 y dijo: ¿De quién *eres* hija? Te ruego me digas, ¿hay lugar en casa de tu padre donde posemos?

24 Y ella respondió: ᵖSoy hija de Betuel, hijo de Milca, el cual ella dio a luz a Nacor.

25 Y añadió: También hay en nuestra casa paja y mucho forraje, y lugar para posar.

26 El hombre entonces ʳse inclinó, y adoró a Jehová.

27 Y dijo: Bendito *sea* Jehová, Dios de mi amo Abraham, que no apartó su ᵗmisericordia y su verdad de mi amo, ᵛguiándome Jehová en el camino a casa de los hermanos de mi amo.

---

a cp 15:8
b ver 35
c cp 12:2
c cp 15:2
d ver 10
e cp 47:29
f cp 11:29
y 22:23
g cp 26:34, 35
y 27:46
Dt 7:3
h cp 26:7
i cp 28:2
j cp 12:1
k cp 12:7
l Éx 23:20-23
y 33:2
Heb 1:14
m Jos 2:17-20
n ver 2
o Dt 23:4
Jue 3:8
p cp 22:23
q 1 Sm 9:11
Jn 4:7
r ver 52
Éx 4:31
s vers 27,42
t cp 32:10
Sal 98:3
u ver 43
v ver 48

Betuel entrega a Rebeca

28 Y la doncella corrió, e hizo saber en casa de su madre estas cosas.

29 Y Rebeca tenía un hermano que se llamaba ᵇLabán. Y Labán corrió afuera hacia el hombre, a la fuente.

30 Y sucedió que cuando él vio el pendiente y los brazaletes en las manos de su hermana, y cuando oyó las palabras de su hermana Rebeca, que decía: Así me habló aquel hombre, vino a él; y he aquí que él estaba con los camellos junto a la fuente.

31 Y le dijo: ᵉVen, bendito de Jehová; ¿por qué estás fuera? Yo he limpiado la casa, y el lugar para los camellos.

32 Entonces el hombre vino a casa, y Labán desató los camellos; ᶠy les dio paja y forraje, y agua para lavar los pies de él, y los pies de los hombres que con él venían.

33 Y le pusieron delante qué comer; mas él dijo: No comeré hasta que haya dicho mi mensaje. Y él le dijo: Habla.

34 Entonces dijo: Yo soy criado de Abraham;

35 ⁱy Jehová ha bendecido mucho a mi amo, y él se ha engrandecido; y le ha dado ovejas y vacas, plata y oro, siervos y siervas, camellos y asnos.

36 Y Sara, la esposa de mi amo, en su vejez ᵏdio a luz ˡun hijo a mi señor, a quien le ha dado todo cuanto tiene.

37 Y mi amo ⁿme hizo jurar, diciendo: No tomarás esposa para mi hijo de las hijas de los cananeos, en cuya tierra habito;

38 sino que irás a la casa de mi padre, y a mi parentela, y tomarás esposa para mi hijo.

39 Y yo dije a mi señor: Quizás la mujer no querrá seguirme.

40 Entonces él me respondió: Jehová, ᵖen cuya presencia he andado, enviará su ángel contigo, y prosperará tu camino; y tomarás esposa para mi hijo de mi linaje y de la casa de mi padre.

41 Entonces serás libre de mi juramento, cuando hubieres llegado a mi linaje; y si no te la dieren, serás libre de mi juramento.

42 Llegué, pues, hoy a la fuente, y dije: ˢJehová, Dios de mi señor Abraham, si tú prosperas ahora mi camino por el cual ando;

43 ᵃhe aquí yo estoy junto a la fuente de agua; sea, pues, que la doncella que saliere a sacar *agua*, a la cual dijere: Dame a beber, te ruego, un poco de agua de tu cántaro;

44 y ella me respondiere: Bebe tú, y también para tus camellos sacaré agua; sea ésta la mujer que destinó Jehová para el hijo de mi señor.

45 ᶜY antes que acabase de ᵈhablar en mi corazón, he aquí Rebeca, que salía con su cántaro sobre su hombro; y descendió a la fuente, y sacó *agua*; y le dije: Te ruego que me des a beber.

46 Y prestamente bajó su cántaro de sobre su *hombro*, y dijo: Bebe, y también a tus camellos daré a beber. Y bebí; y también dio de beber a mis camellos.

47 Entonces le pregunté, y dije: ¿De quién *eres* hija? Y ella respondió: Hija de Betuel, hijo de Nacor, que le dio a luz Milca. ᵍEntonces le puse un pendiente sobre su nariz, y brazaletes sobre sus manos;

48 ʰY me incliné, y adoré a Jehová, y bendije a Jehová, Dios de mi señor Abraham, que me había guiado por camino de verdad para tomar ʲla hija del hermano de mi señor para su hijo.

49 Ahora, pues, si vosotros ᵐhacéis misericordia y verdad con mi señor, declarádmelo; y si no, declarádmelo; y me iré a la derecha o a la izquierda.

50 Entonces Labán y Betuel respondieron y dijeron: De Jehová ha salido esto; ᵒno podemos hablarte malo ni bueno.

51 He ahí Rebeca delante de ti; tómala y vete, y sea esposa del hijo de tu señor, como lo ha dicho Jehová.

52 Y aconteció que cuando el criado de Abraham oyó sus palabras, *se inclinó* a tierra, y adoró a Jehová.

53 Y sacó el criado ᑫvasos de plata y vasos de oro y *vestidos*, y dio a Rebeca; también dio cosas preciosas a su hermano y a su madre.

54 Y comieron y bebieron él y los varones que venían con él, y durmieron; y levantándose de mañana, dijo: Enviadme a mi señor.

55 Entonces respondió su hermano y su madre: Espere la doncella con nosotros a lo menos diez días, y después irá.

Abraham se toma a Cetura por esposa

GÉNESIS 25

56 Y él les dijo: No me detengáis, pues que Jehová ha prosperado mi camino; despachadme para que me vaya a mi señor.

57 Ellos respondieron entonces: Llamemos a la doncella y preguntémosle.

58 Y llamaron a Rebeca, y le dijeron: ¿Irás tú con este varón? Y ella respondió: Sí, iré.

59 Entonces dejaron ir a Rebeca su hermana, ᵉy a su nodriza, y al criado de Abraham y a sus hombres.

60 Y bendijeron a Rebeca, y le dijeron: Nuestra hermana *eres*; ʰsé *madre* de millares de millares, ⁱy tu generación posea la puerta de sus enemigos.

61 Se levantó entonces Rebeca y sus mozas, y subieron sobre los camellos, y siguieron al hombre; y el criado tomó a Rebeca, y se fue.

62 Y venía Isaac del ˡPozo del Viviente que me ve; porque él habitaba en la tierra del sur.

63 Y había salido Isaac a orar al campo, a la hora de la tarde; y alzando sus ojos miró, y he aquí los camellos que venían.

64 Rebeca también alzó sus ojos, y vio a Isaac, y descendió del camello;

65 porque había preguntado al criado: ¿Quién es este varón que viene por el campo hacia nosotros? Y el siervo había respondido: Éste es mi señor. Ella entonces tomó el velo, y se cubrió.

66 Entonces el criado contó a Isaac todo lo que había hecho.

67 Y la introdujo Isaac a la tienda de su madre Sara, y tomó a Rebeca por esposa; y la amó. ˢY se consoló Isaac después *de la muerte* de su madre.

CAPÍTULO 25

Y Abraham tomó otra esposa, cuyo nombre *era* Cetura;

2 la cual ʸle dio a luz a Zimram, a Jocsán, a Medán, a Madián, a Isbac y a Súa.

3 Y Jocsán engendró a Seba y a Dedán: y los hijos de Dedán fueron Asurim, Letusim y Leumim.

4 Y los hijos de Madián: Efa, Efer, Hanoc, Abida y Eldaa. Todos éstos *fueron* hijos de Cetura.

| a cp 24:36 |
| b cp 21:14 |
| c Jue 6:3 |
| d cp 15:15 |
| e cp 35:8 |
| f cp 35:29 |
| y 49:29-33 |
| g cp 35:29 |
| h cp 17:16 |
| i cp 22:17 |
| j cp 3:16 |
| k cp 49:31 |
| l cp 16:14 |
| y 25:11 |
| m cp 16:14 |
| y 24:62 |
| n cp 16:15 |
| o 1 Cr 1:29 |
| p Job 6:19 |
| Is 21:14 |
| q 1 Cr 5:19 |
| r cp 17:20 |
| s cp 37:35 |
| y 38:12 |
| t ver 8 |
| u 1 Sm 15:7 |
| v cp 20:1 |
| Éx 15:22 |
| x Mt 1:2 |
| y 1 Cr 1:31 |
| z cp 22:23 |
| a cp 24:29 |
| b 1 Cr 5:20 |
| 2 Cr 33:12 |
| Esd 8:23 |

5 ᵃY Abraham dio todo cuanto tenía a Isaac.

6 Y a los hijos de sus concubinas dio Abraham dones, ᵇy los envió lejos de Isaac su hijo, cuando aún él vivía, hacia el oriente, ᶜa la tierra oriental.

7 Y éstos *fueron* los días de vida que vivió Abraham; ciento setenta y cinco años.

8 Y exhaló el espíritu, y ᵈmurió Abraham en buena vejez, anciano y lleno de días ᶠy fue unido a su pueblo.

9 ᵍY lo sepultaron Isaac e Ismael sus hijos en la cueva de Macpela, en la heredad de Efrón, hijo de Zoar heteo, que *está* enfrente de Mamre;

10 ʲHeredad que compró Abraham de los hijos de Het; ᵏallí fue Abraham sepultado, y Sara su esposa.

11 Y sucedió, después de muerto Abraham, que Dios bendijo a Isaac su hijo: y habitó Isaac junto al ᵐPozo del Viviente que me ve.

12 Y éstas *son* las generaciones de Ismael, hijo de Abraham, ⁿque le dio a luz Agar egipcia, sierva de Sara:

13 ᵒÉstos, pues, *son* los nombres de los hijos de Ismael, por sus nombres, por sus linajes: El primogénito de Ismael, Nebaiot, Cedar, Abdeel, Mibsam,

14 Misma, Duma, Massa,

15 Hadar, ᵖTema, ᵠJetur, Nafis y Cedema.

16 Éstos *son* los hijos de Ismael, y éstos sus nombres por sus villas y por sus campamentos; ʳdoce príncipes por sus familias.

17 Y éstos *fueron* los años de la vida de Ismael, ciento treinta y siete años; ᵗy exhaló el espíritu Ismael, y murió; y fue unido a su pueblo.

18 ᵘY habitaron desde Havila hasta ᵛShur, que está enfrente de Egipto viniendo a Asiria; y murió en presencia de todos sus hermanos.

19 Y éstas *son* las generaciones de Isaac, hijo de Abraham. ˣAbraham engendró a Isaac.

20 Y era Isaac de cuarenta años cuando tomó por esposa a Rebeca, ᶻhija de Betuel arameo de Padan-aram, ᵃhermana de Labán arameo.

21 Y oró Isaac a Jehová por su esposa, que *era* estéril; ᵇy lo aceptó Jehová, y concibió Rebeca su esposa.

GÉNESIS 26

22 Y los hijos se combatían dentro de ella; y dijo: Si es así ¿para qué vivo yo? ᵇY fue a consultar a Jehová.

23 Y le respondió Jehová: ᶜDos naciones *hay* en tu seno, y dos pueblos serán divididos desde tus entrañas: Y ᵉ*el un* pueblo será más fuerte que *el otro* pueblo, ᵍy el mayor servirá al menor.

24 Y cuando se cumplieron sus días para dar a luz, he aquí *había* mellizos en su vientre.

25 Y salió el primero rubio, ⁱy todo él velludo como una pelliza; y llamaron su nombre Esaú.

26 Y después salió su hermano, ᵏtrabada su mano al calcañar de Esaú; ᵐy fue llamado su nombre Jacob. Y era Isaac de edad de sesenta años cuando ella los dio a luz.

27 Y crecieron los niños, ᵒy Esaú fue diestro en la caza, hombre del campo; pero Jacob era varón quieto, que habitaba en tiendas.

28 Y amó Isaac a Esaú, ᵖporque comía de su caza; ᑫpero Rebeca amaba a Jacob.

29 Y guisó Jacob un potaje; y volviendo Esaú del campo, cansado,

30 dijo a Jacob: Te ruego que me des a comer de ese *potaje* rojo, pues *estoy* muy cansado. Por tanto, fue llamado su nombre Edom.

31 Y Jacob respondió: Véndeme en este día tu primogenitura.

32 Entonces dijo Esaú: He aquí yo me voy a morir; ¿para qué, pues, me servirá la primogenitura?

33 Y dijo Jacob: Júramelo en este día. Y él le juró, ᵗy vendió a Jacob su primogenitura.

34 Entonces Jacob dio a Esaú pan y del guisado de las lentejas; y él comió y bebió, y se levantó y se fue. Así menospreció Esaú *su* primogenitura.

CAPÍTULO 26

Y hubo hambre en la tierra, además de ˣla primera hambre que hubo en los días de Abraham; y se fue Isaac a ᶻAbimelec rey de los filisteos, en Gerar.

2 Y se le apareció Jehová, y le dijo: No desciendas a Egipto; ᵃhabita en la tierra que yo te diré.

3 ᵇHabita en esta tierra, y ᶜseré contigo, y te bendeciré; porque a ti y a tu simiente ᵃdaré todas estas tierras, y confirmaré el juramento que hice a Abraham tu padre.

4 Y ᵈmultiplicaré tu simiente como las estrellas del cielo, y a tu simiente daré todas estas tierras; y en tu simiente serán benditas ᶠtodas las naciones de la tierra;

5 ʰpor cuanto oyó Abraham mi voz, y guardó mi precepto, mis mandamientos, mis estatutos y mis leyes.

6 Habitó, pues, Isaac en Gerar.

7 Y los hombres de aquel lugar le preguntaron acerca de su esposa; y ʲél respondió: Es mi hermana; ᶫporque tuvo miedo de decir: Es mi esposa; pues *se dijo*: Los hombres del lugar me matarán por causa de Rebeca; pues ⁿella *era* de hermoso aspecto.

8 Y sucedió que después que él estuvo allí muchos días, Abimelec, rey de los filisteos, mirando por una ventana, vio a Isaac que jugueteaba con su esposa Rebeca.

9 Y llamó Abimelec a Isaac, y dijo: He aquí ella es de cierto tu esposa; ¿cómo, pues, dijiste: Es mi hermana? E Isaac le respondió: Porque dije: Quizá moriré por causa de ella.

10 Y Abimelec dijo: ¿Por qué nos has hecho esto? Por poco hubiera dormido alguno del pueblo con tu esposa, ʳy hubieras traído sobre nosotros el pecado.

11 Entonces Abimelec mandó a todo el pueblo, diciendo: ˢEl que tocare a este hombre o a su esposa, de cierto morirá.

12 Y sembró Isaac en aquella tierra, y cosechó aquel año ᵘciento por uno; y ᵛle bendijo Jehová.

13 Y el varón se enriqueció, y fue prosperado, y creció hasta hacerse muy poderoso.

14 Y tuvo hato de ovejas, hato de vacas y mucha servidumbre; y los filisteos ᵞle tuvieron envidia.

15 Y todos los pozos que habían abierto los siervos de Abraham su padre en sus días, los filisteos los habían cegado y llenado de tierra.

16 Y dijo Abimelec a Isaac: Apártate de nosotros, porque mucho más poderoso que nosotros te has hecho.

Isaac reabre los pozos de agua

17 E Isaac se fue de allí; y asentó sus tiendas en el valle de Gerar, y habitó allí.

18 Y volvió a abrir Isaac los pozos de agua que habían abierto en los días de Abraham su padre, y que los filisteos habían cegado después de la muerte de Abraham; y ᵇlos llamó por los nombres que su padre los había llamado.

19 Y los siervos de Isaac cavaron en el valle, y hallaron allí un pozo de aguas vivas.

20 Y los pastores de Gerar ᵉriñeron con los pastores de Isaac, diciendo: El agua *es* nuestra. Por eso llamó el nombre del pozo ³Esek, porque habían altercado con él.

21 Y abrieron otro pozo, y también riñeron sobre él; y llamó su nombre Sitna.

22 Y se apartó de allí, y abrió otro pozo, y no riñeron sobre él; y llamó su nombre ⁴Rehobot, y dijo: Porque ahora nos ha hecho ensanchar Jehová y fructificaremos en la tierra.

23 Y de allí subió a Beerseba.

24 Y se le apareció Jehová aquella noche, y le dijo: ʰYo soy el Dios de Abraham tu padre; no temas, porque ⁱyo estoy contigo, y te bendeciré y multiplicaré tu simiente por amor a Abraham mi siervo.

25 Y ᵏedificó allí un altar, e invocó el nombre de Jehová, y tendió allí su tienda; y abrieron allí los siervos de Isaac un pozo.

26 Y Abimelec vino a él desde Gerar, y Ahuzat, amigo suyo, y ˡFicol, capitán de su ejército.

27 Y les dijo Isaac: ¿Por qué venís a mí, pues que me habéis aborrecido, y ᵐme echasteis de entre vosotros?

28 Y ellos respondieron: ⁿHemos visto que Jehová ha estado contigo; y dijimos: Haya ahora juramento entre nosotros; entre tú y nosotros, y haremos un pacto contigo,

29 de que no nos harás mal, como nosotros no te hemos tocado, y como solamente te hemos hecho bien, y te enviamos en paz. Tú *eres* ahora ᑫbendito de Jehová.

30 Entonces él les hizo banquete, y comieron y bebieron.

31 Y se levantaron de madrugada, ˢy juraron el uno al otro; e Isaac los despidió, y ellos partieron de él en paz.

32 Y en aquel día sucedió que vinieron los criados de Isaac, y le dieron las nuevas acerca del pozo que habían abierto, y le dijeron: Hemos hallado agua.

33 Y lo llamó ¹Seba; por ᵃcuya causa el nombre de aquella ciudad *es* ²Beerseba hasta este día.

34 Y cuando Esaú fue de cuarenta años, ᶜtomó por esposa a Judit hija de Beeri heteo, y a Basemat hija de Elón heteo;

35 ᵈY fueron amargura de espíritu a Isaac y a Rebeca.

CAPÍTULO 27

Y aconteció que cuando Isaac envejeció, y ᶠsus ojos se oscurecieron quedando sin vista, llamó a Esaú, su hijo el mayor, y le dijo: Mi hijo. Y él respondió: Heme aquí.

2 Y él dijo: He aquí ya soy viejo, no sé el día de mi muerte.

3 ᵍToma, pues, ahora tus armas, tu aljaba y tu arco, y sal al campo, y tráeme caza;

4 y hazme un guisado, como a mí me gusta, y tráemelo, y comeré, ʲpara que mi alma te bendiga antes que yo muera.

5 Y Rebeca estaba oyendo, cuando hablaba Isaac a Esaú su hijo; y se fue Esaú al campo para cazar lo que había de traer.

6 Entonces Rebeca habló a Jacob su hijo, diciendo: He aquí yo he oído a tu padre que hablaba con Esaú tu hermano, diciendo:

7 Tráeme caza y hazme un guisado, para que coma, y te bendiga delante de Jehová antes que yo muera.

8 Ahora, pues, ᵒhijo mío, obedece a mi voz en lo que te mando.

9 Ve ahora al rebaño, y tráeme de allí dos buenos cabritos de las cabras, y haré de ellos un guisado para tu padre, ᵖcomo a él le gusta;

10 y tú lo llevarás a tu padre, y comerá, para que te bendiga antes de su muerte.

11 Y Jacob dijo a Rebeca su madre: He aquí ᶠEsaú mi hermano es hombre velloso, y yo lampiño.

12 Quizá ᵗme palpará mi padre y me tendrá por engañador, y traeré sobre mí ᵘmaldición y no bendición.

---

1 Juramento
a cp 21:31
b cp 21:31
2 Pozo del juramento
c cp 36:2

d cp 27:46
y 28:1,8
e cp 21:25

3 Rencilla

f cp 48:10
1 Sm 3:2

4 Ensanchamiento
g cp 25:27-28

h cp 17:7
24:12 y 28:13
Éx 3:6
Hch 7:32
i cp 28:15
31:3
j vers 10,25
cp 48:9-15
y 49:28
Dt 33:1
k cp 12:7
y 13:18
l cp 21:22

m ver 16

n cp 21:22,23
o ver 13

p ver 4

q cp 24:31
r cp 25:25

s cp 21:31
t ver 22
u Dt 27:18

GÉNESIS 27

Jacob roba la bendición a Esaú

13 Y su madre respondió: Hijo mío, sea sobre mí ªtu maldición; solamente obedece a mi voz, y ve y tráemelos.

14 Entonces él fue, y tomó, y los trajo a su madre; y su madre hizo un guisado, como le gustaba a su padre.

15 Y tomó Rebeca ᵈla ropa preciosa de Esaú, su hijo mayor, que ella *tenía* en casa, y vistió a Jacob su hijo menor:

16 Y le hizo vestir sobre sus manos y sobre la cerviz donde no tenía vello, las pieles de los cabritos de las cabras;

17 Y entregó el guisado y el pan que había aderezado, en mano de Jacob su hijo.

18 Y él fue a su padre, y dijo: Padre mío. Y él respondió: Heme aquí, ¿quién eres, hijo mío?

19 Y Jacob dijo a su padre: Yo *soy* Esaú tu primogénito; he hecho como me dijiste: levántate ahora, y siéntate, y come de mi caza, para que me bendiga tu alma.

20 Entonces Isaac dijo a su hijo: ¿Cómo es que *la* hallaste tan pronto, hijo mío? Y él respondió: Porque Jehová tu Dios hizo que se encontrase delante de mí.

21 E Isaac dijo a Jacob: Acércate ahora, y ʰte palparé, hijo mío, por si *eres* mi hijo Esaú o no.

22 Y se acercó Jacob a su padre Isaac; y él le palpó, y dijo: La voz *es* la voz de Jacob, mas las manos, *son* las manos de Esaú.

23 Y no le conoció, ʲporque sus manos eran vellosas como las manos de Esaú; y le bendijo.

24 Y dijo: ¿Eres tú mi hijo Esaú? Y él respondió: Yo soy.

25 Y dijo: Acércamela, y comeré de la caza de mi hijo, para que te bendiga mi alma; y él se la acercó, y comió; le trajo también vino, y bebió.

26 Y le dijo Isaac su padre: Acércate ahora, y bésame, hijo mío.

27 Y él se acercó, y le besó; y olió Isaac el olor de sus vestiduras, y le bendijo, y dijo: Mira, ⁿel olor de mi hijo como el olor del campo que Jehová ha bendecido:

28 Dios, pues, te dé del ᵖrocío del cielo, y de las grosuras de la tierra, y ʳabundancia de trigo y de mosto.

29 Pueblos te sirvan, y naciones se inclinen a ti: Sé señor de tus hermanos, e ᵇinclínense a ti los hijos de tu madre: ᶜMalditos los que te maldijeren, y benditos los que te bendijeren.

30 Y aconteció, luego que hubo Isaac acabado de bendecir a Jacob, y apenas había salido Jacob de delante de Isaac su padre, que Esaú su hermano vino de su caza.

31 Y él también hizo un guisado, y lo trajo a su padre, y le dijo: Levántese mi padre, y coma de la caza de su hijo, para que me bendiga su alma.

32 Entonces Isaac su padre le dijo: ¿Quién *eres* tú? Y él dijo: Yo *soy* tu hijo, tu primogénito, Esaú.

33 Y se estremeció Isaac en extremo, y dijo: ¿Quién *es* el que vino aquí, que tomó caza, y me trajo, y comí de todo antes que vinieses? Yo le bendije, y será bendito.

34 Cuando Esaú oyó las palabras de su padre ᵉclamó con una muy grande y muy amarga exclamación, y le dijo: Bendíceme también a mí, padre mío.

35 Y él dijo: Vino tu hermano con engaño, y tomó tu bendición.

36 Y él respondió: ᶠBien llamaron su nombre ¹Jacob, que ya me ha suplantado dos veces; ᵍse apoderó de mi primogenitura, y he aquí ahora ha tomado mi bendición. Y dijo: ¿No has guardado bendición para mí?

37 Isaac respondió y dijo a Esaú: He aquí ⁱyo le he puesto por señor tuyo, y le he dado por siervos a todos sus hermanos; ᵏde trigo y de vino le he provisto; ¿qué, pues, te haré a ti ahora, hijo mío?

38 Y Esaú respondió a su padre: ¿No tienes más que una sola bendición, padre mío? Bendíceme también a mí, padre mío. ˡY alzó Esaú su voz, y lloró.

39 Entonces Isaac su padre habló y le dijo: ᵐHe aquí será tu habitación en grosuras de la tierra, y del rocío de los cielos de arriba;

40 Y por tu espada vivirás, y a tu hermano servirás: ᵒY sucederá cuando te enseñorees, que descargarás su yugo de tu cerviz.

41 Y Esaú ᵠaborreció a Jacob a causa de la bendición con que le había bendecido su padre, y dijo en su corazón: ˢLlegarán los días del luto

---

a 1 Sm 25:24
2 Sm 14:9
Mt 27:23
b cp 49:8
2 Sm 8:14
c cp 12:3
Nm 24:9
d ver 27

e Heb 12:7

f cp 25:26
1 Suplantador
g cp 25:33
h ver 12

i ver 29
2 Sm 8:14
j ver 16
k ver 28

l Heb 12:17
m ver 28
cp 36:6-7
n Os 14:6-7
o 2 Re 8:20
p cp 49:25
Dt 33:13
2 Sm 1:21
Zac 8:12
q cp 37:4-8
r Dt 7:13
y 33:28
Jl 2:19
s cp 50:3-10

Jacob en Betel: Su sueño   **GÉNESIS 28**

de mi padre, y entonces ªyo mataré a mi hermano Jacob.

42 Y fueron dichas a Rebeca las palabras de Esaú su hijo mayor; y ella envió y llamó a Jacob su hijo menor, y le dijo: He aquí, Esaú tu hermano se consuela acerca de ti *con la idea* de matarte.

43 Ahora pues, hijo mío, obedece a mi voz; levántate, y huye a *casa de* Labán mi hermano, a Harán.

44 Y mora con él algunos días, hasta que el enojo de tu hermano se mitigue;

45 hasta que se aplaque la ira de tu hermano contra ti, y se olvide de lo que le has hecho: yo enviaré entonces, y te traeré de allá: ¿por qué seré privada de vosotros ambos en un día?

46 Y dijo Rebeca a Isaac: ᵍFastidio tengo de mi vida a causa de las hijas de Het. ʲSi Jacob toma esposa de las hijas de Het, como éstas, de las hijas de esta tierra, ¿para qué quiero la vida?

CAPÍTULO 28

Entonces Isaac llamó a Jacob, y le bendijo, y le mandó diciendo: ⁿNo tomes esposa de las hijas de Canaán.

2 ᵖLevántate, ᵠve a Padan-aram, a casa de Betuel, padre de tu madre, y toma allí esposa de las hijas de Labán, hermano de tu madre.

3 Y ᵗel Dios omnipotente te bendiga y te haga fructificar, y te multiplique, hasta venir a ser multitud de pueblos;

4 Y te dé ᵛla bendición de Abraham, y a tu simiente contigo, para que heredes ˣla tierra de tus peregrinaciones, que Dios dio a Abraham.

5 Así envió Isaac a Jacob, el cual fue a Padan-aram, a Labán, hijo de Betuel arameo, hermano de Rebeca, madre de Jacob y de Esaú.

6 Y vio Esaú cómo Isaac había bendecido a Jacob, y le había enviado a Padan-aram, para tomar para sí esposa de allí; y que cuando le bendijo, le había mandado, diciendo: No tomarás esposa de las hijas de Canaán;

7 y que Jacob había obedecido a su padre y a su madre, y se había ido a Padan-aram.

a Am 1:11
Abd 10
b cp 24:3
y 26:35
c cp 25:13
d cp 21:31
y 26:33
e Nm 12:6
Job 33:15
f Mt 4:24
Lc 4:37
g cp 26:35
y 28:8
h cp 35:1
y 48:3
i cp 26:24
j cp 24:3
k cp 35:12
l cp 13:16
m cp 12:3
y 26:4
n cp 24:3
o cp 26:24
y 31:3
p Os 12:13
q cp 25:20
r cp 35:6
s 1 Re 8:57
t cp 17:1-6
u Éx 3:5
Jos 5:15
v cp 12:2
x cp 17:8 37:1
y cp 31:13,45
y 35:14
1 Sm 7:12
2 Sm 18:18
z Lv 8:10-11
Nm 7:1
a Jue 1:23-26
1 Casa de Dios
b cp 31:13
Jue 11:30
2 Sm 15:8
c Dt 26:17
d cp 35:7-14
e Lv 27:30

8 ᵇVio asimismo Esaú que las hijas de Canaán parecían mal a Isaac su padre;

9 Y se fue Esaú a Ismael, y tomó para sí por esposa a Mahalat, hija de Ismael, hijo de Abraham, ᶜhermana de Nebaiot, además de sus otras esposas.

10 Y salió Jacob de ᵈBeerseba, y fue a Harán;

11 y encontró con un lugar, y durmió allí porque ya el sol se había puesto; y tomó una de las piedras de aquel paraje y la puso de cabecera, y se acostó en aquel lugar.

12 ᵉY soñó, y he aquí una escalera que estaba apoyada en tierra, y su extremo tocaba en el cielo: y he aquí ᶠángeles de Dios que subían y descendían por ella.

13 Y ʰhe aquí, Jehová estaba en lo alto de ella, el cual dijo: ⁱYo soy Jehová, el Dios de Abraham tu padre, y el Dios de Isaac: ᵏla tierra en que estás acostado te la daré a ti y a tu simiente.

14 Y ˡserá tu simiente como el polvo de la tierra, y te extenderás al occidente y al oriente, y al norte y al sur; y ᵐtodas las familias de la tierra serán benditas en ti y en tu simiente.

15 Y he aquí, ᵒyo estoy contigo, y te guardaré por dondequiera que vayas y ʳte volveré a esta tierra; ˢporque no te dejaré hasta tanto que haya hecho lo que te he dicho.

16 Y despertó Jacob de su sueño y dijo: ᵘCiertamente Jehová está en este lugar, y yo no lo sabía.

17 Y tuvo miedo, y dijo: ¡Cuán terrible *es* este lugar! Esto no *es* otra cosa sino casa de Dios y puerta del cielo.

18 Y se levantó Jacob de mañana, y tomó la piedra que había puesto de cabecera, y ʸla alzó por columna y ᶻderramó aceite sobre ella.

19 Y ᵃllamó el nombre de aquel lugar ¹Betel, bien que Luz *era* el nombre de la ciudad primero.

20 E ᵇhizo Jacob voto, diciendo: Si Dios va conmigo, y me guarda en este viaje que voy, y me da pan para comer y vestidura para vestir,

21 y si vuelvo en paz a casa de mi padre, ᶜJehová será mi Dios,

22 y esta piedra que he puesto *por* columna, ᵈserá casa de Dios; y de todo lo que me des, ᵉel diezmo apartaré para ti.

CAPÍTULO 29

Y siguió Jacob su camino, y ªfue a la tierra de los orientales.

2 Y miró, y vio un pozo en el campo: y he aquí tres rebaños de ovejas que yacían cerca de él; porque de aquel pozo abrevaban los ganados: y había una gran piedra sobre la boca del pozo.

3 Y se juntaban allí todos los rebaños; y revolvían la piedra de sobre la boca del pozo, y abrevaban las ovejas; y volvían la piedra sobre la boca del pozo a su lugar.

4 Y les dijo Jacob: Hermanos míos, ¿de dónde sois? Y ellos respondieron: De ᵈHarán somos.

5 Y él les dijo: ¿Conocéis a Labán, hijo de Nacor? Y ellos dijeron: Sí, le conocemos.

6 Y él les dijo: ¿Tiene paz? Y ellos dijeron: Paz; y he aquí Raquel su hija viene con el ganado.

7 Y él dijo: He aquí el día es aún grande; no es tiempo todavía de recoger el ganado; abrevad las ovejas, e id a apacentarlas.

8 Y ellos respondieron: No podemos, hasta que se junten todos los ganados, y removamos la piedra de sobre la boca del pozo, para que abrevemos las ovejas.

9 Y mientras él aún hablaba con ellos ᶠRaquel vino con el ganado de su padre, porque ella era la pastora.

10 Y sucedió que cuando Jacob vio a Raquel, hija de Labán hermano de su madre, y a las ovejas de Labán, el hermano de su madre, se acercó Jacob, y removió la piedra de sobre la boca del pozo, y abrevó el ganado de Labán hermano de su madre.

11 Y Jacob besó a Raquel, y alzó su voz, y lloró.

12 Y Jacob dijo a Raquel que él ᵍera hermano de su padre, y que *era* hijo de Rebeca: y ʰella corrió, y dio las nuevas a su padre.

13 Y sucedió que cuando Labán oyó las nuevas de Jacob, hijo de su hermana, corrió a recibirlo, y lo abrazó y lo besó; y lo trajo a su casa. Y él contó a Labán todas estas cosas.

14 Y Labán le dijo: Ciertamente ᵏhueso mío y carne mía eres. Y estuvo con él el tiempo de un mes.

15 Entonces dijo Labán a Jacob: ¿Por *ser* tú mi hermano, me has de servir de balde? Declárame qué *será* tu salario.

16 Y Labán tenía dos hijas: el nombre de la mayor *era* Lea, y el nombre de la menor, Raquel.

17 Y los ojos de Lea eran tiernos, pero Raquel era de lindo semblante y de hermoso parecer.

18 Y Jacob amó a Raquel, y dijo: ᵇYo te serviré siete años por Raquel tu hija menor.

19 Y Labán respondió: Mejor *es* que te la dé a ti, y no que la dé a otro hombre; quédate conmigo.

20 Así ᶜsirvió Jacob por Raquel siete años; y le parecieron como pocos días porque la amaba.

21 Y dijo Jacob a Labán: Dame *mi* esposa, porque mi tiempo es cumplido para que cohabite con ella.

22 Entonces Labán juntó a todos los varones de aquel lugar, e ᵉhizo banquete.

23 Y sucedió que a la noche tomó a Lea su hija, y se la trajo; y él entró a ella.

24 Y dio Labán su sierva Zilpa a su hija Lea por criada.

25 Y venida la mañana, he aquí que *era* Lea: y él dijo a Labán: ¿Qué es esto que me has hecho? ¿No te he servido por Raquel? ¿Por qué, pues, me has engañado?

26 Y Labán respondió: No se hace así en nuestro lugar, que se dé la menor antes de la mayor.

27 Cumple la semana de ésta, y se te dará también la otra, por el servicio que hicieres conmigo otros siete años.

28 E hizo Jacob así, y cumplió la semana de aquélla; y él le dio a Raquel su hija por esposa.

29 Y dio Labán a Raquel su hija por criada a su sierva Bilha.

30 Y entró también a Raquel; y ᶦamó también más que a Lea: y sirvió con él aún otros siete años.

31 Y vio Jehová que Lea *era* aborrecida, y abrió su matriz; pero Raquel era estéril.

32 Y concibió Lea, y dio a luz un hijo, y llamó su nombre Rubén, porque dijo: Ya que ʲJehová ha mirado mi aflicción; de cierto ahora me amará mi marido.

---

a Nm 23:7
Jue 6:3

b cp 31:41

c cp 30:26
Os 12:13
d cp 27:43

e Jue 14:10
Jn 2:1-2

f Éx 2:16

g cp 13:8
y 14:14-16
h cp 24:28
i ver 20
Dt 21:15
y 31:41
j cp 31:42
Éx 3:7 4:31
Dt 26:7
k cp 2:23
y 37:27
Jue 9:2
2 Sm 5:1
19:12
1 Cr 11:1

Dame hijos o me muero: Raquel   **GÉNESIS 30**

33 Y concibió otra vez, y dio a luz un hijo, y dijo: Por cuanto oyó Jehová que yo era aborrecida, me ha dado también éste. Y llamó su nombre Simeón.

34 Y concibió otra vez, y dio a luz un hijo, y dijo: Ahora esta vez se unirá mi marido conmigo, porque le he dado a luz tres hijos: por tanto, llamó su nombre Leví.

35 Y concibió otra vez, y dio a luz un hijo, y dijo: Esta vez alabaré a Jehová; por esto llamó su nombre ªJudá: y dejó de dar a luz.

CAPÍTULO 30

Y viendo Raquel que ᵇno daba hijos a Jacob, tuvo envidia de su hermana, y decía a Jacob: Dame hijos, o si no, me muero.

2 Y Jacob se enojaba contra Raquel, y decía: ᶜ¿Soy yo en lugar de Dios, que te impidió el fruto de tu vientre?

3 Y ella dijo: He aquí mi sierva Bilha; entra a ella, y ᵈdará a luz sobre mis rodillas, y ᵉyo también tendré hijos de ella.

4 Así le dio a Bilha su sierva por esposa; y Jacob entró a ella.

5 Y concibió Bilha, y dio a luz un hijo a Jacob.

6 Y dijo Raquel: Me juzgó Dios, y también oyó mi voz, y me dio un hijo. Por tanto llamó su nombre Dan.

7 Y concibió otra vez Bilha, la sierva de Raquel, y dio a luz el hijo segundo a Jacob.

8 Y dijo Raquel: Con grandes luchas he contendido con mi hermana, y he vencido. Y llamó su nombre Neftalí.

9 Y viendo Lea que había dejado de dar a luz, tomó a Zilpa su sierva, y la dio a Jacob por esposa.

10 Y Zilpa, sierva de Lea, dio a luz a Jacob un hijo.

11 Y dijo Lea: Vino la ventura. Y llamó su nombre Gad.

12 Zilpa, la sierva de Lea, dio a luz otro hijo a Jacob.

13 Y dijo Lea: ¡Qué dicha la mía! porque las mujeres me dirán ᶠbienaventurada; y llamó su nombre Aser.

14 Y fue Rubén en tiempo de la siega de los trigos, y ⁿhalló mandrágoras en el campo, y las trajo a Lea su madre: y dijo Raquel a Lea: Te ruego que me des de las mandrágoras de tu hijo.

15 Y ella respondió: ¿Es poco que hayas tomado mi marido, sino que también te has de llevar las mandrágoras de mi hijo? Y dijo Raquel: Pues dormirá contigo esta noche por las mandrágoras de tu hijo.

16 Y cuando Jacob volvía del campo a la tarde, salió Lea a él, y le dijo: A mí has de entrar, porque a la verdad te he alquilado por las mandrágoras de mi hijo. Y se acostó con ella aquella noche.

17 Y oyó Dios a Lea: y concibió, y dio a luz a Jacob el quinto hijo.

18 Y dijo Lea: Dios me ha dado mi recompensa, por cuanto di mi sierva a mi marido; por eso llamó su nombre Isacar.

19 Y concibió Lea otra vez, y dio a luz el sexto hijo a Jacob.

20 Y dijo Lea: Dios me ha dado una buena dote; ahora morará conmigo mi marido, porque le he dado a luz seis hijos: y llamó su nombre Zabulón.

21 Y después dio a luz una hija, y llamó su nombre Dina.

22 Y ᶠse acordó Dios de Raquel, y la oyó Dios, y ᵍabrió su matriz.

23 Y concibió, y dio a luz un hijo: y dijo: ʰDios ha quitado mi afrenta:

24 Y llamó su nombre José, diciendo: Añádame Jehová otro hijo.

25 Y aconteció, cuando Raquel hubo dado a luz a José, que Jacob dijo a Labán: Envíame, e iré a mi lugar, y a mi tierra.

26 Dame mis esposas y mis hijos, ⁱpor las cuales he servido contigo, y déjame ir; pues tú sabes los servicios que te he hecho.

27 Y Labán le respondió: Halle yo ahora gracia en tus ojos, y *quédate*; *pues* he experimentado que Jehová me ha bendecido por tu causa.

28 Y dijo: ʲSeñálame tu salario, que yo lo daré.

29 Y él respondió: ᵏTú sabes cómo te he servido, y cómo ha estado tu ganado conmigo;

30 Porque poco tenías antes de mi *venida*, y ᵐha crecido en gran número; y Jehová te ha bendecido con mi llegada: y ahora º¿cuándo he de trabajar yo también por mi propia casa?

---

a Mt 1:2

b cp 29:31

c cp 16:2
1 Sm 1:5

d cp 50:23
e cp 16:2
f cp 8:1
g cp 29:31
Sal 127:3
h 1 Sm 1:6
Is 40:1
Lc 1:25

i cp 29:20,30

j cp 29:15

k cp 31:6, 38,40,
l Lc 1:48

m ver 43

n Cnt 7:13
o 1 Tim 5:8

GÉNESIS 31

31 Y él dijo: ¿Qué te daré? Y respondió Jacob: No me des nada; si hicieres por mí esto, volveré a apacentar tus ovejas.

32 Yo pasaré hoy por todo tu rebaño, poniendo aparte todas las ovejas manchadas y pintadas, y todas las ovejas de color oscuro entre las manadas, y las manchadas y las pintadas entre las cabras; y ᶜesto será mi salario.

33 Así responderá por mí mi justicia mañana cuando me viniere mi salario delante de ti; toda la que no fuere pintada ni manchada en las cabras y de color oscuro en las ovejas mías, se me ha de contar como de hurto.

34 Y dijo Labán: Mira, que sea como tú dices.

35 Y apartó aquel día los machos cabríos rayados y manchados; y todas las cabras manchadas y pintadas, y toda aquella que tenía en sí algo de blanco, y todas las de color oscuro entre las ovejas, y las puso en manos de sus hijos.

36 Y puso tres días de camino entre sí y Jacob: y Jacob apacentaba las otras ovejas de Labán.

37 Y ⁱse tomó Jacob varas de álamo verdes y de avellano, y de castaño, y descortezó en ellas mondaduras blancas, descubriendo así lo blanco de las varas.

38 Y puso las varas que había mondado delante de los rebaños, en los canales de los abrevaderos del agua donde venían a beber las ovejas, las cuales concebían cuando venían a beber.

39 Y concebían las ovejas delante de las varas, y parían borregos listados, pintados y salpicados de diversos colores.

40 Y apartaba Jacob los corderos, y ponía con su rebaño los listados, y todo lo que era oscuro en el hato de Labán. Y ponía su hato aparte, y no lo ponía con las ovejas de Labán.

41 Y sucedía que cuando las ovejas más fuertes entraban en celo, Jacob ponía las varas delante de las ovejas en los abrevaderos, para que concibieran a la vista de las varas.

42 Y cuando las ovejas eran débiles, no ponía *las varas*; así las débiles

---

a ver 30
b cp 24:35
  y 26:13-14

c cp 31:8

d Sal 49:16-17
e cp 4:5

f cp 28:15
  y 32:9

g ver 41
h Nm 14:22
  Neh 4:12
  Job 19:3
  Zac 8:23

i cp 30:32

j vers 1,16

k Éx 3:7

l cp 28:18-20
  y 35:7
m cp 32:9

Las ovejas pintadas y las listadas

eran para Labán, y las fuertes para Jacob.

43 Y ᵃse engrandeció el varón muchísimo, y ᵇtuvo muchas ovejas, y siervas y siervos, y camellos y asnos.

CAPÍTULO 31

Yoía él las palabras de los hijos de Labán que decían: Jacob ha tomado todo lo que *era* de nuestro padre, y de lo que *era* de nuestro padre ha adquirido toda esta ᵈgrandeza.

2 Miraba también Jacob ᵉel semblante de Labán, y veía que no era para con él como había sido antes.

3 También Jehová dijo a Jacob: ᶠVuélvete a la tierra de tus padres y a tu parentela, y yo estaré contigo.

4 Y envió Jacob, y llamó a Raquel y a Lea al campo, donde estaba su rebaño,

5 y les dijo: Veo que el semblante de vuestro padre no es para conmigo como antes; pero el Dios de mi padre ha estado conmigo.

6 Y vosotras sabéis que con todas mis fuerzas he servido a vuestro padre;

7 Y vuestro padre me ha engañado, y ᵍme ha cambiado el salario ʰdiez veces; pero Dios no le ha permitido hacerme daño.

8 Si él decía así: ⁱLos pintados serán tu salario; entonces todas las ovejas parían pintados: y si decía así: Los listados serán tu salario; entonces todas las ovejas parían listados.

9 ʲAsí quitó Dios el ganado de vuestro padre, y me lo dio a mí.

10 Y sucedió que al tiempo que las ovejas se apareaban, alcé yo mis ojos y miré en sueños, y he aquí los machos que cubrían a las hembras eran listados, pintados y abigarrados.

11 Y el Ángel de Dios me habló en un sueño, *diciendo*: Jacob. Y yo dije: Heme aquí.

12 Y Él dijo: Alza ahora tus ojos, y mira; todos los machos que cubren a las ovejas *son* listados, pintados y abigarrados; porque ᵏyo he visto todo lo que Labán te ha hecho.

13 ˡYo soy el Dios de Betel, donde tú ungiste la columna, y donde me hiciste un voto. ᵐLevántate ahora, y sal de esta tierra, y vuélvete a la tierra de tus padres.

Raquel hurta los ídolos de Labán GÉNESIS 31

14 Y respondió Raquel y Lea, y le dijeron: ª¿Acaso tenemos todavía parte o heredad en la casa de nuestro padre?

15 ¿No nos tiene ya como por extrañas, pues que ᶜnos vendió, y aun se ha comido del todo nuestro precio?

16 Porque toda la riqueza que Dios ha quitado a nuestro padre, nuestra *es* y de nuestros hijos; ahora pues, haz todo lo que Dios te ha dicho.

17 Entonces se levantó Jacob, y subió a sus hijos y a sus esposas sobre los camellos.

18 Y puso en camino todo su ganado, y todos sus bienes que había adquirido, el ganado de su ganancia que había obtenido en Padan-aram, para volverse a Isaac su padre en la tierra de Canaán.

19 Y Labán había ido a trasquilar sus ovejas: y Raquel hurtó los ídolos de su padre.

20 Y Jacob engañó a Labán el arameo, al no decirle que se huía.

21 Huyó, pues, con todo lo que tenía; y se levantó, y pasó ᶠel río, y ᵍpuso su rostro *hacia* el monte de Galaad.

22 Y al tercer día fue dicho a Labán que Jacob había huido.

23 Entonces tomó a sus hermanos consigo, y fue tras él camino de siete días, y le alcanzó en el monte de Galaad.

24 Y ʰvino Dios a Labán arameo en sueños aquella noche, y le dijo: Guárdate que ⁱno hables a Jacob descomedidamente.

25 Alcanzó, pues, Labán a Jacob. Y Jacob había fijado su tienda en el monte, y Labán acampó con sus hermanos en el monte de Galaad.

26 Y dijo Labán a Jacob: ¿Qué has hecho, que me has engañado, y has traído a mis hijas como cautivas a espada?

27 ¿Por qué te escondiste para huir, y me hurtaste; y no me lo hiciste saber para que yo te enviara con alegría y con cantares, con tamborín y arpa?

28 Y ni siquiera me dejaste ᵏbesar a mis hijos y a mis hijas. Ahora locamente has hecho.

29 Poder ⁿhay en mi mano para haceros mal; ᵖmas el Dios de vuestro padre me habló anoche diciendo:

a	2 Sm 20:1
	1 Re 12:16
b	ver 19
	Jue 18:24
c	cp 29:15,27
	y 30:26
d	cp 44:9
e	Lv 19:32
f	Éx 23:31
	Sal 72:8
	Is 27:12
g	2 Re 12:7
	Lc 9:51-53
h	cp 20:3
i	cp 24:50
j	Éx 22:12
k	ver 55
	Rt 1:9-14
	1 Re 19:20
	Hch 20:37
l	cp 29:27-28
m	ver 7
n	Dt 28:32
	Neh 5:5
	Pr 3:27
	Mi 2:1
o	Sal 124:1-2
p	cp 28:13
q	ver 53

Guárdate que no hables a Jacob descomedidamente.

30 Y ya que te ibas, porque tenías deseo de la casa de tu padre, ᵇ¿por qué me hurtaste mis dioses?

31 Y Jacob respondió, y dijo a Labán: Porque tuve miedo; pues dije, que quizás me quitarías por fuerza tus hijas.

32 En quien hallares tus dioses, ᵈno viva; delante de nuestros hermanos reconoce lo que yo tuviere tuyo, y llévatelo. Jacob no sabía que Raquel los había hurtado.

33 Y entró Labán en la tienda de Jacob, y en la tienda de Lea, y en la tienda de las dos siervas, y no los halló, y salió de la tienda de Lea, y vino a la tienda de Raquel.

34 Y tomó Raquel los ídolos, y los puso en una albarda de un camello, y se sentó sobre ellos; y buscó Labán por toda la tienda pero no *los* halló.

35 Y ella dijo a su padre: No se enoje mi señor, porque no me puedo ᵉlevantar delante de ti; pues estoy con la costumbre de las mujeres. Y él buscó, pero no halló los ídolos.

36 Entonces Jacob se enojó, y discutió con Labán; y respondió Jacob y dijo a Labán: ¿Cuál es mi transgresión? ¿Cuál es mi pecado, para que con tanto ardor hayas venido en mi persecución?

37 Pues que has buscado en todas mis cosas, ¿qué has hallado de todas las alhajas de tu casa? Ponlo aquí delante de mis hermanos y de tus hermanos, y juzguen entre nosotros.

38 Estos veinte años *he estado* contigo: tus ovejas y tus cabras nunca abortaron, ni yo comí carnero de tus ovejas.

39 ʲNunca te traje lo arrebatado por *las fieras*; yo pagaba el daño; lo hurtado así de día como de noche, de mi mano lo requerías.

40 De día me consumía el calor, y de noche la helada, y el sueño huía de mis ojos.

41 Así he estado veinte años en tu casa; ˡcatorce años te serví por tus dos hijas, y seis años por tu ganado; y has ᵐmudado mi salario diez veces.

42 ᵒSi el Dios de mi padre, el Dios de Abraham, y ᵠel temor de Isaac, no fuera conmigo, de cierto me

31

GÉNESIS 32

enviarías ahora ªvacío; *pero* Dios vio mi aflicción y el trabajo de mis manos, y ᵇte reprendió anoche.

43 Y respondió Labán, y dijo a Jacob: Las hijas son hijas mías, y los hijos, hijos míos son, y las ovejas son mis ovejas, y todo lo que tú ves es mío: ¿y qué puedo yo hacer hoy a estas mis hijas, o a sus hijos que ellas han dado a luz?

44 Ven, pues, ahora, ᵈhagamos alianza tú y yo; y ᵉsea en testimonio entre nosotros dos.

45 Entonces Jacob ᶠtomó una piedra, y la levantó por columna.

46 Y dijo Jacob a sus hermanos: Recoged piedras. Y tomaron piedras e hicieron un majano; y comieron allí sobre aquel majano.

47 Y lo llamó Labán Jegar Sahaduta; y lo llamó Jacob Galaad.

48 Porque Labán dijo: Este majano *es* testigo hoy entre tú y yo; por eso fue llamado su nombre Galaad.

49 Y Mizpa, por cuanto dijo: Atalaye Jehová entre tú y yo, cuando nos hayamos apartado el uno del otro.

50 Si afligieres a mis hijas, o si tomares *otras* esposas además de mis hijas, nadie está con nosotros; mira, ˡDios es testigo entre tú y yo.

51 Dijo más Labán a Jacob: He aquí este majano, y he aquí esta columna, que he erigido entre tú y yo.

52 Testigo *sea* este majano, y testigo *sea* esta columna, que ni yo pasaré contra ti este majano, ni tú pasarás contra mí este majano ni esta columna, para mal.

53 El Dios de Abraham, y el Dios de Nacor juzgue entre nosotros, el Dios de sus padres. Y Jacob juró por el temor de Isaac su padre.

54 Entonces Jacob ofreció un sacrificio en el monte y llamó a ᵒsus hermanos a comer pan; y comieron pan, y pasaron aquella noche en el monte.

55 Y levantándose muy de mañana, Labán ᑫbesó a sus hijos y a sus hijas, y los bendijo. Luego partió Labán y regresó a su lugar.

CAPÍTULO 32

Y Jacob siguió su camino, y le salieron al encuentro ángeles de Dios.

Mahanaim: Campamento de Dios

2 Y dijo Jacob cuando los vio: El campamento de Dios *es* éste; y llamó el nombre de aquel lugar ¹Mahanaim.

3 Y envió Jacob mensajeros delante de sí a Esaú su hermano, a la tierra de Seir, ᶜcampo de Edom.

4 Y les mandó diciendo: Así diréis a mi señor Esaú: Así dice tu siervo Jacob: Con Labán he morado, y he estado allí hasta ahora;

5 Y tengo vacas, y asnos, y ovejas, y siervos y siervas; y envío a decirlo a mi señor, ᵍpor hallar gracia en tus ojos.

6 Y los mensajeros volvieron a Jacob, diciendo: Vinimos a tu hermano Esaú, y ʰél también vino a recibirte, y cuatrocientos hombres con él.

7 Entonces Jacob tuvo gran temor, y ⁱse angustió; y dividió al pueblo que *tenía* consigo en dos campamentos, y las ovejas y las vacas y los camellos;

8 y dijo: Si viniere Esaú contra un campamento y lo hiriere, el otro campamento escapará.

9 Y ʲdijo Jacob: ᵏDios de mi padre Abraham, y Dios de mi padre Isaac, Jehová, ᵐque me dijiste: Vuélvete a tu tierra y a tu parentela, y yo te haré bien.

10 No soy digno de la más pequeña de todas las misericordias, y de toda la verdad que has usado para con tu siervo; que con mi bordón pasé este Jordán, y ahora estoy sobre dos campamentos.

11 Líbrame ahora de la mano de mi hermano, de la mano de Esaú, porque ⁿle temo; no venga quizá, y me hiera a mí, y a la madre con los hijos.

12 ᵖY tú has dicho: Ciertamente yo te haré bien, y pondré tu simiente como la arena del mar, que no se puede contar por la multitud.

13 Y durmió allí aquella noche, y tomó de lo que le vino a la mano ʳun presente para su hermano Esaú.

14 Doscientas cabras y veinte machos cabríos, doscientas ovejas y veinte carneros,

15 treinta camellas paridas, con sus crías, cuarenta vacas y diez novillos, veinte asnas y diez borricos.

Jacob lucha con el Ángel

16 Y lo entregó en mano de sus siervos, cada manada de por sí; y dijo a sus siervos: Pasad delante de mí, y poned espacio entre manada y manada.

17 Y mandó al primero, diciendo: Si Esaú mi hermano te encontrare, y te preguntare, diciendo: ¿De quién eres? ¿Y adónde vas? ¿Y para quién es esto que llevas delante de ti?

18 Entonces dirás: Presente es de tu siervo Jacob, que envía a mi señor Esaú; y he aquí también él viene tras nosotros.

19 Y mandó también al segundo, y al tercero, y a todos los que iban tras aquellas manadas, diciendo: Conforme a esto hablaréis a Esaú, cuando le hallareis.

20 Y diréis también: He aquí tu siervo Jacob viene tras nosotros. Porque dijo: Apaciguaré su ira con el presente que va delante de mí, y después veré su rostro; quizá le seré acepto.

21 Y pasó el presente delante de él; y él durmió aquella noche en el campamento.

22 Y se levantó aquella noche, y tomó sus dos esposas, y sus dos siervas, y sus once hijos, y ᶠpasó el vado de Jaboc.

23 Los tomó, pues, y los hizo pasar el arroyo, e hizo pasar lo que tenía.

24 Y Jacob se quedó solo; y ᵍluchó con él un varón hasta que rayaba el alba.

25 Y cuando vio que no podía con él, tocó en el sitio del encaje de su muslo, y se descoyuntó el muslo de Jacob mientras con él luchaba.

26 Y dijo: Déjame, que raya el alba. Y él dijo: ʲNo te dejaré, si no me bendices.

27 Y Él le dijo: ¿Cuál es tu nombre? Y él respondió: Jacob.

28 Y Él dijo: ᵏNo se dirá más tu nombre Jacob, sino ¹Israel; porque como príncipe has luchado ˡcon Dios y ⁿcon los hombres, y has vencido.

29 Entonces Jacob le preguntó, y dijo: Declárame ahora tu nombre. Y Él respondió: °¿Por qué preguntas por mi nombre? Y lo bendijo allí.

30 Y llamó Jacob el nombre de aquel lugar Peniel; porque dijo: ᵖVi a Dios cara a cara, y fue librada mi alma.

31 Y le salió el sol pasado que hubo a Peniel; y cojeaba de su cadera.

32 Por esto no comen los hijos de Israel, hasta hoy día, del tendón que se contrajo, el cual está en el encaje del muslo; porque tocó a Jacob este sitio de su muslo en el tendón que se contrajo.

CAPÍTULO 33

Y alzando Jacob sus ojos miró, y he aquí ᵃvenía Esaú, y los cuatrocientos hombres con él; entonces repartió él los niños entre Lea y Raquel y las dos siervas.

2 Y puso las siervas y sus niños delante; luego a Lea y a sus niños; y a Raquel y a José los postreros.

3 Y él pasó delante de ellos, y ᵇse inclinó a tierra siete veces, hasta que llegó a su hermano.

4 Y ᶜEsaú corrió a su encuentro, y le abrazó, y ᵈse echó sobre su cuello, y le besó; y lloraron.

5 Y alzó sus ojos, y vio las mujeres y los niños, y dijo: ¿Quiénes son éstos? Y él respondió: ᵉSon los niños que Dios ha dado a tu siervo.

6 Y luego se acercaron las siervas, ellas y sus niños, y se inclinaron.

7 Y Lea también se acercó con sus niños, y se inclinaron; y después llegó José y Raquel, y también se inclinaron.

8 Y él dijo: ʰ¿Qué te propones con todas estas cuadrillas que he encontrado? Y él respondió: El ⁱhallar gracia en los ojos de mi señor.

9 Y dijo Esaú: Suficiente tengo yo, hermano mío; sea para ti lo que es tuyo.

10 Y dijo Jacob: No, yo te ruego, si he hallado ahora gracia en tus ojos, toma mi presente de mi mano, pues que he visto tu rostro, como si hubiera visto el rostro de Dios; y te has contentado conmigo.

11 Acepta, te ruego, ᵐmi bendición que te es traída; porque Dios me ha favorecido, y porque tengo lo suficiente. Y porfió con él, y la tomó.

12 Y dijo: Anda, y vamos; y yo iré delante de ti.

13 Y él le dijo: Mi señor sabe que los niños son tiernos, y que tengo ovejas y vacas paridas; y si las fatigan, en un día morirán todas las ovejas.

GÉNESIS 34

Siquem amancilla a Dina

14 Pase ahora mi señor delante de su siervo, y yo me iré poco a poco al paso del ganado que va delante de mí, y al paso de los niños, hasta que llegue a mi señor a ªSeir.

15 Y Esaú dijo: Permíteme ahora dejar contigo algunos de los que vienen conmigo. Y él dijo: ¿Para qué esto? ᶜhalle yo gracia en los ojos de mi señor.

16 Así volvió Esaú aquel día por su camino a Seir.

17 Y Jacob se fue a ᶠSucot, y edificó allí casa para sí, e hizo cabañas para su ganado; por tanto, llamó el nombre de aquel lugar Sucot.

18 Y Jacob vino a ʰSalem, ciudad de ⁱSiquem, que está en la tierra de Canaán, cuando venía de Padan-aram; y acampó delante de la ciudad.

19 Y ʲcompró una parte del campo, donde tendió su tienda, de mano de los hijos de Hamor, padre de Siquem, por cien monedas.

20 Y erigió allí un altar, y le llamó: El Poderoso Dios de Israel.

CAPÍTULO 34

Y salió Dina la hija de Lea, la cual ésta había dado a luz a Jacob, a ver las hijas del país.

2 Y cuando la vio Siquem, hijo de Hamor heveo, príncipe de aquella tierra, la tomó, y se acostó con ella, y la deshonró.

3 Y su alma se apegó a Dina la hija de Lea, y se enamoró de la doncella, y ˡhabló al corazón de la doncella.

4 Y ᵐhabló Siquem a Hamor su padre, diciendo: Tómame por esposa a esta doncella.

5 Y oyó Jacob que Siquem había amancillado a Dina su hija: y estando sus hijos con su ganado en el campo, calló Jacob hasta que ellos viniesen.

6 Y se dirigió Hamor padre de Siquem a Jacob, para hablar con él.

7 Y los hijos de Jacob vinieron del campo cuando lo supieron; y se entristecieron los varones, y ᑫse llenaron de ira, ʳporque hizo vileza en Israel acostándose con la hija de Jacob, ˢlo que no se debía haber hecho.

8 Y Hamor habló con ellos, diciendo: El alma de mi hijo Siquem se ha apegado a vuestra hija; os ruego que se la deis por esposa.

9 Y emparentad con nosotros; dadnos vuestras hijas, y tomad vosotros las nuestras.

10 Y habitad con nosotros; ᵇporque la tierra estará delante de vosotros; morad y ᶜnegociad en ella, y ᵈtomad en ella posesión.

11 Siquem también dijo al padre y a los hermanos de ella: Halle yo gracia en vuestros ojos, y daré lo que me dijereis.

12 ᵍAumentad a cargo mío mucha dote y dones, que yo daré cuanto me dijereis, y dadme a la doncella por esposa.

13 Y respondieron los hijos de Jacob a Siquem y a Hamor su padre con palabras engañosas, por cuanto él había amancillado a Dina su hermana.

14 Y les dijeron: No podemos hacer esto de dar nuestra hermana a hombre incircunciso; ᵏporque entre nosotros es una afrenta.

15 Mas con esta *condición* consentiremos con vosotros: Si habéis de ser como nosotros, que se circuncide todo varón de entre vosotros.

16 Entonces os daremos nuestras hijas, y tomaremos nosotros las vuestras; y habitaremos con vosotros, y seremos un solo pueblo.

17 Pero si no nos prestáis oído para circuncidaros, entonces tomaremos a nuestra hija y nos iremos.

18 Y parecieron bien sus palabras a Hamor y a Siquem, hijo de Hamor.

19 Y no tardó el joven en hacer aquello, porque la hija de Jacob le había agradado: y él ⁿera el más honorable de toda la casa de su padre.

20 Entonces Hamor y Siquem su hijo vinieron a ᵒla puerta de su ciudad, y hablaron a los varones de su ciudad, diciendo:

21 Estos varones *son* pacíficos con nosotros, y habitarán en el país, y ᵖnegociarán en él; pues he aquí la tierra *es* bastante ancha para ellos; nosotros tomaremos sus hijas por esposas, y les daremos las nuestras.

22 Mas con una condición consentirán estos hombres en habitar con nosotros, para que seamos un pueblo; si se circuncida

---

a cp 32:3
b cp 13:9
y 20:15
c cp 42:34
d cp 47:27
e cp 31:11
y 47:5
Rt 2:13
f Jos 13:27
Jue 8:5
Sal 60:6
g Éx 22:16-17
1 Sm 18:25
h Jn 3:23
i Jos 24:1
Jue 9:1
Hch 7:16
j Jos 24:32
Jn 4:5
k Jue 5:9
l Is 40:2
Os 2:14
m Jue 14:2
n 1 Cr 4:9
o Rt 4:1
p cp 42:34
q cp 49:7
r Jos 7:15
Jue 20:6
s ver 31
2 Sm 13:12

Jacob vuelve a Betel

en nosotros todo varón, así como ellos *son* circuncidados.

23 Sus ganados, sus bienes y todas sus bestias *serán* nuestros; solamente convengamos con ellos, y habitarán con nosotros.

24 Y obedecieron a Hamor y a Siquem su hijo ᶜtodos los que salían por la puerta de la ciudad, y circuncidaron a todo varón, a cuantos salían por la puerta de su ciudad.

25 Y sucedió que al tercer día, cuando sentían ellos el mayor dolor, los dos hijos de Jacob, ᵉSimeón y Leví, hermanos de ᶠDina, tomaron cada uno su espada, y vinieron contra la ciudad osadamente, y mataron a todo varón.

26 Y a Hamor y a Siquem su hijo los mataron a filo de espada; y tomaron a Dina de casa de Siquem, y salieron.

27 Y los hijos de Jacob vinieron a los muertos y saquearon la ciudad; por cuanto habían amancillado a su hermana.

28 Tomaron sus ovejas y vacas y sus asnos, y lo que *había* en la ciudad y en el campo;

29 y todos sus bienes; se llevaron cautivos a todos sus niños y a sus esposas, y saquearon todo lo que *había* en casa.

30 Entonces dijo Jacob a Simeón y a Leví: Me habéis ˡturbado con hacerme abominable a los moradores de esta tierra, el cananeo y el ferezeo; y ⁿ*teniendo* yo pocos hombres, se juntarán contra mí, y me herirán, y seré destruido yo y mi casa.

31 Y ellos respondieron ¿Había él de tratar a nuestra hermana como a una ramera?

CAPÍTULO 35

Y dijo Dios a Jacob: Levántate, sube a ᵖBetel y quédate allí; y haz allí un altar a Dios, que te apareció cuando huías de tu hermano Esaú.

2 Entonces Jacob dijo a su familia y a todos ᵠlos que con él *estaban*: Quitad los dioses ajenos que hay entre vosotros, y ʳlimpiaos, y mudad vuestras vestiduras.

3 Y levantémonos, y subamos a Betel; y ᵗharé allí altar al Dios que me respondió en el día de mi angustia, y ᵘha sido conmigo en el camino que he andado.

GÉNESIS 35

4 Así dieron a Jacob todos los dioses ajenos que *había* en poder de ellos, y los zarcillos que estaban en sus orejas; y ᵃJacob los escondió debajo de una encina, que *estaba* junto a Siquem.

5 Y partieron, y ᵇel terror de Dios fue sobre las ciudades que había en sus alrededores, y no siguieron tras los hijos de Jacob.

6 Y llegó Jacob a ᵈLuz, que *está* en tierra de Canaán (ésta *es* Betel), él y todo el pueblo que con él *estaba*.

7 Y edificó allí un altar, y llamó el lugar El-Betel, porque allí le había aparecido Dios, cuando huía de su hermano.

8 Entonces murió Débora, ᵍama de Rebeca, y fue sepultada a las raíces de Betel, debajo de una encina; y se llamó su nombre Alon-Bacut.

9 Y se apareció otra vez Dios a Jacob, cuando se había vuelto de Padan-aram, y le bendijo.

10 Y le dijo Dios: Tu nombre *es* Jacob; ʰno se llamará más tu nombre Jacob, ⁱsino Israel será tu nombre: y llamó su nombre Israel.

11 Y le dijo ʲDios: Yo soy Dios Omnipotente; crece y multiplícate; ᵏuna nación y conjunto de naciones procederán de ti, y reyes saldrán de tus lomos.

12 Y ᵐla tierra que yo he dado a Abraham y a Isaac, la daré a ti; y a tu simiente después de ti daré la tierra.

13 Y se fue de él Dios, del lugar donde con él había hablado.

14 Y ᵒJacob erigió una columna en el lugar donde había hablado con él, una columna de piedra, y derramó sobre ella libación, y echó sobre ella aceite.

15 Y llamó Jacob el nombre de aquel lugar donde Dios había hablado con él, Betel.

16 Y partieron de Betel, y había aún como media legua de tierra para llegar a Efrata, cuando dio a luz Raquel, y hubo trabajo en su parto.

17 Y aconteció, que como había trabajo en su parto, le dijo la partera: No temas, que ˢtambién tendrás este hijo.

18 Y aconteció que al salírsele el alma (pues murió), llamó su nombre ¹Benoni; mas su padre lo llamó ²Benjamín.

---

a Jos 24:26
b Éx 15:16 y 23:27 Dt 11:25 Jos 2:9
c cp 23:10
d cp 28:19-22
e cp 49:5-7
f cp 29:33-34 y 30:21
g cp 24:59
h cp 17:5
i cp 32:28
j cp 17:1
k cp 17:5-16 28:3 y 48:4
l Jos 7:25
m cp 13:18 y 23:2,19
n Dt 4:27 Sal 105:12
o cp 28:18
p cp 28:13-19
q cp 31:19-34 Jos 24:2,3
1 Sm 7:3
r Éx 19:10
s cp 30:24
t cp 32:7,24
u cp 38:20
1 hijo de mi dolor
2 hijo de mi diestra

GÉNESIS 36

Esaú se separa de Jacob

19 ªAsí murió Raquel, y fue sepultada en el camino del ᶜÉfrata, la cual es Belén.

20 Y puso Jacob una columna sobre su sepultura; ésta *es* la columna de la sepultura de Raquel ᵉhasta hoy.

21 Y partió Israel, y tendió su tienda al otro lado de Migdaleder.

22 Y ʰaconteció, morando Israel en aquella tierra, que fue Rubén y durmió con Bilha la concubina de su padre; lo cual escuchó Israel. Ahora bien, los hijos de Israel fueron doce:

23 Los hijos de Lea: Rubén el primogénito de Jacob, y ⁱSimeón, Leví, Judá, Isacar y Zabulón.

24 Los hijos de Raquel: José y Benjamín.

25 Y los hijos de Bilha, sierva de Raquel: Dan y Neftalí.

26 Y los hijos de Zilpa, sierva de Lea: Gad y Aser. Éstos *fueron* los hijos de Jacob, que le nacieron en Padan-aram.

27 Y vino Jacob a Isaac su padre a ˡMamre, a ᵐla ciudad de Arba, que *es* Hebrón, donde habitaron Abraham e Isaac.

28 Y fueron los días de Isaac ciento ochenta años.

29 Y exhaló Isaac el espíritu, y murió, y fue ᵒreunido a su pueblo, viejo y lleno de días; y sus hijos Esaú y Jacob ᵖlo sepultaron.

CAPÍTULO 36

Y éstas *son* las generaciones de Esaú, ʳel cual es Edom.

2 ˢEsaú tomó sus esposas de las hijas de Canaán: a Ada, hija de Elón heteo, y a Aholibama, hija de Ana, hija de Zibeón el heveo;

3 y a ᵗBasemat, hija de Ismael, hermana de Nebaiot.

4 Y de Esaú ᵘAda dio a luz a Elifaz; y Basemat dio a luz a Reuel.

5 Y Aholibama dio a luz a Jeús, y a Jaalam, y a Coré; éstos *son* los hijos de Esaú, que le nacieron en la tierra de Canaán.

6 Y Esaú tomó sus esposas, sus hijos y sus hijas, y todas las personas de su casa, y sus ganados, y todas sus bestias, y todos sus bienes que había adquirido en la tierra de Canaán, y se fue a *otra* tierra, lejos de su hermano Jacob.

7 Porque ᵇlos bienes de ellos eran tantos que no podían habitar juntos, y ᵈla tierra de su peregrinación no los podía sostener a causa de sus ganados.

8 Y ᶠEsaú habitó en el monte de Seir; ᵍEsaú es Edom.

9 Éstos *son* los linajes de Esaú, padre de Edom, en el monte de Seir.

10 Éstos *son* los nombres de los hijos de Esaú: Elifaz, hijo de Ada, esposa de Esaú; Reuel, hijo de Basemat, esposa de Esaú.

11 Y los hijos de Elifaz fueron Temán, Omar, Zefo, Gatam, y Cenaz.

12 Y Timna fue concubina de Elifaz, hijo de Esaú, la cual le dio a luz a ʲAmalec; éstos *son* los hijos de Ada, esposa de Esaú.

13 Y los hijos de Reuel fueron Nahat, Zera, Sama, y Miza; éstos *son* los hijos de Basemat, esposa de Esaú.

14 Éstos fueron los hijos de ᵏAholibama, esposa de Esaú, hija de Ana, que fue hija de Zibeón; ella a luz de Esaú, a Jeús, Jaalam y Coré.

15 Éstos *son* los ⁿduques de los hijos de Esaú. Hijos de Elifaz, primogénito de Esaú: el duque Temán, el duque Omar, el duque Zefo, el duque Cenaz,

16 el duque Coré, el duque Gatam, y el duque Amalec; éstos *son* los duques de Elifaz en la tierra de Edom; éstos *fueron* los hijos de Ada.

17 Y éstos *son* los hijos de ᵠReuel, hijo de Esaú; el duque Nahat, el duque Zera, el duque Sama, y el duque Miza; éstos *son* los duques de la línea de Reuel en la tierra de Edom; estos hijos vienen de Basemat, esposa de Esaú.

18 Y éstos *son* los hijos de Aholibama, esposa de Esaú; el duque Jeús, el duque Jaalam, y el duque Coré; éstos fueron los duques que salieron de Aholibama, esposa de Esaú, hija de Ana.

19 Éstos, pues, *son* los hijos de Esaú, y sus duques; él es Edom.

20 Y éstos *son* ᵛlos hijos de Seir ˣhoreo, moradores de aquella tierra: Lotán, Sobal, Zibeón, Ana,

21 Disón, Ezer, y Disán; éstos *son* los duques de los horeos, hijos de Seir en la tierra de Edom.

22 Los hijos de Lotán fueron Hori y Hemán; y Timna *fue* hermana de Lotán.

Israel amaba más a José

23 Y los hijos de Sobal *fueron* Alván, Manahat, Ebal, Sefo, y Onam.
24 Y los hijos de Zibeón fueron Aja, y Ana. Este Ana es el que descubrió los mulos en el desierto, cuando apacentaba los asnos de Zibeón su padre.
25 Los hijos de Ana *fueron* Disón, y Aholibama, hija de Ana.
26 Y éstos fueron los hijos de Disón: Hemdán, Esbán, Itrán, y Querán.
27 Y éstos *fueron* los hijos de Ezer: Bilhán, Zaaván, y Acán.
28 Éstos *fueron* los hijos de Disán: Uz, y Arán.
29 Y éstos *fueron* los duques de los horeos; el duque ^bLotán, el duque Sobal, el duque Zibeón, el duque Ana.
30 El duque Disón, el duque Ezer, el duque Disán; éstos fueron los duques de los horeos; por sus ducados en la tierra de Seir.
31 Y ^elos reyes que reinaron en la tierra de Edom, antes que reinase rey sobre los hijos de Israel, fueron éstos:
32 Bela, hijo de Beor, reinó en Edom; y el nombre de su ciudad *fue* Dinaba.
33 Y murió Bela, y reinó en su lugar Jobab, hijo de Zera, de Bosra.
34 Y murió Jobab, y en su lugar reinó Husam, de tierra de Temán.
35 Y murió Husam, y reinó en su lugar Hadad, hijo de Bedad, el que hirió a Madián en el campo de Moab; y el nombre de su ciudad *fue* Avit.
36 Y murió Hadad, y en su lugar reinó Samla, de Masreca.
37 Y murió Samla, y reinó en su lugar Saúl, de ^gRehobot, *junto al* río.
38 Y murió Saúl, y en lugar suyo reinó Baal-hanán, hijo de Acbor.
39 Y murió Baal-hanán, hijo de Acbor, y ^hreinó Hadar en lugar suyo; y el nombre de su ciudad fue Pau; y el nombre de su esposa, Mehetabel, hija de Matred, hija de Mezaab.
40 Éstos, pues, *son* ⁱlos nombres de los duques de Esaú por sus linajes, por sus lugares, y sus nombres; el duque Timna, el duque Alva, el duque Jetet,
41 el duque Aholibama, el duque Ela, el duque Pinón,
42 el duque Cenaz, el duque Temán, el duque Mibzar,
43 el duque Magdiel, y el duque Iram. Éstos *fueron* los duques de

a 1 Sm 2:22
b ver 20
c cp 44:20
d Jue 5:30
2 Sm 13:18
e 1 Cr 1:43
f cp 42:6-9
43:26 44:14
g cp 26:22
h 1 Cr 1:50
i 1 Cr 1:51
j Hch 7:9
k Lc 2:19,51

GÉNESIS 37

Edom por sus habitaciones en la tierra de su posesión. Edom es el mismo Esaú, padre de los edomitas.

CAPÍTULO 37

Y habitó Jacob en la tierra donde peregrinó su padre, en la tierra de Canaán.
2 Éstas *fueron* las generaciones de Jacob. José, siendo de edad de diecisiete años apacentaba las ovejas con sus hermanos; y el joven *estaba* con los hijos de Bilha, y con los hijos de Zilpa, esposas de su padre; y José ^ainformaba a su padre la mala fama de ellos.
3 Y amaba Israel a José más que a todos sus hijos, ^cporque lo había tenido en su vejez; y le hizo una túnica de ^dmuchos colores.
4 Y viendo sus hermanos que su padre lo amaba más que a todos sus hermanos, le aborrecían, y no le podían hablar pacíficamente.
5 Y soñó José un sueño y lo contó a sus hermanos; y ellos vinieron a aborrecerle más todavía.
6 Y él les dijo: Oíd ahora este sueño que he soñado:
7 He aquí que atábamos manojos en medio del campo, y he aquí que mi manojo se levantaba, y estaba derecho, y que vuestros manojos estaban alrededor, y ^fse inclinaban al mío.
8 Y le respondieron sus hermanos: ¿Has de reinar tú sobre nosotros, o te has de enseñorear sobre nosotros? Y le aborrecieron aún más a causa de sus sueños y de sus palabras.
9 Y soñó aún otro sueño, y lo contó a sus hermanos, diciendo: He aquí que he soñado otro sueño, y he aquí que el sol y la luna y once estrellas se inclinaban a mí.
10 Y lo contó a su padre y a sus hermanos: y su padre le reprendió, y le dijo: ¿Qué sueño es éste que soñaste? ¿Hemos de venir yo y tu madre, y tus hermanos, a inclinarnos a ti a tierra?
11 Y ^jsus hermanos le tenían envidia, ^kmas su padre guardaba aquellas palabras.
12 Y fueron sus hermanos a apacentar las ovejas de su padre en Siquem.

GÉNESIS 38

13 Y dijo Israel a José: ¿No están tus hermanos apacentando *las ovejas* en Siquem? Ven, y te enviaré a ellos. Y él respondió: Heme aquí.

14 Y él le dijo: Ve ahora, mira cómo están tus hermanos y cómo están las ovejas, y tráeme la respuesta. Y lo envió del valle de Hebrón, y llegó a Siquem.

15 Y lo halló un hombre, andando él extraviado por el campo, y le preguntó aquel hombre, diciendo: ¿Qué buscas?

16 Y él respondió: Busco a mis hermanos; te ruego que me muestres dónde apacientan *sus ovejas*.

17 Y aquel hombre respondió: Ya se han ido de aquí; yo les oí decir: Vamos a Dotán. Entonces José fue tras de sus hermanos, y los halló en ʰDotán.

18 Y cuando ellos lo vieron de lejos, antes que llegara cerca de ellos, conspiraron contra él para matarle.

19 Y dijeron el uno al otro: He aquí viene el soñador;

20 Venid, pues, ahora; matémoslo y echémoslo en un pozo, y diremos: Alguna mala bestia le devoró; y veremos qué será de sus sueños.

21 Y cuando Rubén oyó esto, lo libró de sus manos y dijo: No lo matemos.

22 Y les dijo Rubén: ʲNo derraméis sangre; echadlo en este pozo que está en el desierto, y no pongáis mano en él; para librarlo así de sus manos y hacerlo volver a su padre.

23 Y sucedió que, cuando llegó José a sus hermanos, ellos hicieron desnudar a José su ropa, la ropa de colores que *tenía* sobre sí;

24 y lo tomaron y lo echaron en el pozo; pero el pozo *estaba* vacío, no *había* agua en él.

25 Y se sentaron a comer pan; y alzando los ojos miraron, y he aquí una compañía de ˡismaelitas que venía de Galaad, y sus camellos traían ⁿaromas y ᵒbálsamo y mirra, e iban para llevarlo a Egipto.

26 Entonces Judá dijo a sus hermanos: ¿Qué provecho *hay* en que matemos a nuestro hermano y ᵠencubramos su muerte?

27 Venid, y vendámoslo a los ismaelitas, y no sea nuestra mano sobre él; que nuestro hermano ʳes

a Jue 6:3
b cp 45:4-5
Sal 105:17
Hch 7:9
c Mt 26:15
y 27:9
d ver 34
cp 44:13
Job 1:20

e ver 23

f 2 Re 6:13

g ver 20
cp 44:28

h 2 Sm 12:17

i cp 42:38
y 44:29-31
j vers 29,30

k cp 19:3
2 Re 4:8

l vers 28,36
m 1 Cr 2:3
n cp 45:11
o Jer 8:22
y 46:11
p cp 46:12
Nm 26:19
q ver 20

r cp 29:14

José es vendido a los ismaelitas

nuestra carne. Y sus hermanos acordaron con él.

28 Y cuando pasaron los mercaderes ᵃmadianitas, sacaron ellos a José del pozo y lo trajeron arriba, y ᵇlo vendieron a los ismaelitas por ᶜveinte *piezas* de plata. Y llevaron a José a Egipto.

29 Y Rubén volvió al pozo, y he aquí, José no estaba en el pozo, y ᵈrasgó sus vestiduras.

30 Y volvió a sus hermanos, y dijo: El joven no aparece; y yo, ¿adónde iré yo?

31 Entonces tomaron ellos ᵉla túnica de José, y degollaron un cabrito de las cabras, y tiñeron la túnica con la sangre;

32 y enviaron la túnica de colores y la trajeron a su padre, y dijeron: Esto hemos hallado, reconoce ahora si *es* o no la túnica de tu hijo.

33 Y él la reconoció, y dijo: La túnica de mi hijo *es*; ᵍalguna mala bestia le devoró; José ha sido despedazado.

34 Entonces Jacob rasgó sus vestiduras, y puso cilicio sobre sus lomos, y se enlutó por su hijo muchos días.

35 Y ʰse levantaron todos sus hijos y todas sus hijas para consolarlo; pero no quiso recibir consuelo, y dijo: Porque ʲyo descenderé enlutado a mi hijo hasta la sepultura. Y lo lloró su padre.

36 Y los madianitas lo vendieron en Egipto a Potifar, oficial de Faraón, capitán de la guardia.

CAPÍTULO 38

Y aconteció en aquel tiempo, que Judá descendió de donde estaban sus hermanos, y ᵏse fue a un varón adulamita, que se llamaba Hira.

2 Y Judá vio allí a la hija de un hombre cananeo, el cual se llamaba ᵐSúa; y la tomó, y entró a ella.

3 La cual concibió, y dio a luz un hijo; y llamó su nombre ᵖEr.

4 Y concibió otra vez, y dio a luz un hijo, y llamó su nombre Onán.

5 Y volvió a concebir, y dio a luz un hijo, y llamó su nombre Sela. Y estaba en Quezib cuando lo dio a luz.

6 Y Judá tomó esposa para su primogénito Er, la cual se llamaba Tamar.

Judá entra a Tamar

7 Y Er, el primogénito de Judá, fue malo ante los ojos de Jehová, y ªJehová le quitó la vida.

8 Entonces Judá dijo a Onán: ᵇEntra a la esposa de tu hermano, y despósate con ella, y levanta simiente a tu hermano.

9 Y sabiendo Onán que la simiente no había de ser suya, sucedía que cuando entraba a la esposa de su hermano vertía en tierra, por no dar simiente a su hermano.

10 Y desagradó en ojos de Jehová lo que hacía, y a él también le quitó la vida.

11 Y Judá dijo a Tamar su nuera: ᵈQuédate viuda en casa de tu padre, hasta que crezca Sela mi hijo; porque dijo: No sea que como sus hermanos también él muera. Y se fue Tamar, y ᶠmoró en la casa de su padre.

12 Y pasaron muchos días, y murió la hija de Súa, esposa de Judá; y ʰJudá se consoló, y subía a los trasquiladores de sus ovejas a Timnat, él y su amigo Hira el adulamita.

13 Y fue dado aviso a Tamar, diciendo: He aquí tu suegro sube a Timnat a trasquilar sus ovejas.

14 Entonces ella se quitó ʲlos vestidos de su viudez, y se cubrió con un velo, y se arrebozó, y se puso a la puerta de las Aguas que *está* junto al camino de Timnat; ᵐporque veía que había crecido Sela, y ella no era dada a él por esposa.

15 Y cuando la vio Judá, pensó que *era* una ramera, porque ella había cubierto su rostro.

16 Y se apartó del camino hacia ella, y le dijo: Vamos, déjame ahora allegarme a ti; pues no sabía que *era* su nuera; y ella dijo: ¿Qué me darás si te allegares a mí?

17 Él respondió: Yo te enviaré del ganado un cabrito de las cabras. Y ella dijo: ¿Me darás prenda hasta que *lo* envíes?

18 Entonces él dijo: ¿Qué prenda te daré? Ella respondió: Tu anillo, tu cordón y el bordón que tienes en tu mano. Y él se los dio y entró a ella, la cual concibió de él.

19 Entonces ella se levantó, y se fue; y ᵠse quitó el velo de sobre sí, y se vistió las ropas de su viudez.

20 Y Judá envió el cabrito de las cabras por mano de su amigo el adulamita, para que tomase la prenda de mano de la mujer; mas no la halló.

21 Y preguntó a los hombres de aquel lugar, diciendo: ¿Dónde *está* la ramera de ᶜlas aguas junto al camino? Y ellos le dijeron: Aquí no ha estado ninguna ramera.

22 Entonces él se volvió a Judá, y dijo: No la he hallado; y también los hombres del lugar dijeron: Ninguna ramera ha estado aquí.

23 Y Judá dijo: Tómeselo para sí, para que no seamos menospreciados; he aquí yo he enviado este cabrito, y tú no la hallaste.

24 Y aconteció que al cabo de unos tres meses fue dado aviso a Judá, diciendo: Tamar tu nuera ᵉha fornicado, y he aquí que está encinta de las fornicaciones. Y Judá dijo: Sacadla, y ᵍsea quemada.

25 Y cuando la sacaban, ella envió a decir a su suegro: Del varón cuyas *son* estas cosas, estoy encinta. También dijo: Mira ahora de quién son estas cosas, ⁱel anillo, el cordón y el bordón.

26 Entonces Judá los reconoció, y dijo: ᵏMás justa es que yo, ˡpor cuanto no la he dado a Sela mi hijo. Y nunca más la conoció.

27 Y aconteció que al tiempo de dar a luz, he aquí había dos en su vientre.

28 Y sucedió que cuando daba a luz, uno *de ellos* sacó la mano, y la partera tomó y ató a su mano un hilo de grana, diciendo: Éste salió primero.

29 Y aconteció que tornando él a meter la mano, he aquí su hermano salió; y ella dijo: ¿Por qué has hecho sobre ti rotura? ⁿY llamó su nombre Fares.

30 Y después salió su hermano, el que tenía en su mano el hilo de grana, y llamó su nombre Zara.

CAPÍTULO 39

Y José fue llevado a Egipto; y ºPotifar, oficial de Faraón, capitán de la guardia, varón egipcio, lo compró ᵖde mano de los ismaelitas que lo habían llevado allá.

2 Pero ʳJehová estaba con José, y fue un varón próspero; y estaba en la casa de su señor el egipcio.

GÉNESIS 40

José en casa de Potifar

3 Y vio su señor que Jehová *estaba* con él, y que todo lo que él hacía, Jehová lo hacía prosperar en su mano.

4 Así ªhalló José gracia en sus ojos, y le servía; y él le hizo mayordomo de su casa, y ᵇentregó en su poder todo lo *que* tenía.

5 Y aconteció que, desde cuando le dio el encargo de su casa, y de todo lo que tenía, ᶜJehová bendijo la casa del egipcio a causa de José; y la bendición de Jehová estaba sobre todo lo que tenía, así en casa como en el campo.

6 Y dejó todo lo que tenía en mano de José; y él no se preocupaba de nada sino del pan que comía. Y era José ᶠde hermoso semblante y bella presencia.

7 Y aconteció después de esto, que la esposa de su señor puso sus ojos en José, y dijo: Acuéstate conmigo.

8 Y él no quiso, y dijo a la esposa de su señor: He aquí que mi señor no sabe conmigo lo que hay en casa, y ha puesto en mi mano todo lo que tiene:

9 No *hay* otro mayor que yo en esta casa, y ninguna cosa me ha reservado sino a ti, por cuanto tú *eres* su esposa; ¿cómo, pues, haría yo este grande mal e ⁱpecaría contra Dios?

10 Y fue que, hablando ella a José cada día, que él ʲno la escuchó para acostarse al lado de ella, o para estar con ella.

11Y sucedió que entró él un día en casa para hacer su oficio, y no *había* nadie de los de casa allí.

12 Y ella ˡlo asió por su ropa, diciendo: Acuéstate conmigo. Entonces él dejó su ropa en las manos de ella, y huyó y salió.

13 Y aconteció que cuando vio ella que le había dejado su ropa en sus manos, y había huido fuera,

14 llamó a los de casa, y les habló, diciendo: Mirad, nos ha traído un hebreo para que hiciese burla de nosotros. Vino él a mí para acostarse conmigo, y yo di grandes voces;

15 y viendo que yo alzaba la voz y gritaba, dejó junto a mí su ropa, y salió huyendo afuera.

16 Y ella puso junto a sí la ropa de él, hasta que vino su señor a su casa.

17 Entonces le habló ella semejantes palabras, diciendo: El siervo hebreo que nos trajiste, vino a mí para deshonrarme;

18 y como yo alcé mi voz y grité, él dejó su ropa junto a mí, y huyó fuera.

19 Y sucedió que como oyó su señor las palabras que su esposa le hablaba, diciendo: Así me ha tratado tu siervo; se encendió su furor.

20 Y tomó su señor a José, y ᵈle puso en ᵉla cárcel, donde estaban los presos del rey, y estuvo allí en la cárcel.

21 Pero Jehová estaba con José, y extendió a él su misericordia, y le dio gracia ante los ojos del jefe de la cárcel.

22 Y el jefe de la cárcel ᵍentregó en mano de José todos los presos que había en aquella prisión; todo lo que hacían allí, él lo dirigía.

23 No veía el jefe de la cárcel cosa alguna que ʰen su mano *estaba*; porque Jehová estaba con él, y lo que él hacía, Jehová lo prosperaba.

CAPÍTULO 40

Y aconteció después de estas cosas, que el copero del rey de Egipto y el panadero delinquieron contra su señor el rey de Egipto.

2 Y Faraón se enojó contra sus dos oficiales, contra el jefe de los coperos, y contra el jefe de los panaderos,

3 y los puso en prisión en la casa del ᵏcapitán de la guardia, en la cárcel donde José estaba preso.

4 Y el capitán de la guardia dio cargo de ellos a José, y él les servía: y estuvieron días en la prisión.

5 Y ambos, el copero y el panadero del rey de Egipto, que estaban arrestados en la prisión, tuvieron un sueño, cada uno su propio sueño en una misma noche, cada uno conforme a la interpretación de su sueño.

6 Y por la mañana José vino a ellos, y los miró, y he aquí que *estaban* tristes.

7 Y él preguntó a aquellos oficiales de Faraón, que estaban con él en la prisión de la casa de su señor, diciendo: ᵐ¿Por qué parecen hoy mal vuestros semblantes?

---

a ver 21
cp 19:19
y 33:10

b ver 8

c cp 30:27
d Sal 105:15
e cp 40:3,15
y 41:14

f Éx 3:21
11:3 y 12:36
Hch 7:9-10
g cp 40:3-4

h vers 2,3

i 2 Sm 12:13
Sal 51:4

j Pr 1:10

k cp 37:36

l Pr 7:13-18

m Neh 2:2

El sueño del copero y del panadero

GÉNESIS 41

8 Y ellos le dijeron: ªHemos tenido un sueño, y no *hay* quien lo interprete. Entonces les dijo ᵈJosé: ¿No *son* de Dios las interpretaciones? Contádmelo ahora.

9 Entonces el jefe de los coperos contó su sueño a José, y le dijo: Yo soñaba que veía una vid delante de mí,

10 y en la vid tres sarmientos; y ella como que brotaba, y arrojaba su flor, viniendo a madurar sus racimos de uvas:

11 Y que la copa de Faraón *estaba* en mi mano, y tomaba yo las uvas, y las exprimía en la copa de Faraón, y daba yo la copa en mano de Faraón.

12 Y le dijo José: ᶠÉsta es su interpretación: ᵍLos tres sarmientos *son* tres días:

13 Al cabo de tres días Faraón ʰte hará levantar cabeza, y te restituirá a tu puesto: y darás la copa a Faraón en su mano, como solías cuando eras su copero.

14 Acuérdate, pues, de mí cuando tuvieres ese bien, y te ruego que uses conmigo de misericordia, y hagas mención de mí a Faraón, y me saques de esta casa:

15 Porque fui hurtado de la tierra de los hebreos; y ⁱtampoco he hecho aquí por qué me hubiesen de poner en la cárcel.

16 Y viendo el jefe de los panaderos que había interpretado para bien, dijo a José: También yo soñaba que veía tres canastillos blancos sobre mi cabeza;

17 Y en el canastillo más alto *había* de toda clase de pastelería para Faraón; y las aves las comían del canastillo de sobre mi cabeza.

18 Entonces respondió José, y dijo: ᵐÉsta *es* la interpretación: Los tres canastillos tres días son.

19 ᵒAl cabo de tres días quitará Faraón tu cabeza de sobre ti, y te hará colgar en la horca, y las aves comerán tu carne de sobre ti.

20 Y aconteció el tercer día, *que era* ᑫel día del cumpleaños de Faraón, que hizo banquete a todos sus sirvientes: y ʳalzó la cabeza del jefe de los coperos, y la cabeza del jefe de los panaderos, entre sus servidores.

21 E ᵇhizo volver a su oficio ᶜal jefe de los coperos; y dio éste la copa en mano de Faraón.

22 ᵉMas hizo ahorcar al jefe de los panaderos, como le había interpretado José.

23 Y el jefe de los coperos no se acordó de José, sino que le olvidó.

CAPÍTULO 41

Y aconteció que pasados dos años tuvo Faraón un sueño: Le parecía que estaba junto al río;

2 y que del río subían siete vacas, hermosas a la vista, y muy gordas, y pacían en el prado;

3 y que otras siete vacas subían tras ellas del río, de feo aspecto, y enjutas de carne, y se pararon cerca de las vacas hermosas a la orilla del río;

4 y que las vacas de feo aspecto y enjutas de carne devoraban a las siete vacas hermosas y muy gordas. Y despertó Faraón.

5 Se durmió de nuevo, y soñó la segunda vez: Que siete espigas llenas y hermosas subían de una sola caña:

6 Y que otras siete espigas delgadas y abatidas del viento solano, salían después de ellas:

7 Y las siete espigas delgadas devoraban a las siete espigas gruesas y llenas. Y despertó Faraón, y he aquí que era sueño.

8 Y aconteció que a la mañana estaba agitado su espíritu; y envió e hizo llamar a ʲtodos los magos de Egipto, y ᵏa todos sus sabios: y les contó Faraón sus sueños, pero no *había* quien los declarase a Faraón.

9 Entonces el principal de los coperos habló a Faraón, diciendo: Me acuerdo hoy de mis faltas:

10 ˡFaraón se enojó contra sus siervos, y ⁿa mí me echó a la prisión de la casa del capitán de la guardia, a mí y al principal de los panaderos.

11 Y ᵖél y yo vimos un sueño una misma noche; cada uno soñó conforme a la interpretación de su sueño.

12 Y *estaba* allí con nosotros un joven hebreo, sirviente del capitán de la guardia; y ˢse lo contamos, y él nos interpretó nuestros sueños, a cada uno conforme a su sueño, él interpretó.

---

a cp 41:15
b ver 13
c Neh 2:1
d cp 41:16
   Dn 2:28,47
e ver 19

f ver 18
  cp 41:12
  Dn 2:26
g cp 41:26
h 2 Re 25:27
  Sal 3:4
  Jer 52:31

i cp 37:28
  y 39:20

j Éx 7:11-22
  Dn 1:20 2:2
  y 4:7
k Mt 2:1

l cp 40:2-3
m ver 12
n cp 39:20
o ver 13
p cp 40:5

q Mt 14:6
  Mr 6:21
r vers 13,19
s cp 40:12

GÉNESIS 41

José es puesto sobre Egipto

13 Y aconteció que como él nos lo interpretó, así sucedió: a mí me hizo volver a mi puesto, e hizo colgar al otro.

14 [b]Entonces Faraón envió y llamó a José, y [c]le sacaron aprisa de [d]la cárcel; y se cortó el pelo y cambió su vestidura, y vino a Faraón.

15 Y dijo Faraón a José: Yo he tenido un sueño, y no hay quien lo interprete; mas [g]he oído decir de ti, que oyes sueños para interpretarlos.

16 Y respondió José a Faraón, diciendo: [h]No está en mí; [i]Dios será el que responda paz a Faraón.

17 Entonces Faraón dijo a José: En mi sueño me parecía que estaba a la orilla del río;

18 y que del río subían siete vacas de gruesas carnes y hermosa apariencia, que pacían en el prado:

19 Y que otras siete vacas subían después de ellas, flacas y de muy fea traza; tan extenuadas, que no he visto otras semejantes en toda la tierra de Egipto en fealdad:

20 Y las vacas flacas y feas devoraban a las siete primeras vacas gruesas:

21 Y entraban en sus entrañas, mas no se conocía que hubiese entrado en ellas, porque su parecer era aún malo, como de primero. Y yo desperté.

22 Y vi también en mi sueño que siete espigas crecían en una misma caña, llenas y hermosas;

23 y que otras siete espigas delgadas, marchitas, abatidas del viento solano, subían después de ellas.

24 Y las espigas delgadas devoraban a las siete espigas hermosas; [m]y lo he contado a los magos, mas no hay quien me lo interprete.

25 Entonces respondió José a Faraón: El sueño de Faraón es uno mismo: [o]Dios ha mostrado a Faraón lo que va a hacer.

26 Las siete vacas hermosas siete años son; y las espigas hermosas son siete años: el sueño es uno mismo.

27 También las siete vacas flacas y feas que subían tras ellas, son siete años; y las siete espigas delgadas y marchitas del viento solano, [s]siete años serán de hambre.

28 Esto es lo que respondo a Faraón. Lo que Dios va a hacer, lo ha mostrado a Faraón.

29 [a]He aquí vienen siete años de gran abundancia en toda la tierra de Egipto:

30 [e]Y se levantarán tras ellos siete años de hambre; y toda la abundancia será olvidada en la tierra de Egipto; [f]y el hambre consumirá la tierra.

31 Y aquella abundancia no se echará de ver a causa del hambre siguiente, la cual será gravísima.

32 Y el suceder el sueño a Faraón dos veces, significa que [j]la cosa es firme de parte de Dios, y que Dios se apresura a hacerla.

33 Por tanto, provéase ahora Faraón de un varón prudente y sabio, y póngalo sobre la tierra de Egipto.

34 Haga esto Faraón, y ponga gobernadores sobre el país, y recaude la quinta parte de la tierra de Egipto en los siete años de la abundancia.

35 [k]Y junten toda la provisión de estos buenos años que vienen, y alleguen el trigo bajo la mano de Faraón para mantenimiento de las ciudades; y guárdenlo.

36 Y esté aquella provisión en depósito para el país, para los siete años del hambre que serán en la tierra de Egipto; y el país no perecerá de hambre.

37 Y la idea pareció bien a Faraón, y a sus siervos.

38 Y dijo Faraón a sus siervos: ¿Hemos de hallar otro hombre como éste, [l]en quien esté el Espíritu de Dios?

39 Y dijo Faraón a José: Pues que Dios te ha hecho saber todo esto, no hay entendido ni sabio como tú.

40 [n]Tú serás sobre mi casa, y por tu palabra se gobernará todo mi pueblo: solamente en el trono seré yo mayor que tú.

41 Dijo más Faraón a José: He aquí yo te he puesto sobre toda la tierra de Egipto.

42 Entonces Faraón [p]quitó el anillo de su mano, y lo puso en la mano de José, [q]y le hizo vestir de ropas de lino [r]finísimo, y puso un collar de oro en su cuello.

43 Y lo hizo subir en su segundo carro, [t]y pregonaron delante de él:

Los hermanos de José vienen a Egipto

Doblad la rodilla: ªy le puso sobre toda la tierra de Egipto.

44 Y dijo Faraón a José: Yo Faraón; y sin ti ninguno alzará su mano ni su pie en toda la tierra de Egipto.

45 Y llamó Faraón el nombre de José, ¹Zafnat-paanea; y le dio por esposa a Asenat, hija de Potifera, sacerdote de On. Y salió José por toda la tierra de Egipto.

46 Y era José de edad de treinta años cuando fue presentado ᶜdelante de Faraón, rey de Egipto: y salió José de delante de Faraón, y transitó por toda la tierra de Egipto.

47 Y en aquellos siete años de abundancia, la tierra produjo a montones.

48 Y él reunió todo el alimento de los siete años que fueron en la tierra de Egipto, y guardó el alimento en las ciudades, poniendo en cada ciudad el alimento del campo de sus alrededores.

49 Y acopió José trigo ᵍcomo arena del mar, mucho en extremo, hasta que dejó de contar, porque no tenía número.

50 ʲY nacieron a José dos hijos antes que viniese el primer año del hambre, los cuales le dio a luz Asenat, hija de Potifera, sacerdote de On.

51 Y llamó José el nombre del primogénito ²Manasés; porque Dios (*dijo él*) me hizo olvidar todo mi trabajo, y toda la casa de mi padre.

52 Y el nombre del segundo lo llamó ³Efraín; porque Dios (*dijo él*) me hizo fértil en la tierra de mi aflicción.

53 Y se cumplieron los siete años de la abundancia, que hubo en la tierra de Egipto.

54 ˡY comenzaron a venir los siete años del hambre, ᵐcomo José había dicho: y hubo hambre en todos los países, mas en toda la tierra de Egipto había pan.

55 Y cuando se sintió el hambre en toda la tierra de Egipto, el pueblo clamó a Faraón por pan. Y dijo Faraón a todos los egipcios: Id a José, y haced lo que él os dijere.

56 Y el hambre estaba por toda la extensión del país. Entonces abrió José todo granero donde había, y vendía a los egipcios; porque había crecido el hambre en la tierra de Egipto.

57 Y toda la tierra venía a Egipto para comprar de José, porque por toda la tierra había crecido el hambre.

CAPÍTULO 42

Y viendo ᵇJacob que en Egipto había alimentos, Jacob dijo a sus hijos: ¿Por qué os estáis mirando?

2 Y dijo: He aquí, yo he oído que hay víveres en Egipto; descended allá, y comprad de allí ᵈpara nosotros, para que vivamos y no muramos.

3 Y descendieron los diez hermanos de José a comprar trigo a Egipto.

4 Mas Jacob no envió a Benjamín ᵉhermano de José con sus hermanos; porque dijo: ᶠNo sea acaso que le acontezca algún desastre.

5 Y vinieron los hijos de Israel a comprar entre los que venían: porque había hambre en la tierra de Canaán.

6 ʰY José *era* el señor de la tierra; él era quien le vendía a todo el pueblo de la tierra. Y llegaron los hermanos de José ⁱy se inclinaron a él rostro a tierra.

7 Y José como vio a sus hermanos, los reconoció; mas hizo como que no los conocía, y les habló ásperamente, y les dijo: ¿De dónde habéis venido? Ellos respondieron: De la tierra de Canaán a comprar alimentos.

8 José, pues, reconoció a sus hermanos; pero ellos no le reconocieron.

9 ᵏEntonces se acordó José de los sueños que había tenido de ellos, y les dijo: Espías *sois*; por ver lo descubierto del país habéis venido.

10 Y ellos le respondieron: No, señor mío: mas tus siervos han venido a comprar alimentos.

11 Todos nosotros somos hijos de un varón; somos *hombres* de verdad: tus siervos nunca fueron espías.

12 Y él les dijo: No; sino que para ver lo descubierto del país habéis venido.

13 Y ellos respondieron: Tus siervos *somos* doce hermanos, hijos de un varón en la tierra de Canaán; y he aquí el menor *está* hoy con nuestro padre, ⁿy otro no parece.

14 Y José les dijo: Eso *es lo* que os he dicho, afirmando que sois espías:

---

a cp 42:6
45:8-26

b Hch 7:12
1 declarador de lo oculto

c 1 Sm 16:21
1 Re 12:6-8
Dn 1:19
d cp 43:8

e cp 35:18
f ver 38

g cp 22:17
Jue 7:12
1 Sm 13:5
Sal 78:27

h cp 41:41
i cp 37:7-10
j cp 46:20
48:5

2 Olvido

3 Fructífero
k cp 37:5-9

l Sal 105:16
Hch 7:11
m ver 30

n cp 37:30

GÉNESIS 43 — Gran hambre en la tierra

15 En esto seréis probados: Vive Faraón que no saldréis de aquí, al menos que vuestro hermano menor venga aquí.

16 Enviad uno de vosotros, y traiga a vuestro hermano; y vosotros quedad presos, y vuestras palabras serán probadas, si *hay* verdad en vosotros; y si no, vive Faraón, que sois espías.

17 Y los puso juntos en la cárcel por tres días.

18 Y al tercer día les dijo José: Haced esto, y vivid: [c]Yo temo a Dios:

19 Si *sois hombres* de verdad, quede preso en la casa de vuestra cárcel uno de vuestros hermanos; y vosotros id, llevad el alimento para el hambre de vuestras casas:

20 [e]Pero habéis de traerme a vuestro hermano menor, y serán verificadas vuestras palabras, y no moriréis. Y ellos lo hicieron así.

21 Y decían el uno al otro: Verdaderamente hemos pecado contra nuestro hermano, que vimos la angustia de su alma cuando nos rogaba, y no le oímos: por eso ha venido sobre nosotros esta angustia.

22 Entonces Rubén les respondió, diciendo: [h]¿No os hablé yo y dije: No pequéis contra el joven; y no escuchasteis? He aquí también su sangre es requerida.

23 Y ellos no sabían que los entendía José, porque había intérprete entre ellos.

24 Y *José* se apartó de ellos, y lloró: después volvió a ellos, y les habló, y tomó de entre ellos a Simeón, y lo aprisionó a vista de ellos.

25 Y mandó José que llenaran sus sacos de trigo, y devolviesen el dinero de cada uno de ellos, poniéndolo en su saco, y les diesen comida para el camino: y así se hizo con ellos.

26 Y ellos pusieron su trigo sobre sus asnos, y se fueron de allí.

27 [m]Y abriendo uno de ellos su saco para dar de comer a su asno en el mesón, vio su dinero que *estaba* en la boca del costal.

28 Y dijo a sus hermanos: Mi dinero se me ha devuelto, y helo aquí en mi saco. Entonces se les sobresaltó el corazón, y espantados dijeron el uno al otro: ¿Qué *es* esto que nos ha hecho Dios?

29 Y vinieron a Jacob su padre en tierra de Canaán, y le contaron todo lo que les había acontecido, diciendo:

30 Aquel varón, señor de la tierra, [a]nos habló ásperamente, y nos trató como a espías de la tierra:

31 Y nosotros le dijimos: Somos *hombres* de verdad, no somos espías:

32 *Somos* doce hermanos, hijos de nuestro padre; uno [b]no parece, y el menor está hoy con nuestro padre en la tierra de Canaán.

33 Y aquel varón, señor de la tierra, nos dijo: [d]En esto conoceré que sois *hombres* de verdad; dejad conmigo uno de vuestros hermanos, y tomad *grano* para el hambre de vuestras casas, y andad,

34 y traedme a vuestro hermano el menor, para que yo sepa que no *sois* espías, sino hombres de verdad: así os daré a vuestro hermano, [f]y negociaréis en la tierra.

35 Y aconteció que vaciando ellos sus sacos, [g]he aquí que en el saco de cada uno estaba el atado de su dinero, y viendo ellos y su padre los atados de su dinero, tuvieron temor.

36 Entonces su padre Jacob les dijo: [i]Me habéis privado de mis hijos; José no parece, Simeón tampoco, y a Benjamín le llevaréis: contra mí son todas estas cosas.

37 Y Rubén habló a su padre, diciendo: Harás morir a mis dos hijos, si no te lo volviere; entrégalo en mi mano, que yo lo volveré a ti.

38 Y él dijo: No descenderá mi hijo con vosotros; [j]pues su hermano es muerto, y él solo ha quedado; [k]y si le aconteciere algún desastre en el camino por donde vais, [l]haréis descender mis canas con dolor a la sepultura.

CAPÍTULO 43

Y[n] el hambre *era* grande en la tierra.

2 Y aconteció que cuando acabaron de comer el trigo que trajeron de Egipto, les dijo su padre: Volved, y comprad para nosotros un poco de alimento.

3 Y respondió Judá, diciendo: Aquel varón nos protestó con ánimo resuelto, diciendo: [o]No veréis mi

---

a ver 7

b ver 13

c Lv 25:43
Neh 5:15
d vers 15,19

e ver 34
cp 43:5
y 44:23
f cp 34:10

g ver 27
cp 43:21

h cp 37:22
i cp 43:14

j ver 13
cp 37:33
k ver 4
cp 44:29
l cp 37:35
y 44:31

m cp 43:21
n cp 41:54-57

o cp 42:20
y 44:23

Israel deja ir a Benjamín   **GÉNESIS 43**

rostro al menos que vuestro hermano *venga* con vosotros.

4 Si enviares a nuestro hermano con nosotros, descenderemos y te compraremos alimento: a cp 24:2; 39:4 y 44:1

5 Pero si no le enviares, no descenderemos: porque aquel varón nos dijo: No veréis mi rostro si no *traéis a* vuestro hermano con vosotros.

6 Y dijo Israel: ¿Por qué me hicisteis tanto mal, diciendo al varón que teníais otro hermano?

7 Y ellos respondieron: Aquel varón nos preguntó expresamente por nosotros, y por nuestra parentela,   b Job 30:14
diciendo: ¿Vive aún vuestro padre? ¿Tenéis *otro* hermano? Y le respondimos conforme a estas palabras. ¿Cómo podíamos saber que él había de decir: Haced venir a vuestro hermano?

8 Entonces Judá dijo a Israel su padre: Envía al joven conmigo, y nos   c cp 42:2
levantaremos e iremos, a fin que   d cp 42:3-10
vivamos y no muramos nosotros, y   e cp 42:2
tú, y nuestros niños.

9 Yo seré fiador; a mí me pedirás   f cp 42:27,35
cuenta de él: ᵍsi yo no te lo volviere y   g cp 42:37
lo pusiere delante de ti, seré para ti   y 44:32
el culpable todos los días:

10 Que si no nos hubiéramos detenido, ciertamente hubiéramos ya vuelto dos veces.

11 Entonces Israel su padre les respondió: Pues que así es, hacedlo; tomad de lo mejor de la tierra en vuestros sacos, y llevad a aquel varón un presente, ʰun poco de bálsamo, y   h cp 37:25
un poco de miel, aromas y mirra, nueces y almendras.

12 Y tomad en vuestras manos el doble de dinero, ⁱy llevad en vuestra   i cp 42:25-35
mano el dinero vuelto en las bocas de vuestros costales; quizá fue equivocación.   j cp 18:4

13 Tomad también a vuestro hermano, y levantaos, y volved a aquel varón.   k ver 11

14 Y el Dios ˡOmnipotente os dé   l cp 17:1
ᵐmisericordia delante de aquel   m Neh 1:1
varón, y os suelte al otro vuestro hermano, y a este Benjamín. ⁿY si he   n cp 42:36
de ser privado *de mis hijos*, séalo.

15 Entonces tomaron aquellos varones el presente, y tomaron en   o cp 37:7-10
su mano doblado dinero, y a   y 42:6
Benjamín; y se levantaron, y descendieron a Egipto, y se presentaron delante de José.

16 Y vio José a Benjamín ᵃcon ellos, y dijo al mayordomo de su casa: Mete en casa a esos hombres, y degüella víctima, y aderézala; porque estos hombres comerán conmigo al mediodía.

17 E hizo el hombre como José dijo; y metió aquel hombre a los hombres en casa de José.

18 Y aquellos hombres tuvieron temor, cuando fueron metidos en casa de José, y decían: Por el dinero que fue vuelto en nuestros costales la primera vez nos han metido ᵇaquí, para revolver contra nosotros, y dar sobre nosotros, y tomarnos por siervos a nosotros, y a nuestros asnos.

19 Y se acercaron al mayordomo de la casa de José, y le hablaron a la entrada de la casa.

20 Y dijeron: ᶜAy, señor mío, ᵈnosotros en realidad de verdad descendimos al principio a comprar alimentos:

21 ᶠY aconteció que cuando vinimos al mesón y abrimos nuestros costales, he aquí el dinero de cada uno estaba en la boca de su costal, nuestro dinero en su justo peso; y lo hemos vuelto a traer en nuestras manos.

22 Hemos también traído en nuestras manos otro dinero para comprar alimentos: nosotros no sabemos quién haya puesto nuestro dinero en nuestros costales.

23 Y él respondió: Paz a vosotros, no temáis; vuestro Dios y el Dios de vuestro padre os dio el tesoro en vuestros costales: yo recibí vuestro dinero. Y sacó a Simeón a ellos.

24 Y aquel varón trajo a los hombres a casa de José: ʲy les dio agua, y lavaron sus pies: y dio de comer a sus asnos.

25 Y ellos prepararon el ᵏpresente entretanto que venía José al mediodía, porque habían oído que allí habían de comer pan.

26 Y vino José a casa, y ellos le trajeron el presente que tenían en su mano ᵒdentro de casa, y se inclinaron ante él hasta tierra.

27 Entonces *José les* preguntó cómo estaban, y dijo: ¿Vuestro padre, el

GÉNESIS 44

anciano ªque dijisteis, *está* bien? ¿Vive todavía?

28 Y ellos respondieron: Bien va a tu siervo nuestro padre; aún vive. Y se inclinaron, e hicieron reverencia.

29 Y alzando *José* sus ojos vio a Benjamín su hermano, ᶜhijo de su madre, y dijo: ¿Es éste vuestro hermano menor, ᵈde quien me hablasteis? Y dijo: Dios tenga misericordia de ti, hijo mío.

30 Entonces José se apresuró, ᶠporque se conmovieron sus entrañas a causa de su hermano, y procuró *dónde* llorar: y entró en su cámara, y ᵍlloró allí.

31 Y lavó su rostro, y salió fuera, y se contuvo, y dijo: ʰPoned pan.

32 Y pusieron para él aparte, y separadamente para ellos, y aparte para los egipcios que con él comían: porque los egipcios no pueden comer pan con los hebreos, ⁱlo cual es abominación a los egipcios.

33 Y se sentaron delante de él, el mayor conforme a su mayoría, y el menor conforme a su menoría; y estaban aquellos hombres atónitos mirándose el uno al otro.

34 Y él tomó ᵏviandas de delante de sí para ellos; mas la porción de Benjamín era ˡcinco veces mayor que cualquiera de las de ellos. Y bebieron y se alegraron con él.

CAPÍTULO 44

Y mandó José al mayordomo de su casa, diciendo: ᵒLlena de alimento los costales de estos varones, cuanto pudieren llevar, y pon el dinero de cada uno en la boca de su costal:

2 Y pondrás mi copa, la copa de plata, en la boca del costal del menor, con el dinero de su trigo. Y él hizo como dijo José.

3 Venida la mañana, los hombres fueron despedidos con sus asnos.

4 Habiendo ellos salido de la ciudad, de la que aún no se habían alejado, dijo José a su mayordomo: Levántate, y sigue a esos hombres; y cuando los alcanzares, diles: ¿Por qué habéis vuelto mal por bien?

5 ¿No es ésta *la copa* en la que bebe mi señor, y por la que suele ᵗadivinar? habéis hecho mal en lo que hicisteis.

La copa de plata

6 Y cuando él los alcanzó, les dijo estas palabras.

7 Y ellos le respondieron: ¿Por qué dice mi señor tales cosas? Nunca tal hagan tus siervos.

8 He aquí, ᵇel dinero que hallamos en la boca de nuestros costales, te lo volvimos a traer desde la tierra de Canaán; ¿cómo, pues, habíamos de hurtar de casa de tu señor plata ni oro?

9 Aquel de tus siervos ᵉen quien fuere hallada *la copa*, que muera, y aun nosotros seremos siervos de mi señor.

10 Y él dijo: También ahora sea conforme a vuestras palabras; aquél en quien se hallare, será mi siervo, y vosotros seréis sin culpa.

11 Ellos entonces se dieron prisa, y derribando cada uno su costal en tierra, abrió cada cual el costal suyo.

12 Y buscó; desde el mayor comenzó, y acabó en el menor; y la copa fue hallada en el costal de Benjamín.

13 Entonces ellos ʲrasgaron sus vestiduras, y cargó cada uno su asno, y volvieron a la ciudad.

14 Y llegó Judá con sus hermanos a casa de José, que aún estaba allí, ᵏy se postraron delante de él en tierra.

15 Y José les dijo: ¿Qué obra es ésta que habéis hecho? ¿No sabéis que un hombre como yo sabe adivinar?

16 Entonces dijo Judá: ¿Qué diremos a mi señor? ¿Qué hablaremos? ¿O con qué nos justificaremos? Dios ha hallado ᵐla maldad de tus siervos: he aquí, ⁿnosotros somos siervos de mi señor, nosotros, y también aquél en cuyo poder fue hallada la copa.

17 Y él respondió: Nunca yo tal haga: el varón en cuyo poder fue hallada la copa, él será mi siervo; vosotros id en paz a vuestro padre.

18 Entonces Judá se acercó a él, y dijo: Ay ᵖseñor mío, te ruego que hable tu siervo una palabra en oídos de mi señor, ᵠy no se encienda tu enojo contra tu siervo, pues que tú eres ʳcomo Faraón.

19 Mi señor preguntó a sus siervos, diciendo: ¿Tenéis padre o hermano?

20 Y nosotros respondimos a mi señor: Tenemos un padre anciano, ˢy un joven que le nació en su vejez, pequeño aún; y un hermano suyo murió, y solo él ha quedado de su madre, y su padre lo ama.

José se da a conocer a sus hermanos

21 Y tú dijiste a tus siervos: ªTraédmelo, y pondré mis ojos sobre él.

22 Y nosotros dijimos a mi señor: El joven no puede dejar a su padre, porque si le dejare, su padre ᵇmorirá.

23 Y dijiste a tus siervos: ᵈSi vuestro hermano menor no descendiere con vosotros, no veréis más mi rostro.

24 Aconteció, pues, que cuando llegamos a mi padre, tu siervo, le contamos las palabras de mi señor.

25 ᵉY dijo nuestro padre: Volved a comprarnos un poco de alimento.

26 Y nosotros respondimos: No podemos ir: si nuestro hermano va con nosotros, iremos; porque no podemos ver el rostro del varón, al menos que nuestro hermano el menor esté con nosotros.

27 Entonces tu siervo mi padre nos dijo: Vosotros sabéis que ʰmi esposa me dio a luz dos *hijos*;

28 Y el uno salió de conmigo, ᵏy pienso de cierto que fue despedazado, y hasta ahora no le he visto;

29 ˡY si tomareis también éste de delante de mí, y le ᵐaconteciere algún desastre, haréis descender mis canas con dolor a la sepultura.

30 Ahora, pues, cuando llegare yo a tu siervo mi padre, y el joven no fuere conmigo, ⁿcomo su alma está ligada al alma de él,

31 sucederá que cuando no vea al joven, morirá; y tus siervos harán descender las canas de tu siervo nuestro padre con dolor a la sepultura.

32 Como tu siervo salió por fiador del joven con mi padre, diciendo: ᵖSi no te lo volviere, entonces yo seré culpable ante mi padre todos los días.

33 Te ruego, por tanto, que quede ahora tu siervo en lugar del joven por siervo de mi señor, y que el joven vaya con sus hermanos.

34 Porque ¿cómo iré yo a mi padre sin el joven? No podré, por no ver el mal que sobrevendrá a mi padre.

CAPÍTULO 45

No podía ya José ᵗcontenerse delante de todos los que estaban al lado suyo, y clamó: Haced salir de conmigo a todos. Y no quedó nadie con él, al darse a conocer José a sus hermanos.

2 Entonces se dio a llorar a gritos; y oyeron los egipcios, y oyó también la casa de Faraón.

3 Y dijo José a sus hermanos: ᶜYo soy José: ¿Vive aún mi padre? Y sus hermanos no pudieron responderle, porque estaban turbados delante de él.

4 Entonces dijo José a sus hermanos: Acercaos ahora a mí. Y ellos se acercaron. Y él dijo: Yo soy José vuestro hermano ᶠel que vendisteis para Egipto.

5 Ahora pues, no os entristezcáis, ni os pese de haberme vendido acá; ᵍque para preservación de vida me envió Dios delante de vosotros.

6 Que ya ha habido dos años de hambre en medio de la tierra, y aún ⁱquedan cinco años en que ni habrá ʲarada ni siega.

7 Y Dios me envió delante de vosotros, para preservaros posteridad sobre la tierra, y para daros vida por medio de gran liberación.

8 Así pues, no me enviasteis vosotros acá, sino Dios, que me ha puesto por padre de Faraón, y por señor de toda su casa, y por gobernador en toda la tierra de Egipto.

9 Daos prisa, id a mi padre y decidle: Así dice tu hijo José: Dios me ha puesto por señor de todo Egipto; ven a mí, no te detengas:

10 ᵒY habitarás en la tierra de Gosén, y estarás cerca de mí, tú y tus hijos, y los hijos de tus hijos, tus ganados y tus vacas, y todo lo que tienes:

11 Y allí te ᵠalimentaré, pues aún quedan cinco años de hambre, para que no perezcas de pobreza tú y tu casa, y todo lo que tienes:

12 Y he aquí, vuestros ojos ven, y los ojos de mi hermano Benjamín, ʳque mi boca os habla.

13 Haréis, pues, saber a mi padre toda mi gloria en Egipto, y todo lo que habéis visto; y daos prisa, ˢy traed acá a mi padre.

14 Y se echó sobre el cuello de Benjamín su hermano, y lloró; y también Benjamín lloró sobre su cuello.

15 Y besó a todos sus hermanos, y lloró sobre ellos: y después sus hermanos hablaron con él.

Referencias:

a cp 42:15-20
b ver 31
c Hch 7:31
d cp 43:3-5
e cp 43:2
f cp 37:28
g cp 50:20
Sal 105:16-17
h cp 46:19
i cp 41:30
j Éx 34:21
k cp 37:33
l cp 42:36-38
m cp 42:4,38
n 1 Sm 18:1
o Lc 4:42
p cp 43:9
q cp 47:12
r cp 42:23
s Hch 7:14
t cp 43:31

GÉNESIS 46

Jacob viene a Egipto

16 Y se oyó la noticia en la casa de Faraón, diciendo: Los hermanos de José han venido. Y esto agradó a Faraón, y a sus siervos.

17 Y dijo Faraón a José: Di a tus hermanos: Haced esto: Cargad vuestras bestias, e id, volved a la tierra de Canaán;

18 y tomad a vuestro padre y vuestras familias, y venid a mí, que ʸyo os daré lo bueno de la tierra de Egipto y comeréis la grosura de la tierra.

19 Y tú manda: Haced esto: ʰtomaos de la tierra de Egipto carros para vuestros niños y para vuestras esposas; y tomad a vuestro padre, y venid.

20 Y no os preocupéis por vuestros bienes, porque el bien de la tierra de Egipto será vuestro.

21 Y lo hicieron así los hijos de Israel: y les dio José carros conforme a la orden de Faraón, y les suministró víveres para el camino.

22 A cada uno de todos ellos dio ᵏmudas de vestiduras, y a Benjamín dio trescientas piezas de plata, ˡy cinco mudas de vestiduras.

23 Y a su padre envió esto: diez asnos cargados de lo mejor de Egipto, y diez asnas cargadas de trigo, y pan y comida, para su padre en el camino.

24 Y despidió a sus hermanos, y ellos se fueron. Y él les dijo: No riñáis por el camino.

25 Y subieron de Egipto y llegaron a la tierra de Canaán a Jacob su padre.

26 Y le dieron las nuevas, diciendo: José vive aún; y él es señor en toda la tierra de Egipto. Y el corazón *de Jacob* se desmayó; pues no los creía.

27 Y ellos le contaron todas las palabras de José, que él les había hablado; y ˢviendo él los carros que José enviaba para llevarlo, el espíritu de Jacob su padre revivió.

28 Entonces dijo Israel: Basta; José mi hijo vive todavía; iré y le veré antes que yo muera.

CAPÍTULO 46

Y salió Israel con todo lo que tenía, y vino a ᵛBeerseba, y ofreció sacrificios ʸal Dios de su padre Isaac.
2 Y habló Dios a Israel ᶻen visiones de noche, y dijo: Jacob, Jacob. Y él respondió: Heme aquí.

3 Y dijo: Yo soy Dios, el Dios ᵃde tu padre; no temas de descender a Egipto, ᵇporque yo haré de ti una gran nación.

4 ᶜYo descenderé contigo a Egipto, ᵈy yo también te haré volver: ᵉy José pondrá su mano sobre tus ojos.

5 Y se levantó Jacob de Beerseba; y tomaron los hijos de Israel a su padre Jacob, y a sus niños, y a sus esposas, en los carros ᵍque Faraón había enviado para llevarlo.

6 Y tomaron sus ganados, y sus bienes que había adquirido en la tierra de Canaán, y se vinieron a Egipto, ⁱJacob, y toda su simiente consigo;

7 Sus hijos, y los hijos de sus hijos consigo; sus hijas, y las hijas de sus hijos, y a toda su simiente trajo consigo a Egipto.

8 ʲY éstos son los nombres de los hijos de Israel, que entraron en Egipto, Jacob y sus hijos: Rubén, el primogénito de Jacob.

9 Y los hijos de Rubén: Enoc, Falú, Hezrón y Carmi.

10 Y los hijos de Simeón: Jemuel, Jamín, Ohad, Jaquín, Zohar y Saúl, hijo de la cananea.

11 Y ᵐlos hijos de Leví: Gersón, Coat y Merari.

12 Y ⁿlos hijos de Judá: Er, Onán, Sela, Fares y Zara; ᵒmas Er y Onán, murieron en la tierra de Canaán. Y ᵖlos hijos de Fares fueron Hezrón y Hamul.

13 Y ᵠlos hijos de Isacar: Tola, Fúa, Job y Simrón.

14 Y los hijos de Zabulón: Sered, Elón y Jahleel.

15 ʳÉstos fueron los hijos de Lea, los que dio a luz a Jacob en Padan-aram, y además su hija Dina; treinta y tres *era* el total de almas de sus hijos e hijas.

16 Y los hijos de Gad: Zifión, Hagui, Suni, Ezbón, Eri, Arodi y Areli.

17 Y ᵗlos hijos de Aser: Imna, Isúa, Isúi, Bería y Sera, hermana de ellos. Los hijos de Bería: Heber y Malquiel.

18 ᵘÉstos fueron los hijos de Zilpa, ˣla que Labán dio a su hija Lea, y dio a luz éstos a Jacob; *en total,* dieciséis almas.

19 Y los hijos de Raquel, esposa de Jacob: José y Benjamín.

Somos pastores de ovejas

20 Y ªnacieron a José en la tierra de Egipto Manasés y Efraín, los que le dio a luz Asenat, hija de Potifera, sacerdote de On.
21 Y ᶜlos hijos de Benjamín fueron Bela, Bequer, Asbel, Gera, Naamán, Ehi, Ros, Mupim, Hupim y Ard.
22 Éstos fueron los hijos de Raquel, que nacieron a Jacob; en total, catorce almas.
23 Y los hijos de Dan: Husim.
24 Y ᶠlos hijos de Neftalí: Jahzeel, Guni, Jezer y Silem.
25 ʰÉstos fueron los hijos de Bilha, ⁱla que dio Labán a Raquel su hija, y dio a luz a éstos de Jacob; en total, siete almas.
26 Todas las almas que vinieron con Jacob a Egipto, procedentes de sus lomos, no incluyendo las esposas de los hijos de Jacob, *eran* en total sesenta y seis almas.
27 Y los hijos de José, que le nacieron en Egipto, dos almas. ˡTodas las almas de la casa de Jacob, que entraron en Egipto *eran* setenta.
28 Y envió a Judá delante de sí a José, ᵐpara que le viniese a ver a Gosén; y llegaron a la tierra de Gosén.
29 Y José unció su carro y vino a recibir a Israel su padre a Gosén; y se manifestó a él, y ᵠse echó sobre su cuello, y lloró mucho tiempo sobre su cuello.
30 Entonces Israel dijo a José: ʳMuera yo ahora, ya que he visto tu rostro, pues aún vives.
31 Y José dijo a sus hermanos, y a la casa de su padre: Subiré y haré saber a Faraón, y le diré: Mis hermanos y la casa de mi padre, que estaban en la tierra de Canaán, han venido a mí;
32 Y los hombres son pastores de ovejas, porque son hombres ganaderos; y han traído sus ovejas y sus vacas, y todo lo que tenían.
33 Y sucederá que cuando Faraón os llamare y dijere: ʸ¿Cuál es vuestro oficio?
34 Entonces diréis: ᶻHombres de ganadería han sido tus siervos desde nuestra juventud hasta ahora, nosotros y nuestros padres; a fin de que moréis en ᶜla tierra de Gosén, ᵉporque para los egipcios todo pastor de ovejas *es* una abominación.

GÉNESIS 47
CAPÍTULO 47

a cp 41:50
b cp 46:31
c Nm 26:38
1 Cr 7:6 y 8:1
d cp 45:10
e Hch 7:13
f 1 Cr 7:13
g cp 46:33
h cp 30:5-7
i cp 29:29
j cp 15:13
Dt 26:5
k cp 46:34
l Éx 1:5
Dt 10:22
Hch 7:14
m 1 Cr 2:3
y 4:21
n cp 20:15
o cp 45:18
p ver 4
q cp 45:14
r Lc 2:29-30
s ver 10
t 1 Cr 29:15
Sal 39:12
Heb 11:9-13
u Job 14:1
Sal 39:4-5
Stg 4:14
v cp 25:5
y 35:28
x ver 7
y cp 47:2-3
z cp 37:12
a Éx 1:11
y 12:37
b ver 6
c ver 28
d cp 20:15
e cp 43:32
Éx 8:26

Y ᵇJosé vino, e hizo saber a Faraón, y dijo: Mi padre y mis hermanos, y sus ovejas y sus vacas, con todo lo que tienen, han venido de la tierra de Canaán, y ᵈhe aquí, están en la tierra de Gosén.
2 Y de los postreros de sus hermanos tomó cinco varones, y ᵉlos presentó delante de Faraón.
3 Y ᵍFaraón dijo a sus hermanos: ¿Cuál es vuestro oficio? Y ellos respondieron a Faraón: Pastores de ovejas son tus siervos, así nosotros como nuestros padres.
4 Dijeron además a Faraón: ʲPara morar en esta tierra hemos venido; porque no hay pasto para las ovejas de tus siervos, pues el hambre es grave en la tierra de Canaán: por tanto, te rogamos ahora ᵏque habiten tus siervos en la tierra de Gosén.
5 Entonces Faraón habló a José, diciendo: Tu padre y tus hermanos han venido a ti.
6 ⁿLa tierra de Egipto delante de ti está; en ᵒlo mejor de la tierra haz habitar a tu padre y a tus hermanos; ᵖhabiten en la tierra de Gosén; y si entiendes que hay entre ellos hombres eficaces, ponlos por mayorales del ganado mío.
7 Y José introdujo a su padre, y lo presentó delante de Faraón; y ˢJacob bendijo a Faraón.
8 Y dijo Faraón a Jacob: ¿Cuántos son los días de los años de tu vida?
9 Y Jacob respondió a Faraón: ᵗLos días de los años de mi peregrinación son ciento treinta años; ᵘpocos y malos han sido los días de los años de mi vida, ᵛy no han llegado a los días de los años de la vida de mis padres en los días de su peregrinación.
10 ˣY Jacob bendijo a Faraón, y salió de delante de Faraón.
11 Así José hizo habitar a su padre y a sus hermanos, y les dio posesión en la tierra de Egipto, en lo mejor de la tierra, ᵃen la tierra de Ramesés ᵇcomo mandó Faraón.
12 Y ᵈalimentaba José a su padre y a sus hermanos, y a toda la casa de su padre, de pan, según *el número* de la familia.

13 Y no había pan en toda la tierra, y el hambre era muy grave; por lo que desfalleció de hambre la tierra de Egipto y la tierra de Canaán.

14 [b]Y recogió José todo el dinero que se halló en la tierra de Egipto y en la tierra de Canaán, por los alimentos que de él compraban; y metió José el dinero en casa de Faraón.

15 Y acabado el dinero de la tierra de Egipto y de la tierra de Canaán, vino todo Egipto a José diciendo: Danos pan: [d]¿por qué moriremos delante de ti, por haberse acabado el dinero?

16 Y José dijo: Dad vuestros ganados, y yo os daré por vuestros ganados, si se ha acabado el dinero.

17 Y ellos trajeron sus ganados a José; y José les dio alimentos por caballos, y por el ganado de las ovejas, y por el ganado de las vacas, y por asnos: y los sustentó de pan por todos sus ganados aquel año.

18 Y acabado aquel año, vinieron a él el segundo año, y le dijeron: No encubriremos a nuestro señor que el dinero ciertamente se ha acabado; también el ganado es ya de nuestro señor; nada ha quedado delante de nuestro señor sino nuestros cuerpos y nuestra tierra.

19 ¿Por qué moriremos delante de tus ojos, así nosotros como nuestra tierra? [l]Cómpranos a nosotros y a nuestra tierra por pan, y seremos nosotros y nuestra tierra siervos de Faraón; y danos semilla para que vivamos y no muramos, y no sea asolada la tierra.

20 Entonces compró José toda la tierra de Egipto para Faraón; pues los egipcios vendieron cada uno sus tierras, porque se agravó el hambre sobre ellos: y la tierra vino a ser de Faraón.

21 Y en cuanto al pueblo, lo hizo pasar a las ciudades desde un extremo hasta el otro extremo de los términos de Egipto.

22 [o]Solamente la tierra de los sacerdotes no compró, por cuanto los sacerdotes tenían ración de Faraón, y ellos comían su ración que Faraón les daba; por eso no vendieron su tierra.

23 Y José dijo al pueblo: He aquí hoy os he comprado y a vuestra tierra para Faraón: he aquí semilla para vosotros, sembrad la tierra.

24 Y será que de los frutos daréis la [a]quinta *parte* a Faraón, y las cuatro partes serán vuestras para sembrar las tierras, y para vuestro mantenimiento, y de los que están en vuestras casas, y para que coman vuestros niños.

25 Y ellos respondieron: La vida nos has dado; [c]hallemos gracia en ojos de mi señor, y seamos siervos de Faraón.

26 Entonces José lo puso por ley hasta hoy sobre la tierra de Egipto, señalando para Faraón la quinta *parte*; [e]excepto sólo la tierra de los sacerdotes, que no fue de Faraón.

27 Así habitó Israel en la tierra de Egipto, en la [f]tierra de Gosén; y tuvieron posesiones en ella, [g]y crecieron y se multiplicaron en gran manera.

28 Y vivió Jacob en la tierra de Egipto diecisiete años: y fueron los días de Jacob, los años de su vida, ciento cuarenta y siete años.

29 [h]Y llegaron los días de Israel para morir, y llamó a José su hijo, y le dijo: Si he hallado ahora gracia en tus ojos, [i]te ruego que pongas tu mano debajo de mi muslo, [j]y harás conmigo misericordia y verdad; [k]te ruego que no me entierres en Egipto.

30 [m]Mas cuando duerma con mis padres, me llevarás de Egipto y me sepultarás en el sepulcro de ellos. Y él respondió: Yo haré como tú dices.

31 Y él dijo: Júramelo. Y él le juró. [n]Entonces Israel se inclinó sobre la cabecera de la cama.

CAPÍTULO 48

Y sucedió que después de estas cosas, le dijeron a José: He aquí tu padre está enfermo. Y él tomó consigo a sus dos hijos, Manasés y Efraín.

2 Y se le hizo saber a Jacob, diciendo: He aquí tu hijo José viene a ti. Entonces se esforzó Israel, y se sentó sobre la cama;

3 y Jacob dijo a José: [p]El Dios Omnipotente me apareció en Luz en la tierra de Canaán, y me bendijo,

4 y me dijo: He aquí, yo te haré crecer, y te multiplicaré, y te pondré

Jacob predice acerca de sus hijos

por estirpe de naciones; y daré esta tierra a tu simiente después de ti [a]por heredad perpetua.

5 [b]Y ahora tus dos hijos Efraín y Manasés, que te nacieron en la tierra de Egipto, antes que viniese a ti a la tierra de Egipto, [c]míos son; como Rubén y Simeón, serán míos.

6 Y los que después de ellos has engendrado, serán tuyos; por el nombre de sus hermanos serán llamados en sus heredades.

7 Porque cuando yo venía de Padan-aram, [e]se me murió Raquel en la tierra de Canaán, en el camino, como media legua de tierra viniendo a Efrata; y la sepulté allí en el camino de Efrata, que es Belén.

8 Y vio Israel los hijos de José, y dijo: ¿Quiénes son éstos?

9 Y respondió José a su padre: [g]Son mis hijos, que Dios me ha dado aquí. Y él dijo: Acércalos ahora a mí, [i]y los bendeciré.

10 [k]Y los ojos de Israel estaban tan agravados de la vejez, que no podía ver. Les hizo, pues, acercarse a él, [l]y él los besó y abrazó.

11 Y dijo Israel a José: [m]No pensaba yo ver tu rostro, y he aquí Dios me ha hecho ver también tu simiente.

12 Entonces José los sacó de entre sus rodillas, y se inclinó a tierra.

13 Y los tomó José a ambos, Efraín a su derecha, a la izquierda de Israel; y a Manasés a su izquierda, a la derecha de Israel; y les acercó a él.

14 Entonces Israel extendió su diestra, y la puso sobre la cabeza de Efraín, que era el menor, y su izquierda sobre la cabeza de Manasés, [s]colocando así sus manos adrede, aunque Manasés era el primogénito.

15 Y bendijo a José, y dijo: [t]El Dios en cuya presencia anduvieron mis padres Abraham e Isaac, el Dios que me mantiene desde que yo soy hasta este día,

16 [v]el Ángel que me liberta de todo mal, bendiga a estos muchachos; [x]y mi nombre sea nombrado en ellos, y el nombre de mis padres Abraham e Isaac, [y]y multiplíquense en gran manera en medio de la tierra.

17 Pero al ver José que su padre ponía [b]la mano derecha sobre la cabeza de Efraín, esto le causó

GÉNESIS 49

a	cp 17:8
b	cp 41:50
	y 46:20
c	Jos 13:7
	14:4 y 17:17
d	Nm 1:33-35
	y 2:19-21
	Dt 33:17
e	cp 35:9-19
f	Rt 4:11-12
g	cp 33:5
h	cp 46:4
	y 50:24
i	cp 27:4
j	cp 49:25-26
	Jos 24:32
	Jn 4:5
k	cp 27:1
l	cp 27:27
m	cp 45:26
n	Dt 33:1
o	Nm 24:14
	Dt 4:30
	Is 2:2
	Jer 33:20
	Dn 2:28
p	cp 29:32
q	Dt 21:17
	Sal 78:51
	y 105:36
r	cp 35:22
	1 Co 5:1
s	vers 18,19
t	cp 17:21
	24:40
u	cp 29:33-34
v	cp 28:15
	y 31:11,13,24
x	Am 9:12
	Hch 15:17
	y Nm 26:34
z	cp 29:35
	Dt 33:7
a	2 Sm 22:41
b	Dt 21:17
c	1 Cr 5:2
d	Dt 21:17

disgusto; y asió la mano de su padre, para mudarla de sobre la cabeza de Efraín a la cabeza de Manasés.

18 Y dijo José a su padre: No así, padre mío, porque éste es el primogénito; pon tu diestra sobre su cabeza.

19 Mas su padre no quiso, y dijo: Lo sé, hijo mío, lo sé: también él vendrá a ser un pueblo, y será también engrandecido; [d]pero su hermano menor será más grande que él, y su simiente será multitud de naciones.

20 Y los bendijo aquel día, diciendo: [f]En ti bendecirá Israel, diciendo: Dios te haga como a Efraín y como a Manasés. Y puso a Efraín delante de Manasés.

21 Y dijo Israel a José: He aquí, yo muero, [h]pero Dios estará con vosotros y os hará volver a la tierra de vuestros padres.

22 [j]Y yo te he dado a ti una parte sobre tus hermanos, la cual tomé yo de mano del amorreo con mi espada y con mi arco.

CAPÍTULO 49

Y llamó Jacob a sus hijos, y dijo: Juntaos, y [n]os declararé lo que os ha de acontecer [o]en los postreros días.

2 Juntaos y oíd, hijos de Jacob; y escuchad a vuestro padre Israel.

3 [p]Rubén, tú *eres* mi primogénito, mi fortaleza, [q]y el principio de mi vigor; principal en dignidad, principal en poder.

4 [r]Inestable como las aguas, no serás el principal; por cuanto subiste al lecho de tu padre; entonces te envileciste, subiendo a mi estrado.

5 [u]Simeón y Leví son hermanos: Instrumentos de crueldad hay en sus habitaciones.

6 En su secreto no entre mi alma, ni mi honra se junte en su compañía; que en su furor mataron varón, y en su voluntad arrancaron muro.

7 Maldito su furor, que *fue* fiero; y su ira, que fue dura: Yo los apartaré en Jacob, y los esparciré en Israel.

8 [z]Judá, te alabarán tus hermanos: [a]Tu mano en la cerviz de tus enemigos; [c]Los hijos de tu padre se inclinarán a ti.

GÉNESIS 50

Jacob muere y es sepultado en Macpela

9 ªCachorro de león *es* Judá: De la presa subiste, hijo mío; ᶜSe encorvó, se echó como león, así como león viejo; ¿quién lo despertará?

10 ᵈNo será quitado el cetro de Judá, ᶠni el legislador de entre sus pies, ʰhasta que venga Silo; ⁱy a él se congregarán los pueblos.

11 Atando a la vid su pollino, y a la cepa el hijo de su asna, lavó en el vino su vestidura, y en la sangre de uvas su manto:

12 ᵏSus ojos rojos del vino, y los dientes blancos de la leche.

13 ⁿZabulón en puertos de mar habitará, y *será* para puerto de navíos; y su término hasta Sidón.

14 Isacar, asno fuerte echado entre dos tercios:

15 Y vio que el descanso era bueno, y que la tierra era deleitosa; y bajó su hombro para llevar, y sirvió en tributo.

16 Dan ᵠjuzgará a su pueblo, como una de las tribus de Israel.

17 Será Dan serpiente junto al camino, víbora junto a la senda, que muerde los talones de los caballos, y hace caer hacia atrás al cabalgador de ellos.

18 ˢTu salvación esperé, oh Jehová.

19 Gad, ejército lo vencerá; mas él vencerá al fin.

20 El pan de Aser será grueso, y él dará deleites al rey.

21 Neftalí, cierva liberada, que dará dichos hermosos.

22 Rama fructífera *es* José, rama fructífera junto a fuente, cuyos vástagos se extienden sobre el muro.

23 ᵛY le causaron amargura, y le asaetearon, y le aborrecieron los arqueros:

24 ʸMas su arco permaneció fuerte, y los brazos de sus manos fueron fortalecidos por las manos del ªpoderoso Dios de Jacob (De allí *es* el ᵇPastor, la ᶜRoca de Israel),

25 por ᵈel Dios de tu padre, el cual te ayudará, y por el Omnipotente, el cual te bendecirá con bendiciones de los cielos de arriba, con bendiciones del abismo que está abajo, con bendiciones de los pechos y de la matriz.

26 Las bendiciones de tu padre prevalecieron más que las bendiciones de mis progenitores; ᵇhasta el término de los collados eternos serán sobre la cabeza de José y sobre la coronilla del que fue apartado de entre sus hermanos.

27 ᵉBenjamín, lobo arrebatador; a la mañana comerá la presa, ᵍy a la tarde repartirá el despojo.

28 Todos éstos fueron las doce tribus de Israel; y esto fue lo que su padre les dijo, y los bendijo; a cada uno por su bendición los bendijo.

29 Les mandó luego, y les dijo: ʲYo voy a ser reunido con mi pueblo: ˡsepultadme con mis padres ᵐen la cueva que está en el campo de Efrón el heteo;

30 En la cueva que está en el campo de Macpela, que está delante de Mamre en la tierra de Canaán, ᵒla cual compró Abraham con el mismo campo de Efrón el heteo, para heredad de sepultura.

31 ᵖAllí sepultaron a Abraham y a Sara su esposa; allí sepultaron a Isaac y a Rebeca su esposa; ʳallí también sepulté yo a Lea.

32 La compra del campo y de la cueva que *está* en él, *fue* de los hijos de Het.

33 Y cuando Jacob acabó de dar órdenes a sus hijos, encogió sus pies en la cama, y entregó el espíritu; ᵗy fue reunido con su pueblo.

CAPÍTULO 50

Entonces se echó José sobre el rostro de su padre, ᵘy lloró sobre él, y lo besó.

2 Y mandó José a sus siervos los médicos que ˣembalsamasen a su padre; y los médicos embalsamaron a Israel.

3 Y le cumplieron cuarenta días, porque así cumplían los días de los embalsamados, ᶻy lo lloraron los egipcios setenta días.

4 Y pasados los días de su luto, habló José a los de la casa de Faraón, diciendo: Si he hallado ahora gracia en vuestros ojos, os ruego que habléis en oídos de Faraón, diciendo:

5 Mi padre me hizo jurar diciendo: He aquí yo muero; ᵉen mi sepulcro que yo cavé para mí en la tierra de Canaán, allí me sepultarás; ruego, pues, que vaya yo ahora y sepulte a mi padre, y volveré.

Muerte de José

6 Y Faraón dijo: Ve, y sepulta a tu padre, como él te hizo jurar.
7 Entonces José subió a sepultar a su padre; y subieron con él todos los siervos de Faraón, los ancianos de su casa, y todos los ancianos de la tierra de Egipto.
8 Y toda la casa de José, y sus hermanos, y la casa de su padre; solamente dejaron en la tierra de Gosén sus niños, y sus ovejas y sus vacas.
9 Y subieron también con él carros y gente de a caballo, y se hizo un escuadrón muy grande.
10 Y llegaron hasta la era de Atad, que está al otro lado del Jordán, y endecharon allí con grande y muy triste lamentación; y *José* hizo duelo a su padre por siete días.
11 Y viendo los moradores de la tierra, los cananeos, el llanto en la era de Atad, dijeron: Llanto grande es éste de los egipcios; por eso fue llamado su nombre Abelmizraim, que está al otro lado del Jordán.
12 Hicieron, pues, sus hijos con él, según les había mandado:
13 ᵉPues lo llevaron sus hijos a la tierra de Canaán, y le sepultaron en la cueva del campo de Macpela, ᵍla que había comprado Abraham con el mismo campo, para heredad de sepultura, de Efrón el heteo, delante de Mamre.
14 Y volvió José a Egipto, él y sus hermanos, y todos los que subieron con él a sepultar a su padre, después que hubo sepultado a su padre.
15 Y viendo los hermanos de José que su padre era muerto, dijeron: Quizá nos aborrecerá José, y nos dará el pago de todo el mal que le hicimos.

a cp 49:25

b cp 30:2
2 Re 5:7
c cp 45:5-7

d cp 47:12

e cp 49:29-30
f Nm 32:39
1 Cr 7:14
g cp 23:16

h cp 15:14
46:4 y 48:21
Éx 3:16-17
Heb 11:22
i cp 15:18
j Éx 13:19
Jos 24:32

k ver 2

GÉNESIS 50

16 Y enviaron a decir a José: Tu padre mandó antes de su muerte, diciendo:
17 Así diréis a José: Te ruego que perdones ahora la maldad de tus hermanos y su pecado, porque mal te trataron; por tanto, ahora te rogamos que perdones la maldad de los siervos ᵃdel Dios de tu padre. Y José lloró mientras hablaban.
18 Y vinieron también sus hermanos, y se postraron delante de él, y dijeron: Henos aquí por tus siervos.
19 Y les respondió José: No temáis: ᵇ¿acaso *estoy* yo en lugar de Dios?
20 Vosotros pensasteis mal contra mí, ᶜpero Dios lo encaminó a bien, para hacer lo que vemos hoy, para mantener en vida a mucho pueblo.
21 Ahora, pues, no tengáis miedo; ᵈyo os sustentaré a vosotros y a vuestros hijos. Así los consoló, y les habló al corazón.
22 Y habitó José en Egipto, él y la casa de su padre: y vivió José ciento diez años.
23 Y vio José los hijos de Efraín hasta la tercera *generación*: ᶠtambién los hijos de Maquir, hijo de Manasés, fueron criados sobre las rodillas de José.
24 Y José dijo a sus hermanos: Yo moriré; ʰmas Dios ciertamente os visitará, y os hará subir de esta tierra a la tierra ⁱque juró a Abraham, a Isaac, y a Jacob.
25 ʲY José tomó juramento de los hijos de Israel, diciendo: Dios ciertamente os visitará, y haréis llevar de aquí mis huesos.
26 Y murió José de edad de ciento diez años; y ᵏlo embalsamaron, y fue puesto en un ataúd en Egipto.

Libro Segundo De Moisés
ÉXODO

CAPÍTULO 1

Éstos ᵃ*son* los nombres de los hijos de Israel, que entraron en Egipto con Jacob; cada uno entró con su familia.

2 Rubén, Simeón, Leví y Judá;
3 Isacar, Zabulón y Benjamín;
4 Dan y Neftalí, Gad y Aser.
5 Y todas las almas de los que salieron de los lomos de Jacob, fueron ᵈsetenta. Y José estaba en Egipto.
6 ᵉY murió José, y todos sus hermanos, y toda aquella generación.
7 ᶠY los hijos de Israel fructificaron, y crecieron y se multiplicaron, y fueron aumentados y fortalecidos en extremo; y la tierra se llenó de ellos.
8 Entretanto, ʰse levantó un nuevo rey sobre Egipto, que no conocía a José,
9 y dijo a su pueblo: ʲHe aquí, el pueblo de los hijos de Israel es más grande y más fuerte que nosotros;
10 Ahora, pues, ᵏseamos sabios para con él, no sea que se multiplique, y acontezca que viniendo guerra, él también se una con nuestros enemigos, y pelee contra nosotros, y se vaya de la tierra.
11 ᵐEntonces pusieron sobre ellos comisarios de tributos para que los oprimieran con sus ⁿcargas. Y edificaron para Faraón las ᵖciudades de abastecimiento, Pitón y Ramesés.
12 Pero cuanto más los oprimían, tanto más se multiplicaban y crecían; así que ellos estaban fastidiados de los hijos de Israel.
13 Y los egipcios hicieron servir a los hijos de Israel con dureza;
14 y amargaron su vida con dura servidumbre, en hacer barro y ladrillo, y en toda labor del campo, y en todo su servicio, al cual los obligaban con rigor.
15 Y habló el rey de Egipto a las parteras de las hebreas, una de las cuales se llamaba Sifra, y otra Fúa, y les dijo:
16 Cuando asistáis a las hebreas en sus partos, y las miraréis sobre sus asientos, si fuere hijo, matadlo; y si fuere hija, entonces viva.
17 Mas las parteras ᵇtemieron a Dios, y no hicieron ᶜcomo les mandó el rey de Egipto, sino que preservaban la vida a los niños.
18 Y el rey de Egipto hizo llamar a las parteras y les dijo: ¿Por qué habéis hecho esto, que habéis preservado la vida a los niños?
19 Y las parteras respondieron a Faraón: Porque las mujeres hebreas no *son* como las egipcias; porque *son* robustas, y dan a luz antes que la partera venga a ellas.
20 ᵍY Dios hizo bien a las parteras: y el pueblo se multiplicó y se fortaleció en gran manera.
21 Y sucedió que por haber las parteras temido a Dios, ⁱÉl les hizo casas.
22 Entonces Faraón mandó a todo su pueblo, diciendo: Echad en el río a todo hijo que naciere, y a toda hija preservad la vida.

CAPÍTULO 2

Un ˡvarón de la familia de Leví fue y tomó *por esposa* a una hija de Leví;
2 ᵒla cual concibió, y dio a luz un hijo: y viéndole que era hermoso, le tuvo escondido tres meses.
3 Pero no pudiendo ocultarle más tiempo, tomó una arquilla de ᵠjuncos, y la calafateó con asfalto y betún, y colocó en ella al niño, y lo puso en un ʳcarrizal a la orilla del río.
4 Y una ˢhermana suya se paró a lo lejos, para ver lo que le acontecería.
5 Y la hija de Faraón descendió a lavarse al río, y paseándose sus doncellas por la ribera del río, vio ella la arquilla en el carrizal, y envió una criada suya a que la tomase.
6 Y cuando la abrió, vio al niño; y he aquí que el niño lloraba. Y

Referencias

a cp 6:14
  Gn 33:23-26
  y 46:8
b Pr 16:6
c Dn 3:16-18
  Hch 5:29
d Gn 46:26
  Dt 10:22
e Gn 50:26
f Dt 26:5
g Ec 8:12
h Hch 7:18
i 1 Sm 2:35
  1 Re 2:24
  y 11:38
  Sal 127:1
j Sal 105:24
k Sal 105:25
l cp 6:20
  Nm 26:59
m Gn 15:13
n cp 2:11
  5:4-5 6:6-7
  Sal 81:6
o Hch 7:20
  Heb 11:23
p cp 12:37
  Gn 47:11
  1 Re 9:19
q Is 18:2
r Is 19:6
s cp 15:20
  Nm 26:59

Llamamiento de Moisés ÉXODO 3

teniendo compasión de él, dijo: De los niños de los hebreos es éste.

7 Entonces su hermana dijo a la hija de Faraón: ¿Iré a llamarte a una nodriza de las hebreas, para que te críe este niño?

8 Y la hija de Faraón respondió: Ve. Entonces fue la doncella, y llamó a la madre del niño;

9 a la cual dijo la hija de Faraón: Lleva este niño, y críamelo, y yo te lo pagaré. Y la mujer tomó al niño, y lo crió.

10 Y cuando creció el niño, ella lo trajo a la hija de Faraón, la cual lo prohijó, y le puso por nombre ¹Moisés, diciendo: Porque de las aguas lo saqué.

11 Y en aquellos días acontecíó que, crecido ya Moisés, ᶠsalió a sus hermanos, ᵍy vio sus cargas: y vio a un egipcio que hería a uno de los hebreos, sus hermanos.

12 Y miró a todas partes, y viendo que no parecía nadie, mató al egipcio, y lo escondió en la arena.

13 ʰY salió al día siguiente, y viendo a dos hebreos que reñían, dijo al que hacía la injuria: ¿Por qué hieres a tu prójimo?

14 Y él respondió: ¿Quién te ha puesto a ti por príncipe y juez sobre nosotros? ¿Piensas matarme como mataste al egipcio? Entonces Moisés tuvo miedo, y dijo: Ciertamente esta cosa es descubierta.

15 Y cuando Faraón escuchó esto, procuró matar a Moisés; pero Moisés huyó de delante de Faraón, y habitó en la tierra de Madián; y ˡse sentó junto a un pozo.

16 ᵐTenía el sacerdote de Madián siete hijas, las cuales vinieron a sacar *agua*, para llenar las pilas y dar de beber a las ovejas de su padre.

17 Mas los pastores vinieron, y las echaron: Entonces Moisés se levantó y las defendió, ᑫy abrevó sus ovejas.

18 Y volviendo ellas a ²Reuel su padre, les dijo él: ¿Por qué habéis venido hoy tan pronto?

19 Y ellas respondieron: Un varón egipcio nos defendió de mano de los pastores, y también nos sacó *el agua*, y abrevó las ovejas.

20 Y dijo a sus hijas: ¿Y dónde está? ¿Por qué habéis dejado ese hombre? Llamadle ᵛpara que coma pan.

a cp 4:25
y 18:2
b cp 28:3
Sal 12:5

c cp 3:9
Gn 18:20
Stg 5:4
d cp 6:5
Sal 105:8,42
1 sacado
e Gn 15:14
y 46:4

f Hch 7:23-24
Heb 11:24-26
g cp 1:11

h cp 4:7
18:5 24:13
Nm 10:33
1 Re 19:8
i Hch 7:26-28
j Dt 33:16
Is 63:9
Hch 7:30-31

k Jos 5:15
l Gn 24:11
y 29:2
m cp 3:1
n cp 4:5
Gn 28:13
Mt 22:32
Mr 12:26
Lc 20:37
o 1 Re 19:13
Is 6:1-5
p cp 2:23-25
Neh 9:9
Sal 106:44
2 Jetro
q Gn 29:10
r cp 6:6
s Dt 8:7-9
t ver 17
cp 13:5
Jer 11:5
Ez 20:6
u Gn 15:18-21
v Gn 31:54
y 43:25

21 Y Moisés acordó en morar con aquel varón; y él dio a Moisés a su hija ᵃSéfora.

22 Y ella le dio a luz un hijo, y él le puso por nombre ᵇGersón, porque dijo: Peregrino soy en tierra ajena.

23 Y acontecíó que después de muchos días murió el rey de Egipto, y los hijos de Israel gemían a causa de la servidumbre, y clamaron; ᶜy subió a Dios el clamor de ellos con motivo de su servidumbre.

24 Y oyó Dios el gemido de ellos, ᵈy se acordó Dios de su ᵉpacto con Abraham, Isaac y Jacob.

25 Y miró Dios a los hijos de Israel, y los reconoció Dios.

CAPÍTULO 3

Y apacentando Moisés las ovejas de Jetro su suegro, sacerdote de Madián, llevó las ovejas detrás del desierto, y vino a Horeb, ʰmonte de Dios.

2 ʲY le apareció el Ángel de Jehová en una llama de fuego en medio de una zarza: y él miró, y vio que la zarza ardía en fuego, y la zarza no se consumía.

3 Y Moisés dijo: Iré yo ahora, y veré esta grande visión, por qué causa la zarza no se quema.

4 Y viendo Jehová que iba a ver, lo llamó Dios de en medio de la zarza, y dijo: ¡Moisés, Moisés! Y él respondió: Heme aquí.

5 Y dijo: No te acerques; ᵏquita las sandalias de tus pies, porque el lugar donde estás, tierra santa es.

6 Y dijo: ⁿYo soy el Dios de tu padre, Dios de Abraham, Dios de Isaac, Dios de Jacob. Entonces Moisés cubrió su rostro, ᵒporque tuvo miedo de mirar a Dios.

7 Y dijo Jehová: ᵖBien he visto la aflicción de mi pueblo que está en Egipto, y he oído su clamor a causa de sus exactores; pues conozco sus angustias;

8 y he descendido para ʳlibrarlos de mano de los egipcios, y sacarlos de aquella tierra a una ˢtierra buena y ancha, a la tierra que ᵗfluye leche y miel, ᵘa los lugares del cananeo, del heteo, del amorreo, del ferezeo, del heveo, y del jebuseo.

ÉXODO 4

9 ªEl clamor, pues, de los hijos de Israel ha venido delante de mí, y también he visto la opresión con que los egipcios los oprimen.

10 Ven, por tanto, ahora, y te enviaré a Faraón, para que saques de Egipto a mi pueblo, los hijos de Israel.

11 Entonces Moisés respondió a Dios: ᵉ¿Quién soy yo, para que vaya a Faraón, y saque de Egipto a los hijos de Israel?

12 Y Él le respondió: ᶠVe, porque yo seré contigo; y esto te será por señal de que yo te he enviado: luego que hubieres sacado este pueblo de Egipto, ᵍserviréis a Dios sobre este monte.

13 Y dijo Moisés a Dios: He aquí cuando yo llegue a los hijos de Israel, y les diga: El Dios de vuestros padres me ha enviado a vosotros; si ellos me preguntaren: ¿Cuál es su nombre? ¿Qué les responderé?

14 Y respondió Dios a Moisés: YO SOY EL QUE SOY. Y dijo: Así dirás a los hijos de Israel: ⁱYO SOY me ha enviado a vosotros.

15 Y además dijo Dios a Moisés: Así dirás a los hijos de Israel: Jehová, el Dios de vuestros padres, el Dios de Abraham, Dios de Isaac y Dios de Jacob, me ha enviado a vosotros. ʲÉste es mi nombre para siempre, éste es mi memorial por todas las generaciones.

16 Ve, ᵏy reúne a los ancianos de Israel, y diles: Jehová, el Dios de vuestros padres, el Dios de Abraham, de Isaac, y de Jacob, me apareció, diciendo: ˡDe cierto os he visitado, y visto lo que se os hace en Egipto;

17 y he dicho: Yo os sacaré de la aflicción de Egipto a la tierra del cananeo, y del heteo, y del amorreo, y del ferezeo, y del heveo, y del jebuseo, a una tierra que fluye leche y miel.

18 ᵒY oirán tu voz; ᵖe irás tú, y los ancianos de Israel, al rey de Egipto, y le diréis: Jehová, el Dios de los hebreos, ᵠnos ha encontrado; por tanto, nosotros iremos ahora camino de tres días por el desierto, para que ofrezcamos sacrificios a Jehová nuestro Dios.

19 Y yo sé que el rey de Egipto no os dejará ir sino por mano fuerte.

20 ᵇPero yo extenderé mi mano, y heriré a Egipto con todas mis maravillas que haré en él, ᶜy entonces os dejará ir.

21 ᵈY yo daré a este pueblo gracia en los ojos de los egipcios, y sucederá que cuando saliereis, no saldréis con las manos vacías;

22 sino que demandará cada mujer a su vecina y su huéspeda joyas de plata, joyas de oro, y vestiduras, las cuales pondréis sobre vuestros hijos y vuestras hijas, y despojaréis a Egipto.

CAPÍTULO 4

La vara se convierte en serpiente

Entonces Moisés respondió y dijo: He aquí que ellos no me creerán, ni oirán mi voz; porque dirán: No te ha aparecido Jehová.

2 Y Jehová dijo: ¿Qué es eso que tienes en tu mano? Y él respondió: ʰUna vara.

3 Y Él le dijo: Échala en tierra. Y él la echó en tierra, y se convirtió en una serpiente; y Moisés huía de ella.

4 Entonces dijo Jehová a Moisés: Extiende tu mano, y tómala por la cola. Y él extendió su mano, y la tomó, y se convirtió en vara en su mano.

5 Por esto creerán que se te ha aparecido Jehová, el Dios de tus padres, el Dios de Abraham, Dios de Isaac, y Dios de Jacob.

6 Y le dijo además Jehová: Mete ahora tu mano en tu seno. Y él metió la mano en su seno; y cuando la sacó, he aquí que su mano estaba leprosa ᵐcomo la nieve.

7 Y dijo: Vuelve a meter tu mano en tu seno; y él volvió a meter su mano en su seno; y volviéndola a sacar del seno, he aquí ⁿque se había vuelto como la *otra* carne.

8 Si aconteciere, que no te creyeren, ni obedecieren a la voz de la primera señal, creerán a la voz de la postrera.

9 Y si aún no creyeren a estas dos señales, ni oyeren tu voz, tomarás de las aguas del río, y las derramarás sobre la *tierra* seca; y ʳlas aguas que tomarás del río, se volverán sangre sobre la *tierra* seca.

10 Entonces dijo Moisés a Jehová: ¡Ay Señor! yo no soy de palabras

Deja ir a mi pueblo ÉXODO 5

elocuentes, ni de antes, ni aun desde que tú hablas a tu siervo; ªporque soy tardo en el habla y torpe de lengua.

11 Y Jehová le respondió: ¿Quién dio la boca al hombre? ¿O quién hizo al mudo y al sordo, al que ve y al ciego? ¿No soy yo, Jehová?

12 Ahora pues, ve, ᵇque yo seré con tu boca, y te enseñaré lo que has de decir.

13 Y él dijo: ¡Ay Señor! envía por mano del que has de enviar.

14 Entonces Jehová se enojó contra Moisés, y dijo: ¿No es Aarón, el levita, tu hermano? Yo sé que él habla bien. Y además, he aquí que él saldrá a recibirte, y al verte, se alegrará en su corazón.

15 ᵍTú hablarás a él, y ʰpondrás en su boca las palabras, y yo seré con tu boca y con la suya, y os enseñaré lo que habéis de hacer.

16 Y él hablará por ti al pueblo; y él te será a ti en lugar de boca, ʲy tú serás para él en lugar de Dios.

17 Y tomarás ˡesta vara en tu mano, con la cual harás las señales.

18 Así se fue Moisés, y volviendo a su suegro Jetro, le dijo: Iré ahora, y volveré a mis hermanos que *están* en Egipto, para ver si aún viven. Y Jetro dijo a Moisés: Ve en paz.

19 Dijo también Jehová a Moisés en Madián: Ve, y vuélvete a Egipto, ᵖporque han muerto todos los que procuraban tu muerte.

20 Entonces Moisés tomó su esposa y sus hijos, y los puso sobre un asno, y se volvió a tierra de Egipto. Tomó también Moisés ʳla vara de Dios en su mano.

21 Y dijo Jehová a Moisés: Cuando hubiereis vuelto a Egipto, mira que hagas delante de Faraón todas las maravillas que he puesto en tu mano; ˢpero yo endureceré su corazón, de modo que no dejará ir al pueblo.

22 Y dirás a Faraón: Así dice Jehová: ᵘIsrael *es* mi hijo, ᵛmi primogénito.

23 Ya te he dicho que dejes ir a mi hijo, para que me sirva, mas no has querido dejarlo ir: he aquí yo voy ˣa matar a tu hijo, tu primogénito.

24 Y aconteció en el camino, que en ʸuna posada ᶻle salió al encuentro Jehová, y quiso matarlo.

25 Entonces Séfora tomó un afilado pedernal, y cortó el prepucio de su hijo, y lo echó a sus pies, diciendo: A la verdad tú me eres un esposo de sangre.

26 Así le dejó luego ir. Y ella dijo: *Eres* esposo de sangre, a causa de la circuncisión.

27 Y Jehová dijo a Aarón: ᶜVe a recibir a Moisés al desierto. Y él fue, ᵈy lo encontró en el monte de Dios, y le besó.

28 Entonces contó Moisés a Aarón todas las palabras de Jehová que le enviaba, ᵉy todas las señales que le había dado.

29 ᶠY fueron Moisés y Aarón, y reunieron todos los ancianos de los hijos de Israel:

30 Y habló Aarón todas las palabras que Jehová había dicho a Moisés, e hizo las señales delante de los ojos del pueblo.

31 ʲY el pueblo creyó: y oyendo que Jehová había ᵏvisitado los hijos de Israel, y que había visto su aflicción, ᵐse inclinaron y adoraron.

CAPÍTULO 5

Después entraron Moisés y Aarón ante Faraón, y le dijeron: Jehová, el Dios de Israel, dice así: Deja ir a mi pueblo a celebrarme ⁿfiesta en el desierto.

2 Y Faraón respondió: ᵒ¿Quién es Jehová, para que yo oiga su voz y deje ir a Israel? Yo no conozco a Jehová, ni tampoco dejaré ir a Israel.

3 Y ellos dijeron: ᑫEl Dios de los hebreos nos ha encontrado; iremos, pues, ahora camino de tres días por el desierto, y ofreceremos sacrificios a Jehová nuestro Dios; para que no venga sobre nosotros con pestilencia o con espada.

4 Entonces el rey de Egipto les dijo: Moisés y Aarón, ¿por qué hacéis cesar al pueblo de su obra? Váyanse a vuestros ᵗcargos.

5 Dijo también Faraón: He aquí el pueblo de la tierra es ahora mucho, y vosotros les hacéis cesar de sus cargos.

6 Y mandó Faraón aquel mismo día a los cuadrilleros del pueblo que le tenían a su cargo, y a sus gobernadores, diciendo:

---

a Jer 1:6

b Jer 1:9
Mt 10:19
Mr 13:11
Lc 12:11-12
y 21:14-15

c ver 14
d cp 3:1
y 18:5
e vers 3-9
f cp 3:16
g cp 7:1-2
h Nm 22:38
y 23:5-16

i cp 3:18
j cp 7:1
y 18:19
k cp 3:16
l ver 2 cp 7:15
m cp 12:27
Gn 24:26

n cp 10:9
y 12:14
o 2 Re 18:35
p cp 2:15-23
Mt 2:20

q cp 3:18
y 7:16
r cp 17:9
Nm 20:8-9

s cp 7:13-22
8:15 9:12,35
y 14:8
Dt 2:30
Jos 11:20
Rm 9:18
t cp 1:11
u Os 11:1
v Jer 31:9
x cp 11:5
y Gn 42:27
y 43:21
z Gn 17:14
Nm 22:22

ÉXODO 6

7 De aquí en adelante no daréis paja al pueblo para hacer ladrillo, como hasta ahora; vayan ellos y recojan por sí mismos la paja:

8 Y habéis de ponerles la tarea del ladrillo que hacían antes, y no les disminuiréis nada; porque están ociosos, y por eso levantan la voz diciendo: Vamos y ofrezcamos sacrificios a nuestro Dios.

9 Agrávese la servidumbre sobre ellos, para que se ocupen en ella, y no atiendan a palabras de mentira.

10 Y saliendo los cuadrilleros del pueblo y sus gobernadores, hablaron al pueblo, diciendo: Así ha dicho Faraón: Yo no os doy paja.

11 Id vosotros, y recoged paja donde la hallareis; que nada se disminuirá de vuestra tarea.

12 Entonces el pueblo se esparció por toda la tierra de Egipto para recoger rastrojo en lugar de paja.

13 Y los cuadrilleros los apremiaban, diciendo: Acabad vuestra obra, la tarea del día en su día, como cuando se os daba paja.

14 Y azotaban a los capataces de los hijos de Israel, que los cuadrilleros de Faraón habían puesto sobre ellos, diciendo: ¿Por qué no habéis cumplido vuestra tarea de ladrillo ni ayer ni hoy, como antes?

15 Y los capataces de los hijos de Israel vinieron a Faraón, y se quejaron a él, diciendo: ¿Por qué lo haces así con tus siervos?

16 No se da paja a tus siervos, y con todo nos dicen: Haced el ladrillo. Y he aquí tus siervos son azotados, pero la culpa la tiene tu pueblo.

17 Y él respondió: Estáis ociosos, sí, ociosos, y por eso decís: Vamos y ofrezcamos sacrificios a Jehová.

18 Id, pues, ahora, y trabajad. No se os dará paja, y habéis de entregar la tarea del ladrillo.

19 Entonces los capataces de los hijos de Israel se vieron en aflicción, habiéndoseles dicho: No se disminuirá nada de vuestro ladrillo, de la tarea de cada día.

20 Y encontrando a Moisés y a Aarón, que estaban a la vista de ellos cuando salían de Faraón,

21 les dijeron: ᵏMire Jehová sobre vosotros, y juzgue; pues habéis hecho ˡheder nuestro olor delante de

Faraón les aumenta las cargas

Faraón y de sus siervos, dándoles la espada en las manos para que nos maten.

22 Entonces Moisés se volvió a Jehová, y dijo: Señor, ¿por qué afliges a este pueblo? ¿Para qué me enviaste?

23 Porque desde que yo vine a Faraón para hablarle en tu nombre, ha afligido a este pueblo; y tú tampoco has librado a tu pueblo.

CAPÍTULO 6

Entonces Jehová respondió a Moisés: Ahora verás lo que yo haré a Faraón; ᵃporque con mano fuerte los ha de dejar ir; ᵇy con mano fuerte los ha de echar de su tierra.

2 Habló todavía Dios a Moisés, y le dijo: Yo soy JEHOVÁ;

3 y aparecí a Abraham, a Isaac y a Jacob ᶜpor *el nombre de* Dios Omnipotente, pues por mi nombre ᵈJEHOVÁ yo no era conocido de ellos.

4 ᵉY también establecí mi pacto con ellos, ᶠde darles la tierra de Canaán, la tierra en que fueron extranjeros, y en la cual peregrinaron.

5 Y asimismo yo he oído el gemido de los hijos de Israel, a quienes hacen servir los egipcios, y me he acordado de mi pacto.

6 Por tanto dirás a los hijos de Israel: YO JEHOVÁ; y yo os sacaré de debajo de las cargas de Egipto, y os libraré de su servidumbre, ᵍy os redimiré con brazo extendido, y con juicios grandes:

7 ʰY os tomaré por mi pueblo ⁱy seré vuestro Dios: y vosotros sabréis que yo soy Jehová vuestro Dios, que os saco de debajo de las cargas de Egipto:

8 Y os meteré en la tierra, por la cual ʲalcé mi mano que la daría a Abraham, a Isaac y a Jacob: y yo os la daré por heredad. YO JEHOVÁ.

9 De esta manera habló Moisés a los hijos de Israel: mas ellos no escuchaban a Moisés a causa de la congoja de espíritu, y de la dura servidumbre.

10 Y habló Jehová a Moisés, diciendo:

11 Entra, y habla a Faraón, rey de Egipto, que deje ir de su tierra a los hijos de Israel.

Aarón es el vocero de Moisés   **ÉXODO 7**

12 Y respondió Moisés delante de Jehová, diciendo: He aquí, los hijos de Israel no me escuchan: ¿cómo, pues, me escuchará Faraón, siendo yo de ᵇlabios incircuncisos?

13 Entonces Jehová habló a Moisés y a Aarón, y les dio mandamiento para los hijos de Israel, y para Faraón, rey de Egipto, para que sacasen a los hijos de Israel de la tierra de Egipto.

14 Éstas *son* las cabezas de las familias de sus padres. ᶜLos hijos de Rubén, el primogénito de Israel: Enoc y Falú, Hezrón y Carmi; éstas *son* las familias de Rubén.

15 ᵉLos hijos de Simeón: Jemuel, y Jamín, y Ohad, y Jaquín, y Zohar, y Saúl, hijo de una cananea; éstas *son* las familias de Simeón.

16 ᶠY éstos *son* los nombres de los hijos de Leví por sus linajes: Gersón, y Coat, y Merari: Y los años de la vida de Leví fueron ciento treinta y siete años.

17 ⁱY los hijos de Gersón: Libni, y Simeí, por sus familias.

18 ʲY los hijos de Coat: Amram, e Izhar, y Hebrón, y Uziel. Y los años de la vida de Coat fueron ciento treinta y tres años.

19 Y los hijos de Merari: Mahali y Musi; éstas *son* las familias de Leví por sus linajes.

20 ᵐY Amram tomó por esposa a Jocabed su tía, la cual le dio a luz a Aarón y a Moisés. Y los años de la vida de Amram *fueron* ciento treinta y siete años.

21 ᵒY los hijos de Izhar: Coré, y Nefeg y Zicri.

22 Y los hijos de Uziel: Misael, Elizafán y Zitri.

23 Y tomó Aarón por esposa a Elisabet, hija de ᵠAminadab, hermana de Naasón; la cual le dio a luz a ʳNadab, Abiú, Eleazar e Itamar.

24 Y los hijos de Coré: Asir, Elcana y Abiasaf; éstas son las familias de los coreítas.

25 Y Eleazar, hijo de Aarón, tomó para sí esposa de las hijas de Futiel, la cual ˢle dio a luz a Finees: Y éstas son las cabezas de los padres de los levitas por sus familias.

26 Éste *es* aquel Aarón y aquel Moisés, a los cuales Jehová dijo:

a cp 7:4
b ver 30
cp 4:10
Hch 7:51
Rm 2:29

c Gn 46:9
1 Cr 5:3
d ver 12

e Gn 46:10
1 Cr 4:24

f Gn 46:11
Nm 3:17
1 Cr 6:1,16
g cp 4:16
h Gn 20:7
i cp 6:17
y 23:7
j Nm 26:57
1 Cr 6:2,18
k cp 11:9

l cp 6:6

m cp 2:1-2
Nm 26:59
n cp 8:22
y 14:4,18

o Nm 16:1
1 Cr 6:37-38
p Dt 29:5
31:2 y 34:7

q Mt 1:4
Lc 3:33
r Lv 10:1
Nm 3:2
y 26:60
1 Cr 6:3
s Nm 25:7-11
Jos 24:33
t Gn 41:8
u ver 22
cp 8:7-18
y 9:11
2 Ts 2:9
2 Tim 3:8

Sacad a los hijos de Israel de la tierra de Egipto por sus ᵃescuadrones.

27 Estos *son* los que hablaron a Faraón, rey de Egipto, para sacar de Egipto a los hijos de Israel. Moisés y Aarón fueron éstos.

28 Y sucedió en el día *cuando* Jehová habló a Moisés en la tierra de Egipto,

29 que Jehová habló a Moisés, diciendo: Yo soy JEHOVÁ; di a Faraón, rey de Egipto, todas las cosas que yo te digo a ti.

30 Y Moisés respondió delante de Jehová: He aquí, ᵈyo soy de labios incircuncisos, ¿cómo, pues, me ha de oír Faraón?

CAPÍTULO 7

Y Jehová dijo a Moisés: Mira, yo te he constituido ᵍdios para Faraón, y tu hermano Aarón será ʰtu profeta.

2 Tú dirás todas las cosas que yo te mande, y Aarón tu hermano hablará a Faraón, para que deje ir de su tierra a los hijos de Israel.

3 Y yo endureceré el corazón de Faraón, y ᵏmultiplicaré en la tierra de Egipto mis señales y mis maravillas.

4 Y Faraón no os oirá; mas yo pondré mi mano sobre Egipto, y sacaré a mis ejércitos, mi pueblo, los hijos de Israel, de la tierra de Egipto, ˡcon grandes juicios.

5 ⁿY sabrán los egipcios que yo soy Jehová, cuando extienda mi mano sobre Egipto, y saque los hijos de Israel de en medio de ellos.

6 E hizo Moisés y Aarón como Jehová les mandó; así lo hicieron.

7 Y era Moisés de edad de ᵖochenta años, y Aarón de edad de ochenta y tres, cuando hablaron a Faraón.

8 Y habló Jehová a Moisés y a Aarón, diciendo:

9 Si Faraón os respondiere diciendo: Mostrad milagro; dirás a Aarón: Toma tu vara, y échala delante de Faraón, para que se torne serpiente.

10 Vinieron, pues, Moisés y Aarón a Faraón, e hicieron como Jehová lo había mandado: y echó Aarón su vara delante de Faraón y de sus siervos, y se convirtió en serpiente.

11 ᵗEntonces llamó también Faraón sabios y encantadores; e ᵘhicieron también lo mismo los encantadores de Egipto con sus encantamientos;

ÉXODO 8

12 pues echó cada uno su vara, las cuales se volvieron serpientes: mas la vara de Aarón devoró las varas de ellos.

13 Y el corazón de Faraón se endureció, y no los escuchó; como Jehová lo había dicho.

14 Entonces Jehová dijo a Moisés: El corazón de Faraón está endurecido, y no quiere dejar ir al pueblo.

15 Ve por la mañana a Faraón, he aquí que él sale a las aguas; y tú ponte a la orilla del río delante de él, y toma en tu mano la [b]vara que se volvió serpiente,

16 y dile: [d]Jehová el Dios de los hebreos me ha enviado a ti, diciendo: Deja ir a mi pueblo, para que me sirva en el desierto; [f]y he aquí que hasta ahora no has querido oír.

17 Así dice Jehová: En esto conocerás que yo soy Jehová: he aquí, yo golpearé con la vara que tengo en mi mano el agua que está en el río, [g]y se convertirá [h]en sangre.

18 Y los peces que hay en el río morirán, y hederá el río, y los egipcios tendrán asco de beber el agua del río.

19 Y Jehová dijo a Moisés: Di a Aarón: Toma tu vara, [k]y extiende tu mano sobre las aguas de Egipto, sobre sus ríos, sobre sus arroyos y sobre sus estanques, y sobre todos sus depósitos de aguas, para que se conviertan en sangre, y haya sangre por toda la región de Egipto, así en los *vasos* de madera como en los de piedra.

20 Y Moisés y Aarón hicieron como Jehová lo mandó; y alzando la vara golpeó las aguas que había en el río, en presencia de Faraón y de sus siervos; [n]y todas las aguas que *había* en el río se convirtieron en sangre.

21 Asimismo los peces que había en el río murieron; y el río se corrompió, [o]y los egipcios no podían beber de él; y hubo sangre por toda la tierra de Egipto.

22 [q]Y los encantadores de Egipto hicieron lo mismo con sus encantamientos: y el corazón de Faraón se endureció, y no los escuchó; [r]como Jehová lo había dicho.

23 Y tornando Faraón se volvió a su casa, y no puso su corazón tampoco en esto.

a ver 20
cp 3:12-18
b ver 10
cp 4:2-17
y 17:5
c Ap 16:13
d cp 3:18
e Sal 105:30
f cp 5:2-4

g cp 4:9
h Ap 16:4-6
i cp 7:19

j Sal 78:45
y 105:30
k cp 8:5-16
9:22 10:12-21
l cp 7:11-22

m vers 9,28, 29,30
cp 9:28
y 10:17

n Sal 78:44
y 105:29

o vers 18,24

p cp 9:14
2 Sm 7:22
1 Cr 17:20
q ver 11
r vers 3,4

El agua es convertida en sangre

24 Y en todo Egipto cavaron pozos alrededor del río *en busca* de agua para beber, porque no podían beber de las aguas del río.

25 Y se cumplieron siete días después que Jehová hirió el río.

CAPÍTULO 8

Entonces Jehová dijo a Moisés: Entra ante Faraón, y dile: Así dice Jehová: Deja ir a mi pueblo [a]para que me sirva.

2 Y si rehúsas dejarlo ir, he aquí yo heriré [c]con ranas todos tus términos.

3 Y el río criará ranas, las cuales subirán, y entrarán en tu casa, y en la [e]cámara de tu cama, y sobre tu cama, y en las casas de tus siervos, y en tu pueblo, y en tus hornos, y en tus artesas:

4 Y las ranas subirán sobre ti, y sobre tu pueblo, y sobre todos tus siervos.

5 Y Jehová dijo a Moisés: Di a Aarón: Extiende tu mano con tu vara sobre los ríos, arroyos, y estanques, para que haga venir ranas sobre la tierra de Egipto.

6 Entonces Aarón extendió su mano sobre las aguas de Egipto, [j]y subieron ranas que cubrieron la tierra de Egipto.

7 [l]Y los encantadores hicieron lo mismo con sus encantamientos, e hicieron venir ranas sobre la tierra de Egipto.

8 Entonces Faraón llamó a Moisés y a Aarón, y les dijo: [m]Orad a Jehová que quite las ranas de mí y de mi pueblo; y dejaré ir al pueblo, para que ofrezcan sacrificios a Jehová.

9 Y dijo Moisés a Faraón: Gloríate sobre mí: ¿cuándo debo orar por ti, y por tus siervos, y por tu pueblo, para que las ranas sean quitadas de ti, y de tus casas, y que solamente se queden en el río?

10 Y él dijo: Mañana. Y Moisés respondió: Se hará conforme a tu palabra, para que conozcas que [p]no hay como Jehová nuestro Dios:

11 Y las ranas se irán de ti, y de tus casas, y de tus siervos, y de tu pueblo, y solamente se quedarán en el río.

12 Entonces salieron Moisés y Aarón de delante del Faraón. Y Moisés clamó a Jehová sobre el asunto de las ranas que había mandado a Faraón.

Diferentes plagas

13 E hizo Jehová conforme a la palabra de Moisés, y murieron las ranas de las casas, de los cortijos y de los campos.

14 Y las juntaron en montones, y apestaban la tierra.

15 Pero viendo Faraón que le habían dado ªreposo, endureció su corazón, y no los escuchó, como Jehová lo había dicho.

16 Entonces Jehová dijo a Moisés: Di a Aarón: Extiende tu vara, y golpea el polvo de la tierra, para que se vuelva piojos por todo el país de Egipto.

17 Y ellos lo hicieron así; y Aarón extendió su mano con su vara, y golpeó el polvo de la tierra, ᵉel cual se volvió piojos, así en los hombres como en las bestias; todo el polvo de la tierra se volvió piojos en todo el país de Egipto.

18 Y ᵍlos encantadores hicieron así también, para sacar piojos con sus encantamientos; mas no pudieron. Y había piojos así en los hombres como en las bestias.

19 Entonces los encantadores dijeron a Faraón: ʰDedo de Dios es éste. Mas el corazón de Faraón se endureció, y no los escuchó; como Jehová lo había dicho.

20 Y Jehová dijo a Moisés: Levántate de mañana y ponte delante de Faraón, he aquí él sale a las aguas; y dile: Así dice Jehová: Deja ir a mi pueblo, para que me sirva.

21 Porque si no dejares ir a mi pueblo, he aquí yo enviaré sobre ti, y sobre tus siervos, y sobre tu pueblo, y sobre tus casas toda clase de moscas; y las casas de los egipcios se llenarán de toda clase de moscas, y asimismo la tierra donde ellos estuvieren.

22 ⁱY aquel día yo apartaré la tierra de Gosén, en la cual mi pueblo habita, para que ninguna clase de moscas haya en ella; a fin de que sepas que yo soy Jehová en medio de la tierra.

23 Y yo pondré ʲdivisión entre mi pueblo y el tuyo. Mañana será esta señal.

24 Y Jehová lo hizo así; ˡy vino toda clase de moscas molestísimas sobre la casa de Faraón, y sobre las casas de sus siervos y sobre todo el país de Egipto; y la tierra fue corrompida a causa de ellas.

25 Entonces Faraón llamó a Moisés y a Aarón, y les dijo: Andad, ofreced sacrificio a vuestro Dios en la tierra.

26 Y Moisés respondió: No conviene que hagamos así, porque ofreceríamos a Jehová nuestro Dios ᵇla abominación de los egipcios. Si sacrificáramos la abominación de los egipcios delante de sus ojos, ¿no nos ᶜapedrearían?

27 ᵈCamino de tres días iremos por el desierto, y ofreceremos sacrificios a Jehová nuestro Dios, como Él nos dirá.

28 Y dijo Faraón: Yo os dejaré ir para que ofrezcáis sacrificios a Jehová vuestro Dios en el desierto, con tal que no vayáis más lejos: ᶠorad por mí.

29 Y respondió Moisés: He aquí, que yo salgo de tu presencia, y rogaré a Jehová que las diversas clases de moscas se vayan mañana de Faraón, de sus siervos y de su pueblo; con tal que Faraón no vuelva a obrar con engaño, no dejando ir al pueblo a ofrecer sacrificio a Jehová.

30 Entonces Moisés salió de delante de Faraón, y oró a Jehová.

31 Y Jehová hizo conforme a la palabra de Moisés; y quitó todas aquellas moscas de Faraón, de sus siervos y de su pueblo, sin que quedara una.

32 Pero Faraón endureció su corazón también esta vez, y no dejó ir al pueblo.

CAPÍTULO 9

Entonces Jehová dijo a Moisés: Entra ante Faraón, y dile: Jehová, el Dios de los hebreos, dice así: Deja ir a mi pueblo, para que me sirvan.

2 Porque si no lo quieres dejar ir, y los detuvieres aún,

3 he aquí la mano de Jehová será sobre tus ganados que *están* en el campo, caballos, asnos, camellos, vacas y ovejas, con pestilencia gravísima;

4 Y ᵏJehová hará separación entre los ganados de Israel y los de Egipto, de modo que nada muera de todo lo de los hijos de Israel.

ÉXODO 9

5 Y Jehová señaló tiempo, diciendo: Mañana hará Jehová esta cosa en la tierra.

6 Y el día siguiente Jehová hizo aquello, ^by murió todo el ganado de Egipto; mas del ganado de los hijos de Israel no murió uno.

7 Entonces Faraón envió, y he aquí que del ganado de los hijos de Israel no había muerto uno. Mas el corazón de Faraón se endureció, y no dejó ir al pueblo.

8 Y Jehová dijo a Moisés y a Aarón: Tomad puñados de ceniza de un horno, y la esparcirá Moisés hacia el cielo delante de Faraón;

9 y vendrá a ser polvo sobre toda la tierra de Egipto, ^del cual originará sarpullido que cause úlceras en los hombres y en las bestias, por todo el país de Egipto.

10 Y tomaron la ceniza del horno, y se pusieron delante de Faraón, y la esparció Moisés hacia el cielo; y vino un sarpullido que causaba úlceras así en los hombres como en las bestias.

11 Y ^flos encantadores no podían estar delante de Moisés a causa del sarpullido, porque hubo sarpullido en los encantadores y en todos los egipcios.

12 Y Jehová endureció el corazón de Faraón, y no los oyó; ^gcomo Jehová lo había dicho a Moisés.

13 Entonces Jehová dijo a Moisés: ⁱLevántate de mañana, y ponte delante de Faraón, y dile: Jehová, el Dios de los hebreos, dice así: Deja ir a mi pueblo, para que me sirva.

14 Porque yo enviaré esta vez todas mis plagas a tu corazón, sobre tus siervos, y sobre tu pueblo, ^mpara que entiendas que no hay otro como yo en toda la tierra.

15 Porque ahora yo extenderé mi mano para herirte a ti y a tu pueblo de pestilencia, y serás quitado de la tierra.

16 ^pY a la verdad yo te he puesto para mostrar en ti mi poder, y para que mi ^rnombre sea contado en toda la tierra.

17 ^t¿Todavía te ensalzas tú contra mi pueblo, para no dejarlos ir?

18 He aquí que mañana a estas horas yo haré llover granizo muy grave,

El sarpullido y la plaga del granizo

cual nunca fue en Egipto, desde el día que se fundó hasta ahora.

19 ^aEnvía, pues, a recoger tu ganado, y todo lo que tienes en el campo; porque todo hombre o animal que se hallare en el campo, y no fuere recogido a casa, el granizo descenderá sobre él, y morirá.

20 De los siervos de Faraón el que temió la palabra de Jehová, hizo huir sus criados y su ganado a casa:

21 Mas el que no puso en su corazón la palabra de Jehová, dejó sus criados y sus ganados en el campo.

22 Y Jehová dijo a Moisés: Extiende tu mano hacia el cielo, ^cpara que venga granizo en toda la tierra de Egipto sobre los hombres, y sobre las bestias, y sobre toda la hierba del campo en el país de Egipto.

23 Y Moisés extendió su vara hacia el cielo, ^ey Jehová hizo tronar y granizar, y el fuego se desparramó por la tierra; y llovió Jehová granizo sobre la tierra de Egipto.

24 Hubo, pues, granizo, y fuego mezclado con el granizo, tan grande, cual nunca hubo en toda la tierra de Egipto desde que fue habitada.

25 Y aquel granizo hirió en toda la tierra de Egipto todo lo que *estaba* en el campo, así hombres como bestias; ^hasimismo hirió el granizo toda la hierba del campo, y desgajó todos los árboles del país.

26 ^jSolamente en la tierra de Gosén, donde los hijos de Israel estaban, no hubo granizo.

27 Entonces Faraón envió a llamar a Moisés y a Aarón, y les dijo: ^kHe pecado esta vez; ^lJehová es justo, y yo y mi pueblo impíos.

28 ⁿOrad a Jehová (porque ya basta) para que cesen los grandes truenos y el granizo; y yo os dejaré ir y no os detendréis más.

29 Y le respondió Moisés: Al salir yo de la ciudad ^oextenderé mis manos a Jehová, y los truenos cesarán, y no habrá más granizo; para que sepas que ^qde Jehová es la tierra.

30 Pero en cuanto a ti y tus siervos, ^syo sé que todavía no temeréis a Jehová Dios.

31 El lino, pues, y la cebada fueron heridos; porque la cebada estaba ya espigada, y el lino en caña.

La plaga de las langostas

32 Mas el trigo y el centeno no fueron heridos; porque eran tardíos.

33 Y Moisés salió de la ciudad, de delante de Faraón, y extendió sus manos a Jehová, y cesaron los truenos y el granizo; y la lluvia no cayó más sobre la tierra.

34 Y viendo Faraón que la lluvia había cesado y el granizo y los truenos, perseveró en pecar, y endureció su corazón, ʰél y sus siervos.

35 ᵈY el corazón de Faraón se endureció, y no dejó ir a los hijos de Israel; como Jehová lo había dicho por medio de Moisés.

CAPÍTULO 10

Y Jehová dijo a Moisés: Entra ante Faraón; ᵉporque yo he endurecido su corazón, y el corazón de sus siervos, para dar entre ellos estas mis señales;

2 ʰy para que cuentes a tus hijos y a tus nietos las cosas que yo hice en Egipto, y mis señales que hice entre ellos; y para que sepáis que yo soy Jehová.

3 Entonces Moisés y Aarón vinieron a Faraón, y le dijeron: Jehová, el Dios de los hebreos dice así: ¿Hasta cuándo no querrás ʲhumillarte delante de mí? Deja ir a mi pueblo para que me sirvan.

4 Y si aún rehúsas dejarlo ir, he aquí que yo traeré mañana ˡlangosta en tus términos,

5 la cual cubrirá la faz de la tierra, de modo que no pueda verse ⁿla tierra; y ella comerá lo que quedó salvo, lo que os ha quedado del granizo; comerá asimismo todo árbol que os produce fruto en el campo;

6 ᵖY llenarán tus casas, y las casas de todos tus siervos, y las casas de todos los egipcios, cual nunca vieron tus padres ni tus abuelos, desde que ellos fueron sobre la tierra hasta hoy. Y se volvió, y salió de delante de Faraón.

7 Entonces los siervos de Faraón le dijeron: ¿Hasta cuándo nos ha de ser éste por lazo? Deja ir a estos hombres, para que sirvan a Jehová su Dios; ¿acaso no sabes aún que Egipto está destruido?

8 Y Moisés y Aarón volvieron a ser llamados a Faraón, el cual les dijo: ᵃAndad, servid a Jehová vuestro Dios. ¿Quiénes son los que han de ir?

9 Y Moisés respondió: Hemos de ir con nuestros niños y con nuestros viejos, con nuestros hijos y con nuestras hijas: con nuestras ovejas y con nuestras vacas hemos de ir; ᵇporque tenemos que celebrar fiesta a Jehová.

10 Y él les dijo: Así sea Jehová con vosotros; ¿cómo yo os dejaré ir a vosotros y a vuestros niños? Mirad cómo la maldad está delante de vuestro rostro.

11 No será así: id ahora vosotros los varones, y servid a Jehová: pues esto es lo que vosotros demandasteis. Y los echaron de delante de Faraón.

12 Entonces Jehová dijo a Moisés: ᶠExtiende tu mano sobre la tierra de Egipto para traer langosta, a fin de que suba sobre el país de Egipto, ᵍy consuma todo lo que el granizo dejó.

13 Y extendió Moisés su vara sobre la tierra de Egipto, y Jehová trajo un viento oriental sobre el país todo aquel día y toda aquella noche; y a la mañana el viento oriental trajo la langosta.

14 ʲY subió la langosta sobre toda la tierra de Egipto, y se asentó en todos los términos de Egipto, en gran manera grave; ᵏantes de ella no hubo langosta semejante, ni después de ella vendrá otra tal;

15 y cubrió la faz de todo el país, y se oscureció ᵐla tierra; y consumió toda la hierba de la tierra, y todo el fruto de los árboles que había dejado el granizo; y no quedó cosa verde en árboles ni en hierba del campo, por toda la tierra de Egipto.

16 Entonces Faraón hizo llamar aprisa a Moisés y a Aarón, y dijo: ᵒHe pecado contra Jehová vuestro Dios, y contra vosotros.

17 Mas ruego ahora que perdones mi pecado solamente esta vez, ᵠy que oréis a Jehová vuestro Dios que quite de mí solamente esta mortandad.

18 ʳY salió de delante de Faraón, y oró a Jehová.

19 Y Jehová volvió un viento ˢoccidental fortísimo, y quitó la langosta, y la arrojó en el Mar Rojo; ni una langosta quedó en todo el término de Egipto.

20 ªMas Jehová endureció el corazón de Faraón, y éste no dejó ir a los hijos de Israel.

21 Y Jehová dijo a Moisés: ᵇExtiende tu mano hacia el cielo, para que haya tinieblas sobre la tierra de Egipto, tales que cualquiera las palpe.

22 Y extendió Moisés su mano hacia el cielo, ᵉy hubo densas tinieblas tres días por toda la tierra de Egipto.

23 Ninguno vio a su prójimo, ni nadie se levantó de su lugar en tres días; ᵍmas todos los hijos de Israel tenían luz en sus habitaciones.

24 Entonces Faraón hizo llamar a Moisés, ⁱy dijo: Id, servid a Jehová; solamente queden vuestras ovejas y vuestras vacas; ʲvayan también vuestros niños con vosotros.

25 Y Moisés respondió: Tú también nos entregarás sacrificios y holocaustos para que sacrifiquemos para Jehová nuestro Dios.

26 Nuestros ganados irán también con nosotros; no quedará ni una pezuña; porque de ellos hemos de tomar para servir a Jehová nuestro Dios; y no sabemos con qué hemos de servir a Jehová, hasta que lleguemos allá.

27 Mas Jehová ˡendureció el corazón de Faraón, y no quiso dejarlos ir.

28 Y le dijo Faraón: Retírate de mí: guárdate que no veas más mi rostro, porque en cualquier día que vieres mi rostro, morirás.

29 Y Moisés respondió: Bien has dicho; ⁿno veré más tu rostro.

CAPÍTULO 11

Y Jehová dijo a Moisés: ᵒUna plaga traeré aún sobre Faraón, y sobre Egipto; después de la cual él os dejará ir de aquí; y seguramente os echará de aquí ᵖdel todo.

2 Habla ahora al pueblo, y que cada uno demande a su vecino, y cada una a su vecina, ᑫjoyas de plata y de oro.

3 ʳY Jehová dio gracia al pueblo en los ojos de los egipcios. También Moisés era un gran varón a los ojos de los siervos de Faraón, y a los ojos del pueblo, en la tierra de Egipto.

4 Y dijo Moisés: Así dice Jehová: ᵘA la media noche yo saldré por medio de Egipto,

5 y morirá todo primogénito en tierra de Egipto, desde el primogénito de Faraón que se sienta en su trono, hasta el primogénito de la sierva que está ᶜtras el molino; y todo primogénito de las bestias.

6 ᵈY habrá gran clamor por toda la tierra de Egipto, cual nunca hubo, ni jamás habrá.

7 ᶠMas entre todos los hijos de Israel, desde el hombre hasta la bestia, ni un perro moverá su lengua: para que sepáis que Jehová hará diferencia entre los egipcios y los israelitas.

8 ʰY descenderán a mí todos estos tus siervos, e inclinados delante de mí dirán: Sal tú, y todo el pueblo que está bajo de ti; y después de esto yo saldré. Y salió muy enojado de delante de Faraón.

9 Y Jehová dijo a Moisés: ᵏFaraón no os oirá, para que mis maravillas se multipliquen en la tierra de Egipto.

10 Y Moisés y Aarón hicieron todos estos prodigios delante de Faraón: mas Jehová había endurecido el corazón de Faraón, y no envió a los hijos de Israel fuera de su país.

CAPÍTULO 12

Y Jehová habló a Moisés y a Aarón en la tierra de Egipto, diciendo:

2 ᵐEste mes os *será* principio de los meses; *será* para vosotros el primero en los meses del año.

3 Hablad a toda la congregación de Israel, diciendo: En el diez de este mes tómese cada uno un cordero por las familias de sus padres, un cordero por familia.

4 Y si la familia fuere tan pequeña que no baste para comer el cordero, entonces tomará a su vecino inmediato a su casa, y según el número de las personas, cada uno conforme a su comer, echaréis la cuenta sobre el cordero.

5 Vuestro cordero será ˢsin defecto, macho de un año; lo tomaréis de las ovejas o de las cabras.

6 Y habéis de guardarlo hasta el día ᵗcatorce de este mes; y lo inmolará toda la congregación del pueblo de Israel entre las dos tardes.

Muerte de los primogénitos

7 Y tomarán de la sangre, y pondrán en los dos postes y en el dintel de las casas en que lo han de comer.
8 Y aquella noche comerán la carne asada al fuego, ªy panes sin levadura: con hierbas amargas lo comerán.
9 Ninguna cosa comeréis de él cruda, ni cocida en agua, sino asada al fuego; su cabeza con sus pies y sus intestinos.
10 Ninguna cosa dejaréis de él hasta la mañana; y lo que habrá quedado hasta la mañana, habéis de quemarlo en el fuego.
11 Y así habéis de comerlo: ceñidos vuestros lomos, vuestro calzado en vuestros pies, y vuestro bordón en vuestra mano; y lo comeréis apresuradamente; ᶠes la Pascua de Jehová.
12 Pues yo pasaré aquella noche por la tierra de Egipto, y heriré a todo primogénito en la tierra de Egipto, así en los hombres como en las bestias; y haré juicios en todos los dioses de Egipto. ᵍYO JEHOVÁ.
13 Y la sangre os será por señal en las casas donde vosotros *estéis*; y veré la sangre, y pasaré de vosotros, y no habrá en vosotros plaga de mortandad, cuando hiera la tierra de Egipto.
14 Y este día ʰos será en memoria, y habéis de celebrarlo como solemne a Jehová durante vuestras generaciones; ⁱpor estatuto perpetuo lo celebraréis.
15 ᵏSiete días comeréis panes sin levadura; y así el primer día haréis que no haya levadura en vuestras casas: porque cualquiera que comiere leudado desde el primer día hasta el séptimo, ᵐaquella alma será cortada de Israel.
16 El primer día *habrá* ⁿsanta convocación, y asimismo en el séptimo día tendréis una santa convocación: ninguna obra se hará en ellos, excepto solamente que aderecéis lo que cada cual hubiere de comer.
17 Y guardaréis *la fiesta* de los panes sin levadura, porque en este mismo día saqué vuestros ejércitos de la tierra de Egipto: por tanto guardaréis ˢeste día en vuestras generaciones por costumbre perpetua.

ÉXODO 12

18 En el *mes* primero, el día catorce del mes por la tarde, comeréis los panes sin levadura, hasta el veintiuno del mes por la tarde.
19 Por siete días no se hallará levadura en vuestras casas, porque cualquiera que comiere leudado, así extranjero como natural del país, aquella alma será cortada de la congregación de Israel.
20 Ninguna cosa leudada comeréis; en todas vuestras habitaciones comeréis panes sin levadura.
21 Y Moisés convocó a todos los ancianos de Israel, y les dijo: Sacad, y tomaos corderos ᵇpor vuestras familias, y sacrificad la pascua.
22 Y tomad un manojo de ᶜhisopo, y ᵈmojadle en la sangre que estará en una jofaina, ᵉy untad el dintel y los dos postes con la sangre que estará en la jofaina; y ninguno de vosotros salga de las puertas de su casa hasta la mañana.
23 Porque Jehová pasará hiriendo a los egipcios; y cuando vea la sangre en el dintel y en los dos postes, Jehová pasará de largo aquella puerta, y no dejará entrar al heridor en vuestras casas para herir.
24 Y guardaréis esto por estatuto para vosotros y para vuestros hijos para siempre.
25 Y sucederá que cuando hubiereis entrado en la tierra que Jehová os dará, ʲcomo Él prometió, guardaréis este rito.
26 Y sucederá que ˡcuando os dijeren vuestros hijos: ¿Qué significa este rito vuestro?
27 Vosotros responderéis: Es el sacrificio de la Pascua de Jehová, el cual pasó de largo las casas de los hijos de Israel en Egipto, cuando hirió a los egipcios, y libró nuestras casas. ᵒEntonces el pueblo se inclinó y adoró.
28 Y los hijos de Israel se fueron, e hicieron puntualmente así; como Jehová había mandado a Moisés y a Aarón.
29 ᵖYaconteció que a la medianoche Jehová ᑫhirió a todo primogénito en la tierra de Egipto, ʳdesde el primogénito de Faraón que se sentaba sobre su trono, hasta el primogénito del cautivo que estaba en la cárcel, y todo primogénito de los animales.

ÉXODO 13

30 Y se levantó aquella noche Faraón, él y todos sus siervos y todos los egipcios; ᵇy había un gran clamor en Egipto, porque no había casa donde no hubiese muerto.

31 E hizo llamar a Moisés y a Aarón de noche, y les dijo: Salid de en medio de mi pueblo ᵈvosotros, y los hijos de Israel; e id, servid a Jehová, como habéis dicho.

32 ᶠTomad también vuestras ovejas y vuestras vacas, como habéis dicho, e idos; y bendecidme también a mí.

33 ʰY los egipcios apremiaban al pueblo, dándose prisa a echarlos de la tierra; porque decían: Todos somos muertos.

34 Y llevó el pueblo su masa antes que se leudase, sus masas envueltas en sus sábanas sobre sus hombros.

35 E hicieron los hijos de Israel conforme al mandamiento de Moisés, demandando a los egipcios ʲjoyas de plata, y joyas de oro, y vestiduras.

36 Y Jehová dio gracia al pueblo delante de los egipcios, y les prestaron; ˡy ellos despojaron a los egipcios.

37 Y partieron los hijos de Israel de ᵐRamesés a Sucot, ⁿcomo seiscientos mil hombres de a pie, sin contar los niños.

38 Y también subió con ellos grande multitud de diversa clase de gentes, ovejas, vacas y muchísimo ganado.

39 Y cocieron tortas sin levadura de la masa que habían sacado de Egipto; porque no había leudado, ᵠpor cuanto fueron echados de Egipto, y no habían podido detenerse, ni aun prepararse comida.

40 El tiempo que los hijos de Israel habitaron en Egipto, ᵘfue cuatrocientos treinta años.

41 Y sucedió que al cabo de los cuatrocientos treinta años, en aquel mismo día, todos los ˣejércitos de Jehová salieron de la tierra de Egipto.

42 Es noche de guardar para Jehová por haberlos sacado de la tierra de Egipto. Esta noche deben guardarla para Jehová todos los hijos de Israel en sus generaciones.

43 Y Jehová dijo a Moisés y a Aarón: Ésta es la ordenanza de la Pascua: Ningún extraño comerá de ella:

44 Mas todo siervo humano comprado por dinero, comerá de ella después que lo hubieres ᵃcircuncidado.

45 ᶜEl extranjero y el asalariado no comerán de ella.

46 En una casa se comerá, y no llevarás de aquella carne fuera de casa, ᵉni quebraréis hueso suyo.

47 Toda la congregación de Israel la guardará.

48 Mas si algún ᵍextranjero peregrinare contigo, y quisiere hacer la pascua a Jehová, séale circuncidado todo varón, y entonces se llegará a hacerla, y será como el natural de la tierra; pero ningún incircunciso comerá de ella.

49 ⁱLa misma ley será para el natural, y para el extranjero que peregrinare entre vosotros.

50 Así lo hicieron todos los hijos de Israel; como Jehová mandó a Moisés y a Aarón, así lo hicieron.

51 Y sucedió que ᵏen aquel mismo día sacó Jehová a los hijos de Israel de la tierra de Egipto por sus ejércitos.

CAPÍTULO 13

Y Jehová habló a Moisés, diciendo:
2 ᵒSantifícame todo primogénito, cualquiera que abre la matriz entre los hijos de Israel, así de los hombres como de los animales; mío es.

3 Y Moisés dijo al pueblo: ᵖTened memoria de este día, en el cual habéis salido de Egipto, de la casa de servidumbre; pues Jehová os ha sacado de aquí con mano fuerte; ʳpor tanto, no comeréis leudado.

4 Vosotros salís hoy en el mes de ˢAbib.

5 Y cuando Jehová te hubiere ᵗmetido en la tierra del cananeo, y del heteo, y del amorreo, y del heveo, y del jebuseo, ᵛla cual juró a tus padres que te daría, tierra que ᵛdestila leche y miel, ʸharás este servicio en este mes.

6 ᶻSiete días comerás pan sin leudar, y el séptimo día será fiesta a Jehová.

7 Por los siete días se comerán los panes sin levadura; y no se verá contigo leudado, ni levadura en todo tu término.

8 ᵃY contarás en aquel día a tu hijo, diciendo: Se hace esto con motivo de lo que Jehová hizo conmigo cuando me sacó de Egipto.

Faraón persigue a Israel

9 Y te será como ªuna señal sobre tu mano, y como una memoria delante de tus ojos, para que la ley de Jehová esté en tu boca; por cuanto con mano fuerte te sacó Jehová de Egipto.

10 ᶜPor tanto, tú guardarás este rito en su tiempo de año en año.

11 Y cuando Jehová te hubiere metido en la tierra del cananeo, como te ha jurado a ti y a tus padres, y cuando te la hubiere dado,

12 ᵈapartarás para Jehová todo lo que abriere la matriz y todo primogénito de tus animales; los machos serán de Jehová.

13 Mas todo primogénito de asno redimirás con un cordero; y si no lo redimieres, entonces le quebrarás su cerviz. ʰAsimismo redimirás todo humano primogénito de tus hijos.

14 ʲY cuando mañana te preguntare tu hijo, diciendo: ¿Qué es esto?, le dirás: Jehová nos sacó con mano fuerte de Egipto, de casa de servidumbre;

15 y endureciéndose Faraón en no dejarnos ir, ᵐJehová mató en la tierra de Egipto a todo primogénito, desde el primogénito humano hasta el primogénito de la bestia: y por esta causa yo sacrifico para Jehová todo primogénito macho, y ⁿredimo todo primogénito de mis hijos.

16 Y te será como una señal sobre tu mano, y por un memorial delante de tus ojos; ya que Jehová nos sacó de Egipto con mano fuerte.

17 Y sucedió que cuando Faraón dejó ir al pueblo, Dios no los llevó por el camino de la tierra de los filisteos, que estaba cerca; porque dijo Dios: ʳNo sea que cuando el pueblo viere la guerra, se arrepienta y se vuelva a Egipto:

18 Mas hizo Dios que el pueblo ˢrodease por el camino del desierto del Mar Rojo. Y subieron los hijos de Israel de Egipto armados.

19 Tomó también consigo Moisés los huesos de José, el cual había hecho jurar a los hijos de Israel, diciendo: ᵗDios ciertamente os visitará, y haréis subir mis huesos de aquí con vosotros.

20 ˣY salieron de Sucot y acamparon en Etam, a la entrada del desierto.

a	Dt 6:8 11:18 Mt 23:5
b	cp 14:19-24 y 40:38 Nm 9:15 10:34 y 14:14
c	Dt 1:36 Neh 9:12-19 Sal 78:14 y 105:39 Is 4:5 1 Co 10:1
c	cp 12:14-24
d	ver 2 cp 34:19-20
e	cp 13:18-20
f	Nm 33:7
g	Jer 44:1
h	Nm 3:46
i	cp 7:8
j	cp 12:26
k	cp 9:16 Rm 9:17-23
l	cp 7:5
m	cp 12:29
n	ver 13
o	cp 15:4
	Is 31:11
p	Nm 33:3
q	cp 15:9
r	cp 14:11-12 Nm 14:1
s	cp 14:2
t	Gn 50:25 Jos 24:32 Hch 7:16
u	cp 24:7 Neh 9:9
v	Sal 106:7-8
x	Nm 33:6

21 ᵇY Jehová iba delante de ellos de día en una columna de nube, para guiarlos por el camino; y de noche en una columna de fuego para alumbrarles; a fin de que anduviesen de día y de noche.

22 Él nunca quitó de delante del pueblo la columna de nube de día, ni de noche la columna de fuego.

CAPÍTULO 14

Y Jehová habló a Moisés, diciendo: 2 Habla a los hijos de Israel ᵉque den la vuelta, y acampen delante de ᶠPihahirot, entre ᵍMigdol y el mar hacia Baal-zefón; delante de él acamparéis, junto al mar.

3 Porque Faraón dirá de los hijos de Israel: Encerrados están en la tierra, el desierto los ha encerrado.

4 ʲY yo endureceré el corazón de Faraón para que los siga; ᵏy seré glorificado en Faraón y en todo su ejército; y ⁱsabrán los egipcios que yo soy Jehová. Y ellos lo hicieron así.

5 Y fue dado aviso al rey de Egipto que el pueblo huía: y el corazón de Faraón y de sus siervos se volvió contra el pueblo, y dijeron: ¿Cómo hemos hecho esto de haber dejado ir a Israel, para que no nos sirva?

6 Y unció su carro, y tomó consigo a su pueblo.

7 Y tomó ᵒseiscientos carros escogidos, y todos los carros de Egipto, y los capitanes sobre ellos.

8 Y Jehová endureció el corazón de Faraón, rey de Egipto, y éste siguió a los hijos de Israel; ᵖpero los hijos de Israel habían salido con mano poderosa.

9 ᵠSiguiéndolos, pues, los egipcios, con toda la caballería y carros de Faraón, su gente de a caballo, y todo su ejército, los alcanzaron acampando junto al mar, al lado de Pihahirot, delante de Baal-zefón.

10 Y cuando Faraón se hubo acercado, los hijos de Israel alzaron sus ojos, y he aquí los egipcios que venían tras ellos; por lo que los hijos de Israel temieron en gran manera, ᵘy clamaron a Jehová.

11 ᵛY dijeron a Moisés: ¿No había sepulcros en Egipto, que nos has sacado para que muramos en el desierto? ¿Por qué has hecho así con

nosotros, que nos has sacado de Egipto?

12 ¿No es esto lo que te hablamos en Egipto, diciendo: Déjanos servir a los egipcios? Que mejor nos fuera servir a los egipcios, que morir en el desierto.

13 Y Moisés dijo al pueblo: ᶜNo temáis; quedaos quietos, y ved la salvación de Jehová, que Él hará hoy con vosotros; porque a los egipcios que hoy habéis visto, ya nunca más los veréis.

14 ᵉJehová peleará por vosotros, y vosotros estaréis quietos.

15 Entonces Jehová dijo a Moisés: ¿Por qué clamas a mí? Di a los hijos de Israel que marchen.

16 Y tú alza tu vara, y ᶠextiende tu mano sobre el mar, y divídelo; y entren los hijos de Israel por medio del mar en seco.

17 Y yo, he aquí yo endureceré el corazón de los egipcios, para que los sigan; y yo ʲme glorificaré en Faraón, y en todo su ejército, y en sus carros, y en su caballería.

18 Y sabrán los egipcios que yo soy Jehová, cuando me glorifique en Faraón, en sus carros, y en su gente de a caballo.

19 Y el Ángel de Dios ᵏque iba delante del campamento de Israel, se apartó, e iba en pos de ellos; y asimismo la columna de nube que iba delante de ellos, se apartó, y se puso a sus espaldas,

20 e iba entre el campamento de los egipcios y el campamento de Israel; y era nube y tinieblas para aquéllos, y alumbraba a Israel de noche: y en toda aquella noche no se acercaron los unos a los otros.

21 Y extendió Moisés su mano sobre el mar, e hizo Jehová que el mar se retirase por un recio viento oriental toda aquella noche, ᵒy cambió el mar en *tierra* seca, ᵖy las aguas quedaron divididas.

22 Entonces los hijos de Israel ᵠentraron por medio del mar en seco, teniendo las aguas como muro a su derecha y a su izquierda:

23 Y siguiéndolos los egipcios, entraron tras ellos hasta el medio del mar, toda la caballería de Faraón, sus carros, y su gente de a caballo.

24 Y aconteció ᵃa la vela de la mañana, que Jehová miró el campamento de los egipcios desde la columna de fuego y nube, y perturbó el campamento de los egipcios.

25 Y les quitó las ruedas de sus carros, y los trastornó gravemente. Entonces los egipcios dijeron: Huyamos de delante de Israel, ᵈporque Jehová pelea por ellos contra los egipcios.

26 Y Jehová dijo a Moisés: Extiende tu mano sobre el mar, para que las aguas vuelvan sobre los egipcios, sobre sus carros, y sobre su caballería.

27 Y Moisés extendió su mano sobre el mar, y cuando amanecía, el mar se volvió en su fuerza, y los egipcios dieron contra él; ᵍy Jehová derribó a los egipcios en medio del mar.

28 Y ʰvolvieron las aguas, ⁱy cubrieron los carros y la caballería, y todo el ejército de Faraón que había entrado tras ellos en el mar; no quedó de ellos ni uno.

29 Y los hijos de Israel caminaron por medio del mar en seco, teniendo las aguas por muro a su derecha y a su izquierda.

30 Así salvó Jehová aquel día a Israel de mano de los egipcios; e Israel vio a los egipcios muertos a la orilla del mar.

31 Y vio Israel aquel grande hecho que Jehová ᵐejecutó contra los egipcios; y el pueblo temió a Jehová, y creyeron a Jehová y a Moisés su siervo.

CAPÍTULO 15

Entonces cantó ⁿMoisés con los hijos de Israel este cántico a Jehová, diciendo: Cantaré yo a Jehová, porque se ha magnificado grandemente, echando en el mar al caballo y al jinete.

2 Jehová es mi fortaleza, y mi ʳcanción, y Él ha sido mi salvación: Éste es mi Dios, y le prepararé morada; Dios de mi padre, ˢle exaltaré.

3 Jehová, ᵗvarón de guerra; Jehová es su nombre.

4 Echó en el mar los carros de Faraón y su ejército; y sus príncipes

Las aguas amargas de Mara

escogidos fueron hundidos en el Mar Rojo.

5 Los abismos los cubrieron; [a]como piedra descendieron a los profundos.

6 [d]Tu diestra, oh Jehová, ha sido magnificada en fortaleza; tu diestra, oh Jehová, ha quebrantado al enemigo.

7 Y con la grandeza de tu [i]poder has derribado a los que se levantaron contra ti; Enviaste tu furor; los consumió [j]como a hojarasca.

8 [k]Al soplo de tu aliento se amontonaron [l]las aguas; se juntaron las corrientes como en un montón; los abismos se cuajaron en medio del mar.

9 El enemigo dijo: Perseguiré, prenderé, repartiré despojos; mi alma se saciará de ellos; sacaré mi espada, los destruirá mi mano.

10 Soplaste con tu viento, los cubrió el mar; se hundieron como plomo en las impetuosas aguas.

11 [o]¿Quién como tú, Jehová, entre los dioses? ¿Quién como tú, magnífico en santidad, terrible en loores, hacedor de maravillas?

12 Extendiste tu diestra; la tierra los tragó.

13 [s]Condujiste en tu misericordia a este pueblo, al cual [t]salvaste; lo llevaste con tu fortaleza [u]a la habitación de tu santuario.

14 [x]Lo oirán los pueblos, y temblarán; [y]se apoderará dolor de los moradores de Filistea.

15 [b]Entonces [c]los príncipes de Edom se turbarán; [d]temor sobrecogerá a los valientes de Moab; se abatirán todos los moradores de Canaán.

16 [e]Caiga sobre ellos temblor y espanto; a la grandeza de tu brazo enmudezcan [f]como una piedra; hasta que haya pasado tu pueblo, oh Jehová, hasta que haya pasado este pueblo [h]que tú rescataste.

17 Tú los introducirás y [i]los plantarás en el monte de tu heredad, en el lugar de tu morada, que tú has preparado, oh Jehová; [j]en el santuario del Señor, que han afirmado tus manos.

18 [l]Jehová reinará eternamente y para siempre.

19 Porque Faraón entró cabalgando con sus carros y su gente de a caballo en el mar, y Jehová hizo volver las aguas del mar sobre ellos; mas los hijos de Israel pasaron en seco por medio del mar.

20 Y Miriam [b]la profetisa, [c]hermana de Aarón, [e]tomó un pandero en su mano, [f]y todas las mujeres salieron en pos de ella con panderos y danzas.

21 Y Miriam [g]les respondía: [h]Cantad a Jehová; porque en extremo se ha engrandecido, echando en el mar al caballo, y al que en él subía.

22 E hizo Moisés que partiese Israel del Mar Rojo, y salieron al desierto de [m]Shur; y anduvieron tres días por el desierto sin hallar agua.

23 Y llegaron a Mara, y no pudieron beber las aguas de Mara, porque *eran* amargas; por eso le pusieron el nombre de [1]Mara.

24 Entonces el pueblo [n]murmuró contra Moisés, y dijo: ¿Qué hemos de beber?

25 Y Moisés clamó a Jehová; y Jehová le mostró un árbol, el cual cuando [p]lo metió dentro de las aguas, las aguas se endulzaron. Allí les dio estatutos y ordenanzas, [q]y allí los probó;

26 y dijo: [r]Si oyeres atentamente la voz de Jehová tu Dios, e hicieres lo recto delante de sus ojos, y dieres oído a sus mandamientos, y guardares todos sus estatutos, [v]ninguna enfermedad de las que envié a los egipcios te enviaré a ti; porque yo soy Jehová [z]tu Sanador.

27 Y llegaron a [a]Elim, donde había doce fuentes de aguas, y setenta palmas; y acamparon allí junto a las aguas.

CAPÍTULO 16

Y [g]partiendo de Elim toda la congregación de los hijos de Israel, vino al desierto de Sin, que está entre Elim y Sinaí, a los quince días del mes segundo después que salieron de la tierra de Egipto.

2 Y toda la congregación de los hijos de Israel [k]murmuró contra Moisés y Aarón en el desierto.

3 Y les decían los hijos de Israel: Mejor hubiéramos muerto por mano de Jehová en la tierra de Egipto, [m]cuando nos sentábamos a las ollas de las carnes, cuando comíamos pan hasta saciarnos; pues nos habéis

---

a Neh 9:11
b Jue 4:4
1 Sm 10:5
c cp 2:4
d Sal 118:15-16
e 1 Sm 18:6
f Sal 68:25
g 1 Sm 18:7
h ver 1
i Dt 33:26
j Is 5:24
y 47:14
k cp 14:21
Sal 18:15
l Sal 78:13
Hab 3:10
m Gn 16:7
y 25:18
1 Sm 15:7
1 Amargura
n cp 16:2
y 17:3
o 2 Sm 7:22
1 Re 8:23
Sal 71:19
66:8 89:6-8
p 2 Re 2:21
y 4:41
q cp 16:4
Dt 8:2-6
r Dt 7:12-15
s Sal 77:20
t Sal 77:15
u 2 Sm 15:25
v Dt 28:27
x Nm 14:14
y Sal 48:6
z Sal 103:3
a Nm 33:9
b Gn 33:15
c Dt 2:4
d Nm 22:3
e Jos 2:9
f Sal 103:3
g Nm 33:10
h Sal 74:2
i Sal 44:2
y 80:8
j Sal 78:54
k cp 15:24
17:3
l Sal 10:16
m Nm 11:4-5

sacado a este desierto, para matar de hambre a toda esta multitud.

4 Y Jehová dijo a Moisés: He aquí ᵃyo os haré llover pan del cielo; y el pueblo saldrá, y recogerá una porción para cada día, ᵇpara que yo lo pruebe si anda en mi ley, o no.

5 Y sucederá que en el sexto día prepararán lo que han de recoger, que será ᵉel doble de lo que solían recoger cada día.

6 Entonces dijo Moisés y Aarón a todos los hijos de Israel: A la tarde sabréis que Jehová os ha sacado de la tierra de Egipto:

7 Y a la mañana veréis ᵍla gloria de Jehová; porque Él ha oído vuestras murmuraciones contra Jehová; porque nosotros, ʰ¿qué somos, para que vosotros murmuréis contra nosotros?

8 Y dijo Moisés: Jehová os dará a la tarde carne para comer, y a la mañana pan en abundancia; por cuanto Jehová ha oído vuestras murmuraciones con que habéis murmurado contra Él; y, ¿qué somos nosotros? Vuestras murmuraciones no son contra nosotros, ᶦsino contra Jehová.

9 Y ʲdijo Moisés a Aarón: Di a toda la congregación de los hijos de Israel: ᵏAcercaos a la presencia de Jehová; que Él ha oído vuestras murmuraciones.

10 Y hablando Aarón a toda la congregación de los hijos de Israel, miraron hacia el desierto, y he aquí la gloria de Jehová, que ᵐapareció en la nube.

11 Y Jehová habló a Moisés, diciendo:

12 Yo he oído las murmuraciones de los hijos de Israel; háblales, diciendo: Entre las dos tardes comeréis carne, y por la mañana os saciaréis de pan, y sabréis que yo soy Jehová vuestro Dios.

13 Y venida la tarde subieron ᵒcodornices que cubrieron el campamento; y a la mañana descendió ᵖrocío en derredor del campamento.

14 Y cuando el rocío cesó de descender, he aquí, *había* sobre la faz del desierto ᵍuna cosa menuda, redonda, menuda como una escarcha sobre la tierra.

1 Maná

a Sal 78:24
y 105:40
Jn 6:31-32
1 Co 10:13
b cp 15:25
c cp 12:4
d ver 36
e ver 22
Lv 25:21

f 2 Co 8:15
g ver 10

h Nm 16:11

i 1 Sm 8:7

j cp 4:14-16

k Nm 16:16

l cp 20:8
31:15 y 35:3
m vers 6,7
cp 13:21
y 14:24
Nm 16:19
1 Re 8:10-11

n ver 20

o Nm 11:7,31
Sal 78:27-28
y 105:40
p Nm 11:9

q Dt 8:3
Neh 9:15

15 Y viéndolo los hijos de Israel, se dijeron unos a otros: ¹¿Qué *es* esto? porque no sabían qué *era*. Entonces Moisés les dijo: Es el pan que Jehová os da para comer.

16 Esto es lo que Jehová ha mandado: Recogeréis de él cada uno ᶜsegún pudiere comer; ᵈun gomer por cabeza, *conforme al* número de vuestras personas, tomaréis cada uno para los que *están* en su tienda.

17 Y los hijos de Israel lo hicieron así: y recogieron unos más, otros menos:

18 Y lo medían por gomer, ᶠy no sobraba al que había recogido mucho, ni faltaba al que había recogido poco: cada uno recogió conforme a lo que había de comer.

19 Y les dijo Moisés: Ninguno deje nada de ello para mañana.

20 Mas ellos no obedecieron a Moisés, sino que algunos dejaron de ello para otro día, y crió gusanos, y se pudrió; y se enojó contra ellos Moisés.

21 Y lo recogían cada mañana, cada uno según lo que había de comer: y luego que el sol calentaba, se derretía.

22 En el sexto día recogieron doble porción de comida, dos gomeres para cada uno; y todos los príncipes de la congregación vinieron a Moisés, y se lo hicieron saber.

23 Y él les dijo: Esto es lo que ha dicho Jehová: ˡMañana es el santo sábado, el reposo de Jehová: lo que hubiereis de cocer, cocedlo hoy, y lo que hubiereis de cocinar, cocinadlo; y todo lo que os sobrare, guardadlo para mañana.

24 Y ellos lo guardaron hasta la mañana, según Moisés había mandado, ⁿy no se pudrió, ni hubo en él gusano.

25 Y dijo Moisés: Comedlo hoy, porque hoy es sábado de Jehová: hoy no hallaréis en el campo.

26 En los seis días lo recogeréis; mas el séptimo día es sábado, en el cual no se hallará.

27 Y aconteció que algunos del pueblo salieron en el séptimo día a recoger, y no hallaron.

28 Y Jehová dijo a Moisés: ¿Hasta cuándo no querréis guardar mis mandamientos y mis leyes?

Meriba: Aarón y Hur

29 Mirad que Jehová os dio el sábado, y por eso os da en el sexto día pan para dos días. Quédese cada uno en su lugar; y que nadie salga de su lugar en el séptimo día.

30 Así el pueblo reposó el séptimo día.

31 Y la casa de Israel lo llamó [c]Maná; y era como [d]semilla de cilantro, blanco, y su sabor como de hojuelas con miel.

32 Y dijo Moisés: Esto es lo que Jehová ha mandado: Llenarás un gomer de él para que se guarde para vuestros descendientes, a fin de que vean el pan que yo os di a comer en el desierto, cuando yo os saqué de la tierra de Egipto.

33 Y dijo Moisés a Aarón: [g]Toma un vaso y pon en él un gomer lleno de maná, y ponlo delante de Jehová, para que sea guardado para vuestros descendientes.

34 Y Aarón lo puso [i]delante del Testimonio para guardarlo, como Jehová lo mandó a Moisés.

35 Así comieron los hijos de Israel maná [j]cuarenta años, hasta que entraron en la tierra habitada; maná comieron hasta que llegaron al término [k]de la tierra de Canaán.

36 Y un gomer es la [l]décima *parte* del efa.

CAPÍTULO 17

Y [m]toda la congregación de los hijos de Israel partió del desierto de Sin, por sus jornadas, al mandamiento de Jehová, y acamparon en Refidim; y no había agua para que el pueblo bebiese.

2 °Y altercó el pueblo con Moisés, y dijeron: Danos agua que bebamos. Y Moisés les dijo: ¿Por qué altercáis conmigo? [p]¿Por qué tentáis a Jehová?

3 Así que el pueblo tuvo allí sed de agua, [q]y murmuró contra Moisés, y dijo: ¿Por qué nos hiciste subir de Egipto para matarnos de sed a nosotros, y a nuestros hijos y a nuestros ganados?

4 Entonces clamó Moisés a Jehová, diciendo: ¿Qué haré con este pueblo? De aquí a un poco [s]me apedrearán.

5 Y Jehová dijo a Moisés: Pasa delante del pueblo, y toma contigo de los ancianos de Israel; y toma

a	cp 7:20
b	Nm 20:10
	Sal 78:15-20
	1 Co 10:4
c	ver 15
d	Nm 11:7
e	Nm 20:13
	Sal 81:7
1	Tentación
2	Rencilla
f	Gn 36:12
	1 Sm 15:2
g	Heb 9:4
h	cp 4:20
i	cp 25:16
	26:33-34
	27:21
y	30:6,26,36
j	Dt 8:2-3
k	Jos 5:12
l	Lv 5:11
y	6:20
m	cp 6:1
	Nm 33:12-14
n	Nm 24:20
	Dt 25:19
	1 Sm 15:3-7
y	30:1-7
	2 Sm 8:12
o	Nm 20:3-4
3	Jehová mi bandera
p	Dt 6:16
	Sal 78:18,41
y	95:9
	Mt 4:7
	1 Co 10:9
	Heb 3:8
q	cp 15:24
y	16:2
r	cp 2:16
y	3:1
s	1 Sm 30:6
	Jn 8:59
y	10:31

también en tu mano tu vara, [a]con que golpeaste el río, y ve.

6 [b]He aquí que yo estoy delante de ti allí sobre la peña en Horeb; y herirás la peña, y saldrán de ella aguas, y beberá el pueblo. Y Moisés lo hizo así en presencia de los ancianos de Israel.

7 Y [e]llamó el nombre de aquel lugar [1]Masah y [2]Meriba, por la rencilla de los hijos de Israel, y porque tentaron a Jehová, diciendo: ¿Está, pues, Jehová entre nosotros, o no?

8 Y [f]vino Amalec y peleó con Israel en Refidim.

9 Y dijo Moisés a Josué: Escógenos varones, y sal, pelea con Amalec: mañana yo estaré sobre la cumbre del collado, [h]y la vara de Dios en mi mano.

10 E hizo Josué como le dijo Moisés, peleando con Amalec; y Moisés y Aarón y Hur subieron a la cumbre del collado.

11 Y sucedía que cuando alzaba Moisés su mano, Israel prevalecía; mas cuando él bajaba su mano, prevalecía Amalec.

12 Y las manos de Moisés estaban pesadas; por lo que tomaron una piedra, y la pusieron debajo de él, y se sentó sobre ella; y Aarón y Hur sostenían sus manos, uno de un lado y el otro del otro lado; así hubo firmeza en sus manos hasta que se puso el sol.

13 Y Josué deshizo a Amalec y a su pueblo a filo de espada.

14 Y Jehová dijo a Moisés: Escribe esto para memoria en un libro, y di a Josué [n]que del todo tengo de raer la memoria de Amalec de debajo del cielo.

15 Y Moisés edificó un altar, y llamó su nombre [3]Jehová-nisi;

16 Y dijo: Por cuanto Jehová lo ha jurado; Jehová tendrá guerra contra Amalec de generación en generación.

CAPÍTULO 18

Y oyó [r]Jetro, sacerdote de Madián, suegro de Moisés, todas las cosas que Dios había hecho con Moisés, y con Israel su pueblo, y cómo Jehová había sacado a Israel de Egipto:

ÉXODO 19

Consejo de Jetro para Moisés

2 Y tomó Jetro, suegro de Moisés a Séfora la esposa de Moisés, [b]después que él la envió,

3 y a sus dos hijos; [c]el uno se llamaba Gersón, porque dijo: Peregrino he sido en tierra ajena;

4 y el otro se llamaba [1]Eliezer, porque *dijo*: El Dios de mi padre me ayudó, y me libró de la espada de Faraón.

5 Y vino Jetro, suegro de Moisés, con los hijos y la esposa de Moisés al desierto, donde *éste* estaba acampado [f]junto al monte de Dios;

6 y dijo a Moisés: Yo tu suegro Jetro vengo a ti, con tu esposa, y sus dos hijos con ella.

7 Y Moisés salió a recibir su suegro, y se inclinó, [i]y lo besó; y se preguntaron el uno al otro cómo estaban, y vinieron a la tienda.

8 Y Moisés contó a su suegro todas las cosas que Jehová había hecho a Faraón y a los egipcios por amor a Israel, y todos los trabajos que habían pasado en el camino, y cómo los había librado Jehová.

9 Y se alegró Jetro de todo el bien que Jehová había hecho a Israel, que lo había librado de mano de los egipcios.

10 Y Jetro dijo: [n]Bendito sea Jehová, que os libró de mano de los egipcios, y de la mano de Faraón, y que libró al pueblo de la mano de los egipcios.

11 Ahora conozco que Jehová *es más* grande que todos los dioses; [p]pues aun en lo que [q]se ensoberbecieron, *Él fue* sobre ellos.

12 Y tomó Jetro, suegro de Moisés, holocaustos y sacrificios para Dios: y vino Aarón y todos los ancianos de Israel a comer pan con el suegro de Moisés [s]delante de Dios.

13 Y aconteció que otro día se sentó Moisés a juzgar al pueblo; y el pueblo estuvo delante de Moisés desde la mañana hasta la tarde.

14 Y viendo el suegro de Moisés todo lo que él hacía con el pueblo, dijo: ¿Qué es esto que haces tú con el pueblo? ¿Por qué te sientas tú solo, y todo el pueblo está delante de ti desde la mañana hasta la tarde?

15 Y Moisés respondió a su suegro: Porque [v]el pueblo viene a mí para consultar a Dios:

16 Cuando [y]tienen negocios, vienen a mí; y yo juzgo entre el uno y el otro, [a]y declaro las ordenanzas de Dios y sus leyes.

17 Entonces el suegro de Moisés le dijo: No está bien lo que haces.

18 Desfallecerás del todo, tú, y también este pueblo que está contigo; porque el asunto es demasiado pesado para ti; [d]no podrás hacerlo tú solo.

19 Oye ahora mi voz; yo te aconsejaré, y Dios estará contigo. [e]Está tú por el pueblo delante de Dios, y [g]somete tú los asuntos a Dios.

20 Y enseña a ellos las ordenanzas y las leyes, y muéstrales [h]el camino por donde anden, y lo que han de hacer.

21 Además escoge tú de entre todo el pueblo [j]varones de virtud, temerosos de Dios, varones de verdad, [k]que aborrezcan la avaricia; y constituirás a éstos sobre ellos caporales sobre mil, sobre ciento, sobre cincuenta y sobre diez.

22 Los cuales juzgarán al pueblo en todo tiempo; [l]y será que todo asunto grave lo traerán a ti, y ellos juzgarán todo asunto pequeño. Así te será ligera la carga, [m]y ellos la llevarán contigo.

23 Si esto hicieres, y Dios te lo mandare, tú podrás persistir, y también este pueblo se irá también [o]en paz a su lugar.

24 Y oyó Moisés la voz de su suegro, e hizo todo lo que dijo.

25 Y [r]escogió Moisés varones de virtud de todo Israel, y los puso por cabezas sobre el pueblo, caporales sobre mil, sobre ciento, sobre cincuenta, y sobre diez.

26 Y juzgaban al pueblo en todo tiempo: el asunto difícil lo traían a Moisés, y ellos juzgaban todo asunto pequeño.

27 Y despidió Moisés a su suegro, [t]y éste se fue a su tierra.

CAPÍTULO 19

En el mes tercero de la salida de los hijos de Israel de la tierra de Egipto, en ese mismo día [u]llegaron al desierto de Sinaí.

2 Porque partieron de [x]Refidim, y llegaron al desierto de Sinaí, y acamparon en el desierto; y acampó allí Israel [z]delante del monte.

Los diez mandamientos

3 Y Moisés subió a Dios; ªy Jehová lo llamó desde el monte, diciendo: Así dirás a la casa de Jacob, y anunciarás a los hijos de Israel:

4 Vosotros visteis lo que hice a los egipcios, ᵈy cómo os tomé sobre alas de águilas, y os he traído a mí.

5 ᵉAhora pues, si obediciereis mi voz, y guardareis mi pacto, ᶠvosotros seréis mi especial tesoro sobre todos los pueblos; porque mía es toda la tierra.

6 Y vosotros me seréis un ʲreino de sacerdotes, y ᵏnación santa. Éstas *son* las palabras que dirás a los hijos de Israel.

7 Entonces vino Moisés, y llamó a los ancianos del pueblo, y propuso en presencia de ellos todas estas palabras que Jehová le había mandado.

8 Y ᵐtodo el pueblo respondió a una, y dijeron: Todo lo que Jehová ha dicho haremos. Y Moisés refirió las palabras del pueblo a Jehová.

9 Y Jehová dijo a Moisés: He aquí, ᵒyo vengo a ti en una nube espesa, para que el pueblo oiga mientras yo hablo contigo, y también para que te crean para siempre. Y Moisés refirió las palabras del pueblo a Jehová.

10 Y Jehová dijo a Moisés: Ve al pueblo, y santifícalos hoy y mañana, ˢy laven sus vestiduras;

11 y que estén apercibidos para el día tercero, ᵗporque al tercer día Jehová descenderá, a ojos de todo el pueblo, sobre el monte de Sinaí.

12 Y señalarás término al pueblo en derredor, diciendo: Guardaos, no subáis al monte, ni toquéis a su término: ᵘcualquiera que tocare el monte, de seguro morirá:

13 No le tocará mano, mas será apedreado o asaeteado; sea animal o sea hombre, no vivirá. Cuando suene largamente la trompeta, ellos subirán al monte.

14 Y ʸdescendió Moisés del monte al pueblo, y santificó al pueblo; y lavaron sus vestiduras.

15 Y dijo al pueblo: ªEstad apercibidos para el tercer día; no entréis a *vuestras* esposas.

16 Y aconteció al tercer día cuando vino la mañana, que vinieron ᶜtruenos y relámpagos, y espesa nube sobre el monte, ᵈy sonido de trompeta muy fuerte; ᵇy se estremeció todo el pueblo que *estaba* en el campamento.

17 ᶜY Moisés sacó del campamento al pueblo para ir a encontrarse con Dios; y se pusieron al pie del monte.

18 Y todo el monte de Sinaí humeaba, porque Jehová había descendido sobre él ᵍen fuego: ʰy el humo de él subía como el humo de un horno, ⁱy todo el monte se estremeció en gran manera.

19 Y el sonido de la trompeta iba aumentándose en extremo: Moisés hablaba, ˡy Dios le respondía en voz.

20 Y descendió Jehová sobre el monte de Sinaí, sobre la cumbre del monte: y llamó Jehová a Moisés a la cumbre del monte, y Moisés subió.

21 Y Jehová dijo a Moisés: Desciende, ordena al pueblo que no traspasen el término ⁿpara ver a Jehová, porque caerá multitud de ellos.

22 Y también los sacerdotes que se acercan a Jehová, ᵖse santifiquen, ᵠpara que Jehová no haga en ellos estrago.

23 Y Moisés dijo a Jehová: El pueblo no podrá subir al monte de Sinaí, porque tú nos has mandado diciendo: ʳSeñala términos al monte, y santifícalo.

24 Y Jehová le dijo: Ve, desciende, y subirás tú, y Aarón contigo: mas los sacerdotes y el pueblo no traspasen el término para subir a Jehová, para que no haga en ellos estrago.

25 Entonces Moisés descendió al pueblo y habló con ellos.

CAPÍTULO 20

Y habló Dios todas estas palabras, diciendo:

2 ˣYo soy JEHOVÁ tu Dios, que te saqué de la tierra de Egipto, de casa de siervos.

3 ᶻNo tendrás dioses ajenos delante de mí.

4 ᵇNo te harás imagen, ni ninguna semejanza de cosa que esté arriba en el cielo, ni abajo en la tierra, ni en las aguas debajo de la tierra.

5 No te inclinarás a ellas, ni las honrarás; porque yo, Jehová tu Dios, soy Dios ᵉceloso, que ᶠvisito la

maldad de los padres sobre los hijos hasta la tercera y cuarta *generación* de los que me aborrecen,

6 [b]y que hago misericordia a millares de los que me aman y guardan mis mandamientos.

7 [d]No tomarás el nombre de Jehová tu Dios en vano; porque no dará por inocente Jehová al que tomare su nombre en vano.

8 [f]Te acordarás del día sábado para santificarlo.

9 [g]Seis días trabajarás, y harás toda tu obra;

10 pero el séptimo día *es* el sábado de Jehová tu Dios: no harás *en él* obra alguna, tú, ni tu hijo, ni tu hija, ni tu siervo, ni tu sierva, ni tu ganado, [h]ni tu extranjero que está dentro de tus puertas.

11 Porque [k]en seis días hizo Jehová el cielo y la tierra, el mar y todas las cosas que en ellos hay, y reposó en el séptimo día; por tanto, Jehová bendijo el día sábado y lo santificó.

12 [l]Honra a tu padre y a tu madre, para que tus días se alarguen en la tierra que Jehová tu Dios te da.

13 [m]No matarás.

14 [n]No cometerás adulterio.

15 No hurtarás.

16 [o]No hablarás falso testimonio contra tu prójimo.

17 [p]No codiciarás la casa de tu prójimo, [r]no codiciarás la esposa de tu prójimo, ni su siervo, ni su criada, ni su buey, ni su asno, ni cosa alguna de tu prójimo.

18 Todo el pueblo percibía los truenos y los relámpagos, y el sonido de la trompeta, y el monte que [u]humeaba. Y viéndolo el pueblo, temblaron, y se pusieron de lejos.

19 Y dijeron a Moisés: [v]Habla tú con nosotros, que nosotros oiremos; mas [x]no hable Dios con nosotros, para que no muramos.

20 Y Moisés respondió al pueblo: [y]No temáis; que [z]para probaros vino Dios, [a]y para que su temor esté en vuestra presencia y no pequéis.

21 Entonces el pueblo se puso de lejos, y Moisés se acercó [b]a la oscuridad en la cual *estaba* Dios.

22 Y Jehová dijo a Moisés: Así dirás a los hijos de Israel: Vosotros habéis visto que he hablado [d]desde el cielo con vosotros.

23 [a]No hagáis dioses de plata junto a mí, ni dioses de oro os haréis.

24 Altar de tierra harás para mí, y sacrificarás sobre él tus holocaustos y tus ofrendas de paz, tus ovejas y tus vacas: [c]en cualquier lugar donde yo hiciere que esté la memoria de mi nombre, vendré a ti, y te bendeciré.

25 [e]Y si me haces un altar de piedras, no las labres de cantería; porque si alzas tu herramienta sobre él, lo profanarás.

26 Y no subirás por gradas a mi altar, para que tu desnudez no se descubra sobre él.

CAPÍTULO 21

Y éstos *son* los decretos [i]que les propondrás.

2 [j]Si comprares siervo hebreo, seis años servirá; mas al séptimo saldrá libre de balde.

3 Si entró solo, solo saldrá; si estaba casado, entonces su esposa saldrá con él.

4 Si su amo le hubiere dado esposa, y ella le hubiere dado a luz hijos o hijas, la esposa y sus hijos serán de su amo, y él saldrá solo.

5 Y si el siervo dijere: Yo amo a mi señor, a mi esposa y a mis hijos, no saldré libre:

6 Entonces su amo lo traerá ante los [q]jueces; y lo traerá a la puerta o al poste; y su amo le horadará la oreja con lezna, y será su siervo para siempre.

7 Y cuando alguno [s]vendiere su hija por sierva, [t]no saldrá ella como suelen salir los siervos.

8 Si no agradare a su señor, por lo cual no la tomó por esposa, le permitirá que sea redimida, y no la podrá vender a pueblo extraño cuando la desechare.

9 Mas si la hubiere desposado con su hijo, hará con ella según la costumbre de las hijas.

10 Si le tomare otra, no disminuirá su alimento, ni su vestido, ni el deber conyugal.

11 Y si ninguna de estas tres cosas hiciere, ella saldrá de gracia sin dinero.

12 [c]El que hiriere a alguno, haciéndole así morir, él morirá.

13 [e]Mas el que no armó asechanzas, sino que Dios lo puso en sus manos,

La ley del Talión

ÉXODO 22

entonces [a]yo te señalaré lugar al cual ha de huir.

14 [c]Además, si alguno se ensoberbeciere contra su prójimo y lo matare con alevosía, [d]de mi altar lo quitarás para que muera.

15 Y el que hiriere a su padre o a su madre, morirá.

16 Asimismo [e]el que robare una persona, y la vendiere, o se hallare en sus manos, morirá.

17 Igualmente el que maldijere a su padre o a su madre, morirá.

18 Además, si algunos riñeren, y alguno hiriere a su prójimo con piedra o con el puño, y no muriere, pero cayere en cama;

19 si se levantare y anduviere fuera sobre su báculo, entonces el que le hirió será absuelto; solamente le compensará por el tiempo perdido, y hará que le curen.

20 Y si alguno hiriere a su siervo o a su sierva con palo, y muriere bajo de su mano, será castigado;

21 Mas si durare por un día o dos, no será castigado, porque su dinero es.

22 Si algunos riñeren, e hiriesen a mujer embarazada, y ésta abortare, pero sin haber otro daño, será penado conforme a lo que le impusiere el marido de la mujer, y pagará según *determinen* los jueces.

23 Mas si hubiere *algún* otro daño, entonces pagarás vida por vida,

24 [j]ojo por ojo, diente por diente, mano por mano, pie por pie,

25 quemadura por quemadura, herida por herida, golpe por golpe.

26 Y si alguno hiriere el ojo de su siervo, o el ojo de su sierva, y lo dañare, le dará libertad por razón de su ojo.

27 Y si sacare el diente de su siervo, o el diente de su sierva, por su diente le dejará ir libre.

28 Si un buey acorneare hombre o mujer, y a causa de ello muriere, [m]el buey será apedreado, y no se comerá su carne; mas el dueño del buey será absuelto.

29 Pero si el buey ya había acorneado en el pasado, y a su dueño se le había amonestado y no lo había guardado, y matare hombre o mujer, el buey será apedreado, y también su dueño morirá.

a Nm 35:11
Dt 4:41-42
y 19:3
Jos 20:2
b cp 30:12
Nm 35:31-32
c Nm 15:30
d 1 Re 2:28
e Dt 24:7
1 Tim 1:10
f Mt 15:4
Mr 7:10

g 2 Sm 12:6
Lc 19:8
h Mt 24:43
i Nm 35:27
j Lv 24:20
Dt 19:21
Mt 5:38
k cp 21:2

l vers 1,7

m Gn 9:5

n ver 4

30 Si le fuere impuesto rescate, entonces dará por [b]el rescate de su persona cuanto le fuere impuesto.

31 Haya acorneado hijo, o haya acorneado hija, conforme a este juicio se hará con él.

32 Si el buey acorneare siervo o sierva, pagará treinta siclos de plata su señor, [f]y el buey será apedreado.

33 Y si alguno abriere hoyo, o cavare cisterna, y no la cubriere, y cayere allí buey o asno,

34 el dueño de la cisterna pagará el dinero, resarciendo a su dueño, y lo que fue muerto será suyo.

35 Y si el buey de alguno hiriere al buey de su prójimo, y éste muriere, entonces venderán el buey vivo, y partirán el dinero de él, y también partirán el muerto.

36 Mas si era notorio que el buey era acorneador en tiempo pasado, y su dueño no lo había guardado, pagará buey por buey, y el muerto será suyo.

CAPÍTULO 22

Cuando alguno hurtare buey u oveja, y le degollare o vendiere, por aquel buey pagará cinco bueyes, y por aquella oveja, [g]cuatro ovejas.

2 [h]Si el ladrón fuere hallado forzando una casa, y fuere herido y muriere, el que le hirió [i]no será culpado de su muerte.

3 Y si el sol ya había salido sobre él; el matador será reo de homicidio. El ladrón hará completa restitución; si no tuviere con qué, [k]será vendido por su hurto.

4 Si fuere hallado con el hurto en la mano, sea buey o asno u oveja vivos, [l]pagará el doble.

5 Si alguno hiciere pacer campo o viña, y metiere su bestia, y comiere la tierra de otro, de lo mejor de su tierra y de lo mejor de su viña, pagará restitución.

6 Cuando un fuego se extendiere y tomare espinas, y quemare gavillas amontonadas, o en pie, o campo, el que encendió el fuego pagará lo quemado.

7 Cuando alguno diere a su prójimo plata o alhajas a guardar, y fuere hurtado de la casa de aquel hombre, [n]si el ladrón se hallare, pagará el doble.

8 Si el ladrón no se hallare, entonces el dueño de la casa será presentado a los ªjueces, para ver si ha metido su mano en los bienes de su prójimo.

9 Sobre todo asunto de fraude, sobre buey, sobre asno, sobre oveja, sobre vestido o sobre cualquier cosa perdida, cuando uno dijere: Esto es mío, la causa de ambos será traída ante los jueces; y aquel a quien los jueces condenaren, pagará el doble a su prójimo.

10 Si alguno hubiere dado a su prójimo asno, o buey, u oveja, o cualquier otro animal a guardar, y se muriere o se perniquebrare, o fuere llevado sin verlo nadie;

11 ᵍJuramento de Jehová tendrá lugar entre ambos de que no echó su mano a los bienes de su prójimo; y su dueño lo aceptará, y el otro no pagará.

12 ᵏMas si le hubiere sido hurtado, resarcirá a su dueño.

13 Y si le hubiere sido arrebatado por fiera, le traerá testimonio, y no pagará lo arrebatado.

14 Pero si alguno hubiere tomado prestada bestia de su prójimo, y fuere estropeada o muerta, ausente su dueño, deberá pagarla.

15 Si el dueño estaba presente, no la pagará. Si era alquilada, él vendrá por su alquiler.

16 Y si ⁿalguno engañare a alguna doncella que no fuere desposada, y se acostare con ella, deberá dotarla y tomarla por esposa.

17 Si su padre no quisiere dársela, él le pesará plata ᑫconforme a la dote de las vírgenes.

18 ʳA la hechicera no dejarás que viva.

19 ˢCualquiera que tuviere ayuntamiento con bestia, morirá.

20 ᵗEl que sacrificare a dioses, excepto a sólo Jehová, será muerto.

21 ᵛY al extranjero no engañarás, ni angustiarás, porque extranjeros fuisteis vosotros en la tierra de Egipto.

22 ˣA ninguna viuda ni huérfano afligiréis.

23 Que si tú llegas a afligirles, y ellos ᶻclamaren a mí, ciertamente oiré yo su clamor;

24 y mi furor se encenderá y os mataré a espada, y ᵇvuestras esposas quedarán viudas y huérfanos vuestros hijos.

25 ᵇSi prestares dinero a algún pobre de los de mi pueblo que está contigo, no serás usurero para con él; no le impondrás usura.

26 ᶜSi tomares en prenda la vestidura de tu prójimo, a la puesta del sol se la devolverás:

27 Porque sólo aquella es su cubierta, es la vestidura para cubrir su piel. ¿En qué dormirá? Y será que cuando él a mí clamare, yo entonces le oiré, porque soy ᵈmisericordioso.

28 A los ¹jueces ᵉno injuriarás, ni maldecirás al príncipe de tu pueblo.

29 No demorarás *en dar* ᶠla primicia de tu cosecha, ni de tu lagar. Me darás el primogénito de tus hijos.

30 Así ʰharás con el de tu buey y de tu oveja; ⁱsiete días estará con su madre, y al octavo día me lo darás.

31 Y habéis de serme ʲvarones santos: ˡy no comeréis carne arrebatada de las fieras en el campo; a los perros la echaréis.

CAPÍTULO 23

No admitirás falso rumor. No te concertarás con el impío para ser ᵐtestigo falso.

2 No seguirás a los muchos para mal hacer; ni responderás en litigio inclinándote a los más para hacer agravios;

3 ni al ºpobre distinguirás en su causa.

4 ᵖSi encontrares el buey de tu enemigo o su asno extraviado, vuelve a llevárselo.

5 Si vieres el asno del que te aborrece caído debajo de su carga, ¿le dejarás entonces desamparado? Sin falta le ayudarás a levantarlo.

6 ᵘNo pervertirás el derecho de tu mendigo en su pleito.

7 De palabra de mentira te alejarás, y no matarás al inocente y justo; porque yo no justificaré al impío.

8 ʸNo recibirás presente; porque el presente ciega a los que ven, y pervierte las palabras del justo.

9 Y ªno angustiarás al extranjero: pues vosotros sabéis cómo se halla el alma del extranjero, ya que extranjeros fuisteis en la tierra de Egipto.

---

a ver 28
cp 21:6
b Lv 25:35-37
c Dt 24:6-17
d cp 34:6
1 <Elohim> dioses, Dios
e 2 Sm 19:21
Hch 23:5
f cp 13:2
g Heb 6:16
h Dt 15:19
i Lv 22:27
j cp 19:6
k Gn 31:39
l Lv 22:8
m Sal 35:11
n Dt 22:28
o Lv 19:15
p Mt 5:44
Rm 12:20
1 Ts 5:15
q Gn 34:12
r Dt 18:10-11
1 Sm 28:3-9
s Lv 18:23
t Nm 25:2-8
Dt 13:1-13
y 17:2-5
u Job 31:13
Ec 5:8
Is 10:1-2
v cp 33:9
Lv 19:33
Dt 10:19
Mal 3:5
x Dt 24:7
y 27:19
Sal 94:6
Is 1:17-23
y Dt 16:19
1 Sm 8:3
Ez 22:12
z Sal 145:19
Stg 5:4
a cp 22:21
b Sal 109:9

Pacto de Dios con el pueblo
ÉXODO 24

10 ªSeis años sembrarás tu tierra, y recogerás su cosecha:

11 Mas el séptimo la dejarás en reposo y libre, para que coman los pobres de tu pueblo; y de lo que quedare comerán las bestias del campo. Lo mismo harás con tu viña y con tu olivar.

12 ᵉSeis días harás tus trabajos, y al séptimo día reposarás, a fin que descanse tu buey y tu asno, y tome refrigerio el hijo de tu sierva, y el extranjero.

13 Y en todo lo que os he dicho seréis circunspectos. ᶠY el nombre de otros dioses no mencionaréis, ni se oirá de vuestra boca.

14 ˡTres veces en el año me celebraréis fiesta.

15 ⁿLa fiesta de los panes sin levadura guardarás: Siete días comerás los panes sin levadura, como yo te mandé, en el tiempo del mes de Abib; porque en él saliste de Egipto. ᵖy ninguno se presentará delante de mí con las manos vacías.

16 ᵠTambién la fiesta de la siega, los primeros frutos de tus labores que hubieres sembrado en el campo; ʳy la fiesta de la cosecha a la salida del año, cuando hayas recogido tus labores del campo.

17 Tres veces en el año se presentarán todos tus varones delante del Señor Jehová.

18 ᵛNo ofrecerás con pan leudo la sangre de mi sacrificio, ni la grosura de mi sacrificio quedará de la noche hasta la mañana.

19 ʸLas primicias de los primeros frutos de tu tierra traerás a la casa de Jehová tu Dios. ᶻNo guisarás el cabrito con la leche de su madre.

20 ªHe aquí yo envío el Ángel delante de ti para que te guarde en el camino, y te introduzca en el lugar que yo he preparado.

21 Guárdate delante de Él, y oye su voz; ᵉno le seas rebelde; porque Él no perdonará vuestra rebelión; porque mi nombre está en Él.

22 Pero si en verdad oyeres su voz, e hicieres todo lo que yo te dijere, ᶠseré enemigo a tus enemigos, y afligiré a los que te afligieren.

23 Porque mi Ángel irá delante de ti, y te introducirá al amorreo, y al heteo, y al ferezeo, y al cananeo, y al heveo, y al jebuseo, a los cuales yo destruiré.

24 ᵇNo te inclinarás a sus dioses, ni los servirás, ni harás como ellos hacen; ᶜantes los destruirás del todo, y quebrarás enteramente ᵈsus estatuas.

25 Mas a Jehová vuestro Dios serviréis, ᶠy Él bendecirá tu pan y tus aguas; ᵍy yo quitaré toda enfermedad de en medio de ti.

26 No habrá mujer que aborte, ni estéril en tu tierra; y yo ʰcumpliré el número de tus días.

27 ʲYo enviaré mi terror delante de ti, y ᵏconsternaré a todo pueblo donde tú entrares, y te daré la cerviz de todos tus enemigos.

28 ᵐYo enviaré la avispa delante de ti, que eche fuera al heveo, y al cananeo, y al heteo, de delante de ti:

29 ᵒNo los echaré de delante de ti en un año, para que no quede la tierra desierta, y se aumenten contra ti las bestias del campo.

30 Poco a poco los echaré de delante de ti, hasta que te multipliques y tomes la tierra por heredad.

31 ˢY yo fijaré tu término desde el Mar Rojo hasta el mar de los filisteos, y desde el desierto hasta el río: ᵗporque pondré en vuestras manos los moradores de la tierra, y tú los echarás de delante de ti.

32 ᵘNo harás alianza con ellos, ni con sus dioses.

33 En tu tierra no habitarán, no sea que te hagan pecar contra mí sirviendo a sus dioses: ˣporque te será de tropiezo.

CAPÍTULO 24

Y dijo a Moisés: Sube ante Jehová, tú, y Aarón, ᵇNadab, y Abiú, ᶜy setenta de los ancianos de Israel; y os inclinaréis desde lejos.

2 Mas Moisés ᵈsolo se acercará a Jehová; y ellos no se acerquen, ni suba con él el pueblo.

3 Y Moisés vino y contó al pueblo todas las palabras de Jehová, y todos los derechos: y todo el pueblo respondió a una voz, y dijeron: ᵍEjecutaremos todas las palabras que Jehová ha dicho.

4 Y Moisés ʰescribió todas las palabras de Jehová, y levantándose

ÉXODO 25

Moisés en la cumbre del monte

de mañana edificó un altar al pie del monte, ªy doce columnas, según las doce tribus de Israel.

5 Y envió a unos jóvenes de los hijos de Israel, los cuales ofrecieron holocaustos y becerros como sacrificios de ᶜpaz a Jehová.

6 Y Moisés ᵈtomó la mitad de la sangre, y la puso en tazones, y esparció la otra mitad de la sangre sobre el altar.

7 Y tomó el libro de la alianza, y leyó a oídos del pueblo, el cual dijo: Haremos todas las cosas que Jehová ha dicho, y obedeceremos.

8 Entonces Moisés tomó la sangre, y roció sobre el pueblo, y dijo: ʰHe aquí la sangre del pacto que Jehová ha hecho con vosotros sobre todas estas cosas.

9 Y subieron Moisés y Aarón, Nadab y Abiú, y setenta de los ancianos de Israel;

10 Y ᵐvieron al Dios de Israel; y *había* debajo de sus pies como un embaldosado de ⁿzafiro, semejante al cielo cuando está sereno.

11 Mas ᵖno extendió su mano sobre los príncipes de los hijos de Israel: y vieron a Dios, ᑫy comieron y bebieron.

12 Entonces Jehová dijo a Moisés: Sube a mí al monte, y espera allá, y te daré ʳtablas de piedra, y la ley, y mandamientos que he escrito para enseñarlos.

13 Y se levantó Moisés, y Josué ˢsu ministro; y Moisés subió al monte de Dios.

14 Y dijo a los ancianos: Esperadnos aquí hasta que volvamos a vosotros: y he aquí Aarón y ᵗHur están con vosotros: el que tuviere asuntos, venga a ellos.

15 Entonces Moisés subió al monte, ˣy una nube cubrió el monte.

16 ʸY la gloria de Jehová reposó sobre el monte Sinaí, y la nube lo cubrió por seis días: y al séptimo día llamó a Moisés de en medio de la nube.

17 Y el parecer de la gloria de Jehová era ªcomo un fuego abrasador en la cumbre del monte, a los ojos de los hijos de Israel.

18 Y entró Moisés en medio de la nube, y subió al monte: y ᶜestuvo Moisés en el monte cuarenta días y cuarenta noches.

CAPÍTULO 25

Y Jehová habló a Moisés, diciendo:
2 Di a los hijos de Israel que tomen para mí ofrenda: ᵇde todo varón que la diere de su voluntad, de corazón, tomaréis mi ofrenda.

3 Y ésta *es* la ofrenda que tomaréis de ellos: Oro, plata, bronce,

4 azul, púrpura, carmesí, lino fino, *pelo* de cabras,

5 pieles de carneros teñidos de rojo, pieles de tejones y madera de acacia;

6 ᵉaceite para la luminaria, ᶠespecias para el aceite de la unción, y ᵍpara el incienso aromático;

7 piedras de ónice, y piedras de engastes ⁱpara el efod y para el pectoral.

8 Y que me hagan ʲun santuario, para que yo ᵏhabite entre ellos.

9 ˡConforme a todo lo que yo te muestre, el diseño del tabernáculo, y el diseño de todos sus utensilios, así lo haréis.

10 ᵒHarán también un arca de madera de acacia, cuya longitud *será* de dos codos y medio, y su anchura de un codo y medio, y su altura de un codo y medio.

11 Y la cubrirás de oro puro; por dentro y por fuera la cubrirás; y harás sobre ella una cornisa de oro alrededor.

12 Y fundirás para ella cuatro anillos de oro, que pondrás a sus cuatro esquinas; dos anillos a un lado de ella, y dos anillos al otro lado.

13 Y harás unas varas de madera de acacia, las cuales cubrirás de oro.

14 Y meterás las varas por los anillos a los lados del arca, para llevar el arca con ellas.

15 ᵘLas varas se estarán en los anillos del arca: no se quitarán de ella.

16 Y pondrás en el arca ᵛel testimonio que yo te daré.

17 ᶻY harás ¹un propiciatorio de oro fino, cuya longitud *será* de dos codos y medio, y su anchura de un codo y medio.

18 Harás también dos querubines de oro, ᵇlabrados a martillo los harás, en los dos extremos del propiciatorio.

19 Harás, pues, un querubín en un extremo, y un querubín en el otro extremo; de una pieza con el propiciatorio harás los querubines en sus dos extremos.

El Arca y el Tabernáculo

ÉXODO 26

20 Y ªlos querubines extenderán por encima las alas, cubriendo con sus alas el propiciatorio: sus rostros uno enfrente del otro, mirando al propiciatorio los rostros de los querubines.

21 Y ᵇpondrás el propiciatorio sobre del arca, y en el arca pondrás el testimonio que yo te daré.

22 Y ᶜde allí me encontraré contigo, y hablaré contigo de sobre el propiciatorio, ᵈde entre los dos querubines que están sobre el arca del testimonio, todo lo que yo te mandare para los hijos de Israel.

23 ᶠHarás también una mesa de madera de acacia: su longitud *será* de dos codos, y de un codo su anchura, y su altura de un codo y medio.

24 Y la cubrirás de oro puro, y le harás una cornisa de oro alrededor.

25 Le harás también una moldura alrededor, de un palmo de ancho, y harás a la moldura una cornisa de oro alrededor.

26 Y le harás cuatro anillos de oro, los cuales pondrás a las cuatro esquinas que corresponden a sus cuatro patas.

27 Los anillos estarán junto a la moldura, para ʲlugares de las varas, para llevar la mesa.

28 Y harás las varas de madera de acacia, y las cubrirás de oro, y con ellas será llevada la mesa.

29 ᵏHarás también sus platos, y sus cucharas, y sus cubiertas, y sus tazones, con que se libará: de oro fino los harás.

30 Y pondrás sobre la mesa ˡel pan de la proposición delante de mí continuamente.

31 Harás además un ᵐcandelero de oro puro; labrado a martillo se hará el candelero: su pie, y su caña, sus copas, sus manzanas, y sus flores, serán de lo mismo:

32 Y saldrán seis brazos de sus lados: tres brazos del candelero a un lado, y tres brazos del candelero al otro lado:

33 Tres copas en forma de flor de almendro en un brazo, una manzana y una flor; y tres copas, figura de flor de almendro en otro brazo, una manzana y una flor: así pues, en los seis brazos que salen del candelero:

a 1 Re 8:7
1 Cr 28:18
Heb 9:5

b 1 Cr 1:19

c cp 29:42
y 30:6,36
Nm 17:4
d Nm 7:89
1 Sm 4:4
2 Sm 6:2
2 Re 19:15
Sal 80:1
Is 37:16
e Lv 24:2-4
2 Cr 13:11
f ver 29
cp 37:10-16
1 Re 7:48
Heb 9:2
g cp 26:30
y 27:8
Nm 8:4
1 Cr 28:11-19
Hch 7:44
Heb 8:5
h hasta 37
cp 36:8-38
i vers 31,36
cp 25:4
j cp 26:29
k Nm 4:7

l Lv 24:5-6

m cp 37:
17-24
1 Re 7:49
Heb 9:2
Ap 1:12

n cp 36:14

34 Y en el candelero cuatro copas en forma de flor de almendro, sus manzanas y sus flores.

35 Habrá una manzana debajo de los dos brazos del mismo, otra manzana debajo de los otros dos brazos del mismo, y otra manzana debajo de los otros dos brazos del mismo, en conformidad a los seis brazos que salen del candelero.

36 Sus manzanas y sus brazos serán del mismo, todo ello una pieza labrada a martillo, de oro puro.

37 Y les harás siete candilejas, ᵉlas cuales encenderás para que alumbren a la parte de su delantera:

38 También sus despabiladeras y sus platillos, de oro puro.

39 De un talento de oro fino lo harás, con todos estos vasos.

40 Y mira, ᵍy hazlos conforme a su modelo, que te ha sido mostrado en el monte.

CAPÍTULO 26

Y ʰharás el tabernáculo de diez cortinas de ⁱlino torcido, azul, púrpura, y carmesí: y harás querubines de obra de arte.

2 La longitud de una cortina *será* de veintiocho codos, y la anchura de la misma cortina de cuatro codos: todas las cortinas tendrán una medida.

3 Cinco cortinas estarán juntas la una con la otra, y cinco cortinas unidas la una con la otra.

4 Y harás lazadas de azul en la orilla de la una cortina, en el borde, en la unión; y así harás en la orilla de la postrera cortina en la segunda unión.

5 Cincuenta lazadas harás en una cortina, y cincuenta lazadas harás en el borde de la cortina que está en la segunda unión: las lazadas estarán contrapuestas la una a la otra.

6 Harás también cincuenta corchetes de oro, con los cuales juntarás las cortinas la una con la otra, y se formará un tabernáculo.

7 Y ⁿharás cortinas *de pelo* de cabras para una cubierta sobre el tabernáculo; once cortinas harás.

8 La longitud de una cortina *será* de treinta codos, y la anchura de la misma cortina de cuatro codos: una medida tendrán las once cortinas.

Las Tablas, el Velo, el Altar y el Atrio

9 Y juntarás cinco cortinas aparte y seis cortinas aparte; y doblarás la sexta cortina en el frente del tabernáculo.

10 Y harás cincuenta lazadas en la orilla de una cortina, al borde de la unión, y cincuenta lazadas en la orilla de la segunda cortina en la otra juntura.

11 Y harás cincuenta corchetes de bronce, los cuales meterás por las lazadas; y juntarás la tienda, para que se haga una sola cubierta.

12 Y el sobrante que resulta en las cortinas de la tienda, la mitad de la cortina que sobra, colgará a las espaldas del tabernáculo.

13 Y un codo de un lado, y otro codo del otro lado, que sobran en la longitud de las cortinas de la tienda, colgará sobre los lados del tabernáculo a un lado y al otro lado, para cubrirlo.

14 Y ᵈharás a la tienda una cubierta de ᵉpieles de carneros, teñidos de rojo, y una cubierta de pieles de tejones encima.

15 Y harás para el tabernáculo tablas de madera de acacia, que estén derechas.

16 La longitud de cada tabla *será* de diez codos, y de un codo y medio la anchura de cada tabla.

17 Dos espigas tendrá cada tabla, para unirlas una con otra; así harás todas las tablas del tabernáculo.

18 Harás, pues, las tablas del tabernáculo: veinte tablas al lado del mediodía, al sur.

19 Y harás cuarenta bases de plata debajo de las veinte tablas; dos bases debajo de una tabla para sus dos espigas, y dos bases debajo de la otra tabla para sus dos espigas.

20 Y al otro lado del tabernáculo, al lado del norte, veinte tablas;

21 y sus cuarenta bases de plata: dos bases debajo de una tabla, y dos bases debajo de la otra tabla.

22 Y para el lado del tabernáculo, al occidente, harás seis tablas.

23 Y harás dos tablas para las esquinas del tabernáculo en los dos ángulos posteriores;

24 las cuales se unirán por abajo, y asimismo se juntarán por su alto a un gozne: así será de las otras dos que estarán a las dos esquinas.

25 De manera que serán ocho tablas, con sus bases de plata, dieciséis bases; dos bases debajo de una tabla, y dos bases debajo de la otra tabla.

26 Harás también cinco vigas de madera de acacia, para las tablas de un lado del tabernáculo,

27 y cinco vigas para las tablas del otro lado del tabernáculo, y cinco vigas para las tablas del otro lado del tabernáculo, que está al occidente.

28 Y la viga del medio pasará por medio de las tablas, de un extremo al otro.

29 Y cubrirás las tablas de oro, y harás sus anillos de oro ᵃpara meter por ellos las vigas: también cubrirás las vigas de oro.

30 Y levantarás el tabernáculo ᵇconforme al modelo que te fue mostrado en el monte.

31 Y harás también un ᶜvelo de azul, y púrpura, y carmesí, y de lino torcido: será hecho de obra de arte, con querubines:

32 Y has de ponerlo sobre cuatro columnas de madera de acacia cubiertas de oro; sus capiteles de oro, sobre bases de plata.

33 Y pondrás el velo debajo de los corchetes, y meterás allí, del velo adentro, ᶠel arca del testimonio; y aquel velo os hará separación entre el lugar santo y el *lugar* santísimo.

34 Y pondrás ᵍel propiciatorio sobre el arca del testimonio en el *lugar* santísimo.

35 Y ʰpondrás la mesa fuera del velo, ⁱy el candelero enfrente de la mesa al lado sur del tabernáculo; y pondrás la mesa al lado del norte.

36 Y ʲharás a la puerta del tabernáculo una cortina de azul y púrpura, y carmesí y lino torcido, ᵏobra de bordador.

37 Y harás para la cortina cinco columnas *de madera* de acacia, las cuales cubrirás de oro, con sus capiteles de oro: y les harás cinco bases de bronce fundido.

CAPÍTULO 27

Harás también un ˡaltar de madera de acacia de cinco codos de longitud, y de cinco codos de anchura: será cuadrado el altar, y su altura de tres codos.

Las vestiduras sacerdotales

2 Y harás sus cuernos a sus cuatro esquinas; los cuernos serán de lo mismo; [a]y lo cubrirás de bronce.
3 Harás también sus calderas para echar su ceniza; y sus paletas, y sus tazones, y sus garfios, y sus braseros: harás todos sus vasos de bronce.
4 Y le harás un enrejado de bronce de obra de malla; y sobre el enrejado harás cuatro anillos de bronce a sus cuatro esquinas.
5 Y lo has de poner dentro del cerco del altar abajo; y llegará el enrejado hasta el medio del altar.
6 Harás también varas para el altar, varas de madera de acacia, las cuales cubrirás de bronce.
7 Y sus varas se meterán por los anillos: y estarán aquellas varas a ambos lados del altar, para ser llevado.
8 De tablas lo harás, hueco: [d]de la manera que te fue mostrado en el monte, así lo harás.
9 [g]Y harás el atrio del tabernáculo; para el lado del mediodía, hacia el sur; tendrá el atrio cortinas de lino torcido, de cien codos de longitud para un lado;
10 y sus veinte columnas, y sus veinte bases serán de bronce; los capiteles de las columnas y sus molduras, de plata.
11 Y de la misma manera al lado del norte habrá a lo largo cortinas de cien codos de longitud, y sus veinte columnas, con sus veinte bases de bronce; los capiteles de sus columnas y sus molduras, de plata.
12 Y el ancho del atrio del lado occidental tendrá cortinas de cincuenta codos; sus columnas diez, con sus diez bases.
13 Y en el ancho del atrio por el lado del oriente, al este, habrá cincuenta codos.
14 Y las cortinas de un [q]lado *de la entrada serán* de quince codos; sus columnas tres, con sus tres bases.
15 Al otro lado quince codos de cortinas; sus columnas tres, con sus tres bases.
16 Y a la puerta del atrio habrá una [t]cortina de veinte codos, de azul, púrpura y carmesí, y lino torcido, de obra de bordador; cuatro *serán* sus columnas y cuatro sus bases.
17 Todas las columnas del atrio en derredor serán ceñidas de plata; sus capiteles de plata, y sus bases de bronce.
18 La longitud del atrio será de cien codos, y la anchura cincuenta por un lado y cincuenta por el otro, y la altura de cinco codos: sus cortinas de lino torcido, y sus bases de bronce.
19 Todos los vasos del tabernáculo en todo su servicio, y todos sus clavos, y todos los clavos del atrio, *serán* de bronce.
20 Y [b]tú mandarás a los hijos de Israel que te traigan aceite puro de olivas machacadas para el alumbrado, para hacer arder las lámparas continuamente.
21 En el tabernáculo de la congregación, [c]afuera del velo que está delante del testimonio, las pondrán en orden [e]Aarón y sus hijos, delante de Jehová [f]desde la tarde hasta la mañana, como estatuto perpetuo de los hijos de Israel por sus generaciones.

CAPÍTULO 28

Y tú haz llegar a ti a [h]Aarón tu hermano, y a sus hijos consigo, de entre los hijos de Israel, para que sean mis sacerdotes; a Aarón, [i]Nadab y Abiú, Eleazar e Itamar, hijos de Aarón.
2 Y [j]harás vestiduras sagradas a Aarón tu hermano, para gloria y hermosura.
3 Y [k]tú hablarás a todos los sabios de corazón, [l]a quienes yo he llenado con el espíritu de sabiduría, a fin que hagan las vestiduras de Aarón, para consagrarle a que me sirva de sacerdote.
4 Las vestiduras que harán *son* estas: [m]el pectoral, y el [n]efod, y [o]el manto, y [p]la túnica labrada, la mitra, y el cinturón. Hagan, pues, las vestiduras sagradas a Aarón tu hermano, y a sus hijos, para que sean mis sacerdotes.
5 Tomarán oro, y [r]azul, y púrpura, y carmesí, y lino torcido.
6 Y [s]harán el efod de oro y azul, y púrpura, y carmesí, y lino torcido de [u]obra de arte.
7 Tendrá dos hombreras que se junten a sus dos lados, y se juntará.
8 Y el artificio de su cinto que está sobre él, será de su misma obra, de

---

a Nm 16:38

b Lv 24:2

c cp 26:31-33

d cp 25:40
y 26:30
e cp 30:8
1 Sm 3:3
2 Cr 13:11
f cp 28:43
y 29:9-28
Lv 3:17
y 16:34
Nm 18:8-23
y 19:21
g hasta 19
cp 38:9-20
h Nm 18:7
Heb 5:1-4
i cp 6:23 24:1
j cp 29:5-29
31:10 y 39:1-2
k cp 31:6
l cp 31:3
y 35:30-31

m ver 15
n ver 6
o ver 31
p ver 39
q Ez 41:2,26

r vers 6,8, 15,33
cp 25:4
s hasta 14
cp 39:2-7
t cp 26:36
u cp 26:1

ÉXODO 28

lo mismo; de oro, azul, y púrpura, y carmesí, y lino torcido.

9 Y tomarás dos piedras ªde ónice, y grabarás en ellas los nombres de los hijos de Israel;

10 seis de sus nombres en una piedra, y *los otros* seis nombres en la otra piedra, conforme al nacimiento de ellos.

11 ᵇDe obra de escultor en piedra a modo de grabaduras de sello, harás grabar aquellas dos piedras con los nombres de los hijos de Israel; les harás alrededor engastes de oro.

12 Y pondrás aquellas dos piedras sobre los hombros del efod, para piedras de memoria a los hijos de Israel; ᵈy Aarón llevará los nombres de ellos delante de Jehová en sus dos hombros ᵉpor memoria.

13 Harás pues, engastes de oro,

14 y dos cadenillas de oro fino; las cuales harás de hechura de trenza; y fijarás las cadenas de hechura de trenza ʰen los engastes.

15 ⁱY harás el pectoral del juicio de ʲobra de arte; lo harás conforme a la obra del efod; lo harás de oro, azul, púrpura, carmesí y lino fino torcido.

16 Será cuadrado y doble, de un palmo de largo y un palmo de ancho;

17 ˡy lo llenarás de pedrería con cuatro hileras de piedras. La primera hilera de una piedra ᵐsárdica, un topacio y un carbunclo; esta será la primera hilera.

18 La segunda hilera, una esmeralda, un ᵒzafiro y un diamante.

19 La tercera hilera, un jacinto, un ágata y una amatista.

20 Y la cuarta hilera, un berilo, un ónice y un jaspe. Estarán montadas en engastes de oro.

21 Y las piedras serán con los nombres de los hijos de Israel, doce según sus nombres; como grabaduras de sello cada una con su nombre, serán según las doce tribus.

22 Y harás sobre el pectoral cadenillas de hechura de trenzas de oro puro.

23 Y harás en el pectoral dos anillos de oro, y pondrás los anillos a los dos extremos del pectoral.

24 Y pondrás las dos trenzas de oro en los dos anillos a los dos extremos del pectoral:

a cp 25:7
Gn 2:12

b ver 21

c ver 8

d ver 29:30
cp 39:7
e Nm 16:40
Jos 4:7
Zac 6:14
f ver 12 y 30
g Lv 8:8
Nm 27:21
Dt 33:8
1 Sm 28:6
Esd 2:63
Neh 7:65
h vers 22-25
cp 39:15
i hasta 28,
cp 39:8-21
j cp 26:1
k hasta 37
cp 39:22-31
l Ez 28:13
Ap 21:19-20
m cp 39:10
n Jn 19:23
o cp 24:10

p Lv 8:9

Zac 14:20
q ver 21
r cp 15:11
s Lv 10:17
Is 53:11
Jn 1:29
Heb 9:28
1 Pe 2:24

El Efod y el Pectoral

25 Y pondrás los dos extremos de las dos trenzas sobre los dos engastes, y los colocarás a los lados del efod en la parte delantera.

26 Harás también dos anillos de oro, los cuales pondrás a los dos extremos del pectoral, en el borde que está al lado del efod hacia adentro.

27 Harás asimismo dos anillos de oro, los cuales pondrás a los dos lados del efod abajo en la parte delantera, delante de su juntura sobre el ᶜcinto del efod.

28 Y juntarán el pectoral por sus anillos a los anillos del efod con un cordón de jacinto, para que esté sobre el cinto del efod, y no se aparte el pectoral del efod.

29 Y llevará Aarón los nombres de los hijos de Israel en el pectoral del juicio sobre su corazón, cuando entrare en el santuario, ᶠpara memoria delante de Jehová continuamente.

30 Y ᵍpondrás en el pectoral del juicio Urim y Tumim, para que estén sobre el corazón de Aarón cuando entrare delante de Jehová; y llevará siempre Aarón el juicio de los hijos de Israel sobre su corazón delante de Jehová.

31 ᵏHarás el manto del efod todo de azul;

32 y en medio de él por arriba habrá una abertura, la cual tendrá un borde alrededor de obra de tejedor, como el cuello de un coselete, ⁿpara que no se rompa.

33 Y *abajo* en sus orillas harás granadas de azul, y púrpura, y carmesí, por sus bordes alrededor; y entre ellas campanillas de oro alrededor.

34 Una campanilla de oro y una granada, campanilla de oro y granada, por las orillas del manto alrededor.

35 Y estará sobre Aarón cuando ministrare; y se oirá su sonido cuando él entrare en el santuario delante de Jehová y cuando saliere, para que no muera.

36 ᵖHarás además una plancha de oro fino, y grabarás en ella ᵠgrabadura de sello, ʳSANTIDAD A JEHOVÁ.

37 Y la pondrás con un cordón de azul, y estará sobre la mitra; por el frente anterior de la mitra estará.

38 Y estará sobre la frente de Aarón; y llevará Aarón ˢel pecado de las cosas santas, que los hijos de Israel

Consagración de Aarón

hubieren consagrado en todas sus santas ofrendas; y sobre su frente estará continuamente ᵇpara que hallen gracia delante de Jehová.

39 Y bordarás una túnica de lino fino, y harás una mitra de lino fino; harás también un cinto de obra de bordador.

40 ᶠY para los hijos de Aarón harás túnicas; también les harás cintos, y les formarás tiaras para gloria y hermosura.

41 Y con ellos vestirás a Aarón tu hermano, y a sus hijos con él; ʰy los ungirás, y los consagrarás y santificarás, para que sean mis sacerdotes.

42 Y les harás ʲcalzoncillos de lino para cubrir su desnudez; serán desde los lomos hasta los muslos.

43 Y estarán sobre Aarón y sobre sus hijos cuando entraren en el tabernáculo de la congregación, o cuando se acercaren al altar para servir en el santuario, ˡpara que no lleven pecado y mueran. Estatuto perpetuo para él, y para su simiente después de él.

CAPÍTULO 29

Y esto es lo que harás para consagrarlos, para que sean mis sacerdotes; ᵐToma un becerro de la vacada, y dos carneros sin defecto.

2 y panes sin levadura, y tortas sin levadura amasadas con aceite, y hojaldres sin levadura untadas con aceite; y las harás de flor de harina de trigo:

3 Y las pondrás en un canastillo, y en el canastillo las ofrecerás, con el becerro y los dos carneros.

4 Y harás llegar a Aarón y a sus hijos a la puerta del tabernáculo de la congregación, ᵠy los lavarás con agua.

5 ʳY tomarás las vestiduras, y vestirás a Aarón la túnica y el manto del efod, y el efod, y el pectoral, y le ceñirás ᵗcon el cinto del efod;

6 y ᵘpondrás la mitra sobre su cabeza, y sobre la mitra pondrás la corona santa.

7 Y ˣtomarás el aceite de la unción, y derramarás sobre su cabeza, y le ungirás.

8 Y harás acercar a sus hijos, y les vestirás las túnicas.

9 Y les ceñirás el cinto, a Aarón y a sus hijos, y les atarás las ᵃtiaras, y ᶜtendrán el sacerdocio por fuero perpetuo; y ᵈconsagrarás a Aarón y a sus hijos.

10 Y harás llegar el becerro delante del tabernáculo de la congregación, y ᵉAarón y sus hijos pondrán sus manos sobre la cabeza del becerro.

11 Y matarás el becerro delante de Jehová a la puerta del tabernáculo de la congregación.

12 Y ᵍtomarás de la sangre del becerro, y pondrás sobre ⁱlos cuernos del altar con tu dedo, y derramarás toda la demás sangre al pie del altar.

13 Tomarás también toda la grosura que cubre los intestinos, la grosura que *está* sobre el hígado, los dos riñones y la grosura que *está* sobre ellos, y lo quemarás sobre el altar.

14 Pero la carne del becerro, y su piel, y su estiércol; los ᵏquemarás a fuego fuera del campamento; es ofrenda por el pecado.

15 Asimismo tomarás un carnero, y Aarón y sus hijos pondrán sus manos sobre la cabeza del carnero.

16 Y matarás el carnero, y tomarás su sangre, y rociarás sobre el altar alrededor.

17 Y cortarás el carnero en pedazos; y lavarás sus intestinos y sus piernas, y las pondrás sobre sus trozos y sobre su cabeza.

18 Y quemarás todo el carnero sobre el altar; es holocausto a Jehová, ⁿolor grato, es ofrenda quemada a Jehová.

19 Tomarás ᵒluego el otro carnero, y Aarón y sus hijos ᵖpondrán sus manos sobre la cabeza del carnero.

20 Y matarás el carnero, y tomarás de su sangre, y pondrás sobre la ternilla de la oreja derecha de Aarón, y sobre la ternilla de las orejas de sus hijos, y sobre el dedo pulgar de las manos derechas de ellos, y sobre el dedo pulgar de los pies derechos de ellos, y ˢesparcirás la sangre sobre el altar alrededor.

21 Y tomarás de la sangre que hay sobre el altar, y ᵛdel aceite de la unción, y esparcirás sobre Aarón, y sobre sus vestiduras, y sobre sus hijos, y sobre las vestimentas de éstos; y él será santificado, y sus vestiduras, y sus hijos, y las vestimentas de sus hijos con él.

ÉXODO 30

22 Luego tomarás del carnero la grosura y la cola, y la ªgrosura que cubre los intestinos y la grosura del hígado y los dos riñones, y la grosura que está sobre ellos y la espaldilla derecha; porque es carnero de ᵈconsagraciones.

23 ᵉTambién una torta de pan, y una torta amasada con aceite, y un hojaldre del canastillo de los panes sin levadura presentado a Jehová;

24 Y lo ᵍpondrás todo en las manos de Aarón y en las manos de sus hijos; y ⁱlo mecerás como ofrenda mecida delante de Jehová.

25 Después ᵏlo tomarás de sus manos y lo harás arder sobre el altar en holocausto por olor agradable delante de Jehová; es ofrenda encendida a Jehová.

26 Y tomarás ⁿel pecho del carnero de la consagración de Aarón, y lo mecerás por ofrenda agitada delante de Jehová; y será tu porción.

27 Y santificarás ᵒel pecho de la ofrenda mecida y la espaldilla de la ofrenda elevada, lo que fue mecido y lo que fue santificado del carnero de la consagración de Aarón y de sus hijos:

28 Y será para Aarón y para sus hijos por estatuto perpetuo de los hijos de Israel, porque es porción elevada; y será tomada de los hijos de Israel de sus sacrificios pacíficos, porción de ellos elevada en ofrenda a Jehová.

29 Y las vestimentas santas que son de Aarón, serán de sus hijos después de él, ˢpara ser ungidos con ellas y para ser con ellas consagrados.

30 Por siete días las vestirá el ᵘsacerdote de sus hijos, que en su lugar viniere al tabernáculo de la congregación a servir en el santuario.

31 Y tomarás el carnero de las consagraciones, y ˣcocerás su carne en el lugar del santuario.

32 Y Aarón y sus hijos comerán la carne del carnero, ᶻy el pan que está en el canastillo, a la puerta del tabernáculo de la congregación.

33 Y ᵇcomerán aquellas cosas con las cuales se hizo expiación, para consagrarlos y santificarlos; mas ᶜel extranjero no comerá *de ello*, porque es cosa santa.

34 Y si sobrare algo de la carne de las consagraciones y del pan hasta

a	ver 13
b	Lv 8:32
c	Lv 8:33-35
d	vers 26-34
	Lv 8:28-33
e	Lv 8:26
f	ver 14
	cp 30:10
g	cp 28:41
h	cp 30:26-29
i	Lv 7:30
j	Mt 23:19
k	Lv 8:28
l	Nm 28:3
	1 Cr 16:40
	2 Cr 2:4
	13:11 y 31:3
	Esd 3:3
m	Dn 8:11-13
	Heb 10:11
n	Lv 8:29
o	Lv 7:31-34
	8:29 10:14-15
p	1 Re 18: 29-36
	Esd 9:4-5
	Sal 141:2
q	Nm 28:6
r	cp 25:22
y	30:6,36
	Nm 17:4
s	Nm 18:8
t	cp 40:34
	1 Re 8:11
	Ez 43:5
	Hag 2:7-9
u	Nm 20:28
v	Lv 21:15
y	22:9-26
x	Lv 8:31
y	cp 25:8
	Zac 2:10
	2 Co 6:16
	Ap 21:3
z	Mt 12:4
a	cp 20:2
b	Lv 10:14-17
c	cp 22:10
d	cp 37:25
y	40:5
	Lv 4:7-18
	Ap 8:3

El holocausto continuo

la mañana, quemarás al fuego lo que hubiere sobrado: ᵇno se comerá, porque es cosa santa.

35 Así pues harás a Aarón y a sus hijos, conforme a todas las cosas que yo te he mandado, ᶜpor siete días los consagrarás.

36 Y ᶠsacrificarás el becerro de la expiación en cada día para las expiaciones; y limpiarás el altar cuando hayas hecho expiación por él, y ʰlo ungirás para santificarlo.

37 Por siete días expiarás el altar, y lo santificarás, y será un altar santísimo: ʲcualquiera cosa que tocare al altar, será santificada.

38 Y esto ˡes lo que ofrecerás sobre el altar ᵐcada día: dos corderos de un año, continuamente.

39 Ofrecerás un cordero a la mañana, y el otro cordero lo ofrecerás a la caída de la tarde:

40 Y con un cordero una décima parte de un efa de flor de harina amasada con la cuarta parte de un hin de aceite molido; y la libación será la cuarta parte de un hin de vino.

41 Y ofrecerás ᵖel otro cordero a la caída de la tarde, haciendo conforme a la ofrenda de la mañana, y conforme a su libación, en olor de suavidad; será ofrenda encendida a Jehová.

42 Esto será ᵠholocausto continuo por vuestras generaciones a la puerta del tabernáculo de la congregación delante de Jehová, ʳen el cual me encontraré con vosotros, para hablaros allí.

43 Y allí me encontraré con los hijos de Israel, y ᵗel *tabernáculo* será santificado con mi gloria.

44 Y santificaré el tabernáculo de la congregación y el altar: ᵛsantificaré asimismo a Aarón y a sus hijos, para que me sirvan como sacerdotes.

45 Y ʸhabitaré entre los hijos de Israel, y seré su Dios.

46 Y conocerán que ªyo soy Jehová su Dios, que los saqué de la tierra de Egipto, para habitar en medio de ellos: Yo Jehová su Dios.

CAPÍTULO 30

Harás asimismo un ᵈaltar para quemar el incienso; de madera de acacia lo harás.

El altar del incienso: El aceite santo

2 Su longitud *será* de un codo, y su anchura de un codo; *será* cuadrado; y su altura de dos codos; y sus cuernos *serán* de lo mismo.

3 Y lo cubrirás de oro puro, su techado, y sus paredes en derredor, y sus cuernos; y le harás en derredor una ᵈcornisa de oro.

4 Le harás también dos anillos de oro debajo de su cornisa, a sus dos esquinas en ambos lados suyos, para meter las varas con que será ᶠllevado.

5 Y harás las varas de madera de acacia, y las cubrirás de oro.

6 Y lo pondrás delante del velo que *está* junto al arca del testimonio, ʰdelante del propiciatorio que está sobre el testimonio, donde yo me encontraré contigo.

7 Y Aarón quemará incienso aromático sobre él; cada mañana cuando ⁱaderezare las lámparas lo quemará.

8 Y cuando Aarón encienda las lámparas al anochecer, quemará el incienso sobre él; incienso perpetuo delante de Jehová por vuestras generaciones.

9 No ofreceréis sobre él ʲincienso extraño, ni holocausto, ni presente; ni tampoco derramaréis sobre él libación.

10 Y ˡsobre sus cuernos hará Aarón expiación una vez en el año con la sangre ⁿde la ofrenda por el pecado para expiación: una vez en el año hará expiación sobre él por vuestras generaciones; será muy santo a Jehová.

11 Y Jehová habló a Moisés, diciendo:

12 ᵖCuando tomares el número de los hijos de Israel conforme a la cuenta de ellos, ʳcada uno dará a Jehová el rescate de su alma, cuando los contares, para que ˢno haya en ellos mortandad cuando los hayas contado.

13 Esto dará todo el que pasare entre los que serán contados, medio siclo conforme al siclo del santuario. ᵗEl siclo es de veinte geras; ᵘla mitad de un siclo *será* la ofrenda a Jehová.

14 Cualquiera que pasare entre los que serán contados, de veinte años arriba, dará la ofrenda a Jehová.

15 Ni el rico aumentará, ni el pobre disminuirá de medio siclo, cuando dieren la ofrenda a Jehová para hacer ᵃexpiación por vuestras almas.

16 Y tomarás de los hijos de Israel el dinero de las expiaciones, ᵇy lo darás para la obra del tabernáculo de la congregación: y será ᶜpor memoria a los hijos de Israel delante de Jehová, para expiar vuestras personas.

17 Habló más Jehová a Moisés, diciendo:

18 ᵉHarás también una fuente de bronce, con su base de bronce, para lavar; y la pondrás entre el tabernáculo de la congregación y el altar; y pondrás en ella agua.

19 Y ᵍde ella se lavarán Aarón y sus hijos sus manos y sus pies:

20 Cuando entraren en el tabernáculo de la congregación, se han de lavar con agua, para que no mueran: y cuando se acerquen al altar para ministrar, para quemar la ofrenda encendida para Jehová,

21 se lavarán las manos y los pies, para que no mueran. Y lo tendrán por estatuto perpetuo él y su simiente por sus generaciones.

22 Habló más Jehová a Moisés, diciendo:

23 Y tú has de tomar de las principales especias; ᵏde mirra excelente quinientos *siclos*, y de canela aromática la mitad, *esto es*, doscientos cincuenta, ᵐy de cálamo aromático doscientos cincuenta,

24 y de casia quinientos, al peso del santuario, y de aceite de olivas un ᵒhin;

25 Y harás de ello el aceite de la santa unción, superior ungüento, según el arte del perfumista, el cual será el aceite de la unción santa.

26 ᑫCon él ungirás el tabernáculo de la congregación, y el arca del testimonio,

27 y la mesa, y todos sus vasos, y el candelero, y todos sus vasos, y el altar del incienso,

28 y el altar del holocausto, todos sus vasos, y la fuente y su base.

29 Así los consagrarás, y serán cosas santísimas: ᵛtodo lo que tocare en ellos, será santificado.

30 ˣUngirás también a Aarón y a sus hijos, y los consagrarás para que sean mis sacerdotes.

31 Y hablarás a los hijos de Israel, diciendo: Éste será mi aceite de la

ÉXODO 31.32 El Sábado:

santa unción por vuestras generaciones.

32 Sobre carne de hombre no será untado, ni haréis otro semejante, conforme a su composición: santo es; por santo habéis de tenerlo vosotros.

33 ^cCualquiera que preparare ungüento semejante, y que pusiere de él sobre un extranjero, ^fserá cortado de su pueblo.

34 Dijo además Jehová a Moisés: ^gTómate especias aromáticas, ¹estacte y uña aromática y gálbano aromático e incienso puro; de todo en igual *peso*.

35 Y harás de ello un perfume de confección ⁱsegún el arte del perfumista, bien mezclado, puro y santo.

36 Y molerás parte de él muy fino, y lo pondrás delante del testimonio en el tabernáculo de la congregación, ^jdonde yo me encontraré contigo. ^lOs será cosa santísima.

37 Como el perfume que harás, no os haréis otro según su composición; te será cosa santa para Jehová.

38 ^oCualquiera que hiciere otro como éste para olerlo, será cortado de entre su pueblo.

CAPÍTULO 31

Y Jehová habló a Moisés, diciendo:
2 ^pMira, yo he llamado por su nombre a Bezaleel, hijo de Uri, hijo de Hur, de la tribu de Judá;

3 Y ^rlo he llenado del Espíritu de Dios, en sabiduría, y en inteligencia, y en ciencia, y en todo artificio,

4 para inventar diseños, para trabajar en oro, y en plata, y en bronce,

5 y en artificio de piedras para engastarlas, y en artificio de madera; para obrar en toda clase de labor.

6 Y he aquí que yo he puesto con él a ^tAholiab, hijo de Ahisamac, de la tribu de Dan; y he puesto sabiduría en el ánimo de todo sabio de corazón, para que hagan todo lo que yo te he mandado;

7 ^xel tabernáculo de la congregación, y ^yel arca del testimonio, y el propiciatorio que *está* sobre ella, y todos los vasos del tabernáculo;

8 y ^zla mesa y sus vasos, y el candelero puro y todos sus vasos, y el altar del incienso;

a cp 38:1-7
b cp 35:19
c ver 38
d cp 30:25-31
e cp 30:7-34
f cp 12:15
Gn 17:14
Lv 7:20-21
g cp 25:6
y 37:29
1 Aceite de mirra fresca
h cp 20:8
23:12 y 35:2
i ver 25
j cp 29:42
k cp 35:2
Nm 15:35
l cp 40:10
m cp 20:9
n cp 16:23
20:10
Gn 2:2
o ver 33

p cp 35:30
y 36:1
1 Cr 2:20
q Ez 20:12
r cp 35:31
1 Re 7:14
s cp 24:12
y 32:15-16
Dt 4:13 5:22
y 9:10-11
2 Co 3:3
t cp 35:34
u cp 24:18
v Hch 7:40
x cp 36:8-38
y cp 37:1-9
z cp 37:10-26
a Jue 8:24-27

9 y ^ael altar del holocausto y todos sus vasos, y la fuente y su base;

10 y ^blas vestiduras del servicio, y las santas vestiduras para Aarón el sacerdote, y las vestiduras de sus hijos, para que ejerzan el sacerdocio;

11 y ^del aceite de la unción, y ^eel incienso aromático para el santuario; harán conforme a todo lo que te he mandado.

12 Habló además Jehová a Moisés, diciendo:

13 Habla tú a los hijos de Israel, diciendo: ^hCiertamente vosotros guardaréis mis sábados: porque es señal entre mí y vosotros por vuestras generaciones, para que sepáis que yo soy Jehová que os santifico.

14 Así que guardaréis el sábado, porque santo *es* a vosotros; el que lo profanare, de cierto morirá; porque ^kcualquiera que hiciere obra alguna en él, aquella alma será cortada de en medio de su pueblo.

15 ^mSeis días se hará obra, mas ⁿel día séptimo es sábado de reposo consagrado a Jehová; cualquiera que hiciere obra el día del sábado, ciertamente morirá.

16 Guardarán, pues, el sábado los hijos de Israel: celebrándolo por sus generaciones *por* pacto perpetuo:

17 ^qSeñal *es* para siempre entre mí y los hijos de Israel; porque *en* seis días hizo Jehová el cielo y la tierra, y en el séptimo día cesó, y reposó.

18 Y dio a Moisés, cuando acabó de hablar con él en el monte de Sinaí, ^sdos tablas del testimonio, tablas de piedra escritas con el dedo de Dios.

CAPÍTULO 32

Mas viendo el pueblo que Moisés ^utardaba en descender del monte, se acercó entonces a Aarón, y le dijeron: ^vLevántate, haznos dioses que vayan delante de nosotros; porque a este Moisés, el varón que nos sacó de la tierra de Egipto, no sabemos qué le haya acontecido.

2 Y Aarón les dijo: Apartad ^alos zarcillos de oro que están en las orejas de vuestras esposas, y de

El becerro de oro

vuestros hijos y de vuestras hijas, y traédmelos.

3 Entonces todo el pueblo apartó los zarcillos de oro que tenían en sus orejas, y *los* trajeron a Aarón:

4 ᵇEl cual los tomó de las manos de ellos, y le dio forma con buril, e hizo de ello un becerro de fundición. Entonces dijeron: Israel, éstos son tus dioses, que te sacaron de la tierra de Egipto.

5 Y viendo *esto* Aarón, edificó un altar delante *del becerro;* y ᵉpregonó Aarón, y dijo: Mañana será fiesta a Jehová.

6 Y el día siguiente madrugaron, y ofrecieron holocaustos, y presentaron ofrendas de paz: ᶠy se sentó el pueblo a comer y a beber, y se levantaron a regocijarse.

7 Entonces Jehová dijo a Moisés: Anda, desciende, porque tu pueblo que sacaste de tierra de Egipto se ha corrompido.

8 ʰPronto se han apartado del camino que yo les mandé, y se han hecho un becerro de fundición, y lo han adorado, y han sacrificado a él, y han dicho: Israel, estos son tus dioses, que te sacaron de la tierra de Egipto.

9 Dijo más Jehová a Moisés: Yo he visto a este pueblo, que por cierto es pueblo de dura cerviz:

10 Ahora pues, ʲdéjame que se encienda mi furor contra ellos, y los consuma: ˡy a ti yo te pondré sobre gran gente.

11 ⁿEntonces Moisés oró a la faz de Jehová su Dios, y dijo: Oh Jehová, ¿por qué se encenderá tu furor contra tu pueblo, que tú sacaste de la tierra de Egipto con gran fortaleza, y con mano fuerte?

12 º¿Por qué han de hablar los egipcios, diciendo: Para mal los sacó, para matarlos en los montes, y para raerlos de sobre la faz de la tierra? Vuélvete del furor de tu ira, y ᑫarrepiéntete de este mal contra tu pueblo.

13 Acuérdate de Abraham, de Isaac, y de Israel tus siervos, ʳa los cuales has jurado por ti mismo, y les has dicho: Yo ˢmultiplicaré vuestra simiente como las estrellas del cielo; y daré a vuestra simiente toda esta tierra que he dicho, y la tomarán por heredad para siempre.

ÉXODO 32

14 Entonces ᵃJehová se arrepintió del mal que dijo que había de hacer a su pueblo.

15 Y se volvió Moisés, y descendió del monte trayendo en su mano las dos tablas del testimonio, las tablas escritas por ambos lados; de uno y otro lado estaban escritas.

16 Y ᶜlas tablas eran obra de Dios, y la escritura *era* escritura de Dios grabada sobre las tablas.

17 Y ᵈoyendo Josué el clamor del pueblo que gritaba, dijo a Moisés: Alarido de pelea *hay* en el campamento.

18 Y él respondió: No *es* voz de grito de vencedores, ni voz de alarido de vencidos. Voz de cantar oigo yo.

19 Y acontenció, que cuando llegó él al campamento, y ᵍvio el becerro y las danzas, Moisés se enardeció de ira, y arrojó las tablas de sus manos, y las quebró al pie del monte.

20 Y tomó el becerro que habían hecho, y *lo* quemó en el fuego, y *lo* molió hasta reducirlo a polvo, que esparció sobre las aguas, y *lo* dio a beber a los hijos de Israel.

21 Y dijo Moisés a Aarón: ⁱ¿Qué te ha hecho este pueblo, que has traído sobre él tan gran pecado?

22 Y respondió Aarón: No se enoje mi señor; ᵏtú conoces al pueblo, que es inclinado al mal.

23 Porque me dijeron: ᵐHaznos dioses que vayan delante de nosotros, que a este Moisés, el varón que nos sacó de la tierra de Egipto, no sabemos qué le ha acontecido.

24 Y yo les respondí: ¿Quién tiene oro? Apartadlo. Y me lo dieron, y lo eché en el fuego, y salió este becerro.

25 Y viendo Moisés que el pueblo *estaba* desnudo, porque Aarón ᵖlo había desnudado para vergüenza entre sus enemigos,

26 se puso Moisés a la puerta del campamento, y dijo: ¿Quién es de Jehová? Júntese conmigo. Y se juntaron con él todos los hijos de Leví.

27 Y él les dijo: Así dice Jehová, el Dios de Israel: Poned cada uno su espada sobre su muslo: pasad y volved de puerta a puerta por el campamento, y ᵗmatad cada uno a su hermano, y a su amigo, y a su pariente.

ÉXODO 33

28 Y los hijos de Leví lo hicieron conforme al dicho de Moisés: y cayeron del pueblo en aquel día como tres mil hombres.

29 ªEntonces Moisés dijo: Hoy os habéis consagrado a Jehová, porque cada uno se ha consagrado en su hijo, y en su hermano, para que Él dé hoy bendición sobre vosotros.

30 Y aconteció que el día siguiente dijo Moisés al pueblo: ᶜVosotros habéis cometido un gran pecado; mas yo subiré ahora a Jehová; ᵈquizá le aplacaré acerca de vuestro pecado.

31 Entonces volvió Moisés a Jehová, y dijo: Te ruego, pues este pueblo ha cometido un gran pecado, porque se hicieron dioses de oro,

32 que perdones ahora su pecado, y si no, ᵍráeme ahora ʰde tu libro que has escrito.

33 Y Jehová respondió a Moisés: ⁱAl que pecare contra mí, a éste raeré yo de mi libro.

34 Ve pues ahora, lleva a este pueblo donde te he dicho; he aquí ʲmi Ángel irá delante de ti; que en el día de mi visitación yo visitaré en ellos su pecado.

35 Y Jehová hirió al pueblo, porque habían hecho el becerro que formó Aarón.

CAPÍTULO 33

Y Jehová dijo a Moisés: Ve, sube de aquí, tú y el pueblo que sacaste de la tierra de Egipto, a la tierra de la cual juré a Abraham, Isaac, y Jacob, diciendo: ⁿA tu simiente la daré:

2 Y ᵒyo enviaré delante de ti el Ángel, y ᵠecharé fuera al cananeo y al amorreo, y al heteo, y al ferezeo, y al heveo y al jebuseo:

3 ˢ(A la tierra que fluye leche y miel); ᵗporque yo no subiré en medio de ti, porque eres pueblo de dura cerviz, no sea que te consuma en el camino.

4 Y oyendo el pueblo esta mala noticia, ʸvistieron luto, ᶻy ninguno se puso sus atavíos:

5 Pues Jehová dijo a Moisés: Di a los hijos de Israel: Vosotros sois pueblo de dura cerviz: en un momento subiré en medio de ti, y te consumiré; quítate, pues, ahora tus atavíos, para que yo sepa lo que te he de hacer.

Perdónalos, o ráeme de tu libro

6 Entonces los hijos de Israel se despojaron de sus atavíos desde el monte Horeb.

7 Y Moisés tomó el tabernáculo, y lo levantó fuera del campamento, ᵇlejos del campamento, y lo llamó el Tabernáculo de la congregación. Y fue, que cualquiera que buscaba a Jehová, salía al tabernáculo de la congregación, que estaba fuera del campamento.

8 Y sucedía que, cuando salía Moisés al tabernáculo, todo el pueblo se levantaba, ᵉy estaba cada cual en pie a la puerta de su tienda, y miraban en pos de Moisés, hasta que él entraba en el tabernáculo.

9 Y cuando Moisés entraba en el tabernáculo, la ᶠcolumna de nube descendía, y se ponía a la puerta del tabernáculo, y Jehová hablaba con Moisés.

10 Y todo el pueblo miraba la columna de nube, que estaba a la puerta del tabernáculo, y todo el pueblo se levantaba, cada uno a la puerta de su tienda, y adoraba.

11 Y ᵏhablaba Jehová a Moisés cara a cara, como habla cualquiera a su compañero. Y él volvía al campamento; mas el ˡjoven Josué, su criado, hijo de Nun, no se apartaba de en medio del tabernáculo.

12 Y dijo Moisés a Jehová: Mira, ᵐtú me dices a mí: Saca este pueblo: y tú no me has declarado a quién has de enviar conmigo: sin embargo, tú dices: Yo te he conocido por tu nombre, y has hallado también gracia en mis ojos.

13 Ahora, pues, si he hallado gracia en tus ojos, te ruego ᵖque me muestres ahora tu camino, para que te conozca, y que halle gracia en tus ojos; y considera que ʳeste pueblo es tu gente.

14 Y Él dijo: ᵘMi presencia irá contigo, y ᵛte daré descanso.

15 Y él respondió: ˣSi tu presencia no ha de ir conmigo, no nos saques de aquí.

16 ¿Y en qué se conocerá aquí que he hallado gracia en tus ojos, yo y tu pueblo, ᵃsino en andar tú con nosotros, y ᵇque yo y tu pueblo seamos apartados de todos los pueblos que están sobre la faz de la tierra?

---

a Dt 13:6-11
Mt 10:37
b cp 29:42-43

c 1 Sm 12:20

d Nm 25:13
2 Sm 16:12
Am 5:15
e Nm 16:27

f cp 13:21

g Rm 9:3
h Sal 56:8
69:28 139:16
Dn 12:1
Fil 4:3
Ap 3:5 13:8
17:8 20:12-15
21:27 y 22:19
i Ez 18:4-20
j cp 33:2-3
k Gn 32:30
Nm 12:8
Dt 34:10
l 1 Cr 1:12
m cp 32:34

n Gn 12:7
o cp 28:34
p Sal 25:4
y 119:33
q cp 13:5
r Dt 9:29
Jl 2:17
s cp 3:8
t vers 15,17
u cp 40:34
Is 63:9
v Dt 3:20
Jos 21:44
22:4 y 23:1
Sal 95:11
x ver 3
y Nm 14:39
z Ez 24:17-23
a Nm 14:14
b 1 Re 8:53

La Escritura en tablas nuevas

17 Y Jehová dijo a Moisés: También haré esto que has dicho, ªpor cuanto has hallado gracia en mis ojos, y te he conocido por tu nombre.

18 Él entonces dijo: Te ruego: Muéstrame tu gloria.

19 Y le respondió: ᵈYo haré pasar todo mi bien delante de tu rostro, y proclamaré el nombre de Jehová delante de ti; ᵉy tendré ᶠmisericordia del que tendré misericordia, y seré clemente para con el que seré clemente.

20 Dijo más: No podrás ver mi rostro: ⁱporque no me verá hombre, y vivirá.

21 Y dijo aún Jehová: He aquí lugar junto a mí, y tú estarás sobre la peña:

22 Y será que, cuando pasare mi gloria, yo te pondré en una hendidura de la peña, y te cubriré con mi mano hasta que haya pasado:

23 Después apartaré mi mano, y verás mis espaldas; ᵏmas no se verá mi rostro.

CAPÍTULO 34

Y Jehová dijo a Moisés: ᵐAlísate dos tablas de piedra como las primeras, y escribiré sobre esas tablas las palabras que estaban en las tablas primeras que quebraste.

2 Apercíbete, pues, para mañana, y sube por la mañana al monte de Sinaí, y preséntate allí ante mí, ˢsobre la cumbre del monte.

3 Y ᵗno suba hombre contigo, ni parezca alguno en todo el monte; ni ovejas ni bueyes pazcan delante del monte.

4 Y Moisés alisó dos tablas de piedra como las primeras; y se levantó por la mañana, y subió al monte de Sinaí, como le mandó Jehová, y llevó en su mano las dos tablas de piedra.

5 Y Jehová descendió en la nube, y estuvo allí con él, ᶻproclamando el nombre de Jehová.

6 Y pasando Jehová por delante de él, proclamó: ᶜJehová, Jehová, Dios misericordioso y piadoso; lento para la ira y grande en benignidad y verdad;

7 ᵉque guarda la misericordia en millares, que perdona la iniquidad, la rebelión, y el pecado, y ᶠque de ningún modo dará por inocente al culpable; que visita la iniquidad de los padres sobre los hijos y sobre los hijos de los hijos, hasta la tercera y cuarta *generación*.

8 Entonces Moisés, apresurándose, ᵇbajó la cabeza hacia el suelo y adoró;

9 y dijo: Si ahora, Señor, ᶜhe hallado gracia en tus ojos, vaya ahora el Señor en medio de nosotros; porque éste *es* pueblo de dura cerviz; y perdona nuestra iniquidad y nuestro pecado, y ᵍtómanos por tu heredad.

10 Y Él dijo: He aquí, yo hago pacto delante de todo tu pueblo: ʰharé maravillas que no han sido hechas en toda la tierra, ni en nación alguna; y verá todo el pueblo en medio del cual estás tú, la obra de Jehová; ⁱporque *será* cosa terrible la que yo haré contigo.

11 Guarda lo que yo te mando hoy; he aquí que yo echo de delante de tu presencia al amorreo, y al cananeo, y al heteo, y al ferezeo, y al heveo, y al jebuseo.

12 ˡGuárdate que no hagas alianza con los moradores de la tierra donde has de entrar, para que no sean tropezadero en medio de ti:

13 Mas ⁿderribaréis sus altares, y quebraréis sus estatuas, ᵒy talaréis sus imágenes de Asera.

14 ᵖPorque no adorarás a dios ajeno; pues Jehová, ᑫcuyo nombre *es* Celoso, ʳDios celoso *es*.

15 Por tanto no harás alianza con los moradores de aquella tierra; ᵘporque fornicarán en pos de sus dioses, y sacrificarán a sus dioses, ᵛy te llamarán, ˣy comerás de sus sacrificios,

16 o ᵞtomando de sus hijas para tus hijos, y fornicando sus hijas en pos de sus dioses, harán también fornicar a tus hijos en pos de los dioses de ellas.

17 No te harás dioses de fundición.

18 ªLa fiesta de los panes sin levadura guardarás: siete días comerás pan sin levadura, según te he mandado, ᵇen el tiempo del mes de Abib; porque en el mes de Abib saliste de Egipto.

19 ᵈTodo lo que abre la matriz, mío es; y de tu ganado, todo primogénito de vaca o de oveja que fuere macho.

20 Pero redimirás con cordero el primogénito del asno; y si no lo redimieres, entonces le quebrarás la cerviz. Redimirás ᵍtodo primogénito

de tus hijos, y ninguno se presentará delante de mí con las manos vacías.

21 ᵇSeis días trabajarás, mas en el séptimo día descansarás: Descansarás aun en la arada y en la siega.

22 ᶜY te harás la fiesta de las semanas a los principios de la siega del trigo: y la fiesta de la cosecha a la vuelta del año.

23 ᵈTres veces en el año se presentarán todos tus varones delante de Jehová el Señor, Dios de Israel.

24 Porque yo arrojaré las naciones de tu presencia, y ensancharé tu término; ᵉy ninguno codiciará tu tierra, cuando tú subieres para presentarte delante de Jehová tu Dios tres veces en el año.

25 ᵍNo ofrecerás con leudo la sangre de mi sacrificio; ʰni quedará de la noche para la mañana el sacrificio de la fiesta de la pascua.

26 ʲLa primicia de los primeros frutos de tu tierra meterás en la casa de Jehová tu Dios. ᵏNo cocerás el cabrito en la leche de su madre.

27 Y Jehová dijo a Moisés: Escribe tú estas palabras; porque conforme a estas palabras he hecho pacto contigo y con Israel.

28 ᵐY él estuvo allí con Jehová cuarenta días y cuarenta noches: no comió pan, ni bebió agua; ⁿy escribió en tablas las palabras del pacto, los diez mandamientos.

29 Y aconteció, que descendiendo Moisés del monte Sinaí ᵒcon las dos tablas del testimonio en su mano, mientras descendía del monte, no sabía él que la tez de su rostro resplandecía, después que hubo con Él hablado.

30 Y miró Aarón y todos los hijos de Israel a Moisés, y he aquí la tez de su rostro era resplandeciente; y tuvieron miedo de acercarse a él.

31 Y los llamó Moisés; y Aarón y todos los príncipes de la congregación volvieron a él, y Moisés les habló.

32 Y después se acercaron todos los hijos de Israel, ᵘa los cuales mandó todas las cosas que Jehová le había dicho en el monte de Sinaí.

33 Y *cuando* hubo acabado Moisés de hablar con ellos, ᶻpuso un velo sobre su rostro.

34 Y ᵃcuando venía Moisés delante de Jehová para hablar con Él, se quitaba el velo hasta que salía; y saliendo, hablaba con los hijos de Israel lo que le era mandado;

35 y veían los hijos de Israel el rostro de Moisés, que la tez de su rostro era resplandeciente; y volvía Moisés a poner el velo sobre su rostro, hasta que entraba a hablar con Él.

CAPÍTULO 35

Y Moisés reunió a toda la congregación de los hijos de Israel, y les dijo: Éstas *son* las cosas que Jehová ha mandado que hagáis.

2 ᶠSeis días se hará obra, mas el día séptimo os será santo, sábado de reposo a Jehová: cualquiera que en él hiciere obra, morirá.

3 ⁱNo encenderéis fuego en todas vuestras moradas en el día del sábado.

4 Y habló Moisés a toda la congregación de los hijos de Israel, diciendo: ˡEsto es lo que Jehová ha mandado, diciendo:

5 Tomad de entre vosotros ofrenda para Jehová; todo aquel que sea de corazón generoso traerá ofrenda a Jehová: oro, plata, bronce;

6 azul, púrpura, carmesí, lino fino y *pelo* de cabra;

7 pieles de carneros teñidas de rojo, y pieles de tejones y madera de acacia;

8 aceite para la luminaria, especias aromáticas para el aceite de la unción y para el incienso aromático;

9 piedras de ónice y piedras de engaste para el efod y para el pectoral.

10 ᵖY todo sabio de corazón de entre vosotros, vendrá y hará todas las cosas que Jehová ha mandado;

11 ᑫel tabernáculo, su tienda, su cubierta, sus anillos, sus tablas, sus vigas, sus columnas y sus bases;

12 ʳel arca y sus varas, el propiciatorio, ˢel velo de la tienda;

13 ᵗla mesa y sus varas, y todos sus vasos, ᵛy el pan de la proposición;

14 ˣel candelero de la luminaria y sus vasos, sus candilejas, y el ʸaceite para la luminaria;

15 ᵃel altar del incienso y sus varas, ᵇel aceite de la unción, el incienso

El pueblo ofrenda más de lo esperado — ÉXODO 36

aromático, la ªcortina de la puerta para la entrada del tabernáculo;

16 ᵇel altar del holocausto, su enrejado de bronce y sus varas, y todos sus vasos, y la fuente con su base;

17 las cortinas del atrio, sus columnas y sus bases, la cortina de la puerta del atrio;

18 las estacas del tabernáculo, y las estacas del atrio y sus cuerdas;

19 ᵉlas vestiduras del servicio para ministrar en el santuario, las sagradas vestiduras de Aarón el sacerdote, y las vestiduras de sus hijos para servir en el sacerdocio.

20 Y salió toda la congregación de los hijos de Israel de delante de Moisés.

21 Y vino todo varón ᶠa quien su corazón estimuló, y todo aquel a quien su espíritu le dio voluntad, y trajeron ofrenda a Jehová para la obra del tabernáculo de la congregación, y para todo su servicio, y para las vestiduras santas.

22 Y vinieron así hombres como mujeres, todo voluntario de corazón, y trajeron cadenas y zarcillos, anillos y ᵍbrazaletes, y toda joya de oro; y todos ofrecían ofrenda de oro a Jehová.

23 Todo hombre que tenía ⁱazul, púrpura, o carmesí, o lino fino, o *pelo* de cabras, o pieles rojas de carneros, o pieles de tejones, *lo* traía.

24 Todo el que ofrecía ofrenda de plata o de bronce, traía a Jehová la ofrenda: y todo el que tenía madera de acacia, la traía para toda la obra del servicio.

25 Además todas las mujeres ᵏsabias de corazón hilaban de sus manos, y traían lo que habían hilado: azul, púrpura, carmesí y lino fino.

26 Y todas las mujeres cuyo corazón las levantó en sabiduría, hilaron *pelo* de cabras.

27 Y los príncipes trajeron piedras de ónice, y las piedras de engaste para el efod y el pectoral;

28 ᵐy las especias aromáticas y el aceite para la luminaria, y para el aceite de la unción, y para el incienso aromático.

29 De los hijos de Israel, así hombres como mujeres, todos los que tuvieron corazón voluntario para traer para toda la obra, que Jehová había mandado por medio de Moisés que hiciesen, ᶜtrajeron ofrenda voluntaria a Jehová.

30 Y dijo Moisés a los hijos de Israel: ᵈMirad, Jehová ha nombrado a Bezaleel, hijo de Uri, hijo de Hur, de la tribu de Judá;

31 y lo ha llenado de Espíritu de Dios, en sabiduría, en inteligencia, y en ciencia, y en todo arte,

32 para proyectar diseños, para trabajar en oro, en plata y en bronce,

33 y en el labrado de piedras de engaste, y en el tallado de madera, y para trabajar en toda clase de obra de arte.

34 Y ha puesto en su corazón el que pueda enseñar, así él como Aholiab, hijo de Ahisamac, de la tribu de Dan;

35 y los ha llenado de sabiduría de corazón, para que hagan toda obra de arte y de diseño, y de bordado en azul, en púrpura, en carmesí, en lino fino y en telar; para que hagan toda labor, e inventen todo diseño.

CAPÍTULO 36

Bezaleel, Aholiab y todo hombre ʰsabio de corazón a quien Jehová dio sabiduría e inteligencia para saber hacer toda la obra del servicio del santuario, harán todas las cosas que ha mandado Jehová.

2 Y Moisés llamó a Bezaleel y a Aholiab, y a todo varón sabio de corazón, en cuyo corazón había dado Jehová sabiduría, y a todo hombre ʲa quien su corazón le movió a venir a la obra para trabajar en ella.

3 Y recibieron de Moisés toda la ofrenda que los hijos de Israel ˡhabían traído para la obra del servicio del santuario, a fin de hacerla. Y ellos seguían trayendo ofrendas voluntarias cada mañana.

4 Vinieron, por tanto, todos los maestros que hacían toda la obra del santuario, cada uno de la obra que hacía.

5 Y hablaron a Moisés, diciendo: ⁿEl pueblo trae mucho más de lo que se necesita para la obra del servicio que Jehová ha mandado que se haga.

6 Entonces Moisés mandó pregonar por el campamento, diciendo:

ÉXODO 36

Ningún hombre ni mujer haga más obra para ofrecer para el santuario. Y así el pueblo fue impedido de ofrendar más;

7 pues tenían material abundante para hacer toda la obra, y sobraba.

8 ªY todos los sabios de corazón entre los que hacían la obra, hicieron el tabernáculo de diez cortinas, de lino torcido, y de azul, y de púrpura y carmesí; las cuales hicieron de obra de arte, con querubines.

9 La longitud de una cortina *era* de veintiocho codos, y la anchura de cuatro codos: todas las cortinas tenían una misma medida.

10 Y juntó las cinco cortinas la una con la otra: asimismo unió *las otras* cinco cortinas la una con la otra.

11 E hizo las lazadas de azul en la orilla de una cortina, en el borde, a la juntura; y así hizo en la orilla al borde de la *segunda* cortina, en la juntura.

12 Cincuenta lazadas hizo en una cortina, y otras cincuenta en la segunda cortina, en el borde, en la juntura; las lazadas sostenían a una *cortina* con la otra.

13 Hizo también cincuenta corchetes de oro, con los cuales juntó las cortinas, la una con la otra; y se hizo un tabernáculo.

14 Hizo asimismo cortinas de pelo de cabras para la tienda sobre el tabernáculo, y las hizo en número de once.

15 La longitud de una cortina era de treinta codos, y la anchura de cuatro codos: las once cortinas tenían una misma medida.

16 Y juntó las cinco cortinas de por sí, y las seis cortinas aparte.

17 Hizo además cincuenta lazadas en la orilla de la cortina postrera en la juntura, y otras cincuenta lazadas en la orilla de la otra cortina en la juntura.

18 Hizo también cincuenta corchetes de bronce para juntar la tienda, de modo que fuese una.

19 E hizo una cubierta para la tienda de pieles de carneros teñidas de rojo, y encima una cubierta de pieles de tejones.

20 ᵈAdemás hizo las tablas para el tabernáculo de madera de acacia, para estar derechas.

Construyen el Arca y el Propiciatorio

21 La longitud de cada tabla *era* de diez codos, y de un codo y medio la anchura de cada tabla.

22 Cada tabla tenía dos espigas para unirlas una con otra; así hizo todas las tablas del tabernáculo.

23 Hizo, pues, las tablas para el tabernáculo; veinte tablas al lado del mediodía, al sur.

24 Hizo también las cuarenta bases de plata debajo de las veinte tablas; dos bases debajo de una tabla para sus dos espigas, y dos bases debajo de la otra tabla para sus dos espigas.

25 Y para el otro lado del tabernáculo, al lado norte, hizo veinte tablas,

26 con sus cuarenta bases de plata: dos bases debajo de una tabla, y dos bases debajo de la otra tabla.

27 Y para el lado occidental del tabernáculo hizo seis tablas.

28 Para las esquinas del tabernáculo en los dos lados hizo dos tablas,

29 las cuales se juntaban por abajo, y asimismo por arriba a un gozne; y así hizo a la una y a la otra en las dos esquinas.

30 Eran, pues, ocho tablas, y sus bases de plata dieciséis; ªdos bases debajo de cada tabla.

31 ᵇHizo también las vigas de madera de acacia; cinco para las tablas de un lado del tabernáculo,

32 y cinco vigas para las tablas del otro lado del tabernáculo, y cinco vigas para las tablas del lado del tabernáculo a la parte occidental.

33 E hizo que la viga del medio pasase por medio de las tablas de un extremo al otro.

34 Y cubrió las tablas de oro, e hizo de oro los anillos de ellas por donde pasasen las vigas: cubrió también de oro las vigas.

35 ᶜHizo asimismo el velo de azul, y púrpura, y carmesí, y lino torcido, el cual hizo con querubines de obra de arte.

36 Y para él hizo cuatro columnas de madera de acacia; y las cubrió de oro, los capiteles de las cuales *eran* de oro; e hizo para ellas cuatro bases de plata de fundición.

37 Hizo también el velo para la puerta del tabernáculo, *de* azul, y púrpura, y carmesí, y lino torcido, obra de recamador;

---

a hasta 19

b ver 20
cp 25:28
y 30:5

c hasta 38
cp 36:31-37

d hasta 34,
cp 26:15-29

Los utensilios y el Altar del incienso

38 y sus cinco columnas con sus capiteles: y cubrió las cabezas de ellas y sus molduras de oro: pero sus cinco bases las hizo de bronce.

CAPÍTULO 37

Hizo también Bezaleel [b]el arca de madera de acacia; su longitud *era* de dos codos y medio, y de un codo y medio su anchura, y su altura de otro codo y medio:

2 Y la cubrió de oro puro por dentro y por fuera, y le hizo una cornisa de oro en derredor.

3 Le hizo además de fundición cuatro anillos de oro a sus cuatro esquinas; en un lado dos anillos y en el otro lado dos anillos.

4 Hizo también las varas de madera de acacia, y las cubrió de oro.

5 Y metió las varas por los anillos a los lados del arca, para llevar el arca.

6 Hizo asimismo el propiciatorio de oro puro; su longitud de dos codos y medio, y su anchura de un codo y medio.

7 Hizo también los dos querubines de oro, los hizo labrados a martillo, a los dos extremos del propiciatorio:

8 Un querubín a un extremo, y el otro querubín al otro extremo; de una pieza con el [d]propiciatorio; hizo los querubines a sus dos extremos.

9 Y los querubines extendían sus alas por encima, cubriendo con sus alas el propiciatorio; y con sus rostros el uno frente al otro, mirando hacia el propiciatorio los rostros de los querubines.

10 [f]Hizo también la mesa de madera de acacia; su longitud *era* de dos codos, y su anchura de un codo, y de un codo y medio su altura;

11 Y la cubrió de oro puro, y le hizo una cornisa de oro en derredor.

12 Le hizo también una moldura de un palmo menor de anchura alrededor, e hizo en derredor de la moldura una cornisa de oro.

13 Le hizo asimismo de fundición cuatro anillos de oro, y los puso a las cuatro esquinas que correspondían a las cuatro patas de ella.

14 Delante de la moldura estaban los anillos, por los cuales se metiesen las varas para llevar la mesa.

15 E hizo las varas de madera de acacia para llevar la mesa, y las cubrió de oro.

16 También hizo los vasos que *habían de* estar sobre la mesa, [a]sus platos, y sus cucharas, y sus cubiertos y sus tazones con que se había de libar, de oro fino.

17 [c]Hizo asimismo el candelero de oro puro, y lo hizo labrado a martillo; su pie y su caña, sus copas, sus manzanas y sus flores eran de lo mismo.

18 De sus lados salían seis brazos; tres brazos de un lado del candelero, y otros tres brazos del otro lado del candelero:

19 En un brazo, tres copas figura de flor de almendro, una manzana y una flor; y en el otro brazo tres copas figura de flor de almendro, una manzana y una flor: y así en los seis brazos que salían del candelero.

20 Y en el candelero *había* cuatro copas figura de flor de almendro, sus manzanas y sus flores:

21 Y una manzana debajo de los dos brazos de lo mismo, y otra manzana debajo de los otros dos brazos de lo mismo, y otra manzana debajo de los otros dos brazos de lo mismo, conforme a los seis brazos que salían de él.

22 Sus manzanas y sus brazos eran de lo mismo; todo *era* una pieza labrada a martillo, *de* oro puro.

23 Hizo asimismo sus siete candilejas, y sus despabiladeras, y sus platillos, de oro puro;

24 De un talento de oro puro lo hizo, con todos sus vasos.

25 [e]Hizo también el altar del incienso de madera *de* acacia; un codo su longitud, y otro codo su anchura, *era* cuadrado; y su altura de dos codos; y sus cuernos de la misma pieza.

26 Y lo cubrió de oro puro, su mesa y sus paredes alrededor, y sus cuernos; y le hizo una cornisa de oro alrededor.

27 Le hizo también dos anillos de oro debajo de la cornisa en las dos esquinas a los dos lados, para meter por ellos las varas con que había de ser llevado.

28 E hizo las varas de madera *de* acacia, y las cubrió de oro.

29 Hizo asimismo [g]el aceite santo de la unción, y el incienso puro de

---

a cp 25:29
b hasta 9 cp 25:10-20
c hasta 24, cp 25:31-39
d cp 25:19
e hasta 28 cp 30:1-5
f hasta 16 cp 25:23-29
g cp 30:23-34

ÉXODO 38

Construcción del Atrio

especias aromáticas, obra de perfumista.

CAPÍTULO 38

Igualmente ªhizo el altar del holocausto de madera *de* acacia; su longitud de cinco codos, y su anchura de otros cinco codos, cuadrado, y de tres codos de altura.

2 E hizo los cuernos a sus cuatro esquinas, los cuales eran de la misma pieza, y lo cubrió de bronce.

3 Hizo asimismo todos los vasos del altar: calderas, y tenazas, y tazones, y garfios, y palas; todos sus vasos hizo de bronce.

4 E hizo para el altar el enrejado de bronce, de hechura de red, que puso en su cerco por debajo hasta el medio del altar.

5 Hizo también cuatro anillos de fundición a los cuatro extremos del enrejado de bronce, para meter las varas.

6 E hizo las varas de madera de acacia, y las cubrió de bronce.

7 Y metió las varas por los anillos a los lados del altar, para llevarlo con ellas; hueco lo hizo, de tablas.

8 ᶜTambién hizo la fuente de bronce, con su base de bronce, de los espejos de las *mujeres* que ᵉvelaban a la puerta del tabernáculo de la congregación.

9 ᵍHizo asimismo el atrio; del lado sur, al mediodía, las cortinas del atrio *eran* de cien codos, de lino torcido:

10 Sus columnas veinte, con sus veinte bases de bronce: los capiteles de las columnas y sus molduras, de plata.

11 Y a la parte del norte cortinas de cien codos; sus columnas, veinte, con sus veinte bases de bronce; los capiteles de las columnas y sus molduras, de plata.

12 A la parte del occidente cortinas de cincuenta codos; sus columnas diez, y sus diez bases; los capiteles de las columnas y sus molduras, de plata.

13 Y a la parte oriental, al este, cortinas de cincuenta codos:

14 Al un lado cortinas de quince codos, sus tres columnas, y sus tres bases;

15 Al otro lado, de uno y otro lado de la puerta del atrio, cortinas de quince codos, sus tres columnas, y sus tres bases.

16 Todas las cortinas del atrio alrededor eran de lino torcido.

17 Y las bases de las columnas eran de bronce; los capiteles de las columnas y sus molduras, de plata; asimismo las cubiertas de las cabezas de ellas, de plata: y todas las columnas del atrio tenían molduras de plata.

18 Y la cortina de la puerta del atrio era de obra de recamador, de azul, púrpura y carmesí, y lino torcido; la longitud de veinte codos, y la altura en el ancho de cinco codos, conforme a las cortinas del atrio.

19 Y sus columnas fueron cuatro con sus cuatro bases de bronce; y sus capiteles de plata; y las cubiertas de los capiteles de ellas y sus molduras, de plata.

20 Y todas las estacas del tabernáculo y del atrio alrededor eran de bronce.

21 Éstas son las cuentas del tabernáculo, ᵇdel tabernáculo del testimonio, como fue contado, por orden de Moisés ᵈpor mano de Itamar, hijo de Aarón sacerdote, para el ministerio de los levitas.

22 ᶠY Bezaleel, hijo de Uri, hijo de Hur, de la tribu de Judá, hizo todas las cosas que Jehová mandó a Moisés.

23 Y con él estaba ʰAholiab, hijo de Ahisamac, de la tribu de Dan, artífice, y diseñador, y recamador en azul, y púrpura, y carmesí, y lino fino.

24 Todo el oro empleado en la obra, en toda la obra del santuario, el cual fue oro de ⁱofrenda, fue veintinueve talentos, y setecientos treinta siclos, ʲsegún el siclo del santuario.

25 Y la plata de los contados de la congregación *fue* cien talentos, y mil setecientos setenta y cinco siclos, según el siclo del santuario:

26 ᵏMedio por cabeza, medio siclo, según el siclo del santuario, a todos los que pasaron por cuenta de edad de veinte años y arriba, que fueron ˡseiscientos tres mil quinientos cincuenta.

---

a hasta 7
cp 27:1-8

b Nm 1:50-53
10:11 y 17:7-8
2 Cr 24:6
Hch 7:44
c cp 30:18
d cp 6:23
y 28:1
Nm 4:28-33
e 1 Sm 2:22
f cp 31:2-3
g hasta 20
h cp 31:6

i cp 35:22

j cp 30:13-24
Lv 5:15
y 27:3-25
Nm 3:47
y 18:16

k cp 30:13-15
Gn 24:22

l Nm 1:46

Las vestiduras sacerdotales

27 Hubo además cien talentos de plata para hacer de fundición ᵃlas bases del santuario y las bases del velo; en cien bases cien talentos, a talento por base.

28 Y de los mil setecientos setenta y cinco siclos hizo los capiteles de las columnas, y cubrió los capiteles de ellas, y las ciñó.

29 Y el bronce ofrendado *fue* setenta talentos, y dos mil cuatrocientos siclos;

30 del cual hizo las bases de la puerta del tabernáculo de la congregación, y el ᶜaltar de bronce, y su enrejado de bronce, y todos los vasos del altar.

31 Y las ᵈbases del atrio alrededor, y las bases de la puerta del atrio, y todas las estacas del tabernáculo, y todas las estacas del atrio alrededor.

a cp 16:19-32
b cp 28:17
c cp 27:2-4
d cp 27:10-19

CAPÍTULO 39

Y ᵉdel azul, y púrpura, y carmesí, hicieron ᶠlas vestimentas del ministerio para ministrar en el santuario, y asimismo hicieron las vestiduras santas para Aarón; ᵍcomo Jehová lo había mandado a Moisés.

2 ʰHizo también el efod de oro, de azul y púrpura y carmesí, y lino torcido.

3 Y extendieron las planchas de oro, y cortaron hilos para tejerlos entre el azul, y entre la púrpura, y entre el carmesí, y entre el lino, con delicada obra.

4 Le hicieron las hombreras para que se juntasen; y se unían en sus dos lados.

5 Y el cinto del efod que *estaba* sobre él, *era* de lo mismo, conforme a su obra; de oro, azul, y púrpura, y carmesí, y lino torcido; como Jehová lo había mandado a Moisés.

6 Y labraron las piedras de ónice montadas en engastes de oro, grabadas de grabadura de sello con los nombres de los hijos de Israel:

7 Y las puso sobre las hombreras del efod, por piedras ʲde memoria a los hijos de Israel; como Jehová lo había mandado a Moisés.

8 Hizo también el pectoral de obra de arte, como la obra del efod, de oro, azul, y púrpura, y carmesí, y lino torcido.

e cp 35:23
f cp 31:10
g cp 28:4
h hasta 29 cp 28:6-35
i cp 28:28
j cp 28:12

ÉXODO 39

9 Era cuadrado: doble hicieron el pectoral: su longitud era de un palmo, y de un palmo su anchura, doblado.

10 ᵇY engastaron en él cuatro hileras de piedras. *La primera* hilera *era* un sardio, un topacio, y un carbunclo; ésta era la primera hilera.

11 La segunda hilera, una esmeralda, un zafiro, y un diamante.

12 La tercera hilera, un jacinto, un ágata, y una amatista.

13 Y la cuarta hilera, un berilo, un ónice y un jaspe; montadas y encajadas en sus engastes de oro.

14 Y las piedras eran conforme a los nombres de los hijos de Israel, doce según los nombres de ellos; como grabaduras de sello, cada una con su nombre según las doce tribus.

15 Hicieron también sobre el pectoral las cadenas pequeñas de hechura de trenza, de oro puro.

16 Hicieron asimismo los dos engastes y los dos anillos, de oro; y pusieron los dos anillos de oro en los dos cabos del pectoral.

17 Y pusieron las dos trenzas de oro en aquellos dos anillos a los cabos del pectoral.

18 Y fijaron los dos extremos de las dos trenzas en los dos engastes, que pusieron sobre las hombreras del efod, en la parte delantera de él.

19 E hicieron dos anillos de oro, que pusieron en los dos extremos del pectoral, en su orilla, a la parte baja del efod.

20 Hicieron además dos anillos de oro, los cuales pusieron en las dos hombreras del efod, abajo en la parte delantera, delante de su juntura, sobre el cinto del efod.

21 Y ataron el pectoral de sus anillos a los anillos del efod con un cordón de azul, para que estuviese sobre el cinto del mismo efod, y no se apartase el pectoral del efod; ⁱcomo Jehová lo había mandado a Moisés.

22 Hizo también el manto del efod de obra de tejedor, todo de azul.

23 Con su abertura en medio de él, como el cuello de un coselete, con un borde en derredor de la abertura, para que no se rompiese.

24 E hicieron en las orillas del manto las granadas de azul y púrpura, y carmesí y *lino* torcido.

ÉXODO 40

25 Hicieron también las campanillas de oro puro, y pusieron las campanillas entre las granadas por las orillas del manto alrededor, entre las granadas.

26 Una campanilla y una granada, una campanilla y una granada alrededor, en las orillas del manto, para ministrar; ᵇcomo Jehová lo mandó a Moisés.

27 ᶜIgualmente hicieron las túnicas de lino fino de obra de tejedor, para Aarón y para sus hijos;

28 asimismo la mitra de lino fino, y los adornos de las tiaras de lino fino, y los calzoncillos de lino, de lino torcido;

29 también el cinto de lino torcido, y de azul, y púrpura, y carmesí, de obra de recamador; como Jehová lo mandó a Moisés.

30 ᶠHicieron asimismo la plancha de la corona santa de oro puro, y escribieron en ella *como* grabado de sello, SANTIDAD A JEHOVÁ.

31 Y pusieron en ella un cordón de azul, para colocarla en alto sobre la mitra; como Jehová lo había mandado a Moisés.

32 Así fue acabada toda la obra del tabernáculo, del tabernáculo de la congregación; ᵏe hicieron los hijos de Israel como Jehová lo había mandado a Moisés: así lo hicieron.

33 Y trajeron el tabernáculo a Moisés, el tabernáculo y todos sus vasos; sus corchetes, sus tablas, sus vigas, sus columnas, y sus bases;

34 y la cubierta de pieles rojas de carneros, y la cubierta de pieles de tejones, y el ᵐvelo del pabellón;

35 el arca del testimonio, y sus varas, y el propiciatorio;

36 la mesa, todos sus vasos, y el pan de la proposición;

37 ᵒel candelero puro, sus candilejas, las lámparas que debían mantenerse en orden, y todos sus vasos, y el aceite para la luminaria;

38 ᑫy el altar de oro, y el aceite de la unción, y el incienso aromático, y la cortina para la puerta del tabernáculo;

39 el altar de bronce, con su enrejado de bronce, sus varas, y todos sus vasos; y la fuente, y su base;

a cp 27:9-15

b cp 28:34

c cp 28:39

d Nm 25:13

e Lv 9:22-23
Nm 6:23
Jos 22:6
2 Sm 6:18
1 Re 8:14
2 Cr 30:27

f cp 28:36-37
g cp 12:2 13:4
h ver 17
cp 26:1-20
i cp 35:12

j cp 11:9
k vers 42,43
cp 25:40

l cp 39:38

m cp 35:12
n 1 Cr 1:12

o cp 25:31

p cp 30:26

q cp 30:3
37:26
y 40:5,26
r cp 30:28

El Tabernáculo es terminado

40 ᵃlas cortinas del atrio, y sus columnas, y sus bases, y la cortina para la puerta del atrio, y sus cuerdas, y sus estacas, y todos los vasos del servicio del tabernáculo, del tabernáculo de la congregación;

41 las vestimentas del servicio para ministrar en el santuario, las santas vestiduras para Aarón el sacerdote, y las vestiduras de sus hijos, para ministrar en el sacerdocio.

42 En conformidad a todas las cosas que Jehová había mandado a Moisés, ᵈasí hicieron los hijos de Israel toda la obra.

43 Y vio Moisés toda la obra, y he aquí, la habían hecho; tal como Jehová lo había mandado, así lo hicieron. ᵉY Moisés los bendijo.

CAPÍTULO 40

Y Jehová habló a Moisés, diciendo:
2 En el primer día del ᵍmes primero harás levantar ʰel tabernáculo, el tabernáculo de la congregación:

3 Y pondrás en él el arca del testimonio, y ⁱcubrirás el arca con el velo.

4 Y ʲmeterás la mesa, y la pondrás en orden; meterás también el candelero y encenderás sus lámparas;

5 ˡy pondrás el altar de oro para el incienso delante del arca del testimonio, y pondrás la cortina delante de la puerta del tabernáculo.

6 Después pondrás el altar del holocausto delante de la puerta del tabernáculo, del tabernáculo de la congregación.

7 Luego ⁿpondrás la fuente entre el tabernáculo de la congregación y el altar; y pondrás agua en ella.

8 Finalmente pondrás el atrio en derredor, y la cortina de la puerta del atrio.

9 Y tomarás el aceite de la unción y ᵖungirás el tabernáculo, y todo lo que está en él; y le santificarás con todos sus vasos, y será santo.

10 ʳUngirás también el altar del holocausto y todos sus vasos: y santificarás el altar, y será un altar santísimo.

11 Asimismo ungirás la fuente y su base, y la santificarás.

La gloria de Jehová llena el Tabernáculo

ÉXODO 40

12 ªY harás llegar a Aarón y a sus hijos a la puerta del tabernáculo de la congregación, y los lavarás con agua.

13 Y harás vestir a Aarón las vestiduras ᶜsantas, y lo ungirás, y lo santificarás, para que sea mi sacerdote.

14 Después harás llegar sus hijos, y les vestirás las túnicas;

15 Y los ungirás como ungiste a su padre, y serán mis sacerdotes; y será que su unción les servirá ᵍpor sacerdocio perpetuo por sus generaciones.

16 Y Moisés hizo conforme a todo lo que Jehová le mandó; así lo hizo.

17 Y así en el día primero del primer mes, en el segundo año, ⁱel tabernáculo fue erigido.

18 Y Moisés hizo levantar el tabernáculo, y asentó sus bases, y colocó sus tablas, y puso sus vigas, e hizo alzar sus columnas.

19 Y extendió la tienda sobre el tabernáculo, y puso la sobrecubierta encima del mismo, como Jehová había mandado a Moisés.

20 Y tomó ˡy puso el testimonio dentro del arca; y colocó las varas en el arca y puso el propiciatorio arriba, sobre el arca.

21 Y metió el arca en el tabernáculo; ⁿy puso el velo de la tienda y cubrió el arca del testimonio, como Jehová había mandado a Moisés.

22 ᵒY puso la mesa en el tabernáculo de la congregación, al lado norte de la cortina, fuera del velo:

23 ᑫy sobre ella puso por orden los panes delante de Jehová, como Jehová había mandado a Moisés.

24 ˢY puso el candelero en el tabernáculo de la congregación, enfrente de la mesa, al lado sur de la cortina.

25 Y encendió las lámparas delante de Jehová, como Jehová había mandado a Moisés.

a Lv 8:1-13
b ver 5
cp 30:6

c cp 28:41
d cp 26:36

e ver 6

f cp 29:41
g Nm 25:13

h ver 7

i Nm 7:1

j cp 30:19-20

k cp 27:9-16

l cp 25:16
m cp 13:21
y 29:43
Lv 16:2
Nm 9:15
1 Re 8:10-11
2 Cr 5:13 7:2
Is 6:4
Hag 2:7-9
Ap 15:8
n cp 35:12
o cp 26:35
p Nm 9:17
y 10:11
q ver 4
r Nm 19:22
s cp 26:35

26 ᵇPuso también el altar de oro en el tabernáculo de la congregación, delante del velo,

27 y encendió sobre él el incienso aromático, como Jehová había mandado a Moisés.

28 ᵈPuso asimismo la cortina de la puerta del tabernáculo.

29 ᵉY colocó el altar del holocausto a la puerta del tabernáculo, del tabernáculo de la congregación; ᶠy ofreció sobre él holocausto y presente, como Jehová había mandado a Moisés.

30 ʰY puso la fuente entre el tabernáculo de la congregación y el altar; y puso en ella agua para lavar.

31 Y Moisés y Aarón y sus hijos lavaban en ella sus manos y sus pies.

32 Cuando entraban en el tabernáculo de la congregación, y cuando se acercaban al altar, se lavaban, ʲcomo Jehová había mandado a Moisés.

33 ᵏFinalmente erigió el atrio en derredor del tabernáculo y del altar, y puso la cortina de la puerta del atrio. Y así acabó Moisés la obra.

34 ᵐEntonces una nube cubrió el tabernáculo de la congregación, y la gloria de Jehová llenó el tabernáculo.

35 Y no podía Moisés entrar en el tabernáculo de la congregación, porque la nube estaba sobre él, y la gloria de Jehová llenaba el tabernáculo.

36 ᵖY cuando la nube se alzaba del tabernáculo, los hijos de Israel se movían en todas sus jornadas;

37 ʳpero si la nube no se alzaba, no partían hasta el día en que ella se alzaba.

38 Porque la nube de Jehová *estaba* de día sobre el tabernáculo, y el fuego estaba de noche en él, a vista de toda la casa de Israel, en todas sus jornadas.

Libro Tercero De Moisés
LEVÍTICO

CAPÍTULO 1

Y Jehová ªllamó a Moisés, ᵇy habló con él desde el tabernáculo de la congregación, diciendo:

2 Habla a los hijos de Israel, y diles: ᶜCuando alguno de entre vosotros ofreciere ofrenda a Jehová, de ganado vacuno u ovejuno haréis vuestra ofrenda.

3 Si su ofrenda fuere holocausto de vacas, macho ᵉsin defecto lo ofrecerá: de su voluntad lo ofrecerá a la puerta del tabernáculo de la congregación delante de Jehová.

4 ᶠY pondrá su mano sobre la cabeza del holocausto; ʰy él lo aceptará ⁱpara expiarle.

5 ʲEntonces degollará el becerro en la presencia de Jehová; ˡy los sacerdotes, hijos de Aarón, ofrecerán la sangre, ᵐy la rociarán alrededor sobre el altar, el cual está a la puerta del tabernáculo de la congregación.

6 Y desollará el holocausto, y lo dividirá en sus piezas.

7 Y los hijos de Aarón sacerdote pondrán fuego sobre el altar, y compondrán la leña sobre el fuego.

8 Luego los sacerdotes, hijos de Aarón, acomodarán las piezas, la cabeza y ᵒredaño, sobre la leña que *está* sobre el fuego, que habrá encima del altar.

9 Y lavará con agua sus ᵖintestinos y sus piernas; y el sacerdote lo quemará todo sobre el altar; holocausto es, ofrenda encendida de ˢolor grato a Jehová.

10 Y si su ofrenda para holocausto fuere de ovejas, de los corderos, o de las cabras, macho sin defecto lo ofrecerá.

11 Y ha de degollarlo al lado norte del altar delante de Jehová; y los sacerdotes, hijos de Aarón, rociarán su sangre sobre el altar alrededor.

12 Y lo dividirá en sus piezas, con su cabeza y su redaño; y el sacerdote las acomodará sobre la leña que está sobre el fuego, que habrá encima del altar;

13 y lavará sus entrañas y sus piernas con agua; y el sacerdote lo ofrecerá todo, y *lo* quemará sobre el altar; holocausto es, ofrenda encendida de olor grato a Jehová.

14 Y si el holocausto se hubiere de ofrecer a Jehová de aves, presentará su ofrenda de ᵈtórtolas, o de palominos.

15 Y el sacerdote *la* ofrecerá sobre el altar, y le quitará la cabeza y la quemará sobre el altar; y su sangre será exprimida sobre la pared del altar.

16 Y le quitará el buche y las plumas, ᵍlo cual echará junto al altar, hacia el oriente, en el lugar de las cenizas.

17 Y la henderá por sus alas, ᵏ*pero* no la dividirá en dos; y el sacerdote la quemará sobre el altar, sobre la leña que estará en el fuego; holocausto es, ofrenda encendida de olor grato a Jehová.

CAPÍTULO 2

Y ⁿcuando alguna persona ofreciere oblación de presente a Jehová, su ofrenda será flor de harina, sobre la cual echará aceite, y pondrá sobre ella incienso:

2 Y la traerá a los sacerdotes, hijos de Aarón; y de ello tomará el sacerdote su puño lleno de su flor de harina y de su aceite, con todo su incienso, y lo ᑫquemará como memorial sobre el altar; es ofrenda encendida de olor grato a Jehová.

3 ʳY el resto de la ofrenda *será* de Aarón y de sus hijos; ᵗ*es* cosa santísima de las ofrendas que se queman a Jehová.

4 Y cuando ofrecieres ofrenda de presente cocida en horno, *será* de tortas de flor de harina sin levadura, amasadas con aceite, ᵘy hojaldres sin levadura untadas con aceite.

5 Mas si tu presente *fuere* ofrenda de sartén, será de flor de harina sin levadura, amasada con aceite,

6 la cual partirás en piezas, y echarás sobre ella aceite; es ofrenda.

---

a Éx 19:3
b Éx 40:34
Nm 14:4-5
c cp 22:18-19
d cp 5:7 12:8
Lc 2:24
e Éx 12:5
f Éx 19:10-19
g cp 8:17 9:1
h cp 22:21-27
i cp 4:20-35
Nm 15:25
2 Cr 29:23
j Mi 6:6
k Gn 15:10
l 2 Cr 35:11
m cp 3:8
Heb 12:24
1 Pe 1:2
n cp 6:14
y 9:17
Nm 15:4
o cp 8:20
p Éx 12:9
q ver 9
cp 5:12 6:15
y 24:7
Is 66:3
Hch 10:4
r cp 7:9
y 10:12-13
s Gn 8:21
t ver 10
Éx 40:10
u Éx 29:2

Holocaustos, ofrendas y primicias

7 Y si tu presente *fuere* ofrenda *cocida* en cazuela, se hará de flor de harina con aceite.

8 Y traerás a Jehová la ofrenda que se hará de estas cosas, y la presentarás al sacerdote, el cual la llegará al altar.

9 Y el sacerdote tomará de aquella ofrenda, [b]como memorial, y la quemará sobre el altar; ofrenda encendida, de olor grato a Jehová.

10 [c]Y el resto de la ofrenda *será* de Aarón y de sus hijos; *es* cosa santísima de las ofrendas que se queman a Jehová.

11 Ninguna ofrenda que ofreciereis a Jehová, será [d]con levadura; porque de ninguna cosa leuda, ni de ninguna miel, se ha de quemar ofrenda a Jehová.

12 [e]En la ofrenda de las primicias las ofreceréis a Jehová; mas no se quemarán en el altar en olor grato.

13 Y sazonarás [f]con sal toda ofrenda de tu presente; y no harás que falte jamás [g]de tu presente [h]la sal del pacto de tu Dios: en toda ofrenda tuya ofrecerás sal.

14 Y si ofrecieres a Jehová presente de primicias, [j]tostarás al fuego las espigas verdes, y el grano desmenuzado ofrecerás por ofrenda de tus primicias.

15 Y [k]pondrás sobre ella aceite, y pondrás sobre ella incienso; *es* ofrenda.

16 Y el sacerdote quemará el [m]memorial de él, *parte* de su grano desmenuzado, y de su aceite con todo su incienso; es ofrenda encendida a Jehová.

CAPÍTULO 3

Y si su ofrenda fuere [n]sacrificio de paz, si hubiere de ofrecerlo de ganado vacuno, *sea* macho o hembra, sin defecto lo ofrecerá delante de Jehová:

2 Y [o]pondrá su mano sobre la cabeza de su ofrenda, y la degollará a la puerta del tabernáculo de la congregación; y los sacerdotes, hijos de Aarón, rociarán su sangre sobre el altar en derredor.

3 Luego ofrecerá del sacrificio de paz, por ofrenda encendida a Jehová, [p]la grosura que cubre los intestinos, y toda la grosura que está sobre las entrañas,

4 y los dos riñones, y la grosura que *está* sobre ellos, y sobre los ijares, y con los riñones quitará el redaño que está sobre el hígado.

5 Y los hijos de Aarón [a]harán arder esto en el altar, sobre el holocausto que estará sobre la leña que *habrá* encima del fuego; *es* ofrenda de olor grato a Jehová.

6 Mas si de ovejas fuere su ofrenda para sacrificio de paz a Jehová, sea macho o hembra, la ofrecerá sin defecto.

7 Si ofreciere cordero por su ofrenda, ha de ofrecerlo delante de Jehová:

8 Y pondrá su mano sobre la cabeza de su ofrenda, y después la degollará delante del tabernáculo de la congregación; y los hijos de Aarón rociarán su sangre sobre el altar en derredor.

9 Y del sacrificio de paz ofrecerá por ofrenda encendida a Jehová, su grosura, la [i]cola entera, la cual quitará a raíz del espinazo, la grosura que cubre los intestinos, y toda la grosura que está sobre las entrañas.

10 Asimismo los dos riñones, y la grosura que *está* sobre ellos, y la que está sobre los ijares, y con los riñones quitará el redaño de sobre el hígado.

11 Y el sacerdote quemará esto sobre el altar; *es* [l]vianda de ofrenda encendida a Jehová.

12 Y si fuere cabra su ofrenda la ofrecerá delante de Jehová:

13 Y pondrá su mano sobre la cabeza de ella, y la degollará delante del tabernáculo de la congregación; y los hijos de Aarón rociarán su sangre sobre el altar en derredor.

14 Después ofrecerá de ella su ofrenda encendida a Jehová; la grosura que cubre los intestinos, y toda la grosura que está sobre las entrañas,

15 y los dos riñones, y la grosura que está sobre ellos, y la que está sobre los ijares, y con los riñones quitará el redaño de sobre el hígado.

16 Y el sacerdote quemará esto sobre el altar; *es* vianda de ofrenda que se quema en olor grato. [q]Toda la grosura *es* de Jehová.

LEVÍTICO 4

Sacrificios por pecados involuntarios

17 Estatuto perpetuo *será* por vuestras generaciones; en todas vuestras moradas, ᵇninguna grosura ᶜni ninguna sangre comeréis.

CAPÍTULO 4

Y Jehová habló a Moisés, diciendo: 2 Habla a los hijos de Israel, diciendo: ᶠCuando alguna persona pecare por yerro en alguno de los mandamientos de Jehová sobre cosas que no se han de hacer, y obrare contra alguno de ellos;

3 ᵍsi un sacerdote ungido pecare según el pecado del pueblo, ofrecerá a Jehová, por su pecado que habrá cometido, un becerro sin defecto como ofrenda por el pecado.

4 Y traerá el becerro ⁱa la puerta del tabernáculo de la congregación delante de Jehová, y pondrá su mano sobre la cabeza del becerro, y lo degollará delante de Jehová.

5 Y el sacerdote ungido ᵏtomará de la sangre del becerro, y la traerá al tabernáculo de la congregación;

6 y mojará el sacerdote su dedo en la sangre, y rociará de aquella sangre siete veces delante de Jehová, hacia el velo del santuario.

7 Y el sacerdote ˡpondrá de esa sangre sobre los cuernos ᵐdel altar del incienso aromático, que está en el tabernáculo de la congregación delante de Jehová; ⁿy echará toda la sangre del becerro al pie del altar del holocausto, que está a la puerta del tabernáculo de la congregación.

8 Y tomará del becerro para la expiación toda la grosura, la grosura que cubre los intestinos, y toda la grosura que está sobre las entrañas,

9 y los dos riñones, y la grosura que está sobre ellos, y la que está sobre los ijares, y con los riñones quitará el redaño de sobre el hígado,

10 ʳde la manera que fue quitado del buey del sacrificio de paz; y el sacerdote lo quemará sobre el altar del holocausto.

11 ᵗY la piel del becerro, y toda su carne, con su cabeza, sus piernas, y sus intestinos, y su estiércol.

12 En fin, todo el becerro sacará fuera del campamento, a un lugar limpio, ᵛdonde se echan las cenizas,

a	Heb 13:11
b	ver 16
c	cp 7:26
	y 17:10-14
	Gn 9:4
	Dt 12:16 15:23
	1 Sm 14:33
	Ez 44:7-15
	Hch 15:20-29
f	Nm 15:24
e	cp 5:2-17
f	cp 5:15-17
	Nm 15:22-27
	Sal 19:12
g	cp 8:12
	y 16:32
h	cp 1:4
i	cp 1:3-4
j	vers 5-12
k	cp 16:14
	Nm 19:4
l	cp 8:15 9:9
	y 16:18
m	Éx 39:38
n	cp 5:9 8:15
	y 9:9
	Éx 29:12
o	ver 3
p	Nm 15:25
q	vers 2,13,27
r	cp 3:3-5
s	ver 14
t	cp 9:11
	Éx 9:14
	Nm 19:5
u	cp 1:4
v	cp 6:11

ᵃy lo quemará al fuego sobre la leña: en donde se echan las cenizas será quemado.

13 Y ᵈsi toda la congregación de Israel hubiere errado, ᵉy el asunto estuviere oculto a los ojos del pueblo, y hubieren hecho algo contra alguno de los mandamientos de Jehová en cosas que no se han de hacer, y fueren culpables;

14 luego que fuere entendido el pecado sobre que delinquieron, la congregación ofrecerá un becerro por expiación, y lo traerán delante del tabernáculo de la congregación.

15 Y los ancianos de la congregación ʰpondrán sus manos sobre la cabeza del becerro delante de Jehová; y en presencia de Jehová degollarán aquel becerro.

16 ʲY el sacerdote ungido meterá de la sangre del becerro en el tabernáculo de la congregación.

17 Y mojará el sacerdote su dedo en la misma sangre, y *la* rociará siete veces delante de Jehová hacia el velo.

18 Y de aquella sangre pondrá sobre los cuernos del altar que está delante de Jehová en el tabernáculo de la congregación, y derramará toda la sangre al pie del altar del holocausto, que está a la puerta del tabernáculo de la congregación.

19 Y le quitará toda la grosura, y la quemará sobre el altar.

20 Y hará de aquel becerro como hizo ᵒcon el becerro de la expiación; lo mismo hará de él. ᵖAsí hará el sacerdote expiación por ellos, y obtendrán perdón.

21 Y sacará el becerro fuera del campamento, y lo quemará como quemó el primer becerro; es expiación por la congregación.

22 Y cuando un príncipe pecare ᵠe hiciere por yerro algo contra alguno de todos los mandamientos de Jehová su Dios, sobre cosas que no se han de hacer, y es culpable;

23 ˢluego que le sea conocido su pecado en que ha delinquido, presentará como su ofrenda un macho cabrío sin defecto.

24 ᵘY pondrá su mano sobre la cabeza del macho cabrío, y lo degollará en el lugar donde se

Otros sacrificios

degüella el holocausto delante de Jehová; es expiación.

25 ªY tomará el sacerdote con su dedo de la sangre de la expiación, y pondrá sobre los cuernos del altar del holocausto, y derramará la sangre al pie del altar del holocausto:

26 Y quemará toda su grosura sobre el altar, ᵉcomo la grosura del sacrificio de paz; ᶠasí hará el sacerdote por él la expiación de su pecado, y tendrá perdón.

27 ᵍY si alguno del pueblo común pecare por yerro, haciendo algo contra alguno de los mandamientos de Jehová en cosas que no se han de hacer, y es culpable;

28 luego que le sea conocido su pecado que cometió, traerá como su ofrenda una cabra, una cabra sin defecto, por su pecado que habrá cometido.

29 ᵏY pondrá su mano sobre la cabeza de la expiación, y la degollará en el lugar del holocausto.

30 Y el sacerdote tomará con su dedo de la sangre, y pondrá sobre los cuernos del altar del holocausto, y derramará toda la sangre al pie del altar.

31 ᵐY le quitará toda su grosura, ⁿde la manera que fue quitada la grosura del sacrificio de paz; y el sacerdote la quemará sobre el altar ᵒen olor de suavidad a Jehová; así hará el sacerdote expiación por él, y será perdonado.

32 Y si trajere oveja para su ofrenda por el pecado, ᑫhembra sin defecto traerá.

33 Y pondrá su mano sobre la cabeza de la expiación, y la degollará por expiación en el lugar donde se degüella el holocausto.

34 Después tomará el sacerdote con su dedo de la sangre de la expiación, y pondrá sobre los cuernos del altar del holocausto; y derramará toda la sangre al pie del altar.

35 Y le quitará toda la grosura, como le es quitada la grosura al cordero del sacrificio de paz, y el sacerdote la quemará en el altar ʸsobre la ofrenda encendida a Jehová; ᶻy le hará el sacerdote expiación de su pecado que hubiere cometido, y le será perdonado.

a vers 7,18, 30,34
b 1 Re 8:31
  Mt 26:63
c ver 17
cp 7:18 17:16
  y 19:8
d cp 11:24-39
  Nm 19:11-16
e cp 3:4-5
f vers 20,31,35
  cp 5:10
g Nm 15:27
h cps 12; 13; 14:
i 1 Sm 25:22
  Hch 23:12
j Mr 6:23
k vers 4,15,24
  cp 1:4
l cp 16:21
  y 26:40
  Nm 5:7
m cp 3:14
n cp 3:3
o Gn 8:21
p cp 12:8
y 14:21
q ver 28
r cp 1:14
s cp 1:15-17
t cp 1:15
u cp 4:7,18, 30,34,
v cp 1:14
x cp 4:20-26
y cp 3:5-9
z vers 26,31

LEVÍTICO 5
CAPÍTULO 5

Y si alguna persona pecare, ᵇque hubiere oído la voz del que juró, y él *fuere* testigo que vio, o supo, si no *lo* denunciare, ᶜél llevará su pecado.

2 ᵈAsimismo la persona que hubiere tocado en cualquiera cosa inmunda, sea cuerpo muerto de bestia inmunda, o cuerpo muerto de animal inmundo, o cuerpo muerto de reptil inmundo, bien que no lo supiere, será inmunda y habrá delinquido:

3 O ʰsi tocare a hombre inmundo en cualquiera inmundicia suya de que es inmundo, y no lo echare de ver; si después llega a saberlo, será culpable.

4 También la persona que jurare, pronunciando con *sus* labios ⁱhacer mal o ʲbien, en cualquiera cosa que el hombre profiere con juramento, y él no lo conociere; si después lo entiende, será culpable de una de estas cosas.

5 Y será que cuando llegare a ser culpable de alguna de estas cosas, ˡconfesará aquello en que pecó;

6 y para su expiación presentará a Jehová, por su pecado que ha cometido, una hembra de los rebaños, una cordera o una cabra como ofrenda de expiación; y el sacerdote hará expiación por él de su pecado.

7 ᵖY si no le alcanzare para un cordero, traerá en expiación por su pecado que cometió, ʳdos tórtolas o dos palominos a Jehová; uno para expiación, y el otro para holocausto.

8 Y ha de traerlos al sacerdote, el cual ofrecerá primero el que es para expiación, ˢy desunirá su cabeza de su cuello, mas no la apartará del todo.

9 Y rociará de la sangre de la expiación sobre la pared del altar; ᵗy lo que sobrare de la sangre lo exprimirá ᵘal pie del altar; es expiación.

10 Y ofrecerá el segundo *por* holocausto ᵛconforme al rito; ˣy el sacerdote hará expiación por él, por el pecado que cometió, y le será perdonado.

11 Mas si su posibilidad no alcanzare para dos tórtolas, o dos palominos,

el que pecó traerá por su ofrenda la décima parte de un efa de flor de harina por expiación. ᵇNo pondrá sobre ella aceite, ni sobre ella pondrá incienso, porque es expiación.

12 La traerá, pues, al sacerdote, y el sacerdote tomará de ella su puño lleno, en memoria suya, ᶜy la quemará en el altar ᵈsobre las ofrendas encendidas a Jehová; es expiación.

13 Y hará el sacerdote expiación por él de su pecado que cometió en alguna de estas cosas, y será perdonado; ᶠy el sobrante será del sacerdote, como el presente de vianda.

14 Habló más Jehová a Moisés, diciendo:

15 ʰCuando alguna persona cometiere falta, y pecare por yerro en las cosas santificadas a Jehová, ʲtraerá su expiación a Jehová, un carnero sin defecto de los rebaños, conforme a tu estimación, en siclos de plata ᵏdel siclo del santuario, en ofrenda por el pecado.

16 Y pagará ˡaquello de las cosas santas en que hubiere pecado, y añadirá a ello la quinta parte, y lo dará al sacerdote: ᵐy el sacerdote hará expiación por él con el carnero del sacrificio por el pecado, y será perdonado.

17 Finalmente, si una persona pecare, o hiciere alguna de todas aquellas cosas que por mandamiento de Jehová no se han de hacer, ᵖaun sin hacerlo a sabiendas, ᑫes culpable, y llevará su pecado.

18 Traerá, pues, al sacerdote por expiación, según tú lo estimes, un carnero sin defecto de los rebaños: ᵗy el sacerdote hará expiación por él de su yerro que cometió por ignorancia, y será perdonado.

19 Es transgresión, y ciertamente delinquió contra Jehová.

CAPÍTULO 6

Y Jehová habló a Moisés, diciendo:
2 Cuando una persona pecare ˣe hiciere prevaricación contra Jehová, ʸy negare a su prójimo ᶻlo encomendado o dejado en su mano, o robare, o engañare a su prójimo;

3 o ᵃque habiendo hallado lo que estaba perdido mintiere acerca de

a Éx 22:11
b Nm 5:15

c cp 2:2
d cp 4:35
e cp 5:16
Nm 5:7

f cp 2:3-10

g cp 5:15-18

h cp 22:14
i cp 4:26
j Esd 10:19

k Éx 28:24

l cp 6:5 22:14
y 27:13-15,31
m cp 4:26

n Éx 28:39
Ez 44:17-18

o cp 1:16
p ver 15
cp 4:2,13,27
q Lc 12:48
r Ez 42:14
y 44:19
s cp 4:12
t cp 4:26

u cp 3:3,9,14

v cp 2:1
x Nm 5:6
y cp 19:11
Ef 4:25
Col 3:9
z Éx 22:7-10
a Dt 22:1-3

ello, ᵃy jurare en falso, en alguna de todas aquellas cosas en que suele pecar el hombre:

4 Entonces será, porque habrá pecado y es culpable, que restituirá aquello que robó, o lo que obtuvo por engaño, o el depósito que se le encomendó, o lo perdido que halló;

5 o todo aquello sobre lo que hubiere jurado falsamente; ᵉlo restituirá, pues, por entero, y añadirá a ello la quinta parte, que ha de pagar a aquel a quien pertenece, en el día de su expiación.

6 Y por su expiación traerá a Jehová ᵍun carnero sin defecto de los rebaños, conforme a tu estimación, al sacerdote para la expiación.

7 ⁱY el sacerdote hará expiación por él delante de Jehová, y obtendrá perdón de cualquiera de todas las cosas en que suele ofender.

8 Habló aún Jehová a Moisés, diciendo:

9 Manda a Aarón y a sus hijos diciendo: Ésta es la ley del holocausto: Es holocausto, porque se quemará sobre el altar toda la noche hasta la mañana, y el fuego del altar permanecerá encendido en él.

10 ⁿEl sacerdote se pondrá su vestimenta de lino, y se vestirá calzoncillos de lino sobre su carne; y cuando el fuego hubiere consumido el holocausto, él apartará las cenizas de sobre el altar, ᵒy las pondrá junto al altar.

11 ʳDespués se desnudará de sus vestimentas, y se pondrá otras vestiduras, y sacará las cenizas fuera del campamento ˢa un lugar limpio.

12 Y el fuego encendido sobre el altar no ha de apagarse, sino que el sacerdote pondrá en él leña cada mañana, y acomodará sobre él el holocausto, y quemará sobre él ᵘla grosura de los sacrificios de paz.

13 El fuego ha de arder continuamente en el altar; no se apagará.

14 Y ᵛésta es la ley de la ofrenda: Han de ofrecerla los hijos de Aarón delante de Jehová, delante del altar.

15 Y tomará de ella un puñado de la flor de harina del presente, y de su aceite, y todo el incienso que está sobre la ofrenda, y lo quemará sobre

El sacrificio de paz

LEVÍTICO 7

el altar por memorial, en olor grato [b]a Jehová.

16 [c]Y el sobrante de ella lo comerán Aarón y sus hijos; [d]sin levadura se comerá en el lugar santo; en el atrio del tabernáculo de la congregación lo comerán.

17 [g]No se cocerá con levadura: [h]la he dado a ellos por su porción de mis ofrendas encendidas; [i]es cosa santísima, como la expiación por el pecado, y como la expiación por la culpa.

18 Todos los varones de los hijos de Aarón comerán de ella. [k]Estatuto perpetuo *será* para vuestras generaciones tocante a las ofrendas encendidas de Jehová: [m]toda cosa que tocare en ellas será santificada.

19 Y habló Jehová a Moisés, diciendo:

20 [o]Ésta es la ofrenda de Aarón y de sus hijos, que ofrecerán a Jehová el día que serán ungidos: la décima parte de un [p]efa de flor de harina, ofrenda perpetua, la mitad a la mañana y la mitad a la tarde.

21 En sartén se aderezará con aceite; frita la traerás, y los pedazos cocidos de la ofrenda ofrecerás en olor grato a Jehová.

22 Y el sacerdote que en lugar de Aarón fuere ungido de entre sus hijos, hará la ofrenda; estatuto perpetuo de Jehová: [r]toda ella será quemada.

23 Y toda ofrenda de sacerdote será enteramente quemada; no se comerá.

24 Y habló Jehová a Moisés, diciendo:

25 Habla a Aarón y a sus hijos, diciendo: [u]Ésta es la ley de la expiación: [x]en el lugar donde será degollado el holocausto, será degollada la expiación por el pecado delante de Jehová: es cosa santísima.

26 [y]El sacerdote que la ofreciere por expiación, la comerá: en el lugar santo será comida, en el atrio del tabernáculo de la congregación.

27 [a]Todo lo que en su carne tocare, será santificado; y si salpicare de su sangre sobre alguna vestidura, lavarás aquello sobre que cayere, en el lugar santo.

28 Y la vasija de barro en que fuere cocida, [a]será quebrada: y si fuere cocida en vasija de bronce, será fregada y lavada con agua.

29 [e]Todo varón de entre los sacerdotes la comerá: es cosa santísima.

30 [f]Mas no se comerá de expiación alguna, de cuya sangre se metiere en el tabernáculo de la congregación para reconciliar en el santuario: al fuego será quemada.

CAPÍTULO 7

Asimismo [j]ésta *es* la ley de la expiación de la culpa; *es* cosa muy santa.

2 [l]En el lugar donde degollaren el holocausto, degollarán la víctima por la culpa; y rociará su sangre en derredor sobre el altar.

3 Y de ella ofrecerá [n]todo su grosura, la cola, y la grosura que cubre los intestinos.

4 Y los dos riñones, y la grosura que está sobre ellos, y la que *está* sobre los ijares; y con los riñones quitará la grosura de sobre el hígado.

5 Y el sacerdote lo quemará sobre el altar *como* ofrenda encendida a Jehová; es expiación de la culpa.

6 [q]Todo varón de entre los sacerdotes la comerá; será comida en el lugar santo; es cosa muy santa.

7 Como la expiación por el pecado, [s]así es la expiación de la culpa: una misma ley tendrán; será del sacerdote que habrá hecho la reconciliación con ella.

8 Y el sacerdote que ofreciere holocausto de alguno, la piel del holocausto que ofreciere, será para él.

9 [v]Asimismo toda ofrenda que se cociere en horno, y todo lo que fuere aderezado en sartén, o en cazuela, será del sacerdote que lo ofreciere.

10 Y toda ofrenda amasada con aceite, y seca, será de todos los hijos de Aarón, tanto al uno como al otro.

11 [z]Y ésta es la ley del sacrificio de paz, que se ofrecerá a Jehová:

12 Si se ofreciere en acción de gracias, ofrecerá por sacrificio de acción de gracias tortas sin levadura amasadas con aceite, y hojaldres sin levadura [b]untadas con aceite, y flor de harina frita en tortas amasadas con aceite.

---

a cp 11:33
y 15:12
b cp 2:2-9
c cp 2:3
Ez 44:29
d ver 26
cp 10:12-13
Nm 18:10
e ver 18
f cp 4:7-21
y 16:27
Heb 13:11
g cp 2:11
h Nm 18:9
i vers 25,29
j cp 5: y 6:
k cp 3:17
l cp 6:25
m cp 22:3-7
n cp 3:4-16
o Éx 22:9
p cp 5:11
Éx 16:36
q cp 6:18-29
r Éx 29:25
s cp 6:25-26
y 14:13
t Ex 29:25
u cp 4:3
v cp 2:3-10
Nm 18:9
Ez 44:29
x cp 1:3-11
y 4:24-33
y cp 10:17-18
Nm 18:9-19
Ez 44:28-29
z cp 3:1
y 22:18-21
a ver 18
b cp 2:4
Nm 6:15

LEVÍTICO 7

13 ªCon tortas de pan leudo ofrecerá su ofrenda en el sacrificio de acción de gracias de sus ofrendas de paz.
14 Y de toda la ofrenda presentará una parte por ofrenda elevada a Jehová, ᶜy será del sacerdote que rociare la sangre de los sacrificios de paz.
15 ᵈY la carne del sacrificio de paz en acción de gracias, se comerá en el día que fuere ofrecida; no dejarán de ella nada para otro día.
16 ᶠMas si el sacrificio de su ofrenda *fuere* voto, o voluntario, el día que ofreciere su sacrificio será comido; y lo que de él quedare, se ha de comer el día siguiente:
17 Y lo que quedare para el tercer día de la carne del sacrificio, será quemado en el fuego.
18 Y si se comiere de la carne del sacrificio de paz al tercer día, el que lo ofreciere no será acepto, ni le será contado; ˡabominación será, y la persona que de él comiere llevará su pecado.
19 Y la carne que tocare a alguna cosa inmunda, no se comerá; al fuego será quemada; y en cuanto a la carne, todo limpio comerá de ella.
20 Y la persona que comiere la carne del sacrificio de paz, el cual es de Jehová, ⁿestando inmunda, aquella persona será cortada de entre su pueblo.
21 Además, la persona que tocare alguna cosa inmunda, ᵒen inmundicia de hombre, o ᵖen animal inmundo, o ᑫen cualquiera abominación inmunda, y comiere la carne del sacrificio de paz, el cual *es* de Jehová, aquella persona será cortada de su pueblo.
22 Habló aún Jehová a Moisés, diciendo:
23 Habla a los hijos de Israel, diciendo: ˢNinguna grosura de buey, ni de cordero, ni de cabra, comeréis.
24 ᵗLa grosura de animal muerto, y la grosura del que fue despedazado por fieras podrá servir para cualquier otro uso, pero no lo comeréis.
25 Porque cualquiera que comiere grosura de animal, del cual se ofrece a Jehová ofrenda encendida, la persona que lo comiere, será cortada de entre su pueblo.

Prohibido comer sangre

26 ᵇAdemás, ninguna sangre comeréis en todas vuestras habitaciones, así de aves como de bestias.
27 Cualquier persona que comiere alguna sangre, la tal persona será cortada de su pueblo.
28 Habló más Jehová a Moisés, diciendo:
29 Habla a los hijos de Israel, diciendo: ᵉEl que ofreciere sacrificio de paz a Jehová, traerá su ofrenda del sacrificio de paz a Jehová;
30 ᵍsus manos traerán las ofrendas que se han de quemar a Jehová: traerá la grosura con el pecho; ʰel pecho para que éste sea agitado, como sacrificio agitado delante de Jehová.
31 ⁱY la grosura la quemará el sacerdote sobre el altar, ʲmas el pecho será de Aarón y de sus hijos.
32 ᵏY daréis al sacerdote para ser elevada en ofrenda, la espaldilla derecha de los sacrificios de vuestros sacrificios de paz.
33 El que de los hijos de Aarón ofreciere la sangre de los sacrificios de paz, y la grosura, tomará la espaldilla derecha como *su* porción.
34 ᵐPorque he tomado de los hijos de Israel, de los sacrificios de paz, el pecho que se agita, y la espaldilla elevada en ofrenda, y lo he dado a Aarón el sacerdote y a sus hijos, por estatuto perpetuo de los hijos de Israel.
35 Ésta *es la porción* de la unción de Aarón y la unción de sus hijos, la porción de ellos en las ofrendas encendidas a Jehová, desde el día que él los presentó para ser sacerdotes de Jehová:
36 Lo cual mandó Jehová que les diesen, ʳdesde el día que Él los ungió de entre los hijos de Israel, por estatuto perpetuo por sus generaciones.
37 ᵘÉsta es la ley del holocausto, ᵛde la ofrenda, ˣde la expiación por el pecado, ʸy de la culpa, ᶻy de las consagraciones, ªy del sacrificio de paz;
38 la cual Jehová mandó a Moisés, en el monte de Sinaí, el día que mandó a los hijos de Israel que ofreciesen sus ofrendas a Jehová en el desierto de Sinaí.

---

a Am 4:5
b cp 3:17

c Nm 18:8-19

d cp 22:30

e cp 3:1

f cp 19:5-7
g cp 3:3-14

h Éx 29:24-27

i cp 3:5-16
j ver 34

k cp 9:21
Nm 6:20
l cp 19:7
Is 65:4
Ez 4:14

m Éx 29:28

n cp 15:3
y 22:3

o Jos 9:23
cps 12:13; 15
p cp 11:24,28
q cp 1:10-20
Is 66:17

r Éx 40:13-15

s cp 3:17
t cp 17:15
Dt 14:21
Ez 4:14
y 44:31
u cp 6:9
v cp 6:14
x cp 6:25
y ver 1
z cp 6:20
Éx 29:1
a ver 11

Consagración de Aarón y sus hijos
CAPÍTULO 8

Y Jehová habló a Moisés, diciendo: 2 ᵇToma a Aarón y a sus hijos con él, ᶜy las vestimentas, ᵈy el aceite de la unción, y el becerro de la expiación, y los dos carneros, y el canastillo de los panes sin levadura; 3 Y reúne toda la congregación a la puerta del tabernáculo de la congregación.

4 Hizo, pues, Moisés como Jehová le mandó, y se juntó la congregación a la puerta del tabernáculo de la congregación.

5 Y dijo Moisés a la congregación: ᵍEsto es lo que Jehová ha mandado hacer.

6 ʰEntonces Moisés hizo llegar a Aarón y a sus hijos, y los lavó con agua.

7 ⁱY puso sobre él la ʲtúnica, y lo ciñó con el cinto; le vistió después el manto, y puso sobre él el efod, y lo ciñó con el cinto del efod, y *lo* ajustó con él.

8 Y luego puso sobre él el pectoral, ˡy dentro del pectoral puso el Urim y el Tumim.

9 ᵐDespués puso la mitra sobre su cabeza; y sobre la mitra en su frente, puso la lámina de oro, la corona santa; ⁿcomo Jehová había mandado a Moisés.

10 ᵒY tomó Moisés el aceite de la unción, y ungió el tabernáculo, y todas las cosas que *estaban* en él, y las santificó.

11 Y roció de él sobre el altar siete veces, y ungió el altar y todos sus vasos, y la fuente y su base, para santificarlos.

12 ᵖY derramó del aceite de la unción sobre la cabeza de Aarón, y lo ungió para santificarlo.

13 ᵠDespués Moisés hizo llegar los hijos de Aarón, y les vistió las túnicas, y los ciñó con cintos, y les ajustó las tiaras, como Jehová lo había mandado a Moisés.

14 ˢHizo luego llegar el becerro de la expiación, ᵘy Aarón y sus hijos pusieron sus manos sobre la cabeza del becerro de la expiación.

15 Y *lo* degolló; ᵛy Moisés tomó la sangre, y puso con su dedo sobre los cuernos del altar alrededor, y purificó el altar; y echó la demás sangre al pie del altar, y lo santificó para reconciliar sobre él.

16 ᵃDespués tomó toda la grosura que *estaba* sobre los intestinos, y el redaño del hígado, y los dos riñones, y la grosura de ellos, y Moisés lo hizo arder sobre el altar.

17 Mas el becerro, y su cuero, y su carne, y su estiércol, lo quemó al fuego fuera del campamento; ᵉcomo Jehová lo había mandado a Moisés.

18 ᶠDespués hizo llegar el carnero del holocausto, y Aarón y sus hijos pusieron sus manos sobre la cabeza del carnero:

19 Y *lo* degolló; y roció Moisés la sangre sobre el altar en derredor.

20 Y cortó el carnero en trozos; y Moisés hizo arder la cabeza, y los trozos, y la grosura.

21 Lavó luego con agua los intestinos y piernas, y quemó Moisés todo el carnero sobre el altar: holocausto en olor grato, ofrenda encendida a Jehová; como Jehová lo había mandado a Moisés.

22 ᵏDespués hizo llegar el otro carnero, el carnero de las consagraciones, y Aarón y sus hijos pusieron sus manos sobre la cabeza del carnero:

23 Y *lo* degolló; y tomó Moisés de su sangre, y puso sobre la ternilla de la oreja derecha de Aarón, y sobre el dedo pulgar de su mano derecha, y sobre el dedo pulgar de su pie derecho.

24 Hizo llegar luego los hijos de Aarón, y puso Moisés de la sangre sobre la ternilla de sus orejas derechas, y sobre los pulgares de sus manos derechas, y sobre los pulgares de sus pies derechos: y roció Moisés la sangre sobre el altar en derredor;

25 ʳy después tomó la grosura, y la cola, y toda la grosura que estaba sobre los intestinos, y el redaño del hígado, y los dos riñones, y la grosura de ellos, y la espaldilla derecha;

26 ᵗy del canastillo de los panes sin levadura, que *estaba* delante de Jehová, tomó una torta sin levadura, y una torta de pan de aceite, y una lasaña, y las puso con la grosura y con la espaldilla derecha;

27 ˣy lo puso todo en las manos de Aarón, y en las manos de sus hijos, y lo hizo mecer; ofrenda agitada delante de Jehová.

LEVÍTICO 9

28 ªDespués tomó aquellas cosas Moisés de las manos de ellos, y las hizo arder en el altar sobre el holocausto; las consagraciones en olor grato, ofrenda encendida a Jehová.

29 Y tomó Moisés el pecho, y lo meció, ofrenda agitada delante de Jehová; del carnero de las consagraciones ᶠaquella fue la porción de Moisés; como Jehová lo había mandado a Moisés.

30 ᵍLuego tomó Moisés el aceite de la unción, y de la sangre que *estaba* sobre el altar, y roció sobre Aarón, y sobre sus vestiduras, sobre sus hijos, y sobre las vestiduras de sus hijos con él; y santificó a Aarón, y sus vestiduras, y a sus hijos, y las vestiduras de sus hijos con él.

31 Y dijo Moisés a Aarón y a sus hijos: ʲCoced la carne a la puerta del tabernáculo de la congregación; y comedla allí con el pan que está en el canastillo de las consagraciones, según yo he mandado, diciendo: Aarón y sus hijos la comerán.

32 ᵏY lo que sobrare de la carne y del pan, habéis de quemarlo al fuego.

33 De la puerta del tabernáculo de la congregación no saldréis en siete días, hasta el día que se cumplieren los días de vuestras consagraciones: ᵒporque por siete días seréis consagrados.

34 De la manera que hoy se ha hecho, mandó hacer Jehová para hacer expiación por vosotros.

35 A la puerta, pues, del tabernáculo de la congregación estaréis día y noche por siete días, ᵠy guardaréis la ordenanza delante de Jehová, para que no muráis; porque así me ha sido mandado.

36 Y Aarón y sus hijos hicieron todas las cosas que mandó Jehová por medio de Moisés.

CAPÍTULO 9

Y ᵘfue en el día octavo, que Moisés llamó a Aarón y a sus hijos, y a los ancianos de Israel;

2 y dijo a Aarón: ᵛToma de la vacada un becerro para expiación, ʸy un carnero para holocausto, sin defecto, y ofrécelos delante de Jehová.

a Éx 29:25
b cp 4:23
Esd 6:17

c cp 3:1-12

d cp 2:4
e vers 6,23
Éx 29:43
f Éx 29:26

g Éx 29:21
y 30:30
Nm 3:3

h cp 4:3
Heb 5:3
7:27 y 9:7
i cp 4:16-20
Heb 5:1
j Éx 29:31-32

k Éx 29:34
l cp 8:15
m cp 4:7

n cp 8:16
o Éx 29:30-35
Ez 43:25-26

p cp 4:11
y 8:17

q Nm 3:7
y 9:19
Dt 11:1
1 Re 2:3
r cp 1:5
y 8:19
s cp 8:20

t vers 3,7
Heb 2:17 5:3
u Éx 43:27
v cp 4:3 8:14
Éx 29:1
x cp 1:3-10
y cp 8:18
z cp 2:1-2

Ofrendas de reconciliación

3 Y a los hijos de Israel hablarás, diciendo: ᵇTomad un macho cabrío para expiación, y un becerro y un cordero de un año, sin defecto, para holocausto;

4 ᶜAsimismo un buey y un carnero para sacrificio de paz, que inmoléis delante de Jehová; ᵈy un presente amasado con aceite; ᵉporque Jehová se aparecerá hoy a vosotros.

5 Y llevaron lo que mandó Moisés delante del tabernáculo de la congregación, y se llegó toda la congregación, y se pusieron delante de Jehová.

6 Entonces Moisés dijo: Esto *es* lo que mandó Jehová; hacedlo, y la gloria de Jehová se os aparecerá.

7 Y dijo Moisés a Aarón: Acércate al altar, ʰy haz tu expiación, y tu holocausto, y haz la reconciliación por ti y por el pueblo; ⁱhaz también la ofrenda del pueblo, y haz la reconciliación por ellos; como ha mandado Jehová.

8 Entonces se acercó Aarón al altar y degolló el becerro de la expiación que *era* por él.

9 ˡY los hijos de Aarón le trajeron la sangre; ᵐy él mojó su dedo en la sangre, y puso sobre los cuernos del altar, y derramó la demás sangre al pie del altar;

10 ⁿE hizo arder sobre el altar la grosura y los riñones y el redaño del hígado de la expiación, como Jehová lo había mandado a Moisés.

11 ᵖMas la carne y la piel las quemó al fuego fuera del campamento.

12 Degolló asimismo el holocausto, y los hijos de Aarón le presentaron la sangre, ʳla cual él roció alrededor sobre el altar.

13 Y ˢle presentaron después el holocausto en trozos, y la cabeza; y lo hizo quemar sobre el altar.

14 Luego lavó los intestinos y las piernas, y los quemó sobre el holocausto en el altar.

15 ᵗOfreció también la ofrenda del pueblo, y tomó el macho cabrío que era para la expiación del pueblo, y lo degolló, y lo ofreció por el pecado como el primero.

16 Y ofreció el holocausto, ˣe hizo según el rito.

17 ᶻOfreció asimismo la ofrenda, y llenó de ella su mano, y la quemó

Nadab y Abiú ofrecen fuego extraño

sobre el altar, ªademás del holocausto de la mañana.

18 Degolló también el buey y el carnero en sacrificio de paz, que era por el pueblo: ᶜy los hijos de Aarón le presentaron la sangre (la cual roció él sobre el altar alrededor),

19 y las grosuras del buey y del carnero, la cola, lo que cubre las entrañas, los riñones y el redaño del hígado;

20 y pusieron las grosuras sobre los pechos, y él quemó las grosuras sobre el altar.

21 Pero los pechos, con la espaldilla derecha, los meció Aarón ᵍcomo ofrenda agitada delante de Jehová, tal como Moisés no lo había mandado.

22 Después alzó Aarón sus manos hacia el pueblo ⁱy los bendijo; y descendió de hacer la expiación, y el holocausto, y el sacrificio de paz.

23 Y entraron Moisés y Aarón en el tabernáculo de la congregación; y salieron, y bendijeron al pueblo; ᵏy la gloria de Jehová se apareció a todo el pueblo.

24 ᵐY salió fuego de delante de Jehová, y consumió el holocausto y las grosuras sobre el altar; y viéndolo todo el pueblo, ⁿalabaron, y cayeron sobre sus rostros.

CAPÍTULO 10

Y los hijos de Aarón, ᑫNadab y Abiú, ʳtomaron cada uno su incensario, y pusieron fuego en ellos, sobre el cual pusieron incienso, y ofrecieron delante de Jehová ˢfuego extraño, que Él nunca les mandó.

2 Y ᵛsalió fuego de delante de Jehová que los quemó, y murieron delante de Jehová.

3 Entonces dijo Moisés a Aarón: Esto es lo que habló Jehová, diciendo: ˣEn los que a mí se acercan me santificaré, y en presencia de todo el pueblo ʸseré glorificado. ᶻY Aarón calló.

4 Y llamó Moisés a Misael y a Elizafán, hijos de ªUziel, tío de Aarón, y les dijo: Acercaos y ᵇsacad a vuestros hermanos de delante del santuario fuera del campamento.

5 Y ellos se acercaron, y los sacaron con sus túnicas fuera del campamento, como dijo Moisés.

a Éx 29:38-39
b cp 21:1-10
Ez 24:16-17

c cp 3:1,12,16
d Nm 16:22
Jos 22:18-20

e cp 21:12

f cp 8:30

g cp 7:30-34
Éx 29:24-26
h Ez 44:21
Lc 1:15
i Nm 6:23-27
Dt 21:5
Lc 24:50
j cp 11:47
y 20:25
Ez 22:26
k vers 4,6
Nm 14:10
l Dt 24:8
Jer 18:18
Mal 2:7
m 1 Re 18:38
2 Cr 7:1
n 1 Re 18:39
2 Cr 7:3
Esd 3:11
o cp 6:16
Nm 18:9-10
p cp 1:16
q cp 16:1
Nm 3:3-4
y 26:61
r Nm 16:18
s Éx 30:9
t cp 2:3 6:16
u Éx 29:24-27
v cp 9:24
Nm 16:35
x Is 52:11
y Ez 28:22
z Sal 39:9

a Éx 6:18-22
b Lc 7:12
Hch 5:6-10
y 8:2

c cp 9:3-15

6 Entonces Moisés dijo a Aarón, y a Eleazar y a Itamar, sus hijos: ᵇNo descubráis vuestras cabezas, ni rasguéis vuestras vestiduras, para que no muráis, ni ᵈse levante la ira sobre toda la congregación: pero dejad que vuestros hermanos, toda la casa de Israel, lamente el incendio que Jehová ha hecho.

7 ᵉNi saldréis de la puerta del tabernáculo de la congregación, porque moriréis; ᶠpor cuanto el aceite de la unción de Jehová está sobre vosotros. Y ellos hicieron conforme al dicho de Moisés.

8 Y Jehová habló a Aarón, diciendo:

9 Tú, y tus hijos contigo, ʰno beberéis vino ni sidra, cuando hubiereis de entrar en el tabernáculo de la congregación, para que no muráis; estatuto perpetuo será por vuestras generaciones;

10 y ʲpara poder discernir entre lo santo y lo profano, y entre lo inmundo y lo limpio;

11 ˡy para enseñar a los hijos de Israel todos los estatutos que Jehová les ha dicho por medio de Moisés.

12 Y Moisés dijo a Aarón, y a Eleazar y a Itamar, sus hijos que habían quedado: ᵒTomad la ofrenda que queda de las ofrendas encendidas a Jehová, y comedlo sin levadura ᵖjunto al altar, porque es cosa muy santa.

13 Habéis, pues, de comerlo en el lugar santo; porque ésta es tu porción, y la porción de tus hijos, de las ofrendas encendidas a Jehová, ᵗpues que así me ha sido mandado.

14 ᵘComeréis asimismo en lugar limpio, tú y tus hijos y tus hijas contigo, el pecho de la mecida, y la espaldilla elevada, porque son tu porción, y la porción de tus hijos, son dados de los sacrificios de paz de los hijos de Israel.

15 Con las ofrendas de las grosuras que se han de encender, traerán la espaldilla que se ha de elevar, y el pecho que será mecido, para que lo mezas por ofrenda agitada delante de Jehová; y será tuyo, y de tus hijos contigo, por estatuto perpetuo, como Jehová lo ha mandado.

16 Y Moisés demandó ᶜel macho cabrío de la expiación, y se halló que era quemado; y se enojó contra

LEVÍTICO 11

Leyes de animales limpios, e inmundos

Eleazar e Itamar, los hijos de Aarón que habían quedado, diciendo:

17 ª¿Por qué no comisteis la expiación en el lugar santo, viendo que *es* muy santa, y *Dios* la dio a vosotros para llevar la iniquidad de la congregación, para hacer remisión por ellos delante de Jehová?

18 ᶜVeis que su sangre no fue metida dentro del santuario: ᵈhabíais de comerla en el lugar santo, como yo mandé.

19 Y respondió Aarón a Moisés: He aquí ᵉhoy han ofrecido su expiación y su holocausto delante de Jehová: pero me han acontecido estas cosas: pues si comiera yo hoy de la expiación, ¿hubiera sido acepto a Jehová?

20 Y cuando Moisés oyó esto, se dio por satisfecho.

CAPÍTULO 11

Y Jehová habló a Moisés y a Aarón, diciéndoles:

2 Hablad a los hijos de Israel, diciendo: ᶠÉstos *son* los animales que comeréis de todos los animales que *están* sobre la tierra.

3 De entre los animales, todo el de pezuña, y que tiene las pezuñas hendidas, y que rumia, éste comeréis.

4 Pero no comeréis de los que rumian y de los que tienen pezuña; el camello, porque rumia pero no tiene pezuña hendida, habéis de tenerlo por inmundo.

5 También ʰel conejo, porque rumia, pero no tiene pezuña hendida, lo tendréis por inmundo.

6 Asimismo la liebre, porque rumia, pero no tiene pezuña hendida, la tendréis por inmunda.

7 También el puerco, aunque tiene pezuñas, y es de pezuñas hendidas, pero no rumia, ʲlo tendréis por inmundo.

8 De la carne de ellos no comeréis, ni tocaréis su cuerpo muerto; los tendréis por inmundos.

9 Esto comeréis de todas las cosas que *están* en las aguas: todas las cosas que tienen aletas y escamas en las aguas del mar, y en los ríos, aquellas comeréis.

10 Mas todas las cosas que no tienen aletas ni escamas en el mar y en los ríos, así de todo reptil de agua como de toda cosa viviente que está en las aguas, ᵇlas tendréis en abominación.

11 Os serán, pues, en abominación: de su carne no comeréis, y abominaréis sus cuerpos muertos.

12 Todo lo que no tuviere aletas y escamas en las aguas, lo tendréis en abominación.

13 Y de las aves, éstas tendréis en abominación; no se comerán, *serán* abominación: El águila, el quebrantahuesos, el esmerejón,

14 el milano, y el buitre según su especie;

15 todo cuervo según su especie.

16 El búho, el halcón nocturno, la gaviota, el gavilán según su especie;

17 la lechuza, el somormujo, el búho real,

18 el calamón, el pelícano, el gallinazo,

19 la cigüeña, la garza según su especie, la abubilla y el murciélago.

20 Todo insecto alado que anduviere sobre cuatro patas, tendréis en abominación.

21 Pero podréis comer de todo insecto alado que anda sobre cuatro patas, que tiene piernas además de sus patas para saltar con ellas sobre la tierra.

22 De éstos podéis comer; ᵍla langosta según su especie, y el langostín según su especie, y el argol según su especie, y el hagab según su especie.

23 Todo insecto alado que tenga cuatro patas, tendréis en abominación.

24 Y por estas cosas seréis inmundos: cualquiera que tocare a sus cuerpos muertos, será inmundo hasta la tarde:

25 Y cualquiera que llevare *algo* de sus cuerpos muertos, ʲlavará sus vestiduras, y será inmundo hasta la tarde.

26 Todo animal de pezuña, pero que no tiene pezuña hendida, ni rumia, tendréis por inmundo: cualquiera que los tocare será inmundo.

27 Y de todos los animales que andan en cuatro patas, tendréis por inmundo cualquiera que ande sobre sus garras: cualquiera que tocare sus cuerpos muertos, será inmundo hasta la tarde.

---

a cp 6:26-29
b cp 7:21

c cp 6:30
d cp 6:26

e Ez 44:21
Lc 1:15

f hasta 47
Dt 14:3-20
Mt 15:11
Mr 7:15-18
Hch 10:12-15
y 11:6-9
Rm 14:14
1 Co 8:8
Col 2:16-21
Heb 9:10
g Mt 3:4
Mr 1:6
h Sal 104:18
Pr 30:26

i cp 14:8,9
y 15:5
Nm 19:10-21
y 31:24
j Is 65:4
y 66:3-17

Purificación de la mujer

28 Y el que llevare sus cuerpos muertos, lavará sus vestiduras, y será inmundo hasta la tarde: habéis de tenerlos por inmundos.

29 Y éstos tendréis por inmundos de los animales que se arrastran sobre la tierra: la comadreja [c]y el ratón, y la tortuga según su especie,

30 y el erizo, y el camaleón, y la iguana, y el caracol y el topo.

31 Éstos tendréis por inmundos de entre todos los animales; cualquiera que los tocare cuando estuvieren muertos, será inmundo hasta la tarde.

32 Y todo aquello sobre que cayere alguno de ellos después de muertos, será inmundo; así vaso de madera, como vestido, o piel, o saco, cualquier instrumento con que se hace obra, [f]será metido en agua, y será inmundo hasta la tarde, y así será limpio.

33 Y toda vasija de barro dentro de la cual cayere alguno de ellos, todo lo que *estuviere* en ella será inmundo, [g]y quebraréis la vasija:

34 Toda vianda que se come, sobre la cual viniere el agua de tales vasijas, será inmunda: y toda bebida que se bebiere, será en todas esas vasijas inmunda.

35 Y todo aquello sobre que cayere algo del cuerpo muerto de ellos, será inmundo; el horno u hornillos se derribarán; son inmundos, y por inmundos los tendréis.

36 Con todo, la fuente y la cisterna donde se recogen aguas, serán limpias: mas lo que hubiere tocado en sus cuerpos muertos será inmundo.

37 Y si *parte* de sus cuerpos muertos cayere sobre alguna semilla que se haya de sembrar, *será* limpia.

38 Mas si se hubiere puesto agua en la semilla, y *parte* de sus cuerpos muertos cayere sobre ella, la tendréis por inmunda.

39 Y si algún animal que tuviereis para comer se muriere, el que tocare su cuerpo muerto *será* inmundo hasta la tarde:

40 Y [k]el que comiere de su cuerpo muerto, lavará sus vestiduras, y será inmundo hasta la tarde; asimismo el que sacare su cuerpo muerto, lavará sus vestiduras, y será inmundo hasta la tarde.

a	ver 29
b	Gn 3:14
c	Is 66:17
d	cp 19:2
	20:7-26
	y 21:8
	Éx 19:6
	1 Ts 4:7
	1 Pe 1:15-16
e	Éx 6:7
f	cp 15:12
g	cp 6:28
	y 15:12
h	cp 10:10
	y 20:25
i	cp 15:19
j	Gn 17:12
	Lc 1:59
	y 2:21
	Jn 7:22-23
k	cp 17:15
	y 22:8
	Dt 14:21
	Ez 4:14
	y 44:31
l	Lc 2:22

LEVÍTICO 12

41 [a]Y todo animal que se arrastra sobre la tierra, *es* abominación; no se comerá.

42 Todo lo que anda [b]sobre el pecho, y todo lo que anda sobre cuatro o más patas, de todo animal que se arrastra sobre la tierra, no lo comeréis, porque *es* abominación.

43 No os hagáis abominables con ningún animal que se arrastra, ni os contaminéis con ellos, ni seáis inmundos por ellos.

44 Porque yo *soy* Jehová vuestro Dios, vosotros por tanto os santificaréis, [d]y seréis santos, porque yo *soy* santo; así que no os contaminéis con ningún animal que se arrastra sobre la tierra.

45 [e]Porque yo soy Jehová, que os hago subir de la tierra de Egipto para ser vuestro Dios; seréis, pues, santos, porque yo soy santo.

46 Esta *es* la ley de los animales y de las aves, y de toda criatura que tiene vida, que se mueve en las aguas, y de todo animal que se arrastra sobre la tierra;

47 para [h]hacer diferencia entre lo inmundo y lo limpio, y entre los animales que se pueden comer y los animales que no se pueden comer.

CAPÍTULO 12

Y Jehová habló a Moisés, diciendo: **2** Habla a los hijos de Israel, diciendo: [i]La mujer cuando concibiere y diere a luz a varón, será inmunda siete días; conforme a los días que está separada por su menstruación será inmunda.

3 [j]Y al octavo día se circuncidará la carne del prepucio *del niño*.

4 Mas ella permanecerá treinta y tres días en la purificación de su sangre: ninguna cosa santa tocará, ni vendrá al santuario, hasta que sean cumplidos los días de su purificación.

5 Y si diere a luz una hija, será inmunda dos semanas, conforme a su separación, y sesenta y seis días estará purificándose de su sangre.

6 [l]Y cuando los días de su purificación fueren cumplidos, por hijo o por hija, traerá un cordero de un año para holocausto, y un palomino o una tórtola para

LEVÍTICO 13

expiación, a la puerta del tabernáculo de la congregación, al sacerdote:

7 Y él ofrecerá delante de Jehová, y hará expiación por ella, y será limpia del flujo de su sangre. Ésta *es* la ley de la que diere a luz hijo o hija.

8 Y si no alcanzare su mano lo suficiente para un cordero, tomará entonces ᵇdos tórtolas o dos palominos, uno para holocausto, y otro para expiación: y el sacerdote hará expiación ᵈpor ella, y será limpia.

a Nm 12:10
2 Re 5:27
2 Cr 26:20
b cp 1:14 5:7
Lc 2:24
c vers 4,5
d cp 4:26

CAPÍTULO 13

Y Jehová habló a Moisés y a Aarón, diciendo:

2 Cuando el hombre tuviere en la piel de su carne hinchazón, o erupción, o mancha lustrosa, y hubiere en la piel de su carne *como* llaga de lepra, ᵉserá traído a Aarón el sacerdote, o a uno de sus hijos los sacerdotes:

e Dt 24:8

3 Y el sacerdote mirará la llaga en la piel de la carne: si el pelo en la llaga se ha vuelto blanco, y la llaga pareciere más profunda que la piel de su carne, es llaga de lepra; y el sacerdote lo reconocerá, y lo declarará inmundo.

4 Y si en la piel de su carne hubiere mancha lustrosa, pero no pareciere más profunda que la piel, ni su pelo se hubiere vuelto blanco, entonces el sacerdote encerrará *al* llagado por siete días.

f Dt 28:35

5 Y al séptimo día el sacerdote lo mirará; y si la llaga a su parecer se hubiere estancado, no habiéndose extendido en la piel, entonces el sacerdote lo volverá a encerrar por otros siete días.

6 Y al séptimo día el sacerdote lo examinará de nuevo; y he aquí, si la llaga parece haberse oscurecido, y no se ha extendido en la piel, entonces el sacerdote lo declarará limpio; era postilla; y ᵍlavará sus vestiduras y será limpio.

g cp 11:25

7 Mas si hubiere ido creciendo la postilla en la piel, después que fue mostrado al sacerdote para ser limpio, será visto otra vez por el sacerdote.

8 Y si reconociéndolo el sacerdote, ve que la postilla ha crecido en la piel, el sacerdote lo declarará inmundo: es lepra.

Leyes acerca de la lepra

9 Cuando hubiere llaga de lepra en el hombre, será traído al sacerdote;

10 y ᵃel sacerdote lo mirará, y si pareciere tumor blanco en la piel, el cual haya mudado el color del pelo, y se descubre asimismo la carne viva,

11 es lepra envejecida en la piel de su carne; y le declarará inmundo el sacerdote, y ᶜno le encerrará, porque es inmundo.

12 Mas si brotare la lepra extendiéndose por la piel, y ella cubriere toda la piel del llagado, desde su cabeza hasta sus pies, hasta donde el sacerdote pueda ver;

13 entonces el sacerdote le reconocerá; y si la lepra hubiere cubierto toda su carne, declarará limpio *al* llagado; toda ella se ha vuelto blanca; y él *es* limpio.

14 Mas el día que apareciere en él la carne viva, será inmundo.

15 Y el sacerdote mirará la carne viva, y lo declarará inmundo. Es inmunda la carne viva; *es* lepra.

16 Mas cuando la carne viva se mudare y volviere blanca, entonces vendrá al sacerdote;

17 y lo mirará el sacerdote, y si la llaga se hubiere vuelto blanca, el sacerdote declarará limpio al que tenía la llaga, y será limpio.

18 Y cuando en la carne, en su piel, hubiere ᶠapostema, y se sanare,

19 y si en el lugar de la apostema apareciere una hinchazón blanca, o una mancha lustrosa blanca y algo rojiza, será mostrado al sacerdote:

20 Y el sacerdote mirará; y si pareciere estar más baja que su piel, y su pelo se hubiere vuelto blanco, el sacerdote lo declarará inmundo: es llaga de lepra que se originó en la apostema.

21 Pero si el sacerdote la examinare, y he aquí, no hubiere en ella pelo blanco, ni estuviere más baja que la piel, sino oscura, entonces el sacerdote lo encerrará por siete días:

22 Y si se fuere extendiendo por la piel, entonces el sacerdote lo declarará inmundo: es llaga.

23 Pero si la mancha lustrosa permaneciere en su lugar, y no se ha extendido, es la costra de la

Procedimiento para reconocer la lepra

apostema; y el sacerdote lo declarará limpio.

24 Asimismo cuando la carne tuviere en su piel quemadura de fuego, y hubiere en lo sanado del fuego mancha blanca lustrosa, algo rojiza o blanca,

25 el sacerdote la mirará; y si el pelo se hubiere vuelto blanco en la mancha, y *la mancha* pareciere estar más profunda que la piel, es lepra que salió en la quemadura; y el sacerdote lo declarará inmundo, *por ser* llaga de lepra.

26 Pero si el sacerdote la examinare, y no apareciere en la mancha pelo blanco, ni estuviere más profunda que la piel, sino que está oscura, entonces el sacerdote lo encerrará por siete días;

27 y al séptimo día el sacerdote la reconocerá: si se hubiere ido extendiendo por la piel, el sacerdote lo declarará inmundo: es llaga de lepra.

28 Pero si la mancha se estuviere en su lugar, y no se hubiere extendido en la piel, sino que está oscura, hinchazón es de la quemadura: el sacerdote lo declarará limpio; que señal de la quemadura es.

29 Y al hombre o mujer que le saliere llaga en la cabeza, o en la barba,

30 el sacerdote mirará la llaga; y si pareciere estar más profunda que la piel, y hubiere en ella pelo amarillento y delgado, entonces el sacerdote lo declarará inmundo: es tiña, es lepra de la cabeza o de la barba.

31 Y si el sacerdote hubiere mirado la llaga de la tiña, y no pareciere estar más profunda que la piel, ni hubiere en ella pelo negro, el sacerdote encerrará al llagado de la tiña por siete días;

32 Y al séptimo día el sacerdote mirará la llaga; y si la tiña no pareciere haberse extendido, ni hubiere en ella pelo amarillento, ni la tiña pareciere estar más profunda que la piel,

33 entonces lo trasquilarán, mas no trasquilarán el lugar de la tiña: y encerrará el sacerdote al que tiene la tiña por otros siete días.

34 Y al séptimo día el sacerdote mirará la tiña; y si la tiña no se hubiere extendido en la piel, ni pareciere estar más profunda que la piel, el sacerdote lo declarará limpio; y lavará sus vestiduras y será limpio.

35 Pero si la tiña se hubiere ido extendiendo en la piel después de su purificación,

36 entonces el sacerdote la mirará; y si la tiña se hubiere extendido en la piel, no busque el sacerdote el pelo amarillento, es inmundo.

37 Mas si le pareciere que la tiña está detenida, y que ha salido en ella el pelo negro, la tiña está sanada; él está limpio, y el sacerdote lo declarará limpio.

38 Asimismo el hombre o mujer, cuando en la piel de su carne tuviere manchas, manchas blancas,

39 el sacerdote mirará: y si en la piel de su carne parecieren manchas blancas algo oscurecidas, es empeine que brotó en la piel, está limpia la persona.

40 Y el hombre, cuando se le pelare la cabeza, es calvo, mas limpio.

41 Y si a la parte de su rostro se le pelare la cabeza, es calvo por delante, pero limpio.

42 Mas cuando en la calva o en la antecalva hubiere llaga blanca rojiza, lepra es que brota en su calva o en su antecalva.

43 Entonces el sacerdote la mirará, y si pareciere la hinchazón de la llaga blanca rojiza en su calva o en su antecalva, como el parecer de la lepra de la piel de la carne,

44 leproso es, es inmundo; el sacerdote luego lo declarará inmundo; en su cabeza tiene su llaga.

45 Y el leproso en quien hubiere llaga, sus vestiduras serán rasgadas y su cabeza descubierta, y [a]embozado pregonará: [b]¡Inmundo! ¡Inmundo!

46 Todo el tiempo que la llaga estuviere en él, será inmundo; estará impuro: habitará solo; [c]fuera del campamento será su morada.

47 Y cuando en el vestido hubiere plaga de lepra, en vestido de lana, o en vestido de lino;

48 o en estambre o en trama, de lino o de lana, o en piel, o en cualquiera obra de piel;

49 y que la plaga sea verde, o rojiza, en vestido o en piel, o en estambre,

a Ez 24:17-22
Mi 3:7
b Lm 4:15
c Nm 5:2
y 12:14
2 Re 7:3
y 15:5
2 Cr 26:21
Lc 17:12

o en trama, o en cualquiera obra de piel; plaga es de lepra, y se ha de mostrar al sacerdote.

50 Y el sacerdote mirará la plaga, y encerrará la cosa plagada por siete días.

51 Y al séptimo día mirará la plaga: y si se hubiere extendido la plaga en el vestido, o estambre, o en la trama, o en piel, o en cualquiera obra que se hace de pieles, la plaga es lepra maligna; inmunda será.

52 Será quemado el vestido, o estambre o trama, de lana o de lino, o cualquiera obra de pieles en que hubiere tal plaga, porque es lepra maligna; en el fuego será quemada.

53 Y si el sacerdote mirare, y no pareciere que la plaga se haya extendido en el vestido, o estambre, o en la trama, o en cualquiera obra de pieles;

54 entonces el sacerdote mandará que laven donde está la plaga, y lo encerrará otra vez por siete días.

55 Y el sacerdote mirará la plaga después que haya sido lavada; y he aquí, aunque la plaga no haya cambiado su aspecto, y la plaga no se haya extendido, inmunda es; la quemarás en el fuego; es corrosión penetrante, esté lo raído por dentro o por fuera de aquella cosa.

56 Mas si el sacerdote la viere, y pareciere que la plaga se ha oscurecido después que fue lavada, la cortará del vestido, o de la piel, o del estambre, o de la trama.

57 Y si apareciere más en el vestido, o estambre, o trama, o en cualquier cosa de pieles, extendiéndose en ella, quemarás en el fuego aquello donde estuviere la plaga.

58 Pero el vestido, o estambre, o trama, o cualquiera cosa de piel que lavares, y que se le quitare la plaga, se lavará por segunda vez, y entonces será limpia.

59 Ésta *es* la ley de la plaga de la lepra del vestido de lana o de lino, o del estambre, o de la trama, o de cualquiera cosa de piel, para que sea dada por limpia o por inmunda.

CAPÍTULO 14

Y Jehová habló a Moisés, diciendo:
2 Ésta será la ley del leproso el día de su purificación: ªSerá traído al sacerdote,

3 y el sacerdote saldrá fuera del campamento, y lo examinará el sacerdote; y si ve que la plaga de la lepra ha sido sanada en el leproso,

4 entonces el sacerdote mandará que se tomen para el que ha de ser purificado dos avecillas vivas, limpias, y ᵇpalo de cedro, ᶜgrana e ᵈhisopo.

5 Y mandará el sacerdote matar una avecilla en un vaso de barro sobre aguas corrientes.

6 *En cuanto a* la avecilla viva, la tomará con el palo de cedro, la grana y el hisopo, y los mojarás con la avecilla viva en la sangre de la avecilla muerta sobre las aguas corrientes.

7 y ᵉrociará siete veces sobre el que ha de ser purificado de la lepra, y ᶠle declarará limpio; y soltará la avecilla viva sobre la faz del campo.

8 Y el que ha de ser purificado lavará sus vestiduras, y raerá todo su pelo, y se ha de lavar con agua, y será limpio; y después entrará en el campamento, ᵍy morará fuera de su tienda siete días.

9 Y será, que al séptimo día raerá todo el pelo de su cabeza, de su barba, y de sus cejas y raerá todo su pelo, y lavará sus vestiduras, lavará su carne en aguas, y será limpio.

10 Y el día octavo tomará dos corderos sin defecto, y una cordera de un año sin defecto; y tres décimas de flor de harina ʰpara ofrenda amasada con aceite, y un log de aceite.

11 Y el sacerdote que le purifica presentará delante de Jehová al que se ha de limpiar, con aquellas cosas, a la puerta del tabernáculo de la congregación;

12 y tomará el sacerdote un cordero, y lo ofrecerá por la culpa, con el log de aceite, y ⁱlo mecerá *como* ofrenda agitada delante de Jehová:

13 Y degollará el cordero ʲen el lugar donde degüellan la víctima por el pecado y el holocausto, en el lugar del santuario: porque ᵏcomo la víctima por el pecado, así también la víctima por la culpa *es* del sacerdote; es cosa muy santa.

14 Y tomará el sacerdote de la sangre de la víctima por la culpa, y pondrá el sacerdote ˡsobre la

Purificación del leproso

ternilla de la oreja derecha del que ha de ser purificado, y sobre el pulgar de su mano derecha, y sobre el pulgar de su pie derecho.

15 Asimismo tomará el sacerdote del log de aceite, y echará sobre la palma de su mano izquierda:

16 Y mojará su dedo derecho en el aceite que *tiene* en su mano izquierda, y esparcirá del aceite con su dedo siete veces delante de Jehová:

17 Y de lo que quedare del aceite que tiene en su mano, pondrá el sacerdote sobre la ternilla de la oreja derecha del que ha de ser purificado, y sobre el pulgar de su mano derecha, y sobre el pulgar de su pie derecho, sobre la sangre de la expiación por la culpa:

18 Y lo que quedare del aceite que *tiene* en su mano, pondrá sobre la cabeza del que ha de ser purificado; y ^bhará el sacerdote expiación por él delante de Jehová.

19 Ofrecerá luego el sacerdote el sacrificio por el pecado, y hará expiación por el que se ha de purificar de su inmundicia, y después degollará el holocausto:

20 Y hará subir el sacerdote el holocausto y ^cel presente sobre el altar. Así hará el sacerdote expiación por él, y será limpio.

21 ^eMas si *fuere* pobre, que no alcanzare su mano a tanto, entonces tomará un cordero para ser ofrecido *como* ofrenda agitada por la culpa, para reconciliarse, y una décima de flor de harina amasada con aceite para ofrenda, y un log de aceite;

22 y ^gdos tórtolas, o dos palominos, lo que alcanzare su mano; uno será para expiación por el pecado, y el otro para holocausto;

23 al octavo día ⁱtraerá estas cosas al sacerdote por su purificación, a la puerta del tabernáculo de la congregación, delante de Jehová.

24 Y ^jel sacerdote tomará el cordero de la expiación por la culpa, y el log de aceite, y lo mecerá el sacerdote *como* ofrenda agitada delante de Jehová.

25 Luego degollará el cordero de la culpa, y ^kel sacerdote tomará de la sangre de la culpa, y *la* pondrá sobre la ternilla de la oreja derecha

a ver 22
b cp 4:26

c ver 10

d ver 10
e cp 5:7-11
y 12:8

f Gn 17:8
Nm 32:22
Dt 32:49

g cp 12:8

h Sal 91:10
Zac 5:4
i vers 10,11

j ver 12

k vers 14-18

del que ha de ser purificado, y sobre el pulgar de su mano derecha, y sobre el pulgar de su pie derecho.

26 Y el sacerdote echará del aceite sobre la palma de su mano izquierda;

27 y con su dedo derecho el sacerdote rociará del aceite que tiene en su mano izquierda, siete veces delante de Jehová.

28 Y el sacerdote pondrá del aceite que *tiene* en su mano sobre la ternilla de la oreja derecha del que ha de ser purificado, y sobre el pulgar de su mano derecha, y sobre el pulgar de su pie derecho, en el lugar de la sangre de la ofrenda por la culpa.

29 Y lo que sobrare del aceite que el sacerdote *tiene* en su mano, lo pondrá sobre la cabeza del que ha de ser purificado, para reconciliarlo delante de Jehová.

30 Asimismo ofrecerá una de ^alas tórtolas, o de los palominos, lo que alcanzare su mano:

31 Uno de lo que alcanzare su mano, en expiación por el pecado, y el otro en holocausto, además de la ofrenda; y hará el sacerdote expiación por el que se ha de purificar, delante de Jehová.

32 Ésta *es* la ley del que *hubiere tenido* plaga de lepra, cuya mano no alcanzare ^dlo prescrito para su purificación.

33 Y habló Jehová a Moisés y a Aarón, diciendo:

34 ^fCuando hubieres entrado en la tierra de Canaán, la cual yo os doy en posesión, y pusiere yo plaga de lepra en alguna casa de la tierra de vuestra posesión,

35 vendrá el dueño de aquella casa, y dará aviso al sacerdote, diciendo: ^hComo plaga ha aparecido en mi casa.

36 Entonces el sacerdote mandará desocupar la casa, antes que el sacerdote entre a mirar la plaga, para que no sea contaminado todo lo que estuviere en la casa: y después el sacerdote entrará a reconocer la casa:

37 Y mirará la plaga; y *si* la plaga *estuviere* en las paredes de la casa con cavidades verdosas o rojizas, las cuales parecieren más hundidas que la pared,

LEVÍTICO 15
Leyes acerca del flujo

38 el sacerdote saldrá de la casa a la puerta de ella, y cerrará la casa por siete días.

39 Y al séptimo día volverá el sacerdote, y mirará; y si la plaga hubiere crecido en las paredes de la casa,

40 entonces el sacerdote mandará que sean quitadas las piedras en que *estuviere* la plaga, y las echarán fuera de la ciudad, en un lugar inmundo.

41 Y hará raspar la casa por dentro alrededor, y derramarán fuera de la ciudad, en lugar inmundo, el polvo que rasparen;

42 Y tomarán otras piedras, y las pondrán en lugar de las piedras quitadas; y tomarán otro barro, y recubrirán la casa.

43 Y si la plaga volviere a brotar en aquella casa, después que hizo quitar las piedras, y raspar la casa, y después que fue recubierta,

44 entonces el sacerdote entrará y mirará; y si pareciere haberse extendido la plaga en la casa, ᵉlepra maligna está en la casa; inmunda es.

45 Derribará, por tanto, la casa, sus piedras, y sus maderos, y toda la mezcla de la casa; y lo sacará fuera de la ciudad a lugar inmundo.

46 Y cualquiera que entrare en aquella casa todos los días que la mandó cerrar, será inmundo hasta la tarde.

47 Y el que durmiere en aquella casa, lavará sus ropas; también el que comiere en la casa, lavará sus ropas.

48 Mas si entrare el sacerdote y mirare, y viere que la plaga no se ha extendido en la casa después que fue recubierta, el sacerdote declarará limpia la casa, porque la plaga sanó.

49 Entonces tomará para limpiar la casa ᵍdos avecillas, y palo de cedro, y grana, e hisopo;

50 y degollará la una avecilla en una vasija de barro sobre aguas corrientes.

51 Y tomará el palo de cedro, y el hisopo, y la grana, y la avecilla viva, y lo mojará en la sangre de la avecilla muerta y en las aguas corrientes, y rociará la casa siete veces.

52 Y purificará la casa con la sangre de la avecilla, y con las aguas corrientes, y con la avecilla viva, y el palo de cedro, y el hisopo y la grana.

a cp 13:30-37
b cp 13:47
c ver 34
d cp 13:2

e cp 13:51

f cp 11:25
y 15:15

g vers 4,7

53 Luego soltará la avecilla viva fuera de la ciudad sobre la faz del campo: Así hará expiación por la casa, y será limpia.

54 Ésta *es* la ley acerca de toda plaga de lepra, ᵃy de tiña;

55 ᵇy de la lepra del vestido, ᶜy de la casa;

56 ᵈy acerca de la hinchazón, y de la postilla, y de la mancha lustrosa;

57 para enseñar cuándo *es* inmundo, y cuándo *es* limpio. Ésta *es* la ley tocante a la lepra.

CAPÍTULO 15

Y Jehová habló a Moisés y a Aarón, diciendo:

2 Hablad a los hijos de Israel, y decidles: Cualquier varón, cuando su simiente manare de su carne, será inmundo.

3 Y ésta será su inmundicia en su flujo; sea que su carne destiló por causa de su flujo, o que deje de destilar a causa de su flujo, él *será* inmundo.

4 Toda cama en que se acostare el que tuviere flujo, será inmunda; y toda cosa sobre que se sentare, inmunda será.

5 Y cualquiera que tocare a su cama, lavará sus ropas; ᶠse lavará también a sí mismo con agua, y será inmundo hasta la tarde.

6 Y el que se sentare sobre aquello en que se hubiere sentado el que tiene flujo, lavará sus ropas, se lavará también a sí mismo con agua, y será inmundo hasta la tarde.

7 Asimismo el que tocare la carne del que tiene flujo, lavará sus ropas, y a sí mismo se lavará con agua, y será inmundo hasta la tarde.

8 Y si el que tiene flujo escupiere sobre el limpio, éste lavará sus ropas, y después de haberse lavado con agua, será inmundo hasta la tarde.

9 Y toda montura sobre la que cabalgare el que tuviere flujo, será inmunda.

10 Y cualquiera que tocare cualquiera cosa que haya estado debajo de él, será inmundo hasta la tarde; y el que la llevare, lavará sus ropas, y después de lavarse con agua, será inmundo hasta la tarde.

Impurezas del hombre y la mujer

11 Y todo aquel a quien tocare el que tiene flujo, y no lavare con agua sus manos, lavará sus ropas, y a sí mismo se lavará con agua, y será inmundo hasta la tarde.

12 [b]Y la vasija de barro en que tocare el que tiene flujo, será quebrada; y toda vasija de madera será lavada con agua.

13 Y cuando se hubiere limpiado de su flujo [d]el que tiene flujo, se ha de contar siete días desde su purificación, y lavará sus ropas, y lavará su carne en aguas corrientes, y será limpio.

14 Y el octavo día tomará [e]dos tórtolas, o dos palominos, y vendrá delante de Jehová a la puerta del tabernáculo de la congregación, y los dará al sacerdote:

15 Y [f]el sacerdote los ofrecerá, uno *en* ofrenda por el pecado, y el otro *por* holocausto; y el sacerdote [g]hará expiación por él delante de Jehová, a causa de su flujo.

16 [h]Y el hombre, cuando de él saliere derramamiento de semen, lavará en aguas toda su carne, y será inmundo hasta la tarde.

17 Y toda vestimenta, o toda piel sobre la cual cayere el semen, se lavará con agua, y será inmunda hasta la tarde.

18 Y la mujer con quien el varón tuviera ayuntamiento de semen, ambos se lavarán con agua, y [j]serán inmundos hasta la tarde.

19 Y cuando la mujer tuviere flujo de sangre, y su flujo fuere en su carne, siete días estará apartada; y cualquiera que la tocare, será inmundo hasta la tarde.

20 [l]Y todo aquello sobre lo que ella se acostare durante su separación, será inmundo: también todo aquello sobre lo que ella se sentare, será inmundo.

21 Y cualquiera que tocare a su cama, lavará sus vestiduras, y después de lavarse con agua, será inmundo hasta la tarde.

22 También cualquiera que tocare cualquier mueble sobre el que ella se hubiere sentado, lavará sus vestiduras; se lavará luego a sí mismo con agua, y será inmundo hasta la tarde.

23 Y si *estuviere* sobre la cama, o sobre la silla en que ella se hubiere sentado, el que tocare en ella será inmundo hasta la tarde.

24 [a]Y si alguno durmiere con ella, y su menstruo fuere sobre él, será inmundo por siete días; y toda cama sobre la que durmiere, será inmunda.

25 [c]Y la mujer, cuando siguiere el flujo de su sangre por muchos días fuera del tiempo de su costumbre, o cuando tuviere flujo de sangre más de su costumbre; todo el tiempo del flujo de su inmundicia, será inmunda como en los días de su costumbre.

26 Toda cama en la que durmiere todo el tiempo de su flujo, le será como la cama de su costumbre; y todo mueble sobre el que se sentare, será inmundo, como la inmundicia de su costumbre.

27 Cualquiera que tocare en esas cosas será inmundo; y lavará sus vestiduras, y a sí mismo se lavará con agua, y será inmundo hasta la tarde.

28 [i]Y cuando fuere libre de su flujo, se ha de contar siete días, y después será limpia.

29 Y el octavo día tomará consigo dos tórtolas, o dos palominos, y los traerá al sacerdote, a la puerta del tabernáculo de la congregación:

30 Y el sacerdote ofrecerá el uno *en* ofrenda por el pecado, y el otro *por* holocausto; y el sacerdote hará expiación por ella delante de Jehová, por el flujo de su inmundicia.

31 Así apartaréis a los hijos de Israel de sus inmundicias, a fin de que no mueran por sus inmundicias, [k]ensuciando mi tabernáculo que está entre ellos.

32 Ésta *es* la ley del que tiene flujo, y del que sale derramamiento de semen, viniendo a ser inmundo a causa de ello;

33 y de la que padece su costumbre, y acerca del que tuviere flujo, sea hombre o mujer, y del hombre que durmiere con mujer inmunda.

CAPÍTULO 16

Jehová habló a Moisés, después [m]que murieron los dos hijos de Aarón, cuando se acercaron delante de Jehová, y murieron.

LEVÍTICO 16

Los dos machos cabríos

2 Y Jehová dijo a Moisés: Di a Aarón tu hermano, ^aque no en todo tiempo entre en el santuario detrás del velo, delante del propiciatorio que está sobre el arca, para que no muera; ^cporque yo apareceré en la nube sobre el propiciatorio.

3 Con esto entrará Aarón en el santuario; ^dcon un becerro para expiación, y un carnero para holocausto.

4 Se vestirá ^gla túnica santa de lino, y sobre su carne tendrá calzoncillos de lino, y se ceñirá el cinto de lino; y con la mitra de lino se cubrirá; son las santas vestiduras; lavará, pues, su carne con agua y *luego* ^hse vestirá con ellas.

5 ^jY de la congregación de los hijos de Israel tomará dos machos cabríos para expiación, y un carnero para holocausto.

6 Y Aarón ofrecerá el becerro de la expiación, que es suyo, y hará ^kla reconciliación por sí y por su casa.

7 Después tomará los dos machos cabríos, y los presentará delante de Jehová a la puerta del tabernáculo de la congregación.

8 Y echará suertes Aarón sobre los dos machos cabríos; una suerte por Jehová, y la otra suerte por el macho cabrío de escapatoria.

9 Y Aarón hará traer el macho cabrío sobre el cual cayere la suerte por Jehová, y lo ofrecerá en expiación.

10 Mas el macho cabrío, sobre el cual cayere la suerte por el macho cabrío de escapatoria, lo presentará vivo delante de Jehová, para hacer la reconciliación sobre él, para enviarlo como macho cabrío de escapatoria al desierto.

11 Y hará llegar Aarón ^oel becerro que era suyo para expiación, y hará la reconciliación por sí y por su casa, y degollará en expiación el becerro que es suyo.

12 ^pDespués tomará el incensario lleno de brasas de fuego del altar de delante de Jehová, y sus puños llenos del ^rincienso aromático molido, y lo meterá del velo adentro.

13 ^tY pondrá el incienso sobre el fuego delante de Jehová, y la nube del incienso cubrirá ^uel propiciatorio que *está* sobre el testimonio, para que no muera.

14 ^bTomará luego de la sangre del becerro, y *la* rociará con su dedo hacia el propiciatorio al lado oriental; hacia el propiciatorio esparcirá siete veces de aquella sangre con su dedo.

15 ^eDespués degollará en expiación el macho cabrío expiatorio, que *era* por el pueblo, ^fy meterá la sangre de él del velo adentro; y hará de su sangre como hizo de la sangre del becerro, y *la* esparcirá sobre el propiciatorio y delante del propiciatorio.

16 Y ⁱhará expiación por el santuario, por las inmundicias de los hijos de Israel, y por sus rebeliones, y por todos sus pecados: de la misma manera hará también al tabernáculo de la congregación, el cual reside entre ellos en medio de sus inmundicias.

17 ^lY ningún hombre estará en el tabernáculo de la congregación cuando él entrare a hacer la reconciliación en el santuario, hasta que él salga, y haya hecho la reconciliación por sí, y por su casa, y por toda la congregación de Israel.

18 Y saldrá al altar que *está* delante de Jehová, ^my lo expiará; y tomará de la sangre del becerro, y de la sangre del macho cabrío expiatorio, y *la* pondrá sobre los cuernos del altar alrededor.

19 Y esparcirá sobre él de la sangre con su dedo siete veces, y lo limpiará, y lo santificará de las inmundicias de los hijos de Israel.

20 Y ⁿcuando hubiere acabado de expiar el santuario, y el tabernáculo de la congregación y el altar, hará llegar el macho cabrío vivo:

21 Y pondrá Aarón sus dos manos sobre la cabeza del macho cabrío vivo, y confesará sobre él todas las iniquidades de los hijos de Israel, y todas sus rebeliones, y todos sus pecados, ^qponiéndolos así sobre la cabeza del macho cabrío, y *lo* enviará al desierto por mano de un hombre destinado para esto.

22 ^sY aquel macho cabrío llevará sobre sí todas las iniquidades de ellos a tierra inhabitada: y dejará ir el macho cabrío por el desierto.

La expiación una vez al año

23 Después vendrá Aarón al tabernáculo de la congregación, y se desnudará las vestimentas de lino, que había vestido para entrar en el santuario, y las pondrá allí.

24 Lavará luego su carne con agua en el lugar del santuario, y después de ponerse sus vestiduras saldrá, ᵇy hará su holocausto, y el holocausto del pueblo, y hará la reconciliación por sí y por el pueblo.

25 ᶜY quemará la grosura de la expiación sobre el altar.

26 Y el que hubiere soltado el macho cabrío como cabrío de escapatoria, lavará sus vestiduras, ᵉlavará también con agua su carne, y después entrará en el campamento.

27 ᶠY sacará fuera del campamento el becerro *para* la ofrenda del pecado, y el macho cabrío para la ofrenda del pecado, la sangre de los cuales fue metida para hacer la expiación en el santuario; y quemarán en el fuego sus pieles, y sus carnes, y su estiércol.

28 Y el que los quemare, lavará sus vestiduras, lavará también su carne con agua, y después entrará en el campamento.

29 Y esto *tendréis* por estatuto perpetuo: ⁱEn el mes séptimo, el *día* diez del mes, afligiréis vuestras almas, y ninguna obra haréis, ni el natural ni el extranjero que peregrina entre vosotros;

30 porque en este día se os reconciliará ˡpara limpiaros; y seréis limpios de todos vuestros pecados delante de Jehová.

31 ᵐSábado de reposo *será* para vosotros, y afligiréis vuestras almas, por estatuto perpetuo.

32 ᵒY hará la reconciliación el sacerdote que fuere ungido, y ᵖcuya mano hubiere sido consagrada para ser sacerdote en lugar de su padre; ʳy se vestirá las vestimentas de lino, las vestiduras santas:

33 Y hará expiación por el santuario santo; también hará expiación por el tabernáculo de la congregación y por el altar; además hará expiación por los sacerdotes y por todo el pueblo de la congregación.

34 Y esto tendréis por estatuto perpetuo, para hacer expiación por los hijos de Israel por todos sus pecados, ᵃuna vez al año. Y Moisés lo hizo como Jehová le mandó.

CAPÍTULO 17

Y Jehová habló a Moisés, diciendo: 2 Habla a Aarón y a sus hijos, y a todos los hijos de Israel, y diles: Esto *es* lo que ha mandado Jehová, diciendo:

3 Cualquier varón de la casa de Israel ᵈque degollare buey, o cordero, o cabra, en el campamento, o fuera del campamento,

4 y no lo trajere a la puerta del tabernáculo de la congregación, para ofrecer ofrenda a Jehová delante del tabernáculo de Jehová, sangre será imputada al tal varón: sangre derramó; ᵍcortado será el tal varón de entre su pueblo;

5 a fin de que traigan los hijos de Israel sus sacrificios, los que sacrifican sobre la faz del campo, para que los traigan a Jehová a la puerta del tabernáculo de la congregación al sacerdote, y sacrifiquen ellos sacrificios de paz a Jehová.

6 Y el sacerdote ʰesparcirá la sangre sobre el altar de Jehová, a la puerta del tabernáculo de la congregación, y quemará la grosura en olor grato a Jehová.

7 Y nunca más sacrificarán sus sacrificios ʲa los demonios, tras de los cuales ᵏhan fornicado: tendrán esto por estatuto perpetuo por sus generaciones.

8 Les dirás también: Cualquier varón de la casa de Israel, o de los extranjeros que peregrinan entre vosotros, ⁿque ofreciere holocausto o sacrificio,

9 ᵠy no lo trajere a la puerta del tabernáculo de la congregación, para ofrecerlo a Jehová, el tal varón será igualmente cortado de su pueblo.

10 ˢY cualquier varón de la casa de Israel, o de los extranjeros que peregrinan entre ellos, que comiere alguna sangre, yo ᵗpondré mi rostro contra la persona que comiere sangre, y le cortaré de entre su pueblo.

11 ᵘPorque la vida de la carne en la sangre *está*; ᵛy yo os la he dado para expiar vuestras almas sobre el altar:

porque *es* ªla sangre lo que hace expiación por el alma.

12 Por tanto, he dicho a los hijos de Israel: Ninguna persona de vosotros comerá sangre, ni el extranjero que peregrina entre vosotros comerá sangre.

13 Y cualquier varón de los hijos de Israel, o de los extranjeros que peregrinan entre ellos, que capturare caza de animal o de ave que sea de comer, ᶜderramará su sangre y ᵈla cubrirá con tierra:

14 ᵉPorque el alma de toda carne, su vida, está en su sangre: por tanto he dicho a los hijos de Israel: No comeréis la sangre de ninguna carne, porque la vida de toda carne *es* su sangre; cualquiera que la comiere será cortado.

15 ᶠY cualquiera persona que comiere cosa mortecina o ᵍdespedazada *por fiera*, así de los naturales como de los extranjeros, lavará sus vestiduras y a sí mismo se lavará con agua, y será inmundo hasta la tarde; y se limpiará.

16 Y si no *los* lavare, ni lavare su carne, ᵏllevará su iniquidad.

CAPÍTULO 18

Y Jehová habló a Moisés, diciendo:

2 Habla a los hijos de Israel, y diles: ˡYo soy Jehová vuestro Dios.

3 ⁿNo haréis como hacen en la tierra de Egipto, en la cual morasteis; ᵒni haréis como hacen en la tierra de Canaán, a la cual yo os conduzco; ni andaréis en sus estatutos.

4 ʳMis derechos pondréis por obra, y mis estatutos guardaréis, andando en ellos: Yo Jehová vuestro Dios.

5 Por tanto mis estatutos y mis derechos guardaréis, ᵘlos cuales haciendo el hombre, vivirá en ellos: Yo Jehová.

6 Ningún varón se allegue a ninguna parienta cercana, para descubrir *su* desnudez: Yo Jehová.

7 ʸLa desnudez de tu padre, o la desnudez de tu madre, no descubrirás: tu madre *es*, no descubrirás su desnudez.

8 ᵃLa desnudez de la esposa de tu padre no descubrirás; *es* la desnudez de tu padre.

a Heb 9:22
b Ez 22:11

c Dt 12:16,24
d Éx 24:7
e Gn 9:4
f cp 22:8
Ez 44:31
g Gn 31:39
h Gn 38:26
Ez 22:11
i cp 15:5
j Dt 25:5
Mt 22:24
Mr 12:19
Lc 20:38
k cp 5:1
Nm 19:20
l Éx 6:7
cp 11:44
m 1 Sm 1:6-8
n Ez 20:7, 8
o Éx 23:24
p cp 20:18
q Éx 20:14
r Dt 4:1-5
Ez 20:19
s 2 Re 16:3
y 21:6
y 23:10
t 1 Re 11:7,33
Hch 7:43
u Ez 20:11-21
Rm 10:5
Gá 3:12
v cp 20:13
Rm 1:27
1 Co 6:9
1 Tim 1:10
x cp 20:15-16
y hasta 16
cp 20:11-21
z Mt 15:19-20
Mr 7:21-23
y 20:23
Dt 18:12
a Gn 49:4
Dt 22:30
y 27:20
1 Co 5:1
b cp 20:23
Dt 18:12

9 ᵇLa desnudez de tu hermana, hija de tu padre, o hija de tu madre, nacida en casa o nacida fuera, su desnudez no descubrirás.

10 La desnudez de la hija de tu hijo, o de la hija de tu hija, su desnudez no descubrirás, porque *es* la desnudez tuya.

11 La desnudez de la hija de la esposa de tu padre, engendrada de tu padre, tu hermana *es*, su desnudez no descubrirás.

12 La desnudez de la hermana de tu padre no descubrirás; *es* parienta de tu padre.

13 La desnudez de la hermana de tu madre no descubrirás; porque parienta de tu madre *es*.

14 La desnudez del hermano de tu padre no descubrirás; no llegarás a su esposa; *es* esposa del hermano de tu padre.

15 ʰLa desnudez de tu nuera no descubrirás; esposa *es* de tu hijo, no descubrirás su desnudez.

16 ʲLa desnudez de la esposa de tu hermano no descubrirás; *es* la desnudez de tu hermano.

17 La desnudez de la mujer y de su hija no descubrirás; no tomarás la hija de su hijo, ni la hija de su hija, para descubrir su desnudez; *son* parientas, *es* maldad.

18 No tomarás mujer juntamente con su hermana, ᵐpara hacerla su rival, descubriendo su desnudez delante de ella en su vida.

19 ᵖY no llegarás a la mujer para descubrir su desnudez durante su impureza menstrual.

20 ᵠAdemás, no tendrás acto carnal con la esposa de tu prójimo, contaminándote con ella.

21 Y no des de tu simiente para hacerla ˢpasar por *el fuego* a ᵗMoloc; no contamines el nombre de tu Dios: Yo Jehová.

22 ᵛNo te echarás con varón como con mujer; *es* abominación.

23 ˣNi con ningún animal tendrás ayuntamiento amancillándote con él; ni mujer alguna se pondrá delante de animal para ayuntarse con él; *es* depravación.

24 ᶻEn ninguna de estas cosas os amancillaréis; ᵇporque en todas estas cosas se han ensuciado las naciones que yo echo de delante de vosotros,

No mezclarás animal, semilla o tela

25 ªy la tierra fue contaminada; ᵇy yo visité su maldad sobre ella, y la tierra vomitó sus moradores.

26 Vosotros, pues, guardad mis estatutos y mis decretos, y no hagáis ninguna de todas estas abominaciones; ni el natural ni el extranjero que peregrina entre vosotros.

27 (Porque todas estas abominaciones hicieron los hombres de la tierra, que *fueron* antes de vosotros, y la tierra fue contaminada);

28 para que la tierra no os vomite, por haberla contaminado, como vomitó a las naciones que *fueron* antes de vosotros.

29 Porque cualquiera que hiciere alguna de todas estas abominaciones, las personas que las hicieren, serán cortadas de entre su pueblo.

30 Guardad, pues, mi ordenanza, ᵍno haciendo de las prácticas abominables que tuvieron lugar antes de vosotros, y no os ensuciéis en ellas: Yo Jehová vuestro Dios.

CAPÍTULO 19

Y Jehová habló a Moisés, diciendo: 2 Habla a toda la congregación de los hijos de Israel, y diles: ᵐSantos seréis, porque yo Jehová vuestro Dios *soy* santo.

3 °Cada uno temerá a su madre y a su padre, y ᵠmis sábados guardaréis: Yo Jehová vuestro Dios.

4 ʳNo os volveréis a los ídolos, ni haréis para vosotros dioses de fundición: Yo Jehová vuestro Dios.

5 Y ˢcuando ofreciereis sacrificio de paz a Jehová, de vuestra propia voluntad lo sacrificaréis.

6 Será comido el día que lo sacrificareis, y el siguiente día; y lo que quedare para el tercer día, será quemado en el fuego.

7 Y si se comiere el día tercero, *será* abominación; no será acepto.

8 Y el que lo comiere, llevará su delito, por cuanto profanó lo santo de Jehová; y la tal persona será cortada de su pueblo.

9 ᵘCuando segareis la mies de vuestra tierra, no segarás hasta el último rincón de tu campo, ni espigarás tu tierra segada.

10 Y no rebuscarás tu viña, ni

LEVÍTICO 19

a	Nm 35:34
	Jer 2:7
b	Is 26:21
	Jer 14:10
	y 23:2
	Os 8:13 y 9:9
c	Éx 20:15
d	cp 6:2-4
e	Dt 24:14-15
	Mal 3:5
	Stg 5:4
f	Sal 15:3
	Pr 11:13
	Ez 22:9
g	cp 20:23
h	1 Jn 2:9-11
	y 3:15
i	Mt 18:15
	Lc 17:3
	Gá 6:1
j	Rm 1:32
	1 Tim 5:22
	2 Jn 11
k	Pr 20:22
	Rm 12:17-19
	Heb 10:30
l	Mt 5:43
	19:19 y 22:39
	Mr 12:31
	Lc 10:27
	Rm 13:9
	Gá 5:14
m	cp 11:44
	y 20:7,26
	1 Pe 1:16
n	Dt 22:9-10
o	Éx 20:12
p	Dt 22:11
q	Éx 20:8
r	cp 26:1
s	cp 7:16
t	cp 5:15
u	cp 23:22
	Dt 24:19-21
	Rt 2:15-16

recogerás los granos caídos de tu viña; para el pobre y para el extranjero los dejarás: Yo Jehová vuestro Dios.

11 ᶜNo hurtaréis, y no engañaréis, ni mentiréis ninguno a su prójimo.

12 Y no juraréis en mi nombre con mentira, ni profanarás el nombre de tu Dios: Yo Jehová.

13 ᵈNo oprimirás a tu prójimo, ni *le* robarás. ᵉNo retendrás el salario del jornalero en tu casa hasta la mañana.

14 Al sordo no maldecirás, y delante del ciego no pondrás tropiezo, sino que tendrás temor de tu Dios: Yo Jehová.

15 No harás agravio en el juicio; no absolverás al pobre, ni favorecerás al poderoso; con justicia juzgarás a tu prójimo.

16 ᶠNo andarás chismeando entre tu pueblo. No te pondrás contra la sangre de tu prójimo: Yo Jehová.

17 ʰNo aborrecerás a tu hermano en tu corazón; ⁱciertamente amonestarás a tu prójimo, y ʲno consentirás sobre su pecado.

18 ᵏNo te vengarás, ni guardarás rencor a los hijos de tu pueblo; ˡmas amarás a tu prójimo como a ti mismo: Yo Jehová.

19 Mis estatutos guardaréis. No permitirás que tu ganado se aparee con animales de otra especie; ⁿtu campo no sembrarás con mezcla ᵖde semillas, y no te pondrás vestiduras con mezcla de diversos hilos.

20 Y cuando un hombre tuviere cópula con mujer, y ella fuere sierva desposada con alguno, y no estuviere rescatada, ni le hubiere sido dada libertad, ambos serán azotados: no morirán, por cuanto ella no es libre.

21 ᵗY él traerá a Jehová su ofrenda por la culpa a la puerta del tabernáculo de la congregación, un carnero en expiación por su culpa.

22 Y con el carnero de la expiación lo reconciliará el sacerdote delante de Jehová, por su pecado que cometió: y se le perdonará su pecado que ha cometido.

23 Y cuando hubiereis entrado en la tierra, y plantareis toda clase de árboles frutales, contaréis como incircunciso lo primero de su fruto; tres años os será incircunciso; su fruto no se comerá.

LEVÍTICO 20

24 Y el cuarto año todo su fruto será santidad de alabanzas a Jehová.
25 Mas al quinto año comeréis el fruto de él, para que os haga crecer su fruto: Yo Jehová vuestro Dios.
26 ᵇNo comeréis cosa alguna con sangre. ᶜNo seréis agoreros, ni adivinaréis.
27 ᵉNo cortaréis en redondo las extremidades de vuestras cabezas, ni dañarás la punta de tu barba.
28 ᶠY no haréis rasguños en vuestro cuerpo por un muerto, ni imprimiréis en vosotros tatuaje alguno: Yo Jehová.
29 ʰNo contaminarás a tu hija haciéndola fornicar; para que no se prostituya la tierra, y se llene de maldad.
30 ʲMis sábados guardaréis, y ᵏmi santuario tendréis en reverencia: Yo Jehová.
31 ᵐNo os volváis a los encantadores ni a los adivinos; no los consultéis ensuciándoos con ellos: Yo Jehová vuestro Dios.
32 ᵒDelante de las canas te levantarás, y honrarás el rostro del anciano, y de tu Dios tendrás temor: Yo Jehová.
33 ᑫY cuando el extranjero morare contigo en vuestra tierra, no le oprimiréis.
34 ˢComo a un natural de vosotros tendréis al extranjero que peregrinare entre vosotros; ᵗy lo amarás como a ti mismo; porque peregrinos fuisteis en la tierra de Egipto: Yo Jehová vuestro Dios.
35 No hagáis injusticia en juicio, en medida de tierra, en peso ni en otra medida.
36 ᵛBalanzas justas, pesas justas, efa justo, e hin justo tendréis: Yo Jehová vuestro Dios, que os saqué de la tierra de Egipto.
37 Guardad, pues, todos mis estatutos, y todas mis ordenanzas, y ponedlos por obra: Yo Jehová.

a cp 17:10
Ez 5:11

b cp 3:17
c Dt 18:10-14
d cp 18:21

e cp 21:5
Is 15:2

f cp 21:5
Dt 14:1
Jer 16:6
g Dt 17:2-5
h cp 23:17

i cp 19:31
j ver 3
cp 26:2
k Ec 5:1
l cp 17:10
m Éx 22:18
Dt 18:10-11
1 Sm 28:3-9
Is 8:19
Hch 16:16
n cp 11:44
y 19:2
o Pr 20:29
p Éx 21:17
q Éx 22:21
r cp 18:20
Dt 22:22
Jn 8:4-5
s Éx 12:48-49
t Dt 10:19
u cp 18:8

v Dt 25:13-15
x cp 18:15

y cp 18:23

z cp 18:22
Dt 23:17

a cp 18:17
Dt 27:23
b cp 18:21

CAPÍTULO 20

Y Jehová habló a Moisés, diciendo:
2 Dirás asimismo a los hijos de Israel: ᵇCualquier varón de los hijos de Israel, o de los extranjeros que peregrinan en Israel, que diere de su simiente a Moloc, de seguro morirá: el pueblo de la tierra lo apedreará con piedras.
3 ᵃY yo pondré mi rostro contra el tal varón, y lo cortaré de entre su pueblo; por cuanto dio de su simiente a Moloc, contaminando mi santuario, y ᵈamancillando mi santo nombre.
4 Que si escondiere el pueblo de la tierra sus ojos de aquel varón que hubiere dado de su simiente a Moloc, ᵍpara no matarle,
5 entonces yo pondré mi rostro contra aquel varón, y contra su familia, y le cortaré de entre su pueblo, con todos los que fornicaron en pos de él, prostituyéndose con Moloc.
6 ⁱY la persona que atendiere a encantadores o adivinos, para prostituirse tras de ellos, ˡyo pondré mi rostro contra la tal persona, y la cortaré de entre su pueblo.
7 ⁿSantificaos, pues, y sed santos, porque yo Jehová soy vuestro Dios.
8 Y guardad mis estatutos, y ponedlos por obra: Yo Jehová que os santifico.
9 ᵖPorque cualquiera que maldijere a su padre o a su madre, de cierto morirá; a su padre o a su madre maldijo; su sangre será sobre él.
10 ʳEl hombre que cometiere adulterio con la esposa de *otro* hombre, el que cometiere adulterio con la esposa de su prójimo, el adúltero y la adúltera indefectiblemente han de ser muertos.
11 ᵘY cualquiera que se acostare con la esposa de su padre, la desnudez de su padre descubrió; ambos han de ser muertos; su sangre *será* sobre ellos.
12 ˣY cualquiera que se acostare con su nuera, ambos han de morir; ʸcometieron depravación; su sangre *será* sobre ellos.
13 ᶻY cualquiera que se acostare con un hombre como si se acostare con una mujer, ambos han cometido abominación; indefectiblemente han de ser muertos; su sangre *será* sobre ellos.
14 ᵃY el que tomare esposa y a la madre de ella, comete vileza; quemarán en fuego a él y a ellas, para que no haya vileza entre vosotros.

Los pitonisos deben morir

15 ªY cualquiera que tuviere cópula con bestia, ha de ser muerto; y mataréis a la bestia.

16 Y si una mujer se allegare a algún animal, para ayuntarse con él, a la mujer y al animal matarás; morirán indefectiblemente; su sangre *será* sobre ellos.

17 ᶜY cualquiera que tomare a su hermana, hija de su padre o hija de su madre, y viere su desnudez, y ella viere la suya, cosa detestable *es*; por tanto serán muertos a ojos de los hijos de su pueblo; descubrió la desnudez de su hermana; su pecado llevará.

18 ᶠY cualquiera que se acostare con mujer menstruosa, y descubriere su desnudez, su fuente descubrió, y ella descubrió la fuente de su sangre; ambos serán cortados de entre su pueblo.

19 ʰLa desnudez de la hermana de tu madre, o de la hermana de tu padre, no descubrirás: por cuanto descubrió su parienta, su iniquidad llevarán.

20 ⁱY cualquiera que se acostare con la esposa del hermano de su padre, la desnudez del hermano de su padre descubrió; su pecado llevarán; morirán sin hijos.

21 ᵏY el que tomare la esposa de su hermano, comete inmundicia, la desnudez de su hermano descubrió; sin hijos serán.

22 Guardad, pues, todos mis estatutos y todas mis ordenanzas, y ponedlos por obra; ᵐa fin de que no os vomite la tierra en la cual yo os introduzco para que habitéis en ella.

23 Y ᵖno andéis en las prácticas de las naciones que yo echaré de delante de vosotros; porque ellos hicieron todas estas cosas, y los tuve en abominación.

24 ˢPero a vosotros os he dicho: Vosotros poseeréis la tierra de ellos, y yo os la daré para que la poseáis por heredad, tierra que ᵘfluye leche y miel: Yo Jehová vuestro Dios, ᵛque os he apartado de los pueblos.

25 ʸPor tanto, vosotros haréis diferencia entre el animal limpio y el inmundo, y entre el ave inmunda y la limpia; y ᵃno contaminéis vuestras personas en los animales, ni en las aves, ni en ninguna cosa que se arrastra sobre la tierra, las cuales os he apartado por inmundas.

26 Habéis, pues, de serme santos, ᵇporque yo Jehová soy santo, y os he apartado de los pueblos, para que seáis míos.

27 ᵈY el hombre o la mujer en quienes hubiere espíritu de pitonisa o de adivinación, han de ser muertos; los apedrearán con piedras; ᵉsu sangre *será* sobre ellos.

CAPÍTULO 21

Y Jehová dijo a Moisés: Habla a los sacerdotes hijos de Aarón, y diles ᵍque no se contaminen por un muerto entre su pueblo.

2 Mas por su pariente cercano, por su madre, o por su padre, o por su hijo, o por su hija, o por su hermano,

3 o por su hermana virgen, a él cercana, la cual no haya tenido marido, por ella se contaminará.

4 No se contaminará, para profanarse, *porque es* príncipe en su pueblo.

5 ʲNo harán calva en su cabeza, ni raerán la punta de su barba, ni en su carne harán rasguños.

6 Santos serán a su Dios, y ˡno profanarán el nombre de su Dios; porque las ofrendas encendidas para Jehová y el pan de su Dios ofrecen; por tanto, serán santos.

7 No tomará por esposa a ⁿmujer ramera o infame; ᵒni tomará mujer repudiada de su marido; porque él *es* santo a su Dios.

8 Lo santificarás por tanto, pues el pan de tu Dios ofrece; santo será para ti, porque ᑫsanto *soy* yo Jehová que os santifico.

9 ʳY la hija del varón sacerdote, si comenzare a fornicar, a su padre amancilla, quemada será al fuego.

10 ᵗY el sumo sacerdote entre sus hermanos, sobre cuya cabeza fue derramado el aceite de la unción, y que fue consagrado para llevar las vestimentas, ˣno descubrirá su cabeza, ni romperá sus vestiduras;

11 ᶻNi entrará donde haya alguna persona muerta, ni por su padre, o por su madre se contaminará.

LEVÍTICO 22

12 ªNi saldrá del santuario, ni contaminará el santuario de su Dios; ᶜporque la corona del aceite de la unción de su Dios *está* sobre él: Yo Jehová.

13 Y tomará por esposa a mujer virgen.

14 *Mujer* viuda, o divorciada, o infame, o ramera, no tomará; sino tomará de su pueblo virgen por esposa.

15 Y no amancillará su simiente en su pueblo; porque yo Jehová soy el que los santifico.

16 Y Jehová habló a Moisés, diciendo:

17 Habla a Aarón, y dile: Ninguno de tu simiente, por sus generaciones, que tenga *algún* defecto, se acercará para ofrecer el pan de su Dios.

18 Porque ningún varón en el cual hubiere defecto se acercará; varón ciego, o cojo, o falto, ᵏo sobrado,

19 o varón en el cual hubiere quebradura de pie o rotura de mano,

20 o jorobado, o enano, o que tuviere nube en el ojo, o que tenga sarna, o empeine, o que tenga ⁿtestículo dañado.

21 Ningún varón de la simiente de Aarón sacerdote, en el cual hubiere defecto se acercará para ofrecer las ofrendas encendidas de Jehová. Hay defecto en él; no se acercará a ofrecer el pan de su Dios.

22 El pan de su Dios, ᵖde lo muy santo y ʳlas cosas santificadas, comerá;

23 pero no entrará tras el velo, ni se acercará al altar, por cuanto hay defecto en él; ˢpara que no profane mi santuario, porque ᵗyo Jehová soy el que los santifico.

24 Y Moisés habló *esto* a Aarón, y a sus hijos, y a todos los hijos de Israel.

CAPÍTULO 22

Y Jehová habló a Moisés, diciendo:
2 Di a Aarón y a sus hijos, ʸque se abstengan de las cosas santas de los hijos de Israel, y que no profanen mi santo nombre ªen *lo que* ellos me santifican: Yo Jehová.

3 Diles: Todo varón de toda vuestra simiente en vuestras generaciones que se acercare a las cosas santas que los hijos de Israel consagran a

a cp 10:7
b cp 7:20
c cp 8:9-12

d cp 15:2
e cp 14:2
y 15:13
f Nm 19:11
g cp 15:16

h cp 11:24, 43,44
i cp 15:7,19

j cp 15:5-11
Heb 10:22

k cp 22:22
l cp 21:22
Nm 18:11-13

m Éx 28:43

n Dt 23:1

o 1 Sm 21:6

p cp 2:3,10
6:17,29 7:1
y 24:9
q Nm 18:11
r cp 22:10-12
Nm 18:19
s ver 12
t vers 8,15
y cp 22:9-16
u Gn 38:11
Rt 1:8
v cp 10:14
x cp 4:2
y 5:15-16
y Nm 6:3

z Nm 18:32
a Éx 28:38
Dt 15:19
b ver 9

Ofreced holocausto sin defecto

Jehová, ᵇteniendo inmundicia sobre sí, de delante de mí será cortada su alma: Yo Jehová.

4 Cualquier varón de la simiente de Aarón que fuere leproso, o ᵈpadeciere flujo, no comerá de las cosas santas ᵉhasta que esté limpio; y ᶠel que tocare cualquiera cosa inmunda por contacto de cadáver, o ᵍel varón que hubiere tenido derramamiento de semen;

5 o el varón ʰque hubiere tocado cualquier animal por el cual será inmundo, u ⁱhombre por el cual venga a ser inmundo, conforme a cualquiera inmundicia suya;

6 la persona que lo tocare, será inmunda hasta la tarde, y no comerá de las cosas santas antes que ʲhaya lavado su carne con agua.

7 Y cuando el sol se pusiere, será limpio; y después comerá las cosas santas, ˡporque su pan *es*.

8 Mortecino ni despedazado *por fiera* no comerá, contaminándose en ello: Yo Jehová.

9 Guarden, pues, mi ordenanza, ᵐy no lleven pecado por ello, no sea que así mueran cuando la profanaren: Yo Jehová que los santifico.

10 ᵒNingún extraño comerá cosa santa; el huésped del sacerdote, ni el jornalero, no comerá cosa santa.

11 Mas si el sacerdote comprare persona con su dinero, ésta comerá de ella, y el nacido en su casa; ᵠéstos comerán de su alimento.

12 Si la hija del sacerdote también se *casare* con varón extraño, ella no comerá de la ofrenda de las cosas santas.

13 Pero si la hija del sacerdote fuere viuda, o repudiada, y no tuviere hijos, ᵘy se hubiere vuelto a la casa de su padre, ᵛcomo en su juventud, podrá comer del pan de su padre; pero ningún extraño comerá de él.

14 ˣY el que por yerro comiere cosa santa, añadirá a ella una quinta *parte*, y *la* dará al sacerdote con la cosa santa.

15 ᶻNo profanarán, pues, las cosas santas de los hijos de Israel, las cuales apartan para Jehová;

16 ᵇY no les harán llevar la iniquidad del pecado, comiendo las cosas santas de ellos; porque yo Jehová soy el que los santifico.

Fiestas solemnes   **LEVÍTICO 23**

17 Y habló Jehová a Moisés, diciendo:

18 Habla a Aarón y a sus hijos, y a todos los hijos de Israel, y diles: ᶜCualquier varón de la casa de Israel, o de los extranjeros en Israel, que ofreciere su ofrenda por todos sus votos, y por todas sus ofrendas voluntarias que ofrecieren a Jehová en holocausto;

19 ᶠDe vuestra voluntad *ofreceréis* macho sin defecto de entre las vacas, de entre los corderos, o de entre las cabras.

20 ʰNinguna cosa en que haya falta ofreceréis, porque no será acepto por vosotros.

21 ᵏY cualquiera que ofreciere sacrificio de paz a Jehová ᵐpara cumplir *su* voto, u ofrenda voluntaria, sea de vacas o de ovejas, sin defecto será acepto; no ha de haber en él falta.

22 ᵒCiego, o perniquebrado, o mutilado, o verrugoso, o ᑫsarnoso o roñoso, no ofreceréis éstos a Jehová, ni de ellos pondréis ˢofrenda encendida sobre el altar de Jehová.

23 Buey o carnero ᵗque tenga de más o de menos, podrás ofrecer *por* ofrenda voluntaria; mas por voto no será acepto.

24 No ofreceréis a Jehová aquello que esté herido, dañado, desgarrado o cortado, ni en vuestra tierra lo haréis.

25 Y de mano de hijo de extranjero no ofreceréis ᵛel pan de vuestro Dios de todas estas cosas; ˣporque su corrupción está en ellas: hay en ellas falta, no se os aceptarán.

26 Y habló Jehová a Moisés, diciendo:

27 ᶻEl buey, o el cordero, o la cabra, cuando naciere, siete días estará mamando de su madre: mas desde el octavo día en adelante será acepto para ofrenda de sacrificio encendido a Jehová.

28 Y *sea* vaca u oveja, ᵇno degollaréis a ella y su cría en un mismo día.

29 ᶜY cuando ofreciereis sacrificio de acción de gracias a Jehová, voluntariamente lo sacrificaréis.

30 En el mismo día se comerá; ᵉno dejaréis de él para otro día: Yo Jehová.

31 Guardad, pues, mis mandamientos, y ponedlos por obra: Yo Jehová.

32 ᵃY no amancilléis mi santo nombre, ᵇy yo me santificaré en medio de los hijos de Israel: ᵈYo Jehová que os santifico;

33 ᵉque os saqué de la tierra de Egipto, para ser vuestro Dios: Yo Jehová.

CAPÍTULO 23

Y Jehová habló a Moisés, diciendo: 2 Habla a los hijos de Israel, y diles: ᵍLas fiestas solemnes de Jehová, las cuales ⁱproclamaréis ʲsantas convocaciones, éstas *son* mis fiestas.

3 ˡSeis días se trabajará, y el séptimo día sábado de reposo será, ⁿconvocación santa: ninguna obra haréis; sábado es de Jehová en dondequiera que habitéis.

4 Éstas *son* las fiestas solemnes de Jehová, las ᵖconvocaciones santas, a las cuales convocaréis en sus tiempos.

5 ʳEn el mes primero, el *día* catorce del mes, entre las dos tardes, pascua *es* de Jehová.

6 Y a los quince días de este mes es la fiesta solemne de los panes sin levadura a Jehová; siete días comeréis panes sin levadura.

7 ᵘEl primer día tendréis santa convocación; ninguna obra de siervo haréis.

8 Y ofreceréis a Jehová siete días ofrenda encendida: el séptimo día será santa convocación; ninguna obra de siervo haréis.

9 Y habló Jehová a Moisés, diciendo: 10 Habla a los hijos de Israel, y diles: ʸCuando hubiereis entrado en la tierra que yo os doy, y segareis su mies, traeréis al sacerdote un manojo de los primeros frutos de vuestra siega;

11 y el *sacerdote* ᵃmecerá el manojo delante de Jehová, para que seáis aceptos; el día siguiente del sábado lo mecerá el sacerdote.

12 Y el día que ofrezcáis el manojo, ofreceréis un cordero de un año, sin defecto, en holocausto a Jehová.

13 ᵈY la ofrenda *será* dos décimas de flor de harina amasada con aceite, ofrenda encendida a Jehová *en* olor gratísimo; y su libación de vino, la cuarta parte de un hin.

LEVÍTICO 23 — El Pentecostés

14 Y no comeréis pan, ni ᵃgrano tostado, ni espiga fresca, hasta este mismo día, hasta que hayáis ofrecido la ofrenda de vuestro Dios; estatuto perpetuo *será* por vuestras generaciones en dondequiera que habitéis.

15 ᶜY os habéis de contar desde el siguiente día del sábado, desde el día en que ofrecisteis el manojo de la ofrenda mecida, siete semanas cumplidas serán:

16 Hasta el siguiente día del sábado séptimo contaréis ᵈcincuenta días; entonces ᵉofreceréis grano nuevo a Jehová.

17 De vuestras habitaciones traeréis dos panes para ofrenda mecida, que serán de dos décimas de flor de harina, cocidos con levadura, por ᵍprimicias a Jehová.

18 Y ofreceréis con el pan siete corderos de un año, sin defecto, y un becerro de la vacada y dos carneros; serán holocausto a Jehová, con su ofrenda y sus libaciones; ofrenda encendida de olor grato a Jehová.

19 ʰOfreceréis además un macho cabrío por expiación; ⁱy dos corderos de un año en sacrificio de paz.

20 Y el sacerdote los mecerá con ᵏofrenda agitada delante de Jehová, con el pan de las primicias, y los dos corderos; ˡserán cosa santa de Jehová para el sacerdote.

21 Y proclamaréis en este mismo día *que* os será santa convocación; ninguna obra de siervo haréis; *os será* por estatuto perpetuo en dondequiera que habitéis por vuestras generaciones.

22 Y ᵒcuando segareis la mies de vuestra tierra, no segaréis hasta el último rincón de tu campo, ni espigarás tu siega; para el pobre, y para el extranjero la dejarás: Yo Jehová vuestro Dios.

23 Y Jehová habló a Moisés, diciendo:

24 Habla a los hijos de Israel, y diles: ʳEn el mes séptimo, al primer *día* del mes tendréis sábado, ˢuna conmemoración al son de trompetas, y una santa convocación.

25 Ninguna obra de siervo haréis; y ofreceréis ofrenda encendida a Jehová.

26 Y habló Jehová a Moisés, diciendo:

27 ᵇTambién el décimo *día* de este mes séptimo será el día de la expiación: tendréis santa convocación, y afligiréis vuestras almas, y ofreceréis ofrenda encendida a Jehová.

28 Ninguna obra haréis en este mismo día; porque *es* el día de la expiación, para reconciliaros delante de Jehová vuestro Dios.

29 Porque toda persona que no se afligiere en este mismo día, será cortada de entre su pueblo.

30 Y cualquier persona que hiciere obra alguna ᶠen este mismo día, yo destruiré la tal persona de entre su pueblo.

31 Ninguna obra haréis; os *será* por estatuto perpetuo por vuestras generaciones en dondequiera que habitéis.

32 Sábado de reposo *será* a vosotros, y afligiréis vuestras almas, comenzando a los nueve *días* del mes en la tarde; de tarde a tarde celebraréis vuestro sábado.

33 Y habló Jehová a Moisés, diciendo:

34 Habla a los hijos de Israel, y diles: ʲA los quince días de este mes séptimo *será* la fiesta solemne de los tabernáculos a Jehová *por* siete días.

35 El primer día habrá santa convocación; ninguna obra de siervo haréis.

36 Siete días ofreceréis ofrenda encendida a Jehová. ᵐel octavo día tendréis santa convocación, y ofreceréis ofrenda encendida a Jehová; ⁿes fiesta, ninguna obra de siervo haréis.

37 ᵖÉstas *son* las fiestas solemnes de Jehová, a las que convocaréis santas reuniones, para ofrecer ofrenda encendida a Jehová, holocausto y ofrenda, sacrificio y libaciones, cada cosa en su tiempo:

38 ᑫAdemás de los sábados de Jehová, además de vuestros dones, además de todos vuestros votos, y además de todas vuestras ofrendas voluntarias que dais a Jehová.

39 También a los quince días del mes séptimo, ᵗcuando hubiereis almacenado el fruto de la tierra, haréis fiesta a Jehová por siete días;

Ojo por ojo, diente por diente

el primer día *será* sábado; sábado *será* también el octavo día.

40 ªY tomaréis el primer día gajos con fruto de árbol hermoso, ramas de palmas, y ramas de árboles frondosos, y sauces de los arroyos; y ᵇos regocijaréis delante de Jehová vuestro Dios por siete días.

41 ᶜY le haréis fiesta a Jehová por siete días cada un año; *será* estatuto perpetuo por vuestras generaciones; en el mes séptimo la haréis.

42 ᵉEn tabernáculos habitaréis siete días: todo natural de Israel habitará en tabernáculos;

43 ᵍPara que sepan vuestros descendientes que en tabernáculos hice yo habitar a los hijos de Israel, cuando los saqué de la tierra de Egipto: Yo Jehová vuestro Dios.

44 ʰAsí habló Moisés a los hijos de Israel sobre las fiestas solemnes de Jehová.

CAPÍTULO 24

Y Jehová habló a Moisés, diciendo:
2 ᵏManda a los hijos de Israel que te traigan aceite puro de olivas machacadas para el alumbrado, para hacer arder las lámparas continuamente.

3 Fuera del velo del testimonio, en el tabernáculo del testimonio, las aderezará Aarón desde la tarde hasta la mañana delante de Jehová, continuamente; *será* estatuto perpetuo por vuestras generaciones.

4 ºSobre el candelero limpio pondrá siempre en orden las lámparas delante de Jehová.

5 Y tomarás flor de harina, ᑫy cocerás de ella doce tortas; cada torta será de dos décimas.

6 Y las pondrás en dos hileras, seis en cada hilera, ʳsobre la mesa limpia delante de Jehová.

7 Pondrás también sobre *cada* hilera incienso puro, y será para el pan por memorial, ofrenda encendida a Jehová.

8 ᵛCada día de sábado lo pondrá continuamente en orden delante de Jehová, *de parte* de los hijos de Israel por pacto sempiterno.

9 Y ʸserá de Aarón y de sus hijos, ᶻlos cuales lo comerán en el lugar santo; porque es cosa muy santa

LEVÍTICO 24

para él, de las ofrendas encendidas a Jehová, por estatuto perpetuo.

10 Y el hijo de una mujer israelita, cuyo padre *era* un egipcio, salió entre los hijos de Israel; y el hijo de la israelita y un hombre de Israel riñeron en el campamento.

11 Y el hijo de la mujer israelita blasfemó el nombre *de Jehová*, y maldijo; entonces ᵈle llevaron a Moisés. Y su madre se llamaba Selomit, hija de Dibri, de la tribu de Dan.

12 Y ᶠlo pusieron en la cárcel, hasta que les fuese declarado por palabra de Jehová.

13 Y Jehová habló a Moisés, diciendo:

14 Saca al blasfemo fuera del campamento, y todos los que le oyeron ᶦpongan sus manos sobre la cabeza de él, y apedréelo toda la congregación.

15 Y hablarás a los hijos de Israel, diciendo: Cualquiera que maldijere a su Dios, ʲllevará su iniquidad.

16 Y el que ˡblasfemare el nombre de Jehová, ha de ser muerto; toda la congregación lo apedreará; así el extranjero como el natural, si blasfemare el nombre *de Jehová*, que muera.

17 ᵐAsimismo el hombre que hiere de muerte a cualquier persona, que sufra la muerte.

18 ⁿY el que hiere de muerte a algún animal ha de restituirlo; animal por animal.

19 Y el que causare lesión en su prójimo, ᵖsegún hizo, así le sea hecho:

20 Rotura por rotura, ojo por ojo, diente por diente; según la lesión que haya hecho a otro, tal se hará a él.

21 ˢEl que hiere de muerte a algún animal, ha de restituirlo; pero ᵗel que hiere de muerte a un hombre, que muera.

22 ᵘUn mismo derecho tendréis; como el extranjero, así será el natural; porque yo soy Jehová vuestro Dios.

23 Y habló Moisés a los hijos de Israel, ˣy ellos sacaron al blasfemo fuera del campamento y lo apedrearon. Y los hijos de Israel hicieron según Jehová había mandado a Moisés.

LEVÍTICO 25

CAPÍTULO 25

Y Jehová habló a Moisés en el monte de Sinaí, diciendo:

2 Habla a los hijos de Israel, y diles: Cuando hubiereis entrado en la tierra que yo os doy, ªla tierra guardará sábado a Jehová.

3 Seis años sembrarás tu tierra, y seis años podarás tu viña, y recogerás sus frutos;

4 Y el séptimo año la tierra tendrá sábado de reposo, sábado a Jehová; no sembrarás tu tierra, ni podarás tu viña.

5 ᶜLo que de suyo naciere en tu tierra segada, no lo segarás; y las uvas de tu viñedo no vendimiarás; año de reposo será a la tierra.

6 Mas el sábado de la tierra os será para comer; para ti, y para tu siervo, y para tu sierva, y para tu criado, y para tu extranjero que morare contigo;

7 Y para tu animal, y para la bestia que *hubiere* en tu tierra, todo el fruto de ella será para comer.

8 Y te has de contar siete semanas de años, siete veces siete años; de modo que los días de las siete semanas de años vendrán a serte cuarenta y nueve años.

9 Entonces harás resonar la trompeta del jubileo en el mes séptimo a los diez *días* del mes; ˡel día de la expiación haréis resonar la trompeta por toda vuestra tierra.

10 Y santificaréis el año cincuenta, ᵐy pregonaréis libertad en la tierra a todos sus moradores: éste os será jubileo; ᵒy volveréis cada uno a su posesión, y cada cual volverá a su familia.

11 El año de los cincuenta años os será jubileo: no sembraréis, ni segaréis lo que naciere de suyo en la tierra, ni vendimiaréis sus viñedos.

12 Porque *es* jubileo; santo será a vosotros; ᑫel producto de la tierra comeréis.

13 ʳEn este año de jubileo volveréis cada uno a su posesión.

14 Y cuando vendiereis algo a vuestro prójimo, o compraréis de mano de vuestro prójimo, ˢno engañe ninguno a su hermano:

15 ᵗConforme al número de los años después del jubileo comprarás de

a cp 26:34
Éx 23:10-11
2 Cr 36:21

b cp 19:14,32

c ver 11
2 Re 19:29
Is 37:30

d cp 26:5
Dt 12:10
Sal 4:8
Pr 1:33
Jer 23:6
Ez 34:25-28

e cp 26:5
f Mt 6:25-31
g Éx 16:29

h 2 Re 19:29
i Jos 5:11-12

j Dt 32:43
2 Cr 7:20
Sal 24:1
85:1

k 1 Cr 29:15
Sal 39:12
y 119:19
Heb 11:13
1 Pe 1:17 2:11
l cp 23:24-27
m Is 61:1
y 63:4

Jer 34:8-17
Ez 46:17
Lc 4:19
n Rt 2:20
y 4:4-6
o cp 27:24
Nm 36:4
p vers 50-52
q vers 6,7
r ver 10
cp 27:24
Nm 36:4
s ver 17
cp 19:33
t cp 27:18-23

El año del Jubileo

tu prójimo; conforme al número de los años de los frutos te venderá él a ti.

16 Conforme a la multitud de los años aumentarás el precio, y *conforme* a la disminución *de los años* disminuirás el precio; porque según el número de los rendimientos te ha de vender él.

17 Y no engañe ninguno a su prójimo; ᵇmas tendrás temor de tu Dios: porque yo soy Jehová vuestro Dios.

18 Ejecutad, pues, mis estatutos, y guardad mis derechos, y ponedlos ᵈpor obra, y habitaréis en la tierra seguros.

19 Y la tierra dará su fruto, y ᵉcomeréis hasta saciaros, y habitaréis en ella con seguridad.

20 Y si dijereis: ᶠ¿Qué comeremos el séptimo año? He aquí no hemos de sembrar, ni hemos de recoger nuestros frutos:

21 Entonces yo ᵍos enviaré mi bendición el sexto año, y dará fruto por tres años.

22 ʰY sembraréis el año octavo, ⁱy comeréis del fruto añejo; hasta el año noveno, hasta que venga su fruto comeréis del añejo.

23 Y la tierra no se venderá para siempre, ʲporque la tierra es mía; ᵏpues vosotros peregrinos y extranjeros sois para conmigo.

24 Por tanto, en toda la tierra de vuestra posesión, otorgaréis redención a la tierra.

25 ⁿSi tu hermano empobreciere, y vendiere algo de su posesión, su pariente más cercano vendrá y redimirá lo que su hermano hubiere vendido.

26 Y cuando el hombre no tuviere redentor, pero consiguiere lo suficiente para su redención;

27 entonces ᵖcontará los años de su venta, y pagará lo que quedare al varón a quien vendió, y volverá a su posesión.

28 Pero si no consiguiere lo suficiente para recobrarlo para sí, entonces lo que vendió quedará en poder del que lo compró hasta el año del jubileo; y en el jubileo saldrá, y él volverá a su posesión.

29 Y el varón que vendiere una casa de habitación en una ciudad

Redención de propiedades **LEVÍTICO 25**

amurallada, tendrá facultad de redimirla hasta acabarse el año de su venta; un año será el término en que podrá redimirla.

30 Y si no fuere redimida dentro de un año entero, la casa que estuviere en la ciudad amurallada quedará para siempre para aquel que la compró, y para sus descendientes; no saldrá en el jubileo.

31 Mas las casas de las aldeas que no tienen muro alrededor, serán estimadas como tierras del campo; tendrán redención, y saldrán en el jubileo.

32 ᵈEn cuanto a las ciudades de los levitas, siempre podrán los levitas redimir las casas de las ciudades que poseyeren.

33 Y el que comprare de los levitas, saldrá de la casa vendida, o de la ciudad de su posesión, ᵍen el jubileo; por cuanto las casas de las ciudades de los levitas es la posesión de ellos entre los hijos de Israel.

34 ⁱMas la tierra del ejido de sus ciudades no se venderá, porque es perpetua posesión de ellos.

35 Y cuando tu hermano empobreciere, y se asilare a ti, ᵏtú lo ampararás; *como* peregrino y extranjero vivirá contigo.

36 ᵐNo tomarás usura de él, ni ganancia; ⁿsino tendrás temor de tu Dios, para que tu hermano viva contigo.

37 No le darás tu dinero a usura, ni tus víveres a ganancia.

38 ᵒYo Jehová vuestro Dios, que os saqué de la tierra de Egipto, para daros la tierra de Canaán y para ser vuestro Dios.

39 ᵍY cuando tu hermano empobreciere, estando contigo, y se vendiere a ti, ˢno le harás servir como esclavo.

40 Como siervo, como extranjero estará contigo; hasta el año del jubileo te servirá.

41 Entonces saldrá de contigo, él y ʳsus hijos consigo, y volverá a su familia, y a ᵘla posesión de sus padres se restituirá.

42 ˣPorque *son* mis siervos, los cuales saqué yo de la tierra de Egipto: no serán vendidos a manera de esclavos.

43 ᵃNo te enseñorearás de él ᵇcon dureza, mas tendrás temor de tu Dios.

44 Así tu siervo como tu sierva que tuvieres, *serán* de las naciones que están en vuestro alrededor: de ellos compraréis siervos y siervas.

45 También compraréis de los hijos de los forasteros que viven entre vosotros, y de los que del linaje de ellos son nacidos en vuestra tierra, que *están* con vosotros; los cuales tendréis por posesión:

46 ᶜY los poseeréis como herencia para vuestros hijos después de vosotros, como posesión hereditaria; ᵉpara siempre os serviréis de ellos; pero en cuanto a vuestros hermanos los hijos de Israel, no os enseñorearéis uno sobre otro ᶠcon dureza.

47 Y si el peregrino o extranjero que está contigo se enriqueciere, ʰy tu hermano que está con él empobreciere, y se vendiere al peregrino o extranjero que está contigo, o a alguno de la familia del extranjero;

48 después que se hubiere vendido, podrá ser redimido; uno de sus hermanos ʲpodrá redimirlo;

49 o su tío, o el hijo de su tío podrán redimirlo, o un pariente cercano de su familia podrá redimirlo; o ˡsi sus medios alcanzaren, él mismo podrá redimirse.

50 Y hará cuentas con el que lo compró, desde el año en que se vendió a él, hasta el año del jubileo; y el precio de su venta será conforme al número de los años, ᵖy se hará con él conforme al tiempo de un siervo asalariado.

51 Si aún le quedaren muchos años, ʳconforme a ellos devolverá por su redención, del dinero por el cual se vendió.

52 Y si quedare poco tiempo hasta el año del jubileo, entonces hará cuentas con él, y conforme a sus años devolverá el precio de su redención.

53 Como con el tomado a salario anualmente hará con él; no se enseñoreará sobre él ᵛcon rigor delante de tus ojos.

54 Y si no se redimiere en esos *años*, en el año del jubileo ʸsaldrá, él, y sus hijos con él.

---

a Ef 6:9
Col 4:1
b Éx 1:13

c Is 14:2

d Nm 35:2
Jos 21:2
e ver 39

f ver 43

g ver 28
h vers 25,35

i Nm 35:2
Jos 21:11-42
1 Cr 6:55-81
j Neh 5:1-5
k Dt 5:7-8
Sal 41:1
Pr 14:31
l vers 26,47
m Éx 22:25
n ver 17
Neh 5:9

o cp 22:32
p Job 7:1
Is 16:14
y 21:16
q Dt 15:12
1 Re 9:22
2 Re 4:1
Neh 5:5
Jer 34:14
r ver 28
s ver 16
cp 27:8
t Éx 21:3
u ver 28
v ver 43
x Rm 6:22
y ver 41
Éx 21:2-3

LEVÍTICO 26

55 Porque los hijos de Israel ªson mis siervos; *son* siervos míos a los cuales yo saqué de la tierra de Egipto: Yo Jehová vuestro Dios.

CAPÍTULO 26

ᵈNo haréis para vosotros ídolos, ni escultura, ni os levantaréis estatua, ni pondréis en vuestra tierra imagen de piedra para inclinaros a ella; porque yo soy Jehová vuestro Dios.

2 ⁱGuardad mis sábados, y tened en reverencia mi santuario: Yo Jehová.

3 ᵏSi anduviereis en mis decretos, y guardareis mis mandamientos, y los pusiereis por obra;

4 ᵐYo daré vuestra lluvia en su tiempo, ⁿy la tierra dará su producto, y el árbol del campo dará su fruto;

5 Vuestra ᵖtrilla alcanzará a la vendimia, y la vendimia alcanzará a la sementera, ʳy comeréis vuestro pan hasta saciaros y habitaréis seguros en vuestra tierra.

6 ᵗY yo daré paz en la tierra, y dormiréis, y ᵘno habrá quien os espante; ᵛy quitaré de vuestra tierra las malas bestias, ˣy la espada no pasará por vuestro país.

7 Y perseguiréis a vuestros enemigos, y caerán a espada delante de vosotros:

8 ʸY cinco de vosotros perseguirán a cien, y cien de vosotros perseguirán a diez mil, y vuestros enemigos caerán a espada delante de vosotros.

9 ᶜPorque yo me volveré a vosotros, ᵈy os haré crecer, y os multiplicaré, y afirmaré mi pacto con vosotros:

10 ᶠY comeréis lo añejo de mucho tiempo, y sacaréis fuera lo añejo a causa de lo nuevo:

11 ʰY pondré mi morada en medio de vosotros, y mi alma no os abominará.

12 ʲY andaré entre vosotros, y yo seré vuestro Dios, y vosotros seréis mi pueblo.

13 ˡYo Jehová vuestro Dios, que os saqué de la tierra de Egipto, para que no fueseis sus siervos; y rompí las coyundas de vuestro yugo, y os he hecho andar con el rostro erguido.

14 ⁿPero si no me oyereis, ni hiciereis todos estos mis mandamientos,

15 y si abominareis mis decretos, y vuestra alma menospreciare mis derechos, no ejecutando todos mis mandamientos, e invalidando mi pacto;

16 yo también haré con vosotros esto: Enviaré sobre vosotros terror, ᵇextenuación y calentura, ᶜque consuman los ojos y atormenten el alma: ᵉy sembraréis en balde vuestra semilla, porque vuestros enemigos la comerán;

17 ᶠy pondré mi ira sobre vosotros, ᵍy seréis heridos delante de vuestros enemigos; ʰy los que os aborrecen se enseñorearán de vosotros, ⁱy huiréis sin que haya quien os persiga.

18 Y si aun con estas cosas no me oyereis, ˡyo tornaré a castigaros siete veces más por vuestros pecados.

19 Y quebrantaré la soberbia de vuestra fortaleza, ᵒy tornaré vuestro cielo como hierro, y vuestra tierra como bronce.

20 ᑫY vuestra fuerza se consumirá en vano; ˢporque vuestra tierra no dará su producto y los árboles de la tierra no darán su fruto.

21 Y si anduviereis conmigo en oposición, y no me quisiereis oír, yo aumentaré las plagas sobre vosotros siete veces más, de acuerdo a vuestros pecados.

22 Enviaré también contra vosotros bestias fieras que os arrebaten los hijos, ᶻy destruyan vuestros animales, y os reduzcan en número, ªy vuestros caminos sean desolados.

23 ᵇY si con estas cosas no fuereis corregidos, sino que anduviereis conmigo en oposición,

24 ᵉyo también procederé contra vosotros en oposición, y os heriré aún siete veces por vuestros pecados:

25 ᵍY traeré sobre vosotros espada vengadora, en vindicación del pacto; y os recogeréis a vuestras ciudades; ⁱmas yo enviaré pestilencia entre vosotros, y seréis entregados en mano del enemigo.

26 ᵏCuando yo os quebrantare el sustento del pan, diez mujeres cocerán vuestro pan en un horno, y os devolverán vuestro pan por peso; ᵐy comeréis y no os saciaréis.

27 Y si con esto no me oyereis, mas procediereis conmigo en oposición,

28 ᵒyo procederé contra vosotros, y *lo haré* con ira, y os castigaré aún siete veces por vuestros pecados.

No haréis ídolos ni esculturas

a ver 42
b Dt 28:22
c Dt 28:65
1 Sm 2:33
d cp 19:4
Éx 20:4-5
e Dt 28:33,51
f cp 17:10
g Dt 28:25
h Sal 106:41
i cp 19:30
j Pr 28:1
k Dt 11:13-15
l 1 Sm 2:5
m Ez 34:26
Jl 2:23-24
n Sal 67:6
y 85:12
o Dt 28:23
p Am 9:13
q Sal 127:1
r cp 25:19
s ver 4
t Neh 5:1-5
u Job 11:19
v Ez 5:17
y 14:15
x Ez 14:17
y Dt 32:30
Jos 23:10
z ver 6
Dt 32:24
a Jue 5:9
2 Cr 15:5
Is 33:8
b Jer 2:30 5:3
c 2 Re 13:23
d Gn 17:6-7
e Sal 18:26
f cp 25:22
g Ez 6:3
h Ez 37:26
Ap 21:3
i Nm 14:12
Dt 28:21
Jer 14:12
j Éx 29:45
2 Co 6:16
k Sal 105:16
Is 3:1
l cp 25:38
m Is 9:20
Mi 6:14
Hag 1:6
n Dt 28:15-68
o Is 63:3
Ez 5:13

Arrepentimiento y perdón

29 ªY comeréis las carnes de vuestros hijos, y comeréis las carnes de vuestras hijas;

30 ᶜY destruiré vuestros lugares altos, y talaré vuestras imágenes, ᵈy pondré vuestros cuerpos muertos sobre los cuerpos muertos de vuestros ídolos, y mi alma os abominará;

31 ᶠy tornaré vuestras ciudades en ruinas, ʰy asolaré vuestros santuarios y no oleré la fragancia de vuestro suave perfume.

32 ⁱYo asolaré también la tierra, ʲy se pasmarán de ella vuestros enemigos que en ella moran;

33 ˡy a vosotros os esparciré entre las naciones, y desenvainaré espada en pos de vosotros; y vuestra tierra estará asolada, y yermas vuestras ciudades.

34 ᵒEntonces la tierra descansará sus sábados todos los días que estuviere asolada y que vosotros *estéis* en la tierra de vuestros enemigos; la tierra descansará entonces y gozará sus sábados.

35 Todo el tiempo que esté asolada ʳreposará, por cuanto no reposó en vuestros sábados mientras habitabais en ella.

36 Y los que quedaren de vosotros ᵗinfundiré en sus corazones tal cobardía, en la tierra de sus enemigos, ᵘque el sonido de una hoja que se mueve los perseguirá, y huirán como de la espada, y caerán sin que nadie los persiga.

37 ˣY tropezarán los unos en los otros, como si huyeran delante de la espada, aunque nadie los persiga; ʸy no podréis resistir delante de vuestros enemigos.

38 Y pereceréis entre las naciones, y la tierra de vuestros enemigos os consumirá.

39 ªY los que quedaren de vosotros decaerán en las tierras de vuestros enemigos por su iniquidad; y por la iniquidad de sus padres decaerán con ellos.

40 ᵇY confesarán su iniquidad, y la iniquidad de sus padres, por su prevaricación con que prevaricaron contra mí; y también porque anduvieron conmigo en oposición,

41 yo también habré andado en contra de ellos, y los habré metido en la tierra de sus enemigos; y entonces ᵇse humillará su corazón incircunciso, y reconocerán su pecado;

42 entonces ᵉyo me acordaré de mi pacto con Jacob, y asimismo de mi pacto con Isaac, y también de mi pacto con Abraham me acordaré; y haré memoria de la tierra.

43 ᵍY la tierra será abandonada por ellos, y disfrutará sus sábados, estando desolada a causa de ellos; entonces se someterán al castigo de sus iniquidades; ᵏpor cuanto menospreciaron mis decretos, y el alma de ellos tuvo fastidio de mis estatutos.

44 Y aun con todo esto, estando ellos en tierra de sus enemigos, yo ᵐno los desecharé, ni los abominaré para consumirlos, ⁿinvalidando mi pacto con ellos: porque yo Jehová soy su Dios.

45 Antes me acordaré de ellos por el pacto antiguo, ᵖcuando yo los saqué de la tierra de Egipto ᑫa los ojos de las naciones, para ser su Dios: Yo Jehová.

46 ˢÉstos *son* los decretos, derechos y leyes que estableció Jehová entre sí y los hijos de Israel en el monte de Sinaí por mano de Moisés.

CAPÍTULO 27

Y Jehová habló a Moisés, diciendo:
2 Habla a los hijos de Israel, y diles: ᵛCuando alguno hiciere voto especial a Jehová, según la estimación de las personas que se hayan de redimir, así será tu estimación.

3 En cuanto al varón de veinte años hasta sesenta, tu estimación será cincuenta siclos de plata, ᶻsegún el siclo del santuario.

4 Y si *fuere* mujer, la estimación será treinta siclos.

5 Y si *fuere* de cinco años hasta veinte, tu estimación será, por el varón veinte siclos, y por la mujer diez siclos.

6 Y si *fuere* de un mes hasta cinco años, tu estimación será, por el varón, cinco siclos de plata; y por la mujer *será* tu estimación tres siclos de plata.

7 Mas si *fuere* de sesenta años arriba, por el varón tu estimación

será quince siclos, y por la mujer diez siclos.

8 Pero si fuere más pobre que tu estimación, entonces comparecerá ante el sacerdote, y el sacerdote le fijará tasa; ᵈconforme a la posibilidad del que hizo el voto le fijará tasa el sacerdote.

9 Y si *fuere* animal de los que se ofrece ofrenda a Jehová, todo lo que de él se diere a Jehová será santo.

10 No será mudado ni cambiado, bueno por malo, ni malo por bueno; y si se permutare un animal por otro, él y el dado por él en cambio serán santos.

11 Y si *fuere* algún animal inmundo, de que no se ofrece ofrenda a Jehová, entonces el animal será puesto delante del sacerdote:

12 Y el sacerdote lo apreciará, sea bueno o sea malo; conforme a la estimación del sacerdote, así será.

13 ʲY si lo hubieren de redimir, añadirán la quinta *parte* sobre tu valuación.

14 Y cuando alguno santificare su casa consagrándola a Jehová, la apreciará el sacerdote, sea buena o sea mala: según la apreciare el sacerdote, así quedará.

15 Mas si el santificante redimiere su casa, añadirá a tu valuación la quinta parte del dinero de ella, y será suya.

16 Y si alguno santificare de la tierra de su posesión a Jehová, tu estimación será conforme a su siembra; un homer de siembra de cebada *se apreciará* en cincuenta siclos de plata.

17 Y si santificare su tierra desde el año del jubileo, conforme a tu estimación quedará.

18 Mas si después del jubileo santificare su tierra, entonces el sacerdote ᵖhará la cuenta del dinero conforme a los años que quedaren hasta el año del jubileo, y se rebajará de tu estimación.

19 ˢY si el que santificó la tierra quisiere redimirla, añadirá a tu estimación la quinta *parte* del dinero de ella, y se le quedará para él.

20 Mas si él no redimiere la tierra, y la tierra se vendiere a otro, no la redimirá más;

21 ªsino que cuando saliere en el jubileo, la tierra será santa a Jehová, como tierra ᵇconsagrada: ᶜla posesión de ella será del sacerdote.

22 Y si santificare alguno a Jehová la tierra que él compró, ᵉque no era de la tierra de su herencia,

23 ᶠentonces el sacerdote calculará con él la suma de tu estimación hasta el año del jubileo, y aquel día dará tu estimación como cosa consagrada a Jehová.

24 ᵍEn el año del jubileo, volverá la tierra a aquél de quien él la compró, cuya es la herencia de la tierra.

25 Y todo lo que apreciares será conforme al siclo del santuario: ʰel siclo tiene veinte geras.

26 Pero ⁱel primogénito de los animales, que por la primogenitura es de Jehová, nadie lo santificará; sea buey u oveja, de Jehová es.

27 Mas si *fuere* de los animales inmundos, lo redimirán conforme a tu estimación, ᵏy añadirán sobre ella la quinta *parte*; y si no lo redimieren, se venderá conforme a tu estimación.

28 ˡPero ninguna cosa consagrada, que alguno hubiere santificado a Jehová de todo lo que tuviere, de hombres y animales, y de las tierras de su posesión, no se venderá, ni se redimirá: todo lo consagrado será cosa santísima a Jehová.

29 ᵐNingún anatema consagrado de hombres podrá ser redimido; indefectiblemente ha de ser muerto.

30 ⁿY todos los diezmos de la tierra, así de la semilla de la tierra como del fruto de los árboles, de Jehová son; es cosa consagrada a Jehová.

31 ᵒY si alguno quisiere redimir algo de sus diezmos, añadirá una quinta parte a ello.

32 Y todo diezmo de vacas o de ovejas, qde todo lo que pasa bajo la vara, el diezmo será consagrado a Jehová.

33 No mirará si es bueno o malo, ʳni lo cambiará; y si lo cambiare, ello y su cambio serán cosas santas; no se redimirá.

34 ᵗÉstos *son* los mandamientos que ordenó Jehová a Moisés, para los hijos de Israel, ᵘen el monte de Sinaí.

Libro Cuarto De Moisés
NÚMEROS

CAPÍTULO 1

Y Jehová habló a Moisés [a]en el desierto de Sinaí, [b]en el tabernáculo de la congregación, en el primer *día* del mes segundo, en el segundo año de su salida de la tierra de Egipto, diciendo:

2 [c]Tomad el censo de toda la congregación de los hijos de Israel por sus familias, por las casas de sus padres, con la cuenta de los nombres, todos los varones [d]por sus cabezas:

3 De veinte años para arriba, todos los que pueden salir a la guerra en Israel, los contaréis tú y Aarón por sus escuadrones.

4 Y estará con vosotros un varón de cada tribu, cada uno cabeza de la casa de sus padres.

5 Y éstos son los nombres de los varones que estarán con vosotros: De la tribu de Rubén, Elisur, hijo de Sedeur.

6 De Simeón, Selumiel, hijo de Zurisadai.

7 De Judá, Naasón, hijo de Aminadab.

8 De Isacar, Natanael, hijo de Zuar.

9 De Zabulón, Eliab, hijo de Helón.

10 De los hijos de José: de Efraín, Elisama, hijo de Amiud; de Manasés, Gamaliel, hijo de Pedasur.

11 De Benjamín, Abidán, hijo de Gedeón.

12 De Dan, Ahiezer, hijo de Amisadai.

13 De Aser, Pagiel, hijo de Ocrán.

14 De Gad, Eliasaf, hijo de Dehuel.

15 De Neftalí, Ahira, hijo de Enán.

16 [e]Éstos eran los de renombre entre la congregación, príncipes de las tribus de sus padres, [f]capitanes de los millares de Israel.

17 Tomaron, pues, Moisés y Aarón a estos varones que [g]fueron declarados por sus nombres,

18 y reunieron a toda la congregación en el primero del mes segundo, y fueron reunidos sus linajes, por las casas de sus padres, según la cuenta de los nombres, de veinte años para arriba, por sus cabezas;

19 como Jehová lo había mandado a Moisés; y los contó en el desierto de Sinaí.

20 Y los hijos de Rubén, primogénito de Israel, por sus generaciones, por sus familias, por las casas de sus padres, conforme a la cuenta de los nombres por sus cabezas, todos los varones de veinte años para arriba, todos los que podían salir a la guerra;

21 los contados de ellos, de la tribu de Rubén, *fueron* cuarenta y seis mil quinientos.

22 De los hijos de Simeón, por sus generaciones, por sus familias, por las casas de sus padres, los contados de ellos conforme a la cuenta de los nombres por sus cabezas, todos los varones de veinte años para arriba, todos los que podían salir a la guerra;

23 los contados de ellos, de la tribu de Simeón, cincuenta y nueve mil trescientos.

24 De los hijos de Gad, por sus generaciones, por sus familias, por las casas de sus padres, conforme a la cuenta de los nombres, de veinte años para arriba, todos los que podían salir a la guerra;

25 los contados de ellos, de la tribu de Gad, cuarenta y cinco mil seiscientos cincuenta.

26 De los hijos de Judá, por sus generaciones, por sus familias, por las casas de sus padres, conforme a la cuenta de los nombres, de veinte años para arriba, todos los que podían salir a la guerra;

27 los contados de ellos, de la tribu de Judá, setenta y cuatro mil seiscientos.

28 De los hijos de Isacar, por sus generaciones, por sus familias, por las casas de sus padres, conforme a la cuenta de los nombres, de veinte años para arriba, todos los que podían salir a la guerra;

29 los contados de ellos, de la tribu

---

a cp 10:11-12
Éx 19:1
b Éx 25:22

c cp 26:2-51
Éx 30:12
y 38:28
2 Sm 24:2
1 Cr 21:2
d Ez 16:16

e cp 7:2
1 Cr 27:16-22
f Éx 28:21-25

g Esd 8:20

de Isacar, cincuenta y cuatro mil cuatrocientos.

30 De los hijos de Zabulón, por sus generaciones, por sus familias, por las casas de sus padres, conforme a la cuenta de sus nombres, de veinte años para arriba, todos los que podían salir a la guerra;

31 los contados de ellos, de la tribu de Zabulón, cincuenta y siete mil cuatrocientos.

32 De los hijos de José: de los hijos de Efraín, por sus generaciones, por sus familias, por las casas de sus padres, conforme a la cuenta de los nombres, de veinte años para arriba, todos los que podían salir a la guerra;

33 los contados de ellos, de la tribu de Efraín, cuarenta mil quinientos.

34 De los hijos de Manasés, por sus generaciones, por sus familias, por las casas de sus padres, conforme a la cuenta de los nombres, de veinte años para arriba, todos los que podían salir a la guerra;

35 los contados de ellos, de la tribu de Manasés, treinta y dos mil doscientos.

36 De los hijos de Benjamín, por sus generaciones, por sus familias, por las casas de sus padres, conforme a la cuenta de los nombres, de veinte años para arriba, todos los que podían salir a la guerra;

37 los contados de ellos, de la tribu de Benjamín, treinta y cinco mil cuatrocientos.

38 De los hijos de Dan, por sus generaciones, por sus familias, por las casas de sus padres, conforme a la cuenta de los nombres, de veinte años para arriba, todos los que podían salir a la guerra;

39 los contados de ellos, de la tribu de Dan, sesenta y dos mil setecientos.

40 De los hijos de Aser, por sus generaciones, por sus familias, por las casas de sus padres, conforme a la cuenta de los nombres, de veinte años para arriba, todos los que podían salir a la guerra;

41 los contados de ellos, de la tribu de Aser, cuarenta y un mil quinientos.

42 De los hijos de Neftalí, por sus generaciones, por sus familias, por las casas de sus padres, conforme a la cuenta de los nombres, de veinte años para arriba, todos los que podían salir a la guerra;

43 los contados de ellos, de la tribu de Neftalí, cincuenta y tres mil cuatrocientos.

44 [a]Éstos fueron los contados, los cuales contaron Moisés y Aarón, con los príncipes de Israel, que eran doce, uno por cada casa de sus padres.

45 Y fueron todos los contados de los hijos de Israel por las casas de sus padres, de veinte años para arriba, todos los que podían salir a la guerra en Israel;

46 [b]fueron todos los contados seiscientos tres mil quinientos cincuenta.

47 [c]Pero los levitas no fueron contados entre ellos según la tribu de sus padres.

48 Porque Jehová habló a Moisés, diciendo:

49 Solamente no contarás la tribu de Leví, ni tomarás la cuenta de ellos entre los hijos de Israel.

50 [d]Mas tú pondrás a los levitas en el tabernáculo de la congregación, y sobre todos sus vasos, y sobre todas las cosas que *pertenecen*; ellos llevarán el tabernáculo y todos sus vasos, y ellos servirán en él, [a]y asentarán sus tiendas alrededor del tabernáculo.

51 [e]Y cuando el tabernáculo partiere, los levitas lo desarmarán; y cuando el tabernáculo parare, los levitas lo armarán: y [f]el extraño que se llegare, morirá.

52 Y los hijos de Israel asentarán sus tiendas [g]cada uno en su escuadrón, y cada uno junto a su bandera, por sus escuadrones.

53 [h]Mas los levitas asentarán las suyas alrededor del tabernáculo de la congregación, [i]y no habrá ira sobre la congregación de los hijos de Israel: [j]y los levitas tendrán la guarda del tabernáculo de la congregación.

54 E hicieron los hijos de Israel conforme a todas las cosas que Jehová mandó a Moisés; así lo hicieron.

CAPÍTULO 2

Y Jehová habló a Moisés y a Aarón, diciendo:

---

a cp 26:64

b cp 2:32
11:21 26:51
Éx 38:26

c cp 2:38
cps 3 y 4
y 26:57
1 Cr 6:1-81
y 21:6

d cp 3:7-8
y 4:15-33
Éx 38:21

e cp 10:17-21

f cp 3:10,38
y 18:22

g cp 2:2,34

h ver 50

i cp 8:19
16:22,46
y 18:5
Lv 10:6
1 Sm 6:19
j cp 3:7-8,38
8:26 18:3-5
y 31:30,47
1 Cr 23:32
2 Cr 13:11

Generaciones de Aarón y Moisés

2 Los hijos de Israel acamparán ªcada uno junto a su bandera, con la enseña de la casa de sus padres; ᵇalrededor del tabernáculo de la congregación acamparán.

3 Y al lado oriente, hacia donde sale el sol; acamparán los de la bandera del ejército de Judá, por sus escuadrones; y el jefe de los hijos de Judá, ᶜNaasón, hijo de Aminadab;

4 Su ejército, con los contados de ellos, setenta y cuatro mil seiscientos.

5 Junto a él acamparán los de la tribu de Isacar; y el jefe de los hijos de Isacar, Natanael, hijo de Zuar;

6 y su ejército, con sus contados, cincuenta y cuatro mil cuatrocientos.

7 Y la tribu de Zabulón; y el jefe de los hijos de Zabulón, Eliab, hijo de Helón;

8 y su ejército, con sus contados, cincuenta y siete mil cuatrocientos.

9 Todos los contados en el ejército de Judá, ciento ochenta y seis mil cuatrocientos, por sus escuadrones, ᵉirán delante.

10 La bandera del ejército de Rubén al sur, por sus escuadrones; y el jefe de los hijos de Rubén, Elisur, hijo de Sedeur;

11 y su ejército, sus contados, cuarenta y seis mil quinientos.

12 Y acamparán junto a él los de la tribu de Simeón; y el jefe de los hijos de Simeón, Selumiel, hijo de Zurisadai.

13 Y su ejército, con los contados de ellos, cincuenta y nueve mil trescientos.

14 Y la tribu de Gad; y el jefe de los hijos de Gad, Eliasaf, hijo de Reuel;

15 y su ejército, con los contados de ellos, cuarenta y cinco mil seiscientos cincuenta.

16 Todos los contados en el ejército de Rubén, ciento cincuenta y un mil cuatrocientos cincuenta, por sus escuadrones, ⁱirán los segundos.

17 ʲLuego irá el tabernáculo de la congregación con el campamento de los levitas, en medio del campamento; de la manera que acampan, así caminarán, cada uno en su lugar, junto a sus banderas.

18 La bandera del ejército de Efraín por sus escuadrones, al occidente; y el jefe de los hijos de Efraín, Elisama, hijo de Amiud;

19 y su ejército, con los contados de ellos, cuarenta mil quinientos.

20 Junto a él estará la tribu de Manasés; y el jefe de los hijos de Manasés, Gamaliel, hijo de Pedasur;

21 y su ejército, con los contados de ellos, treinta y dos mil doscientos.

22 Y la tribu de Benjamín; y el jefe de los hijos de Benjamín, Abidán, hijo de Gedeón;

23 y su ejército, con los contados de ellos, treinta y cinco mil cuatrocientos.

24 Todos los contados en el ejército de Efraín, ciento ocho mil cien, por sus escuadrones, ᵈirán los terceros.

25 La bandera del ejército de Dan estará al norte, por sus escuadrones; y el jefe de los hijos de Dan, Ahiezer, hijo de Amisadai;

26 y su ejército, con los contados de ellos, sesenta y dos mil setecientos.

27 Junto a él acamparán los de la tribu de Aser; y el jefe de los hijos de Aser, Pagiel, hijo de Ocrán;

28 y su ejército, con los contados de ellos, cuarenta y un mil quinientos.

29 Y la tribu de Neftalí; y el jefe de los hijos de Neftalí, Ahira, hijo de Enán;

30 y su ejército, con los contados de ellos, cincuenta y tres mil cuatrocientos.

31 Todos los contados en el ejército de Dan, ciento cincuenta y siete mil seiscientos; ᶠirán los postreros tras sus banderas.

32 Éstos son los contados de los hijos de Israel, por las casas de sus padres; ᵍtodos los contados por ejércitos, por sus escuadrones, seiscientos tres mil quinientos cincuenta.

33 ʰMas los levitas no fueron contados entre los hijos de Israel; como Jehová lo mandó a Moisés.

34 Y los hijos de Israel hicieron conforme a todas las cosas que Jehová mandó a Moisés, ᵏasí acamparon por sus banderas, y así marcharon cada uno por sus familias, según las casas de sus padres.

CAPÍTULO 3

Y éstas *son* las generaciones de Aarón y de Moisés, desde que Jehová habló a Moisés en el monte de Sinaí.

2 Y éstos *son* los nombres de los hijos de Aarón: Nadab el primogénito, y ^cAbiú, Eleazar, e Itamar.

3 Éstos *son* los nombres de los hijos de Aarón, ^dsacerdotes ungidos; cuyas manos él consagró para administrar el sacerdocio.

4 ^fMas Nadab y Abiú murieron delante de Jehová, cuando ofrecieron fuego extraño delante de Jehová, en el desierto de Sinaí: y no tuvieron hijos: y Eleazar e Itamar ejercieron el sacerdocio delante de Aarón su padre.

5 Y Jehová habló a Moisés, diciendo:

6 ⁱHaz llegar a la tribu de Leví, y hazla estar delante del sacerdote Aarón, para que le ministren;

7 y desempeñen su cargo, y el cargo de toda la congregación delante del tabernáculo de la congregación, para servir ^ken el ministerio del tabernáculo;

8 y guarden todos los utensilios del tabernáculo de la congregación, y lo encargado a ellos de los hijos de Israel, y ministren en el servicio del tabernáculo.

9 ⁿY darás los levitas a Aarón y a sus hijos; le *son* enteramente dados de entre los hijos de Israel.

10 Y constituirás ^qa Aarón y a sus hijos, para que ejerzan su sacerdocio: y ^tel extraño que se llegare, morirá.

11 Y Jehová habló a Moisés, diciendo:

12 Y he aquí ^vyo he tomado a los levitas de entre los hijos de Israel en lugar de todos los primogénitos que abren la matriz entre los hijos de Israel; serán, pues, míos los levitas.

13 Porque ^ymío es todo primogénito; ^zdesde el día que yo maté todos los primogénitos en la tierra de Egipto, yo santifiqué a mí todos los primogénitos en Israel, así de hombres como de animales; míos serán: Yo Jehová.

14 Y Jehová habló a Moisés en el desierto de Sinaí, diciendo:

Los primogénitos son para Jehová

15 Cuenta los hijos de Leví por las casas de sus padres, por sus familias: ^acontarás a todos los varones de un mes para arriba.

16 Y Moisés los contó conforme a la palabra de Jehová, como le fue mandado.

17 ^bY los hijos de Leví *fueron* estos por sus nombres: Gersón, y Coat, y Merari.

18 Y los nombres de los hijos de Gersón, por sus familias, estos: ^eLibni y Simeí.

19 Y los hijos de Coat, por sus familias: ^gAmram, e Izhar, y Hebrón, y Uziel.

20 ^hY los hijos de Merari, por sus familias: Mahali, y Musi. Éstas, las familias de Leví, por las casas de sus padres.

21 De Gersón, la familia de Libni y la de Simeí; éstas *son* las familias de Gersón.

22 Los contados de ellos conforme a la cuenta de todos los varones de un mes para arriba, los contados de ellos, siete mil quinientos.

23 ^jLas familias de Gersón asentarán sus tiendas a espaldas del tabernáculo, al occidente;

24 y el jefe de la casa del padre de los gersonitas, Eliasaf, hijo de Lael.

25 ^lA cargo de los hijos de Gersón, en el tabernáculo de la congregación, *estará* ^mel tabernáculo, y la tienda, y ^osu cubierta, y ^pla cortina de la puerta del tabernáculo de la congregación,

26 ^ry las cortinas del atrio, y ^sla cortina de la puerta del atrio, que *está* junto al tabernáculo y junto al altar alrededor; asimismo ^usus cuerdas para todo su servicio.

27 Y ^xde Coat, la familia de los amramitas, y la familia de los izharitas, y la familia de los hebronitas, y la familia de los uzielitas; éstas *son* las familias coatitas.

28 Por la cuenta de todos los varones de un mes para arriba, eran ocho mil seiscientos, que tenían la guarda del santuario.

29 Las familias de los hijos de Coat acamparán al lado del tabernáculo, hacia el sur;

30 Y el jefe de la casa del padre de las familias de Coat, Elizafán, hijo de Uziel.

Ministerio de los hijos de Coat

31 Y a cargo de ellos estará ᵃel arca, y ᵇla mesa, y ᶜel candelero, y ᵈlos altares, y los vasos del santuario con que ministran, y ᵉel velo, con todo su servicio.

32 Y el principal de los jefes de los levitas *será* Eleazar, hijo de Aarón el sacerdote, encargado de los que tienen la guarda del santuario.

33 De Merari, la familia de los mahalitas y la familia de los musitas; éstas *son* las familias de Merari.

34 Y los contados de ellos conforme a la cuenta de todos los varones de un mes para arriba, *fueron* seis mil doscientos.

35 Y el jefe de la casa del padre de las familias de Merari, Suriel, hijo de Abihail: acamparán al lado del tabernáculo, al norte.

36 ᵏY a cargo de los hijos de Merari *estará* la custodia de ˡlas tablas del tabernáculo, y sus vigas, y sus columnas, y sus bases, y todos sus enseres, con todo su servicio;

37 ᵐy las columnas en derredor del atrio, y sus bases, y sus estacas, y sus cuerdas.

38 ᵒY los que acamparán delante del tabernáculo al oriente, delante del tabernáculo de la congregación al este, *serán* Moisés, Aarón y sus hijos, teniendo la guarda del santuario en lugar de los hijos de Israel; y ᑫel extraño que se acercare, morirá.

39 Todos los contados de los levitas, que Moisés y Aarón conforme a la palabra de Jehová contaron por sus familias, todos los varones de un mes para arriba, *fueron* ʳveintidós mil.

40 Y Jehová dijo a Moisés: Cuenta todos los primogénitos varones de los hijos de Israel de un mes arriba, y toma la cuenta de los nombres de ellos.

41 ᵗY tomarás los levitas para mí, yo Jehová, en lugar de todos los primogénitos de los hijos de Israel: y los animales de los levitas en lugar de todos los primogénitos de los animales de los hijos de Israel.

42 Y contó Moisés, como Jehová le mandó, todos los primogénitos de los hijos de Israel.

43 Y todos los primogénitos varones, conforme a la cuenta de los nombres, de un mes arriba, los contados de ellos fueron veintidós mil doscientos setenta y tres.

44 Y habló Jehová a Moisés, diciendo:

45 Toma los levitas en lugar de todos los primogénitos de los hijos de Israel, y los animales de los levitas en lugar de sus animales; y los levitas serán míos: Yo Jehová.

46 ᶠY para el rescate de los doscientos setenta y tres de los primogénitos de los hijos de Israel, ᵍque exceden a los levitas;

47 ʰTomarás ⁱcinco siclos ʲpor cabeza; conforme al siclo del santuario tomarás; el siclo tiene veinte geras;

48 y darás a Aarón y a sus hijos el dinero del rescate de los que exceden.

49 Tomó, pues, Moisés el dinero del rescate de los que excedían *el número* de los redimidos por los levitas:

50 Y recibió de los primogénitos de los hijos de Israel en dinero, ⁿmil trescientos sesenta y cinco *siclos*, conforme al siclo del santuario.

51 ᵖY Moisés dio el dinero del rescate a Aarón y a sus hijos, conforme a la palabra de Jehová, tal como Jehová había mandado a Moisés.

CAPÍTULO 4

Y Jehová habló a Moisés y a Aarón, diciendo:

2 Toma la cuenta de los hijos de Coat de entre los hijos de Leví, por sus familias, por las casas de sus padres,

3 ˢde edad de treinta años arriba hasta cincuenta años, todos los que entran en compañía, para hacer servicio en el tabernáculo de la congregación.

4 Este *será* el ministerio de los hijos de Coat en el tabernáculo de la congregación, ᵘen el lugar santísimo;

5 Cuando se hubiere de mudar el campamento, vendrán Aarón y sus hijos, y ᵛdesarmarán el velo de la tienda, y cubrirán con él ˣel arca del testimonio;

6 Y pondrán sobre ella ʸla cubierta de pieles de tejones, y extenderán encima el paño todo de azul, y le pondrán ᶻsus varas.

NÚMEROS 4

Ministerio de gersonitas y de meraritas

7 Y sobre ªla mesa de la proposición extenderán el paño azul, y pondrán sobre ella las escudillas, y las cucharas, y las copas, y los tazones para libar; y el pan continuo estará sobre ella.

8 Y extenderán sobre ellos un paño carmesí, y los cubrirán con la cubierta de pieles de tejones; y le pondrán sus ᶜvaras.

9 Y tomarán un paño azul, y cubrirán ᶠel candelero de la luminaria; y sus candilejas, y sus despabiladeras, y sus platillos, y todos sus vasos del aceite con que se sirve;

10 y lo pondrán con todos sus vasos en una cubierta de pieles de tejones, y lo colocarán sobre unas parihuelas.

11 Y sobre ᵍel altar de oro extenderán un paño azul, y lo cubrirán con la cubierta de pieles de tejones, y le pondrán sus varas.

12 Y tomarán todos los vasos del servicio, de que hacen uso en el santuario, y los pondrán en un paño azul, y los cubrirán con una cubierta de pieles de tejones, y los colocarán sobre unas parihuelas.

13 Y quitarán la ceniza ᵏdel altar, y extenderán sobre él un paño de púrpura;

14 y pondrán sobre él todos sus instrumentos con que se sirve; las paletas, los garfios, los braseros, y los tazones, todos los vasos del altar; y extenderán sobre él la cubierta de pieles de tejones, y le pondrán además las varas.

15 Y cuando Aarón y sus hijos acaben de cubrir el santuario y todos los vasos del santuario, cuando el campamento haya de mudarse, vendrán después de ello ᵐlos hijos de Coat para transportarlos; ⁿmas no tocarán cosa santa, no sea que mueran. Éstas serán las cargas de los hijos de Coat en el tabernáculo de la congregación.

16 Pero a cargo de Eleazar, hijo de Aarón el sacerdote, estará ᵒel aceite de la luminaria, y ᵖel incienso aromático, y ᵠel presente continuo, y el ʳaceite de la unción; el cargo de todo el tabernáculo, y de todo lo que está en él, en el santuario, y en sus vasos.

17 Y Jehová habló a Moisés y a Aarón, diciendo:

18 No cortaréis la tribu de las familias de Coat de entre los levitas;

19 Mas esto haréis con ellos, para que vivan, y no mueran ᵇcuando llegaren al lugar santísimo: Aarón y sus hijos vendrán y los pondrán a cada uno en su oficio, y en su cargo.

20 ᵈNo entrarán para ver cuando cubrieren las ᵉcosas santas; no sea que mueran.

21 Y Jehová habló a Moisés diciendo:

22 Toma también la cuenta de los hijos de Gersón por las casas de sus padres, por sus familias.

23 De edad de treinta años para arriba hasta cincuenta años los contarás; todos los que entran en compañía, para servir en el tabernáculo de la congregación.

24 Éste será el oficio de las familias de Gersón, para ministrar y para llevar:

25 ʰLlevarán las ⁱcortinas del tabernáculo, y el tabernáculo de la congregación, su cubierta, y ʲla cubierta de pieles de tejones que está arriba, sobre él, y la cortina de la puerta del tabernáculo de la congregación,

26 y las cortinas del atrio, y la cortina de la puerta del atrio, que está cerca del tabernáculo y cerca del altar alrededor, y sus cuerdas, y todos los instrumentos de su servicio, y todo lo que será hecho para ellos; así servirán.

27 Según la orden de Aarón y de sus hijos será todo el ministerio de los hijos de Gersón en todos sus cargos, y en todo su servicio: y les encomendaréis en guarda todos sus cargos.

28 Éste es el servicio de las familias de los hijos de Gersón en el tabernáculo de la congregación; y el cargo de ellos estará bajo la mano de Itamar, hijo de Aarón el sacerdote.

29 Contarás los hijos de Merari por sus familias, por las casas de sus padres.

30 Desde el de edad de treinta años para arriba hasta el de cincuenta años, los contarás; todos los que entran en compañía, para servir en el tabernáculo de la congregación.

Confesión de pecados NÚMEROS 5

31 Y ᵃéste *será* el deber de su cargo para todo su servicio en el tabernáculo de la congregación: las tablas del tabernáculo, y sus vigas, y sus columnas, y sus bases,

32 y las columnas del atrio alrededor, y sus bases, y sus estacas, y sus cuerdas con todos sus instrumentos, y todo su servicio; ᵇy contaréis por sus nombres todos los vasos de la guarda de su cargo.

33 Éste *será* el servicio de las familias de los hijos de Merari para todo su ministerio en el tabernáculo de la congregación, ᵈbajo la mano de Itamar, hijo de Aarón el sacerdote.

34 Moisés, pues, y Aarón, y los jefes de la congregación, contaron los hijos de Coat por sus familias, y por las casas de sus padres,

35 desde el de edad de treinta años para arriba hasta el de edad de cincuenta años; todos los que entran en compañía, para ministrar en el tabernáculo de la congregación.

36 Y fueron los contados de ellos por sus familias, dos mil setecientos cincuenta.

37 ᵍÉstos *fueron* los contados de las familias de Coat, todos los que ministran en el tabernáculo de la congregación, los cuales contaron Moisés y Aarón, como lo mandó Jehová por mano de Moisés.

38 Y los contados de los hijos de Gersón, por sus familias, y por las casas de sus padres,

39 desde el de edad de treinta años para arriba hasta el de edad de cincuenta años, todos los que entran en compañía, para ministrar en el tabernáculo de la congregación;

40 los contados de ellos por sus familias, por las casas de sus padres, fueron dos mil seiscientos treinta.

41 ᵐÉstos *son* los contados de las familias de los hijos de Gersón, todos los que ministran en el tabernáculo de la congregación, los cuales contaron Moisés y Aarón por mandato de Jehová.

42 Y los contados de las familias de los hijos de Merari, por sus familias, por las casas de sus padres,

43 desde el de edad de treinta años para arriba hasta el de edad de cincuenta años, todos los que entran en compañía, para ministrar en el tabernáculo de la congregación,

44 los contados de ellos, por sus familias, fueron tres mil doscientos.

45 Éstos *fueron* los contados de las familias de los hijos de Merari, los cuales contaron Moisés y Aarón, ᶜsegún lo mandó Jehová por mano de Moisés.

46 Todos los contados de los levitas, que Moisés y Aarón y los jefes de Israel contaron por sus familias, y por las casas de sus padres,

47 desde el de edad de treinta años para arriba hasta el de edad de cincuenta años, todos los que entraban para ministrar en el servicio, y tener cargo de obra en el tabernáculo de la congregación;

48 los contados de ellos fueron ocho mil quinientos ochenta.

49 fueron contados conforme al mandamiento de Jehová por mano de Moisés, ᵉcada uno según su oficio y según su cargo; los cuales contó él, tal ᶠcomo Jehová mandó a Moisés.

CAPÍTULO 5

Y Jehová habló a Moisés, diciendo:
2 Manda a los hijos de Israel que echen del campamento a todo ʰleproso, y a todos los que padecen ⁱflujo de semen, y a todo contaminado sobre ʲmuerto:

3 Así hombres como mujeres echaréis, ᵏfuera del campamento los echaréis; para que no contaminen el campamento de aquellos ˡentre los cuales yo habito.

4 Y lo hicieron así los hijos de Israel, que los echaron fuera del campamento; como Jehová dijo a Moisés, así lo hicieron los hijos de Israel.

5 Además habló Jehová a Moisés, diciendo:

6 Habla a los hijos de Israel: ⁿEl hombre o la mujer que cometiere alguno de todos los pecados de los hombres, haciendo prevaricación contra Jehová, y delinquiere aquella persona;

7 ᵒconfesarán su pecado que cometieron, y ᵖcompensarán su ofensa enteramente, y añadirán la quinta *parte* sobre ello, y lo darán a aquél contra quien pecaron.

8 Y si aquel hombre no tuviere pariente al cual sea resarcida la ofensa, se dará la indemnización del agravio a Jehová, al sacerdote, ᵃa más del carnero de las expiaciones, con el cual hará expiación por él.

9 ᵇY toda ofrenda de todas las cosas santas que los hijos de Israel presentaren al sacerdote, suya será.

10 Y lo santificado de cualquiera será suyo; asimismo lo que cualquiera diere al sacerdote, ᵈsuyo será.

11 Y Jehová habló a Moisés, diciendo:

12 Habla a los hijos de Israel, y diles: Si la esposa de alguno se descarriare e hiciere traición contra él,

13 y alguno hubiere tenido relación carnal con ella, y su marido no lo hubiese visto por haberse ella amancillado ocultamente, y no hubiere testigo contra ella, ni ella hubiere sido tomada *en el acto*;

14 si el espíritu de celos viniere sobre él, y tuviere celos de su esposa, habiéndose ella amancillado; o si el espíritu de celo viniere sobre él, y tuviere celos de su esposa, no habiéndose ella amancillado;

15 entonces el marido traerá su esposa al sacerdote, y traerá su ofrenda con ella, la décima de un efa de harina de cebada; ⁱno echará sobre ella aceite, ni pondrá sobre ella incienso; porque *es* presente de celos, presente de recordación, ʲque trae a la memoria el pecado.

16 Y el sacerdote la hará acercar, y la hará poner delante de Jehová.

17 Luego el sacerdote tomará del agua santa en un vaso de barro; tomará también el sacerdote del polvo que hubiere en el suelo del tabernáculo, y lo echará en el agua.

18 Y hará el sacerdote estar en pie a la mujer delante de Jehová, y descubrirá la cabeza de la mujer, y pondrá sobre sus manos el presente de la recordación, que *es* el presente de celos; y el sacerdote tendrá en la mano las aguas amargas que acarrean maldición.

19 Y el sacerdote la conjurará, y le dirá: Si ningún hombre se ha acostado contigo, y si no te has apartado de tu marido a inmundicia, libre seas de estas aguas amargas que traen maldición;

20 mas si te has descarriado de tu marido, y te has amancillado, y algún hombre se ha acostado contigo, fuera de tu marido,

21 (El sacerdote conjurará a la mujer ᵇcon juramento de maldición, y dirá a la mujer): Jehová te haga maldición y conjura en medio de tu pueblo, haciendo Jehová que tu muslo caiga, y que tu vientre se hinche;

22 y estas aguas que dan maldición ᵉentren en tus entrañas, y hagan hinchar *tu* vientre y caer *tu* muslo. ᶠY la mujer dirá: Amén, amén.

23 Y el sacerdote escribirá estas maldiciones en un libro, y las borrará con las aguas amargas;

24 y dará a beber a la mujer las aguas amargas que traen maldición; y las aguas que obran maldición entrarán en ella por amargas.

25 Después tomará el sacerdote de la mano de la mujer el presente de los celos, y ᵍlo mecerá delante de Jehová, y lo ofrecerá delante del altar.

26 ʰY tomará el sacerdote un puñado del presente, en memoria de ella, y lo quemará sobre el altar, y después dará a beber las aguas a la mujer.

27 Le dará, pues, a beber las aguas; y será, que si fuere inmunda y hubiere hecho traición contra su marido, las aguas que obran maldición entrarán en ella en amargura, y su vientre se hinchará, y caerá su muslo; ᵏy la mujer será maldición en medio de su pueblo.

28 Mas si la mujer no fuere inmunda, sino que estuviere limpia, ella será libre, y será fecunda.

29 Ésta es la ley de los celos, ˡcuando la esposa hiciere traición a su marido, y se amancillare;

30 o del marido, sobre el cual pasare espíritu de celos, y tuviere celos de su esposa ; la presentará entonces delante de Jehová, y el sacerdote ejecutará en ella toda esta ley.

31 Y aquel varón será libre de iniquidad, y ᵐla mujer llevará su pecado.

CAPÍTULO 6

Y Jehová habló a Moisés, diciendo:
2 Habla a los hijos de Israel, y diles: El hombre, o la mujer, ⁿcuando

a Lv 6:6-7
b Jos 6:26
1 Sm 14:24
Neh 10:29
c cp 18:19
Éx 29:28
Lv 6:17-26
y 7:6-14
Dt 18:3-4
Ez 44:29-30
d Lv 10:12-13
e Sal 109:18
f Dt 27:15-26

g Éx 29:24
h Lv 2:2,9
y 5:12

i Lv 2:1,15
y 5:11

j 1 Re 17:18
Ez 29:16
k Dt 28:37
Jer 24:9
29:18-22
42:18 y 44:12
Zac 8:13
l vers 19,20

m cp 9:13
Lv 20:17-19

n Lv 27:2
Jue 13:5
Hch 21:23

Ofrendas de los príncipes

se apartare haciendo voto de nazareo, para dedicarse a Jehová.

3 ^bse abstendrá de vino y de sidra; no beberá vinagre de vino, ni vinagre de sidra, ni beberá algún licor de uvas, ni tampoco comerá uvas frescas ni secas.

4 Todos los días de su nazareato, de todo lo que se hace de vid de vino, desde los granillos hasta el hollejo, no comerá.

5 Todos los días del voto de su nazareato no pasará ^gnavaja sobre su cabeza, hasta que sean cumplidos los días de su consagración a Jehová; santo será; dejará crecer ^hlas guedejas del cabello de su cabeza.

6 Todos los días que se consagrare a Jehová, ⁱno entrará a persona muerta.

7 ^kNi por su padre, ni por su madre, ni por su hermano, ni por su hermana, no se contaminará con ellos cuando murieren; porque consagración de su Dios tiene sobre su cabeza.

8 Todos los días de su nazareato, *será* santo a Jehová.

9 Y si alguno muriere muy de repente junto a él, contaminará la cabeza de su nazareato; por tanto el día de su purificación ^oraerá su cabeza; al séptimo día la raerá.

10 ^pY el día octavo traerá dos tórtolas o dos palominos al sacerdote, a la puerta del tabernáculo de la congregación;

11 Y el sacerdote ofrecerá el uno en expiación, y el otro en holocausto; y hará expiación de lo que pecó a causa del muerto, y santificará su cabeza en aquel día.

12 Y consagrará a Jehová los días de su nazareato, y traerá un cordero de un año en expiación ^spor la culpa; y los días primeros serán anulados, por cuanto fue contaminado su nazareato.

13 Ésta *es* la ley del nazareo ^vcuando se hubieren cumplido los días de su nazareato: Vendrá a la puerta del tabernáculo de la congregación,

14 y ofrecerá su ofrenda a Jehová, un cordero de un año sin defecto en holocausto, y una cordera de un año ^zsin defecto en expiación, y un carnero sin defecto ^apor ofrenda de paz.

15 Además un canastillo de panes sin levadura, ^ytortas de flor de harina amasadas con aceite, y hojaldres de panes sin levadura ^auntadas con aceite, y su presente, ^cy sus libaciones.

16 Y el sacerdote lo ofrecerá delante de Jehová, y hará su expiación y ^dsu holocausto:

17 Y ofrecerá el carnero *como* sacrificio de paz a Jehová, con el canastillo de los panes sin levadura; ofrecerá asimismo el sacerdote ^esu presente, y sus libaciones.

18 ^fEntonces el nazareo raerá a la puerta del tabernáculo de la congregación la cabeza de su nazareato, y tomará los cabellos de la cabeza de su nazareato, y los pondrá sobre el fuego que *está* debajo de la ofrenda de paz.

19 Después tomará el sacerdote ^jla espaldilla cocida del carnero, y una torta sin levadura del canastillo, y una hojaldre sin levadura, y ^llas pondrá sobre las manos del nazareo, después que *el cabello de* su consagración fuere raído;

20 y el sacerdote ^mmecerá aquello, ofrenda agitada delante de Jehová; ⁿlo cual *será* cosa santa del sacerdote, junto con el pecho mecido y la espaldilla separada; y después podrá beber vino el nazareo.

21 Ésta *es* la ley del nazareo que hiciere voto de su ofrenda a Jehová por su nazareato, además de lo que su mano alcanzare; según el voto que hiciere, así hará, conforme a la ley de su nazareato.

22 Y Jehová habló a Moisés, diciendo:

23 Habla a Aarón y a sus hijos, y diles: ^qAsí bendeciréis a los hijos de Israel, diciéndoles:

24 Jehová te bendiga, y ^rte guarde:

25 ^tHaga resplandecer Jehová su rostro sobre ti, ^uy tenga de ti misericordia:

26 Jehová alce sobre ti su rostro, y ponga en ti paz.

27 ^xY pondrán mi nombre sobre los hijos de Israel, y yo los bendeciré.

CAPÍTULO 7

Y aconteció, que ^ycuando Moisés hubo acabado de levantar el tabernáculo, y de ungirlo y santificarlo, con todos sus vasos; y asimismo ungido y santificado el altar, con todos sus vasos;

NÚMEROS 7

Ofrendas de los príncipes

2 entonces ªlos príncipes de Israel, las cabezas de las casas de sus padres, los cuales *eran* los príncipes de las tribus, que estaban sobre los contados, ofrecieron;

3 y trajeron sus ofrendas delante de Jehová, seis carros cubiertos, y doce bueyes; por cada dos príncipes un carro, y cada uno un buey; lo cual ofrecieron delante del tabernáculo.

4 Y Jehová habló a Moisés, diciendo:

5 Tómalo de ellos, y será para el servicio del tabernáculo de la congregación: y lo darás a los levitas, a cada uno conforme a su ministerio.

6 Entonces Moisés recibió los carros y los bueyes, y los dio a los levitas.

7 Dos carros y cuatro bueyes, ᶜdio a los hijos de Gersón, conforme a su ministerio;

8 ᵈY a los hijos de Merari dio los cuatro carros y ocho bueyes, conforme a su ministerio, bajo la mano de Itamar, hijo de Aarón el sacerdote.

9 Y a los hijos de Coat no dio; ᵉporque llevaban sobre sí en los hombros el servicio del santuario.

10 ᶠY los príncipes ofrendaron para la dedicación del altar el día que fue ungido, aun los príncipes ofrecieron su ofrenda delante del altar.

11 Y Jehová dijo a Moisés: Ofrecerán su ofrenda, un príncipe un día, y otro príncipe otro día, para la dedicación del altar.

12 Y el que ofreció su ofrenda el primer día fue ʰNaasón, hijo de Aminadab, de la tribu de Judá.

13 Y su ofrenda *fue* un plato de plata de peso de ciento treinta siclos, y un jarro de plata de setenta siclos, ⁱal siclo del santuario; ambos llenos de flor de harina amasada con aceite ʲpara presente;

14 una cuchara de oro de diez *siclos*, ᵏllena de incienso;

15 ˡun becerro, un carnero, un cordero de un año para holocausto;

16 ᵐun macho cabrío para expiación;

17 ⁿy para ofrenda de paz, dos bueyes, cinco carneros, cinco machos cabríos, cinco corderos de un año. Ésta *fue* la ofrenda de Naasón, hijo de Aminadab.

18 El segundo día ofreció ᵖNatanael, hijo de Zuar, príncipe de Isacar.

19 Ofreció por su ofrenda un plato de plata de ciento treinta siclos de peso, un jarro de plata de setenta siclos, al siclo del santuario; ambos llenos de flor de harina amasada con aceite para presente;

20 una cuchara de oro de diez *siclos*, llena de incienso;

21 un becerro, un carnero, un cordero de un año para holocausto;

22 un macho cabrío para expiación;

23 y para sacrificio de paz, dos bueyes, cinco carneros, cinco machos cabríos y cinco corderos de un año. Ésta *fue* la ofrenda de Natanael, hijo de Zuar.

24 El tercer día, ᵇEliab, hijo de Helón, príncipe de los hijos de Zabulón.

25 Y su ofrenda *fue* un plato de plata de ciento treinta siclos de peso, un jarro de plata de setenta siclos, al siclo del santuario; ambos llenos de flor de harina amasada con aceite para presente;

26 una cuchara de oro de diez *siclos*, llena de incienso;

27 un becerro, un carnero, un cordero de un año para holocausto;

28 un macho cabrío para expiación;

29 y para sacrificio de paz, dos bueyes, cinco carneros, cinco machos cabríos y cinco corderos de un año. Ésta *fue* la ofrenda de Eliab, hijo de Helón.

30 El cuarto día, ᵍElisur, hijo de Sedeur, príncipe de los hijos de Rubén.

31 Y su ofrenda *fue* un plato de plata de ciento treinta *siclos* de peso, un jarro de plata de setenta siclos, al siclo del santuario, ambos llenos de flor de harina amasada con aceite para presente;

32 una cuchara de oro de diez *siclos*, llena de incienso;

33 un becerro, un carnero, un cordero de un año para holocausto;

34 un macho cabrío para expiación;

35 y para ofrenda de paz, dos bueyes, cinco carneros, cinco machos cabríos y cinco corderos de un año. Ésta *fue* la ofrenda de Elisur, hijo de Sedeur.

36 El quinto día, ᵒSelumiel, hijo de Zurisadai, príncipe de los hijos de Simeón.

37 Y su ofrenda *fue* un plato de plata de ciento treinta *siclos* de peso, un jarro de plata de setenta siclos, al siclo del santuario; ambos llenos de

---

a cp 1:4

b cp 1:9

c cp 4:25-28

d cp 4:29-33

e cp 4:4-15
2 Sm 6:13

f vers 84,88
1 Re 8:63
2 Cr 7:5-9
Esd 6:16
Neh 12:27

g cp 1:5

h cp 1:7

i Éx 30:13

j cp 8:8

k Lv 2:1-4

k Éx 30:34

l Lv 1:2-3

m Lv 4:23-24

n Lv 3:1

o cp 1:6

p cp 1:8

Ofrendas de los príncipes

flor de harina amasada con aceite para presente;

38 una cuchara de oro de diez *siclos* llena de incienso;

39 un becerro, un carnero, un cordero de un año para holocausto;

40 un macho cabrío para expiación;

41 y para ofrenda de paz, dos bueyes, cinco carneros, cinco machos cabríos y cinco corderos de un año. Ésta *fue* la ofrenda de Selumiel, hijo de Zurisadai.

42 El sexto día, ᵇEliasaf, hijo de Dehuel, príncipe de los hijos de Gad.

43 Y su ofrenda *fue* un plato de plata de ciento treinta *siclos* de peso, un jarro de plata de setenta siclos, al siclo del santuario; ambos llenos de flor de harina amasada con aceite para presente;

44 una cuchara de oro de diez *siclos*, llena de incienso;

45 un becerro, un carnero, un cordero de un año para holocausto;

46 un macho cabrío para expiación;

47 y para sacrificio de paz, dos bueyes, cinco carneros, cinco machos cabríos y cinco corderos de un año. Ésta *fue* la ofrenda de Eliasaf, hijo de Dehuel.

48 El séptimo día, el príncipe de los hijos de Efraín, ᵈElisama, hijo de Amiud.

49 Y su ofrenda *fue* un plato de plata de ciento treinta *siclos* de peso, un jarro de plata de setenta siclos, al siclo del santuario; ambos llenos de flor de harina amasada con aceite para presente;

50 una cuchara de oro de diez *siclos*, llena de incienso;

51 un becerro, un carnero, un cordero de un año para holocausto;

52 un macho cabrío para expiación;

53 y para sacrificio de paz, dos bueyes, cinco carneros, cinco machos cabríos y cinco corderos de un año. Ésta *fue* la ofrenda de Elisama, hijo de Amiud.

54 El octavo día, el príncipe de los hijos de Manasés, ᵉGamaliel hijo de Pedasur.

55 Y su ofrenda *fue* un plato de plata de ciento treinta *siclos* de peso, un jarro de plata de setenta siclos, al siclo del santuario; ambos llenos de flor de harina amasada con aceite para presente;

56 una cuchara de oro de diez *siclos*, llena de incienso;

57 un becerro, un carnero, un cordero de un año para holocausto;

58 un macho cabrío para expiación;

59 y para sacrificio de paz, dos bueyes, cinco carneros, cinco machos cabríos y cinco corderos de un año. Ésta *fue* la ofrenda de Gamaliel, hijo de Pedasur.

60 El noveno día, el príncipe de los hijos de Benjamín, ᵃAbidán, hijo de Gedeón.

61 Y su ofrenda *fue* un plato de plata de ciento treinta *siclos* de peso, un jarro de plata de setenta siclos, al siclo del santuario; ambos llenos de flor de harina amasada con aceite para presente;

62 una cuchara de oro de diez *siclos*, llena de incienso;

63 un becerro, un carnero, un cordero de un año para holocausto;

64 un macho cabrío para expiación;

65 y para sacrificio de paz, dos bueyes, cinco carneros, cinco machos cabríos y cinco corderos de un año. Ésta *fue* la ofrenda de Abidán, hijo de Gedeón.

66 El décimo día, el príncipe de los hijos de Dan, ᶜAhiezer, hijo de Amisadai.

67 Y su ofrenda *fue* un plato de plata de ciento treinta *siclos* de peso, un jarro de plata de setenta siclos, al siclo del santuario; ambos llenos de flor de harina amasada con aceite para presente;

68 una cuchara de oro de diez *siclos*, llena de incienso;

69 un becerro, un carnero, un cordero de un año para holocausto;

70 un macho cabrío para expiación;

71 y para sacrificio de paz, dos bueyes, cinco carneros, cinco machos cabríos y cinco corderos de un año. Ésta *fue* la ofrenda de Ahiezer, hijo de Amisadai.

72 El undécimo día, el príncipe de los hijos de Aser, ᶠPagiel, hijo de Ocrán.

73 Y su ofrenda *fue* un plato de plata de ciento y treinta *siclos* de peso, un jarro de plata de setenta siclos, al siclo del santuario; ambos llenos de flor de harina amasada con aceite para presente;

---

a cp 1:11
b cp 1:14
y 2:14

c cp 1:12
d cp 1:10

e cp 1:10
f cp 1:13

74 una cuchara de oro de diez *siclos*, llena de incienso;

75 un becerro, un carnero, un cordero de un año para holocausto;

76 un macho cabrío para expiación;

77 y para sacrificio de paz, dos bueyes, cinco carneros, cinco machos cabríos y cinco corderos de un año. Ésta *fue* la ofrenda de Pagiel, hijo de Ocrán. ᵃ

78 El duodécimo día, el príncipe de los hijos de Neftalí, ᵇAhira, hijo de Enán.

79 Y su ofrenda *fue* un plato de plata de ciento treinta *siclos* de peso, un jarro de plata de setenta siclos, al siclo del santuario; ambos llenos de flor de harina amasada con aceite para presente; ᶜ

80 una cuchara de oro de diez *siclos*, llena de incienso; ᵈ

81 un becerro, un carnero, un cordero de un año para holocausto; ᵉ

82 un macho cabrío para expiación;

83 y para sacrificio de paz, dos bueyes, cinco carneros, cinco machos cabríos y cinco corderos de un año. Ésta *fue* la ofrenda de Ahira, hijo de Enán. ᶠ ᵍ

84 Ésta *fue* la ʰdedicación del altar, el día que fue ungido, por los príncipes de Israel; doce platos de plata, doce jarros de plata, doce cucharas de oro. ⁱ

85 Cada plato de ciento treinta *siclos*, cada jarro de setenta; toda la plata de los vasos, dos mil cuatrocientos siclos, al siclo del santuario. ʲ ᵏ

86 Las doce cucharas de oro llenas de incienso, de diez *siclos* cada cuchara, al siclo del santuario; todo el oro de las cucharas, ciento veinte *siclos*. ˡ

87 Todos los bueyes para holocausto, doce becerros; doce los carneros, doce los corderos de un año, con su presente: y doce los machos cabríos, para expiación. ᵐ

88 Y todos los bueyes del sacrificio de paz fueron veinticuatro novillos, sesenta los carneros, sesenta los machos cabríos y sesenta los corderos de un año. ⁿÉsta *fue* la dedicación del altar, después que fue ᵒungido.

89 Y cuando entraba Moisés en el tabernáculo de la congregación, ᑫpara hablar con Él, oía la voz que le hablaba de encima del propiciatorio que estaba sobre el arca del testimonio, de entre los dos querubines; y hablaba con Él.

a	Éx 25:37
b	cp 1:15
c	Éx 25:31
d	cp 10:2
	Éx 25:18
e	Éx 25:40
f	cp 19:9-17
g	Lv 14:8-9
h	ver 11
i	cp 7:13
	Lv 2:11
j	Éx 29:4
	y 40:12
k	Lv 8:3
l	Lv 1:4
m	Éx 29:10
n	ver 11
o	vers 1,10
p	cp 3:45
	y 16:9
q	cp 12:8
	Éx 33:9-11

CAPÍTULO 8

Y Jehová habló a Moisés, diciendo:
2 Habla a Aarón, y dile: ᵃCuando encendieres las lámparas, las siete lámparas alumbrarán hacia el frente del candelero.

3 Y Aarón lo hizo así; que encendió enfrente del candelero sus lámparas, como Jehová lo mandó a Moisés.

4 ᶜY ésta *era* la hechura del candelero; de oro labrado a martillo; desde su pie hasta sus flores era ᵈlabrado a martillo; ᵉconforme al modelo que Jehová mostró a Moisés, así hizo el candelero.

5 Y Jehová habló a Moisés, diciendo:
6 Toma a los levitas de entre los hijos de Israel, y expíalos.

7 Y así les harás para expiarlos: ᶠRocía sobre ellos el agua de la expiación, ᵍy haz pasar la navaja sobre toda su carne, y lavarán sus vestiduras, y serán expiados.

8 ⁱLuego tomarán un novillo, con su presente de flor de harina amasada con aceite; y tomarás otro novillo para expiación.

9 ʲY harás llegar los levitas delante del tabernáculo de la congregación, ᵏy juntarás toda la congregación de los hijos de Israel;

10 y cuando hayas hecho llegar a los levitas delante de Jehová, ˡpondrán los hijos de Israel sus manos sobre los levitas;

11 y ofrecerá Aarón los levitas delante de Jehová *en* ofrenda de los hijos de Israel, y servirán en el ministerio de Jehová.

12 ᵐY los levitas pondrán sus manos sobre las cabezas de los novillos: y ofrecerás el uno *por* expiación, y el otro en holocausto a Jehová, para hacer expiación por los levitas.

13 Y harás presentar los levitas delante de Aarón, y delante de sus hijos, y los ofrecerás *en* ofrenda a Jehová.

14 Así apartarás los levitas de entre los hijos de Israel; ᵖy serán míos los levitas.

La pascua entre las dos tardes

15 Y después de eso vendrán los levitas a ministrar en el tabernáculo de la congregación: los expiarás, pues, y los ofrecerás *en* ofrenda.

16 Porque enteramente me *son* dados a mí los levitas de entre los hijos de Israel, en lugar de todo aquel que abre matriz; ªlos he tomado para mí *en lugar de* los primogénitos de todos los hijos de Israel.

17 ᵈPorque mío *es* todo primogénito en los hijos de Israel, así de hombres como de animales; desde el día que yo herí todo primogénito en la tierra de Egipto, los santifiqué para mí.

18 Y he tomado los levitas en lugar de todos los primogénitos de los hijos de Israel.

19 Y ᵉyo he dado en don los levitas a Aarón y a sus hijos de entre los hijos de Israel, ᶠpara que sirvan el ministerio de los hijos de Israel en el tabernáculo de la congregación, y reconcilien a los hijos de Israel; para que no haya plaga en los hijos de Israel, llegando los hijos de Israel al santuario.

20 Y Moisés, y Aarón, y toda la congregación de los hijos de Israel, hicieron con los levitas conforme a todas las cosas que mandó Jehová a Moisés acerca de los levitas; así hicieron de ellos los hijos de Israel.

21 ⁱY los levitas se purificaron, y lavaron sus vestiduras; y ʲAarón los ofreció en ofrenda delante de Jehová, y Aarón hizo expiación por ellos para purificarlos.

22 Y así vinieron después los levitas para servir en su ministerio en el tabernáculo de la congregación, delante de Aarón y delante de sus hijos: de la manera que mandó Jehová a Moisés acerca de los levitas, así hicieron con ellos.

23 Y Jehová habló a Moisés, diciendo:

24 Esto *es lo concerniente* a los levitas: ᵐDe veinticinco años para arriba entrarán a hacer su oficio en el servicio del tabernáculo de la congregación.

25 Mas desde los cincuenta años volverán del oficio de su ministerio, y nunca más servirán.

26 Pero servirán con sus hermanos en el tabernáculo de la congregación, ˢpara hacer la guarda, bien que no servirán en el ministerio. Así harás de los levitas en cuanto a su ministerio.

CAPÍTULO 9

Y Jehová habló a Moisés en el desierto de Sinaí, en el segundo año de su salida de la tierra de Egipto, en el ᵇmes primero, diciendo:

2 ᶜLos hijos de Israel harán la pascua a su tiempo.

3 El decimocuarto día de este mes, entre las dos tardes, la haréis a su tiempo; conforme a todos sus ritos, y conforme a todas sus leyes la haréis.

4 Y habló Moisés a los hijos de Israel, para que hiciesen la pascua.

5 E hicieron la pascua en el mes primero, a los catorce días del mes, entre las dos tardes, en el desierto de Sinaí; conforme a todas las cosas que mandó Jehová a Moisés, así hicieron los hijos de Israel.

6 ᵍY hubo algunos que estaban inmundos a causa de muerto, y no pudieron hacer la pascua aquel día; ʰy llegaron delante de Moisés y delante de Aarón aquel día,

7 y le dijeron aquellos hombres: Nosotros *estamos* inmundos por causa de muerto; ¿por qué seremos impedidos de ofrecer ofrenda a Jehová a su tiempo entre los hijos de Israel?

8 Y Moisés les respondió: ᵏEsperad, y oiré qué mandará Jehová acerca de vosotros.

9 Y Jehová habló a Moisés, diciendo:

10 Habla a los hijos de Israel, diciendo: Cualquiera de vosotros o de vuestras generaciones, que fuere inmundo por causa de muerto o estuviere de viaje lejos, hará pascua a Jehová.

11 ˡEn el mes segundo, a los catorce días del mes, entre las dos tardes, la harán; ⁿcon panes sin levadura y *hierbas* amargas la comerán.

12 ᵒNo dejarán de él para la mañana, ᵖni quebrarán hueso en él; ᵠconforme a todos los ritos de la pascua la harán.

13 Mas el que *estuviere* limpio, y no estuviere de viaje, si dejare de celebrar la pascua, ʳla tal persona será cortada de entre su pueblo; por cuanto no ofreció a su tiempo la

---

a cp 3:12,45
b cp 1:1
c Lv 23:5
d Éx 13:2

e cp 3:9
f cp 1:53

g cp 5:2
  19:11-16
  Jn 18:28
h cp 27:2
  Éx 18:15-26

i cp 19:12-20
j vers 11,12
k cp 27:5

l Éx 12:6

m cp 4:3
1 Cr 23:3,
  24,27
n Éx 12:8
o Éx 12:10
p Éx 12:46
  Jn 19:36
q Éx 12:43
r Gn 17:14
  Éx 12-15
s cp 1:53

NÚMEROS 10

ofrenda de Jehová, ªel tal hombre llevará su pecado.

14 Y si un extranjero morare con vosotros, y celebrare la pascua a Jehová, conforme al rito de la pascua y conforme a sus leyes así la celebrará; ᶜun mismo rito tendréis, así el extranjero como el natural de la tierra.

15 ᵉY el día que el tabernáculo fue levantado, la nube cubrió el tabernáculo sobre la tienda del testimonio; ᶠy a la tarde había sobre el tabernáculo como una apariencia de fuego, hasta la mañana.

16 Así era continuamente; la nube lo cubría *de día*, y de noche la apariencia de fuego.

17 ⁱY cuando la nube se alzaba de sobre el tabernáculo, los hijos de Israel partían; y en el lugar donde la nube se detenía, allí acampaban los hijos de Israel.

18 Al mandato de Jehová los hijos de Israel avanzaban; y al mandato de Jehová acampaban; ˡtodos los días que la nube estaba sobre el tabernáculo, ellos permanecían acampados.

19 Y cuando la nube se detenía sobre el tabernáculo muchos días, entonces los hijos de Israel ᵖguardaban la ordenanza de Jehová y no partían.

20 Y cuando sucedía que la nube estaba sobre el tabernáculo pocos días, al mandato de Jehová acampaban, y al mandato de Jehová partían.

21 Y sucedía que cuando la nube se detenía desde la tarde hasta la mañana, y que la nube era levantada en la mañana, entonces partían; y cuando la nube se levantaba, *ya fuese* de día o de noche, ellos partían.

22 O si dos días, o un mes, o un año, mientras la nube permanecía sobre el tabernáculo deteniéndose sobre él, los hijos de Israel ᵘquedaban acampados y no se movían; mas cuando ella se alzaba, ellos se movían.

23 Al mandato de Jehová acampaban, y al mandato de Jehová partían, guardando la ordenanza de Jehová, así como Jehová lo había dicho por medio de Moisés.

a Gn 17:14
Éx 12:15

b Is 1:13
c Éx 12:49

d Jer 4:5
Jl 2:15
e Éx 40:17,34

f Éx 13:21

g cp 1:16 7:2
Éx 28:21

h cp 2:3

i cp 10:11,33
Éx 40:36
j cp 2:10

k Jl 2:1

l 1 Co 10:1
m Jos 6:4
1 Cr 15:24
2 Cr 13:12
n cp 31:6
Jos 6:5
2 Cr 13:14
o Jue 2:28
y 4:3
p cp 1:53
q Gn 8:1
r 2 Cr 5:12
7:6 y 29:26
Sal 81:3

s cp 9:17

t cp 1:1 y 9:5
Éx 19:1
u Ex 40:36
v cp 13:1,4,27
Gn 14:6
y 21:21
x vers 5,6
Cp 2:9-16,24
y cp 2:3,9

La nube de día, y el fuego de noche
CAPÍTULO 10

Y Jehová habló a Moisés, diciendo:
2 Hazte dos trompetas de plata; de obra de martillo las harás, las cuales te servirán ᵇpara convocar a la congregación, y para poner en marcha los campamentos.

3 ᵈY cuando las tocaren, toda la congregación se reunirá ante ti a la puerta del tabernáculo de la congregación.

4 Mas cuando tocareis sólo una, entonces se reunirán ante ti los príncipes, ᵍlas cabezas de los millares de Israel.

5 Y cuando tocareis alarma, ʰentonces marcharán los que están acampados al oriente.

6 Y cuando tocareis alarma la segunda vez, ʲentonces marcharán los que están acampados al sur; alarma tocarán para sus partidas.

7 Pero cuando hubiereis de reunir la congregación, tocaréis, ᵏmas no con toque de alarma.

8 ᵐY los hijos de Aarón, los sacerdotes, tocarán las trompetas; y las tendréis por estatuto perpetuo por vuestras generaciones.

9 ⁿY cuando saliereis a la guerra en vuestra tierra ᵒcontra el enemigo que os atacare, tocaréis alarma con las trompetas; ᑫy seréis recordados delante de Jehová vuestro Dios, y seréis salvos de vuestros enemigos.

10 ʳY en el día de vuestra alegría, y en vuestras solemnidades, y en los principios de vuestros meses, tocaréis las trompetas sobre vuestros holocaustos y sobre los sacrificios de vuestras ofrendas de paz, y os serán por memorial delante de vuestro Dios: Yo Jehová vuestro Dios.

11 Y sucedió que en el año segundo, en el mes segundo, a los veinte *días* del mes, ˢla nube se alzó del tabernáculo de la congregación.

12 Y partieron los hijos de Israel ᵗdel desierto de Sinaí según el orden de marcha; y la nube se detuvo ᵛen el desierto de Parán.

13 Y partieron la primera vez de acuerdo ˣal mandato de Jehová por mano de Moisés.

14 ʸY la bandera del campamento de los hijos de Judá comenzó a marchar primero, por sus escuadrones; y

Las banderas de las tribus

ᵃNaasón, hijo de Aminadab, *estaba* sobre su ejército.

15 Y sobre el ejército de la tribu de los hijos de Isacar, Natanael, hijo de Zuar.

16 Y sobre el ejército de la tribu de los hijos de Zabulón, Eliab, hijo de Helón.

17 ᶜY el tabernáculo fue desarmado; y los hijos de Gersón y los hijos de Merari, partieron ᵉllevando el tabernáculo.

18 ᵍLuego comenzó a marchar la bandera del campamento de Rubén por sus escuadrones; y ʲElisur, hijo de Sedeur, *estaba* sobre su ejército.

19 Y sobre el ejército de la tribu de los hijos de Simeón, Selumiel, hijo de Zurisadai.

20 Y sobre el ejército de la tribu de los hijos de Gad, Eliasaf, hijo de Dehuel.

21 ᵐLuego comenzaron a marchar los coatitas llevando el santuario; y entre tanto que ⁿellos llegaban, los otros acondicionaron el tabernáculo.

22 ᵒDespués comenzó a marchar la bandera del campamento de los hijos de Efraín por sus escuadrones; y ᵖElisama, hijo de Amiud, era sobre su ejército.

23 Y sobre el ejército de la tribu de los hijos de Manasés, Gamaliel, hijo de Pedasur.

24 Y sobre el ejército de la tribu de los hijos de Benjamín, Abidán, hijo de Gedeón.

25 ˢLuego comenzó a marchar la bandera del campamento de los hijos de Dan por sus escuadrones, recogiendo todos los campamentos; y ᵘAhiezer, hijo de Amisadai, *estaba* sobre su ejército.

26 Y sobre el ejército de la tribu de los hijos de Aser, Pagiel, hijo de Ocrán.

27 Y sobre el ejército de la tribu de los hijos de Neftalí, Ahira, hijo de Enán.

28 Éste era el orden de marcha de los hijos de Israel por sus ejércitos, cuando partían.

29 Entonces dijo Moisés a Hobab, hijo de ᶻReuel madianita, su suegro: Nosotros vamos hacia el lugar del cual Jehová ha dicho: ᵇYo os lo daré. Ven con nosotros, y te haremos bien;

ᵇporque Jehová ha hablado bien respecto a Israel.

30 Y él le respondió: Yo no iré, sino que me marcharé a mi tierra y a mi parentela.

31 Y él le dijo: Te ruego que no nos dejes; porque tú sabes dónde debemos acampar en el desierto, y nos serás ᵈen lugar de ojos.

32 Y será, que si vinieres con nosotros, ᶠcuando tuviéremos el bien que Jehová nos ha de hacer, nosotros te haremos bien.

33 Así partieron ʰdel monte de Jehová, camino de tres días; y ⁱel arca del pacto de Jehová fue delante de ellos camino de tres días, buscándoles lugar de descanso.

34 Y ᵏla nube de Jehová *iba* sobre ellos de día, desde que partieron del campamento.

35 Y fue, que al moverse el arca, Moisés decía: ˡLevántate, Jehová, y sean disipados tus enemigos, y huyan de tu presencia los que te aborrecen.

36 Y cuando ella asentaba, decía: Vuelve, Jehová, a los millares de millares de Israel.

CAPÍTULO 11

Y ᑫaconteció que el pueblo se quejó a oídos de Jehová; y lo oyó Jehová, y ʳse enardeció su furor, y se encendió en ellos fuego de Jehová y consumió *a los que estaban* en un extremo del campamento.

2 Entonces el pueblo dio voces a Moisés, y Moisés ᵗoró a Jehová, y el fuego se extinguió.

3 Y llamó a aquel lugar ¹Tabera; porque el fuego de Jehová se encendió en ellos.

4 Y ᵛla multitud de raza mixta que *había* entre ellos tuvo un vivo deseo, y los hijos de Israel también volvieron a llorar y dijeron: ˣ¡Quién nos diera a comer carne!

5 ʸNos acordamos del pescado que comíamos de balde en Egipto, de los pepinos, y de los melones, y de las verduras, y de las cebollas, y de los ajos.

6 Y ahora nuestra alma se seca; que nada sino maná *ven* nuestros ojos.

7 Y ᵃ*era* el maná como semilla de cilantro, y su color como color de ᶜbedelio.

NÚMEROS 11 — Murmuración del pueblo

8 Y el pueblo se esparcía y *lo* recogía, y *lo* molía en molinos o *lo* majaba en morteros, y *lo* cocía en caldera, o hacía de él tortas; y ªsu sabor era como sabor de aceite nuevo.

9 ᶜY cuando descendía el rocío sobre el campamento de noche, el maná descendía sobre él.

10 Y oyó Moisés al pueblo, que lloraba por sus familias, cada uno a la puerta de su tienda: y el furor de Jehová se encendió en gran manera; también pareció mal a Moisés.

11 Y dijo Moisés a Jehová: ᵉ¿Por qué has hecho mal a tu siervo? ¿Y por qué no he hallado gracia en tus ojos, que has puesto la carga de todo este pueblo sobre mí?

12 ¿Concebí yo a todo este pueblo? ¿Lo engendré yo, para que me digas: ⁱLlévalo en tu seno, como ʲlleva la que cría al que mama, a la tierra de la cual ᵏjuraste a sus padres?

13 ˡ¿De dónde tomaría yo carne para dar a todo este pueblo? Porque lloran a mí, diciendo: Danos carne que comamos.

14 ⁿNo puedo yo solo soportar a todo este pueblo, pues *es* demasiado pesado para mí.

15 Y si así lo haces tú conmigo, ᵒyo te ruego que me des muerte, si he hallado gracia en tus ojos; y que yo ᵖno vea mi mal.

16 Entonces Jehová dijo a Moisés: Júntame ʳsetenta varones de los ancianos de Israel, que tu sabes que son ancianos del pueblo y sus ˢprincipales; y tráelos a la puerta del tabernáculo de la congregación, y esperen allí contigo.

17 Y ᵘyo descenderé y hablaré allí contigo; y ᵛtomaré del espíritu que *está* en ti, y lo pondré en ellos; y llevarán contigo la ʸcarga del pueblo, y no la llevarás tú solo.

18 Pero dirás ᵃal pueblo: Santificaos para mañana, y comeréis carne: pues que habéis llorado en oídos de Jehová, diciendo: ¡Quién nos diera a comer carne! ¡Cierto mejor nos iba en Egipto! Jehová, pues, os dará carne, y comeréis.

19 No comeréis un día, ni dos días, ni cinco días, ni diez días, ni veinte días;

20 *sino* hasta un mes de tiempo, ᶜhasta que os salga por las narices, y os sea en aborrecimiento: por cuanto menospreciasteis a Jehová que *está* en medio de vosotros, y llorasteis delante de Él, diciendo: ᵇ¿Para qué salimos acá de Egipto?

21 Entonces dijo ᵈMoisés: Seiscientos mil de a pie *es* el pueblo en medio del cual yo *estoy*; y tú dices: Les daré carne, y comerán el tiempo de un mes.

22 ¿Se han de degollar para ellos ovejas y bueyes que les basten? ¿O se juntarán para ellos todos los peces del mar para que tengan abasto?

23 Entonces Jehová respondió a Moisés: ᶠ¿Acaso se ha acortado la mano de Jehová? Ahora ᵍverás si se cumple para ti mi palabra, o no.

24 Y salió Moisés, ʰy dijo al pueblo las palabras de Jehová. Y reunió a los setenta varones de los ancianos del pueblo, y los hizo estar alrededor del tabernáculo.

25 Entonces ᵐJehová descendió en la nube, y le habló; y tomó del espíritu que *estaba* en él, y *lo* puso en los setenta varones ancianos; y fue que, cuando posó sobre ellos el espíritu, profetizaron, y no cesaron.

26 Y habían quedado en el campamento dos varones, uno llamado Eldad y el otro Medad, sobre los cuales también reposó el espíritu; estaban éstos entre los escritos, mas ᑫno habían salido al tabernáculo; y profetizaron en el campamento.

27 Entonces corrió un joven, y dio aviso a Moisés, y dijo: Eldad y Medad profetizan en el campamento.

28 Entonces respondió ᵗJosué, hijo de Nun, ministro de Moisés, uno de sus jóvenes, y dijo: Señor mío, Moisés, ˣimpídelos.

29 Y Moisés le respondió: ¿Tienes tú celos por mí? ᶻ¡Quisiera Dios que todo el pueblo de Jehová fuesen profetas, que Jehová pusiera su Espíritu sobre ellos!

30 Y Moisés se volvió al campamento, él y los ancianos de Israel.

31 ᵇY salió un viento de Jehová, y trajo codornices del mar, y las dejó sobre el campamento, un día de camino a un lado, y un día de camino al otro lado, en derredor del campamento, y casi dos codos sobre la faz de la tierra.

La lepra de Miriam

32 Entonces el pueblo estuvo levantado todo aquel día, y toda la noche, y todo el día siguiente, y se recogieron codornices; el que menos, recogió diez ^bmontones; y las tendieron para sí a lo largo en derredor del campamento.

33 ^cY cuando la carne *estaba* aún entre los dientes de ellos, antes que fuese masticada, el furor de Jehová se encendió contra el pueblo, e hirió Jehová al pueblo con una plaga muy grande.

34 Y llamó el nombre de aquel lugar Kibrot-hataava, por cuanto allí sepultaron al pueblo codicioso.

35 Y de ^fKibrot-hataava partió el pueblo a Haserot, y se quedó en Haserot.

CAPÍTULO 12

Y Miriam y Aarón hablaron contra Moisés a causa de la mujer etíope que había tomado; porque él había tomado mujer etíope.

2 Y dijeron: ¿Solamente por Moisés ha hablado Jehová? ^j¿No ha hablado también por nosotros? Y ^klo oyó Jehová.

3 Y aquel varón Moisés *era* muy manso, más que todos los hombres que *había* sobre la tierra.

4 Y ^mluego dijo Jehová a Moisés, y a Aarón, y a Miriam: Salid vosotros tres al tabernáculo de la congregación. Y salieron ellos tres.

5 ^oEntonces Jehová descendió en la columna de la nube, y se puso a la puerta del tabernáculo, y llamó a Aarón y a Miriam; y salieron ambos.

6 Y Él les dijo: Oíd ahora mis palabras: Si entre vosotros hubiere profeta de Jehová, yo le apareceré ^pen visión, ^sen sueños hablaré con él.

7 ^tNo así a mi siervo Moisés, que es fiel en toda ^umi casa.

8 ^vBoca a boca hablaré con él, y claramente, y no por ^xfiguras; ^yy verá la apariencia de Jehová: ¿por qué, pues, no tuvisteis temor de hablar contra mi siervo Moisés?

9 Entonces el furor de Jehová se encendió contra ellos; y se fue.

10 Y la nube se apartó del tabernáculo; y ^zhe aquí que Miriam ^a*quedó* leprosa, *blanca* como la nieve; y miró Aarón a Miriam, y he aquí que *estaba* leprosa.

11 Y dijo Aarón a Moisés: ¡Ah! señor mío, ^ano pongas ahora sobre nosotros pecado; porque locamente lo hemos hecho, y hemos pecado.

12 No sea ella ahora como el que sale muerto del vientre de su madre, consumida la mitad de su carne.

13 Entonces Moisés clamó a Jehová, diciendo: Te ruego, oh Dios, que la sanes ahora.

14 Y Jehová respondió a Moisés: Si su padre hubiera ^descupido en su cara, ¿no se avergonzaría por siete días? ^eSea echada fuera del campamento por siete días, y después que sea recibida *de nuevo*.

15 ^gAsí Miriam fue echada del campamento siete días; y el pueblo no pasó adelante hasta que se le reunió Miriam.

16 Y después el pueblo partió de ^hHaserot, y acamparon en el desierto de Parán.

CAPÍTULO 13

Y Jehová habló a Moisés, diciendo: 2 ^lEnvía tú hombres que reconozcan la tierra de Canaán, la cual yo doy a los hijos de Israel: de cada tribu de sus padres enviaréis un varón, cada uno príncipe entre ellos.

3 Y Moisés los envió desde ⁿel desierto de Parán, conforme a la palabra de Jehová; y todos aquellos varones *eran* príncipes de los hijos de Israel.

4 Los nombres de los cuales *son* éstos: De la tribu de Rubén, Samúa, hijo de Zacur.

5 De la tribu de Simeón, Safat, hijo de Hori.

6 ^qDe la tribu de Judá, ^rCaleb, hijo de Jefone.

7 De la tribu de Isacar, Igal, hijo de José.

8 De la tribu de Efraín, Oseas, hijo de Nun.

9 De la tribu de Benjamín, Palti, hijo de Rafu.

10 De la tribu de Zabulón, Gadiel, hijo de Sodi.

11 De la tribu de José, de la tribu de Manasés, Gadi, hijo de Susi.

12 De la tribu de Dan, Amiel, hijo de Gemali.

13 De la tribu de Aser, Setur, hijo de Micael.

NÚMEROS 14

14 De la tribu de Neftalí, Nahbí, hijo de Vapsi.

15 De la tribu de Gad, Gehuel, hijo de Maqui.

16 Éstos *son* los nombres de los varones que Moisés envió a reconocer la tierra. Y a ᶜOseas, hijo de Nun, Moisés le puso el nombre de Josué.

17 Los envió, pues, Moisés a reconocer la tierra de Canaán, diciéndoles: Subid de aquí hacia el sur, y ᵉsubid al monte,

18 y observad la tierra qué tal *es*; y el pueblo que la habita, si *es* fuerte o débil, si poco o numeroso;

19 y cómo es la tierra habitada, si es buena o mala; y cómo son las ciudades habitadas, si son de tiendas o de fortalezas;

20 y cómo *es* el terreno, si *es* ʰfértil o árido, si en él hay o no árboles: y ⁱesforzaos, y tomad del fruto del país. Y el tiempo *era* el tiempo de las primeras uvas.

21 Y ellos subieron, y reconocieron la tierra desde ᵏel desierto de Zin hasta ˡRehob, entrando en Hamat.

22 Y subieron por el sur, y vinieron hasta Hebrón: y allí estaban ᵐAhimán, y Sesai, y Talmai, hijos de Anac. Hebrón ᵒfue edificada siete años antes de Zoán, ᵖla de Egipto.

23 ʳY llegaron hasta el valle de Escol, y de allí cortaron un sarmiento con un racimo de uvas, el cual trajeron dos en un palo, y de las granadas y de los higos.

24 Y se llamó aquel lugar el ᵗvalle de Escol por el racimo que cortaron de allí los hijos de Israel.

25 Y volvieron de reconocer la tierra al cabo de cuarenta días.

26 Y anduvieron y vinieron a Moisés y a Aarón, y a toda la congregación de los hijos de Israel, en el desierto de Parán, ᵛen Cades, y les dieron la respuesta, y a toda la congregación, y les mostraron el fruto de la tierra.

27 Y le contaron, y dijeron: Nosotros llegamos a la tierra a la cual nos enviaste, la que ciertamente fluye ˣleche y miel; y ʸéste es el fruto de ella.

28 Pero ᶻel pueblo que habita aquella tierra *es* fuerte, y las ciudades, fortificadas y muy grandes; y también vimos allí a los hijos de Anac.

---

a cp 14:43
Éx 17:8
Dt 25:17
Jue 6:3
1 Sm 14:48
y 15:2
b cp 14:6,24
c ver 9
cp 11:28
y 14:6,30,38
d cp 32:9
Dt 1:28
Jos 14:8
e Gn 14:10
Jue 1:9,19
f cp 14:36-37

g Am 2:9

h Neh 9:25-35
i Dt 31:6,7, 23
j Is 40:22

k cp 34:3
Jos 15:1
l Jos 19:28

m Jos 11:21-28
y 15:13-14
Jue 1:10
n cp 11:4
o Jos 14:15
15:13 y 21:11
p Sal 78:12
Is 19:11, 30:4
q cp 16:41
Éx 15:24
16:2 y 17:3
r Dt 1:24-25
1 Valle del racimo

s Neh 9:17
t Dt 17:16
Hch 7:39
u cp 16:2,22
v cp 20:1-6
Gn 14:7
Dt 1:19
Jos 14:6
x cp 14:8
y Dt 1:25
z Dt 1:28
y 9:1-2
a cp 13:28
Dt 1:25

Testimonio de Josué y Caleb

29 ᵃAmalec habita en la tierra del sur; y el heteo, y el jebuseo, y el amorreo, habitan en las montañas; y el cananeo habita junto al mar, y a la ribera del Jordán.

30 Entonces ᵇCaleb hizo callar al pueblo delante de Moisés, y dijo: Subamos luego, y poseámosla; que más podremos que ella.

31 ᵈMas los varones que subieron con él, dijeron: No podremos subir contra aquel pueblo; porque *es* más fuerte que nosotros.

32 ᶠY vituperaron entre los hijos de Israel la tierra que habían reconocido, diciendo: La tierra por donde pasamos para reconocerla, *es* tierra que traga a sus moradores, y ᵍtodo el pueblo que vimos en medio de ella, *son* hombres de gran estatura.

33 También vimos allí gigantes, hijos de Anac, raza de los gigantes; y éramos nosotros, a nuestro parecer, ʲcomo langostas; y así les parecíamos a ellos.

CAPÍTULO 14

Entonces toda la congregación gritó y dio voces; ⁿy el pueblo lloró aquella noche.

2 ᵠY se quejaron contra Moisés y contra Aarón todos los hijos de Israel; y toda la congregación les dijo: ¡Mejor hubiésemos muerto en la tierra de Egipto; mejor hubiésemos muerto en este desierto!

3 ¿Y por qué nos trae Jehová a esta tierra para caer a espada y que nuestras esposas y nuestros chiquitos sean por presa? ¿No nos sería mejor volvernos a Egipto?

4 Y decían el uno al otro: ˢHagamos un capitán, y ᵗvolvámonos a Egipto.

5 Entonces ᵘMoisés y Aarón cayeron sobre sus rostros delante de toda la multitud de la congregación de los hijos de Israel.

6 Y Josué, hijo de Nun, y Caleb, hijo de Jefone, *que eran* de los que habían reconocido la tierra, rompieron sus vestiduras;

7 y hablaron a toda la congregación de los hijos de Israel, diciendo: ᵃLa tierra por donde pasamos para reconocerla, *es* tierra en gran manera buena.

Moisés intercede por el pueblo

NÚMEROS 14

8 Si Jehová ªse agradare de nosotros, Él nos meterá en esta tierra, y nos la entregará; ᶜtierra que fluye leche y miel.

9 Por tanto, no seáis rebeldes contra Jehová, ᵉni temáis al pueblo de esta tierra, ᵍporque nuestro pan *son*; su ¹amparo se ha apartado de ellos, y ʰcon nosotros *está* Jehová; no los temáis.

10 ʲEntonces toda la multitud habló de apedrearlos con piedras. ˡMas la gloria de Jehová se mostró en el tabernáculo de la congregación a todos los hijos de Israel.

11 Y Jehová dijo a Moisés: ⁿ¿Hasta cuándo me ha de irritar este pueblo? ᵖ¿Hasta cuándo no me ha de creer con todas las señales que he hecho en medio de ellos?

12 Yo le heriré de mortandad, y lo destruiré, y ˢa ti te pondré sobre una nación más grande y más fuerte que ellos.

13 ᵗY Moisés respondió a Jehová: Lo oirán luego los egipcios, porque de en medio de ellos sacaste a este pueblo con tu fortaleza:

14 Y lo dirán a los moradores de esta tierra; los cuales ʸhan oído que tú, oh Jehová, *estabas* en medio de este pueblo, que ojo a ojo aparecías tú, oh Jehová, ᶻy *que* tu nube estaba sobre ellos, y *que* de día ibas delante de ellos en columna de nube, y de noche en columna de fuego;

15 y que has hecho morir a este pueblo como a un hombre; y las naciones que hubieren oído tu fama hablarán, diciendo:

16 ᵈPorque no pudo Jehová meter este pueblo en la tierra de la cual les había jurado, los mató en el desierto.

17 Ahora, pues, yo te ruego que sea magnificada la fortaleza del Señor, como lo hablaste, diciendo:

18 Jehová, ʰlento para la ira y grande en misericordia, que perdona la iniquidad y la rebelión, y en ninguna manera tendrá por inocente al culpable; ᵏque visita la maldad de los padres sobre los hijos hasta la tercera y cuarta *generación*.

19 ᵐPerdona ahora la iniquidad de este pueblo ⁿsegún la grandeza de tu misericordia, y ᵖcomo has perdonado a este pueblo desde Egipto hasta aquí.

20 Entonces Jehová dijo: Yo lo he perdonado ᵇconforme a tu palabra.

21 Mas tan cierto *como* vivo yo, ᵈque toda la tierra será llena de la gloria de Jehová,

22 ᶠporque todos los que vieron mi gloria y mis señales que he hecho en Egipto y en el desierto, y me han tentado ya ⁱdiez veces, y no han oído mi voz,

23 ᵏno verán la tierra de la cual juré a sus padres: no, ninguno de los que me han irritado la verá.

24 Salvo ᵐmi siervo Caleb, por cuanto hubo en él otro espíritu, y ᵒcumplió de ir en pos de mí, yo le meteré en la tierra donde entró y su simiente la recibirá en heredad.

25 Ahora bien, ᵠel amalecita y el cananeo habitan en el valle; volveos mañana, y ʳsalid al desierto, camino del Mar Rojo.

26 Y Jehová habló a Moisés y a Aarón, diciendo:

27 ᵘ¿Hasta cuándo oiré esta depravada multitud que murmura contra mí, las querellas de los hijos de Israel, que de mí se quejan?

28 Diles: ᵛVivo yo, dice Jehová, ˣque según habéis hablado a mis oídos, así haré yo con vosotros:

29 En este desierto caerán vuestros cuerpos; ᵃtodos vuestros contados según toda vuestra cuenta, de veinte años para arriba, los cuales han murmurado contra mí;

30 Vosotros a la verdad no entraréis en la tierra, por la cual ᵇjuré que os haría habitar en ella; ᶜexcepto Caleb, hijo de Jefone, y Josué, hijo de Nun.

31 ᵉPero a vuestros chiquitos, de los cuales dijisteis que serían por presa, yo los introduciré, y ellos conocerán la tierra que ᶠvosotros despreciasteis.

32 ᵍY *en cuanto a* vosotros, vuestros cuerpos caerán en este desierto.

33 Y vuestros hijos andarán pastoreando en el desierto ⁱcuarenta años, y ellos ʲllevarán vuestras fornicaciones, hasta que vuestros cuerpos sean consumidos en el desierto.

34 ˡConforme al número de los días, de los cuarenta días en que reconocisteis la tierra, ᵒllevaréis vuestras iniquidades cuarenta años, un año por cada día; y conoceréis mi castigo.

NÚMEROS 15

35 Yo Jehová he hablado; así haré a toda ªesta multitud perversa que se ha juntado contra mí; en este desierto serán consumidos, y ahí morirán.

36 ᵉY los varones que Moisés envió a reconocer la tierra, que volvieron e hicieron murmurar contra él a toda la congregación, desacreditando aquel país,

37 aquellos varones que habían hablado mal de la tierra, ⁱmurieron de plaga delante de Jehová.

38 ʲMas Josué, hijo de Nun, y Caleb, hijo de Jefone, quedaron con vida de entre aquellos hombres que habían ido a reconocer la tierra.

39 Y Moisés dijo estas cosas a todos los hijos de Israel, y ˡel pueblo se enlutó mucho.

40 Y se levantaron por la mañana, y subieron a la cumbre del monte, diciendo: ᵐHenos aquí para subir al lugar del cual ha hablado Jehová; porque hemos pecado.

41 Y dijo Moisés: ¿Por qué quebrantáis ᵖel mandamiento de Jehová? Esto tampoco os sucederá bien.

42 ᑫNo subáis, porque Jehová no *está* en medio de vosotros, no seáis heridos delante de vuestros enemigos.

43 Porque el ˢamalecita y el cananeo *están* allí delante de vosotros, y caeréis a espada; porque habéis dejado de seguir a Jehová, por eso Jehová no será con vosotros.

44 ᵗSin embargo, se obstinaron en subir a la cima del monte: mas ᵘel arca del pacto de Jehová, y Moisés, no se apartaron de en medio del campamento.

45 Y ᵛdescendieron el amalecita y el cananeo, que habitaban en aquel monte, y los hirieron y los derrotaron, persiguiéndolos hasta ʸHorma.

CAPÍTULO 15

Y Jehová habló a Moisés, diciendo:
2 Habla a los hijos de Israel, y diles: Cuando hubiereis entrado en la tierra de vuestras habitaciones, que yo os doy,
3 e ªhiciereis ofrenda encendida a Jehová, holocausto, o sacrificio, ᵇpor

Leyes de ofrendas y sacrificios

especial voto, o de vuestra voluntad, o para hacer ᵇen vuestras solemnidades ᶜolor grato a Jehová, de vacas o de ovejas,

4 entonces ᵈel que ofreciere su ofrenda a Jehová, traerá por ᶠpresente una décima de un efa de flor de harina, amasada ᵍcon la cuarta *parte* de un hin de aceite;

5 ʰy de vino para la libación ofrecerás la cuarta *parte* de un hin, además del holocausto o del sacrificio, por cada cordero.

6 ᵏY por cada carnero harás presente de dos décimas de flor de harina, amasada con la tercera *parte* de un hin de aceite;

7 y de vino para la libación ofrecerás la tercera *parte* de un hin, en olor grato a Jehová.

8 Y cuando preparéis novillo *para* holocausto o sacrificio, *por* especial voto, o ⁿsacrificio de paz a Jehová,

9 ᵒofrecerás con el novillo un presente de tres décimas de flor de harina, amasada con la mitad de un hin de aceite:

10 Y de vino para la libación ofrecerás la mitad de un hin, en ofrenda encendida de olor grato a Jehová.

11 ʳAsí se hará con cada un buey, o carnero, o cordero, lo mismo de ovejas que de cabras.

12 Conforme al número así haréis con cada uno según el número de ellos.

13 Todo natural hará estas cosas así, para ofrecer ofrenda encendida de olor grato a Jehová.

14 Y cuando habitare con vosotros extranjero, o cualquiera que estuviere entre vosotros por vuestras generaciones, si hiciere ofrenda encendida de olor grato a Jehová, como vosotros hiciereis, así hará él.

15 ˣUn mismo estatuto tendréis, para vosotros de la congregación y para el extranjero que mora *con vosotros*; ᶻestatuto que será perpetuo por vuestras generaciones; como vosotros, así será el extranjero delante de Jehová.

16 Una misma ley y un mismo derecho tendréis, vosotros y el extranjero que con vosotros mora.

17 Y habló Jehová a Moisés, diciendo:

---

a cp 6:65
1 Co 10:5
b Lv 23:8,12
c cp 28:27
y 29:2-13
Gn 8:21
Éx 29:18
d Lv 2:21
y 6:14
e cp 13:33
f Éx 29:40
Lv 23:13
g cp 28:5
Lv 14:10
h cp 28:7, 14
i 1 Co 10:10
Heb 3:10-17
Jud 5
j cp 13:9-17
k cp 28:12-14
l Éx 33:4
m Dt 1:41
n Lv 7:11
o cp 28:12-14
p 2 Cr 24:20

q Dt 1:42
r cp 28

s vers 25,45
cp 13:29

t Dt 1:43
u 1 Sm 4:3

v Dt 1:44

x vers 29,30
cp 9:14
Éx 12:49
y cp 21:3
Jue 1:17
z Lv 3:17

a Lv 1:2-3
b Lv 7:16
y 22:18-21

Rebelión de Coré y Dotán

18 Habla a los hijos de Israel, y diles: Cuando hubiereis entrado en la tierra a la cual yo os llevo,

19 ªserá que cuando comenzareis a comer el pan de la tierra, ofreceréis ofrenda a Jehová.

20 ᶜDe lo primero que amasareis, ofreceréis una torta en ofrenda; ᵈcomo la ofrenda de la era, así la ofreceréis.

21 De las primicias de vuestras masas daréis a Jehová ofrenda por vuestras generaciones.

22 ᶠY cuando errareis, y no hiciereis todos estos mandamientos que Jehová ha dicho a Moisés,

23 todas las cosas que Jehová os ha mandado por la mano de Moisés, desde el día que Jehová lo mandó, y en adelante por vuestras edades,

24 será que, si el pecado fue hecho por yerro con ignorancia de la congregación, toda la congregación ofrecerá un novillo por holocausto, en olor grato a Jehová, ⁱcon su presente y su libación, conforme a la ley; ᵏy un macho cabrío en expiación.

25 ˡY el sacerdote hará expiación por toda la congregación de los hijos de Israel; y les será perdonado, porque yerro es; y ellos traerán sus ofrendas, ofrenda encendida a Jehová, y sus expiaciones delante de Jehová, por sus yerros:

26 Y será perdonado a toda la congregación de los hijos de Israel, y al extranjero que peregrina entre ellos, por cuanto es yerro de todo el pueblo.

27 ᵖY si una persona pecare por yerro, ofrecerá una cabra de un año por expiación.

28 ᵠY el sacerdote hará expiación por la persona que habrá pecado por yerro, cuando pecare por yerro delante de Jehová, la reconciliará, y le será perdonado.

29 El natural entre los hijos de Israel, y el extranjero que habitare entre ellos, ˢuna misma ley tendréis para el que hiciere algo por yerro.

30 ᵗMas la persona que hiciere algo con altivez, así el natural como el extranjero, a Jehová injurió; y tal persona será cortada de en medio de su pueblo.

31 Por cuanto ˣtuvo en poco la palabra de Jehová, y quebrantó su mandamiento, enteramente será cortada tal persona; su iniquidad será sobre ella.

32 Y estando los hijos de Israel en el desierto, hallaron un hombre que ᵇrecogía leña en día de sábado.

33 Y los que le hallaron recogiendo leña le trajeron a Moisés y a Aarón, y a toda la congregación:

34 Y ᵉlo pusieron en la cárcel, porque no estaba declarado qué le habían de hacer.

35 Y Jehová dijo a Moisés: ᵍIrremisiblemente muera aquel hombre; ʰapedréelo con piedras toda la congregación fuera del campamento.

36 Entonces lo sacó la congregación fuera del campamento y lo apedrearon con piedras, y murió, como Jehová había mandado a Moisés.

37 Y Jehová habló a Moisés, diciendo:

38 Habla a los hijos de Israel, y diles ʲque se hagan franjas en los bordes de sus vestiduras, por sus generaciones; y pongan en cada franja de los bordes un cordón de azul:

39 Y os servirá de franja, para que cuando lo viereis, os acordéis de todos los mandamientos de Jehová, para ponerlos por obra; ᵐy no miréis en pos de vuestro corazón y de vuestros ojos, ⁿen pos de los cuales fornicáis.

40 Para que os acordéis, y hagáis todos mis mandamientos, ᵒy seáis santos a vuestro Dios.

41 Yo Jehová vuestro Dios, que os saqué de la tierra de Egipto, para ser vuestro Dios: Yo Jehová vuestro Dios.

CAPÍTULO 16

Y ʳCoré, hijo de Izhar, hijo de Coat, hijo de Leví; y Datán y Abiram, hijos de Eliab; y Hon, hijo de Pelet, de los hijos de Rubén, tomaron gente,

2 y se levantaron contra Moisés con doscientos cincuenta varones de los hijos de Israel, ᵘpríncipes de la congregación, de los del consejo, varones de nombre;

3 ᵛy se juntaron contra Moisés y Aarón, y les dijeron: ¡Basta ya de vosotros! Porque toda la

NÚMEROS 16

congregación, ªtodos ellos son santos, ᵇy en medio de ellos está Jehová: ¿por qué, pues, os levantáis vosotros sobre la congregación de Jehová?

4 Y cuando lo oyó Moisés, ᶜse postró sobre su rostro;

5 y habló a Coré y a todo su séquito, diciendo: Mañana mostrará Jehová quién es suyo, y *quién* es santo, y hará que se acerque a Él; y al que Él ᵈescogiere, Él lo ᵉacercará a sí.

6 Haced esto: tomad ᶠincensarios, Coré y todo su séquito;

7 y poned fuego en ellos, y poned en ellos incienso delante de Jehová mañana; y será que el varón a quien Jehová escogiere, aquél *será* santo; ¡Basta ya de vosotros, oh hijos de Leví!

8 Dijo más Moisés a Coré: Oíd ahora, hijos de Leví:

9 ʰ*Os parece* poca cosa que el Dios de Israel os haya apartado de la congregación de Israel, para acercaros a sí para que ministraseis en el servicio del tabernáculo de Jehová, y estuvieseis delante de la congregación para ministrarles,

10 e hizo que te acercaras *a Él*, y a todos tus hermanos, los hijos de Leví contigo? ¿Y procuráis también el sacerdocio?

11 Por lo cual, tú y todo tu séquito os juntáis contra Jehová, ˡpues Aarón ¿qué es, para que contra él murmuréis?

12 Y envió Moisés a llamar a Datán y Abiram, hijos de Eliab; mas ellos respondieron: No iremos allá.

13 ¿Se te hace poco que nos hayas hecho venir de una tierra que ⁿdestila leche y miel, para hacernos morir en el desierto, sino que también te ºenseñoreas de nosotros imperiosamente?

14 Ni tampoco nos has metido tú en tierra que fluya leche y miel, ni nos has dado heredades de tierras y viñas. ¿Has de arrancar los ojos de estos hombres? ¡No subiremos!

15 Entonces Moisés se enojó en gran manera, y dijo a Jehová: ᵠNo mires a su presente; ʳni aun un asno le he tomado de ellos, ni a ninguno de ellos he hecho mal.

16 Después dijo Moisés a Coré: Tú y todo tu séquito, poneos ᵗmañana

a Éx 19:6
b cp 14:14
y 35:34
Éx 29:45

c cp 14:5
y 20:6

d cp 17:5
Éx 28:1
1 Sm 2:28
Sal 105:26
e Ez 40:46
y 44:15-16
f Lv 10:1
g cp 14:10

h 1 Sm 18:23
Is 7:13
i Gn 19:17-22
j cp 14:5
y 20:6
k cp 27:16
Job 12:10
Ec 12:7
Is 57:16
Zac 12:1
Heb 12:9
l Éx 16:8

m Gn 19:12
Is 52:11
2 Co 6:17
Ap 18:4
n Éx 3:8
o Éx 2:14
Hch 7:27,35
p Gn 19:15-17

q Gn 4:4-5
r 1 Re 12:3
Hch 20:33
2 Co 7:2
s cp 24:13
t 1 Sm 12:3-7

Toda la congregación murmura

delante de Jehová; tú, y ellos, y Aarón.

17 Y tomad cada uno su incensario, y poned incienso en ellos, y acercaos delante de Jehová cada uno con su incensario; doscientos cincuenta incensarios; tú también, y Aarón, cada uno con su incensario.

18 Y tomaron cada uno su incensario, y pusieron en ellos fuego, y echaron en ellos incienso, y se pusieron a la puerta del tabernáculo de la congregación con Moisés y Aarón.

19 Ya Coré había reunido contra ellos a toda la congregación a la puerta del tabernáculo de la congregación; entonces ᵍla gloria de Jehová apareció a toda la congregación.

20 Y Jehová habló a Moisés y a Aarón, diciendo:

21 ⁱApartaos de entre esta congregación, y yo los consumiré en un momento.

22 Y ellos ʲse postraron sobre sus rostros, y dijeron: Dios, ᵏDios de los espíritus de toda carne, ¿no es un solo hombre el que pecó? ¿Por qué has de airarte contra toda la congregación?

23 Entonces Jehová habló a Moisés, diciendo:

24 Habla a la congregación, diciendo: Apartaos de en derredor de la tienda de Coré, Datán, y Abiram.

25 Y Moisés se levantó, y fue a Datán y Abiram; y los ancianos de Israel fueron en pos de él.

26 Y él habló a la congregación, diciendo: ᵐApartaos ahora de las tiendas de estos hombres impíos, y no toquéis ninguna cosa suya, para que ᵖno perezcáis en todos sus pecados.

27 Y se apartaron de las tiendas de Coré, de Datán, y de Abiram en derredor; y Datán y Abiram salieron y se pusieron a las puertas de sus tiendas, con sus esposas, y sus hijos, y sus chiquitos.

28 Y dijo Moisés: En esto conoceréis que Jehová me ha enviado para que hiciese todas estas cosas; pues ˢno *las hice* de mi propio corazón.

29 Si como mueren todos los hombres murieren éstos, o si fueren

La vara de Aarón

ellos visitados a la manera de todos los hombres, Jehová no me envió.
30 Mas si Jehová hiciere una nueva cosa, y la ᶜtierra abriere su boca y los tragare con todas sus cosas, ᵈy descendieren vivos al abismo, entonces conoceréis que estos hombres ᵉirritaron a Jehová.
31 ᶠY aconteció, que acabando él de hablar todas estas palabras, se abrió la tierra que *estaba* debajo de ellos.
32 Y la tierra abrió su boca, y los tragó a ellos, y a sus casas, y ʰa todos los hombres de Coré, y a toda *su* hacienda.
33 Y ellos, con todo lo que tenían, descendieron vivos al abismo, y los cubrió la tierra, y perecieron de en medio de la congregación.
34 Y todo Israel, los que estaban en derredor de ellos, huyeron al grito de ellos; porque decían: No nos trague también la tierra.
35 Y ʲsalió fuego de Jehová, y consumió a los doscientos cincuenta hombres que ofrecían el incienso.
36 Entonces Jehová habló a Moisés, diciendo:
37 Di a ᵏEleazar, hijo de Aarón, el sacerdote, que tome los incensarios de en medio del incendio, y derrame más allá el fuego; porque son santificados.
38 Los incensarios de estos que ⁿpecaron contra sus almas; y harán de ellos planchas extendidas para cubrir el altar; por cuanto ofrecieron con ellos delante de Jehová, son santificados; y ᵒserán por señal a los hijos de Israel.
39 Y el sacerdote Eleazar tomó los incensarios de bronce con que los quemados habían ofrecido; y los extendieron para cubrir el altar;
40 en recuerdo a los hijos de Israel ᵖque ningún extranjero que no sea de la simiente de Aarón, se acerque a ofrecer incienso delante de Jehová, para que no sea como Coré y como su séquito; según se lo dijo Jehová por mano de Moisés.
41 El día siguiente toda la congregación de los hijos de Israel murmuró contra Moisés y Aarón, diciendo: Vosotros habéis dado muerte al pueblo de Jehová.
42 Y aconteció que, cuando se juntó la congregación contra Moisés y Aarón, miraron hacia el tabernáculo de la congregación, y he aquí ᵃla nube lo había cubierto, y ᵇapareció la gloria de Jehová.
43 Y vinieron Moisés y Aarón delante del tabernáculo de la congregación.
44 Y Jehová habló a Moisés, diciendo:
45 ᵍApartaos de en medio de esta congregación, y los consumiré en un momento. Y ellos se postraron sobre sus rostros.
46 Y dijo Moisés a Aarón: Toma el incensario, y pon en él fuego del altar, y sobre él pon incienso, y ve presto a la congregación, y haz expiación por ellos; porque el furor ha salido de delante de la faz de Jehová: la mortandad ha comenzado.
47 Entonces tomó Aarón el incensario, como Moisés dijo, y corrió en medio de la congregación: y he aquí que la mortandad había comenzado en el pueblo: y él puso incienso, e hizo expiación por el pueblo.
48 Y se puso entre los muertos y los vivos, y ˡcesó la mortandad.
49 Y los que murieron en aquella mortandad fueron catorce mil setecientos, ᵐademás de los muertos por el asunto de Coré.
50 Después se volvió Aarón a Moisés a la puerta del tabernáculo de la congregación, cuando la mortandad había cesado.

CAPÍTULO 17

Y Jehová habló a Moisés, diciendo:
2 Habla a los hijos de Israel, y toma de ellos una vara por cada casa de los padres, de todos los príncipes de ellos, doce varas conforme a las casas de sus padres; y escribirás el nombre de cada uno sobre su vara.
3 Y escribirás el nombre de Aarón sobre la vara de Leví; porque cada cabeza de familia de sus padres *tendrá* una vara.
4 Y las pondrás en el tabernáculo de la congregación delante del testimonio, ᵠdonde yo me encontraré con vosotros.
5 Y será, *que* el varón ʳque yo escogiere, su vara florecerá; y haré

NÚMEROS 18

cesar de sobre mí las quejas de los hijos de Israel, ᵇcon que murmuran contra vosotros.

6 Y Moisés habló a los hijos de Israel, y todos los príncipes de ellos le dieron varas; cada príncipe por las casas de sus padres una vara, en todas doce varas; y la vara de Aarón *estaba* entre las varas de ellos.

7 Y Moisés puso las varas delante de Jehová en ᶠel tabernáculo de la congregación.

8 Y aconteció que el día siguiente vino Moisés al tabernáculo de la congregación; y he aquí que la vara de Aarón de la casa de Leví había reverdecido, y echado flores, y arrojado renuevos, y producido almendras.

9 Entonces sacó Moisés todas las varas de delante de Jehová a todos los hijos de Israel; y ellos lo vieron, y tomaron cada uno su vara.

10 Y Jehová dijo a Moisés: Vuelve ᵏla vara de Aarón delante del testimonio, ˡpara que se guarde ᵐpor señal a los hijos rebeldes; y harás cesar sus quejas de sobre mí, para que no mueran.

11 Y lo hizo Moisés; como le mandó Jehová, así hizo.

12 Entonces los hijos de Israel hablaron a Moisés, diciendo: He aquí nosotros somos muertos, perdidos somos, todos nosotros somos perdidos.

13 ˢCualquiera que se llegare, el que se acercare al tabernáculo de Jehová morirá; ¿Acabaremos por perecer todos?

CAPÍTULO 18

Y Jehová dijo a Aarón: ᵛTú y tus hijos, y la casa de tu padre contigo, ˣllevaréis el pecado del santuario; y tú y tus hijos contigo llevaréis el pecado de vuestro sacerdocio.

2 Y a tus hermanos también, la tribu de Leví, la tribu de tu padre, hazlos venir a ti, para que se ᵃunan contigo, y ᵇte servirán; y tú y tus hijos contigo *serviréis* delante del tabernáculo de la congregación.

3 Y guardarán lo que tú ordenares, y ᵉel cargo de todo el tabernáculo: mas ᵍno llegarán a los vasos santos

a cp 4:13
b cp 16:11

c cp 17:13

d cp 3:38
e cp 16:46
Lv 10:6
f cp 18:2
Éx 38:21
2 Cr 24:6
Hch 7:44
g cp 3:12,45
h cp 3:9
y 8:19
i cp 3:10

j Heb 9:3-6

k Heb 9:4
l cp 3:7 18:3
y 19:9
m cp 16:38
n Lv 7:32
o Éx 29:29
y 40:13-15
p Lv 2:2-3
y 10:12-13
q Lv 4:22-27
y 6:25-26
r Lv 7:7
y 14:13
s cp 1:51
3:10,38
y 18:4-7,22
t Lv 6:16,18, 26,29 7:6

u Éx 29:27
Lv 7:30-34
v cp 17:13
x ver 23
Éx 28:38
y Lv 22:1
z Éx 23:19
Dt 18:4
a Gn 29:34
b cp 3:6-10
c Éx 34:26
Lv 2:14
d Dt 26:2
d ver 11
e cp 3:25-36
f Lv 27:28
g cp 16:40

Servicio de los levitas

ni al altar, ᵃno sea que mueran ellos y vosotros.

4 Se juntarán, pues, contigo, y tendrán el cargo del tabernáculo de la congregación en todo el servicio del tabernáculo; ᶜningún extranjero se ha de llegar a vosotros.

5 ᵈY tendréis la guarda del santuario, y la guarda del altar, ᵉpara que no haya más ira sobre los hijos de Israel.

6 Porque he aquí yo ᵍhe tomado a vuestros hermanos los levitas de entre los hijos de Israel, ʰdados *a vosotros* en don de Jehová, para que sirvan en el ministerio del tabernáculo de la congregación.

7 ⁱMas tú y tus hijos contigo guardaréis vuestro sacerdocio en todo lo concerniente al altar, y ʲdel velo adentro, y ministraréis. Yo os he dado en don el servicio de vuestro sacerdocio; y el extraño que se acercare, morirá.

8 Dijo más Jehová a Aarón: He aquí ⁿyo te he dado ᵒtambién la guarda de mis ofrendas: todas las cosas consagradas de los hijos de Israel te he dado por razón de la unción, y a tus hijos, por estatuto perpetuo.

9 Esto será tuyo de la ofrenda de las cosas santas, *reservadas* del fuego; ᵖtoda ofrenda de ellos, todo presente suyo, y ᵠtoda ʳexpiación *por el pecado* de ellos, y toda expiación por la culpa de ellos, que me han de presentar, *será* cosa muy santa para ti y para tus hijos.

10 ᵗEn el santuario la comerás; todo varón comerá de ella: cosa santa será para ti.

11 Esto también será tuyo: ᵘla ofrenda elevada de sus dones, y todas las ofrendas mecidas de los hijos de Israel, he dado a ti, y a tus hijos, y a tus hijas contigo, por estatuto perpetuo; ʸtodo limpio en tu casa comerá de ellas.

12 ᶻDe aceite, y de mosto, y de trigo, todo lo más escogido, las primicias de ello, que presentarán a Jehová, a ti las he dado.

13 Las primicias de todas las cosas de la tierra de ellos, ᶜlas cuales traerán a Jehová, serán tuyas; ᵈtodo limpio en tu casa comerá de ellas.

14 Todo ᶠlo consagrado por voto en Israel será tuyo.

154

Los diezmos son para los levitas

15 Todo lo que abriere ªmatriz en toda carne que ofrecerán a Jehová, así de hombres como de animales, será tuyo: mas ᵇhas de hacer redimir el primogénito del hombre: también harás redimir el primogénito de animal inmundo.

16 Y de un mes harás efectuar el rescate de ellos, ᵈconforme a tu estimación, por precio de cinco siclos, al siclo del santuario, ᵉque es de veinte geras.

17 ᶠMas el primogénito de vaca, y el primogénito de oveja, y el primogénito de cabra, no redimirás; santificados son: ᵍla sangre de ellos rociarás sobre el altar, y quemarás la grosura de ellos *como* ofrenda encendida en olor grato a Jehová.

18 Y la carne de ellos será tuya; tanto ʰel pecho de la ofrenda mecida como la espaldilla derecha serán tuyas.

19 Todas las ofrendas elevadas de las cosas santas, que los hijos de Israel ofrecieren a Jehová, las he dado para ti, y para tus hijos y para tus hijas contigo, por estatuto perpetuo: ᵏpacto de sal perpetuo es delante de Jehová para ti y para tu simiente contigo.

20 Y Jehová dijo a Aarón: De la tierra de ellos no tendrás heredad, ni entre ellos tendrás parte: ⁿYo *soy* tu porción y tu heredad en medio de los hijos de Israel.

21 Y he aquí yo ᵒhe dado a los hijos de Leví todos los diezmos en Israel por heredad, por su ministerio, por cuanto ellos sirven ᵖen el ministerio del tabernáculo de la congregación.

22 ᑫY no llegarán más los hijos de Israel al tabernáculo de la congregación, ʳpara que no lleven pecado, por el cual mueran.

23 Mas los levitas harán el servicio del tabernáculo de la congregación, y ellos ᵗllevarán su iniquidad; *será* estatuto perpetuo por vuestras generaciones; y no poseerán heredad entre los hijos de Israel.

24 Porque a los levitas he dado por heredad los diezmos de los hijos de Israel, ˣque ofrecerán a Jehová en ofrenda: por lo cual he dicho: Entre los hijos de Israel no poseerán heredad.

25 Y habló Jehová a Moisés, diciendo:

26 Así hablarás a los levitas, y les dirás: Cuando tomareis de los hijos de Israel los diezmos que os he dado de ellos por vuestra heredad, vosotros presentaréis de ellos en ofrenda mecida a Jehová ᶜel diezmo de los diezmos.

27 Y se os contará vuestra ofrenda como grano de la era, y como acopio del lagar.

28 Así ofreceréis también vosotros ofrenda a Jehová de todos vuestros diezmos que hubiereis recibido de los hijos de Israel; y daréis de ellos la ofrenda de Jehová a Aarón el sacerdote.

29 De todos vuestros dones ofreceréis toda ofrenda a Jehová; de todo lo mejor de ellos ofreceréis la porción que ha de ser consagrada.

30 Y les dirás: Cuando ofreciereis lo mejor de ellos, ⁱserá contado a los levitas por fruto de la era, y como fruto del lagar.

31 Y lo comeréis en cualquier lugar, vosotros y vuestra familia; pues ʲes vuestra remuneración por vuestro ministerio en el tabernáculo de la congregación.

32 Y ˡcuando vosotros hubiereis ofrecido lo mejor de ello, ᵐno llevaréis pecado por ello; y no habéis de contaminar las cosas santas de los hijos de Israel, y no moriréis.

CAPÍTULO 19

Y Jehová habló a Moisés y a Aarón, diciendo:

2 Ésta *es* la ordenanza de la ley que Jehová ha prescrito, diciendo: Di a los hijos de Israel que te traigan una vaca alazana, perfecta, en la cual no *haya* falta, ˢsobre la cual no se haya puesto yugo;

3 Y la daréis a Eleazar el sacerdote, y él ᵘla sacará fuera del campamento, y la hará degollar en su presencia.

4 Y tomará Eleazar el sacerdote de su sangre con su dedo, y ʸrociará hacia la delantera del tabernáculo de la congregación con la sangre de ella siete veces;

5 Y hará quemar la vaca ante sus ojos: ʸsu cuero y su carne y su sangre, con su estiércol, hará quemar.

6 Luego tomará el sacerdote ᶻmadera de cedro, e hisopo, y

NÚMEROS 20

escarlata, y lo echará en medio del fuego en que arde la vaca.

7 ᵇEntonces el sacerdote lavará sus vestiduras, lavará también su carne con agua, y después entrará en el campamento; y será inmundo el sacerdote hasta la tarde.

8 Asimismo el que la quemó, lavará sus vestiduras en agua, también lavará en agua su carne, y será inmundo hasta la tarde.

9 Y un hombre limpio recogerá las ᵉcenizas de la vaca, y las pondrá fuera del campamento ᶠen lugar limpio, y las guardará la congregación de los hijos de Israel para ᵍel agua de separación: es una expiación.

10 Y el que recogió las cenizas de la vaca, lavará sus vestiduras, y será inmundo hasta la tarde: y será para los hijos de Israel, y para el extranjero que peregrina entre ellos, por estatuto perpetuo.

11 ʰEl que tocare el cadáver de cualquiera persona, siete días será inmundo:

12 ʲÉste se purificará al tercer día con esta agua, y al séptimo día será limpio; y si al tercer día no se purificare, no será limpio al séptimo día.

13 Cualquiera que tocare un cadáver, de cualquier persona que estuviere muerta, y no se purificare, ᵐel tabernáculo de Jehová contaminó; y aquella persona será cortada de Israel: por cuanto el agua de la separación no fue rociada sobre él, inmundo será; ᵠy su inmundicia será sobre él.

14 Ésta es la ley para cuando alguno muriere en la tienda: cualquiera que entrare en la tienda y todo lo que estuviere en ella, será inmundo siete días.

15 Y todo ᵗvaso abierto, sobre el cual no hubiere tapadera bien ajustada, será inmundo.

16 Y cualquiera que en campo abierto tocare a alguno que ha sido muerto a espada, o un cuerpo muerto, o hueso humano, o sepulcro, siete días será inmundo.

17 Y para el inmundo tomarán de la ceniza de la vaca quemada de la expiación, y echarán sobre ella agua viva en un vaso:

a Éx 12:22
b Lv 11:25
y 15:5
c ver 12
d Lv 14:9
e Heb 9:13
f Lv 4:12 6:11
y 10:14
g cp 31:23
h cp 5:2
y 9:6-10
Lv 21:1
i Hag 2:13
j cp 31:19
k cp 33:36
l cp 12:1
y 26:59
Éx 15:20
Lv 15:31
m Éx 17:1
o cp 16:19,42
p Éx 17:2
q Lv 7:20
r cp 11:1,33
14:37 y 16:32
s Éx 17:3
t cp 31:20
Lv 11:32
u cp 14:5
16:4,22,45

Moisés hiere la roca

18 Y un hombre limpio tomará ᵃhisopo, y lo mojará en el agua, y rociará sobre la tienda, y sobre todos los muebles, y sobre las personas que allí estuvieren, y sobre aquel que hubiere tocado el hueso, o el asesinado, o el muerto, o el sepulcro:

19 Y el limpio rociará sobre el inmundo ᶜal tercero y al séptimo día. Y en el ᵈséptimo día él se purificará a sí mismo, y lavará sus vestiduras, y se lavará a sí mismo con agua, y será limpio a la tarde.

20 Y el que fuere inmundo, y no se purificare, la tal persona será cortada de entre la congregación, por cuanto contaminó el tabernáculo de Jehová: no fue rociada sobre él el agua de separación, es inmundo.

21 Y les será por estatuto perpetuo. También el que rociare el agua de la separación lavará sus vestiduras; y el que tocare el agua de la separación, será inmundo hasta la tarde.

22 Y ⁱtodo lo que el inmundo tocare, será inmundo: y la persona que lo tocare, será inmunda hasta la tarde.

CAPÍTULO 20

Y ᵏllegaron los hijos de Israel, toda la congregación, al desierto de Zin, en el mes primero, y asentó el pueblo en Cades; y ˡallí murió Miriam, y allí fue sepultada.

2 Y ⁿcomo no hubiese agua para la congregación, ᵒse juntaron contra Moisés y Aarón.

3 Y ᵖaltercó el pueblo con Moisés, y hablaron diciendo: ¡Fuera bueno que nosotros ʳhubiéramos muerto cuando perecieron nuestros hermanos delante de Jehová!

4 Y ˢ¿por qué hiciste venir la congregación de Jehová a este desierto, para que muramos aquí nosotros y nuestras bestias?

5 ¿Y por qué nos has hecho subir de Egipto, para traernos a este mal lugar? No es lugar de sementera, de higueras, de viñas, ni granadas; ni siquiera de agua para beber.

6 Y se fueron Moisés y Aarón de delante de la congregación a la puerta del tabernáculo de la congregación, y ᵘse postraron sobre sus rostros; y la gloria de Jehová apareció sobre ellos.

Edom niega el paso a Israel

NÚMEROS 21

7 Y Jehová habló a Moisés, diciendo:
8 ªToma la vara y reúne la congregación, tú y Aarón tu hermano, y hablad a la roca en ojos de ellos; y ella dará su agua, y ᶜles sacarás aguas de la roca, y darás de beber a la congregación, y a sus bestias.
9 Entonces Moisés tomó la vara ᵉde delante de Jehová, como Él le mandó.
10 Y Moisés y Aarón reunieron a la congregación delante de la roca, y les dijo: ʰ¡Oíd ahora, rebeldes! ¿Os hemos de sacar aguas de esta roca?
11 Entonces alzó Moisés su mano, e hirió la roca con su vara dos veces; y ᵏsalieron muchas aguas, y bebió la congregación, y sus bestias.
12 Y Jehová dijo a Moisés y a Aarón: Por cuanto ˡno me creísteis, ᵐpara santificarme en ojos de los hijos de Israel, por tanto, no meteréis esta congregación en la tierra que les he dado.
13 ⁿÉstas *son* las aguas de la rencilla, por las cuales contendieron los hijos de Israel con Jehová, y Él se santificó en ellos.
14 ᵖY Moisés envió embajadores al ʳrey de Edom desde Cades, *diciendo*: ˢAsí dice Israel tu hermano: Tú has sabido todo el trabajo que nos ha venido;
15 ᵗCómo nuestros padres descendieron a Egipto, ᵛy estuvimos en Egipto largo tiempo, ˣy los egipcios nos maltrataron, y a nuestros padres;
16 y ʸclamamos a Jehová, el cual oyó nuestra voz, y ᵃenvió el Ángel, y nos sacó de Egipto; y he aquí *estamos* en Cades, ciudad al extremo de tus confines.
17 ᶜTe rogamos que pasemos por tu tierra; no pasaremos por labranza, ni por viña, ni beberemos agua de pozos; por el camino real iremos, sin apartarnos a la derecha ni a la izquierda, hasta que hayamos pasado tu término.
18 Y Edom le respondió: No pasarás por mi país, de otra manera saldré contra ti armado.
19 Y los hijos de Israel dijeron: Por el camino real iremos; y si bebiéremos tus aguas yo y mis ganados, ⁱdaré el precio de ellas; y sin *hacer otra* cosa, pasaremos a pie.

a Éx 17:5
b Dt 2:26,30
c Neh 9:15
Is 43:20
y 43:21
d Dt 2:8
e cp 17:10
f cp 33:37
g cp 21:4
h Sal 106:33
i cp 27:13
y 31:2
Gn 25:8
Dt 32:50
j ver 12
k Éx 17:6
Dt 8:15
l cp 27:14
Dt 1:37
y 3:26
m Ez 20:41
36:23 y 38:16
n Dt 33:8
Sal 95:8
y 106:32-33
o Éx 29:29
p Jue 11:16-17
q cp 33:38
Dt 10:6
y 32:50
r Gn 36:39
s Dt 2:4-6
y 23:7
Abd 12
t Gn 46:6
u Gn 50:3
Dt 34:8
v Éx 12:40
x Éx 1:11
y Éx 2:23
y 3:7
z cp 33:40
Jue 1:16
a Éx 3:2
y 14:19
b cp 13:22
c cp 21:22
Dt 2:27
d Gn 28:20
Jue 11:30
e Lv 27:28-29
1 Destrucción
f cp 20:22
y 33:41
g Jue 11:18
h Sal 78:19
i Dt 2:6, 28
j Éx 16:3 17:3

20 Y él respondió: No pasarás. Y salió Edom contra él con mucho pueblo, y mano fuerte.
21 ᵇNo quiso, pues, Edom dejar pasar a Israel por su término, ᵈy se apartó Israel de él.
22 Y los hijos de Israel, toda la congregación, ᶠpartieron de Cades, y vinieron al monte de ᵍHor.
23 Y Jehová habló a Moisés y Aarón en el monte de Hor, en los confines de la tierra de Edom, diciendo:
24 ⁱAarón será reunido a su pueblo; pues no entrará en la tierra que yo di a los hijos de Israel, por cuanto ʲfuisteis rebeldes a mi mandamiento en las aguas de la rencilla.
25 Toma a Aarón y a Eleazar, su hijo, y hazlos subir al monte de Hor;
26 Y haz desnudar a Aarón sus vestiduras, y viste de ellas a Eleazar, su hijo; porque Aarón será reunido *con su pueblo*, y allí morirá.
27 Y Moisés hizo como Jehová le mandó: y subieron al monte de Hor a ojos de toda la congregación.
28 ᵒY Moisés hizo desnudar a Aarón de sus vestiduras y se las vistió a Eleazar, su hijo: y ᵠAarón murió allí en la cumbre del monte: y Moisés y Eleazar descendieron del monte.
29 Y cuando toda la congregación vio que Aarón había muerto, le ᵘhicieron duelo por treinta días todas las familias de Israel.

CAPÍTULO 21

Y oyendo ᶻel rey Arad, el cananeo, el cual habitaba en el Neguev, que Israel venía ᵇpor el camino de los centinelas, peleó con Israel, y tomó de él prisioneros.
2 ᵈEntonces Israel hizo voto a Jehová, y dijo: Si en efecto entregares a este pueblo en mi mano, ᵉyo destruiré sus ciudades.
3 Y Jehová escuchó la voz de Israel, y entregó al cananeo, y los destruyó a ellos y a sus ciudades; y llamó el nombre de aquel lugar ¹Horma.
4 ᶠY partieron del monte de Hor, camino del Mar Rojo, ᵍpara rodear la tierra de Edom; y se abatió el ánimo del pueblo por el camino.
5 ʰY habló el pueblo contra Dios y Moisés: ʲ¿Por qué nos hiciste subir de Egipto para que muramos en este

NÚMEROS 21 — La serpiente de bronce

desierto? Pues no *hay* pan, ni agua, y nuestra alma tiene fastidio de este pan tan liviano.

6 Y ᵇJehová envió entre el pueblo serpientes ardientes, que mordían al pueblo: y murió mucho pueblo de Israel.

7 ᵈEntonces el pueblo vino a Moisés, y dijeron: ᵉHemos pecado por haber hablado contra Jehová, y contra ti; ᵍruega a Jehová que quite de nosotros estas serpientes. Y Moisés oró por el pueblo.

8 Y Jehová dijo a Moisés: Hazte una serpiente ardiente, y ponla sobre un asta; y será que cualquiera que fuere mordido y mirare a ella, vivirá.

9 Y ⁱMoisés hizo una serpiente de bronce y la puso sobre un asta; y sucedía que cuando una serpiente mordía a alguno, si éste miraba a la serpiente de bronce, vivía.

10 Y partieron los hijos de Israel, y ᵏacamparon en Obot.

11 Y habiendo partido de Obot ᵐacamparon en Ije-abarim, en el desierto que *está* delante de Moab, al nacimiento del sol.

12 ᵒPartiendo de allí, acamparon en el valle de Zered.

13 De allí se movieron, y acamparon al otro lado de Arnón, que *está* en el desierto, y que sale del término del amorreo; ᵖporque Arnón *es* frontera de Moab, entre Moab y el amorreo.

14 Por tanto se dice en el libro de las batallas de Jehová: Lo que hizo en el Mar Rojo, y en los arroyos de Arnón;

15 y a la corriente de los arroyos que va a parar en Ar, y ˢdescansa en el término de Moab.

16 Y de allí vinieron a Beer; éste *es* el pozo del cual Jehová dijo a Moisés: Reúne al pueblo, y les daré agua.

17 ᵛEntonces cantó Israel esta canción: Sube, oh pozo; a él cantad:

18 Pozo, el cual cavaron los señores; lo cavaron los príncipes del pueblo, y ʸel legislador, con sus báculos. Y del desierto *se fueron* a Mataná,

19 y de Mataná a Nahaliel; y de Nahaliel a Bamot;

20 y de Bamot al valle que *está* en los campos de Moab, y a la cumbre de Pisga, que mira a ᵃJesimón.

21 Y ᵇenvió Israel embajadores a Sehón, rey de los amorreos, diciendo:

22 ᵃPasaré por tu tierra: no nos apartaremos por los labrados, ni por las viñas; no beberemos las aguas de los pozos: por el camino real iremos, hasta que pasemos tu término.

23 ᶜMas Sehón no dejó pasar a Israel por su término: antes juntó Sehón todo su pueblo, y salió contra Israel en el desierto, y ᶠvino a Jahaza, y peleó contra Israel.

24 Y ʰlo hirió Israel a filo de espada, y tomó su tierra desde Arnón hasta ⁱJaboc, hasta los hijos de Amón: porque el término de los hijos de Amón era fuerte.

25 Y tomó Israel todas estas ciudades, y habitó Israel en todas las ciudades de los amorreos, en Hesbón y en todas sus aldeas.

26 Porque Hesbón era la ciudad de Sehón, rey de los amorreos; el cual había tenido guerra antes con el rey de Moab, y tomado de su poder toda su tierra hasta Arnón.

27 Por tanto, dicen los ˡproverbistas: Venid a Hesbón, edifíquese y repárese la ciudad de Sehón:

28 Que ⁿfuego salió de Hesbón, y llama de la ciudad de Sehón, y consumió a Ar de Moab, a los señores de los lugares altos de Arnón.

29 ¡Ay de ti, Moab! Has perecido, pueblo de ᵠQuemos: A sus hijos que escaparon, y a sus hijas, dio a cautividad, a Sehón, rey de los amorreos.

30 Mas devastamos el reino ʳde ellos; pereció Hesbón hasta Dibón, y destruimos hasta Nofa y ᵗMedeba.

31 Así habitó Israel en la tierra del amorreo.

32 Y envió Moisés a reconocer a Jazer; ᵘy tomaron sus aldeas, y echaron al amorreo que *estaba* allí.

33 ˣY volvieron, y subieron camino de Basán, y salió contra ellos Og, rey de Basán, él y todo su pueblo, para pelear en ᶻEdrei.

34 Entonces Jehová dijo a Moisés: No le tengas miedo, que en tu mano lo he dado, a él y a todo su pueblo, y a su tierra; y ᵃharás de él como hiciste de Sehón, rey de los amorreos, que habitaba en Hesbón.

35 E hirieron a él, y a sus hijos, y a toda su gente, sin que le quedara uno, y poseyeron su tierra.

La burra de Balaam

CAPÍTULO 22

Y [a]partieron los hijos de Israel, y acamparon en la llanura de Moab, de este lado del Jordán, *frente* a Jericó.

2 Y vio Balac, hijo de Zipor, todo lo que Israel había hecho al amorreo.

3 Y [b]Moab temió mucho a causa del pueblo que *era* mucho; y se angustió Moab a causa de los hijos de Israel.

4 Y dijo Moab [c]a los ancianos de Madián: Ahora lamerá esta gente todos nuestros contornos, como lame el buey la grama del campo. Y Balac, hijo de Zipor, *era* entonces rey de Moab.

5 Por tanto [e]envió mensajeros a Balaam, hijo de Beor, [f]a Petor que *está* junto al río en la tierra de los hijos de su pueblo, para que lo llamasen, diciendo: Un pueblo ha salido de Egipto y he aquí cubre la faz de la tierra, y habita delante de mí:

6 Ven pues ahora, te ruego, maldíceme este pueblo, porque es más fuerte que yo; quizá podré yo herirlo, y echarlo de la tierra. Porque yo sé que el que tú bendijeres, será bendito, y el que tú maldijeres, será maldito.

7 Y fueron los ancianos de Moab, y los ancianos de Madián, [l]con las dádivas de adivinación en su mano, y llegaron a Balaam, y le dijeron las palabras de Balac.

8 Y él les dijo: Reposad aquí esta noche, y yo os traeré palabra, según Jehová me hablare. Así los príncipes de Moab se quedaron con Balaam.

9 [n]Y vino Dios a Balaam, y le dijo: ¿Qué varones *son* estos *que están* contigo?

10 Y Balaam respondió a Dios: Balac, hijo de Zipor, rey de Moab, ha enviado a mí *diciendo*:

11 He aquí este pueblo que ha salido de Egipto, cubre la faz de la tierra: ven pues ahora, y maldícemelo; quizá podré pelear con él, y echarlo.

12 Entonces dijo Dios a Balaam: No vayas con ellos, ni maldigas al pueblo, [o]porque es bendito.

13 Así Balaam se levantó por la mañana, y dijo a los príncipes de Balac: Volveos a vuestra tierra, porque Jehová no me quiere dejar ir con vosotros.

14 Y los príncipes de Moab se levantaron, y vinieron a Balac, y dijeron: Balaam no quiso venir con nosotros.

15 Y Balac envió aun otra vez más príncipes, y más honorables que los otros.

16 Los cuales vinieron a Balaam, y le dijeron: Así dice Balac, hijo de Zipor: Te ruego que no dejes de venir a mí;

17 porque sin duda te honraré mucho, y haré todo lo que me digas. Ven, pues, te ruego, maldíceme a este pueblo.

18 Y Balaam respondió, y dijo a los siervos de Balac: [d]Aunque Balac me diese su casa llena de plata y de oro, [g]no puedo traspasar la palabra de Jehová mi Dios, para hacer cosa chica ni grande.

19 Os ruego por tanto ahora, que [h]reposéis aquí esta noche, para que yo sepa qué me vuelve a decir Jehová.

20 [i]Y vino Dios a Balaam de noche, y le dijo: Si los hombres han venido a llamarte, levántate y ve con ellos; [j]pero hablarás sólo las palabras que yo te diga.

21 Así Balaam se levantó por la mañana, y cinchó su [k]asna, y fue con los príncipes de Moab.

22 Y el furor de Dios se encendió porque él iba; [m]y el Ángel de Jehová se puso en el camino por adversario suyo. Iba, pues, él montado sobre su asna, y con él dos mozos suyos.

23 Y el asna vio al Ángel de Jehová, que estaba en el camino con su espada desnuda en su mano; y se apartó el asna del camino, y iba por el campo. Y Balaam azotó al asna para hacerla volver al camino.

24 Mas el Ángel de Jehová se puso en una senda de viñas *que tenía* pared de un lado y pared del otro.

25 Y viendo el asna al Ángel de Jehová, se pegó a la pared, y apretó contra la pared el pie de Balaam: y él volvió a azotarla.

26 Y el Ángel de Jehová pasó más allá, y se puso en una angostura, donde no *había* camino para apartarse ni a derecha ni a izquierda.

27 Y viendo el asna al Ángel de Jehová, se echó debajo de Balaam; y se enojó Balaam, y golpeó al asna con un palo.

---

a cp 33:48

b Éx 15:15

c cp 25:18
y 31:8
Jos 13:21

d cp 24:13
e Dt 23:4
Jos 13:22
y 24:9
Jue 11:25
Neh 13:1-2
Mi 6:5
2 Pe 2:15
Jud 11
Ap 2:14
f cp 23:7
Dt 23:4
g 1 Re 22:14
2 Cr 18:13
h ver 8
i ver 9
j ver 35
cp 23:12,26
y 24:13
k Jue 5:10
l 1 Sm 9:7-8
m Éx 4:94

n Gn 20:3

o cp 23:20

NÚMEROS 23

28 Entonces Jehová ᵃabrió la boca al asna, la cual dijo a Balaam: ¿Qué te he hecho, que me has herido estas tres veces?

29 Y Balaam respondió al asna: Porque te has burlado de mí; ¡Bueno fuera que tuviera espada en mi mano, ahora mismo te mataría!

30 Y el asna dijo a Balaam: ¿No soy yo tu asna? Sobre mí has cabalgado desde que tú me tienes hasta este día; ¿he acostumbrado a hacerlo así contigo? Y él respondió: No.

31 Entonces Jehová ᵉabrió los ojos a Balaam, y vio al Ángel de Jehová que estaba en el camino, y tenía su espada desnuda en su mano. Y Balaam ʰhizo reverencia, y se inclinó sobre su rostro.

32 Y el Ángel de Jehová le dijo: ¿Por qué has herido tu asna estas tres veces? He aquí yo he salido para contrarrestarte, porque tu camino es perverso delante de mí.

33 El asna me ha visto, y se ha apartado luego de delante de mí estas tres veces; y si de mí no se hubiera apartado, yo también ahora te mataría a ti, y a ella dejaría viva.

34 Entonces Balaam dijo al Ángel de Jehová: ˡHe pecado, pues no sabía que tú te ponías delante de mí en el camino; mas ahora, si te parece mal, yo me volveré.

35 Y el Ángel de Jehová dijo a Balaam: Ve con esos hombres; ⁿpero hablarás sólo las palabras que yo te diga. Así Balaam se fue con los príncipes de Balac.

36 Y oyendo Balac que Balaam venía, salió a recibirlo a la ciudad de Moab, que está ᵠjunto a la frontera de Arnón, que *es* el límite de su territorio.

37 Y Balac dijo a Balaam: ¿No envié yo a ti a llamarte? ¿Por qué no has venido a mí? ¿No puedo yo honrarte?

38 Y Balaam respondió a Balac: He aquí yo he venido a ti: mas ¿podré ahora hablar alguna cosa? La palabra que Dios pusiere en mi boca, esa hablaré.

39 Y fue Balaam con Balac, y vinieron a la ciudad de Husot.

40 Y Balac hizo matar bueyes y ovejas, y envió a Balaam, y a los príncipes que *estaban* con él.

a 2 Pe 2:16
b Dt 12:2

c ver 29

d vers 14,30

e Gn 21:19
2 Re 6:17
f ver 15
g cp 24:1
h Éx 34:8
i ver 16

j Dt 18:18
Jer 1:9

k ver 18
cp 21:27
y 24:3,15,23
l 1 Sm 15:24
y 26:21
2 Sm 12:13
Job 34:32
m cp 22:6
n ver 30

o Dt 33:28
p Éx 33:16
Esd 9:2
Ef 2:14
q cp 21:13
r Gn 13:16
s Sal 116:15

t cp 22:11-17
y 24:10

u ver 5
cp 22:38

Jehová da palabra a Balaam

41 Y el día siguiente Balac tomó a Balaam, y lo hizo subir a ᵇlos lugares altos de Baal, y desde allí vio un extremo del pueblo.

CAPÍTULO 23

1 Y Balaam dijo a Balac: ᶜEdifícame aquí siete altares, y prepárame aquí siete becerros y siete carneros.

2 Y Balac hizo como le dijo Balaam: y ᵈofrecieron Balac y Balaam un becerro y un carnero en *cada* altar.

3 Y Balaam dijo a Balac: ᶠPonte junto a tu holocausto, y yo iré; quizá Jehová vendrá ᵍa encontrarme, y cualquier cosa que Él me muestre, te la haré saber. Y se fue a un monte.

4 ⁱY vino Dios al encuentro de Balaam, y éste le dijo: Siete altares he ordenado, y en *cada* altar he ofrecido un becerro y un carnero.

5 Y ʲJehová puso palabra en la boca de Balaam, y le dijo: Vuelve a Balac, y has de hablar así.

6 Y volvió a él, y he aquí estaba él junto a su holocausto, él y todos los príncipes de Moab.

7 Y él ᵏtomó su parábola, y dijo: De Aram me trajo Balac, rey de Moab, de los montes del oriente: ᵐVen, maldíceme a Jacob; y ven, execra a Israel.

8 ¿Por qué maldeciré yo al que Dios no maldijo? ¿Y por qué he de execrar al que Jehová no ha execrado?

9 Porque de la cumbre de las peñas lo veré, y desde los collados lo miraré: He aquí ᵒun pueblo que habitará apartado, y ᵖno será contado entre las naciones.

10 ʳ¿Quién contará el polvo de Jacob, o el número de la cuarta *parte* de Israel? Muera mi persona de la ˢmuerte de los rectos, y mi postrimería sea como la suya.

11 Entonces Balac dijo a Balaam: ¿Qué me has hecho? ᵗTe tomé para que maldigas a mis enemigos, y he aquí has proferido bendiciones.

12 Y él respondió, y dijo: ᵘ¿No observaré yo lo que Jehová pusiere en mi boca para decirlo?

13 Y dijo Balac: Te ruego que vengas conmigo a otro lugar desde el cual los veas; solamente verás un extremo de ellos, y no los verás todos; y desde allí me lo maldecirás.

La Estrella de Jacob

14 Y lo llevó al campo de Sofim, a la cumbre de Pisga, y ªedificó siete altares, y ofreció un becerro y un carnero en *cada* altar.

15 Entonces él dijo a Balac: Ponte aquí junto a tu holocausto, y yo iré a encontrar ᵇa *Dios* allí.

16 Y Jehová salió al encuentro de Balaam, y ᵈpuso palabra en su boca, y le dijo: Vuelve a Balac, y así has de decir.

17 Y vino a él, y he aquí que él estaba junto a su holocausto, y con él los príncipes de Moab: y le dijo Balac: ¿Qué ha dicho Jehová?

18 Entonces él tomó su parábola, y dijo: Balac, levántate y oye; Escucha mis palabras, hijo de Zipor:

19 ᵍDios no es hombre, para que mienta; ni hijo de hombre para que se arrepienta: Él dijo, ¿y no hará? Habló, ¿y no lo ejecutará?

20 He aquí, yo he recibido *orden* de bendecir; ʰÉl bendijo, y no podré revocarlo.

21 No ha notado iniquidad en Jacob, ni ha visto perversidad en Israel: Jehová su Dios *está* con él, y ᵏjúbilo de rey hay en ellos.

22 ᵐDios los ha sacado de Egipto; ⁿtiene fuerzas como de ºunicornio.

23 Porque en Jacob no *hay* agüero, ʳni adivinación en Israel: Como ahora, será dicho de Jacob y de Israel: ¡Lo ᵗque ha hecho Dios!

24 He aquí el pueblo, que ᵛcomo león se levantará, ʸy como león se erguirá: No se echará hasta que coma la presa, y beba la sangre de los muertos.

25 Entonces Balac dijo a Balaam: Ya que no lo maldices, tampoco lo bendigas.

26 Y Balaam respondió, y dijo a Balac: ¿No te he dicho ᵇque todo lo que Jehová me diga, eso tengo que hacer?

27 Y dijo Balac a Balaam: ᶜTe ruego que vengas, te llevaré a otro lugar; por ventura parecerá bien a Dios que desde allí me lo maldigas.

28 Y Balac llevó a Balaam a la cumbre de ᵉPeor, ᶠque mira hacia Jesimón.

29 Entonces Balaam dijo a Balac: Edifícame aquí siete altares, y prepárame aquí siete becerros y siete carneros.

30 Y Balac hizo como Balaam le dijo; y ofreció un becerro y un carnero en *cada* altar.

NÚMEROS 24

CAPÍTULO 24

Y cuando vio Balaam que agradó a Jehová el bendecir a Israel, ᶜno fue como otras veces, en busca de agüeros, sino que puso su rostro hacia el desierto.

2 Y alzando Balaam sus ojos, ᵉvio a Israel acampado por sus tribus; y ᶠel Espíritu de Dios vino sobre él.

3 Entonces tomó su parábola, y dijo: Dijo Balaam, hijo de Beor, y dijo el varón de ojos abiertos:

4 Dijo el que oyó las palabras de Dios, el que vio la visión del Omnipotente, cayendo *en éxtasis*, pero con sus ojos abiertos:

5 ¡Cuán hermosas son tus tiendas, oh Jacob, tus habitaciones, oh Israel!

6 Como arroyos están extendidas, como huertos junto al río, ⁱcomo áloes ʲplantados por Jehová, como cedros junto a las aguas.

7 De sus manos destilarán aguas, y su simiente *será* en muchas aguas; y se enaltecerá su rey más que ᵗAgag, y su reino será engrandecido.

8 ᵖDios lo sacó de Egipto; tiene fuerzas como unicornio; ᵠcomerá a las naciones sus enemigas, y ˢdesmenuzará sus huesos, y ᵘasaeteará con sus saetas.

9 ˣSe encorvará para echarse como león, y como leona; ¿quién lo despertará? ᶻBenditos los que te bendijeren, y malditos los que te maldijeren.

10 Entonces se encendió la ira de Balac contra Balaam, y batiendo sus palmas le dijo: ªPara maldecir a mis enemigos te he llamado, y he aquí *los* has resueltamente bendecido ya tres veces.

11 Por tanto huye ahora a tu lugar; yo ᵈdije que te honraría, mas he aquí que Jehová te ha privado de honra.

12 Y Balaam le respondió: ¿No lo declaré yo también a tus mensajeros que me enviaste, diciendo:

13 ᵍSi Balac me diese su casa llena de plata y oro, yo no podré traspasar el mandamiento de Jehová para hacer cosa buena ni mala de ʰmi arbitrio; *mas* lo que Jehová hablare, eso diré yo?

NÚMEROS 25

El pueblo fornica con las moabitas

14 He aquí yo me voy ahora a mi pueblo; por tanto, ven, ᵇte indicaré lo que este pueblo ha de hacer a tu pueblo ᵈen los postreros días.

15 Y ᶠtomó su parábola, y dijo: Dijo Balaam, hijo de Beor, dijo el varón de ojos abiertos;

16 dijo el que oyó las palabras de Dios y entendió el conocimiento del Altísimo; el que vio la visión del Omnipotente, cayendo *en éxtasis*, pero con sus ojos abiertos:

17 ʰLo veré, mas no ahora: Lo miraré, mas no de cerca: ⁱSaldrá Estrella de Jacob, y se levantará ˡCetro de Israel, y herirá ᵐlos cantones de Moab, y destruirá a todos los hijos de Set.

18 Y ⁿserá tomada Edom, también ᵒSeir será tomada por sus enemigos, e Israel se portará varonilmente.

19 Y de Jacob vendrá el que dominará y destruirá de la ciudad al que quedare.

20 Y viendo a Amalec, tomó su parábola, y dijo: Amalec, cabeza de naciones; mas su postrimería ʳperecerá para siempre.

21 Y viendo al ˢcineo, tomó su parábola, y dijo: Fuerte es tu habitación, pon en la roca tu nido;

22 porque al ¹cineo será echado, cuando Asiria lo llevará cautivo.

23 Todavía tomó su parábola, y dijo: ¡Ay! ¿Quién vivirá cuando hiciere Dios estas cosas?

24 Y *vendrán* navíos de la costa de ᵃQuitim, y afligirán a Asiria, afligirán también a ᵇHeber; mas él también perecerá para siempre.

25 Entonces se levantó Balaam, y se fue, y se volvió a su lugar; y también Balac se fue por su camino.

CAPÍTULO 25

Y habitó Israel en ᵈSitim, y ᵉel pueblo comenzó a fornicar con las hijas de Moab;

2 las cuales ᶠllamaron al pueblo a ᵍlos sacrificios de sus dioses; y el pueblo comió, y se inclinó a sus dioses.

3 Y se acercó el pueblo a ⁱBaal-peor; y el furor de Jehová se encendió contra Israel.

4 Y Jehová dijo a Moisés: ˡToma todos los príncipes del pueblo, y ahórcalos a Jehová delante del sol;

ᵃy la ira del furor de Jehová se apartará de Israel.

5 Entonces Moisés dijo a ᶜlos jueces de Israel: ᵉMatad cada uno a aquellos de los suyos que se han juntado a Baal-peor.

6 Y he aquí un varón de los hijos de Israel vino y trajo una madianita a sus hermanos, a ojos de Moisés y de toda la congregación de los hijos de Israel, que ᵍ*estaban* llorando a la puerta del tabernáculo de la congregación.

7 Y lo vio ʲFinees, hijo de ᵏEleazar, hijo de Aarón el sacerdote, y se levantó de en medio de la congregación, y tomó una lanza en su mano:

8 Y fue tras el varón de Israel a la tienda, y los alanceó a ambos, al varón de Israel, y a la mujer por su vientre. Y ᵖcesó la mortandad de los hijos de Israel.

9 Y ᑫmurieron de aquella mortandad veinticuatro mil.

10 Entonces Jehová habló a Moisés, diciendo:

11 Finees, hijo de Eleazar, hijo de Aarón el sacerdote, ᵗha hecho tornar mi furor de los hijos de Israel, ᵘllevado de celo entre ellos: por lo cual yo no he consumido en ᵛmi celo a los hijos de Israel.

12 Por tanto diles: ˣHe aquí yo establezco mi pacto de paz con él;

13 Y tendrá él, y ʸsu simiente después de él, el pacto del ᶻsacerdocio perpetuo; por cuanto tuvo celo por su Dios, e hizo expiación por los hijos de Israel.

14 Y el nombre del varón muerto, que fue muerto con la madianita, era Zimri hijo de Salu, jefe de una familia de la tribu de Simeón.

15 Y el nombre de la mujer madianita muerta, *era* Cozbi, hija de ᶜZur, príncipe de pueblos, padre de familia en Madián.

16 Y Jehová habló a Moisés, diciendo:

17 ʰHostilizaréis a los madianitas, y los heriréis;

18 Por cuanto ellos os afligieron a vosotros con sus ʲardides, con que os han engañado en el asunto de ᵏPeor, y en el asunto de Cozbi, hija del príncipe de Madián, su hermana, la cual fue muerta el día de la mortandad por causa de Peor.

Moisés y Eleazar levantan censo
CAPÍTULO 26

Y acontenció después de la mortandad, que Jehová habló a Moisés y a Eleazar, hijo del sacerdote Aarón, diciendo:

2 ªTomad el censo de toda la congregación de los hijos de Israel, ᶜde veinte años para arriba, por las casas de sus padres, todos los que puedan salir a la guerra en Israel.

3 Y Moisés y Eleazar el sacerdote hablaron con ellos ᵉen los campos de Moab, junto al Jordán *frente a* Jericó, diciendo:

4 *Contaréis el pueblo* de veinte años para arriba, ᶠcomo mandó Jehová a Moisés y a los hijos de Israel, que habían salido de tierra de Egipto.

5 ᵍRubén primogénito de Israel: los hijos de Rubén: Enoc, *del cual era* la familia de los enoquitas; de Falú, la familia de los faluitas;

6 De Hezrón, la familia de los hezronitas; de Carmi, la familia de los carmitas.

7 Éstas son las familias de los rubenitas; y sus contados fueron cuarenta y tres mil setecientos treinta.

8 Y los hijos de Falú: Eliab.

9 Y los hijos de Eliab: Nemuel, y Datán, y Abiram. Éstos son aquel Datán y Abiram, *que eran* famosos en la congregación, ⁱque se rebelaron contra Moisés y Aarón con el grupo de Coré, cuando se rebelaron contra Jehová,

10 ᵏy la tierra abrió su boca y los tragó a ellos y a Coré, cuando aquel grupo murió, cuando consumió el fuego a doscientos cincuenta varones, ᵐlos cuales fueron por señal.

11 Mas ⁿlos hijos de Coré no murieron.

12 Los hijos de Simeón por sus familias: de Nemuel, la familia de los nemuelitas; de Jamín, la familia de los jaminitas; de Jaquín, la familia de los jaquinitas;

13 De Zera, la familia de los zeraítas; de Saul, la familia de los saulitas.

14 Éstas *son* las familias de los simeonitas, veintidós mil doscientos.

15 Los hijos de Gad por sus familias: de ᵖZefón, la familia de los zefonitas; de Hagui, la familia de los haguitas; de Suni, la familia de los sunitas;

NÚMEROS 26

16 de Ozni, la familia de los oznitas; de Eri, la familia de los eritas;

17 de Arod, la familia de los aroditas; de Areli, la familia de los arelitas.

18 Éstas *son* las familias de Gad, por sus contados, cuarenta mil quinientos.

19 ᵇLos hijos de Judá: Er y Onán; y Er y Onán murieron en la tierra de Canaán.

20 Y fueron ᵈlos hijos de Judá por sus familias; de Sela, la familia de los selaítas; de Fares, la familia de los faresitas; de Zera, la familia de los zeraítas.

21 Y fueron los hijos de Fares: de Hezrón, la familia de los hezronitas; de Hamul, la familia de los hamulitas.

22 Éstas *son* las familias de Judá, por sus contados, setenta y seis mil quinientos.

23 ʰLos hijos de Isacar por sus familias: de Tola, la familia de los tolaítas; de Fúa la familia de los funitas;

24 de Jasub, la familia de los jasubitas; de Simrón, la familia de los simronitas.

25 Éstas *son* las familias de Isacar, por sus contados, sesenta y cuatro mil trescientos.

26 ⁱLos hijos de Zabulón por sus familias: de Sered, la familia de los sereditas; de Elón, la familia de los elonitas; de Jahleel, la familia de los jahleelitas.

27 Éstas *son* las familias de los zabulonitas, por sus contados, sesenta mil quinientos.

28 ˡLos hijos de José por sus familias: Manasés y Efraín.

29 Los hijos de Manasés: de Maquir, la familia de los maquiritas; y Maquir engendró a Galaad; de Galaad, la familia de los galaaditas.

30 Éstos *son* los hijos de Galaad; de ºJezer, la familia de los jezeritas; de Helec, la familia de los helequitas.

31 De Asriel, la familia de los asrielitas: de Siquem, la familia de los siquemitas;

32 De Semida, la familia de los semidaítas; de Hefer, la familia de los heferitas.

33 Y Zelofehad, hijo de Hefer, no tuvo hijos sino hijas; y los nombres de las hijas de Zelofehad fueron Maala, Noa, Hogla, Milca y Tirsa.

NÚMEROS 26

34 Éstas *son* las familias de Manasés; y sus contados, cincuenta y dos mil setecientos.

35 Éstos *son* los hijos de Efraín por sus familias; de Sutela, la familia de los sutelaítas; de ªBequer, la familia de los bequeritas; de Tahán, la familia de los tahanitas.

36 Y éstos *son* los hijos de Sutela; de Herán, la familia de los heranitas.

37 Éstas *son* las familias de los hijos de Efraín, por sus contados, treinta y dos mil quinientos. Éstos son los hijos de José por sus familias.

38 ᵈLos hijos de Benjamín por sus familias: de Bela, la familia de los belaítas; de Asbel, la familia de los asbelitas; de Ahiram, la familia de los ahiramitas;

39 De ᶠSufam, la familia de los sufamitas; de Hufam, la familia de los hufamitas.

40 Y los hijos de Bela fueron ᵍArd y Naamán: de Ard, la familia de los arditas; de Naamán, la familia de los naamanitas.

41 Éstos *son* los hijos de Benjamín por sus familias; y sus contados, cuarenta y cinco mil seiscientos.

42 ʰÉstos *son* los hijos de Dan por sus familias: de Suham, la familia de los suhamitas. Éstas *son* las familias de Dan por sus familias.

43 Todas las familias de los suhamitas, por sus contados, sesenta y cuatro mil cuatrocientos.

44 ᵏLos hijos de Aser por sus familias: de Imna, la familia de los imnaítas; de Isuí, la familia de los isuitas; de Bería, la familia de los beriaítas.

45 Los hijos de Bería; de Heber, la familia de los heberitas; de Malquiel, la familia de los malquielitas.

46 Y el nombre de la hija de Aser *fue* Sera.

47 Éstas *son* las familias de los hijos de Aser, por sus contados, cincuenta y tres mil cuatrocientos.

48 ⁿLos hijos de Neftalí por sus familias; de Jahzeel, la familia de los jahzeelitas; de Guni, la familia de los gunitas.

49 De Jezer, la familia de los jezeritas; de ᑫSilem, la familia de los silemitas.

50 Éstas *son* las familias de Neftalí

a	1 Cr 7:20
b	Jos 11:23
	y 14:1
c	cp 33:54
	y 34:13
	Jos 11:23
	y 14:2
d	Gn 46:21
	1 Cr 7:6
	y 8:1-4
e	Gn 46:11
	Éx 6:16-17
	1 Cr 6:1,16
f	Gn 46:21
g	1 Cr 8:3
h	Gn 46:23
i	Éx 2:1-4
	y 6:20
j	cp 3:2
	1 Cr 24:1
k	Gn 46:17
	1 Cr 7:30-31
l	Lv 10:1
m	cp 18:20
n	Gn 46:24
	1 Cr 7:13
o	ver 3
	cp 22:1
p	cp 1:44
	Dt 2:14-15
q	1 Cr 7:13
r	cp 14:28-29
	1 Co 10:5

El censo de las familias

por sus familias; y sus contados, cuarenta y cinco mil cuatrocientos.

51 Éstos *son* los contados de los hijos de Israel, seiscientos un mil setecientos treinta.

52 Y habló Jehová a Moisés, diciendo:

53 ᵇA éstos se repartirá la tierra en heredad, por la cuenta de los nombres.

54 A los más darás mayor heredad, y a los menos darás menor heredad; a cada uno se le dará su heredad conforme a sus contados.

55 ᶜPero la tierra será repartida por suerte; y por los nombres de las tribus de sus padres heredarán.

56 Conforme a la suerte será repartida su heredad entre el grande y el pequeño.

57 ᵉY los contados de los levitas por sus familias *son* estos; de Gersón, la familia de los gersonitas; de Coat, la familia de los coatitas; de Merari, la familia de los meraritas.

58 Éstas *son* las familias de los levitas: la familia de los libnitas, la familia de los hebronitas, la familia de los mahalitas, la familia de los musitas, la familia de los coreítas. Y Coat engendró a Amram.

59 Y la esposa de Amram se llamó ⁱJocabed, hija de Leví, la cual nació a Leví en Egipto; ésta dio a luz de Amram a Aarón y a Moisés, y a Miriam su hermana.

60 ʲY a Aarón nacieron Nadab y Abiú, Eleazar e Itamar.

61 ˡMas Nadab y Abiú murieron, cuando ofrecieron fuego extraño delante de Jehová.

62 Y los contados de los levitas fueron veintitrés mil, todos varones de un mes para arriba; porque no fueron contados entre los hijos de Israel, ᵐpor cuanto no les había de ser dada heredad entre los hijos de Israel.

63 Éstos *son* los contados por Moisés y Eleazar el sacerdote, los cuales contaron los hijos de Israel ᵒen los campos de Moab, junto al Jordán *frente a* Jericó.

64 ᵖY entre éstos ninguno hubo de los contados por Moisés y Aarón el sacerdote, los cuales contaron a los hijos de Israel en el desierto de Sinaí.

65 Porque Jehová les dijo: ʳHan de morir en el desierto; y no quedó

Las hijas de Zelofehad

varón de ellos, ªsino Caleb, hijo de Jefone, y Josué, hijo de Nun.

CAPÍTULO 27

Y las hijas de ᵈZelofehad, hijo de Hefer, hijo de Galaad, hijo de Maquir, hijo de Manasés, de las familias de Manasés, hijo de José, los nombres de las cuales *eran* Maala, y Noa, y Hogla, y Milca, y Tirsa, llegaron;

2 Y se presentaron delante de Moisés, y delante del sacerdote Eleazar, y delante de los príncipes, y de toda la congregación, a la puerta del tabernáculo de la congregación, y dijeron:

3 ʰNuestro padre murió en el desierto, el cual no estuvo en la junta que se reunió contra Jehová en la compañía de Coré: sino que en su pecado murió, y no tuvo hijos.

4 ¿Por qué será quitado el nombre de nuestro padre de entre su familia, por no haber tenido hijo? ˡDanos heredad entre los hermanos de nuestro padre.

5 Y Moisés ᵐllevó su causa delante de Jehová.

6 Y Jehová respondió a Moisés, diciendo:

7 Bien dicen las hijas de Zelofehad. ᑫCiertamente les darás posesión de una heredad entre los hermanos de su padre, y traspasarás la heredad de su padre a ellas.

8 Y a los hijos de Israel hablarás, diciendo: Cuando alguno muriere sin hijos, traspasaréis su herencia a su hija;

9 y si no tuviere hija, daréis su herencia a sus hermanos;

10 y si no tuviere hermanos, daréis su herencia a los hermanos de su padre.

11 Y si su padre no tuviere hermanos, daréis su herencia a su ʳpariente más cercano de su linaje, el cual la poseerá: y será a los hijos de Israel ᵗpor estatuto de derecho, como Jehová mandó a Moisés.

12 Y Jehová dijo a Moisés: ᵘSube a este monte Abarim, y verás la tierra que he dado a los hijos de Israel.

13 Y después que la hayas visto, tú también ˣserás reunido a tu pueblo, como fue reunido Aarón tu hermano.

14 ᵇPues fuisteis rebeldes a mi mandato en el desierto de Zin, en la rencilla de la congregación, para santificarme en las aguas a ojos de ellos. Éstas *son* las ᶜaguas de la rencilla de Cades en el desierto de Zin.

15 Entonces respondió Moisés a Jehová, diciendo:

16 Ponga Jehová, ᵉDios de los espíritus de toda carne, varón sobre la congregación,

17 ᶠque salga delante de ellos, y que entre delante de ellos, que los saque y los introduzca; para que la congregación de Jehová no sea ᵍcomo ovejas sin pastor.

18 Y Jehová dijo a Moisés: Toma a Josué, hijo de Nun, varón ⁱen el cual *está* el Espíritu, y ʲpondrás tu mano sobre él;

19 Y lo pondrás delante de Eleazar el sacerdote, y delante de toda la congregación; y ᵏle darás órdenes en presencia de ellos.

20 Y pondrás de tu dignidad sobre él, para que toda la congregación de los hijos de Israel ⁿle obedezcan.

21 Y él estará delante de Eleazar el sacerdote, y a él ºpreguntará por el juicio del ᵖUrim delante de Jehová; a su palabra saldrán, y a su palabra entrarán, él, y todos los hijos de Israel con él, y toda la congregación.

22 Y Moisés hizo como Jehová le había mandado; pues tomó a Josué, y lo puso delante de Eleazar el sacerdote, y de toda la congregación;

23 y puso sobre él sus manos, y le dio órdenes, como Jehová había mandado por mano de Moisés.

CAPÍTULO 28

Y Jehová habló a Moisés, diciendo: 2 Manda a los hijos de Israel, y diles: Mi ofrenda, ˢmi pan con mis ofrendas encendidas en olor a mí agradable, guardaréis, ofreciéndomelo a su tiempo.

3 Y les dirás: ᵛÉsta *es* la ofrenda encendida que ofreceréis a Jehová; dos corderos sin tacha de un año, cada día, *por* holocausto continuo.

4 Un cordero ofrecerás por la mañana, y el otro cordero ofrecerás entre las dos tardes:

5 Y ªla décima *parte* de un efa de flor de harina, amasada con la ᵇcuarta *parte* de un hin de aceite molido, en presente.

6 ᵈEs holocausto continuo, que fue hecho en el monte de Sinaí en olor grato, ofrenda encendida a Jehová.

7 Y su libación, la cuarta *parte* de un hin con cada cordero; derramarás libación de vino superior a Jehová ᶠen el santuario.

8 Y ofrecerás el segundo cordero entre las dos tardes: conforme a la ofrenda de la mañana, y conforme a su libación ofrecerás, ofrenda encendida en olor grato a Jehová.

9 Mas el día del sábado dos corderos de un año sin defecto, y dos décimas de flor de harina amasada con aceite, por presente, con su libación:

10 Es ʰel holocausto del sábado en cada sábado, además del holocausto continuo y su libación.

11 Y ʲen los principios de vuestros meses ofreceréis en holocausto a Jehová dos becerros de la vacada, y un carnero, y siete corderos de un año sin defecto;

12 ᵏY tres décimas de flor de harina amasada con aceite, *por* presente con cada becerro; y dos décimas de flor de harina amasada con aceite, por presente con cada carnero,

13 Y una décima de flor de harina amasada con aceite, *en* ofrenda por presente con cada cordero; holocausto de olor grato, ofrenda encendida a Jehová.

14 Y sus libaciones de vino, medio hin con cada becerro, y la tercera *parte* de un hin con cada carnero, y la cuarta *parte* de un hin con cada cordero. Éste *es* el holocausto de cada mes por todos los meses del año.

15 Y ᵒun macho cabrío en expiación se ofrecerá a Jehová, además del holocausto continuo con su libación.

16 ᵖMas en el mes primero, a los catorce del mes *será* la pascua de Jehová.

17 Y a los quince días de este mes, la solemnidad: por siete días se comerán los panes sin levadura.

18 ˢEl primer día *será* santa convocación; ninguna obra servil haréis.

19 Y ofreceréis por ofrenda encendida en holocausto a Jehová dos becerros de la vacada, y un carnero, y siete corderos de un año: ᶜsin defecto los tomaréis.

20 Y su presente de harina amasada con aceite: tres décimas con cada becerro, y dos décimas con cada carnero ofreceréis;

21 con cada uno de los siete corderos ofreceréis una décima;

22 y un ᵉmacho cabrío por expiación, para reconciliaros.

23 Esto ofreceréis además del holocausto de la mañana, que *es* el holocausto continuo.

24 Conforme a esto ofreceréis cada uno de los siete días, vianda y ofrenda encendida en olor grato a Jehová; se ofrecerá además del holocausto continuo, con su libación.

25 Y ᵍel séptimo día tendréis santa convocación: ninguna obra servil haréis.

26 ⁱAdemás el día de las primicias, cuando ofreciereis presente nuevo a Jehová en vuestras semanas, tendréis santa convocación: ninguna obra servil haréis:

27 Y ofreceréis en holocausto, en olor de suavidad a Jehová, ˡdos becerros de la vacada, un carnero, siete corderos de un año:

28 Y el presente de ellos, flor de harina amasada con aceite, tres décimas con cada becerro, dos décimas con cada carnero,

29 con cada uno de los siete corderos una décima;

30 ᵐun macho cabrío, para hacer expiación por vosotros.

31 Los ofreceréis, además del holocausto continuo con sus presentes, y sus libaciones: ⁿsin defecto los tomaréis.

CAPÍTULO 29

Y el séptimo mes, al primer día del mes tendréis santa convocación: ninguna obra servil haréis; ᑫos será día de sonar las trompetas.

2 Y ofreceréis holocausto en olor grato a Jehová, un becerro de la vacada, un carnero, siete corderos de un año sin defecto;

3 Y el presente de ellos, de flor de harina amasada con aceite, tres décimas con cada becerro, dos décimas con cada carnero,

Libaciones y expiaciones   **NÚMEROS 29**

4 y con cada uno de los siete corderos, una décima;

5 Y un macho cabrío *por* expiación, para reconciliaros:

6 ªAdemás del holocausto del mes, y su presente, ᵇy el holocausto continuo y su presente, y sus libaciones, conforme a su ley, por ofrenda encendida a Jehová en olor grato.

7 ᶜY en el *día* diez de este mes séptimo tendréis santa convocación, y ᵈafligiréis vuestras almas; ninguna obra haréis;

8 y ofreceréis en holocausto a Jehová en olor grato, un becerro de la vacada, un carnero, siete corderos de un año; ᵉsin defecto los tomaréis.

9 Y sus presentes, flor de harina amasada con aceite, tres décimas con cada becerro, dos décimas con cada carnero,

10 y con cada uno de los siete corderos, una décima;

11 ᶠun macho cabrío *por* expiación; además de la ᵍofrenda de las expiaciones por el pecado, y del holocausto continuo, y de sus presentes, y de sus libaciones.

12 ʰTambién a los quince días del mes séptimo tendréis santa convocación; ninguna obra servil haréis, y celebraréis solemnidad a Jehová por siete días;

13 y ⁱofreceréis en holocausto, en ofrenda encendida a Jehová en olor grato, trece becerros de la vacada, dos carneros, catorce corderos de un año: han de ser sin defecto;

14 y los presentes de ellos, de flor de harina amasada con aceite, tres décimas con cada uno de los trece becerros, dos décimas con cada uno de los dos carneros,

15 y con cada uno de los catorce corderos, una décima;

16 y un macho cabrío *por* expiación; además del holocausto continuo, su presente y su libación.

17 Y el segundo día, doce becerros de la vacada, dos carneros, catorce corderos de un año sin defecto;

18 Y sus presentes y sus libaciones con los becerros, con los carneros, y con los corderos, ᵏconforme a la ley;

19 y un macho cabrío *por* expiación;

a cp 28:11
b cp 28:3

c Lv 16:29

d Sal 35:13
Is 58:5

e cp 28:19

f cp 28:15
g Lv 16:3-5

h Lv 23:34

i Esd 3:4

j Lv 23:36

k vers 3,4,9
cp 15:11-12
y 28:7-14

además del holocausto continuo, y su presente y su libación.

20 Y el día tercero, once becerros, dos carneros, catorce corderos de un año sin defecto;

21 y sus presentes y sus libaciones con los becerros, con los carneros, y con los corderos, según el número de ellos, conforme a la ley;

22 y un macho cabrío *por* expiación; además del holocausto continuo, y su presente y su libación.

23 Y el cuarto día, diez becerros, dos carneros, catorce corderos de un año sin defecto;

24 sus presentes y sus libaciones con los becerros, con los carneros, y con los corderos, según el número de ellos, conforme a la ley;

25 y un macho cabrío *por* expiación; además del holocausto continuo, su presente y su libación.

26 Y el quinto día, nueve becerros, dos carneros, catorce corderos de un año sin defecto;

27 y sus presentes y sus libaciones con los becerros, con los carneros, y con los corderos, según el número de ellos, conforme a la ley;

28 y un macho cabrío *por* expiación; además del holocausto continuo, su presente y su libación.

29 Y el sexto día, ocho becerros, dos carneros, catorce corderos de un año sin defecto;

30 Y sus presentes y sus libaciones con los becerros, con los carneros, y con los corderos, según el número de ellos, conforme a la ley;

31 Y un macho cabrío *por* expiación; además del holocausto continuo, su presente y sus libaciones.

32 Y el séptimo día, siete becerros, dos carneros, catorce corderos de un año sin defecto;

33 Y sus presentes y sus libaciones con los becerros, con los carneros, y con los corderos, según el número de ellos, conforme a la ley;

34 Y un macho cabrío *por* expiación; además del holocausto continuo, con su presente y su libación.

35 El octavo día tendréis ʲsolemnidad: ninguna obra servil haréis:

36 Y ofreceréis en holocausto, en ofrenda encendida de olor grato a Jehová, un novillo, un carnero, siete corderos de un año sin defecto;

NÚMEROS 30-31

37 Sus presentes y sus libaciones con el novillo, con el carnero, y con los corderos, según el número de ellos, conforme a la ley;

38 Y un macho cabrío *por* expiación; además del holocausto continuo, con su presente y su libación.

39 Estas cosas ofreceréis a Jehová ªen vuestras solemnidades, además de vuestros ᵇvotos, y de vuestras ofrendas libres, para vuestros holocaustos, y para vuestros presentes, y para vuestras libaciones y para vuestras ofrendas de paz.

40 Y Moisés dijo a los hijos de Israel, conforme a todo lo que Jehová le había mandado.

CAPÍTULO 30

Y habló Moisés a ᶜlos príncipes de las tribus de los hijos de Israel, diciendo: Esto *es* lo que Jehová ha mandado.

2 ᵈCuando alguno hiciere voto a Jehová, o ᵉhiciere juramento ligando su alma con obligación, no violará su palabra: ᵍhará conforme a todo lo que salió de su boca.

3 Mas la mujer, cuando hiciere voto a Jehová, y se ligare con obligación en casa de su padre, en su juventud;

4 si su padre oyere su voto, y la obligación con que ligó su alma, y su padre callare a ello, todos los votos de ella serán firmes, y toda obligación con que hubiere ligado su alma, firme será.

5 Mas si su padre le vedare el día que oyere todos sus votos y sus obligaciones, con que ella hubiere ligado su alma, no serán firmes; y Jehová la perdonará, por cuanto su padre le vedó.

6 Pero si fuere casada, ʲe hiciere votos, o pronunciare de sus labios cosa con que obligue su alma;

7 Si su marido *lo* oyere, y cuando *lo* oyere callare a ello, los votos de ella serán firmes, y la obligación con que ligó su alma, firme será.

8 Pero si cuando su marido *lo* oyó, le vedó, entonces el voto que ella hizo, y lo que pronunció de sus labios con que ligó su alma, será nulo; y Jehová la perdonará.

Venganza contra madianitas

9 Mas todo voto de viuda, o repudiada, con que ligare su alma, será firme.

10 Y si hubiere hecho voto en casa de su marido, y hubiere ligado su alma con obligación de juramento,

11 si su marido oyó, y calló a ello, y no le vedó; entonces todos sus votos serán firmes, y toda obligación con que hubiere ligado su alma, firme será.

12 Mas si su marido los anuló el día que *los* oyó; todo lo que salió de sus labios cuanto a sus votos, y cuanto a la obligación de su alma, será nulo; su marido los anuló, y Jehová la perdonará.

13 Todo voto, o todo juramento obligándose a afligir el alma, su marido lo confirmará, o su marido lo anulará.

14 Pero si su marido callare a ello de día en día, entonces confirmó todos sus votos, y todas las obligaciones que están sobre ella: las confirmó, por cuanto calló a ello el día que *lo* oyó.

15 Mas si los anulare después de haberlos oído, entonces ᶠél llevará el pecado de ella.

16 Éstas *son* las ordenanzas que Jehová mandó a Moisés entre el varón y su esposa, entre el padre y su hija, durante su juventud en casa de su padre.

CAPÍTULO 31

Y Jehová habló a Moisés, diciendo: 2 ʰHaz la venganza de los hijos de Israel contra los madianitas; después serás ⁱrecogido a tu pueblo.

3 Entonces Moisés habló al pueblo, diciendo: Armaos algunos de vosotros para la guerra, y vayan contra Madián y hagan la venganza de Jehová en Madián.

4 Mil de cada tribu de todas las tribus de los hijos de Israel, enviaréis a la guerra.

5 Así fueron dados de los millares de Israel, mil de *cada* tribu, doce mil ᵏarmados para la guerra.

6 Y Moisés los envió a la guerra: mil por *cada* tribu envió: y Finees, hijo de Eleazar sacerdote, fue a la guerra con los santos instrumentos, ˡcon las trompetas en su mano para tocar.

Repartimiento de los despojos

NÚMEROS 31

7 Y pelearon contra Madián, como Jehová lo mandó a Moisés, y ªmataron a todo varón.

8 Mataron también, entre los muertos de ellos, a los reyes de Madián: ᵇEvi, Requem, ᶜZur, Hur y Reba, cinco reyes de Madián; a ᵈBalaam también, hijo de Beor, mataron a espada.

9 Y llevaron cautivas los hijos de Israel a las mujeres de los madianitas, y sus chiquitos y todas sus bestias, y todos sus ganados; y arrebataron toda su hacienda.

10 Y abrasaron con fuego todas sus ciudades, aldeas y castillos.

11 Y tomaron todo el despojo, y toda la presa, así de hombres como de bestias.

12 Y trajeron a Moisés, y a Eleazar el sacerdote, y a la congregación de los hijos de Israel, los cautivos y la presa y los despojos, al campamento en los ᵍllanos de Moab, que *están* junto al Jordán, *frente a* Jericó.

13 Y salieron Moisés y Eleazar el sacerdote, y todos los príncipes de la congregación, a recibirlos fuera del campamento.

14 Y se enojó Moisés contra los capitanes del ejército, contra los tribunos y centuriones que volvían de la guerra,

15 y les dijo Moisés: ʲ¿Todas las mujeres habéis reservado?

16 He aquí ᵏellas fueron a los hijos de Israel, ˡpor consejo de Balaam, para causar prevaricación contra Jehová en el asunto de ᵐPeor; por lo que ⁿhubo mortandad en la congregación de Jehová.

17 ᵖMatad, pues, ahora todos los varones entre los niños; matad también toda mujer que haya conocido varón carnalmente.

18 Y todas las niñas entre las mujeres, que no hayan conocido ayuntamiento de varón, os reservaréis vivas.

19 Y ʳvosotros quedaos fuera del campamento siete días; y todos los que hubieren matado persona, y ˢcualquiera que hubiere tocado muerto, os purificaréis al tercero y al séptimo día, vosotros y vuestros cautivos.

20 Asimismo purificaréis todo vestido, y toda prenda de pieles, y toda obra de *pelo* de cabra, y todo vaso de madera.

21 Y Eleazar el sacerdote dijo a los hombres de guerra que venían de la batalla: Ésta *es* la ordenanza de la ley que Jehová ha mandado a Moisés:

22 Ciertamente el oro y la plata, el bronce, el hierro, el estaño y el plomo,

23 todo lo que resiste el fuego, por fuego *lo* haréis pasar, y será limpio, bien que ᵉen las aguas de purificación habrá de purificarse: mas haréis pasar por agua todo lo que no aguanta el fuego.

24 Además ᶠlavaréis vuestras vestiduras el séptimo día, y así seréis limpios; y después entraréis en el campamento.

25 Y Jehová habló a Moisés, diciendo:

26 Toma la cuenta de la presa que se ha hecho, así de las personas como de las bestias, tú y el sacerdote Eleazar, y las cabezas de los padres de la congregación:

27 Y ʰpartirás por mitad la presa entre los que pelearon, los que salieron a la guerra, y toda la congregación.

28 Y apartarás para Jehová el tributo de los hombres de guerra, ⁱque salieron a la batalla; uno de cada quinientos, así de las personas como de los bueyes, de los asnos, y de las ovejas.

29 De la mitad de ellos lo tomarás; y darás a Eleazar el sacerdote la ofrenda de Jehová.

30 Y de la mitad perteneciente a los hijos de Israel tomarás ᵒuno de cincuenta, de las personas, de los bueyes, de los asnos, y de las ovejas, de todo animal; y los darás a los levitas, ᑫque tienen la guarda del tabernáculo de Jehová.

31 Y Moisés y el sacerdote Eleazar hicieron como Jehová mandó a Moisés.

32 Y fue la presa, el resto de la presa que tomaron los hombres de guerra, seiscientas setenta y cinco mil ovejas,

33 y setenta y dos mil bueyes,

34 y sesenta y un mil asnos,

35 Y en cuanto a personas, de mujeres que no habían conocido ayuntamiento de varón, en todas treinta y dos mil.

---

a Dt 20:13
Jue 21:11
1 Sm 27:9
1 Re 11:15-16
b Jos 13:21
c cp 25:15
d Jos 13:22

e cp 19:9-17

f Lv 11:25

g cp 22:1

h Jos 22:8
1 Sm 30:24

i vers 30,47
cp 18:26

j 1 Sm 15:3

k cp 25:2
l cp 24:14
2 Pe 2:15
Ap 2:14
m cp 23:28
n cp 25:9
o vers 42,47
p Jue 21:11-12
q cp 1:53

r cp 5:2

s cp 19:11

36 Y la mitad, la parte de los que habían salido a la guerra, fue el número de trescientas treinta y siete mil quinientas ovejas.

37 ᵇY el tributo para Jehová de las ovejas, fue seiscientas setenta y cinco.

38 Y de los bueyes, treinta y seis mil; y de ellos el tributo para Jehová, setenta y dos.

39 Y de los asnos, treinta mil quinientos; y de ellos el tributo para Jehová, sesenta y uno.

40 Y de las personas, dieciséis mil; y de ellas el tributo para Jehová, treinta y dos personas.

41 Y dio Moisés el tributo, por elevada ofrenda a Jehová, a Eleazar el sacerdote, ᵉcomo Jehová lo mandó a Moisés.

42 Y de la mitad para los hijos de Israel, que apartó Moisés de los hombres que habían ido a la guerra

43 (La mitad *para* la congregación fue: de las ovejas, trescientas treinta y siete mil quinientas;

44 y de los bueyes, treinta y seis mil;

45 y de los asnos, treinta mil quinientos;

46 y de las personas, dieciséis mil);

47 ᵍde la mitad, pues, para los hijos de Israel tomó Moisés uno de cada cincuenta, así de las personas como de los animales, y los dio a los levitas, que tenían la guarda del tabernáculo de Jehová; como Jehová lo había mandado a Moisés.

48 ʰY llegaron a Moisés los jefes de los millares de aquel ejército, los tribunos y centuriones,

49 y dijeron a Moisés: Tus siervos han tomado razón de los hombres de guerra que *están* en nuestro poder, y ninguno ha faltado de nosotros.

50 Por lo cual hemos traído ofrenda a Jehová, cada uno de lo que ha hallado, vasos de oro, brazaletes, manillas, anillos, zarcillos y cadenas, ᵐpara hacer expiación por nuestras almas delante de Jehová.

51 Y Moisés y el sacerdote Eleazar recibieron el oro de ellos, alhajas, todas elaboradas.

52 Y todo el oro de la ofrenda que ofrecieron a Jehová de los tribunos y centuriones, fue dieciséis mil setecientos cincuenta siclos.

53 ᵃLos hombres del ejército habían tomado despojo, cada uno para sí.

54 Recibieron, pues, Moisés y el sacerdote Eleazar, el oro de los tribunos y centuriones, y lo trajeron al tabernáculo de la congregación, ᶜpor memoria de los hijos de Israel delante de Jehová.

CAPÍTULO 32

Y los hijos de Rubén y los hijos de Gad tenían una muy grande muchedumbre de ganado; los cuales viendo la tierra de ᵈJazer y de Galaad, *les pareció* el país lugar de ganado.

2 Y vinieron los hijos de Gad y los hijos de Rubén, y hablaron a Moisés, y a Eleazar el sacerdote, y a los príncipes de la congregación, diciendo:

3 Atarot, y Dibón, y Jazer, y Nimra, y Hesbón, y Eleale, y Sabán, y ᶠNebo, y Beón,

4 la tierra que Jehová hirió delante de la congregación de Israel, *es* tierra de ganado, y tus siervos tienen ganado.

5 Por tanto, dijeron: Si hemos hallado gracia en tus ojos, que se dé esta tierra a tus siervos en heredad, y no nos hagas pasar el Jordán.

6 Y respondió Moisés a los hijos de Gad y a los hijos de Rubén: ¿Irán vuestros hermanos a la guerra, y vosotros os quedaréis sentados aquí?

7 ¿Y por qué desanimáis el corazón de los hijos de Israel, para que no pasen a la tierra que les ha dado Jehová?

8 Así hicieron vuestros padres, ⁱcuando los envié desde Cades-barnea ʲpara que viesen la tierra.

9 ᵏQue subieron hasta el valle de Escol, y después que vieron la tierra, desanimaron el corazón de los hijos de Israel, para que no viniesen a la tierra que Jehová les había dado.

10 ˡY la ira de Jehová se encendió entonces, y juró diciendo:

11 Ninguno de los varones que subieron de Egipto ⁿde veinte años para arriba, verá la tierra por la cual juré a ᵒAbraham, Isaac, y Jacob, ᵖpor cuanto no fueron fieles en pos de mí;

12 excepto Caleb, hijo de Jefone ᵠcenezeo, y Josué, hijo de Nun, ʳque fueron fieles en pos de Jehová.

Vuestro pecado os alcanzará   **NÚMEROS 32**

13 Y el furor de Jehová se encendió en Israel, ªy los hizo andar errantes cuarenta años por el desierto, hasta que ᵇfue acabada toda aquella generación, que había hecho mal delante de Jehová.

14 Y he aquí vosotros habéis sucedido en lugar de vuestros padres, prole de hombres pecadores, para añadir aún a la ira de Jehová contra Israel.

15 ᶜSi os volviereis de en pos de Él, Él volverá otra vez a dejaros en el desierto, y destruiréis a todo este pueblo.

16 Entonces ellos se acercaron a él y dijeron: Edificaremos aquí majadas para nuestro ganado, y ciudades para nuestros niños;

17 Y ᵉnosotros nos armaremos, e iremos con diligencia delante de los hijos de Israel, hasta que los metamos en su lugar; y nuestros niños se quedarán en las ciudades fortificadas a causa de los moradores del país.

18 ᶠNo volveremos a nuestras casas hasta que los hijos de Israel posean cada uno su heredad.

19 Porque no tomaremos heredad con ellos al otro lado del Jordán ni adelante, ᵍpor cuanto tendremos ya nuestra heredad a este lado del Jordán al oriente.

20 ʰEntonces les respondió Moisés: Si lo hiciereis así, si os apercibiereis para ir delante de Jehová a la guerra,

21 y todos vosotros pasáis armados el Jordán delante de Jehová, hasta que haya echado a sus enemigos de delante de sí,

22 y sea el país sojuzgado delante de Jehová; luego volveréis, y seréis libres de culpa para con Jehová, y para con Israel; y esta tierra será vuestra en heredad delante de Jehová.

23 Mas si así no lo hiciereis, he aquí habréis pecado contra Jehová; y ᵐsabed que os alcanzará vuestro pecado.

24 ᵒEdificaos ciudades para vuestros niños, y majadas para vuestras ovejas, y haced lo que ha salido de vuestra boca.

25 Y hablaron los hijos de Gad y los hijos de Rubén a Moisés, diciendo:

a cp 14:33-35

b cp 26:64-65

c Dt 30:17
Jos 22:16-18
2 Cr 7:19
y 15:2

d cp 27:18

e Jos 4:12-13

f Jos 22:4

g ver 33
Jos 12:1
y 13:8

h Dt 3:18
Jos 1:14
i Dt 3:12-18
y 29:8
Jos 12:6 13:8
y 22:4
j ver 4

k ver 17

l cp 21:25
m Gn 44:16
Is 59:12
n Éx 23:13
Jos 23:7
o vers 16,34
p Gn 50:23

Tus siervos harán como mi señor ha mandado.

26 Nuestros niños, nuestras esposas, nuestros ganados, y todas nuestras bestias, estarán ahí en las ciudades de Galaad;

27 pero tus siervos, armados todos para la guerra, pasarán delante de Jehová a la batalla, de la manera que mi señor dice.

28 Entonces los encomendó Moisés a Eleazar, el sacerdote, y a ᵈJosué, hijo de Nun, y a los príncipes de los padres de las tribus de los hijos de Israel.

29 Y les dijo Moisés: Si los hijos de Gad y los hijos de Rubén, pasaren con vosotros el Jordán, armados todos de guerra delante de Jehová, luego que el país fuere sojuzgado delante de vosotros, les daréis la tierra de Galaad en posesión:

30 Pero si no pasaren armados con vosotros, entonces tendrán posesión entre vosotros en la tierra de Canaán.

31 Y los hijos de Gad y los hijos de Rubén respondieron, diciendo: Haremos lo que Jehová ha dicho a tus siervos.

32 Nosotros pasaremos armados delante de Jehová a la tierra de Canaán, y la posesión de nuestra heredad será a este lado del Jordán.

33 Así ⁱles dio Moisés a los hijos de Gad y a los hijos de Rubén, y a la media tribu de Manasés hijo de José, ʲel reino de Sehón, rey amorreo, y el reino de Og, rey de Basán, la tierra con sus ciudades y términos, las ciudades del país alrededor.

34 Y los hijos de Gad edificaron a Dibón, Atarot, Aroer,

35 Atrot-sofan, Jazer, Jogbeha,

36 Bet-nimra y a Bet-arán; ᵏciudades fortificadas, y también majadas para ovejas.

37 Y los hijos de Rubén edificaron a ˡHesbón, Eleale, Quiriataim,

38 Nebo, Baal-meón ⁿ(cambiados los nombres) y a Sibma; y pusieron nombres a las ciudades que edificaron.

39 Y los hijos de ᵖMaquir, hijo de Manasés fueron a Galaad, y la tomaron, y echaron al amorreo que *estaba* en ella.

171

NÚMEROS 33

40 Y ªMoisés dio Galaad a Maquir hijo de Manasés, el cual habitó en ella.

41 También ᵇJair hijo de Manasés fue y tomó sus aldeas, y les puso por nombre ᵈHavot-jair.

42 Asimismo Noba fue y tomó a Kenat y sus aldeas, y le llamó Noba, conforme a su nombre.

CAPÍTULO 33

Estas *son* las jornadas de los hijos de Israel, los cuales salieron de la tierra de Egipto por sus escuadrones, bajo la mano de Moisés y Aarón.

2 Y Moisés escribió sus salidas conforme a sus jornadas por mandato de Jehová. Éstas, pues, son sus jornadas conforme a sus partidas.

3 ⁱDe Ramesés partieron en ʲel mes primero, a los quince días del mes primero: el segundo día de la pascua salieron los hijos de Israel ᵏcon mano levantada, a ojos de todos los egipcios.

4 Pues los egipcios estaban enterrando a ˡtodos los primogénitos que Jehová había dado muerte de entre ellos. También sobre sus dioses Jehová ejecutó juicios.

5 ᵐPartieron, pues, los hijos de Israel de Ramesés, y acamparon en Sucot.

6 Y ⁿpartiendo de Sucot, acamparon en Etam, que está a la orilla del desierto.

7 Y ᵖpartiendo de Etam, volvieron sobre Pi-hahirot, que *está* delante de Baal-zefón, y asentaron delante de Migdol.

8 Y partiendo de Pi-hahirot, ʳpasaron por medio del mar al desierto, y anduvieron camino de tres días por el desierto de Etam, y asentaron en Mara.

9 Y partieron de Mara y vinieron a ᵘElim, donde *había* doce fuentes de aguas, y setenta palmeras; y acamparon allí.

10 Y partieron de Elim y acamparon junto al Mar Rojo.

11 Y partieron del Mar Rojo y acamparon en ʸel desierto de Sin.

12 Y partieron del desierto de Sin y acamparon en Dofca.

13 Y partieron de Dofca y acamparon en Alús.

14 Y partieron de Alús y acamparon en ᶜRefidim, donde el pueblo no tuvo aguas para beber.

15 Y partieron de Refidim acamparon en ᵉel desierto de Sinaí.

16 Y partieron del desierto de Sinaí y acamparon en ᶠKibrot-hataava.

17 Y partieron de Kibrot-hataava acamparon en ᵍHaserot.

18 Y partieron de Haserot y acamparon en ʰRitma.

19 Y partieron de Ritma y acamparon en Rimón-peres.

20 Y partieron de Rimón-peres y acamparon en Libna.

21 Y partieron de Libna y acamparon en Rissa.

22 Y partieron de Rissa, y acamparon en Celata.

23 Y partieron de Celata y acamparon en el monte de Sefer.

24 Y partieron del monte de Sefer y acamparon en Harada.

25 Y partieron de Harada y acamparon en Macelot.

26 Y partieron de Macelot y acamparon en Tahat.

27 Y partieron de Tahat y acamparon en Tara.

28 Y partieron de Tara y acamparon en Mitca.

29 Y partieron de Mitca y acamparon en Hasmona.

30 Y partieron de Hasmona y acamparon en ᵒMoserot.

31 Y partieron de Moserot y acamparon en Bene-jaacán.

32 Y partieron de Bene-jaacán y acamparon ᵠen el monte de Gidgad.

33 Y partieron del monte de Gidgad y acamparon en Jotbata.

34 Y partieron de Jotbata y acamparon en Abrona.

35 Y partieron de Abrona y acamparon en ˢEzión-geber.

36 Y partieron de Ezión-geber y acamparon en el ᵗdesierto de Zin, que es Cades.

37 Y partieron de ᵛCades y acamparon en el monte de Hor, en la extremidad del país de Edom.

38 Y ˣsubió Aarón el sacerdote al monte de Hor, conforme al mandato de Jehová, y allí murió a los cuarenta años de la salida de los hijos de Israel de la tierra de

Los términos de Canaán

Egipto, en el mes quinto, en el primer *día* del mes.

39 Y *era* Aarón de edad de ªciento veintitrés años, cuando murió en el monte Hor.

40 Y ᵇel cananeo, rey de Arad, que habitaba al sur en la tierra de Canaán, oyó que habían venido los hijos de Israel.

41 Y partieron del monte de ᶜHor y acamparon en Salmona.

42 Y partieron de Salmona y acamparon en Funón.

43 Y partieron de Funón y acamparon en ᶠObot.

44 Y ᵍpartieron de Obot y acamparon en Ije-abarim; en el término de Moab.

45 Y partieron de Ije-abarim y acamparon en ⁱDibón-gad.

46 Y partieron de Dibón-gad y acamparon en Almon-diblataim.

47 Y partieron de Almon-diblataim y ᵐacamparon en los montes de Abarim, delante de Nebo.

48 Y partieron de los montes de Abarim y ᵒacamparon en los campos de Moab, junto al Jordán *frente a* Jericó.

49 Finalmente asentaron junto al Jordán, desde Bet-jesimot hasta Abel-sitim, ᵖen los campos de Moab.

50 Y habló Jehová a Moisés en los campos de Moab junto al Jordán *frente a* Jericó, diciendo:

51 Habla a los hijos de Israel, y diles: ᵗCuando hubiereis pasado el Jordán a la tierra de Canaán,

52 ᵛecharéis a ˣtodos los moradores del país de delante de vosotros, y destruiréis todas sus pinturas, y ʸtodas sus imágenes de fundición, y arruinaréis todos sus altos;

53 y echaréis *a los moradores* de la tierra, y habitaréis en ella; porque yo os la he dado para que la poseáis.

54 ᵇY heredaréis la tierra por suertes por vuestras familias: a los muchos daréis mucho por su heredad, y a los pocos daréis menos por heredad suya: donde le saliere la suerte, allí la tendrá cada uno: por las tribus de vuestros padres heredaréis.

55 Y si no echareis a los moradores de la tierra de delante de vosotros, sucederá que los que dejareis de ellos serán por ᵉaguijones en vuestros ojos, y por espinas en vuestros

a Éx 7:7

b cp 21:1

c cp 21:4
d Gn 17:8
Éx 3:8

e Jos 15:1
Ez 47:13-21
f cp 21:10
g cp 21:11
h Gn 14:3
Jos 15:2
i cp 21:30
j Jos 15:3
k cp 32:8
l Jos 15:3-4
m Dt 32:49

n Jos 15:4,47
1 Re 8:65
Is 27:12
o cp 22:1
p cp 25:1
q cp 33:37
r cp 13:22
2 Re 14:25
s Ez 47:15
t Dt 9:1
Jos 3:17
u Ez 47:17
v cp 33:21
x Éx 23:24-33
y 34:13
Dt 7:2-5
y 12:3
Jos 11:12
Jue 2:2
z 2 Re 23:33
Jer 39:5-6
a Dt 3:17
Jos 11:2
y 19:35
b cp 26:53
c ver 2
Jos 14:1-2
d cp 32:33
Jos 14:2-3
e Jos 23:13
Jue 2:3
Sal 106:34

costados, y os afligirán sobre la tierra en que vosotros habitareis.

56 Será además, que haré a vosotros como yo pensé hacerles a ellos.

CAPÍTULO 34

Y Jehová habló a Moisés, diciendo: 2 Manda a los hijos de Israel, y diles: Cuando hubiereis entrado en ᵈla tierra de Canaán, esto *es*, la tierra que os ha de caer en heredad, la tierra de Canaán según sus términos:

3 ᵉTendréis el lado del sur desde el desierto de Zin hasta los términos de Edom; y os será el término del sur al extremo del ʰMar Salado hacia el oriente.

4 Y vuestro término irá rodeando desde el sur hasta ʲla subida de Acrabim, y pasará hasta Zin; y su salida será del sur hacia ᵏCades-barnea; y saldrá a ˡHasar-adar, y pasará hasta Asmón.

5 Y rodeará este término, desde Asmón ⁿhasta el río de Egipto, y sus remates serán al occidente.

6 Y el término occidental os será el Mar Grande; este término os será el término occidental.

7 Y éste será el término del norte; desde el Mar Grande os señalaréis ᵠel monte de Hor;

8 del monte de Hor señalaréis ʳa la entrada de Hamat, y serán las salidas de aquel término a ˢSedad;

9 y saldrá este término a Zifón, y serán sus remates en ᵘHasar-enán; éste os será el término del norte.

10 Y por término al oriente os señalaréis desde Hasar-enán hasta Sefam;

11 y bajará este término desde Sefam a ᶻRibla, al oriente de Aín: y descenderá el término, y llegará a la costa del mar de ᵃCineret al oriente.

12 Después descenderá este término al Jordán, y serán sus salidas al Mar Salado. Ésta será vuestra tierra, por sus términos alrededor.

13 Y mandó Moisés a los hijos de Israel, diciendo: ᶜÉsta *es* la tierra que heredaréis por suerte, la cual mandó Jehová que diese a las nueve tribus, y a la media tribu:

14 ᵈPorque la tribu de los hijos de Rubén según las casas de sus padres, y la tribu de los hijos de Gad

NÚMEROS 35

según las casas de sus padres, y la media tribu de Manasés, han tomado su herencia:

15 Dos tribus y media tomaron su heredad a este lado del Jordán, *frente a* Jericó, al oriente, hacia el nacimiento del sol.

16 Y habló Jehová a Moisés, diciendo:

17 Estos *son* los nombres de los varones que les repartirán la tierra: ^aEleazar, el sacerdote, y Josué, hijo de Nun.

18 ^bTomaréis también de cada tribu un príncipe, para dar la posesión de la tierra.

19 Y éstos *son* los nombres de los varones: De la tribu de Judá, Caleb, hijo de Jefone.

20 Y de la tribu de los hijos de Simeón, Samuel, hijo de Amiud.

21 De la tribu de Benjamín; Elidad, hijo de Quislón.

22 Y de la tribu de los hijos de Dan, el príncipe Buqui, hijo de Jogli.

23 De los hijos de José: de la tribu de los hijos de Manasés, el príncipe Haniel hijo de Efod.

24 Y de la tribu de los hijos de Efraín, el príncipe Quemuel, hijo de Siftán.

25 Y de la tribu de los hijos de Zabulón, el príncipe Elizafán, hijo de Farnac.

26 Y de la tribu de los hijos de Isacar, el príncipe Paltiel, hijo de Azan.

27 Y de la tribu de los hijos de Aser, el príncipe Ahiud, hijo de Selomi.

28 Y de la tribu de los hijos de Neftalí, el príncipe Pedael, hijo de Amiud.

29 Éstos *son* a los que mandó Jehová que hiciesen la partición de la herencia a los hijos de Israel en la tierra de Canaán.

CAPÍTULO 35

Y habló Jehová a Moisés en los ^mcampos de Moab, junto al Jordán *frente a* Jericó, diciendo:

2 ⁿManda a los hijos de Israel, que den a los levitas de la posesión de su heredad ciudades en que habiten; También daréis a los levitas ^pejidos de esas ciudades alrededor de ellas.

3 Y tendrán ellos las ciudades para habitar, y los ejidos de ellas serán para sus animales, y para sus ganados, y para todas sus bestias.

Las heredades de los levitas

4 Y los ejidos de las ciudades que daréis a los levitas, serán mil codos alrededor, desde el muro de la ciudad para afuera.

5 Luego mediréis fuera de la ciudad a la parte del oriente dos mil codos, y a la parte del sur dos mil codos, y a la parte del occidente dos mil codos, y a la parte del norte dos mil codos, y la ciudad en medio; esto tendrán por los ejidos de las ciudades.

6 Y de las ciudades que daréis a los levitas, ^cseis ciudades *serán* de refugio, las cuales daréis para que el homicida se refugie allá; y además de éstas daréis cuarenta y dos ciudades.

7 Todas las ciudades que daréis a los levitas *serán* ^dcuarenta y ocho ciudades; ellas con sus ejidos.

8 Y las ciudades que diereis ^ede la heredad de los hijos de Israel, ^fdel que mucho tomaréis mucho, y del que poco tomaréis poco; cada uno dará de sus ciudades a los levitas según la posesión que heredará.

9 Y habló Jehová a Moisés, diciendo:

10 Habla a los hijos de Israel, y diles: ^gCuando hubiereis pasado el Jordán a la tierra de Canaán,

11 ^hOs señalaréis ciudades, ciudades de refugio tendréis, donde huya el homicida que hiriere a alguno de muerte ⁱpor yerro.

12 Y os serán aquellas ciudades por refugio del pariente, y no morirá el homicida hasta que esté a juicio delante de la congregación.

13 De las ciudades, pues, que daréis, tendréis ^jseis ciudades de refugio.

14 ^kTres ciudades daréis a este lado del Jordán, y tres ciudades daréis en la tierra de Canaán; *las cuales* serán ciudades de refugio.

15 Estas seis ciudades serán para refugio a los hijos de Israel, y ^lal peregrino, y al que morare entre ellos, para que huya allá cualquiera que hiriere de muerte a otro por yerro.

16 ^oY si con instrumento de hierro lo hiriere y muriere, homicida *es*; el homicida morirá.

17 Y si con piedra de mano, de que pueda morir, lo hiriere, y muriere, homicida *es*; el homicida morirá.

18 Y *si* con instrumento de palo de mano, de que pueda morir, lo

Las ciudades de refugio

hiriere, y muriere, homicida es; el homicida morirá.

19 [1]El pariente del muerto, [a]él matará al homicida: cuando lo encontrare, él le matará.

20 Y si por odio lo empujó, o echó sobre *él alguna* cosa [c]por asechanzas, y muere;

21 o por enemistad lo hirió con su mano, y murió; el heridor morirá; *es* homicida; el pariente del muerto matará al homicida, cuando lo encontrare.

22 Mas si casualmente [g]lo empujó sin enemistades, o echó sobre él cualquier instrumento sin asechanzas,

23 o bien, sin verlo, hizo caer sobre él alguna piedra, de que pudo morir, y muriere, y él no *era* su enemigo, ni procuraba su mal;

24 entonces [i]la congregación juzgará entre el heridor y el pariente del muerto conforme a estas leyes.

25 Y la congregación librará al homicida de mano del pariente del muerto, y la congregación lo hará volver a su ciudad de refugio, en la cual se había refugiado; y morará en ella hasta que muera el [k]sumo sacerdote, [m]el cual fue ungido con el aceite santo.

26 Y si el homicida saliere fuera del término de su ciudad de refugio, en la cual se refugió,

27 y el pariente del muerto le hallare fuera del término de la ciudad de su refugio, y el pariente del muerto al homicida matare, no se le culpará por ello:

28 Pues en su ciudad de refugio deberá aquél habitar hasta que muera el sumo sacerdote: y después que muriere el sumo sacerdote, el homicida volverá a la tierra de su posesión.

29 Y estas cosas os serán por [o]ordenanza de derecho por vuestras edades, en todas vuestras habitaciones.

30 Cualquiera que hiriere a alguno, [q]por dicho de testigos, morirá el homicida: mas un solo testigo no hará fe contra alguna persona para que muera.

31 Y no tomaréis precio por la vida del homicida; porque *está* condenado a muerte; mas indefectiblemente morirá.

32 Ni tampoco tomaréis precio del que huyó a su ciudad de refugio, para que vuelva a vivir en su tierra, hasta que muera el sacerdote.

33 Y no contaminaréis la tierra donde estuviereis; [b]porque esta sangre amancillará la tierra; y la tierra no será expiada de la sangre que fue derramada en ella, sino [d]por la sangre del que la derramó.

34 [e]No contaminéis, pues, la tierra donde habitáis, en medio de la cual yo habito; porque [f]yo Jehová habito en medio de los hijos de Israel.

NÚMEROS 36

1 Redentor o vengador de la sangre

a ver 21,24
Dt 19:6-12
Jos 20:3-5
b Sal 106:38
c Éx 21:14
Dt 19:11
d Gn 9:6
e Lv 18:25
f Éx 29:45
g Éx 21:13

h cp 26:29
i ver 12
Jos 20:6

j cp 26:55
y 33:54

k ver 28
Lv 21:10
Jos 20:6
2 Re 12:10
l cp 27:1
Jos 17:3-4
m Éx 29:7
Lv 4:3

n Lv 25:10

o cp 27:11

p cp 27:7
q Dt 17:6
y 19:15
Mt 18:16
2 Co 13:1
1 Tim 5:19
Heb 10:28
r ver 12
s 1 Re 21:3

CAPÍTULO 36

Y llegaron los príncipes de los padres de la familia [h]de Galaad, hijo de Maquir, hijo de Manasés, de las familias de los hijos de José; y hablaron delante de Moisés, y de los príncipes, cabezas de padres de los hijos de Israel,

2 y dijeron: [j]Jehová mandó a mi señor que por suerte diese la tierra a los hijos de Israel en posesión; también [l]ha mandado Jehová a mi señor, que dé la posesión de Zelofehad nuestro hermano a sus hijas;

3 las cuales, si se casaren con algunos de los hijos de las *otras* tribus de los hijos de Israel, la herencia de ellas será quitada de la herencia de nuestros padres, y será añadida a la herencia de la tribu a que serán unidas; y será quitada de la suerte de nuestra heredad.

4 Y cuando viniere [n]el jubileo de los hijos de Israel, la heredad de ellas será añadida a la heredad de la tribu de sus maridos; y así la heredad de ellas será quitada de la heredad de la tribu de nuestros padres.

5 Entonces Moisés mandó a los hijos de Israel conforme a la palabra de Jehová, diciendo: La tribu de los hijos de José [p]habla rectamente.

6 Esto *es* lo que ha mandado Jehová acerca de las hijas de Zelofehad, diciendo: Cásense como a ellas les plazca, [r]pero en la familia de la tribu de su padre se casarán,

7 para que la heredad de los hijos de Israel [s]no sea traspasada de tribu en tribu; porque cada uno de los

DEUTERONOMIO 1

Moisés escoge hombres que le ayuden

hijos de Israel se unirá a la heredad de la tribu de sus padres.

8 Y ^bcualquiera hija que poseyere heredad de las tribus de los hijos de Israel, con alguno de la familia de la tribu de su padre se casará, para que los hijos de Israel posean cada uno la heredad de sus padres.

9 Y no ande la heredad rodando de una tribu a otra; mas cada una de las tribus de los hijos de Israel se llegue a su heredad.

10 Como Jehová mandó a Moisés, así hicieron las hijas de Zelofehad.

11 Y así ^aMaala, y Tirsa, y Hogla, y Milca, y Noa, hijas de Zelofehad, se casaron con hijos de sus tíos:

12 Se casaron con los de la familia de los hijos de Manasés, hijo de José; y la heredad de ellas quedó en la tribu de la familia de su padre.

13 Éstos *son* los mandamientos y los estatutos que mandó Jehová por mano de Moisés a los hijos de Israel en ^clos campos de Moab, junto al Jordán, *frente a* Jericó.

a cp27:1
b 1 Cr 23:22

c cp 22:1

Libro Quinto De Moisés
DEUTERONOMIO

CAPÍTULO 1

Éstas *son* las palabras que habló Moisés a todo Israel a este lado del Jordán en el desierto, en la llanura frente al *Mar* Rojo, entre Parán, y Tofel, y Labán, y Haserot y Dizahab.

2 Once jornadas *hay* desde Horeb, camino del monte de Seir, ^dhasta Cades-barnea.

3 Y acontecío que a los cuarenta años, en el mes undécimo, al primer *día* del mes, Moisés habló a los hijos de Israel conforme a todas las cosas que Jehová le había mandado acerca de ellos;

4 ^gDespués que hirió a Sehón, rey de los amorreos, que habitaba en Hesbón, y a Og, rey de Basán, que habitaba en Astarot en ^hEdrei.

5 De este lado del Jordán, en tierra de Moab, comenzó Moisés a declarar esta ley, diciendo:

6 Jehová nuestro Dios nos habló en Horeb, diciendo: ^jBastante tiempo habéis estado en este monte.

7 Volveos, e id al monte del amorreo, y a todas sus comarcas, en el llano, en el monte, en los valles, en el sur, en la costa del mar, en la tierra del cananeo y el Líbano, hasta el gran río, el río Éufrates.

8 Mirad, yo he puesto la tierra delante de vosotros; entrad y poseed la tierra que Jehová juró a vuestros padres ^mAbraham, Isaac y Jacob, que

a Éx 18:18
Nm 11:14

b Gn 15:5

c 2 Sm 24:3
d cp 9:23
Nm 13:27

e 1 Re 3:8-9

f Éx 18:21
Nm 11:16-17
g Nm 21:24

h Nm 21:33

i Éx 18:25

j Éx 19:1
Nm 10:11
k Nm 11:16

l cp 16:19
Lv 19:15
1 Sm 16:7
Stg 2:1,9
m Gn 12:7
15:18 17:7-8,
26:4 y 28:13
n 2 Cr 19:6

les daría a ellos y a su simiente después de ellos.

9 Y ^ayo os hablé entonces, diciendo: Yo solo no puedo llevaros.

10 Jehová vuestro Dios os ha multiplicado, y he aquí hoy vosotros ^bsois como las estrellas del cielo en multitud.

11 ^c¡Jehová, el Dios de vuestros padres, os haga mil veces más de lo que sois, y os bendiga, como os ha prometido!

12 ^e¿Cómo llevaré yo solo vuestras molestias, vuestras cargas y vuestros pleitos?

13 ^fDadme de entre vosotros, de vuestras tribus, varones sabios y entendidos y expertos, para que yo los ponga por vuestros jefes.

14 Y me respondisteis, y dijisteis: Bueno *es* hacer lo que has dicho.

15 Y tomé los principales de vuestras tribus, varones sabios y expertos, y ⁱlos puse por jefes sobre vosotros, jefes de millares, y jefes de cientos, y jefes de cincuenta, y jefes de diez, y ^koficiales entre vuestras tribus.

16 Y entonces mandé a vuestros jueces, diciendo: Oíd *las querellas* entre vuestros hermanos, y juzgad justamente entre el hombre y su hermano, y el extranjero que está con él.

17 ^lNo hagáis acepción de personas en el juicio; así al pequeño como al grande oiréis: No tendréis temor del hombre, porque ⁿel juicio es de Dios.

Moisés escoge hombres que le ayuden   DEUTERONOMIO 1

Y el caso que os fuere difícil, ªlo traeréis a mí, y yo lo oiré.

18 Os mandé, pues, en aquel tiempo todo lo que habíais de hacer.

19 Y habiendo salido de Horeb, ᶜanduvimos todo aquel grande y terrible desierto que habéis visto, por el camino del monte del amorreo, como Jehová nuestro Dios nos lo mandó; y ᵍllegamos hasta Cades-barnea.

20 Entonces os dije: Habéis llegado al monte del amorreo, el cual Jehová nuestro Dios nos da.

21 Mira, Jehová tu Dios ha puesto la tierra delante de ti; sube y poséela, como Jehová el Dios de tus padres te ha dicho; ⁱno temas ni desmayes.

22 Y os acercasteis a mí todos vosotros, y dijisteis: Enviemos varones delante de nosotros, que nos reconozcan la tierra y nos traigan de vuelta razón del camino por donde hemos de subir, y de las ciudades adonde hemos de llegar.

23 Y el dicho me pareció bien; y ᵒtomé doce varones de vosotros, un varón por tribu.

24 Y ᵠse encaminaron, y subieron al monte, y llegaron hasta el valle de Escol, y reconocieron *la tierra*.

25 Y tomaron en sus manos del fruto del país, y nos lo trajeron, y nos dieron cuenta, y dijeron: ᵗEs buena la tierra que Jehová nuestro Dios nos da.

26 Sin embargo, no quisisteis subir, antes ᵛfuisteis rebeldes al mandato de Jehová vuestro Dios;

27 y ʸmurmurasteis en vuestras tiendas, diciendo: ᶻPorque Jehová nos aborrece, nos ha sacado de la tierra de Egipto, para entregarnos en manos del amorreo y destruirnos.

28 ¿A dónde subiremos? Nuestros hermanos han hecho desfallecer nuestro corazón, diciendo: ᵇEste pueblo *es* mayor y más alto que nosotros, las ciudades grandes y amuralladas hasta el cielo; y también vimos allí ¹hijos de gigantes.

29 Entonces os dije: No temáis, ni tengáis miedo de ellos.

30 ᶜJehová vuestro Dios, el cual va delante de vosotros, Él peleará por vosotros, conforme a todas las cosas que hizo por vosotros en Egipto delante de vuestros ojos;

31 Y en el desierto has visto que Jehová tu Dios ᵇte ha traído, como trae el hombre a su hijo, por todo el camino que habéis andado, hasta llegar a este lugar.

32 Y aun con esto ᵈno creísteis a Jehová vuestro Dios,

33 ᵉquien iba delante de vosotros por el camino, ᶠpara buscaros el lugar donde habíais de acampar, con fuego de noche para mostraros el camino por donde debíais andar, y con nube de día.

34 Y oyó Jehová la voz de vuestras palabras, y se enojó, y juró diciendo:

35 Ciertamente ʰninguno de los hombres, de esta mala generación, verá la buena tierra que juré daría a vuestros padres.

36 ʲexcepto Caleb, hijo de Jefone; él la verá, y a él le daré la tierra que ha pisado, y a sus hijos, ᵏporque él ha seguido fielmente a Jehová.

37 ˡTambién contra mí se enojó Jehová por causa de vosotros, y me dijo: Tampoco tú entrarás allá.

38 ᵐJosué, hijo de Nun, ⁿque está delante de ti, él entrará allá: ᵖanímale; porque él la hará heredar a Israel.

39 Y ʳvuestros chiquitos, de los cuales dijisteis serían por presa, y vuestros hijos que ˢen aquel tiempo no sabían entre el bien y el mal, ellos entrarán allá, y a ellos la daré, y ellos la poseerán.

40 Pero ᵘvosotros volveos, e id al desierto, camino del Mar Rojo.

41 Entonces respondisteis y me dijisteis: ˣHemos pecado contra Jehová; nosotros subiremos y pelearemos, conforme a todo lo que Jehová nuestro Dios nos ha mandado. Y os armasteis cada uno de sus armas de guerra, y os apercibisteis para subir al monte.

42 Y Jehová me dijo: Diles: ᵃNo subáis, ni peleéis, pues no *estoy* entre vosotros; para que no seáis vencidos delante de vuestros enemigos.

43 Y os hablé, y no quisisteis oír; antes fuisteis rebeldes al mandamiento de Jehová, y ᵈpersistiendo con altivez subisteis al monte.

44 Y los amorreos que habitaban en aquel monte salieron a vuestro encuentro, y os persiguieron como

lo hacen ª las avispas, y os derrotaron en Seir, hasta Horma.

45 Y volvisteis, y llorasteis delante de Jehová; pero Jehová no escuchó vuestra voz, ni os prestó oído.

46 Y ᵈestuvisteis en Cades por muchos días, de acuerdo a los días que habéis estado allí.

CAPÍTULO 2

Luego volvimos y nos fuimos al desierto, camino del Mar Rojo, ᵍcomo Jehová me había dicho; y rodeamos el monte de Seir ʰpor muchos días.

2 Y Jehová me habló, diciendo:

3 Bastante habéis rodeado este monte; volveos al norte.

4 Y manda al pueblo, diciendo: ⁱPasando vosotros por el territorio de vuestros hermanos, los hijos de Esaú, ʲque habitan en Seir, ellos tendrán miedo de vosotros; mas vosotros guardaos mucho;

5 No os metáis con ellos; que no os daré de su tierra ni aun el ancho de la planta de un pie; porque yo he dado por heredad a Esaú ᵏel monte de Seir.

6 Compraréis de ellos por dinero los alimentos, y comeréis; y también compraréis de ellos por dinero el agua, y beberéis;

7 pues Jehová tu Dios te ha bendecido en toda la obra de tus manos; Él conoce tu caminar por este gran desierto; estos cuarenta años Jehová tu Dios *ha estado* contigo; nada te ha faltado.

8 Y ⁿpasamos de nuestros hermanos los hijos de Esaú que habitaban en Seir, por el camino de la llanura de ᵒElat y de Ezión-geber. Y volvimos, y pasamos camino del desierto de Moab.

9 Y Jehová me dijo: No molestes a Moab, ni te empeñes con ellos en guerra, pues no te daré posesión de su tierra; porque yo he dado a ˢAr *por* heredad a ᵗlos hijos de Lot.

10 ᵛ(Allí habitaron antes los emitas, pueblo grande y numeroso, y alto como los ᵃanaceos;

11 que también eran contados por gigantes como los anaceos; pero los moabitas los llaman emitas.

12 Y en Seir habitaron antes los ᵇhoreos, a los cuales echaron los hijos de Esaú; y los destruyeron de delante de sí, y moraron en lugar de ellos; como hizo ᶜIsrael en la tierra de su posesión que les dio Jehová.)

13 Levantaos ahora, y pasad el arroyo de Zered. Y ᵉpasamos el arroyo de Zered.

14 Y el tiempo que anduvimos de Cades-barnea hasta que pasamos el arroyo de Zered, fue de treinta y ocho años; ᶠhasta que se acabó toda la generación de los hombres de guerra de en medio del campamento, como Jehová les había jurado.

15 Y también la mano de Jehová fue contra ellos para destruirlos de en medio del campamento, hasta acabarlos.

16 Y aconteció que cuando todos los hombres de guerra se acabaron y perecieron de entre el pueblo,

17 Jehová me habló, diciendo:

18 Tú pasarás hoy el término de Moab, a Ar,

19 y cuando te acerques a los hijos de Amón; no los molestes, ni te metas con ellos; pues no te daré posesión de la tierra de los hijos de Amón; ˡporque a los hijos de Lot la he dado por heredad.

20 (Por tierra de gigantes fue también ella tenida; habitaron en ella gigantes en otro tiempo, a los cuales los amonitas llamaban ᵐzomzomeos;

21 pueblo grande, y numeroso, y alto, como los anaceos; a los cuales Jehová destruyó de delante de los amonitas, quienes les sucedieron, y habitaron en su lugar;

22 como hizo con los hijos de Esaú, que habitaban en Seir, de delante de los cuales destruyó a ᵖlos horeos; y ellos les sucedieron, y habitaron en su lugar hasta hoy.

23 Y a los ᑫaveos que habitaban en Haserin hasta Gaza, ʳlos caftoreos que salieron de Caftor los destruyeron, y habitaron en su lugar.)

24 Levantaos, partid, y pasad ᵘel arroyo de Arnón; he aquí yo he entregado en tu mano a Sehón amorreo, rey de Hesbón, y a su tierra; comienza a tomar posesión, y contiende con él en guerra.

25 ᵛHoy comenzaré a poner tu miedo y tu espanto sobre los pueblos

38 años vagaron en el desierto

que están debajo de todo el cielo, los cuales oirán tu fama, y temblarán y se angustiarán delante de ti.

26 Y envié mensajeros desde el desierto de Cademot a Sehón, rey de Hesbón, ᵇcon palabras de paz, diciendo:

27 ᵈPasaré por tu tierra por el camino: por el camino iré, sin apartarme ni a la derecha ni a la izquierda.

28 La comida me venderás por dinero, y comeré; el agua también me darás por dinero, y beberé; ᶠsolamente pasaré a pie;

29 ʰcomo lo hicieron conmigo los hijos de Esaú que habitaban en Seir, y los moabitas que habitaban en Ar; hasta que cruce el Jordán a la tierra que nos da Jehová nuestro Dios.

30 Mas ʲSehón, rey de Hesbón, no quiso que pasásemos por su territorio; porque Jehová tu Dios había ᵏendurecido su espíritu, e hizo obstinado su corazón para entregarlo en tu mano, como *hasta* hoy.

31 Y me dijo Jehová: He aquí yo he comenzado a dar delante de ti a Sehón y a su tierra; comienza a tomar posesión, para que heredes su tierra.

32 Y ᵐnos salió Sehón al encuentro, él y todo su pueblo, para pelear en Jahaza.

33 Mas ⁿJehová nuestro Dios lo entregó delante de nosotros; y ᵒlo derrotamos a él y a sus hijos, y a todo su pueblo.

34 Y tomamos entonces todas sus ciudades, y ᵖdestruimos todas las ciudades, hombres, mujeres y niños; no dejamos ninguno.

35 Solamente tomamos para nosotros el ganado y el despojo de las ciudades que habíamos tomado.

36 ᵗDesde Aroer, que está junto a la ribera del arroyo de Arnón, y *desde* la ciudad que *está* junto al arroyo, hasta Galaad, no hubo ciudad que escapase de nosotros; ʸtodas las entregó Jehová nuestro Dios en nuestro poder.

37 Solamente a la tierra de los hijos de Amón no llegaste, ni a todo lo que está a la orilla del arroyo de ᵇJaboc ni a las ciudades del monte, ni a lugar alguno que Jehová nuestro Dios había prohibido.

a cp 29:7
Nm 21:33
b cp 20:10
c cp 1:4
d Nm 21:21

e Nm 21:24

f Nm 20:17
g Nm 21:35
h cp 23:3-4
Nm 20:18
Jos 11:17-18
i 1 Re 4:13
j Nm 21:23

k Éx 7:3

l cp 2:24
Nm 32:37

m Nm 21:23
n cp 7:2
o cp 29:7
Nm 21:24
p cp 7:2
Lv 27:28
q 1 Cr 5:23
Cnt 4:8
r cp 4:43
s Jos 12:5
t cp 3:12
Nm 32:34
Jos 13:9-16
u Am 2:9
v ver 13
cp 2:11-20
Gn 14:5
x Jer 49:2
Ez 21:20
y Sal 44:3-4
z Ap 21:17
a cp 2:36
b Gn 32:22
Nm 21:24
c Nm 32:33
Jos 12:5-6
y 13:8

DEUTERONOMIO 3
CAPÍTULO 3

Volvimos, pues, y subimos camino de Basán. Y ᵃOg, rey de Basán, nos salió al encuentro con todo su pueblo para pelear ᶜen Edrei.

2 Y me dijo Jehová: No tengas temor de él, porque en tus manos he entregado a él y a todo su pueblo, y su tierra; y harás con él como hiciste con ᵉSehón, rey de los amorreos, que habitaba en Hesbón.

3 Y Jehová nuestro Dios entregó también en nuestras manos a Og, rey de Basán, y a todo su pueblo, ᵍal cual herimos hasta no quedar de él ninguno.

4 Y tomamos entonces todas sus ciudades; ⁱno quedó ciudad que no les tomásemos: sesenta ciudades, toda la tierra de Argob, del reino de Og en Basán.

5 Todas éstas *eran* ciudades fortificadas con muros altos, con puertas y cerrojos; además de muchas otras ciudades sin muros.

6 Y las destruimos, como hicimos a Sehón, rey de ˡHesbón, destruyendo en toda ciudad a hombres, mujeres y niños.

7 Y tomamos para nosotros todo el ganado y el despojo de las ciudades.

8 También tomamos en aquel tiempo de mano de dos reyes amorreos que *estaban* de este lado del Jordán, la tierra desde el arroyo de Arnón hasta el monte de Hermón.

9 (Los sidonios llaman a Hermón Sirión; y los amorreos lo llaman ᵠSenir.)

10 ʳTodas las ciudades de la llanura, y todo Galaad, y ˢtodo Basán hasta Salca y Edrei, ciudades del reino de Og en Basán.

11 ᵘPorque sólo Og, rey de Basán, había quedado del resto de los ᵛgigantes. He aquí su cama, una cama de hierro; ¿no está en ˣRabá de los hijos de Amón?; la longitud de ella de nueve codos, y su anchura de cuatro codos, ᶻal codo de un hombre.

12 Y esta tierra que heredamos en aquel tiempo, ᵃdesde Aroer, que *está* junto al arroyo de Galaad, y la mitad del monte de Galaad ᶜcon sus ciudades, la di a los rubenitas y a los gaditas.

DEUTERONOMIO 4

Tierras conquistadas

13 ªY el resto de Galaad y todo Basán, del reino de Og, lo di a la media tribu de Manasés; toda la tierra de Argob, todo Basán, que se llamaba la tierra de los gigantes.

14 Jair, hijo de Manasés tomó toda la tierra de Argob hasta el término de Gesur y Maacati; ᵈy la llamó de su nombre Basán-havot-jair, hasta hoy.

15 ᵉY Galaad se lo di a Maquir.

16 Y a los rubenitas y a los ᶠgaditas les di desde Galaad hasta el arroyo de Arnón, el medio del valle por término; hasta el arroyo de Jaboc, ʰtérmino de los hijos de Amón.

17 También la llanura, con el Jordán como límite, desde ʲCineret ᵏhasta el mar del Arabá, ˡel Mar Salado, hasta las vertientes abajo del Pisga al oriente.

18 Y os mandé en aquel tiempo, diciendo: Jehová vuestro Dios os ha dado esta tierra para que la poseáis; ⁿpasaréis armados delante de vuestros hermanos los hijos de Israel todos los valientes.

19 Solamente vuestras esposas, vuestros niños y vuestros ganados (ᵖyo sé que tenéis mucho ganado), quedarán en vuestras ciudades que os he dado,

20 hasta que Jehová dé reposo a vuestros hermanos, así como a vosotros, y hereden también ellos la tierra que Jehová vuestro Dios les ha dado al otro lado del Jordán: entonces ʳos volveréis cada uno a su heredad que yo os he dado.

21 ˢMandé también a Josué en aquel tiempo, diciendo: Tus ojos vieron todo lo que Jehová vuestro Dios ha hecho a aquellos dos reyes; así hará Jehová a todos los reinos a los cuales pasarás tú.

22 No los temáis; que ᵗJehová vuestro Dios, Él es el que pelea por vosotros.

23 Y oré a Jehová en aquel tiempo, diciendo:

24 Señor Jehová, tú has comenzado a mostrar a tu siervo tu grandeza, y tu mano poderosa; porque ᵛ¿qué Dios hay en el cielo o en la tierra que haga según tus obras, y conforme a tus proezas?

25 Pase yo, te ruego, y vea aquella ᶻtierra buena, que *está* más allá del Jordán, aquel buen monte, y el ªLíbano.

26 Pero ᵇJehová estaba enojado conmigo por causa de vosotros, por lo cual no me escuchó; y me dijo Jehová: Bástate, no me hables más de este asunto.

27 ᶜSube a la cumbre del Pisga y alza tus ojos al occidente, y al norte, y al sur, y al oriente, y mírala con tus propios ojos, porque tú no cruzarás este Jordán.

28 Y ᵍmanda a Josué, y anímalo y fortalécelo, porque él pasará delante de este pueblo, y él les hará heredar la tierra que tú verás.

29 Y paramos en ⁱel valle delante de Bet-peor.

CAPÍTULO 4

Ahora pues, oh Israel, oye ᵐlos estatutos y derechos que yo os enseño, para que los ejecutéis y viváis, y entréis y poseáis la tierra que Jehová el Dios de vuestros padres os da.

2 ᵒNo añadiréis a la palabra que yo os mando, ni disminuiréis de ella, para que guardéis los mandamientos de Jehová vuestro Dios que yo os ordeno.

3 Vuestros ojos vieron lo que hizo Jehová con motivo ᵠde Baal-peor; que a todo hombre que fue en pos de Baal-peor destruyó Jehová tu Dios de en medio de ti.

4 Mas vosotros que os aferrasteis a Jehová vuestro Dios, todos *estáis* vivos hoy.

5 Mirad, yo os he enseñado estatutos y derechos tal como Jehová mi Dios me mandó, para que hagáis así en medio de la tierra en la cual entráis para poseerla.

6 Guardadlos, pues, y ponedlos por obra; porque ésta es ᵘvuestra sabiduría y vuestra inteligencia ante los ojos de los pueblos, los cuales oirán todos estos estatutos, y dirán: Ciertamente pueblo sabio y entendido, nación grande *es* ésta.

7 Porque ˣ¿qué nación grande ʸhay que tenga a Dios *tan* cerca a sí, como lo *está* Jehová nuestro Dios en todo cuanto le pedimos?

8 Y ¿qué nación grande *hay* que tenga estatutos y derechos *tan* justos como toda esta ley que hoy pongo delante de vosotros?

---

a Jos 13:29
b cp 1:37
Sal 78:21,59

c Nm 27:12

d Nm 32:41

e Nm 32:39
f 2 Sm 24:5
g cp 1:33
y 31:5-7
Nm 27:23
h Nm 21:24
Jos 12:2
i cp 4:46
y 34:6
j Nm 34:11
k cp 4:49
l Gn 14:3
m Lv 18:4

n Nm 32:21

o cp 12:32
Ap 22:18-19

p Nm 32:1-4

q Nm 23:28

r Jos 22:4

s Nm 27:18

t Éx 14:14
u Job 28:28
Sal 111:19
Pr 1:7 y 9:10

v Éx 15:11
x 2 Sm 7:23
y Sal 46:1
145:18 148:14

z Éx 3:8

a Jos 1:4

No añadirás a Sus palabras

9 Por tanto, guárdate, y ªguarda tu alma con diligencia, que no te olvides de las cosas que tus ojos han visto, y no se aparten de tu corazón todos los días de tu vida; antes bien, ᶜlas enseñarás a tus hijos, y a los hijos de tus hijos.

10 El ᵉdía que estuviste delante de Jehová tu Dios en Horeb, cuando Jehová me dijo: Reúneme el pueblo, para que yo les haga oír mis palabras, las cuales aprenderán, para temerme todos los días que vivieren sobre la tierra: y las enseñarán a sus hijos;

11 y os acercasteis, y os pusisteis al pie del monte; y ⁱel monte ardía en fuego hasta en medio de los cielos con tinieblas, nube, y oscuridad.

12 Y ᵏJehová habló con vosotros de en medio del fuego; ˡoísteis la voz de sus palabras, pero a excepción de oír la voz, ninguna figura ⁿvisteis.

13 Y ᵒÉl os anunció su pacto, el cual os mandó poner por obra, ᵖlos diez mandamientos; y ʳlos escribió en dos tablas de piedra.

14 A ˢmí también me mandó Jehová en aquel tiempo a enseñaros los estatutos y derechos, para que los pusieseis por obra en la tierra a la cual pasáis para poseerla.

15 ᵘGuardad, pues, mucho vuestras almas: pues ninguna ᵛfigura visteis el día que Jehová habló con vosotros de en medio del fuego;

16 para que no os corrompáis, y ᶻhagáis para vosotros escultura, imagen de figura alguna, efigie de varón o hembra,

17 figura de algún animal que está en la tierra, figura de alguna ave alada que vuela por el aire,

18 figura de ningún *animal* que se arrastra sobre la tierra, figura de pez alguno que *hay* en el agua debajo de la tierra.

19 No sea que alzando tus ojos al cielo, y viendo el sol y la luna y las estrellas, y ᵉtodo el ejército del cielo, seas incitado, y te inclines a ellos, y les sirvas; porque Jehová tu Dios los ha concedido a todos los pueblos debajo de todos los cielos.

20 Mas a vosotros Jehová os tomó, ᵍy os ha sacado del horno de hierro, de Egipto, para que le seáis por pueblo, *por* heredad, como en este día.

DEUTERONOMIO 4

21 ᵇY Jehová se enojó contra mí por causa de vosotros, y juró que yo no pasaría el Jordán, ni entraría en la buena tierra, que Jehová tu Dios te da *por* heredad.

22 Así que yo voy a morir en esta tierra, y ᵈno cruzaré el Jordán; pero vosotros pasaréis y poseeréis ᶠaquella buena tierra.

23 Guardaos, no sea que olvidéis el pacto de Jehová vuestro Dios, que Él estableció con vosotros, y ᵍos hagáis escultura o imagen de cualquier cosa, que Jehová tu Dios te ha prohibido.

24 Porque ʰJehová tu Dios es fuego consumidor, ʲDios celoso.

25 Cuando hubiereis engendrado hijos y nietos, y hubiereis envejecido en la tierra, y os corrompiereis, e hiciereis escultura o imagen de cualquier cosa, e ᵐhiciereis lo malo ante los ojos de Jehová vuestro Dios, para enojarlo;

26 ᑫyo pongo hoy por testigos al cielo y a la tierra, que presto pereceréis totalmente de la tierra hacia la cual pasáis el Jordán para poseerla: no estaréis en ella largos días sin que seáis totalmente destruidos.

27 Y Jehová ᵗos esparcirá entre los pueblos, y quedaréis pocos en número entre las naciones a las cuales os llevará Jehová:

28 ˣY serviréis allí a dioses hechos de manos de hombres, de madera y de piedra, ʸque no ven, ni oyen, ni comen, ni huelen.

29 ªMas si desde allí buscares a Jehová tu Dios, lo hallarás, si lo buscares con todo tu corazón y con toda tu alma.

30 Cuando estuviereis en angustia, y te alcanzaren todas estas cosas, ᵇsi en los postreros ᶜdías te volvieres a Jehová tu Dios, y oyeres su voz;

31 (porque Jehová tu Dios *es* ᵈDios misericordioso;) Él no te abandonará, ni te destruirá, ni se olvidará del pacto que juró a tus padres.

32 Pues ᶠpregunta ahora acerca de los tiempos pasados que fueron antes de ti, desde el día en que Dios creó al hombre sobre la tierra, y desde un extremo del cielo hasta el otro, si se ha hecho cosa tan grande como ésta, o se ha oído algo como esto.

DEUTERONOMIO 5

33 ª¿Ha oído pueblo *alguno* la voz de Dios, hablando de en medio del fuego, como tú la has oído, y ha sobrevivido?

34 ¿O ha intentado Dios venir a tomar para sí una nación de en medio de *otra* nación, ᵈcon pruebas, ᵉcon señales, con milagros y con guerra, y ᶠmano fuerte y ᵍbrazo extendido, y grandes ʰterrores, como todo lo que hizo con vosotros Jehová vuestro Dios en Egipto ante tus ojos?

35 A ti te fue mostrado, para que supieses que Jehová, Él es Dios; no *hay* otro fuera de Él.

36 ᵏDesde el cielo te hizo oír su voz, para enseñarte; y sobre la tierra te mostró su gran fuego, y has oído sus palabras de en medio del fuego.

37 Y porque ˡÉl amó a tus padres, escogió a su simiente después de ellos, y te sacó delante de sí de Egipto con su gran poder;

38 ᵐpara echar de delante de ti naciones grandes y más fuertes que tú, y para introducirte, y darte su tierra *por* heredad, como hoy.

39 Reconoce pues, hoy, y reconsidera en tu corazón que ᵖJehová, Él *es* Dios arriba en el cielo, y abajo sobre la tierra; no *hay* otro.

40 Y guarda sus estatutos y sus mandamientos que yo te mando hoy, ʳpara que te vaya bien a ti y a tus hijos después de ti, y prolongues *tus* días sobre la tierra que Jehová tu Dios te da para siempre.

41 Entonces ᵘapartó Moisés tres ciudades de este lado del Jordán al nacimiento del sol;

42 ˣpara que huyese allí el homicida que matase a su prójimo por yerro, sin haber tenido enemistad con él en el pasado; y que huyendo a una de estas ciudades salvase su vida.

43 ʸA Beser en el desierto, en tierra de la llanura, de los rubenitas; y a Ramot en Galaad, de los gaditas; y a Golán en Basán, de los de Manasés.

44 Ésta, pues, *es* la ley que Moisés propuso delante de los hijos de Israel.

45 Éstos *son* los testimonios, y los estatutos, y los derechos, que Moisés notificó a los hijos de Israel, cuando hubieron salido de Egipto;

46 a este lado del Jordán, ªen el valle delante de Bet-peor, en la tierra de Sehón, rey de los amorreos, que habitaba en Hesbón, ᵇal cual hirió Moisés con los hijos de Israel, cuando hubieron salido de Egipto:

47 Y poseyeron su tierra, ᶜy la tierra de Og, rey de Basán; dos reyes de los amorreos que *estaban* de este lado del Jordán, hacia el nacimiento del sol:

48 ⁱDesde Aroer, que *está* junto a la ribera del arroyo de Arnón, hasta el monte de Sión, que es ʲHermón;

49 y toda la llanura de este lado del Jordán, al oriente, hasta el mar del Arabá, hasta las vertientes de las aguas abajo del Pisga.

CAPÍTULO 5

Y Moisés llamó a todo Israel, y les dijo: Oye, Israel, los estatutos y derechos que yo pronuncio hoy en vuestros oídos: y aprendedlos, y guardadlos, para ponerlos por obra.

2 ⁿJehová nuestro Dios hizo pacto con nosotros en Horeb.

3 ᵒNo con nuestros padres hizo Jehová este pacto, sino con nosotros todos los que estamos aquí hoy vivos.

4 ᑫCara a cara habló Jehová con vosotros en el monte de en medio del fuego

5 (Yo ˢestaba entonces entre Jehová y vosotros, para declararos la palabra de Jehová; porque ᵗvosotros tuvisteis temor del fuego, y no subisteis al monte), diciendo:

6 ᵛYo *soy* Jehová tu Dios, que te saqué de la tierra de Egipto, de casa de servidumbre.

7 No tendrás dioses ajenos delante de mí.

8 No harás para ti escultura, ni imagen alguna *de cosa* que *está* arriba en el cielo, o abajo en la tierra, o en las aguas debajo de la tierra;

9 No te inclinarás a ellas ni les servirás: porque yo *soy* Jehová tu Dios, fuerte, celoso, que visito la iniquidad de los padres sobre los hijos hasta la tercera y cuarta *generación* de los que me aborrecen,

10 y que ᶻhago misericordia a millares de los que me aman y guardan mis mandamientos.

11 No tomarás en vano el nombre de Jehová tu Dios; porque Jehová no

No hay Dios fuera de Él **DEUTERONOMIO 6**

dará por inocente al que tomare en vano su nombre.

12 Guarda el día sábado para santificarlo, como Jehová tu Dios te ha mandado.

13 Seis días trabajarás y harás toda tu obra:

14 Mas el séptimo día *es* el ᵇsábado de Jehová tu Dios: no harás en él obra alguna, tú, ni tu hijo, ni tu hija, ni tu siervo, ni tu sierva, ni tu buey, ni tu asno, ni ningún animal tuyo, ni tu extranjero que *está* dentro de tus puertas; para que descanse tu siervo y tu sierva como tú.

15 Y ᵈacuérdate que fuiste siervo en tierra de Egipto, y que Jehová tu Dios te sacó de allá con ᶠmano fuerte y brazo extendido; por lo cual Jehová tu Dios te ha mandado que guardes el día de reposo.

16 Honra a tu padre y a tu madre, como Jehová tu Dios te ha mandado, ⁱpara que sean prolongados tus días, y para que te vaya bien sobre la tierra que Jehová tu Dios te da.

17 No matarás.

18 ᵏNo cometerás adulterio.

19 No hurtarás.

20 No dirás falso testimonio contra tu prójimo.

21 No codiciarás la esposa de tu prójimo, ni desearás la casa de tu prójimo, ni su tierra, ni su siervo, ni su sierva, ni su buey, ni su asno, ni ninguna cosa que *sea* de tu prójimo.

22 Estas palabras habló Jehová a toda vuestra congregación en el monte, de en medio del fuego, de la nube y de la oscuridad, a gran voz: y no añadió más. ⁿY las escribió en dos tablas de piedra, las cuales me dio a mí.

23 Y aconteció que ᵖcuando oísteis la voz de en medio de las tinieblas, y visteis al monte que ardía en fuego, os acercasteis a mí, todos los príncipes de vuestras tribus, y vuestros ancianos.

24 y dijisteis: He aquí, Jehová nuestro Dios nos ha mostrado su gloria y su grandeza, y hemos oído ʳsu voz de en medio del fuego: hoy hemos visto que Jehová habla al hombre, y *éste* vive.

25 Ahora pues, ¿por qué moriremos? Porque este gran fuego nos consumirá; ᵛsi oyéremos otra vez

a cp 4:33

b Éx 16:29
Heb 4:4
c Éx 20:19

d cp 15:15
16:12
y 24:19-22
e cp 18:17
f cp 4:34-37
g Sal 81:13
Is 48:18
Mt 23:27
Lc 19:42
h cp 4:40
i cp 4:40
j Gá 3:19
k Lc 18:20
Stg 2:11

l cp 10:12

m cp 4:40

n Éx 24:12

o cp 4:1 5:31
y 12:1
p cp 4:11

q cp 10:12-13
y 13:4

r Éx 19:19
s cp 4:40
t cp 4:33
Éx 33:20
u Gn 15:5
y 22:17
v cp 18:16

la voz de Jehová nuestro Dios, moriremos.

26 Porque, ᵃ¿qué *es* toda carne, para que oiga la voz del Dios viviente que habla de en medio del fuego, como nosotros la oímos, y viva?

27 Acércate tú, y oye todas las cosas que Jehová nuestro Dios diga; y ᶜtú nos dirás todo lo que Jehová nuestro Dios te diga, y nosotros lo oiremos y lo haremos.

28 Y oyó Jehová la voz de vuestras palabras, cuando me hablabais; y me dijo Jehová: He oído la voz de las palabras de este pueblo, que ellos te han hablado: ᵉbien está todo lo que han dicho.

29 ᵍ¡Quién diera que tuviesen tal corazón, que me temiesen, y guardasen todos los días ʰtodos mis mandamientos, para que a ellos y a sus hijos les fuese bien para siempre!

30 Ve, diles: Volveos a vuestras tiendas.

31 Y tú quédate aquí conmigo, y ʲte diré todos los mandamientos, y estatutos, y derechos que les has de enseñar, a fin que los pongan ahora por obra en la tierra que yo les doy para poseerla.

32 Mirad, pues, que hagáis como Jehová vuestro Dios os ha mandado: no os apartéis a derecha ni a izquierda;

33 ˡAndad en todo camino que Jehová vuestro Dios os ha mandado, ᵐpara que viváis, y os vaya bien, y tengáis largos días en la tierra que habéis de poseer.

CAPÍTULO 6

Éstos, pues, *son* ᵒlos mandamientos, estatutos y decretos que Jehová vuestro Dios mandó que os enseñase, para que *los* pongáis por obra en la tierra a la cual pasáis vosotros para poseerla.

2 ᑫPara que temas a Jehová tu Dios, guardando todos sus estatutos y sus mandamientos que yo te mando, tú, y tu hijo, y el hijo de tu hijo, todos los días de tu vida, y ˢque tus días sean prolongados.

3 Oye pues, oh Israel, y cuida de ponerlos por obra, para que te vaya bien, y seáis multiplicados, ᵘcomo te ha prometido Jehová el Dios de tus

padres, en ªla tierra que destila leche y miel.

4 ᵇOye, Israel: Jehová nuestro Dios, Jehová uno *es*:

5 Y ᶜamarás a Jehová tu Dios ᵈcon todo tu corazón, y con toda tu alma, y con todas tus fuerzas.

6 Y ᵉestas palabras que yo te mando hoy, estarán sobre tu corazón;

7 y ᶠlas repetirás a tus hijos, y hablarás de ellas cuando te sientes en tu casa, y cuando andes por el camino, y al acostarte, y cuando te levantes;

8 y ᵍlas atarás por señal en tu mano, y estarán por frontales entre tus ojos;

9 Y ʰlas escribirás en los postes de tu casa, y en tus portadas.

10 Y será, cuando Jehová tu Dios te hubiere introducido en la tierra que juró a tus padres Abraham, Isaac, y Jacob, que te daría; en ciudades grandes y buenas ⁱque tú no edificaste,

11 y casas llenas de todo bien, que tú no llenaste, y cisternas cavadas, que tú no cavaste, viñas y olivares que no plantaste; ᵐluego que comieres y te saciares,

12 guárdate que no te olvides de Jehová, que te sacó de la tierra de Egipto, de casa de servidumbre.

13 A Jehová tu Dios temerás, y a Él solo servirás, y por su nombre jurarás.

14 ⁿNo andaréis en pos de dioses ajenos, de los dioses de los pueblos que *están* en vuestros contornos;

15 porque el Dios celoso, Jehová tu Dios, en medio de ti está; no sea que se encienda el furor de Jehová tu Dios contra ti, y te destruya de sobre la faz de la tierra.

16 ᑫNo tentaréis a Jehová vuestro Dios, como lo tentasteis en Masah.

17 Guardaréis diligentemente los mandamientos de Jehová vuestro Dios, y sus testimonios y sus estatutos que te ha mandado.

18 Y harás *lo* recto y bueno en ojos de Jehová, ˢpara que te vaya bien, y entres y poseas la buena tierra que Jehová juró a tus padres;

19 ᵘpara echar a todos tus enemigos de delante de ti, como Jehová ha dicho.

20 Y ʸcuando mañana te preguntare tu hijo, diciendo: ¿Qué *significan* los testimonios y estatutos

a Éx 3:8
b Is 42:8
Mr 12:29
Jn 17:3
1 Co 8:4-6
c Mt 22:37
Mr 12:30
Lc 10:27
d 2 Re 23:25
e cp 11:18
Sal 37:31
y 119:11
Is 51:7
f cp 4:9
g Éx 13:9
Pr 3:3 6:21
y 7:3
h cp 11:20
Is 57:8
i cp 10:13
Jer 32:39
j Sal 41:2
k cp 24:13
l Jos 24:13
Sal 105:44
m cp 8:10-11

n cp 8:19
y 11:28
Jer 25:6

o cp 20:10
Éx 23:32,33
Jue 2:2

p Éx 34:16
Jos 23:12
q Mt 4:7
Lc 4:12
r cp 6:15
s cp 4:40
t Éx 34:13
u Nm 33:52
v cp 14:2
Éx 19:6
Jer 2:3
x Éx 19:5
Am 3:2
1 Pe 2:9
y Éx 13:14

y derechos que Jehová nuestro Dios os ha mandado?

21 Entonces dirás a tu hijo: Nosotros éramos siervos de Faraón en Egipto, y Jehová nos sacó de Egipto con mano fuerte;

22 y Jehová mostró señales y milagros grandes y terribles en Egipto, sobre Faraón y sobre toda su casa, delante de nuestros ojos;

23 y nos sacó de allá, para traernos y darnos la tierra que juró a nuestros padres.

24 Y nos mandó Jehová que ejecutásemos todos estos estatutos, y que temiésemos a Jehová nuestro Dios, ⁱpara que nos vaya bien todos los días, ʲy para preservarnos la vida, como *hasta* hoy.

25 Y ᵏtendremos justicia cuando cuidáremos de poner por obra todos estos mandamientos delante de Jehová nuestro Dios, como Él nos ha mandado.

CAPÍTULO 7

Cuando Jehová tu Dios te hubiere introducido en la tierra en la cual tú has de entrar para poseerla, y hubiere echado de delante de ti muchas naciones, al heteo, al gergeseo, y al amorreo, y al cananeo, y al ferezeo, y al heveo, y al jebuseo, siete naciones mayores y más fuertes que tú;

2 y cuando Jehová tu Dios las hubiere entregado delante de ti, las herirás; del todo las destruirás; ᵒno harás con ellos alianza, ni les tendrás misericordia.

3 ᵖY no emparentarás con ellos: no darás tu hija a su hijo, ni tomarás a su hija para tu hijo.

4 Porque desviará a tu hijo de en pos de mí, y servirán a dioses ajenos; ʳy el furor de Jehová se encenderá sobre vosotros, y te destruirá presto.

5 Mas así habéis de hacer con ellos: ᵗSus altares destruiréis, y quebraréis sus estatuas, y cortaréis sus imágenes de Asera, y quemaréis sus esculturas en el fuego.

6 ᵛPorque tú eres pueblo santo a Jehová tu Dios: ˣJehová tu Dios te ha escogido para serle un pueblo especial, más que todos los pueblos que están sobre la faz de la tierra.

No te olvides de Jehová

7 No por ser vosotros más que todos los pueblos os ha querido Jehová, y os ha escogido; porque vosotros *erais* ªel más pequeño de todos los pueblos;

8 mas ᶜporque Jehová os amó, y quiso guardar el juramento que juró a vuestros padres, os ha sacado Jehová con mano fuerte, y os ha rescatado de casa de servidumbre, de la mano de Faraón, rey de Egipto.

9 Conoce, pues, que Jehová tu Dios *es* Dios, ᶠDios fiel, ᵍque guarda el pacto y la misericordia a los que le aman y guardan sus mandamientos, hasta las mil generaciones;

10 Y ʲque da el pago en su cara al que le aborrece, destruyéndolo; y no lo dilatará al que le odia, en su cara le dará el pago.

11 Guarda por tanto los mandamientos, estatutos y derechos que yo te mando hoy que cumplas.

12 Y ⁱserá que, si obedeciereis a estos decretos, y los guardares y los pusieres por obra, Jehová tu Dios guardará contigo el pacto y la misericordia que juró a tus padres;

13 y ˡte amará y te bendecirá, y te multiplicará, y bendecirá el fruto de tu vientre, y el fruto de tu tierra, y tu grano, y tu mosto, y tu aceite, la cría de tus vacas, y los rebaños de tus ovejas, en la tierra que juró a tus padres que te daría.

14 Bendito serás más que todos los pueblos; ʳno habrá en ti varón ni hembra estéril, ni en tus bestias.

15 Y quitará Jehová de ti toda enfermedad; y ⁿtodas las malas plagas de Egipto, que tú conoces, no las pondrá sobre ti, antes las pondrá sobre todos los que te aborrecieren.

16 Y consumirás a todos los pueblos que te da Jehová tu Dios; no los perdonará tu ojo; ni servirás a sus dioses, porque te *será* tropiezo.

17 Cuando dijeres en tu corazón: Estas naciones *son* más *grandes* que yo, ¿cómo las podré desarraigar?

18 No tengas temor de ellos: ᑫacuérdate bien de lo que hizo Jehová tu Dios con Faraón y con todo Egipto;

19 de las grandes pruebas que vieron tus ojos, y de las señales y milagros, y de la mano fuerte y brazo extendido con que Jehová tu

DEUTERONOMIO 8

Dios te sacó: así hará Jehová tu Dios con todos los pueblos de cuya presencia tú temieres.

20 ᵇY también enviará Jehová tu Dios sobre ellos avispas, hasta que perezcan los que quedaren, y los que se hubieren escondido de delante de ti.

21 No desmayes delante de ellos, que Jehová tu Dios está ᵈen medio de ti, Dios grande y terrible.

22 ᵉY Jehová tu Dios echará a estas naciones de delante de ti poco a poco; no las podrás acabar luego, no sea que las bestias del campo se aumenten contra ti.

23 Mas Jehová tu Dios las entregará delante de ti, y Él las quebrantará con grande destrozo, hasta que sean destruidas.

24 ʰY Él entregará sus reyes en tu mano, y tú destruirás el nombre de ellos de debajo del cielo; nadie te hará frente hasta que los destruyas.

25 Las esculturas de sus dioses ʲquemarás en el fuego: ᵏno codiciarás plata ni oro de sobre ellas para tomarlo para ti, para que no tropieces en ello, pues es abominación a Jehová tu Dios;

26 y no meterás abominación en tu casa, para que no seas anatema como ello; del todo lo aborrecerás y lo abominarás; ᵐporque es anatema.

CAPÍTULO 8

Cuidaréis de poner por obra todo mandamiento que yo os ordeno hoy, ᵒpara que viváis, y seáis multiplicados, y entréis, y poseáis la tierra de la cual juró Jehová a vuestros padres.

2 Y te acordarás de todo el camino por donde te ha traído Jehová tu Dios estos cuarenta años en el desierto, para afligirte, para probarte, ᵖpara saber lo que *había* en tu corazón, si habías de guardar o no sus mandamientos.

3 Y te afligió, y te hizo tener hambre, y te sustentó con maná, *comida* que no conocías tú, ni tus padres la habían conocido; para hacerte saber ʳque no sólo de pan vivirá el hombre, sino de toda *palabra* que sale de la boca de Jehová vivirá el hombre.

DEUTERONOMIO 9

4 ᵃTu ropa nunca se envejeció sobre ti, ni el pie se te ha hinchado por estos cuarenta años.

5 Reconoce asimismo en tu corazón, ᶜque como castiga el hombre a su hijo, así Jehová tu Dios te castiga.

6 Guardarás, pues, los mandamientos de Jehová tu Dios, andando en sus caminos, y temiéndole.

7 Porque Jehová tu Dios te introduce en la ᵈbuena tierra, tierra de arroyos, de aguas, de fuentes, de abismos que brotan por vegas y montes;

8 tierra de ᵉtrigo y cebada, y de vides, e higueras y granados; tierra de olivos, de aceite y de miel;

9 tierra en la cual no comerás el pan con escasez, no te faltará nada en ella; tierra que ʰsus piedras *son* hierro, y cortarás bronce de sus montes.

10 Y comerás y te saciarás, y bendecirás a Jehová tu Dios por la buena tierra que te habrá dado.

11 Guárdate de que no te olvides de Jehová tu Dios, dejando de observar sus mandamientos, y sus derechos y sus estatutos que yo te ordeno hoy.

12 ᵏNo sea que comas y te sacies, y edifiques buenas casas en que mores,

13 y se multipliquen tus vacas y tus ovejas, y se te multiplique la plata y el oro, y todo lo que tuvieres se te aumente,

14 ˡy se eleve luego tu corazón, y ᵐte olvides de Jehová tu Dios, que te sacó de tierra de Egipto, de casa de siervos;

15 que ᵒte hizo caminar por un desierto grande y espantoso, de serpientes ardientes y de escorpiones, y de sed, donde no *había* agua, ᵠy Él te sacó agua de la roca del pedernal;

16 que te sustentó ʳcon maná en el desierto, comida que tus padres no habían conocido, afligiéndote y probándote, ˢpara a la postre hacerte bien;

17 y digas en tu corazón: Mi poder y la fortaleza de mi mano me han traído esta riqueza.

18 Antes acuérdate de Jehová tu Dios; ᶻporque Él te da el poder para hacer las riquezas, a fin de confirmar su pacto que juró a tus padres, como en este día.

a	Dt 29:5
	Neh 9:21
b	cp 4:26
	y 30:18-19
c	2 Sm 7:14
	Job 5:17-18
	Sal 94:12
	Pr 3:12
	Heb 12:5-11
	Ap 3:19
d	cp 6:10-11
	y 11:10-12
	Éx 3:8
	Neh 9:25
e	Dt 32:14
	Sal 147:14
f	cp 4:38
	7:1 11:23
g	cp 2:11-21
h	cp 33:25
	Job 28:2
1	cananeo
i	cp 1:30 20:4
	y 31:3-6
j	Is 30:30
	y 33:14
	Neh 1:5-6
	Heb 12:9
k	cp 31:20
l	cp 17:20
	2 Cr 24:16
	y 32:25
	1 Co 4:7-8
m	cp 8:11
	Sal 106:21
	Jer 2:6
n	2 Tim 1:9
	Tit 3:3-5
o	Sal 136:16
	Is 63:12-14
	Jer 2:6
p	Gn 12:7
q	Éx 17:5-7
	Nm 20:11
	Sal 78:15-16
r	ver 2
	Éx 16:15
s	Job 42:12
	Rm 8:28
	2 Co 4:17
t	cp 10:16
	y 31:27
	Éx 32:9
z	Pr 10:22
	Os 2:8

Peligros de la prosperidad

19 Mas será que si llegares a olvidarte de Jehová tu Dios, y anduvieres en pos de dioses ajenos, y les sirvieres, y los adorares, ᵇyo testifico hoy contra vosotros, que de cierto pereceréis.

20 Como las naciones que Jehová destruirá delante de vosotros, así pereceréis; por cuanto no habréis atendido a la voz de Jehová vuestro Dios.

CAPÍTULO 9

Oye, Israel: tú estás hoy para pasar el Jordán, para entrar a poseer ᶠnaciones más grandes y más poderosas que tú, ciudades grandes y amuralladas hasta el cielo,

2 un pueblo grande y alto, ᵍhijos de los anaceos, de los cuales tienes tú conocimiento, y has oído *decir*: ¿Quién se sostendrá delante de los hijos de ¹Anac?

3 Sabe, pues, hoy que Jehová tu Dios es ⁱel que pasa delante de ti, ʲfuego consumidor, que los destruirá y humillará delante de ti: y tú los echarás, y los destruirás luego, como Jehová te ha dicho.

4 No discurras en tu corazón cuando Jehová tu Dios los habrá echado de delante de ti, diciendo: Por mi justicia me ha metido Jehová a poseer esta tierra; pues por la impiedad de estas naciones Jehová las echa de delante de ti.

5 ⁿNo por tu justicia, ni por la rectitud de tu corazón entras a poseer la tierra de ellos; mas por la impiedad de estas naciones Jehová tu Dios las echa de delante de ti, y para confirmar la ᵖpalabra que Jehová juró a tus padres Abraham, Isaac, y Jacob.

6 Por tanto, sabe que no por tu justicia Jehová tu Dios te da esta buena tierra para poseerla; que pueblo ᵗduro de cerviz eres tú.

7 Acuérdate, no te olvides que has provocado a ira a Jehová tu Dios en el desierto; desde el día que saliste de la tierra de Egipto, hasta que entrasteis en este lugar, habéis sido rebeldes a Jehová.

8 Y en Horeb provocasteis a ira a Jehová, y se enojó Jehová contra vosotros para destruiros.

Recordatorio de lo que Dios hizo — **DEUTERONOMIO 10**

9 ªCuando yo subí al monte para recibir las tablas de piedra, las tablas del pacto que Jehová hizo con vosotros, ᵇestuve entonces en el monte ᶜcuarenta días y cuarenta noches, sin comer pan ni beber agua; 10 ᵈy me dio Jehová las dos tablas de piedra escritas con el dedo de Dios; y en ellas *estaba escrito* conforme a todas las palabras que os habló Jehová en el monte de en medio del fuego, el día de la asamblea.

11 Y fue al cabo de los cuarenta días y cuarenta noches, que Jehová me dio las dos tablas de piedra, las tablas del pacto.

12 Y me dijo Jehová: ᵍLevántate, desciende aprisa de aquí; que tu pueblo que sacaste de Egipto se ha corrompido; ʰpronto se han apartado del camino que yo les mandé; se han hecho una imagen de fundición.

13 Y me habló Jehová, diciendo: He visto ese pueblo, y he aquí, que es pueblo duro de cerviz.

14 ʲDéjame que los destruya, y ᵏraiga su nombre de debajo del cielo; que yo ˡharé de ti una nación más poderosa y más grande que ellos.

15 Y volví y descendí del monte, ᵐel cual ardía en fuego, con las tablas del pacto en mis dos manos.

16 Y ᵒmiré, y he aquí habíais pecado contra Jehová vuestro Dios; os habíais hecho un becerro de fundición, apartándoos pronto del camino que Jehová os había mandado.

17 Entonces tomé las dos tablas, y las arrojé de mis dos manos, y las quebré delante de vuestros ojos.

18 Y ᑫme postré delante de Jehová, como antes, cuarenta días y cuarenta noches; no comí pan ni bebí agua, a causa de todo vuestro pecado que habíais cometido haciendo mal en ojos de Jehová para enojarlo.

19 Porque temí a causa del furor y de la ira con que Jehová estaba enojado contra vosotros para destruiros. Pero Jehová ᵗme escuchó también esta vez.

20 Contra Aarón también se enojó Jehová en gran manera para destruirlo; y también oré por Aarón entonces.

21 ᵡtomé vuestro pecado, el becerro que habíais hecho, y lo quemé en el fuego, y lo desmenucé moliéndolo muy bien, hasta que fue reducido a polvo; y eché el polvo de él en el arroyo que descendía del monte.

22 También en Tabera, y en Masah, y en Kibrot-hataava, enojasteis a Jehová.

23 Y cuando Jehová os envió desde Cades-barnea, diciendo: Subid y poseed la tierra que yo os he dado; también ᵉfuisteis rebeldes al mandato de Jehová vuestro Dios, y ᶠno le creísteis, ni obedecisteis a su voz.

24 Rebeldes habéis sido a Jehová desde el día que yo os conozco.

25 Me postré, pues, delante de Jehová cuarenta días y cuarenta noches (como me había postrado *antes*) porque Jehová dijo que os había de destruir.

26 ⁱY oré a Jehová, diciendo: Oh Señor Jehová, no destruyas a tu pueblo y a tu heredad que has redimido con tu grandeza, que sacaste de Egipto con mano fuerte.

27 Acuérdate de tus siervos Abraham, Isaac, y Jacob; no mires a la dureza de este pueblo, ni a su impiedad, ni a su pecado;

28 no sea que digan los de la tierra de donde nos sacaste: ⁿPor cuanto no pudo Jehová introducirlos en la tierra que les había dicho, o porque los aborreció, los sacó para matarlos en el desierto.

29 ᵖY ellos son tu pueblo y tu heredad, que sacaste con tu gran fortaleza y con tu brazo extendido.

CAPÍTULO 10

En aquel tiempo Jehová me dijo: ʳLábrate dos tablas de piedra como las primeras, y sube a mí al monte, y ˢhazte un arca de madera;

2 y escribiré en aquellas tablas palabras que estaban en las tablas primeras que quebraste; y las pondrás en el arca.

3 E hice un arca de madera *de* ᵘacacia, y labré dos tablas de piedra como las primeras, y subí al monte con las dos tablas en mi mano.

4 Y ᵛescribió en las tablas conforme a la primera escritura, los diez mandamientos ʸque Jehová os había hablado en el monte de en medio del fuego, el día de la asamblea; y me las dio Jehová.

DEUTERONOMIO 11

5 Y volví y descendí del monte, y ^bpuse las tablas en el arca que había hecho; y allí están, como Jehová me mandó.

6 (Después partieron los hijos de Israel de Beerot-bene-jaacán a Moserá; ^dallí murió Aarón, y allí fue sepultado; y en lugar suyo tuvo el sacerdocio su hijo Eleazar.

7 De allí partieron a Gudgod, y de Gudgod a Jotbata, tierra de arroyos de aguas.

8 En aquel tiempo ^gapartó Jehová la tribu de Leví, para que llevase el arca del pacto de Jehová, para que estuviese delante de Jehová para servirle, y para bendecir en su nombre, hasta hoy.

9 Por lo cual Leví no tuvo parte ni heredad con sus hermanos; Jehová es su heredad, como Jehová tu Dios le dijo.)

10 Y yo estuve en el monte como los primeros días, ^jcuarenta días y cuarenta noches; y Jehová me escuchó también esta vez, y no quiso Jehová destruirte.

11 Y me dijo Jehová: ^kLevántate, anda, para que vayas delante del pueblo, para que entren y posean la tierra que juré a sus padres que les había de dar.

12 Ahora, pues, Israel, ^m¿qué pide Jehová tu Dios de ti, sino que temas a Jehová tu Dios, que andes en todos sus caminos, y que lo ames, y sirvas a Jehová tu Dios con todo tu corazón, y con toda tu alma;

13 que guardes los mandamientos de Jehová y sus estatutos, que yo te prescribo hoy para tu bien?

14 He aquí, ^ode Jehová tu Dios es el cielo, y el cielo de los cielos; la tierra, y todas las cosas que *hay* en ella.

15 Solamente de tus padres se agradó Jehová para amarlos, y escogió su simiente después de ellos, a vosotros, de entre todos los pueblos, como en este día.

16 ^qCircuncidad, pues, el prepucio de vuestro corazón, y no endurezcáis más vuestra cerviz.

17 Porque Jehová vuestro Dios ^r*es* Dios de dioses, y ^sSeñor de señores, Dios grande, poderoso, y terrible, que ^uno hace acepción de personas, ni toma cohecho;

Las dos tablas de piedra

18 Que ^ahace justicia al huérfano y a la viuda; que ama también al extranjero dándole pan y vestido.

19 ^cAmaréis, pues, al extranjero; porque extranjeros fuisteis vosotros en tierra de Egipto.

20 A Jehová tu Dios temerás, ^ea Él servirás, a Él seguirás, y por su nombre jurarás.

21 Él *es* tu alabanza, y Él *es* tu Dios, que ^fha hecho contigo estas grandes y terribles cosas que tus ojos han visto.

22 ^hCon setenta almas descendieron tus padres a Egipto; y ahora Jehová te ha hecho ⁱcomo las estrellas del cielo en multitud.

CAPÍTULO 11

Amarás, pues, a Jehová tu Dios, y guardarás su ordenanza, y sus estatutos y sus derechos y sus mandamientos, todos los días.

2 Y comprended hoy; porque no *hablo* con vuestros hijos que no han sabido ni visto el castigo de Jehová vuestro Dios, su grandeza, su ^lmano fuerte, y su brazo extendido,

3 y sus señales, y sus obras que hizo en medio de Egipto a Faraón, rey de Egipto, y a toda su tierra;

4 y ⁿlo que hizo al ejército de Egipto, a sus caballos y a sus carros; cómo hizo que las aguas del Mar Rojo cayeran sobre ellos cuando venían tras vosotros, y Jehová los destruyó hasta hoy;

5 y lo que ha hecho con vosotros en el desierto, hasta que habéis llegado a este lugar;

6 y lo que hizo con ^pDatán y Abiram, hijos de Eliab hijo de Rubén; cómo abrió la tierra su boca, y se tragó a ellos y a sus casas, y sus tiendas, y toda la hacienda que *tenían* en pie en medio de todo Israel.

7 Mas vuestros ojos han visto todos los grandes hechos que Jehová ha ejecutado.

8 Guardad, pues, todos los mandamientos que yo os prescribo hoy, para que seáis fortalecidos, y entréis y poseáis la tierra, a la cual pasáis para poseerla;

9 y ^tpara que os sean prolongados los días sobre la tierra, que juró Jehová a vuestros padres, que había

¿Qué pide Jehová de ti?

de darla a ellos y a su simiente, ªtierra que fluye leche y miel.

10 Que la tierra a la cual entras para poseerla, no es como la tierra de Egipto de donde habéis salido, donde sembrabas tu simiente, y regabas con tu pie, como huerto de hortaliza.

11 La tierra a la cual pasáis para poseerla, es tierra de montes y de vegas; que bebe el agua de la lluvia del cielo;

12 tierra de la cual Jehová tu Dios cuida; siempre están sobre ella los ojos de Jehová tu Dios, desde el principio del año hasta el fin del año.

13 Y será que, si obedeciereis cuidadosamente mis mandamientos que yo os prescribo hoy, amando a Jehová vuestro Dios, y sirviéndole con todo vuestro corazón, y con toda vuestra alma,

14 ᵉyo daré la lluvia de vuestra tierra a su tiempo, la lluvia temprana y la lluvia tardía; y recogerás tu grano, tu vino y tu aceite.

15 Daré también hierba en tu campo para tus bestias; y comerás, y te saciarás.

16 Guardaos, pues, que vuestro corazón no se infatúe, y os apartéis, y sirváis a dioses ajenos, y os inclinéis a ellos;

17 y así se encienda el furor de Jehová sobre vosotros, y cierre los cielos, y no haya lluvia, ni la tierra dé su fruto, y perezcáis pronto de la buena tierra que os da Jehová.

18 Por tanto, pondréis estas mis palabras ᵍen vuestro corazón y en vuestra alma, y las ataréis por señal en vuestra mano, y serán por frontales entre vuestros ojos.

19 Y ʰlas enseñaréis a vuestros hijos, hablando de ellas, cuando estés sentado en tu casa, y cuando andes por el camino; cuando te acuestes, y cuando te levantes;

20 y ⁱlas escribirás en los postes de tu casa, y en tus puertas;

21 ʲpara que sean aumentados vuestros días, y los días de vuestros hijos, sobre la tierra que juró Jehová a vuestros padres que les había de dar, ˡcomo los días de los cielos sobre la tierra.

22 Porque ⁿsi guardareis cuidadosamente todos estos mandamientos

DEUTERONOMIO 12

que yo os prescribo, para que los cumpláis; y si amareis a Jehová vuestro Dios andando en todos sus caminos, y siguiéndole a Él,

23 ᵇJehová también echará a todas estas naciones de delante de vosotros y poseeréis naciones grandes y más fuertes que vosotros.

24 ᶜTodo lugar que pisare la planta de vuestro pie, será vuestro; desde el desierto y el Líbano, desde el río, el río Éufrates, hasta el mar postrero será vuestro término.

25 ᵈNadie se sostendrá delante de vosotros; miedo y temor de vosotros pondrá Jehová vuestro Dios sobre la faz de toda la tierra que hollareis, como Él os ha dicho.

26 He aquí yo pongo hoy delante de vosotros la bendición y la maldición:

27 La bendición, si obedeciereis los mandamientos de Jehová vuestro Dios, que yo os prescribo hoy;

28 y la maldición, si no obedeciereis los mandamientos de Jehová vuestro Dios, y os apartareis del camino que yo os ordeno hoy, para ir en pos de dioses ajenos que no habéis conocido.

29 Y será que, cuando Jehová tu Dios te introdujere en la tierra a la cual vas para poseerla, pondrás la bendición sobre ᶠel monte Gerizim, y la maldición sobre el monte Ebal.

30 ¿No están éstos al otro lado del Jordán, hacia donde se pone el sol, en la tierra de los cananeos, que habitan el Arabá, frente a Gilgal, junto a la llanura de Moreh?

31 Porque vosotros pasáis el Jordán, para ir a poseer la tierra que os da Jehová vuestro Dios; y la poseeréis, y habitaréis en ella.

32 Cuidaréis, pues, de poner por obra todos los estatutos y derechos que yo os presento hoy delante de vosotros.

CAPÍTULO 12

Éstos son ᵏlos estatutos y derechos que cuidaréis de poner por obra, en la tierra que Jehová el Dios de tus padres te ha dado para que la poseas, ᵐtodos los días que vosotros viviereis sobre la tierra.

2 Destruiréis enteramente todos los lugares donde las naciones que

DEUTERONOMIO 12 — La bendición, y la maldición

vosotros heredaréis sirvieron a sus dioses, [b]sobre los montes altos, y sobre los collados, y debajo de todo árbol espeso:

3 Y [c]derribaréis sus altares, y quebraréis sus estatuas, y sus imágenes de Asera consumiréis con fuego; y destruiréis las esculturas de sus dioses, y extirparéis el nombre de ellas de aquel lugar.

4 [d]No haréis así a Jehová vuestro Dios.

5 Mas el lugar que Jehová vuestro Dios escogiere de todas vuestras tribus, para poner allí su nombre para su habitación, ése buscaréis, y allá iréis:

6 Y allí llevaréis vuestros holocaustos, y vuestros sacrificios, y [g]vuestros diezmos, y la ofrenda elevada de vuestras manos, y vuestros votos, y vuestras ofrendas voluntarias, y los primogénitos de vuestras vacas y de vuestras ovejas;

7 y [h]comeréis allí delante de Jehová vuestro Dios, [j]y os alegraréis, vosotros y vuestras familias, en toda obra de vuestras manos en que Jehová tu Dios te hubiere bendecido.

8 No haréis como todo lo que hacemos nosotros aquí ahora, [k]cada uno *hace* lo que parece bien a sus propios ojos,

9 porque aún hasta ahora no habéis entrado al reposo y a la heredad que os da Jehová vuestro Dios.

10 Mas [m]pasaréis el Jordán, y habitaréis en la tierra que Jehová vuestro Dios os hace heredar, y Él os dará reposo de todos vuestros enemigos alrededor, y habitaréis seguros.

11 Y al lugar que Jehová vuestro Dios escogiere para hacer habitar en él su nombre, allí llevaréis todas las cosas que yo os mando; vuestros holocaustos, y vuestros sacrificios, vuestros diezmos, y las ofrendas elevadas de vuestras manos, y todo lo escogido de vuestros votos que hubiereis prometido a Jehová;

12 [n]y os alegraréis delante de Jehová vuestro Dios, vosotros, y vuestros hijos, y vuestras hijas, y vuestros siervos, y vuestras siervas, y el levita que *estuviere* en vuestras poblaciones; por cuanto [p]no tiene parte ni heredad con vosotros.

13 [a]Guárdate, que no ofrezcas tus holocaustos en cualquier lugar que vieres;

14 sino en el lugar que Jehová escogiere, en una de tus tribus, allí ofrecerás tus holocaustos, y allí harás todo lo que yo te mando.

15 Con todo, podrás matar y comer carne en todas tus poblaciones conforme al deseo de tu alma, según la bendición de Jehová tu Dios que Él te habrá dado; el inmundo y el limpio la comerá, [e]como la de corzo o de ciervo.

16 Salvo que [f]sangre no comeréis; sobre la tierra la derramaréis como agua.

17 Ni podrás comer en tus poblaciones el diezmo de tu grano, o de tu vino, o de tu aceite, ni de los primogénitos de tus vacas, ni de tus ovejas, ni tus votos que prometieres, ni tus ofrendas voluntarias, ni las ofrendas elevadas de tus manos:

18 [i]Mas delante de Jehová tu Dios las comerás, en el lugar que Jehová tu Dios hubiere escogido, tú, y tu hijo, y tu hija, y tu siervo, y tu sierva, y el levita que *está* en tus poblaciones; y te alegrarás delante de Jehová tu Dios en toda obra de tus manos.

19 [l]Ten cuidado de no desamparar al levita en todos tus días sobre tu tierra.

20 Cuando Jehová tu Dios ensanchare tu término, como Él te ha dicho, y tú dijeres: Comeré carne, porque deseó tu alma comerla, conforme a todo el deseo de tu alma comerás carne.

21 Cuando estuviere lejos de ti el lugar que Jehová tu Dios habrá escogido, para poner allí su nombre, matarás de tus vacas y de tus ovejas, que Jehová te hubiere dado, como te he mandado yo, y comerás en tus puertas según todo lo que deseare tu alma.

22 Lo mismo que se come el corzo y el ciervo, así las comerás; el inmundo y el limpio comerán también de ellas.

23 Sólo [o]asegúrate de no comer sangre; porque la sangre *es* la vida; y no has de comer la vida juntamente con su carne.

24 No la comerás; en tierra la derramarás como agua.

a Lv 17:4
b 1 Re 14:23
2 Re 16:4
y 17:10
Jer 3:6
c Jue 2:2

d ver 31

e cp 14:15
y 15:22
1 Re 4:23
f Lv 3:17

g cp 14:22

h cp 14:26
i cp 14:23
j cp 16:11-15
26:11 y 27:7
Lv 23:40

k Jue 17:6
y 21:25
l cp 14:27

m cp 11:31

n ver 7
o ver 16

p Nm 18:20

Prohibido comer sangre

25 No comerás de ella; ªpara que te vaya bien a ti, y a tus hijos después de ti, cuando hicieres lo recto en ojos de Jehová.

26 Pero ᶜlas cosas que tuvieres consagradas, y ᵈtus votos, las tomarás, y vendrás al lugar que Jehová hubiere escogido;

27 y ᶠofrecerás tus holocaustos, la carne y la sangre, sobre el altar de Jehová tu Dios: y la sangre de tus sacrificios será derramada sobre el altar de Jehová tu Dios, y comerás la carne.

28 Guarda y escucha todas estas palabras que yo te mando, para que te vaya bien a ti y a tus hijos después de ti para siempre, cuando hicieres lo bueno y lo recto ante los ojos de Jehová tu Dios.

29 ᵏCuando Jehová tu Dios hubiere destruido delante de ti las naciones a donde tú vas para poseerlas, y las heredares, y habitares en su tierra,

30 ᵐguárdate que no tropieces en pos de ellas, después que fueren destruidas delante de ti; no preguntes acerca de sus dioses, diciendo: ¿Cómo servían estas naciones a sus dioses? Así haré yo también.

31 ᵖNo harás así a Jehová tu Dios; porque todo lo que Jehová aborrece, hicieron ellos a sus dioses; pues aun a sus hijos e hijas quemaban en el fuego a sus dioses.

32 Cuidaréis de hacer todo lo que yo os mando; no añadirás a ello, ni quitarás de ello.

CAPÍTULO 13

Cuando se levantare en medio de ti profeta, o ᵗsoñador de sueños, y ᵘte diere señal o prodigio,

2 ᵛy se cumpliere la señal o prodigio que él te dijo, diciendo: Vamos en pos de dioses ajenos, que no conociste, y sirvámosles;

3 no darás oído a las palabras de tal profeta, ni al tal soñador de sueños; porque Jehová vuestro Dios ʸos prueba, para saber si amáis a Jehová vuestro Dios con todo vuestro corazón, y con toda vuestra alma.

4 ªEn pos de Jehová vuestro Dios andaréis, y a Él temeréis, y guardaréis sus mandamientos, y escucharéis su voz, y a Él serviréis, y ᶜa Él seguiréis.

DEUTERONOMIO 13

5 Y ᵇel tal profeta o soñador de sueños, ha de ser muerto; por cuanto habló para alejaros de Jehová vuestro Dios (que te sacó de tierra de Egipto, y te rescató de casa de siervos), y para echarte del camino por el que Jehová tu Dios te mandó que anduvieses. ᵉAsí quitarás el mal de en medio de ti.

6 Cuando ᵍte incitare tu hermano, hijo de tu madre, o tu hijo, o tu hija, o ʰla esposa de tu seno, o tu amigo ⁱque sea como tu alma, diciendo en secreto: Vamos y sirvamos a dioses ajenos, que ni tú ni tus padres conocisteis,

7 ʲde los dioses de los pueblos que están en vuestros alrededores, cerca de ti o lejos de ti, desde un extremo de la tierra hasta el otro extremo de ella,

8 no consentirás con él, ni le darás oído; ˡni tu ojo le perdonará, ni tendrás compasión, ni lo encubrirás;

9 antes ⁿhas de matarlo; ᵒtu mano será primero sobre él para matarle, y después la mano de todo el pueblo.

10 Y lo apedrearás hasta que muera; por cuanto procuró apartarte de Jehová tu Dios, que te sacó de tierra de Egipto, de casa de siervos;

11 ᵠpara que todo Israel oiga, y tema, y no tornen a hacer cosa semejante a esta mala cosa en medio de ti.

12 ʳCuando oyeres de alguna de tus ciudades que Jehová tu Dios te da para que mores en ellas, que se dice:

13 Hombres, ˢhijos de impiedad, han salido de en medio de ti, que han instigado a los moradores de su ciudad, diciendo: Vamos y sirvamos a dioses ajenos, que vosotros no conocisteis;

14 tú inquirirás, y buscarás, y preguntarás con diligencia; y si pareciere verdad, cosa cierta, que tal abominación se hizo en medio de ti,

15 irremisiblemente herirás a filo de espada a los moradores de aquella ciudad, ˣdestruyéndola con todo lo que en ella *hubiere*, y también sus bestias a filo de espada.

16 Y juntarás todo el despojo de ella en medio de su plaza, ᶻy consumirás con fuego la ciudad y todo su despojo, todo ello, a Jehová tu Dios; ᵇy será un montón para siempre; nunca más se edificará.

17 Y ªno se pegará algo a tu mano del anatema; ᵇpara que Jehová se aparte del furor de su ira y te muestre misericordia, y tenga compasión de ti, y te multiplique, ᵈcomo lo juró a tus padres,

18 cuando obedecieres a la voz de Jehová tu Dios, ᶠguardando todos sus mandamientos que yo te prescribo hoy, para hacer *lo* recto en ojos de Jehová tu Dios.

CAPÍTULO 14

Hijos ⁱ*sois* de Jehová vuestro Dios; ʲno os sajaréis, ni pondréis calva sobre vuestros ojos por muerto;

2 ªporque eres pueblo santo a Jehová tu Dios, y Jehová te ha escogido para que le seas ªun pueblo singular de entre todos los pueblos que están sobre la faz de la tierra.

3 ᵏNada abominable comerás.

4 Éstos *son* los animales que comeréis: el buey, la oveja, y la cabra,

5 el ciervo, la gacela, el corzo, la cabra montés, el antílope, el carnero montés y el gamo.

6 Y todo animal de pezuñas, que tiene hendidura de dos uñas, y que rumiare entre los animales, ese comeréis.

7 Pero éstos no comeréis, de los que rumian, o tienen uña hendida; camello, y liebre, y conejo, porque rumian, mas no tienen uña hendida, os serán inmundos;

8 ni puerco; porque tiene uña hendida, mas no rumia, os será inmundo. De la carne de éstos no comeréis, ᵖni tocaréis sus cuerpos muertos.

9 Esto comeréis de todo lo que *está* en el agua; todo lo que tiene aleta y escama comeréis;

10 mas todo lo que no tuviere aleta y escama, no comeréis; inmundo os será.

11 Toda ave limpia comeréis.

12 Y *éstas* son de las que no comeréis; el águila, el quebrantahuesos, el esmerejón,

13 el azor, el halcón y el milano según su especie,

14 y todo cuervo según su especie,

15 El búho, el halcón nocturno, la gaviota, el gavilán según su especie,

16 la lechuza, el búho real, el cisne,

17 el pelícano, el buitre, el calamón,

18 la cigüeña, la garza según su especie, la abubilla y el murciélago.

19 Y todo insecto alado os será inmundo; ᶜno se comerá.

20 Toda ave limpia comeréis.

21 ᵉNinguna cosa mortecina comeréis: al extranjero que está en tus poblaciones la darás, y él la comerá: o véndela al extranjero; porque tú eres pueblo santo a Jehová tu Dios. ᵍNo cocerás el cabrito en la leche de su madre.

22 ʰSin falta diezmarás todo el producto de tu sementera, que rindiere *tu* campo cada año.

23 Y ªcomerás delante de Jehová tu Dios en el lugar que Él escogiere para hacer habitar allí su nombre, el diezmo de tu grano, de tu vino, y de tu aceite, y los primogénitos de tus manadas y de tus ganados, para que aprendas a temer a Jehová tu Dios todos los días.

24 Y si el camino fuere tan largo que tú no puedas llevarlo por él, ᵐpor estar lejos de ti el lugar que Jehová tu Dios hubiere escogido para poner en él su nombre, cuando Jehová tu Dios te bendijere,

25 entonces lo venderás, y atarás el dinero en tu mano, y vendrás al lugar que Jehová tu Dios escogiere;

26 y darás el dinero por todo lo que deseare tu alma, por vacas, o por ovejas, o por vino, o por sidra, o por cualquier cosa que tu alma te demandare; y ⁿcomerás allí delante de Jehová tu Dios, y te alegrarás tú y tu familia.

27 Y ᵒno desampararás al levita que *habitare* en tus poblaciones; porque ᑫno tiene parte ni heredad contigo.

28 ʳAl cabo de cada tres años sacarás todo el diezmo de tus productos de aquel año, y lo guardarás en tus ciudades.

29 Y vendrá el levita, que no tiene parte ni heredad contigo, y el extranjero, el huérfano y la viuda que *hubiere* en tus poblaciones, y comerán y serán saciados; ˢpara que Jehová tu Dios te bendiga en toda obra de tus manos que hicieres.

CAPÍTULO 15

Al final de ᵗcada siete años harás remisión.

Remisión cada siete años

DEUTERONOMIO 16

2 Y ésta *es* la manera de la remisión: perdonará a su deudor todo aquel que hizo empréstito de su mano, con que obligó a su prójimo; no lo demandará más a su prójimo, o a su hermano; porque la remisión de Jehová es pregonada.

3 ^cDel extranjero demandarás el reintegro: mas lo que tu hermano tuviere tuyo, lo perdonará tu mano;

4 Para que así no haya en ti mendigo; ^eporque Jehová te bendecirá con abundancia en la tierra que Jehová tu Dios te da por heredad para que la poseas,

5 si ^fsólo escuchares fielmente la voz de Jehová tu Dios, para guardar y cumplir todos estos mandamientos que yo te intimo hoy.

6 Ya que Jehová tu Dios te habrá bendecido, como te ha dicho, ⁱprestarás entonces a muchas naciones, mas tú no tomarás prestado; y señorearás sobre muchas naciones, pero ellas no señorearán sobre ti.

7 Cuando hubiere en ti menesteroso de alguno de tus hermanos en alguna de tus ciudades, en tu tierra que Jehová tu Dios te da, ^kno endurecerás tu corazón, ni cerrarás tu mano a tu hermano pobre:

8 Mas ^mabrirás a él tu mano liberalmente, y en efecto le prestarás lo que basta, lo que necesite.

9 Guárdate que no haya en tu corazón perverso pensamiento, diciendo: Cerca está el año séptimo, el de la remisión; y tu ojo sea maligno sobre tu hermano menesteroso para no darle: que él podrá clamar contra ti a Jehová, y se te imputará a pecado.

10 Sin falta le darás, y ^qno sea tu corazón maligno cuando le dieres; que ^rpor ello te bendecirá Jehová tu Dios en todos tus hechos, y en todo lo que pusieres mano.

11 ^tPorque no faltarán menesterosos de en medio de la tierra; por eso yo te mando, diciendo: ^vAbrirás tu mano a tu hermano, a tu pobre, y a tu menesteroso en tu tierra.

12 ^yCuando se vendiere a ti tu hermano hebreo o hebrea, y te hubiere servido seis años, al séptimo año le despedirás libre de ti.

13 Y cuando lo despidieres libre de ti, no lo enviarás vacío:

a cp 8:18
b cp 5:15
c cp 23:20
d Éx 21:5-6
e cp 28:8
f cp 28:1
g Is 16:14
y 21:16
h Éx 13:12
i cp 28:12,44
j cp 12:5-6
k cp 10:10
l Lv 22:20
m Lv 25:35
Mt 5:42
Lc 6:34-35
n cp 28:54
Pr 23:6
y 28:22
Mt 20:15
o Lv 3:17
p hasta 8
Éx 12:2-39
q 2 Co 9:5-7
r cp 14:29
s Nm 28:19
t Mt 26:11
Mr 14:7
Jn 12:8
u cp 12:5
v ver 8
x Éx 12:11
y Éx 21:2
Lv 25:30
Jer 34:14
z Éx 13:7

14 Le abastecerás liberalmente de tus ovejas, de tu era, y de tu lagar; ^ale darás de aquello en que Jehová te hubiere bendecido.

15 Y ^bte acordarás que fuiste siervo en la tierra de Egipto, y que Jehová tu Dios te rescató: por tanto yo te mando esto hoy.

16 Y será que, ^dsi él te dijere: No saldré de contigo; porque te ama a ti y a tu casa, y porque le va bien contigo;

17 entonces tomarás una lezna, y horadarás su oreja junto a la puerta, y será tu siervo para siempre: así también harás a tu criada.

18 No te parezca duro cuando de ti le enviares libre; que digno de doble salario de jornalero ^gte sirvió seis años: y Jehová tu Dios te bendecirá en todo cuanto hicieres.

19 ^hSantificarás a Jehová tu Dios todo primogénito macho de tus vacas y de tus ovejas; no te servirás del primogénito de tus vacas, ni trasquilarás el primogénito de tus ovejas.

20 ^jDelante de Jehová tu Dios los comerás cada un año, tú y tu familia, en el lugar que Jehová escogiere.

21 Y ^lsi hubiere en él tacha, ciego o cojo, o cualquiera mala falta, no lo sacrificarás a Jehová tu Dios.

22 ⁿEn tus poblaciones lo comerás; el inmundo lo mismo que el limpio *comerán de él*, como de un corzo o de un ciervo.

23 ^oSolamente que no comas su sangre: sobre la tierra la derramarás como agua.

CAPÍTULO 16

Guardarás ^pel mes de Abib, y harás pascua a Jehová tu Dios: porque en el mes de Abib te sacó Jehová tu Dios de Egipto de noche.

2 ^sY sacrificarás la pascua a Jehová tu Dios, de las ovejas y de las vacas, ^uen el lugar que Jehová escogiere para hacer habitar allí su nombre.

3 No comerás con ella leudo; siete días comerás con ella pan por leudar, pan de aflicción, porque ^xaprisa saliste de tierra de Egipto: para que te acuerdes del día en que saliste de la tierra de Egipto todos los días de tu vida.

4 ^zY no se dejará ver levadura contigo en todo tu término por siete

DEUTERONOMIO 17

días; y de la carne que matares a la tarde del primer día, ªno quedará hasta la mañana.

5 No podrás sacrificar la pascua en ninguna de tus ciudades, que Jehová tu Dios te da;

6 Sino en el lugar que Jehová tu Dios escogiere para hacer habitar allí su nombre, sacrificarás la pascua ᵈpor la tarde a puesta del sol, al tiempo que saliste de Egipto:

7 Y ᵍla asarás y comerás en el lugar que Jehová tu Dios hubiere escogido; y por la mañana te volverás y restituirás a tu morada.

8 Seis días comerás pan sin levadura, y ᵏel séptimo día *será* fiesta solemne a Jehová tu Dios; no harás obra en él.

9 ˡSiete semanas te contarás; desde que comiences *a meter* la hoz en la mies comenzarás a contar las siete semanas.

10 Y harás la solemnidad de las semanas a Jehová tu Dios; de la suficiencia ⁿvoluntaria de tu mano será lo que dieres, ºsegún Jehová tu Dios te hubiere bendecido.

11 Y ᵖte alegrarás delante de Jehová tu Dios, tú, y tu hijo, y tu hija, y tu siervo, y tu sierva, y el levita que *estuviere* en tus ciudades, y el extranjero, y el huérfano, y la viuda, que *estuvieren* en medio de ti, en el lugar que Jehová tu Dios hubiere escogido para hacer habitar allí su nombre.

12 Y ˢacuérdate que fuiste siervo en Egipto; por tanto guardarás y cumplirás estos estatutos.

13 ᵘLa solemnidad de las cabañas harás por siete días, cuando hubieres hecho la cosecha de tu era y de tu lagar.

14 Y ˣte alegrarás en tus fiestas solemnes, tú, y tu hijo, y tu hija, y tu siervo, y tu sierva, y el levita, y el extranjero, y el huérfano, y la viuda, que *están* en tus poblaciones.

15 ʸSiete días celebrarás fiestas solemnes a Jehová tu Dios en el lugar que Jehová escogiere; porque te habrá bendecido Jehová tu Dios en todos tus frutos, y en toda obra de tus manos, y estarás ciertamente alegre.

16 ªTres veces cada año se presentará todo varón tuyo delante de Jehová

a Éx 34:25
b Éx 23:15
c ver 10
2 Co 8:12
d Éx 12:6
e cp 1:16
f cp 20:5-9
Nm 11:16
Jos 1:10
g 2 Cr 35:13
h Éx 23:2-6
Lv 19:15
i cp 1:17
j Éx 23:8
k Éx 12:16
y 13:6
Lv 23:8
l Éx 23:16
y 34:22
Lv 23:15
Nm 28.26
Hch 2:1
m Éx 34:13
1 Re 14:15
y 16:33
2 Re 17:16
y 21:3
n cp 26:1-11
o ver 17
p ver 14
cp 12:7-18
y 14:26
q Lv 22:20
r hasta 7
cp 13:6-14
s cp 5:15
t Jos 7:11-15
y 23:16
Jue 2:20
1 Re 18:12
Os 8:1
u Éx 23:16
Lv 23:34
v Jer 7:31
x Neh 8:9-12
y Lv 23:30
z Lv 24:14-16
Jos 7:25
a Nm 35:30
Jn 8:17
b Éx 23:14-17
y 34:23

No vendrás con las manos vacías

tu Dios en el lugar que Él escogiere; en la fiesta de los panes sin levadura, y en la fiesta de las semanas, y en la fiesta de los tabernáculos. Y ᵇno te presentarás con las manos vacías delante de Jehová:

17 ᶜCada uno *dará* lo que pueda, conforme a la bendición de Jehová tu Dios, que Él te hubiere dado.

18 ᵉJueces y ᶠalcaldes te pondrás en todas tus ciudades que Jehová tu Dios te dará en tus tribus, los cuales juzgarán al pueblo con justo juicio.

19 ʰNo tuerzas el derecho; ⁱno hagas acepción de personas, ʲni tomes soborno; porque el soborno ciega los ojos de los sabios, y pervierte las palabras de los justos.

20 La justicia, la justicia seguirás, para que vivas y heredes la tierra que Jehová tu Dios te da.

21 ᵐNo te plantarás ningún árbol de Asera cerca del altar de Jehová tu Dios, que tú te habrás hecho.

22 Ni te levantarás estatua; lo cual aborrece Jehová tu Dios.

CAPÍTULO 17

No ᵠsacrificarás para Jehová tu Dios, buey, o cordero, en el cual haya falta o alguna cosa mala; porque es abominación a Jehová tu Dios.

2 ʳCuando se hallare entre ti, en alguna de tus ciudades que Jehová tu Dios te da, hombre, o mujer, que haya hecho mal en ojos de Jehová tu Dios ᵗtraspasando su pacto,

3 que hubiere ido y servido a dioses ajenos, y se hubiere inclinado a ellos, ya sea al sol, o a la luna, o a todo el ejército del cielo, ᵛlo cual yo no he mandado;

4 y te fuere dado aviso, y, después que oyeres y hubieres indagado bien, la cosa parece de verdad cierta, que tal abominación ha sido hecha en Israel;

5 entonces sacarás al hombre o mujer que hubiere hecho esta mala cosa, a tus puertas, hombre o mujer, y ᶻlos apedrearás con piedras, y así morirán.

6 ªPor dicho de dos testigos, o de tres testigos, morirá el que hubiere de morir; no morirá por el dicho de un solo testigo.

Los levitas vivirán de las ofrendas

DEUTERONOMIO 18

7 ªLa mano de los testigos será primero sobre él para matarlo, y después la mano de todo el pueblo: ᵇasí quitarás el mal de en medio de ti.

8 ᶜCuando alguna cosa te fuere oculta en juicio entre sangre y sangre, entre causa y causa, y entre llaga y llaga, en negocios de litigio en tus ciudades; entonces te levantarás y ᵉrecurrirás al lugar que Jehová tu Dios escogiere;

9 Y vendrás a los sacerdotes levitas, y al juez que fuere en aquellos días, y preguntarás; ᶠy te enseñarán la sentencia del juicio.

10 Y harás según la sentencia que te indicaren los del lugar que Jehová escogiere, y cuidarás de hacer según todo lo que te manifestaren.

11 Según la ley que ellos te enseñaren, y según el juicio que te dijeren, harás: no te apartarás ni a derecha ni a izquierda de la sentencia que te mostraren.

12 Y ʰel hombre que procediere con soberbia, no obedeciendo al sacerdote que está para ministrar allí delante de Jehová tu Dios, o al juez, el tal varón morirá: y ʲquitarás el mal de Israel.

13 Y ᵏtodo el pueblo oirá, y temerá, y no se ensoberbecerán más.

14 Cuando hubieres entrado en la tierra que Jehová tu Dios te da, y la poseyeres, y habitares en ella, y dijeres: ᵐPondré rey sobre mí, como todas las naciones que *están* en mis alrededores;

15 sin duda pondrás por rey sobre ti ⁿal que Jehová tu Dios escogiere; de entre tus hermanos pondrás rey sobre ti: no podrás poner sobre ti hombre extranjero, que no sea tu hermano.

16 Pero ᵒque no se aumente caballos, ᵠni haga volver el pueblo a Egipto para acrecentar caballos; porque Jehová os ha dicho: ʳNo procuraréis volver más por este camino.

17 ᵗNi aumentará para sí esposas, para que su corazón no se desvíe; ni plata ni oro acumulará para sí en gran cantidad.

18 ʸY será, cuando se sentare sobre el trono de su reino, que ʸha de escribir para sí en un libro una copia de esta ley, *la cual está* delante de los sacerdotes levitas.

a	cp 13:9
	Hch 7:58
b	ver 12
c	cp 19:17
	y 21:5
	2 Cr 19:10
	Mal 2:7
d	cp 5:32
	1 Re 15:5
e	cp 12:5
f	Éx 44:24
g	cp 10:9
	Nm 18:20
	y 26:62
h	cp 1:43
	y 18:20-22
	Esd 10:8
i	Lv 17:30-34
j	cp 13:5
k	cp 13:11
l	cp 17:12
m	1 Sm 8:5
n	1 Sm 9:15
	10:24 y 16:12
	1 Cr 22:10
o	1 Re 4:26
	y 10:26-28
	2 Cr 1:16
	y 9:28
p	2 Cr 31:4
	Neh 12:44
y	13:10
q	Is 31:1
r	cp 28:68
	Jer 42:15
	Os 11:5
s	cp 12:29-31
	Lv 18:26-30
t	Re 11:3-4
u	Lv 18:21
v	2 Re 11:12
x	Nm 22:7
y	23:23
	1 Sm 15:23
	y 28:8
y	cp 31:9,26
	2 Re 22:8
z	Lv 20:27
a	1 Sm 28:7

19 Y la tendrá consigo, y leerá en ella todos los días de su vida, para que aprenda a temer a Jehová su Dios, para guardar todas las palabras de esta ley y estos estatutos, para ponerlos por obra;

20 para que no se eleve su corazón sobre sus hermanos, ᵈni se aparte del mandamiento a derecha ni a izquierda: a fin que prolongue sus días en su reino, él y sus hijos, en medio de Israel.

CAPÍTULO 18

Los sacerdotes levitas, toda la tribu de Leví, ᵍno tendrán parte ni heredad con Israel; de las ofrendas encendidas a Jehová, y de la heredad de Él comerán.

2 No tendrán, pues, heredad entre sus hermanos: Jehová es su heredad, como Él les ha dicho.

3 Y éste será el derecho de los sacerdotes de parte del pueblo, de los que ofrecieren en sacrificio buey o cordero; ⁱdarán al sacerdote la espalda, y las quijadas, y el cuajar.

4 Las primicias de tu grano, de tu vino, y de tu aceite, y las primicias de la lana de tus ovejas le darás:

5 Porque le ha escogido Jehová tu Dios de todas tus tribus, para que esté ˡpara ministrar al nombre de Jehová, él y sus hijos para siempre.

6 Y cuando el levita saliere de alguna de tus ciudades de todo Israel, donde hubiere peregrinado, y viniere con todo deseo de su alma al lugar que Jehová escogiere,

7 ministrará al nombre de Jehová su Dios, como todos sus hermanos los levitas que estuvieren allí delante de Jehová.

8 ᵖTendrán porciones iguales para comer, aparte de lo que obtengan por la venta de sus patrimonios.

9 Cuando hubieres entrado en la tierra que Jehová tu Dios te da, ˢno aprenderás a hacer según las abominaciones de aquellas naciones.

10 ᵘNo sea hallado en ti quien haga pasar a su hijo o a su hija por el fuego, ˣni quien practique adivinación, ni agorero, ni sortílego, ni hechicero,

11 ᶻni encantador, ni adivino, ni espiritista ªni quien consulte a los muertos.

DEUTERONOMIO 19

12 Porque es abominación a Jehová cualquiera que hace estas cosas, y ªpor estas abominaciones Jehová tu Dios las echa de delante de ti.

13 ᶜPerfecto serás para con Jehová tu Dios.

14 Porque estas naciones que has de heredar, escuchan a agoreros y a adivinos; pero en cuanto a ti, Jehová tu Dios no te ha permitido eso.

15 ᵈProfeta de en medio de ti, de tus hermanos, como yo, te levantará Jehová tu Dios; a Él oiréis:

16 Conforme a todo lo que pediste a Jehová tu Dios en Horeb ᶠel día de la asamblea, diciendo: No vuelva yo a oír la voz de Jehová mi Dios, ni vea yo más este gran fuego, para que no muera.

17 Y Jehová me dijo: ᵍHan *hablado* bien en *lo que* han dicho.

18 Profeta les levantaré de en medio de sus hermanos, como tú; y ʰpondré mis palabras en su boca, y ⁱÉl les hablará todo lo que yo le mande.

19 Y ᵏsucederá que a cualquiera que no escuche mis palabras que Él ha de hablar en mi nombre, yo lo llamaré a cuentas.

20 Pero ˡel profeta que tenga la presunción de hablar una palabra en mi nombre que yo no le haya mandado hablar, ᵐo que hable en nombre de dioses ajenos, el tal profeta morirá.

21 Y si dices en tu corazón: ¿Cómo conoceremos la palabra que Jehová no ha hablado?

22 ⁿCuando un profeta hable en el nombre de Jehová, ᵒy no acontece tal cosa, ni se cumple, es palabra que Jehová no ha hablado; con presunción la habló el tal profeta; no tengas temor de él.

CAPÍTULO 19

Cuando Jehová tu Dios ᵠcortare a las naciones cuya tierra Jehová tu Dios te da a ti, y tú las heredares, y habitares en sus ciudades y en sus casas;

2 ᵘte apartarás tres ciudades en medio de tu tierra que Jehová tu Dios te da para que la poseas.

3 Te arreglarás el camino, y dividirás en tres partes el término de tu tierra, que Jehová tu Dios te dará en

a Lv 20:27
b cp 4:28
c Gn 17:1
d ver 18
Jn 1:21,25,45
e Nm 35:12
f cp 9:10
g cp 5:28
h Jn 17:8
i Jn 4:25
8:28
y 12:49-50
j cp 12:20
Gn 15:18-21
k Hch 3:23
l Jer 14:14-15
Zac 13:3
m Jer 2:8
n Jer 28:9
o cp 13:2
p Nm 35:6-21
q cp 12:29
r cp 7:16
s cp 21:9
Nm 35:33
1 Re 2:31
t cp 27:17
Job 24:2
Os 5:10
u Éx 21:13
Nm 35:10-14
Jos 20:2-8
v Nm 35:30
Mt 18:16
Jn 8:17
2 Co 13:1
1 Ts 5:19
Heb 10:28

Ciudades de refugio

heredad, y será para que todo homicida huya allí.

4 ᵇY éste *es* el caso del homicida que ha de huir allí para salvar su vida; el que hiriere a su prójimo por yerro, al cual no le tenía aversión previamente.

5 Como el que fue con su prójimo al monte a cortar leña, y poniendo fuerza con su mano en el hacha para cortar algún leño, saltó el hierro del cabo, y encontró a su prójimo, y murió; aquél huirá a una de estas ciudades, y vivirá;

6 ᵉno sea que el pariente del muerto vaya tras el homicida, cuando se enardeciere su corazón, y le alcance por ser largo el camino, y le hiera de muerte, no debiendo ser condenado a muerte; por cuanto no tenía enemistad con su prójimo previamente.

7 Por tanto yo te mando, diciendo: Tres ciudades te apartarás.

8 Y si Jehová tu Dios ʲensanchare tu territorio, como lo juró a tus padres, y te diere toda la tierra que prometió dar a tus padres;

9 y guardares todos estos mandamientos, que yo te prescribo hoy, para ponerlos por obra; que ames a Jehová tu Dios y andes en sus caminos todos los días, entonces añadirás tres ciudades a más de estas tres;

10 para que no sea derramada sangre inocente en medio de tu tierra que Jehová tu Dios te da por heredad, y sea sobre ti sangre.

11 Mas cuando hubiere alguno que ᵖaborreciere a su prójimo, y lo acechare, y se levantare sobre él, y lo hiriere de muerte, y muriere, y huyere a alguna de estas ciudades;

12 entonces los ancianos de su ciudad enviarán y lo sacarán de allí, y lo entregarán en mano del pariente del muerto, y morirá.

13 ʳNo le perdonará tu ojo; ˢquitarás de Israel la sangre inocente, y te irá bien.

14 ᵗNo reducirás el término de tu prójimo, el cual señalaron los antiguos en tu heredad, la que poseyeres en la tierra que Jehová tu Dios te da para que la poseas.

15 ᵛNo valdrá un solo testigo contra ninguno en cualquier delito ni en

El testimonio de dos testigos

cualquier pecado, en cualquier pecado que se cometiere. En el testimonio de dos testigos, o en el testimonio de tres testigos consistirá el asunto.

16 Cuando se levantare testigo falso contra alguno, para testificar alguna transgresión contra él,

17 entonces los dos hombres litigantes se presentarán delante de Jehová, [c]delante de los sacerdotes y jueces que fueren en aquellos días.

18 Y los jueces [d]inquirirán bien, y si aquel testigo resultare falso, y que testificó falsamente contra su hermano,

19 [e]entonces haréis a él como él pensó hacer a su hermano; y quitarás el mal de en medio de ti.

20 Y los que quedaren oirán, y temerán, y no volverán más a hacer una mala cosa como ésta, en medio de ti.

21 Y no perdonará tu ojo; [g]vida por vida, ojo por ojo, diente por diente, mano por mano, pie por pie.

CAPÍTULO 20

Cuando salieres a la guerra contra tus enemigos, [i]y vieres caballos y carros, y un pueblo más grande que tú, no tengas temor de ellos, porque Jehová tu Dios [k]es contigo, el cual te sacó de tierra de Egipto.

2 Y será que, cuando os acercareis para combatir, vendrá el sacerdote, y hablará al pueblo,

3 y les dirá: Oye, Israel, vosotros os juntáis hoy en batalla contra vuestros enemigos; no desmaye vuestro corazón, no temáis, no os azoréis, ni tampoco os desalentéis delante de ellos.

4 Porque Jehová vuestro Dios va con vosotros, [m]para pelear por vosotros contra vuestros enemigos, para salvaros.

5 Y los oficiales hablarán al pueblo, diciendo: ¿Quién ha edificado casa nueva, y no la ha estrenado? Vaya, y vuélvase a su casa, no sea que muera en la batalla, y algún otro la estrene.

6 ¿Y quién ha plantado viña, y no ha hecho común uso de ella? Vaya, y vuélvase a su casa, no sea que muera en la batalla, y algún otro la goce.

DEUTERONOMIO 20

7 [a]¿Y quién se ha desposado con mujer, y no la ha tomado? Vaya, y vuélvase a su casa, no sea que muera en la batalla, y algún otro la tome.

8 Y los oficiales hablarán otra vez al pueblo, y dirán: [b]¿Quién es hombre medroso y apocado de corazón? Vaya, y vuélvase a su casa, y no apoque el corazón de sus hermanos, como el corazón suyo.

9 Y será que, cuando los oficiales acabaren de hablar al pueblo, entonces los capitanes de los ejércitos mandarán delante del pueblo.

10 Cuando te acercares a una ciudad para combatirla, [f]le proclamarás la paz.

11 Y será que, si te diere una respuesta de paz, y te abriere, todo el pueblo que en ella fuere hallado te será tributario, y te servirá.

12 Mas si no hiciere paz contigo, y emprendiere guerra contra ti, entonces la sitiarás.

13 Luego que Jehová tu Dios la entregare en tu mano, [h]herirás a todo varón suyo a filo de espada.

14 pero las mujeres y los niños, y los animales, y todo lo que haya en la ciudad, todo el despojo, tomarás para ti; [j]comerás del despojo de tus enemigos, que Jehová tu Dios te ha entregado.

15 Así harás a todas las ciudades que están muy lejos de ti, que no son de las ciudades de estas naciones.

16 Pero [l]de las ciudades de estos pueblos que Jehová tu Dios te da por heredad, no dejarás con vida nada que respire;

17 sino que del todo los destruirás; al heteo, al amorreo, al cananeo, al ferezeo, al heveo y al jebuseo, como Jehová tu Dios te ha mandado;

18 [n]para que no os enseñen a hacer según todas sus abominaciones, que ellos hacen para sus dioses, y pequéis contra Jehová vuestro Dios.

19 Cuando pusieres cerco a alguna ciudad, peleando contra ella muchos días para tomarla, no destruirás sus árboles metiendo hacha en ellos, porque de ellos podrás comer; y no los talarás para emplearlos en el sitio, porque el árbol del campo es la vida del hombre.

DEUTERONOMIO 21

20 Mas el árbol que supieres que no es árbol para comer, lo destruirás y lo talarás, y construye baluarte contra la ciudad que pelea contigo, hasta sojuzgarla.

CAPÍTULO 21

Y si en la tierra que Jehová tu Dios te da para que la poseas, fuere hallado *alguien* muerto, tendido en el campo, y no se supiere quién lo mató,

2 entonces tus ancianos y tus jueces saldrán y medirán hasta las ciudades que *están* alrededor del muerto.

3 Y será, que los ancianos de aquella ciudad, de la ciudad más cercana al muerto, tomarán de la vacada una becerra que no haya trabajado, que no haya llevado yugo;

4 y los ancianos de aquella ciudad traerán la becerra a un valle áspero, que nunca haya sido arado ni sembrado, y cortarán el cuello a la becerra allí en el valle.

5 Entonces vendrán los sacerdotes hijos de Leví, [g]porque a ellos escogió Jehová tu Dios para que le sirvan, y para bendecir en nombre de Jehová; y [h]por la palabra de ellos se resolverá toda controversia y toda ofensa.

6 Y todos los ancianos de aquella ciudad más cercana al muerto [i]lavarán sus manos sobre la becerra degollada en el valle.

7 Y protestarán, y dirán: Nuestras manos no han derramado esta sangre, ni nuestros ojos lo vieron.

8 Sé misericordioso, oh Jehová, para con tu pueblo Israel, al cual tú redimiste; y [j]no imputes la sangre inocente a tu pueblo Israel. Y la sangre les será perdonada.

9 Y [k]tú quitarás la culpa de la sangre inocente de en medio de ti, cuando hicieres lo *que es* recto a los ojos de Jehová.

10 Cuando salieres a la guerra contra tus enemigos, y Jehová tu Dios los entregare en tu mano, y tomares de ellos cautivos,

11 y vieres entre los cautivos *alguna* mujer hermosa, y la codiciares, y la tomares para ti por esposa,

Maldito el colgado de un madero

12 la meterás en tu casa; y ella rasurará su cabeza, y cortará sus uñas,

13 y se quitará el vestido de su cautiverio, y se quedará en tu casa y [a]llorará a su padre y a su madre por todo un mes; y después entrarás a ella, y tú serás su marido, y ella será tu esposa.

14 Y si ella no te agradare, entonces la dejarás en libertad; no la venderás por dinero, [b]ni mercadearás con ella, por cuanto la humillaste.

15 Y si un hombre tuviere dos esposas, una amada [c]y otra aborrecida, y la amada y la aborrecida le dieren hijos, y el hijo primogénito fuere de la aborrecida;

16 será que, el día que hiciere heredar a sus hijos lo que tuviere, no podrá dar el derecho de primogenitura al hijo de la amada con preferencia al hijo de la aborrecida, *que es* el primogénito;

17 sino que al hijo de la aborrecida reconocerá por primogénito, [d]dándole una porción doble de todo lo que tiene; [e]porque él *es* el principio de su vigor, [f]suyo *es* el derecho de la primogenitura.

18 Cuando alguno tuviere hijo contumaz y rebelde, que no obedeciere a la voz de su padre ni a la voz de su madre, y habiéndolo castigado, no les obedeciere;

19 entonces su padre y su madre lo tomarán, y lo sacarán a los ancianos de su ciudad, y a la puerta de su ciudad;

20 y dirán a los ancianos de la ciudad: Este nuestro hijo es contumaz y rebelde, no obedece a nuestra voz; *es* glotón y borracho.

21 Entonces todos los hombres de su ciudad lo apedrearán con piedras hasta que muera; así quitarás el mal de en medio de ti; y todo Israel oirá, y temerá.

22 Y si alguno hubiere cometido algún [l]pecado digno de muerte, y lo hiciereis morir, y lo colgareis de un madero,

23 [m]su cuerpo no ha de permanecer toda la noche en el madero, sino que sin falta lo enterrarás el mismo día, porque [n]maldito por Dios es el colgado; y [o]no contaminarás tu tierra que Jehová tu Dios te da *por* heredad.

La mujer no vestirá ropa de hombre
CAPÍTULO 22

No verás ªel buey de tu hermano, o su cordero, perdidos, y te retirarás de ellos; sin falta los volverás a tu hermano.

2 Y si tu hermano no *fuere* tu vecino, o no le conocieres, los recogerás en tu casa, y estarán contigo hasta que tu hermano los busque, y se los devolverás.

3 Y así harás con su asno, así harás también con su vestido, y lo mismo harás con toda cosa perdida de tu hermano que se le perdiere y tú la hallares; no podrás retraerte de ello.

4 ᵇNo verás el asno de tu hermano, o su buey, caídos en el camino, y te esconderás de ellos; sin falta le ayudarás a levantarlos.

5 No vestirá la mujer ropa de hombre, ni el hombre se pondrá vestido de mujer; porque abominación *es* a Jehová tu Dios cualquiera que esto hace.

6 Si encontrares en el camino algún nido de ave en cualquier árbol, o sobre la tierra, con pollos o huevos, ᵈy estuviere la madre echada sobre los pollos o sobre los huevos, no tomarás la madre con los hijos;

7 sin falta dejarás ir a la madre, y tomarás los pollos para ti; ᶠpara que te vaya bien, y prolongues tus días.

8 Cuando edificares casa nueva, harás pretil a tu terrado, para que no pongas sangre en tu casa, si de él cayere alguno.

9 ʰNo sembrarás tu viña con varias semillas, para que no se pierda la plenitud de la semilla que sembraste, y el fruto de la viña.

10 No ararás con buey y con asno juntamente.

11 ⁱNo vestirás ropa con mixtura ʲde lana y lino juntamente.

12 Te harás ᵏflecos en las cuatro orillas de tu manto con que te cubrieres.

13 Cuando alguno tomare esposa, y después de haber entrado a ella la aborreciere,

14 y le atribuyere algunas faltas, y esparciere sobre ella mala fama y dijere: Tomé a esta mujer y me llegué a ella, y no la hallé virgen;

15 entonces el padre de la joven y su madre tomarán, y sacarán las

a Éx 23:4

b Éx 23:5

c Gn 34:7
d Lv 22:28
e cp 13:5

f cp 4:40

g Mt 1:18-19
h Lv 19:19

i Lv 19:19
j Lv 13:47-48
k cp 21:14

l 2 Sm 13:4

DEUTERONOMIO 22

señales de la virginidad de la doncella a los ancianos de la ciudad, en la puerta.

16 Y dirá el padre de la joven a los ancianos: Yo di mi hija a este hombre por esposa, y él la aborrece;

17 y he aquí, él le pone tachas de algunas cosas, diciendo: No encontré virgen a tu hija. Pero he aquí *las señales* de la virginidad de mi hija. Y extenderán la sábana delante de los ancianos de la ciudad.

18 Entonces los ancianos de la ciudad tomarán al hombre y lo castigarán;

19 Y le multarán con cien *siclos* de plata, los cuales darán al padre de la joven, por cuanto esparció mala fama sobre una virgen de Israel; y ella será su esposa; no podrá despedirla en todos sus días.

20 Mas si esto fuere verdad, que no se hubiere hallado virginidad en la joven,

21 entonces la sacarán a la puerta de la casa de su padre, y la apedrearán con piedras los hombres de su ciudad, y morirá; ᶜpor cuanto hizo vileza en Israel fornicando en casa de su padre; ᵉasí quitarás el mal de en medio de ti.

22 Cuando se sorprendiere alguno acostado con mujer casada con marido, *ambos* morirán, el hombre que se acostó con la mujer, y la mujer; así quitarás el mal de Israel.

23 Si hubiere una doncella virgen ᵍdesposada con marido, y alguno la hallare en la ciudad, y se acostare con ella;

24 entonces los sacaréis a ambos a la puerta de aquella ciudad, y los apedrearán con piedras, y morirán; la doncella porque no dio voces en la ciudad, y el hombre porque ᵏhumilló a la esposa de su prójimo; así quitarás el mal de en medio de ti.

25 Mas si el hombre hallare en el campo a una doncella desposada, y él ˡla forzare y se acostare con ella, entonces morirá sólo el hombre que se acostó con ella;

26 y a la doncella no harás nada; la doncella no tiene culpa de muerte; porque como cuando alguno se levanta contra su prójimo, y le quita la vida, así *es en* este caso.

DEUTERONOMIO 23

Leyes de la virginidad

27 Porque él la halló en el campo; y la doncella desposada dio voces, pero no *hubo* quien la librase.

28 ªCuando alguno hallare doncella virgen, que no fuere desposada, y la tomare y se acostare con ella, y fueren hallados;

29 entonces el hombre que se acostó con ella dará al padre de la doncella cincuenta *siclos* de plata, y ella será su esposa, por cuanto la humilló; no la podrá despedir en todos sus días.

30 ᶜNo tomará alguno la esposa de su padre, ᵈni descubrirá el regazo de su padre.

CAPÍTULO 23

No entrará en la congregación de Jehová el que fuere quebrado, ni el castrado.

2 No entrará ᶠbastardo en la congregación de Jehová; ni aun en la décima generación entrará en la congregación de Jehová.

3 ʲNo entrará amonita ni moabita en la congregación de Jehová; ni aun en la décima generación entrará en la congregación de Jehová para siempre,

4 ᵏpor cuanto no os salieron a recibir con pan y agua al camino, cuando salisteis de Egipto; y ᵐporque alquiló contra ti a Balaam, hijo de Beor de Petor, de Mesopotamia, para que te maldijese.

5 Mas Jehová tu Dios no quiso oír a Balaam; y Jehová tu Dios ᵒte cambió la maldición en bendición, porque Jehová tu Dios te amaba.

6 ᵖNo procurarás la paz de ellos ni su bien en todos los días para siempre.

7 No aborrecerás al idumeo, ʳpues es tu hermano; no aborrecerás al egipcio, porque ˢextranjero fuiste en su tierra.

8 Los hijos que nacieren de ellos, a la tercera generación entrarán en la congregación de Jehová.

9 Cuando salieres a campaña contra tus enemigos, guárdate de toda cosa mala.

10 ᵘCuando hubiere en ti alguno que no esté limpio, por causa de alguna impureza que le aconteciere de noche, saldrá del campamento; no deberá entrar en el campamento.

11 Y será que al declinar de la tarde ˣse lavará con agua, y cuando se

---

a Éx 22:16-17

b Lv 26:12

c Lv 18:8
y 20:11
d Rt 3:9
Ez 16:8
e 1 Sm 30:15

f Zac 9:6
g Éx 22:21
h Lv 19:29
i 2 Re 23:7
j Neh 13:1-2

k cp 2:29
l Éx 22:25
Lc 6:34
m Nm 22:5
2 Pe 2:15
n cp 15:3
Lv 19:34
o Nm 23:11

p Esd 9:12

q Nm 30:3
r Gn 25:24

s Éx 22:21
y 23:9
Lv 19:34

t Sal 66:13-14
y 76:11

u Lv 15:16

v Mt 12:1
Mr 2:23
Lc 6:1

x Lv 15:5

---

haya puesto el sol, podrá entrar *otra vez* en el campamento.

12 Y tendrás un lugar fuera del campamento, y saldrás allá fuera.

13 Tendrás también una estaca entre tus armas; y será que, cuando estuvieres allí fuera, cavarás con ella, y luego al volverte cubrirás tu excremento;

14 porque Jehová tu Dios ᵇanda en medio de tu campamento, para librarte y entregar a tus enemigos delante de ti; por tanto, será santo tu campamento; para que Él no vea en ti cosa inmunda, y se vuelva de en pos de ti.

15 ᵉNo entregarás a su señor el siervo que se huyere a ti de su amo.

16 Morará contigo, en medio de ti, en el lugar que escogiere en alguna de tus ciudades, donde bien le pareciere; ᵍno lo oprimirás.

17 ʰNo habrá ramera de las hijas de Israel, ⁱni habrá sodomita de los hijos de Israel.

18 No traerás precio de ramera, ni precio de perro a la casa de Jehová tu Dios por ningún voto; porque abominación es a Jehová tu Dios así lo uno como lo otro.

19 ˡNo le prestarás a tu hermano por interés, interés de dinero, interés de comida, ni interés de cosa alguna que suele prestarse por interés.

20 ⁿPodrás cobrar interés a un extranjero, pero a tu hermano no le cobrarás interés, para que te bendiga Jehová tu Dios en toda obra de tus manos sobre la tierra a la cual entras para poseerla.

21 ᑫCuando prometieres voto a Jehová tu Dios, no tardarás en pagarlo; porque ciertamente lo demandará Jehová tu Dios de ti, y sería pecado en ti.

22 Mas si te abstuvieres de prometer, no sería pecado en ti.

23 Aquello que hubiere salido de tus labios, ᵗlo guardarás y lo cumplirás; aun la ofrenda voluntaria como lo prometiste a Jehová tu Dios, lo cual prometiste con tu boca.

24 Cuando entrares en la viña de tu prójimo, ᵛpodrás comer las uvas que desees, hasta saciarte; mas no pondrás ninguna en tu alforja.

25 Cuando entrares en la mies de tu prójimo, podrás cortar espigas

Carta de repudio

con tu mano; mas no aplicarás hoz a la mies de tu prójimo.

CAPÍTULO 24

Cuando alguno tomare mujer y se casare con ella, si no le agradare por haber hallado en ella alguna cosa vergonzosa, ᵈle escribirá carta de divorcio, y se la entregará en su mano, y la despedirá de su casa.

2 Y salida de su casa, podrá ir y casarse con otro hombre.

3 Y si la aborreciere este último, y le escribiere carta de divorcio, y se la entregare en su mano, y la despidiere de su casa; o si muriere el postrer hombre que la tomó para sí por esposa,

4 ᶠno podrá su primer marido, que la despidió, volverla a tomar para que sea su esposa, después que fue amancillada; porque *es* abominación delante de Jehová, y no has de pervertir la tierra que Jehová tu Dios te da por heredad.

5 ᶦCuando alguno tomare esposa nueva, no saldrá a la guerra, ni en ninguna cosa se le ocupará; libre estará en su casa por un año, para alegrar a su esposa que tomó.

6 No tomarás en prenda la muela de molino, ni la de abajo ni la de arriba: porque ᵐ*sería* tomar en prenda la vida *del hombre*.

7 ⁿSi fuere hallado alguno que hubiere hurtado a uno de sus hermanos los hijos de Israel, y hubiere mercadeado con él, o le hubiere vendido, el tal ladrón morirá, y quitarás el mal de en medio de ti.

8 Guárdate de ᵖllaga de lepra, observando diligentemente, y haciendo según todo lo que os enseñaren los sacerdotes levitas: cuidaréis de hacer como les he mandado.

9 Acuérdate de lo que hizo Jehová tu Dios a ʳMiriam en el camino, después que salisteis de Egipto.

10 Cuando prestares alguna cosa a tu prójimo, no entrarás en su casa para tomarle prenda;

11 fuera estarás, y el hombre a quien prestaste, te sacará afuera la prenda.

12 Y si *fuere* hombre pobre, no duermas con su prenda:

a Éx 22:26
b Sal 112:9
Dn 4:27
c Sal 72:10
Ez 38:13
d Mt 5:31
y 19:7
Mr 10:4
e Lv 19:13
Jer 22:13
f cp 15:9
Stg 5:4
g 2 Re 14:6
2 Cr 25:4
Jer 31:29-30
Ez 18:20
h Éx 22:21
Is 1:23
Jer 5:28
i Jer 3:1
j cp 5:15
k Lv 19:9
l cp 20:7

m Dt 2:23
Jer 47:4
Am 9:7
n Éx 21:16
o Lv 19:10

p Lv cps 13 y 14

q cp 19:17
r Nm 12:10
s Pr 17:15

t 2 Co 11:24

DEUTERONOMIO 24-25

13 Precisamente ᵃle devolverás la prenda cuando el sol se ponga, para que duerma en su ropa, y te bendiga: y ᵇte será justicia delante de Jehová tu Dios.

14 ᶜNo oprimirás al jornalero pobre y menesteroso, ya sea de tus hermanos o de tus extranjeros que *están* en tu tierra dentro de tus ciudades:

15 En su día ᵉle darás su jornal, y no se pondrá el sol sin dárselo; pues *es* pobre, y con él sustenta su vida; ᶠpara que no clame contra ti a Jehová, y sea en ti pecado.

16 ᵍLos padres no morirán por los hijos, ni los hijos por los padres; cada uno morirá por su pecado.

17 ʰNo torcerás el derecho del peregrino y del huérfano; ni tomarás por prenda la ropa de la viuda,

18 sino que ᶦte acordarás que fuiste siervo en Egipto, y que de allí te rescató Jehová tu Dios; por tanto, yo te mando que hagas esto.

19 ᵏCuando segares tu mies en tu campo y olvidares alguna gavilla en el campo, no regresarás a tomarla; será para el extranjero, para el huérfano y para la viuda; para que te bendiga Jehová tu Dios en toda obra de tus manos.

20 Cuando sacudieres tus olivos, no recorrerás las ramas que hayas dejado tras de ti; serán para el extranjero, para el huérfano y para la viuda.

21 Cuando vendimiares tu viña, ᵒno rebuscarás tras de ti; será para el extranjero, para el huérfano y para la viuda.

22 Y acuérdate que fuiste siervo en tierra de Egipto; por tanto, yo te mando que hagas esto.

CAPÍTULO 25

Cuando hubiere ᵠpleito entre algunos, y vinieren a juicio, y los juzgaren, y ˢabsolvieren al justo y condenaren al inicuo,

2 será que, si el delincuente mereciere ser azotado, entonces el juez lo hará echar en tierra, y le hará azotar delante de sí, según su delito, por cuenta,

3 le hará dar ᵗcuarenta azotes, no más; no sea que, si lo hiriere con

muchos azotes a más de éstos, se envilezca tu hermano delante de tus ojos.

4 ªNo pondrás bozal al buey que trilla.

5 ᶜCuando hermanos habitaren juntos, y muriere alguno de ellos, y no tuviere hijo, la esposa del muerto no se casará fuera con hombre extraño; ᵉsu cuñado entrará a ella, y la tomará por su esposa, y hará con ella parentesco.

6 Y será que el primogénito ᶠque ella diere a luz, se levantará en nombre de su hermano el muerto, para que ᵍel nombre de éste no sea raído de Israel.

7 Y si el hombre no quisiere tomar a su cuñada, irá entonces la cuñada suya ⁱa la puerta a los ancianos, y dirá: Mi cuñado no quiere suscitar nombre en Israel a su hermano; no quiere emparentar conmigo.

8 Entonces los ancianos de aquella ciudad lo harán venir, y hablarán con él; y si él se levantare, y dijere: ᵏNo quiero tomarla,

9 se acercará entonces su cuñada a él delante de los ancianos, y ˡle descalzará el zapato de su pie, y le escupirá en el rostro, y hablará y dirá: Así será hecho al varón ᵐque no edificare la casa de su hermano.

10 Y su nombre será llamado en Israel: La casa del descalzado.

11 Cuando algunos riñeren juntos el uno con el otro, y llegare la esposa de uno para librar a su marido de mano del que le hiere, y metiere su mano y le trabare de sus vergüenzas;

12 le cortarás entonces la mano, ᑫno la perdonará tu ojo.

13 ˢNo tendrás en tu bolsa pesa grande y pesa chica.

14 No tendrás en tu casa efa grande y efa pequeño.

15 Pesas cumplidas y justas tendrás; efa cabal y justo tendrás; para que tus días sean prolongados sobre la tierra que Jehová tu Dios te da.

16 Porque ᵛabominación es a Jehová tu Dios cualquiera que hace esto, cualquiera que hace agravio.

17 ˣAcuérdate de lo que te hizo Amalec en el camino, cuando salisteis de Egipto.

18 Que te salió al camino, y te desbarató la retaguardia de todos los débiles que *iban* detrás de ti, cuando tú estabas cansado y fatigado; y no temió a Dios.

19 Será pues, ᵇcuando Jehová tu Dios te hubiere dado reposo de tus enemigos alrededor, en la tierra que Jehová tu Dios te da por heredar para que la poseas, que ᵈraerás la memoria de Amalec de debajo del cielo: no te olvides.

CAPÍTULO 26

Y será que, cuando *hubieres* entrado en la tierra que Jehová tu Dios te da *por* heredad, y la poseyeres, y habitares en ella;

2 ʰentonces tomarás de las primicias de todos los frutos de la tierra, que sacares de tu tierra que Jehová tu Dios te da, y lo pondrás en un canastillo, ʲe irás al lugar que Jehová tu Dios escogiere para hacer habitar allí su nombre.

3 Y llegarás al sacerdote que fuere en aquellos días, y le dirás: Reconozco hoy a Jehová tu Dios que he entrado en la tierra que juró Jehová a nuestros padres que nos había de dar.

4 Y el sacerdote tomará el canastillo de tu mano, y lo pondrá delante del altar de Jehová tu Dios.

5 Entonces hablarás y dirás delante de Jehová tu Dios: ⁿUn arameo ᵒa punto de perecer *fue* mi padre, el cual descendió a Egipto y peregrinó allá ᵖcon pocos hombres, y allí llegó a ser una nación grande, fuerte y numerosa;

6 y ʳlos egipcios nos maltrataron y nos afligieron, y pusieron sobre nosotros dura servidumbre.

7 Y ᵗclamamos a Jehová el Dios de nuestros padres; y Jehová oyó nuestra voz, y vio nuestra aflicción, y nuestro trabajo, y nuestra opresión.

8 Y Jehová ᵘnos sacó de Egipto con mano fuerte, y con brazo extendido, y con grande espanto, y con señales y con milagros:

9 Y nos trajo a este lugar, y nos dio esta tierra, ʸtierra que fluye leche y miel.

10 Y ahora, he aquí, he traído las primicias del fruto de la tierra que me diste, oh Jehová. Y lo dejarás

---

a 1 Co 9:9
1 Ts 5:18
b 1 Sm 15:2
c Mt 22:24
Mr 12:19
Lc 20:28
d Éx 17:14
e Gn 38:8
Rt 1:12-13
f Gn 38:9
g Rt 4:10
h Éx 23:19
y 34:26
i Rt 4:1-2
j cp 12:5
k Rt 4:6
l Rt 4:7
m Rt 4:11
n Os 12:12
o Gn 43:1-2
p Gn 46:1,27
q cp 7:10
r Éx 1:11-14
s Lv 19:36
Ez 45:10
t Éx 2:23-25
3:9 y 4:51
u Éx 12:37,51
v Pr 11:1
x Éx 17:8
y Éx 3:8

Dad los diezmos

delante de Jehová tu Dios, y adorarás delante de Jehová tu Dios.

11 Y [b]te alegrarás con todo el bien que Jehová tu Dios te hubiere dado a ti y a tu casa, tú y el levita, y el extranjero que *está* en medio de ti.

12 Cuando hubieres acabado de diezmar todo [d]el diezmo de tus frutos en el año tercero, [e]el año del diezmo, darás también al levita, al extranjero, al huérfano y a la viuda; y comerán en tus villas, y se saciarán.

13 Y dirás delante de Jehová tu Dios: Yo he sacado lo consagrado de *mi* casa, y también lo he dado al levita, y al extranjero, y al huérfano, y a la viuda, conforme a todos tus mandamientos que me ordenaste; no he traspasado tus mandamientos ni me he olvidado de ellos.

14 [g]No he comido de ello en mi luto, ni he sacado de ello en inmundicia, ni de ello he ofrecido para los muertos; he obedecido a la voz de Jehová mi Dios, he hecho conforme a todo lo que me has mandado.

15 [h]Mira desde la morada de tu santidad, desde el cielo, y bendice a tu pueblo Israel, y a la tierra que nos has dado, como juraste a nuestros padres, tierra que fluye leche y miel.

16 Jehová tu Dios te manda hoy que cumplas estos estatutos y derechos; cuida, pues, de ponerlos por obra con todo tu corazón, y con toda tu alma.

17 A Jehová has proclamado hoy para que te sea por Dios, y para andar en sus caminos, y para guardar sus estatutos y sus mandamientos y sus derechos, y para oír su voz:

18 Y Jehová te ha proclamado hoy para que le seas su [j]peculiar pueblo como Él te lo había prometido; para que guardes todos sus mandamientos,

19 y [l]para exaltarte sobre todas las naciones que Él hizo, para loor, y fama, y gloria; y para que seas [n]pueblo santo a Jehová tu Dios, como Él ha dicho.

CAPÍTULO 27

Y mandó Moisés, con los ancianos de Israel, al pueblo, diciendo: Guardaréis todos los mandamientos que yo prescribo hoy.

2 Y será que, el día que [q]pasareis el Jordán a la tierra que Jehová tu Dios te da, [a]te has de levantar piedras grandes, las cuales revocarás con cal:

3 Y escribirás en ellas todas las palabras de esta ley, cuando hubieres pasado para entrar en la tierra que Jehová tu Dios te da, [c]tierra que fluye leche y miel, como Jehová el Dios de tus padres te ha dicho.

4 Será pues, cuando hubieres pasado el Jordán, que levantaréis estas piedras que yo os mando hoy, [f]en el monte de Ebal, y las revocarás con cal:

5 Y edificarás allí altar a Jehová tu Dios, altar de piedras: no alzarás sobre ellas *instrumento* de hierro.

6 De piedras enteras edificarás el altar de Jehová tu Dios; y ofrecerás sobre él holocausto a Jehová tu Dios;

7 y sacrificarás ofrendas de paz, y comerás allí; y te alegrarás delante de Jehová tu Dios.

8 Y escribirás en las piedras todas las palabras de esta ley muy claramente.

9 Y Moisés, con los sacerdotes levitas, habló a todo Israel, diciendo: Atiende y escucha, Israel; hoy eres hecho pueblo de Jehová tu Dios.

10 Oirás pues la voz de Jehová tu Dios, y cumplirás sus mandamientos y sus estatutos, que yo te ordeno hoy.

11 Y mandó Moisés al pueblo en aquel día, diciendo:

12 Éstos estarán sobre [i]el monte de Gerizim para bendecir al pueblo, cuando hubiereis pasado el Jordán: Simeón, y Leví, y Judá, e Isacar, y José y Benjamín.

13 Y éstos estarán para pronunciar la maldición en el monte Ebal: Rubén, Gad, Aser, Zabulón, Dan y Neftalí.

14 Y hablarán [k]los levitas, y dirán a todo varón de Israel en alta voz:

15 [m]Maldito el hombre que hiciere escultura o imagen de fundición, abominación a Jehová, obra de mano de artífice, y la pusiere en oculto. Y todo el pueblo responderá y dirá: Amén.

16 [o]Maldito el que deshonrare a su padre o a su madre. Y dirá todo el pueblo: Amén.

17 [p]Maldito el que redujere el término de su prójimo. Y dirá todo el pueblo: Amén.

DEUTERONOMIO 28

18 ªMaldito el que hiciere errar al ciego en el camino. Y dirá todo el pueblo: Amén.

19 ᵇMaldito el que torciere el derecho del extranjero, del huérfano, y de la viuda. Y dirá todo el pueblo: Amén.

20 ᵈMaldito el que se acostare con la esposa de su padre; por cuanto descubrió el regazo de su padre. Y dirá todo el pueblo: Amén.

21 ᵉMaldito el que se ayuntare con cualquier clase de bestia. Y dirá todo el pueblo: Amén.

22 ʰMaldito el que se acostare con su hermana, hija de su padre, o hija de su madre. Y dirá todo el pueblo: Amén.

23 ⁱMaldito el que se acostare con su suegra. Y dirá todo el pueblo: Amén.

24 ᵏMaldito el que hiriere a su prójimo ocultamente. Y dirá todo el pueblo: Amén.

25 ᵐMaldito el que recibiere cohecho para quitar la vida al inocente. Y dirá todo el pueblo: Amén.

26 ºMaldito el que no confirmare las palabras de esta ley para cumplirlas. Y dirá todo el pueblo: Amén.

CAPÍTULO 28

Y será que, ᵠsi oyeres diligente la voz de Jehová tu Dios, para guardar y poner por obra todos sus mandamientos que yo te prescribo hoy, también Jehová tu Dios ˢte pondrá en alto sobre todas las naciones de la tierra;

2 y ᵗvendrán sobre ti todas estas bendiciones, y te alcanzarán, cuando oyeres la voz de Jehová tu Dios.

3 Bendito *serás* tú en la ciudad, y ᵛbendito tú en el campo.

4 Bendito ˣel fruto de tu vientre, y el fruto de tu tierra, y el fruto de tu bestia, la cría de tus vacas y los rebaños de tus ovejas.

5 Benditas serán tu canasta y tu artesa.

6 ʸBendito *serás* en tu entrar, y bendito en tu salir.

7 Jehová ᶻhará que los enemigos que se levantan contra ti sean derrotados delante de ti; por un camino saldrán contra ti y por siete caminos huirán de delante de ti.

Leyes contra el incesto

8 Jehová mandará que la bendición sea contigo en tus graneros y en todo aquello en que pongas tu mano; y te bendecirá en la tierra que Jehová tu Dios te da.

9 Jehová ᶜte confirmará como un pueblo santo para sí, como te ha jurado; cuando guardares los mandamientos de Jehová tu Dios, y anduvieres en sus caminos.

10 Y verán todos los pueblos de la tierra que ᶠel nombre de Jehová es invocado sobre ti, y ᵍte temerán.

11 Y te hará Jehová sobreabundar en bienes, en el fruto de tu vientre, y en el fruto de tu bestia, y en el fruto de tu tierra, en el país que juró Jehová a tus padres que te había de dar.

12 Y Jehová ʲte abrirá su buen depósito, el cielo, para dar lluvia a tu tierra en su tiempo, y ˡpara bendecir toda obra de tus manos. Y prestarás a muchas naciones, y tú no tomarás prestado.

13 Y te pondrá Jehová ⁿpor cabeza, y no por cola: y estarás encima solamente, y no estarás debajo; cuando obedecieres a los mandamientos de Jehová tu Dios, que yo te ordeno hoy, para que los guardes y cumplas.

14 Y ᵖno te apartes de todas las palabras que yo os mando hoy, ni a derecha ni a izquierda, para ir tras dioses ajenos para servirles.

15 Y será, ʳsi no oyeres la voz de Jehová tu Dios, para cuidar de poner por obra todos sus mandamientos y sus estatutos, que yo te intimo hoy, que vendrán sobre ti todas estas maldiciones, y te alcanzarán.

16 ᵘMaldito *serás* tú en la ciudad, y maldito en el campo.

17 Malditas *serán* tu canasta y tu artesa.

18 Maldito el fruto de tu vientre, y el fruto de tu tierra, y la cría de tus vacas, y los rebaños de tus ovejas.

19 Maldito *serás* en tu entrar, y maldito en tu salir.

20 Y Jehová enviará contra ti la maldición, quebranto y asombro en todo cuanto pusieres mano e hicieres, hasta que seas destruido y perezcas pronto a causa de la maldad de tus obras, por las cuales me habrás dejado.

21 Jehová hará que ªse te pegue mortandad, hasta que te consuma

---

a Lv 19:14
b cp 24:17
c cp 7:6
  Éx 19:5-6
d Lv 18:8
e Lv 18:8
f Nm 6:27
g cp 11:25
h Lv 18:9
  y 20:17
i Lv 18:17
  y 20:14
j cp 11:14
  Lv 26:4
k cp 19:11
  Éx 21:12-14
l cp 15:6
m Éx 23:6
  Ez 22:12
n Is 9:14-15
o Jer 11:3
  Gá 3:10
p cp 5:32
q Éx 15:26
  Is 55:2
r Lv 26:14
  Lm 2:17
  Dn 9:11-13
  Mal 2:2
s cp 26:19
t Zac 1:6
u vers 3-6
v Gn 39:5
x cp 7:13
  Gn 49:25
  1 Tim 4:8
y Sal 121:8
z 2 Sm 22:38
a Lv 26:25

Maldiciones y bendiciones

de la tierra a la cual entras para poseerla.

22 Jehová te herirá con ªtisis y con fiebre, con inflamación y gran ardor, con espada, con ᶜcalamidad repentina y con añublo; y te perseguirán hasta que perezcas.

23 Y ᵉtu cielo que *está* sobre tu cabeza será de bronce, y la tierra que está debajo de ti, de hierro.

24 Dará Jehová por lluvia a tu tierra polvo y ceniza: de los cielos descenderán sobre ti hasta que perezcas.

25 Jehová ⁱte entregará herido delante de tus enemigos; por un camino saldrás a ellos, y por siete caminos huirás delante de ellos; y ᵏserás removido hacia todos los reinos de la tierra.

26 Y será tu cuerpo muerto por comida a toda ave del cielo, y bestia de la tierra, y no habrá quien *las* espante.

27 Jehová te herirá con ᵐla plaga de Egipto, y ⁿcon almorranas, y con sarna, y con comezón, de que no puedas ser curado.

28 Jehová te herirá ᵒcon locura y con ceguera, y con ᵖangustia de corazón.

29 Y ᵠpalparás a mediodía, como palpa el ciego en la oscuridad, y no serás prosperado en tus caminos: y sólo serás oprimido y despojado todos los días, y no habrá quien *te* salve.

30 ˢTe desposarás con mujer, y otro varón se acostará con ella; edificarás casa, ᵗy no habitarás en ella; plantarás viña, y no la vendimiarás.

31 Tu buey *será* matado delante de tus ojos, y tú no comerás de él; tu asno *será* arrebatado de delante de ti, y no te será devuelto; tus ovejas serán dadas a tus enemigos, y no tendrás quien te las rescate.

32 Tus hijos y tus hijas *serán* entregados a otro pueblo, y tus ojos lo verán, y ʸdesfallecerán por ellos todo el día; y no *habrá* fuerza en tu mano.

33 El fruto de tu tierra y todo tu trabajo comerá pueblo que no conociste; y sólo serás oprimido y quebrantado todos los días.

34 Y ᶜenloquecerás a causa de lo que verás con tus ojos.

35 Jehová te herirá con maligna pústula en las rodillas y en las piernas, sin que puedas ser curado; desde la planta de tu pie hasta tu coronilla.

36 Jehová ᵇte llevará a ti y a tu rey, al que hubieres puesto sobre ti, a una nación que ni tú ni tus padres habéis conocido; y allá ᵈservirás a dioses ajenos, al palo y a la piedra.

37 Y ᶠserás *motivo de* asombro, ᵍproverbio y burla en todos los pueblos a los cuales te llevará Jehová.

38 ʰLlevarás mucha semilla al campo, pero recogerás poco; porque ʲla langosta lo consumirá.

39 Plantarás viñas y las labrarás, mas no beberás del vino, ni recogerás *las uvas*; porque el gusano se las comerá.

40 Tendrás olivos en todo tu término, mas no te ungirás con el aceite, porque tu aceituna se caerá.

41 Hijos e hijas engendrarás, y no serán para ti, porque ⁱirán en cautiverio.

42 Todos tus árboles y el fruto de tu tierra serán consumidos por la langosta.

43 El extranjero que *esté* en medio de ti se elevará sobre ti muy alto, y tú descenderás muy bajo.

44 Él te prestará a ti, y tú no le prestarás a él; ʳél será la cabeza, y tú serás la cola.

45 Y vendrán sobre ti todas estas maldiciones, y te perseguirán, y te alcanzarán hasta que perezcas; por cuanto no habrás atendido a la voz de Jehová tu Dios, para guardar sus mandamientos y sus estatutos, que Él te mandó.

46 Y serán en ti ᵖpor señal y por maravilla, y en tu simiente para siempre.

47 Por cuanto no serviste a Jehová tu Dios ᵛcon alegría y con gozo de corazón, ˣpor la abundancia de todas las cosas;

48 por tanto, servirás a tus enemigos que Jehová enviará contra ti, con hambre y con sed y con desnudez, y con escasez de todas las cosas; y Él ᶻpondrá yugo de hierro sobre tu cuello, hasta destruirte.

49 ªJehová traerá contra ti una nación de lejos, desde lo último de la tierra, ᵇque vuele como águila, nación cuya lengua no entenderás;

50 gente fiera de rostro, ᵈque no tendrá respeto al anciano, ni perdonará al niño;

DEUTERONOMIO 29

51 y ªcomerá el fruto de tu ganado y el fruto de tu tierra, hasta que perezcas: y no te dejará grano, ni mosto, ni aceite, ni la cría de tus vacas, ni los rebaños de tus ovejas, hasta destruirte.

52 Y ᵈte pondrá sitio en todas tus ciudades, hasta que tus muros altos y fortificados en que tú confías caigan en toda tu tierra; te sitiará, pues, en todas tus ciudades y en toda tu tierra, que Jehová tu Dios te hubiere dado.

53 Y ᶠcomerás el fruto de tu vientre, la carne de tus hijos y de tus hijas que Jehová tu Dios te dio, en el asedio y en al aprieto con que te angustiará tu enemigo.

54 El hombre que es tierno y muy delicado en medio de ti, su ojo será maligno para con su hermano, y para con la esposa de su seno, y para con el resto de sus hijos que le quedaren;

55 para no dar a alguno de ellos de la carne de sus hijos, que él comerá, porque nada le habrá quedado, en el asedio y en el apuro con que tu enemigo te oprimirá en todas tus ciudades.

56 ᵏLa tierna y delicada entre vosotros, que no osaría poner la planta de su pie sobre la tierra por delicadeza y ternura, su ojo será maligno para con el marido de su seno, y para con su hijo, y para con su hija,

57 y para con su chiquita que sale de ⁿentre sus pies, y para con sus hijos que dé a luz; pues los comerá a escondidas, a falta de todo, en el asedio y en el apuro con que tu enemigo te oprimirá en tus ciudades.

58 Si no cuidares de poner por obra todas las palabras de esta ley que están escritas en este libro, para que temas ᵖeste nombre glorioso y temible, JEHOVÁ TU DIOS;

59 entonces Jehová aumentará maravillosamente tus plagas y las plagas de tu simiente, plagas grandes y persistentes, y enfermedades malignas y duraderas.

60 y traerá sobre ti todas las enfermedades de Egipto, de las cuales tenías temor, y se te pegarán.

61 Asimismo toda enfermedad y toda plaga que no *está* escrita en el libro de esta ley, Jehová la traerá sobre ti, hasta que tú seas destruido.

62 Y quedaréis ᵇpocos en número, en lugar de haber sido ᶜcomo las estrellas del cielo en multitud; por cuanto no obedeciste a la voz de Jehová tu Dios.

63 Y será que tal como Jehová se gozó sobre vosotros para haceros bien, y para multiplicaros, así ᵉse gozará Jehová sobre vosotros para arruinaros, y para destruiros; y seréis arrancados de sobre la tierra, a la cual entráis para poseerla.

64 Y Jehová ᵍte esparcirá por todos los pueblos, desde una extrema de la tierra hasta el otro extremo de ella; y allí servirás a dioses ajenos que no conociste tú ni tus padres, al leño y a la piedra.

65 Y entre estas naciones ʰno tendrás tranquilidad, ni la planta de tu pie tendrá reposo; sino que allí Jehová te dará un ⁱcorazón temeroso, y desfallecimiento de ojos y ʲtristeza de alma.

66 Y tu vida estará en suspenso delante de ti, y estarás temeroso de noche y de día, y no tendrás seguridad de tu vida.

67 ˡPor la mañana dirás: ¡Quién diera que fuese la tarde! y por la tarde dirás: ¡Quién diera que fuese la mañana! por el miedo de tu corazón con que estarás amedrentado y por lo que verán tus ojos.

68 Y Jehová ᵐte hará volver a Egipto en navíos, por el camino del cual te ha dicho: ᵒNunca más volveréis; y allí seréis vendidos a vuestros enemigos como esclavos y como esclavas, y no habrá quien os compre.

CAPÍTULO 29

Éstas *son* las palabras del pacto que Jehová mandó a Moisés que hiciera con los hijos de Israel en la tierra de Moab, además ᵠdel pacto que Él hizo con ellos en Horeb.

2 Moisés, pues, llamó a todo Israel, y les dijo: ʳVosotros habéis visto todo lo que Jehová ha hecho delante de vuestros ojos en la tierra de Egipto a Faraón y a todos sus siervos, y a toda su tierra;

3 ˢlas grandes pruebas que vieron tus ojos, las señales y las grandes maravillas.

Guarda la palabra y prosperarás

4 Pero Jehová [a]no os dio corazón para entender, ni ojos para ver, ni oídos para oír, hasta el día de hoy.

5 Y yo os he traído cuarenta años por el desierto; [d]vuestra ropa no se ha envejecido sobre vosotros, ni vuestro calzado se ha envejecido sobre vuestro pie.

6 [f]No habéis comido pan, ni bebisteis vino ni sidra; para que supieseis que yo *soy* Jehová vuestro Dios.

7 Y llegasteis a este lugar, y [i]salió Sehón, rey de Hesbón, y Og, rey de Basán, delante de nosotros para pelear, y los derrotamos;

8 Y tomamos su tierra, y [k]la dimos por heredad a Rubén y a Gad, y a la media tribu de Manasés.

9 [l]Guardaréis, pues, las palabras de este pacto, y las pondréis por obra, para que prosperéis en todo lo que hiciereis.

10 Vosotros todos estáis hoy delante de Jehová vuestro Dios; vuestros príncipes de vuestras tribus, vuestros ancianos, y vuestros oficiales, todos los varones de Israel,

11 vuestros niños, vuestras esposas, y los extranjeros que *habitan* en medio de tu campamento, desde el que corta tu leña hasta el que saca tu agua;

12 para que entres en el pacto de Jehová tu Dios, y [o]en su juramento, que Jehová tu Dios hace hoy contigo,

13 [q]para confirmarte hoy por su pueblo, y que Él te sea a ti por Dios, de la manera que Él te ha dicho, y [r]como Él lo juró a tus padres Abraham, Isaac y Jacob.

14 Y no sólo con vosotros [s]hago yo este pacto y este juramento,

15 sino con los que están aquí presentes hoy con nosotros delante de Jehová nuestro Dios, y [t]con los que no están aquí hoy con nosotros.

16 Porque vosotros sabéis cómo habitamos en la tierra de Egipto, y cómo hemos pasado a través de las naciones por las que habéis pasado;

17 Y habéis visto sus abominaciones y sus ídolos, madera y piedra, plata y oro, que *tienen* consigo.

18 No sea que haya entre vosotros varón, o mujer, o familia, o tribu, cuyo corazón se aparte hoy de Jehová nuestro Dios, para ir y servir a los dioses de aquellas naciones; no sea

DEUTERONOMIO 29

que haya [a]entre vosotros raíz que eche veneno y [c]ajenjo;

19 Y suceda que, cuando el tal oyere las palabras de esta maldición, él se bendiga en su corazón, diciendo: Tendré paz, aunque ande en la imaginación de mi corazón, [e]para añadir la embriaguez a la sed.

20 Jehová no querrá perdonarle; sino que entonces [g]humeará el furor de Jehová, y [h]su celo sobre el tal hombre, y se asentará sobre él toda maldición escrita en este libro, y Jehová [j]raerá su nombre de debajo del cielo:

21 Y lo apartará Jehová de todas las tribus de Israel para mal, conforme a todas las maldiciones del pacto escrito en este libro de la ley.

22 Y dirá la generación venidera, vuestros hijos que vendrán después de vosotros, y el extranjero que vendrá de lejanas tierras, cuando vieren las plagas de esta tierra, y sus enfermedades de que Jehová la hizo enfermar

23 (Azufre [m]y sal, calcinada está toda su tierra; no será sembrada, ni producirá, ni crecerá en ella hierba alguna, [n]como en la destrucción de Sodoma y Gomorra, de Adma y de Zeboim, que Jehová destruyó en su furor y en su ira);

24 y todas las naciones dirán: [p]¿Por qué hizo esto Jehová a esta tierra? ¿Qué *significa* el ardor de este gran furor?

25 Y responderán: Por cuanto dejaron el pacto de Jehová el Dios de sus padres, que Él hizo con ellos cuando los sacó de la tierra de Egipto,

26 y fueron y sirvieron a dioses ajenos, y se inclinaron a ellos, dioses que no conocían, y que ninguna cosa les habían dado.

27 Se encendió por tanto, el furor de Jehová contra esta tierra, para traer sobre ella todas las maldiciones escritas en este libro;

28 y Jehová [u]los desarraigó de su tierra con ira, con furor y con gran indignación, y los echó a otra tierra, como *sucede* hoy.

29 Las cosas secretas *pertenecen* a Jehová nuestro Dios; mas las reveladas *son* para nosotros y para nuestros hijos para siempre, a fin

---

Referencias:
a Is 6:9-10
y 63:17
Jn 8:43
Hch 28:26
b Hch 8:23
Heb 12:15
c Ap 8:11
d cp 8:4
e Is 30:1
f cp 8:3
Éx 16:4
g Sal 74:1
h Sal 79:5
i cp 2:32
y 3:1
Nm 21:21-33
j cp 9:14
k cp 3:12-13
Nm 32:31
l cp 4:6

m Sal 107:34
Jer 17:6
Ez 47:11
Sof 2:9
n Gn 19:24
Jer 20:16
o Neh 10:29
p 1 Re 9:8-9
q cp 28:9
r Gn 17:7
y 50:24
s Jer 31:31-33
Heb 8:8-10

t Hch 2:39

u 1 Re 14:15
2 Cr 7:20

de que cumplamos todas las palabras de esta ley.

CAPÍTULO 30

Y sucederá que ᵇcuando te sobrevinieren todas estas cosas, la bendición y la maldición que he puesto delante de ti, ᶜy volvieres en sí en medio de todas las naciones a las cuales Jehová tu Dios te hubiere arrojado,

2 y ᵉte convirtieres a Jehová tu Dios, y obedecieres a su voz conforme a todo lo que yo te mando hoy, tú y tus hijos, con todo tu corazón y con toda tu alma,

3 Entonces Jehová tu Dios ᵍhará volver a tus cautivos, y tendrá misericordia de ti, y ʰvolverá a recogerte de entre todos los pueblos a los cuales Jehová tu Dios te hubiere esparcido.

4 ⁱSi hubieres sido arrojado hasta el cabo de los cielos, de allí te recogerá Jehová tu Dios, y de allá te tomará;

5 y Jehová tu Dios te hará volver a la tierra que heredaron tus padres, y la poseerás; y ᵏÉl te hará bien, y te multiplicará más que a tus padres.

6 Y Jehová tu Dios ˡcircuncidará tu corazón y el corazón de tu simiente, para que ames a Jehová tu Dios con todo tu corazón y con toda tu alma, a fin de que vivas.

7 Y Jehová tu Dios pondrá todas estas maldiciones sobre tus enemigos, y sobre tus aborrecedores que te persiguieron.

8 Y tú volverás y oirás la voz de Jehová, y pondrás por obra todos sus mandamientos que yo te ordeno hoy.

9 Y Jehová tu Dios ᵖte hará abundar en toda obra de tus manos, en el fruto de tu vientre, en el fruto de tu ganado y en el fruto de tu tierra, para bien; porque Jehová ʳvolverá a gozarse sobre ti para bien, de la manera que se gozó sobre tus padres;

10 cuando oyeres la voz de Jehová tu Dios, para guardar sus mandamientos y sus estatutos escritos en este libro de la ley; cuando te convirtieres a Jehová tu Dios con todo tu corazón y con toda tu alma.

11 Porque este mandamiento que yo te ordeno hoy, ᵛno te *es* encubierto, ni *está* lejos;

12 ᵃno *está* en el cielo, para que digas: ¿Quién subirá por nosotros al cielo y nos lo traerá, y nos lo hará oír para que lo cumplamos?

13 Ni *está* al otro lado del mar, para que digas: ¿Quién pasará por nosotros el mar, para que nos lo traiga y nos lo haga oír, a fin de que lo cumplamos?

14 Porque ᵈmuy cerca de ti *está* la palabra, en tu boca y en tu corazón, para que la cumplas.

15 Mira, yo he puesto delante de ti hoy la vida y el bien, la muerte y el mal;

16 porque yo te mando hoy ᶠque ames a Jehová tu Dios, que andes en sus caminos, y guardes sus mandamientos y sus estatutos y sus derechos, para que vivas y seas multiplicado, y Jehová tu Dios te bendiga en la tierra a la cual entras para poseerla.

17 Mas ʲsi tu corazón se apartare, y no oyeres, y te dejares desviar, y te inclinares a dioses ajenos y los sirvieres;

18 yo os protesto hoy que de cierto pereceréis; no prolongaréis *vuestros* días sobre la tierra a la cual vais, pasando el Jordán, para poseerla.

19 ᵐAl cielo y a la tierra llamo hoy como testigos contra vosotros, de que os he puesto delante la vida y la muerte, la bendición y la maldición. Escoge, pues, la vida, para que vivas tú y tu simiente;

20 y que ames a Jehová tu Dios, y obedezcas su voz, y ⁿte acerques a Él; porque Él es tu ᵒvida y la largura de tus días; a fin de que habites sobre ᵠla tierra que juró Jehová a tus padres Abraham, Isaac y Jacob, que les había de dar.

CAPÍTULO 31

Y Moisés fue y habló estas palabras a todo Israel,

2 y les dijo: ˢDe edad de ciento veinte años *soy* hoy día; no puedo más salir ni entrar; además *de esto* Jehová me ha dicho: ᵗNo pasarás este Jordán.

3 Jehová tu Dios, ᵘÉl pasa delante de ti; Él destruirá a estas naciones de delante de ti, y las heredarás: Josué será el que pasará delante de ti, ˣcomo Jehová ha dicho.

Un cántico de testigo

DEUTERONOMIO 31

4 Y Jehová hará con ellos ªcomo hizo con Sehón y con Og, reyes de los amorreos, y con su tierra, a quienes destruyó.

5 Y Jehová los entregará delante de vosotros, y haréis con ellos conforme a todo lo que os he mandado.

6 ᵈEsforzaos y sed valientes; no temáis, ni tengáis miedo de ellos; porque Jehová tu Dios es el que ᶠva contigo; ᵍno te dejará ni te desamparará.

7 Y llamó Moisés a Josué, y le dijo a vista de todo Israel: Esfuérzate y sé valiente; porque tú entrarás con este pueblo a la tierra que juró Jehová a sus padres que les daría, y tú se la harás heredar.

8 Y Jehová es ʲel que va delante de ti; Él *estará* contigo, no te dejará, ni te desamparará; no temas, ni desmayes.

9 Y escribió Moisés esta ley, y la dio ᵏa los sacerdotes, hijos de Leví, que llevaban el arca del pacto de Jehová, y a todos los ancianos de Israel.

10 Y les mandó Moisés, diciendo: Al fin de *cada* siete años, ˡen el año de la remisión, ᵐen la fiesta de los tabernáculos,

11 ᵒcuando viniere todo Israel a presentarse delante de Jehová tu Dios en el lugar que Él escogiere, ᵖleerás esta ley delante de todo Israel a oídos de ellos.

12 ᑫHarás congregar al pueblo, varones y mujeres y niños, y tus extranjeros que *estuvieren* en tus ciudades, para que oigan y aprendan, y teman a Jehová vuestro Dios, y cuiden de poner por obra todas las palabras de esta ley;

13 y ᵗpara que los hijos de ellos que no supieron, ᵘoigan, y aprendan a temer a Jehová vuestro Dios, mientras viváis en la tierra adonde vais, cruzando el Jordán para poseerla.

14 Y Jehová dijo a Moisés: He aquí se ha acercado el día en que has de morir; llama a Josué, y presentaos en el tabernáculo de la congregación ʸpara que yo le dé el cargo. Fueron, pues, Moisés y Josué, y se presentaron en el tabernáculo de la congregación.

15 Y Jehová ᶻse apareció en el tabernáculo, en la columna de nube; y la columna de nube se puso sobre la puerta del tabernáculo.

16 Y Jehová dijo a Moisés: He aquí ᵇtú vas a dormir con tus padres, y este pueblo se levantará y fornicará ᶜtras los dioses ajenos de la tierra adonde va para estar en medio de ellos; y ᵉme dejará, y quebrantará mi pacto que he concertado con él.

17 Y mi furor se encenderá contra ellos en aquel día; y ʰlos abandonaré, y ⁱesconderé de ellos mi rostro y serán consumidos; y muchos males y angustias vendrán sobre ellos, y dirán en aquel día: ¿No nos han venido estos males porque no está nuestro Dios en medio de nosotros?

18 Y yo esconderé ciertamente mi rostro en aquel día, por todo el mal que ellos habrán hecho, por haberse vuelto a dioses ajenos.

19 Ahora, pues, escribe este cántico, y enséñalo a los hijos de Israel; ponlo en su boca, para que este cántico me sea por testigo contra los hijos de Israel.

20 Porque cuando yo los introduzca en la tierra que juré a sus padres, la cual fluye leche y miel, comerán, y se saciarán, y ⁿengordarán; y luego se volverán a dioses ajenos y les servirán, y me enojarán y quebrantarán mi pacto.

21 Y sucederá que cuando les sobrevinieren muchos males y angustias, entonces este cántico responderá en su cara como testigo, pues no será olvidado de la boca de su linaje; porque ʳyo conozco lo que se ˢproponen, aun hoy, antes que los introduzca en la tierra que juré *darles*.

22 Y Moisés escribió este cántico aquel día, y lo enseñó a los hijos de Israel.

23 Y ᵛdio orden a Josué, hijo de Nun, y dijo: ˣEsfuérzate y sé valiente, pues tú meterás a los hijos de Israel en la tierra que les juré, y yo estaré contigo.

24 Y cuando Moisés acabó de escribir en un libro las palabras de esta ley, hasta concluirse,

25 mandó Moisés a los levitas que llevaban el arca del pacto de Jehová, diciendo:

26 Tomad este libro de la ley, ᵃy ponedlo al lado del arca del pacto

---

a Nm 21:24

b 2 Sm 7:12

c Éx 34:15
Jue 2:17

d Jos 1:6-9
y 10:25

e Jue 2:12
y 10:6-13

f cp 20:4

g Jos 1:5

h 2 Cr 15:2
y 24:20

i Sal 30:7
y 104:29
Ez 39:23

j cp 9:3
Éx 13:21

k cp 17:18

l cp 15:1,9

m Lv 23:4

n cp 32:15

o cp 16:16

p Jos 8:34

q cp 4:10

r Os 5:3
y 13:5-6

s Gn 6:5

t cp 11:2

u Sal 78:5-6

v ver 14

x vers 6,7

y ver 23
Nm 27:19

z Éx 33:9

a 2 Re 22:8

DEUTERONOMIO 32   ¡Pueblo loco e ignorante!

de Jehová vuestro Dios, y esté allí por testigo contra ti.

27 Porque ᵃyo conozco tu rebelión, y tu dura cerviz; he aquí que aún viviendo yo hoy con vosotros, ᵇsois rebeldes a Jehová; ¿cuánto más después de que yo haya muerto?

28 Congregad a mí a todos los ancianos de vuestras tribus, y a vuestros oficiales, y hablaré a sus oídos estas palabras, y ᵉllamaré como testigos contra ellos al cielo y a la tierra.

29 Porque yo sé que después de mi muerte, ciertamente os corromperéis y os apartaréis del camino que os he mandado; y que os ha de venir mal en los postreros días, por haber hecho mal ante los ojos de Jehová, ⁱenojándole con la obra de vuestras manos.

30 Entonces Moisés habló a oídos de toda la congregación de Israel las palabras de este cántico hasta acabarlo.

CAPÍTULO 32

Escuchad, ᵐoh cielos, y hablaré; Y oiga la tierra los dichos de mi boca.

2 °Goteará como la lluvia mi doctrina; destilará como el rocío mi razonamiento; ᵠcomo la llovizna sobre la grama, y como las gotas sobre la hierba;

3 Porque el nombre de Jehová proclamaré: ʳEngrandeced a nuestro Dios.

4 Él es ˢla Roca, cuya obra es perfecta, porque todos ᵗsus caminos son rectitud: ᵛDios de verdad, y sin ninguna iniquidad; justo y recto es Él.

5 Ellos se han corrompido a sí mismos; sus manchas no son las manchas de sus hijos, son una ᵃgeneración torcida y perversa.

6 ¿Así pagas a Jehová, oh pueblo loco e ignorante? ᵇ¿No es Él tu Padre que ᶜte poseyó? ᵈÉl te hizo y te estableció.

7 Acuérdate de los tiempos antiguos; considera los años de muchas generaciones: ᵍPregunta a tu padre, y él te declarará; a tus ancianos, y ellos te dirán.

8 Cuando el Altísimo ʰdio a las naciones su herencia, ⁱcuando hizo dividir los hijos de los hombres, estableció los términos de los pueblos según el número de los hijos de Israel.

9 Porque la porción de Jehová es su pueblo; Jacob la cuerda de su heredad.

10 Lo halló ᶜen tierra desierta, en desierto horrible y yermo; lo condujo alrededor, lo instruyó, ᵈlo guardó como la niña de su ojo.

11 ᶠComo el águila despierta su nidada, revolotea sobre sus polluelos, extiende sus alas, los toma, los lleva sobre sus alas.

12 Jehová solo le guió, y con él no hubo dios ajeno.

13 ᵍLo hizo subir sobre las alturas de la tierra, y comió los frutos del campo, e hizo que chupase ʰmiel de la peña, y aceite del duro pedernal;

14 mantequilla de vacas y leche de ovejas, con grosura de corderos, y carneros de Basán; también machos cabríos, con ʲlo mejor del trigo; y ᵏbebiste la sangre pura de la uva.

15 Pero ˡengordó Jesurún, y dio coces; engordaste, te cubriste de grasa. Entonces dejó al Dios que lo hizo, y menospreció a ⁿla Roca de su salvación.

16 ᵖLo provocaron a celos con dioses ajenos; con abominaciones lo provocaron a ira.

17 Ofrecieron sacrificio a los demonios, no a Dios; a dioses que no habían conocido, a nuevos dioses venidos de cerca, que no habían temido vuestros padres.

18 ᵘDe la Roca que te engendró te olvidaste: Te has olvidado de Dios tu Creador.

19 Y lo vio Jehová, y ˣse encendió en ira, ʸpor el menosprecio de sus hijos y de sus hijas.

20 Y dijo: ᶻEsconderé de ellos mi rostro, veré cuál será su fin; pues son una generación perversa, hijos sin fe.

21 Ellos me movieron a celos con lo que no es Dios; ᵉme provocaron a ira con sus vanidades: ᶠYo también los moveré a celos con un pueblo que no es pueblo, los provocaré a ira con una nación insensata.

22 Porque fuego se ha encendido en mi furor, y arderá hasta lo profundo del infierno; y devorará la tierra y sus frutos, y abrasará los fundamentos de los montes.

Nuestra Roca es Él

DEUTERONOMIO 32

23 Yo amontonaré males sobre ellos; [b]Emplearé en ellos mis saetas.

24 *Serán* consumidos de hambre, y devorados de fiebre ardiente y de destrucción amarga; [e]diente de fieras enviaré también sobre ellos, con veneno de serpientes de la tierra.

25 De fuera desolará la espada, y dentro de las cámaras el espanto; así al joven como a la virgen, al que es amamantado como al hombre cano.

26 Yo dije: Los esparciré lejos, haré cesar de entre los hombres la memoria de ellos,

27 si no temiese la ira del enemigo, no sea que se envanezcan sus adversarios, no sea que digan: [h]Nuestra mano alta ha hecho todo esto, no Jehová.

28 Porque *son* una nación privada de consejos, y [k]no *hay* en ellos entendimiento.

29 [l]¡Oh, que fueran sabios, que comprendieran esto, que entendieran su postrimería!

30 ¿Cómo podría perseguir uno a mil, y dos hacer huir a diez mil, si su Roca no los hubiese vendido, y Jehová no los hubiera entregado?

31 Porque [n]la roca de ellos no es como nuestra Roca: [o]Aun nuestros mismos enemigos son de ello jueces.

32 Porque de la vid de Sodoma es la vid de ellos, y de los campos de Gomorra: Sus uvas son uvas ponzoñosas, sus racimos *son* amargos.

33 [q]Veneno de dragones es su vino, y ponzoña cruel de áspides.

34 ¿No tengo yo esto guardado conmigo, sellado en mis tesoros?

35 [s]Mía *es* la venganza y la paga, a su tiempo su pie vacilará; porque [t]el día de su aflicción está cercano, y lo que les está preparado se apresura.

36 [v]Porque Jehová juzgará a su pueblo, y por amor a sus siervos se arrepentirá, cuando viere que su fuerza se ha ido, y que no *queda* preso o desamparado.

37 Y dirá: [y]¿Dónde *están* sus dioses, la roca en que se refugiaban;

38 que comían la grosura de sus sacrificios, y bebían el vino de sus libaciones? Levántense, que os ayuden y os defiendan.

a Is 41:4
y 48:12
b Sal 7:12-13
c 1 Sm 2:6
2 Re 5:7
Os 6:1
d Job 5:18
e Lv 26:22
f Sal 81:13

g Jer 46:10

h Nm 14:16
i Ap 6:10
y 19:2
j Sal 85:1
k Is 1:3
l Sal 81:13
1 Llamado también Oseas
m Jue 9:2

n 1 Sm 2:2
o 1 Sm 4:8

p cp 30:19
Lv 18:5

q Sal 58:4

r Nm 27:12

s Sal 94:1
Is 1:24
y 59:18
Rm 12:19
Heb 10:30
t 2 Pe 2:3
u Nm 20:26
v Sal 135:14
x Nm 20:11
y Jue 10:14
1 Re 18:27

z cp 34:1-4

39 Ved ahora que yo, [a]yo soy, y no *hay* dioses conmigo; [c]yo hago morir, y yo hago vivir; [d]yo hiero, y yo curo; y no hay quien pueda librar de mi mano.

40 Porque yo alzo a los cielos mi mano, y digo: Vivo yo para siempre.

41 [f]Si afilare mi reluciente espada, y mi mano tomare el juicio, yo tomaré venganza de mis enemigos, y daré el pago a los que me aborrecen.

42 [g]Embriagaré de sangre mis saetas, y mi espada devorará carne: En la sangre de los muertos y de los cautivos, desde sus cabezas; en venganzas sobre el enemigo.

43 Regocijaos, oh naciones, con su pueblo; porque [i]Él vengará la sangre de sus siervos, y tomará venganza de sus enemigos, y [j]será misericordioso a su tierra y a su pueblo.

44 Y vino Moisés y recitó todas las palabras de este cántico a oídos del pueblo, él, y [l]Josué, hijo de Nun.

45 Y acabó Moisés de recitar todas estas palabras a todo Israel;

46 y les dijo: [m]Poned vuestro corazón a todas las palabras que yo os testifico hoy, para que las mandéis a vuestros hijos, y cuiden de poner por obra todas las palabras de esta ley.

47 Porque no os es cosa vana, mas [p]es vuestra vida; y por ellas haréis prolongar *vuestros* días sobre la tierra adonde *vais*, pasando el Jordán para poseerla.

48 Y Jehová habló a Moisés aquel mismo día, diciendo:

49 [r]Sube a este monte de Abarim, al monte Nebo, que está en la tierra de Moab, que *está* frente a Jericó, y mira la tierra de Canaán, que yo doy por heredad a los hijos de Israel;

50 y muere en el monte al cual subes, y sé reunido a tu pueblo; así [u]como murió Aarón tu hermano en el monte Hor, y fue reunido a su pueblo;

51 por cuanto [x]prevaricasteis contra mí en medio de los hijos de Israel en las aguas de Meriba de Cades, en el desierto de Zin; porque no me santificasteis en medio de los hijos de Israel.

52 Verás, por tanto, delante de ti la tierra; pero [z]no entrarás allá, a la tierra que doy a los hijos de Israel.

DEUTERONOMIO 33
CAPÍTULO 33

Y ésta *es* ᵇla bendición con la que Moisés, varón de Dios, bendijo a los hijos de Israel, antes de morir.

2 Y dijo: Jehová ᵈvino de Sinaí, y de Seir les esclareció; resplandeció del monte de Parán, y vino con ᶠdiez mil santos; a su diestra la ley de fuego para ellos.

3 Sí, Él ʰamó al pueblo; todos sus santos *están* en tu mano; y ellos también ʲse sientan a tus pies; *cada uno* recibirá de tus palabras.

4 ˡUna ley nos mandó Moisés, la heredad de la congregación de Jacob.

5 Y fue ᵐrey en Jesurún, cuando se congregaron las cabezas del pueblo con las tribus de Israel.

6 ⁿViva Rubén, y no muera; y no sean pocos sus varones.

7 Y esta es la *bendición* para Judá. Dijo así: Oye, oh Jehová, la voz de Judá, y tráelo a su pueblo; sus manos le basten, y sé tú su ayuda contra sus enemigos.

8 Y a Leví dijo: Tu Tumim y tu Urim, *sean* con ˢtu varón santo a quien ᵗprobaste en Masah, con quien luchaste en las aguas de Meriba;

9 El que dijo a su padre y a su madre: ˣNo los he visto; Y no reconoció a sus hermanos, ni conoció a sus propios hijos; pues ellos guardaron tu palabra, y observaron tu pacto.

10 ᶻEllos enseñarán tus juicios a Jacob, y tu ley a Israel; ᵇpondrán el incienso delante de ti, y el holocausto sobre tu altar.

11 Bendice, oh Jehová, lo que hicieren, y ᶜrecibe con agrado la obra de sus manos; hiere los lomos de sus enemigos, y de los que lo aborrecieren; para que nunca se levanten.

12 Y de Benjamín dijo: El amado de Jehová habitará confiado cerca de Él; *Jehová* lo cubrirá siempre, y entre sus hombros morará.

13 Y de José dijo: ʰBendita de Jehová *sea* su tierra, con lo mejor de los cielos, ˡcon el rocío, y con el abismo que está debajo.

14 Con los más preciosos frutos del sol, y con los más preciosos frutos de la luna,

15 Con lo mejor de los montes antiguos, y con lo precioso de ᵒlos collados eternos;

16 y con lo más precioso de la tierra y su plenitud; y ᵃla gracia del que habitó en la zarza ᶜvenga sobre la cabeza de José, y sobre la coronilla del consagrado de sus hermanos.

17 ᵉSu gloria *es como* la del primogénito de su toro, y sus cuernos, cuernos de unicornio; ᵍcon ellos acorneará a los pueblos juntos hasta los confines de la tierra; y éstos *son* ⁱlos diez millares de Efraín, y éstos los millares de Manasés.

18 Y de Zabulón dijo: ᵏAlégrate, Zabulón, cuando salieres; y tú Isacar, en tus tiendas.

19 Llamarán a los pueblos al monte; allí ofrecerán sacrificios de justicia; por lo cual chuparán *de* la abundancia de los mares, y *de* los tesoros escondidos de la arena.

20 Y de Gad dijo: Bendito el que hizo ensanchar a Gad; ᵒcomo león habita, y desgarra brazo y testa.

21 Y él proveyó para sí ᵖla primera parte, porque allí una ᑫporción del legislador le fue reservada. Y ʳvino con los jefes del pueblo; Ejecutó la justicia de Jehová, y sus juicios con Israel.

22 Y de Dan dijo: Dan *es* un cachorro ᵘde león; ᵛÉl saltará desde Basán.

23 Y de Neftalí dijo: Neftalí, ʸcolmado de favores, y lleno de la bendición de Jehová, posee el occidente y el sur.

24 Y de Aser dijo: ᵃBendecido sea Aser con hijos; sea agradable a sus hermanos, y moje su pie en aceite.

25 Hierro y bronce *será* tu calzado, y como tus días, *así será* tu fortaleza.

26 ᵈNo *hay* como el Dios de ᵉJesurún, que ᶠcabalga sobre los cielos para tu ayuda, y sobre las nubes en su majestad.

27 El eterno Dios *es* ᵍtu refugio y acá abajo los brazos eternos; Él echará de delante de ti al enemigo, y dirá: Destruye.

28 ⁱE Israel, la ʲfuente de Jacob, habitará confiado solo en ᵏtierra de grano y de vino; también sus cielos ᵐdestilarán rocío.

29 Bienaventurado tú, oh Israel, ¿Quién como tú, pueblo salvo por Jehová, ⁿescudo de tu socorro, y espada de tu excelencia? Así que ᵖtus enemigos serán humillados, y tú hollarás sobre sus lugares altos.

Josué sucesor de Moisés
CAPÍTULO 34

Y subió Moisés de los campos de Moab ᶜal monte Nebo, a la cumbre del Pisga, que *está* frente a Jericó. Y le mostró Jehová toda la tierra de Galaad ᵈhasta Dan, 2 y a todo Neftalí, y la tierra de Efraín y de Manasés, toda la tierra de Judá ᶠhasta el mar occidental, 3 el Neguev, y la ʰllanura del valle de Jericó, ʲciudad de las palmeras, hasta ᵏZoar.

4 Y le dijo Jehová: ˡÉsta *es* la tierra de que juré a Abraham, a Isaac y a Jacob, diciendo: A tu simiente la daré. ᵒTe he permitido que *la* veas con tus ojos, mas no pasarás allá.

5 Y murió allí Moisés siervo de Jehová, en la tierra de Moab, conforme a la palabra de Jehová. 6 Y lo enterró en el valle, en tierra de Moab, enfrente de Bet-peor; pero ᵖninguno sabe dónde está su sepulcro hasta hoy.

7 ᵃY *era* Moisés de edad de ciento veinte años cuando murió; ᵇsus ojos nunca se oscurecieron, ni perdió su vigor.

8 Y los hijos de Israel lloraron a Moisés en los campos de Moab ᵉtreinta días; y así se cumplieron los días del lloro y del luto por Moisés. 9 Y Josué, hijo de Nun, fue lleno del ᵍespíritu de sabiduría, porque ⁱMoisés había puesto sus manos sobre él. Y los hijos de Israel le obedecieron, e hicieron como Jehová mandó a Moisés.

10 Y ᵐnunca más se levantó profeta en Israel como Moisés, ⁿa quien haya conocido Jehová cara a cara; 11 En todas las señales y prodigios que Jehová le envió a hacer en tierra de Egipto, a Faraón, y a todos sus siervos y a toda su tierra; 12 y en toda aquella mano poderosa, y en todos los hechos grandiosos y terribles que Moisés hizo a la vista de todo Israel.

Libro De
JOSUÉ

CAPÍTULO 1

Y aconteció después de la muerte de Moisés siervo de Jehová, que Jehová habló a Josué, hijo de Nun, ᵇministro de Moisés, diciendo: 2 ᶜMi siervo Moisés ha muerto: levántate, pues, ahora, y pasa este Jordán, tú y todo este pueblo, a la tierra que yo les doy a los hijos de Israel.

3 ᵉYo os he entregado, como lo había dicho a Moisés, todo lugar que pisare la planta de vuestro pie.

4 ᶠDesde el desierto y este Líbano hasta el gran río Éufrates, toda la tierra de los heteos hasta el Mar Grande donde se pone el sol, será vuestro término.

5 ⁱNadie te podrá hacer frente en todos los días de tu vida; ʲcomo estuve con Moisés, estaré contigo; ˡno te dejaré, ni te desampararé. 6 ᵐEsfuérzate y sé valiente; porque tú repartirás a este pueblo por heredad la tierra de la cual juré a sus padres que la daría a ellos.

7 Solamente esfuérzate, y sé muy valiente, para cuidar de hacer conforme a toda la ley que mi siervo Moisés te mandó. ᵃNo te apartes de ella ni a derecha ni a izquierda, para que seas prosperado dondequiera que vayas.

8 Este libro de la ley nunca se apartará de tu boca; ᵈsino que de día y de noche meditarás en él, para que guardes y hagas conforme a todo lo que en él está escrito; porque entonces harás prosperar tu camino, y todo te saldrá bien.

9 ᵍMira que te mando que te esfuerces y seas valiente; ʰno temas ni desmayes, porque Jehová tu Dios *estará* contigo dondequiera que vayas.

10 Y Josué mandó a ᵏlos oficiales del pueblo, diciendo:

11 Pasad por medio del campamento, y mandad al pueblo, diciendo: Preparaos provisiones; ⁿporque dentro de tres días pasaréis el Jordán, para que entréis a poseer

---

a cp 31:2
b Gn 27:1

c Nm 27:12

d Jue 18:29
e Gn 50:3
Nm 20:20
f cp 11:24
g Is 11:2
h Gn 13:13
y 19:17
2 Sm 18:23
i Nm 27:18
J Jue 1:16
k Gn 19:22
l Gn 12:7
m cp 18:15
n Éx 33:11
o cp 3:27

p Jud 9

a Dt 5:32

b Éx 24:13
c Dt 34:5

d Sal 1:2

e Dt 11:24
f Gn 15:18
Éx 23:31
Nm 34:3,12
g Dt 31:7,8
h Dt 1:29
y 7:21
i Dt 7:24
j ver 17
Éx 3:12
k cp 8:33
y 23:2
l Dt 31:6-8
Heb 13:5
m Dt 31:6
n cp 3:2

JOSUÉ 2

la tierra que Jehová vuestro Dios os da para que la poseáis.

12 También habló Josué a los rubenitas y gaditas, y a la media tribu de Manasés, diciendo:

13 Acordaos de la palabra que Moisés, siervo de Jehová, os mandó ᵇdiciendo: Jehová vuestro Dios os ha dado reposo, y os ha dado esta tierra.

14 Vuestras esposas, vuestros niños y vuestras bestias quedarán en la tierra que Moisés os ha dado a este lado del Jordán; mas vosotros, todos los valientes y fuertes, pasaréis armados ᶜdelante de vuestros hermanos, y les ayudaréis;

15 hasta tanto que Jehová haya dado reposo a vuestros hermanos como a vosotros, ᵃy que ellos también posean la tierra que Jehová vuestro Dios les da; entonces volveréis a la tierra de vuestra herencia y la disfrutaréis, la cual Moisés siervo de Jehová os dio, a este lado del Jordán, hacia donde nace el sol.

16 Entonces respondieron a Josué, diciendo: Nosotros haremos todas las cosas que nos has mandado, e iremos adondequiera que nos mandes.

17 De la manera que obedecimos a Moisés en todas las cosas, así te obedeceremos a ti; solamente que Jehová tu Dios esté contigo como estuvo ᵍcon Moisés.

18 Cualquiera que fuere ⁱrebelde a tu mandamiento, y no obedeciere a tus palabras en todas las cosas que le mandares, que muera; solamente esfuérzate ᵏy sé valiente.

CAPÍTULO 2

Y Josué, hijo de Nun, envió desde ᵐSitim dos espías secretamente, diciéndoles: Andad, reconoced la tierra, y a Jericó. Y ellos fueron, e ⁿentraron en casa de una mujer ramera que se llamaba ᵒRahab, y posaron allí.

2 Y fue dado aviso al rey de Jericó, diciendo: He aquí que hombres de los hijos de Israel han venido aquí esta noche a espiar la tierra.

3 Entonces el rey de Jericó, envió a decir a Rahab: Saca fuera los hombres que han venido a ti, y han

a 2 Sm 17:19

b Nm 32:20
Éx 19:4
Is 46:3-4
y 63:9
Os 11:3
Hch 13:18

c Éx 13:18
cp 4:12

d Éx 15:16
y 23:27

e cp 4:23
Éx 14:21
Nm 21:24,35

f Éx 15:14-15
g ver 5
1 Sm 20:13
h cp 5:1
y 7:5
Is 13:7
i Dt 1:26
j Dt 4:39
k vers 6-9
1 Co 16:13
l 1 Sm 20:14
m Nm 25:1

n Heb 11:31
Stg 2:25
o Mt 1:5

Rahab la ramera

entrado en tu casa; porque han venido a espiar toda la tierra.

4 ᵃPero la mujer había tomado los dos hombres, y los había escondido; y dijo: Verdad que hombres vinieron a mí, mas no supe de dónde eran.

5 Y a la hora de cerrar la puerta, siendo ya oscuro, esos hombres salieron, y no sé a dónde se han ido; seguidlos aprisa y los alcanzaréis.

6 Mas ella los había hecho subir al terrado, y los había escondido entre manojos de lino que en aquel terrado tenía puestos.

7 Y los hombres fueron tras ellos por el camino del Jordán, hasta los vados; y la puerta fue cerrada después que salieron los que tras ellos iban.

8 Y antes que ellos durmiesen, ella subió a ellos al terrado, y les dijo:

9 Sé que Jehová os ha dado esta tierra; porque el ᵈtemor de vosotros ha caído sobre nosotros, y todos los moradores del país desmayan por causa de vosotros.

10 Porque hemos oído que Jehová hizo secar las aguas del Mar Rojo delante de vosotros, cuando salisteis de Egipto, ᵉy lo que habéis hecho a los dos reyes de los amorreos que estaban al otro lado del Jordán, a Sehón y a Og, a los cuales habéis destruido.

11 ᶠOyendo esto, ha desmayado nuestro ʰcorazón, y no ha quedado más ánimo en hombre alguno por causa de vosotros; ʲporque Jehová vuestro Dios es Dios arriba en los cielos y abajo en la tierra.

12 Os ruego pues, ahora, que me ˡjuréis por Jehová, que como he hecho misericordia con vosotros, así la haréis vosotros con la casa de mi padre, de lo cual me daréis una señal segura;

13 y que salvaréis la vida a mi padre y a mi madre, y a mis hermanos y hermanas, y a todo lo que es suyo; y que libraréis nuestras vidas de la muerte.

14 Y ellos le respondieron: Nuestra alma por vosotros hasta la muerte, si no denunciareis este nuestro asunto; y cuando Jehová nos hubiere dado la tierra, nosotros haremos contigo misericordia y verdad.

Id en pos del Arca

JOSUÉ 3

15 Entonces ella los ªhizo descender con una cuerda por la ventana; porque su casa estaba a la pared del muro, y ella vivía en el muro.

16 Y les dijo: Marchaos al monte, para que los que fueron tras vosotros no os encuentren; y permaneced escondidos allí tres días, hasta que los que os siguen hayan vuelto; y después os iréis por vuestro camino.

17 Y ellos le dijeron: Nosotros quedaremos libres de este juramento que nos has hecho jurar.

18 He aquí, cuando nosotros entremos en la tierra, tú atarás este cordón de grana a la ventana por la cual nos descolgaste; y tú juntarás en tu casa a ᵉtu padre y a tu madre, a tus hermanos y a toda la familia de tu padre.

19 Cualquiera que saliere fuera de las puertas de tu casa, su sangre *será* sobre su cabeza, y nosotros *seremos* sin culpa. Mas cualquiera que se *estuviere* en casa contigo, ʰsu sangre *será* sobre nuestra cabeza, si mano le tocare.

20 Y si tú denunciares este nuestro asunto, nosotros seremos libres de este tu juramento con que nos has hecho jurar.

21 Y ella respondió: Sea así como habéis dicho. Luego los despidió, y se fueron; y ella ató el cordón de grana a la ventana.

22 Y caminando ellos, llegaron al monte, y estuvieron allí tres días, hasta que los que los seguían se hubiesen vuelto; y los que los siguieron, buscaron por todo el camino, mas no *los* hallaron.

23 Y volviéndose los dos varones, descendieron del monte, y pasaron, y vinieron a Josué hijo de Nun, y le contaron todas las cosas que les habían acontecido.

24 Y dijeron a Josué: ˡJehová ha entregado toda la tierra en nuestras manos; y también todos los moradores del país desmayan delante de nosotros.

CAPÍTULO 3

Y Josué se levantó de mañana, y partieron de ᵖSitim, y vinieron hasta el Jordán, él y todos los hijos de Israel, y reposaron allí antes de pasarlo.

a Hch 9:25

b Nm 10:33

c Dt 17:18
y 31:9,25

d Éx 19:12

e cp 6:23
f Éx 19:10,14

g Nm 4:15

h Nm 14:22

i cp 1:5

j Dt 5:26
1 Sm 17:26
2 Re 19:4
Os 1:10
Mt 16:16
1 Ts 1:9
k Éx 13:5
l Éx 23:31
cp 6:2 8:1
y 21:44
m Mi 4:13
Zac 4:14
y 6:5
Jos 1:18
Sal 107:11
n cp 4:2,4
o Nm 13:3
p cp 2:1
q Éx 15:8
Sal 114:3

2 Y pasados tres días, los oficiales atravesaron por medio del campamento,

3 ᵇy mandaron al pueblo, diciendo: Cuando viereis el arca del pacto de Jehová vuestro Dios, ᶜy los sacerdotes y levitas que la llevan, vosotros partiréis de vuestro lugar, y marcharéis en pos de ella;

4 ᵈpero entre vosotros y ella habrá una distancia como de la medida de dos mil codos, no os acercaréis a ella; para que sepáis el camino por el cuál debéis ir, por cuanto vosotros no habéis pasado antes por este camino.

5 Y Josué dijo al pueblo: ᶠSantificaos, porque mañana Jehová hará maravillas entre vosotros.

6 Y habló Josué a los sacerdotes, diciendo: ᵍTomad el arca del pacto, y pasad delante del pueblo. Y ellos tomaron el arca del pacto, y fueron delante del pueblo.

7 Entonces Jehová dijo a Josué: Desde este día comenzaré a engrandecerte delante de los ojos de todo Israel, para que entiendan ⁱque como estuve con Moisés, así estaré contigo.

8 Tú, pues, mandarás a los sacerdotes que llevan el arca del pacto, diciendo: Cuando hubiereis entrado hasta el borde del agua del Jordán, pararéis en el Jordán.

9 Y Josué dijo a los hijos de Israel: Llegaos acá, y escuchad las palabras de Jehová vuestro Dios.

10 Y añadió Josué: En esto conoceréis que el ʲDios viviente está en medio de vosotros, y que Él echará de delante de vosotros al ᵏcananeo, y al heteo, y al heveo, y al ferezeo, y al gergeseo, y al amorreo, y al jebuseo.

11 He aquí, el arca del pacto del ᵐSeñor de toda la tierra pasa el Jordán delante de vosotros.

12 Tomad, pues, ahora ⁿdoce hombres de las tribus de Israel, ᵒde cada tribu uno.

13 Y cuando las plantas de los pies de los sacerdotes que llevan el arca de Jehová Señor de toda la tierra, fueren asentadas sobre las aguas del Jordán, las aguas del Jordán se partirán; porque las aguas que vienen de arriba se ᑫdetendrán en un montón.

JOSUÉ 4

14 Y aconteció que cuando el pueblo partió de sus tiendas para pasar el Jordán, con los sacerdotes delante del pueblo llevando el ᵇarca del pacto,
15 cuando los que llevaban el arca entraron en el Jordán, así como los pies de los sacerdotes que llevaban el arca se mojaron a la orilla del agua (porque el ᶜJordán suele desbordarse sobre todas sus riberas todo el ᵈtiempo de la siega),
16 las aguas que venían de arriba, se pararon como en un montón bien lejos de la ciudad de Adam, que está al lado de ᵉZaretán; y las que descendían al ᶠmar del Arabá, el Mar Salado, se acabaron y fueron partidas; ᵍy el pueblo pasó frente a Jericó.
17 Mas los sacerdotes que llevaban el arca del pacto de Jehová, estuvieron en seco, firmes en medio del Jordán, hasta que todo el pueblo hubo acabado de pasar el Jordán; ʰy todo Israel pasó en seco.

CAPÍTULO 4

Y aconteció que cuando toda la gente hubo acabado de pasar el Jordán Jehová habló a Josué, diciendo:
2 ⁱTomad del pueblo doce hombres, uno de cada tribu,
3 y mandadles, diciendo: Tomaos de aquí del medio del Jordán, del lugar ˡdonde están firmes los pies de los sacerdotes, ᵐdoce piedras, las cuales pasaréis con vosotros, y las asentaréis en el ᵒalojamiento donde habéis de pasar la noche.
4 Entonces Josué llamó a los doce hombres, los cuales él había preparado de entre los hijos de Israel, uno de cada tribu.
5 Y les dijo Josué: Pasad delante del arca de Jehová vuestro Dios al medio del Jordán; y cada uno de vosotros tome una piedra sobre su hombro, conforme al número de las tribus de los hijos de Israel;
6 Para que esto sea señal entre vosotros; y ᵠcuando vuestros hijos preguntaren a sus padres mañana, diciendo: ¿Qué significan para vosotros estas piedras?
7 Les responderéis: Que las aguas del Jordán fueron partidas delante del arca del pacto de Jehová; cuando

a Éx 12:14
Nm 16:40
b Hch 7:45

c 1 Cr 12:15
Jer 12:5
49:19 50:44
d cp 4:18
y 5:10-12
e 1 Re 4:12
y 7:46
f Dt 3:17
g cp 2:14
Gn 14:3

h Éx 14:29

i Éx 13:18
j cp 3:12
k Nm 32:27
l cp 3:13-15
m Dt 27:2
n cp 3:7
o vers 8,19

p Éx 25:16

q Éx 12:26
Sal 44:1
r cp 3:15

s cp 5:9

Las doce piedras del Jordán

ella pasó el Jordán, las aguas del Jordán se partieron; y estas piedras serán por ᵃmemorial a los hijos de Israel para siempre.
8 Y los hijos de Israel lo hicieron así como Josué les mandó. Tomaron doce piedras del medio del Jordán, como Jehová lo había dicho a Josué, conforme al número de las tribus de los hijos de Israel, y las pasaron consigo al alojamiento, y las asentaron allí.
9 Josué también levantó doce piedras en medio del Jordán, en el lugar donde estuvieron los pies de los sacerdotes que llevaban el arca del pacto; y han estado allí hasta hoy.
10 Y los sacerdotes que llevaban el arca se pararon en medio del Jordán, hasta tanto que se hizo todo lo que Jehová había mandado a Josué que hablase al pueblo, conforme a todas las cosas que Moisés había mandado a Josué; y el pueblo se dio prisa y pasó.
11 Y sucedió que cuando todo el pueblo acabó de pasar, también pasó el arca de Jehová, y los sacerdotes, en presencia del pueblo.
12 También los hijos de Rubén y los hijos de Gad, y la media tribu de Manasés, pasaron ⁱarmados delante de los hijos de Israel, ᵏsegún Moisés les había dicho:
13 Como cuarenta mil hombres armados a punto pasaron hacia la llanura de Jericó delante de Jehová a la guerra.
14 En aquel día Jehová ⁿengrandeció a Josué en ojos de todo Israel; y le temieron, como habían temido a Moisés, todos los días de su vida.
15 Y Jehová habló a Josué, diciendo:
16 Manda a los sacerdotes que llevan ᵖel arca del testimonio, que suban del Jordán.
17 Y Josué mandó a los sacerdotes, diciendo: Subid del Jordán.
18 Y aconteció que cuando los sacerdotes que llevaban el arca del pacto de Jehová, subieron del medio del Jordán, y las plantas de los pies de los sacerdotes estuvieron en lugar seco, las aguas del Jordán se volvieron a su lugar, ʳcorriendo como antes sobre todos sus bordes.
19 Y el pueblo subió del Jordán el *día* diez del mes primero, y acamparon ˢen Gilgal, al lado oriental de Jericó.

Contadlo a vuestros hijos — **JOSUÉ 5-6**

20 Y Josué erigió en Gilgal las ªdoce piedras que habían traído del Jordán.
21 Y habló a los hijos de Israel, diciendo: ᶜCuando mañana preguntaren vuestros hijos a sus padres, y dijeren: ¿Qué *significan* para vosotros estas piedras?
22 Declararéis a vuestros hijos, diciendo: Israel pasó en seco por este Jordán.
23 Porque Jehová vuestro Dios secó las aguas del Jordán delante de vosotros, hasta que habíais pasado, a la manera que Jehová vuestro Dios lo había hecho en el Mar Rojo, al cual ᶠsecó delante de nosotros hasta que pasamos;
24 ʰPara que todos los pueblos de la tierra conozcan la mano de Jehová, que *es* poderosa; para que ʲtemáis a Jehová vuestro Dios todos los días.

CAPÍTULO 5

Y sucedió que cuando todos los reyes de los amorreos, que *estaban* al otro lado del Jordán al occidente, y todos los reyes de los cananeos, ᵐque *estaban* cerca del mar, ᵒoyeron cómo Jehová había secado las aguas del Jordán delante de los hijos de Israel hasta que hubieron pasado, desfalleció su corazón, ᵖy no hubo más espíritu en ellos delante de los hijos de Israel.
2 En aquel tiempo Jehová dijo a Josué: Hazte ᵠcuchillos afilados, y vuelve a circuncidar por segunda vez a los hijos de Israel.
3 Y Josué se hizo cuchillos afilados, y circuncidó a los hijos de Israel en el monte de los prepucios.
4 Ésta *es* la causa por la cual Josué los circuncidó: ᵘTodo el pueblo que había salido de Egipto, los varones, todos los hombres de guerra, habían muerto en el desierto por el camino, después que salieron de Egipto.
5 Porque todos los del pueblo que habían salido, estaban circuncidados; mas todos los del pueblo que *había* nacido en el desierto, por el camino, después que salieron de Egipto, no estaban circuncidados.
6 Porque los hijos de Israel anduvieron por el desierto ʸcuarenta años, hasta que toda la gente de los hombres de guerra que habían salido de Egipto, fue consumida, por cuanto no obedecieron a la voz de Jehová; ᵇpor lo cual Jehová les juró que no les dejaría ver la tierra, de la cual Jehová había jurado a sus padres que nos la daría, ᵈtierra que fluye leche y miel.
7 Y a ᵉlos hijos de ellos, *que* Él había levantado en su lugar, Josué los circuncidó; pues eran incircuncisos, porque no habían sido circuncidados por el camino.
8 Y sucedió que cuando terminaron de circuncidar a toda la gente, se quedaron en su lugar en el campamento, ᵍhasta que sanaron.
9 Y Jehová dijo a Josué: Hoy he quitado de vosotros el ⁱoprobio de Egipto: por lo cual el nombre de aquel lugar fue llamado Gilgal, hasta hoy.
10 Y los hijos de Israel acamparon en Gilgal, y celebraron la pascua ᵏa los catorce días del mes, por la tarde, en los llanos de Jericó.
11 Y al otro día de la pascua comieron del fruto de la tierra los panes sin levadura, y en el mismo día ˡespigas nuevas tostadas.
12 Y el ⁿmaná cesó el día siguiente, desde que comenzaron a comer del fruto de la tierra; y los hijos de Israel nunca más tuvieron maná, sino que comieron de los frutos de la tierra de Canaán aquel año.
13 Y sucedió que cuando Josué estaba cerca de Jericó, alzó sus ojos y miró, y he aquí, ʳun varón estaba delante de él, con su ˢespada desenvainada en su mano. Y Josué fue hacia Él y le dijo: ¿Eres de los nuestros, o de nuestros enemigos?
14 Y Él respondió: No; sino que he venido ahora *como* ᵗPríncipe del ejército de Jehová. Entonces Josué ᵛpostrándose sobre su rostro en tierra le adoró; y le dijo: ¿Qué dice mi Señor a su siervo?
15 Y el Príncipe del ejército de Jehová respondió a Josué: ˣQuita las sandalias de tus pies; porque el lugar donde estás *es* santo. Y Josué lo hizo así.

CAPÍTULO 6

Pero Jericó estaba cerrada, bien cerrada, a causa de los hijos de Israel: nadie entraba, ni salía.

---

a ver 9
b Nm 14:23
Sal 95:11
Heb 3:11
c ver 6
d Éx 3:8
e Nm 14:31
Dt 1:39
f Éx 14:21
g Gn 34:35
h 1 Re 8:42
Sal 83:18
y 106:8
i Gn 34:14
j Éx 14:31
Dt 6:2
k Éx 12:6
cp 4:19
l Lv 2:14
m Nm 13:29
n Éx 16:35
o Éx 15:14
cp 2:11
p 1 Re 10:5
Nm 27:18-19
q Éx 4:25
r Gn 18:2
y 32:24
s Nm 22:23
t Dn 10:13,21
y 12:1
u Nm 14:29
y 26:64-65
Dt 2:16
v Gn 17:3
x Éx 3:5
Hch 7:33
y Nm 14:33
Dt 1:3
y 2:7,14
Sal 95:10

JOSUÉ 6

Jericó es tomada

2 Mas Jehová dijo a Josué: Mira, ᵃyo he entregado en tu mano a Jericó y a su rey, con sus varones de guerra.
3 Cercaréis, pues, la ciudad todos los hombres de guerra, yendo alrededor de la ciudad una vez; y esto haréis seis días.
4 Y siete sacerdotes llevarán siete ᵇtrompetas de cuernos de carneros delante del arca; y al séptimo día daréis siete vueltas a la ciudad, y los ᶜsacerdotes tocarán las trompetas.
5 Y cuando ᵈtocaren prolongadamente el cuerno de carnero, así que oyereis el sonido de la trompeta, todo el pueblo gritará a gran voz, y el muro de la ciudad se vendrá abajo; entonces el pueblo subirá cada uno en derecho de sí.
6 Y llamando Josué hijo de Nun a los sacerdotes, les dijo: Llevad el arca del pacto, y que siete sacerdotes lleven trompetas de cuernos de carneros delante del arca de Jehová.
7 Y dijo al pueblo: Pasad, y rodead la ciudad; y los que están armados pasarán delante del arca de Jehová.
8 Y sucedió que cuando Josué hubo hablado al pueblo, los siete sacerdotes, llevando las siete trompetas de cuernos de carneros, pasaron delante del arca de Jehová y tocaron las trompetas; y el arca del pacto de Jehová los seguía.
9 Y los hombres armados iban delante de los sacerdotes que tocaban las trompetas, y la gente reunida iba detrás del arca, andando y tocando las trompetas.
10 Y Josué mandó al pueblo, diciendo: Vosotros no gritaréis, ni se oirá vuestra voz, ni saldrá palabra de vuestra boca, hasta el día que yo os diga: Gritad; entonces gritaréis.
11 Así hizo que el arca de Jehová diera una vuelta alrededor de la ciudad, y volvieron luego al campamento, y en el campamento pasaron la noche.
12 Y Josué se levantó de mañana, y ʲlos sacerdotes tomaron el arca de Jehová.
13 Y los siete sacerdotes, llevando las siete trompetas de cuernos de carneros, fueron delante del arca de Jehová, andando siempre y tocando las trompetas; y los hombres armados iban delante de ellos, y la gente reunida iba detrás del arca de Jehová, andando y tocando las trompetas.
14 Así dieron otra vuelta a la ciudad el segundo día, y volvieron al campamento; de esta manera hicieron por seis días.
15 Y sucedió que en el séptimo día se levantaron temprano, al despuntar el alba, y dieron vuelta a la ciudad de la misma manera; solamente ese día dieron vuelta alrededor de la ciudad siete veces.
16 Y aconteció que cuando los sacerdotes tocaron las trompetas la séptima vez, Josué dijo al pueblo: ¡Gritad! Porque Jehová os ha entregado la ciudad.
17 Mas la ciudad será ᵉanatema a Jehová, ella con todas las cosas que están en ella; solamente Rahab la ramera vivirá, con todos los que estuvieren en casa con ella, por cuanto ᶠescondió los mensajeros que enviamos.
18 Pero guardaos vosotros del anatema, que ni toquéis, ni toméis alguna cosa del anatema, no sea que hagáis anatema el campo de Israel, y ᵍlo turbéis.
19 Mas toda la plata y el oro, y los vasos de bronce y de hierro, son consagrados a Jehová. Entrarán al tesoro de Jehová.
20 Entonces el pueblo gritó, y los sacerdotes tocaron las trompetas; y aconteció que cuando el pueblo oyó el sonido de la trompeta, el pueblo gritó con gran vocerío, y ʰel muro cayó a plomo; y el pueblo subió luego a la ciudad, cada uno en derecho de sí, y la tomaron.
21 Y destruyeron a filo de espada ⁱtodo lo que había en la ciudad; hombres y mujeres, jóvenes y viejos, *hasta los* bueyes, ovejas y asnos.
22 Mas Josué dijo a los dos hombres que habían reconocido la tierra: Entrad en casa de la mujer ramera, y haced salir de allá a la mujer, y a todo lo que fuere suyo, ᵏcomo lo jurasteis.
23 Y los jóvenes espías entraron, y sacaron a Rahab, ˡa su padre, a su madre, a sus hermanos y todo lo que era suyo; y también sacaron a toda su parentela, y los pusieron fuera del campamento de Israel.
24 Y consumieron con fuego la ciudad, y todo lo que en ella ᵐhabía;

Israel es derrotado en Hai

solamente pusieron en el tesoro de la casa de Jehová la plata, y el oro, y los vasos de bronce y de hierro.

25 Mas Josué salvó la vida a Rahab la ramera, y a la casa de su padre, y a todo lo que ella tenía: y ªhabitó ella entre los israelitas hasta hoy; por cuanto escondió los mensajeros que Josué envió a reconocer a Jericó.

26 Y en aquel tiempo Josué les ᶜjuramentó diciendo: ᵈMaldito delante de Jehová el hombre que se levantare y reedificare esta ciudad de Jericó. En su primogénito eche sus cimientos, y en su *hijo* menor asiente sus puertas.

27 ᵍFue, pues, Jehová con Josué, y su ⁱnombre se divulgó por toda la tierra.

CAPÍTULO 7

Pero los hijos de Israel cometieron prevaricación en el anatema: porque Acán, hijo de Carmi, hijo de Zabdi, hijo de Zera, de la tribu de Judá, tomó del anatema; y la ira de Jehová se encendió contra los hijos de Israel.

2 Y Josué envió hombres desde Jericó a Hai, que estaba junto a ᵏBetaven hacia el oriente de ˡBetel; y les habló diciendo: Subid, y reconoced la tierra. Y ellos subieron, y reconocieron a Hai.

3 Y volviendo a Josué, le dijeron: No suba todo el pueblo, mas suban como dos mil o como tres mil hombres, y tomarán a Hai: no fatigues a todo el pueblo allí, porque son pocos.

4 Y subieron allá del pueblo como tres mil hombres, los cuales ᵒhuyeron delante de los de Hai.

5 Y los de Hai hirieron de ellos como treinta y seis hombres, y los siguieron desde la puerta hasta Sebarim, y los rompieron en la ᵠbajada: por lo que se ʳdisolvió el corazón del pueblo, y vino a ser como agua.

6 Entonces Josué ˢrompió sus vestiduras, y se postró en tierra sobre su rostro delante del arca de Jehová hasta la tarde, él y los ancianos de Israel; ᵗy echaron polvo sobre sus cabezas.

7 Y Josué dijo: ¡Ah, Señor Jehová! ¿Por qué ᵛhiciste pasar a este pueblo el Jordán, para entregarnos en las manos de los amorreos y que nos destruyan? ¡Mejor nos hubiéramos quedado al otro lado del Jordán!

8 ¡Ay Señor! ¿Qué diré, ya que Israel ha vuelto la espalda delante de sus enemigos?

9 Porque los cananeos y todos los moradores de la tierra oirán, y nos cercarán, y ᵇraerán nuestro nombre de sobre la tierra: entonces ¿qué harás tú a tu ᵉgrande nombre?

10 Y Jehová dijo a Josué: Levántate; ¿por qué te postras así sobre tu rostro?

11 Israel ha pecado, y aun han ᶠquebrantado mi pacto que yo les había mandado; ʰpues aun han tomado del anatema, y hasta han hurtado, y también han mentido, y aun lo han guardado entre sus enseres.

12 ʲPor esto los hijos de Israel no podrán estar delante de sus enemigos, sino que delante de sus enemigos volverán la espalda; por cuanto han venido a ser anatema. Ya no seré más con vosotros, al menos que destruyáis el anatema de en medio de vosotros.

13 Levántate, santifica al pueblo, y di: ᵐSantificaos para mañana, porque Jehová, el Dios de Israel, dice así: Anatema *hay* en medio de ti, Israel; no podrás estar delante de tus enemigos, hasta tanto que hayáis quitado el anatema de en medio de vosotros.

14 Os acercaréis, pues, mañana por vuestras tribus; y ⁿla tribu que Jehová tomare, se acercará por sus familias; y la familia que Jehová tomare, se acercará por sus casas; y la casa que Jehová tomare, se acercará por los varones;

15 ᵖY el que fuere sorprendido en el anatema, será quemado a fuego, él y todo lo que tiene, por cuanto ha quebrantado el pacto de Jehová, y ha cometido maldad en Israel.

16 Josué, pues, levantándose de mañana, hizo venir a Israel por sus tribus; y fue tomada la tribu de Judá.

17 Y trajo a la tribu de Judá, y tomó la familia de ᵘlos zeraítas; luego trajo a la familia de los zeraítas por los varones, y fue tomado Zabdi.

18 E hizo venir a los varones de su casa, y ˣfue tomado ʸAcán, hijo de

Carmi, hijo de Zabdi, hijo de Zera, de la tribu de Judá.

19 Entonces Josué dijo a Acán: Hijo mío, te ruego, ᵃda gloria a Jehová, el Dios de Israel, y confiesa ante Él; y ᵇdeclárame ahora lo que has hecho, no me lo encubras.

20 Y Acán respondió a Josué, diciendo: Verdaderamente yo he pecado contra Jehová, el Dios de Israel, y he hecho así y así:

21 Que vi entre el despojo un manto babilónico muy bueno, y doscientos siclos de plata, y un lingote de oro de peso de cincuenta siclos; lo cual codicié y tomé; y he aquí que *está* escondido debajo de tierra en el medio de mi tienda, y el dinero debajo de ello.

22 Josué entonces envió mensajeros, los cuales fueron corriendo a la tienda; y he aquí *estaba* escondido en su tienda, y el dinero debajo de ello.

23 Y tomándolo de en medio de la tienda, lo trajeron a Josué y a todos los hijos de Israel, y lo pusieron delante de Jehová.

24 Entonces Josué, y todo Israel con él, tomó a Acán, hijo de Zera, y el dinero, y el manto, y el lingote de oro, y sus hijos, y sus hijas, y sus bueyes, y sus asnos, y sus ovejas, y su tienda, y todo cuanto tenía, y lo llevaron todo al ᵍvalle de Acor.

25 Y dijo Josué: ¿Por qué nos has turbado? Jehová te turbe en este día. ʰY todos los israelitas los apedrearon, y los quemaron a fuego, después de haberlos apedreado.

26 Y ⁱlevantaron sobre él un gran montón de piedras, hasta hoy. Y ʲJehová se volvió del furor de su ira. Y por eso fue llamado aquel lugar el Valle ᵏde Acor, hasta hoy.

CAPÍTULO 8

Y Jehová dijo a Josué: No ˡtemas, ni desmayes; toma contigo toda la gente de guerra, y levántate y sube a Hai. Mira, yo he ᵐentregado en tu mano al rey de Hai, y a su pueblo, a su ciudad, y a su tierra.

2 Y harás a Hai y a su rey como hiciste a ⁿJericó y a su rey: ᵒsólo que sus despojos y sus bestias tomaréis para vosotros. Pondrás, pues, emboscadas a la ciudad detrás de ella.

3 Y se levantó Josué, y toda la gente de guerra, para subir contra Hai: y escogió Josué treinta mil hombres fuertes, los cuales envió de noche.

4 Y les mandó, diciendo: Mirad, ᶜpondréis emboscada a la ciudad detrás de ella; no os alejaréis mucho de la ciudad, y estaréis todos apercibidos.

5 Y yo y todo el pueblo que está conmigo nos acercaremos a la ciudad; y sucederá que cuando ellos salgan contra nosotros, como lo hicieron antes, ᵈnosotros huiremos delante de ellos.

6 Y ellos saldrán tras nosotros, hasta que los arranquemos de la ciudad; porque dirán: Huyen de nosotros como la primera vez. Huiremos, pues, delante de ellos.

7 Entonces vosotros os levantaréis de la emboscada, y os echaréis sobre la ciudad; porque Jehová vuestro Dios la entregará en vuestras manos.

8 Y cuando la hubiereis tomado, le prenderéis fuego. Haréis conforme a la palabra de Jehová. ᵉMirad que yo os lo he mandado.

9 Entonces Josué los envió; y ellos fueron a la emboscada, y se pusieron entre Betel y Hai, al ᶠoccidente de Hai: y Josué se quedó aquella noche en medio del pueblo.

10 Y levantándose Josué muy de mañana, revistó al pueblo, y subió él, con los ancianos de Israel, delante del pueblo contra Hai.

11 Y toda la gente de guerra que estaba con él, subió, y se acercó, y llegaron delante de la ciudad, y acamparon al norte de Hai; y el valle estaba entre él y Hai.

12 Y tomó como cinco mil hombres, y los puso en emboscada entre Betel y Hai, al lado oeste de la ciudad.

13 Y habiendo ordenado al pueblo, todo el campamento que estaba en el norte de la ciudad, y su emboscada al occidente de la ciudad, Josué vino aquella noche hasta el medio del valle.

14 Y sucedió que cuando lo vio el rey de Hai, se levantó prestamente de mañana, y salió con la gente de la ciudad contra Israel, él y todo su pueblo, para combatir por el llano

---

a 1 Sm 6:5
Esd 10:11
Is 42:12
Jer 13:16
Mal 2:2
Jn 9:24
b Nm 5:6-7
1 Sm 14:43
2 Cr 30:22
Dn 9:4
c Jue 20:29
d Jue 20:32

e cp 1:9
2 Sm 13:28

f Gn 12:8
y 13:3
g ver 26
cp 15:7

h Dt 17:5

i cp 8:29
2 Sm 18:17
j Dt 13:17

k ver 24
cp 15:7
Is 65:10
Os 2:15
l Dt 31:8

m 1 Sm 14:42

n cp 6:21
o Dt 20:14

Israel derrota y toma a Hai

JOSUÉ 9

[a]al tiempo señalado, no sabiendo que *le estaba puesta* emboscada a las espaldas de la ciudad.

15 Entonces Josué y todo Israel, [c]fingiéndose vencidos ante ellos, huyeron por el camino del desierto.

16 Y todo el pueblo que *estaba* en Hai se juntó para seguirlos; y siguieron a Josué, siendo así [e]arrancados de la ciudad.

17 Y no quedó hombre en Hai y Betel, que no saliera tras de Israel; y por seguir a Israel dejaron la ciudad abierta.

18 Entonces Jehová dijo a Josué: Levanta la lanza que *tienes* en tu mano hacia Hai, porque yo la entregaré en tu mano. Y Josué levantó hacia la ciudad la lanza que en su mano tenía.

19 Y levantándose prestamente de su lugar los que estaban en la emboscada, corrieron luego que él alzó su mano, y vinieron a la ciudad, y la tomaron, y se apresuraron a prenderle fuego.

20 Y cuando los de la ciudad miraron atrás, observaron, y he aquí el humo de la ciudad que subía al cielo, y no pudieron huir ni a una parte ni a otra; y el pueblo que iba huyendo hacia el desierto se volvió contra quienes los perseguían.

21 Josué y todo Israel, viendo que los de la emboscada habían tomado la ciudad, y que el humo de la ciudad subía, volvieron, e hirieron a los de Hai.

22 Y los otros salieron de la ciudad a su encuentro: y así fueron encerrados en medio de Israel, los unos de la una parte, y los otros de la otra. Y los hirieron hasta que no quedó [r]ninguno de ellos que escapase.

23 Y tomaron vivo al rey de Hai, y le trajeron a Josué.

24 Y sucedió que cuando Israel acabó de matar a todos los moradores de Hai en el campo y en el desierto, adonde ellos los habían perseguido, y todos habían caído a filo de espada hasta ser consumidos, todos los israelitas volvieron a Hai y la hirieron a filo de espada.

25 Y el número de los que cayeron aquel día, hombres y mujeres, *fue* doce mil, todos los de Hai.

26 Y Josué no retrajo su mano que

a Jue 20:34

b Nm 31:22
c Jue 20:36

d ver 2

e ver 6
f Dt 13:16

g cp 10:26

h Dt 21:23
cp 10:27

i cp 7:26

j Dt 27:4-5

k Éx 20:25
Dt 27:5-6

l Éx 20:24

m Dt 27:2,8

n cp 1:10

o Dt 31:9
p Dt 31:12

q Dt 11:29
y 27:12
r cp 10:28
Dt 7:2

s Dt 31:11
t Dt 28:2-14
u Dt 8:15:68
y 29:20

v Dt 31:12
x ver 33

había extendido con la lanza, hasta que hubo destruido a todos los moradores de Hai.

27 [b]E Israel tomó para sí, sólo las bestias y el despojo de la ciudad, conforme a la palabra de Jehová [d]que Él había mandado a Josué.

28 Y Josué quemó a Hai y la redujo a un [f]montón perpetuo, asolado hasta hoy.

29 Mas al [g]rey de Hai colgó de un madero hasta la tarde; y cuando el [h]sol se puso, mandó Josué que quitasen del madero su cuerpo, y lo echasen a la puerta de la ciudad; y [i]levantaron sobre él un gran montón de piedras, que *permanece* hasta hoy.

30 Entonces Josué edificó un altar a Jehová, el Dios de Israel, en el [j]monte de Ebal,

31 como Moisés, siervo de Jehová, lo había mandado a los hijos de Israel, como está escrito en [k]el libro de la ley de Moisés, un altar de piedras enteras sobre las cuales nadie alzó hierro; y [l]ofrecieron sobre él holocaustos a Jehová, y sacrificaron ofrendas de paz.

32 También [m]escribió allí en piedras la repetición de la ley de Moisés, la cual él había escrito delante de los hijos de Israel.

33 Y todo Israel, y sus ancianos, [n]oficiales, y jueces, estaban a uno y otro lado del arca, delante de los sacerdotes levitas [o]que llevan el arca del pacto de Jehová; así [p]extranjeros como naturales, la mitad de ellos estaba hacia el monte de Gerizim, y la otra mitad hacia el monte de Ebal; de la manera que [q]Moisés, siervo de Jehová, lo había mandado antes, para que bendijesen primeramente al pueblo de Israel.

34 Después de esto, [s]leyó todas las palabras de la ley, las [t]bendiciones y las [u]maldiciones, conforme a todo lo que está escrito en el libro de la ley.

35 No hubo palabra alguna de todas las cosas que mandó Moisés, que Josué no hiciese leer delante de toda la congregación de Israel, [v]mujeres y niños, y [x]extranjeros que andaban entre ellos.

CAPÍTULO 9

Y aconteció que cuando oyeron estas cosas todos los reyes que

JOSUÉ 9 — Falsos embajadores gabaonitas

estaban a este lado del Jordán, así en las ªmontañas como en los llanos, y en toda la costa del ᵇMar Grande delante del Líbano, ᶜlos heteos, amorreos, cananeos, ferezeos, heveos y jebuseos;

2 se ᵈjuntaron a una, de un acuerdo, para pelear contra Josué e Israel.

3 Y cuando los habitantes de ᵍGabaón ʰoyeron lo que Josué había hecho a Jericó y a Hai,

4 ellos usaron de astucia; pues fueron y se fingieron embajadores, y tomaron sacos viejos sobre sus asnos, y odres viejos de vino, rotos y remendados,

5 y zapatos viejos y recosidos en sus pies, con vestiduras viejas sobre sí; y todo el pan que traían para el camino, seco y mohoso.

6 Así vinieron a Josué ᵏal campo en Gilgal, y le dijeron a él y a los de Israel: Nosotros venimos de tierra muy lejana: haced, pues, ahora alianza con nosotros.

7 Y los de Israel respondieron a los ˡheveos: Quizá vosotros habitáis en medio de nosotros, ᵐ¿cómo, pues, podremos nosotros hacer alianza con vosotros?

8 Y ellos respondieron a Josué: ⁿNosotros *somos* tus siervos. Y Josué les dijo: ¿Quiénes *sois* vosotros y de dónde venís?

9 Y ellos respondieron: ᵖTus siervos han venido de muy lejanas tierras, por la fama de Jehová tu Dios; porque hemos oído su ᵠfama, y todo lo que Él hizo en Egipto,

10 y todo lo que hizo a los dos reyes de los amorreos que *estaban* al otro lado del Jordán; a Sehón, rey de Hesbón, y a Og, rey de Basán, que estaba en ˢAstarot.

11 Por lo cual nuestros ancianos y todos los moradores de nuestra tierra nos dijeron: Tomad en vuestras manos provisión para el camino, e id al encuentro de ellos, y decidles: Nosotros somos vuestros siervos, y haced ahora con nosotros alianza.

12 Este nuestro pan lo tomamos caliente de nuestras casas para el camino el día que salimos para venir a vosotros; y helo aquí ahora ya está seco y mohoso.

13 Estos odres de vino también los llenamos nuevos; y helos aquí, ya están rotos; también estas nuestras vestiduras y nuestros zapatos están ya viejos a causa de lo muy largo del camino.

14 Y los hombres de Israel tomaron de su provisión del camino, y ᵉno consultaron a la boca de Jehová.

15 Y Josué hizo ᶠpaz con ellos, y concertó con ellos que les dejaría la vida: también los príncipes de la congregación les juraron.

16 Y sucedió que pasados tres días después que hicieron alianza con ellos, oyeron que *eran* sus vecinos, y que habitaban en medio de ellos.

17 Y partieron los hijos de Israel, y al tercer día llegaron a sus ciudades: ⁱy sus ciudades *eran* Gabaón, Cefira, Beerot y ʲQuiriat-jearim.

18 Y no los hirieron los hijos de Israel, por cuanto los príncipes de la congregación les habían jurado por Jehová, el Dios de Israel. Y toda la congregación murmuraba contra los príncipes.

19 Mas todos los príncipes respondieron a toda la congregación: Nosotros les hemos jurado por Jehová, el Dios de Israel; por tanto, ahora no les podemos tocar.

20 Esto haremos con ellos: les dejaremos vivir, ᵒpara que no venga ira sobre nosotros a causa del juramento que les hemos hecho.

21 Y los príncipes les dijeron: Vivan; mas sean ʳleñadores y aguadores para toda la congregación, como los príncipes les han dicho.

22 Y llamándolos Josué, les habló diciendo: ¿Por qué nos habéis engañado, diciendo: Habitamos muy lejos de vosotros; ᵗcuando moráis en medio de nosotros?

23 Ahora, pues, vosotros *sois* ᵘmalditos, y ninguno de vosotros será exento de ser siervo, y de ser leñador y sacar el agua para la casa de mi Dios.

24 Y ellos respondieron a Josué, y dijeron: Como fue dado a entender a tus siervos, que Jehová tu Dios había ᵛmandado a Moisés su siervo que os había de dar toda la tierra, y que había de destruir todos los moradores de la tierra delante de vosotros, por esto ˣtemimos en gran manera de vosotros por nuestras vidas, e hicimos esto.

Cinco reyes de los amorreos

25 Ahora pues, henos aquí ªen tu mano; lo que te pareciere bueno y recto hacer de nosotros, hazlo.

26 Y él lo hizo así; que los libró de la mano de los hijos de Israel, para que no los matasen.

27 Y los constituyó Josué aquel día por leñadores y aguadores para la congregación y para el altar de Jehová, en el lugar que Él ᵍescogiese; lo que son hasta hoy.

CAPÍTULO 10

Y aconteció que cuando Adonisedec, rey de Jerusalén, oyó que Josué había tomado a Hai, y que la habían asolado (como había hecho ⁱa Jericó y a su rey, así hizo a ʲHai y a su rey), y que los ᵏmoradores de Gabaón habían hecho paz con los israelitas, y que estaban entre ellos;

2 tuvieron ᵐgran temor; porque Gabaón *era* una gran ciudad, como una de las ciudades reales, y mayor que Hai, y todos sus hombres *eran* fuertes.

3 Envió pues a decir Adonisedec, rey de Jerusalén, a Oham, rey de ᵒHebrón, y a Piream, rey de Jarmut, y a Jafía, rey de ᵖLaquis, y a Debir, rey de Eglón:

4 Subid a mí, y ayudadme, y combatamos a Gabaón; porque ha hecho paz con Josué y con los hijos de Israel.

5 Y cinco reyes de los amorreos, el rey de Jerusalén, el rey de Hebrón, el rey de Jarmut, el rey de Laquis, el rey de Eglón, se juntaron y subieron, ellos con todos sus ejércitos, y acamparon frente a Gabaón, y pelearon contra ella.

6 Y los moradores de Gabaón enviaron a decir a Josué al ˢcampamento en Gilgal: No niegues dar la mano a tus siervos; sube rápidamente a nosotros para defendernos y ayudarnos; porque todos los reyes de los amorreos que habitan en las montañas se han reunido contra nosotros.

7 Y subió Josué de Gilgal, él y toda la gente de guerra con él, y todos los hombres valientes.

8 Y Jehová dijo a Josué: ᵘNo tengas temor de ellos: porque yo los he

---

a Gn 16:6
b cp 1:5

c Jue 4:15
1 Sm 7:10
Sal 18:14

d cp 16:3-5
18:13-14
y 21:22
1 Sm 13:18

e cp 15:35
f cp 12:16
g Dt 12:5
h Sal 18:12-13

i cp 6:15-21
j cp 8:22-28
k cp 9:15
l Is 28:21
Hab 3:11

m Dt 11:25
n 2 Sm 1:18

o cp 11:21
y 14:13-15
1 Sm 30:31
2 Sm 2:1,11
p cp 12:11
2 Re 14:19
18:14-17
y 19:8

q Éx 14:14
r ver 10

s cp 5:10
y 9:6

t cp 8:24
u cp 11:6
Jue 4:14

JOSUÉ 10

entregado en tu mano, y ᵇninguno de ellos parará delante de ti.

9 Y Josué vino a ellos de repente, toda la noche subió desde Gilgal.

10 Y Jehová los ᶜturbó delante de Israel, y los hirió con gran mortandad en Gabaón; y los siguió por el camino que sube a ᵈBet-horón, y los hirió hasta ᵉAzeca y ᶠMaceda.

11 Y cuando iban huyendo de los israelitas, a la bajada de Bet-horón, ʰJehová arrojó sobre ellos del cielo grandes piedras hasta Azeca, y fueron más los que murieron por las piedras del granizo, que los que los hijos de Israel mataron a espada.

12 Entonces Josué habló a Jehová el día que Jehová entregó al amorreo delante de los hijos de Israel, y dijo en presencia de los israelitas: ˡSol, detente en Gabaón; y tú, Luna, en el valle de Ajalón.

13 Y el sol se detuvo y la luna se paró, hasta tanto que la gente se hubo vengado de sus enemigos. ⁿ¿No *está* esto escrito en el libro de Jaser? Y el sol se paró en medio del cielo, y no se apresuró a ponerse casi un día entero.

14 Y nunca fue tal día antes ni después de aquél, habiendo atendido Jehová a la voz de un hombre: porque ᵠJehová peleaba por Israel.

15 Y Josué, y todo Israel con él, se volvían al campo en Gilgal.

16 Pero los cinco reyes huyeron, y se escondieron en una cueva en ʳMaceda.

17 Y fue dicho a Josué que los cinco reyes habían sido hallados en una cueva en Maceda.

18 Entonces Josué dijo: Rodad grandes piedras a la boca de la cueva, y poned hombres junto a ella que los guarden;

19 Y vosotros no os paréis, sino seguid a vuestros enemigos, y heridles la retaguardia, sin dejarles entrar en sus ciudades; porque Jehová vuestro Dios los ha entregado en vuestra mano.

20 Y aconteció que cuando Josué y los hijos de Israel terminaron de herirlos con gran mortandad, ᵗhasta destruirlos, los que quedaron de ellos se metieron en las ciudades fortificadas.

JOSUÉ 11

21 Y todo el pueblo volvió en paz al campamento a Josué en Maceda; no hubo quien ªmoviese su lengua contra ninguno de los hijos de Israel.

22 Entonces dijo Josué: Abrid la boca de la cueva, y sacadme de ella a estos cinco reyes.

23 Y lo hicieron así, y le sacaron de la cueva aquellos cinco reyes: al rey de Jerusalén, al rey de Hebrón, al rey de Jarmut, al rey de Laquis, al rey de Eglón.

24 Y cuando hubieron sacado estos reyes a Josué, llamó Josué a todos los varones de Israel, y dijo a los principales de la gente de guerra que habían venido con él: Llegad y poned vuestros pies sobre los cuellos de estos reyes. Y ellos se llegaron, y pusieron sus pies sobre los cuellos de ellos.

25 Y Josué les dijo: ᶜNo temáis, ni os atemoricéis; sed fuertes y valientes; ᵈporque así hará Jehová a todos vuestros enemigos contra los cuales peleáis.

26 Y después de esto Josué los hirió y los mató, y los hizo colgar en cinco maderos; y ᶠquedaron colgados en los maderos hasta la tarde.

27 Y cuando el sol se iba a poner, mandó Josué que los quitasen de los maderos, y los echasen en la cueva donde se habían escondido; y pusieron ᵍgrandes piedras a la boca de la cueva, *que permanecen* hasta hoy.

28 En aquel mismo día tomó Josué a Maceda, y la hirió a filo de espada, y mató a su rey; a ellos y a todas las almas que había en ella, sin quedar nada; e hizo al rey de Maceda ᵐcomo había hecho al rey de Jericó.

29 Y de Maceda pasó Josué, y todo Israel con él, ⁿa Libna; y peleó contra Libna:

30 Y Jehová la entregó también a ella y a su rey en manos de Israel; y la hirió a filo de espada, con todas las almas que había en ella, sin quedar nada; e hizo a su rey de la manera que había hecho al rey de Jericó.

31 Y Josué, y todo Israel con él, pasó de Libna a Laquis, y acampó contra ella, y la combatió.

32 Y Jehová entregó a Laquis en mano de Israel, y la tomó al día siguiente, y la hirió a filo de espada, con todas las almas que *había* en ella, como había hecho en Libna.

33 Entonces Horam, rey de ᵇGezer, subió en ayuda de Laquis; mas a él y a su pueblo hirió Josué, hasta no quedar ninguno de ellos.

34 De Laquis pasó Josué, y todo Israel con él, a Eglón; y acamparon contra ella, y la combatieron.

35 Y la tomaron el mismo día, y la metieron a espada; y aquel día mató a todas las almas que *había* en ella, como había hecho en Laquis.

36 Subió luego Josué, y todo Israel con él, de Eglón a Hebrón, y la combatieron;

37 y tomándola, la hirieron a filo de espada, a su rey y a todas sus ciudades, con todas las almas que *había* en ella, sin quedar nada; como habían hecho a Eglón, así la destruyeron con todo lo que en ella tenía vida.

38 Después volvió Josué, y todo Israel con él, contra ᵉDebir, y combatió contra ella;

39 y la tomó, y a su rey, y a todas sus ciudades; y los hirieron a filo de espada, y destruyeron todas las almas que *había* en ella, sin quedar nada; como había hecho a Hebrón, así hizo a Debir y a su rey; y como había hecho a Libna y a su rey.

40 Hirió, pues, Josué toda la región de las montañas, y del sur, y de la llanura, y de las ʰcuestas, y a todos sus reyes, sin quedar nada; todo lo que tenía vida mató, como ⁱJehová, el Dios de Israel, lo había mandado.

41 Y los hirió Josué desde ʲCades-barnea hasta ᵏGaza, y ˡtoda la tierra de Gosén hasta Gabaón.

42 Todos estos reyes y sus tierras tomó Josué de una vez; porque Jehová, el Dios de Israel, peleaba por Israel.

43 Y se volvió Josué, y todo Israel con él, al campamento en Gilgal.

CAPÍTULO 11

Oyendo *esto* ᵒJabín, rey de ᵖHazor, envió mensaje a Jobab, rey de Madón, y al rey de Simrón, y al rey de Acsaf,

2 y a los reyes que *estaban* en el norte de las montañas, y en la llanura

Reyes derrotados por Israel

del sur de ªCineret, y en los llanos, y en las ᶜregiones de Dor al occidente; 3 y al cananeo que estaba al oriente y al occidente, y al amorreo, y al heteo, y al ferezeo, y al ᶠjebuseo en las montañas, y al ᵍheveo debajo de ʰHermón en tierra de ⁱMizpa.

4 Éstos salieron, y con ellos todos sus ejércitos, mucha gente, como la arena que *está* a la orilla del mar, con muchísimos caballos y carros.

5 Y cuando todos estos reyes se reunieron, vinieron y acamparon juntos frente a las aguas de Merom, para pelear contra Israel.

6 Mas Jehová dijo a Josué: ⁿNo tengas temor de ellos, porque mañana a esta hora yo entregaré a todos éstos, muertos delante de Israel; ᵒdesjarretarás sus caballos y sus ᵖcarros quemarás a fuego.

7 Y vino Josué, y con él todo el pueblo de guerra, contra ellos, y dio de repente sobre ellos junto a las aguas de Merom.

8 Y los entregó Jehová en manos de Israel, los cuales los hirieron y siguieron hasta Sidón la grande, y hasta Misrefotmaim, y hasta el llano de Mizpa al oriente, hiriéndolos hasta que no les dejaron ninguno.

9 Y Josué hizo con ellos como Jehová le había mandado; desjarretó sus caballos, y sus carros quemó a fuego.

10 Y volviendo Josué, tomó en el mismo tiempo a Hazor, e hirió a espada a su rey; pues Hazor había sido antes cabeza de todos estos reinos.

11 E hirieron a espada a todas las almas que *había* en ella, destruyéndoles por completo; no quedó nada que respirase; y a Hazor pusieron a fuego.

12 Asimismo tomó Josué todas las ciudades de estos reyes, y a todos los reyes de ellas, y los hirió a filo de espada, y los destruyó, tal ᶜcomo Moisés siervo de Jehová lo había mandado.

13 Pero a todas las ciudades que estaban sobre sus colinas, no las quemó Israel, con la única excepción de Hazor, *la cual* quemó Josué.

14 Y los hijos de Israel tomaron para sí todo el despojo y el ganado de estas ciudades; pero a todos los hombres metieron a espada hasta destruirlos, sin dejar nada que respirase.

a	cp 12:3
b	Éx 34:11-12
c	cp 12:23
d	Dt 7:2
e	cp 1:7
f	cp 15:63
g	Jue 3:3
h	Dt 3:9
i	Gn 31:49
j	cp 12:8
k	cp 10:41
l	Gn 14:6
y	32:3
m	Dt 3:9
n	cp 10:8
o	2 Sm 8:4
	1 Cr 18:4
p	Jue 1:19
y	4:3
q	cp 9:3,7
r	Dt 2:30
	Jue 14:4
s	Nm 13:22
t	cp 10:3
u	cp 10:38
v	cp 15:47
x	1 Sm 7:14
y	1 S 5:1
z	Nm 34:2
a	Nm 26:53
	cp 14:1-19,51
b	cp 12:7
y	18:10
c	Dt 20:16-17
d	cp 14:15
	21:44 22:4
y	23:1
e	Nm 21:13
f	Dt 3:9

JOSUÉ 12

15 De la manera ᵇque Jehová lo había mandado a Moisés su siervo, ᵈasí Moisés lo mandó a Josué: ᵉy así Josué lo hizo, sin quitar palabra de todo lo que Jehová había mandado a Moisés.

16 Tomó, pues, Josué toda aquella tierra, las ʲmontañas y toda la región del sur, y toda ᵏla tierra de Gosén, y los bajos y los llanos, y las montañas de Israel y sus valles.

17 Desde el monte de Halac, que sube hasta ˡSeir, hasta Baal-gad en la llanura del Líbano, a la falda del ᵐmonte Hermón; tomó asimismo todos sus reyes, los cuales hirió y mató.

18 Por mucho tiempo tuvo guerra Josué con estos reyes.

19 No hubo ciudad que hiciese paz con los hijos de Israel, salvo ᵠlos heveos, que moraban en Gabaón; todo lo tomaron por guerra.

20 Porque ʳesto vino de Jehová, que endurecía el corazón de ellos para que resistiesen con guerra a Israel, para destruirlos, y que no les fuese hecha misericordia, antes fuesen desarraigados, como Jehová lo había mandado a Moisés.

21 También en el mismo tiempo vino Josué y ˢdestruyó a los anaceos de los montes, de ᵗHebrón, de ᵘDebir, y de Anab, y de todos los montes de Judá, y de todos los montes de Israel: Josué los destruyó a ellos y a sus ciudades.

22 Ninguno de los anaceos quedó en la tierra de los hijos de Israel; solamente quedaron en ᵛGaza, en ˣGat ʸy en Asdod.

23 Tomó, pues, Josué toda la tierra, ᶻconforme a todo lo que Jehová había dicho a Moisés; y la entregó ªJosué a los israelitas por herencia, ᵇconforme a sus repartimientos de sus tribus; ᵈy la tierra reposó de la guerra.

CAPÍTULO 12

Éstos *son* los reyes de la tierra que los hijos de Israel hirieron, y cuya tierra poseyeron al otro lado del Jordán hacia donde nace del sol, desde el ᵉarroyo de Arnón hasta el monte ᶠHermón, y toda la llanura oriental;

2 Sehón, rey de los amorreos, que habitaba en Hesbón, y señoreaba

JOSUÉ 13

Aún queda mucha tierra por poseer

desde ^aAroer, que *está* a la ribera del arroyo de Arnón, y desde en medio del arroyo, y la mitad de Galaad, hasta el arroyo ^bJaboc, el término de los hijos de Amón;
3 Y ^ddesde el Arabá hasta el mar de Cineret, al oriente; y hasta el mar del Arabá, el Mar Salado, al oriente, por el camino de ^eBet-jesimot; y desde el sur debajo de las vertientes del Pisga.
4 Y el territorio de ^gOg, rey de Basán, que *había* quedado de los refaítas, el cual habitaba en ⁱAstarot y en Edrei,
5 y señoreaba en el monte de Hermón, y en ^jSalca, y en todo Basán ^lhasta los términos de los gesuritas y de los maacatitas, y la mitad de Galaad, término de Sehón, rey de Hesbón.
6 A éstos ⁿhirieron Moisés ^osiervo de Jehová y los hijos de Israel; y Moisés siervo de Jehová dio aquella tierra en posesión a los rubenitas, gaditas, y a la media tribu de Manasés.
7 Y éstos *son* los reyes de la tierra que ^rhirió Josué con los hijos de Israel, de este lado del Jordán al occidente, desde Baal-gad en el valle del Líbano hasta el monte de Halac que sube a Seir; y cuya tierra dio Josué *en* posesión a las tribus de Israel, ^sconforme a sus divisiones;
8 ^ten las montañas y en los valles, en las llanuras y en las vertientes, en el desierto y en el sur; el heteo, el amorreo, el cananeo, el ferezeo, el heveo y el jebuseo.
9 El ^xrey de Jericó, uno; el ^yrey de Hai, que *está* al lado de Betel, otro;
10 el ^zrey de Jerusalén, otro; el rey de Hebrón, otro;
11 el rey de Jarmut, otro; el rey de Laquis, otro;
12 el rey de Eglón, otro; el ^brey de Gezer, otro;
13 el rey de Debir, otro; el rey de Geder, otro;
14 el rey de Horma, otro; el rey de Arad, otro;
15 el ^crey de Libna, otro; el ^drey de Adulam, otro;
16 el rey de Maceda, otro; el ^frey de Betel, otro;
17 el rey de Tapúa, otro; el ^hrey de Hefer, otro;
18 el rey de Afec, otro; el ⁱrey de Sarón, otro;

19 el rey de Madón, otro; el rey de Hazor, otro;
20 el rey de Simrom-meron, otro; el rey de Acsaf, otro;
21 el rey de Taanac, otro; el ^crey de Meguido, otro;
22 el rey de Cedes, otro; el rey de Jocneam del Carmelo, otro;
23 el rey de Dor, de la provincia de Dor, otro; el ^frey de las naciones en Gilgal, otro;
24 el ^hrey de Tirsa, otro; treinta y un reyes en total.

CAPÍTULO 13

Y siendo Josué ^kya viejo, entrado en días, Jehová le dijo: Tú eres ya viejo, de edad avanzada, y queda aún mucha tierra por poseer.
2 ^mÉsta es la tierra que queda; todos los términos de los filisteos y toda Gesuri;
3 ^pdesde Sihor, que está delante de Egipto, hasta el término de Ecrón al norte, que se considera de los cananeos; de los ^qcinco príncipes de los filisteos; el gazeo, el asdodeo, ascaloneo, el geteo y el ecroneo; también los aveos;
4 al sur toda la tierra de los cananeos, y Mehara que es de los sidonios, hasta Afec, hasta el término del amorreo;
5 y la tierra de los giblitas, y todo el Líbano hacia donde sale el sol, ^udesde Baal-gad a las raíces del monte Hermón, hasta la ^ventrada de Hamat;
6 a todos los que habitan en las montañas desde el Líbano hasta Misrefotmaim, a todos los sidonios; yo los desarraigaré de delante de los hijos de Israel; solamente ^areparte tú por suerte la tierra a los israelitas como heredad, tal como te he mandado.
7 Reparte, pues, tú ahora esta tierra en heredad a las nueve tribus, y a la media tribu de Manasés.
8 Porque la otra media recibió su heredad con los rubenitas y gaditas, ^ela cual les dio Moisés al otro lado del Jordán al oriente, tal como se la dio Moisés siervo de Jehová;
9 desde Aroer, que está a la orilla del arroyo de Arnón, y la ciudad que *está* en medio del arroyo, y toda la ^jllanura de Medeba, hasta Dibón;

Repartición de los territorios de Canaán

10 y todas las ciudades de Sehón, rey de los amorreos, el cual reinó en Hesbón, hasta los términos de los hijos de Amón;
11 y ᵇGalaad, y los términos de los gesuritas y de los maacatitas, y todo el ᶜmonte de Hermón, y toda la tierra de Basán hasta Salca;
12 todo el reino de Og en Basán, el cual reinó en ᵉAstarot y Edrei, el cual había quedado del resto de los refaítas; pues Moisés los hirió, y los echó.
13 Mas a los gesuritas y maacatitas no echaron los hijos de Israel; sino que los gesuritas y los maacatitas habitaron entre los israelitas hasta hoy.
14 ᵍSólo a la tribu de Leví no dio heredad; los sacrificios encendidos a Jehová, el Dios de Israel, *son* su heredad, ʰcomo Él les había dicho.
15 Y Moisés dio *heredad* a la tribu de los hijos de Rubén conforme a sus familias.
16 Y fue el territorio de ellos ʲdesde Aroer, que *está* a la orilla del arroyo de Arnón, y la ciudad que está en medio del valle, y toda la llanura hasta Medeba;
17 Hesbón, con todas sus ciudades que *están* en la llanura; Dibón, y Bamot-baal, y Bet-baal-meón,
18 y Jahaza, y Cademot, y Mefaat,
19 Y Quiriataim, y Sibma, y Zeretsahar en el monte del valle,
20 y ᵐBet-peor, y Asdot-pisga y Bet-jesimot,
21 ᵒy todas las ciudades de la llanura, y todo el reino de Sehón, rey de los amorreos, que reinó en Hesbón, al cual ᵠhirió Moisés, y a los ʳpríncipes de Madián, Hevi, Requem, Zur, Hur y Reba, príncipes de Sehón que habitaban en aquella tierra.
22 También mataron a espada los hijos de Israel a ˢBalaam el adivino, hijo de Beor, con los demás que mataron.
23 Y el Jordán fue el término de los hijos de Rubén con su frontera. Ésta *fue* la heredad de los hijos de Rubén conforme a sus familias, estas ciudades con sus aldeas.
24 Asimismo Moisés dio *heredad* a la tribu de Gad, a los hijos de Gad, conforme a sus familias.
25 Y el término de ellos fue Jazer, y todas las ciudades de Galaad, y ᵃla mitad de la tierra de los hijos de Amón hasta Aroer, que *está* delante de Rabá.
26 Y desde Hesbón hasta Ramat-mispe, y Betonim; y desde ᵈMahanaim hasta el término de Debir;
27 Y el valle de Bet-aram, y Bet-nimra, y Sucot, y Safón, el resto del reino de Sehón, rey de Hesbón; el Jordán y su término hasta el cabo ᶠdel mar de Cineret al otro lado del Jordán, al oriente.
28 Ésta *es* la heredad de los hijos de Gad, por sus familias, estas ciudades con sus aldeas.
29 También dio Moisés heredad a la media tribu de Manasés; y fue de la media tribu de los hijos de Manasés, conforme a sus familias.
30 El término de ellos fue desde Mahanaim, todo Basán, todo el reino de Og rey de Basán, y ⁱtodas las aldeas de Jair que *están* en Basán, sesenta poblaciones.
31 Y la mitad de Galaad, y Astarot, y Edrei, ciudades del reino de Og en Basán, *fueron* para los hijos de Maquir, hijo de Manasés, para la mitad de los ᵏhijos de Maquir conforme a sus familias.
32 Éstos *son los territorios* que Moisés repartió en heredad en los ˡllanos de Moab, del otro lado del Jordán de Jericó, al oriente.
33 ⁿMas Moisés no dio heredad a la tribu de Leví; Jehová, el Dios de Israel, *fue* la heredad de ellos ᵖcomo Él les había dicho.

CAPÍTULO 14

Éstos, pues, *son los territorios* que los hijos de Israel tomaron por heredad en la tierra de Canaán, lo cual les repartieron el sacerdote ᵗEleazar, y Josué, hijo de Nun, y los principales de los padres de las tribus de los hijos de Israel.
2 Por ᵘsuerte se les dio su heredad, como Jehová lo había mandado por Moisés, que diese a las nueve tribus y a la media tribu.
3 ᵛPorque a las dos tribus, y a la media tribu, Moisés les había dado heredad al otro lado del Jordán; mas a los levitas no dio heredad entre ellos.

---

a Nm 21:26
Dt 2:19
Jue 11:13-27
b cp 12:5
c Dt 3:9
d 2 Sm 17:24
e cp 12:4
f Nm 34:11
g Nm 18:20
h ver 33
i Dt 3:14
j ver 9
k cp 17:1
l Nm 22:1
m Nm 23:28
Dt 4:46
n ver 14
cp 18:7
o Dt 3:10
p Nm 18:20
q Nm 21:24
r Nm 31:8
s Dt 18:10
t Nm 34:17
u Nm 26:55
33:54
y 34:13
Jue 20:9
v cp 13:8

JOSUÉ 15

4 Porque los ªhijos de José fueron dos tribus, Manasés y Efraín; y no dieron parte a los levitas en la tierra, sino ciudades en que morasen, con sus ejidos para sus ganados y rebaños.
5 De la ᶜmanera que Jehová lo había mandado a Moisés, así lo hicieron los hijos de Israel en la repartición de la tierra.
6 Y los hijos de Judá vinieron a Josué en Gilgal; y Caleb, hijo de ᶠJefone cenezeo, le dijo: Tú ᵍsabes lo que Jehová dijo a Moisés, ʰvarón de Dios, en Cades-barnea, tocante a mí y a ti.
7 Yo *tenía* cuarenta años de edad cuando Moisés, siervo de Jehová, me ⁱenvió de Cades-barnea a reconocer la tierra; y yo le referí el asunto como *lo tenía* en mi corazón.
8 ʲMas mis hermanos, los que habían subido conmigo, menguaron el corazón del pueblo; pero yo había seguido fielmente a Jehová mi Dios.
9 Entonces Moisés juró, ˡdiciendo: Ciertamente la tierra que ᵐpisó tu pie será para ti y para tus hijos en herencia perpetua, porque has seguido fielmente a Jehová mi Dios.
10 Ahora bien, Jehová me ha hecho vivir, como ⁿÉl dijo, estos cuarenta y cinco años, desde el tiempo que Jehová habló estas palabras a Moisés, cuando Israel andaba por el desierto; y ahora, he aquí, hoy día soy de ochenta y cinco años;
11 pero aún hoy *estoy* tan fuerte ᵠcomo el día que Moisés me envió; cual *era* entonces mi fuerza, tal *es* ahora, para la guerra, ˢy para salir y para entrar.
12 Dame, pues, ahora esta montaña, de la cual habló Jehová aquel día; porque tú oíste en aquel día que los ˣanaceos *están* allí, y *que* las ciudades *son* grandes y fortificadas. Quizá Jehová *será* conmigo, y los echaré como Jehová ha dicho.
13 Josué entonces le bendijo, ʸy dio a ᶻCaleb, hijo de Jefone, a Hebrón por herencia.
14 Por tanto, ªHebrón fue de Caleb, hijo de Jefone cenezeo, en herencia hasta hoy; porque él siguió fielmente a Jehová, el Dios de Israel.

a Gn 48:5
b cp 11:23
c Nm 35:2
cp 21:2
d Nm 34:3
e Nm 33:36
f Nm 32:12
cp 15:17
g Nm 14:30
Dt 1:36,38
h Dt 33:1
i Nm 13:7,26
y 14:6
j Dt 1:28
k ver 47
Nm 34:5
l Nm 14:23
Dt 1:36
m Nm 13:23
n Nm 14:30
o cp 18:17
p cp 7:26
q Dt 34:7
r 2 Sm 17:17
1 Re 1:9
s Dt 31:2
t cp 18:16
2 Re 23:10
u ver 63
v cp 17:15
x Nm 13:29
y cp 17:15
z cp 10:37
y 15:14
Jue 1:20
a cp 21:11

¡Dame esta montaña!

15 Mas Hebrón *fue* antes llamada Quiriat-arba; *fue* Arba un hombre grande entre los anaceos. ᵇY la tierra tuvo reposo de las guerras.

CAPÍTULO 15

Y la parte que tocó en suerte a la tribu de los hijos de Judá, por sus familias, *se extendía* hasta ᵈel término de Edom en el ᵉdesierto de Zin hacia el sur, éste era el extremo sur.
2 Y su frontera sur era desde la costa del Mar Salado, desde la bahía que mira hacia el sur;
3 y salía hacia el sur de la subida de Acrabim, pasando hasta Zin; y subiendo por el sur hasta Cades-barnea, pasaba a Hezrón, y subiendo por Adar daba vuelta a Carca.
4 *De allí* pasaba a Asmón, y salía al ᵏrío de Egipto; y sale este término al occidente. Éste os será el término del sur.
5 El término del oriente *es* el Mar Salado hasta el fin del Jordán. Y el término de la parte del norte, desde la bahía del mar, desde el fin del Jordán:
6 Y sube este término por Bet-hogla, y pasa del norte a Bet-araba, y de aquí sube este término a la ᵒpiedra de Bohán, hijo de Rubén.
7 Y torna a subir este término a Debir desde el valle de ᵖAcor; y al norte mira sobre Gilgal, que *está* delante de la subida de Adumín, la cual está al sur del arroyo; y pasa este término a las aguas de Ensemes, y sale a la fuente de ʳRogel.
8 Y sube este término por el ᵗvalle del hijo de Hinom al lado sur del ᵘjebuseo; ésta *es* Jerusalén. Luego sube este término por la cumbre del monte que *está* delante del ᵛvalle de Hinom hacia el occidente, el cual *está* en el extremo del valle de los gigantes hacia el norte.
9 Y rodea este término desde la cumbre del monte hasta la fuente de las aguas de Neftoa, y sale a las ciudades del monte de Efrón, rodeando luego el mismo término a Baala, la cual *es* Quiriat-jearim.
10 Y este límite rodeaba desde Baala hacia el occidente al monte de Seir; y pasa al lado del monte de Jearim

hacia el norte, ésta es Quesalón, y desciende a Bet-semes, y pasa a Timna.

11 Sale luego este límite al lado de [a]Ecrón hacia el norte; y rodea el mismo término a Sicrón, y pasa por el monte de Baala, y sale a Jabneel; y sale este término al mar.

12 El término del occidente [b]es el Mar Grande y su costa. Éste, es el término de los hijos de Judá en derredor, por sus familias.

13 [c]Mas a Caleb, hijo de Jefone, dio parte entre los hijos de Judá, conforme al mandamiento de Jehová a Josué, esto es, a [d]Quiriat-arba, del padre de Anac, que es Hebrón.

14 Y Caleb echó de allí a los tres hijos de Anac, a Sesai, Ahimán y Talmai, hijos de Anac.

15 De aquí subió a los que moraban en Debir; y el nombre de Debir era antes Quiriat-sefer.

16 [f]Y dijo Caleb: Al que hiriere a Quiriat-sefer, y la tomare, yo le daré a mi hija Acsa por esposa.

17 Y la tomó Otoniel, [h]hijo de Cenaz, hermano de Caleb; y él le dio por esposa a su hija Acsa.

18 Y aconteció que cuando ella vino a él, ella le persuadió para pedir a su padre un campo. Ella entonces se bajó del asno, y Caleb le dijo: ¿Qué quieres?

19 Y ella respondió: Dame una [k]bendición; puesto que me has dado tierra de sequedal, [l]dame también fuentes de aguas. Él entonces le dio las fuentes de arriba, y las fuentes de abajo.

20 Ésta, pues, es la heredad de la tribu de los hijos de Judá por sus familias.

21 Y fueron las ciudades del término de la tribu de los hijos de Judá hacia el término de Edom hacia el sur; Cabseel, Eder, Jagur,

22 Cina, Dimona, Adada,

23 Cedes, Hazor, Itnán,

24 Zif, Telem, Bealot,

25 Hazor-hadata, Queriot-hezrón, que es Hazor,

26 Amam, Sema, Molada,

27 Asar-gada, Hesmón, Bet-pelet,

28 Hasar-sual, [o]Beerseba, Bizotia,

29 Baala, Iim, Esem,

30 Eltolad, Cesil, Horma,

31 Siclag, Madmana, Sansana,

32 Lebaot, Silim, Aín y Rimón; en todas veintinueve ciudades con sus aldeas.

33 En las llanuras, Estaol, Zora, Asena,

34 Zanoa, Enganim, Tapúa, Enam,

35 Jarmut, Adulam, Soco, Azeca,

36 Saaraim, Aditaim, Gedera y Gederotaim; catorce ciudades con sus aldeas.

37 Senán, Hadasa, Migdalgad,

38 Dilán, Mizpa, Jocteel,

39 Laquis, Boscat, Eglón,

40 Cabón, Lamas, Quitlis,

41 Gederot, Bet-dagón, Naama y Maceda; dieciséis ciudades con sus aldeas.

42 Libna, Eter, Asán,

43 Jifta, Asena, Nesib,

44 Keila, Aczib y Maresa; nueve ciudades con sus aldeas.

45 Ecrón con sus villas y sus aldeas:

46 Desde Ecrón hasta el mar, todas las que están a la costa de [e]Asdod con sus aldeas.

47 Asdod con sus villas y sus aldeas: [g]Gaza con sus villas y sus aldeas hasta el [i]río de Egipto, y el [j]Mar Grande con sus términos.

48 Y en las montañas, Samir, y Jatir, y Soco,

49 Dana, Quiriat-sana, que es Debir,

50 Anab, Estemoa, Anim,

51 Gosén, Holón y Gilo; once ciudades con sus aldeas.

52 Arab, Duma, Esán,

53 Janum, Bet-tapúa, Afeca,

54 Humta, Quiriat-arba, que es Hebrón y Sior; nueve ciudades con sus aldeas.

55 [m]Maón, el Carmelo, Zif, Juta,

56 Jezreel, Jocdeam, Zanoa,

57 Caín, Gabaa y Timna; diez ciudades con sus aldeas.

58 Halhul, Bet-zur, Gedor,

59 Maarat, Bet-anot y Elteclón; seis ciudades con sus aldeas.

60 Quiriat-baal, que es Quiriat-jearim y Rabá; dos ciudades con sus aldeas.

61 En el desierto, Bet-araba, Midín, Secaca,

62 Nibsan, la ciudad de la sal y Engadi; seis ciudades con sus aldeas.

63 [n]Mas a los jebuseos que habitaban en Jerusalén, [p]los hijos de Judá no los pudieron desarraigar; antes quedó [q]el jebuseo en Jerusalén con los hijos de Judá, hasta hoy.

---

a cp 13:3
y 19:43

b Nm 34:6-7
cp 23:4

c cp 14:13

d cp 21:11

e 1 Sm 5:1
f hasta 19
Jue 1:12-15
1 Sm 17:25
g cp 10:41
11:22 y 13:3
h cp 14:6,14
Nm 32:12
i ver 4
j Nu 34:5-6

k Gn 33:11
l Gn 21:25
y 26:18-20

m 1 Sm 15:12
y 25:2

n ver 8
Jue 1:8,21
y 19:10-12
2 Sm 5:6
1 Cr 11:4
o Gn 21:31
y 22:19
p Jue 1:8,21
2 Sm 5:6
q 1:21

CAPÍTULO 16

Y la suerte de los hijos de José salió desde el Jordán de Jericó hasta las aguas de Jericó hacia el oriente, al [a]desierto que sube de Jericó al monte de Betel.

2 Y de Betel sale a [c]Luz, y pasa al término de Arqui en Atarot;

3 Y torna a descender hacia el mar al término de Jaflet, [e]hasta el término de Bet-horón la de abajo, y hasta Gezer; y sale al mar.

4 Recibieron pues heredad los hijos de José, Manasés y Efraín.

5 Y fue el término de los hijos de Efraín por sus familias, fue el término de su herencia a la parte oriental, desde Atarot-adar hasta Bet-horón la de arriba:

6 Y sale este término al mar, y a Micmetat al norte, y da vuelta este término hacia el oriente a Tanat-silo, y de aquí pasa al oriente a Janoa.

7 Y de Janoa desciende a Atarot, y a Naara, y toca en Jericó, y sale al Jordán.

8 Y de Tapúa torna este término hacia el mar al arroyo de Cana, y sale al mar. Ésta es la heredad de la tribu de los hijos de Efraín por sus familias.

9 Hubo también [j]ciudades que se apartaron para los hijos de Efraín en medio de la herencia de los hijos de Manasés, todas ciudades con sus aldeas.

10 [k]Y no echaron al cananeo que habitaba en Gezer; antes quedó el cananeo en medio de Efraín, hasta hoy, y [l]fue tributario.

CAPÍTULO 17

También hubo suerte para la tribu de Manasés, pues él era el [p]primogénito de José; y Maquir el primogénito de Manasés, y padre de [r]Galaad, el cual fue hombre de guerra, tuvo a Galaad y a Basán.

2 Tuvieron también suerte [t]los otros hijos de Manasés conforme a sus familias; [u]los hijos de Abiezer, y los hijos de Helec, y los hijos de Asriel, y los hijos de Siquem, y los hijos de Hefer, y los hijos de Semida; éstos fueron los hijos varones de Manasés hijo de José, por sus familias.

La suerte de Efraín, y de Manasés

3 Pero Zelofehad, hijo de Hefer, hijo de Galaad, hijo de Maquir, hijo de Manasés, no tuvo hijos, sino hijas, los nombres de las cuales son estos: Maala, Noa, Hogla, Milca y Tirsa.

4 Éstas vinieron delante del sacerdote [b]Eleazar, y de Josué, hijo de Nun, y de los príncipes, y dijeron: [d]Jehová mandó a Moisés que nos diese heredad entre nuestros hermanos. Y él les dio heredad entre los hermanos del padre de ellas, conforme al dicho de Jehová.

5 Y [f]a Manasés le tocaron diez porciones, [g]además de la tierra de Galaad y de Basán, que está al otro lado del Jordán,

6 porque las hijas de Manasés tuvieron heredad entre sus hijos, y la tierra de Galaad fue de los otros hijos de Manasés.

7 Y fue el término de Manasés desde Aser hasta Micmetat, la cual está delante de [h]Siquem; y va este término a la mano derecha, a los que habitan en Tapúa.

8 Y la tierra de Tapúa fue de Manasés; pero Tapúa, que está junto al término de Manasés, es de los hijos de Efraín.

9 Y desciende este término al arroyo de Cana, hacia el lado sur del arroyo. Estas [i]ciudades de Efraín están entre las ciudades de Manasés; y el término de Manasés es desde el norte del mismo arroyo, y sus salidas son al mar.

10 Efraín al sur, y Manasés al norte, y el mar es su término; y se encuentran con Aser al lado del norte, y con Isacar al oriente.

11 Tuvo también [m]Manasés en Isacar y en Aser a [n]Bet-seán y sus aldeas, e Ibleam y sus aldeas, y los moradores de Dor y sus aldeas, y los moradores de [o]Endor y sus aldeas, y los moradores de Taanac y sus aldeas, y los moradores de [q]Meguido y sus aldeas; tres provincias.

12 [s]Pero los hijos de Manasés no pudieron echar a los de aquellas ciudades; antes el cananeo quiso habitar en la tierra.

13 Pero cuando los hijos de Israel se hicieron fuertes, pusieron a [v]tributo al cananeo, mas no lo echaron.

14 [x]Y los hijos de José hablaron a Josué, diciendo: ¿Por qué me has dado por heredad [y]una sola suerte y

---

a cp 8:15
y 18:12
b cp 14:1
c Gn 28:19
cp 18:13
Jue 1:26
d Nm 27:6-7
e cp 10:10
f vers 2-3
g cp 13:19-21

h Gn 12:6
33:18
y 37:12-14

i cp 16:9
j cp 17:9

k cp 15:63
y 17:12-13
Jue 1:29
1 Re 9:16
l Gn 49:15
m 1 Cr 7:29
n Jue 1:27
1 Sm 31:10
1 Re 4:12
o 1 Sm 28:7
Sal 83:10
p Gn 41:51
46:20 48:18
q Jue 5:19
r Dt 3:13
s Jue 1:27-28
t Nm 26:29
u Nm 26:30
v cp 16:10
x cp 16:4
y Gn 48:22

El tabernáculo en Silo

una sola parte, [a]siendo yo un pueblo tan grande y que Jehová me ha así bendecido hasta ahora?

15 Y Josué les respondió: Si eres pueblo tan grande, sube tú al monte, y corta para ti allí en la tierra del ferezeo y de los [d]gigantes, pues que el [e]monte de Efraín es angosto para ti.

16 Y los hijos de José dijeron: No nos bastará a nosotros este monte; y todos los cananeos que habitan la tierra de la llanura, [f]tienen carros herrados; los que están en Bet-seán y en sus aldeas, y los que *están* en el [g]valle de Jezreel.

17 Entonces Josué respondió a la casa de José, a Efraín y Manasés, diciendo: Tú eres gran pueblo, y tienes gran fuerza; no tendrás sólo una suerte;

18 sino que aquel monte será tuyo; porque *aunque es* bosque, tú lo desmontarás, y serán tuyos sus términos; porque tú echarás al cananeo, [i]aunque tenga carros herrados, y aunque sea fuerte.

CAPÍTULO 18

Y toda la congregación de los hijos de Israel se juntó en [k]Silo, [l]y asentaron allí el tabernáculo del testimonio, después que la tierra les fue sujeta.

2 Mas habían quedado en los hijos de Israel siete tribus, a las cuales aún no habían repartido su posesión.

3 Y Josué dijo a los hijos de Israel: ¿Hasta [p]cuándo *seréis* negligentes para venir a poseer la tierra que os ha dado Jehová el Dios de vuestros padres?

4 Señalad tres varones de *cada* tribu, para que yo los envíe, y que ellos se levanten, y recorran la tierra, y la describan conforme a sus heredades, y se vuelvan a mí.

5 Y la dividirán en siete partes; [r]y Judá estará en su término al sur, y los de la [s]casa de José estarán en el suyo al norte.

6 Vosotros, pues, delinearéis la tierra en siete partes, y me traeréis la descripción aquí, y yo [u]os echaré las suertes aquí delante de Jehová nuestro Dios.

a	Gn 48:19
	Nm 26:34
b	cp 13:33
	Nm 18:20
c	cp 13:8
d	Gn 14:5
	y 15:20
e	cp 24:33
f	cp 11:6
g	cp 19:18
	Jue 6:33
	1 Re 4:12
h	cp 11:23
	y 12:7
i	Dt 20:1
	cp 11:6
j	cp 16:1
k	cp 19:51
	21:2 y 22:9
	Jer 7:12
l	Jue 18:31
	1 Sm 1:3,24
	Sal 78:60
m	cp 7:3
n	cp 16:2
o	cp 16:10
p	Jue 18:9
q	cp 9:17
r	cp 15:1
s	cp 16:1,4
t	cp 17:15
u	cp 14:2
v	cp 15:8
	2 Re 23:10
	Jer 7:31-32
x	cp 15:7

7 [b]Mas los levitas ninguna parte tienen entre vosotros; porque el sacerdocio de Jehová *es* la heredad de ellos; Gad [c]también y Rubén, y la media tribu de Manasés, ya han recibido su heredad al otro lado del Jordán al oriente, la cual les dio Moisés siervo de Jehová.

8 Levantándose, pues, aquellos varones, fueron; y mandó Josué a los que iban para delinear la tierra, diciéndoles: Id, recorred la tierra y delineadla, y volved a mí, para que yo os eche las suertes aquí delante de Jehová en Silo.

9 Fueron pues aquellos varones y pasearon la tierra, delineándola por ciudades en siete partes en un libro, y volvieron a Josué al campamento en Silo.

10 Y Josué les echó las suertes delante de Jehová en Silo; y allí repartió Josué la tierra a los hijos de Israel por sus [h]porciones.

11 Y se sacó la suerte de la tribu de los hijos de Benjamín por sus familias: y salió el término de su suerte entre los hijos de Judá y los hijos de José.

12 [j]Y fue el término de ellos al lado del norte desde el Jordán: y sube aquel término al lado de Jericó al norte; sube después al monte hacia el occidente, y viene a salir al desierto de [m]Betaven.

13 y de allí pasa aquel término a Luz, por el lado de Luz (ésta [n]es Betel) hacia el sur. Y desciende este término de Atarot-adar al monte que *está* al sur de [o]Bet-horón la de abajo.

14 Y rodea este término, y da vuelta al lado del mar hacia el sur hasta el monte que *está* delante de Bet-horón hacia el sur; y viene a salir a [q]Quiriat-baal, que *es* Quiriat-jearim, ciudad de los hijos de Judá. Éste es el lado del occidente.

15 Y el lado del sur *es* desde el cabo de Quiriat-jearim, y sale el término al occidente, y sale a la fuente de las aguas de Neftoa:

16 Y desciende este término al cabo del monte que *está* delante del valle del hijo de Hinom, que *está* en el [t]valle de los gigantes hacia el norte; [v]desciende luego al valle de Hinom, al lado del jebuseo al sur, y de allí desciende [x]a la fuente de Rogel;

17 y del norte torna y sale a Ensemes, y de allí sale a Gelilot, que *está* delante de la subida de Adumín, y descendía a la piedra de Bohán, hijo de Rubén;

18 y pasa al lado *que está* enfrente del Arabá hacia el norte, y desciende al Arabá.

19 Y la ribera pasaba por el lado de Bet-hogla hacia el norte, y la salida de la ribera estaba a la bahía norte del Mar Salado, en el extremo sur del Jordán: Ésta *era* la frontera sur. ᵃ Gn 49:13

20 Y el Jordán acaba este término al lado del oriente. Ésta *es* la heredad de los hijos de Benjamín por sus términos alrededor, conforme a sus familias.

21 Las ciudades de la tribu de los hijos de Benjamín, por sus familias, fueron ᵇJericó, Bet-hogla, y el valle de Casis, ᵇ cp 2:1

22 Bet-araba, Zemaraim, Betel;

23 Avim, Para, Ofra,

24 Cefar-hamonai, Ofni y Geba; doce ciudades con sus aldeas:

25 Gabaón, Ramá, Beerot,

26 Mizpa, Cefira, Moza,

27 Requem, Irpeel, Tarala,

28 Sela, Elef, ᶜJebús, que *es* Jerusalén, Gibeat y Quiriat; catorce ciudades con sus aldeas. Ésta *es* la heredad de los hijos de Benjamín, conforme a sus familias. ᶜ ver 16 cp 15:8,63

CAPÍTULO 19

La segunda suerte salió para Simeón, para la tribu de los hijos de Simeón conforme a sus familias; ᵈy su heredad fue entre la heredad de los hijos de Judá. ᵈ ver 9

2 Y ᵉtuvieron en su heredad a ᶠBeerseba, Seba, Molada, ᵉ hasta 8 1 Cr 4:28-33 ᶠ cp 15:28

3 Hasar-sual, Bala, Esem,

4 Eltolad, Betul, Horma,

5 Siclag, Bet-marcabot, Hasar-susa,

6 Bet-lebaot y Saruhén; trece ciudades con sus aldeas;

7 Aín, Rimón, Eter y Asán; cuatro ciudades con sus aldeas;

8 y todas las aldeas que *estaban* alrededor de estas ciudades hasta Baalat-beer, que es Ramat del Neguev. Ésta *es* la heredad de la tribu de los hijos de Simeón, conforme a sus familias.

9 De la porción de los hijos de Judá fue sacada la heredad de los hijos de Simeón; porque la porción de los hijos de Judá era excesiva para ellos; así que los hijos de Simeón tuvieron su heredad en medio de la de ellos.

10 La tercera suerte salió para los hijos de Zabulón conforme a sus familias; y el término de su heredad fue hasta Sarid.

11 ᵃY su término subía hasta el mar, hasta Merala, y llegaba hasta Dabeset, y de allí llegaba hasta el arroyo que *está* enfrente de Jocneam;

12 y doblaba de Sarid hacia el oriente, hacia donde nace el sol, al término de Quisi-lotabor, seguía hasta Daberat y subía a Jafía;

13 Y de allí pasaba hacia el lado oriental hasta Gat-hefer y a Ita-kazin, y salía a Rimón rodeando a Nea.

14 Y por el lado norte el término rodeaba hasta Hanatón, viniendo a salir al valle de Iftael;

15 y *abarcaba* Cata, Naalal, Simrón, Ideala y Belén; doce ciudades con sus aldeas.

16 Ésta *es* la heredad de los hijos de Zabulón por sus familias; estas ciudades con sus aldeas.

17 La cuarta suerte salió para Isacar, para los hijos de Isacar conforme a sus familias.

18 Y fue su término Jezreel, Quesulot, Sunem,

19 Hafaraim, Sihón, Anaarat,

20 Rabit, Quisión, Ebes,

21 Ramet, En-ganim, En-hada y Bet-pases;

22 y llegaba este término hasta Tabor, Sahasim y Bet-semes, y terminaba en el Jordán; dieciséis ciudades con sus aldeas.

23 Ésta *es* la heredad de la tribu de los hijos de Isacar conforme a sus familias; estas ciudades con sus aldeas.

24 Y salió la quinta suerte para la tribu de los hijos de Aser conforme a sus familias.

25 Y su término fue Helcat, Halí, Betén, Acsaf,

26 Alamelec, Amead y Miseal; y llegaba hasta el Carmelo al occidente, y a Sihor-libnat;

27 y doblaba hacia donde nace el sol hasta Bet-dagón, y llegaba a Zabulón, al valle de Iftael hacia el norte, a Bet-emec y Nehiel, y salía a Cabul hacia la izquierda;

Las ciudades de refugio — JOSUÉ 20

28 y *abarcaba* Hebrón, Rehob, Hamón y Cana, ªhasta la gran Sidón;

29 y doblaba de allí este término hacia Ramá, hasta la ciudad fortificada de Tiro, y tornaba este término hacia Hosa, y salía al mar desde el territorio de Aczib:

30 *Abarcaba* también Uma, Afec y Rehob; veintidós ciudades con sus aldeas.

31 Ésta *es* la heredad de la tribu de los hijos de Aser por sus familias; estas ciudades con sus aldeas.

32 La sexta suerte salió para los hijos de Neftalí, para los hijos de Neftalí conforme a sus familias.

33 Y su término era desde Helef, Alón-saananim, Adami-neceb y Jabneel, hasta Lacum; y salía al Jordán.

34 Y tornaba de allí este término hacia el occidente a Aznot-tabor, pasando de allí a Hucoc, y llegaba hasta Zabulón por el lado sur, y al occidente colindaba con Aser, y con Judá al Jordán hacia donde nace el sol.

35 Y las ciudades fortificadas *eran* Sidim, Ser, Hamat, Racat, Cineret,

36 Adama, Ramá, Hazor,

37 Cedes, Edrei, En-hazor,

38 Irón, Migdalel, Horem, Bet-anat y Bet-semes; diecinueve ciudades con sus aldeas.

39 Ésta *es* la heredad de la tribu de los hijos de Neftalí conforme a sus familias; estas ciudades con sus aldeas.

40 La séptima suerte salió para la tribu de los hijos de Dan conforme a sus familias.

41 Y fue el término de su heredad, Zora, Estaol, Ir-semes,

42 Saalbim, ᵍAjalón, Jetla,

43 Elón, Timnat, Ecrón,

44 Elteque, Gibetón, Baalat,

45 Jehúd, Bene-berac, Gat-rimón,

46 Mejarcón y Racón, con el término que está delante de Jope.

47 Y les faltó territorio a los hijos de Dan; y subieron los hijos de Dan y combatieron a Lesem, y tomándola la hirieron a filo de espada, y la poseyeron, y habitaron en ella; y llamaron a Lesem, Dan, del nombre de Dan su padre.

48 Ésta *es* la heredad de la tribu de los hijos de Dan conforme a sus familias; estas ciudades con sus aldeas.

49 Y después que acabaron de repartir la tierra en heredad por sus términos, dieron los hijos de Israel heredad a Josué, hijo de Nun, en medio de ellos:

50 De acuerdo a la palabra de Jehová, le dieron la ciudad que él pidió, ᵇTimnat-sera, en el monte de Efraín; y él reedificó la ciudad, y habitó en ella.

51 ᶜÉstas *son* las heredades que el sacerdote Eleazar, y Josué, hijo de Nun, y los principales de los padres, entregaron por suerte en posesión a las tribus de los hijos de Israel en ᵈSilo delante de Jehová, a la entrada del tabernáculo de la congregación; y acabaron de repartir la tierra.

CAPÍTULO 20

Y habló Jehová a Josué, diciendo:

2 Habla a los hijos de Israel, diciendo: ᵉSeñalaos las ciudades de refugio, de las cuales yo os hablé por Moisés;

3 Para que se refugie allí el homicida que matare a alguno por yerro y no a sabiendas; que os sean por refugio del cercano del muerto.

4 Y el que se refugiare a alguna de aquellas ciudades, se presentará a la ᶠpuerta de la ciudad, y dirá sus causas, oyéndolo los ancianos de aquella ciudad: y ellos le recibirán consigo dentro de la ciudad, y le darán lugar que habite con ellos.

5 Y cuando el cercano del muerto le siguiere, no entregarán en su mano al homicida, por cuanto hirió a su prójimo por accidente, ni tuvo con él antes enemistad.

6 Y quedará en aquella ciudad ʰhasta que comparezca en juicio delante de la congregación, ⁱhasta la muerte del sumo sacerdote que fuere en aquel tiempo: entonces el homicida tornará y vendrá a su ciudad y a su casa y a la ciudad de donde huyó.

7 Entonces señalaron a ʲCedes en Galilea, en el monte de Neftalí, y a ᵏSiquem en el ˡmonte de Efraín, y a ᵐQuiriat-arba, que es Hebrón, en el monte de Judá.

---

a cp 11:8
Jue 1:31
Is 23:2,4,12

b cp 24:30
Jue 2:9

c cp 14:1
Nm 34:17

d cp 18:1

e Éx 21:13
Nm 35:6-14
Dt 19:2-6

f Rt 4:1-2

g cp 10:12

h Nm 35:12
i Nm 35:25

j cp 19:37

k cp 17:7
l cp 24:33
m cp 21:11

JOSUÉ 21

8 Y al otro lado del Jordán, al oriente de Jericó, señalaron a ªBeser en el desierto, en la llanura de la tribu de Rubén, y a ᵇRamot en Galaad de la tribu de Gad, y a Golán en Basán de la tribu de Manasés.

9 ᶜÉstas fueron las ciudades señaladas para todos los hijos de Israel, y para el extranjero que habitase entre ellos, para que pudiese huir a ellas cualquiera que hiriese hombre por accidente, y no muriese por mano del vengador de la sangre, hasta que compareciese delante de la congregación.

CAPÍTULO 21

Y los principales de los padres de los levitas vinieron al sacerdote ʲEleazar y a Josué, hijo de Nun, y a los principales de los padres de las tribus de los hijos de Israel;

2 Y les hablaron en ˡSilo en la tierra de Canaán, diciendo: ᵐJehová mandó por Moisés que nos fuesen dadas villas para habitar, con sus ejidos para nuestras bestias.

3 Entonces los hijos de Israel dieron a los levitas de sus posesiones, conforme a la palabra de Jehová, estas villas con sus ejidos.

4 Y salió la suerte para las familias de los coatitas; ʳy fueron dadas por suerte a los hijos de Aarón sacerdote, *que eran* de los levitas, por la tribu de Judá, por la de Simeón y por la de Benjamín, trece ciudades.

5 Y a los otros hijos de Coat *se dieron* por suerte diez ciudades de las familias de la tribu de Efraín, y de la tribu de Dan, y de la media tribu de Manasés;

6 Y ᵛa los hijos de Gersón, por las familias de la tribu de Isacar, y de la tribu de Aser, y de la tribu de Neftalí, y de la media tribu de Manasés en Basán, *fueron dadas por* suerte trece ciudades.

7 ʸA los hijos de Merari por sus familias *se dieron* doce ciudades por la tribu de Rubén, y por la tribu de Gad, y por la tribu de Zabulón.

8 Y así dieron por suerte los hijos de Israel a los levitas estas ciudades con sus ejidos, como Jehová lo había mandado por Moisés.

9 Y de la tribu de los hijos de Judá, y de la tribu de los hijos de Simeón dieron estas ciudades que fueron nombradas.

10 Y la primera suerte fue de los hijos de Aarón, de la familia de Coat, de los hijos de Leví;

11 ᵈa los cuales dieron Quiriat-arba, del padre de Anac, la cual es Hebrón, en ᵉel monte de Judá, con sus ejidos en sus contornos.

12 Mas ᶠel campo de esta ciudad y sus aldeas dieron a Caleb, hijo de Jefone, por su posesión.

13 Y a los hijos del sacerdote Aarón les dieron la ciudad de refugio para los homicidas, ᵍa Hebrón con sus ejidos; ʰy a Libna con sus ejidos,

14 y a Jatir con sus ejidos, y a Estemoa con sus ejidos,

15 ᶦHolón con sus ejidos, y a Debir con sus ejidos,

16 a ᵏAín con sus ejidos, a Juta con sus ejidos, y a Bet-semes con sus ejidos; nueve ciudades de estas dos tribus.

17 Y de la tribu de Benjamín, a ⁿGabaón con sus ejidos, a ᵒGeba con sus ejidos,

18 a ᵖAnatot con sus ejidos, a ᵠAlmón con sus ejidos: cuatro ciudades.

19 Todas las ciudades de los sacerdotes, hijos de Aarón, *son* trece con sus ejidos.

20 Mas ˢlas familias de los hijos de Coat, levitas, los que quedaban de los hijos de Coat, recibieron por suerte ciudades de la tribu de Efraín.

21 Y les dieron a ᵗSiquem, ciudad de refugio para los homicidas, con sus ejidos, en el monte de Efraín; y a ᵘGezer con sus ejidos,

22 Y a Kibsaim con sus ejidos, y a Bet-horón con sus ejidos; cuatro ciudades.

23 Y de la tribu de Dan a Elteque con sus ejidos, a Gibetón con sus ejidos,

24 a ˣAjalón con sus ejidos y a Gatrimón con sus ejidos; cuatro ciudades.

25 Y de la media tribu de Manasés, a Taanac con sus ejidos y a Gatrimón con sus ejidos; dos ciudades.

26 Todas las ciudades para el resto de las familias de los hijos de Coat fueron diez con sus ejidos.

27 ᶻA los hijos de Gersón de las familias de los levitas, dieron la

Servid a Jehová de todo corazón   **JOSUÉ 22**

ciudad de refugio para los homicidas, de la media tribu de Manasés; a ^bGolán en Basán con sus ejidos, y a Beestera con sus ejidos; dos ciudades.

28 Y de la tribu de Isacar, a Cisón con sus ejidos, a Daberat con sus ejidos,

29 a Jarmut con sus ejidos y a En-ganim con sus ejidos; cuatro ciudades.

30 Y de la tribu de Aser, a Miseal con sus ejidos, a Abdón con sus ejidos,

31 a Helcat con sus ejidos y a Rehob con sus ejidos; cuatro ciudades.

32 Y de la tribu de Neftalí, la ciudad de refugio para los homicidas, ^ea Cedes en Galilea con sus ejidos, a Hamot-dor con sus ejidos, y a Cartán con sus ejidos; tres ciudades.

33 Todas las ciudades de los gersonitas por sus familias *fueron* trece ciudades con sus ejidos.

34 ^fY a las familias de los hijos de Merari, levitas que quedaban, se les dio de la tribu de Zabulón, a Jocneam con sus ejidos, Carta con sus ejidos,

35 Dimna con sus ejidos, Naalal con sus ejidos; cuatro ciudades.

36 Y de la tribu de Rubén, ^ha Beser con sus ejidos, a Jahaza con sus ejidos,

37 a Cademot con sus ejidos, y Mefaat con sus ejidos; cuatro ciudades.

38 De la tribu de Gad, la ciudad de refugio para los homicidas, ^lRamot en Galaad con sus ejidos, y ^mMahanaim con sus ejidos,

39 Hesbón con sus ejidos, y Jazer con sus ejidos; cuatro ciudades.

40 Todas las ciudades de los hijos de Merari por sus familias, que restaban de las familias de los levitas, *fueron* por sus suertes doce ciudades.

41 ^pY todas las ciudades de los levitas en medio de la posesión de los hijos de Israel, *fueron* cuarenta y ocho ciudades con sus ejidos.

42 Y estas ciudades estaban apartadas la una de la otra cada cual con sus ejidos alrededor de ellas, lo cual *fue* en todas estas ciudades.

43 Así dio Jehová a Israel ^qtoda la tierra que había jurado dar a sus padres; y la poseyeron, y habitaron en ella.

44 ^aY Jehová les dio reposo alrededor, conforme a todo lo que había jurado a sus padres: y ninguno de todos los enemigos les paró delante, sino que Jehová entregó en sus manos a todos sus enemigos.

45 ^cNo faltó ni una palabra de las buenas promesas que Jehová había dado a la casa de Israel; todas se cumplieron.

CAPÍTULO 22

Entonces Josué llamó a los rubenitas, a los gaditas y a la media tribu de Manasés,

2 y les dijo: ^dVosotros habéis guardado todo lo que Moisés siervo de Jehová os mandó, y habéis obedecido a mi voz en todo lo que os he mandado.

3 No habéis dejado a vuestros hermanos en estos muchos días hasta hoy, sino que habéis cuidado de guardar los mandamientos de Jehová vuestro Dios.

4 Y ahora, ^gJehová vuestro Dios ha dado reposo a vuestros hermanos, como se los había prometido; volved, pues, e id a vuestras tiendas, a la tierra de vuestra posesión, que ⁱMoisés, siervo de Jehová, os dio al otro lado del Jordán.

5 Solamente ^jque con diligencia cuidéis de poner por obra el mandamiento y la ley, que Moisés siervo de Jehová os intimó:^k que améis a Jehová vuestro Dios, y andéis en todos sus caminos; que guardéis sus mandamientos, y le sigáis, y le sirváis de todo vuestro corazón y de toda vuestra alma.

6 Y ⁿbendiciéndolos Josué, los envió, y ellos se fueron a sus tiendas.

7 También a la media tribu de Manasés había dado Moisés *posesión* en Basán; ^omas a la otra media *tribu* dio Josué heredad entre sus hermanos de este lado del Jordán al occidente: y también a éstos envió Josué a sus tiendas, después de haberlos bendecido.

8 Y les habló, diciendo: Volveos a vuestras tiendas con grandes riquezas, y con mucho ganado, con plata, y con oro, y bronce, y muchas vestiduras; compartid con vuestros hermanos el despojo de vuestros enemigos.

Referencias:
a cp 22:4; y 23:1
b cp 20:8
c cp 23:14-15
d Nm 32:20; Dt 3:18-20; cp 1:12-17
e cp 19:37
f vers 7-40; 1 Cr 6:66-70
g cp 21:44; y 23:1
h cp 20:8
i cp 13:8
j Dt 6:6,17; y 11:22
k Dt 6:5; y 10:12
l 1 Re 22:3
m 2 Sm 17:24
n ver 7; Éx 39:43
o cp 17:5
p Nm 35:7
q Gn 13:15

JOSUÉ 22

El altar Ed

9 Y los hijos de Rubén y los hijos de Gad, y la media tribu de Manasés, se volvieron, y se apartaron de los hijos de Israel, [a]de Silo, que está en la tierra de Canaán, [c]para ir a la tierra de Galaad, a la tierra de sus posesiones, de la cual eran poseedores, según palabra de Jehová por mano de Moisés.

10 Y llegando a los términos del Jordán, que *está* en la tierra de Canaán, los hijos de Rubén y los hijos de Gad, y la media tribu de Manasés, edificaron allí un altar junto al Jordán, un altar de grande apariencia.

11 Y los hijos de Israel [e]oyeron decir como los hijos de Rubén y los hijos de Gad, y la media tribu de Manasés, habían edificado un altar delante de la tierra de Canaán, en los términos del Jordán, al paso de los hijos de Israel:

12 Y cuando los hijos de Israel oyeron *esto*, se juntó [g]toda la congregación de los hijos de Israel en Silo, para subir a pelear contra ellos.

13 Y enviaron los hijos de Israel a los hijos de Rubén y a los hijos de Gad y a la media tribu de Manasés en la tierra de Galaad, a [i]Finees, hijo del sacerdote Eleazar,

14 y a diez príncipes con él; un príncipe de cada casa paterna de todas las tribus de Israel, [k]cada uno de los cuales *era* cabeza de familia de sus padres en la multitud de Israel.

15 Los cuales vinieron a los hijos de Rubén y a los hijos de Gad, y a la media tribu de Manasés, en la tierra de Galaad; y les hablaron, diciendo:

16 Toda la congregación de Jehová dice así: ¿Qué transgresión *es* ésta con que prevaricáis contra el Dios de Israel, volviéndoos hoy de seguir a Jehová, edificándoos altar [m]para ser hoy rebeldes contra Jehová?

17 ¿[n]Nos *ha sido* poco la maldad de Peor, de la que no estamos aún limpios hasta este día, por la cual fue la mortandad en la congregación de Jehová?

18 Y vosotros os volvéis hoy de seguir a Jehová; mas será que vosotros os rebelaréis hoy contra Jehová, y mañana [p]se airará Él contra toda la congregación de Israel.

19 Que si os parece que la tierra de vuestra posesión *es* inmunda, pasaos a la tierra de la posesión de Jehová, [b]en la cual está el tabernáculo de Jehová, y tomad posesión entre nosotros; pero no os rebeléis contra Jehová, ni os rebeléis contra nosotros, edificándoos altar a más del altar de Jehová nuestro Dios.

20 [d]¿No cometió Acán, hijo de Zera, prevaricación en el anatema, y vino ira sobre toda la congregación de Israel? Y aquel hombre no pereció solo en su iniquidad.

21 Entonces los hijos de Rubén y los hijos de Gad, y la media tribu de Manasés, respondieron y dijeron a los principales de la multitud de Israel:

22 El Dios [f]de los dioses, Jehová, Dios de los dioses, Jehová, Él sabe, y lo sabrá Israel. *Que si fue* por rebelión o por prevaricación contra Jehová, [h]no nos salves hoy.

23 Que si nos hemos edificado altar para tornarnos de en pos de Jehová, o para sacrificar holocausto o presente, o para hacer sobre él sacrificios de paz, el mismo Jehová [j]nos lo demande.

24 Asimismo, si no lo hicimos por temor de esto, diciendo: Mañana vuestros hijos dirán a nuestros hijos: ¿Qué tenéis que ver vosotros con Jehová, el Dios de Israel?

25 Jehová ha puesto por término el Jordán entre nosotros y vosotros, oh hijos de Rubén e hijos de Gad; no tenéis vosotros parte en Jehová: y así vuestros hijos harán que nuestros hijos no teman a Jehová.

26 Por esto dijimos: Hagamos ahora por edificarnos un altar, no para holocausto ni para sacrificio,

27 sino *para que sea* [l]un testimonio entre nosotros y vosotros, y entre los que vendrán después de nosotros, de que podemos [o]hacer el servicio de Jehová delante de Él con nuestros holocaustos, con nuestros sacrificios, y con nuestras ofrendas de paz; y no digan mañana vuestros hijos a los nuestros: Vosotros no tenéis parte en Jehová.

28 Nosotros, pues, dijimos: Si aconteciere que tal digan a nosotros, o a nuestras generaciones en lo por venir, entonces responderemos:

---

a cp 18:1
b cp 18:1
c Nm 32:1

d cp 7:1,5

e Dt 12:13
Jue 20:12

f Dt 10:17

g Jue 20:1
h Job 10:7
y 23:10
Sal 44:20-21
Jer 12:3
2 Cor 11:11
i Nm 25:7

j Dt 18:19
1 Sm 20:16

k Nm 1:4

l vers 28,34
cp 24:27
m ver 19
Nm 14:9
Lv 17:8-9
Dt 12:13-14
n Nm 23:28
o Dt 12:5-27

p ver 20
Nm 16:22

Uno perseguirá a mil

Mirad el símil del altar de Jehová, el cual hicieron nuestros padres, no para holocaustos o sacrificios, sino para que fuese testimonio entre nosotros y vosotros.

29 Nunca tal acontezca que nos rebelemos contra Jehová, o que nos apartemos hoy de seguir a Jehová, edificando altar para holocaustos, para presente, o para sacrificio, a más del altar de Jehová nuestro Dios que está delante de su tabernáculo.

30 Y cuando Finees el sacerdote y los príncipes de la congregación, y las cabezas de la multitud de Israel que con él estaban, oyeron las palabras que hablaron los hijos de Rubén y los hijos de Gad y los hijos de Manasés, les pareció bien.

31 Y dijo Finees, hijo del sacerdote Eleazar, a los hijos de Rubén, a los hijos de Gad, y a los hijos de Manasés: Hoy hemos entendido que Jehová *está* ¹entre nosotros, pues que no habéis intentado esta traición contra Jehová. Ahora habéis librado a los hijos de Israel de la mano de Jehová.

32 Y Finees, hijo del sacerdote Eleazar, y los príncipes, se volvieron de con los hijos de Rubén, y de con los hijos de Gad, de la ˡtierra de Galaad a la tierra de Canaán, a los hijos de Israel; a los cuales dieron la respuesta.

33 Y el asunto agradó a los hijos de Israel, y ᵐbendijeron a Dios los hijos de Israel; y no hablaron más de subir contra ellos en guerra, para destruir la tierra en que habitaban los hijos de Rubén y los hijos de Gad.

34 Y los hijos de Rubén y los hijos de Gad pusieron por nombre al altar Ed; pues *dijeron: Será* un testimonio entre nosotros que Jehová *es* Dios.

CAPÍTULO 23

Y aconteció, muchos días después que ʳJehová dio reposo a Israel de todos sus enemigos alrededor, que Josué, ˢsiendo viejo, y entrado en días,

2 llamó a ᵗtodo Israel, a sus ancianos, a sus príncipes, a sus jueces y a sus ᵛoficiales, y les dijo: Yo ya soy viejo y entrado en días;

3 Y vosotros habéis visto todo lo que Jehová vuestro Dios ha hecho con todas estas naciones en vuestra

---

a Éx 14:14
b cp 13:6

c cp 15:12

d Nm 33:53

e cp 1:7

f Dt 5:32

g Éx 23:33
Dt 7:2-3
h Éx 23:13
Jer 5:7

i Lv 26:11-12

j cp 10:8
y 21:44
k Jue 3:31
y 15:15
2 Sm 23:8
l vers 10-15

m 1 Cr 29:20
Neh 8:6
Dn 2:19
Lc 2:28
n Éx 34:16
o cp 13:6
Jue 2:3,21
p Nm 33:55
1 Re 11:4

q 1 Re 2:2
r cp 21:44
y 22:4
s cp 13:1
t Dt 31:28
cp 24:1
u cp 21:45
v cp 1:10

---

presencia; ᵃporque Jehová vuestro Dios ha peleado por vosotros.

4 He aquí ᵇos he repartido por suerte, en herencia para vuestras tribus, estas naciones, así las destruidas como las que quedan, desde el Jordán hasta el ᶜMar Grande hacia donde el sol se pone.

5 Y Jehová vuestro Dios las echará de delante de vosotros, y las lanzará de vuestra presencia: y vosotros poseeréis sus tierras, ᵈcomo Jehová vuestro Dios os ha dicho.

6 ᵉEsforzaos pues mucho a guardar y hacer todo lo que está escrito en el libro de la ley de Moisés, ᶠsin apartaros de ello ni a derecha ni a izquierda;

7 ᵍpara que no os mezcléis con estas naciones que han quedado con vosotros, ʰno hagáis mención ni juréis por el nombre de sus dioses, ni los sirváis, ni os inclinéis a ellos:

8 Mas a Jehová vuestro Dios seguiréis, como habéis hecho hasta hoy;

9 pues Jehová ha echado de delante de vosotros a grandes y fuertes naciones, y hasta hoy ʲnadie ha podido permanecer delante de vosotros.

10 ᵏUn varón de vosotros perseguirá a mil; porque Jehová vuestro Dios pelea por vosotros, como Él os dijo.

11 Por tanto, cuidad mucho por vuestras almas, que améis a Jehová vuestro Dios.

12 Porque si os apartareis, y os uniereis a lo que resta de estas naciones que han quedado con vosotros, ⁿy si concertareis con ellas matrimonios, y entrareis a ellas, y ellas a vosotros;

13 sabed ᵒque Jehová vuestro Dios no echará más a estas naciones de delante de vosotros; antes ᵖos serán por lazo, y por tropiezo, y por azote para vuestros costados, y por espinas para vuestros ojos, hasta tanto que perezcáis de esta buena tierra que Jehová vuestro Dios os ha dado.

14 Y he aquí que ᑫyo estoy para entrar hoy por el camino de toda la tierra; reconoced, pues, con todo vuestro corazón y con toda vuestra alma, ᵘque no se ha perdido ni una palabra de todas las buenas palabras que Jehová vuestro Dios había dicho de vosotros; todas os han venido, no ha faltado ninguna de ellas.

JOSUÉ 24   **Escogeos hoy a quién sirváis**

15 Mas será, que como ha venido sobre vosotros toda palabra buena que Jehová vuestro Dios os había dicho, así también traerá Jehová sobre vosotros toda palabra mala, hasta destruiros de sobre la buena tierra que Jehová vuestro Dios os ha dado;
16 si ᶜtraspasareis el pacto de Jehová vuestro Dios que Él os ha mandado, yendo y honrando dioses ajenos, e inclinándoos a ellos: Entonces el furor de Jehová se inflamará contra vosotros, y pereceréis luego de esta buena tierra que Él os ha dado.

CAPÍTULO 24

Y juntando Josué a todas las tribus de Israel en ᵍSiquem, ʰllamó a los ancianos de Israel, a sus príncipes, a sus jueces y a sus ʲoficiales; y se ᵏpresentaron delante de Dios.
2 Y dijo Josué a todo el pueblo: Así dice Jehová, el Dios de Israel: ᵐVuestros padres habitaron antiguamente al otro lado del río, esto es, Taré, padre de Abraham y de Nacor; y servían a dioses extraños.
3 Y yo ᵒtomé a vuestro padre Abraham del otro lado del río, y lo traje por toda la tierra de Canaán, y aumenté su generación, ᑫy le di a Isaac.
4 Y a Isaac di a ʳJacob y a Esaú: y a ᵗEsaú di el monte de Seir, que lo poseyese; ᵘmas Jacob y sus hijos descendieron a Egipto.
5 Y ˣyo envié a Moisés y a Aarón, y ᶻherí a Egipto, al modo que lo hice en medio de él, y después os saqué.
6 Y ᵃsaqué a vuestros padres de Egipto: y como ᵇllegaron al mar, ᶜlos egipcios siguieron a vuestros padres hasta el Mar Rojo con carros y caballería.
7 Y cuando ellos clamaron a Jehová, ᵈÉl puso oscuridad entre vosotros y los egipcios, ᵉe hizo venir sobre ellos el mar, el cual los cubrió; y ᶠvuestros ojos vieron lo que hice en Egipto. Después estuvisteis muchos días en el desierto.
8 Y os introduje en la tierra de los amorreos, que habitaban al otro lado del Jordán, ᵍlos cuales pelearon contra vosotros; mas yo los entregué en vuestras manos, y poseísteis su tierra, y los destruí de delante de vosotros.
9 Y se levantó después Balac, hijo de Zipor, rey de los moabitas, y peleó contra Israel; y ᵃenvió a llamar a Balaam, hijo de Beor, para que os maldijese.
10 Pero yo no quise escuchar a Balaam y él tuvo que ᵇbendeciros; así os libré yo de sus manos.
11 ᵈY pasado el Jordán, vinisteis a Jericó; y los ᵉmoradores de Jericó pelearon contra vosotros: los amorreos, ferezeos, cananeos, heteos, gergeseos, heveos, y jebuseos: y yo los entregué en vuestras manos.
12 Y ᶠenvié avispas delante de vosotros, las cuales echaron de delante de vosotros a los dos reyes de los amorreos; pero ⁱno con tu espada, ni con tu arco.
13 Y os di la tierra por la cual nada trabajasteis, ˡy las ciudades que no edificasteis, en las cuales moráis; y de las viñas y olivares que no plantasteis, coméis.
14 Ahora pues, temed a Jehová, y servidle con integridad y en verdad; y ⁿquitad de en medio los dioses a los cuales sirvieron vuestros padres al otro lado del río, y ᵖen Egipto; y servid a Jehová.
15 Y si mal os parece servir a Jehová, ˢescogeos hoy a quién sirváis; si a los dioses a quienes sirvieron vuestros padres, cuando estuvieron al otro lado del río, o a los ᵛdioses de los amorreos en cuya tierra habitáis; ʸpero yo y mi casa serviremos a Jehová.
16 Entonces el pueblo respondió, y dijo: Nunca tal acontezca, que dejemos a Jehová para servir a otros dioses.
17 Porque Jehová nuestro Dios es el que nos sacó a nosotros y a nuestros padres de la tierra de Egipto, de la casa de servidumbre, el cual ha hecho estas grandes señales delante de nuestros ojos, y nos ha guardado por todo el camino por donde hemos andado y en todos los pueblos por entre los cuales pasamos.
18 Y Jehová echó de delante de nosotros a todos los pueblos, y al amorreo que habitaba en la tierra; nosotros, pues, también serviremos a Jehová, porque Él es nuestro Dios.

---

a Nm 22:5
Dt 23:4
b Nm 23:11
y 24:10
c Dt 17:2
d cp 3:14,17
y 4:10
e cp 6:1
10:1-3 11:1-3
f Éx 23:28
Dt 7:20
g vers 25,32
cp 17:7
h cp 23:2
i Sal 44:3,6
j cp 1:10
k 1 Sm 10:19
l Dt 6:10,11
cp 11:13
m Nm 11:26
n ver 2,23
Lv 17:7
o Gn 12:1,6
Hch 7:2-3
Ez 20:18
p Ez 20:7-8
y 23:3
q Gn 21:2-3
r Gn 25:24
s Rt 1:15
1 Re 18:21
t Gn 36:8
u Gn 46:1,6
v Éx 23:24,
32-33 34:15
x Éx 3:10
y 4:14
y Gn 18:19
z Éx cps 7
al 12
a Éx 12:37,51
b Éx 14:2
c Éx 14:9
d Éx 14:20
e Éx 14:27
f Dt 4:34
y 29:2
g Nm 21:21
h Mt 6:24
i Lv 19:2
1 Sm 6:20
Sal 99:5-9
Is 5:16
j Éx 20:5

Una gran piedra como testigo

19 Entonces Josué dijo al pueblo: No podréis servir a Jehová, porque Él es Dios santo, y Dios celoso; no sufrirá vuestras rebeliones y vuestros pecados.

20 Si dejareis a Jehová y sirviereis a dioses ajenos, Él se volverá y os hará daño; y os consumirá, después que os ha hecho bien.

21 El pueblo entonces dijo a Josué: No, sino que serviremos a Jehová.

22 Y Josué respondió al pueblo: Vosotros *sois* testigos contra vosotros mismos, ^cde que os habéis elegido a Jehová para servirle. Y ellos respondieron: Testigos somos.

23 ^eQuitad, pues, ahora los dioses ajenos que están entre vosotros, e inclinad vuestro corazón a Jehová, el Dios de Israel.

24 Y el pueblo respondió a Josué: A Jehová nuestro Dios serviremos, y a su voz obedeceremos.

25 Entonces ^jJosué hizo pacto con el pueblo el mismo día, y le puso ordenanzas y leyes en Siquem.

26 Y ^kescribió Josué estas palabras en el libro de la ley de Dios; y tomando una gran piedra, la ^llevantó allí debajo de un alcornoque que *estaba* junto al santuario de Jehová.

JUECES 1

27 Y dijo Josué a todo el pueblo: He aquí esta ^apiedra nos servirá de testigo, porque ella ha oído todas las palabras de Jehová que Él nos ha hablado; será, pues, testigo contra vosotros, para que no mintáis contra vuestro Dios.

28 Y ^benvió Josué al pueblo, cada uno a su heredad.

29 Y después de estas cosas murió Josué, hijo de Nun, siervo de Jehová siendo de ciento diez años.

30 Y lo enterraron en el término de su posesión en ^dTimnat-sera, que está en el monte de Efraín, al norte del monte de Gaas.

31 Y sirvió Israel a Jehová ^ftodo el tiempo de Josué, y todo el tiempo de los ancianos que vivieron después de Josué, y que ^gsabían todas las obras de Jehová, que había hecho por Israel.

32 Y ^henterraron en Siquem los huesos de José que los hijos de Israel habían traído de Egipto, en la parte del campo ^jque Jacob compró de los hijos de Hamor padre de Siquem, por cien piezas de plata; y fue en posesión a los hijos de José.

33 También murió Eleazar, hijo de Aarón; al cual enterraron en el collado de Finees su hijo, que le fue dado en el ⁿmonte de Efraín.

Libro De
JUECES

CAPÍTULO 1

Y aconteció después de la muerte de Josué, que los hijos de Israel ^aconsultaron a Jehová, diciendo: ^b¿Quién será el primero en subir por nosotros a pelear contra los cananeos?

2 Y Jehová respondió: Judá subirá; he aquí que yo he entregado la tierra en sus manos.

3 Y Judá dijo a Simeón su hermano: Sube conmigo a mi suerte, y peleemos contra el cananeo, y ^dyo también iré contigo a tu suerte. Y Simeón fue con él.

4 Y subió Judá, y Jehová entregó en sus manos al cananeo y al ferezeo; y de ellos hirieron en ^fBezec diez mil hombres.

5 Y hallaron a Adoni-bezec en Bezec, y pelearon contra él; e hirieron al cananeo y al ferezeo.

6 Mas Adoni-bezec huyó; y le siguieron, y le prendieron, y le cortaron los pulgares de las manos y de los pies.

7 Entonces dijo Adoni-bezec: Setenta reyes, cortados los pulgares de sus manos y de sus pies, recogían *las migajas* debajo de mi mesa; ^ccomo yo hice, así me ha pagado Dios. Y le metieron en Jerusalén, donde murió.

8 ^eY habían combatido los hijos de Judá a Jerusalén, y la habían tomado, y herido a filo de espada, y puesto a fuego la ciudad.

9 Después los hijos de Judá descendieron para pelear contra el

cananeo que habitaba en las montañas, y en el sur, y en ªel valle.

10 Y partió Judá contra el cananeo que habitaba en ᵇHebrón, la cual se llamaba antes Quiriat-arba; e hirieron a Sesai, y a Ahimán, y a Talmai.

11 Y de allí fue a los que habitaban en ᵈDebir, que antes se llamaba Quiriat-sefer.

12 ᶠY dijo Caleb: El que hiriere a Quiriat-sefer, y la tomare, yo le daré a Acsa mi hija por esposa.

13 Y la ᵍtomó Otoniel hijo de Cenaz, hermano menor de Caleb; y él le dio a Acsa su hija por esposa.

14 Y sucedió que cuando ella vino a él, ella le persuadió para pedir a su padre un campo. Y ella se bajó del asno, y Caleb le dijo: ¿Qué quieres?

15 Ella entonces le respondió: Dame una bendición; puesto que me has dado tierra de sequedal, dame también fuentes de aguas. Entonces Caleb le dio las fuentes de arriba, y las fuentes de abajo.

16 ʲY los hijos del cineo, suegro de Moisés, subieron ᵏde la ciudad de las palmeras con los hijos de Judá, al desierto de Judá que está al sur de ˡArad; ᵐy fueron y habitaron con el pueblo.

17 Y fue Judá a su hermano Simeón, e hirieron al cananeo que habitaba en Sefat, y la asolaron; y pusieron por nombre a la ciudad, Horma.

18 Tomó también Judá a ᵒGaza con su término, y a ᵖAscalón con su término, y a ᵠEcrón con su término.

19 Y Jehová estaba con Judá, y echó a los de las montañas; mas no pudo echar a los que habitaban en los llanos, porque ellos tenían carros herrados.

20 ˢY dieron Hebrón a Caleb, como Moisés había dicho; y él echó de allí a los tres hijos de Anac.

21 ᵘMas los hijos de Benjamín no echaron al jebuseo que habitaba en Jerusalén, y así el ˣjebuseo habitó con los hijos de Benjamín en Jerusalén hasta hoy.

22 También los de la casa de José subieron a Betel; y Jehová fue con ellos.

23 Y los de la casa de José ᶻpusieron espías en Betel, la cual ciudad antes se llamaba ªLuz.

a	Dt 1:7
	Jos 1:9
	y 10:40
b	Jos 10:36
c	Jos 2:12,14
d	Jos 10:38
e	Jos 1:4
	1 Re 10:29
	2 Re 7:6
f	Jos 15:16-17
g	cp 3:9
h	Jos 17:11-13
i	Jos 10:33
	y 16:10
j	cp 4:11
	y 5:24
	1 Sm 15:6
	1 Cr 2:55
k	Dt 34:3
l	Nm 21:1
m	Nm 10:29
n	Jos 19:28
o	Jos 11:22
p	1 Sm 6:17
q	Jos 15:11
r	Jos 19:38
s	Nm 14:24
	Dt 1:36
t	vers 28,30
u	Jos 18:28
v	Jos 19:47
	cp 18:1
x	2 Sm 5:6
y	Jos 19:42
z	Jos 2:1
	y 7:2
a	Gn 28:19

No echaron al cananeo

24 Y los que espiaban vieron un hombre que salía de la ciudad, y le dijeron: Muéstranos ahora la entrada de la ciudad, y ᶜharemos contigo misericordia.

25 Y él les mostró la entrada a la ciudad, y la hirieron a filo de espada; mas dejaron a aquel hombre con toda su familia.

26 Y se fue el hombre a la ᵉtierra de los heteos, y edificó una ciudad, la cual llamó Luz; y éste es su nombre hasta hoy.

27 ʰTampoco Manasés echó a los de Bet-seán, ni a los de sus aldeas, ni a los de Taanac y sus aldeas, ni a los de Dor y sus aldeas, ni a los habitantes de Ibleam y sus aldeas, ni a los que habitaban en Meguido y en sus aldeas; mas los cananeos quisieron habitar en esta tierra.

28 Y sucedió que cuando Israel se hizo fuerte hizo al cananeo tributario, mas no lo echó del todo.

29 ⁱTampoco Efraín echó al cananeo que habitaba en Gezer; antes habitó el cananeo en medio de ellos en Gezer.

30 Tampoco Zabulón echó a los que habitaban en Quitrón ni a los que habitaban en Naalal; mas el cananeo habitó en medio de él, y le fueron tributarios.

31 Tampoco Aser echó a los que habitaban en Aco, ni a los que habitaban en ⁿSidón, ni en Ahlab, ni en Aczib, ni en Helba, ni en Afec, ni en Rehob.

32 Antes moró Aser entre los cananeos que habitaban en la tierra; pues no los echó.

33 ʳTampoco Neftalí echó a los que habitaban en Bet-semes, ni a los que habitaban en Bet-anat, sino que moró entre los cananeos que habitaban en la tierra; sin embargo los moradores de Bet-semes y los moradores de Bet-anat ᵗles fueron tributarios.

34 Y ᵛlos amorreos presionaron a los hijos de Dan hasta la montaña; y no los dejaron descender a la llanura.

35 Y quiso el amorreo habitar en la montaña de Heres, en ʸAjalón y en Saalbim; sin embargo la mano de la casa de José prevaleció, y los hicieron tributarios.

36 Y el término del amorreo fue

El Ángel de Jehová en Boquim

desde la subida de Acrabim, desde la piedra, y arriba.

CAPÍTULO 2

Y el Ángel de Jehová subió de Gilgal a Boquim, y dijo: Yo os saqué de Egipto, y os introduje en la tierra de la cual había jurado a vuestros padres; y dije: No ^einvalidaré jamás mi pacto con vosotros;

2 ^gcon tal que vosotros no hagáis alianza con los moradores de esta tierra, ^hcuyos altares habéis de derribar: mas vosotros no habéis obedecido a mi voz: ¿por qué habéis hecho esto?

3 Por tanto yo también dije: No los echaré de delante de vosotros, sino que serán *como* ^jespinas en vuestros costados, y ^lsus dioses os serán por tropiezo.

4 Y aconteció que cuando el Ángel de Jehová habló estas palabras a todos los hijos de Israel, el pueblo lloró en alta voz.

5 Y llamaron por nombre aquel lugar Boquim; y ofrecieron allí sacrificios a Jehová.

6 Porque ya ⁿJosué había despedido al pueblo, y los hijos de Israel se habían ido cada uno a su heredad para poseerla.

7 Y el pueblo había servido a Jehová todo el tiempo de Josué, y todo el tiempo de los ancianos que vivieron largos días después de Josué, los cuales habían visto todas las grandes obras de Jehová, que Él había hecho por Israel.

8 Y murió Josué hijo de Nun, siervo de Jehová, *siendo* de ciento diez años.

9 ^sY lo enterraron en el término de su heredad en Timnat-sera, en el monte de Efraín, al norte del monte de Gaas.

10 Y toda aquella generación fue también recogida con sus padres. Y se levantó después de ellos otra generación, ^uque no conocía a Jehová, ni la obra que Él había hecho por Israel.

11 Y los hijos de Israel hicieron lo malo ante los ojos de Jehová, y sirvieron a los Baales:

12 Y dejaron a Jehová el Dios de sus padres, que los había sacado de la tierra de Egipto, y se fueron tras ^aotros dioses, los dioses de los pueblos que *estaban* en sus alrededores, a los cuales adoraron; y provocaron a ira a Jehová.

13 Y dejaron a Jehová, y ^badoraron a Baal y a Astarot.

14 ^cY el furor de Jehová se encendió contra Israel, el cual los ^dentregó en manos de robadores que los saquearon, y los ^fvendió en manos de sus enemigos de alrededor: y ya no pudieron estar de pie delante de sus enemigos.

15 Por dondequiera que salían, la mano de Jehová era contra ellos para mal, como Jehová había dicho, y ⁱcomo Jehová se lo había jurado; así los afligió en gran manera.

16 Mas ^kJehová levantó jueces que los librasen de mano de los que los saqueaban.

17 Y tampoco oyeron a sus jueces, sino que ^mfornicaron tras dioses ajenos, a los cuales adoraron; se apartaron pronto del camino en que anduvieron sus padres obedeciendo a los mandamientos de Jehová; pero ellos no hicieron así.

18 Y cuando Jehová les levantaba jueces, ^oJehová era con el juez, y los libraba de mano de los enemigos todo el tiempo de aquel juez; ^pporque Jehová se arrepentía por sus ^qgemidos a causa de los que los oprimían y afligían.

19 ^rPero acontecía que al morir el juez, ellos volvían atrás y se corrompían *aun* más que sus padres, siguiendo dioses ajenos para servirles, e inclinándose delante de ellos; y no desistían de sus obras, ni de su obstinado camino.

20 Y la ira de Jehová se encendió contra Israel, y dijo: Por cuanto esta gente traspasa mi pacto que ordené a sus padres, y no obedecen mi voz,

21 ^ttampoco yo echaré más de delante de ellos a ninguna de estas naciones que dejó Josué cuando murió;

22 para que ^vpor ellas ^xprobara yo a Israel, si guardarían o no el camino de Jehová andando por él, como sus padres *lo* guardaron.

23 Por esto dejó Jehová aquellas naciones, y no las desarraigó luego, ni las entregó en mano de Josué.

Referencias:
a Dt 6:14
b cp 3:7
y 10:6
1 Sm 7:4
Sal 106:36
c Sal 106:40
d 2 Re 17:20
e Dt 31:16
f Dt 32:30
g Dt 7:2
h Dt 12:3
i Lv cp 26
Dt cp 28
j Nm 33:55
Jos 23:13
k cp 3:9,15
l cp 3:6
m Éx 34:15
cp 8:33
n hasta 9
Jos 24:28-31
o Jos 1:5
p Gn 6:6
Dt 32:36
Sal 106:45
Jon 3:10
q Éx 2:24
y 6:5
r cp 3:12 4:1
y 8:33
s Jos 19:50
y 24:30
t Jos 23:13
u Éx 5:2
1 Sm 2:12
Gá 4:8
1 Ts 4:5
2 Ts 1:8
v cp 3:1,4
x Éx 15:25

JUECES 3

Asesinato del rey Eglón

CAPÍTULO 3

Éstas, pues, *son* ᶜlas naciones que dejó Jehová para probar con ellas a Israel, a todos aquellos que no habían conocido todas las guerras de Canaán;

2 para que al menos el linaje de los hijos de Israel conociese, para enseñarlos en la guerra, al menos a los que antes no la habían conocido.

3 ᵉCinco príncipes de los filisteos, y todos los cananeos, y los sidonios, y los heveos que habitaban en el monte ᶠLíbano; desde el monte de Baal-hermón hasta llegar a Hamat.

4 Éstos, pues, fueron para probar por ellos a Israel, para saber si obedecerían a los mandamientos de Jehová, que Él había prescrito a sus padres por mano de Moisés.

5 ᵍAsí los hijos de Israel habitaban entre los cananeos, heteos, amorreos, ferezeos, heveos, y jebuseos.

6 ʰY tomaron de sus hijas por esposas, y dieron sus hijas a los hijos de ellos, y sirvieron a sus dioses.

7 ⁱHicieron, pues, los hijos de Israel lo malo ante los ojos de Jehová: y olvidaron a Jehová su Dios, y ʲsirvieron a los Baales y a las imágenes de ᵏAsera.

8 Y la ira de Jehová se encendió contra Israel, y los vendió en manos de Cusan-risataim rey de Mesopotamia; y sirvieron los hijos de Israel a Cusan-risataim ocho años.

9 Y cuando los hijos de Israel ˡclamaron a Jehová; Jehová levantó un libertador a los hijos de Israel y los libró; *esto es,* a ᵐOtoniel hijo de Cenaz, hermano menor de Caleb.

10 Y ⁿel Espíritu de Jehová fue sobre él, y juzgó a Israel, y salió a batalla, y Jehová entregó en su mano a Cusan-risataim, rey de Mesopotamia, y prevaleció su mano contra Cusan-risataim.

11 ᵒY reposó la tierra cuarenta años; y murió Otoniel, hijo de Cenaz.

12 Y los hijos de Israel volvieron a hacer lo malo ante los ojos de Jehová; y Jehová esforzó a ᵖEglón rey de Moab contra Israel, por cuanto habían hecho lo malo ante los ojos de Jehová.

13 Y juntó consigo a los hijos de ªAmón y de ᵇAmalec, y fue, e hirió a Israel, y tomó la ᵈciudad de las palmas.

14 Y los hijos de Israel sirvieron a Eglón rey de los moabitas dieciocho años.

15 Y los hijos de Israel clamaron a Jehová; y Jehová les levantó un libertador, a Aod, hijo de Gera, benjamita, el cual era zurdo. Y los hijos de Israel enviaron con él un presente a Eglón rey de Moab.

16 Y Aod se había hecho un puñal de dos filos, de un codo de largo; y se lo ciñó debajo de sus ropas sobre su muslo derecho.

17 Y trajo el presente a Eglón rey de Moab; y Eglón *era* un hombre muy obeso.

18 Y luego que hubo entregado el presente, despidió a la gente que lo había traído.

19 Mas él se volvió desde los ídolos que *estaban* en Gilgal, y dijo: Rey, una palabra secreta tengo que decirte. Él entonces dijo: Calla. Y salieron de delante de él todos los que con él estaban.

20 Y se acercó Aod a él, el cual estaba sentado solo en una sala de verano. Y Aod dijo: Tengo palabra de Dios para ti. Él entonces se levantó de *su* silla.

21 Mas Aod metió su mano izquierda, y tomó el puñal de su lado derecho, y se lo metió por el vientre;

22 y la empuñadura también entró tras la hoja, y la grosura encerró la hoja, pues él no sacó el puñal de su vientre; y salió el estiércol.

23 Y saliendo Aod al patio, cerró tras sí las puertas de la sala y les puso el cerrojo.

24 Y salido él, vinieron sus siervos, los cuales viendo las puertas de la sala cerradas, dijeron: Sin duda él cubre sus pies en la sala de verano.

25 Y habiendo esperado hasta estar confusos, pues que él no abría las puertas de la sala, tomaron la llave y abrieron; y he aquí su señor caído en tierra, muerto.

26 Mas entre tanto que ellos se detuvieron, Aod se escapó, y pasando los ídolos, escapó a Seirat.

27 Y aconteció que cuando hubo entrado, ᵍtocó la trompeta en el

---

a 1 Sm 11:1
b cp 5:14
y 6:3,33
c cp 2:21-22
Jos 13:2-6
d Dt 34:3

e Jos 13:3

f Jos 13:4-5

g Éx 13:5
Sal 106:35

h Éx 34:16

i cp 2:11

j cp 2:13
k Éx 34:13
Dt 16:21

l cp 4:3 6:7
y 10:10
Sal 78:34
y 106:44
m cp 1:13
n cp 6:34
11:29 13:25
y 14:6,19
1 Sm 10:6
11:6 y 16:13
o ver 30
cp 5:31
y 8:28

p 1 Sm 12:9

q cp 6:34
1 Sm 13:3

Débora la profetisa

[a]monte de Efraín, y los hijos de Israel descendieron con él del monte, y él iba delante de ellos.

28 Entonces él les dijo: Seguidme, porque [b]Jehová ha entregado vuestros enemigos los moabitas en vuestras manos. Y descendieron en pos de él, y tomaron [c]los vados del Jordán a Moab, y no dejaron pasar a ninguno.

29 Y en aquel tiempo hirieron de los moabitas como a diez mil hombres, todos valientes y todos hombres de guerra; no escapó hombre.

30 Así quedó Moab sojuzgado aquel día bajo la mano de Israel; [h]y reposó la tierra ochenta años.

31 Después de éste fue [i]Samgar hijo de Anat, el cual hirió seiscientos hombres de los filisteos con una aguijada de bueyes; [j]y él también libró a [k]Israel.

CAPÍTULO 4

Y después de la muerte de Aod, los [l]hijos de Israel volvieron a hacer lo malo ante los ojos de Jehová.

2 Y Jehová los [n]vendió en mano de [o]Jabín rey de Canaán, el cual reinó en Hazor; y el capitán de su ejército se llamaba [q]Sísara, y él habitaba en Haroset de los gentiles.

3 Y los hijos de Israel clamaron a Jehová, porque aquél tenía novecientos [r]carros herrados; y había [s]afligido en gran manera a los hijos de Israel por veinte años.

4 Y gobernaba en aquel tiempo a Israel una mujer, Débora, profetisa, esposa de Lapidot;

5 y ella se sentaba bajo la palmera de Débora, entre [t]Ramá y Betel, en el [u]monte de Efraín; y los hijos de Israel subían a ella a juicio.

6 Y ella envió a llamar a Barac, hijo de Abinoam, de [v]Cedes de Neftalí, y le dijo: ¿No te ha mandado Jehová, el Dios de Israel, diciendo: Ve, y retírate hasta el monte de [x]Tabor, y toma contigo a diez mil hombres de los hijos de Neftalí, y de los hijos de Zabulón;

7 y yo atraeré a ti al [y]arroyo de Cisón a Sísara, capitán del ejército de Jabín, con sus carros y su ejército, y lo entregaré en tus manos?

JUECES 4

8 Y Barac le respondió: Si tú vas conmigo, yo iré; pero si no vas conmigo, no iré.

9 Y ella dijo: Iré contigo; mas no será tu honra en el camino que vas; porque en mano de mujer venderá Jehová a Sísara. Y levantándose Débora fue con Barac a Cedes.

10 Y juntó Barac a [d]Zabulón y a Neftalí en Cedes, y subió con diez mil hombres a [e]su mando, y Débora subió con él.

11 Y Heber [f]cineo, de los hijos de [g]Hobab suegro de Moisés, se había apartado de los cineos, y puesto su tienda hasta el valle de Zaananim, que está junto a Cedes.

12 Vinieron pues, las nuevas a Sísara como Barac hijo de Abinoam había subido al monte de Tabor.

13 Y reunió Sísara todos sus carros, novecientos carros herrados, con todo el pueblo que con él estaba, desde Haroset de los gentiles hasta el arroyo de Cisón.

14 Entonces Débora dijo a Barac: Levántate; porque éste es el día en que Jehová ha entregado a Sísara en tus manos: [m]¿No ha salido Jehová delante de ti? Y Barac descendió del monte de Tabor, y diez mil hombres en pos de él.

15 Y [p]Jehová desbarató a Sísara, y a todos sus carros y a todo su ejército, a filo de espada delante de Barac; y Sísara descendió del carro, y huyó a pie.

16 Mas Barac siguió los carros y el ejército hasta Haroset de los Gentiles, y todo el ejército de Sísara cayó a filo de espada hasta no quedar ni uno.

17 Y Sísara huyó a pie a la tienda de Jael, esposa de Heber cineo; porque había paz entre Jabín, rey de Hazor, y la casa de Heber el cineo.

18 Y saliendo Jael a recibir a Sísara, le dijo: Ven, señor mío, ven a mí, no tengas temor. Y él vino a ella a la tienda, y ella le cubrió con una manta.

19 Y él le dijo: Te ruego me des a beber un poco de agua, pues tengo sed. Y ella abrió un odre de leche y le dio de beber, y le volvió a cubrir.

20 Y él le dijo: Estate a la puerta de la tienda, y si alguien viniere, y te preguntare, diciendo: ¿Hay aquí alguno? Tú responderás que no.

---

a Jos 24:33
cp 5:14

b cp 4:7,14
y 7:9-15
1 Sm 17:47

c Jos 2:7

d cp 5:18
cp 12:5

e Éx 11:8
f cp 1:16
g Nm 10:29

h ver 11

i cp 5:6,8
1 Sm 13:19

j cp 2:16

k cp 4:1-3
10:7-17 y 11:4
1 Sm 4:1

l cp 2:19
m Dt 9:3
2 Sm 5:24
Sal 68:7
n Dt 32:30
o Jos 11:1,10
y 19:36
p Sal 83:10
q 1 Sm 12:9
Sal 83:9
r Jos 11:6
s Sal 106:42

t Jos 18:25
u Jos 24:33

v Jos 19:37

x Jos 19:12

y cp 5:21
1 Re 18:40
Sal 83:9

21 Y Jael, esposa de Heber, tomó una estaca de la tienda, y poniendo un mazo en su mano, vino a él calladamente, y le metió la estaca por las sienes, y lo enclavó en la tierra, pues él estaba cargado de sueño y cansado; y así murió.

22 Y siguiendo Barac a Sísara, Jael salió a recibirlo, y le dijo: Ven, y te mostraré al varón que tú buscas. Y él entró con ella, y he aquí Sísara yacía muerto con la estaca en la sien.

23 Así ᶜabatió Dios aquel día a Jabín, rey de Canaán, delante de los hijos de Israel.

24 Y la mano de los hijos de Israel prosperó y prevaleció contra Jabín rey de Canaán; hasta que destruyeron a Jabín, rey de Canaán.

CAPÍTULO 5

Y aquel día ⁱcantó Débora, con Barac, hijo de Abinoam, diciendo:

2 Porque ʲha vengado las injurias de Israel, ᵏporque el pueblo se ha ofrecido voluntariamente, load a Jehová.

3 ᵐOíd, oh reyes; escuchad, oh príncipes: Yo cantaré a Jehová, cantaré *salmos* a Jehová, el Dios de Israel.

4 ⁿCuando saliste de Seir, oh Jehová, cuando te apartaste del campo de Edom, ᵒla tierra tembló, y los cielos destilaron, y las nubes gotearon aguas.

5 ˢLos montes se derritieron delante de Jehová, *aun* aquel Sinaí, delante de Jehová, el Dios de Israel.

6 En los días de ᵘSamgar, hijo de Anat, en los días de Jael, ᵛcesaron los caminos, y los que andaban por las sendas se apartaban por senderos torcidos.

7 Los aldeanos cesaron en Israel, decayeron; hasta que yo Débora me levanté, me levanté *como* madre en Israel.

8 ˣEscogieron nuevos dioses, la guerra *estaba* a las puertas: ʸ¿Se veía escudo o lanza entre cuarenta mil en Israel?

9 Mi ᵃcorazón *es* para los príncipes de Israel, los que ᵇse ofrecieron voluntariamente entre el pueblo. ¡Bendecid a Jehová!

10 ᵃVosotros los que cabalgáis en asnas blancas, los que presidís en juicio, y vosotros los que viajáis, hablad.

11 Lejos del ruido de los arqueros, en los abrevaderos, allí repetirán los hechos justos de Jehová, los hechos justos *para con los habitantes* de sus aldeas en Israel; entonces descenderá el pueblo de Jehová a las puertas.

12 ᵇDespierta, despierta, Débora; despierta, despierta, profiere un cántico. Levántate, Barac, y ᵈlleva tus cautivos, hijo de Abinoam.

13 Entonces ha hecho que el que quedó del pueblo, ᵉseñoree sobre los nobles: Jehová me hizo señorear sobre los poderosos.

14 De ᶠEfraín *salió su* raíz ᵍcontra Amalec, tras ti, Benjamín, con tus pueblos; de ʰMaquir descendieron príncipes, y de Zabulón los que solían manejar punzón de escribiente.

15 Príncipes también de Isacar *fueron* con Débora; y como Isacar, también Barac fue enviado a pie por el valle. Por las divisiones de Rubén *hubo* grandes impresiones del corazón.

16 ¿Por qué te quedaste entre los apriscos, para oír los balidos de los rebaños? Por las divisiones de Rubén grandes *fueron* las reflexiones del corazón.

17 ᵖGalaad se quedó al otro lado del Jordán; ᵠy Dan ¿por qué se estuvo junto a los navíos? Se mantuvo ʳAser a la ribera del mar, y se quedó en sus puertos.

18 El pueblo de ᵗZabulón expuso su vida a la muerte, y Neftalí en las alturas del campo.

19 Vinieron reyes y pelearon; entonces pelearon los reyes de Canaán en Taanac, junto a las aguas de Meguido, mas no llevaron ganancia alguna de dinero.

20 De los cielos pelearon; las estrellas desde sus órbitas pelearon contra Sísara.

21 ᶻLos barrió el torrente de Cisón, el antiguo torrente, el torrente de Cisón; hollaste, oh alma mía, con fortaleza.

22 Se rompieron entonces los cascos de los caballos por el galopar, por el galopar de sus valientes.

---

a cp 10:4
y 12:14

b Sal 57:8
c ver 15
d Sal 68:18
Ef 4:8

e Sal 49:14

f cp 3:27
g cp 3:13
h Nm 32:39
i Éx 15:1
Sal 18 tit
j Sal 18:47
k ver 9
l cp 4:14

m Dt 32:1,3
Sal 2:10

n Dt 33:2
Sal 68:7
o Sal 68:8
Is 64:3
Hab 3:3,10
p Jos 13:24
q Jos 19:47
r Jos 19:29
s Sal 97:5
t cp 4:10
u cp 3:31
v Lv 26:22

x Dt 32:16
y 1 Sm 13:19
z cp 4:7

a ver 2
b 2 Co 8:5

Los madianitas oprimen a Israel

23 Maldecid a Meroz, dijo ªel ángel de Jehová: Maldecid severamente a sus moradores, ᵇporque no vinieron al socorro ᶜde Jehová, al socorro de Jehová contra los fuertes.

24 Bendita *sea* entre las mujeres Jael, esposa de Heber el cineo; sobre las mujeres bendita sea en la tienda.

25 ᵉÉl pidió agua, y ella *le* dio leche; en tazón de nobles le presentó nata.

26 Con su mano tomó la estaca, y con su diestra el mazo de trabajadores; y golpeó a Sísara, hirió su cabeza, horadó y atravesó sus sienes.

27 Cayó encorvado entre sus pies, quedó tendido; entre sus pies cayó encorvado; donde se encorvó, allí cayó muerto.

28 La madre de Sísara se asoma a la ventana, y por entre las celosías a voces dice: ¿Por qué tarda su carro en venir? ¿Por qué se demoran las ruedas de sus carros?

29 Las más avisadas de sus damas le respondían; y aun ella se respondía a sí misma.

30 ¿Acaso no han hallado despojo, y lo están repartiendo? A cada uno una doncella, o dos; las prendas de colores para Sísara, las prendas bordadas de colores; la ropa de color bordada de ambos lados, para los cuellos de *los que han tomado* el despojo.

31 ᵏAsí perezcan todos tus enemigos, oh Jehová; mas los que te aman, ˡ*sean* como el sol ⁿcuando sale en su fuerza. ᵒY la tierra reposó cuarenta años.

CAPÍTULO 6

Y los hijos de Israel hicieron lo malo ante los ojos de Jehová; y Jehová los entregó en las manos de ʳMadián por siete años.

2 Y la mano de Madián prevaleció contra Israel. Y los hijos de Israel, por causa de los madianitas, se hicieron cuevas en las montañas, en las cavernas y en los lugares fortificados.

3 Pues sucedía que cuando Israel había sembrado, subían los madianitas y los ᵛamalecitas, y *aun* los hijos de ˣlos orientales subían contra ellos;

4 y acampando contra ellos ᶻdestruían los frutos de la tierra, hasta llegar a Gaza; y no dejaban qué comer en Israel, ni ovejas, ni bueyes, ni asnos.

5 Porque subían ellos y sus ganados, y venían con sus tiendas en grande ᵈmultitud como langostas, que no había número en ellos ni en sus camellos: así venían a la tierra para devastarla.

6 E Israel era ᶠen gran manera empobrecido por los madianitas. Y los hijos de Israel clamaron a Jehová.

7 Y aconteció que cuando los hijos de Israel clamaron a Jehová, a causa de los madianitas,

8 Jehová envió un varón profeta a los hijos de Israel, el cual les dijo: Así dice Jehová, el Dios de Israel: Yo os hice ᵍsalir de Egipto, y os saqué de la casa de servidumbre;

9 Yo os libré de mano de los egipcios, y de mano de todos los que os afligieron, a los cuales eché de delante de vosotros, y os di su tierra;

10 y os dije: Yo soy Jehová vuestro Dios; ʰno temáis a los dioses de los amorreos, en cuya tierra habitáis; mas no habéis obedecido a mi voz.

11 Y vino el Ángel de Jehová, y se sentó debajo del alcornoque que *está* en Ofra, el cual era de Joás ⁱabiezerita; y su hijo ʲGedeón estaba sacudiendo el trigo en el lagar, para esconderlo de los madianitas.

12 Y el Ángel de Jehová se le apareció, y le dijo: ᵐJehová *es* contigo, varón esforzado y valiente.

13 Y Gedeón le respondió: Ah, Señor mío, si Jehová es con nosotros, ¿por qué nos ha sobrevenido todo esto? ¿Y ᵖdónde *están* todas sus maravillas, ᑫque nuestros padres nos han contado, diciendo: ¿No nos sacó Jehová de Egipto? Y ahora Jehová nos ha desamparado, y nos ha entregado en manos de los madianitas.

14 Y mirándole Jehová, le dijo: ˢVe con esta tu fortaleza, y salvarás a Israel de la mano de los madianitas. ᵗ¿No te envío yo?

15 Entonces le respondió: Ah, Señor mío, ¿con qué salvaré yo a Israel? He aquí que ᵘmi familia *es* pobre en Manasés, y yo el menor en la casa de mi padre.

16 Y Jehová le dijo: ʸCiertamente yo seré contigo, y herirás a los madianitas como a un solo hombre.

JUECES 6

Gedeón derriba el altar de Baal

17 Y él respondió: Yo te ruego, que si he ªhallado gracia delante de ti, ᵇme des señal de que tú has hablado conmigo.

18 ᶜTe ruego que no te vayas de aquí, hasta que a ti vuelva, y saque mi presente, y *lo* ponga delante de ti. Y Él respondió: Yo esperaré hasta que vuelvas.

19 Y ᵈentrándose Gedeón aderezó un cabrito, y panes sin levadura de un efa de harina; y puso la carne en un canastillo, y el caldo en una olla, y sacándolo se lo presentó debajo de aquel alcornoque.

20 Y el Ángel de Dios le dijo: Toma la carne, y los panes sin levadura, ᵉy ponlo sobre esta roca, y ᶠvierte el caldo. Y él lo hizo así.

21 Y extendiendo el Ángel de Jehová el bordón que *tenía* en su mano, tocó con la punta en la carne y en los panes sin levadura; ʰy subió fuego de la roca, el cual consumió la carne y los panes sin levadura. Y el Ángel de Jehová desapareció de delante de él.

22 Y ʲviendo Gedeón que *era* el Ángel de Jehová, dijo: Ah, Señor Jehová, ᵐque he visto al Ángel de Jehová cara a cara.

23 Y Jehová le dijo: Paz a ti; no tengas temor, no morirás.

24 Y edificó allí Gedeón un altar a Jehová, al que llamó Jehová-salom: Éste *está* hasta hoy en Ofra de los abiezeritas.

25 Y aconteció que la misma noche le dijo Jehová: Toma un becerro del hato de tu padre, y otro toro de siete años, y derriba el altar de Baal que tu padre tiene, y corta también la ᵖimagen de Asera que está junto a él;

26 y edifica altar a Jehová tu Dios en la cumbre de esta roca en el lugar ordenado; y tomando el segundo toro, sacrifícalo en holocausto sobre la leña de la imagen de Asera que habrás cortado.

27 Entonces Gedeón tomó diez hombres de sus siervos, e hizo como Jehová le dijo. Mas temiendo hacerlo de día, por la familia de su padre y por los hombres de la ciudad, lo hizo de noche.

28 Y a la mañana, cuando los de la ciudad se levantaron, he aquí que el altar de Baal estaba derribado, y cortada la imagen de Asera que estaba junto a él, y sacrificado aquel segundo toro en holocausto sobre el altar edificado.

29 Y se decían unos a otros: ¿Quién ha hecho esto? Y buscando e inquiriendo, les dijeron: Gedeón hijo de Joás lo ha hecho.

30 Entonces los hombres de la ciudad dijeron a Joás: Saca fuera tu hijo para que muera, por cuanto ha derribado el altar de Baal y ha cortado la imagen de Asera que *estaba* junto a él.

31 Y Joás respondió a todos los que estaban junto a él: ¿Contenderéis vosotros por Baal? ¿Le salvaréis vosotros? Cualquiera que contendiere por él, que muera mañana. Si es un dios, que contienda por sí mismo con el que derribó su altar.

32 Y aquel día ᵍllamó él a Gedeón Jerobaal; porque dijo: Pleitee Baal contra el que derribó su altar.

33 Y todos ⁱlos madianitas, y amalecitas, y orientales, se juntaron a una, y pasando acamparon en el ᵏvalle de Jezreel.

34 ˡPero el Espíritu de Jehová vino sobre Gedeón, y cuando éste ⁿtocó la trompeta, Abiezer se reunió con él.

35 Y envió mensajeros por todo Manasés, el cual también se reunió con él; asimismo envió mensajeros a Aser, y a Zabulón, y a Neftalí, los cuales salieron a encontrarles.

36 Y Gedeón dijo a Dios: Si has de salvar a Israel por mi mano, como has dicho,

37 ᵒhe aquí que yo pondré un vellón de lana en la era; y si el rocío estuviere en el vellón solamente, quedando seca toda la otra tierra, entonces entenderé que has de salvar a Israel por mi mano, como lo has dicho.

38 Y aconteció así: porque como se levantó de mañana, exprimiendo el vellón sacó de él el rocío, un vaso lleno de agua.

39 Mas Gedeón dijo a Dios: ᵠNo se encienda tu ira contra mí, si aún hablare esta vez: solamente probaré ahora otra vez con el vellón. Te ruego que sólo el vellón quede seco, y el rocío sobre la tierra.

---

a Éx 33:13
b Éx 4:1-8
2 Re 20:8-9
Sal 86:17
Is 7:11
c Gn 18:3-5

d Gn 18:6-8

e cp 13:19
f 1 Re 18:33

g 1 Sm 12:11
2 Sm 11:21
Jer 11:13
Os 9:10
h Lv 9:24
i ver 3
j cp 13:21
k Jos 17:16
l cp 3:10
m Éx 33:20
n cp 3:27

o Éx 4:1-7
p cp 3:7

q Gn 18:32

CAPÍTULO 7

40 Y aquella noche lo hizo Dios así; sólo el vellón quedó seco, y en toda la tierra hubo rocío.

Levantándose, pues, de mañana ᶜJerobaal, el cual es Gedeón, y todo el pueblo que *estaba* con él, acamparon junto a la fuente de Harod; y tenía el campamento de los madianitas al norte, más allá del ᵉcollado de Moreh, en el valle.

2 Y Jehová dijo a Gedeón: El pueblo que está contigo es mucho para que yo dé a los madianitas en su mano; no sea que se ᵍalabe Israel contra mí, diciendo: Mi mano me ha salvado.

3 Ahora, pues, haz pregonar, que lo oiga el pueblo, diciendo: ⁱEl que teme y se estremece, madrugue y vuélvase desde el monte de Galaad. Y se volvieron de los del pueblo veintidós mil; y quedaron diez mil.

4 Y Jehová dijo a Gedeón: Aún *es* mucho el pueblo; llévalos a las aguas, y allí yo te los probaré; y será que del que yo te dijere: Vaya éste contigo, irá contigo; mas de cualquiera que yo te dijere: Éste no vaya contigo, el tal no irá.

5 Entonces llevó el pueblo a las aguas: y Jehová dijo a Gedeón: Cualquiera que lamiere las aguas con su lengua como lame el perro, aquél pondrás aparte; asimismo cualquiera que se doblare sobre sus rodillas para beber.

6 Y fue el número de los que lamieron las aguas, llevándola con la mano a la boca, trescientos hombres; y todo el resto del pueblo se dobló sobre sus rodillas para beber las aguas.

7 Entonces Jehová dijo a Gedeón: ʲCon estos trescientos hombres que lamieron el agua os salvaré, y entregaré a los madianitas en tus manos; y que se vaya toda la *demás* gente, cada uno a su lugar.

8 Y tomada provisión para el pueblo en sus manos, y sus trompetas, envió a todos los demás israelitas cada uno a su tienda, y retuvo a aquellos trescientos hombres; y tenía el campamento de Madián abajo ᵏen el valle.

9 Y aconteció que aquella ᵃnoche Jehová le dijo: Levántate, y desciende al campamento; porque ᵇyo lo he entregado en tus manos.

10 Y si tienes temor de descender, baja tú al campamento con Fura tu criado,

11 ᵈy oirás lo que hablan; y entonces tus manos se esforzarán, y descenderás contra el campamento. Y él descendió con Fura su criado a los puestos avanzados de los hombres armados que *estaban* en el campamento.

12 Y Madián, y Amalec, y ᶠtodos los orientales, estaban tendidos en el valle como langostas en muchedumbre, y sus camellos *eran* innumerables, ʰcomo la arena que está a la ribera del mar en multitud.

13 Y luego que llegó Gedeón, he aquí que un hombre estaba contando un sueño a su compañero, diciendo: He aquí yo soñé un sueño; y he aquí que vi un pan de cebada que rodó hasta el campamento de Madián, y llegó hasta la tienda y la golpeó de manera que cayó, y la trastornó de arriba abajo, y la tienda quedó tendida.

14 Y su compañero respondió, y dijo: Esto no *es* otra cosa sino la espada de Gedeón hijo de Joás, varón de Israel: Dios ha entregado en sus manos a los madianitas con todo el campamento.

15 Y cuando Gedeón oyó el relato del sueño y su interpretación, adoró; y vuelto al campamento de Israel, dijo: Levantaos, que Jehová ha entregado el campamento de Madián en vuestras manos.

16 Y repartiendo los trescientos hombres en tres escuadrones, puso trompetas en las manos de todos ellos, y cántaros vacíos con teas ardiendo dentro de los cántaros.

17 Y les dijo: Miradme a mí, y haced como yo hiciere; he aquí que cuando yo llegare a las afueras del campamento, como yo hiciere, así haréis vosotros.

18 Y cuando yo tocare la trompeta, y todos los que *estarán* conmigo, entonces vosotros tocaréis las trompetas alrededor de todo el campamento, y diréis: ¡La espada de Jehová y de Gedeón!

---

a Gn 46:2-3
b vers 2,7,14
cp 3:28
c cp 6:32
d vers 13-15
Gn 24:14
1 Sm 14:9-10
e Gn 12:6
f cp 6:3,5,33
g Dt 8:17
1 Co 1:29
h Jos 11:4
i Dt 20:8
j 1 Sm 14:6
k ver 1

19 Llegó pues, Gedeón, y los cien hombres que *llevaba* consigo, a las afueras del campamento, al comienzo de la vigilia de la media *noche*, cuando acababan de renovar las centinelas; y tocaron las trompetas, y quebraron los cántaros que llevaban en sus manos.

20 Y los tres escuadrones tocaron las trompetas, y quebrando los cántaros tomaron en la mano izquierda las teas, y en la mano derecha las trompetas con que tocaban, y gritaron: ¡La espada de Jehová y de Gedeón!

21 Y ^ccada uno permaneció en su lugar en derredor del campamento; y ^etodo el ejército *madianita* echó a correr, y huyeron gritando.

22 Mas los trescientos ^ftocaban las trompetas; y ^gJehová puso la ^hespada de cada uno contra su compañero en todo el campamento. Y el ejército huyó hasta Bet-sita, hacia Zerera, y hasta el término de ⁱAbel-mehola en Tabat.

23 Y juntándose los de Israel, de ^kNeftalí, y de Aser, y de todo Manasés, siguieron a los madianitas.

24 Gedeón también envió mensajeros a todo ^mel monte de Efraín, diciendo: Descended al encuentro de los madianitas, y tomadles las aguas hasta Bet-bara y el Jordán. Y juntos todos los hombres de Efraín, ^otomaron las aguas de Bet-bara y el Jordán.

25 Y tomaron ^qdos príncipes de los madianitas, Oreb y Zeeb: y mataron a Oreb en la ^speña de Oreb, y a Zeeb lo mataron en el lagar de Zeeb: y después que siguieron a los madianitas, trajeron las cabezas de Oreb y de Zeeb a Gedeón al otro lado del Jordán.

CAPÍTULO 8

Y ^xlos de Efraín le dijeron: ¿Qué *es* esto que has hecho con nosotros, no llamándonos cuando ibas a la guerra contra Madián? Y lo regañaron fuertemente.

2 Y él les respondió: ¿Qué he hecho yo ahora en comparación con vosotros? ¿No *es* el rebusco de Efraín mejor que la vendimia de Abiezer?

3 Dios ha entregado en vuestras manos a Oreb y a Zeeb, príncipes de Madián: ¿y qué pude hacer yo en comparación con vosotros? Entonces el enojo de ellos contra él se aplacó, luego que él habló esta palabra.

4 Y vino Gedeón al Jordán para pasar, él y los ^atrescientos hombres que traía consigo, cansados, pero todavía persiguiendo.

5 Y dijo a los de ^bSucot: Yo os ruego que deis a la gente que me sigue algunos bocados de pan; porque *están* cansados, y yo persigo a Zeba y a Zalmuna, reyes de Madián.

6 Y los principales de Sucot respondieron: ^d¿*Está* ya la mano de Zeba y Zalmuna en tu mano, para que tengamos que dar pan a tu ejército?

7 Y Gedeón dijo: Pues cuando Jehová hubiere entregado en mi mano a Zeba y a Zalmuna, yo trillaré vuestra carne con espinas y abrojos del desierto.

8 Y de allí subió a ^jPeniel, y les habló las mismas palabras. Y los de Peniel le respondieron como habían respondido los de Sucot.

9 Y él habló también a los de Peniel, diciendo: ^lCuando yo vuelva en paz, derribaré esta torre.

10 Y Zeba y Zalmuna *estaban* en Carcor, y con ellos su ejército de como quince mil hombres, todos los que habían quedado de ⁿtodo el campamento de los ^porientales; y los muertos habían sido ciento veinte mil hombres que ^rsacaban espada.

11 Y subiendo Gedeón hacia los que habitaban en tiendas, a la parte oriental de ^tNoba y de Jogbeha, hirió el campamento, porque ^uel ejército estaba seguro.

12 Y huyendo Zeba y Zalmuna, él los siguió; y ^vcapturó a los dos reyes de Madián, Zeba y Zalmuna, y atemorizó a todo el ejército.

13 Y Gedeón hijo de Joás volvió de la batalla antes que el sol subiera;

14 y tomó un joven de los de Sucot, y preguntándole, él le dio por escrito los principales de Sucot y sus ancianos, setenta y siete varones.

15 Y entrando a los de Sucot, dijo: He aquí a Zeba y a Zalmuna, sobre los cuales me injuriasteis, diciendo: ¿*Está* ya la mano de Zeba y de Zalmuna en tu mano, para que

Muerte de Gedeón

JUECES 9

demos nosotros pan a tus hombres cansados?

16 Y tomó a los ancianos de la ciudad, y espinas y abrojos del desierto, y castigó con ellos a los de Sucot.

17 Asimismo ^cderribó la torre de Peniel, y mató a los de la ciudad.

18 Luego dijo a Zeba y a Zalmuna: ¿Qué aspecto tenían aquellos hombres que matasteis en ^eTabor? Y ellos respondieron: Como tú, así *eran* ellos ni más ni menos, cada uno parecía hijo de rey.

19 Y él dijo: Mis hermanos *eran*, hijos de mi madre; ^g¡Vive Jehová, que si les hubierais guardado la vida, yo no os mataría!

20 Y dijo a Jeter su primogénito: Levántate, y mátalos. Mas el joven no desenvainó su espada, porque tenía temor; pues aún era muchacho.

21 Entonces dijo Zeba y Zalmuna: Levántate tú, y mátanos; porque como *es* el varón, tal *es* su valentía. Y Gedeón se levantó, y mató a Zeba y a Zalmuna; y tomó los adornos de lunetas que sus camellos traían al cuello.

22 Y los israelitas dijeron a Gedeón: Sé nuestro señor, tú, y tu hijo, y tu nieto; pues que nos has librado de mano de Madián.

23 Mas Gedeón respondió: No seré señor sobre vosotros, ni mi hijo os señoreará; ^mJehová será vuestro Señor.

24 Y les dijo Gedeón: Deseo haceros una petición, que cada uno me dé los zarcillos de su despojo. (Porque traían zarcillos de oro, ^oporque *eran* ismaelitas).

25 Y ellos respondieron: De buena gana se daremos. Y tendiendo una ropa de vestir, echó allí cada uno los zarcillos de su despojo.

26 Y fue el peso de los zarcillos de oro que él pidió, mil setecientos *siclos* de oro; sin las planchas, y joyeles, y ^qvestiduras de púrpura que *portaban* los reyes de Madián, y sin los ^rcollares que *traían* sus camellos al cuello.

27 Y Gedeón ^thizo de ellos un efod, el cual hizo guardar en su ciudad de ^vOfra; y todo Israel fornicó ^xtras de ese efod en aquel lugar; y fue por ^ytropiezo a Gedeón y a su casa.

28 Así fue humillado Madián delante de los hijos de Israel, y nunca más levantaron su cabeza.

a cp 3:11

b cp 9:2-5
c 1 Re 12:25

d cp 9:1
e Jos 19:12

f cp 6:24

g Rt 3:13
h cp 2:19

i cp 9:4,46
j Sal 78:42

k cp 9:16-18

l cp 8:31

m 1 Sm 8:7
10:19 y 12:12

n cp 8:30
o Gn 37:25
y 39:1
p Gn 29:14

q Est 8:15
Lc 16:19
Jn 19:2,5
r Pr 9:1
s cp 8:33
t Éx 28:6-35
cp 17:5
y 18:4,17
u cp 11:3
Hch 17:5
v cp 6:24
x Sal 106:39
y Éx 23:33
z 2 Re 11:1-2

^aY reposó la tierra cuarenta años en los días de Gedeón.

29 Y Jerobaal hijo de Joás fue, y habitó en su casa.

30 Y tuvo Gedeón ^bsetenta hijos que salieron de su muslo, porque tuvo muchas esposas.

31 ^dY su concubina que *estaba* en Siquem, también le dio a luz un hijo; y le puso por nombre Abimelec.

32 Y murió Gedeón hijo de Joás en buena vejez, y fue sepultado en el sepulcro de su padre Joás, en ^fOfra de los abiezeritas.

33 Y ^haconteció que cuando murió Gedeón, los hijos de Israel volvieron a prostituirse en pos de los Baales, ⁱe hicieron de Baal-berit su dios.

34 Y ^jno se acordaron los hijos de Israel de Jehová su Dios, que los había librado de todos sus enemigos alrededor;

35 ^kni correspondieron con bondad a la casa de Jerobaal, *el cual es* Gedeón conforme a todo el bien que él había hecho a Israel.

CAPÍTULO 9

Y se fue Abimelec hijo de Jerobaal a Siquem, a los ^lhermanos de su madre, y habló con ellos, y con toda la familia de la casa del padre de su madre, diciendo:

2 Yo os ruego que habléis a oídos de todos los de Siquem: ¿Qué os parece mejor, que todos los hijos de Jerobaal, ⁿsetenta hombres, reinen sobre vosotros; o que reine sobre vosotros un solo hombre? Acordaos que yo soy ^phueso vuestro, y carne vuestra.

3 Y hablaron por él los hermanos de su madre a oídos de todos los de Siquem todas estas palabras; y el corazón de ellos se inclinó en favor de Abimelec, porque decían: Nuestro hermano *es*.

4 Y le dieron setenta *piezas* de plata del templo de ^sBaal-berit, con los cuales Abimelec ^ualquiló hombres ociosos y vagabundos, que le siguieron.

5 Y viniendo a la casa de su padre en Ofra, ^zmató a sus hermanos los hijos de Jerobaal, setenta varones, sobre una piedra; mas quedó Jotam, el hijo menor de Jerobaal, que se escondió.

6 Y reunidos todos los de Siquem con toda la ªcasa de Milo, fueron y eligieron a Abimelec por rey, cerca de la llanura del pilar que *estaba* en Siquem.

7 Y cuando se lo dijeron a Jotam, fue y se puso en la cumbre del ᵇmonte de Gerizim, y alzando su voz clamó, y les dijo: Oídme, varones de Siquem; que Dios os oiga.

8 ᶜFueron los árboles a elegir rey sobre sí, y dijeron al olivo: ᵉReina sobre nosotros.

9 Mas el olivo respondió: ᵍ¿He de dejar mi aceite, con el cual por mí honran a Dios y a los hombres, para ir a ser grande sobre los árboles?

10 Y dijeron los árboles a la higuera: Anda tú, reina sobre nosotros.

11 Y respondió la higuera: ¿He de dejar mi dulzura y mi buen fruto, para ir a ser grande sobre los árboles?

12 Dijeron luego los árboles a la vid: Pues ven tú, reina sobre nosotros.

13 Y la vid les respondió: ⁱ¿He de dejar mi mosto, que alegra a Dios y a los hombres, por ir a ser grande sobre los árboles?

14 Dijeron entonces todos los árboles al escaramujo: Anda tú, reina sobre nosotros.

15 Y el escaramujo respondió a los árboles: Si en verdad me elegís por rey sobre vosotros, venid, y aseguraos debajo de ˡmi sombra; y si no, ᵐfuego salga del escaramujo que devore los ᵒcedros del Líbano.

16 Ahora pues, si con verdad y con integridad habéis procedido en hacer rey a Abimelec, y si lo habéis hecho bien con Jerobaal y con su casa, y si le habéis pagado ᑫconforme a la obra de sus manos

17 (Pues que mi padre peleó por vosotros, y expuso su vida por libraros de mano de Madián;

18 ˢy vosotros os levantasteis hoy contra la casa de mi padre, y matasteis sus hijos, setenta varones, sobre una piedra; y habéis puesto por rey sobre los de Siquem a Abimelec, ᵗhijo de su criada, ᵘpor cuanto es vuestro hermano);

19 si con verdad y con integridad habéis obrado hoy con Jerobaal y con su casa, *entonces* ᵛgozad de Abimelec, y que él goce de vosotros.

20 Y si no, fuego salga de Abimelec, que consuma a los de Siquem y a la casa de Milo; y fuego salga de los de Siquem y de la casa de Milo, que consuma a Abimelec.

21 Y huyó Jotam, y se fugó, y se fue a Beer, y allí se estuvo por causa de Abimelec su hermano.

22 Y después que Abimelec hubo reinado sobre Israel tres años,

23 ᵈenvió Dios un espíritu malo entre Abimelec y los hombres de Siquem. Y los de Siquem se ᶠlevantaron contra Abimelec,

24 ʰpara que la crueldad *hecha* a los setenta hijos de Jerobaal, y la sangre de ellos, viniera a ponerse sobre Abimelec su hermano que los mató, y sobre los hombres de Siquem que lo ayudaron a matar a sus hermanos.

25 Y los de Siquem le pusieron acechadores en las cumbres de los montes, los cuales asaltaban a todos los que pasaban junto a ellos por el camino; de lo que fue dado aviso a Abimelec.

26 Y Gaal hijo de Ebed vino con sus hermanos, y se pasaron a Siquem; y los de Siquem pusieron su confianza en él.

27 Y saliendo al campo, vendimiaron sus viñas ʲy pisaron la uva, e hicieron fiesta; y entrando en ᵏel templo de sus dioses, comieron y bebieron, y maldijeron a Abimelec.

28 Y Gaal hijo de Ebed dijo: ⁿ¿Quién *es* Abimelec y qué *es* Siquem, para que nosotros le sirvamos? ¿No *es* hijo de Jerobaal? ¿Y no es Zebul su asistente? Servid a los varones de ᵖHamor padre de Siquem; mas ¿por qué habíamos de servirle a él?

29 ʳ¡Quisiera Dios que este pueblo estuviera bajo mi mano! Yo echaría luego a Abimelec. Y decía a Abimelec: Aumenta tus escuadrones, y sal.

30 Y Zebul alcalde de la ciudad, oyendo las palabras de Gaal hijo de Ebed, se encendió en ira;

31 y envió mensajeros secretamente a Abimelec, diciendo: He aquí que Gaal hijo de Ebed y sus hermanos han venido a Siquem, y he aquí, que están sublevando la ciudad contra ti.

32 Levántate pues, ahora de noche, tú y el pueblo que *está* contigo, y pon emboscadas en el campo.

Siquem se levanta contra Abimelec

33 Y será que por la mañana, al salir el sol, te levantarás y acometerás contra la ciudad; y he aquí que *cuando* él y el pueblo que *está* con él salgan contra ti, ªtú harás con él según se te presente la ocasión.

34 Levantándose pues, de noche Abimelec y todo el pueblo que con él *estaba*, pusieron emboscada contra Siquem con cuatro compañías.

35 Y Gaal hijo de Ebed salió, y se puso a la entrada de la puerta de la ciudad: y Abimelec y todo el pueblo que con él *estaba*, se levantaron de la emboscada.

36 Y cuando Gaal vio al pueblo, dijo a Zebul: He allí pueblo que desciende de ᵍlas cumbres de las montañas. Y Zebul le respondió: Tú ves la sombra de las montañas como *si fueran* hombres.

37 Mas Gaal volvió a hablar, y dijo: He allí pueblo que desciende por medio de la tierra, y un escuadrón que viene camino del valle de Meonenim.

38 Y Zebul le respondió: ¿Dónde *está* ahora aquel tu hablar, diciendo: ʰQuién es Abimelec para que le sirvamos? ¿No *es* éste el pueblo que tenías en poco? Sal pues, ahora, y pelea contra él.

39 Y Gaal salió delante de los de Siquem, y peleó contra Abimelec.

40 Mas lo persiguió Abimelec, delante del cual él huyó; y cayeron heridos muchos hasta la entrada de la puerta.

41 Y Abimelec se quedó en Aruma; y Zebul echó fuera a Gaal y a sus hermanos, para que no morasen en Siquem.

42 Y aconteció al siguiente día, que el pueblo salió al campo: y fue dado aviso a Abimelec.

43 El cual, tomando gente, la repartió en tres escuadrones, y puso emboscadas en el campo; y cuando miró, he aquí el pueblo que salía de la ciudad; y se levantó contra ellos y los mató.

44 Y Abimelec y el escuadrón que *estaba* con él, acometieron con ímpetu, y pararon a la entrada de la puerta de la ciudad; y los *otros* dos escuadrones acometieron contra todos los que *estaban* en el campo y los mataron.

45 Y Abimelec combatió contra aquella ciudad todo aquel día; y tomó la ciudad, y mató al pueblo que *estaba* en ella, y ᵇasoló la ciudad y la sembró de sal.

46 Cuando oyeron *esto* todos los que estaban en ᶜla torre de Siquem, entraron en ᵈla fortaleza del templo del dios ᵉBerit.

47 Y fue dicho a Abimelec que todos los hombres de la torre de Siquem estaban reunidos.

48 Entonces subió Abimelec al monte de ᶠSalmón, él y toda la gente que con él estaba; y tomó Abimelec un hacha en su mano, y cortó una rama de los árboles, y levantándola se la puso sobre sus hombros, diciendo al pueblo que estaba con él: Lo que me habéis visto hacer, apresuraos y haced lo mismo.

49 Y así todo el pueblo cortó también cada uno su rama, y siguieron a Abimelec, y las pusieron junto a la fortaleza, y prendieron fuego con ellas a la fortaleza de modo que todos los de la torre de Siquem murieron, como unos mil hombres y mujeres.

50 Después Abimelec se fue a Tebes; y acampó contra Tebes, y la tomó.

51 En medio de aquella ciudad había una torre fuerte, a la cual se retiraron todos los hombres y mujeres, y todos los habitantes de la ciudad; y cerrando tras sí las puertas, se subieron al piso alto de la torre.

52 Y vino Abimelec a la torre, y combatiéndola, se acercó a la puerta de la torre para prenderle fuego.

53 Pero una mujer ⁱdejó caer un pedazo de una ʲrueda de molino sobre la cabeza de Abimelec y le quebró el cráneo.

54 Y luego ᵏllamó él a su escudero, y le dijo: Saca tu espada y mátame, para que no se diga de mí: Una mujer lo mató. Y su escudero le atravesó, y murió.

55 Y cuando los hombres de Israel vieron muerto a Abimelec, se fueron cada uno a su casa.

56 ˡAsí pagó Dios a Abimelec el mal que hizo contra su padre matando a sus setenta hermanos.

---

a 1 Sm 10:7
y 25:8
b Dt 29:23
1 Re 12:25
c ver 6
d ver 49
e ver 4
cp 8:33

f Sal 68:14

g ver 2
cp 2:14

h vers 28-29

i 2 Sm 11:21
j Dt 24:24
Jos 14:9

k 1 Sm 31:4

l ver 24
Job 31:3
Sal 94:23
Pr 5:22

57 Y toda la maldad de los hombres de Siquem la hizo Dios volver sobre sus cabezas; y ªla maldición de Jotam, hijo de Jerobaal, vino sobre ellos.

CAPÍTULO 10

Y después de Abimelec ᶜse levantó para librar a Israel, Tola, hijo de Púa, hijo de Dodo, varón de Isacar, el cual habitaba en Samir, en el monte de Efraín.

2 Y juzgó a Israel veintitrés años, y murió, y fue sepultado en Samir.

3 Tras él se levantó Jair, galaadita, el cual juzgó a Israel veintidós años.

4 Éste tuvo treinta hijos que ᵍcabalgaban sobre treinta asnos, y tenían treinta villas, que se llamaron ⁱlas villas de Jair hasta hoy, las cuales *están* en la tierra de Galaad.

5 Y murió Jair, y fue sepultado en Camón.

6 Mas ᵏlos hijos de Israel volvieron a hacer lo malo ante los ojos de Jehová, y ˡsirvieron a los Baales y a Astarot, y a los dioses de Siria, y a los dioses de ᵐSidón, y a los dioses de Moab, y a los dioses de los hijos de Amón, y a ᵒlos dioses de los filisteos; y dejaron a Jehová, y no le sirvieron.

7 Y Jehová se airó contra Israel, y los entregó en mano de los filisteos, y en mano de los hijos de ᑫAmón:

8 Los cuales oprimieron y quebrantaron a los hijos de Israel en aquel tiempo dieciocho años, a todos los hijos de Israel que *estaban* al otro lado del Jordán en la tierra del amorreo, que *es* en Galaad.

9 Y los hijos de Amón pasaron el Jordán para hacer también guerra contra Judá y contra Benjamín y la casa de Efraín; e Israel fue en gran manera afligido.

10 Y los hijos de Israel ᵗclamaron a Jehová, diciendo: Nosotros hemos pecado contra ti; porque hemos dejado a nuestro Dios y servido a los Baales.

11 Y Jehová respondió a los hijos de Israel: ¿No *os libré* yo de los egipcios, de los ᵛamorreos, de los hijos de ˣAmón y de los ʸfilisteos?

12 También los de Sidón os oprimieron, y los de ᵃAmalec, y los de Maón; y clamasteis a mí, y yo os libré de sus manos.

13 Mas vosotros me habéis dejado, y habéis servido a dioses ajenos; por tanto, yo no os libraré más.

14 Andad, y ᵇclamad a los dioses que os habéis elegido, que os libren ellos en el tiempo de vuestra aflicción.

15 Y los hijos de Israel respondieron a Jehová: Hemos pecado; haz tú con nosotros ᵈcomo bien te pareciere; solamente que ahora nos libres en este día.

16 Y quitaron de entre sí los ᵉdioses ajenos, y sirvieron a Jehová: Y ᶠsu alma fue angustiada a causa de la aflicción de Israel.

17 Y se juntaron los hijos de Amón, y acamparon en Galaad; y los hijos de Israel también se juntaron, y acamparon en ʰMizpa.

18 Y los príncipes y el pueblo de Galaad dijeron el uno al otro: ¿Quién *es* el que comenzará la batalla contra los hijos de Amón? ʲÉl será cabeza sobre todos los que habitan en Galaad.

CAPÍTULO 11

Y ⁿJefté, el galaadita era un hombre esforzado y ᵖvaleroso, hijo de una ramera, al cual había engendrado Galaad.

2 Y la esposa de Galaad también le había dado hijos; los cuales cuando fueron grandes, echaron fuera a Jefté, diciéndole: No heredarás en la casa de nuestro padre, porque *eres* hijo de otra mujer.

3 Huyendo, pues, Jefté a causa de sus hermanos, habitó en tierra de ʳTob; y ˢse juntaron con él hombres ociosos, los cuales con él salían.

4 Y aconteció que después de días los hijos de Amón hicieron guerra contra Israel:

5 Y como los hijos de Amón tenían guerra contra Israel, ᵘlos ancianos de Galaad fueron para traer a Jefté de la tierra de Tob;

6 y dijeron a Jefté: Ven y sé nuestro capitán para que peleemos contra los hijos de Amón.

7 Y Jefté respondió a los ancianos de Galaad: ᶻ¿No me habéis aborrecido vosotros, y me echasteis de la casa de mi padre? ¿Por qué, pues, venís ahora a mí cuando estáis en aflicción?

Jefté es elegido por príncipe

8 Y los ancianos de Galaad respondieron a Jefté: Por esta misma causa volvemos ahora a ti, para que vengas con nosotros, y pelees contra los hijos de Amón, y nos seas cabeza a todos los que moramos en Galaad.

9 Jefté entonces dijo a los ancianos de Galaad: Si me hacéis volver para que pelee contra los hijos de Amón, y Jehová los entrega delante de mí, ¿seré yo vuestra cabeza?

10 Y los ancianos de Galaad respondieron a Jefté: ᵇJehová sea testigo entre nosotros, si no hacemos como tú dices.

11 Entonces Jefté vino con los ancianos de Galaad, y el pueblo lo eligió ᵈpor su cabeza y príncipe; y Jefté habló todas sus palabras ᵉdelante de Jehová en ᶠMizpa.

12 Y envió Jefté embajadores al rey de los hijos de Amón, diciendo: ¿Qué tienes tú conmigo que has venido a mí para hacer guerra en mi tierra?

13 Y el rey de los hijos de Amón respondió a los embajadores de Jefté: ʰPor cuanto Israel tomó mi tierra, cuando subió de Egipto, desde Arnón hasta ⁱJaboc y el Jordán; por tanto, devuélvelas ahora en paz.

14 Y Jefté volvió a enviar otros embajadores al rey de los hijos de Amón,

15 para decirle: Jefté ha dicho así: Israel ˡno tomó tierra de Moab, ni tierra de los hijos de Amón:

16 Mas subiendo Israel de Egipto, anduvo por el desierto hasta el Mar Rojo, y ᵐllegó a Cades.

17 Entonces Israel ᵒenvió embajadores al rey de Edom, diciendo: Yo te ruego que me dejes pasar por tu tierra. ᵖMas el rey de Edom no los escuchó. Envió también al rey de Moab; el cual tampoco quiso. Israel, por tanto, ʳse quedó en Cades.

18 Después, yendo por el desierto, ˢrodeó la tierra de Edom y la tierra de Moab, y ᵗviniendo por el lado oriental de la tierra de Moab, acampó en el otro lado de Arnón, y no entraron por el término de Moab; porque Arnón *era* la frontera de Moab.

19 Y ᵛenvió Israel embajadores a Sehón, rey de los amorreos, rey de Hesbón, y le dijo Israel: Te ruego que me dejes pasar por tu tierra hasta mi lugar.

20 Mas Sehón no se fió de Israel para darle paso por su término; sino que reuniendo Sehón a toda su gente, acampó en Jahaza, y peleó contra Israel.

21 Pero Jehová, el Dios de Israel, entregó a Sehón y a todo su pueblo en mano de Israel, y ᵃlos venció; y poseyó Israel toda la tierra del amorreo que habitaba en aquel país.

22 ᶜPoseyeron también todo el término del amorreo desde Arnón hasta Jaboc, y desde el desierto hasta el Jordán.

23 Así que Jehová, el Dios de Israel, echó a los amorreos de delante de su pueblo Israel; ¿y lo has de poseer tú?

24 ᵍ¿No poseerás tú lo que Quemos, tu dios, te dé por posesión? Así poseeremos nosotros a todo aquel que echó Jehová nuestro Dios de delante de nosotros.

25 ¿*Eres* tú ahora mejor en algo que Balac, hijo de Zipor, rey de Moab? ¿Tuvo él pleito contra Israel, o hizo guerra contra ellos?

26 Cuando Israel ha estado habitando por trescientos años a ʲHesbón y sus aldeas, a ᵏAroer y sus aldeas, y todas las ciudades que *están* a los términos de Arnón, ¿por qué no las habéis reclamado en ese tiempo?

27 Así que, yo en nada he pecado contra ti, mas tú me haces mal haciendo guerra contra mí; Jehová, que es ⁿel Juez, juzgue hoy entre los hijos de Israel y los hijos de Amón.

28 Mas el rey de los hijos de Amón no atendió a las razones que Jefté le envió.

29 Y ᵠel Espíritu de Jehová vino sobre Jefté; y pasó por Galaad y Manasés; y de allí pasó a Mizpa de Galaad; y de Mizpa de Galaad pasó a los hijos de Amón.

30 Y Jefté hizo ᵘvoto a Jehová, diciendo: Si en verdad entregas a los hijos de Amón en mis manos,

31 sucederá que cualquiera que salga de las puertas de mi casa a recibirme cuando yo vuelva en paz de los hijos de Amón, ˣserá de Jehová, y ʸlo ofreceré en holocausto.

---

a Nm 21:24
Dt 2:33-34

b Jer 42:5
c vers 13,26
Dt 2:36

d vers 6,8

e cp 20:1
1 Sm 10:17-25
11:15 y 12:7
f cp 10:17
Jos 11:3
g Nm 21:29

h Nm 21:26
Dt 3:12
i Gn 32:22
j Nm 32:37
k Dt 2:36

l Dt 2:9,19

m Nm 13:26
n Gn 16:5
y 18:25
o Nm 20:14
p Nm 20:18
q cp 3:10

r Nm 20:1
Dt 1:46
s Nm 21:4
Dt 2:1-8
t Nm 21:11
u Gn 28:20
Nm 30:3
v Nm 21:21
Dt 2:26
x Lv 27:2-3
y Sal 66:13

32 Y Jefté pasó adonde *estaban* los hijos de Amón para pelear contra ellos; y Jehová los entregó en su mano.

33 Y los hirió de grandísimo estrago desde Aroer hasta llegar a ^bMinit, veinte ciudades; y hasta la vega de las viñas. Así fueron sometidos los hijos de Amón delante de los hijos de Israel.

34 Y ^ccuando Jefté llegó a su casa en Mizpa, he aquí que ^dsu hija salió a recibirle con ^epanderos y danzas, y ella *era su* hija única; fuera de ella no tenía hijo ni hija.

35 Y aconteció que cuando él la vio, ^grasgó sus ropas, diciendo: ¡Ay, hija mía! en verdad me has abatido, y tú eres de los que me afligen; porque he abierto mi boca a Jehová, y ¡no podré retractarme.

36 Ella entonces le respondió: Padre mío, si has abierto tu boca a Jehová, haz de mí como salió de tu boca, pues que Jehová ha hecho venganza en tus enemigos, los hijos de Amón.

37 Y además dijo a su padre: Permite que me sea hecho esto; deja que por dos meses vaya yo y descienda por los montes y llore mi virginidad, yo y mis compañeras.

38 Él entonces dijo: Ve. Y la dejó por dos meses. Y ella fue con sus compañeras, y lloró su virginidad por los montes.

39 Y aconteció que pasados los dos meses ella volvió a su padre, quien hizo con ella *conforme* a su voto que había hecho. Y ella nunca conoció varón.

40 De aquí fue la costumbre en Israel que de año en año iban las doncellas de Israel a endechar a la hija de Jefté galaadita, cuatro días en el año.

CAPÍTULO 12

Y reuniéndose ^llos varones de Efraín, pasaron hacia el norte, y dijeron a Jefté: ¿Por qué fuiste a hacer guerra contra los hijos de Amón, y no nos llamaste para que fuéramos contigo? Nosotros quemaremos a fuego tu casa contigo.

2 Y Jefté les respondió: Yo tuve, y mi pueblo, una gran contienda con los hijos de Amón, y os llamé, y no me defendisteis de sus manos.

3 Viendo, pues, que no *me* defendíais, ^apuse mi vida en la palma de mi mano, y pasé contra los hijos de Amón, y Jehová los entregó en mi mano. ¿Por qué, pues, habéis subido hoy contra mí para pelear conmigo?

4 Y juntando Jefté a todos los varones de Galaad, peleó contra Efraín; y los de Galaad hirieron a Efraín, porque habían dicho: Vosotros *sois* ^ffugitivos de Efraín, vosotros sois galaaditas en medio de Efraín y en medio de Manasés.

5 Y los galaaditas tomaron ^hlos vados del Jordán a Efraín; y era que, cuando alguno de los de Efraín que había huido, decía, ¿pasaré? Los de Galaad le preguntaban: ¿*Eres* tú efrateo? Si él respondía: No;

6 entonces le decían: Ahora, pues, di ^jShibolet. Y él decía Sibolet; porque no podía pronunciarlo correctamente. Entonces le echaban mano, y le degollaban junto a los vados del Jordán. Y murieron entonces de los de Efraín cuarenta y dos mil.

7 Y Jefté juzgó a Israel seis años: luego murió Jefté galaadita, y fue sepultado en *una* de las ciudades de Galaad.

8 Después de él juzgó a Israel Ibzan de ^kBelén.

9 El cual tuvo treinta hijos y treinta hijas, *las cuales* casó fuera, y tomó de fuera treinta hijas para sus hijos; y juzgó a Israel siete años.

10 Y murió Ibzan, y fue sepultado en Belén.

11 Después de él juzgó a Israel Elón, zabulonita, el cual juzgó a Israel diez años.

12 Y murió Elón, zabulonita, y fue sepultado en Ajalón en la tierra de Zabulón.

13 Después de él juzgó a Israel Abdón, hijo de Hilel, piratonita.

14 Éste tuvo cuarenta hijos y treinta nietos que ^mcabalgaban sobre setenta asnos; y juzgó a Israel ocho años.

15 Y murió Abdón, hijo de Hilel, piratonita, y fue sepultado en Piratón, en la tierra de Efraín, en el ⁿmonte de Amalec.

Nacimiento de Sansón
CAPÍTULO 13

Y los hijos de Israel ªvolvieron a hacer lo malo ante los ojos de Jehová; y Jehová los entregó en ᵇmano de los filisteos por cuarenta años.

2 Y había un hombre de ᵈZora, de la tribu de Dan, el cual se llamaba Manoa; y su esposa era ᵉestéril, que nunca había dado a luz.

3 Y ᶠel Ángel de Jehová apareció a esta mujer, y le dijo: He aquí que tú eres estéril, y no has dado a luz; mas concebirás y darás a luz un hijo.

4 Por tanto ahora, cuida que ʰno bebas vino ni sidra, ni comas cosa inmunda.

5 Porque he aquí que concebirás, y darás a luz un hijo; y ⁱno pasará navaja sobre su cabeza, porque aquel niño será nazareo para Dios desde el vientre, y él ʲcomenzará a librar a Israel de mano de los filisteos.

6 Y la mujer vino y lo contó a su marido, diciendo: Un ᵏvarón de Dios vino a mí, cuyo ᵐaspecto era como el aspecto de un Ángel de Dios, terrible en gran manera; y ⁿno le pregunté de dónde ni quién era, ni tampoco Él me dijo su nombre.

7 Y me dijo: ᵖHe aquí que tú concebirás, y darás a luz un hijo; por tanto, ahora no bebas vino ni sidra, ni comas cosa inmunda; porque este niño desde el vientre será nazareo para Dios hasta el día de su muerte.

8 Entonces Manoa oró a Jehová, y dijo: Ah, Señor mío, yo te ruego que aquel varón de Dios que tú enviaste venga otra vez a nosotros y nos enseñe lo que debemos hacer con el niño que ha de nacer.

9 Y Dios oyó la voz de Manoa; y el Ángel de Dios volvió otra vez a la mujer, estando ella en el campo; mas su marido Manoa no estaba con ella.

10 Y la mujer corrió prontamente, y lo declaró a su marido, diciendo: Mira que se me ha aparecido aquel varón que vino a mí el otro día.

11 Y se levantó Manoa, y siguió a su esposa; y así que llegó al varón, le dijo: ¿Eres tú aquel varón que habló a la mujer? Y Él dijo: Yo soy.

12 Entonces Manoa dijo: Cúmplase pues, tu palabra. ¿Qué orden daremos al niño, y qué se ha de hacer con él?

13 Y el Ángel de Jehová respondió a Manoa: La mujer se guardará de todas las cosas que yo le dije:

14 Ella no comerá nada que proceda de vid que da vino; ᶜno beberá vino ni sidra, ni comerá cosa inmunda; ha de guardar todo lo que le mandé.

15 Entonces Manoa dijo al Ángel de Jehová: ᵍTe ruego que nos permitas detenerte y prepararte un cabrito.

16 Y el Ángel de Jehová respondió a Manoa: Aunque me detengas no comeré de tu pan; mas si quieres hacer holocausto, sacrifícalo a Jehová. Y no sabía Manoa que Aquél era el Ángel de Jehová.

17 Entonces dijo Manoa al Ángel de Jehová: ¿Cuál es tu nombre, para que cuando se cumpliere tu palabra te honremos?

18 Y el Ángel de Jehová respondió: ˡ¿Por qué preguntas por mi nombre, que es secreto?

19 Y Manoa tomó un cabrito de las cabras y un presente, y ᵒlo sacrificó sobre una roca a Jehová; y el Ángel hizo milagro a vista de Manoa y de su esposa.

20 Pues aconteció que ᑫcuando la llama subía del altar hacia el cielo, el Ángel de Jehová subió en la llama del altar a vista de Manoa y de su esposa, los cuales ʳse postraron en tierra sobre sus rostros.

21 Y el Ángel de Jehová no volvió a aparecer a Manoa ni a su esposa. Entonces ˢconoció Manoa que era el Ángel de Jehová.

22 Y dijo Manoa a su esposa: ᵗCiertamente moriremos, porque hemos visto a Dios.

23 Y su esposa le respondió: Si Jehová nos quisiera matar, no recibiría de nuestras manos el holocausto y el presente, ni nos hubiera mostrado todas estas cosas, ni ahora nos habría anunciado esto.

24 Y la mujer dio a luz un hijo, y le puso por nombre ᵘSansón. Y el niño ᵛcreció, y Jehová lo bendijo.

25 Y ˣel Espíritu de Jehová comenzó a manifestarse en él en los campamentos de Dan, ʸentre Zora y Estaol.

CAPÍTULO 14

Y descendiendo Sansón a ᵇTimnat, vio en Timnat a una mujer de las hijas de los filisteos.

2 Y subió, y lo declaró a su padre y a su madre, diciendo: Yo he visto en Timnat a una mujer de las hijas de los filisteos; ᶜos ruego que me la toméis por esposa.

3 Y su padre y su madre le dijeron: ¿No hay mujer entre las hijas de ᵈtus hermanos, ni en todo mi pueblo, para que vayas tú a tomar esposa de ᵉlos filisteos incircuncisos? Y Sansón respondió a su padre: Tómala para mí, porque ésta agradó a mis ojos.

4 Mas su padre y su madre no sabían que ʰesto *venía* de Jehová, y que él buscaba ocasión contra los filisteos; ʲporque en aquel tiempo los filisteos dominaban sobre Israel.

5 Y Sansón descendió con su padre y con su madre a Timnat; y cuando llegaron a las viñas de Timnat, he aquí un ᵏcachorro de león que venía rugiendo hacia él.

6 Y ˡel Espíritu de Jehová cayó sobre él, y lo despedazó como quien despedaza un cabrito, *sin tener* nada en su mano; pero no contó ni a su padre ni a su madre lo que había hecho.

7 Vino pues, y habló a la mujer que había agradado a Sansón.

8 Y volviendo después de algunos días para tomarla, se apartó *del camino* para ver el cuerpo muerto del león, y he aquí que en el cuerpo del león *había* un enjambre de abejas, y un panal de miel.

9 Y tomándolo en sus manos, se fue comiéndolo por el camino; y llegado que hubo *adonde estaban* su padre y su madre, les dio también a ellos que comiesen; pero no les contó que había tomado aquella miel del cuerpo del león.

10 Vino, pues, su padre a la mujer, y Sansón hizo allí banquete; porque así solían hacer los jóvenes.

11 Y aconteció que cuando ellos le vieron, tomaron treinta compañeros que estuviesen con él;

12 a los cuales Sansón dijo: Yo os propondré ahora ᑫun enigma, el cual si en los siete días del banquete vosotros me declarareis y descubriereis, yo os daré treinta sábanas y treinta ᵃmudas de ropa.

13 Mas si no me lo supiereis declarar, vosotros me daréis las treinta sábanas y las treinta mudas de ropa. Y ellos respondieron: Exponnos tu enigma, y la oiremos.

14 Entonces les dijo: Del comedor salió comida, y del fuerte salió dulzura. Y ellos no pudieron declararle el enigma en tres días.

15 Y aconteció que en el séptimo día, dijeron a la esposa de Sansón: ᶠInduce a tu marido a que nos declare este enigma, ᵍpara que no te quememos a ti y a la casa de tu padre. ¿Nos habéis llamado aquí para despojarnos? ¿No *es así*?

16 Y la esposa de Sansón lloró delante de él, y dijo: ᶦSolamente me aborreces y no me amas, pues que no me declaras el enigma que propusiste a los hijos de mi pueblo. Y él respondió: He aquí que ni a mi padre ni a mi madre lo he declarado; y ¿lo había de declarar a ti?

17 Y ella lloró delante de él los siete días que ellos tuvieron banquete; y sucedió que el séptimo día él se lo declaró, porque ella ᵐlo presionaba; y ella declaró el enigma a los hijos de su pueblo.

18 Y al séptimo día, antes que el sol se pusiese, los de la ciudad le dijeron: ¿Qué cosa más dulce que la miel? ¿Y qué cosa más fuerte que el león? Y él les respondió: Si no araseis con mi novilla, nunca hubierais descubierto mi enigma.

19 Y ⁿel Espíritu de Jehová cayó sobre él, y descendió a Ascalón, e hirió treinta hombres de ellos; y tomando el despojo, dio las mudas de ropa a los que habían explicado el enigma: y encendido en enojo se fue a casa de su padre.

20 Y la esposa de Sansón °fue *dada* a su ᵖcompañero, con el cual él antes se acompañaba.

CAPÍTULO 15

Y aconteció después de días, en el tiempo de la siega del trigo, Sansón visitó a su esposa ʳcon un cabrito, diciendo: Entraré a mi

Sansón y Dalila

esposa a la cámara. Mas el padre de ella no lo dejó entrar.

2 Y dijo el padre de ella: Pensé que la aborrecías del todo, y la di a tu compañero. Mas su hermana menor, ¿no es más hermosa que ella? Tómala, pues, en su lugar.

3 Y Sansón les respondió: Yo seré sin culpa esta vez para con los filisteos, si mal les hiciere.

4 Y fue Sansón y atrapó trescientas zorras, y tomando ᶜteas, y trabando aquéllas por las colas, puso entre cada dos colas una tea.

5 Después, encendiendo las teas, echó las zorras en los sembrados de los filisteos, y quemó ᵈlas gavillas amontonadas y en pie, viñas y olivares.

6 Y dijeron los filisteos: ¿Quién hizo esto? Y les fue dicho: Sansón, el yerno del timnateo, porque le quitó a su esposa y la dio a su compañero. Y ᵉvinieron los filisteos, y quemaron a fuego a ella y a su padre.

7 Entonces Sansón les dijo: ¿Así lo habíais de hacer? mas yo me vengaré de vosotros, y después cesaré.

8 Y los hirió pierna y muslo con gran mortandad; y descendió y habitó en ʰla cueva de la peña de Etam.

9 Y los filisteos subieron y acamparon en Judá, y ⁱse tendieron por Lehi.

10 Y los varones de Judá les dijeron: ¿Por qué habéis subido contra nosotros? Y ellos respondieron: A prender a Sansón hemos subido, para hacerle como él nos ha hecho.

11 Y vinieron tres mil hombres de Judá a la cueva de la peña de Etam, y dijeron a Sansón: ¿No sabes tú que los filisteos ˡdominan sobre nosotros? ¿Por qué nos has hecho esto? Y él les respondió: Yo les he hecho como ellos me hicieron.

12 Ellos entonces le dijeron: Nosotros hemos venido para prenderte, y entregarte en mano de los filisteos. Y Sansón les respondió: Juradme que vosotros no me mataréis.

13 Y ellos le respondieron, diciendo: No, solamente te prenderemos, y te entregaremos en sus manos; mas no te mataremos. Entonces le ataron con dos ⁿcuerdas nuevas, y le hicieron venir de la peña.

JUECES 16

a cp 14:6-19

b cp 3:31
Lv 26:8
Jos 23:10

c cp 7:16

d Éx 22:6

e cp 14:15

f Gn 45:27

g cp 13:1
h ver 11
Is 2:21
y 57:5

i 2 Sm 5:18

j Jos 15:47
k 1 Sm 23:26
Sal 118:10-12
Hch 9:24

l cp 14:4

m cp 14:15
n cp 16:11-12

14 Y así que vino hasta Lehi, los filisteos salieron gritando a su encuentro, y ᵃel Espíritu de Jehová descendió con poder sobre él, y las cuerdas que estaban en sus brazos se volvieron como lino quemado con fuego, y las ataduras se cayeron de sus manos.

15 Y hallando una quijada de asno fresca, extendió la mano y la tomó, e ᵇhirió con ella a mil hombres.

16 Entonces Sansón dijo: Con la quijada de un asno, un montón, dos montones; Con la quijada de un asno herí mil hombres.

17 Y sucedió que cuando acabó de hablar, arrojó de su mano la quijada, y llamó a aquel lugar Ramat-lehi.

18 Y teniendo gran sed, clamó luego a Jehová, y dijo: Tú has dado esta gran salvación por mano de tu siervo: ¿y moriré yo ahora de sed, y caeré en mano de los incircuncisos?

19 Entonces quebró Dios una muela que estaba en la quijada, y salieron de allí aguas, y bebió, y ᶠrecobró su espíritu, y se reanimó. Por eso llamó el nombre de aquel lugar, En-hacore, el cual está en Lehi, hasta hoy.

20 Y ᵍjuzgó a Israel en días de los filisteos veinte años.

CAPÍTULO 16

Y fue Sansón a ʲGaza, y vio allí una mujer ramera, y entró a ella.

2 Y fue dicho a los de Gaza: Sansón es venido acá. Y ᵏlo rodearon, y le asecharon toda aquella noche a la puerta de la ciudad; y estuvieron callados toda aquella noche, diciendo: Hasta la luz de la mañana; entonces lo mataremos.

3 Mas Sansón durmió hasta la media noche; y a la media noche se levantó, y tomando las puertas de la ciudad con sus dos pilares y su cerrojo, se las echó al hombro, y se fue, y se subió con ellas a la cumbre del monte que está delante de Hebrón.

4 Después de esto aconteció que se enamoró de una mujer en el valle de Sorec, la cual se llamaba Dalila.

5 Y vinieron a ella los príncipes de los filisteos, y le dijeron: ᵐEngáñale y mira en qué consiste su gran fuerza, y cómo lo podríamos vencer, para que lo atemos y lo

Sansón descubre el secreto de su fuerza

ªatormentemos; y cada uno de nosotros te dará mil cien *piezas* de plata.

6 Y Dalila dijo a Sansón: Yo te ruego que me declares en qué *consiste* tu gran fuerza, y cómo podrás ser atado para ser atormentado.

7 Y Sansón le respondió: Si me ataren con siete mimbres verdes que aún no estén secos, entonces me debilitaré, y ᶜseré como cualquiera de los hombres.

8 Y los príncipes de los filisteos le trajeron siete mimbres verdes que aún no se habían secado, y ella le ató con ellos.

9 Y ella tenía unos hombres al acecho en una cámara. Entonces ella le dijo: ¡Sansón, los filisteos sobre ti! Y él rompió los mimbres, como se rompe una cuerda de estopa cuando siente el fuego; y no se supo *en qué consistía* su fuerza.

10 Entonces Dalila dijo a Sansón: He aquí tú me has engañado, y me has dicho mentiras; descúbreme pues, ahora, yo te ruego, cómo podrás ser atado.

11 Y él le dijo: Si me ataren fuertemente con ᵍcuerdas nuevas, con las cuales ninguna cosa se haya hecho, yo me debilitaré, y seré como cualquiera de los hombres.

12 Y Dalila tomó cuerdas nuevas, y le ató con ellas, y le dijo: ¡Sansón, los filisteos sobre ti! Y los espías *estaban* en una cámara. Mas él las rompió de sus brazos como un hilo.

13 Y Dalila dijo a Sansón: Hasta ahora me engañas, y tratas conmigo con mentiras. Dime, pues, ahora, cómo podrás ser atado. Él entonces le dijo: Si tejieres siete guedejas de mi cabeza con la tela.

14 Y ella ᵏhincó la estaca, y le dijo: ¡Sansón, los filisteos sobre ti! Mas despertando él de su sueño, arrancó la estaca del telar con la tela.

15 Y ella le dijo: ᵐ¿Cómo dices: Yo te amo, cuando tu corazón no está conmigo? Ya me has engañado tres veces y no me has revelado aún en qué *consiste* tu gran fuerza.

16 Y aconteció que, ⁿpresionándole ella cada día con sus palabras e importunándole, su alma fue reducida a mortal angustia.

17 Le descubrió, pues, todo su corazón, y le dijo: Nunca a mi cabeza ᵇllegó navaja; porque *soy* nazareo para Dios desde el vientre de mi madre. Si fuere rapado, mi fuerza se apartará de mí, y me debilitaré, y seré como todos los hombres.

18 Y viendo Dalila que él le había descubierto todo su corazón, envió a llamar a los príncipes de los filisteos, diciendo: Venid esta vez, porque él me ha descubierto todo su corazón. Y los príncipes de los filisteos vinieron a ella, trayendo en su mano ᵈel dinero.

19 Y ella hizo que él se durmiese sobre sus rodillas; y llamado un hombre, le rapó las siete guedejas de su cabeza, y comenzó a afligirlo, pues su fuerza se apartó de él.

20 Y le dijo: ¡Sansón, los filisteos sobre ti! Y luego que despertó él de su sueño, se dijo: Esta vez saldré como las otras, y me escaparé; ªno sabiendo que Jehová ya se había apartado de él.

21 Mas los filisteos echaron mano de él, y ᵉle sacaron los ojos, y le llevaron a Gaza; y ᶠle ataron con cadenas de bronce, para que ʰmoliese en la cárcel.

22 Y el cabello de su cabeza comenzó a crecer, después que fue rapado.

23 Entonces los príncipes de los filisteos se juntaron para ofrecer sacrificio a ⁱDagón, su dios, y para alegrarse; y dijeron: Nuestro dios entregó en nuestras manos a Sansón nuestro enemigo.

24 Y ʲviéndolo el pueblo, loaron a su dios, diciendo: Nuestro dios entregó en nuestras manos a nuestro enemigo, y al destruidor de nuestra tierra, el cual había dado muerte a muchos de nosotros.

25 Y aconteció que, ˡalegrándose el corazón de ellos, dijeron: Llamad a Sansón, para que divierta delante de nosotros. Y llamaron a Sansón de la cárcel, y servía de juguete delante de ellos; y lo pusieron entre las columnas.

26 Y Sansón dijo al joven que le guiaba de la mano: Acércame, y hazme palpar las columnas sobre las que descansa la casa, para que me apoye sobre ellas.

---

a vers 6,19
b cp 13:5

c ver 11

d ver 5

e Nm 16:14
f 2 Re 25:7
  2 Cr 33:11
g cp 15:13-14
h Éx 11:5
  Mr 24:41

i 1 Sm 5:2-7
  1 Cr 10:10

j Dn 5:4

k cp 4:21

l cp 19:6
  2 Sm 13:28

m cp 14:16

n cp 14:17

Muerte de Sansón. Micaía y su ídolo

JUECES 17-18

27 Y la casa estaba llena de hombres y mujeres, y todos los príncipes de los filisteos *estaban* allí; y en el techo *había* como tres mil hombres y mujeres, que estaban mirando el escarnio de Sansón.

28 Entonces Sansón clamó a Jehová, y dijo: Señor Jehová, ᵉacuérdate ahora de mí, y fortaléceme, te ruego, solamente esta vez, oh Dios, para que de una vez tome venganza de los filisteos, por mis dos ojos.

29 Asió luego Sansón las dos columnas del medio sobre las cuales descansaba la casa, y estribó en ellas, la una con la mano derecha, y la otra con la izquierda;

30 Y dijo Sansón: Muera yo con los filisteos. Y estribando con *toda su* fuerza, cayó la casa sobre los príncipes, y sobre todo el pueblo que estaba en ella. Y fueron muchos más los que de ellos mató al morir, que los que había matado en su vida.

31 Y descendieron sus hermanos y toda la casa de su padre y le tomaron, y le llevaron y ⁱle sepultaron entre Zora y Estaol, en el sepulcro de su padre Manoa. Y él ᵏjuzgó a Israel veinte años.

CAPÍTULO 17

Hubo un hombre del ˡmonte de Efraín, que se llamaba Micaía.

2 El cual dijo a su madre: Los mil cien *siclos* de plata que te fueron hurtados, por lo que tú maldecías, y de los cuales me hablaste, he aquí que yo tengo este dinero; yo lo había tomado. Entonces su madre dijo: ᵒBendito *seas* de Jehová, hijo mío.

3 Y luego que él devolvió los mil cien *siclos* de plata a su madre, su madre dijo: Yo ciertamente he dedicado de mi mano este dinero a Jehová por mi hijo, ᵠpara hacer una imagen de talla y una de fundición; ahora pues, yo te lo devuelvo.

4 Mas él devolvió el dinero a su madre, y ʳsu madre tomó doscientos *siclos* de plata, y los dio al fundidor; y él hizo de ellos una imagen de talla y una de fundición, la cual fue puesta en casa de Micaía.

5 Y este hombre Micaía tenía una casa de dioses, e hizo un ᵗefod y

a Gn 31:19
b cp 18:1
19:1 y 21:25
c cp 21:25
Dt 12:8
d Jos 19:15
e Jer 15:15

f cp 18:19
g cp 18:19
Gn 45:8
2 Re 5:13

h ver 5
i cp 15:25
Jos 15:33
j cp 18:30
k cp 13:5

l Jos 24:33
m cp 17:6
n cp 1:34
Jos 19:47

o 1 Sm 15:13
p cp 13:25

q Éx 20:4,23
Lv 19:4

r Is 40:19
y 46:6

s cp 17:10
t cp 8:27
y 18:14-17

ᵃterafim, y consagró a uno de sus hijos para que fuera su sacerdote.

6 ᵇEn aquellos días no había rey en Israel; ᶜcada uno hacía como mejor le parecía.

7 Y había un joven de ᵈBelén de Judá, de la tribu de Judá, el cual *era* levita; y peregrinaba allí.

8 Este hombre partió de la ciudad de Belén de Judá, para ir a donde encontrase *lugar*; y llegando al monte de Efraín, vino a casa de Micaía, para de allí hacer su camino.

9 Y Micaía le dijo: ¿De dónde vienes? Y el levita le respondió: Soy de Belén de Judá, y voy a vivir donde encuentre *lugar*.

10 Entonces Micaía le dijo: Quédate ᶠen mi casa, y me serás en lugar de ᵍpadre y sacerdote; y yo te daré diez *siclos* de plata por año, y vestidura, y tu comida. Y el levita se quedó.

11 Acordó pues el levita en morar con aquel hombre, y él lo tenía como a uno de sus hijos.

12 Y Micaía ʰconsagró al levita, y aquel joven ʲle servía de sacerdote, y estaba en casa de Micaía.

13 Y Micaía dijo: Ahora sé que Jehová me hará bien, porque tengo un levita por sacerdote.

CAPÍTULO 18

En ᵐaquellos días no *había* rey en Israel. Y en aquellos días ⁿla tribu de Dan buscaba posesión para sí donde morase, porque hasta entonces no le había caído suerte entre las tribus de Israel por heredad.

2 Y los hijos de Dan enviaron de su tribu cinco hombres de sus términos, hombres valientes, de ᵖZora y Estaol, para que reconociesen y explorasen bien la tierra; y les dijeron: Id y reconoced la tierra. Éstos vinieron al monte de Efraín, hasta la casa de Micaía, y allí posaron.

3 Y cuando *estaban* cerca de la casa de Micaía, reconocieron la voz del joven levita; y llegándose allá, le dijeron: ¿Quién te ha traído por acá? ¿Y qué haces aquí? ¿Y qué tienes tú por aquí?

4 Y él les respondió: De esta y de esta manera ha hecho conmigo Micaía, y me ˢha tomado para que sea su sacerdote.

JUECES 18

5 Y ellos le dijeron: ªPregunta pues, ahora a Dios, para que sepamos si este viaje que hacemos será próspero.

6 Y el sacerdote les respondió: ᵇId en paz, que vuestro viaje que hacéis es delante de Jehová.

7 Entonces aquellos cinco hombres partieron, y vinieron a ᵈLais; y vieron que el pueblo que *habitaba* en ella estaba seguro, ᵉocioso y confiado, conforme a la costumbre de los sidonios; sin que nadie en aquella región los humillase en cosa alguna; y estaban lejos de los sidonios, y no tenían negocios con nadie.

8 Volviendo pues, ellos a sus hermanos en Zora y Estaol, sus hermanos les dijeron: ¿Qué hay?

9 Y ellos respondieron: ᵍLevantaos, subamos contra ellos; porque nosotros hemos explorado la región, y hemos visto que es ⁱmuy buena: ¿y vosotros os quedáis quietos? No seáis perezosos en poneros en marcha para ir a poseer la tierra.

10 Cuando allá llegareis, vendréis a una ᵏgente confiada, y a una tierra muy espaciosa; pues Dios la ha entregado ᵐen vuestras manos; lugar donde no hay falta de cosa alguna que haya en la tierra.

11 Y partiendo los de Dan de allí, de Zora y de Estaol, seiscientos hombres armados con armas de guerra,

12 subieron y acamparon en ⁿQuiriat-jearim, en Judá; por lo cual llamaron a aquel lugar el campamento de Dan, ᵒhasta hoy: he aquí, *está* detrás de Quiriat-jearim.

13 Y pasando de allí al monte de Efraín, vinieron hasta la casa de Micaía.

14 Entonces aquellos cinco hombres que habían ido a reconocer la tierra de Lais, dijeron a sus hermanos: ᑫ¿No sabéis como en estas casas hay efod y terafim, e imagen de talla y de fundición? Mirad pues, lo que habéis de hacer.

15 Y llegándose allá, vinieron a la casa del joven levita en casa de Micaía, y ʳle preguntaron cómo estaba.

16 Y los seiscientos hombres, que *eran* de los hijos de Dan, estaban

Los hijos de Dan destruyen a Lais

armados con sus armas de guerra a la entrada de la puerta.

17 Y subiendo los cinco hombres que habían ido a reconocer la tierra, entraron allá, y tomaron ᶜla imagen de talla, y el efod, y el terafim, y la imagen de fundición, mientras estaba el sacerdote a la entrada de la puerta con los seiscientos hombres armados con armas de guerra.

18 Entrando pues, aquellos en la casa de Micaía, tomaron la imagen de talla, el efod, y el terafim, y la imagen de fundición. Y el sacerdote les dijo: ¿Qué hacéis vosotros?

19 Y ellos le respondieron: Calla, ᶠpon la mano sobre tu boca, y vente con nosotros, ʰpara que seas nuestro padre y sacerdote. ¿Es mejor que seas tú sacerdote en casa de un solo hombre, que de una tribu y familia de Israel?

20 Y se alegró ʲel corazón del sacerdote; el cual tomando el efod y el terafim, y la imagen, se vino entre la gente.

21 Y ellos tornaron y se fueron; y pusieron los niños, y el ganado y ˡel bagaje, delante de sí.

22 Y cuando ya se habían alejado de la casa de Micaía, los hombres que *habitaban* en las casas cercanas a la casa de Micaía, se juntaron, y siguieron a los hijos de Dan.

23 Y dando voces a los de Dan, éstos volvieron sus rostros, y dijeron a Micaía: ¿Qué tienes que has juntado gente?

24 Y él respondió: Habéis llevado ᵖmis dioses que yo hice, y al sacerdote, y os fuisteis: ¿Qué más me queda? ¿Y a qué propósito me decís: Qué tienes?

25 Y los hijos de Dan le dijeron: No des voces tras nosotros, no sea que los de ánimo colérico os acometan, y pierdas también tu vida, y la vida de los tuyos.

26 Y yéndose los hijos de Dan su camino, y viendo Micaía que *eran* más fuertes que él, se volvió y regresó a su casa.

27 Y ellos llevando las cosas que había hecho Micaía, juntamente con el sacerdote que tenía, llegaron a Lais, al pueblo reposado y seguro; y

Traición de una concubina

ᵃlos hirieron a filo de espada, y prendieron fuego a la ciudad.

28 Y no *hubo* quien los defendiese, porque estaban ᵇlejos de Sidón, y no tenían comercio con nadie. Y la ciudad estaba en el valle que hay en ᶜBet-rehob. Luego reedificaron la ciudad, y habitaron en ella.

29 Y llamaron el nombre de aquella ciudad ᵈDan, conforme al nombre de Dan su padre, hijo de Israel, bien que antes se llamaba la ciudad Lais.

30 Y los hijos de Dan levantaron la imagen de talla; y Jonatán, hijo de Gersón, hijo de Manasés, él y sus hijos fueron sacerdotes en la tribu de Dan, hasta el día del cautiverio de la tierra.

31 Y se levantaron la imagen de Micaía, la cual él había hecho, ᶠtodo el tiempo que la casa de Dios estuvo en Silo.

CAPÍTULO 19

Y aconteció en aquellos días, ʰcuando no *había* rey en Israel, que hubo un levita que moraba como peregrino en los lados del monte de Efraín, el cual había tomado para sí a una concubina de Belén de Judá.

2 Y su concubina cometió adulterio contra él, y se fue de él a casa de su padre, a Belén de Judá, y estuvo allá por tiempo de cuatro meses.

3 Y se levantó su marido, y la siguió, para hablarle amorosamente y hacerla volver, llevando consigo un criado suyo y un par de asnos; y ella le metió en la casa de su padre. Y viéndole el padre de la joven, le salió a recibir gozoso;

4 y le detuvo su suegro, padre de la joven, y quedó en su casa tres días, comiendo y bebiendo, y reposando allí.

5 Y aconteció al cuarto día, cuando se levantaron de mañana, que se levantó también *el levita* para irse, el padre de la joven dijo a su yerno: Conforta tu corazón con un bocado de pan, y después os iréis.

6 Y se sentaron ellos dos juntos, y comieron y bebieron. Y el padre de la joven dijo al varón: Te ruego que quieras pasar aquí la noche, y se alegrará tu corazón.

JUECES 19

7 Y levantándose el varón para irse, el suegro le constriñó a que tornase y pasase allí la noche.

8 Y al quinto día levantándose de mañana para irse, le dijo el padre de la joven: Te ruego que confortes ahora tu corazón. Y se detuvieron hasta que ya declinaba el día, y comieron ambos juntos.

9 Se levantó luego el varón para irse, él, y su concubina, y su criado. Entonces su suegro, el padre de la joven, le dijo: He aquí el día declina para ponerse el sol, te ruego que pases aquí la noche; he aquí que el día se acaba, duerme aquí, para que se alegre tu corazón; y mañana os levantaréis temprano a vuestro camino, ᵉy te irás a tu casa.

10 Mas el hombre no quiso pasar allí la noche, sino que se levantó y partió, y llegó hasta enfrente de ᵍJebús, que *es* Jerusalén, con su par de asnos ensillados y con su concubina.

11 El *estando* ya junto a Jebús, el día había declinado mucho; y dijo el criado a su señor: Ven ahora, y vámonos a esta ciudad de los jebuseos, para que pasemos en ella la noche.

12 Y su señor le respondió: No iremos a ninguna ciudad de extranjeros, que no *sea* de los hijos de Israel; antes pasaremos hasta ⁱGabaa. Y dijo a su criado:

13 Ven, lleguemos a uno de esos lugares, para pasar la noche en Gabaa, o en ʲRamá.

14 Pasando pues, caminaron, y se les puso el sol junto a Gabaa, que *pertenece* a Benjamín.

15 Y se apartaron del camino para entrar a pasar allí la noche en Gabaa; y entrando, se sentaron en la plaza de la ciudad, porque ᵏno *hubo* quien los recibiese en casa para pasar la noche.

16 Y he aquí un hombre viejo, que a la tarde venía del campo de trabajar; el cual *era* del monte de Efraín, y moraba como peregrino en Gabaa, pero los moradores de aquel lugar *eran* ˡhijos de Benjamín.

17 Y alzando el viejo los ojos, vio a aquel viajante en la plaza de la ciudad, y le dijo: ¿A dónde vas, y de dónde vienes?

18 Y él respondió: Pasamos de Belén de Judá a los lados del monte de Efraín, de donde yo soy; y partí hasta Belén de Judá; mas *ahora* voy a [a]la casa de Jehová, y no hay quien me reciba en casa,
19 [c]aunque nosotros tenemos paja y de comer para nuestros asnos, y también tenemos pan y vino para mí y para tu sierva, y para el criado que *está* con tu siervo; [d]no nos hace falta nada.
20 Y el hombre viejo dijo: [e]Paz sea contigo; tu necesidad toda sea solamente a mi cargo, [g]con tal que no pases la noche en la plaza.
21 Y [h]metiéndolos en su casa, dio de comer a sus asnos; y ellos se lavaron los pies, y comieron y bebieron.
22 Y cuando estaban gozosos, he aquí, que [j]los hombres de aquella ciudad, hombres [k]hijos de Belial, rodearon la casa, golpeando las puertas, y diciendo al hombre viejo dueño de la casa: [n]Saca al hombre que ha entrado en tu casa, para que lo conozcamos.
23 Y saliendo a ellos [p]aquel varón, amo de la casa, les dijo: No, hermanos míos, os ruego que no cometáis este mal, pues que este hombre ha entrado en mi casa, [q]no hagáis esta maldad.
24 [r]He aquí mi hija virgen, y la concubina de él; yo os las sacaré ahora; [s]humilladlas, y haced con ellas como os pareciere, y no hagáis a este hombre cosa tan infame.
25 Pero aquellos hombres no le quisieron oír; por lo que aquel hombre tomó a su concubina y la trajo a ellos; y ellos la conocieron, y abusaron de ella toda la noche hasta la mañana, y la dejaron cuando apuntaba el alba.
26 Y cuando ya amanecía, vino la mujer y cayó delante de la puerta de la casa de aquel hombre donde su señor estaba, hasta *que se hizo* de día.
27 Y levantándose de mañana su señor, abrió las puertas de la casa y salió para seguir su camino, y he aquí, la mujer, su concubina, estaba tendida delante de la puerta de la casa, con las manos sobre el umbral.
28 Y él le dijo: Levántate, y vámonos. Pero ella no respondió.

a cp 18:31
b cp 20:6
1 Sm 11:7
c Gn 24:25
d cp 18:10
e Éx 13:21
f Nm 10:33
g ver 2
cp 2:14
h Gn 43:24
i cp 21:5
Dt 13:12
Jos 22:12
j cp 20:5
Os 9:9
y 10:9
k Dt 13:13
l cp 18:19
2 Sm 3:10
m Jos 18:26
n Gn 19:5
o 1 Sm 14:38
Is 19:13
p Gn 19:6-7
q Gn 34:7
2 Sm 13:12
r Gn 19:8
s Dt 21:14
t Gn 19:8

u cp 19:22

v cp 19:29

x cp 19:30

Entonces la levantó el varón, y echándola sobre su asno, se levantó y se fue a su lugar.
29 Y llegando a su casa, tomó un cuchillo, y echó mano de su concubina, y [b]la partió por sus huesos en doce pedazos, y los envió por todos los términos de Israel.
30 Y todo el que lo veía, decía: Jamás se ha hecho ni visto cosa semejante, desde el tiempo que los hijos de Israel subieron de la tierra de Egipto hasta hoy. [f]Considerad esto, dad consejo, y hablad.

CAPÍTULO 20

Entonces salieron [i]todos los hijos de Israel, y se reunió la congregación como un solo hombre, desde [l]Dan hasta Beerseba y la tierra de Galaad, a Jehová en [m]Mizpa.
2 Y [o]los principales de todo el pueblo, de todas las tribus de Israel, se hallaron presentes en la reunión del pueblo de Dios, cuatrocientos mil hombres de a pie que sacaban espada.
3 Y los hijos de Benjamín oyeron que los hijos de Israel habían subido a Mizpa. Y dijeron los hijos de Israel: Decid cómo fue esta maldad.
4 [t]Entonces el varón levita, marido de la mujer muerta, respondió y dijo: Yo llegué a Gabaa de Benjamín con mi concubina, para pasar allí la noche.
5 [u]Y levantándose contra mí los de Gabaa, rodearon sobre mí la casa por la noche, con idea de matarme, y amancillaron a mi concubina tanto que ella murió.
6 Entonces [v]tomando yo mi concubina, la corté en pedazos, y los envié por todo el término de la posesión de Israel: por cuanto han hecho maldad y crimen en Israel.
7 He aquí todos vosotros *sois* hijos de Israel; [x]dad aquí vuestro parecer y consejo.
8 Entonces todo el pueblo, como un solo hombre, se levantó, y dijeron: Ninguno *de nosotros* irá a su tienda, ni ninguno de nosotros volverá a su casa.

Los Benjamitas son casi erradicados

9 Esto es lo que haremos ahora a Gabaa; contra ella *subiremos* ^apor sorteo.
10 Tomaremos diez hombres de cada cien por todas las tribus de Israel, y cien de cada mil, y mil de cada diez mil, que lleven provisiones para el pueblo, para que yendo contra Gabaa de Benjamín, le hagan conforme a toda la abominación que ha cometido en Israel.
11 Y se juntaron todos los hombres de Israel contra la ciudad, ligados como un solo hombre.
12 Y ^clas tribus de Israel enviaron varones por toda la tribu de Benjamín, diciendo: ¿Qué maldad *es* ésta que ha sido hecha entre vosotros?
13 Entregad, pues, ahora aquellos hombres, hijos de Belial, que *están* en Gabaa, para que los matemos, y barramos el mal de Israel. Mas los de Benjamín no quisieron oír la voz de sus hermanos los hijos de Israel.
14 Antes los de Benjamín se juntaron de las ciudades de Gabaa, para salir a pelear contra los hijos de Israel.
15 Y fueron contados en aquel tiempo los hijos de Benjamín de las ciudades, ^dveintiséis mil hombres que sacaban espada, sin los que moraban en Gabaa, que fueron por cuenta setecientos hombres escogidos.
16 De toda aquella gente había setecientos hombres escogidos, que eran zurdos, todos los cuales tiraban una piedra con la honda a un cabello, y no erraban.
17 Y fueron contados los varones de Israel, fuera de Benjamín, ^hcuatrocientos mil hombres que sacaban espada, todos estos *eran* hombres de guerra.
18 Se levantaron luego los hijos de Israel, y ^jsubieron a la casa de Dios, y ^kconsultaron a Dios, diciendo: ¿Quién de nosotros subirá primero a la guerra contra los hijos de Benjamín? Y Jehová respondió: Judá *subirá* primero.
19 Levantándose, pues, de mañana los hijos de Israel, acamparon contra Gabaa.
20 Y salieron los hijos de Israel a combatir contra Benjamín; y los varones de Israel ordenaron la batalla contra ellos junto a Gabaa.
21 Saliendo entonces de Gabaa los hijos de Benjamín, derribaron en tierra aquel día veintidós mil hombres de los hijos de Israel.
22 Mas reanimándose el pueblo, los varones de Israel tornaron a ordenar la batalla en el mismo lugar donde la habían ordenado el primer día.
23 Porque ^blos hijos de Israel subieron, y lloraron delante de Jehová hasta la tarde, y consultaron a Jehová, diciendo: ¿Tornaré a pelear con los hijos de Benjamín mi hermano? Y Jehová les respondió: Subid contra él.
24 Los hijos pues de Israel se acercaron el siguiente día a los hijos de Benjamín.
25 Y aquel segundo día, saliendo Benjamín de Gabaa contra ellos, derribaron por tierra otros dieciocho mil hombres de los hijos de Israel, todos los cuales sacaban espada.
26 Entonces subieron todos los hijos de Israel, y todo el pueblo, y vinieron a la casa de Dios; y lloraron, y se sentaron allí delante de Jehová, y ayunaron aquel día hasta la tarde; y sacrificaron holocaustos y pacíficos delante de Jehová.
27 Y los hijos de Israel preguntaron a Jehová ^e(porque el arca del pacto de Dios *estaba* allí en aquellos días,
28 y ^fFinees, hijo de Eleazar, hijo de Aarón, ^gministraba delante de ella en aquellos días), y dijeron: ¿Volveré aún a salir en batalla contra los hijos de Benjamín mi hermano, o me quedaré quieto? Y Jehová dijo: Subid, que mañana yo lo entregaré en tu mano.
29 Y puso Israel ⁱemboscadas alrededor de Gabaa.
30 Subiendo entonces los hijos de Israel contra los hijos de Benjamín el tercer día, ordenaron la batalla delante de Gabaa, como las otras veces.
31 Y saliendo los hijos de Benjamín contra el pueblo, alejados que fueron de la ciudad, comenzaron a herir a algunos del pueblo, matando como las otras veces por los caminos, uno de los cuales sube a Betel, y el otro a Gabaa en el

---

a 1 Sm 10:20
  y 14:41-42
  Neh 11:1
  Hch 1:26

b vers 18,26

c Dt 13:14
  Jos 22:13-16

d Nm 1:37
  y 26:41

e Jos 18:1
  1 Sm 4:3-4

f Nm 25:7
  y 31:6
  Jos 24:33

g Dt 10:8
  y 18:7

h ver 2
  Nm 1:46
  y 26:51

i 1 Sm 11:8

j Jos 8:4

j ver 16
  cp 18:31

k cp 1:1
  Nm 27:21

campo; y mataron unos treinta hombres de Israel.

32 Y los hijos de Benjamín decían: Vencidos *son* delante de nosotros, [a]como antes. Mas los hijos de Israel decían: Huiremos, y los alejaremos de la ciudad hasta los caminos.

33 Entonces, levantándose todos los de Israel de su lugar, se pusieron en orden en Baal-tamar: y también las emboscadas de Israel salieron de su lugar, del prado de Gabaa.

34 Y vinieron contra Gabaa diez mil hombres escogidos de todo Israel, y la batalla comenzó a agravarse; mas ellos no sabían que el mal se acercaba sobre ellos.

35 E hirió Jehová a Benjamín delante de Israel; y mataron los hijos de Israel aquel día veinticinco mil cien hombres de Benjamín, todos los cuales sacaban espada.

36 Y vieron los hijos de Benjamín que eran muertos; pues los hijos de Israel habían dado lugar a Benjamín, porque estaban confiados en las emboscadas que habían puesto detrás de Gabaa.

37 Entonces *los hombres de* [e]las emboscadas acometieron prontamente a Gabaa, y se extendieron, e hirieron a filo de espada a toda la ciudad.

38 Ya los israelitas estaban concertados con las emboscadas, que hiciesen mucho fuego, para que subiese gran humo de la ciudad.

39 Luego, pues, que los de Israel se volvieron en la batalla, los de Benjamín comenzaron a derribar heridos de Israel unos treinta hombres, y ya decían: Ciertamente ellos han caído delante de nosotros, como en la primera batalla.

40 Mas cuando la llama comenzó a subir de la ciudad, una columna de humo, los benjamitas miraron hacia atrás; y [g]he aquí que el fuego de la ciudad subía al cielo.

41 Entonces revolvieron los hombres de Israel, y los de Benjamín se llenaron de temor; porque vieron que el mal había venido sobre ellos.

42 Volvieron, por tanto, la espalda delante de Israel hacia [j]el camino del desierto; mas el escuadrón los alcanzó, y los que salían de las ciudades los destruían en medio de ellos.

43 Así envolvieron a los de Benjamín, y los persiguieron y fácilmente los aplastaron enfrente de Gabaa, hacia donde nace el sol.

44 Y cayeron de Benjamín dieciocho mil hombres, todos ellos hombres de guerra.

45 Volviéndose luego, huyeron hacia el desierto, a la peña de [b]Rimón, y de ellos [c]recogieron cinco mil hombres en los caminos; y fueron persiguiéndolos aun hasta Gidom, y mataron de ellos dos mil hombres.

46 Así todos los que de Benjamín murieron aquel día, fueron veinticinco mil hombres que sacaban espada, todos ellos hombres de guerra.

47 Pero se volvieron y huyeron al desierto a la peña de Rimón seiscientos hombres, los cuales [d]estuvieron en la peña de Rimón cuatro meses;

48 Y los hombres de Israel tornaron a los hijos de Benjamín, y los hirieron a filo de espada, así a los hombres de *cada* ciudad como a las bestias y todo lo que encontraron; también pusieron fuego a todas las ciudades que hallaron.

CAPÍTULO 21

Y los varones de Israel habían jurado en Mizpa, diciendo: Ninguno de nosotros dará su hija a los de Benjamín por esposa.

2 Y [f]vino el pueblo a la casa de Dios, y se estuvieron allí hasta la tarde delante de Dios; y alzando su voz hicieron gran llanto, y dijeron:

3 Oh Jehová, Dios de Israel, ¿por qué ha sucedido esto en Israel, que falte hoy de Israel una tribu?

4 Y aconteció que al día siguiente el pueblo se levantó de mañana, y [h]edificaron allí un altar y ofrecieron holocaustos y ofrendas de paz.

5 Y dijeron los hijos de Israel: ¿Quién de todas las tribus de Israel no subió a la reunión cerca de Jehová? [i]Porque se había hecho gran juramento contra el que no subiese a Jehová en Mizpa, diciendo: Sufrirá muerte.

Los Benjamitas arrebatan mujeres

6 Y los hijos de Israel se arrepintieron a causa de Benjamín su hermano, y dijeron: Una tribu es hoy cortada de Israel.

7 ¿Qué haremos en cuanto a esposas para los que han quedado? Nosotros hemos jurado por Jehová que no les hemos de dar nuestras hijas por esposas.

8 Y dijeron: ¿Hay alguno de las tribus de Israel que no haya subido a Jehová en Mizpa? Y hallaron que ninguno de [b]Jabes-galaad había venido al campamento, a la reunión.

9 Porque el pueblo fue contado, y no hubo allí varón de los moradores de Jabes-galaad.

10 Entonces la congregación envió allá a doce mil hombres de los más valientes, y les mandaron, diciendo: [c]Id y herid a filo de espada a los moradores de Jabes-galaad, con las mujeres y los niños.

11 Mas haréis de esta manera: mataréis a [e]todo varón y a toda mujer que hubiere conocido ayuntamiento de varón.

12 Y hallaron de los moradores de Jabes-galaad cuatrocientas doncellas que no habían conocido hombre en ayuntamiento de varón, y las trajeron al campamento [f]en Silo, que está en la tierra de Canaán.

13 Toda la congregación envió luego a hablar a los hijos de Benjamín que estaban [g]en la peña de Rimón, y [h]los llamaron en paz.

14 Y volvieron entonces los de Benjamín; y les dieron por esposas las que habían guardado vivas de las mujeres de Jabes-galaad; mas no les bastaron éstas.

15 Y el pueblo tuvo dolor a causa de Benjamín, de que Jehová hubiese hecho mella en las tribus de Israel.

16 Entonces los ancianos de la congregación dijeron: ¿Qué haremos acerca de esposas para los que han quedado? Porque han sido muertas las mujeres de Benjamín.

17 Y dijeron: *Que haya* herencia para los que han escapado de Benjamín, y no sea exterminada una tribu de Israel.

18 Pero nosotros no les podemos dar esposas de nuestras hijas, [a]porque los hijos de Israel han jurado, diciendo: Maldito el que diere esposa a *los de* Benjamín.

19 Y dijeron: He aquí cada año *hay* fiesta de Jehová en Silo, que *está* al norte de Betel, y al lado oriental del camino que sube de Betel a Siquem, y al sur de Lebona.

20 Y mandaron a los hijos de Benjamín, diciendo: Id, y poned emboscada en las viñas,

21 y estad atentos; y he aquí, [d]si las hijas de Silo salieren a bailar en corros, vosotros saldréis de las viñas y arrebataréis cada uno esposa para sí de las hijas de Silo, y os iréis a tierra de Benjamín.

22 Y será que cuando sus padres o sus hermanos vinieren a quejarse ante nosotros, nosotros les diremos: Tened piedad de ellos por causa de nosotros; pues que nosotros en la guerra no tomamos esposas para todos; que vosotros no se las habéis dado, para que ahora seáis culpables.

23 Y los hijos de Benjamín lo hicieron así; pues tomaron esposas conforme a su número, pillando de las que danzaban; y yéndose luego, se regresaron a su heredad, y [i]reedificaron las ciudades, y habitaron en ellas.

24 Entonces los hijos de Israel se fueron también de allí, cada uno a su tribu y a su familia, saliendo de allí cada uno a su heredad.

25 [j]En estos días no *había* rey en Israel; cada uno hacía lo que le parecía recto ante sus propios ojos.

Libro De
RUTH

CAPÍTULO 1

Y aconteció en los días que ᵃgobernaban los jueces, que hubo hambre en la tierra. Y un varón de ᵇBelén de Judá, fue a peregrinar en los campos de Moab, él y su esposa, y sus dos hijos.

2 El nombre de aquel varón *era* Elimelec, y el de su esposa Noemí; y los nombres de sus dos hijos eran, Mahalón y ᵈQuilión, efrateos de Belén de Judá. ᵉLlegaron, pues, a los campos de Moab, y asentaron allí.

3 Y murió Elimelec, marido de Noemí, y quedó ella con sus dos hijos,

4 los cuales tomaron para sí esposas de las mujeres de Moab; el nombre de una *era* Orfa, y el nombre de la otra, Ruth; y habitaron allí unos diez años.

5 Y murieron también los dos, Mahalón y Quilión, quedando así la mujer desamparada de sus dos hijos y de su marido.

6 Entonces se levantó con sus nueras, y regresó de los campos de Moab, porque oyó en el campo de Moab que Jehová había ᵏvisitado a su pueblo ˡpara darles pan.

7 Salió, pues, del lugar donde había estado, y con ella sus dos nueras, y comenzaron a caminar para volverse a la tierra de Judá.

8 Y Noemí dijo a sus dos nueras: Andad, volveos cada una a la casa de su madre; ⁿJehová haga con vosotras misericordia, como la habéis hecho con ᵖlos muertos y conmigo.

9 Os conceda Jehová ᑫque halléis descanso, cada una en casa de su marido; las besó luego, y ellas alzaron su voz y lloraron.

10 Y le dijeron: Ciertamente nosotras volveremos contigo a tu pueblo.

11 Y Noemí respondió: Volveos, hijas mías; ¿Para qué habéis de ir conmigo? ¿Tengo yo más hijos en el vientre, ˢque puedan ser vuestros maridos?

12 Volveos, hijas mías, e idos; que yo ya soy vieja para ser para varón. Y aunque dijese: Esperanza tengo; y esta noche estuviese con marido, y aun diere a luz hijos;

13 ¿habíais vosotras de esperarlos hasta que fuesen grandes? ¿Habíais vosotras de quedaros sin casar por amor a ellos? No, hijas mías; que mayor amargura tengo yo que vosotras, pues ᶜla mano de Jehová ha salido contra mí.

14 Mas ellas alzando otra vez su voz, lloraron; y Orfa besó a su suegra, mas Ruth ᶠse quedó con ella.

15 Y Noemí dijo: He aquí tu cuñada se ha vuelto a su pueblo y a sus dioses; ᵍvuélvete tú tras ella.

16 Y Ruth respondió: No me ruegues que te deje, y que me aparte de ti; porque a dondequiera que tú vayas, iré yo; y dondequiera que vivas, viviré. ʰTu pueblo *será* mi pueblo, y tu Dios *será* mi Dios.

17 Donde tú mueras, moriré yo, y allí seré sepultada; ⁱasí me haga Jehová, y aun me añada, que sólo la muerte hará separación entre tú y yo.

18 ʲY viendo Noemí que estaba tan resuelta a ir con ella, no dijo más.

19 Anduvieron, pues, ellas dos hasta que llegaron a Belén. Y aconteció que entrando en Belén, ᵐtoda la ciudad se conmovió por causa de ellas, y decían: ¿*No es* ésta Noemí?

20 Y ella les respondía: No me llaméis ¹Noemí, sino llamadme ²Mara; porque en grande amargura me ha puesto el Todopoderoso.

21 Yo me fui llena, mas ᵒvacía me ha vuelto Jehová. ¿Por qué me llamaréis Noemí, ya que Jehová ha dado testimonio contra mí, y el Todopoderoso me ha afligido?

22 Así volvió Noemí, y con ella su nuera Ruth la moabita, la cual venía de los campos de Moab; y llegaron a Belén ʳen el principio de la siega de las cebadas.

CAPÍTULO 2

Y tenía Noemí un ᵗpariente de su marido, varón rico y poderoso, de la familia de Elimelec, el cual se llamaba ᵘBoaz.

Referencias:
a Jue 2:16
b Jue 17:8
c Job 19:21
Sal 32:4 33:2 y 39:9-10
d Gn 35:19
e Jue 3:30
f Pr 17:17
y 18:24
g 2 Re 2:2-6
h cp 2:11-12
i 1 Sm 3:17
14:44 y 20:13
j Hch 21:14
k Éx 3:16
l Sal 132:15
m Mt 21:10
1 Placentera
2 Amarga
n Jos 2:12-14
Jue 1:24
o Job 1:21
p ver 5
y cp 2:20
q cp 3:1
r cp 2:23
2 Sm 21:9
s Gn 38:11
Dt 25:5
t cp 3:2,12
u cp 4:21
Mt 1:5

Ruth va a espigar al campo de Boaz

2 Y Ruth la moabita dijo a Noemí: Te ruego que me dejes ir al campo, y ªrecogeré espigas en pos de aquel a cuyos ojos hallare gracia. Y ella le respondió: Ve, hija mía.

3 Fue, pues, y llegando, espigó en el campo en pos de los segadores; y aconteció por ventura, que la parte del campo *era* de Boaz, el cual *era* de la parentela de Elimelec.

4 Y he aquí que Boaz vino de Belén, y dijo a los segadores: ᶜJehová sea con vosotros. Y ellos respondieron: Jehová te bendiga.

5 Y Boaz dijo a su siervo el mayordomo de los segadores: ¿De quién *es* esta joven?

6 Y el siervo, mayordomo de los segadores, respondió y dijo: Es la joven de Moab, ᵉque volvió con Noemí de los campos de Moab;

7 y ha dicho: Te ruego que me dejes recoger y juntar tras los segadores entre las gavillas: Entró, pues, y está desde por la mañana hasta ahora, menos un poco que se detuvo en casa.

8 Entonces Boaz dijo a Ruth: Oye, hija mía, no vayas a espigar a otro campo, ni pases de aquí; y aquí estarás junto a mis criadas.

9 Mira bien el campo que ellas siegan, y síguelas; porque yo he mandado a los criados que no te toquen. Y si tuvieres sed, ve a los vasos, y bebe *del agua* que sacan los criados.

10 ʲElla entonces bajando su rostro se inclinó a tierra, y le dijo: ¿Por qué he hallado gracia en tus ojos para que tú me reconozcas, siendo yo extranjera?

11 Y respondiendo Boaz, le dijo: Por cierto se me ha contado ˡtodo lo que has hecho con tu suegra después de la muerte de tu marido, y que dejando a tu padre y a tu madre y la tierra donde naciste, has venido a un pueblo que no conociste antes.

12 ᵐJehová recompense tu obra, y tu remuneración sea completa por Jehová, el Dios de Israel, que ⁿhas venido a refugiarte bajo sus alas.

13 Y ella dijo: ᵖSeñor mío, halle yo gracia delante de tus ojos; porque me has consolado, y porque has hablado al corazón de tu sierva, ʳno siendo yo como una de tus criadas.

14 Y Boaz le dijo a la hora de comer: Acércate aquí, y come del pan, y moja tu bocado ᵇen el vinagre. Y ella se sentó junto a los segadores, y él le dio del potaje, y comió hasta que se sació y le sobró.

15 Luego se levantó para espigar. Y Boaz mandó a sus criados, diciendo: Que recoja también espigas entre las gavillas, y no la avergoncéis;

16 y dejad caer *algunos* de los manojos, y la dejaréis que *los* recoja, y no la reprendáis.

17 Y espigó en el campo hasta la tarde, y desgranó lo que había recogido, y fue como un ᵈefa de cebada.

18 Y lo tomó, y se fue a la ciudad; y su suegra vio lo que había recogido. Sacó también luego lo que le había sobrado después de quedar saciada, y se lo dio.

19 Y le dijo su suegra: ¿Dónde has espigado hoy? ¿Y dónde has trabajado? Bendito sea el que te ha ᶠreconocido. Y ella contó a su suegra con quién había trabajado, y dijo: El nombre del varón con quien hoy he trabajado es Boaz.

20 Y dijo Noemí a su nuera: ᵍSea él bendito de Jehová, pues que no ha rehusado ᵃa los vivos la benevolencia que tuvo para con los finados. Y Noemí le dijo: Nuestro pariente *es* aquel varón, y uno de nuestros ⁱredentores.

21 Y Ruth la moabita dijo: Además de esto me ha dicho: Júntate con ᵏmis criadas, hasta que hayan acabado toda mi siega.

22 Y Noemí respondió a Ruth su nuera: Mejor es, hija mía, que salgas con sus criadas, y no que te encuentren en otro campo.

23 Estuvo, pues, junto con las criadas de Boaz espigando, hasta que la siega de las cebadas y la de los trigos fue acabada; y habitó con su suegra.

CAPÍTULO 3

Y su suegra Noemí le dijo: Hija mía, ¿no he de buscar ᵒdescanso para ti, para que estés bien?

2 ¿No *es* Boaz ᵠnuestro pariente, con cuyas mozas tú has estado? He aquí que esta noche él avienta la parva de las cebadas.

3 Te lavarás pues, y ªte ungirás, y te pondrás tu vestido y bajarás a la era; *pero* no te darás a conocer al varón hasta que él haya acabado de comer y de beber.

4 Y cuando él se acostare, observa tú el lugar donde él se acuesta, e irás, y descubrirás sus pies, y te acostarás allí; y él te dirá lo que debes hacer.

5 Y ella le respondió: Haré todo lo que tú me dices.

6 Descendió, pues, a la era, e hizo todo lo que su suegra le había mandado.

7 Y cuando Boaz hubo comido y bebido, y ᶜsu corazón estuvo contento, se retiró a dormir a un lado del montón de grano. Entonces ella ᵉvino calladamente, y le descubrió los pies y se acostó.

8 Y aconteció, que a la media noche se estremeció aquel hombre, y palpó; y he aquí, la mujer que estaba acostada a sus pies.

9 Entonces él dijo: ¿Quién eres? Y ella respondió: Yo soy Ruth tu sierva; ʰextiende el borde de tu capa sobre tu sierva, por cuanto *eres* pariente redentor.

10 Y él dijo: ⁱBendita *seas* tú de Jehová, hija mía; pues has hecho mejor tu postrera gracia que la primera, no yendo tras los jóvenes, sean pobres o ricos.

11 Ahora, pues, no temas, hija mía: yo haré contigo lo que me pidas, pues toda la gente de mi pueblo sabe que ᵐeres una mujer virtuosa.

12 Y ahora, aunque es cierto que yo *soy tu* pariente redentor, con todo eso ⁿhay un pariente redentor más cercano que yo.

13 Quédate esta noche, y cuando sea de día, ᵖsi él te redimiere, ᑫbien, que te redima; mas si él no te quisiere redimir, yo te redimiré, vive Jehová. Descansa, pues, hasta la mañana.

14 Y ella ˢdurmió a sus pies hasta la mañana, y se levantó antes que alguno pudiese reconocer al otro. Y él dijo: Que no se sepa que vino mujer a la era.

15 Después le dijo: Dame el lienzo que *traes* sobre ti, y sostenlo. Y sosteniéndolo ella, él midió seis *medidas* de cebada, y *las* puso sobre ella; y ella se fue a la ciudad.

a 2 Sm 14:2

b Sal 37:3-5
Is 30:7

c Jue 19:6
d Jos 20:4

e Jue 4:21
f cp 3:12

g 1 Re 21:8

h Dt 22:30
Ez 16:8

i cp 2:20
j 1 Sm 20:2
k Lv 25:25
l Gn 23:18

m Pr 12:4
y 31:10

n cp 4:1

o ver 10
cp 3:13
Dt 25:5
p cp 4:5
Dt 25:5
q Jue 8:19
1 Sm 14:39
2 Sm 12:5
Jer 4:2 y 5:2
r cp 3:12-13
s ver 8
t Dt 25:7-9

Boaz redime a Ruth

16 Y cuando llegó a *donde estaba* su suegra, ésta le dijo: ¿Qué, pues, hija mía? Y ella le contó todo lo que aquel varón había hecho por ella.

17 Y dijo: Estas seis *medidas* de cebada me dio, diciéndome: Para que no vayas a tu suegra con las manos vacías.

18 Entonces *Noemí* dijo: ᵇReposa, hija mía, hasta que sepas cómo termina esto; porque aquel hombre no descansará hasta que concluya el asunto hoy.

CAPÍTULO 4

Y Boaz subió a ᵈla puerta y se sentó allí; y he aquí pasaba aquel ᶠpariente redentor del cual Boaz había hablado, y le dijo: Eh, fulano, ven acá y siéntate. Y él vino, y se sentó.

2 Entonces él tomó diez varones de ᵍlos ancianos de la ciudad, y dijo: Sentaos aquí. Y ellos se sentaron.

3 Luego dijo al pariente redentor: Noemí, que ha vuelto del campo de Moab, vende una parte de las tierras que *tuvo* nuestro hermano Elimelec;

4 y yo ʲdecidí hacértelo saber, y decirte que ᵏla tomes ˡdelante de los que están aquí sentados, y delante de los ancianos de mi pueblo. Si quieres redimir, redime; y si no quieres redimir, dímelo para que yo lo sepa; porque no *hay* otro que redima sino tú, y yo después de ti. Y él respondió: Yo redimiré.

5 Entonces replicó Boaz: El mismo día que compres las tierras de mano de Noemí, debes tomar también a Ruth la moabita, esposa del difunto, para que ᵒrestaures el nombre del muerto sobre su heredad.

6 Y respondió ʳel pariente: No puedo redimir para mí, porque dañaría mi heredad; redime tú, usando de mi derecho, porque yo no podré redimir.

7 Y ᵗen tiempos pasados había esta *costumbre* en Israel tocante a la redención o contrato, que para confirmar cualquier asunto, uno se quitaba el zapato y lo daba a su compañero; y éste *era* el testimonio en Israel.

8 Entonces el pariente dijo a Boaz: Tómalo tú. Y se quitó su zapato.

Elcana, Ana y Penina

9 Y Boaz dijo a los ancianos y a todo el pueblo: Vosotros *sois* testigos hoy de que tomo todas las cosas que *fueron* de Elimelec, y todo lo que *fue* de ᶜQuilión y de Mahalón, de mano de Noemí.

10 Y que también tomo por mi esposa a Ruth la moabita, esposa de Mahalón, para restaurar el nombre del difunto sobre su heredad, ᵉpara que el nombre del muerto no se borre de entre sus hermanos y de la puerta de su lugar. Vosotros *sois* testigos hoy.

11 Y dijeron todos los del pueblo que *estaban* a la puerta con los ancianos: Testigos somos. Jehová haga a la mujer que entra en tu casa como a Raquel y a Lea, las cuales ᵍedificaron la casa de Israel; y tú seas ilustre en ⁱEfrata, y seas de renombre en Belén;

12 Y de ʲla simiente que Jehová te diere de esta joven, sea tu casa como la casa de Fares, el que ᵏTamar dio a luz a Judá.

13 Boaz, pues, tomó a ˡRuth, y ella fue su esposa; y luego que entró a ella, ᵃJehová le dio que concibiese y diese a luz un hijo.

14 Y ᵇlas mujeres decían a Noemí: Bendito sea Jehová, que hizo que no te faltase hoy pariente redentor, cuyo nombre será célebre en Israel.

15 Y él será el restaurador de *tu* vida, y sustentará tu vejez; porque tu nuera, que te ama, y es ᵈde más valor para ti que siete hijos, lo ha dado a luz.

16 Y Noemí tomó al niño y lo puso en su regazo, y le fue su aya.

17 Y ᶠlas vecinas le dieron un nombre, diciendo: A Noemí le ha nacido un hijo; y le llamaron Obed. Éste *es* el padre de Isaí, padre de David.

18 Y éstas *son* las generaciones de Fares: ʰFares engendró a Hezrón;

19 y Hezrón engendró a Ram, y Ram engendró a Aminadab;

20 y Aminadab engendró a Naasón, y Naasón engendró a Salmón;

21 y Salmón engendró a Boaz, y Boaz engendró a Obed;

22 y Obed engendró a Isaí, e Isaí engendró a David.

a Gn 33:5
b Lc 1:58
c cp 1:2-4
d 1 Sm 1:8
e ver 5
Dt 25:6
f Lc 1:39
g Dt 25:9
h 1 Cr 2:4-15
i Gn 35:19
j 1 Sm 2:20
k Gn 38:29
Mt 1:3
l cp 3:11

Libro Primero De
SAMUEL

CAPÍTULO 1

Hubo un varón de Ramataim de Sofim, del monte de Efraín, que se llamaba ᵇElcana, hijo de Jeroham, hijo de Eliú, hijo de Tohu, hijo de Zuf, efrateo.

2 Y tenía él dos esposas; el nombre de una *era* Ana, y el nombre de la otra Penina. Y Penina tenía hijos, mas ᶜAna no los tenía.

3 Y subía aquel varón ᵈtodos los años de su ciudad, ᵉpara adorar y ofrecer sacrificios a Jehová de los ejércitos ᵍen Silo, donde *estaban* dos hijos de Elí, Ofni y Finees, sacerdotes de Jehová.

4 Y cuando venía el día en que Elcana ʰofrecía sacrificio, daba porciones a Penina su esposa y a todos sus hijos y a todas sus hijas.

5 Mas a Ana daba una porción escogida; porque amaba a Ana, aunque Jehová había cerrado su matriz.

6 Y su adversaria ᵃla irritaba, enojándola y entristeciéndola, porque Jehová había cerrado su matriz.

7 Y *así* hacía cada año; cuando subía a la casa de Jehová, enojaba así a la otra; por lo cual ella lloraba, y no comía.

8 Y Elcana su marido le dijo: Ana, ¿por qué lloras? ¿Y por qué no comes? ¿Y por qué está afligido tu corazón? ¿No te *soy* yo ᶠmejor que diez hijos?

9 Y se levantó Ana después que hubo comido y bebido en Silo; y *mientras* el sacerdote Elí estaba sentado en una silla junto a un pilar del ⁱtemplo de Jehová.

10 ella con ʲamargura de alma oró a Jehová, y lloró abundantemente.

11 E ᵏhizo voto, diciendo: Jehová de

a ver 7
Job 24:21
b 1 Cr 6:23-34
c Jue 13:2
Lc 1:7
d Éx 23:14
Lc 2:41
e Dt 12:5-7
f Rt 4:15
g Jos 18:1
h Dt 12:17-18
i cp 3:3
j Job 7:11
k Jue 11:30

los ejércitos, ªsi te dignares mirar la aflicción de tu sierva, y te acordares de mí, y no te olvidares de tu sierva, mas dieres a tu sierva un hijo varón, yo lo dedicaré a Jehová todos los días de su vida, y ᵇno pasará navaja sobre su cabeza.

12 Y sucedió que mientras ella oraba largamente delante de Jehová, Elí estaba observando la boca de ella.

13 Mas Ana hablaba en su corazón, y solamente se movían sus labios, y su voz no se oía; y Elí la tuvo por ebria.

14 Entonces le dijo Elí: ¿Hasta cuándo estarás ebria? Aleja de ti tu vino.

15 Y Ana le respondió, diciendo: No, señor mío; mas yo *soy* una mujer atribulada de espíritu; no he bebido vino ni licor, sino que ᵈhe derramado mi alma delante de Jehová.

16 No tengas a tu sierva por una hija de Belial; pues por la magnitud de mis congojas y de mi aflicción he hablado hasta ahora.

17 Y Elí respondió, y dijo: ʰVe en paz, y ʲel Dios de Israel te conceda la petición que le has hecho.

18 Y ella dijo: ᵐHalle tu sierva gracia delante de tus ojos. Y la mujer ⁿsiguió su camino, y comió, y no estuvo más *triste*.

19 Y levantándose de mañana, adoraron delante de Jehová, y se volvieron, y vinieron a su casa en qRamá. Y Elcana conoció a Ana su esposa, y ʳJehová se acordó de ella.

20 Y aconteció que al cumplirse el tiempo, después de haber concebido Ana, dio a luz un hijo, y le puso por nombre ʲSamuel, ˢdiciendo: Por cuanto se lo pedí a Jehová.

21 Después ᵗsubió el varón Elcana con toda su familia a ofrecer sacrificio a Jehová, el sacrificio de cada año, y su voto.

22 Mas Ana no subió, sino dijo a su marido: *Yo no subiré* hasta que el niño sea destetado, y *entonces* lo llevaré para que se presente delante de Jehová, y ᵘse quede allá para siempre.

23 Y Elcana su marido le respondió: Haz lo que bien te pareciere; quédate hasta que lo destetes; ᵛsolamente Jehová afirme su palabra. Y se quedó la mujer, y crió a su hijo hasta que lo destetó.

24 Y después que lo hubo destetado, lo llevó consigo, con tres becerros, un efa de harina y un odre de vino, y lo trajo a la casa de Jehová en Silo; y el niño *era* pequeño.

25 Y matando un becerro, trajeron el niño a Elí.

26 Y ella dijo: ᶜ¡Oh, señor mío! Vive tu alma, señor mío, yo *soy* aquella mujer que estuvo aquí junto a ti orando a Jehová.

27 Por este niño oraba, y Jehová me dio lo que le pedí.

28 Por lo cual yo también lo he dedicado a Jehová; todos los días que él viviere, será de Jehová. Y adoró allí a Jehová.

CAPÍTULO 2

Y Ana oró y dijo: ᵉMi corazón se regocija en Jehová, ᶠmi cuerno es ensalzado en Jehová; mi boca se ensanchó sobre mis enemigos, por cuanto ᵍme alegré en tu salvación.

2 ⁱNo *hay* santo como Jehová: ᵏPorque no *hay* ninguno fuera de ti; y no *hay* ˡRoca como el Dios nuestro.

3 No multipliquéis palabras de grandeza y ºaltanerías; cesen las palabras arrogantes de vuestra boca; porque el Dios de todo saber *es* Jehová, y a Él toca el pesar las acciones.

4 ᵖLos arcos de los fuertes fueron quebrados, y los débiles se ciñeron de fortaleza.

5 Los saciados se alquilaron por pan; y los hambrientos dejaron de estarlo: Aun la estéril dio a luz a siete, y la que tenía muchos hijos languidece.

6 Jehová mata, y Él da vida: Él hace descender al sepulcro, y hace subir.

7 Jehová empobrece, y Él enriquece: Abate, y enaltece.

8 Él levanta del polvo al pobre, y del muladar exalta al menesteroso, para hacerle sentar con príncipes, y hacerle heredar un trono de honor. Porque de Jehová *son* las columnas de la tierra, y Él asentó sobre ellas el mundo.

9 Él guarda los pies de sus santos, mas los impíos perecen en tinieblas; porque nadie prevalecerá por su propia fuerza.

Ana dedica a Samuel para Jehová

10 Delante de Jehová serán ªquebrantados sus adversarios, ᵇdesde el cielo tronará sobre ellos; ᶜJehová juzgará los términos de la tierra, y dará fortaleza a su Rey, y ᵈexaltará el cuerno de su Mesías.

11 Y Elcana se volvió a su casa en ᵉRamá; y el niño ministraba a Jehová delante del sacerdote Elí.

12 Mas ᶠlos hijos de Elí *eran* hijos de Belial, y no conocían a Jehová.

13 Y la costumbre de los sacerdotes con el pueblo *era que*, cuando alguno ofrecía sacrificio, mientras era cocida la carne, venía el criado del sacerdote trayendo en su mano un garfio de tres ganchos;

14 y lo metía en el perol, o en la olla, o en el caldero, o en el pote; y ʲtodo lo que sacaba el garfio, el sacerdote lo tomaba para sí. De esta manera hacían a todo israelita que venía a Silo.

15 Asimismo, ᵐantes de quemar la grosura, venía el criado del sacerdote, y decía al que sacrificaba: Da carne que ase para el sacerdote; porque no tomará de ti carne cocida, sino cruda.

16 Y *si* le respondía el varón: Quemen la grosura primero, y *después* toma tanto como quieras; él respondía: No, sino dámela ahora mismo; de otra manera yo la tomaré por la fuerza.

17 Era, pues, muy grande delante de Jehová el pecado de los jóvenes; ˢporque los hombres menospreciaban las ofrendas de Jehová.

18 Y el joven Samuel ministraba delante de Jehová, ᵘvestido de un efod de lino.

19 Y le hacía su madre una túnica pequeña, y se la traía cada año, cuando subía con su marido a ofrecer el sacrificio acostumbrado.

20 Y ʸElí bendijo a Elcana y a su esposa, diciendo: Jehová te dé simiente de esta mujer en lugar de este ᶻpréstamo que es hecho a Jehová. Y se volvieron a su casa.

21 Y ªvisitó Jehová a Ana, y concibió, y dio a luz tres hijos, y dos hijas. Y el joven Samuel crecía delante de Jehová.

22 Y Elí era muy viejo, y oía todo lo que sus hijos ᶜhacían a todo Israel, y cómo dormían con las mujeres que velaban a la puerta del tabernáculo de la congregación.

23 Y les dijo: ¿Por qué hacéis cosas semejantes? Porque yo oigo de todo este pueblo vuestro mal proceder.

24 No, hijos míos; porque no *es* buena fama la que yo oigo; pues hacéis pecar al pueblo de Jehová.

25 Si un hombre pecare contra otro, ᵍel Juez lo juzgará; pero si alguno pecare contra Jehová, ¿quién intercederá por él? Pero ellos no oyeron la voz de su padre, ʰporque Jehová había resuelto quitarles la vida.

26 Y el joven Samuel crecía, y tenía ⁱgracia delante de Dios y de los hombres.

27 Y ᵏvino un varón de Dios a Elí, y le dijo: Así dice Jehová: ˡ¿No me manifesté yo claramente a la casa de tu padre, cuando estaban en Egipto en casa de Faraón?

28 Y ⁿyo le escogí por mi sacerdote entre todas las tribus de Israel, para que ofreciese sobre mi altar, y quemase incienso, y ᵒtrajese efod delante de mí; y ᵖdi a la casa de tu padre todas las ofrendas de los hijos de Israel.

29 ᑫ¿Por qué habéis hollado mis sacrificios y mis presentes, que yo mandé ofrecer en ʳmi tabernáculo, y has honrado a tus hijos más que a mí, engordándoos de lo mejor de todas las ofrendas de mi pueblo Israel?

30 Por tanto, Jehová, el Dios de Israel, dice: ᵗYo había dicho que tu casa y la casa de tu padre andarían delante de mí perpetuamente; mas ahora dice Jehová: ᵛNunca yo tal haga, porque yo honraré a los que me honran, y los que me desprecian serán tenidos en poco.

31 He aquí ˣvienen días, en que cortaré tu brazo, y el brazo de la casa de tu padre, que no haya viejo en tu casa.

32 Y verás a un enemigo *en mi* habitación, en todas *las riquezas* que *Dios* dará a Israel; y ᵇnunca habrá anciano en tu casa.

33 Y el varón de los tuyos que yo no corte de mi altar, será para consumir tus ojos y llenar tu alma de dolor; y toda la cría de tu casa morirá en la edad viril.

1 SAMUEL 3-4 — Los hijos de Elí: Llamamiento de Samuel

34 Y ªte será por señal esto que acontecerá a tus dos hijos, Ofni y Finees; ᵇambos morirán en un día.

35 Y ᶜyo me suscitaré un sacerdote fiel, que haga conforme a mi corazón y a mi alma; y ᵉyo le edificaré casa firme, y andará delante de ᶠmi ungido todos los días.

36 Y será que el que hubiere quedado en tu casa, vendrá a postrarse ante él por una moneda de plata y un bocado de pan, diciéndole: Te ruego que me pongas en algún ministerio, para que coma un bocado de pan.

CAPÍTULO 3

Y el joven Samuel ministraba a Jehová delante de Elí; y ˡla palabra de Jehová era preciada en aquellos días; pues no *había* visión manifiesta.

2 Y aconteció un día, que *estando* Elí acostado en su aposento, cuando sus ojos comenzaban a oscurecerse, que no podía ver,

3 Samuel *estaba* durmiendo en ᵐel templo de Jehová, donde el arca de Dios *estaba*; y antes que ᵒla lámpara de Dios fuese apagada,

4 Jehová llamó a Samuel; y él respondió: Heme aquí.

5 Y corriendo luego a Elí, dijo: Heme aquí; ¿para qué me llamaste? Y Elí le dijo: Yo no he llamado; vuelve y acuéstate. Y él se volvió, y se acostó.

6 Y Jehová volvió a llamar otra vez a Samuel. Y levantándose Samuel vino a Elí, y dijo: Heme aquí; ¿para qué me has llamado? Y él dijo: Hijo mío, yo no he llamado; vuelve, y acuéstate.

7 Y Samuel no había conocido aún a Jehová, ni la palabra de Jehová le había sido revelada.

8 Jehová, pues, llamó la tercera vez a Samuel. Y él levantándose vino a Elí, y dijo: Heme aquí; ¿para qué me has llamado? Entonces entendió Elí que Jehová llamaba al joven.

9 Y dijo Elí a Samuel: Ve y acuéstate: y si Él te llama, dirás: Habla, Jehová, que tu siervo oye. Así se fue Samuel y se acostó en su lugar.

10 Y vino Jehová, y se paró, y llamó como las otras veces: ¡Samuel, Samuel! Entonces Samuel dijo: Habla, que tu siervo oye.

11 Y Jehová dijo a Samuel: He aquí haré yo una cosa en Israel, que ᵈa quien la oyere, le retiñirán ambos oídos.

12 Aquel día yo cumpliré contra Elí, ᵍtodas las cosas que he dicho sobre su casa. Cuando comience, también terminaré.

13 Y le mostraré que ʰyo juzgaré su casa para siempre, por la iniquidad que él sabe; ⁱporque sus hijos se han envilecido, y él ʲno los ha estorbado.

14 Por tanto yo he jurado a la casa de Elí, que la iniquidad de la casa de Elí ᵏno será expiada jamás, ni con sacrificios ni con ofrendas.

15 Y Samuel estuvo acostado hasta la mañana, y abrió las puertas de la casa de Jehová. Y Samuel temía descubrir la visión a Elí.

16 Llamando, pues, Elí a Samuel, le dijo: Hijo mío, Samuel. Y él respondió: Heme aquí.

17 Y dijo: ¿Qué es la palabra que te habló Jehová? Te ruego que no me la encubras; ⁿasí te haga Dios y aun te añada, si me encubrieres palabra de todo lo que habló contigo.

18 Y Samuel se lo manifestó todo, sin encubrirle nada. Entonces él dijo: ᵖJehová es; haga lo que bien le pareciere.

19 Y Samuel creció, y ᵍJehová fue con él, y ʳno dejó caer a tierra ninguna de sus palabras.

20 Y conoció todo Israel desde ˢDan hasta Beerseba, que Samuel *era* ᵗfiel profeta de Jehová.

21 Y Jehová volvió a aparecer ᵘen Silo; porque Jehová se manifestó a Samuel en Silo por ᵛpalabra de Jehová.

CAPÍTULO 4

Y la palabra de Samuel llegaba a todo Israel. Por aquel tiempo salió Israel para enfrentarse en batalla contra los filisteos y acampó junto a ˣEbenezer, y los filisteos acamparon en ʸAfec.

2 Y los filisteos presentaron la batalla a Israel; y trabándose el combate, Israel fue vencido delante de los filisteos, y ellos hirieron en la batalla en el campo como cuatro mil hombres.

Icabod, la gloria es traspasada

3 Y cuando el pueblo volvió al campamento, los ancianos de Israel dijeron: ¿Por qué nos ha herido hoy Jehová delante de los filisteos? ªTraigamos a nosotros de Silo el arca del pacto de Jehová, para que viniendo entre nosotros nos salve de la mano de nuestros enemigos.

4 Y envió el pueblo a Silo, y trajeron de allá el arca del pacto de Jehová de los ejércitos, ᵈque estaba *entre* los querubines; y los dos hijos de Elí, Ofni y Finees, estaban allí con el arca del pacto de Dios.

5 Y aconteció que, como el arca del pacto de Jehová vino al campamento, todo Israel ᵉgritó con tan grande júbilo, que ᶠla tierra tembló.

6 Y cuando los filisteos oyeron la voz de júbilo, dijeron: ¿Qué voz de gran júbilo es ésta en el campamento de los hebreos? Y supieron que el arca de Jehová había venido al campamento.

7 Y los filisteos tuvieron miedo, porque decían: Dios ha venido al campamento. Y dijeron: ¡Ay de nosotros! pues antes de ahora no fue así.

8 ¡Ay de nosotros! ¿Quién nos librará de las manos de estos Dioses fuertes? Éstos *son* los Dioses que hirieron a Egipto con toda *clase de* plaga en el desierto.

9 ʰEsforzaos, oh filisteos, y sed hombres, para que no sirváis a los hebreos, ⁱcomo ellos os han servido a vosotros: sed hombres, y pelead.

10 Pelearon, pues, los filisteos, e ˡIsrael fue vencido; y ᵐhuyeron, cada cual a su tienda y fue hecha muy grande mortandad, pues cayeron de Israel treinta mil hombres a pie.

11 Y el arca de Dios fue tomada, y fueron muertos ⁿlos dos hijos de Elí, Ofni y Finees.

12 Y corriendo de la batalla un hombre de Benjamín, ºvino aquel día a Silo, rotas sus vestiduras y ᵖtierra sobre su cabeza:

13 Y cuando llegó, he aquí Elí que estaba sentado ˢen una silla vigilando junto al camino; porque su corazón estaba temblando por causa del arca de Dios. Llegado, pues, aquel hombre a la ciudad, y dadas las nuevas, toda la ciudad gritó.

a	Nm 14:44
b	cp 3:2
	1 Re 14:4
c	2 Sm 1:4
d	Éx 25:22
	Sal 99:1
e	Jos 6:5,20
f	1 Re 1:45
g	Gn 35:17
h	2 Sm 10:12
	1 Co 16:13
i	Jue 13:1
j	cp 14:3
	1 Sin gloria
k	Sal 26:8
l	Sal 78:60
m	2 Sm 18:17
	y 19:8
	2 Re 14:12
n	cp 2:34
o	2 Sm 1:2
p	Jos 7:6
q	cp 4:1
	y 7:12
r	Jos 11:22
	y 15:46-47
	2 Cr 26:6
	Is 20:1
s	ver 18
	cp 1:9

1 SAMUEL 5

14 Y cuando Elí oyó el estruendo de la gritería, dijo: ¿Qué estruendo de alboroto es éste? Y aquel hombre vino aprisa, y dio las nuevas a Elí.

15 Era ya Elí de edad de noventa y ocho años, y ᵇsus ojos se habían oscurecido, de modo que no podía ver.

16 Dijo, pues, ᶜaquel hombre a Elí: Yo vengo de la batalla, yo he escapado hoy del combate. Y él dijo: ¿Qué ha acontecido, hijo mío?

17 Y el mensajero respondió, y dijo: Israel huyó delante de los filisteos, y también fue hecha gran mortandad en el pueblo; y también tus dos hijos, Ofni y Finees, son muertos, y el arca de Dios fue tomada.

18 Y aconteció que cuando él hizo mención del arca de Dios, Elí cayó hacia atrás de la silla al lado de la puerta, y se le quebró la cerviz y murió; pues era hombre viejo y pesado. Y había juzgado a Israel cuarenta años.

19 Y su nuera, la esposa de Finees, que estaba encinta y cercana a dar a luz, al oír la noticia de que el arca de Dios había sido tomada, y que su suegro y su marido habían muerto, se inclinó y dio a luz; porque le sobrevinieron sus dolores.

20 Y al tiempo que moría, le decían ᵍlas que estaban junto a ella: No tengas temor, porque has dado a luz un hijo. Mas ella no respondió, ni puso atención.

21 Y llamó al ʲniño ʲIcabod, diciendo: ᵏ¡Traspasada es la gloria de Israel! por el arca de Dios que fue tomada, y por la muerte de su suegro y de su marido.

22 Dijo, pues: Traspasada es la gloria de Israel; porque el arca de Dios fue tomada.

CAPÍTULO 5

Y los filisteos, tomada el arca de Dios, la trajeron desde qEbenezer a ʳAsdod.

2 Y tomaron los filisteos el arca de Dios, y la metieron en la casa de Dagón, y la pusieron junto a Dagón.

3 Y cuando al siguiente día los de Asdod se levantaron de mañana, y

1 SAMUEL 6

he aquí Dagón *estaba* ªpostrado en tierra delante del arca de Jehová; y tomaron a Dagón, y lo volvieron a su lugar.

4 Y tornándose a levantar de mañana el siguiente día, he aquí que Dagón *había* caído postrado en tierra delante del arca de Jehová; y ᶜla cabeza de Dagón y las dos palmas de sus manos estaban cortadas sobre el umbral, habiéndole quedado a Dagón *el tronco* solamente.

5 Por esta causa los sacerdotes de Dagón, y todos los que en el templo de Dagón entran, no pisan el umbral de Dagón en Asdod, hasta hoy.

6 Y se agravó ᶠla mano de Jehová sobre los de Asdod, y ᵍlos destruyó, y los hirió con ⁱhemorroides en Asdod y en todos sus términos.

7 Y viendo esto los de Asdod, dijeron: No quede con nosotros el arca del Dios de Israel, porque su mano es dura sobre nosotros, y sobre nuestro dios Dagón.

8 Enviaron, pues, y reunieron a todos ⁿlos príncipes de los filisteos, y dijeron: ¿Qué haremos con el arca del Dios de Israel? Y ellos respondieron: Pásese el arca del Dios de Israel a ᵒGat. Y pasaron allá el arca del Dios de Israel.

9 Y aconteció que cuando la hubieron pasado, ᵖla mano de Jehová fue contra la ciudad con gran quebrantamiento; e hirió a los hombres de aquella ciudad desde el chico hasta el grande, y se llenaron de hemorroides.

10 Entonces enviaron el arca de Dios a ʳEcrón. Y sucedió que cuando el arca de Dios vino a Ecrón, los ecronitas dieron voces diciendo: Han traído a nosotros el arca del Dios de Israel para matarnos a nosotros y a nuestro pueblo.

11 Y enviaron y reunieron a todos los príncipes de los filisteos, diciendo: Enviad el arca del Dios de Israel, y vuélvase a su lugar, y no nos mate a nosotros y a nuestro pueblo; porque había pánico de muerte en toda la ciudad, y ᵗla mano de Dios se había allí agravado.

12 Y los que no morían, eran heridos de hemorroides; y el clamor de la ciudad subía al cielo.

---

a Is 46:1-7
b Éx 7:11
Dt 18:10
Dn 2:2
c Jer 50:2
Ez 6:4-6
Mi 1:7
d Éx 23:15
e Lv 5:15-16

f vers 7,11
Sal 32:4
g cp 6:5
h Lv 11:29
i Dt 28:27
Sal 78:66
j vers 17,18

k cp 5:6
l Jos 7:19
m cp 32:15
n cp 5:6-11

o cp 17:4

p cp 7:13
q 2 Sm 6:3

r Jos 15:11

s Jos 15:10

t vers 6,9

Dos vacas llevan el Arca de Jehová
CAPÍTULO 6

Y estuvo el arca de Jehová en la tierra de los filisteos siete meses.

2 Entonces los filisteos, ᵇllamando a los sacerdotes y adivinos, preguntaron: ¿Qué haremos con el arca de Jehová? Declaradnos cómo la hemos de tornar a su lugar.

3 Y ellos dijeron: Si enviáis el arca del Dios de Israel, ᵈno la enviéis vacía; mas le ᵉpagaréis la expiación: y entonces seréis sanos, y conoceréis por qué no se apartó de vosotros su mano.

4 Y ellos dijeron: ¿Y cuál será la expiación que le pagaremos? Y ellos respondieron: Cinco hemorroides de oro, y ʰcinco ratones de oro, ʲconforme al número de los príncipes de los filisteos, porque una misma plaga estuvo sobre todos vosotros y sobre vuestros príncipes.

5 Haréis, pues, figuras de vuestras hemorroides, y figuras de vuestros ratones que ᵏdestruyen la tierra, y ˡdaréis gloria al Dios de Israel: ᵐquizá aliviará su mano de sobre vosotros, y de sobre vuestros dioses, y de sobre vuestra tierra.

6 Mas ¿por qué endurecéis vuestro corazón, como los egipcios y Faraón endurecieron su corazón? Después que los hubo así tratado, ¿no los dejaron ir, y se fueron?

7 ᑫHaced, pues, ahora un carro nuevo, y tomad luego dos vacas que críen, a las cuales no haya sido puesto yugo, y uncid las vacas al carro, y haced volver sus becerros de detrás de ellas a casa.

8 Tomaréis luego el arca de Jehová, y la pondréis sobre el carro; y poned en una caja al lado de ella las joyas de oro que le pagáis en expiación; y la dejaréis que se vaya.

9 Y mirad; si sube por el camino de su término a ˢBet-semes, Él nos ha hecho este mal tan grande; y si no, sabremos que no fue su mano la que nos hirió, sino que nos ha sucedido por accidente.

10 Y aquellos hombres lo hicieron así; pues tomando dos vacas que criaban, las uncieron al carro, y encerraron en casa sus becerros.

11 Luego pusieron el arca de Jehová sobre el carro, y la caja con los

ratones de oro y con las figuras de sus hemorroides.

12 Y las vacas se encaminaron por el camino de Bet-semes, e iban por ᵃun mismo camino andando y bramando, sin apartarse ni a derecha ni a izquierda. Y los príncipes de los filisteos fueron tras ellas hasta el término de Bet-semes.

13 Y *los de* Bet-semes segaban el trigo en el valle; y alzando sus ojos vieron el arca, y se alegraron cuando la vieron.

14 Y el carro vino al campo de Josué betsemita, y paró allí donde *había* una gran piedra; y ellos cortaron la madera del carro, y ofrecieron las vacas en holocausto a Jehová.

15 Y los levitas bajaron el arca de Jehová, y la caja que estaba junto a ella, en la cual *estaban* las joyas de oro, y las pusieron sobre aquella gran piedra; y los hombres de ᶠBet-semes sacrificaron holocaustos y ofrecieron sacrificios a Jehová en aquel día.

16 Lo cual ⁱviendo los cinco príncipes de los filisteos, se volvieron a ᵏEcrón el mismo día.

17 Éstas fueron las hemorroides de oro que pagaron los filisteos a Jehová en expiación: por ⁿAsdod una, por ᵒGaza una, por ᵖAscalón una, por ᑫGat una, por ʳEcrón una;

18 Y ratones de oro conforme al número de todas las ciudades de los filisteos pertenecientes a los cinco príncipes, desde las ciudades fortificadas hasta las ˢaldeas sin muro; y hasta la gran *piedra de* Abel sobre la cual pusieron el arca de Jehová, *piedra que está* en el campo de Josué betsemita hasta hoy.

19 Entonces ᵗhirió Dios a los de Bet-semes, porque habían mirado en el arca de Jehová; hirió en el pueblo cincuenta mil setenta hombres. Y el pueblo puso luto, porque Jehová le había herido de tan gran plaga.

20 Y dijeron los de Bet-semes: ᵛ¿Quién podrá estar delante de Jehová ˣel Dios santo? ¿Y a quién subirá desde nosotros?

21 Y enviaron mensajeros a los de ᶻQuiriat-jearim, diciendo: Los filisteos han devuelto el arca de Jehová: descended, pues, y llevadla a vosotros.

a Nm 20:19
b 2 Sm 6:3

c Dt 30:2,10
Is 55:7
d Jue 2:13

e Dt 6:13
y 10:20
Mt 4:10
Lc 4:8
f Jos 21:16
g Jue 2:13
h cp 8:6 11:17
y 15:11
i ver 4
j 2 Sm 14:14
k Jos 15:11
l cp 28:20
y 31:13
Ne 9:1-2
Jl 2:12
m Jue 10:10
1 Re 8:47
n cp 5:1
o Jos 15:47
p Jue 1:18
q cp 17:4
r Jos 15:11
s Dt 3:5

t Éx 19:21

u Sal 99:6

v 2 Sm 6:9
x Jos 24:19
y cp 2:10
2 Sm 22:14
z Jos 9:17

CAPÍTULO 7

Y vinieron los de Quiriat-jearim, y llevaron el arca de Jehová, y la metieron en casa de ᵇAbinadab, situada en el collado; y santificaron a Eleazar su hijo, para que guardase el arca de Jehová.

2 Y aconteció que desde el día que llegó el arca a Quiriat-jearim pasaron muchos días, veinte años; y toda la casa de Israel lamentaba en pos de Jehová.

3 Y habló Samuel a toda la casa de Israel, diciendo: Si ᶜde todo vuestro corazón os volvéis a Jehová, quitad los dioses ajenos y a ᵈAstarot de entre vosotros, y preparad vuestro corazón a Jehová, y sólo ᵉa Él servid, y Él os librará de mano de los filisteos.

4 Entonces los hijos de Israel quitaron a ᵍlos Baales y a Astarot, y sirvieron sólo a Jehová.

5 Y Samuel dijo: Reunid a todo Israel en Mizpa, y yo ʰoraré por vosotros a Jehová.

6 Y se reunieron en Mizpa, y ʲsacaron agua y *la* derramaron delante de Jehová, y ˡayunaron aquel día y dijeron allí: ᵐContra Jehová hemos pecado. Y juzgó Samuel a los hijos de Israel en Mizpa.

7 Y oyendo los filisteos que los hijos de Israel estaban reunidos en Mizpa, subieron los príncipes de los filisteos contra Israel; y cuando los hijos de Israel *lo* oyeron, tuvieron temor de los filisteos.

8 Y dijeron los hijos de Israel a Samuel: No ceses de clamar por nosotros a Jehová nuestro Dios, para que nos guarde de mano de los filisteos.

9 Y Samuel tomó un cordero de leche, y ᵘ*lo* sacrificó entero a Jehová *en* holocausto; y clamó Samuel a Jehová por Israel, y Jehová le oyó.

10 Y aconteció que cuando Samuel sacrificaba el holocausto, los filisteos llegaron para pelear con los hijos de Israel. Mas ʸJehová tronó aquel día con gran estruendo sobre los filisteos, y los desbarató, y fueron vencidos delante de Israel.

11 Y saliendo los hijos de Israel de Mizpa, siguieron a los filisteos, hiriéndolos hasta abajo de Betcar.

12 Tomó luego Samuel ªuna piedra, y *la* puso entre Mizpa y Sen, y le puso por nombre ¹Ebenezer, diciendo: Hasta aquí nos ayudó Jehová.

13 Fueron pues ᵇlos filisteos humillados, que ᶜno vinieron más al término de Israel; y ᵈla mano de Jehová fue contra los filisteos todo el tiempo de Samuel.

14 Y fueron restituidas a los hijos de Israel las ciudades que los filisteos habían tomado a los israelitas, desde ᶠEcrón hasta ᵍGat, con sus términos; e Israel las libró de mano de los filisteos. Y hubo paz entre Israel y ʰel amorreo.

15 Y juzgó Samuel a Israel todo el tiempo que vivió.

16 Y todos los años iba y daba vuelta a Betel, y a Gilgal, y a Mizpa, y juzgaba a Israel en todos estos lugares.

17 Después regresaba a ʲRamá, porque allí *estaba* su casa, y allí juzgaba a Israel; y ᵏedificó allí altar a Jehová.

CAPÍTULO 8

Y aconteció que habiendo Samuel envejecido, ⁿpuso a sus hijos por jueces sobre Israel.

2 Y el nombre de su hijo primogénito fue Joel, y el nombre del segundo, Abías; *éstos fueron* jueces en ᵒBeerseba.

3 Mas sus hijos no anduvieron por sus caminos, antes ᵖse desviaron tras la avaricia, ᑫrecibiendo cohecho y pervirtiendo el derecho.

4 Entonces todos los ancianos de Israel se juntaron, y vinieron a Samuel en Ramá,

5 y le dijeron: He aquí tú has envejecido, y tus hijos no van por tus caminos; por tanto, ˢconstitúyenos ahora un rey que nos juzgue, como *tienen* todas las naciones.

6 Pero desagradó a Samuel esta palabra que dijeron: Danos ahora un rey que nos juzgue. Y Samuel oró a Jehová.

7 Y dijo Jehová a Samuel: Oye la voz del pueblo en todo lo que te dijeren: porque no te han desechado a ti, sino a mí me han desechado, para que no reine sobre ellos.

a	Gn 28:18
	Jos 4:9 24:26
1	Piedra de Ayuda
b	Jue 13:1
c	cp 13:5
d	cp 5:9
e	cp 16:25
	Dt 17:16
f	Jos 15:11
g	cp 17:4
h	Gn 15:16
i	Gn 45:6
j	cp 1:19
k	cp 14:35
	Jue 21:4
l	Éx 30:25
m	1 Re 21:7
	Ez 46:18
n	Jue 10:10
	1 Re 8:47
o	Jos 15:28
p	1 Tim 6:10
q	Pr 1:28
	Is 1:15 Mt 3:4
r	Éx 23:8
s	vers 19,20
	Dt 17:14
	Os 13:10
	Hch 13:21
t	ver 5
u	ver 7
	Os 13:11

Hasta aquí nos ayudó Jehová

8 Conforme a todas las obras que han hecho desde el día que los saqué de Egipto hasta hoy, que me han dejado y han servido a dioses ajenos, así hacen también contigo.

9 Ahora, pues, oye su voz: mas protesta contra ellos declarándoles el derecho del rey que ha de reinar sobre ellos.

10 Y dijo Samuel todas las palabras de Jehová al pueblo que le había pedido rey.

11 Dijo, pues, ᵉÉste será el proceder del rey que hubiere de reinar sobre vosotros: Tomará vuestros hijos, y *los* pondrá en sus carros, y en su gente de a caballo, para que corran delante de sus carros;

12 y elegirá capitanes de mil, y capitanes de cincuenta; y *los pondrá* a ⁱque aren sus campos y recojan sus cosechas, y a que forjen sus armas de guerra y los pertrechos de sus carros.

13 Y tomará a vuestras hijas para que *sean* ˡperfumistas, cocineras, y panaderas.

14 Asimismo ᵐtomará lo mejor de vuestras tierras, de vuestras viñas y de vuestros olivares, y *los* dará a sus siervos.

15 Diezmará vuestras simientes y vuestras viñas, para dar a sus oficiales y a sus siervos.

16 Tomará vuestros siervos, y vuestras siervas, y vuestros mejores jóvenes, y vuestros asnos, y con ellos hará sus obras.

17 Diezmará también vuestro rebaño, y seréis sus siervos.

18 Y clamaréis aquel día a causa de vuestro rey que os habréis elegido, ʳmas Jehová no os oirá en aquel día.

19 Pero el pueblo no quiso oír la voz de Samuel; antes dijeron: No, sino que habrá rey sobre nosotros:

20 Y nosotros ᵗseremos también como todas las naciones, y nuestro rey nos gobernará, y saldrá delante de nosotros, y hará nuestras guerras.

21 Y oyó Samuel todas las palabras del pueblo, y las refirió en oídos de Jehová.

22 Y Jehová dijo a Samuel: ᵘOye su voz, y pon rey sobre ellos. Entonces dijo Samuel a los varones de Israel: Idos cada uno a su ciudad.

Saúl buscando las asnas
CAPÍTULO 9

Y había un varón de Benjamín, hombre valeroso, el cual se llamaba [b]Cis, hijo de Abiel, hijo de Seor, hijo de Becora, hijo de Afía, hijo de un hombre de Benjamín.

2 Y tenía él un hijo que se llamaba Saúl, joven y hermoso, que entre los hijos de Israel no *había* otro más hermoso que él; [d]de hombros arriba sobrepasaba a cualquiera del pueblo.

3 Y se habían perdido las asnas de Cis, padre de Saúl; por lo que dijo Cis a Saúl su hijo: Toma ahora contigo alguno de los criados, y levántate, y ve a buscar las asnas.

4 Y él pasó al monte de Efraín, y de allí a la tierra de [f]Salisa, y no las hallaron. Pasaron luego por la tierra de Saalim, y tampoco. Después pasaron por la tierra de Benjamín, y no las encontraron.

5 Y cuando vinieron a la tierra de Zuf, Saúl dijo a su criado que tenía consigo: Ven, volvámonos; porque quizá mi padre, dejado *el cuidado* de las asnas, estará preocupado por nosotros.

6 Y él le respondió: He aquí ahora *hay* en esta ciudad [i]un hombre de Dios, que *es* varón insigne; [j]todo lo que él dice, sucede sin falta. Vamos, pues, allá; quizá nos enseñará nuestro camino por donde hayamos de ir.

7 Y Saúl respondió a su criado: Vamos ahora, ¿mas [m]qué llevaremos al varón? Porque el pan de nuestras alforjas se ha acabado, y no *tenemos* qué ofrecerle al varón de Dios: ¿Qué tenemos?

8 Entonces el criado volvió a responder a Saúl, diciendo: He aquí se halla en mi mano la cuarta parte de un siclo de plata; esto daré al varón de Dios, para que nos declare nuestro camino.

9 (Antiguamente en Israel cualquiera que [o]iba a consultar a Dios, decía así: Venid y vamos hasta el [p]vidente; porque el que hoy *se llama* profeta, antiguamente era llamado vidente).

10 Dijo entonces Saúl a su criado: Bien dices; anda, vamos. Y fueron a la ciudad donde *estaba* el varón de Dios.

11 Y cuando subían por la cuesta de la ciudad, [a]hallaron unas doncellas que salían por agua, a las cuales dijeron: ¿Está en este lugar el vidente?

12 Y ellas respondiéndoles, dijeron: Sí; helo aquí delante de ti; date prisa, porque hoy ha venido a la ciudad en atención a que el pueblo tiene hoy sacrificio en [e]el lugar alto.

13 Y cuando entrareis en la ciudad, le encontraréis luego, antes que suba al lugar alto a comer; pues el pueblo no comerá hasta que él haya venido, porque él es quien bendice el sacrificio; y después comerán los convidados. [e]Subid, pues, ahora, porque ahora le hallaréis.

14 Ellos entonces subieron a la ciudad; y cuando en medio de la ciudad estuvieron, he aquí Samuel que delante de ellos salía para subir al lugar alto.

15 Y un día antes que Saúl viniese, [g]Jehová había revelado al oído de Samuel, diciendo:

16 Mañana a esta misma hora yo enviaré a ti un varón de la tierra de Benjamín, al cual [h]ungirás por príncipe sobre mi pueblo Israel, y salvará a mi pueblo de mano de los filisteos; pues yo he [k]mirado a mi pueblo, porque su clamor ha llegado hasta mí.

17 Y luego que Samuel vio a Saúl, Jehová le dijo: [l]He aquí éste es el varón del cual te hablé; éste señoreará a mi pueblo.

18 Y llegando Saúl a Samuel en medio de la puerta, le dijo: Te ruego que me enseñes dónde está la casa del vidente.

19 Y Samuel respondió a Saúl, y dijo: Yo *soy* el vidente; sube delante de mí al lugar alto, y comed hoy conmigo, y por la mañana te despacharé, y te descubriré todo lo que *está* en tu corazón.

20 Y de [n]las asnas que se perdieron hoy hace tres días, pierde cuidado de ellas, porque se han hallado. Mas ¿para quién es todo el deseo de Israel, sino para ti y para toda la casa de tu padre?

21 Y Saúl respondió, y dijo: ¿No soy yo hijo de Benjamín, de [q]la más pequeña de las tribus de Israel? Y [r]mi familia ¿no es la más pequeña de

1 SAMUEL 10

todas las familias de la tribu de Benjamín? ¿Por qué, pues, me hablas de esta manera?

22 Y trabando Samuel de Saúl y de su criado, los metió en la sala, y les dio lugar a la cabecera de los convidados, que *eran* como unos treinta hombres.

23 Y dijo Samuel al cocinero: Trae acá la porción que te di, la cual te dije que guardases aparte.

24 Entonces alzó el cocinero una ᵈespaldilla, con lo que *estaba* sobre ella, y la puso delante de Saúl. Y *Samuel* dijo: He aquí lo que estaba reservado; ponlo delante de ti, y come; porque para esta ocasión se guardó para ti, cuando dije: Yo he convidado al pueblo. Y Saúl comió aquel día con Samuel.

25 Y cuando hubieron descendido del lugar alto a la ciudad, *Samuel* habló con Saúl en ⁱel terrado.

26 Y al siguiente día madrugaron; y sucedió que al despuntar el alba, Samuel llamó a Saúl, que estaba en el terrado; y dijo: Levántate, para que te despida. Se levantó luego Saúl, y salieron ambos, él y Samuel.

27 Y descendiendo ellos al límite de la ciudad, dijo Samuel a Saúl: Di al criado que vaya delante (y se adelantó el criado), mas ᵐespera tú un poco para que te declare la palabra de Dios.

CAPÍTULO 10

Tomando ⁿentonces Samuel un frasco de aceite, lo derramó sobre su cabeza, y lo besó, y le dijo: ¿No te ha ungido Jehová *por* príncipe sobre su ᵖheredad?

2 Hoy, después que te hayas apartado de mí, hallarás dos hombres junto al ʳsepulcro de Raquel, en el término de Benjamín, en Selsa, los cuales te dirán: Las asnas que habías ido a buscar, se han hallado; y he aquí que tu padre ha dejado ya el asunto de las asnas, y está ᵗangustiado por vosotros, diciendo: ¿Qué haré acerca de mi hijo?

3 Y cuando de allí sigas más adelante, y llegues a la encina de Tabor, te saldrán al encuentro tres hombres que suben a Dios en Betel, uno llevando tres cabritos, otro llevando tres tortas de pan y otro llevando un odre de vino;

4 y ellos te saludarán y te darán las dos *tortas* de pan, las cuales recibirás de sus manos.

5 De allí vendrás al ᵃcollado de Dios donde *está* ᵇla guarnición de los filisteos; y cuando entrares allá en la ciudad encontrarás una compañía de profetas que descienden del ᶜlugar alto, y delante de ellos salterio, y pandero, y flauta, y arpa, y ellos ᵉprofetizando:

6 Y ᶠel Espíritu de Jehová vendrá sobre ti, y ᵍprofetizarás con ellos, y serás mudado en otro hombre.

7 Y cuando te hubieren sobrevenido estas señales, haz lo que te viniere a la mano, porque Dios *es* contigo.

8 Y bajarás delante de mí a ʰGilgal; y luego descenderé yo a ti para ofrecer holocaustos, y sacrificar ofrendas de paz. Espera ʲsiete días, hasta que yo venga a ti, y te enseñe lo que has de hacer.

9 Y sucedió que cuando él volvió la espalda para apartarse de Samuel, le mudó Dios su corazón; y todas estas señales acontecieron en aquel día.

10 Y ᵏcuando llegaron allá al collado, he aquí ˡla compañía de los profetas que venía a encontrarse con él, y el Espíritu de Dios vino sobre él, y profetizó entre ellos.

11 Y aconteció que, cuando todos los que le conocían antes, vieron como profetizaba con los profetas, el pueblo decía el uno al otro: ¿Qué ha sucedido al hijo de Cis? ¿También ᵒSaúl entre los profetas?

12 Y alguno de allí respondió, y dijo: ¿Y ᵍquién *es* el padre de ellos? Por esta causa se volvió en proverbio: ¿También Saúl entre los profetas?

13 Y cesó de profetizar, y llegó al lugar alto.

14 Y un ˢtío de Saúl dijo a él y a su criado: ¿A dónde fuisteis? Y él respondió: A buscar las asnas; y como vimos que no parecían, fuimos a Samuel.

15 Y dijo el tío de Saúl: Yo te ruego me declares qué os dijo Samuel.

16 Y Saúl respondió a su tío: Nos declaró expresamente que ᵘlas asnas habían sido halladas. Mas del asunto del reino, de que Samuel le

El pueblo aclama al rey Saúl

había hablado, no le descubrió nada.

17 Y Samuel convocó ªel pueblo a Jehová en ᵇMizpa;

18 Y dijo a los hijos de Israel: Así dice Jehová, el Dios de Israel: Yo saqué a Israel de Egipto, y os libré de mano de los egipcios, y de mano de todos los reinos que os afligieron;

19 Mas ᵈvosotros habéis desechado hoy a vuestro Dios, el cual os libra de todas vuestras adversidades y angustias, y dijisteis: No, sino pon rey sobre nosotros. Ahora, pues, ᶠpresentaos delante de Jehová por vuestras tribus y por vuestros millares.

20 Y ʰcuando Samuel hizo que se acercasen todas las tribus de Israel, fue tomada la tribu de Benjamín.

21 E hizo llegar la tribu de Benjamín por sus linajes, y fue tomada la familia de Matri; y de ella fue tomado Saúl, hijo de Cis. Y le buscaron, mas no fue hallado.

22 ʲPreguntaron, pues, otra vez a Jehová, si había aún de venir allí aquel varón. Y respondió Jehová: He aquí que él está escondido entre el bagaje.

23 Entonces corrieron, y lo trajeron de allí, y puesto en medio del pueblo, ᵐdesde los hombros arriba era más alto que todo el pueblo.

24 Y Samuel dijo a todo el pueblo: ᵖ¿Habéis visto al que ha elegido Jehová, que no hay semejante a él en todo el pueblo? Entonces el pueblo clamó con alegría, diciendo: ¡Viva el rey!

25 Samuel recitó luego al pueblo ʳlas leyes del reino, y las escribió en un libro, el cual guardó delante de Jehová. Y envió Samuel a todo el pueblo cada uno a su casa.

26 Y Saúl también se fue a su casa en ˢGabaa, y fueron con él unos hombres valerosos, cuyo corazón Dios había tocado.

27 Pero ᵗlos hijos de Belial dijeron: ¿Cómo nos ha de salvar éste? Y le tuvieron en poco, y ᵛno le trajeron presente; mas él disimuló.

CAPÍTULO 11

Y subió Nahas ˣamonita, y acampó contra ʸJabes de Galaad. Y todos los de Jabes dijeron a Nahas: Haz alianza con nosotros, y te serviremos.

2 Y Nahas amonita les respondió: Con esta condición haré alianza con vosotros, que a todos vosotros os saque yo ᶜel ojo derecho, y ponga esta afrenta sobre todo Israel.

3 Entonces los ancianos de Jabes le dijeron: Danos tregua de siete días, para que enviemos mensajeros a todos los términos de Israel; y si no hay quién nos defienda, saldremos a ti.

4 Y llegando los mensajeros a ᵉGabaa de Saúl, dijeron estas palabras en oídos del pueblo; y ᵍtodo el pueblo lloró a voz en grito.

5 Y he aquí Saúl que venía del campo, tras los bueyes; y dijo Saúl: ¿Qué tiene el pueblo, que lloran? Y le contaron las palabras de los hombres de Jabes.

6 Y al oír Saúl estas palabras, ⁱel Espíritu de Dios vino sobre él, y se encendió en ira en gran manera.

7 Y tomando un par de bueyes, ᵏlos cortó en pedazos, y los envió por todos los términos de Israel por mano de mensajeros, diciendo: ˡCualquiera que no saliere en pos de Saúl y en pos de Samuel, así será hecho a sus bueyes. Y cayó temor de Jehová sobre el pueblo, y salieron como un solo hombre.

8 Y les contó en ⁿBezec; y ᵒfueron los hijos de ᑫIsrael trescientos mil, y treinta mil los hombres de Judá.

9 Y respondieron a los mensajeros que habían venido: Así diréis a los de Jabes de Galaad: Mañana al calentar el sol, seréis librados. Y vinieron los mensajeros, y lo declararon a los de Jabes, los cuales se alegraron.

10 Y los de Jabes dijeron: Mañana saldremos a vosotros, para que hagáis con nosotros todo lo que bien os pareciere.

11 Y el día siguiente dispuso Saúl al pueblo en ᵘtres escuadrones, y entraron en medio del campamento a la vigilia de la mañana, e hirieron a los amonitas hasta que el día calentaba; y los que quedaron fueron dispersos, tal que no quedaron dos de ellos juntos.

12 El pueblo entonces dijo a Samuel: ᶻ¿Quiénes son los que decían:

Reinará Saúl sobre nosotros? Traed a esos hombres para que los matemos.

13 Y Saúl dijo: ªNo morirá hoy ninguno, porque ᶜJehová ha dado hoy salvación en Israel.

14 Mas Samuel dijo al pueblo: Venid, vamos a Gilgal para que renovemos allí el reino.

15 Y fue todo el pueblo a Gilgal, e invistieron allí a Saúl por rey ᵍdelante de Jehová en Gilgal. ⁱY sacrificaron allí ofrendas de paz delante de Jehová; y se alegraron mucho allí Saúl y todos los de Israel.

CAPÍTULO 12

Y dijo Samuel a todo Israel: He aquí, yo ᵐhe oído vuestra voz en todas las cosas que me habéis dicho, y os he puesto rey.

2 Ahora, pues, he aquí vuestro rey va delante de vosotros. ᵠYo soy ya viejo y cano; pero mis hijos *están* con vosotros, y yo he andado delante de vosotros desde mi juventud hasta este día.

3 Aquí estoy; atestiguad contra mí delante de Jehová y delante de ˢsu ungido, ᵗsi he tomado el buey de alguno, o si he tomado el asno de alguno, o si he calumniado a alguien, o si he agraviado a alguno, o si de alguien he tomado cohecho por el cual haya ᵘcerrado mis ojos; y yo os restituiré.

4 Entonces dijeron: Nunca nos has calumniado, ni agraviado, ni has tomado algo de mano de ningún hombre.

5 Y él les dijo: Jehová *es* testigo contra vosotros, y su ungido también *es* testigo en este día, que no habéis hallado en mi mano cosa ninguna. Y ellos respondieron: *Él es* testigo.

6 Entonces Samuel dijo al pueblo: Jehová *es* quien favoreció a Moisés y a Aarón, y sacó a vuestros padres de la tierra de Egipto.

7 Ahora, pues, aguardad, y yo disputaré con vosotros delante de Jehová de todos los hechos de justicia que Jehová ha hecho con vosotros y con vuestros padres.

8 Después que Jacob hubo entrado en Egipto y vuestros padres ᶜclamaron a Jehová, Jehová envió a Moisés y a Aarón, los cuales sacaron a vuestros padres de Egipto, y los hicieron habitar en este lugar.

9 Y cuando ᵇse olvidaron de Jehová su Dios, Él ᵈlos vendió en la mano de Sísara, capitán del ejército de Hazor, y en la mano de ᵉlos filisteos, y en la mano del rey de ᶠMoab, los cuales les hicieron guerra.

10 Y ellos clamaron a Jehová, y dijeron: ʰPecamos, porque hemos dejado a Jehová, y ʲhemos servido a los Baales y a Astarot; líbranos, pues, ahora de mano de nuestros enemigos, y te serviremos.

11 Entonces Jehová envió a ʲJerobaal, y a Bedán, y a ᵏJefté, y a ˡSamuel, y os libró de mano de vuestros enemigos alrededor, y habitasteis seguros.

12 Y habiendo visto que ⁿNahas, rey de los hijos de Amón, venía contra vosotros, ᵒme dijisteis: No, sino que un rey reinará sobre nosotros; ᵖ*siendo* vuestro rey Jehová vuestro Dios.

13 Ahora, pues, he aquí el rey ʳque habéis elegido, el cual pedisteis; ya veis que Jehová ha puesto un rey sobre vosotros.

14 Si temiereis a Jehová y le sirviereis, y oyereis su voz, y no fuereis rebeldes a la palabra de Jehová, así vosotros como el rey que reina sobre vosotros, andaréis en pos de Jehová vuestro Dios.

15 Mas si no oyereis la voz de Jehová, y si fuereis rebeldes a las palabras de Jehová, ᵛla mano de Jehová será contra vosotros como *fue* contra vuestros padres.

16 Esperad aún ahora, y ˣmirad esta gran cosa que Jehová hará delante de vuestros ojos.

17 ¿No *es* ahora ʸla siega del trigo? Yo clamaré a Jehová, y Él dará truenos y aguas; para que conozcáis y veáis que *es* grande ᶻvuestra maldad que habéis hecho ante los ojos de Jehová, pidiendo para vosotros rey.

18 Y Samuel clamó a Jehová; y Jehová dio truenos y aguas en aquel día; y ᵃtodo el pueblo temió en gran manera a Jehová y a Samuel.

19 Entonces dijo todo el pueblo a Samuel: ᵇRuega por tus siervos a Jehová tu Dios, que no muramos; porque a todos nuestros pecados hemos añadido *este* mal de pedir rey para nosotros.

El pueblo deserta a Saúl

20 Y Samuel respondió al pueblo: No temáis; vosotros habéis cometido todo este mal; mas con todo eso no os apartéis de en pos de Jehová, sino servid a Jehová con todo vuestro corazón:

21 No os apartéis ᵇen pos de las vanidades, que no aprovechan ni libran, porque son vanidades.

22 ᶜPues Jehová no desamparará a su pueblo, ᵈpor su grande nombre; ᵉporque Jehová ha querido haceros pueblo suyo.

23 Así que, lejos sea de mí que peque yo contra Jehová ᶠcesando de orar por vosotros; antes yo os enseñaré en ᵍel camino bueno y recto.

24 Solamente temed a Jehová, y servidle en verdad con todo vuestro corazón, pues considerad cuán grandes cosas ha hecho por vosotros.

25 Mas si perseverareis en hacer mal, vosotros y vuestro rey pereceréis.

CAPÍTULO 13

Y Saúl reinó un año; y cuando hubo reinado dos años sobre Israel,

2 Saúl escogió para sí tres mil *hombres* de Israel; dos mil estuvieron con Saúl en Micmas y en el monte de Betel, y mil estuvieron con Jonatán en Gabaa de Benjamín; y envió el resto del pueblo, cada uno a sus tiendas.

3 Y Jonatán hirió la guarnición de los filisteos que *había* en Geba, y *lo* oyeron los filisteos. Entonces Saúl hizo ˡtocar trompeta por toda la tierra, diciendo: Que oigan los hebreos.

4 Y todo Israel oyó lo que se decía: Saúl ha herido la guarnición de los filisteos; y también que Israel se había hecho odioso a los filisteos. Y se juntó el pueblo en pos de Saúl en Gilgal.

5 Entonces los filisteos se juntaron para pelear contra Israel; treinta mil carros, seis mil hombres de a caballo, y pueblo tan numeroso ⁿcomo la arena que está a la orilla del mar; y subieron y acamparon en Micmas, al oriente de Betaven.

6 Cuando los hombres de Israel vieron que estaban en estrecho (porque el pueblo estaba ᵖen aprieto), el pueblo ᑫse escondió en cuevas, en fosos, en peñascos, en rocas y en cisternas.

7 Y *algunos de* los hebreos pasaron el Jordán a la tierra de Gad y de Galaad; pero Saúl *estaba* aún en Gilgal, y todo el pueblo iba tras él temblando.

8 Y él ᵃesperó siete días, conforme al plazo que Samuel había señalado; pero Samuel no venía a Gilgal, y el pueblo se le desertaba.

9 Entonces dijo Saúl: Traedme holocausto y ofrendas de paz. Y ofreció el holocausto.

10 Y aconteció que tan pronto como acabó de hacer el holocausto, he aquí Samuel que venía; y Saúl salió a su encuentro, para saludarle.

11 Entonces Samuel dijo: ¿Qué has hecho? Y Saúl respondió: Porque vi que el pueblo se me iba, y que tú no venías al plazo de los días, y que los filisteos estaban juntos en Micmas,

12 me dije: Los filisteos descenderán ahora contra mí a Gilgal, y yo no he implorado el favor de Jehová. Por tanto me vi forzado, y ofrecí holocausto.

13 Entonces Samuel dijo a Saúl: ʰLocamente has hecho; ⁱno guardaste el mandamiento de Jehová tu Dios, que Él te había ordenado; pues ahora Jehová hubiera confirmado tu reino sobre Israel para siempre.

14 Mas ahora ʲtu reino no será duradero: ᵏJehová se ha buscado un varón según su corazón, al cual Jehová ha mandado que *sea* príncipe sobre su pueblo, por cuanto tú no has guardado lo que Jehová te mandó.

15 Y levantándose Samuel, subió de Gilgal a Gabaa de Benjamín. Y Saúl contó la gente que se hallaba con él, como ᵐseiscientos hombres.

16 Y Saúl, su hijo Jonatán y el pueblo que con ellos se hallaba, se quedaron en Gabaa de Benjamín; mas los filisteos habían acampado en Micmas.

17 Y salieron destructores del campamento de los filisteos en tres escuadrones. Un escuadrón marchó por el camino de ᵒOfra, hacia la tierra de Sual,

18 otro escuadrón marchó hacia ʳBet-horón, y el tercer escuadrón marchó hacia la región que mira al valle de ˢZeboim hacia el desierto.

19 Y ᵃen toda la tierra de Israel no se hallaba herrero; porque los filisteos habían dicho: Para que los hebreos no hagan espada o lanza.

20 Y todos los de Israel descendían a los filisteos cada cual a afilar su reja de arado, su azadón, su hacha o su hoz;

21 y tenían un afilador para las rejas de arado, y para los azadones, y para los tridentes, y para las hachas, y para afilar las aguijadas.

22 Y aconteció que en el día de la batalla no se halló espada ni lanza en mano de ninguna de la gente que *estaba* con Saúl y Jonatán, excepto en Saúl y su hijo Jonatán, que las tenían.

23 Y ᵉla guarnición de los filisteos salió al ᶠpaso de Micmas.

CAPÍTULO 14

Y un día aconteció, que Jonatán, hijo de Saúl, dijo a su criado que le traía las armas: Ven, y pasemos a la guarnición de los filisteos que *está* al otro lado. Y no lo hizo saber a su padre.

2 Y Saúl estaba en el término de ᵍGabaa, debajo de un granado que *hay* en Migrón, y el pueblo que *estaba* con él *era* como seiscientos hombres.

3 Y ʰAhías, hijo de Ahitob, ⁱhermano de Icabod, hijo de Finees, hijo de Elí, sacerdote de Jehová en Silo, ʲllevaba el efod; y no sabía el pueblo que Jonatán se había ido.

4 Y entre los pasos por donde Jonatán procuraba pasar a la guarnición de los filisteos, *había* un peñasco agudo de un lado, y otro peñasco agudo del otro lado; el uno se llamaba Boses y el otro Sene.

5 Uno de los peñascos *estaba* situado al norte hacia Micmas, y el otro al sur hacia Gabaa.

6 Dijo, pues, Jonatán a su criado que le traía las armas: Ven, pasemos a la guarnición de estos ˡincircuncisos; quizá Jehová haga algo por nosotros; que no es difícil a Jehová ᵐsalvar con muchos o con pocos.

7 Y su paje de armas le respondió: Haz todo lo que *tienes* en tu corazón; ve, he aquí yo *estoy* contigo a tu voluntad.

a 2 Re 24:14

b ver 12
c Gn 24:14
Jue 7:11

d cp 13:6

e 2 Sm 23:14
f cp 14:4

g Jos 18:28

h cp 22:9-20
i cp 4:21
j cp 2:28
k cp 13:17

l Jue 14:3

m Jue 7:4-7

n Nm 27:21

8 Y Jonatán dijo: He aquí, nosotros pasaremos a esos hombres, y nos mostraremos a ellos.

9 Si nos dijeren así: Esperad hasta que lleguemos a vosotros; entonces nos estaremos en nuestro lugar, y no subiremos a ellos.

10 Mas si nos dijeren así: Subid a nosotros: entonces subiremos, porque Jehová ᵇlos ha entregado en nuestras manos; y ᶜesto nos *será* por señal.

11 Se mostraron, pues, ambos a la guarnición de los filisteos, y los filisteos dijeron: He aquí los hebreos, que ᵈsalen de las cavernas en que se habían escondido.

12 Y los hombres de la guarnición respondieron a Jonatán y a su paje de armas, y dijeron: Subid a nosotros, y os haremos saber una cosa. Entonces Jonatán dijo a su paje de armas: Sube tras mí, que Jehová los ha entregado en la mano de Israel.

13 Y subió Jonatán trepando con sus manos y sus pies, y tras él su paje de armas; y los que caían delante de Jonatán, su paje de armas que iba tras él, los mataba.

14 Ésta fue la primera matanza, en la cual Jonatán con su paje de armas, mataron como unos veinte hombres en el espacio de una media yugada de tierra.

15 Y hubo temblor en el campamento y por el campo, y entre toda la gente de la guarnición; y ᵏlos que habían ido a hacer correrías, también ellos temblaron, y la tierra tembló; hubo, pues, gran consternación.

16 Y los centinelas de Saúl vieron desde Gabaa de Benjamín cómo la multitud estaba turbada, e iba de un lado a otro y era deshecha.

17 Entonces Saúl dijo al pueblo que tenía consigo: Reconoced luego, y mirad quién haya ido de los nuestros. Y cuando hubieron pasado revista, hallaron que faltaban Jonatán y su paje de armas.

18 Y Saúl dijo a Ahías: Trae el arca de Dios. Porque el arca de Dios estaba entonces con los hijos de Israel.

19 Y aconteció que cuando Saúl aún ⁿhablaba con el sacerdote, el alboroto que *había* en el campamento

Saúl conjura al pueblo

de los filisteos se aumentaba, e iba creciendo en gran manera. Entonces dijo Saúl al sacerdote: Detén tu mano.

20 Y juntando Saúl todo el pueblo que con él *estaba*, vinieron hasta el lugar de la batalla: y he aquí que ͨla espada de cada uno era vuelta contra su compañero, y ᵈla mortandad *era* grande.

21 Y ᶠlos hebreos que habían estado con los filisteos de tiempo antes, y habían venido con ellos de los alrededores al campamento, también éstos se volvieron para unirse a los israelitas que *estaban* con Saúl y con Jonatán.

22 Asimismo todos los israelitas que ᵍse habían escondido en ʰel monte de Efraín, oyendo que los filisteos huían, ellos también los persiguieron en aquella batalla.

23 ⁱAsí salvó Jehová a Israel aquel día. Y llegó el alcance hasta ʲBet-avén.

24 Pero los hombres de Israel fueron puestos en apuro aquel día; porque Saúl había ˡconjurado al pueblo, diciendo: Cualquiera que comiere pan hasta la tarde, hasta que haya tomado venganza de mis enemigos, *sea* maldito. Y todo el pueblo no había gustado pan.

25 Y todo el pueblo llegó a un bosque donde había ᵐmiel en la superficie del campo.

26 Entró, pues, el pueblo en el bosque, y he aquí que la miel corría; pero no hubo quien llegase la mano a su boca; porque el pueblo temía el juramento.

27 Pero Jonatán no había oído cuando su padre había juramentado al pueblo, y alargó la punta de una vara que *traía* en su mano, y la mojó en ᑫun panal de miel, y llegó su mano a su boca; y sus ojos fueron aclarados.

28 Entonces habló uno del pueblo, diciendo: Tu padre ha hecho jurar expresamente al pueblo, diciendo: Maldito sea el hombre que comiere hoy manjar. Y el pueblo ʳdesfallecía.

29 Y respondió Jonatán: Mi padre ha turbado el país. Ved ahora cómo han sido aclarados mis ojos, por haber gustado un poco de esta miel.

30 ¿Cuánto más si el pueblo hubiera hoy comido del despojo de sus enemigos que halló? ¿No se habría hecho ahora mayor estrago en los filisteos?

31 E hirieron aquel día a los filisteos desde Micmas hasta ᵃAjalón; y el pueblo estaba muy cansado.

32 Y el pueblo ᵇse lanzó sobre el despojo, y tomaron ovejas y bueyes y becerros, y *los* mataron en tierra, y el pueblo comió ᵉcon sangre.

33 Y se lo dijeron a Saúl, diciendo: El pueblo peca contra Jehová comiendo con sangre. Y él dijo: Vosotros habéis prevaricado; rodadme ahora acá una piedra grande.

34 Además dijo Saúl: Esparcíos por el pueblo, y decidles que me traigan cada uno su buey, y cada cual su oveja, y degolladlos aquí, y comed; y no pecaréis contra Jehová comiendo con sangre. Y trajo todo el pueblo cada cual su buey aquella noche, y *los* degollaron allí.

35 Y ᵏedificó Saúl altar a Jehová. Éste fue el primer altar que él edificó a Jehová.

36 Y dijo Saúl: Descendamos de noche contra los filisteos, y los saquearemos hasta la mañana, y no dejaremos de ellos ninguno. Y ellos dijeron: Haz lo que bien te pareciere. Dijo luego el sacerdote: Acerquémonos aquí a Dios.

37 Y Saúl consultó a Dios: ¿Descenderé tras los filisteos? ¿Los entregarás en mano de Israel? Mas Él no le dio respuesta aquel día.

38 Entonces dijo Saúl: ⁿAcercaos acá todos ᵒlos principales del pueblo; y sabed y mirad por quién ha sido hoy este pecado;

39 porque ᵖvive Jehová, que salva a Israel, que si fuere en mi hijo Jonatán, él morirá de cierto. Y no *hubo* en todo el pueblo quien le respondiese.

40 Dijo luego a todo Israel: Vosotros estaréis a un lado, y yo y Jonatán mi hijo estaremos al otro lado. Y el pueblo respondió a Saúl: Haz lo que bien te pareciere.

41 Entonces dijo Saúl a Jehová, el Dios de Israel: Da *suerte* perfecta. Y ˢfueron tomados Jonatán y Saúl, y el pueblo salió libre.

42 Y Saúl dijo: Echad *suertes* entre mí y Jonatán mi hijo. Y fue tomado Jonatán.

---

a Jos 10:12
b cp 15:19
c Jue 7:22
2 Cr 20:23
d Dt 28:20
e Lv 3:17
f cp 13:7
g cp 13:6
h Jos 24:33
i Éx 14:30
j cp 13:5
Jos 7:2
k cp 7:17
l Jos 6:26
m Éx 3:6
n cp 10:19
Jos 7:14
o Jue 20:2
p Rt 3:13
q Cnt 5:1
r Jue 4:21
s cp 10:20-21
Jos 7:16

43 Entonces Saúl dijo a Jonatán: ªDeclárame qué has hecho. ᵇY Jonatán se lo declaró, y dijo: Cierto que gusté con la punta de la vara que traía en mi mano, un poco de miel; ¿y he aquí he de morir?

44 Y Saúl respondió: ᵈAsí me haga Dios y así me añada, que sin duda morirás, Jonatán.

45 Mas el pueblo dijo a Saúl: ¿Ha de morir Jonatán, el que ha hecho esta gran salvación en Israel? No será así. ᵉVive Jehová, que ᶠno ha de caer un cabello de su cabeza en tierra, pues que ha obrado hoy con Dios. Así libró el pueblo a Jonatán, para que no muriese.

46 Y Saúl dejó de seguir a los filisteos; y los filisteos se fueron a su lugar.

47 Y ocupando Saúl el reino sobre Israel, hizo guerra a todos sus enemigos alrededor: contra Moab, contra los hijos de Amón, contra Edom, contra los reyes de Soba, y contra los filisteos; y a dondequiera que se volvía era vencedor.

48 Y reunió un ejército, e hirió a ʲAmalec, y libró a Israel de mano de los que lo saqueaban.

49 Y los hijos de Saúl fueron Jonatán, Isúi, y Malquisúa. Y *éstos eran* los nombres de sus dos hijas; el nombre de la mayor, ˡMerab, y el de la menor, ᵐMical.

50 Y el nombre de la esposa de Saúl *era* Ahinoam, hija de Ahimaas. Y el nombre del general de su ejército *era* Abner, hijo de Ner, tío de Saúl.

51 Porque ⁿCis, padre de Saúl, y Ner, padre de Abner, *fueron* hijos de Abiel.

52 Y la guerra fue fuerte contra los filisteos todo el tiempo de Saúl; y cuando Saúl veía algún hombre valiente o algún hombre esforzado, lo juntaba consigo.

CAPÍTULO 15

Y Samuel dijo a Saúl: ᑫJehová me envió a que te ungiese por rey sobre su pueblo Israel; oye, pues, la voz de las palabras de Jehová.

2 Así dice Jehová de los ejércitos: Me acuerdo de lo que hizo Amalec a Israel; que ʳse le opuso en el camino, cuando subía de Egipto.

3 Ve, pues, y hiere a Amalec, y ᶜdestruiréis en él todo lo que tuviere: y no te apiades de él; mata hombres y mujeres, niños, y aun los de pecho, bueyes y ovejas, camellos y asnos.

4 Y Saúl convocó al pueblo, y los reconoció en Telaim, doscientos mil de a pie, y diez mil hombres de Judá.

5 Y viniendo Saúl a la ciudad de Amalec, puso emboscada en el valle.

6 Y dijo Saúl al cineo: Idos, apartaos, y salid de entre los de Amalec, para que no te destruya juntamente con él: pues que tú ᵍhiciste misericordia con todos los hijos de Israel, cuando subían de Egipto. Y se apartaron, pues, los cineos de entre los amalecitas.

7 Y Saúl hirió a Amalec, desde Havila *hasta* llegar a Shur, que *está* a la frontera de Egipto.

8 Y tomó vivo a Agag, rey de Amalec, ʰmas a todo el pueblo mató a filo de espada.

9 Y Saúl y el pueblo ⁱperdonaron a Agag, y a lo mejor de las ovejas, y al ganado mayor, a los gruesos y a los carneros, y a todo lo bueno, y no lo quisieron destruir; pero todo lo *que era* vil y flaco destruyeron.

10 Y vino palabra de Jehová a Samuel, diciendo:

11 ᵏMe pesa el haber puesto por rey a Saúl, porque se ha vuelto de en pos de mí, y no ha cumplido mis palabras. Y se apesadumbró Samuel, y clamó a Jehová toda aquella noche.

12 Madrugó luego Samuel para ir a encontrar a Saúl por la mañana; y fue dado aviso a Samuel, diciendo: Saúl ᵒha venido al Carmelo, y he aquí él se ha levantado un monumento, y dando la vuelta, pasó y descendió a Gilgal.

13 Vino, pues, Samuel a Saúl, y Saúl le dijo: ᵖBendito *seas* tú de Jehová; yo he cumplido la palabra de Jehová.

14 Samuel entonces dijo: ¿Pues qué balido de ganados y bramido de bueyes es éste que yo oigo con mis oídos?

15 Y Saúl respondió: De Amalec los han traído; porque el pueblo perdonó a lo mejor de las ovejas y de las vacas, para sacrificarlas a Jehová tu Dios; pero lo demás lo destruimos.

16 Entonces dijo Samuel a Saúl: Déjame declararte lo que Jehová me

Samuel unge a David

ha dicho esta noche. Y él le respondió: Di.

17 Y dijo Samuel: ᵇCuando *eras* pequeño a tus propios ojos ¿no *fuiste* hecho cabeza de las tribus de Israel, y Jehová te ungió por rey sobre Israel?

18 Y Jehová te envió en una jornada, y dijo: Ve, y destruye los pecadores de Amalec, y hazles guerra hasta que los acabes.

19 ¿Por qué, pues, no has obedecido la voz de Jehová, sino que ᶜvuelto al despojo, has hecho lo malo ante los ojos de Jehová?

20 Y Saúl respondió a Samuel: Antes bien he obedecido la voz de Jehová, y fui a la jornada que Jehová me envió, y he traído a Agag, rey de Amalec, y he destruido a los amalecitas;

21 pero el pueblo tomó del despojo ovejas y vacas, las primicias del anatema, para sacrificarlas a Jehová tu Dios en Gilgal.

22 Y Samuel dijo: ᵍ¿Tiene Jehová *tanto* contentamiento con los holocaustos y víctimas, como en obedecer a las palabras de Jehová? Ciertamente ʰel obedecer es mejor que los sacrificios; y el prestar atención, que la grosura de los carneros.

23 Porque la rebeldía *es como* el pecado de adivinación, y *como* iniquidad e idolatría la obstinación. Por cuanto tú desechaste la palabra de Jehová, ᵏÉl también te ha desechado para que no seas rey.

24 Entonces Saúl dijo a Samuel: ᵐYo he pecado; porque he quebrantado el mandamiento de Jehová y tus palabras, porque temí al pueblo y consentí a la voz de ellos.

25 Te ruego, pues, ahora, perdona mi pecado, y vuelve conmigo para que adore a Jehová.

26 Y Samuel respondió a Saúl: No volveré contigo; porque desechaste la palabra de Jehová, y Jehová te ha desechado para que no seas rey sobre Israel.

27 Y volviéndose Samuel para irse, ˢél asió el borde de su manto, y *éste* se rasgó.

28 Entonces Samuel le dijo: ᵗJehová ha rasgado hoy de ti el reino de Israel, y lo ha dado a un prójimo tuyo *que es* mejor que tú.

29 Y también el Poderoso de Israel ᵃno mentirá, ni se arrepentirá: porque Él no *es* hombre para que se arrepienta.

30 Y él dijo: Yo he pecado; mas te ruego que me honres delante de los ancianos de mi pueblo, y delante de Israel; y que vuelvas conmigo para que adore a Jehová tu Dios.

31 Y volvió Samuel tras Saúl, y adoró Saúl a Jehová.

32 Después dijo Samuel: Traedme a Agag rey de Amalec. Y Agag vino a él delicadamente. Y dijo Agag: Ciertamente se pasó la amargura de la muerte.

33 Y Samuel dijo: ᵈComo tu espada dejó las mujeres sin hijos, así tu madre será sin hijo entre las mujeres. Entonces Samuel ᵉcortó en pedazos a Agag delante de Jehová en Gilgal.

34 Se fue luego Samuel a ᶠRamá, y Saúl subió a su casa en Gabaa de Saúl.

35 Y nunca después vio Samuel a Saúl, hasta el día de su muerte; sin embargo Samuel lloraba por Saúl. Y Jehová ⁱse arrepintió de haber puesto a Saúl por rey sobre Israel.

CAPÍTULO 16

Y Jehová dijo a Samuel: ¿Hasta cuándo has tú de llorar por Saúl, ʲhabiéndolo yo desechado para que no reine sobre Israel? ˡLlena tu cuerno de aceite, y ven; yo te enviaré a Isaí, de Belén; porque ⁿde sus hijos me he provisto de rey.

2 Y dijo Samuel: ¿Cómo iré? Si Saúl lo entendiere, me matará. Jehová respondió: Toma contigo una becerra de la vacada, y di: He venido para ofrecer ᵒsacrificio a Jehová.

3 Y llama a Isaí al sacrificio, y ᵖyo te enseñaré lo que has de hacer; ᑫy me ungirás al que yo te diga.

4 Hizo, pues, Samuel como le dijo Jehová: y luego que él llegó a Belén, los ancianos de la ciudad salieron a recibirle con miedo, y dijeron: ʳ¿Es pacífica tu venida?

5 Y él respondió: Sí, vengo a ofrecer sacrificio a Jehová; ᵘsantificaos, y venid conmigo al sacrificio. Y santificando él a Isaí y a sus hijos, los llamó al sacrificio.

---

a Nm 23:19
b cp 9:21

c cp 14:32

d Jue 1:7

e Jue 8:21

f cp 1:19
g Sal 40:6-8
y 50:8-9
Pr 21:3
Is 1:11-17
Jer 7:22-23
Heb 10:6-9
h Ec 5:1
Os 6:6
Mi 6:6-8
Mt 12:7
y 9:13
Mr 12:33
i ver 11
j cp 15:23-26
k cp 13:14
l cp 10:1
m cp 26:21
n Sal 78:70
y 89:19-20
Hch 13:22
o cp 9:12
p Éx 4:15
q cp 9:16

r 1 Re 2:13
s 1 Re 11:30

t cp 28:17-18
u Jos 3:5

David es ungido

6 Y aconteció que cuando ellos vinieron, él vio a ᵇEliab y dijo: De cierto delante de Jehová *está* su ungido.

7 Y Jehová respondió a Samuel: ᵈNo mires a su parecer, ni a lo grande de su estatura, porque yo lo he rechazado; ᵍporque *Jehová no mira* lo que mira el hombre; porque el hombre mira lo que está delante de sus ojos, pero Jehová mira el corazón.

8 Entonces llamó Isaí a ʰAbinadab, y le hizo pasar delante de Samuel, el cual dijo: Ni a éste ha elegido Jehová.

9 Hizo luego pasar Isaí a ⁱSama. Y él dijo: Tampoco a éste ha elegido Jehová.

10 E hizo pasar Isaí a siete de sus hijos delante de Samuel; mas Samuel dijo a Isaí: Jehová no ha elegido a éstos.

11 Entonces dijo Samuel a Isaí: ¿Están aquí todos *tus* hijos? Y él respondió: Aún queda el menor, que apacienta las ovejas. Y dijo Samuel a Isaí: ʲEnvía por él, porque no nos sentaremos *a la mesa* hasta que él venga aquí.

12 Envió, pues, por él, y lo hizo entrar; el cual ᵏera rubio, ˡde hermoso parecer y de bello aspecto. ᵐEntonces Jehová dijo: Levántate y úngelo, porque éste es.

13 Y Samuel tomó el cuerno del aceite, y lo ungió de entre sus hermanos; y desde aquel día en adelante ᵒel Espíritu de Jehová vino sobre David. Se levantó luego Samuel, y se volvió a Ramá.

14 Y ᵖel Espíritu de Jehová se apartó de Saúl, y le atormentaba un espíritu malo de parte de Jehová.

15 Y los criados de Saúl le dijeron: He aquí ahora, que el espíritu malo de parte de Dios te atormenta.

16 Diga ahora nuestro señor a tus siervos que están delante de ti, que busquen un hombre que sepa tocar el arpa; y sucederá que cuando esté sobre ti el espíritu malo de parte de Dios, él ʳtocará con su mano y tendrás alivio.

17 Y Saúl respondió a sus criados: proveánme ahora un hombre que toque bien, y traédmelo.

18 Entonces uno de los criados respondió, diciendo: He aquí yo he visto a un hijo de Isaí de Belén que sabe tocar; ᵃes valiente y vigoroso, hombre de guerra, prudente en sus palabras, hermoso, y ᶜJehová está con él.

19 Y Saúl envió mensajeros a Isaí, diciendo: ᵉEnvíame a David tu hijo, el que está con las ovejas.

20 Y tomó Isaí ᶠun asno *cargado* de pan, y un odre de vino y un cabrito, y *los* envió a Saúl por mano de David su hijo.

21 Y viniendo David a Saúl, estuvo delante de él; y él le amó mucho, y fue hecho su escudero.

22 Y Saúl envió a decir a Isaí: Yo te ruego que esté David conmigo; porque ha hallado gracia en mis ojos.

23 Y sucedía que cuando el espíritu malo de parte de Dios venía sobre Saúl, David tomaba el arpa, y tocaba con su mano; y Saúl tenía alivio, y estaba mejor, y el espíritu malo se apartaba de él.

CAPÍTULO 17

Y los filisteos reunieron sus ejércitos para la guerra, y se congregaron en Soco, que *pertenece* a Judá, y acamparon entre Soco y Azeca, en Efes-damim.

2 Y también Saúl y los hombres de Israel se juntaron, y acamparon en ⁿel valle de Ela, y ordenaron la batalla contra los filisteos.

3 Y los filisteos estaban sobre un monte a un lado, e Israel estaba sobre un monte al otro lado, y había un valle entre ellos:

4 Salió entonces del campamento de los filisteos un adalid, que se llamaba Goliat, de ᵍGat, el cual tenía de altura seis codos y un palmo.

5 Y traía un yelmo de bronce en su cabeza, e iba vestido con una coraza de malla; y el peso de la coraza *era* de cinco mil siclos de bronce.

6 Y sobre sus piernas *traía* grebas de bronce, y un escudo de bronce entre sus hombros.

7 El asta de su lanza *era* como un rodillo de telar, y la punta de su lanza *pesaba* seiscientos siclos de hierro; y su escudero iba delante de él.

8 Y se paró, y dio voces a los escuadrones de Israel, diciéndoles: ¿Para qué salís a dar batalla? ¿No soy yo filisteo, y vosotros ˢlos siervos de Saúl? Escoged de entre vosotros un hombre que venga contra mí.

El gigante Goliat

9 Si él pudiere pelear conmigo, y me venciere, nosotros seremos vuestros siervos; y si yo pudiere más que él, y lo venciere, vosotros seréis nuestros siervos y nos serviréis.
10 Y añadió el filisteo: ᵇHoy yo desafío al ejército de Israel; dadme un hombre que pelee conmigo.
11 Y oyendo Saúl y todo Israel estas palabras del filisteo, se turbaron, y tuvieron gran miedo.
12 Y ᵈDavid *era* hijo de aquel hombre ᵉefrateo de Belén de Judá, cuyo nombre *era* Isaí, el cual tenía ᶠocho hijos; y en el tiempo de Saúl este hombre *era* viejo y de gran edad entre los hombres.
13 Y los tres hijos mayores de Isaí habían ido para seguir a Saúl a la guerra. Y los nombres de sus tres hijos que habían ido a la guerra, *eran*: Eliab el primogénito, el segundo Abinadab, y el tercero Sama,
14 y David *era* el menor. Siguieron, pues, los tres mayores a Saúl.
15 Pero David había ido y vuelto de donde estaba Saúl, para ʲapacentar las ovejas de su padre en Belén.
16 Venía, pues, aquel filisteo por la mañana y por la tarde, y se presentó por cuarenta días.
17 Y dijo Isaí a David su hijo: Toma ahora para tus hermanos un efa de este grano tostado, y estos diez panes, y llévalo presto al campamento a tus hermanos.
18 Llevarás asimismo estos diez quesos de leche al capitán de los mil, y ˡcuida de ver si tus hermanos están bien, y toma prendas de ellos.
19 Y Saúl y ellos y todos los de Israel, *estaban* en el valle de Ela, peleando con los filisteos.
20 Se levantó, pues, David de mañana, y dejando las ovejas al cuidado de un guarda, se fue con su carga, como Isaí le había mandado; y llegó a ᵐla trinchera al momento que el ejército salía a la batalla dando el grito de guerra.
21 Porque así los israelitas como los filisteos estaban en orden de batalla, escuadrón contra escuadrón.
22 Y David dejó de sobre sí la carga en mano del que guardaba el ᵒbagaje, y corrió hacia el escuadrón; y llegado que hubo, preguntó por sus hermanos, si estaban bien.
23 Y mientras él hablaba con ellos, he aquí ᵃaquel adalid que se ponía en medio de los dos campamentos, que se llamaba Goliat, el filisteo de Gat, salió de los escuadrones de los filisteos, y habló ᶜlas mismas palabras; y David *las* oyó.
24 Y todos los varones de Israel que veían aquel hombre, huían de su presencia, y tenían gran temor.
25 Y cada uno de los de Israel decía: ¿No habéis visto a aquel hombre que ha salido? Él se adelanta para provocar a Israel. ᵍAl que le venciere, el rey le enriquecerá con grandes riquezas, y le dará su hija, y eximirá de tributos a la casa de su padre en Israel.
26 Entonces habló David a los que junto a él estaban, diciendo: ʰ¿Qué harán al hombre que venciere a este filisteo, y quitare el oprobio de Israel? Porque ¿quién es este filisteo ⁱincircunciso, para que provoque a los escuadrones del Dios viviente?
27 Y el pueblo le respondió las mismas palabras, diciendo: ᵏAsí se hará al hombre que lo venciere.
28 Y oyéndole hablar Eliab su hermano mayor con aquellos hombres, Eliab se encendió en ira contra David, y dijo: ¿Para qué has descendido acá? ¿Y con quién has dejado aquellas pocas ovejas en el desierto? Yo conozco tu soberbia y la malicia de tu corazón, que para ver la batalla has venido.
29 Y David respondió: ¿Qué he hecho yo ahora? ¿Acaso no *hay* una causa?
30 Y apartándose de él hacia otros, preguntó lo mismo; y los del pueblo le respondieron de la misma manera.
31 Y cuando fueron oídas las palabras que David había dicho, ellos las refirieron delante de Saúl, y él lo hizo venir.
32 Y dijo David a Saúl: No desmaye ninguno a causa de él; ⁿtu siervo irá y peleará con este filisteo.
33 Y dijo Saúl a David: No podrás tú ir contra aquel filisteo, para pelear con él; porque tú *eres* un joven, y él es un hombre de guerra desde su juventud.
34 Y David respondió a Saúl: Tu siervo era pastor de las ovejas de su

1 SAMUEL 18

padre, y *cuando* venía un león, o un oso, y tomaba algún cordero del rebaño,

35 yo salía tras él, y lo hería, y le libraba de su boca; y si se levantaba contra mí, yo lo tomaba por la quijada, y lo hería y lo mataba.

36 Tu siervo mató, tanto al león, como al oso; y este filisteo incircunciso será como uno de ellos, porque ha provocado al ejército del Dios viviente.

37 [b]Y añadió David: Jehová, que me ha librado de las garras del león y de las garras del oso, Él también me librará de la mano de este filisteo. Y dijo Saúl a David: Ve, y [d]Jehová sea contigo.

38 Y Saúl vistió a David de sus ropas, y puso sobre su cabeza un casco de bronce, y le armó de coraza.

39 Y ciñó David su espada sobre sus vestiduras, y probó a andar, porque nunca *las* había probado. Y dijo David a Saúl: Yo no puedo andar con esto, porque nunca lo practiqué. Y David echó de sí aquellas cosas.

40 Y tomó su cayado en su mano, y escogió cinco piedras lisas del arroyo, y las puso en el saco pastoril y en el zurrón que traía, y con su honda en su mano, se fue hacia el filisteo.

41 Y el filisteo venía andando y acercándose a David, y su escudero delante de él.

42 Y cuando el filisteo miró y vio a David, le tuvo en poco; porque era joven y rubio, y de hermoso parecer.

43 Y dijo el filisteo a David: ¿Soy yo perro para que vengas a mí con palos? Y maldijo a David por sus dioses.

44 Dijo luego el filisteo a David: Ven a mí, y daré tu carne a las aves del cielo, y a las bestias del campo.

45 Entonces dijo David al filisteo: Tú vienes a mí con espada, lanza y escudo; mas yo vengo a ti en el nombre de Jehová de los ejércitos, el Dios de los escuadrones de Israel, a quien tú has provocado.

46 Jehová te entregará hoy en mi mano, y yo te venceré, y te cortaré la cabeza; y daré hoy los cuerpos de los filisteos a las aves de la tierra y a las bestias de la tierra: y [m]sabrá toda la tierra que hay Dios en Israel.

47 Y sabrá [n]toda esta congregación que Jehová no salva con espada y

David da muerte a Goliat

lanza; porque [a]de Jehová es la batalla, y Él os entregará en nuestras manos.

48 Y acontenció que cuando el filisteo se levantó y venía acercándose al encuentro de David, David se dio prisa y corrió hacia el combate contra el filisteo.

49 Y metiendo David su mano en el saco, tomó de allí una piedra, y se la tiró con la honda, e hirió al filisteo en la frente; y la piedra le quedó clavada en la frente, y cayó sobre su rostro en tierra.

50 [c]Así venció David al filisteo con honda y piedra; e hirió al filisteo y lo mató, sin *tener* David espada en su mano.

51 Entonces corrió David y se puso sobre el filisteo, y tomando la espada de él, sacándola de su vaina, lo mató, y [e]le cortó con ella la cabeza. Y cuando los filisteos vieron muerto a su campeón, huyeron.

52 Y levantándose los de Israel y de Judá, gritaron, y persiguieron a los filisteos hasta llegar al valle, y hasta las puertas de [f]Ecrón. Y cayeron los heridos de los filisteos por el camino de [g]Saaraim, aun hasta Gat y Ecrón.

53 Regresaron luego los hijos de Israel de perseguir a los filisteos, y despojaron su campamento.

54 Y David tomó la cabeza del filisteo, y la trajo a [h]Jerusalén, pero sus armas las puso en su tienda.

55 Y cuando Saúl vio a David que salía a encontrarse con el filisteo, dijo a [i]Abner, general del ejército: Abner, [j]¿de quién *es* hijo ese joven? Y Abner respondió:

56 [k]Vive tu alma, oh rey, que no lo sé. Y el rey dijo: Pregunta de quién *es* hijo ese [l]joven.

57 Y cuando David volvía de matar al filisteo, Abner lo tomó, y lo llevó delante de Saúl, teniendo la cabeza del filisteo en su mano.

58 Y le dijo Saúl: Joven, ¿de quién *eres* hijo? Y David respondió: Yo *soy* hijo de tu siervo Isaí de Belén.

CAPÍTULO 18

Y así que él hubo acabado de hablar con Saúl, [n]el alma de Jonatán quedó ligada con la de David, y [p]lo amó Jonatán como a su propia alma.

---

a cp 18:17
y 25:28
2 Cr 20:15

b 2 Co 1:10
2 Tim 4:17
c cp 21:9
2 Sm 23:21
d cp 20:13

e cp 31:9

f Jos 15:11

g Jos 15:36

h 2 Sm 5:6-9

i 2 Sm 2:8
j cp 16:21-22

k cp 1:26

l cp 20:22

m Jos 4:24
1 Re 18:36
n Sal 44:6-7
Os 1:7
Zac 4:6
o Gn 49:9
p cp 19:2
y 20:17
2 Sm 1:26

Saúl mató miles, David diez miles

1 SAMUEL 18

2 Y Saúl le tomó aquel día, y no le dejó volver a casa de su padre. ª cp 17:25

3 E hicieron alianza Jonatán y David, porque él le amaba como a su propia alma. ᵇ cp 25:28

4 Y Jonatán se quitó el manto que tenía sobre sí, y lo dio a David, y otras ropas suyas, hasta su espada, y su arco, y su talabarte.

5 Y salía David adondequiera que Saúl le enviaba, y se conducía con prudencia; por tanto Saúl lo puso al mando de los hombres de guerra, y era acepto a los ojos de todo el pueblo, y a los ojos de los criados de Saúl.

6 Y aconteció que cuando ellos volvían, cuando David volvió de matar al filisteo, ᵍsalieron las mujeres de todas las ciudades de Israel a recibir al rey Saúl, cantando y danzando, con panderos, con *cánticos de* alegría y con instrumentos de música.

7 ʰCantaban las mujeres que danzaban, y decían: ⁱSaúl mató a sus miles, y David a sus diez miles.

8 Y se enojó Saúl en gran manera, y le desagradó este dicho, y dijo: A David dieron diez miles, y a mí miles; ᵏno le falta más que el reino.

9 Y desde aquel día Saúl miró con malos ojos a David.

10 Otro día aconteció que ˡel espíritu malo de parte de Dios tomó a Saúl, y ᵐprofetizaba en medio de su casa. Y David tocaba con su mano como los otros días; y *tenía* Saúl una lanza en su mano.

11 Y arrojó Saúl la lanza, diciendo: Enclavaré a David en la pared. Pero David lo evadió dos veces.

12 Mas Saúl temía a David por cuanto ᵠJehová era con él, ʳy se había apartado de Saúl.

13 Lo apartó, pues, Saúl de sí, y le hizo capitán de mil; ᵗy salía y entraba delante del pueblo.

14 Y David se conducía con prudencia en todos sus caminos, y Jehová *era* con él.

15 Y viendo Saúl que se conducía con mucha prudencia, le tenía temor.

16 Mas ᵘtodo Israel y Judá amaba a David, porque él salía y entraba delante de ellos.

17 Y dijo Saúl a David: He aquí yo te daré a ˣMerab mi hija mayor por

---

a cp 17:25
b cp 25:28

c ver 23
2 Sm 7:18

d 2 Sm 21:8

e cp 14:49

f ver 17
g Éx 15:20
Jue 11:34
y 22:21

h Éx 15:21
i cp 21:11
y 29:5

j Nm 16:9

k cp 15:28

l cp 16:14

m cp 16:14
n Gn 34:12

o cp 19:0
y 20:33

p ver 17
q cp 16:18
r cp 16:14
y 28:15

s ver 21
t 2 Sm 5:2

u ver 5
v ver 12

x cp 14:49

ªesposa; solamente que me seas hombre valiente, y pelees ᵇlas batallas de Jehová. Mas Saúl decía: No será mi mano contra él, mas la mano de los filisteos será contra él.

18 Y David respondió a Saúl: ᶜ¿Quién *soy* yo, o qué *es* mi vida, o la familia de mi padre en Israel, para ser yerno del rey?

19 Y venido el tiempo en que Merab, hija de Saúl, se había de dar a David, fue dada por esposa a ᵈAdriel meholatita.

20 Mas ᵉMical la otra hija de Saúl amaba a David; y fue dicho a Saúl, y le pareció bien a sus ojos.

21 Y Saúl dijo: Yo se la daré, para que le sea por lazo, y para que ᶠla mano de los filisteos sea contra él. Dijo, pues, Saúl a David: Hoy serás mi yerno en una de las dos.

22 Y mandó Saúl a sus criados: Hablad en secreto a David, *diciéndole*: He aquí, el rey te ama, y todos sus criados te quieren bien; sé, pues, yerno del rey.

23 Y los criados de Saúl hablaron estas palabras a los oídos de David. Y David dijo: ʲ¿Parece a vosotros que es poco ser yerno del rey, *siendo* yo un hombre pobre y de ninguna estima?

24 Y los criados de Saúl le dieron la respuesta diciendo: Tales palabras ha dicho David.

25 Y Saúl dijo: Decid así a David: ⁿEl rey no desea dote alguna, sino cien prepucios de los filisteos, para tomar venganza de los enemigos del rey. Pero ᵖSaúl pensaba hacer caer a David en manos de los filisteos.

26 Y cuando sus criados declararon a David estas palabras, agradó la cosa a los ojos de David, para ser yerno del rey. ˢY cuando el plazo aún no se cumplía,

27 se levantó David, y partió con su gente, y mató a doscientos hombres de los filisteos; y trajo David los prepucios de ellos, y los entregaron todos al rey, para que él fuese hecho yerno del rey. Y Saúl le dio a su hija Mical por esposa.

28 Pero Saúl, viendo y considerando que ᵛJehová *estaba* con David, y que su hija Mical le amaba,

29 tuvo más temor de David; y Saúl fue enemigo de David todos los días.

1 SAMUEL 19

30 Y salían *a campaña* los príncipes de los filisteos; y sucedía que cada vez que salían, David se conducía con más prudencia que todos los siervos de Saúl; así que su nombre era [b]muy ilustre.

[a] Jos 2:15
[b] cp 26:21
2 Re 1:13
Sal 116:15

CAPÍTULO 19

Y Saúl habló a Jonatán su hijo, y a todos sus criados para que matasen a David.

2 [c]Pero Jonatán, hijo de Saúl, amaba a David en gran manera. Y Jonatán dio aviso a David, diciendo: Saúl mi padre procura matarte; por tanto, mira ahora por ti hasta la mañana, y quédate en un lugar secreto, y escóndete.

3 Y yo saldré y estaré junto a mi padre en el campo donde estés; y hablaré de ti a mi padre, y lo que yo vea, te lo haré saber.

4 Y Jonatán habló bien de David a Saúl su padre, y le dijo: No peque el rey contra su siervo David, pues que ninguna cosa ha cometido contra ti; antes sus obras te *han sido* muy buenas;

5 porque él [f]puso su vida en su mano, y [g]mató al filisteo, y [h]Jehová hizo una gran salvación a todo Israel. Tú lo viste, y te alegraste; ¿por qué, pues, pecarás contra [i]sangre inocente, matando a David sin causa?

6 Y oyendo Saúl la voz de Jonatán, juró: Vive Jehová, que no morirá.

7 Llamando entonces Jonatán a David, le declaró todas estas palabras; y él mismo presentó a David a Saúl, y estuvo delante de él [k]como antes.

8 Y volvió a haber guerra; y salió David y peleó contra los filisteos, y los hirió con grande estrago, y huyeron delante de él.

9 Y el espíritu malo de parte de Jehová vino sobre Saúl; y estando sentado en su casa tenía una lanza en la mano, mientras David [a]tocaba con *su* mano.

10 Y Saúl procuró enclavar a David con la lanza a la pared; mas él se apartó de delante de Saúl, el cual hirió con la lanza en la pared; y David huyó, y se escapó aquella noche.

11 [m]Saúl envió luego mensajeros a casa de David para que lo guardasen,

[c] cp 18:1

[d] 2 Sm 2:22

[e] cp 1:19
[f] Jue 12:3
[g] cp 17:49
[h] cp 11:13

[i] Mt 27:4

[j] cp 10:5-10

[k] cp 16:21
y 18:2,13
[l] Nm 11:25

[m] Sal 59 Tit

Jonatán y Mical protegen a David

y lo matasen a la mañana. Mas Mical su esposa lo descubrió a David, diciendo: Si no salvas tu vida esta noche, mañana serás muerto.

12 [a]Y descolgó Mical a David por una ventana; y él se fue y huyó, y se escapó.

13 Tomó luego Mical una estatua, y la puso sobre la cama, y le acomodó por cabecera una almohada de *pelo* de cabra, y la cubrió con ropa.

14 Y cuando Saúl envió mensajeros que tomasen a David, ella respondió: Está enfermo.

15 Volvió Saúl a enviar mensajeros para que viesen a David, diciendo: Traédmelo en la cama para que lo mate.

16 Y cuando los mensajeros entraron, he aquí la estatua *estaba* en la cama, con la almohada de *pelo de* cabra por cabecera.

17 Entonces Saúl dijo a Mical: ¿Por qué me has así engañado, y has dejado escapar a mi enemigo? Y Mical respondió a Saúl: [d]Porque él me dijo: Déjame ir; si no, yo te mataré.

18 Huyó, pues, David, y se escapó, y vino a Samuel en [e]Ramá, y le dijo todo lo que Saúl había hecho con él. Y se fueron él y Samuel, y moraron en Naiot.

19 Y fue dado aviso a Saúl, diciendo: He aquí que David *está* en Naiot en Ramá.

20 Y envió Saúl mensajeros que trajesen a David, [j]los cuales vieron una compañía de profetas que profetizaban, y a Samuel que estaba allí y los presidía. Y vino el Espíritu de Dios sobre los mensajeros de Saúl, y ellos también [l]profetizaron.

21 Y cuando fue dicho a Saúl, él envió otros mensajeros, los cuales también profetizaron. Y Saúl volvió a enviar mensajeros por tercera vez, y ellos también profetizaron.

22 Entonces él mismo vino a Ramá; y llegando al pozo grande que *está* en Soco, preguntó diciendo: ¿Dónde *están* Samuel y David? Y *uno* respondió: He aquí *están* en Naiot en Ramá.

23 Y fue allá a Naiot en Ramá; y también vino sobre él el Espíritu de Dios, e iba profetizando, hasta que llegó a Naiot en Ramá.

24 Y él también se despojó de sus

¿También Saúl entre los profetas?

vestiduras, y profetizó igualmente delante de Samuel, y se acostó desnudo todo aquel día y toda aquella noche. De aquí se dijo: ª¿También Saúl entre los profetas?

CAPÍTULO 20

Y David huyó de Naiot en Ramá, y vino delante de Jonatán, y dijo: ¿Qué he hecho yo? ¿Cuál *es* mi maldad, o cuál *es* mi pecado contra tu padre para que él busque mi vida? 2 Y él le dijo: En ninguna manera; no morirás. He aquí que mi padre ninguna cosa hará, grande ni pequeña, que no me la descubra; ¿por qué me ha de encubrir mi padre este asunto? No *será* así.

3 Y David volvió a jurar, diciendo: Tu padre sabe claramente que ᵉyo he hallado gracia delante de tus ojos, y dirá: No sepa esto Jonatán, para que no tenga pesar; y ciertamente, ᵍvive Jehová y ʰvive tu alma, que apenas *hay* un paso entre mí y la muerte.

4 Y Jonatán dijo a David: Lo que tu alma deseare, haré por ti.

5 Y David respondió a Jonatán: He aquí que ʲmañana será nueva luna, y yo acostumbro sentarme con el rey a comer; mas tú dejarás ᵏque me esconda en el campo hasta la tarde del tercer *día*.

6 Si tu padre hiciere mención de mí, dirás: Me rogó mucho *que lo dejase* ir corriendo a Belén su ciudad, porque todos los de su familia *celebran* allá ᵐel sacrificio anual.

7 Si él dijere: Está bien, tu siervo tendrá paz; pero si se enojare, sabe que él está determinado a hacer mal.

8 Harás, pues, misericordia con tu siervo, ⁿya que has hecho entrar a tu siervo a un pacto de Jehová ᵒcontigo; y si hay maldad en mí mátame tú, pues no hay necesidad de llevarme hasta tu padre.

9 Y Jonatán le dijo: Nunca tal te acontezca; pues si yo supiese que mi padre determinase hacerte mal, ¿no te lo avisaría yo?

10 Dijo entonces David a Jonatán: ¿Quién me dará aviso? o ¿qué si tu padre te respondiere ásperamente?

11 Y Jonatán dijo a David: Ven, salgamos al campo. Y salieron ambos al campo.

a cp 10:11-12
b ver 2

c Rt 1:17

d 2 Sm 9:1-7

e Rt 2:10
f cp 25:29
Jos 22:23
g cp 25:26
h cp 1:26
i cp 18:1

j ver 18
Nm 28:11
k cp 19:2-3
l cp 19:2

m cp 9:12

n ver 16
cp 18:3
y 23:18
o 2 Sm 14:32
p ver 14,15

1 SAMUEL 20

12 Entonces Jonatán dijo a David: Jehová, el Dios de Israel, *sea testigo*; cuando yo haya preguntado a mi padre mañana a esta hora, o al tercer día, y él apareciere bien para con David, si entonces yo no enviare a ti, y ᵇte lo hiciere saber,

13 ᶜJehová haga así a Jonatán, y aun añada. Mas si mi padre quisiere hacerte mal, también te lo haré saber, y te enviaré y te irás en paz: Y Jehová sea contigo, como ha sido con mi padre.

14 Y si yo viviere, harás conmigo misericordia de Jehová; para que yo no muera,

15 y ᵈno quitarás tu misericordia de mi casa, para siempre; ni cuando Jehová haya cortado uno por uno a los enemigos de David de la tierra.

16 Así hizo Jonatán *un pacto* con la casa de David, *diciendo*: ᶠRequiéralo Jehová de la mano de los enemigos de David.

17 Y Jonatán hizo jurar de nuevo a David, ⁱporque le amaba; pues le amaba como a su propia alma.

18 Le dijo luego Jonatán: Mañana *es* luna nueva, y tú serás echado de menos, porque tu asiento estará vacío.

19 Estarás, pues, tres días, y luego descenderás, y ˡvendrás al lugar donde estabas escondido el día que esto ocurrió, y esperarás junto a la piedra de Ezel.

20 Y yo tiraré tres saetas hacia aquel lado, como ejercitándome al blanco.

21 Y luego enviaré al criado, *diciéndole*: Ve, busca las saetas. Y si dijere al criado: He allí las saetas más acá de ti, tómalas; entonces tú vendrás, porque tienes paz, y nada malo hay, vive Jehová.

22 Pero si yo dijere al criado así: He allí las saetas más allá de ti; vete, porque Jehová te ha enviado.

23 Y ᵖen cuanto a las palabras que tú y yo hemos hablado, *sea* Jehová entre nosotros para siempre.

24 David, pues, se escondió en el campo, y cuando llegó la luna nueva, se sentó el rey a comer pan.

25 Y el rey se sentó en su silla, como solía, en el asiento junto a la pared, y Jonatán se levantó, y se sentó Abner al lado de Saúl, y el lugar de David estaba vacío.

1 SAMUEL 21

26 Mas aquel día Saúl no dijo nada, porque se decía: Le habrá acontecido algo, ªy no está limpio; no estará purificado.

27 El día siguiente, el segundo día de la luna nueva, aconteció también que el asiento de David estaba vacío. Y Saúl dijo a Jonatán su hijo: ¿Por qué no ha venido a comer el hijo de Isaí hoy ni ayer?

28 Y Jonatán respondió a Saúl: David me pidió encarecidamente que le dejase ir hasta Belén.

29 Y dijo: Te ruego que me dejes ir, porque tenemos sacrificio los de nuestro linaje en la ciudad, y mi hermano mismo me lo ha mandado; por tanto, si he hallado gracia en tus ojos, haré una escapada ahora, y visitaré a mis hermanos. Por esto pues no ha venido a la mesa del rey.

30 Entonces Saúl se enardeció contra Jonatán, y le dijo: Hijo de la perversa y rebelde, ¿no sé yo que tú has elegido al hijo de Isaí para confusión tuya, y para confusión de la vergüenza de tu madre?

31 Porque todo el tiempo que el hijo de Isaí viviere sobre la tierra, ni tú serás firme, ni tu reino. Envía pues, ahora, y tráemelo, porque ha de morir.

32 Y Jonatán respondió a su padre Saúl, y le dijo: ᵍ¿Por qué morirá? ¿Qué ha hecho?

33 ʰEntonces Saúl le arrojó una lanza para herirlo; ⁱde donde entendió Jonatán que su padre estaba determinado a matar a David.

34 Y se levantó Jonatán de la mesa con exaltada ira, y no comió pan el segundo día de la luna nueva: porque tenía dolor a causa de David, porque su padre le había afrentado.

35 Y aconteció que por la mañana Jonatán salió al campo, al tiempo aplazado con David, y un muchacho pequeño con él.

36 Y dijo al muchacho: Corre y busca las saetas que yo tirare. Y como el muchacho iba corriendo, él tiró la saeta *de modo* que pasara más allá de él.

37 Y llegando el muchacho adonde estaba la saeta que Jonatán había tirado, Jonatán dio voces tras el muchacho, diciendo: ¿No *está* la saeta más allá de ti?

a Lv 7:21
 11:24-28
y 15:4-5

b ver 13
cp 1:17

c cp 23:16

d cp 22:9-19
Is 10:32
e cp 14:3
f cp 16:4

g cp 19:5

h cp 18:11
y 19:10
i ver 7

j Éx 25:30
Lv 24:5
Mt 12:4
Mr 2:25-26
Lc 6:3-4

k Lv 8:26

David come del pan sagrado

38 Y volvió a gritar Jonatán tras el muchacho: Date prisa, aligera, no te detengas. Y el muchacho de Jonatán tomó las saetas, y vino a su señor.

39 Pero el muchacho ninguna cosa entendió; solamente Jonatán y David entendían el asunto.

40 Luego dio Jonatán sus armas a su muchacho, y le dijo: Vete y llévalas a la ciudad.

41 Y luego que el muchacho se hubo ido, se levantó David del lado del sur, y se inclinó tres veces postrándose hasta la tierra: y besándose el uno al otro, lloraron el uno con el otro, aunque David *lloró* más.

42 Y Jonatán dijo a David: ᵇVete en paz, que ambos hemos jurado en el nombre de Jehová, diciendo: Jehová sea entre tú y yo, entre mi simiente y la simiente tuya, para siempre. Y él se levantó y se fue; y ᶜJonatán entró en la ciudad.

CAPÍTULO 21

Y vino David a ᵈNob, al sacerdote ᵉAhimelec: y ᶠse sorprendió Ahimelec de su encuentro, y le dijo: ¿Por qué *vienes* tú solo, y nadie contigo?

2 Y respondió David al sacerdote Ahimelec: El rey me encomendó un asunto, y me dijo: Nadie sepa cosa alguna de este asunto a que yo te envío, y que yo te he mandado; y yo señalé a los criados un cierto lugar.

3 Ahora, pues, ¿qué tienes a mano? Dame cinco panes, o lo que tengas.

4 Y el sacerdote respondió a David, y dijo: No tengo pan común a la mano; solamente tengo ʲpan sagrado; *os lo daré* si los criados se han guardado a lo menos de mujeres.

5 Y David respondió al sacerdote, y le dijo: A la verdad las mujeres nos han sido reservadas estos tres días, desde que salí, y los vasos de los jóvenes son santos, aun cuando el camino es profano; ¡cuánto más hoy serán santificados ᵏsus vasos!

6 Así el sacerdote le dio *pan* sagrado, porque allí no había otro pan sino los panes de la proposición, los cuales habían sido quitados de delante de Jehová, para que se pusiesen panes calientes el día que los otros fueron quitados.

La cueva de Adulam

7 Aquel día estaba allí, detenido delante de Jehová, uno de los siervos de Saúl, cuyo nombre era ªDoeg, idumeo, principal de los pastores de Saúl.

8 Y David dijo a Ahimelec: ¿No tienes aquí a mano lanza o espada? Porque no tomé en mi mano mi espada ni mis armas, por cuanto el mandamiento del rey era apremiante.

9 Y el sacerdote respondió: ᶜLa espada de Goliat el filisteo, que tú venciste en ᵉel valle de Ela, está aquí envuelta en un velo detrás del efod; si tú quieres tomarla, tómala; porque aquí no *hay* otra sino esa. Y dijo David: ¡Ninguna como ella! ¡Dámela!

10 Y levantándose David aquel día, huyó de la presencia de Saúl, y se fue a Aquís, rey de ᵍGat.

11 Y los siervos de Aquís le dijeron: ¿No *es* éste David, el rey de la tierra? ¿No *es* éste de quien cantaban ʰcon danzas, diciendo: ⁱSaúl Mató a sus miles, y David a sus diez miles?

12 Y David puso en su corazón estas palabras, y tuvo gran temor de Aquís, rey de Gat.

13 Y ᵏmudó su proceder delante de ellos, y se fingió loco entre sus manos, y escribía en las portadas de las puertas, y dejaba correr su saliva por su barba.

14 Y dijo Aquís a sus siervos: He aquí estáis viendo un hombre demente; ¿por qué lo habéis traído a mí?

15 ¿Acaso me faltan locos, para que hayáis traído a éste que hiciese de loco delante de mí? ¿Había de entrar éste a mi casa?

CAPÍTULO 22

Y yéndose David de allí, ᵖse escapó a ᑫla cueva de Adulam. Y cuando sus hermanos y toda la casa de su padre *lo* oyeron, vinieron allí a él.

2 Y se juntaron con él todos los afligidos, y todo el que estaba endeudado, y todos los que se hallaban en amargura de espíritu, y fue hecho capitán de ellos. Y tuvo consigo como ʳcuatrocientos hombres.

3 Y se fue David de allí a Mizpa de Moab, y dijo al rey de Moab: Yo te ruego que mi padre y mi madre

a cp 22:9

b 2 Sm 24:11
1 Cr 21:9-19
y 29:29
2 Cr 29:25

c cp 17:51
d Jos 18:28
e cp 17:2
f Jos 18:25

g Sal 56 Tit
cp 17:4

h Jue 21:21
i cp 18:7
29:5
j cp 18:3
y 20:30

k Sal 34 Tit

l cp 21:7
Sal 52 Tit

m cp 21:1

n Nm 27:21
o cp 21:6-9

p Títulos de Sal 57 y 142
q Jos 12:15
y 15:35
2 Sm 23:13

r cp 23:13
y 25:13

estén con vosotros, hasta que sepa lo que Dios hará de mí.

4 Los trajo, pues, a la presencia del rey de Moab, y habitaron con él todo el tiempo que David estuvo en la fortaleza.

5 Y el profeta ᵇGad dijo a David: No te quedes en la fortaleza, vete, y entra en tierra de Judá. Y David se fue, y vino al bosque de Haret.

6 Y oyó Saúl que David había sido descubierto, y los que *estaban* con él. Y Saúl estaba en ᵈGabaa debajo de un árbol en ᶠRamá, y tenía su lanza en su mano, y todos sus criados estaban en derredor de él.

7 Y dijo Saúl a sus criados que estaban en derredor de él: Oíd ahora, hijos de Benjamín: ¿Os dará también a todos vosotros el hijo de Isaí tierras y viñas, y os hará a todos tribunos y centuriones;

8 Para que todos vosotros hayáis conspirado contra mí, y no hay quien me descubra al oído ʲcomo mi hijo ha hecho alianza con el hijo de Isaí, ni alguno de vosotros que se duela de mí, y me descubra como mi hijo ha levantado a mi siervo contra mí, para que me aceche, según hace hoy día?

9 Entonces ˡDoeg idumeo, que era superior entre los siervos de Saúl, respondió y dijo: Yo vi al hijo de Isaí que vino a Nob, a ᵐAhimelec, hijo de Ahitob;

10 el cual ⁿconsultó por él a Jehová, y ᵒle dio provisión, y también le dio la espada de Goliat el filisteo.

11 Y el rey envió por el sacerdote Ahimelec, hijo de Ahitob, y por toda la casa de su padre, los sacerdotes que *estaban* en Nob; y todos vinieron al rey.

12 Y Saúl le dijo: Oye ahora, hijo de Ahitob. Y él dijo: Heme aquí, señor mío.

13 Y le dijo Saúl: ¿Por qué habéis conspirado contra mí, tú y el hijo de Isaí, cuando tú le diste pan y espada, y consultaste por él a Dios, para que se levantase contra mí y me acechase, como lo hace hoy día?

14 Entonces Ahimelec respondió al rey, y dijo: ¿Y quién entre todos tus siervos *es tan* fiel como David, yerno además del rey, y que va por mandato tuyo, y es ilustre en tu casa?

Saúl da muerte a los sacerdotes

15 ¿He comenzado yo desde hoy a consultar por él a Dios? Lejos sea de mí; no impute el rey cosa alguna a su siervo, ni a toda la casa de mi padre; porque tu siervo ninguna cosa sabe de este asunto, grande ni chica.

16 Y el rey dijo: Sin duda morirás, Ahimelec, tú y toda la casa de tu padre.

17 Entonces dijo el rey a ᵇla gente de su guardia que estaba alrededor de él: Cercad y matad a los sacerdotes de Jehová; porque también la mano de ellos es con David, pues sabiendo ellos que huía, no me lo descubrieron. Mas los siervos del rey no quisieron extender sus manos para matar a los sacerdotes de Jehová.

18 Entonces dijo el rey a Doeg: Vuelve tú, y arremete contra los sacerdotes. Y volviéndose Doeg idumeo, arremetió contra los sacerdotes, y mató en aquel día ochenta y cinco varones que ᵈvestían efod de lino.

19 Y a Nob, ciudad de los sacerdotes, hirió a filo de espada: así a hombres como a mujeres, niños y a niños de pecho, bueyes, asnos y ovejas, a todos los hirió a filo de espada.

20 Mas ᶠuno de los hijos de Ahimelec hijo de Ahitob, que se llamaba Abiatar, escapó, y huyó tras David.

21 Y Abiatar notificó a David como Saúl había dado muerte a los sacerdotes de Jehová.

22 Y dijo David a Abiatar: Yo sabía que *estando* allí aquel día Doeg el idumeo de seguro se lo haría saber a Saúl. Yo he ocasionado *la muerte* de todas las personas de la casa de tu padre.

23 Quédate conmigo, no temas: ᵍquien buscare mi vida, buscará también la tuya; pues conmigo *estarás* seguro.

CAPÍTULO 23

Y dieron aviso a David, diciendo: He aquí que los filisteos combaten a ⁱKeila, y roban las eras.

2 Y ʲDavid consultó a Jehová, diciendo: ¿Iré a herir a estos filisteos? Y Jehová respondió a David: Ve, hiere a los filisteos, y libra a Keila.

3 Mas los que estaban con David le dijeron: He aquí que nosotros aquí en Judá estamos con miedo; ¿cuánto más si fuéremos a Keila contra el ejército de los filisteos?

4 Entonces David volvió a consultar a Jehová. Y Jehová le respondió, y dijo: Levántate, desciende a Keila, que yo ᵃentregaré en tus manos a los filisteos.

5 Partió, pues, David con sus hombres a Keila, y peleó contra los filisteos, se llevó sus ganados y los hirió con grande estrago: Así libró David a los de Keila.

6 Y aconteció que ᶜcuando Abiatar, hijo de Ahimelec, huyó *siguiendo* a David, a Keila, descendió con el efod en su mano.

7 Y fue dicho a Saúl que David había venido a Keila. Entonces dijo Saúl: Dios lo ha traído a mis manos; pues él se ha encerrado, entrando en ciudad con puertas y cerraduras.

8 Y convocó Saúl a todo el pueblo a la batalla, para descender a Keila, y poner cerco a David y a los suyos.

9 Mas entendiendo David que Saúl ideaba el mal contra él, ᵉdijo al sacerdote Abiatar: Trae el efod.

10 Y dijo David: Jehová, Dios de Israel, tu siervo tiene entendido que Saúl trata de venir contra Keila, a destruir la ciudad por causa mía.

11 ¿Me entregarán los hombres de Keila en sus manos? ¿Descenderá Saúl, como tu siervo ha oído? Jehová, Dios de Israel, te ruego que lo declares a tu siervo. Y Jehová dijo: Sí, descenderá.

12 Dijo luego David: ¿Me entregarán los hombres de Keila a mí y a mis hombres en manos de Saúl? Y Jehová respondió: Te entregarán.

13 ʰDavid entonces se levantó con sus hombres, *que eran* como seiscientos, y salieron de Keila, y anduvieron de un lugar a otro. Y vino la nueva a Saúl de que David se había escapado de Keila; y desistió de perseguirlo.

14 Y David se quedó en el desierto en lugares fortificados, y habitaba en un monte en ᵏel desierto de Zif; y lo buscaba Saúl todos los días, pero Dios no lo entregó en sus manos.

15 Y viendo David que Saúl había salido en busca de su vida, David *se*

David corta el manto de Saúl

estaba en el bosque, en el desierto de Zif.

16 ªEntonces se levantó Jonatán, hijo de Saúl, y vino a David en el bosque, y fortaleció su mano en Dios.

17 Y le dijo: No temas, que no te hallará la mano de Saúl mi padre, y tú reinarás sobre Israel, y yo seré segundo después de ti; y ᵇaun Saúl mi padre así lo sabe.

18 ᶜY ambos hicieron pacto ᵈdelante de Jehová: y David se quedó en el bosque, y Jonatán se volvió a su casa.

19 ᶠEntonces subieron los zifeos a Gabaa para decirle a Saúl: ¿No *está* David escondido en nuestra tierra, en las peñas del bosque, en el collado de Haquila que *está* al sur de Jesimón?

20 Por tanto, rey, desciende pronto ahora, según todo el deseo de tu alma, y nosotros lo entregaremos en la mano del rey.

21 Y Saúl dijo: ᵏBenditos *seáis* vosotros de Jehová, que habéis tenido compasión de mí.

22 Id, pues, ahora, preparaos aún, considerad y ved su lugar donde tiene el pie, y quién lo haya visto allí; porque se me ha dicho que él es en gran manera astuto.

23 Observad, pues, y ved todos los escondrijos donde se oculta, y volved a mí con la certidumbre, y yo iré con vosotros: y será que si él estuviere en la tierra, yo le buscaré entre todos los millares de Judá.

24 Y ellos se levantaron, y se fueron a Zif delante de Saúl. Mas David y su gente *estaban* en ⁿel desierto de Maón, en la llanura al sur de Jesimón.

25 Y partió Saúl con su gente a buscarlo; pero fue dado aviso a David, y descendió a la peña, y se quedó en el desierto de Maón. Y cuando Saúl *lo* oyó, siguió a David al desierto de Maón.

26 Y Saúl iba por un lado del monte, ᵒy David con los suyos por el otro lado del monte: y David se daba prisa para ir delante de Saúl; mas Saúl y los suyos habían encerrado a David y a su gente para tomarlos.

27 ᵖEntonces vino un mensajero a Saúl, diciendo: Ven luego, porque los filisteos han invadido el país.

28 Volvió, por tanto, Saúl de perseguir a David, y partió contra los filisteos. Por eso llamaron a aquel lugar Sela-hama-lecot.

29 Entonces David subió de allí, y habitó en las fortalezas de Engadi.

CAPÍTULO 24

Y sucedió que cuando Saúl volvió de perseguir a los filisteos, le dieron aviso diciendo: He aquí que David *está* en el desierto de ᵉEngadi.

2 Y tomando Saúl tres mil hombres escogidos de todo Israel, fue en busca de David y de los suyos, por las cumbres de los peñascos de las cabras monteses.

3 Y llegó a ᵍun redil de ovejas en el camino, donde *había* una cueva, y entró Saúl *en ella* para ʰcubrir sus pies; ⁱy David y sus hombres estaban en los rincones de la cueva.

4 ʲEntonces los de David le dijeron: He aquí el día que te ha dicho Jehová: He aquí que entregó tu enemigo en tus manos, y harás con él como te pareciere. Y se levantó David, y calladamente cortó la orilla del manto de Saúl.

5 Sucedió después de esto que ˡel corazón de David le golpeaba, por haber cortado la orilla del manto de Saúl.

6 Y dijo a los suyos: Jehová me guarde de hacer tal cosa contra mi señor, ᵐel ungido de Jehová, que yo extienda mi mano contra él; porque *es* el ungido de Jehová.

7 Así reprimió David a sus siervos con estas palabras, y no les permitió que se levantasen contra Saúl. Y Saúl, saliendo de la cueva, se fue su camino.

8 También David se levantó después, y saliendo de la cueva dio voces a las espaldas de Saúl, diciendo: ¡Mi señor el rey! Y como Saúl miró atrás, David inclinó su rostro a tierra, y hizo reverencia.

9 Y dijo David a Saúl: ¿Por qué oyes las palabras de los que dicen: Mira que David procura tu mal?

10 He aquí han visto hoy tus ojos como Jehová te ha puesto hoy en mis manos en la cueva; y dijeron que te matase, mas te perdoné, porque dije: No extenderé mi mano contra mi señor, porque ungido es de Jehová.

11 Y mira, padre mío, mira el borde de tu manto en mi mano; porque yo corté el borde de tu manto, y no te maté. Conoce, pues, y ve que no *hay* mal ni traición en mi mano, ni he pecado contra ti; con todo, tú andas a caza de mi vida para quitármela.

12 ª Juzgue Jehová entre tú y yo, y véngueme de ti Jehová; pero mi mano no será contra ti.

13 Como dice el proverbio de los antiguos: De los impíos saldrá la impiedad; así que mi mano no será contra ti.

14 ¿Tras quién ha salido el rey de Israel? ¿A quién persigues? ¿A un perro muerto? ¿A una pulga?

15 Jehová, pues, será Juez, y Él juzgará entre tú y yo. Él vea, y sustente mi causa, y me defienda de tu mano.

16 Y aconteció que, cuando David acabó de decir estas palabras a Saúl, Saúl dijo: ᵉ¿No es ésta la voz tuya, hijo mío David? Y alzando Saúl su voz lloró.

17 Y dijo a David: Más justo *eres* tú que yo, pues me has pagado con bien, habiéndote yo pagado con mal.

18 Tú has mostrado hoy que has hecho conmigo bien; pues no me has dado muerte, habiéndome entregado Jehová en tus manos.

19 Porque ¿quién hallará a su enemigo, y lo dejará ir sano y salvo? Jehová te pague con bien por lo que en este día has hecho conmigo.

20 Y ahora, como ᵍyo entiendo que tú has de reinar, y que el reino de Israel ha de ser en tu mano firme y estable,

21 ʰjúrame, pues, ahora por Jehová, que no cortarás mi simiente después de mí, ni raerás mi nombre de la casa de mi padre.

22 Entonces David juró a Saúl. Y se fue Saúl a su casa, y David y sus hombres se subieron a la fortaleza.

CAPÍTULO 25

Y ⁱmurió Samuel, y se reunió todo Israel, y ʲlo lloraron, y lo sepultaron en su casa en Ramá. Y se levantó David, y se fue al ᵏdesierto de Parán.

2 Y había un hombre en Maón que *tenía* su hacienda en el Carmelo, el cual *era* muy rico, y tenía tres mil ovejas y mil cabras. Y esquilaba sus ovejas en el Carmelo.

3 El nombre de aquel varón *era* Nabal, y el nombre de su esposa, Abigail. Y *era* aquella mujer de buen entendimiento y de hermosa apariencia; mas el hombre *era* duro y de malas obras; y *era* del linaje de Caleb.

4 Y oyó David en el desierto que Nabal ᵇesquilaba sus ovejas.

5 Entonces David envió diez jóvenes, y les dijo: Subid al Carmelo, e id a Nabal, y saludadle en mi nombre.

6 Y decid a aquél que vive *en prosperidad*: ᶜPaz *sea* a ti, y paz a tu familia, y paz a todo cuanto tienes.

7 He sabido que tienes esquiladores. Ahora, a tus pastores que han estado con nosotros, ᵈnunca les hicimos daño, ni les faltó algo en todo el tiempo que han estado en el Carmelo.

8 Pregunta a tus criados, que ellos te lo dirán. Hallen, por tanto, estos jóvenes gracia en tus ojos, pues hemos venido en buen día; te ruego que des lo que tuvieres a mano a tus siervos, y a tu hijo David.

9 Y cuando llegaron los jóvenes de David, dijeron a Nabal todas estas palabras en nombre de David, y callaron.

10 Y Nabal respondió a los jóvenes de David, y dijo: ᶠ¿Quién *es* David? ¿Y quién *es* el hijo de Isaí? Muchos siervos hay hoy que huyen de sus señores.

11 ¿He de tomar yo ahora mi pan, mi agua, y mi carne que he matado y preparado para mis esquiladores, y *la* daré a hombres que no sé de dónde *son*?

12 Entonces los jóvenes de David se volvieron por su camino, y regresaron; y vinieron y dijeron a David todas estas palabras.

13 Entonces David dijo a sus hombres: Cíñase cada uno su espada. Y se ciñó cada uno su espada; también David ciñó su espada; y subieron tras David como ᶜcuatrocientos hombres, y dejaron ᵐdoscientos con el bagaje.

14 Y uno de los criados dio aviso a Abigail, esposa de Nabal, diciendo:

Abigail

He aquí David envió mensajeros desde el desierto [b]que saludasen a nuestro amo, y él los ha zaherido.

15 Mas aquellos hombres han sido muy buenos con nosotros, y nunca nos han hecho daño, ni nos ha faltado nada en todo el tiempo que hemos convivido con ellos, cuando hemos estado en los campos.

16 [d]Nos han sido por muro de día y de noche, todos los días que hemos estado con ellos apacentando las ovejas.

17 Ahora, pues, entiende y mira lo que has de hacer, porque el mal está del todo resuelto contra nuestro amo y contra toda su casa; pues él es tan hijo de Belial, que no hay quien pueda hablarle.

18 Entonces Abigail tomó luego [g]doscientos panes, y dos odres de vino, y cinco ovejas guisadas, y cinco medidas de grano tostado, y cien tortas de pasas, y doscientos panes de higos secos, y los cargó en asnos.

19 Y dijo a sus jóvenes: Id delante de mí, que yo os seguiré luego. Pero nada declaró a su marido Nabal.

20 Y sentándose sobre un asno descendió por una parte secreta del monte, y he aquí David y sus hombres que venían frente a ella, y ella fue a encontrarles.

21 Y David había dicho: Ciertamente en vano he guardado todo lo que éste tiene en el desierto, sin que nada le haya faltado de todo cuanto es suyo; y él me ha vuelto mal por bien.

22 [j]Así haga Dios, y así añada a los enemigos de David, que de aquí al amanecer no he de dejar ni a un meante a la pared, de todos los que le *pertenecen*.

23 Y cuando Abigail vio a David, [l]se bajó del asno apresuradamente, y [m]postrándose sobre su rostro delante de David, se inclinó a tierra.

24 Y se echó a sus pies, y dijo: Señor mío, [n]*sobre* mí *sea* el pecado; mas te ruego que permitas que tu sierva hable a tus oídos, y oye las palabras de tu sierva.

25 No haga caso mi señor de este hombre de Belial, Nabal; porque conforme a su nombre, así *es* él. Se llama Nabal, y la insensatez *está* con él; mas yo tu sierva no vi los criados de mi señor, los cuales tú enviaste.

26 Ahora pues, señor mío, [a]vive Jehová y vive tu alma, que Jehová te ha estorbado que *vinieses* a derramar sangre, y vengarte por tu propia mano. Sean, pues, como Nabal tus enemigos, y todos los que procuran mal contra mi señor.

27 Y ahora [c]esta bendición que tu sierva ha traído a mi señor, se dé a los jóvenes que siguen a mi señor.

28 Y yo te ruego que perdones a tu sierva esta ofensa; [e]pues Jehová de cierto hará casa firme a mi señor, por cuanto mi señor [f]pelea las batallas de Jehová, y mal no se ha hallado en ti en tus días.

29 Bien que alguien se haya levantado a perseguirte y atentar contra tu vida, con todo, el alma de mi señor será ligada en el fajo de los que viven con Jehová tu Dios, y Él arrojará [h]el alma de tus enemigos como de en medio de la palma de una honda.

30 Y acontecerá que cuando Jehová hiciere con mi señor conforme a todo el bien que Él ha hablado acerca de ti, y te establezca por príncipe sobre Israel,

31 entonces, señor mío, no te será esto en tropiezo y turbación de corazón, el que hayas derramado sangre sin causa, o que mi señor se haya vengado por sí mismo. Guárdese, pues, mi señor, y cuando Jehová hiciere bien a mi señor, acuérdate de tu sierva.

32 Y dijo David a Abigail: [i]Bendito sea Jehová, el Dios de Israel, que te envió para que hoy me encontrases.

33 Y bendito *sea* tu razonamiento, y bendita tú, [k]que me has estorbado hoy de ir a derramar sangre y de vengarme por mi propia mano.

34 Porque, vive Jehová, el Dios de Israel, que me ha detenido de hacerte mal, que si no te hubieras dado prisa en venir a mi encuentro, de aquí al amanecer no le habría quedado a Nabal meante a la pared.

35 Y recibió David de su mano lo que le había traído, y le dijo: [o]Sube en paz a tu casa, y mira que he oído tu voz, y te he tenido respeto.

36 Y Abigail regresó a Nabal, y he aquí que [p]él tenía banquete en su casa, como banquete de rey; y el corazón de Nabal *estaba* alegre en él, y *estaba* muy borracho; por lo que

ella no le declaró poco ni mucho, hasta que vino el día siguiente.

37 Pero sucedió que por la mañana, cuando el vino había salido de Nabal, su esposa le refirió estas cosas; y desfalleció su corazón en él, y se quedó *como* una piedra.

38 Y pasados diez días Jehová hirió a Nabal, y murió.

39 Y cuando David oyó que Nabal había muerto, dijo: Bendito sea Jehová que juzgó la causa de mi afrenta recibida de la mano de Nabal, y ha preservado del mal a su siervo; y ^fJehová ha tornado la maldad de Nabal sobre su propia cabeza. Después envió David a hablar a Abigail, para tomarla por su esposa.

40 Y los siervos de David vinieron a Abigail al Carmelo, y hablaron con ella, diciendo: David nos ha enviado a ti, para tomarte por su esposa.

41 Y ella se levantó, e inclinó su rostro a tierra, diciendo: He aquí tu sierva, para que *sea* sierva que lave los pies de los siervos de mi señor.

42 Y levantándose aprisa Abigail con cinco doncellas que la seguían, se montó en un asno, y siguió a los mensajeros de David, y fue su esposa.

43 También tomó David a Ahinoam de ^mJezreel, y ⁿambas dos fueron sus esposas.

44 Porque Saúl había dado ^osu hija Mical esposa de David, a Palti hijo de Lais, que *era* de ^pGalim.

CAPÍTULO 26

Y vinieron los zifeos a Saúl en Gabaa, diciendo: ^q¿No está David escondido en el collado de Haquila, que *está* frente a Jesimón?

2 Saúl entonces se levantó, y descendió al desierto de Zif, llevando consigo tres mil hombres escogidos de Israel, para buscar a David en el desierto de Zif.

3 Y acampó Saúl en el collado de Haquila, que está delante del desierto junto al camino. Y estaba David en el desierto, y entendió que Saúl le seguía en el desierto.

4 David por tanto envió espías, y entendió por cierto que Saúl había venido.

5 Y se levantó David, y vino al sitio donde Saúl había acampado; y miró David el lugar donde dormía Saúl, y ^aAbner hijo de Ner, general de su ejército. Y estaba Saúl durmiendo en ^bla trinchera, y el pueblo estaba acampado en derredor de él.

6 Entonces habló David, y requirió a Ahimelec heteo, y a ^cAbisai ^dhijo de Sarvia, hermano de Joab, diciendo: ^e¿Quién descenderá conmigo a Saúl al campamento? Y dijo Abisai: Yo descenderé contigo.

7 David, pues, y Abisai vinieron de noche al pueblo; y he aquí Saúl que estaba tendido durmiendo en la trinchera, y su lanza clavada en tierra ^ga su cabecera; y Abner y el pueblo estaban tendidos alrededor de él.

8 Entonces dijo Abisai a David: Hoy ha entregado Dios a tu enemigo en tu mano; ahora pues, déjame que lo hiera con la lanza, cosiéndole en la tierra de un golpe, y no segundaré.

9 Y David respondió a Abisai: No le mates; porque ^h¿quién extenderá su mano contra el ungido de Jehová, y será inocente?

10 Dijo además David: Vive Jehová, ⁱque si Jehová no lo hiriere, ^jo que su día llegue para que muera, ^ko que descendiendo en batalla perezca,

11 ^lguárdeme Jehová de extender mi mano contra el ungido de Jehová. Pero toma ahora la lanza que *está* a su cabecera, y la botija del agua y vámonos.

12 Se llevó, pues, David la lanza y la botija de agua de la cabecera de Saúl, y se fueron; y no hubo nadie que viese, ni entendiese, ni velase, pues todos dormían; porque un profundo sueño ^renviado de Jehová había caído sobre ellos.

13 Entonces David pasó al otro lado, y se puso en la cumbre del monte, a lo lejos, *habiendo* gran distancia entre ellos;

14 Y dio voces David al pueblo, y a Abner hijo de Ner, diciendo: ¿No respondes, Abner? Entonces Abner respondió y dijo: ¿Quién *eres* tú *que* gritas al rey?

15 Y dijo David a Abner: ¿No *eres* tú un hombre *valiente*? ¿Y quién hay como tú en Israel? ¿Por qué, pues, no has guardado al rey tu señor? Porque uno del pueblo ha entrado a matar a tu señor el rey.

David entre los filisteos

16 Esto que has hecho no *está* bien. Vive Jehová, que sois [a]dignos de muerte, que no habéis guardado a vuestro señor, al ungido de Jehová. Mira ahora dónde *está* la lanza del rey, y la botija del agua que *estaba* a su cabecera.

17 Y conociendo Saúl la voz de David, dijo: [c]¿No *es* ésta tu voz, hijo mío David? Y David respondió: Mi voz *es*, rey señor mío.

18 Y dijo: [e]¿Por qué persigue así mi señor a su siervo? ¿Qué he hecho? ¿Qué mal hay en mi mano?

19 Ruego, pues, que el rey mi señor oiga ahora las palabras de su siervo. [g]Si Jehová te incita contra mí, acepte Él una ofrenda; mas si *fueren* hijos de hombres, malditos *sean* ellos en presencia de Jehová, porque [h]me han echado hoy para que no tenga parte en [i]la heredad de Jehová, diciendo: Ve, sirve a dioses ajenos.

20 No caiga, pues, ahora mi sangre en tierra delante de Jehová, porque ha salido el rey de Israel a buscar [k]una pulga, así como quien persigue una perdiz por los montes.

21 Entonces dijo Saúl: [m]He pecado: vuélvete, hijo mío David, que ningún mal te haré más, pues que mi vida ha sido estimada hoy en tus ojos. He aquí, yo he hecho neciamente, y he errado en gran manera.

22 Y David respondió, y dijo: He aquí la lanza del rey; pase acá uno de los criados, y tómela.

23 Y [q]Jehová pague a cada uno su justicia y su lealtad; pues Jehová te había entregado hoy en mi mano, mas yo no quise extender mi mano sobre el ungido de Jehová.

24 Y he aquí, como tu vida ha sido estimada hoy en mis ojos, así sea mi vida estimada en los ojos de Jehová, y me libre de toda aflicción.

25 Y Saúl dijo a David: [s]Bendito *eres* tú, hijo mío David; sin duda ejecutarás tú grandes empresas, y prevalecerás. Entonces David se fue su camino, y Saúl se volvió a su lugar.

CAPÍTULO 27

Y dijo David en su corazón: Al fin seré muerto algún día por la mano de Saúl; por tanto, nada me será mejor que fugarme a la tierra de los filisteos, para que Saúl se deje de mí, y no me ande buscando más por todos los términos de Israel, y así me escaparé de sus manos.

2 Se levantó, pues, David, y con los [b]seiscientos hombres que *tenía* consigo se pasó a Aquís hijo de Maoc, rey de Gat.

3 Y moró David con Aquís en Gat, él y sus hombres, cada uno con su familia: David con [d]sus dos esposas, Ahinoam jezreelita, y Abigail, la que fue esposa de Nabal el del Carmelo.

4 Y vino la nueva a Saúl que David se había huido a Gat, y no lo buscó más.

5 Y David dijo a Aquís: [g]Si he hallado ahora gracia en tus ojos, séame dado lugar en algunas de las ciudades de la tierra, donde habite; porque ¿ha de morar tu siervo contigo en la ciudad real?

6 Y Aquís le dio aquel día a [j]Siclag. De aquí fue Siclag de los reyes de Judá hasta hoy.

7 Y fue el número de los días que David habitó en la tierra de los filisteos, [l]un año y cuatro meses.

8 Y subía David con sus hombres, y hacían incursiones contra los [n]gesuritas, y gezritas, y los [o]amalecitas; porque éstos habitaban la tierra desde tiempos antiguos, desde como quien va a [p]Shur hasta la tierra de Egipto.

9 Y hería David el país, y no dejaba con vida hombre ni mujer: y se llevaba las ovejas y las vacas y los asnos y los camellos y las ropas; y venía y regresaba a Aquís.

10 Y decía Aquís: ¿Contra quién habéis invadido hoy? Y David decía: Contra el sur de Judá, y contra el sur de los [r]jerameelitas, y contra el sur de los cineos.

11 Ni hombre ni mujer dejaba David con vida, que viniese a Gat, diciendo: Porque no den aviso de nosotros, diciendo: Esto hizo David. Y ésta *era* su costumbre todo el tiempo que moró en tierra de los filisteos.

12 Y Aquís creía a David, diciendo así: Él ha hecho que su pueblo de Israel le aborrezca; por tanto será mi siervo para siempre.

CAPÍTULO 28

Y aconteció que en aquellos días los filisteos reunieron sus tropas

---

a cp 20:31
b cp 23:13
c cp 24:16
d cp 25:43
e cp 24:9-11
f cp 20:3
g Gn 8:21
2 Sm 24:1
h Sal 120:5
i 2 Sm 14:16
j Jos 15:31
k cp 24:14
l cp 29:3
m cp 15:24
y 24:17
n Jos 13:2
o cp 15:2
p Gn 16:7
q Sal 7:8
r cp 30:29
1 Cr 2:9,29
s Rt 2:20

1 SAMUEL 28 — Saúl y la pitonisa

para pelear contra Israel. Y dijo Aquís a David: Sabe de cierto que has de salir conmigo a campaña, tú y tus hombres.

2 Y David respondió a Aquís: Ciertamente tú sabrás lo que tu siervo puede hacer. Y Aquís dijo a David: Por tanto te haré guarda de mi cabeza para siempre.

3 Ya ᵇSamuel había muerto, y todo Israel lo había lamentado, y le habían sepultado ᵉen Ramá, en su ciudad. Y ᶠSaúl había echado de la tierra los encantadores y adivinos.

4 Y los filisteos se juntaron, y vinieron y acamparon en ᵍSunem: y Saúl juntó a todo Israel, y acamparon en ʰGilboa.

5 Y cuando Saúl vio el campamento de los filisteos, temió, y se turbó su corazón en gran manera.

6 Y ʲconsultó Saúl a Jehová; pero Jehová no le respondió, ᵏni por sueños, ni por ᵐUrim, ni por profetas.

7 Entonces Saúl dijo a sus criados: Buscadme una mujer ⁿpitonisa, para que yo vaya a ella, y por medio de ella pregunte. Y sus criados le respondieron: He aquí hay una mujer en ᵖEndor que tiene espíritu de pitonisa.

8 Y Saúl se disfrazó poniéndose otra ropa, y se fue con dos hombres, y vinieron de noche a aquella mujer; y él dijo: ᑫYo te ruego que me adivines por el espíritu de pitón, y me hagas subir a quien yo te dijere.

9 Y la mujer le dijo: He aquí tú sabes lo que Saúl ha hecho, cómo ʳha quitado de la tierra a los que tienen espíritu de pitonisa y a los adivinos: ¿Por qué, pues, pones tropiezo a mi vida, para hacerme morir?

10 Entonces Saúl le juró por Jehová, diciendo: Vive Jehová, que ningún mal te vendrá por esto.

11 La mujer entonces dijo: ¿A quién te haré venir? Y él respondió: Hazme venir a Samuel.

12 Y viendo la mujer a Samuel, clamó en alta voz, y habló aquella mujer a Saúl, diciendo: ¿Por qué me has engañado? Pues tú eres Saúl.

13 Y el rey le dijo: No temas: ¿Qué has visto? Y la mujer respondió a Saúl: He visto dioses que suben de la tierra.

14 Y él le dijo: ¿Cuál es su forma? Y ella respondió: Un hombre anciano viene, cubierto de ᵃun manto. Saúl entonces entendió que era Samuel, y humillando el rostro a tierra, hizo gran reverencia.

15 Y Samuel dijo a Saúl: ¿Por qué me has inquietado haciéndome venir? Y Saúl respondió: Estoy muy congojado; pues los filisteos pelean contra mí, y ᶜDios se ha apartado de mí, y ᵈno me responde más, ni por mano de profetas, ni por sueños: por esto te he llamado, para que me declares qué tengo que hacer.

16 Entonces Samuel dijo: ¿Y para qué me preguntas a mí, habiéndose apartado de ti Jehová, y es tu enemigo?

17 Jehová, pues, ha hecho ⁱcomo habló por medio de mí; pues Jehová ha cortado el reino de tu mano, y lo ha dado a tu compañero David.

18 ˡComo tú no obedeciste a la voz de Jehová, ni cumpliste el furor de su ira sobre Amalec, por eso Jehová te ha hecho esto hoy.

19 Y Jehová entregará a Israel también contigo en manos de los filisteos; y mañana estaréis conmigo, ᵒtú y tus hijos; y aun el campamento de Israel entregará Jehová en manos de los filisteos.

20 En aquel punto cayó Saúl en tierra cuan grande era, y tuvo gran temor por las palabras de Samuel; y estaba sin fuerzas, porque en todo aquel día y aquella noche no había comido pan.

21 Entonces la mujer vino a Saúl, y viéndole en grande manera turbado, le dijo: He aquí que tu sierva ha obedecido a tu voz, y ˢhe puesto mi vida en mi mano, y he oído las palabras que tú me has dicho.

22 Te ruego, pues, que tú también oigas la voz de tu sierva. Pondré yo delante de ti un bocado de pan para que comas, y cobres fuerzas, y sigas tu camino.

23 Y él lo rehusó, diciendo: No comeré. Mas sus criados juntamente con la mujer le constriñeron, y él los obedeció. Se levantó, pues, del suelo, y se sentó sobre una cama.

24 Y aquella mujer tenía en su casa un ternero grueso, el cual mató luego; y tomó ᵗharina y la amasó, y coció de ella panes sin levadura.

---

a cp 15:27
b cp 25:1
c ver 16
cp 16:14
y 18:12
d ver 6
e cp 1:19
f Éx 22:18
Lv 19:31
g 1 Re 22:11
Sal 44:5
Dn 8:4
h Jos 19:18
i cp 15:28
j ver 15
cp 14:37
k Nm 12:6
l cp 15:9
1 Re 20:42
1 Cr 10:13
Jer 48:10
m Éx 28:30
n 1 Cr 10:13
o cp 31:2
p Jos 17:11
q Dt 18:10
r ver 3
s Jue 12:3
t Gn 18:6

Los de Amelec destruyen a Siclag

25 Y lo trajo delante de Saúl y de sus criados; y luego que hubieron comido, se levantaron, y partieron aquella noche.

CAPÍTULO 29

Y los filisteos reunieron todas sus tropas en ᵇAfec; e Israel acampó junto a la fuente que *está* en Jezreel.

2 Y cuando ᶜlos príncipes de los filisteos pasaban revista a sus compañías de a ciento y de a mil hombres, David y sus hombres iban en la retaguardia con Aquís.

3 Y dijeron los príncipes de los filisteos: ¿Qué *hacen aquí* estos hebreos? Y Aquís respondió a los príncipes de los filisteos: ¿No es éste David, el siervo de Saúl, rey de Israel, que ha estado conmigo ᶠalgunos días o algunos años y ᵍno he hallado falta en él desde el día que ʰse pasó a mí hasta hoy?

4 Entonces los príncipes de los filisteos se enojaron contra él, y le dijeron: Envía a este hombre, que se vuelva ⁱal lugar que le señalaste, y no venga con nosotros a la batalla, no sea que en la batalla se nos vuelva enemigo; porque ¿con qué cosa volvería mejor a la gracia de su señor que con las cabezas de estos hombres?

5 ¿No *es* éste David de quien cantaban con danzas, diciendo: ᵏSaúl mató a sus miles, y David a sus diez miles?

6 Y Aquís llamó a David, y le dijo: Vive Jehová, que tú has sido recto, y que me ha parecido bien tu salida y entrada en el campamento conmigo, y que ninguna cosa mala he hallado en ti desde el día que viniste a mí hasta hoy; pero en los ojos de los príncipes no agradas.

7 Vuélvete, pues, y vete en paz; y no hagas lo malo en los ojos de los príncipes de los filisteos.

8 Y David respondió a Aquís: ¿Qué he hecho? ¿Qué has hallado en tu siervo desde el día que estoy contigo hasta hoy, para que yo no vaya y pelee contra los enemigos de mi señor el rey?

9 Y Aquís respondió a David, y dijo: Yo sé que tú *eres* bueno ante mis ojos, como ᵖun ángel de Dios; mas los príncipes de los filisteos han dicho: No venga con nosotros a la batalla.

10 Levántate, pues, muy de mañana, tú y ᵃlos siervos de tu señor que han venido contigo; y temprano en la mañana, cuando os levantéis, al amanecer, partid.

11 Y David se levantó muy de mañana, él y los suyos, para irse y regresar a la tierra de los filisteos; y los filisteos subieron a Jezreel.

CAPÍTULO 30

Y cuando David y sus hombres vinieron a ᵈSiclag el tercer día, ᵉlos de Amalec habían invadido el sur, y a Siclag, y habían asolado a Siclag y la habían puesto a fuego.

2 Y se habían llevado cautivas a las mujeres que *estaban* en ella. Pero no mataron a nadie, ni pequeño ni grande, sino se los habían llevado, y siguieron su camino.

3 Vino, pues, David con sus hombres a la ciudad, y he aquí que *estaba* quemada a fuego, y sus esposas y sus hijos e hijas habían sido llevados cautivos.

4 Entonces David y la gente que con él *estaba* alzaron su voz y lloraron, hasta que les faltaron las fuerzas para llorar.

5 ʲLas dos esposas de David, Ahinoam jezreelita y Abigail la que fue esposa de Nabal del Carmelo, también eran cautivas.

6 Y David fue muy angustiado, ˡporque el pueblo hablaba de apedrearlo; porque todo el pueblo estaba con ánimo amargo, cada uno por sus hijos y por sus hijas. Pero David se fortaleció en Jehová su Dios.

7 Y ᵐdijo David al sacerdote Abiatar, hijo de Ahimelec: Yo te ruego que me acerques el efod. Y Abiatar acercó el efod a David.

8 ⁿY David consultó a Jehová, diciendo: ¿Seguiré esta tropa? ¿La podré alcanzar? Y Él le dijo: Síguela que de cierto la alcanzarás, y sin duda recobrarás *todo*.

9 Partió, pues, David, él y ᵒlos seiscientos hombres que con él *estaban*, y vinieron hasta el torrente de Besor, donde se quedaron algunos.

a 1 Cr 12:19

b Jos 12:18

c Jos 13:3

d cp 29:4-11
e cp 27:8

f cp 27:7
g Dn 6:5
h 1 Cr 12:19

i cp 27:6

j cp 25:43

k cp 18:7
y 21:11

l Éx 17:4

m cp 23:6-9

n cp 23:2-4

o cp 25:13

p 2 Sm 14:17
y 19-27

10 Y David siguió el alcance con cuatrocientos hombres; porque se quedaron atrás doscientos, que cansados no pudieron pasar el torrente de Besor.

11 Y hallaron en el campo a un hombre egipcio el cual trajeron a David; y le dieron pan y comió, y le dieron a beber agua;

12 le dieron también un pedazo de ᵇmasa de higos secos y dos tortas de pasas. ᶜY luego que comió, volvió en él su espíritu; porque no había comido pan ni bebido agua en tres días y tres noches.

13 Y le dijo David: ¿De quién *eres* tú? ¿Y de dónde *eres*? Y respondió el joven egipcio: Yo soy siervo de un amalecita; y me abandonó mi amo porque caí enfermo hace tres días.

14 Hicimos una incursión *en* la parte del sur de ᵉlos cereteos, y en Judá, y en el sur de ᵍCaleb; y pusimos fuego a Siclag.

15 Y David le dijo: ¿Me llevarás tú a esa tropa? Y él dijo: Júrame por Dios que no me matarás, ni me entregarás en las manos de mi amo, y yo te llevaré a esa gente.

16 Lo llevó, pues, y he aquí que *estaban* desparramados sobre la faz de toda aquella tierra, comiendo y bebiendo y danzando, por todo aquel gran botín que habían tomado de la tierra de los filisteos y de la tierra de Judá.

17 Y los hirió David desde aquella mañana hasta la tarde del día siguiente; y ninguno de ellos escapó, sino cuatrocientos jóvenes que montaron en camellos y huyeron.

18 Y David recobró todo lo que los amalecitas habían tomado, y también rescató David a sus dos esposas.

19 Y no les faltó cosa chica ni grande, así de hijos como de hijas, del robo, y de todas las cosas que les habían tomado. ᵒTodo lo recobró David.

20 Tomó también David todas las ovejas y ganados mayores; y trayéndolo todo delante, decían: Éste es el botín de David.

21 Y vino David a los ᵖdoscientos hombres que habían quedado cansados y no habían podido seguir a David, a los cuales habían hecho quedar en el torrente de Besor; y ellos salieron a recibir a David y al pueblo que con él *estaba*. Y cuando David llegó a la gente, les saludó con paz.

22 Entonces todos los hombres perversos, de Belial, de entre los que habían ido con David, ᵃrespondieron y dijeron: Porque no fueron con nosotros, no les daremos del despojo que hemos quitado, sino a cada uno su esposa y sus hijos; para que se los lleven y se vayan.

23 Y David dijo: No hagáis eso, hermanos míos, de lo que nos ha dado Jehová; el cual nos ha guardado, y ha entregado en nuestras manos la caterva que vino sobre nosotros.

24 ¿Y quién os escuchará en este caso? Porque ᵈigual parte ha de ser la del que desciende a la batalla, y la del que queda con ᶠel bagaje; que repartan por igual.

25 Y desde aquel día en adelante fue esto puesto por ley y ordenanza en Israel, hasta hoy.

26 Y cuando David llegó a Siclag, envió el despojo a los ancianos de Judá, sus amigos, diciendo: He aquí ʰun presente para vosotros, del despojo de los enemigos de Jehová.

27 *También* envió a los que *estaban* en Betel, y en ⁱRamot al sur, y a los que *estaban* en ʲJatir;

28 y a los que *estaban* en Aroer, y en Sifmot, y a los que *estaban* en ᵏEstemoa;

29 y a los que *estaban* en Racal, y a los que *estaban* en las ciudades de ˡlos jerameelitas, y a los que *estaban* en las ciudades del ᵐcineo;

30 y a los que *estaban* en ⁿHorma, y a los que *estaban* en Corasán, y a los que estaban en Atac;

31 y a los que *estaban* en Hebrón, y en todos los lugares donde David había estado con los suyos.

CAPÍTULO 31

Los filisteos, pues, pelearon contra Israel, y los de Israel huyeron delante de los filisteos, y cayeron muertos en el monte de ᑫGilboa.

2 Y siguiendo los filisteos a Saúl y a sus hijos, mataron a ʳJonatán, y a Abinadab, y a Malquisúa, hijos de Saúl.

La muerte de Saúl y Jonatán

3 Y arreció la batalla contra Saúl, y los arqueros lo alcanzaron; y fue gravemente herido por los arqueros.

4 ªEntonces dijo Saúl a su escudero: Saca tu espada, y traspásame con ella, no sea que vengan estos ᶜincircuncisos y me traspasen, y me escarnezcan. Mas su escudero no quería, porque tenía gran temor. ᵈEntonces Saúl tomó la espada, y se echó sobre ella.

5 Y viendo su escudero que Saúl estaba muerto, él también se echó sobre su espada, y murió con él.

6 Así murió Saúl en aquel día, juntamente con sus tres hijos, y su escudero, ⁱy todos sus varones.

7 Y los de Israel que *estaban* al otro lado del valle, y al otro lado del Jordán, viendo que Israel había huido, y que Saúl y sus hijos habían muerto, dejaron las ciudades y huyeron; y los filisteos vinieron y habitaron en ellas.

a Jue 9:54
b cp 17:51
c Jue 14:3
d 2 Sm 1:10
e Jue 2:13
f 2 Sm 21:12
g cp 11:1-11
h cp 11:1-11
i 1 Cr 10:6
j 2 Sm 21:12
k cp 22:6
l cp 7:6
2 Sm 12:16
m Gn 50:10

8 Y aconteció el siguiente día, que viniendo los filisteos a despojar a los muertos, hallaron a Saúl y a sus tres hijos tendidos en el monte de Gilboa;

9 Y ᵇle cortaron la cabeza, y le despojaron de sus armas; y enviaron *mensajeros* por toda la tierra de los filisteos, para que lo publicaran en el templo de sus ídolos, y en el pueblo.

10 Y pusieron sus armas en el templo de ᵉAstarot, ᶠy colgaron su cuerpo en el muro de Bet-seán.

11 ᵍMas oyendo los de Jabes de Galaad esto que los filisteos hicieron a Saúl,

12 ʰtodos los hombres valientes se levantaron, y anduvieron toda aquella noche, y quitaron el cuerpo de Saúl y los cuerpos de sus hijos del muro de Bet-seán; y viniendo a Jabes, los quemaron allí.

13 Y tomando sus huesos, ʲlos sepultaron debajo de ᵏun árbol en Jabes, ˡy ayunaron ᵐsiete días.

Libro Segundo De
SAMUEL

CAPÍTULO 1

Y aconteció después de la muerte de Saúl, que vuelto David de ªderrotar a los amalecitas, estuvo dos días en Siclag:

2 Y al tercer día, aconteció que vino uno del campamento de Saúl, ᵇrotas sus vestiduras, y ᶜtierra sobre su cabeza; y llegando a David, se postró en tierra, e hizo reverencia.

3 Y le preguntó David: ¿De dónde vienes? Y él respondió: Me he escapado del campamento de Israel.

4 Y David le dijo: ¿Qué ha acontecido? Te ruego que me lo digas. Y él respondió: El pueblo huyó de la batalla, y también muchos del pueblo cayeron y son muertos; también Saúl y Jonatán su hijo murieron.

5 Y dijo David a aquel joven que le daba las nuevas: ¿Cómo sabes que han muerto Saúl y Jonatán su hijo?

6 Y el joven que le daba las nuevas respondió: Casualmente vine al monte de Gilboa, y hallé a ᵈSaúl que

a 1 Sm 30:17
b Gn 44:13
1 Sm 4:12
c Jos 7:6
d 1 Sm 3:1-4

estaba recostado sobre su lanza, y venían tras él carros y gente de a caballo.

7 Y cuando él miró hacia atrás, me vio y me llamó; y yo dije: Heme aquí.

8 Y él me dijo: ¿Quién *eres* tú? Y yo le respondí: Soy amalecita.

9 Y él me volvió a decir: Yo te ruego que te pongas sobre mí y me mates, porque se ha apoderado de mí la angustia, y mi vida aún está toda en mí.

10 Yo entonces me puse sobre él, y lo maté, porque sabía que no podía vivir después de su caída; y tomé la corona que *tenía* en su cabeza, y el brazalete que *traía* en su brazo, y los he traído acá a mi señor.

11 Entonces David trabando de sus vestiduras, las rasgó; y lo mismo hicieron los hombres que *estaban* con él.

12 Y lloraron y lamentaron, y ayunaron hasta la tarde, por Saúl y por Jonatán su hijo, por el pueblo de Jehová y por la casa de Israel, porque habían caído a espada.

13 Y David dijo a aquel joven que le había traído las nuevas: ¿De dónde *eres* tú? Y él respondió: Yo soy hijo de un extranjero, amalecita.

14 Y le dijo David: ¿Cómo ᵇno tuviste temor de ᶜextender tu mano para matar al ungido de Jehová?

15 Entonces llamó David a uno de los jóvenes, y le dijo: Acércate y mátalo. Y él lo hirió, y murió.

16 Y David le dijo: ᵉTu sangre *sea* sobre tu cabeza, pues que ᶠtu boca atestiguó contra ti, diciendo: Yo maté al ungido de Jehová.

17 Y ʰendechó David a Saúl y a Jonatán su hijo con esta endecha.

18 (Dijo también que enseñasen *a usar* el arco a los hijos de Judá. He aquí que ʲestá escrito en el libro de Jaser).

19 ¡Ha perecido la gloria de Israel sobre tus alturas! ¡Cómo han caído los valientes!

20 ᵏNo *lo* anunciéis en Gat, no deis las nuevas en las plazas de Ascalón; ᵐpara que no se alegren las hijas de los filisteos, para que no salten de gozo las hijas de los ᵒincircuncisos.

21 Montes de Gilboa, ni rocío ni lluvia *caiga* sobre vosotros, ni seáis tierras de ofrendas; porque allí fue desechado el escudo de los valientes, el escudo de Saúl, *como si no hubiera sido* ᵖungido con aceite.

22 Sin la sangre de los muertos, sin la grosura de valientes, ᑫel arco de Jonatán nunca volvió atrás, ni la espada de Saúl volvió vacía.

23 Saúl y Jonatán, amados y queridos en su vida, en su muerte tampoco fueron separados: ᵗMás ligeros que águilas, ᵘmás fuertes que leones.

24 Hijas de Israel, llorad por Saúl, que *os* vestía de escarlata y delicadeza, que adornaba vuestras ropas con ornamentos de oro.

25 ¡Cómo han caído los valientes en medio de la batalla! ¡Jonatán, muerto en tus alturas!

26 Angustia tengo por ti, hermano mío Jonatán, que me fuiste muy dulce: Más maravilloso me fue tu amor, que el amor de las mujeres.

27 ¡Cómo han caído los valientes, y han perecido las armas de guerra!

a Nm 27:21

b 1 Sm 31:4
c 1 Sm 24:6
y 26:9

d 1 Sm 25:43
e Jos 2:19
1 Re 2:37
f Lc 19:22
g 1 Sm 27:2
y 30:1
h cp 3:33
2 Cr 35:25
i cp 5:5
j Jos 10:13

k 1 Sm 31:9
l Rt 2:20
m Éx 15:20
Jue 11:34
1 Sm 18:6
n 2 Tim 1:16
o Jue 14:3

p 1 Sm 10:1

q 1 Sm 18:4
r cp 3:6
1 Sm 14:50
y 17:55
s cp 4:4
1 Cr 8:33
y 9:39
t Jer 4:13
Hab 1:8
u Pr 30:30

v Jos 9:3

x Jer 41:12

David es ungido rey sobre Judá
CAPÍTULO 2

Después de esto aconteció que David ᵃconsultó a Jehová, diciendo: ¿Subiré a alguna de las ciudades de Judá? Y Jehová le respondió: Sube. Y David volvió a decir: ¿A dónde subiré? Y Él le dijo: A Hebrón.

2 Y David subió allá, y con él sus ᵈdos esposas, Ahinoam jezreelita y Abigail, la esposa de Nabal el del Carmelo.

3 ᵍY llevó también David consigo los hombres que con él *habían estado*, cada uno con su familia; los cuales moraron en las ciudades de Hebrón.

4 ᶦY vinieron los varones de Judá, y ungieron allí a David por rey sobre la casa de Judá. Y dieron aviso a David, diciendo: Los de Jabes de Galaad son los que sepultaron a Saúl.

5 Y envió David mensajeros a los de Jabes de Galaad, diciéndoles: ᶦBenditos *seáis* vosotros de Jehová, que habéis hecho esta misericordia con vuestro señor Saúl en haberle dado sepultura.

6 ⁿAhora pues, Jehová haga con vosotros misericordia y verdad; y yo también os haré bien por esto que habéis hecho.

7 Esfuércense, pues, ahora vuestras manos y sed valientes; pues que muerto Saúl vuestro señor, los de la casa de Judá me han ungido por rey sobre ellos.

8 Mas ʳAbner, hijo de Ner, general del ejército de Saúl, tomó a ˢIsboset, hijo de Saúl, y lo llevó a Mahanaim,

9 y lo hizo rey sobre Galaad, y sobre Aser, y sobre Jezreel, y sobre Efraín, y sobre Benjamín y sobre todo Israel.

10 De cuarenta años *era* Isboset, hijo de Saúl, cuando comenzó a reinar sobre Israel; y reinó dos años. Pero la casa de Judá siguió a David.

11 Y fue el número de los días que David reinó en Hebrón sobre la casa de Judá, siete años y seis meses.

12 Y Abner, hijo de Ner, salió de Mahanaim a ᵛGabaón con los siervos de Isboset, hijo de Saúl.

13 Y Joab, hijo de Sarvia, y los siervos de David, salieron y los encontraron junto al estanque de ˣGabaón: y se sentaron los unos a

El cadáver de Asael detiene al pueblo

un lado del estanque, y los otros al otro lado del estanque.

14 Y dijo Abner a Joab: Levántense ahora los jóvenes, y maniobren delante de nosotros. Y Joab respondió: Levántense.

15 Entonces se levantaron, y en número de doce, pasaron de Benjamín de la parte de Isboset, hijo de Saúl; y doce de los siervos de David.

16 Y cada uno echó mano de la cabeza de su compañero, y *metió* su espada por el costado de su compañero, cayendo así a una; por lo que fue llamado aquel lugar, Helcat-asurim, el cual *está* en Gabaón.

17 Y hubo aquel día una batalla muy recia, y Abner y los hombres de Israel fueron vencidos por los siervos de David.

18 Y estaban allí los ᶜtres hijos de Sarvia: Joab, y Abisai y Asael. Este Asael era tan ligero de pies como una gacela del campo.

19 Y Asael persiguió a Abner, yendo tras de él sin apartarse ni a derecha ni a izquierda de seguir a Abner.

20 Y Abner miró atrás, y dijo: ¿No eres tú Asael? Y él respondió: Sí.

21 Entonces Abner le dijo: Apártate a la derecha o a la izquierda, y agárrate alguno de los jóvenes, y toma para ti sus despojos. Pero Asael no quiso apartarse de en pos de él.

22 Y Abner volvió a decir a Asael: Apártate de en pos de mí, porque te heriré derribándote en tierra, y después ¿cómo levantaré mi rostro a tu hermano Joab?

23 Y no queriendo él irse, lo hirió Abner con el regatón de la lanza por ᶠla quinta *costilla*, y le salió la lanza por la espalda, y cayó allí, y murió en aquel mismo sitio. Y todos los que pasaban por aquel lugar donde Asael había caído y muerto, se detenían.

24 Mas Joab y Abisai siguieron a Abner; y se puso el sol cuando llegaron al collado de Amma, que *está* delante de Gía, junto al camino del desierto de Gabaón.

25 Y se juntaron los hijos de Benjamín en un escuadrón con Abner, y se pararon en la cumbre del collado.

26 Y Abner dio voces a Joab, diciendo: ¿Consumirá la espada perpetuamente? ¿No sabes tú que al final será amargura? ¿Hasta cuándo no has de decir al pueblo que se vuelvan de seguir a sus hermanos?

27 Y Joab respondió: ᵃVive Dios que si no hubieras hablado, ya desde esta mañana el pueblo hubiera dejado de seguir a sus hermanos.

28 Entonces Joab tocó el cuerno, y todo el pueblo se detuvo, y no siguió más a los de Israel, ni peleó más.

29 Y Abner y sus hombres caminaron por el Arabá toda aquella noche, y pasando el Jordán cruzaron por todo Bitrón, y llegaron a ᵇMahanaim.

30 Joab también volvió de seguir a Abner, y reuniendo a todo el pueblo, faltaron de los siervos de David diecinueve hombres, y Asael.

31 Mas los siervos de David hirieron de los de Benjamín y de los de Abner, a trescientos sesenta hombres, *los cuales* murieron.

32 Tomaron luego a Asael, y lo sepultaron en el sepulcro de su padre que *estaba* en Belén. Y caminaron toda aquella noche Joab y sus hombres, y les amaneció en Hebrón.

CAPÍTULO 3

Y hubo larga guerra entre la casa de Saúl y la casa de David; pero David se iba fortaleciendo, y la casa de Saúl se iba debilitando.

2 ᵈY nacieron hijos a David en Hebrón; su primogénito fue Amnón, de ᵉAhinoam jezreelita;

3 su segundo Quileab, de Abigail la esposa de Nabal, el carmelita; el tercero, Absalón, hijo de Maaca, hija de Talmai, rey de ᵍGesur;

4 el cuarto, ʰAdonías, hijo de Haguit; el quinto, Sefatías, hijo de Abital;

5 el sexto, Itream, de Egla, esposa de David. Éstos nacieron a David en Hebrón.

6 Y como había guerra entre la casa de Saúl y la casa de David, acontenció que Abner se esforzaba por la casa de Saúl.

7 Y Saúl había tenido una concubina que se llamaba ⁱRispa, hija de Aja. Y dijo *Isboset* a Abner: ¿Por qué ʲhas entrado a la concubina de mi padre?

---

a ver 14

b cp 17:24

c 1 Cr 12:8

d 1 Cr 3:1-4
e 1 Sm 25:43

f cp 3:27
4:6 y 20:10
g cp 14:23-32
y 16:8
Dt 3:4
h 1 Re 1:5

i cp 21:8-10
j cp 16:21

8 Y se enojó Abner en gran manera por las palabras de Isboset, y dijo: ¿Soy yo cabeza de perro (que respecto a Judá he hecho hoy misericordia a la casa de Saúl, tu padre, a sus hermanos y a sus amigos, y no te he entregado en las manos de David), para que tú hoy me hagas cargo de pecado acerca de esta mujer?

9 [b]Así haga Dios a Abner y aun le añada, si [c]como ha jurado Jehová a David no hiciere yo así con él,

10 trasladando el reino de la casa de Saúl, y confirmando el trono de David sobre Israel y sobre Judá, [d]desde Dan hasta Beerseba.

11 Y él no pudo responder palabra a Abner, porque le temía.

12 Y envió Abner mensajeros a David de su parte, diciendo: ¿De quién *es* la tierra? Y que le dijesen: Haz alianza conmigo, y he aquí que mi mano *será* contigo para volver a ti a todo Israel.

13 Y David dijo: Bien; yo haré alianza contigo; pero una cosa requiero de ti, y es: Que no mirarás mi rostro, a menos que primero traigas a [f]Mical, la hija de Saúl, cuando vinieres a verme.

14 Y David envió mensajeros a Isboset hijo de Saúl, diciendo: Restitúyeme a mi esposa Mical, la cual yo desposé conmigo por [g]cien prepucios de filisteos.

15 Entonces Isboset envió, y la quitó a su marido [h]Paltiel, hijo de Lais.

16 Y su marido fue con ella, siguiéndola y llorando tras ella hasta [j]Bahurim. Y le dijo Abner: Anda, vuélvete. Entonces él se volvió.

17 Y habló Abner con los ancianos de Israel, diciendo: Hace tiempo procurabais que David *fuese* rey sobre vosotros.

18 Ahora, pues, hacedlo; porque Jehová ha hablado a David, diciendo: Por la mano de mi siervo David libraré a mi pueblo Israel de mano de los filisteos, y de mano de todos sus enemigos.

19 Y habló también Abner a los de [o]Benjamín; y fue también Abner a Hebrón a decir a David todo lo que parecía bien a los de Israel y a toda la casa de Benjamín.

a Vers 12,13
b ver 35
Rt 1:7
c 1 Sm 15:28
d Jue 20:1
1 Sm 3:20
1 Re 4:25
e 1 Sm 29:6
f 1 Sm 14:49
g 1 Sm 18:25
h 1 Sm 25:44
i cp 2:23
j cp 16:5
y 17:18
k 1 Re 2:32
l Lv 15:2
m Lv 14:2
n cp 2:23
1 Cr 27:7
o 1 Cr 12:29
p cp 1:2
q 1 Re 20:31

Joab da muerte a Abner

20 Vino pues Abner a David en Hebrón, y con él veinte hombres; y David hizo banquete a Abner y a los que con él habían venido.

21 Y dijo Abner a David: Yo me levantaré e iré, y juntaré a mi señor el rey a todo Israel, [a]para que hagan alianza contigo, y tú reines como deseas. David despidió luego a Abner, y él se fue en paz.

22 Y he aquí los siervos de David y Joab, que venían de *perseguir* a un ejército, y traían consigo gran botín. Pero Abner no estaba con David en Hebrón, pues éste lo había despedido, y él se había ido en paz.

23 Y luego que llegó Joab y todo el ejército que con él *estaba*, fue dado aviso a Joab, diciendo: Abner, hijo de Ner, ha venido al rey, y él le ha despedido, y se fue en paz.

24 Entonces Joab vino al rey, y le dijo: ¿Qué has hecho? He aquí Abner vino a ti; ¿por qué, pues, tú lo despediste, y él ya se ha ido?

25 Tú conoces a Abner, hijo de Ner, que vino para engañarte, y para saber [e]tu salida y tu entrada, y para saber todo lo que tú haces.

26 Y saliendo Joab de delante de David, envió mensajeros tras Abner, los cuales le volvieron desde el pozo de Sira, sin que David *lo* supiera.

27 Y cuando Abner volvió a Hebrón, Joab lo apartó al medio de la puerta, hablando con él apaciblemente, y allí le hirió por la quinta *costilla*, a causa de la muerte de [i]Asael su hermano, y murió.

28 Cuando David supo después esto, dijo: Inocente soy yo y mi reino, delante de Jehová, para siempre, de la sangre de Abner, hijo de Ner.

29 [k]Caiga sobre la cabeza de Joab, y sobre toda la casa de su padre; que nunca falte de la casa de Joab quien padezca [l]flujo, ni [m]leproso, ni quien ande con báculo, ni quien muera a espada, ni quien tenga falta de pan.

30 Joab, pues, y Abisai su hermano mataron a Abner, porque él había dado muerte a [n]Asael, hermano de ellos, en la batalla de Gabaón.

31 Entonces dijo David a Joab, y a todo el pueblo que con él *estaba*: [p]Rasgad vuestras vestiduras, y ceñíos [q]de cilicio, y haced duelo delante de Abner. Y el rey iba detrás del féretro.

Mefiboset

2 SAMUEL 4-5

32 Y sepultaron a Abner en Hebrón; y alzando el rey su voz, lloró junto al sepulcro de Abner; y lloró también todo el pueblo.

33 Y ªendechando el rey al mismo Abner, decía: ¿Había de morir Abner ᵇcomo muere un villano?

34 Tus manos no *estaban* atadas, ni tus pies ligados con grillos: Caíste como los que caen delante de malos hombres, *así* caíste. Y todo el pueblo volvió a llorar sobre él.

35 Y como todo el pueblo viniese a dar de ᵈcomer pan a David siendo aún de día, David juró, diciendo: Así me haga Dios y así me añada, si ᶠantes que se ponga el sol gustare yo pan, u otra cualquier cosa.

36 Y todo el pueblo supo esto, y le agradó; porque todo lo que el rey hacía parecía bien a todo el pueblo.

37 Y todo el pueblo y todo Israel entendió aquel día, que no provenía del rey el matar a Abner, hijo de Ner.

38 Y el rey dijo a sus siervos: ¿No sabéis que un príncipe y grande ha caído hoy en Israel?

39 Y yo soy débil hoy, aunque ungido rey; y estos hombres, ⁱlos hijos de Sarvia, son ʲmuy duros para mí; ᵏJehová dé el pago al que mal hace, conforme a su maldad.

CAPÍTULO 4

Luego que oyó el hijo de Saúl que Abner había sido muerto en Hebrón, ᵐsus manos se le debilitaron, y fue atemorizado todo Israel.

2 Y el hijo de Saúl tenía dos varones, los cuales eran capitanes de compañía, el nombre de uno *era* Baana, y el del otro Recab, hijos de Rimón beerotita, de los hijos de Benjamín ⁿ(porque Beerot era contada con Benjamín;

3 pues los beerotitas habían huido a ᵖGitaim, y han sido peregrinos allí hasta hoy).

4 Y ʳJonatán, hijo de Saúl, tenía un hijo lisiado de los pies. Tenía cinco años de edad cuando la noticia de la muerte de Saúl y de Jonatán llegó de Jezreel, y su nodriza lo tomó y huyó; y sucedió que cuando ella huía apresuradamente, *se le* cayó el niño y quedó cojo. Su nombre *era* Mefiboset.

5 Los hijos, pues, de Rimón beerotita, Recab y Baana, fueron y entraron en el mayor calor del día en casa de Isboset, el cual estaba durmiendo la siesta en su cámara.

6 Y ellos entraron hasta el medio de la casa, *como que* iban a llevar trigo, y le hirieron en ᶜla quinta *costilla*. Y Recab y Baana su hermano escaparon.

7 Porque cuando entraron en la casa, él estaba en su cama en su cámara de dormir, y lo hirieron y mataron, y le cortaron la cabeza, y habiéndola tomado, caminaron toda la noche por ᵉel camino del Arabá.

8 Y trajeron la cabeza de Isboset a David en Hebrón, y dijeron al rey: He aquí la cabeza de Isboset, hijo de Saúl, tu enemigo, ᵍque procuraba matarte; y Jehová ha vengado hoy a mi señor el rey, de Saúl y de su simiente.

9 Y David respondió a Recab y a su hermano Baana, hijos de Rimón beerotita, y les dijo: Vive Jehová que ʰha redimido mi alma de toda angustia,

10 que cuando uno me dio nuevas, diciendo: He aquí Saúl ha muerto, pensando que traía buenas nuevas, yo lo prendí, y lo maté en Siclag en pago de las nuevas.

11 ¿Cuánto más a los malos hombres que mataron a un hombre justo en su casa, y sobre su cama? Ahora pues, ¿no he de ˡdemandar yo su sangre de vuestras manos, y quitaros de la tierra?

12 Entonces David dio orden a sus jóvenes, y ellos los mataron, y les cortaron las manos y los pies, y *los* colgaron sobre el estanque, en Hebrón. Pero tomaron la cabeza de Isboset, y la enterraron en ᵒel sepulcro de Abner en Hebrón.

CAPÍTULO 5

Entonces ᑫvinieron todas las tribus de Israel a David en Hebrón y hablaron, diciendo: He aquí nosotros ˢhueso tuyo y carne tuya somos.

2 Y aun antes de ahora, cuando Saúl reinaba sobre nosotros, tú eras quien sacaba y metía a Israel. Además Jehová te ha dicho: ᵗTú apacentarás a mi pueblo Israel, y tú serás príncipe sobre Israel.

---

a cp 1:17
b cp 13:12-13
c cp 2:23

d cp 12:17
e cp 2:29
f cp 1:12

g 1 Sm 19:2-11
23:15 y
25:29

h 1 Re 1:29
Sal 31:7
i Sm 26:6
j cp 19:7
k Sal 28:4
y 62:12
2 Tim 4:14

l Gn 9:5-6
m Esd 4:4

n cp 23:37
Jos 18:25
o cp 3:32
p Neh 11:33
q hasta 10
1 Cr 11:1-9
y 12:23-40
r cp 9:3
s Gn 29:14

t 1 Sm 16:1-12
Sal 78:71

3 ªVinieron, pues, todos los ancianos de Israel al rey en ᵇHebrón, y ᵈel rey David hizo con ellos alianza en Hebrón ᶠdelante de Jehová; y ungieron a David por rey sobre Israel.

4 Treinta años *tenía* David cuando comenzó a reinar, y reinó cuarenta años.

5 En Hebrón reinó sobre Judá ʰsiete años y seis meses, y en Jerusalén reinó treinta y tres años sobre todo Israel y Judá.

6 Y el rey y sus hombres fueron a ⁱJerusalén a los ʲjebuseos que habitaban en la tierra; los cuales hablaron a David, diciendo: Tú no entrarás acá, al menos que eches a los ciegos y a los cojos (pensando: No entrará acá David).

7 Pero David tomó la fortaleza de Sión, ˡla cual *es* la ciudad de David.

8 Y dijo David aquel día: Cualquiera que vaya hasta los canales, y hiera al ⁿjebuseo, y a los cojos y ciegos, a los cuales el alma de David aborrece, *será capitán*. Por esto se dijo: Ni el ciego ni el cojo entrará en la casa.

9 Y David moró en la fortaleza y le puso por nombre la Ciudad de David. Y edificó alrededor, desde ᵠMilo hacia adentro.

10 Y David iba avanzando y engrandeciéndose, y Jehová, Dios de los ejércitos, *era* con él.

11 E ʳHiram rey de Tiro envió embajadores a David, y madera de cedro, y carpinteros, y canteros para los muros, y edificaron una casa a David.

12 Y entendió David que Jehová le había confirmado por rey sobre Israel, y que había enaltecido su reino por amor a su pueblo Israel.

13 Y tomó David ᵛmás concubinas y esposas de Jerusalén después que vino de Hebrón, y le nacieron más hijos e hijas.

14 Éstos *son* los nombres de los que le nacieron en Jerusalén: Samúa, Sobab, Natán, Salomón,

15 Ibhar, Elisúa, Nefeg, Jafía,

16 Elisama, Eliada y Elifelet.

17 Y oyendo los filisteos que habían ungido a David por rey sobre Israel, subieron todos los filisteos para buscar a David; y oyéndolo David, ªdescendió a la fortaleza.

18 Y vinieron los filisteos, y se extendieron por ᶜel valle de Refaim.

19 Entonces ᵉconsultó David a Jehová, diciendo: ¿Iré contra los filisteos? ¿Los entregarás en mis manos? Y Jehová respondió a David: Ve, porque ciertamente entregaré los filisteos en tus manos.

20 Y vino David a ᵍBaal-perazim, y allí los venció David, y dijo: Irrumpió Jehová contra mis enemigos delante de mí, como rompimiento de aguas. Y por esto llamó el nombre de aquel lugar Baal-perazim.

21 Y dejaron allí sus ídolos, y David y sus hombres ᵏlos quemaron.

22 Y los filisteos volvieron a subir, y se extendieron en el valle de Refaim.

23 Y consultando David a Jehová, Él le respondió: No subas; sino rodéalos, y vendrás a ellos por delante de los árboles de moras.

24 Y cuando ᵐoyeres un estruendo que irá por las copas de los árboles de moras, entonces te moverás; porque Jehová saldrá delante de ti para herir al ejército de los filisteos.

25 Y David lo hizo así, como Jehová se lo había mandado; e hirió a los filisteos desde ᵒGabaa hasta llegar a ᵖGezer.

CAPÍTULO 6

Y David volvió a juntar a todos *los hombres* escogidos de Israel, treinta mil.

2 Y ᵗse levantó David, y fue con todo el pueblo que *tenía* consigo, de ᵗBaala de Judá, para hacer pasar de allí el arca de Dios, sobre la cual era invocado el nombre de Jehová de los ejércitos, ᵘque mora entre los querubines.

3 Y pusieron el arca de Dios ˣsobre un carro nuevo, y la llevaron de la casa de Abinadab, que *estaba* en ʸGabaa; y Uza y Ahío, hijos de Abinadab, guiaban el carro nuevo.

4 Y cuando lo llevaban de ᶻla casa de Abinadab que *estaba* en Gabaa, con el arca de Dios, Ahío iba delante del arca.

5 Y David y toda la casa de Israel danzaban delante de Jehová con toda clase de *instrumentos de* madera de abeto; con arpas, salterios, panderos, flautas y címbalos.

David danza delante de Jehová

6 Y cuando llegaron a la era de ªNacón, Uza ªextendió *su mano* al arca de Dios, y la sostuvo; porque los bueyes tropezaron.

7 Y el furor de Jehová se encendió contra Uza, y lo hirió allí Dios ᵈpor *su* atrevimiento, y cayó allí muerto junto al arca de Dios.

8 Y David se disgustó por haber herido Jehová a Uza, y llamó aquel lugar Pérez-uza, hasta hoy.

9 Y temiendo David a Jehová aquel día, dijo: ¿Cómo ha de venir a mí el arca de Jehová?

10 Así que David no quiso traer a sí el arca de Jehová a la ciudad de David; mas la llevó David a casa de Obed-edom geteo.

11 Y estuvo el arca de Jehová en casa de Obed-edom geteo tres meses; y ʰbendijo Jehová a Obed-edom y a toda su casa.

12 Y fue dado aviso al rey David, diciendo: Jehová ha bendecido la casa de Obed-edom, y todo lo que tiene, a causa del arca de Dios. ⁱEntonces David fue, y trajo con alegría el arca de Dios de casa de Obed-edom a la ciudad de David.

13 Y cuando los que llevaban el arca de Dios habían andado seis pasos, él sacrificó un buey y un carnero grueso.

14 Y David ᵐdanzaba con toda su fuerza delante de Jehová; y David *estaba* vestido con ᵒun efod de lino.

15 Así David y toda la casa de Israel traían el arca de Jehová con júbilo y sonido de trompeta.

16 Y cuando el arca de Jehová llegó a la ciudad de David, aconteció que Mical, hija de Saúl, miró desde una ventana y vio al rey David saltando y danzando delante de Jehová, y le menospreció en su corazón.

17 ᵖMetieron, pues, el arca de Jehová, y la pusieron en su lugar en medio de una tienda que David le había levantado: y ᵩsacrificó David holocaustos y ofrendas de paz delante de Jehová.

18 Y cuando David hubo acabado de ofrecer los holocaustos y ofrendas de paz, ˢbendijo al pueblo en el nombre de Jehová de los ejércitos.

19 Y repartió a todo el pueblo, y a toda la multitud de Israel, así a hombres como a mujeres, a cada uno una torta de pan, y un pedazo *de carne*, y un frasco *de vino*. Y se fue todo el pueblo, cada uno a su casa.

20 ᶜVolvió luego David para bendecir su casa; y salió Mical, hija de Saúl, a recibir a David, y le dijo: ¡Cuán honrado ha sido hoy el rey de Israel, ᵉdescubriéndose hoy delante de las criadas de sus siervos, como se descubre un cualquiera!

21 Entonces David respondió a Mical: *Fue* delante de Jehová, quien ᶠme eligió en lugar de tu padre y de toda su casa, para constituirme por príncipe sobre el pueblo de Jehová, sobre Israel. Por tanto, ᵍdanzaré delante de Jehová.

22 Y aun me haré más vil que esta vez, y seré bajo a mis propios ojos; y delante de las criadas que has mencionado, delante de ellas seré honrado.

23 Por tanto Mical, hija de Saúl, nunca tuvo hijos hasta el día de su muerte.

CAPÍTULO 7

Y aconteció que cuando ya el rey ʲhabitaba en su casa, después que Jehová le había dado reposo de todos sus enemigos en derredor,

2 dijo el rey al profeta ᵏNatán: Mira ahora, yo moro en ˡedificios de cedro, y el arca de Dios ⁿestá entre cortinas.

3 Y Natán dijo al rey: Anda, y haz todo lo que *está* en tu corazón, porque Jehová *es* contigo.

4 Y aconteció aquella noche, que vino palabra de Jehová a Natán, diciendo:

5 Ve y di a mi siervo David: Así ha dicho Jehová: ¿Tú me has de edificar casa en que yo more?

6 Ciertamente no he habitado en casas desde el día que saqué a los hijos de Israel de Egipto hasta hoy, sino que he andado en tienda y en tabernáculo.

7 Y en todo cuanto he andado con todos los hijos de Israel, ¿acaso he hablado palabra con ʳalguna de las tribus de Israel, a quien haya mandado que apaciente mi pueblo de Israel, diciendo: ¿Por qué no me habéis edificado casa de cedro?

8 Ahora, pues, dirás así a mi siervo David: Así dice Jehová de los ejércitos: ᵗYo te tomé del redil, de

detrás de las ovejas, para que fueses príncipe sobre mi pueblo, sobre Israel;

9 y ᵇhe estado contigo por dondequiera que has andado, y he cortado de delante de ti a todos tus enemigos, y he engrandecido tu nombre, como el nombre de los grandes que hay en la tierra.

10 Además yo fijaré lugar a mi pueblo Israel, y ᵉlo plantaré, para que habite en su lugar y ᶠnunca más sea removido, ni los inicuos le aflijan más, como antes,

11 ʰdesde el día en que puse jueces sobre mi pueblo Israel. Y a ti ⁱte he dado descanso de todos tus enemigos. Asimismo Jehová te hace saber, que ʲÉl te hará casa.

12 Y cuando tus días fueren cumplidos, y durmieres con tus padres, ᵏyo estableceré tu simiente después de ti, la cual procederá de tus entrañas, y afirmaré su reino.

13 Él ˡedificará casa a mi nombre, y ᵐyo afirmaré para siempre el trono de su reino.

14 ⁿYo le seré a él padre, y él me será a mí hijo. Y si él hiciere mal, yo le castigaré con vara de hombres, y con azotes de hijos de hombres.

15 Pero mi misericordia no se apartará de él, ᵖcomo la aparté de Saúl, al cual quité de delante de ti.

16 Y será afirmada tu casa y tu reino para siempre delante de tu rostro; y ʳtu trono será estable eternamente.

17 Conforme a todas estas palabras, y conforme a toda esta visión, así habló Natán a David.

18 Y entró el rey David, y se puso delante de Jehová, y dijo: Señor Jehová, ᵗ¿Quién soy yo, y qué es mi casa, para que tú me traigas hasta aquí?

19 Y aun te ha parecido poco esto, Señor Jehová, pues que también has hablado de la casa de tu siervo en lo por venir. ˣ¿Es así el proceder del hombre, Señor Jehová?

20 ¿Y qué más puede añadir David hablando contigo? ʸPues tú conoces a tu siervo, Señor Jehová.

21 Todas estas grandezas has obrado por tu palabra y conforme a tu corazón, haciéndolas saber a tu siervo.

22 Por tanto, tú ᶜte has engrandecido, Jehová Dios; por cuanto

a Éx 15:11
b 1 Sm 18:14
c Dt 4:7,32
y 33:29
d Dt 10:21
e Sal 44:2
y 80:8
f 2 Re 21:8
g Dt 26:18
h Jue 2:14-16
i ver 1
j 1 Sm 2:35
k 1 Re 8:20
Sal 132:11
l 1 Re 5:5
m Sal 89:4, 29,36,37
n Sal 89:26, 27,30,33
o 1 Sm 9:15
p 1 Sm 15:23
q Jn 17:17
r Lc 1:33
s vers 13,16
cp 22:51
t Gn 32:10
u hasta 18
v Nm 24:17
1 Re 1:1 y 3:5
x Is 55:8
y Sal 139:1-4
z 2 Re 17:3
a 1 Cr 18:3
b 1 Sm 14:47
c Sal 48:1

Grandes promesas para David

ᵃno *hay* como tú, ni *hay* Dios fuera de ti, conforme a todo lo que hemos oído con nuestros oídos.

23 ᶜ¿Y qué nación *hay* en la tierra como tu pueblo Israel, al cual Dios fue y redimió por pueblo para sí, y para darle nombre, y para hacer por vosotros ᵈgrandes y temibles obras, por tu tierra, por amor a tu pueblo que tú redimiste para ti, de Egipto, de las naciones y de sus dioses?

24 Porque tú te ᵍhas confirmado a tu pueblo Israel por pueblo tuyo para siempre; y tú, oh Jehová, fuiste a ellos por Dios.

25 Ahora pues, Jehová Dios, la palabra que has hablado sobre tu siervo y sobre su casa, confírmala para siempre, y haz conforme a lo que has dicho.

26 Que sea engrandecido tu nombre para siempre, y se diga: Jehová de los ejércitos es Dios sobre Israel; y que la casa de tu siervo David sea firme delante de ti.

27 Porque tú, Jehová de los ejércitos, Dios de Israel, ᵒrevelaste al oído de tu siervo, diciendo: Yo te edificaré casa. Por esto tu siervo ha hallado en su corazón para hacer delante de ti esta súplica.

28 Ahora pues, Jehová Dios, tú *eres* Dios, y ᵠtus palabras serán firmes, ya que has dicho a tu siervo este bien.

29 Y ahora, ten a bien bendecir la casa de tu siervo, para que permanezca para siempre delante de ti; porque tú, Jehová Dios, lo has dicho, y con tu bendición será bendita la casa de tu siervo ˢpara siempre.

CAPÍTULO 8

Después de esto, ᵘacontecío que David hirió a los filisteos y los sometió; y tomó David a Metegama de mano de los filisteos.

2 ᵛHirió también a los de Moab, y los midió con cordel, haciéndolos echar por tierra; y midió con dos cordeles para muerte, y un cordel entero para vida; y los moabitas vinieron a ser siervos de David, ᶻy le traían tributos.

3 Asimismo hirió David a ᵃHadadezer, hijo de Rehob, rey de ᵇSoba, yendo él a recuperar su término hasta el río Éufrates.

Jehová da varias victorias a David

4 Y les tomó David mil *carros* y setecientos hombres de a caballo y veinte mil hombres de a pie; y ªdesjarretó David los caballos de todos los carros, excepto los de cien carros que dejó.

5 Y ᶜvinieron los sirios de Damasco a dar ayuda a Hadad-ezer, rey de Soba; y David mató a veintidós mil hombres de los sirios.

6 Puso luego David ᵉguarnición en Siria de ᶠDamasco, y los sirios fueron hechos siervos de David, sujetos a tributo. Y Jehová guardó a David por dondequiera que él fue.

7 Y tomó David los escudos de oro que traían los siervos de Hadad-ezer, y los llevó a Jerusalén.

8 Asimismo de Beta y de Berotai, ciudades de Hadad-ezer, tomó el rey David gran cantidad de bronce.

9 Entonces oyendo Toi, rey de Hamat, que David había herido todo el ejército de Hadad-ezer,

10 envió Toi a ʲJoram, su hijo, al rey David, a saludarle pacíficamente y a bendecirle, porque había peleado con Hadad-ezer y lo había vencido; porque Toi era enemigo de Hadad-ezer. Y *Joram* trajo en su mano vasos de plata, vasos de oro y vasos de bronce;

11 los cuales el rey David ˡdedicó a Jehová, con la plata y el oro que tenía dedicado de todas las naciones que había sometido:

12 De Siria, de Moab, de ᵐlos hijos de Amón, de los ⁿfilisteos, ᵒde Amalec, y del despojo de Hadad-ezer, hijo de Rehob, rey de Soba.

13 Y David ganó fama cuando regresó de herir de los sirios a ᵖdieciocho mil *hombres* en el valle de la Sal.

14 Y puso guarnición en Edom, por toda Edom puso guarnición; y ᑫtodos los edomitas fueron siervos de David. Y Jehová guardaba a David por dondequiera que iba.

15 Y reinó David sobre todo Israel; y David administraba derecho y justicia a todo su pueblo.

16 Y ᵗJoab, hijo de Sarvia, era general del ejército; y ᵘJosafat, hijo de Ahilud, ᵛ*era* cronista;

17 y ˣSadoc, hijo de Ahitob, y Ahimelec, hijo de Abiatar, eran sacerdotes; y Seraías *era* escriba;

18 y ªBenaía, hijo de Joiada, era sobre los cereteos y peleteos; y los hijos de David eran los príncipes.

CAPÍTULO 9

Y dijo David: ¿Ha quedado alguno de la casa de Saúl, a quien yo haga ᵈmisericordia por amor a Jonatán?

2 Y *había* un siervo de la casa de Saúl, que se llamaba ᵍSiba. Y cuando le llamaron para que viniese a David, el rey le dijo: ¿*Eres* tú Siba? Y él respondió: Tu siervo.

3 Y el rey dijo: ¿No ha quedado nadie de la casa de Saúl, a quien ʰhaga yo misericordia de Dios? Y Siba respondió al rey: Aún ha quedado un hijo de Jonatán, lisiado de los pies.

4 Entonces el rey le dijo: ¿Y ése dónde *está*? Y Siba respondió al rey: He aquí, *está* en casa de ⁱMaquir, hijo de Amiel, en Lodebar.

5 Y envió el rey David, y lo tomó de casa de Maquir, hijo de Amiel, de Lodebar.

6 Y ᵏMefiboset, hijo de Jonatán, hijo de Saúl, vino a David, y se postró sobre su rostro e hizo reverencia. Y dijo David: Mefiboset. Y él respondió: He aquí tu siervo.

7 Y le dijo David: No tengas temor, porque yo a la verdad haré contigo misericordia por amor a Jonatán, tu padre, y te devolveré todas las tierras de Saúl tu padre; y tú comerás pan a mi mesa, siempre.

8 Y él inclinándose, dijo: ¿Quién *es* tu siervo, para que mires a un perro muerto como yo?

9 Entonces el rey llamó a Siba, siervo de Saúl, y le dijo: Todo lo que fue de Saúl y de toda su casa, yo lo he dado al hijo de tu señor.

10 Tú, pues, le labrarás las tierras, tú con tus hijos y tus siervos, y tú almacenarás *los frutos*, para que el hijo de tu señor tenga pan para comer, y Mefiboset el hijo de tu señor ʳcomerá siempre pan a mi mesa. Y Siba tenía ˢquince hijos y veinte siervos.

11 Y respondió Siba al rey: Conforme a todo lo que ha mandado mi señor el rey a su siervo, así lo hará tu siervo. Mefiboset, *dijo el rey*, comerá a mi mesa, como uno de los hijos del rey.

12 Y tenía Mefiboset un hijo pequeño, ªque se llamaba Micaías. Y toda la familia de la casa de Siba *eran* siervos de Mefiboset.

13 Y moraba Mefiboset en Jerusalén, porque comía siempre a la mesa del rey; y era cojo de ambos pies.

CAPÍTULO 10

Después de esto, aconteció que ᵇmurió el rey ᶜde los hijos de Amón, y Hanún su hijo, reinó en su lugar.

2 Y dijo David: Yo ᵈharé misericordia con Hanún, hijo de Nahas, como su padre la hizo conmigo. Y envió David a sus siervos para consolarlo por su padre. Mas cuando los siervos de David llegaron a la tierra de los hijos de Amón,

3 los príncipes de los hijos de Amón dijeron a Hanún, su señor: ¿Piensas tú que David honra a tu padre porque te ha enviado consoladores? ¿No ha enviado David sus siervos a ti para reconocer e inspeccionar la ciudad para destruirla?

4 Entonces Hanún tomó a los siervos de David, y les rapó la mitad de la barba, y les cortó las vestiduras por la mitad hasta las nalgas, y los despidió.

5 *Lo* cual cuando fue hecho saber a David, envió a encontrarlos, porque ellos estaban en extremo avergonzados; y el rey mandó a decirles: Quedaos en Jericó hasta que os vuelva a crecer la barba, y *entonces* regresad.

6 Y viendo los hijos de Amón que se habían hecho odiosos a David, enviaron los hijos de Amón y tomaron a sueldo a los sirios de la casa de Rehob, y a ʰlos sirios de Soba, veinte mil hombres de a pie; y del rey de ⁱMaaca mil hombres, y de Istob doce mil hombres.

7 Y cuando *lo* oyó David, envió a Joab con todo el ejército de los valientes.

8 Y saliendo los hijos de Amón, ordenaron sus escuadrones a la entrada de la puerta; pero los sirios de Soba, y de Rehob, y de Istob, y de Maaca, *estaban* aparte en el campo.

9 Viendo, pues, Joab que había escuadrones delante y detrás de él,

a 1 Cr 8:34

b hasta 19
1 Cr 19:1-19
c 1 Sm 11:1
d cp 9:1

e 1 Sm 26:6

f cp 8:3

g 1 Cr 19:18

h cp 8:3-5

i Jos 13:11-13
1 Cr 19:6-7
j cp 8:6

k 1 Re 20:22

entresacó de todos los escogidos de Israel, y se puso en orden de batalla contra los sirios.

10 Entregó luego el resto del pueblo en mano de Abisai su hermano, y lo puso en orden para enfrentar a los hijos de Amón.

11 Y dijo: Si los sirios me fueren superiores, tú me ayudarás; y si los hijos de Amón pudieren más que tú, yo te daré ayuda.

12 Esfuérzate y mostremos hombría, por nuestro pueblo y por las ciudades de nuestro Dios; y que haga Jehová lo que bien le pareciere.

13 Y se acercó Joab, y el pueblo que con él *estaba*, para pelear con los sirios; mas ellos huyeron delante de él.

14 Entonces los hijos de Amón, viendo que los sirios habían huido, huyeron también ellos delante de ᵉAbisai, y entraron en la ciudad. Y volvió Joab de los hijos de Amón, y vino a Jerusalén.

15 Mas viendo los sirios que habían caído delante de Israel, se volvieron a reunir.

16 Y envió ᶠHadad-ezer, y sacó a los sirios que *estaban* al otro lado del río, los cuales vinieron a Helam, llevando por jefe a Sobac general del ejército de Hadad-ezer.

17 Y cuando fue dado aviso a David, reunió a todo Israel, y pasando el Jordán vino a Helam. Y los sirios se pusieron en orden de batalla contra David, y pelearon contra él.

18 Mas los sirios huyeron delante de Israel; e hirió David de los sirios la gente de setecientos carros, y cuarenta mil ᵍhombres de a caballo; hirió también a Sobac general del ejército, y murió allí.

19 Viendo, pues, todos los reyes que asistían a Hadad-ezer que habían sido derrotados delante de Israel, hicieron paz con Israel y ʲle sirvieron; y de allí en adelante temieron los sirios de socorrer a los hijos de Amón.

CAPÍTULO 11

Y aconteció ᵏa la vuelta del año, en el tiempo que salen los reyes *a la batalla*, que David envió a Joab, y a sus siervos con él, y a todo Israel; y destruyeron a los hijos de Amón, y

El asunto de Besabé: Muerte de Urías

pusieron sitio a Rabá. Pero David se quedó en Jerusalén.

2 Y sucedió que levantándose David de su cama a la hora de la tarde, se paseaba por ªel terrado de la casa real, cuando vio desde el terrado a una mujer que se estaba lavando, la cual *era* muy hermosa.

3 Y envió David a preguntar por aquella mujer, y le dijeron: Aquélla es ᶜBetsabé, hija de Eliam, esposa de Urías heteo.

4 Y envió David mensajeros, y la tomó; y así que hubo entrado a él, él ᵈse acostó con ella; pues ella estaba purificada de su inmundicia. Y ella regresó a su casa.

5 Y concibió la mujer, y envió a hacerlo saber a David, diciendo: Yo *estoy* encinta.

6 Entonces David envió *a decir* a Joab: Envíame a Urías heteo. Y lo envió Joab a David.

7 Y cuando Urías vino a él, le preguntó David por la salud de Joab, y por la salud del pueblo, y asimismo de la guerra.

8 Después dijo David a Urías: Desciende a tu casa, y ᵍlava tus pies. Y saliendo Urías de casa del rey, vino tras de él ʰcomida real.

9 Pero Urías durmió a la puerta de la casa del rey con todos los siervos de su señor, y no descendió a su casa.

10 E hicieron saber esto a David, diciendo: Urías no ha descendido a su casa. Y dijo David a Urías: ¿No has venido de camino? ¿Por qué, pues, no descendiste a tu casa?

11 Y Urías respondió a David: ⁱEl arca, e Israel y Judá, están debajo de tiendas; y ʲmi señor Joab, y los siervos de mi señor, en el campo; ¿y había yo de entrar en mi casa para comer y beber, y a dormir con mi esposa? Por vida tuya, y ᵏpor vida de tu alma, que yo no haré tal cosa.

12 Y David dijo a Urías: Quédate aquí aún hoy, y mañana te despacharé. Y se quedó Urías en Jerusalén aquel día y el siguiente.

13 Y David lo convidó, y le hizo comer y beber delante de sí, hasta embriagarlo. Y él salió a la tarde a dormir en su cama con los siervos de su señor; mas no descendió a su casa.

14 Venida la mañana, escribió David a Joab una carta, *la* cual envió por mano de Urías.

15 Y escribió en la carta, diciendo: Poned a Urías al frente, en lo más duro de la batalla, y retiraos de él, para que ᵇsea herido y muera.

16 Y aconteció que cuando Joab sitió la ciudad, puso a Urías en el lugar donde sabía que *estaban* los hombres más valientes.

17 Y saliendo luego los de la ciudad, pelearon contra Joab, y cayeron algunos del pueblo de los siervos de David; y murió también Urías heteo.

18 Entonces envió Joab, e hizo saber a David todo lo concerniente a la guerra.

19 Y mandó al mensajero, diciendo: Cuando acabares de contar al rey todos los asuntos de la guerra,

20 si el rey comenzare a enojarse, y te dijere: ¿Por qué os acercasteis tanto a la ciudad cuando peleabais? ¿No sabíais lo que suelen arrojar desde el muro?

21 ¿Quién mató a ᵉAbimelec, hijo de ᶠJerobaal? ¿No arrojó una mujer, desde el muro, un pedazo de una rueda de molino, y murió en Tebes? ¿Por qué os acercasteis tanto al muro? Entonces tú le dirás: También tu siervo Urías heteo ha muerto.

22 Y fue el mensajero, y, llegando, contó a David todas las cosas a que Joab le había enviado.

23 Y el mensajero dijo a David: Ciertamente prevalecieron contra nosotros los hombres que salieron contra nosotros al campo, bien que nosotros les hicimos retroceder hasta la entrada de la puerta;

24 pero los arqueros tiraron contra tus siervos desde el muro, y murieron *algunos* de los siervos del rey; y murió también tu siervo Urías heteo.

25 Y David dijo al mensajero: Así dirás a Joab: No tengas pesar por esto, porque la espada consume, tanto a uno, como a otro: Refuerza tu ataque contra la ciudad, hasta que la rindas. Y tú aliéntalo.

26 Y oyendo la esposa de Urías que su marido Urías había muerto, hizo duelo por su marido.

27 Y pasado el luto, envió David y la trajo a su casa; ˡy ella vino a ser su esposa, y le dio a luz un hijo. Mas

2 SAMUEL 12

Natán amonesta a David

esto que David había hecho, fue desagradable ante los ojos de Jehová.

CAPÍTULO 12

Y Jehová envió a ^bNatán a David, el cual viniendo a él, le dijo: ^cHabía dos hombres en una ciudad, el uno rico, y el otro pobre.

2 El rico tenía numerosas ovejas y vacas;

3 pero el pobre no tenía más que una sola corderita, que él había comprado y criado, y que había crecido con él y con sus hijos juntamente, comiendo de su bocado y bebiendo de su vaso, y durmiendo en su seno; y la tenía como a una hija.

4 Y vino uno de camino al hombre rico; y él no quiso tomar de sus ovejas y de sus vacas, para guisar para el caminante que había venido a él, sino que tomó la corderita de aquel hombre pobre, y la aderezó para aquél que había venido a él.

5 Entonces se encendió el furor de David en gran manera contra aquel hombre, y dijo a Natán: Vive Jehová, que ⁱel que tal hizo es digno de muerte.

6 Y debe pagar la cordera con ^jcuatro tantos, porque hizo esta tal cosa, y no tuvo misericordia.

7 Entonces dijo Natán a David: Tú eres ese hombre. Así dice Jehová, el Dios de Israel: ^kYo te ungí por rey sobre Israel, y te libré de la mano de Saúl,

8 y te di la casa de tu señor, y ^llas esposas de tu señor en tu seno; además te di la casa de Israel y de Judá; y si *esto fuera* poco, yo te habría añadido tales y tales cosas.

9 ¿Por qué, pues, ⁿtuviste en poco la palabra de Jehová, haciendo lo malo delante de sus ojos? A ^oUrías heteo mataste a espada, y tomaste por tu esposa a su esposa, y a él mataste con la espada de los hijos de Amón.

10 Por lo cual ahora la espada jamás se apartará de tu casa; por cuanto me menospreciaste, y tomaste la esposa de Urías heteo para que fuese tu esposa.

11 Así dice Jehová: He aquí yo levantaré sobre ti el mal de tu misma casa, y ^qtomaré a tus esposas de delante de tus ojos, y *las* daré a tu prójimo, el cual se acostará con tus esposas a la vista de este sol.

12 Porque tú lo hiciste en secreto; pero ^ayo haré esto delante de todo Israel y a pleno sol.

13 ^cEntonces dijo David a Natán: ^dPequé contra Jehová. Y Natán dijo a David: También ^fJehová ha remitido tu pecado; no morirás.

14 Mas por cuanto con este asunto hiciste ^gblasfemar a los enemigos de Jehová, el hijo que te *ha* nacido morirá ciertamente.

15 Y Natán se volvió a su casa. Y Jehová hirió al niño que la esposa de Urías había dado a luz de David, y enfermó gravemente.

16 Entonces David rogó a Dios por el niño; y ayunó David, y entró, y ^hpasó toda la noche acostado en tierra.

17 Y levantándose los ancianos de su casa fueron a él para hacerlo levantar de tierra; mas él no quiso, ni comió con ellos pan.

18 Y aconteció que al séptimo día murió el niño. Y los siervos de David temían hacerle saber que el niño había muerto, y decían entre sí: Cuando el niño aún vivía, le hablábamos, y no quería oír nuestra voz; ¿cuánto más se afligirá si le decimos que el niño ha muerto?

19 Mas David viendo a sus siervos hablar entre sí, entendió que el niño había muerto; por lo que dijo David a sus siervos: ¿Ha muerto el niño? Y ellos respondieron: Ha muerto.

20 Entonces David se levantó de tierra, y se lavó y se ungió, y cambió sus ropas, y entró a la casa de Jehová, y ^madoró. Y después vino a su casa, y cuando pidió, pusieron pan delante de él, y comió.

21 Y le dijeron sus siervos: ¿Qué *es* esto que has hecho? Viviendo aún el niño, ayunabas y llorabas por él; y muerto el niño, te levantaste y comiste pan.

22 Y él respondió: Viviendo aún el niño, yo ayunaba y lloraba, diciendo: ^p¿Quién sabe si Dios tendrá compasión de mí, para que viva el niño?

23 Mas ahora que ya ha muerto, ¿para qué he de ayunar? ¿Podré yo hacerle volver? Yo iré a él, ^rmas él no volverá a mí.

---

a cp 16:22
b cp 7:2-17
c 1 Sm 15:24
d cp 24:10
Sal 32:5
y 51:4
e cp 14:5
Jue 9:8-15
1 Re 20:35-41
Is 5:1-7
f cp 24:10
Sal 32:5
g Is 52:5
Rm 2:24
h cp 13:31
i 1 Sm 20:31
y 26:16
j Éx 22:1
Lc 19:8
k 1 Sm 16:13
l cp 3:7 16:21
1 Re 2:22
m Job 1:20
n Nm 15:31
o cp 11:15-27
p Is 38:1-5
Jon 3:9
q cp 16:22
Dt 28:30
r Job 7:8-10

Amnón forza a Tamar

24 Y consoló David a su esposa Betsabé, y entrando a ella, durmió con ella; y ªdio a luz un hijo, y llamó su nombre ᵇSalomón, al cual amó Jehová.
25 Y envió *un mensajero* por mano del profeta Natán, y llamó su nombre ᶜJedidia, por causa de Jehová.
26 Y Joab peleaba contra Rabá de los hijos de Amón, y tomó la ciudad real.
27 Entonces envió Joab mensajeros a David, diciendo: Yo he peleado contra Rabá, y he tomado la ciudad de las aguas.
28 Reúne, pues, ahora el pueblo que queda, y acampa contra la ciudad, y tómala tú; no sea que tomando la ciudad yo, sea llamada de mi nombre.
29 Y David reuniendo a todo el pueblo, fue contra Rabá, y combatió contra ella, y la tomó.
30 Y ᵈquitó la corona de la cabeza de su rey, la cual pesaba un talento de oro, y tenía piedras preciosas; y fue *puesta* sobre la cabeza de David. Y sacó muy grande botín de la ciudad.
31 Sacó además el pueblo que estaba en ella, y lo puso debajo de sierras, y de trillos de hierro, y de hachas de hierro; y los hizo pasar por hornos de ladrillos; y lo mismo hizo a todas las ciudades de los hijos de Amón. Se volvió luego David con todo el pueblo a Jerusalén.

CAPÍTULO 13

Aconteció después de esto, que teniendo ᶠAbsalón, hijo de David, una hermana hermosa que se llamaba ᵍTamar, Amnón, hijo de David, se enamoró de ella.
2 Y Amnón estaba angustiado, hasta enfermarse, por Tamar su hermana; porque ella *era* virgen y le parecía difícil a Amnón hacerle alguna cosa.
3 Y Amnón tenía un amigo que se llamaba Jonadab, ʰhijo de Simea, hermano de David; y Jonadab *era* un hombre muy astuto.
4 Y éste le dijo: Hijo del rey, ¿por qué de día en día vas enflaqueciendo así? ¿No me lo descubrirás a mí? Y Amnón le respondió: Yo amo a Tamar, la hermana de Absalón, mi hermano.
5 Y Jonadab le dijo: Acuéstate en tu cama, y finge que estás enfermo; y cuando tu padre viniere a visitarte, dile: Te ruego que venga mi hermana Tamar, para que me dé de comer, y prepare delante de mí alguna vianda, para que al verla yo la coma de su mano.
6 Se acostó, pues, Amnón, y fingió que estaba enfermo, y vino el rey a visitarle. Y dijo Amnón al rey: Yo te ruego que venga mi hermana Tamar, y haga delante de mí dos hojuelas, para que coma yo de su mano.
7 Y David envió a Tamar a su casa, diciendo: Ve ahora a casa de Amnón tu hermano, y hazle de comer.
8 Y fue Tamar a casa de su hermano Amnón, el cual estaba acostado; y tomó harina, y amasó e hizo hojuelas delante de él, y las coció.
9 Tomó luego la sartén, y *las* sacó delante de él; mas él no quiso comer. Y dijo Amnón: Echad fuera de aquí a todos. Y todos salieron de allí.
10 Entonces Amnón dijo a Tamar: Trae la comida a la alcoba, para que yo coma de tu mano. Y tomando Tamar las hojuelas que había preparado, las llevó a su hermano Amnón a la alcoba.
11 Y cuando ella se las puso delante para que comiese, él asió de ella, diciéndole: Ven, hermana mía, acuéstate conmigo.
12 Ella entonces le respondió: No, hermano mío, ᵉno me fuerces; porque no se debe hacer esto en Israel. No hagas tal vileza.
13 Porque, ¿adónde iría yo con mi deshonra? Y aun tú serías estimado como uno de los perversos en Israel. Te ruego, pues, ahora que hables al rey, que no me negará a ti.
14 Mas él no la quiso oír, sino que pudiendo más que ella la forzó, y se acostó con ella.
15 Luego la aborreció Amnón con tan gran aborrecimiento, que el odio con que la aborreció *fue* mayor que el amor con que la había amado. Y le dijo Amnón: Levántate y vete.
16 Y ella le respondió: No hay razón; mayor mal *es* éste de echarme fuera, que el que me has hecho. Mas él no la quiso oír.
17 Entonces llamando a su criado que le servía, le dijo: Échame a ésta fuera de aquí, y cierra la puerta tras ella.

a Mt 1:6
b 1 Cr 22:9

c Gn 49:26

d 1 Cr 20:2

e Gn 34:2

f cp 3:2-3
g 1 Cr 3:9

h 1 Sm 16:9

18 Y *llevaba ella* sobre sí ªun vestido de diversos colores, traje que vestían las hijas vírgenes de los reyes. Entonces su criado la echó fuera, y puso el cerrojo a la puerta tras ella.

19 Entonces Tamar ᵈtomó ceniza, y la esparció sobre su cabeza, y rasgó su vestido de colores que llevaba puesto, y puesta su mano sobre su cabeza, se fue gritando.

20 Y le dijo su hermano Absalón: ¿Ha estado contigo tu hermano Amnón? Pues calla ahora, hermana mía; tu hermano *es*; no te angusties por esto. Y se quedó Tamar desconsolada en casa de Absalón su hermano.

21 Y luego que el rey David oyó todo esto, se enojó mucho.

22 Mas Absalón ᵍno habló con Amnón ni malo ni bueno, bien que Absalón aborrecía a Amnón, porque había forzado a Tamar su hermana.

23 Y aconteció pasados dos años, que Absalón tenía ʰesquiladores en Baal-hazor, que *está* junto a Efraín; y convidó Absalón a todos los hijos del rey.

24 Y vino Absalón al rey, y le dijo: He aquí, tu siervo tiene ahora esquiladores; yo ruego que venga el rey y sus siervos con tu siervo.

25 Y respondió el rey a Absalón: No, hijo mío, no vamos todos, para que no te seamos carga. Y aunque porfió con él, no quiso ir, mas lo bendijo.

26 Entonces dijo Absalón: Si no, te ruego que venga con nosotros Amnón mi hermano. Y el rey le respondió: ¿Para qué ha de ir contigo?

27 Pero como Absalón le importunaba, dejó ir con él a Amnón y a todos los hijos del rey.

28 Y Absalón había dado orden a sus criados, diciendo: Mirad; cuando el corazón de Amnón esté alegre por el vino, y cuando yo os diga: Herid a Amnón, entonces matadle, no temáis; ¿No os lo he mandado yo? Esforzaos, pues, y sed valientes.

29 Y los criados de Absalón hicieron con Amnón como Absalón había mandado. Luego se levantaron todos los hijos del rey, y subieron cada uno en su mulo, y huyeron.

30 Y aconteció que estando ellos aún en camino, llegó a David el rumor que decía: Absalón ha dado muerte a todos los hijos del rey, y ninguno de ellos ha quedado.

31 Entonces levantándose ᵇDavid, rasgó sus vestiduras, y ᶜse echó en tierra, y todos sus criados estaban a su lado con sus vestiduras rasgadas.

32 Y ᵉJonadab, hijo de Simea, hermano de David, habló y dijo: No piense mi señor que han dado muerte a todos los jóvenes hijos del rey, pues sólo Amnón ha sido muerto; porque por mandato de Absalón esto había sido determinado desde el día que Amnón forzó a Tamar, su hermana.

33 Por tanto, ahora ᶠno ponga mi señor el rey en su corazón esa voz que dice: Todos los hijos del rey han sido muertos; porque sólo Amnón ha sido muerto.

34 Pero Absalón huyó. Entre tanto, alzando sus ojos el joven que estaba de atalaya, miró, y he aquí mucho pueblo que venía por el camino a sus espaldas, del lado de la montaña.

35 Y dijo Jonadab al rey: He allí los hijos del rey que vienen; es así como tu siervo ha dicho.

36 Y aconteció que cuando él acabó de hablar, he aquí los hijos del rey que vinieron, y alzando su voz lloraron. Y también el mismo rey y todos sus siervos lloraron con muy grandes lamentos.

37 Mas Absalón huyó, y se fue a ⁱTalmai, hijo de Amiud, rey de Gesur. Y *David* lloraba por su hijo todos los días.

38 Y después que Absalón huyó y se fue a Gesur, estuvo allá tres años.

39 Y el rey David deseaba ver a Absalón: porque ʲya estaba consolado acerca de Amnón que había muerto.

CAPÍTULO 14

Y conociendo Joab, hijo de Sarvia, que el corazón del rey *se inclinaba* por Absalón,

2 envió Joab a ᵏTecoa, y tomó de allá una mujer astuta, y le dijo: Yo te ruego que finjas tener duelo, y te vistas de ropas de luto, y no te unjas con óleo, antes ˡsé como una mujer que por mucho tiempo ha estado de duelo por algún muerto;

La mujer de Tecoa

3 y entra al rey, y habla con él de esta manera. Y puso Joab las palabras en su boca.

4 Entró, pues, aquella mujer de Tecoa al rey, y ªpostrándose en tierra sobre su rostro hizo reverencia, y dijo: ᵇOh rey, salva.

5 Y el rey dijo: ¿Qué tienes? Y ella respondió: ᵈYo a la verdad soy una mujer viuda y mi marido ha muerto.

6 Y tu sierva tenía dos hijos y los dos riñeron en el campo; y no *habiendo* quien los separase, hirió el uno al otro, y lo mató.

7 Y he aquí ᶠtoda la familia se ha levantado contra tu sierva, diciendo: Entrega al que mató a su hermano, para que le hagamos morir por la vida de su hermano a quien él mató, y quitemos también el heredero. Así apagarán el ascua que me ha quedado, no dejando a mi marido nombre ni remanente sobre la tierra.

8 Entonces el rey dijo a la mujer: Vete a tu casa, y yo daré orden acerca de ti.

9 Y la mujer de Tecoa dijo al rey: Rey señor mío, la maldad sea sobre mí y sobre la casa de mi padre; mas el rey y su trono sean sin culpa.

10 Y el rey dijo: Al que hablare contra ti, tráelo a mí, que no te tocará más.

11 Dijo ella entonces: Te ruego, oh rey, que te acuerdes de Jehová tu Dios, que no dejes a los cercanos de la sangre aumentar el daño con destruir a mi hijo. Y él respondió: ⁱVive Jehová, que no caerá ni un cabello de la cabeza de tu hijo en tierra.

12 Y la mujer dijo: Te ruego que hable tu sierva una palabra a mi señor el rey. Y él dijo: Habla.

13 Entonces la mujer dijo: ¿Por qué, pues, has pensado tú cosa semejante contra el pueblo de Dios? Porque al hablar el rey esta palabra se hace culpable él mismo, ya que el rey no hace volver a su fugitivo.

14 Porque de cierto morimos, y *somos* como aguas derramadas en la tierra, que no pueden volver a recogerse; y Dios no hace acepción de personas, sino que provee los medios para que su desterrado no quede alejado de Él.

15 Y el que yo haya venido ahora para decir esto al rey mi señor, se debe a que el pueblo me atemorizó. Mas tu sierva dijo: Hablaré ahora al rey; quizá él hará lo que su sierva diga.

16 Pues el rey oirá, para librar a su sierva de la mano del hombre que me quiere destruir a mí, y a mi hijo juntamente, de ᶜla heredad de Dios.

17 Tu sierva, pues, dice: Que la palabra de mi señor el rey sea para consuelo; ᵉpues que mi señor el rey *es* como un ángel de Dios para escuchar lo bueno y lo malo. Así Jehová tu Dios sea contigo.

18 Entonces él respondió, y dijo a la mujer: Yo te ruego que no me encubras nada de lo que yo te preguntare. Y la mujer dijo: Hable mi señor el rey.

19 Y el rey dijo: ¿No *está* contigo la mano de Joab en todas estas cosas? Y la mujer respondió y dijo: ᵍVive tu alma, rey señor mío, que no hay que apartarse a derecha ni a izquierda de todo lo que mi señor el rey ha hablado; porque tu siervo Joab, él me mandó, ʰy él puso en boca de tu sierva todas estas palabras.

20 Para mudar el aspecto de las cosas, Joab tu siervo ha hecho esto; mas mi señor *es* sabio, conforme a la sabiduría de un ángel de Dios, para conocer todo lo que hay en la tierra.

21 Entonces el rey dijo a Joab: He aquí yo hago esto: ve, y haz volver al joven Absalón.

22 Y Joab se postró en tierra sobre su rostro, e hizo reverencia, y después que bendijo al rey, dijo: Hoy ha entendido tu siervo que he hallado gracia en tus ojos, rey señor mío; pues que ha hecho el rey lo que su siervo ha dicho.

23 Se levantó luego Joab, y ʲfue a Gesur, y volvió a Absalón a Jerusalén.

24 Mas el rey dijo: Váyase a su casa, y no vea mi rostro. Y se volvió Absalón a su casa, y no vio el rostro del rey.

25 Y no había en todo Israel ninguno tan alabado por su hermosura como Absalón; desde la planta de su pie hasta la coronilla no había en él defecto.

26 Y cuando ᵏse cortaba el cabello (lo cual hacía al fin de cada año, pues le causaba molestia, y por eso se lo cortaba), pesaba el cabello de su cabeza doscientos siclos de peso real.

---

a cp 1:2
1 Sm 20:41
b 2 Re 6:26
c 1 Sm 26:19
d cp 12:1
e 1 Sm 29:9

f Nm 35:19-21
Dt 19:12

g 1 Sm :26

h ver 3

i 1 Sm 14:45

j ver 32
cp 13:37-38

k Ez 44:20

2 SAMUEL 15

27 Y ªle nacieron a Absalón tres hijos, y una hija que se llamó Tamar. Ella era una mujer de hermoso semblante.

28 Y estuvo Absalón por espacio de dos años en Jerusalén, y no vio la cara del rey.

29 Y mandó Absalón por Joab, para enviarlo al rey; mas no quiso venir a él; y envió aun por segunda vez, y no quiso venir.

30 Entonces dijo a sus siervos: Mirad, el campo de Joab está junto al mío, y tiene allí cebada; id, y prendedle fuego; y los siervos de Absalón prendieron fuego al campo.

31 Se levantó por tanto Joab, y vino a casa de Absalón, y le dijo: ¿Por qué han prendido fuego tus siervos a mi campo?

32 Y Absalón respondió a Joab: He aquí, yo he enviado por ti, diciendo: que vinieses acá, a fin de enviarte yo al rey a que le dijeses: ¿Para qué vine de Gesur? Mejor me fuera estar aún allá. Vea yo ahora el rostro del rey; y si hay en mí pecado, máteme.

33 Vino, pues, Joab al rey, y se lo hizo saber. Entonces llamó a Absalón, el cual vino al rey, e inclinó su rostro a tierra delante del rey; y el rey besó a Absalón.

CAPÍTULO 15

Aconteció después de esto, que Absalón ʰse hizo de carros y caballos, y cincuenta que corriesen delante de él.

2 Y se levantaba Absalón de mañana, y se ponía a un lado del camino de la puerta; y a cualquiera que tenía pleito y venía al rey a juicio, Absalón le llamaba a sí, y le decía: ¿De qué ciudad *eres*? Y él respondía: Tu siervo *es* de una de las tribus de Israel.

3 Entonces Absalón le decía: Mira, tus palabras son buenas y justas; mas no tienes quien te oiga de parte del rey.

4 Y decía Absalón: ¡Quién me pusiera por juez en la tierra, para que viniesen a mí todos los que tienen pleito o negocio, que yo les haría justicia!

5 Y acontecía que, cuando alguno se acercaba para inclinarse a él, él extendía su mano, y lo tomaba, y lo besaba.

a cp 18:18

b Gn 28:20-21

c 1 Sm 1:17

d 1 Sm 16:3-5

e 1 Cr 5:1
f cp 16:20
17:1,14,23
y 23:34

g ver 6
Jue 9:3

h 1 Re 1:5
i cp 19:9
Sal 3 Tít

j cp 16:21-22

k 1 Sm 17:4
y 27:2

Absalón roba el corazón del pueblo

6 Y de esta manera hacía con todo Israel que venía al rey para juicio; y así robaba Absalón el corazón de los hombres de Israel.

7 Y al cabo de cuarenta años aconteció que Absalón dijo al rey: Yo te ruego me permitas que vaya a Hebrón, a pagar mi voto que he prometido a Jehová.

8 Porque tu siervo hizo voto cuando ᵇestaba en Gesur en Siria, diciendo: Si Jehová me volviere a Jerusalén, yo serviré a Jehová.

9 Y el rey dijo: ᶜVe en paz. Y él se levantó, y se fue a Hebrón.

10 Pero Absalón envió espías por todas las tribus de Israel, diciendo: Cuando oyereis el sonido de la trompeta, diréis: Absalón reina en Hebrón.

11 Y fueron con Absalón doscientos hombres de Jerusalén, ᵈpor él convidados, los cuales iban inocentemente, sin saber nada.

12 Y Absalón envió por ᵉAhitofel gilonita, ᶠconsejero de David, a Gilo su ciudad, mientras ofrecía sus sacrificios. Y la conspiración vino a ser grande, pues se iba aumentando el pueblo que seguía a Absalón.

13 Y vino el aviso a David, diciendo: ᵍEl corazón de todo Israel va tras Absalón.

14 Entonces David dijo a todos sus siervos que *estaban* con él en Jerusalén: Levantaos, y ⁱhuyamos, porque no podremos escapar delante de Absalón; daos prisa a partir, no sea que apresurándose él nos alcance, y arroje el mal sobre nosotros, y hiera la ciudad a filo de espada.

15 Y los siervos del rey dijeron al rey: He aquí, tus siervos están listos para hacer todo lo que nuestro señor el rey requiera.

16 El rey entonces salió, con toda su familia en pos de él. Y dejó el rey ʲdiez mujeres concubinas para que guardasen la casa.

17 Salió, pues, el rey con todo el pueblo que le seguía, y se pararon en un lugar distante.

18 Y todos sus siervos pasaban a su lado, con todos los cereteos y peleteos; y todos los geteos, seiscientos hombres que habían venido a pie desde ᵏGat, iban delante del rey.

La cuesta de los Olivos

19 Y dijo el rey a ªItai geteo: ¿Para qué vienes tú también con nosotros? Vuélvete y quédate con el rey; porque tú ᵇeres extranjero, y desterrado también de tu lugar.

20 ¿Apenas viniste ayer, y he de hacer hoy que andes de un lugar a otro con nosotros? ᶜYo voy sin rumbo; tú vuélvete, y haz volver a tus hermanos; que la misericordia y la verdad *sean* contigo.

21 Y respondió Itai al rey, diciendo: ᶠVive Dios, y vive mi señor el rey, que, o para muerte o para vida, donde mi señor el rey estuviere, allí estará también tu siervo.

22 Entonces David dijo a Itai: Ven, pues, y pasa. Y pasó Itai geteo, y todos sus hombres, y todos los pequeños que *estaban* con él.

23 Y todo el país lloró en alta voz; pasó luego toda la gente ⁱel torrente de Cedrón; asimismo pasó el rey, y todo el pueblo pasó, al camino que va al desierto.

24 Y he aquí, también iba ᵏSadoc, y con él todos los levitas que llevaban el arca del pacto de Dios; y asentaron el arca del pacto de Dios. Y subió Abiatar después que hubo acabado de salir de la ciudad todo el pueblo.

25 Y el rey dijo a Sadoc: Vuelve el arca de Dios a la ciudad; que si yo hallare gracia en los ojos de Jehová, Él ᵐme volverá, y me dejará verla y ᵒa su tabernáculo.

26 Pero si Él dijere: ᵖNo me agradas; aquí estoy, que haga de mí lo que bien le pareciere.

27 Dijo además el rey al sacerdote Sadoc: ¿*No* eres tú el vidente? Vuelve en paz a la ciudad; y con vosotros vuestros dos hijos, tu hijo Ahimaas, y Jonatán, hijo de Abiatar.

28 Mirad, yo me detendré ʳen las llanuras del desierto, hasta que venga respuesta de vosotros que me dé aviso.

29 Entonces Sadoc y Abiatar volvieron el arca de Dios a Jerusalén; y se quedaron allí.

30 Y David subió la cuesta del *monte de los* Olivos; y la subió llorando, ᵗllevando la cabeza cubierta, y ᵘlos pies descalzos. También todo el pueblo que *iba* con él cubrió cada uno su cabeza y subieron, llorando mientras subían.

2 SAMUEL 16

31 Y dieron aviso a David, diciendo: Ahitofel está entre los que conspiraron con Absalón. Entonces ᵃdijo David: Entontece ahora, oh Jehová, el consejo de Ahitofel.

32 Y aconteció que cuando David llegó a la cumbre *del monte* para adorar allí a Dios, he aquí Husai ᵈarquita que le salió al encuentro, trayendo ᵉrota su ropa, y tierra sobre su cabeza.

33 Y le dijo David: Si te pasas conmigo, ᵍme serás carga;

34 pero si regresas a la ciudad y dices a Absalón: Rey, ʰyo seré tu siervo: como hasta aquí he sido siervo de tu padre, así seré ahora tu siervo, entonces tú frustrarás por mí el consejo de Ahitofel.

35 ¿No estarán allí contigo los sacerdotes Sadoc y Abiatar? Por tanto, todo lo que oyeres en la casa del rey, ʲdarás aviso de ello a los sacerdotes Sadoc y a Abiatar.

36 Y he aquí que están con ellos sus dos hijos, Ahimaas de Sadoc, y Jonatán el de Abiatar; por mano de ellos me enviaréis aviso de todo lo que oyereis.

37 Así se vino Husai, ˡamigo de David a la ciudad; y Absalón entró en Jerusalén.

CAPÍTULO 16

Y cuando ⁿDavid pasó un poco más allá de la cumbre *del monte*, he aquí Siba, el criado de Mefiboset, que salía a recibirle con un par de asnos enalbardados, y sobre ellos doscientos panes, y ᑫcien racimos de pasas, y cien panes de higos secos y un odre de vino.

2 Y dijo el rey a Siba: ¿Qué *es* esto? Y Siba respondió: Los asnos *son* para que monte la familia del rey; los panes y las pasas para que coman los criados; y el vino para que beban los que se cansen en el desierto.

3 Y dijo el rey: ¿Dónde *está* el hijo de tu señor? Y ˢSiba respondió al rey: He aquí él se ha quedado en Jerusalén, porque ha dicho: Hoy me devolverá la casa de Israel el reino de mi padre.

4 Entonces el rey dijo a Siba: He aquí, *sea* tuyo todo lo que tiene Mefiboset. Y Siba inclinándose, respondió: Rey señor mío, halle yo gracia delante de ti.

5 Y vino el rey David hasta ªBahurim; y he aquí salía uno de la familia de la casa de Saúl, el cual se llamaba ᵇSimeí, hijo de Gera; y salía maldiciendo,
6 y arrojando piedras contra David, y contra todos los siervos del rey David; y todo el pueblo, y todos los hombres valientes *estaban* a su derecha y a su izquierda.
7 Y decía Simeí, maldiciéndole: ¡Fuera, fuera, varón sanguinario, hombre de Belial!
8 Jehová ᵉte ha dado el pago de toda ᶠla sangre de la casa de Saúl, en lugar del cual tú has reinado; pero Jehová ha entregado el reino en mano de tu hijo Absalón; y he aquí, *has sido tomado* en tu maldad, porque *eres* hombre sanguinario.
9 Entonces Abisai, hijo de Sarvia, dijo al rey: ¿Por qué maldice este perro muerto a mi señor el rey? Yo te ruego que me dejes pasar, y le quitaré la cabeza.
10 Y el rey respondió: ʲ¿Qué tengo yo con vosotros, ᵏhijos de Sarvia? Si él así maldice, es porque Jehová le ha dicho que maldiga a David; ¿quién, pues, le dirá: Por qué lo haces así?
11 Y dijo David a Abisai y a todos sus siervos: He aquí, mi hijo que ha salido de mis entrañas, acecha a mi vida: ¿cuánto más ahora un hijo de Benjamín? Dejadle que maldiga, que Jehová se lo ha dicho.
12 ˡQuizá mirará Jehová a mi aflicción, y me dará Jehová bien por sus maldiciones de hoy.
13 Y como David y los suyos iban por el camino, Simeí iba por el lado del monte delante de él, andando y maldiciendo, y arrojando piedras delante de él, y esparciendo polvo.
14 Y el rey y todo el pueblo que con él *estaba*, llegaron fatigados, y descansaron allí.
15 Y ᵐAbsalón y todo el pueblo, los varones de Israel, entraron en Jerusalén, y con él Ahitofel.
16 Y sucedió que cuando Husai arquita, amigo de David, llegó a donde estaba Absalón, Husai dijo a Absalón: ⁿ¡Viva el rey, viva el rey!
17 Y Absalón dijo a Husai: ¿Éste *es* tu agradecimiento para con tu amigo? ᑫ¿Por qué no fuiste con tu amigo?

a cp 3:16
b cp 19:10
1 Re 2:8,44
c cp 15:34
d cp 15:16
y 20:3
e 1 Re 2:32-33
f cp 1:16 3:28
y 4:11-12
g cp 2:7
h cp 12:11-12
i cp 15:12
j cp 19:22
Lc 4:34 8:28
Jn 2:4
k 1 Sm 26:6
l 2 Re 19:4
m cp 15:37
n 1 Sm 10:24
o Jue 18:25
p Pr 17:12
Os 13:8
q cp 19:25

18 Y Husai respondió a Absalón: No; antes al que eligiere Jehová y este pueblo y todos los varones de Israel, de aquél seré yo, y con aquél quedaré.
19 ᶜ¿Y a quién había yo de servir? ¿No *es* a su hijo? Como he servido delante de tu padre, así seré delante de ti.
20 Entonces dijo Absalón a Ahitofel: Consultad qué debemos hacer.
21 Y Ahitofel dijo a Absalón: ᵈEntra a las concubinas de tu padre, que él dejó para guardar la casa; y todo el pueblo de Israel oirá que te has hecho aborrecible a tu padre, y así se esforzarán ᵍlas manos de todos los que *están* contigo.
22 Entonces pusieron una tienda a Absalón sobre el terrado, y entró Absalón a las concubinas de su padre, ʰen ojos de todo Israel.
23 Y el consejo que daba Ahitofel en aquellos días, *era* como si consultaran la palabra de Dios. Tal *era* el consejo de Ahitofel, ⁱtanto con David como con Absalón.

CAPÍTULO 17

Entonces Ahitofel dijo a Absalón: Déjame escoger ahora doce mil hombres, y me levantaré, y seguiré a David esta noche;
2 y daré sobre él mientras él *está* cansado y débil de manos; lo atemorizaré, y todo el pueblo que *está* con él huirá, y mataré al rey solo.
3 Así haré volver a todo el pueblo a ti; y cuando ellos hubieren vuelto (pues aquel hombre es el que tú quieres), todo el pueblo estará en paz.
4 Este dicho pareció bien a Absalón y a todos los ancianos de Israel.
5 Y dijo Absalón: Llama también ahora a Husai arquita, para que asimismo oigamos lo que él dirá.
6 Y cuando Husai vino a Absalón, le habló Absalón, diciendo: Así ha dicho Ahitofel; ¿seguiremos su consejo, o no? Di tú.
7 Entonces Husai dijo a Absalón: El consejo que ha dado esta vez Ahitofel no *es* bueno.
8 Y añadió Husai: Tú sabes que tu padre y los suyos son hombres valientes, y que están con ºamargura de ánimo, ᵖcomo la osa en el campo cuando le han quitado

Barzilai da provisiones a David

sus cachorros. Además, tu padre *es* hombre de guerra, y no pasará la noche con el pueblo.

9 He aquí él estará ahora escondido en alguna cueva, o en algún *otro* lugar; y si al principio cayeren algunos de los tuyos, cualquiera que lo oyere dirá: El pueblo que sigue a Absalón ha sido derrotado.

10 Y aun el *hombre* valiente, cuyo corazón *es* como corazón de león, sin duda ᶜdesmayará; porque todo Israel sabe que tu padre *es* hombre valiente, y que los que *están* con él *son* hombres valientes.

11 Aconsejo, pues, que todo Israel se junte a ti, desde ᵉDan hasta Beerseba, en multitud ᶠcomo la arena que *está* a la orilla del mar, y que tú en persona vayas a la batalla.

12 Entonces le acometeremos en cualquier lugar que pudiere hallarse, y daremos sobre él como cuando el rocío cae sobre la tierra, y ni uno dejaremos de él, y de todos los que con él *están*.

13 Y si se refugiare en alguna ciudad, todos los de Israel traerán sogas a aquella ciudad, y la arrastraremos hasta el arroyo, hasta que no se halle piedra en ella.

14 Entonces Absalón y todos los de Israel dijeron: El consejo de Husai arquita *es* mejor que el consejo de Ahitofel. ⁱPorque Jehová había ordenado que el acertado consejo de Ahitofel se frustrara, para que Jehová hiciese venir el mal sobre Absalón.

15 Dijo luego Husai a ʲSadoc y a Abiatar sacerdotes: Así y así aconsejó Ahitofel a Absalón y a los ancianos de Israel; y de esta manera aconsejé yo.

16 Por tanto enviad inmediatamente, y dad aviso a David, diciendo: No quedes esta noche en ᵐlos campos del desierto, sino pasa luego *el Jordán*, para que no sea destruido el rey, y todo el pueblo que con él *está*.

17 Y Jonatán y Ahimaas estaban junto a ᵠla fuente de Rogel, porque no podían ellos mostrarse viniendo a la ciudad; fue por tanto una criada, y les dio el aviso; y ellos fueron, y lo hicieron saber al rey David.

18 Pero fueron vistos por un joven, el cual lo hizo saber a Absalón; sin embargo, los dos se dieron prisa a caminar, y llegaron a casa de un hombre en ᵃBahurim, que tenía un pozo en su patio, dentro del cual se metieron.

19 Y ᵇtomando la mujer de la casa una manta, la extendió sobre la boca del pozo, y tendió sobre ella el grano trillado; y nada se supo del asunto.

20 Llegando luego los criados de Absalón a la casa a la mujer, le dijeron: ¿Dónde están Ahimaas y Jonatán? Y ᵈla mujer les respondió: Ya han pasado el vado de las aguas. Y como ellos los buscaron y no los hallaron se volvieron a Jerusalén.

21 Y sucedió que después que ellos se marcharon, aquéllos salieron del pozo y fueron y dieron aviso al rey David, y le dijeron: Levantaos y daos prisa a pasar las aguas, porque Ahitofel ha dado tal consejo contra vosotros.

22 Entonces David se levantó, y todo el pueblo que con él *estaba*, y pasaron el Jordán antes que amaneciese; ni siquiera faltó uno que no pasase el Jordán.

23 Y Ahitofel, viendo que no se había puesto por obra su consejo, enalbardó *su* asno, y se levantó, y se fue a su casa ᵍen su ciudad; y después de disponer acerca de su casa, ʰse ahorcó y murió, y fue sepultado en el sepulcro de su padre.

24 Y David llegó a Mahanaim, y Absalón pasó el Jordán con toda la gente de Israel.

25 Y Absalón constituyó a Amasa, sobre el ejército en lugar de Joab. Amasa *era* hijo de un varón de Israel llamado Itra, el cual había entrado a ᵏAbigail ˡhija de Nahas, hermana de Sarvia, madre de Joab.

26 Y acampó Israel con Absalón en tierra de Galaad.

27 Y sucedió que cuando David llegó a Mahanaim, ⁿSobi, hijo de Nahas, de Rabá de los hijos de Amón, y ᵒMaquir, hijo de Amiel de Lodebar, y ᵖBarzilai galaadita de Rogelim,

28 trajeron a David y al pueblo que estaba con él, camas, y tazas, y vasijas de barro, y trigo, y cebada, y harina, y *grano* tostado, habas, lentejas, y *garbanzos* tostados,

29 miel, manteca, ovejas y quesos de vaca, para que comiera David

---

a cp 3:16
16:5

b Jos 2:6

c Jos 2:11

d Jos 2:4-5

e cp 3:10
f Gn 22:17
1 Re 4:20

g cp 15:12
h Mt 27:5
i cp 15:34

j cp 15:35-36

k 1 Cr 2:16-17
l 1 Cr 2:13-16

m cp 15:28
n cp 10:2

o cp 9:4

p cp 19:31-32
1 Re 2:7
Esd 2:61
q Jos 15:7

CAPÍTULO 18

y el pueblo que *estaba* con él; pues dijeron: El pueblo está hambriento, cansado y sediento en el desierto.

Y David pasó revista al pueblo que tenía consigo, y puso sobre ellos tribunos y centuriones.

2 Y David envió la tercera parte del pueblo al mando de Joab, y ᶜotra tercera al mando de Abisai, hijo de Sarvia, hermano de Joab, y la otra tercera parte al mando de Itai geteo. Y dijo el rey al pueblo: ᵈYo también saldré con vosotros.

3 Mas ᵉel pueblo dijo: No saldrás; porque si nosotros huyéremos, no harán caso de nosotros; y aunque la mitad de nosotros muera, no harán caso de nosotros; pero tú ahora vales tanto como diez mil de nosotros. *Será*, pues, mejor que tú nos des ayuda desde la ciudad.

4 Entonces el rey les dijo: Yo haré lo que bien os pareciere. Y se puso el rey a la entrada de la puerta, mientras salía todo el pueblo de ciento en ciento y de mil en mil.

5 Y el rey mandó a Joab y a Abisai y a Itai, diciendo: *Tratad* benignamente por amor a mí al joven Absalón. Y todo el pueblo oyó cuando el rey dio orden acerca de Absalón a todos los capitanes.

6 Salió, pues, el pueblo al campo contra Israel, y se dio la batalla en ⁱel bosque de Efraín.

7 Y allí cayó el pueblo de Israel delante de los siervos de David, y se hizo una gran matanza de veinte mil hombres.

8 Y la batalla se extendió por todo el país; y fueron más los que consumió el bosque aquel día, que los que consumió la espada.

9 Y se encontró Absalón con los siervos de David: e iba Absalón sobre un mulo, y el mulo se entró debajo de un espeso y grande alcornoque, y se le enredó la cabeza en el alcornoque, y quedó entre el cielo y la tierra; y el mulo en que iba siguió adelante.

10 Y viéndolo uno, avisó a Joab, diciendo: He aquí que he visto a Absalón colgado de un alcornoque.

a 1 Sm 18:4
b ver 5
c cp 15:19
d cp 17:8-10
e cp 21:17
f Jos 7:26
g cp 19:8
  y 20:2
  1 Sm 4:10
h Gn 28:18
i Jos 17:15-18
j Gn 14:17
k cp 14:27
l cp 15:27

Muerte de Absalón

11 Y Joab respondió al hombre que le daba la nueva: Y viéndolo tú, ¿por qué no le heriste luego allí echándole a tierra? Yo te hubiera dado diez *siclos* de plata, y ᵃun talabarte.

12 Y el hombre dijo a Joab: Aunque yo recibiera en mis manos mil *siclos* de plata, no extendería mi mano contra el hijo del rey; ᵇporque nosotros oímos cuando el rey te mandó a ti y a Abisai y a Itai, diciendo: Mirad que ninguno toque al joven Absalón.

13 Por otra parte, habría yo hecho traición contra mi vida (pues que al rey nada se le esconde), y tú mismo estarías en contra.

14 Y respondió Joab: No perderé el tiempo contigo. Y tomando tres dardos en su mano, los clavó en el corazón de Absalón, que aún *estaba* vivo en medio del alcornoque.

15 Y diez jóvenes escuderos de Joab, rodearon e hirieron a Absalón y lo remataron.

16 Entonces Joab tocó la trompeta, y el pueblo se volvió de seguir a Israel, porque Joab detuvo al pueblo.

17 Tomando después a Absalón, le echaron en un gran hoyo en el bosque, y ᶠlevantaron sobre él un muy grande montón de piedras; y todo Israel ᵍhuyó, cada uno a su tienda.

18 Y en vida, Absalón había tomado y levantado para sí ʰuna columna, la cual *está* en ʲel valle del rey; porque había dicho: ᵏYo no tengo hijo que conserve la memoria de mi nombre. Y llamó aquella columna de su nombre; y así se ha llamado Columna de Absalón, hasta hoy.

19 Entonces ˡAhimaas, hijo de Sadoc, dijo: ¿Correré ahora, y daré las nuevas al rey de cómo Jehová ha defendido su causa de la mano de sus enemigos?

20 Y respondió Joab: Hoy no llevarás las nuevas; las llevarás otro día; no llevarás hoy las nuevas, porque el hijo del rey ha muerto.

21 Y Joab dijo al etíope: Ve tú, y di al rey lo que has visto. Y el etíope hizo reverencia a Joab, y corrió.

22 Entonces Ahimaas, hijo de Sadoc, volvió a decir a Joab: Sea lo

David llora a Absalón

que fuere, yo correré ahora tras el etíope. Y Joab dijo: Hijo mío, ¿para qué has de correr, si no recibirás premio por las nuevas?

23 Mas él respondió: Sea como fuere, yo correré. Entonces le dijo: Corre. Corrió, pues, Ahimaas por el camino de ªla llanura, y pasó delante del etíope.

24 Estaba David a la sazón sentado entre las dos puertas; y ᶜel atalaya había ido al terrado de sobre la puerta en el muro, y alzando sus ojos, miró, y vio a uno que corría solo.

25 El atalaya dio luego voces, y lo hizo saber al rey. Y el rey dijo: Si viene solo, buenas nuevas trae. En tanto que él venía acercándose,

26 el atalaya vio a otro que corría; y dio voces el atalaya al portero, diciendo: He aquí *otro* hombre que corre solo. Y el rey dijo: Éste también es mensajero.

27 Y el atalaya volvió a decir: Me parece el correr del primero ᵉcomo el correr de Ahimaas, hijo de Sadoc. Y respondió el rey: Ése ᶠ*es* hombre de bien y viene con buenas nuevas.

28 Entonces Ahimaas dijo en alta voz al rey: Paz. Y se inclinó a tierra delante del rey, y dijo: Bendito *sea* Jehová Dios tuyo, ᵃque ha entregado a los hombres que habían levantado sus manos contra mi señor el rey.

29 Y el rey dijo: ¿El joven Absalón tiene paz? Y Ahimaas respondió: Vi yo un grande alboroto cuando envió Joab al siervo del rey y a mí tu siervo; mas no sé qué *era*.

30 Y el rey dijo: Pasa, y ponte allí. Y él pasó, y se paró.

31 Y luego vino el etíope, y el etíope dijo: Reciba nuevas mi señor el rey, que hoy Jehová ha defendido tu causa de la mano de todos los que se habían levantado contra ti.

32 El rey entonces dijo al etíope: ¿El joven Absalón tiene paz? Y el etíope respondió: Como aquel joven sean ⁱlos enemigos de mi señor el rey, y todos los que se levantan contra ti para mal.

33 Entonces el rey se estremeció, y subió a la sala de la puerta, y lloró; y yendo, decía así: ʲ¡Hijo mío Absalón, hijo mío, hijo mío Absalón! ¡Quién me diera que muriera yo en lugar de ti, Absalón, hijo mío, hijo mío!

a Dt 34:3

b ver 32
c cp 13:34
2 Re 9:17

d cp 15:30

e 2 Re 9:20

f 1 Re 1:42

g 1 Sm 17:46

h cp 18:17
1 Sm 4:10

i 1 Sm 25:26

j cp 19:4

2 SAMUEL 19
CAPÍTULO 19

Y dieron aviso a Joab: He aquí el rey llora, y hace duelo por Absalón.

2 Y aquel día la victoria se volvió en luto para todo el pueblo; porque aquel día el pueblo oyó decir que el rey tenía dolor por su hijo.

3 Y ᵇentró el pueblo aquel día en la ciudad escondidamente, como suele entrar a escondidas el pueblo avergonzado que ha huido de la batalla.

4 Mas el rey, ᵈcubierto el rostro, clamaba en alta voz: ¡Hijo mío Absalón, Absalón, hijo mío, hijo mío!

5 Y entrando Joab en casa al rey, le dijo: Hoy has avergonzado el rostro de todos tus siervos, que hoy han librado tu vida, y la vida de tus hijos y de tus hijas, y la vida de tus esposas, y la vida de tus concubinas,

6 amando a los que te aborrecen, y aborreciendo a los que te aman: porque hoy has declarado que nada te importan tus príncipes y siervos; pues hoy echo de ver que si Absalón viviera, bien que nosotros todos estuviéramos hoy muertos, entonces estarías contento.

7 Levántate pues, ahora, y sal, y habla bondadosamente a tus siervos; porque juro por Jehová, que si no sales, no quedará ni uno contigo esta noche; y esto te será peor que todos los males que te han sobrevenido desde tu juventud hasta ahora.

8 Entonces se levantó el rey, y se sentó a la puerta; y fue declarado a todo el pueblo, diciendo: He aquí el rey está sentado a la puerta. Y vino todo el pueblo delante del rey; mas Israel ʰhabía huido, cada uno a su tienda.

9 Y todo el pueblo contendía por todas las tribus de Israel, diciendo: El rey nos ha librado de mano de nuestros enemigos, y él nos ha salvado de mano de los filisteos; pero ahora ha huido de la tierra por causa de Absalón.

10 Y Absalón, a quien habíamos ungido sobre nosotros, ha muerto en la batalla. ¿Por qué, pues, estáis callados con respecto a hacer volver al rey?

2 SAMUEL 19

¡Haced volver al rey!

11 Y el rey David envió a ªSadoc y a Abiatar sacerdotes, diciendo: Hablad a los ancianos de Judá y decidles: ¿Por qué seréis vosotros los postreros en hacer volver al rey a su casa, ya que la palabra de todo Israel ha venido al rey, a su casa?

12 Vosotros *sois* mis hermanos; ᵈmis huesos y mi carne sois: ¿por qué, pues, seréis vosotros los postreros en hacer volver al rey?

13 Asimismo ᵉdiréis a Amasa: ¿No *eres* tú también hueso mío y carne mía? ᵍAsí me haga Dios, y así me añada, si no has de ser ʰgeneral del ejército delante de mí para siempre, en lugar de Joab.

14 Así inclinó el corazón de todos los varones de Judá, ⁱcomo el de un solo hombre, para que enviasen *a decir* al rey: Vuelve tú, y todos tus siervos.

15 Volvió, pues, el rey, y vino hasta el Jordán. Y Judá vino a ᵏGilgal, a recibir al rey y pasarlo el Jordán.

16 Y ᵐSimeí, hijo de Gera, hijo de Benjamín, que *era* de Bahurim, se dio prisa a venir con los hombres de Judá para recibir al rey David;

17 y con él *venían* mil hombres de Benjamín; asimismo Siba, criado de la casa de Saúl, con sus quince hijos y sus veinte siervos, los cuales pasaron el Jordán delante del rey.

18 Y cruzaron el vado para pasar la familia del rey, y para hacer lo que a él le pareciera. Entonces Simeí, hijo de Gera, se postró delante del rey cuando él había pasado el Jordán.

19 Y dijo al rey: No me impute iniquidad mi señor, ni tengas memoria de los males que tu siervo hizo el día que mi señor el rey salió de Jerusalén, para guardarlos el rey ᵖen su corazón;

20 porque yo tu siervo reconozco haber pecado, y he venido hoy el primero de toda ᑫla casa de José, para descender a recibir a mi señor el rey.

21 Pero Abisai, hijo de Sarvia, respondió y dijo: ¿No ha de morir por esto Simeí, que ʳmaldijo al ungido de Jehová?

22 David entonces dijo: ˢ¿Qué tengo yo con vosotros, hijos de Sarvia, para que hoy me seáis adversarios? ᵗ¿Ha de morir hoy alguno en Israel? ¿No conozco yo que hoy soy rey sobre Israel?

a	cp 15:24-29
b	1 Re 2:8,9, 37,46
c	cp 9:3-6
d	Gn 29:14
e	cp 17:25
f	cp 16:17
g	Rt 1:17
h	2 Re 4:13
i	Jue 20:1
j	1 Sm 29:9
k	Jos 5:9
l	cp 9:7-13
m	cp 16:5
	1 Re 2:8
n	1 Re 2:7
o	cp 7:27
p	cp 13:33
q	1 Re 11:28
r	cp 16:7
	Éx 22:28
s	cp 16:10
t	1 Sm 11:13

23 Y ᵇdijo el rey a Simeí: No morirás. Y el rey se lo juró.

24 También ᶜMefiboset, hijo de Saúl, descendió a recibir al rey; no había lavado sus pies, ni había cortado su barba, ni tampoco había lavado sus vestiduras, desde el día que el rey salió hasta el día que vino en paz.

25 Y sucedió que cuando vino a Jerusalén a recibir al rey, el rey le dijo: Mefiboset, ᶠ¿por qué no fuiste conmigo?

26 Y él dijo: Rey señor mío, mi siervo me ha engañado; pues tu siervo había dicho: Enalbardaré un asno, y subiré en él, e iré al rey; porque tu siervo *es* cojo.

27 Pero él ha calumniado a tu siervo delante de mi señor el rey; mas mi señor el rey es ʲcomo un ángel de Dios; haz, pues, lo que bien te pareciere.

28 Porque toda la casa de mi padre era digna de muerte delante de mi señor el rey, ˡy tú pusiste a tu siervo entre los convidados a tu mesa. ¿Qué derecho, pues, tengo aún para clamar más al rey?

29 Y el rey le dijo: ¿Para qué hablas más palabras? Yo he determinado que tú y Siba os repartáis las tierras.

30 Y Mefiboset dijo al rey: Deja que él las tome todas, pues que mi señor el rey ha vuelto en paz a su casa.

31 También ⁿBarzilai galaadita descendió de Rogelim, y pasó el Jordán con el rey, para acompañarle al otro lado del Jordán.

32 Y era Barzilai muy viejo, de ochenta años, el cual había dado ᵒprovisión al rey cuando estaba en Mahanaim, porque *era* hombre muy rico.

33 Y el rey dijo a Barzilai: Pasa conmigo, y yo te sustentaré conmigo en Jerusalén.

34 Mas Barzilai dijo al rey: ¿Cuántos son los días del tiempo de mi vida, para que yo suba con el rey a Jerusalén?

35 Yo soy hoy día de edad de ochenta años, ¿podré distinguir entre lo bueno y lo malo? ¿Tomará gusto ahora tu siervo en lo que coma o beba? ¿Oiré más la voz de los cantores y de las cantoras? ¿Para qué, pues, sería aún tu siervo molesto a mi señor el rey?

36 Pasará tu siervo un poco más allá del Jordán con el rey; ¿por qué me ha de dar el rey tan grande recompensa?

37 Yo te ruego que dejes volver a tu siervo, y que muera en mi ciudad, junto al sepulcro de mi padre y de mi madre. He aquí tu siervo ᵇQuimam; que pase él con mi señor el rey, y haz a él lo que bien te pareciere.

38 Y el rey dijo: Pues pase conmigo Quimam, y yo haré con él como bien te parezca; y todo lo que me pidas, yo lo haré por ti.

39 Y todo el pueblo pasó el Jordán; y luego que el rey hubo también pasado, el rey ᵈbesó a Barzilai y lo bendijo; y él se volvió a su casa.

40 El rey entonces pasó a Gilgal, y con él pasó Quimam; y todo el pueblo de Judá, con la mitad del pueblo de Israel, pasaron al rey.

41 Y he aquí todos los varones de Israel vinieron al rey, y le dijeron: ¿Por qué los hombres de Judá, nuestros hermanos, ᵉte han llevado, y han hecho pasar el Jordán al rey y a su familia, y a todos los varones de David con él?

42 Y todos los varones de Judá respondieron a todos los de Israel: Porque el rey es nuestro ᵍpariente. Mas ¿por qué os enojáis vosotros de eso? ¿Acaso hemos comido algo *a costa* del rey? ¿Hemos recibido de él algún don?

43 Entonces respondieron los varones de Israel, y dijeron a los de Judá: Nosotros tenemos en el rey diez partes, y en el mismo David más que vosotros; ¿por qué, pues, nos habéis tenido en poco? ¿No hablamos nosotros primero en volver a nuestro rey? Y ⁱel razonamiento de los varones de Judá fue más fuerte que el de los varones de Israel.

CAPÍTULO 20

Y aconteció que se hallaba allí ᵏun hombre de Belial que se llamaba Seba, hijo de Bicri, hombre de Benjamín, el cual tocó la trompeta, y dijo: No tenemos nosotros parte en David, ni heredad en el hijo de Isaí; ˡ¡Cada uno a su tienda, oh Israel!

2 Así se fueron de en pos de David todos los hombres de Israel, y seguían a Seba, hijo de Bicri; mas los de Judá fueron adheridos a su rey, desde el Jordán hasta Jerusalén.

3 Y luego que llegó David a su casa en Jerusalén, tomó el rey las diez mujeres ᵃconcubinas que había dejado para guardar la casa, y las puso en una casa en guarda, y les dio de comer; pero nunca más entró a ellas, sino que quedaron encerradas hasta que murieron en viudez de por vida.

4 Después dijo el rey a Amasa: ᶜJúntame los varones de Judá para dentro de tres días, y hállate tú aquí presente.

5 Fue, pues, Amasa a convocar a *los hombres de* Judá; pero se detuvo más del tiempo que le había sido señalado.

6 Y dijo David a Abisai: Seba, hijo de Bicri, nos hará ahora más mal que Absalón; toma tú a los siervos de tu señor, y ve tras él, no sea que halle para sí ciudades fortificadas y se nos escape.

7 Entonces salieron en pos de él los hombres de Joab, y ᶠlos cereteos y peleteos, y todos los valientes; y salieron de Jerusalén para ir tras Seba, hijo de Bicri.

8 Y *estando* ellos cerca de la piedra grande que está en Gabaón, les salió Amasa al encuentro. Y la vestidura que Joab tenía sobrepuesta le estaba ceñida, y sobre ella tenía pegado en sus lomos el cinto con una daga en su vaina, la cual se le cayó cuando él avanzó.

9 Entonces Joab dijo a Amasa: ¿Tienes paz, hermano mío? ʰY tomó Joab con la diestra la barba de Amasa, para besarlo.

10 Y como Amasa no se cuidó de la daga que Joab *tenía* en la mano, éste le hirió con ella en ʲla quinta *costilla*, y derramó sus entrañas por tierra, y cayó muerto sin darle segundo golpe. Después Joab y su hermano Abisai fueron en persecución de Seba, hijo de Bicri.

11 Y uno de los hombres de Joab se paró junto a él, y dijo: Cualquiera que ame a Joab y a David vaya en pos de Joab.

12 Y Amasa yacía revolcado en su sangre en mitad del camino; y viendo aquel hombre que todo el

pueblo se detenía, apartó a Amasa del camino al campo, y echó sobre él una vestidura, porque veía que todos los que venían se detenían junto a él.

13 Luego que fue apartado del camino, pasaron todos los que seguían a Joab, para ir tras Seba, hijo de Bicri.

14 Y él pasó por todas las tribus de Israel hasta ᶜAbel, y Bet-maaca y todos los de Barim; y se juntaron, y lo siguieron también.

15 Y vinieron y lo sitiaron en Abel de Bet-maaca, y pusieron ᵈbaluarte contra la ciudad; y se apoyaba en el muro, y todo el pueblo que *estaba* con Joab golpeaba la muralla, para derribarla.

16 Entonces una mujer sabia dio voces en la ciudad, diciendo: Oíd, oíd; os ruego que digáis a Joab que venga acá, para que yo hable con él.

17 Y cuando él se acercó a ella, dijo la mujer: ¿Eres tú Joab? Y él respondió: Yo soy. Y ella le dijo: Oye las palabras de tu sierva. Y él respondió: Oigo.

18 Entonces ella volvió a hablar, diciendo: Antiguamente solían hablar, diciendo: Quien preguntare, pregunte en Abel; y así concluían *todo asunto*.

19 Yo soy de las pacíficas y fieles de Israel; y tú procuras destruir una ciudad que es madre en Israel: ¿Por qué destruyes ᵍla heredad de Jehová?

20 Y Joab respondió, diciendo: Nunca tal, nunca tal me acontezca, que yo destruya ni deshaga.

21 La cosa no es así; mas un hombre del monte de Efraín, que se llama Seba, hijo de Bicri, ha levantado su mano contra el rey David: entregad a ése solamente, y me iré de la ciudad. Y la mujer dijo a Joab: He aquí su cabeza te será arrojada desde el muro.

22 La mujer fue luego a todo el pueblo ʲcon su sabiduría; y ellos cortaron la cabeza a Seba, hijo de Bicri, y la arrojaron a Joab. Y él tocó la trompeta, y se retiraron de la ciudad, cada uno a su tienda. Y Joab se volvió al rey a Jerusalén.

23 Así *quedó* ᵐJoab sobre todo el ejército de Israel; y ⁿBenaía, hijo de Joiada, sobre los cereteos y peleteos;

24 y Adoram ᵃsobre los tributos; y ᵇJosafat, hijo de Ahilud, el cronista; 25 y Seba *era* el escriba; y Sadoc y Abiatar, *eran* los sacerdotes.

26 e Ira jaireo era un principal de David.

CAPÍTULO 21

Y hubo hambre en los días de David por tres años consecutivos. Y David consultó a Jehová, y Jehová le dijo: Es por Saúl, y por aquella casa de sangre; porque mató a los gabaonitas.

2 Entonces el rey llamó a los gabaonitas, y les habló. (Los gabaonitas no *eran* de los hijos de Israel, sino ᵉdel resto de los amorreos, a los cuales los hijos de Israel habían hecho juramento; pero Saúl había procurado matarlos debido a su celo por los hijos de Israel y de Judá.)

3 Dijo, pues, David a los gabaonitas: ¿Qué haré por vosotros, y con qué haré compensación, para que bendigáis a ᶠla heredad de Jehová?

4 Y los gabaonitas le respondieron: No tenemos nosotros querella sobre plata ni sobre oro con Saúl y con su casa; ni queremos que muera hombre de Israel. Y él les dijo: Haré por vosotros lo que digáis.

5 Y ellos respondieron al rey: De aquel hombre que nos destruyó, y que maquinó contra nosotros, para extirparnos sin dejar nada de nosotros en todo el término de Israel;

6 dénsenos siete varones de sus hijos, para que los ahorquemos delante de Jehová en ʰGabaa de Saúl, el escogido de Jehová. Y el rey dijo: Yo *los* daré.

7 Y perdonó el rey a Mefiboset, hijo de Jonatán, hijo de Saúl, por ⁱel juramento de Jehová que *había* entre ellos, entre David y Jonatán, hijo de Saúl.

8 Mas el rey tomó a los dos hijos de Rispa, ᵏhija de Aja, los cuales ella había dado a luz a Saúl, a Armoni y a Mefiboset; y a los cinco hijos de ˡMical, hija de Saúl, los cuales ella había criado para Adriel, hijo de Barzilai meholatita.

9 y los entregó en manos de los gabaonitas, y ellos los ahorcaron en

David se cansó 2 SAMUEL 22

el monte delante de Jehová; y murieron juntos aquellos siete, los cuales fueron muertos en el tiempo de la siega, en los primeros días, en ᵇel principio de la siega de las cebadas.

10 Y Rispa, hija de Aja, tomó una tela de cilicio, y la tendió sobre una roca, desde ᵈel principio de la siega hasta que llovió sobre ellos agua del cielo; y no dejó que ninguna ave del cielo se posase sobre ellos de día, ni fieras del campo de noche.

11 Y fue dicho a David lo que hacía Rispa, hija de Aja, concubina de Saúl.

12 Entonces David fue, y tomó los huesos de Saúl y los huesos de Jonatán su hijo, de ᵉlos hombres de Jabes de Galaad, ᶠque los habían hurtado de la plaza de ʰBet-seán, donde los habían colgado los filisteos, cuando deshicieron los filisteos a Saúl en Gilboa.

13 E hizo llevar de allí los huesos de Saúl y los huesos de Jonatán su hijo; y recogieron *también* los huesos de los ahorcados.

14 Y sepultaron los huesos de Saúl y los de su hijo Jonatán en tierra de Benjamín, en ᵒSela, en el sepulcro de Cis su padre; e hicieron todo lo que el rey había mandado. ᵠY Dios fue benévolo con la tierra después de esto.

15 Y como los filisteos volvieron a hacer guerra contra Israel, descendió David y sus siervos con él, y pelearon con los filisteos, y David se cansó.

16 E Isbibenob, que *era* de los hijos del gigante, y cuya lanza pesaba trescientos *siclos* de bronce, y que estaba ceñido de una *espada* nueva, trató de matar a David;

17 pero ˢAbisai, hijo de Sarvia, lo socorrió, e hirió al filisteo y lo mató. Entonces los hombres de David le juraron, diciendo: ᵛNunca más de aquí en adelante saldrás con nosotros a la batalla, no sea que apagues la lámpara de Israel.

18 Y sucedió después de esto que hubo otra vez guerra en Gob contra los filisteos; entonces ᶻSibecai husatita mató a Saf, que *era* de ᵃlos hijos del gigante.

19 Y hubo guerra otra vez en Gob contra los filisteos, en la cual Elhanán, hijo de Jaare-oregim, de Belén, mató *al hermano de* Goliat geteo, el asta de ᵃcuya lanza *era* como un rodillo de telar.

20 Después hubo otra guerra en ᶜGat, donde hubo un hombre de *gran* estatura, el cual tenía doce dedos en las manos, y otros doce en los pies, veinticuatro por todos; y también era de los hijos del gigante.

21 Éste desafió a Israel, y lo mató Jonatán, hijo de Sima, hermano de David.

22 Estos cuatro le habían nacido al gigante en Gat, los cuales cayeron por la mano de David, y por la mano de sus siervos.

CAPÍTULO 22

Y ᵍhabló David a Jehová las palabras de este cántico, el día que Jehová le había librado de la mano de todos sus enemigos, y de la mano de Saúl.

2 ᶦY dijo: Jehová *es* mi Roca, mi fortaleza y mi Libertador;

3 ʲDios *es* mi Roca, ᵏen Él confiaré; ˡmi escudo, y ᵐel cuerno de mi salvación, mi fortaleza alta y ⁿmi refugio; mi Salvador, tú me libras de violencia.

4 Invocaré a Jehová, quien ᵖes digno de ser alabado; y seré salvo de mis enemigos.

5 Cuando me cercaron las ondas de la muerte, y los torrentes de hombres inicuos me atemorizaron,

6 me rodearon los dolores del infierno, y los lazos de la muerte, delante de mí estuvieron.

7 En mi angustia, invoqué a Jehová, y clamé a mi Dios; y Él oyó mi voz desde su templo; y ʳllegó mi clamor a sus oídos.

8 ᵗLa tierra se estremeció y tembló; ᵘlos fundamentos del cielo fueron conmovidos, se estremecieron, porque se indignó Él.

9 Humo subió de su nariz, y de su boca fuego consumidor, por el cual se encendieron carbones.

10 ˣInclinó también los cielos, y descendió; y había ʸoscuridad debajo de sus pies.

11 Subió sobre el querubín, y voló; se apareció sobre ᵇlas alas del viento.

12 Puso ᶜpabellones de tinieblas alrededor de sí; oscuridad de aguas y densas nubes.

---

a cp 23:7
1 Sm 17:7
b Rt 1:22
c 1 Sm 17:4
d Dt 21:23

e cp 2:4-5
f Jue 21:8
1 Sm 31:10-13
g Éx 15:1
Jue 5:1
Sal 18 Tít
h Jos 17:11
i Gn 48:19
j hasta 51
Sal 18:2-50
k Heb 2:13
l Gn 15:1
m Lc 1:69
n Sal 9:9
y 46:7-11
o Jos 18:28
p Sal 48:1
q cp 24:25
Gn 25:21

r Sal 18:6

s 1 Sm 26:6
t Jue 5:4
u Job 26:11
v cp 18:3

x Sal 144:5
Is 64:1
y Éx 20:21
z 1 Cr 27:11
a vers 16,20
b Sal 104:3
c Job 36:29

327

13 Por el resplandor de su presencia se encendieron carbones ardientes.
14 ªJehová tronó desde el cielo, y el Altísimo dio su voz;
15 ᶜEnvió saetas, y los dispersó; *lanzó* relámpagos, y ᵉlos consumió.
16 Entonces aparecieron los cauces del mar, y los fundamentos del mundo fueron descubiertos, a la reprensión de Jehová, al resoplido del aliento de su nariz.
17 ᵍExtendió su mano de lo alto, y me arrebató, y ʰme sacó de copiosas aguas.
18 Me libró de mi poderoso enemigo, y de aquellos que me aborrecían, pues eran más fuertes que yo.
19 ʲMe asaltaron en el día de mi calamidad; mas Jehová fue mi sostén.
20 ᵏMe sacó a anchura; me libró, ˡporque se agradó de mí.
21 Jehová ⁿme recompensó conforme a mi justicia; y conforme a ºla limpieza de mis manos, me remuneró.
22 Porque yo guardé los caminos de Jehová; y no me aparté impíamente de mi Dios.
23 Porque ʳdelante de mí han estado todos sus juicios; y no me he apartado de sus estatutos.
24 Y fui íntegro para con Él, y me guardé de mi iniquidad.
25 Por lo cual Jehová me ha recompensado conforme a mi justicia, y conforme a mi limpieza delante de sus ojos.
26 ᵛCon el misericordioso mostrarás misericordioso, y con el íntegro te mostrarás íntegro.
27 Limpio te mostrarás para con el limpio, mas con el perverso te mostrarás rígido.
28 Y tú salvas al pueblo afligido; mas tus ojos *están* sobre los altivos, para abatirlos.
29 Porque tú *eres* mi lámpara, oh Jehová: Jehová da luz a mis tinieblas.
30 Pues por ti he desbaratado ejércitos, por mi Dios he saltado sobre muros.
31 En cuanto a Dios, perfecto *es* su camino; ᶜPurificada *es* la palabra de Jehová; ᵈEscudo *es* a todos los que en Él esperan.
32 Porque ᶠ¿quién *es* Dios, sino

a Sal 29:3
Is 30:30
b Job 22:3
Sal 101:2,6
y 119:1
c Sal 7:13
d Hab 3:19
e Jos 10:10
f Sal 144:1
g Sal 144:7
h Éx 2:10
i Pr 4:12

j ver 6

k Sal 31:8
l cp 15:26
Sal 22:8
m Sal 18:32
n 1 Sm 26:23
o Sal 22:4
p Gn 49:8
Éx 23:27
q Job 27:9
Is 1:15
r Sal 119:30
s Mi 7:10

t cp 20:1,2,22

u cp 6:1,14

v Mt 5:7
x Dt 33:29
Sal 66:3
y Mi 7:17

z Sal 89:21
y 95:1

a Sal 144:2

b Sal 140:1
c Sal 12:6
d Sal 17:7
e Sal 140:1
f Dt 32:31-39
1 Sm 2:2

Jehová? ¿O quién *es* la Roca, sino nuestro Dios?
33 Dios *es* mi fortaleza y mi poder; y ᵇÉl hace perfecto mi camino;
34 Él hace ᵈmis pies como de ciervas, y ᶠme hace estar firme sobre mis alturas;
35 Él ᶠadiestra mis manos para la batalla, de manera que se doble el arco de acero con mis brazos.
36 Tú me diste asimismo el escudo de tu salvación, y tu benignidad me ha engrandecido.
37 ⁱTú ensanchaste mis pasos debajo de mí, para que mis pies no resbalasen.
38 Perseguí a mis enemigos, y los quebranté; y no me volví hasta que los acabé.
39 Los consumí, y los herí, y no se levantarán; han caído debajo de mis pies.
40 Pues tú ᵐme ceñiste de fuerzas para la batalla, y subyugaste debajo de mí a los que contra mí se levantaron.
41 ᵖTú me diste la cerviz de mis enemigos, a los que me aborrecen, para que yo los destruyese.
42 Miraron, y no *hubo* quien los librase; ᵠaun a Jehová, mas no les respondió.
43 Yo los desmenucé como polvo de la tierra; los hollé como a ˢlodo de las calles y los disipé.
44 ᵗTú me has librado de las contiendas de mi pueblo: Tú me has guardado para que *sea* ᵘcabeza de naciones: Pueblo que yo no conocía me servirá.
45 ˣLos extraños se someterán a mí; al oír, me obedecerán.
46 Los extraños desfallecerán, y temblando saldrán de sus ʸescondrijos.
47 ¡Vive Jehová! y bendita *sea* mi roca; sea enaltecido el Dios de ᶻla roca de mi salvación!
48 *Es* Dios quien por mí hace venganza, y quien ªsujeta a los pueblos debajo de mí;
49 y que me saca de entre mis enemigos: Tú me levantaste en alto sobre los que se levantaron contra mí; ᵇme libraste del varón de iniquidades.
50 Por tanto, ᵉyo te daré gracias entre las naciones, oh Jehová, y cantaré a tu nombre.

Los tres valientes de David

51 Él es la torre de salvación para su rey, y hace misericordia a su ungido, a David, y a su simiente, para siempre.

CAPÍTULO 23

Estas *son* las palabras postreras de David. Dijo ªDavid, hijo de Isaí, dijo aquel varón que ᵇfue levantado en alto, ᶜel ungido del Dios de Jacob, el dulce salmista de Israel, dice:

2 ᵉEl Espíritu de Jehová ha hablado por mí, y su palabra *ha sido* en mi lengua.

3 El Dios de Israel ha dicho, me habló ⁱla Roca de Israel: El que gobierna a los hombres será justo, gobernando en el temor de Dios.

4 Y *será* como la luz de la mañana *cuando* sale el sol, la mañana sin nubes; como el resplandor tras la lluvia que *hace brotar* la hierba de la tierra.

5 Aunque mi casa no es así para con Dios; sin embargo Él ha hecho conmigo un pacto eterno, ordenado en todas las cosas y seguro; pues *ésta es* toda mi salvación y todo mi deseo, aunque todavía no lo haga Él florecer.

6 Pero *los hijos* de Belial, todos ellos, serán arrancados como espinos, los cuales nadie toma con la mano;

7 sino que el que quiere tocarlos, se arma de hierro y de asta de lanza, y son del todo quemados en su lugar.

8 ˡÉstos *son* los nombres de los valientes que David tuvo: ᵐEl tacmonita, que se sentaba en cátedra, principal de los capitanes; éste *era* Adino el eznita, que *blandiendo su lanza* mató a ochocientos hombres en una ocasión.

9 Después de éste, Eleazar, hijo de Dodo el ahohíta, uno de los tres valientes que *estaban* con David cuando desafiaron a los filisteos que se habían juntado allí a la batalla, y se habían retirado los hombres de Israel.

10 Éste, levantándose, hirió a los filisteos hasta que su mano se cansó y se le quedó pegada a la espada. Aquel día Jehová dio gran victoria; y se volvió el pueblo en pos de él solamente a tomar el despojo.

11 Después de éste *fue* ᵖSama, hijo de Age ararita; que habiéndose juntado los filisteos en una aldea, había allí un pequeño terreno lleno de lentejas, y el pueblo había huido delante de los filisteos.

12 Pero él se paró en medio de aquel terreno, y lo defendió, e hirió a los filisteos; y Jehová dio una gran victoria.

13 Y ᵈtres de los treinta principales descendieron y vinieron en tiempo de la siega a David a ᶠla cueva de Adulam; y el campo de los filisteos estaba en ᵍel valle de Refaim.

14 David entonces *estaba* en ʰla fortaleza, y ʲla guarnición de los filisteos *estaba* en Belén.

15 Y David tuvo deseo, y dijo: ¡Quién me diera a beber del agua del pozo de Belén, que *está* junto a la puerta!

16 Entonces los tres valientes irrumpieron por el campo de los filisteos, y sacaron agua del pozo de Belén, que *estaba* junto a la puerta; y tomaron, y la trajeron a David; mas él no la quiso beber, sino que la derramó a Jehová, diciendo:

17 Lejos sea de mí, oh Jehová, que yo haga esto. ᵏ¿He de beber yo la sangre de los varones que fueron con peligro de su vida? Y no quiso beberla. Los tres valientes hicieron esto.

18 Y Abisai hermano de Joab, hijo de Sarvia, fue el principal de los tres. Y éste alzó su lanza contra trescientos, y los mató, y tuvo renombre entre los tres.

19 Él era el más distinguido de los tres, y llegó a ser su jefe; pero no igualó a los tres *primeros*.

20 Después, ⁿBenaía, hijo de Joiada, hijo de un varón esforzado, grande en proezas, de Cabseel. Éste mató a dos moabitas, fieros como leones; y él mismo descendió, y mató a un león en medio de un foso en tiempo de la nieve.

21 Y mató a un egipcio, ºhombre de grande estatura; y tenía el egipcio una lanza en su mano; mas descendió a él con un palo, y arrebató la lanza de la mano del egipcio y lo mató con su propia lanza.

22 Esto hizo Benaía, hijo de Joiada, y tuvo nombre entre los tres valientes.

2 SAMUEL 24

23 De los treinta fue el más distinguido; pero no igualó a los tres *primeros.* Y David ªlo puso como jefe de su guardia personal.

24 ᵇAsael, hermano de Joab, *fue* de los treinta; Elhanán, hijo de Dodo, de Belén;

25 Sama harodita, Elica harodita;

26 Heles paltita, Ira, hijo de Iques, tecoíta;

27 Abiezer anatotita, Mebunai husatita;

28 Salmón ahohíta, Maharai netofatita;

29 Helec, hijo de Baana netofatita, Itai, hijo de Ribai de Gabaa, de los hijos de Benjamín;

30 Benaía piratonita, Hidai de los arroyos de Gaas;

31 Abi-albon arbatita, Azmavet barhumita;

32 Elihaba saalbonita, Jonatán de los hijos de Jasén;

33 Sama ararita, Ahiam, hijo de Sarar ararita;

34 Elifelet, hijo de Asbai, hijo de un maacatita; ᵉEliam, hijo de Ahitofel gilonita;

35 Hezrai carmelita, Parai arbita;

36 Igal, hijo de Natán de Soba, Bani gadita;

37 Selec amonita, Naharai beerotita, escudero de Joab, hijo de Sarvia;

38 ⁱIra itrita, Gareb itrita;

39 ʲUrías heteo. Treinta y siete por todos.

CAPÍTULO 24

Y ˡvolvió a encenderse el furor de Jehová contra Israel, e incitó a David contra ellos a que dijese: Ve, cuenta a Israel y a Judá.

2 Y dijo el rey a Joab, general del ejército que *estaba* con él: Recorre ahora todas las tribus de Israel, ᵐdesde Dan hasta Beerseba, y cuenta al pueblo, para que yo sepa el número de la gente.

3 Y Joab respondió al rey: Añada ᵒJehová tu Dios al pueblo, cien veces tanto de lo que son, y que lo vea mi señor el rey; mas, ¿para qué quiere esto mi señor el rey?

4 Pero la palabra del rey pudo más que Joab, y que los capitanes del ejército. Salió, pues, Joab, con los capitanes del ejército, de delante del rey, para contar el pueblo de Israel.

a cp 8:18
y 20:23
b cp 2:18

c 1 Cr 7:2-9

d cp 12:13

e cp 15:12
f 1 Sm 13:13

g 1 Sm 22:5
h 2 Re 17:13
1 Cr 21:9
25:5 y 29:29
i cp 20:26
j cp 11:3-6

k 1 Cr 21:12

l cp 21:1

m ver 15
cp 3:10
n Sal 119:156

o Dt 1:11

p Gn 6:6
1 Sm 15:11
Jl 2:13-14
q 2 Re 19:35

David censa al pueblo

5 Y pasando el Jordán asentaron en Aroer, a la mano derecha de la ciudad que *está* en medio del valle de Gad y junto a Jazer.

6 Después vinieron a Galaad, y a la tierra baja de Absi; y de allí vinieron a Danjaán y alrededor de Sidón.

7 Y vinieron luego a la fortaleza de Tiro, y a todas las ciudades de los heveos y de los cananeos; y salieron al sur de Judá, hasta Beerseba.

8 Y después que hubieron recorrido toda la tierra, volvieron a Jerusalén al cabo de nueve meses y veinte días.

9 Y Joab dio la suma del número del pueblo al rey; y ᶜlos de Israel *fueron* ochocientos mil hombres valientes que sacaban espada; y de los de Judá *fueron* quinientos mil hombres.

10 Y después que David hubo contado al pueblo, le pesó en su corazón; y dijo David a Jehová: ᵈYo he pecado gravemente por haber hecho esto; mas ahora, oh Jehová, te ruego que quites el pecado de tu siervo, porque yo he hecho muy ᶠneciamente.

11 Y por la mañana, cuando David se hubo levantado, vino palabra de Jehová al profeta ᵍGad, ʰvidente de David, diciendo:

12 Ve, y di a David: Así dice Jehová: Tres *cosas* te propongo; tú escogerás una de ellas, para que yo te la haga.

13 Vino, pues, Gad a David, y se lo hizo saber, y le dijo: ᵏ¿Quieres que te vengan siete años de hambre en tu tierra? ¿O que huyas tres meses delante de tus enemigos, y que ellos te persigan? ¿O que tres días haya pestilencia en tu tierra? Piensa ahora, y mira qué responderé al que me ha enviado.

14 Entonces David dijo a Gad: En grande angustia estoy; caigamos ahora en mano de Jehová, ⁿporque grandes son sus misericordias, y no caiga yo en manos de hombres.

15 Y Jehová envió pestilencia a Israel desde la mañana hasta el tiempo señalado; y murieron del pueblo, desde Dan hasta Beerseba, setenta mil hombres.

16 Y cuando el ángel extendió su mano sobre Jerusalén para destruirla, ᵖJehová se arrepintió de aquel mal, y dijo ᑫal ángel que

El rey Arauna

destruía el pueblo: Basta ahora; detén tu mano. Entonces el ángel de Jehová estaba junto a la era de ᵇArauna jebuseo.

17 Y David dijo a Jehová, cuando vio al ángel que hería al pueblo: Yo pequé, yo hice la maldad; ¿qué hicieron estas ovejas? Te ruego que tu mano se torne contra mí, y contra la casa de mi padre.

18 Y Gad vino a David aquel día, y le dijo: Sube, y haz un altar a Jehová en la era de Arauna jebuseo.

19 Y subió David, conforme al dicho de Gad, que Jehová le había mandado.

20 Y mirando Arauna, vio al rey a sus siervos que pasaban a él. Saliendo entonces Arauna, se inclinó delante del rey rostro a tierra.

21 Y Arauna dijo: ¿Por qué viene mi señor el rey a su siervo? Y David respondió: Para comprar de ti la era, para edificar altar a Jehová, ᵃpara que cese la mortandad del pueblo.

22 Y Arauna dijo a David: Tome y ofrezca mi señor el rey lo que bien *le pareciere*; ᶜhe aquí bueyes para el holocausto, y los trillos y otros pertrechos de los bueyes para leña.

23 Todo esto hizo Arauna, como un rey da al rey. Luego dijo Arauna al rey: Jehová tu Dios te sea propicio.

24 Y el rey dijo a Arauna: No, sino por precio te *lo* compraré; porque no ofreceré a Jehová mi Dios holocaustos que no me cuesten nada. ᵈEntonces David compró la era y los bueyes por cincuenta siclos de plata.

25 Y edificó allí David un altar a Jehová, y sacrificó holocaustos y ofrendas de paz; y Jehová escuchó la intercesión por la tierra, y cesó la plaga en Israel.

a Nm 16:48
b 1 Cr 21:15
2 Cr 3:1
c 1 Re 19:21

d 1 Cr 21:25

Libro Primero De
REYES

CAPÍTULO 1

Cuando el rey David era viejo, y entrado en días, le cubrían de ropas, mas no se calentaba.

2 Le dijeron por tanto sus siervos: Busquen a mi señor el rey una joven virgen, para que esté delante del rey, y lo abrigue, y duerma a su lado para que dé calor a mi señor el rey.

3 Y buscaron una joven hermosa por todo el término de Israel, y hallaron a Abisag sunamita, y ᵉla trajeron al rey.

4 Y la joven *era* hermosa; y ella abrigaba al rey, y le servía; pero el rey nunca la conoció.

5 Entonces ᵍAdonías, hijo de Haguit, se enalteció, diciendo: Yo seré rey. Y se hizo de carros y de gente de a caballo, y cincuenta hombres que corriesen delante de él.

6 Y su padre nunca lo entristeció en todos sus días con decirle: ¿Por qué haces así? Y además éste era de hermoso parecer; y *su madre* lo había ᶦengendrado después de Absalón.

a 2 Sm 2:20
b 2 Sm 12:1
c Gn 49:26

d Jos 15:7

e Jos 19:18

f 2 Sm 12:24

g 2 Sm 3:4

h 1 Cr 22:9
i 2 Sm 3:3-4

7 Y tenía tratos con Joab, hijo de Sarvia, y con el sacerdote Abiatar, los cuales ᵃayudaban a Adonías.

8 Mas el sacerdote Sadoc, y Benaía, hijo de Joiada, y el profeta ᵇNatán, y Simeí, y Reihi, y todos los valientes de David, ᶜno seguían a Adonías.

9 Y matando Adonías ovejas y vacas y animales engordados junto a la peña de Zohelet, que está cerca de la fuente de ᵈRogel, convidó a todos sus hermanos, los hijos del rey, y a todos los varones de Judá, siervos del rey:

10 Mas no convidó al profeta Natán, ni a Benaía, ni a los grandes, ni a ᶠSalomón, su hermano.

11 Y habló Natán a Betsabé, madre de Salomón, diciendo: ¿No has oído que reina Adonías, hijo de Haguit, sin saberlo David nuestro señor?

12 Ven pues, ahora, y toma mi consejo, para que salves tu vida, y la vida de tu hijo Salomón.

13 Ve, y entra al rey David, y dile: Rey señor mío, ¿no has jurado tú a tu sierva, diciendo: ʰSalomón tu hijo reinará después de mí, y él se sentará en mi trono? ¿Por qué, pues, reina Adonías?

Adonías se autoproclama rey

14 Y mientras tú estés aún hablando con el rey, yo entraré tras de ti, y confirmaré tus palabras.

15 Entonces Betsabé entró a la cámara del rey; y el rey era muy viejo; y Abisag sunamita servía al rey.

16 Y Betsabé se inclinó, e hizo reverencia al rey. Y el rey dijo: ¿Qué quieres?

17 Y ella le respondió: Señor mío, tú juraste a tu sierva por Jehová tu Dios, *diciendo*: Ciertamente Salomón, tu hijo, reinará después de mí, y él se sentará en mi trono;

18 y he aquí ahora Adonías reina; y tú, mi señor el rey, no lo sabes.

19 Ha matado bueyes y animales engordados y muchas ovejas; y ha convidado a todos los hijos del rey, y al sacerdote Abiatar, y a Joab, general del ejército; mas a Salomón, tu siervo, no ha convidado.

20 Entre tanto, rey señor mío, los ojos de todo Israel *están* sobre ti, para que les declares quién se ha de sentar en el trono de mi señor el rey después de él.

21 De otra manera acontecerá que cuando mi señor el rey ᵍdurmiere con sus padres, que yo y mi hijo Salomón seremos tenidos por culpables.

22 Y he aquí que mientras ella aún estaba hablando con el rey, entró el profeta Natán.

23 Y dieron aviso al rey, diciendo: He aquí el profeta Natán; el cual cuando entró al rey, se postró delante del rey con su rostro en tierra.

24 Y dijo Natán: Rey señor mío, ¿has dicho tú: Adonías reinará después de mí, y él se sentará en mi trono?

25 Porque hoy ha descendido, y ha matado bueyes y animales engordados y muchas ovejas; y ha convidado a todos los hijos del rey, y a los capitanes del ejército, y también al sacerdote Abiatar; y he aquí, están comiendo y bebiendo delante de él, y dicen: ¡Viva el rey Adonías!

26 ˡPero ni a mí tu siervo, ni al sacerdote Sadoc, ni a Benaía, hijo de Joiada, ni a Salomón tu siervo, ha convidado.

27 ¿Ha sido hecho esto por mi señor el rey, sin haber declarado a tu siervo quién había de sentarse en el trono de mi señor el rey después de él?

28 Entonces el rey David respondió, y dijo: Llamadme a Betsabé. Y ella entró a la presencia del rey, y se puso delante del rey.

29 Y el rey juró, diciendo: ᵃVive Jehová, ᵇque ha redimido mi alma de toda angustia,

30 que como yo te he jurado por Jehová, el Dios de Israel, diciendo: Tu hijo Salomón reinará después de mí, y él se sentará en mi trono en lugar mío; que así lo haré hoy.

31 Entonces Betsabé se inclinó ante el rey, con *su* rostro a tierra, y haciendo reverencia al rey, dijo: Viva mi señor el rey David para ᶜsiempre.

32 Y el rey David dijo: Llamadme al sacerdote Sadoc, y al profeta Natán, y a Benaía, hijo de Joiada. Y ellos entraron a la presencia del rey.

33 Y el rey les dijo: ᵈTomad con vosotros los siervos de vuestro señor, y montad a Salomón mi hijo en mi mula, y ᵉllevadlo a ᶠGihón.

34 Y allí lo ungirán el sacerdote ʰSadoc y el profeta Natán por rey sobre Israel; y tocaréis trompeta, diciendo: ¡Viva el rey Salomón!

35 Después iréis vosotros detrás de él, y vendrá y se sentará en mi trono, y él reinará en mi lugar; porque a él he elegido para que sea príncipe sobre Israel y sobre Judá.

36 Entonces Benaía, hijo de Joiada, respondió al rey, y dijo: Amén. Así lo diga Jehová, el Dios de mi señor el rey.

37 De la manera que Jehová ha sido con mi señor el rey, así sea con Salomón; ⁱy Él haga engrandecer su trono más que el trono de mi señor el rey David.

38 Entonces el sacerdote Sadoc, el profeta Natán, Benaía, hijo de Joiada, y los ʲcereteos y los ᵏpeleteos, descendieron y montaron a Salomón en la mula del rey David, y lo llevaron a Gihón.

39 Y el sacerdote Sadoc tomó el cuerno del aceite del ᵐtabernáculo y ungió a Salomón. ⁿY tocaron trompeta, y todo el pueblo dijo: ¡Viva el rey Salomón!

Referencias:
a cp 17:1; Jue 8:19; 1 Sm 14:39; 2 Re 2:24
b 2 Sm 4:9; Sal 34:19-22
c Neh 2:3; Dn 2:4; 3:9 y 5:10
d 2 Sm 11:11 y 20:6
e Est 6:8
f 2 Cr 32:30 y 33:13
g 2 Sm 7:12
h 1 Sm 10:1
i 1 Sm 20:13
j 1 Sm 30:14
k 2 Sm 8:18
l 2 Sm 8:18
m Éx 30:23; Sal 89:20
n 1 Cr 23:1 y 29:22

Salomón es ungido como rey

40 Después subió todo el pueblo en pos de él, y cantaba la gente con flautas, y hacían grandes alegrías, que parecía que la tierra se hundía con el estruendo de ellos.

41 Y lo oyó Adonías, y todos los convidados que con él *estaban*, cuando ya habían acabado de comer. Y oyendo Joab el sonido de la trompeta, dijo: ¿Por qué se alborota la ciudad con estruendo?

42 Y mientras él aún hablaba, he aquí vino Jonatán, [b]hijo del sacerdote Abiatar, y Adonías le dijo: Entra, porque [c]tú *eres* hombre valiente, y traerás buenas nuevas.

43 Y Jonatán respondió, y dijo a Adonías: Ciertamente nuestro señor el rey David ha hecho rey a Salomón;

44 Y el rey ha enviado con él al sacerdote Sadoc, al profeta Natán, a Benaía, hijo de Joiada, y también a los cereteos y a los peleteos, los cuales lo montaron en la mula del rey;

45 y el sacerdote Sadoc y el profeta Natán lo han ungido por rey en Gihón; y de allá han subido con alegrías, y la ciudad [f]está llena de estruendo. Éste *es* el alboroto que habéis oído.

46 Y también Salomón se ha sentado en el [j]trono del reino.

47 Y aun los siervos del rey han venido a bendecir a nuestro señor el rey David, diciendo: Dios haga bueno el nombre de Salomón más que tu nombre, y haga mayor su trono que tu trono. Y el rey adoró en la [n]cama.

48 Y también el rey habló así: Bendito *sea* Jehová, el Dios de Israel, que ha dado hoy quien se siente en mi trono, viéndolo mis ojos.

49 Ellos entonces se estremecieron, y se levantaron todos los convidados que *estaban* con Adonías, y se fue cada uno por su camino.

50 Mas Adonías, temiendo de la presencia de Salomón, se levantó y se fue, y [q]se asió de los cuernos del altar.

51 Y fue hecho saber a Salomón, diciendo: He aquí que Adonías tiene miedo del rey Salomón; pues se ha asido de los cuernos del altar, diciendo: Júreme hoy el rey Salomón que no matará a espada a su siervo.

52 Y Salomón dijo: Si demuestra ser un hombre de bien, ni uno de sus cabellos caerá en tierra; [a]mas si se hallare maldad en él, morirá.

53 Y envió el rey Salomón, y lo trajeron del altar; y él vino, y se inclinó ante el rey Salomón. Y Salomón le dijo: Vete a tu casa.

CAPÍTULO 2

Y cuando llegaron los días en que David había de morir, mandó a Salomón su hijo, diciendo:

2 Yo sigo el camino de toda la tierra; [d]esfuérzate y sé hombre.

3 Guarda las ordenanzas de Jehová tu Dios, andando en sus caminos, y observando sus estatutos y mandamientos, sus decretos y sus testimonios, de la manera que está escrito en la ley de Moisés, para que seas prosperado en todo lo que hicieres, y en todo lo que emprendieres;

4 para que confirme Jehová la palabra que me habló, [e]diciendo: Si tus hijos guardaren su camino, [g]andando delante de mí con verdad, [h]de todo su corazón, y de toda su alma, [i]jamás (dice) te faltará varón sobre el trono de Israel.

5 Y ya sabes tú lo que me ha hecho Joab, [k]hijo de Sarvia, y lo que hizo a dos generales del ejército de Israel, a Abner, [l]hijo de Ner, y a Amasa, [m]hijo de Jeter, los cuales él mató, derramando sangre de guerra en *tiempo de* paz, y poniendo la sangre de guerra en su talabarte que *tenía* sobre sus lomos y en los zapatos que *tenía* en sus pies.

6 Tú, pues, harás conforme a tu sabiduría; no dejarás que sus canas desciendan en paz a la sepultura.

7 Mas a los hijos de Barzilai [o]galaadita harás misericordia, que sean de los convidados a tu mesa; [p]porque ellos vinieron así a mí, cuando yo huía de Absalón, tu hermano.

8 También *tienes* contigo a Simeí, [r]hijo de Gera, hijo de Benjamín, de Bahurim, el cual me maldijo con una maldición fuerte el día que yo iba a Mahanaim. Mas él mismo [s]descendió a recibirme al Jordán, y yo le juré por Jehová, diciendo: Yo no te mataré a espada.

---

a 1 Sm 14:45

b 2 Sm 15:27
 y 17:17
c 2 Sm 18:27
d Jos 23:14

e 2 Sm 7:25
f 1 Sm 4:5
g Sal 132:12
h 2 Re 20:3
i cp 11:9
j 1 Cr 29:23
k 2 Sm 18:5
l 2 Sm 3:27
m 2 Sm 20:10

n Gn 47:31

o 2 Sm 19:31

p 2 Sm 9:7

q cp 2:28
 Éx 27:2
r 2 Sm 16:5

s 2 Sm 19:18

9 ªPero ahora no lo absolverás; porque *eres* hombre sabio y sabes lo que has de hacer con él; y harás descender sus canas con sangre a la sepultura.

10 ᵇY David durmió con sus padres, y fue sepultado en la ᵈciudad de David.

11 Los días que reinó David sobre Israel *fueron* cuarenta años; ᶠsiete años reinó en Hebrón, y treinta y tres años reinó en Jerusalén.

12 Y se sentó Salomón en el trono de David su padre, ⁱy su reino fue firme en gran manera.

13 Entonces Adonías, hijo de Haguit, vino a Betsabé, madre de Salomón; y ella dijo: ¿Es tu venida de paz? Y él respondió: Sí, de paz.

14 Y luego dijo: Una palabra tengo que decirte. Y ella dijo: Di.

15 Y él dijo: Tú sabes que el reino era mío, y que todo Israel había puesto en mí su rostro, para que yo reinara; mas el reino fue traspasado, y vino a ser de mi hermano; porque por Jehová era suyo.

16 Y ahora yo te hago una petición; no me la niegues. Y ella le dijo: Habla.

17 Él entonces dijo: Yo te ruego que hables al rey Salomón (porque él no te lo negará), para que me dé por esposa a Abisag ᵐsunamita.

18 Y Betsabé dijo: Bien; yo hablaré por ti al rey.

19 Y vino Betsabé al rey Salomón para hablarle por Adonías. Y el rey se levantó a recibirla, y se inclinó a ella, y volvió a sentarse en su trono, e hizo poner una silla a la madre del rey, la cual se sentó a su diestra.

20 Y ella dijo: Tengo una pequeña petición para ti; no me la niegues. Y el rey le dijo: Pide, madre mía, que yo no te la negaré.

21 Y ella dijo: Que Abisag sunamita sea dada por esposa a tu hermano Adonías.

22 Y el rey Salomón respondió, y dijo a su madre: ¿Por qué pides a Abisag sunamita para Adonías? Demanda también para él el reino, porque él *es* ⁿmi hermano mayor; y tiene también al sacerdote Abiatar y a Joab, hijo de Sarvia.

23 Y el rey Salomón juró por Jehová, diciendo: ᵒAsí me haga Dios y así

a Éx 20:7
b cp 1:21
c 2 Sm 7:11
1 Cr 22:10
d 2 Sm 5:7
e cp 1:52
f 2 Sm 5:4-5
1 Cr 29:26
g 2 Sm 8:18
h Jos 21:18
i 1 Cr 29:13
j 1 Sm 31:35
k cp 1:7
l cp 1:50
m cp 1:3-4
n cp 1:6
1 Cr 3:2-5
o cp 1:21
p 2 Sm 3:29

Joab muere en el altar

me añada, que contra su vida ha hablado Adonías esta palabra.

24 Ahora, pues, vive Jehová, que me ha confirmado y me ha puesto sobre el trono de David mi padre, y que me ha hecho casa como me había prometido, ᶜque Adonías ᵉmorirá hoy.

25 Entonces el rey Salomón envió por mano de ᵍBenaía, hijo de Joiada, el cual arremetió contra él, y murió.

26 Y el rey dijo al sacerdote Abiatar: Vete a Anatot, ʰa tus heredades, pues tú eres digno de muerte; mas no te mataré hoy, por cuanto has llevado el arca del Señor Jehová delante de David mi padre, y además has sido afligido en todas las cosas en que fue afligido mi padre.

27 Así echó Salomón a Abiatar del sacerdocio de Jehová, para que se cumpliese la palabra de Jehová que había dicho sobre la casa de Elí en ⁱSilo.

28 Y vino la noticia hasta Joab; porque también Joab se había ᵏadherido a Adonías, si bien no se había adherido a Absalón. Y huyó Joab al tabernáculo de Jehová, y se ˡasió de los cuernos del altar.

29 Y fue hecho saber a Salomón que Joab había huido al tabernáculo de Jehová, y que *estaba* junto al altar. Entonces envió Salomón a Benaía, hijo de Joiada, diciendo: Ve y arremete contra él.

30 Y entró Benaía al tabernáculo de Jehová, y le dijo: El rey ha dicho que salgas. Y él dijo: No, sino que aquí moriré. Y Benaía volvió con esta respuesta al rey, diciendo: Así habló Joab, y así me respondió.

31 Y el rey le dijo: Haz como él ha dicho; mátalo y entiérralo, y quita de mí y de la casa de mi padre la sangre que Joab ha derramado injustamente.

32 Y Jehová hará tornar su sangre sobre su cabeza; porque él arremetió y dio muerte a espada a dos varones más justos y mejores que él, sin que mi padre David lo supiese; a Abner, hijo de Ner, general del ejército de Israel, y a Amasa, hijo de Jeter, general del ejército de Judá.

33 La sangre, pues, de ellos recaerá sobre la cabeza de Joab, y sobre la cabeza de su simiente para siempre; ᵖmas sobre David y sobre su

Salomón pide a Dios sabiduría

ᵃsimiente, y sobre su casa y sobre su trono, habrá perpetuamente paz de parte de Jehová.

34 Entonces Benaía, hijo de Joiada, subió y dio sobre él, y lo mató; y fue sepultado en ᶜsu casa en el desierto.

35 Y el rey puso en su lugar a Benaía, hijo de Joiada, sobre el ejército; y a Sadoc ᵍpuso el rey por sacerdote en lugar de Abiatar.

36 Después envió el rey, e hizo venir a Simei, y le dijo: Edifícate una casa en Jerusalén, y mora ahí, y no salgas de ahí a ninguna parte;

37 porque sabe de cierto que el día que salieres, y pasares el torrente de Cedrón, sin duda morirás, y tu sangre será sobre tu cabeza.

38 Y Simei dijo al rey: La palabra es buena; como el rey mi señor ha dicho, así lo hará tu siervo. Y habitó Simei en Jerusalén muchos días.

39 Pero pasados tres años, aconteció que dos siervos de Simei huyeron a Aquís, ᵒhijo de Maaca, rey de ᵖGat. Y dieron aviso a Simei, diciendo: He aquí que tus siervos *están* en Gat.

40 Se levantó entonces Simei, y enalbardó su asno, y fue a Gat, a Aquís, a procurar sus siervos. Fue, pues, Simei, y trajo a sus siervos de Gat.

41 Luego fue dicho a Salomón que Simei había ido de Jerusalén hasta Gat, y que había vuelto.

42 Entonces el rey envió, e hizo venir a Simei, y le dijo: ¿No te hice jurar yo por Jehová, y te protesté, diciendo: El día que salieres, y fueres a alguna parte, sabe de cierto que has de morir? Y tú me dijiste: La palabra *es* buena, yo la obedezco.

43 ¿Por qué, pues, no guardaste el juramento de Jehová, y el mandamiento que yo te impuse?

44 Dijo además el rey a Simei: Tú sabes todo el mal, el cual tu corazón bien sabe, que cometiste contra mi padre David; Jehová, pues, ha tornado el mal sobre tu cabeza.

45 Y el rey Salomón *será* bendito, y el trono de David será firme perpetuamente delante de Jehová.

46 Entonces el rey mandó a Benaía, hijo de Joiada, el cual salió y lo hirió, y murió. Y el reino fue confirmado en la mano de Salomón.

---

a Pr 25:5
b cp 7:8
 9:16,24
c 1 Sm 25:1
d cp 2:10
e cp 7:1
f cp 9:15-19
g 1 Cr 29:22
h Lv 17:3-6
 Dt 12:2-5
 y 22:44
i cp 5:3
j Dt 6:5
 y 10:12
 Sal 31:23
 Rm 8:28
 1 Co 8:3
k Jos 9:3
l 1 Cr 16:39
 y 21:30
 2 Cr 1:3-13
m 1 Sm 9:10
n 2 Cr 1:7-12
o 1 Sm 27:2
p 1 Sm 17:4

q Nm 27:17

r Gn 13:16
 y 15:5
s 2 Cr 1:10

t Stg 4:3

CAPÍTULO 3

Y Salomón hizo parentesco con Faraón, rey de Egipto, porque tomó la hija de Faraón, ᵇy la trajo a ᵈla ciudad de David, entre tanto que acababa de edificar su casa, ᵉy la casa de Jehová, y los ᶠmuros de Jerusalén alrededor.

2 Hasta entonces el pueblo sacrificaba en los lugares altos, ʰporque no había casa edificada al nombre de Jehová hasta ⁱaquellos tiempos.

3 Mas Salomón amó a Jehová, ʲandando en los estatutos de su padre David; solamente sacrificaba y quemaba incienso en los lugares altos.

4 E iba el rey a ᵏGabaón, ˡporque aquél *era* el lugar ᵐalto principal, y sacrificaba allí, mil holocaustos sacrificaba Salomón sobre aquel altar.

5 ⁿY se apareció Jehová a Salomón en Gabaón una noche en sueños, y le dijo Dios: Pide lo que quieras que yo te dé.

6 Y Salomón dijo: Tú hiciste gran misericordia a tu siervo David mi padre, según que él anduvo delante de ti en verdad, en justicia, y con rectitud de corazón para contigo; y tú le has conservado esta tu grande misericordia, que le diste hijo que se sentase en su trono, como *sucede* en este día.

7 Ahora pues, Jehová Dios mío, tú has puesto a mí tu siervo por rey en lugar de David mi padre; ᑫy yo no soy sino un joven, y no sé *cómo* entrar ni salir.

8 Y tu siervo *está* en medio de tu pueblo al cual tú escogiste; un pueblo grande, que no se puede contar ni numerar por *su* ʳmultitud.

9 Da, pues, a tu siervo ˢcorazón entendido para juzgar a tu pueblo, para discernir entre lo bueno y lo malo; porque ¿quién podrá gobernar este tu pueblo tan grande?

10 Y agradó delante del Señor que Salomón pidiese esto.

11 Y le dijo Dios: Porque has pedido esto, y no ᵗpediste para ti larga vida, ni pediste para ti riquezas, ni pediste

1 REYES 4

la vida de tus enemigos, sino que pediste para ti inteligencia para oír juicio;

12 ªhe aquí he hecho conforme a tus palabras; ᵇhe aquí que te he dado corazón sabio y entendido, tanto que no haya habido antes de ti otro como tú, ni después de ti se levantará otro como tú.

13 Y aun también te he dado las cosas que no pediste, ᶜriquezas y gloria, de tal manera que entre los reyes ninguno haya como tú en todos tus días.

14 Y si anduvieres en mis caminos, guardando mis estatutos y mis mandamientos, ᵉcomo anduvo David tu padre, yo alargaré tus días.

15 Y cuando Salomón despertó, vio que era sueño. Y vino a Jerusalén, y se presentó delante del arca del pacto de Jehová, y sacrificó holocaustos, e hizo ofrendas de paz; hizo también banquete a todos sus siervos.

16 En aquel tiempo vinieron al rey dos mujeres *que eran* rameras, y se presentaron delante de él.

17 Y una de las mujeres, dijo: ¡Ah, señor mío! Yo y esta mujer morábamos en una misma casa, y yo di a luz estando con ella en la casa.

18 Y aconteció al tercer día después que yo di a luz, que ésta también dio a luz, y *morábamos* juntas; ninguno de fuera *estaba* en casa, sino nosotras dos en la casa.

19 Y una noche el hijo de esta mujer murió, porque ella se acostó sobre él.

20 Y ella se levantó a media noche, y tomó a mi hijo de mi lado, mientras yo tu sierva dormía, y lo puso en su regazo, y puso a su hijo muerto en mi regazo.

21 Y cuando yo me levanté por la mañana para dar el pecho a mi hijo, he aquí que estaba muerto; mas lo observé por la mañana, y vi que no era mi hijo, el que yo había dado a luz.

22 Entonces la otra mujer dijo: No; mi hijo *es* el que vive, y tu hijo *es* el muerto. Y la otra volvió a decir: No; tu hijo *es* el muerto, y mi hijo *es* el que vive. Así hablaban delante del rey.

23 El rey entonces dijo: Ésta dice: Mi hijo *es* el que vive, y tu hijo *es* el

a 1 Jn 5:14-15
b Ec 1:16

c Mat 6:33
Rm 8:32
d Gn 43:30
Is 49:15
Jer 31:20
Os 11:8
e cp 15:5

i vers 9-12

j cp 2:35
k cp 2:27

l 2 Sm 15:37
y 16:16

Las dos rameras pelean por el niño

muerto; y la otra dice: No, mas tu hijo *es* el muerto, y mi hijo *es* el que vive.

24 Y dijo el rey: Traedme una espada. Y trajeron al rey una espada.

25 En seguida el rey dijo: Partid por medio al niño vivo, y dad la mitad a la una, y la otra mitad a la otra.

26 Entonces la mujer de quien *era* el hijo vivo, habló al rey (porque sus ᵈentrañas se le conmovieron por su hijo), y dijo: ¡Ah, señor mío! dad a ésta el niño vivo, y no lo matéis. Mas la otra dijo: Ni a mí ni a ti; partidlo.

27 Entonces el rey respondió y dijo: Dad a ésta el niño vivo, y no lo matéis; ella *es* su madre.

28 Y todo Israel oyó aquel juicio que había dado el rey; y temieron al rey, porque vieron que *había* en él ⁱsabiduría de Dios para juzgar.

CAPÍTULO 4

Reinó, pues, el rey Salomón sobre todo Israel.

2 Y éstos *fueron* los príncipes que tuvo: Azarías, hijo del sacerdote Sadoc;

3 Elioref y Ahías, hijos de Sisa, escribas; Josafat, hijo de Ahilud, el cronista;

4 ʲBenaía, hijo de Joiada, *era* sobre el ejército; y Sadoc y ᵏAbiatar *eran* los sacerdotes;

5 Azarías, hijo de Natán, *era* sobre los gobernadores; Zabud, hijo de Natán, *era* el oficial principal y ˡamigo del rey;

6 Y Ahisar *era* mayordomo; y Adoniram, hijo de Abda, *era* sobre el tributo.

7 Y tenía Salomón doce gobernadores sobre todo Israel, los cuales mantenían al rey y a su casa. Cada uno de ellos le abastecía por un mes en el año.

8 Y éstos *son* los nombres de ellos: El hijo de Hur en el monte de Efraín;

9 el hijo de Decar, en Macas, y en Saalbim, y en Bet-semes, y en Elón, y en Bet-hanan;

10 el hijo de Hesed, en Arubot; éste *tenía* también a Soco y toda la tierra de Hefer;

11 el hijo de Abinadab, en todos los términos de Dor; éste tenía por esposa a Tafat, hija de Salomón;

La sabiduría de Salomón

12 Baana, hijo de Ahilud, en Taanac y Meguido, y en toda Bet-seán, que *está* cerca de Zaretán, abajo de Jezreel, desde Bet-seán hasta Abel-mehola, y hasta el otro lado de Jocmeam;

13 el hijo de Geber, en Ramot de Galaad; éste tenía también [b]las ciudades de Jair, hijo de Manasés, las cuales estaban en Galaad; tenía también la provincia de Argob, que *estaba* en Basán, sesenta grandes ciudades [c]con muro y cerraduras de bronce;

14 Ahinadab, hijo de Iddo, en Mahanaim;

15 Ahimaas en Neftalí; éste tomó también por esposa a Basemat, hija de Salomón.

16 Baana, hijo de Husai, en Aser y en Alot;

17 Josafat, hijo de Parúa, en Isacar;

18 [i]Simeí, hijo de Ela, en Benjamín;

19 Geber, hijo de Uri, en la tierra de Galaad, la tierra de Sehón, rey de los amorreos, y de Og, rey de Basán; éste *era* el único gobernador en aquella tierra.

20 Judá e Israel *eran* muchos, [j]como la arena que *está* junto al mar en multitud, [k]comiendo, bebiendo y alegrándose.

21 Y Salomón señoreaba sobre todos los reinos desde el río hasta la tierra de los filisteos y hasta el término de Egipto; y [m]traían presentes, y sirvieron a Salomón todos los días de su vida.

22 Y la provisión de Salomón era cada día treinta coros de flor de harina, y sesenta coros de harina,

23 diez bueyes engordados, y veinte bueyes de pasto, y cien ovejas; sin los ciervos, gacelas, corzos, y aves engordadas.

24 Porque él señoreaba en toda la *región* que estaba de este lado del río, desde Tifsa hasta Gaza, sobre todos los reyes de este lado del río; y [p]tuvo paz por todos lados en derredor suyo.

25 Y Judá e Israel vivían seguros, [r]cada uno debajo de su parra y debajo de su higuera, desde Dan hasta Beerseba, todos los días de Salomón.

26 Tenía además de esto Salomón cuarenta mil caballos en sus caballerizas para sus carros, y doce mil jinetes.

27 Y [a]estos gobernadores mantenían al rey Salomón, y a todos los que a la mesa del rey Salomón venían, cada uno un mes; nada les hacía falta.

28 Traían también cebada y paja para los caballos y para [l]los dromedarios, al lugar donde estaban *los oficiales*, cada uno conforme al cargo que tenía.

29 Y [d]Dios dio a Salomón sabiduría, y entendimiento muy grande, y grandeza de corazón, como la arena que *está* a la orilla del mar.

30 Y la sabiduría de Salomón sobrepasaba a la [e]de todos los orientales, y a toda [f]la sabiduría de Egipto.

31 Y aun fue más [g]sabio que todos los hombres; más que Etán ezraíta, y que Hemán, Calcol y Darda, hijos de Mahol; y se extendió su fama por todas las naciones de alrededor.

32 [h]Y compuso tres mil proverbios; y sus [i]cantos fueron mil cinco.

33 También disertó sobre los árboles, desde el cedro del Líbano hasta el hisopo que nace en la pared. Asimismo disertó sobre los animales, las aves, los reptiles y los peces.

34 [l]Y venían de todos los pueblos a oír la sabiduría de Salomón, y de todos los reyes de la tierra, donde había llegado la fama de su sabiduría.

CAPÍTULO 5

Hiram, [n]rey de Tiro, envió también sus siervos a Salomón, luego que oyó que lo habían ungido por rey en lugar de su padre; porque Hiram siempre había amado a David.

2 Entonces [o]Salomón envió *a decir* a Hiram:

3 Tú sabes cómo mi padre David no pudo edificar casa al nombre de Jehová su Dios, por las guerras que le rodearon, [q]hasta que Jehová puso sus enemigos bajo las plantas de sus pies.

4 Ahora Jehová mi Dios me ha dado reposo por todas partes; *de modo que* ni hay adversarios ni mal que nos azote.

Salomón comienza a edificar

5 ᵃYo por tanto, he determinado ahora edificar casa al nombre de Jehová mi Dios, ᵇcomo Jehová lo habló a David mi padre, diciendo: Tu hijo, a quien yo pondré sobre tu trono en lugar tuyo, él edificará casa a mi nombre.

6 Manda, pues, ahora que me corten ᶜcedros del Líbano; y mis siervos estarán con tus siervos, y yo te daré por tus siervos el salario que tú dijeres; porque tú sabes bien que ninguno *hay* entre nosotros que sepa labrar la madera como los sidonios.

7 Y aconteció que cuando Hiram oyó las palabras de Salomón, se gozó en gran manera, y dijo: Bendito *sea* hoy Jehová, que dio hijo sabio a David sobre este pueblo tan grande.

8 Y envió Hiram a decir a Salomón: He oído lo que me mandaste a decir; yo haré todo lo que tú desees acerca de la madera de cedro, y la madera de abeto.

9 Mis siervos la llevarán ᶠdesde el Líbano al mar; y yo la pondré en balsas por el mar hasta el lugar que tú me señales, y allí se desatará, y tú la tomarás; y tú cumplirás mi deseo ᵍal dar de comer a mi familia.

10 Dio, pues, Hiram a Salomón madera de cedro y madera de abeto, toda la que quiso.

11 ⁱY Salomón daba a Hiram veinte mil coros de trigo para el sustento de su familia, y veinte coros de aceite puro; esto daba Salomón a Hiram año tras año.

12 Y Jehová dio sabiduría a Salomón, ᵏcomo le había prometido; y hubo paz entre Hiram y Salomón, e hicieron alianza entre ambos.

13 Y el rey Salomón impuso leva a todo Israel, y la leva fue de treinta mil hombres;

14 Los cuales enviaba al Líbano de diez mil en diez mil, cada mes por su turno, viniendo así a estar un mes en el Líbano, y dos meses en sus casas; y ᵐAdoniram estaba a cargo de aquella leva.

15 ⁿTenía también Salomón setenta mil que llevaban las cargas, y ochenta mil canteros en las montañas;

16 además de los principales oficiales de Salomón que *estaban* sobre la obra, tres mil trescientos, los cuales tenían cargo del pueblo que hacía la obra.

17 Y mandó el rey que trajesen grandes piedras, piedras costosas, y piedras labradas para echar los cimientos de la casa.

18 Y los albañiles de Salomón y los albañiles de Hiram, y los canteros, las labraron; así prepararon la madera y la cantería para edificar la casa.

CAPÍTULO 6

Y aconteció ᵈen el año cuatrocientos ochenta después que los hijos de Israel salieron de Egipto, en el cuarto año del principio del reino de Salomón sobre Israel, en el mes de Zif, que *es* el mes segundo, que él comenzó a edificar la casa de Jehová.

2 ᵉLa casa que el rey Salomón edificó a Jehová, *tuvo* sesenta codos de largo, y veinte de ancho, y treinta codos de alto.

3 Y el pórtico delante del templo de la casa, de veinte codos de largo, según la anchura de la casa, y su ancho era de diez codos delante de la casa.

4 E hizo a la casa ventanas anchas por dentro, y estrechas por fuera.

5 Edificó también junto al muro de la casa ʰaposentos alrededor, *contra* las paredes de la casa en derredor del templo ⁱy del oráculo; e hizo cámaras alrededor.

6 El aposento de abajo *era* de cinco codos de ancho, y el de en medio de seis codos de ancho, y el tercero de siete codos de ancho; porque por fuera había hecho ranuras a la casa en derredor, para no trabar las vigas de las paredes de la casa.

7 Y ˡla casa cuando se edificó, la fabricaron de piedras que traían ya acabadas; de tal manera que cuando la edificaban, ni martillos ni hachas se oyeron en la casa, ni ningún otro instrumento de hierro.

8 La puerta del aposento de en medio *estaba* al lado derecho de la casa; y se subía por una escalera de caracol al de en medio, y *del aposento* de en medio al tercero.

9 ᵒEdificó, pues, la casa, y la terminó; y cubrió la casa con artesonados de cedro.

Salomón comienza a edificar

10 Y edificó asimismo el aposento en derredor de toda la casa, de altura de cinco codos, el cual se apoyaba en la casa con maderas de cedro.

11 Y vino palabra de Jehová a Salomón, diciendo:

12 *En cuanto a* esta casa que tú edificas; [a]si anduvieres en mis estatutos, e hicieres mis decretos, y guardares todos mis mandamientos andando en ellos, yo cumpliré contigo mi palabra que [b]hablé a David tu padre;

13 y [c]habitaré en medio de los hijos de Israel, y no abandonaré a mi pueblo Israel.

14 Así pues, Salomón edificó la casa, y la terminó.

15 Y cubrió las paredes de la casa con tablas de cedro, revistiéndola de madera por dentro, desde el suelo de la casa hasta las vigas de la techumbre; cubrió también el piso con madera de abeto.

16 Asimismo hizo al final de la casa un edificio de veinte codos, de tablas de cedro, desde el suelo hasta lo más alto; y edificó en la casa un oráculo, que es [e]el lugar santísimo.

17 Y la casa, esto *es,* el templo de adelante, tenía cuarenta codos *de* largo;

18 Y la casa *estaba* cubierta de cedro por dentro, y tenía entalladuras de calabazas silvestres y de botones de flores. Todo *era* cedro; ninguna piedra se veía.

19 Y adornó el lugar santísimo por dentro en medio de la casa, para poner allí el arca del pacto de Jehová.

20 Y el lugar santísimo estaba en la parte de adentro, el cual *tenía* veinte codos de largo, y otros veinte de ancho, y otros veinte de altura; y lo cubrió de oro purísimo; asimismo cubrió *de oro* el altar de cedro.

21 Luego Salomón cubrió de oro puro la casa por dentro, y cerró la entrada del santuario interior con cadenas de oro, y lo cubrió de oro.

22 Y cubrió de oro toda la casa, hasta que toda la casa fue terminada; y asimismo cubrió de oro todo el altar que estaba frente al lugar santísimo.

23 Hizo también en el lugar santísimo dos querubines de madera de olivo, cada uno de diez codos de altura.

24 Una ala del querubín *tenía* cinco codos, y la otra ala del querubín otros cinco codos; así que *había* diez codos desde la punta de una ala hasta la punta de la otra.

25 Asimismo el otro querubín *tenía* diez codos; porque ambos querubines *eran* de un mismo tamaño y de una misma hechura.

26 La altura de un querubín era de diez codos, y asimismo la del otro querubín.

27 Y puso estos querubines en la casa de adentro; y los querubines tenían las alas extendidas, de modo que el ala de uno tocaba *una* pared, y el ala del otro querubín tocaba la otra pared, y las otras dos alas se tocaban la una a la otra en la mitad de la casa.

28 Y cubrió de oro los querubines.

29 Y esculpió todas las paredes de la casa alrededor de diversas [d]figuras, de querubines, de palmeras, y de botones de flores, por dentro y por fuera.

30 Y cubrió de oro el piso de la casa, por dentro y por fuera.

31 Y a la entrada del oráculo hizo puertas de madera de olivo; y el umbral y los postes *tenían* cinco esquinas.

32 Las dos puertas *eran* de madera de olivo; y entalló en ellas figuras de querubines y de palmeras y de botones de flores, y las cubrió de oro; cubrió también de oro los querubines y las palmeras.

33 Igualmente hizo a la puerta del templo postes cuadrados de madera de olivo.

34 Y las dos puertas *eran* de madera de abeto. Las [f]dos hojas de una puerta *eran* giratorias, y las dos hojas de la otra puerta también *eran* giratorias.

35 Y entalló *en ellas* querubines y palmeras y botones de flores, y las cubrió de oro ajustado a las entalladuras.

36 Y edificó [g]el atrio interior de tres hileras de piedras labradas, y de una hilera de vigas de cedro.

37 [h]En el cuarto año, en el mes de Zif, se echaron los cimientos de la casa de Jehová:

---

a cp 2:4
y 9:4

b 2 Sm 7:13
1 Cr 22:10

c Éx 25:8
Lv 26:11
2 Cor 6:16
Ap 21:3

d Éx 36:8,35

e cp 8:6
Éx 26:33
Lv 16:2
2 Cr 3:8
Ez 45:3
Heb 9:3

f Ez 41:23-25

g cp 7:12
Jer 36:10

h ver 1

38 Y en el año undécimo, en el mes de Bul, que es el mes octavo, fue acabada la casa en todas sus partes y conforme a todo su diseño. La edificó, pues, en siete años.

CAPÍTULO 7

Después edificó Salomón ᵇsu propia casa en trece años, y terminó toda su casa.

2 Asimismo edificó la ᵈcasa del bosque del Líbano, la cual *tenía* cien codos de longitud, y cincuenta codos de anchura, y treinta codos de altura, sobre cuatro hileras de columnas de cedro, con vigas de cedro sobre las columnas.

3 Y *estaba* cubierta de tablas de cedro arriba sobre las vigas, que se apoyaban en cuarenta y cinco columnas; quince en cada hilera.

4 Y *había* tres hileras de ventanas, una ventana contra la otra en tres hileras.

5 Y todas las puertas y postes *eran* cuadrados; y unas ventanas *estaban* frente a las otras en tres hileras.

6 También hizo un pórtico de columnas, que *tenía* cincuenta codos de largo, y treinta codos de ancho; y este pórtico *estaba* delante de aquellas otras, con sus columnas y maderos correspondientes.

7 Hizo asimismo el pórtico del trono en que había de juzgar, el pórtico del juicio, y lo cubrió de cedro desde el suelo hasta el techo.

8 Y en la casa en que él moraba, *había* otro atrio dentro del pórtico, de obra semejante a ésta. Edificó también Salomón una casa semejante a aquel pórtico, para la hija de Faraón, ⁱla cual había tomado por esposa.

9 Todas aquellas obras *fueron* de piedras costosas, cortadas y aserradas con sierras según las medidas, así por dentro como por fuera, desde el cimiento hasta los remates, y asimismo por fuera hasta el gran atrio.

10 El cimiento *era* de piedras costosas, de piedras grandes, de piedras de diez codos, y de piedras de ocho codos.

a cp 6:36

b cp 3:1 9:10
2 Cr 8:1
Ec 2:4
c 2 Cr 2:14
d cp 10:17-21
2 Cr 9:16
e 2 Cr 4:16
f Éx 31:3
y 36:1
g 2 Re 25:17
2 Cr 3:15
y 4:12
Jer 52:21

h 2 Cr 3:16
y 4:13
Jer 52:23
i cp 3:1 9:24
y 11:1
2 Cr 8:11
j 2 Cr 3:17

11 De allí hacia arriba *era* también de piedras preciosas, labradas conforme a sus medidas, y madera de cedro.

12 Y en el gran atrio alrededor *había* tres hileras de piedras labradas, y una hilera de vigas de cedro; y así el ᵃatrio interior de la casa de Jehová, y el atrio de la casa.

13 Y envió el rey Salomón, e hizo venir de Tiro a Hiram,

14 ᶜhijo de una viuda de la tribu de Neftalí, ᵉy su padre *era* de Tiro, y trabajaba en bronce, ᶠlleno de sabiduría y de inteligencia y saber en toda obra de bronce. Éste, pues, vino al rey Salomón, e hizo toda su obra.

15 Y vació ᵍdos columnas de bronce, la altura de cada una era de dieciocho codos; y rodeaba a una y a otra columna un cordón de doce codos.

16 Hizo también dos capiteles de bronce fundido, para que fuesen puestos sobre las cabezas de las columnas; la altura de un capitel *era* de cinco codos, y la del otro capitel de cinco codos.

17 Había trenzas a manera de red, y unos cordones a manera de cadenas, para los capiteles que *estaban* sobre las cabezas de las columnas; siete para cada capitel.

18 Y cuando hubo hecho las columnas hizo también dos hileras de granadas alrededor de la red, para cubrir los capiteles que *estaban* sobre las cabezas *de las columnas* con las granadas; y de la misma forma hizo en el otro capitel.

19 Los capiteles que *estaban* sobre las columnas en el pórtico, tenían forma de lirios, y *eran* de cuatro codos.

20 *Tenían* también los capiteles de sobre las dos columnas, ʰdoscientas *granadas* en dos hileras alrededor en cada capitel, encima de la parte abultada del capitel, el cual estaba rodeado por la red.

21 ʲEstas columnas erigió en el pórtico del templo; y levantó la columna del lado derecho, y le puso por nombre Jaquín; y levantó la columna del lado izquierdo, y llamó su nombre Boaz.

22 Y *puso* en las cabezas de las columnas tallado en forma de lirios; y así se acabó la obra de las columnas.

Las bases, el mar y las fuentes

23 Hizo asimismo ªun mar de fundición, de diez codos de un lado al otro, perfectamente redondo; su altura era de cinco codos, y lo ceñía alrededor un cordón de treinta codos.

24 Y debajo del borde había calabazas alrededor, diez en cada codo, ᵇque ceñían el mar alrededor en dos hileras, las cuales habían sido fundidas cuando el mar fue fundido.

25 Y estaba asentado sobre ᶜdoce bueyes; tres miraban al norte, y tres miraban al poniente, y tres miraban al sur, y tres miraban al oriente; sobre éstos se apoyaba el mar, y las traseras de ellos estaban hacia la parte de adentro.

26 El grueso del mar era de un palmo menor, y su borde era labrado como el borde de un cáliz, o de flor de lirio; y contenía ᵈdos mil batos.

27 Hizo también diez bases de bronce, siendo la longitud de cada base de cuatro codos, y la anchura de cuatro codos, y de tres codos la altura.

28 La obra de las bases era de esta manera: tenían unos tableros, los cuales estaban entre molduras;

29 y sobre los bordes que estaban entre las molduras, había figuras de leones, de bueyes y de querubines; y sobre las molduras había una base arriba, y debajo de los leones y de los bueyes, había unas añadiduras de bajo relieve.

30 Cada base tenía cuatro ruedas de bronce con ejes de bronce; y en sus cuatro esquinas tenían soportes de fundición, soportes que quedaban debajo de la fuente, al lado de cada una de las añadiduras.

31 Y la boca de la fuente entraba un codo en el remate que salía para arriba de la base; y era su boca redonda, de la hechura del mismo remate, y éste era de un codo y medio. Había también sobre la boca entalladuras con sus tableros, los cuales eran cuadrados, no redondos.

32 Las cuatro ruedas estaban debajo de los tableros, y los ejes de las ruedas nacían en la misma base. La altura de cada rueda era de un codo y medio.

33 Y la hechura de las ruedas era como la hechura de las ruedas de un carro; sus ejes, sus rayos, sus cubos, y sus cinchos, todo era de fundición.

34 Asimismo los cuatro soportes a las cuatro esquinas de cada base; y los soportes eran de la misma base.

35 Y en lo alto de la base había medio codo de altura redondo por todas partes; y encima de la base sus molduras y tableros, los cuales salían de ella misma.

36 E hizo en las tablas de las molduras y en los tableros, entalladuras de querubines, y de leones y de palmeras, con proporción en el espacio de cada una, y alrededor otros adornos.

37 De esta forma hizo diez bases fundidas de una misma manera, de una misma medida y de una misma entalladura.

38 ᵉHizo también diez fuentes de bronce; cada fuente contenía cuarenta batos, y cada una era de cuatro codos; y asentó una fuente sobre cada una de las diez bases.

39 Y puso cinco bases al lado derecho de la casa, y cinco al lado izquierdo de la casa: y asentó el mar al lado derecho de la casa, al oriente, hacia el sur.

40 ᶠAsimismo hizo Hiram fuentes, y tenazas, y cuencos. Así terminó Hiram toda la obra que hizo al rey Salomón para la casa de Jehová:

41 Las dos columnas, y los dos tazones de los capiteles que estaban en lo alto de las dos columnas; y dos ᵍredes que cubrían los dos tazones de los capiteles que estaban en lo alto de las columnas;

42 y ʰcuatrocientas granadas para las dos redes, dos hileras de granadas en cada red para cubrir los dos tazones de los capiteles que estaban sobre lo alto de las columnas;

43 y las diez bases, y las diez fuentes sobre las bases;

44 y un mar, y doce bueyes debajo del mar;

45 ⁱy calderos, paletas, cuencos, y todos los vasos que Hiram hizo al rey Salomón para la casa de Jehová eran de bronce bruñido.

46 ªTodo lo hizo fundir el rey en la llanura del Jordán, en tierra arcillosa, entre ᶜSucot y ᵈZaretán.

47 ᵉY Salomón no inquirió el peso del bronce de todos los utensilios, por la grande cantidad de ellos.

48 E hizo Salomón todos los utensilios que *pertenecían* a la casa de Jehová; un ᶠaltar de oro, y una ᵍmesa de oro sobre la cual *estaban* los ʰpanes de la proposición;

49 y los candeleros de oro purísimo, cinco al lado derecho, y otros cinco al lado izquierdo, delante del oráculo; con las flores, las lámparas y las tenazas de oro.

50 Asimismo los cántaros, despabiladeras, tazones, cucharillas e incensarios, de oro purísimo; también de oro los quiciales de las puertas de la casa de adentro, del lugar santísimo, y los de las puertas del templo.

51 Así fue terminada toda la obra que dispuso hacer el rey Salomón para la casa de Jehová. Y metió Salomón ᵒlo que David su padre había dedicado, plata, oro y vasos, y lo puso todo en las tesorerías de la casa de Jehová.

CAPÍTULO 8

Entonces ˢSalomón reunió a los ancianos de Israel, y a todas las cabezas de las tribus, y a los príncipes de las familias de los hijos de Israel ante el rey Salomón en Jerusalén, ᵘpara traer el ᵛarca del pacto de Jehová de la ciudad de David, que *es* Sión.

2 Y se congregaron ante el rey Salomón todos los varones de Israel en el mes de Etanim, que es el mes séptimo, en el día de la ʸfiesta solemne.

3 Y vinieron todos los ancianos de Israel, ᶻy los sacerdotes tomaron el arca.

4 Y llevaron el arca de Jehová, ªy el tabernáculo del testimonio, y todos los vasos sagrados que *estaban* en el tabernáculo; los cuales llevaban los sacerdotes y los levitas.

5 Y el rey Salomón, y toda la congregación de Israel que se había reunido con él, *estaban* con él delante del arca, ᵉsacrificando ovejas y bueyes, que por la multitud no se podían contar ni numerar.

a 2 Cr 4:17
b cp 6:19
c Gn 33:17
Jos 13:27
d Jos 3:16
e 1 Cr 22:3

f Éx 37:25
2 Cr 4:8
g Éx 37:10-11
h Lv 24:5-8
i Éx 25:13
y 37:4-5
j Éx 25:21
k Dt 10:5
l Éx 24:7-8
y 40:20
Heb 9:4
m Éx 34:27

n Éx 40:34
2 Cr 5:11-14
o 2 Sm 8:11
p 2 Cr 7:1-2
q 2 Cr 6:1

r 2 Sm 7:13
s 2 Cr 5:2-14

t 2 Sm 6:18
u 2 Sm 6:12
v 2 Sm 5:7
6:12-16
x Lc 1:68

y Lv 23:34

z Nm 4:15
y 7:9
a 2 Cr 1:3
b cp 8:29
c 2 Sm 7:8
d 2 Sm 7:2-3

e 2 Sm 6:13

La gloria de Jehová llena la casa

6 Y los sacerdotes metieron el arca del pacto de Jehová en ᵇsu lugar, en el oráculo de la casa, en el lugar santísimo, debajo de las alas de los querubines.

7 Porque los querubines tenían extendidas las alas sobre el lugar del arca, y así cubrían los querubines el arca y sus varas por encima.

8 E ʰhicieron salir las varas; de modo que las cabezas de las varas se dejaban ver desde el lugar santo delante del oráculo, mas no se veían desde afuera; y así se quedaron hasta hoy.

9 ʲNinguna cosa *había* en el arca, ᵏsalvo las dos tablas de piedra que allí había ˡpuesto Moisés en Horeb, donde Jehová hizo *pacto* con los hijos de Israel, ᵐcuando salieron de la tierra de Egipto.

10 Y aconteció que cuando los sacerdotes salieron del santuario, la nube ⁿllenó la casa de Jehová.

11 Y los sacerdotes no pudieron quedarse a ministrar por causa de la nube; porque la ᵖgloria de Jehová había llenado la casa de Jehová.

12 ᵠEntonces dijo Salomón: Jehová ha dicho que Él habitaría en la densa oscuridad.

13 ʳYo he edificado casa por morada para ti, morada en que tú habites para siempre.

14 Y volviendo el rey su rostro, ᵗbendijo a toda la congregación de Israel; y toda la congregación de Israel estaba en pie.

15 Y dijo: ˣBendito *sea* Jehová, el Dios de Israel, que con su boca habló a David, mi padre, y con su mano *lo* ha cumplido, diciendo:

16 Desde el día que saqué mi pueblo Israel de Egipto, no he escogido ciudad de todas las tribus de Israel para edificar casa en la cual estuviese ᵇmi nombre, aunque escogí a ᶜDavid para que presidiese en mi pueblo Israel.

17 ᵈY David mi padre tuvo en su corazón edificar casa al nombre de Jehová, el Dios de Israel.

18 Mas Jehová dijo a David mi padre: En cuanto al haber tenido en tu corazón edificar casa a mi nombre, bien has hecho en tener esto en tu corazón.

La dedicación del templo

19 Pero ªtú no edificarás la casa, sino tu hijo que saldrá de tus lomos, él edificará casa a mi nombre.

20 Y Jehová ha cumplido su palabra que había dicho; porque yo me he levantado en lugar de David mi padre, y me he sentado en el trono de Israel, ᵇcomo Jehová había dicho, y he edificado la casa al nombre de Jehová, el Dios de Israel.

21 Y he puesto en ella un lugar para el arca, en la cual está ᵈel pacto de Jehová, que Él hizo con nuestros padres cuando los sacó de la tierra de Egipto.

22 Se puso luego Salomón delante del altar de Jehová, en presencia de toda la congregación de Israel, y ᵍextendiendo sus manos al cielo,

23 dijo: Jehová, Dios de Israel, ʰno *hay* Dios como tú, ni arriba en el cielo ni abajo en la tierra, ⁱque guardas el pacto y la misericordia a tus siervos, los que ʲandan delante de ti de todo su corazón;

24 que has cumplido a tu siervo David mi padre lo que le dijiste; lo dijiste con tu boca, y con tu mano lo has cumplido, como *sucede* este día.

25 Ahora pues, Jehová, Dios de Israel, cumple a tu siervo David mi padre lo que le prometiste, diciendo: ⁿNo faltará varón de ti delante de mí, que se siente en el trono de Israel, con tal que tus hijos guarden su camino, que anden delante de mí como tú delante de mí has andado.

26 ᵖAhora pues, oh Dios de Israel, cúmplase tu palabra que dijiste a tu siervo David mi padre.

27 ᵠPero ¿es verdad que Dios ha de morar sobre la tierra? He aquí que el cielo, y el cielo de los ʳcielos, no te pueden contener; ¿cuánto menos esta casa que yo he edificado?

28 Con todo, tú atiende a la oración de tu siervo, y a su súplica, oh Jehová Dios mío, oye el clamor y la oración que tu siervo hace hoy delante de ti:

29 ˢQue estén tus ojos abiertos de noche y de día sobre esta casa, sobre este lugar del cual has dicho: Mi nombre estará allí; y que oigas la oración que tu siervo haga hacia este lugar.

30 Escucha, pues, la oración de tu siervo y de tu pueblo Israel; cuando oren hacia este lugar, escucha tú desde el cielo, lugar de tu habitación; escucha tú y perdona.

31 Si alguno pecare contra su prójimo, ªy le tomaren juramento haciéndole jurar, y viniere el juramento delante de tu altar en esta casa;

32 escucha tú desde el cielo y actúa; y juzga a tus siervos, ᶜcondenando al impío, tornando su proceder sobre su cabeza, y justificando al justo para darle conforme a su justicia.

33 ᵉSi tu pueblo Israel fuere derrotado delante de sus enemigos, por haber pecado contra ti, ᶠy a ti se volvieren, y confesaren tu nombre, y oraren y suplicaren en esta casa;

34 escucha tú en el cielo, y perdona el pecado de tu pueblo Israel, y hazles volver a la tierra que diste a sus ʲpadres.

35 ᵏCuando el cielo se cerrare, y no lloviere, por haber ellos pecado contra ti, si oraren hacia este lugar, y confesaren tu nombre, y se volvieren del pecado, cuando los hubieres afligido;

36 escucha tú en el cielo, y perdona el pecado de tus siervos y de tu pueblo Israel, enseñándoles ᵐel buen camino en que deben andar; y da lluvias sobre tu tierra, la cual diste a tu pueblo por heredad.

37 ᵒSi en la tierra hubiere hambre, pestilencia, tizoncillo, añublo, langosta, o pulgón; si sus enemigos los tuvieren sitiados en la tierra de sus ciudades; cualquier plaga o enfermedad *que sea*;

38 toda oración y toda súplica que *hiciere* cualquier hombre, o todo tu pueblo Israel, cuando cualquiera sintiere la plaga de su corazón, y extendiere sus manos hacia esta casa;

39 escucha tú en el cielo, en la habitación de tu morada, y perdona, y actúa, y da a cada uno conforme a sus caminos, cuyo corazón tú conoces; (porque sólo tú ᵗconoces el corazón de todos los hijos de los hombres);

40 ᵘpara que te teman todos los días que vivieren sobre la faz de la tierra que tú diste a nuestros padres.

41 Asimismo el extranjero, que no *es* de tu pueblo Israel, que viniere de lejanas tierras a causa de tu nombre

---

a Éx 22:8-11

b 1 Cr 28:5-6
c Dt 25:1

d Dt 31:26

e Lv 26:17
Dt 28:25
f Lv 26:39-40
g Esd 9:5
h Éx 15:11
i Ne 1:5
j Lv 26:40-42
k Lv 26:19
Dt 28:23
l Gn 17:11

m Sal 25:4
27:11 y 94:12
n cp 2:4 9:5

o Lv 26:16-26
Dt 28:21-52

p 2 Sm 7:25

q 2 Cr 2:6
Is 66:1
r 2 Co 12:2

s ver 52
t 1 Sm 16:7
1 Cr 28:9
Jer 17:10
u Sal 130:4

1 REYES 8

Oración por el extranjero

42 (porque oirán de tu grande nombre, y de tu ªmano fuerte, y de tu brazo extendido), y viniere a orar a esta casa;

43 escucha tú en el cielo, en el lugar de tu morada, y haz conforme a todo aquello por lo cual el extranjero clamare a ti; ᵈpara que todos los pueblos de la tierra conozcan tu nombre, y te ᵉteman, como *lo hace* tu pueblo Israel, y entiendan que tu nombre es invocado sobre esta casa que yo edifiqué.

44 Si tu pueblo saliere en batalla contra sus enemigos por el camino que tú los enviares, y oraren a Jehová hacia la ciudad que tú elegiste, y *hacia* la casa que yo edifiqué a tu nombre,

45 escucha tú en el cielo su oración y su súplica, y ampara su causa.

46 Si hubieren pecado contra ti (ᵍporque no *hay* hombre que no peque), y tú estuvieres airado contra ellos, y los entregares delante del enemigo, y estos los llevaren cautivos a la tierra del enemigo, sea lejos o cerca,

47 ʲy ellos volvieren en sí en la tierra donde fueren cautivos; si se convirtieren, y oraren a ti en la tierra de los que los llevaron cautivos, y ᵏdijeren: Pecamos, hemos hecho lo malo, hemos cometido impiedad;

48 y si se ˡconvirtieren a ti de todo su corazón y de toda su alma, en la tierra de sus enemigos que los hubieren llevado cautivos, y oraren a ti hacia su tierra, que tú diste a sus padres, hacia la ciudad que tú elegiste y la casa que yo he edificado a tu nombre;

49 escucha tú en el cielo, en el lugar de tu morada, su oración y su súplica, y ampara su causa.

50 Y perdona a tu pueblo que ha pecado contra ti, y todas sus transgresiones que han cometido contra ti; y haz que tengan de ellos misericordia los que los hubieren llevado cautivos;

51 porque ᑫellos *son* tu pueblo y tu heredad, que tú sacaste de Egipto, ʳde en medio del horno de hierro.

52 ˢEstén abiertos tus ojos a la oración de tu siervo, y a la súplica de tu pueblo Israel, para oírlos en todo aquello por lo que te invocaren;

53 porque tú los apartaste de entre todos los pueblos de la tierra para *que fuesen* tu heredad, ᵇcomo lo dijiste por mano de Moisés tu siervo, cuando sacaste a nuestros padres de Egipto, oh Señor Jehová.

54 ᶜY fue que cuando Salomón acabó de hacer toda esta oración y súplica a Jehová, se levantó de estar de rodillas delante del altar de Jehová con sus manos extendidas al cielo;

55 y puesto en pie, ᶠbendijo a toda la congregación de Israel, diciendo en voz alta:

56 Bendito *sea* Jehová, que ha dado reposo a su pueblo Israel, conforme a todo lo que Él había dicho; ninguna palabra de todas sus promesas que expresó por Moisés su siervo, ha faltado.

57 Jehová nuestro Dios, sea con nosotros como lo fue con nuestros padres; ʰy no nos desampare ni nos deje;

58 y que ⁱincline nuestro corazón hacia Él, para que andemos en todos sus caminos, y guardemos sus mandamientos y sus estatutos y sus derechos, los cuales mandó a nuestros padres.

59 Y que estas mis palabras con que he orado delante de Jehová estén cerca de Jehová nuestro Dios de día y de noche, para que Él proteja la causa de su siervo, y de su pueblo Israel, cada cosa en su tiempo;

60 ᵐpara que todos los pueblos de la tierra sepan que ⁿJehová *es* Dios, y que no *hay* otro.

61 Sea, pues, perfecto vuestro ᵒcorazón para con Jehová nuestro Dios, andando en sus estatutos, y guardando sus mandamientos, como el día de hoy.

62 Entonces ᵖel rey, y todo Israel con él, ofrecieron sacrificios delante de Jehová.

63 Y ofreció Salomón sacrificios de paz, los cuales ofreció a Jehová; veintidós mil bueyes, y ciento veinte mil ovejas. Así dedicaron el rey y todos los hijos de Israel la casa de Jehová.

64 Aquel mismo día santificó el rey el medio del atrio que *estaba* delante de la casa de Jehová: porque ofreció allí los holocaustos, y los presentes,

Jehova vuelve a aparecer a Salomón

y las grosuras de las ofrendas de paz; por cuanto el ᵇaltar de bronce que *estaba* delante de Jehová *era* demasiado pequeño, y no cabían en él los holocaustos, las ofrendas y las grosuras de los sacrificios de paz.

65 En aquel tiempo Salomón hizo ᵉfiesta, y con él todo Israel, una grande congregación, desde donde entran en Hamat hasta el ᶠrío de Egipto, delante de Jehová nuestro Dios, por ᵍsiete días y otros siete días, esto es, por catorce días.

66 ʰY el octavo día despidió al pueblo; y ellos bendiciendo al rey, se fueron a sus tiendas alegres y gozosos de corazón por todos los beneficios que Jehová había hecho a David su siervo, y a su pueblo Israel.

CAPÍTULO 9

Y ˡsucedió que cuando Salomón hubo acabado de edificar la casa de Jehová, ᵐy la casa real, y ⁿtodo lo que Salomón quiso hacer,

2 Jehová apareció a Salomón la segunda vez, ᵒcomo le había aparecido en Gabaón.

3 Y le dijo Jehová: ᵠYo he oído tu oración y tu súplica, que has hecho en mi presencia. Yo he santificado esta casa que tú has edificado, ʳpara poner mi nombre en ella para siempre; ᵗy en ella estarán mis ojos y mi corazón todos los días.

4 Y si tú ᵘanduvieres delante de mí, ᵛcomo anduvo David tu padre, en integridad de corazón y en equidad, haciendo todas las cosas que yo te he mandado, y ˣguardando mis estatutos y mis decretos,

5 yo afirmaré el trono de tu reino sobre Israel para siempre, ʸcomo hablé a David tu padre, diciendo: No faltará de ti varón en el trono de Israel.

6 ᵃMas si obstinadamente os apartareis de mí vosotros y vuestros hijos, y no guardareis mis mandamientos y mis estatutos que yo he puesto delante de vosotros, sino que fuereis y sirviereis a dioses ajenos, y los adorareis;

7 ᵉyo cortaré a Israel de sobre la faz de la tierra que les he entregado; y esta casa que he santificado a mi nombre, yo la echaré de delante de mí, ᵃe Israel será por proverbio y refrán a todos los pueblos;

8 ᶜy esta casa, que está en estima, cualquiera que pasare por ella se asombrará y silbará; y dirá: ᵈ¿Por qué ha hecho así Jehová a esta tierra, y a esta casa?

9 Y dirán: Por cuanto dejaron a Jehová su Dios, que había sacado a sus padres de tierra de Egipto, y echaron mano a dioses ajenos, y los adoraron, y los sirvieron; por eso ha traído Jehová sobre ellos todo este ⁱmal.

10 ʲY aconteció al cabo de veinte años, cuando Salomón había edificado las dos casas, la casa de Jehová y la casa real

11 ᵏ(Para las cuales Hiram, rey de Tiro, había traído a Salomón madera de cedro y de abeto, y cuanto oro él quiso), que el rey Salomón dio a Hiram veinte ciudades en tierra de Galilea.

12 Y salió Hiram de Tiro para ver las ciudades que Salomón le había dado, y no le agradaron.

13 Y dijo: ¿Qué ciudades *son* estas que me has dado, hermano? ᵖY les puso por nombre, la tierra de Cabul, hasta hoy.

14 Y había Hiram enviado al rey ciento veinte talentos de oro.

15 Y ésta *es* la razón de ˢla leva que el rey Salomón impuso para edificar la casa de Jehová, y su casa, y Milo, y el muro de Jerusalén, y Hazor, y Meguido y Gezer.

16 Faraón, el rey de Egipto, había subido y tomado a Gezer, y la quemó, y dio muerte a los cananeos que habitaban la ciudad, y la dio *en* don a su hija, la esposa de Salomón.

17 Restauró, pues, Salomón a Gezer, y a la baja Bet-horón,

18 y a ᶻBaalat, y a Tadmor en tierra del desierto.

19 Asimismo todas las ciudades donde Salomón tenía municiones, y las ciudades de ᵇlos carros, y las ciudades de ᶜla gente de a caballo, y todo lo que Salomón ᵈdeseó edificar en Jerusalén, en el Líbano, y en toda la tierra de su señorío.

20 ᶠA todos los pueblos que *quedaron* de los amorreos, heteos, ferezeos, heveos, jebuseos, que no fueron de los hijos de Israel;

21 a sus hijos que ªquedaron en la tierra después de ellos, ᵇque los hijos de Israel no pudieron exterminar, hizo Salomón que sirviesen con tributo hasta hoy.

22 Mas a ninguno de los hijos de Israel ᶜimpuso Salomón servicio, sino que *eran* hombres de guerra, o sus criados, o sus príncipes, o sus capitanes, o comandantes de sus carros o su gente de a caballo.

23 Estos *eran* los jefes de los oficiales que *estaban* al frente de la obra de Salomón, ᵈquinientos cincuenta, los cuales supervisaban al pueblo que trabajaba en aquella obra.

24 Y subió ᶠla hija de Faraón de la ciudad de David a su casa que Salomón le había edificado; ʰentonces edificó él a Milo.

25 ⁱY ofrecía Salomón tres veces cada año holocaustos y sacrificios de paz sobre el altar que él edificó a Jehová, y quemaba incienso sobre el altar que *estaba* delante de Jehová. Así terminó la casa.

26 Hizo también el ᵐrey Salomón navíos en ⁿEzión-geber, que *está* junto a Elot, en la ribera del Mar Rojo, en la tierra de Edom.

27 ᵒY envió Hiram en ellos a sus siervos, marineros y diestros en el mar, con los siervos de Salomón;

28 los cuales fueron a ᵠOfir, y tomaron de allí oro, cuatrocientos veinte talentos y lo trajeron al rey Salomón.

CAPÍTULO 10

Y cuando la ˢreina de Seba oyó la fama de Salomón, debido al nombre de Jehová, vino a ᵗprobarle con preguntas difíciles.

2 Y vino a Jerusalén con un séquito muy grande, con camellos cargados de especias, y oro en gran abundancia, y piedras preciosas; y cuando vino a Salomón, ella le comunicó todo lo que había en su corazón.

3 Y Salomón respondió a todas sus preguntas; ninguna cosa se le escondió al rey, que no le pudiese responder.

4 Y cuando la reina de Seba vio toda la sabiduría de Salomón, y la casa que había edificado,

La reina de Seba

5 asimismo la comida de su mesa, el asiento de sus siervos, el estado y la vestimenta de los que le servían, sus maestresalas, y sus holocaustos que sacrificaba en la casa de Jehová, se quedó sin aliento.

6 Y dijo al rey: Verdad es lo que oí en mi tierra de tus hechos y de tu sabiduría;

7 mas yo no creía lo que me decían, hasta que he venido y mis ojos lo han visto, y he aquí, que ni la mitad me había sido dicha; tu sabiduría y prosperidad exceden la fama que yo había oído.

8 ᵉBienaventurados tus varones, dichosos estos tus siervos, que están continuamente delante de ti, y oyen tu sabiduría.

9 ᵍJehová tu Dios sea bendito, que se ⁱagradó de ti para ponerte en el trono de Israel; porque Jehová ha amado siempre a Israel, y te ha puesto por rey, para que hagas ᵏderecho y justicia.

10 Y ᴵdio ella al rey ciento veinte talentos de oro, y gran cantidad de especiería, y piedras preciosas; nunca vino tan gran cantidad de especias, como la reina de Seba dio al rey Salomón.

11 ᵖLa flota de Hiram que había traído el oro de Ofir, traía también de Ofir mucha madera de sándalo, y piedras preciosas.

12 ʳY de la madera de sándalo hizo el rey balaustres para la casa de Jehová, y para las casas reales, arpas también y salterios para los cantores; nunca vino semejante madera de sándalo, ni se ha visto hasta hoy.

13 Y el rey Salomón dio a la reina de Seba todo lo que ella quiso, y todo lo que pidió, además de lo que Salomón le dio como de mano del rey. Y ella se volvió, y se fue a su tierra con sus criados.

14 El peso del oro que Salomón recibía en un año, era seiscientos sesenta y seis talentos de oro;

15 además de lo de los ᵘmercaderes, y lo de la contratación de especias, y lo ᵛde todos los reyes de Arabia y de los principales de la tierra.

16 Hizo también el rey Salomón doscientos escudos de oro extendido; seiscientos *siclos* de oro gastó en cada escudo.

---

a Jue 1:21-36
y 3:1
b Jos 15:63
17:12-13

c Lv 25:39

d 2 Cr 8:10
e Pr 8:34

f cp 3:1

g cp 5:7
h 2 Sm 5:9
i 2 Sm 22:20
j Éx 23:14-17

k Sal 72:2
l Sal 72:10

m 2 Cr 8:17
n Nm 33:35

o cp 5:6,9
p 2 Cr 9:11

q Job 22:24
r 2 Cr 9:11

s Mt 12:42

t Jue 14:12

u 2 Cr 1:16

v Sal 72:10

Las mujeres desvían a Salomón

17 Asimismo trescientos escudos de oro extendido, en cada uno de los cuales gastó tres libras de oro; y el rey los puso en la casa del bosque del Líbano.

18 ªHizo también el rey un gran trono de marfil, el cual cubrió de oro purísimo.

19 Seis gradas tenía el trono, y la parte superior del torno era redonda por el respaldo; y *tenía* brazos en ambos lados del asiento, y al lado de los brazos estaban dos leones.

20 Y doce leones estaban allí, a uno y otro lado, sobre las seis gradas; en ningún otro reino se había hecho *trono* semejante.

21 ᵉY todos los vasos de beber del rey Salomón eran de oro, y asimismo toda la vajilla de la casa del bosque del Líbano *era* de oro puro; ninguno *era* de plata; en tiempo de Salomón *la plata* no era de estima.

22 Porque el rey tenía en el mar la flota de Tarsis, con la flota de Hiram. Una vez en cada tres años venía la flota de Tarsis, y traía oro, plata, marfil, simios y pavos reales.

23 ⁱAsí excedía el rey Salomón a todos los reyes de la tierra en riquezas y en sabiduría.

24 Toda la tierra procuraba ver el rostro de Salomón, para oír su sabiduría, la cual Dios había puesto en su corazón.

25 Y todos le llevaban cada año sus presentes; vasos de oro, vasos de plata, vestiduras, armas, aromas, caballos y mulos.

26 ˡY reunió Salomón carros y gente de a caballo; y tenía mil cuatrocientos carros, y doce mil jinetes, los cuales puso en las ciudades de los carros, y con el rey en Jerusalén.

27 ᵐE hizo el rey que en Jerusalén la plata *llegara a ser* como las piedras, y los cedros como los sicómoros que se dan en abundancia en los valles.

28 ᵒY traían de Egipto caballos y lienzos a Salomón; porque la compañía de los mercaderes del rey compraba caballos y lienzos.

29 Y venía y salía de Egipto, el carro por seiscientos *siclos* de plata, y el caballo por ciento cincuenta; y así los sacaban por mano de ellos, todos los reyes de los heteos, y de Siria.

CAPÍTULO 11

Pero el ᵇrey Salomón amó, además de la hija de Faraón, a ᶜmuchas mujeres extranjeras; a las moabitas, amonitas, edomitas, sidonias y heteas,

2 de naciones de las cuales Jehová había dicho a los hijos de Israel: ᵈNo entraréis a ellas, ni ellas entrarán a vosotros; porque ciertamente harán inclinar vuestros corazones tras sus dioses. A éstas se juntó Salomón con amor.

3 Y tuvo setecientas esposas princesas, y trescientas concubinas; y sus esposas torcieron su corazón.

4 Y aconteció que cuando Salomón era viejo, ᶠsus esposas inclinaron su corazón tras dioses ajenos; y su ᵍcorazón no *era* perfecto para con Jehová su Dios, ʰcomo *lo fue* el corazón de su padre David.

5 Porque Salomón siguió a Astarot, diosa de los sidonios, y a Milcom, ídolo abominable de los amonitas.

6 Y Salomón hizo lo malo en los ojos de Jehová, y no siguió fielmente a Jehová como David su padre.

7 ʲEntonces edificó Salomón un lugar alto a ᵏQuemos, ídolo abominable de Moab, en el monte que *está* enfrente de Jerusalén; y a Moloc, ídolo abominable de los hijos de Amón.

8 Y así hizo para todas sus esposas extranjeras, las cuales quemaban incienso y ofrecían sacrificios a sus dioses.

9 Y se enojó Jehová contra Salomón, porque su corazón se había desviado de Jehová, el Dios de Israel, que le había aparecido dos veces,

10 y le ⁿhabía mandado acerca de esto, que no siguiese a dioses ajenos; mas él no guardó lo que le mandó Jehová.

11 Y dijo Jehová a Salomón: Por cuanto ha habido esto en ti, y no has guardado mi pacto y mis estatutos que yo te mandé, ᵖromperé el reino de ti, y lo entregaré a tu siervo.

12 Sin embargo no lo haré en tus días, por amor a David tu padre; lo romperé de la mano de tu hijo.

a 2 Cr 9:17
b Neh 13:26
c Dt 17:17

d Dt 7:3-4

e 2 Cr 9:20

f Dt 17:17

g cp 8:61
h cp 9:4

i cp 3:12-13
y 4:30

j Nm 33:52
k Jue 11:24

l cp 4:26

m 2 Cr 9:27
n cp 6:12
y 9:6

o Dt 17:16
2 Cr 9:28

p cp 12:15-16

1 REYES 11

La profecía de Ahías

13 ^aSin embargo no romperé todo el reino, *sino que* daré ^cuna tribu a tu hijo, por amor a David mi siervo, y por amor a Jerusalén la cual yo he elegido.

14 Y Jehová ^dlevantó un adversario a Salomón, a Hadad edomita, el cual era de la simiente real en Edom.

15 ^fY sucedió que cuando David estaba en Edom, y Joab, el general del ejército, subió a enterrar a los muertos y mató a todos los varones de Edom

16 (Porque seis meses habitó allí Joab con todo Israel, hasta que hubo acabado con todo varón en Edom),

17 Hadad huyó, y con él algunos varones edomitas de los siervos de su padre, y se fue a Egipto, *siendo* Hadad aún un muchacho.

18 Y se levantaron de Madián, y vinieron a Parán; y tomando consigo hombres de Parán, se vinieron a Egipto, a Faraón, rey de Egipto, el cual le dio casa, y le asignó alimentos, y aun le dio tierra.

19 Y halló Hadad grande favor delante de Faraón, el cual le dio por esposa a la hermana de su esposa, a la hermana de la reina Tahpenes.

20 Y la hermana de Tahpenes le dio a luz a su hijo Genubat, al cual destetó Tahpenes dentro de la casa de Faraón; y estaba Genubat en casa de Faraón entre los hijos de Faraón.

21 ^jY oyendo Hadad en Egipto que David había dormido con sus padres, y que había muerto Joab, general del ejército, Hadad dijo a Faraón: Déjame ir a mi tierra.

22 Y le respondió Faraón: ¿Por qué? ¿Qué te falta conmigo, que procuras irte a tu tierra? Y él respondió: Nada; con todo, te ruego que me dejes ir.

23 Y Dios le levantó *otro* adversario, Rezón, hijo de Eliada, el cual había huido de su amo ^kHadad-ezer, rey de Soba.

24 Y había juntado gente contra él, y se había hecho capitán de una compañía, cuando David deshizo a los *de* Soba. Después se fueron a Damasco, y habitaron allí y le hicieron rey en Damasco.

25 Y fue adversario a Israel todos los días de Salomón; además del mal que hizo Hadad, porque aborreció a Israel, y reinó sobre Siria.

a	2 Sm 7:15
	1 Cr 17:13
	Sal 89:33
b	cp 12:2
c	cp 12:20
d	1 Cr 5:26
e	cp 9:15,24
f	2 Sm 8:14
	1 Cr 18:12-13
g	Pr 22:29
h	cp 11:11-13
i	1 Sm 7:3
	cp 11:5-8
j	cp 2:10,34
k	2 Sm 10:16
l	cp 12:15-17
m	2 Sm 21:17

26 Asimismo ^bJeroboam, hijo de Nabat, efrateo de Zeredat, siervo de Salomón, cuya madre se llamaba Zerúa, mujer viuda, alzó *su* mano contra el rey.

27 Y la causa por la cual éste alzó *su* mano contra el rey, fue ésta: ^eSalomón edificando a Milo, cerró el portillo de la ciudad de David su padre.

28 Y el varón Jeroboam *era* valiente y esforzado; y viendo Salomón al joven que era hombre ^gactivo, le encomendó todo el cargo de la casa de José.

29 Aconteció, pues, en aquel tiempo, que saliendo Jeroboam de Jerusalén, le encontró en el camino el profeta Ahías silonita; y éste estaba cubierto con una capa nueva; y *estaban* ellos dos solos en el campo.

30 Y trabando Ahías de la capa nueva que *tenía* sobre sí, *la* rompió en doce pedazos,

31 y dijo a Jeroboam: Toma para ti diez pedazos; porque ^hasí dice Jehová, el Dios de Israel: He aquí que yo romperé el reino de la mano de Salomón, y a ti te daré diez tribus

32 (pero él tendrá una tribu, por amor a David, mi siervo, y por amor a Jerusalén, la ciudad que yo he elegido de entre todas las tribus de Israel);

33 ⁱpor cuanto me han dejado, y han adorado a Astarot, diosa de los sidonios, y a Quemos, dios de Moab, y a Moloc, dios de los hijos de Amón; y no han andado en mis caminos, para hacer lo recto delante de mis ojos y *guardar* mis estatutos y mis derechos, como hizo David su padre.

34 Pero no quitaré todo el reino de sus manos, sino que lo retendré por príncipe todos los días de su vida, por amor a David mi siervo, al cual yo elegí, y él guardó mis mandamientos y mis estatutos:

35 Pero ^lquitaré el reino de la mano de su hijo, y te lo daré a ti, *esto es*, las diez tribus.

36 Y a su hijo daré una tribu, para que mi siervo ^mDavid tenga una lámpara todos los días delante de mí en Jerusalén, la ciudad que yo he elegido para poner en ella mi nombre.

37 Yo, pues, te tomaré a ti, y tú reinarás en todas las cosas que

Muerte de Salomón

deseare tu alma, y serás rey sobre Israel.
38 Y será que, si prestares oído a todas las cosas que te mandare, y anduvieres en mis caminos, e hicieres lo recto delante de mis ojos, guardando mis estatutos y mis mandamientos, como hizo David mi siervo, yo ªseré contigo, y te ᵇedificaré una casa firme, como la edifiqué a David, y yo te entregaré a Israel.
39 Y yo afligiré a la simiente de David a causa de esto, mas no para siempre.
40 Procuró por tanto Salomón matar a Jeroboam, pero levantándose Jeroboam, huyó a Egipto, a Sisac, rey de Egipto, y estuvo en Egipto hasta la muerte de Salomón.
41 Los demás ᶜhechos de Salomón, y todo lo que hizo, y su sabiduría, ¿no *están* escritos en el libro de los hechos de Salomón?
42 ᵈY los días que Salomón reinó en Jerusalén sobre todo Israel, *fueron* cuarenta años.
43 ᵉY durmió Salomón con sus padres, y fue sepultado en la ciudad de su padre David: y Roboam su hijo reinó en su lugar.

a Dt 31:8
Jos 1:15
b 2 Sm 7:11

c 2 Cr 9:29

d 2 Cr 9:30

e cp 2:10
2 Cr 9:31

CAPÍTULO 12

Y ᶠRoboam fue a Siquem; porque todo Israel había venido a Siquem para hacerlo rey.
2 Y aconteció que cuando lo oyó Jeroboam, hijo de Nabat, que estaba en Egipto, porque había huido de delante del rey Salomón, y Jeroboam habitaba en Egipto;
3 enviaron y lo llamaron. Vino, pues, Jeroboam y toda la congregación de Israel, y hablaron a Roboam, diciendo:
4 Tu padre agravó nuestro yugo, mas ahora tú disminuye algo de la dura servidumbre de tu padre, y del yugo pesado que puso sobre nosotros, y te serviremos.
5 Y él les dijo: Idos, y de aquí a tres días volved a mí. Y el pueblo se fue.
6 Entonces el rey Roboam consultó con los ancianos que habían estado delante de Salomón su padre cuando vivía, y dijo: ¿Cómo aconsejáis vosotros que responda a este pueblo?

f 2 Cr 10:1

g 2 Sm 20:1

h cp 11:13

7 Y ellos le hablaron, diciendo: ᶜSi tú fueres hoy siervo de este pueblo, y lo sirvieres, y si les respondieres, y les hablares buenas palabras, ellos te servirán para siempre.
8 Pero él dejó el consejo que los ancianos le habían dado, y pidió consejo de los jóvenes que se habían criado con él, y estaban delante de él.
9 Y les dijo: ¿Cómo aconsejáis vosotros que respondamos a este pueblo, que me ha hablado, diciendo: Disminuye algo del yugo que tu padre puso sobre nosotros?
10 Entonces los jóvenes que se habían criado con él, le respondieron, diciendo: Así hablarás a este pueblo que te ha dicho estas palabras: Tu padre agravó nuestro yugo; mas tú disminúyenos algo; así les hablarás: Mi dedo meñique es más grueso que los lomos de mi padre.
11 Ahora, pues, mi padre os cargó de pesado yugo, mas yo añadiré a vuestro yugo; mi padre os castigó con azotes, mas yo os castigaré con escorpiones.
12 Y al tercer día vino Jeroboam con todo el pueblo a Roboam; según el rey lo había mandado, diciendo: Volved a mí al tercer día.
13 Y el rey respondió al pueblo duramente, dejando el consejo que los ancianos le habían dado;
14 y les habló conforme al consejo de los jóvenes, diciendo: Mi padre agravó vuestro yugo, pero yo añadiré a vuestro yugo; mi padre os castigó con azotes, mas yo os castigaré con escorpiones.
15 Y no oyó el rey al pueblo; porque esto venía de parte de Jehová, para confirmar la palabra que Jehová había hablado por medio de Ahías silonita a Jeroboam, hijo de Nabat.
16 Y cuando todo el pueblo vio que el rey no les había oído, le respondió estas palabras, diciendo: ᵍ¿Qué parte tenemos nosotros con David? No *tenemos* heredad en el hijo de Isaí. ¡Israel, a tus tiendas! ¡Provee ahora en tu casa, David! Entonces Israel se fue a sus tiendas.
17 Mas reinó Roboam sobre ʰlos hijos de Israel que moraban en las ciudades de Judá.

18 Y el rey Roboam envió a Adoram, que *estaba* sobre los tributos; pero le apedreó todo Israel, y murió. Entonces el rey Roboam se apresuró para subir en su carro y huir a Jerusalén.

19 Así se apartó ᵇIsrael de la casa de David hasta hoy.

20 Y aconteció, que oyendo todo Israel que Jeroboam había vuelto, enviaron a llamarlo a la congregación, y lo hicieron rey sobre todo ᶜIsrael, sin quedar tribu alguna que siguiese la casa de David, sino sólo la tribu de Judá.

21 Y cuando ᵉRoboam vino a Jerusalén, juntó a toda la casa de Judá y a la tribu de ᶠBenjamín, ciento ochenta mil hombres guerreros escogidos, para hacer guerra a la casa de Israel, y devolver el reino a Roboam, hijo de Salomón.

22 Pero vino ᵍpalabra de Jehová a Semaías, varón de Dios, diciendo:

23 Habla a Roboam, hijo de Salomón, rey de Judá, y a toda la casa de Judá y de Benjamín, y a los demás del pueblo, diciendo:

24 Así dice Jehová: No vayáis, ni peleéis contra vuestros hermanos los hijos de Israel; volveos cada uno a su casa; ⁱporque esto lo he hecho yo. Y ellos oyeron la palabra de Dios, y se volvieron, y se fueron, conforme a la palabra de Jehová.

25 Y reedificó Jeroboam a Siquem en el monte de Efraín, y habitó en ella; y saliendo de allí, reedificó a ˡPeniel.

26 Y dijo Jeroboam en su corazón: Ahora volverá el reino a la casa de David,

27 si este pueblo ⁿsubiere a ofrecer sacrificios en la casa de Jehová en Jerusalén; porque el corazón de este pueblo se volverá a su señor Roboam, rey de Judá, y me matarán, y se volverán a Roboam, rey de Judá.

28 Y habiendo tomado consejo, ºhizo el rey dos becerros de oro, y dijo al pueblo: Bastante habéis subido a Jerusalén; ᵖhe aquí tus dioses, oh Israel, que te hicieron subir de la tierra de Egipto.

29 Y el uno lo puso en ᵠBetel, y el otro lo puso en Dan.

30 Y esto fue ocasión de pecado; porque el pueblo iba *a adorar* delante de uno, *aun* hasta Dan.

31 Hizo también la casa de los lugares altos, ᵃe hizo sacerdotes de la clase baja del pueblo, que no eran de los hijos de Leví.

32 Entonces instituyó Jeroboam fiesta solemne en el mes octavo, a los quince del mes, conforme a la fiesta solemne que se celebraba en Judá; y sacrificó sobre el altar. Así hizo en Betel, ofreciendo sacrificio a los becerros que había hecho. ᵈY estableció en Betel a los sacerdotes de los lugares altos que él había edificado.

33 Sacrificó, pues, sobre el altar que él había hecho en Betel, a los quince del mes octavo, el mes que él había inventado de su propio corazón; e hizo fiesta a los hijos de Israel, y subió al altar para quemar incienso.

CAPÍTULO 13

Y he aquí que un varón de Dios por palabra de Jehová ʰvino de Judá a Betel; y estando Jeroboam junto al altar para quemar incienso,

2 clamó contra el altar por palabra de Jehová, y dijo: Altar, altar, así dice Jehová: He aquí que a la casa de David nacerá un hijo, ʲllamado Josías, el cual sacrificará sobre ti a los sacerdotes de los lugares altos que queman sobre ti incienso; y sobre ti ᵏquemarán huesos de hombres.

3 Y aquel mismo día dio ᵐuna señal, diciendo: Ésta *es* la señal de que Jehová ha hablado; he aquí que el altar se quebrará, y la ceniza que *está* sobre él se derramará.

4 Y sucedió que cuando el rey Jeroboam oyó la palabra del varón de Dios, que había clamado contra el altar de Betel, extendiendo su mano desde el altar, dijo: ¡Prendedle! Mas la mano que había extendido contra él, se le secó, de manera que no pudo volverla hacia sí.

5 Y el altar se rompió, y se derramó la ceniza del altar, conforme a la señal que el varón de Dios había dado por palabra de Jehová.

6 Entonces respondiendo el rey, dijo al varón de Dios: ʳTe pido que

El varón de Dios comido por un león

ruegues a la faz de Jehová tu Dios, y ores por mí, que mi mano me sea restaurada. Y el varón de Dios oró a la faz de Jehová, y la mano del rey se le restauró, y volvió a ser como antes.

7 Y el rey dijo al varón de Dios: Ven conmigo a casa, y comerás, ªy yo te daré un presente.

8 Pero el varón de Dios dijo al rey: ᵇAunque me dieses la mitad de tu casa, no iría contigo, ni comería pan ni bebería agua en este lugar;

9 porque así me está ordenado por palabra de Jehová, diciendo: ᵈNo comas pan, ni bebas agua, ni vuelvas por el mismo camino que viniste.

10 Se fue, pues, por otro camino, y no volvió por el camino por donde había venido a Betel.

11 Moraba entonces en Betel ᶠun viejo profeta, al cual vinieron sus hijos, y le contaron todo lo que el varón de Dios había hecho aquel día en Betel; le contaron también a su padre las palabras que había hablado al rey.

12 Y su padre les dijo: ¿Por cuál camino se fue? Pues sus hijos habían visto por cuál camino se había ido el varón de Dios que había venido de Judá.

13 Y él dijo a sus hijos: Enalbardadme el asno. Y ellos le enalbardaron el asno, y se montó en él.

14 Y fue tras el varón de Dios, y lo halló sentado debajo de un alcornoque; y le dijo: ¿Eres tú el varón de Dios que vino de Judá? Y él dijo: Yo soy.

15 Le dijo entonces: Ven conmigo a casa, y come pan.

16 Mas él respondió: ᵍNo podré volver contigo, ni iré contigo; ni tampoco comeré pan ni beberé agua contigo en este lugar.

17 Porque ʰpor palabra de Dios me ha sido dicho: No comas pan ni bebas agua allí, ni vuelvas por el camino que viniste.

18 Y el otro le dijo: Yo también soy profeta como tú, y un ángel me ha hablado por palabra de Jehová, diciendo: Vuélvelo contigo a tu casa, para que coma pan y beba agua. *Pero* le mintió.

19 Entonces volvió con él, y comió pan en su casa, y bebió agua.

20 Y aconteció que, estando ellos a la mesa, vino palabra de Jehová al profeta que le había hecho volver.

21 Y clamó al varón de Dios que había venido de Judá, diciendo: Así dice Jehová: Por cuanto has sido rebelde al dicho de Jehová, y no guardaste el mandamiento que Jehová tu Dios te había prescrito,

22 sino que volviste, y comiste pan y bebiste agua en el ᶜlugar donde *Jehová* te había dicho que no comieses pan ni bebieses agua, no entrará tu cuerpo en el sepulcro de tus padres.

23 Y sucedió que cuando hubo comido pan y bebido *agua*, el profeta que lo había hecho volver le enalbardó un asno.

24 Y yéndose, lo topó ᵉun león en el camino, y lo mató; y su cuerpo estaba tirado en el camino, y el asno estaba junto a él, y el león también estaba junto al cuerpo.

25 Y he aquí, unos que pasaban, y vieron el cuerpo que estaba tirado en el camino, y el león que estaba junto al cuerpo; y vinieron y lo dijeron en la ciudad donde el viejo profeta habitaba.

26 Y oyéndolo el profeta que lo había hecho volver del camino, dijo: El varón de Dios es, que fue rebelde a la palabra de Jehová; por tanto Jehová lo ha entregado al león, que lo ha destrozado y matado, conforme a la palabra que Jehová le había dicho.

27 Y habló a sus hijos, y les dijo: Enalbardadme un asno. Y ellos se lo enalbardaron.

28 Y él fue, y halló su cuerpo tirado en el camino, y el asno y el león estaban junto al cuerpo; el león no había comido el cuerpo, ni dañado al asno.

29 Y tomando el profeta el cuerpo del varón de Dios, lo puso sobre el asno, y se lo llevó. Y el profeta viejo vino a la ciudad, para endecharlo y enterrarlo.

30 Y puso su cuerpo en su propio sepulcro; e hicieron luto por él, *diciendo:* ¡Ay, hermano mío!

31 Y sucedió que después de haberlo enterrado, habló a sus hijos, diciendo: Cuando yo muera, enterradme en el sepulcro en que *está* enterrado el varón de Dios; ʲponed mis huesos junto a sus huesos.

32 ªPorque sin duda vendrá lo que él dijo a voces por palabra de Jehová contra el altar que *está* en Betel, y contra todas las casas de los lugares altos que están en las ciudades de ᶜSamaria.

33 ᵈ*Aun* después de esto, Jeroboam no se volvió de su mal camino; sino que volvió a hacer sacerdotes de los lugares altos de entre la clase baja del pueblo, y a quien quería lo consagraba para que fuese de los sacerdotes de los lugares altos.

34 ʰY esto fue causa de pecado a la casa de Jeroboam; por lo cual fue ⁱcortada y raída de sobre la faz de la tierra.

CAPÍTULO 14

En aquel tiempo Abías, hijo de Jeroboam, cayó enfermo,

2 y Jeroboam dijo a su esposa: Levántate ahora, disfrázate, para que no te conozcan que eres la esposa de Jeroboam, y ve a Silo; que allá está el profeta Ahías, el que me dijo que ˡyo *había de ser* rey sobre este pueblo.

3 ᵐY toma en tu mano diez panes, y turrones, y una botija de miel, y ve a él; que te declare lo que ha de ser de este niño.

4 Y la esposa de Jeroboam lo hizo así; y se levantó, ⁿy fue a Silo, y vino a casa de Ahías. Y Ahías ya no podía ver, porque sus ojos se habían oscurecido a causa de su vejez.

5 Mas Jehová había dicho a Ahías: He aquí que la esposa de Jeroboam vendrá a consultarte por su hijo, que *está* enfermo; así y así le has de responder; pues será que cuando ella viniere, vendrá disfrazada.

6 Y sucedió que cuando Ahías oyó el sonido de sus pies, al entrar ella por la puerta, dijo: Entra, esposa de Jeroboam; ¿por qué te finges otra? Pues yo soy enviado a ti con revelación dura.

7 Ve, y di a Jeroboam: Así dice Jehová, el Dios de Israel: ˢPor cuanto yo te levanté de en medio del pueblo, y te hice príncipe sobre mi pueblo Israel,

a ver 2
2 Re 23:16-19
b cp 11:33
y 15:5
c cp 16:24
Jn 4:5
d cp 12:31
2 Cr 11:15
y 13:9
e cp 12:28
f Sal 50:17

g cp 15:29
h cp 12:30
i cp 14:10
y 15:29-30

j cp 16:4

k ver 17
l cp 11:29-31

m 1 Sm 9:7

n cp 11:29
o cp 15:27

p Dt 29:28
q Jos 23:15

r Éx 34:13

s 2 Sm 12:7

8 y ᵗrompí el reino de la casa de David y te lo entregué a ti; y tú no has sido como David mi siervo, ᵇque guardó mis mandamientos y anduvo en pos de mí con todo su corazón, haciendo solamente lo recto delante de mis ojos;

9 sino que has hecho lo malo sobre todos los que han sido antes de ti, ᵉporque fuiste y te hiciste dioses ajenos e imágenes de fundición para enojarme, ᶠy a mí me echaste tras tus espaldas.

10 Por tanto, he aquí que ᵍyo traigo mal sobre la casa de Jeroboam, y cortaré de Jeroboam a todo meante a la pared, así el guardado como el desamparado en Israel; y barreré la posteridad de la casa de Jeroboam, como es barrido el estiércol, hasta que sea acabada.

11 ʲEl que muriere de los de Jeroboam en la ciudad, le comerán los perros; y el que muriere en el campo, lo comerán las aves del cielo; porque Jehová lo ha dicho.

12 Y tú levántate, y vete a tu casa; ᵏy al poner tu pie en la ciudad, morirá el niño.

13 Y todo Israel lo endechará, y lo enterrarán; porque sólo él de los de Jeroboam entrará en sepultura; porque *algo* bueno se ha hallado en él delante de Jehová, Dios de Israel, en la casa de Jeroboam.

14 ᵒY Jehová se levantará un rey sobre Israel, el cual cortará la casa de Jeroboam en este día; ¿y qué, si ahora mismo?

15 Y Jehová sacudirá a Israel, al modo que la caña se agita en las aguas; ᵖy Él arrancará a Israel de esta ᵠbuena tierra que había dado a sus padres, y los esparcirá hacia el otro lado del río, ʳpor cuanto han hecho sus imágenes de Asera, enojando a Jehová.

16 Y Él entregará a Israel por los pecados de Jeroboam, el cual pecó, y ha hecho pecar a Israel.

17 Entonces la esposa de Jeroboam se levantó, y se fue, y vino a Tirsa: y entrando ella por el umbral de la casa, el niño murió.

18 Y lo enterraron, y lo endechó todo Israel, conforme a la palabra de Jehová, que Él había hablado por mano de su siervo, el profeta Ahías.

Reinado de Roboam y Abiam

19 Los demás hechos de Jeroboam, ªlas guerras que hizo, y cómo reinó, he aquí, *están* escritos en el libro de las historias de los reyes de Israel.

20 El tiempo que reinó Jeroboam *fue* veintidós años; y habiendo dormido con sus padres, ᶜNadab su hijo reinó en su lugar.

21 Y Roboam, hijo de Salomón, reinó en Judá. Cuarenta y un años *tenía* ᵈRoboam cuando comenzó a reinar, y diecisiete años reinó en Jerusalén, ciudad que Jehová eligió de todas las tribus de Israel para poner allí su nombre. ᵉEl nombre de su madre *fue* Naama, amonita.

22 ᶠY Judá hizo lo malo ante los ojos de Jehová, y lo ᵍenojaron más que todo lo que sus padres habían hecho en sus pecados que cometieron.

23 Porque ellos también se edificaron ʲlugares altos, estatuas, e imágenes de Asera, en todo collado alto y debajo de todo árbol frondoso:

24 ˡHubo también sodomitas en la tierra, e hicieron conforme a todas las ⁿabominaciones de las naciones que Jehová había echado de delante de los hijos de Israel.

25 Y sucedió que en ᵒel quinto año del rey Roboam, Sisac, rey de Egipto, subió contra Jerusalén.

26 ᑫY tomó los tesoros de la casa de Jehová, y los tesoros de la casa real, y lo saqueó todo: se llevó también todos los escudos de oro que Salomón había hecho.

27 Y en lugar de ellos hizo el rey Roboam escudos de bronce, y los dio en manos de los capitanes de la guardia, quienes custodiaban la puerta de la casa real.

28 Y cuando el rey entraba en la casa de Jehová, los de la guardia los llevaban; y los ponían después en la cámara de los de la guardia.

29 ᵘLos demás hechos de Roboam, y todo lo que hizo, ¿no *están* escritos en las crónicas de los reyes de Judá?

30 Y hubo ʸguerra entre Roboam y Jeroboam todos los días.

31 Y durmió Roboam con sus padres, y fue sepultado con sus padres en la ciudad de David. El nombre de su madre *fue* Naama, amonita. Y Abiam su hijo reinó en su lugar.

CAPÍTULO 15

En el año dieciocho del rey Jeroboam, hijo de Nabat, Abiam comenzó a reinar sobre Judá.

2 Reinó tres años en Jerusalén. ᵇEl nombre de su madre *fue* Maaca, hija de Abisalom.

3 Y anduvo en todos los pecados de su padre, que éste había hecho antes de él; y su corazón no fue perfecto para con Jehová su Dios, como el corazón de David su padre.

4 Mas por amor a David, Jehová su Dios le dio una lámpara en Jerusalén, levantando a su hijo después de él, y sosteniendo a Jerusalén:

5 Por cuanto David había ʰhecho *lo* recto ante los ojos de Jehová, y de ninguna cosa que le mandase se había apartado en todos los días de su vida, ʲsalvo en el asunto de Urías heteo.

6 ᵏY hubo guerra entre Roboam y Jeroboam todos los días de su vida.

7 ᵐLos demás hechos de Abiam, y todo lo que hizo, ¿no *están* escritos en el libro de las crónicas de los reyes de Judá? Y hubo guerra entre Abiam y Jeroboam.

8 ᵖY durmió Abiam con sus padres, y lo sepultaron en la ciudad de David; y Asa su hijo, reinó en su lugar.

9 En el año veinte de Jeroboam, rey de Israel, Asa comenzó a reinar sobre Judá.

10 Y reinó cuarenta y un años en Jerusalén; el nombre de su madre *fue* Maaca, hija de Abisalom.

11 ʳY Asa hizo *lo* recto ante los ojos de Jehová, como David su padre.

12 ˢPorque quitó del país a los sodomitas, y quitó todos los ídolos que sus padres habían hecho.

13 Y también privó a su madre ᵗMaaca *de ser* reina, porque había hecho un ídolo de Asera. Además Asa destruyó el ídolo, y *lo* ᵛquemó junto al torrente de Cedrón.

14 ˣPero los lugares altos no fueron quitados; con todo, ᶻel corazón de Asa fue perfecto para con Jehová toda su vida.

15 También metió en la casa de Jehová lo que su padre ªhabía dedicado, y lo que él dedicó; plata, oro y vasos.

---

a 2 Cr 13:2

b 2 Cr 11:20

c cp 15:25

d 2 Cr 12:13

e 2 Cr 12:13

f 2 Cr 12:1,14
g Dt 32:21
h cp 9:4
y 14:8

i Dt 12:2
j 2 Sm 11:3-15
y 12:9-10
k cp 14:30
l Dt 23:17
m 2 Cr 13:2
n Dt 23:17

o cp 11:40
p 2 Cr 14:1

q 2 Cr 12:9

r 2 Cr 14:2

s Dt 23:17

t 2 Cr 15:16
u 2 Cr 12:15
v Éx 32:20
x cp 22:43
y cp 12:21-24
z 2 Cr 15:17

a 2 Cr 15:18

1 REYES 16

16 Y hubo guerra entre Asa y Baasa, rey de Israel, todo el tiempo de ambos.

17 Y subió Baasa, rey de Israel contra Judá, y edificó a Ramá, para no dejar salir ni entrar a ninguno de Asa, rey de Judá.

18 Entonces tomando Asa toda la plata y el oro que había quedado en los tesoros de la casa de Jehová, y los tesoros de la casa real, los entregó en las manos de sus siervos, y los envió el rey Asa a Benadad, hijo de Tabrimón, hijo de Hezión, rey de Siria, el cual residía en Damasco, diciendo:

19 *Haya* alianza entre tú y yo, y entre mi padre y tu padre. He aquí yo te envío un presente de plata y oro: ve y rompe tu alianza con Baasa, rey de Israel, para que se aparte de mí.

20 Y Benadad consintió con el rey Asa, y [c]envió los príncipes de los ejércitos que tenía contra las ciudades de Israel, e hirió a Ahión y a Dan, y a Abel-bet-maaca y a toda Cineret, con toda la tierra de Neftalí.

21 Y oyendo esto Baasa, dejó de edificar a Ramá, y se estuvo en Tirsa.

22 [f]Entonces el rey Asa convocó a todo Judá, sin exceptuar ninguno; y quitaron de Ramá la piedra y la madera con que Baasa edificaba, y edificó el rey Asa con ello a Gabaa de Benjamín, y a Mizpa.

23 Los demás hechos de Asa, y todo su poderío, y todo lo que hizo, y las ciudades que edificó, ¿no *están* escritos en el libro de las crónicas de los reyes de Judá? Mas en [h]el tiempo de su vejez enfermó de sus pies.

24 Y durmió Asa con sus padres, y fue sepultado con sus padres en la ciudad de David su padre: [j]y Josafat su hijo reinó en su lugar.

25 Y Nadab, hijo de Jeroboam, comenzó a reinar sobre Israel en el segundo año de Asa, rey de Judá; y reinó sobre Israel dos años.

26 E hizo lo malo ante los ojos de Jehová, andando en el camino de su padre, y en sus pecados con que hizo pecar a Israel.

27 [m]Y Baasa, hijo de Ahías, el cual era de la casa de Isacar, conspiró contra él; y lo mató Baasa en Gibetón, que *pertenecía* a los filisteos;

a cp 14:9-16

b ver 16

c cp 20:1

d cp 13:33
y 14:16
e 2 Cr 16:6

f cp 14:7
1 Sm 2:8
g cp 12:25
h 2 Cr 16:11
i ver 11
j Mt 1:8
k cp 13:34
l cp 14:11

m cp 14:14

El buen reinado de Asa

porque Nadab y todo Israel tenían sitiado a Gibetón.

28 Lo mató, pues, Baasa en el tercer año de Asa, rey de Judá, y reinó en su lugar.

29 Y sucedió que cuando él vino al reino, mató a toda la casa de Jeroboam, sin dejar alma viviente de los de Jeroboam, hasta raerlo, conforme a la palabra de Jehová que Él habló por su siervo Ahías silonita;

30 [a]por los pecados de Jeroboam que él había cometido, y con los cuales hizo pecar a Israel; y por su provocación con que provocó a enojo a Jehová, el Dios de Israel.

31 Los demás hechos de Nadab, y todo lo que hizo, ¿no *están* escritos en el libro de las crónicas de los reyes de Israel?

32 [b]Y hubo guerra entre Asa y Baasa, rey de Israel, todo el tiempo de ambos.

33 En el tercer año de Asa, rey de Judá, comenzó a reinar Baasa, hijo de Ahías, sobre todo Israel en Tirsa; y reinó veinticuatro años.

34 E hizo lo malo a los ojos de Jehová, y anduvo en el [d]camino de Jeroboam, y en su pecado con que hizo pecar a Israel.

CAPÍTULO 16

Y vino palabra de Jehová a Jehú, hijo de Hanani, contra Baasa, diciendo:

2 [f]Por cuanto yo te levanté del polvo, y te puse por príncipe sobre mi pueblo Israel, y [g]tú has andado en el camino de Jeroboam, y has hecho pecar a mi pueblo Israel, provocándome a ira con sus pecados;

3 he aquí yo [i]barreré la posteridad de Baasa, y la posteridad de su casa; y pondré su casa como la [k]casa de Jeroboam, hijo de Nabat.

4 [l]El que de Baasa fuere muerto en la ciudad, lo comerán los perros; y el que de él fuere muerto en el campo, lo comerán las aves del cielo.

5 Los demás hechos de Baasa, lo que hizo y su poderío, ¿no *están* escritos en el libro de las crónicas de los reyes de Israel?

6 Y durmió Baasa con sus padres, y fue sepultado en Tirsa; y Ela su hijo reinó en su lugar.

Reinados de Baasa, y Zimri

7 Pero también vino la palabra de Jehová por mano del profeta Jehú, hijo de Hanani, contra Baasa y contra su casa, por toda la maldad que hizo ante los ojos de Jehová, provocándole a ira con las obras de sus manos, y por haber sido como la casa de Jeroboam, y por ^chaberla destruido.

8 En el año veintiséis de Asa, rey de Judá, Ela, hijo de Baasa, comenzó a reinar sobre Israel en Tirsa; y reinó dos años.

9 ^dY conspiró contra él su siervo Zimri, comandante de la mitad de los carros. Y estando él en Tirsa, bebiendo y embriagado en casa de Arsa, su mayordomo en Tirsa,

10 vino Zimri y lo hirió y lo mató, en el año veintisiete de Asa, rey de Judá; y reinó en su lugar.

11 Y sucedió que cuando comenzó a reinar, tan pronto como se sentó en su trono, mató a toda la casa de Baasa, ^esin dejar en ella meante a la pared, ni de sus parientes ni de sus amigos.

12 Así destruyó Zimri a toda la casa de Baasa, ^fconforme a la palabra de Jehová, que había proferido contra Baasa por medio del profeta Jehú,

13 por todos los pecados de Baasa, y los pecados de Ela, su hijo, con los cuales ellos pecaron e hicieron pecar a Israel, provocando a enojo ⁱcon sus vanidades a Jehová, el Dios de Israel.

14 Los demás hechos de Ela, y todo lo que hizo, ¿no *están* escritos en el libro de las crónicas de los reyes de Israel?

15 En el año veintisiete de Asa, rey de Judá, comenzó a reinar Zimri, y reinó siete días en Tirsa; y el pueblo *estaba* acampado ^kcontra Gibetón, ciudad de los filisteos.

16 Y el pueblo que *estaba* acampado oyó decir: Zimri ha conspirado, y ha dado muerte al rey. Entonces aquel mismo día en el campamento, todo Israel puso a Omri, general del ejército, por rey sobre Israel.

17 Y subió Omri de Gibetón, y con él todo Israel, y sitiaron a Tirsa.

18 Y sucedió que cuando Zimri vio que la ciudad era tomada, se metió en el palacio de la casa real, y prendió fuego a la casa sobre sí; y así murió.

19 Por causa de sus pecados que él había cometido, haciendo lo malo ante los ojos de Jehová, ^ay andando en los ^bcaminos de Jeroboam, y en su pecado que cometió, haciendo pecar a Israel.

20 Los demás hechos de Zimri, y la conspiración que hizo, ¿no *están* escritos en el libro de las crónicas de los reyes de Israel?

21 Entonces el pueblo de Israel fue dividido en dos partes. La mitad del pueblo seguía a Tibni, hijo de Ginat, para hacerlo rey; y la *otra* mitad seguía a Omri.

22 Mas el pueblo que seguía a Omri, pudo más que el que seguía a Tibni, hijo de Ginat; y Tibni murió, y Omri fue rey.

23 En el año treinta y uno de Asa, rey de Judá, Omri comenzó a reinar sobre Israel, y reinó doce años; seis años reinó en Tirsa.

24 Y compró a Semer el monte Samaria por dos talentos de plata, y edificó sobre el monte. Y llamó el nombre de la ciudad que edificó, Samaria, del nombre de Semer, que fue dueño de aquel monte.

25 Y ^gOmri hizo lo malo ante los ojos de Jehová, e hizo peor que todos los que *habían sido* antes de él;

26 pues ^handuvo en todos los caminos de Jeroboam, hijo de Nabat, y en su pecado con que hizo pecar a Israel, provocando a ira a Jehová, el Dios de Israel, con sus ^jídolos.

27 Los demás hechos de Omri, y todo lo que hizo, y sus valentías que ejecutó, ¿no *están* escritos en el libro de las crónicas de los reyes de Israel?

28 Y Omri durmió con sus padres, y fue sepultado en Samaria; y Acab, su hijo, reinó en su lugar.

29 Y comenzó a reinar Acab, hijo de Omri, sobre Israel el año treinta y ocho de Asa, rey de Judá; y reinó Acab, hijo de Omri, sobre Israel en Samaria veintidós años.

30 Y Acab, hijo de Omri, hizo lo malo ante los ojos de Jehová, más que todos los que *fueron* antes que él.

31 Y sucedió que como si fuera ligera cosa el andar de los pecados de Jeroboam, hijo de Nabat, ^lfue y tomó por esposa a Jezabel, hija de Etbaal, rey de los ^msidonios, y fue y sirvió a Baal y lo adoró.

32 E hizo un altar a Baal, en ªel templo de Baal que él edificó en Samaria.

33 ᵇHizo también Acab una imagen de Asera; y Acab hizo provocar a ira a Jehová, el Dios de Israel, más que todos los reyes de Israel que antes de él habían sido.

34 En su tiempo Hiel de Betel reedificó a Jericó. A costa de Abiram su primogénito echó el cimiento, y *a costa* de Segub su *hijo* menor puso sus puertas; ᶜconforme a la palabra de Jehová que había hablado por Josué, hijo de Nun.

a 2 Re 10:21
b 2 Re 13:6

c Jos 6:26

CAPÍTULO 17

Entonces Elías tisbita, *que era* de los moradores de Galaad, dijo a Acab: ᵈVive Jehová, el Dios de Israel, delante del cual estoy, ᵉque no habrá lluvia ni rocío en ᶠestos años, sino por mi palabra.

2 Y vino a él palabra de Jehová, diciendo:

3 Apártate de aquí, y vuélvete al oriente, y escóndete en el arroyo de Querit, que *está* delante del Jordán;

4 Y beberás del arroyo; y yo he mandado a los cuervos que te den allí de comer.

5 Y él fue, e hizo conforme a la palabra de Jehová; pues fue y asentó junto al arroyo de Querit, que *está* antes del Jordán.

6 Y los cuervos le traían pan y carne por la mañana, y pan y carne a la tarde; y bebía del arroyo.

7 Y sucedió que después de algunos días, se secó el arroyo; porque no había llovido sobre la tierra.

8 Y vino a él palabra de Jehová, diciendo:

9 Levántate, vete a Sarepta de Sidón, y allí morarás: he aquí yo he mandado allí a una mujer viuda que te sustente.

10 Entonces él se levantó, y se fue a Sarepta. Y como llegó a la puerta de la ciudad, he aquí una mujer viuda que *estaba* allí recogiendo leña; y él la llamó, y le dijo: Te ruego que me traigas un poco de agua en un vaso, para que beba.

11 Y yendo ella para traérsela, él la volvió a llamar, y le dijo: Te ruego que me traigas también un bocado de pan en tu mano.

d cp 18:10
y 22:14
e cp 18:1
Stg 5:17

f Lc 4:25

g 2 Sm 16:10
Lc 5:8

h 2 Re 4:33
Hch 20:10

i Heb 11:35

j Jn 3:2
y 16:30

12 Y ella respondió: Vive Jehová tu Dios, que no tengo pan cocido; que solamente un puñado de harina tengo en la tinaja, y un poco de aceite en una botija: y ahora recogía dos leños, para entrar y aderezarlo para mí y para mi hijo, para que lo comamos, y muramos.

13 Y Elías le dijo: No tengas temor; ve, haz como has dicho; pero hazme a mí primero de ello una pequeña torta cocida debajo de la ceniza, y tráemela; y después harás para ti y para tu hijo.

14 Porque Jehová, el Dios de Israel, ha dicho así: La tinaja de la harina no escaseará, ni se disminuirá la botija del aceite, hasta aquel día en que Jehová dará lluvia sobre la faz de la tierra.

15 Entonces ella fue, e hizo como le dijo Elías; y ella, y él y la casa de ella, comieron *muchos* días.

16 Y la tinaja de la harina no escaseó, ni menguó la botija del aceite, conforme a la palabra de Jehová que había dicho por Elías.

17 Después de estas cosas aconteció que cayó enfermo el hijo del ama de la casa, y la enfermedad fue tan grave, que no quedó en él el aliento.

18 Y ella dijo a Elías: ᵍ¿Qué tengo yo contigo, varón de Dios? ¿Has venido a mí para traer en memoria mis iniquidades, y para hacer morir a mi hijo?

19 Y él le dijo: Dame acá tu hijo. Entonces él lo tomó de su regazo, y lo llevó a la cámara donde él estaba, y lo puso sobre su cama.

20 Y clamando a Jehová, dijo: Jehová Dios mío, ¿aun a la viuda en cuya casa yo estoy hospedado has afligido, haciéndole morir su hijo?

21 ʰY se tendió sobre el niño tres veces, y clamó a Jehová, y dijo: Jehová Dios mío, te ruego que el alma de este niño vuelva a él.

22 Y Jehová oyó la voz de Elías, y el alma del niño volvió a él, y ⁱrevivió.

23 Tomando luego Elías al niño, lo trajo de la cámara a la casa, y lo dio a su madre, y le dijo Elías: Mira, tu hijo vive.

24 Entonces la mujer dijo a Elías: Ahora ʲconozco que tú *eres* varón de Dios, y que la palabra de Jehová *es* verdad en tu boca.

Elías y los profetas de Baal
CAPÍTULO 18

Y sucedió que después de ªmuchos días, vino palabra de Jehová a Elías en el tercer año, diciendo: Ve, muéstrate a Acab, y yo ᵇdaré lluvia sobre la faz de la tierra.

2 Fue, pues, Elías a mostrarse a Acab. Y *había* gran hambre en Samaria.

3 Y Acab llamó a Abdías que *era* el mayordomo de *su* casa. Y Abdías era en gran manera temeroso de Jehová.

4 Porque cuando Jezabel destruía a los profetas de Jehová, Abdías tomó cien profetas, los cuales escondió de cincuenta en cincuenta en una cueva, y los sustentó con pan y agua.

5 Y Acab dijo a Abdías: Ve por el país a todas las fuentes de agua y a todos los arroyos; para ver si acaso hallaremos hierba con que conservemos la vida a los caballos y a las mulas, para que no nos quedemos sin bestias.

6 Y dividieron entre sí el país para recorrerlo: Acab fue de por sí por un camino, y Abdías fue separadamente por otro.

7 Y yendo Abdías por el camino, se topó con Elías; y como ⁱlo reconoció, se postró sobre su rostro, y dijo: ¿No eres tú mi señor Elías?

8 Y él respondió: Yo soy; ve, di a tu amo: He aquí Elías.

9 Pero él dijo: ¿En qué he pecado, para que tú entregues a tu siervo en mano de Acab para que me mate?

10 Vive Jehová tu Dios, que no ha habido nación ni reino adonde mi señor no haya enviado a buscarte; y cuando ellos decían: No está aquí; él hacía jurar al reino o a la nación que no te habían hallado.

11 ¿Y ahora tú dices: Ve, di a tu amo: Aquí *está* Elías?

12 Y acontecerá que, luego que yo me haya ido de ti, ˡel Espíritu de Jehová te llevará adonde yo no sepa; y cuando yo venga y dé las nuevas a Acab, y él no te halle, me matará; y tu siervo teme a Jehová desde su juventud.

13 ¿No ha sido dicho a mi señor lo que hice, cuando Jezabel mataba a los profetas de Jehová; de cómo escondí en una cueva a cien varones de los profetas de Jehová: de cincuenta en cincuenta, y los sustenté con pan y agua?

14 ¿Y ahora dices tú: Ve, di a tu amo: Aquí *está* Elías; para que él me mate?

15 Y Elías le dijo: Vive Jehová de los ejércitos, delante del cual estoy, que hoy ciertamente me mostraré a él.

16 Entonces Abdías fue a encontrarse con Acab, y le dio el aviso; y Acab vino a encontrarse con Elías.

17 Y aconteció que cuando Acab vio a Elías, le dijo Acab: ᶜ¿*Eres* tú el que has turbado a Israel?

18 Y él respondió: Yo no he turbado a Israel, sino tú y la casa de tu padre, ᵈdejando los mandamientos de Jehová, y siguiendo a los Baales.

19 Envía, pues, ahora y reúneme a todo Israel en el monte ᵉCarmelo, y a los cuatrocientos cincuenta profetas de Baal, y a los cuatrocientos ᶠprofetas de Asera, que comen de la mesa de Jezabel.

20 Entonces Acab envió a todos los hijos de Israel, y ᵍreunió a los profetas en el monte Carmelo.

21 Y acercándose Elías a todo el pueblo, dijo: ʰ¿Hasta cuándo claudicaréis entre dos pensamientos? Si Jehová es Dios, seguidle; y si Baal, id en pos de él. Y el pueblo no respondió palabra.

22 Entonces Elías volvió a decir al pueblo: ʲSólo yo he quedado profeta de Jehová; mas de los profetas de Baal *hay* ᵏcuatrocientos cincuenta hombres.

23 Dénsenos, pues, dos bueyes, y escójanse ellos uno, y córtenlo en pedazos, y pónganlo sobre leña, pero no pongan fuego *debajo*; y yo aprestaré el otro buey, y lo pondré sobre leña, y ningún fuego pondré *debajo*.

24 Invocad luego vosotros el nombre de vuestros dioses, y yo invocaré el nombre de Jehová: y el Dios que ᵐrespondiere por fuego, ése sea Dios. Y todo el pueblo respondió, diciendo: Bien dicho.

25 Entonces Elías dijo a los profetas de Baal: Escogeos un buey, y preparad primero, pues que vosotros *sois* los más; e invocad el nombre de vuestros dioses, mas no pongáis fuego *debajo*.

---

a cp 17:1
Lc 4:25
Stg 5:17
b Dt 28:12

c cp 21:20
Am 7:10

d cp 16:30

e Jos 19:26
2 Re 2:25

f cp 16:33

g cp 22:6

h 2 Re 7:41
i 2 Re 1:6-8

j cp 19:10-14

k ver 19

i 2 Re 2:16
Ez 3:12-14
Hch 8:39
m ver 38

26 Y ellos tomaron el buey que les fue dado, y lo aprestaron, e invocaron el nombre de Baal desde la mañana hasta el mediodía, diciendo: ¡Baal, respóndenos! [b]Mas no *había* voz, ni quien respondiese; entre tanto, ellos andaban saltando cerca del altar que habían hecho.

27 Y aconteció al mediodía, que Elías se burlaba de ellos, diciendo: Gritad en alta voz, que dios *es*; quizá está meditando, o está ocupado, o va de camino; quizá duerme y hay que despertarle.

28 Y ellos clamaban a grandes voces, y se sajaban con cuchillos y con lancetas conforme a su costumbre, hasta chorrear la sangre sobre ellos.

29 Y sucedió que pasado el mediodía, y [g]profetizando ellos hasta la hora de ofrecerse el sacrificio *de la tarde*, que [h]no había voz, ni quien respondiese ni escuchase.

30 Entonces Elías dijo a todo el pueblo: Acercaos a mí. Y todo el pueblo se acercó a él; [j]y él reparó el altar de Jehová *que estaba* arruinado.

31 Y tomando Elías doce piedras, conforme al número de las tribus de los hijos de Jacob, al cual había venido palabra de Jehová, diciendo: [k]Israel será tu nombre;

32 edificó con las piedras un altar en [l]el nombre de Jehová: después hizo una zanja alrededor del altar, donde cupieran dos medidas de semilla.

33 Compuso luego la leña y cortó el buey en pedazos [n]y lo puso sobre la leña. Y dijo: Llenad cuatro cántaros de agua y derramadla sobre el holocausto y sobre la leña.

34 Y dijo: Hacedlo otra vez; y otra vez lo hicieron. Dijo aún: Hacedlo la tercera vez; y lo hicieron la tercera vez.

35 De manera que las aguas corrían alrededor del altar; [p]y también llenó de agua la zanja.

36 Y sucedió que cuando llegó la hora de ofrecerse el holocausto, se acercó el profeta Elías y dijo: Jehová, [r]Dios de Abraham, de Isaac y de Israel, [s]sea hoy manifiesto que tú *eres* Dios en Israel, y que yo soy tu

a Nm 16:28

b Sal 115:5
Jer 10:5
c Gn 15:17
Lv 9:24

d cp 18:21
e 2 Re 10:25

f Jue 4:7

g Éx 29:39

h cp 18:26

i Stg 5:17-18

j cp 19:10

k ver 19
Gn 32:28
l Éx 20:25
Col 3:17

m 2 Re 3:15
n Gn 22:9
Lv 1:6-8

o cp 18:40
p ver 32

q Rt 1:17

r Éx 3:6
s Jos 4:24
1 Sm 17:46

siervo, [a]y que por mandato tuyo he hecho todas estas cosas.

37 Respóndeme, Jehová, respóndeme; para que este pueblo sepa que tú, oh Jehová, *eres* Dios, y que tú vuelves a ti el corazón de ellos.

38 Entonces cayó [c]fuego de Jehová, el cual consumió el holocausto, y la leña, y las piedras, y el polvo, y aun lamió las aguas que *estaban* en la zanja.

39 Y viéndolo todo el pueblo, cayeron sobre sus rostros, y dijeron: [d]¡Jehová es el Dios! ¡Jehová es el Dios!

40 Entonces Elías les dijo: [e]Prended a los profetas de Baal, que no escape ninguno. Y ellos los prendieron; y los llevó Elías al arroyo de Cisón [f]y allí los degolló.

41 Entonces Elías dijo a Acab: Sube, come y bebe; porque se oye el ruido de una grande lluvia.

42 Y Acab subió a comer y a beber. Y Elías subió a la cumbre del Carmelo; [i]y postrándose en tierra, puso su rostro entre las rodillas.

43 Y dijo a su criado: Sube ahora, y mira hacia el mar. Y él subió, y miró, y dijo: No *hay* nada. Y él le volvió a decir: Vuelve siete veces.

44 Y sucedió que a la séptima vez, él dijo: Yo veo una pequeña nube como la palma de la mano de un hombre, que sube del mar. Y él dijo: Ve, y di a Acab: Unce tu *carro* y desciende, para que la lluvia no te detenga.

45 Y aconteció, estando en esto, que los cielos se oscurecieron con nubes y viento; y hubo una gran lluvia. Y subiendo Acab, vino a Jezreel.

46 Y la [m]mano de Jehová fue sobre Elías, el cual ciñó sus lomos, y vino corriendo delante de Acab hasta llegar a Jezreel.

CAPÍTULO 19

Y Acab dio la nueva a Jezabel de todo lo que Elías había hecho, de cómo había [o]matado a espada a todos los profetas.

2 Entonces Jezabel envió un mensajero a Elías, diciendo: [q]Así me hagan los dioses, y así me añadan, si mañana a estas horas yo no he puesto tu vida como la vida de uno de ellos.

3 Viendo pues el peligro, se levantó y se fue para salvar su vida, y vino a

La jornada es muy grande para ti

Beerseba, que es en Judá, y dejó allí su criado.

4 Y él se fue por el desierto un día de camino, y vino y se sentó debajo de un enebro; [a]y deseando morirse, dijo: Baste ya, oh Jehová, quítame la vida; pues no soy yo mejor que mis padres.

5 Y echándose debajo del enebro, se quedó dormido. Y he aquí luego un ángel le tocó, y le dijo: Levántate, come.

6 Entonces él miró, y he aquí a su cabecera una torta cocida sobre las ascuas, y un vaso de agua: y comió y bebió y se volvió a dormir.

7 Y volviendo el ángel de Jehová la segunda vez, le tocó y le dijo: Levántate y come, porque la jornada es muy grande para ti.

8 Se levantó, pues, y comió y bebió; y con la fortaleza de aquella comida caminó [g]cuarenta días y cuarenta noches, hasta el monte de Dios, Horeb.

9 Y allí se metió en una cueva, donde pasó la noche. Y he aquí vino a él palabra de Jehová, el cual le dijo: ¿Qué haces aquí, Elías?

10 Y él respondió: [j]He sentido un vivo [k]celo por Jehová Dios de los ejércitos; porque los hijos de Israel han dejado tu pacto, han derribado tus altares y han [l]matado a espada a tus profetas; [n]y sólo yo he quedado, y me buscan para quitarme la vida.

11 Y él le dijo: Sal fuera, [o]y ponte en el monte delante de Jehová. Y he aquí Jehová que pasaba, y [p]un grande y poderoso viento que rompía los montes, y quebraba las peñas delante de Jehová; pero Jehová no estaba en el viento. Y tras el viento un terremoto; pero Jehová no estaba en el terremoto.

12 Y tras el terremoto un fuego; pero Jehová no estaba en el fuego. Y tras el fuego una voz suave y apacible.

13 Y al oírla Elías, [r]cubrió su rostro con su manto, y salió, y se paró a la puerta de la cueva. Y he aquí vino una voz a él, diciendo: ¿Qué haces aquí, Elías?

14 Y él respondió: He sentido un vivo celo por Jehová, Dios de los ejércitos; porque los hijos de Israel han dejado tu pacto, han derribado

---

1 REYES 20

tus altares, y han matado a espada a tus profetas; y sólo yo he quedado, y me buscan para quitarme la vida.

15 Y le dijo Jehová: Ve, vuelve por tu camino, por el desierto de Damasco: y llegarás, y ungirás a Hazael por rey de Siria;

16 Y a Jehú, hijo de Nimsi, ungirás por rey sobre Israel; y a Eliseo, hijo de Safat, de Abel-mehola, ungirás para que sea profeta en tu lugar.

17 [b]Y será, que el que escapare de la espada de Hazael, Jehú lo [c]matará; y el que escapare de la espada de Jehú, [d]Eliseo lo matará.

18 [e]Pero yo he hecho que queden en Israel siete mil, cuyas rodillas no se doblarán ante Baal, [f]y cuyas bocas no lo besaron.

19 Y partiendo él de allí, halló a Eliseo, hijo de Safat, que araba con doce yuntas de bueyes delante de sí; y él tenía la última. Y pasando Elías por delante de él, echó sobre él su [h]manto.

20 Entonces dejando él los bueyes, vino corriendo en pos de Elías, y dijo: Te ruego que [i]me dejes besar a mi padre y a mi madre, y luego te seguiré. Y él le dijo: Ve, vuelve; ¿qué te he hecho yo?

21 Y se volvió de en pos de él, y tomó un par de bueyes, y los mató, y con el arado de los bueyes [m]coció la carne de éstos, y la dio al pueblo y ellos comieron. Después se levantó y fue tras Elías, y le servía.

CAPÍTULO 20

Entonces [q]Benadad, rey de Siria, reunió a todo su ejército, y con él a treinta y dos reyes, con caballos y carros; y subió y sitió a Samaria, y la combatió.

2 Y envió mensajeros a la ciudad a Acab, rey de Israel, diciendo: Así dice Benadad:

3 Tu plata y tu oro son míos, y tus esposas y tus hijos hermosos son míos.

4 Y el rey de Israel respondió, y dijo: Como tú dices, rey señor mío, yo soy tuyo, y todo lo que tengo.

5 Y volviendo los mensajeros otra vez, dijeron: Así dijo Benadad: Yo te envié a decir: Tu plata y tu oro, y tus esposas y tus hijos me darás.

Benadad sitia a Samaria

6 Además mañana a estas horas enviaré yo a ti mis siervos, los cuales inspeccionarán tu casa, y las casas de tus siervos; y sucederá que todo lo precioso que tienes ellos lo tomarán con sus manos y se lo llevarán.

7 Entonces el rey de Israel llamó a todos los ancianos de la tierra, y les dijo: Entended, y ved ahora cómo éste no busca sino mal; pues ha enviado a mí por mis esposas y mis hijos, y por mi plata y por mi oro; y yo no se lo he negado.

8 Y todos los ancianos y todo el pueblo le respondieron: No le obedezcas, ni hagas lo que te pide.

9 Entonces él respondió a los embajadores de Benadad: Decid al rey mi señor: Haré todo lo que mandaste a tu siervo al principio; pero esto no lo puedo hacer. Y los embajadores fueron, y le dieron la respuesta.

10 Y Benadad envió a decirle: [a]Así me hagan los dioses, y aun me añadan, que el polvo de Samaria no bastará a los puños de todo el pueblo que me sigue.

11 Y el rey de Israel respondió, y dijo: Decidle, que no se [b]alabe el que se ciñe *las armas*, como el que las desciñe.

12 Y cuando *Benadad* oyó esta palabra, estaba bebiendo con los reyes en las tiendas, dijo a sus siervos: Tomad posiciones. Y ellos tomaron posiciones contra la ciudad.

13 Y he aquí un profeta se acercó a Acab, rey de Israel, y le dijo: Así dice Jehová: ¿Has visto toda esta gran multitud? [c]He aquí yo la entregaré hoy en tu mano, para que sepas que yo soy Jehová.

14 Y respondió Acab: ¿Por mano de quién? Y él dijo: Así dice Jehová: Por mano de los jóvenes de los príncipes de las provincias. Y dijo Acab: ¿Quién comenzará la batalla? Y él respondió: Tú.

15 Entonces él pasó revista a los jóvenes de los príncipes de las provincias, los cuales fueron doscientos treinta y dos. Luego pasó revista a todo el pueblo, a todos los hijos de Israel, *que fueron* siete mil.

16 Y salieron al mediodía. Pero Benadad estaba bebiendo, emborrachándose en las tiendas, él y los reyes, los treinta y dos reyes que habían venido en su ayuda.

17 Y los jóvenes de los príncipes de las provincias salieron primero. Y Benadad había enviado *mensajeros* quienes le dieron aviso, diciendo: Han salido hombres de Samaria.

18 Él entonces dijo: Si han salido por paz, tomadlos vivos; y si han salido para pelear, tomadlos vivos.

19 Salieron, pues, de la ciudad los jóvenes de los príncipes de las provincias, y en pos de ellos el ejército.

20 Y mató cada uno al que venía contra él; y huyeron los sirios, siguiéndolos los de Israel. Y Benadad, rey de Siria, se escapó en un caballo con alguna gente de a caballo.

21 Y salió el rey de Israel, e hirió la gente de a caballo, y los carros; y deshizo a los sirios con grande estrago.

22 Vino luego el profeta al rey de Israel y le dijo: Ve, fortalécete, y considera y mira lo que has de hacer; porque pasado el año, el rey de Siria *vendrá* contra ti.

23 Y los siervos del rey de Siria le dijeron: Sus dioses *son* dioses de las montañas, por eso no nos han vencido; mas si peleáremos con ellos en el valle, se verá si no los vencemos.

24 Haz, pues, así: Saca a los reyes, a cada uno de su puesto, y pon capitanes en su lugar.

25 Y tú, fórmate otro ejército como el ejército que perdiste, caballos por caballos, y carros por carros; luego pelearemos con ellos en el valle, y veremos si no los vencemos. Y él les dio oído, y lo hizo así.

26 Y aconteció que pasado el año, Benadad pasó revista a los sirios, y vino a [d]Afec a pelear contra Israel.

27 Y los hijos de Israel fueron también inspeccionados, y tomando provisiones vinieron a encontrarles; y acamparon los hijos de Israel delante de ellos, como dos rebañuelos de cabras; y los sirios llenaban la tierra.

28 Acercándose entonces el varón de Dios al rey de Israel, le habló diciendo: Así dice Jehová: Por cuanto los sirios han dicho: Jehová

a cp 19:2
Rt 1:17
2 Re 6:31

b 1 Sm 14:6

c ver 28

d Jos 12:18
y 13:8
1 Sm 29:1
2 Re 13:17

es Dios de las montañas, y no Dios de los valles, yo entregaré toda esta gran multitud en tu mano, y sabrás que yo soy Jehová.

29 Siete días estuvieron acampados los unos delante de los otros, y al séptimo día se dio la batalla; y los hijos de Israel mataron de los sirios en un solo día a cien mil hombres de a pie.

30 Los demás huyeron a Afec, a la ciudad; y el muro cayó sobre veintisiete mil hombres *que habían* quedado. También Benadad vino huyendo a la ciudad, y se escondía de cámara en cámara.

31 Entonces sus siervos le dijeron: He aquí, hemos oído que los reyes de la casa de Israel son reyes misericordiosos; pongamos, pues, ahora cilicio en nuestros lomos, y cuerdas sobre nuestras cabezas, y salgamos al rey de Israel; quizá por ventura te salve la vida.

32 Ciñeron, pues, sus lomos de cilicio y pusieron cuerdas sobre sus cabezas, y vinieron al rey de Israel y le dijeron: Tu siervo Benadad dice: Te ruego que viva mi alma. Y él respondió: ¿Vive todavía? Él es mi hermano.

33 Esto tomaron aquellos hombres por buen augurio, y presto tomaron esta palabra de su boca, y dijeron: ¡Tu hermano Benadad *vive*! Y él dijo: Id, y traedle. Benadad entonces se presentó a Acab, y él le hizo subir en un carro.

34 Y le dijo *Benadad*: ᵈLas ciudades que mi padre tomó de tu padre, yo las restituiré; y haz plazas en Damasco para ti, como mi padre las hizo en Samaria. Y yo, *dijo Acab*, te dejaré partir con este pacto. Hizo, pues, pacto con él, y le dejó ir.

35 Entonces un varón de los hijos de los profetas dijo a su compañero por ᶠpalabra de Dios: Hiéreme ahora. Mas el otro varón no quiso herirle.

36 Y él le dijo: Por cuanto no has obedecido a la palabra de Jehová, he aquí que cuando te apartes de mí, te herirá un león. Y tan pronto se apartó de él, ʰlo topó un león, y lo mató.

37 Luego se encontró con otro hombre, y le dijo: Hiéreme, te ruego.

a 2 Re 10:24

b cp 21:4

c 1 Sm 8:14

d cp 15:20

e Lv 25:23
Nm 36:7
Ez 46:18

f cp 13:17

g cp 19:1-2

h cp 13:24

Y el hombre le dio un golpe, y le hizo una herida.

38 Y el profeta se fue, y se puso delante del rey en el camino, y se disfrazó poniendo ceniza sobre su rostro.

39 Y como el rey pasaba, él dio voces al rey, y dijo: Tu siervo salió entre la tropa; y he aquí apartándose uno, me trajo a un hombre, diciendo: Guarda a este hombre, y si por alguna razón él llegare a faltar, ᵃtu vida será por su vida, o pagarás un talento de plata.

40 Y como tu siervo estaba ocupado a una parte y a otra, él desapareció. Entonces el rey de Israel le dijo: Ésa *será* tu sentencia; tú la has pronunciado.

41 Pero él se quitó pronto la ceniza de sobre su rostro, y el rey de Israel conoció que *era* de los profetas.

42 Y él le dijo: Así dice Jehová: ʰPor cuanto soltaste de la mano el hombre de mi anatema, tu vida será por su vida, y tu pueblo por su pueblo.

43 Y el rey de Israel ᵇse fue a su casa, triste y enojado, y llegó a Samaria.

CAPÍTULO 21

Pasadas estas cosas, aconteció que Nabot de Jezreel tenía en Jezreel una viña junto al palacio de Acab, rey de Samaria.

2 Y Acab habló a Nabot, diciendo: Dame tu ᶜviña para un huerto de legumbres, porque *está* cercana a mi casa, y yo te daré por ella una viña mejor que ésta; o si te parece mejor, te pagaré su valor en dinero.

3 Y Nabot respondió a Acab: Guárdeme Jehová de ᵉque yo te dé a ti la heredad de mis padres.

4 Y vino Acab a su casa, triste y enojado por la palabra que Nabot de Jezreel le había respondido, diciendo: No te daré la heredad de mis padres. Y se acostó en su cama, y volvió su rostro, y no comió pan.

5 Y vino a él su esposa ᵍJezabel, y le dijo: ¿Por qué está tan triste tu espíritu, y no comes pan?

6 Y él respondió: Porque hablé con Nabot de Jezreel, y le dije que me diera su viña por dinero, o que, si más quería, le daría *otra* viña por ella; y él respondió: Yo no te daré mi viña.

7 Y su esposa Jezabel le dijo: ¿Reinas tú ahora sobre Israel? Levántate, y come pan, y alégrate; yo te daré la viña de Nabot de Jezreel.

8 Entonces ella escribió cartas en nombre de Acab, y las selló con su anillo y las envió a los ancianos y a los principales que moraban en su ciudad con Nabot.

9 Y las cartas que escribió decían así: Proclamad ayuno, y poned a Nabot a la cabecera del pueblo;

10 y poned a dos hombres hijos de Belial delante de él, que atestigüen contra él, y digan: Tú has ᵉblasfemado a Dios y al rey. Y entonces sacadlo, y apedreadlo para que muera.

11 Y los de su ciudad, los ancianos y los principales que moraban en su ciudad, hicieron como Jezabel les mandó, conforme a lo escrito en las cartas que ella les había enviado.

12 ᶠY promulgaron ayuno, y asentaron a Nabot a la cabecera del pueblo.

13 Vinieron entonces dos hombres, hijos de Belial, y se sentaron delante de él; y aquellos ʰhombres de Belial atestiguaron contra Nabot delante del pueblo, diciendo: Nabot ha blasfemado a Dios y al rey. ⁱY lo sacaron fuera de la ciudad, y lo apedrearon, y murió.

14 Después enviaron a decir a Jezabel: Nabot ha sido apedreado y ha muerto.

15 Y como Jezabel oyó que Nabot había sido apedreado y muerto, dijo a Acab: Levántate y posee la viña de Nabot de Jezreel, que no te la quiso dar por dinero; porque Nabot no vive, sino que ha muerto.

16 Y sucedió que cuando oyó Acab que Nabot había muerto, se levantó para descender a la viña de Nabot de Jezreel, para tomar posesión de ella.

17 ˡEntonces vino palabra de Jehová a Elías tisbita, diciendo:

18 Levántate, desciende a encontrarte con Acab, rey de Israel, que está en Samaria; he aquí él está en la viña de Nabot, a la cual ha descendido para tomar posesión de ella.

19 Y le hablarás diciendo: Así dice Jehová: ¿No mataste, y también has despojado? Y volverás a hablarle, diciendo: Así dice Jehová: ᵉEn el lugar donde los perros lamieron la sangre de Nabot, los perros lamerán también tu sangre, tu misma *sangre*.

20 Y Acab dijo a Elías: ᵃ¿Me has hallado, enemigo mío? Y él respondió: Te he encontrado, ᵇporque te has vendido a hacer lo malo ante los ojos de Jehová.

21 He aquí ᶜyo traigo mal sobre ti, y barreré tu posteridad, y cortaré de Acab todo meante a la pared, al guardado y al desamparado en Israel;

22 Y yo pondré tu casa como la casa de Jeroboam, hijo de Nabat, y como la casa de Baasa, hijo de Ahías; por la provocación con que *me* provocaste a ira, y con que has hecho pecar a Israel.

23 De Jezabel también ha hablado Jehová, diciendo: Los perros comerán a Jezabel en el muro de Jezreel.

24 ᵍEl que de Acab fuere muerto en la ciudad, perros lo comerán: y el que fuere muerto en el campo, lo comerán las aves del cielo.

25 Pero ⁱninguno fue como Acab, quien se vendió a hacer lo malo ante los ojos de Jehová, porque Jezabel su esposa lo incitaba.

26 Él fue en gran manera abominable, caminando en pos de los ídolos, conforme a todo lo que hicieron los amorreos, a los cuales lanzó Jehová de delante de los hijos de Israel.

27 Y aconteció que cuando Acab oyó estas palabras, rasgó sus vestiduras, ᵏy puso cilicio sobre su carne, y ayunó, y durmió en cilicio, y anduvo humillado.

28 Entonces vino palabra de Jehová a Elías tisbita, diciendo:

29 ¿No has visto cómo Acab se ha humillado delante de mí? Pues por cuanto se ha humillado delante de mí, no traeré el mal en sus días; ᵐen los días de su hijo traeré el mal sobre su casa.

CAPÍTULO 22

Tres años pasaron sin guerra entre los sirios e Israel.

2 Y aconteció al tercer año, que Josafat, rey de Judá, descendió al rey de Israel.

Sentencia contra Acab y Jezabel

1 REYES 22

3 Y el rey de Israel dijo a sus siervos: ¿No sabéis que Ramot de Galaad *es* nuestra, y nosotros no hemos hecho nada para tomarla de mano del rey de Siria?

4 Y dijo a Josafat: ¿Quieres venir conmigo a pelear contra Ramot de Galaad? Y Josafat respondió al rey de Israel: ^bYo soy como tú, y mi pueblo como tu pueblo, y mis caballos como tus caballos.

5 Y dijo luego Josafat al rey de Israel: Yo te ruego que ^cconsultes hoy la palabra de Jehová.

6 Entonces el rey de Israel ^dreunió a los profetas, como cuatrocientos hombres, a los cuales dijo: ¿Iré a la guerra contra Ramot de Galaad, o la dejaré? Y ellos dijeron: Sube; porque el Señor *la* entregará en mano del rey.

7 Y dijo Josafat: ¿Hay aún aquí *algún* profeta de Jehová, por el cual consultemos?

8 Y el rey de Israel respondió a Josafat: Aún *hay* un varón por el cual podríamos consultar a Jehová, Micaías, hijo de Imla; mas yo le aborrezco, porque nunca me profetiza bien, sino solamente mal. Y Josafat dijo: No hable el rey así.

9 Entonces el rey de Israel llamó a un oficial, y le dijo: Trae pronto a Micaías, hijo de Imla.

10 Y el rey de Israel y Josafat rey de Judá estaban sentados cada uno en su trono, vestidos de sus ropas reales, en la plaza junto a la entrada de la puerta de Samaria; y todos los profetas profetizaban delante de ellos.

11 Y Sedequías, hijo de Quenaana, se había hecho unos cuernos de hierro, y dijo: Así dice Jehová: Con éstos acornearás a los sirios hasta acabarlos.

12 Y todos los profetas profetizaban de la misma manera, diciendo: Sube a Ramot de Galaad, y serás prosperado; porque Jehová *la* entregará en mano del rey.

13 Y el mensajero que había ido a llamar a Micaías, le habló, diciendo: He aquí las palabras de los profetas a una boca anuncian al rey el bien; sea ahora tu palabra conforme a la palabra de alguno de ellos, y anuncia el bien.

14 Y Micaías respondió: Vive Jehová, que ^alo que Jehová me hablare, eso diré.

15 Vino, pues, al rey, y el rey le dijo: Micaías, ¿iremos a pelear contra Ramot de Galaad, o la dejaremos? Y él respondió: Sube, que serás prosperado, y Jehová la entregará en mano del rey.

16 Y el rey le dijo: ¿Hasta cuántas veces he de hacerte jurar que no me digas sino la verdad en el nombre de Jehová?

17 Entonces él dijo: Yo vi a todo Israel esparcido por los montes, como ovejas que no tienen pastor; y Jehová dijo: Éstos no tienen señor; vuélvase cada uno a su casa en paz.

18 Y el rey de Israel dijo a Josafat: ¿No te había dicho yo que ninguna cosa buena profetizaría él acerca de mí, sino solamente mal?

19 Entonces él dijo: Oye, pues, palabra de Jehová: ^eYo vi a Jehová sentado en su trono, ^fy todo el ejército del cielo estaba junto a Él, a su derecha y a su izquierda.

20 Y Jehová dijo: ¿Quién inducirá a Acab, para que suba y caiga en Ramot de Galaad? Y uno decía de una manera; y otro decía de otra.

21 Y salió un espíritu y se puso delante de Jehová, y dijo: Yo lo induciré.

22 Y Jehová le dijo: ¿De qué manera? Y él dijo: Yo saldré, y seré ^gespíritu de mentira en boca de todos sus profetas. Y Él dijo: Tú lo inducirás y prevalecerás; ve, pues, y hazlo así.

23 Y ahora, he aquí Jehová ha puesto espíritu de mentira en la boca de todos estos tus profetas, y Jehová ha decretado el mal acerca de ti.

24 Pero Sedequías, hijo de Quenaana, se acercó, e ^hhirió a Micaías en la mejilla, diciendo: ¿Por dónde se fue de mí el Espíritu de Jehová para hablarte a ti?

25 Y Micaías respondió: He aquí, tú lo verás en aquel día, cuando te irás metiendo de cámara en cámara para esconderte.

26 Entonces el rey de Israel dijo: Toma a Micaías, y vuélvelo a Amón, gobernador de la ciudad, y a Joás, hijo del rey;

---

a Nm 22:38
y 24:13

b 2 Re 3:7

c 2 Re 3:11

d cp 18:19

e Is 6:1
Ez 1:26-28
Dn 7:9
f Job 1:6
y 2:1
Sal 103:20
Dn 7:10

g Jue 9:23
1 Sm 16:14
Is 19:4
Jer 4:10
Ez 14:9
2 Ts 2:11

h Lm 3:30
Mi 5:1
Mt 26:67
Mr 14:65
Jn 18:22
Hch 23:2

1 REYES 22 — Muerte de Acab

27 y dirás: Así ha dicho el rey: Echad a éste en la ªcárcel, y mantenedle con pan de angustia y con agua de aflicción, hasta que yo vuelva en paz.

28 Y dijo Micaías: Si llegares a volver en paz, ᵇJehová no ha hablado por mí. En seguida dijo: Oíd, pueblos todos.

29 Subió, pues, el rey de Israel con Josafat, rey de Judá, a Ramot de Galaad.

30 Y el rey de Israel dijo a Josafat: Yo me disfrazaré y entraré en la batalla; y tú ponte tus vestiduras. Y el rey de Israel ᵈse disfrazó y entró en la batalla.

31 Mas el rey de Siria había mandado a sus treinta y dos capitanes de los carros, diciendo: No peleéis ni con grande ni con chico, sino sólo contra el rey de Israel.

32 Y sucedió que cuando los capitanes de los carros vieron a Josafat, dijeron: Ciertamente éste es el rey de Israel, y se desviaron para pelear contra él, pero el rey Josafat dio voces.

33 Viendo entonces los capitanes de los carros que no *era* el rey de Israel, se apartaron de él.

34 Y un hombre disparando su arco a la ventura, hirió al rey de Israel por entre las junturas de la armadura; por lo que dijo él a su carretero: Da la vuelta y sácame del campo, pues estoy herido.

35 Mas la batalla había arreciado aquel día, y el rey estuvo en su carro delante de los sirios, y a la tarde murió; y la sangre de la herida corrió hasta el fondo del carro.

36 Y a la puesta del sol salió un pregón por el campamento que decía: ¡Cada uno a su ciudad, y cada cual a su tierra!

37 Murió, pues, el rey, y fue traído a Samaria; y sepultaron al rey en Samaria.

38 Y lavaron el carro en el estanque de Samaria; lavaron también sus armas; y los perros lamieron su sangre, conforme a la palabra de Jehová que había hablado.

39 Los demás hechos de Acab, y todo lo que hizo, y la casa de marfil que construyó, y todas las ciudades que edificó, ¿no *están* escritos en el libro de las crónicas de los reyes de Israel?

40 Y durmió Acab con sus padres, y Ocozías su hijo reinó en su lugar.

41 Y Josafat, hijo de Asa, comenzó a reinar sobre Judá en el cuarto año de Acab, rey de Israel.

42 Y *era* Josafat de treinta y cinco años cuando comenzó a reinar, y reinó veinticinco años en Jerusalén. El nombre de su madre *fue* Azuba, hija de Silhi.

43 Y ᶜanduvo en todos los caminos de Asa, su padre, sin declinar de ellos, haciendo lo recto en los ojos de Jehová. Con todo eso, ᵉlos lugares altos no fueron quitados; *pues* el pueblo aún sacrificaba y quemaba incienso en los lugares altos.

44 Y Josafat hizo ᶠpaz con el rey de Israel.

45 Los demás hechos de Josafat, sus hazañas y las guerras que hizo, ¿no *están* escritos en ᵍel libro de las crónicas de los reyes de Judá?

46 ʰBarrió también de la tierra el resto de los sodomitas que habían quedado en el tiempo de su padre Asa.

47 No *había* entonces rey en Edom; había gobernador *en lugar* de rey.

48 Josafat había hecho navíos en Tarsis, los cuales habían de ir a Ofir por oro; mas no fueron, porque se rompieron en Ezión-geber.

49 Entonces Ocozías, hijo de Acab, dijo a Josafat: Vayan mis siervos con tus siervos en los navíos. Mas Josafat no quiso.

50 Y durmió Josafat con sus padres, y fue sepultado con sus padres en la ciudad de David su padre; y Joram su hijo reinó en su lugar.

51 Y Ocozías, hijo de Acab, comenzó a reinar sobre Israel en Samaria, el año diecisiete de Josafat, rey de Judá; y reinó dos años sobre Israel.

52 E hizo lo malo ante los ojos de Jehová, y anduvo en el camino de su padre, y en el camino de su madre, y en el camino de Jeroboam, hijo de Nabat, que hizo pecar a Israel;

53 Porque sirvió a Baal y lo adoró, y provocó a ira a Jehová, el Dios de Israel, conforme a todas las cosas que su padre había hecho.

---

a 2 Cr 16:10
y 18:25-27

b Nm 16:29
Dt 18:20-22

c 2 Cr 17:3
y 20:32-33

d cp 14:2
y 20:38
1 Sm 28:8
2 Sm 14:2
2 Cr 18:29

e cp 14:23
y 15:14
2 Re 12:3

f 2 Cr 18:1
y 19:2

g cp 14:29
22:39

h cp 14:24
y 15:12
Gn 19:5
Dt 23:17
Jud 7

Libro Segundo De
REYES

CAPÍTULO 1

Después de la muerte de Acab, ªse rebeló Moab contra Israel.

2 Y Ocozías cayó por las celosías de una sala de la casa que *tenía* en Samaria; y estando enfermo envió mensajeros, y les dijo: Id, y consultad a Baal-zebub, dios de ᶜEcrón, si he de sanar de esta mi enfermedad.

3 Entonces el ángel de Jehová habló a Elías ᵈtisbita, diciendo: Levántate, y sube a encontrarte con los mensajeros del rey de Samaria, y diles: ¿Acaso no *hay* Dios en Israel, para que vayáis a consultar a Baal-zebub, dios de Ecrón?

4 Por tanto, así dice Jehová: Del lecho en que subiste no descenderás, antes morirás ciertamente. Y Elías se fue.

5 Y cuando los mensajeros se volvieron al rey, él les dijo: ¿Por qué os habéis vuelto?

6 Y ellos le respondieron: Encontramos un varón que nos dijo: Id, y volveos al rey que os envió, y decidle: Así dice Jehová: ¿Acaso no *hay* Dios en Israel, que tú envías a consultar a Baal-zebub, dios de Ecrón? Por tanto, del lecho en que subiste no descenderás, sino que de cierto morirás.

7 Entonces él les dijo: ¿Cómo *era* aquel varón que encontrasteis y os dijo tales palabras?

8 Y ellos le respondieron: Un varón ᶠvelludo, y ceñía sus lomos con un cinto de cuero. Entonces él dijo: Es Elías tisbita.

9 Entonces *el rey* envió a él un capitán de cincuenta con sus cincuenta, el cual subió a él; y he aquí que él estaba sentado en la cumbre del monte. Y él le dijo: ʰVarón de Dios, el rey dice que desciendas.

10 Y Elías respondió, y dijo al capitán de cincuenta: Si yo *soy* varón de Dios, ⁱdescienda fuego del cielo y te consuma con tus cincuenta. Y descendió fuego del cielo y lo consumió a él y a sus cincuenta.

11 Volvió el rey a enviar a él otro capitán de cincuenta con sus cincuenta; y le habló, y dijo: Varón de Dios, el rey ha dicho así: Desciende pronto.

12 Y les respondió Elías, y dijo: Si yo *soy* varón de Dios, descienda fuego del cielo y te consuma con tus cincuenta. Y ᵇel fuego de Dios descendió del cielo y lo consumió a él y a sus cincuenta.

13 Y volvió a enviar el tercer capitán de cincuenta con sus cincuenta: y subiendo aquel tercer capitán de cincuenta, se hincó de rodillas delante de Elías, y le rogó, diciendo: Varón de Dios, te ruego que sea ᵉde valor delante de tus ojos mi vida, y la vida de estos tus cincuenta siervos.

14 He aquí ha descendido fuego del cielo y ha consumido a los dos primeros capitanes de cincuenta con sus cincuenta; sea ahora mi vida de valor delante de tus ojos.

15 Entonces el ángel de Jehová dijo a Elías: Desciende con él; no tengas miedo de él. Y él se levantó, y descendió con él al rey.

16 Y le dijo: Así dice Jehová: Por cuanto enviaste mensajeros a consultar a Baal-zebub, dios de Ecrón, ¿acaso no *hay* Dios en Israel para consultar en su palabra? Por tanto, no descenderás del lecho en que subiste, sino que de cierto morirás.

17 Y murió conforme a la palabra de Jehová que había hablado Elías; y reinó en su lugar ᵍJoram, en el segundo año de Joram, hijo de Josafat, rey de Judá; porque *Ocozías* no tenía hijo.

18 Y los demás hechos de Ocozías, ¿no *están* escritos en el libro de las crónicas de los reyes de Israel?

CAPÍTULO 2

Y aconteció que cuando quiso Jehová alzar a Elías en un torbellino al cielo, Elías venía con Eliseo de ʲGilgal.

---

a cp 3:5
2 Sm 8:2

b Job 1:16
c Jos 15:11

d 1 Re 21:17

e 1 Sm 26:21
Sal 72:14

f Zac 13:4
Mt 3:4
Mr 1:6

g cp 8:16
2 Cr 21:3

h Jue 13:6

i Lc 9:54

j cp 4:38
Jos 5:9

2 Y dijo Elías a Eliseo: Quédate ahora aquí, porque Jehová me ha enviado a ªBetel. Y Eliseo dijo: Vive Jehová, y vive tu alma, que no te dejaré. Descendieron, pues, a Betel.

3 Y saliendo a Eliseo ᶜlos hijos de los profetas que *estaban* en Betel, le dijeron: ¿Sabes que Jehová quitará hoy a tu señor de sobre tu cabeza? Y él dijo: Sí, yo lo sé; callad.

4 Y Elías le volvió a decir: Eliseo, quédate aquí ahora, porque Jehová me ha enviado a ᵉJericó. Y él dijo: Vive Jehová, y vive tu alma, que no te dejaré. Vinieron, pues, a Jericó.

5 Y los hijos de los profetas que *estaban* en Jericó vinieron a Eliseo, y le dijeron: ¿Sabes que Jehová quitará hoy a tu señor de sobre tu cabeza? Y él respondió: Sí, yo *lo* sé; callad.

6 Y Elías le dijo: Te ruego que te quedes aquí, porque Jehová me ha enviado al Jordán. Y él dijo: Vive Jehová, y vive tu alma, que no te dejaré. Fueron, pues, los dos.

7 Y vinieron cincuenta varones de los hijos de los profetas, y se pararon enfrente a lo lejos; y ellos dos se pararon junto al Jordán.

8 Tomando entonces Elías su ᵍmanto, lo dobló, y golpeó las aguas, las cuales ʰse apartaron a uno y a otro lado, y pasaron ambos en seco.

9 Y sucedió que cuando habían pasado, Elías dijo a Eliseo: Pide lo que quieres que haga por ti, antes que sea quitado de tu lado. Y dijo Eliseo: Te ruego que una ʲdoble porción de tu espíritu sea sobre mí.

10 Y él le dijo: Cosa difícil has pedido. Si me vieres *cuando* fuere quitado de ti, te será así hecho; mas si no, no.

11 Y aconteció que yendo ellos y hablando, he aquí, *apareció* ᵏun carro de fuego con caballos de fuego que apartó a los dos; y Elías subió al cielo en un torbellino.

12 Y viéndolo Eliseo, clamaba: ᵐ¡Padre mío, padre mío, carro de Israel y su gente de a caballo! Y nunca más le vio, y trabando de sus vestiduras, las rompió en dos partes.

13 Alzó luego el manto de Elías que se le había caído, y volvió, y se paró a la orilla del Jordán.

14 Y tomando el manto de Elías que se le había caído, golpeó las aguas, y

a Jos 16:2
b ver 8
c cp 4:1,38
5:22 6:1 y 9:1
1 Sm 10:10
1 Re 20:35
d ver 7
e 1 Re 16:34
f 1 Re 18:12
g 1 Re 19:19
h Éx 14:21
i Éx 15:25
Jn 9:6
j Dt 21:17
k cp 6:17
Sal 68:17
y 104:4
l Neh 13:25
m cp 13:14

Eliseo pide una doble porción

dijo: ¿Dónde *está* Jehová, el Dios de Elías? Y así que hubo del mismo modo golpeado las aguas, se ᵇapartaron a uno y a otro lado, y pasó Eliseo.

15 Y viéndole los hijos de los profetas ᵈque *estaban* en Jericó al otro lado, dijeron: El espíritu de Elías reposa sobre Eliseo. Y vinieron a recibirle, y se inclinaron a tierra delante de él.

16 Y le dijeron: He aquí hay con tus siervos cincuenta varones fuertes; vayan ahora y busquen a tu señor; ᶠquizá lo ha levantado el Espíritu de Jehová, y lo ha echado en algún monte o en algún valle. Y él les dijo: No enviéis.

17 Mas ellos le importunaron, hasta que avergonzándose, dijo: Enviad. Entonces ellos enviaron cincuenta hombres, los cuales lo buscaron tres días, mas no lo hallaron.

18 Y cuando volvieron a él (pues él se había quedado en Jericó), él les dijo: ¿No os dije yo que no fueseis?

19 Y los hombres de la ciudad dijeron a Eliseo: He aquí el lugar donde está situada la ciudad *es* bueno, como mi señor ve; mas las aguas *son* malas, y la tierra *es* estéril.

20 Entonces él dijo: Traedme una vasija nueva, y poned sal en ella. Y se *la* trajeron.

21 Y saliendo él a ⁱlos manantiales de las aguas, echó dentro la sal, y dijo: Así dice Jehová: Yo sané estas aguas, y no habrá más en ellas muerte ni esterilidad.

22 Y fueron sanas las aguas hasta hoy, conforme a la palabra que habló Eliseo.

23 Después subió de allí a Betel; subiendo por el camino, salieron los muchachos de la ciudad, y se burlaban de él, diciendo: ¡Calvo, sube; calvo, sube!

24 Y mirando él atrás, los vio, y ˡlos maldijo en el nombre de Jehová. Y salieron dos osas del monte, y despedazaron de ellos a cuarenta y dos muchachos.

25 De allí fue al monte Carmelo, y de allí volvió a Samaria.

CAPÍTULO 3

Y Joram, hijo de Acab, comenzó a reinar en Samaria sobre Israel el

La mano del Jehová es sobre Eliseo

año dieciocho de Josafat, rey de Judá; y reinó doce años.

2 E hizo lo malo ante los ojos de Jehová, aunque ªno como su padre y su madre; porque quitó ᶜlas estatuas de Baal que su padre había hecho.

3 Mas se entregó a los pecados de Jeroboam, hijo de Nabat, que hizo pecar a Israel; y no se apartó de ellos.

4 Entonces Mesa rey de Moab era propietario de ganados, y pagaba al rey de Israel cien mil corderos, cien mil carneros, más la lana.

5 Pero aconteció que cuando ᵉAcab murió, el rey de Moab se rebeló contra el rey de Israel.

6 Y salió entonces de Samaria el rey Joram, y pasó revista a todo Israel.

7 Y fue y envió a decir a Josafat rey de Judá: El rey de Moab se ha rebelado contra mí: ¿irás tú conmigo a la guerra contra Moab? Y él respondió: Iré, porque ᵍyo soy como tú eres; mi pueblo como tu pueblo; y mis caballos, como tus caballos.

8 Y dijo: ¿Por qué camino iremos? Y él respondió: Por el camino del desierto de Idumea.

9 Partieron, pues, el rey de Israel, y el rey de Judá, y el rey de Idumea; y como anduvieron rodeando por el desierto siete días de camino, les faltó el agua para el ejército y para las bestias que los seguían.

10 Entonces el rey de Israel dijo: ¡Ah! que ha llamado Jehová estos tres reyes para entregarlos en manos de los moabitas.

11 Mas ⁱJosafat dijo: ¿No hay aquí profeta de Jehová, para que consultemos a Jehová por él? Y uno de los siervos del rey de Israel respondió y dijo: Aquí está Eliseo, hijo de Safat, que ʲdaba agua en las manos de Elías.

12 Y Josafat dijo: Éste tendrá palabra de Jehová. Y descendieron a él el rey de Israel, y Josafat, y el rey de Idumea.

13 Entonces Eliseo dijo al rey de Israel: ᵏ¿Qué tengo yo contigo? Ve a ˡlos profetas de tu padre, y a ᵐlos profetas de tu madre. Y el rey de Israel le respondió: No; porque ha juntado Jehová estos tres reyes para entregarlos en manos de los moabitas.

14 Y Eliseo dijo: ᵒVive Jehová de los ejércitos, en cuya presencia estoy,

a 1 Re 16:31
b 1 Sm 10:5
c ver 23
2 Sm 7:18
d 2 Re 18:46
Ez 1:3 3:14
8:1 37:1
y 40:1

e cp 1:1

f ver 25
g 1 Re 22:4

h Éx 29:39
1 Re 18:29

i 1 Re 22:7

j 1 Re 19:21

k 2 Sm 16:10
l Ez 14:3
m 1 Re 18:19

n Is 16:7-11
Jer 48:31-36
o 1 Re 17:1

que si no tuviese respeto al rostro de Josafat, rey de Judá, no te miraría ni te vería.

15 Mas ahora traedme ᵇun tañedor. Y sucedió que mientras el tañedor tocaba, ᵈla mano de Jehová vino sobre Eliseo.

16 Y dijo: Así dice Jehová: Haced en este valle muchas acequias.

17 Porque así dice Jehová: No veréis viento, ni veréis lluvia, y este valle será lleno de agua, y beberéis vosotros, y vuestras bestias, y vuestros ganados.

18 Y esto es cosa ligera en los ojos de Jehová; dará también a los moabitas en vuestras manos.

19 Y vosotros destruiréis toda ciudad fortificada y a toda villa hermosa, y talaréis todo buen árbol, y cegaréis todas las fuentes de aguas, y ᶠdestruiréis con piedras toda tierra fértil.

20 Y aconteció que por la mañana, ʰcuando se ofrece el sacrificio, he aquí vinieron aguas por el camino de Idumea, y la tierra fue llena de aguas.

21 Y todos los de Moab, como oyeron que los reyes subían a pelear contra ellos, se juntaron todos desde los que apenas podían ceñirse la armadura en delante, y se pusieron en la frontera.

22 Y cuando se levantaron temprano por la mañana, y brilló el sol sobre las aguas, vieron los moabitas desde lejos las aguas rojas como sangre,

23 y dijeron: ¡Esto es sangre de espada! Los reyes se han vuelto uno contra el otro, y cada uno ha dado muerte a su compañero. Ahora, pues, ¡Moab, al despojo!

24 Mas cuando llegaron al campamento de Israel, se levantaron los israelitas e hirieron a los de Moab, los cuales huyeron delante de ellos; pero ellos los persiguieron aun hasta su país, matando a los moabitas.

25 Y asolaron las ciudades, y en todas las heredades fértiles echó cada uno su piedra, y las llenaron; cegaron también todas las fuentes de agua, y derribaron todos los buenos árboles; hasta que en ⁿKir-hareset solamente dejaron sus piedras; porque los honderos la rodearon, y la hirieron.

26 Y cuando el rey de Moab vio que la batalla lo vencía, tomó consigo setecientos hombres que sacaban espada, para abrir brecha contra el rey de Idumea; mas no pudieron.

27 Entonces arrebató a su primogénito que había de reinar en su lugar, y le sacrificó *en* holocausto sobre el muro. Y hubo grande enojo contra Israel; y se retiraron de él, y se volvieron a *su* tierra.

CAPÍTULO 4

Una mujer, de las esposas de [b]los hijos de los profetas, clamó a Eliseo, diciendo: Tu siervo mi marido ha muerto; y tú sabes que tu siervo era temeroso de Jehová; y ha venido el acreedor para tomarse dos hijos míos por siervos.

2 Y Eliseo le dijo: ¿Qué puedo hacer por ti? Declárame qué tienes en casa. Y ella dijo: Tu sierva ninguna cosa tiene en casa, sino una vasija de aceite.

3 Y él le dijo: Ve, y pide para ti vasijas prestadas de todos tus vecinos, vasijas vacías, no pocas.

4 Entra luego, y cierra la puerta tras ti y tras tus hijos; y echa en todas las vasijas, y estando una llena, ponla aparte.

5 Y la mujer se fue de él, y cerró la puerta tras sí y tras sus hijos; y ellos le traían *las vasijas,* y ella echaba el aceite.

6 Y sucedió que cuando las vasijas fueron llenas, dijo a un hijo suyo: Tráeme aún otra vasija. Y él dijo: No *hay* más vasijas. Entonces cesó el aceite.

7 Vino ella luego, y lo contó al [f]varón de Dios, el cual dijo: Ve, vende el aceite y paga tu deuda; y tú y tus hijos vivid de lo que quede.

8 Y aconteció también que un día pasaba Eliseo por [g]Sunem; y *había* allí [i]una gran mujer, la cual le constriñó a que comiese del pan; y cuando por allí pasaba, se venía a su casa a comer del pan.

9 Y ella dijo a su marido: He aquí ahora, yo percibo que éste que siempre pasa por nuestra *casa, es* varón santo de Dios.

10 Yo te ruego que hagamos una pequeña cámara de paredes, y pongamos en ella cama, y mesa, y silla, y candelero, para que cuando viniere a nosotros, se recoja en ella.

11 Y aconteció un día vino él por allí, y se recogió en aquella cámara, y durmió en ella.

12 Entonces dijo a Giezi su criado: Llama a esta sunamita. Y cuando la llamó, ella se presentó delante de él.

13 Y él dijo *a Giezi:* Dile: He aquí tú has estado solícita por nosotros con todo este esmero: ¿qué quieres que haga por ti? ¿Necesitas que hable por ti al rey, o al [a]general del ejército? Y ella respondió: Yo habito en medio de mi pueblo.

14 Y él dijo: ¿Qué, pues, haremos por ella? Y Giezi respondió: He aquí ella no tiene hijo, y su marido es viejo.

15 Dijo entonces: Llámala. Y él la llamó, y ella se paró a la puerta.

16 Y él le dijo: [c]A este tiempo según el tiempo de la vida, abrazarás un hijo. Y ella dijo: No, señor mío, varón de Dios, no hagas burla de tu sierva.

17 Mas la mujer concibió, y dio a luz un hijo en aquel tiempo que Eliseo le había dicho, según el tiempo de la vida.

18 Y cuando el niño creció, aconteció que un día salió a su padre, a los segadores.

19 Y dijo a su padre: ¡Ay, [d]mi cabeza, mi cabeza! Y *su padre* dijo a un criado: Llévalo a su madre.

20 Y habiéndole él tomado, y traído a su madre, estuvo sentado sobre sus rodillas hasta el mediodía, y murió.

21 Ella entonces subió, y lo puso [e]sobre la cama del varón de Dios, y cerrando la puerta tras él, salió.

22 Llamando luego a su marido, dijo: Te ruego que envíes conmigo a alguno de los criados y una de las asnas, para que yo vaya corriendo al varón de Dios, y vuelva.

23 Y él dijo: ¿Para qué has de ir a él hoy? No *es* [h]nueva luna, ni sábado. Y ella respondió: [j]Paz.

24 Después hizo enalbardar una asna, y dijo al criado: Guía y anda; no detengas por mí *tu* cabalgar, a menos que yo te lo diga.

25 Partió, pues, y vino al varón de Dios al [k]monte Carmelo. Y sucedió que cuando el varón de Dios la vio de lejos, dijo a su criado Giezi: He aquí la sunamita.

Naamán el sirio

26 Te ruego que vayas ahora corriendo a recibirla, y dile: ¿Te va bien a ti? ¿Le va bien a tu marido? ¿Le va bien a tu hijo? Y ella respondió: Bien.

27 Y luego que llegó al varón de Dios en el monte, ªasió de sus pies. Y se acercó Giezi para quitarla; mas el varón de Dios le dijo: Déjala, porque su alma *está* en amargura, y Jehová me ha encubierto el motivo, y no me *lo* ha revelado.

28 Y ella dijo: ¿Pedí yo hijo a mi señor? ᵇ¿No dije yo: No me engañes?

29 Entonces dijo él a Giezi: ᵈCiñe tus lomos, y toma mi bordón en tu mano, y ve; y si alguno te encontrare, ᵉno lo saludes; y si alguno te saludare, no le respondas; y ᵍpondrás mi bordón sobre el rostro del niño.

30 Y dijo la madre del niño: ⁱVive Jehová, y vive tu alma, que no te dejaré. Él entonces se levantó y la siguió.

31 Y Giezi había ido delante de ellos, y había puesto el bordón sobre el rostro del niño, pero no *tenía* voz ni sentido; y así se había vuelto para encontrar a Eliseo; y se lo declaró, diciendo: ᵏEl niño no despierta.

32 Y cuando Eliseo entró en la casa, he aquí que el niño estaba muerto, tendido sobre su cama.

33 Entrando él entonces, ˡcerró la puerta sobre ambos, y oró a Jehová.

34 Después subió, y ᵐse echó sobre el niño, poniendo su boca sobre su boca, y sus ojos sobre sus ojos, y sus manos sobre sus manos; ⁿasí se tendió sobre él, y el cuerpo del niño entró en calor.

35 Volviéndose luego, se paseó por la casa a una parte y a otra, y después subió, y se tendió sobre él; y el niño estornudó siete veces, y abrió sus ojos.

36 Entonces llamó él a Giezi, y le dijo: Llama a esta sunamita. Y él la llamó. Y entrando ella, él le dijo: Toma tu hijo.

37 Y así que ella entró, se echó a sus pies, y se inclinó a tierra; ᵠdespués tomó su hijo, y salió.

38 Y ʳEliseo se volvió a Gilgal. Había entonces una gran hambre en la tierra. Y ˢlos hijos de los profetas *estaban* con él, por lo que dijo a su criado: Pon la olla grande, y haz potaje para los hijos de los profetas.

39 Y salió uno al campo a recoger hierbas, y halló una como parra montés, y tomó de ella su manto lleno de calabazas silvestres; y volvió, y las cortó en la olla del potaje, pues no sabía *lo que era*.

40 Y lo sirvieron para que comieran los hombres; pero sucedió que comiendo ellos de aquel guisado, dieron voces, diciendo: ¡Varón de Dios, *hay* muerte en la olla! Y no lo pudieron comer.

41 Él entonces dijo: Traed harina. Y ᶜ*la* esparció en la olla, y dijo: Da de comer a la gente. Y no hubo más mal en la olla.

42 Vino entonces un hombre de ᶠBaal-salisa, el cual trajo al varón de Dios panes de primicias, veinte panes de cebada, y ʰtrigo nuevo en su espiga. Y él dijo: ʲDa a la gente para que coman.

43 Y respondió su sirviente: ¿Cómo he de poner esto delante de cien hombres? Pero él volvió a decir: Da a la gente para que coman, porque así dice Jehová: Comerán, y sobrará.

44 Entonces él *lo* puso delante de ellos y comieron, y les sobró, conforme a la palabra de Jehová.

CAPÍTULO 5

Naamán, general del ejército del rey de Siria, era un gran varón delante de su señor, y le tenía en alta estima, porque por medio de él había dado Jehová salvamento a Siria. Era este hombre valeroso en extremo, *pero* leproso.

2 Y de Siria habían salido ᵒcuadrillas, y habían llevado cautiva de la tierra de Israel una muchacha; la cual sirviendo a la esposa de Naamán,

3 dijo a su señora: Si rogase mi señor al profeta que *está* en Samaria, él ᵖlo sanaría de su lepra.

4 Y entrando Naamán a su señor, se lo declaró, diciendo: Así y así ha dicho una muchacha que es de la tierra de Israel.

5 Y le dijo el rey de Siria: Anda, ve, y yo enviaré una carta al rey de Israel. Partió, pues, él, ᵗllevando consigo diez talentos de plata, y seis mil *piezas* de oro, y ᵘdiez mudas de vestiduras.

6 Tomó también la carta para el rey de Israel, que decía así: Ahora, cuando esta carta llegue a ti, sabe *por ella* que yo te envío a mi siervo Naamán para que lo sanes de su lepra.

7 Y sucedió que cuando el rey de Israel leyó la carta, ªrasgó sus vestiduras, y dijo: ᵇ¿*Soy* yo Dios, que mate y dé vida, para que éste envíe a mí a que sane a un hombre de su lepra? Considerad ahora, y ved cómo busca ocasión contra mí.

8 Y como Eliseo, varón de Dios oyó que el rey de Israel había rasgado sus vestiduras, envió a decir al rey: ¿Por qué has rasgado tus vestiduras? Venga ahora a mí, y sabrá que hay profeta en Israel.

9 Y vino Naamán con sus caballos y con su carro, y se paró a las puertas de la casa de Eliseo.

10 Entonces Eliseo le envió un mensajero, diciendo: ᶠVe y lávate siete veces en el Jordán, y tu carne se te restaurará, y serás limpio.

11 Y Naamán se fue enojado, diciendo: He aquí yo decía para mí: Saldrá él luego, y estando en pie invocará el nombre de Jehová su Dios, y alzará su mano, y tocará el lugar, y sanará la lepra.

12 Abana y Farfar, ríos de ᵏDamasco, ¿no *son* mejores que todas las aguas de Israel? Si me lavare en ellos, ¿no seré limpio? Y se volvió, y se fue enojado.

13 Mas sus criados se acercaron a él, y le hablaron, diciendo: ᵐPadre mío, *si* el profeta te mandara alguna gran cosa, ¿no *la* harías? ¿Cuánto más, diciéndote: Lávate, y serás limpio?

14 Él entonces descendió, y se zambulló siete veces en el Jordán, conforme a la palabra del varón de Dios; y ⁿsu carne se le volvió como la carne de un niño, ᵒy fue limpio.

15 Y volvió al varón de Dios, él y toda su compañía, y se puso delante de él, y dijo: ᵖHe aquí ahora conozco que no *hay* Dios en toda la tierra, sino en Israel. ᑫTe ruego que recibas algún presente de tu siervo.

16 Mas él dijo: ʳVive Jehová, delante del cual estoy, ˢque no lo tomaré. Y le insistió para que lo tomase, pero él rehusó.

17 Entonces Naamán dijo: Te ruego, pues, ¿no se dará a tu siervo una carga de un par de mulas de esta tierra? Porque de aquí en adelante tu siervo no sacrificará holocausto ni sacrificio a otros dioses, sino a Jehová.

18 En esto perdone Jehová a tu siervo; *que* cuando mi señor entrare en el templo de Rimón, y para adorar en él ˢse apoyare sobre mi mano, si yo también me inclinare en el templo de Rimón, si en el templo de Rimón me inclino, Jehová perdone en esto a tu siervo.

19 Y él le dijo: ᵈVete en paz. Se fue, pues, de él, y caminó cierta distancia.

20 Entonces ᵉGiezi, criado de Eliseo el varón de Dios, dijo entre sí: He aquí, mi señor estorbó a este sirio Naamán, no tomando de su mano las cosas que había traído. Vive Jehová que correré yo tras él y tomaré de él alguna cosa.

21 Y siguió Giezi a Naamán; y cuando Naamán lo vio que venía corriendo tras él, ᵍse bajó del carro para recibirle, y dijo: ʰ¿Está todo bien?

22 Y él dijo: Todo está Bien. Mi señor me envía a decir: He aquí, vinieron a mí en esta hora del ⁱmonte de Efraín dos jóvenes de ʲlos hijos de los profetas, te ruego que les des un talento de plata y dos mudas de ropa.

23 Y Naamán dijo: ˡTe ruego que tomes dos talentos. Y él le constriñó, y ató dos talentos de plata en dos sacos, con dos mudas de ropa, y los puso sobre los de sus criados para que los llevaran delante de él.

24 Y cuando llegó a la fortaleza, él los tomó de mano de ellos y los guardó en la casa; luego despidió a los hombres y ellos se fueron.

25 Y él entró, y se puso delante de su señor. Y Eliseo le dijo: ¿De dónde *vienes*, Giezi? Y él dijo: Tu siervo no ha ido a ninguna parte.

26 Él entonces le dijo: ¿No fue *contigo* mi corazón, cuando el hombre volvió de su carro a recibirte? ¿Acaso *es* tiempo de tomar plata, de tomar ropa, olivares, viñas, ovejas, bueyes, siervos y siervas?

27 Por tanto, la lepra de Naamán se te pegará a ti y a tu simiente para siempre. Y salió de delante de él leproso, ᵗ*blanco* como la nieve.

---

a Gn 44:13
b Gn 30:2
Dt 32:39
c cp 7:2,17

d 1 Sm 1:17

e cp 4:12

f Jn 9:7

g Gn 24:64
h cp 9:11

i Jos 24:33
j cp 2:2

k 1 Re 11:24

l cp 6:3

m cp 6:21
y 8:9

n Job 33:25
o Lc 4:27

p Dn 2:47
3:29
y 6:26-27
q Gn 33:11
r 1 Re 17:1
s Gn 14:23
t cp 15:5
Éx 4:6

Eliseo hace nadar el hierro
CAPÍTULO 6

Los ªhijos de los profetas dijeron a Eliseo: He aquí, el lugar en que moramos contigo nos es estrecho.

2 Vamos ahora al Jordán, y tomemos de allí cada uno una viga, y hagámonos allí lugar en que habitemos. Y él dijo: Andad.

3 Y dijo uno: Te rogamos que quieras venir con tus siervos. Y él respondió: Yo iré.

4 Fue, pues, con ellos; y cuando llegaron al Jordán, cortaron la madera.

5 Y aconteció que derribando uno un árbol, se le cayó el hacha en el agua; y dio voces, diciendo: ¡Ah, señor mío, que era prestada!

6 Y el varón de Dios dijo: ¿Dónde cayó? Y él le mostró el lugar. Entonces cortó él un palo, y ᵉlo echó allí, e hizo nadar el hierro.

7 Y dijo: Tómalo. Y él extendió su mano y lo tomó.

8 Tenía el rey de Siria guerra contra Israel, y consultando con sus siervos, dijo: En tal y tal lugar *estará* mi campamento.

9 Y el varón de Dios envió a decir al rey de Israel: Mira que no pases por tal lugar, porque los sirios van allí.

10 Entonces el rey de Israel envió a aquel lugar del cual el varón de Dios le había dicho y amonestado; y se guardó de allí, no una vez ni dos.

11 Y el corazón del rey de Siria fue turbado por esto; y llamando a sus siervos, les dijo: ¿No me declararéis vosotros quién de los nuestros *es* del rey de Israel?

12 Entonces uno de los siervos dijo: No, rey, señor mío; sino que el profeta Eliseo *está* en Israel, el cual declara al rey de Israel las palabras que tú hablas en tu cámara más secreta.

13 Y él dijo: Id, mirad dónde está, para que yo envíe a tomarlo. Y le fue dicho: He aquí él *está* en ⁱDotán.

14 Entonces envió el rey allá gente de a caballo, y carros y un gran ejército; y vinieron de noche y cercaron la ciudad.

15 Y levantándose de mañana el que servía al varón de Dios, para salir, he aquí el ejército que tenía cercada la ciudad, con gente de a caballo y carros. Entonces su criado le dijo: ¡Ah, señor mío! ¿Qué haremos?

16 Y él le dijo: No tengas miedo; porque ᵇmás son los que *están* con nosotros que los que *están* con ellos.

17 Y oró Eliseo, y dijo: Te ruego, oh Jehová, que abras sus ojos para que vea. Entonces Jehová abrió los ojos del criado, y miró: y he aquí que el monte *estaba* lleno de gente de a caballo, y de ᶜcarros de fuego alrededor de Eliseo.

18 Y luego que los sirios descendieron a él, oró Eliseo a Jehová, y dijo: Te ruego que hieras con ceguera a esta gente. Y ᵈlos hirió con ceguera conforme a la palabra de Eliseo.

19 Después les dijo Eliseo: Éste no *es* el camino, ni *es* ésta la ciudad; seguidme, que yo os guiaré al hombre que buscáis. Y los guió a Samaria.

20 Y sucedió que cuando llegaron a Samaria, dijo Eliseo: Jehová, abre los ojos de éstos para que vean. Y Jehová abrió sus ojos, y miraron, y *se hallaban* en medio de Samaria.

21 Y cuando los vio el rey de Israel, dijo a Eliseo: ¿Los mataré, ᶠpadre mío? ¿Los mataré?

22 Y él le respondió: No los mates; ¿matarías tú a los que tomaste cautivos con tu espada y con tu arco? ᵍPon delante de ellos pan y agua, para que coman y beban y se vuelvan a su señor.

23 Entonces él les preparó una gran comida; y cuando hubieron comido y bebido, los envió, y ellos se volvieron a su señor. Y nunca más vinieron cuadrillas de Siria a la tierra de Israel.

24 Después de esto aconteció que ʰBenadad, rey de Siria, juntó todo su ejército, y subió y sitió a Samaria.

25 Y hubo gran hambre en Samaria; y la sitiaron, hasta que la cabeza de un asno se *vendía* por ochenta *piezas* de plata, y la cuarta de un cabo de estiércol de palomas por cinco *piezas* de plata.

26 Y pasando el rey de Israel por el muro, una mujer le dio voces, y dijo: Salva, rey señor mío.

27 Y él dijo: Si no te salva Jehová, ¿de dónde te he de salvar yo? ¿Del alfolí, o del lagar?

28 Y le dijo el rey: ¿Qué tienes? Y ella respondió: Esta mujer me dijo:

Da acá a tu hijo, y comámoslo hoy, y mañana comeremos el mío.

29 Así que ^bcocimos a mi hijo, y lo comimos; y al día siguiente yo le dije a ella: Da acá a tu hijo, y comámoslo; pero ella ha escondido a su hijo.

30 Y sucedió que cuando el rey oyó las palabras de aquella mujer, ^drasgó sus vestiduras, y pasó así por el muro; y el pueblo llegó a ver el cilicio *que traía* interiormente sobre su carne.

31 Y él dijo: ^eAsí me haga Dios, y así me añada, si la cabeza de Eliseo, hijo de Safat, quedare sobre él hoy.

32 Y Eliseo estaba sentado en su casa, y los ancianos estaban sentados con él; y *el rey* envió a él un hombre. Pero antes que el mensajero llegase a él, dijo él a los ancianos: ¿No habéis visto como este hijo de ^ghomicida envía a quitarme la cabeza? Mirad pues, y cuando viniere el mensajero, cerrad la puerta, e impedidle la entrada: ^h¿No *se oye* tras él el ruido de los pies de su amo?

33 Y aún estaba él hablando con ellos, y he aquí el mensajero que descendía a él; y dijo: Ciertamente este mal de Jehová viene. ¿Para qué he de esperar más a Jehová?

CAPÍTULO 7

Dijo entonces Eliseo: Oíd palabra de Jehová: Así dice Jehová: Mañana a estas horas *valdrá* una medida de flor de harina un siclo, y ⁱdos medidas de cebada un siclo, a la puerta de Samaria.

2 Y ^jun príncipe sobre cuya mano el rey se apoyaba, respondió al varón de Dios, y dijo: Mira, *si* Jehová hiciese ahora ^kventanas en el cielo, ¿sería esto así? Y él dijo: He aquí tú *lo* verás con tus ojos, mas no comerás de ello.

3 Y había cuatro hombres leprosos a ^lla entrada de la puerta, los cuales se dijeron el uno al otro: ¿Para qué nos estamos aquí hasta que muramos?

4 Si tratáremos de entrar en la ciudad, por el hambre que hay en la ciudad moriremos en ella; y si nos quedamos aquí, también moriremos. Vamos pues ahora, y pasémonos al ejército de los sirios; si ellos nos dieren la vida, viviremos; y si nos dieren la muerte, moriremos.

a vers 9,12
b Dt 28:53

c cp 6:17
y 19:7
d 2 Sm 21:8

e Rt 1:17
f Jue 1:26
1 Re 10:29

g 1 Re 18:4
y 21:13

h cp 7:17

i ver 18

j vers 17,19

k Gn 7:11
Mal 3:10

l Lv 13:46

5 Se levantaron, pues, ^aal principio de la noche para ir al campamento de los sirios; y cuando llegaron a la entrada del campamento de los sirios, no *había* allí hombre.

6 Porque el Señor había hecho que en el campamento de los sirios ^cse oyese estruendo de carros, ruido de caballos y estrépito de grande ejército; y se dijeron unos a otros: He aquí el rey de Israel ha pagado contra nosotros a los reyes de los ^fheteos y a los reyes de los egipcios, para que vengan contra nosotros.

7 Y así se levantaron y huyeron al anochecer, dejando sus tiendas, sus caballos, sus asnos y el campamento *como* estaba; y huyeron para salvar sus vidas.

8 Y cuando los leprosos llegaron a la entrada del campamento, entraron en una tienda y comieron y bebieron, y tomaron de allí plata y oro y vestiduras, y fueron y lo escondieron; y volvieron y entraron en otra tienda, y de allí *también* tomaron, y fueron y *lo* escondieron.

9 Y se dijeron el uno al otro: No hacemos bien; hoy *es* día de buenas nuevas, y nosotros callamos; y si esperamos hasta la luz de la mañana, nos alcanzará la maldad. Vamos pues, ahora, entremos y demos las nuevas en casa del rey.

10 Y vinieron, y dieron voces a los guardas de la puerta de la ciudad, y les declararon, diciendo: Nosotros fuimos al campamento de los sirios, y he aquí que no *había* allí hombre, ni voz de hombre, sino caballos atados, asnos también atados y las tiendas como *estaban*.

11 Y los porteros dieron voces, y *lo* declararon dentro, en el palacio del rey.

12 Y el rey se levantó de noche y dijo a sus siervos: Yo os declararé lo que nos han hecho los sirios. Ellos saben que *tenemos* hambre y han salido del campamento y se han escondido en el campo, diciendo: Cuando salgan de la ciudad, los tomaremos vivos y entraremos en la ciudad.

13 Entonces respondió uno de sus siervos, y dijo: Tomen ahora cinco de los caballos que han quedado en la ciudad, (he aquí, ellos *son* como toda

Bienes son restaurados a la sunamita

la multitud de Israel que ha quedado en ella; he aquí, os digo que ellos son como toda la multitud de Israel que ha perecido); enviemos, y veamos qué hay.

14 Tomaron, pues, dos caballos de un carro, y el rey los envió tras el ejército de los sirios, diciendo: Id y ved.

15 Y ellos fueron, y los siguieron hasta el Jordán; y he aquí, todo el camino estaba lleno de vestiduras y enseres que los sirios habían arrojado con la premura. Y volvieron los mensajeros, y lo hicieron saber al rey.

16 Entonces el pueblo salió, y saquearon el campamento de los sirios. Y fue vendida una medida de flor de harina por un siclo, y dos medidas de cebada por un siclo, ᵇconforme a la palabra de Jehová.

17 Y el rey puso a cargo de la puerta al príncipe sobre cuya mano él se apoyaba; y el pueblo lo atropelló a la puerta y murió conforme a lo que había dicho el varón de Dios, el cual habló cuando el rey descendió a él.

18 Aconteció, pues, de la manera que el varón de Dios había hablado al rey, diciendo: Dos medidas de cebada por un siclo, y una medida de flor de harina será vendida por un siclo mañana a estas horas, a la puerta de Samaria.

19 A lo cual aquel príncipe había respondido al varón de Dios, diciendo: Mira, si Jehová hiciese ventanas en el cielo, ¿pudiera suceder tal cosa? Y él dijo: He aquí tú lo verás con tus ojos, mas no comerás de ello.

20 Y le sucedió así; porque el pueblo lo atropelló a la puerta, y murió.

CAPÍTULO 8

Y habló Eliseo a aquella mujer, ⁱa cuyo hijo él había hecho vivir, diciendo: Levántate y vete, tú y toda tu casa, a vivir donde pudieres; ʲporque Jehová ha llamado al hambre, la cual también vendrá sobre la tierra por siete años.

2 Entonces la mujer se levantó y hizo como el varón de Dios le dijo: y se fue ella con su familia y vivió en tierra de los filisteos siete años.

3 Y aconteció que cuando habían pasado los siete años, la mujer volvió de la tierra de los filisteos y fue a clamar al rey por su casa y por sus tierras.

4 Y el rey estaba hablando ᵃcon Giezi, criado del varón de Dios, diciéndole: Te ruego que me cuentes todas las maravillas que ha hecho Eliseo.

5 Y sucedió que mientras él contaba al rey cómo había hecho vivir a un muerto, he aquí, la mujer a cuyo hijo él había hecho vivir, que clamaba al rey por su casa y por sus tierras. Entonces dijo Giezi: Rey señor mío, ésta es la mujer, y éste es su hijo, al cual Eliseo hizo vivir.

6 Y cuando el rey preguntó a la mujer, ella se lo contó. Entonces el rey le asignó un oficial, diciéndole: Haz que le devuelvan todas las cosas que eran suyas, y todo el fruto de su tierra desde el día que dejó el país hasta ahora.

7 Eliseo se fue luego a ᶜDamasco, y ᵈBenadad, rey de Siria, estaba enfermo, al cual dieron aviso, diciendo: El varón de Dios ha venido aquí.

8 Y el rey dijo a ᵉHazael: ᶠToma un presente en tu mano, y ve a recibir al varón de Dios, y ᵍconsulta por él a Jehová, diciendo: ¿He de sanar de esta enfermedad?

9 Tomo pues Hazael en su mano un presente de todos los bienes de Damasco, cuarenta camellos cargados, y salió a recibirlo: y llegó y se puso delante de él y dijo: ʰTu hijo Benadad, rey de Siria, me ha enviado a ti, diciendo: ¿He de sanar de esta enfermedad?

10 Y Eliseo le dijo: Ve y dile: Seguramente vivirás. Sin embargo Jehová me ha mostrado que él ciertamente ha de morir.

11 Y el varón de Dios le miró fijamente, hasta avergonzarlo; y lloró el varón de Dios.

12 Entonces le dijo Hazael: ¿Por qué llora mi señor? Y él respondió: ᵏPorque sé el mal que has de hacer a los hijos de Israel: a sus fortalezas prenderás fuego, y a sus jóvenes matarás a espada, y ˡestrellarás a sus niños y abrirás el vientre a sus mujeres encinta.

---

a cp 4:12

b ver 1

c 1 Re 11:24
d 1 Re 20:1

e 1 Re 19:17
f 1 Sm 9:7
g cp 1:2

h cp 5:13

i cp 4:35

j 1 Re 17:1
Sal 105:16
Hag 1:11
Hch 11:28
k cp 10:32
12:17 y
13:3,7

Reinados de Joram, y Ocozías

13 Y Hazael dijo: ¿Acaso es tu siervo, un perro, para que haga tan enorme cosa? Y respondió Eliseo: [a]Jehová me ha mostrado que tú *serás* rey de Siria.

14 Y él se fue de Eliseo, y vino a su señor, el cual le dijo: ¿Qué te ha dicho Eliseo? Y él respondió: Me dijo que [b]seguramente sanarás.

15 Y sucedió que al día siguiente tomó un paño grueso y *lo* metió en agua, y *lo* puso sobre el rostro *de Benadad*, y murió. Y reinó Hazael en su lugar.

16 En el quinto año de [f]Joram, hijo de Acab, rey de Israel, y *siendo* [g]Josafat rey de Judá, comenzó a reinar Joram, hijo de Josafat, rey de Judá.

17 [h]Tenía treinta y dos años cuando comenzó a reinar, y ocho años reinó en Jerusalén.

18 Y anduvo en el camino de los reyes de Israel, como hizo la casa de Acab, porque una hija de Acab fue su esposa; e hizo lo malo en ojos de Jehová.

19 Con todo eso, Jehová no quiso cortar a Judá, por amor a David su siervo, [k]como le había prometido darle [l]lámpara a él y a sus hijos perpetuamente.

20 En su tiempo se rebeló Edom de debajo de la mano de Judá, [n]y pusieron rey sobre sí.

21 Joram por tanto pasó a Seir, y todos sus carros con él; y levantándose de noche hirió a los edomitas, los cuales le habían cercado, y a los capitanes de los carros; y el pueblo huyó [o]a sus tiendas.

22 No obstante, Edom [p]se rebeló de la mano de Judá, hasta hoy. [q]Libna también se rebeló en el mismo tiempo.

23 Los demás hechos de Joram, y todo lo que hizo, ¿no *están* escritos en el libro de las crónicas de los reyes de Judá?

24 Y durmió Joram con sus padres, y fue sepultado con sus padres en [r]la ciudad de David; y Ocozías su hijo reinó en su lugar.

25 [s]En el año doce de Joram, hijo de Acab, rey de Israel, comenzó a reinar Ocozías, hijo de Joram, rey de Judá.

26 [u]Veintidós años *tenía* Ocozías cuando comenzó a reinar, y reinó un año en Jerusalén. El nombre de su madre *fue* Atalía, hija de Omri, rey de Israel.

27 Y anduvo en el camino de la casa de Acab, e hizo lo malo en ojos de Jehová, como la casa de Acab; porque *era* yerno de la casa de Acab.

28 Y fue con Joram, hijo de Acab, a la guerra contra Hazael, rey de Siria, en [c]Ramot de Galaad; y los sirios hirieron a Joram.

29 Y [d]el rey Joram se volvió a Jezreel, para curarse de las heridas que los sirios le hicieron en Ramá, cuando peleó contra Hazael, rey de Siria. [e]Y descendió Ocozías, hijo de Joram, rey de Judá, a visitar a Joram, hijo de Acab, en Jezreel, porque estaba enfermo.

CAPÍTULO 9

Entonces el profeta Eliseo llamó a uno de [i]los hijos de los profetas, y le dijo: Ciñe tus lomos y toma este [j]frasco de aceite en tu mano y ve a Ramot de Galaad.

2 Y cuando llegares allá, verás allí a Jehú, hijo de Josafat, hijo de Nimsi; y entrando, haz que se levante de entre sus hermanos, y métele en la [m]recámara.

3 Toma luego el frasco de aceite y derrámalo sobre su cabeza, y di: Así dice Jehová: Yo te he ungido por rey sobre Israel. Y abriendo la puerta, huye, y no esperes.

4 Fue, pues, el siervo, el siervo del profeta, a Ramot de Galaad.

5 Y como él entró, he aquí los príncipes del ejército que estaban sentados. Y él dijo: Príncipe, una palabra tengo que decirte. Y Jehú dijo: ¿A cuál de todos nosotros? Y él dijo: A ti, príncipe.

6 Y él se levantó, y entró en casa; y el otro derramó el aceite sobre su cabeza, y le dijo: Así dice Jehová, el Dios de Israel: Yo te he ungido por rey sobre el pueblo de Jehová, sobre Israel.

7 Y herirás la casa de Acab tu señor, para que yo vengue la sangre de mis siervos los profetas, y la sangre de todos los siervos de Jehová, de [t]la mano de Jezabel.

8 Y perecerá toda la casa de Acab, y cortaré [v]de Acab a todo meante a la pared, así al siervo como al libre en Israel.

Jehú da muerte a Joram

2 REYES 9

9 Y yo pondré la casa de Acab como la casa ªde Jeroboam, hijo de Nabat, y como la casa de ᵇBaasa, hijo de Ahías.

10 Y ᵈa Jezabel la comerán los perros en el campo de Jezreel, y no habrá quien la sepulte. En seguida abrió la puerta, y huyó.

11 Después salió Jehú a los siervos de su señor, y le dijeron: ᵍ¿Todo *está* bien? ¿Para qué entró a ti aquel loco? Y él les dijo: Vosotros conocéis al hombre y sus palabras.

12 Y ellos dijeron: Mentira; decláranoslo ahora. Y él dijo: Así y así me habló, diciendo: Así dice Jehová: Yo te he ungido por rey sobre Israel.

13 Entonces ⁱse apresuraron y cada uno tomó su ropa y *la* puso debajo de él, sobre las gradas, y ʲtocaron trompeta y dijeron: Jehú es rey.

14 Así conjuró Jehú, hijo de Josafat, hijo de Nimsi, contra Joram. (Estaba Joram guardando a Ramot de Galaad con todo Israel, por causa de ˡHazael, rey de Siria.

15 Pero el rey Joram se había vuelto a Jezreel para curarse de las heridas que los sirios le habían hecho, cuando peleó contra Hazael, rey de Siria.) Y Jehú dijo: Si es vuestra voluntad, que ninguno escape de la ciudad para ir a dar las nuevas en Jezreel.

16 Entonces Jehú subió a un carro y se fue a Jezreel, porque Joram estaba allí enfermo. También Ocozías, rey de Judá, había descendido a visitar a Joram.

17 Y el atalaya que estaba en la torre de Jezreel, vio la cuadrilla de Jehú, que venía, y dijo: Yo veo una cuadrilla. Y Joram dijo: Toma uno de a caballo y envíalo a su encuentro, y que les diga: ¿*Hay* paz?

18 Fue, pues, el de a caballo a su encuentro, y dijo: El rey dice así: ¿*Hay* paz? Y Jehú le dijo: ¿Qué tienes tú que ver con la paz? Vuélvete tras mí. El atalaya dio luego aviso, diciendo: El mensajero llegó hasta ellos, y no vuelve.

19 Entonces envió otro de a caballo, el cual llegando a ellos, dijo: El rey dice así: ¿*Hay* paz? Y Jehú respondió: ¿Qué tienes tú que ver con la paz? Vuélvete tras mí.

20 El atalaya volvió a decir: También éste llegó a ellos y no vuelve: mas el marchar del que viene *es* ᶜcomo el marchar de Jehú, hijo de Nimsi, porque viene impetuosamente.

21 Entonces Joram dijo: ᵉUnce. Y fue uncido su carro. Y salieron ᶠJoram, rey de Israel, y Ocozías, rey de Judá, cada uno en su carro, y fueron a encontrar a Jehú, al cual hallaron en la heredad de Nabot de Jezreel.

22 Y sucedió que cuando Joram vio a Jehú, dijo: ¿*Hay* paz, Jehú? Y él respondió: ¿Qué paz, con las ʰfornicaciones de Jezabel tu madre, y sus muchas hechicerías?

23 Entonces Joram ⁱvolvió su mano y huyó, y dijo a Ocozías: ¡Traición, Ocozías!

24 Mas Jehú entesó su arco con toda su fuerza, e hirió a Joram entre las espaldas, y la saeta salió por su corazón, y cayó en su carro.

25 Dijo luego *Jehú* a Bidcar, ᵏsu capitán: Tómalo y échalo a un cabo de la heredad de Nabot de Jezreel. Acuérdate que cuando tú y yo íbamos juntos en pos de Acab su padre, ᵐJehová pronunció esta ⁿsentencia sobre él, diciendo:

26 Ciertamente yo vi ayer la sangre de Nabot y la sangre de sus hijos, dice Jehová; y tengo que darte la paga en esta heredad, dice Jehová. Tómalo, pues, ahora, y échalo en la heredad, conforme a la palabra de Jehová.

27 Y viendo *esto* Ocozías, rey de Judá, huyó por el camino de la casa del huerto. Y lo siguió Jehú, diciendo: Herid también a éste en el carro. ªY lo hirieron a la subida de Gur, junto a Ibleam. Y él huyó a Meguido, y murió allí.

28 Y sus siervos ºlo llevaron en un carro a Jerusalén, y lo sepultaron en su sepulcro con sus padres en la ciudad de David.

29 En el undécimo año de Joram, hijo de Acab, comenzó a reinar Ocozías sobre Judá.

30 Vino después Jehú a Jezreel: y cuando Jezabel *lo* oyó, ᵖadornó sus ojos y atavió su cabeza y se asomó por una ventana.

31 Y cuando Jehú entraba por la puerta, ella dijo: ¿Le va bien a Zimri, que ᵠmató a su señor?

---

a 1 Re 14:10
b 1 Re 16:3-11
c 2 Sm 18:27
d vers 35,36
e 1 Re 18:44
f 2 Cr 22:7

g cp 5:21

h 2 Cr 21:13

1 la rienda

i Mt 21:8
Mr 11:8
j 1 Re 1:34

k cp 7:2

l 1 Re 19:17

m 1 Re 21:29
n Is 13:1 15:1
  y 21:1
  Zac 9:1

o cp 23:30

p Jer 4:30
Ez 23:40

q 1Re 16:9-20

32 Entonces él alzó su rostro hacia la ventana y dijo: ¿Quién *está* conmigo? ¿Quién? Y miraron hacia él dos o tres eunucos.
33 Y él les dijo: Echadla abajo. Y ellos la echaron abajo: y parte de su sangre salpicó la pared y los caballos; y él la atropelló.
34 Entró luego, y después que comió y bebió, dijo: Id ahora a ver aquella maldita, y ªsepultadla, pues es hija de rey.
35 Y cuando fueron para sepultarla, no hallaron de ella más que la calavera, los pies y las palmas de las manos.
36 Y volvieron, y se lo dijeron. Y él dijo: Ésta *es* la palabra de Jehová, la cual Él habló por medio de su siervo Elías tisbita, diciendo: En ᶜla heredad de Jezreel comerán los perros las carnes de Jezabel.
37 Y el cadáver de Jezabel será como ᵈestiércol sobre la faz de la tierra en la heredad de Jezreel; de manera que nadie pueda decir: Ésta *es* Jezabel.

CAPÍTULO 10

Y tenía Acab en ᵍSamaria setenta hijos; y escribió cartas Jehú, y las envió a Samaria a los principales de Jezreel, a los ancianos y a los ayos *de los hijos* de Acab, diciendo:
2 Presto que lleguen estas cartas a vosotros, siendo que tenéis los hijos de vuestro señor, y que tenéis carros y gente de a caballo, la ciudad fortificada, y las armas,
3 mirad cuál es el mejor y el más recto de los hijos de vuestro señor, y ponedlo en el trono de su padre, y pelead por la casa de vuestro señor.
4 Mas ellos tuvieron gran temor, y dijeron: He aquí dos reyes no pudieron resistirle, ¿cómo le resistiremos nosotros?
5 Y el mayordomo, y el presidente de la ciudad, y los ancianos, y los ayos *de los hijos*, enviaron a decir a Jehú: ⁱSiervos tuyos somos, y haremos todo lo que nos mandares; no elegiremos por rey a ninguno; tú harás *lo que* bien te pareciere.
6 Él entonces les escribió la segunda vez diciendo: Si *sois* míos, y queréis obedecerme, tomad las cabezas de los varones hijos de vuestro señor, y

a 1 Re 16:31

b cp 9:14-24
c 1 Re 21:23

d Sal 83:11
Jer 8:2
e 1 Sm 3:19
f 1 Re 21:19-29

g 1 Re 16:24

h cp 8:29
y 9:26

i Jos 9:8-11

Muerte de Jezabel

venid mañana a estas horas a mí a Jezreel. Y los hijos del rey, setenta varones, *estaban* con los principales de la ciudad, que los criaban.
7 Y sucedió que cuando la carta llegó a ellos, tomaron a los hijos del rey y degollaron a los setenta varones, y pusieron sus cabezas en canastas y se *las* enviaron a Jezreel.
8 Y vino un mensajero que le dio las nuevas, diciendo: Han traído las cabezas de los hijos del rey. Y él le dijo: Ponedlas en dos montones a la entrada de la puerta hasta la mañana.
9 Y sucedió que venida la mañana, salió él, y estando en pie dijo a todo el pueblo: Vosotros *sois* justos; he aquí, yo ᵇconspiré contra mi señor y lo maté, pero, ¿quién mató a todos éstos?
10 Sabed ahora que de la palabra de Jehová, la cual habló Jehová sobre la casa de Acab, ᵉnada caerá en tierra; y que Jehová ha hecho lo que dijo por ᶠsu siervo Elías.
11 Mató entonces Jehú a todos los que habían quedado de la casa de Acab en Jezreel, y a todos sus príncipes, y a todos sus familiares, y a sus sacerdotes, que no le quedó ninguno.
12 Y se levantó de allí y vino a Samaria; y llegando él, en el camino, a una casa de esquileo de pastores,
13 ʰhalló allí a los hermanos de Ocozías, rey de Judá, y les dijo: ¿Quién *sois* vosotros? Y ellos dijeron: Somos hermanos de Ocozías, y hemos venido a saludar a los hijos del rey y a los hijos de la reina.
14 Entonces él dijo: Prendedlos vivos. Y después que los tomaron vivos, los degollaron junto al pozo de la casa de esquileo, cuarenta y dos varones, sin dejar ninguno de ellos.
15 Yéndose luego de allí se encontró con Jonadab, hijo de Recab; que venía a su encuentro; y después de saludarle, le dijo: ¿Es recto tu corazón, como el mío *es* recto con el tuyo? Y Jonadab dijo: Lo es. Pues que lo es, dame la mano. Y él le dio su mano. Luego lo hizo subir consigo en el carro.
16 Y le dijo: Ven conmigo, y verás mi celo por Jehová. Lo pusieron, pues, en su carro.
17 Y cuando Jehú llegó a Samaria, mató a todos los que habían quedado

Jehú extermina a los Baales

de Acab en Samaria, ªhasta extirparlos, conforme a la palabra de Jehová, que Él había hablado a Elías.

18 Y Jehú reunió a todo el pueblo y les dijo: ᵇAcab sirvió poco a Baal; mas Jehú lo servirá mucho.

19 Llamadme, pues, luego, ᵈtodos los profetas de Baal, a todos sus siervos y a todos sus sacerdotes; que no falte ninguno, porque tengo un gran sacrificio para Baal; cualquiera que faltare, no vivirá. Esto hacía Jehú con astucia, para destruir a los que honraban a Baal.

20 Y dijo Jehú: Santificad un día solemne a Baal. Y ellos convocaron.

21 Y envió Jehú por todo Israel, y vinieron todos los siervos de Baal, que no faltó ninguno que no viniese. Y entraron en ⁱel templo de Baal, y el templo de Baal ʲse llenó de cabo a cabo.

22 Entonces dijo al que *tenía* el cargo de las vestiduras: Saca vestiduras para todos los siervos de Baal. Y él les sacó vestiduras.

23 Y entró Jehú con Jonadab, hijo de Recab, en el templo de Baal y dijo a los siervos de Baal: Mirad y ved que no haya aquí entre vosotros alguno de los siervos de Jehová, sino sólo los siervos de Baal.

24 Y cuando ellos entraron para hacer sacrificios y holocaustos, Jehú puso afuera ochenta hombres y les dijo: Cualquiera que dejare vivo alguno de aquellos hombres que yo he puesto en vuestras manos, su vida será por la vida de él.

25 Y aconteció que cuando acabó de hacer el holocausto, Jehú dijo a los de ºla guardia y a los capitanes: ᵖEntrad y matadlos; que no escape ninguno. Y los mataron a filo de espada; y los dejaron tendidos los de la guardia y los capitanes, y fueron hasta la ciudad del templo de Baal.

26 Y sacaron ᵠlas estatuas del templo de Baal y las quemaron.

27 Y quebraron la estatua de Baal, y ˢderribaron el templo de Baal, y lo tornaron en letrina, hasta hoy.

28 Así extinguió Jehú a Baal de Israel.

29 Con todo eso Jehú no se apartó de los pecados de Jeroboam, hijo de Nabat, que ᵗhizo pecar a Israel; *es decir*, de ir en pos de los becerros de oro que *estaban* en Betel y en Dan.

30 Y Jehová dijo a Jehú: Por cuanto has hecho bien ejecutando *lo* recto delante de mis ojos, e hiciste a la casa de Acab conforme a todo lo que *estaba* en mi corazón, ᶜtus hijos se sentarán en el trono de Israel hasta la cuarta *generación*.

31 Mas Jehú no cuidó de andar en la ley de Jehová, el Dios de Israel, con todo su corazón, ni se apartó de los pecados de ᵉJeroboam, el que había hecho pecar a Israel.

32 En aquellos días ᶠcomenzó Jehová a cortar parte de Israel: y los hirió ᵍHazael en todos los términos de Israel,

33 desde el Jordán al nacimiento del sol, toda la tierra de Galaad, de Gad, de Rubén y de Manasés, ʰdesde Aroer que *está* junto al arroyo de Arnón, a Galaad y a Basán.

34 Los demás hechos de Jehú, y todo lo que hizo, y toda su valentía, ¿no están escritos en el libro de las crónicas de los reyes de Israel?

35 Y durmió Jehú con sus padres, y lo sepultaron en Samaria: y Joacaz su hijo reinó en su lugar.

36 El tiempo que reinó Jehú sobre Israel en Samaria, *fue* veintiocho años.

CAPÍTULO 11

Y ᵏAtalía, ˡmadre de Ocozías, viendo que su hijo era muerto, se levantó y destruyó a toda ᵐla simiente real.

2 Pero Josaba, hija del rey Joram, hermana de Ocozías, tomó a ⁿJoás, hijo de Ocozías y lo sacó a escondidas de entre los hijos del rey, *a quienes estaban* dando muerte, y lo ocultó de Atalía, a él y a su nodriza, en la cámara de dormir, y así no lo mataron.

3 Y estuvo con ella escondido en la casa de Jehová seis años: y Atalía fue reina sobre el país.

4 Mas al séptimo año envió ʳJoiada, y tomó centuriones, capitanes, y gente de la guardia, y los metió consigo en la casa de Jehová: e hizo un pacto con ellos, y les hizo tomar juramento en la casa de Jehová; y les mostró al hijo del rey.

5 Y les mandó, diciendo: Esto *es* lo que habéis de hacer: ᵘla tercera parte

2 REYES 12

de vosotros, los que entrarán el sábado, tendrán la guardia de la casa del rey;

6 Y la otra tercera parte *estará* a ^bla puerta de Sur, y la otra tercera parte a la puerta del postigo de la guardia; así guardaréis la casa, para que no sea allanada.

7 Y dos partes de todos vosotros, los que salen en el sábado, tendréis la guardia de la casa de Jehová junto al rey.

8 Y estaréis alrededor del rey de todas partes, cada uno con sus armas en sus manos, y cualquiera que entrare dentro de estos órdenes, sea muerto. Y habéis de estar con el rey cuando saliere y cuando entrare.

9 Los centuriones pues, hicieron todo como el sacerdote Joiada les mandó; y cada uno de ellos tomó sus hombres, *esto es*, los que habían de entrar el sábado y los que habían de salir el sábado, y vinieron a Joiada el sacerdote.

10 Y el sacerdote dio a los centuriones las lanzas y ^flos escudos que habían sido del rey David, que *estaban* en la casa de Jehová.

11 Y los de la guardia se pusieron en orden, cada uno con sus armas en sus manos, desde el lado derecho del templo hasta el lado izquierdo del templo, junto al altar y el templo, alrededor del rey.

12 Sacando luego Joiada al hijo del rey, le puso ^hla corona y el ⁱtestimonio, y le hicieron rey ungiéndole; y batiendo las manos dijeron: ¡Viva el rey!

13 Y oyendo Atalía el estruendo el pueblo que corría, entró al pueblo en el templo de Jehová.

14 Y cuando miró, he aquí que el rey estaba junto a la columna, conforme *era* ^lla costumbre, y los príncipes y los trompeteros junto al rey; y todo el pueblo del país se regocijaba y ⁿtocaban las trompetas. Entonces Atalía, rasgando sus vestidos, gritó: ¡Traición, traición!

15 Mas el sacerdote Joiada mandó a los centuriones ^pque gobernaban el ejército, y les dijo: Sacadla fuera del recinto del templo, y al que la siguiere, matadle a espada. (Porque el sacerdote dijo que no la matasen en el templo de Jehová.)

a 2 Cr 23:15

b 2 Cr 23:5
c Jos 24:25

d cp 10:21-26

e ver 6
2 Cr 23:20

f 2 Sm 8:7

g hasta 15
2 Cr 24:1-14

h 2 Sm 1:10
i Éx 25:16
y 31:18
Dt 17:18
j cp 14:4
1 Re 15:14

k cp 22:4
1 Re 15:15
l cp 23:3
2 Cr 34:31
m Éx 30:12-16
2 Cr 24:6-9
n 1 Re 1:34
o Éx 35:5
p 2 Cr 23:14
q Ez 27:9,27

r 2 Cr 24:5-6

Reinado y muerte de Atalía

16 Entonces le echaron mano, cuando iba en el camino por donde entran ^alos de a caballo a la casa del rey, y allí la mataron.

17 ^cEntonces Joiada hizo alianza entre Jehová y el rey y el pueblo, que serían pueblo de Jehová: y asimismo entre el rey y el pueblo.

18 Y todo el pueblo de la tierra entró en ^del templo de Baal y lo derribaron: asimismo despedazaron enteramente sus altares y sus imágenes y mataron a Matán, sacerdote de Baal, delante de los altares. Y el sacerdote puso guarnición sobre la casa de Jehová.

19 Después tomó a los centuriones, los capitanes, la guardia y a todo el pueblo de la tierra, e hicieron descender al rey de la casa de Jehová, y vinieron por el camino de ^ela puerta de la guardia a la casa del rey; y se sentó el rey sobre el trono de los reyes.

20 Y todo el pueblo de la tierra hizo alegrías, y la ciudad estuvo en reposo, habiendo sido Atalía muerta a espada *junto* a la casa del rey.

21 Siete años tenía Joás cuando comenzó a reinar.

CAPÍTULO 12

En el séptimo año de Jehú comenzó a reinar ^gJoás, y reinó cuarenta años en Jerusalén. El nombre de su madre *fue* Sibia, de Beerseba.

2 Y Joás hizo *lo* recto en ojos de Jehová todo el tiempo que le instruyó el sacerdote Joiada.

3 ^jCon todo eso los lugares altos no fueron quitados; pues el pueblo aún sacrificaba y quemaba incienso en los lugares altos.

4 Y Joás dijo a los sacerdotes: Todo ^kel dinero de las santificaciones que se suele traer a la casa de Jehová, ^mel dinero de los que pasan *en cuenta*, el dinero por las personas, cada cual según su tasa, y ^otodo el dinero que cada uno de su propia voluntad trae a la casa de Jehová,

5 recíbanlo los sacerdotes, cada uno de sus familiares, y ^qreparen las grietas del templo dondequiera que éstas se hallen.

6 Pero en el año veintitrés del rey Joás, los sacerdotes ^raún no habían reparado las grietas del templo.

La reparación del templo

7 Llamando entonces el rey Joás al sacerdote Joiada y a los *demás* sacerdotes, les dijo: ¿Por qué no reparáis las grietas del templo? Ahora, pues, no toméis más dinero de vuestros familiares, sino dadlo para reparar las grietas del templo.

8 Y los sacerdotes consintieron en no tomar *más* dinero del pueblo, ni tener cargo de reparar las grietas del templo.

9 Mas el sacerdote Joiada tomó un ^darca, y le hizo en la tapa un agujero, y la puso junto al altar, a la mano derecha conforme se entra en el templo de Jehová; y los sacerdotes que guardaban la puerta, ponían allí todo el dinero *que* se traía a la casa de Jehová.

10 Y cuando veían que *había* mucho dinero en el arca, venía ^gel escriba del rey y el sumo sacerdote, y contaban el dinero que hallaban en el templo de Jehová, y lo guardaban.

11 Y daban el dinero suficiente en mano de los que hacían la obra, y de los que tenían el cargo de la casa de Jehová; y ellos lo gastaban en pagar a los carpinteros y maestros que reparaban la casa de Jehová,

12 y a los albañiles y canteros; y en comprar la madera y piedra de cantería para reparar las aberturas de la casa de Jehová; y en todo lo que se gastaba en la casa para repararla.

13 Mas ^jdel dinero que se traía a la casa de Jehová, no se hacían ^ltazones de plata, ni despabiladeras, ni jofainas, ni trompetas; ni ningún vaso de oro, ni vasos de plata para el templo de Jehová;

14 porque lo daban a los que hacían la obra, y con él reparaban la casa de Jehová.

15 Y ^pno se pedían cuentas a los hombres en cuyas manos el dinero era entregado, para que ellos lo diesen a los que hacían la obra; porque ellos procedían con fidelidad.

16 ^rEl dinero por el delito, y el dinero por los pecados, no se metía en la casa de Jehová; porque ^tera de los sacerdotes.

17 Entonces subió ^uHazael rey de Siria, y peleó contra Gat y la tomó: y puso Hazael su rostro para subir contra Jerusalén;

---

a cp 16:18
1 18:15-16
1 Re 15:18
b ver 4

c 2 Cr 24:23

d Mr 12:41
Lc 21:1
e cp 14:5
2 Cr 24:25
f 2 Sm 5:9

g 1 Re 4:3

h 1 Re 14:16
i Jue 2:14
j 2 Cr 24:14
k cp 8:12
l cp 25:14-15
1 Re 7:50
m vers 24,25
n Sal 78:14
o cp 14:26

p cp 22:7
q 2 Sm 18:17

r Lv 5:15-18
s 1 Re 16:35
t Lv 7:7
Nm 18:9
u cp 8:12

v Am 1:3

---

18 Por lo que tomó Joás, rey de Judá, ^atodas las ofrendas que había dedicado Josafat, y Joram y Ocozías sus padres, reyes de Judá, y las que ^bél había dedicado, y todo el oro *que se* halló en los tesoros de la casa de Jehová, y en la casa del rey, y lo envió a Hazael, rey de Siria; ^cy él se retiró de Jerusalén.

19 Los demás hechos de Joás, y todo lo que hizo, ¿no *están* escritos en el libro de las crónicas de los reyes de Judá?

20 Y ^ese levantaron sus siervos y conspiraron y mataron a Joás en ^fla casa de Milo, descendiendo él a Sila;

21 Pues Josacar, hijo de Simeat, y Jozabad, hijo de Somer, sus siervos, lo hirieron y murió. Y lo sepultaron con sus padres en la ciudad de David, y Amasías su hijo reinó en su lugar.

CAPÍTULO 13

En el año veintitrés de Joás, hijo de Ocozías, rey de Judá, comenzó a reinar Joacaz, hijo de Jehú, sobre Israel en Samaria; y *reinó* diecisiete años.

2 E hizo *lo* malo en ojos de Jehová, y siguió los pecados de Jeroboam, hijo de Nabat, ^hel que hizo pecar a Israel; y no se apartó de ellos.

3 ⁱY se encendió el furor de Jehová contra Israel, y los entregó en mano de ^kHazael, rey de Siria, y en mano de ^mBenadad, hijo de Hazael, por largo tiempo.

4 Mas Joacaz ⁿoró a la faz de Jehová, y Jehová lo oyó: ^oporque miró la aflicción de Israel, pues el rey de Siria los afligía.

5 (Y dio Jehová salvador a Israel, y salieron de bajo la mano de los sirios; y habitaron los hijos de Israel en ^qsus tiendas, como antes.

6 Con todo eso no se apartaron de los pecados de la casa de Jeroboam, el que hizo pecar a Israel; en ellos anduvieron; y también ^sla imagen de Asera permaneció en Samaria.)

7 Porque no le había quedado gente a Joacaz, sino cincuenta hombres de a caballo, y diez carros y diez mil hombres de a pie; pues el rey de Siria los había destruido, y los había puesto como ^vpolvo para hollar.

2 REYES 14

8 Los demás hechos de Joacaz, y todo lo que hizo, y sus valentías, ¿no están escritos en el libro de las crónicas de los reyes de Israel?

9 Y durmió Joacaz con sus padres, y lo sepultaron en Samaria; y Joás su hijo reinó en su lugar.

10 El año treinta y siete de Joás, rey de Judá, comenzó a reinar Joás, hijo de Joacaz, sobre Israel en Samaria; y reinó dieciséis años.

11 E hizo lo malo ante los ojos de Jehová; no se apartó de todos los pecados de Jeroboam, hijo de Nabat, el cual hizo pecar a Israel, sino que anduvo en ellos.

12 Los demás hechos de Joás, y ctodo lo que hizo, y su esfuerzo con que dguerreó contra Amasías, rey de Judá, ¿no están escritos en el libro de las crónicas de los reyes de Israel?

13 Y durmió Joás con sus padres, y Jeroboam se sentó en su trono: Y Joás fue sepultado en Samaria con los reyes de Israel.

14 Y Eliseo estaba enfermo, de aquella su enfermedad de que murió. Y descendió a él Joás, rey de Israel, y llorando delante de él, dijo: g¡Padre mío, padre mío, carro de Israel y su gente de a caballo!

15 Y le dijo Eliseo: Toma un arco y unas saetas. Tomó él entonces un arco y unas saetas.

16 Y dijo Eliseo al rey de Israel: Pon tu mano sobre el arco. Y puso él su mano sobre el arco. Entonces puso Eliseo sus manos sobre las manos del rey,

17 y dijo: Abre la ventana de hacia el oriente, y él la abrió. Entonces Eliseo dijo: Tira. Y tirando él, dijo Eliseo: Saeta de salvación de Jehová, saeta de salvación contra Siria; porque herirás a los sirios en ¹Afec, hasta consumirlos.

18 Y le dijo: Toma las saetas. Y luego que el rey de Israel las hubo tomado, le dijo: Hiere la tierra. Y él la hirió tres veces y se detuvo.

19 Entonces el varón de Dios, enojado contra él, le dijo: Al herir cinco o seis veces, habrías herido a Siria, ¹hasta no quedar ninguno: Pero ahora herirás a Siria sólo tres veces.

20 Y murió Eliseo, y lo sepultaron. Entrado el año vinieron partidas de ºmoabitas a la tierra.

a cp 8:12

b Éx 32:13

c vers 14,19, 25
d cp 14:8-14
2 Cr 25:17-24
e vers 18,19
Am 1:4

f cp 13:10

g cp 2:12

h cp 12:3
y 15:4,35

i 1 Re 20:26
j cp 12:20

k Dt 26:16
Ez 18:4,20
l ver 25

m 2 Cr 25:11
n 2 Sm 8:13
1 Cr 18:12
o cp 1:1 3:7

Joás y las saetas: Muerte de Eliseo

21 Y aconteció que cuando estaban sepultando a un hombre, súbitamente vieron una banda de hombres, y arrojaron al hombre en el sepulcro de Eliseo: y cuando el muerto llegó a tocar los huesos de Eliseo, revivió, y se levantó sobre sus pies.

22 Pero ªHazael, rey de Siria, afligió a Israel todo el tiempo de Joacaz.

23 Mas Jehová tuvo misericordia de ellos, y tuvo compasión de ellos, y los miró, por amor a su pacto con ᵇAbraham, Isaac y Jacob; y no quiso destruirlos ni echarlos de delante de sí hasta ahora.

24 Y murió Hazael, rey de Siria, y Benadad su hijo reinó en su lugar.

25 Y volvió Joás, hijo de Joacaz, y recobró de mano de Benadad, hijo de Hazael, las ciudades que él había tomado en guerra de mano de Joacaz, su padre. ᵉTres veces Joás lo derrotó, y recobró las ciudades de Israel.

CAPÍTULO 14

En ᶠel año segundo de Joás, hijo de Joacaz, rey de Israel, comenzó a reinar Amasías, hijo de Joás, rey de Judá.

2 Veinticinco años tenía cuando comenzó a reinar, y veintinueve años reinó en Jerusalén; el nombre de su madre fue Joadan, de Jerusalén.

3 Y él hizo lo recto ante los ojos de Jehová, aunque no como David su padre; hizo conforme a todas las cosas que había hecho Joás su padre.

4 ʰCon todo eso los lugares altos no fueron quitados; pues el pueblo aún sacrificaba y quemaba incienso en los lugares altos.

5 Y aconteció que luego que el reino fue confirmado en su mano, mató a sus siervos, los que ʲhabían dado muerte al rey, su padre.

6 Mas no mató a los hijos de los que lo mataron, conforme a lo que está escrito en el libro de la ley de Moisés, donde Jehová mandó, diciendo: ᵏNo matarán a los padres por los hijos, ni a los hijos por los padres; sino que cada uno morirá por su pecado.

7 ᵐÉste mató asimismo a diez mil edomitas en ⁿel valle de la Sal, y tomó a Sela en batalla, y la llamó Jocteel, hasta hoy.

Reinados de Amasías, y Jeroboam

8 ᵃEntonces Amasías envió embajadores a Joás, hijo de Joacaz, hijo de Jehú, rey de Israel, diciendo: Ven y veámonos de rostro.

9 Y Joás, rey de Israel, envió a Amasías, rey de Judá, esta respuesta: ᵈEl cardo que *estaba* en el Líbano envió a decir al ᵉcedro que *estaba* en el Líbano: Da tu hija por esposa a mi hijo. Y pasaron las fieras que *están* en el Líbano, y hollaron el cardo.

10 Ciertamente has derrotado a Edom, y ᶠtu corazón se ha envanecido; gloríate, pues, mas quédate en tu casa. ¿Para qué te metes en un mal, para que caigas tú, y Judá contigo?

11 Pero Amasías no quiso oír; por lo que subió Joás, rey de Israel, y se vieron las caras él y Amasías, rey de Judá, en ʲBet-semes, que *pertenece* a Judá.

12 Y Judá cayó delante de Israel, y ˡhuyeron cada uno a su tienda.

13 Además Joás, rey de Israel, tomó a Amasías, rey de Judá, hijo de Joás, hijo de Ocozías, en Bet-semes: y vino a Jerusalén, y rompió el muro de Jerusalén desde ᵒla puerta de Efraín hasta ᵖla puerta del Ángulo, cuatrocientos codos.

14 Y tomó todo el oro y ᑫla plata, y todos los vasos que fueron hallados en la casa de Jehová y en los tesoros de la casa del rey, y rehenes, y se volvió a Samaria.

15 ˢLos demás hechos que Joás ejecutó, y sus hazañas, y cómo peleó contra Amasías, rey de Judá, ¿no *están* escritos en el libro de las crónicas de los reyes de Israel?

16 Y durmió Joás con sus padres, y fue sepultado en Samaria con los reyes de Israel; y Jeroboam su hijo reinó en su lugar.

17 ᵗY Amasías, hijo de Joás, rey de Judá, vivió después de la muerte de Joás, hijo de Joacaz, rey de Israel, quince años.

18 Los demás hechos de Amasías, ¿no *están* escritos en el libro de las crónicas de los reyes de Judá?

19 E hicieron ˣconspiración contra él en Jerusalén, y él huyó a Laquis; mas enviaron tras él a ᶻLaquis, y allá lo mataron.

20 Lo trajeron luego sobre caballos, y lo sepultaron en Jerusalén con sus padres, en la ciudad de David.

21 Entonces todo el pueblo de Judá tomó a ᵇAzarías, que *tenía* dieciséis años, y lo hicieron rey en lugar de Amasías su padre.

22 Edificó él a ᶜElat, y la restituyó a Judá, después que el rey durmió con sus padres.

23 El año quince de Amasías, hijo de Joás, rey de Judá, comenzó a reinar Jeroboam, hijo de Joás, sobre Israel en Samaria; y *reinó* cuarenta y un años.

24 E hizo *lo* malo ante los ojos de Jehová, y no se apartó de todos los pecados de Jeroboam, hijo de Nabat, ᵍel que hizo pecar a Israel.

25 Él restituyó los términos de Israel desde ʰla entrada de Hamat hasta ⁱel mar de la llanura, conforme a la palabra de Jehová, el Dios de Israel, la cual Él había hablado por su siervo ᵏJonás, hijo del profeta Amitai, que *era* de ᵐGat-hefer.

26 Porque Jehová miró la muy amarga aflicción de Israel; ⁿque no había preso ni libre, ni nadie que ayudara a Israel;

27 Y Jehová no había determinado raer el nombre de Israel de debajo del cielo: por tanto, los salvó por mano de Jeroboam, hijo de Joás.

28 Los demás hechos de Jeroboam, y todo lo que hizo, y su valentía, y todas las guerras que hizo, y cómo recobró para Israel a ʳDamasco y a Hamat, *que habían pertenecido* a Judá, ¿no *están* escritos en el libro de las crónicas de los reyes de Israel?

29 Y durmió Jeroboam con sus padres, los reyes de Israel, y Zacarías su hijo reinó en su lugar.

CAPÍTULO 15

En el año veintisiete de Jeroboam, rey de Israel, ᵘcomenzó a reinar ᵛAzarías, hijo de Amasías, rey de Judá.

2 Dieciséis años *tenía* cuando comenzó a reinar, y cincuenta y dos años reinó en Jerusalén; el nombre de su madre fue Jecolía, de Jerusalén.

3 ʸE hizo *lo* recto ante los ojos de Jehová, conforme a todas las cosas que su padre Amasías había hecho.

4 ᵃCon todo, los lugares altos no fueron quitados; pues el pueblo todavía sacrificaba y quemaba incienso en los lugares altos.

---

a hasta 14
2 Cr 25:17-24
b cp 15:13
2 Cr 26:1
Azarías Uzías variante del mismo nombre
c cp 16:6
1 Re 9:26
d Jue 9:8
e Jue 9:15
f Dt 8:14
2 Cr 26:16
Ez 28:2,5,17
g 1 Re 14:16
h 1 Re 8:65
i Dt 3:17
y 4:49
Jos 3:16
j Jos 15:10
k Jon 1:1
l 1 Sm 4:10
2 Sm 18:17
m Jos 19:13
n Dt 32:36
o Neh 8:16
p 2 Cr 26:9
Jer 31:38
q cp 12:18
1 Re 7:51
r 2 Sm 8:6
1 Re 11:24
1 Cr 18:5-6
s cp 13:12-13
t hasta 22
2 Cr 25:25
u cp 14:21
2 Cr 26:1-4
v vers 13,30
x 2 Cr 25:27
y 2 Cr 26:3-4
z Jos 10:3
a cp 14:4

5 Mas Jehová ªhirió al rey con lepra, y fue leproso hasta el día de su muerte, y habitó ᵇen una casa separada; y Jotam, hijo del rey, *tenía* el cargo del palacio, gobernando al pueblo de la tierra.
6 Los demás hechos de Azarías, y todo lo que hizo, ¿no *están* escritos en el libro de las crónicas de los reyes de Judá?
7 Y durmió Azarías con sus padres, y lo sepultaron con sus padres en la ciudad de David: y Jotam su hijo reinó en su lugar.
8 En el año treinta y ocho de Azarías, rey de Judá, reinó Zacarías, hijo de Jeroboam, sobre Israel seis meses.
9 E hizo *lo* malo ante los ojos de Jehová, como habían hecho sus padres: no se apartó de los pecados de Jeroboam, hijo de Nabat, ᶜel que hizo pecar a Israel.
10 Contra él conspiró Salum, hijo de Jabes, y ᵈlo hirió en presencia de su pueblo y lo mató, y reinó en su lugar.
11 Los demás hechos de Zacarías, he aquí *están* escritos en el libro de las crónicas de los reyes de Israel.
12 Y ésta *fue* la palabra de Jehová que había hablado a Jehú, diciendo: ᵉTus hijos hasta la cuarta *generación* se sentarán en el trono de Israel. Y fue así.
13 Salum, hijo de Jabes, comenzó a reinar en el año treinta y nueve de ᵍUzías, rey de Judá, y reinó el tiempo de un mes en Samaria;
14 Pues subió Manahem, hijo de Gadi, de ʰTirsa, y vino a Samaria, e hirió a Salum, hijo de Jabes, en Samaria y lo mató y reinó en su lugar.
15 Los demás hechos de Salum, y la conspiración que hizo, he aquí *están* escritos en el libro de las crónicas de los reyes de Israel.
16 Entonces hirió Manahem a Tifsa, y a todos los que *estaban* en ella, y también sus términos desde Tirsa; y la hirió porque no le habían abierto *las puertas*; y ˡabrió *el vientre* a todas las mujeres que estaban encinta.
17 En el año treinta y nueve de Azarías, rey de Judá, Manahem, hijo de Gadi, comenzó a reinar sobre Israel; y *reinó* diez años en Samaria.
18 E hizo *lo* malo ante los ojos de Jehová; no se apartó en todo su tiempo

a 2 Cr 26:20

b Lv 13:46

c 1 Re 14:16

d Am 7:9

e cp 10:30
f 1 Re 16:18

g Mt 1:8-9

h 1 Re 14:17

i cp 16:7
j 1 Re 15:20
k 2 Sm 20:14
l cp 8:12
m Jos 11:1

Azarías muere leproso y separado

de los pecados de Jeroboam, hijo de Nabat, el que hizo pecar a Israel.
19 Y vino Pul, rey de Asiria, a la tierra; y dio Manahem a Pul mil talentos de plata para que le ayudara a confirmarse en el reino.
20 E impuso Manahem este dinero sobre Israel, sobre todos los poderosos y opulentos: de cada uno cincuenta siclos de plata, para dar al rey de Asiria, y el rey de Asiria se volvió, y no se detuvo allí en la tierra.
21 Los demás hechos de Manahem, y todo lo que hizo, ¿no *están* escritos en el libro de las crónicas de los reyes de Israel?
22 Y durmió Manahem con sus padres, y Pekaía su hijo reinó en su lugar.
23 En el año cincuenta de Azarías, rey de Judá, Pekaía, hijo de Manahem, comenzó a reinar sobre Israel en Samaria, y *reinó* dos años.
24 E hizo *lo* malo ante los ojos de Jehová; no se apartó de los pecados de Jeroboam, hijo de Nabat, el que hizo pecar a Israel.
25 Y conspiró contra él Peka, hijo de Remalías, capitán suyo, y lo hirió en Samaria, en ᶠel palacio de la casa real, en compañía de Argob y de Arif, y con cincuenta hombres de los hijos de los galaaditas. Y lo mató y reinó en su lugar.
26 Los demás hechos de Pekaía, y todo lo que hizo, he aquí *están* escritos en el libro de las crónicas de los reyes de Israel.
27 En el año cincuenta y dos de Azarías, rey de Judá, Peka, hijo de Remalías, comenzó a reinar sobre Israel en Samaria; y *reinó* veinte años.
28 E hizo *lo* malo ante los ojos de Jehová; no se apartó de los pecados de Jeroboam, hijo de Nabat, el que hizo pecar a Israel.
29 En los días de Peka, rey de Israel, vino ⁱTiglat-pileser, rey de los asirios, y tomó a ʲAhión, ᵏAbel-bet-maaca, y Janoa, y Cedes, y ᵐHazor, y Galaad, y Galilea, y toda la tierra de Neftalí; y los llevó cautivos a Asiria.
30 Y Oseas, hijo de Ela, hizo una conspiración contra Peka, hijo de Remalías, y lo hirió y lo mató y reinó en su lugar, a los veinte años de Jotam, hijo de Uzías.

Reinado de Acaz

31 Los demás hechos de Peka, y todo lo que hizo, he aquí *están* escritos en el libro de las crónicas de los reyes de Israel.

32 En el segundo año de Peka, hijo de Remalías, rey de Israel, comenzó a reinar ᶜJotam, hijo de Uzías, rey de Judá.

33 Veinticinco años tenía cuando comenzó a reinar, y reinó dieciséis años en Jerusalén. El nombre de su madre *fue* Jerusa, hija de Sadoc.

34 Y él hizo *lo* recto en ojos de Jehová; hizo conforme a todas las cosas que había hecho su padre Uzías.

35 ᶠCon todo eso los lugares altos no fueron quitados; pues el pueblo aún sacrificaba y quemaba incienso en los lugares altos. ʰÉl edificó la puerta más alta de la casa de Jehová.

36 ⁱLos demás hechos de Jotam, y todo lo que hizo, ¿no *están* escritos en el libro de las crónicas de los reyes de Judá?

37 En aquel tiempo comenzó Jehová a enviar contra Judá a ʲRezín, rey de Siria, y a ᵏPeka, hijo de Remalías.

38 Y durmió ˡJotam con sus padres, y fue sepultado con sus padres en la ciudad de David su padre; y Acaz su hijo reinó en su lugar.

CAPÍTULO 16

En el año diecisiete de Peka, hijo de Remalías, ⁿcomenzó a reinar Acaz, hijo de Jotam, rey de Judá.

2 Veinte años *tenía* Acaz cuando comenzó a reinar, y reinó en Jerusalén dieciséis años; pero no hizo *lo* recto ante los ojos de Jehová su Dios, como David su padre;

3 Antes anduvo en el camino de los reyes de Israel, y aun ᑫhizo pasar por el fuego a su hijo, según las abominaciones de las gentes que Jehová echó de delante de los hijos de Israel.

4 Asimismo ˢsacrificó, y quemó incienso en los lugares altos, y sobre los collados, y ᵗdebajo de todo árbol frondoso.

5 ᵘEntonces Rezín, rey de Siria, y Peka, hijo de Remalías, rey de Israel, subieron a Jerusalén para *hacer* guerra y cercar a Acaz; mas no pudieron tomarla.

6 En aquel tiempo Rezín, rey de Siria, ᵃrestituyó Elat a Siria, y echó a los judíos de Elat; y los sirios vinieron a Elat, y habitaron allí hasta hoy.

7 Entonces Acaz envió embajadores a ᵇTiglat-pileser, rey de Asiria, diciendo: Yo *soy* tu siervo y tu hijo: sube, y defiéndeme de mano del rey de Siria, y de mano del rey de Israel, que se han levantado contra mí.

8 ᵈY tomando Acaz la plata y el oro que se halló en la casa de Jehová, y en los tesoros de la casa real, envió al rey de Asiria ᵉun presente.

9 Y le atendió el rey de Asiria; pues el rey de Asiria subió contra Damasco y la tomó, y llevó cautivos a sus moradores a ᵍKir, y mató a Rezín.

10 Y el rey Acaz fue a Damasco a encontrar a Tiglat-pileser, rey de Asiria; y cuando vio el rey Acaz el altar que *estaba* en Damasco; envió al sacerdote Urías el diseño y la descripción del altar, conforme a toda su hechura.

11 Y Urías el sacerdote edificó el altar; conforme a todo lo que el rey Acaz había enviado de Damasco, así lo hizo el sacerdote Urías, entre tanto que el rey Acaz venía de Damasco.

12 Y cuando el rey volvió de Damasco, el rey vio el altar, y ᵐse acercó el rey al altar y ofreció holocausto en él;

13 Y encendió su holocausto y su ofrenda, y derramó sus libaciones y esparció la sangre de sus sacrificios de paz sobre el altar.

14 Y quitó ᵒel altar de bronce que *estaba* delante de Jehová, de delante de la casa, ᵖentre el altar y el templo de Jehová, y lo puso al lado del altar hacia el norte.

15 Y mandó el rey Acaz al sacerdote Urías, diciendo: En el gran altar encenderás ʳel holocausto de la mañana y la ofrenda de la tarde, y el holocausto del rey y su ofrenda, y asimismo el holocausto de todo el pueblo de la tierra y su presente y sus libaciones: y esparcirás sobre él toda la sangre del holocausto, y toda la sangre del sacrificio: y el altar de bronce será mío para consultar en él.

16 E hizo el sacerdote Urías conforme a todas las cosas que el rey Acaz le mandó.

2 REYES 17

17 ªY cortó el rey Acaz las cintas de las bases, y les quitó las fuentes; quitó también el mar de sobre los bueyes ᶜde bronce que *estaban* debajo de él, y lo puso sobre el enlosado.

18 Asimismo la tienda del sábado que habían edificado en la casa, y el pasadizo de afuera del rey, los quitó del templo de Jehová, por causa del rey de Asiria.

19 ᶠLos demás hechos de Acaz que puso por obra, ¿no *están* escritos en el libro de las crónicas de los reyes de Judá?

20 Y durmió el rey Acaz con sus padres y fue sepultado con sus padres en la ciudad de David: y Ezequías su hijo reinó en su lugar.

CAPÍTULO 17

En el año duodécimo de Acaz, rey de Judá, comenzó a reinar Oseas, hijo de Ela, en Samaria sobre Israel; y reinó nueve años.

2 E hizo lo malo ante los ojos de Jehová, aunque no como los reyes de Israel que antes de él habían sido.

3 Contra éste subió ᵏSalmanasar, rey de Asiria; y Oseas fue hecho su siervo, y le pagaba tributo.

4 Mas el rey de Asiria halló que Oseas conspiraba; porque había enviado embajadores a So, rey de Egipto, y no había pagado tributo al rey de Asiria, como lo hacía cada año; por lo que el rey de Asiria lo detuvo, y lo aprisionó en la casa de la cárcel.

5 Y ⁿel rey de Asiria invadió todo el país, y subió contra Samaria y la sitió durante tres años.

6 En ᵒel año nueve de Oseas tomó el rey de Asiria a Samaria, y llevó a Israel cautivo a Asiria, y los puso en Halah y en Habor, *junto* al río de ˢGozán, y en las ciudades de ᵗlos medos.

7 Esto aconteció porque los hijos de Israel pecaron contra Jehová su Dios, que los sacó de tierra de Egipto de bajo la mano de Faraón, rey de Egipto, y temieron a dioses ajenos,

8 ʸy anduvieron en los estatutos de las gentes que Jehová había lanzado de delante de los hijos de Israel, y en los que establecieron los reyes de Israel.

Los de Israel se hacen imágenes

9 Y los hijos de Israel hicieron ᵇsecretamente cosas no rectas contra Jehová, su Dios, edificándose lugares altos en todas sus ciudades, desde las torres de las atalayas hasta las ciudades fortificadas,

10 y ᵈse erigieron estatuas e ᵉimágenes de Asera en todo collado alto, y debajo de todo árbol frondoso,

11 y quemaron allí incienso en todos los lugares altos, a la manera de las naciones que Jehová había desterrado de delante de ellos, e hicieron cosas muy malas para provocar a ira a Jehová.

12 Y servían a los ídolos, ᵍde los cuales Jehová les había dicho: ʰVosotros no habéis de hacer esto;

13 ⁱY Jehová amonestaba a Israel y a Judá por medio de todos los profetas y *de* ʲtodos los videntes, diciendo: Volveos de vuestros malos caminos, y guardad mis mandamientos y mis ordenanzas, conforme a todas las leyes que yo prescribí a vuestros padres, y que os envié por medio de mis siervos los profetas.

14 Pero ellos no obedecieron, antes endurecieron su cerviz, como la cerviz de sus padres, los cuales no creyeron en Jehová, su Dios.

15 Y desecharon sus estatutos, y su pacto que Él había hecho con sus padres, y sus testimonios que Él había prescrito a ellos; y siguieron ˡla vanidad, y ᵐse hicieron vanos, y fueron en pos de las gentes que *estaban* alrededor de ellos, de las cuales Jehová les había mandado que no hiciesen como ellas:

16 Y dejaron todos los mandamientos de Jehová su Dios, y se hicieron ᵖdos becerros de fundición, también ᵠimágenes de Asera, y ʳadoraron a todo el ejército del cielo, y sirvieron a Baal:

17 ᵘE hicieron pasar a sus hijos y a sus hijas por fuego; y se dieron a ᵛadivinaciones y ˣagüeros, y se entregaron a hacer lo malo ante los ojos de Jehová, provocándole a ira.

18 Jehová, por tanto, se airó en gran manera contra Israel, y los quitó de delante de su rostro; que no quedó sino ᶻsólo la tribu de Judá.

19 Mas ni aun Judá guardó los mandamientos de Jehová su Dios;

---

a 1 Re 7:27
b Dt 13:6
y 27:15
Job 31:27
Ez 8:12
c 1 Re 7:23
d 1 Re 14:23
e Éx 34:13

f 2 Cr 28:26

g Éx 20:4
h Dt 4:19
i Neh 9:30
j 2 Sm 24:11

k cp 18:9-12
Os 10:14

l Dt 32:21
m Rm 1:21

n cp 18:9

o cp 18:10
p 1 Re 12:28
q 1 Re 14:15
r cp 21:3
y 23:5
s cp 19:12
t Is 13:17
y 21:2
Dn 5:28-31
u cp 16:3
v Dt 18:10
x Lv 19:26
y cp 16:3
z 1 Re 11:13,32

Jehová envía leones contra Israel

antes anduvieron en los estatutos de Israel, los cuales ellos habían hecho.
20 Y desechó Jehová a toda la simiente de Israel, y los afligió y los entregó en manos de saqueadores, hasta echarlos de su presencia.
21 Porque ᶜseparó a Israel de la casa de David, y ellos ᵈhicieron rey a Jeroboam, hijo de Nabat; y Jeroboam apartó a Israel de en pos de Jehová, y ᶠles hizo cometer gran pecado.
22 Y los hijos de Israel anduvieron en todos los pecados de Jeroboam que él hizo, sin apartarse de ellos;
23 hasta que Jehová quitó a Israel de delante de su rostro, ᵍcomo Él lo había dicho por medio de todos los profetas sus siervos; ʰe Israel fue llevado cautivo de su tierra a Asiria, hasta hoy.
24 ʲY el rey de Asiria trajo *gente* de Babilonia, y de Cuta, y de Iva, y de ᵏHamat, y de ˡSefarvaim, y *los* puso en las ciudades de Samaria, en lugar de los hijos de Israel; y poseyeron a Samaria, y habitaron en sus ciudades.
25 Y aconteció al principio, cuando comenzaron a habitar allí, que no temiendo ellos a Jehová, envió Jehová contra ellos leones que mataron a *muchos* de ellos.
26 Entonces dijeron ellos al rey de Asiria: Las gentes que tú trasladaste y pusiste en las ciudades de Samaria, no conocen la costumbre del Dios de aquella tierra, y Él ha echado leones en *medio de* ellos, y he aquí los matan, porque no conocen la costumbre del Dios de la tierra.
27 Entonces el rey de Asiria mandó, diciendo: Llevad allí a alguno de los sacerdotes que trajeron de allá, y vaya y habite allí, y les enseñe la costumbre del Dios del país.
28 Y vino uno de los sacerdotes que habían trasportado de Samaria, y habitó en ᵖBetel, y les enseñó cómo habían de temer a Jehová.
29 Mas cada nación hizo sus propios dioses y los pusieron en ᑫlos templos de los lugares altos que habían hecho los de Samaria; cada nación en su ciudad donde habitaba.
30 ʳLos de Babilonia hicieron a Sucot-benot, y los de Cuta hicieron a Nergal, y los de Hamat hicieron a Asima;

a cp 19:37
b 1 Re 12:31
c 1 Re 11:11,31
d 1 Re 12:20
e Sof 1:5
f 1 Re 14:16
g 1 Re 9:7
h ver 6
i Gn 32:28
1 Re 18:31
j Esd 4:2-10
k 1 Re 8:65
l ver 31
cp 18:34
y 19:13
m Jue 6:10

n Dt 4:23

o vers 32,33

p 1 Re 12:29

q 1 Re 12:31
y 13:32
r cp 16:2
y 17:1
s 2 Cr 28:27
y 29:1
t ver 24

2 REYES 18

31 Los aveos hicieron a Nibhaz y a Tartac; y los de Sefarvaim quemaban a sus hijos en el fuego *como ofrenda* a ᵃAdramelec y a Anamelec, dioses de Sefarvaim.
32 Y temían a Jehová; ᵇe hicieron del pueblo bajo sacerdotes de los lugares altos, quienes sacrificaban para ellos en los templos de los lugares altos.
33 Temían a Jehová, ᵉy honraban a sus dioses, según la costumbre de las gentes de donde habían sido trasladados.
34 Hasta hoy hacen como entonces; que ni temen a Jehová, ni guardan sus estatutos, ni sus ordenanzas, ni hacen según la ley y los mandamientos que prescribió Jehová a los hijos de Jacob, ⁱal cual puso el nombre de Israel;
35 Con los cuales Jehová había hecho pacto, y les mandó, diciendo: ᵐNo temeréis a otros dioses, ni los adoraréis, ni les serviréis, ni les ofreceréis sacrificios.
36 Mas a Jehová, que os sacó de la tierra de Egipto con gran poder y brazo extendido, a Éste temeréis, y a Éste adoraréis, y a Éste haréis sacrificio.
37 Los estatutos y derechos y ley y mandamientos que os dio por escrito, cuidaréis siempre de ponerlos por obra, y no temeréis a dioses ajenos.
38 Y no olvidaréis el pacto que hice con vosotros; ⁿni temeréis a dioses ajenos.
39 Mas temed a Jehová vuestro Dios, y Él os librará de mano de todos vuestros enemigos.
40 Pero ellos no escucharon; antes hicieron según su costumbre antigua.
41 ᵒAsí temieron a Jehová aquellas gentes, y juntamente sirvieron a sus ídolos; y como hicieron sus padres, así hacen hasta hoy sus hijos y sus nietos.

CAPÍTULO 18

Y aconteció que en ᵗel tercer año de Oseas, hijo de Ela, rey de Israel, comenzó a reinar ˢEzequías, hijo de Acaz, rey de Judá.
2 Veinticinco años tenía él cuando comenzó a reinar, y reinó en Jerusalén veintinueve años. El nombre

de su madre *era* ªAbi, hija de Zacarías.

3 E hizo *lo* recto en ojos de Jehová, conforme a todas las cosas que había hecho David su padre.

4 ᶜÉl quitó los lugares altos, y quebró ᵈlas imágenes, y destruyó ᵉlas imágenes de Asera, e hizo pedazos ᶠla serpiente de bronce que había hecho Moisés, porque hasta entonces le quemaban incienso los hijos de Israel; y le llamó por nombre Nehustán.

5 En Jehová, el Dios de Israel, ʰpuso su esperanza; ni después ni antes de él hubo otro como él entre todos los reyes de Judá.

6 Pues ⁱsiguió a Jehová y no se apartó de Él, sino que guardó los mandamientos que Jehová prescribió a Moisés.

7 Y Jehová estaba con él; y adondequiera que iba prosperaba. Él se rebeló contra el rey de Asiria, y no le sirvió.

8 ᵐHirió también a los filisteos ⁿhasta Gaza y sus términos, desde las torres de las atalayas hasta la ciudad fortificada.

9 Y aconteció que en el cuarto año del rey Ezequías, que *era* el año séptimo de Oseas, hijo de Ela, rey de Israel, subió Salmanasar, rey de Asiria, contra Samaria y la sitió.

10 Y la tomaron al cabo de tres años; esto *es*, en el año sexto de Ezequías, el cual era el año noveno de Oseas, rey de Israel, Samaria fue tomada.

11 Y el rey de Asiria llevó cautivo a Israel a Asiria, y los puso en Halah y en Habor, *junto* al río de Gozán, y en las ciudades de los medos:

12 Por cuanto no habían atendido la voz de Jehová su Dios, antes habían quebrantado su pacto; y todas las cosas que Moisés siervo de Jehová había mandado, ni las habían escuchado, ni puesto por obra.

13 Y ᵃa los catorce años del rey Ezequías, subió Senaquerib, rey de Asiria, contra todas las ciudades fortificadas de Judá, y las tomó.

14 Entonces Ezequías, rey de Judá, envió a decir al rey de Asiria en ʳLaquis: Yo he pecado: apártate de mí, y llevaré todo lo que me impusieres. Y el rey de Asiria impuso a Ezequías, rey de Judá, ˢtrescientos talentos de plata y treinta talentos de oro.

15 Y Ezequías *le* dio ᵇtoda la plata que fue hallada en la casa de Jehová, y en los tesoros de la casa real.

16 En aquel tiempo Ezequías quitó *el oro de* las puertas del templo de Jehová, y de los quiciales que el mismo rey Ezequías había cubierto de oro, y lo dio al rey de Asiria.

17 ᵍDespués el rey de Asiria envió al rey Ezequías, desde Laquis contra Jerusalén, a Tartán y a Rabsaris y al Rabsaces, con un gran ejército; y subieron, y vinieron a Jerusalén. Y habiendo subido, vinieron y pararon junto al acueducto del estanque de arriba, que *está* en el camino de la heredad del lavador.

18 Llamaron luego al rey, y salió a ellos ʲEliaquim, hijo de Hilcías, que *era* mayordomo, y Sebna el ᵏescriba, y Joah, hijo de Asaf, ˡel cronista.

19 Y les dijo el Rabsaces: Decid ahora a Ezequías: Así dice el gran rey de Asiria: ¿Qué confianza *es* ésta en que te apoyas?

20 Dices (pero *son* palabras vacías): *Tengo* consejo y fuerzas para la guerra. Mas ¿en quién confías, que te has rebelado contra mí?

21 Ven aquí tú confías ahora en este ᵒbordón de caña cascada, en Egipto, en el que si alguno se apoyare, se le entrará por la mano y la traspasará. Tal es Faraón, rey de Egipto, para todos los que en él confían.

22 Y si me decís: Nosotros confiamos en Jehová nuestro Dios: ¿no *es* Éste Aquél cuyos lugares altos y altares ha quitado Ezequías, y ha dicho a Judá y a Jerusalén: Delante de este altar adoraréis en Jerusalén?

23 Por tanto, ahora yo te ruego que des ᵖprendas a mi señor, el rey de Asiria, y yo te daré dos mil caballos, si tú pudieres dar jinetes para ellos.

24 ¿Cómo, pues, podrás resistir a un capitán, al menor de los siervos de mi señor, aunque estés confiado en Egipto por sus carros y su gente de a caballo?

25 ¿Acaso he venido yo ahora sin Jehová a este lugar, para destruirlo? Jehová me ha dicho: Sube a esta tierra, y destrúyela.

26 Entonces dijo Eliaquim, hijo de Hilcías, y Sebna y Joah, al Rabsaces:

Oración de Ezequías

Te ruego que hables a tus siervos [a]en arameo, porque nosotros *lo* entendemos, y no hables con nosotros en lengua judaica a oídos del pueblo que está sobre el muro.

27 Y el Rabsaces les dijo: ¿Me ha enviado mi señor para decir estas palabras *sólo* a ti y a tu señor, y no a los hombres que están sobre el muro, para que coman su propio estiércol y beban su propia orina con vosotros?

28 Luego el Rabsaces se puso de pie, y clamó a gran voz en lengua judaica, y habló, diciendo: Oíd la palabra del gran rey, el rey de Asiria.

29 Así ha dicho el rey: No os engañe Ezequías, porque no os podrá librar de mi mano.

30 Y no os haga Ezequías confiar en Jehová, diciendo: De cierto nos librará Jehová, y esta ciudad no será entregada en mano del rey de Asiria.

31 No oigáis a Ezequías, porque así dice el rey de Asiria: Haced conmigo paz, y salid a mí, y cada uno comerá de [g]su vid, y de su higuera, y cada uno beberá las aguas de su pozo;

32 Hasta que yo venga, y os lleve a una tierra como la vuestra, tierra de grano y de vino, [i]tierra de pan y de viñas, tierra de olivas, de aceite y de miel; y viviréis y no moriréis. No oigáis a Ezequías, porque os engaña cuando dice: Jehová nos librará.

33 [k]¿Acaso alguno de los dioses de las naciones ha librado su tierra de la mano del rey de Asiria?

34 ¿Dónde *están* los dioses de [n]Hamat, y de [o]Arfad? ¿Dónde *están* los dioses de Sefarvaim, de Hena, y de Iva? ¿Pudieron éstos librar a Samaria de mi mano?

35 ¿Qué dios de todos los dioses de estas tierras ha librado su tierra de mi mano, para que Jehová libre de mi mano a Jerusalén?

36 Y el pueblo calló, y no le respondió palabra; porque había mandamiento del rey, el cual había dicho: No le respondáis.

37 Entonces Eliaquim, hijo de Hilcías, que *era* mayordomo, y Sebna el escriba, y Joah, hijo de Asaf, el cronista, vinieron a Ezequías, rasgadas sus vestiduras, y le declararon las palabras del Rabsaces.

CAPÍTULO 19

Y aconteció que cuando el rey Ezequías lo oyó, rasgó sus vestiduras, y [b]se cubrió de cilicio, y [c]entró en la casa de Jehová.

2 Y envió a Eliaquim el mayordomo, y a Sebna, el escriba, y a los ancianos de los sacerdotes, vestidos de cilicio, al profeta Isaías, hijo de Amoz.

3 Y le dijeron: Así ha dicho Ezequías: Éste día es día de angustia, de represión y de blasfemia; porque los hijos están a punto de nacer, y la que da a luz no tiene fuerzas.

4 [d]Quizá oirá Jehová tu Dios todas las palabras del Rabsaces, [e]al cual el rey de los asirios su señor ha enviado para injuriar al Dios vivo, y para vituperar con palabras, las cuales Jehová tu Dios ha oído; por tanto, eleva oración por [f]el remanente que aún queda.

5 Vinieron, pues, los siervos del rey Ezequías a Isaías.

6 E Isaías les respondió: Así diréis a vuestro señor: Así dice Jehová; No temas por las palabras que has oído, con las cuales me han blasfemado [h]los siervos del rey de Asiria.

7 He aquí pondré yo en él un espíritu, y [j]oirá rumor, y se volverá a su tierra; y yo haré que en su tierra caiga a espada.

8 Y regresando el Rabsaces, halló al rey de Asiria combatiendo a [l]Libna; porque había oído [m]que se había ido de Laquis.

9 Y oyó decir de Tirhaca, rey de Etiopía: He aquí ha salido para hacerte guerra. Entonces volvió él, y envió embajadores a Ezequías, diciendo:

10 Así diréis a Ezequías, rey de Judá: [p]No te engañe tu Dios [q]en quien tú confías, para decir: Jerusalén no será entregada en mano del rey de Asiria.

11 He aquí tú has oído lo que han hecho los reyes de Asiria a todas las tierras, destruyéndolas; ¿y serás tú librado?

12 [r]¿Acaso las libraron los dioses de las naciones que mis padres destruyeron, *es decir*, [s]Gozán, y [t]Harán, y Rezef, y los hijos de [u]Edén que estaban en Telasar?

13 [v]¿Dónde *está* el rey de Hamat, el rey de Arfad, el rey de la ciudad de Sefarvaim, de Hena y de Iva?

Muerte de Senaquerib

14 ªY tomó Ezequías la carta de mano de los embajadores; y después que la hubo leído, subió a la casa de Jehová, y la extendió Ezequías delante de Jehová.

15 ᵇY oró Ezequías delante de Jehová, diciendo: Jehová, Dios de Israel, ᶜque habitas entre los querubines, solo tú eres Dios de todos los reinos de la tierra; tú hiciste el cielo y la tierra.

16 ᶠInclina, oh Jehová, tu oído, y oye; abre, oh Jehová, tus ojos, y mira; y oye las palabras de Senaquerib, ᵍque ha enviado a blasfemar al Dios viviente.

17 Es verdad, oh Jehová, que los reyes de Asiria han destruido las naciones y sus tierras;

18 Y que pusieron en el fuego a sus dioses, por cuanto ellos no *eran* dioses, sino ʲobra de manos de hombres, madera o piedra, y así los destruyeron.

19 Ahora pues, oh Jehová Dios nuestro, sálvanos, te suplico, de su mano, ᵏpara que sepan todos los reinos de la tierra que sólo tú, Jehová, eres Dios.

20 Entonces Isaías, hijo de Amoz, envió a decir a Ezequías: Así dice Jehová, el Dios de Israel: ᵐLo que me rogaste acerca de Senaquerib, rey de Asiria, ⁿhe oído.

21 Ésta *es* la palabra que Jehová ha hablado contra él: Te ha menospreciado, te ha escarnecido la virgen ᵖhija de Sión; ha movido su cabeza detrás de ti la hija de Jerusalén.

22 ¿A quién has injuriado y a quién has blasfemado? ¿Y contra quién has alzado *tu* voz, y has alzado en alto tus ojos? Contra ˢel Santo de Israel.

23 ᵗPor mano de tus mensajeros has proferido injuria contra el Señor, y has dicho: Con la multitud de mis carros he subido a las cumbres de los montes, a las cuestas del Líbano; y cortaré sus altos cedros, sus abetos más escogidos, y me alojaré en la morada más lejana, en el monte Carmelo.

24 Yo cavé y bebí las aguas extrañas, y con las plantas de mis pies sequé todos los ríos de ˣlos lugares sitiados.

25 ¿Nunca has oído que hace mucho tiempo yo lo hice, y que desde los días de la antigüedad lo dispuse? Y ahora lo he hecho venir, y tú serás para hacer desolaciones, para reducir las ciudades fortificadas en montones de ruinas.

26 Y sus moradores fueron de corto poder, angustiados y confundidos; fueron cual ᵈhierba del campo, como legumbre verde, como heno en los terrados que se marchita antes de madurar.

27 ᵉYo conozco tu sentarte, tu salir y tu entrar, y tu furor contra mí.

28 Por cuanto te has airado contra mí, y tu estruendo ha subido a mis oídos, yo por tanto ʰpondré mi gancho en tu nariz, y mi freno en tus labios, y te haré volver por el camino por donde viniste.

29 Y esto te *será* por señal, oh Ezequías: Este año comerás ⁱlo que nacerá de suyo, y el segundo año lo que nacerá de suyo; y el tercer año sembrad y segad, plantad viñas y comed de su fruto.

30 Y lo que hubiere escapado, lo que habrá quedado de la casa de Judá, tornará a echar raíz abajo, y hará fruto arriba.

31 Porque saldrá de Jerusalén un remanente, y del monte de Sión los que escaparen: ˡEl celo de Jehová *de los ejércitos* hará esto.

32 Por tanto, Jehová dice así del rey de Asiria: No entrará en esta ciudad, ni lanzará saeta en ella; ni vendrá delante de ella con escudo, ni levantará ºbaluarte contra ella.

33 Por el camino que vino se volverá, y no entrará en esta ciudad, dice Jehová.

34 Porque ᑫyo ampararé a esta ciudad para salvarla, ʳpor amor a mí mismo, y por amor a David mi siervo.

35 Y ᵘaconteció que la misma noche salió ᵛel ángel de Jehová, y mató en el campamento de los asirios a ciento ochenta y cinco mil; y cuando se levantaron por la mañana, he aquí, todo *era* cuerpos de muertos.

36 Entonces Senaquerib, rey de Asiria partió, y fue y regresó a Nínive, donde se quedó.

37 Y aconteció que mientras él adoraba en el templo de Nisroc, su dios, ʸAdramelec y Sarezer, sus hijos, lo mataron a espada; y huyeron a la tierra de Ararat. Y Esar-hadón su hijo reinó en su lugar.

---

a ver 9
2 Cr 32:17

b 2 Cr 32:20
c Éx 25:22
d Sal 129:6

e Sal 139:2
f Sal 31:2
Is 37:17

g ver 4
h Éx 29:4
y 38:4
Am 4:2

i Lv 25:5-11

j Sal 115:4

k Jos 4:24

l Is 9:7
m Is 37:21

n cp 20:5

o 2 Sm 20:15
p Lm 2:13

q cp 20:5
Is 31:5
r 1 Re 11:13
s Sal 71:22
Is 5:24
Jer 51:5
t cp 18:17
u 2 Cr 32:21
Os 1:7
v 2 Sm 24:16

x Is 10:18
y cp 17:31

Ezequías, pon tu casa en orden
CAPÍTULO 20

En [a]aquellos días Ezequías cayó enfermo de muerte, y vino a él el profeta Isaías, hijo de Amoz, y le dijo: Así dice Jehová: Pon tu casa en orden, porque morirás y no vivirás.

2 Entonces volvió él su rostro a la pared, y oró a Jehová, y dijo:

3 Te ruego, oh Jehová, te ruego [b]que hagas memoria de que he andado delante de ti en verdad y con íntegro corazón, y que [c]he hecho *las cosas* que te agradan. Y lloró Ezequías con gran lloro.

4 Y aconteció que antes que Isaías saliese hasta la mitad del patio, vino a él la palabra de Jehová, diciendo:

5 Vuelve, y di a Ezequías, príncipe de mi pueblo: Así dice Jehová, el Dios de David tu padre: [e]Yo he oído [f]tu oración, y he visto tus lágrimas; he aquí yo te sano; al tercer día subirás a la casa de Jehová.

6 Y añadiré a tus días quince años, y te libraré a ti y a esta ciudad de mano del rey de Asiria; y [g]ampararé esta ciudad por amor a mí mismo, y por amor a David mi siervo.

7 Y dijo Isaías: Tomad masa de higos. Y tomándola, la pusieron sobre la llaga, y sanó.

8 Y Ezequías había dicho a Isaías: [i]¿Qué señal *tendré* de que Jehová me sanará, y de que subiré a la casa de Jehová al tercer día?

9 Y respondió Isaías: Esta señal tendrás de Jehová, de que Jehová hará esto que ha dicho: ¿Avanzará la sombra diez grados, o retrocederá diez grados?

10 Y Ezequías respondió: Fácil cosa es que la sombra decline diez grados; pero no que la sombra vuelva atrás diez grados.

11 Entonces el profeta Isaías clamó a Jehová; e hizo volver la sombra por los grados que había descendido en el reloj de Acaz, diez grados atrás.

12 [m]En aquel tiempo Berodac-baladán, hijo de Baladán, rey de Babilonia, envió cartas y un presente a Ezequías, porque había oído que Ezequías había caído enfermo.

13 Y Ezequías los oyó, y les mostró toda la casa de sus tesoros, la plata, el oro, las especias y los preciosos ungüentos; y [o]la casa de sus armas, y todo lo que había en sus tesoros; ninguna cosa quedó que Ezequías no les mostrase, así en su casa como en todo su señorío.

14 Entonces el profeta Isaías vino al rey Ezequías, y le dijo: ¿Qué dijeron aquellos varones, y de dónde vinieron a ti? Y Ezequías le respondió: De lejanas tierras han venido, de Babilonia.

15 Y él le volvió a decir: ¿Qué vieron en tu casa? Y Ezequías respondió: Vieron todo *lo* que *hay* en mi casa; nada quedó en mis tesoros que no les mostrase.

16 Entonces Isaías dijo a Ezequías: Oye palabra de Jehová:

17 [d]He aquí vienen días, en que todo lo que *hay* en tu casa, y todo lo que tus padres han atesorado hasta hoy, será llevado a Babilonia, sin quedar nada, dice Jehová.

18 Y de tus hijos que saldrán de ti, que habrás engendrado, tomarán; y serán eunucos en el palacio del rey de Babilonia.

19 Entonces Ezequías dijo a Isaías: La palabra de Jehová que has hablado, es buena. Después dijo: ¿Mas no habrá paz y verdad en mis días?

20 [h]Los demás hechos de Ezequías, y todo su poderío, y cómo hizo [i]el estanque y el acueducto, y [k]metió las aguas en la ciudad, ¿no están escritos en el libro de las crónicas de los reyes de Judá?

21 Y durmió Ezequías con sus padres, y Manasés su hijo reinó en su lugar.

CAPÍTULO 21

Doce años [1]tenía Manasés cuando comenzó a reinar, y reinó en Jerusalén cincuenta y cinco años; el nombre de su madre *era* Hefziba.

2 E hizo *lo* malo ante los ojos de Jehová, según las abominaciones de las naciones que Jehová había echado delante de los hijos de Israel.

3 Porque él volvió a edificar [n]los lugares altos que Ezequías su padre había derribado, y levantó altares a Baal, e hizo una imagen de Asera, como había hecho Acab, rey de Israel; y adoró a todo el ejército del cielo, y sirvió a aquellas cosas.

Reinados de Manasés, y Josías

4 Asimismo ªedificó altares en la casa de Jehová, de la cual Jehová había dicho: Yo pondré mi nombre en Jerusalén.

5 Y edificó altares para todo el ejército del cielo ᶜen los dos atrios de la casa de Jehová.

6 Y ᵈpasó a su hijo por fuego, y ᶠmiró en tiempos, y ᵍfue agorero, e ʰinstituyó encantadores y adivinos, multiplicando así el hacer lo malo ante los ojos de Jehová, para provocarlo a ira.

7 Y puso una imagen tallada de Asera que él había hecho, en la casa de la cual Jehová había dicho a David y a Salomón su hijo: Yo pondré mi nombre para siempre ᵏen esta casa, y en Jerusalén, a la cual escogí de todas las tribus de Israel:

8 Y ˡno volveré a hacer que el pie de Israel sea movido de la tierra que di a sus padres, con tal que guarden y hagan conforme a todas las cosas que yo les he mandado, y conforme a toda la ley que mi siervo Moisés les mandó.

9 Mas ellos no escucharon; y Manasés los indujo a que hiciesen más mal que las gentes que Jehová destruyó delante de los hijos de Israel.

10 Y habló Jehová por medio de sus siervos los profetas, diciendo:

11 ᵐPor cuanto Manasés, rey de Judá ha hecho estas abominaciones y ⁿha hecho más mal que todo lo que hicieron los amorreos que *fueron* antes de él, y también ha hecho pecar a Judá con sus ídolos;

12 por tanto, así dice Jehová, el Dios de Israel: He aquí yo traigo *tal* mal sobre Jerusalén y sobre Judá, que el que lo oyere, ᵒle retiñirán ambos oídos.

13 Y extenderé sobre Jerusalén ʳel cordel de Samaria, y la plomada de la casa de Acab; y yo limpiaré a Jerusalén como se limpia un plato, que se refriega y se pone boca abajo.

14 Y desampararé el resto de mi heredad, y los entregaré en manos de sus enemigos; y serán para presa y despojo de todos sus adversarios;

15 Por cuanto han hecho *lo* malo ante mis ojos, y me han provocado a ira, desde el día que sus padres salieron de Egipto hasta hoy.

16 ᵇFuera de esto, derramó Manasés mucha sangre inocente en gran manera, hasta llenar a Jerusalén de un extremo a otro: además de su pecado con que hizo pecar a Judá, para que hiciese lo malo ante los ojos de Jehová.

17 ᵉLos demás hechos de Manasés, y todo lo que hizo, y su pecado que cometió, ¿no están escritos en el libro de las crónicas de los reyes de Judá?

18 Y durmió Manasés con sus padres, y fue sepultado en el huerto de su casa, en el huerto de ⁱUza; y Amón su hijo reinó en su lugar.

19 ʲVeintidós años tenía Amón cuando comenzó a reinar, y reinó dos años en Jerusalén. El nombre de su madre *era* Mesalemet, hija de Harus de Jotba.

20 E hizo lo malo ante los ojos de Jehová, como había hecho Manasés su padre.

21 Y anduvo en todos los caminos en que su padre anduvo, y sirvió a los ídolos a los cuales había servido su padre, y a ellos adoró;

22 Y dejó a Jehová el Dios de sus padres, y no anduvo en el camino de Jehová.

23 Y los siervos de Amón conspiraron contra él, y mataron al rey en su casa.

24 Entonces el pueblo de la tierra mató a todos los que habían conspirado contra el rey Amón; y en su lugar el pueblo de la tierra puso por rey a Josías su hijo.

25 Los demás hechos que Amón hizo, ¿no *están* escritos en el libro de las crónicas de los reyes de Judá?

26 Y fue sepultado en su sepulcro en ᵖel huerto de Uza, ᵠy Josías su hijo reinó en su lugar.

CAPÍTULO 22

Ocho años ˢtenía Josías cuando comenzó a reinar, y reinó en Jerusalén treinta y un años. El nombre de su madre *fue* Jedida, hija de Adaías, de Boscat.

2 E hizo *lo* recto ante los ojos de Jehová, y anduvo en todo el camino de David su padre, sin apartarse ni a derecha ni a izquierda.

Hallan el libro en el templo

3 ªY acontecióque a los dieciocho años del rey Josías, el rey envió a Safán, hijo de Azalías, hijo de Mesulam, el escriba, a la casa de Jehová, diciendo:

4 Ve al sumo sacerdote Hilcías, y *dile* que recoja ᵇel dinero que han traído a la casa de Jehová, que han recogido del pueblo los guardianes de la puerta,

5 y que lo pongan en manos de los que hacen la obra, que tienen cargo de la casa de Jehová, y que lo entreguen a los que hacen la obra de la casa de Jehová, para reparar las grietas de la casa;

6 a los carpinteros, a los maestros y a los albañiles, para comprar madera y piedra de cantería para reparar la casa.

7 ᵈY no se les pedía cuentas del dinero entregado en sus manos, porque ellos procedían con fidelidad.

8 Entonces el sumo sacerdote Hilcías dijo a Safán el escriba: He hallado ᶠel libro de la ley en la casa de Jehová. E Hilcías dio el libro a Safán, y lo leyó.

9 Vino luego Safán el escriba, al rey, y dio al rey la respuesta, y dijo: Tus siervos han recogido el dinero que se halló en el templo, y lo han entregado en poder de los que hacen la obra, que tienen cargo de la casa de Jehová.

10 Y Safán el escriba, declaró al rey, diciendo: Hilcías el sacerdote me ha dado un libro. Y lo leyó Safán delante del rey.

11 Y sucedió que cuando el rey hubo oído las palabras del libro de la ley, rasgó sus vestiduras.

12 Luego mandó el rey a Hilcías el sacerdote, y a ʲAhicam, hijo de Safán, y a ᵏAcbor, hijo de Micaías, y a Safán el escriba, y a Asaías, siervo del rey, diciendo:

13 Id, y consultad a Jehová por mí, y por el pueblo, y por todo Judá, acerca de las palabras de este libro que se ha hallado; porque grande es la ira de Jehová que se ha encendido contra nosotros, por cuanto nuestros padres no escucharon las palabras de este libro, para hacer conforme a todo lo que nos fue escrito.

14 Entonces Hilcías el sacerdote, y Ahicam y Acbor y Safán y Asaías,

a hasta 20
2 Cr 34:8-28

b cp 12:4

c cp 21:22
Dt 29:25-26

d cp 12:15

e 1 Re 21:29
f Dt 31:24-26

g Lv 26:31-32

h Sal 37:37

i 2 Cr 34:29
j cp 25:22
Jer 26:24
39:14 y 40:5
k 2 Cr 34:20

l Dt 31:11

m cp 22:8

n cp 11:14

o Dt 13:4

fueron a la profetisa Hulda, esposa de Salum, hijo de Ticva, hijo de Araas, guarda de las vestimentas, la cual moraba en Jerusalén, en la casa de la doctrina, y hablaron con ella.

15 Y ella les dijo: Así dice Jehová, el Dios de Israel: Decid al varón que os envió a mí:

16 Así dice Jehová: He aquí yo traigo mal sobre este lugar, y sobre los que en él moran, *según*, todas las palabras del libro que ha leído el rey de Judá:

17 ᶜPor cuanto me dejaron a mí, y quemaron incienso a dioses ajenos, provocándome a ira en toda obra de sus manos; y mi furor se ha encendido contra este lugar, y no se apagará.

18 Mas al rey de Judá que os ha enviado para que consultaseis a Jehová, diréis así: Así dice Jehová, el Dios de Israel: Por cuanto oíste las palabras del libro,

19 y tu corazón se enterneció, y ᵉte humillaste delante de Jehová, cuando oíste lo que yo he pronunciado contra este lugar y contra sus moradores, que vendrían a ser ᵍasolados y malditos, y rasgaste tus vestiduras, y lloraste en mi presencia, también yo te he oído, dice Jehová.

20 Por tanto, he aquí yo te recogeré con tus padres, y tú serás recogido a tu sepulcro ʰen paz, y no verán tus ojos todo el mal que yo traigo sobre este lugar. Y ellos dieron la respuesta al rey.

CAPÍTULO 23

Entonces ⁱel rey mandó que se reuniesen con él todos los ancianos de Judá y de Jerusalén.

2 Y subió el rey a la casa de Jehová con todos los varones de Judá, y con todos los moradores de Jerusalén, con los sacerdotes y profetas y con todo el pueblo, desde el más chico hasta el más grande; y ˡleyó, oyéndolo ellos, todas las palabras ᵐdel libro del pacto que había sido hallado en la casa de Jehová.

3 Y el rey se puso en pie ⁿjunto a la columna, y hizo pacto delante de Jehová, de ᵒque irían en pos de Jehová, y guardarían sus mandamientos, y sus testimonios, y sus

Limpian de idolatría la ciudad

estatutos con todo su corazón y con toda su alma, y que cumplirían las palabras del pacto que estaban escritas en aquel libro. Y todo el pueblo confirmó el pacto.

4 Entonces mandó el rey al sumo sacerdote Hilcías, y a los sacerdotes ^cde segundo orden, y a los guardianes de la puerta, que sacasen del templo de Jehová todos los vasos que habían sido hechos para ^eBaal, para Asera y para todo el ejército del cielo; y los quemó fuera de Jerusalén en ^fel campo de Cedrón, e hizo llevar las cenizas de ellos a Betel.

5 Y quitó a ^hlos sacerdotes idólatras que habían puesto los reyes de Judá para que quemasen incienso en los lugares altos en las ciudades de Judá, y en los alrededores de Jerusalén; y asimismo a los que quemaban incienso a Baal, al sol y a la luna, y a los signos del zodiaco y a ⁱtodo el ejército del cielo.

6 También sacó la imagen de Asera de la casa de Jehová, fuera de Jerusalén, al torrente de Cedrón, y la quemó en el torrente de Cedrón, y la redujo a polvo, y echó el polvo de ella ^lsobre los sepulcros de los hijos del pueblo.

7 Además derribó las casas de ^mlos sodomitas que estaban en la casa de Jehová, en las cuales ^olas mujeres tejían pabellones para Asera.

8 E hizo venir a todos los sacerdotes de las ciudades de Judá, y profanó los lugares altos donde los sacerdotes quemaban incienso, desde Gabaa hasta Beerseba; y derribó los altares de las puertas que estaban a la entrada de la puerta de Josué, gobernador de la ciudad, que estaban a la mano izquierda, a la puerta de la ciudad.

9 ^qPero los sacerdotes de los lugares altos no subían al altar de Jehová en Jerusalén, sólo comían panes sin levadura entre sus hermanos.

10 Asimismo profanó a ^sTofet, que está en el valle del hijo de Hinom, ^tpara que ninguno pasase su hijo o su hija por fuego a ^uMoloc.

11 Quitó también los caballos que los reyes de Judá habían dedicado al sol a la entrada del templo de Jehová, junto a la cámara de Natán-melec eunuco, el cual tenía cargo de los ejidos; y quemó al fuego los carros del sol.

12 Derribó además el rey los altares que estaban ^asobre la azotea de la sala de Acaz, que los reyes de Judá habían hecho, y los altares que había hecho ^bManasés en los dos atrios de la casa de Jehová; y de allí corrió y arrojó el polvo en ^del torrente de Cedrón.

13 Asimismo profanó el rey los lugares altos que estaban delante de Jerusalén, a la mano derecha del monte de la destrucción, los cuales ^gSalomón rey de Israel había edificado a Astarot, abominación de los sidonios, y a Quemos abominación de Moab, y a Milcom abominación de los hijos de Amón.

14 Y quebró las estatuas, y derribó las imágenes de Asera, y llenó el lugar de ellos de huesos de hombres.

15 Igualmente el altar que estaba en Betel, y ^jel lugar alto que había hecho Jeroboam, hijo de Nabat, ^kel que hizo pecar a Israel, aquel altar y el lugar alto destruyó; y quemó el lugar alto y lo hizo polvo, y puso fuego a la imagen de Asera.

16 Y se volvió Josías, y viendo los sepulcros que estaban allí en el monte, envió y sacó los huesos de los sepulcros, y los quemó sobre ⁿel altar para contaminarlo, conforme a la palabra de Jehová que había profetizado el varón de Dios, el cual había anunciado estas cosas.

17 Y después dijo: ¿Qué monumento es éste que veo? Y los de la ciudad le respondieron: Éste es el sepulcro del ^pvarón de Dios que vino de Judá, y profetizó estas cosas que tú has hecho sobre el altar de Betel.

18 Y él dijo: Dejadlo; ninguno mueva sus huesos; y así fueron preservados sus huesos, y ^rlos huesos del profeta que había venido de Samaria.

19 Y todas las casas de los lugares altos que estaban en las ciudades de Samaria, las cuales habían hecho los reyes de Israel para provocar a ira al Señor, las quitó también Josías, e hizo de ellas como había hecho en Betel.

20 Y ^vmató además sobre los altares a todos los sacerdotes de los lugares altos que allí estaban, y quemó sobre ellos ^xhuesos de hombres, y volvió a Jerusalén.

Reinado de Joacim

21 Entonces mandó el rey a todo el pueblo, diciendo: ªHaced la pascua a Jehová vuestro Dios, ᵇconforme *a lo que está* escrito en ᶜel libro de este pacto.

22 ᵈEn verdad que no se había celebrado tal pascua desde los días de los jueces que gobernaron a Israel, ni en todos los días de los reyes de Israel, y de los reyes de Judá.

23 En el año dieciocho del rey Josías se celebró aquella pascua a Jehová en Jerusalén.

24 Asimismo barrió Josías los encantadores, los adivinos, las imágenes y los ídolos, y todas las abominaciones que se veían en la tierra de Judá y en Jerusalén, para cumplir las palabras de la ley que ⁱestaban escritas en el libro que el sacerdote Hilcías había hallado en la casa de Jehová.

25 ʲNo hubo antes otro rey como él que se convirtiese a Jehová con todo su corazón, y con toda su alma, y con ᵏtodas sus fuerzas, conforme a toda la ley de Moisés; ni después de él se levantó *otro* igual.

26 Con todo, Jehová no desistió del furor de su grande ira con la cual se había encendido su enojo contra Judá, a causa de todas ᵐlas provocaciones con que Manasés le había irritado.

27 Y dijo Jehová: También quitaré de mi presencia a Judá, ᵒcomo quité a Israel, y desecharé a esta ciudad que había escogido, a Jerusalén, y a la casa de la cual había yo dicho: Mi nombre estará allí.

28 Los demás hechos de Josías, y todo lo que hizo, ¿no están escritos en el libro de las crónicas de los reyes de Judá?

29 ˢEn aquellos días ᵗFaraón Necao, rey de Egipto, subió contra el rey de Asiria al río Éufrates, y salió contra él el rey Josías; pero aquél así que lo vio, lo mató ᵛen Meguido.

30 Y ˣsus siervos lo pusieron en un carro, y ʸlo trajeron muerto de Meguido a Jerusalén, y lo sepultaron en su sepulcro. ᵃEntonces el pueblo de la tierra tomó a Joacaz, hijo de Josías, y lo ungieron y lo pusieron por rey en lugar de su padre.

31 Veintitrés años *tenía* Joacaz cuando comenzó a reinar, y reinó tres meses en Jerusalén. El nombre de su madre *era* Amutal, hija de Jeremías de Libna.

32 E hizo *lo* malo ante los ojos de Jehová, conforme a todas las cosas que sus padres habían hecho.

33 Y Faraón Necao lo encarceló en ᵉRibla en la provincia de ᶠHamat, para que no reinase en Jerusalén; e impuso sobre la tierra un tributo de ᵍcien talentos de plata y un talento de oro.

34 Entonces Faraón Necao puso por rey a Eliaquim, hijo de Josías, en lugar de Josías, su padre, y ʰle cambió el nombre por el de Joacim; y tomó a Joacaz y *lo* llevó a Egipto, y allí murió.

35 Y Joacim dio a Faraón la plata y el oro; e impuso gravamen sobre la tierra para dar el dinero conforme al mandamiento de Faraón, sacando la plata y el oro del pueblo de la tierra, de cada uno según la estimación de su hacienda, para dar a Faraón Necao.

36 ˡVeinticinco años *tenía* Joacim cuando comenzó a reinar, y once años reinó en Jerusalén. El nombre de su madre *era* Zebuda, hija de Pedaías, de Ruma.

37 E ⁿhizo *lo* malo ante los ojos de Jehová, conforme a todas las cosas que sus padres habían hecho.

CAPÍTULO 24

En ᵖsu tiempo subió Nabucodonosor, rey de Babilonia, y Joacim vino a ser su siervo ᵠpor tres años; pero luego volvió y se rebeló contra él.

2 Pero ʳJehová envió contra él tropas de caldeos, tropas de sirios, tropas de moabitas y tropas de amonitas; los cuales envió contra Judá para que la destruyesen, ᵘconforme a la palabra de Jehová que había hablado por sus siervos los profetas.

3 Ciertamente vino *esto* contra Judá por mandato de Jehová, para quitarla de su presencia, ᶻpor los pecados de Manasés, conforme a todo lo que él hizo;

4 ᵇasimismo por la sangre inocente que derramó, pues llenó a Jerusalén de sangre inocente; lo cual Jehová no quiso perdonar.

2 REYES 25

5 ªLos demás hechos de Joacim, y todo lo que hizo, ¿no están escritos en el libro de las crónicas de los reyes de Judá?

6 Y durmió Joacim con sus padres, y Joaquín su hijo reinó en su lugar.

7 Y ᶠnunca más el rey de Egipto salió de su tierra; porque ᵍel rey de Babilonia tomó todo lo que era del rey de Egipto, desde el río de Egipto hasta el río Éufrates.

8 Dieciocho años tenía ⁱJoaquín cuando comenzó a reinar, y reinó en Jerusalén tres meses. El nombre de su madre era Neusta, hija de Elnatán, de Jerusalén.

9 E hizo lo malo ante los ojos de Jehová, conforme a todas las cosas que había hecho su padre.

10 En aquel tiempo subieron los siervos de Nabucodonosor, rey de Babilonia, contra Jerusalén y la ciudad fue sitiada.

11 Vino también Nabucodonosor, rey de Babilonia, contra la ciudad, cuando sus siervos la tenían sitiada.

12 ˡEntonces salió Joaquín, rey de Judá, al rey de Babilonia, él y su madre, sus siervos, sus príncipes y sus oficiales; y lo apresó el rey de Babilonia en el octavo año de su reinado.

13 Y ᵐsacó de allí todos los tesoros de la casa de Jehová, y los tesoros de la casa real, y ᵖquebró en piezas todos los vasos de oro que había hecho ᵠSalomón, rey de Israel, en la casa de Jehová, como Jehová había dicho.

14 Y llevó en cautiverio a toda Jerusalén, a todos los príncipes, y a todos los hombres valientes, hasta diez mil cautivos, y a todos los artesanos y herreros. No quedó nadie, excepto ˢlos pobres del pueblo de la tierra.

15 Asimismo ᵘllevó cautivos a Babilonia a Joaquín, y a la madre del rey, y a las esposas del rey, y a sus oficiales y a los poderosos de la tierra; cautivos los llevó de Jerusalén a Babilonia.

16 A todos los hombres de guerra, que fueron siete mil, y a los artesanos y herreros, que fueron mil, y a todos los hombres fuertes y aptos para la guerra, llevó cautivos el rey de Babilonia.

a 2 Cr 36:8
b Jer 37:1
c 1 Cr 3:15
   2 Cr 36:10
d cp 23:34
e hasta
   cp 25:21
  Jer 52:1-27
f Jer 37:5-7
g Jer 46:2
h cp 23:31
i 1 Cr 3:16
  Jer 22:24-28

j 3 Cr 36:13
  Jer 27:11

k 1 Cr 36:17
  Jer 34:1-2
  y 39:1-2

l Jer 24:1
  y 29:1-2

m cp 20:17
n Jer 39:2
  y 52:7
o hasta 12
  Jer 39:4-10
p 2 Cr 36:18
  Esd 1:7
q 1 Re 7:48
r 2 Sm 15:28

s cp 25:12
t Jer 32:4
u 2 Cr 36:10

v Ez 12:13

x Jer 52:12

y Gn 37:36

Nabucodonosor sitia a Jerusalén

17 Y ᵇel rey de Babilonia puso por rey en lugar de Joaquín a Matanías su ᶜtío, y ᵈle cambió el nombre por el de Sedequías.

18 ᵉVeintiún años tenía Sedequías cuando comenzó a reinar, y reinó en Jerusalén once años. El nombre de su madre era ʰAmutal, hija de Jeremías, de Libna.

19 E hizo lo malo ante los ojos de Jehová, conforme a todo lo que había hecho Joacim.

20 Fue, pues, la ira de Jehová contra Jerusalén y Judá, hasta que los echó de su presencia. Y ʲSedequías se rebeló contra el rey de Babilonia.

CAPÍTULO 25

Y acontećió en ᵏel noveno año de su reinado, en el mes décimo, en el día diez del mes, que Nabucodonosor, rey de Babilonia, vino con todo su ejército contra Jerusalén, y la sitió; y levantaron contra ella baluartes alrededor.

2 Y la ciudad estuvo sitiada hasta el año undécimo del rey Sedequías.

3 A los nueve días del cuarto mes prevaleció el hambre en la ciudad, hasta que no hubo pan para el pueblo de la tierra.

4 Y ⁿabriendo una brecha en el muro de la ciudad, ᵒtodos los hombres de guerra huyeron de noche por el camino de la puerta que estaba entre los dos muros, junto a los huertos del rey, estando los caldeos alrededor de la ciudad; y el rey se fue por ʳel camino del desierto.

5 Y el ejército de los caldeos siguió al rey, y lo tomó en las llanuras de Jericó, habiéndose dispersado todo su ejército.

6 Y apresaron al rey, y ᵗlo trajeron al rey de Babilonia a Ribla, y pronunciaron sentencia contra él.

7 Y degollaron a los hijos de Sedequías en presencia suya; y a Sedequías le sacaron los ojos, y ᵛatado con cadenas lo llevaron a Babilonia.

8 En ˣel mes quinto, en el séptimo día del mes, siendo el año diecinueve de Nabucodonosor, rey de Babilonia, vino a Jerusalén Nabuzaradán, ʸcapitán de la guardia, siervo del rey de Babilonia.

Nabuzaradán quema la casa de Dios

9 Y ªquemó la casa de Jehová, y la casa del rey, ᵇy todas las casas de Jerusalén; y todas las casas de los príncipes quemó a fuego.

10 Y todo el ejército de los caldeos que *estaba* con el capitán de la guardia, ᶜderribó los muros alrededor de Jerusalén.

11 Y a los del pueblo que habían quedado en la ciudad, y a los que se habían juntado al rey de Babilonia, con los que habían quedado del vulgo, los llevó cautivos Nabuzaradán, capitán de la guardia.

12 Mas de ᵉlos pobres de la tierra dejó Nabuzaradán, capitán de la guardia, *para que* labrasen las viñas y las tierras.

13 Y quebraron los caldeos ᶠlas columnas de bronce que *estaban* en la casa de Jehová, y ᵍlas bases, y ʰel mar de bronce que estaba en la casa de Jehová, y llevaron el bronce de ello a Babilonia.

14 También ⁱse llevaron las ollas, las paletas, las despabiladeras, los cucharones y todos los vasos de bronce con que ministraban.

15 Incensarios, cuencos, los que de oro, en oro, y los que de plata, en plata, todo lo llevó el capitán de la guardia.

16 Las dos columnas, un mar, y las bases que Salomón había hecho para la casa de Jehová; y del bronce de todos estos vasos, ᵏno había peso.

17 ˡLa altura de una columna era de dieciocho codos y *tenía* encima un capitel de bronce, y la altura del capitel era de tres codos; y sobre el capitel había una red y granadas alrededor, todo de bronce; y semejante obra había en la otra columna con la red.

18 Tomó entonces el capitán de la guardia a ᵖSeraías, el primer sacerdote, y a ʳSofonías, ˢel segundo sacerdote y a los tres guardas de la puerta;

19 y de la ciudad tomó a un oficial que estaba a cargo de los hombres de guerra, y a ᵗcinco varones de los que estaban en la presencia del rey ᵘque se hallaban en la ciudad; y al principal escriba del ejército, que reclutaba la gente del país; y sesenta varones del pueblo de la tierra, que se hallaban en la ciudad.

20 A éstos tomó Nabuzaradán, capitán de la guardia, y los llevó a Ribla al rey de Babilonia.

21 Y el rey de Babilonia los hirió y mató en Ribla, en tierra de Hamat. Así fue trasportado Judá de sobre su tierra.

22 Y al pueblo que Nabucodonosor, rey de Babilonia, dejó en la tierra de Judá, puso por gobernador a Gedalías, hijo de Ahicam, hijo de Safán.

23 Y oyendo todos ᵈlos príncipes del ejército, ellos y su gente, que el rey de Babilonia había puesto por gobernador a Gedalías, vinieron a él en Mizpa, *esto es*, Ismael, hijo de Netanías, y Johanán, hijo de Carea, y Seraías, hijo de Tanhumet netofatita, y Jaazanías, hijo de un maacatita, ellos con los suyos.

24 Entonces Gedalías les hizo juramento, a ellos y a los suyos, y les dijo: No temáis de ser siervos de los caldeos; habitad en la tierra, y servid al rey de Babilonia, y os irá bien.

25 Pero sucedió que ʲen el mes séptimo vino Ismael, hijo de Netanías, hijo de Elisama, de la estirpe real, y con él diez varones, e hirieron a Gedalías, y murió; y también a los judíos y caldeos que estaban con él en Mizpa.

26 Y levantándose todo el pueblo, desde el menor hasta el mayor, con los capitanes del ejército, ᵐse fueron a Egipto por temor de los caldeos.

27 ⁿY aconteció a los treinta y siete años ᵒdel cautiverio de Joaquín, rey de Judá, en el mes duodécimo, a los veintisiete *días* del mes, que Evil-merodac, rey de Babilonia, en el primer año de su reinado, ᑫlevantó la cabeza de Joaquín, rey de Judá, sacándolo de la casa de la cárcel;

28 y le habló bien, y puso su asiento sobre el asiento de los reyes que *estaban* con él en Babilonia.

29 Y le cambió las vestiduras de su prisión, y comió siempre delante de él ᵛtodos los días de su vida.

30 Y diariamente le fue dado su sustento de parte del rey, una porción para cada día, todos los días de su vida.

---

a 2 Cr 36:19
b Os 8:14
c Neh 1:3
d Jer 40:7-9
e cp 24:14
  Jer 40:7
f 1 Re 7:15
g 1 Re 7:27
h 1 Re 7:23
i Éx 27:3
  1 Re 7:50
j Jer 40:14
  y 41:1-2
k 1 Re 7:47
l 1 Re 7:15-18
  2 Cr 3:15
m Jer 43:4-7
n Jer 52:31
o cp 24:12-15
p 1 Cr 6:14
q Gn 40:13
r Jer 21:1
  29:25 y 37:3
s cp 23:4
t Jer 52:25
u Est 1:14
v 2 Sm 9:7

Libro Primero De
CRÓNICAS

CAPÍTULO 1

Adán, Set, Enós, 2 Cainán, Mahalaleel, Jared, 3 Enoc, Matusalén, Lamec, 4 Noé, Sem, Cam y Jafet.

5 ᵉLos hijos de Jafet: Gomer, Magog, Madai, Javán, Tubal, Mesec y Tiras.

6 Los hijos de Gomer: Askenaz, Rifat y Togarma.

7 Los hijos de Javán: Elisa, Tarsis, Quitim y Dodanim.

8 ᵍLos hijos de Cam: Cus, Mizraim, Fut y Canaán.

9 Los hijos de Cus: Seba, Havila, Sabta, Raama y Sabteca. Y los hijos de Raama: Seba y Dedán.

10 Cus engendró a Nimrod; éste comenzó a ser poderoso en la tierra.

11 Mizraim engendró a Ludim, Ananim, Lehabim, Naftuhim,

12 Patrusim y Casluhim; de éstos salieron los filisteos y los caftoreos.

13 Canaán engendró a Sidón, su primogénito, y a Het,

14 al jebuseo, al amorreo, al gergeseo;

15 al heveo, al araceo, al sineo;

16 al arvadeo, al samareo y al hamateo.

17 ʲLos hijos de Sem: Elam, Asur, Arfaxad, Lud, Aram, Uz, Hul, Geter y Mesec.

18 Arfaxad engendró a Sela, y Sela engendró a Heber.

19 Y a Heber le nacieron dos hijos; el nombre de uno fue ˡPeleg, por cuanto en sus días fue dividida la tierra, y el nombre de su hermano fue Joctán.

20 Y Joctán engendró a Elmodad, a Selef, a Hazarmavet y a Jera,

21 a Adoram también, a Uzal, a Dicla,

22 a Ebal, a Abimael, a Seba,

23 a Ofir, a Havila y a Jobab; todos hijos de Joctán.

24 ⁿSem, Arfaxad, Sela,

25 Heber, Peleg, Reu,

26 Serug, Nacor, Taré,

27 y Abram, el cual es Abraham.

28 Los hijos de Abraham: ᵃIsaac e ᵇIsmael.

29 Y éstas son sus descendencias: ᶜEl primogénito de Ismael, Nebaiot; después Cedar, Adbeel, Mibsam,

30 Misma, Duma, Massa, ᵈHadad, Tema,

31 Jetur, Nafis y Cedema. Éstos son los hijos de Ismael.

32 ᶠY Cetura, concubina de Abraham, dio a luz a Zimram, Jocsán, Medán, Madián, Isbac y a Súa. Los hijos de Jocsán: Seba y Dedán.

33 Los hijos de Madián: Efa, Efer, Enoc, Abida y Eldaa; todos éstos fueron hijos de Cetura.

34 Y Abraham engendró a Isaac; y los hijos de Isaac fueron Esaú e Israel.

35 ʰLos hijos de Esaú: Elifaz, Reuel, Jeús, Jaalam y Coré.

36 Los hijos de Elifaz: Temán, Omar, Zefo, Gatam, Cenaz, Timna y Amalec.

37 Los hijos de Reuel: Nahat, Zera, Sama, y Miza.

38 ʲLos hijos de Seir: Lotán, Sobal, Zibeón, Ana, Disón, Ezer y Disán.

39 Los hijos de Lotán: Hori y Homam; y Timna fue hermana de Lotán.

40 Los hijos de Sobal: Alván, Manahat, Ebal, ᵏSefo y Onam. Los hijos de Zibeón: Aja y Ana.

41 Disón fue hijo de Ana; y los hijos de Disón; Hamrán, Esbán, Itrán y Querán.

42 Los hijos de Ezer: Bilhán, Zaaván y Jaacán. Los hijos de Disán: Uz y Arán.

43 ᵐY éstos son los reyes que reinaron en la tierra de Edom, antes que reinase rey sobre los hijos de Israel. Bela, hijo de Beor; y el nombre de su ciudad fue Dinaba.

44 Y muerto Bela, reinó en su lugar Jobab, hijo de Zera, de Bosra.

45 Y muerto Jobab reinó en su lugar Husam, de la tierra de los temanitas.

46 Muerto Husam, reinó en su lugar Hadad, hijo de Bedad, el cual

Descendientes de Israel

hirió a Madián en el campo de Moab; y el nombre de su ciudad *fue* Avit.

47 Muerto Hadad, reinó en su lugar Samla, de Masreca.

48 Muerto también Samla, reinó en su lugar Saúl de Rehobot, que está *junto al río*.

49 Y muerto Saúl, reinó en su lugar Baal-hanán, hijo de Acbor.

50 Y muerto Baal-hanán, reinó en su lugar Hadad, el nombre de cuya ciudad *fue* Pai; y el nombre de su esposa, Mehetabel, hija de Matred, hija de Mezaab.

51 Murió también Hadad. Y los duques de Edom fueron; el duque Timna, el duque Alva, el duque Jetet,

52 el duque Aholibama, el duque Ela, el duque Pinón,

53 el duque Cenaz, el duque Temán, el duque Mibzar,

54 el duque Magdiel y el duque Iram. Éstos *fueron* los duques de Edom.

CAPÍTULO 2

Éstos *son* los hijos de Israel: [f]Rubén, Simeón, Leví, Judá, Isacar, Zabulón,

2 Dan, José, Benjamín, Neftalí, Gad y Aser.

3 [g]Los hijos de Judá: Er, Onán y Sela. *Estos* tres le nacieron de la hija de Súa, cananea. Y Er, primogénito de Judá, fue malo delante de Jehová, y Él lo mató.

4 Y [h]Tamar su nuera le dio a luz a Fares y a Zera. Todos los hijos de Judá *fueron* cinco.

5 Los hijos de Fares: Hezrón y Hamul.

6 Y los hijos de Zera; Zimri, Etán, Hemán, Calcol y Darda; cinco en total.

7 Hijo de Carmi fue Acar, el que perturbó a Israel, porque [i]prevaricó en el anatema.

8 Azarías fue hijo de Etán.

9 Los hijos que nacieron a Hezrón: Jerameel, [j]Ram y Quelubai.

10 Y Ram engendró a Aminadab; y Aminadab engendró a Naasón, príncipe de los hijos de Judá;

11 y Naasón engendró a Salma, y [k]Salma engendró a [l]Boaz;

12 y Boaz engendró a Obed, y Obed engendró a Isaí;

13 e Isaí engendró [a]a Eliab, su primogénito; y el segundo Abinadab, y Sima el tercero;

14 el cuarto Natanael, el quinto Radai;

15 el sexto Osem, el séptimo [b]David;

16 de los cuales Sarvia y Abigail [c]fueron hermanas. Los hijos de Sarvia *fueron* tres: Abisai, Joab y Asael.

17 [d]Abigail dio a luz a Amasa, cuyo padre *fue* Jeter ismaelita.

18 Caleb, hijo de Hezrón, engendró *hijos* de Azuba *su* esposa, y de Jeriot. Y los hijos de ella *fueron* Jeser, Sobad y Ardón.

19 Y muerta Azuba, Caleb tomó por esposa a Efrata, la cual le dio a luz a Hur.

20 Y Hur engendró a Uri, y Uri engendró a Bezaleel.

21 Después entró Hezrón a la hija de Maquir padre de Galaad, la cual tomó siendo él de sesenta años, y ella le dio a luz a Segub.

22 Y Segub engendró a Jair, el cual tuvo veintitrés ciudades en la tierra de Galaad.

23 Y Gesur y Aram tomaron [e]las ciudades de Jair de ellos, y a Kenat con sus aldeas, sesenta lugares. Todos éstos fueron de los hijos de Maquir padre de Galaad.

24 Y muerto Hezrón en Caleb de Efrata, Abía esposa de Hezrón le dio a luz a Asur padre de Tecoa.

25 Y los hijos de Jerameel primogénito de Hezrón fueron Ram su primogénito, Buna, Orem, Osem y Ahías.

26 Y tuvo Jerameel otra esposa llamada Atara, que *fue* madre de Onam.

27 Y los hijos de Ram primogénito de Jerameel fueron Maas, Jamín y Equer.

28 Y los hijos de Onam fueron Samai y Jada. Los hijos de Samai, Nadab y Abisur.

29 Y el nombre de la esposa de Abisur *fue* Abihail, la cual dio a luz a Abán y a Molib.

30 Y los hijos de Nadab, Seled y Apaim. Y Seled murió sin hijos.

31 E Isi fue hijo de Apaim; y Sesán, hijo de Isi; e hijo de Sesán, Ahlai.

32 Los hijos de Jada hermano de Samai: Jeter y Jonatán. Y murió Jeter sin hijos.

1 CRÓNICAS 3

33 Y los hijos de Jonatán: Pelet y Zaza. Éstos fueron los hijos de Jerameel.

34 Y Sesán no tuvo hijos, sino hijas. Y Sesán tenía un siervo egipcio llamado Jara.

35 Y Sesán dio a su hija por esposa a Jarha su siervo; y ella le dio a luz a Atai.

36 Y Atai engendró a Natán, y Natán engendró a Zabad,

37 Y Zabad engendró a Eflal, y Eflal engendró a Obed,

38 y Obed engendró a Jehú, y Jehú engendró a Azarías;

39 y Azarías engendró a Heles, y Heles engendró a Elasa;

40 Elasa engendró a Sismai, y Sismai engendró a Salum,

41 y Salum engendró a Jecamía, y Jecamía engendró a Elisama.

42 Los hijos de Caleb hermano de Jerameel *fueron* Mesa su primogénito, que fue el padre de Zif; y los hijos de Maresa padre de Hebrón.

43 Y los hijos de Hebrón, Coré, Tapúa, Requem y Sema.

44 Y Sema engendró a Raham, padre de Jorcaam; y Requem engendró a Samai.

45 Maón *fue* hijo de Samai, y Maón padre de Bet-zur.

46 Y Efa, concubina de Caleb, dio a luz a Harán, a Mosa y a Gazez. Y Harán engendró a Gazez.

47 Y los hijos de Jahdai: Regem, Jotam, Gesán, Pelet, Efa y Saaf.

48 Maaca, concubina de Caleb, dio a luz a Sebet y a Tirana.

49 Y también dio a luz a Saaf padre de Madmana, y a Seva padre de Macbena y padre de Gibea. Y Acsa *fue* hija de Caleb.

50 Éstos fueron los hijos de Caleb, hijo de Hur, primogénito ʲde Efrata: Sobal, padre de Quiriat-jearim;

51 Salma, padre de Belén; Haref, padre de Bet-gader.

52 Y los hijos de Sobal padre de Quiriat-jearim fueron Haroe, y la mitad de los manahetitas.

53 Y las familias de Quiriat-jearim fueron los ítritas, y los futitas, y los samatitas y los misraítas; de los cuales salieron los zoratitas y los estaolitas.

54 Los hijos de Salma: Belén, y los netofatitas, Atrot-bet-joab, la mitad de los manahetitas y los zoratitas.

55 Y las familias de los escribas, que moraban en Jabes, fueron los tirateos, simateos y los sucateos; los cuales son ᵃlos cineos que vinieron de Hamat, padre de la ᵇcasa de Recab.

Los hijos de David

CAPÍTULO 3

Éstos fueron los hijos de David, que le nacieron en Hebrón: ᶜAmnón el primogénito, de Ahinoam jezreelita; el segundo Daniel, de Abigail la carmelita;

2 el tercero, Absalón, hijo de Maaca, hija de Talmai, rey de Gesur; el cuarto, Adonías, hijo de Haguit;

3 el quinto, Sefatías, de Abital; el sexto, Itream, de Egla su esposa.

4 *Estos* seis le nacieron en Hebrón, ᵈdonde reinó siete años y seis meses; ᵉy en Jerusalén reinó treinta y tres años.

5 ᶠEstos cuatro le nacieron en Jerusalén: Sima, Sobab, Natán y Salomón, de Bet-súa hija de Amiel.

6 Y otros nueve: Ibhar, ᵍElisama, Elifelet,

7 Noga, Nefeg, Jafía.

8 Elisama, Eliada y Elifelet.

9 Todos *éstos fueron* los hijos de David, además de los hijos de las concubinas. ʰY Tamar fue hermana de ellos.

10 Hijo de Salomón fue ⁱRoboam, cuyo hijo *fue* Abías, del cual fue hijo Asa, cuyo hijo fue Josafat;

11 de quien fue hijo Joram, cuyo hijo fue Ocozías, hijo del cual fue Joás;

12 del cual fue hijo Amasías, cuyo hijo fue Azarías, e hijo de éste, Jotam;

13 e hijo del cual fue Acaz, del que fue hijo Ezequías, cuyo hijo fue Manasés;

14 del cual fue hijo Amón, cuyo hijo fue Josías.

15 Y los hijos de Josías: Johanán su primogénito, el segundo Joacim, el tercero Sedequías, el cuarto Salum.

16 Los hijos de Joacim: ᵏJeconías su hijo, hijo del cual fue Sedequías.

17 Y los hijos de Jeconías: Asir, ˡSalatiel su hijo,

18 Malquiram, Pedaías, Seneaser, Jecamía, Hosama y Nedabía.

19 Y los hijos de Pedaías: Zorobabel y Simei. Y los hijos de Zorobabel:

Los hijos de Judá

Mesulam, Hananías, y Selomit su hermana;

20 Y Hasuba, Ohel, y Berequías, Hasadía y Jusabhesed; cinco.

21 Los hijos de Hananías: Pelatías, y Jesahías, hijo de Refaías, hijo de Arnán, hijo de Abdías, hijo de Secanías.

22 Hijos de Secanías fueron Semaías y los hijos de Semaías: Hatús, Igal, Barias, Nearías y Safat; seis.

23 Los hijos de Nearías fueron estos tres: Elioenai, Ezequías y Azricam.

24 Los hijos de Elioenai *fueron estos* siete: Odavias, Eliasib, Pelaías, Acub, Johanán, Delaías y Anani.

CAPÍTULO 4

Los hijos de Judá: Fares, Hezrón, Carmi, Hur y Sobal.

2 Y Reaías, hijo de Sobal, engendró a Jahat; y Jahat engendró a Ahumai y a Laad. Éstas *son* las familias de los zoratitas.

3 Y éstas *son* las del padre de Etam: Jezreel, Isma e Ibdas. Y el nombre de su hermana *fue* Haselelponi.

4 Y Peniel fue padre de Gedor, y Ezer padre de Husa. Éstos *fueron* los hijos de Hur, primogénito de Efrata, ªpadre de Belén.

a cp 2:50

5 Y Asur padre de Tecoa tuvo dos esposas, Helea y Naara.

6 Y Naara le dio a luz a Auzam, y a Hefer, a Temeni y a Ahastari. Éstos *fueron* los hijos de Naara.

7 Y los hijos de Helea: Zeret, Jezoar y Etnán.

8 Y Cos engendró a Anob, y a Sobeba, y la familia de Aharhel hijo de Arum.

9 Y Jabes fue más ilustre que sus hermanos, al cual su madre llamó ¹Jabes, diciendo: Por cuanto lo di a luz en dolor.

1 Dolor

10 E invocó Jabes al Dios de Israel, diciendo: ¡Oh, que me dieras bendición, y ensancharas mi territorio, y que tu mano fuera conmigo y *me* libraras del mal, para que no me dañe! Y le otorgó Dios lo que pidió.

11 Y Quelub hermano de Súa engendró a Mehir, el cual *fue* padre de Estón.

b hasta 33
Jos 18:2-8

12 Y Estón engendró a Bet-rafa, a Pasea y a Tehina, padre de la ciudad de Nahas; éstos *son* los varones de Reca.

13 Los hijos de Cenaz: Otoniel y Seraías. Los hijos de Otoniel: Hatat,

14 y Meonotai, el cual engendró a Ofra; y Seraías engendró a Joab, padre de los habitantes en el valle llamado de Carisim, porque fueron artífices.

15 Los hijos de Caleb hijo de Jefone: Iru, Ela y Naham; e hijo de Ela, fue Cenaz.

16 Los hijos de Jehalelel: Zif, Zifas, Tirias y Asareel.

17 Y los hijos de Esdras: Jeter, Mered, Efer y Jalón; también engendró a Miriam, a Samai y a Isba, padre de Estemoa.

18 Y Jehudaía su esposa le dio a luz a Jered padre de Gedor, y a Heber padre de Soco, y a Icutiel padre de Zanoa. Éstos *fueron* los hijos de Bitia hija de Faraón, con la cual se casó Mered.

19 Y los hijos de la esposa de Odías, hermana de Naham, fueron el padre de Keila el garmita y Estemoa maacatita.

20 Y los hijos de Simón: Amnón, Rina, Ben-hanán y Tilón. Y los hijos de Isi: Zohet y Benzohet.

21 Los hijos de Sela, hijo de Judá: Er, padre de Leca, y Laada, padre de Maresa, y de la familia de la casa del oficio del lino en la casa de Asbea;

22 y Joacim, y los varones de Cozeba, Joás y Saraf, los cuales moraron en Moab, y Jasubi-lehem, que *son* palabras antiguas.

23 Éstos *fueron* alfareros y se hallaban en medio de plantíos y cercados, los cuales moraron allá con el rey en su obra.

24 Los hijos de Simeón: Nemuel, Jamín, Jarib, Zera, Saúl;

25 También Salum su hijo, Mibsam su hijo y Misma su hijo.

26 Los hijos de Misma: Hamuel su hijo, Zacur su hijo, y Simeí su hijo.

27 Los hijos de Simeí fueron dieciséis, y seis hijas; pero sus hermanos no tuvieron muchos hijos, ni multiplicaron toda su familia como los hijos de Judá.

28 Y ᵇhabitaron en Beerseba, en Molada, en Hasar-sual,

29 en Bala, en Esem, en Tolad,

30 en Betuel, en Horma, en Siclag,

Los hijos de Rubén

31 en Bet-marcabot, en Hasasusim, en Bet-birai y en Saaraim. Éstas *fueron* sus ciudades hasta el reino de David.

32 Y sus aldeas *fueron* Etam, Aín, Rimón, Toquén y Asán, cinco pueblos;

33 y todas sus aldeas que *estaban* en contorno de estas ciudades hasta Baal. Ésta *fue* su habitación, y ésta su descendencia.

34 Y Mesobab, y Jamlec, y Josías, hijo de Amasías;

35 Joel, y Jehú, hijo de Josibias, hijo de Seraías, hijo de Aziel;

36 Y Elioenai, Jacoba, Jesohaía, Asaías, Adiel, Jesimiel, Benaía;

37 Y Ziza, hijo de Sifi, hijo de Alón, hijo de Jedaía, hijo de Simri, hijo de Semaías.

38 Éstos por *sus* nombres *son* los principales que vinieron en sus familias, y que fueron multiplicados en gran manera en las casas de sus padres.

39 Y llegaron hasta la entrada de Gedor hasta el oriente del valle, buscando pastos para sus ganados.

40 Y hallaron gruesos y buenos pastos, y tierra ancha y espaciosa, quieta y reposada, porque *los* de Cam la habitaban de antes.

41 Y estos que han sido escritos por sus nombres, vinieron en días de Ezequías, rey de Judá, y desbarataron sus tiendas y las habitaciones que allí hallaron, y los destruyeron hasta hoy; y habitaron en su lugar, porque allí *había* pastos para sus ganados.

42 Y asimismo quinientos hombres de ellos, de los hijos de Simeón, se fueron al ᵉmonte de Seir, llevando por capitanes a Pelatía, y a Nearías, y a Refaías y a Uziel, hijos de Isi;

43 y derrotaron a los que habían quedado de Amalec, y habitaron allí hasta hoy.

CAPÍTULO 5

Y los hijos de Rubén, primogénito de Israel (porque ᶠél *era* el primogénito, pero como ᵍvioló el lecho de su padre, sus ʰderechos de primogenitura fueron dados a los hijos de José, hijo de Israel; y no fue contado por primogénito.

2 Porque ᵃJudá prevaleció sobre sus hermanos, y de él *procedió* el príncipe; pero el derecho de primogenitura *era* de José),

3 fueron, *pues*, los hijos de Rubén, primogénito de Israel: Enoc, Falú, Hezrón y Carmi.

4 Los hijos de Joel: Semaías su hijo, Gog su hijo, Simeí su hijo;

5 Mica su hijo, Reaías su hijo, Baal su hijo;

6 Beera su hijo, el cual fue trasportado por ᵇTiglat-pileser, rey de los asirios. Éste *era* principal de los rubenitas.

7 Y sus hermanos por sus familias, cuando eran contados en sus descendencias, tenían por príncipes a Jeiel y a Zacarías.

8 Y Bela, hijo de Azaz, hijo de Sema, hijo de Joel, habitó en Aroer hasta Nebo y Baal-meón.

9 Habitó también desde el oriente hasta la entrada del desierto desde el río Éufrates; porque su ganado se había multiplicado ᶜen la tierra de Galaad.

10 Y en los días de Saúl hicieron guerra contra ᵈlos agarenos, los cuales cayeron en su mano; y ellos habitaron en sus tiendas sobre toda la *región* oriental de Galaad.

11 Y los hijos de Gad habitaron enfrente de ellos en la tierra de Basán hasta Salca.

12 Joel fue el principal en Basán, el segundo Safán, luego Jaanai, después Safat.

13 Y sus hermanos, según las familias de sus padres, *fueron* Micael, Mesulam, Seba, Jorai, Jacán, Zía y Heber; siete en total.

14 Éstos *fueron* los hijos de Abihail, hijo de Huri, hijo de Jaroa, hijo de Galaad, hijo de Micael, hijo de Jesiaí, hijo de Jahdo, hijo de Buz.

15 También Ahí, hijo de Abdiel, hijo de Guni, fue principal en la casa de sus padres.

16 Los cuales habitaron en Galaad, en Basán y en sus aldeas, y en todos los ejidos de Sarón hasta salir de ellos.

17 Todos éstos fueron contados por genealogías en días ʰde Jotam, rey de Judá, y en días de Jeroboam, rey de Israel.

18 Los hijos de Rubén y los gaditas, y la media tribu de Manasés, hombres

---

a Gn 49:8-10
Mi 5:2
Mt 2:6

b 2 Re 15:29
y 16:7

c Jos 22:9

d Sal 83:6

e Gn 36:8

f Gn 29:32
g Gn 35:22
h 2 Re 15:5,32
i Gn 48:15

Los hijos de Leví

valientes, hombres que traían escudo y espada, que entesaban arco, y diestros en la guerra, *eran* cuarenta y cuatro mil setecientos sesenta que salían a batalla.

19 Y tuvieron guerra contra los agarenos, contra Jetur, Nafis y Nodab.

20 Y fueron ayudados contra ellos, y los agarenos se dieron en sus manos, y todos los que con ellos *estaban;* ᵇporque clamaron a Dios en la guerra, y les fue favorable, porque confiaron en Él.

21 Y tomaron sus ganados, cincuenta mil camellos, y doscientas cincuenta mil ovejas, dos mil asnos y cien mil personas.

22 Y cayeron muchos muertos, ᵉporque la guerra *era* de Dios; y habitaron en sus lugares hasta el cautiverio.

23 Y los hijos de la media tribu de Manasés, multiplicados en gran manera, habitaron en la tierra, desde Basán hasta Baal-hermón, y Senir y el monte de Hermón.

24 Y éstas *fueron* las cabezas de las casas de sus padres: Efer, Isi, Eliel, Azriel, Jeremías, Odavías y Jadiel, hombres valientes y esforzados, varones de renombre y cabezas de las casas de sus padres.

25 Pero se rebelaron contra el Dios de sus padres, y se prostituyeron siguiendo a los dioses de los pueblos de la tierra, a los cuales Dios había destruido delante de ellos.

26 Por lo cual el Dios de Israel excitó el espíritu de Pul, rey de Asiria, y el espíritu de Tiglat-pileser, rey de Asiria, el cual transportó a los rubenitas y a los gaditas y a la media tribu de Manasés, y los llevó a Halah, a Habor, a Hara y al río de Gozán, hasta hoy.

CAPÍTULO 6

Los hijos de Leví: Gersón, Coat y Merari.

2 Los hijos de Coat: Amram, Izhar, Hebrón y Uziel.

3 Los hijos de Amram: Aarón, Moisés y Miriam. Los hijos de Aarón: Nadab, Abiú, Eleazar e Itamar.

4 ʰEleazar engendró a Finees, y Finees engendró a Abisúa;

5 y Abisúa engendró a Buqui, y Buqui engendró a Uzi;

6 y Uzi engendró a Zeraías, y Zeraías engendró a Meraiot;

7 y Meraiot engendró a Amarías, y Amarías engendró a Ahitob;

8 y Ahitob engendró a ᵃSadoc, y Sadoc engendró a Ahimaas;

9 y Ahimaas engendró a Azarías, y Azarías engendró a Johanán;

10 y Johanán engendró a Azarías, el que tuvo el sacerdocio en la casa que Salomón edificó en Jerusalén;

11 y Azarías engendró a Amarías, y Amarías engendró a Ahitob;

12 y Ahitob engendró a Sadoc, y Sadoc engendró a Salum;

13 y Salum engendró a ᶜHilcías, e Hilcías engendró a Azarías;

14 y Azarías engendró a ᵈSeraías, y Seraías, engendró a Josadac.

15 Y Josadac fue *cautivo* cuando Jehová trasportó a Judá y a Jerusalén, ᶠpor mano de Nabucodonosor.

16 Los ᵍhijos de Leví: Gersón, Coat y Merari.

17 Y éstos *son* los nombres de los hijos de Gersón: Libni y Simeí.

18 Los hijos de Coat: Amram, Izhar, Hebrón y Uziel.

19 Los hijos de Merari: Mahali y Musi. Éstas *son* las familias de Leví, según sus descendencias.

20 Gersón: Libni su hijo, Jahat su hijo, Zima su hijo,

21 Joah su hijo, Iddo su hijo, Zera su hijo, Jeatrai su hijo.

22 Los hijos de Coat: Aminadab su hijo, Coré su hijo, Asir su hijo,

23 Elcana su hijo, Ebiasaf su hijo, Asir su hijo,

24 Tahat su hijo, Uriel su hijo, Uzías su hijo, y Saúl su hijo.

25 Los hijos de Elcana: Amasai, Ahimot y Elcana.

26 *En cuanto a* Elcana; los hijos de Elcana: Zuf su hijo, Nahat su hijo,

27 Eliab su hijo, Jeroham su hijo, Elcana su hijo.

28 Los hijos de Samuel: el primogénito Vasni y Abías.

29 Los hijos de Merari: Mahali, Libni su hijo, Simeí su hijo, Uza su hijo,

30 Sima su hijo, Haguía su hijo, Asaías su hijo.

31 Éstos *son* a los que David puso sobre el servicio del canto en la casa de Jehová, ᶦdespués que el arca tuvo reposo:

---

a 2 Sm 8:17
1 Re 2:35

b 2 Cr 13:14
14:11-13
18:31 20:12
y 32:20-21

c 2 Re 22:4
Esd 7:1

d 2 Re 25:18
e Éx 14:14
Jos 23:10
2 Cr 32:8
Neh 4:20
Sal 24:8
Zac 14:3
Rm 8:31

f 2 Re 25:21
g hasta 19
Éx 6:16-19

h hasta 6
Esd 7:1-5
i 2 Sm 6:12
cp 16:1

1 CRÓNICAS 6 — Los directores del canto

32 Los cuales servían delante de la tienda del tabernáculo de la congregación en el canto, hasta que Salomón edificó la casa de Jehová en Jerusalén; *después* estuvieron en su ministerio según su costumbre.

33 Éstos, *pues*, servían, con sus hijos. De los hijos de Coat, ^cHemán cantor, hijo de Joel, hijo de Samuel;

34 hijo de Elcana, hijo de Jeroham, hijo de Eliel, hijo de Toa;

35 hijo de Zuf, hijo de Elcana, hijo Mahat, hijo de Amasai;

36 hijo de Elcana, hijo de Joel, hijo de Azarías, hijo de Sofonías;

37 hijo de Tahat, hijo de Asir, hijo de Ebiasaf, hijo de Coré;

38 hijo de Izhar, hijo de Coat, hijo de Leví, hijo de Israel.

39 Y su hermano Asaf, el cual estaba a su mano derecha: Asaf, hijo de Berequías, hijo de Sima;

40 hijo de Micael, hijo de Baasías, hijo de Malquías;

41 hijo de Etni, hijo de Zera, hijo de Adaías;

42 hijo de Etán, hijo de Zima, hijo de Simeí;

43 hijo de Jahat, hijo de Gersón, hijo de Leví.

44 Y sus hermanos, los hijos de Merari, estaban a la mano izquierda, *esto es*, Etán, hijo de Quisi, hijo de Abdi, hijo de Maluc;

45 hijo de Hasabías, hijo de Amasías, hijo de Hilcías;

46 hijo de Amasai, hijo de Bani, hijo de Semer;

47 hijo de Mahali, hijo de Musi, hijo de Merari, hijo de Leví.

48 Y sus hermanos los levitas *fueron* ^epuestos sobre todo el ministerio del tabernáculo de la casa de Dios.

49 Mas Aarón y sus hijos ^fquemaban ofrendas sobre el altar del holocausto, ^gy sobre el altar del incienso, en toda la obra del lugar santísimo, y ^hpara hacer las expiaciones sobre Israel, conforme a todo lo que Moisés siervo de Dios había mandado.

50 Y los ^jhijos de Aarón *son* éstos: Eleazar su hijo, Finees su hijo, Abisúa su hijo;

51 Buqui su hijo, Uzi su hijo, Zeraías su hijo;

52 Meraiot su hijo, Amarías su hijo, Ahitob su hijo;

53 Sadoc su hijo, Ahimaas su hijo.

a Jos 21:4
b hasta 60
Jos 21:11-19
c cp 15:17-19
Sal 88 tít

d Jos 21:5

e Nm 3:9
cp 9:2
f Lv 1:9

g Éx 30:7
h Éx 30:10
Lv 4:20
i hasta 70
Jos 21:20-26
j hasta 53
vers 4,8

54 Y éstas *son* sus habitaciones, conforme a sus domicilios y sus términos, las de los hijos de Aarón por las familias de los coatitas, porque ^ade ellos les tocó en suerte.

55 ^bLes dieron, pues, a Hebrón en tierra de Judá, y sus ejidos alrededor de ella.

56 Mas el territorio de la ciudad y sus aldeas se dieron a Caleb, hijo de Jefone.

57 Y a los hijos de Aarón dieron las ciudades de Judá, *esto es*, a Hebrón, *la ciudad* de refugio, además a Libna con sus ejidos; a Jatir y Estemoa con sus ejidos,

58 a Hilem con sus ejidos, y a Debir con sus ejidos;

59 a Asán con sus ejidos y a Bet-semes con sus ejidos.

60 Y de la tribu de Benjamín, a Geba, con sus ejidos, y a Alemet con sus ejidos, y a Anatot con sus ejidos. Todas sus ciudades *fueron* trece ciudades, repartidas por sus linajes.

61 A los hijos de Coat, que quedaron de su parentela, dieron por ^dsuerte diez ciudades de la media tribu de Manasés.

62 Y a los hijos de Gersón, por sus linajes, dieron de la tribu de Isacar, de la tribu de Aser, de la tribu de Neftalí y de la tribu de Manasés en Basán, trece ciudades.

63 Y a los hijos de Merari, por sus linajes, de la tribu de Rubén, y de la tribu de Gad, y de la tribu de Zabulón, se dieron por suerte doce ciudades.

64 Y dieron los hijos de Israel a los levitas ciudades con sus ejidos.

65 Y dieron por suerte de la tribu de los hijos de Judá, y de la tribu de los hijos de Simeón, y de la tribu de los hijos de Benjamín, las ciudades que nombraron por *sus* nombres.

66 ⁱY a los linajes de los hijos de Coat dieron ciudades con sus términos de la tribu de Efraín.

67 Y les dieron las ciudades de refugio, Siquem con sus ejidos en el monte de Efraín, y a Gezer con sus ejidos,

68 y a Jocmeam con sus ejidos, y a Bet-horón con sus ejidos,

69 a Ajalón con sus ejidos, y a Gat-rimón con sus ejidos.

Ciudades de refugio

70 De la media tribu de Manasés, a Aner con sus ejidos, y a Bilam con sus ejidos, para los del linaje de los hijos de Coat que habían quedado.

71 Y [a] los hijos de Gersón *dieron* de la familia de la media tribu de Manasés, a Golán en Basán con sus ejidos y a Astarot con sus ejidos;

72 y de la tribu de Isacar, a Cedes con sus ejidos, a Daberat con sus ejidos,

73 y a Ramot con sus ejidos, y a Anem con sus ejidos;

74 y de la tribu de Aser a Masal con sus ejidos, y a Abdón con sus ejidos,

75 y a Hucoc con sus ejidos, y a Rehob con sus ejidos.

76 Y de la tribu de Neftalí, a Cedes en Galilea con sus ejidos, y a Hamón con sus ejidos, a Quiriataim con sus ejidos.

77 Y [b] a los hijos de Merari que habían quedado, *dieron* de la tribu de Zabulón a Rimón con sus ejidos, y a Tabor con sus ejidos.

78 Y del otro lado del Jordán frente a Jericó, al oriente del Jordán, *dieron* de la tribu de Rubén, a Beser en el desierto con sus ejidos; y a Jahaza con sus ejidos,

79 Y a Cademot con sus ejidos, y a Mefaat con sus ejidos,

80 Y de la tribu de Gad, a Ramot en Galaad con sus ejidos, y a Mahanaim con sus ejidos,

81 y a Hesbón con sus ejidos, y a Jazer con sus ejidos.

a hasta 76 Jos 21:27-33

b hasta 81 Jos 21:34-39

c Nm 26:29

CAPÍTULO 7

Los hijos de Isacar *fueron* cuatro: Tola, Fúa, Jasub y Simrón.

2 Los hijos de Tola: Uzi, Refaías, Jeriel, Jamai, Jibsam y Samuel, cabezas en las familias de sus padres. De Tola [d] *fueron* contados por sus linajes en el tiempo de David, veintidós mil seiscientos hombres muy valerosos.

3 Hijo de Uzi fue Izrahías; y los hijos de Izrahías: Micael, Abdías, Joel, e Isías, cinco; todos ellos príncipes.

4 Y había con ellos en sus linajes, por las familias de sus padres, treinta y seis mil *hombres* de guerra; porque tuvieron muchas esposas e hijos.

5 Y sus hermanos por todas las familias de Isacar, contados todos por sus genealogías, eran ochenta y siete mil hombres, valientes en extremo.

6 *Los hijos* de Benjamín fueron tres: Bela, Bequer y Jediael.

7 Los hijos de Bela: Ezbón, Uzi, Uziel, Jerimot e Iri; cinco cabezas de casas paternas, hombres de gran valor, y de cuya descendencia fueron contados veintidós mil treinta y cuatro.

8 Los hijos de Bequer: Zemira, Joás, Eliezer, Elioenai, Omri, Jerimot, Abías, Anatot y Alemet; todos éstos *fueron* hijos de Bequer.

9 Y contados por sus descendencias, por sus linajes, los que eran cabezas de sus familias, resultaron veinte mil doscientos hombres de grande esfuerzo.

10 Hijo de Jediael fue Bilhán; y los hijos de Bilhán: Jeús, Benjamín, Aod, Quenaana, Zetán, Tarsis y Ahisahar.

11 Todos éstos fueron hijos de Jediael, cabezas de familias, hombres muy valerosos, diecisiete mil doscientos que salían a combatir en la guerra.

12 Y Supim y Hupim fueron hijos de Hir: y Husim, hijo de Aher.

13 Los hijos de Neftalí: Jahzeel, Guni, Jezer y Salum, hijos de Bilha.

14 Los [c]hijos de Manasés: Asriel, el cual le dio a luz su concubina la siria, la cual también dio a luz a Maquir, padre de Galaad.

15 Y Maquir tomó por esposa *la hermana* de Hupim y Supim, cuya hermana *tuvo* por nombre Maaca; y el nombre del segundo *fue* Zelofehad. Y Zelofehad tuvo hijas.

16 Y Maaca, esposa de Maquir, • dio a luz un hijo, y le llamó Peres; y el nombre de su hermano *fue* Seres, cuyos hijos *fueron* Ulam y Requem.

17 Hijo de Ulam fue Bedán. Éstos *fueron* los hijos de Galaad, hijo de Maquir, hijo de Manasés.

18 Y su hermana Hamolequet dio a luz a Isod, y a Abiezer y Mahala.

19 Y los hijos de Semida fueron Ahián, Siquem, Likhi y Aniam.

20 Los hijos de Efraín: Sutela, Bered su hijo, Tahat, Elada su hijo, Tahat su hijo,

21 Zabad su hijo, y Sutela su hijo, Ezer y Elad. Mas los hijos de Gat, naturales de *aquella* tierra, los

d 2 Sm 24:1-9 cp 27:1-24

mataron, porque vinieron a quitarles sus ganados.

22 Y Efraín su padre hizo duelo por muchos días, y vinieron sus hermanos a consolarlo.

23 Y cuando él se llegó a su esposa, ella concibió y dio a luz un hijo, al cual puso por nombre Bería, por cuanto la aflicción había estado en su casa.

24 Y su hija *fue* Seera, la cual edificó a Bet-horón la baja y la alta, y a Uzenseera.

25 Hijo de este Bería *fue* Refa y Resef, y Tela su hijo, y Tahán su hijo,

26 Laadán su hijo, Amiud su hijo, Elisama su hijo,

27 Nun su hijo y ªJosué su hijo.

28 Y la heredad y habitación de ellos *fue* Betel con sus aldeas; y hacia el oriente Naarán, y a la parte del occidente Gezer y sus aldeas; asimismo Siquem con sus aldeas, hasta Gaza y sus aldeas.

29 Y junto al territorio de los hijos de Manasés, Bet-seán con sus aldeas, Taanac con sus aldeas, Meguido con sus aldeas, Dor con sus aldeas. En estos lugares habitaron los hijos de José, hijo de Israel.

30 Los hijos de Aser: Imna, Isúa, Isúi, Bería y su hermana Sera.

31 Los hijos de Bería: Heber, y Malquiel, el cual *fue* padre de Birzabit.

32 Y Heber engendró a Jaflet, Semer, Hotam y Súa hermana de ellos.

33 Los hijos de Jaflet: Pasac, Bimhal y Asvat. Éstos *fueron* los hijos de Jaflet.

34 Y los hijos de Semer: Ahí, Roega, Jehúba y Aram.

35 Los hijos de Helem su hermano: Sofa, Imna, Seles y Amal.

36 Los hijos de Sofa: Súa, Harnafer, Sual, Beri, Imra,

37 Beser, Hod, Sama, Silsa, Itrán y Beera.

38 Los hijos de Jeter: Jefone, Pispa y Ara.

39 Y los hijos de Ula; Ara, y Haniel y Resia.

40 Y todos éstos *fueron* hijos de Aser, cabezas de familias paternas, escogidos, esforzados, cabezas de príncipes; y el número por sus linajes de entre los que podían tomar las armas *e* ir a la guerra *fue* veintiséis mil hombres.

a Nm 13:9,17

CAPÍTULO 8

Benjamín engendró a Bela su primogénito, Asbel el segundo, Ara el tercero,

2 Noha el cuarto y Rafa el quinto.

3 Y los hijos de Bela fueron Adar, Gera, Abiud,

4 Abisúa, Naamán, Ahoa,

5 Gera, Sefufán e Hiram.

6 Y éstos *son* los hijos de Aod, éstos son las cabezas paternas que habitaron en Geba, y fueron transportados a Manahat:

7 Naamán, Ahías y Gera; éste los trasportó, y engendró a Uza y a Ahihud.

8 Y Saharaim engendró hijos en la provincia de Moab, después que dejó a Husim y a Baara que eran *sus* esposas.

9 Engendró, pues, de Hodes su esposa, a Jobab, Sibias, Mesa, Malcam,

10 Jeúz, Soquías y Mirma. Éstos *son* sus hijos, cabezas de familias.

11 Mas de Husim engendró a Abitob y a Elpaal.

12 Y los hijos de Elpaal: Heber, Misam y Semed (el cual edificó a Ono, y a Lod con sus aldeas),

13 Bería también y Sema, que *fueron* las cabezas de las familias de los moradores de Ajalón, los cuales echaron a los moradores de Gat;

14 y Ahío, Sasac, Jeremot;

15 Zebadías, Arad, Ader;

16 Micael, Ispa y Joha, hijos de Bería;

17 Y Zebadías, Mesulam, Hizqui, Heber;

18 Ismari, Izlia y Jobab, hijos de Elpaal.

19 Y Jacim, Zicri, Zabdi,

20 Elioenai, Ziletai, Eliel;

21 Adaías, Baraías y Simrat, hijos de Simeí;

22 E Ispán, Heber, Eliel;

23 Abdón, Zicri, Hanán;

24 Hananías, Elam, Anatotías;

25 Ifdaías y Peniel, hijos de Sasac;

26 Y Samserai, Seharías, Atalía;

27 Jaarsías, Elías, Zicri, hijos de Jeroham.

Descendientes de Saúl

28 Éstos *fueron* jefes principales de familias por sus linajes, y habitaron en Jerusalén.
29 Y en ªGabaón habitaron el padre de Gabaón, ᵇla esposa del cual se llamó Maaca,
30 y su hijo primogénito, Abdón, luego Zur, Cis, Baal, Nadab,
31 Gedor, Ahío y Zequer.
32 Y Miclot engendró a Simea. Éstos también habitaron con sus hermanos en Jerusalén, enfrente de ellos.
33 ᶜY ᵈNer engendró a Cis, y Cis engendró a Saúl, y Saúl engendró a Jonatán, Malquisúa, Abinadab y Esbaal.
34 Hijo de Jonatán *fue* Merib-baal, y Merib-baal engendró a Micaía.
35 Los hijos de Micaía: Pitón, Melec, Taarea y Acaz.
36 Y Acaz engendró a ᵍJoada; y Joada engendró a Alemet, y a Azmavet y a Zimri; y Zimri engendró a Mosa;
37 y Mosa engendró a Bina, hijo del cual *fue* ʰRafa, hijo del cual fue Elasa, cuyo hijo fue Azel.
38 Y los hijos de Azel *fueron* seis, cuyos nombres son Azricam, Bocru, Ismael, Searías, Abdías y Hanán; todos éstos fueron hijos de Azel.
39 Y los hijos de Esec su hermano: Ulam su primogénito, Jeús el segundo, Elifelet el tercero.
40 Y fueron los hijos de Ulam hombres valientes y vigorosos, arqueros diestros, los cuales tuvieron muchos hijos y nietos, ciento cincuenta. Todos éstos *fueron* de los hijos de Benjamín.

a hasta 32 cp 9:35-38
b cp 9:35

c hasta 38 cp 9:39-44
d 1 Sm 9:1-2 y 14:51
e hasta 13 Neh 11:10-14
f Neh 11:11
g cp 9:42

h cp 9:43

i hasta 17 Neh 11:15-19

CAPÍTULO 9

Y contado ʲtodo Israel por sus genealogías, *fueron* escritos en el libro de los reyes de Israel y de Judá, *que* fueron trasportados a Babilonia por su rebelión.
2 Los primeros moradores que entraron en sus posesiones en sus ciudades, *fueron* los israelitas, los sacerdotes, los levitas y los servidores del templo.
3 Y habitaron en Jerusalén de los hijos de Judá, de los hijos de Benjamín, de los hijos de Efraín y Manasés:
4 Utai, hijo de Amiud, hijo de Omri, hijo de Imri, hijo de Bani, de los hijos de Fares, hijo de Judá.

j Esd 2:59

k Ez 46:1-2

5 Y de Siloni, Asaías el primogénito y sus hijos.
6 Y de los hijos de Zera, Jehuel y sus hermanos, seiscientos noventa.
7 Y de los hijos de Benjamín: Salú, hijo de Mesulam, hijo de Odavías, hijo de Asenúa;
8 Ibneías, hijo de Jeroham, y Ela, hijo de Uzi, hijo de Micri; y Mesulam, hijo de Sefatías, hijo de Reuel, hijo de Ibnías.
9 Y sus hermanos según sus generaciones fueron novecientos cincuenta y seis. Todos estos hombres *fueron* cabezas de familia en las casas de sus padres.
10 ᵉY de los sacerdotes: Jedaías, Joiarib, Jaquín;
11 y ᶠAzarías, hijo de Hilcías, hijo de Mesulam, hijo de Sadoc, hijo de Meraiot, hijo de Ahitob, príncipe de la casa de Dios;
12 Adaías, hijo de Jeroham, hijo de Pasur, hijo de Malquías; y Masai, hijo de Adiel, hijo de Jazera, hijo de Mesulam, hijo de Mesilemit, hijo de Imer;
13 y sus hermanos, cabezas de las casas de sus padres, en número de mil setecientos sesenta, hombres de gran eficacia en la obra del ministerio en la casa de Dios.
14 ⁱY de los levitas: Semaías, hijo de Hasub, hijo de Azricam, hijo de Hasabías, de los hijos de Merari;
15 y Bacbacar, Heres, y Galal, y Matanías, hijo de Micaías, hijo de Zicri, hijo de Asaf;
16 y Abdías, hijo de Semaías, hijo de Galal, hijo de Jedutún; y Berequías, hijo de Asa, hijo de Elcana, el cual habitó en las aldeas de los netofatitas.
17 Y los porteros: Salum, Acub, Talmón, Ahimán y sus hermanos. Salum *era* el jefe.
18 Y hasta ahora entre las cuadrillas de los hijos de Leví han sido éstos los porteros ᵏen la puerta del Rey que está al oriente.
19 Y Salum, hijo de Coré, hijo de Ebiasaf, hijo de Coré, y sus hermanos los coreítas por la casa de su padre, tuvieron cargo de la obra del ministerio, guardando las puertas del tabernáculo; así como sus padres *fueron* guardas de la entrada del campamento de Jehová.

20 Y Finees, hijo de Eleazar, fue antes capitán sobre ellos, y Jehová *era* con él.

21 Y Zacarías, hijo de Meselemías, era portero de la puerta del tabernáculo de la congregación. ª hasta 38 cp 8:29-32

22 Todos éstos, escogidos para guardas en las puertas, *eran* doscientos doce cuando fueron contados por el orden de sus linajes en sus aldeas, a los cuales constituyó en su oficio David y ᵇSamuel el vidente. b 1 Sm 9:9

23 Así ellos y sus hijos *eran* porteros por sus turnos a las puertas de la casa de Jehová, y de la casa del tabernáculo. c hasta 44 cp 8:33-38

24 Y estaban los porteros a los cuatro vientos, al oriente, al occidente, al norte y al sur.

25 Y sus hermanos que *estaban* en ᵈsus aldeas, ᵉvenían cada siete días por sus tiempos con ellos. d ver 16 e 2 Re 11:5

26 Porque cuatro principales de los porteros levitas estaban en el oficio, y tenían cargo de las cámaras, y de los tesoros de la casa de Dios.

27 Éstos moraban alrededor de la casa de Dios, porque *tenían* el cargo de guardarla y de abrirla todas las mañanas.

28 Algunos de ellos tenían a su cargo los utensilios del ministerio, los cuales se metían por cuenta, y por cuenta se sacaban.

29 Y *otros* de ellos tenían el cargo de la vajilla, y de todos los utensilios del santuario, de la harina, del vino, del aceite, del incienso y de las especias. f hasta 12 1 Sm 31:1-13

30 Y *algunos* de los hijos de los sacerdotes hacían los ungüentos aromáticos.

31 Y Matatías, *uno* de los levitas, primogénito de Salum coreíta, tenía a su cargo las cosas que se hacían en sartén.

32 Y *algunos* de los hijos de Coat, y de sus hermanos, *tenían* el cargo de los panes de la proposición, los cuales ponían por orden cada sábado.

33 Y de éstos ᵍ*había* cantores, principales de familias de los levitas, *los cuales estaban* en sus cámaras exentos de otros servicios; porque ʰde día y de noche estaban en *aquella* obra. g cp 6:31 y 25:1

h Sal 134:1

34 Éstos eran jefes de familias de los levitas por sus linajes, jefes que habitaban en Jerusalén.

35 Y en ªGabaón habitaban Jeiel padre de Gabaón, el nombre de su esposa *era* Maaca;

36 y su hijo primogénito Abdón, luego Zur, Cis, Baal, Ner, Nadab;

37 Gedor, Ahío, Zacarías, y Miclot.

38 Y Miclot engendró a Samaán. Y éstos habitaban también en Jerusalén con sus hermanos enfrente de ellos.

39 Y ᶜNer engendró a Cis, y Cis engendró a Saúl, y Saúl engendró a Jonatán, Malquisúa, Abinadab y Es-baal.

40 E hijo de Jonatán *fue* Merib-baal, y Merib-baal engendró a Micaía.

41 Y los hijos de Micaía: Pitón, Melec, Tarea y *Acaz*.

42 Acaz engendró a Jara, y Jara engendró a Alemet, Azmavet y Zimri; y Zimri engendró a Mosa,

43 y Mosa engendró a Bina, cuyo hijo fue Refaías, del que fue hijo Elasa, cuyo hijo fue Azel.

44 Y Azel tuvo seis hijos, los nombres de los cuales *son*: Azricam, Bocru, Ismael, Searías, Abdías y Hanán; éstos fueron los hijos de Azel.

CAPÍTULO 10

Los filisteos ᶠpelearon contra Israel; y huyeron delante de ellos los israelitas, y cayeron heridos en el monte de Gilboa.

2 Y los filisteos siguieron a Saúl y a sus hijos, y mataron los filisteos a Jonatán, y a Abinadab y a Malquisúa, hijos de Saúl.

3 Y arreció la batalla contra Saúl, y le alcanzaron los arqueros, y fue herido por los arqueros.

4 Entonces dijo Saúl a su escudero: Saca tu espada, y traspásame con ella, para que no vengan estos incircuncisos y hagan escarnio de mí; pero su escudero no quiso, porque tenía mucho miedo. Entonces Saúl tomó la espada y se echó sobre ella.

5 Y cuando su escudero vio que Saúl estaba muerto, él también se echó sobre su espada, y murió.

6 Así murió Saúl con sus tres hijos;

David es ungido por rey

y toda ªsu casa murió juntamente con él.

7 Y viendo todos los de Israel que *habitaban* en el valle, que habían huido, y que Saúl y sus hijos habían muerto, dejaron sus ciudades y huyeron, y vinieron los filisteos y habitaron en ellas.

8 Y sucedió que al día siguiente, cuando los filisteos vinieron a despojar los muertos, hallaron a Saúl y a sus hijos tendidos en el monte de Gilboa.

9 Y luego que le despojaron, tomaron su cabeza y sus armas, y enviaron mensajeros por toda la tierra de los filisteos, para dar las nuevas a sus ídolos y al pueblo.

10 Y pusieron sus armas en el templo de sus dioses, y colgaron la cabeza en el templo de Dagón.

11 Y oyendo todos los de Jabes de Galaad lo que los filisteos habían hecho a Saúl,

12 se levantaron todos los hombres valientes, y tomaron el cuerpo de Saúl, y los cuerpos de sus hijos, y los trajeron a Jabes; y enterraron sus huesos debajo del ᵉalcornoque en Jabes, y ayunaron siete días.

13 Así murió Saúl por su rebelión con que prevaricó contra Jehová, contra la palabra de Jehová, la cual no guardó; y porque consultó a una pitonisa,

14 y no consultó a Jehová; por esta causa lo mató, y traspasó el reino a David, hijo de Isaí.

CAPÍTULO 11

Entonces ᵍtodo Israel se juntó a David en Hebrón, diciendo: He aquí nosotros *somos* tu hueso y tu carne.

2 Y además antes de ahora, aún mientras Saúl reinaba, tú sacabas y metías a Israel. También Jehová tu Dios te ha dicho: Tú apacentarás a mi pueblo Israel, y tú serás príncipe sobre Israel mi pueblo.

3 Y vinieron todos los ancianos de Israel al rey en Hebrón, y David hizo un pacto con ellos delante de Jehová; y ungieron a David por rey sobre Israel, ʰconforme a la palabra de Jehová por medio de Samuel.

a hasta 38
cp 8:29-32

b 2 Sm 5:8

c 2 Sm 5:7

d hasta 41
2 Sm 23:8-39

e 1 Sm 31:13

f 1 Sm 17:1

g hasta 9
2 Sm 5:1-3
y 6-10

h 1 Sm 16:1-13

1 CRÓNICAS 11

4 Entonces se fue David con todo Israel a Jerusalén, la cual *es* Jebús; donde *estaban* los jebuseos que eran los habitantes de aquella tierra.

5 Y los moradores de Jebús dijeron a David: No entrarás acá. Pero David tomó la fortaleza de Sión, que *es* la ciudad de David.

6 Y David había dicho: El que primero hiriere al jebuseo, ᵇserá cabeza y jefe. Entonces Joab, hijo de Sarvia, subió el primero, y fue hecho jefe.

7 Y David habitó en la fortaleza, y por esto la llamaron ᶜla ciudad de David.

8 Y edificó la ciudad alrededor, desde Milo hasta los alrededores. Y Joab reparó el resto de la ciudad.

9 Y David iba adelantando y creciendo, y Jehová de los ejércitos *era* con él.

10 ᵈÉstos *son* los principales de los valientes que David tuvo, y los que le ayudaron en su reino, con todo Israel, para hacerle rey sobre Israel, conforme a la palabra de Jehová.

11 Y éste *es* el número de los valientes que David tuvo: Jasobam, hijo de Hacmoni, caudillo de los treinta, el cual blandió su lanza una vez contra trescientos, a los cuales mató.

12 Tras de éste *fue* Eleazar, hijo de Dodo, ahohíta, el cual era uno de los tres valientes.

13 Éste estuvo con David en ᶠPasdamim, estando allí juntos en batalla los filisteos: y había allí una parcela de tierra llena de cebada, y huyendo el pueblo delante de los filisteos,

14 se pusieron ellos en medio de la parcela, y la defendieron y vencieron a los filisteos; y *los* favoreció Jehová con una gran victoria.

15 Y tres de los treinta principales descendieron a la peña a David, a la cueva de Adulam, estando el campamento de los filisteos en el valle de Refaim.

16 Y David *estaba* entonces en la fortaleza, y el destacamento de los filisteos *estaba* en Belén.

17 David deseó entonces, y dijo: ¡Quién me diera de beber de las aguas del pozo de Belén, que está a la puerta!

18 Y aquellos tres irrumpieron por el campamento de los filisteos, y

sacaron agua del pozo de Belén, que *está* a la puerta, y tomaron y *la* trajeron a David; mas él no quiso beberla, sino que la derramó a Jehová, y dijo:

19 Guárdeme mi Dios de hacer esto: ¿había yo de beber la sangre de estos varones que con riesgo de sus vidas la han traído? Y no quiso beberla. Esto hicieron aquellos tres valientes.

20 Y Abisai, hermano de Joab, era cabeza de los tres, el cual blandió su lanza contra trescientos, a *los cuales* mató; y tuvo renombre entre los tres.

21 De los tres fue más ilustre que los otros dos, pues era el capitán de ellos; pero no igualó a los tres *primeros*.

22 Benaía hijo de Joiada, hijo de un hombre valiente, de grandes hazañas, de Cabseel; que mató a dos hombres de Moab *que eran* fieros como leones; también descendió y mató a un león dentro de un foso, en tiempo de nieve.

23 El mismo venció a un egipcio, hombre de cinco codos de estatura: y el egipcio traía una lanza como un rodillo de tejedor; mas descendió a él con un palo, y arrebató la lanza de la mano del egipcio y lo mató con su propia lanza.

24 Esto hizo Benaía, hijo de Joiada, y fue nombrado entre los tres valientes.

25 Y fue el más distinguido de los treinta, pero no igualó a los tres *primeros*. A éste puso David en su consejo.

26 Y los valientes de los ejércitos: Asael hermano de Joab, y Elhanán, hijo de Dodo de Belén;

27 Samot de Arori, Heles ᵇpelonita;

28 Ira, hijo de Iques tecoíta, Abiezer anatotita;

29 Sibecai husatita, Ilai ahohíta;

30 Maharai netofatita, Heled, hijo de Baana netofatita;

31 Itai hijo, de Ribai de Gabaa de los hijos de Benjamín, Benaía piratonita;

32 Hurai de los arroyos de Gaas, Abiel arbatita;

33 Azmavet baharumita, Eliaba saalbonita;

34 Los hijos de Asem gizonita, Jonatán hijo de Sage ararita;

35 Ahiam, hijo de Sacar ararita, Elifal, hijo de Ur;

a 1 Sm 27:1-6

b 2 Sm 23:26

36 Hefer mequeratita, Ahías pelonita;

37 Hezro carmelita, Nahari, hijo de Ezbai;

38 Joel hermano de Natán, Mibhar, hijo de Agrai;

39 Selec amonita, Naharai berotita, escudero de Joab hijo de Sarvia;

40 Ira itrita, Gareb itrita;

41 Urías heteo, Zabad, hijo de Ahlai,

42 Adina, hijo de Siza rubenita, príncipe de los rubenitas, y con él treinta;

43 Hanán, hijo de Maaca, y Josafat mitnita;

44 Uzías astarotita, Sama y Jeiel hijos de Hotam aroerita;

45 Jediael, hijo de Simri, y Joha su hermano, tizita;

46 Eliel de Mahavi, Jeribai y Josabía hijos de Elnaam, e Itma moabita;

47 Eliel, y Obed, y Jasiel el mesobaíta.

CAPÍTULO 12

Éstos *son* los que vinieron a David ᵃa Siclag, estando él aún encerrado por causa de Saúl, hijo de Cis, y *eran* de los valientes ayudadores de la guerra.

2 *Estaban* armados de arcos, y usaban de ambas manos para *tirar* piedras con honda, y saetas con arco. De los hermanos de Saúl de Benjamín:

3 El principal Ahiezer, después Joás, hijos de Semaa gabaatita; y Jeziel, y Pelet, hijos de Azmavet, y Beraca, y Jehú anatotita;

4 e Ismaías gabaonita, valiente entre los treinta, y más que los treinta; y Jeremías, Jahaziel, Johanán, Jozabad gederatita;

5 Eluzai, y Jerimot, Bealías, Semarías, y Sefatías harufita;

6 Elcana, e Isías, y Azareel, y Joezer, y Jasobam, de Coré;

7 y Joela, y Zebadías, hijos de Jeroham de Gedor.

8 También de los de Gad se pasaron a David, estando en la fortaleza en el desierto, hombres de guerra muy valientes para pelear, dispuestos a hacerlo con escudo y lanza; sus rostros *eran como* rostros de leones, y *eran* ligeros como las gacelas sobre los montes.

Muchos se pasan a David

9 Ezer el primero, Abdías el segundo, Eliab el tercero,
10 Mismana el cuarto, Jeremías el quinto,
11 Atai el sexto, Eliel el séptimo,
12 Johanán el octavo, Elzabad el noveno,
13 Jeremías el décimo, Macbani el undécimo.
14 Éstos *fueron* capitanes del ejército de los hijos de Gad. El menor *tenía* cargo de cien hombres, y el mayor de mil.
15 Éstos pasaron el Jordán en el mes primero, cuando había salido sobre todas sus riberas; e hicieron huir a todos *los* de los valles al oriente y al poniente.
16 Asimismo algunos de los hijos de Benjamín y de Judá vinieron a David a la fortaleza.
17 Y David salió a ellos, y les habló diciendo: Si habéis venido a mí para paz y para ayudarme, mi corazón será unido con vosotros; mas si para traicionarme en pro de mis enemigos, siendo mis manos sin iniquidad, véalo el Dios de nuestros padres, y lo demande.
18 Entonces el Espíritu invistió a ᵇAmasai, príncipe de treinta, y dijo: Por ti, oh David, y contigo, oh hijo de Isaí. Paz, paz contigo, y paz con tus ayudadores; pues que también tu Dios te ayuda. Y David los recibió, y los puso entre los capitanes de la cuadrilla.
19 También se pasaron a David *algunos* de Manasés, ᶜcuando vino con los filisteos a la batalla contra Saúl; pero no les ayudaron, porque los príncipes de los filisteos, habido consejo, lo despidieron, diciendo: Con *peligro* de nuestras cabezas se pasará a su señor Saúl.
20 Así que viniendo él a Siclag, se pasaron a él de los de Manasés, Adna, Jozabad, Micael, Jozabad, Jediael, Eliú y Ziletai, príncipes de millares de los de Manasés.
21 Éstos ayudaron a David contra la ᵈbanda *de salteadores*; porque todos ellos eran hombres valientes, y fueron capitanes en el ejército.
22 Porque entonces todos los días venía ayuda a David, hasta *hacerse* un grande ejército, como ejército de Dios.

a 2 Sm 2:3-4 y 5:1

b 2 Sm 17:25

c 1 Sm 29:2-9

d 1Sm 30:1-10

23 Y éste *es* el número de los principales que *estaban* listos para la guerra, y ᵃvinieron a David en Hebrón, para traspasarle el reino de Saúl, conforme a la palabra de Jehová:
24 De los hijos de Judá que traían escudo y lanza, seis mil ochocientos, listos para la guerra.
25 De los hijos de Simeón, hombres valientes y esforzados para la guerra, siete mil cien.
26 De los hijos de Leví, cuatro mil seiscientos;
27 asimismo Joiada, príncipe de los del linaje de Aarón, y con él tres mil setecientos;
28 y Sadoc, joven valiente y esforzado, con veintidós de los principales de la casa de su padre.
29 De los hijos de Benjamín hermanos de Saúl, tres mil; porque hasta aquel tiempo muchos de ellos se mantenían fieles a la casa de Saúl.
30 Y de los hijos de Efraín, veinte mil ochocientos, muy valientes, varones ilustres en las casas de sus padres.
31 De la media tribu de Manasés, dieciocho mil, los cuales fueron tomados por lista para venir a poner a David por rey.
32 Y de los hijos de Isacar, doscientos principales, entendidos en los tiempos, y que sabían lo que Israel debía hacer, cuyo dicho seguían todos sus hermanos.
33 Y de Zabulón cincuenta mil, que salían a campaña listos para la batalla, con todo tipo de armas de guerra, dispuestos a pelear sin doblez de corazón.
34 Y de Neftalí mil capitanes, y con ellos treinta y siete mil con escudo y lanza.
35 De los de Dan, dispuestos a pelear, veintiocho mil seiscientos.
36 Y de Aser, dispuestos para la guerra y preparados para pelear, cuarenta mil.
37 Y del otro lado del Jordán, de los rubenitas y de los gaditas y de la media tribu de Manasés, ciento veinte mil con todo tipo de armas de guerra.
38 Todos estos hombres de guerra, dispuestos para guerrear, vinieron con corazón perfecto a Hebrón, para poner a David por rey sobre todo

Israel; asimismo todos los demás de Israel *estaban* de un mismo ánimo para poner a David por rey.

39 Y estuvieron allí con David tres días comiendo y bebiendo, porque sus hermanos habían prevenido para ellos.

40 Y también los que les eran vecinos, hasta Isacar y Zabulón y Neftalí, trajeron pan en asnos, camellos, mulos y bueyes; y provisión de harina, masas de higos, y pasas, vino y aceite, bueyes y ovejas en abundancia, porque en Israel *había* alegría.

CAPÍTULO 13

a cp 26:5

Entonces David consultó con los capitanes de millares y de cientos, y con todos los jefes.

2 Y dijo David a toda la congregación de Israel: Si os *parece* bien y si *es la voluntad* de Jehová nuestro Dios, enviaremos por todas partes para llamar a nuestros hermanos que han quedado en todas las tierras de Israel, y a los sacerdotes y levitas que *están* con ellos en sus ciudades y ejidos que se unan con nosotros;

b hasta 16
2 Sm 5:11-25

3 y ^ctraigamos el arca de nuestro Dios a nosotros, ^dporque desde el tiempo de Saúl no hemos hecho caso de ella.

c 1 Sm 5:10
d 1 Sm 7:1-2

4 Y toda la congregación dijo que se hiciese así, porque la cosa parecía bien a todo el pueblo.

e cp 3:5-8

5 ^fEntonces David reunió a todo Israel, desde Sihor de Egipto hasta entrar en Hamat, para que trajesen el arca de Dios de ^gQuiriat-jearim.

f 2 Sm 6:1
g 1 Sm 6:21
y 7:1

6 Y ⁱsubió David con todo Israel a ^kBaala de Quiriat-jearim, que es en Judá, para pasar de allí el arca de Jehová Dios que habita *entre* los querubines, sobre la cual su nombre es invocado.

h 2 Sm 5:16
cp 3:8
i hasta 14
2 Sm 6:2-11
j 2 Sm 5:17
k Jos 15:9

7 Y se llevaron el arca de Dios de la casa de Abinadab en un carro nuevo; y Uza y Ahío guiaban el carro.

8 Y David y todo Israel se regocijaban delante de Dios con todas *sus* fuerzas, con cánticos, arpas, salterios, tamboriles, címbalos y trompetas.

9 ^lY cuando llegaron a la era de Quidón, Uza extendió su mano para sostener el arca, porque los bueyes tropezaban.

l 2 Sm 6:6

10 Y el furor de Jehová se encendió contra Uza, y lo hirió, porque extendió su mano al arca; y murió allí delante de Dios.

11 Y David tuvo pesar, porque Jehová había quebrantado a Uza; por lo que llamó aquel lugar Pérez-uza, hasta hoy.

12 Y David temió a Dios aquel día, y dijo: ¿Cómo he de traer a mi *casa* el arca de Dios?

13 Y no trajo David el arca a su *casa*, en la ciudad de David, sino que la llevó a casa de Obed-edom geteo.

14 Y el arca de Dios estuvo en casa de Obed-edom, en su casa, tres meses; y ^abendijo Jehová la casa de Obed-edom, y todas las cosas que tenía.

CAPÍTULO 14

^bHiram rey de Tiro envió embajadores a David, y madera de cedro, y albañiles y carpinteros, que le edificasen una casa.

2 Y entendió David que Jehová lo había confirmado por rey sobre Israel, y que había exaltado su reino sobre su pueblo Israel.

3 Entonces David tomó más esposas en Jerusalén y engendró David más hijos e hijas.

4 Y ^eéstos *son* los nombres de los que le nacieron en Jerusalén: Samúa, Sobab, Natán, Salomón,

5 Ibhar, Elisúa, Elifelet,

6 Noga, Nefeg, Jafía,

7 Elisama, ^hBeeliada y Elifelet.

8 Y ^joyendo los filisteos que David había sido ungido por rey sobre todo Israel, subieron todos los filisteos en busca de David. Y como David *lo* oyó, salió contra ellos.

9 Y vinieron los filisteos y se extendieron por el valle de Refaim.

10 Entonces David consultó a Dios, diciendo: ¿Subiré contra los filisteos? ¿Los entregarás en mi mano? Y Jehová le dijo: Sube, que yo los entregaré en tus manos.

11 Subieron pues a Baal-perazim, y allí los hirió David. Dijo luego David: Dios rompió mis enemigos por mi mano, como se rompen las aguas. Por esto llamaron el nombre de aquel lugar Baal-perazim.

Los levitas traen el arca

12 Y dejaron allí sus dioses, y David dijo que los ªquemasen.

13 Y volviendo los filisteos a extenderse por el valle,

14 David volvió a consultar a Dios, y Dios le dijo: No subas tras ellos, sino rodéalos, para venir a ellos por delante de los árboles de moras.

15 Y así que oigas venir un estruendo por las copas de los árboles de moras, sal luego a la batalla; porque Dios saldrá delante de ti, y herirá el ejército de los filisteos.

16 Hizo, pues, David como Dios le mandó, y derrotaron al ejército de los filisteos ᶜdesde Gabaón hasta Gezer.

17 Y la fama de David fue divulgada por todas aquellas tierras; y Jehová puso ᶠtemor de David sobre todas las naciones.

CAPÍTULO 15

Hizo también casas para sí en la ciudad de David, y labró un lugar para el arca de Dios, ᵍy le levantó una tienda.

2 Entonces dijo David: El arca de Dios no debe ser llevada sino ⁱpor los levitas; porque a ellos ha escogido Jehová para que lleven el arca de Dios y le sirvan perpetuamente.

3 Y ˡcongregó David a todo Israel en Jerusalén, para que pasasen el arca de Jehová a su lugar, el cual él le había preparado.

4 Reunió también David a los hijos de Aarón y a los levitas:

5 De los hijos de ᵐCoat, Uriel el principal, y sus hermanos, ciento veinte.

6 De los hijos de Merari, Asaías el principal, y sus hermanos, doscientos veinte;

7 De los hijos de Gersón, Joel el principal, y sus hermanos, ciento treinta;

8 de los hijos de ᵒElizafán, Semaías el principal, y sus hermanos, doscientos;

9 de los hijos de ᵖHebrón, Eliel el principal, y sus hermanos, ochenta;

10 de los hijos de Uziel, Aminadab el principal, y sus hermanos, ciento doce.

11 Y llamó David a los sacerdotes ᵠSadoc y a ʳAbiatar, y a los levitas, Uriel, Asaías, Joel, Semaías, Eliel, y Aminadab;

12 y les dijo: Vosotros que *sois* los principales padres de los levitas, santificaos, vosotros y vuestros hermanos, y pasad el arca de Jehová, el Dios de Israel, al *lugar* que le he preparado;

13 pues ᵇpor no *haberlo* hecho así vosotros la primera vez, Jehová nuestro Dios nos quebrantó, por cuanto no le buscamos según la ordenanza.

14 Así los sacerdotes y los levitas se santificaron para traer el arca de Jehová, el Dios de Israel.

15 Y los hijos de los levitas trajeron el arca de Dios puesta sobre sus hombros en las ᵈbarras, como ᵉlo había mandado Moisés conforme a la palabra de Jehová.

16 Asimismo dijo David a los principales de los levitas, que constituyesen de sus hermanos a cantores, con instrumentos de música, con salterios y arpas y címbalos, que resonasen y alzasen la voz con alegría.

17 Y los levitas constituyeron ʰa Hemán, hijo de Joel; y de sus hermanos, ⁱAsaf, hijo de Berequías; y de los hijos de Merari y de sus hermanos, ᵏa Etán, hijo de Cusaías;

18 Y con ellos a sus hermanos del segundo *orden*, a Zacarías, Ben, Jaaziel, Semiramot, Jehiel, Uni, Eliab, Benaía, Maasías, Matatías, Elifelehu, Micnías, Obed-edom y Jeiel, los porteros.

19 Así Hemán, Asaf, y Etán, que *eran* cantores, sonaban címbalos de bronce.

20 Y Zacarías, Jaaziel, Semiramot, Jehiel, Uni, Eliab, Maasías, y Benaía, con salterios ⁿsobre Alamot.

21 Y Matatías, Elifelehu, Micnías, Obed-edom, Jeiel, y Azazías, cantaban con arpas en la octava sobresaliendo.

22 Y Quenanías, principal de los levitas, *estaba* para la entonación; pues él presidía en el canto, porque *era* entendido.

23 Y Berequías y Elcana *eran* porteros del arca.

24 Y Sebanías, Josafat, Natanael, Amasai, Zacarías, Benaía, y Eliezer, sacerdotes, ˢtocaban las trompetas

---

a 2 Sm 5:21
b 2 Sm 6:3
cp 13:7
c 2 Sm 5:25
d Nm 4:10-12
e Éx 25:14
f Dt 2:25
g cp 16:1
h cp 6:33
i Nm 4:2
Dt 10:8
j cp 6:39
k cp 6:44
l cp 13:5
1 Re 8:1
m cp 6:16
n Sal 46 tít
o Éx 6:22
p Éx 6:18
cp 6:18
q cp 6:8
y 16:39
r 1 Sm 22:20
s Nm 10:8

Mical menosprecia a David

delante del arca de Dios: Obed-edom y Jehías *eran* también porteros del arca.

25 ᵃDavid, pues, y los ancianos de Israel, y los capitanes de millares, fueron a traer el arca del pacto de Jehová, de casa de Obed-edom, con alegría.

26 Y sucedió que cuando Dios ayudó a los levitas que llevaban el arca del pacto de Jehová, ellos sacrificaron siete novillos y siete carneros.

27 Y David *iba* vestido deᵉ lino fino y también todos los levitas que llevaban el arca, y asimismo los cantores; y Quenanías era maestro de canto entre los cantores. Llevaba también David sobre sí un efod de lino.

28 De esta manera llevaba todo Israel el arca del pacto de Jehová, con júbilo y sonido de bocinas, y trompetas, y címbalos, y al son de salterios y arpas.

29 ᵍY acontecio que cuando el arca del pacto de Jehová llegó a la ciudad de David, Mical, hija de Saúl, mirando por una ventana, vio al rey David que saltaba y danzaba; y lo menospreció en su corazón.

CAPÍTULO 16

Así trajeron el arca de Dios, y la pusieron en medio de la tienda que David había levantado para ella; y ofrecieron holocaustos y sacrificios de paz delante de Dios.

2 Y como David hubo acabado de ofrecer el holocausto y los sacrificios de paz, bendijo al pueblo en el nombre de Jehová.

3 Y repartió a todo Israel, así a hombres como a mujeres, a cada uno una torta de pan, y una pieza de carne, y un frasco *de vino*.

4 Y puso delante del arca de Jehová ministros de los levitas, para ˡque recordasen y dieran gracias y loasen a Jehová, el Dios de Israel.

5 ᵐAsaf el primero, el segundo después de él Zacarías, Jeiel, Semiramot, Jehiel, Matatías, Eliab, Benaía, Obed-edom, y Jeiel, con sus instrumentos de salterios y arpas; mas Asaf hacía sonido con címbalos.

a 2 Sm 6:12

b 2 Sm 22:1
y 23:1
c hasta 22
Sal 105:1-15
d Sal 145:11

e cp 4:21
2 Cr 2:14
y 3:14

f Is 26:9

g hasta 16:3
2 Sm 6:16-19
h Gn 17:2
y 22:16
Lc 1:73
Heb 6:17
i Gn 13:15
y 15:1-21

j Sal 105:15
Gn 20:7
k hasta 33
Sal 96:1-13

l Sal 38 y 70 títulos

m cp 6:39
n Sal 95:3

6 También los sacerdotes Benaía y Jahaziel, *tocaban* continuamente las trompetas delante del arca del pacto de Dios.

7 Entonces, en aquel día, David dio *este salmo* para ᵇagradecer a Jehová, en la mano de Asaf y sus hermanos:

8 ᶜDad gracias a Jehová, invocad su nombre, ᵈdad a conocer entre los pueblos sus obras.

9 Cantad a Él, cantadle salmos; hablad de todas sus maravillas.

10 Gloriaos en su santo nombre; alégrese el corazón de los que buscan a Jehová.

11 Buscad a Jehová y su fortaleza; buscad su rostro continuamente.

12 Haced memoria de sus maravillas que ha hecho, de sus prodigios, y de los juicios de su boca,

13 oh vosotros, simiente de Israel su siervo, hijos de Jacob, sus escogidos.

14 Jehová, Él *es* nuestro Dios; ᶠsus juicios *están* en toda la tierra.

15 Acordaos para siempre de su pacto, y de la palabra *que* Él mandó para mil generaciones;

16 ʰdel pacto que hizo con Abraham, y de su juramento a Isaac;

17 el cual confirmó a Jacob por estatuto, y a Israel *por* pacto eterno,

18 diciendo: ⁱA ti te daré la tierra de Canaán, la porción de vuestra herencia;

19 cuando erais pocos en número, muy pocos, y peregrinos en ella;

20 y andaban de nación en nación, y de un reino a otro pueblo.

21 No permitió que nadie los oprimiese; antes por amor a ellos reprendió a los reyes, *diciendo*:

22 ʲNo toquéis a mis ungidos, ni hagáis mal a mis profetas.

23 ᵏCantad a Jehová, toda la tierra, anunciad de día en día su salvación.

24 Proclamad entre las naciones su gloria, y en todos los pueblos sus maravillas.

25 Porque grande *es* Jehová, y digno de suprema alabanza, y de ser temido ⁿsobre todos los dioses.

26 Porque todos los dioses de los pueblos *son* ídolos; pero Jehová hizo los cielos.

27 Gloria y hermosura *hay* en su presencia; fortaleza y alegría en su morada.

No toquéis a mis ungidos

28 Dad a Jehová, oh familias de los pueblos, dad a Jehová gloria y poder.
29 Dad a Jehová la gloria *debida* a su nombre: Traed ofrenda, y venid delante de Él; adorad a Jehová en la ᵇhermosura de su santidad.
30 Temed ante su presencia toda la tierra: El mundo será aún establecido, para que no se conmueva.
31 Alégrense los cielos, y gócese la tierra, y digan en las naciones: ¡Jehová reina!
32 ᵈResuene el mar y su plenitud; alégrese el campo y todo lo que hay en él.
33 Entonces cantarán los árboles de los bosques delante de Jehová, porque viene a juzgar la tierra.
34 Dad gracias a Jehová, porque *es* bueno; porque su misericordia es eterna.
35 ᵉY decid: Sálvanos, oh Dios, salvación nuestra: Reúnenos, y líbranos de las naciones, para que confesemos tu santo nombre, y nos gloriemos en tus alabanzas.
36 ᶠBendito *sea* Jehová, el Dios de Israel, desde la eternidad hasta eternidad. Y ᵍtodo el pueblo dijo: Amén, y alabó a Jehová.
37 Y dejó allí, ⁱdelante del arca del pacto de Jehová, a Asaf y a sus hermanos, para que ministrasen de continuo delante del arca, cada cosa en su día:
38 Y a Obed-edom y a sus hermanos, sesenta y ocho; y a Obed-edom, hijo de Jedutún, y a Hosa, por porteros.
39 Asimismo a Sadoc, el sacerdote, y a sus hermanos los sacerdotes, delante del tabernáculo de Jehová en el alto que *estaba* en ʲGabaón,
40 para que sacrificasen ᵏcontinuamente, a mañana y tarde, holocaustos a Jehová en ˡel altar del holocausto, conforme a todo lo que está escrito en la ley de Jehová, que Él prescribió a Israel;
41 Y con ellos a Hemán y a Jedutún, y los otros escogidos declarados por sus nombres, para glorificar a Jehová, ᵐporque es eterna su misericordia.
42 Con ellos a Hemán y a Jedutún con trompetas y címbalos resonantes y con otros instrumentos de música

a 2 Sm 6:19

b 2 Cr 20:21
Sal 29:2
c hasta 27
2 Sm 7:1-29

d Sal 98:7

e Sal 106:47

f Sal 41:13
g Dt 27:15
h 2 Sm 7:7
i vers 4,5

j 1 Re 3:4
k Éx 29:38-41
l Éx 27:1

m 2 Cr 5:13
7:3-6 y 20:21
Esd 3:11

de Dios; y a los hijos de Jedutún, por porteros.
43 ᵃY todo el pueblo se fue cada uno a su casa; y David se volvió para bendecir su casa.

CAPÍTULO 17

Y aconteció ᶜque morando David en su casa, dijo David al profeta Natán: He aquí yo habito en casa de cedro, y el arca del pacto de Jehová debajo de cortinas.
2 Y Natán dijo a David: Haz todo lo que *está* en tu corazón, porque Dios *está* contigo.
3 Y sucedió que en aquella misma noche vino palabra de Dios a Natán, diciendo:
4 Ve y di a David mi siervo: Así dice Jehová: Tú no me edificarás casa en que habite:
5 Porque no he habitado en casa alguna desde el día que saqué a los hijos de Israel hasta hoy; antes estuve de tienda en tienda, y de tabernáculo *en tabernáculo*.
6 Dondequiera que anduve con todo Israel ¿hablé una palabra a alguno de los ʰjueces de Israel, a los cuales mandé que apacentasen mi pueblo, para decirles: Por qué no me edificáis una casa de cedro?
7 Por tanto, ahora dirás a mi siervo David: Así dice Jehová de los ejércitos: Yo te tomé del redil, de detrás del rebaño, para que fueses príncipe sobre mi pueblo Israel;
8 y he estado contigo en todo cuanto has andado, y he cortado a todos tus enemigos de delante de ti, y te he hecho gran nombre, como el nombre de los grandes que *hay* en la tierra.
9 Asimismo he dispuesto lugar a mi pueblo Israel, y lo he plantado para que habite en su lugar, y no sea más removido; ni los hijos de iniquidad lo consumirán más, como antes,
10 y desde el tiempo que puse los jueces sobre mi pueblo Israel; mas humillaré a todos tus enemigos. Además te hago saber que Jehová te edificará casa.
11 Y será que, cuando tus días fueren cumplidos para irte con tus padres, levantaré tu simiente después de ti,

que será uno de tus hijos; y afirmaré su reino.

12 Él me edificará casa, y yo confirmaré su trono eternamente.

13 ªYo le seré por Padre, y él me será por hijo; y no quitaré de él mi misericordia, como *la* quité de *aquél* que fue antes de ti;

14 y yo lo afirmaré en mi casa y en mi reino eternamente; y su trono será firme para siempre.

15 Conforme a todas estas palabras, y conforme a toda esta visión, así habló Natán a David.

16 Y entró el rey David, y estuvo delante de Jehová, y dijo: ¿Quién soy yo, oh Jehová Dios, y qué *es* mi casa, para que me hayas traído hasta este lugar?

17 Y *aun* esto, oh Dios, te ha parecido poco, pues que has hablado de la casa de tu siervo para tiempo futuro, y me has mirado como a un hombre excelente, oh Jehová Dios.

18 ¿Qué más puede añadir David pidiendo de ti para honrar a tu siervo? Pues tú conoces a tu siervo.

19 Oh Jehová, ᶠpor amor a tu siervo y según tu corazón, has hecho toda esta grandeza, para hacer notorias todas estas grandes cosas.

20 Jehová, no *hay* semejante a ti, ni *hay* Dios sino tú, según todas las cosas que hemos oído con nuestros oídos.

21 ¿Y qué pueblo hay en la tierra como tu pueblo Israel, al cual Dios vino a redimir para que fuese su pueblo; para hacerte un nombre de grandezas y maravillas, echando naciones de delante de tu pueblo, al que tú rescataste de Egipto?

22 Tú has constituido a tu pueblo Israel por pueblo tuyo para siempre; y tú, Jehová, has venido a ser su Dios.

23 Ahora pues, Jehová, la palabra que has hablado acerca de tu siervo y de su casa, sea firme para siempre, y haz como has dicho.

24 Permanezca, pues, y sea engrandecido tu nombre para siempre, a fin de que se diga: Jehová de los ejércitos, Dios de Israel, *es* Dios para Israel. Y *sea* la casa de tu siervo David firme delante de ti.

25 Porque tú, Dios mío, revelaste al oído a tu siervo que le has de

a Heb 1:5

b hasta 17
2 Sm 8:1-18
c 1 Sm 17:4

d 2 Sm 8:3

e 2 Sm 8:4

f 2 Sm 7:21

g 1 Re 7:15,23
2 Cr 4:12-16

h 2 Sm 8:9

i 2 Sm 8:10

edificar casa; por eso ha hallado tu siervo motivo de orar delante de ti.

26 Ahora pues, Jehová, tú eres Dios, y has prometido a tu siervo este bien;

27 y ahora, ten a bien bendecir la casa de tu siervo, para que permanezca perpetuamente delante de ti; porque tú, Jehová, la has bendecido, y *será* bendita para siempre.

CAPÍTULO 18

Después de estas cosas aconteció ᵇque David derrotó a los filisteos y los humilló; y tomó a ᶜGat y sus aldeas de mano de los filisteos.

2 También derrotó a Moab; y los moabitas fueron siervos de David trayéndole presentes.

3 Asimismo hirió David a ᵈHadad-ezer, rey de Soba, en Hamat, yendo él a asegurar su dominio junto al río Éufrates.

4 Y les tomó David mil carros y siete mil hombres de a caballo y veinte mil hombres de a pie; ᵉy desjarretó David los *caballos* de todos los carros, excepto los de cien carros que dejó.

5 Y viniendo los sirios de Damasco en ayuda de Hadad-ezer, rey de Soba, David mató de los sirios a veintidós mil hombres.

6 Y puso David *guarnición* en Siria de Damasco, y los sirios fueron hechos siervos de David, trayéndole presentes. Y Jehová daba victoria a David dondequiera que iba.

7 Tomó también David los escudos de oro que llevaban los siervos de Hadad-ezer, y los trajo a Jerusalén.

8 Asimismo de Tibhat y de Cun, ciudades de Hadad-ezer, tomó David muchísimo bronce, con el que ᵍSalomón hizo el mar de bronce, las columnas y los utensilios de bronce.

9 Y oyendo ʰToi, rey de Hamat, que David había deshecho todo el ejército de Hadad-ezer, rey de Soba,

10 envió a ⁱAdoram, su hijo al rey David, a saludarle y a bendecirle por haber peleado con Hadad-ezer, y haberle vencido; porque Toi tenía guerra con Hadad-ezer. *Le envió* también toda clase de vasos de oro, de plata y de bronce.

11 los cuales el rey David dedicó a Jehová, con la plata y el oro que

Los sacerdotes Sadoc y Abimelec

había tomado de todas las naciones, de Edom, de Moab, de los hijos de Amón, de los filisteos y de Amalec.

12 A más de esto ᵇAbisai, hijo de Sarvia, hirió en el valle de la Sal a dieciocho mil edomitas.

13 Y puso guarnición en Edom, y todos los edomitas fueron siervos de David. Y Jehová guardaba a David dondequiera que iba.

14 Y reinó David sobre todo Israel, y hacía juicio y justicia a todo su pueblo.

15 Y Joab, hijo de Sarvia, *era* general del ejército; y Josafat, hijo de Ahilud, *era* cronista.

16 Y Sadoc, hijo de Ahitob, y ᵈAbimelec, hijo de Abiatar, *eran* sacerdotes; y Savsa era escriba;

17 y Benaía, hijo de Joiada, *era* sobre los cereteos y peleteos; y los hijos de David *eran* los príncipes cerca del rey.

CAPÍTULO 19

Después de estas cosas aconteció que murió Nahas, rey de los hijos de Amón, y su hijo reinó en su lugar.

2 Y dijo David: Haré misericordia con Hanún, hijo de Nahas, porque también su padre hizo conmigo misericordia. Así David envió embajadores para que lo consolasen por la muerte de su padre. Y los siervos de David vinieron a la tierra de los hijos de Amón a Hanún, para consolarlo.

3 Pero los príncipes de los hijos de Amón dijeron a Hanún: ¿Piensas tú que David honra a tu padre porque te ha enviado consoladores? ¿No vienen más bien sus siervos a ti para reconocer, para espiar y para destruir la tierra?

4 Entonces Hanún tomó a los siervos de David y los rapó, y les cortó las vestiduras por la mitad, hasta las nalgas, y los despidió.

5 Y fueron *unos* y dijeron a David de cómo aquellos varones habían sido tratados; y él envió a recibirlos, porque estaban muy avergonzados. Y el rey les dijo: Quedaos en Jericó hasta que os crezca la barba, y entonces volveréis.

6 Y viendo los hijos de Amón que se habían hecho odiosos a David, Hanún y los hijos de Amón enviaron mil talentos de plata, para tomar a sueldo carros y gente de a caballo de Mesopotamia, de ᵃSiria, de Maaca y de Soba.

7 Y tomaron a sueldo treinta y dos mil carros, y al rey de Maaca y a su pueblo, los cuales vinieron y acamparon delante de ᶜMedeba. Y se juntaron también los hijos de Amón de sus ciudades, y vinieron a la guerra.

8 Oyéndolo David, envió a Joab con todo el ejército de los hombres valientes.

9 Y los hijos de Amón salieron, y ordenaron su tropa a la entrada de la ciudad; y los reyes que habían venido, *estaban* aparte en el campo.

10 Y viendo Joab que la batalla estaba contra él por el frente y por la retaguardia, escogió de los más aventajados que había en Israel, y ordenó *su escuadrón* contra los sirios.

11 Puso luego el resto de la gente en mano de ᵉAbisai su hermano, y los ordenó en batalla contra los amonitas.

12 Y dijo: Si los sirios fueren más fuertes que yo, tú me ayudarás; y si los amonitas fueren más fuertes que tú, yo te ayudaré.

13 Esfuérzate y mostremos hombría, por nuestro pueblo y por las ciudades de nuestro Dios; y que haga Jehová *lo que* bien le pareciere.

14 Se acercó luego Joab y el pueblo que *tenía* consigo, para pelear contra los sirios; mas ellos huyeron delante de él.

15 Y los hijos de Amón, viendo que los sirios habían huido, huyeron también ellos delante de Abisai su hermano, y entraron en la ciudad. Entonces Joab se volvió a Jerusalén.

16 Y viendo los sirios que habían caído delante de Israel, enviaron embajadores, y trajeron a los sirios que *estaban* al otro lado del río, cuyo capitán era ᶠSofac, general del ejército de Hadad-ezer.

17 Luego que fue dado aviso a David, reunió a todo Israel, y pasando el Jordán vino a ellos, y ordenó contra ellos su ejército. Y cuando David hubo ordenado su tropa contra ellos, pelearon contra él los sirios.

1 CRÓNICAS 20-21

18 Pero los sirios huyeron delante de Israel; y David mató de los sirios a siete mil hombres de los carros, y a cuarenta mil hombres de a pie; y también mató a Sofac, general del ejército.

19 Y viendo los sirios de Hadad-ezer que habían caído delante de Israel, concertaron paz con David, y fueron sus siervos; y nunca más quiso el sirio ayudar a los hijos de Amón.

CAPÍTULO 20

Y aconteció a [b]la vuelta del año, en el tiempo que suelen los reyes salir *a la guerra*, que Joab sacó las fuerzas del ejército, y destruyó la tierra de los hijos de Amón, y vino y sitió a Rabá. Mas David se quedó en Jerusalén. Y Joab batió a Rabá y la destruyó.

2 Entonces David tomó [d]la corona del rey de ellos de sobre su cabeza, y la halló de peso de un talento de oro, y *había* en ella piedras preciosas; y fue puesta sobre la cabeza de David. Y además de esto sacó de la ciudad muy grande botín.

3 Sacó también al pueblo que *estaba* [f]en ella y [g]les hizo cortar con sierras, con trillos de hierro, y con hachas. Lo mismo hizo David a todas las ciudades de los hijos de Amón. Y se volvió David con todo el pueblo a Jerusalén.

4 Después de esto aconteció [h]que se levantó guerra en [i]Gezer contra los filisteos; e hirió Sibecai husatita a [j]Sipai, del linaje de los gigantes; y fueron humillados.

5 Y se volvió a levantar guerra con los filisteos; y Elhanán, hijo de [l]Jair, mató a Lahmi, hermano de Goliat geteo, el asta de cuya lanza era como de un rodillo de telar.

6 Y volvió a haber guerra en Gat, donde hubo un hombre de *gran* estatura, el cual *tenía* seis dedos en pies y manos, veinticuatro en total; y también era hijo de un gigante.

7 Desafió él a Israel, mas lo mató Jonatán, hijo de [m]Sima, hermano de David.

8 Éstos fueron hijos del gigante de Gat, los cuales cayeron por mano de David y de sus siervos.

a 2 Sm 24:1-25
Job 1:6-12 y 2:1-7
Mt 4:10
Lc 10:18
1 Co 7:5

b 2 Sm 11:1

c 2 Sm 24:9

d 2 Sm 12:26

e cp 27:24

f 2 Sm 12:30
g 2 Sm 12:31

h hasta 8
2 Sm 21:18
i Jos 10:33
j 2 Sm 21:18

k 2 Sm 24:13

l 2 Sm 21:19

m 1 Sm 16:9

David cuenta a Israel
CAPÍTULO 21

Pero [a]Satanás se levantó contra Israel, e incitó a David a que contase a Israel.

2 Y dijo David a Joab y a los príncipes del pueblo: Id, contad a Israel desde Beerseba hasta Dan, y traedme el número de ellos para que yo *lo* sepa.

3 Y dijo Joab: Añada Jehová a su pueblo cien veces más. Rey señor mío, ¿no *son* todos éstos siervos de mi señor? ¿Para qué procura mi señor esto, que será pernicioso a Israel?

4 Mas el mandamiento del rey pudo más que Joab. Salió, por tanto, Joab y recorrió todo Israel, y volvió a Jerusalén.

5 Y Joab dio la cuenta del número del pueblo a David. Y había en todo Israel [c]un millón cien mil que sacaban espada, y de Judá cuatrocientos setenta mil hombres que sacaban espada.

6 [e]Entre éstos no fueron contados los levitas, ni los hijos de Benjamín, porque Joab abominaba el mandamiento del rey.

7 Y esto desagradó a Dios, e hirió a Israel.

8 Y dijo David a Dios: He pecado gravemente en hacer esto; te ruego que hagas pasar la iniquidad de tu siervo, porque yo he hecho muy locamente.

9 Y habló Jehová a Gad, vidente de David, diciendo:

10 Ve, y habla a David, y dile: Así dice Jehová: Tres *cosas* te propongo; escoge de ellas una que yo haga contigo.

11 Y viniendo Gad a David, le dijo: Así dice Jehová: [k]Escoge para ti;

12 o tres años de hambre; o por tres meses ser derrotado delante de tus enemigos, y que la espada de tus adversarios te alcance; o por tres días la espada de Jehová y pestilencia en la tierra, y que el ángel de Jehová destruya en todo el término de Israel. Mira, pues, qué he de responder al que me ha enviado.

13 Entonces David dijo a Gad: Estoy en grande angustia: ruego que yo caiga en la mano de Jehová; porque sus misericordias *son* muchas en extremo. Y que no caiga yo en manos de hombres.

David y la era de Ornán

14 Así Jehová envió pestilencia en Israel, y cayeron de Israel setenta mil hombres.

15 Y envió Jehová el ángel a Jerusalén ªpara destruirla; pero cuando él estaba destruyendo, miró Jehová, y se arrepintió de aquel mal, y dijo al ángel que destruía: ¡Basta ya! Detén tu mano. Y ᶜel ángel de Jehová estaba junto a la era de Ornán el jebuseo.

16 Y alzando David sus ojos, vio al ángel de Jehová, que estaba entre el cielo y la tierra, teniendo una espada desenvainada en su mano, extendida sobre Jerusalén. Entonces David y los ancianos se postraron sobre sus rostros, cubiertos de cilicio.

17 Y dijo David a Dios: ¿No soy yo el que hizo contar el pueblo? Yo mismo soy el que pequé, y ciertamente he hecho mal; mas estas ovejas, ¿qué han hecho? Jehová Dios mío, sea ahora tu mano contra mí, y contra la casa de mi padre, y no haya plaga en tu pueblo.

18 Y el ángel de Jehová ordenó a Gad que dijese a David, que subiese y construyese un altar a Jehová en la era de Ornán jebuseo.

19 Entonces David subió, conforme a la palabra de Gad que le había dicho en nombre de Jehová.

20 Y volviéndose Ornán vio al ángel; por lo que se escondieron cuatro hijos suyos que con él estaban. Y Ornán trillaba el trigo.

21 Y viniendo David a Ornán, miró Ornán, y vio a David; y saliendo de la era, se postró en tierra ante David.

22 Entonces dijo David a Ornán: Dame este lugar de la era, para que edifique un altar a Jehová, y dámelo por su cabal precio, para que cese la plaga del pueblo.

23 Y Ornán respondió a David: Tómalo para ti, y haga mi señor el rey lo que bien le pareciere; y aun los bueyes daré para el holocausto, y los trillos para leña, y ʲtrigo para la ofrenda; yo lo doy todo.

24 ᵏEntonces el rey David dijo a Ornán: No, sino que efectivamente la compraré por su justo precio; porque no tomaré para Jehová lo que *es* tuyo, ni sacrificaré holocausto que nada me cueste.

25 Y dio David a Ornán por aquel lugar seiscientos siclos de oro por peso.

26 Y edificó allí David un altar a Jehová, en el que ofreció holocaustos y ofrendas de paz, e invocó a Jehová, ᵇel cual le respondió por fuego desde los cielos en el altar del holocausto.

27 Y Jehová habló al ángel, y éste volvió su espada a la vaina.

28 En aquel tiempo cuando David vio que Jehová le había respondido en la era de Ornán jebuseo, sacrificó allí.

29 Y el tabernáculo de Jehová que Moisés había hecho en el desierto, y el altar del holocausto, *estaban* entonces ᵈen el alto de Gabaón;

30 Pero David no pudo ir allá a ᵉconsultar a Dios, porque estaba espantado a causa de la espada del ángel de Jehová.

CAPÍTULO 22

Y dijo David: ᶠÉsta *será* la casa de Jehová Dios, y éste *será* el altar del holocausto para Israel.

2 Después mandó David que se juntasen ᵍlos extranjeros que *estaban* en la tierra de Israel, y señaló de entre ellos canteros que labrasen piedras para edificar la casa de Dios.

3 Asimismo preparó David mucho hierro para los clavos de las puertas, y para las junturas; y mucho bronce sin peso;

4 y madera de cedro en abundancia; porque los ʰsidonios y tirios habían traído a David mucha madera de cedro.

5 Y dijo David: ⁱSalomón mi hijo *es* joven y tierno, y la casa *que* se ha de edificar a Jehová *ha de ser* magnífica por excelencia, para nombre y honra en todas las naciones; ahora, pues, yo le preparé lo necesario. Y David, antes de su muerte, hizo grandes preparativos.

6 Llamó entonces David a Salomón, su hijo, y le mandó que edificase casa a Jehová, el Dios de Israel.

7 Y dijo David a Salomón: Hijo mío, ˡen mi corazón tuve el edificar templo al nombre de Jehová mi Dios.

8 Mas vino a mí palabra de Jehová, diciendo: ᵐTú has derramado mucha sangre, y ⁿhas traído grandes guerras; no edificarás casa a mi nombre,

porque has derramado mucha sangre en la tierra delante de mí.

9 He aquí, un hijo te nacerá, el cual será varón ªpacífico, porque yo le daré reposo de todos sus enemigos en derredor; por tanto, su nombre será ¹Salomón; y yo daré paz y reposo sobre Israel en sus días:

10 Él edificará casa a mi nombre, y ᶜél me será a mí por hijo, y yo le *seré* por Padre; y afirmaré el trono de su reino sobre Israel para siempre.

11 Ahora pues, hijo mío, sea contigo Jehová, y seas prosperado, y edifiques casa a Jehová tu Dios, como Él ha dicho de ti.

12 Y Jehová te dé entendimiento y prudencia, y Él te dé mandamientos para Israel; y que tú guardes la ley de Jehová tu Dios.

13 ʰEntonces serás prosperado, si cuidares de poner por obra los estatutos y derechos que Jehová mandó a Moisés para Israel. ¹Esfuérzate, pues, y sé valiente; no temas ni desmayes.

14 He aquí, yo en mi aflicción he preparado para la casa de Jehová ᵒcien mil talentos de oro, y un millar de millares de talentos de plata; y del bronce y del hierro no hay peso, porque es mucho. Asimismo he preparado madera y piedra, a lo cual tú añadirás.

15 Tú tienes contigo muchos obreros, canteros, albañiles, carpinteros y todo hombre experto en toda obra.

16 Del oro, de la plata, del bronce y del hierro no *hay* número. Levántate, *pues*, y pon manos a la obra, y Jehová sea contigo.

17 Asimismo mandó David a todos los principales de Israel que diesen ayuda a Salomón su hijo, *diciendo*:

18 ¿No *está* con vosotros Jehová vuestro Dios, el cual os ha dado reposo por todas partes? Porque Él ha entregado en mi mano a los moradores de la tierra, y la tierra ha sido sujetada delante de Jehová, y delante de su pueblo.

19 Poned, pues, ahora vuestros corazones y vuestros ánimos en buscar a Jehová vuestro Dios; y levantaos, ˣy edificad el santuario de Jehová Dios, para traer el arca del pacto de Jehová, y los utensilios sagrados de Dios, a la casa edificada al nombre de Jehová.

CAPÍTULO 23

Siendo, pues, David ya viejo y lleno de días, ᵇhizo a Salomón, su hijo, rey sobre Israel.

2 Y reunió a todos los principales de Israel, y a los sacerdotes y los levitas.

3 Y fueron contados los levitas de treinta años ᵈarriba; y fue el número de ellos ᵉpor sus cabezas, contados uno a uno, ᶠtreinta y ocho mil.

4 De éstos, veinticuatro mil para dar prisa a la obra de la casa de Jehová; y ᵍgobernadores y jueces, seis mil.

5 Además cuatro mil porteros; y cuatro mil para alabar a Jehová, *dijo David*, con los instrumentos que he hecho para rendir alabanzas.

6 Y ¹los repartió David en órdenes conforme a los ᵏhijos de Leví, Gersón y Coat y Merari.

7 ᵐLos hijos de Gersón: ⁿLaadán y Simeí.

8 Los hijos de Laadán, tres: Jehiel el primero, después Zetam y Joel.

9 Los hijos de Simeí, tres: Selomit, Haziel y Harán. Éstos *fueron* los príncipes de las familias de Laadán.

10 Y los hijos de Simeí: Jahat, Zinat, Jeús y Bería. Estos cuatro *fueron* los hijos de Simeí.

11 Jahat era el primero, Zinat el segundo; mas Jeús y Bería no tuvieron muchos hijos, por lo cual fueron contados por una familia.

12 Los hijos de Coat: Amram, Izhar, Hebrón, y Uziel, ellos cuatro.

13 Los hijos de ᵖAmram: Aarón y Moisés. Y Aarón fue ᵠapartado para ser dedicado a las cosas más santas, él y sus hijos para siempre, para que quemasen incienso delante de Jehová, para ministrarle y para ʳbendecir en su nombre para siempre.

14 Y los hijos de Moisés, ˢvarón de Dios, ᵗfueron contados en la tribu de Leví.

15 ᵘLos hijos de Moisés *fueron* Gersón y Eliezer.

16 Hijo de Gersón *fue* ᵛSebuel el primero.

17 E hijo de Eliezer *fue* Rehabía el primero. Y Eliezer no tuvo otros

Los hijos de Aarón ministran

hijos; mas los hijos de Rehabía fueron muchos.

18 Hijo de Izhar fue ªSelomit el primero.

19 Los hijos de Hebrón: Jerías el primero, Amarías el segundo, Jahaziel el tercero, y Jecamán el cuarto.

20 Los hijos de Uziel: Mica el primero, e Isías el segundo.

21 ᵇLos hijos de Merari: Mahali y Musi. Los hijos de Mahali: Eleazar y Cis.

22 Y murió Eleazar sin hijos, mas tuvo hijas; y los hijos de Cis, sus parientes, las tomaron por esposas.

23 Los hijos de Musi: Mahali, Eder y Jerimot, ellos tres.

24 Éstos son los hijos de ᵉLeví en las familias de sus padres, cabeceras de familias en sus delineaciones, ᶠcontados por sus nombres, por sus cabezas, los cuales hacían obra en el ministerio de la casa de Jehová, ᵍde veinte años arriba.

25 Porque David dijo: Jehová, el Dios de Israel, ha dado reposo a su pueblo, para que habite en Jerusalén para siempre.

26 Y también los levitas no llevarán más ʲel tabernáculo ni ninguno de sus utensilios para su servicio.

27 Así que, conforme a las postreras palabras de David, fue la cuenta de los hijos de Leví de veinte años arriba.

28 Y estaban bajo la mano de los hijos de Aarón, para ministrar en la casa de Jehová, en los atrios y en las cámaras, y en la purificación de toda cosa santificada, y en la demás obra del ministerio de la casa de Dios.

29 Asimismo para los panes de la proposición, y para la flor de harina para el sacrificio, y para las hojuelas sin levadura, y para lo que se prepara en sartén, y para lo tostado, y para toda medida y cuenta;

30 y para asistir cada mañana a dar gracias y alabar a Jehová, y asimismo por la tarde;

31 y para ofrecer todos los holocaustos a Jehová los sábados, lunas nuevas y ᵏfiestas solemnes, por número, conforme se les había ordenado, continuamente delante de Jehová.

32 Y para que tuviesen la ˡguarda del tabernáculo de la congregación, y

a cp 24:22

b cp 6:19, 29 y 24:26
c Lv 10:1

d 2 Sm 8:17
cp 6:8
e Nm 10:17

f Nm 1:22

g ver 27
Nm 1:3 4:3
y 8:24
2 Cr 31:17
Esd 3:8
h Nm 1:2
i ver 31
Jue 20:9
j Nm 4:5-15

k Nm 29:39

l Nm 1:53

la guarda del santuario, y las órdenes de los hijos de Aarón sus hermanos, en el ministerio de la casa de Jehová.

CAPÍTULO 24

Éstos son los grupos de los hijos de Aarón. Los hijos de Aarón: Nadab, Abiú, Eleazar e Itamar.

2 Pero ᶜNadab y Abiú murieron antes que su padre, y no tuvieron hijos; por lo cual Eleazar e Itamar ejercieron el sacerdocio.

3 Y David los repartió según la función de ellos en su ministerio, siendo ᵈSadoc de los hijos de Eleazar, y Ahimelec de los hijos de Itamar.

4 Y de los hijos de Eleazar fueron hallados más varones principales que de los hijos de Itamar; y los repartieron así: De los hijos de Eleazar había dieciséis cabezas ʰde familias paternas; y de los hijos de Itamar por las familias de sus padres, ocho.

5 Los repartieron, pues, por ⁱsuerte los unos con los otros; porque de los hijos de Eleazar y de los hijos de Itamar hubo príncipes del santuario, y príncipes de la casa de Dios.

6 Y Semaías, el escriba, hijo de Natanael, de los levitas, los inscribió delante del rey y de los príncipes, y delante de Sadoc, el sacerdote, y de Ahimelec, hijo de Abiatar, y de los príncipes de las familias de los sacerdotes y de los levitas, asignando una familia para Eleazar, y otra para Itamar.

7 Y la primera suerte tocó a Joiarib, la segunda a Jedaías;

8 la tercera a Harim, la cuarta a Seorim;

9 la quinta a Malquías, la sexta a Miamín;

10 la séptima a Cos, la octava a Abías;

11 la novena a Jesúa, la décima a Secanías;

12 la undécima a Eliasib, la duodécima a Jacim;

13 la decimotercera a Upa, la decimocuarta a Isebeab;

14 la decimoquinta a Bilga, la decimosexta a Imer;

15 la decimoséptima a Hezir, la decimoctava a Afses;

16 la decimonovena Petaías, la vigésima por Hezequiel;
17 la vigesimoprimera a Jaquín, la vigesimosegunda a Hamul;
18 la vigesimotercera a Delaías, la vigesimocuarta a Maazías.
19 Éste *fue* el orden para ellos en su ministerio, [a]para que entrasen en la casa de Jehová, conforme a su ordenanza, bajo el mando de Aarón su padre, de la manera que le había mandado Jehová, el Dios de Israel.
20 Y de los hijos de Leví que quedaron: [d]Subael, de los hijos de Amram; y de los hijos de Subael, Jehedías.
21 Y de los hijos de Rehabía, Isías el principal.
22 De los izharitas, [e]Selemot; e hijo de Selemot, Jahat.
23 Y de los hijos [f]*de Hebrón*; Jerías *el primero*, el segundo Amarías, el tercero Jahaziel, el cuarto Jecamán.
24 Hijo de Uziel, [g]Micaía; e hijo de Micaía, Samir.
25 Hermano de Micaía, Isías; e hijo de Isías, Zacarías.
26 [h]Los hijos de Merari: Mahali y Musi; hijo de Jaazía, Beno.
27 Los hijos de Merari por Jaazía: Beno, y Soam, Zacur e Ibri.
28 Y de Mahali, Eleazar, [i]el cual no tuvo hijos.
29 Hijo de Cis, Jerameel.
30 Los hijos de Musi: Mahali, Eder y Jerimot. Éstos *fueron* los hijos de los levitas conforme a las casas de sus familias.
31 Éstos también [l]echaron suertes, como sus hermanos los hijos de Aarón, delante del rey David, y de Sadoc y de Ahimelec, y de los príncipes de las familias de los sacerdotes y levitas; el principal de los padres igualmente que el menor de sus hermanos.

b ver 17
a cp 9:25

c ver 20

d cp 23:16

e cp 23:17

f cp 23:19
y 26:31

g cp 23:20

h cp 23:21

i cp 23:22

j cp 24:7
k ver 2

l cp 25:8
y 26:13-14
Neh 11:1

CAPÍTULO 25

Asimismo David y los príncipes del ejército apartaron para el ministerio a los hijos de [m]Asaf, y de Hemán y de Jedutún, para que profetizasen con arpas, salterios y címbalos; y el número de ellos, hombres idóneos para la obra de su ministerio respectivo fue:

m cp 6:39

Ministerio de la música

2 De los hijos de Asaf: Zacur, José, Netanías y Asareela, hijos de Asaf, bajo la dirección de Asaf, el cual profetizaba a la orden del rey.
3 De Jedutún: los hijos de Jedutún, Gedalías, Zeri, Jesahías, Hasabías y Matatías; [b]seis, bajo la mano de su padre Jedutún, el cual profetizaba con arpa, para dar gracias y alabar a Jehová.
4 De Hemán: los hijos de Hemán, Buquía, Matanías, Uziel, [c]Sebuel, Jerimot, Hananías, Hanani, Eliata, Gidalti, Romamti-ezer, Josbecasa, Maloti, Otir y Mahaziot.
5 Todos éstos *fueron* hijos de Hemán, vidente del rey en palabras de Dios, para exaltar su poder: y dio Dios a Hemán catorce hijos y tres hijas.
6 Y todos éstos *estaban* bajo la dirección de su padre en la música, en la casa de Jehová, con címbalos, salterios y arpas, para el ministerio del templo de Dios, por disposición del rey acerca de Asaf, de Jedutún y de Hemán.
7 Y el número de ellos con sus hermanos instruidos en música de Jehová, todos los aptos, fue doscientos ochenta y ocho.
8 Y echaron suertes para los turnos del servicio, entrando el pequeño con el grande, lo mismo el maestro que el discípulo.
9 Y la [j]primera suerte tocó por Asaf, [k]a José: la segunda a Gedalías, quien con sus hermanos e hijos *fueron* doce;
10 la tercera a Zacur, *con* sus hijos y sus hermanos, doce;
11 la cuarta a Isri, *con* sus hijos y sus hermanos, doce;
12 la quinta a Netanías, *con* sus hijos y sus hermanos, doce;
13 la sexta a Buquía, *con* sus hijos y sus hermanos, doce;
14 la séptima a Jesarela, *con* sus hijos y sus hermanos, doce;
15 la octava a Jesahías, *con* sus hijos y sus hermanos, doce;
16 la novena a Matanías, *con* sus hijos y sus hermanos, doce;
17 la décima a Simeí, *con* sus hijos y sus hermanos, doce;
18 la undécima a Azareel, *con* sus hijos y sus hermanos, doce;
19 la duodécima a Hasabías, *con* sus hijos y sus hermanos, doce;

Los encargados del tesoro

20 la decimotercera a Subael, *con* sus hijos y sus hermanos, doce;
21 la decimocuarta a Matatías, *con* sus hijos y sus hermanos, doce;
22 la decimoquinta a Jerimot, *con* sus hijos y sus hermanos, doce;
23 la decimosexta a Hananías, *con* sus hijos y sus hermanos, doce;
24 la decimoséptima a Josbecasa, *con* sus hijos y sus hermanos, doce;
25 la decimoctava a Hanani, *con* sus hijos y sus hermanos, doce;
26 la decimonovena a Maloti, *con* sus hijos y sus hermanos, doce;
27 la vigésima a Eliata, *con* sus hijos y sus hermanos, doce;
28 la vigesimoprimera a Otir, *con* sus hijos y sus hermanos, doce;
29 la vigesimosegunda a Gidalti, *con* sus hijos y sus hermanos, doce;
30 la vigesimotercera a Mahaziot, *con* sus hijos y sus hermanos, doce;
31 la vigesimocuarta a Romamti-ezer, *con* sus hijos y sus hermanos, doce.

CAPÍTULO 26

En cuanto a la distribución de los porteros: De los coreítas; ^dMeselemías, hijo de Coré, de los hijos de ^eAsaf.
2 Los hijos de ^fMeselemías: Zacarías el primogénito, Jediael el segundo, Zebadías el tercero, Jatnael el cuarto;
3 Elam el quinto, Johanán el sexto, Elioenai el séptimo.
4 Los hijos de Obed-edom: Semaías el primogénito, Jozabad el segundo, Joah el tercero, el cuarto Sacar, el quinto Natanael;
5 el sexto Amiel, el séptimo Isacar, el octavo Peultai; porque Dios había bendecido a ^gObed-edom.
6 También de Semaías su hijo nacieron hijos que fueron señores sobre la casa de sus padres; porque *eran* varones muy valerosos.
7 Los hijos de Semaías: Otni, Rafael, Obed, Elzabad, y sus hermanos, hombres esforzados; asimismo Eliú y Samaquías.
8 Todos éstos de los hijos de Obed-edom; ellos con sus hijos y sus hermanos, hombres robustos y fuertes para el ministerio; sesenta y dos, de Obed-edom.

9 Y los hijos de Meselemías y sus hermanos, dieciocho hombres valientes.
10 De Hosa, de los hijos de Merari: Simri el principal (*aunque* no era el primogénito, mas su padre lo hizo el jefe),
11 el segundo Hilcías, el tercero Tebelías, el cuarto Zacarías; todos los hijos de Hosa y sus hermanos *fueron* trece.
12 Entre éstos se hizo la distribución de los porteros, alternando los principales de los varones en la guardia con sus hermanos, para servir en la casa de Jehová.
13 Y echaron ^asuertes, el ^bpequeño con el grande, por las casas de sus padres, para cada puerta.
14 Y cayó la suerte al oriente a ^cSelemías. Y a Zacarías su hijo, consejero entendido, metieron en las suertes; y salió la suerte suya al norte.
15 Y a Obed-edom, al sur; y a sus hijos, la casa de las provisiones.
16 A Supim y Hosa al occidente, con la puerta de Salequet al camino de la subida, guardia contra guardia.
17 Al oriente seis levitas, al norte cuatro de día; al sur cuatro de día; y a la casa de provisiones, de dos *en* dos.
18 En Pabor al occidente, había cuatro en el camino, y dos en Pabor.
19 Éstos *son* los repartimientos de los porteros, hijos de los coreítas, y de los hijos de Merari.
20 Y de los levitas, Ahías *tenía* cargo de los tesoros de la casa de Dios, y de los tesoros de las cosas santificadas.
21 Cuanto a los hijos de Laadán, hijos de Gersón; de Laadán, los príncipes de las familias de Laadán fueron Gersón y ^hJehieli.
22 Los hijos de Jehieli, Zetam y Joel su hermano, *tuvieron* cargo de los tesoros de la casa de Jehová.
23 Acerca de los amramitas, de los izharitas, de los hebronitas, y de los uzielitas,
24 Sebuel, hijo de Gersón, hijo de Moisés, *era* principal sobre los tesoros.
25 En orden a su hermano Eliezer, hijo de éste era Rehabía, hijo de éste Jesahías, hijo de éste Joram, hijo de éste Zicri, del que fue hijo Selomit.

26 Este Selomit y sus hermanos *tenían* cargo de todos los tesoros de todas las cosas santificadas, que había ªconsagrado el rey David, y los príncipes de las familias, y los capitanes de millares y de centenas, y los jefes del ejército;

27 de lo que habían consagrado de las guerras, y de los botines, para reparar la casa de Jehová.

28 Asimismo todas las cosas que había consagrado el vidente ᵈSamuel y Saúl, hijo de Cis, y ᶠAbner, hijo de Ner, y ᵍJoab, hijo de Sarvia; y todo lo que *cualquiera* consagraba, estaba bajo la mano de Selomit y de sus hermanos.

29 De los izharitas, Quenanías y sus hijos *eran* gobernadores y jueces sobre Israel en los ⁱasuntos exteriores.

30 De los hebronitas, ʲHasabías y sus hermanos, hombres de vigor, mil setecientos, gobernaban a Israel al otro lado del Jordán, al occidente, en toda la obra de Jehová, y en el servicio del rey.

31 De los hebronitas, ᵐJerías *era* el principal entre los hebronitas repartidos en sus linajes por sus familias. En el año cuarenta del reinado de David se registraron, y se hallaron entre ellos fuertes y vigorosos ᵒen Jazer de Galaad.

32 Y sus hermanos, hombres valientes, *eran* dos mil setecientos, cabezas de familias, los cuales el rey David constituyó sobre los rubenitas, los gaditas y sobre la media tribu de Manasés, ʳpara todos los asuntos de Dios y los negocios del rey.

CAPÍTULO 27

Y los hijos de Israel según su número, *es decir*, príncipes de familias, jefes de millares y de centenas, y oficiales de los que servían al rey en todos los negocios de las divisiones que entraban y salían cada mes en todos los meses del año, *eran* en cada división veinticuatro mil.

2 Sobre la primera división del primer mes estaba ʸJasobam, hijo de Zabdiel; y había en su división veinticuatro mil.

a 2 Sm 8:11
b cp 11:12
2 Sm 23:9

c 2 Sm 8:18

d 1 Sm 9:9
cp 29:29
e 2 Sm 23:20
cp 11:24-25
f 2 Sm 2:8
g 2 Sm 2:32
h 2 Sm 2:18

i Neh 11:16

j cp 27:17
k cp 11:28

l cp 11:27
m cp 23:19
y 24:23

n cp 11.29

o cp 6:81
p cp 11:28

q cp 11:30

r 2 Cr 19:11
s cp 11:31

t cp 11:30

u cp 26:30
v cp 24:3
x 1 Sm 16:6

y cp 11:11

Varios jefes del pueblo

3 De los hijos de Fares *era* el jefe de todos los capitanes de las compañías del primer mes.

4 Sobre la división del segundo mes *estaba* ᵇDodai ahohíta; y Miclot *era* jefe en su división, en la que también había veinticuatro mil.

5 El jefe de la tercera división para el tercer mes *era* ᶜBenaía, hijo de Joiada, el sumo sacerdote; y en su división había veinticuatro mil.

6 Este Benaía *era* ᵉvaliente *entre* los treinta y sobre los treinta; y en su división *estaba* Amisabad, su hijo.

7 El cuarto *jefe* para el cuarto mes *era* ʰAsael, hermano de Joab, y después de él Zebadías, su hijo; y en su división había veinticuatro mil.

8 El quinto jefe para el quinto mes *era* Samhut izrita; y en su división había veinticuatro mil.

9 El sexto para el sexto mes *era* ᵏIra, hijo de Iques, de Tecoa; y en su división veinticuatro mil.

10 El séptimo para el séptimo mes *era* ˡHeles pelonita, de los hijos de Efraín; y en su división veinticuatro mil.

11 El octavo para el octavo mes *era* ⁿSibecai husatita, de los zeraítas; y en su división veinticuatro mil.

12 El noveno para el noveno mes *era* ᵖAbiezer anatotita, de los benjamitas; y en su división veinticuatro mil.

13 El décimo para el décimo mes *era* qMaharai netofatita, de los zeraítas; y en su división veinticuatro mil.

14 El undécimo para el undécimo mes *era* ˢBenaía piratonita, de los hijos de Efraín; y en su división veinticuatro mil.

15 El duodécimo para el duodécimo mes *era* ᵗHeldai netofatita, de Otoniel; y en su división veinticuatro mil.

16 Asimismo sobre las tribus de Israel; el jefe de los rubenitas *era* Eliezer, hijo de Zicri; de los simeonitas, Sefatías, hijo de Maaca:

17 De los levitas, ᵘHasabías, hijo de Quemuel; de los aaronitas, ᵛSadoc;

18 De Judá, ˣEliú, *uno* de los hermanos de David; de los de Isacar, Omri, hijo de Micael.

19 De los de Zabulón, Ismaías, hijo de Abdías; de los de Neftalí, Jerimot, hijo de Azriel;

Tú no edificarás mi casa

20 De los hijos de Efraín, Oseas, hijo de Azazías; de la media tribu de Manasés, Joel, hijo de Pedaías;
21 De la otra media *tribu* de Manasés en Galaad, Iddo, hijo de Zacarías; de los de Benjamín, Jasiel, hijo de Abner;
22 Y de Dan, Azareel, hijo de Jeroham. Éstos *fueron* los jefes de las tribus de Israel.
23 Y no tomó David el número de los que eran de veinte años abajo, por cuanto ᵈJehová había dicho que Él había de multiplicar a Israel como las estrellas del cielo.
24 Joab, hijo de Sarvia, había comenzado a contar, ᵍmas no acabó, pues por esto ʰvino la ira sobre Israel; y así el número no fue puesto en el registro de las crónicas del rey David.
25 Y Azmavet, hijo de Adiel, *tenía* a su cargo los tesoros del rey; y de los tesoros de los campos, y de las ciudades, y de las aldeas y castillos, Jonatán, hijo de Uzías.
26 Y de los que trabajaban en la labranza de las tierras, Ezri, hijo de Quelub.
27 Y de las viñas Simeí ramatita; y del fruto de las viñas para las bodegas, Zabdi sifmita.
28 Y de los olivares y de los sicómoros del valle, Baal-hanán gederita; y de los almacenes del aceite, Joás;
29 De las vacas que pastaban en Sarón, Sitrai saronita; y de las vacas que *estaban* en los valles, Safat, hijo de Adlai.
30 Y de los camellos, Obil ismaelita; y de las asnas, Jehedías meronotita;
31 Y de las ovejas, Jaziz agareno. Todos éstos *eran* superintendentes de la hacienda del rey David.
32 Y Jonatán, tío de David, era consejero, varón prudente y escriba; y Jehiel, hijo de Hacmoni, *estaba* con los hijos del rey.
33 Y también ᵐAhitofel *era* consejero del rey; y ⁿHusai arquita amigo del rey.
34 Después de Ahitofel *era* Joiada, hijo de Benaía, y Abiatar. Y Joab *era* el general del ejército del rey.

CAPÍTULO 28

Y reunió ʳDavid en Jerusalén a todos los principales de Israel, ᵗlos príncipes de las tribus, y ᵘlos jefes de las divisiones que servían al rey, los jefes de millares y de centenas, con los ᵃsuperintendentes de toda la hacienda y posesión del rey, y sus hijos, con los oficiales, los poderosos, y todos sus hombres ᵇvalientes.
2 Y levantándose el rey David, puesto en pie dijo: Oídme, hermanos míos, y pueblo mío. ᶜYo tenía en propósito edificar una casa, para que en ella reposara el arca del pacto de Jehová, y ᵉpara el estrado de los pies de nuestro Dios; y había ya aprestado todo para edificar.
3 Mas Dios me dijo: ᶠTú no edificarás casa a mi nombre; porque *eres* hombre de guerra, y has derramado sangre.
4 Pero Jehová, el Dios de Israel, me eligió de toda la casa de mi padre, para que ⁱperpetuamente fuese rey sobre Israel; porque a Judá escogió por caudillo, y de la casa de Judá la familia de mi padre; y de entre los hijos de mi padre se agradó de mí para ponerme por rey sobre todo Israel.
5 ᵏY de todos mis hijos (porque Jehová me ha dado muchos hijos), eligió a mi hijo Salomón para que se siente en el trono del reino de Jehová sobre Israel.
6 Y me ha dicho: ˡSalomón tu hijo, él edificará mi casa y mis atrios; porque a él he escogido por hijo, y yo le seré por Padre.
7 Asimismo yo confirmaré su reino para siempre, si él se esforzare a poner por obra mis mandamientos y mis juicios, como este día.
8 Ahora, pues, delante de los ojos de todo Israel, congregación de Jehová, y en oídos de nuestro Dios, guardad e inquirid todos los preceptos de Jehová vuestro Dios, para que poseáis la buena tierra, y *la* dejéis por heredad a vuestros hijos después de vosotros perpetuamente.
9 Y tú, Salomón, hijo mío, ᵒconoce al Dios de tu padre, y sírvele con corazón ᵖperfecto, y con ánimo voluntario; porque ᑫJehová escudriña los corazones de todos, y entiende toda imaginación de los pensamientos. Si tú le buscares, lo hallarás; mas ˢsi lo dejares, Él te desechará para siempre.

a cp 27:25-31
b cp 11:10-47
c cp 22:7
d Gn 15:5
e Sal 99:5
y 132:7
f 2 Sm 7:5,13
1 Re 5:3-5
g cp 17:4
g cp 21:5
h 2 Sm 24:5
cp 21:7
i cp 17:23, 27
j 1 Sm 16:1
k cp 3:1-9
y 14:3-7
l 2 Sm 7:13
1 Re 5:5
cp 17:12
y 22:9-10
m 2 Sm 15:12
n 2 Sm 15:37
o Os 4:1
p 1 Re 8:61
q 1 Sm 16:7
Sal 139:2
Ap 2:23
r cp 23:2
s Jos 24:20
t cp 27:16-22
u cp 27:1-15

1 CRÓNICAS 29

10 Mira, pues, ahora que Jehová te ha elegido para que edifiques casa para santuario; esfuérzate, y hazla.

11 Entonces David [b]dio a Salomón su hijo el diseño del [c]pórtico, de sus casas, sus tesorerías, sus [e]aposentos, sus cámaras y del lugar del propiciatorio.

12 Asimismo el diseño de todas las cosas que él tenía por el Espíritu para los atrios de la casa de Jehová, y para todas las [f]cámaras en derredor, [g]para los tesoros de la casa de Dios, y para los tesoros de las cosas santificadas:

13 También para los [i]grupos de los sacerdotes y de los [j]levitas, y para toda la obra del ministerio de la casa de Jehová, y para todos los vasos del ministerio de la casa de Jehová.

14 Y dio oro por peso para lo de oro, para todos los utensilios de cada servicio; y plata por peso para todos los utensilios, para todos los utensilios de cada servicio.

15 Oro por peso para los [l]candeleros de oro, y para sus [m]candilejas; por peso el oro para cada candelero y sus candilejas; y para los candeleros de plata, plata por peso para el candelero y sus candilejas, conforme al servicio de cada candelero.

16 Asimismo dio oro por peso para las mesas de la proposición, para cada mesa; del mismo modo plata para las mesas de plata.

17 También oro puro para los [n]garfios, para los tazones, para las copas y para las tazas de oro, para cada tazón por peso; y para las tazas de plata, por peso para cada taza:

18 Además, oro puro por peso para el [q]altar del incienso, para el diseño del carruaje de [r]los querubines de oro que con las alas extendidas cubrían el arca del pacto de Jehová.

19 Todas estas cosas, dijo David, me fueron trazadas por la mano de Jehová [t]que me hizo entender todas las obras del diseño.

20 Dijo más David a Salomón su hijo: Esfuérzate y sé valiente, y ponlo por obra; no temas, ni desmayes, porque Jehová Dios, mi Dios, [v]estará contigo; Él no te dejará ni te desamparará, hasta que acabes toda la obra para el servicio de la casa de Jehová.

a ver 13
cps 24:25:26
b ver 19
Éx 25:40
c 1 Re 6:3
2 Cr 3:4
d Éx 35:25-26
y 36:1-2
e 2 Cr 3:9

f 2 Re 23:11
g cp 26:20

h cp 22:5
i cp 24:1
j cp 23:6

k Gn 2:12
l Éx 25:31
m Éx 25:37

n Éx 38:3
1 Sm 2:13-14
o cp 22:14
p 1 Re 9:28

q Éx 30:1
r Éx 25:18-22
1 Sm 4:4
1 Re 6:23-28
s cp 27:1
y 28:1
t vers 11-12
Éx 25:40
u cp 27:25-31

v Jos 1:5
x Esd 8:27
Neh 7:70-72

David da a Salomón el diseño del templo

21 [a]He aquí los grupos de los sacerdotes y de los levitas para todo el ministerio de la casa de Dios estarán contigo en toda la obra; asimismo todos los voluntarios [d]e inteligentes para toda forma de servicio; y los príncipes, y todo el pueblo para ejecutar todas tus órdenes.

CAPÍTULO 29

Después dijo el rey David a toda la congregación: Sólo a Salomón mi hijo ha elegido Dios; [h]él es joven y tierno, y la obra es grande; porque la casa no es para hombre, sino para Jehová Dios.

2 Yo con todas mis fuerzas he preparado para la casa de mi Dios, oro para las cosas de oro, y plata para las de plata, y bronce para las de bronce, y hierro para las de hierro, y madera para las de madera, y [k]piedras de ónice, y piedras preciosas, y piedras negras, y piedras de diversos colores, y toda clase de piedras preciosas y piedras de mármol en abundancia.

3 A más de esto, por cuanto tengo mi afecto en la casa de mi Dios, yo guardo en mi tesoro particular oro y plata que he dado para la casa de mi Dios, además de todas las cosas que he preparado para la casa del santuario;

4 es decir, [o]tres mil talentos de oro, de oro de [p]Ofir, y siete mil talentos de plata refinada para cubrir las paredes de las casas.

5 Oro, pues, para las cosas de oro, y plata para las de plata, y para toda la obra de manos de los artífices. ¿Y quién quiere hacer hoy ofrenda voluntaria a Jehová?

6 [s]Entonces los príncipes de las familias, y los príncipes de las tribus de Israel, jefes de millares y de centenas, con los [u]superintendentes de la hacienda del rey, ofrecieron voluntariamente;

7 y dieron para el servicio de la casa de Dios, cinco mil talentos de oro, diez mil [x]dracmas, y diez mil talentos de plata, y dieciocho mil talentos de bronce y cien mil talentos de hierro.

Todo el pueblo da de su tesoro

1 CRÓNICAS 29

8 Y todo el que se halló con piedras *preciosas, las* dio para el tesoro de la casa de Jehová, en mano de Jehiel gersonita.

9 Y se gozó el pueblo de haber contribuido voluntariamente; porque de todo corazón ᵈofrecieron a Jehová voluntariamente. Asimismo se gozó mucho el rey David,

10 y bendijo a Jehová delante de toda la congregación; y dijo David: ᶠBendito seas tú, oh Jehová, Dios de Israel, nuestro padre, desde la eternidad y hasta la eternidad.

11 Tuya *es*, oh Jehová, la ʰmagnificencia, y el ⁱpoder, y la gloria, la victoria, y el honor; porque todas las cosas *que están* en los cielos y en la tierra *son tuyas*. Tuyo, oh Jehová, *es* el reino, y tú eres exaltado por cabeza sobre todos.

12 ᵏLas riquezas y el honor *proceden* de ti, y tú reinas sobre todo; ᵐen tu mano está el poder y la fortaleza, y en tu mano el engrandecer y dar fortaleza a todos.

13 Ahora pues, Dios nuestro, nosotros te damos gracias, y alabamos tu glorioso nombre.

14 Porque ¿quién soy yo, y quién *es* mi pueblo, para que pudiésemos ofrecer de nuestra voluntad cosas semejantes? Porque todo es tuyo, y lo recibido de tu mano te damos.

15 ᵒPorque nosotros, extranjeros y advenedizos somos delante de ti, como todos nuestros padres; y ᑫnuestros días cual sombra sobre la tierra, y nadie permanece.

16 Oh Jehová Dios nuestro, toda esta abundancia que hemos apresado para edificar casa a tu santo nombre, de tu mano es, y todo *es* tuyo.

17 Yo sé, Dios mío, que tú ᵗescudriñas los corazones, y que la rectitud te agrada; por eso yo con rectitud de mi corazón voluntariamente te he ofrecido todo esto, y ahora he visto con alegría que tu pueblo, que aquí se ha hallado ahora, ha dado para ti espontáneamente.

18 Jehová, Dios de Abraham, de Isaac, y de Israel, nuestros padres; conserva perpetuamente esta ᶻvoluntad del corazón de tu pueblo, y ᵃencamina su corazón a ti.

a ver 9
1 Re 8:61

b vers 1,2
c cp 22:14
d 2 Re 12:4
2 Co 9:7

e Jos 22,33

f Lc 1:68
g Éx 4:31

h Dt 3:24
i Mt 6:13
1 Ti 1:17
Ap 5:13
j Gn 35:14

k Rm 11:35
l cp 23:1
m 2 Cr 20:6
n 1 Re 1:33

o Sal 39:12
p 1 Re 3:13
2 Cr 1:12
q Job 14:2
Sal 102:11
y 144:4
r 2 Sm 5:4
1 Re 2:11
s 2 Sm 5:5
t 1 Sm 16:7
cp 28:9
Pr 17:3

u 1 Sm 9:9
cp 26:28
v 2 Sm 12:1
x 1 Sm 22:5
y Dn 4:23-25
z cp 28:9
a Sal 10:17

19 Asimismo da a mi hijo Salomón corazón ᵃperfecto, para que guarde tus mandamientos, y tus testimonios y tus estatutos, y para que haga todas *las cosas*, y te edifique la ᵇcasa *para* la cual ᶜyo he hecho preparativos.

20 Después dijo David a toda la congregación: Bendecid ahora a Jehová vuestro Dios. Entonces toda la congregación ᵉbendijo a Jehová, el Dios de sus padres, e ᵍinclinándose adoraron delante de Jehová, y del rey.

21 Y ofrecieron sacrificios a Jehová, y ofrecieron a Jehová holocaustos el día siguiente, mil becerros, mil carneros, mil corderos con sus ʲlibaciones, y muchos sacrificios por todo Israel.

22 Y comieron y bebieron delante de Jehová aquel día con gran gozo; y dieron la ˡsegunda vez la investidura del reino a Salomón hijo de David, y *lo* ungieron ⁿa Jehová por príncipe, y a Sadoc por sacerdote.

23 Y se sentó Salomón por rey en el trono de Jehová en lugar de David su padre, y fue prosperado; y le obedeció todo Israel.

24 Y todos los príncipes y poderosos, y todos los hijos del rey David, prestaron homenaje al rey Salomón.

25 Y Jehová engrandeció en extremo a Salomón a los ojos de todo Israel, y ᵖle dio tal gloria en su reino, cual ningún rey la tuvo antes de él en Israel.

26 Así reinó David, hijo de Isaí, sobre todo Israel.

27 Y el tiempo que reinó sobre Israel *fue* ʳcuarenta años. ˢSiete años reinó en Hebrón, y treinta y tres reinó en Jerusalén.

28 Y murió en buena vejez, lleno de días, de riquezas, y de gloria. Y Salomón su hijo reinó en su lugar.

29 Y los hechos del rey David, primeros y postreros, *están* escritos en el libro de las crónicas del vidente ᵘSamuel, y en las crónicas del profeta ᵛNatán, y en las crónicas de ˣGad, el vidente,

30 con todo lo relativo a su reinado y su poder, ʸy los tiempos que pasaron sobre él, y sobre Israel, y sobre todos los reinos de aquellas tierras.

Libro Segundo De
CRÓNICAS

CAPÍTULO 1

Y Salomón, ªhijo de David, fue afirmado en su reino; y Jehová su Dios *fue* con él, y le engrandeció sobremanera.

2 Y llamó Salomón a todo Israel, a los ᵇjefes de millares y de centenas, a los jueces y a todos los príncipes de todo Israel, cabezas de familias.

3 Y fue Salomón, y toda la congregación con él, al ᵈlugar alto que *había* en Gabaón; porque allí estaba el tabernáculo de la congregación de Dios, que ᵉMoisés, siervo de Jehová, había hecho en el desierto.

4 Mas David había traído ᶠel arca de Dios de Quiriat-jearim *al lugar que* él le había preparado; porque él le había levantado una tienda en Jerusalén.

5 Asimismo ⁱel altar de bronce que había hecho ʲBezaleel, hijo de Uri, hijo de Hur, estaba allí delante del tabernáculo de Jehová, al cual fue a consultar Salomón con aquella congregación.

6 Subió, pues, Salomón allá delante de Jehová, al altar de bronce que *estaba* en el tabernáculo de la congregación, y ᵏofreció sobre él mil holocaustos.

7 Y ˡaquella noche apareció Dios a Salomón, y le dijo: Pide lo que quieras que yo te dé.

8 Y Salomón dijo a Dios: Tú has hecho con David mi padre grande misericordia, y a mí me has puesto por rey en su lugar.

9 Confírmese pues, ahora, oh Jehová Dios, tu palabra dada a David mi padre; porque tú me has puesto por rey sobre un pueblo tan numeroso como el polvo de la tierra.

10 Dame ahora sabiduría y entendimiento, para salir y entrar delante de este pueblo; porque ¿quién podrá juzgar a este tu pueblo *que es* tan grande?

11 Y dijo Dios a Salomón: Por cuanto esto fue en tu corazón, que no pediste riquezas, ni posesiones, ni gloria, ni la vida de tus enemigos, ni pediste larga vida, sino que has pedido para ti sabiduría y entendimiento para gobernar a mi pueblo, sobre el cual te he puesto por rey,

12 sabiduría y entendimiento te son dados; y también te daré riquezas, posesiones y gloria, ᶜcual nunca hubo en los reyes que *han sido* antes de ti, ni después de ti habrá.

13 Y volvió Salomón a Jerusalén del lugar alto que *estaba* en Gabaón, de delante del tabernáculo de la congregación; y reinó sobre Israel.

14 ᵍY reunió Salomón carros y gente de a caballo; y tenía mil cuatrocientos carros y doce mil jinetes, los cuales puso en ʰlas ciudades de los carros, y con el rey en Jerusalén.

15 Y el rey acumuló plata y oro en Jerusalén como piedras, y cedro en abundancia como los sicómoros que *hay* en los valles.

16 Y Salomón tenía caballos y lienzos finos traídos de Egipto; pues los mercaderes del rey adquirían los lienzos finos por precio.

17 Y subían, y compraban en Egipto, un carro por seiscientas *piezas* de plata, y un caballo por ciento cincuenta; y así se compraban por medio de ellos para todos los reyes de los heteos, y para los reyes de Siria.

CAPÍTULO 2

Determinó, pues, Salomón edificar casa al nombre de Jehová, y una casa para su reino.

2 ᵐY contó Salomón setenta mil hombres que llevasen cargas, y ochenta mil hombres que cortasen en el monte, y tres mil seiscientos que los gobernasen.

3 Y ⁿenvió a decir Salomón a Hiram rey de Tiro: Haz conmigo ᵒcomo hiciste con David mi padre, enviándole cedros para que

Salomón comienza a edificar

edificara para sí casa en que morase.

4 He aquí yo edifico casa al nombre de Jehová mi Dios, para consagrársela, para quemar incienso aromático delante de Él, y para ᵇla colocación continua de los panes de la proposición, y para ᶜholocaustos a mañana y tarde, y los sábados, y lunas nuevas, y festividades de Jehová nuestro Dios. Esto *será ordenanza* perpetua en Israel.

5 Y la casa *que voy a* edificar *será* grande; porque nuestro Dios *es* grande sobre todos los dioses.

6 Pero ¿Quién podrá edificarle casa, siendo que ᵈel cielo, y el cielo de los cielos no le pueden contener? ¿Quién, pues, soy yo, para que le edifique casa, aunque sólo sea para quemar incienso delante de Él?

7 Envíame, pues, ahora un hombre hábil que sepa trabajar en oro, en plata, en bronce, en hierro, en púrpura, en grana y en azul, y que sepa esculpir con los maestros que *están* conmigo en Judá y en Jerusalén, los cuales ᵍdispuso mi padre.

8 Envíame también del Líbano, madera de cedro, de abeto y de sándalo; porque yo sé que tus siervos saben cortar madera en el Líbano; y he aquí, mis siervos *irán* con los tuyos,

9 para que me preparen mucha madera, porque la casa que voy a edificar *será* grande y portentosa.

10 Y he aquí, daré a tus siervos, los cortadores de madera, veinte mil coros de trigo en grano, y veinte mil coros de cebada, y veinte mil batos de vino y veinte mil ʲbatos de aceite.

11 Entonces Hiram rey de Tiro respondió por escrito que envió a Salomón: ᵏPorque Jehová amó a su pueblo, te ha puesto por rey sobre ellos.

12 Y además decía Hiram: Bendito sea Jehová, el Dios de Israel, que hizo el cielo y la tierra, y que dio al rey David hijo sabio, entendido, cuerdo y prudente, que edifique casa a Jehová, y casa para su reino.

13 Yo, pues, te he enviado un hombre hábil y entendido, que fue de Hiram mi padre,

a 1 Re 7:14

b Éx 25:30
Lv 24:6-8
c Nm 28:3-11

d cp 6:18
1 Re 8:27
e Jos 19:46

f 1 Cr 22:2

g 1 Cr 22:15

h 1 Re 6:1
i Gn 22:2

j Ez 45:14

k cp 9:8

l 1 Re 6:3

m 1 Re 6:17

14 hijo de una mujer de las hijas de Dan, mas su padre *fue* ᵃde Tiro; el cual sabe trabajar en oro, en plata, en bronce, en hierro, en piedra, en madera, en púrpura, en azul, en lino fino y en carmesí; asimismo para esculpir toda clase de figuras, y sacar toda forma de diseño que se le propusiere, y estará con tus hombres peritos y con los de mi señor David tu padre.

15 Ahora, pues, envíe mi señor a sus siervos el trigo, la cebada, el aceite y el vino que ha dicho;

16 y nosotros cortaremos en el Líbano la madera que necesites, y te la traeremos en balsas por el mar hasta ᵉJope, y tú la harás llevar hasta Jerusalén.

17 Y contó Salomón todos los hombres extranjeros que *estaban* en la tierra de Israel, después de haberlos ya contado ᶠDavid su padre, y fueron hallados ciento cincuenta y tres mil seiscientos.

18 Y señaló de ellos setenta mil cargadores, y ochenta mil canteros en la montaña, y tres mil seiscientos supervisores para hacer trabajar al pueblo.

CAPÍTULO 3

Entonces ʰSalomón comenzó a edificar la casa de Jehová en Jerusalén, en ⁱel monte Moriah donde *el Señor* se había aparecido a David su padre, en el lugar que David había preparado en la era de Ornán jebuseo.

2 Y comenzó a edificar en el mes segundo, a dos del mes, en el cuarto año de su reinado.

3 Éstas son las instrucciones que recibió Salomón para la construcción de la casa de Dios. La primera medida, la longitud, de sesenta codos; y la anchura de veinte codos.

4 El pórtico que estaba en ˡla parte frontal *del templo*, tenía longitud de veinte codos, igual al ancho de la casa, y su altura de ciento veinte: y lo cubrió por dentro de oro puro.

5 Y techó ᵐla casa mayor con madera de abeto, la cual cubrió de oro fino, e hizo resaltar sobre ella palmeras y cadenas.

6 Cubrió también la casa de piedras preciosas para ornamento; y el oro era oro de Parvaim.

7 Así cubrió la casa, sus vigas, sus umbrales, sus paredes y sus puertas, con oro; y esculpió querubines en las paredes.

8 Hizo asimismo la casa del ªlugar santísimo, cuya longitud *era* de veinte codos según el ancho del frente de la casa, y su anchura de veinte codos; y la cubrió de oro fino que ascendía a seiscientos talentos.

9 Y el peso de los clavos *fue* de cincuenta siclos de oro. Cubrió también de oro ᵇlas salas.

10 Y dentro del lugar santísimo hizo ᶜdos querubines, obra de escultura, los cuales cubrió de oro.

11 La longitud de las alas de los querubines era de veinte codos; porque una ala era de cinco codos, la cual llegaba hasta la pared de la casa; y la otra ala de cinco codos, la cual llegaba al ala del otro querubín.

12 De la misma manera *una* ala del otro querubín *era* de cinco codos, la cual llegaba hasta la pared de la casa; y la otra ala *era* de cinco codos, que tocaba el ala del otro querubín.

13 Así las alas de estos querubines estaban extendidas por veinte codos: y ellos estaban en pie con sus rostros *hacia* la casa.

14 Hizo también el velo *de* azul, púrpura, carmesí y lino, e hizo resaltar en él querubines.

15 Delante de la casa hizo ʰdos columnas de treinta y cinco codos de altura, con sus capiteles encima, de cinco codos.

16 Hizo asimismo cadenas en el santuario, y *las* puso sobre los capiteles de las columnas: e hizo cien granadas, *las* cuales puso en las cadenas.

17 Y levantó las columnas delante del templo, una a la mano derecha, y la otra a la izquierda; y a la de la mano derecha llamó Jaquín, y a la de la izquierda, Boaz.

CAPÍTULO 4

Hizo además ʲun altar de bronce de veinte codos de longitud, y veinte codos de anchura, y diez codos de altura.

2 También hizo ᵏun mar de fundición, el cual tenía diez codos de un borde al otro, enteramente redondo; su altura era de cinco codos, y un cordón de treinta codos lo ceñía alrededor.

3 Y debajo de él *había* figuras de bueyes que lo circundaban, diez en cada codo todo alrededor; dos hileras de bueyes fundidos juntamente con el mar.

4 Estaba asentado sobre doce bueyes, tres de los cuales miraban al norte, y tres al occidente, y tres al sur, y tres al oriente; y el mar *asentaba* sobre ellos, y todas sus traseras *estaban* hacia el interior.

5 Y *tenía* de grueso un palmo menor, y el borde era como el borde de un cáliz, o de una flor de lirio; y recibía y le cabían tres mil batos.

6 Hizo también ᵈdiez fuentes, y puso cinco a la derecha y cinco a la izquierda, ᵉpara lavar y limpiar en ellas la obra del holocausto; mas el mar era para que los sacerdotes se lavaran en él.

7 Hizo asimismo ᶠdiez candeleros de oro según su forma, *los* cuales puso en el templo, cinco a la derecha, y cinco a la izquierda.

8 Además hizo ᵍdiez mesas y *las* puso en el templo, cinco a la derecha, y cinco a la izquierda; igualmente hizo cien tazones de oro.

9 A más de esto hizo el atrio de los sacerdotes, y el gran atrio, y las portadas del atrio, y cubrió de bronce las puertas de ellas.

10 Y asentó el mar al lado derecho hacia el oriente, enfrente del sur.

11 Hizo también Hiram calderos, y palas, y tazones; y acabó Hiram la obra que hacía al rey Salomón para la casa de Dios.

12 Las dos columnas, ⁱlos tazones, los capiteles que estaban en la parte superior de las dos columnas, y dos redes para cubrir los dos tazones de los capiteles que *estaban* sobre las columnas;

13 cuatrocientas granadas en las dos redecillas, dos hileras de granadas en cada redecilla, para que cubriesen los dos tazones de los capiteles que *estaban* sobre las columnas.

14 Hizo también las bases, sobre las cuales asentó las fuentes.

15 Un mar, y doce bueyes debajo de él:

---

a 1 Re 6:16
b 1 Cr 28:11
c 1 Re 6:23
d 1 Re 7:38-39
e Éx 30:18-21
  Sal 51:2
  1 Jn 1:7
f 1 Re 7:49
g ver 19
  1 Re 7:48
h 1 Re 7:15-22
i 1 Re 7:41-42
j Éx 27:1-5
  1 Re 8:64
  2 Re 16:14
  Ez 43:13-16
k 1 Re 7:23

Todos los utensilios

16 Y calderos, y palas, y garfios; y todos sus enseres hizo Hiram su padre al rey Salomón para la casa de Jehová, de bronce finísimo.

17 Y los fundió el rey en los llanos del Jordán, en tierra arcillosa, entre Sucot y ªZeredat.

18 Y ᵇSalomón hizo todos estos utensilios en número tan grande, que no pudo saberse el peso del bronce.

19 Así hizo Salomón todos los utensilios para la casa de Dios, y el altar de oro, y las mesas sobre las cuales se ponían los panes de la proposición;

20 Asimismo los candeleros y sus candilejas, de oro puro, para que las encendiesen delante del santuario interior conforme a la costumbre.

21 Y las flores, las lamparillas y las tenazas *las hizo* de oro, de oro perfecto.

22 También las despabiladeras, los tazones, las cucharas, y los incensarios eran *de* oro puro. Y la entrada de la casa, sus puertas interiores para el *lugar* santísimo, y las puertas de la casa del templo *eran* de oro.

CAPÍTULO 5

Y acabada que fue toda la obra que hizo Salomón para la casa de Jehová, metió Salomón en ella las cosas que David su padre había dedicado; y puso la plata, y el oro, y todos los utensilios en los tesoros de la casa de Dios.

2 ᵍEntonces Salomón congregó en Jerusalén a los ancianos de Israel, a todos los príncipes de las tribus y a los jefes de las familias de los hijos de Israel, para que subiesen el arca del pacto de Jehová de la ciudad de David, que *es* Sión.

3 Y se juntaron al rey todos los varones de Israel, a la fiesta del mes séptimo.

4 Y vinieron todos los ancianos de Israel, y ʲtomaron los levitas el arca;

5 Y subieron el arca, y el tabernáculo de la congregación, y todos los utensilios del santuario que *estaban* en el tabernáculo; los sacerdotes y los levitas los subieron.

6 Y el rey Salomón, y toda la congregación de Israel que se había

---

a 1 Re 7:46
y 11:26
b 1 Re 7:47

c 1 Re 8:8

d 1 Cr 24:1-5
e 1 Cr 25:1-4
f 1 Cr 15:27

g 1 Re 7:41

h 1 Cr 16:34
Sal 136:1

i cp 7:2
1 Re 8:11
j 1 Re 8:3

k hasta 39
1 Re 8:12-50

---

2 CRÓNICAS 5-6

a él reunido delante del arca, sacrificaron ovejas y bueyes, que por la multitud no se pudieron contar ni numerar.

7 Y los sacerdotes metieron el arca del pacto de Jehová en su lugar, en el santuario interior de la casa, en el *lugar* santísimo, bajo las alas de los querubines;

8 pues los querubines extendían las alas sobre el lugar del arca, y cubrían los querubines por encima así el arca como sus barras.

9 E hicieron salir fuera las barras, de modo que se viesen las cabezas de ᶜlas barras del arca delante del santuario interior, pero no se veían desde fuera; y allí han quedado hasta hoy.

10 En el arca no había sino las dos tablas que Moisés había puesto en Horeb, con las cuales Jehová había hecho *pacto* con los hijos de Israel, después que salieron de Egipto.

11 Y aconteció que cuando los sacerdotes salieron del santuario (porque todos los sacerdotes que estaban presentes habían sido santificados, y no guardaban ᵈsus turnos),

12 y los levitas cantores, ᵉtodos los de Asaf, los de Hemán, y los de Jedutún, juntamente con sus hijos y sus hermanos, ᶠvestidos de lino fino, estaban con címbalos y salterios y arpas al oriente del altar; y con ellos ciento veinte sacerdotes que tocaban trompetas.

13 Sucedió pues, que cuando los trompetistas y cantores al unísono hicieron oír su voz para alabar y dar gracias a Jehová; cuando elevaron la voz con trompetas y címbalos e instrumentos de música y alabaron a Jehová, *diciendo*: ʰPorque *Él es* bueno, porque para siempre *es* su misericordia, la casa se llenó entonces de una nube, la casa de Jehová.

14 Y los sacerdotes ⁱno pudieron seguir ministrando, por causa de la nube; porque la gloria de Jehová había llenado la casa de Dios.

CAPÍTULO 6

Entonces dijo Salomón: ᵏJehová ha dicho que Él habitaría en la densa oscuridad.

2 CRÓNICAS 6

Oración a favor de Israel

2 Yo, pues, ᵃhe edificado una casa de morada para ti, y una habitación en que mores para siempre.

3 Y volviendo el rey su rostro, bendijo a toda la congregación de Israel. Y toda la congregación de Israel estaba en pie.

4 Y él dijo: Bendito *sea* Jehová, el Dios de Israel, el cual con su mano ha cumplido *lo que* habló por su boca a David mi padre, diciendo:

5 Desde el día que saqué mi pueblo de la tierra de Egipto, ninguna ciudad he elegido de todas las tribus de Israel para edificar casa donde estuviese mi nombre, ni he escogido varón que fuese príncipe sobre mi pueblo Israel.

6 Mas ᶜa Jerusalén he elegido para que esté en ella mi nombre, y a David he elegido para que esté sobre mi pueblo Israel.

7 Y David mi padre tuvo en su corazón edificar casa al nombre de Jehová, el Dios de Israel.

8 Mas ᵈJehová dijo a David mi padre: Respecto a haber tenido en tu corazón edificar casa a mi nombre, bien has hecho en haber tenido esto en tu corazón.

9 Pero tú no edificarás la casa, sino tu hijo que saldrá de tus lomos, él edificará casa a mi nombre.

10 Y Jehová ha cumplido su palabra que había dicho, pues me levanté yo en lugar de David mi padre, y me he sentado en el trono de Israel, como Jehová había dicho, y he edificado casa al nombre de Jehová, el Dios de Israel.

11 Y en ella he puesto el arca, en la cual *está* el pacto de Jehová que Él hizo con los hijos de Israel.

12 Se puso luego Salomón delante del altar de Jehová, en presencia de toda la congregación de Israel, y extendió sus manos.

13 Porque Salomón había hecho una plataforma de bronce, de cinco codos de largo, y de cinco codos de ancho, y de altura de tres codos, y la había puesto en medio del atrio. Y se puso sobre ella, e hincando sus rodillas delante de toda la congregación de Israel, y extendiendo sus manos al cielo, dijo:

14 Jehová, Dios de Israel, no *hay* Dios semejante a ti ni en el cielo ni en la tierra, que ᵇguardas el pacto y la misericordia a tus siervos que caminan delante de ti con todo su corazón;

15 Que has guardado para tu siervo David mi padre lo que le prometiste; tú lo prometiste con tu boca, y con tu mano *lo* has cumplido, como *sucede* este día.

16 Ahora pues, oh Jehová, Dios de Israel, cumple a tu siervo David mi padre lo que le has prometido, diciendo: No te faltará varón delante de mí, que se siente en el trono de Israel, a condición que tus hijos guarden su camino, andando en mi ley, como tú delante de mí has andado.

17 Ahora pues, oh Jehová, Dios de Israel, sea confirmada tu palabra que dijiste a tu siervo David.

18 Mas ¿es verdad que Dios ha de habitar con el hombre en la tierra? He aquí que el cielo, y el cielo de los cielos no te pueden contener; ¿cuánto menos esta casa que yo he edificado?

19 Mas tú mirarás a la oración de tu siervo, y a su ruego, oh Jehová Dios mío, para oír el clamor y la oración con que tu siervo ora delante de ti.

20 Que ᵉtus ojos estén abiertos sobre esta casa de día y de noche, sobre el lugar del cual dijiste: Mi nombre estará allí; que oigas la oración con que tu siervo ora ᶠen este lugar.

21 Asimismo que oigas el ruego de tu siervo, y de tu pueblo Israel, cuando en este lugar hicieren oración, que tú oirás desde los cielos, desde el lugar de tu morada; que oigas y perdones.

22 ᵍSi alguno pecare contra su prójimo, y él le pidiere juramento haciéndole jurar, y el juramento viniere delante de tu altar en esta casa,

23 entonces escucha tú desde el cielo, y actúa, y juzga a tus siervos, dando la paga al impío, tornándole su proceder sobre su cabeza, y justificando al justo en darle conforme a su justicia.

24 ʰSi tu pueblo Israel cayere delante de los enemigos, por haber prevaricado contra ti, y se convirtieren, y confesaren tu nombre, y oraren y suplicaren delante de ti en esta casa,

---

a 1 Re 8:13
b Dt 7:9
Neh 1:5
Dn 9:4

c cp 12:13

d 1 Re 8:18-21

e 1 Re 8:18

f vers 21,25, 29,32

g 1 Re 8:31-32

h 1 Re 8:33

Oración por el extranjero

25 entonces escucha tú desde el cielo, y perdona el pecado de tu pueblo Israel, y hazles volver a la tierra que diste a ellos y a sus padres.

26 Si los cielos se cerraren, y no hubiere lluvia, por haber ellos pecado contra ti, si oraren a ti en este lugar, y confesaren tu nombre, y se convirtieren de sus pecados, cuando los afligieres,

27 entonces escucha tú desde el cielo, y perdona el pecado de tus siervos y de tu pueblo Israel, y enséñales el buen camino para que anden en él, y darás lluvia sobre tu tierra, la cual diste por heredad a tu pueblo.

28 Y si hubiere hambre en la tierra, o si hubiere pestilencia, si hubiere tizoncillo o añublo, langosta o pulgón; o si los sitiaren sus enemigos en las ciudades de su tierra; cualquiera que *sea* la plaga o enfermedad;

29 toda oración y toda súplica que hiciere cualquier hombre, o todo tu pueblo Israel, cualquiera que conociere su llaga y su dolor en su corazón, si extendiere sus manos hacia esta casa,

30 entonces escucha tú desde el cielo, desde el lugar de tu habitación, y perdona, y da a cada uno conforme a todos sus caminos, habiendo conocido su corazón (porque sólo ªtú conoces el corazón de los hijos de los hombres);

31 para que te teman y anden en tus caminos, todos los días que vivan sobre la faz de la tierra que tú diste a nuestros padres.

32 Y también al extranjero ᶜque no fuere de tu pueblo Israel, que hubiere venido de lejanas tierras a causa de tu grande nombre, y de tu mano fuerte, y de tu brazo extendido, si vinieren, y oraren en esta casa,

33 entonces escucha tú desde el cielo, desde el lugar de tu morada, y haz conforme a todas las cosas por las cuales el extranjero hubiere clamado a ti; para que todos los pueblos de la tierra conozcan tu nombre, y te teman así como tu pueblo Israel, y sepan que tu nombre es invocado sobre esta casa que yo he edificado.

Este capítulo es paralelo a cps 7 y 8 de 1 Reyes

a Jn 2:25
b Sal 132:8-9

c 1 Re 8:41
Jn 12:20
Hch 8:27
d Sal 132:10
e Sal 132:1

f Lv 9:21
1 Cr 21:27

2 CRÓNICAS 7

34 Si tu pueblo saliere a la guerra contra sus enemigos por el camino que tú los enviares, y oraren a ti hacia esta ciudad que tú elegiste, hacia la casa que he edificado a tu nombre,

35 entonces escucha desde el cielo su oración y su súplica, y ampara su causa.

36 Si pecaren contra ti (pues no *hay* hombre que no peque), y te enojares contra ellos, y los entregares delante de *sus* enemigos, y éstos los llevaren cautivos a tierra lejana o cercana;

37 si ellos volvieren en sí en la tierra donde fueren llevados cautivos; y se convirtieren, y oraren a ti en la tierra de su cautividad, y dijeren: Pecamos, hemos hecho inicuamente, impíamente hemos actuado;

38 si se convirtieren a ti de todo su corazón y de toda su alma en la tierra de su cautividad, donde los hubieren llevado cautivos, y oraren hacia su tierra que tú diste a sus padres, *hacia* la ciudad que tú elegiste, y hacia la casa que he edificado a tu nombre;

39 entonces escucha tú desde el cielo, desde el lugar de tu morada, su oración y su súplica, y ampara su causa, y perdona a tu pueblo que pecó contra ti.

40 Ahora, pues, oh Dios mío, te ruego que estén abiertos tus ojos, y atentos tus oídos a la oración en este lugar.

41 ᵇOh Jehová Dios, levántate ahora para habitar en tu reposo, tú y el arca de tu fortaleza; sean, oh Jehová Dios, vestidos de salvación tus sacerdotes, y tus santos se regocijen en tu bondad.

42 Jehová Dios, ᵈno voltees tu rostro de tu ungido; ᵉacuérdate de las misericordias para con David tu siervo.

CAPÍTULO 7

Y cuando Salomón acabó de orar, descendió ᶠfuego del cielo y consumió el holocausto y las víctimas; y la gloria de Jehová llenó la casa.

2 Y no podían entrar los sacerdotes en la casa de Jehová, porque la gloria de Jehová había llenado la casa de Jehová.

3 Y cuando todos los hijos de Israel vieron descender el fuego y la gloria

de Jehová sobre la casa, cayeron en tierra sobre sus rostros en el pavimento, y adoraron, y dieron gracias a Jehová, *diciendo*: Porque Él *es* bueno, y su misericordia *es* para siempre.

4 ªEntonces el rey y todo el pueblo sacrificaron víctimas delante de Jehová.

5 Y ofreció el rey Salomón en sacrificio veintidós mil bueyes, y ciento veinte mil ovejas; y así dedicaron la casa de Dios el rey y todo el pueblo.

6 Y los sacerdotes cumplían con su ministerio; y los levitas con los instrumentos de música de Jehová, los cuales había hecho el rey David para alabar a Jehová porque su misericordia *es* para siempre; cuando David alababa por medio de ellos. Asimismo los sacerdotes tocaban trompetas delante de ellos, y todo Israel estaba en pie.

7 También santificó Salomón el medio del atrio que *estaba* delante de la casa de Jehová, por cuanto había ofrecido allí los holocaustos, y la grosura de las ofrendas de paz; porque en el altar de bronce que Salomón había hecho, no podían caber los holocaustos, las ofrendas y las grosuras.

8 Entonces hizo Salomón fiesta siete días, y con él todo Israel, una grande congregación, desde la entrada de Hamat hasta ᵇel arroyo de Egipto.

9 Al octavo día hicieron asamblea solemne, porque celebraron la dedicación del altar siete días, y la fiesta siete días.

10 Y a los veintitrés del mes séptimo envió al pueblo a sus tiendas, alegres y gozosos de corazón por los beneficios que Jehová había hecho a David y a Salomón, y a su pueblo Israel.

11 Acabó, pues, Salomón la casa de Jehová, y la casa del rey: y en todo lo que Salomón se propuso hacer en la casa de Jehová y en su propia casa, fue prosperado.

12 Y apareció Jehová a Salomón de noche, y le dijo: Yo he oído tu oración, y he elegido para mí este lugar por casa de sacrificio.

13 Si yo cerrare los cielos, para que

Este capítulo es paralelo a cps 8 y 9 de 1 Reyes

a Dt 29:28

b Jos 13:3

c hasta 18 1 Re 9:10-29

Si se humillare mi pueblo

no haya lluvia, y si mandare a la langosta que consuma la tierra, o si enviare pestilencia a mi pueblo;

14 Si se humillare mi pueblo, sobre el cual mi nombre es invocado, y oraren, y buscaren mi rostro, y se convirtieren de sus malos caminos; entonces yo oiré desde los cielos, y perdonaré sus pecados y sanaré su tierra.

15 Ahora estarán abiertos mis ojos, y atentos mis oídos, a la oración en este lugar:

16 Pues que ahora he elegido y santificado esta casa, para que esté en ella mi nombre para siempre; y mis ojos y mi corazón estarán ahí para siempre.

17 Y tú, si anduvieres delante de mí, como anduvo David tu padre, e hicieres todas las cosas que yo te he mandado, y guardares mis estatutos y mis derechos,

18 yo confirmaré el trono de tu reino, como pacté con David tu padre, diciendo: No te faltará varón *que* gobierne en Israel.

19 Mas si vosotros os volviereis, y dejareis mis estatutos y mis preceptos que yo he puesto delante de vosotros, y fuereis y sirviereis a dioses ajenos, y los adorareis,

20 yo ªos arrancaré de mi tierra que os he dado; y esta casa que he santificado a mi nombre, yo la echaré de delante de mí, y la pondré por proverbio y escarnio en todos los pueblos.

21 Y esta casa que es ilustre, será espanto a todo el que pasare, y dirá: ¿Por qué ha hecho así Jehová a esta tierra y a esta casa?

22 Y se responderá: Por cuanto dejaron a Jehová, el Dios de sus padres, el cual los sacó de la tierra de Egipto, y abrazaron dioses ajenos, y los adoraron y los sirvieron; por eso Él ha traído todo este mal sobre ellos.

CAPÍTULO 8

Y aconteció que ᶜal cabo de veinte años que Salomón había edificado la casa de Jehová y su casa,

2 reedificó Salomón las ciudades que Hiram le había dado, y estableció en ellas a los hijos de Israel.

La reina de Seba viene a Salomón

3 Después vino Salomón a Hamat de Soba, y la tomó.

4 Y edificó a Tadmor en el desierto, y todas las ciudades de abastecimiento que edificó en Hamat.

5 Asimismo reedificó a ᵇBet-horón la de arriba, y a Bet-horón la de abajo, ciudades fortificadas, de muros, puertas, y barras;

6 y a Baalat, y a todas las ciudades de abastecimiento que Salomón tenía; también todas las ciudades de los carros, y las ciudades de la gente de a caballo; y todo lo que Salomón quiso edificar en Jerusalén, y en el Líbano y en toda la tierra de su señorío.

7 Y a todo el pueblo que *había* quedado de los heteos, amorreos, ferezeos, heveos y jebuseos, que no *eran* de Israel,

8 los hijos de los que habían quedado en la tierra después de ellos, a los cuales los hijos de Israel no destruyeron del todo, hizo Salomón tributarios hasta hoy.

9 Y de los hijos de Israel no puso Salomón siervos en su obra; porque *eran* hombres de guerra, y sus príncipes y sus capitanes, y comandantes de sus carros, y su gente de a caballo.

10 Y tenía Salomón ᶠdoscientos cincuenta principales de los gobernadores, los cuales mandaban en aquella gente.

11 Y pasó Salomón a la hija de Faraón, de la ciudad de David a la casa que él había edificado para ella; porque dijo: Mi esposa no morará en la casa de David rey de Israel, porque aquellas habitaciones donde ha entrado el arca de Jehová, son santas.

12 Entonces ofreció Salomón holocaustos a Jehová sobre el altar de Jehová, ᶠque había él edificado delante del pórtico,

13 para que ofreciesen cada cosa en su día, ᵍconforme al mandamiento de Moisés, en ʰlos sábados, en las lunas nuevas, y en las fiestas solemnes, ⁱtres veces en el año, *esto es*, en la fiesta de los panes sin levadura, en la fiesta de las semanas, y en la fiesta de los tabernáculos.

14 Y constituyó ʲlos turnos de los sacerdotes en sus oficios, conforme a lo establecido por David su padre; y ᵏlos levitas por sus órdenes, para que alabasen y ministrasen delante de los sacerdotes, cada cosa en su día; asimismo ᵃlos porteros por su orden a cada puerta: porque así lo había mandado David, varón de Dios.

15 Y no se apartaron del mandamiento del rey dado a los sacerdotes y a los levitas, en ningún asunto, ni en cuanto a los tesoros:

16 Porque toda la obra de Salomón estaba preparada desde el día en que la casa de Jehová fue fundada hasta que se acabó, hasta que la casa de Jehová fue acabada del todo.

17 Entonces Salomón fue a Ezión-geber, y a ᶜElot, a la costa del mar en la tierra de Edom.

18 Porque Hiram le había enviado navíos por mano de sus siervos, y marineros diestros en el mar, los cuales fueron con los siervos de Salomón a Ofir, y tomaron de allá ᵈcuatrocientos cincuenta talentos de oro y *los* trajeron al rey Salomón.

CAPÍTULO 9

Y oyendo ᵉla reina de Seba la fama de Salomón, vino a Jerusalén con un séquito muy grande, con camellos cargados de especias aromáticas, y oro en abundancia, y piedras preciosas, para probar a Salomón con preguntas difíciles. Y luego que vino a Salomón, habló con él todo lo que en su corazón tenía.

2 Pero Salomón le respondió a todas sus preguntas; nada hubo tan difícil que Salomón no le pudiese responder.

3 Y viendo la reina de Seba la sabiduría de Salomón, y la casa que había edificado,

4 los manjares de su mesa, las sillas de sus siervos, el estado de sus criados, las vestiduras de ellos, sus maestresalas y sus vestiduras, y su escalinata por donde subía a la casa de Jehová, se quedó sin aliento.

5 Y dijo al rey: Verdad es lo que *había* oído en mi tierra de tus hechos y de tu sabiduría;

6 Mas yo no creía las palabras de ellos, hasta que he venido, y mis ojos han visto; y he aquí que ni aun la mitad de la grandeza de tu sabiduría me había sido dicha; *porque* tú sobrepasas la fama que yo había oído.

7 Bienaventurados tus hombres, y dichosos estos tus siervos, que están siempre delante de ti, y oyen tu sabiduría.

8 Jehová tu Dios sea bendito, el cual se ha agradado en ti para ponerte sobre su trono por rey para Jehová tu Dios; por cuanto tu Dios amó a Israel para afirmarlo perpetuamente, por eso te ha puesto por rey sobre ellos, para que hagas juicio y justicia.

9 Y dio al rey ciento veinte talentos de oro, y gran cantidad de especias aromáticas y piedras preciosas; nunca hubo tales especias aromáticas como las que dio la reina de Seba al rey Salomón.

10 También los siervos de Hiram y los siervos de Salomón, que habían traído el oro de Ofir, ªtrajeron madera de sándalo, y piedras preciosas.

11 E hizo el rey *de* la madera de sándalo gradas en la casa de Jehová, y en las casas reales, y arpas y salterios para los cantores; nunca en tierra de Judá se había visto madera semejante.

12 Y el rey Salomón dio a la reina de Seba todo lo que ella quiso y le pidió, más de lo *que* ella había traído al rey. Después se volvió y se fue a su tierra con sus siervos.

13 Y ᵈel peso de oro que venía a Salomón cada un año, era seiscientos sesenta y seis talentos de oro,

14 sin contar *el que* traían los mercaderes y negociantes. También todos los reyes de Arabia y los príncipes de la tierra traían oro y plata a Salomón.

15 Hizo también el rey Salomón doscientos escudos *de* oro labrado, cada uno de los cuales tenía seiscientos *siclos* de oro labrado.

16 Asimismo ʲtrescientos escudos de oro labrado, teniendo cada escudo trescientos *siclos* de oro: y los puso el rey en la casa del bosque del Líbano.

17 Hizo además el rey un gran trono de marfil, y lo cubrió de ᵏoro puro.

18 Y *había* seis gradas al trono, con un estrado de oro fijado al trono, y brazos a ambos lados del asiento, y dos leones que estaban junto a los brazos.

a 1 Re 10:11

b 1 Re 4:26
y 10:26

c 1 Re 4:21

d 1 Re 14:28
e 1 Re 10:27

f 1 Re 11:41-43
g 2 Sm 12:1
h cp 15:8
i 1 Re 11:29
j 1 Re 10:17

k 1 Re 10:18

l 1 Re 12:1-24

Hacen instrumentos de música

19 Había también allí doce leones sobre las seis gradas, a uno y otro lado. Jamás fue hecho otro *trono* semejante en ningún reino.

20 Toda la vajilla del rey Salomón *era* de oro, y toda la vajilla de la casa del bosque del Líbano, de oro puro. En los días de Salomón la plata no era de estima.

21 Porque la flota del rey iba a Tarsis con los siervos de Hiram, y cada tres años solían venir las naves de Tarsis, y traían oro, plata, marfil, simios y pavos reales.

22 Y excedió el rey Salomón a todos los reyes de la tierra en riqueza y en sabiduría.

23 Y todos los reyes de la tierra procuraban ver el rostro de Salomón, para oír su sabiduría, que Dios había puesto en su corazón.

24 Y de éstos, cada uno traía su presente, vasos de plata, vasos de oro, vestiduras, armas, aromas, caballos y mulos, todos los años.

25 Tuvo también Salomón ᵇcuatro mil caballerizas para los caballos y carros, y doce mil jinetes, los cuales puso en las ciudades de los carros, y con el rey en Jerusalén.

26 Y ᶜtuvo señorío sobre todos los reyes desde el río hasta la tierra de los filisteos, y hasta el término de Egipto.

27 ᵉE hizo el rey que en Jerusalén la plata *llegara a ser* como las piedras, y los cedros como los sicómoros que se dan en abundancia en los valles.

28 Sacaban también caballos para Salomón, de Egipto y de todas las provincias.

29 Los demás ᶠhechos de Salomón, primeros y postreros, ¿no *están* escritos en los libros del profeta ᵍNatán y en ʰla profecía de ⁱAhías silonita y en las profecías del vidente Iddo contra Jeroboam, hijo de Nabat?

30 Y reinó Salomón en Jerusalén sobre todo Israel cuarenta años.

31 Y durmió Salomón con sus padres, y lo sepultaron en la ciudad de David su padre; y Roboam su hijo reinó en su lugar.

CAPÍTULO 10

Y Roboam ˡfue a Siquem porque en Siquem se había reunido todo Israel para hacerlo rey.

Roboam es hecho rey

2 Y como lo oyó Jeroboam, hijo de Nabat, el cual *estaba* en Egipto, ªdonde había huido a causa del rey Salomón, volvió de Egipto.

3 Y enviaron y le llamaron. Vino, pues, Jeroboam, y todo Israel, y hablaron a Roboam, diciendo:

4 Tu padre agravó nuestro yugo; ahora pues, alivia tú algo de la dura servidumbre, y del grave yugo que tu padre puso sobre nosotros, y te serviremos.

5 Y él les dijo: Volved a mí de aquí a tres días. Y el pueblo se fue.

6 Entonces el rey Roboam tomó consejo con los viejos, que habían estado delante de Salomón su padre cuando vivía, y les dijo: ¿Cómo aconsejáis vosotros que responda a este pueblo?

7 Y ellos le hablaron, diciendo: Si te condujeres humanamente con este pueblo, y los agradares, y les hablares buenas palabras, ellos te servirán perpetuamente.

8 Mas él dejó el consejo que le dieron los viejos y tomó consejo con los jóvenes que se habían criado con él, y que estaban a su servicio;

9 y les dijo: ¿Qué aconsejáis vosotros que respondamos a este pueblo, que me ha hablado, diciendo: Alivia algo del yugo que tu padre puso sobre nosotros?

10 Entonces los jóvenes que se habían criado con él, le hablaron, diciendo: Así dirás al pueblo que te ha hablado diciendo: Tu padre agravó nuestro yugo, mas tú aligéralo. Así les dirás: ᵉMi dedo meñique es más grueso que los lomos de mi padre.

11 Así que, mi padre os cargó de grave yugo, y yo añadiré a vuestro yugo; mi padre os castigó con azotes, pero yo *os castigaré* con escorpiones.

12 Vino, pues, Jeroboam con todo el pueblo a Roboam al tercer día; según el rey les había mandado diciendo: Volved a mí de aquí a tres días.

13 Y les respondió el rey áspera- mente; pues dejó el rey Roboam el consejo de los viejos,

14 y les habló conforme al consejo de los jóvenes, diciendo: Mi padre agravó vuestro yugo, y yo añadiré a vuestro yugo: mi padre os castigó con azotes, y yo *os castigaré* con escorpiones.

a 1 Re 11:40
b 1 Re 11:29

c 1 Re 4:6

d 1 Re 12:23

e 1 Re 12:10

2 CRÓNICAS 11

15 Y no escuchó el rey al pueblo; porque la causa era de Dios, para cumplir Jehová su palabra que había hablado, por ᵇAhías silonita, a Jeroboam hijo de Nabat.

16 Y *viendo* todo Israel que el rey no les había oído, respondió el pueblo al rey, diciendo: ¿Qué parte tenemos nosotros con David? No *tenemos* herencia en el hijo de Isaí. ¡Israel, cada uno a sus tiendas! ¡David, mira ahora por tu casa! Así se fue todo Israel a sus tiendas.

17 Mas reinó Roboam sobre los hijos de Israel que habitaban en las ciudades de Judá.

18 Envió luego el rey Roboam a ᶜAdoram, que *tenía* cargo de los tributos; pero le apedrearon los hijos de Israel, y murió. Entonces el rey Roboam se apresuró para subir a un carro y huir a Jerusalén.

19 Así se apartó Israel de la casa de David hasta hoy.

CAPÍTULO 11

Y cuando Roboam vino a Jerusalén, juntó la casa de Judá y de Benjamín, ciento ochenta mil *hombres*, guerreros escogidos, para pelear contra Israel y volver el reino a Roboam.

2 Mas vino palabra de Jehová a Semaías varón de Dios, diciendo:

3 Habla a Roboam, hijo de Salomón, rey de Judá, y a ᵈtodos los israelitas en Judá y Benjamín, diciendo:

4 Así dice Jehová: No subáis ni peleéis contra vuestros hermanos; vuélvase cada uno a su casa, porque yo he hecho esto. Y ellos oyeron la palabra de Jehová, y se volvieron, y no fueron contra Jeroboam.

5 Y habitó Roboam en Jerusalén, y edificó ciudades para fortificar a Judá.

6 Y edificó a Belén, a Etam, a Tecoa,

7 a Bet-zur, a Soco, a Adulam,

8 a Gat, a Maresa, a Zif,

9 a Adoraim, a Laquis, a Azeca,

10 a Zora, a Ajalón y a Hebrón, que *eran* ciudades fortificadas en Judá y en Benjamín.

11 Reforzó también las fortalezas, y puso en ellas capitanes, y provi- siones, vino y aceite.

12 Y en todas las ciudades, *puso* escudos y lanzas. Las fortificó, pues, en gran manera, y Judá y Benjamín le estaban sujetos.

13 Y los sacerdotes y los levitas que *estaban* en todo Israel, se pasaron a él de todos sus términos.

14 Porque los levitas dejaban ᵇsus ejidos y sus posesiones, y se venían a Judá y a Jerusalén; pues Jeroboam y sus hijos ᶜlos habían excluido del ministerio de Jehová.

15 Y él ᵈse hizo sacerdotes para los lugares altos, ᵉy para los demonios y para ᶠlos becerros que él había hecho.

16 ᵍTras aquéllos acudieron también de todas las tribus de Israel los que habían puesto su corazón en buscar a Jehová, el Dios de Israel; y se vinieron a Jerusalén para ofrecer sacrificios a Jehová, el Dios de sus padres.

17 Así fortificaron el reino de Judá, y confirmaron a Roboam, hijo de Salomón, por tres años; porque tres años anduvieron en el camino de David y de Salomón.

18 Y se tomó Roboam por esposa a Mahalat, hija de Jerimot, hijo de David, y a Abihail, hija de ⁱEliab, hijo de Isaí.

19 La cual le dio a luz estos hijos; Jeús, Semarías y Zaham.

20 Después de ella tomó a ᵏMaaca, hija de Absalón, la cual le dio a luz Abías, Atai, Ziza y Selomit.

21 Mas Roboam amó a Maaca, hija de Absalón, sobre todas sus esposas y concubinas; porque tomó dieciocho esposas y sesenta concubinas, y engendró veintiocho hijos y sesenta hijas.

22 Y puso Roboam a ˡAbías, hijo de Maaca, por cabeza y príncipe de sus hermanos, porque *quería* hacerlo rey.

23 Y actuó con astucia, y esparció a todos sus hijos por todas las tierras de Judá y de Benjamín, y por todas las ciudades fortificadas, y les dio víveres en abundancia y pidió muchas esposas.

CAPÍTULO 12

Y sucedió que cuando Roboam se fortaleció y afirmó el reino, ⁿdejó la ley de Jehová, y con él todo Israel.

2 Y sucedió que en ᵒel quinto año del rey Roboam subió Sisac, rey de Egipto, contra Jerusalén (por cuanto se habían rebelado contra Jehová)

3 con mil doscientos carros, y con sesenta mil hombres de a caballo; mas el pueblo que venía con él de Egipto, no *tenía* número; es decir, los ᵃlibios, los suquienos y los etíopes.

4 Y tomó las ciudades fortificadas de Judá y llegó hasta Jerusalén.

5 Entonces el profeta Semaías vino a Roboam y *a* los príncipes de Judá, que estaban reunidos en Jerusalén por causa de Sisac, y les dijo: Así dice Jehová: Vosotros me habéis dejado, y yo también os he dejado en manos de Sisac.

6 Y los príncipes de Israel y el rey se humillaron, y dijeron: Justo *es* Jehová.

7 Y como vio Jehová que se habían humillado, vino palabra de Jehová a Semaías, diciendo: Se han humillado; no los destruiré, sino que les daré alguna liberación, y no se derramará mi ira contra Jerusalén por mano de Sisac.

8 Pero serán sus siervos; para que sepan ʰlo que es servirme a mí, y servir a los reinos de las naciones.

9 ʲSubió, pues, Sisac, rey de Egipto, a Jerusalén y tomó los tesoros de la casa de Jehová y los tesoros de la casa del rey; todo lo llevó; y tomó los escudos de oro que Salomón había hecho.

10 Y en lugar de ellos hizo el rey Roboam escudos de bronce, y *los* entregó en manos de los jefes de la guardia, los cuales custodiaban la entrada de la casa del rey.

11 Y cuando el rey iba a la casa de Jehová, venían los de la guardia, y los traían y después los volvían a la cámara de la guardia.

12 Y como él se humilló, la ira de Jehová se apartó de él, para no destruirlo del todo; y también en Judá las cosas fueron bien.

13 Y Roboam se fortaleció en Jerusalén, y reinó; y *era* Roboam de cuarenta y un años cuando comenzó a reinar, y diecisiete años reinó en Jerusalén, ᵐciudad que escogió Jehová de todas las tribus de Israel, para poner en ella su nombre. Y el nombre de su madre *fue* Naama amonita.

---

a cp 16:8
Nah 3:9
b Nm 35:2

c cp 13:9

d 1 Re 12:31
e Lv 17:7
f 1 Re 12:28
g cp 15:9
y 30:11-18

h Dt 28:48
i 1 Sm 16:6
y 17:13-28
j 1 Re 14:25

k cp 15:2

l Dt 21:15-17

m cp 6:6
n 1 Re 14:22
o 1 Re 14:25

14 E hizo lo malo, porque no dispuso su corazón para buscar a Jehová.

15 Y ªlos hechos de Roboam, primeros y postreros, ¿no están escritos en los libros del profeta Semaías y del vidente Iddo, según ᵇlas genealogías? Y entre Roboam y Jeroboam hubo perpetua guerra.

16 Y durmió Roboam con sus padres, y fue sepultado en la ciudad de David. ᵈY Abías su hijo reinó en su lugar.

CAPÍTULO 13

A los dieciocho años del rey Jeroboam, reinó Abías sobre Judá.

2 Y reinó tres años en Jerusalén. El nombre de su madre *fue* ᶠMicaía, hija de Uriel de Gabaa. Y ʰhubo guerra entre Abías y Jeroboam.

3 Entonces Abías ordenó batalla con un ejército de cuatrocientos mil hombres de guerra, valerosos y escogidos: y Jeroboam ordenó batalla contra él con ochocientos mil hombres escogidos, fuertes y valerosos.

4 Y se levantó Abías sobre el monte de ⁱZemaraim, que *es* en ʲlos montes de Efraín, y dijo: Oídme, Jeroboam y todo Israel.

5 ¿No sabéis vosotros, que Jehová, el Dios de Israel, ᵏdio el reino a David sobre Israel para siempre, a él y a sus hijos mediante ˡpacto de sal?

6 Pero Jeroboam, hijo de Nabat, siervo de Salomón, hijo de David, se levantó y se rebeló contra su señor.

7 Y se unieron a él unos hombres vanos, hijos de Belial, y pudieron más que Roboam hijo de Salomón, porque Roboam era joven y tierno de corazón y no pudo defenderse de ellos.

8 Y ahora vosotros tratáis de fortificaros contra ⁿel reino de Jehová en mano de los hijos de David, porque *sois* muchos, y *tenéis* con vosotros los becerros de oro que Jeroboam os hizo por dioses.

9 ᵖ¿No echasteis vosotros a los sacerdotes de Jehová, a los hijos de Aarón y a los levitas, y ᑫos habéis hecho sacerdotes a la manera de los pueblos de *otras* tierras, para que cualquiera venga a consagrarse con ˢun becerro y siete carneros, y así

a 1 Re 14:29

b 1 Cr 5:1
7:17 y 9:1

c 1 Re 14:31

d 1 Re 14:31

e Éx 27:20
Lv 24:2-4

f cp 11:20
g Nm 10:9
h 1 Re 15:7

i Jos 18:22
j Jos 24:33

k 2 Sm 7:12

l Nm 18:19
m cp 14:12

n 1 Cr 29:23

o 1 Cr 5:20

p cp 11:14

q 1 Re 12:31

r 1 Sm 25:38

sea sacerdote de *los que* no *son* dioses?

10 Mas en cuanto a nosotros, Jehová *es* nuestro Dios, y no le hemos dejado; y los sacerdotes que ministran a Jehová *son* los hijos de Aarón, y los levitas en la obra;

11 los cuales ᶜqueman para Jehová los holocaustos cada mañana y cada tarde, y el incienso aromático; y *ponen* los panes sobre la mesa limpia, y el candelero de oro con sus candilejas ᵉpara que ardan cada tarde; porque nosotros guardamos la ordenanza de Jehová nuestro Dios; mas vosotros le habéis dejado.

12 Y he aquí Dios *está* con nosotros por cabeza, y sus sacerdotes ᵍcon las trompetas del júbilo para que suenen contra vosotros. Oh hijos de Israel, no peleéis contra Jehová, el Dios de vuestros padres, porque no os irá bien.

13 Pero Jeroboam hizo girar una emboscada para venir a ellos por la retaguardia; y estando así delante de ellos, la emboscada *estaba* a espaldas de Judá.

14 Y cuando Judá se volvió, he aquí que *tenía* batalla por delante y a las espaldas; por lo que clamaron a Jehová, y los sacerdotes tocaron las trompetas.

15 Entonces los de Judá alzaron grito; y así que ellos alzaron el grito, sucedió que Dios ᵐdesbarató a Jeroboam y a todo Israel delante de Abías y de Judá:

16 Y huyeron los hijos de Israel delante de Judá, y Dios los entregó en sus manos.

17 Y Abías y su gente los hirieron con gran mortandad; y cayeron heridos de Israel quinientos mil hombres escogidos.

18 Así fueron humillados los hijos de Israel en aquel tiempo, y los hijos de Judá prevalecieron ºporque se apoyaron en Jehová, el Dios de sus padres.

19 Y siguió Abías a Jeroboam, y le tomó algunas ciudades, a Betel con sus aldeas, a Jesana con sus aldeas y a Efraín con sus aldeas.

20 Y nunca más tuvo Jeroboam poderío en los días de Abías; y ʳlo hirió Jehová, y murió.

21 Pero Abías se fortificó; y tomó catorce esposas, y engendró veintidós hijos y dieciséis hijas.

22 Los demás hechos de Abías, sus caminos y sus dichos, *están* escritos en la historia del profeta ªIddo.

a cp 9:29

CAPÍTULO 14

Y durmió Abías con sus padres, y fue sepultado en la ciudad de David. Y reinó en su lugar su hijo ᵇAsa, en cuyos días tuvo sosiego el país por diez años.

b cp 25:28

2 Y Asa hizo lo bueno y lo recto ante los ojos de Jehová su Dios.

3 Porque quitó los altares de los *dioses* extraños, y ᵈlos lugares altos; quebró los ídolos y ᵉdestruyó las imágenes de Asera;

c cp 17:10
y 20:29
d cp 15:17
1 Re 15:14

4 y mandó a Judá que buscase a Jehová, el Dios de sus padres, y pusiese por obra la ley y sus mandamientos.

e Dt 7:5
1 Re 16:33

5 Quitó asimismo de todas las ciudades de Judá los lugares altos y las imágenes, y el reino estuvo quieto delante de él.

6 Y edificó ciudades fortificadas en Judá, por cuanto había paz en la tierra, y no había guerra contra él en aquellos años; porque Jehová le había dado reposo.

f Nm 24:2

7 Dijo por tanto a Judá: Edifiquemos estas ciudades, y cerquémoslas de muros con torres, puertas y barras, ya que la tierra *es* nuestra; porque hemos buscado a Jehová nuestro Dios; *le* hemos buscado, y Él nos ha dado reposo de todas partes. Edificaron, pues, y fueron prosperados.

g cp 12:5
y 24:20
Dt 31:17
h Os 3:4

8 Tuvo también Asa ejército que traía escudos y lanzas; de Judá trescientos mil, y de Benjamín doscientos ochenta mil que traían escudos y entesaban arcos; todos *eran* hombres valerosos.

9 Y salió contra ellos Zera etíope con un ejército de mil millares y trescientos carros; y vino hasta ⁱMaresa.

i Jos 15:44

10 Entonces salió Asa contra él, y ordenaron la batalla en ʲel valle de Sefata junto a Maresa.

j Jue 1:17

11 Y clamó Asa a Jehová su Dios, y dijo: Jehová, ᵏno es gran cosa para ti ayudar al poderoso así como al que no tiene fuerza. Ayúdanos, oh Jehová Dios nuestro, porque en ti

k Jue 7:7
1 Sm 14:6
l 1 Re 15:12

nos apoyamos y en tu nombre venimos contra este ejército. Oh Jehová, tú *eres* nuestro Dios; no prevalezca contra ti el hombre.

12 Y Jehová deshizo a los etíopes delante de Asa y delante de Judá; y huyeron los etíopes.

13 Y Asa y el pueblo que *estaba* con él, los persiguieron hasta Gerar; y cayeron los etíopes hasta no quedar en ellos aliento; porque fueron deshechos delante de Jehová y de su ejército. Y les tomaron muy grande botín.

14 Y derrotaron también a todas las ciudades de alrededor de Gerar, porque ᶜel terror de Jehová vino sobre ellos; y saquearon todas las ciudades, porque había en ellas gran botín.

15 También destruyeron las cabañas de los ganados, y se llevaron muchas ovejas y camellos, y volvieron a Jerusalén.

CAPÍTULO 15

Y ᶠel Espíritu de Dios vino sobre Azarías, hijo de Oded;

2 y salió al encuentro de Asa y le dijo: Oídme, Asa, y todo Judá y Benjamín: Jehová *estará* con vosotros, si vosotros estuviereis con Él: y si le buscareis, será hallado de vosotros; mas ᵍsi le dejareis, Él también os dejará.

3 ʰMuchos días *ha estado* Israel sin verdadero Dios y sin sacerdote que enseñe, y sin ley:

4 Mas cuando en su tribulación se convirtieron a Jehová, el Dios de Israel, y le buscaron, Él fue hallado de ellos.

5 En aquellos tiempos no *había* paz, ni para el que entraba, ni para el que salía, sino muchas aflicciones sobre todos los habitantes de las tierras.

6 Y una nación destruía a otra nación, y una ciudad a otra ciudad; porque Dios los turbó con toda clase de calamidades.

7 Pero esforzaos vosotros, y no desfallezcan vuestras manos; que recompensa hay para vuestra obra.

8 Y cuando Asa oyó estas palabras y la profecía del profeta Oded, cobró ánimo, y ˡquitó los ídolos abominables de toda la tierra de Judá y de

Reinado de Asa

Benjamín, y de las ciudades que él había tomado en el monte de Efraín; y reparó el altar de Jehová que *estaba* ªdelante del pórtico de Jehová.

9 Y reunió a todo Judá y Benjamín, y con ellos a ᵇlos extranjeros de Efraín, de Manasés y de Simeón; porque muchos de Israel se habían pasado a él, viendo que Jehová su Dios *era* con él.

10 Se reunieron, pues, en Jerusalén en el mes tercero del año decimoquinto del reinado de Asa.

11 Y en aquel mismo día ofrecieron sacrificios a Jehová, ᶜdel botín *que* habían traído, setecientos bueyes y siete mil ovejas.

12 ᵉE hicieron pacto de que buscarían a Jehová, el Dios de sus padres, con todo su corazón y con toda su alma;

13 y que cualquiera que no buscase a Jehová, el Dios de Israel, ᶠmuriese, ya fuese grande o pequeño, hombre o mujer.

14 Y lo juraron a Jehová con gran voz y júbilo, a son de ʰtrompetas y de bocinas.

15 Y todos los de Judá se alegraron de este juramento; porque de todo su corazón lo juraban, y de toda su voluntad lo buscaban; y fue hallado de ellos; y Jehová les dio reposo por todas partes.

16 Y aun a Maaca, madre del rey Asa, él mismo la quitó de *ser* reina, porque había hecho una imagen de Asera; y Asa deshizo la imagen y *la* desmenuzó y *la* quemó junto al torrente de Cedrón.

17 Mas con todo eso los lugares altos no fueron quitados de Israel, aunque el corazón de Asa fue perfecto en todos sus días.

18 Y trajo a la casa de Dios lo que su padre había dedicado, y lo que él había consagrado, plata, oro y utensilios.

19 Y no hubo *más* guerra hasta los treinta y cinco años del reinado de Asa.

CAPÍTULO 16

En el año treinta y seis del reinado de Asa, subió ᵒBaasa, rey de Israel, contra Judá, y edificó a Ramá, para no dejar salir ni entrar a ninguno a Asa, rey de Judá.

2 Entonces Asa sacó la plata y el oro de los tesoros de la casa de Jehová y de la casa real, y los envió a Benadad, rey de Siria, que estaba en Damasco, diciendo:

3 *Haya* alianza entre tú y yo, como *la hubo* entre mi padre y tu padre; he aquí yo te he enviado plata y oro, para que vengas y deshagas la alianza que tienes con Baasa, rey de Israel, a fin de que se retire de mí.

4 Y consintió Benadad con el rey Asa, y envió los capitanes de sus ejércitos a la ciudades de Israel; y derrotaron a ᵈAhión, a Dan, a Abel-maim y a todas las ciudades de abastecimiento de Neftalí.

5 Y sucedió que cuando Baasa lo oyó, cesó de edificar a Ramá, y dejó su obra.

6 Entonces el rey Asa tomó a todo Judá, y se llevaron de Ramá la piedra y la madera con que Baasa edificaba y con ella edificó a Geba y Mizpa.

7 En aquel tiempo el vidente ᵍHanani vino a Asa, rey de Judá, y le dijo: Por cuanto te has ⁱapoyado en el rey de Siria, y no te apoyaste en Jehová tu Dios, por eso el ejército del rey de Siria ha escapado de tus manos.

8 Los ʲetíopes y los libios, ¿no eran un ejército numerosísimo, con carros y mucha gente de a caballo? con todo, porque te apoyaste en Jehová, Él ᵏlos entregó en tus manos.

9 Porque ˡlos ojos de Jehová contemplan toda la tierra, para mostrarse poderoso a *los* que tienen corazón perfecto para con Él. Locamente has hecho en esto; porque de aquí en adelante habrá guerras contra ti.

10 Y enojado Asa contra el vidente, lo echó en la casa de ᵐla cárcel, porque se encolerizó en extremo a causa de esto. Y oprimió Asa en aquel tiempo a *algunos* del pueblo.

11 Mas he aquí, ⁿlos hechos de Asa, primeros y postreros, *están* escritos en el libro de los reyes de Judá y de Israel.

12 Y en el año treinta y nueve de su reinado Asa enfermó de sus pies; y su enfermedad *fue* muy grave, pero aun en su enfermedad no buscó a Jehová, sino a los médicos.

13 Y durmió Asa con sus padres, y murió en el año cuarenta y uno de su reinado.

14 Y lo sepultaron en sus sepulcros que él había hecho para sí en la ciudad de David; y lo pusieron en un ataúd, el cual llenaron de [b]perfumes y diversas *especias* aromáticas, preparadas por expertos perfumistas; e hicieron [c]un gran fuego en su honor.

CAPÍTULO 17

Y reinó en su lugar [d]Josafat, su hijo, el cual prevaleció contra Israel.

2 Y puso ejército en [e]todas las ciudades fortificadas de Judá, y colocó gente de guarnición en la tierra de Judá, y asimismo en las ciudades de Efraín que [f]su padre Asa había tomado.

3 Y Jehová fue con Josafat, porque anduvo en los primeros caminos de David su padre y no buscó a los Baales;

4 sino que buscó al Dios de su padre, y anduvo en sus mandamientos y no según [h]las obras de Israel.

5 Jehová, por tanto, confirmó el reino en su mano, y todo Judá [i]dio presentes a Josafat; y tuvo riqueza y gloria en abundancia.

6 Y se animó su corazón en los caminos de Jehová, y quitó los lugares altos y las imágenes de Asera *de en medio* de Judá.

7 Al tercer año de su reinado envió sus príncipes Ben-hail, Abdías, Zacarías, Natanael y Micaías, [m]para que enseñasen en las ciudades de Judá;

8 y con ellos a los levitas, Semaías, Netanías, Zebadías, Asael, Semiramot, Jonatán, Adonías, Tobías y Tobadonías, levitas; y con ellos a los sacerdotes Elisama y Joram.

9 Y enseñaron en Judá, teniendo consigo el libro de la ley de Jehová, y recorrieron todas las ciudades de Judá enseñando al pueblo.

10 Y el temor de Jehová [o]cayó sobre todos los reinos de las tierras que *estaban* alrededor de Judá; que no osaron hacer guerra contra Josafat.

11 Y algunos de los filisteos trajeron presentes a Josafat, y tributos de plata. Los árabes también le trajeron ganados, siete mil setecientos carneros y siete mil setecientos machos cabríos.

12 Y Josafat fue engrandeciéndose más y más; y edificó en Judá fortalezas y [a]ciudades de abastecimiento.

13 Tuvo además muchos negocios en las ciudades de Judá, y hombres de guerra muy valientes en Jerusalén.

14 Y éste *es* el número de ellos según las casas de sus padres: De Judá, los capitanes de millares; el general Adna, y con él trescientos mil hombres muy valientes;

15 Después de él, el jefe Johanán, y con él doscientos ochenta mil.

16 Tras éste, Amasías hijo de Zicri, el cual se había ofrecido voluntariamente a Jehová, y con él doscientos mil hombres valientes.

17 De Benjamín, Eliada, hombre muy valeroso, y con él doscientos mil armados de arco y escudo.

18 Tras éste, Jozabad, y con él ciento ochenta mil apercibidos para la guerra.

19 Estos eran siervos del rey, [g]sin contar *los* que el rey había puesto en las ciudades fortificadas por todo Judá.

CAPÍTULO 18

Tenía, pues, Josafat [j]riquezas y gloria en abundancia, y [k]trabó parentesco con Acab.

2 [l]Y después de *algunos* años descendió a Acab a Samaria; por lo que mató Acab muchas ovejas y bueyes para él, y para la gente que con él venía; y le persuadió que fuese *con él* a Ramot de Galaad.

3 Y dijo Acab, rey de Israel, a Josafat, rey de Judá: ¿Quieres venir conmigo a Ramot de Galaad? Y él respondió: Yo soy como tú, y mi pueblo como tu pueblo; iremos contigo a la guerra.

4 Además dijo Josafat al rey de Israel: Te ruego que [n]consultes hoy la palabra de Jehová.

5 Entonces el rey de Israel juntó cuatrocientos profetas, y les dijo: ¿Iremos a la guerra contra Ramot de Galaad, o me estaré yo quieto? Y ellos dijeron: Sube, porque Dios *los* entregará en mano del rey.

6 Mas Josafat dijo: [p]¿*Hay* aún aquí algún profeta de Jehová, para que por medio de él preguntemos?

Micaías el profeta

7 Y el rey de Israel respondió a Josafat: Aún *hay* aquí un hombre por el cual podemos preguntar a Jehová; mas yo le aborrezco, porque nunca me profetiza cosa buena, sino siempre mal. Éste es Micaías, hijo de Imla. Y respondió Josafat: No hable así el rey.

8 Entonces el rey de Israel llamó a un oficial, y le dijo: Haz venir luego a Micaías, hijo de Imla.

9 Y ᵇel rey de Israel y Josafat rey de Judá, estaban sentados cada uno en su trono, vestidos de *sus* vestiduras reales; y estaban sentados en la era a la entrada de la puerta de Samaria, y todos los profetas profetizaban delante de ellos.

10 Y Sedequías, hijo de Quenaana, se había hecho cuernos de hierro, y decía: Así dice Jehová: Con éstos acornearás a los sirios hasta destruirlos del todo.

11 De esta manera profetizaban también todos los profetas, diciendo: Sube a Ramot de Galaad, y sé prosperado; porque Jehová *la* entregará en mano del rey.

12 Y el mensajero que había ido a llamar a Micaías, le habló, diciendo: He aquí las palabras de los profetas a una voz *anuncian* al rey bienes; yo, pues, te ruego que tu palabra sea como la de uno de ellos, que hables bien.

13 Y dijo Micaías: Vive Jehová, que ᵈlo que mi Dios me dijere, eso hablaré. Y vino al rey.

14 Y el rey le dijo: Micaías, ¿iremos a pelear contra Ramot de Galaad, o me estaré yo quieto? Y él respondió: Subid, que seréis prosperados, que serán entregados en vuestras manos.

15 Y el rey le dijo: ¿Hasta cuántas veces te conjuraré por el nombre de Jehová que no me hables sino la verdad?

16 Entonces él dijo: He visto a todo Israel dispersado por los montes, ᵉcomo ovejas sin pastor; y dijo Jehová: Éstos no tienen señor; vuélvase cada uno en paz a su casa.

17 Y el rey de Israel dijo a Josafat: ¿No te había dicho yo *que* no me profetizaría bien, sino mal?

18 Entonces él dijo: ᶠOíd, pues, palabra de Jehová: Yo he visto a Jehová sentado en su trono, y todo el ejército del cielo estaba a su mano derecha y a su izquierda.

19 Y Jehová dijo: ᵃ¿Quién inducirá a Acab, rey de Israel, para que suba y caiga en Ramot de Galaad? Y uno decía así, y otro decía de otra manera.

20 Mas salió un espíritu, que se puso delante de Jehová, y dijo: Yo lo induciré. Y Jehová le dijo: ¿De qué modo?

21 Y él dijo: Saldré y seré espíritu de mentira en la boca de todos los profetas. Y *Jehová* dijo: Incita, y también prevalece; sal y hazlo así.

22 Y he aquí ahora ha puesto Jehová espíritu de mentira en la boca de estos tus profetas; mas Jehová ha decretado el mal acerca de ti.

23 Entonces Sedequías, hijo de Quenaana, se le acercó y golpeó a Micaías en la mejilla, y dijo: ¿Por qué camino se apartó de mí el Espíritu de Jehová para hablarte a ti?

24 Y Micaías respondió: He aquí tú lo verás aquel día, cuando entrarás de cámara en cámara para esconderte.

25 Entonces el rey de Israel dijo: Tomad a Micaías, y volvedlo a Amón, gobernador de la ciudad, y a Joás, hijo del rey.

26 Y diréis: El rey ha dicho así: Poned a éste en la cárcel, y sustentadle con ᶜpan de aflicción y agua de angustia, hasta que yo vuelva en paz.

27 Y Micaías dijo: Si tú volvieres en paz, Jehová no ha hablado por mí. Dijo además: Oídlo, pueblos todos.

28 Subió, pues, el rey de Israel, y Josafat rey de Judá, a Ramot de Galaad.

29 Y dijo el rey de Israel a Josafat: Yo me disfrazaré para entrar en la batalla, mas tú vístete tus vestiduras reales. Y se disfrazó el rey de Israel, y entraron en la batalla.

30 Y el rey de Siria había mandado a los capitanes de los carros que *tenía* consigo, diciendo: No peleéis contra chico ni contra grande, sino sólo contra el rey de Israel.

31 Y sucedió que cuando los capitanes de los carros vieron a Josafat, dijeron: Éste *es* el rey de Israel. Y lo cercaron para pelear; mas Josafat clamó, y ᵍlo ayudó Jehová, y Dios los apartó de él;

---

a 1 Re 22:20

b 1 Re 22:10

c Sal 80:5
y 102:9
Is 30:20
d Nm 22:8
1 Re 22:14

e 1 Re 22:17
Ez 34:5-8
Mt 9:36
Mr 6:34

f Is 1:10
Am 7:16
g Sal 118:13
y 146:5

32 pues viendo los capitanes de los carros que no era el rey de Israel, desistieron de acosarle.

33 Mas disparando uno el arco a la ventura, hirió al rey de Israel entre las junturas y el coselete. Él entonces dijo al carretero: Vuelve tu mano, y sácame del campo, porque estoy mal herido.

34 Y arreció la batalla aquel día, por lo que estuvo el rey de Israel en pie en el carro enfrente de los sirios hasta la tarde; mas murió a la puesta del sol.

CAPÍTULO 19

Y Josafat, rey de Judá, se volvió en paz a su casa en Jerusalén.

2 Y le salió al encuentro ͨJehú el vidente, hijo de Hanani y dijo al rey Josafat: ¿Al impío das ayuda, y ᵈamas a los que aborrecen a Jehová? Pues la ira de la presencia de Jehová *será* sobre ti por ello.

3 Pero se han hallado en ti ᵉcosas buenas, porque ᶠcortaste de la tierra las imágenes de Asera y has dispuesto tu corazón para buscar a Dios.

4 Habitó, pues, Josafat en Jerusalén; y daba vuelta y salía al pueblo, desde Beerseba hasta el monte de Efraín, y los conducía a Jehová el Dios de sus padres.

5 Y puso ʲjueces en la tierra, en todas las ciudades fortificadas de Judá, por todas las ciudades.

6 Y dijo a los jueces: Mirad lo que hacéis; porque ᵏno juzgáis en lugar del hombre, sino en lugar de Jehová, el cual *está* con vosotros cuando juzgáis.

7 Sea, pues, con vosotros el temor de Jehová; guardad y haced; porque en Jehová nuestro Dios ⁿno *hay* iniquidad, ᵒni acepción de personas, ni recibir cohecho.

8 También en Jerusalén Josafat puso a algunos de los levitas y de los sacerdotes, y de los padres de familias de Israel, para el juicio de Jehová y para las controversias, cuando regresaron a Jerusalén.

9 Y les mandó, diciendo: Procederéis asimismo ʳcon temor de Jehová, con verdad y con corazón íntegro.

10 ᵗEn cualquier causa que viniere a vosotros de vuestros hermanos que habitan en las ciudades, entre sangre y sangre, entre ley y precepto, estatutos y derechos, habéis de amonestarles para que no pequen contra Jehová, para que no venga ira sobre vosotros y sobre vuestros hermanos. Haciendo así no pecaréis.

11 Y he aquí ᵃAmarías el sumo sacerdote *será* el que os ᵇpresida en todos los asuntos de Jehová; y Zebadías, hijo de Ismael, príncipe de la casa de Judá, en todos los negocios del rey; también los levitas *serán* oficiales en presencia de vosotros. Actuad con valentía y Jehová será con el bueno.

CAPÍTULO 20

Pasadas estas cosas, aconteció *que* los hijos de Moab y de Amón y con ellos otros, *además* de los amonitas, vinieron contra Josafat a la guerra.

2 Entonces vinieron algunos y dieron aviso a Josafat, diciendo: Viene contra ti una grande multitud del otro lado del mar, y de este lado de Siria; y he aquí ellos *están* en Hazezón-tamar, que *es* ᵍEngadi.

3 Y Josafat tuvo temor; y puso su rostro para ʰconsultar a Jehová e hizo ⁱpregonar ayuno a todo Judá.

4 Y se reunieron los de Judá para pedir *socorro* a Jehová, y también de todas las ciudades de Judá vinieron a buscar a Jehová.

5 Entonces Josafat se puso en pie en la congregación de Judá y de Jerusalén, en la casa de Jehová, delante del atrio nuevo;

6 y dijo: Oh Jehová, Dios de nuestros padres, ¡ⁿo *eres* tú Dios en el cielo, y ᵐseñoreas sobre todos los reinos de las naciones? ¿No *está* en tu mano tal fuerza y poder, que no hay quien te resista?

7 ᵖ¿No *eres* tú nuestro Dios, que echaste a los moradores de esta tierra delante de tu pueblo Israel, y la diste a la simiente de Abraham ᑫtu amigo para siempre?

8 Y ellos han habitado en ella, y te han edificado en ella santuario a tu nombre, diciendo:

9 ˢSi mal viniere sobre nosotros, o espada de castigo, o pestilencia, o hambre, nos presentaremos delante de esta casa y delante de ti (porque tu nombre *está* en esta casa), y en

Victoria a través del canto

nuestras tribulaciones clamaremos a ti, y tú oirás y *nos* ayudarás.

10 Ahora, pues, he aquí los hijos de Amón y de Moab, y los del monte de Seir, a quienes no permitiste que Israel invadiese cuando venía de la tierra de Egipto, por lo cual se apartaron de ellos y no los destruyeron;

11 he aquí, *ahora* ellos nos pagan viniendo a echarnos de la ᵇheredad que tú nos diste en posesión.

12 ¡Oh Dios nuestro! ¿No los juzgarás tú? Porque en nosotros no hay fuerza contra tan grande multitud que viene contra nosotros y no sabemos qué hacer, mas a ti *volvemos* nuestros ᵈojos.

13 Y todo Judá estaba en pie delante de Jehová, con sus niños, sus esposas y sus hijos.

14 Y estaba allí Jahaziel, hijo de Zacarías, hijo de Benaía, hijo de Jeiel, hijo de Matanías, levita de los hijos de Asaf, sobre el cual vino ᶠel Espíritu de Jehová en medio de la congregación,

15 y dijo: Oíd, todo Judá, y vosotros moradores de Jerusalén y tú, rey Josafat. Jehová os dice así: No temáis ni os amedrentéis delante de esta tan grande multitud; porque ᵍla batalla no *es* vuestra, sino de Dios.

16 Mañana descenderéis contra ellos: he aquí que ellos subirán por la cuesta de Sis, y los hallaréis junto al arroyo, antes del desierto de Jeruel.

17 No habrá para qué peleéis vosotros en este caso; paraos, ʰestaos quietos, y ved la salvación de Jehová con vosotros. Oh Judá y Jerusalén, ⁱno temáis ni desmayéis; salid mañana contra ellos, porque Jehová *será* con vosotros.

18 Entonces Josafat se inclinó rostro en tierra, y asimismo todo Judá y los moradores de Jerusalén se postraron delante de Jehová, y adoraron a Jehová.

19 Y se levantaron los levitas de los hijos de Coat y de los hijos de Coré, para alabar a Jehová, el Dios de Israel, a fuerte y alta voz.

20 Y se levantaron muy de mañana y salieron al desierto de Tecoa. Y mientras ellos salían, Josafat, estando en pie, dijo: Oídme, Judá y moradores de Jerusalén. ᵒCreed en Jehová vuestro Dios, y estaréis

2 CRÓNICAS 20

seguros; creed a sus profetas y seréis prosperados.

21 Y habiendo consultado con el pueblo, puso a algunos que cantasen a Jehová, y alabasen en ᵃla hermosura de la santidad, mientras salían delante del ejército, y que dijesen: Glorificad a Jehová, porque su misericordia *es* para siempre.

22 Y cuando comenzaron a cantar y a alabar, Jehová puso ᶜemboscadas contra los hijos de Amón, de Moab, y del monte de Seir, que habían venido contra Judá y fueron derrotados:

23 Pues los hijos de Amón y de Moab se levantaron contra los del monte de Seir, para matarlos y destruirlos; y como hubieron acabado a los del monte de Seir, ᵉcada cual ayudó a la destrucción de su compañero.

24 Y luego que vino Judá a la atalaya del desierto, miraron hacia la multitud; y he aquí yacían ellos en tierra muertos, ninguno había escapado.

25 Viniendo entonces Josafat y su pueblo a despojarlos, hallaron en ellos muchas riquezas entre los cadáveres, así vestiduras como joyas preciosas, las cuales tomaron para sí, tantas, que no las podían llevar; tres días duró el despojo, porque era mucho.

26 Y al cuarto día se juntaron en el valle de Beraca; porque allí bendijeron a Jehová, y por esto llamaron el nombre de aquel paraje el valle de Beraca, hasta hoy.

27 Y todo Judá y los de Jerusalén, y Josafat a la cabeza de ellos, volvieron para tornarse a Jerusalén con gozo, porque Jehová ʲles había dado gozo sobre sus enemigos.

28 Y vinieron a Jerusalén, a la casa de Jehová, con ᵏsalterios, arpas y trompetas.

29 Y ˡel temor de Dios cayó sobre todos los reinos de *aquella* tierra, cuando oyeron que Jehová había peleado contra los enemigos de Israel.

30 Y el reino de Josafat tuvo reposo; porque ᵐsu Dios le dio reposo por todas partes.

31 Así ⁿreinó Josafat sobre Judá. Treinta y cinco años *tenía* cuando comenzó a reinar, y reinó veinticinco

años en Jerusalén. El nombre de su madre *fue* Azuba, hija de Silhi.

32 Y anduvo en el camino de Asa su padre, sin apartarse de él, haciendo lo recto ante los ojos de Jehová.

33 ªCon todo eso los lugares altos no fueron quitados; pues el pueblo aún no había ᵇenderezado su corazón al Dios de sus padres.

34 Los demás hechos de Josafat, primeros y postreros, he aquí *están* escritos en las palabras de Jehú, hijo de Hanani, del cual *es* hecha mención en el libro de los reyes de Israel.

35 Pasadas estas cosas, Josafat, rey de Judá, trabó amistad con Ocozías, rey de Israel, el cual fue dado a la impiedad:

36 E hizo con él compañía para construir navíos que fuesen a Tarsis; y construyeron los navíos en Ezióngeber.

37 Entonces Eliezer, hijo de Dodava de Maresa, profetizó contra Josafat, diciendo: Por cuanto ᵈhas hecho compañía con Ocozías, Jehová destruirá tus obras. Y los navíos se rompieron y no pudieron ir a Tarsis.

CAPÍTULO 21

Y durmió Josafat con sus padres, y lo sepultaron con sus padres en la ciudad de David. Y Joram su hijo reinó en su lugar.

2 Éste tuvo hermanos, hijos de Josafat: Azarías, Jehiel, Zacarías, Azarías, Micael y Sefatías. Todos *éstos* fueron hijos de Josafat, rey de Israel.

3 Y su padre les había dado muchos dones de oro y de plata, y cosas preciosas y ciudades fortificadas en Judá; mas había dado el reino a Joram, porque él *era* el primogénito.

4 Y cuando Joram ascendió al reino de su padre, y se hizo fuerte, mató a espada a todos sus hermanos, y también a *algunos* de los príncipes de Israel.

5 Treinta y dos años tenía Joram ⁱcuando comenzó a reinar, y reinó ocho años en Jerusalén.

6 Y anduvo en el camino de los reyes de Israel, como hizo la casa de Acab; porque ʲtenía por esposa a la hija

a cp 17:6

b cp 12:14
y 19:3

c 2 Re 8:21

d cp 17:2

e cp 17:3

f ver 6

g 1 Re 16:31-33

2 Re 9:22
h ver 4

i hasta 10
2 Re 8:17-22

j cp 18:1

Las malas compañías corrompen

de Acab, e hizo lo malo ante los ojos de Jehová.

7 Mas Jehová no quiso destruir la casa de David, a causa del pacto que había hecho con David, y porque le había dicho que le daría una lámpara a él y a sus hijos perpetuamente.

8 En los días de éste los edomitas se rebelaron contra el dominio de Judá, y pusieron rey sobre sí.

9 Entonces pasó Joram ᶜcon sus príncipes, y consigo todos sus carros; y se levantó de noche, e hirió a los edomitas que le habían cercado, y a todos los comandantes de sus carros.

10 Así que los edomitas se rebelaron contra la mano de Judá hasta hoy. También se rebeló en el mismo tiempo Libna, para no estar bajo su mano; por cuanto él había dejado a Jehová, el Dios de sus padres.

11 Además de esto edificó lugares altos en los montes de Judá, e hizo que los moradores de Jerusalén fornicasen, y *a lo mismo* impelió a Judá.

12 Y le vino una carta del profeta Elías que decía: Jehová, el Dios de David tu padre, dice así: Por cuanto no has andado en ᵉlos caminos de Josafat tu padre, ni en los caminos de Asa, rey de Judá,

13 sino que has andado en ᶠel camino de los reyes de Israel, y has hecho que fornicase Judá, y los moradores de Jerusalén, ᵍcomo fornicó la casa de Acab; y además ʰhas dado muerte a tus hermanos, a la familia de tu padre, *los cuales eran* mejores que tú.

14 He aquí Jehová herirá a tu pueblo de una gran plaga, y a tus hijos y a tus esposas, y a toda tu hacienda;

15 y a ti con muchas enfermedades, con enfermedad de tus intestinos, hasta que los intestinos se te salgan a causa de tu enfermedad día tras día.

16 Entonces Jehová despertó contra Joram el espíritu de los filisteos, y de los árabes que *estaban* junto a los etíopes;

17 y subieron contra Judá, e invadieron la tierra, y tomaron toda la hacienda que hallaron en la casa del rey, y a sus hijos y a sus esposas; que no le quedó hijo, sino Joacaz, el menor de sus hijos.

18 Después de todo esto Jehová lo

Breve reinado de Atalía

hirió en las entrañas de una enfermedad incurable.

19 Y aconteció que en el transcurrir de los días, al cabo de dos años, las entrañas se le salieron con la enfermedad, muriendo así de enfermedad muy penosa. Y no le hizo quema su pueblo, como lo habían hecho a sus padres.

20 Treinta y dos años tenía [c]cuando comenzó a reinar, y reinó ocho años en Jerusalén; y se fue sin ser deseado. Y lo sepultaron en la ciudad de David, [d]mas no en los sepulcros de los reyes.

CAPÍTULO 22

Y los moradores de Jerusalén hicieron rey en su lugar a Ocozías, [f]su hijo menor, porque la tropa había venido [g]con los árabes al campamento y había dado muerte a todos los mayores; por lo cual reinó Ocozías, hijo de Joram, rey de Judá.

2 [h]Cuarenta y dos años *tenía* Ocozías cuando comenzó a reinar, y reinó un año en Jerusalén. El nombre de su madre fue [i]Atalía, hija de Omri.

3 También él anduvo en los caminos de la casa de Acab, porque su madre le aconsejaba a que hiciese impíamente.

4 Hizo, pues, lo malo ante los ojos de Jehová, como la casa de Acab; porque después de la muerte de su padre, ellos le aconsejaron para su perdición.

5 Y él anduvo en los consejos de ellos, y fue a la guerra con Joram, hijo de Acab, rey de Israel, contra Hazael, rey de Siria, a Ramot de Galaad, donde los sirios hirieron a Joram.

6 Y se volvió a Jezreel para ser curado de las heridas que le habían hecho en Ramá, peleando con Hazael, rey de Siria. Y descendió Azarías, hijo de Joram, rey de Judá, a visitar a Joram, hijo de Acab, en Jezreel porque éste estaba enfermo.

7 Pero esto venía de Dios, para que Ocozías fuese hollado viniendo a Joram; porque cuando vino, salió con Joram contra Jehú, hijo de Nimsi, al cual [l]Jehová había ungido para que cortase la casa de Acab.

8 Y aconteció que cuando Jehú ejecutaba juicio contra la casa de Acab,

2 CRÓNICAS 22-23

halló a los príncipes de Judá y a los hijos de los hermanos de Ocozías, que servían a Ocozías, y los mató.

9 Y [a]buscando a Ocozías, el cual se había escondido en Samaria, lo tomaron, y lo trajeron a Jehú, y lo mataron; y le dieron sepultura, porque dijeron: *Es* hijo de Josafat, el cual [b]buscó a Jehová de todo su corazón. Y la casa de Ocozías no tenía fuerzas para poder retener el reino.

10 Entonces Atalía, madre de Ocozías, viendo que su hijo era muerto, se levantó y destruyó a toda la simiente real de la casa de Judá.

11 Pero [e]Josabet, hija del rey, tomó a Joás, hijo de Ocozías, y lo arrebató de entre los hijos del rey, a los cuales mataban, y lo guardó a él y a su nodriza en una recámara. Así lo escondió Josabet, hija del rey Joram, esposa del sacerdote Joiada (porque ella era hermana de Ocozías), de delante de Atalía, y no lo mataron.

12 Y estuvo escondido con ellos en la casa de Dios seis años. Entre tanto Atalía reinaba en el país.

CAPÍTULO 23

Mas el séptimo año se animó Joiada, y tomó consigo a los centuriones Azarías, hijo de Jeroham, Ismael, hijo de Johanán, Azarías, hijo de Obed, Maasías, hijo de Adaías y a Elisafat, hijo de Zicri, los cuales hicieron pacto con él.

2 Y recorrieron Judá, y reunieron a los levitas de todas las ciudades de Judá, y a los príncipes de las familias de Israel, y vinieron a Jerusalén.

3 Y toda la multitud hizo pacto con el rey en la casa de Dios. Y él les dijo: He aquí el hijo del rey, el cual reinará, como Jehová lo tiene [j]dicho de los hijos de David.

4 Esto *es* lo que habéis de hacer: una tercera parte de vosotros que entran el sábado, *estarán* de porteros con los sacerdotes y los levitas;

5 y una tercera parte *estará* en la casa del rey; y una tercera parte, a [k]la puerta del Fundamento; y todo el pueblo *estará* en los atrios de la casa de Jehová.

6 Y ninguno entre en la casa de Jehová, sino [m]los sacerdotes y los levitas que sirven; éstos entrarán,

---

a 2 Re 9:27

b cp 17:4
c 2 Re 8:17

d cp 24:25
y 28:27
e 2 Re 11:2

f cp 21:17
g cp 21:26

h 2 Re 8:26

i cp 21:6

j 2 Sm 7:12

k 2 Re 11:6
l 2 Re 9:6-7
m 1 Cr 23:27

porque *están* consagrados; y todo el pueblo hará la guardia de Jehová.

7 Y los levitas rodearán al rey por todas partes, y cada uno tendrá sus armas en la mano; y cualquiera que entrare en la casa, será muerto; y estaréis con el rey cuando entrare y cuando saliere.

8 Y los levitas y todo Judá lo hicieron todo como lo había mandado el sacerdote Joiada; y tomó cada uno a los suyos, los que entraban el sábado, y los que salían el sábado; porque el sacerdote Joiada no dio licencia a las compañías.

9 Y el sacerdote Joiada dio a los centuriones las lanzas, paveses y escudos que *habían sido* del rey David, que *estaban* en la casa de Dios;

10 y puso en orden a todo el pueblo, teniendo cada uno su arma en su mano, desde el lado derecho del templo hasta el lado izquierdo del templo, junto al altar y el templo, alrededor del rey.

11 Entonces sacaron al hijo del rey, le pusieron la corona, *le dieron* el testimonio y lo proclamaron rey; y Joiada y sus hijos lo ungieron y dijeron: ¡Viva el rey!

12 Y como Atalía oyó el estruendo de la gente que corría, y de los que aclamaban al rey, vino al pueblo a la casa de Jehová;

13 y mirando, vio al rey que estaba junto a su columna a la entrada, y los príncipes y los trompetistas junto al rey, y todo el pueblo de la tierra hacía alegrías y tocaban trompetas y ᵉlos cantores con instrumentos de música dirigían la alabanza. Entonces Atalía rasgó sus vestidos, y dijo: ¡Traición! ¡Traición!

14 Entonces el sacerdote Joiada sacó a los centuriones que estaban al mando del ejército, y les dijo: Sacadla fuera del recinto; y el que la siguiere, muera a filo de espada. Porque el sacerdote había mandado que no la matasen en la casa de Jehová.

15 Ellos, pues, le echaron mano, y cuando llegó a ᵍla entrada de la puerta de los Caballos de la casa del rey, allí la mataron.

16 Y Joiada hizo pacto entre sí y todo el pueblo y el rey, que serían pueblo de Jehová.

a Dt 13:9

b cp 5:5
y 30:27
Dt 17:18

c 1 Cr 26:1

d hasta 14
2 Re 11:21
y 12:1-15

e 1 Cr 25:7-8

f 2 Re 12:6-7

g 2 Re 11:16
Neh 3:28
Jer 31:40
h Nm 17:7
i Éx 30:12-16
2 Re 12:4

17 Después de esto entró todo el pueblo en el templo de Baal, y lo derribaron, y también sus altares; e hicieron pedazos sus imágenes, y mataron delante de los altares a ªMatán, sacerdote de Baal.

18 Luego ordenó Joiada los oficios en la casa de Jehová bajo la mano de ᵇlos sacerdotes y los levitas, según David los había distribuido en la casa de Jehová, para ofrecer a Jehová los holocaustos, como *está* escrito en la ley de Moisés, con gozo y cantos, conforme *fue ordenado* por David.

19 Puso también ᶜporteros a las puertas de la casa de Jehová, para que por ninguna vía entrase ningún inmundo.

20 Tomó después a los centuriones, y a los principales, y a los que gobernaban el pueblo; y a todo el pueblo de la tierra, e hizo descender al rey de la casa de Jehová; y vinieron a través de la puerta mayor a la casa del rey, y sentaron al rey sobre el trono del reino.

21 Y se regocijó todo el pueblo del país, y la ciudad estuvo quieta, después que mataron a Atalía a filo de espada.

CAPÍTULO 24

Siete años *tenía* Joás cuando comenzó a reinar, y cuarenta años ᵈreinó en Jerusalén. El nombre de su madre fue Sibia, de Beerseba.

2 Y Joás hizo lo recto ante los ojos de Jehová todos los días de Joiada el sacerdote.

3 Y Joiada tomó para él dos esposas, y engendró hijos e hijas.

4 Después de esto aconteció *que* Joás tuvo voluntad de reparar la casa de Jehová.

5 Y reunió a los sacerdotes y a los levitas, y les dijo: Salid por las ciudades de Judá, y juntad dinero de todo Israel, para que cada año sea reparada la casa de vuestro Dios; y vosotros poned diligencia en el asunto. ᶠPero los levitas no pusieron diligencia.

6 Por lo cual el rey llamó a Joiada el principal, y le dijo: ¿Por qué no has procurado que los levitas traigan de Judá y de Jerusalén el ʰtabernáculo de la congregación, ⁱla ofrenda que impuso Moisés, siervo de Jehová y de la congregación de Israel?

Abandonan la casa de Jehová

7 Porque la impía Atalía y sus hijos habían destruido la casa de Dios, y además habían gastado en los ídolos todas las cosas consagradas a la casa de Jehová.

8 Mandó, pues, el rey que hiciesen un arca, la cual pusieron fuera a la puerta de la casa de Jehová;

9 e hicieron pregonar en Judá y en Jerusalén, que trajesen a Jehová la ofrenda *que* Moisés, siervo de Dios, había impuesto a Israel en el desierto.

10 Y todos los príncipes y todo el pueblo se gozaron, y trajeron ofrendas, y echaron en el arca hasta llenarla.

11 Y sucedía que cuando venía el tiempo para llevar el arca al magistrado del rey por mano de los levitas, cuando veían que *había* mucho dinero, venía el escriba del rey, y el que estaba puesto por el sumo sacerdote, y llevaban el arca, y la vaciaban, y la volvían a su lugar; y así hacían de día en día, y recogían mucho dinero;

12 y el rey y Joiada lo daban a los que hacían la obra del servicio de la casa de Jehová, y contrataban canteros y carpinteros para que reparasen la casa de Jehová, y a los que trabajaban con hierro y bronce para que reparasen la casa de Jehová.

13 Hacían, pues, los artesanos la obra, y por sus manos la obra fue restaurada, y restituyeron la casa de Dios a su condición, y la consolidaron.

14 Y cuando hubieron terminado, trajeron el resto del dinero delante del rey y de Joiada, e ʰhicieron de él utensilios para la casa de Jehová, utensilios para el servicio, morteros, cucharas, vasos de oro y de plata. Y sacrificaban holocaustos continuamente en la casa de Jehová ᵏtodos los días de Joiada.

15 Mas Joiada envejeció, y murió lleno de días; *tenía* ciento treinta años cuando murió.

16 Y lo sepultaron en la ciudad de David con los reyes, por cuanto había hecho bien con Israel, y para con Dios, y con su casa.

17 Muerto Joiada, vinieron los príncipes de Judá, y se postraron ante el rey; y el rey los oyó.

18 Y abandonaron la casa de Jehová el Dios de sus padres, y ᵃsirvieron a las imágenes de Asera y a las imágenes esculpidas; y ᵇla ira vino sobre Judá y Jerusalén por este su pecado.

19 Y ᶜles envió profetas para que los volviesen a Jehová, los cuales les ᵈamonestaron; mas ellos no los escucharon.

20 Y el Espíritu de Dios envistió a Zacarías, hijo del sacerdote Joiada, y puesto en pie, donde estaba más alto que el pueblo, les dijo: Así dice Dios: ¿Por qué quebrantáis los mandamientos de Jehová, y no prosperáis? Porque habéis abandonado a Jehová, Él también os ha abandonado.

21 Mas ellos hicieron conspiración contra él, y por mandato del rey, lo ᵉapedrearon en el atrio de la casa de Jehová.

22 Así el rey Joás no se acordó de la misericordia que su padre Joiada había hecho con él, sino que mató a su hijo, el cual dijo al morir: Jehová lo vea, y lo demande.

23 Y sucedió que a la vuelta del año subió contra él ᶠel ejército de Siria; y vinieron a Judá y a Jerusalén, y destruyeron de entre la población a todos los principales del pueblo, y enviaron todo el despojo al rey de Damasco.

24 Porque aunque el ejército de Siria había venido ᵍcon poca gente, Jehová les entregó en sus manos un ejército muy numeroso; por cuanto habían dejado a Jehová, el Dios de sus padres. Y así ejecutaron juicio contra Joás.

25 Y yéndose de él los sirios, lo dejaron en muchas enfermedades; y ⁱconspiraron contra él sus siervos a causa de la sangre de ʲlos hijos del sacerdote Joiada, y lo hirieron en su cama, y murió. Y lo sepultaron en la ciudad de David, mas no lo sepultaron en los sepulcros de los reyes.

26 Los que conspiraron contra él fueron ˡZabad, hijo de Simeat amonita y Jozabad, hijo de Simrit moabita.

27 Y *en cuanto* a sus hijos, y a la multiplicación que hizo de las rentas, y de la restauración de la casa de Jehová, he aquí *está* escrito en la historia del libro de los reyes. Y Amasías su hijo reinó en su lugar.

Reinado de Amasías

CAPÍTULO 25

Veinticinco años *tenía* Amasías *cuando* comenzó a reinar, y veintinueve años reinó en Jerusalén: el nombre de su madre *fue* Joadan, de Jerusalén.

2 E hizo lo recto ante los ojos de Jehová, aunque no de perfecto corazón.

3 Y sucedió que luego que fue confirmado en el reino, mató a sus siervos que habían matado al rey su padre.

4 Mas no mató a los hijos de ellos, según lo que *está* escrito en la ley en el libro de Moisés, donde Jehová mandó, diciendo: No morirán los padres por los hijos, ni los hijos por los padres; mas cada uno morirá por su pecado.

5 Y Amasías reunió a Judá, conforme a las casas de sus padres y los hizo capitanes de millares y capitanes de centenas por todo Judá y Benjamín; y puso en lista a los de veinte años arriba, y fueron hallados en ellos trescientos mil hombres escogidos para salir a la guerra, que sabían manejar lanza y escudo.

6 Y de Israel tomó a sueldo cien mil hombres valientes, por cien talentos de plata.

7 Pero un varón de Dios vino a él y le dijo: Rey, no vaya contigo el ejército de Israel; porque Jehová no *está* con Israel, *ni con* ninguno de los hijos de Efraín.

8 Pero si quieres ir, ve, esfuérzate para la batalla, *pero* Dios te hará caer delante de los enemigos; porque en Dios está el poder, o para ayudar, o para derribar.

9 Y Amasías dijo al varón de Dios: ¿Qué, pues, se hará de los cien talentos que he dado al ejército de Israel? Y el varón de Dios respondió: De Jehová es darte mucho más que esto.

10 Entonces Amasías apartó el escuadrón de la gente que había venido a él de Efraín, para que se fuesen a sus casas: y ellos se enojaron grandemente contra Judá, y se volvieron a sus casas encolerizados.

11 Esforzándose entonces Amasías, sacó a su pueblo, y vino al *v*alle de la Sal, y mató a los hijos de Seir a diez mil.

12 Y los hijos de Judá tomaron vivos otros diez mil, los cuales llevaron a la cumbre de un peñasco, y de allí los despeñaron, y todos se hicieron pedazos.

13 Mas los del escuadrón que Amasías había despedido, para que no fuesen con él a la guerra, acometieron las ciudades de Judá, desde Samaria hasta Bet-horón, y mataron a tres mil de ellos y tomaron gran despojo.

14 Regresando luego Amasías de la matanza de los edomitas, trajo también consigo a los dioses de los hijos de Seir, y los puso para sí por dioses, y se inclinó ante ellos y les quemó incienso.

15 Por lo cual se encendió el furor de Jehová contra Amasías, y envió a él un profeta, que le dijo: ¿Por qué has buscado los dioses de la gente, que no libraron a su pueblo de tus manos?

16 Y hablándole el profeta estas cosas, él le respondió: ¿Te han puesto a ti por consejero del rey? Déjate de eso: ¿Por qué quieres que te maten? Y cuando terminó de hablar, el profeta dijo luego: Yo sé que Dios ha determinado destruirte, porque has hecho esto, y no obedeciste a mi consejo.

17 Y Amasías rey de Judá, habiendo tomado consejo, envió a decir a Joás, hijo de Joacaz, hijo de Jehú, rey de Israel: Ven, y veámonos cara a cara.

18 Entonces Joás rey de Israel envió a decir a Amasías rey de Judá: El cardo que *estaba* en el Líbano, envió al cedro que *estaba* en el Líbano, diciendo: Da tu hija a mi hijo por esposa. Y he aquí que las bestias fieras que *estaban* en el Líbano, pasaron, y hollaron el cardo.

19 Tú dices: He aquí he herido a Edom; y tu corazón se enaltece para gloriarte; ahora quédate en tu casa; ¿para qué provocas *tu* mal, para caer tú y Judá contigo?

20 Pero Amasías no quiso oír; porque esto *venía* de Dios, que los quería entregar en manos *de sus enemigos*, por cuanto habían buscado los dioses de Edom.

21 Subió, pues, Joás rey de Israel, y se vieron cara a cara él y Amasías, rey de Judá, en Bet-semes, la cual *es* de Judá.

Reinado de Uzías

22 Pero cayó Judá delante de Israel, y huyó cada uno a su tienda.

23 Y Joás, rey de Israel, prendió en Bet-semes a Amasías, rey de Judá, hijo de Joás, hijo de ᶜJoacaz y lo llevó a Jerusalén; y derribó el muro de Jerusalén desde la puerta de Efraín hasta ᵈla puerta del Ángulo, cuatrocientos codos.

24 Asimismo *tomó* todo el oro y la plata, y todos los utensilios que se hallaron en la casa de Dios en casa de Obed-edom, y los tesoros de la casa del rey, y los hijos de los príncipes, y se volvió a Samaria.

25 ᶠY vivió Amasías, hijo de Joás, rey de Judá, quince años después de la muerte de Joás, hijo de Joacaz, rey de Israel.

26 Los demás hechos de Amasías, primeros y postreros, ¿no *están* escritos en el libro de los reyes de Judá y de Israel?

27 Desde el tiempo en que Amasías se apartó de Jehová, maquinaron una conspiraron contra él en Jerusalén; y huyó a Laquis, pero enviaron tras él a Laquis, y allá lo mataron;

28 y lo trajeron en caballos, y lo sepultaron con sus padres en la ciudad de ʰJudá.

CAPÍTULO 26

Entonces todo el pueblo de Judá tomó a ⁱUzías, el cual *tenía* dieciséis años, y lo pusieron por rey en lugar de Amasías su padre.

2 Edificó él a Elot, y la restituyó a Judá después que el rey durmió con sus padres.

3 ʲDieciséis años *tenía* Uzías cuando comenzó a reinar, y cincuenta y dos años reinó en Jerusalén. El nombre de su madre *fue* Jecolía, de Jerusalén.

4 E hizo lo recto ante los ojos de Jehová, conforme a todas las cosas que había hecho Amasías su padre.

5 ᵐY persistió en buscar a Dios en los días de Zacarías, quien tenía entendimiento en visiones de Dios; y en estos días en que buscó a Jehová, Dios le prosperó.

6 Y salió, y peleó contra los filisteos, y rompió el muro de ᵒGat, y el muro de Jabnia, y el muro de ᵖAsdod; y edificó ciudades en Asdod, y en la tierra de los filisteos.

7 Y Dios le dio ayuda ᵃcontra los filisteos, y contra los árabes que habitaban en Gur-baal, y contra los meunitas.

8 Y los amonitas dieron ᵇpresentes a Uzías, y se divulgó su nombre hasta la entrada de Egipto; porque se había hecho altamente poderoso.

9 Edificó también Uzías torres en Jerusalén, junto a la puerta del Ángulo, y junto a ᵉla puerta del Valle, y junto a las esquinas; y las fortificó.

10 Asimismo edificó torres en el desierto, y abrió muchas cisternas; porque tuvo muchos ganados, así en los valles como en las vegas; y viñas, y labranzas, así en los montes como en el Carmelo; porque amaba la agricultura.

11 Tuvo también Uzías escuadrones de guerreros, los cuales salían a la guerra en ejército, según que estaban por lista hecha por mano de Jeiel el escriba y de Maasías el gobernador, y por mano de Hananías, *uno* de los príncipes del rey.

12 Todo el número de los jefes de familias, valientes y esforzados, *era* dos mil seiscientos.

13 Y bajo la mano de éstos *estaba* el ejército de guerra, de ᵍtrescientos siete mil quinientos guerreros poderosos y fuertes para ayudar al rey contra los enemigos.

14 Y Uzías aprestó para todo el ejército, escudos, lanzas, almetes, ⁱcoseletes, arcos y hondas *para tirar* piedras.

15 E hizo en Jerusalén máquinas inventadas por ingenieros, para que estuviesen en las torres y en los baluartes, para arrojar saetas y grandes piedras, y su fama se extendió lejos, porque fue ayudado maravillosamente, hasta hacerse fuerte.

16 Mas ᵏcuando ya era fuerte, su corazón ˡse enalteció para *su* ruina; porque se rebeló contra Jehová su Dios, entrando en el templo de Jehová para quemar incienso en el altar del incienso.

17 Y ⁿentró tras él el sacerdote Azarías, y con él ochenta sacerdotes de Jehová, de los valientes.

18 Y se pusieron contra el rey Uzías, y le dijeron: ᑫNo a ti, oh Uzías, el

quemar incienso a Jehová, sino a los sacerdotes, hijos de Aarón, que son consagrados para quemarlo. Sal del santuario, porque has prevaricado, y no te *será* para gloria delante de Jehová Dios.

19 Y Uzías, que *tenía* en su mano un incensario para quemar incienso, se llenó de ira; y en esta su ira contra los sacerdotes, la lepra le salió en la frente delante de los sacerdotes en la casa de Jehová, junto al altar del incienso.

20 Y le miró Azarías, el sumo sacerdote, y todos los sacerdotes, y he aquí la lepra *estaba* en su frente; y le hicieron salir aprisa de aquel lugar; y él también se dio prisa a salir, ᵇporque Jehová lo había herido.

21 Así el rey Uzías fue leproso hasta el día de su muerte, y habitó leproso en una ᵈcasa apartada, porque fue separado de la casa de Jehová; y Jotam su hijo tuvo cargo de la casa real, gobernando al pueblo de la tierra.

22 Los demás hechos de Uzías, primeros y postreros, los escribió ᶠel profeta Isaías, hijo de Amoz.

23 Y durmió Uzías con sus padres, y lo sepultaron con sus padres en el campo de los sepulcros reales; porque dijeron: Leproso *es*. Y Jotam su hijo, reinó en su lugar.

CAPÍTULO 27

Veinticinco años *tenía* ʲJotam cuando comenzó a reinar, y dieciséis años reinó en Jerusalén. El nombre de su madre *fue* Jerusa, hija de Sadoc.

2 E hizo lo recto ante los ojos de Jehová, conforme a todas las cosas que había hecho Uzías su padre, salvo que no entró en el templo de Jehová. Y el pueblo continuaba corrompiéndose.

3 Edificó él ᵐla puerta mayor de la casa de Jehová, y en el muro de ⁿla fortaleza edificó mucho.

4 Además edificó ciudades en las montañas de Judá, y edificó castillos y torres en los bosques.

5 También tuvo guerra con el rey de los hijos de Amón, a los cuales venció; y los hijos de Amón le dieron en aquel año cien talentos de plata,

a 2 Re 15:38
b 2 Re 15:5-7
c hasta 4
  2 Re 16:2-4
d Lv 13:46
e Éx 34:17
f Is 1:1 y 6:1
g 2 Re 16:13
h Jos 18:16
i cp 33:6
  2 Re 16:3
j 2 Re 15:32
k 2 Re 16:5-6
l 2 Re 15:27
  y 16:5
m 2 Re 15:35
n cp 33:13
  Neh 3:26-27
  y 11:21
o cp 11:4

y diez mil coros de trigo, y diez mil de cebada. Esto le dieron los hijos de Amón, y lo mismo en el segundo año y en el tercero.

6 Así que Jotam se hizo fuerte, porque preparó sus caminos delante de Jehová su Dios.

7 Los demás hechos de Jotam, y todas sus guerras, y sus caminos, he aquí, *están* escritos en el libro de los reyes de Israel y de Judá.

8 Veinticinco años tenía cuando comenzó a reinar, y dieciséis años reinó en Jerusalén.

9 Y ᵃdurmió Jotam con sus padres, y lo sepultaron en la ciudad de David; y Acaz su hijo reinó en su lugar.

CAPÍTULO 28

Veinte años *tenía* ᶜAcaz cuando comenzó a reinar, y dieciséis años reinó en Jerusalén; mas no hizo lo recto ante los ojos de Jehová, como David su padre.

2 Pues anduvo en los caminos de los reyes de Israel, y además ᵉhizo imágenes de fundición a los Baales.

3 ᵍQuemó también incienso en ʰel valle de los hijos de Hinom, y ⁱquemó a sus hijos en el fuego, conforme a las abominaciones de las naciones que Jehová había echado de delante de los hijos de Israel.

4 Asimismo sacrificó y quemó incienso en los lugares altos, y en los collados, y debajo de todo árbol frondoso.

5 Por lo cual Jehová su Dios lo entregó en manos del rey de los sirios, los cuales ᵏlo derrotaron, y se llevaron cautiva una gran multitud que llevaron a Damasco. Fue también entregado en manos del rey de Israel, el cual lo batió con gran mortandad.

6 Porque ˡPeka, hijo de Remalías mató en Judá en un día a ciento veinte mil, todos hombres valientes; porque habían dejado a Jehová, el Dios de sus padres.

7 Asimismo Zicri, hombre poderoso de Efraín, mató a Maasías, hijo del rey, y a Azricam su mayordomo, y a Elcana, segundo después del rey.

8 Y los hijos de Israel se llevaron cautivos de ᵒsus hermanos a doscientos mil, mujeres, hijos e hijas,

Reinado de Ezequías

además de haber saqueado de ellos un gran despojo, el cual trajeron a Samaria.

9 Había entonces allí un profeta de Jehová, que se llamaba Oded, el cual salió delante del ejército cuando entraba en Samaria, y les dijo: ªHe aquí, Jehová, el Dios de vuestros padres, por el enojo contra Judá, los ha entregado en vuestras manos; y vosotros los habéis matado con ira, *que* ha llegado ᶜhasta el cielo.

10 Y ahora habéis determinado sujetar a vosotros a Judá y a Jerusalén por siervos y siervas: *mas* ¿no habéis vosotros pecado contra Jehová vuestro Dios?

11 Oídme, pues, ahora, y devolved a los cautivos que habéis tomado de vuestros hermanos; porque Jehová *está* airado contra vosotros.

12 Se levantaron entonces algunos varones de los principales de los hijos de Efraín, Azarías, hijo de Johanán, Berequías, hijo de Mesilemot, Ezequías, hijo de Salum, y Amasa, hijo de Hadlai, contra los que venían de la guerra.

13 Y les dijeron: No metáis acá a los cautivos; porque el pecado contra Jehová será sobre nosotros. Vosotros tratáis de añadir sobre nuestros pecados y sobre nuestras culpas, siendo muy grande nuestro delito, y la ira del furor sobre Israel.

14 Entonces el ejército dejó los cautivos y el despojo delante de los príncipes y de toda la multitud.

15 Y se levantaron los varones ʲnombrados, y tomaron los cautivos, y vistieron del despojo a los que de ellos estaban desnudos; los vistieron y los calzaron, y ᵏles dieron de comer y de beber, y los ungieron, y condujeron en asnos a todos los débiles y los llevaron hasta Jericó, ᵐciudad de las palmeras, cerca de sus hermanos; y ellos se volvieron a Samaria.

16 ⁿEn aquel tiempo el rey Acaz envió a pedir a los reyes de Asiria que le ayudasen.

17 Pues otra vez los edomitas habían venido y herido a los de Judá, y habían llevado cautivos.

18 Asimismo los filisteos ᵖhabían invadido a las ciudades de ᑫla llanura, y del sur de Judá, y habían tomado a Bet-semes, a Ajalón, Gederot, y a Soco con sus aldeas, Timna también con sus aldeas, y Gimzo con sus aldeas; y habitaban en ellas.

19 Porque Jehová había humillado a Judá por causa de Acaz, rey de ᵇIsrael; por cuanto él había desnudado a Judá, y había prevaricado gravemente contra Jehová.

20 Y vino contra él Tilgat-pileser, rey de los asirios; quien lo redujo a estrechez, y no lo fortificó.

21 Aunque ᵈdespojó Acaz la casa de Jehová, y la casa real, y las de los príncipes, para dar al rey de los asirios, con todo eso él no le ayudó.

22 Además el rey Acaz, en el tiempo de su aflicción, añadió mayor pecado contra Jehová;

23 Porque ᵉofreció sacrificio a los dioses de Damasco que lo habían derrotado y dijo: Pues que los dioses de los reyes de Siria les ayudan, yo *también* sacrificaré a ellos ᶠpara que me ayuden; bien que fueron éstos su ruina, y la de todo Israel.

24 A más de eso recogió Acaz los utensilios de la casa de Dios, y ᵍlos quebró, y cerró las puertas de la casa de Jehová, y ʰse hizo altares en Jerusalén en todos los rincones.

25 Hizo también lugares altos en todas las ciudades de Judá, para quemar incienso a otros dioses, provocando así a ira a Jehová, el Dios de sus padres.

26 ⁱLos demás de sus hechos, y todos sus caminos, primeros y postreros, he aquí *están* escritos en el libro de los reyes de Judá y de Israel.

27 Y durmió Acaz con sus padres, y lo sepultaron en la ciudad de Jerusalén; mas ˡno lo metieron en los sepulcros de los reyes de Israel; y Ezequías su hijo reinó en su lugar.

CAPÍTULO 29

Y Ezequías comenzó a reinar *siendo* ᵒde veinticinco años, y reinó veintinueve años en Jerusalén. El nombre de su madre *fue* Abía, hija de Zacarías.

2 E hizo lo recto ante los ojos de Jehová, conforme a todas las cosas que había hecho David su padre.

3 En el primer año de su reinado, en el mes primero, abrió las puertas de la casa de Jehová, y las reparó.

4 E hizo venir a los sacerdotes y a los levitas, y los reunió en la plaza oriental.

5 Y les dijo: Oídme, levitas, y santificaos ahora y santificaréis la casa de Jehová, el Dios de vuestros padres, y sacaréis del santuario la inmundicia.

6 Porque nuestros padres se han rebelado y han hecho lo malo ante los ojos de Jehová, nuestro Dios; que le dejaron, y apartaron sus rostros del tabernáculo de Jehová, y le volvieron las espaldas.

7 Y aun ᵇcerraron las puertas del pórtico, y apagaron las lámparas; no quemaron incienso, ni sacrificaron holocausto en el santuario al Dios de Israel.

8 Por tanto la ira de Jehová ha venido sobre Judá y Jerusalén, y los ha entregado a turbación, a horror y a escarnio, como veis vosotros con vuestros ojos.

9 Y he aquí nuestros padres ᵈhan caído a espada, y nuestros hijos, nuestras hijas y nuestras esposas están en cautividad por causa de esto.

10 Ahora, pues, ᵉyo he determinado hacer pacto con Jehová, el Dios de Israel, para que aparte de nosotros la ira de su furor.

11 Hijos míos, no os engañéis ahora, porque Jehová ᵍos ha escogido a vosotros para que estéis delante de Él y le sirváis, y seáis sus ministros y le queméis incienso.

12 Entonces los levitas se levantaron, Mahat, hijo de Amasai y Joel, hijo de Azarías, de los hijos de Coat; y de los hijos de Merari, Cis, hijo de Abdi, y Azarías, hijo de Jehalelel; y de los hijos de Gersón, Joah, hijo de Zima y Edén, hijo de Joah;

13 Y de los hijos de Elizafán, Simri y Jeiel; y de los hijos de Asaf, Zacarías y Matanías.

14 Y de los hijos de Hemán, Jehiel y Simeí; y de los hijos de Jedutún, Semaías y Uziel.

15 Éstos reunieron a sus hermanos, y ᵏse santificaron y entraron, conforme al mandamiento del rey y las palabras de Jehová, para limpiar la casa de Jehová.

16 Y entrando los sacerdotes dentro de la casa de Jehová para limpiarla, sacaron toda la inmundicia que hallaron en el templo de Jehová, al atrio de la casa de Jehová; la cual tomaron los levitas, para sacarla fuera al ᵃtorrente de Cedrón.

17 Y comenzaron a santificar el día primero del mes primero, y a los ocho del mismo mes vinieron al pórtico de Jehová; y santificaron la casa de Jehová en ocho días, y en el día dieciséis del mes primero acabaron.

18 Luego vinieron al rey Ezequías y le dijeron: Ya hemos limpiado toda la casa de Jehová, el altar del holocausto, y todos sus instrumentos, y la mesa de la proposición con todos sus utensilios.

19 Asimismo hemos preparado y santificado ᶜtodos los utensilios que en su prevaricación había desechado el rey Acaz, cuando reinaba; y he aquí están delante del altar de Jehová.

20 Y levantándose de mañana el rey Ezequías reunió a los principales de la ciudad y subió a la casa de Jehová.

21 Y trajeron siete becerros, siete carneros, siete corderos, y siete machos cabríos, ᶠpara expiación por el reino, por el santuario y por Judá. Y dijo a los sacerdotes hijos de Aarón, que los ofreciesen sobre el altar de Jehová.

22 Mataron, pues, los siete becerros, y los sacerdotes tomaron la sangre, y la esparcieron sobre el altar; mataron luego los carneros, y esparcieron la sangre sobre el altar; asimismo mataron los corderos, y esparcieron la sangre sobre el altar.

23 Y trajeron los machos cabríos de la expiación delante del rey y de la congregación, y ʰpusieron sus manos sobre ellos;

24 Y los sacerdotes los mataron, y expiando esparcieron la sangre de ellos sobre el altar, ⁱpara reconciliar a todo Israel; porque por todo Israel mandó el rey hacer el holocausto y la expiación.

25 ʲPuso también levitas en la casa de Jehová, con címbalos y con salterios y arpas, ˡconforme al mandamiento de David, y de ᵐGad, el vidente del rey, y del profeta ⁿNatán;

porque *así era* el mandamiento de Jehová, por medio de sus profetas.

26 Y los levitas estaban con los instrumentos de David, y los sacerdotes con trompetas.

27 Entonces mandó Ezequías sacrificar el holocausto en el altar; y al tiempo que comenzó el holocausto, comenzó *también* el cántico de Jehová, con las trompetas y los instrumentos de David, rey de Israel.

28 Y toda la congregación adoraba, y los cantores cantaban y los trompetistas tocaban las trompetas; todo esto *continuó* hasta consumirse el holocausto.

29 Y cuando acabaron de ofrecer, se inclinó ᵈel rey, y todos los que con él estaban, y adoraron.

30 Entonces el rey Ezequías y los príncipes dijeron a los levitas que alabasen a Jehová con las palabras de David y del vidente Asaf: y ellos alabaron con grande alegría, e inclinándose adoraron.

31 Y respondiendo Ezequías, dijo: Vosotros ᶠos habéis consagrado ahora a Jehová; acercaos, pues, y presentad sacrificios y alabanzas en la casa de Jehová. Y la congregación presentó sacrificios y alabanzas; y todos los de corazón liberal trajeron holocaustos.

32 Y el número de los holocaustos que trajo la congregación, fue de setenta becerros, cien carneros y doscientos corderos; todo para el holocausto de Jehová.

33 Y las ofrendas *fueron* seiscientos bueyes y tres mil ovejas.

34 Mas los sacerdotes eran pocos, y no bastaban para desollar los holocaustos; y así ʲsus hermanos los levitas les ayudaron hasta que acabaron la obra, y hasta que los *demás* sacerdotes se santificaron; porque los levitas *fueron* más rectos de corazón para santificarse que los sacerdotes.

35 Así, pues, *hubo* gran multitud de holocaustos, ˡcon grosuras de las ofrendas de paz, y ᵐlibaciones de *cada* holocausto. Y quedó ordenado el servicio de la casa de Jehová.

36 Y se alegró Ezequías con todo el pueblo, de que Dios hubiese preparado el pueblo; porque esto fue *hecho* con prontitud.

CAPÍTULO 30

Envió también Ezequías por todo Israel y Judá, y escribió cartas a Efraín y a Manasés, que viniesen a Jerusalén a la casa de Jehová, para celebrar la pascua a Jehová, el Dios de Israel.

2 Y el rey había tomado consejo con sus príncipes, y con toda la congregación en Jerusalén, para celebrar la pascua en ᵃel mes segundo:

3 Porque ᵇentonces no la podían celebrar, por cuanto ᶜno había suficientes sacerdotes santificados, ni el pueblo se había reunido en Jerusalén.

4 Esto agradó al rey y a toda la congregación.

5 Y determinaron hacer pasar pregón por todo Israel, ᵉdesde Beerseba hasta Dan, para que viniesen a celebrar la pascua a Jehová, el Dios de Israel, en Jerusalén; porque en mucho tiempo no *la* habían celebrado *al modo* que está escrito.

6 Fueron, pues, ᵍcorreos con cartas de parte del rey y de sus príncipes por todo Israel y Judá, como el rey lo había mandado, y decían: Hijos de Israel, ʰvolveos a Jehová, el Dios de Abraham, de Isaac y de Israel, y Él se volverá al remanente que os ha quedado de la mano de ⁱlos reyes de Asiria.

7 No seáis como vuestros padres y como vuestros hermanos, que se rebelaron contra Jehová, el Dios de sus padres, y Él los entregó a desolación, como vosotros veis.

8 No endurezcáis, pues, ahora vuestra cerviz como vuestros padres; someteos a Jehová, y venid a su santuario, el cual Él ha santificado para siempre; y servid a Jehová, vuestro Dios, y ᵏel furor de su ira se apartará de vosotros.

9 Porque si os volviereis a Jehová, vuestros hermanos y vuestros hijos ⁿhallarán misericordia delante de los que los llevaron cautivos, y volverán a esta tierra; porque Jehová vuestro Dios ᵒ*es* clemente y misericordioso, y no volverá de vosotros *su* rostro, si vosotros os volviereis a Él.

---

a Nm 9:10-11
b Éx 12:6-18
c ver 24
cp 39:44
d cp 20:18

e 2 Sm 3:10

f cp 13:9
Éx 28:41
g ver 10
Est 3:13-15
y 8:10-14
Jer 51:31
h Jer 4:1
Jl 2:12-13

i 2 Re 15:19

j cp 35:11
Lv 1:6

k cp 29:10

l Lv 3:1-16
m Nm 15:5
n Sal 106:46
o Éx 34:6

10 Pasaron, pues, los correos de ciudad en ciudad por la tierra de Efraín y Manasés, hasta Zabulón; mas se reían y se burlaban de ellos.

11 Con todo eso, ^balgunos hombres de Aser, de Manasés y de Zabulón, se humillaron y vinieron a Jerusalén.

12 En Judá también fue la mano de Dios para darles un solo corazón para cumplir el mensaje del rey y de los príncipes, conforme a la palabra de Jehová.

13 Y se reunió en Jerusalén mucha gente para celebrar la fiesta solemne de los panes sin levadura en el mes segundo; una vasta reunión.

14 Y levantándose, quitaron ^dlos altares que había en Jerusalén; quitaron también todos los altares de incienso y ^flos echaron en el torrente de Cedrón.

15 Entonces sacrificaron la pascua, a los catorce *días* del mes segundo; y los sacerdotes y los levitas llenos de vergüenza se santificaron y trajeron los holocaustos a la casa de Jehová.

16 Y se pusieron en su lugar conforme a su costumbre, conforme a la ley de Moisés ⁱvarón de Dios; y los sacerdotes esparcían la sangre *que recibían* de manos de los levitas;

17 Porque *había* muchos en la congregación que no estaban santificados, y por eso los levitas sacrificaban la pascua por todos los que no se *habían* purificado, para santificarlos a Jehová.

18 Porque una gran multitud del pueblo de Efraín y Manasés, y de Isacar y Zabulón, no se habían purificado, y comieron la pascua no conforme a ^llo que está escrito. Mas Ezequías oró por ellos, diciendo: Jehová, que es bueno, sea propicio

19 a todo aquel que ha apercibido su corazón para buscar a Dios, a ⁿJehová, el Dios de sus padres, aunque no *esté purificado* según la purificación del santuario.

20 Y oyó Jehová a Ezequías, y sanó al pueblo.

21 Así los hijos de Israel que estaban presentes en Jerusalén celebraron la fiesta solemne de los panes sin levadura por ^qsiete días con grande gozo; y los levitas y los sacerdotes alababan a Jehová día tras día,

a cp 35:3
b vers 18,21
cp 11:16

c 1 Re 8:65

d cp 28:24
2 Re 13:4
e ver 3 29:34
f cp 15:16
2 Sm 15:23
2 Re 23:6
g vers 11, 18

h cp 7:8-10
i Dt 33:1
j cp 23:18
k Nm 6:23-27

l ver 5
Éx 12:43
m 2 Re 18:4

n cp 19:0
y 20:33

o 1 Cr 23:6
y 24:1

p 1 Cr 23:30
q Esd 6:22

cantando con instrumentos resonantes a Jehová.

22 Y habló Ezequías al corazón de todos los levitas ^aque tenían buena inteligencia en el servicio de Jehová. Y comieron de lo sacrificado en la fiesta solemne por siete días, ofreciendo sacrificios de paz, y dando gracias a Jehová, el Dios de sus padres.

23 Y toda la congregación determinó que celebrasen otros ^csiete días; y celebraron *otros* siete días con alegría.

24 Porque Ezequías, rey de Judá, había dado a la multitud mil becerros y siete mil ovejas; y también los príncipes dieron al pueblo mil becerros y diez mil ovejas; y muchos sacerdotes ^ese santificaron.

25 Se alegró, pues, toda la congregación de Judá, como también los sacerdotes y los levitas, y ^gtoda la multitud que había venido de Israel; asimismo los extranjeros que habían venido de la tierra de Israel, y los que habitaban en Judá.

26 Y hubo gran alegría en Jerusalén; porque ^hdesde los días de Salomón, hijo de David, rey de Israel, no *había* habido cosa semejante en Jerusalén.

27 Después, levantándose ^jlos sacerdotes y los levitas, ^kbendijeron al pueblo; y la voz de ellos fue oída, y su oración llegó a la habitación de su santuario, hasta el cielo.

CAPÍTULO 31

Hechas todas estas cosas, todos los de Israel que habían estado presentes, salieron por las ciudades de Judá, y ^mquebraron las estatuas y destruyeron las imágenes de Asera, y derribaron los lugares altos y los altares por todo Judá y Benjamín, y también en Efraín y Manasés, hasta acabarlo todo. Después se volvieron todos los hijos de Israel, cada uno a su posesión y a sus ciudades.

2 Y arregló Ezequías ^olos grupos de los sacerdotes y de los levitas conforme a sus porciones, cada uno según su oficio, los sacerdotes y los levitas ^ppara el holocausto y las ofrendas de paz, para que ministrasen, para que diesen gracias y alabasen en las puertas de los atrios de Jehová.

Ezequías buscó a Dios de todo corazón

3 La contribución del rey de su hacienda, era holocaustos [a]a mañana y tarde, y holocaustos para los sábados, lunas nuevas y fiestas solemnes, como *está* escrito en la ley de Jehová.

4 Mandó también al pueblo que habitaba en Jerusalén, [b]que diesen la porción a los sacerdotes y a los levitas, para [d]que se esforzasen en [e]la ley de Jehová.

5 Y como este edicto fue divulgado, los hijos de Israel dieron muchas primicias de grano, vino, aceite, miel y de todos los frutos de la tierra; trajeron asimismo los diezmos de todas las *cosas* en abundancia.

6 También los hijos de Israel y de Judá, que habitaban en las ciudades de Judá, dieron del mismo modo los diezmos de las vacas y de las ovejas: y trajeron [f]los diezmos de lo santificado, de las cosas que habían prometido a Jehová, su Dios, y *los* pusieron por montones.

7 En el mes tercero comenzaron a formar aquellos montones, y en el mes séptimo acabaron.

8 Y Ezequías y los príncipes vinieron a ver los montones, y bendijeron a Jehová, y a su pueblo Israel.

9 Y preguntó Ezequías a los sacerdotes y a los levitas acerca de los montones.

10 Y Azarías, sumo sacerdote de [h]la casa de Sadoc, le respondió: Desde que comenzaron a traer la ofrenda a la casa de Jehová, hemos comido y nos hemos saciado, y nos ha sobrado mucho: porque Jehová ha bendecido su pueblo, y ha quedado *esta* gran provisión.

11 Entonces mandó Ezequías que preparasen [i]cámaras en la casa de Jehová; y *las* prepararon.

12 Y fielmente metieron en *ellas* las ofrendas, los diezmos y las *cosas* consagradas, sobre las cuales el levita Conanías, [j]era el principal, y Simeí su hermano *era* el segundo.

13 Y Jehiel, Azazías, Nahat, Asael, Jerimot, Jozabad, Eliel, Ismaquías, Mahat y Benaía, *fueron* los mayordomos bajo la mano de Conanías y de Simeí su hermano, por mandamiento del rey Ezequías, y Azarías *era* el príncipe de la casa de Dios.

a Nm 28:3-8
b Nm 18:8
  Neh 13:10
c Jos 21:9-19
d cp 35:2
e Esd 7:10

f Lv 27:30
  Dt 14:28

g Lv 25:31

h 1 Cr 6:8

i Éx 15:21

j cp 35:9
  Neh 13:13
k 2 Re 18:13
  Is 36:1

2 CRÓNICAS 32

14 Y Coré, hijo del levita Imna, guarda de la puerta oriental, estaba a cargo de las ofrendas voluntarias para Dios, y de distribuir las ofrendas dedicadas a Jehová, y de todo lo que se santificaba.

15 Y a su mano *estaban* Edén, Miniamín, Jesúa, Semaías, Amarías, y Secanías, en [c]las ciudades de los sacerdotes, para dar con fidelidad a sus hermanos sus porciones conforme a sus grupos, así al mayor como al menor,

16 a los varones según sus genealogías, de tres años arriba, a todos los que entraban en la casa de Jehová, su porción diaria por su ministerio según sus cargos y grupos.

17 También a los que eran contados entre los sacerdotes por las familias de sus padres, y a los levitas de edad de veinte años arriba, conforme a sus cargos y grupos;

18 Asimismo a los de su generación con todos sus niños, sus esposas, sus hijos e hijas, de toda la congregación; porque con fidelidad se consagraban a las cosas santas.

19 Del mismo modo en orden a los hijos de Aarón, sacerdotes, que *estaban* en [g]los ejidos de sus ciudades, por todas las ciudades, los varones nombrados tenían cargo de dar sus porciones a todos los varones de entre los sacerdotes, y a todo el linaje de los levitas.

20 De esta manera hizo Ezequías en todo Judá; y ejecutó lo bueno, recto, y verdadero, delante de Jehová su Dios.

21 En todo cuanto comenzó en el servicio de la casa de Dios, y en la ley y mandamientos, buscó a su Dios, y *lo* hizo de todo corazón, y fue prosperado.

CAPÍTULO 32

Después de [k]estas cosas y de esta fidelidad, vino Senaquerib, rey de los asirios, e invadió a Judá, y acampó contra las ciudades fortificadas, con la intención de conquistarlas.

2 Viendo, pues, Ezequías que Senaquerib había venido, y que se había propuesto combatir a Jerusalén,

3 tuvo consejo con sus príncipes y con sus valientes, para cegar las fuentes de las aguas que *estaban* fuera de la ciudad; y ellos le apoyaron.

4 Entonces se juntó mucho pueblo, y cegaron todas las fuentes, y el arroyo que corría a través del territorio, diciendo: ¿Por qué han de hallar los reyes de Asiria muchas aguas cuando vinieren?

5 Se animó así Ezequías, y [a]edificó todos los muros caídos, e hizo levantar las torres, y otro muro por fuera; fortificó además a Milo *en* la ciudad de David, e hizo muchas espadas y escudos.

6 Y puso capitanes de guerra sobre el pueblo, y los reunió así en la plaza de la puerta de la ciudad, y les habló a su corazón, diciendo:

7 [c]Esforzaos y sed valientes; no temáis, ni tengáis miedo del rey de Asiria, ni de toda su multitud que con él viene; porque [d]más hay con nosotros que con él.

8 Con él *está* [f]el brazo de carne, mas [g]con nosotros *está* Jehová, nuestro Dios, para ayudarnos y pelear nuestras batallas. Y el pueblo tuvo confianza en las palabras de Ezequías, rey de Judá.

9 [h]Después de esto Senaquerib, rey de los asirios (estando él sobre Laquis y con él todas sus fuerzas), envió sus siervos a Jerusalén, para decir a Ezequías, rey de Judá, y a todos los de Judá que *estaban* en Jerusalén:

10 Así ha dicho Senaquerib, rey de los asirios: ¿En quién confiáis vosotros que permanecéis sitiados en Jerusalén?

11 ¿No os engaña Ezequías para entregaros a morir de hambre y de sed, diciendo: Jehová nuestro Dios nos librará de la mano del rey de Asiria?

12 [m]¿No es el mismo Ezequías quien ha quitado sus lugares altos y sus altares, y dijo a Judá y a Jerusalén: Delante de este solo altar adoraréis, y sobre él quemaréis incienso?

13 ¿No sabéis lo que yo y mis padres hemos hecho a todos los pueblos de la tierra? [o]¿Pudieron los dioses de las naciones de aquellas tierras librar su tierra de mi mano?

14 ¿Qué dios *hubo* de entre todos los dioses de aquellas naciones que destruyeron mis padres, que pudiese salvar su pueblo de mi mano, para que pueda vuestro Dios libraros de mi mano?

15 Ahora, pues, no os engañe Ezequías, ni os persuada tal cosa, ni le creáis; que si ningún dios de todas aquellas naciones y reinos pudo librar su pueblo de mis manos, y de las manos de mis padres, ¿cuánto menos vuestro Dios os podrá librar de mi mano?

16 Y otras cosas *más* hablaron sus siervos contra Jehová Dios, y contra su siervo Ezequías.

17 [b]Además de esto escribió cartas en que blasfemaba a Jehová, el Dios de Israel, y hablaba contra Él, diciendo: Como los dioses de las naciones de *otras* tierras no pudieron librar a su pueblo de mis manos, tampoco el Dios de Ezequías librará a su pueblo de mis manos.

18 Y [e]gritaron a gran voz en judaico al pueblo de Jerusalén que *estaba* en los muros, para espantarlos y atemorizarlos, para tomar la ciudad.

19 Y hablaron contra el Dios de Jerusalén, como contra los dioses de los pueblos de la tierra, obra de manos de hombres.

20 Mas [i]el rey Ezequías, y [j]el profeta Isaías, hijo de Amoz, oraron por esto, y clamaron al cielo.

21 Y [k]Jehová envió un ángel, el cual hirió a todo valiente y esforzado, y a los jefes y capitanes en el campamento del rey de Asiria. Se volvió por tanto [l]con vergüenza de rostro a su tierra; y entrando en el templo de su dios, allí lo mataron a espada los que habían salido de sus entrañas.

22 Así salvó Jehová a Ezequías y a los moradores de Jerusalén de las manos de Senaquerib, rey de Asiria, y de las manos de todos; y los condujo por todas partes.

23 Y muchos trajeron ofrenda a Jehová a Jerusalén, y ricos dones a Ezequías, rey de Judá; y fue muy grande delante de todas las naciones después de esto.

24 [n]En aquel tiempo Ezequías enfermó de muerte; y oró a Jehová, el cual le respondió y le dio una señal.

25 Mas Ezequías [p]no pagó conforme al bien que le había *sido hecho*;

Reinado de Manasés

antes se enalteció su corazón, y la ira vino contra él y contra Judá y Jerusalén.

26 Pero Ezequías, después de haberse enaltecido su corazón, se humilló, él y los moradores de Jerusalén; y no vino sobre ellos la ira de Jehová en ªlos días de Ezequías.

27 Y Ezequías tenía muchas riquezas y honra; y se hizo depósitos para la plata, el oro, las piedras preciosas, los perfumes, los escudos y para toda clase de alhajas preciosas.

28 Asimismo depósitos para las rentas del grano, del vino y del aceite; establos para toda clase de bestias y apriscos para los ganados.

29 Se hizo también de ciudades y de rebaños de ovejas y de vacas en gran abundancia; porque Dios le había dado muchas posesiones.

30 ᶜEste Ezequías tapó los manaderos de las aguas de Gihón la de arriba, y las encaminó abajo al occidente de la ciudad de David. Y fue prosperado Ezequías en todo lo que hizo.

31 Pero en lo de los embajadores de los príncipes de Babilonia, que enviaron a él para saber del ᵈprodigio que había *acaecido* en aquella tierra, Dios lo dejó, ᵉpara probarle, para saber todo lo que *había* en su corazón.

32 Los demás hechos de Ezequías, y sus misericordias, he aquí *están* escritos en ᶠla profecía del profeta Isaías, hijo de Amoz, en ᵍel libro de los reyes de Judá y de Israel.

33 Y durmió Ezequías con sus padres, y lo sepultaron en los más insignes sepulcros de los hijos de David, honrándole en su muerte todo Judá y los de Jerusalén. Y Manasés su hijo reinó en su lugar.

CAPÍTULO 33

Doce años *tenía* ⁱManasés cuando comenzó a reinar, y cincuenta y cinco años reinó en Jerusalén.

2 Mas hizo lo malo ante los ojos de Jehová, conforme a las abominaciones de las naciones que Jehová había echado de delante de los hijos de Israel.

3 Porque él reedificó los lugares altos que Ezequías su padre había derribado, y levantó altares a los Baales, e hizo imágenes de Asera, y adoró a todo el ejército del cielo y les sirvió.

4 Edificó también altares en la casa de Jehová, de la cual había dicho Jehová: En Jerusalén será mi nombre perpetuamente.

5 Edificó asimismo altares a todo el ejército del cielo en los dos atrios de la casa de Jehová.

6 Y pasó sus hijos por fuego en ᵇel valle del hijo de Hinom; y observaba los tiempos, miraba en agüeros, era dado a adivinaciones, y consultaba adivinos y encantadores; hizo mucho mal ante los ojos de Jehová, provocándole a ira.

7 Además de esto puso una imagen de fundición que hizo, en la casa de Dios, de la cual había dicho Dios a David y a Salomón su hijo: En esta casa y en Jerusalén, la cual yo elegí sobre todas las tribus de Israel, pondré mi nombre para siempre:

8 Y nunca más quitaré el pie de Israel de la tierra que yo entregué a vuestros padres, a condición que guarden y hagan todas las cosas que yo les he mandado, toda la ley, estatutos, y ordenanzas, por mano de Moisés.

9 Y Manasés hizo que Judá y los moradores de Jerusalén se desviaran, para hacer más mal que las naciones que Jehová destruyó delante de los hijos de Israel.

10 Y habló Jehová a Manasés y a su pueblo, pero ellos no escucharon;

11 por lo cual ʰJehová trajo contra ellos los generales del ejército del rey de los asirios, los cuales aprisionaron con grillos a Manasés, y atado con cadenas lo llevaron a Babilonia.

12 Mas luego que fue puesto en angustias, oró a Jehová su Dios, humillado grandemente en la presencia del Dios de sus padres.

13 Y habiendo orado a Él, fue atendido de Él, pues oyó su oración, y lo volvió a Jerusalén, a su reino. Entonces conoció Manasés que Jehová *era* Dios.

14 Después de esto edificó el muro de afuera de la ciudad de David, al occidente de Gihón, en ʲel valle, hasta la entrada de ᵏla puerta del Pescado; y amuralló Ofel, y levantó

el muro muy alto; y puso capitanes del ejército en todas las ciudades fortificadas de Judá.

15 También quitó ªlos dioses ajenos, y sacó ᵇel ídolo de la casa de Jehová, y todos los altares que había edificado en el monte de la casa de Jehová y en Jerusalén, y *los* echó fuera de la ciudad.

16 Reparó luego el altar de Jehová, y sacrificó sobre él sacrificios de ofrendas de paz y de alabanza; y mandó a Judá que sirviesen a Jehová, el Dios de Israel.

17 Pero ᵉel pueblo aún sacrificaba en los lugares altos, *aunque* sólo a Jehová su Dios.

18 Los demás hechos de Manasés, y su oración a su Dios, y las palabras de ᵍlos videntes que le hablaron en nombre de Jehová, el Dios de Israel, he aquí, *están* escritos en los hechos de los reyes de Israel.

19 Su oración también, y cómo fue oído, todos sus pecados y su prevaricación, los sitios donde edificó lugares altos y levantó imágenes de Asera e ídolos antes de humillarse, he aquí, estas cosas *están* escritas en las palabras de los videntes.

20 Y ʲdurmió Manasés con sus padres, y lo sepultaron en su casa; y Amón su hijo reinó en su lugar.

21 ˡVeintidós años *tenía* Amón cuando comenzó a reinar, y dos años reinó en Jerusalén.

22 E hizo lo malo ante los ojos de Jehová, como había hecho Manasés su padre: porque a todos los ídolos que su padre Manasés había hecho, sacrificó y sirvió Amón.

23 Pero nunca se humilló delante de Jehová, ⁿcomo se humilló Manasés su padre; antes bien Amón aumentó el pecado.

24 Y conspiraron contra él sus siervos, y lo mataron en su casa.

25 Mas el pueblo de la tierra mató a todos los que habían conspirado contra el rey Amón; y el pueblo de la tierra puso por rey en su lugar a Josías su hijo.

CAPÍTULO 34

Ocho años *tenía* ᵖJosías cuando comenzó a reinar, y treinta y un años reinó en Jerusalén.

a vers 3,5
b ver 7

c cp 33:16-21

d 2 Re 23:4

e cp 32:12
f cp 14:5

g 2 Sm 24:11
h 2 Re 23:6

i 1 Re 13:2
2 Re 23:20

j 2 Re 21:18
k Dt 9:21

l 2 Re 21:19-24
m hasta 28
2 Re 22:3-20

n ver 12
o Cp 35:8

p 2 Re 22:1-2

2 Éste hizo lo recto ante los ojos de Jehová, y anduvo en los caminos de David su padre, sin apartarse ni a la derecha ni a la izquierda.

3 A los ocho años de su reinado, siendo aún muchacho, comenzó a buscar al Dios de David su padre; y a los doce años comenzó a limpiar a Judá y a Jerusalén de ᶜlos lugares altos, de las imágenes de Asera, de las esculturas y de las imágenes de fundición.

4 Y ᵈderribaron delante de él los altares de los Baales, e hizo pedazos ᶠlas imágenes del sol, que *estaban* puestas encima; despedazó también las imágenes de Asera, y las esculturas y estatuas de fundición, y *las* desmenuzó y esparció el polvo ʰsobre los sepulcros de los que las habían sacrificado.

5 ⁱQuemó además los huesos de los sacerdotes sobre sus altares, y limpió a Judá y a Jerusalén.

6 Lo *mismo hizo* en las ciudades de Manasés, Efraín y Simeón, hasta en Neftalí, con sus lugares asolados alrededor.

7 Y cuando hubo derribado los altares y las imágenes de Asera, y ᵏquebrado y desmenuzado las esculturas, y destruido todos los ídolos por toda la tierra de Israel, se volvió a Jerusalén.

8 ᵐA los dieciocho años de su reinado, después de haber limpiado la tierra, y la casa, envió a Safán, hijo de Azalías, y a Maasías gobernador de la ciudad y a Joah, hijo de Joacaz el cronista, para que reparasen la casa de Jehová su Dios.

9 Los cuales vinieron a ᵒHilcías, el sumo sacerdote, y le entregaron el dinero que había sido traído a la casa de Jehová, que los levitas que guardaban la puerta habían recogido de mano de Manasés y de Efraín y de todo el remanente de Israel, y de todo Judá y Benjamín; y volvieron a Jerusalén.

10 Y *lo* entregaron en mano de los que hacían la obra, que eran mayordomos en la casa de Jehová; los cuales lo daban a los que hacían la obra y trabajaban en la casa de Jehová, para reparar y restaurar el templo.

Hacen pacto de servir a Jehová

11 Daban asimismo a los carpinteros y albañiles para que comprasen piedra de cantería, y madera para las uniones, y para la entabladura de las casas, las cuales habían destruido los reyes de Judá.

12 Y estos hombres procedían con fidelidad en la obra; y *eran* sus mayordomos Jahat y Abdías, levitas de los hijos de Merari; y Zacarías y Mesulam de los hijos de Coat, para que activasen *la obra*; y de los levitas, todos los entendidos en instrumentos de música.

13 También velaban sobre [b]los cargadores y *eran* mayordomos de los que se ocupaban en cualquier clase de obra; y de los levitas había [c]escribas, [d]oficiales y porteros.

14 Y al sacar el dinero que había sido traído a la casa de Jehová, Hilcías el sacerdote halló el libro de la ley de Jehová *dada* por medio de Moisés.

15 Y dando cuenta Hilcías, dijo a Safán el escriba: Yo he hallado el libro de la ley en la casa de Jehová. Y dio Hilcías el libro a Safán.

16 Y Safán lo llevó al rey, y le contó el asunto, diciendo: Tus siervos han cumplido todo lo que les fue dado a cargo.

17 Han reunido el dinero que se halló en la casa de Jehová, y lo han entregado en mano de los supervisores, y en mano de los que hacen la obra.

18 Además de esto, declaró el escriba Safán al rey, diciendo: El sacerdote Hilcías me dio un libro. Y leyó Safán en él delante del rey.

19 Y luego que el rey oyó las palabras de la ley, rasgó sus vestiduras;

20 y [f]mandó a Hilcías y a Ahicam, hijo de Safán, y a Abdón, hijo de Micaía, y a Safán el escriba, y a Asaías, siervo del rey, diciendo:

21 Andad, y consultad a Jehová por mí, y por el remanente de Israel y de Judá, acerca de las palabras del libro que se ha hallado; porque grande *es* el furor de Jehová que ha caído sobre nosotros, por cuanto nuestros padres no guardaron la palabra de Jehová, para hacer conforme a todo lo que está escrito en este libro.

22 Entonces Hilcías y *los* del rey fueron a la profetisa Hulda, esposa de Salum, hijo de Ticva, hijo de [a]Hasra, guarda de las vestimentas, la cual moraba en Jerusalén, en la Casa de la doctrina, y hablaron con ella acerca de estas *palabras*.

23 Y ella respondió: Jehová, el Dios de Israel, dice así: Decid al varón que os ha enviado a mí:

24 Así dice Jehová: He aquí yo traigo mal sobre este lugar y sobre sus moradores, y todas las maldiciones que están escritas en el libro que leyeron delante del rey de Judá:

25 Por cuanto me han dejado, y han quemado incienso a dioses ajenos, provocándome a ira con todas las obras de sus manos; por tanto mi furor se derramará sobre este lugar, y no se apagará.

26 Mas al rey de Judá, que os ha enviado a consultar a Jehová, así le diréis: Jehová, el Dios de Israel, dice así: Por cuanto oíste las palabras del libro,

27 y tu corazón se enterneció, y te humillaste delante de Dios al oír sus palabras sobre este lugar, y sobre sus moradores, y te humillaste delante de mí, y rasgaste tus vestiduras, y lloraste en mi presencia, yo también *te* he oído, dice Jehová.

28 He aquí que yo te recogeré con tus padres, y serás recogido en tus sepulcros en paz, y tus ojos no verán todo el mal que yo traigo sobre este lugar y sobre sus moradores. Y ellos refirieron al rey la respuesta.

29 [e]Entonces el rey envió y reunió a todos los ancianos de Judá y de Jerusalén.

30 Y subió el rey a la casa de Jehová, y con él todos los varones de Judá, y los moradores de Jerusalén, y los sacerdotes, y los levitas, y todo el pueblo desde el mayor hasta el más pequeño; y leyó a oídos de ellos todas las palabras del libro del pacto que había sido hallado en la casa de Jehová.

31 Y estando el rey [g]en pie en su sitio, hizo pacto delante de Jehová, de caminar en pos de Jehová y de guardar sus mandamientos, sus testimonios y sus estatutos, con todo su corazón y con toda su alma, poniendo por obra las palabras del pacto que estaban escritas en aquel libro.

2 CRÓNICAS 35

32 E hizo que se obligaran a ello todos los que estaban en Jerusalén y en Benjamín; y los moradores de Jerusalén hicieron conforme al pacto de Dios, del Dios de sus padres.

33 Y quitó Josías todas las abominaciones de todas las tierras de los hijos de Israel, e hizo a todos los que se hallaban en Israel que sirviesen a Jehová su Dios. No se apartaron de en pos de Jehová, el Dios de sus padres, todo el tiempo que él vivió. ᵃ

a cp 30:16

CAPÍTULO 35

Y Josías ᵇcelebró la pascua a Jehová en Jerusalén, y sacrificaron la pascua ᶜa los catorce del mes primero.

2 Y puso a los sacerdotes en sus cargos, y los confirmó en el ministerio de la casa de Jehová.

3 Y dijo a los levitas ᵈque enseñaban a todo Israel, y que estaban dedicados a Jehová: Poned el arca del santuario en la casa que edificó Salomón hijo de David, rey de Israel, para que no la carguéis más sobre los hombros. Ahora serviréis a Jehová vuestro Dios, y a su pueblo Israel.

4 Preparaos ᶠsegún las familias de vuestros padres, por vuestros grupos, conforme a lo escrito por David, rey de Israel, y lo escrito por Salomón, su hijo.

5 Estad en el santuario según la distribución de las familias de vuestros hermanos los hijos del pueblo, y *según* la división de la familia de los levitas.

6 Sacrificad la pascua, y santificaos, preparad a vuestros hermanos para que hagan conforme a la palabra de Jehová dada por mano de Moisés.

7 Y el rey Josías dio a los del pueblo ovejas, corderos y cabritos de los rebaños, en número de treinta mil, y tres mil bueyes, todo para la pascua, para todos los que se hallaban presentes; esto de la hacienda del rey.

8 También sus príncipes dieron con liberalidad al pueblo, a los sacerdotes y a los levitas. ⁱHilcías,

b 2 Re 23:21
c Éx 12:6
Esd 6:19

d cp 15:3
17:8-9
y 30:22
Dt 33:10
e Éx 12:8-9
Dt 16:7

f 1 Cr 9:9

g 1 Cr 25:1

h 1 Cr 9:17-18
y 26:13

i cp 34:9

Celebran la pascua de Jehová

Zacarías y Jehiel, príncipes de la casa de Dios, dieron a los sacerdotes para hacer la pascua dos mil seiscientas *ovejas*, y trescientos bueyes.

9 Asimismo Conanías, y Semaías y Natanael sus hermanos, y Hasabías, Jeiel y Jozabad, príncipes de los levitas, dieron a los levitas para los sacrificios de la pascua cinco mil *ovejas*, y quinientos bueyes.

10 Aprestado así el servicio; los sacerdotes ᵃse colocaron en sus puestos, y los levitas en sus órdenes, conforme al mandamiento del rey.

11 Y sacrificaron la pascua; y los sacerdotes esparcían *la sangre* tomada de mano de los levitas y los levitas desollaban.

12 Tomaron luego del holocausto, para dar conforme a los repartimientos por las familias de los del pueblo, a fin de que ofreciesen a Jehová, según *está* escrito en el libro de Moisés; y asimismo *tomaron* de los bueyes.

13 ᵉY asaron la pascua al fuego según la costumbre; mas lo que había sido santificado lo cocieron en ollas, en calderos y calderas, y lo repartieron prestamente a todo el pueblo.

14 Y después prepararon para sí y para los sacerdotes; porque los sacerdotes, hijos de Aarón, *estuvieron* ocupados hasta la noche en el sacrificio de los holocaustos y de las grosuras; por tanto, los levitas prepararon para sí y para los sacerdotes, hijos de Aarón.

15 Asimismo los cantores hijos de Asaf *estaban* en su puesto, conforme al ᵍmandamiento de David, y Asaf, y Hemán, y Jedutún, el vidente del rey; también los porteros *estaban* ʰa cada puerta; y no era necesario que se apartasen de su ministerio, porque sus hermanos los levitas preparaban para ellos.

16 Así fue preparado todo el servicio de Jehová en aquel día, para celebrar la pascua, y sacrificar los holocaustos sobre el altar de Jehová, conforme al mandamiento del rey Josías.

17 Y los hijos de Israel que estaban presentes celebraron la pascua en

Reinado de Joacaz

aquel tiempo, y la fiesta de ᵃlos panes sin levadura, por siete días.

18 ᵇNunca fue celebrada una pascua como ésta en Israel desde los días del profeta ᵈSamuel; ni ningún rey de Israel celebró una pascua como la que celebró el rey Josías, los sacerdotes, los levitas y todo Judá e Israel, los que estaban presentes, juntamente con los moradores de Jerusalén.

19 Esta pascua fue celebrada en el año dieciocho del rey Josías.

20 ᵉDespués de todas estas cosas, cuando Josías hubo preparado el templo, Necao, rey de Egipto, subió para hacer guerra en ᶠCarquemis junto al Éufrates; y Josías salió contra él.

21 Y él le envió embajadores, diciendo: ¿Qué tengo yo contigo, rey de Judá? Yo no *vengo* contra ti hoy, sino contra la casa que me hace guerra; y Dios me ha dicho que me apresure. Deja de *meterte* con Dios, quien *está* conmigo, no sea que Él te destruya.

22 Mas Josías no volvió su rostro de él, antes se disfrazó para darle batalla, y no atendió a las palabras de Necao, que eran de boca de Dios; y vino a darle la batalla en el valle de Meguido.

23 Y los arqueros tiraron contra el rey Josías; y el rey dijo a sus siervos: Quitadme de aquí, porque estoy gravemente herido.

24 Entonces sus siervos lo quitaron de aquel carro, y lo pusieron en el segundo carro que él tenía, y lo llevaron a Jerusalén, y murió; y lo sepultaron en los sepulcros de sus padres. ˡY todo Judá y Jerusalén hicieron duelo por Josías.

25 Y ᵐendechó Jeremías por Josías, y todos ⁿlos cantores y cantoras recitan sus lamentaciones sobre Josías hasta hoy; y las dieron por norma para endechar en Israel, las cuales *están* escritas en las Lamentaciones.

26 Los demás hechos de Josías, y sus obras piadosas, conforme a lo que *está* escrito en la ley de Jehová,

27 y sus hechos, primeros y postreros, he aquí están escritos en el libro de los reyes de Israel y de Judá.

a Esd 6:22
b 2 Re 23:22
c 2 Re 23:30
d cp 30:13-27

e 2 Re 23:29

f Is 10:9
Jer 46:2

g 2 Re 23:36

h 2 Re 24:13
Esd 1:7

i 2 Re 24:8-9

j 2 Sm 11:1
k 2 Re 24:10
l Zac 12:11

m Lm 4:20
n 2 Sm 19:35
Esd 2:65
Neh 7:67
Mt 9:23

o Jer 21:1-7
27:12-28
32:1-5 37:1-10
y 38:14-28
p Ez 17:18

CAPÍTULO 36

Entonces ᶜel pueblo de la tierra tomó a Joacaz, hijo de Josías y lo hicieron rey en lugar de su padre en Jerusalén.

2 Veintitrés años *tenía* Joacaz cuando comenzó a reinar, y tres meses reinó en Jerusalén.

3 Y el rey de Egipto lo quitó de Jerusalén, y condenó la tierra a pagar cien talentos de plata y un talento de oro.

4 Y el rey de Egipto estableció a Eliaquim, hermano de *Joacaz*, por rey sobre Judá y Jerusalén, y le cambió el nombre en Joacim; y Necao tomó a Joacaz, su hermano, y lo llevó a Egipto.

5 Veinticinco años *tenía* Joacim ᵍcuando comenzó a reinar, y reinó once años en Jerusalén; e hizo lo malo ante los ojos de Jehová su Dios.

6 Y subió contra él Nabucodonosor, rey de Babilonia, y atado con cadenas lo llevó a Babilonia.

7 ʰTambién llevó Nabucodonosor a Babilonia de los vasos de la casa de Jehová, y los puso en su templo en Babilonia.

8 Los demás hechos de Joacim, y las abominaciones que hizo, y lo que en él se halló, he aquí *están* escritos en el libro de los reyes de Israel y de Judá: y Joaquín su hijo reinó en su lugar.

9 Ocho años *tenía* ⁱJoaquín cuando comenzó a reinar, y reinó tres meses y diez días en Jerusalén; e hizo lo malo ante los ojos de Jehová.

10 ʲA la vuelta del año ᵏel rey Nabucodonosor envió, y lo hizo llevar a Babilonia juntamente con los vasos preciosos de la casa de Jehová; y estableció a Sedequías su hermano por rey sobre Judá y Jerusalén.

11 Veintiún años *tenía* Sedequías cuando comenzó a reinar, y once años reinó en Jerusalén.

12 E hizo lo malo ante los ojos de Jehová su Dios, y no se humilló delante del profeta ᵒJeremías, que le *hablaba* de parte de Jehová.

13 También ᵖse rebeló contra Nabucodonosor, el cual le había hecho jurar por Dios; y endureció su cerviz y obstinó su corazón para no volverse a Jehová, el Dios de Israel.

ESDRAS 1

14 Y también todos los príncipes de los sacerdotes, y el pueblo, aumentaron la prevaricación, siguiendo todas las abominaciones de las naciones, y contaminando la casa de Jehová, la cual Él había santificado en Jerusalén.

15 Y Jehová, el Dios de sus padres, envió a ellos por medio de sus mensajeros, levantándose de mañana y enviando; porque Él tenía misericordia de su pueblo, y de su habitación.

16 Mas ellos hacían escarnio de los mensajeros de Dios, y menospreciaban sus palabras, ᵉburlándose de sus profetas, hasta que subió el furor de Jehová contra su pueblo, y ya no *hubo* remedio.

17 Por lo cual trajo contra ellos al rey de los caldeos, que ᵍmató a espada a sus jóvenes en la casa de su santuario, sin perdonar joven, ni doncella, ni viejo, ni decrépito; todos *los* entregó en sus manos.

18 ʰAsimismo todos los utensilios de la casa de Dios, grandes y chicos, los tesoros de la casa de Jehová y los tesoros del rey y de sus príncipes, todo *lo* llevó a Babilonia.

19 Y ⁱquemaron la casa de Dios, y

Reinado de Ciro, rey de Persia

rompieron el muro de Jerusalén, y consumieron a fuego todos sus palacios, y destruyeron todos sus vasos preciosos.

20 Los que escaparon de la espada, fueron llevados cautivos a Babilonia; y ᵃfueron siervos de él y de sus hijos, hasta que vino el reino de Persia;

21 para que se cumpliese la palabra de Jehová ᵇpor la boca de Jeremías, hasta que la tierra hubo gozado ᶜsus sábados; *porque* todo el tiempo de su asolamiento ᵈguardó el sábado, hasta que los setenta años fueron cumplidos.

22 ᶠMas al primer año de Ciro, rey de Persia, para que se cumpliese la palabra de Jehová por boca de Jeremías, Jehová excitó el espíritu de Ciro, rey de Persia, el cual hizo pasar pregón por todo su reino, y también por escrito, diciendo:

23 Así dice Ciro, rey de Persia: Jehová, el Dios de los cielos, me ha dado todos los reinos de la tierra; y Él me ha encargado que le edifique casa en Jerusalén, que *es* en Judá. ¿Quién *hay* de vosotros de todo su pueblo? Jehová su Dios *sea* con él, y suba.

a Jer 27:7

b Jer 25:9
c Lv 26:34-43

d Lv 25:4-5

e Mt 23:34
f Esd 1:1-3

g Sal 78:63
y 79:2-3

h 2 Re 25:13

i 2 Re 25:9
Sal 74:6-7
y 79:1

Libro De
ESDRAS

CAPÍTULO 1

En el primer año de Ciro, rey de Persia, para que se cumpliese la palabra de Jehová ᵃpor boca de Jeremías, Jehová despertó el espíritu de Ciro, rey de Persia, el cual hizo pregonar por todo su reino, y *lo puso* también por escrito, diciendo:

2 Así ha dicho Ciro, rey de Persia: Jehová, el Dios de los cielos, me ha dado todos los reinos de la tierra, y ᵇme ha mandado que le edifique casa en Jerusalén, que *está* en Judá.

3 ¿Quién hay entre vosotros de todo su pueblo? Sea Dios con él, y suba a Jerusalén que está en Judá, y edifique la casa a Jehová, el Dios de Israel ᶜ(Él es el Dios), la cual está en Jerusalén.

a 2 Cr 36:22
Jer 25:12-13

b Is 44:28
y 45:1-13

c Dn 6:26
d cp 5:14
y 6:5

4 Y a cualquiera que hubiere quedado de todos los lugares donde peregrinare, los hombres de su lugar ayúdenle con plata y oro, bienes y ganado; además de ofrendas voluntarias para la casa de Dios, la cuál está en Jerusalén.

5 Entonces se levantaron los jefes de las familias de Judá y de Benjamín, y los sacerdotes y levitas, todos aquellos cuyo espíritu despertó Dios para subir a edificar la casa de Jehová, la cual está en Jerusalén.

6 Y todos los que estaban en sus alrededores corroboraron las manos de ellos con vasos de plata, con oro, con bienes y ganado, y con cosas preciosas, además de todo lo que se ofreció voluntariamente.

7 Y ᵈel rey Ciro sacó los vasos de la casa de Jehová que Nabucodonosor

Familias que regresan del cautiverio

ªse había llevado de Jerusalén y había puesto en la casa de sus dioses.

8 Los sacó, pues, Ciro, rey de Persia, por mano de Mitrídates, ᵇel tesorero, el cual los dio por cuenta a Sesbasar, príncipe de Judá.

9 Y ésta es la cuenta de ellos; treinta tazones de oro, mil tazones de plata, veintinueve cuchillos,

10 treinta tazas de oro, otras cuatrocientas diez tazas de plata, y otros mil vasos.

11 Todos los vasos de oro y de plata *fueron* cinco mil cuatrocientos. Todos los hizo llevar Sesbasar con los que subieron del cautiverio de Babilonia a Jerusalén.

CAPÍTULO 2

Y éstos *son* los hijos de la provincia ᶠque subieron de la cautividad, de los desterrados que Nabucodonosor, rey de Babilonia, ᵍhabía llevado cautivos a Babilonia, y que volvieron a Jerusalén y a Judá, cada uno a su ciudad;

2 los cuales vinieron con Zorobabel, Jesúa, Nehemías, ʰSeraías, Reelaías, Mardoqueo, Bilsán, Mispar, Bigvai, Rehum y Baana. La cuenta de los varones del pueblo de Israel:

3 Los hijos de Paros, dos mil ciento setenta y dos.

4 Los hijos de Sefatías, trescientos setenta y dos.

5 Los hijos de Ara, setecientos setenta y cinco.

6 Los hijos de Pahat-moab, de los hijos de Jesúa y de Joab, dos mil ochocientos doce.

7 Los hijos de Elam, mil doscientos cincuenta y cuatro.

8 Los hijos de Zatu, novecientos cuarenta y cinco.

9 Los hijos de Zacai, setecientos sesenta.

10 Los hijos de ⁱBani, seiscientos cuarenta y dos.

11 Los hijos de Bebai, seiscientos veintitrés.

12 Los hijos de Azgad, mil doscientos veintidós.

13 Los hijos de Adonicam, seiscientos sesenta y seis.

14 Los hijos de Bigvai, dos mil cincuenta y seis.

15 Los hijos de Adín, cuatrocientos cincuenta y cuatro.

16 Los hijos de Ater, de Ezequías, noventa y ocho.

17 Los hijos de Besai, trescientos veintitrés.

18 Los hijos de ᶜJora, ciento doce.

19 Los hijos de Hasum, doscientos veintitrés.

20 Los hijos de ᵈGibar, noventa y cinco.

21 Los hijos de Belén, ciento veintitrés;

22 Los varones de Netofa, cincuenta y seis.

23 Los varones de Anatot, ciento veintiocho.

24 Los hijos de ᵉAzmavet, cuarenta y dos.

25 Los hijos de Quiriat-jearim, Cefira, y Beerot, setecientos cuarenta y tres.

26 Los hijos de Ramá y Geba, seiscientos veintiuno.

27 Los varones de Micmas, ciento veintidós.

28 Los varones de Betel y Hai, doscientos veintitrés.

29 Los hijos de Nebo, cincuenta y dos.

30 Los hijos de Magbis, ciento cincuenta y seis.

31 Los hijos del otro Elam, mil doscientos cincuenta y cuatro.

32 Los hijos de Harim, trescientos veinte.

33 Los hijos de Lod, Hadid, y Ono, setecientos veinticinco.

34 Los hijos de Jericó, trescientos cuarenta y cinco.

35 Los hijos de Senaa, tres mil seiscientos treinta.

36 Los sacerdotes; los hijos de Jedaías, de la casa de Jesúa, novecientos setenta y tres.

37 Los hijos de Imer, mil cincuenta y dos.

38 Los hijos de Pasur, mil doscientos cuarenta y siete.

39 Los hijos de Harim, mil diecisiete.

40 Los levitas: los hijos de Jesúa y de Cadmiel, de ʲlos hijos de Odavías, setenta y cuatro.

41 Los cantores; los hijos de Asaf, ciento veintiocho.

42 Los hijos de los porteros: los hijos de Salum, los hijos de Ater,

---

a 2Cr 36:7

b cp 7:21

c Neh 7:24

d Neh 7:25

e Neh 7:28

f hasta 70 Neh 7:6-73
g 2 Re 24:14 y 25:11
2 Cr 36:20

h Neh 7:7

i Neh 7:15

j cp 3:9
Neh 7:43

los hijos de Talmón, los hijos de Acub, los hijos de Hatita, los hijos de Sobai; por todos, ciento treinta y nueve.

43 ᶜLos sirvientes del templo; los hijos de Siha, los hijos de Hasufa, los hijos de Tabaot,

44 los hijos de Queros, los hijos de ᵈSiaha, los hijos de Padón;

45 los hijos de Lebana, los hijos de Hagaba, los hijos de Acub.

46 Los hijos de Hagab, los hijos de ᶠSamlai, los hijos de Hanán.

47 Los hijos de Gidel, los hijos de Gahar, los hijos de Reaías.

48 Los hijos de Rezín, los hijos de Necoda, los hijos de Gazam.

49 Los hijos de Uza, los hijos de Pasea, los hijos de Besai.

50 Los hijos de Asná, los hijos de Meunim, los hijos de ᵍNefusim.

51 Los hijos de Bacbuc, los hijos de Hacufa, los hijos de Harhur.

52 Los hijos de ʰBazlut, los hijos de Mehída, los hijos de Harsa.

53 Los hijos de Barcos, los hijos de Sísara, los hijos de Tema.

54 Los hijos de Nesía, los hijos de Hatifa.

55 Los hijos de los siervos de Salomón; los hijos de Sotai, los hijos de Soferet, los hijos de ˡPeruda.

56 Los hijos de Jaala, los hijos de Darcón, los hijos de Gidel.

57 Los hijos de Sefatías, los hijos de Hatil, los hijos de Poqueret-hazebaim, los hijos de ᵐAmi.

58 Todos los sirvientes del templo, e hijos de los siervos de Salomón, trescientos noventa y dos.

59 Y éstos fueron los que subieron de Tel-mela, Tel-harsa, Querub, ⁿAdán, e Imer, los cuales no pudieron demostrar la casa de sus padres, ni su linaje, si eran de Israel.

60 Los hijos de Delaías, los hijos de Tobías, los hijos de Necoda, seiscientos ᑫcincuenta y dos.

61 Y de los hijos de los sacerdotes: los hijos de Habaías, los hijos de Cos, los hijos de Barzilai, el cual tomó esposa de las hijas de ʳBarzilai galaadita, y fue llamado del nombre de ellas.

62 Éstos buscaron su registro de genealogías, y no fue hallado; y ˣfueron excluidos del sacerdocio.

1 Gobernador
a Lv 22:2-16
b Éx 28:30
c 1 Cr 9:2
d Neh 7:47
e Neh 7:67
f Neh 7:48
g Neh 7:52
h Neh 7:54
i Neh 7:70-72
j 1 Cr 29:7
k Neh 7:23
l Neh 7:57
m Neh 7:59
n Neh 7:61
o Mt 1:12
  Lc 3:27
p Dt 12:5-6
q Neh 7:62
r 2 Sm 17:27
s Nm 28:3-4
t Neh 8:14-17
  Zac 14:16
u Lv 23:34
v Nm 29:12
x Nm 3:10

Se echa el cimiento del templo

63 Y el ˡTirsata les dijo ᵃque no comiesen de las cosas más santas, hasta que hubiese sacerdote con ᵇUrim y Tumim.

64 Toda la congregación, unida como un solo hombre, era de cuarenta y dos mil trescientos sesenta,

65 además de sus siervos y siervas, los cuales eran siete mil trescientos treinta y siete: y tenían ᵉdoscientos cantores y cantoras.

66 Sus caballos eran setecientos treinta y seis; sus mulos, doscientos cuarenta y cinco;

67 sus camellos, cuatrocientos treinta y cinco; asnos, seis mil setecientos veinte.

68 Y algunos de los jefes de los padres, cuando vinieron a la casa de Jehová la cual estaba en Jerusalén, ofrendaron voluntariamente para la casa de Dios, para levantarla en su mismo lugar.

69 Según sus fuerzas dieron al tesorero de la obra ⁱsesenta y un mil ʲdracmas de oro, y cinco mil libras de plata, y cien túnicas sacerdotales.

70 Y ᵏhabitaron los sacerdotes, y los levitas, y los del pueblo, y los cantores, y los porteros y los servidores del templo, en sus ciudades; y todo Israel en sus ciudades.

CAPÍTULO 3

Y cuando llegó el mes séptimo, y los hijos de Israel estaban ya en las ciudades, se reunió el pueblo como un solo hombre en Jerusalén.

2 Entonces se levantó Jesúa, hijo de Josadac, y sus hermanos los sacerdotes, y ᵒZorobabel, hijo de Salatiel, y sus hermanos, y edificaron el altar del Dios de Israel, para ofrecer sobre él holocaustos ᵖcomo está escrito en la ley de Moisés, varón de Dios.

3 Y asentaron el altar sobre sus bases, aunque tenían miedo de los pueblos de las tierras; y ofrecieron sobre él holocaustos a Jehová, holocaustos ˢa la mañana y a la tarde.

4 Celebraron también ᵗla fiesta de los tabernáculos, ᵘcomo está escrito, y ᵛholocaustos cada día por cuenta, conforme a lo establecido para cada día;

Tratan de desanimarlos

5 y a más de esto, ªel holocausto continuo, y las lunas nuevas, y todas ᵇlas fiestas santificadas de Jehová, y todo sacrificio espontáneo, toda ofrenda voluntaria a Jehová.

6 Desde el primer día del mes séptimo comenzaron a ofrecer holocaustos a Jehová; pero los cimientos del templo de Jehová no se habían echado todavía.

7 Y dieron dinero a los albañiles y carpinteros; asimismo ᶜcomida y bebida y aceite a los sidonios y tirios, para que trajesen madera de cedro del Líbano por mar a ᵈJope, ᵉconforme a la voluntad de Ciro rey de Persia acerca de esto.

8 Y en el año segundo de su venida a la casa de Dios en Jerusalén, en el mes segundo, comenzaron Zorobabel, hijo de Salatiel, y Jesúa, hijo de Josadac, y los otros sus hermanos, los sacerdotes y los levitas, y todos los que habían venido de la cautividad a Jerusalén; y pusieron a los levitas de ᵍveinte años arriba para que tuviesen cargo de la obra de la casa de Jehová.

9 Jesúa también, sus hijos y sus hermanos, Cadmiel y sus hijos, hijos de ⁱJudá, como un solo hombre asistían para dar prisa a los que hacían la obra en la casa de Dios: los hijos de Henadad, sus hijos y sus hermanos los levitas.

10 Y cuando los albañiles del templo de Jehová echaban los cimientos, pusieron a los sacerdotes ʲvestidos de sus ropas, ˡcon trompetas, y a los levitas hijos de Asaf con ᵐcímbalos, para que alabasen a Jehová, ⁿsegún la ordenanza de David, rey de Israel.

11 Y ᵒcantaban, alabando y dando gracias a Jehová, y decían: Porque ᵠÉl es bueno, porque para siempre es su misericordia sobre Israel. Y todo el pueblo aclamaba con gran júbilo, alabando a Jehová, porque se echaban los cimientos de la casa de Jehová.

12 Y ʳmuchos de los sacerdotes y de los levitas y de los jefes de los padres, ancianos que habían visto la primera casa, al ver que se echaban los cimientos de esta casa, lloraban en alta voz, mientras muchos otros daban grandes gritos de alegría.

13 Y no podía discernir el pueblo el clamor de los gritos de alegría, de la voz del lloro del pueblo; porque clamaba el pueblo con gran júbilo, y se oía el ruido hasta de lejos.

CAPÍTULO 4

Y cuando los enemigos de Judá y de Benjamín oyeron que los hijos de los de la cautividad edificaban el templo de Jehová, el Dios de Israel,

2 vinieron a Zorobabel, y a los cabezas de los padres, y les dijeron: Permitidnos edificar con vosotros, porque nosotros buscamos a vuestro Dios al igual que vosotros, y a Él hacemos sacrificios desde ᶠlos días de Esar-hadón rey de Asiria, que nos hizo subir aquí.

3 Pero Zorobabel, y Jesúa y los demás cabezas de los padres de Israel les dijeron: No nos conviene edificar con vosotros casa a nuestro Dios, sino que nosotros solos la edificaremos a Jehová, el Dios de Israel, como nos mandó ʰel rey Ciro, rey de Persia.

4 Entonces el pueblo de la tierra debilitaba las manos del pueblo de Judá, atemorizándolo para que no edificara.

5 Y contrataron consejeros contra ellos para frustrar su propósito, todo el tiempo de Ciro, rey de Persia, y hasta el reinado de Darío, rey de Persia.

6 Y en el reinado de ᵏAsuero, en el principio de su reinado, escribieron acusaciones contra los moradores de Judá y de Jerusalén.

7 Y en los días de Artajerjes, Bislam, ᵖMitrídates, Tabeel y sus demás compañeros, escribieron a Artajerjes, rey de Persia; y la escritura de la carta estaba hecha en siriaco, y declarada en siriaco.

8 Rehum el canciller y el escriba Simsai escribieron una carta contra Jerusalén al rey Artajerjes, de esta manera.

9 En aquel tiempo *escribieron* el canciller Rehum y el escriba Simsai, y sus demás compañeros, los dineos, los aparsaqueos, los tarpelitas, los afarseos, los erqueos, los babilonios, los susasqueos, los dieveos y los elamitas;

---

a Éx 28:30
b Nm 29:30

c 1 Re 5:6-9

d Jos 19:46
e cps 1; 2; 3;

f 2 Re 17:24
y 19:37

g 1 Cr 23:24
h cp 3:7

i cp 2:40

j cp 2:69
k Est 1:1
l 1 Cr 15:24
m 1 Cr 15:16
n 1 Cr 25:1-2
o Neh 12:24
p cp 1:8
q 1 Cr 16:34

r Hag 2:3

Detienen la obra de Dios

10 y los demás pueblos que el grande y glorioso Asnapar trasportó, e hizo habitar en las ciudades de Samaria, y los demás del otro lado del río. Y ahora:

11 Ésta es la copia de la carta que enviaron: Al rey Artajerjes: Tus siervos del otro lado del río. Y ahora:

12 Sea notorio al rey, que los judíos que subieron de ti a nosotros, vinieron a Jerusalén; y edifican la ciudad rebelde y mala, y han levantado los muros y reparado los fundamentos.

13 Ahora sea notorio al rey, que si aquella ciudad fuere reedificada, y los muros fueren establecidos, ellos no pagarán ªtributo, ni impuesto, ni rentas, y el catastro de los reyes será menoscabado.

14 Y ya que nos mantienen del palacio, no nos es justo ver el menosprecio del rey; por tanto, hemos enviado para hacerlo saber al rey,

15 para que busque en el libro de las historias de nuestros padres; y hallarás en el libro de las historias, y sabrás que esta ciudad es una ciudad rebelde y perjudicial a los reyes y a las provincias, y que de tiempo antiguo forman en medio de ella rebeliones; por lo que esta ciudad fue destruida.

16 Hacemos saber al rey, que si esta ciudad fuere reedificada, y erigidos sus muros, la región de más allá del río no será tuya.

17 El rey envió esta respuesta a Rehum el canciller, y al escriba Simsai, y a sus demás compañeros que habitan en Samaria, y a los demás del otro lado del río: Paz ahora.

18 La carta que nos enviasteis fue leída claramente delante de mí.

19 Y por mí fue dado mandamiento, y buscaron; y hallaron que aquella ciudad de tiempo antiguo se ha levantado contra los reyes y se ha rebelado, y se ha formado en ella sedición;

20 y que reyes fuertes hubo en Jerusalén, quienes ᵈseñorearon en todas *las provincias* que están más allá del río, y que se les pagaba tributo, impuesto y rentas.

21 Ahora, pues, dad orden que cesen aquellos hombres, y que no sea esa ciudad reedificada hasta que por mí sea dado mandamiento.

22 Y mirad bien que no hagáis error en esto; ¿por qué habrá de crecer el daño para perjuicio de los reyes?

23 Entonces, cuando la copia de la carta del rey Artajerjes *fue* leída delante de Rehum, y del escriba Simsai y sus compañeros, fueron prestamente a Jerusalén a los judíos, y les hicieron cesar con poder y fuerza.

24 Entonces cesó la obra de la casa de Dios, que *estaba* en Jerusalén. Y cesó hasta el año segundo del reinado de Darío, rey de Persia.

a cp 7:24

b cp 6:14
Zac 1:1

c Sal 33:18

d 1 Re 4:21

CAPÍTULO 5

Y los profetas, Hageo el profeta, y ᵇZacarías, el hijo de Iddo, profetizaron en el nombre del Dios de Israel a los judíos, a aquellos que *estaban* en Judá y en Jerusalén.

2 Entonces se levantaron Zorobabel, hijo de Salatiel, y Jesúa, hijo de Josadac; y comenzaron a reedificar la casa de Dios que estaba en Jerusalén; y los profetas de Dios *estaban* con ellos ayudándoles.

3 En aquel tiempo vino a ellos Tatnai, governador al otro lado del río, y Setar-boznai y sus compañeros, y les dijeron así: ¿Quién os dio mandamiento para edificar esta casa y restablecer estos muros?

4 Entonces les dijeron así: ¿Cuáles son los nombres de los varones que edifican este edificio?

5 Pero ᶜlos ojos de Dios fueron sobre los ancianos de los judíos, y no les hicieron cesar hasta que el asunto viniese a Darío; y entonces respondieron por carta sobre esto.

6 Copia de la carta que Tatnai, gobernador al otro lado del río, y Setar-boznai, y sus compañeros los aparsaqueos, que *estaban* al otro lado del río, enviaron al rey Darío.

7 Le enviaron una carta, en la que estaba escrito de esta manera: Al rey Darío toda paz.

8 Sea notorio al rey, que fuimos a la provincia de Judea, a la casa del gran Dios, la cual se edifica de piedras grandes; y los maderos son puestos en las paredes, y la obra se hace aprisa, y prospera en sus manos.

Ciro ordena que edifiquen la casa de Dios

ESDRAS 6

9 Entonces preguntamos a los ancianos, diciéndoles así: ¿Quién os dio mandamiento para edificar esta casa, y para restablecer estos muros?

10 Y también les preguntamos sus nombres para hacértelo saber, para escribirte los nombres de los varones que *eran* los jefes de ellos.

11 Y nos respondieron, diciendo así: Nosotros somos siervos del Dios del cielo y de la tierra, y reedificamos la casa que ya muchos años antes había sido edificada, la cual edificó y terminó ᵇel gran rey de Israel.

12 Mas ᶜdespués que nuestros padres provocaron a ira al Dios de los cielos, Él los entregó en mano de Nabucodonosor, rey de Babilonia, caldeo, el cual destruyó esta casa, e hizo trasportar al pueblo a Babilonia.

13 Pero en el año primero de ᵉCiro, rey de Babilonia, el *mismo* rey Ciro dio mandamiento para que esta casa de Dios fuese reedificada.

14 Y también ᶠlos vasos de oro y de plata de la casa de Dios, que Nabucodonosor había sacado del templo que estaba en Jerusalén, y los había metido en el templo de Babilonia, el rey Ciro los sacó del templo de Babilonia, y fueron entregados a ʰSesbasar, al cual había puesto por gobernador;

15 y le dijo: Toma estos vasos, ve y ponlos en el templo que *está* en Jerusalén; y la casa de Dios sea reedificada en su lugar.

16 Entonces este Sesbasar vino, y ⁱpuso los fundamentos de la casa de Dios que estaba en Jerusalén, y desde entonces hasta ahora se edifica, y aún no está terminada.

17 Y ahora, si al rey parece bien, búsquese en la casa de los tesoros del rey que está allí en Babilonia, si es así que por el rey Ciro había sido dado mandamiento para reedificar esta casa de Dios en Jerusalén, y envíenos a decir la voluntad del rey sobre esto.

CAPÍTULO 6

Entonces el rey Darío dio mandamiento, y ᵏbuscaron en la casa de los libros, donde guardaban los tesoros allí en Babilonia.

2 Y fue hallado en Acmeta, en el palacio que está en la provincia de Media, un libro en el que estaba escrito así: Memoria:

3 En el año primero del rey Ciro, el mismo rey Ciro dio mandamiento acerca de la casa de Dios que estaba en Jerusalén, para que fuese edificada la casa, lugar donde se ofrecen sacrificios, y que sus paredes fuesen firmes; su altura de sesenta codos, y de sesenta codos su anchura;

4 ᵃcon tres hileras de piedras grandes, y una hilera de madera nueva, y que los gastos sean pagados por la casa del rey.

5 Y también ᵈlos vasos de oro y de plata de la casa de Dios, que Nabucodonosor sacó del templo que estaba en Jerusalén y los pasó a Babilonia, sean devueltos y sean traídos al templo que está en Jerusalén, a su lugar, y sean puestos en la casa de Dios.

6 Ahora pues, Tatnai, jefe de más allá del río, Setar-boznai, y sus compañeros los ᵍaparsaqueos que estáis al otro lado del río, apartaos de allí.

7 Dejad que se haga la obra de esta casa de Dios; que el principal de los judíos, y los ancianos de los judíos edifiquen esta casa de Dios en su lugar.

8 Y por mí es dado mandamiento de lo que habéis de hacer con los ancianos de estos judíos, para edificar esta casa de Dios; que de la hacienda del rey, que tiene del ʲtributo del otro lado del río, los gastos sean dados luego a aquellos varones, para que no cesen.

9 Y lo que fuere necesario, becerros y carneros y corderos, para holocaustos al Dios del cielo, trigo, sal, vino y aceite, conforme a lo que dijeren los sacerdotes que están en Jerusalén, les sea dado cada día, sin falta;

10 para que ofrezcan sacrificios de perfume grato al Dios del cielo, y oren por la vida del rey y por sus hijos.

11 También por mí es dado mandamiento, que cualquiera que altere este decreto, le sea arrancado un madero de su casa, y alzado, sea colgado en él; y su casa sea hecha muladar por esto.

---

a 1 Re 6:33
b 1 Re 6:1
c 2 Cr 36:16
d cp 1:7-8
   y 5:14
e cp 1:1
f cp 1:7-8
   y 6:5
g cp 4:9
h cp 1:8 2:2
   y 3:2-8
i cp 3:8-10
j cp 4:13
k cp 5:17

12 Y el Dios que ªhizo habitar allí su nombre, destruya a todo rey y pueblo que pusiere su mano y lo altere para destruir esta casa de Dios, la cual está en Jerusalén. Yo Darío he dado el decreto; sea hecho prestamente.

13 Entonces Tatnai, gobernador del otro lado del río, y Setar-boznai, y sus compañeros, hicieron prestamente según el rey Darío había enviado.

14 Y los ancianos de los judíos edificaban y prosperaban, conforme a la profecía del profeta Hageo, y de Zacarías, hijo de Iddo. Edificaron, pues, y acabaron, conforme al mandamiento del Dios de Israel, y por mandato de ᵈCiro y de ᵉDarío, y de ᶠArtajerjes, rey de Persia.

15 Y esta casa fue acabada al tercer día del mes de ᵍAdar, que era el sexto año del reinado del rey Darío.

16 Y los hijos de Israel, los sacerdotes y los levitas, y los demás que habían venido de la cautividad, hicieron la dedicación de esta casa de Dios con gozo.

17 Y ʲofrecieron en la dedicación de esta casa de Dios cien becerros, doscientos carneros y cuatrocientos corderos; y machos cabríos en expiación por todo Israel, doce, conforme al número de las tribus de Israel.

18 Y pusieron a los sacerdotes ᵐen sus clases, y a los levitas en sus divisiones, sobre la obra de Dios que está en Jerusalén, conforme a lo escrito en ⁿel libro de Moisés.

19 Y los hijos de la cautividad celebraron la pascua ᵒa los catorce del mes primero.

20 Porque los sacerdotes y los levitas se habían ᵠpurificado a una; todos fueron limpios; y ʳsacrificaron la pascua por todos los hijos de la cautividad, y por sus hermanos los sacerdotes, y por sí mismos.

21 Y comieron los hijos de Israel que habían vuelto de la cautividad, y todos los que se habían apartado a ellos de la inmundicia de las naciones de la tierra, para buscar a Jehová, el Dios de Israel.

22 Y durante siete días con regocijo celebraron ᵘla fiesta de los panes sin levadura, porque Jehová los había alegrado, y había vuelto el corazón del rey de Asiria hacia ellos, para esforzar sus manos en la obra de la casa de Dios, del Dios de Israel.

CAPÍTULO 7

Pasadas estas cosas, en el reinado de ᵇArtajerjes, rey de Persia, Esdras, ᶜhijo de Seraías, hijo de Azarías, hijo de Hilcías,

2 hijo de Salum, hijo de Sadoc, hijo de Ahitob,

3 hijo de Amarías, hijo de Azarías, hijo de Meraiot,

4 hijo de Zeraías, hijo de Uzi, hijo de Buqui,

5 hijo de Abisúa, hijo de Finees, hijo de Eleazar, hijo de Aarón, primer sacerdote.

6 Este Esdras subió de Babilonia, el cual era escriba diligente en la ley de Moisés, que Jehová, el Dios de Israel, había dado; y el rey le concedió todo lo que pidió, según ʰla mano de Jehová su Dios *era* sobre él.

7 Y ⁱsubieron con él a Jerusalén de los hijos de Israel, y de los sacerdotes, ᵏy levitas, y cantores, y porteros, ˡy servidores del templo, en el séptimo año del rey Artajerjes.

8 Y llegó a Jerusalén en el mes quinto, en el año séptimo del rey.

9 Porque el día primero del primer mes fue el principio de la partida de Babilonia, y al primero del mes quinto llegó a Jerusalén, según la buena mano de su Dios sobre él.

10 Porque Esdras había preparado su corazón para inquirir la ley de Jehová, y para hacer *y* ᵖenseñar a Israel mandamientos y juicios.

11 Ésta es la copia de la carta que dio el rey Artajerjes a Esdras, sacerdote escriba, escriba *instruido* en las palabras de los mandamientos de Jehová, y de sus estatutos a Israel:

12 Artajerjes, ˢrey de los reyes, al sacerdote Esdras, escriba de la ley del Dios del cielo: Perfecta paz. Y ahora.

13 Por mí es dado mandamiento, que cualquiera que quisiere en mi reino, del pueblo de Israel y de sus sacerdotes y levitas, ir contigo a Jerusalén, vaya.

14 Porque de parte del rey y de ᵗsus siete consejeros eres enviado a visitar a Judea y a Jerusalén, conforme a la ley de tu Dios que está en tu mano;

Artajerjes, rey de Persia

15 Y a llevar la plata y el oro que el rey y sus consultores voluntariamente ofrecen al Dios de Israel, cuya morada está en Jerusalén,

16 y toda la plata y el oro que hallares en toda la provincia de Babilonia, con las ofrendas voluntarias del pueblo y de los sacerdotes, que de su voluntad ofrecieren para la casa de su Dios que *está* en Jerusalén. ª a cp 9:9

17 Comprarás, pues, prestamente con este dinero becerros, carneros, corderos, con sus ᵇpresentes y sus ᶜlibaciones y los ofrecerás sobre el altar de la casa de vuestro Dios que está en Jerusalén. b Nm 15:4-13 c Nm 15:10

18 Y lo que a ti y a tus hermanos os parezca hacer con el resto de la plata y el oro, hacedlo conforme a la voluntad de vuestro Dios.

19 Y los vasos que te son entregados para el servicio de la casa de tu Dios, los restituirás delante de Dios en Jerusalén.

20 Y lo demás que se requiera para la casa de tu Dios que te sea necesario dar, lo darás de la casa de los tesoros del rey. d 1 Cr 24:3-4 e Neh 10:6 f 1 Cr 3:22 g 1 Cr 3:21 h cp 2:3

21 Y por mí el rey Artajerjes es dado mandamiento a todos los tesoreros que están al otro lado del río, que todo lo que os demandare el sacerdote Esdras, escriba de la ley del Dios del cielo, se le conceda prestamente, i cp 2:6

22 hasta cien talentos de plata, y hasta cien coros de trigo, y hasta cien batos de vino, y hasta cien batos de aceite; y sal sin medida. j cp 2:7

23 Todo lo que es mandado por el Dios del cielo, sea hecho prestamente para la casa del Dios del cielo; pues, ¿por qué habría de ser su ira contra el reino del rey y de sus hijos? k cp 2:4

24 También os hacemos saber tocante a todos los sacerdotes, levitas, cantores, porteros, servidores del templo y ministros de la casa de Dios, que no es lícito imponerles ⁿtributo, impuesto o renta. l cp 2:6 m cp 2:11 y 10:28 n cp 4:13

25 Y tú, Esdras, conforme a la sabiduría que tienes de tu Dios, pon jueces y gobernadores, que gobiernen a todo el pueblo que está del otro lado del río, a todos los que conocen las leyes de tu Dios; y al que no las conoce, le enseñarás.

26 Y cualquiera que no cumpliere la ley de tu Dios, y la ley del rey, prestamente sea juzgado, o a muerte, o a destierro, o a confiscación de bienes, o a prisión.

27 Bendito Jehová, Dios de nuestros padres, que puso tal cosa en el corazón del rey, para honrar la casa de Jehová que está en Jerusalén,

28 e ªinclinó hacia mí su misericordia delante del rey y de sus consejeros, y de todos los príncipes poderosos del rey. Y yo, fortalecido según la mano de Jehová mi Dios sobre mí, reuní a los principales de Israel para que subiesen conmigo.

CAPÍTULO 8

Y éstos *son* los jefes de sus padres, y la genealogía de los que subieron conmigo de Babilonia, cuando reinaba el rey Artajerjes.

2 De los hijos de Finees, Gersón; de los hijos de ᵈItamar, ᵉDaniel; de los hijos de David, ᶠHatús;

3 de los hijos de ᵍSecanías y de los hijos de ʰParos, Zacarías, y con él, en la línea de varones, ciento cincuenta;

4 de los hijos de ⁱPahat-moab, Elioenai, hijo de Zeraías, y con él doscientos varones;

5 de los hijos de Secanías, el hijo de Jahaziel, y con él trescientos varones;

6 de los hijos de Adín, Ebed, hijo de Jonatán, y con él cincuenta varones;

7 de los hijos de ʲElam, Jesahías, hijo de Atalías, y con él setenta varones;

8 y de los hijos de ᵏSefatías, Zebadías, hijo de Micael, y con él ochenta varones;

9 de los hijos de ˡJoab, Abdías, hijo de Jehiel, y con él doscientos dieciocho varones;

10 y de los hijos de Selomit, el hijo de Josifías, y con él ciento sesenta varones;

11 y de los hijos de ᵐBebai, Zacarías, hijo de Bebai, y con él veintiocho varones;

12 y de los hijos de Azgad, Johanán, hijo de Catán, y con él ciento diez varones;

13 y de los hijos de Adonicam, los postreros, cuyos nombres son estos, Elifelet, Jeiel y Semaías, y con ellos sesenta varones;

14 y de los hijos de ªBigvai, Utai y Zabud, y con ellos setenta varones.

15 Y los reuní junto al río que viene a Ahava, y acampamos allí tres días: y habiendo buscado entre el pueblo y entre los sacerdotes, no hallé allí de ᵇlos hijos de Leví.

16 Entonces mandé traer a Eliezer, a Ariel, a Semaías, a Elnatán, a Jarib, a Elnatán, a Natán, a Zacarías y a Mesulam, principales; asimismo a Joiarib y a Elnatán, hombres doctos;

17 y los envié a Iddo, jefe en el lugar de Casifia, y puse en boca de ellos las palabras que habían de hablar a Iddo, y a sus hermanos los sirvientes del templo en el lugar de Casifia, para que nos trajesen ministros para la casa de nuestro Dios.

18 Y nos trajeron, ᶠsegún la buena mano de nuestro Dios sobre nosotros, un varón entendido de los hijos de ʰMahali, hijo de Leví, hijo de Israel; y a Serebías con sus hijos y sus hermanos, dieciocho;

19 Y a Hasabías, y con él a Jesahías de los hijos de Merari, a sus hermanos y a sus hijos, veinte;

20 y de los sirvientes del templo, a quienes David puso con los príncipes para el ministerio de los levitas, doscientos veinte sirvientes del templo; todos los cuales ʲfueron declarados por sus nombres.

21 Y ˡpubliqué ayuno allí junto al río de Ahava, para ᵐafligirnos delante de nuestro Dios, para solicitar de Él camino derecho para nosotros, y para nuestros niños, y para toda nuestra hacienda.

22 Porque tuve vergüenza de pedir al rey tropa y gente de a caballo que nos defendiesen del enemigo en el camino; porque habíamos hablado al rey, diciendo: ᵖLa mano de nuestro Dios es para bien ʳsobre todos los que le buscan; mas su poder y su furor ˢcontra todos los que le dejan.

23 Ayunamos, pues, y pedimos a nuestro Dios sobre esto, y Él ᵘnos fue propicio.

24 Aparté luego doce de los principales de los sacerdotes, a Serebías y a Hasabías, y con ellos diez de sus hermanos.

25 Y les pesé ˣla plata, y el oro, y los vasos, la ofrenda que para la casa de nuestro Dios habían ofrecido el rey, y sus consejeros, y sus príncipes, todos los que se hallaron en Israel.

26 Pesé, pues, en manos de ellos seiscientos cincuenta talentos de plata, y vasos de plata por cien talentos, y cien talentos de oro;

27 además veinte ᶜtazones de oro, de mil dracmas; y dos vasos de bronce bruñido muy bueno, preciados como el oro.

28 Y les dije: Vosotros estáis consagrados a Jehová, y ᵈlos vasos también son santos; ᵉy la plata y el oro son ofrenda voluntaria a Jehová, el Dios de vuestros padres.

29 Velad, y guardadlos, hasta que los peséis delante de los príncipes de los sacerdotes y levitas, y de los jefes de los padres de Israel en Jerusalén, en ᵍlas cámaras de la casa de Jehová.

30 Los sacerdotes, pues, y los levitas recibieron el peso de la plata y del oro y de los vasos, para traerlo a Jerusalén a la casa de nuestro Dios.

31 Y partimos del río de Ahava el doce del mes primero, para ir a Jerusalén; y ʲla mano de nuestro Dios fue sobre nosotros, y nos libró de mano del enemigo y del acechador en el camino.

32 ᵏY llegamos a Jerusalén, y reposamos allí tres días.

33 Al cuarto día fue luego pesada la plata, y el oro, y los vasos, en la casa de nuestro Dios, por mano de ⁿMeremot, hijo del sacerdote Urías, y con él Eleazar, hijo de Finees; y con ellos ᵒJozabad, hijo de Jesúa, y Noadías, hijo de Binúi, levitas.

34 Por cuenta y por peso todo; y se apuntó todo aquel peso en aquel tiempo.

35 También ᵠlos hijos de los que habían sido llevados cautivos, y que habían venido de la cautividad, ofrecieron holocaustos al Dios de Israel, ᵗdoce becerros por todo Israel, noventa y seis carneros, setenta y siete corderos, doce machos cabríos por expiación; todo el holocausto a Jehová.

36 Y dieron ᵛlos despachos del rey a sus gobernadores y capitanes del otro lado del río, los cuales favorecieron al pueblo y a la casa de Dios.

---

a cp 2:2-14
b cp 7:7
c cp 1:10
d Lv 21:6
e Lv 22:2-3
f cp 7:6
g 2 Re 23:11
h 1 Cr 6:19
i cp 7:6-9
j Nm 1:17
k Neh 2:11
l 2 Cr 20:3
m Lv 16:29
n Neh 3:4-21
o Neh 8:7
p cp 7:6
q cp 2:1
r Rm 8:28
s Jos 24:20
t cp 6:17
u Gn 25:21
v cp 7:21
x cp 7:15-16

CAPÍTULO 9

Y acabadas estas cosas, los príncipes vinieron a mí, diciendo: El pueblo de Israel, y los sacerdotes y los levitas, [b]no se han apartado de los pueblos de las tierras, de los cananeos, heteos, ferezeos, jebuseos, amonitas, y moabitas, egipcios, y amorreos, [c]hacen conforme a sus abominaciones.

2 Porque han tomado de [d]sus hijas para sí y para sus hijos, y [e]la simiente santa ha sido [f]mezclada con los pueblos de las tierras; y la mano de los príncipes y de [g]los gobernadores ha sido la primera en esta prevaricación.

3 Lo cual oyendo yo, rasgué mi vestidura y mi manto, y arranqué pelo de mi cabeza y de mi barba, y me senté atónito.

4 Y se reunieron delante mí todos [i]los que temblaban ante las palabras del Dios de Israel, a causa de la prevaricación de los del cautiverio; y yo quedé atónito hasta [j]el sacrificio de la tarde.

5 Y a la hora del sacrificio de la tarde me levanté de mi aflicción; y habiendo rasgado mi vestidura y mi manto, me postré de rodillas, [k]y extendí mis manos a Jehová mi Dios,

6 y dije: Dios mío, confuso y avergonzado estoy para levantar, oh Dios mío, mi rostro a ti; porque [l]nuestras iniquidades se han multiplicado sobre nuestra cabeza, y nuestros delitos [m]han crecido hasta el cielo.

7 Desde los días de nuestros padres hasta este día estamos en gran pecado; y por nuestras iniquidades nosotros, nuestros reyes y nuestros sacerdotes, hemos sido entregados en manos de los reyes de las tierras, a espada, a cautiverio, a robo, y a confusión de rostro, como en este día.

8 Y ahora por un breve momento se *mostró* la gracia de Jehová nuestro Dios, para hacer que nos quedase un remanente libre, y para darnos [o]estaca en su lugar santo, a fin de alumbrar nuestros ojos nuestro Dios y darnos un poco de vida en nuestra servidumbre.

9 Porque siervos *éramos*; mas en nuestra servidumbre no nos desamparó nuestro Dios, antes extendió sobre nosotros *su* [a]misericordia delante de los reyes de Persia, para que se nos diese vida para levantar la casa de nuestro Dios, y para restaurar sus ruinas, y para darnos muros en Judá y en Jerusalén.

10 Mas ahora, ¿qué diremos, oh Dios nuestro, después de esto? Porque nosotros hemos dejado tus mandamientos,

11 los cuales prescribiste por medio de tus siervos los profetas, diciendo: La tierra a la cual entráis para poseerla, tierra inmunda es a causa de la inmundicia de los pueblos de aquellas regiones, por las abominaciones de que la han llenado de uno a otro extremo con su inmundicia.

12 Ahora, pues, [h]no daréis vuestras hijas a los hijos de ellos, ni sus hijas tomaréis para vuestros hijos, ni procuraréis su paz ni su bien para siempre; para que seáis fuertes, y comáis el bien de la tierra, y la dejéis por heredad a vuestros hijos para siempre.

13 Mas después de todo lo que nos ha sobrevenido a causa de nuestras malas obras, y a causa de nuestro grande delito, ya que tú eres nuestro Dios, nos has castigado menos de lo que nuestras iniquidades *merecieron*, y nos has dado tan grande liberación:

14 ¿Hemos de volver a infringir tus mandamientos, y a emparentar con los pueblos de estas abominaciones? ¿No te ensañarías contra nosotros hasta consumirnos, sin que quedara remanente ni quien escape?

15 Jehová, Dios de Israel, [n]tú eres justo; pues que hemos quedado un *remanente* que ha escapado, como en este día, henos aquí delante de ti en nuestros delitos; porque no es posible estar en tu presencia a causa de esto.

CAPÍTULO 10

Y cuando [p]Esdras hubo orado y confesado, llorando y postrándose [q]delante de la casa de Dios, se juntó a él una muy grande multitud de Israel, hombres, mujeres y niños; y lloraba el pueblo con gran llanto.

2 Entonces respondió Secanías, hijo de Jehiel, *uno* de los hijos de Elam, y dijo a Esdras: Nosotros hemos prevaricado contra nuestro Dios, pues tomamos esposas extranjeras de los pueblos de la tierra; pero aún hay esperanza para Israel sobre esto.

3 Ahora, pues, hagamos pacto con nuestro Dios, que echaremos a todas las esposas *extranjeras* y a los nacidos de ellas, según el consejo de mi señor y de [a]los que tiemblan ante el mandamiento de nuestro Dios; y hágase conforme a la ley.

4 Levántate, porque a ti toca este asunto, y nosotros seremos contigo; esfuérzate, y ponlo por obra.

5 Entonces se levantó Esdras, e [c]hizo jurar a los príncipes de los sacerdotes y a los levitas y a todo Israel que harían conforme a esto; y ellos juraron.

6 Se levantó luego Esdras de [d]delante de la casa de Dios, y fue a la cámara de [e]Johanán, hijo de Eliasib; y llegado allí, no comió pan ni bebió agua, porque se entristeció a causa de la prevaricación de los de la cautividad.

7 E hicieron pasar pregón por Judá y por Jerusalén a todos los hijos de la cautividad, para que se reuniesen en Jerusalén;

8 Y que el que no viniese en un lapso de tres días, conforme al acuerdo de los príncipes y de los ancianos, perdiese toda su hacienda, y él fuese apartado de la congregación de aquellos que habían sido llevados en cautiverio.

9 Así todos los hombres de Judá y de Benjamín se reunieron en Jerusalén dentro de los tres días, a los veinte del mes, el cual era el mes noveno; y se sentó todo el pueblo en la plaza de la casa de Dios, temblando con motivo de aquel asunto, y también por causa de la intensa lluvia.

10 Y se levantó Esdras el sacerdote, y les dijo: Vosotros habéis prevaricado, por cuanto tomasteis esposas extranjeras, añadiendo así sobre el pecado de Israel.

11 Ahora, pues, [j]dad gloria a Jehová, Dios de vuestros padres, y haced su

a cp 9:4

b Neh 10:34
y 13:31
c Neh 5:12
y 13:25

d ver 1
e Neh 12:22

f vers 9,17

g cp 3:2

h 2 Re 10:15
i Lv 6:6

j Jos 7:19

voluntad, y apartaos de los pueblos de las tierras, y de las esposas extranjeras.

12 Entonces toda la congregación respondió, y dijo en alta voz: Así se haga conforme a tu palabra.

13 Mas el pueblo es mucho, y el tiempo lluvioso, y no podemos permanecer afuera; ni la obra es de un día ni de dos, porque somos muchos los que hemos prevaricado en esto.

14 Dejad ahora que se queden nuestros príncipes, los de toda la congregación; y todos aquellos que en nuestras ciudades hubieren tomado esposas extranjeras, vengan en [b]tiempos determinados, y con ellos los ancianos de cada ciudad, y los jueces de ellas, hasta que apartemos de nosotros el furor de la ira de nuestro Dios sobre esto.

15 Solamente Jonatán, hijo de Asael, y Jahazías, hijo de Ticva, fueron puestos sobre este asunto; y Mesulam y el levita Sabetai les ayudaron.

16 E hicieron así los hijos de la cautividad. Y fueron apartados Esdras el sacerdote, y los varones jefes de familias en la casa de sus padres, todos ellos por sus nombres, se sentaron [f]el primer día del mes décimo para inquirir el asunto.

17 Y concluyeron, con todos aquellos que habían tomado esposas extranjeras, al primer día del mes primero.

18 Y de los hijos de los sacerdotes que habían tomado esposas extranjeras, fueron hallados estos: De los hijos de [g]Jesúa hijo de Josadac, y de sus hermanos: Maasías, Eliezer, Jarib y Gedalías;

19 y [h]dieron su mano en promesa de echar a sus esposas *extranjeras*, y *siendo* culpables *ofrecieron* [i]un carnero de los rebaños por su delito.

20 Y de los hijos de Imer: Hanani y Zebadías.

21 Y de los hijos de Harim, Maasías, Elías, Semaías, Jehiel y Uzías.

22 Y de los hijos de Pasur: Elioenai, Maasías, Ismael, Natanael, Jozabad y Elasa.

23 Y de los levitas: Jozabad, Simeí, Kelaía (éste es Kelita), Petaías, Judá y Eliezer.

El remanente en grave mal

24 Y de los cantores, Eliasib; y de los porteros: Selum, Telem y Uri.
25 Asimismo de Israel: De los hijos de Paros: Ramía, Izías, Malquías, Miamín, Eleazar, Malquías y Benaía.
26 Y de los hijos de Elam: Matanías, Zacarías, Jehiel, Abdi, Jeremot y Elías.
27 Y de los hijos de Zatu: Elioenai, Eliasib, Matanías, Jeremot, Zabad y Aziza.
28 Y de los hijos de Bebai: Johanán, Hananías, Zabai y Atlai.
29 Y de los hijos de Bani: Mesulam, Maluc, Adaías, Jasub, Seal y Ramot.
30 Y de los hijos de Pahat-moab: Adna, Queleal, Benaía, Maasías, Matanías, Bezaleel, Binúi y Manasés.
31 Y de los hijos de Harim: Eliezer, Isías, Malquías, Semaías, Simeón,
32 Benjamín, Maluc y Semarías.
33 De los hijos de Hasum: Matenai, Matata, Zabad, Elifelet, Jeremai, Manasés y Simei.
34 De los hijos de Bani: Maadi, Amram Uel,
35 Benaía, Bedías, Quelúhi,
36 Vanías, Meremot, Eliasib,
37 Matanías, Matenai, Jaasai,
38 Bani, Binúi, Simeí,
39 Selemías, Natán, Adaías,
40 Macnadbai, Sasai, Sarai,
41 Azareel, Selemías, Semarías,
42 Salum, Amarías y José.
43 Y de los hijos de Nebo: Jeiel, Matatías, Zabad, Zebina, Jadau, Joel y Benaía.
44 Todos éstos habían tomado esposas extranjeras; y algunos de ellos tenían esposas que les habían dado hijos.

Libro De
NEHEMÍAS

CAPÍTULO 1

Palabras de [b]Nehemías, hijo de Hacalías. Aconteció en el mes de Quisleu, en el año veinte, estando yo en [c]Susán, capital del reino,

2 que vino [d]Hanani, uno de mis hermanos, él y ciertos varones de Judá, y les pregunté por los judíos que habían escapado, que habían quedado de la cautividad, y por Jerusalén.

3 Y me dijeron: El remanente, los que quedaron de la cautividad allí en la provincia, están en gran mal y afrenta, y [g]el muro de Jerusalén derribado, y sus puertas quemadas a fuego.

4 Y sucedió que, cuando yo oí estas palabras, [i]me senté y lloré, e hice duelo por algunos días, y ayuné y oré delante del Dios del cielo.

5 Y dije: [k]Te ruego, oh Jehová, Dios del cielo, fuerte, grande y terrible, [l]que guarda el pacto y la misericordia a los que le aman y guardan sus mandamientos;

6 Esté ahora atento tu oído, y tus ojos abiertos, para oír la oración de tu siervo, que yo hago ahora delante de ti día y noche, por los hijos de Israel tus siervos; y [a]confieso los pecados de los hijos de Israel que hemos contra ti cometido; sí, yo y la casa de mi padre hemos pecado.

7 En extremo nos hemos corrompido contra ti, y no hemos guardado los mandamientos, y estatutos y juicios, que mandaste a Moisés tu siervo.

8 Acuérdate ahora de la palabra que ordenaste a Moisés tu siervo, diciendo: [e]Vosotros prevaricaréis, y yo os esparciré por los pueblos;

9 pero [f]si os volviereis a mí, y guardareis mis mandamientos y los pusiereis por obra, aunque vuestros desterrados estén [h]hasta el extremo de los cielos, de allí os reuniré; y los traeré [j]al lugar que escogí para hacer habitar allí mi nombre.

10 Ellos, pues, son tus siervos y tu pueblo, los cuales redimiste con tu gran fortaleza, y con tu mano fuerte.

11 Te ruego, oh Señor, esté ahora atento tu oído a la oración de tu siervo y a la oración de tus siervos, quienes desean temer tu nombre. Prospera a tu siervo hoy, y concédele gracia delante de aquel varón. Porque yo servía de copero al rey.

a Esd 10:1
b cp 10:1
c Est 1:2
Dn 8:2
d cp 7:2
e Lv 26:33
Dt 4:25-27
y 28:63
f Esd 8:36
g cp 2:13
h Dt 30:4
i Esd 10:1
j Dt 12:5
k Dt 7:21
Dn 9:4
l Dt 7:9

NEHEMÍAS 2-3

CAPÍTULO 2

Y sucedió en el mes de ªNisán, en ᵇel año veinte del rey Artajerjes, que estando ya el vino delante de él, tomé el vino, y lo di al rey. Y como yo no había estado antes triste en su presencia,

2 me dijo el rey: ¿Por qué está triste tu rostro, pues no estás enfermo? No es esto sino quebranto de corazón. Entonces temí en gran manera.

3 Y dije al rey: ᶜViva el rey para siempre. ¿Cómo no ha de estar triste mi rostro, cuando la ciudad, casa de los sepulcros de mis padres, está desierta, y ᵍsus puertas consumidas por el fuego?

4 Y me dijo el rey: ¿Qué cosa pides? Entonces oré al ⁱDios de los cielos,

5 y dije al rey: Si le place al rey, y si tu siervo ha hallado gracia delante de ti, envíame a Judá, a la ciudad de los sepulcros de mis padres, para que yo la reedifique.

6 Entonces el rey me dijo (y la reina estaba sentada junto a él): ¿Cuánto durará tu viaje, y cuándo volverás? Y agradó al rey enviarme, y ʲle señalé tiempo.

7 Además dije al rey: Si place al rey, que se me den cartas para los gobernadores del otro lado del río, para que me franqueen el paso hasta que llegue a Judá;

8 Y carta para Asaf, guarda del bosque del rey, a fin que me dé madera para enmaderar los portales ᵒdel palacio de la casa, y para el muro de la ciudad, y para la casa donde yo estaré. Y el rey me lo otorgó, según ᵠla bondadosa mano de mi Dios sobre mí.

9 Y vine luego a los gobernadores del otro lado del río, y les di las cartas del rey. Y el rey envió conmigo capitanes del ejército y gente de a caballo.

10 Y oyéndolo Sanbalat horonita, y Tobías, el siervo amonita, les desagradó en extremo que viniese alguno ˢpara procurar el bien de los hijos de Israel.

11 ᵗLlegué, pues, a Jerusalén, y después de estar allí tres días,

12 me levanté de noche, yo y unos cuantos varones conmigo, y no declaré a hombre alguno lo que Dios había puesto en mi corazón que hiciese en Jerusalén; ni había bestia conmigo, excepto la cabalgadura en que cabalgaba.

13 Y salí de noche por ᶜla puerta del Valle hacia la fuente del Dragón y a la puerta del Muladar; y observé los muros de Jerusalén que estaban derribados, y sus puertas estaban consumidas por el fuego.

14 Pasé luego a ᵈla puerta de la Fuente, y al ᵉestanque del Rey; pero no había lugar por donde pasase la cabalgadura en que iba.

15 Y subí de noche por el torrente, y observé el muro, y regresando entré por la puerta del Valle, y regresé.

16 Y no sabían ʰlos magistrados a dónde yo había ido, ni qué había hecho; ni hasta entonces lo había yo declarado a los judíos y sacerdotes, ni a los nobles y magistrados, ni a los demás que hacían la obra.

17 Les dije, pues: Vosotros veis el mal en que estamos, que Jerusalén está desierta, y sus puertas consumidas por el fuego; venid, y edifiquemos el muro de Jerusalén, y no seamos más ᵏoprobio.

18 Entonces les declaré cómo ˡla mano de mi Dios era buena sobre mí, y asimismo las palabras del rey, que me había dicho. Y dijeron: Levantémonos y edifiquemos. Así ᵐesforzaron sus manos para bien.

19 Mas habiéndolo oído Sanbalat horonita, y Tobías el siervo amonita, y ⁿGesem el árabe, hicieron escarnio de nosotros, y nos despreciaron, diciendo: ¿Qué es esto que hacéis vosotros? ᵖ¿Os rebeláis contra el rey?

20 Entonces les respondí, y les dije: El Dios del cielo, Él nos prosperará, y nosotros sus siervos nos levantaremos y edificaremos; porque ʳvosotros no tenéis parte ni derecho, ni memoria en Jerusalén.

CAPÍTULO 3

Y se levantó Eliasib, el sumo sacerdote, con sus hermanos los sacerdotes y edificaron la puerta de las Ovejas, y la consagraron y levantaron sus puertas; la consagraron hasta la torre de Meah, hasta la torre de Hananeel.

---

a Est 3:7
b cp 1:1
c cp 3:13-14
2 Cr 26:9

d cp 3:15
y 12:37
e 2 Re 20:20
f 1 Re 1:31

g cp 1:3
h Esd 9:2

i cp 1:4-5

j cp 5:14
y 13:6
k cp 1:3
Sal 44:13
y 79:4
l ver 8
m 2 Sm 2:7

n cp 6:1-6
o cp 7:2

p cp 6:6
q ver 18
Esd 7:6

r Esd 4:3

s Est 10:3

t Esd 8:32

474

Restauración de las puertas

2 Y junto a ella edificaron los varones de Jericó; y luego edificó Zacur hijo de Imri.

3 Y [b]los hijos de Senaa edificaron la puerta del Pescado; ellos colocaron sus vigas y levantaron sus puertas, con sus cerraduras y sus cerrojos.

4 Y junto a ellos restauró Meremot, hijo de Urías, hijo de Cos, y al lado de ellos, restauró Mesulam, hijo de Berequías, hijo de Mesezabeel. Junto a ellos restauró Sadoc, hijo de Baana.

5 E inmediato a ellos restauraron los tecoítas; pero sus nobles no prestaron su cerviz a [g]la obra de su Señor.

6 [h]La puerta Antigua fue restaurada por Joiada, hijo de Pasea y Mesulam, hijo de Besodías; ellos colocaron sus vigas y levantaron sus puertas, con sus cerraduras y sus cerrojos.

7 Junto a ellos restauró Melatías gabaonita, y Jadón meronotita, varones de Gabaón y de Mizpa, que estaban bajo el dominio del gobernador del otro lado del río.

8 Y junto a ellos restauró Uziel, hijo de Harhaía, de los plateros; junto al cual restauró también Hananías, hijo de un perfumista. Así dejaron reparada a Jerusalén hasta [j]el muro ancho.

9 Junto a ellos restauró también Refaías, hijo de Hur, príncipe de la mitad de la región de Jerusalén.

10 Asimismo restauró junto a ellos, y frente a su casa, Jedaía, hijo de Harumaf; y junto a él restauró Hatús, hijo de Hasabnías.

11 Malquías, hijo de Harim, y Hasub, hijo de Pahat-moab, restauraron la otra medida, y la torre de los Hornos.

12 Junto a ellos restauró Salum, hijo de Lohes, príncipe de la mitad de la región de Jerusalén, con sus hijas.

13 [l]La puerta del Valle la restauró Hanún con los moradores de Zanoa; ellos la reedificaron, y levantaron sus puertas, con sus cerraduras y sus cerrojos, y mil codos en el muro, hasta la puerta del Muladar.

14 Y Malquías, hijo de Recab, príncipe de la provincia de Bet-haquerem, reparó la puerta del Muladar; la reedificó y levantó sus puertas, sus cerraduras y sus cerrojos.

15 Y Salum, hijo de Col-hoze, príncipe de la región de Mizpa, restauró [a]la puerta de la Fuente; la reedificó y la revistió, y levantó sus puertas, sus cerraduras y sus cerrojos, y el muro del [c]estanque de Siloé hacia el huerto del rey, y hasta [d]las gradas que descienden de la ciudad de David.

16 Después de él restauró Nehemías, hijo de Azbuc, príncipe de la mitad de la región de Bet-zur, hasta delante de [e]los sepulcros de David, y hasta [f]el estanque labrado, y hasta la casa de los Valientes.

17 Tras él restauraron los levitas, Rehum, hijo de Bani; junto a él restauró Hasabías, príncipe de la mitad de la región de Keila en su región.

18 Después de él restauraron sus hermanos, Bavai, hijo de Henadad, príncipe de la mitad de la región de Keila.

19 Y junto a él restauró Ezer, hijo de Jesúa, príncipe de Mizpa, la otra medida frente a la subida de [i]la armería de la esquina.

20 Después de él Baruc, hijo de Zabai, con gran fervor restauró otro tramo, desde la esquina hasta la puerta de la casa de Eliasib, el sumo sacerdote.

21 Tras él restauró Meremot, hijo de Urías, hijo de Cos, otro tramo, desde la entrada de la casa de Eliasib, hasta el cabo de la casa de Eliasib.

22 Después de él restauraron los sacerdotes, [k]los varones de la llanura.

23 Después de ellos restauraron Benjamín y Hasub, frente a su casa; y después de éstos restauró Azarías, hijo de Maasías, hijo de Ananías, cerca de su casa.

24 Después de él restauró Binúi, hijo de Henadad, el otro tramo, desde la casa de Azarías hasta la revuelta, y hasta la esquina.

25 Paal, hijo de Uzai, frente a la esquina y la torre alta que sale de la casa del rey, que está en el patio de la cárcel. Después de él, Pedaías, hijo de Paros.

26 Y los sirvientes del templo que estaban en Ofel *restauraron* hasta el frente de la puerta de las Aguas al oriente, y la torre sobresaliente.

27 Después de ellos los tecoítas restauraron otro tramo frente a la gran torre sobresaliente, y hasta el muro de Ofel.

28 Desde ᵇla puerta de los Caballos restauraron los sacerdotes, cada uno frente a su casa.

29 Después de ellos restauró Sadoc, hijo de Imer, frente a su casa: y después de él restauró Semaías, hijo de Secanías, guarda de la puerta Oriental.

30 Tras él restauró Hananías, hijo de Selemías, y Hanún, sexto hijo de Salaf, el otro tramo. Después de él restauró Mesulam, hijo de Berequías, frente a su cámara.

31 Después de él restauró Malquías, hijo del platero, hasta la casa de los sirvientes del templo y de los mercaderes, frente a la puerta del Juicio, y hasta la sala de la esquina.

32 Y entre la sala de la esquina hasta ᶜla puerta de las Ovejas, restauraron los plateros y los mercaderes.

a cp 2:19
b 2 Cr 23:15

c ver 1
d Gn 31:7,41
Nm 14:22
Job 19:3

CAPÍTULO 4

Y sucedió que ᵉcuando Sanbalat oyó que nosotros edificábamos el muro, se encolerizó y se enojó en gran manera, e hizo escarnio de los judíos.

2 Y habló delante de sus hermanos y del ejército de Samaria, y dijo: ¿Qué hacen estos débiles judíos? ¿Se fortalecerán a sí mismos? ¿Han de sacrificar? ¿Han de acabar en un día? ¿Resucitarán las piedras de los montones de escombros que fueron quemados?

3 Y estaba junto a él ᶠTobías amonita, el cual dijo: Aun lo que ellos edifican, ᵍsi sube una zorra, derribará su muro de piedra.

4 Oye, oh Dios nuestro, que somos menospreciados, y ʰvuelve el oprobio de ellos sobre su cabeza, y dalos en presa en la tierra de su cautiverio.

5 ʲNo cubras su iniquidad, ni su pecado sea borrado de delante de ti; porque te provocaron a ira delante de los que edificaban.

6 Edificamos, pues, el muro, y toda la muralla fue unida hasta la mitad

e cp 2:10

f cp 2:10

g Lm 5:18

h Sal 79:12

i 2 Cr 26:14

j Sal 69:27
y 109:14-15

de su altura, porque el pueblo tuvo ánimo para trabajar.

7 Mas aconteció que oyendo Sanbalat y Tobías, y ᵃlos árabes, y los amonitas, y los de Asdod, que los muros de Jerusalén eran reparados, porque ya los portillos comenzaban a cerrarse, se encolerizaron mucho;

8 y conspiraron todos a una para venir a combatir a Jerusalén, y a hacerle daño.

9 Entonces oramos a nuestro Dios, y por causa de ellos pusimos guarda contra ellos de día y de noche.

10 Y dijo Judá: Las fuerzas de los acarreadores se han debilitado, y el escombro es mucho, y no podemos edificar el muro.

11 Y nuestros enemigos dijeron: No sepan, ni vean, hasta que entremos en medio de ellos, y los matemos, y hagamos cesar la obra.

12 Pero sucedió que cuando vinieron los judíos que habitaban entre ellos, nos dijeron ᵈdiez veces: De todos los lugares de donde volviereis a nosotros, ellos vendrán sobre vosotros.

13 Entonces puse por los lugares bajos del lugar, detrás del muro, en los lugares altos, puse al pueblo por familias con sus espadas, con sus lanzas y con sus arcos.

14 Después miré, y me levanté, y dije a los principales y a los magistrados, y al resto del pueblo: No temáis delante de ellos; acordaos del Señor grande y terrible, y pelead por vuestros hermanos, por vuestros hijos y por vuestras hijas, por vuestras esposas y por vuestras casas.

15 Y sucedió que cuando oyeron nuestros enemigos que nos habíamos enterado, y que Dios había desbaratado el consejo de ellos, nos volvimos todos al muro, cada uno a su obra.

16 Mas fue que desde aquel día la mitad de los jóvenes trabajaba en la obra, y la otra mitad de ellos tenía ᶦlanzas y escudos, y arcos y corazas; y los príncipes estaban tras toda la casa de Judá.

17 Los que edificaban en el muro, y los que llevaban cargas y los que cargaban, con una mano trabajaban en la obra, y en la otra tenían la espada.

Nehemías condena la usura

18 Porque los que edificaban, cada uno tenía su espada ceñida a sus lomos, y así edificaban y el que tocaba la trompeta estaba junto a mí.

19 Y ªdije a los principales, y a los magistrados y al resto del pueblo: La obra es grande y amplia, y nosotros estamos apartados en el muro, lejos los unos de los otros.

20 En el lugar donde oyereis la voz de la trompeta, reuníos allí con nosotros. ᵈNuestro Dios peleará por nosotros.

21 Nosotros, pues, trabajábamos en la obra; y la mitad de ellos tenían lanzas desde la subida del alba hasta salir las estrellas.

22 También dije entonces al pueblo: Cada uno con su criado se quede dentro de Jerusalén, para que de noche nos sirvan de centinelas, y de día en la obra.

23 Y ni yo, ni mis hermanos, ni mis criados, ni la gente de guardia que me seguía, desnudamos nuestra ropa; cada uno se desnudaba solamente para lavarse.

CAPÍTULO 5

Entonces fue grande el clamor del pueblo y de sus esposas ᵍcontra los judíos sus hermanos.

2 Y había quien decía: Nosotros, nuestros hijos y nuestras hijas, somos muchos; por tanto hemos tomado grano para comer y vivir.

3 Y había quienes decían: Hemos empeñado nuestras tierras, y nuestras viñas y nuestras casas, para comprar grano, por causa del hambre.

4 Y había quienes decían: Hemos pedido dinero prestado para ᵏel tributo del rey, *aun* sobre nuestras tierras y nuestras viñas.

5 Ahora bien, nuestra carne es como la carne de nuestros hermanos, nuestros hijos como sus hijos; y he aquí que nosotros estamos sometiendo a nuestros hijos y a ᵐnuestras hijas a servidumbre, y algunas de nuestras hijas ya están sujetas a servidumbre; y no tenemos poder para rescatarlas, porque nuestras tierras y nuestras viñas son de otros.

a ver 14
cp 5:7 y 7:5
b Éx 22:25
c Lv 25:48

d Sal 72:10
Ez 38:13

e Lv 25:17,43
f cp 4:4

g Lv 25:35-36 Dt 15:7
h Esd 10:5
i Hch 18:6

j cp 8:6

k Esd 4:13

l cp 2:1

m Éx 21:7

6 Y me enojé en gran manera cuando oí su clamor y estas palabras.

7 Entonces lo medité, y reprendí a los nobles y a los magistrados, y les dije: ᵇ¿Tomáis cada uno usura de vuestros hermanos? Y convoqué contra ellos una gran asamblea.

8 Y les dije: ᶜNosotros conforme a nuestras posibilidades rescatamos a nuestros hermanos judíos que habían sido vendidos a las naciones; ¿y vosotros venderéis aun a vuestros hermanos, o serán vendidos a nosotros? Y callaron, pues no tuvieron qué responder.

9 Y dije: No está bien lo que hacéis, ¿no andaréis ᵉen temor de nuestro Dios, ᶠpara no ser el oprobio de las naciones que son nuestras enemigas?

10 También yo y mis hermanos y mis criados, les hemos prestado dinero y grano; absolvámosles ahora de este gravamen.

11 Os ruego que les devolváis hoy sus tierras, sus viñas, sus olivares, y sus casas, y la centésima parte del dinero y del grano, del vino y del aceite que demandáis de ellos.

12 Y dijeron: Lo devolveremos y nada les demandaremos; haremos así como tú dices. Entonces convoqué a los sacerdotes, y ʰles hice jurar que harían conforme a esto.

13 Además ⁱsacudí mi ropa, y dije: Así sacuda Dios de su casa y de su trabajo a todo hombre que no cumpliere esto, y así sea sacudido y vaciado. Y respondió toda la congregación: ʲ¡Amén! Y alabaron a Jehová. Y el pueblo hizo conforme a esto.

14 También desde el día que me mandó el rey que fuese gobernador de ellos en la tierra de Judá, desde ˡel año veinte del rey Artajerjes hasta el año treinta y dos, doce años, ni yo ni mis hermanos comimos el pan del gobernador.

15 Mas los primeros gobernadores que fueron antes de mí, cargaron al pueblo, y tomaban de ellos pan y vino, además de cuarenta siclos de plata; a más de esto, sus criados se enseñoreaban sobre el pueblo; pero yo no hice así, a causa del temor de Dios.

16 También continué en la obra de restauración de este muro, y no compramos heredad; y todos mis criados estaban allí, reunidos para la obra.

17 Además ciento cincuenta hombres de los judíos y magistrados, y los que venían a nosotros de las naciones que están en nuestros alrededores.

18 Y lo que ªse preparaba cada día era un buey, seis ovejas escogidas, y aves también se preparaban para mí, y cada diez días toda clase de vino, en abundancia: y con todo esto nunca requerí el pan del gobernador, porque la servidumbre de este pueblo era grave.

19 ᶜAcuérdate de mí para bien, Dios mío, y de todo lo que hice por este pueblo.

CAPÍTULO 6

Y aconteció que ᵈhabiendo oído Sanbalat, y Tobías, y Gesem el árabe y el resto de nuestros enemigos, que yo había edificado el muro, y que no quedaba en él portillo (aunque ᵉhasta aquel tiempo no había puesto las hojas en las puertas),

2 Sanbalat y Gesem enviaron a decirme: Ven y reunámonos en alguna de las aldeas en el campo de ᵍOno. Pero ellos habían pensado hacerme mal.

3 Y les envié mensajeros, diciendo: Yo hago una gran obra, y no puedo ir; porque cesaría la obra, dejándola yo para ir a vosotros.

4 Y enviaron a mí con el mismo asunto por cuatro veces, y yo les respondí de la misma manera.

5 Envió entonces Sanbalat a mí su criado, a decir lo mismo por quinta vez, con una carta abierta en su mano,

6 en la cual estaba escrito: Se ha oído entre las naciones, y Gasmu lo dice, ʲque tú y los judíos pensáis rebelaros; y que por eso edificas tú el muro, con la mira, según estas palabras, de ser tú su rey;

7 y que has puesto profetas que prediquen de ti en Jerusalén, diciendo: ¡Hay rey en Judá! Y ahora serán oídas del rey las tales palabras; ven por tanto, y consultemos juntos.

a 1 Re 4:22
b Jer 36:5

c cp 13:14,31
2 Re 20:3

d cp 2:10

e cp 3:3
f cp 13:29

g 1 Cr 8:12

h cp 2:10
y 4:1-7

i Sal 126:2

j cp 2:19

k Esd 8:16

¿Un hombre como yo ha de huir?

8 Entonces envié yo a decirles: No hay tal cosa como dices, sino que de tu corazón tú lo inventas.

9 Porque todos ellos nos intimidaban, diciendo: Se debilitarán las manos de ellos en la obra, y no será hecha. Ahora, pues, oh Dios, fortalece mis manos.

10 Vine luego a casa de Semaías hijo de Delaías, hijo de Mehetabel, porque él estaba ᵇencerrado; el cual me dijo: Reunámonos en la casa de Dios dentro del templo, y cerremos las puertas del templo, porque vienen para matarte; sí, esta noche vendrán a matarte.

11 Entonces dije: ¿Un hombre como yo ha de huir? ¿Y quién, que fuera como yo, entraría al templo para salvar su vida? ¡No entraré!

12 Y entendí que Dios no lo había enviado, sino que hablaba aquella profecía contra mí, porque Tobías y Sanbalat le habían alquilado por salario.

13 Porque fue sobornado para que yo fuese intimidado e hiciese así, y que pecase, y les sirviese de mal nombre con que fuera yo infamado.

14 ᶠAcuérdate, Dios mío, de Tobías y de Sanbalat, conforme a estas sus obras, y también de Noadías profetisa, y de los otros profetas que trataban de intimidarme.

15 Así que el muro fue terminado el veinticinco del mes de Elul, en cincuenta y dos días.

16 Y sucedió que cuando lo oyeron ʰtodos nuestros enemigos, temieron todas las naciones que estaban en nuestros alrededores, y se sintieron muy humillados ante sus propios ojos, y ᶦconocieron que esta obra había sido hecha por nuestro Dios.

17 Asimismo en aquellos días iban muchas cartas de los nobles de Judá a Tobías, y las de Tobías venían a ellos.

18 Porque muchos en Judá se habían conjurado con él, porque era yerno de Secanías, hijo de Ara; y Johanán su hijo había tomado la hija de ᵏMesulam, hijo de Berequías.

19 También contaban delante de mí las buenas obras de él, y a él le referían mis palabras. Y Tobías enviaba cartas para atemorizarme.

Lista del padrón
CAPÍTULO 7

Y aconteció que, cuando ªel muro fue edificado, y hube colocado las puertas, y fueron señalados los porteros, los cantores y los levitas,

2 mandé a mi hermano Hanani, y a Hananías, príncipe del palacio de Jerusalén (porque éste era un hombre de verdad y temeroso de Dios, más que muchos);

3 y les dije: No se abran las puertas de Jerusalén hasta que caliente el sol; y aun ellos presentes, cierren las puertas, y atrancad. Y señalé guardas de los moradores de Jerusalén, cada cual en su guardia, y cada uno delante de su casa.

4 Y la ciudad era espaciosa y grande, pero poco pueblo dentro de ella, y no había casas reedificadas.

5 Y puso Dios en mi corazón que reuniese a los nobles, y a los magistrados, y al pueblo, para que fuesen empadronados por el orden de sus linajes: Y hallé el libro de la genealogía de ᵇlos que habían subido antes, y encontré en él escrito:

6 ᶜÉstos son los hijos de la provincia que subieron de la cautividad, de la transmigración que hizo pasar Nabucodonosor, rey de Babilonia, y que volvieron a Jerusalén y a Judá, cada uno a su ciudad;

7 los cuales vinieron con Zorobabel, Jesúa, Nehemías, Azarías, Raamías, Nahamani, Mardoqueo, Bilsán, Misperet, Bigvai, Nehum y Baana. La cuenta de los varones del pueblo de Israel.

8 Los hijos de Paros, dos mil ciento setenta y dos.

9 Los hijos de Sefatías, trescientos setenta y dos.

10 Los hijos de Ara, seiscientos cincuenta y dos.

11 Los hijos de Pahat-moab, de los hijos de Jesúa y de Joab, dos mil ochocientos dieciocho.

12 Los hijos de Elam, mil doscientos cincuenta y cuatro.

13 Los hijos de Zatu, ochocientos cuarenta y cinco.

14 Los hijos de Zacai, setecientos sesenta.

15 Los hijos de Binúi, seiscientos cuarenta y ocho;

a cp 6:1

b Esd 1:11

c hasta 73 Esd 2:1-70

16 Los hijos de Bebai, seiscientos veintiocho;

17 Los hijos de Azgad, dos mil trescientos veintidós.

18 Los hijos de Adonicam, seiscientos sesenta y siete.

19 Los hijos de Bigvai, dos mil sesenta y siete.

20 Los hijos de Adín, seiscientos cincuenta y cinco.

21 Los hijos de Ater, de Ezequías, noventa y ocho.

22 Los hijos de Hasum, trescientos veintiocho.

23 Los hijos de Besai, trescientos veinticuatro.

24 Los hijos de Harif, ciento doce.

25 Los hijos de Gabaón, noventa y cinco.

26 Los varones de Belén y de Netofa, ciento ochenta y ocho.

27 Los varones de Anatot, ciento veintiocho.

28 Los varones de Bet-azmavet, cuarenta y dos.

29 Los varones de Quiriat-jearim, Cefira y Beerot, setecientos cuarenta y tres.

30 Los varones de Ramá y de Geba, seiscientos veintiuno.

31 Los varones de Micmas, ciento veintidós.

32 Los varones de Betel y de Hai, ciento veintitrés.

33 Los varones del otro Nebo, cincuenta y dos.

34 Los hijos del otro Elam, mil doscientos cincuenta y cuatro.

35 Los hijos de Harim, trescientos veinte.

36 Los hijos de Jericó, trescientos cuarenta y cinco.

37 Los hijos de Lod, de Hadid, y Ono, setecientos veintiuno.

38 Los hijos de Senaa, tres mil novecientos treinta.

39 Los sacerdotes; los hijos de Jedaías, de la casa de Jesúa, novecientos setenta y tres.

40 Los hijos de Imer, mil cincuenta y dos.

41 Los hijos de Pasur, mil doscientos cuarenta y siete.

42 Los hijos de Harim, mil diecisiete.

43 Levitas: los hijos de Jesúa, de Cadmiel, de los hijos de Odevía, setenta y cuatro.

NEHEMÍAS 8

44 Cantores: los hijos de Asaf, ciento cuarenta y ocho.

45 Porteros: los hijos de Salum, los hijos de Ater, los hijos de Talmón, los hijos de Acub, los hijos de Hatita, los hijos de Sobai, ciento treinta y ocho.

46 Sirvientes del templo: los hijos de Siha, los hijos de Hasufa, los hijos de Tabaot,

47 los hijos de Queros, los hijos de Siaha, los hijos de Padón,

48 los hijos de Lebana, los hijos de Hagaba, los hijos de Salmai,

49 los hijos de Hanán, los hijos de Gidel, los hijos de Gahar,

50 los hijos de Reaías, los hijos de Rezín, los hijos de Necoda,

51 los hijos de Gazam, los hijos de Uza, los hijos de Pasea,

52 los hijos de Besai, los hijos de Meunim, los hijos de Nefisesim,

53 los hijos de Bacbuc, los hijos de Hacufa, los hijos de Harhur,

54 los hijos de Bazlut, los hijos de Mehída, los hijos de Harsa,

55 los hijos de Barcos, los hijos de Sísara, los hijos de Tema,

56 los hijos de Nesía, los hijos de Hatifa.

57 Los hijos de los siervos de Salomón: los hijos de Sotai, los hijos de Soferet, los hijos de Perida,

58 los hijos de Jaala, los hijos de Darcón, los hijos de Gidel,

59 los hijos de Sefatías, los hijos de Hatil, los hijos de Poqueret-hazebaim, los hijos de Amón.

60 Todos los sirvientes del templo, e hijos de los siervos de Salomón, trescientos noventa y dos.

61 Y éstos son los que subieron de Tel-mela, Tel-harsa, Querub, Adón, e Imer, los cuales no pudieron mostrar la casa de sus padres, ni su linaje, si eran de Israel:

62 Los hijos de Delaías, los hijos de Tobías, los hijos de Necoda, seiscientos cuarenta y dos.

63 Y de los sacerdotes: los hijos de Habaías, los hijos de Cos, los hijos de Barzilai, el cual tomó esposa de las hijas de Barzilai galaadita, y se llamó del nombre de ellas.

64 Éstos buscaron su registro de genealogías, pero no se halló; y como algo contaminado fueron excluidos del sacerdocio.

a ver 70
cp 8:9

Esdras lee el libro al pueblo

65 Y [a]el Tirsata les dijo que no comiesen de las cosas más santas, hasta que hubiese sacerdote con Urim y Tumim.

66 La congregación toda junta era de cuarenta y dos mil trescientos sesenta,

67 sin sus siervos y siervas, que eran siete mil trescientos treinta y siete; y entre ellos había doscientos cuarenta y cinco cantores y cantoras.

68 Sus caballos, setecientos treinta y seis; sus mulos, doscientos cuarenta y cinco;

69 camellos, cuatrocientos treinta y cinco; asnos, seis mil setecientos veinte.

70 Y algunos de los príncipes de las familias dieron para la obra. El Tirsata dio para el tesoro mil dracmas de oro, cincuenta tazones, y quinientas treinta vestiduras sacerdotales.

71 Y de los príncipes de las familias dieron para el tesoro de la obra, veinte mil dracmas de oro, y dos mil doscientas libras de plata.

72 Y lo que dio el resto del pueblo fue veinte mil dracmas de oro, y dos mil libras de plata, y sesenta y siete vestiduras sacerdotales.

73 Y habitaron los sacerdotes y los levitas, los porteros, y los cantores, y los del pueblo, y los sirvientes del templo, y todo Israel en sus ciudades. Y [a]venido el mes séptimo, los hijos de Israel estaban en sus ciudades.

CAPÍTULO 8

Y se juntó todo el pueblo [b]como un solo hombre en la plaza que está delante de [c]la puerta de las Aguas. Y dijeron al [d]escriba Esdras que trajese el libro de la ley de Moisés, que Jehová mandó a Israel.

2 Y Esdras el sacerdote, trajo la ley delante de la congregación, así de hombres como de mujeres, y de todo entendido para escuchar, el primer día del mes séptimo.

3 Y leyó en el libro delante de la plaza que está delante de la puerta de las Aguas, desde el alba hasta el mediodía, en presencia de hombres y mujeres y entendidos; y los oídos de todo el pueblo estaban atentos al libro de la ley.

b Esd 3:1

c cp 3:26
d Esd 7:6

El pueblo confiesa y adora a Jehová

4 Y Esdras el escriba estaba sobre un púlpito de madera, que habían hecho para ello; y junto a él, a su mano derecha, estaban Matatías, Sema, Anaías, Urías, Hilcías y Maasías; y a su mano izquierda, Pedaías, Misael, Malquías, Hasum, Hasbadana, Zacarías y Mesulam.

5 Abrió, pues, Esdras el libro a ojos de todo el pueblo (porque estaba más alto que todo el pueblo); y como lo abrió, todo el pueblo estuvo atento.

6 Bendijo entonces Esdras a Jehová, Dios grande. Y todo el pueblo respondió: [c]¡Amén! ¡Amén! alzando sus manos; y se humillaron, y adoraron a Jehová con el rostro a tierra.

7 Y Jesúa, Bani, Serebías, Jamín, Acub, Sabetai, Odías, Maasías, Kelita, Azarías, Jozabad, Hanán y Pelaías, levitas, hacían entender al pueblo la ley; y el pueblo estaba en su lugar.

8 Y leían en el libro de la ley de Dios claramente, y ponían el sentido, de modo que entendiesen la lectura.

9 Y Nehemías [h]el Tirsata, y el sacerdote Esdras, escriba, y los levitas que [i]hacían entender al pueblo, dijeron a todo el pueblo: Día santo es a Jehová nuestro Dios; no os entristezcáis, ni lloréis: porque todo el pueblo lloraba oyendo las palabras de la ley.

10 Luego les dijo: Id, comed grosuras, y bebed vino dulce, y enviad porciones a los que no tienen nada preparado; porque día santo es a nuestro Señor; y no os entristezcáis, porque el gozo de Jehová es vuestra fortaleza.

11 Los levitas, pues, hacían callar a todo el pueblo, diciendo: Callad, que es día santo, y no os entristezcáis.

12 Y todo el pueblo se fue a comer y a beber, y a enviar porciones, y a gozar de grande alegría, porque habían entendido las palabras que les habían enseñado.

13 Y al día siguiente se reunieron los príncipes de las familias de todo el pueblo, sacerdotes, y levitas, a Esdras escriba, para entender las palabras de la ley.

14 Y hallaron escrito en la ley que Jehová había mandado por mano de Moisés, que habitasen los hijos de Israel en cabañas en [a]la fiesta solemne del mes séptimo;

15 Y que hiciesen saber, y pasar pregón por todas sus ciudades y por Jerusalén, diciendo: [b]Salid al monte, y traed ramas de olivo, y ramas de pino, y ramas de arrayán, y ramas de palmas, y ramas de todo árbol frondoso, para hacer cabañas como está escrito.

16 Salió, pues, el pueblo, y trajeron, y se hicieron cabañas, cada uno [a]sobre su terrado, y en sus patios, y en los patios de la casa de Dios, y en [d]la plaza de la puerta de las Aguas, y en [e]la plaza de la puerta de Efraín.

17 Y toda la congregación que volvió de la cautividad hicieron tabernáculos, y en tabernáculos habitaron; porque desde los días de Josué, hijo de Nun, hasta aquel día, [f]no habían hecho así los hijos de Israel. Y hubo alegría muy grande.

18 Y leyó Esdras en [g]el libro de la ley de Dios cada día, desde el primer día hasta el postrero; y celebraron la fiesta por siete días, y el octavo día fue de solemne asamblea, según lo establecido.

CAPÍTULO 9

Y el día veinticuatro del mismo mes se reunieron los hijos de Israel en ayuno, y con [j]cilicio y [k]tierra sobre sí.

2 Y la simiente de Israel [l]ya se había apartado de todos los extranjeros; y estando en pie, confesaron sus pecados y las iniquidades de sus padres.

3 Y puestos de pie en su lugar, [m]leyeron en el libro de la ley de Jehová, su Dios la cuarta parte del día, y la cuarta parte confesaron y adoraron a Jehová su Dios.

4 Luego se levantaron sobre la grada de los levitas, Jesúa y Bani, Cadmiel, Sebanías, Buni, Serebías, Bani y Quenani, y clamaron en voz alta a Jehová su Dios.

5 Entonces los levitas, Jesúa y Cadmiel, Bani, Hasabnías, Serebías, Odías, Sebanías y Petaías, dijeron: Levantaos, bendecid a Jehová

NEHEMÍAS 9

vuestro Dios desde la eternidad hasta la eternidad: Bendito sea tu glorioso nombre, el cual es exaltado sobre toda bendición y alabanza.

6 ᵇTú, sólo tú, oh Jehová; tú hiciste el cielo, y ᶜel cielo de los cielos, y todo su ejército, la tierra y todo lo que está en ella, los mares y todo lo que hay en ellos; y tú has preservado todas estas cosas, y el ejército del cielo te adora.

7 Tú, eres oh Jehová, el Dios que ᶠescogiste a Abram, y lo sacaste de Ur de los caldeos, y le pusiste el nombre Abraham;

8 Y ᵍhallaste fiel su corazón delante de ti, ʰe hiciste pacto con él para darle la tierra del ⁱcananeo, del heteo, del amorreo, del ferezeo, del jebuseo y del gergeseo, para darla a su simiente: y ʲcumpliste tu palabra, porque eres justo.

9 Y miraste ᵏla aflicción de nuestros padres en Egipto, y oíste el clamor de ellos en el Mar Rojo;

10 Y diste señales y maravillas en Faraón, y en todos sus siervos, y en todo el pueblo de su tierra; porque sabías que habían hecho soberbiamente contra ellos; y ᵐte hiciste nombre grande, como en este día.

11 Y ᵖdividiste el mar delante de ellos, y así pasaron por medio de él en seco; y a sus perseguidores echaste en las profundidades, como una piedra en turbulentas aguas.

12 Y con columna de nube ˢlos guiaste de día, y con columna de fuego de noche, para alumbrarles el camino por donde habían de ir.

13 Y sobre el monte de Sinaí ˣdescendiste, y hablaste con ellos desde el cielo, y les diste juicios rectos, leyes verdaderas, y estatutos y mandamientos buenos;

14 Y les hiciste conocer tu ʸsanto sábado, y por mano de Moisés tu siervo les prescribiste mandamientos, estatutos y leyes.

15 Y les diste ᶻpan del cielo en su hambre; y en su sed ᵃles sacaste aguas de la roca; y ᵇles prometiste que entrarían a poseer la tierra, por la cual alzaste tu mano y juraste que se la darías.

16 Mas ellos y nuestros padres hicieron soberbiamente, y endure-

a Sal 78:11,42

b 2 Re 19:15
c Dt 10:14
d Nm 14:4

e Éx 34:6
Jl 2:13

f Gn 11:31
12:1 y 17:5

g Gn 15:6
h Gn 12:7
15:18
y 17:7-9
i Éx 13:5
j Jos 23:14

k Éx 3:7

l Nm 11:17
Is 63:11

m Éx 9:16
n Dt 2:7
o Dt 8:4
y 29:5
p Éx 14:21

q Nm 24:17
Jer 48:45
r Nm 21:21
s Éx 13:21-22
t Nm 32:37
u Nm 21:33

v Gn 15:5
x Éx 19:20
y 20:1

y Éx 20:8-11

z Éx 16:14-15
Jn 6:31
a Éx 17:6
Nm 20-9
b y Dt 1:8
c Nm 13:27
d Dt 6:11

Lo que Dios hizo por ellos

cieron su cerviz, y no escucharon tus mandamientos.

17 No quisieron obedecer, ᵃni se acordaron de tus maravillas que habías hecho con ellos; antes endurecieron su cerviz, y en su rebelión ᵈpensaron poner caudillo para volverse a su servidumbre. Pero tú que eres Dios perdonador, clemente y piadoso, ᵉlento para la ira y grande en misericordia, no los abandonaste.

18 Además, cuando hicieron para sí becerro de fundición, y dijeron: Éste es tu Dios que te hizo subir de Egipto; y cometieron grandes abominaciones;

19 Tú, con todo, por tus muchas misericordias no los abandonaste en el desierto. La columna de nube no se apartó de ellos de día, para guiarlos por el camino, ni la columna de fuego de noche, para alumbrarles el camino por el cual habían de ir.

20 Y diste ˡtu buen Espíritu para enseñarles, y no retiraste tu maná de su boca, y agua les diste en su sed.

21 Y los sustentaste ⁿcuarenta años en el desierto; de ninguna cosa tuvieron necesidad; ᵒsus ropas no se envejecieron, ni se hincharon sus pies.

22 Les diste reinos y pueblos, y los distribuiste por ᵠregiones; y poseyeron la tierra de ʳSehón, la tierra del rey ᵗde Hesbón, y la tierra ᵘde Og, rey de Basán.

23 Y multiplicaste sus hijos como ᵛlas estrellas del cielo, y los metiste en la tierra de la cual habías dicho a sus padres que habían de entrar a poseerla.

24 Y los hijos vinieron y poseyeron la tierra, y humillaste delante de ellos a los moradores del país, a los cananeos, los cuales entregaste en su mano, y a sus reyes, y a los pueblos de la tierra, para que hiciesen de ellos a su voluntad.

25 Y tomaron ciudades fortificadas y ᶜtierra fértil, y poseyeron ᵈcasas llenas de todo bien, pozos excavados, viñas y olivares, y muchos árboles frutales; y comieron y se saciaron, se engordaron y se deleitaron en tu gran bondad.

482

Firman un pacto

26 Pero fueron desobedientes y se rebelaron contra ti, y ªecharon tu ley tras sus espaldas, y ᵇmataron a tus profetas que protestaban contra ellos para convertirlos a ti; e hicieron grandes abominaciones.

27 Y ªlos entregaste en mano de sus enemigos, los cuales los afligieron. Pero en el tiempo de su tribulación clamaron a ti, y tú desde el cielo los oíste; y según tus muchas misericordias les diste libertadores para que los librasen de mano de sus enemigos.

28 Pero ᵉuna vez que tenían reposo, volvían a hacer lo malo delante de ti; por lo cual los abandonaste en mano de sus enemigos, que se enseñorearon de ellos; mas cuando se volvían y clamaban otra vez a ti, tú desde el cielo los oías, y muchas veces los libraste según tus misericordias.

29 Y los amonestaste para que volviesen a tu ley; mas ellos fueron soberbios, y no oyeron tus mandamientos, sino que pecaron contra tus juicios, ᵍlos cuales si el hombre hiciere, en ellos vivirá. Pero ellos dieron la espalda, y endurecieron su cerviz, y no escucharon.

30 Los soportaste muchos años, y les amonestaste con tu Espíritu por medio de tus profetas, mas no escucharon; por lo cual ʲlos entregaste en mano de los pueblos de la tierra.

31 Mas por tus muchas misericordias ᵏno los consumiste, ni los desamparaste; porque eres Dios ˡclemente y misericordioso.

32 Ahora, pues, Dios nuestro, Dios grande, fuerte y terrible, que ᵐguardas el pacto y la misericordia, no sea tenida en poco delante de ti toda la aflicción que nos ha sobrevenido, a nuestros reyes, a nuestros príncipes, a nuestros sacerdotes, a nuestros profetas, a nuestros padres y a todo tu pueblo, desde los días de los reyes de Asiria hasta este día.

33 Pero ⁿtú eres justo en todo lo que ha venido sobre nosotros; porque rectamente has hecho, mas nosotros hemos hecho lo malo.

NEHEMÍAS 10

34 Y nuestros reyes, nuestros príncipes, nuestros sacerdotes y nuestros padres, no pusieron por obra tu ley, ni atendieron a tus mandamientos y a tus testimonios, con que les amonestabas.

35 Y ellos, en su reino y en los muchos bienes que tú les diste, y en la tierra espaciosa y fértil que entregaste delante de ellos, no te sirvieron, ni se convirtieron de sus malas obras.

36 He aquí que ᵈhoy somos siervos, henos aquí, siervos en la tierra que diste a nuestros padres para que comiesen su fruto y su bien.

37 Y se multiplica su fruto para los reyes que tú has puesto sobre nosotros por causa de nuestros pecados. Y ellos se enseñorean sobre nuestros cuerpos y sobre nuestras bestias como les place, y estamos en grande angustia.

38 A causa, pues, de todo eso nosotros hacemos ᶠfiel *pacto*, y lo escribimos, signado de nuestros príncipes, de nuestros levitas y de nuestros sacerdotes.

CAPÍTULO 10

Y ʰlos que firmaron fueron, ⁱNehemías el Tirsata, hijo de Hacalías, y Sedequías,

2 Seraías, Azarías, Jeremías,

3 Pasur, Amarías, Malquías,

4 Hatús, Sebanías, Maluc,

5 Harim, Meremot, Abdías,

6 Daniel, Ginetón, Baruc,

7 Mesulam, Abías, Miamín,

8 Maazías, Bilgai, Semaías; éstos *eran* sacerdotes.

9 Y los levitas: Jesúa hijo de Azanías, Binúi de los hijos de Henadad, Cadmiel;

10 y sus hermanos Sebanías, Odías, Kelita, Pelaías, Hanán;

11 Micaías, Rehob, Hasabías,

12 Zacur, Serebías, Sebanías,

13 Odías, Bani, Beninu.

14 Cabezas del pueblo: Paros, Pahat-moab, Elam, Zatu, Bani,

15 Buni, Azgad, Bebai,

16 Adonías, Bigvai, Adín,

17 Ater, Ezequías, Azur,

18 Odías, Hasum, Besai,

19 Harif, Anatot, Nebai,

20 Magpías, Mesulam, Hezir,

---

a 1 Re 14:9
b 1 Re 18:4
  y 19-10
  Mt 23:27
  Hch 7:52
c Jue 2:14
  y 3:8-9
d Esd 9:9
e Jue 3:11-12
f cp 10:29
  2 Re 23:3
  Esd 10:3
g Lv 18:5
h cp 9:38
i cp 8:9
j Esd 9:7
k Jer 4:27
l ver 17
m Dt 7:9
n Esd 9:15

NEHEMÍAS 11

21 Mesezabeel, Sadoc, Jadúa,
22 Pelatías, Hanán, Anaías,
23 Oseas, Hananías, Hasub,
24 Lohes, Pilha, Sobec,
25 Rehum, Hasabna, Maasías,
26 y Ahías, Hanán, Anan,
27 Maluc, Harim, Baana.

28 Y el resto del pueblo, los sacerdotes, levitas, porteros, y cantores, sirvientes del templo y ^ctodos los que se habían apartado de los pueblos de las tierras a la ley de Dios, sus esposas, y sus hijos y sus hijas, todos los que podían comprender y discernir,

29 se adhirieron a sus hermanos y sus principales, y entraron en protesta y ^ejuramento de que andarían en la ley de Dios, que fue dada por medio de Moisés siervo de Dios, y que guardarían y cumplirían todos los mandamientos de Jehová nuestro Señor, y sus juicios y sus estatutos.

30 Y que ^fno daríamos nuestras hijas a los pueblos de la tierra, ni tomaríamos sus hijas para nuestros hijos.

31 Asimismo, que si los pueblos de la tierra trajesen a vender mercaderías y comestibles en día de sábado, nada tomaríamos de ellos en sábado, ni en día santo; y que ⁱel año séptimo dejaríamos reposar la *tierra*, y ^jperdonaríamos toda deuda.

32 Nos impusimos además por ley el cargo de contribuir cada año con la tercera parte de un siclo, para la obra de la casa de nuestro Dios;

33 ^kPara el pan de la proposición, y para la ofrenda continua, y para el holocausto continuo, de los sábados, y de las nuevas lunas, y de ^llas festividades, y para las santificaciones y sacrificios por el pecado ^mpara expiar a Israel, y para toda la obra de la casa de nuestro Dios.

34 ⁿEchamos también las suertes, los sacerdotes, los levitas, y el pueblo, acerca de ^ola ofrenda de la leña, para traerla a la casa de nuestro Dios, según las casas de nuestros padres, ^pen los tiempos determinados cada un año, para quemar sobre el altar de Jehová nuestro Dios, ^qcomo está escrito en la ley.

a Éx 23:19
y 34:26
Dt 26:2

b Éx 13:2-13
Lv 27:26-27
Nm 18:15-16

c Esd 16:21

d Lv 23:17
Nm 15:19
Dt 18:4

e Dt 29:12-14

f Éx 34:16
Dt 7:3
Esd 9:12-14
g Nm 18:26
h 1 Cr 26:20

i Éx 23:10-11
Lv 25:4
j Dt 15:22

k Lv 24:5-6

l Nm 29:39

m Lv 1:4

n cp 11:1

o cp 13:31

p Esd 10:14

q Lv 6:12

Primicias, Diezmos y ofrendas

35 Y que cada año traeríamos ^alas primicias de nuestra tierra, y las primicias de todo fruto de todo árbol, a la casa de Jehová.

36 Asimismo los primogénitos de nuestros hijos y de nuestras bestias, ^bcomo está escrito en la ley; y que traeríamos los primogénitos de nuestras vacas y de nuestras ovejas a la casa de nuestro Dios, a los sacerdotes que ministran en la casa de nuestro Dios:

37 Que traeríamos también ^dlas primicias de nuestras masas, y nuestras ofrendas, y del fruto de todo árbol, del vino y del aceite, a los sacerdotes, a las cámaras de la casa de nuestro Dios, y el diezmo de nuestra tierra a los levitas; y que los levitas recibirían los diezmos de nuestras labores en todas las ciudades:

38 Y que estaría el sacerdote, hijo de Aarón, con los levitas, cuando los levitas recibirían el diezmo; y que los levitas llevarían ^gel diezmo del diezmo a la casa de nuestro Dios, a las cámaras en ^hla casa del tesoro.

39 Porque a las cámaras han de llevar los hijos de Israel y los hijos de Leví la ofrenda del grano, del vino nuevo y del aceite; y allí estarán los vasos del santuario, y los sacerdotes que ministran, y los porteros y los cantores; y no abandonaremos la casa de nuestro Dios.

CAPÍTULO 11

Y los príncipes del pueblo habitaron en Jerusalén; mas el resto del pueblo echó suertes para traer uno de diez que morase en Jerusalén, ciudad santa, y las nueve partes en las otras ciudades.

2 Y bendijo el pueblo a todos los varones que voluntariamente se ofrecieron a morar en Jerusalén.

3 Y éstos son los principales de la provincia que moraron en Jerusalén; mas en las ciudades de Judá habitaron cada uno en su posesión en sus ciudades, de Israel, de los sacerdotes, y levitas, y sirvientes del templo, y de los hijos de los siervos de Salomón.

Lista de los sacerdotes

4 En Jerusalén, pues, habitaron *algunos* de los hijos de Judá, y de los hijos de Benjamín. De los hijos de Judá: Ataías, hijo de Uzías, hijo de Zacarías, hijo de Amarías, hijo de Sefatías, hijo de Mahalaleel, de los hijos de Fares;

5 y Maasías hijo de Baruc, hijo de Col-hoze, hijo de Hazaías, hijo de Adaías, hijo de Joiarib, hijo de Zacarías, hijo de Siloni.

6 Todos los hijos de Fares que moraron en Jerusalén, fueron cuatrocientos sesenta y ocho hombres fuertes.

7 Y éstos son los hijos de Benjamín: Salú, hijo de Mesulam, hijo de Joed, hijo de Pedaías, hijo de Colaías, hijo de Maasías, hijo de Itiel, hijo de Jesahías.

8 Y tras él, Gabai, Salai, novecientos veintiocho.

9 Y Joel, hijo de Zicri, era el superintendente de ellos, y Judá, hijo de Senúa, *era* el segundo sobre la ciudad.

10 De los sacerdotes: Jedaías, hijo de Joiarib, Jaquín,

11 Seraías, hijo de Hilcías, hijo de Mesulam, hijo de Sadoc, hijo de Meraiot, hijo de Ahitob, príncipe de la casa de Dios,

12 y sus hermanos los que hacían la obra de la casa, ochocientos veintidós; y Adaías, hijo de Jeroham, hijo de Pelalías, hijo de Amsi, hijo de Zacarías, hijo de Pasur, hijo de Malquías,

13 y sus hermanos, príncipes de familias, doscientos cuarenta y dos; y Amasai, hijo de Azareel, hijo de Azai, hijo de Mesilemot, hijo de Imer,

14 y sus hermanos, hombres de gran vigor, ciento veintiocho; jefe de los cuales era Zabdiel, hijo de un hombre grande.

15 Y de los levitas: Semaías, hijo de Hasub, hijo de Azricam, hijo de Hasabías, hijo de Buni;

16 Y Sabetai y Jozabad, de los principales de los levitas, encargados de la obra exterior de la casa de Dios;

17 Y Matanías, hijo de Micaía, hijo de Zabdi, hijo de Asaf, el principal, el que empezaba las alabanzas y acción de gracias al tiempo de la oración; y Bacbucías el segundo de entre sus hermanos; y Abda, hijo de Samúa, hijo de Galal, hijo de Jedutún.

18 Todos los levitas en la santa ciudad fueron doscientos ochenta y cuatro.

19 Y los porteros, Acub, Talmón, y sus hermanos, guardas en las puertas, ciento setenta y dos.

20 Y el resto de Israel, de los sacerdotes, de los levitas, en todas las ciudades de Judá, cada uno en su heredad.

21 Y ᵃlos sirvientes del templo habitaban en Ofel; y los sirvientes del templo estaban bajo el mando de Siha y Gispa.

22 Y el prepósito de los levitas en Jerusalén era Uzi, hijo de Bani, hijo de Hasabías, hijo de Matanías, hijo de Micaías, de los cantores los hijos de Asaf, sobre la obra de la casa de Dios.

23 Porque ᵇhabía mandamiento del rey acerca de ellos, y determinación acerca de los cantores para cada día.

24 Y Petaías, hijo de Mesezabeel, de los hijos de Zera hijo de Judá, estaba a la mano del rey en todos los asuntos del pueblo.

25 Y tocante a las aldeas y sus tierras, algunos de los hijos de Judá habitaron en Quiriat-arba y sus aldeas, y en Dibón y sus aldeas, y en Jecabseel y sus aldeas;

26 Y en Jesúa, Molada, y en Bet-pelet;

27 y en Hasar-sual, y en Beerseba, y en sus aldeas;

28 y en Siclag, y en Mecona y sus aldeas;

29 y en Enrimón, y en Zora y en Jarmut;

30 en Zanoa, en Adulam y sus aldeas; en Laquis y sus tierras, y en Azeca y sus aldeas. Y habitaron desde Beerseba hasta el valle de Hinom.

31 Y los hijos de Benjamín desde Geba habitaron en Micmas, y Hai, y en Betel y sus aldeas;

32 En Anatot, Nob, Ananías;

33 Hazor, Ramá, Gitaim;

34 Hadid, Zeboim, Nebalat;

35 Lod, y Ono, ᶜvalle de los artífices.

36 Y algunos de los levitas, en los repartimientos de Judá y de Benjamín.

---

a 1 Cr 9:2

b Esd 6:8-9 y 7:20

c 1 Cr 4:14

NEHEMÍAS 12
CAPÍTULO 12

Y éstos son ^blos sacerdotes y los levitas que subieron con Zorobabel, hijo de Salatiel, y con Jesúa: Seraías, Jeremías, Esdras,

2 Amarías, Maluc, Hatús,

3 Secanías, Rehum, Meremot,

4 Iddo, Gineto, Abías,

5 Miamín, Maadías, Bilga,

6 Semaías, y Joiarib, Jedaías,

7 Salum, Amoc, Hilcías, Jedaías. Éstos eran los príncipes de los sacerdotes y sus hermanos en los días de Jesúa.

8 Y los levitas: Jesúa, Binúi, Cadmiel, Serebías, Judá, y Matanías, que ^econ sus hermanos oficiaba en los himnos.

9 Y Bacbucías y Uni, sus hermanos, cada cual en su ministerio.

10 Y Jesúa engendró a Joiacim, y Joiacim engendró a Eliasib y Eliasib engendró a Joiada,

11 y Joiada engendró a Jonatán, y Jonatán engendró a Jadúa.

12 Y en los días de Joiacim los sacerdotes cabezas de familias fueron: de Seraías, Meraías; de Jeremías, Hananías;

13 de Esdras, Mesulam; de Amarías, Johanán;

14 de Maluc, Jonatán; de Sebanías, José;

15 de Harim, Adna; de Meraiot, Helcai;

16 de Iddo, Zacarías; de Ginetón, Mesulam;

17 de Abías, Zicri; de Miniamín, de Moadías, Piltai;

18 de Bilga, Samúa; de Semaías, Jonatán;

19 de Joiarib, Matenai; de Jedaías, Uzi;

20 de Salai, Calai; de Amoc, Heber;

21 de Hilcías, Hasabías; de Jedaías, Natanael.

22 Los levitas en días de Eliasib, de Joiada, y de Johanán y Jadúa, fueron escritos por cabezas de familias; también los sacerdotes, hasta el reinado de Darío el persa.

23 Los hijos de Leví, cabezas de familias, fueron escritos en ^mel libro de las Crónicas hasta los días de Johanán, hijo de Eliasib.

24 Y los principales de los levitas: Hasabías, Serebías y Jesúa, hijo de

a 2 Cr 5:13
b Esd 2:1-2
c 1 Cr 23:1

d Esd 7:6

e vers 24,25
cp 11:17
f cp 11:36
g 1 Cr 15:16
2 Cr 5:13
y 7:6
a Esd 7:6

h cp 13:22-30

i ver 38
j cp 2:13
y 3:13-14

k 1 Cr 15:24

l 1 Cr 23:5

m 1 Cr 9:14-16
n cp 2:14
y 3:15

Lista de los levitas

Cadmiel, y sus hermanos delante de ellos, ^apara alabar y dar gracias, ^cconforme al estatuto de David, varón de Dios, guardando su turno.

25 Matanías y Bacbucías, Abdías, Mesulam, Talmón, Acub, guardas, eran porteros para la guardia a las entradas de las puertas.

26 Éstos fueron en los días de Joiacim, hijo de Jesúa, hijo de Josadac, y en los días del gobernador Nehemías, y del sacerdote Esdras, ^describa.

27 Y para la dedicación del muro de Jerusalén buscaron a los levitas de ^ftodos los lugares, para traerlos a Jerusalén, para hacer la dedicación y la fiesta con alabanzas y con cánticos, ^gcon címbalos, salterios y cítaras.

28 Y fueron reunidos los hijos de los cantores, así de la región de alrededor de Jerusalén como de las aldeas de Netofati;

29 y de la casa de Gilgal, y de los campos de Geba, y de Azmavet; porque los cantores se habían edificado aldeas alrededor de Jerusalén.

30 Y ^hse purificaron los sacerdotes y los levitas; y purificaron al pueblo, y las puertas, y el muro.

31 Hice luego subir a los príncipes de Judá sobre el muro, y puse dos coros grandes que daban gracias; ⁱel uno a la mano derecha sobre el muro hacia ^jla puerta del Muladar.

32 E iba tras de ellos Osaías, y la mitad de los príncipes de Judá,

33 y Azarías, Esdras y Mesulam,

34 Judá y Benjamín, y Semaías y Jeremías.

35 Y de los hijos de los sacerdotes iban ^kcon trompetas, Zacarías hijo de Jonatán, hijo de Semaías, hijo de Matanías, hijo de Micaías, hijo de Zacur, hijo de Asaf;

36 y sus hermanos Semaías, y Azareel, Milalai, Gilalai, Maai, Natanael, Judá y Hanani, ^lcon los instrumentos musicales de David varón de Dios; y Esdras escriba, delante de ellos.

37 Y a ⁿla puerta de la Fuente, en derecho delante de ellos, subieron por las gradas de la ciudad de David, por la subida del muro, desde la

casa de David hasta la puerta de las Aguas al oriente.

38 Y el segundo coro iba del lado opuesto, y yo en pos de él, con la mitad del pueblo sobre el muro, desde la torre de los Hornos hasta el muro ancho;

39 y desde la puerta de Efraín hasta la puerta Antigua, y a la puerta del Pescado, y la torre de Hananeel, y la torre de Meah, hasta la puerta de las Ovejas; y pararon en ᵈla puerta de la Cárcel.

40 Pararon luego los dos coros en la casa de Dios; y yo, y la mitad de los magistrados conmigo;

41 y los sacerdotes, Eliaquim, Maasías, Miniamín, Micaías, Elioenai, Zacarías, y Hananías, con trompetas;

42 y Maasías, y Semaías, y Eleazar, y Uzi, y Johanán, y Malquías, y Elam, y Ezer. Y los cantores cantaban alto, e Izrahías era el prefecto.

43 Y sacrificaron aquel día grandes víctimas, e hicieron alegrías; porque ⁱDios los había recreado con grande contentamiento; se alegraron también las mujeres y los niños; y el alborozo de Jerusalén fue oído desde lejos.

44 Y en aquel día ᵏfueron puestos varones sobre las cámaras de los tesoros, de las ofrendas, de las primicias y de los diezmos, para juntar en ellas de los campos de las ciudades las porciones legales para los sacerdotes y levitas; porque era grande el gozo de Judá con respecto a los sacerdotes y levitas que servían.

45 Y los cantores y los porteros guardaron la ordenanza de su Dios y la ordenanza de la expiación conforme al estatuto de David y de Salomón su hijo.

46 Porque desde el tiempo de David y de Asaf, ya de antiguo, había príncipes de cantores, y cántico y alabanza, y acción de gracias a Dios.

47 Y todo Israel en días de Zorobabel, y en días de Nehemías, daba raciones a los cantores y a los porteros, ᵖcada cosa en su día: ᵠconsagraban asimismo sus porciones a los levitas, y los levitas consagraban parte a los hijos de Aarón.

a cp 8:3-18
y 9:3
b Dt 23:3-5

c Nm 22:5
d cp 3:25

e cp 9:2

f cp 3:1

g cp 2:10

h cp 12:44

i 2 Cr 20:27

j cp 5:14
k cp 13:5-13
l Esd 6:22

m 2 Cr 29:5

n 2 Cr 31:4
Mal 3:8

o vers 17,25

p cp 11:23
q Nm 18:21
r cp 10:38
y 12:44

NEHEMÍAS 13

CAPÍTULO 13

Aquel día ᵃse leyó en el libro de Moisés oyéndolo el pueblo, y ᵇfue hallado escrito en él que los amonitas y moabitas no debían entrar jamás en la congregación de Dios;

2 por cuanto no salieron a recibir a los hijos de Israel con pan y agua, antes alquilaron a ᶜBalaam contra ellos, para que los maldijese; mas nuestro Dios volvió la maldición en bendición.

3 Y aconteció que cuando oyeron la ley, ᵉapartaron de Israel a todos los mezclados con extranjeros.

4 Y antes de esto, ᶠEliasib el sacerdote, siendo superintendente de la cámara de la casa de nuestro Dios, había ᵍemparentado con Tobías,

5 y le había hecho una gran cámara ʰdonde antes se guardaban las ofrendas, y el perfume, y los vasos, y el diezmo del grano, y del vino y del aceite, que estaba mandado darse a los levitas, a los cantores y a los porteros, y las ofrendas de los sacerdotes.

6 Mas en todo este *tiempo*, yo no estaba en Jerusalén; porque ʲel año treinta y dos de ˡArtajerjes, rey de Babilonia, vine al rey; y al cabo de días obtuve permiso del rey.

7 Y vine a Jerusalén y entendí el mal que había hecho Eliasib en atención a Tobías, haciéndole una cámara en los patios de la casa de Dios.

8 Y me dolió en gran manera; y eché todos los enseres de la casa de Tobías fuera de la cámara.

9 y dije que ᵐlimpiasen las cámaras, e hice volver allí los utensilios de la casa de Dios, las ofrendas y el perfume.

10 Entendí asimismo que las porciones de los levitas ⁿno les habían sido dadas; y que los levitas y cantores que hacían el servicio habían huido, cada uno a su heredad.

11 Y ᵒreprendí a los magistrados, y dije: ¿Por qué está la casa de Dios abandonada? Y los junté, y los puse en su lugar.

12 Entonces ʳtodo Judá trajo el diezmo del grano, del vino nuevo y del aceite, a los almacenes.

NEHEMÍAS 13

13 Y ªpuse por mayordomos de los almacenes al sacerdote Selemías, y a Sadoc el escriba, y de los levitas, a Pedaías; y junto a ellos estaba Hanán, hijo de Zacur, hijo de Matanías; pues ellos ᶜeran tenidos por fieles, y el oficio de ellos era el distribuir *las raciones* a sus hermanos.

14 ᵈAcuérdate de mí, oh Dios, en orden a esto, y no borres mis misericordias que hice en la casa de mi Dios, y en el servicio en ella.

15 En aquellos días vi en Judá a algunos que pisaban los lagares ᶠen sábado, y que acarreaban gavillas, y cargaban asnos con vino, y también de uvas, de higos, y de toda clase de carga, y los ᵍtraían a Jerusalén en día de sábado; y les amonesté acerca del día que vendían el mantenimiento.

16 También habitaban en ella hombres de ⁱTiro quienes traían pescado y toda clase de mercadería, y los vendían en sábado a los hijos de Judá en Jerusalén.

17 Y ᵏreprendí a los nobles de Judá, y les dije: ¿Qué mala cosa es ésta que vosotros hacéis, profanando así el día del sábado?

18 ¿No hicieron así vuestros padres, y nuestro Dios trajo todo este mal sobre nosotros, y sobre esta ciudad? ¿Y vosotros añadís ira sobre Israel profanando el sábado?

19 Sucedió, pues, que cuando iba oscureciendo a las puertas de Jerusalén ⁿantes del sábado, dije que se cerrasen las puertas, y ordené que no las abriesen hasta después del sábado; y puse a las puertas algunos de mis criados, para que en día de sábado no introdujesen carga.

20 Y se quedaron fuera de Jerusalén una o dos veces los negociantes, y los que vendían toda clase de mercancía.

21 Y les amonesté y les dije: ¿Por qué os quedáis vosotros delante del muro? Si lo hacéis otra vez, os

a 2 Cr 31:12

b cp 12:30

c Dt 23:3-5

d vers 22,31
cp 5:19
e Esd 9:2
y 10:10

f Éx 20:10

g Jer 17:21-27
h Esd 10:5

i Jos 19:29
Am 1:9
j 1 Re 11:1-8

k vers 11,25
l 2 Sm 12:24

m cp 3:1
n Lv 23:32
o cp 2:10
p cp 6:14
q Mal 2:4

r cp 10:30

Expulsan a esposas extranjeras

echaré mano. Desde entonces no vinieron en sábado.

22 Y dije a los levitas ᵇque se purificasen, y viniesen a guardar las puertas, para santificar el día del sábado. También por esto acuérdate de mí, Dios mío, y perdóname según la muchedumbre de tu misericordia.

23 Vi asimismo en aquellos días a judíos que ᵉhabían tomado esposas de Asdod, amonitas y moabitas.

24 Y de sus hijos, la mitad hablaban la lengua de Asdod, y no podían hablar la lengua de los judíos, sino que hablaban conforme a la lengua de cada pueblo.

25 Y reñí con ellos y los maldije, y herí algunos de ellos y les arranqué los cabellos, y ʰles hice jurar por Dios, diciendo: No daréis vuestras hijas a sus hijos, ni tomaréis de sus hijas para vuestros hijos, ni para vosotros mismos.

26 ʲ¿No pecó por esto Salomón, rey de Israel? Bien que en muchas naciones no hubo rey como él, que ˡera amado de su Dios y Dios lo había puesto por rey sobre todo Israel; y aun a él le hicieron pecar las esposas extranjeras.

27 ¿Y obedeceremos a vosotros para cometer todo este mal tan grande de prevaricar contra nuestro Dios, tomando esposas extranjeras?

28 Y uno de los hijos de Joiada, hijo de ᵐEliasib, el sumo sacerdote, era ᵒyerno de Sanbalat horonita; por tanto lo ahuyenté de mí.

29 ᵖAcuérdate de ellos, Dios mío, ᵠcontra los que contaminan el sacerdocio, y el pacto del sacerdocio y de los levitas.

30 ʳLos limpié, pues, de todo extranjero, y puse a los sacerdotes y a los levitas por sus clases, a cada uno en su obra.

31 Y para la ofrenda de la leña en los tiempos señalados, y para las primicias. Acuérdate de mí, Dios mío, para bien.

El reinado de Asuero

Libro De
ESTHER

CAPÍTULO 1

Y aconteció en los días de Asuero (el Asuero que reinó desde la ªIndia hasta ᵇEtiopía *sobre* ᶜciento veintisiete provincias);

2 *que* en aquellos días, cuando el rey Asuero fue afirmado en el trono de su reino, el cual *estaba* en ᵈSusán, capital del reino,

3 en el tercer año de su reinado hizo banquete a todos sus príncipes y siervos, *teniendo* delante de él a los más poderosos de Persia y de Media, gobernadores y príncipes de provincias,

4 para mostrar él las riquezas de la gloria de su reino, y el esplendor de su gloriosa majestad, por muchos días, ciento ochenta días.

5 Y cumplidos estos días, el rey hizo un banquete por siete días en ʰel patio del huerto del palacio real para todo el pueblo, desde el mayor hasta el menor que se hallaba en Susán, capital del reino.

6 *El pabellón era* de blanco, verde y azul, atado por cordones de lino y púrpura a anillos de plata y a columnas de mármol; los reclinatorios de oro y de plata, sobre losado de pórfido y de mármol, y de alabastro y de jacinto.

7 Y daban a beber en vasos de oro, y vasos diferentes unos de otros, y mucho vino real, conforme a la generosidad del rey.

8 Y la bebida *era* según la ley: Sin ninguna obligación; porque así lo había mandado el rey a todos los mayordomos de su casa; que se hiciese según la voluntad de cada uno.

9 Asimismo la reina Vasti hizo un banquete para las mujeres, *en* la casa real del rey Asuero.

10 El séptimo día, estando el corazón del rey alegre del vino, mandó a Mehumán, y a Bizta, y a Harbona, y a Bigta, y a Abagta, y a Zetar, y a Carcas, siete eunucos que servían delante del rey Asuero,

a cp 8:9
b 2 Re 19:9
c cp 8:9
y 9:30
Dn 6:1
d Neh 1:1
e Jer 10:7
Dn 2:12
Mt 2:1
f 1 Cr 12:32

g Esd 7:14

h cp 7:7-8

i 2 Re 17:6

11 que trajesen a la reina Vasti delante del rey con la corona regia, para mostrar a los pueblos y a los príncipes su belleza; porque ella *era* de hermosa apariencia.

12 Mas la reina Vasti no quiso comparecer a la orden del rey, enviada por medio de los eunucos; y el rey se enojó mucho, y se encendió su ira en él.

13 Preguntó entonces el rey a ᵉlos sabios que conocían ᶠlos tiempos (porque así *era* la costumbre del rey para con todos los que sabían la ley y el derecho;

14 y *estaban* junto a él, Carsena, Setar, Admata, Tarsis, Meres, Marsena y Memucán, ᵍsiete príncipes de Persia y de Media que veían la cara del rey, y se sentaban los primeros en el reino):

15 Según la ley, ¿qué se ha de hacer con la reina Vasti, por cuanto no ha cumplido la orden del rey Asuero, enviada por medio de los eunucos?

16 Y dijo Memucán delante del rey y de los príncipes: No solamente contra el rey ha pecado la reina Vasti, sino contra todos los príncipes, y contra todos los pueblos que *hay* en todas las provincias del rey Asuero.

17 Porque *este* hecho de la reina llegará a oídos de todas las mujeres, para hacerles tener en poca estima a sus maridos, diciendo: El rey Asuero mandó traer delante de sí a la reina Vasti, y ella no vino.

18 Y entonces dirán esto las señoras de Persia y de Media que oyeren el hecho de la reina, a todos los príncipes del rey; y habrá mucho menosprecio y enojo.

19 Si parece bien al rey, salga mandamiento real delante de él, y escríbase entre las leyes de Persia y de ⁱMedia, y no sea traspasado: Que no venga más Vasti delante del rey Asuero: y dé el rey su reino a su compañera que sea mejor que ella.

20 Y el mandamiento que hará el rey será oído en todo su reino, aunque es grande, y todas las esposas darán

honra a sus maridos, desde el mayor hasta el menor.

21 Y agradó esta palabra en ojos del rey y de los príncipes, e hizo el rey conforme al dicho de Memucán;

22 pues envió cartas a todas las provincias del rey, a cada provincia conforme a su lenguaje, y a cada pueblo conforme a su lenguaje, diciendo que todo hombre fuese señor en su casa; y que se publicase esto según la lengua de cada pueblo.

CAPÍTULO 2

Pasadas estas cosas, sosegada ya la ira del rey Asuero, se acordó de Vasti, y de lo que hizo, y de ^blo que fue sentenciado contra ella.

2 Entonces dijeron los siervos del rey, sus oficiales: Busquen para él jóvenes vírgenes de buen parecer;

3 y ponga el rey personas en todas las provincias de su reino, que reúnan a todas las jóvenes vírgenes de buen parecer en Susán, residencia regia, en la casa de las mujeres, al cuidado de ^cHegai, eunuco del rey, guarda de las mujeres, y que les den sus atavíos para purificarse;

4 y la joven que agradare a los ojos del rey, reine en lugar de Vasti. Y esto agradó a los ojos del rey, y lo hizo así.

5 Había un varón judío en Susán, residencia regia, cuyo nombre era ^dMardoqueo, hijo de Jair, hijo de Simeí, hijo de Cis, benjamita;

6 el cual había sido trasportado de Jerusalén con los cautivos que fueron llevados con ^fJeconías, rey de Judá, a quien hizo trasportar Nabucodonosor, rey de Babilonia.

7 Y había criado a Hadasa, que es Esther, ^ghija de su tío, porque no tenía padre ni madre; y la joven era de hermosa figura y de buen parecer; y como su padre y su madre murieron, Mardoqueo la había tomado por hija suya.

8 Sucedió, pues, que como se divulgó el mandamiento del rey y su acuerdo, y siendo ^hreunidas muchas jóvenes en Susán, residencia regia, a cargo de Hegai, Esther también fue llevada para la casa del rey, al cuidado de Hegai, guarda de las mujeres.

9 Y la joven agradó en sus ojos, y halló gracia delante de él; por lo que hizo que ^aprestamente se le diesen sus atavíos para purificarse y sus raciones, y siete doncellas escogidas de la casa del rey; y la llevó con sus doncellas a lo mejor de la casa de las mujeres.

10 Esther no declaró cuál era su pueblo ni su parentela; porque Mardoqueo le había mandado que no lo declarase.

11 Y cada día Mardoqueo se paseaba delante del patio de la casa de las mujeres para saber cómo le iba a Esther y qué se hacía de ella.

12 Y cuando llegaba el tiempo de cada una de las doncellas para venir al rey Asuero, después de haber estado y dos doce meses conforme a la ley acerca de las mujeres (porque así se cumplía el tiempo de sus purificaciones, esto es, seis meses con óleo de mirra, y seis meses con perfumes aromáticos y afeites de mujeres),

13 entonces la doncella venía así al rey. Todo lo que ella pedía se le daba, para venir con ello de la casa de las mujeres hasta la casa del rey.

14 Ella venía por la tarde, y a la mañana se volvía a la casa segunda de las mujeres, al cargo de Saasgaz eunuco del rey, guarda de las concubinas; no venía más al rey, salvo si el rey la quería, y era llamada por nombre.

15 Y cuando vino el turno de Esther, ^ehija de Abihail, tío de Mardoqueo, que él se había tomado por hija, para venir al rey, ella no pidió cosa alguna, sino lo que le dijo Hegai, eunuco del rey, guarda de las mujeres; y ganaba Esther el favor de todos los que la veían.

16 Fue, pues, Esther llevada al rey Asuero a su casa real en el mes décimo, que es el mes de Tebet, en el año séptimo de su reinado.

17 Y el rey amó a Esther sobre todas las mujeres, y halló gracia y benevolencia delante de él más que todas las vírgenes; y puso la corona real sobre su cabeza, y la hizo reina en lugar de Vasti.

18 Hizo luego el rey un ⁱgran banquete para todos sus príncipes y siervos, el banquete de Esther. Y alivió de impuestos a las provincias,

y dio presentes ªconforme a la generosidad del rey.

19 Y cuando fueron reunidas las vírgenes ªla segunda vez, Mardoqueo estaba sentado a la puerta del rey.

20 Y Esther, según le tenía mandado Mardoqueo, *aún* no había declarado su nación ni su pueblo; porque Esther hacía lo que decía Mardoqueo, como cuando ᵈcon él se educaba.

21 En aquellos días, estando Mardoqueo sentado a la puerta del rey, dos eunucos del rey, ᶠBigtán y Teres, de la guardia de la puerta, se enojaron y procuraban poner mano en el rey Asuero.

22 Mas entendido que fue esto por Mardoqueo, él lo denunció a la reina Esther, y Esther lo dijo al rey en nombre de Mardoqueo.

23 Se hizo entonces indagación del asunto, y fue hallado cierto; por lo que ambos fueron colgados en una horca. Y fue escrito en el libro de las crónicas, en presencia del rey.

CAPÍTULO 3

Después de estas cosas, el rey Asuero engrandeció a Amán, hijo de Amadata ʲagageo, y lo enalteció, y puso su silla sobre todos los príncipes que *estaban* con él.

2 Y todos los siervos del rey que *estaban* a la puerta del rey, se arrodillaban e inclinaban a Amán, porque así lo había mandado el rey; pero Mardoqueo, ni se arrodillaba ni se humillaba.

3 Y los siervos del rey que *estaban* a la puerta, dijeron a Mardoqueo: ¿Por qué traspasas el mandamiento del rey?

4 Y aconteció que, hablándole cada día de esta manera, y no escuchándolos él, lo denunciaron a Amán, para ver si las palabras de Mardoqueo se mantendrían firmes; porque ya él les había declarado que *era* judío.

5 Y vio Amán que Mardoqueo ni se arrodillaba ni se humillaba delante de él; y se llenó de ira.

6 Pero tuvo en poco meter mano sólo en Mardoqueo; pues ya le habían declarado el pueblo de Mardoqueo; y procuró Amán destruir a todos los judíos que *había* en el reino de Asuero, al pueblo de Mardoqueo.

7 En el mes primero, que *es* el mes de ᵇNisán, en el año duodécimo del rey Asuero, ᶜfue echada Pur, esto es, la suerte, delante de Amán, de día en día y de mes en mes hasta el *mes* duodécimo, que *es* el mes de ᵉAdar.

8 Y dijo Amán al rey Asuero: Hay un pueblo esparcido y dividido entre los pueblos en todas las provincias de tu reino, y ᵍsus leyes *son* diferentes de las de todo pueblo, y no observan las leyes del rey; y al rey nada le beneficia el dejarlos *vivir*.

9 Si le place al rey, escríbase que sean destruidos; y yo pesaré diez mil talentos de plata en manos de los que manejan la hacienda, para que sean traídos a los tesoros del rey.

10 Entonces el rey ʰquitó su anillo de su mano, y lo dio a Amán, hijo de Amadata agageo, enemigo de los judíos,

11 y le dijo: La plata propuesta *sea* para ti, y asimismo el pueblo, para que hagas de él lo que bien te pareciere.

12 ⁱEntonces fueron llamados los escribanos del rey en ᵏel mes primero, a trece del mismo, y fue escrito conforme a todo lo que mandó Amán, a ˡlos príncipes del rey, y a los capitanes que *estaban* sobre cada provincia, y a los príncipes de cada pueblo, a cada provincia según su lenguaje, y a cada pueblo según su lengua; en nombre del rey Asuero fue escrito, y sellado con el anillo del rey.

13 Y fueron enviadas cartas ᵐpor medio de los correos a todas las provincias del rey, para destruir, y matar, y exterminar a todos los judíos, jóvenes y ancianos, niños y mujeres, ⁿen un *mismo* día, en el *día* trece del mes duodécimo, que *es* el mes de Adar, y ᵒpara apoderarse de su despojo.

14 ᵖLa copia del escrito por mandamiento para ser dada en cada provincia, fue publicada a todos los pueblos, a fin de que estuviesen apercibidos para aquel día.

15 Y salieron los correos de prisa por mandato del rey, y el edicto fue dado

en Susán, capital del reino. Y el rey y Amán se sentaron a beber, y ªla ciudad de Susán estaba conmovida.

CAPÍTULO 4

Luego que supo Mardoqueo todo lo que se había hecho, ᵇrasgó sus vestiduras, y ᶜse vistió de cilicio y de ceniza, y se fue por medio de la ciudad clamando con grande y amargo clamor.

2 Y vino hasta delante de la puerta del rey; porque no era lícito pasar adentro de la puerta del rey vestido de cilicio.

3 Y en cada provincia y lugar donde el mandamiento del rey y su decreto llegaba, *tenían* los judíos gran duelo, y ᵈayuno, y lloro, y lamentación; cilicio y ceniza era la cama de muchos.

4 Y vinieron las doncellas de Esther y ᵉsus eunucos y se lo dijeron; y la reina tuvo gran dolor, y envió vestiduras para hacer vestir a Mardoqueo, y hacerle quitar el cilicio de sobre él; mas él no las recibió.

5 Entonces Esther llamó a Atac, *uno* de los eunucos del rey, a quien él había asignado para atenderla, y lo mandó a Mardoqueo, para saber qué era aquello, y por qué.

6 Salió, pues, Atac a Mardoqueo, a la plaza de la ciudad que *estaba* delante de la puerta del rey.

7 Y Mardoqueo le declaró todo lo que le había acontecido, y de la suma de la plata que Amán había prometido que pagaría a los tesoros del rey por la destrucción de los judíos.

8 También le dio la copia de la escritura del decreto que había sido dado en Susán para que fuesen destruidos, a fin de que la mostrara a Esther y se lo declarase, y le encargara que fuese al rey a suplicarle, y a pedir delante de él por su pueblo.

9 Y vino Atac, y contó a Esther las palabras de Mardoqueo.

10 Entonces Esther habló a Atac, y le mandó decir a Mardoqueo:

11 Todos los siervos del rey, y el pueblo de las provincias del rey saben, que cualquier hombre o mujer que entra al rey al patio de adentro sin ser llamado, *hay* una sola ley para él: Debe morir; salvo aquel a quien el rey extendiere el cetro de oro, el cual vivirá; y yo no he sido llamada para entrar al rey estos treinta días.

12 Y dijeron a Mardoqueo las palabras de Esther.

13 Entonces dijo Mardoqueo que respondiesen a Esther: No pienses en tu alma, que escaparás en la casa del rey más que todos los judíos.

14 Porque si callas absolutamente en este tiempo, respiro y liberación se levantará para los judíos de otro lugar; mas tú y la casa de tu padre pereceréis. ¿Y quién sabe si has llegado al reino, para un tiempo como éste?

15 Y Esther dijo que respondiesen a Mardoqueo:

16 Ve y reúne a todos los judíos que se hallan en Susán, y ayunad por mí, y no comáis ni bebáis en tres días, noche y día; yo también con mis doncellas ayunaré igualmente, y así entraré al rey, aunque no sea conforme a la ley; y si perezco, que perezca.

17 Entonces se fue Mardoqueo, e hizo conforme a todo lo que le mandó Esther.

CAPÍTULO 5

Y aconteció que ᶠal tercer día se vistió Esther *su vestido* real, y se puso en ᵍel patio interior de la casa del rey, frente al aposento del rey; y el rey estaba sentado en su trono regio en el aposento real, frente de la puerta del aposento.

2 Y fue que cuando el rey vio a la reina Esther que estaba en el patio, ella ʰobtuvo gracia en sus ojos; y ⁱel rey extendió a Esther el cetro de oro que *tenía* en su mano. Entonces se acercó Esther y tocó la punta del cetro.

3 Y dijo el rey: ¿Qué tienes, reina Esther, y cuál *es* tu petición? ʲHasta la mitad del reino se te dará.

4 Y Esther dijo: Si le place al rey, venga hoy el rey con Amán al banquete que le he preparado.

5 Y respondió el rey: Daos prisa, llamad a Amán, para hacer lo que Esther ha dicho. Vino, pues, el rey

El rey honra a Mardoqueo

con Amán al banquete que Esther había preparado.

6 Y ªdijo el rey a Esther en el banquete del vino: ᵇ¿Cuál *es* tu petición, y te será otorgada? ¿Cuál *es* tu deseo? Aunque sea la mitad del reino, te será concedido.

7 Entonces respondió Esther, y dijo: Mi petición y mi deseo *es este*:

8 Si he hallado gracia en los ojos del rey, y si le place al rey otorgar mi petición y conceder lo que pido, que venga el rey con Amán al banquete que yo les preparé; y mañana haré conforme a lo que el rey ha mandado.

9 Y salió Amán aquel día contento y alegre de corazón; pero cuando vio a Mardoqueo a la puerta del rey, que ᵉno se levantaba ni se movía de su lugar, se llenó de ira contra Mardoqueo.

10 Sin embargo, Amán se refrenó; y cuando vino a su casa, mandó llamar a sus amigos y ᶠZeres, su esposa.

11 Y les refirió Amán la gloria de sus riquezas, y ᵍla multitud de sus hijos, y todas las cosas con las que el rey le había ʰengrandecido, y cómo le había exaltado sobre los príncipes y siervos del rey.

12 Y añadió Amán: También la reina Esther a ninguno hizo venir con el rey al banquete que ella preparó, sino a mí; y aun para mañana estoy convidado por ella con el rey.

13 Mas todo esto de nada me sirve mientras yo vea al judío Mardoqueo sentado a la puerta del rey.

14 Entonces su esposa Zeres y todos sus amigos le dijeron: Hagan una horca alta, de cincuenta codos, y mañana di al rey que cuelguen a Mardoqueo en ella; y entra alegre con el rey al banquete. Y el consejo agradó a Amán, e hizo preparar la horca.

CAPÍTULO 6

Aquella noche se le fue el sueño al rey, y dijo que le trajesen ʲel libro de las memorias y las crónicas; y las leyeron delante del rey.

2 Y se halló escrito que Mardoqueo había denunciado *el complot* de ˡBigtán y Teres, dos eunucos del rey, de la guardia de la puerta, que

ESTHER 6

habían procurado poner mano en el rey Asuero.

3 Y dijo el rey: ¿Qué honra o qué distinción se hizo a Mardoqueo por esto? Y los siervos que ministraban al rey, respondieron: Nada se ha hecho por él.

4 Entonces dijo el rey: ¿Quién *está* en el patio? Y Amán había venido al ᶜpatio de afuera de la casa del rey, ᵈpara decir al rey que hiciese colgar a Mardoqueo en la horca que él le tenía preparada.

5 Y los servidores del rey le respondieron: He aquí Amán está en el patio. Y el rey dijo: Que entre.

6 Entró, pues, Amán, y el rey le dijo: ¿Qué se hará al hombre cuya honra desea el rey? Y dijo Amán en su corazón: ¿A quién deseará el rey hacer honra más que a mí?

7 Y respondió Amán al rey: Para el varón cuya honra desea el rey,

8 traigan la vestidura real de que el rey se viste, y el caballo en que el rey cabalga, y la corona real que está puesta sobre su cabeza;

9 y den la vestidura y el caballo en mano de alguno de los príncipes más nobles del rey, y vistan a aquel varón cuya honra desea el rey, y llévenlo en el caballo por la plaza de la ciudad, y pregonen delante de él: Así se hará al varón cuya honra desea el rey.

10 Entonces el rey dijo a Amán: Date prisa, toma la vestidura y el caballo, como tú has dicho, y hazlo así con el judío Mardoqueo, que se sienta a la puerta del rey; no omitas nada de todo lo que has dicho.

11 Y Amán tomó la vestidura y el caballo, y vistió a Mardoqueo, y lo llevó a caballo por la plaza de la ciudad, e hizo pregonar delante de él: Así se hará al varón cuya honra desea el rey.

12 Después de esto Mardoqueo se volvió a la puerta del rey, y Amán se fue corriendo a su casa, apesadumbrado y ⁱcubierta su cabeza.

13 Contó luego Amán a Zeres, su esposa, y a todos sus amigos, todo lo que le había acontecido; y le dijeron sus sabios, y ᵏZeres, su esposa: Si Mardoqueo, delante de quien has comenzado a caer, *es* de la simiente de los judíos, no lo vencerás; antes caerás por cierto delante de él.

14 Aún estaban ellos hablando con él, cuando los eunucos del rey llegaron apresurados, para hacer venir a Amán ªal banquete que Esther había preparado.

a cp 5:8

CAPÍTULO 7

Vino, pues, el rey con Amán al banquete con la reina Esther.

2 Y también el segundo día dijo el rey a Esther en el convite del vino: ᵈ¿Cuál *es* tu petición, reina Esther, y se te concederá? ¿Cuál *es* tu demanda? Aunque sea la mitad del reino, y te será hecho.

3 Entonces la reina Esther respondió y dijo: Oh rey, si he hallado gracia en tus ojos, y si te place al rey, me sea dada mi vida por mi petición, y mi pueblo por mi demanda.

4 Porque vendidos estamos ᵉyo y mi pueblo ᵍpara ser destruidos, para ser muertos y exterminados. Y si para ser siervos y siervas fuéramos vendidos, yo callaría, aunque el enemigo no compensaría el daño del rey.

5 Y respondió el rey Asuero, y dijo a la reina Esther: ¿Quién es, y dónde está, aquél que ha concebido en su corazón hacer tal cosa?

6 Y Esther dijo: El enemigo y adversario es este malvado Amán. Entonces se turbó Amán delante del rey y de la reina.

7 Y se levantó el rey del banquete del vino, y enfurecido *se fue* al ʰhuerto del palacio; y se quedó Amán para rogar a la reina Esther por su vida; porque vio que estaba resuelto para él el mal de parte del rey.

8 Volvió después el rey del huerto del palacio al aposento del banquete del vino, y Amán había caído sobre el lecho en que *estaba* Esther. Entonces dijo el rey: ¿Querrá también forzar a la reina estando yo en casa? Y al salir esta palabra de la boca del rey, cubrieron el rostro a Amán.

9 Y dijo ᵐHarbona, uno de los eunucos de delante del rey: He aquí también ⁿla horca de cincuenta codos de altura que hizo Amán para Mardoqueo, el cual ᵒhabía hablado bien por el rey, está en casa de Amán. Entonces el rey dijo: Colgadlo en ella.

10 Así colgaron a Amán en la horca

b cp 2:7-10
c cp 3:10
d cp 5:6
y 9:12

e cp 3:9
y 4:7
f cp 4:11
y 5:2
g cp 8:13
y 8:11

h cp 1:5
i ver 1

j cp 3:12

k cp 1:19

l cp 3:12
m cp 1:10

n cp 5:14

o cp 2:22
p Esd 8:36

q cp 1:1

que él había preparado para Mardoqueo; y se apaciguó la ira del rey.

CAPÍTULO 8

Ese mismo día el rey Asuero dio a la reina Esther la casa de Amán enemigo de los judíos; y Mardoqueo vino delante del rey, porque Esther le declaró ᵇlo que él *era* respecto de ella.

2 Y se quitó el rey ᶜsu anillo que había vuelto a tomar de Amán, y lo dio a Mardoqueo. Y Esther puso a Mardoqueo sobre la casa de Amán.

3 Y Esther habló otra vez delante del rey, y postrándose a sus pies, le rogó con lágrimas que hiciese nula la maldad de Amán agageo, y su designio que él había tramado contra los judíos.

4 ᶠEntonces el rey extendió a Esther el cetro de oro, y Esther se levantó, y se puso en pie delante del rey.

5 Y dijo: Si le place al rey, y si he hallado gracia delante de él, y si la cosa es recta delante del rey, y agradable yo en sus ojos, sea escrito para revocar las cartas del designio de Amán, hijo de Amadata agageo, que escribió para destruir a los judíos que están en todas las provincias del rey.

6 Porque ¿cómo podré yo ver el mal que vendrá sobre mi pueblo? ¿Y cómo podré yo ver la destrucción de mi gente?

7 Y respondió el rey Asuero a la reina Esther, y a Mardoqueo el judío: ⁱHe aquí yo he dado a Esther la casa de Amán, y a él han colgado en la horca, por cuanto extendió su mano contra los judíos.

8 Escribid, pues, vosotros a los judíos como bien os pareciere ʲen el nombre del rey, y selladlo con el anillo del rey; porque el escrito que se escribe en el nombre del rey y se sella con el anillo del rey, ᵏno puede ser revocado.

9 Entonces ˡfueron llamados los escribas del rey en el mes tercero, que *es* el mes de Siván, en el *día* veintitrés del mismo; y se escribió conforme a todo lo que mandó Mardoqueo a los judíos, a los ᵖsátrapas, a los capitanes y a los príncipes de las provincias que *había* ᑫdesde la India hasta Etiopía, ciento veintisiete provincias; a cada

Dios da victoria a los judíos

provincia conforme a su escritura, y a cada pueblo conforme a su lengua, a los judíos también conforme a su escritura y lengua.

10 Y ᵇescribió en nombre del rey Asuero, y *lo* selló con el anillo del rey, y envió cartas por correos montados en caballos, en mulos, en camellos y en dromedarios.

11 Y en ellas el rey daba facultad a los judíos que *estaban* en todas las ciudades, para que se reuniesen y estuviesen a la defensa de su vida, prestos a destruir y matar, y acabar con todo ejército de pueblo o provincia que viniese contra ellos, ᵈaun a los niños y a las mujeres, y *que tomasen* de ellos el despojo,

12 ᵉen un mismo día en todas las provincias del rey Asuero, en el *día* trece del mes duodécimo, que *es* el mes de Adar.

13 ᶠLa copia de la escritura que había de darse por ordenanza en cada provincia, para que fuese manifiesta a todos los pueblos, *decía* que los judíos estuviesen apercibidos para aquel día, para vengarse de sus enemigos.

14 Los correos, pues, cabalgando en mulos y camellos, salieron a toda prisa impulsados por el mandato del rey; y el decreto fue dado en Susán, capital del reino.

15 Y Mardoqueo salió de delante del rey ⁱcon una vestidura real de ʲazul y blanco, y una gran corona de oro y un manto de lino fino y púrpura; y ᵏla ciudad de Susán se alegró y regocijó.

16 Los judíos tuvieron luz y alegría, y gozo y honra.

17 Y en cada provincia y en cada ciudad donde llegó el mandamiento del rey, los judíos tuvieron alegría y gozo, banquete y día de placer. Y muchos de los pueblos de la tierra se hacían judíos, porque ᵐel temor de los judíos había caído sobre ellos.

CAPÍTULO 9

Y ᵒen el mes duodécimo que *es* el mes de Adar, al día trece del mismo, en el que tocaba se ejecutase el mandamiento del rey y su ley, el mismo día en que esperaban los enemigos de los judíos enseñorearse de ellos, fue lo contrario; porque los judíos se enseñorearon de sus enemigos.

2 Los judíos ᵃse reunieron en sus ciudades en todas las provincias del rey Asuero, para echar mano sobre los que habían procurado su mal; y nadie pudo contra ellos, porque ᶜel temor de ellos había caído sobre todos los pueblos.

3 Y todos los príncipes de las provincias, los sátrapas, capitanes, y oficiales del rey ayudaban a los judíos; porque el temor de Mardoqueo había caído sobre ellos.

4 Pues Mardoqueo *era* grande en la casa del rey, y su fama iba por todas las provincias; y el varón Mardoqueo iba engrandeciéndose más y más.

5 E hirieron los judíos a todos sus enemigos a golpe de espada, de mortandad y de destrucción; e hicieron lo que quisieron con los que los aborrecían.

6 Y en Susán, capital del reino, los judíos mataron y destruyeron a quinientos hombres.

7 Mataron entonces a Parsandata, a Dalfón, a Aspata,

8 a Porata, a Ahalía, a Aridata,

9 a Parmasta, a Arisai, a Aridai y a Vaizata,

10 ᵍdiez hijos de Amán, hijo de Amadata, enemigo de los judíos; mas ʰen el despojo no metieron su mano.

11 Y en aquel mismo día el número de los que habían sido muertos en Susán, residencia regia, fue presentado delante del rey.

12 Y el rey dijo a la reina Esther: Los judíos han matado y destruido a quinientos hombres en Susán, capital del reino, y a los diez hijos de Amán; ¿qué habrán hecho en las otras provincias del rey? ¡¿Cuál, pues, *es* tu petición? Y te será concedida; ¿o qué más *es* tu demanda? y será hecho.

13 Y respondió Esther: Si le place al rey, ⁿconcédase también mañana a los judíos que están en Susán, que hagan conforme al decreto de hoy; y que los diez hijos de Amán sean colgados en la horca.

14 Y mandó el rey que se hiciese así; y se dio la orden en Susán, y colgaron a los diez hijos de Amán.

15 Y los judíos que *estaban* en Susán, ᵖse reunieron también el catorce del mes de Adar, y mataron en Susán a

---

a cp 8:11
b cp 3:12-13
c cp 8:17
d cp 4:11 5:2
e cp 3:13 y 9:1
f cp 3:14-15
g cp 5:11
h vers 15,16 cp 8:11
i Gn 41:42 Dn 5:29
j cp 1:6
k cp 3:15
l cp 5:6
m Dt 2:25 cp 9:2
n ver 15 cp 8:11
o cp 8:12
p ver 2

ESTHER 10 — Se instituye la fiesta de Purim

trescientos hombres; mas ᵃen el despojo no metieron su mano.

16 En cuanto a los otros judíos que *estaban* en las provincias del rey, también se reunieron y se pusieron en defensa de su vida, y tuvieron reposo de sus enemigos, y mataron de sus contrarios a setenta y cinco mil; mas en el despojo no metieron su mano.

17 Esto fue en el día trece del mes de Adar; y reposaron en el día catorce del mismo, y lo hicieron día de banquete y de alegría.

18 Mas los judíos que *estaban* en Susán se reunieron en ᵈel *día* trece y en el catorce del mismo mes; y al *día* quince del mismo reposaron, y lo hicieron día de banquete y de regocijo.

19 Por tanto los judíos aldeanos que habitan en las villas sin muros celebran a los catorce del mes de Adar *el día de* alegría y de banquete, un ᵍdía de regocijo, y ʰde enviar porciones cada uno a su vecino.

20 Y escribió Mardoqueo estas cosas, y envió cartas a todos los judíos que *estaban* en todas las provincias del rey Asuero, cercanas y distantes,

21 ordenándoles que celebrasen el día decimocuarto del mes de Adar, y el decimoquinto del mismo, cada año,

22 como días en que los judíos tuvieron reposo de sus enemigos, y el mes que se les tornó de tristeza en alegría, y de luto en día bueno; que los hiciesen días de banquete y de gozo, y de ʲenviar porciones cada uno a su vecino, y dádivas a los pobres.

23 Y los judíos aceptaron hacer, según habían comenzado, lo que les escribió Mardoqueo.

24 Porque Amán, hijo de Amadata, agageo, enemigo de todos los judíos, había tramado contra los judíos para destruirlos, y ˡechó Pur, que quiere decir suerte, para consumirlos y acabar con ellos.

25 Mas cuando *Esther* vino a la presencia del rey, él ordenó por carta que el perverso designio que aquél trazó contra los judíos recayera sobre su cabeza; y que colgaran a él y a sus hijos en la horca.

26 Por esto llamaron a estos días Purim, del nombre Pur. Por todas las palabras de ᵇesta carta, y por lo que ellos vieron sobre esto, y lo que les había acontecido.

27 Los judíos ordenaron y tomaron sobre sí, y sobre su simiente y sobre todos los que se aliaron con ellos, y no será traspasado; que habrían de celebrar ᶜestos dos días según está escrito tocante a ellos, conforme *a su tiempo* cada año;

28 y *que* estos dos días *serían* recordados y celebrados por todas las generaciones, familias, provincias y ciudades; y que estos días de Purim no dejarían de celebrarse entre los judíos, ni su memoria cesaría entre su simiente.

29 Y la reina Esther, ᵉhija de Abihail, y Mardoqueo el judío, escribieron con toda autoridad, para confirmar esta ᶠsegunda carta de Purim.

30 Y envió Mardoqueo cartas a todos los judíos, a las ciento veintisiete provincias del rey Asuero, *con* palabras de paz y de verdad,

31 para confirmar estos días de Purim en sus tiempos *señalados*, según les había constituido Mardoqueo el judío y la reina Esther, según ellos habían tomado sobre sí y sobre su simiente, para conmemorar el fin de ᶦlos ayunos y de su clamor.

32 Y el mandato de Esther confirmó estas palabras dadas acerca de Purim, y fue escrito en el libro.

CAPÍTULO 10

Y el rey Asuero impuso tributo sobre la tierra y las costas del mar.

2 Y todos los hechos de su poder y autoridad, y la declaración de la grandeza de Mardoqueo, ᵏcon que el rey le engrandeció, ¿no *están* escritos en ᵐel libro de las crónicas de los reyes de Media y de Persia?

3 Porque Mardoqueo el judío *fue* ⁿsegundo después del rey Asuero, y grande entre los judíos, y estimado por la multitud de sus hermanos, procurando el bien de su pueblo y hablando paz para toda su simiente.

---

a ver 10
b ver 20
c ver 21
d vers 11,15
e cp 2:15
f ver 20
  cp 8:10
g cp 8:17
h ver 22
  Neh 8:10-12
i cp 4:3,16
j Neh 8:10
k cp 8:15
  y 9:4
l cp 3:6-7
m cp 2:23
  y 6:1
n Gn 41:40

Libro De
JÓB

CAPÍTULO 1

Hubo un varón en tierra de ªUz, que se llamaba Job; y este hombre *era* perfecto y recto, temeroso de Dios y ᶜapartado del mal.

2 Y le nacieron siete hijos y tres hijas.

3 Su hacienda era siete mil ovejas, tres mil camellos, quinientas yuntas de bueyes, quinientas asnas y muchísimos criados; y este varón era el más grande de todos los orientales.

4 E iban sus hijos y hacían banquetes en *sus* casas, cada uno en su día; y enviaban a llamar a sus tres hermanas, para que comiesen y bebiesen con ellos.

5 Y acontecía que habiendo pasado en turno los días del convite, Job enviaba y los santificaba, y se levantaba de mañana y ᵍofrecía holocaustos *conforme* al número de todos ellos. Porque decía Job: Quizá habrán pecado mis hijos, y habrán ⁱblasfemado a Dios en sus corazones. De esta manera hacía todos los días.

6 Y ʲun día vinieron ᵏlos hijos de Dios a presentarse delante de Jehová, entre los cuales vino también ˡSatanás.

7 Y dijo Jehová a Satanás: ¿De dónde vienes? Y respondiendo Satanás a Jehová, dijo: De ᵐrodear la tierra y de andar por ella.

8 Y Jehová dijo a Satanás: ⁿ¿No has considerado a mi siervo Job, que no *hay* otro como él en la tierra, ᵖvarón perfecto y recto, temeroso de Dios y apartado del mal?

9 Y respondiendo Satanás a Jehová, dijo: ¿Teme Job a Dios de balde?

10 ¿No le has tú cercado a él, y a su casa, y a todo lo que tiene en derredor? El trabajo de sus manos has bendecido, y su hacienda ha crecido sobre la tierra.

11 Mas extiende ahora tu mano, y toca todo lo que tiene, y verás si no blasfema contra ti en tu rostro.

12 Y dijo Jehová a Satanás: He aquí, todo lo que tiene está en tu mano; solamente no pongas tu mano sobre él. Y salió Satanás de delante de Jehová.

13 Y aconteció un día que ᵇsus hijos e hijas *estaban* comiendo y bebiendo vino en casa de su hermano el primogénito,

14 y vino un mensajero a Job, y le dijo: Estaban arando los bueyes, y las asnas paciendo cerca de ellos,

15 y acometieron ᵈlos sabeos y *los* tomaron, y mataron a los criados a filo de espada; solamente escapé yo para traerte la noticia.

16 Aún *estaba* éste hablando, y vino otro que dijo: ᵉFuego de Dios cayó del cielo, que quemó las ovejas y los criados, y los consumió; solamente escapé yo para traerte la noticia.

17 Todavía *estaba* éste hablando, y vino otro que dijo: ᶠLos caldeos hicieron tres ʰescuadrones, y dieron sobre los camellos, y los tomaron, y mataron a los criados a filo de espada; solamente escapé yo para traerte la noticia.

18 Entre tanto que éste hablaba, vino otro que dijo: Tus hijos y tus hijas *estaban* comiendo y bebiendo vino en casa de su hermano el primogénito;

19 y he aquí un gran viento que vino del lado del desierto y azotó las cuatro esquinas de la casa, y cayó sobre los jóvenes, y murieron; solamente escapé yo para traerte la noticia.

20 Entonces Job se levantó, y ᵒrasgó su manto, y ᑫrasuró su cabeza, y postrándose en tierra adoró,

21 Y dijo: ʳDesnudo salí del vientre de mi madre, y desnudo volveré allá. ˢJehová dio, y Jehová quitó; sea el nombre de Jehová bendito.

22 ᵗEn todo esto no pecó Job, ni atribuyó a Dios despropósito alguno.

CAPÍTULO 2

Y otro día aconteció que ᵘvinieron los hijos de Dios para presentarse delante de Jehová, y Satanás vino también entre ellos para presentarse delante de Jehová.

JOB 3

Jehová dio, Jehová quitó

2 Y dijo Jehová a Satanás: ¿De dónde vienes? Respondió Satanás a Jehová, y dijo: De ᵇrodear la tierra, y de andar por ella.

3 Y ᶜJehová dijo a Satanás: ¿No has considerado a mi siervo Job, que no *hay* otro como él en la tierra, varón perfecto y recto, temeroso de Dios y apartado del mal, y que aún retiene su integridad, a pesar de que tú me incitaste contra él para que lo arruinara sin causa?

4 Y respondiendo Satanás dijo a Jehová: Piel por piel, todo lo que el hombre tiene dará por su vida.

5 Mas ᵉextiende ahora tu mano, y toca su hueso y su carne, y verás si no ᶠte maldice en tu rostro.

6 Y Jehová dijo a Satanás: He aquí, él *está* en tu mano; mas guarda su vida.

7 Y salió Satanás de delante de Jehová, e hirió a Job de unas ʰllagas malignas desde la planta de su pie hasta la coronilla de su cabeza.

8 Y tomó *Job* un tiesto para rascarse con él, y ʲse sentó en medio de ceniza.

9 Entonces su esposa le dijo: ¿Aún retienes tu integridad? Maldice a Dios y muérete.

10 Y él le dijo: Como suele hablar cualquiera de las mujeres fatuas, has hablado. ¿Qué? ¡¿Recibiremos de Dios el bien, y el mal no lo recibiremos? En todo esto ᵐno pecó Job con sus labios.

11 Y tres amigos de Job, Elifaz ⁿtemanita, Bildad ᵒsuhita y Zofar naamatita, luego que oyeron ᵖtodo este mal que le había sobrevenido, vinieron cada uno de su lugar; porque habían concertado de venir juntos para condolerse de él y para consolarle.

12 Y cuando alzaron los ojos desde lejos y no lo conocieron, alzaron su voz y lloraron; y cada uno de ellos rasgó su manto, y esparcieron ʳpolvo hacia el cielo sobre sus cabezas.

13 Así se sentaron con él en tierra ˢpor siete días y siete noches, y ninguno le hablaba palabra, porque veían que *su* dolor era muy grande.

CAPÍTULO 3

Después de esto abrió Job su boca, y maldijo su día.

2 Y exclamó Job, y dijo:

3 ᵃPerezca el día en que yo nací, y la noche *en que* se dijo: Varón es concebido.

4 Sea aquel día sombrío, y no cuide de él Dios desde arriba, ni claridad sobre él resplandezca.

5 Aféenlo ᵈtinieblas y sombra de muerte; repose sobre él nublado, que lo haga horrible como día tenebroso.

6 Ocupe la oscuridad aquella noche; no sea contada entre los días del año, ni venga en el número de los meses.

7 ¡Oh que fuera aquella noche solitaria, que no viniera canción alguna en ella!

8 Maldíganla los que maldicen el día, los que se aprestan para levantar su llanto.

9 Oscurézcanse las estrellas de su alba; espere la luz, y no venga, ni vea ᵍlos párpados de la mañana:

10 Por cuanto no cerró las puertas del vientre *de mi madre*, ni escondió de mis ojos la miseria.

11 ⁱ¿Por qué no morí yo en la matriz, o entregué el espíritu al salir del vientre?

12 ᵏ¿Por qué me recibieron las rodillas? ¿Y para qué los pechos para que mamase?

13 Pues ahora yacería yo, y reposaría; dormiría, y entonces tendría reposo,

14 con los reyes y con los consejeros de la tierra, que edifican para sí lugares desolados;

15 o con los príncipes que poseían el oro, que llenaban sus casas de plata.

16 O ¿por qué no fui escondido como abortado, como los pequeñitos *que* ᑫnunca vieron la luz?

17 Allí los impíos dejan de perturbar, y allí descansan los de agotadas fuerzas.

18 Allí reposan juntos los cautivos; no oyen la voz del opresor.

19 Allí están el chico y el grande; y el siervo *es* libre de su señor.

20 ¿Para qué se da luz al trabajado, y vida al amargado de alma,

21 que esperan ᵗla muerte, y ella no *llega*, aunque la buscan más que a tesoros enterrados;

22 que se alegran sobremanera, y se gozan, cuando hallan el sepulcro?

23 ¿*Para qué se da luz* al hombre que no sabe por dónde va, y al cual Dios ha ᵘacorralado?

---

a Jer 20:14-18
b cp 1:7
c cp 1:1-8
d Sal 23:4
44:19
y 107:10-14
Jer 13:16
Am 5:8
e cp 1:11
f cp 1:5
g cp 41:18
h Lv 13:18
i cp 10:18-19
j cp 42:6
Ez 27:30
Jon 3:6
Mt 11:21
k Gn 30:3
y 50:23
Is 66:12
l Stg 5:10-11
m cp 1:22
n 1 Cr 1:45
o Gn 25:2
1 Cr 1:32
p cp 42:11
Rm 12:15
q Sal 58:8
Ec 6:3
r Jos 7:6
s Gn 50:10
Ez 3:15
t Ap 9:6
u cp 19:8
Sal 88:8

¿Será el mortal más justo que Dios?

24 Pues ªantes que mi pan viene mi suspiro; y mis gemidos corren como aguas.
25 Porque el temor que me espantaba ha venido sobre mí, y me ha acontecido lo que yo temía.
26 No he tenido paz, no me aseguré, ni estuve reposado; no obstante me vino turbación.

CAPÍTULO 4

Y respondió ᵉElifaz el temanita, y dijo:
2 Si probáremos a hablarte, te será molesto; pero, ¿quién podrá detener las palabras?
3 He aquí, tú enseñabas a muchos, y ᵍlas manos débiles corroborabas;
4 Al que tropezaba, enderezaban tus palabras, y esforzabas las rodillas que decaían.
5 Mas ahora que el mal ha venido sobre ti, te desalientas; y cuando ha llegado hasta ti, te turbas.
6 ¿Es éste ⁱtu temor, ʲtu confianza, tu esperanza, y la integridad de tus caminos?
7 Recapacita ahora, ¿quién siendo inocente pereció? ¿O dónde los rectos fueron cortados?
8 Como yo he visto, ˡlos que aran iniquidad y siembran injuria, la siegan.
9 Perecen por el aliento de Dios, y por ᵐel soplo de su furor son consumidos.
10 El rugido del león, y la voz del león, y ⁿlos dientes de los leoncillos son quebrantados.
11 El león viejo perece por falta de presa, y los cachorros del león son dispersados.
12 El asunto también me era a mí oculto; mas mi oído ha percibido algo de ello.
13 En ᵖimaginaciones de visiones nocturnas, cuando el sueño profundo cae sobre los hombres,
14 me sobrevino un espanto, y un temblor que estremeció todos mis huesos.
15 Y un espíritu pasó por delante de mí, que hizo se erizara el pelo de mi piel;
16 se quedó inmóvil, pero no pude discernir su forma, una imagen estaba delante de mis ojos, hubo silencio, y oí una voz que decía:

JOB 4-5

17 ᵇ¿Será el mortal más justo que Dios? ¿Será el hombre más puro que su Hacedor?
18 He aquí que en sus siervos no confía, y notó necedad en sus ángeles.
19 ¡Cuánto más en los que habitan en ᶜcasas de barro, cuyo fundamento está ᵈen el polvo, y que serán quebrantados por la polilla!
20 De la mañana a la tarde son destruidos, y se pierden para siempre, sin haber quien lo considere.
21 ᶠSu hermosura, ¿no se pierde con ellos mismos? Mueren, aun sin sabiduría.

CAPÍTULO 5

Ahora, pues, da voces, si habrá quien te responda; ¿Y a cuál de ʰlos santos te volverás?
2 Es cierto que al necio lo mata la ira, y al codicioso lo consume la envidia.
3 Yo he visto al necio que echaba raíces, y en la misma hora maldije su habitación.
4 ᵏSus hijos están lejos de la seguridad, en la puerta son quebrantados, y no hay quien los libre.
5 Su mies comen los hambrientos, y la sacan de entre los espinos, y el atracador devora su hacienda.
6 Porque la aflicción no sale del polvo, ni la molestia brota de la tierra.
7 Pero como las chispas se levantan para volar por el aire, así ᵒel hombre nace para la aflicción.
8 Ciertamente yo buscaría a Dios, y encomendaría a Él mi causa:
9 El cual hace cosas grandes e inescrutables, y maravillas sin número.
10 Que ᑫda la lluvia sobre la faz de la tierra, y envía las aguas sobre los campos:
11 Que pone a ʳlos humildes en altura, y a los enlutados levanta a seguridad;
12 Él ˢfrustra los pensamientos de los astutos, para que sus manos no hagan nada;
13 Él ᵗprende a los sabios en la astucia de ellos, y entontece el consejo de los perversos;

---

a Sal 42:3
y 80:5
y 102:9
b cp 9:2

c cp 10:9
d Gn 3:19

e cp 2:11
f Sal 39:11

g Is 35:3

h Éx 15:21

i cp 1:1
j Pr 3:26

k Sal 127:5

l Os 10:13

m Is 30:33

n Sal 58:6
o Gn 3:17,19
1 Co 10:13

p cp 33:15
q Sal 65:9-10

r 1 Sm 2:7

s Sal 33:10

t cp 18:7
1 Co 3:19

14 De día tropiezan con tinieblas, y ªa medio día andan a tientas como de noche.

15 Mas ᵇÉl libra de la espada al pobre, de la boca de los impíos y de la mano violenta;

16 por tanto, el menesteroso tiene esperanza, y ᶜla iniquidad cierra su boca.

17 He aquí, ᵈbienaventurado es el hombre a quien Dios castiga; por tanto, ᵉno menosprecies la corrección del Todopoderoso.

18 Porque ᶠÉl es quien hace la llaga, y Él la vendará: Él hiere, y sus manos curan.

19 ᵍEn seis tribulaciones te librará, y en la séptima no te tocará el mal.

20 ⁱEn el hambre te redimirá de la muerte, y en la guerra, del poder de la espada.

21 ʲDel azote de la lengua serás encubierto; no temerás de la destrucción cuando viniere.

22 De la destrucción y del hambre te reirás, y no temerás de las fieras del campo;

23 Pues aun ˡcon las piedras del campo tendrás alianza, y las fieras del campo tendrán paz contigo.

24 Y sabrás que *hay* paz en tu tienda; y visitarás tu morada, y no pecarás.

25 Asimismo echarás de ver que ᵐtu descendencia *será* numerosa, y tu prole como la hierba de la tierra.

26 ⁿVendrás en la vejez a *tu* sepultura, como la gavilla de trigo que se recoge a su tiempo.

27 He aquí lo que hemos inquirido, lo cual *es* así: Óyelo, y conócelo tú para tu bien.

a Dt 28:29
b Sal 35:10
c Sal 107:42
d Sal 94:12
e Pr 3:11
f Dt 32:39
g Sal 34:19
h Os 11:9
i Sal 33:19
j Sal 31:20
k Pr 17:17
l Os 2:18
m Sal 112:2
n Pr 9:11
y 10:27
o Is 21:14
Jer 25:23
p 1 Re 10:1

CAPÍTULO 6

Y respondió Job y dijo:
2 ¡Oh, que pudiesen pesar justamente mi sufrimiento, y lo pusiesen en balanza junto con mi calamidad!

3 Porque ᵠpesarían ahora más que la arena del mar; por tanto, mis palabras han sido precipitadas.

4 Porque ʳlas saetas del Todopoderoso *están* en mí, cuyo veneno bebe mi espíritu; y ˢterrores de Dios me combaten.

q Pr 27:3
r Sal 38:2
s Sal 88:16

5 ¿Acaso gime el asno montés junto a la hierba? ¿Muge el buey junto a su pasto?

6 ¿Se comerá lo desabrido sin sal? ¿O habrá gusto en la clara del huevo?

7 Las cosas que mi alma no quería tocar, son *ahora* mi triste alimento.

8 ¡Quién me diera que viniese mi petición, y que me otorgase Dios lo que anhelo;

9 y que agradara a Dios destruirme; que desatara su mano y acabara conmigo!

10 Y sería aún mi consuelo, si me asaltase con dolor sin dar más tregua, que yo no he escondido las palabras del ʰSanto.

11 ¿Cuál *es* mi fuerza para esperar aún? ¿Y cuál mi fin para prolongar mi vida?

12 ¿*Es* mi fuerza la de las piedras, o es mi carne de bronce?

13 ¿No me ayudo a mí mismo, y el poder me falta del todo?

14 ᵏEl atribulado *ha de ser* consolado por su compañero; mas se ha abandonado el temor del Omnipotente.

15 Mis hermanos han sido traicioneros cual arroyo; pasan como corrientes impetuosas,

16 que están obscuras por la helada, y encubiertas con nieve;

17 que al tiempo del calor son deshechas, y al calentarse, desaparecen de su lugar;

18 se apartan de la senda de su rumbo, van menguando y se pierden.

19 Miraron los caminantes de ᵒTema, los caminantes de ᵖSeba esperaron en ellas;

20 Pero fueron avergonzados por su esperanza; porque vinieron hasta ellas, y se hallaron confusos.

21 Ahora ciertamente como ellas sois vosotros; pues habéis visto *mi* infortunio, y teméis.

22 ¿Acaso yo os he dicho: Traedme, y pagad por mí de vuestra hacienda;

23 libradme de la mano del opresor, y redimidme del poder de los violentos?

24 Enseñadme, y yo callaré; y hacedme entender en qué he errado.

25 ¡Cuán fuertes son las palabras rectas! Pero, ¿qué reprende vuestra censura?

26 ¿Pensáis censurar las palabras, y los discursos de un desesperado, *que son* como el viento?

27 También os arrojáis sobre el huérfano, y ªcaváis *un ho*yo para vuestro amigo.

28 Ahora, pues, si queréis, miradme, y ved si miento delante de vosotros.

29 Tornad ahora, y no haya iniquidad; volved aún a considerar mi justicia en esto.

30 ¿Hay iniquidad en mi lengua? ¿No puede mi paladar discernir las cosas depravadas?

CAPÍTULO 7

¿Acaso no *hay* un ʰtiempo determinado para el hombre sobre la tierra? ¿*No son* sus días como los días del jornalero?

2 Como el siervo anhela la sombra, y como el jornalero espera *la paga* de su trabajo,

3 así he tenido que poseer ʲmeses de vanidad, y noches de congoja me fueron asignadas.

4 ᵏCuando estoy acostado, digo: ¿Cuándo me levantaré, y se acabará la noche? Y estoy lleno de devaneos hasta el alba.

5 Mi carne está vestida de ᵐgusanos, y de costras de polvo; mi piel hendida y abominable.

6 Y mis días fueron más ligeros que la ᵖlanzadera del tejedor, y fenecieron sin esperanza.

7 ʳAcuérdate que mi vida *es* un soplo, y que mis ojos no volverán a ver el bien.

8 Los ojos de los que me ven, no me verán *más*; fijarás en mí tus ojos, y dejaré de ser.

9 *Como* la nube se desvanece, y se va; así el que desciende al sepulcro *ya* no subirá;

10 No volverá más a su casa, ᵗni su lugar le conocerá más.

11 Por tanto yo no refrenaré mi boca; hablaré en la angustia de mi espíritu, y me quejaré ᵛcon la amargura de mi alma.

12 ¿*Soy* yo el mar, o ballena, para que me pongas guarda?

13 ʸCuando digo: Me consolará mi cama, mi lecho atenuará mis quejas;

14 Entonces me aterras con sueños, y me turbas con visiones.

15 Y así mi alma tuvo por mejor el estrangulamiento y la muerte, más que la vida.

16 ᵇDesvanezco; no he de vivir para siempre; ᶜdéjame, pues mis días son ᵈvanidad.

17 ᵉ¿Qué *es* el hombre, para que lo engrandezcas, y para que pongas sobre él tu corazón?

18 y lo visites ᶠtodas las mañanas, y a cada momento lo pruebes?

19 ¿Hasta cuándo no te apartarás de mí, y no me soltarás ni siquiera para que trague mi saliva?

20 Pequé, ¿qué te hago yo, oh Guarda de los hombres? ᵍ¿Por qué me has puesto como blanco tuyo, de modo que soy una carga para mí mismo?

21 ¿Y por qué no perdonas mi rebelión, y quitas mi iniquidad? Porque ahora dormiré en el polvo, y ªsi me buscares de mañana, ya no *estaré*.

CAPÍTULO 8

Y respondió ˡBildad suhita, y dijo:

2 ¿Hasta cuándo hablarás tales cosas, y las palabras de tu boca serán como un viento impetuoso?

3 ⁿ¿Acaso pervertirá Dios el derecho, o el Todopoderoso pervertirá la justicia?

4 ᵒSi tus hijos pecaron contra Él, Él los echó en el lugar de su pecado.

5 Si tú ᵠde mañana buscares a Dios, y suplicares al Todopoderoso;

6 Si *fueres* limpio y recto, ciertamente luego se despertará por ti, y hará próspera la morada de tu justicia.

7 Aunque tu principio haya sido pequeño, tu postrimería será muy grande.

8 Porque ˢpregunta ahora a la edad pasada, y disponte a inquirir de los padres de ellos;

9 porque ᵘnosotros somos de ayer y nada sabemos, pues nuestros días sobre la tierra *son como* ˣuna sombra.

10 ¿No te enseñarán ellos, te hablarán, y de su corazón sacarán palabras?

11 ¿Crece el junco sin lodo? ¿Crece el prado sin agua?

JOB 9

12 Aun ᵃen su verdor, y sin ser cortado, se seca antes que *toda* hierba.
13 Tales *son* los caminos de todos los que se olvidan de Dios; y ᶜla esperanza del impío perecerá;
14 Porque su esperanza será cortada, y aquello en que confía será ᵈtela de araña.
15 Se apoyará él sobre su casa, mas no permanecerá; se asirá de ella, mas no resistirá.
16 A *manera de un árbol*, está verde delante del sol, y sus renuevos salen sobre su huerto;
17 Sus raíces se entretejen junto a una fuente, y se enlazan hasta un lugar pedregoso.
18 Si le arrancaren de su lugar, éste le negará entonces, *diciendo*: Nunca te vi.
19 He aquí, éste *es* el gozo de su camino; y ᶠde la tierra brotarán otros.
20 He aquí, Dios no desechará al perfecto, ni tampoco ayudará a los malhechores.
21 Aún llenará tu boca de risa, y tus labios de júbilo.
22 Los que te aborrecen, ʰserán vestidos de vergüenza; y la habitación de los impíos perecerá.

CAPÍTULO 9

Y respondió Job, y dijo:
2 Ciertamente yo conozco que es así; ᵏ¿Y cómo se justificará el hombre con Dios?
3 Si quisiere contender con Él, no le podrá responder a una cosa de mil.
4 ᵐÉl es sabio de corazón, y poderoso en fortaleza, ¿Quién se endureció contra Él, y le fue bien?
5 Él remueve las montañas con su furor, y ellas no saben quién las trastornó.
6 Él ʳsacude la tierra de su lugar, y ᵗhace temblar sus columnas:
7 Él manda al sol, y no sale; y pone sello a las estrellas:
8 Él solo ᵘextiende los cielos, y ᵛanda sobre las olas del mar;
9 Él hizo ᵛla Osa Mayor, el Orión y las Pléyades; y los lugares secretos del sur.
10 Él hace cosas grandes e inescrutables; y maravillas, sin número.

a Sal 129:6
Jer 17:6

b Is 45:9
Jer 18:6
Rm 9:20

c cp 11:20
y 18:14
Sal 112:10
Pr 10:28

d Is 59:5-6

e cp 2:3

f Sal 113:7

g cp 15:6
h Sal 35:26
109:29
y 132:18

i Ec 9:2-3
j Is 10:26
y 28:15-18
k cp 4:17
Sal 143:2
l cp 24:25
Rm 3:20
m cp 36:5
n cp 7:6-7
o 2 Cr 39:6
p Hab 1:8
q cp 7:13
r Is 13:13
s cp 10:20
Sal 39:13
t cp 26:11
u Is 59:5-6

1 CRISTO

Mt 14:25-30
Jn 6:19
v cp 38:31-32
Am 5:8

¿Cómo se justificará el hombre?

11 He aquí que Él pasará delante de mí, y yo no *lo* veré; y pasará, y no lo percibiré.
12 He aquí, ᵇarrebatará; ¿quién se lo impedirá? ¿Quién le dirá: Qué haces?
13 *Si* Dios no retira su ira, los ayudadores soberbios serán abatidos debajo de Él.
14 ¿Cuánto menos le responderé yo, y hablaré con Él palabras escogidas?
15 Aunque fuese yo justo, no respondería; antes habría de rogar a mi Juez.
16 Que si yo le invocara, y Él me respondiese, *aún* no creeré que haya escuchado mi voz.
17 Porque me ha quebrantado con tempestad, y ᵉsin causa ha aumentado mis heridas.
18 No me ha concedido que tome aliento, sino que me ha llenado de amarguras.
19 Si *yo hablare* de poder, he aquí Él es poderoso; si de justicia, ¿quién me citará a juicio?
20 Si yo me justificare, ᵍme condenaría mi boca; si me dijere perfecto, esto me haría inicuo.
21 Bien que yo *fuese* íntegro, no conocería mi alma: Despreciaría mi vida.
22 Una *cosa* resta que yo diga: ⁱAl perfecto y al impío Él los consume.
23 Si el ʲazote mata de repente, se ríe del sufrimiento de los inocentes.
24 La tierra es entregada en manos de los impíos, y Él cubre el rostro de sus jueces. ˡSi no es Él, ¿quién es? ¿Dónde está?
25 ⁿMis días son más ligeros que ᵒun correo; Huyen, no ven el bien.
26 Pasan cual naves veloces: ᵖComo el águila *que* se lanza sobre su presa.
27 ᵠSi digo: Olvidaré mi queja, dejaré mi triste semblante y ˢme esforzaré;
28 *entonces* me turban todos mis dolores; sé que no me tendrás por inocente.
29 *Si* soy impío, ¿Para qué, pues, trabajaré en vano?
30 Aunque me lave con aguas de nieve, y limpie mis manos con la limpieza misma,
31 aún me hundirás en el hoyo, y mis propias vestiduras me abominarán.

32 Porque Él ᵃno es hombre igual que yo, para que yo le responda, y vengamos juntamente a juicio.

33 Ni hay entre nosotros árbitro, que ponga su mano sobre ambos.

34 ᵈQuite de sobre mí su vara, y su terror no me espante.

35 *Entonces* yo hablaría, y no le temería; mas no es así conmigo.

CAPÍTULO 10

Mi alma está hastiada de mi vida: Daré yo rienda suelta a mi ʲqueja sobre mí, ᵏhablaré en la amargura de mi alma.

2 Diré a Dios: No me condenes; hazme entender por qué contiendes conmigo.

3 ¡ˡ¿Te parece bien que oprimas, ᵐque deseches ⁿla obra de tus manos, y que resplandezcas sobre el consejo de los impíos?

4 ᵖ¿Acaso tienes tú ojos de carne? ʳ¿Ves tú como ve el hombre?

5 ¿*Son* tus días como los días del hombre, o tus años como los tiempos humanos,

6 para que inquieras mi iniquidad, y busques mi pecado?

7 Tú sabes que no soy impío, y que no *hay* quien libre de tu mano.

8 ᵗTus manos me hicieron y me formaron, ᵘ¿y luego te vuelves y me deshaces?

9 Acuérdate ahora que ᵛcomo a barro me diste forma: ¿Y en polvo me has de tornar?

10 ¿No me vaciaste como leche, y como queso me cuajaste?

11 Me vestiste de piel y carne, y me rodeaste de huesos y nervios.

12 Vida y misericordia me concediste, y tu cuidado guardó mi espíritu.

13 Estas cosas has guardado en tu corazón; yo ᶻsé que *están* cerca de ti.

14 Si peco, ᵇtú me observas, y no me tienes por limpio de mi iniquidad.

15 Si fuere malo, ¡ay de mí! Y *si* fuere justo, no levantaré mi cabeza. Estoy hastiado de afrenta, por tanto, mira tú mi aflicción.

16 Si levanto mi cabeza, me cazas como a león, y vuelves a mostrarte maravilloso sobre mí.

a	Rm 9:20
b	cp 19:12
c	cp 3:11
d	cp 13:21
e	cp 7:6,16 y 8:9
f	cp 9:27
g	Sal 39:13
h	Sal 88:12
i	cp 3:5
j	cp 30:16
k	cp 7:11
l	cp 13:9
m	Sal 89:38
n	Sal 138:8
o	cp 2:11
p	Jn 8:15
q	Pr 10:19
r	1 Sm 16:7
s	cp 10:7
t	Sal 119:73
u	Sal 139:5-16
v	Gn 3:19
x	Sal 139:6
y	cp 26:10 y 28:3
z	cp 23:14
a	Lv 13:4
b	cp 13:27
c	cp 26:4
d	Sal 73:22

17 Renuevas contra mí tus pruebas, y aumentas conmigo tu furor ᵇcomo tropas de relevo.

18 ᶜ¿Por qué me sacaste de la matriz? Hubiera yo entregado el espíritu, y ningún ojo me habría visto.

19 Fuera como si nunca hubiera existido, llevado del vientre a la sepultura.

20 ᵉ¿No *son* pocos mis días? Cesa, pues, y déjame, ᶠpara que me conforte un poco.

21 ᵍAntes que vaya para no volver, a la tierra de ʰtinieblas y de ⁱsombra de muerte;

22 Tierra de oscuridad, lóbrega como sombra de muerte, sin orden, *donde* la luz *es* como la oscuridad misma.

CAPÍTULO 11

Y respondió ᵒZofar naamatita, y dijo:

2 ᑫ¿Las muchas palabras no han de tener respuesta? ¿Y el hombre que habla mucho será justificado?

3 ¿Harán tus falacias callar a los hombres? ¿Y harás escarnio, y no habrá quien te avergüence?

4 Tú dices: Mi doctrina *es* pura, y ˢyo soy limpio delante de tus ojos.

5 Mas ¡oh quién diera que Dios hablara, y abriera sus labios contra ti,

6 y que te declarara los secretos de la sabiduría, que son de doble valor que las riquezas! Conocerías entonces que Dios te ha castigado *menos* de lo que tu iniquidad *merece*.

7 Si escudriñas, ˣ¿podrás entender a Dios? ¿Llegarás tú a ʸla perfección del Todopoderoso?

8 *Es* más alta que los cielos: ¿qué harás? Es más profunda que el infierno: ¿cómo la conocerás?

9 Su dimensión es más extensa que la tierra, y más ancha que el mar.

10 Si ᵃÉl corta, o aprisiona, o si congrega, ¿quién podrá contrarrestarle?

11 Porque Él conoce a ᶜlos hombres vanos: Ve asimismo la iniquidad, ¿y no hará caso?

12 ᵈEl hombre vano se hará entendido, aunque nazca *como* el pollino del asno montés.

13 Si tú apercibieres tu corazón, y extendieres a Él tus manos;

14 si alguna iniquidad *hubiere* en tu mano, y la echares de ti, y no consintieres que more maldad en tus habitaciones;

15 ᵇentonces levantarás tu rostro limpio de mancha, y serás fuerte y no temerás;

16 y olvidarás *tu* miseria, ᶜo te acordarás de ella como de aguas que pasaron;

17 y *tu* existencia será más clara que el mediodía; Resplandecerás, y serás como la mañana;

18 estarás confiado, porque hay esperanza; mirarás alrededor, y dormirás seguro.

19 ᵍTe acostarás, y no habrá quien *te* espante; y muchos implorarán tu favor.

20 Pero ⁱlos ojos de los malos se consumirán, y no tendrán refugio; y su esperanza *será como* el dar el último suspiro.

CAPÍTULO 12

Y respondió Job, y dijo:
2 Ciertamente vosotros *sois* el pueblo; y con vosotros morirá la sabiduría.

3 También tengo yo entendimiento como vosotros; no *soy* yo menos que vosotros: ¿Y quién habrá que no pueda decir otro tanto?

4 ˡYo soy uno de quien su amigo se mofa, que invoca a Dios, y Él le responde; con todo, el justo y perfecto *es* escarnecido.

5 Aquel *cuyos* pies van a resbalar, *es como* una lámpara despreciada de aquel que está a sus anchas.

6 ᵒProsperan las tiendas de los ladrones, y los que provocan a Dios viven seguros; en cuyas manos Él ha puesto cuanto tienen.

7 Y en efecto, pregunta ahora a las bestias, y ellas te enseñarán; y a las aves de los cielos, y ellas te lo mostrarán;

8 o habla a la tierra, y ella te enseñará; los peces del mar también te lo declararán.

9 ¿Qué cosa de todas éstas no entiende que ᑫla mano de Jehová la hizo?

10 ʳEn su mano *está* el alma de todo viviente, y el hálito de todo ser humano.

11 ᵃ¿No distingue el oído las palabras, y el paladar prueba la comida?

12 En los ancianos *está* la sabiduría, y en la largura de días la inteligencia.

13 Con Dios *está* la sabiduría y la fortaleza; suyo es el consejo y la inteligencia.

14 He aquí, Él derriba, y no será reedificado; ᵈEncierra al hombre, y no habrá quien le abra.

15 He aquí, ᵉÉl detiene las aguas, y *todo* se seca; ᶠLas envía, y destruyen la tierra.

16 Con Él *está* la fortaleza y la sabiduría; Suyo *es* el que yerra, y el que hace errar.

17 ʰÉl hace andar despojados de consejo a los consejeros, y entontece a los jueces.

18 Él suelta las ataduras de los reyes, y les ata un cinto a sus lomos.

19 Él lleva ʲdespojados a los príncipes, y trastorna a los poderosos.

20 Él priva del habla al que dice verdad, y ᵏquita a los ancianos el consejo.

21 Él derrama menosprecio sobre los príncipes, y debilita la fuerza de los poderosos.

22 Él descubre las profundidades de las tinieblas, y saca a luz la sombra de muerte.

23 Él ᵐmultiplica las naciones, y Él las destruye: Él esparce a las naciones, y las *vuelve* a reunir.

24 Él quita el entendimiento de los jefes del pueblo de la tierra, y ⁿles hace vagar por desierto *donde* no hay camino:

25 Van a tientas, como en tinieblas y sin luz, y ᵖlos hace errar como borrachos.

CAPÍTULO 13

He aquí que todas *estas cosas* han visto mis ojos, y oído y entendido mis oídos.

2 Como vosotros lo sabéis, lo sé yo; no *soy* menos que vosotros.

3 Mas yo hablaría con el Todopoderoso, y querría razonar con Dios.

4 Porque ciertamente vosotros *sois* ˢfraguadores de mentira; todos vosotros *sois* médicos nulos.

El hombre, corto de días JOB 14

5 ¡Oh que callarais del todo! ªY os sería sabiduría.

6 Oíd ahora mi razonamiento, y estad atentos a los argumentos de mis labios.

7 ᵉ¿Habéis de hablar iniquidad por Dios? ¿Habéis de hablar por Él engaño?

8 ¿Haréis acepción de su persona? ¿Contenderéis vosotros por Dios?

9 ¿Sería bueno que Él os escudriñase? ᶠ¿Os burlaréis de Él como quien se burla de algún hombre?

10 Él os reprochará de seguro, si solapadamente hacéis acepción de personas.

11 ¿No debiera espantaros su majestad, y caer su pavor sobre vosotros?

12 Vuestras memorias *serán* comparadas a ˡla ceniza, y vuestros cuerpos como cuerpos de barro.

13 Callaos, dejadme y hablaré yo, y que venga sobre mí lo que viniere.

14 ¿Por qué quitaré yo mi carne con mis dientes, y pondré mi alma en mi mano?

15 He aquí, ⁿaunque Él me matare, ᵒen Él esperaré; pero sostendré delante de Él mis caminos.

16 Y Él mismo *será* mi salvación, porque no entrará en su presencia el hipócrita.

17 Oíd con atención mi razonamiento, y mi declaración con vuestros oídos.

18 He aquí ahora, yo he preparado *mi* causa, y sé que seré justificado.

19 ᵖ¿Quién *es* el que contenderá conmigo? Porque si ahora yo callara, moriría.

20 A lo menos dos *cosas* no hagas conmigo; entonces no me esconderé de tu rostro.

21 Aparta de mí tu mano, y no me asombre tu terror.

22 Llama luego, y yo responderé; o yo hablaré, y respóndeme tú.

23 ¿Cuántas iniquidades y pecados tengo yo? Hazme entender mi transgresión y mi pecado.

24 ᵗ¿Por qué escondes tu rostro, y ᵘme cuentas por tu enemigo?

25 ¿A la hoja arrebatada has de quebrantar? ¿Y a una paja seca has de perseguir?

26 ᵇ¿Por qué escribes contra mí amarguras, y me haces cargo de ᶜlos pecados de mi juventud?

27 ᵈPones además mis pies en el cepo, y vigilas todos mis caminos, imprimes marcas en las plantas de mis pies.

28 Y el cuerpo mío se va gastando como de carcoma, como vestido que es comido de polilla.

CAPÍTULO 14

El hombre ᵍnacido de mujer, corto de días, y harto de sinsabores.

2 Que sale ʰcomo una flor y ⁱes cortado; y huye como la sombra, y no permanece.

3 ¿Y sobre éste abres tus ojos, y ʲme traes a juicio contigo?

4 ᵏ¿Quién podrá sacar *algo* limpio de lo inmundo? ¡Nadie!

5 Ciertamente sus días *están* ᵐdeterminados, y el número de sus meses está cerca de ti: Tú le pusiste límites, los cuales no pasará.

6 Apártate de él, y que descanse hasta que, cual jornalero, haya cumplido su día.

7 Porque si el árbol fuere cortado, aún queda de él esperanza; retoñará aún, y sus renuevos no faltarán.

8 Si se envejeciere en la tierra su raíz, y su tronco fuere muerto en el polvo,

9 al percibir el agua reverdecerá, y echará renuevos como planta *nueva*.

10 Pero el hombre muere, y es cortado; Perece el hombre, ¿y dónde *está* él?

11 *Como* las aguas se van del mar, y el río se agota y se seca.

12 Así el hombre yace, y no vuelve a levantarse; ᑫhasta que no haya cielo no despertarán, ni se levantarán de su sueño.

13 ¡Oh quién me diera ʳque me escondieses en el sepulcro, que me encubrieras hasta apaciguarse tu ira, que me pusieses plazo, y de mí te acordaras!

14 ˢSi el hombre muriere, ¿*volverá* a vivir? Todos los días de mi edad esperaré, hasta que venga mi transformación.

15 Tú llamarás, y te responderé yo; ᵛtendrás placer en la obra de tus manos.

a	Pr 17:28
b	Sal 25:7
c	Sal 25:7
d	cp 33:11
e	cp 27:4
f	Gá 6:7
g	cp 15:14
y	25:4
h	Sal 103:15
	Stg 1:10
	1 Pe 1:24
i	Sal 37:2
y	90:6
j	cp 22:4
	Sal 143:2
k	Sal 51:5
	Jn 3:6
l	Is 44:20
m	cp 7:1
	Sal 39:4
	Lc 12:20
	Hch 17:26
n	Pr 14:32
o	cp 6:11
	14:14 y 29:21
p	Is 50:8-9
q	Sal 102:26
r	Sal 27:5
y	31:20
s	Sal 89:48
t	Sal 13:1
	44:24
y	88:14
u	cp 19:11
y	33:10
v	Ap 4:11

JOB 15   **Respuesta de Elifaz**

16 Pero ahora ᵃme cuentas los pasos, y no das tregua a mi pecado.

17 Sellada *está* en saco mi transgresión, y tienes cosida mi iniquidad.

18 Y ciertamente el monte que cae se deshace, y las peñas son traspasadas de su lugar;

19 Las piedras son desgastadas con el agua impetuosa, que se lleva el polvo de la tierra; de igual manera haces tú perecer la esperanza del hombre.

20 Para siempre serás más fuerte que él, y él se va; demudarás su rostro, y lo despedirás.

21 Sus hijos alcanzan honor, y ᵍél no lo sabe; o son humillados, y no entiende de ellos.

22 Mas su carne sobre él se dolerá, y se entristecerá en él su alma.

CAPÍTULO 15

Entonces respondió ⁱElifaz temanita, y dijo:

2 ¿Proferirá ʲel sabio ᵏvana sabiduría, y llenará su vientre de viento solano?

3 ¿Disputará con palabras inútiles, y con razones sin provecho?

4 Tú también disipas el temor, y menosprecias la oración delante de Dios.

5 Porque tu boca declaró tu iniquidad, pues has escogido el hablar de los astutos.

6 Tu boca te condenará, y no yo; y tus labios testificarán contra ti.

7 ¿Naciste tú primero que Adán? ¿O fuiste formado antes que los collados?

8 ¿Oíste tú ⁿel secreto de Dios, que detienes solo en ti la sabiduría?

9 ᵒ¿Qué sabes tú que no sepamos? ¿*Qué* entiendes que no se halle en nosotros?

10 ᵖEntre nosotros también *hay* cabezas canas y hombres viejos, mucho más ancianos que tu padre.

11 ¿En tan poco tienes las consolaciones de Dios? ¿Tienes acaso alguna cosa oculta cerca de ti?

12 ¿Por qué te aleja tu corazón, y por qué guiñan tus ojos,

13 para que vuelvas tu espíritu contra Dios, y saques *tales* palabras de tu boca?

14 ᵇ¿Qué es el hombre para que sea limpio, y el nacido de mujer, para que sea justo?

15 He aquí que en ᶜsus santos no confía, y ni aun los cielos son limpios delante de sus ojos:

16 ¿Cuánto menos el hombre abominable y vil, ᵈque bebe la iniquidad como agua?

17 Escúchame; yo te mostraré, y te contaré lo que he visto;

18 Lo que los sabios ᵉnos contaron de sus padres, y no lo encubrieron;

19 A los cuales solamente fue dada la tierra, y ᶠno pasó extraño por medio de ellos;

20 Todos sus días, el impío es atormentado de dolor, y el número de años es escondido al violento.

21 Estruendos espantosos *hay* en sus oídos; en la prosperidad ʰel destructor vendrá sobre él.

22 Él no cree que ha de volver de las tinieblas, y descubierto está para la espada.

23 Vaga alrededor tras del pan, *diciendo*: ¿Dónde *está*? ˡSabe que le está preparado día de tinieblas, a la mano.

24 Tribulación y angustia le aterrarán, y se esforzarán contra él como un rey dispuesto para la batalla.

25 Por cuanto él extendió su mano contra Dios, y se ensoberbeció contra el Todopoderoso,

26 Él le acometerá en la cerviz, en lo grueso de las hombreras de sus escudos:

27 Porque ᵐcubrió su rostro con su gordura, e hizo pliegues sobre *sus* ijares;

28 Y habitó las ciudades asoladas, las casas inhabitadas, que estaban puestas en ruinas.

29 No se enriquecerá, ni sus bienes perdurarán, ni extenderá por la tierra su hermosura.

30 No escapará de las tinieblas; la llama secará sus ramas, y con el aliento de su boca perecerá.

31 No confíe el iluso en la vanidad; porque ella será su recompensa.

32 Él ᵠserá cortado antes de su tiempo, y ʳsus renuevos no reverdecerán.

33 Él perderá su ˢagraz como la vid, y arrojará su flor como el olivo.

---

a Sal 56:8
y 139:2
b cp 25:4-6
c cp 5:1

d cp 34:7
Sal 73:10

e cp 8:8
Is 3:9

f Jl 3:17

g Ec 9:5

h 1 Ts 5:3

i cp 2:11

j cp 12:3
y 13:2
k cp 18:3
l cp 18:12

m Sal 17:10
73:7 y 119:70

n Jer 23:18

o cp 13:22

p cp 12:12
y 32:6-7

q cp 22:16
Sal 55:23
r Is 9:14
s Is 18:5

¿Quién será mi fiador?

34 Porque la congregación de los hipócritas *será* asolada, y fuego consumirá las tiendas de soborno.

35 ᵇConciben maldad, y dan a luz iniquidad; y sus entrañas traman engaño.

CAPÍTULO 16

Entonces respondió Job, y dijo:
2 Muchas veces he oído ᶜcosas como éstas: Consoladores molestos sois todos vosotros.

3 ¿Tendrán fin las palabras vanas? ¿O qué te anima a responder?

4 También yo hablaría como vosotros. Si vuestra alma estuviera en lugar de la mía, yo podría hilvanar palabras contra vosotros, y sobre vosotros movería mi cabeza.

5 *Mas* yo os alentaría con mis palabras, y la consolación de mis labios apaciguaría *el dolor vuestro*.

6 Si hablo, mi dolor no cesa; y si dejo de hablar, no se aparta de mí.

7 Pero ahora me ha fatigado: Tú has ᵈasolado toda mi compañía.

8 Tú me has llenado de arrugas; testigo es ᵉmi flacura, que se levanta contra mí para testificar en mi rostro.

9 Su furor me despedazó, y me ha sido contrario: ᶠCrujió sus dientes contra mí; contra mí aguzó sus ojos mi enemigo.

10 ᵍAbrieron contra mí su boca; ʰhirieron mis mejillas con afrenta; contra mí se juntaron todos.

11 Dios me ha entregado al mentiroso, y en las manos de los impíos me hizo estremecer.

12 Próspero estaba yo, y me desmenuzó; y me arrebató por la cerviz y me despedazó, y me puso por ⁱblanco suyo.

13 Me rodearon sus arqueros, partió mis riñones, y no perdonó: ʲMi hiel derramó por tierra.

14 ᵏMe quebrantó de quebranto sobre quebranto; corrió contra mí como un gigante.

15 Yo cosí cilicio sobre mi piel, y hundí mi cabeza en el polvo.

16 Mi rostro está hinchado por el llanto, y mis párpados entenebrecidos;

17 A pesar de no haber iniquidad en mis manos, y de haber sido pura mi oración.

18 ¡Oh tierra! ᵃno cubras mi sangre, y no haya lugar a mi clamor.

19 Mas he aquí que en los cielos está mi testigo, y mi testimonio en las alturas.

20 Mis amigos me escarnecen; mis ojos derramarán lágrimas ante Dios.

21 ¡Oh que alguien intercediera por el hombre ante Dios, como el hombre *intercede* por su prójimo!

22 Mas los años contados vendrán, y yo iré por el camino de donde no volveré.

CAPÍTULO 17

Mi aliento está corrompido, mis días se extinguen, y me *está* preparado el sepulcro.

2 No *hay* sino escarnecedores conmigo, y mis ojos se detienen en su provocación.

3 Determina ahora, dame fianza para contigo: ¿Quién *es* aquél *que* querría ser mi fiador?

4 Porque has escondido de su corazón la inteligencia; por tanto, no *los* exaltarás.

5 El que habla lisonjas a *sus* amigos, aun los ojos de sus hijos desfallecerán.

6 Él me ha puesto por refrán de pueblos, y delante de ellos he sido como tamboril.

7 Y mis ojos se oscurecieron por causa del dolor, y mis pensamientos todos *son* como sombra.

8 Los rectos se maravillarán de esto, y el inocente se levantará contra el hipócrita.

9 No obstante, proseguirá el justo su camino; y el limpio de manos aumentará la fuerza.

10 Mas volved todos vosotros, y venid ahora, pues no hallo sabio entre vosotros.

11 Pasaron mis días, fueron deshechos mis planes, los designios de mi corazón.

12 Pusieron la noche por día, y la luz se acorta delante de las tinieblas.

13 Si yo espero, el sepulcro *es* mi casa: Haré mi cama en las tinieblas.

14 A la corrupción he dicho: Mi padre *eres* tú; a los gusanos: Mi madre y mi hermana.

15 ¿Dónde *está* ahora mi esperanza? Y mi esperanza ¿quién la verá?

---

a Is 26:21
Éx 24:7

b Sal 7:14
Is 59:4

c cp 12:3

d cp 1:15-19

e Sal 109:24

f Sal 35:16
y 37:12

g Sal 22:13
h Lm 3:30

i Lm 3:12

j Lm 2:12

k cp 30:14

16 Ellos descenderán a la profundidad de ªla fosa, cuando nosotros ᵇdescansaremos juntos en el polvo.

CAPÍTULO 18

Entonces respondió ᶜBildad suhita, y dijo:
2 ¿Cuándo pondréis fin a las palabras? Entended, y después hablemos.
3 ¿Por qué somos tenidos ᵈpor bestias, y a vuestros ojos somos viles?
4 Oh tú, que te despedazas con tu furor, ¿Será abandonada la tierra por tu causa, y serán traspasadas de su lugar las peñas?
5 Ciertamente ᶠla luz de los impíos será apagada, y no resplandecerá la centella de su fuego.
6 La luz se oscurecerá en su tienda, y se apagará sobre él su lámpara.
7 Los pasos de su vigor serán acortados, y ᵍlo precipitará su propio consejo.
8 Porque ªred será echada a sus pies, y sobre mallas andará.
9 Lazo prenderá su calcañar; ⁱse afirmará la trampa contra él.
10 El lazo *está* escondido para él en la tierra, y una trampa para él en el camino.
11 ᵏDe todas partes lo asombrarán temores, y le harán huir desconcertado.
12 Su fuerza será azotada por el hambre, y a su lado *estará* preparado quebrantamiento.
13 El primogénito de la muerte devorará la fuerza de su piel, y devorará sus miembros.
14 Su confianza será arrancada de su tienda, y le conducirá esto, al ⁿrey de los espantos.
15 En su tienda morará como si no fuese suya; azufre será esparcido sobre su morada.
16 ᵖAbajo se secarán sus raíces, y arriba serán cortadas sus ramas.
17 Su memoria perecerá de la tierra, y no tendrá nombre por las calles.
18 De la luz será lanzado a las tinieblas, y echado fuera del mundo.
19 No tendrá hijo ni nieto entre su pueblo, ni quien le suceda en sus moradas.
20 Los que vengan a *él*, ᑫese día se

a cp 18:13
b cp 3:17-19

c cp 2:11

d Sal 73:22

e Sal 35:26
y 38:16
f Pr 13:9
20:20
y 24:20

g cp 5:13

h Sal 89:44
i cp 5:5
j cp 29:14

k cp 15:21
y 20:25
l cp 10:17

m Sal 68:8
y 88:8-18

n Ap 89:11
o Sal 31:11
y 55:13

p cp 29:19
Is 5:24

q Sal 37:13

Mis parientes se olvidaron de mí

espantarán, como fueron espantados los que vinieron antes.
21 Ciertamente tales *son* las moradas del impío, y éste *será* el lugar *del que* no conoció a Dios.

CAPÍTULO 19

Entonces respondió Job, y dijo:
2 ¿Hasta cuándo angustiaréis mi alma, y me moleréis con palabras?
3 Ya me habéis vituperado diez veces: ¿No os avergonzáis de injuriarme?
4 Y si en verdad he errado, conmigo se quedará mi error.
5 Mas si vosotros ᵉos engrandecéis contra mí, y contra mí invocáis mi oprobio,
6 sabed ahora que Dios me ha derribado, y me ha envuelto en su red.
7 He aquí yo clamo agravio, y no soy oído; doy voces, y no *hay* juicio.
8 Cercó de vallado mi camino, y no pasaré; y sobre mis veredas puso tinieblas.
9 ʰMe ha despojado de mi gloria, y ha ʲquitado la corona *de* mi cabeza.
10 Me arruinó por todos lados, y perezco; y ha arrancado mi esperanza como a un árbol.
11 También encendió contra mí su furor, y me contó para sí entre sus enemigos.
12 Vinieron ˡsus ejércitos a una, y atrincheraron contra mí su camino, y acamparon en derredor de mi tienda.
13 ᵐHizo alejar de mí a mis hermanos, y del todo se extrañaron de mí mis conocidos.
14 Mis parientes se detuvieron, y ᵒmis conocidos se olvidaron de mí.
15 Los moradores de mi casa y mis criadas me tuvieron por extraño; forastero fui yo a sus ojos.
16 Llamé a mi siervo y no respondió, aunque con mi propia boca le suplicaba.
17 Mi aliento vino a ser extraño a mi esposa, aunque por los hijos de mis entrañas le rogaba.
18 Aun los muchachos me menospreciaron; al levantarme, hablaban contra mí.
19 Todos mis amigos íntimos me aborrecieron; y los que yo amaba, se volvieron contra mí.

La alegría del impío es breve

20 ªMi piel y mi carne se pegaron a mis huesos; y he escapado con *sólo* la piel de mis dientes.
21 Oh, vosotros mis amigos, tened compasión de mí, tened compasión de mí, porque la mano de Dios me ha tocado.
22 ¿Por qué ᶜme perseguís como Dios, y no os hartáis de mi carne?
23 ¡Quién diese ahora que mis palabras fuesen escritas! ¡Quién diese que se escribiesen en un libro!
24 ¡Que con cincel de hierro y con plomo fuesen esculpidas en piedra para siempre!
25 Yo sé que mi ᵈRedentor vive, y en el *día* final se levantará sobre la tierra;
26 y después de deshecha esta mi piel, en mi carne ᶠhe de ver a Dios;
27 Al cual he de ver por mí mismo, y mis ojos lo verán, y no otro, *aunque* mis entrañas se consuman dentro de mí.
28 Mas debierais decir: ¿Por qué lo perseguimos? Ya que la raíz del asunto se halla en mí.
29 Temed vosotros delante de la espada; porque la ira *trae* el castigo de la espada, para que sepáis que hay un juicio.

CAPÍTULO 20

Respondió entonces ʰZofar el naamatita, y dijo:
2 Por cierto mis pensamientos me hacen responder, y por tanto me apresuro.
3 La reprensión de mi censura he oído, y me hace responder el espíritu de mi inteligencia.
4 ¿*No* sabes esto, que desde la antigüedad, desde que el hombre fue puesto sobre la tierra;
5 que ᵏla alegría de los impíos es breve, y el gozo del hipócrita *sólo* por un momento?
6 Aunque subiere su altivez hasta el cielo, y su cabeza tocare las nubes,
7 como su estiércol perecerá para siempre; los que le hubieren visto, dirán: ¿Qué es de él?
8 ᵒComo sueño volará, y no será hallado, y se disipará como visión nocturna.
9 El ojo que le vio, nunca más le verá; ni su lugar le contemplará ya más.
10 Sus hijos buscarán el favor de los pobres; y sus manos devolverán lo que él robó.
11 Sus huesos están llenos *del pecado* de su juventud, ᵇyacerán con él en el polvo.
12 Si el mal se endulzó en su boca, si lo ocultaba debajo de su lengua;
13 *si* le parecía bien, y no lo dejaba, sino que lo detenía en su paladar;
14 su comida se mudará en sus entrañas, hiel de áspides será dentro de él.
15 Devoró riquezas, mas las vomitará; de su vientre las sacará Dios.
16 Veneno de áspides chupará; lo matará ᵉlengua de víbora.
17 No verá los arroyos, los ríos, los torrentes de miel y de leche.
18 Restituirá el trabajo conforme a los bienes que tomó; según su sustancia *será* la restitución, y no se gozará *en ello*.
19 Por cuanto quebrantó y desamparó a los pobres, y robó casas que él no edificó.
20 Por tanto, no sentirá él sosiego en su vientre, ni salvará nada de ᵍlo que codiciaba.
21 No quedó nada que no comiese; por tanto, su bien no será duradero.
22 En la plenitud de su prosperidad, tendrá estrechez; la mano de todos los malvados vendrá sobre él.
23 *Cuando* esté a punto de llenar su vientre, Dios enviará sobre él ⁱel furor de su ira, y la hará llover sobre él y sobre su comida.
24 ʲHuirá de las armas de hierro, *pero* el arco de acero le atravesará.
25 Saldrá la saeta por su espalda, relumbrante saldrá por su hiel; sobre él ˡvendrán terrores.
26 Todas las tinieblas *estarán* guardadas en sus lugares secretos; ᵐfuego no atizado lo devorará, y consumirá al que quede en su tienda.
27 ⁿLos cielos descubrirán su iniquidad, y la tierra se levantará contra él.
28 Los frutos de su casa serán trasportados; serán esparcidos en el día de su furor.
29 Ésta *es* la porción de Dios para el hombre impío, y la herencia que Dios le ha señalado.

---

a Sal 102:5
b cp 21:26
c Sal 69:26
d Is 43:14
y 44:6,24
e Pr 23:32
f Sal 17:15
1 Co 13:12
1 Jn 3:2
g Sal 39:11
h cp 2:11
i Lm 1:12-13
j Is 24:18
k Sal 37:35
l cp 18:11
m Sal 21:9
n cp 16:18-19
o Sal 73:20
Is 29:7-8

CAPÍTULO 21

Y respondió Job, y dijo:
2 Oíd atentamente mis palabras, y sea esto vuestra consolación.
3 Soportadme, y yo hablaré; y después que hubiere hablado, escarneced.
4 ¿Acaso me quejo yo ante algún hombre? ¿Y por qué no se ha de angustiar mi espíritu?
5 Miradme, y espantaos, y ᵇponed la mano sobre la boca.
6 Aun cuando me acuerdo, me asombro, y el estremecimiento se apodera de mi carne.
7 ᵈ¿Por qué viven los impíos, y se envejecen, y aun crecen en riquezas?
8 Su simiente es establecida delante de ellos; y sus renuevos delante de sus ojos.
9 Sus casas *están* libres de temor, y no hay azote de Dios sobre ellos.
10 Sus toros engendran, y no fallan; paren sus vacas, y no malogran su cría.
11 Sus pequeños salen como manada, y sus hijos van danzando.
12 Toman el pandero y el arpa, y se regocijan al son de ᵍla flauta.
13 Pasan sus días en prosperidad, y en un momento descienden a la sepultura.
14 Dicen, pues, a Dios: Apártate de nosotros, pues no queremos el conocimiento de tus caminos.
15 ʰ¿Quién es el Todopoderoso, para que le sirvamos? ¿Y de qué nos aprovechará que oremos a Él?
16 He aquí que su bien no está en manos de ellos: ⁱEl consejo de los impíos lejos esté de mí.
17 ᵏ¡Oh cuántas veces la lámpara de los impíos es apagada, y viene sobre ellos su quebranto, y Dios en su ira les reparte dolores!
18 ˡSerán como la paja delante del viento, y como el tamo que arrebata el torbellino.
19 Dios ᵐguardará la iniquidad para los hijos de ellos: Él le dará su pago, para que conozca.
20 Verán sus ojos su quebranto, y ᵒbeberá de la ira del Todopoderoso.
21 Porque ¿qué deleite tendrá él de su casa después de sí, siendo cortado el número de sus meses?
22 ᵃ¿Enseñará alguien a Dios sabiduría, juzgando Él a los que están encumbrados?
23 Éste morirá en el vigor de su hermosura, todo quieto y pacífico.
24 Sus colodras están llenas de leche, y sus huesos serán regados de tuétano.
25 Y este otro morirá en amargura de ánimo, y sin haber comido jamás con gusto.
26 Igualmente ᶜyacerán ellos en el polvo, y gusanos los cubrirán.
27 He aquí, yo conozco vuestros pensamientos, y las imaginaciones que contra mí forjáis.
28 Porque decís: ᵉ¿Qué es de la casa del príncipe, y qué de la tienda de las moradas de los impíos?
29 ¿No habéis preguntado a los que pasan por los caminos, y no habéis conocido sus señalamientos,
30 ᶠque el malo es reservado para el día de la destrucción? Presentados serán en el día de la ira.
31 ¿Quién le denunciará en su cara su camino? Y de lo que él hizo, ¿quién le dará el pago?
32 Porque será llevado al sepulcro, y en su tumba permanecerá.
33 Los terrones del valle le serán dulces; y tras de él será llevado todo hombre, y antes de él han ido innumerables.
34 ¿Cómo, pues, me consoláis en vano, viniendo a parar vuestras respuestas en falacia?

CAPÍTULO 22

Y respondió Elifaz temanita, y dijo:
2 ʲ¿Traerá el hombre provecho a Dios, podrá el sabio ser de provecho a sí mismo?
3 ¿Tiene contentamiento el Omnipotente en que tú seas justo, gana algo con que tú hagas perfectos tus caminos?
4 ¿Te castigará acaso, o vendrá contigo a juicio porque te teme?
5 ¿Acaso no *es* grande tu maldad, y tus iniquidades sin fin?
6 Porque sin causa ⁿtomaste prenda de tus hermanos, y despojaste de sus ropas al desnudo.
7 No diste de beber agua al cansado, y ᵖdetuviste el pan al hambriento.

---

a Is 40:13
b Jue 18:19
c cp 20:11
d cp 12:6
e cp 20:67
f 2 Pe 2:9
g cp 30:31
h Mal 3:14
i cp 22:18
j cp 35:7
k cp 18:6
l Sal 1:4
m Éx 20:5
n Éx 22:26
Dt 24:10
Ez 18:12
o Sal 60:3
p Mt 25:42

Me probará y saldré como oro

8 Pero el hombre pudiente tuvo la tierra; y habitó en ella el distinguido.

9 A las viudas ªenviaste vacías, y los brazos de los huérfanos fueron quebrados.

10 Por tanto ᵇhay lazos alrededor de ti, y te turba espanto repentino;

11 o tinieblas, para que no veas; y ᶜabundancia de agua te cubre.

12 ¿No está Dios en la altura de los cielos? Mira lo encumbrado de las estrellas, cuán elevadas están.

13 ¿Y dirás tú: ᶠQué sabe Dios? ¿Puede Él juzgar a través de la densa oscuridad?

14 Las densas nubes le cubren, y no ve; y por ᵍel circuito del cielo se pasea.

15 ¿Quieres tú guardar la senda antigua, que pisaron los hombres perversos?

16 Los cuales fueron cortados antes de tiempo, cuyo fundamento fue como un río derramado:

17 Que decían a Dios: Apártate de nosotros. ¿Y qué les había hecho el Omnipotente?

18 Les había colmado de bienes sus casas. Lejos sea de mí el consejo de los impíos.

19 ᵏVerán los justos y se gozarán; y el inocente los escarnecerá, diciendo:

20 Ciertamente nuestra sustancia no ha sido cortada, mas el fuego ha consumido lo que quedó de ellos.

21 Amístate ahora con Él, y tendrás paz; y por ello te vendrá bien.

22 Toma ahora la ley de su boca, y pon sus palabras en tu corazón.

23 Si te volvieres al Omnipotente, serás edificado; alejarás de tu tienda la aflicción;

24 y tendrás más oro que tierra, y como piedras de arroyos oro de Ofir;

25 y el Todopoderoso será tu defensa, y tendrás plata en abundancia.

26 Porque entonces ᵒte deleitarás en el Omnipotente, y alzarás a Dios tu rostro.

27 ᵖOrarás a Él, y Él te oirá; y tú pagarás tus votos.

28 Determinarás asimismo una cosa, y te será firme; y sobre tus caminos resplandecerá la luz.

29 Cuando fueren abatidos, dirás tú: Ensalzamiento habrá; y Dios salvará al humilde de ojos.

a	Lc 1:53
b	cp 18:8-10
c	Sal 69:1-2
d	cp 13:3
y	16:21
e	cp 13:18
f	Sal 10:11
	59:7 73:11
y	94:7
g	Is 40:22
h	cp 9:34
y	13:21
i	Sal 139:1-3
j	Sal 17:3
	Stg 1:12
k	Sal 58:10
l	Sal 44:18
m	Sal 115:3
n	Sal 22:14
o	cp 27:10
	Is 58:14
p	Sal 50:14
	Is 58:9
q	Dt 19:14

30 Él libertará la isla del inocente; y por la pureza de tus manos será librada.

CAPÍTULO 23

Y respondió Job, y dijo:
2 Hoy también hablaré con amargura; porque es más grave mi llaga que mi gemido.

3 ᵈ¡Quién me diera el saber dónde hallar a Dios! Yo iría hasta su silla.

4 ᵉExpondría mi causa delante de Él, y llenaría mi boca de argumentos.

5 Yo sabría las palabras que Él me respondiera, y entendería lo que Él me dijera.

6 ¿Contendería conmigo con *su* ʰgran fuerza? No; antes Él pondría *fuerza* en mí.

7 Allí el justo razonaría con Él, y yo sería liberado para siempre de mi Juez.

8 He aquí yo iré al oriente, y no lo hallaré; y al occidente, y no lo percibiré:

9 Si al norte Él actuare, yo no lo veré; al sur se esconderá, y no lo veré.

10 Mas ⁱÉl conoce el camino donde voy; ʲme probará, y saldré como oro.

11 ˡMis pies han seguido sus pisadas; guardé su camino, y no me aparté.

12 Del mandamiento de sus labios nunca me separé; guardé las palabras de su boca más que mi comida.

13 Pero si Él determina una cosa, ¿quién le hará desistir? ᵐLo que su alma desea, eso hace.

14 Él, pues, acabará lo que ha determinado de mí; y muchas *cosas* como éstas *hay* en Él.

15 Por lo cual yo me espanto en su presencia; cuando lo considero, tengo miedo de Él.

16 Dios ha ⁿenervado mi corazón, y me ha turbado el Omnipotente.

17 ¿Por qué no fui yo cortado delante de las tinieblas, *ni* cubrió con oscuridad mi rostro?

CAPÍTULO 24

Puesto que no son ocultos los tiempos al Todopoderoso, ¿Por qué los que le conocen no ven sus días?

2 Traspasan ᑫlos términos, roban los ganados y se alimentan de ellos.

JOB 25-26

¿Cómo se justificará el hombre?

3 Se llevan el asno de los huérfanos; y toman en prenda el buey de la viuda.

4 ªHacen apartar del camino a los menesterosos; y todos los pobres de la tierra se esconden.

5 He aquí, como asnos monteses en el desierto, salen a su obra madrugando para robar; el desierto es mantenimiento de sus hijos.

6 En el campo siegan su pasto, y los impíos vendimian la viña ajena.

7 Al desnudo hacen dormir sin ropa, y que en el frío no tenga cobertura.

8 Con las avenidas de los montes se mojan, y ᶜabrazan las peñas por falta de abrigo.

9 Quitan el pecho a los huérfanos, y de sobre el pobre toman la prenda.

10 Al desnudo hacen andar sin ropa, y al hambriento quitan las gavillas.

11 Dentro de sus paredes exprimen el aceite, pisan los lagares, y mueren de sed.

12 De la ciudad gimen los hombres, y claman las almas de los heridos de muerte; mas Dios no puso estorbo.

13 Ellos son los que, ᶠrebeldes a la luz, nunca conocieron sus caminos, ni estuvieron en sus sendas.

14 A la luz se levanta el matador, mata al pobre y al necesitado, y de noche es como un ladrón.

15 El ojo del adúltero ʰaguarda al anochecer, diciendo: No me verá nadie; y esconde su rostro.

16 En las tinieblas minan las casas, que de día para sí señalaron; no conocen la luz.

17 Porque ⁱla mañana es para todos ellos como sombra de muerte; si son conocidos, terrores de sombra de muerte los toman.

18 ʲSon ligeros ᵏcomo la superficie de las aguas; su porción es maldita en la tierra; no andarán por el camino de las viñas.

19 La sequía y el calor consumen las aguas de la nieve; y el sepulcro a los pecadores.

20 El seno materno se olvidará de ellos; los gusanos los disfrutarán; nunca más serán recordados, y la iniquidad será quebrantada como un árbol.

21 Afligió a la mujer estéril que no da a luz, y a la viuda no hizo bien.

a Am 2:7
y 5:12

b Sal 37:10

c Lm 4:5

d cp 31:2
Is 24:21

e cp 4:17-19
9:2 y 15:14

f Sal 22:14
Jn 3:19-20

g Sal 22:6

h Pr 7:9

i Am 5:8

j cp 9:26
k Os 10:7
l Is 14:9
y 26:14-19

m Sal 139:8
n cp 28:22
y 31:12

o cp 9:8

p Pr 30:4

22 A los fuertes arrastró con su poder: se levanta, y ninguno está seguro de la vida.

23 Les da seguridad en que se apoyen, y sus ojos están sobre sus caminos.

24 Son exaltados ᵇpor un poco de tiempo, mas desaparecen y son abatidos como todos *los demás*; serán encerrados y cortados como cabezas de espigas.

25 Y si no, ¿quién me desmentirá ahora, o reducirá a nada mis palabras?

CAPÍTULO 25

Y respondió Bildad suhita, y dijo:
2 El señorío y el temor *están* con Él: Él hace paz ᵈen sus alturas.

3 ¿Tienen sus ejércitos número? ¿Sobre quién no está su luz?

4 ᵉ¿Cómo, pues, se justificará el hombre para con Dios? ¿O cómo puede ser limpio el que nace de mujer?

5 He aquí que ni aun la misma luna será resplandeciente, ni las estrellas son limpias delante de sus ojos.

6 ¿Cuánto menos el hombre que *es* un ᵍgusano, y el hijo de hombre, que *es* un gusano?

CAPÍTULO 26

Y respondió Job, y dijo:
2 ¿En qué ayudaste al que no tiene fuerza? ¿*Cómo* has amparado al brazo sin fuerza?

3 ¿En qué aconsejaste al que no tiene entendimiento, y *qué* plenitud de sabiduría has dado a conocer?

4 ¿A quién has anunciado palabras, y de quién es el espíritu que de ti viene?

5 ˡCosas inanimadas son formadas debajo de las aguas, y los habitantes de ellas.

6 ᵐEl infierno está descubierto delante de Él, y ⁿla destrucción no tiene cobertura.

7 ᵒÉl extiende el norte sobre el vacío, cuelga la tierra sobre la nada.

8 ᵖAta las aguas en sus densas nubes, y las nubes no se rompen debajo de ellas.

9 Él cubre la faz de su trono, y sobre él extiende su nube.

La sabiduría, mejor que piedras preciosas

10 ªÉl cercó con término la superficie de las aguas, hasta el fin de la luz y las tinieblas.

11 ᵇLas columnas del cielo tiemblan, y se espantan a su reprensión.

12 Él divide el mar con su poder, y con su entendimiento hiere su arrogancia.

13 ᵉSu Espíritu adornó los cielos; su mano creó la serpiente tortuosa.

14 He aquí, estas cosas son sólo parte de sus caminos: ¡Mas cuán poco hemos oído de Él! Pero el estruendo de su poder, ¿quién lo puede comprender?

CAPÍTULO 27

Y reasumió Job su discurso y dijo:
2 Vive Dios, el cual ⁱha quitado mi derecho, y el Omnipotente, que amargó el alma mía;

3 Que todo el tiempo que mi alma estuviere en mí, y hubiere ᵏhálito de Dios en mis narices.

4 mis labios no hablarán iniquidad, ni mi lengua pronunciará engaño.

5 Nunca tal acontezca que yo os justifique; ⁿhasta que muera, no quitaré de mí mi integridad.

6 Mi justicia tengo asida, y no la cederé: ᵒNo me reprochará mi corazón en el tiempo de mi vida.

7 Sea como el impío mi enemigo, y como el inicuo mi adversario.

8 Porque ᵖ¿cuál es la esperanza del impío, por mucho que hubiere robado, ᑫcuando Dios requiera su alma?

9 ʳ¿Oirá Dios su clamor cuando la tribulación sobre él viniere?

10 ¿Se deleitará en el Omnipotente? ¿Invocará a Dios en todo tiempo?

11 Yo os enseñaré por la mano de Dios; no esconderé lo que hay para con el Omnipotente.

12 He aquí que todos vosotros lo habéis visto: ¿Por qué, pues, os hacéis enteramente vanos?

13 Ésta es para con Dios ˢla porción del impío, y la herencia que los violentos han de recibir del Omnipotente.

14 Si sus hijos fueren multiplicados, ᵗlo serán para la espada, y sus pequeños no se saciarán de pan;

15 Los que de él quedaren, en muerte serán sepultados; y no llorarán sus viudas.

16 ᶜAunque amontone plata como polvo, y prepare ropa como el barro;

17 él la preparará, pero ᵈel justo se vestirá *de ella*, y el inocente repartirá la plata.

18 Edificó su casa como la polilla, y ᶠcomo la cabaña que hizo el guarda.

19 El rico se acostará, mas ᵍno será recogido; abrirá sus ojos, y ya no *será*.

20 Se apoderarán de él ʰterrores como aguas; torbellino lo arrebatará de noche.

21 El viento solano lo levanta, y se va; y tempestad lo arrebatará de su lugar.

22 *Dios*, pues, ʲdescargará sobre él, y no perdonará; hará él por huir de su mano.

23 ˡBatirán sus manos sobre él, y desde su lugar ᵐle silbarán.

CAPÍTULO 28

Ciertamente la plata tiene sus veneros, y el oro lugar donde se refina.

2 El hierro se saca del polvo, y de la piedra es fundido el bronce.

3 A las tinieblas puso término, y examina todo a la perfección, las piedras que hay en la oscuridad y en la sombra de muerte.

4 Brota el torrente de junto al morador, aguas que el pie había olvidado; se secan luego, se van del hombre.

5 De la tierra nace el pan, y debajo de ella está como convertida en fuego.

6 Lugar hay cuyas piedras son zafiro, y sus polvos de oro.

7 *Hay* senda que el ave no conoce, ni ojo de buitre ha visto;

8 los cachorros de león no la han pisado, ni el fiero león pasó por ella.

9 En el pedernal puso su mano, y trastornó de raíz los montes.

10 De los peñascos cortó ríos, y sus ojos vieron todo lo preciado.

11 Detuvo los ríos en su nacimiento, e hizo salir a luz lo escondido.

12 Mas ᵃ¿dónde se hallará la sabiduría? ¿Y dónde está el lugar de la inteligencia?
13 No conoce su valor el hombre, ni se halla en la tierra de los vivientes.
14 El abismo dice: No está en mí: Y el mar dijo: Ni conmigo.
15 ᵉNo se dará por oro, ni su precio será a peso de plata.
16 No puede ser apreciada ᵍcon oro de Ofir, ni con ónice precioso, ni con zafiro.
17 El oro no se le igualará, ni el diamante; ni se cambiará por joyas de oro fino.
18 No se hará mención de coral ni de perlas: La sabiduría es mejor que las ʲpiedras preciosas.
19 No se igualará con ella topacio de Etiopía; no se podrá apreciar con oro fino.
20 ¿De dónde, pues, vendrá la sabiduría? ¿Y dónde está el lugar de la inteligencia?
21 Porque encubierta está a los ojos de todo viviente, y a toda ave del cielo es oculta.
22 ᵐLa destrucción y la muerte dijeron: Su fama hemos oído con nuestros oídos.
23 ⁿDios entiende el camino de ella, y Él conoce su lugar.
24 Porque Él mira hasta los confines de la tierra, y ve debajo de todo el cielo.
25 Al ᑫdar peso al viento, y poner las aguas por medida;
26 Cuando Él hizo ley para la lluvia, y camino para el relámpago de los truenos.
27 Entonces Él la vio, y la manifestó. La preparó y también la escudriñó.
28 Y dijo al hombre: He aquí que ᵘel temor del Señor es la sabiduría, y el ᵛapartarse del mal la inteligencia.

CAPÍTULO 29

Volvió Job a tomar su discurso, y dijo:
2 ¡Quién me volviese como en los meses pasados, como en los días en que Dios me guardaba;
3 ᵃCuando su lámpara resplandecía sobre mi cabeza, y por su luz yo caminaba *a través de* la oscuridad;

a	Ec 7:24
b	cp 15:8
	Sal 25:14
c	cp 1:19
d	Gn 49:11
e	Pr 3:14
	y 8:11-19
f	Sal 81:16
g	Sal 45:9
	1 Re 9:28
h	cp 5:4
i	cp 21:5
j	Pr 3:16 8:11
	20:15 y 31:10
k	Sal 137:6
l	Sal 72:12
m	cp 26:9
	Pr 15:11
n	Pr 8:22-31
o	Sal 132:9
	Is 59:17
	y 61:10
p	Nm 10:31
q	Sal 135:7
r	Sal 3:7
s	Sal 30:6-7
t	Gn 28:17
u	Dt 4:6
	Ec 12:15
v	Pr 3:7
	y 16:6
x	cp 14:9
y	Gn 49:24
z	Dt 32:2
a	cp 18:6
b	Pr 16:15
	Zac 10:1

Job retoma su discurso

4 Como fui yo en los días de mi juventud, cuando ᵇel secreto de Dios estaba en mi tienda;
5 Cuando el Omnipotente aún estaba conmigo, y ᶜmis hijos alrededor de mí;
6 Cuando ᵈlavaba yo mis pasos con leche, y ᶠla roca me derramaba ríos de aceite!
7 Cuando yo ʰsalía a la puerta a juicio, *cuando* en la plaza preparaba mi asiento;
8 Los jóvenes me veían, y se escondían; y los ancianos se levantaban y permanecían en pie;
9 Los príncipes detenían sus palabras, ⁱponían la mano sobre su boca;
10 Los principales guardaban silencio, y ᵏsu lengua se pegaba a su paladar:
11 Cuando los oídos que me oían, me llamaban bienaventurado, y los ojos que me veían, me daban testimonio:
12 Porque yo ˡlibraba al pobre que clamaba, y al huérfano que carecía de ayudador.
13 La bendición del que estaba a punto de perecer venía sobre mí; y al corazón de la viuda daba alegría.
14 ᵒMe vestía de justicia, y ella me cubría; como manto y diadema era mi justicia.
15 Yo era ᵖojos al ciego, y pies al cojo.
16 A los menesterosos era padre; y de la causa que no entendía, me informaba con diligencia;
17 ʳQuebraba los colmillos del inicuo, y de sus dientes hacía soltar la presa.
18 Y decía yo: ˢEn mi nido moriré, y ᵗcomo la arena multiplicaré *mis* días.
19 Mi raíz se extendía junto a las aguas, y ˣen mis ramas permanecía el rocío.
20 Mi honra se renovaba en mí, y ʸmi arco se corroboraba en mi mano.
21 Me oían, y esperaban; y callaban a mi consejo.
22 Tras mi palabra no replicaban, y mi razón ᶻdestilaba sobre ellos.
23 Y me esperaban como a la lluvia, y abrían su boca como a ᵇla lluvia tardía.
24 Si me reía con ellos, no lo creían; y no abatían la luz de mi rostro.

Job hace pacto con sus ojos

25 Calificaba yo el camino de ellos, y me sentaba en cabecera; y moraba como rey en el ejército, como el que consuela a los que lloran.

CAPÍTULO 30

Pero ahora se ríen de mí los más jóvenes que yo; a ªcuyos padres yo desdeñara poner con los perros de mi ganado.

2 ¿Y de qué me *serviría* la fuerza de sus manos, si el vigor de ellos ha perecido?

3 Por causa de la pobreza y del hambre andaban solos; huían a la soledad, a lugar tenebroso, asolado y desierto.

4 Recogían malvas entre los arbustos, y raíces de enebro para calentarse.

5 Eran arrojados de entre *las gentes*, les gritaban como tras el ladrón.

6 Habitaban en las barrancas de los arroyos, en las cavernas de la tierra, y en las rocas.

7 ᵈBramaban entre las matas, y se reunían debajo de los espinos.

8 Eran hijos de viles, hijos sin nombre, más bajos que la misma tierra.

9 Y ᶠahora yo soy su canción, y he venido a ser su refrán.

10 Me abominan, se alejan de mí, y aun de mi rostro no detienen su saliva.

11 Porque Dios desató mi cuerda, y me afligió, por eso se desenfrenaron delante de mi rostro.

12 A la mano derecha se levantaron los jóvenes; Empujaron mis pies, y ⁱprepararon contra mí los caminos de su destrucción.

13 Mi senda desbarataron, se aprovecharon de mi quebrantamiento, contra los cuales no hubo ayudador.

14 Vinieron como por portillo ancho, y en mi calamidad, se volvieron contra mí.

15 Terrores se han vuelto sobre mí; combatieron como el viento mi alma y mi prosperidad pasó ˡcomo nube.

16 Y ahora mi alma está ⁿderramada en mí; días de aflicción se han apoderado de mí.

17 De noche taladra sobre mí mis huesos, y los que me roen no reposan.

18 Con gran fuerza es desfigurada mi vestidura; me ciñe como el cuello de mi túnica.

19 Me derribó en el lodo, y soy semejante al polvo y la ceniza.

20 Clamo a ti, y no me oyes; me presento, y no me atiendes.

21 Te has vuelto cruel para mí; con el poder de tu mano me persigues.

22 Me levantaste, me hiciste cabalgar sobre el viento, y disolviste mi sustancia.

23 Pues yo sé que me llevarás a la muerte; y a la casa determinada a todo viviente.

24 Sin embargo Él no extenderá *su* mano contra el sepulcro; aunque clamen cuando Él los quebrante.

25 ᵇ¿No lloré yo al afligido? ¿No se entristeció mi alma sobre el menesteroso?

26 ᶜCuando esperaba yo el bien, entonces vino el mal; y cuando esperaba la luz, vino la oscuridad.

27 Mis entrañas hierven, y no reposan; días de aflicción me han sobrevenido.

28 ᵉDenegrido ando, y no por el sol; me he levantado en la congregación y he clamado.

29 He venido a ser hermano de los dragones, y compañero de los búhos.

30 ᵍMi piel está denegrida sobre mí, y mis huesos se han quemado del calor.

31 Y mi ʰarpa se ha vuelto en luto, y mi flauta en voz de lamentadores.

CAPÍTULO 31

Hice ʲpacto con mis ojos: ¿Cómo, pues, había yo de pensar en virgen?

2 Porque ᵏ¿qué galardón me daría de arriba Dios, y qué heredad el Omnipotente desde las alturas?

3 ¿No hay quebrantamiento para el impío, y calamidad inesperada para los que obran iniquidad?

4 ᵐ¿No ve Él mis caminos, y cuenta todos mis pasos?

5 Si anduve con mentira, y si mi pie se apresuró a engaño,

6 sea yo pesado en balanzas de justicia, y que Dios conozca mi integridad.

7 Si mis pasos se apartaron del camino, y ªsi mi corazón se fue tras mis ojos, y si algo sucio se apegó a mis manos,

8 ᶜsiembre yo y otro coma, y sean desarraigados mis renuevos.

9 Si mi corazón fue engañado acerca de mujer, y si estuve acechando a la puerta de mi prójimo;

10 Muela para otro mi esposa, y ᶠsobre ella otros se encorven.

11 Porque es maldad e ᵍiniquidad, que han de castigar los jueces.

12 Porque es fuego que devoraría hasta la destrucción, y desarraigaría toda mi hacienda.

13 Si tuve en poco el derecho de mi siervo y de mi sierva, cuando ellos contendían conmigo,

14 ¿qué haré yo ⁱcuando Dios se levante? Y cuando Él me pida cuentas, ᵏ¿qué le responderé yo?

15 ˡEl que en el vientre me hizo a mí, ¿no lo hizo a él? ¿Y no nos formó uno mismo en la matriz?

16 Si estorbé el contento de los pobres, e hice desfallecer los ojos de la viuda;

17 Y si comí mi bocado solo, y no comió de él el huérfano

18 (Porque desde mi juventud creció conmigo como con un padre, y desde el vientre de mi madre fui guía de la viuda);

19 Si he visto a alguno perecer por falta de ropa, o al menesteroso sin abrigo;

20 si no ᵐme bendijeron sus lomos, y del vellón de mis ovejas no se calentaron;

21 ⁿsi alcé contra el huérfano mi mano, porque vi que me ayudarían en la puerta;

22 mi hombro se caiga de mi espalda, y mi brazo sea quebrado de mi antebrazo.

23 Porque ᵖtemí el castigo de Dios, contra cuya alteza yo no tendría poder.

24 ᵠSi puse en el oro mi esperanza, y dije al oro: Mi confianza eres tú;

25 ˢsi me alegré de que mi riqueza *era* grande, y de que mi mano había adquirido mucho;

26 ᵘSi he mirado al sol cuando resplandecía, y a la luna cuando iba hermosa,

a ver 1
Nm 15:39
Ec 12:1
Ez 6:9
Mt 5:29

b ver 11
c Lv 26:16
d Pr 17:5

e Mt 5:44
f 2 Sm 12:11
g ver 28
Gn 38:24

h Gn 19:2-3
Mt 25:35

i Sal 44:21
j Pr 28:13
k cp 42:4
l cp 34:19
Pr 14:31 22:2
Mal 2:10

m Dt 24:13

n cp 22:9
o Gn 3:18

p Is 13:6
Jl 1:15

q Mr 10:24
r cp 33:9
s Sal 62:10
t Gn 22:21
u Dt 4:19
Ez 8:16

27 y mi corazón se engañó en secreto, y mi boca besó mi mano.

28 Esto también sería ᵇmaldad *que debiera ser castigada por* el juez; porque habría negado al Dios soberano.

29 ᵈSi me alegré en el quebrantamiento del que me aborrecía, y me regocijé cuando le halló el mal

30 ᵉ(Ni aun permití que mi lengua pecase, pidiendo maldición para su alma);

31 Si los siervos de mi morada no decían: ¡Oh que nos diese de su carne, pues no estamos saciados!

32 ʰEl extranjero no pasaba afuera la noche; mis puertas abría al caminante.

33 ¿Acaso encubrí como Adán mis transgresiones, ʲescondiendo en mi seno mi iniquidad,

34 porque tuve temor de la gran multitud, y el menosprecio de las familias me atemorizó, y callé, y no salí de mi puerta?

35 ¡Quién me diera alguien que me oyese! He aquí mi deseo *es que* el Omnipotente me respondiese, y que mi adversario hubiese escrito un libro.

36 Ciertamente yo lo llevaría sobre mi hombro, y me lo ceñiría *como* una corona.

37 Yo le contaría el número de mis pasos, y como príncipe me presentaría ante Él.

38 Si mi tierra clama contra mí, y lloran todos sus surcos;

39 si comí su sustancia sin dinero, o causé que sus dueños perdieran su vida;

40 ᵒen lugar de trigo me nazcan abrojos, y espinas en lugar de cebada. Terminan las palabras de Job.

CAPÍTULO 32

Y cesaron estos tres varones de responder a Job, por cuanto él era ʳjusto a sus propios ojos.

2 Entonces Eliú, hijo de Baraquel, ᵗbuzita, de la familia de Ram, se encendió en ira contra Job, se encendió en ira por cuanto él se justificaba más a sí mismo que a Dios.

Dios redime el alma del que confiesa

3 Se encendió asimismo en ira contra sus tres amigos, porque no hallaban qué responder, *aunque* habían condenado a Job.
4 Y Eliú había esperado a que Job terminase de hablar, porque ellos eran más viejos que él.
5 Pero viendo Eliú que no había respuesta en la boca de aquellos tres varones, se encendió su ira.
6 Y respondió Eliú, hijo de Baraquel, buzita, y dijo: ªYo *soy* joven, y vosotros *sois* ancianos; por tanto, he tenido miedo, y he temido declararos mi opinión.
7 Yo decía: Los días hablarán, y la muchedumbre de años declarará sabiduría.
8 Ciertamente ᶜespíritu hay en el hombre, y ᵈla inspiración del Omnipotente le da entendimiento.
9 ᵉNo los grandes son los sabios, ni los viejos entienden el derecho.
10 Por tanto, yo dije: Escuchadme; también yo declararé lo que pienso.
11 He aquí yo he esperado a vuestras razones, he escuchado vuestros argumentos, en tanto que buscabais palabras.
12 Os he prestado atención, y he aquí que no hay de vosotros quien redarguya a Job, y responda a sus razones.
13 Para que no digáis: Nosotros hemos hallado sabiduría: Lo derriba Dios, no el hombre.
14 Ahora bien, Job no dirigió contra mí sus palabras, ni yo le responderé con vuestras razones.
15 Se espantaron, no respondieron más; se les fueron los razonamientos.
16 Yo, pues, he esperado, porque no hablaban, antes pararon, y no respondieron más.
17 Por eso yo también responderé mi parte, también yo declararé mi juicio.
18 Porque lleno estoy de palabras, y el espíritu dentro de mí me constriñe.
19 De cierto mi vientre está como el vino que no tiene respiradero, y se rompe como odres nuevos.
20 Hablaré, pues, y respiraré; abriré mis labios, y responderé.
21 No haré ahora acepción de personas, ni usaré con hombre alguno de títulos lisonjeros.
22 Porque no sé hablar lisonjas; de otra manera en breve mi Hacedor me consumiría.

JOB 33

CAPÍTULO 33

Por tanto, Job, oye ahora mis razones, y escucha todas mis palabras.
2 He aquí yo abriré ahora mi boca, y mi lengua hablará en mi garganta.
3 Mis razones declararán la rectitud de mi corazón, y mis labios proferirán sabiduría pura.
4 ᵇEl Espíritu de Dios me hizo, y la inspiración del Omnipotente me dio vida.
5 Si pudieres, respóndeme: Ordena tus palabras delante de mí, ponte en pie.
6 Heme aquí a mí en lugar de Dios, conforme a tu dicho: Yo también del barro soy formado.
7 He aquí que mi terror no te espantará, ni mi mano se agravará sobre ti.
8 De cierto tú dijiste a oídos míos, y yo oí la voz de tus palabras que decían:
9 ᶠYo soy limpio y sin defecto; y soy inocente, y no hay maldad en mí.
10 He aquí que Él buscó causas contra mí, y ᵍme tiene por su enemigo;
11 ʰPuso mis pies en el cepo, y ⁱvigiló todas mis sendas.
12 He aquí en esto no has hablado justamente: Yo te responderé que mayor es Dios que el hombre.
13 ¿Por qué tomaste ʲpleito contra Él? Porque Él no da cuenta de ninguna de sus razones.
14 Sin embargo, en una o en dos maneras habla Dios; mas el hombre no entiende.
15 Por ᵏsueño de visión nocturna, cuando el sueño cae sobre los hombres, cuando se adormecen sobre el lecho;
16 ˡEntonces revela al oído de los hombres, y les señala su consejo;
17 Para quitar al hombre de su obra, y apartar del varón la soberbia.
18 Él libra su alma de la fosa, y su vida de perecer a espada.
19 También sobre su cama es castigado con dolor fuerte en todos sus huesos,

---

a cp 15:10

b Gn 2:7

c cp 33:4
d cp 35:11
Stg 1:5
e Mt 11:25
1 Co 1:26-27

f cp 9:17-21

g cp 13:24

h cp 13:27
i cp 14:16
y 31:4

j Is 45:9

k cp 4:13
Nm 12:6

l cp 36:10-15
Nm 12:6

20 que ᵃle hace que su vida aborrezca el pan, y su alma la comida suave.
21 Su carne desfallece hasta no verse, y sus huesos, que antes no se veían, aparecen.
22 Y su alma se acerca al sepulcro, y su vida a los que causan la muerte.
23 Si hubiese con él un elocuente mediador, uno entre mil, que anuncie al hombre su deber;
24 Que le diga que Dios tuvo de él misericordia, que lo libró de descender al sepulcro, que halló redención:
25 Su carne será más tierna que la del niño, volverá a los días de su juventud.
26 Orará a Dios, y Éste se agradará de él, y él verá su faz con júbilo. Porque Él restituirá al hombre su justicia.
27 Él mira sobre los hombres; y al que dijere: ᶠPequé, y pervertí lo recto, y no me ha aproveachado;
28 Él ᵍredimirá su alma, para que no pase al sepulcro, y su vida se verá en luz.
29 He aquí, todas estas cosas hace Dios, dos y tres veces con el hombre;
30 Para apartar su alma del sepulcro, y para iluminarlo con la luz de los vivientes.
31 Escucha, Job, y óyeme; calla, y yo hablaré.
32 Si tienes algo qué decir, respóndeme; habla, porque yo te quiero justificar.
33 Y si no, óyeme tú a mí; calla, y te enseñaré sabiduría.

CAPÍTULO 34

Además respondió Eliú, y dijo:
2 Oíd, sabios, mis palabras; y vosotros, doctos, estadme atentos.
3 Porque el oído prueba las palabras, como el paladar gusta la comida.
4 Escojamos para nosotros el juicio, conozcamos entre nosotros cuál sea lo bueno;
5 Porque Job ha dicho: ˡYo soy justo, y ᵐDios me ha quitado mi derecho.
6 ¿He de mentir yo contra mi razón? Mi herida es incurable sin haber yo transgredido.

a Sal 107:18
b cp 15:16

c cp 35:3
Mal 3:14

d Sal 62:12

e cp 8:3

f 2 Sm 12:13
1 Jn 1:9
g Is 38:17

h Éx 22:28

i Dt 10:17
2 Cr 19:7

j 2 Cr 16:9

k Sal 139:12

l cp 33:9
m cp 27:2

7 ¿Qué hombre hay como Job, ᵃque bebe el escarnio como agua?
8 Y va en compañía con los que obran iniquidad, y anda con los hombres malignos.
9 Porque ha dicho: ᶜDe nada sirve al hombre deleitarse a sí mismo en Dios.
10 Por tanto, varones entendidos, oídme; lejos esté de Dios la impiedad, y del Omnipotente la iniquidad.
11 Porque ᵈÉl pagará al hombre según su obra, y Él le hará hallar conforme a su camino.
12 Sí, por cierto, Dios no hará injusticia, y el Omnipotente ᵉno pervertirá el derecho.
13 ¿Quién le dio autoridad sobre la tierra? ¿O quién puso en orden todo el mundo?
14 Si Él pusiese sobre el hombre su corazón, y recogiese a sí su espíritu y su aliento,
15 toda carne perecería juntamente, y el hombre se tornaría en polvo.
16 Si tienes entendimiento, oye esto: Escucha la voz de mis palabras.
17 ¿Gobernará el que aborrece la justicia? ¿Y condenarás tú al que es tan justo?
18 ʰ¿Se dirá al rey: Perverso; y a los príncipes: Impíos?
19 ¿Cuánto menos a Aquél que ⁱno hace acepción de personas de príncipes, ni respeta al rico más que al pobre? Porque todos son obra de sus manos.
20 En un momento morirán, y a medianoche se alborotarán los pueblos, y pasarán, y sin mano será quitado el poderoso.
21 Porque ʲsus ojos están sobre los caminos del hombre, y ve todos sus pasos.
22 ᵏNo hay tinieblas ni sombra de muerte donde puedan esconderse los que hacen iniquidad.
23 Porque Él no cargará al hombre más de lo justo, para que entre con Dios a juicio.
24 Él quebrantará a los fuertes sin indagación, y pondrá a otros en lugar de ellos.
25 Por tanto, Él conoce sus obras, y las trastorna en la noche para que sean destruidos.

Dios da canciones en la noche

26 Como a malvados los herirá en lugar donde sean vistos:
27 Porque se apartaron de Él, y no consideraron ninguno de sus caminos;
28 haciendo venir delante de Él el clamor del pobre, y que oiga el clamor de los necesitados.
29 Si Él diere reposo, ¿quién inquietará? Si escondiere el rostro, ¿quién lo mirará? Esto sobre una nación, y lo mismo sobre un hombre;
30 Haciendo que no reine el hombre hipócrita para vejaciones del pueblo.
31 De seguro conviene que se diga a Dios: He llevado ya *castigo*, no ofenderé *ya más*.
32 ^bEnséñame tú lo que yo no veo; Si hice mal, no lo haré más.
33 ¿Ha de ser eso según tu mente? Él te retribuirá, ora rehúses, ora aceptes, y no yo; por tanto, habla lo que sabes.
34 Que los hombres de entendimiento me hablen, y el hombre sabio me oirá:
35 Job habla sin entendimiento, y sus palabras no son con sabiduría.
36 Deseo yo que Job sea probado ampliamente, a causa de sus respuestas por los hombres inicuos.
37 Porque a su pecado añadió rebelión; bate *las manos* entre nosotros, y contra Dios multiplica sus palabras.

CAPÍTULO 35

Y procediendo Eliú en su razonamiento, dijo:
2 ¿Piensas que es correcto esto que dijiste: Más justo soy yo que Dios?
3 Porque dijiste: ^d¿Qué ventaja sacarás tú de ello? ¿O qué provecho tendré de *no haber* pecado?
4 Yo te responderé razones, y a tus compañeros contigo.
5 Mira a los cielos, y ve, y considera que las nubes son más altas que tú.
6 Si pecares, ^f¿qué habrás hecho contra Él? Y si tus rebeliones se multiplicaren, ¿qué le harás tú?
7 Si fueres justo, ^g¿qué le darás a Él? ¿O qué recibirá de tu mano?
8 Al hombre como tú dañará tu impiedad, y al hijo del hombre aprovechará tu justicia.

a Sal 42:8
y 77:6
Hch 16:25

b Sal 19:12
y 90:8

c cp 9:4

d cp 21:15
y 22:2
e Éx 2:23

f Pr 8:36
Jer 7:19

g cp 22:2-3
Rm 11:35

9 Por la multitud de opresiones hacen que *los oprimidos* clamen; claman a causa del brazo de los poderosos.
10 Y ninguno dice: ¿Dónde está Dios mi Hacedor, que ^ada canciones en la noche,
11 que nos enseña más que a las bestias de la tierra, y nos hace más sabios que las aves del cielo?
12 Allí clamarán, pero Él no oirá, por la soberbia de los malos.
13 Ciertamente Dios no oirá la vanidad, ni la mirará el Omnipotente.
14 Aunque digas: No lo mirará; el juicio está delante de Él, espera, pues, en Él.
15 Mas ahora, porque en su ira no visita, ni considera con rigor,
16 por eso Job abre su boca vanamente, y multiplica palabras sin sabiduría.

CAPÍTULO 36

Y añadió Eliú, y dijo:
2 Espérame un poco, y te enseñaré; porque todavía tengo razones de parte de Dios.
3 Traeré mi conocimiento desde lejos, y atribuiré justicia a mi Hacedor.
4 Porque de cierto no son falsas mis palabras; el que es perfecto en conocimiento *está* contigo.
5 He aquí que Dios es poderoso, mas no desestima a nadie; ^ces poderoso en fuerza y sabiduría.
6 No otorgará vida al impío, y a los afligidos dará su derecho.
7 No quitará sus ojos del justo; antes bien con los reyes los pondrá en trono para siempre, y serán exaltados.
8 Y ^esi estuvieren aprisionados en grillos, y atrapados en cuerdas de aflicción,
9 entonces Él les mostrará la obra de ellos, y que prevalecieron sus transgresiones.
10 Despierta además el oído de ellos para la corrección, y les dice que se conviertan de la iniquidad.
11 Si oyeren, y le sirvieren, acabarán sus días en bienestar, y sus años en contentamiento.
12 Pero si no oyeren, serán pasados a espada, y perecerán sin sabiduría.

13 Mas los ªhipócritas de corazón acumulan ira, y no clamarán cuando Él los atare.
14 ᵇFallecerá el alma de ellos en su juventud, y su vida entre los sodomitas.
15 Al pobre librará de su pobreza, y en la aflicción despertará su oído.
16 Asimismo te apartará de la boca de la angustia a lugar espacioso, libre de todo apuro; y te aderezará mesa llena de grosura.
17 Mas tú has llenado el juicio del impío, en vez de sustentar el juicio y la justicia.
18 Por lo cual teme que en su ira no te quite con golpe, el cual no puedas apartar de ti con gran rescate.
19 ¿Hará Él estima de tus riquezas, o del oro, o de todas las fuerzas del poder?
20 No anheles la noche, en que desaparecen los pueblos de su lugar.
21 Guárdate, no *te* vuelvas a la iniquidad; pues ᶠésta escogiste más bien que la aflicción.
22 He aquí que Dios es excelso en su poder; ᵍ¿Qué enseñador semejante a Él?
23 ʰ¿Quién le ha prescrito su camino? ¿Y quién le dirá: Has hecho iniquidad?
24 Acuérdate de ʲengrandecer su obra, la cual contemplan los hombres.
25 Los hombres todos la ven; la mira el hombre de lejos.
26 He aquí, Dios es grande, y ˡnosotros no le conocemos; ᵐni se puede rastrear el número de sus años.
27 ⁿÉl reduce las gotas de las aguas, al derramarse la lluvia según el vapor;
28 ᵖLas cuales destilan las nubes, goteando en abundancia sobre los hombres.
29 ¿Quién podrá comprender la extensión de las nubes, y el sonido estrepitoso de su tabernáculo?
30 ᵠHe aquí que sobre él extiende su luz, y cobija con ella las profundidades del mar.
31 Bien que ʳpor esos medios castiga a los pueblos, Él da sustento en abundancia.
32 Con las nubes encubre la luz, y le manda no brillar, interponiendo aquéllas.
33 Tocante a ella anunciará el trueno, su compañero, que hay acumulación de ira sobre el que se eleva.

a Rm 2:5
b cp 15:32
c cp 40:4
d cp 5:9
Ap 15:3
e Sal 147:16
f Heb 11:25
g cp 34:32
y 35:11
h Sal 104:22
i cp 34:13
j Sal 34:3
86:8-10
y 92:5
k cp 28:29
Sal 147:17-18
l 1 Co 13:12
m Sal 90:2
y 102:24-27
Heb 1:12
n Sal 147:8
o 2 Sm 21:10
p Pr 3:20

q cp 37:3
r cp 37:13

CAPÍTULO 37

Ante esto también tiembla mi corazón, y salta de su lugar.
2 Oíd atentamente el estruendo de su voz, y el sonido que sale de su boca.
3 Debajo de todos los cielos lo dirige, y su luz hasta los confines de la tierra.
4 Después del *estruendo* ruge su voz, ᶜtruena Él con la voz de su majestad; y aunque sea oída su voz, no los detiene.
5 Truena Dios maravillosamente con su voz; ᵈÉl hace grandes cosas, que nosotros no entendemos.
6 Porque a la nieve dice: ᵉDesciende a la tierra; también a la llovizna, y al aguacero torrencial de su fortaleza.
7 Él sella la mano de todo hombre, para que todos los hombres reconozcan su obra.
8 ʰLas bestias entran en su escondrijo, y se quedan en sus moradas.
9 Del sur viene el torbellino, y el frío de los vientos del norte.
10 Por ᵏel soplo de Dios se da el hielo, y el ancho de las aguas es confinado.
11 Regando también llega a disipar la densa nube, y con su luz esparce la niebla.
12 Asimismo por sus designios se revuelven las nubes en derredor, para hacer sobre la faz del mundo, en la tierra, lo que Él les mande.
13 Unas veces por azote, otras por causa de su tierra, otras ᵒpor misericordia las hará venir.
14 Escucha esto, Job; Detente, y considera las maravillas de Dios.
15 ¿Sabes tú cuándo Dios las pone en concierto, y hace resplandecer la luz de su nube?
16 ¿Sabes tú las diferencias de las nubes, las maravillas del Perfecto en sabiduría?
17 ¿Por qué están calientes tus ropas cuando Él aquieta la tierra con el viento del sur?

Jehová responde a Job

18 ^a¿Extendiste tú con Él los cielos, firmes como un espejo sólido?
19 Muéstranos qué le hemos de decir; porque nosotros no podemos ordenar *nuestras ideas* a causa de las tinieblas.
20 ¿Será preciso contarle cuando yo hablare? Por más que el hombre razone, quedará como abismado.
21 Y ahora no se puede mirar la luz esplendente en los cielos, luego que pasa el viento y los limpia,
22 viniendo de la parte del norte la dorada claridad. En Dios hay una majestad terrible.
23 Él es Todopoderoso, al cual no alcanzamos, ^egrande en poder; y en juicio y en multitud de justicia no afligirá.
24 ^fLo temerán por tanto los hombres: Él ^gno estima a ninguno que *se cree ser* sabio de corazón.

CAPÍTULO 38

Y respondió Jehová a Job desde ^hun torbellino, y dijo:
2 ¿Quién es ése que oscurece el consejo con palabras sin sabiduría?
3 Cíñe ahora ^jcomo varón tus lomos; yo te preguntaré, y respóndeme tú.
4 ^l¿Dónde estabas tú cuando yo fundé la tierra? Házmelo saber, si tienes conocimiento.
5 ¿Quién ordenó sus medidas, si lo sabes? ¿O quién extendió sobre ella cordel?
6 ¿Sobre qué están fundadas sus bases? ¿O quién puso su piedra angular,
7 cuando las estrellas del alba juntas alababan, y todos los hijos de Dios ^mdaban gritos de gozo?
8 ⁿ¿Quién encerró con puertas el mar, cuando se derramaba como saliendo del vientre;
9 cuando puse yo nubes por vestidura suya, y por su faja ^poscuridad;
10 y establecí sobre él mi decreto, y le puse puertas y cerrojo,
11 y dije: Hasta aquí llegarás, y no pasarás adelante, y ^raquí parará la soberbia de tus olas?
12 ¿Has mandado tú a ^tla mañana en tus días? ¿Has mostrado al alba su lugar,

a Gn 1:6
Is 44:24

b cp 24:13-17
Mt 6:23
c Sal 10:15

d Sal 9:13
y 107:18
Is 38:10
Mt 16:18
e cp 36:5

f Mt 10:28
g Mt 11:25

h 2 Re 2:1-11
Ez 1:4
i Sal 135:7
j cp 40:2
k Éx 9:18
Jos 10:11
l Is 30:30
Ap 16:21
l Sal 104:5

m cp 1:6
n Sal 104:8-9
o Sal 147:8
Jer 14:22

p cp 22:13
q cp 37:10

r Sal 89:9
y 93:4
s cp 9:9
Am 5:8
t Sal 74:16

13 para que ocupe los confines de la tierra, y que sean sacudidos de ella los impíos?
14 Ella muda como barro bajo el sello, y viene a estar como con vestidura:
15 Mas ^bla luz de los impíos es quitada de ellos, y ^cel brazo enaltecido es quebrantado.
16 ¿Has entrado tú hasta las fuentes del mar, y has andado escudriñando el abismo?
17 ¿Te han sido descubiertas ^dlas puertas de la muerte, y has visto las puertas de la sombra de muerte?
18 ¿Has considerado tú la anchura de la tierra? Declara si sabes todo esto.
19 ¿Por dónde está el camino a donde mora la luz, y dónde está el lugar de las tinieblas,
20 para que las lleves a sus términos, y entiendas las sendas de su casa?
21 ¿Lo sabes tú, porque entonces ya habías nacido, o porque es grande el número de tus días?
22 ¿Has entrado tú en ⁱlos tesoros de la nieve, o has visto los tesoros del granizo,
23 lo cual tengo ^kreservado para el tiempo de angustia, para el día de la guerra y de la batalla?
24 ¿Por qué camino se reparte la luz, y se esparce el viento solano sobre la tierra?
25 ¿Quién repartió conducto al turbión, y camino a los relámpagos y truenos,
26 haciendo llover sobre la tierra deshabitada, sobre el desierto, donde no hay hombre,
27 para saciar la tierra desierta y desolada, y para hacer brotar el capullo de la tierna hierba?
28 ^o¿Tiene padre la lluvia? ¿O quién engendró las gotas del rocío?
29 ¿De qué vientre salió el hielo? Y la escarcha del cielo, ¿quién la engendró?
30 ^qLas aguas se endurecen como la piedra, y se congela la faz del abismo.
31 ¿Podrás tú atar las delicias de las ^sPléyades, o desatarás las ligaduras del Orión?
32 ¿Sacarás tú a su tiempo las constelaciones de los cielos, o guiarás a la Osa Mayor con sus hijos?

33 ¿Supiste tú ªlas ordenanzas de los cielos? ¿Dispondrás tú de su potestad en la tierra?

34 ¿Alzarás tú voz a las nubes, para que te cubra muchedumbre de aguas?

35 ¿Enviarás tú los relámpagos, para que ellos vayan? ¿Y te dirán ellos: Henos aquí?

36 ¿Quién puso la sabiduría ᵇen el corazón? ¿O quién dio a la mente la inteligencia?

37 ¿Quién puede contar las nubes con sabiduría? O los odres de los cielos, ¿quién los hace parar,

38 cuando el polvo se ha convertido en dureza, y los terrones se han pegado unos con otros?

39 ¿Cazarás tú la presa para el león? ¿Y saciarás el hambre de los leoncillos,

40 cuando están echados en las cuevas, o se están en sus guaridas para acechar?

41 ᵈ¿Quién prepara al cuervo su alimento, cuando sus polluelos claman a Dios, bullendo de un lado a otro por falta de comida?

CAPÍTULO 39

¿Sabes tú el tiempo en que paren ᶠlas cabras monteses? ¿O miras tú ᵍlas ciervas cuando están pariendo?

2 ¿Puedes tú contar los meses de su preñez, y sabes el tiempo cuando han de parir?

3 Se encorvan, hacen salir sus crías, pasan sus dolores.

4 Sus crías están sanas, crecen con el pasto: Salen y no vuelven a ellas.

5 ¿Quién dejó libre al asno montés? ¿O quién soltó las ataduras al asno veloz?

6 Al cual ʰyo puse casa en la soledad, y sus moradas en lugares estériles.

7 Se burla de la multitud de la ciudad; no oye ⁱlas voces del arriero.

8 Lo oculto de los montes es su pasto, y anda buscando todo lo que está verde.

9 ¿Querrá ᵏel unicornio servirte a ti, o quedarse en tu pesebre?

10 ¿Atarás tú al unicornio con coyunda para el surco? ¿Labrará los valles en pos de ti?

11 ¿Confiarás tú en él, por ser grande su fortaleza, y le confiarás tu labor?

12 ¿Fiarás de él para que recoja tu semilla y la junte en tu era?

13 ¿Diste tú hermosas alas al pavo real, o alas y plumas al avestruz?

14 El cual desampara en la tierra sus huevos, y sobre el polvo los calienta,

15 y se olvida de que los pisará el pie, y que los quebrará bestia del campo.

16 ᶜSe endurece para con sus crías, como si no fuesen suyas, no temiendo que su trabajo haya sido en vano;

17 porque le privó Dios de sabiduría, y no le dio inteligencia.

18 Luego que se levanta en alto, se burla del caballo y de su jinete.

19 ¿Diste tú al caballo su fuerza? ¿Vestiste tú su cuello de crines?

20 ¿Le intimidarás tú como a alguna langosta? El resoplido de su nariz es formidable;

21 Escarba la tierra, se alegra en su fuerza, ᵉsale al encuentro de las armas:

22 Hace burla del espanto, y no teme, ni vuelve el rostro delante de la espada.

23 Contra él suena la aljaba, el hierro de la lanza y de la jabalina;

24 Y él con ímpetu y furor escarba la tierra, sin importarle el sonido de la trompeta;

25 Antes como que dice entre los clarines: ¡Ea! Y desde lejos huele la batalla, el grito de los capitanes, y el vocerío.

26 ¿Vuela el halcón por tu sabiduría, y extiende hacia el sur sus alas?

27 ¿Se remonta el águila por tu mandamiento, y pone en alto su nido?

28 Ella habita y mora en la roca, en la cumbre de la peña, en lugar seguro.

29 Desde allí acecha la presa; sus ojos observan de muy lejos.

30 Sus polluelos chupan la sangre; y ʲdonde hubiere cadáveres, allí está ella.

CAPÍTULO 40

Además respondió Jehová a Job y dijo:

---

a Jer 31:35
b Sal 51:6
c Lm 4:3
d Sal 147:9
e Jer 8:6
Lc 12:24
f Sal 104:18
g Sal 29:9
h cp 24:5
Jer 2:24
Os 8:9
i cp 3:18
j Mt 24:28
Lc 17:37
k Nm 23:22

El leviatán

JOB 41

2 ª¿Es sabiduría contender con el Omnipotente? El que disputa con Dios, responda a esto.
3 Y respondió Job a Jehová, y dijo:
4 He aquí que yo soy vil, ¿qué te responderé? Mi mano pongo sobre mi boca.
5 Una vez hablé, mas no responderé: Aun dos veces, pero no añadiré más.
6 Entonces respondió Jehová a Job desde el torbellino, y dijo:
7 Cíñete ahora como varón tus lomos; Yo te preguntaré, y tú me lo declararás.
8 ¿Invalidarás tú también mi juicio? ¿Me condenarás a mí, para justificarte tú?
9 ¿Tienes tú un brazo como Dios? ¿Y tronarás tú con voz como Él?
10 ᵉAtavíate ahora de majestad y de alteza; y vístete de honra y de hermosura.
11 Esparce el furor de tu ira; y mira a todo arrogante, y abátelo.
12 Mira a todo soberbio, y humíllalo, y quebranta a los impíos en su sitio.
13 Encúbrelos a todos en el polvo, venda sus rostros en la oscuridad;
14 Y yo también te confesaré que podrá salvarte tu diestra.
15 He aquí ahora behemot, al cual yo hice contigo; hierba come como buey.
16 He aquí ahora que su fuerza está en sus lomos, y su vigor en el ombligo de su vientre.
17 Su cola mueve como un cedro, y los nervios de sus genitales están entretejidos.
18 Sus huesos son fuertes como bronce, y sus miembros como barras de hierro.
19 Él es el principal de los caminos de Dios: El que lo hizo, puede hacer que su espada a él se acerque.
20 Ciertamente ʰlos montes producen hierba para él; y toda bestia del campo retoza allá.
21 Se echará debajo de las sombras, en lo oculto de las cañas, y de los lugares húmedos.
22 Los árboles sombríos lo cubren con su sombra; los sauces del arroyo lo rodean.
23 He aquí que el bebe un río, y no se inmuta; y confía que puede pasarse el Jordán por su boca.
24 Lo toma con sus ojos; *su* nariz atraviesa el lazo.

a cp 33:13
b Sal 74:14
y 104:26
Is 27:1
c Lc 5:7-10
d Pr 31:24
e 2 Sm 21:8
f Rm 11:35
g Éx 19:5
h Sal 104:14

CAPÍTULO 41

¿Sacarás tú al ᵇleviatán con el anzuelo, o con la cuerda que le eches en su lengua?
2 ¿Pondrás tú garfio en sus narices, y horadarás con espina su quijada?
3 ¿Multiplicará él ruegos para contigo? ¿Te hablará él lisonjas?
4 ¿Hará pacto contigo? ¿Le tomarás por siervo para siempre?
5 ¿Jugarás tú con él como con un pájaro, o lo atarás para tus niñas?
6 ¿Harán de él banquete ᶜlos compañeros? ¿Lo repartirán entre ᵈlos mercaderes?
7 ¿Cortarás tú con cuchillo su piel, o con arpón de pescadores su cabeza?
8 Pon tu mano sobre él; te acordarás de la batalla, y no lo volverás a hacer.
9 He aquí que la esperanza acerca de él será burlada; porque con solo verlo se desmayarán.
10 Nadie hay tan osado que lo despierte: ¿Quién, pues, podrá estar delante de mí?
11 ᶠ¿Quién me ha dado a mi primero, para que yo *se lo* restituya? ᵍTodo lo que hay debajo del cielo es mío.
12 Yo no callaré en cuanto a sus miembros, ni lo de sus fuerzas y la gracia de su disposición.
13 ¿Quién descubrirá la delantera de su vestidura? ¿Quién se acercará a él con freno doble?
14 ¿Quién abrirá las puertas de su rostro? Las hileras de sus dientes espantan.
15 Sus escamas son su orgullo, cerradas entre sí estrechamente.
16 La una se junta con la otra, que viento no entra entre ellas.
17 Unida está la una con la otra, están trabadas entre sí, que no se pueden separar.
18 Con sus estornudos encienden lumbre, y sus ojos son como los párpados del alba.
19 De su boca salen hachas de fuego, centellas de fuego proceden.
20 De sus narices sale humo, como de una olla o caldero que hierve.
21 Su aliento enciende los carbones, y de su boca sale llama.

22 En su cerviz mora la fortaleza, y se esparce el desaliento delante de él.
23 Los pliegues de su carne están unidos; firmes están en él; no pueden ser movidos.
24 Su corazón es firme como una piedra, y fuerte como la muela de abajo.
25 De su grandeza tienen temor los fuertes, y a causa de su desfallecimiento hacen por purificarse.
26 Cuando alguno lo alcanzare, ni espada, ni lanza, ni dardo, ni coselete prevalecerá.
27 El hierro estima por paja, y el acero por leño podrido.
28 Saeta no le hace huir; las piedras de honda se le tornan paja.
29 Tiene toda arma por hojarascas, y del blandir de la jabalina se burla.
30 Por debajo tiene agudas conchas; Imprime su agudeza en el suelo.
31 Hace hervir las profundidades como una olla; hace el mar como un frasco de ungüento.
32 En pos de sí hace resplandecer la senda, que parece que el abismo sea cano.
33 No hay sobre la tierra semejante a él, que es hecho libre de temor.
34 Menosprecia toda cosa alta: Es rey sobre todos los soberbios.

CAPÍTULO 42

Y respondió Job a Jehová, y dijo:
2 Yo sé que ᵍtodo lo puedes, y que no hay pensamiento que se esconda de ti.
3 ¿Quién es el que oscurece el consejo sin conocimiento? Por tanto ⁱyo hablaba lo que no entendía; cosas muy maravillosas para mí, que yo no sabía.
4 Oye te ruego, y hablaré; te preguntaré, y tú me enseñarás.
5 De oídas te había oído; mas ahora mis ojos te ven.
6 Por tanto ᵏme aborrezco, y me arrepiento en polvo y en ceniza.

a cp 2:11
b Nm 23:1
c Gn 20:17
Stg 5:16
d Sal 14:7
53:6 85:1
y 126:1
e Is 40:2
f cp 1:3
g Mt 19:26
h ver 10
cp 1:2
i Sal 40:5
131:1 y 139:6
j Nm 27:1-8
k cp 39:37

7 Y aconteció que después que habló Jehová estas palabras a Job, Jehová dijo a ᵃElifaz temanita: Mi ira se encendió contra ti y tus dos compañeros; porque no habéis hablado de mí lo recto, como mi siervo Job.
8 Ahora pues, tomaos ᵇsiete becerros y siete carneros, e id a mi siervo Job, y ofreced holocausto por vosotros, y mi siervo Job ᶜorará por vosotros; porque de cierto a él atenderé para no trataros según vuestra insensatez, por cuanto no habéis hablado de mí con rectitud, como mi siervo Job.
9 Fueron, pues, Elifaz temanita, y Bildad suhita, y Zofar naamatita, e hicieron como Jehová les dijo: y Jehová atendió a Job.
10 Y ᵈmudó Jehová la aflicción de Job, orando él por sus amigos. Y Jehová aumentó ᵉal doble todas las cosas que habían sido de Job.
11 Y vinieron a él todos sus hermanos, y todas sus hermanas, y todos los que antes le habían conocido, y comieron con él pan en su casa, y se condolieron de él, y le consolaron de todo aquel mal que Jehová había traído sobre él; y cada uno de ellos le dio una pieza de dinero, y un zarcillo de oro.
12 Y bendijo Jehová la postrimería de Job más que su principio; porque tuvo ᶠcatorce mil ovejas, seis mil camellos, mil yuntas de bueyes y mil asnas.
13 Y tuvo ʰsiete hijos y tres hijas.
14 Y llamó el nombre de la primera, Jemima, y el nombre de la segunda, Cesia, y el nombre de la tercera, Keren-hapuc.
15 Y en toda la tierra no había mujeres tan hermosas como las hijas de Job; y ʲles dio su padre herencia entre sus hermanos.
16 Y después de esto vivió Job ciento cuarenta años, y vio a sus hijos, y a los hijos de sus hijos, hasta la cuarta generación.
17 Y murió Job, viejo y lleno de días.

Libro De Los
SALMOS

SALMO 1
<<*El piadoso será prosperado, el impío perecerá*>>

Bienaventurado el varón que no anduvo en consejo de malos, ni estuvo en camino de pecadores, ni en silla de ᶜescarnecedores se ha sentado;
2 Antes en la ley de Jehová está su delicia, y ᵉen su ley medita de día y de noche.
3 Y será ᶠcomo árbol plantado junto a corrientes de aguas, que da su fruto en su tiempo, y su hoja no cae; y todo lo que hace, ᵍprosperará.
4 No así los malos, que *son* como ʰel tamo que arrebata el viento.
5 Por tanto, ⁱno se levantarán los malos en el juicio, ni los pecadores en la congregación de los justos.
6 Porque ʲJehová conoce el camino de los justos; mas la senda de los malos perecerá.

SALMOS 2
<<*Profecía del reinado del ungido de Jehová*>>

¿Por qué ᵏse amotinan las gentes, y los pueblos piensan vanidad?
2 Se levantan los reyes de la tierra, y los príncipes consultan unidos contra Jehová y contra ˡsu ungido, *diciendo*:
3 ᵐRompamos sus coyundas, y echemos de nosotros sus cuerdas.
4 El que mora en los cielos se reirá; el Señor se burlará de ellos.
5 Entonces hablará a ellos en su furor, y los turbará con su ira.
6 Pero yo he puesto a mi Rey sobre Sión, mi santo monte.
7 Yo publicaré el decreto: Jehová me ha dicho: ⁿMi Hijo eres tú; yo te engendré hoy.
8 Pídeme, y ᵒte daré por heredad las naciones, y por posesión tuya los confines de la tierra.
9 ᵖLos quebrantarás con vara de hierro; como ᑫvaso de alfarero los desmenuzarás.

a Heb 11:28
b Fil 2:12

c Pr 1:22
d Sal 7:1
e Sal 119:1,97

f Nm 24:6

g Gn 39:3,23

h Job 21:18
Sal 35:5
Is 29:5
i Sal 5:5
Nah 1:6
j Sal 37:18
Nah 1:7
Jn 10:14

k Hch 4:25

l Mt 3:11
Jn 1:41
m Jer 5:5

n Mt 3:17
Hch 13:33
Heb 1:5
o Sal 72:8

p Ap 2:27
q Is 30:14
Jer 19:11

10 Y ahora, reyes, entended: Admitid corrección, jueces de la tierra.
11 ᵃServid a Jehová con temor, y alegraos ᵇcon temblor.
12 Besad al Hijo, para que no se enoje, y perezcáis en el camino, cuando se encendiere un poco su furor. ᵈBienaventurados todos los que en Él confían.

SALMO 3
<<*Salmo de David, cuando huía de adelante de Absalón su hijo*>>

¡Oh Jehová, cuánto se han multiplicado mis enemigos! Muchos se levantan contra mí.
2 Muchos dicen de mi vida: No hay para él salvación en Dios. (Selah)
3 Pero tú, oh Jehová, *eres* escudo alrededor de mí, mi gloria, y el que levanta mi cabeza.
4 Con mi voz clamé a Jehová, y Él me respondió desde su monte santo. (Selah)
5 Yo me acosté y dormí; y desperté, porque Jehová me sostuvo.
6 No temeré de diez millares de pueblos, que pusieren sitio contra mí.
7 Levántate, oh Jehová; sálvame, oh Dios mío; porque tú heriste a todos mis enemigos en la quijada; los dientes de los malos quebrantaste.
8 De Jehová es la salvación: Sobre tu pueblo *es* tu bendición. (Selah)

SALMO 4
<<*Al Músico principal: sobre Neginot: Salmo de David*>>

Respóndeme cuando clamo, oh Dios de mi justicia; estando en angustia, tú me hiciste ensanchar; ten misericordia de mí, y oye mi oración.
2 Hijos de los hombres, ¿hasta cuándo *volveréis* mi honra en infamia? ¿*Hasta cuando* amaréis la vanidad, y buscaréis la mentira? (Selah)

Jehová bendice al justo

3 Sabed, pues, que Jehová hizo apartar al piadoso para sí; Jehová oirá cuando yo a Él clamare.
4 ᵇTemblad, y no pequéis: ᶜMeditad en vuestro corazón sobre vuestra cama, y callad. (Selah)
5 ᵈOfreced sacrificios de justicia, y confiad en Jehová.
6 Muchos dicen: ¿Quién nos mostrará el bien? ᵉAlza sobre nosotros, oh Jehová, la luz de tu rostro.
7 Tú diste ʰalegría a mi corazón, más que la de ellos en el tiempo que se multiplicó su grano y su mosto.
8 ʲEn paz me acostaré, y asimismo dormiré; porque solo tú, Jehová, me haces estar confiado.

SALMO 5

<<Al Músico principal: sobre Nehilot: Salmo de David>>

Escucha, oh Jehová, mis palabras; considera mi meditación.
2 Está atento a la voz de mi clamor, ᵐRey mío y Dios mío, porque ⁿa ti oraré.
3 Oh Jehová, ᵒde mañana oirás mi voz; de mañana presentaré *mi oración* delante de ti, y esperaré.
4 Porque tú no eres un Dios que se complace en la maldad; el malo no habitará junto a ti.
5 Los insensatos no estarán delante de tus ojos; aborreces a todos los que obran iniquidad.
6 Destruirás a los que ʳhablan mentira; ˢal hombre sanguinario y engañador abominará Jehová.
7 Y yo por la multitud de tu misericordia entraré *en* tu casa; y ᵗadoraré hacia tu santo templo en tu temor.
8 ᵘGuíame, Jehová, en tu justicia a causa de mis enemigos; endereza delante de mí tu camino.
9 Porque en su boca no hay rectitud; sus entrañas *son* perversidad; ʸsepulcro abierto *es* su garganta; con su lengua lisonjean.
10 Destrúyelos, oh Dios; caigan por sus propios consejos; por la multitud de sus transgresiones échalos fuera, porque se rebelaron contra ti.
11 Pero alégrense todos los que en ti confían; para siempre den voces de júbilo, porque tú los defiendes: En ti se regocijen los que aman tu nombre.

12 Porque tú, oh Jehová, bendecirás al justo; lo rodearás de benevolencia ᵃcomo *con* un escudo.

SALMO 6

<<Al Músico principal: sobre Neginot sobre Seminit: Salmo de David>>

Oh Jehová, ᶠno me reprendas en tu furor, ᵍni me castigues con tu ira.
2 ⁱTen misericordia de mí, oh Jehová, porque yo estoy debilitado; sáname, oh Jehová, porque mis huesos están conmovidos.
3 Mi alma también está muy turbada; y tú, Jehová, ᵏ¿hasta cuándo?
4 Vuélvete, oh Jehová, libra mi alma; sálvame por tu misericordia.
5 ˡPorque en la muerte no *hay* memoria de ti; en el sepulcro, ¿quién te alabará?
6 Fatigado estoy de mi gemir; toda la noche hago nadar mi cama *con mis lágrimas*, riego mi lecho con mi llanto.
7 ᵖMis ojos están consumidos de sufrir; se han envejecido a causa de todos mis angustiadores.
8 ᵠApartaos de mí, todos los obradores de iniquidad; porque Jehová ha oído la voz de mi lloro.
9 Jehová ha oído mi ruego; ha recibido Jehová mi oración.
10 Sean avergonzados y muy aterrados todos mis enemigos; que se vuelvan y súbitamente sean avergonzados.

SALMO 7

<<Sigaión de David, que cantó a Jehová sobre las palabras de Cus, hijo de Benjamín>>

Jehová Dios mío, ᵛen ti he confiado: ˣSálvame de todos los que me persiguen, y líbrame;
2 no sea que desgarren mi alma cual león, ᶻdespedazándola, sin que haya quien libre.
3 Jehová Dios mío, ᵃsi yo he hecho esto, ᵇsi hay en mis manos iniquidad;
4 si pagué mal al que estaba en paz conmigo (Hasta ᶜhe libertado al que sin causa era mi enemigo),
5 persiga el enemigo mi alma, y alcáncela; y pise en tierra mi vida, y mi honra ponga en el polvo. (Selah)

La grandeza de su nombre

6 Levántate, oh Jehová, en tu ira; levántate a causa de la furia de mis angustiadores, y ᶜdespierta en favor mío el juicio que mandaste.

7 Y te rodeará congregación de pueblos; por amor a ellos vuelve a levantarte en alto.

8 Jehová juzgará a los pueblos: ᵈJúzgame, oh Jehová, conforme a mi justicia y conforme a mi integridad.

9 Termine ahora la maldad de los impíos, pero establece tú al justo; pues el Dios justo ᶠprueba la mente y el corazón.

10 Mi defensa *está* en Dios, que salva a los rectos de corazón.

11 Dios es el que juzga al justo; y Dios está airado todos los días *contra el impío.*

12 Si no se convierte, ⁱÉl afilará su espada: Ha tensado ya su arco, lo ha preparado.

13 Asimismo ha preparado para él armas de muerte; ha labrado sus saetas para los que persiguen.

14 He aquí, *el impío* ʲha gestado iniquidad; concibió maldad, y dio a luz engaño.

15 Pozo ha cavado, y lo ha ahondado; y ˡen el hoyo *que* hizo caerá.

16 ᵐSu maldad se volverá sobre su cabeza, y su agravio caerá sobre su propia coronilla.

17 Alabaré a Jehová conforme a su justicia, y cantaré al nombre de Jehová el Altísimo.

SALMO 8
<<Al Músico principal: sobre Gitit: Salmo de David>>

Oh Jehová, Señor nuestro, ᵖ¡cuán grande es tu nombre en toda la tierra, ʳque has puesto tu gloria sobre los cielos!

2 ˢDe la boca de los niños y de los que maman, fundaste la fortaleza, a causa de tus enemigos, para hacer cesar al enemigo y al vengativo.

3 ᵛCuando veo tus cielos, obra de tus dedos, la luna y las estrellas que tú formaste;

4 Digo: ˣ¿Qué es el hombre, para que tengas de él memoria, y el hijo del hombre, para que lo visites?

5 Le has hecho un poco menor que los ángeles, y lo coronaste de gloria y de honra.

SALMOS 8-9

6 ᵃLe hiciste señorear sobre las obras de tus manos; ᵇtodo lo pusiste debajo de sus pies;

7 ovejas y bueyes, todo ello, y también las bestias del campo,

8 las aves de los cielos y los peces del mar; *todo cuanto* pasa por los senderos del mar.

9 Oh Jehová, Señor nuestro, ᵉ¡Cuán grande *es* tu nombre en toda la tierra!

SALMO 9
<<Al Músico principal: sobre Mutlaben: Salmo de David>>

Te alabaré, oh Jehová, con todo mi corazón; Contaré todas tus maravillas.

2 Me alegraré ᵍy me regocijaré en ti; ʰcantaré a tu nombre, oh Altísimo;

3 mis enemigos volvieron atrás; caerán y perecerán delante de ti.

4 Porque has sostenido mi derecho y mi causa; te sentaste en el trono juzgando *con* justicia.

5 Reprendiste a las naciones, destruiste al malo, ᵏraíste el nombre de ellos eternamente y para siempre.

6 Oh enemigo, se han acabado para siempre los asolamientos y las ciudades que derribaste; su memoria pereció con ellas.

7 Mas ⁿJehová permanecerá para siempre; ha preparado su trono para juicio.

8 Y ᵒÉl juzgará al mundo con justicia; y juzgará a los pueblos con rectitud.

9 Jehová será refugio al oprimido, un refugio en los tiempos de angustia.

10 ᵠEn ti confiarán los que conocen tu nombre; por cuanto tú, oh Jehová, no desamparaste a los que te buscaron.

11 Cantad a Jehová, que habita en Sión; ᵗproclamad entre los pueblos sus obras.

12 Cuando ᵘdemandó la sangre, se acordó de ellos; no se olvidó del clamor de los pobres.

13 Ten misericordia de mí, oh Jehová; mira mi aflicción que padezco de los que me aborrecen, tú que me levantas de ʸlas puertas de la muerte;

14 Para que cuente yo todas tus alabanzas en las puertas de la hija de Sión, y ᶻme goce en tu salvación.

---

a Gn 1:26-28
b 1 Co 15:27
c Sal 35:23

d Sal 18:20
e ver 1

f 1 Sm 16:7
1 Cr 28:9
Sal 139:1
Jer 11:20
17:10 y 20:12
Ap 2:23
g Sal 5:11
h Sal 83:18
i Dt 32:41

j Job 15:35
k Dt 9:14
Pr 10:7

l Pr 26:27
Ec 10:8
m 1 Re 2:32
Est 9:25
n Sal 102:12
o Sal 96:13
y 98:9

p Sal 148:13
q Sal 91:14
r Sal 113:4

s Mt 11:25
y 21:16
Sal 107:22
u Gn 9:5
v Sal 111:2

x Job 7:17
Sal 144:3
Heb 2:6-8
y Job 38:17
z Sal 13:5
20:5 y 35:9

15 ªSe hundieron las naciones en la fosa que hicieron; en la red que escondieron fue atrapado su pie.
16 Jehová es conocido por el juicio que hizo; en la obra de sus propias manos fue enlazado el malo. (Higaion. Selah)
17 Los malos serán trasladados al infierno, y ᵉtodas las naciones que se olvidan de Dios.
18 Porque no para siempre será olvidado el pobre; ni la esperanza de los pobres perecerá perpetuamente.
19 Levántate, oh Jehová; no prevalezca el hombre; sean juzgadas las naciones delante de ti.
20 Pon, oh Jehová, temor en ellos; conozcan las naciones que no son sino hombres. (Selah)

a Sal 35:7-8
b Sal 9:12

c 2 Ti 1:12
1 Pe 4:19
d Sal 68:5
e Job 8:13

f Sal 29:10
Jer 10:10
Lm 5:19

SALMO 10

¿ᵍPor qué estás lejos, oh Jehová, y te escondes en el tiempo de la tribulación?
2 Con arrogancia el malo persigue al pobre; sean ʰatrapados en los artificios que han ideado.
3 Porque el malo se jacta del deseo de su corazón, y bendice al codicioso al cual aborrece Jehová.
4 El malo, por la altivez de su rostro, no busca a Dios; ˡno hay Dios en ninguno de sus pensamientos.
5 Sus caminos son torcidos en todo tiempo; ⁿtus juicios los tiene muy lejos de su vista, y desprecia a todos sus enemigos.
6 Dice en su corazón: ᵖNo seré movido: Nunca *me alcanzará* el infortunio.
7 Su boca está llena de maldición, de engaño y de fraude; debajo de su lengua *hay* vejación y maldad.
8 Se sienta al acecho en las aldeas; ˢen los escondrijos mata al inocente; sus ojos están acechando al pobre.
9 ᵗAcecha en oculto, como el león desde su cueva; acecha para arrebatar al pobre; arrebata al pobre trayéndolo a su red.
10 Se encoge, se agacha, y caen en sus garras muchos desdichados.
11 Dice en su corazón: Dios ha olvidado, ᵘha encubierto su rostro, nunca lo verá.
12 Levántate, oh Jehová Dios, ˣalza tu mano, no te olvides de los pobres.

g Sal 13:1

h Sal 7:13-15
i Sal 56:11
j 1 Sm 23:14
y 26:19-20
k Sal 7:12
y 64:4
l Sal 14:1
y 53:1
m Sal 75:3
y 82:5
n Is 26:11
o Hab 2:20
p Sal 15:5

q Gn 22:1
Sal 7:9
Stg 1:12
r Gn 19:24

s Hab 3:14

t Sal 17:12
Mi 7:2

u Sal 94:7
v Is 57:1
x Mi 7:2
x Mi 5:9

Los malos, trasladados al infierno

13 ¿Por qué irrita el malo a Dios? En su corazón ha dicho: ᵇTú no lo inquirirás.
14 Tú lo has visto; porque tú miras la maldad y la vejación, para cobrar venganza con tu mano: ᶜEn ti se refugia el pobre, tú ᵈeres el amparo del huérfano.
15 Quiebra tú el brazo del impío y del maligno; persigue su maldad, *hasta que* ninguna halles.
16 Jehová *es* ᶠRey eternamente y para siempre; de su tierra han perecido las naciones.
17 El deseo de los humildes oíste, oh Jehová: Tú dispones su corazón, y haces atento tu oído;
18 Para juzgar al huérfano y al oprimido, a fin de que no vuelva más a hacer violencia el hombre de la tierra.

SALMO 11

<<Al Músico principal: *Salmo* de David>>

En Jehová ⁱhe confiado; ¿Cómo decís a mi alma: ʲEscapa al monte *cual* ave?
2 Porque he aquí, ᵏlos malos tensan el arco, preparan sus saetas sobre la cuerda, para asaetear en oculto a los rectos de corazón.
3 ᵐSi fueren destruidos los fundamentos, ¿Qué podrá hacer el justo?
4 ᵒJehová *está* en su santo templo: El trono de Jehová *está* en el cielo: Sus ojos ven, sus párpados examinan a los hijos de los hombres.
5 ᵠJehová prueba al justo; pero al malo y al que ama la violencia, su alma aborrece.
6 ʳSobre los malos lloverá lazos; fuego, azufre y terrible tempestad; *ésta será* la porción del cáliz de ellos.
7 Porque el justo Jehová ama la justicia; el hombre recto mirará su rostro.

SALMO 12

<<Al Músico principal: sobre Seminit: Salmo de David>>

Salva, oh Jehová, porque ᵛse acabaron los piadosos; porque han desaparecido los fieles de entre los hijos de los hombres.

Dios promete preservar su Palabra

2 Mentira habla cada uno con su prójimo; ªHablan *con* labios lisonjeros y con doblez de corazón.
3 Jehová destruirá todos los labios lisonjeros, la lengua que habla soberbias;
4 los que han dicho: Por nuestra lengua prevaleceremos; nuestros labios *son* nuestros; ¿quién es señor sobre nosotros?
5 Por la opresión de los pobres, por el gemido de los necesitados, ᵈahora me levantaré, dice Jehová; los pondré a salvo del que contra ellos se engríe.
6 ᵉLas palabras de Jehová *son* palabras puras; *como* plata refinada en horno de tierra, purificada siete veces.
7 Tú, Jehová, las guardarás; las preservarás de esta generación para siempre.
8 Asediando andan los malos, cuando son exaltados los más viles de los hijos de los hombres.

SALMO 13
<<Al Músico principal: Salmo de David>>

¿ⁱHasta cuándo, Jehová? ¿Me olvidarás para siempre? ʲ¿Hasta cuándo esconderás tu rostro de mí?
2 ¿Hasta cuándo pondré consejos en mi alma, *con* ansiedad en mi corazón cada día? ¿Hasta cuándo será enaltecido mi enemigo sobre mí?
3 Mira, óyeme, Jehová Dios mío; ᵐalumbra mis ojos, para que no duerma en muerte;
4 ᵒPara que no diga mi enemigo: Lo he vencido: Mis enemigos se alegrarán, si yo resbalare.
5 mas yo en tu misericordia he confiado; Se alegrará mi corazón en tu salvación.
6 Cantaré a Jehová, porque ᵠme ha hecho bien.

SALMO 14
<<Al Músico principal: *Salmo* de David>>

Dijo ʳel necio en su corazón: No hay Dios. ˢSe corrompieron, hicieron obras abominables; no hay quien haga el bien.
2 Jehová miró desde los cielos sobre los hijos de los hombres, para ver si había algún entendido, que buscara a Dios.

a Jer 9:8
Rm 16:18
b Rm 3:10-12

c Am 8:4
Mi 3:3

d Is 33:10

e Sal 18:30
19:8 119:140
Pr 30:5
f Sal 126:1

g Sal 24:3-4

h Zac 8:16
i Sal 6:3 35:17
y 89:46
j Job 13:24
Sal 44:24
y 88:14
k Lv 19:16
Sal 34:13
l Jue 11:35
m 1 Sm 14:27
Esd 9:8
n Éx 22:25
Dt 23:19
o Sal 38:16
p Éx 23:8

q Sal 116:7
y 119:17

r 1 Sm 25:25
Sal 10:4
y 53:1-3
s Gn 6:5-12

t Éx 23:13

SALMOS 13-16

3 Todos se desviaron, a una se han corrompido; no hay quien haga el bien, ᵇno hay ni siquiera uno.
4 ¿No tendrán conocimiento todos los obradores de iniquidad, que devoran a mi pueblo ᶜ*como* si comiesen pan, y a Jehová no invocan?
5 Allí temblaron de espanto; porque Dios *está* con la generación de los justos.
6 El consejo del pobre habéis escarnecido, pero Jehová *es* su refugio.
7 ¡Oh que de Sión *viniese* la salvación de Israel! ᶠCuando Jehová hiciere volver a los cautivos de su pueblo, se gozará Jacob, y se alegrará Israel.

SALMO 15
<<Salmo de David>>

Jehová, ¿quién habitará en tu tabernáculo? ᵍ¿Quién morará en tu santo monte?
2 El que anda en integridad y obra justicia, y ʰhabla verdad en su corazón.
3 *El que* ᵏno calumnia con su lengua, ni hace mal a su prójimo, ni admite reproche contra su prójimo.
4 *Aquel* a cuyos ojos es menospreciado el vil; mas honra a los que temen a Jehová; *el que* ˡaun jurando en daño *suyo*, no cambia;
5 ⁿ*quien* su dinero no dio a usura, ᵖni contra el inocente tomó cohecho. El que hace estas cosas, jamás será removido.

SALMO 16
<<Mictam de David>>

Guárdame, oh Dios, porque en ti he confiado.
2 *Oh alma mía*, dijiste a Jehová: Tú *eres* mi Señor; mi bien a ti no aprovecha;
3 *sino* a los santos que *están* en la tierra, y a los íntegros, en quienes *está* toda mi complacencia.
4 Se multiplicarán los dolores de aquellos que sirven diligentes a otro *dios*: No ofreceré yo sus libaciones de sangre, ᵗni en mis labios tomaré sus nombres.

5 Jehová es ªla porción de mi herencia y de ᵇmi copa. Tú sustentas mi suerte.
6 Las cuerdas me cayeron en lugares deleitosos, y es hermosa la heredad que me ha tocado.
7 Bendeciré a Jehová que me aconseja; ᶜaun en las noches ᵈme enseñan mis riñones.
8 A Jehová ᵉhe puesto siempre delante de mí; ᶠporque está a mi diestra no seré conmovido.
9 Por tanto, mi corazón se alegra, y se goza mi gloria; también mi carne reposará segura.
10 ʰPorque no dejarás mi alma en el infierno; ni permitirás que ⁱtu Santo vea corrupción.
11 Me mostrarás ˡla senda de la vida; ᵐPlenitud de gozo hay en tu presencia; ⁿdelicias en tu diestra para siempre.

SALMO 17
<<Oración de David>>

Oye, oh Jehová, justicia; está atento a mi clamor; escucha mi oración hecha de labios sin engaño.
2 De delante de tu rostro salga mi juicio; vean tus ojos la rectitud.
3 Tú has probado mi corazón, ᵖme has visitado de noche; ʳme has puesto a prueba, y nada hallaste; me he propuesto que mi boca no ha de propasarse.
4 En cuanto a las obras de los hombres, por la palabra de tus labios yo me he guardado de las sendas de los violentos.
5 ˢSustenta mis pasos en tus caminos, para que mis pies no resbalen.
6 Yo te he invocado, porque tú me oirás, oh Dios: Inclina a mí tu oído, escucha mi palabra.
7 ᵗMuestra tus maravillosas misericordias, tú que con tu diestra salvas a los que *en ti* confían de los que se levantan *contra ellos*.
8 Guárdame como a ᵛla niña de tu ojo, escóndeme ˣbajo la sombra de tus alas,
9 de la vista de los malos que me oprimen, de mis enemigos mortales que me rodean.
10 Encerrados están con su grosura; con su boca hablan soberbiamente.
11 Ahora han cercado nuestros pasos; tienen puestos sus ojos para echarnos por tierra.
12 Como león que desea hacer presa, y como leoncillo que acecha en su escondite.
13 Levántate, oh Jehová; sal a su encuentro, póstrale; libra mi alma del malo con tu espada;
14 De los hombres con tu mano, oh Jehová, de los hombres del mundo, que ᵍtienen su porción en esta vida, y cuyo vientre llenas de tu tesoro; sacian a sus hijos, y dejan el resto a sus pequeños.
15 En cuanto a mí, yo en justicia veré tu rostro; ʲquedaré satisfecho ᵏcuando despierte a tu semejanza.

SALMO 18
<<Al Músico principal: *Salmo* de David, siervo de Jehová, el cual dijo a Jehová las palabras de este cántico el día que le libró Jehová de mano de todos sus enemigos, y de mano de Saúl. Entonces dijo:>>

Te amaré, oh Jehová, fortaleza mía.
2 Jehová *es* ᵒmi Roca, mi castillo y mi Libertador; mi Dios, mi fortaleza, ᑫen Él confiaré; mi escudo, el cuerno de mi salvación, y mi alto refugio.
3 Invocaré a Jehová, *quien es digno* de ser alabado, y seré salvo de mis enemigos.
4 Me rodearon los dolores de la muerte, y torrentes de hombres perversos me atemorizaron.
5 Dolores del infierno me rodearon, me previnieron lazos de muerte.
6 En mi angustia invoqué a Jehová, y clamé a mi Dios: Él oyó mi voz desde su templo, y mi clamor llegó delante de Él, a sus oídos.
7 La tierra se estremeció y tembló; se conmovieron ᵘlos cimientos de los montes, y se estremecieron, porque se indignó Él.
8 Humo subió de su nariz, y de su boca ʸfuego consumidor; carbones fueron por Él encendidos.
9 Inclinó los cielos, y descendió; y densa oscuridad *había* debajo de sus pies.
10 Y cabalgó sobre un querubín, y voló; ᶻVoló sobre las alas del viento.

Su Palabra es acrisolada · SALMOS 18

11 Hizo de las tinieblas su escondedero, ^bsu pabellón en derredor de sí; oscuridad de aguas, nubes de los cielos.
12 Por el resplandor de su presencia, sus nubes pasaron; ^dgranizo y carbones encendidos.
13 Y tronó en los cielos Jehová, y el Altísimo ^fdio su voz; granizo y carbones encendidos.
14 ^gEnvió sus saetas, y los dispersó; lanzó relámpagos, y los destruyó.
15 ⁱEntonces aparecieron los senderos de las aguas, y se descubrieron los cimientos del mundo, a tu reprensión, oh Jehová, por el soplo del aliento de tu nariz.
16 Envió desde lo alto; me tomó, me sacó de las muchas aguas.
17 Me libró de mi poderoso enemigo, y de los que me aborrecían, pues ellos eran más fuertes que yo.
18 Me asaltaron en el día de mi quebranto; pero Jehová fue mi apoyo.
19 Él ^jme sacó a lugar espacioso; me libró, porque se agradó de mí.
20 Jehová ^kme pagó conforme a mi justicia; conforme a la limpieza de mis manos me ha recompensado.
21 Porque yo he guardado los caminos de Jehová, y no me aparté impíamente de mi Dios.
22 Pues todos sus juicios *estuvieron* delante de mí, y ^mno eché de mí sus estatutos.
23 Y fui íntegro para con Él, y me guardé de mi maldad.
24 Por tanto Jehová ^pme pagó conforme a mi justicia; conforme a la limpieza de mis manos delante de sus ojos.
25 Con ^sel misericordioso te mostrarás misericordioso, y recto para con el hombre íntegro.
26 Limpio te mostrarás para con el limpio, y ^tsevero serás para con el perverso.
27 Y tú salvarás al pueblo afligido, y humillarás los ojos altivos.
28 Tú, pues, ^vencenderás mi lámpara: Jehová mi Dios alumbrará mis tinieblas.
29 Pues por ti he desbaratado ejércitos; y por mi Dios he saltado muros.
30 *En cuanto a* Dios, perfecto *es* su camino: La palabra de Jehová es

a Sal 12:6
y 119:40
Pr 30:5
b Sal 97:2
c Dt 32:31,39
Sal 86:8
Is 45:5
d Sal 148:8
e 2 Sm 2:18
Hab 3:19
f Sal 29:3
g Jos 10:10
Sal 144:6
Is 30:30
h Sal 144:1
i Éx 15:8

j Sal 31:8

k 1 Sm 24:19

l Job 27:9
Pr 1:28
Is 1:15
Jer 11:11
Zac 7:13
m 2 Sm 22:23
n 2 Sm 2:9-10
o 2 Sm 8
p 1 Sm 26:23
q Is 52:15
y 55:5
r Sal 12:6
y 119:40
s Mt 5:7
t Lv 26:23-28
Pr 3:34

u Sal 47:3
v Job 18:6

x Rm 15:9

^aacrisolada: Es escudo a todos los que en Él esperan.
31 Porque ^c¿quién *es* Dios fuera de Jehová? ¿Y qué roca *hay* aparte de nuestro Dios?
32 Dios es el que me ciñe de poder, y hace perfecto mi camino;
33 ^equien hace mis pies como de ciervas, y me hace estar firme sobre mis alturas;
34 ^hÉl adiestra mis manos para la batalla, y el arco de acero será quebrado por mis brazos.
35 Me diste asimismo el escudo de tu salvación, y tu diestra me sustentó, y tu benignidad me ha engrandecido.
36 Ensanchaste mis pasos debajo de mí, para que mis pies no resbalasen.
37 Perseguí a mis enemigos y los alcancé, y no me volví hasta acabarlos.
38 Los herí, de modo que no pudieron levantarse; cayeron debajo de mis pies.
39 Pues me ceñiste de fuerza para la batalla; has sometido bajo mis pies a los que se levantaron contra mí.
40 Y me has dado la cerviz de mis enemigos, para que yo destruya a los que me aborrecen.
41 Clamaron, y no hubo quien *los* salvase; ^laun a Jehová, pero Él no les respondió.
42 Y los molí como polvo delante del viento; los eché fuera como lodo de las calles.
43 ⁿMe libraste de las contiendas del pueblo; ^ome pusiste por cabeza de gentes; ^qpueblo que yo no conocía, me servirá.
44 ^rAsí que hubieren oído de mí, me obedecerán; los hijos de extraños se someterán a mí;
45 Los extraños se debilitarán, saldrán temblando de sus escondrijos.
46 Viva Jehová, y bendita *sea* mi Roca; y enaltecido sea el Dios de mi salvación:
47 *Es* Dios quién por mí cobra venganza, y ^usujeta pueblos debajo de mí.
48 El que me libra de mis enemigos: Tú me enalteciste sobre los que se levantan contra mí; me has librado del hombre violento.
49 ^xPor tanto yo te confesaré entre las gentes, oh Jehová, y cantaré salmos a tu nombre.

50 ᵃGrandes triunfos da a su rey, y hace misericordia a ᵇsu ungido, a David y a su simiente, para siempre.

a Sal 144:10
b Sal 20:6

SALMO 19
<<Al Músico principal: Salmo de David>>

Los ᵉcielos cuentan la gloria de Dios y ᵍel firmamento anuncia la obra de sus manos.

2 Un día emite palabra a otro día, y una noche a otra noche declara sabiduría.

3 No hay habla, ni lenguaje, *donde* su voz no sea oída.

4 ᵏPor toda la tierra salió su hilo, y hasta el extremo del mundo sus palabras. En ellos puso tabernáculo para el sol.

5 Y éste, como un novio que sale de su tálamo, ᵐse alegra cual gigante para correr el camino.

6 De un extremo de los cielos es su salida, y su giro hasta el término de ellos; y nada hay que se esconda de su calor.

7 La ley de Jehová *es* perfecta, que convierte el alma; ᵖel testimonio de Jehová es fiel, ᵠque hace sabio al sencillo.

8 Los mandamientos de Jehová *son* rectos, que alegran el corazón; ʳel precepto de Jehová, *es* puro, que ˢalumbra los ojos.

9 El temor de Jehová, *es* limpio, que permanece para siempre; los juicios de Jehová *son* verdad, todos justos.

10 ᵘDeseables *son* más que el oro, y más que mucho oro afinado; Y ᵛdulces más que la miel, y la que destila del panal.

11 Tu siervo es además amonestado con ellos; ʸen guardarlos *hay* grande galardón.

12 ¿Quién podrá entender *sus* ᵇpropios errores? ᶜLíbrame de los que me ᵉson ocultos.

13 ᶠDetén asimismo a tu siervo *de* pecados de soberbia; que no se enseñoreen de mí: Entonces seré íntegro, y estaré limpio de gran transgresión.

14 Que los dichos de mi boca y la meditación de mi corazón ʲsean gratos delante de ti, oh Jehová, Roca mía, y ˡRedentor mío.

c Pr 18:10
d 2 Cr 20:8
Sal 73:17
e Sal 50:6
f Sal 128:5
g Gn 1:6
h Sal 21:2

i Sal 9:14
j Sal 60:4
k Rm 10:18

l Sal 2:2
y 18:50
m Jue 5:31
Ec 1:5
n Pr 21:31
Is 31:1
o 2 Cr 32:8

p Sal 111:7
q Pr 1:4

r Sal 12:6

s Sal 13:3
t Sal 20:5-6
u Sal 119:72
Pr 8:19
v Sal 119:103
x Sal 59:10
y Pr 9:18
z 2 Sm 12:30
a Sal 61:5-6
b Sal 40:12
c Lv 4:2
d 2 Sm 7:19
Sal 91:16
e Sal 90:8
f Gn 20:6
1 Sm 25:39
g Sal 8:5
y 104:1
h Sal 21:2
i Sal 16:11
Hch 2:28
j Sal 51:15
k Sal 16:8
l Is 43:14

SALMO 20
<<Al Músico principal: Salmo de David>>

Jehová te oiga en el día de la angustia; El nombre del Dios de Jacob ᶜte defienda.

2 Te envíe ayuda desde ᵈel santuario, y desde ᶠSión te sostenga.

3 Haga memoria de todas tus ofrendas, y acepte tu holocausto. (Selah)

4 ʰTe dé conforme al deseo de tu corazón, y cumpla todo tu consejo.

5 ⁱNosotros nos alegraremos en tu salvación, y alzaremos pendón ʲen el nombre de nuestro Dios; conceda Jehová todas tus peticiones.

6 Ahora entiendo que Jehová guarda a ˡsu ungido; lo oirá desde su santo cielo, con la fuerza salvadora de su diestra.

7 ⁿÉstos *confían* en carros, y aquéllos en caballos; ᵒmas nosotros del nombre de Jehová nuestro Dios tendremos memoria.

8 Ellos se doblegaron y cayeron; mas nosotros nos levantamos, y estamos en pie.

9 Salva, Jehová; que el Rey nos oiga el día que lo invoquemos.

SALMO 21
<<Al Músico principal: Salmo de David>>

Se alegrará el rey en tu fortaleza, oh Jehová; y ᵗen tu salvación se gozará mucho.

2 El deseo de su corazón le has concedido, y no le has negado la petición de sus labios. (Selah)

3 Pues ˣle has salido al encuentro con bendiciones de bien; ᶻcorona de oro fino has puesto sobre su cabeza.

4 ᵃVida le demandó, y le diste ᵈlargura de días eternamente y para siempre.

5 ᵍGrande es su gloria en tu salvación; honra y majestad has puesto sobre él.

6 Porque lo has bendecido para siempre; ⁱlo llenaste de alegría con tu rostro.

7 Por cuanto el rey confía en Jehová, y por la misericordia del Altísimo, ᵏno será conmovido.

Salmo del Mesías SALMOS 22

8 Alcanzará tu mano a todos tus enemigos; tu diestra alcanzará a los que te aborrecen.

9 ªLos pondrás como horno de fuego en el tiempo de tu ira: Jehová los deshará en su furor, y ᵇfuego los consumirá.

10 ᵈSu fruto destruirás de la tierra, y su simiente de entre los hijos de los hombres.

11 Porque intentaron el mal contra ti; fraguaron maquinaciones, mas no prevalecerán.

12 Pues tú los pondrás en fuga, cuando aprestares en tus cuerdas *las saetas* contra sus rostros.

13 Engrandécete, oh Jehová, con tu poder: Cantaremos y alabaremos tu poderío.

SALMO 22

<<Al Músico principal, sobre Ajelet-sahar. Salmo de David>>

Dios mío, Dios mío, ʰ¿por qué me has desamparado? *¿Por qué estás tan* lejos de mi salvación, y *de* las palabras de ʲmi clamor?

2 Dios mío, clamo de día, y no *me* escuchas; y de noche, y no hay para mí sosiego.

3 Pero tú eres santo, tú que habitas entre ˡlas alabanzas de Israel.

4 En ti esperaron nuestros padres: Esperaron, y tú los libraste.

5 Clamaron a ti, y fueron librados; ᵐconfiaron en ti, y no fueron avergonzados.

6 Mas ⁿyo soy gusano, y no hombre; oprobio de los hombres, y ᵠdespreciado del pueblo.

7 ˢTodos los que me ven, se burlan de mí; estiran los labios, menean la cabeza, diciendo:

8 ᵗConfió en Jehová, líbrele Él; sálvele, puesto que en Él se complacía.

9 ˣPero tú *eres* el que me sacó del vientre; Me hiciste estar confiado *desde que estaba* a los pechos de mi madre.

10 Sobre ti fui echado desde la matriz; ᶻdesde el vientre de mi madre, tú *eres* mi Dios.

11 No te alejes de mí, porque la angustia está cerca; porque no hay quien ayude.

12 ªMe han rodeado muchos toros; fuertes *toros* de Basán me han cercado.

13 Abrieron sobre mí su boca, *como* león rapaz y rugiente.

14 Estoy derramado como aguas, y todos mis huesos se descoyuntaron: ᶜMi corazón es como cera, derretido en medio de mis entrañas.

15 Se secó como un tiesto mi vigor, y ᵉmi lengua se pegó a mi paladar; y me has puesto en el polvo de la muerte.

16 Porque perros me han rodeado, me ha cercado cuadrilla de malignos; ᶠhoradaron mis manos y mis pies.

17 Contar puedo todos mis huesos; ellos me miran, y me observan.

18 ᵍRepartieron entre sí mis vestiduras, y sobre mi ropa echaron suertes.

19 Mas tú, oh Jehová, no te alejes; Fortaleza mía, apresúrate a socorrerme.

20 Libra de la espada mi alma; del poder del perro mi vida.

21 ⁱSálvame de la boca del león; porque tú me has escuchado de los cuernos de los unicornios.

22 ᵏAnunciaré tu nombre a mis hermanos; en medio de la congregación te alabaré.

23 Los que teméis a Jehová, alabadle, glorificadle, simiente toda de Jacob; y temedle, vosotros, simiente toda de Israel.

24 Porque no menospreció ni abominó la aflicción del pobre, ni de él escondió su rostro; sino que ᵒcuando clamó a Él, le oyó.

25 ᵖDe ti *será* mi alabanza en la gran congregación; ʳmis votos pagaré delante de los que le temen.

26 Comerán los pobres, y serán saciados: Alabarán a Jehová los que le buscan: ᵘVivirá vuestro corazón para siempre.

27 Se acordarán, y ᵛse volverán a Jehová todos los términos de la tierra; y adorarán delante de ti todas las familias de las naciones.

28 ʸPorque de Jehová *es* el reino; y Él señorea sobre las naciones.

29 Comerán y adorarán todos los poderosos de la tierra; se postrarán delante de Él todos los que descienden al polvo, si bien ninguno puede conservar la vida de su propia alma.

---

a Mal 4:1
b Sal 18:8
Is 26:11
c Job 23:16
d Job 18:16
e Jn 19:28

f Mt 27:35
Mr 15:24
Lc 23:33
Jn 19:23;37
y 20:15
g Mt 27:35
Mr 15:24
Lc 23:34
Jn 19:24

h Mt 27:46
Mr 15:34
i 2 Tim 4:17
j Sal 32:3
y 38:8
k Heb 2:12

l Dt 10:21

m Sal 25:2-3
Is 49:23
Rm 9:33
n Is 41:14
o Heb 5:7
p Sal 35:18
y 40:9-10
q Is 49:7
y 53:3
r Sal 66:13
s Mt 27:39
Mr 15:29
t Mt 27:43
u Jn 10:28
v Sal 2:8
y 67:7
x Sal 71:6
y Abd 21
Zac 14:9
Mt 6:13
z Is 40:3
a Am 4:1

SALMOS 23-25

30 La posteridad le servirá; Esto será contado del Señor por una generación.
31 ªVendrán, y anunciarán su justicia a un pueblo que ha de nacer, le dirán que Él hizo *esto*.

SALMO 23
<<Salmo de David>>

Jehová *es* ᵇmi pastor; nada me faltará.
2 ᵉEn lugares de delicados pastos me hará descansar; ᶠjunto a aguas de reposo me pastoreará.
3 Restaurará mi alma; ʰme guiará por sendas de justicia ⁱpor amor a su nombre.
4 Aunque ande en valle de sombra de muerte, ᵏno temeré mal alguno; porque tú estarás conmigo; tu vara y tu cayado me infundirán aliento.
5 ˡAderezas mesa delante de mí, en presencia de mis angustiadores; ᵐunges mi cabeza con aceite; ⁿmi copa está rebosando.
6 Ciertamente el bien y la misericordia me seguirán todos los días de mi vida; y en la casa de Jehová moraré por largos días.

SALMO 24
<<Salmo de David>>

De Jehová es ᑫla tierra y su plenitud el mundo y los que en él habitan.
2 ʳPorque Él la fundó sobre los mares, y la afirmó sobre los ríos.
3 ˢ¿Quién subirá al monte de Jehová? ¿Y quién estará en su lugar santo?
4 ᵘEl limpio de manos, y ᵛpuro de corazón; el que no ha elevado su alma a la vanidad, ni jurado con engaño.
5 Él recibirá bendición de Jehová, y justicia del Dios de ʸsu salvación.
6 Tal es la generación de los que le buscan, de los que buscan tu rostro, oh Jacob. (Selah)
7 Alzad, oh puertas, vuestras cabezas, y alzaos vosotras, puertas eternas, y ᵇentrará el Rey de gloria.
8 ¿Quién *es* este Rey de gloria? Jehová el fuerte y valiente, Jehová el poderoso en batalla.
9 Alzad, oh puertas, vuestras cabezas, y alzaos vosotras, puertas eternas, y entrará el Rey de gloria.

a Sal 78:6

b Is 40:11
c Sal 22:4-5
34:8 y 115:9
d Sal 31:1,17
e Ez 34:14
f Ap 7:17
g Is 49:23
h Sal 5:8
y 31:3
i Sal 25:11
j Éx 33:13
Sal 27:11
k Sal 3:6
l Sal 78:19
y 104:15
m Sal 92:10
n Sal 16:5
o Sal 103:17
p Job 13:26
Jer 3:25

q Éx 9:29
Dt 10:14
1 Co 10:26
r Sal 136:6

s Sal 15:1-5
t Sal 23:3 y
31:3 y 109:21
u Sal 18:20
Is 33:15-16
v Sal 73:1
Mt 5:8
x Rm 5:20
y Sal 27:9
z Pr 3:22
Is 54:13
Jn 6:45
a Sal 141:8
b 1 Co 2:8
c Sal 31:4
d Sal 9:15
e Sal 69:16
y 119:32

Jehová es el Rey de gloria

10 ¿Quién es este Rey de gloria? Jehová de los ejércitos, Él *es* el Rey de gloria. (Selah)

SALMO 25
<<*Salmo* de David>>

A ti, oh Jehová, levantaré mi alma.
2 Dios mío, ᶜen ti confío; ᵈno sea yo avergonzado, no se alegren de mí mis enemigos.
3 Ciertamente ᵍninguno de cuantos en ti esperan será confundido: Serán avergonzados los que se rebelan sin causa.
4 ʲMuéstrame, oh Jehová, tus caminos; enséñame tus sendas.
5 Encamíname en tu verdad, y enséñame; porque tú eres el Dios de mi salvación; en ti he esperado todo el día.
6 Acuérdate, oh Jehová, de tus piedades y de tus misericordias, ᵒque *son* eternas.
7 ᵖDe los pecados de mi juventud, y de mis rebeliones, no te acuerdes; conforme a tu misericordia acuérdate de mí, por tu bondad, oh Jehová.
8 Bueno y recto es Jehová; por tanto, Él enseñará a los pecadores el camino.
9 Encaminará a los humildes por el juicio, y enseñará a los mansos su carrera.
10 Todas las sendas de Jehová *son* misericordia y verdad, para los que guardan su pacto y sus testi-monios.
11 ᵗPor amor a tu nombre, oh Jehová, perdonarás también mi pecado, ˣque es grande.
12 ¿Quién es el hombre que teme a Jehová? Él le enseñará el camino que ha de escoger.
13 Su alma reposará en bienestar, y su simiente heredará la tierra.
14 ᶻEl secreto de Jehová *es* para los que le temen; y a ellos hará conocer su pacto.
15 ªMis ojos están siempre hacia Jehová; porque Él ᶜsacará mis pies ᵈde la red.
16 ᵉMírame, y ten misericordia de mí; porque estoy solo y afligido.
17 Las angustias de mi corazón se han aumentado; sácame de mis congojas.

David anhela estar en la casa de Dios

18 ªMira mi aflicción y mi trabajo; y perdona todos mis pecados.
19 Mira mis enemigos, que se han multiplicado, y con odio violento me aborrecen.
20 Guarda mi alma, y líbrame; no sea yo avergonzado, ᶜporque en ti confié.
21 Integridad y rectitud me guarden; porque en ti he esperado.
22 ᶠRedime, oh Dios, a Israel de todas sus angustias.

SALMO 26
<<Salmo de David>>

Júzgame, oh Jehová, porque yo en mi integridad he andado; he confiado asimismo en Jehová, no vacilaré.
2 ʲExamíname, oh Jehová, y pruébame; purifica mi conciencia y mi corazón.
3 Porque tu misericordia *está* delante de mis ojos, y camino en tu verdad.
4 ᵏNo me he sentado con hombres falsos; ni entraré con los hipócritas.
5 He aborrecido la reunión de los malignos, y no me sentaré con los impíos.
6 ⁿLavaré en inocencia mis manos, y andaré alrededor de tu altar, oh Jehová:
7 Para proclamar con voz de acción de gracias, y contar todas ᵖtus maravillas.
8 Jehová, la habitación de tu casa he amado, y el lugar donde tu gloria habita.
9 No juntes con los pecadores mi alma, ni mi vida con hombres sanguinarios:
10 En cuyas manos *está* el mal, y su diestra está llena de sobornos.
11 Mas yo andaré en mi integridad: Redímeme, y ten misericordia de mí.
12 Mi pie ha estado en rectitud: En las congregaciones bendeciré a Jehová.

SALMO 27
<<Salmo de David>>

Jehová *es* mi luz y mi salvación; ¿de quién temeré? Jehová *es* la fortaleza de mi vida; ¿de quién he de atemorizarme?

a 2 Sm 16:12

b Sal 3:6

c Sal 16:1

d Sal 26:8
e Sal 65:4
f Sal 130:8
g Sal 90:17

h Sal 31:20
y 91:1 Is 4:6

i Sal 3:3
j Lc 24:49

k Sal 1:1
Jer 15:17
l Sal 24:6
m Sal 69:17
n Éx 30:19
Dt 21:6
Sal 24:4
o Is 49:15
p Sal 9:1
q Sal 25:4

r 1 Sm 22:9
Sal 35:11
s Hch 9:1

t Sal 116:9
u Sal 37:4

v Sal 18:2

x Sal 88:4

2 Cuando se juntaron contra mí los malignos, mis angustiadores y mis enemigos, para comer mis carnes, ellos tropezaron y cayeron.
3 ᵇAunque un ejército acampe contra mí, no temerá mi corazón: Aunque contra mí se levante guerra, yo estaré confiado.
4 ᵈUna cosa he pedido de Jehová, y ésta buscaré: Que esté yo ᵉen la casa de Jehová todos los días de mi vida, para contemplar ᵍla hermosura de Jehová, y para inquirir en su templo.
5 ʰPorque Él me esconderá en su tabernáculo en el día del mal; me ocultará en lo reservado de su pabellón; me pondrá en alto sobre una roca.
6 Luego levantará ⁱmi cabeza sobre mis enemigos que me rodean; y yo ofreceré en su tabernáculo sacrificios de júbilo: Cantaré y entonaré salmos a Jehová.
7 Oye, oh Jehová, mi voz *cuando a ti* clamo; y ten misericordia de mí, respóndeme.
8 *Tú has dicho*: Buscad mi rostro. Mi corazón te ha respondido: ˡTu rostro buscaré, oh Jehová.
9 ᵐNo escondas tu rostro de mí, no apartes con ira a tu siervo: Tú has sido mi ayuda; no me dejes ni me desampares, Dios de mi salvación.
10 ᵒAunque mi padre y mi madre me dejaran, con todo, Jehová me recogerá.
11 ᑫEnséñame, oh Jehová, tu camino, y guíame por senda de rectitud, a causa de mis enemigos.
12 No me entregues a la voluntad de mis enemigos; ʳporque se han levantado contra mí testigos falsos, y los que ˢrespiran crueldad.
13 Hubiera yo desmayado, si no creyese que he de ver la bondad de Jehová en ᵗla tierra de los vivientes.
14 ᵘEspera en Jehová: Esfuérzate, y Él fortalecerá tu corazón; sí, espera en Jehová.

SALMO 28
<<Salmo de David>>

A ti clamaré, oh Jehová, ᵛRoca mía; no te desentiendas de mí; para que no sea yo, dejándome tú, ˣsemejante a los que descienden a la fosa.

SALMOS 29-31

2 Oye la voz de mis ruegos cuando a ti clamo, ^bcuando alzo mis manos ^chacia tu santo templo.

3 No me arrebates a una con los malos, y con los obradores de iniquidad; ^elos cuales hablan paz con su prójimo, pero la maldad *está* en su corazón.

4 ^fDales conforme a su obra, y conforme a la maldad de sus hechos: Dales conforme a la obra de sus manos, dales su paga.

5 Porque ^hno atienden a los hechos de Jehová, ni a la obra de sus manos, Él los derribará, y no los edificará.

6 Bendito *sea* Jehová, que oyó la voz de mis súplicas.

7 Jehová *es* mi fortaleza y mi escudo: En Él confió mi corazón, y fui ayudado; por lo que se gozó mi corazón, y con mi canción le alabaré.

8 Jehová *es* la fortaleza de *su* pueblo, y ⁿla fuerza salvadora de su ungido.

9 Salva a tu pueblo, y bendice a tu heredad; pastoréalos y enaltécelos para siempre.

SALMO 29
<<Salmo de David>>

Dad a Jehová, oh ^phijos de poderosos, dad a Jehová la gloria y la fortaleza.

2 Dad a Jehová la gloria debida a su nombre: Adorad a Jehová en ^rla hermosura de la santidad.

3 ^sLa voz de Jehová sobre las aguas; truena el Dios de gloria; Jehová sobre ^ulas muchas aguas.

4 La voz de Jehová *es* poderosa; la voz de Jehová *es* majestuosa.

5 La voz de Jehová quiebra los cedros; quiebra Jehová los cedros del Líbano.

6 ^xLos hace saltar como becerros; al Líbano y al ^ySirión como cría de unicornio.

7 La voz de Jehová derrama llamas de fuego.

8 La voz de Jehová hace temblar el desierto; hace temblar Jehová el desierto de Cades.

9 La voz de Jehová hace parir a las ciervas, y desnuda los bosques; En su templo todos los suyos proclaman *su* gloria.

10 Jehová ^bpreside en el diluvio; y

a Sal 10:16
b 1 Re 8:28
Sal 5:7
c 1 Re 6:5
d Sal 28:8
e Sal 12:2
Jer 9:8

f 2 Tim 4:14

g Sal 25:2
h Job 34:27
Is 5:12
i Sal 6:2
j Sal 86:13
k Sal 28:14

l Sal 63:3
m Sal 126:5
n Sal 20:6

o Sal 104:29

p 1 Cr 16:28
Sal 96:7-9

q Sal 6:5
r 1 Cr 16:29

s Job 37:2
t 2 Sm 6:14
u Sal 144:7

v Sal 16:9
y 57:8

x Sal 114:4-6
y Dt 3:9

z Sal 18:2
a Sal 23:3
b Gn 6:17

Has cambiado mi lamento en baile

^ase sienta Jehová como Rey para siempre.

11 ^dJehová dará fortaleza a su pueblo: Jehová bendecirá a su pueblo en paz.

SALMO 30
<<Salmo cantado en la dedicación de la casa de David>>

Te glorificaré, oh Jehová; porque me has levantado, y no hiciste a mis enemigos ^galegrarse de mí.

2 Jehová Dios mío, a ti clamé, y ⁱme sanaste.

3 Oh Jehová, ^jhiciste subir mi alma del sepulcro; me diste vida, para que ^kno descendiese a la fosa.

4 Cantad a Jehová, vosotros sus santos, y celebrad la memoria de su santidad.

5 Porque un momento *durará* su furor; mas ^len su voluntad *está* la vida: Por la noche durará ^mel lloro, pero a la mañana vendrá la alegría.

6 Y dije yo en mi prosperidad: No seré movido jamás;

7 porque tú, Jehová, por tu benevolencia has asentado mi monte con fortaleza. ^oEscondiste tu rostro, fui conturbado.

8 A ti, oh Jehová, clamaré; y al Señor suplicaré.

9 ¿Qué provecho hay en mi muerte, cuando yo descienda al sepulcro? ^q¿Te alabará el polvo? ¿Anunciará tu verdad?

10 Oye, oh Jehová, y ten misericordia de mí: Jehová, sé tú mi ayudador.

11 ^tHas cambiado mi lamento en baile; desataste mi cilicio, y me ceñiste de alegría.

12 Por tanto a ti cantaré, ^vgloria mía, y no estaré callado. Jehová Dios mío, te alabaré para siempre.

SALMO 31
<<Al Músico principal: Salmo de David>>

En ti, oh Jehová, he confiado; no sea yo avergonzado jamás: Líbrame en tu justicia.

2 Inclina a mí tu oído, líbrame presto; sé tú mi Roca fuerte, mi fortaleza para salvarme.

3 Porque ^ztú *eres* mi Roca y mi castillo; y ^apor amor a tu nombre me guiarás, y me encaminarás.

Bienaventuranza del perdón

4 ªMe sacarás de ᵇla red que han escondido para mí; porque tú *eres* mi fortaleza.

5 ᵉEn tu mano encomiendo mi espíritu: Tú me has redimido, oh Jehová, Dios de verdad.

6 Aborrecí a los que esperan en vanidades ilusorias; mas yo en Jehová he esperado.

7 Me gozaré y alegraré en tu misericordia, porque has visto mi aflicción; has conocido mi alma en las angustias.

8 Y no me encerraste en mano del enemigo; hiciste estar mis pies en lugar espacioso.

9 Ten misericordia de mí, oh Jehová, que estoy en angustia; de pesar se han consumido mis ojos, mi alma, y mis entrañas.

10 Porque mi vida se va gastando de dolor, y mis años de suspirar; se ha debilitado mi fuerza a causa de mi iniquidad, y ˡmis huesos se han consumido.

11 De todos mis enemigos he sido oprobio, más ᵒde mis vecinos, y horror a mis conocidos; ᵖlos que me veían afuera, huían de mí.

12 ʳHe sido olvidado de su corazón como un muerto; he venido a ser como un vaso quebrado.

13 ᵗPorque he oído la calumnia de muchos; miedo por todas partes, cuando ᵛconsultaban juntos contra mí, e ideaban quitarme la vida.

14 Mas yo en ti confié, oh Jehová; yo dije: Tú eres mi Dios.

15 ʸEn tu mano están mis tiempos: Líbrame de la mano de mis enemigos, y de mis perseguidores.

16 ªHaz resplandecer tu rostro sobre tu siervo: Sálvame por tu misericordia.

17 No sea yo avergonzado, oh Jehová, ya que te he invocado; sean avergonzados los impíos, estén mudos en el sepulcro.

18 Enmudezcan los labios mentirosos, que hablan contra el justo ᶠcosas duras, con soberbia y menosprecio.

19 ʰ¡Cuán grande *es* tu bondad, que has guardado para los que te temen, que has mostrado para los que en ti confían, delante de los hijos de los hombres!

20 Los esconderás en el secreto de tu rostro de las arrogancias del hombre; ᶜlos pondrás en un tabernáculo ᵈa cubierto de contención de lenguas.

21 Bendito Jehová, porque ᶠha hecho maravillosa su misericordia para conmigo en ciudad fuerte.

22 Y ᵍdecía yo en mi premura: ʰCortado soy de delante de tus ojos; mas tú oíste la voz de mis súplicas, cuando a ti clamé.

23 ⁱAmad a Jehová todos vosotros sus santos: A los fieles guarda Jehová, y paga abundantemente al que obra con soberbia.

24 ʲEsforzaos todos vosotros los que esperáis en Jehová, y Él fortalecerá vuestro corazón.

SALMO 32
<<*Salmo* de David: Masquil>>

Bienaventurado ᵏaquel cuya transgresión ha sido perdonada, y cubierto su pecado.

2 Bienaventurado el hombre a quien Jehová ᵐno imputa iniquidad, y ⁿen cuyo espíritu no hay engaño.

3 Mientras callé, ᵠse envejecieron mis huesos en mi gemir todo el día.

4 Porque de día y de noche ˢse agravó sobre mí tu mano; mi verdor se volvió en sequedades de estío. (Selah)

5 ᵘMi pecado te declaré, y no encubrí mi iniquidad. Dije: ˣConfesaré mis transgresiones a Jehová; y tú perdonaste la maldad de mi pecado. (Selah)

6 Por esto orará a ti todo santo en ᶻel tiempo de poder hallarte: Ciertamente en la inundación de muchas aguas no llegarán éstas a él.

7 ᵇTú eres mi refugio; me guardarás de angustia: Con cánticos de liberación me rodearás. (Selah)

8 ᶜTe haré entender, y te enseñaré ᵈel camino en que debes andar: Sobre ti fijaré mis ojos.

9 ᵉNo seáis como el caballo, o como el mulo, sin entendimiento: Cuya boca ha de ser sujetada ᵍcon cabestro y con freno, para que no lleguen a ti.

10 ⁱMuchos dolores *habrá* para el impío; ʲmas al que confía en Jehová, le rodeará misericordia.

11 ᵏAlegraos en Jehová, y gozaos, justos; dad voces de júbilo todos vosotros los rectos de corazón.

SALMO 33

Alegraos, oh justos, en Jehová: ᵇA los rectos es hermosa la alabanza.

2 Alabad a Jehová con arpa, cantadle con salterio y decacordio.

3 ᶜCantadle cántico nuevo; hacedlo bien tañendo con júbilo.

4 Porque recta es la palabra de Jehová, y todas sus obras con verdad *son hechas*.

5 ᵉÉl ama justicia y juicio; ᶠDe la misericordia de Jehová está llena la tierra.

6 ʰPor la palabra de Jehová fueron hechos los cielos, y todo el ejército de ellos por el aliento de su boca.

7 ⁱÉl junta como en un montón las aguas del mar: Él pone en depósitos los abismos.

8 Tema a Jehová toda la tierra: Témanle todos los habitantes del mundo.

9 Porque ˡÉl habló, y fue hecho; Él mandó, y se estableció.

10 ᵒJehová hace nulo el consejo de las naciones, y frustra las maquinaciones de los pueblos.

11 El consejo de Jehová permanece para siempre; los pensamientos de su corazón por todas las generaciones.

12 ʳBienaventurada la nación cuyo Dios *es* Jehová; el pueblo a quien Él escogió como heredad para sí.

13 Desde los cielos miró Jehová; vio a todos los hijos de los hombres:

14 Desde el lugar de su morada miró sobre todos los moradores de la tierra.

15 Él formó el corazón de todos ellos; Él considera todas sus obras.

16 ᵛEl rey no es salvo con la multitud del ejército: No escapa el valiente por la mucha fuerza.

17 ᶻVanidad *es* el caballo para salvarse; no librará por la grandeza de su fuerza.

18 He aquí, ᶜel ojo de Jehová sobre los que le temen, sobre los que esperan en su misericordia;

19 Para librar sus almas de la muerte, y ᶠpara darles vida en tiempos de hambre.

20 Nuestra alma espera en Jehová; ʰNuestra ayuda y nuestro escudo *es* Él.

21 Por tanto, ᵃen Él se alegrará nuestro corazón, porque en su santo nombre hemos confiado.

22 Sea tu misericordia, oh Jehová, sobre nosotros, según esperamos en ti.

SALMO 34

<<*Salmo* de David, cuando mudó su semblante delante de Abimelec, y él lo echó, y se fue>>

Bendeciré ᵈa Jehová en todo tiempo, de continuo mi boca le alabará.

2 ᵍEn Jehová se gloriará mi alma; lo oirán los mansos y se alegrarán.

3 Engrandeced a Jehová conmigo, y exaltemos a una su nombre.

4 ʲBusqué a Jehová, y Él me oyó, y me libró de todos mis temores.

5 Los que a Él miraron, ᵏfueron alumbrados; y sus rostros no fueron avergonzados.

6 Este pobre clamó, y le oyó Jehová, y lo libró de todas sus angustias.

7 ᵐEl ángel de Jehová ⁿacampa en derredor de los que le temen, y los defiende.

8 ᵖGustad, y ved que *es* bueno Jehová: ᵠDichoso el hombre que en Él confía.

9 Temed a Jehová, vosotros sus santos; porque nada falta a los que le temen.

10 ˢLos leoncillos necesitan, y tienen hambre; ᵗpero los que buscan a Jehová, no tendrán falta de ningún bien.

11 Venid, hijos, oídme; el temor de Jehová os enseñaré.

12 ᵘ¿Quién es el hombre que desea vida, que desea *muchos* días para ver el bien?

13 Guarda tu lengua del mal, y tus labios ˣde hablar engaño.

14 ʸApártate del mal y haz el bien; ᵃBusca la paz y síguela.

15 ᵇLos ojos de Jehová están sobre los justos, y *atentos* sus oídos al clamor de ellos.

16 ᵈLa ira de Jehová contra los que hacen mal, ᵉpara cortar de la tierra la memoria de ellos.

17 Claman *los justos*, y Jehová *los* oye, y los libra de todas sus angustias.

18 Cercano está Jehová a ᵍlos quebrantados de corazón; y salvará a los contritos de espíritu.

Él libra al justo de sus aflicciones

19 ªMuchas *son* las aflicciones del justo; pero de todas ellas lo librará Jehová.
20 Él guarda todos sus huesos; ᵇni uno de ellos será quebrantado.
21 Matará al malo la maldad; y los que aborrecen al justo serán asolados.
22 Jehová ᵈredime el alma de sus siervos; y no serán desolados cuantos en Él confían.

SALMO 35
<<Salmo de David>>

Disputa, ʰoh Jehová, con los que contra mí contienden; pelea con los que combaten contra mí.
2 ʲEcha mano al escudo y al pavés, y levántate en mi ayuda.
3 Y saca la lanza, cierra contra mis perseguidores; di a mi alma: Yo soy tu salvación.
4 Sean avergonzados y confundidos los que buscan mi alma; vuelvan atrás, y sean avergonzados los que mi mal intentan.
5 ᵠSean como el tamo delante del viento; y el ángel de Jehová los acose.
6 Sea su camino oscuro y ˢresbaladizo; y el ángel de Jehová los persiga.
7 Porque sin causa escondieron para mí su red en un hoyo; sin causa hicieron hoyo para mi alma.
8 ᵘQue le venga destrucción sobre él sin darse cuenta, y que ˣla red que él escondió lo prenda; que caiga en esa misma destrucción.
9 Y mi alma se alegrará en Jehová; ʸSe regocijará en su salvación.
10 Todos mis huesos dirán: Jehová, ᶻ¿quién como tú, que libras al afligido del más fuerte que él, y al pobre y menesteroso del que lo despoja?
11 Se levantaron testigos falsos; me demandaron lo que no sabía;
12 ᶜme devolvieron mal por bien, para abatir a mi alma.
13 Mas yo, cuando ellos enfermaron, me vestí de cilicio; ᵈafligí con ayuno mi alma, y mi oración ᵉse volvía en mi seno.
14 Anduve como si *fuesen* mis amigos, mis hermanos; como el que trae luto por *su* madre, enlutado me humillaba.

a	2 Tim 3:11
b	Jn 19:36
c	Job 16:9 Lm 2:16
d	Sal 71:23
e	Hab 1:13
f	Sal 22:20
g	Sal 22:25
h	1 Sm 24:16
i	Pr 6:13
j	Sal 5:12
k	Sal 22:13
l	Sal 40:15
m	Éx 3:7
n	Sal 28:1
o	Sal 22:11,19 y 38:21
p	Sal 7:6
q	Sal 1:4
r	Sal 26:1
s	Jer 23:12
t	Lm 2:16
u	1 Ts 5:3
v	ver 4
x	Sal 7:15
y	Lc 1:47
z	Éx 15:11
a	Sal 149:4
b	Sal 51:14 y 71:24
c	Sal 38:20 Jer 18:20 Jn 10:32
d	Job 30:25 Sal 69:10-11
e	Sal 79:12
f	Rm 3:18
g	Dt 29:19 Sal 10:3

SALMOS 35-36

15 Pero ellos se alegraron en mi adversidad, y se juntaron; se juntó contra mí gente despreciable, y yo no lo entendía; me despedazaban, y no cesaban;
16 Como lisonjeros escarnecedores y truhanes, ᶜcrujiendo sobre mí sus dientes.
17 Señor, ᵉ¿hasta cuándo verás esto? Rescata mi alma de sus destrucciones, ᶠmi ser de los leones.
18 ᵍTe confesaré en grande congregación; te alabaré entre numeroso pueblo.
19 No se alegren de mí los que injustamente son mis enemigos; *ni* los que me aborrecen sin causa ⁱguiñen el ojo.
20 Porque no hablan paz; y contra los mansos de la tierra piensan palabras engañosas.
21 Y ᵏensancharon sobre mí su boca; dijeron: ¡Ea, ea, nuestros ojos lo han visto!
22 ᵐTú lo has visto, oh Jehová; ⁿno calles: Señor, ᵒno te alejes de mí.
23 ᵖMuévete y levántate para mi juicio, para mi causa, Dios mío y Señor mío.
24 ʳJúzgame conforme a tu justicia, Jehová Dios mío; y no se alegren de mí.
25 No digan en su corazón: ¡Ea, alma nuestra! No digan: ᵗ¡Lo hemos devorado!
26 ᵛSean avergonzados y confundidos a una los que de mi mal se alegran; Vístanse de vergüenza y confusión los que se engrandecen contra mí.
27 Canten y alégrense los que están a favor de mi justa causa, y digan siempre: Sea exaltado Jehová, que se complace en ªla prosperidad de su siervo.
28 ᵇY mi lengua hablará de tu justicia, y de tu loor todo el día.

SALMO 36
<<Al Músico principal: *Salmo* de David, siervo del Señor>>

La iniquidad del impío me dice al corazón: ᶠNo hay temor de Dios delante de sus ojos.
2 Pues ᵍse lisonjea en sus propios ojos, hasta que se descubre que su iniquidad es aborrecible.

SALMOS 37

3 Las palabras de su boca *son* iniquidad y fraude; [b]dejó de ser sensato, y de hacer el bien.

4 [c]Iniquidad piensa sobre su cama; está [e]en camino no bueno, el mal no aborrece.

5 [g]Hasta los cielos oh Jehová, es tu misericordia; tu fidelidad *alcanza* hasta las nubes.

6 [j]Tu justicia es como los montes de Dios, tus juicios abismo grande: Oh Jehová, [l]al hombre y al animal conservas.

7 [m]¡Cuán preciosa, oh Dios, es tu misericordia! Por eso los hijos de los hombres [o]se amparan bajo la sombra de tus alas.

8 Serán plenamente saciados de la grosura de [q]tu casa; y tú los abrevarás [r]del torrente de [s]tus delicias.

9 Porque [t]contigo está el manantial de la vida: [y]En tu luz veremos la luz.

10 Extiende tu misericordia a [y]los que te conocen, y tu justicia a los rectos de corazón.

11 No venga contra mí pie de soberbia; y mano de impíos no me mueva.

12 Allí cayeron los obradores de iniquidad; fueron derribados, y no podrán levantarse.

SALMO 37
<<Salmo de David>>

No [c]te impacientes a causa de los malignos, [d]ni tengas envidia de los que hacen iniquidad.

2 Porque [g]como el pasto serán pronto cortados, y como la hierba verde se secarán.

3 Espera en Jehová, y haz el bien; y vivirás en la tierra, y en verdad serás alimentado.

4 [j]Deléitate asimismo en Jehová, y Él te concederá las peticiones de tu corazón.

5 Encomienda [l]a Jehová tu camino, confía en Él, y Él hará.

6 Y exhibirá tu justicia como la luz, y tu derecho como el mediodía.

7 [n]Guarda silencio ante Jehová [o]y espera en Él: No te alteres con motivo del que prospera en su camino, por causa del hombre que hace maldades.

No he visto justo desamparado

8 Deja la ira y depón el enojo; [a]no te excites en manera alguna a hacer lo malo.

9 [d]Porque los malignos serán cortados, mas los que esperan en Jehová [f]heredarán la tierra.

10 [h]Pues de aquí a poco no existirá el malo; [i]y contemplarás sobre su lugar, y ya no *estará*.

11 Pero [k]los mansos heredarán la tierra, y se recrearán con abundancia de paz.

12 Maquina el impío contra el justo, y cruje sobre él sus dientes.

13 [n]El Señor se reirá de él; porque ve que viene [p]su día.

14 Los impíos han desenvainado la espada y entesado su arco, para derribar al pobre y al menesteroso, para matar a los de recto proceder.

15 Su espada entrará en su propio corazón, [u]y su arco será quebrado.

16 [x]Mejor es lo poco del justo, que las riquezas de muchos pecadores.

17 Porque [z]los brazos de los impíos serán quebrados; Pero Jehová sostiene a los justos.

18 [a]Conoce Jehová los días de los rectos; y la heredad de ellos será para siempre.

19 No serán avergonzados en el mal tiempo; y [b]en los días de hambre serán saciados.

20 Mas los impíos perecerán, y los enemigos de Jehová como la grasa de los carneros serán consumidos; se disiparán como humo.

21 [e]El impío toma prestado y no paga; mas [f]el justo tiene misericordia y da.

22 [h]Porque los bendecidos de Él heredarán la tierra; y los maldecidos por Él serán cortados.

23 [i]Por Jehová son ordenados los pasos del hombre *bueno*, y Él aprueba su camino.

24 Cuando cayere, [k]no quedará postrado; porque Jehová sostiene su mano.

25 Joven fui, y he envejecido, y no he visto justo desamparado, ni a su simiente [m]mendigando pan.

26 [p]En todo tiempo tiene misericordia y presta; y su simiente es para bendición.

27 [q]Apártate del mal y haz el bien, [r]y vivirás para siempre.

Dios mío, apresúrate a socorrerme

28 Porque Jehová ama la rectitud, y no desampara a sus santos; para siempre serán guardados; ᵇmas la simiente de los impíos será cortada.
29 Los justos heredarán la tierra, y vivirán para siempre sobre ella.
30 ᶜLa boca del justo hablará sabiduría; y su lengua pronunciará juicio.
31 ᵉLa ley de su Dios está en su corazón; No vacilarán sus pasos.
32 Acecha el impío al justo, y procura matarlo.
33 Jehová no lo dejará en sus manos, ʲni lo condenará cuando sea juzgado.
34 ᵏEspera en Jehová y guarda su camino, y Él te exaltará para heredar la tierra: Cuando sean cortados los pecadores, lo verás.
35 ᵐVi yo al impío sumamente enaltecido, y que se extendía como un laurel verde.
36 Pero pasó, y he aquí, ya no estaba; lo busqué, y no fue hallado.
37 Considera al íntegro, y mira al justo; porque la postrimería de ellos es ⁿpaz.
38 Mas los transgresores serán todos a una destruidos; ᵖla postrimería de los impíos será cortada.
39 Pero la salvación de los justos viene de Jehová; Él es su fortaleza en el tiempo de la angustia.
40 Jehová los ayudará y ᵠlos librará; los librará de los impíos y los salvará, por cuanto en Él confiaron.

SALMO 38
<<Salmo de David, para recordar>>

Jehová, ᵛno me reprendas en tu furor, ni me castigues en tu ira.
2 Porque ˣtus saetas cayeron sobre mí, y sobre mí ha descendido tu mano.
3 No hay nada sano en mi carne a causa de tu ira; ʸni hay paz en mis huesos a causa de mi pecado.
4 Porque ᶻmis iniquidades han sobrepasado mi cabeza; como carga pesada ᵇse han agravado sobre mí.
5 ᶜHieden y se corrompen mis llagas, a causa de mi locura.
6 Estoy encorvado, ᵈestoy humillado en gran manera, ando enlutado todo el día.
7 Porque mis lomos están llenos de irritación, y nada hay sano en mi carne.

SALMOS 38-39

8 Estoy debilitado y molido en gran manera; he ᵃgemido a causa de la conmoción de mi corazón.
9 Señor, delante de ti están todos mis deseos; y mi suspiro no te es oculto.
10 Mi corazón está acongojado, me ha dejado mi vigor; y aun ᵈla misma luz de mis ojos se ha ido de mí.
11 ᶠMis amigos y mis compañeros se quitaron de delante de mi plaga; y mis cercanos ᵍse pusieron lejos.
12 Los que buscaban mi alma ʰtendieron lazos; ⁱy los que procuraban mi mal hablaban iniquidades, y meditaban fraudes todo el día.
13 Mas yo, como si fuera sordo no oía; ʲy *estaba* como un mudo, *que* no abre su boca.
14 Fui, pues, como un hombre que no oye, y que en su boca no tiene reprensiones.
15 Porque en ti, oh Jehová, esperé yo: Tú responderás, Señor, Dios mío.
16 Porque dije: ᵒQue no se alegren de mí: Cuando mi pie resbalaba, sobre mí se engrandecían.
17 Pero yo estoy a punto de claudicar, y mi dolor *está* delante de mí continuamente.
18 Por tanto confesaré mi maldad; ʳMe contristaré por mi pecado.
19 Porque mis enemigos están vivos y fuertes; y ˢse han aumentado los que me aborrecen sin causa:
20 Y ᵗpagando mal por bien me son contrarios, ᵘpor seguir yo lo bueno.
21 No me desampares, oh Jehová: Dios mío, no te alejes de mí.
22 Apresúrate a socorrerme, oh Señor, mi salvación.

SALMO 39
<<Al Músico principal, a Jedutún: Salmo de David>>

Yo dije: ᵃAtenderé a mis caminos, para no pecar con mi lengua: Guardaré mi boca con freno, en tanto que el impío esté delante de mí.
2 ᵉEnmudecí con silencio, me callé aun respecto de lo bueno; y se agravó mi dolor.
3 ᶠSe enardeció mi corazón dentro de mí; se encendió fuego en mi

meditación, y así proferí con mi lengua:

4 ᵃHazme saber, Jehová, mi fin, y cuál sea la medida de mis días; sepa yo cuán frágil soy.

5 He aquí diste a mis días término corto, y ᶜmi edad es como nada delante de ti: Ciertamente el hombre, aun en su mejor estado, es ᵈcompleta vanidad. (Selah)

6 Ciertamente en tinieblas anda el hombre; ʰciertamente en vano se afana; ⁱacumula *riqueza*, y no sabe quién la recogerá.

7 Y ahora, Señor, ¿qué esperaré? ᵏMi esperanza *está* en ti.

8 Líbrame de todas mis transgresiones; no me pongas por escarnio del insensato.

9 Enmudecí, no abrí mi boca; porque ˡtú lo hiciste.

10 ᵐQuita de sobre mí tu plaga; Bajo los golpes de tu mano estoy consumido.

11 Con castigos sobre el pecado corriges al hombre, y haces consumirse como de polilla su grandeza: Ciertamente vanidad es todo hombre. (Selah)

12 Oye mi oración, oh Jehová, y escucha mi clamor: ᵖno calles ante mis lágrimas, ᑫporque peregrino soy para contigo, y advenedizo, ʳcomo todos mis padres.

13 ʳDéjame, y tomaré fuerzas, antes que vaya y perezca.

SALMO 40

<<Al Músico principal: Salmo de David>>

Pacientemente ˣesperé en Jehová, y Él se inclinó a mí, y oyó mi clamor.

2 Y me sacó del pozo de la desesperación, del ᵇlodo cenagoso; puso mis pies sobre peña y ᶜenderezó mis pasos.

3 Puso luego en mi boca cántico nuevo, alabanza a nuestro Dios. Verán esto muchos, y temerán, y confiarán en Jehová.

4 ᵉBienaventurado el hombre que pone en Jehová su confianza, y no mira a los soberbios, ni a los que se desvían a la mentira.

5 ᵍHas aumentado, oh Jehová Dios mío, tus maravillas; y tus pensamientos para con nosotros, no te los podremos contar; si yo anunciare y hablare de ellos, no pueden ser enumerados.

6 ᵇSacrificio y ofrenda no te agradan; has abierto mis oídos; holocausto y expiación no has demandado.

7 Entonces dije: He aquí, vengo; en ᵉel rollo del libro ᶠ*está* escrito de mí:

8 ᵍEl hacer tu voluntad, Dios mío, me ha agradado; y tu ley está en medio de mi corazón.

9 He predicado justicia ʲen grande congregación; he aquí no he refrenado mis labios, Jehová, tú lo sabes.

10 No he encubierto tu justicia dentro de mi corazón: Tu fidelidad y tu salvación he proclamado: No he ocultado tu misericordia y tu verdad a la gran congregación.

11 Tú, oh Jehová, no retengas de mí tus misericordias; ⁿtu misericordia y tu verdad me guarden siempre.

12 Porque me han rodeado males sin número; ᵒme han alcanzado mis maldades, y no puedo levantar la vista; son más numerosas que los cabellos de mi cabeza, y mi corazón me falla.

13 Quieras, oh Jehová, librarme; Jehová, ˢapresúrate a socorrerme.

14 Sean avergonzados y confundidos a una los que buscan mi vida para destruirla; vuelvan atrás y sean avergonzados los que mi mal desean.

15 Sean asolados en pago de su afrenta los que me dicen: ᵘ¡Ajá, ajá!

16 Gócense y alégrense en ti todos los que te buscan; y ᵛdigan siempre los que aman tu salvación: ʸJehová sea engrandecido.

17 ᶻAunque afligido yo y necesitado, ᵃJehová pensará en mí. Mi ayuda y mi Libertador eres tú; Dios mío, no te tardes.

SALMO 41

<<Al Músico principal: Salmo de David>>

Bienaventurado ᵈel que piensa en el pobre; en el día malo ᶠlo librará Jehová.

2 Jehová lo guardará, y le dará vida; será bienaventurado en la tierra, y ʰno lo entregarás a la voluntad de sus enemigos.

Mi alma tiene sed del Dios vivo

3 Jehová lo sustentará sobre el lecho del dolor; ablandarás toda su cama en su enfermedad.

4 Yo dije: Jehová, ten misericordia de mí; ^csana mi alma, porque contra ti he pecado.

5 Mis enemigos dicen mal de mí, preguntando: ¿Cuándo morirá y perecerá su nombre?

6 Y si vienen a verme, ^ghablan mentira; su corazón acumula iniquidad para sí; y al salir fuera, la divulgan.

7 Reunidos murmuran contra mí todos los que me aborrecen; contra mí piensan mal, *diciendo de mí*:

8 Cosa pestilencial se ha apoderado de él; y el que cayó en cama, no volverá a levantarse.

9 ^kAun mi íntimo amigo, en quien yo confiaba, el que de mi pan comía, levantó contra mí *su* calcañar.

10 Mas tú, Jehová, ten misericordia de mí y levántame, y les daré el pago.

11 En esto conozco que te he agradado; en que mi enemigo no triunfa sobre mí.

12 En cuanto a mí, ^men mi integridad me has sustentado, y ^ome has hecho estar delante de ti para siempre.

13 ^pBendito sea Jehová, el Dios de Israel, desde la eternidad, y hasta la eternidad. ^qAmén, y amén.

SALMO 42

<<Al Músico principal: Masquil para los hijos de Coré>>

Como el ciervo brama por las corrientes de las aguas, así clama por ti, oh Dios, el alma mía.

2 ^vMi alma tiene sed de Dios, ^xdel Dios vivo: ¿Cuándo vendré y ^zme presentaré delante de Dios?

3 ^aFueron mis lágrimas mi pan de día y de noche, ^bmientras me dicen todos los días: ¿Dónde *está* tu Dios?

4 Me acuerdo de estas cosas, y ^cderramo mi alma dentro de mí: Porque yo fui con la multitud, fui con ellos a la casa de Dios, con voz de alegría y de alabanza, haciendo fiesta la multitud.

5 ^d¿Por qué te abates, oh alma mía, y te turbas dentro de mí? Espera en Dios; porque aún he de alabarle por la ayuda de su presencia.

6 Dios mío, mi alma está abatida dentro de mí; me acordaré por tanto de ti ^adesde la tierra del Jordán, y de los ^bhermonitas, desde el monte de Mizar.

7 ^dUn abismo llama a otro a la voz de tus cascadas; ^etodas tus ondas y tus olas han pasado sobre mí.

8 De día ^fmandará Jehová su misericordia, y ^hde noche su canción *será* conmigo, y mi oración al Dios de mi vida.

9 Diré a Dios: ⁱRoca mía, ¿por qué te has olvidado de mí? ¿Por qué andaré yo enlutado por la opresión del enemigo,

10 *como* con una espada en mis huesos? Mis enemigos me afrentan, ^jdiciéndome cada día: ¿Dónde está tu Dios?

11 ^l¿Por qué te abates, oh alma mía, y por qué te turbas dentro de mí? Espera en Dios; porque aún he de alabarle; *Él es* la salud de mi semblante, y mi Dios.

SALMO 43

Júzgame, oh Dios, y ⁿaboga mi causa: Líbrame de nación impía, del hombre de engaño e iniquidad.

2 Pues que tú *eres* el Dios de mi fortaleza, ¿por qué me has ^rdesechado? ^s¿Por qué andaré enlutado por la opresión del enemigo?

3 ^tEnvía tu luz y tu verdad; éstas me guiarán, me conducirán a ^utu monte santo, y a tus tabernáculos.

4 Y entraré al altar de Dios, a Dios mi alegría, mi gozo; y te alabaré con arpa, oh Dios, Dios mío.

5 ^y¿Por qué te abates, oh alma mía, y por qué te turbas dentro de mí? Espera en Dios; porque aún he de alabarle; *Él es* la salud de mi semblante, y mi Dios.

SALMO 44

<<Al Músico principal; para los hijos de Coré: Masquil>>

Oh Dios, con nuestros oídos hemos oído, ^enuestros padres nos han contado la obra que hiciste en sus días, en los tiempos antiguos.

---

a 2 Sm 17:22
b Dt 3:9
c 2 Cr 30:20
Sal 6:2
d Jer 4:20
Ez 7:26
e Sal 88:7
Jon 2:3
f Sal 133:3
g Sal 12:2
h Job 35:10
Sal 32:7
i 2 Sm 22:2

j Jl 2:17
Mi 7:10
k 2 Sm 15:12
Jn 13:18
Hch 1:16
l Sal 43:5

m Sal 63:8
n Sal 35:1
o Job 36:7
Sal 34:15
p Sal 106:48
Lc 1:68
q Sal 72:19
r Sal 44:9
s Sal 42:9
t Sal 40:11
y 57:3
u Sal 2:6
y 84:1

v Sal 63:1
y 84:2
x 1 Ts 1:9
y Sal 42:5
z Sal 84:7
a Sal 80:5
b Sal 79:10
c 1 Sm 1:15
Job 30:16
Sal 62:8

d Sal 43:5
e Éx 12:26
Sal 78:3

SALMOS 45

Dios es nuestro amparo y fortaleza

2 ªTú con tu mano echaste a las naciones, y los plantaste a ellos; afligiste a los pueblos, y los arrojaste.

3 ᵈPorque no se apoderaron de la tierra por su espada, ni su brazo los libró; sino tu diestra y tu brazo, y la luz de tu rostro, ᶠporque te complaciste en ellos.

4 Tú, oh Dios, eres mi Rey; manda salvación a Jacob.

5 Por medio de ti derribaremos a nuestros enemigos; en tu nombre hollaremos a nuestros adversarios.

6 Porque ʰno confiaré en mi arco, ni mi espada me salvará.

7 Pues tú nos has guardado de nuestros enemigos, y has avergonzado a los que nos aborrecían.

8 En Dios nos gloriaremos todo el tiempo, y para siempre alabaremos tu nombre. (Selah)

9 Pero ⁱnos has desechado, y nos has hecho avergonzar; y no sales con nuestros ejércitos.

10 Nos has hecho retroceder ante el enemigo, y los que nos aborrecían nos han saqueado para sí.

11 ᵏNos pusiste como a ovejas para comida, y ˡnos esparciste entre las naciones.

12 ⁿHas vendido a tu pueblo de balde, y no acrecentaste *tu riqueza* con su precio.

13 ᵖNos pusiste por vergüenza a nuestros vecinos, por escarnio y por burla a los que nos rodean.

14 ᵠNos pusiste por proverbio entre las naciones, ʳpor movimiento de cabeza entre los pueblos.

15 Cada día mi vergüenza está delante de mí, y me cubre la confusión de mi rostro,

16 por la voz del que me injuria y vitupera, ᵗpor razón del enemigo y del vengativo.

17 Todo esto nos ha sobrevenido, pero no nos hemos olvidado de ti; y ᵛno hemos faltado a tu pacto.

18 No se ha vuelto atrás nuestro corazón, ʸni nuestros pasos se han apartado de tu camino.

19 aunque nos quebrantaste ᶻen el lugar de los dragones y nos cubriste con sombra de muerte.

20 Si nos hubiésemos olvidado del nombre de nuestro Dios, o extendido nuestras manos a dios ajeno,

21 ᵇ¿No demandaría Dios esto? Porque ᶜÉl conoce los secretos del corazón.

22 ᵉPero por causa de ti nos matan cada día; somos contados como ovejas para el matadero.

23 Despierta; ¿por qué duermes, Señor? Despierta, no nos deseches para siempre.

24 ᵍ¿Por qué escondes tu rostro, y te olvidas de nuestra aflicción y de nuestra opresión?

25 Porque nuestra alma está agobiada hasta el polvo; nuestro vientre está pegado con la tierra.

26 Levántate para ayudarnos, y redímenos por tu misericordia.

SALMO 45

<<Al Músico principal: sobre Sosanim: para los hijos de Coré: Masquil: Canción de amores>>

Rebosa mi corazón palabra buena: Refiero yo al Rey mis obras: Mi lengua es pluma de ʲescribiente muy ligero.

2 Tú eres el más hermoso de los hijos de los hombres; ᵐla gracia se derramó en tus labios; por tanto, Dios te ha bendecido para siempre.

3 ᵒCíñete tu espada sobre el muslo, oh valiente, con tu gloria y con tu majestad.

4 Y en tu gloria sé prosperado: Cabalga sobre palabra de verdad, de humildad y de justicia; y tu diestra te enseñará cosas terribles.

5 Tus saetas agudas con que caerán pueblos debajo de ti, penetrarán en el corazón de los enemigos del Rey.

6 ˢTu trono, oh Dios, es eterno y para siempre; cetro de equidad es el cetro de tu reino.

7 Amaste la justicia y aborreciste la maldad; por tanto ᵘDios, el Dios tuyo, te ha ungido ˣcon óleo de alegría más que a tus compañeros.

8 Mirra, áloe y casia exhalan todas tus vestiduras; desde palacios de marfil te han alegrado.

9 ªHijas de reyes hay entre tus mujeres ilustres: ᵇLa reina está a tu diestra, con ᶜoro de Ofir.

10 Oye, hija, y mira, e inclina tu oído; y ᵉolvida a tu pueblo, y a la casa de tu padre;

Grande es Jehová y digno de ser alabado

11 y deseará el Rey tu hermosura: Adórale, porque Él es tu Señor.
12 Y la hija de Tiro vendrá ªcon presentes; los ricos del pueblo ᵇimplorarán tu favor.
13 Toda gloriosa en su interior es la hija del Rey; de brocado de oro es su vestido.
14 ᶜCon vestidos bordados será llevada al Rey; vírgenes en pos de ella; sus compañeras serán traídas a ti.
15 Serán traídas con alegría y gozo; entrarán en el palacio del Rey.
16 En lugar de tus padres serán tus hijos, ʰa quienes harás príncipes en toda la tierra.
17 Haré que tu nombre sea recordado en todas las generaciones; por lo cual te alabarán los pueblos eternamente y para siempre.

SALMO 46

<<Al Músico principal; para los hijos de Coré: Salmo sobre Alamot>>

Dios es ⁿnuestro amparo y fortaleza, ᵒnuestro pronto auxilio en las tribulaciones.
2 Por tanto no temeremos aunque la tierra sea removida; aunque se traspasen los montes al corazón del mar;
3 aunque bramen y se turben sus aguas; aunque tiemblen los montes a causa de su braveza. (Selah)
4 Hay ᵖun río cuyas corrientes alegrarán ᑫla ciudad de Dios, el lugar santo de los tabernáculos del Altísimo.
5 ʳDios está en medio de ella; no será conmovida: Dios la ayudará al clarear la mañana.
6 Bramaron las naciones, titubearon los reinos; dio Él su voz, se derritió la tierra.
7 ʸJehová de los ejércitos está con nosotros; nuestro refugio es el Dios de Jacob. (Selah)
8 Venid, ved las obras de Jehová, que ha puesto asolamientos en la tierra.
9 ᶻQue hace cesar las guerras hasta los confines de la tierra; que quiebra el arco, corta la lanza y quema los carros en el fuego.
10 Estad quietos, y conoced que yo soy Dios: ᶜEnaltecido seré entre las naciones, exaltado seré en la tierra.

SALMOS 46-48

11 Jehová de los ejércitos está con nosotros; Nuestro refugio es el Dios de Jacob. (Selah)

SALMO 47

<<Al Músico principal: De los hijos de Coré: Salmo>>

Pueblos todos, ᵈbatid las manos; Aclamad a Dios con voz de júbilo.
2 Porque Jehová el Altísimo ᵉes terrible; ᶠRey grande sobre toda la tierra.
3 ᵍÉl sujetará a los pueblos debajo de nosotros, y a las naciones debajo de nuestros pies.
4 Él nos elegirá nuestras heredades; ⁱla hermosura de Jacob, al cual amó. (Selah)
5 ʲSubió Dios con júbilo, Jehová con sonido de trompeta.
6 Cantad a Dios, cantad; cantad a nuestro Rey, cantad.
7 Porque Dios es ᵏel Rey de toda la tierra: ˡCantad con inteligencia.
8 Dios ᵐreina sobre las naciones: Sentado está Dios sobre su santo trono.
9 Los príncipes de los pueblos se han reunido, aun el pueblo del Dios de Abraham: Porque de Dios son los escudos de la tierra; Él es muy enaltecido.

SALMO 48

<<Canción: Salmo de los hijos de Coré>>

Grande es Jehová y digno de ser en gran manera alabado, ˢen la ciudad de nuestro Dios, ᵗen su monte santo.
2 ᵘHermosa provincia, ᵛel gozo de toda la tierra es el monte de Sión, a los lados del norte, ˣla ciudad del gran Rey.
3 Dios en sus palacios es conocido por refugio.
4 Porque he aquí los reyes de la tierra se reunieron; pasaron todos.
5 Y viéndola ellos así, se maravillaron, se turbaron, ᵃse dieron prisa a huir.
6 ᵇLes tomó allí temblor; dolor, como a mujer que da a luz.
7 ᵈCon viento solano quiebras tú las naves de Tarsis.

8 Como lo oímos, así hemos visto en ᵇla ciudad de Jehová de los ejércitos, en la ciudad de nuestro Dios: Dios ᶜla afirmará para siempre. (Selah)

9 Nos hemos acordado de tu misericordia, oh Dios, en medio de tu templo.

10 Conforme a ᵉtu nombre, oh Dios, así es tu loor hasta los confines de la tierra; de justicia está llena tu diestra.

11 Se alegrará el monte de Sión; se gozarán ᵍlas hijas de Judá por tus juicios.

12 Andad alrededor de Sión, y rodeadla; contad sus torres.

13 Observad atentamente su antemuro; mirad sus palacios; para que lo contéis a ʲla generación venidera.

14 Porque este Dios es Dios nuestro eternamente y para siempre: ᵏÉl nos guiará, aun hasta la muerte.

SALMO 49
<<Al Músico principal: Salmo para los hijos de Coré>>

Oíd esto, pueblos todos; escuchad, todos los habitantes del mundo;

2 Así ⁿlos plebeyos como los nobles, el rico y el pobre juntamente.

3 Mi boca hablará sabiduría; y la meditación de mi corazón será inteligencia.

4 ᵒInclinaré mi oído al proverbio; declararé con el arpa mi ᑫenigma.

5 ¿Por qué he de temer en los días de adversidad, cuando la iniquidad de mis acechadores me rodee?

6 ˢLos que confían en sus posesiones, y se jactan en la muchedumbre de sus riquezas,

7 ninguno de ellos ᵘpodrá en manera alguna redimir a su hermano, ˣni dar a Dios su rescate

8 (Porque ᵃla redención de su alma es de gran precio, y no se hará jamás),

9 Para que viva para siempre, y ᵇno vea corrupción.

10 Pues él ve que ᶜmueren los sabios; igualmente perecen ᵉel insensato y el necio, ʸdejan a otros sus riquezas.

11 En su interior piensan que sus casas serán eternas, y sus habitaciones por generación y generación; ᵃdan sus nombres a sus tierras.

12 Mas el hombre no permanecerá en honra; es semejante a las bestias que perecen.

13 Este su camino ᵈes locura; con todo, sus descendientes se complacen en el dicho de ellos. (Selah)

14 Como rebaños serán puestos en la sepultura; la muerte se cebará en ellos; y ᶠlos rectos señorearán sobre ellos por la mañana; y su buen parecer se consumirá en el sepulcro de su morada.

15 Pero Dios ʰredimirá mi alma del poder de la sepultura, ⁱporque Él me recibirá. (Selah)

16 No temas cuando se enriquece alguno, cuando aumenta la gloria de su casa;

17 Porque cuando muera no llevará nada, ni descenderá tras él su gloria.

18 Aunque mientras viva, ˡbendiga a su alma; y tú serás loado cuando te hicieres bien.

19 Entrará a la generación de sus padres; ᵐnunca mirarán la luz.

20 El hombre que está en honra y no entiende, semejante es a las bestias que perecen.

SALMO 50
<<Salmo de Asaf>>

El Dios de dioses, Jehová, ha hablado, y ha convocado la tierra, ᵖdesde el nacimiento del sol hasta donde se pone.

2 De Sión, ʳperfección de hermosura, Dios ha resplandecido.

3 Vendrá nuestro Dios, y no callará; ᵗfuego consumirá delante de Él, y en derredor suyo habrá tempestad grande.

4 ᵛConvocará a los cielos de arriba, y a la tierra, para juzgar a su pueblo.

5 Reunidme a ʸmis santos; los ᶻhan hecho conmigo pacto con sacrificio.

6 Y los cielos declararán su justicia; Porque Dios es el Juez. (Selah)

7 ᵈOye, pueblo mío, y hablaré: Escucha, Israel, y testificaré contra ti; ᵍYo soy Dios, el Dios tuyo.

8 No te reprenderé sobre tus sacrificios, ni por tus holocaustos, que delante de mí están siempre.

---

a Gn 4:17
b Is 60:14
c Is 2:2
d Lc 12:20
e Dt 28:58
Jos 7:9
Sal 113:3
Mal 1:11
f Dn 7:22
Mal 4:3
Ap 2:26
g Sal 97:8
h Sal 56:13
i Sal 73:24
j Sal 102:18
k Is 58:11
l Dt 29:19
Lc 12:19
m Sal 56:13
n Sal 62:9
o Sal 78:2
p Sal 113:3
q Nm 12:8
r Lm 2:15
Sal 48:2
s Mr 10:24
1 Tim 6:17
t Sal 21:9
u Mt 25:9
v Dt 4:26
x Mt 16:26
y Dt 33:3
Sal 30:4
y 149:1-9
Is 13:3
z Éx 24:7-8
a Job 36:18
b Sal 89:48
c Ec 2:16
d Sal 81:8
e Sal 92:6
f Sal 39:5
Pr 11:4
Ec 2:18
g Éx 20:2

El salmo del pecador penitente

9 No tomaré de tu casa becerros, ni machos cabríos de tus apriscos.
10 Porque mía es toda bestia del bosque, y los millares de animales en los collados.
11 Conozco todas las aves de los montes, y mías son las fieras del campo.
12 Si yo tuviese hambre, no te lo diría a ti; porque ᵈmío es el mundo y su plenitud.
13 ¿He de comer yo carne de toros, o he de beber sangre de machos cabríos?
14 ᵍSacrifica a Dios alabanza, y ʰpaga tus votos al Altísimo.
15 E ʲinvócame en el día de la angustia: Te libraré, y tú me honrarás.
16 Pero al malo dijo Dios: ¿Qué tienes tú que narrar mis leyes, y que tomar mi pacto en tu boca?
17 Pues tú aborreces la instrucción, y echas a tu espalda mis palabras.
18 Si veías al ladrón, tú corrías con él; y con los adúlteros era tu parte.
19 Tu boca metías en mal, y tu lengua componía engaño.
20 Tomabas asiento, y ᵒhablabas contra tu hermano; contra el hijo de tu madre ponías infamia.
21 Estas cosas hiciste, y ᵠyo he callado; pensabas que de cierto sería yo como tú; *pero* yo te reprenderé, y ʳlas pondré delante de tus ojos.
22 Entended ahora esto, los que os olvidáis de Dios; no sea que os despedace, sin que haya quien libre.
23 ᵘEl que sacrifica alabanza me honrará; y al que ordenare su camino, le mostraré la salvación de Dios.

SALMO 51

<<Al Músico principal: Salmo de David, cuando después que entró a Betsabé, vino a él Natán el profeta>>

Ten piedad de mí, oh Dios, conforme a tu misericordia; conforme a la multitud de tus piedades ᵃborra mis rebeliones.
2 ᵇLávame más y más de mi maldad, y límpiame de mi pecado.
3 Porque ᶜyo reconozco mis rebeliones; y mi pecado está siempre delante de mí.

4 ᵃContra ti, contra ti sólo he pecado, y he hecho lo malo delante de tus ojos. ᵇPara que seas reconocido justo en tu palabra, y tenido por puro en tu juicio.
5 ᶜHe aquí, en maldad he sido formado, y en pecado me concibió mi madre.
6 He aquí, tú amas la verdad en lo íntimo; y en lo secreto me has hecho comprender sabiduría.
7 ᵉPurifícame con hisopo, y seré limpio; lávame, ᶠy seré más blanco que la nieve.
8 Hazme oír gozo y alegría; y se recrearán ⁱlos huesos que has abatido.
9 Esconde tu rostro de mis pecados, y borra todas mis maldades.
10 Crea en mí, oh Dios, un corazón limpio; y ᵏrenueva un espíritu recto dentro de mí.
11 No me eches ˡde delante de ti; y ᵐno quites de mí tu Santo Espíritu.
12 Vuélveme el gozo de tu salvación; y ⁿel espíritu libre me sustente.
13 *Entonces* enseñaré a los prevaricadores tus caminos; y los pecadores ᵖse convertirán a ti.
14 Líbrame de homicidios, oh Dios, Dios de mi salvación: Cantará mi lengua tu justicia.
15 Señor, abre mis labios; y publicará mi boca tu alabanza.
16 Porque ˢno quieres tú sacrificio, que yo lo daría; no quieres holocausto.
17 ᵗLos sacrificios de Dios son el espíritu quebrantado; al corazón contrito y humillado no despreciarás tú, oh Dios.
18 ᵛHaz bien con tu benevolencia a Sión: ˣEdifica los muros de Jerusalén.
19 Entonces te agradarán ʸlos sacrificios de justicia, el holocausto u ᶻofrenda del todo quemada: Entonces ofrecerán becerros sobre tu altar.

SALMO 52

<<Al Músico principal: Masquil de David, cuando vino Doeg idumeo y dio cuenta a Saúl, diciéndole: David ha venido a casa de Ahimelec>>

¿Por qué te glorías de maldad, oh ᵈpoderoso? La misericordia de Dios es continua.

SALMOS 53-55

2 ªAgravios maquina tu lengua; como ᵇnavaja afilada hace engaño.
3 Amaste el mal más que el bien; ᶜla mentira más que hablar justicia. (Selah)
4 Has amado toda palabra perniciosa, oh lengua engañosa.
5 Por tanto Dios te derribará para siempre; te asolará y te arrancará de tu morada, y ᵈte desarraigará de la ᵉtierra de los vivientes. (Selah)
6 ᶠY verán los justos y temerán; ᵍy se reirán de él, *diciendo*:
7 He aquí el hombre que no puso a Dios por su fortaleza, sino que confió en la multitud de sus riquezas; y se mantuvo en su maldad.
8 Mas yo estoy ʲcomo olivo verde en la casa de Dios: En la misericordia de Dios confío eternamente y para siempre.
9 Te alabaré para siempre por lo que has hecho; y esperaré en tu nombre, ⁿporque *es* bueno, delante de ᵒtus santos.

SALMO 53

<<Al Músico principal: sobre Mahalat: Masquil de David>>

Dijo ᵠel necio en su corazón: No hay Dios. Se corrompieron e hicieron abominable maldad; ʳno hay quien haga bien.
2 Dios desde los cielos miró sobre los hijos de los hombres, para ver si había algún entendido que buscara a Dios.
3 Cada uno se había ᵘvuelto atrás; todos se habían corrompido; no hay quien haga bien, no hay ni siquiera uno.
4 ¿No tienen conocimiento todos esos que hacen iniquidad? ˣQue devoran a mi pueblo como si comiesen pan; a Dios no han invocado.
5 Allí se sobresaltaron de pavor ᵃdonde no *había* miedo: Porque Dios ha ᵇesparcido los ᶜhuesos del que acampó *contra* ti: Los avergonzaste, porque Dios los desechó.
6 ¡Oh, quién diese que la salvación de Israel *viniese* de Sión! ᵈCuando Dios hiciere volver de la cautividad a su pueblo, se gozará Jacob, y se alegrará Israel.

Como olivo verde en la casa de Dios

SALMO 54

<<Al Músico principal: en Neginot: Masquil de David, cuando vinieron los zifeos y dijeron a Saúl: ¿No está David escondido en nuestra tierra?>>

Oh Dios, sálvame por tu nombre, y con tu poder defiéndeme.
2 Oh Dios, oye mi oración; escucha las razones de mi boca.
3 Porque ʰextraños se han levantado contra mí, y hombres violentos buscan mi vida; no han puesto a Dios delante de sí. (Selah)
4 He aquí, Dios es el que me ayuda; ⁱel Señor *es* con los que sostienen mi vida.
5 Él volverá el mal a mis enemigos; ᵏcórtalos por tu verdad.
6 ˡVoluntariamente sacrificaré a ti; alabaré tu nombre, oh Jehová, ᵐporque es bueno.
7 Porque me ha librado de toda angustia, ᵖy en mis enemigos vieron mis ojos *mi deseo*.

SALMO 55

<<Al Músico principal: en Neginot: Masquil de David>>

Escucha, oh Dios, mi oración, y no te escondas de mi súplica.
2 Está atento, y respóndeme; ˢclamo en mi oración, y levanto el grito,
3 a causa de la voz del enemigo, por la opresión del impío; ᵗporque iniquidad echaron sobre mí, y con furor me aborrecen.
4 ᵛMi corazón está dolorido dentro de mí, y terrores de muerte sobre mí han caído.
5 ʸTemor y temblor vinieron sobre mí, y ᶻterror me ha cubierto.
6 Y dije: ¡Quién me diese alas como de paloma! Volaría yo, y descansaría.
7 Ciertamente huiría lejos; moraría en el desierto. (Selah)
8 Me apresuraría a escapar del viento tempestuoso, de la tempestad.
9 Deshace, oh Señor, divide la lengua de ellos; porque he visto ᵉviolencia y rencilla en la ciudad.
10 Día y noche la rodean sobre sus muros; e iniquidad y trabajo hay en medio de ella.

---

a Éx 12:22
Nm 19:18
b Sal 57:4
c Jer 9:4-5

d Mt 28:19
e Sal 27:13
f Job 22:19
Sal 37:34
y 64:8-9
Mal 1:5
g Sal 58:10
h Sal 86:14
i Sal 118:7
j Sal 92:12-13
Jer 11:16
Os 14:6
k Sal 89:49
l Nm 15:3
Sal 51:12
Os 14:4
m Sal 52:9
n Sal 54:6
o Sal 50:5
p Sal 59:10
y 92:11
q hasta 6
Sal 14:1-7
r Rm 3:10-12

s Is 38:14

t 2 Sm 16:7-8
u Sal 35:4

v Sal 116:3

x Mi 3:3
y Sal 2:11
z Ez 7:18

a Lv 26:17
b Ez 6:5
c Sal 141:7

d Sal 126:1-2
e Jer 6:7

Pon mis lágrimas en tu redoma

11 Agravios hay en medio de ella, y el fraude y engaño no se apartan de sus plazas.
12 Porque no me afrentó un enemigo, lo cual habría soportado; ᵇni se alzó contra mí el que me aborrecía, porque me hubiera ocultado de él:
13 Sino tú, hombre, al parecer íntimo mío, ᵈmi guía, y mi familiar:
14 Que juntos comunicábamos dulcemente los secretos, y ᶠa la casa de Dios andábamos en compañía.
15 Que la muerte los sorprenda; ᵍdesciendan vivos al ʰinfierno; porque maldad hay en sus moradas, en medio de ellos.
16 En cuanto a mí, a Dios clamaré; y Jehová me salvará.
17 ᵏTarde y mañana y a mediodía oraré y clamaré; y Él oirá mi voz.
18 Él ha librado en paz mi alma de la guerra contra mí; ᵐaunque había muchos contra mí.
19 Dios oirá, y los quebrantará luego, Él, que desde la antigüedad permanece (Selah); por cuanto no cambian, ni temen a Dios.
20 Extendió *el inicuo* sus manos contra los que estaban en paz con él; violó su pacto.
21 ᑫ*Las palabras* de su boca fueron más blandas que mantequilla, pero guerra había en su corazón; suavizó sus palabras más que el aceite, ʳmas ellas *fueron* espadas desenvainadas.
22 ˢEcha sobre Jehová tu carga, y Él te sustentará; no dejará para siempre caído al justo.
23 Mas tú, oh Dios, harás descender aquéllos al pozo de la destrucción; los hombres sanguinarios y engañadores ˣno llegarán a la mitad de sus días; pero yo confiaré en ti.

SALMO 56
<<Al Músico principal: sobre La paloma silenciosa en paraje muy distante. Mictam de David, cuando los filisteos le prendieron en Gat>>

Ten ᵃmisericordia de mí, oh Dios, porque me devoraría el hombre: Me oprime combatiéndome cada día.
2 Me devorarían cada día mis enemigos; porque muchos son los que pelean contra mí, oh Altísimo.

SALMOS 56-57

3 En el día que temo, yo en ti confío.
4 En Dios alabaré su palabra: En Dios he confiado, ᵃno temeré lo que me pueda hacer el hombre.
5 Todos los días pervierten mis palabras; contra mí son todos sus pensamientos para mal.
6 Se reúnen, ᶜse esconden, miran atentamente mis pasos, ᵉacechan mi vida.
7 ¿Escaparán ellos con su iniquidad? Oh Dios, derriba en tu furor los pueblos.
8 Mis andanzas tú has contado; ᶦpon mis lágrimas en tu redoma: ʲ¿No están ellas en tu libro?
9 Serán luego vueltos atrás mis enemigos el día que yo clamare; en esto conozco que ˡDios es por mí.
10 En Dios alabaré su palabra; en Jehová alabaré su palabra.
11 En Dios he confiado; ⁿno temeré lo que me pueda hacer el hombre.
12 Sobre mí, oh Dios, están tus votos; te tributaré alabanzas.
13 Porque ᵒhas librado mi alma de la muerte, y mis pies de caída, para que ande delante de Dios en ᵖla luz de los que viven.

SALMO 57
<<Al Músico principal: sobre No destruyas: Mictam de David, cuando huyó de delante de Saúl a la cueva>>

Ten ᵗmisericordia de mí, oh Dios, ten misericordia de mí; porque en ti ha confiado mi alma, y en la ᵘsombra de tus alas me ampararé, ᵛhasta que pasen los quebrantos.
2 Clamaré al Dios Altísimo, al Dios que me favorece.
3 ʸÉl enviará desde los cielos, y me salvará de la infamia del que quiere devorarme. (Selah) Dios ᶻenviará su misericordia y su verdad.
4 Mi vida está entre leones; acostado estoy *entre* hijos de hombres enfurecidos; sus dientes *son* lanzas y saetas, y su lengua es ᵇespada aguda.
5 ᶜSobre los cielos sé exaltado, oh Dios; sobre toda la tierra tu gloria.
6 ᵈRed han armado a mis pasos; mi alma se ha abatido: ᵉHoyo han

SALMOS 58-59

cavado delante de mí; en medio de él han caído. (Selah)

7 ªMi corazón está firme, oh Dios, mi corazón está firme; cantaré y trovaré salmos.

8 ᵇDespierta, oh ᶜgloria mía; despierta, salterio y arpa; me levantaré de mañana.

9 Te alabaré entre los pueblos, oh Señor; cantaré de ti entre las naciones.

10 ᵉPorque grande es hasta los cielos tu misericordia, y hasta las nubes tu verdad.

11 Sé exaltado sobre los cielos, oh Dios; sobre toda la tierra *sea* tu gloria.

SALMO 58
<<Al Músico principal: sobre No destruyas: Mictam de David>>

Oh congregación, ¿pronunciáis en verdad justicia? ¿Juzgáis rectamente, hijos de los hombres?

2 Antes con el corazón obráis iniquidades: Hacéis pesar la violencia de vuestras manos en la tierra.

3 Se apartaron los impíos desde la matriz; se descarriaron desde el momento en que nacieron, hablando mentira.

4 ˡVeneno tienen semejante al veneno de serpiente; son como ⁿáspid sordo que cierra su oído;

5 que no oye la voz de los encantadores, por más hábil que el encantador sea.

6 Oh Dios, ᵖquiebra sus dientes en sus bocas; quiebra, oh Jehová, las muelas de los leoncillos.

7 ʳEscúrranse como aguas que se van de suyo; al entesar sus saetas, luego sean hechas pedazos.

8 Pasen ellos como el caracol que se deslíe; ˢcomo el abortivo de mujer, no vean el sol.

9 Antes que vuestras ollas sientan las espinas, así vivos, así airados, los arrebatará Él con tempestad.

10 Se alegrará el justo cuando viere ᵘla venganza; sus pies lavará en la sangre del impío.

11 Entonces dirá el hombre: Ciertamente hay ᵛrecompensa para el justo; ciertamente hay un Dios que juzga en la tierra.

a hasta 11
Sal 108:1-5
b Jue 5:12
c Sal 16:9
y 30:12
d Sal 18:48

e Sal 36:5

f Sal 56:6
g 1 Sm 24:11

h Sal 22:16

i Sal 57:4
j Sal 10:11
k Sal 2:4

l Sal 140:3
Ec 10:11
m Sal 62:2
n Jer 8:17
o Gn 4:12-15

p Job 4:10

q Pr 12:13
r Jos 7:5

s Job 3:16
Ec 6:3

t Job 15:23
u Is 63:3
Ap 14:20

v Pr 11:18
Heb 6:10
Ap 22:12

Hay recompensa para el justo
SALMO 59
<<Al Músico principal; sobre No destruyas: Mictam de David, cuando envió Saúl, y guardaron la casa para matarlo>>

Líbrame ᵈde mis enemigos, oh Dios mío; ponme a salvo de los que contra mí se levantan.

2 Líbrame de los obradores de iniquidad, y sálvame de hombres sanguinarios.

3 Porque he aquí están acechando mi vida; ᶠse han juntado contra mí poderosos, ᵍno por falta mía, ni pecado mío, oh Jehová.

4 Sin delito mío, corren y se aperciben; despierta para ayudarme, y mira.

5 Y tú, Jehová, Dios de los ejércitos, Dios de Israel, despierta para castigar a todas las naciones; no tengas misericordia de todos los que se rebelan con iniquidad. (Selah)

6 Volverán a la tarde, ʰladrarán como perros, y rondarán la ciudad.

7 He aquí proferirán con su boca; ⁱespadas hay en sus labios, porque dicen: ʲ¿Quién oye?

8 Mas tú, oh Jehová, ᵏte reirás de ellos, te burlarás de todas las gentes.

9 A causa de su fuerza, esperaré yo en ti; porque ᵐDios es mi defensa.

10 El Dios de mi misericordia irá delante de mí: Dios permitirá que yo vea en mis enemigos mi deseo.

11 ᵒNo los mates, para que mi pueblo no se olvide; dispérsalos con tu poder, y abátelos, oh Jehová, escudo nuestro,

12 ᑫpor el pecado de su boca, por la palabra de sus labios; sean presos por su soberbia, y por la maldición y mentira que profieren.

13 Acábalos con furor, acábalos, y dejen de ser; y sepan que Dios domina en Jacob hasta los confines de la tierra. (Selah)

14 Vuelvan, pues, a la tarde, y ladren como perros, y ronden la ciudad.

15 ᵗAnden errantes en busca de comida; y si no se saciaren, murmuren.

16 Pero yo cantaré de tu poder, y alabaré de mañana tu misericordia: Porque has sido mi amparo y refugio en el día de mi angustia.

En Dios haremos proezas

17 ªFortaleza mía, a ti cantaré; porque tú, *oh* Dios, eres mi refugio, el Dios de mi misericordia.

SALMO 60

<<Al Músico principal: sobre Susan-edut: Mictam de David, para enseñar, cuando tuvo guerra contra Aram-naharaim y contra Aram de Soba, y volvió Joab, y mató de Edom en el valle de la Sal a doce mil>>

Oh Dios, tú nos has desechado, nos disipaste; te has airado; ¡vuélvete a nosotros!

2 Hiciste temblar la tierra, la abriste; sana sus roturas, porque titubea.

3 ᶠHas hecho ver a tu pueblo duras cosas; ᵍnos hiciste beber el vino de aturdimiento.

4 ʰHas dado bandera a los que te temen, que desplieguen por causa de la verdad. (Selah)

5 Para que sean librados ʲtus amados, salva con tu diestra, y óyeme.

6 ˡDios ha hablado en su santuario: Yo me alegraré; repartiré a Siquem, y mediré el valle de Sucot.

7 Mío es Galaad, y mío es Manasés; y Efraín es la fortaleza de mi cabeza; Judá es ᵐmi legislador;

8 Moab, es la vasija en que me lavo; Sobre Edom echaré mi zapato: Haz júbilo a causa de mí, oh Filistea.

9 ¿Quién me llevará a la ciudad fortificada? ¿Quién me llevará hasta Edom?

10 Ciertamente, tú, oh Dios, que nos habías desechado; y no salías, oh Dios, con nuestros ejércitos.

11 Danos socorro contra el enemigo, porque ᵒvana es la ayuda del hombre.

12 En Dios ᑫharemos proezas; y Él hollará a nuestros enemigos.

SALMO 61

<<Al Músico principal: sobre Neginot: *Salmo* de David>>

Oye, oh Dios, mi clamor; atiende mi oración.

2 Desde el cabo de la tierra clamaré a ti, cuando mi corazón desmayare: Llévame a la peña más alta que yo.

3 Porque tú has sido mi refugio, y torre fuerte delante del enemigo.

4 ᵇYo habitaré en tu tabernáculo para siempre; estaré seguro bajo el abrigo de tus alas. (Selah)

5 Porque tú, oh Dios, has oído mis votos, has dado heredad a los que temen tu nombre.

6 ᶜDías sobre días añadirás al rey; sus años serán como generación y generación.

7 Estará para siempre delante de Dios: ᵈMisericordia y verdad prepara para que lo guarden.

8 Así cantaré salmos a tu nombre para siempre, ᵉpagando mis votos cada día.

SALMO 62

<<Al Músico principal: A Jedutún: Salmo de David>>

En Dios solamente está acallada mi alma: De Él viene mi salvación.

2 Sólo Él es mi Roca, y mi salvación; Es mi refugio, ⁱno resbalaré mucho.

3 ¿Hasta cuándo maquinaréis contra un hombre? Pereceréis todos vosotros, caeréis ᵏcomo pared desplomada, como cerca derribada.

4 Solamente consultan de cómo derribarlo de su grandeza; aman la mentira, con su boca bendicen, ⁿpero maldicen en sus entrañas. (Selah)

5 Alma mía, espera solamente en Dios; Porque en Él *está* mi esperanza.

6 Sólo Él es mi Roca y mi salvación. *Él es* mi refugio, no seré movido.

7 En Dios está mi salvación y mi gloria: En Dios está la roca de mi fortaleza, y mi refugio.

8 Esperad en Él en todo tiempo, oh pueblos; ᵖderramad delante de Él vuestro corazón: Dios es nuestro refugio. (Selah.)

9 Por cierto, ʳvanidad son los hijos de los hombres, mentira los hombres de renombre; pesándolos a todos juntos en la balanza, pesarán menos que la vanidad.

10 No confiéis en la violencia, ni en la rapiña; no os envanezcáis; ˢsi se aumentaren las riquezas, no pongáis el corazón en ellas.

11 Una vez habló Dios; dos veces he oído esto; que ᵗde Dios es el poder.

12 Y de ti, oh Señor, es la misericordia; porque ᵘtú pagas a cada uno conforme a su obra.

SALMOS 60-62

a Sal 18:1
b Sal 91:4

c Sal 91:4

d Sal 40:1
Pr 20:28

e Sal 50:14

f Sal 71:20
g Is 51:17
Jer 25:15
h Sal 20:5
Is 5:26
i Sal 37:24
j Dt 33:12

k Is 30:13
l Sal 89:35

m Gn 49:10
n Sal 28:5

o Sal 118:8
y 146:3
p 1 Sm 1:15
Sal 42:4
Lm 2:19
q Nm 24:18
1 Cr 19:13
r Sal 39:5
Rm 3:4
s Job 31:35
Sal 52:7
Lc 12:15
1 Tim 6:17
t Ap 19:1
u Job 34:11
Jer 32:19
Mt 16:27
Rm 2:6
Ef 6:8
Col 3:25
1 Pe 1:17
Ap 22:12

SALMO 63
<<Salmo de David, estando en el desierto de Judá>>

Dios, Dios mío eres tú; ªDe madrugada te buscaré; ᶜmi alma tiene sed de ti, mi carne te anhela, en tierra seca y árida donde agua no hay;
2 para ver tu poder y tu gloria, así como te he mirado en el santuario.
3 Porque ᵉmejor es tu misericordia que la vida; mis labios te alabarán.
4 Así ᶠte bendeciré en mi vida; en tu nombre ᵍalzaré mis manos.
5 Como de meollo y de grosura será saciada mi alma; y con labios de júbilo te alabará mi boca;
6 cuando ʰme acuerdo de ti en mi lecho, y medito en ti en las vigilias de la noche.
7 Porque tú has sido mi socorro; y así ⁱen la sombra de tus alas me regocijaré.
8 Está mi alma apegada a ti; tu diestra me ha sostenido.
9 Mas los que para destrucción buscan mi alma, caerán en ʲlos sitios más bajos de la tierra.
10 Caerán a filo de espada; serán la porción de las zorras.
11 Pero el rey se alegrará en Dios; será alabado cualquiera que por Él jura; porque ˡla boca de los que hablan mentira, será cerrada.

SALMO 64
<<Al Músico principal: Salmo de David>>

Escucha, oh Dios, mi voz en mi oración; guarda mi vida del miedo del enemigo.
2 Escóndeme del consejo secreto de los malignos; de la conspiración de los obradores de iniquidad;
3 que ᵒafilan su lengua como espada, y estiran *su* arco para *lanzar* saetas, *aun* palabras amargas;
4 Para asaetear a escondidas al íntegro; de repente tiran contra él, y no temen.
5 Obstinados en su inicuo designio, tratan de esconder los lazos, y dicen: ˢ¿Quién los ha de ver?
6 Inquieren iniquidades, hacen una investigación exacta; y el íntimo pensamiento de cada uno

a Is 26:9
b Pr 18:7
c Sal 42:2

d Sal 32:11
e Sal 30:5

f Sal 104:33
g Sal 119:48

h Sal 42:8

i Sal 61:4

j Sal 86:13

k Sal 36:8

l Rm 3:19
m Sal 22:27

n Sal 89:9
Mt 8:26

o Sal 57:4
p Dt 11:12
q Sal 68:9
Jer 5:24
r Sal 46:4

s Job 22:13
Sal 10:11

De madrugada te buscaré

de ellos, así como el corazón, es profundo.
7 Mas Dios los herirá con saeta; de repente serán heridos.
8 Y ᵇharán caer sobre sí sus mismas lenguas; se espantarán todos los que los vieren.
9 Y temerán todos los hombres, y anunciarán la obra de Dios, y considerarán sus hechos.
10 El justo ᵈse alegrará en Jehová y confiará en Él; y se gloriarán todos los rectos de corazón.

SALMO 65
<<Al Músico principal: Salmo: Cántico de David>>

A ti es plácida la alabanza en Sión, oh Dios; y a ti se pagarán los votos.
2 Tú oyes la oración; a ti vendrá toda carne.
3 Iniquidades prevalecen contra mí; mas tú perdonarás nuestras transgresiones.
4 Bienaventurado el que tú escogieres, e hicieres acercarse *a ti*, *para que* habite en tus atrios. ᵏSeremos saciados del bien de tu casa, de tu santo templo.
5 Con tremendas cosas, en justicia, nos responderás tú, oh Dios de nuestra salvación, ᵐesperanza de todos los términos de la tierra, y de los más remotos confines del mar.
6 Tú, el que afirma los montes con su poder, ceñido de valentía;
7 ⁿEl que calma el estruendo de los mares, el estruendo de sus ondas, y el alboroto de las naciones.
8 Por tanto, los moradores de los confines de la tierra temen de tus maravillas. Tú haces que se alegren las salidas de la mañana y de la tarde.
9 ᵖVisitas la tierra, y ᵠla riegas: En gran manera la enriqueces con ʳel río de Dios, *que está* lleno de aguas; preparas el grano de ellos, cuando así la dispones.
10 Haces que se empapen sus surcos, haces descender sus canales; la ablandas con lluvias, bendices sus renuevos.
11 Tú coronas el año con tu bondad; y tus nubes destilan grosura.

Él juzgará con equidad

12 Destilan *sobre* los pastizales del desierto; y los collados se ciñen de alegría.
13 Los prados se visten de rebaños, y [b]los valles se cubren de grano; dan voces de júbilo, y aun cantan.

SALMO 66
<Al Músico principal: Cántico: Salmo>

Aclamad a Dios [c]con alegría, toda la tierra.
2 Cantad la gloria de su nombre; haced gloriosa su alabanza.
3 Decid a Dios: [e]¡Cuán asombrosas *son* tus obras! Por la grandeza de tu poder se someterán a ti tus enemigos.
4 Toda la tierra te adorará, y cantará a ti; cantarán a tu nombre. (Selah)
5 [h]Venid, y ved las obras de Dios, temible en *sus* hechos para con los hijos de los hombres.
6 [i]Volvió el mar en *tierra* seca; por el río pasaron a pie; allí en Él nos alegramos.
7 Él señorea con su poder para siempre; [j]sus ojos atalayan sobre las naciones; [k]los rebeldes no serán exaltados. (Selah)
8 Bendecid, pueblos, a nuestro Dios, y haced oír la voz de su alabanza.
9 Él es quien preserva nuestra alma en vida, y no permite que nuestros pies resbalen.
10 Porque [m]tú nos probaste, oh Dios; [n]nos refinaste como se refina la plata.
11 Nos metiste en la red; pusiste aflicción en nuestros lomos.
12 [o]Hombres hiciste cabalgar sobre nuestra cabeza; [q]pasamos por el fuego y por el agua, pero nos sacaste a *un lugar de* abundancia.
13 Entraré en tu casa con holocaustos: Te pagaré mis votos
14 que pronunciaron mis labios y habló mi boca, cuando angustiado estaba.
15 Te ofreceré holocaustos de animales engordados, con perfume de carneros: Sacrificaré bueyes y machos cabríos. (Selah)
16 [u]Venid, oíd todos los que teméis a Dios, y contaré lo que Él ha hecho a mi alma.
17 A Él clamé con mi boca, y exaltado fue con mi lengua.

SALMOS 66-68

18 [a]Si en mi corazón hubiese yo mirado la iniquidad, el Señor no me habría escuchado.
19 Mas ciertamente me oyó Dios; atendió a la voz de mi súplica.
20 Bendito *sea* Dios, que no echó de sí mi oración, ni de mí su misericordia.

SALMO 67
<<Al Músico principal: sobre Neginot: Salmo: Cántico>>

Dios tenga misericordia de nosotros y nos bendiga; [d]haga resplandecer su rostro sobre nosotros (Selah);
2 [f]para que sea conocido en la tierra tu camino, [g]en todas las naciones tu salvación.
3 Te alaben los pueblos, oh Dios; todos los pueblos te alaben.
4 Alégrense y gócense las naciones; porque juzgarás los pueblos con equidad, y pastorearás las naciones en la tierra. (Selah)
5 Te alaben los pueblos, oh Dios; todos los pueblos te alaben.
6 [l]La tierra dará su fruto: Nos bendecirá Dios, el Dios nuestro.
7 Bendíganos Dios, y témanlo todos los confines de la tierra.

SALMO 68
<<Al Músico principal: Salmo de David: Canción>>

Levántese Dios, sean esparcidos sus enemigos, y huyan de su presencia los que le aborrecen.
2 [p]Como es lanzado el humo, los lanzarás: Como se derrite la cera delante del fuego, así perecerán los impíos delante de Dios.
3 Mas [r]los justos se alegrarán; se gozarán delante de Dios, y saltarán de alegría.
4 Cantad a Dios, cantad salmos a su nombre: [s]Exaltad al que cabalga sobre los cielos; [t]Jehová es su nombre, y alegraos delante de Él.
5 Padre de huérfanos y defensor de viudas, es Dios en su santa morada:
6 [v]Dios hace habitar en familia a los solitarios; [x]Él saca a los aprisionados con grillos; mas [y]los rebeldes habitan en tierra seca.

---

a Pr 1:28
Jn 9:31
Stg 4:3

b Is 55:12

c Sal 95:1

d Nm 6:25
Sal 4:6
e Sal 47:2
Ap 15:3
f Hch 18:25
g Lc 2:30-31
Tit 2:11
h Sal 46:8

i Ex 14:21
Jos 3:14-17
Sal 74:15

j Sal 11:4
k Sal 68:6
l Lv 26:4
Sal 85:12

m Sal 26:2
Is 48:10
n Zac 13:9
1 Pe 1:6-7

o Is 51:23
p Sal 37:20
q Is 43:2
Dn 3:21-26
r Sal 31:11

s Dt 33:26
t Éx 6:3
y 15:2-3
Sal 115:17-18
Is 12:2
u Sal 31:11
v 1 Sm 2:5
y Sal 113:9
x Hch 12:6
y Sal 107:34

7 Oh Dios, ªcuando tú saliste delante de tu pueblo, cuando anduviste por el desierto, (Selah)

8 ᵇla tierra tembló; también destilaron los cielos a la presencia de Dios; ᶜaquel Sinaí *tembló* delante de Dios, del Dios de Israel.

9 Abundante lluvia esparciste, oh Dios, a tu heredad; y cuando se cansó, tú la recreaste.

10 Los que son de tu grey han morado en ella; por tu bondad, oh Dios, has provisto para el pobre.

11 El Señor daba palabra: Grande era el ejército de aquellos que la publicaban.

12 ⁱHuyeron, huyeron reyes de ejércitos; y ʲlas que se quedaban en casa repartían el despojo.

13 ˡBien que fuisteis echados entre los tiestos, ᵐ*seréis como* alas de paloma cubiertas de plata, y sus plumas con amarillez de oro.

14 Cuando el Omnipotente esparció los reyes en ella, se *emblanqueció* como la nieve en ⁿSalmón.

15 Monte de Dios es el monte de Basán; monte alto el de Basán.

16 ¿Por qué os levantáis, oh montes altos? ᵠ*Éste es* el monte *que* Dios deseó para su morada; ciertamente Jehová habitará *en él* para siempre.

17 ˢLos carros de Dios son veinte mil, y más millares de ángeles. El Señor *está* entre ellos, como en el Sinaí, así en el santuario.

18 ᵗSubiste a lo alto, ᵘcautivaste la cautividad, tomaste ˣdones para los hombres, y también para los rebeldes, para que habite *entre ellos* Jehová Dios.

19 Bendito *sea* el Señor; cada día nos colma de *bendiciones* el Dios de nuestra salvación. (Selah)

20 El Dios nuestro es el Dios de la salvación; y ʸde Jehová el Señor es el librar de la muerte.

21 ªCiertamente Dios herirá la cabeza de sus enemigos, la testa cabelluda del que camina en sus pecados.

22 El Señor dijo: De Basán *los* haré volver, haré volver *a mi pueblo* de las profundidades del mar;

23 porque sumergirás tu pie en la sangre de tus enemigos, y en ella también ᶜla lengua de tus perros.

24 Vieron tus caminos, oh Dios; los caminos de mi Dios, de mi Rey, en el santuario.

25 ᶜLos cantores iban delante, los tañedores detrás; ᵈen medio, las doncellas con panderos.

26 Bendecid a Dios en las congregaciones; al Señor, *vosotros* de ᶠla estirpe de Israel.

27 Allí estaba ᵍel joven Benjamín señoreador de ellos, los príncipes de Judá en su congregación, los príncipes de Zabulón, los príncipes de Neftalí.

28 Tu Dios ʰha ordenado tu fuerza; confirma, oh Dios, lo que has obrado en nosotros.

29 Por razón de tu templo en Jerusalén, ᵏlos reyes te ofrecerán dones.

30 Reprende la reunión de las gentes armadas, la multitud de toros con los becerros de los pueblos, *hasta que todos* se sometan con sus piezas de plata; dispersa a los pueblos que se complacen en la guerra.

31 ᵒVendrán príncipes de Egipto; ᵖEtiopía pronto extenderá sus manos a Dios.

32 Reinos de la tierra, cantad a Dios, cantad al Señor; (Selah)

33 al que ʳcabalga sobre los cielos de los cielos que son desde la antigüedad: He aquí dará su voz, poderosa voz.

34 Atribuid fortaleza a Dios: Sobre Israel *es* su magnificencia, y su poder *está* en los cielos.

35 ᵛTerrible eres, oh Dios, desde tus santuarios: El Dios de Israel, Él da fortaleza y vigor a su pueblo. Bendito Dios.

SALMO 69

<<Al Músico principal: sobre Sosanim: *Salmo* de David>>

Sálvame, oh Dios, porque ᶻlas aguas han entrado hasta el alma.

2 Estoy hundido en cieno profundo, donde no puedo sentar pie; he venido a abismos de aguas, y la corriente me ha anegado.

3 Cansado estoy de llamar; mi garganta se ha enronquecido; han desfallecido mis ojos esperando a mi Dios.

4 ᵇMás que los cabellos de mi cabeza son los que sin causa me aborrecen;

Abatimiento del Mesías

Poderosos son los que quieren destruirme; Sin razón son mis enemigos; ^bhe tenido que pagar lo que no he robado.

5 Dios, tú sabes mi locura; y mis pecados no te son ocultos.

6 No sean avergonzados por mi causa los que esperan en ti, oh Señor, Jehová de los ejércitos; no sean confundidos por causa mía los que te buscan, oh Dios de Israel.

7 Porque ^fpor amor a ti he sufrido afrenta; confusión ha cubierto mi rostro.

8 ⁱHe venido a ser extraño a mis hermanos, y extranjero a los hijos de mi madre.

9 ^kPorque me consumió el celo de tu casa; y ^llas afrentas de los que te injuriaban han caído sobre mí.

10 Y lloré *afligiendo* con ayuno mi alma; y esto me ha sido por afrenta.

11 Me puse además cilicio por vestidura; y vine a serles por proverbio.

12 Hablaban contra mí los que se sentaban a la puerta, y vine a ser la canción de los bebedores de vino.

13 Mas yo a ti elevo mi oración, oh Jehová, en tiempo aceptable; oh Dios, por la multitud de tu misericordia, por la verdad de tu salvación, escúchame.

14 Sácame del lodo, y no sea yo sumergido; sea yo libertado de los que me aborrecen, y de lo profundo de las aguas.

15 No me anegue la corriente de las aguas, ni me trague el abismo, ni ^rel pozo cierre sobre mí su boca.

16 Escúchame, oh Jehová, porque benigna es tu misericordia; ^smírame conforme a la multitud de tus piedades.

17 Y no escondas tu rostro de tu siervo; porque estoy angustiado; apresúrate, óyeme.

18 Acércate a mi alma, redímela. Líbrame a causa de mis enemigos.

19 Tú sabes ^tmi afrenta, y mi confusión y mi oprobio; delante de ti están todos mis enemigos.

20 La afrenta ha quebrantado mi corazón, y estoy acongojado; y esperé quien se compadeciese de mí, y no lo hubo; y consoladores, y ninguno hallé.

21 Me pusieron además hiel por comida, y en mi sed ^ame dieron a beber vinagre.

22 ^cQue la mesa delante de ellos se convierta en lazo, y *lo que era* para su bien *les sea* tropiezo.

23 ^dSean oscurecidos sus ojos para que no vean, y haz vacilar continuamente sus lomos.

24 ^eDerrama sobre ellos tu ira, y el furor de tu enojo los alcance.

25 ^gSea su palacio asolado; en sus tiendas no haya morador.

26 Porque persiguieron ^hal que tú heriste; y cuentan del dolor de los que tú llagaste.

27 ^jPon maldad sobre su maldad, y no entren en tu justicia.

28 ^mSean raídos del libro de los vivientes, y ⁿno sean inscritos con los justos.

29 Pero yo *estoy* afligido y quebrantado, tu salvación, oh Dios, me ponga en alto.

30 Alabaré yo el nombre de Dios con cántico, con acciones de gracias lo exaltaré.

31 Y *esto* agradará a Jehová más que *sacrificio* de buey, o becerro que tiene cuernos y pezuñas.

32 ^oLos humildes lo verán y se gozarán. ^pBuscad a Dios, y vivirá vuestro corazón.

33 Porque Jehová oye a los menesterosos, y no menosprecia a sus prisioneros.

34 ^qAlábenlo los cielos y la tierra, los mares, y todo lo que se mueve en ellos.

35 Porque Dios salvará a Sión, y reedificará las ciudades de Judá; y habitarán allí, y la poseerán.

36 Y la simiente de sus siervos la heredará, y los que aman su nombre habitarán en ella.

SALMO 70

<<Al Músico principal: *Salmo* de David, para conmemorar>>

Oh Dios, *apresúrate* a librarme; apresúrate, oh Jehová, a socorrerme.

2 Sean avergonzados y confundidos los que buscan mi vida; sean vueltos atrás y avergonzados los que mi mal desean.

---

a Mt 27:34
Mr 15:23
Lc 23:36
Jn 19:29
b Sal 35:11
Jer 15:10
c Rm 11:9-10
d Is 6:9-10
Mt 13:14
Jn 12:39-40
Rm 11:10
e 1 Ts 2:16
f Jer 15:15
g Mt 23:38
Lc 13:35
Hch 1:20
h Is 53:4
i Sal 31:11
Is 53:3
Jn 1:11 y 7:5
j Rm 1:28
k Sal 119:139
Jn 2:17
l Rm 15:3
m Éx 33:32
Fil 4:3
Ap 3:5
n Lc 10:20
Heb 12:23
o Sal 34:2
p Sal 22:26
q Sal 96:11
Is 44:23
r Sal 55:23
s Sal 25:16
t Sal 22:6-7
Heb 12:2

3 Sean vueltos atrás, en pago de su afrenta, los que dicen: ¡Ajá, ajá!

4 Gócense y alégrense en ti todos los que te buscan; y digan siempre los que aman tu salvación: Engrandecido sea Dios.

5 Yo estoy afligido y necesitado; ªapresúrate a mí, oh Dios; mi ayuda y mi Libertador eres tú; oh Jehová, no te tardes.

SALMO 71

En ti,ᵈoh Jehová, he esperado; no sea yo avergonzado jamás.

2 Hazme escapar, y líbrame en tu justicia: ʰInclina a mí tu oído y sálvame.

3 Sé tú ⁱmi roca de refugio, adonde recurra yo continuamente: Has dado mandamiento para salvarme; porque tú eres mi Roca, y mi fortaleza.

4 Dios mío, líbrame de la mano del impío, de la mano del perverso y violento.

5 Porque tú, oh Señor Jehová, ˡeres mi esperanza; seguridad mía desde mi juventud.

6 ⁿPor ti he sido sustentado desde el vientre; de las entrañas de mi madre tú fuiste el que me sacó; de ti *será* siempre mi alabanza.

7 ºComo prodigio he sido a muchos; y tú mi refugio fuerte.

8 ᵖSea llena mi boca de tu alabanza, de tu gloria todo el día.

9 No me deseches en el tiempo de la vejez; cuando mi fuerza se acabare, no me desampares.

10 Porque mis enemigos hablan contra mí; y los que acechan mi alma, consultaron juntamente.

11 Diciendo: Dios lo ha dejado: Perseguidle y tomadle, porque no hay quien le libre.

12 Oh Dios, ᵗno estés lejos de mí: Dios mío, ᵘapresúrate a socorrerme.

13 Sean avergonzados, perezcan los adversarios de mi alma; sean cubiertos de vergüenza y de confusión los que mi mal buscan.

14 Mas yo esperaré siempre, y aún te alabaré más y más.

15 Mi boca publicará tu justicia y tu salvación todo el día, aunque no sé su número.

16 Iré en la fortaleza del Señor Jehová: Haré memoria de tu justicia, que es sólo tuya.

17 Oh Dios, me has enseñado desde mi juventud; y hasta ahora he manifestado tus maravillas.

18 Y aun hasta la vejez y las canas; oh Dios, no me desampares, hasta que muestre tu fortaleza a esta generación, y ᵇtu poder a todos los que han de venir.

19 Y tu justicia, oh Dios, hasta lo excelso; Tú ᶜhas hecho grandes cosas: Oh Dios, ᵉ¿quién como tú?

20 ᶠTú, que me has hecho ver muchas angustias y males, ᵍvolverás a darme vida, y de nuevo me levantarás de los abismos de la tierra.

21 Aumentarás mi grandeza, y volverás a consolarme.

22 Asimismo yo te alabaré con instrumento de salterio, oh Dios mío: tu verdad cantaré a ti con el arpa, oh ʲSanto de Israel.

23 Mis labios se alegrarán cuando a ti cante, y ᵏmi alma, la cual redimiste.

24 ᵐMi lengua hablará también de tu justicia todo el día; por cuanto fueron avergonzados, porque fueron confundidos los que mi mal procuraban.

SALMO 72
<<Para Salomón>>

Oh Dios, da tus juicios al rey, y ᑫtu justicia al hijo del rey.

2 ʳÉl juzgará a tu pueblo con justicia, y a tus afligidos con juicio.

3 ˢLos montes llevarán paz al pueblo, y los collados justicia.

4 Juzgará a los afligidos del pueblo, salvará los hijos del menesteroso, y quebrantará al violento.

5 Te temerán mientras duren el sol y la luna, de generación en generación.

6 ᵛDescenderá como la lluvia sobre la hierba cortada; como el rocío que destila sobre la tierra.

7 ˣEn sus días florecerá la justicia, y abundancia de paz hasta que no haya luna.

8 Y ʸdominará de mar a mar, y desde el río hasta los confines de la tierra.

9 ᶻLos que habitan el desierto se postrarán delante de él; y sus enemigos lamerán la tierra.

---

a Sal 141:1
b Is 53:1

c Lc 1:49
d Sal 31:1-3
e Éx 15:11
f Sal 60:3
g Sal 80:18
   Os 6:2
h Sal 17:6
i Sal 31:2-3
   y 90:1

j Sal 78:41
   y 89:18
k Sal 34:22
l Jer 14:8
   y 17:13
1 Tim 1:1
m Sal 35:28
n Sal 22:9
   Is 43:3
   Gá 1:15
o Is 8:18
   Zac 3:8
1 Co 4:9
p Sal 35:28
q 1 Cr 22:12
r Is 11:3-4
y Sal 32:1
s Sal 114:4
   Is 32:17

t Sal 35:22
u Sal 40:13
   y 70:1
v 2 Sm 23:4
x Sal 92:12
y Éx 23:31
   Sal 2:8

z Sal 74:14

Acercarse a Dios es el bien **SALMOS 73**

10 ªLos reyes de Tarsis y ᵇde las islas traerán presentes: Los reyes de ᶜSeba y de ᵈSabá ofrecerán dones,
11 y todos los reyes se postrarán delante de él: Todas las naciones le servirán.
12 Porque él librará al menesteroso que clamare, y al afligido que no tuviere quien le socorra.
13 Tendrá misericordia del pobre y del menesteroso, y salvará las almas de los pobres.
14 De engaño y de violencia redimirá sus almas; y ᵍla sangre de ellos será preciosa en sus ojos.
15 Y vivirá, y se le dará del oro de Seba; y se orará por él continuamente; Todo el día se le bendecirá.
16 Será echado un puño de grano en tierra, en las cumbres de los montes; Su fruto hará ruido como el Líbano, y los de la ciudad florecerán como la hierba de la tierra.
17 ʲSu nombre será para siempre, perpetuado será su nombre mientras dure el sol; y ᵐbenditas serán en él todas las naciones; ⁿlo llamarán bienaventurado.
18 Bendito Jehová Dios, el Dios de Israel, sólo Él hace maravillas.
19 Y bendito *sea* su nombre glorioso para siempre; ᵖToda la tierra sea llena de su gloria. ᑫAmén y amén.
20 Terminan las oraciones de David, hijo de Isaí.

SALMO 73
<<Salmo de Asaf>>

Ciertamente bueno *es* Dios a Israel, a los limpios de corazón.
2 En cuanto a mí, casi se deslizaron mis pies; por poco resbalaron mis pasos.
3 Porque ᵛtuve envidia de los insensatos, viendo la prosperidad de los impíos.
4 Porque no hay dolores en su muerte; antes ʸsu fortaleza está entera.
5 No sufren trabajos como los *demás* mortales; ni son azotados como el resto de los hombres.
6 Por tanto soberbia los corona; se cubren de vestido de violencia.
7 Sus ojos se les saltan de gordura; logran con creces los antojos del corazón.

8 Blasfeman, y hablan con maldad de hacer violencia; Hablan con altanería.
9 Ponen en el cielo su boca, y su lengua pasea la tierra.
10 Por eso su pueblo vuelve aquí, y aguas de abundancia son extraídas para ellos.
11 Y dicen: ᵉ¿Cómo sabe Dios? ¿Y hay conocimiento en el Altísimo?
12 He aquí estos impíos, ᶠsin ser turbados del mundo, alcanzaron riquezas.
13 Verdaderamente ʰen vano he limpiado mi corazón, ⁱy lavado mis manos en inocencia;
14 Pues he sido azotado todo el día, y castigado cada mañana.
15 Si yo hubiera dicho: Así hablaré; he aquí, habría traicionado a la generación de tus hijos.
16 Cuando pensé para saber esto; fue duro trabajo para mí,
17 ᵏhasta que entré en el santuario de Dios, *entonces* entendí ˡla postrimería de ellos.
18 Ciertamente ᵒlos has puesto en deslizaderos; en asolamientos los harás caer.
19 ¡Cómo han sido asolados de repente! Fueron enteramente consumidos de terrores.
20 ʳComo sueño del que despierta, así, Señor, cuando despertares, menospreciarás su apariencia.
21 Mi corazón fue atribulado, y en mis riñones sentía punzadas.
22 ˢTan torpe era yo, y no entendía; era como una bestia delante de ti.
23 Con todo, yo siempre estuve contigo; Me trabaste de mi mano derecha.
24 ᵗMe has guiado según tu consejo, ᵘy después me recibirás en gloria.
25 ˣ¿A quién tengo yo en los cielos, *sino a ti?* Y fuera de ti nada deseo en la tierra.
26 Mi carne y mi corazón desfallecen; *mas* la Roca de mi corazón y ᶻmi porción *es* Dios para siempre.
27 Porque he aquí, los que se alejan de ti perecerán: Tú cortarás a todo aquel que fornicando, se aparta de ti.
28 Y en cuanto a mí, ªel acercarme a Dios *es* el bien; he puesto en el Señor Jehová mi esperanza, ᵇpara contar todas tus obras.

SALMO 74
<<Masquil de Asaf>>

¿Por qué, oh Dios, ªnos has desechado para siempre? ᵇ¿Por qué humea tu furor contra ᶜlas ovejas de tu prado?

2 Acuérdate de tu congregación, que ᵈadquiriste de antiguo, la vara de tu heredad, la cual redimiste; Este monte de Sión, donde has habitado.

3 Levanta tus pies a los asolamientos eternos; a toda la maldad que el enemigo ha hecho en el santuario.

4 ᵉTus enemigos vociferan en medio de tus asambleas; han puesto ᶠsus banderas por señales.

5 Cualquiera se hacía famoso según que había levantado el hacha sobre los gruesos maderos.

6 Y ahora con hachas y martillos han quebrado todas sus entalladuras.

7 ᵍHan puesto a fuego tus santuarios, han profanado el tabernáculo de tu nombre echándolo a tierra.

8 ʰDijeron en su corazón: Destruyámoslos de una vez; han quemado todas las sinagogas de Dios en la tierra.

9 No vemos ya nuestras señales; ⁱno hay más profeta; ni con nosotros hay quien sepa hasta cuándo.

10 ¿Hasta cuándo, oh Dios, el angustiador nos afrentará? ¿Ha de blasfemar el enemigo perpetuamente tu nombre?

11 ᵏ¿Por qué retraes tu mano, y tu diestra? ¿Por qué la escondes dentro de tu seno?

12 Pero ˡDios es mi Rey ya de antiguo; el que obra salvación en medio de la tierra.

13 ᵖTú dividiste el mar con tu poder; ᵠquebrantaste cabezas de dragones en las aguas.

14 Tú machacaste las cabezas del ʳleviatán; lo diste por comida al pueblo de los desiertos.

15 ˢTú abriste fuente y río; ᵗTú secaste ríos impetuosos.

16 Tuyo es el día, tuya también es la noche: Tú estableciste la luna y el sol.

17 ᵛTú estableciste todos los términos de la tierra; el verano y el invierno tú los formaste.

18 ˣAcuérdate de esto; que el enemigo ha afrentado a Jehová, y que el pueblo insensato ha blasfemado tu nombre.

19 No entregues a las bestias el alma de tu tórtola; y no olvides para siempre la congregación de tus afligidos.

20 Mira al pacto: Porque los lugares tenebrosos de la tierra están llenos de habitaciones de violencia.

21 No vuelva avergonzado el oprimido: El pobre y el necesitado alaben tu nombre.

22 Levántate, oh Dios, aboga tu causa; acuérdate de cómo el insensato te injuria cada día.

23 No olvides las voces de tus enemigos; el alboroto de los que se levantan contra ti sube continuamente.

SALMO 75
<<Al Músico principal: sobre No destruyas: Salmo de Asaf: Cántico.>>

Te damos gracias, oh Dios, gracias te damos; porque cercano está tu nombre: Tus maravillas declaramos.

2 Cuando reciba la congregación, yo juzgaré rectamente.

3 Arruinada está la tierra y sus moradores; ʲyo sostengo sus columnas. (Selah)

4 Dije a los insensatos: No os infatuéis; y a los impíos: No levantéis el cuerno:

5 No levantéis en alto vuestro cuerno; no habléis con cerviz erguida.

6 Porque ni de oriente, ni de occidente, ni del sur viene el enaltecimiento.

7 Mas ᵐDios es el Juez; a éste humilla, y a aquél enaltece.

8 Porque ⁿel cáliz está ᵒen la mano de Jehová, y el vino es tinto, lleno de mixtura; y Él derrama del mismo; los asientos del mismo tomarán y beberán todos los impíos de la tierra.

9 Mas yo siempre anunciaré y cantaré alabanzas al Dios de Jacob.

10 Y ᵘquebraré todos los cuernos de los pecadores; mas los cuernos de los justos serán exaltados.

SALMO 76
<<Al Músico principal: sobre Neginot: Salmo de Asaf: Canción>>

Dios ʸes conocido en Judá: En Israel es grande su nombre.

---

a Sal 79:1-5
b Sal 18:8
c Sal 79:13
Ez 34:31

d Éx 15:16

e Lm 2:7
f Mt 24:15

g 2 Re 25:9

h Sal 83:4

i Lm 2:9
Ez 7:26
j 1 Sm 2:8

k Lm 2:3

l Sal 44:4
m Sal 50:6
n Sal 11:6
o Job 21:20
p Éx 14:21
q Is 51:9
Ez 29:3
r Job 41:1

s Éx 17:6
t Éx 15:16
u Jer 48:25

v Dt 32:8
Hch 17:26

x vers 2,22
y Sal 48:1-3

Paga lo que prometes

2 Y en Salem está su tabernáculo, y su habitación en Sión.
3 Allí quebró las saetas del arco, el escudo, y la espada, y *las armas de guerra*. (Selah)
4 Ilustre eres tú; Majestuoso, más que los montes de caza.
5 Los fuertes de corazón fueron despojados, ᵈdurmieron su sueño; y ninguno de los varones fuertes pudo usar sus manos.
6 ᵉA tu represión, oh Dios de Jacob, el carro y el caballo fueron entorpecidos.
7 Tú, temible eres tú: ʰ¿Y quién permanecerá de pie delante de ti, al desatarse tu ira?
8 Desde los cielos hiciste oír juicio; la tierra tuvo temor y quedó suspensa,
9 cuando te levantaste, oh Dios, al juicio, para salvar a todos los mansos de la tierra. (Selah)
10 Ciertamente ʲla ira del hombre te alabará: Tú reprimirás el resto de las iras.
11 ˡPrometed, y pagad a Jehová vuestro Dios; ᵐtodos los que están alrededor de Él, traigan presentes al Temible.
12 Él cortará el espíritu de los príncipes; terrible es a los reyes de la tierra.

SALMO 77
<<Al Músico principal: para Jedutún: Salmo de Asaf>>

Con mi voz clamé a Dios, a Dios clamé, y Él me escuchó.
2 Al Señor busqué en ˢel día de mi angustia: Mi mal corría de noche y no cesaba: Mi alma ᵗrehusó el consuelo.
3 Me acordaba de Dios, y me turbaba: Me quejaba, y ᵛdesmayaba mi espíritu. (Selah)
4 Detenías los párpados de mis ojos: Estaba yo quebrantado, y no hablaba.
5 ᶻConsideraba los días desde el principio, los años de los siglos.
6 Me acordaba de ᵃmis canciones de noche; meditaba en mi corazón, y mi espíritu inquiría.
7 ¿Desechará el Señor para siempre, y ᵇno volverá más a sernos propicio?
8 ¿Ha cesado para siempre su misericordia? ¿Se ha acabado perpetuamente su promesa?

SALMOS 77-78

9 ª¿Ha olvidado Dios el tener misericordia? ¿Ha encerrado con ira sus piedades? (Selah)
10 Y dije: ᵇEnfermedad mía es ésta; *traeré, pues, a la memoria* los años de la diestra del Altísimo.
11 ᶜMe acordaré de las obras de Jehová; ciertamente haré memoria de tus maravillas antiguas.
12 Y meditaré en todas tus obras, y hablaré de tus hechos.
13 Oh Dios, ᶠen santidad es tu camino: ᵍ¿Qué Dios *es* grande como *nuestro* Dios?
14 Tú eres el Dios que hace maravillas; hiciste notorio en los pueblos tu poder.
15 ⁱCon tu brazo redimiste a tu pueblo, a los hijos de Jacob y de José. (Selah)
16 Te vieron las aguas, oh Dios; te vieron las aguas y temieron; y temblaron los abismos.
17 Las nubes derramaron agua; ᵏtronaron los cielos, tus saetas salieron por doquier.
18 Anduvo en derredor ⁿel sonido de tus truenos, ᵒlos relámpagos alumbraron al mundo; se estremeció y tembló la tierra.
19 ᵖEn el mar fue tu camino, y tus sendas en las muchas aguas; y tus pisadas no fueron conocidas.
20 ᵠCondujiste a tu pueblo ʳcomo ovejas, por mano de Moisés y de Aarón.

SALMO 78
<<Masquil de Asaf>>

Escucha, pueblo mío, mi ley; inclinad vuestro oído a las palabras de mi boca.
2 ᵘAbriré mi boca en parábolas; hablaré ˣcosas escondidas desde la antigüedad:
3 ʸLas cuales hemos oído y entendido, y nuestros padres nos las contaron.
4 No las encubriremos a sus hijos, contando a la generación venidera las alabanzas de Jehová y su fortaleza y las maravillas que hizo.
5 Él estableció testimonio en Jacob, y puso ley en Israel; la cual mandó a nuestros padres que la enseñasen a sus hijos;
6 ᶜPara que lo sepa la generación venidera, y los hijos que nacerán; y

SALMOS 78

los que se levantarán, lo cuenten a sus hijos;

7 A fin de que pongan en Dios su confianza, y no se olviden de las obras de Dios, sino que guarden sus mandamientos;

8 y no sean como sus padres, ^cgeneración contumaz y rebelde; generación que no apercibió su corazón, y cuyo espíritu no fue fiel para con Dios.

9 Los hijos de Efraín, arqueros armados, volvieron la espalda el día de la batalla.

10 No guardaron el pacto de Dios, ni quisieron andar en su ley:

11 Antes se olvidaron de sus obras, y de sus maravillas que les había mostrado.

12 ^gDelante de sus padres hizo maravillas en la tierra de Egipto, ⁱen el campo de Zoán.

13 ^jDividió el mar y los hizo pasar; detuvo las aguas como en un montón.

14 Y ^llos guió de día con nube, y toda la noche con resplandor de fuego.

15 ⁿHendió las peñas en el desierto; y les dio a beber *como de* grandes abismos;

16 Sacó corrientes de la peña, e hizo descender aguas como ríos.

17 Pero aún siguieron pecando contra Él, ^pprovocando al Altísimo en el desierto.

18 Pues ^rtentaron a Dios en su corazón, pidiendo comida a su gusto.

19 Y hablaron contra Dios, diciendo: ¿Podrá Dios poner mesa en el desierto?

20 He aquí, Él ^uhirió la peña y brotaron aguas, y arroyos salieron ondeando: ¿Podrá también dar pan? ¿Podrá proveer carne para su pueblo?

21 Por tanto, oyó Jehová, y se indignó: y se encendió el fuego contra Jacob, y el furor subió también contra Israel;

22 Por cuanto no creyeron a Dios, ni confiaron en su salvación:

23 A pesar de que mandó a las nubes de arriba, y abrió las puertas de los cielos;

24 Y ^zhizo llover sobre ellos maná para comer, y les dio ^btrigo de los cielos;

a Sal 103:20
b Nm 11:31

c Dt 21:18
Jer 5:23
d Éx 16:13

e Éx 8:2-14

f Sal 22:29

g Éx cps 7-12
h Nm cps 14: 16: 17:
i Nm 13:22
j Éx 14:21
k Os 5:15
l Éx 13:21
m Dt 32:4
n Éx 17:6
Nm 20:8-11
o Is 29:13
Mt 15:8

p Sal 95:8-10
q Éx 34:6
Nm 14:20
r Éx 16:2

s Sal 103:14
t Gn 6:3
Jn 3:6
u Éx 17:6
Nm 20:11

v Éx 7:17

x Éx 8:21-24
y Éx 8:2-14
z Éx 16:4
a Éx 10:12-15
b Sal 105:40
Jn 6:31
c Éx 19:23-25

Pusieron límite al Santo de Israel

25 ^aPan de nobles comió el hombre: Les envió comida hasta saciarles.

26 ^bHizo que soplase el viento del este en el cielo, y trajo con su poder el viento del sur.

27 E hizo llover sobre ellos carne como polvo, y aves de alas como la arena del mar.

28 ^dLas hizo caer en medio de su campamento, alrededor de sus tiendas.

29 Y comieron, y se saciaron mucho, ^eles cumplió, pues, su deseo.

30 No habían quitado de sí su deseo, aún estaba la comida en su boca,

31 cuando vino sobre ellos el furor de Dios, y ^fmató a los más robustos de ellos, y derribó a los escogidos de Israel.

32 Con todo esto, ^hpecaron aún, y no dieron crédito a sus maravillas.

33 Por tanto, consumió sus días en vanidad, y sus años en tribulación.

34 ^kSi los hería de muerte, entonces buscaban a Dios; entonces se volvían solícitos en busca suya.

35 Y se acordaban ^mque Dios era su refugio; y el Dios Altísimo, su Redentor.

36 Mas ^ole lisonjeaban con su boca, y con su lengua le mentían:

37 Pues sus corazones no eran rectos para con Él, ni estuvieron firmes en su pacto.

38 ^qPero Él, misericordioso, perdonaba *su* maldad y no los destruía; y apartó muchas veces su ira, y no despertó todo su enojo.

39 Y ^sse acordó de ^tque *eran* carne; soplo que va y no vuelve.

40 ¡Cuántas veces lo provocaron en el desierto, lo enojaron en la soledad!

41 Y volvían y tentaban a Dios, y ponían límite al Santo de Israel.

42 No se acordaron de su mano, del día que los redimió de angustia;

43 cuando puso en Egipto sus señales, y sus maravillas en el campo de Zoán;

44 y ^vvolvió sus ríos en sangre, y sus corrientes, para que no bebieses.

45 Envió entre ellos ^xenjambres de moscas que los devoraban, y ^yranas que los destruyeron.

46 Dio también al pulgón sus frutos, y sus trabajos a ^ala langosta.

47 ^cSus viñas destruyó con granizo, y sus higuerales con escarcha;

Jehová llamó a David de tras las ovejas

48 Y ªentregó al granizo sus bestias, y a los rayos sus ganados.
49 Envió sobre ellos el furor de su ira, enojo, indignación y angustia, enviándoles ángeles destructores.
50 Dispuso camino a su furor; no eximió la vida de ellos de la muerte, sino que entregó su vida a la mortandad.
51 E ᵈhirió a todo primogénito en Egipto, las primicias de su fuerza en las tiendas de Cam.
52 Pero hizo salir a su pueblo ᶠcomo ovejas, y los llevó por el desierto, como a un rebaño.
53 Y los guió con seguridad, de modo que no tuvieran miedo; y ᵍel mar cubrió a sus enemigos.
54 Los metió después en los términos de su santuario, en este monte que adquirió su diestra.
55 Y echó a las naciones de delante de ellos, y con cuerdas ᵏles repartió *sus tierras* por heredad; e hizo habitar en sus tiendas a las tribus de Israel.
56 Mas ellos tentaron y enojaron al Dios Altísimo, y no guardaron sus testimonios;
57 Sino que se volvieron, y se rebelaron como sus padres: Se volvieron ᵐcomo arco engañoso.
58 Y lo enojaron con sus lugares altos, y lo provocaron a celo con sus esculturas.
59 Lo oyó Dios, y se enojó, y en gran manera aborreció a Israel.
60 ᵖDejó por tanto el tabernáculo de Silo, la tienda en que habitó entre los hombres;
61 Y entregó al cautiverio su poder, y su gloria en mano del enemigo.
62 Entregó también su pueblo a la espada, y se airó contra su heredad.
63 El fuego devoró sus jóvenes, y ʳsus vírgenes no fueron loadas en cantos nupciales.
64 ˢSus sacerdotes cayeron a espada, y ᵗsus viudas no hicieron lamentación.
65 Entonces despertó el Señor ᵘcomo de un sueño, como un valiente que grita excitado por el vino:
66 E ˣhirió a sus enemigos en las partes posteriores; les dio afrenta perpetua.
67 Y desechó el tabernáculo de José, y no escogió a la tribu de Efraín.

SALMOS 79

68 Sino que escogió a la tribu de Judá, al monte de Sión, al cual amó.
69 Y edificó su santuario a manera de eminencia, como la tierra que cimentó para siempre.
70 Y ᵇeligió a David su siervo, y lo tomó de las majadas de las ovejas.
71 ᶜDe tras las paridas lo trajo, para que apacentase a Jacob, su pueblo, y a Israel, su heredad.
72 Y los apacentó ᵉconforme a la integridad de su corazón; y los pastoreó con la pericia de sus manos.

SALMO 79
<<Salmo de Asaf>>

Oh Dios, vinieron los gentiles a tu heredad; ʰel templo de tu santidad han contaminado; ⁱpusieron a Jerusalén en montones.
2 ʲDieron los cuerpos de tus siervos por comida a las aves de los cielos; la carne de tus santos a las bestias de la tierra.
3 Derramaron su sangre como agua en los alrededores de Jerusalén; y ˡno *hubo quien* los enterrase.
4 Hemos venido a ser afrenta a nuestros vecinos, escarnio y burla de los que están en nuestros alrededores.
5 ¿Hasta cuándo, oh Jehová? ¿Estarás airado para siempre? ⁿ¿Arderá como fuego tu celo?
6 ᵒDerrama tu ira sobre las gentes que no te conocen, y sobre los reinos que no invocan tu nombre.
7 Porque han devorado a Jacob, y han asolado su morada.
8 ᑫNo recuerdes contra nosotros las iniquidades antiguas: Anticípennos presto tus misericordias, porque estamos muy abatidos.
9 Ayúdanos, oh Dios, salvación nuestra, por la gloria de tu nombre; y líbranos, y aplácate sobre nuestros pecados por amor a tu nombre.
10 Porque dirán las gentes: ¿Dónde está su Dios? Sea notoria entre las gentes, delante de nuestros ojos, ʸla venganza de la sangre de tus siervos que fue derramada.
11 ʸEntre ante tu presencia el gemido de los presos; conforme a la grandeza de tu brazo preserva a los sentenciados a muerte.

---

a Éx 9:23-25
b 1 Sm 16:11
c 2 Sm 5:2
d Éx 12:29
e 1 Re 9:4
f Sal 77:20
g Éx 14:27
h Sal 74:7
i 2 Re 25:9
  2 Cr 36:19
  Jer 26:18
  Mi 3:12
j Dt 28:26
  Jer 15:3
k Jos 23:4
l Jer 14:16
m Os 7:16
n Sof 1:18
o Jer 10:25
p 1 Sm 4:11
  Jer 7:12-14
q Sal 25:7
  Is 64:9
r Jer 7:34
s 1 Sm 4:11
t Job 27:15
u Is 42:13
v Sal 94:1
x 1 Sm 5:6-12
y Sal 102:20

12 Y da a nuestros vecinos en su seno ᵇsiete tantos de su infamia, con que te han deshonrado, oh Jehová.
13 Y ᶜnosotros, pueblo tuyo y ovejas de tu prado, te alabaremos para siempre: de generación en generación cantaremos tus alabanzas.

SALMO 80
<<Al Músico principal: sobre Sosanim-edut: Salmo de Asaf>>

Oh Pastor de Israel, escucha: Tú que pastoreas ᵈcomo a ovejas a José, que ᵉhabitas *entre* querubines, resplandece.
2 Despierta tu poder delante de Efraín, y de Benjamín, y de Manasés, y ven a salvarnos.
3 Oh Dios, restáuranos; y haz resplandecer tu rostro, y seremos salvos.
4 Jehová, ʰDios de los ejércitos, ¿Hasta cuándo mostrarás indignación contra la oración de tu pueblo?
5 Les diste a comer ᵏpan de lágrimas, y les diste a beber lágrimas en gran abundancia.
6 Nos pusiste por contienda a nuestros vecinos; y nuestros enemigos se burlan entre sí.
7 Oh Dios de los ejércitos, restáuranos; haz resplandecer tu rostro, y seremos salvos.
8 Hiciste venir una vid de Egipto; echaste las gentes, y la plantaste.
9 Preparaste *el terreno* delante de ella, e hiciste arraigar sus raíces, y llenó la tierra.
10 Los montes fueron cubiertos de su sombra; y sus sarmientos *fueron como* cedros de Dios.
11 Extendió sus vástagos hasta el mar, y hasta el río sus renuevos.
12 ¿Por qué has derribado sus vallados, de modo que la vendimien todos los que pasan por el camino?
13 La estropea el puerco montés, y la devora la bestia del campo.
14 Oh Dios de los ejércitos, vuelve ahora: Mira desde el cielo, y considera, y visita esta viña,
15 y la planta que plantó tu diestra, y ᵘel renuevo que para ti afirmaste.
16 Está quemada a fuego, asolada: ¡Perecen por la represión de tu rostro!
17 ᵃSea tu mano sobre el varón de tu diestra, sobre el hijo del hombre que para ti corroboraste.
18 Así no nos apartaremos de ti: Vida nos darás, e invocaremos tu nombre.
19 Oh Jehová, Dios de los ejércitos, ¡restáuranos! Haz resplandecer tu rostro, y seremos salvos.

SALMO 81
<<Al Músico principal: sobre Gitit: Salmo de Asaf>>

Cantad con gozo a Dios, fortaleza nuestra: ᶠAclamad con júbilo al Dios de Jacob.
2 Entonad salmos, y tañed el pandero, el arpa deliciosa con el salterio.
3 ᵍTocad la trompeta en luna nueva, en el día señalado, en el día de nuestra fiesta solemne.
4 Porque estatuto es de Israel, ordenanza del Dios de Jacob.
5 Por testimonio ⁱen José lo ha constituido, ʲcuando salió por la tierra de Egipto; *Donde* oí lenguaje *que* no entendía.
6 ˡAparté su hombro de debajo de la carga; sus manos fueron liberadas de los cestos.
7 ᵐEn la calamidad clamaste, y yo te libré; ⁿte respondí en el secreto del trueno; ᵒte probé sobre las aguas de Meriba. (Selah)
8 Oye, pueblo mío y te protestaré. ¡Oh Israel, si me oyeres!
9 No habrá en ti dios ajeno, ni adorarás a dios extraño.
10 Yo soy Jehová tu Dios, que te hice subir de la tierra de Egipto: ᵖAbre bien tu boca, y la llenaré.
11 Mas mi pueblo no oyó mi voz, e Israel ᑫno me quiso a mí.
12 ʳLos entregué, por tanto, a la dureza de su corazón: Caminaron en sus consejos.
13 ˢ¡Oh, si me hubiera oído mi pueblo, si Israel hubiera andado en mis caminos!
14 En un instante habría yo derribado a sus enemigos, y vuelto mi mano sobre sus adversarios.
15 ᵗLos aborrecedores de Jehová se le hubieran sometido; y el tiempo de ellos fuera para siempre.
16 Él los hubiera sostenido con lo mejor del trigo; y ᵛde miel de la roca te hubiera saciado.

SALMO 82
<<Salmo de Asaf>>

Dios está en la reunión de los dioses; En medio de los dioses juzga.

2 ¿Hasta cuándo juzgaréis injustamente, Y ᵇaceptaréis las personas de los impíos? (Selah)

3 Defended al pobre y al huérfano: Haced justicia al afligido y al menesteroso.

4 Librad al afligido y al necesitado; libradlo de mano de los impíos.

5 No saben, no entienden, ᶜandan en tinieblas. ᵈVacilan todos los cimientos de la tierra.

6 Yo dije: ᶠVosotros *sois* dioses; y todos vosotros *sois* hijos del Altísimo.

7 Pero como hombres moriréis; y caeréis como cualquiera de los príncipes.

8 Levántate, oh Dios, juzga la tierra; porque tú heredarás todas las naciones.

SALMO 83
<<Canción: Salmo de Asaf>>

Oh Dios ʲno guardes silencio, no calles, oh Dios, ni te estés quieto.

2 Porque he aquí que ᵏrugen tus enemigos; y tus aborrecedores han alzado cabeza.

3 Sobre tu pueblo han consultado astuta y secretamente, y han entrado en consejo ⁿcontra tus protegidos.

4 Han dicho: Venid, y cortémoslos de *ser* nación, y no haya más memoria del nombre de Israel.

5 Porque han conspirado a una, de común, contra ti han hecho alianza;

6 Las tiendas de Edom y de los ismaelitas, Moab y los agarenos;

7 Gebal, y Amón, y Amalec; los filisteos con los habitantes de Tiro.

8 También el asirio se ha juntado con ellos: Han dado la mano a ʳlos hijos de Lot. (Selah)

9 Hazles como a Madián; como a ˢSísara, como a Jabín en el arroyo de Cisón;

10 que perecieron en Endor, fueron hechos ᵗcomo estiércol para la tierra.

11 Pon a sus nobles como a Oreb y como a Zeeb; y como a Zeba y como a Zalmuna, a todos sus príncipes;

12 Que han dicho: ᵃHeredemos para nosotros las moradas de Dios.

13 Dios mío, ponlos como a torbellinos; como a hojarascas delante del viento.

14 Como fuego que quema el monte, como llama que abrasa los montes.

15 Persíguelos así con tu tempestad, y atérralos con tu torbellino.

16 Llena sus rostros de vergüenza; y busquen tu nombre, oh Jehová.

17 Sean afrentados y turbados para siempre; Sean avergonzados, y perezcan.

18 Y conozcan que ᵉtu nombre es JEHOVÁ; tú solo Altísimo sobre toda la tierra.

SALMO 84
<<Al Músico principal: sobre Gitit: Salmo para los hijos de Coré>>

¡Cuán ᵍamables son tus moradas, oh Jehová de los ejércitos!

2 ʰAnhela mi alma, y aun ardientemente desea los atrios de Jehová: Mi corazón y mi carne cantan al Dios vivo.

3 Aun ⁱel gorrión halla casa, y la golondrina nido para sí, donde ponga sus polluelos, en tus altares, oh Jehová de los ejércitos, Rey mío, y Dios mío.

4 ˡBienaventurados los que habitan en tu casa, ᵐPerpetuamente te alabarán. (Selah)

5 Bienaventurado el hombre que tiene su fortaleza en ti; en cuyo corazón *están* tus caminos.

6 Atravesando el valle de lágrimas lo convierten en fuente, cuando la lluvia llena los estanques.

7 Irán ᵒde fortaleza en fortaleza, ᵖverán a Dios en Sión.

8 Jehová Dios de los ejércitos, oye mi oración: Escucha, oh Dios de Jacob. (Selah)

9 Mira, ᑫoh Dios, escudo nuestro, y pon los ojos en el rostro de tu ungido.

10 Porque mejor es un día en tus atrios que mil fuera de ellos: Escogería antes estar a la puerta de la casa de mi Dios, que habitar en las moradas de maldad.

11 Porque ᵘsol y escudo es Jehová Dios: Gracia y gloria dará Jehová: ᵛNo quitará el bien a los que en integridad andan.

12 Jehová de los ejércitos, ªdichoso el hombre que en ti confía.

SALMO 85
<<Al Músico principal: Salmo para los hijos de Coré>>

Fuiste propicio a tu tierra, oh Jehová; ᵉvolviste la cautividad de Jacob.

2 ᶠPerdonaste la iniquidad de tu pueblo; cubriste todos sus pecados. (Selah)

3 Dejaste todo tu enojo; te volviste de la ira de tu furor.

4 Restáuranos, oh Dios, salvación nuestra, y haz cesar tu ira de sobre nosotros.

5 ¿Estarás enojado contra nosotros para siempre? ¿Extenderás tu ira de generación en generación?

6 ¿No volverás a darnos vida, para que tu pueblo se regocije en ti?

7 Muéstranos, oh Jehová, tu misericordia, y danos tu salvación.

8 ᵏEscucharé lo que hable Jehová Dios: Porque hablará paz a su pueblo y a sus santos, ˡpara que no se vuelvan a la locura.

9 Ciertamente cercana está su salvación a los que le temen; ⁿPara que habite la gloria en nuestra tierra.

10 ᵒLa misericordia y la verdad se encontraron; ᵖLa justicia y la paz se besaron.

11 La verdad brotará de la tierra; y la justicia mirará desde los cielos.

12 Jehová dará también el bien; y nuestra tierra dará su fruto.

13 La justicia irá delante de Él, y nos pondrá en el camino de sus pasos.

SALMO 86
<<Oración de David>>

Inclina, oh Jehová, tu oído, y óyeme; porque estoy afligido y menesteroso.

2 Guarda mi alma, porque soy piadoso: Salva tú, oh Dios mío, a tu siervo que en ti confía.

3 ʳTen misericordia de mí, oh Jehová: Porque a ti clamo todo el día.

4 Alegra el alma de tu siervo: Porque a ti, oh Señor, levanto mi alma.

5 Porque tú, Señor, eres bueno y perdonador, y ˢgrande en misericordia para con todos los que te invocan.

6 ᵇEscucha, oh Jehová, mi oración, y está atento a la voz de mis ruegos.

7 ᶜEn el día de mi angustia te llamaré; porque tú me respondes.

8 Oh Señor, ᵈninguno hay como tú entre los dioses, ni hay obras que igualen tus obras.

9 Todas las naciones que hiciste vendrán y adorarán delante de ti, oh Señor; y glorificarán tu nombre.

10 Porque tú eres grande, y hacedor de maravillas: ᵍSólo tú eres Dios.

11 Enséñame, oh Jehová, tu camino; ʰcaminaré yo en tu verdad: Consolida mi corazón para que tema tu nombre.

12 Te alabaré, oh Jehová Dios mío, con todo mi corazón; y glorificaré tu nombre para siempre.

13 Porque tu misericordia es grande para conmigo; y ʲhas librado mi alma del más profundo infierno.

14 Oh Dios, soberbios se levantaron contra mí, y conspiración de hombres violentos ha buscado mi alma, y no te pusieron delante de sí.

15 Mas tú, Señor, eres ᵐDios misericordioso y clemente, lento para la ira y grande en misericordia y verdad;

16 Mírame, y ten misericordia de mí: Da tu fortaleza a tu siervo, y guarda al hijo de tu sierva.

17 Haz conmigo señal para bien, y véanla los que me aborrecen, y sean avergonzados; porque tú, Jehová, me ayudaste y me consolaste.

SALMO 87
<<A los hijos de Coré: Salmo: Canción>>

Su cimiento está en el monte santo.

2 Ama Jehová las puertas de Sión más que todas las moradas de Jacob.

3 Cosas gloriosas se dicen de ti, oh ᵠciudad de Dios. (Selah)

4 Mencionaré a Rahab y a Babilonia entre los que me conocen. He aquí Filistea, y Tiro, con Etiopía: Éste nació allá.

5 Y de Sión se dirá: Éste y aquél nacieron en ella; y el Altísimo mismo la establecerá.

6 Jehová contará cuando Él inscriba a los pueblos: Éste nació allí. (Selah)

7 Y cantores y tañedores *en ella* dirán: Todas mis fuentes estarán en ti.

SALMO 88
<Canción: Salmo para los hijos de Coré; al Músico principal; para cantar sobre Mahalat; Masquil de Hemán ezraíta>

Oh Jehová, Dios de mi salvación, día y noche clamo delante de ti.
2 Entre mi oración a tu presencia: Inclina tu oído a mi clamor.
3 Porque mi alma está harta de males, y mi vida ^ccercana al sepulcro.
4 ^eSoy contado con los que descienden a la fosa, soy como hombre sin fuerza;
5 Libre entre los difuntos, como los muertos que yacen en el sepulcro, que no te acuerdas más de ellos, y que son cortados de tu mano.
6 Me has puesto en el hoyo más profundo, en tinieblas, en lugares profundos.
7 Sobre mí descarga tu ira, y me has afligido con todas tus ondas. (Selah)
8 ⁱHas alejado de mí mis conocidos; me has puesto por abominación a ellos: Encerrado estoy, y no puedo salir.
9 Mis ojos enfermaron a causa de mi aflicción: Te he llamado, oh Jehová, cada día; he extendido a ti mis manos.
10 ¿Mostrarás maravillas a los muertos? ¿Se levantarán los muertos para alabarte? (Selah)
11 ¿Será contada en el sepulcro tu misericordia, o tu fidelidad en ^mla perdición?
12 ¿Serán conocidas en las tinieblas tus maravillas, y tu justicia en la tierra del olvido?
13 Mas yo a ti he clamado, oh Jehová; y ^ode mañana mi oración sale a tu encuentro.
14 ¿Por qué, oh Jehová, desechas mi alma? ^q¿Por qué escondes de mí tu rostro?
15 Yo estoy afligido y a punto de morir; desde la juventud he sufrido tus terrores, estoy perplejo.
16 Sobre mí han pasado tus iras; tus terrores me han cortado.
17 Me han rodeado como aguas de continuo; a una me han cercado.

18 ^aHas alejado de mí al amigo y al compañero; y mis conocidos pusiste en tinieblas.

SALMO 89
<<Masquil de Etán ezraíta>>

Las ^bmisericordias de Jehová cantaré por siempre; con mi boca daré a conocer tu fidelidad a todas las generaciones.
2 Porque dije: Para siempre será edificada misericordia; en los mismos cielos apoyarás tu verdad.
3 Hice pacto con mi escogido; ^dJuré a David mi siervo, diciendo:
4 Para siempre confirmaré tu simiente, y edificaré tu trono ^fpor todas las generaciones. (Selah)
5 Los cielos ^gcelebrarán tus maravillas, oh Jehová; tu fidelidad también en ^hla congregación de los santos.
6 Porque ¿quién en los cielos se comparará a Jehová? ¿Quién será semejante a Jehová entre los hijos de los poderosos?
7 Dios terrible en la gran congregación de los santos, y formidable sobre todos cuantos están a su alrededor.
8 Oh Jehová, Dios de los ejércitos, ^j¿Quién como tú? Poderoso eres, Jehová, y tu fidelidad te rodea.
9 ^kTú tienes dominio sobre la braveza del mar; cuando se levantan sus ondas, tú las sosiegas.
10 Tú quebrantaste a Rahab como a un muerto; con tu brazo fuerte esparciste a tus enemigos.
11 ^lTuyos son los cielos, tuya también la tierra: El mundo y su plenitud, ⁿtú lo fundaste.
12 Al norte y al sur tú los creaste: Tabor y Hermón cantarán en tu nombre.
13 Tú tienes brazo fuerte; poderosa es tu mano, exaltada es tu diestra.
14 ^pJusticia y juicio *son* el fundamento de tu trono: Misericordia y verdad van delante de tu rostro.
15 Bienaventurado ^rel pueblo que sabe aclamarte: Andará, oh Jehová, a la luz de tu rostro.
16 En tu nombre se alegrarán todo el día; y en tu justicia serán exaltados.
17 Porque tú *eres* la gloria de su fortaleza; y por tu buena voluntad ^sexaltarás nuestro cuerno.

---

a Sal 38:11
b Sal 101:1
  Is 55:3
c Sal 117:18
d 2 Sm 7:8-16
  1 Cr 17:7-14
e Sal 28:1
f Lc 1:32-33
g Sal 50:6
h Job 5:1
i Job 19:13-19
j Éx 15:11
  Sal 35:10
k Sal 65:7
  Jesús
  Mt 8:24-27
  Mr 4:41
l Sal 24:1
m Job 26:5
n Sal 104:5
o Sal 5:3
p Sal 97:2
q Job 13:24
r Lv 23:24
s 1 Sm 2:1

SALMOS 90

18 Porque Jehová *es* nuestro escudo; y nuestro Rey es ªel Santo de Israel.
19 Entonces ᶜhablaste en visión a tu santo, y dijiste: He puesto el socorro sobre *uno que es* poderoso; he enaltecido a un escogido de mi pueblo.
20 ᵈHallé a David mi siervo; lo ungí con mi óleo santo.
21 Mi mano será firme con él, mi brazo también lo fortalecerá.
22 ᵉNo lo avasallará enemigo, ni hijo de iniquidad lo quebrantará.
23 Mas yo quebrantaré delante de él a sus enemigos, y heriré a los que le aborrecen.
24 Y mi verdad y mi misericordia serán con él; y en mi nombre será exaltado su cuerno.
25 Asimismo ⁱpondré su mano sobre el mar, y sobre los ríos su diestra.
26 Él clamará a mí: ʲMi Padre *eres* tú, mi Dios y la Roca de mi salvación.
27 Yo también lo haré *mi* ᵏprimogénito, alto sobre los reyes de la tierra.
28 Para siempre le conservaré mi misericordia; y mi pacto será firme con él.
29 Y estableceré su simiente para siempre, y su trono ˡcomo los días de los cielos.
30 ᵐSi dejaren sus hijos mi ley y no anduvieren en mis juicios;
31 Si profanaren mis estatutos y no guardaren mis mandamientos;
32 Entonces visitaré con vara su rebelión, y con azotes sus iniquidades.
33 Mas no quitaré de él mi misericordia, ni falsearé mi fidelidad.
34 No olvidaré mi pacto, ni mudaré lo que ha salido de mis labios.
35 Una vez he jurado ʳpor mi santidad, que no mentiré a David.
36 Su simiente será para siempre, y su trono ˢcomo el sol delante de mí.
37 Como la luna será firme para siempre, y como un testigo fiel en el cielo. (Selah)
38 Mas tú ᵛdesechaste y menospreciaste a tu ungido; y te has airado con él.
39 Rompiste el pacto de tu siervo; ˣhas profanado su corona hasta la tierra.
40 ªRompiste todos sus vallados; has quebrantado sus fortalezas.

a Sal 71:22
b Sal 44:13
c 2 Sm 7:17

d 1 Sm 16:12
Hch 13:22

e Éx 15:11
Sal 35:10
f Sal 102:23
g Sal 13:1
Hab 1:2

h Job 7:7
y 10:9
i Sal 72:8

j 2 Sm 7:14

k Sal 2:7
Col 1:15-18

l Dt 11:21

m 2 Sm 7:14
n Sal 17:11
o Sal 41:13

p Dt 33:27

q Pr 8:25-26
r Sal 60:6
Am 4:2

s Sal 72:5
t Gn 3:19
Ec 12:7
u 2 Pe 3:8
v Sal 44:9-22

x Sal 74:7
Lm 5:16
y Sal 73:20
z Is 40:6-7
a Sal 80:12
b Job 14:2

Enséñanos a contar nuestros días

41 Lo saquean todos los que pasan por el camino: ᵇEs oprobio a sus vecinos.
42 Has exaltado la diestra de sus enemigos; has alegrado a todos sus adversarios.
43 Embotaste asimismo el filo de su espada, y no lo levantaste en la batalla.
44 Hiciste cesar su brillo, y echaste su trono por tierra.
45 ᶠHas acortado los días de su juventud; le has cubierto de afrenta. (Selah)
46 ᵍ¿Hasta cuándo, oh Jehová? ¿Te esconderás para siempre? ¿Arderá tu ira como el fuego?
47 ʰAcuérdate de cuán breve es mi tiempo: ¿Por qué habrás creado en vano a todos los hijos del hombre?
48 ¿Qué hombre vivirá y no verá muerte? ¿Librarás su vida del poder del sepulcro? (Selah)
49 Señor, ¿dónde están tus antiguas misericordias, que juraste a David por tu verdad?
50 Señor, acuérdate del oprobio de tus siervos; *oprobio* de muchos pueblos, que llevo en mi seno.
51 Porque tus enemigos, oh Jehová, han deshonrado, han deshonrado ⁿlos pasos de tu ungido.
52 ᵒBendito *sea* Jehová para siempre. Amén y amén.

SALMO 90

<<Oración de Moisés varón de Dios>>

Señor, ᵖtú nos has sido refugio de generación en generación.
2 ᵠAntes que naciesen los montes y formases la tierra y el mundo; Desde la eternidad y hasta la eternidad, tú eres Dios.
3 Vuelves al hombre hasta ser quebrantado, y dices: ᵗConvertíos, hijos de los hombres.
4 Porque ᵘmil años delante de tus ojos, *son* como el día de ayer, que pasó, y *como* una de las vigilias de la noche.
5 Los haces pasar como avenida de aguas; son ʸ*como* un sueño; ᶻcomo la hierba que crece en la mañana:
6 ᵇEn la mañana florece y crece; A la tarde es cortada, y se seca.

El que habita al abrigo del Altísimo

7 Porque con tu furor somos consumidos, y con tu ira somos turbados.
8 ªPusiste nuestras maldades delante de ti, ᵇnuestros *pecados* secretos a la luz de tu rostro.
9 Porque todos nuestros días declinan a causa de tu ira; acabamos nuestros años como un pensamiento.
10 Los días de nuestra edad son setenta años; y en los más robustos son ochenta años, con todo, su fortaleza es molestia y trabajo; porque es cortado presto, y volamos.
11 ¿Quién conoce el poder de tu ira, y tu indignación según que debes ser temido?
12 ᶜEnséñanos de tal modo a contar nuestros días, que traigamos al corazón sabiduría.
13 Vuélvete, oh Jehová; ¿hasta cuándo? Y ᵈaplácate para con tus siervos.
14 De mañana sácianos de tu misericordia; y cantaremos y nos alegraremos todos nuestros días.
15 Alégranos conforme a los días que nos afligiste, y los años que vimos el mal.
16 ᵉAparezca en tus siervos tu obra, y tu gloria sobre sus hijos.
17 ᶠSea la hermosura de Jehová nuestro Dios sobre nosotros; y confirma sobre nosotros la obra de nuestras manos; Sí, la obra de nuestras manos confirma.

a Jer 16:17
b Job 34:32
  Sal 19:12
  Luc 12:2

c Sal 39:4

d Dt 32:36
  Sal 106:45
  y 135:14

e Hab 3:2

f Sal 27:4

SALMO 91

El que ᵍhabita al abrigo del Altísimo, morará ʰbajo la sombra del Omnipotente.
2 Diré yo a Jehová: Esperanza mía y castillo mío; mi Dios, ⁱen Él confiaré.
3 Él ʲte librará del lazo del cazador; de la peste destructora.
4 ᵏCon sus plumas te cubrirá, y ˡdebajo de sus alas estarás seguro: ᵐEscudo y adarga es su verdad.
5 ⁿNo tendrás temor de espanto nocturno, *ni* de saeta que vuele de día;
6 *Ni* de pestilencia que ande en oscuridad, *ni* de mortandad que en medio del día destruya.
7 Caerán a tu lado mil, y diez mil a tu diestra; mas a ti no llegará.
8 Ciertamente con tus ojos mirarás, y verás la recompensa de los impíos.

g Sal 32:7
  y 61:4
h Sal 17:8
  y 121:5
i Sal 25:2
j Sal 69:22
  y 119:110
k Jer 16:17
l Mt 23:37
  Lc 13:34
m Sal 35:2
n Pr 3:23-24
  Is 43:2

9 Porque has puesto a Jehová, que es mi refugio, al Altísimo por tu habitación,
10 No te sobrevendrá mal, ni plaga tocará tu morada.
11 Pues a sus ángeles mandará acerca de ti, que te guarden en todos tus caminos.
12 En *sus* manos te sostendrán, para que no tropieces con tu pie en piedra.
13 Sobre el león y la serpiente pisarás; Hollarás al cachorro del león y al dragón.
14 Por cuanto en mí ha puesto su amor, yo también lo libraré; lo pondré en alto, por cuanto ha conocido mi nombre.
15 Me invocará, y yo le responderé; con él *estaré* yo en la angustia; lo libraré y lo glorificaré.
16 Lo saciaré de larga vida y le mostraré mi salvación.

SALMO 92

<<Salmo: Canción para el día del sábado>>

Bueno es alabar a Jehová, y cantar salmos a tu nombre, oh Altísimo;
2 Anunciar por la mañana tu misericordia, y tu fidelidad en las noches,
3 en el decacordio y en el salterio, en tono suave con el arpa.
4 Por cuanto me has alegrado, oh Jehová, con tus obras; en las obras de tus manos me gozo.
5 ¡Cuán grandes son tus obras, oh Jehová! Muy profundos son tus pensamientos.
6 El hombre necio no sabe, y el insensato no entiende esto:
7 Que brotan los impíos como la hierba, y florecen todos los obradores de iniquidad, para ser destruidos para siempre.
8 Mas tú, Jehová, para siempre *eres* Altísimo.
9 Porque he aquí tus enemigos, oh Jehová, porque he aquí, perecerán tus enemigos; serán disipados todos los obradores de iniquidad.
10 Pero tú ᵒexaltarás mi cuerno como el del ᵖunicornio; seré ungido con ᵠaceite fresco.
11 Y mis ojos mirarán *mi deseo* sobre mis enemigos; oirán mis oídos de los

o 1 Sm 2:1
p Nm 23:22
q Sal 23:5

que se levantaron contra mí, de los malignos.

12 ᵃEl justo florecerá como la palmera; crecerá como cedro en el Líbano.

13 Los que están ᵇplantados en la casa de Jehová, en los atrios de nuestro Dios florecerán.

14 Aun en la vejez fructificarán; estarán vigorosos y verdes,

15 para anunciar que Jehová es recto: *Él es* mi Roca, y ᶜen Él no hay injusticia.

a Sal 52:8
Is 65:22
Os 14:5-8
Am 2:8
1 Cristo
Jn 2:25
y 6:6
b Sal 1:3

c Rm 9:14

SALMO 93

Jehová reina, se vistió de magnificencia, se vistió Jehová, se ciñó de fortaleza; ᵈafirmó también el mundo, para que no sea movido.

2 Firme es tu trono desde entonces: Tú *eres* desde la eternidad.

3 Alzaron los ríos, oh Jehová, alzaron los ríos su sonido; alzaron los ríos sus ondas.

4 ᵉJehová en las alturas *es* más poderoso que el estruendo de las muchas aguas, *más que* las recias ondas del mar.

5 Tus testimonios son muy firmes; la santidad conviene a tu casa, oh Jehová, por los siglos y para siempre.

d Sal 96:10

e Sal 65:7

SALMO 94

Jehová, ᶠDios de las venganzas, Dios de las venganzas, manifiéstate.

2 Levántate, oh ᵍJuez de la tierra; da el pago a los soberbios.

3 ¿Hasta cuándo los impíos, hasta cuándo, oh Jehová, se gozarán los impíos?

4 ¿Hasta cuándo pronunciarán, hablarán cosas duras, y se vanagloriarán todos los obradores de iniquidad?

5 A tu pueblo, oh Jehová, quebrantan, y a tu heredad afligen.

6 A la viuda y al extranjero matan, y a los huérfanos quitan la vida.

7 ᵃY dicen: No mirará Jehová, ni hará caso el Dios de Jacob.

8 Entended, necios del pueblo; y vosotros fatuos, ¿cuándo seréis sabios?

9 ᵏEl que plantó el oído, ¿no oirá? El que formó el ojo, ¿no verá?

f Dt 32:35
Nah 1:2
Heb 10:30
g Gn 18:25
Jn 5:22-27

h Sal 100:1
i Dt 32:15
2 Sm 22:47

j Sal 97:9
a Job 22:18

k Éx 4:11
Pr 20:12

Cantad a Jehová cántico nuevo

10 El que castiga a las gentes, ¿no reprenderá? El que enseña la ciencia al hombre, ¿no sabrá?

11 Jehová conoce los pensamientos de los hombres, que *son* vanidad.

12 Bienaventurado el hombre a quien tú, oh Jehová, corriges, y en tu ley lo instruyes;

13 Para darle reposo de los días de aflicción, en tanto que para el impío se cava el hoyo.

14 Porque Jehová no abandonará a su pueblo, ni desamparará a su heredad;

15 Sino que el juicio volverá a la justicia, y en pos de ella irán todos los rectos de corazón.

16 ¿Quién se levantará por mí contra los malignos? ¿Quién estará por mí contra los obradores de iniquidad?

17 Si no me ayudara Jehová, pronto moraría mi alma en el silencio.

18 Cuando yo decía: Mi pie resbala: Tu misericordia, oh Jehová, me sustentaba.

19 En la multitud de mis pensamientos dentro de mí, tus consolaciones alegraban mi alma.

20 ¿Se juntará contigo el trono de iniquidades, que forma agravio por ley?

21 Se juntan contra la vida del justo, y condenan la sangre inocente.

22 Mas Jehová me ha sido por refugio; y mi Dios es la Roca de mi confianza.

23 Y Él hará volver sobre ellos su iniquidad, y los destruirá en su propia maldad; Los cortará Jehová nuestro Dios.

SALMO 95

Venid, cantemos alegremente a Jehová: Aclamemos ᵇcon júbilo a ⁱla Roca de nuestra salvación.

2 Lleguemos ante su presencia con acción de gracias; aclamémosle con salmos.

3 Porque ʲJehová *es* Dios grande; Y Rey grande sobre todos los dioses.

4 Porque en su mano están las profundidades de la tierra, y las alturas de los montes son suyas.

5 Suyo también es el mar, pues Él lo hizo; Y sus manos formaron la tierra seca.

6 Venid, adoremos y postrémonos; Arrodillémonos delante de Jehová nuestro Hacedor.

Jehová reina

7 Porque Él *es* nuestro Dios; Nosotros el pueblo de su prado y ovejas de su mano. ªSi oyereis hoy su voz,
8 no endurezcáis vuestro corazón como ᵈen Meriba, como el día de Masah en el desierto;
9 Donde ᵉme tentaron vuestros padres, me probaron, y vieron mis obras.
10 Cuarenta años estuve disgustado con *esta* generación, y dije: Pueblo es que divaga de corazón, y no han conocido mis caminos.
11 Por tanto, juré en mi ira ʰque no entrarían en mi reposo.

SALMO 96

Cantad a Jehová ⁱcántico nuevo; Cantad a Jehová, toda la tierra.
2 Cantad a Jehová, bendecid su nombre: Anunciad de día en día su salvación.
3 Proclamad entre las naciones su gloria, en todos los pueblos sus maravillas.
4 Porque grande *es* Jehová, y digno de suprema alabanza; Temible sobre todos los dioses.
5 Porque todos los dioses de los pueblos *son* ídolos; Pero ˡJehová hizo los cielos.
6 Honor y majestad delante de Él: ᵐPoder y gloria *hay* en su santuario.
7 Dad a Jehová, oh ⁿfamilias de los pueblos; Dad a Jehová la gloria y el poder.
8 Dad a Jehová la gloria *debida a* su nombre: ᵒTraed ofrenda, y ᵖvenid a sus atrios.
9 Adorad a Jehová en la hermosura de la santidad: Temed delante de Él, toda la tierra.
10 Decid entre las naciones: Jehová reina, también afirmó el mundo, no será conmovido: Juzgará a los pueblos en justicia.
11 Alégrense los cielos, y gócese la tierra: Brame el mar y su plenitud.
12 ˢRegocíjese el campo, y todo lo que en él *está*: Entonces todos los árboles del bosque rebosarán de contento delante de Jehová:
13 Porque Él viene, porque Él viene a juzgar la tierra. ᵘJuzgará al mundo con justicia, y a los pueblos con su verdad.

---

a Heb 3:7-15 y 4:7
b 1 Cr 16:31
c Sal 18:11
d Éx 17:2-7
Nm 14:22
e 1 Co 10:9
f Éx 19:18
Sal 77:18
g Jue 5:5
Nah 1:5

h Nm 14:23
Heb 4:3-5

i Sal 98:1

j Sal 101:3
k Dn 3:28 y 6:22-27

l Sal 115:15

m Sal 78:61
n Sal 22:27

o Sal 45:12
p Sal 116:19
q Éx 15:6
Lc 1:51
r Is 52:10
Hch 13:47

s Is 35:1

t Sal 92:9
u Sal 67:4
v 1 Cr 15:28
2 Cr 15:14

SALMOS 96-98

SALMO 97

Jehová ᵇreina; regocíjese la tierra: Alégrense las muchas islas.
2 ᶜNube y oscuridad alrededor de Él: Justicia y juicio *son* el fundamento de su trono.
3 Fuego va delante de Él, y abrasa a sus enemigos alrededor.
4 ᶠSus relámpagos alumbraron el mundo: La tierra vio, y se estremeció.
5 ᵍLos montes se derritieron como cera delante de Jehová, delante del Señor de toda la tierra.
6 Los cielos anuncian su justicia, y todos los pueblos ven su gloria.
7 Avergüéncense todos los que sirven a las imágenes de talla, los que se glorían en los ídolos: Adórenle todos los dioses.
8 Oyó Sión, y se alegró; y las hijas de Judá, oh Jehová, se gozaron por tus juicios.
9 Porque tú, Jehová, *eres* excelso sobre toda la tierra; eres muy enaltecido sobre todos los dioses.
10 Los que a Jehová amáis, ʲaborreced el mal: Él guarda las almas de sus santos; ᵏde mano de los impíos los libra.
11 Luz está sembrada para el justo, y alegría para los rectos de corazón.
12 Alegraos, justos, en Jehová; y alabad la memoria de su santidad.

SALMO 98
<<Salmo>>

Cantad a Jehová cántico nuevo; porque ha hecho maravillas; ᑫsu diestra lo ha salvado, y su santo brazo.
2 Jehová ʳha hecho notoria su salvación; a vista de las naciones ha descubierto su justicia.
3 Se ha acordado de su misericordia y de su verdad para con la casa de Israel; todos los términos de la tierra han visto la salvación de nuestro Dios.
4 Aclamad con júbilo a Jehová, toda la tierra; levantad la voz, regocijaos, y cantad salmos.
5 Cantad salmos a Jehová ᵗcon arpa; con arpa y voz de cántico.
6 Aclamad ᵛcon trompetas y sonidos de bocina delante del Rey Jehová.

SALMOS 99-102

7 ªBrame el mar y su plenitud; el mundo y los que en él habitan;
8 Los ríos ᵇbatan las manos; los montes todos hagan regocijo delante de Jehová:
9 Porque Él ᶜviene a juzgar la tierra; ᵈjuzgará al mundo con justicia, y a los pueblos con equidad.

SALMO 99

Jehová ᵍreina, temblarán los pueblos: Él está sentado *sobre* los querubines, se conmoverá la tierra.
2 Jehová en Sión *es* grande, y exaltado sobre todos los pueblos.
3 Alaben tu nombre grande y temible: Él *es* santo.
4 Y la gloria del rey ama el juicio: Tú confirmas la rectitud; Tú has hecho en Jacob juicio y justicia.
5 Exaltad a Jehová nuestro Dios, y postraos al estrado de sus pies: ʲÉl *es* santo.
6 ᵏMoisés y Aarón entre sus sacerdotes, y ˡSamuel entre los que invocaron su nombre; Invocaban a Jehová, y Él les respondía.
7 ᵐEn columna de nube hablaba con ellos; guardaban sus testimonios, y el estatuto que les había dado.
8 Jehová Dios nuestro, tú les respondías: Tú les fuiste ⁿun Dios perdonador, ᵒaunque cobraste venganza de sus malas obras.
9 Exaltad a Jehová nuestro Dios, y adorad en su santo monte; porque Jehová nuestro Dios *es* santo.

SALMO 100
<<Salmo de alabanza>>

Cantad ᵠalegres a Dios, habitantes de toda la tierra.
2 Servid a Jehová con alegría; venid ante su presencia con regocijo.
3 Reconoced que Jehová es Dios: ˢÉl nos hizo, y no nosotros a nosotros mismos. ᵘPueblo suyo *somos*, y ovejas de su prado.
4 ᵛEntrad por sus puertas con acción de gracias, por sus atrios con alabanza: Dadle gracias, bendecid su nombre.
5 Porque Jehová *es* bueno; para siempre *es* su misericordia, y su verdad *permanece* por todas las generaciones.

---

a Sal 96:11
b Is 55:12
c Sal 96:10
d Sal 67:4
e 1 Re 9:4
Sal 78:72
f Sal 119:37
g 1 Cr 16:31
h Pr 11:20
y 17:20
i Sal 94:23
j Ap 15:4
k Éx 24:6-8
l 1 Sm 7:9
m Éx 33:9
Dt 12:5
n Nm 14:20
o Nm 20:12
Dt 9:20
p Sal 27:9
q Sal 95:1
r Stg 4:14
s Sal 95:6
Ef 2:10
t Sal 55:4
u Ez 34:30-31
v Sal 116:19

Cantad alegres a Dios

SALMO 101
<<Salmo de David>>

Misericordia y juicio cantaré; a ti cantaré yo, oh Jehová.
2 Me conduciré con sabiduría en el camino de la perfección cuando vengas a mí. ᵉEn integridad de mi corazón andaré en medio de mi casa.
3 ᶠNo pondré delante de mis ojos cosa inicua; aborrezco la obra de los que se desvían; no se acercarán a mí.
4 ʰCorazón perverso se apartará de mí; no conoceré al malvado.
5 Al que solapadamente infama a su prójimo, ⁱyo lo cortaré; no sufriré al de ojos altaneros, y de corazón vanidoso.
6 Mis ojos *pondré* en los fieles de la tierra, para que estén conmigo: El que anduviere en el camino de la perfección, éste me servirá.
7 No habitará dentro de mi casa el que hace fraude; el que habla mentiras no se afirmará delante de mis ojos.
8 Por las mañanas cortaré a todos los impíos de la tierra; para extirpar de la ciudad de Jehová a todos los que hacen iniquidad.

SALMO 102
<<Oración del afligido, cuando está angustiado, y delante de Jehová derrama su lamento>>

Oh Jehová, escucha mi oración, y llegue a ti mi clamor.
2 ᵖNo escondas de mí tu rostro: en el día de mi angustia inclina a mí tu oído; en el día que te invocare, apresúrate a responderme.
3 ʳPorque mis días se han consumido como humo; y mis huesos cual tizón están quemados.
4 ᵗMi corazón está herido, y seco como la hierba; por lo cual me olvido de comer mi pan.
5 Por la voz de mi gemido mis huesos se han pegado a mi carne.
6 Soy semejante al pelícano del desierto; soy como el búho de las soledades.
7 Velo, y soy como el pájaro solitario sobre el tejado.
8 Cada día me afrentan mis enemigos; los que contra mí se

Él te corona de favores   **SALMOS 103**

enfurecen se han conjurado contra mí.

9 Por lo cual he comido ceniza a manera de pan, y mi bebida mezclo con lágrimas,

10 a causa de tu enojo y de tu ira; pues me alzaste, y me has arrojado.

11 ᵇMis días son como la sombra que se va; y me he secado como la hierba.

12 Mas tú, Jehová, permanecerás para siempre, y ᵈtu memoria de generación en generación.

13 Te levantarás y tendrás misericordia de Sión; porque es tiempo de tener misericordia de ella, pues ᵍel plazo ha llegado.

14 Porque tus siervos aman sus piedras, y del polvo de ella tienen compasión.

15 Entonces las naciones temerán ˡel nombre de Jehová, y todos los reyes de la tierra tu gloria;

16 Por cuanto Jehová habrá edificado a Sión, y en su gloria será visto;

17 Habrá considerado ᵒla oración de los desamparados, y no habrá desechado el ruego de ellos.

18 ᑫSe escribirá esto para la generación venidera; y el pueblo que será creado, alabará a Jehová.

19 Porque miró de lo alto de su santuario; Jehová miró desde los cielos a la tierra,

20 ᵗpara oír el gemido de los presos, para soltar a los sentenciados a muerte;

21 ᵛPara que anuncien en Sión el nombre de Jehová, y su alabanza en Jerusalén,

22 cuando los pueblos se congreguen en uno, y los reinos, para servir a Jehová.

23 Él debilitó mi fuerza en el camino; Acortó mis días.

24 Dije: Dios mío, no me cortes en la mitad de mis días; por generación de generaciones son tus años.

25 ᵃDesde la antigüedad tú fundaste la tierra, y los cielos son obra de tus manos.

26 ᵇEllos perecerán, y tú permanecerás; y todos ellos como una vestidura se envejecerán; como ropa de vestir los mudarás, y serán mudados;

27 Mas ᶜtú eres el mismo, y tus años no tendrán fin.

28 ᵃLos hijos de tus siervos permanecerán, y su simiente será establecida delante de ti.

SALMO 103
<<Salmo de David>>

Bendice, ᶜalma mía a Jehová; y bendiga todo mi ser su santo nombre.

2 Bendice, alma mía, a Jehová, y no olvides ninguno de sus beneficios.

3 ᵉÉl es quien perdona todas tus iniquidades, ᶠel que sana todas tus dolencias;

4 ʰEl que rescata del hoyo tu vida, el que te corona de ⁱfavores y misericordias;

5 El que ʲsacia de bien tu boca *de modo que* ᵏte rejuvenezcas como el águila.

6 ᵐJehová el que hace justicia y derecho a todos los que padecen violencia.

7 ⁿSus caminos notificó a Moisés, y a los hijos de Israel sus obras.

8 ᵖMisericordioso y clemente *es* Jehová; lento para la ira, y grande en misericordia.

9 ʳNo contenderá para siempre, ni para siempre guardará *el enojo*.

10 ˢNo ha hecho con nosotros conforme a nuestras iniquidades; ni nos ha pagado conforme a nuestros pecados.

11 ᵘPorque como la altura de los cielos sobre la tierra, engrandeció su misericordia sobre los que le temen.

12 Cuanto está lejos el oriente del occidente, hizo alejar de nosotros nuestras rebeliones.

13 ˣComo el padre se compadece de *sus* hijos, se compadece Jehová de los que le temen.

14 Porque Él conoce nuestra condición; ʸse acuerda que *somos* polvo.

15 El hombre, como la hierba son sus ᶻdías, florece como la flor del campo;

16 que pasa el viento por ella, y perece; y su lugar no la conoce más.

17 Mas la misericordia de Jehová desde la eternidad y hasta la eternidad sobre los que le temen, y su justicia sobre los hijos de los hijos;

18 Sobre los que guardan su pacto, y los que se acuerdan de sus mandamientos para ponerlos por obra.

19 Jehová afirmó en los cielos su trono; y su reino domina sobre todos.

Referencias:
a Sal 69:36
b Job 14:2
c Sal 104:1
d Sal 135:13
e Sal 130:8
Is 33:24
f Éx 15:26
g Is 40:2
h Sal 56:13
i Sal 5:12
j Sal 23:5
Sal 63:5
k Is 40:31
l 1 Re 8:43
m Sal 146:7
n Sal 147:19
o Neh 1:6-11
p Éx 34:6-7
Sal 86:15
q Rm 15:4
r Sal 30:5
Is 57:16
s Esd 9:13
t Sal 79:11
u Sal 90:1-2
v Sal 22:22
x Mal 3:17
y Sal 69:36
z Sal 90:5-6
Is 40:6
a Heb 1:10
b Is 34:4
Mt 24:35
2 Pe 3:7-12
Ap 20:11
y 21:1
c Mal 3:6
Heb 13:8

SALMOS 104-105

20 Bendecid a Jehová, ªvosotros sus ángeles, poderosos en fortaleza, que ejecutáis sus mandamientos, obedeciendo a la voz de su palabra.
21 Bendecid a Jehová, vosotros todos sus ejércitos, ministros suyos, que hacéis su voluntad.
22 Bendecid a Jehová, vosotras todas sus obras, en todos los lugares de su señorío. Bendice, alma mía, a Jehová.

SALMO 104

Bendice, alma mía, a Jehová. Jehová, Dios mío, mucho te has engrandecido; ᵈte has vestido de gloria y de magnificencia.
2 El que se cubre de luz como de vestidura, que extiende los cielos como una cortina;
3 que establece sus aposentos entre las aguas; el que hace de ᶠlas nubes su carruaje, el que anda sobre las alas del viento;
4 ᵍEl que hace a sus ángeles espíritus, ʰsus ministros fuego flameante.
5 Él fundó la tierra sobre sus cimientos; No será jamás removida.
6 Con el abismo, como con vestido, la cubriste; ᵏsobre los montes estaban las aguas.
7 A tu reprensión huyeron; al sonido de tu trueno se apresuraron;
8 Subieron los montes, descendieron los valles, ˡal lugar que tú les fundaste.
9 Les pusiste término, ᵐel cual no traspasarán; ni volverán a cubrir la tierra.
10 Tú eres el que envía las fuentes por los arroyos; van entre los montes.
11 Abrevan a todas las bestias del campo; mitigan su sed los asnos monteses.
12 Junto a ellos habitarán las aves de los cielos, que elevan su trino entre las ramas.
13 El que riega los montes desde sus aposentos; del fruto de sus obras se sacia la tierra.
14 ᵒEl que hace producir el pasto para las bestias, y la hierba para el servicio del hombre; para que saque ᵖel pan de la tierra,
15 Y ᑫel vino que alegra el corazón del hombre, el aceite que hace lucir el rostro, y el pan que sustenta el corazón del hombre.

La tierra está llena de sus beneficios

16 Se llenan *de savia* los árboles de Jehová, los cedros del Líbano que Él plantó.
17 Allí anidan las aves; en las hayas hace su casa la cigüeña.
18 Los montes altos para las cabras monteses; las peñas, madrigueras para los conejos.
19 ᵇHizo la luna para los tiempos: El sol conoce su ocaso.
20 Pones las tinieblas, y es la noche: En ella corretean todas las bestias de la selva.
21 ᶜLos leoncillos rugen tras la presa, y buscan de Dios su comida.
22 Sale el sol, se recogen, y se echan en sus cuevas.
23 Sale el hombre a su labor, y a su labranza hasta la tarde.
24 ᵉ¡Cuán numerosas son tus obras, oh Jehová! Hiciste todas ellas con sabiduría: La tierra está llena de tus beneficios.
25 He allí el grande y anchuroso mar: En él *hay* innumerables peces, animales pequeños y grandes.
26 Allí andan navíos; allí este ⁱleviatán que hiciste para que jugase en él.
27 ʲTodos ellos esperan en ti, para que les des su comida a su tiempo.
28 Les das, recogen; abres tu mano, se sacian de bien.
29 Escondes tu rostro, se turban; les quitas el hálito, dejan de ser, y vuelven al polvo.
30 Envías tu Espíritu, son creados; y renuevas la faz de la tierra.
31 La gloria de Jehová será para siempre; ⁿJehová se alegrará en sus obras.
32 Él mira a la tierra, y ella tiembla; Toca los montes, y humean.
33 A Jehová cantaré en mi vida; a mi Dios cantaré salmos mientras viva.
34 Dulce será mi meditación en Él: Yo me alegraré en Jehová.
35 Sean consumidos de la tierra los pecadores, y los impíos dejen de ser. Bendice, oh alma mía, a Jehová. Aleluya.

SALMO 105

Alabad a Jehová, invocad su nombre. ʳDad a conocer sus obras entre los pueblos.
2 Cantadle, cantadle salmos: Hablad de todas sus maravillas.

Acordaos de sus maravillas

3 Gloriaos en su santo nombre; Alégrese el corazón de los que buscan a Jehová.
4 Buscad a Jehová, y su fortaleza: ªBuscad siempre su rostro.
5 Acordaos de las maravillas que Él ha hecho, de sus prodigios y de los juicios de su boca,
6 oh vosotros, simiente de Abraham su siervo, hijos de Jacob, sus escogidos.
7 Él es Jehová nuestro Dios; en toda la tierra *están* sus juicios.
8 Se acordó para siempre de su pacto; de la palabra que mandó para mil generaciones,
9 ᶜdel pacto que hizo con Abraham; y de su juramento a Isaac.
10 Y lo estableció a Jacob por decreto, a Israel por pacto sempiterno,
11 diciendo: A ti daré la tierra de Canaán, como porción de vuestra heredad.
12 Cuando ellos eran pocos en número, y extranjeros en ella;
13 cuando andaban de nación en nación, de un reino a otro pueblo;
14 No consintió que hombre los agraviase; y por amor a ellos reprendió a los reyes, *diciendo:*
15 ᶠNo toquéis a mis ungidos, ni hagáis mal a mis profetas.
16 Y llamó al hambre sobre la tierra, y quebrantó todo sustento de pan.
17 ᵍEnvió un varón delante de ellos, a José, ⁱque fue vendido por siervo.
18 Afligieron sus pies con grillos; en hierro fue puesta su persona.
19 Hasta la hora que llegó su palabra, la palabra de Jehová le probó.
20 Envió el rey, y le soltó; el señor de los pueblos, y le dejó ir libre.
21 ᵏLo puso por señor de su casa, y por gobernador de todas sus posesiones;
22 Para que reprimiera a sus grandes como él quisiese, y a sus ancianos enseñara sabiduría.
23 ᵐDespués entró Israel en Egipto, y Jacob peregrinó en la tierra de Cam.
24 ⁿY multiplicó su pueblo en gran manera, y lo hizo más fuerte que sus enemigos.
25 Cambió el corazón de ellos para que aborreciesen a su pueblo, para que contra sus siervos pensasen mal.

a Sal 27:8

b Éx 9:23
c Gn 17:2

d Éx 12:20
Sal 78:51

e Éx 12:35

f Gn 26:11
1Cr 16:22
Zac 2:8

g Gn 45:5
h Sal 78:24
Jn 6:31
i Gn 37:28
j Éx 17:6
1 Co 10:4

k Gn 41:40
l Jos 13:17

m Gn 46:60

n Éx 1:7
o 1 Cr 16:41

26 Envió a su siervo Moisés, y a Aarón al cual escogió.
27 Pusieron en ellos las palabras de sus señales, y sus prodigios en la tierra de Cam.
28 Envió tinieblas, e hizo que oscureciera; y no fueron rebeldes a su palabra.
29 Volvió sus aguas en sangre, y mató sus peces.
30 Produjo su tierra ranas, aun en las cámaras de sus reyes.
31 Habló, y vinieron enjambres de moscas, y piojos en todos sus términos.
32 ᵇLes dio granizo en vez de lluvia, y llamas de fuego en su tierra.
33 E hirió sus viñas y sus higueras, y quebró los árboles de su término.
34 Habló, y vinieron langostas, y pulgón sin número;
35 Y comieron toda la hierba de su país, y devoraron el fruto de su tierra.
36 También ᵈhirió *de muerte* a todos los primogénitos en su tierra, las primicias de toda su fuerza.
37 Y ᵉlos sacó con plata y oro; y no *hubo* enfermo entre sus tribus.
38 Egipto se alegró de que salieran; porque su terror había caído sobre ellos.
39 Extendió una nube por cubierta, y fuego para alumbrar la noche.
40 Pidieron, e hizo venir codornices; y los sació de ʰpan del cielo.
41 ʲAbrió la peña, y fluyeron aguas; corrieron por los sequedales *como* un río.
42 Porque se acordó de su santa palabra, *dada a* Abraham su siervo.
43 Y sacó a su pueblo con gozo; con júbilo a sus escogidos.
44 Y ˡles dio las tierras de las naciones; y las labores de los pueblos heredaron:
45 Para que guardasen sus estatutos, y observasen sus leyes. Aleluya.

SALMO 106

Aleluya. Alabad a Jehová, porque Él *es* bueno; ᵒporque para siempre *es* su misericordia.
2 ¿Quién expresará las proezas de Jehová? ¿*Quién* contará sus alabanzas?

SALMOS 106

3 Dichosos los que guardan juicio, los que hacen justicia en todo tiempo.

4 ᵇAcuérdate de mí, oh Jehová, según tu benevolencia *para con* tu pueblo: Visítame con tu salvación;

5 Para que yo vea el bien de tus escogidos, para que me goce en la alegría de tu gente, y me gloríe con tu heredad.

6 ᵈPecamos como nuestros padres, hicimos iniquidad, hicimos impiedad.

7 Nuestros padres en Egipto no entendieron tus maravillas; no se acordaron de la muchedumbre de tus misericordias; sino que ᶠse rebelaron junto al mar, en el Mar Rojo.

8 No obstante, Él los salvó ᵍpor amor a su nombre, para hacer notoria su fortaleza.

9 Y reprendió al Mar Rojo, y ⁱlo secó; y les llevó por el abismo, como por un desierto.

10 Y ʲlos salvó de mano del enemigo, y los rescató de mano del adversario.

11 ᵏCubrieron las aguas a sus enemigos; no quedó ni uno de ellos.

12 Entonces creyeron a sus palabras, y cantaron su alabanza.

13 *Pero* ⁿpronto se olvidaron de sus obras; no esperaron su consejo.

14 Y ardieron de deseo en el desierto; y tentaron a Dios en la soledad.

15 Y ᵠÉl les dio lo que pidieron; mas envió flaqueza en sus almas.

16 Tuvieron envidia de Moisés en el campamento, y de Aarón, el santo de Jehová.

17 ʳSe abrió la tierra, y tragó a Datán, y cubrió la compañía de Abiram.

18 Y ˢse encendió el fuego en su junta; la llama quemó a los impíos.

19 ᵗHicieron becerro en Horeb, y adoraron una imagen de fundición.

20 Así cambiaron su gloria por la imagen de un buey que come hierba.

21 Se olvidaron de Dios su Salvador, que había hecho grandezas en Egipto;

22 ᵛMaravillas en la tierra de Cam, cosas formidables sobre el Mar Rojo.

23 Y dijo que los hubiera destruido, de no haberse ˣinterpuesto Moisés su escogido ante Él en la brecha, a fin de apartar su ira, para que no los destruyese.

¿Quién contará Sus proezas?

24 Pero aborrecieron la tierra deseable; ᵃno creyeron a su palabra;

25 Antes murmuraron en sus tiendas, y no oyeron la voz de Jehová.

26 Por lo que alzó su mano contra ellos, para derrocarlos en el desierto,

27 y humillar su simiente entre las naciones, y esparcirlos por las tierras.

28 ᶜSe unieron también a Baal-peor, y comieron los sacrificios de los muertos.

29 Provocaron la ira de *Dios* con sus obras, y se desató entre ellos la mortandad.

30 ᵉEntonces se levantó Finees e hizo juicio; y se detuvo la plaga.

31 Y le fue contado por justicia, de generación en generación para siempre.

32 También ʰle irritaron en las aguas de Meriba; y le fue mal a Moisés por causa de ellos;

33 Porque hicieron que el espíritu *de* Moisés se rebelase, haciéndole hablar precipitadamente con sus labios.

34 ˡNo destruyeron a los pueblos que Jehová les dijo;

35 Antes ᵐse mezclaron con las naciones, y aprendieron sus obras.

36 ᵒY sirvieron a sus ídolos; los cuales les fueron por lazo.

37 Y ᵖsacrificaron sus hijos y sus hijas a los demonios;

38 Y derramaron la sangre inocente, la sangre de sus hijos y de sus hijas, que sacrificaron a los ídolos de Canaán; y la tierra fue contaminada con sangre.

39 Así se contaminaron con sus obras, y se prostituyeron con sus hechos.

40 Por tanto, la ira de Jehová se encendió contra su pueblo, tanto que aborreció a su propia heredad;

41 y los entregó en poder de las naciones, y se enseñorearon de ellos los que los aborrecían.

42 Y sus enemigos los oprimieron, y fueron quebrantados debajo de su mano.

43 ᵘMuchas veces los libró; mas ellos se rebelaron contra su consejo, y fueron humillados por su iniquidad.

44 Con todo, Él miraba cuando estaban en angustia, y oía su clamor:

45 Y se acordaba de su pacto con ellos, y se arrepentía conforme a la

---

a Dt 1:32
Heb 3:18
b Sal 119:132
c Nm 32:28
d 1 Re 8:47
Esd 9:7
Neh 1:6
Dn 9:5
e Nm 25:7-8
f Éx 14:11-12
g Ez 20:9
h Nm 20:2-13
i Éx 14:21
j Éx 14:30
k Éx 14:27
l Nm 16:35
m Jue 3:5-6
n Sal 78:11
o Jue 2:12-19
p Is 57:5
q Nm 11:31
Sal 78:20
r Nm 16:30
s Nm 16:35
t Éx 32:4
u Jue 2:16
v Sal 78:51
x Éx 32:10-11

Díganlo los redimidos de Jehová — **SALMOS 107**

muchedumbre de sus misericordias.

46 ªHizo asimismo que tuviesen misericordia de ellos todos los que los tenían cautivos.

47 Sálvanos, Jehová Dios nuestro, y reúnenos de entre las naciones, para que alabemos tu santo nombre, para que nos gloriemos en tus alabanzas.

48 Bendito *sea* Jehová, el Dios de Israel, desde la eternidad y hasta la eternidad; y diga todo el pueblo: Amén. Aleluya.

SALMO 107

Alabad a Jehová, porque ᶠ*Él es bueno*; porque para siempre *es* su misericordia.

2 Díganlo los redimidos de Jehová, los que ha redimido del poder del enemigo,

3 y los ha congregado de las tierras; del oriente y del occidente, del norte y del sur.

4 ⁱAnduvieron perdidos por el desierto, por la soledad sin camino, sin hallar ciudad en donde morar.

5 Hambrientos y sedientos, su alma desfallecía en ellos.

6 Pero clamaron a Jehová en su angustia, y Él los libró de sus aflicciones:

7 Y los dirigió por ʲcamino derecho, para que viniesen a una ciudad en la cual morar.

8 Alaben la misericordia de Jehová, y sus maravillas para con los hijos de los hombres.

9 Porque Él sacia al alma sedienta, y llena de bien al alma hambrienta.

10 ᵏLos que moraban en tinieblas y sombra de muerte, aprisionados en aflicción y en hierros;

11 Por cuanto fueron rebeldes a las palabras de Jehová, y aborrecieron el consejo del Altísimo.

12 Por lo que quebrantó con trabajo sus corazones, cayeron y ˡno hubo quien les ayudase;

13 Entonces clamaron a Jehová en su angustia, y Él los libró de sus aflicciones.

14 ᵐLos sacó de las tinieblas y de la sombra de muerte, y ⁿrompió sus prisiones.

15 Alaben la misericordia de Jehová, y sus maravillas para con los hijos de los hombres.

16 Porque ᵇquebrantó las puertas de bronce, y desmenuzó los cerrojos de hierro.

17 Los insensatos, a causa del camino de su rebelión y a causa de sus maldades, fueron afligidos.

18 Su alma abominó todo alimento, y llegaron hasta ᶜlas puertas de la muerte.

19 Pero clamaron a Jehová en su angustia, y Él los libró de sus aflicciones.

20 ᵈEnvió su palabra, y los sanó, y ᵉlos libró de su ruina.

21 Alaben la misericordia de Jehová, y sus maravillas para con los hijos de los hombres:

22 Y ofrezcan sacrificios de acción de gracias, y publiquen sus obras con júbilo.

23 ᵍLos que descienden al mar en navíos, y hacen negocio en ʰlas muchas aguas,

24 ellos han visto las obras de Jehová, y sus maravillas en las profundidades.

25 Porque Él habló, e hizo levantar el viento tempestuoso, que encrespa las olas.

26 Suben a los cielos, descienden a los abismos; sus almas se derriten con el mal.

27 Tiemblan y titubean como borrachos, y toda su destreza es inútil.

28 Entonces claman a Jehová en su angustia, y Él los libra de sus aflicciones.

29 ¹Él cambia la tormenta en calma, y se apaciguan sus olas.

30 Se alegran luego porque se aquietaron; y así Él los guía al puerto anhelado.

31 Alaben la misericordia de Jehová, y sus maravillas para con los hijos de los hombres.

32 Exáltenlo en la congregación del pueblo; y alábenlo en la reunión de los ancianos.

33 Él convierte los ríos en desierto, y los manantiales en sequedales;

34 La tierra fructífera en yermo, por la maldad de los que la habitan.

35 Vuelve el desierto en estanques de aguas, y la tierra seca en manantiales.

36 Y hace que allí habiten los hambrientos, para que dispongan ciudad donde morar.
37 Y siembran campos, y plantan viñas que rinden abundante fruto.
38 Y los bendice, y se multiplican en gran manera; y no disminuye su ganado.
39 Y luego son menoscabados y abatidos a causa de tiranía, de males y congojas.
40 Él derrama menosprecio sobre los príncipes, y los hace andar errantes, en un desierto donde no hay camino:
41 ᵇÉl levanta de la miseria al pobre, y hace multiplicar las familias como rebaños de ovejas.
42 Véanlo los rectos, y alégrense; y toda maldad cierre su boca.
43 ¿Quién es sabio y guardará estas cosas, y entenderá las misericordias de Jehová?

SALMO 108
<<Canción: Salmo de David>>

Mi corazón ʰestá dispuesto, oh Dios; cantaré y entonaré salmos, todavía en mi gloria.
2 Despiértate, salterio y arpa; despertaré al alba.
3 Te alabaré, oh Jehová, entre los pueblos; a ti cantaré salmos entre las naciones.
4 Porque ⁱgrande más que los cielos es tu misericordia, y ʲhasta los cielos tu verdad.
5 Exaltado seas oh Dios, sobre los cielos; y sobre toda la tierra sea tu gloria.
6 Para que sean librados tus amados, salva con tu diestra y respóndeme.
7 Dios dijo en su santuario; me alegraré, repartiré a Siquem, y mediré el valle de Sucot.
8 Mío es Galaad, mío es Manasés; y Efraín es la fortaleza de mi cabeza; Judá es mi legislador;
9 Moab, la vasija en que me lavo; sobre Edom echaré mi zapato; ᵏme regocijaré sobre Filistea.
10 ¿Quién me guiará a la ciudad fortificada? ¿Quién me guiará hasta Edom?
11 ¿No eres tú, oh Dios, el que nos habías desechado, y ˡno salías, oh Dios, con nuestros ejércitos?

a Sal 60:12

b 1 Sm 2:8
Sal 113:7-8
c Sal 35:7-19
Jn 15:25

d Zac 3:1

e Sal 1:5
f Pr 28:9

g Hch 1:20
h Sal 57:7-11

i Sal 113:4
Jer 51:9
j Sal 68:34

k Gn 12:2
Éx 1:7

l Sal 44:9

12 Danos socorro en la angustia: Porque vana es la ayuda del hombre.
13 ᵃEn Dios haremos proezas, y Él hollará a nuestros enemigos.

SALMO 109
<<Al Músico principal: Salmo de David>>

Oh Dios de mi alabanza, no calles;
2 Porque la boca del impío y la boca del engañador se han abierto contra mí; han hablado de mí con lengua mentirosa,
3 y con palabras de odio me rodearon; y pelearon contra mí ᶜsin causa.
4 En pago de mi amor me han sido adversarios; mas yo oraba.
5 Y me han devuelto mal por bien, y odio por amor.
6 Pon sobre él al impío; y ᵈSatanás esté a su diestra.
7 ᵉCuando sea juzgado, salga culpable; y ᶠsu oración sea para pecado.
8 Sean pocos sus días: ᵍTome otro su oficio.
9 Sean huérfanos sus hijos, y viuda su esposa.
10 Y anden sus hijos vagabundos, y mendiguen; y procuren *su pan* lejos de sus desolados hogares.
11 Tome el acreedor todo lo que tiene, y extraños saqueen su trabajo.
12 No tenga quien le haga misericordia; ni haya quien tenga compasión de sus huérfanos.
13 Su posteridad sea cortada; sea borrado su nombre en la siguiente generación.
14 Venga en memoria ante Jehová la maldad de sus padres, y el pecado de su madre no sea borrado.
15 Estén siempre delante de Jehová, y Él corte de la tierra su memoria.
16 Por cuanto no se acordó de hacer misericordia, y persiguió al hombre afligido y menesteroso y quebrantado de corazón, para matarlo.
17 Y amó la maldición, y le vino; y no quiso la bendición, y ésta se alejó de él.
18 Y se vistió de maldición como de su vestido, y entró como agua en sus entrañas, y como aceite en sus huesos.
19 Séale como vestido con que se cubra, y en lugar de cinto con que se ciña siempre.

20 Sea éste el pago de parte de Jehová para los que me calumnian, y para los que hablan mal contra mi alma.
21 Y tú, Señor Jehová, haz conmigo por amor a tu nombre: Líbrame, porque tu misericordia es buena.
22 Porque yo estoy afligido y necesitado; y mi corazón está herido dentro de mí.
23 Me voy como la sombra cuando declina; soy sacudido como langosta.
24 ᶜMis rodillas están debilitadas a causa del ayuno, y mi carne desfallecida por falta de gordura.
25 Yo he sido para ellos objeto de ᵉoprobio; me miraban, y ᶠmeneaban su cabeza.
26 Ayúdame, Jehová Dios mío: Sálvame conforme a tu misericordia.
27 Y entiendan que ésta es tu mano; que tú, Jehová, lo has hecho.
28 Maldigan ellos, pero bendice tú: Levántense, mas sean avergonzados, y regocíjese tu siervo.
29 Sean vestidos de ignominia los que me calumnian; y sean cubiertos de su confusión como con manto.
30 Yo alabaré a Jehová en gran manera con mi boca, y en medio de muchos le alabaré.
31 Porque Él se pondrá a ʰla diestra del pobre, para librar su alma de los que le juzgan.

SALMO 110
<<Salmo de David>>

Jehová ⁱdijo a mi Señor: Siéntate a ʲmi diestra, hasta que ponga a tus enemigos por estrado de tus pies.
2 Jehová enviará desde Sión la vara de tu poder: Domina en medio de tus enemigos.
3 Tu pueblo estará dispuesto en el día de tu poder, en la hermosura de la santidad, desde el seno de la aurora, tienes tú el rocío de tu juventud.
4 ᵐJuró Jehová, y no se arrepentirá: ⁿTú eres sacerdote para siempre, según el orden de ᵖMelquisedec.
5 El Señor ᑫa tu diestra herirá a los reyes en el día de su furor:
6 Juzgará entre las naciones, las llenará de cadáveres; herirá las cabezas en muchas tierras.
7 Del arroyo beberá en el camino; por lo cual levantará la cabeza.

a Sal 89:7
Sal 149:1

b Sal 145:5

c Heb 12:12
d Sal 86:15

e Sal 22:6-7
f Mt 27:39

g Sal 19:7

h Sal 16:8

i Mt 22:44
Mr 12:36
Lc 20:42-43
Hch 34:35
Heb 1:13
j Ef 1:20
Col 3:1
Heb 1:3
1 Pe 3:22
k Sal 25:13
y 37:26
l l Mt 6:33
Mr 10:30
1 Tim 4:8
m Heb 7:21
n Heb 5:6
6:20 y 7:17
o Mt 5:42
p Gn 14:18
q Sal 16:8
r Sal 10:6
s Pr 1:33
t Sal 57:7

SALMO 111
<<Aleluya>>

Alabaré a Jehová ᵃcon todo mi corazón en la compañía de los rectos y en la congregación.
2 Grandes son las obras de Jehová; buscadas de todos los que se deleitan en ellas.
3 ᵇGloria y hermosura es su obra; y su justicia permanece para siempre.
4 Hizo memorables sus maravillas: ᵈClemente y misericordioso es Jehová.
5 Él ha dado alimento a los que le temen; para siempre se acordará de su pacto.
6 Él ha mostrado a su pueblo el poder de sus obras, dándoles la heredad de las naciones.
7 Las obras de sus manos son verdad y juicio: ᵍFieles son todos sus mandamientos;
8 Afirmados eternamente y para siempre, hechos en verdad y en rectitud.
9 Redención ha enviado a su pueblo; para siempre ha ordenado su pacto: Santo y temible es su nombre.
10 El principio de la sabiduría es el temor de Jehová: Buen entendimiento tienen todos los que ponen por obra sus mandamientos: Su loor permanece para siempre.

SALMO 112
<<Aleluya>>

Bienaventurado el hombre que teme a Jehová, y en sus mandamientos se deleita en gran manera.
2 ᵏSu simiente será poderosa en la tierra: La generación de los rectos será bendita.
3 ˡBienes y riquezas hay en su casa; y su justicia permanece para siempre.
4 En las tinieblas resplandece luz a los rectos: Él es clemente, misericordioso y justo.
5 ᵒEl hombre de bien tiene misericordia y presta; conduce sus asuntos con juicio.
6 Por lo cual ʳno resbalará para siempre; en memoria eterna será el justo.
7 ˢNo tendrá temor de malas noticias: ᵗSu corazón está firme, confiado en Jehová.

8 Afianzado *está* su corazón, no temerá, hasta que vea en sus enemigos *su deseo*.

9 Esparció, dio a los pobres: Su justicia permanece para siempre; su cuerno será ensalzado en gloria.

10 Lo verá el impío, y se irritará; crujirá los dientes, y se consumirá; el deseo de los impíos perecerá.

SALMO 113

<<Aleluya>>

Alabad al Señor; Oh siervos de Jehová, alabad el nombre de Jehová.

2 Sea el nombre de Jehová bendito, desde ahora y para siempre.

3 Desde el nacimiento del sol hasta donde se pone, sea alabado el nombre de Jehová.

4 Excelso sobre todas las naciones *es* Jehová; sobre los cielos su gloria.

5 ᵉ¿Quién como Jehová nuestro Dios, que mora en las alturas,

6 ᶠque se humilla a mirar *lo que hay* en el cielo y en la tierra?

7 ᵍÉl levanta del polvo al pobre, y al menesteroso alza del muladar,

8 para hacerlos sentar con los príncipes, con los príncipes de su pueblo.

9 ʰÉl hace habitar en familia a la estéril, y que se goce en ser madre de hijos. Aleluya.

SALMO 114

Cuando Israel salió de Egipto, la casa de Jacob del pueblo de lengua extraña,

2 Judá fue su santuario, e Israel su señorío.

3 El mar *lo* vio, y huyó; el Jordán se volvió atrás.

4 Los montes saltaron como carneros; los collados como corderitos.

5 ¿Qué tuviste, oh mar, que huiste? ¿Y tú, oh Jordán, que te volviste atrás?

6 Oh montes, ¿por qué saltasteis como carneros, y vosotros, collados, como corderitos?

7 A la presencia del Señor tiembla la tierra, a la presencia del Dios de Jacob;

8 El cual ⁿcambió la peña en estanque de aguas, y en fuente de aguas la roca.

a Is 48:11

b Sal 135:15
c Dt 4:28
Is 44:10-20
d Is 40:7
Jer 10:5
Hab 2:18

e Sal 89:6

f Is 57:15

g 1 Sm 2:8

h 1 Sm 2:5
Is 54:1

i Sal 148:4

j Sal 6:5

k Sal 18:1
l Sal 66:19
y 118:21

m Sal 18:4

n Nm 20:11
Sal 78:15

SALMO 115

No a nosotros, oh Jehová, ᵃno a nosotros, sino a tu nombre da gloria; Por tu misericordia, por tu verdad.

2 ¿Por qué han de decir las gentes: ¿Dónde *está* ahora su Dios?

3 Nuestro Dios *está* en los cielos; todo lo que quiso ha hecho.

4 ᵇLos ídolos de ellos *son* plata y oro, ᶜobra de manos de hombres.

5 Tienen boca, mas ᵈno hablan; tienen ojos, mas no ven;

6 Orejas tienen, mas no oyen; tienen narices, mas no huelen;

7 Manos tienen, mas no palpan; tienen pies, mas no andan; ni hablan con su garganta.

8 Como ellos son los que los hacen, y cualquiera que en ellos confía.

9 Oh Israel, confía en Jehová: Él *es* su ayuda y su escudo.

10 Casa de Aarón, confiad en Jehová. Él *es* su ayuda y su escudo.

11 Los que teméis a Jehová, confiad en Jehová: Él *es* su ayuda y su escudo.

12 Jehová se acordó de nosotros; nos bendecirá. Bendecirá a la casa de Israel; bendecirá a la casa de Aarón.

13 Bendecirá a los que temen a Jehová; a chicos y a grandes.

14 Jehová os prospere más y más; a vosotros y a vuestros hijos.

15 Bendecidos *sois* de Jehová, que hizo el cielo y la tierra.

16 ⁱEl cielo, *aun* los cielos, *son* de Jehová; mas ha dado la tierra a los hijos de los hombres.

17 ʲNo alabarán los muertos a Jehová, ni cuantos descienden al silencio;

18 Mas nosotros bendeciremos a Jehová, desde ahora y para siempre. Aleluya.

SALMO 116

Amo ᵏa Jehová, pues ˡha oído mi voz y mis súplicas.

2 Porque ha inclinado a mí su oído, por tanto, le invocaré mientras yo viva.

3 ᵐMe rodearon los dolores de la muerte, me encontraron las angustias del infierno: Angustia y dolor había yo hallado.

4 Entonces invoqué el nombre de

Jehová, diciendo: Te ruego, oh Jehová, libra mi alma.
5 Clemente es Jehová y justo; sí, misericordioso es nuestro Dios.
6 Jehová guarda al sencillo: ᶜEstaba yo postrado, y me salvó.
7 Vuelve, oh alma mía, a tu reposo; porque Jehová ᵉte ha hecho bien.
8 Pues tú has librado mi alma de la muerte, mis ojos de lágrimas, y mis pies de resbalar.
9 Andaré delante de Jehová en la tierra de los vivientes.
10 ᶠCreí; por tanto hablé, estando afligido en gran manera.
11 Y dije en mi apresuramiento: ᵍTodo hombre es mentiroso.
12 ¿Qué pagaré a Jehová por todos sus beneficios para conmigo?
13 Tomaré la copa de la salvación, e invocaré el nombre de Jehová.
14 Ahora pagaré mis votos a Jehová delante de todo su pueblo.
15 ⁱEstimada es a los ojos de Jehová la muerte de sus santos.
16 Oh Jehová, en verdad yo soy tu siervo, yo tu siervo, hijo de tu sierva: Tú desataste mis ataduras.
17 Te ofreceré ᵏsacrificio de alabanza, e invocaré el nombre de Jehová.
18 A Jehová pagaré ahora mis votos delante de todo su pueblo;
19 En los atrios de la casa de Jehová, en medio de ti, oh Jerusalén. Aleluya.

SALMO 117

Alabad a Jehová, naciones todas; pueblos todos, alabadle.
2 Porque ha engrandecido sobre nosotros su misericordia; y ⁿla verdad de Jehová es para siempre. Aleluya.

SALMO 118

Alabad a Jehová, porque Él es bueno; porque para siempre es su misericordia.
2 Diga ahora Israel, que para siempre es su misericordia.
3 Diga ahora la casa de Aarón, que para siempre es su misericordia.
4 Digan ahora los que temen a Jehová, que para siempre es su misericordia.
5 ᑫDesde la angustia invoqué a Jehová; y Jehová me respondió, poniéndome en lugar espacioso.
6 ᵃJehová está de mi lado, no temeré; ¿qué me puede hacer el hombre?
7 ᵇJehová está por mí entre los que me ayudan; por tanto, yo veré mi deseo en los que me aborrecen.
8 ᵈMejor es confiar en Jehová que confiar en el hombre.
9 Mejor es confiar en Jehová que confiar en príncipes.
10 Todas las naciones me rodearon; pero en el nombre de Jehová yo las destruiré.
11 Me rodearon y me asediaron: Pero en el nombre de Jehová yo las destruiré.
12 Me rodearon como abejas; se extinguieron como fuego de espinos; en el nombre de Jehová yo las destruiré.
13 Me empujaste con violencia para que cayese: Pero Jehová me ayudó.
14 ʰMi fortaleza y mi canción es Jehová; Y Él ha sido mi salvación.
15 Voz de júbilo y de salvación hay en las tiendas de los justos: La diestra de Jehová hace proezas.
16 ʲLa diestra de Jehová es sublime: La diestra de Jehová hace proezas.
17 ˡNo moriré, sino que viviré, y contaré las obras de Jehová.
18 ᵐMe castigó gravemente Jehová; mas no me entregó a la muerte.
19 Abridme las puertas de la justicia; entraré por ellas, alabaré a Jehová.
20 Ésta es la puerta de Jehová, por ella entrarán los justos.
21 Te alabaré porque me has oído, y me fuiste por salvación.
22 ᵒLa piedra que desecharon los edificadores ha venido a ser la cabeza del ángulo.
23 De parte de Jehová es esto; es maravilloso a nuestros ojos.
24 Éste es el día que hizo Jehová; nos gozaremos y alegraremos en él.
25 Oh Jehová, salva ahora, te ruego; oh Jehová, te ruego que hagas prosperar ahora.
26 ᵖBendito el que viene en el nombre de Jehová; desde la casa de Jehová os bendecimos.
27 Dios es Jehová que nos ha resplandecido: Atad víctimas con cuerdas a los cuernos del altar.
28 Mi Dios eres tú, y te alabaré: Dios mío, te exaltaré.

29 Alabad a Jehová porque [a]*Él es bueno*; porque para siempre es su misericordia.

SALMO 119
ALEF.

Bienaventurados los perfectos de camino; los que andan en la ley de Jehová.

2 Bienaventurados los que guardan sus testimonios, y con todo el corazón le buscan:

3 Pues [c]no hacen iniquidad los que andan en sus caminos.

4 Tú encargaste que sean muy guardados tus mandamientos.

5 ¡Oh que fuesen ordenados mis caminos para guardar tus estatutos!

6 Entonces no sería yo avergonzado, cuando atendiese a todos tus mandamientos.

7 Te alabaré con rectitud de corazón, cuando aprendiere los juicios de tu justicia.

8 Tus estatutos guardaré: No me dejes enteramente.

BET

9 ¿Con qué limpiará el joven su camino? Con guardar tu palabra.

10 Con todo mi corazón te he buscado; no me dejes divagar de tus mandamientos.

11 [d]En mi corazón he guardado tus dichos, para no pecar contra ti.

12 Bendito tú, oh Jehová; enséñame tus estatutos.

13 Con mis labios he contado todos los juicios de tu boca.

14 [e]Me he gozado en el camino de tus testimonios, *más que* sobre toda riqueza.

15 En tus mandamientos meditaré, consideraré tus caminos.

16 Me deleitaré en tus estatutos; no me olvidaré de tus palabras.

GIMEL

17 Haz bien a tu siervo; para que viva y guarde tu palabra.

18 Abre mis ojos, y miraré las maravillas de tu ley.

19 Advenedizo soy yo en la tierra; no encubras de mí tus mandamientos.

20 Quebrantada está mi alma de desear tus juicios en todo tiempo.

21 Destruiste a los soberbios malditos, que se desvían de tus mandamientos.

22 Aparta de mí oprobio y menosprecio; porque tus testimonios he guardado.

23 Príncipes también se sentaron y hablaron contra mí; *mas* tu siervo meditaba en tus estatutos.

24 Pues tus testimonios *son* [b]mi delicia, y mis consejeros.

DALET

25 Mi alma está pegada al polvo; vivifícame según tu palabra.

26 Mis caminos te conté, y me has respondido; enséñame tus estatutos.

27 Hazme entender el camino de tus mandamientos, y hablaré de tus maravillas.

28 Se deshace mi alma de ansiedad; fortaléceme según tu palabra.

29 Aparta de mí el camino de mentira; y concédeme con gracia tu ley.

30 Escogí el camino de la verdad; he puesto tus juicios delante de mí.

31 Me he apegado a tus testimonios; oh Jehová, no me avergüences.

32 Por el camino de tus mandamientos correré, cuando tú ensanches mi corazón.

HE

33 Enséñame, oh Jehová, el camino de tus estatutos, y lo guardaré hasta el fin.

34 Dame entendimiento, y guardaré tu ley; y la observaré de todo corazón.

35 Guíame por la senda de tus mandamientos; porque en ella tengo mi voluntad.

36 Inclina mi corazón a tus testimonios, y no a la avaricia.

37 Aparta mis ojos, que no vean la vanidad; avívame en tu camino.

38 [f]Confirma tu palabra a tu siervo, que te teme.

39 Quita de mí el oprobio que he temido; porque buenos *son* tus juicios.

40 He aquí yo he anhelado tus mandamientos; vivifícame en tu justicia.

VAV

41 Venga a mí tu misericordia, oh Jehová; tu salvación, conforme a tu palabra.

42 Y daré por respuesta al que me injuria, que en tu palabra he confiado.

---

a ver 1

b vers 77,92 143,174

c 1 Jn 3:9 y 5:18

d Lc 2:19,51

e ver 162

f 2 Sm 7:25

43 Y no quites de mi boca, en ningún tiempo, la palabra de verdad; porque en tus juicios he esperado.
44 Y guardaré tu ley continuamente, eternamente y para siempre.
45 Y andaré en libertad, porque busqué tus mandamientos.
46 Y hablaré de tus testimonios delante de los reyes, y no me avergonzaré.
47 Y me deleitaré en tus mandamientos, los cuales he amado.
48 Alzaré asimismo mis manos a tus mandamientos que amé; y meditaré en tus estatutos.

ZAYIN
49 Acuérdate de la palabra dada a tu siervo, en la cual me has hecho esperar.
50 Ésta es mi consuelo en mi aflicción; pues tu palabra me ha vivificado.
51 Los soberbios se burlaron mucho de mí; mas no me he apartado de tu ley.
52 Me acordé, oh Jehová, de tus juicios antiguos, y me consolé.
53 Horror se apoderó de mí, a causa de los impíos que dejan tu ley.
54 Cánticos han sido para mí tus estatutos en la casa de mis peregrinaciones.
55 Me acordé en la noche de tu nombre, oh Jehová, y guardé tu ley.
56 Esto tuve, porque guardé tus mandamientos.

JET
57 Tú eres ᶠmi porción, oh Jehová, he dicho que guardaré tus palabras.
58 Tu presencia supliqué de todo corazón: Ten misericordia de mí según tu palabra.
59 Consideré mis caminos, y torné mis pies a tus testimonios.
60 Me apresuré, y no me tardé en guardar tus mandamientos.
61 Compañía de impíos me han robado; mas no me he olvidado de tu ley.
62 A media noche ⁱme levantaba a alabarte por tus justos juicios.
63 Compañero soy yo de todos los que te temen y guardan tus mandamientos.
64 De tu misericordia, oh Jehová, está llena la tierra: Enséñame tus estatutos.

a ver 71
Jer 31:18-19
Heb 12:6-11

b Job 13:4
Sal 109:2

c ver 127
Sal 19:10
Pr 8:11
d Job 10:8
Sal 100:3

e ver 24,47, 174
f Sal 16:5
g ver 15

h ver 123
Sal 69:3
i Hch 16:25

j Sal 39:4

TET
65 Bien has hecho con tu siervo, oh Jehová, conforme a tu palabra.
66 Enséñame buen sentido y sabiduría; porque tus mandamientos he creído.
67 ᵃAntes que fuera yo humillado, descarriado andaba; mas ahora guardo tu palabra.
68 Bueno eres tú, y bienhechor: Enséñame tus estatutos.
69 Contra mí ᵇforjaron mentira los soberbios; mas yo guardaré de todo corazón tus mandamientos.
70 Se engrosó el corazón de ellos como sebo; mas yo en tu ley me he deleitado.
71 Bueno me es haber sido humillado, para que aprenda tus estatutos.
72 ᶜMejor me es la ley de tu boca, que millares de oro y plata.

YOD
73 ᵈTus manos me hicieron y me formaron: Hazme entender, y aprenderé tus mandamientos.
74 Los que te temen me verán, y se alegrarán; porque en tu palabra he esperado.
75 Conozco, oh Jehová, que tus juicios son justos, y que conforme a tu fidelidad me afligiste.
76 Sea ahora tu misericordia para consolarme, conforme a lo que has dicho a tu siervo.
77 Vengan a mí tus misericordias, y viva; porque ᵉtu ley es mi delicia.
78 Sean avergonzados los soberbios, porque sin causa me han calumniado; mas yo, ᵍmeditaré en tus mandamientos.
79 Tórnense a mí los que te temen y conocen tus testimonios.
80 Sea mi corazón íntegro en tus estatutos; para que no sea yo avergonzado.

KAF
81 Desfallece mi alma por tu salvación, mas espero en tu palabra.
82 ʰDesfallecieron mis ojos por tu palabra, diciendo: ¿Cuándo me consolarás?
83 Porque estoy como el odre al humo; pero no he olvidado tus estatutos.
84 ʲ¿Cuántos son los días de tu siervo? ¿Cuándo harás juicio contra los que me persiguen?

85 Los soberbios han cavado hoyos para mí; mas no obran según tu ley. ª Pr 6:23
86 Todos tus mandamientos *son* verdad; ᵇsin causa me persiguen; ayúdame. b ver 78
87 Casi me han echado por tierra; mas yo no he dejado tus mandamientos.
88 Vivifícame conforme a tu misericordia; y guardaré los testimonios de tu boca.

LAMED

89 ᵈPara siempre, oh Jehová, está establecida tu palabra en el cielo. d Sal 89:2; 148:8
90 Por generación y generación *es* tu fidelidad: Tú afirmaste la tierra, y permanece. Mt 24:34-35; 1 Pe 1:25
91 Por tus ordenanzas permanecen *todas las cosas* hasta hoy, pues todas ellas te sirven. e Dt 23:4
92 Si tu ley no *hubiese sido* mi delicia, ya en mi aflicción hubiera perecido. f vers 14,162
93 Nunca jamás me olvidaré de tus mandamientos; porque con ellos me has vivificado.
94 Tuyo soy yo, guárdame; porque he buscado tus mandamientos. h ver 74
95 Los impíos me han aguardado para destruirme; *mas* yo consideraré tus testimonios.
96 ⁱA toda perfección he visto fin: Extenso sobremanera *es* tu mandamiento. i Mt 5:18

MEM

97 ʲ¡Oh, cuánto amo yo tu ley! Todo el día *es* ella mi meditación. j ver 113, 163,165,
98 Me has hecho más sabio que mis enemigos ᵏcon tus mandamientos; porque siempre *están* conmigo. k Dt 4:6
99 Más que todos mis enseñadores he entendido; porque tus testimonios *son* mi meditación.
100 ˡMás que los viejos he entendido, porque he guardado tus mandamientos. l Job 3:7-9
101 De todo mal camino contuve mis pies, para guardar tu palabra.
102 No me aparté de tus juicios; porque tú me enseñaste.
103 ᵐ¡Cuán dulces *son* a mi paladar tus palabras! Más que la miel a mi boca. m Sal 19:10; Pr 8:11
104 De tus mandamientos he adquirido inteligencia; por tanto, he aborrecido todo camino de mentira.

NUN

105 ªLámpara *es* a mis pies tu palabra, y lumbrera a mi camino.
106 Juré y ratifiqué que he de guardar tus justos juicios.
107 Afligido estoy en gran manera; vivifícame, oh Jehová, conforme a tu palabra.
108 Te ruego, oh Jehová, que te sean agradables las ofrendas voluntarias de mi boca; y enséñame tus juicios.
109 ᶜDe continuo *está* mi alma en mi mano; *mas* no me he olvidado de tu ley.
110 Me tendieron lazo los impíos: Pero yo no me desvié de tus mandamientos.
111 ᵉPor heredad he tomado tus testimonios para siempre; porque ᶠson el gozo de mi corazón.
112 Mi corazón incliné a poner por obra tus estatutos de continuo, ᵍhasta el fin.

SAMEC

113 Los pensamientos *vanos* aborrezco; mas amo tu ley.
114 Mi escondedero y mi escudo *eres* tú: ʰEn tu palabra he esperado.
115 Apartaos de mí, malignos; pues yo guardaré los mandamientos de mi Dios.
116 Susténtame conforme a tu palabra, y viviré; y no dejes que me avergüence de mi esperanza.
117 Sostenme, y seré salvo; y me deleitaré siempre en tus estatutos.
118 Hollaste a todos los que se desvían de tus estatutos; porque mentira es su engaño.
119 *Como* escorias hiciste consumir a todos los impíos de la tierra; por tanto yo he amado tus testimonios.
120 Mi carne se ha estremecido por temor de ti; y de tus juicios tengo miedo.

AIN

121 Juicio y justicia he hecho; no me abandones a mis opresores.
122 Responde por tu siervo para bien; no permitas que me opriman los soberbios.
123 Mis ojos desfallecieron por tu salvación, y por el dicho de tu justicia.
124 Haz con tu siervo según tu misericordia, y enséñame tus estatutos.

Estoy asombrado de tu Palabra   **SALMOS 119**

125 Tu siervo soy yo, dame entendimiento; para que sepa tus testimonios.
126 Tiempo *es* de actuar, oh Jehová; porque han invalidado tu ley.
127 Por tanto, amo tus mandamientos más que el oro, y más que oro muy puro. ^a Sal 5:3
128 Por tanto, estimo rectos todos tus preceptos acerca de todas las cosas, y aborrezco todo camino de mentira. ^b Sal 63:6

PE
129 Maravillosos *son* tus testimonios; por tanto los ha guardado mi alma.
130 ^cEl principio de tus palabras alumbra; hace entender a los simples. ^c Sal 19:8 ^d Sal 143:18
131 Mi boca abrí y suspiré; porque deseaba tus mandamientos.
132 Mírame, y ten misericordia de mí, como acostumbras con los que aman tu nombre.
133 ^eOrdena mis pasos con tu palabra; y ninguna iniquidad se enseñoree de mí. ^e Sal 17:15
134 Líbrame de la violencia de los hombres; y guardaré tus mandamientos. ^f 1 Sm 24:6 / Sal 35:1
135 Haz que tu rostro resplandezca sobre tu siervo; y enséñame tus estatutos.
136 ^gRíos de agua descendieron de mis ojos, porque no guardaban tu ley. ^g Jer 9:1 y 14:17

TZADI
137 Justo eres tú, oh Jehová, y rectos tus juicios.
138 Tus testimonios, que has encomendado, *son* rectos y muy fieles.
139 ^hMi celo me ha consumido; porque mis enemigos se olvidaron de tus palabras. ^h Sal 69:9 / Jn 2:17
140 ^iSumamente pura *es* tu palabra; y la ama tu siervo. ^i Sal 12:7 y 19:8
141 Pequeño soy yo y desechado; *mas* no me he olvidado de tus mandamientos.
142 Tu justicia *es* justicia eterna, y tu ley la verdad. ^j Is 9:3
143 Aflicción y angustia me hallaron; *mas* tus mandamientos fueron mi delicia.
144 Justicia eterna *son* tus testimonios; dame entendimiento, y viviré. ^k Pr 3:2 / Is 32:17

COF
145 Clamé con todo *mi* corazón; respóndeme, Jehová, y guardaré tus estatutos.
146 A ti clamé; sálvame, y guardaré tus testimonios.
147 ^aMe anticipé al alba, y clamé: Esperé en tu palabra.
148 ^bSe anticiparon mis ojos a las vigilias de la noche, para meditar en tu palabra.
149 Oye mi voz conforme a tu misericordia; oh Jehová, vivifícame conforme a tu juicio.
150 Se *me* han acercado los que siguen la maldad; Lejos están de tu ley.
151 ^dCercano estás tú, oh Jehová; y todos tus mandamientos son verdad.
152 Hace ya mucho que he entendido de tus testimonios, que para siempre los has establecido.

RESH
153 Mira mi aflicción, y líbrame; porque de tu ley no me he olvidado.
154 ^fAboga mi causa, y líbrame; vivifícame con tu palabra.
155 Lejos *está* de los impíos la salvación; porque no buscan tus estatutos.
156 Muchas *son* tus misericordias, oh Jehová: Vivifícame conforme a tus juicios.
157 Muchos *son* mis perseguidores y mis enemigos; mas de tus testimonios no me he apartado.
158 Veía a los prevaricadores, y me disgustaba; porque no guardaban tus palabras.
159 Mira, oh Jehová, que amo tus mandamientos; vivifícame conforme a tu misericordia.
160 El principio de tu palabra es verdad; y eterno es todo juicio de tu justicia.

SIN
161 Príncipes me han perseguido sin causa; mas mi corazón está asombrado de tu palabra.
162 Me gozo yo en tu palabra, ^jcomo el que halla muchos despojos.
163 La mentira aborrezco y abomino: Tu ley amo.
164 Siete veces al día te alabo sobre los juicios de tu justicia.
165 ^kMucha paz tienen los que aman tu ley; y no hay para ellos tropiezo.

166 Tu salvación he esperado, oh Jehová; y tus mandamientos he puesto por obra.

167 Mi alma ha guardado tus testimonios, y los he amado en gran manera.

168 He guardado tus mandamientos y tus testimonios; porque todos mis caminos están delante de ti.

TAU

169 Llegue mi clamor delante de ti, oh Jehová; dame entendimiento conforme a tu palabra.

170 Llegue mi oración delante de ti: Líbrame conforme a tu palabra.

171 Mis labios rebosarán alabanza, cuando me hayas enseñado tus estatutos.

172 Hablará mi lengua tus palabras; porque todos tus mandamientos son justicia.

173 Que tu mano me ayude; Porque tus mandamientos ⁱhe escogido.

174 He deseado tu salvación, oh Jehová; y tu ley ʲes mi delicia.

175 Que viva mi alma y te alabe; y tus juicios me ayuden.

176 Yo anduve errante como oveja extraviada; busca a tu siervo; porque no me he olvidado de tus mandamientos.

SALMO 120
<<Cántico gradual>>

Clamé a Jehová en mi angustia, y Él me respondió.

2 Libra mi alma, oh Jehová, de labio mentiroso, de la lengua engañosa.

3 ¿Qué se te dará, o qué te aprovechará, oh lengua engañosa?

4 Afiladas saetas de valiente, con brasas de enebro.

5 ¡Ay de mí, que peregrino en Mesec, y habito entre las tiendas de Cedar!

6 Mucho tiempo ha morado mi alma con los que aborrecen la paz.

7 Yo soy pacífico: Mas cuando hablo, ellos *están* por la guerra.

SALMO 121
<<Cántico gradual>>

Alzaré mis ojos a los montes, de dónde vendrá mi socorro.

a Sal 124:8
b Sal 66:9
c Sal 127:1

d Sal 91:1
Is 25:4
e Sal 91:5
Is 49:10
Ap 7:16
f Sal 97:10
g Dt 28:6

h Is 2:3
Zac 8:21

i Jos 24:22

j ver 24

k Neh 2:10

2 ᵃMi socorro *viene* de Jehová, que hizo el cielo y la tierra.

3 ᵇNo dará tu pie al resbaladero; ᶜni se dormirá el que te guarda.

4 He aquí, no se adormecerá ni dormirá el que guarda a Israel.

5 Jehová *es* tu guardador: Jehová *es* ᵈtu sombra a tu mano derecha.

6 ᵉEl sol no te fatigará de día, ni la luna de noche.

7 Jehová te guardará de todo mal: Él ᶠguardará tu alma.

8 Jehová ᵍguardará tu salida y tu entrada, desde ahora y para siempre.

SALMO 122
<<Cántico gradual: de David>>

Yo me alegré con los que me decían: ʰA la casa de Jehová iremos.

2 Nuestros pies estuvieron en tus puertas, oh Jerusalén;

3 Jerusalén, que se ha edificado como una ciudad que está bien unida entre sí.

4 Y allá subieron las tribus, las tribus de Jehová, conforme al testimonio dado a Israel, para alabar el nombre de Jehová.

5 Porque allá están los tronos del juicio, los tronos de la casa de David.

6 Pedid por la paz de Jerusalén; sean prosperados los que te aman.

7 Haya paz dentro de tus muros, y prosperidad en tus palacios.

8 Por amor a mis hermanos y mis compañeros diré ahora: *Haya* paz en ti.

9 Por amor a la casa de Jehová nuestro Dios, ᵏprocuraré tu bien.

SALMO 123
<<Cántico gradual>>

A ti levanto mis ojos, a ti que habitas en los cielos.

2 He aquí, como los ojos de los siervos *miran* a la mano de sus señores, y como los ojos de la sierva a la mano de su señora; así nuestros ojos miran a Jehová nuestro Dios; hasta que tenga misericordia de nosotros.

3 Ten misericordia de nosotros, oh Jehová, ten misericordia de nosotros; porque estamos muy hastiados de menosprecio.

Llevando la preciosa semilla

4 Muy hastiada está nuestra alma del escarnio de los que están en holgura, y del menosprecio de los soberbios.

SALMO 124
<<Cántico gradual: de David>>

A‎ᶜno haber estado Jehová por nosotros, diga ahora Israel;
2 a no haber estado Jehová por nosotros, cuando se levantaron contra nosotros los hombres,
3 ᵉvivos nos habrían tragado entonces, cuando se encendió su furor contra nosotros.
4 Entonces nos habrían inundado las aguas; sobre nuestra alma hubiera pasado el torrente:
5 Hubieran entonces pasado sobre nuestra alma las aguas soberbias.
6 Bendito Jehová, que no nos dio por presa a los dientes de ellos.
7 Nuestra alma escapó cual ave del lazo de los cazadores; se rompió el lazo, y escapamos nosotros.
8 Nuestro socorro *está* en el nombre de Jehová, que hizo el cielo y la tierra.

SALMO 125
<<Cántico gradual>>

Los que confían en Jehová *son* como el monte de Sión que no se mueve; *sino que* permanece para siempre.
2 Como Jerusalén tiene montes alrededor de ella, así Jehová está alrededor de su pueblo desde ahora y para siempre.
3 Porque ʲno reposará la vara de la impiedad sobre la heredad de los justos; para que no extiendan los justos sus manos a la iniquidad.
4 Haz bien, oh Jehová, a los buenos, y *a los que son* rectos en sus corazones.
5 Mas a los que se apartan tras sus perversidades, Jehová los llevará con los que obran iniquidad: Paz sea sobre Israel.

SALMO 126
<<Cántico gradual>>

Cuando Jehová hizo volver la cautividad de Sión, ⁿéramos como los que sueñan.

SALMOS 124-128

2 Entonces nuestra boca ᵃse llenó de risa, y nuestra lengua de alabanza; Entonces decían entre las gentes: Grandes cosas ha hecho Jehová con éstos.
3 ᵇGrandes cosas ha hecho Jehová con nosotros; Estaremos alegres.
4 Haz volver nuestra cautividad oh Jehová, como los arroyos del sur.
5 ᵈLos que sembraron con lágrimas, con regocijo segarán.
6 Irá andando y llorando el que lleva la preciosa semilla; mas volverá a venir con regocijo, trayendo sus gavillas.

SALMO 127
<<Cántico gradual: para Salomón>>

Si Jehová no edificare la casa, en vano trabajan los que la edifican; ᶠsi Jehová no guardare la ciudad, en vano vela la guarda.
2 Por demás es que os levantéis de madrugada, y vayáis tarde a reposar, y que comáis ᵍpan de dolores; pues que a su amado dará Dios el sueño.
3 He aquí, ʰherencia de Jehová son los hijos: Cosa de estima el fruto del vientre.
4 Como saetas en mano del valiente, así *son* los hijos habidos en la juventud.
5 Bienaventurado el hombre que llenó su aljaba de ellos: No será avergonzado cuando hablare con los enemigos en ⁱla puerta.

SALMO 128
<<Cántico gradual>>

Bienaventurado todo aquel que teme a Jehová, que anda en sus caminos.
2 ᵏCuando comieres el trabajo de tus manos, bienaventurado *serás*, y te irá bien.
3 Tu esposa *será* ˡcomo parra que lleva fruto a los lados de tu casa; tus hijos ᵐcomo plantas de olivos alrededor de tu mesa.
4 He aquí que así será bendito el hombre que teme a Jehová.
5 Jehová te bendiga desde Sión, y veas el bien de Jerusalén todos los días de tu vida.
6 Y veas los hijos de tus hijos, y la paz sobre Israel.

---

a Job 8:21
b Jl 2:20-21
Lc 1:49
c Sal 94:17
d Jer 31:9
e Sal 56:1
f Sal 121:4
g Gn 3:17-19
h Gn 33:5
Jos 24:3-4
i Dt 21:19
J Pr 22:8
Is 14:5
k Is 3:10
l Ez 19:10
m Sal 40:1
Is 26:8
n Hch 12:9

SALMO 129
<<Cántico gradual>>

Mucho me han angustiado desde mi juventud, puede decir ahora Israel;

2 Mucho me han angustiado desde mi juventud; mas no prevalecieron contra mí.

3 ªSobre mis espaldas araron los aradores; hicieron largos surcos.

4 Jehová es justo; cortó las coyundas de los impíos.

5 Serán avergonzados y vueltos atrás todos los que aborrecen a Sión.

6 Serán como la hierba de los tejados, que se seca antes que crezca:

7 De la cual no llenó el segador su mano, ni sus brazos el que hace gavillas.

8 Ni dijeron los que pasaban: Bendición de Jehová *sea* sobre vosotros; os bendecimos en el nombre de Jehová.

SALMO 130
<<Cántico gradual>>

De ᵈlo profundo, oh Jehová, a ti clamo.

2 Señor, oye mi voz; estén atentos tus oídos a la voz de mi súplica.

3 Jehová, ᵉsi mirares a los pecados, ᵍ¿Quién, oh Señor, quedaría en pie?

4 Pero ʰen ti hay perdón, para que seas temido.

5 Esperé yo a Jehová, esperó mi alma; ⁱen su palabra he esperado.

6 Mi alma *espera* a Jehová más que los centinelas a la mañana; más que los vigilantes a la mañana.

7 Espere Israel a Jehová; porque en Jehová *hay* misericordia, y abundante redención con Él.

8 Y Él redimirá a Israel de todos sus pecados.

SALMO 131
<<Cántico gradual: de David>>

Jehová, no se ha envanecido mi corazón, ni mis ojos se enaltecieron; ʲni anduve en grandezas, ni en cosas demasiado sublimes para mí.

a Is 50:6
b Pr 6:4
c Hch 7:46
d Sal 29:2-14
Lm 3:55
Jn 2:2
e Job 10:14
f Hch 2:30
g Sal 76:7
h Éx 34:7
Is 55:7
i Sal 119:81
j Jer 45:5
Rm 12:16

Los hermanos juntos en armonía

2 En verdad que me he comportado y he acallado mi alma, como un niño destetado de su madre; como un niño destetado *está* mi alma.

3 Espera, oh Israel, en Jehová desde ahora y para siempre.

SALMO 132
<<Cántico gradual>>

Acuérdate, oh Jehová, de David, y de toda su aflicción;

2 Que juró él a Jehová, prometió al Fuerte de Jacob:

3 No entraré en la morada de mi casa, ni subiré sobre el lecho de mi estrado;

4 ᵇNo daré sueño a mis ojos, ni a mis párpados adormecimiento,

5 ᶜhasta que halle un lugar para Jehová, una morada para el Fuerte de Jacob.

6 He aquí, en Efrata oímos de ella; la hallamos en los campos del bosque.

7 Entraremos en sus tabernáculos; adoraremos ante el estrado de sus pies.

8 Levántate, oh Jehová, entra al lugar de tu reposo; tú y el arca de tu fortaleza.

9 Tus sacerdotes se vistan de justicia, y tus santos se regocijen.

10 Por amor a David tu siervo no vuelvas de tu ungido el rostro.

11 En verdad juró Jehová a David, no se retractará de ello; ᶠdel fruto de tus lomos pondré sobre tu trono.

12 Si tus hijos guardaren mi pacto, y mi testimonio que yo les enseñaré, sus hijos también se sentarán sobre tu trono para siempre.

13 Porque Jehová ha elegido a Sión; la deseó por habitación para sí.

14 Éste es mi lugar de reposo para siempre; aquí habitaré, porque la he deseado.

15 Bendeciré en gran manera su provisión; a sus pobres saciaré de pan.

16 Asimismo vestiré de salvación a sus sacerdotes, y sus santos darán voces de júbilo.

17 Allí haré reverdecer el cuerno de David; he preparado lámpara a mi ungido.

18 A sus enemigos vestiré de confusión; mas sobre él florecerá su corona.

Los ídolos mudos y sordos

SALMO 133
<<Cántico gradual: de David>>

1 Mirad cuán bueno y cuán delicioso es ªhabitar los hermanos juntos en armonía!

2 *Es* como ᵇel buen óleo sobre la cabeza, el cual desciende sobre la barba, la barba de Aarón, y que baja hasta el borde de sus vestiduras;

3 Como el rocío de Hermón, que desciende sobre los montes de Sión; porque ᵈallí envía Jehová bendición, y vida eterna.

a Heb 13:1
b Éx 30:23-30
c Sal 102:12
d Lv 25:21
Dt 28:8
e Sal 115:4-8

SALMO 134
<<Cántico gradual>>

Mirad, bendecid a Jehová, vosotros todos los siervos de Jehová, los que en la casa de Jehová estáis por las noches.

2 Alzad vuestras manos *en* el santuario, y bendecid a Jehová.

3 Jehová, que hizo el cielo y la tierra, te bendiga desde Sión.

SALMO 135
<<Aleluya>>

Alabad el nombre de Jehová; Alabadle, siervos de Jehová;

2 ᶠLos que estáis en la casa de Jehová, en los atrios de la casa de nuestro Dios.

3 Alabad a Jehová, porque Jehová *es* bueno: Cantad salmos a su nombre, porque es ᵍagradable.

4 Porque Jehová ha escogido a Jacob para sí, a Israel como su especial tesoro.

5 Porque yo sé que Jehová es grande, y el Señor nuestro, mayor que todos los dioses.

6 Todo lo que Jehová quiso, ha hecho, en el cielo y en la tierra, en los mares y en todos los abismos.

7 Él hace subir las nubes de los extremos de la tierra; hace los relámpagos para la lluvia; saca los vientos de ˡsus depósitos.

8 Él es el que hirió los primogénitos de Egipto, desde el hombre hasta la bestia.

9 Envió señales y prodigios en medio de ti, oh Egipto, sobre Faraón, y sobre todos sus siervos.

f Sal 134:1
g Sal 147:1
h Sal 72:18
i Sal 104:24
Pr 3:19
j cp 21:11
k Gn 1:14
l Job 38:22

10 El que hirió muchas gentes, y mató reyes poderosos:

11 A Sehón, rey de los amorreos, y a Og, rey de Basán, y a todos los reinos de Canaán.

12 Y dio la tierra de ellos en heredad, en heredad a Israel su pueblo.

13 Oh Jehová, ᶜeterno *es* tu nombre; tu memoria, oh Jehová, por todas las generaciones.

14 Porque Jehová juzgará a su pueblo, y se arrepentirá en cuanto a sus siervos.

15 ᵉLos ídolos de las gentes *son* plata y oro, obra de manos de hombres.

16 Tienen boca, mas no hablan; tienen ojos, mas no ven;

17 Tienen orejas, mas no oyen; tampoco hay aliento en sus bocas.

18 Como ellos son los que los hacen, y todos los que en ellos confían.

19 Casa de Israel, bendecid a Jehová; casa de Aarón, bendecid a Jehová:

20 Casa de Leví, bendecid a Jehová: los que teméis a Jehová, bendecid a Jehová:

21 Bendito sea Jehová desde Sión, que mora en Jerusalén. Aleluya.

SALMO 136

Alabad a Jehová, porque Él *es* bueno; porque para siempre es su misericordia.

2 Alabad al Dios de los dioses, porque para siempre *es* su misericordia.

3 Alabad al Señor de los señores, porque para siempre *es* su misericordia.

4 Al único que ʰhace grandes maravillas, porque para siempre *es* su misericordia.

5 Al que ⁱhizo los cielos con sabiduría, porque para siempre *es* su misericordia.

6 Al que ʲextendió la tierra sobre las aguas, porque para siempre *es* su misericordia;

7 Al que ᵏhizo las grandes luminarias, porque para siempre *es* su misericordia;

8 El sol para que señorease en el día, porque para siempre *es* su misericordia;

9 La luna y las estrellas para que señoreasen en la noche, porque para siempre *es* su misericordia.

10 Al que ªhirió a Egipto en sus primogénitos, porque para siempre *es* su misericordia.

11 Al que ᶜsacó a Israel de en medio de ellos, porque para siempre *es* su misericordia;

12 ᵈCon mano fuerte, y brazo extendido, porque para siempre *es* su misericordia.

13 Al que ᶠdividió el Mar Rojo en partes, porque para siempre *es* su misericordia;

14 E hizo pasar a Israel por medio de él, porque para siempre *es* su misericordia.

15 ᵍY arrojó a Faraón y a su ejército en el Mar Rojo, porque para siempre *es* su misericordia.

16 Al que ʰpastoreó a su pueblo por el desierto, porque para siempre *es* su misericordia.

17 Al que hirió a grandes reyes, porque para siempre *es* su misericordia;

18 y mató a reyes poderosos, porque para siempre *es* su misericordia;

19 a Sehón, rey amorreo, porque para siempre *es* su misericordia,

20 y a Og, rey de Basán, porque para siempre *es* su misericordia;

21 y dio la tierra de ellos en heredad, porque para siempre *es* su misericordia;

22 en heredad a Israel su siervo, porque para siempre *es* su misericordia.

23 El que ᵏen nuestro abatimiento se acordó de nosotros, porque para siempre *es* su misericordia;

24 y nos rescató de nuestros enemigos, porque para siempre *es* su misericordia.

25 Él ᵐda mantenimiento a toda carne, porque para siempre *es* su misericordia.

26 Alabad al Dios de los cielos; porque para siempre *es* su misericordia.

SALMO 137

Junto a los ríos de Babilonia, allí nos sentábamos, y aun llorábamos, acordándonos de Sión.

2 Sobre los sauces en medio de ella colgamos nuestras arpas.

3 Y los que allí nos habían llevado cautivos nos pedían que cantásemos, y los que nos habían desolado nos pedían alegría, *diciendo*: Cantadnos alguno de los cánticos de Sión.

4 ᵇ¿Cómo cantaremos canción de Jehová en tierra extraña?

5 Si me olvidare de ti, oh Jerusalén, mi diestra olvide *su destreza*,

6 ᵉmi lengua se pegue a mi paladar, si de ti no me acordare; si no enalteciere a Jerusalén como preferente asunto de mi alegría.

7 Acuérdate, oh Jehová, contra los hijos de Edom en el día de Jerusalén; los cuales decían: Arrasadla, arrasadla hasta los cimientos.

8 Hija de Babilonia, serás destruida, bienaventurado el que te diere el pago de lo que tú nos hiciste.

9 Bienaventurado el que tomare y estrellare tus niños contra las piedras.

SALMO 138
<<*Salmo de David*>>

Te alabaré con todo mi corazón: ⁱDelante de los dioses te cantaré salmos.

2 Me postraré hacia tu santo templo, y alabaré tu nombre por tu misericordia y tu verdad: Porque has magnificado tu palabra por sobre todo tu nombre.

3 En el día que clamé, me respondiste; me fortaleciste con fortaleza en mi alma.

4 ʲTe alabarán, oh Jehová, todos los reyes de la tierra, cuando escuchen los dichos de tu boca.

5 Y cantarán de los caminos de Jehová; Porque la gloria de Jehová *es* grande.

6 Aunque Jehová *es* excelso, ˡatiende al humilde; mas al altivo mira de lejos.

7 Aunque yo anduviere en medio de la angustia, tú me vivificarás: Contra la ira de mis enemigos extenderás tu mano, y me salvará tu diestra.

8 Jehová ⁿcumplirá su propósito en mí: Tu misericordia, oh Jehová, *es* para siempre; no desampares la obra de tus manos.

SALMO 139
<<Al Músico principal: Salmo de David>>

Oh Jehová, tú ᵒme has examinado y conocido.

Si el justo me castiga será un favor

2 ᵃTú conoces mi sentarme y mi levantarme, desde lejos entiendes mis pensamientos.
3 Mi andar y mi acostarme has rodeado, y todos mis caminos te son conocidos.
4 Pues aún no está la palabra en mi lengua, y he aquí, oh Jehová, tú la sabes toda.
5 ᶜDetrás y delante me has rodeado, y sobre mí pusiste tu mano.
6 Tal conocimiento ᵉes muy maravilloso para mí; alto es, no lo puedo comprender.
7 ᶠ¿A dónde me iré de tu Espíritu? ¿O a dónde huiré de tu presencia?
8 ᵍSi subiere al cielo, allí estás tú; y ʰsi en el infierno hiciere mi lecho, he aquí *allí* tú *estás*.
9 Si tomare las alas del alba, y habitare en el extremo del mar,
10 aun allí me guiará tu mano, y me asirá tu diestra.
11 Si dijere: ⁱCiertamente las tinieblas me encubrirán; aun la noche resplandecerá alrededor de mí.
12 ᵏAun las tinieblas no encubren de ti, y la noche resplandece como el día: lo mismo te son las tinieblas que la luz.
13 Porque ˡtú formaste mis riñones; ᵐme cubriste en el vientre de mi madre.
14 Te alabaré; porque formidable y maravillosamente ⁿme formaste. Maravillosas son tus obras, y mi alma lo sabe muy bien.
15 ᵒNo fue encubierto de ti mi cuerpo, bien que en secreto fui formado, y entretejido en lo más profundo de la tierra.
16 Mi embrión vieron tus ojos, siendo aún imperfecto; y en tu libro estaban escritos todos *mis miembros*, que fueron luego formados, cuando *aún no existía* ninguno de ellos.
17 ᵖ¡Qué preciosos me son, oh Dios, tus pensamientos! ¡Cuán grande es la suma de ellos!
18 *Si* los contara, serían más numerosos que la arena; al despertar aún estoy contigo.
19 De cierto, oh Dios, matarás al impío; apartaos, pues, de mí, hombres sanguinarios.
20 Porque blasfemias dicen ellos contra ti; tus enemigos toman en vano *tu nombre*.

a 2 Re 19:27

b Sal 26:2

c Job 9:33
y 19:8

e Job 42:3
Sal 40:5
Rm 11:36

f Jer 23:24
Jon 1:3
g Am 9:2-4
Abd 1:4
h Job 26:6

i Sal 58:4
Rm 3:13
j Job 34:22

k Job 26:6
Heb 4:13

l Pr 8:22
m Job 10:11

n Gn 1:26-27

o Job 10:8-9
Ec 11:5

p Sal 40:5

21 ¿No odio, oh Jehová, a los que te aborrecen, y me enardezco contra tus enemigos?
22 Los aborrezco con perfecto odio; los tengo por enemigos.
23 ᵇExamíname, oh Dios, y conoce mi corazón; pruébame y conoce mis pensamientos:
24 Y ve si *hay* en mí camino de perversidad, y guíame en el camino eterno.

SALMO 140
<<Al Músico principal: Salmo de David>>

Líbrame, oh Jehová, del hombre malo; guárdame de hombres violentos;
2 Los cuales maquinan males en *su* corazón, cada día urden contiendas.
3 Aguzaron su lengua como la serpiente; ⁱveneno de áspid hay debajo de sus labios. (Selah)
4 Guárdame, oh Jehová, de manos del impío, presérvame de los hombres violentos; que han pensado trastornar mis pasos.
5 Me han escondido lazo y cuerdas los soberbios; han tendido red junto a la senda; me han puesto lazos. (Selah)
6 He dicho a Jehová: Dios mío *eres* tú; escucha, oh Jehová, la voz de mis ruegos.
7 Oh Jehová, mi Señor, fortaleza de mi salvación, tú cubrisiste mi cabeza en el día de la batalla.
8 No des, oh Jehová, al impío sus deseos; no saques adelante su pensamiento, no sea que se ensoberbezca. (Selah)
9 En cuanto a los que por todas partes me rodean, la maldad de sus propios labios cubrirá su cabeza.
10 Caigan sobre ellos carbones encendidos; sean arrojados en el fuego, en abismos profundos de donde no puedan salir.
11 El hombre deslenguado no será firme en la tierra; el mal cazará al hombre injusto para derribarle.
12 Yo sé que Jehová amparará la causa del afligido, y el derecho de los menesterosos.
13 Ciertamente los justos alabarán tu nombre; los rectos morarán en tu presencia.

SALMO 141
<<Salmo de David>>

Jehová, a ti clamo; apresúrate a mí; Escucha mi voz, cuando a ti clamo.
2 Suba mi oración delante de ti como el incienso, y ᵇel levantar mis manos como la ofrenda de la tarde.
3 ᶜPon guarda a mi boca, oh Jehová; Guarda la puerta de mis labios.
4 No dejes que se incline mi corazón a cosa mala, a hacer obras impías con los que obran iniquidad, y no coma yo de sus manjares.
5 ᵉQue el justo me castigue, será un favor, y que me reprenda será un excelente bálsamo que no me herirá la cabeza. Pero mi oración tendrán, aun en sus calamidades.
6 Sus jueces serán derribados en lugares peñascosos, y oirán mis palabras, que son dulces.
7 Como quien hiende y rompe la tierra, son esparcidos nuestros huesos a la boca de la sepultura.
8 Por tanto a ti, oh Jehová Señor, miran mis ojos: En ti he confiado, no desampares mi alma.
9 Guárdame de los lazos que me han tendido, y de las trampas de los obradores de iniquidad.
10 Caigan los impíos a una en sus redes, mientras yo paso adelante.

SALMO 142
<<Masquil de David: Oración que hizo cuando estaba en la cueva>>

Con mi voz clamé a Jehová, con mi voz supliqué misericordia a Jehová.
2 Delante de Él derramé mi queja; delante de Él manifesté mi angustia.
3 Cuando mi espíritu se angustiaba dentro de mí, tú conociste mi senda. En el camino en que andaba, me escondieron lazo.
4 Miré a mi mano derecha, y observé; mas no había quien me conociese; no tuve refugio, nadie se preocupó por mi alma.
5 Clamé a ti, oh Jehová, dije: Tú *eres* mi esperanza, y ʲmi porción en la tierra de los vivientes.
6 Escucha mi clamor, porque estoy muy abatido; líbrame de los que me persiguen, porque son más fuertes que yo.

a Sal 143:11

b Sal 134:2
1 Tim 2:8
c Sal 39:1
Mi 7:5
Stg 1:26
d Éx 34:7
Job 9:2 25:4
Sal 130:3
Rm 3:20
Gá 2:16
e Pr 9:8
19:25 y 25:12
Gá 6:1
f Sal 88:6
g Sal 77:11

h Sal 25:4
Pr 22:6

i Sal 25:4-5

j Sal 16:5
Lm 3:24
k 2 Sm 22:35
Sal 18:34

7 ᵃSaca mi alma de la cárcel para que alabe tu nombre: Me rodearán los justos, porque tú me serás propicio.

SALMO 143
<<Salmo de David>>

Oh Jehová, oye mi oración, escucha mis ruegos: Respóndeme por tu verdad, por tu justicia.
2 Y no entres en juicio con tu siervo; porque ᵈno se justificará delante de ti ningún viviente.
3 Porque el enemigo ha perseguido mi alma; ha postrado en tierra mi vida; me ha hecho habitar ᶠen tinieblas como los ya muertos.
4 Y mi espíritu se angustió dentro de mí; mi corazón está desolado.
5 ᵍMe acordé de los días antiguos; meditaba en todas tus obras, reflexionaba en las obras de tus manos.
6 Extendí mis manos a ti; mi alma *tiene sed* de ti como la tierra sedienta. (Selah)
7 Respóndeme pronto, oh Jehová, porque mi espíritu desfallece: No escondas de mí tu rostro, no venga yo a ser semejante a los que descienden a la fosa.
8 Hazme oír por la mañana tu misericordia, porque en ti he confiado: ʰHazme saber el camino por el que debo andar, porque a ti elevo mi alma.
9 Líbrame de mis enemigos, oh Jehová; en ti me refugio.
10 ⁱEnséñame a hacer tu voluntad, porque tú *eres* mi Dios; Bueno *es* tu Espíritu; guíame a tierra de rectitud.
11 Por tu nombre, oh Jehová, me vivificarás; por tu justicia, sacarás mi alma de angustia.
12 Y por tu misericordia disipa a mis enemigos, y destruye a todos los adversarios de mi alma; porque yo soy tu siervo.

SALMO 144
<<*Salmo* de David>>

Bendito *sea* Jehová, ᵏmi Roca, que adiestra mis manos para la guerra, y mis dedos para la batalla.
2 Misericordia mía y mi castillo, fortaleza mía y mi Libertador, escudo mío, en quien he confiado;

No confíes en príncipe

el que somete a mi pueblo delante de mí.

3 Oh Jehová, ª¿qué es el hombre, para que en él pienses? ¿O el hijo del hombre, para que lo estimes?

4 El hombre es semejante a la vanidad: Sus días son como la sombra que pasa.

5 Oh Jehová, inclina tus cielos y desciende: Toca los montes, y humeen.

6 Despide relámpagos, y dispérsalos, envía tus saetas, y túrbalos.

7 Extiende tu mano desde lo alto; rescátame, y líbrame de las muchas aguas, de la mano de los hijos de extraños;

8 cuya boca habla vanidad, y su diestra *es* diestra de mentira.

9 Oh Dios, ᶜa ti cantaré canción nueva: con salterio, con decacordio cantaré a ti.

10 Tú, el que da salvación a los reyes, el que libra a David su siervo de maligna espada.

11 Rescátame, y líbrame de mano de los hijos extraños, cuya boca habla vanidad, y su diestra es diestra de mentira.

12 Que nuestros hijos *sean* como plantas crecidas en su juventud; Nuestras hijas como las esquinas labradas a manera de las de un palacio;

13 Nuestros graneros llenos, provistos de toda clase de grano; nuestros ganados, se multipliquen de millares y decenas de millares en nuestros campos:

14 Que nuestros bueyes *estén* fuertes para el trabajo; que no tengamos asalto, ni que hacer salida, ni grito de alarma en nuestras plazas.

15 Bienaventurado el pueblo que tiene esto: ᵍBienaventurado el pueblo cuyo Dios *es* Jehová.

SALMO 145
<<*Salmo* de alabanza: de David>>

Te exaltaré, mi Dios, mi Rey; y bendeciré tu nombre eternamente y para siempre.

2 Cada día te bendeciré, y alabaré tu nombre eternamente y para siempre.

3 ⁱGrande es Jehová y digno de suprema alabanza: Y ʲsu grandeza es inescrutable.

SALMOS 145-146

4 Generación a generación celebrará tus obras, y anunciará tus proezas.

5 Hablaré de la gloriosa magnificencia de tu majestad, y de tus maravillosos hechos.

6 De tus portentos y temibles hechos hablarán los hombres; Y yo contaré tu grandeza.

7 Proclamarán la memoria de tu gran bondad, y cantarán de tu justicia.

8 ᵇClemente y misericordioso *es* Jehová, lento para la ira, y grande en misericordia.

9 Bueno *es* Jehová para con todos; y sus misericordias sobre todas sus obras.

10 Te alabarán, oh Jehová, todas tus obras; y tus santos te bendecirán.

11 Contarán de la gloria de tu reino, y hablarán de tu poder;

12 ᵈPara dar a conocer sus proezas a los hijos de los hombres, y la gloriosa majestad de su reino.

13 Tu reino *es* reino eterno, y tu señorío *permanece* por todas las generaciones.

14 Jehová ᵉsostiene a todos los que caen, y levanta a todos los oprimidos.

15 Los ojos de todos esperan en ti, y tú les das su comida a su tiempo.

16 Abres tu mano, y colmas de bendición a todo viviente.

17 Justo es Jehová en todos sus caminos, y misericordioso en todas sus obras.

18 ᶠCercano *está* Jehová a todos los que le invocan, a todos los que le invocan de veras.

19 Cumplirá el deseo de los que le temen; oirá asimismo el clamor de ellos, y los salvará.

20 ʰJehová guarda a todos los que le aman; pero destruirá a todos los impíos.

21 La alabanza de Jehová hablará mi boca; y toda carne bendiga su santo nombre eternamente y para siempre.

SALMO 146
<<Aleluya>>

Oh alma mía, alaba a Jehová.

2 Alabaré a Jehová en mi vida; cantaré salmos a mi Dios mientras viva.

3 ªNo confiéis en príncipes, ni en hijo de hombre, porque no hay en él salvación.

4 Sale su espíritu, se vuelve a la tierra; en el mismo día perecen sus pensamientos.

5 Bienaventurado aquel cuya ayuda es el Dios de Jacob, cuya esperanza está en Jehová su Dios:

6 El cual ᵇhizo el cielo y la tierra, el mar, y todo lo que en ellos hay; que guarda verdad para siempre;

7 Que hace justicia a los agraviados; que ᵈda pan a los hambrientos: Jehová liberta a los prisioneros;

8 ¹Jehová abre *los ojos* a los ciegos; Jehová ᵉlevanta a los caídos; Jehová ama a los justos.

9 Jehová guarda a los extranjeros; al huérfano y a la viuda sustenta; y el camino de los impíos trastorna.

10 ᵍReinará Jehová para siempre; tu Dios, oh Sión, por generación y generación. Aleluya.

SALMO 147

Alabad a Jehová, porque es bueno cantar salmos a nuestro Dios; porque suave y ʰhermosa es la alabanza.

2 Jehová edifica a Jerusalén; a los desterrados de Israel recogerá.

3 Él ⁱsana a los quebrantados de corazón, y venda sus heridas.

4 Él ʲcuenta el número de las estrellas; a todas ellas llama por sus nombres.

5 Grande *es* el Señor nuestro, y de mucho poder; y su entendimiento *es* infinito.

6 Jehová ᵏexalta a los humildes; y humilla a los impíos hasta el polvo.

7 Cantad a Jehová con alabanza, cantad con arpa a nuestro Dios.

8 Él es el que cubre los cielos de nubes, el que prepara la lluvia para la tierra, el que hace a los montes producir hierba.

9 Él da a la bestia su mantenimiento, y a los hijos de los cuervos que claman.

10 ᵐNo toma contentamiento en la fortaleza del caballo, ni se complace en las piernas *fuertes* del hombre.

11 Se complace Jehová en los que le temen, y en los que esperan en su misericordia.

a Sal 118:8-9
Is 2:22

b Sal 10:16
c Job 37:6

d Sal 107:9

1 Cristo
Mt 9:30
Jn 9:7,32
e Sal 145:14
f Dt 4:32-34

g Sal 10:16

h Sal 33:1

i Sal 51:17

j Gn 15:5
Is 40:26

k Sal 146:8-9

l Sal 147:15

m Sal 33:17
Os 1:7

12 Alaba a Jehová, Jerusalén; alaba a tu Dios, Sión.

13 Porque fortificó los cerrojos de tus puertas; bendijo a tus hijos dentro de ti.

14 Él pone en tus términos la paz; te sacia con lo mejor del trigo.

15 Él envía su palabra a la tierra; velozmente corre su palabra.

16 Él ᶜda la nieve como lana, derrama la escarcha como ceniza.

17 Él echa su hielo como pedazos; delante de su frío, ¿quién resistirá?

18 Envía su palabra, y los derrite; hace soplar su viento, y el agua fluye.

19 Él manifiesta sus palabras a Jacob, sus estatutos y sus juicios a Israel.

20 ᶠNo ha hecho así con ninguna otra de las naciones; y *en cuanto a* sus juicios, no los conocieron. Aleluya.

SALMO 148
<<Aleluya>>

Alabad a Jehová desde los cielos; alabadle en las alturas.

2 Alabadle, vosotros todos sus ángeles; alabadle, vosotros todos sus ejércitos.

3 Alabadle, sol y luna: Alabadle, vosotras todas, lucientes estrellas.

4 Alabadle, cielos de los cielos, y las aguas que están sobre los cielos.

5 Alaben el nombre de Jehová; porque Él mandó, y fueron creados.

6 Los estableció eternamente y para siempre; les puso ley que no será quebrantada.

7 Alabad a Jehová, desde la tierra, los dragones y todos los abismos;

8 el fuego y el granizo, la nieve y el vapor, el viento de tempestad que ˡejecuta su palabra;

9 los montes y todos los collados; el árbol de fruto y todos los cedros;

10 la bestia y todo animal, reptiles y volátiles;

11 los reyes de la tierra y todos los pueblos; los príncipes y todos los jueces de la tierra;

12 los jóvenes y también las doncellas; los ancianos y los niños.

13 Alaben el nombre de Jehová, porque sólo su nombre es sublime; su gloria es sobre tierra y cielos.

Alabadle en su santuario

14 Él ha exaltado el cuerno de su pueblo; alábenle todos sus santos, los hijos de Israel, el pueblo a Él cercano. Aleluya.

SALMO 149
<<Aleluya>>

Cantad a Jehová cántico nuevo: Su alabanza sea ªen la congregación de los santos.

2 ᵇAlégrese Israel en su Hacedor; los hijos de Sión se gocen en su Rey.

3 ᶜAlaben su nombre con danza: Canten a Él, con pandero y arpa.

4 Porque Jehová toma contentamiento con su pueblo: Hermoseará a los humildes con salvación.

5 Regocíjense los santos con gloria; ᵉcanten con júbilo sobre sus camas.

6 Las alabanzas de Dios estén en sus gargantas, y la ʰespada de dos filos en sus manos;

7 para cobrar venganza sobre las naciones, y castigo en los pueblos;

a Sal 89:5
b Job 35:10
c Éx 15:20
  1 Cr 16:31

d Sal 71:22
e Sal 63:6
f Sal 33:2
g 2 Sm 6:5
h Heb 4:12
  Ap 1:16
  y 2:12

8 Para aprisionar a sus reyes en grillos, y a sus nobles con cadenas de hierro;

9 para ejecutar en ellos el juicio escrito; gloria será esto para todos sus santos. Aleluya.

SALMO 150
<<Aleluya>>

Alabad a Dios en su santuario; Alabadle en el firmamento de su fortaleza.

2 Alabadle por sus proezas; alabadle conforme a la muchedumbre de su grandeza.

3 Alabadle con sonido de trompeta; alabadle ᵈcon salterio y arpa.

4 Alabadle con pandero y danza; alabadle ᶠcon cuerdas y flauta.

5 Alabadle con ᵍcímbalos resonantes; alabadle con címbalos de júbilo.

6 Todo lo que respira alabe a Jehová. Aleluya.

Libro De
PROVERBIOS

CAPÍTULO 1

Los ᵃproverbios de Salomón, hijo de David, rey de Israel:

2 Para entender sabiduría y doctrina; para conocer las razones prudentes;

3 para recibir el consejo de sabiduría, justicia, juicio y equidad;

4 para dar ᶜsagacidad a los simples, y a los jóvenes inteligencia y cordura.

5 Oirá el sabio y aumentará el saber; y el entendido adquirirá consejo;

6 para entender parábola y declaración; palabras de los sabios, y sus enigmas.

7 ᵈEl principio de la sabiduría *es* el temor de Jehová: Los insensatos desprecian la sabiduría y la enseñanza.

8 Oye, hijo mío, la instrucción de tu padre, y no desprecies la ley de tu madre;

9 Porque adorno de gracia *serán* a tu cabeza, y collares a tu cuello.

10 Hijo mío, si los pecadores te quisieren engañar, ᵉno consientas.

a 1 Re 4:32

b Sal 124:3

c cp 8:5,12

d cp 9:10
  Job 28:28
  Sal 111:10

e Gn 39:7
  Ef 5:11

11 Si dijeren: Ven con nosotros, pongamos asechanzas para *derramar* sangre, acechemos sin motivo al inocente;

12 ᵇlos tragaremos vivos como el sepulcro, y enteros, como los que caen en sima.

13 Hallaremos riquezas de toda clase, llenaremos nuestras casas de despojos;

14 echa tu suerte entre nosotros; tengamos todos una sola bolsa.

15 Hijo mío, no andes en camino con ellos; aparta tu pie de sus veredas:

16 Porque sus pies correrán al mal, e irán presurosos a derramar sangre.

17 Porque en vano se tenderá la red ante los ojos de toda ave;

18 mas ellos a su propia sangre ponen asechanzas, y a sus propias vidas tienden lazo.

19 Tales son las sendas de todo el que es dado a la codicia, la cual quita la vida de sus poseedores.

20 La sabiduría clama de fuera, da su voz en las plazas:

21 Clama en los principales lugares de concurso; en las entradas de las puertas de la ciudad dice sus razones:
22 ¿Hasta cuándo, oh simples, amaréis la simpleza, y los burladores desearán el burlar, y los insensatos aborrecerán la ciencia?
23 Volveos a mi reprensión: He aquí yo os derramaré mi espíritu, y os haré saber mis palabras.
24 ᶜPorque llamé, y no quisisteis oír: Extendí mi mano, y no hubo quien atendiese;
25 antes desechasteis todo consejo mío, y mi reprensión no quisisteis:
26 ᵈTambién yo me reiré en vuestra calamidad, y me burlaré cuando os viniere lo que teméis;
27 cuando viniere cual destrucción lo que teméis, y vuestra calamidad llegare como un torbellino; cuando sobre vosotros viniere tribulación y angustia.
28 ʰEntonces me llamarán, y no responderé; me buscarán de mañana, y no me hallarán;
29 por cuanto aborrecieron la sabiduría, y no escogieron el temor de Jehová,
30 ni quisieron mi consejo, y menospreciaron toda reprensión mía:
31 Por tanto comerán del fruto de su camino, y serán hastiados de sus propios consejos.
32 Porque el descarrío de los ignorantes los matará, y la prosperidad de los necios los echará a perder.
33 Mas ˡel que me oyere, habitará confiadamente, y ᵐvivirá reposado, sin temor del mal.

CAPÍTULO 2

Hijo mío, si recibieres mis palabras, y mis mandamientos atesorares dentro de ti,
2 de manera que inclines tu oído a la sabiduría, y apliques tu corazón a la prudencia;
3 si clamares a la inteligencia, y a la prudencia alzares tu voz;
4 si ⁿcomo a la plata la buscares, y la procurares como a tesoros escondidos;
5 Entonces entenderás el temor de Jehová, y hallarás el conocimiento de Dios.

a Stg 1:5

b 1 Sm 2:9
Sal 66:9

c Is 65:12
y 68:4

d Sal 2:4

e Jn 3:19-20
f cp 10:23
g Rm 1:32
h Job 27:9
Is 1:15
Jer 11:11
Ez 8:18
Mi 3:4
Zac 7:13
Stg 4:3
i cp 5:3
y 6:24
j Mal 2:14-15
k Pr 7:27

l Sal 25:12-13
m Sal 112:7

n cp 3:14
Mt 13:44
o Sal 91:16
p Éx 13:9-16
Dt 6:8 y 7:3
q Jer 17:1
2 Co 3:3

Inclina tu oído a la sabiduría

6 Porque Jehová ᵃda la sabiduría, y de su boca viene el conocimiento y la inteligencia.
7 Él reserva la sana sabiduría para los rectos; es escudo a los que caminan rectamente.
8 Él guarda las sendas del juicio, y ᵇpreserva el camino de sus santos.
9 Entonces entenderás justicia, juicio y equidad, y todo buen camino.
10 Cuando la sabiduría entrare en tu corazón, y el conocimiento fuere dulce a tu alma,
11 la discreción te guardará, te preservará la inteligencia,
12 para librarte del mal camino, de los hombres que hablan perversidades;
13 que dejan las sendas derechas, para andar en ᵉcaminos tenebrosos;
14 que ᶠse alegran haciendo el mal, que ᵍse deleitan en las perversidades del vicio;
15 cuyas veredas son torcidas, y torcidos sus caminos.
16 ⁱPara librarte de la mujer extraña, de la ajena que halaga con sus palabras;
17 que ʲabandona al compañero de su juventud, y se olvida del pacto de su Dios.
18 Por lo cual ᵏsu casa está inclinada a la muerte, y sus veredas hacia los muertos.
19 Todos los que a ella entraren, no volverán, ni tomarán los senderos de la vida.
20 Para que andes por el camino de los buenos, y guardes las sendas de los justos.
21 Porque los rectos habitarán la tierra, y los perfectos permanecerán en ella;
22 mas los impíos serán cortados de la tierra, y los prevaricadores serán desarraigados de ella.

CAPÍTULO 3

Hijo mío, no te olvides de mi ley, y tu corazón guarde mis mandamientos;
2 porque ᵒlargura de días, y años de vida y paz te añadirán.
3 Misericordia y verdad no se aparten de ti; ᵖátalas a tu cuello, ᑫescríbelas en la tabla de tu corazón;

4 y ªhallarás gracia y buena opinión ante los ojos de Dios y de los hombres.
5 ᶜFíate de Jehová de todo tu corazón, y ᵈno estribes en tu propia prudencia.
6 Reconócelo en todos tus caminos, y Él ᶠenderezará tus veredas.
7 No seas sabio en tu propia opinión: Teme a Jehová, y apártate del mal;
8 Porque será medicina a tu ombligo, y tuétano a tus huesos.
9 ʰHonra a Jehová con tu sustancia, y con las primicias de todos tus frutos;
10 y serán llenos tus graneros con abundancia, y tus lagares rebosarán de mosto.
11 ᵏNo deseches, hijo mío, el castigo de Jehová; ni te fatigues de su corrección;
12 porque Jehová al que ama castiga, ᵐcomo el padre al hijo a quien quiere.
13 Bienaventurado el hombre que halla la sabiduría, y que obtiene la inteligencia;
14 porque ᵒsu mercadería es mejor que la mercadería de la plata, y sus frutos más que el oro fino.
15 Más preciosa es que las piedras preciosas; y ᵖtodo lo que puedes desear, no se puede comparar a ella.
16 Largura de días está en su mano derecha; en su izquierda ᑫriquezas y honra.
17 ʳSus caminos son caminos deleitosos, y todas sus veredas paz.
18 Ella es ᵗárbol de vida a los que la abrazan, y bienaventurados son los que la retienen.
19 ᵘJehová con sabiduría fundó la tierra; afirmó los cielos con inteligencia.
20 ˣPor su inteligencia los abismos fueron divididos, y los cielos destilan rocío.
21 Hijo mío, no se aparten estas cosas de tus ojos; guarda la sabiduría y el consejo;
22 Y serán vida a tu alma, y ªgracia a tu cuello.
23 ᵇEntonces andarás por tu camino confiadamente, y tu pie no tropezará.
24 ᵈCuando te acuestes, no tendrás temor; sino que te acostarás, y será dulce tu sueño.
25 ᶠNo tendrás temor de pavor repentino, ni de la ruina de los impíos cuando viniere;

26 Porque Jehová será tu confianza, y Él preservará tu pie de ser preso.
27 ᵇNo detengas el bien de aquél a quien es debido, cuando tuvieres poder para hacerlo.
28 ᵉNo digas a tu prójimo: Ve, y vuelve, y mañana te daré; cuando tienes contigo qué darle.
29 No intentes mal contra tu prójimo, estando él confiado de ti.
30 ᵍNo pleitees con alguno sin razón, si él no te ha hecho agravio.
31 ⁱNo envidies al hombre injusto, ni escojas ninguno de sus caminos.
32 Porque el perverso es abominación a Jehová; mas ʲsu comunión íntima es con los rectos.
33 ˡLa maldición de Jehová está en la casa del impío; mas Él bendice el hogar del justo.
34 Ciertamente Él escarnece a los escarnecedores, y ⁿa los humildes da gracia.
35 Los sabios heredarán honra; mas los necios llevarán ignominia.

CAPÍTULO 4

Oíd, hijos, la instrucción de un padre, y estad atentos, para que conozcáis cordura.
2 Porque os doy buena enseñanza; no desamparéis mi ley.
3 Porque yo fui hijo para mi padre, ˢdelicado y único a los ojos de mi madre.
4 Y él me enseñaba, y me decía: Retenga tu corazón mis palabras, guarda mis mandamientos, y vivirás;
5 ᵛAdquiere sabiduría, adquiere inteligencia; no te olvides ni te apartes de las palabras de mi boca:
6 No la dejes, y ella te guardará; ʸámala, y ella te conservará.
7 Sabiduría ante todo; adquiere sabiduría; y con toda tu posesión adquiere inteligencia.
8 ᶻEngrandécela, y ella te engrandecerá; ella te honrará, cuando tú la hubieres abrazado.
9 ᶜAdorno de gracia dará a tu cabeza; corona de hermosura te entregará.
10 Oye, hijo mío, y recibe mis razones, y ᵉse te multiplicarán años de vida.
11 Por el camino de la sabiduría te he encaminado, y por veredas derechas te he hecho andar.

Aléjate de la mujer extraña

12 Cuando anduvieres no se estrecharán tus pasos; y si corrieres, no tropezarás.
13 Retén la instrucción, no la dejes; guárdala, porque ella es tu vida.
14 No entres en la senda de los impíos, ni vayas por el camino de los malos.
15 Déjala, no pases por ella; apártate de ella, sigue adelante.
16 Porque ªno duermen ellos, si no han hecho mal, y pierden su sueño, si no han hecho caer *a alguno*.
17 Porque comen pan de maldad, y beben vino de violencia.
18 Mas ᶜla senda de los justos *es* ᵈcomo la luz de la aurora, que va en aumento hasta que el día es perfecto.
19 ᵉEl camino de los impíos es como la oscuridad; no saben en qué tropiezan.
20 Hijo mío, está atento a mis palabras; inclina tu oído a mis razones.
21 No se aparten de tus ojos; ᶠguárdalas en medio de tu corazón.
22 Porque ᵍson vida a los que las hallan, y medicina a todo su cuerpo.
23 Sobre toda cosa guardada guarda tu corazón; porque ʰde él mana la vida.
24 Aparta de ti la perversidad de la boca, y aleja de ti los labios inicuos.
25 Tus ojos miren lo recto, y tus párpados vean derecho delante de ti.
26 Examina la senda de tus pies, y todos tus caminos sean ordenados.
27 ᵏNo te apartes a derecha, ni a izquierda; aparta tu pie del mal.

CAPÍTULO 5

Hijo mío, está atento a mi sabiduría, y a mi inteligencia inclina tu oído;
2 para que guardes consejo, y tus labios conserven el conocimiento.
3 Porque °los labios de la mujer extraña destilan miel, y su paladar *es* más suave que el aceite;
4 pero su fin es ᵖamargo como el ajenjo, agudo como espada de dos filos.
5 Sus pies ʳdescienden a la muerte, sus pasos conducen al infierno.
6 Sus caminos son inestables; no los conocerás, si no considerares el camino de vida.

7 Ahora pues, hijos, oídme, y no os apartéis de las razones de mi boca.
8 Aleja de ella tu camino, y no te acerques a la puerta de su casa;
9 para que no des a los extraños tu honor, y tus años al cruel;
10 para que los extraños no se sacien de tu fuerza, y tus trabajos estén en casa del extraño;
11 y gimas en tus postrimerías, cuando se consumiere tu carne y tu cuerpo,
12 y digas: ¡Cómo aborrecí el consejo, y mi corazón ᵇmenospreció la represión;
13 y no oí la voz de los que me instruían, y a los que me enseñaban no incliné mi oído!
14 Casi en todo mal he estado, en medio de la sociedad y de la congregación.
15 Bebe el agua de tu cisterna, y los raudales de tu propio pozo.
16 Derrámense afuera tus fuentes, y tus corrientes de aguas por las calles.
17 Sean para ti solo, y no para los extraños contigo.
18 Sea bendito tu manantial; y alégrate con ⁱla esposa de tu juventud.
19 ʲComo cierva amada y graciosa gacela, sus pechos te satisfagan en todo tiempo; y en su amor recréate siempre.
20 ¿Y por qué, hijo mío, andarás ciego con la mujer ajena, y abrazarás el seno de la extraña?
21 Pues que los caminos del hombre *están* ˡante los ojos de Jehová, y Él considera todas sus veredas.
22 ᵐPrenderán al impío sus propias iniquidades, y detenido será con las cuerdas de su pecado;
23 ⁿél morirá por falta de corrección; y errará por la grandeza de su locura.

CAPÍTULO 6

Hijo mío, ᵠsi salieres fiador por tu amigo, si estrechaste tu mano por el extraño,
2 enlazado eres con las palabras de tu boca, y preso con las razones de tu boca.
3 Haz esto ahora, hijo mío, y líbrate, ya que has caído en la mano de tu

---

a Sal 36:4
Mi 2:1

b cp 1:25
y 12:1
c Is 62:1
Mt 5:14
Fil 2:15
d 2 Sm 23:4
e 1 Sm 2:9
Is 50:9-10
Jer 23:12
Jn 12:35

f cp 2:1
g cp 8:25
y 21:21

h Sal 68:20
i Mt 2:14

j Cnt 2:7 3:5

k Dt 5:32

l 2 Cr 16:9
Os 7:2
Heb 4:13
m Sal 9:15

n Job 4:21
y 36:12
o cp 2:16
Sal 55:21

p Ec 7:26
q cp 11:15
17:18 20:16
22:26 y 27:13
r cp 7:27

Amonestación contra la pereza

prójimo; ve, humíllate, y asegúrate de tu amigo.

4 ᵇNo des sueño a tus ojos, ni a tus párpados adormecimiento.

5 Escápate como el corzo de la mano *del cazador*, y ᵈcomo el ave de la mano del parancero.

6 ᶠVe a la hormiga, oh perezoso, mira sus caminos, y sé sabio;

7 la cual no teniendo capitán, ni gobernador, ni señor,

8 ⁱprepara en el verano su comida y recoge en el tiempo de la siega su mantenimiento.

9 ʲPerezoso, ¿hasta cuándo has de dormir? ¿Cuándo te levantarás de tu sueño?

10 Un poco de sueño, un poco de dormitar, y cruzar por un poco las manos para reposo:

11 ᵏAsí vendrá tu necesidad como caminante, y tu pobreza como hombre armado.

12 El hombre malo, el hombre depravado, anda con perversidad de boca;

13 ᵐGuiña con sus ojos, habla con sus pies, hace señas con sus dedos;

14 perversidades *hay* en su corazón, ᵒcontinuamente trama el mal, y siembra discordia.

15 Por tanto su calamidad vendrá de repente; ᵖsúbitamente será quebrantado, y ᑫno habrá remedio.

16 Seis cosas aborrece Jehová, y aun siete abomina su alma:

17 Los ojos altivos, la lengua mentirosa, las manos derramadoras de sangre inocente,

18 el corazón que maquina pensamientos inicuos, los pies presurosos para correr al mal,

19 el testigo falso que habla mentiras, y el que siembra discordia entre los hermanos.

20 Guarda, hijo mío, el mandamiento de tu padre, y no dejes la ley de tu madre;

21 Átalos siempre en tu corazón, enlázalos a tu cuello.

22 Te guiarán cuando anduvieres; cuando durmieres, te guardarán; hablarán contigo cuando despertares.

23 Porque ᵛel mandamiento *es* antorcha, y la enseñanza es luz; y camino de vida las represiones de la instrucción;

a cp 2:16
3:33 y 7:5
b Sal 132:4
c Mt 5:28
d Sal 91:3
e cp 29:3
f Job 12:7
g Gn 38:14
h Ez 13:18
i cp 30:25

j cp 24:33

k cp 10:4
13:4 y 20:4
l Éx 22:1-4

m Job 15:12
n cp 7:7

o Mi 2:1

p Jer 19:11
q 2 Cr 36:16

r cp 4:4
Lv 18:5
s Dt 32:10
t Dt 6:8 11:18

u cp 2:16

v Sal 19:8
y 119:105
x cp 6:32

PROVERBIOS 7

24 ᵃPara que te guarden de la mala mujer, de la blandura de la lengua de la mujer extraña.

25 ᶜNo codicies su hermosura en tu corazón, ni ella te prenda con sus ojos;

26 Porque ᵉa causa de la mujer ramera *el hombre es reducido* a un bocado de pan; y ᵍla mujer adúltera ʰcaza la preciosa alma *del varón*.

27 ¿Tomará el hombre fuego en su seno, sin que su vestidura se queme?

28 ¿Andará el hombre sobre brasas, sin que se quemen sus pies?

29 Así el que entrare a la esposa de su prójimo; no será sin culpa cualquiera que la tocare.

30 No tienen en poco al ladrón, aunque hurte para saciar su alma cuando tiene hambre;

31 pero si es sorprendido, ˡpagará siete tantos, y dará toda la sustancia de su casa.

32 Mas el que comete adulterio con la mujer, es falto de entendimiento; ⁿcorrompe su alma el que tal hace.

33 Plaga y vergüenza hallará; y su afrenta nunca será borrada.

34 Porque los celos *son* el furor del hombre, y no perdonará en el día de la venganza.

35 No aceptará ninguna restitución; ni querrá perdonar, aunque multipliques los dones.

CAPÍTULO 7

Hijo mío, guarda mis razones, y atesora contigo mis mandamientos.

2 ʳGuarda mis mandamientos, y vivirás, y mi ley como ˢlas niñas de tus ojos.

3 ᵗLígalos a tus dedos; escríbelos en la tabla de tu corazón.

4 Di a la sabiduría: Tú *eres* mi hermana; y a la inteligencia llama parienta;

5 ᵘpara que te guarden de la mujer ajena, y de la extraña que ablanda sus palabras.

6 Porque mirando yo por la ventana de mi casa, por mi celosía,

7 vi entre los simples, consideré entre los jóvenes, a un joven ˣfalto de entendimiento,

PROVERBIOS 8

8 el cual pasaba por la calle, junto a la esquina de aquella, e iba camino de su casa,
9 al ᵇatardecer, ya que anochecía, en la oscuridad y tinieblas de la noche.
10 Y he aquí, una mujer *le sale* al encuentro, *con* atavío de ramera y astuta de corazón;
11 ᵈalborotadora y rencillosa, ᵉsus pies no pueden estar en casa;
12 unas veces *está* afuera, otras veces en las plazas, acechando por todas las esquinas.
13 Y trabó de él y lo besó; y con descaro le dijo:
14 Sacrificios de paz había prometido; hoy he pagado mis votos;
15 por tanto, he salido a encontrarte, buscando diligentemente tu rostro, y te he hallado.
16 Con adornos he ataviado mi cama, recamados con ᶠcordoncillo de Egipto.
17 He perfumado mi cámara con mirra, áloes y canela.
18 Ven, embriaguémonos de amores hasta la mañana; alegrémonos en amores.
19 Porque *mi* marido no está en casa, se ha ido a un largo viaje;
20 la bolsa de dinero llevó en su mano; el día señalado volverá a su casa.
21 Lo rindió con sus ⁱmuchas palabras suaves, lo sedujo con ʲla zalamería de sus labios.
22 Se fue en pos de ella luego, como va el buey al degolladero, o como el necio a las prisiones para ser castigado;
23 ˡcomo el ave que se apresura a la red, y no sabe que es contra su vida, hasta que la saeta traspasa su hígado.
24 Ahora pues, hijos, oídme, y estad atentos a las palabras de mi boca.
25 No se aparte tu corazón a sus caminos; no yerres en sus veredas.
26 Porque a muchos ha hecho caer heridos; y ᵒaun los *hombres* más fuertes han sido muertos por ella.
27 ᵖCamino al infierno *es* su casa, que desciende a ʳlas cámaras de la muerte.

CAPÍTULO 8

¿No clama la sabiduría, y da su voz la inteligencia?

---

a cp 9:3

b Job 24:15
c cp 1:21

d cp 9:13
e 1 Tim 5:13
Tit 2:5

f Is 19:9

g Job 28:15
Sal 19:10
y 119:72

h cp 16:6
i cp 5:3
j Sal 12:2

k Dn 2:21
Rm 13:1
Ap 19:16
l Ec 9:12

m 1 Sm 2:30
Jn 14:21
n Stg 1:5

o Jue 16:1-5
Neh 13:26
p cp 2:18
q Sal 19:10
r Is 14:18

La astucia de la ramera

2 ᵃEstá en las alturas junto al camino, a las encrucijadas de las veredas se pone de pie;
3 en el lugar de ᶜlas puertas, a la entrada de la ciudad, a la entrada de las puertas da voces:
4 Oh hombres, a vosotros clamo; y mi voz *se dirige* a los hijos de los hombres.
5 Entended, simples, discreción; y vosotros, necios, entrad en cordura.
6 Oíd, porque hablaré cosas excelentes; y abriré mis labios para cosas rectas.
7 Porque mi boca hablará verdad, y la impiedad abominan mis labios.
8 En justicia *son* todas las razones de mi boca; no *hay* en ellas cosa perversa ni torcida.
9 Todas ellas *son* rectas al que entiende, y razonables a los que han hallado sabiduría.
10 Recibid mi enseñanza, y no plata; y entendimiento antes que el oro escogido.
11 Porque ᵍmejor *es* la sabiduría que las piedras preciosas; y todas las cosas que se pueden desear, no son de comparar con ella.
12 Yo, la sabiduría, habito con la prudencia, y hallo el conocimiento en los consejos.
13 ʰEl temor de Jehová *es* aborrecer el mal; la soberbia y la arrogancia, el mal camino, y la boca perversa aborrezco.
14 Conmigo está el consejo y la sana sabiduría; yo soy la inteligencia; mía es la fortaleza.
15 ᵏPor mí reinan los reyes, y los príncipes determinan justicia.
16 Por mí dominan los príncipes, y todos los gobernadores juzgan la tierra.
17 ᵐYo amo a los que me aman; y ⁿme hallan los que temprano me buscan.
18 Las riquezas y la honra *están* conmigo; riquezas duraderas, y justicia.
19 Mejor es mi fruto que el oro, y que ᵠel oro refinado; y mi rédito mejor que la plata escogida.
20 Por vereda de justicia guiaré, por en medio de sendas de juicio;
21 para hacer que los que me aman, hereden hacienda, y yo llenaré sus tesoros.

La sabiduría edifica su casa

PROVERBIOS 9-10

22 Jehová ᵃme poseía en el principio de su camino, ya de antiguo, antes de sus obras.

23 ᵇDesde la eternidad tuve el principado, desde el principio, antes de la tierra.

24 Antes de los abismos fui engendrada; antes que fuesen las fuentes de las muchas aguas.

25 Antes que los montes fuesen fundados, antes de los collados, era yo engendrada:

26 No había aún hecho la tierra, ni los campos, ni el principio del polvo del mundo.

27 Cuando formó los cielos, allí *estaba* yo; cuando trazó un círculo sobre la faz del abismo;

28 cuando estableció los cielos arriba, cuando afirmó las fuentes del abismo;

29 ʰcuando al mar puso sus límites, para que las aguas no pasasen su mandamiento; cuando estableció los fundamentos de la tierra;

30 ʲYo estaba con Él, ordenándolo todo; y era su delicia de día en día, regocijándome delante de Él en todo tiempo;

31 regocijándome en la parte habitable de su tierra; *teniendo* mis delicias con los hijos de los hombres.

32 Ahora pues, hijos, oídme: Y bienaventurados *los que* guardaren mis caminos.

33 Atended el consejo, y sed sabios, y no lo menospreciéis.

34 ᵐBienaventurado el hombre que me oye, velando a mis puertas cada día, aguardando a los umbrales de mis puertas.

35 Porque el que me hallare, ⁿhallará la vida, y alcanzará el favor de Jehová.

36 Mas el que peca contra mí, ᵖdefrauda su alma: Todos los que me aborrecen, aman la muerte.

CAPÍTULO 9

La sabiduría ʳedificó su casa, labró sus siete columnas;

2 mató sus víctimas, mezcló su vino, y puso su mesa.

3 Envió sus criadas; sobre lo más alto de la ciudad clamó:

4 Quien *sea* simple, venga acá. A los faltos de cordura dice:

a Job 28:25

b Sal 2:6

c Mt 7:6
d Sal 141:5

e Mt 13:12

f cp 1:7
y 30:3

g cp 3:2,16
y 10:27

h Gn 1:9-10

i cp 7:10-11

j Jn 1:1-3

k cp 5:15

l cp 7:27

m cp 3:13

n cp 21:21
o cp 15:20
17:21 19:13
y 29:3,15
p cp 15:32
y 20:2
q Sal 10:14
34:9-10
y 37:25
r Mt 16:18
Ef 2:20-22
1 Pe 2:5
s cp 13:4
y 21:5

5 Venid, comed mi pan, y bebed del vino que yo he mezclado.

6 Dejad las simplezas, y vivid; y andad por el camino de la inteligencia.

7 El que corrige al escarnecedor, se acarrea afrenta: El que reprende al impío, se atrae mancha.

8 ᶜNo reprendas al escarnecedor, para que no te aborrezca: ᵈCorrige al sabio, y te amará.

9 Da *consejo* al sabio, y será más sabio: Enseña al justo, y ᵉaumentará su saber.

10 ᶠEl principio de la sabiduría *es* el temor de Jehová; y el conocimiento del Santo es la inteligencia.

11 Porque ᵍpor mí se aumentarán tus días, y años de vida se te añadirán.

12 Si fueres sabio, para ti lo serás; mas si fueres escarnecedor, pagarás tú solo.

13 ⁱLa mujer insensata *es* alborotadora; *es* simple e ignorante.

14 Se sienta en una silla a la puerta de su casa, en los lugares altos de la ciudad,

15 para llamar a los que pasan por el camino, que van por sus caminos derechos.

16 *Dice* al que *es* simple: Ven acá. A los faltos de cordura, dice:

17 ᵏLas aguas hurtadas son dulces, y el pan *comido* en oculto es sabroso.

18 Y no saben que ˡallí están los muertos; que sus convidados están en lo profundo del infierno.

CAPÍTULO 10

Los proverbios de Salomón. ᵒEl hijo sabio alegra al padre; pero el hijo necio es tristeza de su madre.

2 Los tesoros de maldad no serán de provecho; mas la justicia libra de muerte.

3 ᑫJehová no dejará padecer hambre al alma del justo; mas arrojará la sustancia de los impíos.

4 ˢLa mano negligente hace pobre: Mas la mano de los diligentes enriquece.

5 El que recoge en el estío *es* hombre entendido: El que duerme en el tiempo de la siega *es* hijo que avergüenza.

6 Bendiciones sobre la cabeza del justo; pero violencia cubrirá la boca de los impíos.

7 ªLa memoria del justo *será* bendita; mas el nombre de los impíos se pudrirá.

8 El sabio de corazón recibirá los mandamientos; mas el necio de labios caerá.

9 El que camina en integridad, anda confiado; mas el que pervierte sus caminos, será descubierto.

10 ᵉEl que guiña el ojo acarrea tristeza; y el necio de labios caerá.

11 ᵍManantial de vida *es* la boca del justo; pero violencia cubrirá la boca de los impíos.

12 El odio despierta rencillas; pero ʰel amor cubrirá todas las faltas.

13 En los labios del prudente se halla sabiduría; mas la vara *es* para la espalda del falto de entendimiento.

14 Los sabios atesoran la sabiduría; Mas la boca del necio es calamidad cercana.

15 Las riquezas del rico *son* su ciudad fuerte; y la ruina de los pobres es su pobreza.

16 La obra del justo *es* para vida; mas el fruto del impío es para pecado.

17 Camino a la vida es guardar la instrucción; mas el que rechaza la represión, yerra.

18 El que encubre el odio *es* de labios mentirosos; y el que propaga calumnia *es* necio.

19 En las muchas palabras no falta pecado; mas ᵏel que refrena sus labios es prudente.

20 Plata escogida *es* la lengua del justo; mas el entendimiento de los impíos es como nada.

21 Los labios del justo alimentan a muchos; mas los necios mueren por falta de entendimiento.

22 ⁿLa bendición de Jehová es la que enriquece, y no añade tristeza con ella.

23 ᵒHacer maldad es como diversión al insensato; pero el hombre entendido tiene sabiduría.

24 ᵖLo que el impío teme, eso le vendrá; mas ʳa los justos les será dado lo que desean.

25 Como pasa el torbellino, así el malo no permanece; mas ʳel justo *está* fundado para siempre.

a Sal 9:5-6
b cp 9:11
c Job 15:32
Sal 55:23
Ec 7:17
d cp 11:7
e Sal 35:19
f Sal 37:22-29
g cp 13:14
y 14:27
h cp 17:9
1 Co 13:4
i cp 16:11
Lv 19:35-36
Dt 29:13-15
j Ez 7:19
Sof 1:18
k Stg 1:19
l cp 5:22
Sal 9:15
m cp 21:18
n Gn 26:12
o cp 2:12
14:9 y 15:21
p Job 15:21
q cp 16:18
r Mt 7:24-25

La soberbia trae deshonra

26 Como el vinagre a los dientes, y como el humo a los ojos, así es el perezoso a los que lo envían.

27 ᵇEl temor de Jehová aumentará los días; ᶜpero los años de los impíos serán acortados.

28 La esperanza de los justos *es* alegría; mas ᵈla esperanza de los impíos perecerá.

29 El camino de Jehová *es* fortaleza al íntegro; pero es destrucción a los que hacen iniquidad.

30 El justo ᶠjamás será removido; mas los impíos no habitarán la tierra.

31 La boca del justo producirá sabiduría; mas la lengua perversa será cortada.

32 Los labios del justo saben lo que agrada; mas la boca de los impíos *habla* perversidades.

CAPÍTULO 11

El ⁱ*peso falso es* abominación a Jehová; mas la pesa cabal le agrada.

2 Cuando viene la soberbia, viene también la deshonra; Mas con los humildes está la sabiduría.

3 La integridad guiará a los rectos; mas a los pecadores los destruirá su perversidad.

4 ʲNo aprovecharán las riquezas en el día de la ira; mas la justicia librará de muerte.

5 La justicia del perfecto enderezará su camino; mas el impío por su impiedad caerá.

6 La justicia de los rectos los librará; mas ˡlos pecadores en *su* pecado serán presos.

7 Cuando muere el hombre impío, perece su esperanza; y la expectativa de los malos perecerá.

8 El justo ᵐes librado de la tribulación; mas el impío viene en lugar suyo.

9 El hipócrita con la boca daña a su prójimo; mas los justos son librados con la sabiduría.

10 En el bien de los justos la ciudad se alegra; mas cuando los impíos perecen, hay fiesta.

11 Por la bendición de los rectos la ciudad es engrandecida; mas por la boca de los impíos es trastornada.

12 El que carece de entendimiento, menosprecia a su prójimo; mas el hombre prudente calla.

El que gana almas es sabio

13 ªEl que anda en chismes, descubre el secreto; mas el de espíritu fiel cubre el asunto.
14 ᵇDonde no *hay* consejo, el pueblo cae, mas en la multitud de consejeros hay seguridad.
15 ᵈCon ansiedad será afligido el que sale por fiador del extraño; mas el que aborreciere las fianzas vivirá confiado.
16 La mujer agraciada tendrá honra, y los fuertes tendrán riquezas.
17 El hombre misericordioso ᶠa su propia alma hace bien; *mas* el cruel se atormenta a sí mismo.
18 El impío hace obra falsa; mas ʰel que siembra justicia, tendrá galardón seguro.
19 Como la justicia *es* para vida, así el que sigue el mal es para su muerte.
20 Abominación *son* a Jehová los perversos de corazón; mas los íntegros de camino le *son* agradables.
21 ⁱ*Aunque llegue* la mano a la mano, el malo no quedará sin castigo; mas la simiente de los justos escapará.
22 *Como* zarcillo de oro en la nariz de un cerdo, *es* la mujer hermosa y apartada de razón.
23 El deseo de los justos *es* solamente el bien; *mas* la esperanza de los impíos es el enojo.
24 Hay quienes ˡreparten, y les es añadido más; y hay quienes son escasos más de lo que es justo, pero *vienen* a pobreza.
25 ᵐEl alma liberal será engordada; y ᵒel que saciare, él también será saciado.
26 ᵠAl que retiene el grano, el pueblo lo maldecirá; mas bendición *será* sobre la cabeza del que lo vende.
27 El que procura el bien buscará favor; mas el que busca el mal, éste le vendrá.
28 ᵗEl que confía en sus riquezas, caerá; mas ᵘlos justos reverdecerán como ramas.
29 El que turba su casa, heredará viento; y el necio *será* siervo del sabio de corazón.
30 El fruto del justo es árbol de vida; y ˣel que gana almas *es* sabio.
31 Ciertamente ʸel justo será recompensado en la tierra: ¡Cuánto más el impío y el pecador!

a cp 20:19
b cp 15:22
  y 24:6
c cp 8:35
d cp 6:1

e cp 31:23
f 1 Co 11:7
f Mt 5:7
g cp 14:30

h Os 10:12
  Gá 6:8-9

i cp 16:5

j Dt 25:4

k cp 28:19

l Sal 112:9

m 2Co 9:6
n cp 21:23
  2 Pe 2:9
o Mt 5:7
  y 7:2
p Is 3:10
q Am 8:5-6
r Pr 3:7
  y 16:2
s cp 29:11
t Mr 10:24
u Sal 1:3
  y 92:12
v Sal 57:4
  59:7 64:3
  y 120:4
x 1 Co 9:19
Stg 5:20
y Jer 25:29
1 Pe 4:18

PROVERBIOS 12
CAPÍTULO 12

El que ama la instrucción ama la sabiduría; mas el que aborrece la reprensión, *es* ignorante.
2 ᶜEl bueno alcanzará favor de Jehová; mas Él condenará al hombre de malos pensamientos.
3 El hombre no se afirmará por medio de la impiedad; mas la raíz de los justos no será removida.
4 ᵉLa mujer virtuosa corona *es* de su marido; mas la mala, *es* como ᵍcarcoma en sus huesos.
5 Los pensamientos de los justos *son* rectitud; *mas* los consejos de los impíos, engaño.
6 Las palabras de los impíos *son* para acechar la sangre; mas la boca de los rectos los librará.
7 Trastornados *son* los impíos, y no serán más; mas la casa de los justos permanecerá.
8 Según su sabiduría es alabado el hombre; mas el perverso de corazón será menospreciado.
9 Mejor *es* el que *es* menospreciado y tiene servidores, que el que se jacta, y carece de pan.
10 ʲEl justo atiende a la vida de su bestia; mas las entrañas de los impíos son crueles.
11 ᵏEl que labra su tierra, se saciará de pan; mas el que sigue a los vagabundos es falto de entendimiento.
12 Desea el impío la red de los malos; mas la raíz de los justos dará *fruto*.
13 El impío es enredado en la prevaricación de *sus* labios; mas ⁿel justo saldrá de la tribulación.
14 El hombre ᵖserá saciado de bien del fruto de *su* boca; y la paga de las manos del hombre le será dada.
15 ʳEl camino del necio *es* derecho en su opinión; mas el que obedece al consejo es sabio.
16 El necio ˢal punto da a conocer su ira: Mas el que disimula la injuria es prudente.
17 *El que* habla verdad, declara justicia; mas el testigo mentiroso, engaño.
18 ᵛHay quienes hablan como dando estocadas de espada; mas la lengua de los sabios es medicina.
19 El labio veraz permanecerá para siempre; mas la lengua de mentira sólo por un momento.

20 Engaño *hay* en el corazón de los que piensan el mal; pero alegría en el de los que piensan el bien.

21 Ninguna adversidad acontecerá al justo; mas los impíos serán llenos de males.

22 Los labios mentirosos *son* abominación a Jehová; mas los obradores de verdad *son* su contentamiento.

23 ᵈEl hombre cuerdo encubre su conocimiento; mas ᵉel corazón de los necios publica *su* necedad.

24 ᶠLa mano de los diligentes señoreará; mas la negligencia será tributaria.

25 La congoja en el corazón del hombre lo abate; mas la buena palabra lo alegra.

26 El justo *es* guía a su prójimo; mas el camino de los impíos les hace errar.

27 El indolente no asará su caza; mas haber precioso del hombre es la diligencia.

28 En el camino de la justicia está la vida; y en *su* sendero no hay muerte.

CAPÍTULO 13

El hijo sabio *escucha* el consejo de su padre; mas el burlador no escucha la reprensión.

2 ⁱDel fruto de su boca el hombre comerá el bien; mas el alma de los prevaricadores *comerá* el mal.

3 El que guarda su boca guarda su alma; *mas* el que mucho abre sus labios tendrá calamidad.

4 El alma del perezoso desea, y nada alcanza; mas el alma de los diligentes será engordada.

5 El justo aborrece la palabra de mentira; mas el impío se hace odioso e infame.

6 La justicia guarda *al de* perfecto camino; mas la impiedad trastornará al pecador.

7 ᵐHay quienes pretenden ser ricos, y no tienen nada; y hay quienes ⁿaparentan ser pobres, y tienen muchas riquezas.

8 El rescate de la vida del hombre *son* sus riquezas; pero el pobre no oye censuras.

9 La luz de los justos se alegrará; mas la lámpara de los impíos será apagada.

a cp 10:2
y 20:21

b ver 19
c cp 19:16
d cp 13:16
y 15:2
e Ec 10:3
f cp 10:4
g cp 10:11

h cp 12:23
Ec 10:3

i cp 12:14
j Sal 32:10

k cp 28:8
Job 27:16-17
Ec 2:26

l cp 19:18
22:15 23:13
y 29:15-17
m cp 6:16-17
y 11:20
Ap 22:15
n cp 12:9
2 Co 6:10
cp 24:3
Rt 4:11
p Job 12:4

10 Sólo por la soberbia viene la contienda; mas con los avisados está la sabiduría.

11 ᵃLas riquezas de vanidad disminuirán; mas el que las acumula por mano laboriosa las aumentará.

12 La esperanza que se demora, es tormento del corazón; mas árbol de vida es ᵇel deseo cumplido.

13 ᶜEl que menosprecia la palabra, perecerá por ello; mas el que teme el mandamiento, será recompensado.

14 La ley del sabio *es* ᵍmanantial de vida, para apartarse de los lazos de la muerte.

15 El buen entendimiento da gracia; mas el camino de los trasgresores es duro.

16 Todo hombre prudente se conduce con sabiduría; mas ʰel necio manifestará *su* necedad.

17 El mal mensajero caerá en el mal; mas el fiel embajador *es* salud.

18 Pobreza y vergüenza *tendrá* el que menosprecia el consejo; mas el que guarda la corrección, será honrado.

19 El deseo cumplido endulza el alma; pero apartarse del mal es abominación a los necios.

20 El que anda con sabios, sabio será; mas el que se junta con necios, será quebrantado.

21 ʲMal perseguirá a los pecadores; mas a los justos el bien les será retribuido.

22 El hombre bueno dejará herederos a los hijos de sus hijos; y ᵏla riqueza del pecador, para el justo *está* guardada.

23 En el barbecho de los pobres *hay* mucho pan; mas se pierde por falta de juicio.

24 ˡEl que detiene el castigo, a su hijo aborrece; mas el que lo ama, temprano lo corrige.

25 El justo come hasta saciar su alma; mas el vientre de los impíos tendrá necesidad.

CAPÍTULO 14

La ᵒmujer sabia edifica su casa; mas la necia con sus manos la derriba.

2 ᵖEl que camina en su rectitud teme a Jehová; mas *el que es* perverso en sus caminos lo menosprecia.

La lengua sana es árbol de vida

3 En la boca del necio está la vara de la soberbia; mas los labios de los sabios los guardarán.

4 Sin bueyes el granero *está* limpio; mas por la fuerza del buey hay abundancia de pan.

5 ªEl testigo verdadero no mentirá; mas el testigo falso hablará mentiras.

6 Busca el escarnecedor la sabiduría, y no *la halla*; mas al hombre entendido la sabiduría le es fácil.

7 Vete de delante del hombre necio, cuando veas que no hay *en él* labios de entendimiento.

8 La sabiduría del prudente *está* en entender su camino; mas la indiscreción de los necios es engaño.

9 ᵈLos necios se mofan del pecado; mas entre los rectos *hay* favor.

10 El corazón conoce la amargura de su alma; y extraño no se entrometerá en su alegría.

11 La casa de los impíos será asolada; mas florecerá la tienda de los rectos.

12 ᶠHay camino que al hombre le parece derecho; ᵍpero su fin es camino de muerte.

13 Aun en la risa tendrá dolor el corazón; y el término de la alegría es congoja.

14 ⁱEl de corazón descarriado será hastiado de sus caminos; y el hombre de bien *estará contento* del suyo.

15 El simple cree a toda palabra; mas el prudente mira bien sus pasos.

16 El sabio teme y se aparta del mal; mas el necio *se muestra* arrogante y confiado.

17 *El que* presto se enoja, hará locuras; y el hombre de malos designios será aborrecido.

18 Los simples heredarán necedad; mas los prudentes se coronarán de sabiduría.

19 Los malos se inclinarán delante de los buenos, y los impíos a las puertas del justo.

20 ˡEl pobre es odiado aun por su vecino; pero muchos son los amigos del rico.

21 Peca el que menosprecia a su prójimo; mas el que tiene misericordia de los pobres, es bienaventurado.

22 ¿No yerran los que piensan mal? Pero misericordia y verdad alcanzarán los que piensan el bien.

23 En toda labor hay fruto; mas la palabra sólo de labios empobrece.

a cp 6:19
Éx 20:6
y 23:1
b cp 10:11
y 13:14

c cp 15:18
y 25:15
Stg 1:19
d cp 10:23

e Sal 112:10

f cp 16:25
g cp 6:4
Rm 6:21-23
h Job 19:25
Sal 23:4
y 37:37
2 Co 1:9
y 5:8
2 Tim 4:18
i cp 1:31

j cp 23:15
Jue 8:1-3

k cp 5:21
Job 34:21
Jer 16:17
y 32:19
Heb 4:13
l cp 19:7
m cp 3:18

PROVERBIOS 15

24 Las riquezas de los sabios son su corona; *mas* es infatuación la insensatez de los necios.

25 El testigo verdadero libra las almas; mas el engañoso hablará mentiras.

26 En el temor de Jehová *está* la fuerte confianza; y sus hijos tendrán lugar de refugio.

27 ᵇEl temor de Jehová *es* manantial de vida, para apartarse de los lazos de la muerte.

28 En la multitud de pueblo *está* la gloria del rey; y en la falta de pueblo la debilidad del príncipe.

29 ᶜ*El que* tarda en airarse, *es* grande de entendimiento; mas el impaciente de espíritu enaltece la necedad.

30 El corazón apacible *es* vida de la carne; mas ᵉla envidia, es carcoma de los huesos.

31 El que oprime al pobre, afrenta a su Hacedor; mas el que tiene misericordia del pobre, lo honra.

32 Por su maldad será lanzado el impío; mas ʰel justo en su muerte tiene esperanza.

33 En el corazón del prudente reposa la sabiduría; mas *aquello que está* entre los necios, se da a conocer.

34 La justicia engrandece a la nación; mas el pecado es afrenta de las naciones.

35 La benevolencia del rey *es* para con el siervo entendido; mas su enojo *contra* el que lo avergüenza.

CAPÍTULO 15

La ʲsuave respuesta, quita la ira; mas la palabra áspera hace subir el furor.

2 La lengua de los sabios adornará la sabiduría; mas la boca de los necios hablará sandeces.

3 ᵏLos ojos de Jehová *están* en todo lugar, mirando a los malos y a los buenos.

4 ᵐLa lengua sana es árbol de vida; mas la perversidad en ella *es* quebrantamiento de espíritu.

5 El necio menosprecia el consejo de su padre; mas el que guarda la corrección, vendrá a ser prudente.

6 En la casa del justo *hay* gran provisión; pero hay turbación en las ganancias del impío.

PROVERBIOS 16

7 Los labios de los sabios esparcen sabiduría; mas no así el corazón de los necios.

8 ᵃEl sacrificio de los impíos *es* abominación a Jehová; mas la oración de los rectos es su gozo.

9 Abominación *es* a Jehová el camino del impío; mas Él ama al que sigue la justicia.

10 La reprensión *es* molesta al que abandona el camino; y el que aborreciere la corrección, morirá.

11 ᵉEl infierno y la destrucción *están* delante de Jehová: ¡Cuánto más los corazones de los hombres!

12 El escarnecedor no ama al que le reprende; ni se junta con los sabios.

13 ᶠEl corazón alegre hermosea el rostro; mas por el dolor del corazón el espíritu se abate.

14 El corazón entendido busca la sabiduría; mas la boca de los necios se alimenta de necedades.

15 Todos los días del afligido son malos; mas ⁱel de corazón contento *tiene* un banquete continuo.

16 ʲMejor es lo poco con el temor de Jehová, que el gran tesoro donde hay turbación.

17 ᵏMejor *es* la comida de legumbres donde hay amor, que de buey engordado donde hay odio.

18 El hombre iracundo suscita contiendas; mas *el que* tarda en airarse, apacigua la rencilla.

19 El camino del perezoso *es* como seto de espinos; mas la senda de los rectos *es* como una calzada.

20 El hijo sabio alegra al padre; mas el hombre necio menosprecia a su madre.

21 La necedad *es* alegría al falto de entendimiento; mas el hombre entendido camina con rectitud.

22 Los pensamientos son frustrados donde no hay consejo; mas ᵖen la multitud de consejeros se afirman.

23 Se alegra el hombre con la respuesta de su boca; y ʳla palabra a su tiempo, ¡cuán buena es!

24 El camino de la vida *es* hacia arriba al entendido, para apartarse del infierno abajo.

25 Jehová asolará la casa de los soberbios; mas Él afirmará los linderos de la viuda.

Mejor es lo poco, con temor de Dios

26 Abominación *son* a Jehová los pensamientos del malo; mas las palabras de los limpios *son* agradables.

27 Alborota su casa el codicioso; mas el que aborrece el soborno vivirá.

28 El corazón del justo ᵇpiensa para responder; mas la boca de los impíos derrama malas cosas.

29 Lejos *está* Jehová de los impíos; pero ᶜÉl oye la oración de los justos.

30 ᵈLa luz de los ojos alegra el corazón; y la buena noticia engorda los huesos.

31 El oído que escucha las reprensiones de vida, entre los sabios morará.

32 El que tiene en poco la disciplina, menosprecia su alma; mas el que escucha la corrección, tiene entendimiento.

33 ᵍEl temor de Jehová *es* enseñanza de sabiduría; y ʰantes de la honra está la humildad.

CAPÍTULO 16

Del hombre son las disposiciones del corazón; mas de Jehová *es* la respuesta de la lengua.

2 ˡTodos los caminos del hombre *son* limpios en su propia opinión; mas Jehová pesa los espíritus.

3 ᵐEncomienda a Jehová tus obras, y tus pensamientos serán afirmados.

4 ⁿTodas *las cosas* ha hecho Jehová para sí mismo, y aun al impío para el día malo.

5 Abominación *es* a Jehová todo altivo de corazón; *aunque esté* mano sobre mano, no quedará impune.

6 ᵒCon misericordia y verdad se corrige el pecado; y con el temor de Jehová el hombre se aparta del mal.

7 Cuando los caminos del hombre son agradables a Jehová, aun a sus enemigos hace estar en paz con él.

8 ᵠMejor *es* lo poco con justicia, que la abundancia de frutos sin derecho.

9 ˢEl corazón del hombre piensa su camino; mas Jehová endereza sus pasos.

10 Oráculo *hay* en los labios del rey; su boca no yerra en juicio.

11 ᵗPeso y balanzas justas *son* de Jehová; obra suya *son* todas las pesas de la bolsa.

---

a cp 21:27
Is 1:11 y 66:3
Jer 6:20
Am 5:22
b 1 Pe 3:15
c Sal 10:1
34:16
y 145:18
Jn 9:31
d Sal 37:16
Ec 4:6
e cp 27:20
Job 26:6
f cp 17:22
g cp 1:7
h Mt 23:12
Lc 14:11
y 18:14
i cp 17:22
j cp 16:8
Sal 37:16
Ec 4:6
1 Tim 6:6
k cp 17:1
l cp 21:2
m Sal 37:5
y 55:22
Mt 6:25
Lc 11:22
n Is 43:7
Rm 11:36
o Dn 4:27
p cp 11:24
q cp 15:16
r cp 25:11
s cp 19:21
t Lv 19:36

Piedra preciosa es el don

12 Abominación es a los reyes hacer impiedad; porque ªcon justicia será afirmado el trono.

13 Los labios justos son el contentamiento de los reyes; y aman al que habla lo recto.

14 La ira del rey es como mensajero de muerte; mas el hombre sabio la aplacará.

15 ᵇEn la alegría del rostro del rey está la vida; y su benevolencia es como nube de lluvia tardía.

16 ᵈMejor es adquirir sabiduría que oro preciado; y adquirir inteligencia vale más que la plata.

17 El camino de los rectos es apartarse del mal: El que guarda su camino guarda su alma.

18 ᶠAntes del quebrantamiento es la soberbia; y antes de la caída la altivez de espíritu.

19 ᵍMejor es humillar el espíritu con los humildes, que repartir despojos con los soberbios.

20 El entendido en la palabra, hallará el bien; y el que confía en Jehová, es bienaventurado.

21 El sabio de corazón será llamado prudente; y la dulzura de labios aumenta el saber.

22 ʲManantial de vida es el entendimiento al que lo posee; mas la instrucción de los necios es necedad.

23 ᵏEl corazón del sabio hace prudente su boca; y con sus labios aumenta el saber.

24 ˡPanal de miel son los dichos suaves; suavidad al alma y medicina a los huesos.

25 ᵐHay camino que al hombre le parece derecho, pero su fin es camino de muerte.

26 El alma del que trabaja, trabaja para sí; porque su boca lo anima.

27 El hombre perverso excava el mal; y en sus labios hay como llama de fuego.

28 El hombre perverso siembra discordia; y ᵖel chismoso ᑫaparta a los mejores amigos.

29 El hombre malo lisonjea a su prójimo, y le hace andar por camino no bueno.

30 Cierra sus ojos para pensar perversidades; mueve sus labios, efectúa el mal.

31 ˢCorona de honra es la vejez, que se halla en el camino de justicia.

a cp 25:5
y 29:14

b Job 29:24
c cp 15:17

d cp 8:10
y 11:19

e Sal 26:2
Mal 3:3

f cp 29:23

g cp 29:23
Is 57:5
h Job 31:29
Abd 12
i Sal 127:3

j cp 10:10

k Sal 37:30
Mt 12:34

l cp 15:26
Sal 19:10

m cp 14:22

n Os 13:8

o Mt 5:39
Rm 12:7
1 Ts 5:15
1 Pe 3:9
p cp 18:8
q cp 17:9
r cp 20:3

s cp 20:29

PROVERBIOS 17

32 Mejor es el que tarda en airarse que el fuerte; y el que domina su espíritu, que el que toma una ciudad.

33 La suerte se echa en el regazo; mas de Jehová es el juicio de ella.

CAPÍTULO 17

Mejor es ᶜun bocado seco, y en paz, que la casa de contienda llena de víctimas.

2 El siervo prudente señoreará sobre el hijo que deshonra, y con los hermanos compartirá la herencia.

3 ᵉEl crisol para la plata, y la hornaza para el oro; mas Jehová prueba los corazones.

4 El malo está atento al labio inicuo; y el mentiroso escucha a la lengua detractora.

5 El que escarnece al pobre, afrenta a su Hacedor; y ʰel que se alegra de la calamidad, no quedará impune.

6 ⁱCorona de los viejos son los nietos; y la gloria de los hijos son sus padres.

7 No conviene al necio la altilocuencia: ¡Cuánto menos al príncipe el labio mentiroso!

8 Piedra preciosa es el don a quien lo posee; a dondequiera que se vuelve, prospera.

9 El que cubre la falta, busca amistad; mas el que la divulga, aparta a los mejores amigos.

10 Aprovecha la reprensión al hombre entendido, más que cien azotes al necio.

11 El rebelde no busca sino el mal; y mensajero cruel será enviado contra él.

12 ⁿMejor es que se encuentre un hombre con una osa a la cual han robado sus cachorros, que con un necio en su necedad.

13 ᵒEl que da mal por bien, no se apartará el mal de su casa.

14 El principio de la discordia es como cuando alguien suelta las aguas; ʳdeja, pues, la contienda, antes que se enmarañe.

15 El que justifica al impío, y el que condena al justo, ambos son igualmente abominación a Jehová.

16 ¿De qué sirve el precio en la mano del necio para comprar sabiduría, si no tiene el corazón para ello?

17 ªEn todo tiempo ama el amigo; y el hermano nace para los *tiempos* de adversidad.
18 El hombre falto de entendimiento estrecha la mano, y sale por fiador delante de su amigo.
19 El que ama la prevaricación ama la contienda; y el que mucho abre su puerta, busca la ruina.
20 El perverso de corazón nunca hallará el bien; y el que tiene lengua perversa caerá en el mal.
21 El que engendra al necio, para su tristeza *lo engendra*; y el padre del necio no tiene alegría.
22 ᶜEl corazón alegre es buena medicina; mas el espíritu triste seca los huesos.
23 El impío ᵉtoma soborno del seno, para pervertir las sendas del derecho.
24 ᵍEn el rostro del entendido aparece la sabiduría; mas los ojos del necio vagan hasta el cabo de la tierra.
25 ⁱEl hijo necio *es* angustia a su padre, y amargura a la que lo engendró.
26 Ciertamente no *es* bueno condenar al justo, ni herir a los príncipes que hacen lo recto.
27 ʲEl que reserva sus palabras tiene sabiduría; de excelente espíritu es el hombre entendido.
28 ᵏAun el necio, cuando calla, es contado por sabio; el que cierra sus labios *es* entendido.

CAPÍTULO 18

Según su antojo busca el que se desvía, y se entremete en todo negocio.
2 No toma placer el necio en la inteligencia, sino en que su corazón se descubra.
3 Cuando viene el impío, viene también el menosprecio, y con la deshonra, *viene* la afrenta.
4 Aguas profundas *son* las palabras de la boca del hombre; y arroyo que rebosa, la fuente de la sabiduría.
5 No *es* bueno tener respeto a la persona del impío, para hacer caer al justo de su derecho.
6 Los labios del necio entran en contienda; y su boca los azotes llama.

7 La boca del necio *es* quebrantamiento para sí, y sus labios *son* lazos para su alma.
8 Las palabras del chismoso *son* como estocadas, y penetran hasta lo más profundo del vientre.
9 También el que es negligente en su obra, es hermano del hombre disipador.
10 ᵇTorre fuerte *es* el nombre de Jehová; a Él correrá el justo, y estará a salvo.
11 Las riquezas del rico *son* la ciudad fortificada, y como un muro alto en su imaginación.
12 ᵈAntes del quebrantamiento se enaltece el corazón del hombre, y antes de la honra *está* la humildad.
13 El que responde palabra ᶠantes de oír, le *es* necedad y vergüenza.
14 El espíritu del hombre soportará su enfermedad; mas ¿quién soportará ʰal espíritu angustiado?
15 El corazón del entendido adquiere sabiduría; y el oído de los sabios busca el conocimiento.
16 El don del hombre le ensancha el camino, y le lleva delante de los grandes.
17 El primero que aboga por su causa *parece ser* justo; pero viene su adversario, y lo revela.
18 La suerte pone fin a los pleitos, y decide entre los poderosos.
19 El hermano ofendido *es más difícil de ganar* que una ciudad fuerte, y las contiendas de los hermanos *son* como cerrojos de alcázar.
20 ˡDel fruto de la boca del hombre se saciará su vientre; del producto de sus labios será saciado.
21 ᵐLa muerte y la vida *están* en poder de la lengua; y el que la ama comerá de sus frutos.
22 ⁿEl que halla esposa halla el bien, y alcanza la benevolencia de Jehová.
23 El pobre habla con ruegos; mas el rico responde con dureza.
24 El hombre *que tiene* amigos, ha de mostrarse amigo; y hay un amigo más cercano que un hermano.

CAPÍTULO 19

Mejor *es* el pobre que camina en su integridad, que el de perversos labios y necio.

El vino es escarnecedor

2 No es bueno que el alma *esté* sin conocimiento, y el que se apresura con los pies peca.

3 La insensatez del hombre tuerce su camino; y contra Jehová se enfurece su corazón.

4 ªLas riquezas atraen a muchos amigos, mas el pobre es apartado de su amigo.

5 El testigo falso no quedará sin castigo; y *el que* habla mentiras no escapará.

6 Muchos buscan el favor del príncipe; y ᵇtodos *son* amigos del hombre que da.

7 Todos los hermanos del pobre le aborrecen: ¡Cuánto más sus amigos se alejarán de él! Buscará la palabra, y no la hallará.

8 El que posee entendimiento, ama su alma: El que guarda la inteligencia, hallará el bien.

9 El testigo falso no quedará sin castigo; y *el que* habla mentiras, perecerá.

10 No conviene al necio el deleite: ¡Cuánto menos al siervo ser señor de los príncipes!

11 ᵈLa cordura del hombre detiene su furor; y su honra es pasar por alto la ofensa.

12 Como el rugido de cachorro de león *es* la ira del rey; y su favor como el rocío sobre la hierba.

13 El hijo necio dolor *es* para su padre; y ᶠgotera continua las contiendas de la esposa.

14 La casa y las riquezas *son* herencia de los padres; mas ʰla esposa prudente viene de Jehová.

15 La pereza hace caer en profundo sueño; y el alma negligente padecerá hambre.

16 El que guarda el mandamiento, guarda su alma: *Mas* el que menosprecia sus caminos, morirá.

17 El que se compadece del pobre, ʲa Jehová presta, y lo que ha dado, Él se lo volverá a pagar.

18 ᵏCastiga a tu hijo en tanto que hay esperanza, y no dejes que tu alma se detenga por causa de su llanto.

19 El hombre de grande ira llevará el castigo; y si tú lo libras, tendrás que volverlo a hacer.

20 Escucha el consejo, y recibe la corrección, para que seas sabio en tu vejez.

21 Muchos pensamientos *hay* en el corazón del hombre; mas el consejo de Jehová permanecerá.

22 El deseo del hombre *es* su bondad; pero mejor *es ser* pobre que mentiroso.

23 El temor de Jehová *es* para vida; y con él vivirá lleno de reposo el hombre; no será visitado de mal.

24 El perezoso esconde su mano en el seno; aun a su boca no la llevará.

25 Hiere al escarnecedor, y el simple se hará avisado; y corrigiendo al entendido, entenderá ciencia.

26 El que roba a su padre y ahuyenta a *su* madre, es ᶜhijo que causa vergüenza y acarrea deshonra.

27 Cesa, hijo mío, de oír la enseñanza *que te hace* divagar de las palabras de sabiduría.

28 El testigo perverso se burlará del juicio; y la boca de los impíos encubrirá la iniquidad.

29 Preparados están juicios para los escarnecedores, y azotes para la espalda de los necios.

CAPÍTULO 20

El vino ᵉ*es* escarnecedor, el licor *es* alborotador; y cualquiera que por ellos yerra, no es sabio.

2 Como rugido de cachorro de león *es* el terror del rey; quien lo enfurece, contra su propia alma peca.

3 Honra *es* al hombre el ᵍapartarse de contienda; mas todo insensato se envolverá en ella.

4 ⁱEl perezoso no ara a causa del invierno; mendigará, pues, en la siega, y no hallará.

5 *Como* aguas profundas es el consejo en el corazón del hombre; mas el hombre entendido lo alcanzará.

6 Muchos hombres proclaman cada uno su propia bondad; pero hombre de verdad, ¿quién lo hallará?

7 El justo camina en su integridad, bienaventurados *serán* sus hijos después de él.

8 El rey que se sienta en el trono de juicio, con su mirar disipa todo el mal.

9 ˡ¿Quién podrá decir: Yo he limpiado mi corazón, limpio estoy de mi pecado?

---

a cp 14:20

b cp 17:8

c cp 17:2

d cp 14:29

e Gn 9:21
Ef 5:18

f cp 21:9
y 27:15

g cp 17:14
h cp 18:22
i cp 6:11

j cp 28:27
Dt 15:7-10
Mt 10:42
y 25:40
2 Co 9:6-8
Heb 6:10
k cp 13:24
l 1 Re 8:46
2 Cr 6:36
Sal 51:5
Ec 7:20-28
Rm 3:9
1 Jn 1:8

10 Pesa falsa y medida falsa, ambas cosas *son* abominación a Jehová.

11 Aun el muchacho es conocido por sus hechos, si su obra *fuere* limpia y recta.

12 El oído que oye, y el ojo que ve, ambas cosas ha hecho Jehová.

13 No ames el sueño, para que no te empobrezcas; abre tus ojos, y te saciarás de pan.

14 El que compra dice: Malo *es*, malo *es*; pero cuando se marcha, entonces se alaba.

15 Hay oro y multitud de piedras preciosas; mas [b]los labios sabios *son* una joya preciosa.

16 Quítale su ropa al que salió por fiador del extraño; y tómale prenda al fiador de la mujer extraña.

17 Sabroso *es* al hombre el pan de mentira; mas después su boca será llena de cascajo.

18 Los pensamientos con el consejo se ordenan; y [c]con estrategia se hace la guerra.

19 [d]El que anda en chismes descubre el secreto; no te entremetas, pues, con el que lisonjea con sus labios.

20 El que maldice a su padre o a su madre, su lámpara será apagada en oscuridad tenebrosa.

21 La herencia adquirida de prisa al principio, su postrimería no será bendita.

22 [f]No digas: Yo me vengaré; espera en Jehová, y Él te salvará.

23 [g]Abominación *son* a Jehová las pesas falsas; y la balanza falsa no *es* buena.

24 De Jehová *son* los pasos del hombre: ¿Cómo, pues, entenderá el hombre su camino?

25 Lazo *es* al hombre el devorar lo santo, y reflexionar después de haber hecho los votos.

26 El rey sabio dispersa a los impíos, y sobre ellos hace rodar la rueda.

27 [i]Lámpara de Jehová *es* el espíritu del hombre, que escudriña lo más recóndito del vientre.

28 [j]Misericordia y verdad guardan al rey; y con clemencia se sustenta su trono.

29 La gloria de los jóvenes *es* su fuerza, y [k]la hermosura de los viejos su vejez.

a cp 24:12

b Job 28:12-19

c cp 11:14

d cp 11:13

e cp 19:13

f Dt 32:35
Mt 5:39

g ver 10

h Mt 18:30-34

i 1 Co 2:11

j cp 29:14
Sal 101:1

k cp 16:31

30 Lo amoratado de las heridas purifican del mal; y las llagas llegan a lo más recóndito del vientre.

CAPÍTULO 21

El corazón del rey *está* en la mano de Jehová, *como* los arroyos de agua, Él lo inclina hacia donde quiere.

2 [a]Todo camino del hombre es recto en su propia opinión; mas Jehová pesa los corazones.

3 Hacer justicia y juicio *es* a Jehová más agradable que sacrificio.

4 Altivez de ojos, y orgullo de corazón, y el labrar de los impíos, *son* pecado.

5 Los pensamientos del diligente ciertamente tienden a la abundancia; mas los del presuroso, de cierto llevan a la pobreza.

6 Obtener tesoros con lengua de mentira, *es* vanidad desconcertada de aquellos que buscan la muerte.

7 La rapiña de los impíos los destruirá; porque rehúsan hacer juicio.

8 El camino del hombre *es* torcido y extraño; mas recto *es* el proceder del puro.

9 [e]Mejor *es* vivir en un rincón del terrado, que en espaciosa casa con mujer rencillosa.

10 El alma del impío desea el mal; su prójimo no halla favor a sus ojos.

11 Cuando el escarnecedor es castigado, el simple se hace sabio; y cuando el sabio es instruido, adquiere conocimiento.

12 Considera el justo la casa del impío; cómo los impíos son trastornados por el mal.

13 [h]El que cierra su oído al clamor del pobre; también él clamará, y no será oído.

14 El presente en secreto pacifica el enojo, y la dádiva en el seno, la fuerte ira.

15 Alegría *es* al justo el hacer juicio; mas destrucción *vendrá* a los que hacen iniquidad.

16 El hombre que se extravía del camino de la sabiduría, vendrá a parar en la compañía de los muertos.

17 Hombre necesitado *será* el que ama el placer; y el que ama el vino y los perfumes no enriquecerá.

El valor del buen nombre

18 El impío *será* el rescate por el justo, y por los rectos, el prevaricador.

19 ªMejor *es* morar en tierra del desierto, que con mujer rencillosa e iracunda.

20 Tesoro codiciable y aceite *hay* en la casa del sabio; mas el hombre insensato lo disipa.

21 El que sigue la justicia y la misericordia, hallará la vida, la justicia y la honra.

22 El sabio escala la ciudad de los poderosos, y derriba la fortaleza en que confiaban.

23 ᵉEl que guarda su boca y su lengua, su alma guarda de angustias.

24 Soberbio, presuntuoso y escarnecedor, *es* el nombre del que obra con arrogante saña.

25 ᵍEl deseo del perezoso le mata, porque sus manos rehúsan trabajar.

26 Hay quien todo el día codicia; mas ʰel justo da, y no escatima.

27 El sacrificio de los impíos *es* abominación: ¡Cuánto más ofreciéndolo con maldad!

28 El testigo mentiroso perecerá; mas el hombre que escucha, permanecerá en su dicho.

29 El hombre impío endurece su rostro; mas el recto ordena sus caminos.

30 ʲNo *hay* sabiduría, ni inteligencia, ni consejo, contra Jehová.

31 El caballo se prepara para el día de la batalla; pero la victoria *viene* de Jehová.

CAPÍTULO 22

De más ᵏestima *es* el buen nombre que las muchas riquezas; y la buena gracia más que la plata y el oro.

2 El rico y el pobre se encontraron; a todos ellos hizo Jehová.

3 El avisado ve el mal, y se esconde; mas los simples pasan, y reciben el daño.

4 ˡRiquezas, honra y vida *son* la remuneración de la humildad y del temor de Jehová.

5 Espinas y lazos *hay* en el camino del perverso; el que guarda su alma se alejará de ellos.

6 ᵐInstruye al niño en el camino que debe andar; y aun cuando fuere viejo no se apartará de él.

7 El rico se enseñoreará de los pobres, y el que toma prestado *es* siervo del que presta.

8 ᵇEl que sembrare iniquidad, iniquidad segará; y la vara de su ira será consumida.

9 El ojo misericordioso será bendito, porque ᶜda de su pan al necesitado.

10 Echa fuera al escarnecedor, y saldrá la contienda, y cesará el pleito y la afrenta.

11 ᵈEl que ama la pureza de corazón, por la gracia de sus labios, el rey *será* su amigo.

12 Los ojos de Jehová preservan el conocimiento; mas Él trastorna las palabras de los prevaricadores.

13 ᶠDice el perezoso: El león *está* fuera; seré muerto en la calle.

14 Fosa profunda *es* la boca de la mujer extraña; aquel contra el cual Jehová estuviere airado, caerá en ella.

15 La necedad *está* ligada al corazón del muchacho; mas ⁱla vara de la corrección la alejará de él.

16 El que oprime al pobre para acrecentar *su riqueza*, y que da al rico, ciertamente vendrá a pobreza.

17 Inclina tu oído, y oye las palabras de los sabios, y aplica tu corazón a mi sabiduría;

18 porque *es* cosa deliciosa, si las guardares dentro de ti; y si juntamente se afirmaren en tus labios.

19 Para que tu confianza sea en Jehová, te las he hecho saber hoy a ti también.

20 ¿No te he escrito cosas excelentes de consejo y conocimiento,

21 para hacerte saber la certeza de las palabras de verdad, a fin de que puedas responder palabras de verdad a los que a ti envíen?

22 No robes al pobre, porque *es* pobre, ni oprimas en la puerta al afligido.

23 Porque Jehová juzgará la causa de ellos, y despojará el alma de aquellos que los despojaren.

24 No te asocies con el hombre iracundo, ni te acompañes con el hombre furioso;

25 no sea que aprendas sus maneras, y tomes lazo para tu alma.

26 No estés entre los que estrechan la mano, entre los que dan fianza por deudas.

PROVERBIOS 23-24 — Pon cuchillo a tu garganta

27 Si no tienes para pagar, ¿por qué ªhan de quitar tu cama de debajo de ti?
28 ᵇNo remuevas el término antiguo que pusieron tus padres.
29 ¿Has visto un hombre diligente en su obra? Delante de los reyes estará; no estará delante de los *hombres* impíos.

CAPÍTULO 23

Cuando te sientes a comer con algún gobernante, considera bien lo que *está* delante de ti;
2 y pon cuchillo a tu garganta, si tienes gran apetito.
3 No codicies sus manjares delicados, porque *es* pan engañoso.
4 ᶠNo te afanes por ser rico; sé prudente y desiste.
5 ¿Has de poner tus ojos en lo que no es nada? Porque *las riquezas* se harán alas, como alas de águila, y volarán al cielo.
6 No comas pan de hombre de mal ojo, ni codicies sus manjares:
7 Porque como piensa en su corazón, así *es* él. Come y bebe, te dirá; mas su corazón no está contigo.
8 Vomitarás la parte que comiste, y perderás tus suaves palabras.
9 No hables a oídos del necio; porque menospreciará la prudencia de tus palabras.
10 ⁱNo remuevas el término antiguo, ni entres en la heredad de los huérfanos:
11 Porque ʲel defensor de ellos *es* el Fuerte, el cual juzgará la causa de ellos contra ti.
12 Aplica tu corazón a la enseñanza, y tus oídos a las palabras de sabiduría.
13 ᵏNo rehúses corregir al muchacho; porque *si* lo castigas con vara, no morirá.
14 Tú lo castigarás con vara, y ᵐlibrarás su alma del infierno.
15 Hijo mío, si tu corazón fuere sabio, también a mí se me alegrará el corazón;
16 Mis entrañas también se alegrarán cuando tus labios hablaren cosas rectas.
17 No tenga tu corazón envidia de los pecadores, antes *persevera* en el temor de Jehová todo el tiempo:
18 Porque ciertamente hay porvenir, y tu esperanza no será cortada.
19 Oye tú, hijo mío, y sé sabio, y endereza tu corazón al camino.
20 No estés con los bebedores de vino, ni con los comilones de carne:
21 Porque el bebedor y el comilón empobrecerán; y el sueño hará que *el hombre* vista de harapos.
22 ᶜEscucha a tu padre, a aquel que te engendró; y cuando tu madre envejeciere, no la menosprecies.
23 ᵈCompra la verdad y no la vendas; la sabiduría, la instrucción y la inteligencia.
24 ᵉMucho se alegrará el padre del justo; y el que engendra sabio se gozará con él.
25 Alégrense tu padre y tu madre, y ᵍgócese la que te engendró.
26 Dame, hijo mío, tu corazón, y miren tus ojos por mis caminos.
27 ʰPorque abismo profundo *es* la ramera, y pozo angosto la extraña.
28 También ella, como ladrón, acecha, y multiplica entre los hombres los prevaricadores.
29 ¿Para quién será el ay? ¿Para quién el dolor? ¿Para quién las rencillas? ¿Para quién las quejas? ¿Para quién las heridas en balde? ¿Para quién lo amoratado de los ojos?
30 Para los que se detienen mucho en el vino, para los que van buscando la mixtura.
31 No mires al vino cuando rojea, cuando resplandece su color en la copa; Se entra suavemente;
32 mas al fin como serpiente morderá, y como áspid dará dolor.
33 Tus ojos mirarán a la mujer extraña, y tu corazón hablará perversidades.
34 Y serás como el que yace en medio del mar, o como el que está en la punta de un mastelero.
35 ˡ*Y dirás*: Me hirieron, mas no me dolió; me azotaron, mas no lo sentí; cuando despierte, aún lo volveré a buscar.

CAPÍTULO 24

No tengas ⁿenvidia de los hombres malos, ni desees estar con ellos;
2 porque su corazón trama violencia, e iniquidad hablan sus labios.

---

a cp 20:16
b Dt 19:14
c cp 30:17
d caps 4:5:6
  Mt 13:44
e cp 10:1
f cp 15:27
  Mt 6:19
  1 Tim 6:9-10
g cp 17:25
h cp 22:14
i cp 22:28
j cp 22:23
  Job 31:21-22
k cp 13:24
l Jer 5:3
m 1 Co 5:5
n Sal 37:1
  y 73:3

No dejes de librar las almas

3 Con sabiduría se edifica la casa, y con prudencia se afirma;
4 Y con inteligencia se llenarán las cámaras de todo bien preciado y agradable.
5 ᵇEl hombre sabio *es* fuerte; y de pujante vigor el hombre docto.
6 Porque ᶜcon estrategia harás la guerra; y la victoria *está* en la multitud de consejeros.
7 La sabiduría *está* muy alta para el necio; en la puerta no abrirá él su boca.
8 Al que piensa hacer el mal, le llamarán hombre de malos pensamientos.
9 El pensamiento del necio *es* pecado; y abominación a los hombres el escarnecedor.
10 Si flaqueares en el día de adversidad, tu fuerza *será* reducida.
11 ᵉSi dejares de librar *a los que son* llevados a la muerte, y *a los que son* llevados al matadero;
12 Si dijeres: Ciertamente no lo supimos; ¿Acaso no lo entenderá ʰel que pesa los corazones, el que mira por tu alma? ʲ¿No dará Él a cada hombre según sus obras?
13 ᵏCome, hijo mío, de la miel, porque *es* buena, y del panal *que es* dulce a tu paladar;
14 Así *será* a tu alma el conocimiento de la sabiduría; si la hallares tendrás recompensa, y al fin tu esperanza no será cortada.
15 Oh impío, no aceches la tienda del justo, no saquees su cámara;
16 porque ᵐsiete veces cae el justo, y vuelve a levantarse; mas los impíos caerán en el mal.
17 ⁿCuando cayere tu enemigo, no te regocijes; y cuando tropezare, no se alegre tu corazón:
18 No sea que Jehová lo mire, y le desagrade, y aparte de sobre él su enojo.
19 No te impacientes a causa de los malignos, ni tengas envidia de los impíos;
20 Porque para el malo no habrá buen fin, y la lámpara de los impíos será apagada.
21 Teme a Jehová, hijo mío, y al rey; no te entremetas con los que son inestables;
22 porque su calamidad surgirá de repente; y la ruina de ambos, ¿quién la sabrá?

23 También estas cosas pertenecen a los sabios. ᵃHacer acepción de personas en el juicio no es bueno.
24 El que dijere al malo: Justo *eres*, los pueblos lo maldecirán, y le detestarán las naciones;
25 mas los que lo reprenden, serán apreciados, y sobre ellos vendrá gran bendición.
26 Besados serán los labios del que responde palabras rectas.
27 ᵈPrepara tus labores fuera, y disponlas en tu campo; y después edifica tu casa.
28 No seas, sin causa, testigo contra tu prójimo; y *no* lisonjees con tus labios.
29 No digas: Como me hizo, así le haré; Pagaré al hombre según su obra.
30 ᶠPasé junto al campo del perezoso, y junto a la viña del hombre falto de entendimiento,
31 y vi que ᵍpor toda ella habían crecido espinos, ortigas habían ya cubierto su faz, y ⁱsu cerca de piedra estaba ya destruida.
32 Y miré, y lo puse en mi corazón; lo vi, y recibí instrucción.
33 ˡUn poco de sueño, cabeceando otro poco, poniendo mano sobre mano otro poco para dormir;
34 así vendrá como caminante tu necesidad, y tu pobreza como hombre armado.

CAPÍTULO 25

También éstos *son* proverbios de Salomón, los cuales copiaron los varones de Ezequías, rey de Judá.
2 ᵒGloria de Dios *es* ocultar un asunto; pero honra del rey *es* ᵖescudriñarlo.
3 La altura de los cielos, y la profundidad de la tierra y el corazón de los reyes, *son* inescrutables.
4 ᑫQuita las escorias de la plata, y saldrá vaso al fundidor.
5 Aparta al impío de la presencia del rey, y su trono se afirmará en justicia.
6 No te alabes delante del rey, ni estés en el lugar de los grandes;
7 Porque ʳmejor *es* que se te diga: Sube acá, y no que seas humillado

delante del príncipe a quien tus ojos han visto.

8 No entres ᵇapresuradamente en pleito, no sea *que no sepas* qué hacer al fin, después que tu prójimo te haya avergonzado.

9 Trata tu causa con tu compañero y ᵉno descubras el secreto a otro.

10 No sea que te deshonre el que lo oyere, y tu infamia no pueda repararse.

11 Manzana de oro con figuras de plata *es* ᶠla palabra dicha oportunamente.

12 *Como* zarcillo de oro y joyel de oro fino, *es* el que reprende al sabio que tiene oído dócil.

13 ᵍComo frío de nieve en tiempo de la siega, *así es* el mensajero fiel a los que lo envían; pues al alma de su señor da refrigerio.

14 *Como* nubes y vientos sin lluvia, *así es* el hombre que se jacta de falsa liberalidad.

15 Con larga paciencia se aplaca el príncipe; y la lengua blanda quebranta los huesos.

16 ᵏ¿Hallaste la miel? Come lo que te basta; no sea que te hartes de ella y la vomites.

17 Detén tu pie de la casa de tu vecino, no sea que se harte de ti y te aborrezca.

18 Martillo y ˡcuchillo y saeta aguda, *es* el hombre que habla contra su prójimo falso testimonio.

19 Diente quebrado y pie descoyuntado, *es* la confianza en el hombre infiel en el tiempo de angustia.

20 El que canta canciones al corazón afligido, *es como* el que quita la ropa en tiempo de frío, o el que sobre el jabón echa vinagre.

21 ⁿSi el que te aborrece tuviere hambre, dale de comer pan; y si tuviere sed, dale de beber agua:

22 Porque ascuas amontonarás sobre su cabeza, y ᵖJehová te lo pagará.

23 ʳEl viento del norte ahuyenta la lluvia, y ˢel rostro airado la lengua detractora.

24 ᵗMejor *es* estar en un rincón del terrado, que con mujer rencillosa en espaciosa casa.

25 *Como* el agua fría al alma sedienta, así *son* ᵘlas buenas nuevas de lejanas tierras.

a Ez 32:2

b cp 17:14
Mt 5:25
c ver 16
d cp 27:2

e Mt 5:25
y 18:15

f cp 15:23
Is 50:4

g cp 13:17
h Pr 19:29

i 2 Sm 16:11
2 Re 18:36

j Mt 16:1-4

k ver 27

l Sal 57:4

m 2 Pe 2:22

n Éx 23:4
Rm 12:20
o cp 29:20

p 2 Sm 16:12
q cp 22:13

r Job 37:22
s Sal 101:5

t cp 19:13
y 21:9

u cp 15:30

26 ᵃ*Como* fuente turbia y manantial corrompido, *es* el justo que cae delante del impío.

27 ᶜComer mucha miel no *es* bueno; ᵈni el buscar la propia gloria *es* gloria.

28 *Como* ciudad derribada y sin muro, *es* el hombre cuyo espíritu no tiene rienda.

CAPÍTULO 26

Como la nieve en el verano, y la lluvia en la siega, así no conviene al necio la honra.

2 Como el gorrión en su vagar, y como la golondrina en su vuelo, así la maldición nunca vendrá sin causa.

3 El látigo para el caballo, y el cabestro para el asno, y ʰla vara para la espalda del necio.

4 ⁱNo respondas al necio conforme a su necedad, para que no seas tú también como él.

5 ʲResponde al necio según su necedad, para que no se estime sabio en su propia opinión.

6 El que envía mensaje por mano de un necio, se corta los pies y bebe su daño.

7 Las piernas del lisiado penden inútiles; Así el proverbio en la boca del necio.

8 Como quien liga la piedra en la honda, así hace el que al necio da honra.

9 Espinas hincadas en mano del embriagado, tal *es* el proverbio en la boca de los necios.

10 El grande *Dios* que creó todas las cosas; da la paga al insensato, y da la paga a los transgresores.

11 Como ᵐperro que vuelve a su vómito, *así es* el necio que repite su necedad.

12 ᵒ¿Has visto hombre sabio en su propia opinión? Más esperanza *hay* del necio que de él.

13 Dice el perezoso: ᵠEl león *está* en el camino; el león *está* en las calles.

14 *Como* la puerta gira sobre sus quicios; así el perezoso *da vueltas* en su cama.

15 Esconde el perezoso su mano en *su* seno; se cansa de llevarla a su boca.

16 En su propia opinión el perezoso es más sabio que siete que pueden aconsejar.

Que te alaben otros, y no tu boca

17 El que pasando se deja llevar de la ira en pleito ajeno, *es como* el que toma al perro por las orejas.

18 Como el que enloquece, y echa llamas y saetas y muerte,

19 tal *es* el hombre que engaña a su amigo, y dice: ᵇ¿Acaso no estaba yo bromeando?

20 Sin leña se apaga el fuego; y ᶜdonde no *hay* chismoso, cesa la contienda.

21 El carbón para las brasas, y la leña para el fuego; y el hombre rencilloso para encender contienda.

22 ᵈLas palabras del chismoso *son* como estocadas, y penetran hasta lo más profundo del vientre.

23 *Como* escoria de plata echada sobre el tiesto, *son* los labios enardecidos y el corazón malo.

24 El que odia, disimula con sus labios; pero en su interior maquina engaño.

25 ᵍCuando hablare amigablemente, no le creas; porque siete abominaciones *hay* en su corazón.

26 *Aunque* su odio es encubierto con disimulo; su maldad será descubierta en la congregación.

27 ʰEl que cavare foso, caerá en él; y el que ruede la piedra, ésta se volverá sobre él.

28 La lengua mentirosa aborrece *a los* afligidos; y la boca lisonjera acarrea ruina.

CAPÍTULO 27

No te ʲjactes del día de mañana; Porque no sabes qué traerá el día.

2 ˡQue te alaben otros, y no tu boca; el ajeno, y no tus labios.

3 Pesada *es* la piedra, y la arena pesa; mas la ira del necio es más pesada que ambas cosas.

4 Cruel *es* la ira, e impetuoso el furor; mas ¿quién podrá sostenerse delante de la envidia?

5 ⁿMejor *es* reprensión manifiesta que amor oculto.

6 ᵖFieles *son* las heridas del que ama; pero engañosos *son* los besos del que aborrece.

7 El hombre saciado desprecia el panal de miel; pero ᵠal hombre hambriento todo lo amargo es dulce.

8 Cual ave que se va de su nido, tal *es* el hombre que se va de su lugar.

9 El ungüento y el perfume alegran el corazón: Y el amigo al hombre con el cordial consejo.

10 ᵃNo abandones a tu amigo, ni al amigo de tu padre; ni entres en casa de tu hermano el día de tu aflicción. Mejor *es* el vecino cerca que el hermano lejos.

11 Sé sabio, hijo mío, y alegra mi corazón, y tendré qué responder al que me agravie.

12 El avisado ve el mal, y se esconde, *mas* los simples pasan, y llevan el daño.

13 ᵉQuítale su ropa al que salió fiador por el extraño; y al que fió por la extraña, tómale prenda.

14 El que bendice a su amigo en alta voz, madrugando de mañana, por maldición se le contará.

15 ᶠGotera continua en tiempo de lluvia, y mujer rencillosa, son semejantes:

16 El que puede contenerla, puede contener el viento; o el aceite en su mano derecha.

17 Hierro con hierro se aguza; así el hombre aguza el rostro de su amigo.

18 ⁱEl que cuida la higuera, comerá de su fruto; y el que atiende a su señor, será honrado.

19 Como en el agua el rostro *corresponde* al rostro, así el corazón del hombre al del hombre.

20 El infierno y la perdición nunca se hartan: Así ᵏlos ojos del hombre nunca se sacian.

21 El crisol prueba la plata, y la hornaza el oro; y al hombre la boca del que lo alaba.

22 ᵐAunque majes al necio en un mortero entre granos de trigo majados con el pisón, no se apartará de él su necedad.

23 Considera atentamente el aspecto de tus ovejas; pon tu corazón a tus rebaños:

24 Porque ᵒlas riquezas no *son* para siempre; ¿acaso perdurará la corona por todas las generaciones?

25 Sale la grama, aparece la hierba, y siegan las hierbas de los montes.

26 Los corderos *son* para tus vestiduras, y los cabritos *son* el precio del campo;

---

a cp 17:17
y 18:24
b cp 10:23

c cp 22:10

d cp 18:8

e cp 20:16

f cp 19:13
g Sal 28:3
Jer 9:8

h cp 28:10
Sal 7:15-16
Ec 10:8

i 1 Co 9:7

j Stg 4:13-14
k Ec 1:8

l 2 Co 10:12

m cp 23:35

n cp 28:23
Gá 2:14
o 1 Tim 6:7
p Sal 141:5

q Job 6:7

27 Y *habrá* suficiente leche de cabra para tu mantenimiento, y para el mantenimiento de tu casa, y para el sustento de tus criadas.

CAPÍTULO 28

Huye ᵇel impío sin que nadie lo persiga: Mas el justo está confiado como un león.

2 Por la rebelión de la tierra sus príncipes *son* muchos: Mas por el hombre entendido y sabio permanecerá estable.

3 El hombre pobre que oprime al pobre, *es como* lluvia torrencial que no deja pan.

4 Los que abandonan la ley, alaban a los impíos: Mas los que la guardan, contenderán con ellos.

5 Los hombres malos no entienden el juicio: Mas los que buscan a Jehová, entienden todas las cosas.

6 ʰMejor *es* el pobre que camina en su integridad, que el de perversos caminos, y rico.

7 El que guarda la ley *es* hijo prudente; mas el que es compañero de glotones, avergüenza a su padre.

8 ⁱEl que aumenta sus riquezas con usura y crecido interés, para el que se compadece de los pobres las aumenta.

9 El que aparta su oído para no oír la ley, su oración también *es* abominable.

10 El que hace errar a los rectos por el mal camino, caerá en su misma fosa: Mas los íntegros heredarán el bien.

11 El hombre rico *es* sabio en su propia opinión; mas el pobre que es entendido lo examinará.

12 Cuando los justos se alegran, grande *es* la gloria; mas cuando los impíos se levantan, los hombres se esconden.

13 ⁿEl que encubre sus pecados, no prosperará; mas el que los confiesa y se aparta alcanzará misericordia.

14 Bienaventurado el hombre que siempre teme; mas el que endurece su corazón, caerá en mal.

15 León rugiente y oso hambriento, *es* el príncipe impío sobre el pueblo pobre.

16 El príncipe falto de entendimiento multiplicará los agravios;

a Gn 9:6

b Lv 26:17
Sal 53:5
c cp 12:11

d cp 20:21
y 23:4
1 Tim 6:9-10
e cp 18:5
f Ez 13:19

g cp 27:6

h cp 19:1

i cp 13:22
Ec 2:26
j 1 Tim 6:6

k cp 19:17

l Job 24:4

m cp 1:24-27
1 Sm 2:25

n Sal 32:5
1 Jn 1:10
o cp 11:10
p Est 3:15
q cp 10:1
y 15:20
r cp 5:9-10
y 6:26

El que encubre sus pecados

mas el que aborrece la avaricia, prolongará sus días.

17 ªEl hombre que hace violencia con sangre de persona, huirá hasta la fosa, y nadie le detendrá.

18 El que en integridad camina, será salvo; mas el de perversos caminos caerá en alguno.

19 ᶜEl que labra su tierra, se saciará de pan; mas el que sigue a los ociosos, se hartará de pobreza.

20 El hombre de verdad tendrá muchas bendiciones; mas ᵈel que se apresura a enriquecerse, no será sin culpa.

21 ᵉHacer acepción de personas, no es bueno. ᶠHasta por un bocado de pan prevaricará el hombre.

22 El hombre de mal ojo se apresura a ser rico; y no sabe que le ha de venir pobreza.

23 ᵍEl que reprende al hombre, hallará después mayor gracia que el que lisonjea con la lengua.

24 El que roba a su padre o a su madre, y dice que no es maldad, compañero *es* del hombre destruidor.

25 El altivo de ánimo suscita contiendas; mas ʲel que confía en Jehová será prosperado.

26 El que confía en su propio corazón es necio; mas el que camina en sabiduría, será librado.

27 ᵏEl que da al pobre, no tendrá pobreza; mas el que aparta sus ojos, tendrá muchas maldiciones.

28 Cuando los impíos se levantan, ˡse esconde el hombre; mas cuando perecen, los justos se multiplican.

CAPÍTULO 29

El hombre que ᵐreprendido muchas veces endurece *su* cerviz, de repente será quebrantado, y ªno habrá para él remedio.

2 ᵒCuando los justos están en autoridad, el pueblo se alegra; mas ᵖcuando gobierna el impío, el pueblo gime.

3 ᵠEl hombre que ama la sabiduría alegra a su padre; mas ʳel que mantiene rameras desperdiciará *sus* bienes.

4 El rey con el juicio afirma la tierra; mas el que acepta el soborno la destruye.

Mantenme del pan necesario

5 El hombre que lisonjea a su prójimo, red tiende delante de sus pasos.
6 En la transgresión del hombre malo *hay* lazo; mas el justo cantará y se alegrará.
7 Conoce el justo la causa de los pobres; *mas* el impío no entiende sabiduría.
8 Los hombres escarnecedores agitan la ciudad; mas los sabios apartan la ira.
9 *Si* el hombre sabio contendiere con el necio, que se enoje o que se ría, no *tendrá* reposo.
10 Los hombres sanguinarios aborrecen al íntegro; mas los rectos procuran por su alma.
11 El necio da rienda suelta a toda su ira; mas el sabio al fin la sosiega.
12 Si un gobernante presta atención a la palabra mentirosa, todos sus servidores *serán* impíos.
13 El pobre y el usurero se encontraron; Jehová alumbra los ojos de ambos.
14 ᵈEl rey que juzga con verdad a los pobres, su trono será firme para siempre.
15 ᶠLa vara y la corrección dan sabiduría; mas el muchacho consentido avergonzará a su madre.
16 Cuando los impíos se multiplican, aumenta la transgresión; mas los justos verán la ruina de ellos.
17 ʰCorrige a tu hijo, y te dará descanso, y dará deleite a tu alma.
18 ʲDonde no *hay* visión el pueblo perece; mas el que guarda la ley, es bienaventurado.
19 El siervo no se corregirá con palabras; porque aunque entienda, no responderá.
20 ¿Has visto hombre ligero en sus palabras? Más esperanza *hay* del necio que de él.
21 El que con cuidado cría a su siervo desde su niñez; a la postre éste vendrá a ser su hijo:
22 El hombre iracundo levanta contiendas; y el furioso muchas veces peca.
23 La soberbia del hombre le abate; pero al humilde de espíritu sustenta la honra.
24 El cómplice del ladrón aborrece su propia alma; pues oye la maldición, y no lo denuncia.

a Sal 73:23

b Jn 3:13
c Job 38:4-7
   Sal 104:3-6
   Is 40:12-13

d Sal 72:4
  cp 20:28
e Sal 12:6
  18:30 19:8
  y 119:40
f cp 10:1
  y 13:24
g Dt 4:2
  y 12:32
Ap 22:18
h cp 22:15
i Mt 6:11
  1 Tim 6:8
j 1 Sm 3:1
  Mt 9:36
k Dt 8:14
  31:20 y 32:15

l cp 16:2
  Lc 18:11

m Job 29:17
  Sal 57:4

PROVERBIOS 30

25 El temor del hombre pondrá lazo; mas el que confía en Jehová será exaltado.
26 Muchos buscan el favor del príncipe; mas de Jehová viene el juicio de cada uno.
27 El hombre inicuo *es* abominación a los justos; y el de caminos rectos *es* abominación al impío.

CAPÍTULO 30

Palabras de Agur, hijo de Jaqué: La profecía que dijo el varón a Itiel, a Itiel y a Ucal.
2 Ciertamente ᵃmás rudo soy yo que ninguno, y no tengo entendimiento de hombre.
3 Yo ni aprendí sabiduría, ni tengo el conocimiento del Santo.
4 ᵇ¿Quién subió al cielo, y descendió? ᶜ¿Quién encerró los vientos en sus puños? ¿Quién ató las aguas en un paño? ¿Quién afirmó todos los términos de la tierra? ¿Cuál *es* su nombre, y el nombre de su Hijo, si lo sabes?
5 ᵉToda palabra de Dios *es* pura: Es escudo a los que en Él esperan.
6 ᵍNo añadas a sus palabras, no sea que Él te reprenda, y seas hallado mentiroso.
7 Dos *cosas* te he pedido, no me las niegues antes que muera.
8 Vanidad y palabra mentirosa aparta de mí. No me des pobreza ni riquezas; ⁱMantenme del pan necesario;
9 ᵏNo sea que me sacie, y te niegue, y diga: ¿Quién *es* Jehová? O que siendo pobre, hurte, y blasfeme el nombre de mi Dios.
10 No acuses al siervo ante su señor, no sea que te maldiga, y seas hallado culpable.
11 *Hay* generación que maldice a su padre, y a su madre no bendice.
12 *Hay* generación ˡlimpia en su propia opinión, si bien no se ha limpiado de su inmundicia.
13 *Hay* generación cuyos ojos son altivos, y cuyos párpados son alzados.
14 ᵐ*Hay* generación cuyos dientes son espadas, y sus muelas cuchillos, para devorar a los pobres de la tierra, y de entre los hombres a los menesterosos.

PROVERBIOS 31

15 La sanguijuela tiene dos hijas *que dicen*: Dame, dame. Tres cosas hay que nunca se sacian; aun la cuarta nunca dice: ¡Basta!

16 ªEl sepulcro, la matriz estéril, la tierra que no se sacia de aguas, y el fuego que jamás dice: ¡Basta!

17 El ojo que escarnece a *su* padre, y menosprecia la enseñanza de *su* madre, los cuervos del valle lo saquen, y lo traguen los aguiluchos.

18 Tres cosas me son ocultas; aun tampoco sé la cuarta:

19 El rastro del águila en el aire; El rastro de la culebra sobre la peña; El rastro de la nave en medio del mar; Y el rastro del hombre en la doncella.

20 Tal *es* el proceder de la mujer adúltera: Come, y limpia su boca, y dice: No he hecho maldad.

21 Por tres cosas se alborota la tierra, y la cuarta no la puede soportar.

22 Por el siervo cuando reina; y por el necio cuando se harta de pan;

23 Por la *mujer* aborrecida cuando se casa; y por la sierva cuando hereda a su señora.

24 Cuatro cosas *son* de las más pequeñas de la tierra, y las mismas *son* más sabias que los sabios:

25 Las hormigas, pueblo no fuerte, y en el verano preparan su comida;

26 Los conejos, pueblo nada esforzado, y ponen su casa en la piedra;

27 Las langostas, *que* no tienen rey, y salen todas por cuadrillas;

28 La araña *que* atrapa con las manos, y está en palacios de rey.

29 Tres cosas hay de hermoso andar, y la cuarta pasea muy bien:

30 El león, fuerte entre todos los animales, que no vuelve atrás por nada;

31 El lebrel ceñido de lomos; asimismo el macho cabrío; y un rey contra el cual ninguno se levanta.

32 Si neciamente te has enaltecido; y si mal pensaste, ᵏ*pon* la mano sobre tu boca.

33 Ciertamente el que bate la leche, sacará mantequilla; y el que recio se suena la nariz, sacará sangre; y el que provoca la ira, causará contienda.

a cp 27:20
b Is 49:15

c cp 5:9

d Ec 10:17

e Os 4:11

f Sal 104:15

g Job 29:15
h 1 Sm 19:4
Est 4:16

i cp 12:4
y 18:22

j Lc 12:42

k Job 21:5
y 40:4
l Ef 4:28
Heb 13:16

Mujer virtuosa
CAPÍTULO 31

Palabras del rey Lemuel; la profecía con que le enseñó su madre.

2 ¿Qué, hijo mío? ¿Y qué, ᵇhijo de mi vientre? ¿Y qué, hijo de mis votos?

3 ᶜNo des a las mujeres tu fuerza, ni tus caminos a lo que es para destruir a los reyes.

4 ᵈNo *es* de los reyes, oh Lemuel, no *es* de los reyes beber vino, ni de los príncipes el licor.

5 ᵉNo sea que bebiendo olviden la ley, y perviertan el derecho de todos los hijos afligidos.

6 ᶠDad licor al desfallecido, y el vino a los de ánimo amargado.

7 Beban, y olvídense de su necesidad, y de su miseria no se acuerden más.

8 ᵍAbre tu boca por el mudo, ʰen el juicio de todos los que están destinados a la muerte.

9 Abre tu boca, juzga con justicia, y defiende el derecho del pobre y del menesteroso.

10 ⁱMujer virtuosa, ¿quién la hallará? Porque su estima sobrepasa largamente a la de piedras preciosas.

11 El corazón de su marido está en ella confiado, y no tendrá necesidad de despojo.

12 Le dará ella bien y no mal, todos los días de su vida.

13 Busca lana y lino, y con voluntad trabaja con sus manos.

14 Es como navío de mercader; trae su pan de lejos.

15 Se levanta aun de noche, ʲda comida a su familia, y ración a sus criadas.

16 Considera la heredad, y la compra; Y planta viña del fruto de sus manos.

17 Ciñe de fortaleza sus lomos, y esfuerza sus brazos.

18 Ve que su ganancia *es* buena; su lámpara no se apaga de noche.

19 Aplica su mano al huso, y sus manos toman la rueca.

20 ˡExtiende su mano al pobre, y tiende su mano al menesteroso.

21 No tiene temor de la nieve por su familia, porque toda su familia *está* vestida de ropas dobles.

22 Ella se hace tapices; de lino fino y púrpura *es* su vestido.

Yo el Predicador fui rey

23 ªConocido es su marido en las puertas, cuando se sienta con los ancianos de la tierra.
24 Hace telas, y las vende; y da cintas al mercader.
25 Fuerza y honor son ᶜsu vestidura; y se regocijará en el día postrero.
26 Abre su boca con sabiduría; y la ley de misericordia está en su lengua.
27 Considera los caminos de su casa, y no come el pan de balde.
28 Se levantan sus hijos, y la llaman bienaventurada; y su marido también la alaba.
29 ªMuchas mujeres han sido virtuosas; pero tú las sobrepasas a todas.
30 Engañosa es la gracia, y vana la hermosura; la mujer que teme a Jehová, ésa será alabada.
31 Dadle del fruto de sus manos, y alábenla en las puertas sus hechos.

a cp 12:4
b Cnt 6:9
Ef 5:27
c 1 Tim 2:9

Libro De
ECLESIASTÉS

CAPÍTULO 1

Palabras del ᵇPredicador, hijo de David, rey en Jerusalén.
2 ᵈVanidad de vanidades, dijo el Predicador; vanidad de vanidades, todo es vanidad.
3 ᵉ¿Qué provecho tiene el hombre de todo su trabajo con que se afana debajo del sol?
4 Generación va, y generación viene; mas la tierra siempre permanece.
5 Y sale el sol, y se pone el sol, y se apresura a volver al lugar de donde nace.
6 ªEl viento tira hacia el sur, y rodea al norte; va girando de continuo, y a sus giros vuelve el viento de nuevo.
7 ʰLos ríos todos van al mar, y el mar no se llena; al lugar de donde los ríos vinieron, allí tornan para correr de nuevo.
8 Todas las cosas son fatigosas, más de lo que el hombre puede expresar. ᵏNo se sacia el ojo de ver, ni el oído se harta de oír.
9 Lo que fue, es lo que será, y lo que ha sido hecho, es lo mismo que se hará; y nada hay nuevo debajo del sol.
10 ¿Hay algo de que se pueda decir: He aquí esto es nuevo? Ya fue en los siglos que nos han precedido.
11 No hay memoria de lo que precedió, ni tampoco de lo que sucederá habrá memoria en los que serán después.
12 ⁿYo el Predicador fui rey sobre Israel en Jerusalén.

a ver 17
b vers 2,12
c cp 3:10
Gn 3:19
d cp 12:10

e cp 3:9
y 5:16
f cp 7:13

g 1 Re 3:12
y 4:30

h Sal 104:8-9
Job 38:10
i ver 13

j cp 12:12

k Pr 27:20

l Lc 12:19

m Pr 14:13

n ver 1

13 Y ªdi mi corazón a inquirir y buscar con sabiduría sobre todo lo que se hace debajo del cielo; ᶜeste penoso trabajo dio Dios a los hijos de los hombres, para que se ocupen en él.
14 Yo miré todas las obras que se hacen debajo del sol; y he aquí, todo ello es vanidad y aflicción de espíritu.
15 ᶠLo torcido no se puede enderezar; y lo incompleto no se puede enumerar.
16 Hablé yo con mi corazón, diciendo: He aquí yo me hallo engrandecido, y ᵍhe crecido en sabiduría sobre todos los que fueron antes de mí en Jerusalén; y mi corazón ha percibido mucha sabiduría y ciencia.
17 Y ⁱdi mi corazón a conocer la sabiduría, y también a entender las locuras y los desvaríos; conocí que aun esto era aflicción de espíritu.
18 Porque ʲen la mucha sabiduría hay mucha molestia; y quien añade conocimiento, añade dolor.

CAPÍTULO 2

Dije yo ˡen mi corazón: Ven ahora, te probaré con alegría, y gozarás del placer. Mas he aquí esto también era vanidad.
2 ᵐA la risa dije: Enloqueces; y al placer: ¿De qué sirve esto?
3 Propuse en mi corazón agasajar mi carne con vino, y que anduviese mi corazón en sabiduría, con retención de la necedad, hasta ver cuál fuese el bien de los hijos de los hombres, en

el cual se ocuparan debajo del cielo todos los días de su vida.

4 Engrandecí mis obras, [a]me edifiqué casas, me planté viñas;

5 me hice huertos y jardines, y planté en ellos árboles de toda *clase de* fruto;

6 Me hice estanques de aguas, para regar de ellos el bosque donde los árboles crecían.

7 [b]Poseí siervos y siervas, y tuve siervos nacidos en casa; también tuve posesión grande de vacas y ovejas, más que todos los que fueron antes de mí en Jerusalén;

8 [d]Acumulé también plata y oro, y tesoro preciado de reyes y de provincias; me hice de cantores y cantoras, de los deleites de los hijos de los hombres, y de toda clase de instrumentos de música.

9 Y fui engrandecido y aumentado más que todos los que fueron antes de mí en Jerusalén; también [e]permaneció conmigo mi sabiduría.

10 No negué a mis ojos ninguna cosa que desearan, ni aparté mi corazón de placer alguno, porque mi corazón gozó de todo mi trabajo: y [g]ésta fue mi parte de toda mi faena.

11 Miré yo luego todas las obras que habían hecho mis manos, y el trabajo que tomé para hacerlas; y he aquí, [i]todo era vanidad y aflicción de espíritu, y [j]sin provecho debajo del sol.

12 Después torné yo a mirar para ver la sabiduría y [l]los desvaríos y la necedad; porque ¿qué podrá hacer el hombre que venga después del rey, sino lo que ya ha sido hecho?

13 Y he visto que la sabiduría sobrepasa a la necedad, como la luz a las tinieblas.

14 [m]El sabio tiene sus ojos en su cabeza, mas el necio anda en tinieblas; pero también entendí yo que [o]un mismo suceso acontecerá al uno como al otro.

15 Entonces dije yo en mi corazón: Como sucederá al necio me sucederá también a mí: ¿Para qué, pues, he trabajado hasta ahora por hacerme más sabio? Y dije en mi corazón que también esto era vanidad.

16 Porque ni del sabio ni del necio habrá memoria para siempre; pues en los días venideros ya todo será olvidado, y también morirá el sabio como el necio.

17 Por tanto, aborrecí la vida, porque la obra que se hace debajo del sol me era fastidiosa; por cuanto todo es vanidad y aflicción de espíritu.

18 Asimismo aborrecí todo mi trabajo que había puesto por obra debajo del sol; el cual tendré que dejar a otro que vendrá después de mí.

19 [c]¿Y quién sabe si será sabio, o necio, el que señoreará sobre todo mi trabajo en que yo me afané, y en que ocupé debajo del sol mi sabiduría? Esto también es vanidad.

20 Por tanto, volví a desesperanzar mi corazón acerca de todo el trabajo en que me afané, y en que había ocupado debajo del sol mi sabiduría.

21 ¡Que el hombre trabaje con sabiduría, y con ciencia, y con rectitud, y que haya de dar su hacienda a hombre que nunca trabajó en ello! También esto es vanidad y mal grande.

22 Porque [f]¿qué tiene el hombre de todo su trabajo, y de la fatiga de su corazón, con que se afana debajo del sol?

23 Porque [h]todos sus días no son sino dolores, y sus trabajos molestias; aun de noche su corazón no reposa. Esto también es vanidad.

24 [k]No hay cosa mejor para el hombre sino que coma y beba, y que su alma vea el bien de su trabajo. También he visto que esto es de la mano de Dios.

25 Porque ¿quién comerá y quién se cuidará mejor que yo?

26 Porque al hombre que le agrada, *Dios* le da sabiduría, conocimiento y gozo; pero al pecador le da el trabajo de acumular y amontonar [n]para que lo dé *al que* agrada a Dios. También esto es vanidad y aflicción de espíritu.

CAPÍTULO 3

Para todo hay sazón, y [p]todo lo que se quiere debajo del cielo *tiene* su tiempo:

2 Tiempo de nacer, y [q]tiempo de morir; tiempo de plantar, y tiempo de arrancar lo plantado;

Mejores son dos que uno   **ECLESIASTÉS 4**

3 Tiempo de matar, y tiempo de curar; tiempo de destruir, y tiempo de edificar;

4 Tiempo de llorar, y tiempo de reír; tiempo de endechar, y tiempo de bailar;

5 Tiempo de esparcir piedras, y tiempo de juntar piedras; tiempo de abrazar, y ᵇtiempo de abstenerse de abrazar;

6 Tiempo de buscar, y tiempo de perder; tiempo de guardar, y tiempo de desechar;

7 ᶜTiempo de romper, y tiempo de coser; ᵉtiempo de callar, y tiempo de hablar;

8 Tiempo de amar, y ᶠtiempo de aborrecer; tiempo de guerra, y tiempo de paz.

9 ᵍ¿Qué provecho tiene el que trabaja en lo que trabaja?

10 ʰYo he visto el trabajo que Dios ha dado a los hijos de los hombres para que en él se ocupen.

11 Todo lo hizo ⁱhermoso en su tiempo; y aun puso un mundo en su corazón, de tal manera ʲque no alcance el hombre la obra de Dios desde el principio hasta el fin.

12 Yo he conocido que no *hay* mejor para ellos, que ˡalegrarse, ᵐy hacer bien en su vida;

13 Y también que ⁿes don de Dios que todo hombre coma y beba, y goce el bien de toda su labor.

14 Yo he entendido que todo lo que Dios hace será perpetuo: ᵒsobre aquello no se añadirá, ni de ello se disminuirá; y lo hace Dios, para que delante de Él teman los hombres.

15 ᵖAquello que fue, ya es: y lo que ha de ser, fue ya; y Dios demanda lo que pasó.

16 Vi más debajo del sol: que en el lugar del juicio, está la impiedad; y en el lugar de la justicia, está la iniquidad.

17 Y dije yo en mi corazón: Al justo y al impío juzgará Dios; porque *hay* un tiempo para todo lo que se quiere y sobre todo lo que se hace.

18 Dije en mi corazón: En cuanto a la condición de los hijos de los hombres, que Dios los pruebe, para que ellos mismos vean que son semejantes a las bestias.

19 Porque lo que sucede a los hijos de los hombres, y lo que sucede a las bestias, un mismo suceso es; como mueren los unos, así mueren los otros; y una misma respiración tienen todos; ni tiene más el hombre que la bestia; porque todo es vanidad.

20 Todo va a un mismo lugar; ᵃtodo es hecho del polvo, y todo volverá al mismo polvo.

21 ¿Quién sabe que el espíritu del hombre sube arriba, y que el espíritu del animal desciende abajo, a la tierra?

22 Así que he visto que ᵈno *hay* cosa mejor que alegrarse el hombre con lo que hiciere; porque ésta es su parte; porque ¿quién lo llevará para que vea lo que ha de ser después de él?

CAPÍTULO 4

Y me volví, y vi todas las violencias que se hacen debajo del sol; y he aquí las lágrimas de los oprimidos, sin tener quien los consuele; y la fuerza estaba en la mano de sus opresores, y para ellos no había consolador.

2 ᵏY alabé yo a los muertos, los que ya murieron, más que a los vivientes, los que aún están con vida.

3 Y tuve por mejor que unos y otros, al que no ha sido aún, que no ha visto las malas obras que debajo del sol se hacen.

4 He visto asimismo que todo trabajo y toda excelencia de obra despierta la envidia del hombre contra su prójimo. También esto *es* vanidad y aflicción de espíritu.

5 ᑫEl necio dobla sus manos y come su propia carne.

6 ʳMás vale un puño lleno con descanso, que ambos puños llenos con trabajo y aflicción de espíritu.

7 Y me volví otra vez, y vi vanidad debajo del sol.

8 Está un *hombre* solo y sin sucesor; que ni tiene hijo ni hermano; mas nunca cesa de trabajar, ˢni sus ojos se sacian de sus riquezas, ᵗ*ni se pregunta*: ¿Para quién trabajo yo, y privo mi alma del bien? También esto es vanidad, y duro trabajo.

9 Mejores *son* dos que uno; porque tienen mejor paga de su trabajo.

10 Porque si cayeren, el uno levantará a su compañero. Pero ¡ay del

solo cuando cayere! Pues no habrá segundo que lo levante.

11 También si dos durmieren juntos, se calentarán; mas ¿cómo se calentará uno *solo*?

12 Y si alguno prevaleciere contra el uno, dos estarán contra él; y cordón de tres dobleces no presto se rompe.

13 Mejor *es* el muchacho pobre y sabio, que el rey viejo y fatuo que no admite consejo.

14 Porque de la cárcel salió para reinar; mientras el nacido en su reino se hizo pobre.

15 Vi a todos los vivientes debajo del sol caminando con el muchacho, sucesor, que estará en lugar de aquél.

16 No tenía fin la muchedumbre de pueblo que fue antes de ellos; *aun* los que vendrán después tampoco estarán contentos con él. Y esto es también vanidad y aflicción de espíritu.

CAPÍTULO 5

Cuando ᵈfueres a la casa de Dios, guarda tu pie; y ᵉacércate más para oír que para dar el sacrificio de los necios, porque no saben que hacen mal.

2 ᵍNo te des prisa con tu boca, ni tu corazón se apresure a proferir palabra delante de Dios; porque Dios *está* en el cielo, y tú en la tierra; por tanto, ⁱsean pocas tus palabras.

3 Porque de la mucha ocupación viene el sueño, y ʲde la multitud de las palabras la voz del necio.

4 ᵏCuando a Dios hicieres promesa, ˡno tardes en cumplirla; porque *Él* no se agrada de los insensatos. Cumple lo que prometes.

5 ᵐMejor *es* que no prometas, a que prometas y no cumplas.

6 No sueltes tu boca para hacer pecar a tu carne; ᵒni digas delante del ángel, que *fue* ignorancia. ¿Por qué harás que Dios se enoje a causa de tu voz, y que destruya la obra de tus manos?

7 Donde los sueños *son* en multitud, también lo son las vanidades y las muchas palabras; mas tú, teme a Dios.

8 Si opresión de pobres, y extorsión de derecho y de justicia vieres en la provincia, no te maravilles de ello;

a Sal 37:16
b cp 6:1
c Job 1:21
Sal 49:17
1 Tim 6:7
2 Sm 7:18
d Éx 3:5
e 1 Sm 15:22
Sal 50:8
Pr 15:8
y 21:27
Os 6:6
f cp 1:3
g Pr 13:3
h Sal 127:2
i Pr 10:19
Mt 6:7
j Pr 10:19
k Nm 30:2
Dt 23:21
Sal 66:13-14
l Sal 50:14
Pr 20:25
m Pr 20:25
Hch 5:4
n cp 3:13
o Mal 2:7
1 Co 11:10
p cp 5:13
q cp 5:19
r Job 21:10
t Lc 12:20

porque sobre el alto está mirando otro más alto, y uno más alto está sobre ellos.

9 Además el provecho de la tierra es para todos; el rey *mismo* está sujeto a los campos.

10 El que ama el dinero, no se saciará de dinero; y ᵃel que ama el mucho tener, no sacará fruto. También esto es vanidad.

11 Cuando los bienes aumentan, también aumentan los que los consumen. ¿Qué bien, pues, tendrá su dueño, sino verlos con sus ojos?

12 Dulce *es* el sueño del trabajador, ya sea que coma mucho o poco; mas al rico no le deja dormir la abundancia.

13 ᵇHay un grave mal que he visto debajo del sol; las riquezas guardadas por sus dueños para su propio mal;

14 Las cuales se pierden en malas ocupaciones, y a los hijos que engendraron nada les queda en la mano.

15 ᶜComo salió del vientre de su madre, desnudo, así volverá, yéndose tal como vino; y nada tomará de su trabajo para llevar en su mano.

16 Éste también *es* un grave mal, que como vino, así haya de volver. ᶠ¿Y de qué le aprovechó trabajar al viento?

17 Además de esto, todos los días de su vida ʰcomerá en tinieblas, con mucho enojo y dolor y miseria.

18 He aquí, pues, el bien que yo he visto: Que *es* bueno comer y beber, y gozarse *uno* del bien de todo su trabajo con que se afana debajo del sol todos los días de su vida que Dios le da, porque ésta *es* su porción.

19 Igualmente, a todo hombre a quien Dios le da riquezas y bienes, y le da también facultad para que coma de ellos y tome su porción y goce de su trabajo. ⁿEsto *es* don de Dios.

20 Porque no se acordará mucho de los días de su vida, pues Dios le responderá con alegría de su corazón.

CAPÍTULO 6

Hay ᵖun mal que he visto debajo del cielo, y muy común entre los hombres:

2 Un hombre ᑫa quien Dios da riquezas, bienes y honra, ʳy nada le falta de todo lo que su alma desea;

No hay hombre que nunca peque

ᵗmas Dios no le da facultad de comer de ello, sino que los extraños se lo comen. Esto *es* vanidad y penosa enfermedad.

3 Si el hombre engendrare cien *hijos*, y viviere muchos años, y los días de su edad fueren numerosos; si su alma no se sació del bien, y también ᵉcareció de sepultura, yo digo que ᶠel abortivo es mejor que él.

4 Porque en vano vino, y a tinieblas va, y con tinieblas será cubierto su nombre.

5 Aunque no haya visto el sol, ni conocido *nada*, más reposo tiene éste que aquél.

6 Aunque aquél viviere mil años dos veces, sin haber gozado del bien, ¿no van todos a un mismo lugar?

7 Todo el trabajo del hombre ᵍ*es* para su boca, y con todo eso su alma no se sacia.

8 Porque ¿qué más tiene el sabio que el necio? ¿Qué más tiene el pobre que supo caminar entre los vivos?

9 Más vale vista de ojos que deseo que pasa. Y también esto *es* vanidad y aflicción de espíritu.

10 El que es, ya su nombre ha sido nombrado; y se sabe que *es* hombre, y que ʲno podrá contender con Aquél que es más poderoso que él.

11 Ciertamente las muchas palabras multiplican la vanidad. ¿Qué más tiene el hombre?

12 Porque ¿quién sabe cuál es el bien del hombre en la vida, todos los días de la vida de su vanidad, los cuales ᵐél pasa como sombra? Porque ¿quién enseñará al hombre qué será después de él debajo del sol?

CAPÍTULO 7

Mejor *es* º la buena fama que el buen ungüento; y el día de la muerte que el día del nacimiento.

2 Mejor *es* ir a la casa del luto que a la casa del banquete; porque aquello *es* el fin de todos los hombres, y el que vive lo pondrá en su corazón.

3 Mejor *es* el pesar que la risa; porque ʳcon la tristeza del rostro se enmendará el corazón.

4 El corazón de los sabios, *está* en la casa del luto, mas el corazón de los insensatos, en la casa del placer.

ECLESIASTÉS 7

5 ᵃMejor es oír la reprensión del sabio, que la canción de los necios.

6 Porque ᵇla risa del necio es como el estrépito de las espinas debajo de la olla. Y también esto es vanidad.

7 Ciertamente ᶜla opresión hace enloquecer al sabio, y ᵈel soborno corrompe el corazón.

8 Mejor *es* el fin del asunto que su principio; mejor es el sufrido de espíritu que el altivo de espíritu.

9 No te apresures en tu espíritu a enojarte, porque la ira en el seno de los necios reposa.

10 Nunca digas: ¿Cuál es la causa que los tiempos pasados fueron mejores que éstos? Porque nunca de esto preguntarás con sabiduría.

11 Buena es la sabiduría con herencia; y más a los que ven el sol.

12 Porque escudo *es* la sabiduría, y escudo *es* el dinero; mas la excelencia del conocimiento, *es que* la sabiduría ʰda vida a los que la poseen.

13 Considera la obra de Dios; porque ⁱ¿quién podrá enderezar lo que Él torció?

14 En el día del bien goza del bien; y en el día del mal considera. Dios también hizo esto delante de lo otro, para que el hombre no descubra nada después de él.

15 Todo esto he visto en los días de mi vanidad. ᵏJusto hay que perece por su justicia, y ˡhay impío que por su maldad alarga *sus días*.

16 No seas demasiado justo, ni seas sabio en exceso; ¿por qué habrás de destruirte?

17 No hagas mucho mal, ni seas insensato; ⁿ¿por qué habrás de morir antes de tu tiempo?

18 Bueno *es* que tomes esto, y también de esto otro no apartes tu mano; porque el que teme a Dios, saldrá con todo.

19 La sabiduría ᵖfortalece al sabio más que diez poderosos que haya en la ciudad.

20 Ciertamente ᵠno *hay* hombre justo en la tierra, que haga el bien y nunca peque.

21 Tampoco apliques tu corazón a todas las cosas que se dicen, no sea que oigas a tu siervo que habla mal de ti;

---

a Sal 141:5
Pr 13:18
b Sal 58:9

c cp 4:1
d Dt 16:19
e 2 Re 9:35
Is 14:20
Jer 22:19
f Job 3:16
Sal 58:8

g Pr 16:26

h Pr 3:18

i cp 1:15

j Job 9:32
Is 45:9
Jer 49:19

k cp 8:14
l Pr 12:6

m Job 14:2
Sal 144:4

n Job 15:32
Sal 55:23
Pr 10:27
o Pr 15:30
y 22:1

p Pr 21:22
y 24:5

q 1 Re 8:46
1 Jn 1:8
r Job 21:10

22 Pues tu corazón sabe que muchas veces tú también has hablado mal de otros.
23 Todas estas cosas probé con sabiduría, diciendo: Me haré sabio; pero la *sabiduría* estaba lejos de mí.
24 Lejos está lo que fue; y ᵇlo muy profundo, ᶜ¿quién lo hallará?
25 ᵈApliqué mi corazón al saber y a examinar; a inquirir la sabiduría y la razón; para conocer la maldad de la insensatez, y la necedad de la locura.
26 Y he hallado ᵉmás amarga que la muerte a la mujer cuyo corazón *es* lazos y redes, y sus manos son como ataduras. El que agrada a Dios escapará de ella; mas el pecador será apresado por ella.
27 He aquí, esto he hallado, dice el Predicador, pesando las cosas una por una para hallar la razón.
28 Lo que aún busca mi alma, y no lo encuentra; ʰUn hombre entre mil he hallado; pero mujer entre todas éstas nunca hallé.
29 He aquí, solamente esto he hallado; que ⁱDios hizo al hombre recto, mas ʲellos buscaron muchos inventos.

a Job 14:5
Sal 49:6-7

b Rm 11:33
c Job 28:12
d ver 29
cp 2:12

e Pr 5:3-4
y 22:14
f Sal 10:6
y 50:21
Is 26:10

g Dt 4:40
Is 3:10
h Job 33:23
Sal 12:1

i Gn 1:27
j Gn 3:6-7
k cp 9:1-3
Sal 72:12.14

l Pr 17:24
m cp 2:24

n cp 3:10

o Job 34:18
p Job 5:9

q cp 3:1

CAPÍTULO 8

¿Quién como el sabio? ¿Y quién como el que sabe la declaración de las cosas? ˡLa sabiduría del hombre iluminará su rostro, y la tosquedad de su semblante se mudará.
2 Yo *te aconsejo* que guardes el mandamiento del rey y la palabra del juramento de Dios.
3 No te apresures a irte de delante de él, ni en cosa mala persistas; porque él hará todo lo que le plazca.
4 Pues la palabra del rey es con potestad, ¿y ᵒquién le dirá: ¿Qué haces?
5 El que guarda el mandamiento no experimentará mal; y el corazón del sabio discierne el tiempo y el juicio.
6 Porque ᵠpara todo lo que quisieres hay tiempo y juicio; mas el trabajo del hombre es grande sobre él;
7 Porque no sabe lo que ha de ser; y el cuándo haya de ser, ¿quién se lo enseñará?

Un hombre entre mil he hallado

8 No *hay* hombre que tenga ªpotestad sobre el espíritu para retener el espíritu, ni potestad sobre el día de la muerte; y no se da de baja en tal guerra, ni la impiedad librará al que se entregue a ella.
9 Todo esto he visto, y he puesto mi corazón en todo lo que debajo del sol se hace; *hay* tiempo en que el hombre se enseñorea del hombre para su propio mal.
10 También he visto a los impíos ser sepultados, los cuáles entraban y salían del lugar santo, y ser olvidados en la ciudad donde esto hicieron. Esto también es vanidad.
11 Por cuanto ᶠno se ejecuta luego sentencia sobre la mala obra, el corazón de los hijos de los hombres está entregado para hacer el mal.
12 Bien que el pecador haga mal cien veces, y sus *días* le sean prolongados, con todo yo también sé que ᵍlos que a Dios temen tendrán bien, los que temen ante su presencia;
13 Y que el impío no tendrá bien, ni le serán prolongados *sus* días, *que son* como sombra; por cuanto no teme ante la presencia de Dios.
14 Hay una vanidad que se hace sobre la tierra; que ᵏhay justos a quienes sucede como si hicieran obras de impíos; y hay impíos a quienes acontece como si hicieran obras de justos. Digo que esto también es vanidad.
15 Por tanto, ᵐalabé yo la alegría; pues el hombre no tiene mejor bien debajo del sol, que comer y beber y alegrarse; y que esto le quede de su trabajo los días de su vida que Dios le concede debajo del sol.
16 Yo pues di mi corazón a conocer sabiduría, y ⁿa ver la faena que se hace sobre la tierra (porque hay quien ni de noche ni de día ve sueño en sus ojos);
17 Y he visto todas las obras de Dios, que ᵖel hombre no puede alcanzar la obra que debajo del sol se hace; por mucho que se afane el hombre buscándola, no la hallará; aunque diga el sabio que la sabe, no por eso podrá alcanzarla.

CAPÍTULO 9

Ciertamente he dado mi corazón a todas estas cosas, para

declarar todo esto; que los justos y los sabios, y sus obras, están en la mano de Dios; y que no saben los hombres ni el amor ni el odio; todo *está* delante de ellos.

2 [b]Todo *acontece* de la misma manera a todos; [c]un mismo suceso acontece al justo y al impío; al bueno, al limpio y al no limpio; al que sacrifica, y al que no sacrifica; como el bueno, así el que peca; el que jura, como el que teme al juramento.

3 Este mal *hay* entre todo lo que se hace debajo del sol, que todos tengan un mismo suceso, y también que el corazón de los hijos de los hombres esté lleno de mal y de enloquecimiento en su corazón durante su vida; y después, *se van* a los muertos.

4 Aún hay esperanza para todo aquél que está entre los vivos; porque mejor es perro vivo que león muerto.

5 Porque los que viven saben que han de morir; pero [f]los muertos nada saben, ni tienen más paga; porque [g]su memoria es puesta en olvido.

6 También su amor, su odio y su envidia, fenecieron ya; y nunca más tendrán parte en todo lo que se hace debajo del sol.

7 Anda, y [i]come tu pan con gozo, y bebe tu vino con alegre corazón; porque tus obras ya son agradables a Dios.

8 En todo tiempo sean blancas tus vestiduras, y nunca falte ungüento sobre tu cabeza.

9 Goza de la vida con la esposa que amas, todos los días de la vida de tu vanidad, que te son dados debajo del sol, todos los días de tu vanidad; porque [l]ésta es tu parte en la vida, y en tu trabajo con que te afanas debajo del sol.

10 Todo lo que te viniere a la mano para hacer, hazlo según tus fuerzas; porque en el sepulcro, adonde tú vas, no *hay* obra, ni industria, ni conocimiento ni sabiduría.

11 Me volví, y vi debajo del sol, que [o]no es de los ligeros la carrera, ni de los fuertes la guerra, ni aun de los sabios el pan, ni de los prudentes las riquezas, ni de los elocuentes el favor; sino que tiempo y ocasión acontece a todos.

a Pr 29:6
b Job 9:22
y 21:7-18
Sal 73:3
Mal 3:14-15
c cp 8:7

d cp 7:19
Pr 21:22

e Mr 6:2-3

f Job 14:21
Is 63:16
g Job 7:8-10
Is 26:14
h Jos 7:1-12

i cp 2:24

j cp 2:3

k Pr 18:2

l cp 2:10
m cp 8:3
n Pr 25:15

o Am 2:14-15
Jer 9:23
p Pr 19:10
q Sal 7:15

12 Porque el hombre tampoco conoce su tiempo; como los peces que son presos en la mala red, y como las aves que se prenden en lazo, [a]así son enlazados los hijos de los hombres en el tiempo malo, cuando éste cae de repente sobre ellos.

13 También vi esta sabiduría debajo del sol, la cual me parece grande:

14 *Había* una pequeña ciudad, y pocos hombres en ella; y vino contra ella un gran rey, y la sitió, y edificó contra ella grandes baluartes;

15 y se halló en ella un hombre pobre, sabio, el cual libró la ciudad con su sabiduría; sin embargo nadie se acordó de aquel hombre pobre.

16 Entonces dije yo: [d]Mejor *es* la sabiduría que la fortaleza; aunque [e]la sabiduría del pobre *sea* menospreciada, y no sean escuchadas sus palabras.

17 Las palabras del sabio dichas en quietud son oídas, más que los gritos del que gobierna entre los necios.

18 Mejor *es* la sabiduría que las armas de guerra; pero [h]un pecador destruye mucho bien.

CAPÍTULO 10

Las moscas muertas hacen que el perfume del perfumista dé mal olor; así [j]una pequeña locura, al estimado como sabio y honorable.

2 El corazón del sabio *está* a su mano derecha; mas el corazón del necio a su mano izquierda.

3 Y aun mientras va el necio por el camino, le falta la cordura, y [k]va diciendo a todos *que es* necio.

4 Si el espíritu del príncipe se exaltare contra ti, [m]no dejes tu lugar; porque [n]el ceder hará cesar grandes ofensas.

5 Hay un mal que he visto debajo del sol, como el error emanado del príncipe;

6 la necedad está colocada en grandes alturas, y los ricos están sentados en lugar bajo.

7 [p]Vi siervos a caballo, y príncipes caminando como siervos sobre la tierra.

8 [q]El que hiciere el hoyo caerá en él; y al que rompiere el vallado, le morderá la serpiente.

9 El que remueve las piedras, se herirá con ellas; ªel que parte la leña, en ello peligrará.

10 Si se embotare el hierro, y su filo no fuere amolado, hay que añadir entonces más fuerza; pero la sabiduría es provechosa para dirigir.

11 ᶜMuerde la serpiente cuando no está encantada, y el lenguaraz no es mejor.

12 ᵈLas palabras de la boca del sabio *son* gracia; mas los labios del necio causan su propia ruina.

13 El principio de las palabras de su boca *es* necedad; y el fin de su charla, nocivo desvarío.

14 El necio multiplica las palabras; el hombre no sabe lo que ha de ser; ¿y quién le hará saber lo que después de él será?

15 El trabajo de los necios los fatiga; porque no saben por dónde ir a la ciudad.

16 ʰ¡Ay de ti, tierra, cuando tu rey es muchacho, y tus príncipes ⁱbanquetean de mañana!

17 ¡Bienaventurada, tú, tierra, cuando tu rey *es* hijo de nobles, y ᵏtus príncipes comen a su hora, para reponer sus fuerzas y no para embriagarse!

18 Por la pereza se cae la techumbre, y por la flojedad de manos se llueve la casa.

19 Por el placer se hace el convite, y ⁿel vino alegra a los vivos; y el dinero responde a todo.

20 ᵖNi aun en tu pensamiento digas mal del rey, ni en los secretos de tu cámara digas mal del rico; porque las aves del cielo llevarán la voz, y las que tienen alas harán saber la palabra.

CAPÍTULO 11

Echa ᑫtu pan sobre las aguas; que después de muchos días lo hallarás.

2 ʳReparte a siete, y aun a ocho; ˢporque no sabes el mal que vendrá sobre la tierra.

3 Si las nubes fueren llenas de agua, sobre la tierra la derramarán; y si el árbol cayere al sur, o al norte, en el lugar que el árbol cayere, allí quedará.

4 El que al viento mira, no sembrará; y el que mira a las nubes, no segará.

a Dt 20:19
b Sal 139:13-16

c Sal 58:4-5
Jer 8:17

d Pr 10:32

e cp 12:1

f Job 31:7

g cp 9:7
h Is 3:4-12

i Is 5:11
j 2 Co 7:1

k Pr 31:4

l Pr 22:6
m cp 11:8

n Sal 104:15
o 2 Sm 19:35
p Éx 22:28

q Dt 15:10
Is 32:20

r Sal 112:9
1 Tim 6:18
s Ef 5:16

t Job 17:13
u Jer 9:17

5 Como tú no sabes cuál es el camino del viento, o ᵇcómo *crecen* los huesos en el vientre de la mujer encinta, así ignoras la obra de Dios, el cual hace todas las cosas.

6 Por la mañana siembra tu semilla, y a la tarde no dejes reposar tu mano; porque tú no sabes cuál es lo mejor, si esto o aquello, o si ambas cosas *son* igualmente buenas.

7 Suave ciertamente *es* la luz, y agradable a los ojos ver el sol:

8 Pero aunque un hombre viviere muchos años, y se alegrase en todos ellos; acuérdese sin embargo, que ᵉlos días de las tinieblas serán muchos. Todo cuanto viene *es* vanidad.

9 Alégrate, joven, en tu adolescencia, y tome placer tu corazón en los días de tu juventud; y ᶠanda en los caminos de tu corazón, y en la vista de tus ojos; ᵍmas sabe, que sobre todas estas cosas te traerá Dios a juicio.

10 Quita, pues, de tu corazón el enojo, y ʲaparta de tu carne el mal; porque la adolescencia y la juventud *son* vanidad.

CAPÍTULO 12

Acuérdate de tu Creador ˡen los días de tu juventud; ᵐantes que vengan los días malos, y lleguen los años, ᵒde los cuales digas: No tengo en ellos contentamiento;

2 antes que se oscurezca el sol, y la luz, y la luna y las estrellas, y las nubes se vuelvan tras la lluvia;

3 cuando temblarán los guardas de la casa, y se encorvarán los hombres fuertes, y cesarán las muelas, porque han disminuido, y se oscurecerán los que miran por las ventanas;

4 y las puertas de afuera se cerrarán, por lo bajo del ruido de la muela; cuando se levantará al canto del ave, y todas las hijas del canto serán abatidas;

5 *cuando* también temerán de la altura, y de los terrores en el camino; y florecerá el almendro, y la langosta será una carga, y se perderá el apetito; porque el hombre ᵗva a su morada eterna, y ᵘlos que endechan andarán al derredor de las calles.

6 Antes que la cadena de plata se

quiebre, y se rompa el cuenco de oro, y el cántaro se quiebre junto a la fuente, y la rueda sea rota sobre el pozo;

7 y ᵃel polvo vuelva a la tierra, como era, y el espíritu vuelva a Dios que ᵇlo dio.

8 Vanidad de vanidades, dijo el Predicador, todo *es* vanidad.

9 Y cuanto más sabio fue el Predicador, tanto más enseñó sabiduría al pueblo; e hizo escuchar, e hizo escudriñar, y ᵉcompuso muchos proverbios.

10 Procuró el Predicador hallar palabras agradables, y escritura recta, palabras de verdad.

11 Las palabras de los sabios *son* como aguijones; y como clavos hincados, las de los maestros de las congregaciones, dadas por un Pastor.

12 Ahora, hijo mío, a más de esto, sé avisado. No hay fin de hacer muchos libros; y ᶜel mucho estudio es fatiga de la carne.

13 El fin de todo el discurso oído es éste: ᵈTeme a Dios, y guarda sus mandamientos; porque esto es el todo del hombre.

14 Porque ᶠDios traerá toda obra a juicio, juntamente con toda cosa encubierta, ya *sea* buena o *sea* mala.

a cp 7:1
Gn 2:7 3:19
Job 34:15
Sal 90:3
103:14
b Gn 2:7
c cp 1:18
d cp 5:7
Dt 6:2
e 1 Re 4:32
f cp 12:1

Libro De
CANTARES

CAPÍTULO 1

Cantar de cantares, ᵇel cual *es* de Salomón.

2 ¡Oh si él me besara con ósculos de su boca! ᶜPorque mejores *son* tus amores que el vino.

3 Por el olor de tus suaves ungüentos, tu nombre *es* ungüento derramado, por eso las doncellas te aman.

4 Atráeme; en pos de ti correremos. ᵉMe metió el rey en sus cámaras; nos gozaremos y alegraremos en ti; nos acordaremos de tus amores más que del vino; los rectos te aman.

5 Morena soy, pero codiciable; oh hijas de Jerusalén, como ᵍlas cabañas de ʰCedar, como las cortinas de Salomón.

6 No os fijéis en que soy morena, porque el sol me miró. Los hijos de mi madre se airaron contra mí, me hicieron guarda de las viñas, y mi viña, que era mía, no guardé.

7 Hazme saber, oh tú a quien ama mi alma, dónde apacientas, dónde haces recostar el *rebaño* al mediodía: Pues, ¿por qué había yo de estar como errante junto a los rebaños de tus compañeros?

8 Si tú no lo sabes, oh ʲhermosa entre las mujeres, sal tras las huellas del rebaño, y apacienta tus cabritas junto a las cabañas de los pastores.

a 2 Cr 1:16-17
b 1 Re 4:32
c cp 4:10
d cp 4:13-14
Mr 14:3
e cp 3:9-11
Sal 45:14-15
f cp 4:1
g Sal 120:5
h Is 60:7
i Is 35:1
j cp 5:9 y 6:1
k Ap 22:2

9 Yo a ᵃyegua de los carros de Faraón te he comparado, amada mía.

10 Hermosas son tus mejillas entre los pendientes, tu cuello entre los collares.

11 Zarcillos de oro te haremos, con clavos de plata.

12 Mientras que el rey *estaba* en su reclinatorio, ᵈmi nardo dio su olor.

13 Mi amado *es* para mí un manojito de mirra, que reposa toda la noche entre mis pechos.

14 Racimo de flores de alheña en las viñas de Engadi *es* para mí mi amado.

15 He aquí que tú eres ᶠhermosa, amada mía; he aquí que eres bella; tus ojos son como de paloma.

16 He aquí que tú *eres* hermoso, amado mío, y dulce; nuestro lecho también florido.

17 Las vigas de nuestra casa *son de* cedro, y de ciprés los artesonados.

CAPÍTULO 2

Yo soy ⁱla rosa de Sarón, y el lirio de los valles.

2 Como el lirio entre los espinos, así *es* mi amada entre las doncellas.

3 Como el manzano entre los árboles silvestres, así *es* mi amado entre los jóvenes: Con gran deleite me senté bajo su sombra, y ᵏsu fruto *fue* dulce a mi paladar.

4 Me llevó a la casa del banquete, y su bandera sobre mí *fue* amor.

5 Sustentadme con frascos de vino, corroboradme con manzanas; porque estoy enferma de amor.

6 Su izquierda ᵇ*esté* debajo de mi cabeza, y su derecha me abrace.

7 Yo os conjuro, oh ᶜdoncellas de Jerusalén, por los corzos y por las ciervas del campo, que no despertéis ni hagáis velar al amor hasta que quiera.

8 ¡La voz de mi amado! He aquí él viene saltando sobre los montes, brincando sobre los collados.

9 Mi amado ʰes semejante al corzo, o al cervatillo. Helo aquí, está tras nuestra pared, mirando por las ventanas, mostrándose por las rejas.

10 Mi amado habló, y me dijo: ⁱLevántate, oh amada mía, hermosa mía, y ven.

11 Porque he aquí ha pasado el invierno, ha cesado la lluvia y se ha ido;

12 se han mostrado las flores en la tierra, el tiempo de la canción ha venido, y en nuestro país se ha oído la voz de ʲla tórtola;

13 la higuera ha echado sus higos, y las vides ᵏen cierne dieron olor: Levántate, oh amada mía, hermosa mía, y ven.

14 Paloma mía, *que estás* en los agujeros de la peña, en lo escondido de escarpados parajes, muéstrame tu rostro, ˡhazme oír tu voz; porque dulce *es* tu voz, y hermoso tu aspecto.

15 Cazadnos ᵐlas zorras, las zorras pequeñas, que echan a perder las viñas; porque nuestras viñas están en cierne.

16 Mi amado *es* mío, y ⁿyo suya; él apacienta entre lirios.

17 Hasta que apunte el día, y huyan las sombras, vuélvete, amado mío; ᵠsé semejante al corzo, o al cervatillo, sobre los montes de Beter.

CAPÍTULO 3

Por las noches ʳbusqué en mi lecho al que ama mi alma: Lo busqué, y no lo hallé.

2 Me levantaré ahora, y rodearé por la ciudad; por las calles y por las plazas buscaré al que ama mi alma; lo busqué, y no lo hallé.

a cp 5:7
Jer 6:17

b cp 8:3

c cp 1:5
d cp 2:7
e cp 1:5

f cp 8:5
g Jl 2:30
h cp 8:14

i ver 13

j Sal 74:19
Jer 8:7
k cp 7:12

l cp 8:13

m Ez 13:4

n cp 6:3
y 7:10
o Mi 7:14
p cp 6:6
q cp 8:14

r Is 26:9
s cp 7:4
t Ez 27:10-11

u cp 7:3

3 Me hallaron ᵃlos guardas que rondan la ciudad, y *les dije*: ¿Habéis visto al que ama mi alma?

4 Pasando de ellos un poco, hallé luego al que ama mi alma; trabé de él, y no lo dejé, hasta que lo metí en casa de mi madre, y en la cámara de la que me engendró.

5 Yo ᵈos conjuro, oh ᵉdoncellas de Jerusalén, por los corzos y por las ciervas del campo, que no despertéis ni hagáis velar al amor, hasta que quiera.

6 ᶠ¿Quién *es* ésta que sube del desierto ᵍcomo columna de humo, perfumada de mirra y de incienso, y de todo polvo aromático?

7 He aquí *es* la litera de Salomón; sesenta valientes la rodean, de los fuertes de Israel.

8 Todos ellos tienen espadas, son diestros en la guerra; cada uno *con* su espada sobre su muslo, por los temores de la noche.

9 El rey Salomón se hizo un carruaje de madera del Líbano.

10 Sus columnas hizo de plata, su respaldo de oro, su asiento de grana, su interior tapizado de amor, por las doncellas de Jerusalén.

11 Salid, oh doncellas de Sión, y ved al rey Salomón con la corona con que le coronó su madre el día de su desposorio, y el día del gozo de su corazón.

CAPÍTULO 4

He aquí que tú *eres* hermosa, amada mía, he aquí que tú *eres* hermosa; tus ojos entre tus guedejas como de paloma; tus cabellos como rebaño de cabras, que se muestran desde ᵒel monte de Galaad.

2 Tus dientes, ᵖcomo rebaño *de ovejas* trasquiladas que suben del lavadero, todas con crías mellizas, y ninguna entre ellas estéril.

3 Tus labios, como un hilo de grana, y tu habla hermosa; tus mejillas, como cachos de granada entre tus guedejas.

4 Tu cuello, ˢcomo la torre de David, edificada para armería; ᵗmil escudos están colgados en ella, todos escudos de valientes.

5 ᵘTus dos pechos, como mellizos de gacela, que se apacientan entre lirios.

6 ªHasta que apunte el día y huyan las sombras, me iré al monte de la ᵇmirra, y al collado del incienso.

7 Toda tú *eres* hermosa, amada mía y ᶜen ti no *hay* mancha.

8 Ven conmigo del ᵈLíbano, oh esposa *mía*, ven conmigo del Líbano; mira desde la cumbre de Amana, desde la cumbre de Senir y ᵉde Hermón, desde las guaridas de los leones, desde los montes de los leopardos.

9 Prendiste mi corazón, hermana, esposa *mía*; has prendido mi corazón con uno de tus ojos, con una gargantilla de tu cuello.

10 ¡Cuán hermosos son tus amores, ⁱhermana mía, esposa *mía*! ¡Cuánto mejores que el vino tus amores, y el olor de tus ungüentos que todas las especias aromáticas!

11 ᵏComo panal de miel destilan tus labios, oh esposa *mía*; ᵐmiel y leche hay debajo de tu lengua; y el olor de tus vestidos ᵒcomo el olor del Líbano.

12 Huerto cerrado *eres*, hermana mía, esposa *mía*; fuente cerrada, fuente sellada.

13 Tus renuevos *son* paraíso de ᵖgranados, con frutos suaves, de flores de alheña y ʳnardos,

14 nardo y azafrán, ˢcaña aromática y canela, con todos los árboles de ᵘincienso; mirra y áloe, con todas las principales especias.

15 Fuente de huertos, ᵛpozo de aguas vivas, que corren del Líbano.

16 Levántate, viento del norte, y ven, viento del sur; soplad sobre mi huerto, despréndanse sus aromas. ʸVenga mi amado a su huerto, y coma de su dulce fruta.

CAPÍTULO 5

Yo ªvine a mi huerto, oh hermana mía, esposa *mía*; he recogido mi mirra y mis aromas; ᵇhe comido mi panal y mi miel, mi vino y mi leche he bebido. Comed, amigos; bebed en abundancia, oh amados.

2 Yo dormía, pero mi corazón velaba: La voz de mi amado ᶜque llamaba: Ábreme, hermana mía, ᵈamada mía, paloma mía, ᵉperfecta mía; porque mi cabeza está llena de rocío, mis cabellos de las gotas de la noche.

a cp 2:17
b cp 3:6
c Ef 5:27
d Sal 72:16
e Dt 3:9
f ver 2
g cp 3:1
h cp 3:3
i cp 5:1-2
j cp 1:2-4
k Pr 5:3
l cp 2:5
m Pr 24:13
n cp 1:8
o Gn 27:27
Os 14:6-7
p ver 3
q Sal 19:10
r cp 1:12
s Éx 30:23
t cp 1:15 y 4:1
u cp 5:1
v Jer 2:13
x cp 2:1
y cp 5:1
z Éx 24:10
a cp 4:16
b cp 4:11
c Ap 3:20
d cp 1:15
e cp 6:9

3 Me he desnudado mi ropa; ¿cómo me he de vestir? He lavado mis pies; ¿cómo los he de ensuciar?

4 Mi amado metió su mano por la ventanilla, y mis entrañas se conmovieron dentro de mí.

5 Yo me levanté para abrir a mi amado, y mis manos gotearon mirra, y mis dedos mirra que corría sobre las aldabas del candado.

6 Abrí yo a mi amado; mas mi amado se había ido, había ya pasado; y ᶠtras su hablar salió mi alma; ᵍlo busqué, y no lo hallé; lo llamé, y no me respondió.

7 Me hallaron ʰlos guardas que rondan la ciudad; me hirieron, me golpearon, me quitaron mi manto de encima los guardas de los muros.

8 Yo os conjuro, oh doncellas de Jerusalén, si halláis a mi amado, que le digáis que ˡestoy enferma de amor.

9 ¿Qué *es* tu amado más que *otro* amado, ⁿoh la más hermosa de todas las mujeres? ¿Qué *es* tu amado más que *otro* amado, que así nos conjuras?

10 Mi amado *es* blanco y rubio, distinguido entre diez mil.

11 Su cabeza ᵠcomo oro finísimo; sus cabellos crespos, negros como el cuervo.

12 Sus ojos, ᵗcomo de palomas junto a los arroyos de las aguas, que se lavan con leche, y a la perfección colocados.

13 Sus mejillas, como una era de especias aromáticas, como fragantes flores; sus labios, ˣcomo lirios que destilan mirra fragante.

14 Sus manos, como anillos de oro engastados de berilo; su vientre, *como* claro marfil cubierto de ᶻzafiros.

15 Sus piernas, como columnas de mármol fundadas sobre bases de oro fino; su aspecto como el Líbano, escogido como los cedros.

16 Su paladar, dulcísimo; y todo él codiciable. Tal *es* mi amado, tal *es* mi amigo, oh doncellas de Jerusalén.

CAPÍTULO 6

¿A dónde se ha ido tu amado, oh la más hermosa de todas las mujeres? ¿A dónde se apartó tu amado, y lo buscaremos contigo?

2 Mi amado descendió ᵃa su huerto, a ᶜlas eras de los aromas para apacentar en los huertos, y para recoger los lirios.

3 Yo *soy* de mi amado, ᵉy mi amado *es* mío: Él apacienta entre los lirios.

4 Hermosa *eres* tú, oh amada mía, como ᶠTirsa; de desear, como Jerusalén; Imponente como *un ejército* con *sus* banderas.

5 Aparta tus ojos de delante de mí, porque ellos me vencieron. ᵍTu cabello *es* como rebaño de cabras, que se muestran de Galaad.

6 Tus dientes, ʰcomo rebaño de ovejas que suben del lavadero, todas con crías mellizas, y estéril no *hay* entre ellas.

7 Como ⁱcachos de granada *son* tus mejillas entre tus guedejas.

8 ʲSesenta son las reinas, y ochenta las concubinas, y las doncellas sin número.

9 Mas una es la paloma mía, ᵐla perfecta mía; *Es* la *única* de su madre, la preferida de la que la engendró. La vieron las doncellas, y la llamaron bienaventurada; las reinas y las concubinas, y la alabaron.

10 ᵒ¿Quién *es* ésta que se muestra como el alba, hermosa como la luna, esclarecida como el sol, ᵠimponente como ejércitos con *sus* banderas?

11 Al huerto de los nogales descendí, a ver los frutos del valle, y para ver si brotaban las vides, si florecían los granados.

12 Antes que lo supiera; mi alma me puso *como* los carros de Aminadab.

13 Vuelve, vuelve, oh ʳsulamita; vuelve, vuelve, para poder mirarte. ¿Qué veréis en la sulamita? Algo como la reunión de dos campamentos.

CAPÍTULO 7

¡Cuán hermosos son tus pies en las sandalias, oh ᵛhija de príncipe! Los contornos de tus muslos *son* como joyas, obra de mano de excelente maestro.

2 Tu ombligo, *como* una taza redonda, que no le falta bebida. Tu vientre, *como* montón de trigo, cercado de ʸlirios.

3 Tus dos pechos, ᶻcomo mellizos de gacela.

4 Tu cuello, ᵇcomo torre de marfil; tus ojos, *como* los estanques de ᵈHesbón junto a la puerta de Batrabim; Tu nariz, como la torre del Líbano, que mira hacia Damasco.

5 Tu cabeza encima de ti, como el Carmelo; y el cabello de tu cabeza, como la púrpura del rey ligada en los corredores.

6 ¡Qué hermosa eres, y cuán suave, oh amor deleitoso!

7 Tu estatura es semejante a la palmera, y tus pechos *como* racimos *de uvas*.

8 Yo dije: Subiré a la palmera, asiré sus ramas; y tus pechos serán ahora como racimos de vid, y el olor de tu boca como de manzanas;

9 y tu paladar como el buen vino, que se entra a mi amado suavemente, y hace hablar los labios de los que duermen.

10 ᵏYo *soy* de mi amado, y ˡconmigo tiene su contentamiento.

11 Ven, oh amado mío, salgamos al campo, moremos en las aldeas.

12 Levantémonos de mañana a las viñas; veamos si ⁿbrotan las vides, si se abre el cierne, si han florecido los granados; allí te daré mis amores.

13 Las mandrágoras ᵖhan dado olor, y a nuestras puertas hay toda clase de dulces *frutas*, nuevas y añejas, que para ti, oh amado mío, he guardado.

CAPÍTULO 8

¡Oh que *fueras* tú como mi hermano, que mamó los pechos de mi madre; así, al encontrarte afuera yo te besaría, y no me menospreciarían!

2 Yo te llevaría, te metería en la casa de mi madre, que me enseñaba; te daría a beber ˢvino sazonado del mosto ᵗde mis granadas.

3 Su izquierda ᵘ*esté* debajo de mi cabeza, y su derecha me abrace.

4 Os conjuro, oh doncellas de Jerusalén, que no despertéis ni hagáis velar al amor, hasta que quiera.

5 ¿Quién *es* ésta que ˣsube del desierto, recostada sobre su amado? Debajo de un manzano te desperté: Allí tuvo dolores tu madre, allí tuvo dolores la que te dio a luz.

---

a cp 4:16
b cp 4:4
c cp 5:13
d Nm 21:26
e cp 2:16
  y 7:10

f 1 Re 14:17

g cp 4:1-2

h cp 4:2

i cp 4:3
j cp 3:7

k cp 2:16 6:3
l Sal 45:11
m cp 5:2

n cp 6:11

o cp 3:6
  y 8:5
p Gn 30:14
q ver 4

r 1 Re 1:3

s Pr 9:2-5
t cp 4:3
u cp 2:6
v Sal 45:13

x cp 3:6

y cp 2:1
z cp 4:5

Las muchas aguas no apagarán el amor

6 Ponme como ªun sello sobre tu corazón, como una marca sobre tu brazo; porque ᶜfuerte como la muerte *es* el amor; ᵈduros como el sepulcro los celos; sus brasas, brasas de fuego, fuerte llama.

7 Las muchas aguas no podrán apagar el amor, ni lo ahogarán los ríos. ᶠSi diese el hombre toda la hacienda de su casa por este amor, de cierto lo menospreciarían.

8 Tenemos una pequeña hermana, ᵍque no tiene pechos: ¿Qué haremos a nuestra hermana cuando de ella se hablare?

9 Si ella *es* muro, edificaremos sobre él un palacio de plata; y si *fuere* puerta, la guarneceremos con tablas de cedro.

10 Yo *soy* muro, y mis pechos ᵇcomo torres, desde que fui en sus ojos como la que halla paz.

11 Salomón tuvo ᵉuna viña en Baal-hamón, la cual entregó a guardas, cada uno de los cuales debía traer mil *piezas* de plata por su fruto.

12 Mi viña, que *es* mía, está delante de mí; las mil serán tuyas, oh Salomón, y doscientas, de los que guardan su fruto.

13 Oh, tú la que moras en los huertos, los compañeros escuchan tu voz; ʰházmela oír.

14 Huye, amado mío; y sé semejante al corzo, o al cervatillo, sobre las montañas de los aromas.

a	Is 49:16
	Jer 22:24
c	Rm 8:35
d	Pr 6:34-35
e	Ec 2:4
f	Pr 6:34-35
g	Ez 16:7
h	cp 2:14

Libro De
ISAÍAS

CAPÍTULO 1

Visión ªde Isaías hijo de Amoz, la cual vio acerca de Judá y Jerusalén, en días de ᵇUzías, ᶜJotam, ᵈAcaz y ᵉEzequías, reyes de Judá.

2 Oíd, cielos, ᵍy escucha tú, tierra; porque habla Jehová: Crié hijos y los engrandecí, y ellos se rebelaron contra mí.

3 El buey ᵏconoce a su dueño, y el asno el pesebre de su señor: Pero Israel ˡno conoce, mi pueblo no tiene entendimiento.

4 ¡Oh gente pecadora, pueblo cargado de maldad, generación de malignos, hijos depravados! Dejaron a Jehová, provocaron a ira al Santo de Israel, se tornaron atrás.

5 ᵐ¿Para qué habéis de ser castigados aún? ¿Todavía os rebelaréis? Toda cabeza está enferma, y todo corazón doliente.

6 Desde la planta del pie hasta la cabeza no *hay* en él cosa sana, *sino* herida, hinchazón y podrida llaga; no están curadas, ni vendadas, ni suavizadas con aceite.

7 Vuestra tierra ᵠ*está* destruida, vuestras ciudades puestas a fuego, vuestra tierra la devoran extranjeros delante de vosotros, y *es* asolada como asolamiento de extraños.

8 Y queda la hija de Sión como choza en viña, y como cabaña en melonar, como ciudad asolada.

9 ᶠSi Jehová de los ejércitos no nos hubiese dejado ʰun pequeño remanente, ⁱcomo Sodoma fuéramos, y semejantes a Gomorra.

10 Príncipes de Sodoma, ʲoíd la palabra de Jehová; escuchad la ley de nuestro Dios, pueblo de Gomorra.

11 ¿Para qué me sirven a mí, dice Jehová, la multitud de vuestros sacrificios? Harto estoy de holocaustos de carneros, y de sebo de animales gordos; no quiero sangre de bueyes, ni de ovejas, ni de machos cabríos.

12 ¿Quién demanda esto de vuestras manos, cuando venís a presentaros delante de mí, ⁿpara hollar mis atrios?

13 No me traigáis más vana ofrenda; el incienso me es abominación; lunas ᵒnuevas, sábados, y el convocar asambleas, ᵖno lo puedo soportar; *son* iniquidad vuestras fiestas solemnes.

14 Vuestras lunas nuevas y vuestras fiestas solemnes aborrece mi alma; me son gravosas; cansado estoy de soportarlas.

a	cp 2:1
b	2 Re 15:1-3
c	2 Re 15:32
d	2 Re 16:1
e	2 Re 18:1
f	Rm 9:29
g	Sal 116:19
h	2 Re 19:4
i	cp 13:19
j	Ez 16:46-55
	Ap 11.8
k	Jer 8:7
l	cp 5:12-13
m	cp 9:13
	Jer 2:30
n	Sal 116:19
o	1 Cr 23:31
p	Jer 8:7
q	Dt 28:51-52

15 Cuando extendiereis vuestras manos, yo ªesconderé de vosotros mis ojos; asimismo cuando multiplicareis la oración, yo no oiré; llenas están de sangre vuestras manos.

16 Lavaos, limpiaos; quitad la iniquidad de vuestras obras de delante de mis ojos; dejad de hacer lo malo.

17 Aprended a hacer el bien; buscad juicio, restituid al agraviado, haced justicia al huérfano, abogad por la viuda.

18 Venid luego, ᵉdice Jehová, y estemos a cuenta; ᶠsi vuestros pecados fueren como la grana, como la nieve serán emblanquecidos; si fueren rojos como el carmesí, vendrán a ser como blanca lana.

19 Si quisiereis y obedeciereis, comeréis el bien de la tierra:

20 Si no quisiereis y fuereis rebeldes, seréis consumidos a espada; porque ⁱla boca de Jehová lo ha dicho.

21 ¡Cómo se ha convertido en ʲramera la ciudad fiel! Llena estuvo de juicio, en ella habitó justicia, mas ahora, homicidas.

22 Tu plata se ha tornado en escorias, tu vino con agua está mezclado.

23 Tus príncipes, *son* prevaricadores y compañeros de ladrones; ᵐtodos aman el soborno, y van tras las recompensas; no oyen en juicio al huérfano, ni llega a ellos la causa de la viuda.

24 Por tanto, dice el Señor, Jehová de los ejércitos, el Fuerte de Israel: Ea, tomaré satisfacción de mis enemigos, me vengaré de mis adversarios:

25 Y volveré mi mano sobre ti, y limpiaré hasta lo más puro tus escorias, y quitaré todo tu estaño:

26 Y restituiré tus jueces como al principio, y tus consejeros como de primero; ᵠentonces te llamarán Ciudad de Justicia, Ciudad Fiel.

27 Sión con juicio será rescatada, y los convertidos de ella con justicia.

28 Mas los rebeldes y pecadores a una serán quebrantados, y los que dejan a Jehová serán consumidos.

29 Entonces os avergonzarán ˢlos olmos que amasteis, y os afrentarán los bosques que escogisteis.

30 Porque seréis como el olmo al que se le cae la hoja, y como huerto al que le faltan las aguas.

31 Y el fuerte será como estopa, y lo que hizo como centella; y ambos ᵇserán encendidos juntamente, y no habrá quien apague.

CAPÍTULO 2

Lo que ᶜvio Isaías, hijo de Amoz, tocante a Judá y a Jerusalén.

2 Y acontecerá ᵈen lo postrero de los tiempos, que será confirmado el monte de la casa de Jehová por cabeza de los montes, y será ensalzado sobre los collados, y ᵍcorrerán a él todas las naciones.

3 Y vendrán muchos pueblos, y dirán: ʰVenid, y subamos al monte de Jehová, a la casa del Dios de Jacob; y Él nos enseñará en sus caminos, y caminaremos por sus sendas. Porque de Sión saldrá la ley, y de Jerusalén la palabra de Jehová.

4 Y juzgará entre las naciones, y reprenderá a muchos pueblos; y ᵏvolverán sus espadas en rejas de arado, y sus lanzas en hoces; no alzará espada nación contra nación, ˡni se adiestrarán más para la guerra.

5 Venid, oh casa de Jacob, y caminemos a la luz de Jehová.

6 Ciertamente tú has dejado a tu pueblo, la casa de Jacob, porque están llenos *de maldades* del oriente, y de agoreros, como los filisteos; y hacen pacto con hijos de extranjeros.

7 Su tierra está ⁿllena de plata y oro, sus tesoros no tienen fin. También está su tierra llena de caballos; sus carros *son* innumerables.

8 Además su tierra está ᵒllena de ídolos, y a la obra de sus manos se han arrodillado, a lo que fabricaron sus dedos.

9 Y ᵖel hombre vil se ha inclinado, y el hombre altivo se ha humillado; por tanto no los perdones.

10 Métete en la piedra, ʳescóndete en el polvo, por la presencia temible de Jehová, y por el esplendor de su majestad.

11 La altivez de los ojos del hombre será abatida, y la soberbia de los hombres será humillada; y ᵗsólo Jehová será exaltado en aquel día.

---

a cp 59:2-3
b cp 9:18
c cp 1:1
d Mi 4:1-3
e cp 43:26
 1 Sm 12:7
 Mi 6:2
f Sal 51:7
g cp 27:13
 Lc 24:47
h Jer 31:6
 Zac 8:21-23
i cp 40:5
j Jer 2:20
 Ap 17:1
k Jl 3:10
l Sal 46:9
 Os 2:18
 Zac 9:10
m Os 4:18
 Mi 3:11
n Dt 17:16
o Jer 2:28
p cp 5:15
q ver 21
 Zac 8:3
r Ap 6:15-16
s cp 57:5
t 2 Co 10:5

El gran día de Jehová ISAÍAS 3

12 Porque día de Jehová de los ejércitos *vendrá* sobre todo soberbio y altivo, y sobre todo enaltecido; y será abatido;
13 sobre todos los cedros del Líbano altos y erguidos, y sobre todas las encinas de Basán.
14 Y [b]sobre todos los montes altos, y sobre todos los collados levantados;
15 Y sobre toda torre alta, y sobre todo muro fuerte;
16 Y sobre todas [c]las naves de Tarsis, y sobre todas las pinturas preciadas.
17 Y la altivez del hombre será abatida, y la soberbia de los hombres será humillada; y sólo Jehová será exaltado en aquel día.
18 Y quitará totalmente los ídolos.
19 Y [e]se meterán en las cavernas de las peñas, y en las aberturas de la tierra, por la temible presencia de Jehová, y por el esplendor de su majestad, cuando Él se levante para sacudir la tierra.
20 En aquel día el hombre arrojará a los topos y a los murciélagos, sus ídolos de plata y sus ídolos de oro que le hicieron para que adorase;
21 y se meterá en las hendiduras de las rocas y en las cavernas de las peñas, por la temible presencia de Jehová, y por el esplendor de su majestad, cuando Él se levante para sacudir la tierra.
22 [j]Dejaos del hombre, cuyo aliento *está* en su nariz; porque ¿de qué es él estimado?

CAPÍTULO 3

Porque he aquí que el Señor Jehová de los ejércitos [k]quita de Jerusalén y de Judá la provisión y el apoyo; toda provisión de pan y todo sustento de agua;
2 al valiente y al hombre de guerra, al juez y al profeta, al prudente y al anciano;
3 al capitán de cincuenta y al hombre de respeto, al consejero, al artífice excelente y al hábil orador.
4 Y [l]les pondré jóvenes por príncipes, y muchachos serán sus señores.
5 Y el pueblo sufrirá opresión, los unos de los otros, cada cual contra su vecino; el joven se levantará contra el anciano, y el villano contra el noble.

6 [a]Cuando alguno tomare a su hermano, de la familia de su padre, y *le dijere*: Tú tienes vestidura, tú serás nuestro príncipe, y estas ruinas estarán bajo tu mando;
7 él jurará aquel día, diciendo: Yo no seré el sanador; porque en mi casa ni hay pan, ni qué vestir; no me hagáis príncipe del pueblo.
8 Pues arruinada está Jerusalén, y Judá ha caído; porque la lengua de ellos y sus obras *han sido* contra Jehová, para irritar los ojos de su majestad.
9 La apariencia de sus rostros testifica contra ellos; [d]como Sodoma publican su pecado, no lo disimulan. ¡Ay del alma de ellos! porque allegaron mal para sí.
10 Decid al justo [f]que *le irá* bien; porque [g]comerá del fruto de su trabajo.
11 ¡Ay del impío! Mal *le irá*; porque [h]según las obras de sus manos le será pagado.
12 Los opresores de mi pueblo son muchachos, y mujeres se enseñorearon de él. Pueblo mío, los que te guían te engañan, y tuercen el curso de tus caminos.
13 Jehová está en pie para litigar, está en pie para juzgar a los pueblos.
14 [i]Jehová vendrá a juicio contra los ancianos de su pueblo y contra sus príncipes; porque vosotros habéis devorado la viña, y el despojo del pobre *está* en vuestras casas.
15 ¿Qué pensáis vosotros que majáis mi pueblo, y moléis las caras de los pobres? Dice el Señor Jehová de los ejércitos.
16 Asimismo dice Jehová: Por cuanto las hijas de Sión se ensoberbecen, y andan con el cuello erguido y ojos coquetos; cuando andan van danzando y haciendo son con los pies.
17 Por tanto, el Señor raerá la cabeza de las hijas de Sión, y Jehová descubrirá sus vergüenzas.
18 Aquel día quitará el Señor el atavío de los calzados, [m]las redecillas, las lunetas;
19 los collares, los brazaletes y los velos;
20 las cofias, los atavíos de las piernas, los partidores del pelo, los pomitos de olor y los zarcillos;

---

a cp 4:1

b cp 30:25

c 1 Re 10:22

d cp 1:10
Gn 13:13

e Lc 23:30
f Ec 8:12
g Sal 128:2

h Sal 11:6
Ec 8:13

i Os 4:1
j Sal 118:8-9
y 146:3
Jer 17:5

k Jer 37:21

l Ec 10:16
m Jue 8:21-26

21 los anillos y los joyeles de la nariz; 22 las ropas de gala, los mantos, los lienzos, las bolsas, 23 los espejos, el lino fino, las mitras y los velos.
24 Y será que en lugar de perfume aromático vendrá hediondez; y cuerda en vez de cinturón; y calvez en lugar de la compostura del cabello; y en lugar de ropa de gala ^bceñimiento de cilicio; y quemadura en vez de hermosura.
25 Tus varones caerán a espada, y tus poderosos en la guerra.
26 Sus puertas ^cse entristecerán y enlutarán, y ella, desamparada, ^dse sentará en tierra.

CAPÍTULO 4

En aquel tiempo ^esiete mujeres echarán mano de un hombre, diciendo: Nosotras comeremos de nuestro pan, y nos vestiremos de nuestras ropas; solamente permítenos ser llamadas por tu nombre, y así quitar nuestro oprobio.
2 En aquel tiempo ^gel renuevo de Jehová será para hermosura y gloria, y el fruto de la tierra para grandeza y honra al remanente de Israel.
3 Y acontecerá *que el que* quedare en Sión, y el que fuere dejado en Jerusalén, ⁱserá llamado santo; todos los que en Jerusalén ^jestán escritos entre los vivientes;
4 ^kcuando el Señor haya lavado la inmundicia de las hijas de Sión, y limpiado la sangre *derramada* en medio de Jerusalén, con espíritu de juicio y con espíritu de fuego.
5 Y creará Jehová sobre toda morada del monte de Sión, y sobre los lugares de sus convocaciones, nube y oscuridad de día, y de noche resplandor de fuego que eche llamas; porque sobre toda gloria *habrá* un dosel.
6 Y habrá cobertizo para sombra contra el calor del día, y para refugio y escondedero contra la tormenta y contra el aguacero.

CAPÍTULO 5

Ahora cantaré a mi amado, un canto a mi amado acerca de su viña. ^aTenía mi amado una viña en una ladera fértil.
2 La había cercado y despedregado y plantado de vides escogidas; había edificado en medio de ella una torre, y hecho también en ella un lagar; y esperaba que diese uvas, y dio uvas silvestres.
3 Ahora, pues, moradores de Jerusalén y varones de Judá, juzgad entre mí y mi viña.
4 ¿Qué más se podía hacer a mi viña, que yo no haya hecho en ella? ¿Por qué, esperando yo que diese uvas, ha dado uvas silvestres?
5 Os mostraré, pues, ahora lo que haré yo a mi viña: Le quitaré su vallado, y será consumida; derribaré su cerca y será hollada;
6 haré que quede desierta; no será podada ni cavada, y crecerán el cardo y los espinos; y aun a las nubes mandaré que no derramen lluvia sobre ella.
7 Ciertamente ^fla viña de Jehová de los ejércitos *es* la casa de Israel, y los hombres de Judá su planta deliciosa. Esperaba juicio, y he aquí vileza; justicia, y he aquí clamor.
8 ¡Ay de los que juntan casa con casa, y ^hañaden heredad a heredad hasta que ya no hay espacio! ¿Habitaréis vosotros solos en medio de la tierra?
9 Ha llegado a mis oídos de parte de Jehová de los ejércitos, que las muchas casas han de quedar asoladas, sin morador las grandes y hermosas.
10 Y diez yugadas de viña producirán ^lun bato, y un homer de semilla producirá un efa.
11 ^m¡Ay de los que se levantan de mañana para seguir la embriaguez; que se están hasta la noche, *hasta* que el vino los enciende!
12 Y en sus banquetes hay arpas, vihuelas, tamboriles, flautas y vino; y ⁿno miran la obra de Jehová, ni consideran ^ola obra de sus manos.
13 Por eso mi pueblo es llevado cautivo, porque no *tiene* conocimiento; y sus nobles perecen de hambre, y su multitud se seca de sed.
14 Por tanto, se ensanchó el infierno, y sin medida extendió su boca; y allá descenderá la gloria de ellos, y su multitud, y su ostentación, y el que en ello se regocijaba.

Llamamiento de Isaías

15 Y ªel hombre vil será abatido, y el hombre altivo será humillado, y los ojos de los soberbios serán bajados.
16 Mas Jehová de los ejércitos ᵇserá exaltado en juicio, y el Dios Santo será santificado con justicia.
17 Y los corderos serán apacentados según su costumbre; y ᶜextraños devorarán los campos desolados de los ricos.
18 ¡Ay de los que traen la iniquidad con cuerdas de vanidad, y el pecado como con coyundas de carreta,
19 los cuales dicen: ᵉVenga ya, apresúrese su obra, y veamos; acérquese, y venga el consejo del Santo de Israel, para que lo sepamos!
20 ¡Ay de los que a lo malo dicen bueno, y a lo bueno malo; que hacen de la luz tinieblas, y de las tinieblas luz; que ponen lo amargo por dulce, y lo dulce por amargo!
21 ¡Ay de los sabios en sus propios ojos, y de ⁱlos que son prudentes delante de sí mismos!
22 ¡Ay de *los que son* valientes para beber vino, y hombres fuertes para mezclar bebida;
23 que ᵏjustifican al impío ˡpor cohecho, y al justo quitan su justicia!
24 Por tanto, como la lengua del fuego consume el rastrojo, y la llama devora la paja, así será su raíz como podredumbre, y su flor se desvanecerá como polvo; porque desecharon la ley de Jehová de los ejércitos, y abominaron la palabra del ᵖSanto de Israel.
25 Por esta causa ᵠse encendió el furor de Jehová contra su pueblo, y extendió contra él su mano, y le hirió; y se estremecieron los montes, y sus cadáveres *fueron* arrojados en medio de las calles. Con todo esto no ha cesado su furor, pero su mano todavía *está* extendida.
26 Y alzará pendón a ˢnaciones lejanas, y ᵗsilbará al que está en el extremo de la tierra; y he aquí que vendrá pronto y velozmente.
27 No habrá entre ellos cansado ni que vacile; ninguno se dormirá ni le tomará sueño; a ninguno se le desatará el cinto de los lomos, ni se le romperá la correa de sus zapatos.
28 Sus saetas afiladas, y todos sus arcos entesados; los cascos de sus caballos parecerán como de pedernal, y las ruedas de sus carros como torbellino.
29 Su rugido *será* como de león; rugirá a manera de leoncillos, crujirá los dientes, y arrebatará la presa; se la llevará con seguridad, y nadie se la quitará.
30 Y bramarán sobre él en aquel día como bramido del mar; entonces ᵈmirará hacia la tierra, y he aquí tinieblas de tribulación, y en los cielos se oscurecerá la luz.

a cp 2:9
b cp 2:11
c Sal 109:11
d cp 8:22
e 2 Pe 3:4
f 2 Re 15:7
g Jn 12:41
h Ap 4:8
i Rm 12:16
j Ap 4:8
k Pr 17:15
l Éx 23:8
m Éx 19:18
n Éx 3:6
o Éx 4:10
y 6:30
Jue 6:22
y 13:22
Jer 1:6
p cp 12:6
q 2 Re 22:13
r Ap 8:3
s cp 11:12
t cp 7:18
u Mt 13:14
Mr 4:12
Lc 8:19
Jn 12:40
Hch 28:26
Rm 11:8
v Dt 29:4

CAPÍTULO 6

En ᶠel año que murió el rey Uzías ᵍvi yo al Señor sentado sobre un trono alto y sublime, y el borde de su vestidura llenaba el templo.
2 Por encima de él había serafines; cada uno tenía ʰseis alas; con dos cubrían sus rostros, y con dos cubrían sus pies y con dos volaban.
3 Y el uno al otro daba voces, diciendo: ʲSanto, santo, santo, Jehová de los ejércitos; toda la tierra *está* llena de su gloria.
4 Y los quiciales de las puertas se estremecieron con la voz del que clamaba, y ᵐla casa se llenó de humo.
5 Entonces dije: ⁿ¡Ay de mí! que soy muerto; porque siendo hombre inmundo de labios, y habitando en medio de pueblo que tiene labios inmundos, ᵒhan visto mis ojos al Rey, Jehová de los ejércitos.
6 Y voló hacia mí uno de los serafines, teniendo en su mano un carbón encendido, tomado ʳdel altar con unas tenazas;
7 Y tocando con él sobre mi boca, dijo: He aquí que esto tocó tus labios, y es quitada tu culpa, y limpio tu pecado.
8 Después oí la voz del Señor, que decía: ¿A quién enviaré, y quién irá por nosotros? Entonces respondí yo: Heme aquí, envíame a mí.
9 Y dijo: Anda, y di a este pueblo: ᵘOíd bien, y no entendáis; ved por cierto, mas no comprendáis.
10 ᵛEngruesa el corazón de este pueblo, y agrava sus oídos, y ciega sus ojos; no sea que vea con sus ojos, y oiga con sus oídos, y su corazón entienda, y se convierta y sea sanado.

ISAÍAS 7

11 Y yo dije: ¿Hasta cuándo, Señor? Y respondió Él: Hasta que las ciudades estén asoladas y sin morador, y no haya hombre en las casas, y la tierra sea tornada en desierto;

12 Hasta que Jehová haya echado lejos a los hombres, y *sea* grande el abandono en medio de la tierra.

13 Pues aún *quedará* en ella una décima parte, y volverá a ser consumida, como la encina y el roble, de los cuales en la tala queda el tronco, así *será* el tronco de ella ᵉla simiente santa.

CAPÍTULO 7

Aconteció en los días de Acaz, hijo de Jotam, hijo de Uzías, rey de Judá, que ʲRezín, rey de Siria, y Peka, hijo de Remalías, rey de Israel, subieron a Jerusalén para combatirla; mas no la pudieron tomar.

2 Y vino la nueva a la casa de David, diciendo: Siria se ha confederado con Efraín. Y se le estremeció el corazón, y el corazón de su pueblo, como se estremecen los árboles del bosque a causa del viento.

3 Entonces dijo Jehová a Isaías: Sal ahora al encuentro de Acaz, tú, y Sear-jasub tu hijo, ᵒal cabo del acueducto del estanque de arriba, en el camino de la Heredad del Lavador,

4 y dile: Guarda, y repósate; no temas, ni desmaye tu corazón a causa de estos dos cabos de tizón que humean, por el furor de la ira de Rezín y de Siria, y del hijo de Remalías.

5 Porque Siria, Efraín, y el hijo de Remalías, han acordado maligno consejo contra ti, diciendo:

6 Subamos contra Judá, y aterroricémosla, y hagamos una brecha para nosotros, y pondremos en medio de ella por rey al hijo de Tabeel.

7 El Señor Jehová dice así: No prevalecerá, ni sucederá.

8 Porque ᵠla cabeza de Siria *es* ʳDamasco, y la cabeza de Damasco, Rezín; y dentro de sesenta y cinco años Efraín será quebrantado hasta dejar de ser pueblo.

a 2 Re 19:29
b Mt 12:38
c 2 Re 16:7
d Lc 1:27,69
e Esd 9:2
f Mt 1:23
g cp 8:8-10
h ver 22
i Lc 2:40,52
j 2 Re 15:37
k cp 8:4
l 2 Re 15:30
m 1 Re 12:16
n 2 Re 23:29
o 2 Re 18:17
p 2 Re 16:8
Ez 5:1
q 2 Sm 8:6
r cp 17:1-3

Una virgen dará a luz a Emmanuel

9 Y la cabeza de Efraín *es* Samaria, y la cabeza de Samaria *es* el hijo de Remalías. Si vosotros no creyereis, de cierto no permaneceréis.

10 Y Jehová habló otra vez a Acaz, diciendo:

11 Pide para ti ᵃseñal de Jehová tu Dios, demandándola ya sea en lo ᵇprofundo, o arriba en lo alto.

12 Y respondió Acaz: ᶜNo pediré, y no tentaré a Jehová.

13 Dijo entonces Isaías: Oíd ahora ᵈcasa de David. ¿Os *es* poco el ser molestos a los hombres, sino que también lo seáis a mi Dios?

14 Por tanto, el Señor mismo os dará señal: He aquí ᶠuna virgen concebirá y dará a luz un hijo, y llamará su nombre ᵍEmmanuel.

15 ʰComerá mantequilla y miel, ⁱpara que sepa desechar lo malo y escoger lo bueno.

16 Porque ᵏantes que el niño sepa desechar lo malo y escoger lo bueno, la tierra que tú aborreces será abandonada de sus ˡdos reyes.

17 Jehová hará venir sobre ti, y sobre tu pueblo, y sobre la casa de tu padre, días cuales nunca vinieron desde el día que ᵐEfraín se apartó de Judá, *es decir*, al rey de Asiria.

18 Y acontecerá que aquel día silbará Jehová a ⁿla mosca que está en el fin de los ríos de Egipto, y a la abeja que está en la tierra de Asiria.

19 Y vendrán y se asentarán todos en los valles desiertos y en las cavernas de las piedras, y en todos los zarzales y en todos los matorrales.

20 En aquel día ᵖrasurará el Señor con navaja alquilada, con los que habitan al otro lado del río, *es decir*, con el rey de Asiria, cabeza y pelo de los pies; y aun la barba quitará.

21 Y acontecerá en aquel tiempo, que un hombre criará una vaca y dos ovejas;

22 y será que a causa de la abundancia de leche que darán, comerá mantequilla; pues mantequilla y miel comerá el que quedare en medio de la tierra.

23 Acontecerá también en aquel tiempo, *que* el lugar donde había mil vides que valían mil siclos de plata, será para los espinos y cardos.

Profecía del reinado del Mesías

24 Con saetas y arco irán allá; porque toda la tierra será espinos y cardos.

25 Y a todos los montes que se cavaban con azadón, no llegará allá el temor de los espinos y de los cardos; mas serán para ᵇpasto de bueyes, y para ser hollados de los ganados.

CAPÍTULO 8

Y me dijo Jehová: Toma una tabla grande, y ᵉescribe en ella en estilo de hombre tocante a Maher-salal-has-baz.

2 Y tomé conmigo como testigos fieles para que confirmaran, al sacerdote ᶠUrías y a Zacarías, hijo de Jeberequías.

3 Y me allegué a la profetisa, la cual concibió y dio a luz un hijo. Y me dijo Jehová: Ponle por nombre Maher-salal-has-baz.

4 Porque ᵏantes que el niño sepa decir: Padre mío, y madre mía, será quitada la fuerza de Damasco y los despojos de Samaria, en la presencia del rey de Asiria.

5 Otra vez volvió Jehová a hablarme, diciendo:

6 Por cuanto este pueblo desechó las aguas de ᵖSiloé, que corren mansamente, y se regocijó con Rezín y con el hijo de Remalías,

7 por tanto, he aquí que el Señor hace subir sobre ellos aguas de ríos, impetuosas y muchas, a saber, al rey de Asiria con todo su poder; el cual subirá sobre todos sus ríos, y pasará sobre todas sus riberas.

8 y pasando hasta Judá, inundará y seguirá adelante, y llegará ʳhasta el cuello; y extendiendo sus alas, llenará la anchura de tu tierra, oh Emmanuel.

9 Reuníos, pueblos, y seréis quebrantados; oíd, todos los que sois de lejanas tierras; ceñíos, y seréis quebrantados; apercibíos, y seréis quebrantados.

10 Tomad consejo, y será frustrado; proferid palabra, y no será firme; porque ᵗDios está con nosotros.

11 Porque Jehová me habló así con mano fuerte, y me enseñó que no caminase por el camino de este pueblo, diciendo:

12 No llaméis conspiración a todas las cosas a que este pueblo llame conspiración, ᵃni temáis lo que ellos temen, ni tengáis miedo.

13 A Jehová de los ejércitos, a Él santificad; sea Él vuestro temor, y Él sea vuestro miedo.

14 Entonces ᶜÉl será por santuario; mas para las dos casas de Israel, será por ᵈpiedra de tropiezo y por piedra de escándalo, y por lazo y por red a los moradores de Jerusalén.

15 Y muchos tropezarán entre ellos, y caerán, y serán quebrantados; se enredarán, y serán apresados.

16 Ata el testimonio, sella la ley entre mis discípulos.

17 Esperaré, pues, en Jehová, el cual ᵍescondió su rostro de la casa de Jacob, y a Él buscaré.

18 He aquí, ʰyo y los hijos que me dio Jehová, por ⁱseñales y ʲprodigios en Israel, de parte de Jehová de los ejércitos que mora en el monte de Sión.

19 Y cuando os dijeren: Consultad a ˡlos que evocan a los muertos y a los adivinos, que susurran y murmuran, responded: ᵐ¿No consultará el pueblo a su Dios? ⁿ¿Consultará a los muertos por los vivos?

20 ᵒ¡A la ley y al testimonio! Si no dijeren conforme a esto, es ᵠporque no les ha amanecido.

21 Y pasarán por la tierra fatigados y hambrientos; y acontecerá que teniendo hambre, se enojarán y maldecirán a su rey y a su Dios, levantando el rostro en alto.

22 Y mirarán a la tierra, y he aquí tribulación y tinieblas, oscuridad y angustia; y serán lanzados a las tinieblas.

CAPÍTULO 9

Aunque no será esta oscuridad tal como fue en su angustia, cuando al principio Él levemente afligió ˢla tierra de Zabulón y la tierra de Neftalí; y después más gravemente los afligió por el camino del mar, al otro lado del Jordán, en Galilea de los gentiles.

2 ᵘEl pueblo que andaba en tinieblas vio gran luz; los que moraban en tierra de sombra de muerte, luz resplandeció sobre ellos.

3 ᵛAumentando la gente, no aumentaste la alegría. Se alegrarán delante de ti como se alegran en la

siega, como se gozan cuando reparten despojos.

4 Porque tú quebraste su ªpesado yugo, y la vara de su hombro, y el cetro de su opresor, como en el día de ᶜMadián.

5 Porque toda batalla de quien pelea es con estruendo, y con vestidura revolcada en sangre; pero *esto* será para quema, y combustible para el fuego.

6 Porque ᵈun niño nos es nacido, un ᵉhijo nos es dado; y ᶠel principado será sobre su hombro; y se llamará su nombre ʰAdmirable, Consejero, Dios Fuerte, Padre Eterno, ⁱPríncipe de Paz.

7 Lo dilatado de *su* imperio y de su paz ᵏno *tendrá* límite, sobre el trono de David y sobre su reino, disponiéndolo y ˡconfirmándolo en juicio y en justicia desde ahora y para siempre. ⁿEl celo de Jehová de los ejércitos hará esto.

8 El Señor envió palabra a Jacob, y cayó en Israel.

9 Y la sabrá todo el pueblo, Efraín y los moradores de Samaria, que con soberbia y con altivez de corazón dicen:

10 Los ladrillos cayeron, pero edificaremos de cantería; cortaron los sicómoros, pero en su lugar pondremos cedros.

11 Pero Jehová levantará a los enemigos de Rezín contra él, y juntará a sus enemigos;

12 del oriente ᑫlos sirios, y ʳlos filisteos del poniente; y con su boca devorarán a Israel. Ni con todo eso ha cesado su furor, pero su mano todavía *está* extendida.

13 Mas ˢel pueblo no se convirtió al que lo hería, ni buscaron a Jehová de los ejércitos.

14 Y Jehová cortará de Israel cabeza y cola, rama y caña ᵗen un mismo día.

15 El viejo y venerable de rostro *es* la cabeza; el profeta que enseña mentira, *es* la cola.

16 Porque los gobernadores de este pueblo son engañadores; y sus gobernados, perdidos.

17 Por tanto, el Señor no tomará contentamiento en sus jóvenes, ni de sus huérfanos y viudas tendrá misericordia; porque ˣtodos son falsos y malignos, y toda boca habla necedades. Con todo esto no ha cesado su furor, pero su mano todavía *está* extendida.

18 Porque la maldad ᵇse encendió como fuego, cardos y espinos devorará; y se encenderá en lo espeso del bosque, y serán alzados *como* columna de humo.

19 Por la ira de Jehová de los ejércitos se oscureció la tierra, y será el pueblo como combustible para el fuego; ᵍel hombre no tendrá piedad de su hermano.

20 Cada uno hurtará a la mano derecha, y tendrá hambre; y comerá a la izquierda, y no se saciará; cada cual ʲcomerá la carne de su propio brazo.

21 Manasés a Efraín, y Efraín a Manasés, y ᵐambos contra Judá. Ni con todo esto ha cesado su furor, pero su mano todavía *está* extendida.

CAPÍTULO 10

1 Ay de los que ᵒdecretan leyes injustas, y escriben tiranía que ellos han prescrito,

2 para apartar del juicio a los pobres, y para quitar el derecho a los afligidos de mi pueblo; para despojar a las viudas, y robar a los huérfanos!

3 ¿Y qué haréis en ᵖel día de la visitación? ¿A quién os acogeréis para que os ayude, cuando viniere de lejos el asolamiento? ¿Y en dónde dejaréis vuestra gloria?

4 Sin mí se inclinarán entre los presos, y entre los muertos caerán. Ni con todo esto ha cesado su furor, pero su mano todavía *está* extendida.

5 Oh Asiria, vara y bordón de mi furor; en su mano he puesto mi ira.

6 Le mandaré contra una nación impía, y contra el pueblo de mi ira le enviaré, ᵘpara que quite despojos, y arrebate presa, y lo ponga para ser hollado como lodo de las calles.

7 Aunque él no lo pensará así, ᵛni su corazón lo imaginará de esta manera; sino que su pensamiento será desarraigar y cortar naciones no pocas.

8 Porque él dice: Mis príncipes, ¿no *son* todos reyes?

---

a cp 10:27

b cp 10:17-18
Mal 4:1

c Jue 7:22

d Lc 2:11
e cp 7:14
f Mt 28:18
g Mt 7:2-6
h Jue 13:18
i Ef 2:14
j cp 49:26
k Sal 89:4

l Jer 23:5
m 2 Cr 28:6
n cp 37:32
2 Re 19:31

o Sal 58:2
y 94:20

p Os 9:7
Lc 19:44
q 2 Re 16:6
r 2 Cr 28:18

s Os 7:10

t cp 10:17

u Jer 34:22

v Gn 50:20
Mal 4:12

x cp 10:6

Retoñará la vara de Isaí

9 ¿No es ªCalno como Carquemis, ᶜHamat como ᵈArfad, y Samaria como Damasco?
10 Como halló mi mano los reinos de los ídolos, siendo sus imágenes más que las de Jerusalén y de Samaria;
11 como hice a Samaria y a sus ídolos, ¿no haré también así a Jerusalén y a ᵉsus ídolos?
12 Pero acontecerá que ᶠdespués que el Señor hubiere acabado toda su obra en el monte de Sión, y en Jerusalén, ᵍvisitaré sobre el fruto de la soberbia del corazón del rey de Asiria, y sobre la gloria de la altivez de sus ojos.
13 Porque dijo: ʰCon el poder de mi mano lo he hecho, y con mi sabiduría; porque he sido prudente; y quité los términos de los pueblos, y saqué sus tesoros, y como hombre valiente derribé a *sus* habitantes.
14 Y halló mi mano, como a un nido, las riquezas de los pueblos; y como se recogen los huevos abandonados, así me apoderé yo de toda la tierra; y no hubo quien moviese ala, o abriese boca y graznase.
15 ¿Se gloriará el hacha contra el que con ella corta? ¿Se ensoberbecerá la sierra contra el que la mueve? ¡Como si el bordón se levantase contra el que lo levanta! ¡Como si se levantase la vara *como si* no fuese leño!
16 Por tanto, el Señor Jehová de los ejércitos enviará flaqueza sobre sus gordos; y debajo de su gloria encenderá una hoguera como ardor de fuego.
17 Y la luz de Israel será por fuego, y su Santo por llama, que abrase y consuma ᑫen un día sus cardos y sus espinos.
18 Consumirá la gloria de su bosque y de su campo fértil, desde el alma hasta la carne: y vendrá a ser como abanderado en derrota.
19 Y los árboles que quedaren en su bosque, serán tan pocos que un niño los podrá contar.
20 Y acontecerá ᵘen aquel tiempo, que los que hubieren quedado de Israel, y los que hubieren quedado de la casa de Jacob, ᵛnunca más se apoyarán en el que los hirió; sino que se apoyarán en verdad en Jehová, el Santo de Israel.
21 ᵇEl remanente volverá, el remanente de Jacob *volverá* al Dios poderoso.
22 Porque aunque tu pueblo, oh Israel, fuere como la arena del mar, *solo* un remanente de él volverá; la destrucción acordada rebosará justicia.
23 Pues el Señor, Jehová de los ejércitos, hará consumación, ya determinada, en medio de la tierra.
24 Por tanto, el Señor, Jehová de los ejércitos dice así: Pueblo mío, morador de Sión, no temas de Asiria. Con vara te herirá, y contra ti alzará su bordón, a la manera de Egipto;
25 mas ⁱde aquí a muy poco tiempo, se acabará el furor y mi enojo para destrucción de ellos.
26 Y Jehová de los ejércitos levantará azote contra él, como en la matanza de ʲMadián en la peña de Oreb; y alzará ᵏsu vara sobre el mar, como en Egipto.
27 Y acontecerá en aquel tiempo, que su carga será quitada de tu hombro, y su yugo de tu cerviz, y el yugo será destruido por causa de ˡla unción.
28 Vino hasta Ajat, pasó hasta ᵐMigrón; en ⁿMicmas contará su ejército;
29 Pasaron el vado; ᵒalojaron en Geba: Ramá tembló; Gabaa de Saúl huyó.
30 Grita en alta voz, ᵖhija de Galim; haz que se oiga hacia Lais, pobrecilla Anatot.
31 Madmena se alborotó; los moradores de Gebim se juntaron para huir.
32 Aún vendrá día cuando reposará en ʳNob; alzará su mano *contra* el monte de la hija de Sión, al collado de Jerusalén.
33 He aquí el Señor, Jehová de los ejércitos, desgajará el ramaje con violencia; y los de gran altura serán cortados, y los altos *serán* humillados.
34 Y ˢcortará con hierro la espesura del bosque, y ᵗel Líbano caerá ante un poderoso.

CAPÍTULO 11

Y saldrá ˣuna vara del tronco de Isaí, y un Vástago retoñará de sus raíces.

---

a Am 6:2
b 2 Cr 30:6
c 1 Re 8:65
d 2 Re 18:34
e 2 Re 18:14
f Jer 25:29
g 2 Re 19:35
h 2 Re 19:23
i cp 54:7
j Jue 7:25
k Éx 14:26
l Sal 105:15
Dn 9:24
m 1 Sm 14:2
n 1 Sm 13:2
o 1 Sm 13:23
p 1 Sm 25:44
q cp 9:14
r 1 Sm 21:1
s cp 9:18
t cp 29:17
u ver 27 2:11
v 2 Re 16:7
x Sal 110:2

2 Y ªreposará sobre Él el Espíritu de Jehová; ᵇespíritu de sabiduría y de inteligencia, espíritu de consejo y de poder, espíritu de conocimiento y de temor de Jehová.

3 Y le hará entender diligente en el temor de Jehová. ᵉNo juzgará según la vista de sus ojos, ni argüirá por lo que oyeren sus oídos;

4 sino que ᵍjuzgará con justicia a los pobres, y argüirá con equidad por los mansos de la tierra; y ʰherirá la tierra con la vara de su boca, y con el espíritu de sus labios matará al impío.

5 Y ¹la justicia será el cinto de sus lomos, y la fidelidad el ceñidor de sus riñones.

6 Morará el lobo ᵏcon el cordero, y el leopardo con el cabrito se acostará; el becerro y el león y la bestia doméstica andarán juntos, y un niño los pastoreará.

7 La vaca y la osa pacerán, sus crías se echarán juntas; y el león como el buey comerá paja.

8 Y el niño de pecho jugará sobre la cueva del áspid, y el recién destetado extenderá su mano sobre la guarida de la serpiente.

9 No harán mal ⁿni dañarán en todo mi santo monte; porque ᵒla tierra será llena del conocimiento de Jehová, como las aguas cubren el mar.

10 Y acontecerá en aquel tiempo que la raíz de Isaí, la cual estará puesta por ʳpendón a las naciones, será buscada de los gentiles; y ˢsu reposo será glorioso.

11 Y acontecerá en aquel tiempo, que Jehová volverá a extender su mano, por segunda vez, para recobrar el remanente de su pueblo que haya quedado de Asiria, de Egipto, de ˣPatros, de ʸEtiopía, de ᶻElam, de Sinar, de ªHamat y de las ᶜislas del mar.

12 Y levantará pendón a las naciones, y juntará a ᵉlos desterrados de Israel, y reunirá a los esparcidos de Judá de los cuatro extremos de la tierra.

13 Y ᶠse disipará la envidia de Efraín, y los enemigos de Judá serán cortados. Efraín no tendrá envidia de Judá, ni Judá afligirá a Efraín;

14 Mas volarán sobre los hombros de los filisteos al occidente, saquearán también a los del oriente. Edom y Moab les servirán, y los hijos de Amón les obedecerán.

15 Y ᶜsecará Jehová la lengua del mar de Egipto; y con su fuerte viento agitará su mano ᵈsobre el río, y lo herirá en sus siete brazos, y hará que pasen por él con sandalias.

16 Y habrá camino para el remanente de su pueblo, que haya quedado de Asiria, de la manera que lo hubo para Israel el día que subió de la tierra de Egipto.

CAPÍTULO 12

Y dirás en aquel día: ʲCantaré a ti, oh Jehová; pues aunque te enojaste contra mí, tu ira se apartó, y me has consolado.

2 He aquí Dios es mi salvación; confiaré, y no temeré; ¹porque mi fortaleza y mi canción es Jehová el Señor, el cual ha sido mi salvación.

3 Con gozo sacaréis aguas de las fuentes de la salvación.

4 Y diréis en aquel día: Cantad a Jehová, aclamad su nombre, ᵐhaced célebres en los pueblos sus obras, recordad que su nombre es engrandecido.

5 ᵖCantad salmos a Jehová; porque ha hecho cosas magníficas; sea sabido esto por toda la tierra.

6 Regocíjate y canta, oh moradora de Sión: porque ᵠgrande es en medio de ti el Santo de Israel.

CAPÍTULO 13

Carga ᵗacerca de Babilonia, que vio Isaías, hijo de Amoz.

2 Levantad ᵘbandera sobre un alto monte; alzad la voz a ellos, ᵛalzad la mano, para que entren por puertas de príncipes.

3 Yo mandé a ᵇmis santificados, asimismo llamé a ᵈmis valientes para mi ira, a los que se alegran con mi gloria.

4 Estruendo de multitud en los montes, como de mucho pueblo; ruido de tumulto de reinos, de naciones reunidas; Jehová de los ejércitos pasa revista a las tropas para la batalla.

5 Vienen de lejana tierra, de lo postrero de los cielos, Jehová y los

Liberación de Israel

instrumentos de su furor, para destruir toda la tierra.

6 ᵇAullad, porque ᶜcerca está el día de Jehová; vendrá como asolamiento del Todopoderoso.

7 Por tanto, toda mano se debilitará, y desfallecerá todo corazón de hombre;

8 y se llenarán de terror; angustias y dolores se apoderarán de ellos; tendrán dolores como mujer de parto; se asombrará cada cual al mirar a su compañero; sus rostros *serán como* rostros de llamas.

9 He aquí ᶠel día de Jehová viene, cruel, y de saña y ardiente ira, para tornar la tierra en soledad, y raer de ella sus pecadores.

10 Por lo cual las estrellas de los cielos y sus constelaciones no darán su luz; y ⁱel sol se oscurecerá al salir, y la luna no dará su resplandor.

11 Y ᵏcastigaré al mundo por su maldad, y a los impíos por su iniquidad; y ˡharé que cese la arrogancia de los soberbios, y abatiré la altivez de los poderosos.

12 ᵐHaré más precioso que el oro fino al varón, y ⁿmás que el oro de Ofir al hombre.

13 Porque ᵒharé estremecer los cielos, y la tierra se moverá de su lugar, en la indignación de Jehová de los ejércitos, y en ᵖel día de su ardiente ira.

14 Y será que como gacela acosada, y como oveja sin pastor, ᵠcada cual mirará hacia su pueblo, y cada uno huirá a su tierra.

15 Cualquiera que sea hallado, será traspasado; y cualquiera que *a ellos* se una, caerá a espada.

16 Sus niños ʳserán estrellados delante de ellos; ˢsus casas serán saqueadas, y violadas sus esposas.

17 He aquí que yo levanto ᵗcontra ellos a los medos, que no se ocuparán de la plata, ni codiciarán el oro.

18 Con arcos tirarán a los niños, y no tendrán misericordia del fruto del vientre, ni su ojo perdonará a los hijos.

19 Y Babilonia, ᵘhermosura de reinos y ᵛornamento de la grandeza de los caldeos, será como Sodoma y Gomorra, ˣa las que trastornó Dios.

a Jer 50:3
b cp 14:31
c Sof 1:7
 Ap 6:17
d cp 34:11-15

e Jer 51:33

f Mal 4:1

g Sal 102:13
h Zac 1:17
i Ez 32:7
 Jl 2:31 y 3:15
 Mt 24:29
 Mr 13:24
j cp 49:22
 y 60:9
k cp 24:21
l cp 2:11-17
m cp 24:6
n Job 28:16
o Hag 2:6

p Lm 1:12

q Jer 50:16

r Nah 3:10
s Zac 14:2

t cp 21:2
 Jer 51:28
 Dn 5:28-31

u cp 4:2
v cp 23:13
x Jer 50:14

20 ᵃNunca más será habitada, ni se morará en ella de generación en generación; ni levantará allí tienda el árabe, ni pastores tendrán allí majada;

21 sino que ᵈdormirán allí las fieras del desierto, y sus casas se llenarán de hurones, allí habitarán los búhos, y allí saltarán cabras monteses.

22 Y en sus casas desoladas aullarán hienas, y dragones en sus casas de deleite; y ᵉcercano a llegar está su tiempo, y sus días no se prolongarán.

CAPÍTULO 14

Porque Jehová tendrá misericordia ᵍde Jacob, y ʰtodavía escogerá a Israel y le establecerá en su propia tierra; y a ellos se unirán extranjeros, y se juntarán a la casa de Jacob.

2 Y los tomarán los pueblos, y ʲlos traerán a su lugar: y la casa de Israel los poseerá por siervos y criadas en la tierra de Jehová: y cautivarán a los que los cautivaron, y señorearán sobre sus opresores.

3 Y será en el día que Jehová te dé reposo de tu trabajo, y de tu temor, y de la dura servidumbre en que te hicieron servir,

4 que levantarás este proverbio sobre el rey de Babilonia, y dirás: ¡Cómo cesó el opresor, cómo cesó la ciudad del oro!

5 Quebrantó Jehová el bastón de los impíos, el cetro de los señores;

6 al que hería a los pueblos con ira, con llaga permanente, el cual se enseñoreaba de las naciones con furor, y las perseguía con crueldad.

7 Descansó, sosegó toda la tierra: prorrumpieron en alabanza.

8 Aun los cipreses se regocijaron de ti, y los cedros del Líbano, *diciendo:* Desde que tú pereciste, no ha subido talador contra nosotros.

9 El infierno abajo se espantó de ti, al recibirte en tu venida; te despertó a los muertos, *aun* a todos los príncipes de la tierra; hizo levantar de sus tronos a todos los reyes de las naciones.

10 Todos ellos darán voces, y te dirán: ¿Tú también te debilitaste como nosotros, y como nosotros has venido a ser?

11 Descendió al sepulcro tu soberbia, y el sonido de tus arpas; gusanos serán tu cama, y gusanos te cubrirán.

12 ª¡Cómo caíste del cielo, oh Lucifer, hijo de la mañana! Cortado fuiste por tierra, tú que debilitabas a las naciones.

13 Tú que decías en tu corazón: ᵇSubiré al cielo, en lo alto ᶜjunto a las estrellas de Dios levantaré mi trono, y en el monte del testimonio me sentaré, ᶠa los lados del norte;

14 Sobre las alturas de las nubes subiré, y seré semejante al Altísimo.

15 Pero tú ᵍderribado serás hasta el infierno, a los lados del abismo.

16 Los que te vean, te observarán, te contemplarán, *diciendo*: ¿Es éste aquel varón que hacía temblar la tierra, que trastornaba los reinos;

17 que puso al mundo como un desierto, que asoló sus ciudades; que a sus presos nunca abrió la cárcel?

18 Todos los reyes de las naciones, todos ellos yacen con honra cada uno en su propia casa.

19 Pero tú has sido echado de tu sepulcro como vástago abominable, como ropa de muertos atravesados a espada, que descienden hasta las piedras de la fosa; como un cadáver pisoteado.

20 ʲNo serás contado con ellos en la sepultura; porque tú destruiste tu tierra, mataste tu pueblo. ᵏNo será nombrada para siempre la simiente de los malhechores.

21 Preparad el matadero para sus hijos ᵐpor la maldad de sus padres; ⁿno se levanten, ni posean la tierra, ni llenen la faz del mundo de ciudades.

22 Porque yo me levantaré contra ellos, dice Jehová de los ejércitos, y raeré de Babilonia el nombre y el remanente, hijo y nieto, dice Jehová.

23 Y la convertiré en posesión de mochuelos, y en estanques de agua; y la barreré con escobas de destrucción, dice Jehová de los ejércitos.

24 Jehová de los ejércitos juró, diciendo: Ciertamente se hará de la manera que lo he pensado, y será confirmado como lo he determinado;

25 Que ᵘquebrantaré al asirio en mi tierra, y en mis montes lo hollaré; y ˣsu yugo será apartado de ellos, y su carga será quitada de su hombro.

26 Éste *es* el consejo que está acordado sobre toda la tierra; y ésta es la mano extendida sobre todas las naciones.

27 Porque Jehová de los ejércitos ha determinado; ¿y quién invalidará? Y su mano extendida, ¿quién la hará tornar?

28 En el año que murió el rey ᵈAcaz fue ᵉesta carga:

29 No te alegres tú, Filistea toda, por haberse quebrado la vara del que te hería; porque de la raíz de la culebra saldrá la víbora, y su fruto, serpiente voladora.

30 Y los primogénitos de los pobres serán apacentados, y los menesterosos se acostarán seguros; mas yo haré morir de hambre tu raíz, y destruiré tu remanente.

31 Aúlla, oh puerta; clama, oh ciudad; disuelta *estás* toda tú, Filistea: porque humo vendrá del norte, no quedará uno solo en sus asambleas.

32 ¿Y qué se responderá a los mensajeros de la nación? Que ʰJehová fundó a Sión, y que en ella ⁱse refugiarán los afligidos de su pueblo.

CAPÍTULO 15

Carga de ¹Moab. Ciertamente en una noche fue destruida y silenciada Ar de Moab. Ciertamente en una noche fue destruida y silenciada Kir de Moab.

2 Subió a Bayit y a ᵒDibón, lugares altos, a llorar; sobre ᵖNebo y sobre ᵠMedeba aullará Moab; ʳtoda cabeza de ella *será* rapada, y toda barba rasurada.

3 Se ceñirán de cilicio en sus plazas; en sus terrados y en sus calles aullarán todos, deshechos en llanto.

4 Hesbón y ˢEleale gritarán, hasta ᵗJahaza se oirá su voz; por lo que aullarán los armados de Moab, se lamentará el alma de cada uno de por sí.

5 Mi corazón dará gritos por Moab; sus fugitivos *huirán* hasta Zoar, ᵛcomo novilla de tres años. Por la cuesta de Luhit subirán llorando, y levantarán grito de quebrantamiento por el camino de Horonaim.

El destructor tendrá su fin

6 Las aguas de Nimrim serán consumidas, y se secará la hierba, se marchitarán los retoños, todo verdor perecerá.

7 Por tanto, las riquezas que habrán adquirido, y las que habrán almacenado, las llevarán al torrente de los sauces.

8 Porque el llanto rodeó los términos de Moab; hasta Eglaim llegó su alarido, y hasta Beer-elim su clamor.

9 Y las aguas de Dimón se llenarán de sangre; porque yo traeré sobre Dimón otros *males*, ^cleones sobre los que escaparen de Moab, y sobre los que quedaren de la tierra.

CAPÍTULO 16

Enviad ^ecordero al gobernador de la tierra, desde Sela del desierto hasta el monte de la hija de Sión.

2 Y será que cual ave espantada que huye de su nido, *así* serán las hijas de Moab en los vados de ^gArnón.

3 Reúne consejo, haz juicio; ^hpon tu sombra en medio del día como la noche; esconde a los desterrados, no entregues a los que andan errantes.

4 Moren contigo mis desterrados, oh Moab; sé para ellos escondedero de la presencia del destructor; porque el atormentador fenecerá, el destructor tendrá fin, el opresor será consumido de sobre la tierra.

5 Y en misericordia será establecido el trono; y ^lsobre él se sentará firmemente, en el tabernáculo de David, quien juzgue y busque el juicio, y apresure la justicia.

6 ⁿHemos oído de la soberbia de Moab, *es* soberbio en extremo; de su soberbia, su arrogancia y su altivez; pero sus mentiras no permanecerán.

7 Por tanto, aullará ^pMoab, todo él aullará; gemiréis por los fundamentos de Kir-hareset, en gran manera heridos.

8 Porque los campos de ^qHesbón se han marchitado, *también* las vides de Sibma; los señores de las naciones pisotearon sus mejores sarmientos; habían llegado hasta ^sJazer, y habían extendido por el desierto; se extendieron sus plantas, pasaron el mar.

9 Por lo cual lamentaré con lloro de Jazer la viña de Sibma; te bañaré de mis lágrimas, oh Hesbón y Eleale; porque los gritos de alegría sobre tus frutos de verano y sobre tu cosecha han cesado.

10 Quitado es el gozo y ^ala alegría del campo fértil; en las viñas no cantarán, ni se regocijarán; el pisador no pisará vino en los lagares; el júbilo *del lagarero* he hecho cesar.

11 Por tanto, ^bmis entrañas sonarán como arpa por Moab, y mi interior por Kir-hareset.

12 Y sucederá que cuando Moab apareciere cansado sobre los lugares altos, que vendrá a su santuario a orar, pero no le valdrá.

13 Ésta *es* la palabra que pronunció Jehová acerca de Moab ^ddesde aquel tiempo.

14 Pero ahora Jehová ha hablado, diciendo: Dentro de tres años, ^fcomo los años de un jornalero, será abatida la gloria de Moab, con toda su gran multitud; y el remanente *será* muy pequeño y débil.

CAPÍTULO 17

Carga de Damasco. He aquí que ⁱDamasco dejará de *ser* ciudad, y será un montón de ruinas.

2 Las ciudades de Aroer *están* abandonadas, serán para los rebaños, ^kpara que reposen allí, y no habrá quien *los* espante.

3 Y cesará la fortaleza de Efraín y ^mel reino de Damasco; y el remanente de Siria será como la gloria de los hijos de Israel, dice Jehová de los ejércitos.

4 Y será que en aquel tiempo la gloria de Jacob se atenuará, y ^ase enflaquecerá la grosura de su carne.

5 Y será ^ocomo cuando el segador recoge la mies, y con su brazo siega las espigas; será también como el que recoge espigas en el valle de Refaim.

6 Y ^rquedarán en él rebuscos, como cuando sacuden el olivo, dos o tres olivas en la rama más alta, cuatro o cinco en sus ramas más fructíferas, dice Jehová, el Dios de Israel.

7 En aquel día mirará el hombre a ^tsu Hacedor, y sus ojos contemplarán al Santo de Israel.

ISAÍAS 18-19

8 Y no mirará a los altares que hicieron sus manos, ni mirará a lo que hicieron sus dedos, ni a ªlas imágenes de Asera, ni a las imágenes del sol.

9 En aquel día las ciudades fortificadas serán como los frutos que quedan en los renuevos y en las ramas, las cuales fueron dejadas a causa de los hijos de Israel; y habrá desolación.

10 Porque te olvidaste del Dios de tu salvación, y no te acordaste de ᵇla Roca de tu fortaleza; por tanto, plantarás plantas hermosas, y sembrarás sarmiento extraño.

11 En el día harás crecer tus plantas, y por la mañana harás que tu semilla florezca; *pero* la cosecha *será* arrebatada en el día de angustia y dolor desesperado.

12 ¡Ay de la multitud de muchos pueblos, que hacen ruido como el estruendo de los mares; y del rugido de naciones que hacen alboroto como el bramido de muchas aguas!

13 Los pueblos harán estrépito a manera de ruido de muchas aguas; mas *Dios* los reprenderá, y huirán lejos; serán ahuyentados como el tamo de los montes delante del viento, y como el polvo delante del torbellino.

14 Al tiempo de la tarde he aquí turbación; y antes de la mañana ya no *es*. ᶠÉsta es la porción de los que nos despojan, y la suerte de los que nos saquean.

CAPÍTULO 18

¡Ay de ʰla tierra que hace sombra con las alas, que *está* tras los ríos de Etiopía;

2 que envía mensajeros por el mar, en naves de junco sobre las aguas! Andad, veloces mensajeros, a la nación ᵏdispersada y raída, al pueblo temible desde su principio y después; nación agredida y pisoteada, cuya tierra destruyeron los ríos.

3 Vosotros, todos los moradores del mundo y habitantes de la tierra, ˡcuando se levante bandera en los montes, mirad; y cuando se toque trompeta, oíd.

4 Porque Jehová me dijo así: Reposaré, y miraré desde mi morada, como sol claro después de la lluvia, como nube de rocío en el calor de la tierra.

5 Porque antes de la siega, cuando el fruto fuere perfecto, y pasada la flor fueren madurando los frutos, entonces podará con podaderas las ramitas, y cortará y quitará las ramas.

6 Y serán dejados para las aves de los montes, y para las bestias de la tierra; sobre ellos pasarán el verano las aves, e invernarán todas las bestias de la tierra.

7 En aquel tiempo ᶜserá traído presente a Jehová de los ejércitos, de la nación dispersada y raída, y del pueblo temible desde su principio y después; nación agredida y pisoteada, cuya tierra destruyeron los ríos; al lugar del nombre de Jehová de los ejércitos, al monte de Sión.

Carga contra Egipto

CAPÍTULO 19

Carga de Egipto. He aquí, Jehová ᵈcabalga sobre una nube veloz, y entrará en Egipto. ᵉLos ídolos de Egipto se estremecerán ante su presencia, y el corazón de los egipcios desfallecerá dentro de ellos.

2 Y levantaré a egipcios contra egipcios, y cada uno peleará contra su hermano, cada uno contra su prójimo; ciudad contra ciudad, y reino contra reino.

3 Y el espíritu de Egipto se desvanecerá en medio de él, y destruiré su consejo; y ᵍpreguntarán a las imágenes, a los encantadores, a los evocadores y a los adivinos.

4 Y entregaré a Egipto en manos de ⁱun señor cruel; y un rey violento se enseñoreará de ellos, dice el Señor, Jehová de los ejércitos.

5 Y ʲlas aguas del mar faltarán, y el río se agotará y secará.

6 Y se alejarán los ríos, se agotarán y secarán las corrientes de los fosos; la caña y el carrizo se marchitarán.

7 Las cañas de junto al río, de junto a la ribera del río, y todas las cosas sembradas junto al río se secarán, se perderán, y no serán *más*.

8 ᵐLos pescadores también se entristecerán; y harán duelo todos los que echan anzuelo en el río, y desfallecerán los que extienden red sobre las aguas.

---

a Mi 5:1
b Dt 32:18
Sal 31:2
y 62:7
c Sal 68:31
Sof 3:10
d Sal 18:10
y 104:3
e Éx 12:12
Jer 43:12
f cp 33:1-4
g cp 8:19
h 2 Re 19:9
Ez 30:4-9
Sof 2:12
y 3:10
i cp 20:4
Jer 46:26
Ez 20:19
j Jer 51:36
Ez 30:12
k ver 7
l cp 5:26
m Nm 11:5

¡Ha caído Babilonia!

9 Los que labran ªlino fino, y los que tejen redes serán confundidos;
10 porque todas sus redes serán rotas: y se entristecerán todos los que hacen viveros para peces.
11 Ciertamente son necios los príncipes de ᵇZoán; el consejo de los prudentes consejeros de Faraón, se ha desvanecido. ¿Cómo diréis a Faraón: Yo soy hijo de los sabios, e hijo de los reyes antiguos?
12 ᵈ¿Dónde están ahora aquellos tus sabios? Que te digan ahora, o te hagan saber qué es lo que Jehová de los ejércitos ha determinado sobre Egipto.
13 Se han desvanecido los príncipes de Zoán, ᶠse han engañado los príncipes de Nof; engañaron a Egipto los que son la piedra angular de sus tribus.
14 Jehová mezcló ʰespíritu de vértigo en medio de él; e hicieron errar a Egipto en toda su obra, como tambalea el borracho en su vómito.
15 Y no aprovechará a Egipto cosa alguna que pueda hacer la cabeza o la cola, la rama o el junco.
16 En aquel día ᵏlos egipcios serán como mujeres; porque se asombrarán y temerán, en la presencia de ᵐla mano alta de Jehová de los ejércitos, que Él ha de levantar sobre ellos.
17 Y la tierra de Judá será de espanto a Egipto; todo hombre que de ella se acordare temerá, por causa del consejo que Jehová de los ejércitos acordó sobre aquél.
18 En aquel tiempo habrá cinco ciudades en la tierra de Egipto ˢque hablen la lengua de Canaán, y que juren por Jehová de los ejércitos; una será llamada La Ciudad de la Destrucción.
19 En aquel tiempo ᵘhabrá altar para Jehová ˣen medio de la tierra de Egipto, y una columna a Jehová junto a su frontera.
20 Y ʸserá por señal y por testimonio a Jehová de los ejércitos en la tierra de Egipto: porque a Jehová clamarán a causa de sus opresores, y Él les enviará salvador y príncipe que los libre.
21 Y Jehová será conocido de Egipto, y los de Egipto conocerán a Jehová en aquel día; y ᵇharán sacrificio y oblación; y harán votos a Jehová, y los cumplirán.
22 Y Jehová herirá a Egipto, herirá y sanará; y ellos se convertirán a Jehová y Él les será clemente y los sanará.
23 En aquel tiempo ᶜhabrá una calzada de Egipto a Asiria, y los asirios entrarán en Egipto, y los egipcios en Asiria; y los egipcios servirán junto con los asirios.
24 En aquel tiempo, Israel será tercero con Egipto y con Asiria; será bendición en medio de la tierra;
25 porque Jehová de los ejércitos los bendecirá, diciendo: Bendito el pueblo mío Egipto, y Asiria ᵉobra de mis manos, e Israel ᵍmi heredad.

CAPÍTULO 20

En el año que vino ⁱTartán a Asdod, cuando le envió Sargón rey de Asiria, y peleó contra Asdod y la tomó.
2 En aquel tiempo habló Jehová por Isaías, hijo de Amoz, diciendo: Ve, y quita ʲel cilicio de tus lomos, y quita las sandalias de tus pies. Y lo hizo así, ˡandando desnudo y descalzo.
3 Y dijo Jehová: De la manera que anduvo mi siervo Isaías desnudo y descalzo tres años, por ⁿseñal y pronóstico sobre Egipto y sobre ᵒEtiopía;
4 ᵖasí llevará el rey de Asiria a los cautivos de Egipto y a ᵠlos exiliados de Etiopía, a jóvenes y a viejos, desnudos y descalzos, y ʳcon las nalgas descubiertas para vergüenza de Egipto.
5 Y se turbarán y ᵗavergonzarán de Etiopía, su esperanza, y de Egipto, su gloria.
6 Y dirá en aquel día el morador de ᵛesta isla: ¡Mirad cuál es nuestra esperanza, a dónde acudimos para ayuda para ser libres de la presencia del rey de Asiria! ¿Y cómo escaparemos nosotros?

CAPÍTULO 21

Carga del desierto ᶻdel mar. Como pasan los ᵃtorbellinos en el Neguev, así viene del desierto, de la tierra horrenda.
2 Visión dura me ha sido mostrada. ᶜEl prevaricador prevarica, y el

ISAÍAS 22

destructor destruye. Sube, oh Elam; sitia, oh Media. Todo su gemido hice cesar.

3 Por tanto, mis lomos se han llenado de dolor; angustias se apoderaron de mí, como dolores de mujer de parto; me agobié oyendo, y al ver me he espantado.

4 Se pasmó mi corazón, el horror me ha intimidado; [c]la noche de mi placer se me tornó en espanto.

5 Poned la mesa, observad desde la atalaya, comed, bebed; levantaos, príncipes, ungid el escudo.

6 Porque el Señor me dijo así: Ve, pon centinela que haga saber lo que viere.

7 Y vio carros de [e]par de jinetes, carros de asno, y carros de camello. Luego miró más atentamente,

8 y gritó: ¡Un león! Mi señor, sobre la [g]atalaya estoy yo continuamente de día, y paso las noches enteras sobre mi guarda;

9 Y he aquí que viene carro de hombres, con un par de jinetes. Después habló, y dijo: ¡[i]Ha caído, ha caído Babilonia! Y todas las imágenes de sus dioses [j]quebró en tierra.

10 [k]Trilla mía, y fruto de mi [l]era; os he dicho lo que oí de Jehová de los ejércitos, el Dios de Israel.

11 Carga de Duma. Me dan voces desde [o]Seir, diciendo: Guarda, ¿qué de la noche? Guarda, ¿qué de la noche?

12 El guarda respondió: La mañana viene, y después la noche; si preguntareis, preguntad; volved, venid.

13 Carga sobre [q]Arabia. En el bosque de Arabia pasaréis la noche, oh caravanas de [r]Dedán.

14 Los moradores de la tierra de Tema trajeron agua al que estaba sediento; salieron con su pan a encontrar al que huía.

15 Porque huyeron de la espada, de la espada desnuda, del arco entesado, de lo pesado de la batalla.

16 Porque así me ha dicho Jehová: De aquí a un año, [u]semejante a años de jornalero, toda [x]la gloria de Cedar será desecha;

17 Y el resto del número de los valientes arqueros, hijos de Cedar, será reducido; porque Jehová, el Dios de Israel lo ha dicho.

---

a cp 13:1

b cp 32:13

c Dt 28:67
d 2 Re 25:2-11

e ver 9

f Lm 2:2
g Hab 2:1

h Jer 49:35

i Ap 14:8
y 18:2
j cp 46:1

Dn 5:2-4
k Jer 51:33
l Mt 3:12
m 1 Re 7:2
n 2 Re 20:20
2 Cr 32:4-5
o Ez 35:2

p Neh 3:16
q cp 13:20
r 1 Cr 1:32
Jer 25:23

s Jl 2:17
t cp 3:24

u cp 16:14
v 1 Co 15:32
x cp 60:7

El valle de la visión
CAPÍTULO 22

Carga del [a]valle de la visión. ¿Qué tienes ahora, que toda tú te has subido sobre los terrados?

2 Tú, llena de alborotos, ciudad turbulenta, [b]ciudad alegre; tus muertos no son muertos a espada, ni muertos en guerra.

3 Todos tus príncipes [d]huyeron juntos, fueron atados por los arqueros; todos los que en ti se hallaron, fueron atados juntamente, aunque lejos habían huido.

4 Por esto dije: Dejadme, lloraré amargamente; no os afanéis por consolarme de la destrucción de la hija de mi pueblo.

5 Porque día es de alboroto, de atropello y de confusión de parte del Señor, Jehová de los ejércitos, en [f]el valle de la visión, para derribar el muro y clamar a las montañas.

6 Y Elam tomó aljaba [h]en carro de hombres y de jinetes; y Kir descubrió el escudo.

7 Y acontecerá que tus hermosos valles serán llenos de carros, y los de a caballo acamparán a la puerta.

8 Y desnudó la cobertura de Judá; y miraste en aquel día hacia [m]la casa de armas del bosque.

9 Y tú has visto las brechas de [n]la ciudad de David, que son muchas; y recogisteis las aguas del estanque de abajo.

10 Y contasteis las casas de Jerusalén, y derribasteis casas para fortificar el muro.

11 E hicisteis foso [p]entre los dos muros con las aguas del estanque antiguo; y no tuvisteis respeto al que lo hizo, ni mirasteis al que hace mucho tiempo lo labró.

12 Por tanto el Señor, Jehová de los ejércitos, llamó [s]en este día a llanto y a endechas, a [t]raparse el cabello y a vestirse de cilicio.

13 Y he aquí gozo y alegría, matando vacas y degollando ovejas, comiendo carne y bebiendo vino, *diciendo*: [v]Comamos y bebamos, que mañana moriremos.

14 Esto fue revelado a mis oídos de parte de Jehová de los ejércitos: Ciertamente este pecado no os será perdonado hasta que muráis, dice el Señor, Jehová de los ejércitos.

15 Jehová de los ejércitos dice así: Ve, entra a este tesorero, a ªSebna el mayordomo, *y dile:*

16 ¿Qué tienes tú aquí, o a quién tienes tú aquí, que labraste aquí un sepulcro para ti, *como* el que en lugar alto labra su sepultura, o el que esculpe para sí morada en una peña?

17 He aquí que Jehová te trasportará en duro cautiverio, y de cierto te cubrirá el rostro.

18 Te echará a rodar con ímpetu, *como* a bola por tierra extensa; allá morirás, y allá, los carros de tu gloria serán la vergüenza de la casa de tu señor.

19 Y te arrojaré de tu lugar, y te derribaré de tu puesto.

20 Y será que, en aquel día, llamaré a mi siervo ᵇEliaquim, hijo de Hilcías;

21 y lo vestiré de tus vestiduras, y lo fortaleceré con tu talabarte, y entregaré en sus manos tu potestad; y será padre al morador de Jerusalén y a la casa de Judá.

22 Y pondré la llave de la casa de David ᶜsobre su hombro; y ᵈabrirá, y nadie cerrará; cerrará, y nadie abrirá.

23 Y lo hincaré como ᵉclavo en lugar firme; y será por ᶠasiento de honra a la casa de su padre.

24 Colgarán de él toda la honra de la casa de su padre, los hijos y los nietos, todos los vasos menores, desde los vasos de beber y toda clase de frascos.

25 En aquel día, dice Jehová de los ejércitos, el clavo hincado en lugar firme será quitado, será quebrado y caerá; y ʰla carga que sobre él se puso, se echará a perder; porque Jehová ha hablado.

CAPÍTULO 23

Carga de Tiro. Lamentad, oh naves de Tarsis, porque Tiro es destruida hasta no quedar en ella casa ni lugar por donde entrar. Desde ʲla tierra de Quitim le ha sido revelado.

2 Callad, moradores de la isla, mercaderes de Sidón, que pasando el mar te abastecían.

3 Su ganancia es de las sementeras que crecen con las muchas aguas del Nilo, de la mies del río. Es también ᵐel mercado de las naciones.

4 Avergüénzate, Sidón, porque el mar, la fortaleza del mar habló, diciendo: Nunca estuve de parto, ni di a luz, ni crié jóvenes, *ni* crié vírgenes.

5 Cuando llegue la noticia a Egipto, tendrán dolor de las nuevas de Tiro.

6 Pasaos a Tarsis; aullad, moradores de la isla.

7 ¿*Es* ésta vuestra *ciudad* alegre, cuya antigüedad *es* de muchos días? Sus pies la llevarán a peregrinar lejos.

8 ¿Quién decretó esto sobre Tiro, la que repartía coronas, cuyos negociantes eran príncipes, cuyos mercaderes eran los nobles de la tierra?

9 Jehová de los ejércitos lo decretó, para envilecer la soberbia de toda gloria; y para abatir a todos los ilustres de la tierra.

10 Pasa cual río de tu tierra, oh hija de Tarsis; porque no tendrás ya más fortaleza.

11 Extendió su mano sobre el mar, hizo temblar los reinos: Jehová dio mandamiento respecto a Canaán, que sus fortalezas sean destruidas.

12 Y dijo: No te alegrarás más, oh tú, oprimida virgen, hija de Sidón. Levántate para pasar a Quitim; y aun allí no tendrás reposo.

13 Mira la tierra de los caldeos; este pueblo no existía; *hasta que* Asiria la fundó para ᵍlos moradores del desierto; levantaron sus fortalezas, edificaron sus palacios; Él la convirtió en ruinas.

14 Aullad, naves de Tarsis; porque destruida es vuestra fortaleza.

15 Y acontecerá en aquel día, que Tiro será puesta en olvido por ⁱsetenta años, como días de un rey. Después de los setenta años, cantará Tiro canción como de ramera.

16 Toma arpa, y rodea la ciudad, oh ramera olvidada; haz buena melodía, canta muchas canciones, para que seas recordada.

17 Y acontecerá, que al fin de los setenta años visitará Jehová a Tiro: y volverá a su salario, y ᵏotra vez fornicará con todos los reinos del mundo sobre la faz de la tierra.

18 Pero sus negocios y sus ganancias ˡserán consagrados a Jehová; no se guardarán ni se atesorarán, porque sus ganancias serán para los que

estuvieren delante de Jehová, para que coman hasta saciarse, y vistan honradamente.

CAPÍTULO 24

He aquí que Jehová vacía la tierra y la deja desierta, y trastorna su faz y dispersa sus moradores.

2 Y sucederá, ᵈcomo al pueblo, así al sacerdote; como al siervo, así a su señor; como a la criada, así a su señora; como al que compra, así al que vende; como al que presta, así al que toma prestado; como al acreedor, así al deudor.

3 Del todo será vaciada la tierra, y totalmente saqueada; porque Jehová ha pronunciado esta palabra.

4 Se enlutó, se marchitó la tierra; el mundo languidece y se marchita; languidecen los grandes de los pueblos de la tierra.

5 Y la tierra ʰse corrompió bajo sus moradores; porque traspasaron las leyes, falsearon el derecho, ʲrompieron el pacto eterno.

6 Por esta causa la maldición consumió la tierra, y sus moradores fueron asolados; por esta causa fueron consumidos los habitantes de la tierra, y se disminuyeron los hombres.

7 ᵐSe enlutó el vino nuevo, languideció la vid, gimieron todos los que eran alegres de corazón.

8 Cesó el regocijo de ⁿlos panderos, se acabó el estruendo de los que se alegran, cesó la alegría del arpa.

9 No beberán vino con canción; el licor será amargo a los que lo bebieren.

10 Quebrantada está ᑫla ciudad de la confusión; toda casa se ha cerrado, para que no entre nadie.

11 *Hay* clamores por *falta* de vino en las calles; todo gozo se oscureció, se desterró la alegría de la tierra.

12 En la ciudad quedó desolación, y con destrucción fue herida la puerta.

13 Porque así será en medio de la tierra, en medio de los pueblos, así ᵗcomo es sacudido el olivo, ᵘcomo rebuscos cuando ha acabado la vendimia.

a cp 35:10

b cp 11:11
c Mal 1:11

d Os 4:9

e Jer 48:43

f Gn 7:11

g Sal 18:7

h Nm 35:33

i cp 19:14
j cp 33:8
k cp 1:8

l cp 22:11

m cp 16:8-9
Jl 1:10-12

n Jer 7:34

o Mt 24:29
p Ap 11:15

q cp 34:11

r Sal 72:18

s cp 37:26
Jer 51:37
t cp 17:6
u cp 1:9

14 Éstos alzarán su voz, ᵃcantarán gozosos por la grandeza de Jehová, desde el mar darán voces.

15 Por tanto, glorificad a Jehová en el fuego; *aun* ᵇen las islas del mar ᶜsea nombrado Jehová, el Dios de Israel.

16 De lo postrero de la tierra oímos cánticos: Gloria al justo. Y yo dije: ¡Mi flaqueza, mi flaqueza, ay de mí! Prevaricadores han prevaricado; y han prevaricado con prevaricación de desleales.

17 Terror, y ᵉfoso y lazo sobre ti, oh morador de la tierra.

18 Y acontecerá que el que huyere de la voz del terror, caerá en el foso; y el que saliere de en medio del foso, será preso en el lazo; porque ᶠde lo alto se abrieron ventanas, y ᵍtemblarán los fundamentos de la tierra.

19 Se quebrantará del todo la tierra, enteramente desmenuzada será la tierra, en gran manera será conmovida la tierra.

20 Temblará la tierra, ⁱtemblará como un borracho, y será removida como una choza; y ᵏse agravará sobre ella su pecado, y caerá, y nunca más se levantará.

21 Y acontecerá en aquel día, que Jehová visitará al ejército de las alturas en lo alto, y a los reyes de la tierra en la tierra.

22 Y serán amontonados *como* se amontona a los encarcelados en mazmorra, y en prisión quedarán encerrados; y después de muchos días serán castigados.

23 Entonces ᵒLa luna se avergonzará, y el sol se confundirá, ᵖcuando Jehová de los ejércitos reine gloriosamente en el monte de Sión, y en Jerusalén, y delante de sus ancianos.

CAPÍTULO 25

Oh Jehová, tú *eres* mi Dios; te exaltaré, alabaré tu nombre; porque ʳhas hecho maravillas, tus consejos antiguos *son* fidelidad y verdad.

2 Que ˢconvertiste la ciudad en montón, la ciudad fortificada en ruina; el alcázar de los extraños para que no sea ciudad, nunca más será reedificada.

Salvación de Israel

3 Por esto ªte glorificará el pueblo fuerte, te temerá ᶜla ciudad de gentes robustas.
4 Porque fuiste ᵈfortaleza al pobre, fortaleza al menesteroso en su aflicción, ᶠrefugio contra la tormenta, sombra contra el calor; porque el ímpetu de los violentos es como tormenta *contra* el muro.
5 Como el calor en lugar seco, así humillarás el orgullo de los extraños; y como calor debajo de nube, harás marchitar el renuevo de los violentos.
6 Y Jehová de los ejércitos hará en este monte a todos los pueblos ⁱbanquete de grosuras, banquete de vinos añejos, de gruesos tuétanos, y de vinos añejos bien refinados.
7 Y destruirá en este monte la máscara con la que están cubiertos todos los pueblos, y ʲel velo que está extendido sobre todas las naciones.
8 Sorberá a la muerte en victoria; ᵐy enjugará Jehová el Señor toda lágrima de todos los rostros; y quitará la afrenta de su pueblo de toda la tierra; porque Jehová lo ha dicho.
9 Y se dirá ⁿen aquel día: He aquí Éste *es* nuestro Dios, en Él hemos esperado, y Él nos salvará; Éste es Jehová, en Él hemos esperado, estaremos alegres y nos regocijaremos en su salvación.
10 Porque la mano de Jehová reposará en este monte, y Moab será hollado debajo de Él, como es hollada la paja en el muladar.
11 Y Él extenderá sus manos en medio de ellos, como las extiende el nadador para nadar; y abatirá su soberbia junto con el despojo de sus manos.
12 Y ˢallanará la fortaleza de tus altos muros; la humillará y la echará a tierra, hasta el polvo.

CAPÍTULO 26

En ᵘaquel día cantarán este cántico en la tierra de Judá: Fuerte ciudad tenemos; ᵛsalvación puso Dios *por* muros y antemuros.
2 Abrid las puertas, y ʸentrará la nación justa que guarda la verdad.
3 Tú guardarás en completa paz, *a aquel* cuyo pensamiento *en ti* persevera; porque en ti ha confiado.

---

a Ap 11:13
b cp 45:17
c cp 19:24
d cp 27:5
e cp 25:12
f cp 4:6

g Sal 58:2

h cp 64:5

i Sal 63:5
Pr 9:2
Mt 22:4
Lc 14:16
j Sal 77:2
Cnt 3:1

k 1 Co 15:54
l Sal 113:10
m Ap 7:17

n cp 2:11

o 1 Co 15:10
p 2 Cr 12:8

q 2 Re 18:4-6

r Ec 9:5

s cp 26:5

t Os 5:15
u cp 2:11

v cp 60:18
x cp 13:8
y Sal 118:19

---

4 Confiad en Jehová ᵇperpetuamente; porque en el Señor Jehová *está* la fortaleza eterna.
5 Porque derribó los que moraban en lugar alto; ᵉhumilló la ciudad enaltecida, la humilló hasta la tierra, la derribó hasta el polvo.
6 La hollará pie, los pies del pobre, los pasos de los menesterosos.
7 El camino del justo es rectitud: ᵍTú *que eres* recto, pesas el camino del justo.
8 También ʰen el camino de tus juicios, oh Jehová, te hemos esperado; tu nombre y tu memoria *son* el deseo de *nuestra* alma.
9 Con mi alma ʲte he deseado en la noche; y con mi espíritu dentro de mí, madrugaré a buscarte; porque luego que *hay* juicios tuyos en la tierra, los moradores del mundo aprenden justicia.
10 *Aunque* se le muestre piedad al impío, no aprenderá justicia; ˡen tierra de rectitud hará iniquidad, y no mirará a la majestad de Jehová.
11 Jehová, levantada está tu mano, *pero* ellos no ven; verán al fin, y se avergonzarán los que envidian a tu pueblo; y a tus enemigos fuego los consumirá.
12 Jehová, tú establecerás paz para nosotros; porque también has hecho ᵒen nosotros todas nuestras obras.
13 Oh Jehová Dios nuestro, ᵖotros señores fuera de ti se han enseñoreado de nosotros; pero en ti solamente ᵍnos acordaremos de tu nombre.
14 Muertos *son*, no vivirán; han fallecido, no se levantarán; porque los visitaste y ʳdestruiste, e hiciste que pereciera toda su memoria.
15 Tú has engrandecido la nación, oh Jehová, tú has engrandecido la nación; te hiciste glorioso; la has extendido hasta todos los términos de la tierra.
16 Jehová, ᵗen la tribulación te buscaron; derramaron oración cuando los castigaste.
17 ˣComo la mujer encinta cuando se acerca el tiempo de dar a luz gime y da gritos en sus dolores, así hemos sido delante de ti, oh Jehová.
18 Concebimos, tuvimos dolores de parto, pero fue como si diéramos a

luz viento. Ninguna liberación hicimos en la tierra, ªni cayeron los moradores del mundo.

19 Tus muertos vivirán; *junto con mi cuerpo muerto resucitarán.* ᵇ¡Despertad y cantad, moradores del polvo! porque tu rocío *es* cual rocío de hortalizas; y la tierra echará los muertos.

20 Anda, pueblo mío, ᵈentra en tus aposentos, cierra tras ti tus puertas; escóndete como por un momento, en tanto que pasa la indignación.

21 Porque he aquí que ᶠJehová sale de su lugar, para castigar la maldad de los moradores de la tierra; y la tierra descubrirá su sangre, y no encubrirá más a sus muertos.

CAPÍTULO 27

En aquel día Jehová visitará con su espada dura, grande y fuerte, al ʲleviatán, serpiente huidiza, y al leviatán serpiente tortuosa; y matará al ᵏdragón que *está* en el mar.

2 En aquel día ˡcantadle a ella, ᵐla viña del vino rojo.

3 Yo Jehová la guardo, cada momento la regaré; ᵒla guardaré de noche y de día, para que nadie la dañe.

4 No *hay* enojo en mí. ᵖ¿Quién pondrá contra mí en batalla espinos y cardos? Yo los hollaré, los quemaré juntamente.

5 ¿O forzará alguien ʳmi fortaleza? Haga conmigo paz, sí, haga paz conmigo.

6 Días vendrán cuando Jacob echará ˢraíces, florecerá y echará renuevos Israel, y la faz del mundo se llenará de fruto.

7 ¿Acaso lo ha herido, como Él hirió a quien lo hirió? ¿O ha sido muerto como los que en la matanza por Él fueron muertos?

8 Con medida lo castigarás en sus vástagos. Él los remueve con su recio viento en el día del viento solano.

9 De esta manera, pues, será expiada la iniquidad de Jacob; y éste será todo el fruto, la remoción de su pecado; cuando Él haga todas las piedras del altar como piedras de cal desmenuzadas, y ya no sean levantadas ᵛlas estatuas de Asera, ni las imágenes del sol.

10 Porque la ciudad fortificada *será* desolada, la habitación será abandonada y dejada como un desierto; allí pastará el becerro, allí tendrá su majada, y consumirá sus ramas.

11 Cuando sus ramas se sequen, serán quebradas; mujeres vendrán a encenderlas; porque aquél ᶜno es pueblo de entendimiento; por tanto ᵉsu Hacedor no tendrá de él misericordia, ni se compadecerá de él el que lo formó.

12 Y acontecerá en aquel día, que trillará Jehová desde la corriente del río hasta el torrente de Egipto, y vosotros, hijos de Israel, seréis reunidos uno a uno.

13 Acontecerá también en aquel día, que ᵍse tocará con gran trompeta, y vendrán ʰlos que habían sido esparcidos en la tierra de Asiria, y los que habían sido echados en tierra de Egipto, y ⁱadorarán a Jehová en el monte santo, en Jerusalén.

CAPÍTULO 28

¡Ay de la corona de soberbia de los ebrios de Efraín, y de ⁿla flor marchita de la hermosura de su gloria, que *está* sobre la cabeza del valle fértil de los aturdidos por el vino!

2 He aquí, Jehová tiene un fuerte y poderoso; *que es* ᑫcomo turbión de granizo y como tormenta destructora; como ímpetu de recias aguas desbordadas, *los* derribará a tierra con *su* mano.

3 Con los pies será hollada la corona de soberbia de los ebrios de Efraín;

4 Y la flor marchita de la hermosura de su gloria que está sobre la cabeza del valle fértil, será como la fruta temprana, la primera del verano, la cual cuando alguien la ve, se la traga tan pronto como la tiene a mano.

5 En aquel día Jehová de los ejércitos será por corona de gloria y diadema de hermosura al remanente de su pueblo;

6 y por espíritu de juicio al que se sienta en juicio, y por fortaleza a los que rechazan la batalla ᵗen la puerta.

7 Mas también éstos ᵘerraron por el vino; y ˣpor el licor se entontecieron; ʸel sacerdote y el profeta han errado por causa del licor, fueron

trastornados por el vino, han divagado por causa del licor, erraron en la visión, tropezaron *en* el juicio.

8 Porque todas las mesas están llenas de vómito y suciedad, *hasta* no *haber* lugar *limpio*.

9 ¿A quién le enseñará conocimiento, o ᵇa quién le hará entender doctrina? ¿A los destetados? ¿A los arrancados de los pechos?

10 Porque mandamiento tras mandamiento, mandato sobre mandato, renglón tras renglón, línea sobre línea, un poquito allí, otro poquito allá;

11 porque en lengua de tartamudos, y ᵉen otra lengua hablará a este pueblo,

12 a los cuales Él dijo: Éste es el reposo; dad reposo al cansado; y éste es el refrigerio; mas no quisieron oír.

13 Pues la palabra de Jehová les fue mandamiento tras mandamiento, mandato sobre mandato, renglón tras renglón, línea sobre línea, un poquito allí, otro poquito allá; para que fueran y cayeran de espaldas, y fueran quebrantados, enlazados y apresados.

14 Por tanto, varones burladores, que gobernáis a este pueblo que *está* en Jerusalén, oíd la palabra de Jehová.

15 Porque habéis dicho: Hemos hecho un pacto con la muerte, e hicimos un acuerdo con el infierno; cuando pase el turbión del azote, no llegará a nosotros, pues hemos hecho de la mentira nuestro refugio, y en la falsedad nos hemos escondido.

16 Por tanto, el Señor Jehová dice así: He aquí que ⁱyo pongo en Sión por fundamento ʲuna piedra, piedra probada, angular, preciosa, ᵏfundamento firme; ˡel que creyere, no se apresurará.

17 Y ⁿajustaré el juicio a cordel, y a nivel la justicia; y granizo barrerá el refugio de la mentira, y aguas arrollarán el escondrijo.

18 Y será anulado vuestro pacto con la muerte, y vuestro acuerdo con el infierno no será firme; cuando pasare el turbión del azote, seréis de él hollados.

19 Luego que comenzare a pasar, él os arrebatará; porque de mañana en mañana pasará, de día y de noche; y será por espanto el sólo entender el reporte.

20 Porque la cama será demasiado corta para estirarse sobre ella, y la cubierta estrecha para envolverse.

21 Porque Jehová se levantará como en el monte ᵃPerazim, como en el valle de ᶜGabaón se enojará; para hacer su obra, su extraña obra, y para hacer su operación, su extraña operación.

22 Ahora pues, no os burléis, para que no se aprieten más vuestras ataduras; porque he oído del Señor, Jehová de los ejércitos, que ᵈconsumación ha sido determinada sobre toda la tierra.

23 Estad atentos, y oíd mi voz; estad atentos, y oíd mis palabras.

24 El que ara para sembrar, ¿arará todo el día; ᶠromperá y quebrará los terrones de la tierra?

25 Después que hubiere allanado su superficie, ¿no esparce el eneldo, siembra el comino, pone el trigo por hileras, y la cebada en su lugar, y ᵍel centeno en su borde?

26 Porque su Dios le instruye, y le enseña a juicio.

27 Porque no se trilla el eneldo con el trillo, ni sobre el comino rodará rueda de carreta; sino que con un palo se sacude el eneldo, y el comino con una vara.

28 El pan se trilla; mas no siempre lo trillará, ni lo comprime con la rueda de su carreta, ni lo quebranta con los dientes de su trillo.

29 También esto salió de Jehová de los ejércitos, ʰpara hacer maravilloso el consejo y engrandecer la sabiduría.

CAPÍTULO 29

1 ¡Ay de Ariel, ᵐAriel, la ciudad *donde* habitó David! Añadid un año a otro, seguid ofreciendo sacrificios.

2 Mas yo pondré a Ariel en apretura, y será desconsolada y triste; y será a mí como Ariel.

3 Porque acamparé contra ti en derredor, y te sitiaré con campamentos, y levantaré contra ti baluartes.

4 Entonces serás humillada, hablarás desde la tierra, y tu habla saldrá del polvo; y será tu voz de la tierra como de encantador, y ᵒtu habla susurrará desde el polvo.

5 Y la muchedumbre de tus extranjeros será como polvo menudo, y la multitud de los fuertes ᵇcomo tamo que pasa; y será ᶜrepentinamente, en un momento.

6 De Jehová de los ejércitos serás visitada con truenos y con terremotos y con gran estruendo, con torbellino y tempestad, y llama de fuego consumidor.

7 Y será ᵈcomo sueño de visión nocturna ᶠla multitud de todas las naciones que pelean contra Ariel, y todos los que pelean contra ella y su fortaleza, y los que la ponen en apretura.

8 Y será ʰcomo el que tiene hambre y sueña, y parece que come; mas cuando despierta, su alma está vacía; o como el que tiene sed y sueña, y parece que bebe; mas cuando se despierta, se halla cansado, y su alma sedienta. Así será la multitud de todas las naciones que pelean contra el monte de Sión.

9 Deteneos y maravillaos; ofuscaos y cegaos; ʲembriagaos, y ᵏno de vino; tambalead, y no de licor.

10 Porque ˡJehová extendió sobre vosotros espíritu de sueño, y ᵐcerró vuestros ojos; puso velo sobre vuestros profetas principales, los videntes.

11 Y ᵒos será toda visión como palabras de ᵠlibro sellado, el cual si dieren al que sabe leer, y le dijeren: Lee ahora esto; él dirá: No puedo, porque ʳestá sellado.

12 Y si se diere el libro al que no sabe leer, diciéndole: Lee ahora esto; él dirá: No sé leer.

13 Dice, pues, el Señor: ˢPorque este pueblo se acerca a mí con su boca, y con sus labios me honra, mas han alejado de mí su corazón, y su temor para conmigo fue enseñado por ᵛmandamiento de hombres.

14 Por tanto, he aquí que yo volveré a hacer obra maravillosa en este pueblo, prodigio grande y asombroso; porque ᶻperecerá la sabiduría de sus sabios, y se desvanecerá el entendimiento de sus entendidos.

15 ¡Ay de ᵃlos que se esconden de Jehová, encubriendo el consejo, y sus obras son en tinieblas, y dicen: ¿Quién nos ve, y quién nos conoce?

a cp 45:9
b Sal 1:4
c cp 30:13

d Job 20:8
e cp 35:5
  Mt 11:5
f cp 10:34
g cp 61:1
  Mt 5:3-5
h Sal 73:20

i Am 5:10-12
j cp 19:4
k cp 51:21
  Ef 5:18
l Rm 11:8
m cp 6:10
n cp 19:25
  y 60:21
o 2 Co 3:14
p Mt 6:9
q cp 8:16
r Dn 12:4-9

s Ez 33:31
  Mt 15:8-9
  Mr 7:6-7
t cp 29:15
u cp 25:7
v Col 2:22
x Dt 29:19
y cp 31:1
z Jer 49:7
  Abd 8
  1 Co 1:19

a cp 30:1
b cp 20:5
  Jer 37:5-7

16 Vuestra subversión ciertamente será reputada como el barro del alfarero. ᵃ¿Acaso la obra dirá a su hacedor: No me hizo; y dirá el vaso de aquel que lo ha formado: No tiene entendimiento?

17 ¿No será tornado de aquí a muy poco tiempo el Líbano en campo fértil, y el campo fértil será estimado por bosque?

18 Y en aquel tiempo ᵉlos sordos oirán las palabras del libro, y los ojos de los ciegos verán en medio de la oscuridad y de las tinieblas.

19 ᵍLos humildes aumentarán su alegría en Jehová, y los pobres de entre los hombres se gozarán en el Santo de Israel.

20 Porque el violento será acabado, y el escarnecedor será consumido; serán cortados todos los que se desvelan para la iniquidad.

21 Los que hacen pecar al hombre en palabra; los que arman lazo para ᶦel que reprende en la puerta de la ciudad, y hacen que se desvíe el justo con vanidad.

22 Por tanto, Jehová que redimió a Abraham, dice así a la casa de Jacob: No será ahora confundido Jacob, ni su rostro se pondrá pálido;

23 porque verá a sus hijos, ⁿobra de mis manos en medio de sí, que ᵖsantificarán mi nombre; y santificarán al Santo de Jacob, y temerán al Dios de Israel.

24 Y los descarriados de espíritu vendrán a entendimiento, y los murmuradores aprenderán doctrina.

CAPÍTULO 30

Ay de los hijos que se apartan, dice Jehová, ᵗpara tomar consejo, y no de mí; ᵘpara cobijarse con cubierta, y no de mi Espíritu, ˣañadiendo pecado a pecado!

2 ʸCaminan para descender a Egipto, y no han preguntado de mi boca; para fortalecerse con la fuerza de Faraón, y poner su esperanza en la sombra de Egipto.

3 Por tanto, la fortaleza de Faraón ᵇserá vuestra vergüenza, y la confianza en la sombra de Egipto será vuestra confusión.

4 Porque sus príncipes estuvieron en

Falsa confianza en Egipto

Zoán, y sus embajadores vinieron a Hanes,

5 todos se avergonzaron del pueblo que no les aprovecha, ni los socorre, ni les trae provecho; antes les es para vergüenza, y aun para oprobio.

6 Carga acerca de ᵇlas bestias del Neguev: De la tierra de tribulación y angustia, de donde viene el leoncillo y el león, la víbora y la serpiente voladora, llevarán sus riquezas sobre los lomos de sus asnos, y sus tesoros sobre gibas de camellos, a un pueblo que no les será de provecho.

7 Ciertamente Egipto en vano e inútilmente dará ayuda; por tanto yo dije así: Su fortaleza *será* estarse quietos.

8 Ve, pues, ahora, y ᵍescribe esta visión en una tabla delante de ellos, y anótala en un libro, para que quede hasta el día postrero, para siempre por todos los siglos.

9 Que este pueblo ʰ*es* rebelde, hijos mentirosos, hijos que no quisieron oír la ley de Jehová;

10 Que dicen a ⁱlos videntes: ʲNo veáis; y a los profetas: No nos profeticéis lo recto, ᵏdecidnos cosas halagüeñas, profetizad mentiras;

11 dejad el camino, apartaos de la senda, quitad de nuestra presencia al Santo de Israel.

12 Por tanto, el Santo de Israel dice así: Porque desechasteis esta palabra, y confiasteis en violencia y en iniquidad, y en ello os habéis apoyado;

13 por tanto, os será este pecado ᵐcomo pared agrietada a punto de caer, y como grieta en muro alto, cuya caída viene súbita y repentinamente.

14 Y ⁿlo quebrará como se quiebra un vaso de alfarero, que sin misericordia lo hacen pedazos; tanto, que entre los pedazos no se halla tiesto para traer fuego del hogar, o para sacar agua del pozo.

15 Porque así dice Jehová el Señor, el Santo de Israel: ᵖEn descanso y en reposo seréis salvos; ᵠen quietud y en confianza será vuestra fortaleza. Y no quisisteis,

16 sino que dijisteis: No, antes ʳhuiremos en caballos; por tanto, vosotros huiréis. Sobre ligeros *corceles* cabalgaremos; por tanto, serán ligeros vuestros perseguidores.

ISAÍAS 30

a Lv 26:8
Dt 28:25

b cp 51:8
Ez 29:3
c Sal 46:10
d Sal 2:12
y 33:20
e cp 65:9-19

f 1 Re 22:27
Sal 127:2
g Hab 2:2

h Dt 32:20

i 1 Sm 9:9
j Jer 11:21
Am 2:12
Ml 2:6
k 1 Re 22:13
l Os 14:8

m Sal 62:3
Ez 13:11-13

n Sal 2:9

o cp 60:19

p cp 28:12
q cp 7:4
Éx 14:14

r Jer 31:1
Os 14:3

17 ᵃMil *huirán* a la amenaza de uno; a la amenaza de cinco huiréis vosotros todos; hasta que quedéis como mástil en la cumbre de un monte, y como bandera sobre un collado.

18 Por tanto, Jehová esperará para tener piedad de vosotros, por eso ᶜÉl será exaltado para tener misericordia de vosotros; porque Jehová es Dios de justicia; ᵈbienaventurados todos los que esperan en Él.

19 Ciertamente el pueblo ᵉmorará en Sión, en Jerusalén; nunca más llorarás; el que tiene misericordia se apiadará de ti; al oír la voz de tu clamor te responderá.

20 Bien que os dará el Señor ᶠpan de congoja y agua de angustia, con todo, tus enseñadores nunca más te serán quitados, sino que tus ojos verán tus enseñadores.

21 Entonces tus oídos oirán a tus espaldas palabra que diga: Éste *es* el camino, andad por él; ni os echéis a la mano derecha, ni tampoco torzáis a la mano izquierda.

22 Entonces profanarás la cubierta de tus esculturas de plata, y la vestidura de tus imágenes fundidas de oro; las apartarás ᶠcomo trapo de menstruo: ¡Sal fuera! les dirás.

23 Entonces Él te dará lluvia para tu semilla que habrás sembrado en la tierra; y pan del fruto de la tierra; y será abundante y copioso; tus ganados en aquel tiempo serán apacentados en amplios pastos.

24 Tus bueyes y tus asnos que labran la tierra, comerán grano limpio, el cual será aventado con pala y criba.

25 Y sobre todo monte alto, y sobre todo collado elevado, habrá ríos y corrientes de aguas el día de la gran matanza, cuando caerán las torres.

26 Y ᵒla luz de la luna será como la luz del sol, y la luz del sol siete veces mayor, como la luz de siete días, el día que Jehová haya vendado la quebradura de su pueblo, y curado la llaga de su herida.

27 He aquí que el nombre de Jehová viene de lejos: su rostro encendido, y grave de sufrir; sus labios llenos de ira, y su lengua como fuego consumidor;

28 y su aliento, cual torrente que inunda: llegará hasta el cuello, para

zarandear a las naciones con criba de destrucción; y el freno *estará* en las quijadas de los pueblos, haciéndoles errar.

29 Vosotros tendréis canción, como en la noche en que se celebra fiesta solemne; y alegría de corazón, como el que va ᶜcon flauta para venir ᵈal monte de Jehová, ᶠal Fuerte de Israel.

30 Y Jehová hará oír su voz gloriosa, y hará ver el descargar de su brazo, con la indignación de su ira, y llama de fuego consumidor; con tormenta, tempestad y piedra de granizo.

31 Porque ʰAsiria que hirió con vara, con la voz de Jehová será quebrantada.

32 Y en todo lugar por donde pase la vara que Jehová descargará sobre él, será con panderos y con arpas, y en batalla de agitación peleará contra ellos.

33 Porque ʲTofet ya de tiempo *está* dispuesta y preparada para el rey. Él la hizo profunda y ancha; su pira es de fuego y mucha leña; el soplo de Jehová, como torrente de azufre, la enciende.

a Dt 32:11
Sal 91:4

b Os 9:9

c 1 Re 1:40
d cp 2:3
e cp 30:22
f Dt 32:4

g cp 37:36

h cp 10:5
y 37:36

i cp 11:10

j 2 Re 23:10

k Sal 45:1
y 72:1-4
Jer 23:5

l cp 4:6

CAPÍTULO 31

1 Ay de ᵐlos que descienden a Egipto por ayuda, y ⁿconfían en caballos; y ponen su esperanza en carros, porque *son* muchos, y en caballeros, porque son valientes; y no miran al Santo de Israel, ni buscan a Jehová!

2 Mas Él también *es* sabio, y traerá el mal, y ᵒno retirará sus palabras. Se levantará, pues, contra la casa de los malignos, y contra el auxilio de los obradores de iniquidad.

3 Y los egipcios hombres *son*, y no Dios; y sus caballos carne, y no espíritu; de manera que al extender Jehová su mano, caerá el ayudador, y caerá el ayudado, y todos ellos desfallecerán a una.

4 Porque Jehová me dijo de esta manera: ᵖComo el león y el cachorro del león ruge sobre su presa, y si se reúne contra él cuadrilla de pastores, no se espantará de sus voces, ni se acobardará por el tropel de ellos; ᵠasí Jehová de los ejércitos descenderá a pelear por el monte de Sión, y por su collado.

m cp 30:2
n Sal 20:7
y 33:7

o Nm 23:19

p Os 11:10
Am 1:2

q cp 42:13

5 Como las aves que vuelan, así ᵃamparará Jehová de los ejércitos a Jerusalén, defendiendo, también la librará, pasando, la preservará.

6 Convertíos a *Aquél* contra quien los hijos de Israel ᵇprofundamente se rebelaron.

7 Porque en aquel día ᵉarrojará el hombre sus ídolos de plata, y sus ídolos de oro, que para vosotros han hecho vuestras manos pecadoras.

8 Entonces ᵍel asirio caerá a espada, no de varón; y lo consumirá espada, no de hombre; y huirá de la presencia de la espada, y sus jóvenes serán tributarios.

9 Y de miedo pasará a su fortaleza, y sus príncipes tendrán pavor de ⁱla bandera, dice Jehová, cuyo fuego *está* en Sión, y su horno en Jerusalén.

CAPÍTULO 32

He aquí que ᵏen justicia reinará un rey, y príncipes presidirán en juicio.

2 Y será aquel varón como escondedero contra el viento, y ˡcomo refugio contra la tempestad; como arroyos de aguas en tierra de sequedad, como sombra de gran peñasco en tierra calurosa.

3 No se ofuscarán entonces los ojos de los que ven, y los oídos de los oyentes oirán atentos.

4 Y el corazón de los necios entenderá para saber, y la lengua de los tartamudos hablará con fluidez y claridad.

5 El mezquino nunca más será llamado liberal, ni el avaro será llamado generoso.

6 Porque el mezquino hablará mezquindades, y su corazón fabricará iniquidad, para hacer la impiedad y para hablar escarnio contra Jehová, dejando vacía el alma hambrienta, y quitando la bebida al sediento.

7 Las armas del tramposo son malignas; maquina intrigas perversas para enredar a los simples con palabras mentirosas, aun cuando el pobre hable con derecho.

8 Mas el liberal pensará liberalidades, y por liberalidades será exaltado.

Los que sembráis junto a las aguas

9 Mujeres indolentes, levantaos, oíd mi voz; hijas confiadas, escuchad mi razón.
10 Días y años tendréis espanto, oh confiadas; porque la vendimia faltará, y la cosecha no vendrá.
11 Temblad, oh indolentes; turbaos, oh confiadas: despojaos, desnudaos, ceñid los lomos con cilicio.
12 Sobre los pechos lamentarán por los campos deleitosos, por la vid fértil.
13 Sobre la tierra de mi pueblo ᶜsubirán espinos y cardos; y aun sobre todas las casas de placer en la ciudad de alegría.
14 Porque ᵉlos palacios serán abandonados, la multitud de la ciudad cesará; las torres y fortalezas se tornarán en cuevas para siempre, donde retocen asnos monteses, y ganados hagan majada;
15 ʰhasta que sobre nosotros sea derramado el Espíritu de lo alto, y ⁱel desierto se torne en campo fértil, y el campo fértil sea estimado por bosque.
16 Y habitará el juicio en el desierto, y en el campo fértil reinará la justicia.
17 Y la obra de la justicia ˡserá paz; y el efecto de la justicia, será reposo y seguridad para siempre.
18 Y mi pueblo habitará en morada de paz, y en habitaciones seguras, y en recreos de reposo.
19 Y cuando caiga el granizo, caerá en los montes; y la ciudad será del todo abatida.
20 Dichosos vosotros ᵒlos que sembráis junto a todas las aguas, y metéis en ellas ᑫel pie de buey y de asno.

CAPÍTULO 33

1 Ay de ti, el que ʳsaqueas, y nunca fuiste saqueado; el que haces deslealtad, bien que nadie contra ti la hizo! ˢCuando acabares de saquear, serás tú saqueado; y cuando acabares de hacer deslealtad, se hará contra ti.
2 Oh Jehová, ten misericordia de nosotros, ᵘa ti hemos esperado; tú, brazo de ellos en la mañana, sé también nuestra salvación en tiempo de la tribulación.

a Sal 68:1

b Sal 97:9

c cp 34:13
Os 9:6
d 2 Re 18:37
e cp 27:10

f Jue 5:6
g 2 Re 18:14

h Jl 2:28

i cp 29:17
y 35:1-2
j Sal 12:5

k cp 59:4
Sal 7:14
l Sal 119:165

m cp 9:18

n cp 49:1

o Ec 11:1
p cp 9:17
q cp 30:24

r cp 21:2
Hab 2:8

s Ap 13:10

t 2 Cr 32:30
u cp 25:9
y 26:8
v cp 6:5

3 Los pueblos huyeron a la voz del estruendo; ᵃlas naciones fueron esparcidas al levantarte tú.
4 Mas vuestra presa será recogida *como* cuando recogen las orugas; correrá sobre ellos como de una a otra parte corren las langostas.
5 Será exaltado Jehová, ᵇel cual mora en las alturas; llenó a Sión de juicio y de justicia.
6 Y reinarán en tus tiempos la sabiduría y la ciencia, y el poder de la salvación; El temor de Jehová *será* su tesoro.
7 He aquí que sus embajadores darán voces afuera; ᵈlos mensajeros de paz llorarán amargamente.
8 Las calzadas están desiertas, ᶠcesaron los caminantes; ᵍÉl ha anulado el pacto, ha aborrecido las ciudades, tuvo en nada a los hombres.
9 Se enlutó, enfermó la tierra: el Líbano se avergonzó, y fue cortado; Sarón es como un desierto; y Basán y el Carmelo fueron sacudidos.
10 Ahora me levantaré, ʲdice Jehová; ahora seré exaltado, ahora seré engrandecido.
11 Concebisteis hojarascas, ᵏrastrojo daréis a luz; el soplo de vuestro fuego os consumirá.
12 Y los pueblos serán como cal quemada; ᵐ*como* espinos cortados serán quemados en el fuego.
13 Oíd, los *que estáis* lejos, ⁿlo que he hecho; y vosotros, los *que estáis* cerca, conoced mi poder.
14 Los pecadores se asombraron en Sión, espanto sorprendió a ᵖlos hipócritas. ¿Quién de nosotros morará con el fuego consumidor? ¿Quién de nosotros habitará con las llamas eternas?
15 El que camina en justicia, y habla lo recto; el que aborrece la ganancia de violencias, el que sacude sus manos para no recibir cohecho, el que tapa su oído para no oír *propuestas* sanguinarias, el que cierra sus ojos para no ver cosa mala:
16 Éste habitará en las alturas; fortaleza de rocas será su lugar de refugio; se le dará su pan, y ᵗsus aguas *serán* seguras.
17 ᵛTus ojos verán al Rey en su hermosura; verán la tierra que está lejos.

18 Tu corazón imaginará el espanto, y dirá: ª¿Dónde está el escriba? ¿Dónde está el que pesa? ¿Dónde está el que cuenta las torres?

19 No mirarás a aquel pueblo obstinado, pueblo de ᶜlengua difícil de entender, de lengua tartamuda *que no puedas* comprender.

20 Mira a Sión, ᵈciudad de nuestras fiestas solemnes; tus ojos verán a Jerusalén, morada de quietud, tienda ᶠque no será desarmada, ni serán arrancadas ᵍsus estacas, ni ninguna de sus cuerdas será rota.

21 Porque ciertamente allí Jehová *será* fuerte para con nosotros, lugar de ríos, de arroyos muy anchos, por el cual no andará galeón, ni por él pasará grande navío.

22 Porque Jehová *es* nuestro juez, Jehová es nuestro legislador, ʲJehová es nuestro Rey, Él mismo nos salvará.

23 Tus cuerdas se aflojaron; no afirmaron su mástil, ni entesaron la vela; se repartirá entonces presa de muchos despojos; *aun* el cojo arrebatará presa.

24 ˡNo dirá el morador: Estoy enfermo; ᵐal pueblo que more en ella le será perdonada la iniquidad.

a 1 Co 1:20
b cp 63:1
Sof 1:7

c Dt 28:49
Jer 5:15

d Sal 48:12
e cp 61:2
y 63:4
Ap 9:5
f cp 37:33
g cp 54:2

h Dt 29:23

i Ap 14:11

j Sal 89:18

k 2 Sm 8:2
2 Re 21:13
Lm 2:8

l Sal 103:3
m Jer 50:20
n cp 32:13
Os 9:6
o cp 35:7

CAPÍTULO 34

Naciones, acercaos para oír; y ᵖescuchad, pueblos. Oiga la tierra y cuanto hay en ella, el mundo y todo lo que produce.

2 Porque la indignación de Jehová *es* contra todas las naciones, y *su* furor contra todos *sus* ejércitos: Las ha destruido por completo, las ha entregado al matadero.

3 Y los muertos de ellas serán arrojados, y de sus cadáveres se levantará hedor; y los montes se disolverán por la sangre de ellos.

4 Y ʳtodo el ejército del cielo se disolverá, y se enrollarán los cielos como un pergamino; y caerá todo su ejército, como se cae la hoja de la parra, y como se cae *el higo* de la higuera.

5 Porque mi espada ˢse embriagará en el cielo; he aquí que ᵗdescenderá sobre Edom, y sobre el pueblo de mi anatema, para juicio.

6 Llena está de sangre la espada de Jehová, engrasada está de grosura,

p Sal 49:1

q cp 40:26

r Sal 102:26
Mt 24:29

s Jer 46:10
t Jer 49:7
Mal 1:4
u cp 55:12

de sangre de corderos y de machos cabríos, de grosura de riñones de carneros: ᵇporque Jehová tiene sacrificios en Bosra, y grande matanza en la tierra de Edom.

7 Y con ellos caerán unicornios, y toros con becerros; y su tierra se embriagará de sangre, y su polvo se engrasará de grosura.

8 Porque *es* ᵉdía de venganza de Jehová, año de retribuciones en el pleito de Sión.

9 Y sus arroyos ʰse tornarán en brea, y su polvo en azufre, y su tierra en brea ardiente.

10 No se apagará de noche ni de día, ⁱperpetuamente subirá su humo; de generación en generación será asolada, nunca jamás pasará nadie por ella.

11 Y la poseerán el pelícano y el mochuelo; el búho y el cuervo morarán en ella, y se extenderá sobre ella ᵏcordel de destrucción y plomada de asolamiento.

12 Llamarán a sus nobles para el reino, pero no *habrá* nadie allí; y todos sus príncipes serán nada.

13 En sus palacios ⁿcrecerán espinos; y ortigas y cardos en sus fortalezas; y serán ᵒguarida de dragones y patio para los búhos.

14 Las fieras del desierto se encontrarán con las hienas, y la cabra del monte gritará a su compañero; la lechuza también tendrá allí morada, y hallará para sí lugar de reposo.

15 Allí anidará el búho real, pondrá *sus huevos*, y sacará sus pollos y los juntará debajo de sus alas; también se juntarán allí los buitres, cada uno con su compañera.

16 Inquirid en el libro de Jehová, y leed ᵠsi faltó alguno de ellos; ninguno faltó con su compañera; porque su boca mandó y los reunió su mismo Espíritu.

17 Y Él les echó las suertes, y su mano les repartió con cordel; para siempre la tendrán por heredad, de generación en generación morarán allí.

CAPÍTULO 35

Se alegrarán el desierto y ᵘla soledad; el yermo se gozará, y florecerá como la rosa.

Invasión de Senaquerib

2 Florecerá profusamente, y también se alegrará y cantará con júbilo; la gloria del Líbano le será dada, la hermosura del Carmelo y de Sarón. Ellos verán la gloria de Jehová, la hermosura del Dios nuestro.

3 [a]Fortaleced las manos cansadas, corroborad las rodillas endebles.

4 Decid a los de corazón apocado: Esforzaos, no temáis; he aquí que vuestro Dios viene con venganza, con retribución; Dios mismo, Él vendrá y os salvará.

5 Entonces [d]los ojos de los ciegos serán abiertos, y [e]los oídos de los sordos se abrirán.

6 Entonces [f]el cojo saltará como un ciervo, y [g]cantará la lengua del mudo; porque [h]aguas serán cavadas en el desierto, y torrentes en la soledad.

7 El lugar seco será tornado en estanque, y el sequedal en manaderos de aguas; en la habitación de dragones, en su guarida, será lugar de cañas y de juncos.

8 Y habrá allí calzada y camino, y será llamado Camino de Santidad; [j]no pasará inmundo por él, sino que será para ellos; los errantes, aunque fueren torpes, no se extraviarán.

9 No habrá allí león, [k]ni fiera voraz subirá por él, ni allí se hallará, para que caminen los redimidos.

10 Y [l]los redimidos de Jehová volverán, y vendrán a Sión cantando; y gozo perpetuo habrá sobre sus cabezas; y tendrán gozo y alegría, y [m]huirá la tristeza y el gemido.

CAPÍTULO 36

Aconteció en [n]el año catorce del rey Ezequías, que Senaquerib rey de Asiria subió contra todas las ciudades fortificadas de Judá, y las tomó.

2 Y [o]el rey de Asiria envió al Rabsaces con grande ejército desde Laquis a Jerusalén contra el rey Ezequías; y acampó junto al acueducto del estanque de arriba, en el camino del campo del Lavador.

3 Y salieron a él Eliaquim, hijo del [p]mayordomo Hilcías, el escriba Sebna, y Joah, hijo de Asaf, el cronista.

4 A los cuales dijo el Rabsaces: Decid ahora a Ezequías: El gran rey, el rey de Asiria, dice así: ¿Qué confianza es ésta en que confías?

5 Digo, alegas tú (pero son palabras vanas), que tengo consejo y fortaleza para la guerra. Ahora bien, ¿en quién confías que te rebelas contra mí?

6 He aquí que confías en este bordón de [b]caña frágil, en Egipto, sobre el cual si alguien se apoyare, se le entrará por la mano, y se la atravesará. [c]Tal es Faraón, rey de Egipto, para con todos los que en él confían.

7 Y si me dijeres: En Jehová nuestro Dios confiamos; ¿no es Éste Aquél cuyos lugares altos y cuyos altares hizo quitar Ezequías, y dijo a Judá y a Jerusalén: Delante de este altar adoraréis?

8 Ahora, pues, yo te ruego que des prendas a mi señor, el rey de Asiria, y yo te daré dos mil caballos, si pudieres tú dar jinetes que cabalguen sobre ellos.

9 ¿Cómo, pues, harás volver el rostro de un capitán de los más pequeños siervos de mi señor, [i]aunque estés confiado en Egipto por sus carros y hombres de a caballo?

10 ¿Acaso vine yo ahora a esta tierra para destruirla sin Jehová? Jehová me dijo: Sube a esta tierra y destrúyela.

11 Entonces dijo Eliaquim, y Sebna y Joah al Rabsaces: Te rogamos que hables a tus siervos en arameo, porque nosotros lo entendemos; y no hables con nosotros en lengua judaica, a oídos del pueblo que está sobre el muro.

12 Y dijo el Rabsaces: ¿Me envió mi señor a ti y a tu señor, a que dijese estas palabras, y no a los hombres que están sobre el muro, para que coman su estiércol y beban su orina con vosotros?

13 Entonces el Rabsaces se puso en pie, y gritó a grande voz en lengua judaica, diciendo: Oíd las palabras del gran rey, el rey de Asiria.

14 El rey dice así: No os engañe Ezequías, porque él no os podrá librar.

15 Ni os haga Ezequías confiar en Jehová, diciendo: Ciertamente Jehová nos librará; no será entregada esta ciudad en manos del rey de Asiria.

---

a Heb 12:12
b Ez 29:6-7
c cp 30:3 31:1
d cp 29:18
y 32:3
Sal 146:8
Mt 9:27-30
11:5 12:22
20:30
y 21:14
Jn 9:6-7
e Mr 7:32
f Mt 11:5
15:30
y 21:14
Jn 5:3-9
Hch 3:2-8
8:7 y 14:8
g cp 32:4
Mt 9:32-33
y 12:12
h cp 41:18
y 43:19-20
Jn 7:38-39
i Sal 20:7
j cp 52:1
Jl 3:17
k Lv 20:6
l cp 51:11
m cp 25:8
y 65:19
Ap 7:17
y 21:4
n 2 Re 18:13
2 Cr 32:1
o 2 Re 18:17
p cp 22:15

16 No escuchéis a Ezequías; porque el rey de Asiria dice así: Haced conmigo paz, y salid a mí; y coma cada uno de su viña, y cada uno de su higuera, y beba cada cual las aguas de su pozo;

17 ªhasta que yo venga y os lleve a una tierra como la vuestra, tierra de grano y de vino, tierra de pan y de viñas.

18 Mirad no os engañe Ezequías diciendo: Jehová nos librará. ¿Acaso libraron los dioses de las naciones, cada uno a su tierra, de la mano del rey de Asiria?

19 ¿Dónde *están* los dioses de Hamat y de Arfad? ¿Dónde *están* los dioses de Sefarvaim? ¿Libraron a Samaria de mi mano?

20 ¿Qué dios hay entre los dioses de estas tierras, que haya librado su tierra de mi mano, para que Jehová libre de mi mano a Jerusalén?

21 Pero ellos callaron y no le respondieron palabra; porque el rey así lo había mandado, diciendo: No le respondáis.

22 Entonces Eliaquim, hijo del mayordomo Hilcías, el escriba Sebna, y Joah, hijo de Asaf, el cronista, vinieron a Ezequías rasgadas sus vestiduras, y le contaron las palabras del Rabsaces.

CAPÍTULO 37

Aconteció que cuando ᵉel rey Ezequías lo oyó, rasgó sus vestiduras, y cubierto de cilicio vino a la casa de Jehová.

2 Y envió a Eliaquim el mayordomo, y a Sebna el escriba, y a los ancianos de los sacerdotes, cubiertos de cilicio, al profeta Isaías, hijo de Amoz.

3 Los cuales le dijeron: Ezequías dice así: ᵍDía de angustia, de reprensión y de blasfemia, *es* este día; porque ʲlos hijos han llegado hasta el punto de nacer, y no *hay* fuerzas para dar a luz.

4 Quizá oirá Jehová tu Dios las palabras del Rabsaces, a quien su señor, el rey de Asiria, ha enviado para blasfemar al Dios vivo, y vituperará las palabras que oyó Jehová tu Dios; eleva, pues, oración por ᵏel remanente que aún ha quedado.

a 2 Re 18:11
b Jer 51:46
Abd 1

c 2 Re 19:9

d Jer 49:23

e 2 Re 19:1

f Ex 25:22
Nm 7:89
Sal 80:1

g cp 22:5
h Hch 4:29
i Dn 9:18
j cp 13:8

k ver 32

5 Vinieron, pues, los siervos de Ezequías a Isaías.

6 Y les dijo Isaías: Diréis así a vuestro señor: Así dice Jehová: No temas por las palabras que has oído, con las cuales me han blasfemado los siervos del rey de Asiria.

7 He aquí que yo doy en él un espíritu, y ᵇoirá un rumor, y se volverá a su tierra; y yo haré que en su tierra caiga a espada.

8 Vuelto, pues, el Rabsaces, halló al rey de Asiria que combatía contra Libna; porque ya había oído que se había apartado de Laquis.

9 Mas oyendo decir de ᶜTirhaca, rey de Etiopía: He aquí que él ha salido para hacerte guerra; al oírlo, envió mensajeros a Ezequías, diciendo:

10 Diréis así a Ezequías, rey de Judá: No te engañe tu Dios en quien tú confías, diciendo: Jerusalén no será entregada en mano del rey de Asiria.

11 He aquí que tú oíste lo que hicieron los reyes de Asiria a todas las tierras, cómo las destruyeron; ¿y serás tú librado?

12 ¿Acaso libraron los dioses de las naciones a los que destruyeron mis antepasados, a Gozán, y Harán, Rezef, y a los hijos de Edén que *moraban* en Telasar?

13 ¿Dónde está el rey de ᵈHamat, y el rey de Arfad, el rey de la ciudad de Sefarvaim, de Hena, y de Iva?

14 Y tomó Ezequías la carta de mano de los mensajeros y la leyó; y subió a la casa de Jehová y la extendió delante de Jehová.

15 Entonces Ezequías oró a Jehová, diciendo:

16 Jehová de los ejércitos, Dios de Israel, ᶠque moras *entre* los querubines, sólo tú eres Dios sobre todos los reinos de la tierra; tú hiciste el cielo y la tierra.

17 ʰInclina, oh Jehová, ⁱtu oído, y oye; abre, oh Jehová, tus ojos, y mira; y oye todas las palabras de Senaquerib, el cual ha enviado a blasfemar al Dios viviente.

18 Ciertamente, oh Jehová, los reyes de Asiria destruyeron todas las naciones y sus tierras,

19 y echaron los dioses de ellos al fuego; porque no *eran* dioses, sino obra de manos de hombre, madera y piedra; por eso los destruyeron.

Oración de Ezequías

20 Ahora pues, Jehová Dios nuestro, líbranos de su mano, para que todos los reinos de la tierra sepan que sólo tú eres Jehová.

21 Entonces Isaías, hijo de Amoz, envió a decir a Ezequías: Jehová, el Dios de Israel, dice así: Acerca de lo que me rogaste sobre Senaquerib, rey de Asiria;

22 ésta es la palabra que Jehová habló acerca de él: La virgen, ᵈla hija de Sión te ha menospreciado, y ha hecho escarnio de ti; a tus espaldas mueve su cabeza la hija de Jerusalén.

23 ¿A quién injuriaste y a quién blasfemaste? ¿Contra quién has alzado tu voz, y levantado tus ojos en alto? Contra el Santo de Israel.

24 Por mano de tus siervos infamaste al Señor, y dijiste: Yo con la multitud de mis carros subiré a las alturas de los montes, a las laderas del Líbano; cortaré sus altos cedros, sus cipreses escogidos; llegaré hasta la cumbre, al monte de su Carmelo.

25 Yo cavé y bebí las aguas extrañas; y con las plantas de mis pies sequé todos los ríos de los lugares sitiados.

26 ¿Acaso no has oído decir que desde hace mucho tiempo yo lo hice, que desde los días de la antigüedad lo he formado? Lo he hecho venir ahora, y tú serás para que tornes ciudades fortificadas en montones de ruinas.

27 Y sus moradores, fueron de corto poder, desalentados y confusos, fueron como pasto del campo y hortaliza verde, ʰcomo hierba de los tejados, que antes de sazón se seca.

28 Pero yo conozco tu sentarte, tu salir y tu entrar, y tu furor contra mí.

29 Porque contra mí te airaste, y tu estruendo ha subido a mis oídos; pondré, pues, ʲmi anzuelo en tu nariz, y mi freno en tus labios, y te haré volver por el camino por donde viniste.

30 Y esto te será por señal: Comerás este año lo que nace de suyo, y el año segundo lo que nace de suyo; y ᵏel año tercero sembraréis y segaréis, y plantaréis viñas, y comeréis su fruto.

31 Y ᵐel remanente de la casa de Judá que hubiere escapado, volverá a echar raíz abajo, y llevará fruto arriba.

a 2 Re 19:31

b cp 33:20

c Lc 19:43

d cp 10:32
Zac 2:10 9:9

e cp 36:6

f 2 Re 19:35

g 2 Re 20:1-6

h Sal 129:6
i Neh 13:14

j cp 30:28
Ez 38:4

k cp 20:3

l cp 37:35

m cp 4:2

32 Porque de Jerusalén saldrá un remanente, y los que escapen del monte de Sión. ᵃEl celo de Jehová de los ejércitos hará esto.

33 Por tanto, así dice Jehová acerca del rey de Asiria: ᵇNo entrará en esta ciudad, ni lanzará saeta en ella; no vendrá delante de ella con escudo, ᶜni levantará baluarte contra ella.

34 Por el camino que vino, volverá, y no entrará en esta ciudad, dice Jehová:

35 Pues ᵉyo ampararé a esta ciudad para salvarla por amor a mí mismo, y por amor a David mi siervo.

36 Y salió ᶠel ángel de Jehová, e hirió a ciento ochenta y cinco mil en el campamento de los asirios; y cuando se levantaron por la mañana, he aquí que todo era cuerpos de muertos.

37 Entonces Senaquerib, rey de Asiria partió, y fue y volvió, y habitó en Nínive.

38 Y aconteció, que mientras adoraba en el templo de Nisroc su dios, Adramelec y Sarezer, sus hijos, lo mataron a espada, y huyeron a la tierra de Ararat; y Esar-hadón su hijo reinó en su lugar.

CAPÍTULO 38

En aquellos días ᵍEzequías enfermó de muerte. Y vino a él el profeta Isaías, hijo de Amoz, y le dijo: Jehová dice así: Pon tu casa en orden, porque morirás, y no vivirás.

2 Entonces Ezequías volvió su rostro a la pared, e hizo oración a Jehová.

3 Y dijo: ⁱOh Jehová, te ruego que te acuerdes ahora que he andado delante de ti en verdad y con íntegro corazón, y que he hecho lo que ha sido agradable delante de tus ojos. Y lloró Ezequías con gran lloro.

4 Entonces vino palabra de Jehová a Isaías, diciendo:

5 Ve, y di a Ezequías: Jehová, el Dios de David tu padre, dice así: He oído tu oración, y he visto tus lágrimas; he aquí que yo añado a tus días quince años.

6 Y te libraré a ti y a esta ciudad de la mano del rey de Asiria; y ˡa esta ciudad ampararé.

7 Y esto te será señal de parte de Jehová, que Jehová hará esto que ha dicho:

8 He aquí que ªyo haré retroceder la sombra de los grados, que ha descendido por el sol en el reloj de Acaz, diez grados. Y el sol retrocedió diez grados atrás, por los cuales había ya descendido.

9 Escritura de Ezequías rey de Judá, de cuando enfermó y fue sanado de su enfermedad.

10 Yo dije: En el medio de mis días iré a las puertas del sepulcro: Privado soy del resto de mis años.

11 Dije: No veré a Jehová, a Jehová ᶜen la tierra de los vivientes: Ya no veré más hombre con los moradores del mundo.

12 ᵉMi morada ha sido movida y traspasada de mí, ᶠcomo tienda de pastor. Como el tejedor corté mi vida; me cortará con la enfermedad; me consumirás entre el día y la noche.

13 Contaba yo hasta la mañana. Como un león molió todos mis huesos: De la mañana a la noche me acabarás.

14 Como la grulla y como la golondrina me quejaba; ʰGemía como la paloma; mis ojos se cansaron de mirar hacia arriba: Jehová, violencia padezco; fortaléceme.

15 ¿Qué diré? El que me lo dijo, Él mismo lo ha hecho. Andaré humildemente ⁱen la amargura de mi alma, todos mis años.

16 Oh Señor, por estas cosas *el hombre* vive, y en todas estas cosas está la vida de mi espíritu; Tú pues, me restablecerás, y harás que yo viva.

17 He aquí amargura grande me sobrevino en la paz; pero por amor a mi alma tú *la libraste* ᵏdel hoyo de corrupción; porque echaste tras tus espaldas todos mis pecados.

18 Porque ᵐel sepulcro no te exaltará, ni te alabará la muerte; ⁿ*ni* los que descienden a la fosa esperarán tu verdad.

19 El que vive, el que vive, éste te alabará, como yo hoy: ᵒEl padre dará a conocer tu verdad a sus hijos.

20 Jehová *estaba listo* para salvarme; por tanto cantaremos mis cantos en la casa de Jehová todos los días de nuestra vida.

21 Y ᑫhabía dicho Isaías: Tomen masa de higos, y pónganla en la llaga, y sanará.

a 2 Re 20:9
b 2 Re 20:8

c Sal 27:13
y 116:9
d 2 Re 18:15
e cp 31:9
f Job 7:6

g cp 5:26

h cp 59:11

i 1 Re 21:27
Job 7:10
y 10:1
j Jer 20:5

k Dn 1:2 3:7

l 1 Sm 3:18
m Sal 6:5
y 30:9
n Sal 28:1

o Dt 4:9
Sal 78:3-4

p Lm 4:22
q 2 Re 20:7

22 También había dicho Ezequías: ᵇ¿Qué señal tendré de que subiré a la casa de Jehová?

CAPÍTULO 39

En aquel tiempo Merodac-baladán, hijo de Baladán, rey de Babilonia, envió cartas y presentes a Ezequías; porque había oído que había estado enfermo, y que había convalecido.

2 Y se regocijó con ellos Ezequías, y ᵈles enseñó la casa de su tesoro, plata y oro, y especias, y ungüentos preciosos, y toda su casa de armas, y todo lo que se pudo hallar en sus tesoros; no hubo cosa en su casa y en todo su señorío, que Ezequías no les mostrase.

3 Entonces el profeta Isaías vino al rey Ezequías, y le dijo: ¿Qué dicen estos hombres, y de dónde han venido a ti? Y Ezequías respondió: ᵍDe tierra muy lejana han venido a mí, de Babilonia.

4 Dijo entonces: ¿Qué han visto en tu casa? Y dijo Ezequías: Todo lo que hay en mi casa han visto, y ninguna cosa hay en mis tesoros que no les haya mostrado.

5 Entonces dijo Isaías a Ezequías: Oye palabra de Jehová de los ejércitos:

6 He aquí, vienen días en que ʲserá llevado a Babilonia todo lo que *hay* en tu casa, y lo que tus padres han atesorado hasta hoy; ninguna cosa quedará, dice Jehová.

7 De tus hijos que hubieren salido de ti, y que engendraste, tomarán, y ᵏserán eunucos en el palacio del rey de Babilonia.

8 Y dijo Ezequías a Isaías: ˡLa palabra de Jehová que has hablado, *es* buena. Y añadió: A lo menos, haya paz y verdad en mis días.

CAPÍTULO 40

Consolaos, consolaos, pueblo mío, dice vuestro Dios.

2 Hablad al corazón de Jerusalén; decidle a voces que su tiempo es ya cumplido, ᵖque su pecado es perdonado; que doble ha recibido de la mano de Jehová por todos sus pecados.

Su Palabra permanece para siempre ISAÍAS 40

3 ªVoz del que clama en el desierto: ᵇPreparad el camino de Jehová: enderezad calzada en la soledad a nuestro Dios.

4 ᵈTodo valle será levantado, y todo monte y collado será abajado; y ᵉlo torcido será enderezado, y lo áspero será allanado.

5 Y se manifestará la gloria de Jehová, y ᵍtoda carne juntamente la verá; porque la boca de Jehová ha hablado.

6 Voz que decía: Da voces. Y yo respondí: ¿Qué he de decir? ⁱToda carne es hierba, y toda su gloria es como la flor del campo:

7 La hierba se seca, y la flor se marchita; porque ᵏel Espíritu de Jehová sopla en ella. Ciertamente hierba es el pueblo.

8 La hierba se seca, la flor se marchita; mas ˡla palabra del Dios nuestro permanece para siempre.

9 Súbete sobre un monte alto, oh Sión, tú que traes buenas nuevas; levanta fuertemente tu voz, oh Jerusalén, tú que traes buenas nuevas; levántala, no temas; di a las ciudades de Judá: ¡He aquí vuestro Dios!

10 He aquí que el Señor Jehová vendrá con mano fuerte, y su brazo señoreará; he aquí ᵒque su recompensa viene con Él, y su obra delante de su rostro.

11 Como pastor ᵖapacentará su rebaño; con su brazo recogerá los corderos, y en su seno los llevará; pastoreará suavemente a las recién paridas.

12 ¿Quién midió las aguas con ʳel hueco de su mano, y midió los cielos con su palmo, y con tres dedos juntó el polvo de la tierra, y pesó los montes con balanza, y con pesas los collados?

13 ᵗ¿Quién enseñó al Espíritu de Jehová, o le aconsejó enseñándole?

14 ¿A quién pidió consejo para ser instruido? ¿Quién le enseñó el camino del juicio, o ᵛle enseñó conocimiento, o le mostró la senda del entendimiento?

15 He aquí que las naciones le son como la gota que cae de un cubo, y son contadas como el polvo de la balanza; he aquí que hace desaparecer las islas como polvo.

a cp 58:1
Mt 3:3
Mr 1:3
Lc 3:4
Jn 1:23
b Mal 3:1
c Sal 62:9
Dn 4:35
d Lc 3:5
e cp 45:2
f Hch 17:29
g Lc 3:6
h cp 41:7
44:12 y 46:1
i Job 14:2
Sal 102:11
y 103:15
Stg 1:10
j cp 41:7
Jer 10:4
k Sal 103:16
l Jn 12:34
1 Pe 1:25
m Gn 1:6-8
Job 9:8
Sal 104:2
n Job 12:21
Sal 107:40
o cp 62:11
p Ez 34:23
Zac 13:7
Jn 10:11
q Dt 4:15-16
r Pr 30:4
s Sal 147:4
t Rm 11:34
1 Co 2:16
u cp 49:4
v Job 21:22
x Sal 147:5
Rm 11:33

16 Ni el Líbano bastará para el fuego, ni todos sus animales para el sacrificio.

17 ᶜComo nada son todas las naciones delante de Él; y en su comparación serán estimadas en menos que nada, y que lo que no es.

18 ᶠ¿A qué, pues, haréis semejante a Dios, o a qué imagen le compararéis?

19 El artífice ʰprepara la imagen de talla, el platero le extiende el oro, y le funde cadenas de plata.

20 El pobre escoge, para ofrecerle, madera que no se apolille; se busca un maestro sabio, ʲque le haga una imagen de talla que no se mueva.

21 ¿No sabéis? ¿No habéis oído? ¿Nunca os lo han dicho desde el principio? ¿No habéis sido enseñados desde que la tierra se fundó?

22 Él está sentado sobre el globo de la tierra, cuyos moradores son como langostas; ᵐÉl extiende los cielos como una cortina, los despliega como una tienda para morar;

23 ⁿÉl reduce a nada a los poderosos, y a los jueces de la tierra hace como cosa vana.

24 Como si nunca hubieran sido plantados, como si nunca hubieran sido sembrados, como si nunca su tronco hubiera tenido raíz en la tierra; así que sopla en ellos, se secan, y el torbellino los lleva como hojarascas.

25 ᑫ¿A quién, pues, me haréis semejante o me haréis igual? Dice el Santo.

26 Levantad en alto vuestros ojos, y mirad quién creó estas cosas; Él saca y cuenta su ejército; ˢa todas llama por sus nombres; ninguna faltará; tal es la grandeza de su fuerza, y su poder y virtud.

27 ¿Por qué dices, oh Jacob, y hablas tú, Israel: Mi camino está escondido de Jehová, y ᵘde mi Dios pasó mi juicio?

28 ¿No has sabido, no has oído que el Dios eterno es Jehová, el cual creó los confines de la tierra? No desfallece, ni se fatiga con cansancio, y ˣsu entendimiento no hay quien lo alcance.

29 Él da fortaleza al cansado, y multiplica las fuerzas al que no tiene ningunas.

659

ISAÍAS 41

30 Los muchachos se fatigan y se cansan, los jóvenes flaquean y caen;
31 pero los que esperan en Jehová ᵇtendrán nuevas fuerzas; levantarán las alas como águilas, correrán, y no se cansarán, caminarán, y no se fatigarán.

CAPÍTULO 41

Guardad ᶠsilencio ante mí, oh ᵍislas, y esfuércense los pueblos; acérquense, y entonces hablen; vengamos juntos a juicio.
2 ¿Quién despertó ⁱdel oriente al justo, ʲlo llamó para que le siguiese, entregó delante de él naciones, y lo hizo señorear sobre reyes; los entregó a su espada como polvo, y a su arco como paja arrebatada?
3 Los siguió, pasó en paz por camino por donde sus pies nunca habían entrado.
4 ¿Quién ordenó e hizo esto? ¿Quién llama las generaciones desde el principio? Yo Jehová, ⁿel primero, y yo mismo con los postreros.
5 Las islas vieron, y tuvieron temor, los confines de la tierra se espantaron; se congregaron, y vinieron.
6 Cada cual ayudó a su prójimo, y a su hermano dijo: Esfuérzate.
7 El carpintero animó ᵒal platero, y el que alisa con martillo al que batía en el yunque, diciendo: Buena está la soldadura, y lo afirmó con clavos, ᵖpara que no se moviese.
8 Pero tú, Israel, siervo mío *eres*, tú, Jacob, a quien ᵠyo escogí, simiente de Abraham ˢmi amigo.
9 Porque te tomé de los confines de la tierra, y de entre sus hombres principales te llamé, y te dije: Mi siervo *eres* tú, yo te escogí, y no te deseché.
10 No temas, ᵘporque yo *estoy* contigo; no desmayes, porque yo soy tu Dios que te esfuerzo; siempre te ayudaré, siempre te sustentaré con la diestra de mi justicia.
11 He aquí que todos los que se enojan contra ti ʸserán avergonzados y confundidos; los que contienden contigo serán como nada y perecerán.
12 Los buscarás, y no los hallarás, los que tienen contienda contigo, serán como nada, y como cosa que no es, aquellos que te hacen guerra.

a ver 10
b Sal 103:5
c Sal 22:6

d cp 54:5-8
e ver 16
   cp 12:6
f Zac 2:13
g cp 40:15
  y 42:4-6
h Jer 51:2
i cp 46:11
j cp 45:1

k cp 29:23

l cp 35:6-7

m Sal 107:35
n cp 44:6

o Sal 115:4
y 135:15
Jer 2:27
y 10:8-14
p cp 40:20

q Dt 7:6
  10:15 y 14:2
r cp 45:21
s Dt 7:6
  10:15 y 14:2
  Sal 135:4
t cp 45:21

u cp 43:5
v Jer 10:5

x Sal 115:8
1 Co 8:4
y Jer 50:5

z cp 43:9

No temas Yo estoy contigo

13 Porque yo Jehová soy tu Dios, quien te sostiene de tu mano derecha, y te dice: ᵃNo temas, yo te ayudaré.
14 No temas, ᶜgusano de Jacob, *ni* vosotros, varones de Israel; yo te ayudaré, dice Jehová ᵈtu Redentor, ᵉel Santo de Israel.
15 He aquí que yo te he puesto por trillo, trillo nuevo, lleno de dientes; trillarás montes y los molerás, y collados tornarás en tamo.
16 Los aventarás, y ʰlos llevará el viento, y los esparcirá el torbellino. Y tú te regocijarás en Jehová, te gloriarás en el Santo de Israel.
17 Los afligidos y menesterosos buscan las aguas, y no *las hay*; se secó de sed su lengua; yo Jehová los oiré, yo ᵏel Dios de Israel no los desampararé.
18 En los lugares altos ˡabriré ríos, y fuentes en medio de los valles; ᵐtornaré el desierto en estanques de aguas, y en manantiales de aguas la tierra seca.
19 Daré en el desierto cedros, acacias, arrayanes y olivos; pondré en la soledad cipreses, pinos y abetos juntamente;
20 para que vean y conozcan, y adviertan y entiendan todos, que la mano de Jehová hace esto, y que el Santo de Israel lo creó.
21 Presentad vuestra causa, dice Jehová; exponed vuestros *argumentos*, dice el Rey de Jacob.
22 Traigan, ʳanúnciennos lo que ha de venir; dígannos lo que ha pasado desde el principio, y pondremos nuestro corazón en ello; sepamos también su postrimería, y hacednos entender lo que ha de venir.
23 Dadnos nuevas ᵗde lo que ha de ser después, para que sepamos que vosotros sois dioses; ᵛo a lo menos haced bien, o mal, para que tengamos qué contar, y juntamente nos maravillemos.
24 He aquí que ˣvosotros sois de nada, y vuestras obras de vanidad; abominación el que os escogió.
25 ʸDel norte levanté *uno*, y vendrá. Del nacimiento del sol invocará mi nombre; y hollará príncipes como lodo, y como pisa el barro el alfarero.
26 ¿Quién lo anunció ᶻdesde el principio, para que sepamos; o de

tiempo atrás, y diremos: Es justo? Cierto, no hay quien anuncie, sí, no *hay* quien enseñe, ciertamente no hay quien oiga vuestras palabras.

27 ᵇYo soy el primero que he enseñado estas cosas a Sión, y a Jerusalén le daré un portador de alegres nuevas.

28 Miré, ᶜy no *había* ninguno; y pregunté de estas cosas, y ningún consejero *hubo*; les pregunté, y no respondieron palabra.

29 He aquí, todos *son* vanidad, y ᵈlas obras de ellos nada; viento y vanidad *son* sus imágenes de fundición.

CAPÍTULO 42

He aquí ᵉmi siervo, yo le sostendré; ᶠmi escogido *en quien* mi alma ᵍtiene contentamiento. ʰHe puesto sobre Él mi Espíritu, Él traerá juicio a las naciones.

2 No gritará, ni alzará su voz, ni la hará oír en las plazas.

3 No quebrará la caña cascada, ni apagará el pábilo que humeare; sacará el juicio a verdad.

4 No se cansará, ni desmayará, hasta que haya puesto juicio en la tierra; y ʲlas islas esperarán su ley.

5 Así dice Jehová Dios, el Creador de los cielos, y el que los despliega; el que extiende la tierra y sus frutos; el que da respiración al pueblo que mora sobre ella, y espíritu a los que por ella andan.

6 Yo Jehová te he llamado en justicia, y te sostendré por la mano; te guardaré y ⁿte pondré por pacto del pueblo, ᵖpor luz de los gentiles;

7 ᵠpara que abras los ojos de los ciegos, para que ʳsaques de la cárcel a los presos, y de casas de prisión a ˢlos que moran en tinieblas.

8 Yo Jehová; éste *es* mi nombre; y ᵗa otro no daré mi gloria, ni mi alabanza a esculturas.

9 Las cosas primeras he aquí vinieron, y yo anuncio nuevas cosas; antes que salgan a luz, yo os las haré notorias.

10 Cantad a Jehová un cántico nuevo, su alabanza desde los confines de la tierra; ᵘlos que descendéis al mar y cuanto hay en él, ᵛlas islas y los moradores de ellas.

11 ᵃAlcen *su voz* el desierto y sus ciudades, las aldeas donde habita Cedar; canten los moradores de la roca, y desde la cumbre de los montes den voces de júbilo.

12 Den gloria a Jehová, y proclamen en las islas su alabanza.

13 Jehová saldrá como gigante, y como hombre de guerra despertará celo; gritará, voceará, prevalecerá sobre sus enemigos.

14 Desde el siglo he callado, he guardado silencio, y me he detenido; *ahora* daré voces como la mujer que está de parto; asolaré y devoraré juntamente.

15 Tornaré en soledad montes y collados, haré secar toda su hierba; los ríos tornaré en islas, y secaré los estanques.

16 Y guiaré a los ciegos por camino que no sabían, les haré pisar por las sendas que no habían conocido; delante de ellos tornaré las tinieblas en luz, y lo escabroso en llanura. Estas cosas les haré, y no los desampararé.

17 Serán vueltos atrás, y ʲen extremo confundidos, los que confían en los ídolos, y dicen a las imágenes de fundición: Vosotros *sois* nuestros dioses.

18 Sordos, oíd; y vosotros ciegos, mirad para ver.

19 ¿Quién *es* ciego, ᵏsino mi siervo? ¿Quién *es* sordo, como mi mensajero que envié? ¿Quién *es* ciego como el perfecto, y ciego como ˡel siervo de Jehová,

20 que ve muchas cosas y ᵐno advierte, ᵒque abre los oídos y no oye?

21 Jehová se complació por amor a su justicia en magnificar la ley y engrandecerla.

22 Mas éste *es* pueblo saqueado y pisoteado, todos ellos atrapados en cavernas y escondidos en cárceles; son puestos para presa, y no hay quien libre; despojados, y no hay quien diga: Restituid.

23 ¿Quién de vosotros oirá esto? ¿*Quién* atenderá y escuchará respecto al porvenir?

24 ¿Quién dio a Jacob por despojo, y entregó a Israel a saqueadores? ¿No fue Jehová, contra quien pecamos? Y no quisieron andar en sus caminos, ni oyeron su ley.

25 Por tanto, ªderramó sobre él el furor de su ira y la fuerza de guerra; ᶜle prendió fuego todo en derredor, ᵈpero no entendió; y le consumió, mas no hizo caso.

CAPÍTULO 43

Y ahora, así dice Jehová, Creador tuyo, oh Jacob, y Formador tuyo, oh Israel: No temas, porque ᶠyo te redimí; ᵍte puse nombre, mío eres tú.
2 Cuando ʰpases por las aguas, yo ⁱseré contigo; y si por los ríos, no te anegarán. ʲCuando pases por el fuego, no te quemarás, ni la llama arderá en ti.
3 Porque yo soy Jehová tu Dios, el Santo de Israel, ˡtu Salvador: ᵐA Egipto he dado por tu rescate, a Etiopía y a Seba por ti.
4 Porque en mis ojos fuiste de grande estima, fuiste honorable, y yo te amé; daré, pues, hombres por ti, y naciones por tu alma.
5 ⁿNo temas, porque yo soy contigo; ᵒdel oriente traeré tu generación, y del occidente te recogeré.
6 Diré al norte: Da acá, y al sur: No detengas; trae de lejos mis hijos, y mis hijas de los confines de la tierra,
7 todos ᵖlos llamados de mi nombre; ᵠpara gloria mía los creé, los formé y los hice.
8 Sacad al pueblo ciego ʳque tiene ojos, y a los sordos que tienen oídos.
9 Congréguense a una todas las naciones, y júntense todos los pueblos: ¿Quién de ellos hay que nos dé nuevas de esto, y que no haga oír las cosas primeras? Presenten sus testigos, y justifíquense; oigan, y digan: Es Verdad.
10 Vosotros ˢsois mis testigos, dice Jehová, y ᵗmi siervo que yo escogí; para que me conozcáis y creáis, y entendáis que yo mismo soy; antes de mí no fue formado Dios, ni lo será después de mí.
11 Yo, ᵘyo Jehová, y fuera de mí no hay quien salve.
12 Yo anuncié, y salvé, e hice oír, y no hubo entre vosotros ᵛdios extraño. Vosotros, pues, sois mis testigos, dice Jehová, que yo soy Dios.
13 ˣAun antes que *hubiera* día, yo soy; y no *hay* quien de mi mano libre. Yo lo haré, ¿quién lo estorbará?

a Dt 29:24
b cp 44:6
c 2 Re 25:9
d Os 7:9

e Éx 14:16-22

f cp 44:22-23
g cp r5:3-4
h Sal 66:12
i Dt 31:6-8
j Dn 3:25-27
k Jer 16:14
  y 23:7

l cp 49:26
m Sal 68:31

n ver 1
o Sal 107:3

p cp 63:19
  y 65:1
q Ef 2:10
  Ap 4:11
r cp 42:19

s cp 44:8
t cp 42:1
  y 55:4

u cp 45:21
  Os 13:4

v Dt 32:26

x Sal 90:2
y cp 41:8
z cp 43:1,7

Yo soy el que borro tus rebeliones

14 Así dice Jehová, ᵇRedentor vuestro, el Santo de Israel: Por vosotros envié a Babilonia e hice descender a todos sus nobles y a los caldeos, cuyo clamor está en las naves.
15 Yo soy Jehová, vuestro Santo, el Creador de Israel, vuestro Rey.
16 Así dice Jehová, el que ᵉhace camino en el mar, y senda en las aguas impetuosas;
17 el que saca carro y caballo, ejército y fuerza; caen juntamente para no levantarse; quedan extinguidos, como pábilo quedan apagados.
18 No os acordéis de ᵏlas cosas pasadas, ni traigáis a memoria las cosas antiguas.
19 He aquí que yo hago una cosa nueva; pronto saldrá a luz: ¿no la sabréis? Otra vez haré camino en el desierto, y ríos en la soledad.
20 La bestia del campo me honrará, los dragones y los búhos; porque daré aguas en el desierto, ríos en la soledad, para que beba mi pueblo, mi escogido.
21 Este pueblo he creado para mí, mis alabanzas publicará.
22 Y no me invocaste, oh Jacob; antes, de mí te cansaste, oh Israel.
23 No me trajiste los animales de tus holocaustos, ni me honraste con tus sacrificios. Yo no te hice servir con presente, ni te fatigué con incienso.
24 No compraste para mí caña aromática por dinero, ni me saciaste con la grosura de tus sacrificios; antes me abrumaste con tus pecados, me has fatigado con tus maldades.
25 Yo, yo soy el que borro tus rebeliones por amor a mí mismo; y no me acordaré de tus pecados.
26 Hazme acordar, entremos en juicio juntamente; declara tú para justificarte.
27 Tu primer padre pecó, y tus enseñadores prevaricaron contra mí.
28 Por tanto, yo profané los príncipes del santuario, y puse por anatema a Jacob, y por oprobio a Israel.

CAPÍTULO 44

Ahora pues, oye, Jacob, siervo mío, y tú, Israel, ʸa quien yo escogí.
2 Así dice Jehová, Hacedor tuyo, y ᶻel que te formó desde el vientre, el

Yo soy el primero y el postrero

ISAÍAS 44

cual te ayudará: No temas, ªsiervo mío Jacob, y tú, ᵇJesurún, a quien yo escogí.

3 Porque yo derramaré aguas sobre el que tiene sed, y ríos sobre la tierra seca; ᶜderramaré mi Espíritu sobre tu linaje, y mi bendición sobre tu descendencia;

4 y ellos brotarán *como* entre la hierba, como sauces junto a corrientes de aguas.

5 Uno dirá: Yo soy de Jehová; y el otro se llamará del nombre de Jacob; y otro escribirá con su mano: A Jehová, y ᵉse apellidará con el nombre de Israel.

6 Así dice Jehová el Rey de Israel, y su Redentor, Jehová de los ejércitos: ᶠYo *soy* el primero, y yo *soy* el postrero, y ᵍfuera de mí no *hay* Dios.

7 ¿Y quién como yo, proclamará y denunciará esto, y lo ordenará por mí, como hago yo desde que establecí el pueblo antiguo? Anúncienles lo que viene, y lo que está por venir.

8 No temáis, ni os amedrentéis; ⁱ¿no te lo hice oír desde antiguo, y te lo dije? Luego ʲvosotros *sois* mis testigos. No hay Dios sino yo. No hay Fuerte; no conozco *ninguno*.

9 ᵏLos formadores de imágenes de talla, todos ellos *son* vanidad, y lo más precioso de ellos para nada es útil; y ellos mismos para su confusión *son* testigos, que ellos ᵐni ven ni entienden.

10 ¿Quién formó un dios, o quién fundió una imagen que ⁿpara nada es de provecho?

11 He aquí que todos sus compañeros serán avergonzados, porque los artífices mismos *son* hombres. Que se reúnan todos ellos y se pongan de pie; se asombrarán, y serán avergonzados a una.

12 El herrero toma la tenaza, ʳtrabaja en las brasas, le da forma con los martillos, y trabaja en ello con la fuerza de su brazo; luego tiene hambre, y le faltan las fuerzas; no bebe agua, y desfallece.

13 El carpintero tiende la regla, lo señala con almagre, lo labra con los cepillos, le da figura con el compás, lo hace en forma de varón, a semejanza de hombre hermoso, para tenerlo en la casa.

14 Corta cedros para sí, y toma ciprés y encina, que crecen entre los árboles del bosque; planta pino, que se críe con la lluvia.

15 De ellos se sirve luego el hombre para quemar, y toma de ellos para calentarse; enciende también el horno, y cuece panes; hace además un dios, y lo adora; fabrica un ídolo, y ᵈse arrodilla delante de él.

16 Parte del leño quema en el fuego; con parte de él come carne, aderaza asado, y se sacia; después se calienta, y dice: ¡Ah! Me he calentado, he visto el fuego;

17 y hace del sobrante un dios, un ídolo suyo; se humilla delante de él, lo adora, y le ruega diciendo: Líbrame, porque tú eres mi dios.

18 ʰNo saben ni entienden; porque Él ha cerrado sus ojos para que no vean y su corazón para que no entiendan.

19 Ninguno reflexiona en su corazón, ni tiene conocimiento o entendimiento para decir: Parte de esto quemé en el fuego, y sobre sus brasas cocí pan, asé carne, y la comí; ¿haré del restante de ello una abominación? ¿Me postraré delante de un tronco de árbol?

20 De ceniza se alimenta; su corazón engañado le desvía, para que no libre su alma, ni diga: ¹¿No es una mentira *lo que tengo* en mi mano derecha?

21 Acuérdate de estas cosas, oh Jacob, e Israel, pues que tú *eres* mi siervo: Yo te formé; siervo mío *eres* tú. Oh Israel, yo no me olvidaré de ti.

22 ᵒYo deshice como a una nube tus rebeliones, y como a niebla tus pecados; vuélvete a mí, porque ᵖyo te redimí.

23 Cantad loores, oh cielos, porque Jehová lo hizo; gritad con júbilo, ᑫlugares bajos de la tierra; prorrumpid, montes, en alabanza; bosque, y todo árbol que en él está; porque Jehová redimió a Jacob, y en Israel será glorificado.

24 Así dice Jehová, ˢtu Redentor, el que ᵗte formó desde el vientre: Yo Jehová, que lo hago todo, que extiendo solo los cielos, que extiendo la tierra por mí mismo;

25 que frustro las señales de los engañadores, y ᵘenloquezco a los

---

a cp 43:5
b Dt 32:15

c cp 32:15
Jl 2:28
Jn 4:10
y 7:38
Hch 2:18
d vers 17,19
cp 46:6

e cp 45:4

f Cristo
cp 41:4
43:10-13
y 48:12
Ap 1:11
g Sal 86:10
h cp 45:20

i cp 41:22

j cp 43:10-12

k cp 41:24

l Sal 144:8
Rm 1:25
m Sal 115:5

n Hab 2:10

o cp 43:25

p cp 43:1
y 48:20

q Sal 63:9
r cp 40:19
Jer 10:3-5

s ver 6
t cp 49:5

u 1 Co 1:20

agoreros; que hago retroceder atrás a los sabios, y ªdesvanezco su sabiduría.

26 Yo, quien confirma la palabra de ᵇsu siervo, y cumple el consejo de sus mensajeros; que dice a Jerusalén: Serás habitada; y a las ciudades de Judá: Seréis reedificadas, y yo levantaré sus ruinas;

27 que dice a las profundidades: ᵉSecaos, y tus ríos haré secar;

28 que dice de ᵍCiro: *Él es* mi pastor, y cumplirá todo lo que yo quiero, al decir a Jerusalén: ʰSerás edificada; y al templo: Serán echados tus cimientos.

CAPÍTULO 45

Así dice Jehová a ᵏsu ungido, a Ciro, al cual tomé yo por su mano derecha, para sujetar naciones delante de él y desatar lomos de reyes; para abrir delante de él puertas, y las puertas no se cerrarán:

2 Yo iré delante de ti, y enderezaré los lugares torcidos; ⁿquebraré puertas de bronce, y cerrojos de hierro haré pedazos;

3 y te daré ᵖlos tesoros escondidos, y las riquezas de los lugares secretos; para que sepas que yo soy Jehová, el Dios de Israel, el que te llama ᵠpor tu nombre.

4 Por amor a ʳmi siervo Jacob y a Israel mi escogido, te he llamado por tu nombre; ˢte puse sobrenombre, aunque tú no me has conocido.

5 Yo *soy* Jehová, y ninguno más *hay*. No *hay* Dios fuera de mí. Yo te ceñí, aunque tú no me has conocido.

6 para que se sepa ᵘdesde el nacimiento del sol, y desde donde se pone, que no hay más que yo; yo Jehová, y ninguno más que yo,

7 que formo la luz y creo las tinieblas, que hago la paz y ˣcreo la adversidad. Yo Jehová que hago todo esto.

8 Rociad, cielos, de arriba, y las nubes destilen la justicia; ábrase la tierra, y prodúzcanse la salvación y la justicia; háganse brotar juntamente. Yo Jehová lo he creado.

9 ¡Ay del que pleitea con su Hacedor! ¡El tiesto con los tiestos de la tierra! ᵇ¿Dirá el barro al que lo labra: ¿Qué haces?; o tu obra: No tiene manos?

a Col 1:20	
b cp 20:3	
c Jer 31:9	
d Gn 1:26-27	
e Jer 50:38	
y 51:32-36	
f Gn 2:1	
g cp 45:1	
h 2 Cr 36:22	
i cp 52:3	
1 Pe 1:18	
j Sal 68:31	
y 72:10-11	
k cp 13:3	
l Sal 149:8	
m 1 Co 14:25	
n Sal 107:16	
o cp 57:17	
Rm 11:33	
p Jer 50:37	
y 51:13	
q Éx 33:17	
r cp 44:1	
s cp 41:5	
t cp 42:5	
u Mal 1:11	
v cp 48:16	
x Am 3:6	
y cp 66:19	
z cp 44:18	
y 48:5-8	
Rm 1:22-23	
a cp 44:17	
b cp 29:16	
y 64:8	
Jer 18:6	
Rm 9:20	

10 ¡Ay del que dice a *su* padre: ¿Por qué engendraste? y a la mujer: ¿Por qué diste a luz?!

11 Así dice Jehová, el Santo de Israel y su Hacedor: Preguntadme de las cosas por venir; ᶜmandadme acerca de mis hijos, y acerca de la obra de mis manos.

12 Yo hice la tierra, y ᵈcreé sobre ella al hombre. Yo, mis manos, extendieron los cielos, y ᶠa todo su ejército ordené.

13 Yo lo desperté en justicia, y enderezaré todos sus caminos; él edificará mi ciudad, y soltará mis cautivos, ⁱno por precio ni por recompensa, dice Jehová de los ejércitos.

14 Así dice Jehová: ʲEl trabajo de Egipto, las mercaderías de Etiopía y los sabeos, hombres de grande estatura, se pasarán a ti y serán tuyos; irán en pos de ti, ˡpasarán con grillos; se inclinarán delante de ti y te suplicarán, *diciendo*: ᵐCiertamente en ti está Dios, y no *hay* otro fuera de Dios.

15 Verdaderamente tú *eres* un Dios ᵒque te encubres, oh Dios de Israel, el Salvador.

16 Confusos y avergonzados serán todos ellos; irán con afrenta todos los fabricadores de imágenes.

17 Israel será salvo en Jehová con salvación eterna; no seréis avergonzados ni humillados, por toda la eternidad.

18 Porque así dice Jehová, que ᵗcreó los cielos, el mismo Dios, el que formó e hizo la tierra, Él la estableció; no la creó en vano, para que fuese habitada la creó: Yo soy Jehová, y no *hay* otro.

19 No hablé ᵛen secreto, en un lugar oscuro de la tierra; no dije a la simiente de Jacob: En vano me buscáis. Yo soy Jehová que hablo justicia, que anuncio rectitud.

20 Reuníos, y venid; acercaos, todos ʸlos *que habéis* escapado de las naciones. No tienen conocimiento ᶻaquellos que erigen el madero de su imagen esculpida, y los que ªruegan a un dios que no puede salvar.

21 Publicad, y hacedlos llegar, y entren todos en consulta. ¿Quién hizo oír esto desde el principio, y lo tiene dicho desde entonces, sino yo

Ruina de Babilonia

Jehová? Y no *hay* más Dios que yo; Dios justo y Salvador: ningún otro fuera de mí.

22 Mirad a mí, y ᶜsed salvos, todos los términos de la tierra: porque yo soy Dios, y no *hay* más.

23 ᵉPor mí mismo hice juramento, de mi boca salió palabra en justicia, y no será revocada. ᶠQue a mí se doblará toda rodilla, y jurará ᵍtoda lengua.

24 Y se dirá de mí: Ciertamente en Jehová está la justicia y la fortaleza; a Él vendrán, y todos los que contra Él se enardecen serán avergonzados.

25 En Jehová será justificada y se gloriará toda la simiente de Israel.

CAPÍTULO 46

Se postró Bel, ˡse doblegó Nebo. Sus ídolos fueron puestos sobre bestias, sobre animales de carga; vuestros acarreos fueron muy pesados, muy gravosos para las *bestias* cansadas.

2 Se doblegaron, se postraron juntamente; no pudieron escaparse de la carga, sino que tuvieron ellos mismos que ir en cautiverio.

3 Oídme, oh casa de Jacob, y ᑫtodo el remanente de la casa de Israel, ʳlos que sois traídos por mí desde el vientre, los que sois llevados desde la matriz.

4 Y hasta la vejez ᵗyo mismo, y hasta las canas os soportaré yo; yo hice, yo llevaré, yo os soportaré y os guardaré.

5 ¿A quién me asemejáis, y me igualáis, y me comparáis para que seamos semejantes?

6 Sacan oro del talego, y pesan plata con balanzas, alquilan un platero para hacer un dios de ello; ˣse postran y adoran.

7 Se lo echan sobre los hombros, ᶻlo llevan, y lo colocan en su lugar; allí se está, y no se mueve de su sitio. ᵃLe hablan, y tampoco responde, ni libra de la tribulación.

8 Acordaos de esto, y ᶜsed hombres, volved en vosotros, prevaricadores.

9 ᵈAcordaos de las cosas pasadas desde la antigüedad; porque yo soy Dios, y no *hay* más Dios, y nada *hay* semejante a mí,

10 ᶠque anuncio lo por venir desde el principio, y desde la antigüedad lo que aún no era hecho; que digo: ᵃMi consejo permanecerá, ᵇy haré todo lo que quiero;

11 que llamo desde el oriente al ave, y de tierra lejana al varón de mi consejo. ᵈYo hablé, y lo haré venir; lo he pensado, y también lo haré.

12 Oídme, duros de corazón, que estáis lejos de la justicia.

13 Haré que se acerque ʰmi justicia, no se alejará; y mi salvación no se detendrá. Y pondré salvación en Sión, y mi gloria en Israel.

CAPÍTULO 47

Desciende y ⁱsiéntate en el polvo, virgen ʲhija de Babilonia, siéntate en la tierra sin trono, ᵏhija de los caldeos; porque nunca más te llamarán tierna y delicada.

2 Toma el molino y ᵐmuele harina: descubre tus guedejas, descalza los pies, ⁿdescubre las piernas, pasa los ríos.

3 Descubierta será tu desnudez, tu vergüenza será vista; ᵒtomaré venganza, y no te encontraré *como* hombre.

4 Nuestro Redentor, ᵖJehová de los ejércitos *es* su nombre, el Santo de Israel.

5 Siéntate, calla, y entra en tinieblas, hija de los caldeos; ˢporque nunca más te llamarán señora de reinos.

6 ᵘMe enojé contra mi pueblo, profané mi heredad, y los entregué en tu mano; no les tuviste misericordia; ᵛsobre el anciano agravaste mucho tu yugo.

7 Y dijiste: Para siempre seré señora; y no consideraste estas cosas en tu corazón, ni te acordaste de tu ʸpostrimería.

8 Oye, pues, ahora esto, *tú que eres* dada a los placeres, la que está sentada confiadamente, la que dice en su corazón: Yo soy, y fuera de mí no hay más; ᵇno quedaré viuda, ni conoceré orfandad.

9 Estas dos cosas te vendrán de repente en un mismo día, orfandad y viudez; en toda su fuerza vendrán sobre ti, ᵉpor la multitud de tus hechicerías y por tus muchos encantamientos.

10 Porque confiaste en tu maldad, diciendo: Nadie me ve. Tu sabiduría

y tu conocimiento te engañaron, y dijiste en tu corazón: Yo, y no más.

11 Por tanto vendrá sobre ti mal, que no sabrás ni de dónde vino; caerá sobre ti quebrantamiento, el cual no podrás remediar; y destrucción que no sabrás, vendrá de repente sobre ti.

12 Estate ahora en tus encantamientos, y con la multitud de tus hechizos, en los cuales te fatigaste desde tu niñez; quizá podrás mejorarte, quizá prevalecerás.

13 [b]Te has fatigado en la multitud de tus consejos. [d]Comparezcan ahora y te defiendan los astrólogos, los contempladores de las estrellas, los que cuentan los meses, para pronosticar lo que vendrá sobre ti.

14 He aquí que serán como tamo; fuego los quemará, no salvarán sus vidas del poder de la llama; no quedará brasa para calentarse, ni lumbre a la cual se sienten.

15 Así te serán aquellos con quienes te fatigaste, [j]los que han negociado contigo desde tu juventud; cada uno se irá por su camino, no habrá quien te salve.

CAPÍTULO 48

Oíd esto, casa de Jacob, que os llamáis del nombre de Israel, [p]los que salieron de las aguas de Judá, [q]los que juran en el nombre de Jehová, y hacen memoria del Dios de Israel, pero no en verdad ni en justicia.

2 Porque de la santa ciudad se nombran, y [t]se apoyan en el Dios de Israel. Jehová de los ejércitos *es* su nombre.

3 Lo que pasó, [u]ya antes lo dije; y de mi boca salió; lo publiqué, lo hice presto, y vino a ser.

4 Por cuanto yo sabía que [x]*eres* obstinado, y tendón de hierro tu cerviz, y tu frente de bronce,

5 te lo dije desde el principio; antes que sucediese te lo mostré, [z]para que no dijeses: Mi ídolo lo hizo, mis imágenes de escultura y de fundición mandaron estas cosas.

6 Lo oíste, lo viste todo; ¿y no *lo* anunciaréis vosotros? Ahora, pues, te he hecho oír cosas nuevas y ocultas que tú no sabías.

7 Ahora han sido creadas, no en días pasados; ni antes de este día las habías oído, para que no digas: He aquí que yo lo sabía.

8 Sí, nunca lo habías oído, ni nunca lo habías conocido; ciertamente no se abrió antes tu oído; porque yo sabía que habrías de ser desleal, por tanto, desde el vientre has sido llamado rebelde.

9 Por amor a mi nombre [a]diferiré mi furor, y para alabanza mía me refrenaré, para no talarte.

10 He aquí [c]te he purificado, y no como a plata; te he escogido [e]en horno de aflicción.

11 Por mí, por amor a mí mismo lo haré, [f]para que no sea amancillado *mi nombre*, [g]y mi honra no la daré a otro.

12 Óyeme, Jacob, y tú, Israel, mi llamado. Yo mismo, [h]yo el primero, yo también el postrero.

13 Mi mano [i]fundó también la tierra, y mi mano derecha midió los cielos con el palmo; al llamarlos yo, comparecieron juntamente.

14 Congregaos todos vosotros, y oíd. [k]¿Quién hay entre ellos que anuncie estas cosas? [l]Jehová le ha amado; Él [m]hará su voluntad en Babilonia, y su brazo *estará* sobre [n]los caldeos.

15 Yo, yo hablé, y le llamé, y [o]le traje; por tanto será prosperado su camino.

16 Acercaos a mí, oíd esto; desde el principio [r]no hablé en secreto; desde que esto se hizo, allí estaba yo; y ahora [s]el Señor Jehová me envió, y su Espíritu.

17 Así dice Jehová, tu Redentor, el Santo de Israel: Yo soy Jehová Dios, que te enseña para provecho, que te conduce por el camino en que debes andar.

18 ¡Oh si hubieras atendido a mis mandamientos! Entonces [y]tu paz habría sido como un río, y tu justicia como las ondas del mar.

19 [y]Tu simiente también habría sido como la arena, y los renuevos de tus entrañas como los granos de *arena*; su nombre nunca sería cortado, ni raído de mi presencia.

20 Salid de Babilonia, [a]huid de entre los caldeos; dad nuevas de esto con voz de alegría, publicadlo, llevadlo hasta lo último de la tierra; decid: Redimió Jehová a Jacob su siervo.

21 Y ªno tuvieron sed *cuando* Él los llevó por los desiertos; ᵈÉl hizo brotar las aguas de la roca; partió la peña, y fluyeron las aguas.

22 ᶠNo *hay* paz para el impío, dice Jehová.

CAPÍTULO 49

Oídme, islas, y escuchad, pueblos lejanos: Jehová me llamó ⁱdesde el vientre; desde las entrañas de mi madre mencionó mi nombre.

2 Y puso ʲmi boca como espada aguda, me cubrió con la sombra de su mano; y me puso por saeta limpia, me guardó en su aljaba.

3 Y me dijo: Mi siervo *eres*, oh Israel, en ti me gloriaré.

4 Entonces dije: ˡEn vano he trabajado; por demás y sin provecho he consumido mi fuerza; pero mi juicio está delante de Jehová, y mi recompensa con mi Dios.

5 Ahora pues, dice Jehová, el que me formó desde el vientre *para ser* su siervo, para hacer volver a Él a Jacob. Bien que Israel no se juntare, con todo, estimado seré en los ojos de Jehová, y el Dios mío será mi fortaleza.

6 Y dijo: Poco es que tú me seas siervo para levantar las tribus de Jacob, y para que restaures los asolamientos de Israel: también ᵖte di por luz de las naciones, para que seas mi salvación hasta lo postrero de la tierra.

7 Así dice Jehová, el Redentor de Israel, el Santo suyo, ᑫal menospreciado de los hombres, al abominado de las naciones, al siervo de los gobernantes: Verán reyes y se levantarán, y príncipes adorarán a causa de Jehová; porque fiel es el Santo de Israel, el cual te escogerá.

8 Así dice Jehová: ᵗEn tiempo aceptable te he oído, y en día de salvación te he socorrido; y ᵘte guardaré, y te daré por pacto al pueblo, para restaurar la tierra, para dar por herencia las asoladas heredades;

9 para que digas a los presos: Salid; y a los que *están* en tinieblas: Manifestaos. En los caminos serán apacentados, y en todas las cumbres tendrán sus pastos.

10 ᵇNo tendrán hambre ni sed, ᶜni el calor ni el sol los afligirán; porque el que tiene de ellos misericordia los guiará, y los conducirá a ᵉmanaderos de aguas.

11 Y convertiré en camino todos mis montes, y mis calzadas serán levantadas.

12 He aquí éstos ᵍvendrán de lejos; y he aquí éstos ʰdel norte y del occidente, y éstos de la tierra de Sinim.

13 Cantad alabanzas, oh cielos, y alégrate, tierra; y prorrumpid en alabanzas, oh montes; porque Jehová ha consolado a su pueblo, y de sus pobres tendrá misericordia.

14 Pero Sión dijo: ᵏMe dejó Jehová, y el Señor se olvidó de mí.

15 ¿Se olvidará la mujer ᵐde lo que dio a luz, para dejar de compadecerse del hijo de su vientre? Aunque se olviden ellas, ⁿyo no me olvidaré de ti.

16 He aquí que °en las palmas de *mis* manos te tengo esculpida; delante de mí *están* siempre tus muros.

17 Tus edificadores vendrán aprisa; tus destruidores y tus asoladores saldrán de ti.

18 Alza tus ojos alrededor, y mira; todos éstos se han reunido, han venido a ti. Vivo yo, dice Jehová, que de todos, como de vestidura de honra, serás vestida; y de ellos serás ceñida como novia.

19 Porque tus asolamientos, y tus ruinas, y tu tierra desierta, ahora será angosta por la multitud de los moradores; y tus devoradores estarán muy lejos.

20 ʳLos hijos que tendrás, después de haber perdido a los otros, dirán a tus oídos: El lugar es demasiado estrecho para mí; hazme lugar para que yo more.

21 Y dirás en tu corazón: ˢ¿Quién me engendró a éstos? Pues yo había sido privada de mis hijos y estaba desolada, cautiva y errante: Y a estos, ¿quién los crió? He aquí yo había sido dejada sola; y éstos, ¿dónde estaban?

22 Así dice el Señor Jehová: He aquí, ᵛyo alzaré mi mano a los gentiles, y a los pueblos levantaré mi bandera; y traerán en brazos a tus hijos, y tus hijas serán traídas en hombros.

23 Y ˣreyes serán tus ayos, y sus reinas tus nodrizas; con el rostro

inclinado a tierra te adorarán, y lamerán el polvo de tus pies; y conocerás que yo soy Jehová, pues no serán avergonzados los que en mí esperan.

24 ¿Será quitada la presa al valiente? ¿El justo cautivo, será liberado?

25 Pero así dice Jehová: Aun los cautivos serán rescatados del valiente, y la presa del tirano será librada; porque yo pelearé con los que peleen contra ti, y yo salvaré a tus hijos.

26 Y a los que te oprimen les haré comer sus propias carnes, y con su sangre serán embriagados como con vino dulce; y conocerá toda carne que yo Jehová soy tu Salvador, y tu Redentor, el Fuerte de Jacob.

CAPÍTULO 50

Así dice Jehová: e¿Dónde está la carta de divorcio de vuestra madre, con la cual yo la repudié? ¿O quiénes son mis acreedores, a quienes yo os he vendido? He aquí que por vuestras maldades os habéis vendido, y por vuestras rebeliones fue repudiada vuestra madre:

2 ¿Por qué cuando vine, no había nadie, y cuando llamé, nadie respondió? ʲ¿Acaso se ha acortado mi mano, para no redimir? ¿No hay en mí poder para librar? ᵏHe aquí que con mi reprensión hago secar el mar; torno los ríos en desierto, sus peces se pudren, y mueren de sed por falta de agua.

3 Visto de oscuridad los cielos, y hago que ᵐcilicio sea su cubierta.

4 El Señor Jehová me dio ⁿlengua de sabios, para saber hablar en sazón palabra al cansado; ᵒme despierta mañana tras mañana, despierta mi oído para que oiga como los sabios.

5 El Señor Jehová me abrió el oído, y yo no fui rebelde, ni me torné atrás.

6 ᑫDi mi cuerpo a los heridores, ʳy mis mejillas a los que me mesaban la barba; no escondí mi rostro de injurias y de esputos.

7 Porque el Señor Jehová me ayudará; por tanto no seré confundido; por eso ᵘpuse mi rostro como un pedernal, y ᵛsé que no seré avergonzado.

8 Cercano está ˣel que me justifica; ᶻ¿quién contenderá conmigo?

a Sal 23:4
b 2 Cr 13:18

c Jn 9:39
d Sal 16:4

e Dt 24:1
Jer 3:8
Os 2:2

f Rm 4:1
Heb 11:11-12
g Gn 12:1-2
h Gn 24:1-35
i cp 40:1
y 52:9
j cp 59:1
k Éx 14:21

l cp 2:3
m Ap 6:12
n cp 8:16

o cp 28:19

p cp 40:26
q Mt 27:26
r Mt 26:67
s Sal 102:26
t cp 50:9

u Ez 3:8-9
Lc 9:51
v Heb 12:2
x Rm 8:32
y Mt 10:28
z Job 13:19

Juntémonos. ¿Quién es el adversario de mi causa? Acérquese a mí.

9 He aquí que el Señor Jehová me ayudará; ¿quién es el que me condenará? He aquí que todos ellos se envejecerán como ropa de vestir, se los comerá la polilla.

10 ¿Quién hay entre vosotros que teme a Jehová, y oye la voz de su siervo? ªEl que anda en tinieblas y carece de luz, confíe en el nombre de Jehová, y ᵇapóyese en su Dios.

11 He aquí que todos vosotros encendéis fuego, y estáis cercados de centellas. Andad a la luz de vuestro fuego, y de las centellas que encendisteis. ᶜDe mi mano os vendrá esto; ᵈen dolor seréis sepultados.

CAPÍTULO 51

Oídme, los que seguís justicia, los que buscáis a Jehová; mirad a la roca de donde fuisteis cortados, y al hueco de la cantera de donde fuisteis arrancados.

2 Mirad a Abraham ᶠvuestro padre, y a Sara que os dio a luz; porque ᵍlo llamé solo, y ʰlo bendije, y lo multipliqué.

3 Ciertamente ⁱconsolará Jehová a Sión; consolará todos sus lugares desolados, y hará su desierto como el Edén, y su soledad como el huerto de Jehová. Gozo y alegría se hallarán en ella, acciones de gracias y la voz de cánticos.

4 Estad atentos a mí, pueblo mío, y oídme, nación mía; ˡporque de mí saldrá la ley, y mi juicio descubriré para luz de los pueblos.

5 Cercana está mi justicia, ha salido mi salvación, y mis brazos juzgarán a los pueblos; las islas esperarán en mí, y en mi brazo pondrán su esperanza.

6 ᵖAlzad a los cielos vuestros ojos, y mirad abajo a la tierra; porque ˢlos cielos serán deshechos como humo, ᵗy la tierra se envejecerá como ropa de vestir, y de la misma manera perecerán sus moradores; mas mi salvación será para siempre, mi justicia no perecerá.

7 Oídme, los que conocéis justicia, pueblo en cuyo corazón está mi ley. ʸNo temáis afrenta de hombre, ni desmayéis por sus injurias.

Ciertamente volverán los redimidos

8 Porque como a vestidura los comerá la polilla, como a lana los comerá el gusano; mas mi justicia permanecerá para siempre, y mi salvación de generación en generación.

9 Despiértate, despiértate, vístete de fortaleza, oh ᵇbrazo de Jehová; despiértate como en el tiempo antiguo, en las generaciones pasadas. ¿No *eres* tú el que cortó a Rahab, y el que hirió al dragón?

10 ¿No *eres* tú ᵉel que secó el mar, las aguas del gran abismo; el que transformó en camino las profundidades del mar ᶠpara que pasasen los redimidos?

11 Ciertamente ᵍvolverán los redimidos de Jehová, volverán a Sión cantando, y gozo perpetuo *habrá* sobre sus cabezas; tendrán gozo y alegría, y el dolor y el gemido huirán.

12 Yo, ʰyo soy vuestro consolador. ⁱ¿Quién eres tú para que tengas temor del hombre, que es mortal, del hijo del hombre, que por heno será contado?

13 Y ya te has olvidado de Jehová tu Hacedor, que ʲextendió los cielos y fundó la tierra; y todo el día temiste continuamente del furor del que te aflige, cuando se disponía para destruir. Pero, ¿dónde está el furor del que te aflige?

14 El cautivo en exilio se apresura para ser libertado, ᵐpara no morir en la mazmorra, y que no le falte su pan.

15 Pero yo *soy* Jehová tu Dios, que ᵒagito el mar y hago rugir sus ondas. Jehová de los ejércitos es su nombre.

16 Y ᵖen tu boca he puesto mis palabras, y ᵠcon la sombra de mi mano te cubrí, para yo plantar los cielos y fundar la tierra, y decir a Sión: ˢPueblo mío *eres* tú.

17 Despierta, despierta, levántate, oh Jerusalén, que bebiste de la mano de Jehová ᵗel cáliz de su ira; los sedimentos del cáliz de aturdimiento bebiste, *los* exprimiste.

18 De todos los hijos que dio a luz, no *hay* quien la guíe; ni quien la tome de la mano de todos los hijos que crió.

19 Estas dos cosas te han acontecido; ¿quién se dolerá de ti? Asolamiento y quebrantamiento, hambre y espada. ¿Por quién te consolaré?

a Lm 2:11-12

b cp 53:1
Lc 1:51
c Lm 3:15
d Jer 50:34

e Éx 14:21

f cp 35:9

g cp 35:10

h 2 Co 1:3-4
i Sal 118:6

j Job 9:8
k Zac 2:7

l cp 45:13
y 50:1
Sal 44:12

m cp 2:3
n Gn 46:6

o Jer 31:35

p cp 59:21
q cp 49:2-3
r Rm 2:24

s Sal 102:26

t Mt 20:22
u Nah 1:15
Rm 10:15
v Ef 6:15

x 1 Cr 16:31

20 Tus hijos desmayaron, estuvieron ᵃtendidos en las encrucijadas de todos los caminos, como buey montaraz en la red, llenos del furor de Jehová, de la reprensión de tu Dios.

21 Oye, pues, ahora esto, afligida, ebria, y ᶜno de vino:

22 Así dice Jehová tu Señor, y tu Dios, ᵈ*el cual* aboga la causa de su pueblo: He aquí he quitado de tu mano el cáliz de aturdimiento, los sedimentos del cáliz de mi ira; nunca más lo beberás.

23 Y lo pondré en la mano de tus angustiadores, que dijeron a tu alma: Póstrate para que pasemos. Y tú pusiste tu cuerpo como tierra, y como calle a los que pasaban.

CAPÍTULO 52

Despierta, despierta, vístete tu fortaleza, oh Sión; vístete tu ropa de hermosura, oh Jerusalén, ciudad santa; porque nunca más vendrá a ti incircunciso ni inmundo.

2 Sacúdete del polvo; levántate y siéntate, Jerusalén, ᵏsuéltate de las ataduras de tu cuello, oh cautiva hija de Sión.

3 Porque así dice Jehová: ˡDe balde fuisteis vendidos, por tanto, sin dinero seréis rescatados.

4 Porque así dice Jehová el Señor: Mi pueblo ⁿdescendió a Egipto en tiempo pasado, para peregrinar allá; y el asirio lo oprimió sin razón.

5 Y ahora ¿qué tengo yo aquí, dice Jehová, ya que mi pueblo es llevado sin haber un por qué? Y los que en él se enseñorean, lo hacen aullar, dice Jehová, y continuamente ʳes blasfemado mi nombre todo el día.

6 Por tanto, mi pueblo sabrá mi nombre por esta causa en aquel día; porque yo mismo que hablo, he aquí estaré presente.

7 ᵘ¡Cuán hermosos son sobre los montes ᵛlos pies del que trae alegres nuevas, del que publica la paz, del que trae buenas nuevas del bien, del que publica salvación, del que dice a Sión: ˣTu Dios reina!

8 ¡Voz de tus atalayas! Alzarán la voz, juntamente darán voces de júbilo; porque ojo a ojo verán cuando Jehová vuelve a traer a Sión.

9 Prorrumpid de gozo, cantad juntamente, lugares desolados de Jerusalén; porque Jehová ha consolado a su pueblo, a Jerusalén ha redimido.
10 Jehová desnudó su santo brazo ante los ojos de todas las naciones; y todos los términos de la tierra verán la salvación de nuestro Dios.
11 ᵈApartaos, apartaos, salid de ahí, no toquéis cosa inmunda; salid de en medio de ella; limpiaos ᶠlos que lleváis los vasos de Jehová.
12 Porque ᵍno saldréis apresurados, ni iréis huyendo; porque Jehová irá delante de vosotros, y *será* vuestra retaguardia el Dios de Israel.
13 He aquí que ʲmi siervo será prosperado, ᵏserá engrandecido y exaltado, y será muy enaltecido.
14 Como se asombraron de ti muchos; de tal manera fue ⁿdesfigurado de los hombres su parecer; y su hermosura más que la de los hijos de los hombres,
15 así Él rociará muchas naciones; ᵖlos reyes cerrarán ante Él la boca; porque ʳverán lo que nunca les fue contado, y entenderán lo que jamás habían oído.

CAPÍTULO 53

1 ¿Quién ͮha creído a nuestro anuncio? ¿Y sobre quién se ha manifestado ˣel brazo de Jehová?
2 ʸSubirá cual renuevo delante de Él, y como raíz de tierra seca; ᶻno hay parecer en Él, ni hermosura; le veremos, mas sin atractivo para que le deseemos.
3 Despreciado y desechado ᵇentre los hombres, ᶜvarón de dolores y experimentado en quebranto; y como que escondimos de Él el rostro, fue menospreciado, y no lo estimamos.
4 Ciertamente ᵉllevó Él nuestras enfermedades, y sufrió nuestros dolores; y nosotros le tuvimos por azotado, por herido de Dios y abatido.
5 Mas Él herido *fue* ᵍpor nuestras transgresiones, molido por nuestros pecados; el castigo de ʰnuestra paz *fue* sobre Él, y ⁱpor su llaga fuimos nosotros curados.
6 ʲTodos nosotros nos descarriamos como ovejas, cada cual se apartó por su camino; mas Jehová ᵃcargó en Él el pecado de todos nosotros.
7 Angustiado Él, y afligido, ᵇno abrió su boca; ᶜcomo cordero fue llevado al matadero; y como oveja delante de sus trasquiladores, enmudeció, y no abrió su boca.
8 De la cárcel y del juicio fue quitado; y su generación ᵉ¿quién la contará? Porque cortado fue de la tierra de los vivientes; por la rebelión de mi pueblo fue herido.
9 Y se dispuso con los impíos su sepultura, mas ʰcon los ricos fue en su muerte; aunque Él ⁱnunca hizo maldad, ni *hubo* engaño en su boca.
10 Con todo eso, Jehová quiso quebrantarlo, sujetándole a padecimiento. Cuando hubiere puesto su alma en expiación por el pecado, ˡverá *su* linaje, ᵐprolongará *sus* días, y la voluntad de Jehová será en su mano prosperada.
11 Del trabajo de su alma verá y será saciado; ᵒpor su conocimiento ᑫjustificará mi siervo justo a muchos, y Él ˢllevará las iniquidades de ellos.
12 Por tanto, ᵗyo le daré *parte* con los grandes, y con los fuertes repartirá despojos; por cuanto derramó su alma hasta la muerte, y ᵘfue contado con los transgresores; Y Él llevó el pecado de muchos, e hizo intercesión por los transgresores.

CAPÍTULO 54

1 Alégrate, oh ᵃestéril, la que no daba a luz; levanta canción, y da voces de júbilo, la que nunca estuvo de parto; porque más son los hijos de la dejada que los de la casada, dice Jehová.
2 Ensancha el sitio de ᵈtu tienda, y las cortinas de tus habitaciones sean extendidas; no seas escasa; alarga tus cuerdas, y refuerza tus estacas.
3 Porque a la mano derecha y a la mano izquierda has de crecer; y ᶠtu simiente heredará a los gentiles, y habitará las ciudades asoladas.
4 No temas, pues no serás avergonzada; y no te avergüences, que no serás afrentada; porque te olvidarás de la vergüenza de tu juventud, y de la afrenta de tu viudez no tendrás más memoria.

ISAÍAS 55

CAPÍTULO 55

5 Porque ªtu marido es tu Hacedor; Jehová de los ejércitos es su nombre; y tu ᵇRedentor, el Santo de Israel; Dios de toda la tierra será llamado.

6 Porque como a mujer abandonada y triste de espíritu te llamó Jehová, y como ᵉla esposa de la juventud que es repudiada, dice el Dios tuyo.

7 Por un ᵍbreve momento te dejé; mas te recogeré con grandes misericordias.

8 Con un poco de ira escondí mi rostro de ti por un momento; mas ⁱcon misericordia eterna tendré compasión de ti, dice tu Redentor Jehová.

9 Porque esto me será ᵐcomo las aguas de Noé; que juré que nunca más las aguas de Noé pasarían sobre la tierra; así he jurado que no me enojaré contra ti, ni te reprenderé.

10 Porque ᵒlos montes se moverán, y los collados temblarán; mas no se apartará de ti mi misericordia, ʳni el pacto de mi paz será removido, dice Jehová, el que tiene misericordia de ti.

11 Pobrecita, fatigada con tempestad, sin consuelo; he aquí que ˢyo cimentaré tus piedras sobre carbunclo, y sobre zafiros te fundaré.

12 Tus ventanas pondré de piedras preciosas, tus puertas de piedras de carbunclo, y toda tu muralla de piedras preciosas.

13 Y todos tus hijos ᵘserán enseñados de Jehová; y multiplicará la paz de tus hijos.

14 Con justicia serás adornada; estarás lejos de opresión, porque no temerás; y del terror, porque no se acercará a ti.

15 Si alguno conspirare contra ti, lo hará ʸsin mí; el que contra ti conspirare, delante de ti caerá.

16 He aquí que yo he creado al herrero que sopla las ascuas en el fuego, y que saca la herramienta para su obra; y yo he creado al destruidor para destruir.

17 Ninguna arma forjada contra ti, prosperará; y tú ᵃcondenarás toda lengua que se levante contra ti en juicio. Ésta es la herencia de los siervos de Jehová, y ᵇsu justicia viene de mí, dice Jehová.

A todos ᶜlos sedientos: Venid a las aguas; y los que no tienen dinero, venid, comprad, y comed. Venid, comprad, ᵈsin dinero y sin precio, vino y leche.

2 ᶠ¿Por qué gastáis el dinero en lo que no es pan, y vuestro trabajo en lo que no satisface? Oídme atentamente, y comed del bien, y se deleitará vuestra alma con grosura.

3 Inclinad vuestros oídos, y ʰvenid a mí; oíd, y vivirá vuestra alma; y haré con vosotros ʲpacto eterno, ᵏlas misericordias firmes a David.

4 He aquí, que yo lo di por ˡtestigo a los pueblos, por jefe y por maestro a las naciones.

5 He aquí, llamarás a ⁿgente que no conociste, y gentes que no te conocieron correrán a ti; por causa de Jehová tu Dios, y del Santo de Israel que ᵖte ha honrado.

6 ᑫBuscad a Jehová mientras puede ser hallado, llamadle en tanto que está cercano.

7 Deje el impío su camino, y el hombre inicuo sus pensamientos; y vuélvase a Jehová, el cual tendrá de él misericordia, y al Dios nuestro, ᵗel cual será amplio en perdonar.

8 Porque mis pensamientos no son vuestros pensamientos, ni vuestros caminos mis caminos, dice Jehová.

9 Como son más altos los cielos que la tierra, así son mis caminos más altos que vuestros caminos, y mis pensamientos más que vuestros pensamientos.

10 Porque ᵛcomo desciende de los cielos la lluvia, y la nieve, y no vuelve allá, sino que riega la tierra, y la hace germinar y producir, y ˣda semilla al que siembra y pan al que come,

11 así será mi palabra que sale de mi boca; no volverá a mí vacía, antes hará lo que yo quiero, y será prosperada en aquello para que la envié.

12 Porque con alegría saldréis, y con paz seréis vueltos; los montes y los collados ᶻlevantarán canción delante de vosotros, y todos los árboles del campo darán palmadas de aplauso.

13 En lugar de ᶜla zarza crecerá el ciprés, y en lugar de la ortiga crecerá

ISAÍAS 56-57

arrayán: y será a Jehová ᵃpor nombre, por señal eterna que nunca será raída.

CAPÍTULO 56

Así dice Jehová: Guardad derecho y haced justicia; porque ᶜcercana *está* mi salvación para venir, y mi justicia para ser revelada.

2 Bienaventurado el hombre que esto hiciere, y el hijo del hombre que esto abrazare; que guarda el sábado de profanarlo, y que guarda su mano de hacer el mal.

3 Y ᵉel hijo del extranjero, que se ha adherido a Jehová, no hable diciendo: Jehová me apartó totalmente de su pueblo. Ni diga el eunuco: He aquí ᶠyo *soy* árbol seco.

4 Porque así dice Jehová a los eunucos que guardaren mis sábados, y escogieren *lo* que yo quiero, y abrazaren mi pacto:

5 Yo les daré lugar ʰen mi casa y dentro de mis muros, y nombre mejor que el de hijos e hijas; nombre perpetuo les daré que nunca perecerá.

6 Y a los hijos de los extranjeros que se adhirieren a Jehová para servirle, y que amaren el nombre de Jehová para ser sus siervos; a todos los que guardaren el sábado de profanarlo, y abrazaren mi pacto,

7 yo los llevaré a mi santo monte, y haré que se regocijen en mi casa de oración; sus holocaustos y sus sacrificios *serán* aceptos sobre mi altar; porque mi casa, ᵒcasa de oración será llamada ᵖpara todos los pueblos.

8 Dice el Señor Jehová, ʳel que reúne a los dispersos de Israel: ˢAun reuniré *otros* a él; además de los que están a él congregados.

9 Todas las bestias del campo, todas las bestias del monte, venid a devorar.

10 Sus ᵗatalayas ciegos *son*, todos ellos ignorantes; todos ellos *son* ᵛperros mudos que no pueden ladrar; somnolientos, echados, aman el dormir.

11 Sí, ellos *son* perros comilones e insaciables; y *son* ᶻpastores que no pueden entender: todos ellos miran por sus propios caminos, ᵇcada uno busca su propio provecho, cada uno por su lado.

a Jer 13:11
b cp 22:13
Pr 23:35
Lc 12:19
1 Co 15:32

c cp 46:13

d 2 Cr 16:14

e Dt 23:3
cp 60:10
Hch 10:1-2

f Ez 17:24

g cp 1:4

h 1 Tim 3:15
i cp 1:29
j 1 Re 14:23
2 Re 16:4
k Lv 18:21

l Ez 16:16-25
m Ez 23:17

n Ez 16:15
o Mt 21:13
p Mal 1:11
q Ez 16:26-28
r cp 11:12
s Jn 10:16
Ef 1:10

t cp 62:6
u Jer 2:25
y 18:12
v Fil 3:2
x cp 51:12-13
y Sal 78:36

z Ez 34:2-3
a Sal 50:21
b cp 11:12

Sus pastores son perros mudos

12 Venid, *dicen*, tomaré vino, embriaguémonos de licor; y ᵇserá el día de mañana como éste, o mucho más excelente.

CAPÍTULO 57

Perece el justo, y no hay quien lo ponga en su corazón; y los piadosos *son* quitados, y no hay quien entienda que de delante de la aflicción es quitado el justo.

2 Entrará en la paz; ᵈdescansarán en sus lechos todos los que andan en su rectitud.

3 Mas vosotros llegaos acá, hijos de la agorera, generación del adúltero y de la ramera.

4 ¿De quién os habéis mofado? ¿Contra quién ensanchasteis la boca, y alargasteis la lengua? ¿No *sois* vosotros hijos rebeldes, ᵍsimiente mentirosa,

5 que os enardecéis ⁱcon los ídolos ʲdebajo de todo árbol frondoso, que ᵏsacrificáis los hijos en los valles, debajo de los peñascos?

6 En las *piedras* lisas del valle está tu parte; ellas, ellas *son* tu suerte; y a ellas derramaste libación, y ofreciste presente. ¿No me he de vengar de estas cosas?

7 Sobre un monte alto y ˡsobresaliente pusiste ᵐtu cama; allí también subiste a ofrecer sacrificio.

8 Y tras la puerta y el umbral pusiste tu recuerdo; porque ⁿa otro, y no a mí, te descubriste, y subiste y ensanchaste tu cama, e hiciste *pacto* con ellos; ᵠamaste su cama dondequiera que la veías.

9 Y fuiste al rey con ungüento, y multiplicaste tus perfumes, y enviaste tus embajadores lejos, y te abatiste hasta el mismo infierno.

10 En la multitud de tus caminos te cansaste, mas no dijiste: ᵘNo hay esperanza. Hallaste la vida de tu mano, por tanto no te desalentaste.

11 ˣ¿Y de quién te asustaste o temiste, que ʸhas faltado a la fe y no te has acordado de mí, ni lo pusiste en tu corazón? ᵃ¿No he guardado silencio desde tiempos antiguos, y nunca me has temido?

12 Yo publicaré tu justicia y tus obras, que no te aprovecharán.

Clama a voz en cuello

13 Cuando clames, que te libren tus allegados; pero a todos ellos llevará el viento, un soplo *los* arrebatará; mas ªel que en mí espera, tendrá la tierra por heredad, y poseerá mi santo monte.

14 Y dirá: Allanad, allanad; preparad el camino, quitad los tropiezos del camino de mi pueblo.

15 Porque así dice el Alto y Sublime, el que habita la eternidad, y cuyo nombre es el Santo: Yo habito en la altura y ᶜla santidad, y ᵈcon el quebrantado y humilde de espíritu, ᶠpara hacer vivir el espíritu de los humildes, y para vivificar el corazón de los quebrantados.

16 Porque ⁱno contenderé para siempre, ni para siempre guardaré el enojo; pues decaería ante mí el espíritu, y las almas *que* yo he creado.

17 Por la iniquidad de su codicia me enojé y lo herí, escondí mi rostro y me indigné; y él siguió rebelde por el camino de su corazón.

18 He visto sus caminos, y ˡlo sanaré; y lo guiaré y le daré consuelo, a él y a sus enlutados.

19 Yo ᵐcreo el fruto de labios: ⁿPaz, paz ᵖal que está lejos y al que está cerca, dice Jehová; y lo sanaré.

20 Mas los impíos ᵠson como el mar en tempestad, que no puede estarse quieto, y sus aguas arrojan cieno y lodo.

21 ʳNo hay paz, dice mi Dios, para el impío.

CAPÍTULO 58

Clamaᵘ a voz en cuello, no te detengas; alza tu voz como trompeta, y anuncia a mi pueblo su rebelión, y a la casa de Jacob su pecado.

2 Que me buscan cada día, y quieren saber mis caminos, como gente que hubiese obrado justicia, y que no hubiese dejado la ley de su Dios; me piden justos juicios, y quieren acercarse a Dios.

3 Dicen: ¿Por qué ayunamos, ˣy tú no lo ves? ¿Por qué ʸhumillamos nuestras almas, y tú no te das por entendido? He aquí que en el día de vuestro ayuno halláis placer, y oprimís a todos vuestros obreros.

4 He aquí que para contiendas y debates ayunáis, y para herir con el puño inicuamente; no ayunéis como hoy, ᵇpara que vuestra voz sea oída en lo alto.

5 ¿Es tal el ayuno que yo escogí, que de día aflija el hombre su alma, que encorve su cabeza como junco, y haga cama de cilicio y de ceniza? ¿Llamaréis a esto ayuno y día agradable a Jehová?

6 ¿No *es* más bien el ayuno que yo escogí, ᵉdesatar las ligaduras de impiedad, quitar las pesadas cargas, y ᵍdejar ir libres a los quebrantados, y que rompáis todo yugo?

7 ʰ¿No *es* que compartas tu pan con el hambriento, y a los pobres errantes metas en casa; que cuando vieres al desnudo, lo cubras, y no te escondas de tu propia carne?

8 Entonces nacerá tu luz como el alba, y ʲtu sanidad se dejará ver pronto; e irá tu justicia delante de ti, y ᵏla gloria de Jehová será tu retaguardia.

9 Entonces invocarás, y te oirá Jehová; clamarás, y dirá Él: Heme aquí. Si quitares de en medio de ti el yugo, ᵒel extender el dedo, y hablar vanidad;

10 Y si derramares tu alma al hambriento, y saciares al alma afligida, en las tinieblas nacerá tu luz, y tu oscuridad *será* como el mediodía.

11 Y Jehová te pastoreará siempre, y en las sequías saciará tu alma, y engordará tus huesos; y serás como ˢhuerto de riego, y como manantial de aguas, cuyas aguas nunca faltan.

12 Y ᵗlos tuyos edificarán las ruinas antiguas; los cimientos de generación y generación levantarás; y serás llamado reparador de portillos, restaurador de calzadas para habitar.

13 ᵛSi retrajeres del sábado tu pie, *de* hacer tu voluntad en mi día santo, y al sábado llamares delicias, santo, glorioso de Jehová; y lo honrares, no andando en tus propios caminos, ni buscando tu voluntad, ni hablando *tus propias* palabras.

14 entonces te deleitarás en Jehová; y yo ᶻte haré subir sobre las alturas de la tierra, y te daré a comer la heredad de Jacob tu padre; ªporque la boca de Jehová *lo* ha hablado.

---

a Sal 37:9
b Mt 6:7

c Zac 2:13
d Sal 34:18
y 138:6
e Neh 5:10
f cp 61:1
g Lc 4:18
h Nm 16:22
i Sal 103:9
Jer 3:5
Mi 7:18
j Jer 8:22
y 30:17
k cp 52:12

l Jer 3:22

m Heb 13:15
n Ef 2:17
o Pr 6:13
p Hch 2:39
q Jud 13

r cp 48:22

s Jer 31:12

t cp 61:4
Neh 4:6-21
u cp 40:3

v Neh 10:31
y 13:15-22

x Mal 3:14
y Lv 16:29
z Dt 32:13

a cp 1:20

CAPÍTULO 59

He aquí que ªno se ha acortado la mano de Jehová para salvar, ni se ha agravado su oído para oír;

2 pero vuestras iniquidades han hecho división entre vosotros y vuestro Dios, y vuestros pecados han hecho ocultar *su* rostro de vosotros, para no oír.

3 Porque ᶜvuestras manos están contaminadas de sangre, y vuestros dedos de iniquidad; vuestros labios pronuncian mentira, habla maldad vuestra lengua.

4 No hay quien clame por la justicia, ᵉni quien juzgue por la verdad; confían en vanidad, y hablan vanidades; conciben trabajo, y dan a luz iniquidad.

5 Ponen huevos de áspides, y tejen telas de arañas; el que comiere de sus huevos, morirá; y si los apretaren, saldrán víboras.

6 Sus telas no servirán para vestir, ni de sus obras serán cubiertos; sus obras *son* obras de iniquidad, y obra de rapiña está en sus manos.

7 Sus pies corren al mal, y ᶠse apresuran para derramar la sangre inocente; sus pensamientos, *son* pensamientos de iniquidad, destrucción y quebrantamiento *hay* en sus caminos.

8 No conocen camino de paz, ni hay derecho en sus caminos; ʰsus veredas *son* torcidas; cualquiera que por ellas fuere, no conocerá paz.

9 Por esto se alejó de nosotros el juicio, y no nos alcanzó justicia; ᵏesperamos luz, y he aquí tinieblas; resplandor, y andamos en oscuridad.

10 Palpamos la pared ᵐcomo ciegos, y andamos a tientas como sin ojos; tropezamos a mediodía como de noche; estamos en lugares oscuros como muertos.

11 Gruñimos como osos todos nosotros, y gemimos lastimeramente como palomas; esperamos juicio, y no lo hay; salvación, *pero* está lejos de nosotros.

12 Porque nuestras rebeliones se han multiplicado delante de ti, y nuestros pecados han atestiguado contra nosotros; porque con nosotros están nuestras iniquidades, y conocemos nuestros pecados;

13 el prevaricar y mentir contra Jehová, y apartarse de en pos de nuestro Dios; el hablar calumnia y rebelión, concebir y ᵇproferir de corazón palabras de mentira.

14 Y el derecho se retiró, y la justicia se puso lejos; porque la verdad tropezó en la plaza, y la equidad no pudo entrar.

15 Y la verdad fue detenida; y el que se aparta del mal se convierte en presa; y lo vio Jehová, y desagradó a sus ojos, porque pereció el derecho.

16 Y ᵈvio que no *había* hombre, y se maravilló que no hubiera intercesor; por tanto su propio brazo le trajo salvación, y le afirmó su misma justicia.

17 Pues de justicia se vistió como de coraza, con yelmo de salvación en su cabeza; y se puso las ropas de venganza por vestidura, y se cubrió de celo como de manto.

18 De acuerdo a *sus* hechos, así Él retribuirá; ira a sus enemigos, pago a sus adversarios. Él dará su retribución a las islas.

19 Y temerán desde el occidente el nombre de Jehová, y desde el nacimiento del sol su gloria; porque vendrá el enemigo ᵍcomo río, mas el Espíritu de Jehová levantará bandera contra él.

20 Y ⁱvendrá el Redentor a Sión, y a los que se volvieren de la iniquidad en Jacob, dice Jehová.

21 Y ʸéste será mi pacto con ellos, dice Jehová: Mi Espíritu que *está* sobre ti, y ˡmis palabras que he puesto en tu boca, no faltarán de tu boca, ni de la boca de tus hijos, dice Jehová, ni de la boca de los hijos de tus hijos, desde ahora y para siempre.

CAPÍTULO 60

Levántate, resplandece; que ha venido tu luz, y ⁿla gloria de Jehová ha nacido sobre ti.

2 Porque he aquí que tinieblas cubrirán la tierra, y oscuridad los pueblos; mas sobre ti amanecerá Jehová, y sobre ti será vista su gloria.

3 Y andarán los gentiles a tu luz, y ᵒlos reyes al resplandor de tu nacimiento.

---

a cp 50:2
Nm 11:23

b Mt 12:34

c cp 1:15

d cp 63:5
Ez 22:30
e cp 66:16
Jer 2:35
y 25:31

f Rm 3:15-17

g Ap 12:15

h Sal 125:5
Pr 2:15
i Rm 11:26
j Jer 31:31
Heb 8:10
y 10:16
k Jer 8:15
l cp 51:16
m Dt 28:29
Job 5:14

n Mal 4:2

o Ap 21:24

El Espíritu de Jehová está sobre mí — ISAÍAS 61

4 Alza tus ojos en derredor, y mira; todos éstos se han juntado, vinieron a ti; tus hijos vendrán de lejos, y tus hijas junto a ti serán criadas.

5 Entonces verás y resplandecerás; y se maravillará y ensanchará tu corazón, porque se convertirá a ti la multitud del mar, y las fuerzas de los gentiles vendrán a ti.

6 Multitud de camellos te cubrirá, dromedarios de Madián y de Efa; vendrán todos los de Seba; traerán ᵈoro e incienso, y publicarán alabanzas de Jehová.

7 Todo el ganado de ᵍCedar será juntado para ti; carneros de Nebaiot te serán servidos; ʰserán ofrecidos con agrado sobre mi altar, y glorificaré la casa de mi gloria.

8 ¿Quiénes *son* éstos *que* vuelan como nubes, y como palomas a sus ventanas?

9 Ciertamente ᵏa mí esperarán las islas, y las naves de Tarsis desde el principio, para traer tus hijos de lejos, ᵐsu plata y su oro con ellos, al nombre de Jehová tu Dios, y al Santo de Israel, que te ha glorificado.

10 Y ᵒlos hijos de los extranjeros edificarán tus muros, y sus reyes te servirán; porque en mi ira te herí, mas en mi buena voluntad te tuve misericordia.

11 ᑫTus puertas estarán de continuo abiertas, no se cerrarán de día ni de noche, para que sean traídas a ti las riquezas de los gentiles, y ᵛconducidos a ti sus reyes.

12 Porque ˣla nación o el reino que no te sirviere, perecerá; y esas naciones del todo serán asoladas.

13 ᵃLa gloria del Líbano vendrá a ti, ᶜabetos, pinos y cedros juntamente, para decorar el lugar de mi santuario; y yo ᵈhonraré el lugar de mis pies.

14 Y vendrán a ti humillados los hijos de los que te afligieron, y ᵍse postrarán a las plantas de tus pies todos los que te escarnecían, y te llamarán ʲCiudad de Jehová, ᵏSión del Santo de Israel.

15 Aunque fuiste abandonada y aborrecida, tanto que nadie por ti pasaba, yo ᵐharé de ti gloria perpetua, gozo de generación y generación.

16 Y mamarás la leche de los gentiles, el pecho de los reyes mamarás; y conocerás que yo Jehová ᵃsoy tu Salvador, y tu Redentor, ᵇel Fuerte de Jacob.

17 En vez de bronce traeré oro, y por hierro plata, y por madera bronce, y en lugar de piedras hierro; y pondré paz por tu tributo, y justicia por tus exactores.

18 Nunca más se oirá en tu tierra violencia, destrucción ni quebrantamiento en tus términos; sino que a tus muros llamarás ᶜSalvación, y a tus puertas ᵉAlabanza.

19 ᶠEl sol nunca más te servirá de luz para el día, ni el resplandor de la luna te alumbrará; sino que Jehová te será por ⁱluz perpetua, y el Dios tuyo por tu gloria.

20 ʲNo se pondrá jamás tu sol, ni menguará tu luna; porque te será Jehová por luz perpetua, y los días de tu luto se acabarán.

21 Y tu pueblo, ˡtodos ellos *serán* justos, para siempre heredarán la tierra; renuevos de mi plantío, ᵒobra de mis manos, para glorificarme.

22 El pequeño vendrá a ser mil, ⁿel menor, una nación fuerte. Yo Jehová, a su tiempo lo apresuraré.

CAPÍTULO 61

El ᵖEspíritu de Jehová el Señor está sobre mí, ʳporque me ha ungido Jehová; me ha enviado ˢa predicar buenas nuevas ᵗa los abatidos, a vendar a los quebrantados de corazón, ᵘa publicar libertad a los cautivos, y *a los* presos apertura de la cárcel;

2 a ᵞproclamar el año de la buena voluntad de Jehová, y ᶻdía de venganza del Dios nuestro; ᵇa consolar a todos los enlutados;

3 para ordenar a los que hacen duelo en Sión: ᵉPara darles gloria en lugar de ceniza, ᶠóleo de gozo en lugar del luto, manto de alegría en lugar de espíritu angustiado; y serán llamados ʰárboles de justicia, ⁱplantío de Jehová, para que Él sea glorificado.

4 Y ˡreedificarán los desiertos antiguos, y levantarán los asolamientos primeros, y restaurarán las ciudades arruinadas, los asolamientos de muchas generaciones.

5 ⁿLos extranjeros se levantarán y apacentarán vuestras ovejas, y los hijos de los extranjeros serán

vuestros labradores y vuestros viñadores.

6 Y vosotros ᵇseréis llamados sacerdotes de Jehová, ministros del Dios nuestro seréis llamados; ᵈcomeréis la riqueza de los gentiles, y con su gloria seréis exaltados.

7 En lugar de ᵉvuestra doble confusión, y de vuestra deshonra, os alabarán en sus heredades; por lo cual en sus tierras poseerán el doble, y tendrán perpetuo gozo.

8 Porque yo Jehová amo el derecho, y aborrezco ʰel latrocinio para holocausto; por tanto, afirmaré en verdad su obra, y haré con ellos un pacto eterno.

9 Y la simiente de ellos será conocida entre los gentiles, y sus renuevos en medio de los pueblos; todos los que los vieren, reconocerán, que *son* simiente *que* Jehová ha bendecido.

10 En gran manera me gozaré en Jehová, mi alma se alegrará en mi Dios; porque me vistió con ropas de salvación, me rodeó de manto de justicia, ᵒcomo a novio me atavió, y como a novia adornada con sus joyas.

11 Porque como la tierra produce su renuevo, y como el huerto hace brotar lo sembrado en él, así Jehová el Señor hará brotar justicia y alabanza delante de todas las naciones.

CAPÍTULO 62

Por amor a Sión no callaré, y por amor a Jerusalén no he de parar, hasta que salga como resplandor su justicia, y su salvación se encienda como una antorcha.

2 ᵗEntonces los gentiles verán tu justicia, ᵘy todos los reyes tu gloria; ˣy te será puesto un nombre nuevo, que la boca de Jehová nombrará.

3 Y serás ʸcorona de gloria en la mano de Jehová, y diadema real en la mano de tu Dios.

4 Nunca más te llamarán Desamparada, ni tu tierra se dirá más Desolada; sino que serás llamada Hefziba, y tu tierra, Beula; porque el amor de Jehová será en ti, y tu tierra será desposada.

5 Pues *como* el joven se casa con la virgen, se casarán contigo tus hijos; y como el gozo del esposo con la esposa, *así* tu Dios ᵃse gozará contigo.

6 Sobre tus muros, oh Jerusalén, ᶜhe puesto guardas; todo el día y toda la noche no callarán jamás. Los que os acordáis de Jehová, no descanséis,

7 ni le deis tregua, hasta que Él establezca y ponga a Jerusalén por ᶠalabanza en la tierra.

8 Juró Jehová por su mano derecha, y por el brazo de su poder: ᵍNunca más daré tu trigo *por* comida a tus enemigos, ni beberán los extraños el vino por el que tú trabajaste.

9 Mas los que lo cosecharon lo comerán, y alabarán a Jehová; y los que lo vendimiaron, lo beberán en ⁱlos atrios de mi santuario.

10 Pasad, pasad por las puertas; ʲpreparad el camino al pueblo; allanad, allanad la calzada, quitad las piedras, ᵏalzad pendón a los pueblos.

11 He aquí que Jehová hizo oír hasta lo último de la tierra: ˡDecid a la hija de Sión: ᵐHe aquí viene tu Salvador; he aquí ⁿsu recompensa con Él, y delante de Él su obra.

12 Y les llamarán ᵖPueblo Santo, ᵠRedimidos de Jehová; y a ti te llamarán Ciudad Deseada, no desamparada.

CAPÍTULO 63

¿Quién *es* Éste que viene de Edom, de Bosra ʳcon vestiduras rojas? ¿Éste *que es* hermoso en su vestir, que marcha en la grandeza de su poder? Yo, el que hablo en justicia, poderoso para salvar.

2 ¿Por qué *es* roja tu ˢvestidura, y tus ropas como del que ha pisado en lagar?

3 He pisado el lagar yo solo, ᵛy de los pueblos nadie fue conmigo; los pisé con mi ira, y los hollé con mi furor; y su sangre salpicó mis vestiduras, y manché todo mi ropaje.

4 Porque ᶻel día de la venganza *está* en mi corazón, y ᵃel año de mis redimidos ha llegado.

5 Y miré y ᵇno *había* quien ayudara, y me maravillé que no hubiera quien sustentara; y ᶜme salvó mi brazo, y me sostuvo mi ira.

6 Y con mi ira hollaré los pueblos, y los embriagaré en mi furor, y derribaré a tierra su fortaleza.

---

a cp 65:19
b cp 66:21
Éx 19:6
1 Pe 2:9
c Ez 3:17
d cp 60:5-16
e cp 40:2
Zac 9:12
f cp 61:11
Sof 3:20
g Dt 28:31
Jer 5:17
h cp 1:11-13
i Dt 12:12
y 14:23,26
j cp 40:3
y 57:14
k cp 49:22
l Zac 9:9
m cp 46:13
n cp 40:10
o Sal 132:9
p cp 63:18
q cp 35:9
r cp 60:3
s Ap 19:13
t Sal 98:2
u cp 60:3
v Lm 1:15
Ap 14:20
y 19:15
x cp 65:15
Ap 2:17
y Zac 9:16
z cp 34:8
a cp 62:12
b Sal 22:11
Jn 16:32
c cp 59:16

Como trapos de inmundicia

7 De las misericordias de Jehová haré mención, de las alabanzas de Jehová, conforme a todo lo que Jehová nos ha dado, y de la grandeza de su bondad hacia la casa de Israel, que les ha hecho según sus misericordias, y según la multitud de sus piedades.

8 Porque dijo: Ciertamente mi pueblo *son*, hijos que no mienten; y fue su Salvador.

9 ᵇEn toda angustia de ellos Él fue angustiado, y ᶜel Ángel de su faz los salvó; en su amor y en su clemencia ᵈlos redimió, y ᵉlos trajo, y los levantó todos los días de la antigüedad.

10 ᵍMas ellos fueron rebeldes, e ʰhicieron enojar su Santo Espíritu; por lo cual se les volvió enemigo, y Él mismo peleó contra ellos.

11 Entonces ʲse acordó de los días antiguos, de Moisés y de su pueblo, *diciendo*: ¿Dónde está el que les hizo subir del mar con el pastor de su rebaño? ¿Dónde está el que puso en medio de él su Santo Espíritu?

12 ¿El que los guió por la diestra de Moisés con el brazo de su gloria; el que ᵏdividió las aguas delante de ellos, haciéndose así nombre perpetuo?

13 ¿El que los condujo por los abismos, como un caballo por el desierto, sin que tropezaran?

14 El Espíritu de Jehová los pastoreó, como a una bestia que desciende al valle; así pastoreaste a tu pueblo, para hacerte un nombre glorioso.

15 Mira desde el cielo, y contempla desde ᵖla morada de tu santidad y de tu gloria: ¿Dónde está tu celo, y tu fortaleza, ᑫla conmoción de tus entrañas y de tus misericordias para conmigo? ¿Se han estrechado?

16 Pero ᵘtú *eres* nuestro Padre, si bien Abraham nos ignora, e Israel no nos conoce; tú, oh Jehová, *eres* nuestro Padre; nuestro Redentor, perpetuo *es* tu nombre.

17 ¿Por qué, oh Jehová, ˣnos has hecho errar de tus caminos, y ʸendureciste nuestro corazón a tu temor? ᶻVuélvete por amor a tus siervos, las tribus de tu heredad.

18 Por poco tiempo lo poseyó tu santo pueblo; nuestros enemigos han hollado tu santuario.

a Sal 18:9

b Jue 10:16
Zac 2:8
c Éx 33:14
Hch 7:38
d Sal 74:2
e cp 46:3
f Éx 34:10
Jue 5:4
g Éx 15:24
y 23:21
Nm 14:11
h Sal 78:40
Ef 4:30
i 1 Co 2:9
j cp 26:3

k Éx 14:21
l Lv 5:2
m Fil 3:9

n cp 40:6-8

o cp 54:8

p Sal 33:14

q Jer 31:20
Os 11:8
r cp 63:16
s cp 45:9
t cp 60:21
Sal 138:8
u Dt 32:6
1 Cr 29:10
v ver 12

x Sal 79:13
y Sal 119:10
z Nm 10:36
Sal 90:13

a cp 63:18
2 Re 25:9

19 Nosotros somos *tuyos*. Tú nunca señoreaste sobre ellos, ellos nunca fueron llamados por tu nombre.

CAPÍTULO 64

1 Oh ᵃsi rompieses los cielos, y descendieras, y a tu presencia se escurriesen los montes,

2 como fuego abrasador de fundiciones, fuego que hace hervir las aguas, para que hicieras notorio tu nombre a tus enemigos, y las naciones temblasen a tu presencia!

3 Cuando hiciste ᶠcosas terribles, cuales nunca esperábamos, y descendiste, se deslizaron los montes ante tu presencia.

4 Porque desde el principio del mundo ⁱno se ha escuchado, ni oído ha percibido, ni ojo ha visto a Dios fuera de ti, que hiciese por el que en Él espera.

5 ʲSaliste al encuentro del que con alegría hacía justicia, de *los que* se acordaban de ti en tus caminos (he aquí, tú te enojaste cuando pecamos), en ellos hay perpetuidad, y seremos salvos.

6 ˡSi bien todos nosotros somos como suciedad, y ᵐtodas nuestras justicias como trapo de inmundicia; y ⁿcaímos todos nosotros como la hoja, y nuestras maldades nos llevaron como viento.

7 Y nadie *hay* que invoque tu nombre, que se despierte para asirse de ti; por lo cual ᵒescondiste de nosotros tu rostro, y nos dejaste marchitar en poder de nuestras maldades.

8 Ahora pues, Jehová, ʳtú *eres* nuestro Padre; nosotros barro, y tú ˢel que nos formaste; así que ᵗobra de tus manos *somos* todos nosotros.

9 No te enojes sobremanera, oh Jehová, ni tengas perpetua memoria de la iniquidad; he aquí mira ahora, ᵛpueblo tuyo *somos* todos nosotros.

10 Tus santas ciudades están desiertas, Sión es un desierto, Jerusalén una soledad.

11 La casa de nuestro santuario y de nuestra gloria, en la cual te alabaron nuestros padres, ᵃfue consumida al fuego; y todas nuestras cosas preciosas han sido destruidas.

12 ¿Te estarás quieto, oh Jehová, sobre estas cosas? ¿Callarás, y nos afligirás sobremanera?

CAPÍTULO 65

Fui [b]buscado de *los que* no preguntaban *por mí*; fui hallado de los que no me buscaban. [c]Dije a gente que no invocaba mi nombre: Heme aquí, heme aquí.

2 [d]Extendí mis manos todo el día a un pueblo rebelde, el cual anda por camino no bueno, en pos de sus pensamientos;

3 Pueblo que [e]en mi cara me provoca de continuo a ira, [f]sacrificando en huertos, y [g]ofreciendo perfume sobre ladrillos;

4 que se quedan [i]en los sepulcros, y en lugares escondidos pasan la noche; que [k]comen carne de puerco, y en sus ollas *hay* caldo de cosas inmundas;

5 que dicen: [l]Estate en tu lugar, no te acerques a mí, porque soy más santo que tú. Éstos son humo en mi furor, fuego que arde todo el día.

6 He aquí que [m]escrito *está* delante de mí; no callaré, antes [n]retornaré, y daré el pago en su seno;

7 por vuestras iniquidades, y [o]las iniquidades de vuestros padres juntamente, dice Jehová, los cuales quemaron incienso sobre los montes, y [p]sobre los collados me afrentaron; por tanto, yo les mediré su obra antigua en su seno.

8 Así dice Jehová: Como si alguno hallase mosto en un racimo, y dijese: No lo desperdicies, porque [t]bendición *hay* en él; así haré yo por mis siervos, que no lo destruiré todo.

9 Mas sacaré simiente de Jacob, y de Judá heredero de mis montes; y [x]mis escogidos poseerán por heredad la tierra, y mis siervos habitarán allí.

10 Y será Sarón para [y]habitación de ovejas, y el valle de Acor [y]para majada de vacas, para mi pueblo que me buscó.

11 Pero vosotros los que dejáis a Jehová, que olvidáis [a]mi santo monte, que ponéis mesa para la Fortuna, y suministráis [b]libaciones para el Destino;

a cp 66:4
b Rm 10:20
c cp 63:19
d Ro 10:21
e Job 1:11
f cp 1:29
y 66:17
Lv 17:5
g Éx 20:24
h Mt 8:12
i Dt 18:11
j Dt 28:37
Jer 29:22
Zac 8:13
k cp 66:17
l Mt 9:11
Lc 18:11
m Mal 3:16
n Jer 16:18
Ez 11:21
o Éx 20:5
Mt 23:35
p Ez 20:27
q Jer 31:7
r cp 62:5
s cp 35:10
t Jl 2:14
u Jer 31:17
v Ec 8:12
x Mt 24:22
Rm 11:5-7
y cp 33:9
y 35:2
z Sal 92:12
a cp 57:13
b Jer 7:18
c Dt 28:41
Os 9:12
d cp 61:9

12 yo también os destinaré a la espada, y todos vosotros os arrodillaréis al degolladero; por cuanto [a]llamé, y no respondisteis; hablé, y no oísteis; sino que hicisteis lo malo delante de mis ojos, y escogisteis lo que no me agrada.

13 Por tanto así dice el Señor Jehová: He aquí que mis siervos comerán, y vosotros tendréis hambre; he aquí que mis siervos beberán, y vosotros tendréis sed; he aquí que mis siervos se alegrarán, y vosotros seréis avergonzados;

14 he aquí que mis siervos cantarán por el júbilo del corazón, y vosotros clamaréis por el dolor del corazón, y [h]por el quebrantamiento de espíritu aullaréis.

15 Y dejaréis vuestro nombre [j]por maldición a mis escogidos, y el Señor Jehová te matará; y a sus siervos llamará por otro nombre.

16 El que se bendijere en la tierra, en el Dios de verdad se bendecirá; y el que jurare en la tierra, por el Dios de verdad jurará; porque las angustias primeras serán olvidadas, y serán cubiertas de mis ojos.

17 Porque he aquí que yo creo nuevos cielos y nueva tierra; y de lo primero no habrá memoria, ni más vendrá al pensamiento.

18 Mas os gozaréis y os alegraréis para siempre *en las cosas* que yo he creado; porque he aquí que [q]yo he creado alegría para Jerusalén, y gozo para su pueblo.

19 [r]Y me alegraré con Jerusalén, y me gozaré con mi pueblo; y nunca más se oirán en ella [s]voz de lloro, ni voz de clamor.

20 No habrá más allí niño *que muera* de días, ni viejo que sus días no cumpla; porque [u]el niño morirá de cien años, y [v]el pecador de cien años, será maldito.

21 Y edificarán casas, y morarán en ellas; plantarán viñas, y comerán el fruto de ellas.

22 No edificarán, y otro morará; no plantarán, y otro comerá; porque [z]según los días de los árboles serán los días de mi pueblo, y mis escogidos disfrutarán por largo tiempo la obra de sus manos.

23 No trabajarán en vano, [c]ni darán a luz para maldición; [d]porque son

El lobo y el cordero pacerán juntos

simiente de los benditos de Jehová, y sus descendientes con ellos.

24 Y sucederá que ªantes de que ellos clamen, responderé yo; y ᵇmientras aún estén hablando, yo habré oído.

25 El lobo y el cordero ᵈpacerán juntos, y el león comerá paja como el buey; y ᵉel polvo *será* el alimento de la serpiente. ᶠNo afligirán, ni harán mal en todo ʰmi santo monte, dice Jehová.

CAPÍTULO 66

Jehová dijo así: ⁱEl cielo es mi trono, y la tierra el estrado de mis pies; ¿dónde *está* la casa que me habréis de edificar, y dónde *está* el lugar de mi reposo?

2 Mi mano hizo todas estas cosas, y así todas estas cosas fueron, dice Jehová; pero ˡmiraré a aquel que *es* pobre y humilde de espíritu, y que tiembla a mi palabra.

3 El que sacrifica buey, *es* ⁿ*como si* matase un hombre; el que sacrifica oveja, *como si* degollase un perro; el que ofrece presente, *como si* ofreciese sangre de puerco; el que quema incienso, *como si* bendijese a un ídolo. Y porque han escogido sus propios caminos, y su alma amó sus abominaciones,

4 también yo escogeré sus escarnios, y traeré sobre ellos lo que temieron; porque llamé, y nadie respondió; hablé, y no oyeron; antes hicieron lo malo delante de mis ojos, y escogieron lo que no me agrada.

5 Oíd palabra de Jehová, vosotros los que tembláis a su palabra: Vuestros hermanos que os aborrecen, y ᵗos echan fuera por causa de mi nombre, dijeron: ᵘJehová sea glorificado. Mas Él se mostrará ᵛpara alegría vuestra, y ellos serán confundidos.

6 Voz de alboroto de la ciudad, voz del templo, voz de Jehová que da el pago a sus enemigos.

7 Antes que estuviese de parto, dio a luz; antes que le viniesen dolores dio a luz hijo.

8 ¿Quién oyó cosa semejante? ¿Quién vio tal cosa? ¿Dará a luz la tierra en un día? ¿Nacerá una nación de una vez? Pues en cuanto Sión estuvo de parto, dio a luz sus hijos.

a Sal 32:5
b Dn 9:21
c cp 65:19
d cp 11:6
e Gn 3:14
f cp 11:9
g cp 60:16
h ver 11

i 2 Cr 6:18
Hch 7:49
j Ap 21:24
k cp 49:22

l cp 57:15
y 61:1
m Ez 37:1-10
n cp 1:11

o cp 9:5
y 33:14
2 Ts 1:8
p Sal 68:17
Hab 3:8

q cp 27:1
r Jer 25:33

s Lv 11:29

t Lc 6:22

u Jn 16:2
v 2 Ts 1:9-10
Tit 2:13

x Sal 86:9
y Lc 2:34

z Mal 1:11

ISAÍAS 66

9 Yo que hago dar a luz, ¿no haré nacer? dice Jehová. Yo que hago nacer, ¿cerraré *la matriz*? dice tu Dios.

10 ᶜAlegraos con Jerusalén, y gozaos con ella, todos los que la amáis; llenaos de gozo con ella, todos los que os enlutáis por ella;

11 ᵍpara que maméis y os saciéis de los pechos de sus consolaciones; para que ordeñéis, y os deleitéis con el resplandor de su gloria.

12 Porque así dice Jehová: He aquí que yo extiendo sobre ella paz como un río, y ʲla gloria de los gentiles como un arroyo que se desborda; y mamaréis, y ᵏsobre el regazo seréis traídos, y sobre las rodillas seréis acariciados.

13 Como aquel a quien consuela su madre, así os consolaré yo a vosotros, y en Jerusalén tomaréis consuelo.

14 Y veréis, y se alegrará vuestro corazón, y ᵐvuestros huesos reverdecerán como la hierba; y la mano de Jehová para con sus siervos será conocida, y su indignación contra sus enemigos.

15 Porque he aquí que ᵒJehová vendrá con fuego, y ᵖsus carros como torbellino, para tornar su ira en furor, y su represión en llama de fuego.

16 Porque Jehová juzgará con fuego y ᵠcon su espada a toda carne; y ʳlos muertos por Jehová serán multiplicados.

17 Los que se santifican y los que se purifican en los huertos, unos tras otros, los que comen carne de puerco, y abominación, y ˢratón; juntamente serán cortados, dice Jehová.

18 Porque yo *conozco* sus obras y sus pensamientos; tiempo vendrá para juntar a todas las naciones y lenguas; y ˣvendrán, y verán mi gloria.

19 Y ʸpondré entre ellos señal, y enviaré a los que escaparon de ellos a las naciones, a Tarsis, a Pul y Lud, que disparan arco, a Tubal y a Javán, a las islas apartadas que no oyeron de mí, ni vieron mi gloria; y ᶻpublicarán mi gloria entre los gentiles.

20 Y traerán a todos vuestros hermanos de entre todas las naciones, por ofrenda a Jehová, en caballos, en carros, en literas, en

mulos y en camellos, a mi santo monte de Jerusalén, dice Jehová, al modo que los hijos de Israel traen el presente en vasos limpios a la casa de Jehová.

21 Y tomaré también de ellos ᶜpara sacerdotes y levitas, dice Jehová.

22 Porque como ᵈlos cielos nuevos y la nueva tierra que yo hago permanecerán delante de mí, dice Jehová, ᵃasí permanecerá vuestra simiente y vuestro nombre.

23 Y será que de mes en mes, y de sábado en sábado, ᵇvendrá toda carne a adorar delante de mí, dice Jehová.

24 Y saldrán, y verán los cadáveres de los hombres que se rebelaron contra mí; porque ᵉsu gusano nunca morirá, ni su fuego se apagará; y serán abominables a toda carne.

a cp 53:10
b Sal 65:2
c cp 61:6
d cp 65:17
Mr 9:44-48

Libro De
JEREMÍAS

CAPÍTULO 1

Las palabras de Jeremías, hijo de Hilcías, ᵃde los sacerdotes que *habitaban* ᵇen Anatot, en la tierra de Benjamín.

2 La palabra de Jehová que vino a él en los días de ᶜJosías, hijo de Amón, rey de Judá, ᵉen el año decimotercero de su reinado.

3 Fue asimismo en días de ᵍJoacim, hijo de Josías, rey de Judá, hasta el fin del año undécimo de ʰSedequías, hijo de Josías, rey de Judá, ʰhasta la cautividad de Jerusalén en el mes quinto.

4 Vino, pues, palabra de Jehová a mí, diciendo:

5 Antes que ᵏte formase en el vientre te conocí, y antes que salieses de la matriz te santifiqué, y te di por profeta ᵐa las naciones.

6 Y yo dije: ⁿ¡Ah, Señor Jehová! He aquí, no sé hablar, porque soy niño.

7 Y me dijo Jehová: No digas, soy niño; porque a todo lo que te envíe irás tú, y ᵖdirás todo lo que te mande.

8 No temas delante de ellos, porque yo estoy contigo para librarte, dice Jehová.

9 ʳY extendió Jehová su mano, y ˢtocó sobre mi boca; y me dijo Jehová: He aquí he puesto mis palabras en tu boca.

10 Mira que te he puesto en este día sobre naciones y sobre reinos, para arrancar y para destruir, para arruinar y para derribar, para edificar y para plantar.

a Ez 1:3
b cp 29:27
c 2 R 22:1-3
d Job 41:20
e cp 25:3
y 36:2
f cp 4:6 y 6:1
y 10:22
g 2 R 23:36
h 2 R 24:18
i cp 52:12-15
j cp 39:3
y 43:10
k Lc 1:15
Gá 1:15
l cp 4:12
m cp 25:15
y cps 46-51
n Éx 4:10
Is 6:5
o 1 Re 18:46
Job 38:3
1 Pe 1:13
p Mt 28:20
q ver 8
Ez 3:9
r Ez 2:9 8:3
s Is 6:7

11 Y la palabra de Jehová vino a mí, diciendo: ¿Qué ves tú, Jeremías? Y dije: Yo veo una vara de almendro.

12 Y me dijo Jehová: Bien has visto; porque yo apresuro mi palabra para ponerla por obra.

13 Y vino a mí palabra de Jehová por segunda vez, diciendo: ¿Qué ves tú? Y dije: Yo veo ᵈuna olla que hierve; y su faz está hacia el norte.

14 Y me dijo Jehová: ᶠDel norte se desatará el mal sobre todos los moradores de la tierra.

15 Porque he aquí que yo convoco a todas las familias de los reinos del norte, dice Jehová; y vendrán, y ʲpondrá cada uno su trono a la entrada de las puertas de Jerusalén, y junto a todos sus muros en derredor, y en todas las ciudades de Judá.

16 ʸY a causa de toda su maldad, pronunciaré mis juicios contra ellos, quienes me dejaron, y quemaron incienso a dioses extraños, y adoraron la obra de sus propias manos.

17 Tú pues, ᵒciñe tus lomos, y levántate, y háblales todo lo que yo te mande. ᵠNo temas ante su presencia, para que yo no te quebrante delante de ellos.

18 Porque he aquí que yo te he puesto en este día como ciudad fortificada, y como columna de hierro, y como muro de bronce contra toda la tierra, contra los reyes de Judá, contra sus príncipes, contra sus sacerdotes y contra el pueblo de la tierra.

19 Y pelearán contra ti, mas no te vencerán; porque yo *estoy* contigo, dice Jehová, para librarte.

Aunque te laves con lejía

JEREMÍAS 2

CAPÍTULO 2

Y vino a mí palabra de Jehová, diciendo:

2 Anda, y clama a los oídos de Jerusalén, diciendo: Así dice Jehová: Me he acordado de ti, de la lealtad de ᵇtu juventud, ᶜdel amor de tu desposorio, cuando andabas en pos de mí en el desierto, ᵈen tierra no sembrada.

3 ᵉSantidad era Israel a Jehová, ᶠprimicias de sus nuevos frutos. Todos los que le devoran injuriarán; mal vendrá sobre ellos, dice Jehová.

4 Oíd la palabra de Jehová, casa de Jacob, y todas las familias de la casa de Israel.

5 Así dice Jehová: ʰ¿Qué maldad hallaron en mí vuestros padres, que se alejaron de mí, y se fueron tras la vanidad, y se tornaron vanos?

6 Y no dijeron: ¿Dónde está Jehová, que nos hizo subir de la tierra de Egipto, que nos hizo andar por el desierto, por una tierra desierta y barrancosa, por tierra seca y de sombra de muerte, por una tierra por la cual no pasó varón, ni allí habitó hombre?

7 Y os metí en tierra de abundancia, para que comieseis su fruto y su bien; mas entrasteis, y contaminasteis mi tierra, ᶫe hicisteis abominable mi heredad.

8 Los sacerdotes no dijeron: ¿Dónde está Jehová? Y los que tenían ᵐla ley no me conocieron; y los ⁿpastores se rebelaron contra mí, y los ᵒprofetas profetizaron por Baal, y anduvieron tras lo que no aprovecha.

9 Por tanto ᵖentraré aún en juicio con vosotros, dice Jehová, y con los hijos de vuestros hijos pleitearé.

10 ʳPorque pasad a las islas de ˢQuitim y mirad; y enviad a ᵗCedar, y considerad cuidadosamente, y ved si ha habido cosa semejante.

11 ᵘ¿Acaso alguna nación ha cambiado sus dioses, ᵛaunque ellos no son dioses? Pero mi pueblo ˣha cambiado su gloria por lo que no aprovecha.

12 Espantaos, cielos, sobre esto, y horrorizaos; desolaos en gran manera, dice Jehová.

13 Porque dos males ha hecho mi pueblo: ʸme dejaron a mí, ᶻfuente de agua viva, para cavar para sí cisternas, cisternas rotas que no retienen el agua.

14 ¿Es Israel siervo? ¿Es esclavo? ¿Por qué ha sido despojado?

15 Los cachorros ᵃde los leones rugieron sobre él, alzaron su voz; y asolaron su tierra; quemadas están sus ciudades, sin morador.

16 Aun los hijos de Nof y de Tafnes te quebrantaron la coronilla.

17 ¿No te acarreaste esto tú mismo, al haber dejado a Jehová tu Dios, cuando Él te guiaba por el camino?

18 Ahora pues, ¿qué tienes tú ᵍen el camino de Egipto, para que bebas agua del Nilo? ¿Y qué tienes tú en el camino de Asiria, para que bebas agua ᶦdel río?

19 Tu maldad te castigará, y tus rebeldías te condenarán; sabe, pues, y ve cuán malo y amargo es el haber dejado tú a Jehová tu Dios, y faltar mi temor en ti, dice el Señor, Jehová de los ejércitos.

20 Porque desde hace mucho quebré tu yugo, y rompí tus ataduras; y dijiste: No serviré. Con todo eso, ʲsobre todo collado alto y debajo de todo árbol frondoso corrías tú, ʲoh ramera.

21 Y yo te ᵏplanté como una vid escogida, simiente verdadera toda ella: ¿cómo, pues, te me has tornado sarmientos de vid extraña?

22 Aunque te laves con lejía y amontones jabón sobre ti, tu pecado está sellado delante de mí, dice el Señor Jehová.

23 ¿Cómo puedes decir: No soy inmunda, nunca anduve tras los Baales? Mira tu proceder ᑫen el valle, reconoce lo que has hecho, dromedaria ligera que entreveró sus caminos,

24 asna montés acostumbrada al desierto, que en el ardor de su deseo olfatea el viento; en su celo, ¿quién la detendrá? Todos los que la buscaren no se cansarán; la hallarán en su mes.

25 Guarda tus pies de andar descalzos, y tu garganta de la sed. Mas dijiste: No hay esperanza, no; porque amo a los extraños y tras ellos he de ir.

26 Como se avergüenza el ladrón cuando es tomado, así se

JEREMÍAS 3

avergonzará la casa de Israel; ellos, sus reyes, sus príncipes, sus sacerdotes y sus profetas,

27 que dicen al ᵈleño: Mi padre *eres* tú; y a la piedra: Tú me has engendrado; pues me volvieron la cerviz, y no el rostro; pero en el tiempo ᶠde su tribulación dicen: Levántate y líbranos.

28 ¿Y dónde *están* tus dioses que hiciste para ti? Levántense, a ver ʲsi te pueden librar en el tiempo de tu aflicción; ᵏporque *según* el número de tus ciudades, oh Judá, fueron tus dioses.

29 ¿Por qué contendéis conmigo? Todos vosotros prevaricasteis contra mí, dice Jehová.

30 Por demás he azotado ᵐvuestros hijos; no han recibido corrección. Vuestra ᵒespada devoró a vuestros profetas como león destructor.

31 ¡Oh generación! atended vosotros la palabra de Jehová. ¿He sido yo a Israel soledad, o tierra de tinieblas? ¿Por qué ha dicho mi pueblo: Somos señores; nunca más vendremos a ti?

32 ¿Se olvidará la virgen de sus adornos, o la desposada de sus atavíos? Pero mi pueblo se ha olvidado de mí por innumerables días.

33 ¿Por qué realzas tu camino para hallar amor? Pues aun a las malvadas enseñaste tus caminos.

34 También en tus faldas se halla ˢla sangre de las almas de los pobres inocentes; no la hallé en indagación secreta, sino en todas estas cosas.

35 Y dices: Porque soy inocente, de cierto su ira se desviará de mí. He aquí ᵘyo entraré en juicio contigo, porque dijiste: No he pecado.

36 ¿Para qué discurres tanto, mudando tus caminos? También serás avergonzada de Egipto, como fuiste avergonzada de Asiria.

37 También saldrás de él con tus manos ᵛsobre tu cabeza; porque Jehová desechó a aquellos en quienes confías, y no prosperarás por ellos.

CAPÍTULO 3

Dicen: Si alguno dejare a su esposa, y yéndose ésta de él se

a	Dt 24:3-4
b	cp 2:7
c	cp 2:20
d	cp 3:9
e	cp 4:11
	y 7:29
f	Jue 10:9-10
	Sal 78:34
	Is 26:16
g	Gn 38:14
	Ez 16:25
h	ver 9
	cp 2:7
i	Dt 32:37
j	cp 14:22
k	cp 11:13
l	Job 29:23
m	Is 1:5
n	Sal 103:9
o	2 Cr 36:16
	Neh 9:26
p	cp 2:20
q	Ez 16:46
	y 23:4
r	Dt 24:1-3
	Is 50:1
s	cp 19:4
	Sal 106:38
t	cp 2:27
u	Is 59:4
v	2 Sm 13:19
x	cp 1:13
y	Lv 26:40
	Dt 30:1-2

Mi pueblo se ha olvidado de mí

juntare a otro hombre, ᵃ¿volverá a ella más? ¿No será tal ᵇtierra del todo amancillada? ᶜTú, pues, te has prostituido con muchos amantes, mas vuélvete a mí, dice Jehová.

2 Alza tus ojos ᵉa los lugares altos, y ve en qué lugar no se han acostado contigo; para ellos te sentabas ᵍen los caminos, como árabe en el desierto; ʰy has contaminado la tierra con tu prostitución y tu maldad.

3 Por esta causa las ʲaguas han sido detenidas, y faltó ᴵla lluvia tardía; y has tenido frente de ramera, y no quisiste tener vergüenza.

4 A lo menos desde ahora, ¿no clamarás a mí: Padre mío, guiador de mi juventud?

5 ¿Guardará *su* enojo para siempre? ⁿ¿Eternamente lo guardará? He aquí que has hablado y hecho cuantas maldades pudiste.

6 Y me dijo Jehová en días del rey Josías: ¿Has visto lo que ha hecho la infiel Israel? ᵖElla se va sobre todo monte alto y debajo de todo árbol frondoso, y allí se prostituye.

7 Y *le* dije después que hizo todo esto: Vuélvete a mí; pero no se volvió. Y lo vio la rebelde ᑫsu hermana Judá.

8 Y yo vi cuando por causa de todo esto, cometió adulterio la infiel Israel, yo la había despedido dándole ʳcarta de divorcio; y aún así no tuvo temor su hermana, la rebelde Judá, sino que también ella fue y se prostituyó.

9 Y sucedió que por la liviandad con que se prostituyó, la tierra fue contaminada y adulteró con ᵗla piedra y con el leño.

10 Y con todo esto, su hermana, la rebelde Judá, no se volvió a mí de todo su corazón, sino fingidamente, dice Jehová.

11 Y me dijo Jehová: Se ha justificado más la rebelde Israel en comparación con la desleal Judá.

12 Ve, y proclama estas palabras hacia ˣel norte, y di: Vuélvete, oh rebelde Israel, dice Jehová, y no haré caer mi ira sobre vosotros; porque misericordioso *soy* yo, dice Jehová, y no guardaré para siempre *el enojo*.

13 Sólo reconoce tu maldad, ʸporque contra Jehová tu Dios has prevaricado, y tus caminos has derramado

Israel, conviértete a mí

ᵃlos extraños ᵇdebajo de todo árbol frondoso, y no oíste mi voz, dice Jehová.

14 Convertíos, hijos rebeldes, dice Jehová, ᶜporque yo soy vuestro esposo: y os tomaré ᵈuno de una ciudad, y dos de una familia, y os introduciré en Sión;

15 Y os daré pastores según mi corazón, que os apacienten con conocimiento e inteligencia.

16 Y acontecerá, que cuando os multiplicareis y creciereis en la tierra, en aquellos días, dice Jehová, no se dirá más: El arca del pacto de Jehová; ni vendrá al pensamiento, ni se acordarán de ella, ni la visitarán, ni la volverán a hacer.

17 En aquel tiempo llamarán a Jerusalén: Trono de Jehová, y ʰtodas las naciones se unirán a ella en el nombre de Jehová en Jerusalén; y no andarán más tras la dureza de su malvado corazón.

18 En aquellos tiempos ˡirán de la casa de Judá a la casa de Israel, y vendrán juntamente de la tierra ᵐdel norte, ⁿa la tierra que hice heredar a vuestros padres.

19 Mas yo dije: ¿Cómo he de ponerte entre los hijos, y darte la tierra deseable, la rica heredad de los ejércitos de las naciones? Y dije: ᵒPadre mío me llamarás, y no te apartarás de en pos de mí.

20 Mas *como* la esposa infiel quiebra la fe de su compañero, así prevaricasteis contra mí, oh casa de Israel, dice Jehová.

21 Voz sobre las alturas ˢfue oída, llanto de los ruegos de los hijos de Israel; porque han torcido su camino, se han olvidado de Jehová su Dios.

22 ᵘConvertíos, hijos rebeldes, y sanaré vuestra infidelidad. He aquí nosotros venimos a ti; porque tú eres Jehová nuestro Dios.

23 Ciertamente ᵛen vano *es esperar que la salvación* venga de los collados, o de la multitud de las montañas: Ciertamente en Jehová nuestro Dios está la salvación de Israel.

24 Confusión consumió el trabajo de nuestros padres desde nuestra juventud; sus ovejas, sus vacas, sus hijos y sus hijas.

a	cp 2:25
b	cp 2:20
c	Is 54:5
cps	31 y 32
	Os 2:19-20
d	Rm 11:5
e	cp 3:1
f	1 Re 14:15
g	Sal 72:17
	Is 65:16
h	Is 2:2-3
i	Os 10:12
j	Mt 13:7,22
k	cp 8:16
l	Is 11:13
	cp 50:4
m	cp 31:8
n	Am 9:15
o	Is 63:16
p	cp 8:14
q	cp 1:13
r	cp 5:6
	Dn 7:4
s	Is 15:2
t	cp 26:9
	33:10
	Is 5:9 6:11
u	vers 1,14
v	Sal 121:1-2
x	1 Re 22:22

JEREMÍAS 4

25 Yacemos en nuestra confusión, y nuestra afrenta nos cubre: porque pecamos contra Jehová nuestro Dios, nosotros y nuestros padres, desde nuestra juventud y hasta este día; y no hemos obedecido la voz de Jehová nuestro Dios.

CAPÍTULO 4

Si te has de convertir, oh Israel, dice Jehová, ᵉconviértete a mí; y si quitares de delante de mí tus abominaciones, ᶠno andarás de acá para allá.

2 Y jurarás, diciendo: Vive Jehová, en verdad, en juicio y en justicia; y ᵍlas naciones se bendecirán en Él, y en Él se gloriarán.

3 Porque así dice Jehová a todo varón de Judá y de Jerusalén: ⁱHaced barbecho para vosotros, y no ʲsembréis entre espinos.

4 Circuncidaos para Jehová, ᵏy quitad los prepucios de vuestro corazón, varones de Judá y moradores de Jerusalén; no sea que mi ira salga como fuego, y se encienda y no haya quien *la* apague, por la maldad de vuestras obras.

5 Anunciad en Judá, y haced oír en Jerusalén, y decid: Tocad trompeta en la tierra. Pregonad, juntaos y decid: ᵖReuníos, y entremos en las ciudades fortificadas.

6 Alzad bandera en Sión, juntaos, no os detengáis; ᵠporque yo hago venir mal del norte, y destrucción grande.

7 El león ʳsube de su guarida, y el destructor de los gentiles viene en camino; ha salido de su lugar para tornar tu tierra en desolación; tus ciudades quedarán en ruinas, y ᵗsin morador.

8 Por esto vestíos de cilicio, endechad y aullad; porque la ira de Jehová no se ha apartado de nosotros.

9 Y será en aquel día, dice Jehová, que desfallecerá el corazón del rey, y el corazón de los príncipes, y los sacerdotes estarán atónitos, y se maravillarán los profetas.

10 Y dije: ¡Ay, ay, Jehová Dios! ˣverdaderamente en gran manera has engañado a este pueblo y a Jerusalén, diciendo: Paz tendréis; pues la espada ha venido hasta el alma.

JEREMÍAS 5

11 En aquel tiempo se dirá de este pueblo y de Jerusalén: ªViento seco de las alturas del desierto vino a la hija de mi pueblo, no para aventar, ni para limpiar.
12 Viento más vehemente que éste vendrá a mí; y ahora yo pronunciaré juicios contra ellos.
13 He aquí que subirá como nube, y su carro como torbellino; sus caballos son más ligeros que las águilas. ¡Ay de nosotros, porque hemos sido saqueados!
14 Lava tu corazón de maldad, oh Jerusalén, para que seas salva. ¿Hasta cuándo permanecerán en medio de ti los pensamientos de iniquidad?
15 Porque una fvoz proclama gdesde Dan, y anuncia calamidad desde el monte de Efraín.
16 Decid a las naciones; he aquí, haced oír sobre Jerusalén: Guardas vienen de tierra lejana, y darán su voz sobre las ciudades de Judá.
17 Como guardas kde campo, estuvieron contra ella en derredor, porque ha sido rebelde contra mí, dice Jehová.
18 Tu camino y tus obras mte hicieron esto, ésta es tu maldad; por lo cual amargura penetrará hasta tu corazón.
19 ¡Mis entrañas, ⁿmis entrañas! Me duelen las fibras de mi corazón; ᵒmi corazón se agita dentro de mí; no callaré; porque voz de trompeta has oído, oh alma mía, pregón de guerra.
20 Destrucción ᵖtras destrucción es anunciada; porque toda la tierra es devastada; de repente son ʳdestruidas mis tiendas, en un momento mis cortinas.
21 ¿Hasta cuándo he de ver bandera, y he de oír sonido de trompeta?
22 Porque mi pueblo es necio; no me han conocido, son hijos ignorantes y sin entendimiento; son ˣsabios para hacer el mal, pero hacer el bien no lo saben.
23 Miré la tierra, y he aquí que ᶻestaba desordenada y vacía; y los cielos, y ᵇno había en ellos luz.
24 Miré los montes, ᶜy he aquí que temblaban, y todos los collados fueron destruidos.
25 Miré, y no había hombre alguno, y ᵉtodas las aves del cielo se habían ido.

Pueblo con corazón falso

26 Miré, y he aquí la tierra fértil era un desierto, y todas sus ciudades estaban asoladas a la presencia de Jehová, delante del furor de su ira.
27 Porque así dice Jehová: Toda la tierra será asolada; ᵇmas no haré consumación.
28 Por esto ᶜse enlutará la tierra, y ᵈlos cielos arriba se oscurecerán, porque hablé, lo determiné, y ᵉno me arrepentiré, ni me retraeré de ello.
29 Por el estruendo de la gente de a caballo y de los arqueros huirá toda la ciudad; entrarán en las espesuras de los bosques, y subirán a los peñascos; todas las ciudades serán abandonadas, y no quedará en ellas morador alguno.
30 Y tú, asolada, ¿qué harás? Aunque te vistas de grana, ʰaunque te adornes con atavíos de oro, ⁱaunque pintes con antimonio tus ojos, en vano te engalanas; ʲte menospreciaron tus amantes, buscarán tu vida.
31 Porque oí una voz como de ˡmujer que está de parto, angustia como de primeriza; voz de la hija de Sión que lamenta y extiende sus manos, diciendo: ¡Ay ahora de mí! que mi alma desmaya a causa de los asesinos.

CAPÍTULO 5

Recorred las calles de Jerusalén, y mirad ahora, y sabed, y buscad en sus plazas ᑫsi podéis hallar algún hombre, si hay alguno que haga juicio, que busque verdad; y yo la perdonaré.
2 Y ˢaunque digan: ᵗVive Jehová; ciertamente ᵘjuran falsamente.
3 Oh Jehová, ¿no miran ᵛtus ojos a la verdad? Los azotaste, y no les dolió; los consumiste, pero no quisieron recibir corrección; ʸendurecieron sus rostros más que la piedra, no quisieron arrepentirse.
4 Pero yo dije: Ciertamente ellos son pobres, han enloquecido, ᵃpues no conocen el camino de Jehová, el juicio de su Dios.
5 Me iré a los grandes, y les hablaré; porque ᵈellos conocen el camino de Jehová, el juicio de su Dios. Pero ellos también ᶠquebraron el yugo y rompieron las coyundas.

---

a cp 51:1
Ez 17:10

b cp 5:10,18
y 30:11
c Os 4:3
d Is 5:30
y 50:3
e cp 7:16
Nm 23:19

f cp 8:16
g cp 1:13
h Is 61:10

i 2 Re 9:30
Ez 23:10
j Ez 23:15
k cp 6:3
2 Re 25:1-4
l cp 6:24

m Sal 107:17
Is 50:1

n Is 16:11
Hab 3:16
o Is 15:5

p Sal 42:7
Ez 7:26
q Ez 22:30
r cp 10:20
y 49:29
s Tit 1:16
t cp 4:2
u cp 7:9
v 2 Cr 16:9
x Rm 16:9
y Is 50:7
Ez 3:8-9
z Gn 1:2
a cp 8:7
b Is 5:30
c Is 5:25
Ez 38:20
d Mi 3:1
e Sof 1:3
f Sal 2:3

Profetas mentirosos

6 Por tanto, el ªleón de la selva los herirá, ᵇlos destruirá el lobo del desierto, el ᶜleopardo acechará sobre sus ciudades; cualquiera que de ellas saliere, será despedazado; porque sus rebeliones se han multiplicado, se han aumentado sus deslealtades.

7 ¿Cómo te he de perdonar por esto? Tus hijos me dejaron, y juraron por ᶠ*lo que no es* Dios. ᵍLos sacié, y adulteraron, y en casa de rameras se juntaron en compañías.

8 Como caballos bien alimentados de mañana, cada cual relinchaba tras la esposa de su prójimo.

9 ¿No he de ʰcastigar por esto? dice Jehová. De una gente como ésta ¿no se ha de vengar mi alma?

10 ⁱEscalad sus muros, y destruid; ʲmas no hagáis consumación: quitad las almenas de sus muros, porque no *son* de Jehová.

11 Porque ᵒresueltamente se rebelaron contra mí la casa de Israel y la casa de Judá, dice Jehová.

12 Negaron a Jehová, y dijeron: Él no *es*, y no vendrá mal sobre nosotros, ᵠni veremos espada ni hambre;

13 y los profetas serán como el viento, y no *hay* en ellos palabra; así se hará a ellos.

14 Por tanto, así dice Jehová Dios de los ejércitos: Porque hablasteis esta palabra, he aquí ʳyo pongo mis palabras en tu boca por fuego, y a este pueblo por leña, y los consumirá.

15 He aquí yo traigo sobre vosotros ᵘgente de lejos, oh casa de Israel, dice Jehová; gente robusta, gente antigua, gente cuya lengua ignorarás, y no entenderás lo que hablare.

16 Su aljaba *es* como sepulcro abierto, todos ellos *son* valientes.

17 Y comerán tu ᵛmies y tu pan, *que habían de* comer tus hijos y tus hijas; comerán tus ovejas y tus vacas, comerán tus viñas y tus higueras; y a espada destruirán tus ciudades fuertes en que tú confías.

18 Mas en aquellos días, dice Jehová, no os destruiré del todo.

19 Y será que cuando dijereis: ᶻ¿Por qué Jehová, el Dios nuestro, hace con nosotros todas estas cosas? Entonces les dirás: De la manera que ᵇme dejasteis y servisteis a dioses ajenos en vuestra tierra, ᵈasí serviréis a extraños en tierra ajena.

JEREMÍAS 6

20 Anunciad esto en la casa de Jacob, y haced que esto se oiga en Judá, diciendo:

21 Oíd ahora esto, ᵈpueblo necio y sin corazón, que tiene ojos y no ve, que tiene oídos y no oye.

22 ¿A mí no me temeréis? dice Jehová; ¿no os amedrentaréis ante mi presencia, que al mar puse arena ᵉpor término por ordenación eterna, la cual no quebrantará? Se levantarán tempestades, mas no prevalecerán; bramarán sus ondas, mas no lo pasarán.

23 Pero este pueblo tiene corazón falso y rebelde; se volvieron y se fueron.

24 Y no dijeron en su corazón: Temamos ahora a Jehová Dios nuestro, ᵏque da lluvia ˡtemprana y ᵐtardía en su tiempo; ⁿÉl nos guarda los tiempos establecidos de la siega.

25 Vuestras iniquidades ᵖhan estorbado estas cosas; y vuestros pecados detuvieron de vosotros el bien.

26 Porque fueron hallados en mi pueblo *hombres* impíos; acechan como quien pone lazos; ponen trampa para cazar hombres.

27 Como jaula llena de pájaros, así *están* sus casas llenas de engaño: así se hicieron grandes y ricos.

28 Engordaron y se pusieron lustrosos, y sobrepasaron los hechos del malo; no juzgaron ˢla causa, la causa del huérfano; ᵗcon todo, se hicieron prósperos, y la causa de los pobres no juzgaron.

29 ¿No he de castigar por esto? dice Jehová; ¿y de tal nación no se vengará mi alma?

30 Cosa espantosa y fea es hecha en la tierra;

31 los profetas profetizaron ˣmentira, y los sacerdotes dirigían por su propia mano; ʸy mi pueblo así lo quiso. ¿Qué, pues, haréis al final de esto?

CAPÍTULO 6

Huid, hijos de Benjamín, de en medio de Jerusalén, ᵃy tocad bocina en Tecoa, y alzad por señal humo sobre ᶜBet-haquerem; porque del ᵉnorte se ve venir el mal, y destrucción grande.

---

a cp 4:7
b Hab 1:8
Sof 3:3
c Os 13:7
d Is 6:9
Mt 13:14

e Job 26:10
y 38:10-11
Sal 104:9
Pro 8:29
f Dt 32:21
2 Cr 13:9
g Dt 32:15
h cp 9:9
y 44:22

i cp 39:8
j cp 4:27
k Sal 147:8
cp 14:22
Mt 5:45
l Jl 2:23
m Job 29:23
n Gn 8:22
o Is 21:2
cp 3:20
p cp 3:3
q cp 14:13

r cp 1:9

s Is 1:23
cp 7:6
Zac 7:10
t cp 12:1
u Dt 28:49
Am 6:14

v Lv 26:16
Dt 28:31-33
Is 62:8
x cp 14:14
Ez 13:2,6
y Mi 2:11

z Dt 29:24

a cp 4:5
b cp 1:16
c Neh 3:14
d Dt 4:27
e cp 1:13

JEREMÍAS 6

Juran paz, y no hay paz

2 A *mujer* hermosa y delicada comparé a la hija de Sión.

3 A ella vendrán pastores y sus rebaños; junto a ella en derredor pondrán *sus* tiendas; cada uno apacentará en su lugar.

4 Declarad guerra contra ella; [a]levantaos y [b]asaltémosla al mediodía. ¡Ay de nosotros! que va cayendo ya el día, que las sombras de la tarde se han extendido.

5 Levantaos, y subamos de noche, y destruyamos sus palacios.

6 Porque así dice Jehová de los ejércitos: Cortad árboles, y levantad baluarte junto a Jerusalén; ésta *es* la ciudad que toda ella ha de ser castigada; toda ella *está* llena de violencia.

7 Como la fuente nunca cesa de manar sus aguas, [f]así ella nunca cesa de manar su maldad; [g]injusticia y robo se oye en ella; continuamente en mi presencia, enfermedad y herida.

8 Corrígete, Jerusalén, para que [k]no se aparte mi alma de ti, para que no te convierta en desierto, en tierra inhabitada.

9 Así dice Jehová de los ejércitos: [o]Del todo rebuscarán como a vid al [p]remanente de Israel; vuelve tu mano como vendimiador a los cestos.

10 ¿A quién debo de hablar y amonestar, para que oigan? He aquí que sus [r]oídos *son* incircuncisos, y no pueden escuchar; he aquí que [s]la palabra de Jehová les es cosa vergonzosa, no la aman.

11 Por tanto, estoy lleno de la ira de Jehová, cansado estoy de contenerme; la derramaré sobre los niños en la calle, y sobre la reunión de los jóvenes juntamente; porque el marido también será preso con la esposa, el viejo con el lleno de días.

12 Y [x]sus casas serán traspasadas a otros, *sus* heredades y también sus esposas; porque extenderé mi mano sobre los moradores de la tierra, dice Jehová.

13 Porque [a]desde el más chico de ellos hasta el más grande de ellos, cada uno sigue la avaricia; y [c]desde el profeta hasta el sacerdote, todos son engañadores.

14 Y [d]curan el quebrantamiento *de* la hija de mi pueblo con liviandad,

diciendo: Paz, paz; y no *hay* paz.

15 ¿Se han avergonzado de haber hecho abominación? Ciertamente no se han avergonzado, ni siquiera se han ruborizado; por tanto, caerán entre los que caigan; cuando los castigue, caerán, dice Jehová.

16 Así dice Jehová: Paraos en los caminos, y mirad, y preguntad por [c]las sendas antiguas, cuál *es* el buen camino, y andad por él, y [d]hallaréis descanso para vuestra alma. Mas dijeron: No andaremos.

17 Puse también [e]atalayas sobre vosotros, *que dijesen:* Escuchad el sonido de la trompeta. Y dijeron ellos: No escucharemos.

18 Por tanto oíd, naciones, y entended, oh congregación, lo que *hay* entre ellos.

19 [h]Oye, tierra. [i]He aquí yo traigo mal sobre este pueblo, [j]el fruto de sus pensamientos; porque no atendieron a mis palabras, y aborrecieron mi ley.

20 [l]¿Para qué viene a mí [m]este incienso de Seba, y la caña olorosa de tierra lejana? [n]Vuestros holocaustos no *son* aceptables, ni vuestros sacrificios me agradan.

21 Por tanto, Jehová dice esto: [q]He aquí yo pongo a este pueblo piedras de tropiezo, y caerán en ellas los padres y los hijos juntamente, el vecino y su compañero perecerán.

22 Así dice Jehová: [t]He aquí que viene pueblo de la tierra [u]del norte, y una nación grande [v]se levantará de los confines de la tierra.

23 Arco y lanza empuñarán; crueles *son*, y no tendrán misericordia; sonará la voz de ellos como el mar, y montarán a caballo como hombres dispuestos para la guerra, contra ti, oh hija de Sión.

24 Su fama hemos oído, y nuestras manos se descoyuntan; [y]angustia se apodera de nosotros, dolor como de mujer que está de parto.

25 No salgas al campo, ni andes por el camino; porque espada de enemigo y temor *hay* por todas partes.

26 Hija de mi pueblo, cíñete [b]de cilicio, y revuélcate en ceniza; haz luto *como por* hijo único, llanto de amarguras; porque pronto vendrá sobre nosotros el destructor.

a	cp 51:27
	Jl 3:9
b	cp 15:8
c	cp 18:15
	Lc 16:29
d	Mt 11:29
e	Is 56:10
	Hab 2:1
f	Is 57:20
g	Ez 7:11,23
h	cp 2:12
i	Is 1:2
j	Pr 1:31
k	Ez 23:18
	Os 9:12
l	Sal 40:6
m	Is 60:6
n	cp 7:21
o	Dt 24:21
p	Is 46:3
q	Ez 3:20
r	Hch 7:51
s	cp 20:8
t	cp 50:41-13
u	cp 13:20
v	cp 25:32
y	31:8
x	Dt 28:30
y	cp 49:24
z	cp 8:10-12
a	Is 56:11
b	cp 25:34
	Ez 27:30
c	cp 14:18
y	23:11
	Mi 3:11
d	cp 4:10
	14:13 23:17

Jeremías predica en las puertas

27 Por ªfortaleza te he puesto en mi pueblo, y por torre; conocerás pues, ᶜy examinarás el camino de ellos.

28 Todos ellos *son* rebeldes obstinados, ᶠandan con calumniadores; ᵍ*son* bronce y hierro; todos ellos *son* corruptores.

29 Se quemó el fuelle, por el fuego se ha consumido el plomo; por demás fundió el fundidor, pues ¹los malvados no han sido desarraigados.

30 Plata desechada los llamarán, ʲporque Jehová los desechó.

CAPÍTULO 7

Palabra de Jehová que vino a Jeremías, diciendo:

2 Ponte a la puerta ᵐde la casa de Jehová, y predica allí esta palabra, y di: Oíd palabra de Jehová, todo Judá, los que entráis por estas puertas para adorar a Jehová.

3 Así dice Jehová de los ejércitos, el Dios de Israel: ᵒMejorad vuestros caminos y vuestras obras, y ᵖos haré morar en este lugar.

4 No confiéis en palabras ᑫde mentira, diciendo: Templo de Jehová, templo de Jehová, templo de Jehová *es* éste.

5 Mas si mejorareis cumplidamente vuestros caminos y vuestras obras; si con exactitud ʳhiciereis justicia entre el hombre y su prójimo,

6 y ᵗno oprimiereis al extranjero, al huérfano, y a la viuda, ᵘni en este lugar derramareis la sangre inocente, ᵛni anduviereis en pos de dioses ajenos para mal vuestro;

7 entonces os haré morar ʸen este lugar, en la tierra que di a vuestros padres ᶻpara siempre.

8 He aquí que vosotros confiáis en ªpalabras de mentira, que no aprovechan.

9 ¿Seguiréis hurtando, matando, adulterando, jurando falsamente, y quemando incienso a Baal, y andando tras dioses ajenos que no conocisteis?

10 ¿Y vendréis y os pondréis delante de mí en esta casa que es llamada por mi nombre, y diréis: Librados somos; para hacer todas estas abominaciones?

11 ¿Es ᵇcueva de ladrones delante de vuestros ojos esta casa, sobre la cual es invocado mi nombre? He aquí que también yo veo, dice Jehová.

12 Ahora pues, id ᵈa mi lugar en ᵉSilo, donde hice morar mi nombre al principio, y ved ʰlo que le hice por la maldad de mi pueblo Israel.

13 Y ahora, por cuanto vosotros habéis hecho todas estas obras, dice Jehová, y bien que os hablé, madrugando para hablar, no oísteis, y os llamé, y no respondisteis;

14 haré también a *esta* casa que es llamada por mi nombre, en la que vosotros confiáis, y a este lugar que di a vosotros y a vuestros padres, como hice a Silo;

15 y os echaré de mi presencia como ᵏeché a todos vuestros hermanos, ¹a toda la descendencia de Efraín.

16 Tú pues, ⁿno ores por este pueblo, ni levantes por ellos clamor ni oración, ni me ruegues; porque no te oiré.

17 ¿No ves lo que éstos hacen en las ciudades de Judá y en las calles de Jerusalén?

18 Los hijos recogen la leña, y los padres encienden el fuego, y las mujeres amasan la masa, para hacer tortas a la reina del cielo y para hacer ofrendas a dioses ajenos, para provocarme a ira.

19 ¿Me provocarán ellos a ira? dice Jehová, ¿No obran más bien ellos mismos ˢpara confusión de sus rostros?

20 Por tanto, así dice el Señor Jehová: He aquí que mi furor y mi ira se derrama sobre este lugar, sobre los hombres, ˣsobre los animales, sobre los árboles del campo, y sobre los frutos de la tierra; y se encenderá, y no se apagará.

21 Así dice Jehová de los ejércitos, el Dios de Israel: ᵇAñadid vuestros holocaustos sobre vuestros sacrificios, y ᶜcomed carne.

22 ᵈPorque no hablé yo con vuestros padres el día que los saqué de la tierra de Egipto, ni les di mandamiento acerca de holocaustos y de víctimas.

23 Mas esto les mandé, diciendo: ᵉObedeced mi voz, y yo seré vuestro Dios, y vosotros seréis mi pueblo; y andad en todo camino que os he mandado, ᶠpara que os vaya bien.

24 Pero ellos no escucharon ni inclinaron su oído; antes caminaron en sus consejos, en la dureza de su corazón malvado, y fueron hacia atrás y no hacia adelante;

25 desde el día que vuestros padres salieron de la tierra de Egipto hasta hoy. Y os ᵇenvié a todos los profetas mis siervos, madrugando cada día y enviándolos:

26 Pero no me escucharon ᶠni inclinaron su oído; antes endurecieron su cerviz, e hicieron peor que sus padres.

27 Tú, pues, les dirás todas estas palabras, mas no te oirán; los llamarás, y no te responderán.

28 Les dirás por tanto: Ésta *es* la nación que no obedeció la voz de Jehová su Dios, ni admitió corrección; ʰpereció la verdad, y de la boca de ellos fue cortada.

29 Corta tu cabello, *oh Jerusalén*, ᶦy arrójalo, y levanta llanto sobre ʲlas alturas; porque Jehová ha desechado y abandonado a la generación *objeto* de su ira.

30 Porque los hijos de Judá han hecho lo malo ante mis ojos, dice Jehová; ᵐpusieron sus abominaciones en la casa sobre la cual mi nombre es invocado, amancillándola.

31 Y han edificado ⁿlos lugares altos de Tofet, que *está* en ᵖel valle del hijo de Hinom, ᵠpara quemar al fuego a sus hijos y a sus hijas, cosa que yo no *les* mandé, ni subió en mi corazón.

32 Por tanto, he aquí vendrán días, dice Jehová, que no se dirá más, Tofet, ni valle del hijo de Hinom, sino valle de la Matanza; ᵗy serán enterrados en Tofet, por no haber lugar.

33 Y los cadáveres de este pueblo servirán de comida a las aves del cielo y a las bestias de la tierra; y no habrá quien las espante.

34 Y ᵘharé cesar de las ciudades de Judá, y de las calles de Jerusalén, la voz de gozo y la voz de alegría, la voz de desposado y la voz de desposada; ˣporque la tierra será desolada.

CAPÍTULO 8

En aquel tiempo, dice Jehová, sacarán los huesos de los reyes de Judá, y los huesos de sus príncipes,

y los huesos de los sacerdotes, y los huesos de los profetas, y los huesos de los moradores de Jerusalén, fuera de sus sepulcros;

2 y los esparcirán ᵃal sol y a la luna y a todo el ejército del cielo, a quienes amaron y a quienes sirvieron, y en pos de quienes anduvieron, a quienes consultaron, y ᶜa quienes adoraron. ᵈNo serán recogidos, ᵉni enterrados; serán como estiércol sobre la faz de la tierra.

3 Y ᵍse escogerá la muerte antes que la vida por todo el remanente que quedare de esta mala generación, en todos los lugares adonde arrojaré yo a los que quedaren, dice Jehová de los ejércitos.

4 Les dirás asimismo: Así dice Jehová: El que cae, ¿no se levanta? El que se desvía, ¿no regresa al camino?

5 ¿Por qué es este pueblo de Jerusalén ᵏrebelde con rebeldía perpetua? Se aferran al engaño, rehúsan volver.

6 Escuché y oí; *pero* no hablan derecho, no hay hombre ˡque se arrepienta de su mal, diciendo: ¿Qué he hecho? Cada cual se volvió a su carrera, como caballo que arremete con ímpetu a la batalla.

7 Aun la cigüeña ᵒen el cielo conoce su tiempo, y la tórtola y la grulla y la golondrina guardan el tiempo de su venida; pero ʳmi pueblo no conoce el juicio de Jehová.

8 ¿Cómo decís: Nosotros *somos* sabios, ˢy la ley de Jehová *está* con nosotros? Ciertamente, he aquí que en vano se cortó la pluma, por demás fueron los escribas.

9 Los sabios se avergonzaron, se espantaron y fueron presos; he aquí que aborrecieron la palabra de Jehová; ¿y qué sabiduría tienen?

10 Por tanto, ᵘdaré sus esposas a otros, y sus campos a quienes los posean; porque desde el chico hasta el grande cada uno sigue la avaricia, desde el profeta hasta el sacerdote todos practican el engaño.

11 Y curaron el quebrantamiento de la hija de mi pueblo con liviandad, diciendo: Paz, paz; y no *hay* paz.

12 ¿Se avergonzaron de haber hecho abominación? ʸCiertamente no se han avergonzado, ni siquiera se han

ruborizado; por tanto, caerán entre los que caigan, cuando los castigue, caerán, dice Jehová.

13 Los destruiré del todo, dice Jehová. ᶜNo habrá uvas en la vid, ni higos en la higuera, y se caerá la hoja; y lo que les he dado pasará de ellos.

14 ¿Por qué nos estamos sentados? ᵉCongregaos, y entremos en las ciudades fortificadas, y allí reposaremos; porque Jehová nuestro Dios nos ha hecho callar, ᵍdándonos a beber bebida de hiel, porque pecamos contra Jehová.

15 Esperamos paz, ʰy no hubo bien; tiempo de sanidad, y he aquí turbación.

16 Desde Dan ⁱse oyó el bufido de sus caballos: del sonido de los relinchos de sus fuertes tembló toda la tierra; y vinieron y devoraron la tierra y su abundancia, ciudad y moradores de ella.

17 Porque he aquí que yo envío sobre vosotros serpientes, áspides, contra las cuales ˡno hay encantamiento; y os morderán, dice Jehová.

18 A causa de mi fuerte dolor mi corazón desfallece en mí.

19 He aquí la voz del clamor de la hija de mi pueblo, a causa de ⁿlos que moran en tierra lejana: ¿No está Jehová en Sión? ¿No está en ella su Rey? ¿Por qué me provocaron a ira con sus imágenes de talla, y con vanidades extrañas?

20 Pasó la siega, terminó el verano, y nosotros no hemos sido salvos.

21 Quebrantado estoy ᵖpor el quebrantamiento de la hija de mi pueblo, ᑫentenebrecido estoy, espanto me ha arrebatado.

22 ¿No hay bálsamo en Galaad? ¿No hay allí médico? ¿Por qué, pues, no se ha restablecido la salud de la hija de mi pueblo?

CAPÍTULO 9

1 Oh si mi cabeza se hiciese aguas, y mis ojos fuentes de lágrimas, para que llore día y noche los muertos de la ᵗhija de mi pueblo!

2 ¡Oh quién me diese en el desierto un mesón de caminantes, para que dejase mi pueblo, y de ellos me apartase! Porque ᵘtodos ellos son adúlteros, congregación de prevaricadores.

3 ᵃTensan su lengua como su arco, para lanzar mentira; pero ᵇno son valientes para la verdad en la tierra: porque de mal en mal procedieron, y me han desconocido, dice Jehová.

4 Guárdese ᵈcada uno de su compañero, y en ningún hermano tenga confianza; porque todo hermano engaña con falacia, y todo compañero ᶠanda con calumniadores.

5 Y cada uno engaña a su compañero, y no habla verdad; enseñaron su lengua a hablar mentira, y se ocupan de hacer perversamente.

6 Tu morada es en medio de engaño; de muy engañadores no quisieron conocerme, dice Jehová.

7 Por tanto, así dice Jehová de los ejércitos: He aquí que ⁱyo los refinaré, y los probaré; porque ¿qué he de hacer por la hija de mi pueblo?

8 Saeta afilada es la lengua de ellos; engaño habla; ᵏcon su boca habla paz con su amigo, pero dentro de sí pone sus asechanzas.

9 ¿No habré de castigarles ᵐpor estas cosas? dice Jehová. ¿No ha de vengarse mi alma de una gente como ésta?

10 Sobre los montes levantaré lloro y lamentación, y llanto sobre los pastos del desierto; porque desolados fueron hasta no quedar quien pase, ni oyeron bramido de ganado; ᵒdesde las aves del cielo hasta las bestias de la tierra huyeron, y se fueron.

11 Y convertiré a Jerusalén en un ʳmontón de ruinas, en guarida de dragones; y de las ciudades de Judá haré asolamiento, que no quede morador.

12 ¿Quién es varón sabio ˢque entienda esto? ¿Y a quién habló la boca de Jehová, para que pueda declararlo? ¿Por qué causa la tierra ha perecido, ha sido asolada como desierto, que no hay quien pase?

13 Y dijo Jehová: Porque dejaron mi ley, la cual di delante de ellos, y no obedecieron a mi voz, ni caminaron conforme a ella;

14 antes se fueron tras la imaginación de su corazón, y en pos de los Baales ⁱque les enseñaron sus padres:

JEREMÍAS 10

15 Por tanto así dice Jehová de los ejércitos, el Dios de Israel: He aquí que a este pueblo ᵇyo les daré a comer ajenjo, y les daré a beber aguas ᶜde hiel.

16 ᵈY los esparciré entre gentes que ni ellos ni sus padres conocieron; y enviaré espada en pos de ellos, hasta que yo los acabe.

17 Así dice Jehová de los ejércitos: Considerad, y llamad ᶠplañideras que vengan; y enviad por las *mujeres* hábiles, que vengan;

18 que se den prisa y hagan lamento sobre nosotros, para que nuestros ojos derramen lágrimas, y nuestros párpados destilen aguas.

19 Porque voz de endecha fue oída de Sión: ʰ¡Cómo hemos sido destruidos! en gran manera hemos sido confundidos. Porque dejamos la tierra, porque nos han echado de sí nuestras moradas.

20 Oíd, pues, oh mujeres, palabra de Jehová, y vuestro oído reciba la palabra de su boca; y enseñad endechas a vuestras hijas, y cada una a su amiga, lamentación.

21 Porque la muerte ha subido por nuestras ventanas, ha entrado en nuestros palacios; para exterminar a ᵐlos niños ⁿde las calles y a los jóvenes de las plazas.

22 Habla: Así dice Jehová: Los cuerpos de los hombres muertos ʳcaerán como estiércol sobre la faz del campo, y como ˢmanojo tras el segador, que no hay quien lo recoja.

23 Así dice Jehová: No se alabe el sabio en su sabiduría, ni en su valentía se alabe el valiente, ni el rico se alabe en su riqueza.

24 Mas el que se hubiere de alabar, ᵛalábese en esto; en entenderme y conocerme, que yo soy Jehová, que hago misericordia, juicio y justicia en la tierra; porque ʸen estas cosas me complazco, dice Jehová.

25 He aquí que vienen días, dice Jehová, y visitaré sobre todo circuncidado, y sobre todo incircunciso:

26 A Egipto y a Judá, a Edom y a los hijos de Amón y de Moab, y a todos los arrinconados en el postrer rincón, que moran en el desierto; porque todas las naciones son incircuncisas,

a Lv 26:41
Dt 10:16
Rm 2:28, 29
b Sal 80:5
c cp 8:14
d Dt 28:64

e Is 44:25
f 2 Cr 35:25
Am 5:16
Mt 9:23
g Is 40:19-20
y 44:9-11

h cp 4:13

i Sal 115:5
y 135:16
j Sal 115:7

k Is 41:23

l Ap 15:4

m cp 6:11
n Pr 5:16

o Sal 89:6
p Sal 115:8
Ro 1:21-22
q Is 41:29
Hab 2:18
r cp 8:2
s Lv 23:10
t Sal 115:4

u Sal 42:2

v 1 Co 1:31
2 Co 10:17
x Sal 96:5
y Mi 6:8
y 7:18
z Is 2:18
Zac 13:2
a cp 51:15-19

b Sal 135:7

y toda la casa de Israel es ᵃincircuncisa de corazón.

Vanidad de los ídolos

CAPÍTULO 10

Oíd la palabra que Jehová ha hablado sobre vosotros, oh casa de Israel.

2 Así dice Jehová: No aprendáis el camino de las gentes, ᵉni de las señales del cielo tengáis temor, aunque las gentes las teman.

3 Porque las costumbres de los pueblos *son* vanidad; pues ᵍcortan el leño del bosque con el hacha, *es* obra de manos de artífice.

4 Lo adornan con plata y oro; con clavos y martillo lo afirman para que no se mueva.

5 Erguidos *están* como palmera, ⁱpero no hablan; ʲnecesitan ser llevados porque no pueden andar. No tengáis temor de ellos, porque ᵏno pueden hacer mal, ni para hacer bien tienen poder.

6 No hay nadie como tú, oh Jehová; grande *eres* tú, y grande *es* tu nombre en poder.

7 ¿Quién no te temerá, ˡoh Rey de las naciones? Porque a ti corresponde; porque entre todos los sabios de las naciones, y ᵒen todos sus reinos, no *hay* nadie como tú.

8 Pero ellos son del todo torpes y ᵖnecios. ᑫEnseñanza de vanidades *es* el leño.

9 Plata extendida es traída de Tarsis, y oro de Ufaz; obra del artífice y de manos del fundidor; azul y púrpura es su vestidura; ᵗobra de peritos *es* todo.

10 Mas Jehová *es* el Dios verdadero; ᵘÉl *es* el Dios viviente y Rey eterno; a su ira tiembla la tierra, y las naciones no pueden sufrir su indignación.

11 Les diréis así: ˣLos dioses que no hicieron los cielos ni la tierra, ᶻperezcan de la tierra y de debajo de estos cielos.

12 ᵃEl que hizo la tierra con su poder, el que puso en orden el mundo con su sabiduría, y extendió los cielos con su inteligencia;

13 a su voz se da muchedumbre de aguas en el cielo, y hace subir ᵇlas nubes de lo postrero de la tierra; hace los relámpagos con la lluvia, y saca el viento de sus depósitos.

No ores por este pueblo

14 Todo hombre se embrutece en *su* entendimiento; avergüéncese de su ídolo todo fundidor; porque ᵇmentira es su obra de fundición, y ᶜno hay espíritu en ella.

15 Vanidad *son*, obra irrisoria; en el tiempo de su visitación perecerán.

16 No *es* como ellos la ᵉsuerte de Jacob: porque Él *es* el Hacedor de todo, e ᵍIsrael *es* la vara de su herencia: ʰJehová de los ejércitos es su nombre.

17 Recoge de las tierras ʲtus pertenencias, tú que moras en lugar fuerte.

18 Porque así dice Jehová: He aquí que esta vez arrojaré con honda a los moradores de la tierra, y los afligiré, ᵐpara que lo hallen *así*.

19 ¡Ay de mí, ⁿpor mi quebrantamiento! mi llaga es muy dolorosa. Pero yo dije: Ciertamente enfermedad mía es ésta, y ᵖdebo sufrirla.

20 Mi tienda es destruida, ᵠy todas mis cuerdas están rotas; mis hijos se han ido de mí, y perecieron. No hay ya quien levante mi tienda, ni quien ponga mis cortinas.

21 Porque los pastores se infatuaron, y no buscaron a Jehová; por tanto, no prosperaron, y todo su rebaño será dispersado.

22 He aquí que voz de ˢrumor viene, y alboroto grande de ᵗla tierra del norte, para tornar en soledad a todas las ciudades de Judá, en guarida de dragones.

23 Conozco, oh Jehová, ᵛque el hombre no *es* señor de su camino, ni del hombre que camina el ordenar sus pasos.

24 Castígame, oh Jehová, ʸmas con juicio; no con tu furor, para que no me aniquiles.

25 Derrama tu enojo ᶻsobre las gentes que no te conocen, y sobre las naciones que no invocan tu nombre; porque ᵃse comieron a Jacob, lo devoraron, lo han consumido y han asolado su morada.

CAPÍTULO 11

Palabra de Jehová, que vino a Jeremías, diciendo:
2 Oíd las palabras de este pacto, y hablad a todo varón de Judá, y a todo morador de Jerusalén.

3 Y les dirás tú: Así dice Jehová, el Dios de Israel: ᵃMaldito el varón que no obedeciere las palabras de este pacto,

4 el cual mandé a vuestros padres el día que los saqué de la tierra de Egipto, ᵈdel horno de hierro, diciéndoles: ᶠObedeced mi voz, y haced conforme a todo lo que os mando, y vosotros seréis mi pueblo, y yo seré vuestro Dios;

5 para que ʲconfirme el juramento que hice a vuestros padres, que les daría la ᵏtierra que fluye leche y miel, como en este día. Y respondí, y dije: ˡAmén, oh Jehová.

6 Y Jehová me dijo: Pregona todas estas palabras en las ciudades de Judá y en las calles de Jerusalén, diciendo: Oíd las palabras de este pacto, ᵒy ponedlas por obra.

7 Porque solemnemente protesté a vuestros padres el día que los hice subir de la tierra de Egipto hasta el día de hoy, ʳdesde muy temprano, protestando y diciendo: Obedeced mi voz.

8 Pero no obedecieron, ni inclinaron su oído, antes se fueron cada uno tras la imaginación de su malvado corazón; por tanto, traeré sobre ellos todas las palabras de este pacto, el cual mandé que cumpliesen, y no lo cumplieron.

9 Y me dijo Jehová: ᵘConspiración se ha hallado entre los varones de Judá, y entre los moradores de Jerusalén.

10 Se han vuelto ˣa las maldades de sus primeros padres, los cuales no quisieron escuchar mis palabras, antes se fueron tras dioses ajenos para servirles; la casa de Israel y la casa de Judá quebrantaron mi pacto, el cual yo había concertado con sus padres.

11 Por tanto, así dice Jehová: He aquí yo traigo sobre ellos mal del que no podrán escapar; y clamarán a mí, y no los oiré.

12 E irán las ciudades de Judá y los moradores de Jerusalén, y clamarán a los dioses a quienes queman ellos incienso, los cuales no los podrán salvar en el tiempo de su mal.

13 Porque ᵇsegún el número de tus ciudades fueron tus dioses, oh Judá; y según el número de tus calles, oh Jerusalén, pusisteis los altares de

ignominia, altares para ofrecer incienso a Baal.

14 Tú pues, no ªores por este pueblo, ni levantes por ellos clamor ni oración; porque yo no oiré el día que en su aflicción a mí clamen.

15 ¿Qué tiene que hacer mi amada en mi casa, habiendo hecho tantas abominaciones? Y ᵇlas carnes santas se pasarán de ti, porque en tu maldad te gloriaste.

16 ᶜOlivo verde, hermoso en fruto y en parecer, llamó Jehová tu nombre. A la voz de gran estrépito hizo encender fuego sobre él, y quebraron sus ramas.

17 Pues Jehová de los ejércitos, que te plantó, ha pronunciado mal contra ti, a causa de la maldad de la casa de Israel y de la casa de Judá, que hicieron contra sí mismos, ᵉprovocándome a ira al ofrecer incienso a Baal.

18 Y Jehová me *lo* hizo saber, y *lo* entendí: Entonces me hiciste ver sus obras.

19 Y yo *era* ᵍcomo cordero inocente que es llevado al matadero, pues no entendía ʰque maquinaban designios contra mí, *diciendo:* Destruyamos el árbol con su fruto, y cortémoslo de ʲla tierra de los vivientes, y ᵏno haya más memoria de su nombre.

20 Mas, oh Jehová de los ejércitos, que juzgas justicia, que escudriñas ˡla mente y el corazón, vea yo tu venganza de ellos; porque a ti he expuesto mi causa.

21 Por tanto, así dice Jehová acerca de los varones de Anatot, ⁿque buscan tu vida, diciendo: ᵠNo profetices en nombre de Jehová, ʳpara que no mueras a nuestras manos.

22 Así, pues, dice Jehová de los ejércitos: He aquí que yo los castigaré; los jóvenes morirán a espada; sus hijos y sus hijas morirán de hambre;

23 y no quedará remanente de ellos; porque ᵗyo traeré mal sobre los varones de Anatot, el ᵘaño de su visitación.

CAPÍTULO 12

Justo˟ eres tú, oh Jehová, cuando yo contigo disputo; sin embargo hablaré contigo de *tus* juicios. ʸ¿Por qué es prosperado el camino de los impíos, y tienen bien todos los que se portan deslealmente?

2 Los plantaste, y echaron raíces; progresaron, e hicieron fruto; cercano *estás* tú en sus bocas, mas lejos de sus riñones.

3 Pero tú, oh Jehová, me conoces; me has visto y has probado mi corazón para contigo; arráncalos como a ovejas para el degolladero, y señálalos para ᵈel día de la matanza.

4 ¿Hasta cuándo estará de luto la tierra, y marchita la hierba de todo el campo? Por la maldad de los que en ella moran, faltaron los ganados y las aves; porque dijeron: Él no verá nuestro fin.

5 Si corriste con los de a pie, y te cansaron, ¿cómo contenderás con los caballos? Y si en la tierra de paz te escondiste, ¿cómo harás en ᶠla hinchazón del Jordán?

6 Porque aun tus hermanos y la casa de tu padre, aun ellos se levantaron contra ti, aun ellos dieron voces en pos de ti. No les creas, cuando bien te hablen.

7 He dejado mi casa, desamparé ⁱmi heredad, he entregado lo que amaba mi alma en manos de sus enemigos.

8 Mi heredad es para mí como león en la selva; rugió contra mí; por tanto, la aborrecí.

9 Como ave de rapiña *es* mi heredad para mí; las aves en derredor *están* contra ella. Venid, reuníos, vosotras todas las bestias del campo, venid a devorarla.

10 Muchos ᵐpastores han destruido ᵒmi viña, ᵖhollaron mi heredad, han convertido mi heredad preciosa en un desierto desolado.

11 Fue puesta en asolamiento, y lloró sobre mí desolada; fue asolada toda la tierra, porque ˢno hubo hombre que lo pusiese en su corazón.

12 Sobre todos los lugares altos del desierto vinieron destructores; porque la espada de Jehová devorará desde un extremo de la tierra hasta el otro extremo; no habrá paz para ninguna carne.

13 Sembraron ᵛtrigo, pero espinos segarán; se esforzaron, *pero* no tendrán provecho. Se avergonzarán de sus cosechas a causa de la ardiente ira de Jehová.

Profecía contra Judá

14 Así dice Jehová contra todos ªmis malos vecinos, ᵇque tocan la heredad que hice poseer a mi pueblo Israel: He aquí que yo ᶜlos arrancaré de su tierra, y arrancaré de en medio de ellos la casa de Judá.

15 Y será que, después que los hubiere arrancado, tornaré y tendré misericordia de ellos, ᵉy los haré volver cada uno a su heredad, y cada cual a su tierra.

16 Y será que, si cuidadosamente aprendieren los caminos de mi pueblo, ᵍpara jurar en mi nombre, diciendo: Vive Jehová, así como enseñaron a mi pueblo a jurar por Baal; ellos serán prosperados ʰen medio de mi pueblo.

17 Mas si no ʲobedecieren, arrancaré de raíz y destruiré a esta nación, dice Jehová.

CAPÍTULO 13

Así me dijo Jehová: Ve y cómprate un ˡcinto de lino, y cíñelo sobre tus lomos, y no lo metas en agua.

2 ᵐCompré, pues, el cinto conforme a la palabra de Jehová, y *lo* puse sobre mis lomos.

3 Y vino a mí por segunda vez la palabra de Jehová, diciendo:

4 Toma el cinto que compraste, que *está* sobre tus lomos, y levántate, y ve al Éufrates, y escóndelo allá en la concavidad de una peña.

5 Fui, pues, y lo escondí junto al Éufrates, como Jehová me mandó.

6 Y sucedió que después de muchos días me dijo Jehová: Levántate, y ve al Éufrates, y toma de allí el cinto que te mandé escondieses allá.

7 Entonces fui al Éufrates, y cavé, y tomé el cinto del lugar donde lo había escondido; y he aquí que el cinto se había podrido; para ninguna cosa era bueno.

8 Y vino a mí la palabra de Jehová, diciendo:

9 Así dice Jehová: Así haré ˢpodrir la soberbia de Judá, y la mucha soberbia de Jerusalén.

10 Este pueblo malo, que no quieren oír mis palabras, que andan en las imaginaciones de su corazón, y se fueron en pos de dioses ajenos para servirles, y para adorarles, vendrá a ser como este cinto, que para ninguna cosa es bueno.

11 Porque como el cinto se junta a los lomos del hombre, así hice juntar a mí toda la casa de Israel y toda la casa de Judá, dice Jehová, para que ᵈme fuesen por pueblo y por fama, y por alabanza y por honra; pero no escucharon.

12 Les dirás pues esta palabra: Así dice Jehová, el Dios de Israel: Todo odre ᶠserá llenado de vino. Y ellos te dirán: ¿Acaso no sabemos que todo odre será llenado de vino?

13 Entonces les dirás: Así dice Jehová: He aquí que yo lleno ⁱde embriaguez a todos los moradores de esta tierra, aun ᵏa los reyes que se sientan sobre el trono de David, y a los sacerdotes y profetas, y a todos los moradores de Jerusalén;

14 y los quebrantaré el uno contra el otro, los padres con los hijos juntamente, dice Jehová: No perdonaré, ni tendré piedad ni misericordia, para no destruirlos.

15 Escuchad y oíd; no os enaltezcáis; pues Jehová ha hablado.

16 Dad gloria a Jehová Dios vuestro, antes ⁿque haga venir tinieblas, y antes que vuestros pies tropiecen en montes de oscuridad, y esperéis luz, y os la torne en ᵒsombra de muerte y ᵖtinieblas.

17 Mas si no oyereis esto, en secreto llorará mi alma a causa de *vuestra* soberbia; y llorando amargamente, se desharán mis ojos en lágrimas, porque el rebaño de Jehová es llevado cautivo.

18 Di ᑫal rey y a la reina: Humillaos, sentaos en tierra; porque la corona de vuestra gloria caerá de vuestras cabezas.

19 Las ciudades del Neguev serán cerradas, y no habrá quien las abra; todo Judá será llevado cautivo, será llevado cautivo en su totalidad.

20 Alzad vuestros ojos, y ved a los ʳque vienen del norte; ¿dónde está el rebaño que te fue dado, tu hermosa grey?

21 ¿Qué dirás cuando Él te castigue? Porque tú los enseñaste a ser príncipes y cabeza sobre ti. ᵗ¿No te tomarán dolores como a mujer que está de parto?

22 Cuando dijeres en tu corazón: ¿Por qué me ha sobrevenido esto? Por la enormidad de tu maldad fueron descubiertas tus faldas, fueron desnudados tus calcañares.

23 ¿Podrá el etíope mudar su piel, o el leopardo sus manchas? Entonces también vosotros podéis hacer bien, estando habituados a hacer mal.

24 Por tanto, yo los esparciré, como tamo que pasa, al viento del desierto.

25 Ésta es tu suerte, la porción de tus medidas de parte mía, dice Jehová; porque te olvidaste de mí, y confiaste en la mentira.

26 Yo pues descubriré también tus faldas delante de tu cara, y se manifestará tu ignominia.

27 Tus adulterios, tus relinchos, la maldad de tu fornicación sobre los collados; en el mismo campo vi tus abominaciones. ¡Ay de ti, Jerusalén! ¿No habrás de ser limpia? ¿Hasta cuándo será?

CAPÍTULO 14

Palabra de Jehová que fue dada a Jeremías, con motivo de la sequía.

2 Se enlutó Judá, y sus puertas languidecen; se oscurecieron hasta los suelos, y subió el clamor de Jerusalén.

3 Y sus nobles enviaron a sus criados por agua; vinieron a las lagunas y no hallaron agua; se volvieron con sus vasos vacíos; se avergonzaron, se confundieron, y cubrieron sus cabezas.

4 Porque se resquebrajó la tierra por falta de lluvia en el país; los labradores, de vergüenza, cubrieron sus cabezas.

5 Y aun las ciervas en los campos parían, y abandonaban la cría, porque no había hierba.

6 Y los asnos monteses se ponían en los altos, aspiraban el viento como los dragones; sus ojos se ofuscaron, porque no había hierba.

7 Aunque nuestras iniquidades testifican contra nosotros, oh Jehová, obra por amor a tu nombre; porque muchas son nuestras rebeliones, contra ti hemos pecado.

8 Oh esperanza de Israel, Guardador suyo en el tiempo de la aflicción, ¿por qué has de ser como forastero en la tierra, y como caminante que se aparta para pasar la noche?

9 ¿Por qué has de ser como hombre atónito, y como valiente que no puede librar? Mas tú estás entre nosotros, oh Jehová, y sobre nosotros es invocado tu nombre; no nos desampares.

10 Así dice Jehová a este pueblo: ¡Cómo les ha gustado vagar! No han refrenado sus pies; por tanto, Jehová no los acepta; se acordará ahora de la maldad de ellos y castigará sus pecados.

11 Y me dijo Jehová: No ruegues por este pueblo para bien.

12 Cuando ayunen, yo no oiré su clamor, y cuando ofrecieren holocausto y ofrenda, no lo aceptaré; sino que los consumiré con espada, y con hambre, y con pestilencia.

13 Y yo dije: ¡Ah, Señor Jehová! he aquí que los profetas les dicen: No veréis espada, ni habrá hambre en vosotros, sino que en este lugar os daré paz verdadera.

14 Me dijo entonces Jehová: Los profetas profetizan mentiras en mi nombre: Yo no los envié, ni les mandé, ni les hablé; os profetizan visión mentirosa, adivinación y vanidad, y el engaño de su corazón.

15 Por tanto, así dice Jehová sobre los profetas que profetizan en mi nombre, los cuales yo no envié, y que dicen, No habrá ni espada ni hambre en esta tierra: Con espada y con hambre serán consumidos esos profetas.

16 Y el pueblo a quien profetizan, echado será en las calles de Jerusalén por hambre y por espada; y no habrá quien los entierre, a ellos, a sus esposas, a sus hijos, a sus hijas; y sobre ellos derramaré su maldad.

17 Les dirás, pues, esta palabra: Derramen mis ojos lágrimas noche y día, y no cesen; porque de gran quebranto es quebrantada la virgen hija de mi pueblo, de muy grave herida.

18 Si salgo al campo, he aquí muertos a espada; y si entro en la ciudad, he aquí enfermos de hambre; porque tanto el profeta como el sacerdote andan vagando en una tierra que no conocen.

Cuatro géneros de castigos

19 ¿Has desechado enteramente a Judá? ¿Ha aborrecido tu alma a Sión? ¿Por qué nos hiciste herir sin que haya curación para nosotros? Esperamos paz, y no *hubo* bien; tiempo de sanidad, y he aquí turbación.

20 Reconocemos, oh Jehová, nuestra impiedad, la iniquidad de nuestros padres: ªporque contra ti hemos pecado.

21 ᵇPor amor a tu nombre no *nos* deseches, ni deshonres el trono de tu gloria: ᶜacuérdate, no anules tu pacto con nosotros.

22 ¿Hay ᵉentre las vanidades de las naciones quien haga llover? ¿Y darán los cielos lluvias? ᶠ¿No *eres* tú, oh Jehová, nuestro Dios? En ti, pues, esperamos; pues tú hiciste todas estas cosas.

CAPÍTULO 15

Y me dijo Jehová: ʰSi ⁱMoisés y ʲSamuel se pusieran delante de mí, mi voluntad no *será* con este pueblo: échalos de delante de mí, y salgan.

2 Y será que si te preguntaren: ¿A dónde saldremos? les dirás: Así dice Jehová: ˡEl que a muerte, a muerte; y el que a espada, a espada; y el que a hambre, a hambre; y el que a cautividad, a cautividad.

3 Y enviaré sobre ellos cuatro géneros *de castigo*, dice Jehová: Espada para matar, y perros para despedazar, y aves del cielo y bestias de la tierra, para devorar y para destruir.

4 Y los entregaré a ser agitados por todos los reinos de la tierra, a ᵒcausa de Manasés hijo de Ezequías rey de Judá, por lo que hizo en Jerusalén.

5 Porque ¿quién tendrá compasión de ti, oh Jerusalén? ¿O quién se entristecerá por tu causa? ¿O quién ha de venir a preguntar por tu paz?

6 Tú me dejaste, dice Jehová, te volviste atrás; por tanto, yo extenderé sobre ti mi mano y te destruiré; ᵠestoy cansado de arrepentirme.

7 Y los aventé con aventador hasta las puertas de la tierra; desahijé, desbaraté mi pueblo; no se tornaron de sus caminos.

JEREMÍAS 15

8 Sus viudas se multiplicaron más que la arena del mar; traje contra ellos destruidor a mediodía sobre la madre y los hijos; sobre la ciudad hice que de repente cayesen terrores.

9 Se enflaqueció la que dio a luz a siete; se llenó de dolor su alma; su sol se le puso siendo aún de día; fue avergonzada y llena de confusión: y lo que de ella quedare, lo entregaré a espada delante de sus enemigos, dice Jehová.

10 ¡Ay de mí, ᵈmadre mía, que me has engendrado hombre de contienda y hombre de discordia a toda la tierra! Nunca les di a logro, ni lo tomé de ellos; y todos me maldicen.

11 Dijo Jehová: De cierto tu remanente estará bien; de cierto haré que el enemigo te salga a recibir en el tiempo de aflicción, y en el tiempo de angustia.

12 ¿Podrá el hierro quebrar ᵍal hierro del norte, y al bronce?

13 Tus riquezas y tus tesoros entregaré al saqueo sin ningún precio, por todos tus pecados, y en todos tus términos;

14 Y te haré pasar a tus enemigos ᵏen tierra que no conoces: porque fuego se ha encendido en mi furor, y arderá sobre vosotros.

15 Tú lo sabes, oh Jehová; acuérdate de mí, y visítame, y véngame de mis enemigos. No me tomes en la prolongación de tu enojo: sabes que ᵐpor amor a ti sufro afrenta.

16 Se hallaron tus palabras, y yo ⁿlas comí; y tus palabras fueron para mí el gozo y la alegría de mi corazón; porque tu nombre se invocó sobre mí, oh Jehová Dios de los ejércitos.

17 ᵖNo me senté en compañía de burladores, ni me regocijé a causa de tu profecía; me senté solo, porque me llenaste de indignación.

18 ¿Por qué fue perpetuo mi dolor, y mi herida desahuciada no admitió cura? ¿Serás para mí como cosa ilusoria, como aguas que no son estables?

19 Por tanto, así dice Jehová: ʳSi te convirtieres, yo te repondré, y delante de mí estarás; si sacares lo precioso de lo vil, serás como mi boca. Conviértanse ellos a ti, y tú no te conviertas a ellos.

---

a Sal 106:6
b Sal 79:9-10
Ez 36:22-23
c Sal 106:45
d cp 20:14
e Zac 10:1-2
Dt 32:21
f Is 30:23
cp 10:13
g cp 1:13
h cp 7:16
y 14:11
Ez 14:14-20
i Sal 106:23
j 1 Sm 7:9
y 12:23
k cp 16:13
y 17:4
l cp 43:11
Ez 5:12
Zac 11:9
m Sal 69:7
n Ez 3:1-3
Ap 10:9-10
o cp 16:12
2 Re 21:11
23:26
y 24:3-4
p Lm 3:28
q Os 13:14
r Zac 3:7

20 Y te daré para este pueblo por muro fortificado ᵃde bronce, y pelearán contra ti, y ᵇno te vencerán: porque yo *estoy* contigo para salvarte y para librarte, dice Jehová.

21 Y te libraré de la mano de los malos, y te redimiré de la mano de los fuertes.

CAPÍTULO 16

Y vino a mí palabra de Jehová, diciendo:

2 No tomarás esposa para ti, ni tendrás hijos ni hijas en este lugar.

3 Porque así dice Jehová acerca de los hijos y de las hijas que nacieren en este lugar, y de sus madres que los dieren a luz y de los padres que los engendraren en esta tierra.

4 De dolorosas ʰenfermedades morirán; ⁱno serán plañidos ni sepultados; serán ʲcomo estiércol sobre la faz de la tierra; y ᵏcon espada y con hambre serán consumidos, y ᵐsus cuerpos servirán de comida para las aves del cielo y para las bestias de la tierra.

5 Porque así dice Jehová: ⁿNo entres en casa de luto, ni vayas a lamentar, ni los consueles: porque yo he quitado mi paz de este pueblo, dice Jehová, *mi* misericordia y piedades.

6 Morirán grandes y pequeños en esta tierra; ʳno serán sepultados, ni los plañirán, ˢni se sajarán ni se raparán por ellos;

7 ni partirán *pan* de luto por ellos, para consolarse de *sus* muertos; ni les darán a beber vaso de consolaciones por su padre o por su madre.

8 Asimismo no entres en casa de convite, para sentarte con ellos a comer o a beber.

9 Porque así dice Jehová de los ejércitos, el Dios de Israel: He aquí que yo haré cesar en este lugar, delante de vuestros ojos y en vuestros días, toda voz de gozo y toda voz de alegría, toda voz de desposado y toda voz de desposada.

10 Y acontecerá que cuando anunciares a este pueblo todas estas cosas, te dirán ellos: ᵃ¿Por qué habló Jehová sobre nosotros este mal tan grande? ¿O cuál es nuestra maldad, o qué pecado *es* el nuestro, que hemos cometido contra Jehová nuestro Dios?

11 Entonces les dirás: Porque vuestros padres me dejaron, dice Jehová, y anduvieron en pos de dioses ajenos, y los sirvieron, y a ellos se encorvaron, y me dejaron a mí, y no guardaron mi ley;

12 Y vosotros habéis hecho ᶜpeor que vuestros padres; porque he aquí que vosotros camináis cada uno tras la imaginación de su malvado corazón, no oyéndome a mí.

13 Por tanto, ᵈyo os arrojaré de esta tierra ᵉa una tierra que ni vosotros ni vuestros padres habéis conocido, y allá serviréis a dioses ajenos de día y de noche; porque no os mostraré clemencia.

14 Por tanto, he aquí ᶠvienen días, dice Jehová, que no se dirá más: ᵍVive Jehová, que hizo subir a los hijos de Israel de tierra de Egipto.

15 sino: Vive Jehová, que hizo subir a los hijos de Israel ˡde la tierra del norte, y de todas las tierras a donde los había arrojado: y ⁿlos volveré a su tierra, la cual di a sus padres.

16 He aquí que yo envío ᵖmuchos pescadores, dice Jehová, y los pescarán; y después enviaré muchos cazadores, y los cazarán de todo monte, y de todo collado, y de las ᵠcavernas de los peñascos.

17 Porque mis ojos *están* sobre todos sus caminos, los cuales no se me ocultaron, ni su maldad se esconde de la presencia de mis ojos.

18 Mas primero ᵗpagaré ᵘal doble su iniquidad y su pecado; porque ᵛcontaminaron mi tierra con los cuerpos muertos de sus abominaciones, y de sus abominaciones llenaron mi heredad.

19 Oh Jehová, ˣfortaleza mía, y fuerza mía, y refugio mío en el tiempo de la aflicción; a ti vendrán gentes desde los extremos de la tierra, y dirán: Ciertamente mentira poseyeron nuestros padres, vanidad, y ʸno *hay* en ellos provecho.

20 ¿Ha de hacer el hombre dioses para sí? ᶻMas ellos no *son* dioses.

21 Por tanto, he aquí les enseñaré esta vez, les enseñaré mi mano y mi poder, y sabrán que ᵇmi nombre *es* ᶜJehová.

CAPÍTULO 17

El pecado de Judá escrito *está* con ᵇcincel de hierro, y con punta de diamante; esculpido *está* en la tabla de su corazón, y en los ᶜlados de vuestros altares;

2 cuando sus hijos se acuerdan de sus altares y de ᵉsus imágenes de Asera, ᵍjunto a los árboles verdes y en los collados altos.

3 ¡Oh ʰmi montaña! tu hacienda en el campo y todos tus tesoros daré a saqueo, por el pecado de tus lugares altos en todos tus términos.

4 Y habrá en ti cesación de tu heredad, la cual yo te di, y ⁱte haré servir a tus enemigos en tierra que no conociste; porque fuego habéis encendido en mi furor, para siempre arderá.

5 Así dice Jehová: Maldito el hombre que confía en el hombre, y ᵏpone carne por su brazo, y su corazón se aparta de Jehová.

6 Pues será ᵐcomo la retama en el desierto, no verá cuando viniere el bien; sino que morará en los sequedales en el desierto, en tierra ⁿdespoblada y deshabitada.

7 Bendito ᵒel varón que confía en Jehová, y cuya esperanza es Jehová.

8 Porque él será ᵠcomo el árbol plantado junto a las aguas, que junto a la corriente echará sus raíces, y no verá cuando viniere el calor, sino que ʳsu hoja estará verde; y en el año de sequía no se fatigará, ni dejará de hacer fruto.

9 Engañoso *es* el corazón más que todas las cosas, y perverso; ¿quién lo conocerá?

10 Yo Jehová, que ᵗescudriño el corazón, que pruebo los riñones, ᵘpara dar a cada uno según su camino, según el fruto de sus obras.

11 Como la perdiz que cubre *los huevos* pero *no los* incuba, es el que acumula riquezas, y no con justicia; ᵛen la mitad de sus días ˣlas dejará, y en su postrimería ᶻserá insensato.

12 Trono de gloria, excelso desde el principio, *es* el lugar de nuestro santuario.

13 ¡Oh Jehová, esperanza de Israel! ᵃtodos los que te dejan, serán avergonzados; y los que de mí se apartan, serán ᶜescritos en el polvo;

porque dejaron ᵃel manantial de aguas vivas, a Jehová.

14 Sáname, oh Jehová, y seré sano; sálvame, y seré salvo; porque tú *eres* mi alabanza.

15 He aquí que ᵈellos me dicen: ¿Dónde *está* la palabra de Jehová? Venga ahora.

16 Mas yo ᶠno me entrometí a ser pastor en pos de ti, ni deseé día de calamidad, tú lo sabes. Lo que de mi boca ha salido, fue en tu presencia.

17 No me seas tú por espanto, *pues* tú *eres* mi esperanza en el día malo.

18 Avergüéncense los que me persiguen, y no me avergüence yo; asómbrense ellos, y yo no me asombre: trae sobre ellos día malo, y quebrántalos con ʲdoble quebrantamiento.

19 Así me ha dicho Jehová: Ve, y ponte a la puerta de los hijos del pueblo, por la cual entran y salen ˡlos reyes de Judá, y a todas las puertas de Jerusalén;

20 y diles: Oíd la palabra de Jehová, reyes de Judá, y todo Judá, y todos los moradores de Jerusalén que entráis por estas puertas.

21 Así dice Jehová: ᵖGuardaos por vuestras vidas, y no traigáis carga en el día del sábado, para meter por las puertas de Jerusalén;

22 Ni saquéis carga de vuestras casas en el día del sábado, ni hagáis obra alguna: mas santificad el día del sábado, ˢcomo mandé a vuestros padres;

23 Mas ellos no oyeron, ni inclinaron su oído, antes endurecieron su cerviz, para no oír, ni recibir corrección.

24 Pero sucederá, si vosotros me obedeciereis, dice Jehová, no metiendo carga por las puertas de esta ciudad en el día del sábado, sino que santificareis el día del sábado, no haciendo en él ninguna obra;

25 que entrarán ʸpor las puertas de esta ciudad, en carros y en caballos, los reyes y los príncipes que se sientan sobre el trono de David, ellos y sus príncipes, los varones de Judá, y los moradores de Jerusalén: y esta ciudad será habitada para siempre.

26 Y vendrán de ᵇlas ciudades de Judá, y de ᵈlos alrededores de

JEREMÍAS 18

Jerusalén, y de tierra de Benjamín, ªde las llanuras, de los montes, y ᵇdel Neguev, trayendo holocausto y sacrificio, y ofrenda e incienso, y trayendo sacrificio de alabanza a la casa de Jehová.

27 Mas si no me oyereis para santificar el día del sábado, y para no traer carga ni meterla por las puertas de Jerusalén en día de sábado, ᵉyo haré encender fuego en sus puertas, y consumirá los palacios de Jerusalén, y no se apagará.

CAPÍTULO 18

La palabra que vino a Jeremías de parte de Jehová, diciendo:

2 Levántate, y vete a ᵍcasa del alfarero, y allí te haré oír mis palabras.

3 Y descendí a casa del alfarero, y he aquí que él hacía una obra sobre la rueda.

4 Y el vaso de barro que él hacía se echó a perder en la mano del alfarero; así que volvió a hacer de él otro vaso, según al alfarero le pareció mejor hacerlo.

5 Entonces vino a mí palabra de Jehová, diciendo:

6 ¿No podré ˡyo hacer de vosotros como este alfarero, oh casa de Israel, dice Jehová? He aquí que como el barro en la mano del alfarero, así *sois* vosotros en mi mano, oh casa de Israel.

7 En ᵒun instante hablaré acerca de una nación, o de un reino, para arrancar, y derribar, y destruir.

8 Y si esta nación de la cual he hablado se vuelve de su maldad, yo ᑫme arrepentiré del mal que había pensado hacerle.

9 Y en un instante hablaré acerca de una nación y de un reino, para edificar y para plantar.

10 Pero si hiciere lo malo delante de mis ojos, no oyendo mi voz, me arrepentiré del bien que había determinado hacerle.

11 Ahora pues, habla luego a todo hombre de Judá, y a los moradores de Jerusalén, diciendo: Así dice Jehová: He aquí que yo dispongo mal contra vosotros, y trazo contra vosotros designios; conviértase

La casa del alfarero

ahora cada uno de su mal camino, y mejorad vuestros caminos y vuestras obras.

12 Y dijeron: ᶜEs por demás; porque en pos de nuestras imaginaciones hemos de ir, y cada uno de nosotros ha de hacer el pensamiento de su malvado corazón.

13 Por tanto, así dice Jehová: ᵈPreguntad ahora a las gentes, quién ha oído cosa semejante. Una cosa muy horrible ha hecho la virgen de Israel.

14 ¿Dejará *el hombre* la nieve del Líbano *que viene* de la roca del campo? ¿Podrán ser abandonadas las aguas frías que corren de lejanas tierras?

15 Pero mi pueblo ᶠme ha olvidado, quemando incienso a las vanidades, y éstas les han hecho tropezar en sus caminos, *desviándoles de* las ʰsendas antiguas, para que caminen por veredas, por camino no preparado;

16 para poner su tierra ⁱen desolación y en burla perpetua; todo el que pase por ella se asombrará, y meneará su cabeza.

17 Como viento solano ʲlos esparciré delante del enemigo; ᵏles mostraré la espalda y no el rostro, en el día de su calamidad.

18 Y dijeron: Venid, y ᵐtramemos maquinaciones contra Jeremías; porque ⁿla ley no faltará del sacerdote, ni consejo del sabio, ni palabra del profeta. Venid e hirámoslo de lengua, y no miremos a ninguna de sus palabras.

19 Oh Jehová, mira por mí, y oye la voz de los que contienden conmigo.

20 ¿Se da mal por bien ᵖpara que hayan cavado hoyo para mi alma? Acuérdate que me puse delante de ti para hablar bien por ellos, para apartar de ellos tu ira.

21 Por tanto, ʳentrega sus hijos a hambre, y haz derramar su *sangre* por medio de la espada; y sus esposas queden sin hijos y viudas; y sus maridos sean puestos a muerte, y sus jóvenes heridos a espada en la guerra.

22 Óigase clamor de sus casas, cuando traigas sobre ellos ejército de repente; porque cavaron hoyo para prenderme, y a mis pies han escondido lazos.

---

a Jos 15:33
b Gn 13:1
c cp 2:25

d cp 2:10
1 Co 5:1
e cp 21:14
Lm 4:11

f cp 2:32
g cp 19:1-2

h cp 6:16

i cp 19:8
y 49:17

j cp 13:24
k cp 2:27

l Is 45:9
Rm 9:21
m cp 11:19
n cp 2:8
y 5:13,31
y 6:13
o cp 1:10

p Sal 35:7

q cp 26:13
Jon 3:10

r Sal 109:9

23 Mas tú, oh Jehová, conoces todo su consejo contra mí para muerte; ªno perdones su maldad, ni borres su pecado de delante de tu rostro: y tropiecen delante de ti; haz así con ellos en el tiempo de tu furor.

a cp 11:20
15:15
Sal 78:38
b cp 7:32

CAPÍTULO 19

Así dice Jehová: Ve, y compra una ᵈvasija de barro de alfarero, y *lleva* contigo de los ancianos del pueblo, y de ᵉlos ancianos de los sacerdotes; 2 y sal ᶠal valle del hijo de Hinom, que *está* a la entrada de la puerta oriental, y proclama allí las palabras que yo te hablaré.

3 Dirás pues: Oíd palabra de Jehová, ⁱoh reyes de Judá, y moradores de Jerusalén. Así dice Jehová de los ejércitos, el Dios de Israel: He aquí que yo traigo mal sobre este lugar, ᵏtal que quien lo oyere, le retiñirán los oídos.

4 Porque ˡme dejaron, y enajenaron este lugar, y ofrecieron en él perfumes a dioses ajenos, los cuales no habían ellos conocido, ni sus padres, ni los reyes de Judá; y llenaron este lugar de sangre de inocentes.

5 Y ᵐedificaron lugares altos a Baal, ᵖpara quemar con fuego a sus hijos en holocaustos al mismo Baal; ᶜcosa que no les mandé, ni hablé, ni me vino al pensamiento.

6 Por tanto, he aquí vienen días, dice Jehová, que este lugar no se llamará más ᵗTofet, ni ᵘvalle del hijo de Hinom, sino valle de la Matanza.

7 Y desvaneceré el consejo de Judá y de Jerusalén en este lugar; y les haré caer a espada delante de sus enemigos, y en las manos de los que buscan sus vidas; ᵛy daré sus cuerpos para comida de las aves del cielo y de las bestias de la tierra:

8 Y ᵖpondré a esta ciudad en desolación y burla; todo aquel que pasare por ella se asombrará, y silbará sobre todas sus plagas.

9 Y ʸles haré comer la carne de sus hijos y la carne de sus hijas; y cada uno comerá la carne de su amigo, en el cerco y en el apuro con que los estrecharán sus enemigos y los que buscan sus almas.

10 Y ᶻquebrarás la vasija ante los ojos de los varones que van contigo,

c 2 Re 23:10
d cp 18:2
e Dt 21:2
f ver 17
g cp 32:29
2 Re 23:12
Sof 1:5
h cp 7:18
i cp 13:13
j 2 Cr 20:5
k 1 Sm 3:11
l cp 1:16

m cp 7:31
y 32:35
n cp 21:1
y 38:1
o 1 Cr 24:14
p Lv 18:21
q cp 29:26
r Dt 17:3
s cp 37:13
t 2 Re 23:10
u Jos 18:16
cp 2:23
v cp 7:33

x cp 18:16

y Lv 26:29
Dt 28:53
Is 9:20
Lm 4:10
z cp 51:63
a 2 Re 24:12
y 25:13-17

11 y les dirás: Así dice Jehová de los ejércitos: Así quebrantaré a este pueblo y a esta ciudad, como quien quiebra un vaso de barro, que no puede más restaurarse; y ᵇen Tofet se enterrarán, porque no *habrá* otro lugar para enterrar.

12 Así haré a este lugar, dice Jehová, y a sus moradores, poniendo esta ciudad ᶜcomo Tofet.

13 Y las casas de Jerusalén, y las casas de los reyes de Judá, serán como el lugar de Tofet inmundas, por todas las casas ᵍsobre cuyos tejados quemaron incienso a todo el ejército del cielo, y ʰvertieron libaciones a dioses ajenos.

14 Y volvió Jeremías de Tofet, a donde le envió Jehová a profetizar, y se paró en ⁱel atrio de la casa de Jehová, y dijo a todo el pueblo:

15 Así dice Jehová de los ejércitos, el Dios de Israel: He aquí yo traigo sobre esta ciudad y sobre todas sus villas todo el mal que hablé contra ella; porque han endurecido su cerviz, para no oír mis palabras.

CAPÍTULO 20

Y el sacerdote ⁿPasur, hijo ᵒde Imer, que era oficial ᵠprincipal en la casa de Jehová, oyó a Jeremías profetizar estas palabras.

2 Entonces Pasur azotó al profeta Jeremías y lo puso en el cepo que *estaba* a la ˢpuerta superior de Benjamín, la cual *conducía* a la casa de Jehová.

3 Y aconteció que el día siguiente Pasur sacó a Jeremías del cepo. Le dijo entonces Jeremías: Jehová no ha llamado tu nombre Pasur, sino Magormisabib.

4 Porque así dice Jehová: He aquí yo te pondré en espanto, a ti y a todos tus amigos, y caerán por la espada de sus enemigos, y tus ojos lo verán; y a todo Judá entregaré en mano del rey de Babilonia, y los trasportará a Babilonia, y los matará a espada.

5 Entregaré también toda la riqueza de esta ciudad, y todo su trabajo, y todas sus cosas preciosas; y daré todos los tesoros de los reyes de Judá en manos de sus enemigos, y los saquearán, y los tomarán, ªlos llevarán a Babilonia.

JEREMÍAS 21

6 Y tú, Pasur, y todos los moradores de tu casa iréis cautivos, y entrarás en Babilonia, y allí morirás, y allí serás enterrado tú, y todos tus amigos, a los cuales has profetizado con mentira.

7 Me confundiste, oh Jehová, y fui confundido; más fuerte fuiste que yo, y me venciste; cada día ᵇhe sido escarnecido; todos se burlan de mí.

8 Porque desde que hablo, doy voces, ᵉgrito: Violencia y destrucción; porque la palabra de Jehová me ha sido para afrenta y escarnio cada día.

9 Y dije: No me acordaré más de Él, ni hablaré más en su nombre: Pero *su palabra* fue en mi corazón, ʰcomo un fuego ardiente metido en mis huesos, traté de sufrirlo, y no pude.

10 Porque oí ⁱla murmuración de muchos, temor de todas partes: Denunciad, y denunciaremos. ʲTodos mis amigos miraban si claudicaría. Quizá se engañará, *decían*, y prevaleceremos contra él, y tomaremos de él nuestra venganza.

11 Mas Jehová está conmigo como poderoso gigante; por tanto los que me persiguen tropezarán, y no prevalecerán; serán avergonzados en gran manera, porque no prosperarán; tendrán ˡperpetua confusión que jamás será olvidada.

12 Oh Jehová de los ejércitos, ⁿque pruebas a los justos, que ves los pensamientos y el corazón, vea yo tu venganza de ellos; porque a ti he expuesto mi causa.

13 Cantad a Jehová, load a Jehová: porque ha librado el alma del pobre de mano de los malignos.

14 Maldito ᵖel día en que nací: el día en que mi madre me dio a luz no sea bendito.

15 Maldito el hombre que dio nuevas a mi padre, diciendo: Hijo varón te ha nacido, haciéndole alegrarse así mucho.

16 Y sea el tal hombre como las ciudades ˢque asoló Jehová, y no se arrepintió; y ᵗoiga gritos de mañana, y voces al mediodía;

17 Porque ᵛno me mató en el vientre, y mi madre me hubiera sido mi sepulcro, y su vientre un embarazo perpetuo.

a Job 3:20

b Lm 3:14
c cp 38:1
d 2 Re 25:18
e cp 6:7
f cp 37:7
g 2 Re 25:1

h cp 32:5
i Sal 31:13
j Sal 41:9
y 55:13-14

k Dt 4:34

l cp 23:40
m cp 37:17
n cp 11:20

o Dt 28:20
2 Cr 36:17
p Job 3:3
cp 15:10
q Dt 30:15

r cp 38:2
s Gn 19:25
Is 13:19
t cp 18:22
u cp 39:18
y 45:5
v Job 3:10-11
x Job 3:20

El camino de vida, y el de muerte

18 ¿Para qué ªsalí del vientre? ¿Para ver trabajo y dolor, y que mis días se gastasen en afrenta?

CAPÍTULO 21

Palabra que vino a Jeremías de parte de Jehová, cuando el rey Sedequías envió a él a ᶜPasur, hijo de Malquías, y a ᵈSofonías, el sacerdote, hijo de Maasías, que le dijesen:

2 Pregunta ahora ᶠpor nosotros a Jehová; porque ᵍNabucodonosor, rey de Babilonia hace guerra contra nosotros: quizá Jehová hará con nosotros según todas sus maravillas, y aquél se irá de sobre nosotros.

3 Y Jeremías les dijo: Diréis así a Sedequías:

4 Así dice Jehová, el Dios de Israel: He aquí yo ʰvuelvo atrás las armas de guerra que *están* en vuestras manos, con las cuales vosotros peleáis contra el rey de Babilonia y *contra* los caldeos, que os tienen sitiados fuera de la muralla, y yo los reuniré en medio de esta ciudad.

5 Y pelearé contra vosotros ᵏcon mano levantada y con brazo fuerte, y con furor, y enojo, e ira grande:

6 Y heriré los moradores de esta ciudad; y los hombres y las bestias morirán de pestilencia grande.

7 Y después, dice Jehová, ᵐentregaré a Sedequías, rey de Judá, y a sus siervos, y al pueblo, y a los que quedaren en la ciudad de la pestilencia, y de la espada y del hambre, en mano de Nabucodonosor, rey de Babilonia, y en mano de sus enemigos y en mano de los que buscan sus vidas; y él los herirá a filo de espada; ᵒno los perdonará ni se compadecerá de ellos, ni les tendrá misericordia.

8 Y a este pueblo dirás: Así dice Jehová: He aquí ᵠpongo delante de vosotros camino de vida y camino de muerte.

9 El que se ʳquedare en esta ciudad, morirá a espada, o de hambre, o pestilencia: mas el que saliere y se pasare a los caldeos que os tienen cercados, vivirá, y ᵘsu vida le será por despojo.

10 Porque ˣmi rostro he puesto contra esta ciudad para mal, y no para bien, dice Jehová; ʸen mano del rey

Judá será desolada   **JEREMÍAS 22**

de Babilonia será entregada, y ªla quemará a fuego.

11 Y a la casa del rey de Judá *dirás:* Oíd palabra de Jehová:

12 Casa de David, así dice Jehová: Haced ᵈde mañana juicio, y librad al oprimido de mano del opresor; para que mi ira no salga como fuego, y se encienda, y no haya quien apague, por la maldad de vuestras obras.

13 He aquí ʰyo contra ti, moradora del valle de la piedra de la llanura, dice Jehová; los que decís: ¿Quién subirá contra nosotros? ¿Y quién entrará en nuestras moradas?

14 Yo os castigaré conforme al fruto de vuestras obras, dice Jehová, y haré encender fuego en su bosque, y consumirá todo lo que está alrededor de ella.

CAPÍTULO 22

Así dice Jehová: Desciende a la casa del rey de Judá, y habla allí esta palabra,

2 y di: ᵐOye palabra de Jehová, oh rey de Judá que estás sentado sobre el trono de David, tú, y tus criados y tu pueblo que entran por estas puertas.

3 Así dice Jehová: ᵒHaced juicio y justicia, y librad al oprimido de mano del opresor, y no engañéis, ni robéis ᑫal extranjero, ni al huérfano, ni a la viuda, ni derraméis sangre inocente en este lugar.

4 Porque si en verdad observareis esta palabra, ˢlos reyes que en lugar de David se sientan sobre su trono, entrarán montados en carros y en caballos por las puertas de esta casa, ellos, y sus siervos, y su pueblo.

5 Pero si no observareis estas palabras, ᵛpor mí he jurado, dice Jehová, que esta casa será desierta.

6 Porque así dice Jehová sobre la casa del rey de Judá: *Como* Galaad *eres* tú para mí, y *como* cabeza del Líbano; sin embargo te convertiré en un desierto, *como* ciudades deshabitadas.

7 Y designaré contra ti destructores, cada uno con sus armas; y cortarán tus cedros escogidos, y los echarán en el fuego.

8 Y muchas gentes pasarán junto a esta ciudad, y dirán cada uno a su compañero: ᵇ¿Por qué ha hecho así Jehová a esta gran ciudad?

9 ᶜY dirán: Porque dejaron el pacto de Jehová su Dios, y adoraron dioses ajenos, y les sirvieron.

10 No lloréis ᵉal muerto, ni hagáis duelo por él; llorad amargamente por el que se va; porque ᶠno volverá jamás, ni verá la tierra donde nació.

11 Porque así dice Jehová, acerca de ᵍSalum, hijo de Josías, rey de Judá, que reinó en lugar de su padre Josías, y ⁱque salió de este lugar: No volverá acá más;

12 antes morirá en el lugar adonde lo llevaron cautivo, y no verá más esta tierra.

13 ʲ¡Ay del que edifica su casa y no en justicia, y sus salas y no en juicio, ᵏsirviéndose de su prójimo ˡde balde, y no dándole el salario de su trabajo!

14 Que dice: Edificaré para mí casa espaciosa, y airosas salas; y le abre ventanas, y la cubre de cedro, y la pinta de bermellón.

15 ¿Reinarás porque te rodeas de cedro? ⁿ¿No comió y bebió tu padre, e hizo juicio y justicia, y entonces le fue bien?

16 Él juzgó la causa del afligido y del menesteroso, y entonces *estuvo* bien. ᵖ¿No *es* esto conocerme a mí? dice Jehová.

17 Mas tus ojos y tu corazón no son sino para tu avaricia, y para derramar la sangre inocente, y para opresión, y para hacer agravio.

18 Por tanto, así dice Jehová, acerca de ᵗJoacim, hijo de Josías, rey de Judá: ᵗNo lo llorarán, diciendo: ᵘ¡Ay hermano mío! o ¡Ay hermana! ni lo lamentarán, *diciendo:* ¡Ay señor! o ¡Ay su grandeza!

19 En sepultura de asno será enterrado, ˣarrastrándole y echándole fuera de las puertas de Jerusalén.

20 Sube al Líbano, y clama, y en Basán da tu voz, y grita ʸhacia todas partes; porque todos tus amantes son destruidos.

21 Te hablé en tu prosperidad; *pero* dijiste: No oiré. Éste ha sido tu proceder desde tu juventud, que nunca oíste mi voz.

22 A todos ᶻtus pastores arrasará el viento, y tus amantes irán en cautiverio; entonces te avergonzarás y te confundirás a causa de toda tu maldad.

JEREMÍAS 23

23 Habitaste en el Líbano, hiciste tu nido en los cedros: ¡Cómo gemirás cuando te vinieren dolores, dolores como de mujer que está de parto!

24 ᶜVivo yo, dice Jehová, que si ᵈConías, hijo de Joacim, rey de Judá ᶠfuese anillo en mi mano derecha, aun de allí te arrancaría.

25 Y te entregaré ʰen mano de los que buscan tu vida, y en mano de aquellos cuya vista temes; sí, en mano de Nabucodonosor, rey de Babilonia, y en mano de los caldeos.

26 Y te arrojaré a ti, y a tu madre que te dio a luz, a tierra extraña en donde no nacisteis; y allá moriréis.

27 Y a la tierra a la cual con el alma anhelan volver, a ella no volverán.

28 ¿*Es* este hombre Conías un ídolo vil quebrado? ʲ¿*Es* vaso con quien nadie se deleita? ¿Por qué fueron arrojados, él y su generación, y echados a una tierra que no habían conocido?

29 ¡Tierra, ᵐtierra, tierra! oye palabra de Jehová.

30 Así dice Jehová: Escribid que ⁿeste hombre será privado de descendencia, hombre que no prosperará en todos los días de su vida; porque ninguno de su simiente prosperará para ᑫsentarse sobre el trono de David, y gobernar sobre Judá.

CAPÍTULO 23

¡Ay de los pastores ˢque destruyen y dispersan las ovejas de mi rebaño! dice Jehová.

2 Por tanto, así dice Jehová, el Dios de Israel, a los pastores que apacientan a mi pueblo: Vosotros dispersasteis mis ovejas, y las espantasteis, y no las habéis visitado: he aquí yo visito sobre vosotros la maldad de vuestras obras, dice Jehová.

3 ᶻyo recogeré el remanente de mis ovejas de todas las tierras adonde las eché, y las haré volver a sus moradas; y crecerán, y se multiplicarán.

4 Y pondré sobre ellas ᵃpastores que las apacienten; y no temerán más, ni se asombrarán, ni serán menoscabadas, dice Jehová.

5 He aquí que vienen días, dice Jehová, en los cuales levantaré a David un ᵇRenuevo justo, y un ᶜRey

a	Sal 72:2
	Is 9:7
b	Dt 33:28
c	Is 49:18
d	cp 37:1
	2 Re 24:6-8
e	1 Co 1:30
f	Gn 38:18
	Hag 2:23
g	cp 16:14-15
h	cp 34:20
i	Hab 3:2,16
j	Sal 31:12
	cp 48:38
	Os 8:8
k	cp 5:7-8
	y 9:2
l	Os 4:2
m	Is 1:2
n	1 Cr 3:17
	Mt 1:12
o	cp 6:13
	y 8:10
	Sof 3:14
p	cp 7:30
	y 32:34
	Ez 8:6-11
	y 23:39
q	cp 36:30
r	cp 11:23
s	Is 56:11
	cp 6:3
	10:21
	y 22:22
t	Is 7:9
	cp 31:5
u	Is 9:16
v	cp 29:23
x	Ez 13:22
y	Is 1:9-10
z	cp 29:14
	y 32:37
	Ez 34:11-16
a	cp 3:15
b	Is 4:2 11:1
c	Is 32:1
	cp 30:9
	Zac 9:9
	Mt 2:2

Pastores que destruyen el rebaño

reinará y prosperará, y hará ᵃjuicio y justicia en la tierra.

6 En sus días ᵇserá salvo Judá, e Israel habitará seguro; y éste es su nombre por el cual será llamado: JEHOVÁ, ᵉJUSTICIA NUESTRA.

7 Por tanto, he aquí que ᵍvienen días, dice Jehová, cuando no dirán más: Vive Jehová que hizo subir a los hijos de Israel de la tierra de Egipto;

8 Sino: Vive Jehová que hizo subir y trajo la simiente de la casa de Israel de tierra del norte, y de todas las tierras adonde los había yo echado; y habitarán en su tierra.

9 A causa de los profetas mi corazón está quebrantado dentro de mí, ⁱtodos mis huesos tiemblan; estuve como hombre borracho, y como hombre a quien dominó el vino, delante de Jehová y delante de las palabras de su santidad.

10 Porque ᵏla tierra está llena de adúlteros; porque ˡa causa del juramento la tierra está de luto; los pastizales del desierto se secaron; la carrera de ellos es mala, y su fortaleza no *es* recta.

11 Porque ᵒtanto el profeta como el sacerdote son fingidos; aun ᵖen mi casa hallé su maldad, dice Jehová.

12 Por tanto, como resbaladeros en oscuridad les será su camino; serán empujados, y caerán en él; porque ʳyo traeré mal sobre ellos, año de su castigo, dice Jehová.

13 Y en los profetas de ᵗSamaria he visto desatinos; ᵘprofetizaban en Baal, e hicieron errar a mi pueblo Israel.

14 Y en los profetas de Jerusalén he visto torpezas; ᵛcometían adulterios, y andaban en mentiras, y ˣesforzaban las manos de los malos, para que ninguno se convirtiese de su maldad; me fueron todos ellos ʸcomo Sodoma, y sus moradores como Gomorra.

15 Por tanto, así dice Jehová de los ejércitos contra aquellos profetas: He aquí, que yo les hago comer ajenjos, y les haré beber aguas de hiel; porque de los profetas de Jerusalén salió la hipocresía sobre toda la tierra.

16 Así dice Jehová de los ejércitos: No escuchéis las palabras de los profetas que os profetizan; os hacen

vanos; ªhablan visión de su corazón, no de la boca de Jehová.

17 Dicen atrevidamente a los que me irritan: Jehová dijo: ᵇPaz tendréis; y a cualquiera que anda tras la imaginación de su corazón, dijeron: ᶜNo vendrá mal sobre vosotros.

18 Porque ᵈ¿quién estuvo en el secreto de Jehová, y vio, y oyó su palabra? ¿Quién estuvo atento a su palabra, y *la* oyó?

19 He aquí que la tempestad de Jehová saldrá con furor; impetuosa tempestad descargará sobre la cabeza de los malos.

20 ᵍNo se apartará el furor de Jehová, hasta tanto que haya hecho, y hasta tanto que haya cumplido los pensamientos de su corazón: en lo postrero de los días lo entenderéis perfectamente.

21 Yo no envié ⁱaquellos profetas, pero ellos corrían; yo no les hablé, mas ellos profetizaban.

22 Pero si ellos hubieran estado en mi secreto, habrían hecho oír mis palabras a mi pueblo; y lo habrían hecho ʲvolver de su mal camino y de la maldad de sus obras.

23 ¿Acaso soy yo Dios sólo de cerca, dice Jehová, y ˡno Dios desde muy lejos?

24 ¿Se ocultará alguno, ᵐdice Jehová, en escondrijos que yo no lo vea? ⁿ¿No lleno yo, dice Jehová, el cielo y la tierra?

25 Yo he oído lo que aquellos profetas dijeron, ᵒprofetizando mentira en mi nombre, diciendo: Soñé, soñé.

26 ¿Hasta cuándo será esto en el corazón de los profetas que profetizan mentira, y que profetizan el engaño de su corazón?

27 Que tratan que mi pueblo se olvide de mi nombre con sus sueños que cada uno cuenta a su compañero, de la manera ᑫque sus padres se olvidaron de mi nombre por Baal.

28 El profeta que tuviere un sueño, cuente el sueño; y el que tuviere mi palabra, cuente mi palabra verdadera. ¿Qué tiene que ver la paja con el trigo? dice Jehová.

29 ¿No *es* mi palabra como fuego, dice Jehová, y como martillo que quebranta la piedra?

30 Por tanto, he aquí yo ᵛcontra los profetas, dice Jehová, que hurtan

a Nm 16:28

b cp 6:14

c Mi 3:11
d 1 Co 2:16
e Dt 18:20
f Sof 3:4

g cp 30:24
h Is 13:1
Lm 2:14
Mal 1:1

i cp 14:14

j cp 25:5

k Sal 42:2
l Sal 94:7

m Sal 139:7
n 1 Re 8:27

o cp 5:31

p Os 4:6

q Jue 3:7
y 8:33-34
r Am 7:1-4
y 8:1
s 2 Re 24:12
2 Cr 36:10
cp 27:20
y 29:1
t cp 22:24
u 2 Re 24:14
v cp 14:15
Dt 18:20

mis palabras cada uno de su compañero.

31 He aquí, yo contra los profetas, dice Jehová, que endulzan su lengua, y dicen: Él ha dicho.

32 He aquí yo contra los que profetizan sueños mentirosos, dice Jehová y los cuentan, y ᵉhacen errar a mi pueblo con sus mentiras y ᶠcon sus lisonjas, y yo no los envié, ni les mandé; por tanto, no son de provecho a este pueblo, dice Jehová.

33 Y cuando te preguntare este pueblo, o el profeta, o el sacerdote, diciendo: ¿Cuál es ʰla carga de Jehová? Les dirás: ¿Cuál carga? Os dejaré, dice Jehová.

34 Y al profeta, al sacerdote o al pueblo que dijere: Carga de Jehová; yo enviaré castigo sobre tal hombre y sobre su casa.

35 Así diréis cada cual a su compañero, y cada cual a su hermano: ¿Qué ha respondido Jehová, y qué habló Jehová?

36 Y nunca más os vendrá a la memoria decir: Carga de Jehová: porque la palabra de cada uno le será por carga; pues pervertisteis las palabras del ᵏDios viviente, de Jehová de los ejércitos, Dios nuestro.

37 Así dirás al profeta: ¿Qué te respondió Jehová, y qué habló Jehová?

38 Mas si dijereis: Carga de Jehová: por eso Jehová dice así: Porque dijisteis esta palabra: Carga de Jehová, habiendo enviado a deciros: No digáis: Carga de Jehová:

39 Por tanto, he aquí que yo ᵖos echaré en olvido, y os echaré de mi presencia junto con la ciudad que os di a vosotros y a vuestros padres;

40 y pondré sobre vosotros afrenta perpetua, y eterna confusión que nunca borrará el olvido.

CAPÍTULO 24

Y ʳJehová me mostró dos cestas de higos puestas delante del templo de Jehová, después que ˢNabucodonosor, rey de Babilonia, había llevado cautivos a ᵗJeconías, hijo de Joacim, rey de Judá, y a ᵘlos príncipes de Judá, y a los artesanos y herreros de Jerusalén, y los había llevado a Babilonia.

Cesta de higos buenos, y malos

2 Una cesta *tenía* higos muy buenos, como brevas; y la otra cesta *tenía* higos muy malos, que no se podían comer de malos.

3 Y me dijo Jehová: ¿Qué ves tú, Jeremías? Y dije: Higos, higos buenos, muy buenos; y malos, muy malos, que de malos no se pueden comer.

4 Y vino a mí palabra de Jehová, diciendo:

5 Así dice Jehová, el Dios de Israel: Como a estos buenos higos, así consideraré a los transportados de Judá a los cuales eché de este lugar a tierra de caldeos, ᵈpara *su* bien.

6 Porque pondré mis ojos sobre ellos para bien, y ᵉlos volveré a esta tierra; y los edificaré, y no los destruiré: *los* plantaré, y no *los* arrancaré.

7 Y les daré corazón ᶠpara que me conozcan, porque yo soy Jehová: y ᵍellos serán mi pueblo, y yo seré su Dios; porque se volverán a mí de todo su corazón.

8 Y como los malos higos, que de malos no se pueden comer, ciertamente así dice Jehová: De la misma manera daré a ʲSedequías, rey de Judá, y a sus príncipes, y al remanente de Jerusalén que queda en esta tierra, y a los ᵏque moran en la tierra de Egipto.

9 Y los daré ˡpor escarnio y por mal a todos los reinos de la tierra; por infamia, por ejemplo, por refrán y por maldición a todos los lugares adonde yo los arrojaré.

10 Y enviaré sobre ellos espada, hambre y pestilencia, hasta que sean exterminados de la tierra que les di a ellos y a sus padres.

CAPÍTULO 25

Palabra que vino a Jeremías acerca de todo el pueblo de Judá ʳen el año cuarto de Joacim, hijo de Josías, rey de Judá, el cual *era* el año primero de Nabucodonosor, rey de Babilonia;

2 la cual habló el profeta Jeremías a todo el pueblo de Judá y a todos los moradores de Jerusalén, diciendo:

3 Desde el año trece de ᵗJosías, hijo de Amón, rey de Judá, hasta este día, que son veintitrés años, vino a mí palabra de Jehová, y os he

a cp 18:11
b cp 7:7
c cp 1:16
d cp 14:11
e cp 12:15
 y 29:10
f cp 32:39
 Ez 11:19
g cp 30:22
 31:33 32:38
h cp 1:15
i cp 27:6
 y 43:10
j cp 21:1
k cps 43 y 44
l Dt 28:37
m Ec 12:6
n Ap 18:22
o cp 27:3-6
 y 28:14
p Is 23:15
q 2 Cr 36:21
 Dn 9:2
 Zac 1:12
 y 7:15
r cp 36:1
 2 Re 24:1
s cps 46-51
t cp 1:2
u cp 50:9,41

hablado, madrugando y dando aviso; mas no oísteis.

4 Y envió Jehová a vosotros todos sus siervos los profetas, madrugando y enviándolos; mas no oísteis, ni inclinasteis vuestro oído para escuchar

5 cuando decían: ᵃVolveos ahora de vuestro mal camino y de la maldad de vuestras obras, y ᵇmorad en la tierra que os dio Jehová, a vosotros y a vuestros padres para siempre;

6 y no vayáis en pos de dioses ajenos, sirviéndoles y encorvándoos a ellos, ni me provoquéis a ira con ᶜla obra de vuestras manos; y no os haré mal.

7 Pero no me habéis oído, dice Jehová, para provocarme a ira con la obra de vuestras manos para vuestro propio mal.

8 Por tanto, así dice Jehová de los ejércitos: Por cuanto no habéis oído mis palabras,

9 he aquí yo enviaré y tomaré todas ʰlas familias del norte, dice Jehová, y a Nabucodonosor, rey de Babilonia, ⁱmi siervo, y los traeré contra esta tierra, y contra sus moradores, y contra todas estas naciones en derredor; y los destruiré, y los pondré por espanto, y por escarnio, y por perpetua desolación.

10 Y haré que perezca de entre ellos la voz de gozo y la voz de alegría, la voz de desposado y la voz de desposada, el ᵐruido de ⁿpiedras de molino y la luz de la lámpara.

11 Y toda esta tierra será puesta en desolación y en espanto; y servirán ᵒestas naciones al rey de Babilonia ᵖsetenta años.

12 Y será que, ᑫcuando fueren cumplidos los setenta años, castigaré al rey de Babilonia y a esa nación por su maldad, dice Jehová, y a la tierra de los caldeos, y la convertiré en desiertos para siempre.

13 Y traeré sobre aquella tierra todas mis palabras que he hablado contra ella, con todo lo que está escrito ˢen este libro, profetizado por Jeremías contra todas las naciones.

14 Porque se servirán también de ellos ᵘmuchas naciones, y reyes grandes; y yo les pagaré conforme a sus hechos, y conforme a la obra de sus manos.

Jeremías predica en el atrio

15 Porque así me dijo Jehová, el Dios de Israel: [a]Toma de mi mano la copa del vino de este furor, y haz que beban *de él* todas las naciones a las cuales yo te envío.

16 Y beberán, y temblarán, y enloquecerán delante de la espada que yo envío entre ellos.

17 Y tomé la copa de la mano de Jehová, y [d]di de beber a todas las naciones a las cuales me envió Jehová;

18 a Jerusalén, a las ciudades de Judá, y a sus reyes, y a sus príncipes, para ponerlos en soledad, en escarnio, y en silbo, y en maldición, como este día;

19 a Faraón, [g]rey de Egipto, y a sus siervos, a sus príncipes y a todo su pueblo;

20 y a [h]toda la mezcla de gente, y a todos los reyes [i]de la tierra de Uz, [j]y a todos los reyes de la tierra de los filisteos, a Ascalón, a Gaza, a Ecrón y al remanente de Asdod;

21 a [l]Edom, [m]y Moab, y a los hijos de [n]Amón;

22 y a todos los reyes de [o]Tiro, y a todos los reyes de [q]Sidón, y a los reyes de las islas que [r]*están* de ese lado del mar;

23 y a Dedán, y Tema, y Buz, y a todos los *que están* al cabo del mundo;

24 Y a todos los reyes de Arabia, y a todos los reyes de [s]pueblos mezclados que habitan en el desierto;

25 y a todos los reyes de Zimri, y a todos los reyes de Elam, y a todos los reyes de Media;

26 y a todos [u]los reyes del norte, los de cerca y los de lejos, los unos con los otros; y a todos los reinos de la tierra que están *sobre* la faz de la tierra: y el rey de [v]Sesac beberá después de ellos.

27 Les dirás, pues: Así dice Jehová de los ejércitos, el Dios de Israel: Bebed, y embriagaos, y vomitad, y caed, y no os levantéis delante de la espada que yo envío entre vosotros.

28 Y será que, si no quieren [y]tomar la copa de tu mano para beber, les dirás tú: Así dice Jehová de los ejércitos: Habéis de beber.

29 Porque he aquí, que a la ciudad sobre la cual es invocado mi nombre yo comienzo a hacer mal; ¿y vosotros seréis absueltos? No seréis absueltos; porque espada traigo sobre todos los moradores de la tierra, dice Jehová de los ejércitos.

30 Tú pues, profetizarás a ellos todas estas palabras, y les dirás: Jehová [b]rugirá desde lo alto, y desde [c]la morada de su santidad dará su voz, enfurecido rugirá sobre su morada; canción de lagareros cantará contra todos los moradores de la tierra.

31 Llegó el estruendo hasta el cabo de la tierra; [e]porque Jehová tiene litigio con las naciones; [f]Él es el Juez de toda carne; entregará los impíos a espada, dice Jehová.

32 Así dice Jehová de los ejércitos: He aquí que el mal irá de nación en nación y grande tempestad se levantará de los confines de la tierra.

33 Y en aquel día los muertos por Jehová estarán desde un extremo de la tierra hasta el otro extremo; [k]no se endecharán, ni se recogerán, ni serán enterrados; serán como estiércol sobre la faz de la tierra.

34 Aullad, [p]pastores, y clamad; y revolcaos en *ceniza*, mayorales del rebaño; porque cumplidos son vuestros días para que seáis degollados y esparcidos, y caeréis como vaso precioso.

35 Y se acabará la huida de los pastores, y el escape de los mayorales del rebaño.

36 ¡Voz del clamor de los pastores, y aullido de los mayorales del rebaño! porque Jehová asoló sus majadas.

37 Y las [t]majadas quietas serán cortadas por el furor de la ira de Jehová.

38 Dejó cual leoncillo su guarida; pues asolada fue la tierra de ellos por la ira del opresor, y por el furor de su ira.

CAPÍTULO 26

En el [x]principio del reinado de Joacim, hijo de Josías, rey de Judá, vino esta palabra de Jehová, diciendo:

2 Así dice Jehová: [z]Ponte en el atrio de la casa de Jehová y habla a todas las ciudades de Judá, que vienen para adorar en la casa de Jehová, todas las palabras que yo te mandé que les hablases; [a]no retengas palabra.

3 Quizá oirán, y se convertirán cada uno de su mal camino; ªy me arrepentiré yo del mal que pienso hacerles por la maldad de sus obras.

4 Les dirás pues: Así dice Jehová: ᵇSi no me oyereis para andar en mi ley, la cual di delante de vosotros,

5 para atender a las palabras de mis siervos los profetas ᶜque yo os envío, madrugando en enviarlos, a los cuales no habéis oído;

6 yo pondré esta casa como ᵈSilo, y daré esta ciudad en ᵉmaldición ᶠa todas las gentes de la tierra.

7 Y ʰlos sacerdotes, los profetas, y todo el pueblo, oyeron a Jeremías hablar estas palabras en la casa de Jehová.

8 Y aconteció que cuando Jeremías terminó de hablar todo lo que Jehová le había mandado que hablase a todo el pueblo, los sacerdotes y los profetas y todo el pueblo le echaron mano, diciendo: De cierto morirás.

9 ¿Por qué has profetizado en nombre de Jehová, diciendo: Esta casa será como Silo, y esta ciudad será asolada hasta ᵏno quedar morador? Y se juntó todo el pueblo contra Jeremías en la casa de Jehová.

10 Y los príncipes de Judá oyeron estas cosas, y subieron de la casa del rey a la casa de Jehová; y se sentaron en la entrada de la ˡpuerta nueva de *la casa de* Jehová.

11 Entonces hablaron los sacerdotes y los profetas a los príncipes y a todo el pueblo, diciendo: En pena de muerte ha incurrido este hombre; ⁿporque profetizó contra esta ciudad, como vosotros habéis oído con vuestros oídos.

12 Y habló Jeremías a todos los príncipes y a todo el pueblo, diciendo: Jehová me envió a que profetizase contra esta casa y contra esta ciudad, todas las palabras que habéis oído.

13 Y ˢahora, mejorad vuestros caminos y vuestras obras, y oíd la voz de Jehová vuestro Dios, y se arrepentirá Jehová del mal que ha hablado contra vosotros.

14 En lo que a mí toca, he aquí *estoy* en vuestras manos; haced de mí como mejor y más recto os pareciere.

15 Mas sabed de cierto que si me matareis, sangre inocente echaréis sobre vosotros, y sobre esta ciudad, y sobre sus moradores: porque en verdad Jehová me envió a vosotros para que dijese todas estas palabras en vuestros oídos.

16 Y dijeron los príncipes y todo el pueblo a los sacerdotes y profetas. No ha incurrido este hombre en pena de muerte, porque en nombre de Jehová nuestro Dios nos ha hablado.

17 Entonces se levantaron ciertos de ᵍlos ancianos de la tierra, y hablaron a toda la asamblea del pueblo, diciendo:

18 Miqueas el morastita ⁱprofetizó en tiempo de Ezequías, rey de Judá, diciendo: Así dice Jehová de los ejércitos: Sión será arada *como* un campo, y Jerusalén vendrá a ser montones, y el monte del templo en cumbres de bosque.

19 ¿Acaso lo mataron Ezequías, rey de Judá, y todo Judá? ʲ¿No temió a Jehová, y oró en presencia de Jehová, y Jehová se arrepintió del mal que había hablado contra ellos? ¿Haremos pues nosotros tan grande mal contra nuestras almas?

20 Hubo también un hombre que profetizaba en nombre de Jehová, Urías, hijo de Semaías de Quiriatjearim, el cual profetizó contra esta ciudad y contra esta tierra, conforme a todas las palabras de Jeremías:

21 ᵐY oyó sus palabras el rey Joacim, y todos sus grandes, y todos sus príncipes, y el rey procuró matarle; lo cual entendiendo Urías, tuvo temor, y huyó, y se fue a Egipto:

22 Y el rey Joacim envió hombres a Egipto, a ᵒElnatán, hijo de Acbor, y otros hombres con él, a Egipto;

23 los cuales sacaron a Urías de Egipto, y lo trajeron al rey Joacim, y ᵖlo hirió a espada, y echó su cuerpo en los sepulcros del vulgo.

24 Pero la mano ᵠde Ahicam, hijo de ʳSafán, era con Jeremías, para que no lo entregasen en las manos del pueblo para matarlo.

CAPÍTULO 27

En ᵗel principio del reinado de Joacim, hijo de Josías, ᵘrey de Judá, vino esta palabra de Jehová a Jeremías, diciendo:

---

a vers 13,19
cp 18:8

b Lv 26:14
Dt 28:15

c cp 25:3-4

d ver 9
cp 7:12-14
e cp 24:9
f cp 29:18
g cp 19:1
h cp 23:33
i Mi 1:1 3:12

j 2 Cr 32:26

k cp 4:7

l cp 36:10
m ver 1
cp 27:1

n cp 38.4
o cp 36:12

p cp 22:17

q 2 Re 22:12
r cp 36:10
2 Cr 34:8
s cp 7:3

t cp 26:1
u vers 3,12,20

Profetas profetizan mentira   **JEREMÍAS 28**

2 Jehová me ha dicho así: Hazte coyundas y yugos, y ᵇponlos sobre tu cuello;

3 y los enviarás al rey de ᶜEdom, y al rey de Moab, y al rey de los hijos de Amón, y al rey de Tiro, y al rey de Sidón, por mano de los mensajeros que vienen a Jerusalén a Sedequías, rey de Judá.

4 Y les mandarás que digan a sus señores: Así dice Jehová de los ejércitos, el Dios de Israel: Así habéis de decir a vuestros señores:

5 ᵉYo hice la tierra, el hombre y las bestias que *están* sobre la faz de la tierra, con mi gran poder y con mi brazo extendido, y ᶠla di a quien yo quise.

6 Y ahora yo he dado todas estas tierras en mano de Nabucodonosor, rey de Babilonia, ʰmi siervo, y aun las bestias del campo le he dado para que le sirvan.

7 Y todas las naciones le servirán a él, y ⁱa su hijo, y al ʲhijo de su hijo, ᵏhasta que venga también el tiempo de su misma tierra; y entonces muchas naciones y grandes reyes se servirán de él.

8 Y sucederá, que la nación y el reino que no sirviere a Nabucodonosor, rey de Babilonia, y que no pusiere su cuello debajo del yugo del rey de Babilonia, con espada, con hambre y con pestilencia castigaré a tal nación, dice Jehová, hasta que los acabe yo por su mano.

9 Y vosotros no prestéis oído a vuestros profetas, ni a ᵖvuestros adivinos, ni a vuestros soñadores, ni a vuestros agoreros, ni a vuestros encantadores, que os hablan diciendo: No serviréis al rey de Babilonia.

10 Porque ellos ᵠos profetizan mentira, para haceros alejar de vuestra tierra, y para que yo os arroje y perezcáis.

11 Mas a las naciones que sometieren su cuello al yugo del rey de Babilonia, y le sirvieren, les haré dejar en su tierra, dice Jehová, y la labrarán, y morarán en ella.

12 Y hablé también a ᵗSedequías, rey de Judá, conforme a todas estas palabras, diciendo: Someted vuestros cuellos al yugo del rey de Babilonia, y servid a él y a su pueblo, y vivid.

13 ¿Por qué ªmoriréis, tú y tu pueblo, a espada, de hambre, y pestilencia, según ha dicho Jehová a la gente que no sirviere al rey de Babilonia?

14 No escuchéis las palabras de los profetas que os hablan, diciendo: No serviréis al rey de Babilonia; porque ᵈos profetizan mentira.

15 Porque yo no los envié, dice Jehová, y ellos profetizan falsamente en mi nombre, para que yo os arroje, y perezcáis, vosotros y los profetas que os profetizan.

16 También a los sacerdotes y a todo este pueblo hablé, diciendo: Así dice Jehová: No oigáis las palabras de vuestros profetas que os profetizan diciendo: He aquí que ᵍlos vasos de la casa de Jehová volverán de Babilonia ahora presto. Porque os profetizan mentira.

17 No los escuchéis; servid al rey de Babilonia, y vivid: ¿por qué ha de ser desierta esta ciudad?

18 Y si ellos *son* profetas, y si está con ellos la palabra de Jehová, ˡoren ahora a Jehová de los ejércitos, que los ᵐvasos que han quedado en la casa de Jehová y en la casa del rey de Judá y en Jerusalén, no vayan a Babilonia.

19 Porque así dice Jehová de los ejércitos ⁿde aquellas columnas, y del mar, y de las bases, y del resto de los vasos que quedan en esta ciudad,

20 que no quitó Nabucodonosor, rey de Babilonia, ᵒcuando trasportó de Jerusalén a Babilonia a Jeconías, hijo de Joacim, rey de Judá, y a todos los nobles de Judá y de Jerusalén:

21 Así pues dice Jehová de los ejércitos, el Dios de Israel, acerca de los vasos que quedaron en la casa de Jehová, y en la casa del rey de Judá, y en Jerusalén:

22 A Babilonia serán ʳtrasportados, y allí estarán hasta el día en que yo los visite, dice Jehová; y después ˢlos haré subir, y los restituiré a este lugar.

CAPÍTULO 28

Y aconteció en el mismo año, en el principio del reinado de Sedequías, rey de Judá, en el año cuarto, en el quinto mes, que Hananías, hijo de Azur, el profeta de Gabaón, me habló en la casa

JEREMÍAS 29

de Jehová delante de los sacerdotes y de todo el pueblo, diciendo:

2 Así habló Jehová de los ejércitos, el Dios de Israel, diciendo: He quebrado el yugo del rey de Babilonia.

3 Dentro de dos años haré volver a este lugar todos los vasos de la casa de Jehová, que Nabucodonosor, rey de Babilonia, tomó de este lugar para meterlos en Babilonia.

4 Y yo traeré otra vez a este lugar a Jeconías, hijo de Joacim, rey de Judá, y a todos los trasportados de Judá que entraron en Babilonia, dice Jehová; porque yo quebraré el yugo del rey de Babilonia.

5 Entonces el profeta Jeremías respondió al profeta Hananías, delante de los sacerdotes y delante de todo el pueblo que estaba en la casa de Jehová.

6 Y el profeta Jeremías dijo: ᵉAmén, así lo haga Jehová. Confirme Jehová tus palabras, con las cuales profetizaste que los vasos de la casa de Jehová, y todos los trasportados, han de ser devueltos de Babilonia a este lugar.

7 Con todo eso, oye ahora esta palabra que yo hablo en tus oídos y en los oídos de todo el pueblo:

8 Los profetas que fueron antes de mí y antes de ti en tiempos pasados, profetizaron sobre muchas tierras y grandes reinos, de guerra, y de aflicción, y de pestilencia.

9 El profeta que profetizó ˡde paz, cuando se cumpliere la palabra del profeta, será conocido el profeta que Jehová en verdad lo envió.

10 Entonces el profeta Hananías quitó ᵐel yugo del cuello del profeta Jeremías y lo quebró.

11 Y habló Hananías en presencia de todo el pueblo, diciendo: Así dice Jehová: De esta manera quebraré el yugo de Nabucodonosor, rey de Babilonia, ᵒdel cuello de todas las gentes dentro de dos años. Y se fue Jeremías su camino.

12 Y después que el profeta Hananías quebró el yugo del cuello del *profeta* Jeremías, vino palabra de Jehová a Jeremías, diciendo:

13 Ve, y habla a Hananías, diciendo: Así dice Jehová: Yugos de madera quebraste, mas en vez de ellos harás yugos de hierro.

a Dt 28:48

b cp 25:11

c cp 27.6

d cp 20:6
y 29:31

e 1 Re 1:36

f cp 19:1
Ez 8:1
g cp 23:33

h 2 Re 24:12

i cp 24:1

j 2 Cr 34:8
k 1 Cr 6:13
l Dt 18:22
cp 6:14

m ver 2
cp 27:2
n ver 28
Ez 11:3

o cp 27:7

p Esd 6:10
Dn 4:19
Rm 13:1
1 Tim 2:1-2
1 Pe 2:13-17

El yugo de Jeremías es quebrado

14 Porque así dice Jehová de los ejércitos, el Dios de Israel: ᵃYugo de hierro puse sobre el cuello de todas estas naciones, ᵇpara que sirvan a Nabucodonosor, rey de Babilonia, y le servirán; y aun ᶜtambién le he dado las bestias del campo.

15 Entonces el profeta Jeremías dijo al profeta Hananías: Ahora oye, Hananías; Jehová no te envió, ᵈtú has hecho que este pueblo confíe en mentira.

16 Por tanto, así dice Jehová: He aquí que yo te arrojo de sobre la faz de la tierra; morirás en este año, porque hablaste rebelión contra Jehová.

17 Y en el mismo año murió el profeta Hananías en el mes séptimo.

CAPÍTULO 29

Éstas *son* las palabras de la carta que el profeta Jeremías envió de Jerusalén a ᶠlos ancianos que habían quedado de los trasportados, y a ᵍlos sacerdotes y profetas, y a todo el pueblo que Nabucodonosor llevó cautivo de Jerusalén a Babilonia

2 (Después que salió el rey ʰJeconías y la reina, y los de palacio, y los ⁱpríncipes de Judá y de Jerusalén, los artífices, y los herreros de Jerusalén),

3 por mano de Elasa, hijo de ʲSafán, y de Gemarías, hijo de ᵏHilcías, los cuales envió Sedequías, rey de Judá a Babilonia, a Nabucodonosor, rey de Babilonia, diciendo:

4 Así dice Jehová de los ejércitos, el Dios de Israel, a todos los de la cautividad que hice trasportar de Jerusalén a Babilonia:

5 Edificad casas, ⁿy morad; y plantad huertos, y comed del fruto de ellos;

6 casaos, y engendrad hijos e hijas; dad esposas a vuestros hijos, y dad maridos a vuestras hijas, para que den a luz hijos e hijas; para que os multipliquéis ahí, y no os disminuyáis.

7 Y procurad la paz de la ciudad a la cual os hice llevar cautivos, ᵖy rogad por ella a Jehová; porque en su paz tendréis vosotros paz.

8 Porque así dice Jehová de los ejércitos, el Dios de Israel: No os engañen vuestros profetas que

están entre vosotros, ni ᵃvuestros adivinos; ni miréis a vuestros sueños que soñáis.

9 Porque ellos os profetizan falsamente en mi nombre: Yo no los envié, dice Jehová.

10 Porque así dice Jehová: ᶜCuando en Babilonia se cumplieren los setenta años, yo os visitaré, ᵉy cumpliré sobre vosotros mi buena palabra, para volveros a este lugar.

11 Porque yo sé los pensamientos que tengo acerca de vosotros, dice Jehová, pensamientos de paz, y no de mal, ʰpara daros el fin que esperáis.

12 Entonces me invocaréis, y vendréis y oraréis a mí, y yo os oiré;

13 y me buscaréis y hallaréis, porque me buscaréis de todo vuestro corazón.

14 Y ʲseré hallado de vosotros, dice Jehová, y haré volver vuestra cautividad, y ᵏos reuniré de todas las naciones, y de todos los lugares adonde os arrojé, dice Jehová; y os haré volver al lugar de donde os hice ser llevados.

15 Mas habéis dicho: Jehová nos ha levantado profetas en Babilonia.

16 Pero así dice Jehová, del rey que ᵒestá sentado sobre el trono de David, y de todo el pueblo que mora en esta ciudad, de vuestros hermanos que no salieron con vosotros en cautiverio;

17 así dice Jehová de los ejércitos: He aquí, yo envío contra ellos ᵗespada, hambre y pestilencia, y los pondré como ᵘlos malos higos, que de malos no se pueden comer.

18 Y los perseguiré con espada, con hambre y con pestilencia; y ˣlos haré objeto de aversión a todos los reinos de la tierra, ʸde maldición y de espanto, y de escarnio y de afrenta a todas las naciones a las cuales les habré arrojado;

19 Porque no oyeron mis palabras, dice Jehová, que les envié por mis siervos los profetas, madrugando en enviarlos; y no habéis escuchado, dice Jehová.

20 Oíd, pues, palabra de Jehová, vosotros todos los trasportados ᵃque eché de Jerusalén a Babilonia.

21 Así dice Jehová de los ejércitos, el Dios de Israel, acerca de Acab, hijo de Colaías, y acerca de Sedequías, hijo de Maasías, quienes ᵇos profetizan falsamente en mi nombre: He aquí yo los entrego en mano de Nabucodonosor, rey de Babilonia, y él los matará delante de vuestros ojos.

22 Y todos los trasportados ᵈde Judá que *están* en Babilonia, tomarán de ellos ᶠmaldición, diciendo: Jehová te ponga como a Sedequías y como a Acab, los cuales ᵍasó al fuego el rey de Babilonia.

23 Porque hicieron maldad en Israel, y cometieron adulterio con las esposas de sus prójimos, y falsamente hablaron en mi nombre palabra que no les mandé; lo cual yo sé, y ⁱsoy testigo, dice Jehová.

24 Y a Semaías de Nehelam hablarás, diciendo:

25 Así habló Jehová de los ejércitos, el Dios de Israel, diciendo: Por cuanto enviaste cartas en tu nombre a todo el pueblo que *está* en Jerusalén, y ˡal sacerdote Sofonías, hijo de ᵐMaasías, y a todos los sacerdotes, diciendo:

26 Jehová te ha puesto por sacerdote en lugar del sacerdote Joiada, para que ⁿte encargues en la casa de Jehová de todo hombre ᵖloco que ᑫse deje ser profeta, poniéndolo en el calabozo y ʳen el cepo.

27 ¿Por qué, pues, no has ahora reprendido a ˢJeremías de Anatot, que os profetiza?

28 Por tanto, nos envió a decir en Babilonia: Este *cautiverio* es largo; ᵛedificad casas, y habitad en ellas; plantad huertos y comed el fruto de ellos.

29 Y el sacerdote Sofonías leyó esta carta a oídos del profeta Jeremías.

30 Entonces vino palabra de Jehová a Jeremías, diciendo:

31 Envía a decir a todos los de la cautividad: Así dice Jehová de Semaías de Nehelam: Porque os profetizó Semaías, ᶻy yo no lo envié, y os hizo confiar en mentira:

32 Por tanto, así dice Jehová: He aquí que yo voy a castigar a Semaías el nehelamita, y a su descendencia; no tendrá varón que more entre este pueblo, ᵇni verá el bien que voy a hacer a mi pueblo, dice Jehová; porque contra Jehová ha hablado rebelión.

CAPÍTULO 30

Palabra de Jehová que vino a Jeremías, diciendo:

2 Así habló Jehová, el Dios de Israel, diciendo: ªEscríbete en un libro todas las palabras que te he hablado.

3 Porque he aquí que ᵇvienen días, dice Jehová, en que ᶜharé volver la cautividad de mi pueblo ᵈIsrael y Judá, dice Jehová, ᵉy los traeré a la tierra que di a sus padres, y la poseerán.

4 Éstas, pues, son las palabras que habló Jehová acerca de Israel y de Judá.

5 Porque así dice Jehová: Hemos oído voz de temblor, de espanto, y no de paz.

6 Preguntad ahora, y ved, ¿da a luz el varón? ¿Por qué, pues, veo que todos los hombres tienen las manos sobre sus lomos, como mujer de parto y se han puesto pálidos ᵏtodos los rostros?

7 ¡Ah, cuán grande es aquel día! Tanto, que no hay otro semejante a él; tiempo de angustia para Jacob; mas de él será librado.

8 Y será que en ᵒaquel día, dice Jehová de los ejércitos, yo ᵖquebraré su yugo de sobre tu cuello, y romperé tus coyundas, y ʳextraños no volverán a ponerlo en servidumbre,

9 sino que servirán a Jehová su Dios, y a David ˢsu rey, el cual les levantaré.

10 Tú pues, siervo mío Jacob, ᵗno temas, dice Jehová, ni te atemorices, Israel; porque he aquí que yo soy el que te salvo de lejos, y a tu simiente de la tierra de su cautividad; y Jacob volverá y descansará tranquilo, y no habrá quien le espante.

11 Porque yo estoy contigo, dice Jehová, para salvarte; y ˣharé consumación en todas las naciones entre las cuales te esparcí; ʸpero en ti no haré consumación, sino que te castigaré ᵃcon justicia; de ninguna manera te dejaré sin castigo.

12 Porque así dice Jehová: ᵇIncurable es tu quebrantamiento, y grave tu herida.

13 No hay quien defienda tu causa para que seas sanado; no hay para ti medicina eficaz.

14 Todos tus amantes te ᶠolvidaron; no te buscan; porque de herida ᵍde enemigo te herí, con azote de cruel, a causa de la muchedumbre de tu maldad, y de la multitud de tus pecados.

15 ¿Por qué gritas a causa de tu quebrantamiento? Incurable es tu dolor. Por la grandeza de tu iniquidad, y por tus muchos pecados te he hecho esto.

16 Pero ᵉtodos los que te consumen serán consumidos; y todos tus opresores, todos ellos, irán en cautiverio; y serán hollados los que te hollaron, y a todos los que hicieron presa de ti daré en presa.

17 Mas ᵍyo haré venir sanidad para ti, y te sanaré de tus heridas, dice Jehová; porque ʰDesechada te llamaron, diciendo: Ésta es Sión, a la que nadie busca.

18 Así dice Jehová: He aquí ⁱyo hago volver la cautividad de las tiendas de Jacob, y ʲde sus tiendas tendré misericordia; y la ciudad será edificada sobre su collado, y el palacio será asentado según su forma.

19 Y ᵐacción de gracias saldrá de ellos, y voz de gente que se regocija; ⁿy los multiplicaré, y no serán disminuidos; los glorificaré, y no serán menoscabados.

20 Y serán sus hijos ᑫcomo en el pasado y su congregación será afirmada delante de mí; y castigaré a todos sus opresores.

21 Y de entre ellos saldrán sus nobles, y de en medio de ellos saldrá su ᵘgobernador; y le haré llegar cerca, y él se acercará a mí; porque ¿quién es aquel que dispuso su corazón para acercarse a mí? dice Jehová.

22 Y me seréis ᵛpor pueblo, y yo seré vuestro Dios.

23 He aquí, la tempestad de Jehová sale con furor, tempestad devastadora; descargará dolor sobre la cabeza de los impíos.

24 ᶻNo se volverá la ira del enojo de Jehová, hasta que haya hecho y cumplido los pensamientos de su corazón; ᶜen el fin de los días entenderéis esto.

CAPÍTULO 31

En aquel tiempo, ᵈdice Jehová, ᵉyo seré el Dios de todas las familias de Israel, y ellos serán mi pueblo.

JEREMÍAS 31

2 Así dice Jehová: El pueblo que escapó de la espada halló gracia en el desierto; cuando ᵇfui yo para hacer reposar a Israel.

3 Jehová se manifestó a mí hace ya mucho tiempo, *diciendo*: Con ᵉamor eterno ᶠte he amado; por tanto, ᵍte prolongué mi misericordia.

4 Aún ʰte edificaré, y serás edificada, oh virgen de Israel; todavía serás adornada con tus panderos, y saldrás en corro de danzantes.

5 Aún plantarás viñas ʲen los montes de Samaria; plantarán los plantadores, y harán común uso de ellas.

6 Porque habrá día en que clamarán los guardas en el monte de Efraín: Levantaos, y ˡsubamos a Sión, a Jehová nuestro Dios.

7 Porque así dice Jehová: Regocijaos en Jacob con alegría, y dad voces de júbilo a la cabeza de naciones; haced oír, alabad, y decid: Oh Jehová, salva a tu pueblo, el remanente de Israel.

8 He aquí yo los hago volver ᵖde la tierra del norte, y los reuniré de los confines de la tierra, y entre ellos ʳciegos y cojos, la mujer encinta y la que da a luz juntamente; una gran compañía volverá acá.

9 ˢCon llanto vendrán, y entre súplicas los conduciré. Los haré andar ᵘjunto a arroyos de aguas, por camino derecho en el cual no tropezarán; porque yo ᵛsoy Padre para Israel, y ˣEfraín *es* mi ʸprimogénito.

10 Oíd palabra de Jehová, oh naciones, y hacedlo saber en las islas que están lejos, y decid: El que esparció a Israel ᵇlo reunirá y lo guardará como un pastor a su rebaño.

11 Porque ᵈJehová redimió a Jacob, lo redimió de mano del más fuerte que él.

12 Y vendrán, y cantarán ᵉen lo alto de Sión, y correrán ᶠal bien de Jehová, al pan, y al vino, y al aceite, y a las crías de las ovejas y de las vacas; y su alma será ⁱcomo huerto de riego, y ᵏnunca más tendrán dolor.

13 Entonces la virgen se alegrará en la danza, los jóvenes y los viejos juntamente; y cambiaré su lloro en gozo, y los consolaré, y los alegraré de su dolor.

14 Y ᵃsaciaré el alma del sacerdote de grosura, y de mi bien será saciado mi pueblo, dice Jehová.

15 Así dice Jehová: ᶜVoz fue oída en ᵈRamá, llanto y lloro amargo: Raquel que llora por sus hijos, y no quiso ser consolada acerca de sus hijos, porque perecieron.

16 Así dice Jehová: Reprime tu voz del llanto, y tus ojos de las lágrimas; porque tu obra será recompensada, dice Jehová, y ʲvolverán de la tierra del enemigo.

17 Esperanza también hay para tu fin, dice Jehová, ᵏy los hijos volverán a su término.

18 Ciertamente he oído a Efraín lamentarse *así*: Me azotaste, y castigado fui como novillo indómito. ᵐConviérteme y seré convertido; porque tú eres Jehová mi Dios.

19 Porque ⁿdespués que me volví, tuve arrepentimiento, y después que fui instruido, ᵒgolpeé *mi* muslo; me avergoncé y me confundí, porque llevé el oprobio ᵠde mi juventud.

20 ¿No *es* Efraín hijo precioso para mí? ¿No *es* niño placentero? Pues desde que hablé contra él, fervientemente le he recordado. ᵗPor eso mis entrañas se conmueven por él; ciertamente tendré de él misericordia, dice Jehová.

21 Establécete señales, hazte majanos altos; ᶻpon tu corazón hacia el camino, vuelve al camino de donde te fuiste, virgen de Israel, vuelve a estas tus ciudades.

22 ¿Hasta cuándo ᵃandarás errante, oh hija contumaz? Porque Jehová creará una cosa nueva sobre la tierra; la mujer rodeará ᶜal varón.

23 Así dice Jehová de los ejércitos, el Dios de Israel: Aún dirán esta palabra en la tierra de Judá y en sus ciudades, cuando yo haga volver su cautiverio: ᵍJehová te bendiga, oh morada de justicia, ʰoh monte santo.

24 Y morará allí Judá; y también en ʲtodas sus ciudades; los labradores y los que van con rebaño.

25 Porque di satisfacción al alma cansada, y sacié toda alma entristecida.

26 En esto me desperté, y vi, y mi sueño me fue sabroso.

---

a ver 25
Pr 5:19
b cp 47:6
Nm 10:33
Sal 95:11
Is 63:14
c Mt 2:18
d Gn 35:19-20
e Sal 36:10
y 109:12
f Mal 1:2
Rm 11:28
g Os 11:4
h cp 33:7
i Esd 1:5
Os 1:11
j Is 65:21
Am 9:14
k Is 65:20
l Is 2:3
cp 30:3
m Lm 5:21
n Dt 30:2
o Ez 21:12
p cp 3:18
q cp 3:25
r Is 35:5-6
s cp 50:4
t Is 63:15
u Is 35:7
y 49:10
v Is 45:11
Rm 8:15
x ver 18,22
y Éx 4:22
Sal 89:27
z Is 57:14
y 62:10

a cp 2:18-23
b Is 40:11
c Zac 13:7
d Is 43:1
44:23
y 48:20

e Ez 17:23
y 20:40
f Os 3:5
g Sal 122:6-8
h Zac 8:3
i Is 58:11
j cp 33:12-13
k Is 35:10

JEREMÍAS 32

27 He aquí vienen días, dice Jehová, en que ᵇsembraré la casa de Israel y la casa de Judá de ᵈsimiente de hombre y de simiente de animal.

28 Y será que, como ᶠtuve cuidado de ellos para arrancar y derribar, y trastornar y perder y afligir, así tendré cuidado de ellos para edificar y plantar, dice Jehová.

29 En aquellos ⁱdías no dirán más: Los padres comieron las uvas agrias, y los dientes de los hijos tienen la dentera.

30 Sino que cada cual morirá por su propia maldad; los dientes de todo hombre que comiere las uvas agrias, tendrán la dentera.

31 He aquí ˡque vienen días, dice Jehová, en los cuales haré un nuevo pacto con la casa de Jacob y con la casa de Judá:

32 No como el pacto que hice con sus padres el día que ⁿtomé su mano para sacarlos de la tierra de Egipto; porque ellos quebraron mi pacto, aunque yo ᵖfui un marido para ellos, dice Jehová.

33 ᑫMas éste *es* el pacto que haré con la casa de Israel después de aquellos días, dice Jehová: ˢDaré mi ley en sus entrañas, y la escribiré en sus corazones; y yo seré su Dios, y ellos serán mi pueblo.

34 Y no enseñará más ninguno a su prójimo, ni ninguno a su hermano, diciendo: Conoce a Jehová: porque ᵛtodos me conocerán, ˣdesde el más pequeño de ellos hasta el más grande, dice Jehová: porque ʸperdonaré la maldad de ellos, y no me acordaré más de su pecado.

35 Así dice Jehová, que da ᶻel sol para luz del día, ᵃlas leyes de la luna y de las estrellas para luz de la noche; ᵇque parte el mar y braman sus ondas; ᶜJehová de los ejércitos *es* su nombre:

36 Si estas leyes faltaren ᵈdelante de mí, dice Jehová, también la simiente de Israel faltará para no ser nación delante de mí todos los días.

37 Así dice Jehová: ᶠSi los cielos arriba pueden medirse, y examinarse abajo los fundamentos de la tierra, también yo desecharé a toda la simiente de Israel por todo lo que hayan hecho, dice Jehová.

38 He aquí que vienen días, dice Jehová, en que la ciudad será edifi-

cada a Jehová, ᵃdesde la torre de Hananeel hasta la ᶜpuerta del Ángulo.

39 Y ᵉsaldrá más adelante el cordel de la medida delante de él sobre el collado de Gareb, y rodeará a Goa.

40 Y ᵍtodo el valle de los cuerpos muertos y de la ceniza, y todas las llanuras hasta el arroyo de Cedrón, ʰhasta la esquina de la puerta de los Caballos al oriente, ⁱ*será* santo a Jehová; no será arrancada ni destruida más para siempre.

CAPÍTULO 32

Palabra de Jehová que vino a Jeremías, ᵏel año décimo de Sedequías, rey de Judá, ᵐque *fue* el año decimoctavo de Nabucodonosor.

2 Y entonces el ejército del rey de Babilonia tenía cercada a Jerusalén; y el profeta Jeremías estaba preso ᵒen el patio de la cárcel que *estaba* en la casa del rey de Judá.

3 Pues Sedequías, rey de Judá, lo había apresado, diciendo: ¿Por qué profetizas tú diciendo: Así dice Jehová: ʳHe aquí yo entrego esta ciudad en mano del rey de Babilonia, y la tomará;

4 y ᵗSedequías, rey de Judá, ᵘno escapará de la mano de los caldeos, sino que de cierto será entregado en mano del rey de Babilonia, y hablará con él boca a boca, y sus ojos verán sus ojos,

5 y hará llevar a Sedequías a Babilonia, y allá estará hasta que yo le visite, dice Jehová: si pelearéis con los caldeos, no os sucederá bien?

6 Y dijo Jeremías: Palabra de Jehová vino a mí, diciendo:

7 He aquí que Hanameel, hijo de Salum, tu tío, viene a ti, diciendo: Cómprame mi heredad que está en Anatot; ᵈporque tú tienes derecho a ella para comprarla.

8 Y vino a mí Hanameel, hijo de mi tío, conforme a la palabra de Jehová, al patio de la cárcel, y me dijo: Compra ahora mi heredad que *está* en Anatot, en tierra de Benjamín, porque tuyo *es* el derecho de la herencia, y a ti compete la redención; cómprala para ti. Entonces conocí que era palabra de Jehová.

9 Y compré la heredad de Hanameel, hijo de mi tío, la cual

JEREMÍAS 32

estaba en Anatot, y ªle pesé el dinero; diecisiete siclos de plata.

10 Y escribí la carta, y ᵇla sellé, y tomé testigos, y pesé el dinero en la balanza.

11 Tomé luego la carta de venta, sellada según el derecho y costumbre, y el traslado abierto.

12 Y di la carta de venta a ᶜBaruc, hijo de Nerías, hijo de Maasías, delante de Hanameel, *hijo* de mi tío, y delante de los testigos que habían suscrito en la carta de venta, delante de todos los judíos que estaban en el patio de la cárcel.

13 Y di orden a Baruc delante de ellos, diciendo:

14 Así dice Jehová de los ejércitos, el Dios de Israel: Toma estas cartas, esta carta de venta sellada, y esta carta abierta, y ponlas en un vaso de barro para que se conserven muchos días.

15 Porque así dice Jehová de los ejércitos, el Dios de Israel: Aún ᵍse comprarán casas, y heredades, y viñas en esta tierra.

16 Y después que di ʰla carta de venta a Baruc hijo de Nerías, oré a Jehová, diciendo:

17 ¡Oh Señor Jehová! he aquí que tú hiciste el cielo y la tierra con tu gran poder, y con tu brazo extendido, ʲy no hay nada que sea difícil para ti;

18 que ᵏhaces misericordia en millares, y vuelves la maldad de los padres en el seno de sus hijos después de ellos: ᵐDios grande, poderoso, ⁿJehová de los ejércitos *es* su nombre;

19 ᵖgrande en consejo, y poderoso en hechos; porque tus ojos *están* abiertos sobre todos los caminos de los hijos de los hombres, para dar a cada uno según sus caminos, y según el fruto de sus obras;

20 que pusiste señales y portentos en tierra de Egipto hasta este día, y en Israel, y entre los hombres; y te has hecho nombre cual es este día;

21 y sacaste tu pueblo Israel de tierra de Egipto con señales y portentos, y con mano fuerte y brazo extendido, ˢcon terror grande;

22 y les diste esta tierra, ᵗde la cual juraste a sus padres que se la darías, ᵛtierra que mana leche y miel;

23 y entraron, y la poseyeron; mas ʸno oyeron tu voz, ni anduvieron en tu ley; nada hicieron de lo que les mandaste hacer; por tanto has hecho venir sobre ellos todo este mal.

24 He aquí que con arietes han acometido la ciudad para tomarla; y la ciudad va a ser entregada en mano de los caldeos que pelean contra ella, a causa de la espada, y del hambre y de la pestilencia; lo que tú habías dicho, ha sucedido, y he aquí tú *lo* estás viendo.

25 Y tú, oh Señor Jehová me has dicho: ᵈCómprate la heredad por dinero, y ᵉpon testigos; aunque la ciudad sea entregada en manos de los caldeos.

26 Y vino palabra de Jehová a Jeremías, diciendo:

27 He aquí que yo *soy* Jehová, ᶠDios de toda carne; ¿habrá algo que sea difícil para mí?

28 Por tanto, así dice Jehová: He aquí voy a entregar esta ciudad en mano de los caldeos, y en mano de Nabucodonosor, rey de Babilonia, y la tomará;

29 Y vendrán los caldeos que combaten contra esta ciudad, y le prenderán fuego, y la quemarán, asimismo las casas ⁱsobre cuyas azoteas ofrecieron incienso a Baal y derramaron libaciones a dioses ajenos, para provocarme a ira.

30 Porque los hijos de Israel y los hijos de Judá ˡno han hecho sino lo malo delante de mis ojos desde su juventud; porque los hijos de Israel no han hecho más que provocarme a ira ᵒcon la obra de sus manos, dice Jehová.

31 Porque esta ciudad me ha sido, *como* provocación a ira e indignación, desde el día que la edificaron y hasta hoy; de modo que la quitaré de mi presencia,

32 por toda la maldad de los hijos de Israel y de los hijos de Judá, que han hecho para enojarme, ᵠellos, sus reyes, sus príncipes, sus sacerdotes, y sus profetas, y los varones de Judá, y los moradores de Jerusalén.

33 Y ʳme volvieron la cerviz, y no el rostro; y aunque los enseñaba, ᵘmadrugando y enseñando, no escucharon para recibir corrección.

34 Antes ˣasentaron sus abominaciones en la casa sobre la cual es invocado mi nombre, contaminándola.

JEREMÍAS 33

35 Y edificaron altares a Baal, los cuales están en el valle del hijo de Hinom, para hacer pasar ªpor el fuego a sus hijos y a sus hijas ᵇa Moloc, lo cual no les mandé, ni me vino al pensamiento que hiciesen esta abominación, ᶜpara hacer pecar a Judá.

36 Y con todo, ahora así dice Jehová, el Dios de Israel, a esta ciudad, de la cual decís vosotros: Entregada será en mano del rey de Babilonia a espada, a hambre y a pestilencia:

37 He aquí que ᵉyo los reuniré de todas las tierras a las cuales los eché con mi furor, y con mi enojo y saña grande; y los haré tornar a este lugar, y los haré habitar seguros,

38 y ellos serán mi pueblo, ʰy yo seré su Dios.

39 Y les daré un corazón, ⁱy un camino, ʲpara que me teman perpetuamente, para bien de ellos, y de sus hijos después de ellos.

40 Y ᵐharé con ellos pacto eterno, que no tornaré atrás de hacerles bien, ⁿy pondré mi temor en el corazón de ellos, para que no se aparten de mí.

41 Y me alegraré con ellos haciéndoles bien, ᵖy los plantaré en esta tierra en verdad, de todo mi corazón y de toda mi alma.

42 Porque así dice Jehová: ᑫComo traje sobre este pueblo todo este grande mal, así traeré sobre ellos todo el bien que les he prometido.

43 Y ᵗposeerán heredad en esta tierra ᵘde la cual vosotros decís: Está desierta, sin hombres y sin animales; es entregada en manos de los caldeos.

44 Heredades comprarán por dinero, y ᵛharán carta, y la sellarán, y pondrán testigos, ʸen tierra de Benjamín y en los contornos de Jerusalén, y en las ciudades de Judá; y en las ciudades de las montañas, y en las ciudades de los valles, y en las ciudades del Neguev; porque yo haré volver su cautividad, dice Jehová.

CAPÍTULO 33

Y vino palabra de Jehová a Jeremías la segunda vez, estando él aún ᵇpreso en el patio de la cárcel, diciendo:

2 Así dice Jehová que hizo la tierra,

a cp 7:31
b Lv 18:21

c 1 Re 16:19
d cp 32:24

e cp 23:3
y 29:14
Dt 30.3
f Dt 31:17
g cp 30:17
h cp 24:7

i Ez 11:19-20
j Dt 6:24
k ver 11
Is 1:26
cp 30:20
y 31:4,28
l Ez 36:25
Heb 9:13-14
m cp 50:5
Ez 16:60
n cp 31:33
o cp 13:11
p cp 24:6
q cp 31:28
r Is 60:5
s cp 32:43
t ver 15
u cp 33:10

v ver 10
x cp 7:34
y cp 17:26
z 1 Cr 16:34
Is 12:4

a Is 65:10
cp 31:24
y 50:19
b cp 32:2

Clama a mí, y yo te responderé

Jehová que la formó para afirmarla; Jehová es su nombre:

3 Clama a mí, y yo te responderé, y te enseñaré cosas grandes y difíciles que tú no conoces.

4 Porque así dice Jehová, el Dios de Israel, acerca de las casas de esta ciudad, y de las casas de los reyes de Judá, derribadas ᵈcon arietes y con hachas:

5 (Porque vinieron para pelear con los caldeos, para llenarlas de cuerpos de hombres muertos, a los cuales herí yo con mi furor y con mi ira, pues ᶠyo escondí mi rostro de esta ciudad, a causa de toda su maldad.)

6 He aquí que ᵍyo le hago subir sanidad y medicina; y los curaré, y les revelaré abundancia de paz y de verdad.

7 Y haré volver la cautividad de Judá, y la cautividad de Israel, y ᵏlos edificaré como al principio.

8 Y los ˡlimpiaré de toda su maldad con que pecaron contra mí; y perdonaré todos sus pecados con que contra mí pecaron, y con que contra mí se rebelaron.

9 Y me será a mí ᵒpor nombre de gozo, de alabanza y de gloria, entre todas las naciones de la tierra, que habrán oído todo el bien que yo les hago; y ʳtemerán y temblarán de todo el bien y de toda la paz que yo les haré.

10 Así dice Jehová: ˢEn este lugar, del cual decís que está desierto, sin hombres y sin animales, en las ciudades de Judá y en las calles de Jerusalén, que están asoladas, sin hombre y sin morador y sin animal, aún se ha de oír

11 voz de gozo ˣy voz de alegría, voz de desposado y voz de desposada, voz de los que digan: ᶻAlabad a Jehová de los ejércitos, porque Jehová es bueno, porque para siempre es su misericordia; voz de los que traigan alabanza a la casa de Jehová. Porque volveré a traer la cautividad de la tierra como al principio, dice Jehová.

12 Así dice Jehová de los ejércitos: ªEn este lugar desierto, sin hombre y sin animal, y en todas sus ciudades, aún habrá cabañas de pastores que hagan descansar a sus rebaños.

13 En las ciudades de las montañas, en las ciudades de los valles, y en

Jehová restaurará a Israel

las ciudades del Neguev, y en tierra de Benjamín, y alrededor de Jerusalén y en las ciudades de Judá, aún pasarán ganados ªpor las manos de los que *las* cuentan, dice Jehová.

14 He aquí vienen días, ᵇdice Jehová, en que yo confirmaré la palabra buena que he hablado a la casa de Israel y a la casa de Judá.

15 En aquellos días y en aquel tiempo haré producir a David Renuevo de justicia, y hará juicio y justicia en la tierra.

16 En aquellos días Judá será salvo, y Jerusalén habitará segura, y éste es *el nombre* con el cual la llamarán: Jehová, justicia nuestra.

17 Porque así dice Jehová: No faltará a David ᵉvarón que se siente sobre el trono de la casa de Israel;

18 y de ᶠlos sacerdotes y los levitas no faltará varón que en mi presencia ʰofrezca holocausto, y encienda presente, y que haga sacrificio todos los días.

19 Y vino palabra de Jehová a Jeremías, diciendo:

20 Así dice Jehová: ⁱSi pudieres romper mi pacto con el día y mi pacto con la noche, de manera que no haya día ni noche a su tiempo,

21 entonces también podrá romperse mi pacto con David, mi siervo, para que deje de tener hijo que reine sobre su trono, y con los levitas y los sacerdotes, mis ministros.

22 Como no puede ser ˡcontado el ejército del cielo, ni la arena del mar se puede medir, así multiplicaré la simiente de David mi siervo, y los levitas que a mí ministran.

23 Y vino palabra de Jehová a Jeremías, diciendo:

24 ¿No has considerado lo que habla este pueblo, diciendo: Las dos familias que Jehová escogió, las ha desechado? Y han tenido en poco a mi pueblo, ᵒhasta no tenerlos más por nación.

25 Así dice Jehová: Si no permaneciere mi pacto con el día y con la noche, si yo no he ʳpuesto las leyes del cielo y de la tierra,

26 también desecharé la simiente de Jacob, y de David mi siervo, para no tomar de su simiente quien sea señor sobre la simiente de Abraham, de Isaac y de Jacob. Porque haré

a Lv 27:32

b cp 23:5, 6
c 2 Re 25:1
 cp 39:1
 y 52:4
d cp 1:15

e 1 Re 2:4
 Sal 89:4
f ver 21
 Is 66:21
g cp 32:4
h Ro 12:1
 y 15.16
 Heb 13:15,16
 1 Pe 2:5, 9
i Sal 72:5
 cp 31:36
j 2 Cr 21:19
k cp 22:18

l cp 31.37

m 2 Re 18:13
 2 Cr 11:5, 9
n cp 4:5

o cp 31:36
p vers 15, 17
 Lv 25:10
q Lv 5:39,46
r cp 31.35
s Neh 5:8-12

volver su cautividad, y tendré de ellos misericordia.

CAPÍTULO 34

Palabra de Jehová que vino a Jeremías (cuando ᶜNabucodonosor, rey de Babilonia, y todo su ejército, y ᵈtodos los reinos de la tierra del señorío de su mano, y todos los pueblos peleaban contra Jerusalén, y contra todas sus ciudades), diciendo:

2 Así dice Jehová, el Dios de Israel: Ve y habla a Sedequías, rey de Judá, y dile: Así dice Jehová: He aquí yo entregaré esta ciudad en mano del rey de Babilonia, y la quemará con fuego;

3 y no escaparás tú de su mano, sino que de cierto serás ᵍapresado, y en su mano serás entregado; y tus ojos verán los ojos del rey de Babilonia, y te hablará boca a boca, y en Babilonia entrarás.

4 Con todo eso, oye palabra de Jehová, Sedequías, rey de Judá: Así dice Jehová de ti: No morirás a espada;

5 en paz morirás, y como ʲquemaron incienso por tus padres, los reyes primeros que fueron antes de ti, así quemarán por ti, y ᵏte endecharán, *diciendo*: ¡Ay, señor!; porque yo he hablado la palabra, dice Jehová.

6 Entonces el profeta Jeremías habló a Sedequías, rey de Judá todas estas palabras en Jerusalén.

7 Y el ejército del rey de Babilonia peleaba contra Jerusalén, y contra todas las ciudades de Judá que habían quedado, contra Laquis, y contra Azeca; porque ᵐde las ciudades ⁿfortificadas de Judá éstas habían quedado.

8 Palabra que vino a Jeremías de parte de Jehová, después que Sedequías hizo pacto con todo el pueblo en Jerusalén, ᵖpara promulgarles libertad:

9 ᵠQue cada uno dejase libre a su siervo, y cada uno a su sierva, hebreo y hebrea, ˢque ninguno usase de los judíos sus hermanos como de siervos.

10 Y cuando oyeron todos los príncipes, y todo el pueblo que habían entrado en el pacto de dejar

cada uno su siervo y cada uno su sierva libres, que ninguno usase más de ellos como de siervos, obedecieron y los dejaron.

11 Mas después se arrepintieron, e hicieron volver a los siervos y a las siervas que habían dejado libres, y los sujetaron por siervos y por siervas.

12 Por lo cual vino palabra de Jehová a Jeremías, de parte de Jehová, diciendo:

13 Así dice Jehová, el Dios de Israel: Yo hice pacto con vuestros padres el día que ᶜlos saqué de la tierra de Egipto, de casa de siervos, diciendo:

14 Al cabo de siete años ᵈdejará cada uno a su hermano hebreo que le fuere vendido; te servirá, pues, seis años, y lo enviarás libre de ti; mas vuestros padres no me oyeron, ni inclinaron su oído.

15 Y vosotros os habíais hoy convertido, y hecho lo recto delante de mis ojos, anunciando cada uno libertad a su prójimo; y habíais ʰhecho pacto en mi presencia, en la casa sobre la cual es invocado mi nombre:

16 Pero os habéis vuelto y profanado mi nombre, y habéis vuelto a tomar cada uno a su siervo y cada uno a su sierva, que habíais dejado libres ʲa su voluntad; y los habéis sujetado para que os sean siervos y siervas.

17 Por tanto, así dice Jehová: Vosotros no me habéis oído en promulgar cada uno libertad a su hermano, y cada uno a su compañero; ᵐhe aquí que yo os promulgo libertad, dice Jehová, a la espada, a la pestilencia y al hambre; y haré que seáis removidos a todos los reinos de la tierra.

18 Y entregaré a los hombres que traspasaron mi pacto, que no han llevado a efecto las palabras del pacto que celebraron en mi presencia ᵖdividiendo en dos partes el becerro y pasando por medio de ellas:

19 A los príncipes de Judá y a los príncipes de Jerusalén, a los ᑫeunucos y a los sacerdotes, y a todo el pueblo de la tierra, que pasaron entre las partes del becerro,

20 los entregaré en mano de sus enemigos y en mano de los que buscan su vida; y ʳsus cuerpos muertos serán para comida de las aves del cielo, y de las bestias de la tierra.

21 Y a Sedequías, rey de Judá, y a sus príncipes, entregaré en mano de sus enemigos, y en mano de los que buscan su vida, y en mano del ejército del rey de Babilonia, ᵃque se fueron de vosotros.

22 He aquí, mandaré yo, ᵇdice Jehová, y los haré volver a esta ciudad, y pelearán contra ella, y la tomarán, y le prenderán fuego; y reduciré a soledad las ciudades de Judá, hasta no quedar morador.

a cp 37:5-11
b cp 37:8

c Éx 20:2

d Éx 21:2
Dt 15.12

e cp 25:1

f 1 Cr 2:55

g cp 36:10
1 Cr 9:26
2 Cr 31:11
h 2 Re 23:3
Neh 10:29

i Dt 33:1
j cp 2:24

k cp 21:1
y 29:25
l 2 Re 12:9
y 25:18
cp 52:24
m Mt 7:2
Gá 6:7
Stg 2:13
n 2 Re 10:15

o Éx 20:12
Ef 6:2-3
p Gn 15:10

q cp 29:2

r cp 7:33
y 16:4

CAPÍTULO 35

La palabra que vino a Jeremías de parte de Jehová ᵉen días de Joacim, hijo de Josías, rey de Judá, diciendo:

2 Ve a casa de los ᶠrecabitas, y habla con ellos, e introdúcelos en la casa de Jehová, en una de ᵍlas cámaras, y dales a beber vino.

3 Tomé entonces a Jaazanías, hijo de Jeremías, hijo de Habasinías, y a sus hermanos, y a todos sus hijos y a toda la familia de los recabitas;

4 y los metí en la casa de Jehová, en la cámara de los hijos de Hanán, hijo de Igdalías, ⁱvarón de Dios, la cual estaba junto a la cámara de los príncipes, que estaba sobre la cámara de ᵏMaasías, hijo de Salum, ˡguarda de la puerta.

5 Y puse delante de los hijos de la familia de los recabitas tazas y copas llenas de vino, y les dije: Bebed vino.

6 Mas ellos dijeron: No beberemos vino; porque ⁿJonadab, hijo de Recab, nuestro padre nos mandó, diciendo: No beberéis vino jamás, ni vosotros ni vuestros hijos:

7 Ni edificaréis casa, ni sembraréis sementera, ni plantaréis viña, ni la poseeréis; sino que moraréis en tiendas todos vuestros días, ᵒpara que viváis muchos días sobre la faz de la tierra donde vosotros peregrináis.

8 Y nosotros hemos obedecido a la voz de Jonadab nuestro padre, hijo de Recab, en todas las cosas que nos mandó, de no beber vino en todos nuestros días, ni nosotros, ni nuestras esposas ni nuestros hijos ni nuestras hijas;

Baruc escribe en un rollo

9 Y de no edificar casas para nuestra morada, y de no tener viña, ni heredad, ni sementera.
10 Mas hemos morado en tiendas, y hemos obedecido y hecho conforme a todas las cosas que nos mandó Jonadab nuestro padre.
11 Pero sucedió que ^ccuando Nabucodonosor, rey de Babilonia subió a la tierra, dijimos: Venid, y entrémonos en Jerusalén, por miedo al ejército de los ^ecaldeos y por miedo al ejército de los de Siria; y en Jerusalén nos quedamos.
12 Y vino palabra de Jehová a Jeremías, diciendo:
13 Así dice Jehová de los ejércitos, el Dios de Israel: Ve, y di a los varones de Judá, y a los moradores de Jerusalén: ¿No recibiréis instrucción para obedecer a mis palabras? dice Jehová.
14 Fue firme la palabra de Jonadab, hijo de Recab, el cual mandó a sus hijos que no bebiesen vino, y no lo han bebido hasta hoy, por obedecer al mandamiento de su padre; y yo os he hablado a vosotros, madrugando, y hablando, y no me habéis oído.
15 Y envié a vosotros a todos mis siervos los profetas, madrugando y enviándolos a decir: ⁿVolveos ahora cada uno de su mal camino, y enmendad vuestras obras, y no vayáis tras dioses ajenos para servirles, y viviréis en la tierra que di a vosotros y a vuestros padres: mas ^ono inclinasteis vuestro oído, ni me oísteis.
16 Ciertamente los hijos de Jonadab, hijo de Recab, tuvieron por firme el mandamiento que les dio su padre; mas este pueblo no me ha obedecido.
17 Por tanto, así dice Jehová Dios de los ejércitos, el Dios de Israel: He aquí traeré yo sobre Judá y sobre todos los moradores de Jerusalén todo el mal que contra ellos he hablado: porque les hablé, y no oyeron; los llamé, y no han respondido.
18 Y dijo Jeremías a la familia de los recabitas: Así dice Jehová de los ejércitos, el Dios de Israel: Porque obedecisteis al mandamiento de Jonadab vuestro padre, y guardasteis todos sus mandamientos, e hicisteis conforme a todas las cosas que os mandó;

a cp 33:17
b cp 15:19

c 2 Re 24:1
cp 46:2
d cp 25:1
y 45:1
e 2 Re 24:2
f Esd 6:2
Ez 2:9
Zac 5:1-2
g cp 25:15
y 46:1
h cp 1:2
y 25:3

i cp 18.8
j cp 31:34

k cp 32:12
l cp 45:1

m cp 33:1
y 39:15
n 2 Re 17:13

o cp 34:14

p 2 Cr 20:3

19 Por tanto, así dice Jehová de los ejércitos, el Dios de Israel: No faltará varón de ^aJonadab, hijo de Recab, que ^besté en mi presencia todos los días.

CAPÍTULO 36

Y aconteció ^den el cuarto año de Joacim, hijo de Josías, rey de Judá, que vino esta palabra a Jeremías, de parte de Jehová, diciendo:
2 Tómate ^fun rollo de libro, y escribe en él todas las palabras que te he hablado contra Israel y contra Judá, ^gy contra todas las gentes, ^hdesde el día que comencé a hablarte, desde los días de Josías hasta hoy.
3 Quizá oiga la casa de Judá todo el mal que yo pienso hacerles, y se ⁱarrepienta cada uno de su mal camino, ^jy yo perdonaré su maldad y su pecado.
4 Y llamó Jeremías ^ka Baruc, hijo de Nerías, y escribió ^lBaruc de boca de Jeremías, en un rollo de libro, todas las palabras que Jehová le había hablado.
5 Después mandó Jeremías a Baruc, diciendo: ^mYo *estoy* preso, no puedo entrar en la casa de Jehová:
6 Entra tú pues, y lee de este rollo que escribiste de mi boca, las palabras de Jehová en oídos del pueblo, en la casa de Jehová, el día del ayuno; y las leerás también en oídos de todo Judá que vienen de sus ciudades.
7 Quizá llegue la oración de ellos a la presencia de Jehová, y se vuelva cada uno de su mal camino; porque grande *es* el furor y la ira que ha pronunciado Jehová contra este pueblo.
8 Y Baruc, hijo de Nerías, hizo conforme a todas las cosas que el profeta Jeremías le mandó, leyendo en el libro las palabras de Jehová en la casa de Jehová.
9 Y aconteció en el año quinto de Joacim, hijo de Josías, rey de Judá, en el mes noveno, que ^ppromulgaron ayuno en la presencia de Jehová, a todo el pueblo de Jerusalén, y a todo el pueblo que venía de las ciudades de Judá a Jerusalén.
10 Entonces Baruc leyó en el libro las palabras de Jeremías en la casa

Joacim corta y quema el rollo

de Jehová, ᵃen la cámara de Gemarías, hijo de ᶜSafán el escriba, en el atrio de arriba, ᵈa la entrada de la puerta nueva de la casa de Jehová, a oídos del pueblo.

11 Y Micaías, hijo de Gemarías, hijo de Safán, habiendo oído del libro todas las palabras de Jehová,

12 descendió a la casa del rey, a la cámara del escriba, y he aquí que todos los príncipes estaban allí sentados: ᶠElisama el escriba, Delaías, hijo de Semaías, ᵍElnatán, hijo de Acbor, Gemarías, hijo de Safán, Sedequías, hijo de Ananías y todos los príncipes.

13 Y Micaías les contó todas las palabras que había oído cuando Baruc leyó en el libro a oídos del pueblo.

14 Entonces enviaron todos los príncipes a Jehudí, hijo de Netanías, hijo de Selemías, hijo de Cusi, para que dijese a Baruc: Toma el rollo en que leíste a oídos del pueblo, y ven. Y Baruc, hijo de Nerías, tomó el rollo en su mano y vino a ellos.

15 Y le dijeron: Siéntate ahora, y léelo a nuestros oídos. Y leyó Baruc a sus oídos.

16 Y aconteció que cuando oyeron todas aquellas palabras, cada uno ʲse volvió espantado a su compañero, y dijeron a Baruc: Sin duda contaremos al rey todas estas palabras.

17 Preguntaron luego a Baruc, diciendo: Cuéntanos ahora cómo escribiste de boca de Jeremías todas estas palabras.

18 Y Baruc les dijo: Él me dictaba de su boca todas estas palabras, y yo escribía con tinta en el libro.

19 Entonces dijeron los príncipes a Baruc: Ve y escóndete, tú y Jeremías, y que nadie sepa dónde estáis.

20 Y entraron a donde estaba el rey, al atrio, habiendo depositado el rollo ⁿen la cámara de Elisama el escriba; y contaron a oídos del rey todas las palabras.

21 Y envió el rey a Jehudí a que tomase el rollo, el cual lo tomó de la cámara del escriba Elisama, y leyó en él Jehudí a oídos del rey, y a oídos de todos los príncipes que junto al rey estaban.

a cp 35:2
b Am 3:15
c cp 26:24
d cp 26:10

e 2 Re 22:11
f ver 20
2 Re 25:25
g cp 26:22
h ver 12

i cp 45:1-3

j ver 21

k cp 25:9

l cp 22:30
m cp 22:19

n ver 12

22 Y el rey estaba en ᵇla casa de invierno en el mes noveno, y había un brasero ardiendo delante de él;

23 Y aconteció que cuando Jehudí hubo leído tres o cuatro planas, lo rasgó *el rey* con un cuchillo de escribanía, y lo echó en el fuego que *había* en el brasero, hasta que todo el rollo se consumió en el fuego que *había* en el brasero.

24 Y no tuvieron temor, ni ᵉrasgaron sus vestiduras, ni el rey ni ninguno de sus siervos que oyeron todas estas palabras.

25 Y aunque ʰElnatán y Delaías y Gemarías rogaron al rey que no quemase aquel rollo, no los quiso oír;

26 Antes mandó el rey a Jerameel, hijo de Amelec, y a Seraías, hijo de Azriel, y a Selemías, hijo de Abdeel, ⁱque prendiesen a Baruc el escriba y al profeta Jeremías; pero Jehová los escondió.

27 Y vino palabra de Jehová a Jeremías, después que el rey quemó el rollo, las palabras que Baruc había escrito de boca de Jeremías, diciendo:

28 Vuelve a tomar otro rollo, y escribe en él todas las palabras primeras que estaban en el primer rollo que quemó Joacim, el rey de Judá.

29 Y dirás a Joacim, rey de Judá: Así dice Jehová: Tú quemaste este rollo, diciendo: ¿Por qué escribiste en él, diciendo: ᵏDe cierto, vendrá el rey de Babilonia, y destruirá esta tierra, y hará que no queden en ella hombres ni animales?

30 Por tanto, así dice Jehová acerca de Joacim, rey de Judá: ˡNo tendrá quien se siente sobre el trono de David; ᵐy su cuerpo será echado al calor del día y al hielo de la noche.

31 Y castigaré a él y a su simiente y a sus siervos por su maldad; y traeré sobre ellos, y sobre los moradores de Jerusalén, y sobre los varones de Judá, todo el mal que les he dicho y no escucharon.

32 Y tomó Jeremías otro rollo y lo dio a Baruc, hijo de Nerías el escriba; y escribió en él de boca de Jeremías todas las palabras del libro que quemó en el fuego Joacim, rey de Judá; y aun fueron añadidas sobre ellas muchas otras palabras semejantes.

Reinado de Sedequías

CAPÍTULO 37

Y reinó ªel rey Sedequías, hijo de Josías, en lugar de ᵇConías, hijo de Joacim, ᵈal cual Nabucodonosor, rey de Babilonia había constituido por rey en la tierra de Judá.

2 Pero ni él, ᵉni sus siervos, ni el pueblo de la tierra obedecieron a las palabras que Jehová habló por medio del profeta Jeremías.

3 Y envió el rey Sedequías a ᶠJucal, hijo de Selemías, y a ᵍSofonías, hijo de Maasías el sacerdote, para que dijesen al profeta Jeremías: Ruega ahora por nosotros a Jehová nuestro Dios.

4 Y Jeremías ⁱentraba y salía en medio del pueblo; ʲporque *aún* no lo habían puesto en la cárcel.

5 Y cuando ᵏel ejército de Faraón hubo salido de Egipto, ˡy llegó la noticia de ello a oídos de los caldeos que tenían sitiada a Jerusalén, se retiraron de Jerusalén.

6 Entonces vino palabra de Jehová al profeta Jeremías, diciendo:

7 Así dice Jehová, el Dios de Israel: Diréis así al rey de Judá, ᵐque os envió a mí para que me consultaseis: He aquí que el ejército de Faraón que había salido en vuestro socorro, se volverá a su tierra en Egipto.

8 Y los caldeos volverán y ᵒpelearán contra esta ciudad, y la tomarán y le prenderán fuego.

9 Así dice Jehová: No os engañéis a vosotros mismos, diciendo: De cierto los caldeos se irán de nosotros; porque no se irán.

10 Porque aun cuando hirieseis a todo el ejército de los caldeos que pelean contra vosotros, y quedasen de ellos hombres heridos, cada uno se levantará de su tienda, y prenderán fuego a esta ciudad.

11 Y aconteció que cuando el ejército de los caldeos se retiró de Jerusalén por miedo al ejército de Faraón,

12 Jeremías salió de Jerusalén para irse a la tierra de Benjamín, para apartarse allí de en medio del pueblo.

13 Y cuando llegó ᵘa la puerta de Benjamín, estaba allí un capitán de la guardia que se llamaba Irías, hijo de Selemías, hijo de Hananías, el cual apresó al profeta Jeremías, diciendo: ˣTú te pasas a los caldeos.

14 Y Jeremías dijo: Falso; no me paso a los caldeos. Mas él no lo escuchó, antes prendió Irías a Jeremías, y lo llevó delante de ᶜlos príncipes.

15 Y los príncipes se airaron contra Jeremías, y le azotaron, y le pusieron en prisión en la casa de Jonatán, el escriba, porque a ésta la habían convertido en cárcel.

16 Entró pues Jeremías en la casa de la mazmorra, y en las camarillas. Y habiendo estado allá Jeremías por muchos días,

17 el rey Sedequías envió, y le sacó; y le preguntó el rey ʰescondidamente en su casa, y dijo: ¿Hay palabra de Jehová? Y Jeremías dijo: Hay. Y dijo más: En mano del rey de Babilonia serás entregado.

18 Dijo también Jeremías al rey Sedequías: ¿En qué pequé contra ti, y contra tus siervos, y contra este pueblo, para que me pusieseis en la cárcel?

19 ¿Y dónde *están* vuestros profetas que os profetizaban, diciendo: No vendrá el rey de Babilonia contra vosotros, ni contra esta tierra?

20 Ahora pues, oye, te ruego, oh rey mi señor: caiga ahora mi súplica delante de ti, ⁿy no me hagas volver a casa de Jonatán, el escriba, para que no muera allí.

21 Entonces dio orden el rey Sedequías y pusieron a Jeremías ᵖen el patio de la cárcel haciéndole dar una torta de pan al día, de la plaza de los panaderos, ᵠhasta que todo el pan de la ciudad se gastase. Y quedó Jeremías en el patio de la cárcel.

CAPÍTULO 38

Y oyó Sefatías, hijo de Matán, y Gedalías, hijo de Pasur, y ʳJucal, hijo de Selemías, y ˢPasur, hijo de Malquías, las palabras que Jeremías hablaba a todo el pueblo, diciendo:

2 Así dice Jehová: ᵗEl que se quede en esta ciudad morirá a espada, o de hambre, o de pestilencia; mas el que se pase a los caldeos vivirá, pues su vida le será por despojo, y vivirá.

3 Así dice Jehová: ᵛDe cierto será entregada esta ciudad en mano del ejército del rey de Babilonia, y la tomará.

4 Y dijeron los príncipes al rey: Te pedimos que ªsea muerto este hombre; porque de esta manera hace desmayar las manos de los hombres de guerra que han quedado en esta ciudad, y las manos de todo el pueblo, hablándoles tales palabras; porque este hombre no busca la paz de este pueblo, sino el mal.

5 Y dijo el rey Sedequías: Helo ahí, en vuestras manos está; ᵈpues el rey nada puede *hacer* contra vosotros.

6 Entonces tomaron ellos a Jeremías, y lo echaron en la mazmorra de Malquías, hijo de Amelec, que *estaba* en el patio de la cárcel; y metieron a Jeremías con sogas. Y en la mazmorra no *había* agua, sino cieno; y se hundió Jeremías en el cieno.

7 Y ᵉoyendo Ebedmelec, hombre etíope, eunuco que estaba en casa del rey, que habían puesto a Jeremías en la mazmorra, y estando sentado el rey ᵍa la puerta de Benjamín,

8 Ebedmelec salió de la casa del rey, y habló al rey, diciendo:

9 Mi señor el rey, mal hicieron estos varones en todo lo que han hecho al profeta Jeremías, al cual echaron en la mazmorra; porque allí morirá de hambre, pues ʰno *hay* más pan en la ciudad.

10 Entonces mandó el rey al mismo Ebedmelec etíope, diciendo: Toma en tu poder treinta hombres de aquí, y saca al profeta Jeremías de la mazmorra, antes que muera.

11 Y tomó Ebedmelec en su poder hombres, y entró a la casa del rey al lugar debajo de la tesorería, y tomó de allí trapos viejos y raídos, ropas viejas y andrajosas, y los echó a Jeremías con sogas en la mazmorra.

12 Y el etíope Ebedmelec dijo a Jeremías: Pon ahora esos trapos viejos y ropas raídas y andrajosas bajo tus sobacos, debajo de las sogas. Y lo hizo así Jeremías.

13 De este modo ʲsacaron a Jeremías con sogas, y lo subieron de la mazmorra; y quedó Jeremías en el patio de la cárcel.

14 Después envió el rey Sedequías, e hizo traer a sí al profeta Jeremías a la tercera entrada que estaba en la casa de Jehová. Y dijo el rey a Jeremías: Voy a preguntarte algo, no me ocultes nada.

15 Y Jeremías dijo a Sedequías: Si te lo declaro, ¿no es verdad que me matarás? Y si te doy un consejo, no me escucharás.

16 Y el rey Sedequías juró ᵇen secreto a Jeremías, diciendo: Vive Jehová ᶜque nos hizo esta alma, que no te mataré, ni te entregaré en mano de estos varones que buscan tu vida.

17 Entonces dijo Jeremías a Sedequías: Así dice Jehová Dios de los ejércitos, el Dios de Israel: Si en verdad te pasas a los príncipes del rey de Babilonia, tu alma vivirá, y esta ciudad no será puesta a fuego; y vivirás tú y tu casa:

18 Pero si no te pasas a los príncipes del rey de Babilonia, esta ciudad será entregada en mano de los caldeos, y le prenderán fuego, y ᶠtú no escaparás de sus manos.

19 Y el rey Sedequías dijo a Jeremías: Tengo temor de los judíos que se han pasado a los caldeos, no sea que me entreguen en sus manos y me escarnezcan.

20 Pero Jeremías dijo: No te entregarán. Te ruego que obedezcas la voz de Jehová, que yo te hablo, y te irá bien y vivirá tu alma.

21 Pero si rehúsas salir, esta *es* la palabra que me ha mostrado Jehová:

22 Y he aquí que todas las mujeres que han quedado en casa del rey de Judá, serán llevadas a los príncipes del rey de Babilonia; y ellas mismas dirán: Te han engañado, y han prevalecido contra ti tus amigos; hundieron en el cieno tus pies, se volvieron atrás.

23 Sacarán, pues, todas tus esposas y ⁱtus hijos a los caldeos, y tú no escaparás de sus manos, sino que por mano del rey de Babilonia serás apresado, y a esta ciudad quemará a fuego.

24 Y dijo Sedequías a Jeremías: Que nadie sepa estas palabras, y no morirás.

25 Y si los príncipes oyen que yo he hablado contigo, y vienen a ti y te dicen: Decláranos ahora qué hablaste con el rey, no nos lo encubras, y no te mataremos; y dinos también qué te dijo el rey;

a	cp 26:11
b	cp 37:17
c	Is 57:16
d	vers 24-27
e	cp 39:16
f	ver 23
	cp 32:4
g	cp 37:13
h	cp 37:21
i	cp 39:6
y	44:7
j	ver 6

Jerusalén es tomada por Nabucodonosor

26 tú les dirás: ªSupliqué al rey que no me hiciese volver a casa de Jonatán para que no me muriese allí.

27 Y vinieron luego todos los príncipes a Jeremías, y le preguntaron: y él les respondió conforme a todo lo que el rey le había mandado. Con esto se alejaron de él, porque el asunto no se había oído.

28 Y ᶜquedó Jeremías ᵈen el patio de la cárcel hasta el día que fue tomada Jerusalén; y *allí* estaba cuando Jerusalén fue tomada.

CAPÍTULO 39

En ᵉel noveno año de Sedequías, rey de Judá, en el mes décimo, vino Nabucodonosor, rey de Babilonia, con todo su ejército contra Jerusalén, y la sitiaron.

2 Y en el año undécimo de Sedequías, en el mes cuarto, a los nueve días del mes, fue abierta brecha en *el muro de* la ciudad.

3 Y ʰentraron todos los príncipes del rey de Babilonia, y asentaron a la puerta del medio: Nergal-sarezer, Samgar-nebo, Sarsequim, y ⁱRabsaris, Nergal-sarezer, Rabmag, y todos los demás príncipes del rey de Babilonia.

4 Y sucedió ᵏque al verlos Sedequías, rey de Judá y todos los hombres de guerra, huyeron y salieron de noche de la ciudad por el camino del huerto del rey, por la puerta entre los dos muros; y el *rey* salió por el camino del desierto.

5 Mas el ejército de los caldeos los siguió, y alcanzaron a Sedequías en los llanos de Jericó; y lo tomaron, y lo hicieron subir a Nabucodonosor, rey de Babilonia, a ᵐRibla, en tierra de Hamat, y lo sentenció.

6 Y degolló el rey de Babilonia a ⁿlos hijos de Sedequías en su presencia en Ribla, haciendo asimismo degollar el rey de Babilonia a todos los nobles de Judá.

7 Y ᵖsacó los ojos al rey Sedequías, y lo aprisionó con grillos para llevarlo a Babilonia.

8 Y los caldeos prendieron fuego a la casa del rey y a las casas del pueblo, y derribaron los muros de Jerusalén.

9 Y al resto del pueblo que había quedado en la ciudad, y a los que se habían adherido a él, con todo el resto del pueblo que había quedado, los trasportó a Babilonia Nabuzaradán, ᵇcapitán de la guardia.

10 Mas Nabuzaradán, capitán de la guardia, hizo quedar en tierra de Judá a los más pobres del vulgo que no tenían nada, y en ese tiempo les dio viñas y campos.

11 Y Nabucodonosor, rey de Babilonia, había ordenado a Nabuzaradán, capitán de la guardia acerca de Jeremías, diciendo:

12 Tómalo, y mira por él, y no le hagas mal alguno; sino que harás con él como él te dijere.

13 Envió por tanto Nabuzaradán, capitán de la guardia, y Nabusazbán, el Rabsaris, y Nergal-sarezer, y el Rabmag, y todos los príncipes del rey de Babilonia;

14 Enviaron entonces, ᶠy sacaron a Jeremías del patio de la cárcel y lo entregaron a ᵍGedalías, hijo de Ahicam, hijo de Safán, para que lo llevase a casa: y habitó entre el pueblo.

15 Y la palabra de Jehová había venido a Jeremías, estando preso en el patio de la cárcel, diciendo:

16 Ve y habla a ʲEbedmelec, el etíope, diciendo: Así dice Jehová de los ejércitos, el Dios de Israel: He aquí yo traigo mis palabras sobre esta ciudad para mal, y no para bien; y se cumplirán en aquel día en presencia tuya.

17 Mas en aquel día yo te libraré, dice Jehová, y no serás entregado en mano de aquellos a quienes tú temes.

18 Porque ciertamente te libraré, y no caerás a espada, sino que ˡtu vida te será por despojo, porque pusiste tu confianza en mí, dice Jehová.

CAPÍTULO 40

Palabra que vino a Jeremías de parte de Jehová, ᵒdespués que Nabuzaradán, capitán de la guardia le envió desde Ramá, cuando le tomó estando atado con esposas entre todos los que fueron llevados cautivos de Jerusalén y de Judá que fueron desterrados a Babilonia.

2 Tomó pues, el capitán de la guardia a Jeremías, ᵠy le dijo: Jehová tu Dios habló este mal contra este lugar;

Ismael lleva cautivo al resto del pueblo

3 y Jehová lo ha traído y hecho según lo había dicho; porque pecasteis contra Jehová, y no oísteis su voz, por eso os ha venido esto.

4 Y ahora yo te he soltado hoy de las esposas que tenías en tus manos. Si te parece bien venir conmigo a Babilonia, ven, y yo miraré por ti; mas si no te parece bien venir conmigo a Babilonia, déjalo; mira, toda la tierra está delante de ti; ve a donde mejor y más cómodo te pareciere ir.

5 Y aún no se había vuelto él, cuando le dijo: Vuélvete a ^cGedalías, hijo de Ahicam, hijo de Safán, ^dal cual el rey de Babilonia ha puesto sobre todas las ciudades de Judá, y vive con él en medio del pueblo; o ve a donde te pareciere más cómodo ir. Y el capitán de la guardia le dio ^gprovisiones y un presente, y le despidió.

6 Se fue entonces Jeremías a Gedalías, hijo de Ahicam, a ^hMizpa, y moró con él en medio del pueblo que había quedado en la tierra.

7 ⁱY como oyeron todos los príncipes del ejército que estaba por el campo, ellos y sus hombres, que el rey de Babilonia había puesto a Gedalías, hijo de Ahicam, sobre la tierra, y que le había encomendado los hombres, y las mujeres y los niños y los pobres de la tierra, que no fueron llevados cautivos a Babilonia.

8 Vinieron luego a Gedalías en Mizpa, esto es, ^jIsmael, hijo de Netanías, y ^kJohanán y Jonatán, hijos de Carea, y Seraías, hijo de Tanhumet, y los hijos de Efi netofatita, y Jezanías, hijo de un maacatita, ellos y sus hombres.

9 Y les juró Gedalías, hijo de Ahicam, hijo de Safán, a ellos y a sus hombres, diciendo: No tengáis temor de servir a los caldeos; habitad en la tierra, y servid al rey de Babilonia, y tendréis bien.

10 Y he aquí que yo habito en Mizpa, para estar delante de los caldeos que vendrán a nosotros; mas vosotros, tomad el vino, los frutos del verano y el aceite, y ponedlo en vuestros almacenes, y quedaos en vuestras ciudades que habéis tomado.

11 Asimismo todos los judíos que estaban en Moab, y entre los hijos de Amón, y en Edom, y los que estaban en todas las tierras, cuando oyeron decir como el rey de Babilonia había dejado un remanente en Judá, y que había puesto sobre ellos a Gedalías, hijo de Ahicam, hijo de Safán,

12 ^atodos estos judíos regresaron entonces de todos los lugares adonde habían sido echados, y vinieron a tierra de Judá, a Gedalías en Mizpa; y tomaron vino y muchísima fruta de verano.

13 Y Johanán, hijo de Carea, y ^btodos los príncipes de la gente de guerra que estaban en el campo, vinieron a Gedalías en Mizpa,

14 y le dijeron: ¿No sabes de cierto como ^eBaalis, rey de los hijos de Amón, ha enviado a ^fIsmael, hijo de Netanías, para matarte? Mas Gedalías, hijo de Ahicam, no les creyó.

15 Entonces Johanán, hijo de Carea habló a Gedalías en secreto, en Mizpa, diciendo: Yo iré ahora, y heriré a Isma, hijo de Netanías, y ningún hombre lo sabrá: ¿por qué te ha de matar, y todos los judíos que se han reunido a ti se dispersarán, y perecerá el resto de Judá?

16 Pero Gedalías, hijo de Ahicam, dijo a Johanán, hijo de Carea: No hagas esto, porque es falso lo que tú dices de Ismael.

CAPÍTULO 41

Y aconteció ^len el mes séptimo, ^mque vino Ismael, hijo de Netanías, hijo de Elisama, de la simiente real, y algunos príncipes del rey, y diez hombres con él, a Gedalías, hijo de Ahicam, en Mizpa; y juntos comieron pan allí en Mizpa.

2 Y se levantó Ismael, hijo de Netanías, y los diez hombres que con él estaban, y mataron a espada a Gedalías, hijo de Ahicam, hijo de Safán, matando así a aquel ⁿa quien el rey de Babilonia había puesto sobre la tierra.

3 Asimismo mató Ismael a todos los judíos que estaban con él, con Gedalías en Mizpa, y a los soldados caldeos que allí se hallaron.

4 Sucedió además, un día después que mató a Gedalías, cuando nadie lo sabía aún,

Johanán pide oración a Jeremías

5 que venían unos hombres de Siquem y de Silo y de Samaria, ochenta hombres, ªraída la barba, y rotas las ropas, y arañados y traían en sus manos ofrenda y perfume para llevar a ᵇla casa de Jehová.

6 Y de Mizpa les salió al encuentro, llorando, Ismael, hijo de Netanías: y aconteció que como los encontró, les dijo: Venid a Gedalías, hijo de Ahicam.

7 Y fue que cuando llegaron al medio de la ciudad, Ismael, hijo de Netanías, los degolló, *y los echó* dentro de una cisterna, él y los hombres que con él estaban.

8 Mas entre aquellos fueron hallados diez hombres que dijeron a Ismael: No nos mates; porque tenemos en el campo tesoros de trigos, y cebadas, y aceite y miel. Y los dejó, y no los mató entre sus hermanos.

9 Y la cisterna en que Ismael echó a todos los cadáveres de los hombres que él había matado a causa de Gedalías, era la misma que había hecho el rey Asa a causa de Baasa, rey de Israel; la llenó de muertos Ismael, hijo de Netanías.

10 Después Ismael llevó cautivo a todo el resto del pueblo que *estaba* en Mizpa; ᶠa las hijas del rey y a todo el pueblo que en Mizpa había quedado, ᵍel cual Nabuzaradán, capitán de la guardia, había encargado a Gedalías, hijo de Ahicam. Los llevó, pues, cautivos Ismael, hijo de Netanías y se fue para pasarse a los hijos de ʰAmón.

11 Y oyó ⁱJohanán, hijo de Carea, y todos los príncipes de la gente de guerra que estaban con él, todo el mal que había hecho Ismael, hijo de Netanías.

12 Entonces tomaron todos los hombres, y fueron a pelear con Ismael, hijo de Netanías y lo hallaron junto al ᵏgran estanque que *está* en Gabaón.

13 Y aconteció que como todo el pueblo que *estaba* con Ismael vio a Johanán, hijo de Carea, y a todos los príncipes de la gente de guerra que estaban con él, se alegraron.

14 Y todo el pueblo que Ismael había traído cautivo de Mizpa, se tornaron, y volvieron, y se fueron a Johanán, hijo de Carea.

15 Mas Ismael, hijo de Netanías, se escapó delante de Johanán con ocho hombres, y se fue a los hijos de Amón.

16 Y Johanán, hijo de Carea, y todos los príncipes de la gente de guerra que con él *estaban*, tomaron todo el resto del pueblo que habían recobrado de Ismael, hijo de Netanías, de Mizpa, después que mató a Gedalías, hijo de Ahicam: hombres de guerra, y mujeres y niños, y los eunucos que Johanán había hecho tornar de Gabaón;

17 y fueron y habitaron en ᶜGerutquimam, que es cerca de Belén, a fin de partir y meterse en Egipto,

18 por causa de los caldeos; pues temían de ellos, porque Ismael hijo de Netanías había matado a Gedalías, hijo de Ahicam, al cual el rey de Babilonia había puesto sobre la tierra.

CAPÍTULO 42

Y vinieron ᵈtodos los capitanes de la gente de guerra, y ᵉJohanán, hijo de Carea, y Jezanías, hijo de Osaías, y todo el pueblo desde el menor hasta el mayor,

2 y dijeron al profeta Jeremías: Sea acepta nuestra súplica delante de ti, y ora por nosotros a Jehová tu Dios, por todo este remanente (pues de muchos hemos quedado unos pocos, como nos ven tus ojos),

3 para que Jehová tu Dios nos enseñe el camino por donde vayamos, y lo que hemos de hacer.

4 Y el profeta Jeremías les dijo: Ya he oído. He aquí que voy a orar a Jehová vuestro Dios, como habéis dicho; y será que todo lo que Jehová os respondiere, os *lo* declararé; no os reservaré palabra.

5 Y ellos dijeron a Jeremías: ʲJehová sea testigo entre nosotros de la verdad y de la ˡlealtad, si no hiciéremos conforme a todo aquello para lo cual Jehová tu Dios te enviare a nosotros.

6 Sea bueno, o sea malo, a la voz de Jehová nuestro Dios, al cual te enviamos, obedeceremos; para que, obedeciendo a la voz de Jehová, nuestro Dios, tengamos bien.

7 Y aconteció que al cabo de diez días vino palabra de Jehová a Jeremías.

Referencias:
a Dt 14.1
b 1 Sm 1:7
  2 Re 25:9
c 2 Sm 19:37
d cp 40:13
e cp 40:8
f cp 43:6
g cp 40:7
h cp 40:14
i cp 40:8
j Gn 31:50
k Jos 18:15
  2 Sm 2:13
l Ap 1:5
  y 3:14

JEREMÍAS 43

8 Y llamó a Johanán, hijo de Carea, y a todos los capitanes de la gente de guerra que con él *estaban*, y a todo el pueblo desde el menor hasta el mayor;

9 Y les dijo: Así dice Jehová, el Dios de Israel, al cual me enviasteis para presentar vuestras súplicas delante de Él:

10 Si os quedareis quietos en esta tierra, ^aos edificaré y no os destruiré; os plantaré y no os arrancaré; porque ^barrepentido estoy del mal que os he hecho.

11 No temáis de la presencia del rey de Babilonia, del cual tenéis temor; no temáis de su presencia, dice Jehová, porque con vosotros *estoy* yo para salvaros y libraros de su mano:

12 Y ^cos daré misericordias, y tendrá misericordia de vosotros, y os hará volver a vuestra tierra.

13 Mas si dijereis: No moraremos en esta tierra, no obedeciendo así a la voz de Jehová vuestro Dios,

14 y diciendo: No, ^dantes nos entraremos en tierra de Egipto, en la cual no veremos guerra, ni oiremos sonido de trompeta, ni tendremos hambre de pan, y allá moraremos;

15 ahora por eso, oíd la palabra de Jehová, remanente de Judá: Así dice Jehová de los ejércitos, el Dios de Israel: Si vosotros ^gvolviereis ^hvuestros rostros para entrar en Egipto, y entrareis para peregrinar allá,

16 entonces sucederá que la espada que teméis, os alcanzará allí en la tierra de Egipto, y el hambre de que tenéis temor, os seguirá allí en Egipto; y allí moriréis.

17 Será, pues, que todos los hombres que tornaren sus rostros para entrar en Egipto y peregrinar allí, ^kmorirán a espada, de hambre y de pestilencia; ^lno habrá de ellos quien quede vivo, ni quien escape delante del mal que traeré yo sobre ellos.

18 Porque así dice Jehová de los ejércitos, el Dios de Israel: Como se derramó mi enojo y mi ira sobre los moradores de Jerusalén, así se derramará mi ira sobre vosotros, cuando entrareis en Egipto; y seréis por juramento y por espanto, y por maldición y por afrenta; y no veréis más este lugar.

---

a cp 24.6

b Gn 6:6
  Dt 32:36

cp 18:8

c Sal 106:45
  Neh 1:11

d cp 41:17

e cp 42.1
f cp 40:8
g Dt 17:16
  cp 44:12-14
h Lc 9:51

i cp 32.12

j cp 40:13
k ver 22
  cp 24:10
l cp 44:14,28

m cp 41:10
n cp 39:10
y 40:7

No entréis en Egipto

19 Jehová habló sobre vosotros, oh remanente de Judá: No entréis en Egipto; sabed por cierto que os aviso hoy.

20 ¿Por qué hicisteis errar vuestras almas? Porque vosotros me enviasteis a Jehová vuestro Dios, diciendo: Ora por nosotros a Jehová nuestro Dios; y conforme a todas las cosas que Jehová nuestro Dios dijere, háznoslo saber así, y *lo* pondremos por obra.

21 Y os lo he denunciado hoy, y no habéis obedecido a la voz de Jehová vuestro Dios, ni a todas las cosas por las cuales me envió a vosotros.

22 Ahora, pues, sabed de cierto que moriréis a espada, de hambre y de pestilencia, en el lugar donde deseasteis entrar para peregrinar allí.

CAPÍTULO 43

Y aconteció que como Jeremías acabó de hablar a todo el pueblo todas las palabras de Jehová su Dios, *esto es*, todas las palabras por las cuales Jehová su Dios le había enviado a ellos,

2 dijo Azarías, ^ehijo de Osaías, y ^fJohanán, hijo de Carea, y todos los varones soberbios dijeron a Jeremías: Mentira dices; no te ha enviado Jehová nuestro Dios para decir: No entréis en Egipto a peregrinar allí;

3 sino que ⁱBaruc, hijo de Nerías, te incita contra nosotros, para entregarnos en mano de los caldeos, para matarnos y para hacernos trasportar a Babilonia.

4 No obedeció, pues, Johanán, hijo de Carea, y ^jtodos los capitanes de la gente de guerra, y todo el pueblo, a la voz de Jehová para quedarse en tierra de Judá;

5 sino que tomó Johanán, hijo de Carea, y todos los capitanes de la gente de guerra, a todo el remanente de Judá que había vuelto de todas las naciones adonde habían sido echados, para habitar en la tierra de Judá;

6 a hombres y mujeres y niños, ^my a las hijas del rey, ⁿy a toda alma que Nabuzaradán, capitán de la guardia, había dejado con Gedalías,

Desobedecen y se refugian en Egipto

hijo de Ahicam, hijo de Safán, y al profeta Jeremías y a Baruc, hijo de Nerías;

7 y entraron en tierra de Egipto; porque no obedecieron a la voz de Jehová; y llegaron hasta ªTafnes.

8 Y vino palabra de Jehová a Jeremías en Tafnes, diciendo:

9 Toma con tu mano piedras grandes, y escóndelas en el barro, en el enladrillado que *está* a la puerta de la casa de Faraón en Tafnes, a vista de los hombres de Judá;

10 y diles: Así dice Jehová de los ejércitos, el Dios de Israel: He aquí que yo enviaré y tomaré a Nabucodonosor, rey de Babilonia, ᶜmi siervo, y pondré su trono sobre estas piedras que he escondido, y extenderá su pabellón sobre ellas.

11 Y vendrá, y herirá la tierra de Egipto: los que a muerte, a muerte, y los que a cautiverio, a cautiverio, y los que a espada, a espada.

12 Y yo pondré a fuego las casas de ᵈlos dioses de Egipto; y las quemará, y a ellos ᵉllevará cautivos; y él se vestirá la tierra de Egipto, como el pastor se viste su capa, y saldrá de allá en paz.

13 Además, quebrará las estatuas de Bet-semes, que está en tierra de Egipto, y las casas de los dioses de Egipto quemará a fuego.

CAPÍTULO 44

Palabra que vino a Jeremías acerca de todos los judíos que moraban en la tierra de Egipto, que moraban en ᵍMigdol, y en ʰTafnes, y en ⁱNof, y en tierra de Patros, diciendo:

2 Así dice Jehová de los ejércitos, el Dios de Israel: Vosotros habéis visto todo el mal que traje sobre Jerusalén y sobre todas las ciudades de Judá: y he aquí que ellas *están* el día de hoy asoladas, y ni hay en ellas morador;

3 a causa de la maldad que ellos cometieron para hacerme enojar, yendo a ofrecer incienso, honrando a dioses ajenos que ellos no habían conocido, *ni* vosotros, ni vuestros padres.

4 Y ᵐenvié a vosotros a todos mis siervos los profetas, madrugando y enviándolos, diciendo: No hagáis

JEREMÍAS 44

ahora esta cosa abominable que yo aborrezco.

5 Mas no oyeron ni inclinaron su oído para convertirse de su maldad, para no ofrecer incienso a dioses ajenos.

6 Se derramó, por tanto, mi furor y mi ira, y se encendió en las ciudades de Judá y en las calles de Jerusalén, y fueron destruidas y desoladas, como están hoy.

7 Ahora, pues, así dice Jehová de los ejércitos, el Dios de Israel: ¿Por qué hacéis tan grande mal ᵇcontra vuestras almas, para ser cortados varón y mujer, y niño de pecho, de en medio de Judá, sin que os quede remanente alguno;

8 haciéndome enojar con las obras de vuestras manos, ofreciendo incienso a dioses ajenos en la tierra de Egipto, adonde habéis entrado para morar, de suerte que os acabéis, y seáis por maldición y por oprobio a todas las gentes de la tierra?

9 ¿Os habéis olvidado de las maldades de vuestros padres, y de las maldades de los reyes de Judá, y de las maldades de ᶠsus esposas, y de vuestras maldades, y de las maldades de vuestras esposas, que hicieron en la tierra de Judá y en las calles de Jerusalén?

10 No se han humillado hasta el día de hoy, ni han tenido temor, ni han caminado en mi ley, ni en mis estatutos que puse delante de vosotros y delante de vuestros padres.

11 Por tanto, así dice Jehová de los ejércitos, el Dios de Israel: He aquí que yo pongo mi rostro contra vosotros para mal, y para destruir a todo Judá.

12 Y tomaré el remanente de Judá que puso su rostro para entrar en la tierra de Egipto para morar allí, ʲy en la tierra de Egipto serán todos consumidos. Caerán a espada y por el hambre serán consumidos; por la espada y el hambre morirán desde el menor hasta el mayor; ᵏy serán causa de blasfemia, de espanto, de maldición y de oprobio.

13 Pues castigaré ˡa los que moran en tierra de Egipto, como castigué a Jerusalén, con espada, con hambre y con pestilencia.

---

a cp 2:16

b Nm 16:38

c cp 25:9

d cp 46:25
e cp 48:7
f 1 Re 11:1-8
y 15:13
2 Re 11:1

g cp 46:14
h cp 2:16
i Is 19:13

j cp 42:15

k cp 42:18
y 46:19

l cp 43:11
m 2 Cr 36:15

14 Y del remanente de Judá que entraron en tierra de Egipto para morar allí, no habrá quien escape, ni quien quede vivo, para volver a la tierra de Judá, por la cual suspiran ellos por volver para habitar allí; porque no volverán sino los que escaparen. ^a

15 Entonces todos los que sabían que sus esposas habían ofrecido incienso a dioses ajenos, y todas las mujeres que estaban presentes, una gran multitud, y todo el pueblo que habitaba en tierra de Egipto, en ^cPatros, respondieron a Jeremías, diciendo:

16 *En cuanto a* la palabra que nos has hablado en nombre de Jehová, no la oiremos de ti;

17 sino que ciertamente pondremos por obra toda palabra que ha salido de nuestra boca, para ofrecer incienso ^d a la reina del cielo, derramándole libaciones, como hemos hecho nosotros y nuestros padres, nuestros reyes y nuestros príncipes, en las ciudades de Judá y en las plazas de Jerusalén, y fuimos saciados de pan, y estuvimos alegres, y no vimos mal alguno.

18 Mas desde que cesamos de ofrecer incienso a la reina del cielo, y de derramarle libaciones, todo nos falta, y somos consumidos por la espada y por el hambre.

19 Y cuando ofrecimos incienso a la reina del cielo, y le derramamos libaciones, ¿acaso nosotras le hicimos tortas para tributarle culto, y le derramamos libaciones, sin *saberlo* nuestros maridos?

20 Y habló Jeremías a todo el pueblo, a los hombres y a las mujeres, y a todo el vulgo que le había respondido esto, diciendo:

21 ¿No ^jse ha acordado Jehová, y no ha venido a su memoria el incienso que ofrecisteis en las ciudades de Judá, y en las plazas de Jerusalén, vosotros y vuestros padres, vuestros reyes y vuestros príncipes, y el pueblo de la tierra?

22 Y no pudo soportar más Jehová a causa de la maldad de vuestras obras, a causa de las abominaciones que habíais hecho: por tanto, vuestra tierra fue puesta en asolamiento, en espanto y en maldición, hasta no quedar morador, como hoy.

23 Porque habéis quemado incienso y pecasteis contra Jehová, y no obedecisteis a la voz de Jehová, ni anduvisteis en su ley, ni en sus estatutos, ni en sus testimonios; ^apor tanto ha venido sobre vosotros este mal, como en este día.

24 Y dijo Jeremías a todo el pueblo, y a todas las mujeres: Oíd palabra de Jehová, todos los de Judá ^bque *estáis* en tierra de Egipto:

25 Así habla Jehová de los ejércitos, el Dios de Israel, diciendo: Vosotros y vuestras esposas hablasteis con vuestras bocas, y con vuestras manos lo ejecutasteis, diciendo: Cumpliremos efectivamente nuestros votos que hicimos, de ofrecer incienso a la reina del cielo y de derramarle libaciones; confirmáis a la verdad vuestros votos, y ponéis vuestros votos por obra.

26 Por tanto, oíd palabra de Jehová, todo Judá que habitáis en tierra de Egipto: He aquí ^ehe jurado por mi grande nombre, dice Jehová, que ^fmi nombre no será más invocado en toda la tierra de Egipto por boca de ningún hombre judío, diciendo: Vive el Señor Jehová.

27 He aquí ^gque yo velo sobre ellos para mal, y no para bien; y todos los hombres de Judá que *están* en la tierra de Egipto, serán consumidos a espada y de hambre, hasta que perezcan del todo.

28 Y ^hlos pocos hombres que escaparen de la espada, volverán de la tierra de Egipto a la tierra de Judá, y sabrá todo el remanente de Judá, que han entrado en Egipto a morar allí ^ila palabra de quién ha de permanecer, si la mía, o la suya.

29 Y esto *tendréis* por señal, dice Jehová, de que en este lugar os visito, para que sepáis que de cierto permanecerán mis palabras para mal sobre vosotros.

30 Así dice Jehová: He aquí que ^kyo entrego a Faraón Hofra, rey de Egipto, en mano de sus enemigos, ^len mano de los que buscan su vida, como entregué a ^mSedequías, rey de Judá, en mano de Nabucodonosor, rey de Babilonia, su enemigo que buscaba su vida.

---

a Dt 31:29

b ver 15
cp 43:7

c ver 1

d cp 7:18

e Gn 22:16
cp 22:5
f Ez 20:39

g cp 31:28

h ver 14
Is 27:13

i vers 17-26

j cp 3:16

k cp 46:13,25
Ez 29:2-3
y 30:21-24
l cp 46:26
m cp 39:5

Profecía acerca de Egipto
CAPÍTULO 45

Palabra que habló el profeta Jeremías a ªBaruc, hijo de Nerías, ᵇcuando escribía en el libro estas palabras de boca de Jeremías, en ᶜel año cuarto de Joacim, hijo de Josías, rey de Judá, diciendo:

2 Así dice Jehová, el Dios de Israel, a ti, oh Baruc:

3 Tú dijiste: ¡Ay de mí ahora! porque Jehová ha añadido tristeza a mi dolor; fatigado estoy de mi gemir y no hallo descanso.

4 Así le dirás: Así dice Jehová: He aquí ⁱque yo destruyo lo que edifiqué, y arranco lo que planté, y toda esta tierra.

5 ¿Y tú buscas para ti grandes cosas? No *las* busques; porque he aquí que yo traigo mal sobre toda carne, dice Jehová, y ʲa ti te daré tu vida por despojo en todos los lugares adonde vayas.

CAPÍTULO 46

Palabra de Jehová que vino al profeta Jeremías, contra ˡlos gentiles.

2 En cuanto a Egipto; ᵒcontra el ejército de Faraón Necao, rey de Egipto, que estaba cerca del río Éufrates en Carquemis, al cual hirió Nabucodonosor, rey de Babilonia el año cuarto de Joacim, hijo de Josías, rey de Judá.

3 Preparad ᵖescudo y pavés, y venid a la batalla.

4 Uncid caballos, y subid, vosotros los caballeros, y poneos con yelmos; limpiad las lanzas, vestíos de corazas.

5 ¿Por qué los vi medrosos, tornando atrás? Y sus valientes fueron deshechos, y huyeron aterrados sin mirar atrás *porque había* miedo de todas partes, dice Jehová.

6 No huya el ligero, ni el valiente escape al norte; junto a la ribera del Éufrates tropezaron y cayeron.

7 ¿Quién *es* éste *que* ᵘcomo río se levanta, y cuyas aguas se mueven como ríos?

8 Egipto como río se levanta, y *sus* aguas se mueven como ríos, y dijo: Subiré, cubriré la tierra, destruiré la ciudad y los que en ella moran.

9 Subid, caballos, y alborotaos, carros; y salgan los valientes; los etíopes y los de Libia que toman escudo, y los de Lud que toman y entesan arco.

10 Mas ᵈese día *será* para Jehová, Dios de los ejércitos, día de venganza, para vengarse de sus enemigos; y la espada devorará y se saciará, y se embriagará de su sangre; porque ᵉmatanza será para Jehová, Dios de los ejércitos, ᶠen la tierra del norte, junto al río Éufrates.

11 Sube a Galaad, ᵍy toma bálsamo, ʰvirgen hija de Egipto; por demás multiplicarás medicinas; no hay cura para ti.

12 Las naciones oyeron de tu afrenta, y tu clamor llenó la tierra; porque fuerte se encontró con fuerte, y cayeron ambos juntos.

13 Palabra que habló Jehová al profeta Jeremías acerca de la venida de Nabucodonosor, rey de Babilonia, para herir la tierra de Egipto:

14 Denunciad en Egipto, y haced saber en ᵏMigdol; haced saber también en ᵐNof y en ⁿTafnes; decid: Ponte de pie y prepárate; porque espada devorará tu comarca.

15 ¿Por qué han sido derribados tus valientes? No pudieron permanecer, porque Jehová los empujó.

16 Multiplicó los caídos, y cada uno cayó sobre su compañero, y dijeron: Levántate y volvámonos a nuestro pueblo, y a la tierra de nuestro nacimiento, de delante de la espada vencedora.

17 Allí gritaron: Faraón rey de Egipto, *es sólo* ruido; ᑫdejó pasar el tiempo señalado.

18 Vivo yo, ʳdice el Rey, cuyo nombre es Jehová de los ejércitos, que como ˢTabor entre los montes, y como Carmelo junto al mar, *así* vendrá.

19 Hazte vasos de transmigración, ᵗmoradora hija de Egipto; porque Nof será por yermo, y será asolada hasta no quedar morador.

20 Becerra hermosa *es* Egipto; *mas* viene destrucción, ᵛdel norte viene.

21 También sus soldados en medio de ella *son* como becerros engordados; porque también ellos se volvieron atrás, a una todos huyeron, no resistieron; porque vino

JEREMÍAS 47-48

sobre ellos el día de su quebrantamiento, el tiempo de su visitación.

22 Su voz saldrá como de serpiente; porque con ejército vendrán, y con hachas vienen a ella como cortadores de leña.

23 Cortaron su bosque, dice Jehová, porque no podrán ser contados; porque serán más que langostas, no tendrán número.

24 Se avergonzará la hija de Egipto; entregada será en mano del pueblo del norte.

25 Jehová de los ejércitos, el Dios de Israel, ha dicho: He aquí que yo visito el pueblo de Amón de ᶜNo, y a Faraón y a Egipto, y a sus dioses y a sus reyes; así a Faraón como a los que en él confían.

26 Y los entregaré en mano de los que buscan su alma, y en mano de Nabucodonosor, rey de Babilonia, y en mano de sus siervos: mas ᵉdespués será habitada como en los días pasados, dice Jehová.

27 Y tú no temas, ᶠsiervo mío Jacob, y no desmayes, Israel; porque he aquí que yo te salvo de lejos, y a tu simiente de la tierra de su cautividad. Y volverá Jacob, y descansará y será prosperado, y no habrá quien lo espante.

28 Tú, siervo mío Jacob, no temas, dice Jehová; porque yo *estoy* contigo; porque haré consumación en todas las gentes a las cuales te habré echado; mas en ti no haré consumación, sino que te castigaré con juicio, de ninguna manera te dejaré sin castigo.

CAPÍTULO 47

Palabra de Jehová que vino al profeta Jeremías ʰacerca de los filisteos, ⁱantes que Faraón hiriese a Gaza.

2 Así dice Jehová: He aquí que ᵏsuben aguas ˡdel norte, y se tornarán en torrente, e inundarán la tierra y su plenitud, ciudades y moradores de ellas; y los hombres clamarán, y aullará todo morador de la tierra.

3 Por el sonido de las uñas de sus fuertes, por el alboroto de sus carros, por el estruendo de sus ruedas, los padres no mirarán a los hijos por la flaqueza de las manos.

4 A causa del día que viene para destrucción de todos los filisteos, para cortar de Tiro y de Sidón a todo ayudador que queda vivo; porque Jehová destruirá a los filisteos, al resto de la isla de ᵃCaftor.

5 Sobre Gaza vino mesadura, Ascalón fue cortada, y el resto de su valle; ¿hasta cuándo te sajarás?

6 Oh espada de Jehová, ¿hasta cuándo reposarás? Vuélvete a tu vaina, reposa y sosiégate.

7 ¿Cómo reposarás si ᵇJehová te ha enviado contra Ascalón y contra la ribera del mar? Allí te puso.

CAPÍTULO 48

Acerca de ᵈMoab. Así dice Jehová de los ejércitos, el Dios de Israel: ¡Ay de Nebo! que fue destruida, fue avergonzada; Quiriataim fue tomada; fue confusa Misgab, y desmayó.

2 No se alabará ya más Moab; contra Hesbón maquinaron mal, diciendo: Venid, y quitémosla de entre las gentes. También tú, Madmén, serás cortada, espada irá tras ti.

3 ¡Voz de clamor de ᵍHoronaim, destrucción y gran quebrantamiento!

4 Moab fue quebrantada; hicieron que se oyese el clamor de sus pequeños.

5 Porque a la subida de Luhit con lloro subirá el que llora; porque a la bajada de Horonaim los enemigos oyeron clamor de quebranto.

6 Huid, salvad vuestra vida, y sed como retama en el desierto.

7 Pues por cuanto confiaste en tus haciendas, en tus tesoros, tú también serás tomada: y ʲQuemos saldrá en cautiverio, los sacerdotes y sus príncipes juntamente.

8 Y vendrá destructor a cada una de las ciudades, y ninguna ciudad escapará: se arruinará también el valle, y será destruida la llanura, como ha dicho Jehová.

9 Dad alas a Moab, para que volando se vaya; pues serán desiertas sus ciudades hasta no quedar en ellas morador.

Endecha de Moab

JEREMÍAS 48

10 Maldito [a]el que hiciere engañosamente la obra de Jehová, y maldito el que detuviere su espada de la sangre.

11 Quieto estuvo Moab desde su juventud, y sobre sus rescoldos ha estado él reposado, y no fue trasegado de vaso en vaso, ni nunca fue en cautiverio: por tanto, quedó su sabor en él, y su olor no ha cambiado.

12 Por eso, he aquí que vienen días, dice Jehová, en que yo le enviaré trasportadores que lo harán trasportar; y vaciarán sus vasos, y romperán sus odres.

13 Y se avergonzará Moab de Quemos, a la manera que la [h]casa de Israel se avergonzó de [i]Betel, su confianza.

14 ¿Cómo diréis: *Somos* valientes, y robustos hombres para la guerra?

15 Destruido fue Moab, y sus ciudades asoló, y sus jóvenes escogidos descendieron al degolladero, ha dicho el Rey, cuyo nombre es Jehová de los ejércitos.

16 Cercano está el quebrantamiento de Moab para venir, y su mal se apresura mucho.

17 Compadeceos de él todos los que estáis alrededor suyo; y todos los que sabéis su nombre, decid: [n]¿Cómo se quebró la vara de fortaleza, el báculo de hermosura?

18 Desciende de la gloria, siéntate en seco, moradora hija de [o]Dibón; porque el destructor de Moab subió contra ti, disipó tus fortalezas.

19 Párate junto al camino, y mira, oh moradora de [q]Aroer; pregunta a la que va huyendo, y a la que escapó; dile: ¿Qué ha acontecido?

20 Se avergonzó Moab, porque fue quebrantado: aullad y clamad: denunciad en [s]Arnón que Moab es destruido.

21 Y que vino juicio sobre la tierra de [t]la llanura; sobre Holón, y sobre Jahaza, y sobre Mefaat,

22 Y sobre Dibón, y sobre Nebo, y sobre Bet-diblataim,

23 Y sobre Quiriataim, y sobre Bet-gamul, y sobre Bet-meón,

24 y sobre [y]Queriot, y sobre [z]Bosra, y sobre todas las ciudades de tierra de Moab, las de lejos y las de cerca.

25 Cortado es el cuerno de Moab, y su brazo quebrantado, dice Jehová.

a	Jue 5:23
	1 Sm 15:3-9
	1 Re 20:42
b	Éx 5:2
y	Job 9:4
c	Ez 25:8
	Sof 2:8
d	cp 2:26
e	Sal 64:8
f	Sal 55:6-7
g	Is 16:6
h	Os 10:6
i	1 Re 12:29
j	Is 16:7
k	2 Re 3:25
l	Is 16:10
m	Jl 1:12
n	Is 9:4 14:5
o	Nm 21:30
p	Is 15:4
q	Dt 2:36
r	Is 15:2
y	16:12
	Ez 20:29
s	Is 16:2
t	ver 8
u	Is 19:7
v	Is 15:2-3
x	cp 47:5
y	ver 41
	Am 2:2
z	cp 49:13
a	Sal 2:9
	Is 30:14

26 Embriagadlo, [b]porque contra Jehová se engrandeció; y revuélquese Moab sobre su vómito, y sea también él por escarnio.

27 ¿Y [c]no te fue a ti Israel por escarnio, [d]como si lo tomaran entre ladrones? Porque desde que de él hablaste, tú [e]te has burlado.

28 Desamparad las ciudades, y [f]habitad en peñascos, oh moradores de Moab; y sed como la paloma que hace nido detrás de la boca de la caverna.

29 Hemos oído [g]la soberbia de Moab (es muy soberbio), su altivez, su arrogancia, su orgullo y la altanería de su corazón.

30 Yo conozco, dice Jehová, su cólera; mas no tendrá efecto; sus mentiras no le aprovecharán.

31 Por tanto, [j]yo aullaré sobre Moab, y sobre todo Moab haré clamor, y sobre los hombres de [k]Kir-heres gemiré.

32 Con lloro de Jazer lloraré por ti, oh vid de Sibma; tus sarmientos pasaron el mar, llegaron hasta el mar de Jazer; sobre tus frutos de verano y sobre tu vendimia vino destructor.

33 [l]Y será cortada [m]la alegría y el regocijo de los campos labrados, y de la tierra de Moab; y haré cesar el vino de los lagares: no pisarán con canción; la canción no *será* canción.

34 [p]El clamor, desde Hesbón hasta Eleale; hasta Jahaza dieron su voz; desde Zoar hasta Horonaim, becerra de tres años; porque también las aguas de Nimrim serán destruidas.

35 Y haré cesar de Moab, dice Jehová, [r]quien sacrifique en altar, y quien ofrezca incienso a sus dioses.

36 Por tanto, mi corazón resonará como flautas por causa de Moab, asimismo resonará mi corazón a modo de flautas por los hombres de Kir-heres: porque perecieron [u]las riquezas que había hecho.

37 Porque en [v]toda cabeza *habrá* [x]calva, y toda barba será raída; sobre toda mano *habrá* rasguños, y cilicio sobre todo lomo.

38 Sobre todas las techumbres de Moab y en sus calles, todo él será llanto; porque yo quebranté a Moab [a]como a vaso que no *es* agradable, dice Jehová.

39 Aullad: ¡Cómo ha sido quebrantado! ¡Cómo volvió la cerviz Moab, y fue avergonzado! Y fue Moab en escarnio y en espanto a todos los que están en sus alrededores.

40 Porque así dice Jehová: He aquí ᵇque como águila volará, y extenderá sus alas a Moab.

41 Tomada ha sido Queriot, ᶜy tomadas son las fortalezas; y aquel día el corazón de los valientes de Moab será como el corazón de mujer en angustias.

42 Y Moab será destruido *para dejar de ser* pueblo; porque se engrandeció contra Jehová.

43 ᵉMiedo y hoyo ᶠy lazo sobre ti, oh morador de Moab, dice Jehová.

44 El que huyere del miedo, caerá en el hoyo; y el que saliere del hoyo, será preso del lazo: porque ⁱyo traeré sobre él, sobre Moab, año de su visitación, dice Jehová.

45 A la sombra de Hesbón se pararon los que huían de la fuerza; ᵏmas salió fuego de Hesbón, y llama de en medio de Sehón, y quemó el ᵐrincón de Moab, y la coronilla de los hijos revoltosos.

46 ¡Ay de ti, Moab! pereció el pueblo de Quemos: porque tus hijos fueron presos para cautividad, y tus hijas para cautiverio.

47 ᵖPero en los postreros días yo haré volver a los cautivos de Moab, dice Jehová. ᑫHasta aquí es el juicio de Moab.

CAPÍTULO 49

De ʳlos hijos de Amón. Así dice Jehová: ¿No tiene hijos Israel? ¿No tiene heredero? ¿Por qué tomó como por heredad el rey de ellos a Gad, y su pueblo habitó en sus ciudades?

2 Por tanto, he aquí vienen días, ha dicho Jehová, en que haré oír en ᵘRabá de los hijos de Amón clamor de guerra; y será puesta en montón de asolamiento, y sus ciudades serán puestas a fuego, e Israel tomará por heredad a los que los tomaron a ellos, dice Jehová.

3 Aúlla, oh Hesbón, porque destruida es Hai; clamad, hijas de Rabá, vestíos de cilicio, endechad, y rodead por los vallados, porque el rey de ellos fue en cautiverio, ʸsus

a cp 21:13
b Dt 28:49
 cp 49:22
c Ez 17:3,12
c ver 24

d vers 11,39
 cp 48:47
e Is 24:17-18
f Lm 3:47
g cp 25:21
 Lm 4:21
 Ez 25:12-14
 Am 1:11
h Abd 8
i cp 11:23
j cp 25:23
k Nm 21:28
l Abd 5
m Nm 24:17

n Abd 6
o cp 23:24
 Am 9:3
p cp 46:26
y 49:6,39
q cp 51:64

r cp 25:21
 Ez 21:28
 y 25:2
s Abd 16

t cp 22:5

u Ez 25:5
 Am 1:14
v cp 48:24
x Abd 1-4

y cp 48:7

sacerdotes y sus príncipes juntamente.

4 ¿Por qué te glorías de los valles? Tu valle se deshizo, oh hija contumaz, la que confía en sus tesoros, ᵃ*la que dice:* ¿Quién vendrá contra mí?

5 He aquí yo traigo espanto sobre ti, dice el Señor Jehová de los ejércitos, de todos tus alrededores; y seréis lanzados cada uno delante de su rostro, y no habrá quien recoja al errante.

6 Y ᵈdespués de esto haré tornar la cautividad de los hijos de Amón, dice Jehová.

7 ᵍDe Edom. Así dice Jehová de los ejércitos: ʰ¿No hay más sabiduría en Temán? ¿Ha perecido el consejo en los sabios? ¿Se corrompió su sabiduría?

8 Huid, volveos, escondeos en abismos, oh moradores de ʲDedán; porque el quebrantamiento de Esaú traeré sobre él, al tiempo que lo he de visitar.

9 Si vendimiadores vinieran ˡcontra ti, ¿no dejarán rebuscos? Si ladrones de noche, tomarán sólo hasta que les baste.

10 Mas ⁿyo desnudaré a Esaú, ᵒdescubriré sus escondrijos, y no podrá esconderse; será destruida su simiente, y sus hermanos, y sus vecinos; y *ya* no será.

11 Deja tus huérfanos, yo los preservaré con vida; y tus viudas confiarán en mí.

12 Porque así dice Jehová: He aquí que ˢlos que no estaban condenados a beber del cáliz, beberán ciertamente; ¿y serás tú absuelto del todo? No serás absuelto, sino que de cierto beberás.

13 Porque ᵗpor mí he jurado, dice Jehová, que en asolamiento, en oprobio, en soledad, y en maldición, será ᵛBosra; y todas sus ciudades serán en asolamientos perpetuos.

14 ˣLa fama oí, que de Jehová había sido enviado mensajero a las naciones, *diciendo:* Juntaos, y venid contra ella, y levantaos a la batalla.

15 Porque he aquí que pequeño te he puesto entre las naciones, menospreciado entre los hombres.

16 Tu arrogancia te engañó, y la soberbia de tu corazón, tú que

Profecía contra Edom y Damasco

habitas en las hendiduras de la peña, que tienes la altura del monte; aunque ªen las alturas como el águila hagas tu nido, ᶜde allí te haré descender, dice Jehová.

17 Y será Edom en ᵈasolamiento: todo aquel que pasare por ella se espantará, y silbará sobre todas sus plagas.

18 Como en la ᵍdestrucción de Sodoma y Gomorra, y de sus ciudades vecinas, dice Jehová, no morará allí nadie, ni la habitará hijo de hombre.

19 He aquí que ʰcomo león subirá de la ⁱhinchazón del Jordán contra la morada fortificada; pero muy pronto lo haré correr de sobre ella, y al que fuere escogido la encargaré; porque ¿quién es semejante a mí? ¿Y quién me emplazará? ¿O quién será aquel pastor que me podrá resistir?

20 Por tanto, oíd el consejo de Jehová, que ha acordado sobre Edom; y sus pensamientos, que ha resuelto sobre los moradores de ᵐTemán. Ciertamente los más pequeños del hato los arrastrarán, y destruirán sus moradas con ellos.

21 Del ᵒestruendo de la caída de ellos la tierra tembló, y el grito de su voz se oyó en el Mar Rojo.

22 He aquí ᑫque como águila subirá y volará, y extenderá sus alas sobre ʳBosra: y el corazón de los valientes de Edom será en aquel día como el corazón de mujer en angustias.

23 Acerca de Damasco. ˢSe confundió Hamat, y Arfad, porque oyeron malas nuevas: se derritieron en aguas de desmayo, no pueden sosegarse.

24 Se desmayó Damasco, se volvió para huir, y le tomó temblor: angustia y dolores le tomaron, como de mujer que está de parto.

25 ¡Cómo dejaron a la ciudad ᵛde alabanza, ciudad de mi gozo!

26 Por tanto, sus jóvenes caerán en sus plazas, y todos los hombres de guerra morirán en aquel día, dice Jehová de los ejércitos.

27 Y haré encender ʸfuego en el muro de Damasco, y consumirá las casas de ᶻBenadad.

28 De Cedar ªy de los reinos de Hazor, los cuales hirió Nabucodonosor, rey de Babilonia. Así dice Jehová:

Levantaos, subid contra Cedar, y destruid a los hijos del oriente.

29 Sus tiendas ᵇy sus ganados tomarán; sus cortinas, y todos sus vasos, y sus camellos, tomarán para sí; y llamarán contra ellos ᵉmiedo alrededor.

30 Huid, ᶠescapad muy lejos, habitad en lugares profundos, oh moradores de Hazor, dice Jehová; porque Nabucodonosor, rey de Babilonia, tomó consejo contra vosotros, y contra vosotros ha formado designio.

31 Levantaos, subid a gente pacífica, que vive confiadamente, dice Jehová, que ni tienen puertas ni cerrojos, que ⁱviven solitarios.

32 Y serán sus camellos por presa, y la multitud de sus ganados por despojo; y ᵏlos esparciré por todos los vientos, *serán* lanzados hasta el postrer rincón; y de todos sus lados les traeré su ruina, dice Jehová.

33 Y Hazor ˡserá guarida de dragones, soledad para siempre: ninguno morará allí, ni la habitará hijo de hombre.

34 Palabra de Jehová que vino al profeta Jeremías acerca de ⁿElam, en el principio del reinado de Sedequías, rey de Judá, diciendo:

35 Así dice Jehová de los ejércitos: He aquí que yo quiebro ᵖel arco de Elam, principio de su fortaleza.

36 Y traeré sobre Elam los cuatro vientos de los cuatro puntos del cielo, y los aventaré a todos estos vientos. No habrá nación adonde no vengan los expulsados de Elam.

37 Y haré que Elam se intimide delante de sus enemigos, y delante de los que buscan su alma; y traeré sobre ellos mal, y el furor de mi enojo, dice Jehová; ᵗy enviaré en pos de ellos espada hasta que los acabe.

38 Y pondré mi trono en Elam, ᵘy destruiré de allí rey y príncipe, dice Jehová.

39 Mas acontecerá en lo postrero de los días, ˣque haré volver la cautividad de Elam, dice Jehová.

CAPÍTULO 50

Palabra que habló Jehová ᵇcontra Babilonia, y contra la tierra de los caldeos, por medio del profeta Jeremías.

JEREMÍAS 50 — Profecía contra Babilonia

2 Anunciad entre las naciones, proclamad y levantad bandera; publicad, y no encubráis; decid: Tomada es Babilonia, [b]Bel es confundido, deshecho es [c]Merodac; confundidas son sus esculturas, quebrados son sus ídolos.

3 Porque [d]una nación del norte subirá contra ella, la cual pondrá su tierra en asolamiento, y no habrá ni hombre ni animal que en ella more; tanto hombres como animales se irán.

4 En aquellos días y en aquel tiempo, dice Jehová, vendrán los hijos de Israel, [g]ellos y los hijos de Judá juntamente; [h]e irán andando y llorando, [i]y buscarán a Jehová su Dios.

5 Preguntarán por el camino de Sión, hacia donde volverán sus rostros, *diciendo:* Venid y unámonos a Jehová [k]en un pacto eterno que jamás será olvidado.

6 Ovejas perdidas fueron mi pueblo; sus pastores las hicieron errar, por los montes las descarriaron; [o]anduvieron de monte en collado, se olvidaron de sus majadas.

7 Todos los que los hallaban, los comían; y [p]decían sus enemigos: No pecamos, porque ellos pecaron contra Jehová [r]morada de justicia, contra Jehová, esperanza de sus padres.

8 Huid de en medio de Babilonia, y salid de la tierra de los caldeos, y sed como los machos cabríos delante del ganado.

9 Porque he aquí que yo levanto y hago subir contra Babilonia [u]reunión de grandes pueblos de la tierra del norte; y desde allí se prepararán contra ella, y será tomada; sus flechas como de valiente diestro, [x]ninguno se volverá vacío.

10 Y Caldea será para despojo; todos los que la saquearen, quedarán saciados, dice Jehová.

11 Porque os alegrasteis, [z]porque os gozasteis destruyendo mi heredad, porque os llenasteis como becerra sobre la hierba, y mugís como toros.

12 Vuestra madre será en gran manera avergonzada, se avergonzará la que os engendró; he aquí la última de las naciones *será* un desierto, tierra seca, y páramo.

13 Por la ira de Jehová no será habitada, sino será asolada toda ella; todo hombre [a]que pasare por Babilonia se asombrará, y silbará sobre todas sus plagas.

14 Apercibíos contra Babilonia alrededor, todos los que entesáis arco; tirad contra ella, no escatiméis las saetas; porque pecó contra Jehová.

15 Gritad contra ella en derredor; se rindió; han caído sus fundamentos, derribados son sus muros; [e]porque venganza es de Jehová. Tomad venganza de ella; [f]haced con ella como ella hizo.

16 Talad de Babilonia al sembrador, y al que mete hoz en tiempo de la siega; delante de la espada opresora cada uno [j]volverá el rostro hacia su pueblo, cada uno huirá hacia su tierra.

17 [l]Oveja descarriada *es* Israel; [m]leones la dispersaron; [n]el rey de Asiria lo devoró primero; este Nabucodonosor rey de Babilonia lo deshuesó después.

18 Por tanto, así dice Jehová de los ejércitos, el Dios de Israel: He aquí que yo castigaré al rey de Babilonia y a su tierra [q]como castigué al rey de Asiria.

19 Y volveré a traer a Israel [s]a su morada, y pacerá en el Carmelo y en Basán; y [t]en el monte de Efraín y de Galaad su alma será saciada.

20 En aquellos días y en aquel tiempo, dice Jehová, [t]la maldad de Israel será buscada, y no aparecerá; y los pecados de Judá, y no se hallarán; porque perdonaré a los que [v]yo hubiere dejado.

21 Sube contra la tierra de Merataim, contra ella, y contra los moradores de Pekod; destruye y mata en pos de ellos, dice Jehová, y haz conforme a todo lo que yo te he mandado.

22 Estruendo de guerra *hay* [y]en la tierra, y destrucción grande.

23 ¡Cómo fue cortado [a]y quebrado el martillo de toda la tierra! ¡Cómo se convirtió Babilonia en desierto entre las naciones!

24 Te puse lazos, y aun fuiste tomada, oh Babilonia, y tú no lo supiste; fuiste hallada, y aun presa, porque provocaste a Jehová.

Profecía contra Babilonia

25 Jehová ha abierto su arsenal, y ha sacado ªlas armas de su indignación; porque ésta es obra de Jehová, Dios de los ejércitos, en la tierra de los caldeos.

26 Venid contra ella desde el extremo de la tierra; abrid sus almacenes; convertidla en montones, y destruidla; y no quede nada de ella.

27 Matad ᵉtodos sus novillos; que vayan al matadero. ¡Ay de ellos! porque ha venido su día, el tiempo ᵍde su castigo.

28 Voz de los que huyen y escapan de la tierra de Babilonia, para ⁱdar las nuevas en Sión de la ʲvenganza de Jehová nuestro Dios, de la venganza de su templo.

29 Haced juntar contra Babilonia arqueros, a todos los que entesan arco; acampad contra ella alrededor; no escape de ella ninguno; ˡpagadle según su obra; conforme a todo lo que ella hizo, haced con ella; ᵐporque contra Jehová se ensoberbeció, contra el Santo de Israel.

30 Por tanto, sus jóvenes caerán en sus calles, y todos sus hombres de guerra serán talados en aquel día, dice Jehová.

31 He aquí yo contra ti, oh soberbio, dice el Señor, Jehová de los ejércitos; porque tu día ha venido, el tiempo en que te visitaré.

32 Y el soberbio tropezará y caerá, y no tendrá quien lo levante; y encenderé fuego en sus ciudades, y quemaré todos sus alrededores.

33 Así dice Jehová de los ejércitos: Oprimidos fueron ᵖlos hijos de Israel y los hijos de Judá juntamente; y todos los que los tomaron cautivos, los retuvieron; no los quisieron soltar.

34 ʳEl Redentor de ellos es el Fuerte; ˢJehová de los ejércitos es su nombre; ᵗde cierto abogará la causa de ellos, para hacer reposar la tierra, y turbar a los moradores de Babilonia.

35 Espada sobre los caldeos, dice Jehová, y sobre los moradores de Babilonia, y sobre sus príncipes, y sobre sus sabios.

36 Espada sobre los engañadores, y ˣse atontarán; espada sobre sus valientes, y serán quebrantados.

37 Espada sobre sus caballos, y sobre sus carros, y sobre todo el vulgo que está en medio de ella, y ᵇserán como mujeres; espada sobre sus tesoros, y serán saqueados.

38 ᶜSequedad sobre sus aguas, y se secarán; porque es tierra de ᵈimágenes, y con sus ídolos se enloquecen.

39 Por tanto, allí morarán las fieras del desierto junto con las hienas; y los búhos también morarán en ella; y ᶠnunca más será poblada ni habitada, por generación y generación.

40 ʰComo Dios destruyó a Sodoma y a Gomorra y a las ciudades vecinas, dice Jehová, así no morará allí hombre, ni hijo de hombre la habitará.

41 He aquí viene un pueblo ᵏdel norte; y una nación grande, y muchos reyes se levantarán de los extremos de la tierra.

42 Arco y lanza manejarán; serán crueles, y no tendrán misericordia; su voz sonará como el mar, y montarán sobre caballos; se apercibirán como hombre para la batalla, contra ti, oh hija de Babilonia.

43 Oyó la noticia el rey de Babilonia, y sus manos se debilitaron; angustia le tomó, dolor como de mujer de parto.

44 He aquí que ⁿcomo león subirá de la hinchazón del Jordán contra la morada fortificada; pero muy pronto lo haré correr de sobre ella, y al que fuere escogido la encargaré; porque ¿quién es semejante a mí? ¿Y quién me emplazará? º¿O quién será aquel pastor que me podrá resistir?

45 Por tanto, ᵠoíd el consejo de Jehová, que ha acordado sobre Babilonia, y sus pensamientos que ha formado sobre la tierra de los caldeos: Ciertamente los más pequeños del rebaño los arrastrarán, y destruirán sus moradas con ellos.

46 Al grito de la toma de Babilonia ᵘla tierra tembló, y el clamor se oyó entre las naciones.

CAPÍTULO 51

Así dice Jehová: He aquí que yo levanto un ᵛviento destructor contra Babilonia, y contra sus moradores que se levantan contra mí.

JEREMÍAS 51 — Profecía contra Babilonia

2 Y enviaré a Babilonia ªaventadores que la avienten, y vaciarán su tierra; porque serán contra ella de todas partes en el día del mal.
3 Diré al arquero que entesa su arco, y al que se enorgullece en su ᵈcoraza: No perdonéis a sus jóvenes, destruid todo su ejército.
4 Y caerán muertos en la tierra de los caldeos, y alanceados en sus calles.
5 Porque ᵉIsrael y Judá no han enviudado de su Dios, Jehová de los ejércitos, aunque su tierra fue llena de pecado contra el Santo de Israel.
6 Huid ᶠde en medio de Babilonia, y librad cada uno su alma, para que no perezcáis a causa de su maldad; porque éste *es* ᵍel tiempo de la venganza de Jehová; Él ʰle dará su pago.
7 ⁱCopa de oro *fue* Babilonia en la mano de Jehová, que embriagó a toda la tierra. ʲLas naciones bebieron de su vino; ᵏse enloquecieron, por tanto, las naciones.
8 En un momento cayó Babilonia, y se despedazó; ᵐgemid sobre ella; ⁿtomad bálsamo para su dolor, quizá sanará.
9 Curamos a Babilonia, y no ha sanado; dejadla, y vayamos cada uno a su tierra; ᵒporque su juicio ha llegado hasta el cielo, y se ha levantado hasta las nubes.
10 Jehová ᵖsacó a luz nuestras justicias; venid, y ᵠcontemos en Sión la obra de Jehová nuestro Dios.
11 Limpiad las saetas, tomad los escudos; ʳJehová ha despertado el espíritu de los reyes de ᵗMedia; porque contra Babilonia es su pensamiento ᵘpara destruirla; porque venganza es de Jehová, venganza de su templo.
12 Levantad ˣbandera sobre los muros de Babilonia, reforzad la guardia, colocad centinelas, tended emboscadas; porque deliberó Jehová, y aun pondrá en efecto lo que ha dicho contra los moradores de Babilonia.
13 Oh tú que habitas entre muchas aguas, rica en tesoros, ha venido tu fin, la medida de tu codicia.
14 Jehová de los ejércitos juró por sí mismo, *diciendo:* Yo te llenaré de hombres como de langostas, y levantarán contra ti ᵇgritería.
15 ᶜÉl es el que hizo la tierra con su poder, el que afirmó el mundo con su sabiduría, y extendió los cielos con su inteligencia.
16 Cuando emite su voz, tumulto de aguas se producen en los cielos, y hace subir las nubes de lo último de la tierra; Él hace relámpagos con la lluvia, y saca el viento de sus depósitos.
17 Todo hombre se ha infatuado por su conocimiento; se avergüenza todo artífice de la escultura, porque mentira es su imagen de fundición, y no tienen espíritu en ellos.
18 Vanidad *son*, obra irrisoria; en el tiempo de su visitación perecerán.
19 No es como ellos la porción de Jacob; porque Él *es* el Formador de todo; e *Israel es* la vara de su heredad: Jehová de los ejércitos *es* su nombre.
20 Maza me *sois*, ˡy armas de guerra; contigo quebrantaré naciones, y contigo destruiré reinos.
21 Contigo destruiré caballo y jinete, y contigo destruiré carros y a los que en ellos suben;
22 contigo destruiré hombres y mujeres, contigo destruiré viejos y niños, y contigo destruiré jóvenes y doncellas.
23 También destruiré contigo al pastor y a su rebaño; destruiré contigo a labradores y sus yuntas; a príncipes y gobernadores destruiré contigo.
24 Y pagaré a Babilonia ˢy a todos los moradores de Caldea, todo el mal que ellos hicieron en Sión delante de vuestros ojos, dice Jehová.
25 He aquí yo contra ti, ᵛoh monte destruidor, dice Jehová, que destruiste toda la tierra; y extenderé mi mano sobre ti, y te haré rodar de las peñas, ʸy te tornaré en monte quemado.
26 Y no tomarán de ti piedra para esquina, ᶻni piedra para cimiento; porque para siempre serás desolada, dice Jehová.
27 Alzad bandera en la tierra, ᵃtocad trompeta en las naciones, preparaos naciones contra ella; convocad contra ella a los ᵇreinos de Ararat,

Profecía contra Babilonia

de Mini, y de Askenaz; señalad ^acontra ella capitán, haced subir caballos como langostas erizadas.

28 Apercibid contra ella a las naciones; a los reyes de Media, sus capitanes y todos sus príncipes, y a toda la tierra de su señorío.

29 Y temblará la tierra, y se afligirá; porque confirmado es contra Babilonia ^etodo el pensamiento de Jehová, para poner la tierra de Babilonia en ^fsoledad, y que no haya morador.

30 Los valientes de Babilonia dejaron de pelear, se han quedado en sus fortalezas; les faltaron las fuerzas, se han vuelto como mujeres; encendieron sus casas, ⁱquebrados están sus cerrojos.

31 Un ^jcorreo se encontrará con otro correo, un mensajero se encontrará con otro mensajero, para notificar al rey de Babilonia que su ciudad es ^ktomada por todas partes.

32 Y ^llos vados fueron tomados, y los juncos fueron quemados a fuego, y los hombres de guerra están aterrados.

33 Porque así dice Jehová de los ejércitos, el Dios de Israel: La hija de Babilonia es como una era; tiempo es ya de trillarla; de aquí ⁿa poco le vendrá el tiempo de la siega.

34 Me comió, me desmenuzó Nabucodonosor, rey de Babilonia; me dejó como un vaso vacío, me tragó como dragón, llenó su vientre de mis delicadezas, y ^qme echó fuera.

35 Sobre Babilonia *caiga* la violencia hecha a mí y a mi carne, dirá la moradora de Sión; y mi sangre sobre los moradores de Caldea, dirá Jerusalén.

36 Por tanto, así dice Jehová: He aquí que ^ryo juzgo tu causa y haré tu venganza; y ^tsecaré su mar, y haré que se seque su manantial.

37 Y Babilonia ^use convertirá en escombros, en morada de dragones, en ^xespanto y escarnio, sin morador.

38 ^yA una rugirán como leones; como cachorros de ^zleones gruñirán.

39 En su calor les pondré sus banquetes; y les haré que se embriaguen, para que se alegren, y duerman eterno sueño y no despierten, dice Jehová.

JEREMÍAS 51

40 Los haré traer como corderos al matadero, como carneros y ^bmachos cabríos.

41 ¡Cómo fue apresada ^cSesac, y fue tomada la que era ^dalabada por toda la tierra! ¡Cómo vino a ser Babilonia objeto de horror entre las naciones!

42 Subió el mar sobre Babilonia; de la multitud de sus ondas fue cubierta.

43 Sus ciudades fueron asoladas, tierra seca y desierta, tierra que no morará en ella nadie, ni pasará por ella hijo de hombre.

44 Y juzgaré a Bel ^gen Babilonia, y sacaré de su boca ^hlo que ha tragado; y no vendrán más naciones a él; y el muro de Babilonia caerá.

45 Salid de en medio de ella, pueblo mío, y salvad cada uno su vida de la ira del furor de Jehová.

46 No sea que desmaye vuestro corazón, y temáis a causa del rumor que se oirá por la tierra, en un año vendrá el rumor, y después en otro año un rumor, y violencia en la tierra, gobernante contra gobernante.

47 Por tanto, he aquí vienen días que ^myo destruiré los ídolos de Babilonia, y toda su tierra será avergonzada, y todos sus muertos caerán en medio de ella.

48 Y ^olos cielos y la tierra, y todo lo que está en ellos, cantarán de gozo sobre Babilonia; ^pporque del norte vendrán sobre ella destructores, dice Jehová.

49 Como Babilonia *causó* que los muertos de Israel cayesen, así en Babilonia caerán los muertos de toda la tierra.

50 Los que escapasteis de la espada, andad, no os detengáis; acordaos por muchos días de Jehová, y acordaos de Jerusalén.

51 Estamos avergonzados, ^sporque oímos la afrenta: confusión cubrió nuestros rostros, porque vinieron ^vextranjeros contra los santuarios de la casa de Jehová.

52 Por tanto, he aquí vienen días, dice Jehová, que yo visitaré sus esculturas, y en toda su tierra gemirán los heridos.

53 Aunque suba Babilonia ^aal cielo, aunque se fortifique hasta lo alto de su fuerza, de mi parte vendrán a ella destructores, dice Jehová.

---

a Nah 3:17
b cp 50:8
c cp 25:26
d cp 49:25

e cp 50:45

f cp 50:3

g cp 50:2
h ver 34
Esd 1:7

i Lm 2:9
Am 1:5
Nah 3:13
j 2 Cr 30:6

k cp 50:26
l Is 44:27

m ver 52
cp 50:2

n Is 17:5
Ap 14:15
o Is 44:23
Ap 18:20
p cp 50:3

q Ap 3:16

r cp 50:34
s Sal 44:15-16
y 79:4
t Is 44:27
u Is 25:2
v Lm 1:10
x cp 18:16
y Am 3:4
z Nah 2:12

a Is 14:13
cp 49:16

JEREMÍAS 52

54 ¡Se oye el clamor ªde Babilonia, y destrucción grande de la tierra de los caldeos!

55 Porque Jehová destruye a Babilonia, y quitará de ella el mucho estruendo; y bramarán sus olas, como muchas aguas será el sonido de la voz de ellos:

56 Porque vino destruidor contra ella, contra Babilonia, y sus valientes fueron apresados, el arco de ellos fue quebrado; ᶜporque Jehová, Dios de retribuciones, dará la paga.

57 Y embriagaré a sus príncipes ᵈy a sus sabios, a sus capitanes y a sus nobles y a sus fuertes; y dormirán sueño eterno y no despertarán, dice el Rey, cuyo nombre es Jehová de los ejércitos.

58 Así dice Jehová de los ejércitos: El muro ancho de Babilonia será derribado enteramente, y sus altas puertas serán quemadas a fuego; ᵉy en vano trabajarán pueblos y gentes en el fuego, y se cansarán.

59 Palabra que envió el profeta Jeremías a Seraías, hijo de Nerías, hijo de Maasías, cuando iba con Sedequías, rey de Judá a Babilonia, en el cuarto año de su reinado. Y era Seraías el principal camarero.

60 Escribió, pues, Jeremías en un libro todo el mal que había de venir sobre Babilonia, ᵍtodas las palabras que están escritas contra Babilonia.

61 Y dijo Jeremías a Seraías: Cuando llegares a Babilonia, y vieres y leyeres todas estas cosas,

62 dirás: Oh Jehová, tú has dicho contra este lugar que lo habías de cortar, hasta no quedar en él morador, ni hombre ni animal, sino que para siempre ha de ser asolado.

63 Y será que cuando acabares de leer este libro, le atarás una piedra, y lo echarás en medio del Éufrates;

64 Y dirás: Así se hundirá Babilonia, y no se levantará del mal que yo traigo sobre ella; y serán rendidos. ʰHasta aquí *son* las palabras de Jeremías.

CAPÍTULO 52

Era ⁱSedequías de edad de veintiún años cuando comenzó a reinar, y reinó once años en Jerusalén. Su madre se llamaba Amutal, hija de Jeremías, de Libna.

2 E hizo lo malo ante los ojos de Jehová, conforme a todo lo que hizo Joacim.

3 Y a causa de la ira de Jehová sucedió *esto* contra Jerusalén y Judá, hasta que los echó de su presencia; y se rebeló Sedequías contra el rey de Babilonia.

4 Aconteció ᵇpor tanto a los nueve años de su reinado, en el mes décimo, a los diez días del mes, que vino Nabucodonosor, rey de Babilonia, él y todo su ejército, contra Jerusalén, y contra ella acamparon, y de todas partes edificaron baluartes contra ella.

5 Y estuvo sitiada la ciudad hasta el undécimo año del rey Sedequías.

6 En el mes cuarto, a los nueve del mes, prevaleció el hambre en la ciudad, hasta no haber pan para el pueblo de la tierra.

7 Entonces fue abierta una brecha en la ciudad, y ᶠtodos los hombres de guerra huyeron, y salieron de la ciudad de noche por el camino de la puerta de entre los dos muros, que había cerca del jardín del rey, y se fueron por el camino del desierto, *estando* aún los caldeos junto a la ciudad alrededor.

8 Y el ejército de los caldeos siguió al rey, y alcanzaron a Sedequías en los llanos de Jericó; y se dispersó de él todo su ejército.

9 Entonces prendieron al rey, y le hicieron venir al rey de Babilonia, a Ribla en tierra de Hamat, donde pronunció sentencia contra él.

10 Y degolló el rey de Babilonia a los hijos de Sedequías delante de sus ojos, y también degolló a todos los príncipes de Judá en Ribla.

11 Después el rey de Babilonia le sacó los ojos a Sedequías, y le aprisionó con grillos y lo hizo llevar a Babilonia; y lo puso en la cárcel hasta el día en que murió.

12 Y en el mes quinto, a los diez del mes, que era el año diecinueve del reinado de Nabucodonosor, rey de Babilonia, entró a Jerusalén Nabuzaradán, capitán de la guardia, que solía estar delante del rey de Babilonia.

---

a cp 50:22

b cp 39:1-2
c Sal 94:1
y 137:8
Is 59:18
d ver 39

e Hab 2:13
f cp 39:4-10

g cp 50:1
hasta 51:58

h cp 48:47

i 2 Re 24:18
hasta 25:21

Joaquín es liberado

13 Y quemó la casa de Jehová, y la casa del rey, y todas las casas de Jerusalén; y le prendió fuego a todo grande edificio.

14 Y todo el ejército de los caldeos, que venía con el capitán de la guardia, destruyó todos los muros de Jerusalén en derredor.

15 E hizo trasportar Nabuzaradán, capitán de la guardia, a algunos de los pobres del pueblo, y al remanente del pueblo que había quedado en la ciudad, y a los desertores ᵈque se habían pasado al rey de Babilonia, y a todo el resto de la multitud.

16 Mas de los pobres del país dejó Nabuzaradán, capitán de la guardia, para viñadores y labradores.

17 Y los caldeos quebraron ᵉlas columnas de bronce que *estaban* en la casa de Jehová, y las bases, y el mar de bronce que *estaba* en la casa de Jehová, y llevaron todo el bronce a Babilonia.

18 Se llevaron también los calderos, las palas, las despabiladeras, los tazones, las cucharas, y todos los vasos de bronce con que se ministraba,

19 y las copas, incensarios, tazones, ollas, candeleros, escudillas y tazas: lo que de oro de oro, y lo que de plata de plata, se llevó el capitán de la guardia.

20 Las dos columnas, un mar, y doce bueyes de bronce que *estaban* debajo de las bases, que había hecho el rey Salomón en la casa de Jehová: no se podía pesar el bronce de todos estos vasos.

21 En cuanto a las columnas, la ʲaltura de la columna era de dieciocho codos, y un hilo de doce codos la rodeaba; y su grueso era de cuatro dedos, y hueca.

22 Y el capitel de bronce que había sobre ella, era de altura de cinco codos, con una red y granadas en el capitel alrededor, todo de bronce; y lo mismo era lo de la segunda columna con sus granadas.

23 Había noventa y seis granadas en cada hilera; todas ellas *eran* ˡciento sobre la red alrededor.

JEREMÍAS 52

24 Tomó también el capitán de la guardia a Seraías, el ᵃprincipal sacerdote, y a Sofonías, el segundo sacerdote, y a los ᵇtres guardas de la puerta.

25 Y de la ciudad tomó a un oficial que era capitán sobre los hombres de guerra, y ᶜsiete hombres de los consejeros del rey, que se hallaron en la ciudad; y al principal secretario de la milicia, que pasaba revista al pueblo de la tierra para la guerra; y sesenta hombres del vulgo del país, que se hallaron dentro de la ciudad.

26 Los tomó, pues, Nabuzaradán, capitán de la guardia, y los llevó al rey de Babilonia a Ribla.

27 Y el rey de Babilonia los hirió, y los mató en Ribla en tierra de Hamat. Así fue Judá trasportado de su tierra.

28 Éste *es* el pueblo que Nabucodonosor hizo trasportar: ᶠEn el año séptimo, tres mil veintitrés judíos.

29 ᵍEn el año dieciocho de Nabucodonosor él llevó cautivas de Jerusalén a ochocientas treinta y dos personas.

30 En el año veintitrés de Nabucodonosor, Nabuzaradán, capitán de la guardia, llevó cautivas a setecientas cuarenta y cinco personas de los judíos: todas las personas *fueron* cuatro mil seiscientas.

31 Y aconteció que en el ʰaño treinta y siete de la cautividad de Joaquín, rey de Judá, en el mes duodécimo, a los veinticinco del mes, Evil-merodac, rey de Babilonia, en el año primero de su reinado, alzó la cabeza de ⁱJoaquín, rey de Judá, y lo sacó de la cárcel;

32 y habló con él amigablemente, e hizo poner su trono sobre los tronos de ᵏlos reyes que *estaban* con él en Babilonia.

33 Le hizo mudar también su ropa de prisionero, y comía pan delante del *rey* siempre todos los días de su vida.

34 Y continuamente se le daba una ración de parte del rey de Babilonia, cada cosa en su día, todos los días de su vida, hasta el día de su muerte.

---

a cp 20:1
b cp 35:4
c 2 Re 25:19
d cp 37:13
e cp 27:19
f 2 Re 24:2
g cp 39:9
h 2 Re 25:27
i cp 37:1 y 22:24-30
j 1 Re 7:15
k cp 27:3
l 1 Re 7:20

Libro De
LAMENTACIONES

CAPÍTULO 1

1 Cómo está sentada sola la ciudad populosa! ªLa grande entre las naciones se ha vuelto como viuda; ᵇLa princesa entre las provincias es hecha tributaria.

2 Amargamente llora en la noche, y sus lágrimas *están* en sus mejillas; no tiene quien *la* consuele de entre todos sus ᵉamantes; todos sus amigos la traicionaron, se le volvieron enemigos.

3 Judá ha ido en cautiverio, ᶠa causa de la aflicción y de la dura servidumbre; ella moró entre las gentes, y no halló descanso; todos sus perseguidores la alcanzaron entre las estrecharas.

4 Las calzadas de Sión tienen luto, porque no hay quien venga a ᵍlas fiestas solemnes; todas sus puertas están asoladas, sus sacerdotes gimen, sus vírgenes afligidas, y ella tiene amargura.

5 Sus enemigos han sido hechos ⁱcabeza, sus enemigos fueron prosperados; porque Jehová la afligió ʲpor la multitud de sus rebeliones; sus niños fueron en cautividad delante del enemigo.

6 Se fue de la hija de Sión toda su hermosura; sus príncipes fueron como ciervos *que* no hallan pasto, y anduvieron sin fuerzas delante del perseguidor.

7 Jerusalén, cuando cayó su pueblo en mano del enemigo y no hubo quien le ayudase, se acordó de los días de su aflicción, y de sus rebeliones, y de todas sus cosas deseables que tuvo desde los tiempos antiguos; la miraron los enemigos, y se burlaron de sus sábados.

8 Pecado cometió Jerusalén; por lo cual ella ha sido removida: Todos los que la honraban la han menospreciado, porque ᵒvieron su vergüenza; y ella suspira, y se vuelve atrás.

9 Su inmundicia *está* en sus faldas; ᵖno se acordó de su postrimería: Por tanto ella ha caído asombrosamente,

---

a Is 47:9
Jer 15:8
b Esd 4:20
c Sal 79:1
Jer 51:51
d Dt 23:3
Neh 13:1
e Jer 22:22
y 30:14
f Jer 52:27

g cp 2:6
h cp 4:17-20
Job 18:8

i Dt 28:48
Pr 5:22
j Dt 28:13,44
k Jer 30:14-15

l Jer 8:16

m Is 63:3

n Jer 4:31

o Ez 16:37
Os 2:10

p Dt 32:29
Is 47:7

---

no tiene consolador. Mira, oh Jehová, mi aflicción, porque el enemigo se ha engrandecido.

10 Extendió su mano el enemigo a todas sus cosas preciosas; ella ha visto ᶜentrar en su santuario las gentes, ᵈde las cuales mandaste que no entrasen en tu congregación.

11 Todo su pueblo buscó su pan suspirando; dieron por la comida todas sus cosas preciosas, para entretener la vida. Mira, oh Jehová, y ve que estoy abatida.

12 ¿No os conmueve a cuantos pasáis por el camino? Mirad, y ved si hay dolor como mi dolor que me ha venido; porque Jehová me ha angustiado en el día de su ardiente furor.

13 Desde lo alto envió fuego en mis huesos, el cual prevaleció; ʰtendió red a mis pies, me volvió atrás, me dejó desolada y desfallezco todo el día.

14 El yugo de mis transgresiones ⁱestá atado por su mano, ataduras han subido sobre mi cerviz: ha hecho que falten mis fuerzas; me ha entregado el Señor en manos contra las cuales no podré levantarme.

15 El Señor ha hollado a todos ˡmis *hombres* fuertes en medio de mí; Convocó contra mí asamblea para quebrantar mis jóvenes; *como* lagar ᵐha pisoteado el Señor a la virgen hija de Judá.

16 Por esta causa yo lloro; mis ojos, mis ojos fluyen aguas; porque el consolador que debiera reanimar mi alma se alejó de mí; mis hijos están desolados, porque el enemigo prevaleció.

17 Sión ⁿextendió sus manos, no tiene quien la consuele; Jehová dio mandamiento contra Jacob, que sus enemigos lo rodeasen: Jerusalén fue *como* una mujer menstruosa entre ellos.

18 Jehová es justo; pues yo contra su palabra me rebelé. Oíd ahora, pueblos todos, y ved mi dolor: Mis vírgenes y mis jóvenes fueron en cautiverio.

La hermosura de Israel es derribada

19 Llamé a mis amantes, *pero* ᵃellos me han engañado; Mis sacerdotes y mis ancianos en la ciudad ᵈperecieron, cuando buscaban comida para sí con que entretener su vida.

20 Mira, oh Jehová, que estoy atribulada; ᶠmis entrañas hierven, mi corazón se revuelve dentro de mí; porque me rebelé en gran manera; ʰde fuera la espada priva de hijos, en casa señorea la muerte.

21 Oyeron que gemía, mas no *hay* consolador para mí; ʲTodos mis enemigos han oído mi mal, se han alegrado de que tú lo hiciste. Harás venir el día que has anunciado, y serán como yo.

22 Venga delante de ti ⁿtoda su maldad, y haz con ellos como hiciste conmigo por todas mis rebeliones; porque muchos *son* mis suspiros, y mi corazón desfallece.

CAPÍTULO 2

1 ᑫ¡Cómo oscureció el Señor, en su furor, a la hija de Sión! ʳDerribó del cielo a la tierra ᵗla hermosura de Israel, y no se acordó del ᵘestrado de sus pies en el día de su ira.

2 Destruyó el Señor, y no perdonó; Devoró en su furor todas las tiendas de Jacob: Echó por tierra las fortalezas de la hija de Judá, ᵛhumilló el reino y a sus príncipes.

3 Cortó con el furor de *su* ira todo el ʸcuerno de Israel; ᶻHizo volver atrás su diestra delante del enemigo; y se encendió en Jacob como llama de fuego que ha devorado *todo* en derredor.

4 Entesó su arco como enemigo, ᵇafirmó su mano derecha como adversario, y destruyó todo lo que *era* agradable a la vista: En la tienda de la hija de Sión derramó como fuego su enojo.

5 El Señor fue como un enemigo, devoró a Israel; destruyó todos sus palacios, demolió sus fortalezas; y multiplicó en la hija de Judá la tristeza y el lamento.

6 Y violentamente ⁱarrancó su tabernáculo como de un huerto, destruyó el ʲlugar donde se congregaban; Jehová ha hecho olvidar en Sión las fiestas solemnes y los ᵇsábados, y en el ardor de su ira ᶜha desechado al rey y al sacerdote.

7 El Señor desechó su altar, menospreció su santuario, ha entregado en mano del enemigo los muros de sus palacios; ᵉhan dado gritos en la casa de Jehová como en día de fiesta.

8 Jehová determinó destruir el muro de la hija de Sión; ᵍExtendió el cordel, no retrajo su mano de destruir: Hizo, pues, que se lamentara el antemuro y el muro; ⁱlanguidecen juntos.

9 Sus puertas fueron echadas por tierra, destruyó y quebró sus cerrojos; ᵏSu rey y sus príncipes están entre los gentiles donde ¹no hay ley; ᵐsus profetas tampoco hallaron visión de Jehová.

10 Se sentaron en tierra, ᵒcallaron los ancianos de la hija de Sión; ᵖecharon polvo sobre sus cabezas, se ciñeron de cilicio; las vírgenes de Jerusalén bajaron sus cabezas a tierra.

11 Mis ojos desfallecieron de lágrimas, se conmovieron mis entrañas, mi hígado se derramó por tierra ˢpor el quebrantamiento de la hija de mi pueblo, cuando desfallecía el niño y el que mamaba, en las plazas de la ciudad.

12 Decían a sus madres: ¿Dónde *está* el trigo y el vino? Desfallecían como heridos en las calles de la ciudad, derramando sus almas en el regazo de sus madres.

13 ¿Qué testigo te traeré, o ˣa quién te haré semejante, hija de Jerusalén? ¿A quién te compararé para consolarte, oh virgen hija de Sión? Porque ᵃtu quebrantamiento *es* grande como el mar; ¿quién te sanará?

14 Tus profetas ᶜvieron para ti vanidad y locura; y ᵈno descubrieron tu pecado ᵉpara impedir tu cautiverio, sino que te predicaron vanas profecías y extravíos.

15 Todos los que pasaban por el camino, ᵍbatieron las manos sobre ti; silbaron, y movieron sus cabezas sobre la hija de Jerusalén, *diciendo*: ¿Es ésta la ciudad que llamaban: ʰLa perfección de la hermosura, el gozo de toda la tierra?

16 ᵏTodos tus enemigos abrieron contra ti su boca, silbaron, y rechinaron los dientes; dijeron: La hemos

LAMENTACIONES 3

Soy un hombre que ha visto aflicción

devorado; ciertamente éste es el día que esperábamos; *lo* hemos hallado, ᵇ*lo* hemos visto.

17 Jehová ha hecho lo que tenía ᶜdeterminado, ha cumplido su palabra que Él había mandado ᵉdesde tiempo antiguo: Destruyó, y no perdonó; y ha hecho que se alegre sobre ti el enemigo, y ha enaltecido el ᵍcuerno de tus adversarios.

18 El corazón de ellos clamaba al Señor: ⁱOh muro de la hija de Sión, corran *tus* lágrimas como un arroyo día y noche; no descanses, ni cesen ᵏlas niñas de tus ojos.

19 Levántate, da voces en la noche, en el principio de ᵐlas vigilias; derrama ⁿcomo agua tu corazón ante la presencia del Señor; alza tus manos hacia Él por la vida de ᵖtus pequeñitos, que desfallecen de hambre en las entradas de todas las calles.

20 Mira, oh Jehová, y considera a quién has hecho así. ᑫ¿Han de comer las mujeres su fruto, los pequeñitos de sus crías? ¿Han de ser muertos en el santuario del Señor el sacerdote y el profeta?

21 Niños y viejos yacían ᵗpor tierra en las calles; Mis vírgenes y mis jóvenes cayeron a espada: Mataste en el día de tu furor, ᵘdegollaste, no perdonaste.

22 Has llamado, como a día de solemnidad, mis temores de todas partes; y en el día del furor de Jehová no hubo quien escapase ni quedase vivo: Los que crié y mantuve, mi enemigo los acabó.

CAPÍTULO 3

Yo soy el hombre que ᵈha visto aflicción ᵉpor la vara de su enojo.

2 Me guió y ᵍme llevó *en* tinieblas, y no *en* luz.

3 Ciertamente contra mí volvió y revolvió su mano todo el día.

4 Hizo envejecer ⁱmi carne y mi piel; ʲquebrantó mis huesos.

5 Edificó contra mí, y me cercó de tósigo y de trabajo.

6 Me asentó en oscuridades, ᵏcomo los ya muertos de mucho tiempo.

7 Me cercó por todos lados, ᵐy no puedo salir; ha hecho pesadas mis cadenas.

a Sal 22:2
b Sal 35:21
c Lv 26:16
  Dt 28:15
d Os 13:8
e cp 1:7
f Job 16:12
g ver 3
h Job 6:4
i Jer 22:29
j Job 30:9
  Sal 69:12
k Sal 17:8
l Jer 9:15
m Éx 14:24
n 1 Sm 7:6
o Pr 20:17
p ver 11
q Jer 19:9
  cp 4:10
r ver 24
s Mal 3:6
t 2 Cr 36:17
  Jer 6:11
u cp 3:43
v Job 7:18
x Sal 36:5
y Sal 16:5
z Sal 130:6
  Is 30:18
a Sal 37:7
b Sal 94:12
  y 119:71
c Mt 11:29
d Jer 20:18
e Sal 2:9
f Job 42:6
g Is 5:30
h Is 50:6
  Mt 5:39
i Job 16:8
j Sal 51:8
k Sal 88:5-6
  y 143:3
l Heb 12:10
m Sal 88:8

8 Aun ᵃcuando clamé y di voces, cerró los oídos a mi oración.

9 Cercó mis caminos con piedra tajada, torció mis senderos.

10 Como ᵈoso que acecha *fue* para mí, como león en escondrijos.

11 Torció mis caminos, y me despedazó; me dejó asolado.

12 Su arco entesó, y ᶠme puso como blanco a la saeta.

13 Hizo entrar en mis entrañas ʰlas saetas de su aljaba.

14 Fui escarnio a todo mi pueblo, ʲcanción de ellos todos los días.

15 Me hartó de amarguras, ˡme embriagó de ajenjos.

16 Me quebró los dientes con ᵒcascajo, me cubrió de ceniza.

17 Y mi alma se alejó de la paz, me olvidé del bien.

18 Y dije: Perecieron mis fuerzas, y mi esperanza de Jehová.

19 Acuérdate de mi aflicción y de mi abatimiento, del ajenjo y de la hiel.

20 Mi alma aún lo recuerda, y se humilla dentro de mí.

21 Esto traigo a mi memoria, ʳpor lo cual tengo esperanza.

22 *Es* por la misericordia de ˢJehová que no hemos sido consumidos, porque nunca decayeron sus misericordias.

23 Nuevas *son* ᵛcada mañana; ˣgrande *es* tu fidelidad.

24 Mi porción *es* Jehová, ʸdijo mi alma; por tanto en Él esperaré.

25 Bueno *es* Jehová a ᶻlos que en Él esperan, al alma que le busca.

26 Bueno *es* esperar ᵃen silencio la salvación de Jehová.

27 ᵇBueno le *es* al hombre ᶜllevar el yugo desde su juventud.

28 Que se siente solo y calle, porque es Él quien se *lo* impuso.

29 Ponga su boca ᶠen el polvo, por si aún hay esperanza.

30 Dé la mejilla ʰal que le hiere; y sea colmado de afrenta.

31 Porque el Señor no desecha para siempre;

32 antes bien, si aflige, también se compadece según la multitud de sus misericordias.

33 Porque ˡno aflige ni acongoja de su corazón a los hijos de los hombres.

34 Desmenuzar bajo de sus pies a todos los encarcelados de la tierra,

Calamidades de Sión

35 hacer apartar el derecho del hombre ante la presencia del Altísimo,
36 trastornar al hombre en su causa, el Señor no lo aprueba.
37 ¿Quién *será* aquel ᶜque diga, que vino algo que el Señor no mandó?
38 ¿De la boca del Altísimo no sale lo malo y lo bueno?
39 ¿Por qué murmura el hombre viviente, ᵍel hombre en su pecado?
40 Examinemos nuestros caminos, y busquemos, y volvámonos a Jehová.
41 Levantemos ʰnuestros corazones con las manos a Dios en los cielos.
42 Nosotros nos hemos rebelado, y fuimos desleales; tú no perdonaste.
43 Desplegaste la ira, y nos perseguiste;ʲmataste, no perdonaste.
44 Te cubriste de nube, ᵏpara que no pasase la oración nuestra.
45 ᵐNos has vuelto escoria y abominación en medio de los pueblos.
46 Todos nuestros enemigos ⁿabrieron contra nosotros su boca.
47 Temor y lazo nos han sobrevenido, asolamiento y quebranto.
48 ᵠRíos de aguas derraman mis ojos, por el quebrantamiento de la hija de mi pueblo.
49 Mis ojos destilan, y no cesan, porque no hay alivio,
50 hasta que Jehová mire y vea desde los cielos.
51 Mis ojos contristaron mi corazón, por todas las hijas de mi ciudad.
52 Mis enemigos me dieron caza ᵘcomo a ave, ᵛsin haber por qué.
53 Ataron mi vida ˣen mazmorra, ʸpusieron piedra sobre mí.
54 ᵃAguas cubrieron mi cabeza; ᵇyo dije: Muerto soy.
55 Invoqué tu nombre, oh Jehová, desde la cárcel profunda.
56 Oíste mi voz; no escondas tu oído a mi suspiro, a mi clamor.
57 Te acercaste el día ᶜque te invoqué: dijiste: No temas.
58 Abogaste, Señor, la causa de mi alma; redimiste mi vida.
59 Tú has visto, oh Jehová, mi agravio; ᵉdefiende mi causa.
60 Tú has visto toda su venganza; todos sus ᶠpensamientos contra mí.
61 Tú has oído el oprobio de ellos, oh Jehová, todas sus maquinaciones contra mí;

LAMENTACIONES 4

62 Los dichos de los que contra mí se levantaron, y su designio contra mí todo el día.
63 Mira su sentarse, ᵃy su levantarse; ᵇyo *soy* su canción.
64 Dales el pago, oh Jehová, ᵈsegún la obra de sus manos.
65 ᵉDales dureza de corazón, tu maldición *caiga* sobre ellos.
66 Persíguelos en tu furor, ᶠy quebrántalos de debajo de los cielos, oh Jehová.

CAPÍTULO 4

1 ¡Cómo se ha oscurecido el oro! ¡Cómo el buen oro se ha demudado! Las piedras del santuario están esparcidas por ⁱlas encrucijadas de todas las calles.
2 Los hijos de Sión, preciados y estimados más que el oro puro, ¡cómo son tenidos por vasos de barro, obra de manos de alfarero!
3 Aun los monstruos marinos sacan la teta, y amamantan a sus chiquitos: La hija de mi pueblo se ha vuelto cruel, ᵒcomo los avestruces en el desierto.
4 La lengua del niño de ᵖpecho, se pegó a su paladar, a causa de la sed: ʳLos pequeños pidieron pan, y no hubo quien para ellos lo partiese.
5 Los que comían delicadamente, asolados fueron en las calles; los que se criaron entre púrpura, ˢabrazaron los muladares.
6 Y se aumentó la iniquidad de la hija de mi pueblo más que el pecado de Sodoma, que ᵗfue derribada en un momento, sin que manos asentaran sobre ella.
7 Sus ᶻnazareos fueron más puros que la nieve, más blancos que la leche. Sus cuerpos más rubicundos que los rubíes, más bellos que el zafiro:
8 Oscuro más que la negrura es su aspecto; no los conocen por las calles: ᵈSu piel está pegada a sus huesos, seca como un palo.
9 Más dichosos fueron los muertos a espada que los muertos por el hambre; porque éstos murieron poco a poco por falta de los frutos de la tierra.
10 ᵍLas manos de las mujeres ʰpiadosas cocieron a sus propios hijos; les sirvieron de comida en el quebrantamiento de la hija de mi pueblo.

---

a Sal 139:2
b ver 14
c Sal 33:9
d Sal 28:4
e Jer 11:20
2 Tim 4:14
f Dt 25:19
Jer 10:11
g Mi 7:9

h Sal 25:1
y 119:48

i cp 2:19

j cp 2:21
k ver 8
l Jer 19:11
2 Co 4:7
m 1 Co 4:13

n cp 2:16, 17
o Job 39:13-17
p Sal 22:15
q Sal 119:136
r cp 2:11-12

s Job 24:8

t Gn 19:25
2 Pe 2:6
Jud 7
u Sal 11:1
v Sal 35:19
x Jer 37:16
y 38:6-10
y Job 12:14
Dn 6:17
z Nm 6:2
a Sal 69:2
b Sal 88:5
c Stg 4:8
d Job 19:20
Sal 102:5
e Sal 9:4
y 35:23
f Jer 11:19
g cp 2:20
h Dt 28:56

LAMENTACIONES 5

11 Jehová cumplió su enojo, derramó el ardor de su ira; y encendió fuego en Sión, que consumió sus cimientos.
12 Nunca los reyes de la tierra, ni todos los que habitan en el mundo, creyeron que el enemigo y el adversario entrarían por las puertas de Jerusalén.
13 ᵇEs por los pecados de sus profetas, por las maldades de sus sacerdotes, ᶜque derramaron en medio de ella la sangre de los justos.
14 Titubearon *como* ciegos en las calles, fueron contaminados con sangre, de modo que no pudiesen tocar a sus vestiduras.
15 ¡Apartaos! ¡Inmundos! ᵉles gritaban, ¡Apartaos, apartaos, no toquéis! Cuando huyeron y fueron dispersados, dijeron entre las naciones: Nunca más morarán aquí.
16 La ira de Jehová los apartó, no los mirará más: ʰNo respetaron la faz de los sacerdotes, ni tuvieron compasión de los viejos.
17 Aun han desfallecido nuestros ojos ʲtras nuestro vano socorro: En nuestra esperanza aguardamos a ᵏuna nación que no puede salvar.
18 Cazaron nuestros pasos ᵐpara que no anduviésemos por nuestras calles; se cercó nuestro fin, se cumplieron nuestros días; porque llegó nuestro fin.
19 Nuestros perseguidores fueron ᵒmás ligeros que las águilas del cielo; sobre los montes nos persiguieron, en el desierto nos tendieron emboscada.
20 El aliento de nuestra nariz, el ungido de Jehová ᵖfue apresado en sus fosos; de quien habíamos dicho: A su sombra tendremos vida entre las naciones.
21 Gózate y alégrate, hija de Edom, la que habitas en tierra de ᵠUz; ʳAun hasta ti pasará el cáliz; te embriagarás, y vomitarás.
22 Se ha cumplido el castigo de tu iniquidad, oh hija de Sión: Nunca más te hará llevar cautiva. Él castigará tu iniquidad, oh hija de Edom; pondrá al descubierto tus pecados.

CAPÍTULO 5

Acuérdate, oh Jehová, ˣde lo que nos ha sucedido: Ve y mira nuestro oprobio.

a Sal 79:1

b Jer 5:31 6:13
Ez 22:26
c Mt 23:31
d Jer 50:15

e Lv 13:45
f Neh 2:10,19

g Sal 119:83
h cp 5:12-14

i Is 13:16
Zac 14:2
j Jer 37:7

k Is 30:5-6
l cp 4:16
m 2 Re 25:4
n Jue 16:21

o Jer 4:13

p Ez 12:13
y 19:4,8

q Jer 25:20
r Jer 25:15,16
s Sal 9:7
y 102:12
t Sal 45:6
u Sal 13:1

v Sal 80:3,7
Jer 31:18

x Sal 89:50

Renueva nuestros días

2 Nuestra heredad ha ᵃpasado a extraños, nuestras casas a forasteros.
3 Huérfanos somos sin padre, nuestras madres *son* como viudas.
4 Nuestra agua bebemos por dinero; nuestra leña compramos por precio.
5 Persecución padecemos sobre nuestra cerviz; nos fatigamos, y no hay para nosotros reposo.
6 ᵈAl egipcio y al asirio extendimos la mano, para saciarnos de pan.
7 Nuestros padres pecaron, y han muerto; y nosotros llevamos su castigo.
8 Siervos se enseñorearon ᶠde nosotros; no *hay* quien de su mano *nos* libre.
9 Con peligro de nuestras vidas traíamos nuestro pan a causa de la espada del desierto.
10 Nuestra piel ᵍse ennegreció como un horno a causa del ardor del hambre.
11 Violaron a las mujeres ⁱen Sión, a las vírgenes en las ciudades de Judá.
12 Príncipes han sido colgados por su mano; ˡno respetaron el rostro de los viejos.
13 Llevaron los jóvenes ⁿa moler, y los muchachos desfallecieron bajo *el peso* de la leña.
14 Los ancianos cesaron de la puerta, los jóvenes de sus canciones.
15 Cesó el gozo de nuestro corazón; nuestra danza se cambió en luto.
16 Cayó la corona de nuestra cabeza: ¡Ay ahora de nosotros! porque pecamos.
17 Por esto fue entristecido nuestro corazón, por esto se entenebrecieron nuestros ojos:
18 Por el monte de Sión que está asolado; zorras andan por él.
19 Mas tú, Jehová, ˢpermanecerás para siempre; ᵗtu trono de generación en generación.
20 ¿Por qué te olvidarás ᵘpara siempre de nosotros, y nos dejarás por largos días?
21 Vuélvenos, ᵛoh Jehová, a ti, y nos volveremos: Renueva nuestros días como al principio.
22 Porque nos has desechado; en gran manera te has airado contra nosotros.

Llamamiento de Ezequiel

Libro De
EZEQUIEL

CAPÍTULO 1

Y aconteció en el año treinta, en el mes cuarto, el quinto *día* del mes, *estando* yo en medio de los cautivos junto al río de Quebar, ^clos cielos se abrieron, y ^dvi visiones de Dios.

2 En el quinto *día* del mes, que *fue* en el quinto año de ^ela cautividad del rey Joaquín,

3 la palabra de Jehová vino expresamente ^gal sacerdote Ezequiel, hijo de Buzi, en la tierra de los caldeos, junto al río de Quebar; y ⁱla mano de Jehová fue allí sobre él.

4 Y miré, y he aquí ^kun viento tempestuoso ^lvenía del norte, una gran nube, con un fuego envolvente, y en derredor suyo un resplandor, y en medio del fuego una cosa que parecía como de ámbar.

5 y ^men medio de ella la figura de cuatro seres vivientes. Y ésta era su apariencia: Tenían ellos semejanza de hombre.

6 Y cada uno tenía cuatro caras, y cuatro alas tenía cada uno.

7 Y los pies de ellos *eran* derechos, y la planta de sus pies como la planta de pie de becerro; y centelleaban a manera de bronce muy bruñido.

8 Y debajo de sus alas, ⁿa sus cuatro lados, *tenían* manos de hombre; y sus caras y sus alas por los cuatro lados.

9 Con las alas se juntaban el uno al otro. ^pNo se volvían cuando andaban; cada uno caminaba derecho hacia adelante.

10 Y el aspecto de sus caras era cara de hombre; y cara de león al lado derecho en los cuatro; y a la izquierda cara de buey en los cuatro; y los cuatro tenían cara de águila.

11 Tales *eran* sus rostros; y tenían sus alas extendidas por encima, cada uno dos, las cuales se juntaban; y las otras dos cubrían sus cuerpos.

12 Y cada uno caminaba derecho hacia adelante: hacia donde el espíritu le movía que anduviesen, andaban; y cuando andaban, no se volvían.

13 En cuanto a la semejanza de los seres vivientes, su parecer *era* como de ^acarbones de fuego encendidos, ^bcomo parecer de hachones encendidos que andaban entre los seres vivientes; y el fuego resplandecía, y del fuego salían relámpagos.

14 Y los seres vivientes corrían y volvían a semejanza de ^frelámpagos.

15 Y ^hmientras yo miraba a los seres vivientes, he aquí una rueda en la tierra junto a los seres vivientes de cuatro caras.

16 Y ^jel parecer de las ruedas y su obra *era* semejante al color del berilo. Y las cuatro tenían una misma semejanza; su apariencia y su obra *eran* como una rueda en medio de *otra* rueda.

17 Cuando andaban, se movían sobre sus cuatro costados; no se volvían cuando andaban.

18 Y sus aros eran altos y espantosos, y llenos de ojos alrededor en las cuatro.

19 Y cuando los seres vivientes andaban, las ruedas andaban junto a ellos: y cuando los seres vivientes se levantaban de la tierra, las ruedas se levantaban.

20 Hacia donde el espíritu les movía que anduviesen, andaban; ^ohacia donde les movía el espíritu que anduviesen, las ruedas también se levantaban tras ellos; porque el espíritu de los seres vivientes *estaba* en las ruedas.

21 Cuando ellos andaban, andaban *ellas*; y cuando ellos se paraban, se paraban ellas; asimismo cuando se levantaban de la tierra, las ruedas se levantaban tras ellos; porque el espíritu de los seres vivientes *estaba* en las ruedas.

22 Y sobre las cabezas de los seres vivientes había un firmamento semejante a un ^qcristal maravilloso, extendido por encima de sus cabezas.

23 Y debajo del firmamento *estaban* las alas de ellos derechas la una a la

---

a Sal 18:12
b Ap 4:5

c Mt 3:16
  Jn 1:51
  Ap 19:11
d cp 8:3
  y 40:2
e 2 Re 24:12
f Dn 10:6
g Jer 1:1
h cp 10:2,6
i cp 3:22
  33:22 y 37:1
j cp 10:10
k Job 38:1
l Jer 1:13

m Ap 4:6

n cp 10:8
o cp 10:17

p cp 10:11

q Ap 4:6

otra; cada uno tenía dos, y otras dos que cubrían sus cuerpos.

24 Y oí el ruido de sus alas ªcuando andaban, ᵇcomo el estruendo de muchas aguas, ᶜcomo la voz del ᵈOmnipotente, como ruido de muchedumbre, como la voz de un ejército. Cuando se paraban, aflojaban sus alas.

25 Y cuando se paraban y bajaban sus alas, se oía una voz de arriba del firmamento que había sobre sus cabezas.

26 Y sobre ʰel firmamento que había sobre sus cabezas se veía la figura de un trono ʲque parecía de piedra de zafiro; y sobre la figura del trono había una semejanza que parecía de un hombre sentado sobre él.

27 Y vi apariencia ᵐcomo de ámbar, como apariencia de fuego dentro de ella en derredor, desde el aspecto de sus lomos para arriba; y desde sus lomos para abajo, vi que parecía como fuego, y que tenía resplandor alrededor.

28 ᵒComo la apariencia del arco iris ᵖque está en las nubes el día que llueve, así *era* el parecer del resplandor alrededor. Ésta *fue* la visión de la semejanza de la gloria de Jehová. ˢY luego que yo *la* vi, caí sobre mi rostro, y oí la voz de uno que hablaba.

CAPÍTULO 2

Y me dijo: ᵗHijo de hombre, ponte sobre tus pies, y hablaré contigo.

2 Y luego que me habló, ᵘentró el Espíritu en mí, y me afirmó sobre mis pies, y oía al que me hablaba.

3 Y me dijo: Hijo de hombre, yo te envío a los hijos de Israel, a gente rebelde que se ha rebelado contra mí; ellos y sus padres se han rebelado contra mí hasta este mismo día.

4 Yo, pues, te envío a ˣhijos de duro rostro y de empedernido corazón; y les dirás: Así dice Jehová el Señor.

5 Y ya sea que ellos escuchen; o dejen de escuchar (porque *son* una casa rebelde), ᶻsiempre sabrán que hubo profeta entre ellos.

6 Y tú, hijo de hombre, ªno temas de ellos, ni tengas miedo de sus palabras, aunque te hallas entre zarzas y espinas, y moras con escorpiones; no tengas miedo de sus palabras, ni temas delante de ellos, porque son casa rebelde.

7 Les hablarás, pues, ᵉmis palabras, escuchen o dejen de escuchar; porque *son* muy rebeldes.

8 Mas tú, hijo de hombre, oye lo que yo te hablo; no seas rebelde como esa casa rebelde; abre tu boca, y ᶠcome lo que yo te doy.

9 Y miré, y he aquí ᵍuna mano extendida hacia mí, y en ella ⁱhabía un rollo de libro.

10 Y lo extendió delante de mí, y *estaba* escrito ᵏpor delante y por detrás; y ˡhabía escritas en él endechas, lamentaciones y ayes.

CAPÍTULO 3

Y me dijo: Hijo de hombre, come lo que hallas; ⁿcome este rollo, y ve y habla a la casa de Israel.

2 Y abrí mi boca, y me hizo comer aquel rollo.

3 Y me dijo: Hijo de hombre, haz a tu vientre que coma, y llena tus entrañas de este rollo que yo te doy. Y ᑫlo comí, y fue en mi boca dulce como miel.

4 Me dijo luego: Hijo de hombre, ve y entra a la casa de Israel, y habla a ellos con mis palabras.

5 Porque no *eres* enviado a pueblo de habla profunda ni de lengua difícil, *sino* a la casa de Israel.

6 No a muchos pueblos de habla profunda ni de lengua difícil, cuyas palabras no entiendas; y ᵛsi a ellos te enviara, ellos te oirían.

7 Mas la casa de Israel no te querrá oír, porque no me quieren oír a mí; porque toda la casa de Israel *son* duros de frente, y de corazón empedernido.

8 He aquí, yo he hecho tu rostro fuerte contra los rostros de ellos, y tu frente fuerte contra sus frentes.

9 Como diamante, más fuerte que ʸel pedernal he hecho tu frente; no los temas, ni tengas miedo delante de ellos, porque *son* casa rebelde.

10 Y me dijo: Hijo de hombre, toma en tu corazón todas mis palabras que yo te hablaré, y oye con tus oídos.

Su sangre demandaré de tu mano

11 Y ve y entra a los cautivos, a [a]los hijos de tu pueblo, y les hablarás y les dirás: Así dice Jehová el Señor; escuchen, o dejen de escuchar.
12 Entonces [b]el Espíritu me levantó, y oí detrás de mí una voz de grande estruendo, *que decía*: Bendita *sea* la gloria de Jehová desde su lugar.
13 *Oí* también el ruido de las alas de los seres vivientes que se juntaban la una con la otra, y el ruido de las ruedas delante de ellos, y ruido de grande estruendo.
14 Me levantó, pues, el Espíritu, y me tomó; y fui en amargura, en la indignación de mi espíritu; mas la mano de Jehová era fuerte sobre mí.
15 Y vine a los cautivos en Telabib, que moraban [f]junto al río de Quebar, y [g]me senté donde ellos estaban sentados, y allí permanecí siete días atónito entre ellos.
16 Y aconteció que al cabo de los siete días vino a mí palabra de Jehová, diciendo:
17 Hijo de hombre, yo te he puesto por [h]atalaya a la casa de Israel; oirás, pues, tú, la palabra de mi boca, y los amonestarás de mi parte.
18 Cuando yo dijere al impío: De cierto morirás; y tú no le amonestares, ni le hablares, para que el impío sea apercibido de su mal camino, a fin de que viva, [k]el impío morirá por su pecado, pero [l]su sangre demandaré de tu mano.
19 Y [m]si tú amonestares al impío, y él no se convirtiere de su impiedad, y de su mal camino, él morirá por su pecado, pero tú habrás librado tu alma.
20 Y cuando el justo se apartare de su justicia, e hiciere maldad, [o]y pusiere yo tropiezo delante de él, él morirá, porque tú no le amonestaste; en su pecado morirá, y sus justicias que había hecho no vendrán en memoria; pero su sangre demandaré de tu mano.
21 Y si al justo amonestares para que el justo no peque, y no pecare, de cierto vivirá, porque fue amonestado; y tú habrás librado tu alma.
22 Y vino allí [r]la mano de Jehová sobre mí, y me dijo: Levántate, y sal al campo, y allí hablaré contigo.

a cp 23:2

b cp 8:3 11:1
y 43:5
1 Re 18:12
Mt 4:1
Lc 4:1
c cp 2:2
d cp 4:8

e cp 14:49

f cp 1:1
g Job 2:13

h Is 52:8
i 2 Re 25:1
j Jer 6:6

k cp 18:18
Jn 8:21-24
l cp 18:13
y 33:6-8
m cp 33:9
n cp 12:6-11
y 24:24-27

o cp 14:2
Jer 6:21
1 Jn 2:10
p cp 44:10-12
q Nm 14:34

r cp 1:3

EZEQUIEL 4

23 Y me levanté, y salí al campo; y he aquí que allí estaba la gloria de Jehová, como la gloria que había visto junto al río de Quebar; y caí sobre mi rostro.
24 Entonces [c]entró el Espíritu en mí, y me afirmó sobre mis pies, y me habló, y me dijo: Entra, y enciérrate dentro de tu casa.
25 Y tú, oh hijo de hombre, he aquí [d]que pondrán sobre ti cuerdas, y con ellas te atarán, y no saldrás entre ellos.
26 Y [e]haré que tu lengua se pegue a tu paladar, y estarás mudo, y no serás a ellos varón que reprende; porque *son* casa rebelde.
27 Mas cuando yo te hubiere hablado, abriré tu boca, y les dirás: Así dice Jehová el Señor: El que oye, oiga; y el que no quiera oír, no oiga; porque casa rebelde son.

CAPÍTULO 4

Y tú, hijo de hombre, tómate un adobe, y ponlo delante de ti, y diseña sobre él la ciudad de Jerusalén:
2 Y pon contra ella sitio, y [i]edifica contra ella fortaleza, [j]y levanta contra ella baluarte, y pon delante de ella campamento, y coloca contra ella arietes alrededor.
3 Tómate también una plancha de hierro, y ponla en lugar de muro de hierro entre ti y la ciudad; afirma luego tu rostro contra ella, y será sitiada, y tú pondrás sitio contra ella. [n]Ésta *será* señal a la casa de Israel.
4 Y tú te acostarás sobre tu lado izquierdo, y pondrás sobre él la iniquidad de la casa de Israel; el número de los días que dormirás sobre él, [p]llevarás sobre ti la iniquidad de ellos.
5 Yo te he dado los años de su iniquidad por el número de los días, trescientos noventa días; [q]así llevarás la iniquidad de la casa de Israel.
6 Y cumplidos éstos, te acostarás otra vez, sobre tu lado derecho, y llevarás la iniquidad de la casa de Judá cuarenta días; día por año, día por año te lo he dado.
7 Y afirmarás tu rostro al sitio de Jerusalén, y descubierto tu brazo, profetizarás contra ella.

EZEQUIEL 5

8 Y he aquí, ªyo pondré sobre ti ataduras, y no te darás vuelta de un lado al otro, hasta que hayas cumplido los días de tu asedio.

9 Y tú toma para ti trigo, cebada, habas, lentejas, maíz y centeno, y ponlos en una vasija, y hazte pan de ellos el número de los días que durmieres sobre tu lado; trescientos noventa días comerás de él.

10 Y la comida que has de comer será por peso de veinte siclos al día; de tiempo a tiempo lo comerás.

11 Y beberás el agua por medida, la sexta parte de ᵇun hin; de tiempo a tiempo beberás.

12 Y comerás pan de cebada cocido debajo de la ceniza; y lo cocerás sobre excremento de hombre, a vista de ellos.

13 Y dijo Jehová: ᶜAsí comerán los hijos de Israel su pan inmundo, entre las naciones a donde los lanzaré yo.

14 Y dije: ᵈ¡Ah Señor Jehová! he aquí que mi alma no es inmunda, ni nunca desde mi juventud hasta este tiempo ᶠcomí cosa mortecina ni despedazada, ᵍni nunca en mi boca entró carne inmunda.

15 Y me respondió: He aquí te doy estiércol de bueyes en lugar del estiércol de hombre, y cocerás tu pan con ellos.

16 Me dijo luego: Hijo de hombre, he aquí quebrantaré ⁱla provisión de pan en Jerusalén, y comerán el pan por peso, y con angustia; y beberán el agua por medida, y con espanto.

17 Porque les faltará el pan y el agua, y se espantarán los unos con los otros, y se consumirán por su maldad.

CAPÍTULO 5

Y tú, hijo de hombre, tómate un cuchillo agudo, toma una navaja de barbero, y hazla pasar sobre tu cabeza y tu barba; tómate después un peso de balanza, y divide los *cabellos*.

2 Una tercera parte quemarás con fuego en medio de la ciudad, cuando se cumplieren los días del sitio, y tomarás una tercera parte, y herirás con espada alrededor de ella; y una tercera parte esparcirás al viento, y yo ᵒdesenvainaré espada en pos de ellos.

a cp 3:25

b cp 45:24

c Dn 1:8
Os 9:3

d Hch 10:14
e Jer 2:10-11

f Éx 22:31
Lv 7:24
g Lv 7:18

h Lm 1:12
Dn 9:12
Am 3:2
i Lv 26:26
j Dt 28:53
Jer 19:9
k vers 2,12

l 2 Re 16:10

m Jer 15:2

n Is 1:24

o Jer 9:16
p cp 38:18-19

Israel será castigado

3 Tomarás también de allí unos pocos en número, y los atarás en el borde de tu manto.

4 Y tomarás otra vez de ellos, y los echarás en medio del fuego, y en el fuego los quemarás; de allí saldrá el fuego hacia toda la casa de Israel.

5 Así dice Jehová el Señor: Ésta *es* Jerusalén; la puse en medio de las naciones y de las tierras alrededor de ella.

6 Y ella cambió mis juicios y mis ordenanzas en impiedad más que las naciones, y más que las tierras que *están* alrededor de ella; porque desecharon mis juicios y mis mandamientos, y no anduvieron en ellos.

7 Por tanto, así dice Jehová el Señor: Porque os multiplicasteis más que las naciones que *están* alrededor de vosotros, y no habéis andado en mis mandamientos, ni habéis guardado mis leyes, ᵉni siquiera habéis hecho según las leyes de las naciones que *están* alrededor de vosotros.

8 Por eso, así dice Jehová el Señor: He aquí yo contra ti; sí, yo, y haré juicios en medio de ti a los ojos de las naciones.

9 Y haré en ti ʰlo que nunca hice, ni jamás haré cosa semejante, a causa de todas tus abominaciones.

10 Por eso los padres se ʲcomerán a *sus* hijos en medio de ti, y los hijos se comerán a sus padres; y haré en ti juicios, y ᵏa todo tu remanente esparciré a todos los vientos.

11 Por tanto, vivo yo, dice el Señor Jehová, ciertamente ˡpor haber profanado mi santuario con todos tus ídolos detestables y con todas tus abominaciones, *te* quebrantaré yo también; mi ojo no perdonará, ni tampoco tendré yo misericordia.

12 Una tercera parte de ti ᵐmorirá de pestilencia y será consumida de hambre en medio de ti; y una tercera parte caerá a espada alrededor de ti; y una tercera parte esparciré a todos los vientos, y tras ellos desenvainaré espada.

13 Y se cumplirá mi furor, y haré que mi enojo repose en ellos, y ⁿtomaré satisfacción; y sabrán que yo Jehová he hablado ᵖen mi celo, cuando haya cumplido en ellos mi enojo.

Morirán de hambre y a espada

14 Y te tornaré en desierto y en ªoprobio entre las naciones que *están* alrededor de ti, ᵇa los ojos de todo transeúnte.

15 Y serás oprobio y escarnio y escarmiento y espanto a las naciones que *están* alrededor de ti, cuando yo haga en ti juicios en furor e indignación, y en reprensiones de ira. Yo Jehová he hablado.

16 Cuando arroje yo sobre ellos las ᵉperniciosas saetas del hambre, que serán para destrucción, las cuales enviaré para destruiros, entonces aumentaré el hambre sobre vosotros, y quebrantaré entre vosotros ᶠla provisión de pan.

17 Enviaré, pues, sobre vosotros hambre, y ⁱmalas bestias que te destruyan; y pestilencia y sangre pasarán por ti, y meteré sobre ti espada. Yo Jehová he hablado.

CAPÍTULO 6

Y vino a mí palabra de Jehová, diciendo:

2 Hijo de hombre, ʲpon tu rostro hacia ᵏlos montes de Israel, y profetiza contra ellos.

3 Y dirás: Montes de Israel, oíd palabra de Jehová el Señor: Así dice Jehová el Señor a los montes y ⁿa los collados, ᵖa los arroyos y ᑫa los valles: He aquí que yo, yo haré venir sobre vosotros espada, y destruiré vuestros lugares altos.

4 Y vuestros altares serán asolados, y vuestras imágenes del sol serán quebradas; y haré que caigan vuestros muertos delante de vuestros ídolos.

5 Y pondré los cuerpos muertos de los hijos de Israel delante de sus ídolos; y vuestros huesos esparciré en derredor de vuestros altares.

6 En todo lugar donde habitéis las ciudades serán desiertas, y los lugares altos serán asolados, para que sean asolados y se hagan desiertos vuestros altares; y quebrados serán vuestros ídolos, y cesarán; y vuestras imágenes del sol serán destruidas, y vuestras obras serán desechas.

7 Y los muertos caerán en medio de vosotros; y ᵘsabréis que yo soy Jehová.

8 Mas ᵛdejaré un remanente de modo que tengáis quien escape de

EZEQUIEL 6-7

a Neh 2:17
b Jer 24:9
b Lm 2:15

c cp 20:7
d cp 223:30

e Dt 32:23

f Lv 26:26
g cp 21:14
h cp 25:6
i Dt 32:24

j cp 20:46
y 21:2
k cp 19:9
y 36:1-8
l Jer 2:20
m Os 4:13
n cp 36:4-6
o Is 57:5
p cp 35:8
q Jer 2:23
r Nm 33:46
Jer 48:22

s Lm 4:18

t Lm 5:11
u cp 7:4,9
v Jer 44:28
cp 12:16
y 14:22

la espada entre las naciones, cuando seáis esparcidos por las tierras.

9 Y los que de vosotros escaparen, se acordarán de mí entre las naciones entre las cuales serán cautivos; porque yo me quebranté a causa de su corazón fornicario, que se apartó de mí, y ᶜa causa de sus ojos, que ᵈfornicaron tras sus ídolos; y se avergonzarán de sí mismos, a causa de los males que hicieron en todas sus abominaciones.

10 Y sabrán que yo soy Jehová; no en vano dije que les había de hacer este mal.

11 Así dice Jehová el Señor: ᵍHiere con tu mano, y ʰhuella con tu pie, y di: ¡Ay de los males de la casa de Israel por todas las abominaciones! porque con espada, y con hambre, y con pestilencia caerán.

12 El que estuviere lejos, morirá de pestilencia, y el que estuviere cerca caerá a espada, y el que quedare y fuere sitiado morirá de hambre; así cumpliré en ellos mi enojo.

13 Y sabréis que yo soy Jehová, cuando sus muertos estén en medio de sus ídolos, en derredor de sus altares, ˡen todo collado alto, y ᵐen todas las cumbres de los montes, y debajo de todo árbol frondoso, y ᵒdebajo de toda encina espesa, lugares donde ofrecieron olor agradable a todos sus ídolos.

14 Y extenderé mi mano contra ellos, y tornaré la tierra más asolada y desierta que el desierto hacia ʳDiblat, en todas sus habitaciones; y conocerán que yo soy Jehová.

CAPÍTULO 7

Y vino a mí palabra de Jehová, diciendo:

2 Y tú, hijo de hombre, *di*: Así dice Jehová el Señor a la tierra de Israel: ˢEl fin, el fin viene sobre los cuatro extremos de la tierra.

3 Ahora *será* el fin sobre ti, y enviaré sobre ti mi furor, y te juzgaré según tus caminos; y pondré sobre ti todas tus abominaciones.

4 Y ᵗmi ojo no te perdonará, ni tendré misericordia; antes pondré sobre ti tus caminos, y en medio de ti estarán tus abominaciones; y sabréis que yo soy Jehová.

EZEQUIEL 8

5 Así dice Jehová el Señor: Un mal, he aquí que viene un mal.
6 Viene el fin, el fin viene; se ha despertado contra ti; he aquí que viene.
7 La mañana viene para ti, oh morador de la tierra; el tiempo viene, cercano está el día; día de tribulación, y no de alegría, sobre los montes.
8 Ahora pronto derramaré mi ira sobre ti, y cumpliré en ti mi furor, y te juzgaré según tus caminos; y pondré sobre ti tus abominaciones.
9 Y mi ojo no perdonará, ni tendré misericordia; te pagaré conforme a tus caminos y a tus abominaciones que están en medio de ti; y sabréis que yo Jehová ^csoy el que hiere.
10 He aquí el día, he aquí que viene; ha salido la mañana; ^eha florecido la vara, ha reverdecido la soberbia.
11 La violencia se ha levantado en vara de impiedad; ninguno *quedará* de ellos, ni de su multitud, ni uno de los suyos; ^fni habrá quien por ellos se lamente.
12 El tiempo ha venido, se acercó el día; ^hel que compra, no se alegre, y el que vende, no llore; porque la ira *está* sobre toda la multitud.
13 Porque el que vende no volverá a lo vendido, aunque queden vivos; porque la visión sobre toda su multitud no será revocada; y ninguno podrá, a causa de su iniquidad, amparar su vida.
14 Tocarán trompeta, y prepararán todas las cosas, pero no habrá quien vaya a la batalla; porque mi ira *está* sobre toda la multitud.
15 De fuera espada, ^jde dentro pestilencia y hambre; el que *estuviere* en el campo morirá a espada; y al que *estuviere* en la ciudad, el hambre y la pestilencia lo consumirán.
16 Y ^llos que escaparen de ellos, huirán y estarán sobre los montes como palomas de los valles, gimiendo todos por su iniquidad.
17 Toda mano será ^odebilitada, y toda rodilla será débil *como* agua.
18 Se ceñirán también ^pde cilicio, y les cubrirá terror; en todo rostro habrá vergüenza, y ^stodas sus cabezas estarán rapadas.

a cp 14:3-7
b 2 Re 21:4
cp 8:5-16
c Is 9:13
d 2 Re 21:16
cp 11:6
e Is 10:5
f Jer 16:4-6
g Jer 4:20
h Is 24:2
i Mal 2:7
j Dt 32:35
k cp 14:1
l cp 6:8
m cp 1:3
n cp 1:27
o cp 21:7
p Lm 2:10
q cp 1:4
r Dn 5:5
s Is 3:24

El oro y la plata no podrá librarlos

19 Arrojarán su plata en las calles, y su oro será desechado; ni su plata ni su oro podrá librarlos en el día de la ira de Jehová; no saciarán su alma, ni llenarán sus entrañas, porque ha sido ^atropiezo para su maldad.
20 En cuanto a la belleza de su ornamento, Él la puso en majestad; pero ellos ^bhicieron de ella las imágenes de sus detestables ídolos, por eso se lo torné en cosa repugnante.
21 Y en mano de extraños la entregué por presa, y por despojo a los impíos de la tierra, y la profanarán.
22 Y apartaré de ellos mi rostro, y mi *lugar* secreto será profanado; pues entrarán en él ladrones y lo profanarán.
23 Haz una cadena, porque ^dla tierra está llena de crímenes sangrientos, y la ciudad está llena de violencia.
24 Traeré, por tanto, a los más malos de las naciones, los cuales poseerán sus casas; y haré cesar la soberbia de los poderosos, y sus santuarios serán profanados.
25 Destrucción viene; y buscarán la paz, y no la *habrá*.
26 ^gMaldad vendrá sobre maldad, y rumor será sobre rumor; Entonces buscarán visión del profeta; pero ⁱla ley se alejará del sacerdote, y el consejo de los ancianos.
27 El rey se enlutará, y el príncipe se vestirá de asolamiento, y las manos del pueblo de la tierra serán conturbadas; según su camino haré con ellos, y con los juicios de ellos los juzgaré; y sabrán que yo soy Jehová.

CAPÍTULO 8

Y aconteció en el sexto año, en *el mes* sexto, a los cinco del mes, que estaba yo sentado en mi casa, y ^klos ancianos de Judá estaban sentados delante de mí, y allí ^mdescendió sobre mí la mano del Señor Jehová.
2 Y miré, y he aquí una semejanza que parecía de fuego; ⁿdesde sus lomos para abajo, fuego; y desde sus lomos para arriba parecía como resplandor, como ^qel color ámbar.
3 Y aquella semejanza ^rextendió la mano, y me tomó por las guedejas de mi cabeza; y el Espíritu me alzó

No habrá perdón ni misericordia

ᵃentre el cielo y la tierra, y me llevó en visiones de Dios a Jerusalén, a la entrada de la puerta de adentro que mira hacia el norte, ᶜdonde *estaba* la habitación de ᵈla imagen del celo, la que hacía celar.

4 Y he aquí, ᵍallí *estaba* la gloria del Dios de Israel, como la visión que yo había visto en el campo.

5 Y me dijo: Hijo de hombre, alza ahora tus ojos hacia el lado del norte. Y alcé mis ojos hacia el lado del norte, y he aquí al norte, junto a la puerta del altar, la imagen del celo en la entrada.

6 Me dijo entonces: Hijo de hombre, ¿no ves lo que éstos hacen, las grandes abominaciones que la casa de Israel hace aquí, para alejarme de mi santuario? Mas vuélvete aún, y verás abominaciones mayores.

7 Y me llevó a la entrada del atrio, y miré, y he aquí en la pared un agujero.

8 Y me dijo: Hijo de hombre, cava ahora en la pared. Y cavé en la pared, y he aquí una puerta.

9 Me dijo luego: Entra, y ve las malvadas abominaciones que éstos hacen allí.

10 Entré pues, y miré, y he aquí toda forma de reptiles, y bestias abominables, y todos los ídolos de la casa de Israel, que estaban pintados en la pared alrededor.

11 Y delante de ellos estaban ˡsetenta varones de los ancianos de la casa de Israel, y Jaazanías hijo de ⁿSafán estaba en medio de ellos, cada uno con su incensario en su mano; y subía una espesa nube de incienso.

12 Y me dijo: Hijo de hombre, ¿has visto las cosas que los ancianos de la casa de Israel hacen en tinieblas, cada uno en sus cámaras de imágenes pintadas? Porque dicen ellos: ᵖNo nos ve Jehová; Jehová ha dejado la tierra.

13 Me dijo después: Vuélvete aún, verás abominaciones mayores que hacen éstos.

14 Y me llevó a la entrada de la puerta de la casa de Jehová, que está al norte; y he aquí mujeres que *estaban* allí sentadas endechando a Tamuz.

15 Luego me dijo: ¿No ves hijo de hombre? Vuélvete aún, verás abominaciones mayores que éstas.

EZEQUIEL 9

a 2 Co 12:1-4
b 1 Re 6:36
c cp 5:1
d Dt 4:16
e cp 11:1
f Jer 2:27
  y 32:33
g Jer 8:2
h cp 3:22
i Job 31:26

j Pr 1:28

k 2 Re 15:35

l Éx 24:1
  Nm 11:16
m Éx 27:2
n 2 Cr 34:8
o cp 10:4,18

p cp 1:4
q Ap 7:3 9:4
  y 20:4

16 Y me metió en ᵇel atrio de adentro de la casa de Jehová: y he aquí junto a la entrada del templo de Jehová, entre la entrada y el altar, como ᵉveinticinco varones, ᶠsus espaldas vueltas al templo de Jehová y sus rostros hacia el oriente, y ʰadoraban al sol, ⁱpostrándose hacia el oriente.

17 Y me dijo: ¿No has visto, hijo de hombre? ¿Es cosa liviana para la casa de Judá hacer las abominaciones que hacen aquí? Después que han llenado la tierra de violencia, y han vuelto a provocarme a ira, y he aquí que se llevan el ramo a su nariz.

18 Por tanto, yo también obraré con furor; no perdonará mi ojo, ni tendré misericordia, y ʲgritarán a mis oídos con gran voz, y no los oiré.

CAPÍTULO 9

Y clamó en mis oídos con gran voz, diciendo: Los verdugos de la ciudad han llegado, y cada uno *trae* en su mano su instrumento para destruir.

2 Y he aquí que seis varones venían del camino de ᵏla puerta de arriba que mira hacia el norte, y cada uno traía en su mano su instrumento para destruir. Y entre ellos *había* un varón vestido de lino, el cual traía a su cintura un tintero de escribano; y entrados, se pararon junto al ⁿaltar de bronce.

3 Y ᵒla gloria del Dios de Israel se alzó de sobre el querubín sobre el cual había estado, al umbral de la casa; y *Jehová* llamó al varón vestido de lino, que *tenía* a su cintura el tintero de escribano;

4 y le dijo Jehová: Pasa por medio de la ciudad, por medio de Jerusalén, y pon ᑫuna señal en la frente a los hombres que gimen y que claman a causa de todas las abominaciones que se hacen en medio de ella.

5 Y a los otros dijo a mis oídos: Pasad por la ciudad en pos de él, y herid; no perdone vuestro ojo, ni tengáis misericordia.

6 Matad viejos, jóvenes y vírgenes, niños y mujeres, hasta que no quede ninguno; mas a todo aquel sobre el cual hubiere señal, no llegaréis; y

EZEQUIEL 10 — Visión de los querubines

ª habéis de comenzar desde mi santuario. Comenzaron, pues, desde los varones ancianos ᵇque *estaban* delante del templo.

7 Y les dijo: Contaminad la casa, y llenad los atrios de muertos; salid. Y salieron, e hirieron en la ciudad.

8 Y aconteció que cuando ellos los herían y quedé yo *solo*, me postré sobre mi rostro, y clamé y dije: ¡Ah, Señor Jehová! ¿Has de destruir todo el remanente de Israel derramando tu furor sobre Jerusalén?

9 Y me dijo: La maldad de la casa de Israel y de Judá *es* grande sobremanera, pues la tierra está llena de sangre, y la ciudad está llena de perversidad; porque han dicho: Jehová ha dejado la tierra, y Jehová no ve.

10 Así también yo; ᵉmi ojo no perdonará, ni tendré misericordia, *sino que* haré recaer el camino de ellos sobre su cabeza.

11 Y he aquí que el varón vestido de lino, que *tenía* el tintero a su cintura, respondió una palabra diciendo: He hecho conforme a todo lo que me mandaste.

CAPÍTULO 10

Y miré, y he aquí, en ᶠel firmamento que estaba sobre la cabeza de los querubines, apareció sobre ellos como una piedra de zafiro, de apariencia semejante a un trono.

2 Y habló al varón ᵍvestido de lino, y le dijo: Entra en medio de las ruedas debajo de los querubines, y llena tus manos con ʰcarbones encendidos de entre los querubines, y ⁱespárcelos sobre la ciudad. Y él entró a vista mía.

3 Y los querubines estaban ʲa la mano derecha de la casa cuando este varón entró; y la nube llenaba el atrio de adentro.

4 Y ᵏla gloria de Jehová se levantó del querubín al umbral de la puerta; y ˡla casa fue llena de la nube, y el atrio se llenó del resplandor de la gloria de Jehová.

5 Y ᵐel estruendo de las alas de los querubines se oía *hasta* el atrio de afuera, como la voz del Dios Omnipotente cuando habla.

6 Y aconteció que, cuando mandó al varón vestido de lino, diciendo: Toma fuego de entre las ruedas, de entre los querubines, él entró, y se paró entre las ruedas.

7 Y un querubín extendió su mano de entre los querubines al fuego que *estaba* entre los querubines, y tomó, y puso en las manos *del que* vestido de lino, el cual *lo* tomó y se salió.

8 Y apareció en los querubines ᶜla figura de una mano de hombre debajo de sus alas.

9 Y miré, y he aquí cuatro ruedas junto a los querubines, una rueda junto a un querubín, y otra rueda junto a otro querubín; y el aspecto de las ruedas *era* como la piedra de ᵈberilo.

10 *En cuanto* al parecer de ellas, las cuatro eran de una forma, como si una rueda estuviera en medio de *otra* rueda.

11 Cuando andaban, sobre sus cuatro lados andaban; no se volvían cuando andaban, sino que al lugar adonde se volvía la primera, en pos de ella iban; no se volvían cuando andaban.

12 Y todo su cuerpo, y sus espaldas, y sus manos, y sus alas, y las ruedas, *estaban* llenos de ojos alrededor en sus cuatro ruedas.

13 A las ruedas, oyéndolo yo, se les gritaba: ¡Rueda!

14 Y cada uno tenía cuatro caras. La primera *tenía* rostro de querubín; la segunda, rostro de hombre; la tercera, rostro de león; la cuarta, rostro de águila.

15 Y se levantaron los querubines; éste *es* el ser viviente que vi en el río de Quebar.

16 Y cuando andaban los querubines, andaban las ruedas junto con ellos; y cuando los querubines alzaban sus alas para levantarse de la tierra, las ruedas también no se volvían de junto a ellos.

17 Cuando se paraban ellos, se paraban *ellas*, y cuando ellos se alzaban, se alzaban con *ellos*; porque el espíritu de los seres vivientes *estaba* en ellas.

18 Y la gloria de Jehová ⁿse salió de sobre el umbral de la casa, y se puso sobre los querubines.

---

a Jer 25:29
b cp 8:11
c cp 8:3
d cp 1:16
e cp 14:49
f cp 1:22
g cp 9:2
h cp 1:13
i Ap 8:5
j cp 16:46
k cp 1:28
l 1 Re 8:10
m cp 1:24
n Os 9:12

Los veinticinco varones

19 Y alzando los querubines sus alas, se levantaron de la tierra delante de mis ojos: cuando ellos salieron, también las ruedas al lado de ellos; y se pararon a la entrada de la puerta oriental de la casa de Jehová, y la gloria del Dios de Israel *estaba* arriba sobre ellos.

20 Éste *era* el ser viviente que vi debajo del Dios de Israel en el río de Quebar; y conocí que *eran* querubines.

21 Cada uno tenía cuatro caras, y cada uno cuatro alas, y figuras de manos de hombres debajo de sus alas.

22 Y la figura de sus rostros *era* la de los rostros que vi junto al río de Quebar, su mismo parecer y su ser; cada uno caminaba derecho hacia adelante.

CAPÍTULO 11

Y ^del Espíritu me elevó, y me metió ^epor la puerta oriental de la casa de Jehová, la cual mira hacia el oriente: y he aquí a la entrada de la puerta veinticinco varones, entre los cuales vi a Jaazanías hijo de Azur, y a Pelatías hijo de Benaía, príncipes del pueblo.

2 Y me dijo: Hijo de hombre, éstos *son* los hombres que maquinan perversidad, y dan mal consejo en esta ciudad.

3 Los cuales dicen: ^fNo *será* tan pronto; edifiquemos casas; ^hésta será la caldera, y nosotros la carne.

4 Por tanto, profetiza contra ellos, profetiza, hijo de hombre.

5 Y el Espíritu de Jehová descendió sobre mí, y me dijo: Di: Así dice Jehová: Así habéis hablado, oh casa de Israel, pues yo conozco las cosas que suben a vuestra mente.

6 Habéis multiplicado ^jvuestros muertos en esta ciudad, y habéis llenado de muertos sus calles.

7 Por tanto, así dice Jehová el Señor: Vuestros muertos que habéis puesto en medio de ella, ellos *son* la carne, y ella es la caldera; mas yo os sacaré a vosotros de en medio de ella.

8 Espada habéis temido, y espada traeré sobre vosotros, dice Jehová el Señor.

9 Y os sacaré de en medio de ella, y os entregaré en manos de extraños, y yo haré juicios entre vosotros.

10 ^aA espada caeréis; en el término de Israel os juzgaré, y ^bsabréis que yo soy Jehová.

11 Esta ciudad no os será por caldera, ni vosotros seréis en medio de ella la carne; en el término de Israel os juzgaré.

12 Y sabréis que yo soy Jehová; porque no habéis andado en mis estatutos, ni habéis obedecido mis juicios, sino según las costumbres de las gentes que *están* en vuestros alrededores habéis hecho.

13 Y aconteció que mientras yo profetizaba, Pelatías hijo de Benaía murió. Entonces ^ccaí sobre mi rostro, y clamé con grande voz, y dije: ¡Ah, Señor Jehová! ¿Habrás de exterminar al remanente de Israel?

14 Y vino a mí palabra de Jehová, diciendo:

15 Hijo de hombre, tus hermanos, tus hermanos, los hombres de tu parentesco y toda la casa de Israel, toda ella *son* aquellos a quienes dijeron los moradores de Jerusalén: Alejaos de Jehová; a nosotros es dada la tierra en posesión.

16 Por tanto, di: Así dice Jehová el Señor: Aunque los he echado lejos entre las naciones, y los he esparcido por las tierras, con todo eso ^gles seré por un pequeño santuario en las tierras a donde llegaren.

17 Por tanto, di: Así dice Jehová el Señor: Yo ⁱos recogeré de los pueblos, y os congregaré de las tierras en las cuales estáis esparcidos, y os daré la tierra de Israel.

18 Y vendrán allá, y quitarán de ella todas las cosas detestables, y todas sus abominaciones.

19 Y ^kles daré un solo corazón, y pondré un espíritu nuevo dentro de ellos; y quitaré el corazón de piedra de su carne, y les daré corazón de carne;

20 para que anden en mis ordenanzas, y guarden mis juicios y los cumplan, y ^lserán mi pueblo, y yo seré su Dios.

21 Mas *a aquellos* cuyo corazón anda tras el deseo de sus cosas detestables

y de sus abominaciones, yo ªharé que recaiga su camino sobre sus cabezas, dice el Señor Jehová.

22 Después alzaron los querubines sus alas, y las ruedas en pos de ellos; y la gloria del Dios de Israel *estaba* encima sobre ellos.

23 Y la gloria de Jehová se fue de en medio de la ciudad, y se puso sobre ᵈel monte que *está* al oriente de la ciudad.

24 Luego ᵉme levantó el Espíritu, y me volvió a llevar en visión del Espíritu de Dios a la tierra de los caldeos, a los cautivos. Y se fue de mí la visión que había visto.

25 Y hablé a los cautivos todas las cosas que Jehová me había mostrado.

CAPÍTULO 12

Y vino a mí palabra de Jehová, diciendo:

2 Hijo de hombre, tú habitas en medio de casa rebelde, los cuales ˡtienen ojos para ver, y no ven, tienen oídos para oír, y no oyen, porque son casa rebelde.

3 Por tanto tú, hijo de hombre, hazte equipaje de partida, y márchate de día delante de sus ojos; y te pasarás de tu lugar a otro lugar a vista de ellos, por si tal vez consideren, porque son casa rebelde.

4 Entonces sacarás tu equipaje, como equipaje de cautivo, de día delante de sus ojos; y tú saldrás por la tarde a vista de ellos, como quien sale a cautiverio.

5 Delante de sus ojos horadarás la pared, y saldrás por ella.

6 Delante de sus ojos llevarás sobre tus hombros *el equipaje*, de noche *lo* sacarás; cubrirás tu rostro, y no mirarás la tierra; porque te he puesto ⁿ*por* señal a la casa de Israel.

7 Y yo hice así como me fue mandado; saqué mi equipaje de día, como equipaje de cautivo, y a la tarde horadé la pared a mano; salí de noche, y llevé *mi equipaje* sobre los hombros a vista de ellos.

8 Y vino a mí palabra de Jehová por la mañana, diciendo:

9 Hijo de hombre, ¿no te ha dicho la casa de Israel, aquella casa rebelde: ᵖ¿Qué haces?

Viaje extraño del profeta

10 Diles: Así dice Jehová el Señor: Al príncipe en Jerusalén es ᵇesta carga, y a toda la casa de Israel que *está* en medio de ellos.

11 Diles: Yo soy vuestra señal; ᶜcomo yo hice, así les harán a ellos; irán al destierro, a la cautividad.

12 Y al príncipe que *está* en medio de ellos llevarán a cuestas de noche, y saldrán; horadarán la pared para sacarlo por ella; cubrirá su rostro para no ver con *sus* ojos la tierra.

13 Mas yo ᶠextenderé mi red sobre él, y será preso en mi malla, y ᵍlo haré llevar a Babilonia, *a* tierra de caldeos; mas ʰno la verá, ⁱy allá morirá.

14 Y ʲa todos los que estuvieren alrededor de él para ayudarle, y a todas sus tropas esparciré a todo viento, y desenvainaré espada en pos de ellos.

15 Y sabrán que yo soy Jehová, cuando los esparciere entre las naciones, y los dispersare por las tierras.

16 Y haré que de ellos ᵏqueden pocos en número, de la espada, y del hambre, y de la pestilencia, para que cuenten todas sus abominaciones entre las naciones adonde llegaren; y sabrán que yo soy Jehová.

17 Y vino a mí palabra de Jehová, diciendo:

18 Hijo de hombre, come tu pan con temblor, y bebe tu agua con estremecimiento y con angustia;

19 y di al pueblo de la tierra: Así dice Jehová el Señor sobre los moradores de Jerusalén, y sobre la tierra de Israel: Su pan comerán con temor, y con espanto beberán su agua; porque su tierra será despojada de todo lo que en ella hay, ᵐpor causa de la violencia de todos los que en ella moran.

20 Y las ciudades habitadas quedarán desiertas, y la tierra será asolada; y sabréis que yo soy Jehová.

21 Y vino a mí palabra de Jehová, diciendo:

22 Hijo de hombre, ¿qué refrán *es* éste que tenéis vosotros en la tierra de Israel, diciendo: ºSe prolongan los días, y toda visión desaparece?

23 Diles por tanto: Así dice Jehová el Señor: Haré cesar este refrán, y no repetirán más este dicho en Israel. Diles pues: Se han acercado aquellos días, y la palabra de toda visión.

Su palabra se cumplirá

24 Porque no habrá más ªvisión vana, ni habrá adivinación de lisonjeros en medio de la casa de Israel.

25 Porque yo Jehová hablaré; y ᶜse cumplirá la palabra que yo hable; no se dilatará más; antes en vuestros días, oh casa rebelde, hablaré palabra, y la cumpliré, dice el Señor Jehová.

26 Y vino a mí palabra de Jehová, diciendo:

27 Hijo de hombre, he aquí que *los de* la casa de Israel dicen: ᵈLa visión que éste ve *es* para muchos días, y para lejanos tiempos profetiza éste.

28 Por tanto, diles: Así dice Jehová el Señor: No se dilatarán más todas mis palabras; la palabra que yo hable, se cumplirá, dice Jehová el Señor.

CAPÍTULO 13

Y vino a mí palabra de Jehová, diciendo:

2 Hijo de hombre, profetiza contra los profetas de Israel que profetizan, y di a los que profetizan de su corazón: Oíd palabra de Jehová.

3 Así dice Jehová el Señor: ¡Ay de los profetas insensatos que andan en pos de su propio espíritu, y nada han visto!

4 Como zorras en los desiertos fueron tus profetas, oh Israel.

5 No habéis subido a ᵉlos portillos, ni echasteis vallado en la casa de Israel, estando en la batalla en el día de Jehová.

6 ᶠVieron vanidad y adivinación de mentira, diciendo: Dice Jehová; ᵍy Jehová no los envió; y hacen esperar que se confirme la palabra.

7 ¿No habéis visto visión vana, y no habéis dicho adivinación de mentira, por cuanto decís: Dijo Jehová; no habiendo yo hablado?

8 Por tanto, así dice Jehová el Señor: Por cuanto vosotros habéis hablado vanidad, y habéis visto mentira, por tanto, he aquí yo *estoy* contra vosotros, dice Jehová el Señor.

9 Y será mi mano contra los profetas que ven vanidad y adivinan mentira; no estarán en la congregación de mi pueblo, ⁱni serán escritos en el libro de la casa de Israel, ni a la tierra de Israel volverán; y sabréis que yo soy Jehová el Señor.

---

a Lm 2:14
b Jer 6:14
Mi 3:5
c Is 55:11

d Am 6:3

e cp 22:30
Sal 106:23

f cp 12:24
y 22:28
g Jer 23:21

h Pr 28:21

i Esd 2:59
Neh 7:5
Sal 69:28

---

10 Así que, por cuanto engañaron a mi pueblo, diciendo: ᵇPaz, no *habiendo* paz; y uno edificaba la pared, y he aquí que los otros la recubrían con *lodo* suelto,

11 di a los que *la* recubren con *lodo* suelto, que caerá; vendrá lluvia torrencial, y enviaré piedras de granizo que la hagan caer, y viento tempestuoso *la* romperá.

12 Y he aquí cuando la pared haya caído, ¿no os dirán: ¿Dónde *está* la embarradura con *la* que recubristeis?

13 Por tanto, así dice Jehová el Señor: Haré que *la* rompa viento tempestuoso con mi ira, y lluvia torrencial vendrá con mi furor, y piedras de granizo con enojo para consumir.

14 Así desbarataré la pared que vosotros recubristeis con *lodo* suelto, y la echaré a tierra, y será descubierto su cimiento, y caerá, y seréis consumidos en medio de ella; y sabréis que yo soy Jehová.

15 Cumpliré así mi furor en la pared y en los que la recubrieron con *lodo* suelto; y os diré: No *existe* la pared, ni aquellos que la recubrieron,

16 los profetas de Israel que profetizan a Jerusalén, y ven para ella visión de paz, no *habiendo* paz, dice Jehová el Señor.

17 Y tú, hijo de hombre, pon tu rostro contra las hijas de tu pueblo que profetizan de su propio corazón, y profetiza contra ellas,

18 y di: Así dice Jehová el Señor: ¡Ay de *aquellas* que cosen almohadillas para todas las manos, y hacen velos sobre la cabeza de toda edad para cazar las almas! ¿Habéis de cazar las almas de mi pueblo, para mantener así vuestra propia vida?

19 ¿Y habéis de profanarme entre mi pueblo por puñados de cebada y ʰpor pedazos de pan, matando las almas que no mueren, y dando vida a las almas que no vivirán, mintiendo a mi pueblo que escucha la mentira?

20 Por tanto, así dice Jehová el Señor: He aquí yo contra vuestras almohadillas, con que cazáis allí las almas volando; yo las arrancaré de vuestros brazos, y dejaré las almas, las almas que cazáis volando.

21 Rasgaré también vuestros velos, y libraré a mi pueblo de vuestra mano, y no estarán más en vuestra mano para caza; y sabréis que yo soy Jehová.

22 Por cuanto ᵇentristecisteis con mentira el corazón del justo, al cual yo no entristecí, y esforzasteis las manos del impío, para que no se apartase de su mal camino, prometiéndole vida;

23 por tanto, ᶜya no veréis vanidad, ni adivinaréis adivinación; y libraré a mi pueblo de vuestra mano, y sabréis que yo soy Jehová.

CAPÍTULO 14

Y vinieron a mí algunos de los ancianos de Israel, y ᵉse sentaron delante de mí.

2 Y vino a mí palabra de Jehová, diciendo:

3 Hijo de hombre, estos hombres han puesto sus ídolos en su corazón, y han establecido ᵍel tropiezo de su maldad delante de su rostro; ʰ¿acaso he de ser yo, en manera alguna, consultado por ellos?

4 Háblales por tanto, y diles: Así dice Jehová el Señor: Cualquier hombre de la casa de Israel que hubiere puesto sus ídolos en su corazón, y establecido el tropiezo de su maldad delante de su rostro, y viniere al profeta, yo Jehová responderé al que viniere en la multitud de sus ídolos;

5 ᵏpara tomar a la casa de Israel en su corazón, que se han apartado de mí todos ellos por sus ídolos.

6 Por tanto di a la casa de Israel: Así dice Jehová el Señor: Arrepentíos y volveos de vuestros ídolos, y apartad vuestro rostro de todas vuestras abominaciones.

7 Porque cualquier hombre de la casa de Israel, y de los extranjeros que moran en Israel, que se hubiere apartado de andar en pos de mí, y hubiere puesto sus ídolos en su corazón, y establecido delante de su rostro el tropiezo de su maldad, y viniere al profeta para preguntarle por mí, yo Jehová le responderé por mí mismo;

8 Y pondré mi rostro ᵐcontra aquel hombre, y le pondré ⁿpor señal y por refrán, y yo lo cortaré de entre mi pueblo; y sabréis que yo soy Jehová.

9 Y si el profeta fuere engañado cuando hablare palabra, soy yo, Jehová, ᵃel que ngañó a ese profeta; y extenderé mi mano contra él, y le raeré de en medio de mi pueblo Israel.

10 Y ambos llevarán el castigo de su maldad; el castigo del profeta será igual que el castigo del que *le* consulta;

11 para que la casa de Israel no se desvíe más de en pos de mí; ni se contamine más en todas sus rebeliones, y ᵈme sean por pueblo, y yo les sea por Dios, dice Jehová el Señor.

12 Y vino a mí palabra de Jehová, diciendo:

13 Hijo de hombre, cuando la tierra pecare contra mí rebelándose pérfidamente, entonces yo extenderé mi mano sobre ella y le quebrantaré ᶠel sustento de pan y enviaré en ella hambre, y cortaré de ella hombres y bestias;

14 y aunque estuviesen en medio de ella estos tres varones, ⁱNoé, ʲDaniel y Job, sólo ellos por su justicia librarían sus propias almas, dice el Señor Jehová.

15 Y si hiciere pasar malas bestias por la tierra, y la asolaren, y fuere desolada que no haya quien pase a causa de las bestias,

16 y estos tres varones *estuviesen* en medio de ella, vivo yo, dice el Señor Jehová, ni a sus hijos ni a sus hijas librarían; ellos solos serían librados, pero la tierra será asolada.

17 ˡO *si* yo trajere espada sobre la tierra, y dijere: Espada, pasa por la tierra; e hiciere cortar de ella hombres y bestias,

18 y estos tres varones estuviesen en medio de ella, vivo yo, dice el Señor Jehová, no librarían ni a sus hijos ni a sus hijas; sólo ellos serían librados.

19 O *si* enviare pestilencia sobre esa tierra, y derramare mi ira sobre ella en sangre, para cortar de ella hombres y bestias,

20 y *estuviesen* en medio de ella Noé, Daniel y Job, vivo yo, dice Jehová el Señor, no librarían a hijo ni a hija; *pero* ellos por su justicia librarían sus almas.

---

a 1 Re 22:22
Jer 20:7
b Jer 28:15

c cp 12:24
Mi 3:6

d Lv 26:12

e cp 8:1 20:1
y 33:31

f Lv 26:26
g cp 7:19
h cp 20:3,31
2 Re 3:13
i Gn 6:9
j cp 28:3

k 2 Ts 2:11-12

l Lv 26:25

m Lv 17:10
n Nm 26:10

El origen de Jerusalén

21 Por lo cual así dice Jehová el Señor: ¿Cuánto más, si yo enviare contra Jerusalén ᵃmis cuatro juicios terribles, espada, y hambre, y mala bestia y pestilencia, para cortar de ella hombres y bestias?

22 Sin embargo, ᶜhe aquí quedará en ella un remanente, hijos e hijas, que serán llevados fuera; he aquí que ellos entrarán a vosotros, y veréis su camino y sus hechos; y seréis consolados del mal que hice venir sobre Jerusalén, de todas las cosas que traje sobre ella.

23 Y os consolarán cuando viereis su camino y sus hechos, y sabréis que no sin causa hice todo lo que he hecho en ella, dice Jehová el Señor.

CAPÍTULO 15

Y vino a mí palabra de Jehová, diciendo:

2 Hijo de hombre, ¿qué es el árbol de la vid más que todo árbol? ¿Qué es el sarmiento entre los árboles del bosque?

3 ¿Tomarán de él madera para hacer alguna obra? ¿Tomarán de él una estaca para colgar de ella algún vaso?

4 He aquí, que es puesto en el fuego para ser consumido; sus dos extremos consumió el fuego, y la parte del medio se quemó; ¿servirá para obra *alguna*?

5 He aquí que cuando estaba entero no era para obra alguna; ¿cuánto menos después que el fuego lo hubiere consumido, y fuere quemado? ¿Servirá más para obra *alguna*?

6 Por tanto, así dice Jehová el Señor: Como ʲel árbol de la vid entre los árboles del bosque, el cual di al fuego para que lo consuma, así haré a los moradores de Jerusalén.

7 Y ᵐpondré mi rostro contra ellos; de *un* fuego saldrán, y *otro* fuego los consumirá; y ᵒsabréis que yo soy Jehová, cuando pusiere mi rostro contra ellos.

8 Y tornaré la tierra en asolamiento, por cuanto cometieron prevaricación, dice Jehová el Señor.

CAPÍTULO 16

Y vino a mí palabra de Jehová, diciendo:

2 Hijo de hombre, haz conocer a Jerusalén sus abominaciones,

3 y di: Así dice Jehová el Señor sobre Jerusalén: Tu origen, tu nacimiento, *es* de la tierra de Canaán; tu padre *fue* ᵇamorreo, y tu madre ᵈhetea.

4 Y *en cuanto* a tu nacimiento, ᵉel día que naciste no fue cortado tu ombligo, ni fuiste lavada con aguas para atemperarte, ni salada con sal, ni fuiste envuelta con fajas.

5 No hubo ojo que se compadeciese de ti, para hacerte algo de esto, teniendo de ti misericordia; sino que fuiste echada sobre la faz del campo, con menosprecio de tu vida, en el día que naciste.

6 Y yo pasé junto a ti, y te vi sucia en tus sangres. *Y cuando estabas* en tu propia sangre, te dije: ¡Vive! Sí, *cuando estabas* en tu sangre te dije: ¡Vive!

7 Te hice multiplicar como la hierba del campo, y creciste, y te has engrandecido, y viniste a ser adornada grandemente; *tus* pechos te crecieron, y tu pelo creció; pero tú *estabas* desnuda y descubierta.

8 Y cuando pasé yo junto a ti, y te miré, he aquí que tu tiempo *era* tiempo de amores; y ᶠextendí mi manto sobre ti y cubrí tu desnudez; y te hice juramento, y entré ᵍen pacto contigo y fuiste mía, dice Jehová el Señor.

9 Y te lavé con agua, y lavé tu sangre de encima de ti, y ʰte ungí con aceite;

10 y te vestí de ⁱbordado, y te calcé de tejón, y te ceñí de lino, y te vestí de seda.

11 Y te atavié con adornos, y puse ᵏbrazaletes en tus brazos, y ˡcollar a tu cuello.

12 Y puse joyas en tu nariz, y zarcillos en tus orejas, y una hermosa ⁿdiadema en tu cabeza.

13 Y fuiste adornada de oro y de plata, y tu vestido *fue* lino, y seda y bordado; comiste flor de harina de trigo, y miel y aceite; y ᵖfuiste hermoseada en extremo, y has prosperado hasta reinar.

14 Y ᵠsalió tu renombre entre las naciones a causa de tu hermosura; porque *era* perfecta, a causa de mi hermosura que yo puse sobre ti, dice Jehová el Señor.

---

a cp 5:17
y 33:27
Ap 6:8
b Gn 15:16
c cp 6:8
y 12:16
d Jue 1:26
e Os 2:3

f Rt 3:9

g Éx 19:5

h Rt 3:3
i Éx 26:36

j cp 17:6
y 19:10
k Gn 24:22
y 30:47
l Gn 41:42
m cp 14:8
n cp 23:42
o cp 6:7

p Sal 48:2

q Lm 2:15

15 Pero confiaste en tu hermosura; y ªte prostituiste a causa de tu renombre, y derramaste tus fornicaciones a cuantos pasaron; suya eras.

16 Y tomaste de tus vestidos, y ᶜte hiciste diversos lugares altos y te prostituiste en ellos; *cosa semejante* no había sucedido, ni sucederá más.

17 Tomaste también tus hermosas joyas de mi oro y de mi plata, que yo te había dado, y te hiciste imágenes de hombre, y fornicaste con ellas.

18 Y tomaste tus vestidos de diversos colores, y las cubriste; y mi aceite y mi incienso pusiste delante de ellas.

19 Mi pan también, ᵉque yo te había dado, la flor de harina, y el aceite, y la miel, *con que* yo te mantuve, pusiste delante de ellas para perfume grato; y fue así, dice Jehová el Señor.

20 Además de esto, ᵍtomaste a tus hijos y a tus hijas que habías dado a luz para mí, y los sacrificaste a ellas para ser consumidos. ¿Te fueron poca cosa tus prostituciones,

21 que sacrificaste a mis hijos, y los diste a ellas para que los hiciesen pasar por *el fuego*?

22 Y con todas tus abominaciones y tus prostituciones no te has acordado de los días de tu juventud, ʰcuando estabas desnuda y descubierta, cuando estabas envuelta en tu sangre.

23 Y sucedió que después de toda tu maldad (¡ay, ay de ti! dice Jehová el Señor),

24 te edificaste lugares altos, y te hiciste altar ʲen todas las plazas.

25 ᵏEn toda cabecera de camino edificaste tu altar, e hiciste abominable tu hermosura, y abriste tus piernas a cuantos pasaban, y multiplicaste tus prostituciones.

26 Y fornicaste con los hijos de Egipto, ᵐtus vecinos de grandes carnes; y aumentaste tus prostituciones para enojarme.

27 Por tanto, he aquí que yo extendí sobre ti mi mano, y disminuí tu *provisión* ordinaria, y te entregué a la voluntad de las hijas de los filisteos, que te aborrecen, las cuales se avergüenzan de tu camino deshonesto.

28 Te prostituiste también con ᵒlos asirios, porque no estabas satisfecha; y te prostituiste con ellos y tampoco te saciaste.

29 Multiplicaste asimismo tu fornicación en la tierra de Canaán y de ᵇlos caldeos; y tampoco con ello quedaste satisfecha.

30 ¡Cuán débil es tu corazón, dice Jehová el Señor, habiendo hecho todas estas cosas, obras de una desvergonzada ramera,

31 edificando tus altares ᵈen la cabecera de todo camino, y haciendo tus altares en todas las plazas! Y no fuiste semejante a ramera, en que menospreciaste la paga,

32 *sino como* mujer adúltera, que en lugar de su marido recibe a ajenos.

33 A todas las rameras les dan regalos; mas ᶠtú diste regalos a todos tus amantes; y les diste presentes, para que entrasen a ti de todas partes por tus prostituciones.

34 Y tú has sido lo contrario de las *demás* mujeres en tus prostituciones, porque ninguno te solicitó para prostituirse; y tú das la paga, y a ti no se te paga; tú has sido lo contrario.

35 Por tanto, ramera, oye palabra de Jehová:

36 Así dice Jehová el Señor: Por cuanto fue descubierta tu suciedad, y tu desnudez ha sido manifestada a tus amantes con tus prostituciones, y a todos los ídolos de tus abominaciones, y en ⁱla sangre de tus hijos, los cuales les diste;

37 por tanto, he aquí que yo reuniré a todos tus amantes con los cuales tomaste placer, y a todos *los* que amaste, con todos *los* que aborreciste; y los reuniré contra ti alrededor, y descubriré tu desnudez ante ellos, para que vean toda tu desnudez.

38 Y ˡyo te juzgaré por las leyes de las adúlteras, y de las que derraman sangre; y te daré en sangre de ira y de celo.

39 Y te entregaré en mano de ellos; y destruirán tus lugares altos, y derribarán tus altares, y te despojarán de tus ropas, y se llevarán tus hermosas joyas, y te dejarán desnuda y descubierta.

40 Y harán subir contra ti una multitud, ⁿy te apedrearán y te atravesarán con sus espadas.

La maldad de Sodoma

41 Y ᵃquemarán tus casas a fuego, y harán en ti juicios a ojos de muchas mujeres; y haré que dejes de ser ramera, ᵇy ya no volverás a dar paga.

42 Y daré descanso a mi ira sobre ti, y se apartará de ti mi celo, y reposaré, y ya no me enojaré más.

43 Por cuanto no te acordaste de los días de tu juventud, y me provocaste a ira en todo esto, por eso, he aquí ᶜyo también haré recaer *tu* camino sobre tu cabeza, dice Jehová el Señor; y no cometerás esta lascivia además de todas tus abominaciones.

44 He aquí que todo proverbista hará de ti proverbio, diciendo: Como la madre, *tal* su hija.

45 Hija de tu madre *eres* tú, que desechó a su marido y a sus hijos; y hermana de tus hermanas *eres* tú, que desecharon a sus maridos y a sus hijos; ᵈvuestra madre *fue* hetea, y vuestro padre amorreo.

46 Y tu hermana mayor *es* Samaria con sus hijas, la cual habita a tu mano izquierda; y ᵉtu hermana menor *es* Sodoma con sus hijas, la cual habita a tu mano derecha.

47 Ni aun anduviste en sus caminos, ni hiciste según sus abominaciones; antes, como *si esto fuera* poco y muy poco, te corrompiste más que ellas en todos tus caminos.

48 Vivo yo, dice Jehová el Señor: ʰSodoma tu hermana, con sus hijas, no ha hecho como hiciste tú y tus hijas.

49 He aquí que ésta fue la maldad de Sodoma tu hermana: ʲSoberbia, abundancia de pan, y demasiada ociosidad tuvieron ella y sus hijas; y no fortaleció la mano del pobre y del menesteroso.

50 Y se enaltecieron, e ᵏhicieron abominación delante de mí, y cuando lo vi ᵐᶜlas quité.

51 Y Samaria no cometió ni la mitad de tus pecados; porque tú multiplicaste tus abominaciones más que ellas, y ⁿhas justificado a tus hermanas con todas las abominaciones que hiciste.

52 ᵒTú también, que juzgaste a tus hermanas, lleva tu vergüenza en tus pecados que hiciste, más abominables que los de ellas; más justas son que tú: avergüénzate, pues, tú también, y lleva tu confusión, pues que has justificado a tus hermanas.

53 Yo, pues, haré volver a sus cautivos, los cautivos de Sodoma y de sus hijas, y los cautivos de Samaria y de sus hijas, y los cautivos de tus cautiverios entre ellas,

54 para que tú lleves tu confusión, y te avergüences de todo lo que has hecho, siéndoles tú motivo de consuelo.

55 Y tus hermanas, Sodoma con sus hijas y Samaria con sus hijas, volverán a su primer estado; tú también y tus hijas volveréis a vuestro primer estado.

56 Sodoma, tu hermana, no fue mencionada por tu boca en el tiempo de tus soberbias,

57 antes que tu maldad se descubriese, como en el tiempo del oprobio de las hijas de Siria y de todas las hijas de los filisteos alrededor, que por todos lados te desprecian.

58 Has llevado sobre tu lascivia y tus abominaciones, dice Jehová.

59 Porque así dice Jehová el Señor: Yo haré contigo como hiciste tú, que despreciaste ᶠel juramento y quebraste el pacto.

60 Sin embargo yo ᵍtendré memoria de mi pacto que concerté contigo en los días de tu juventud, y estableceré para ti ⁱun pacto eterno.

61 Y te acordarás de tus caminos y te avergonzarás, cuando recibas a ⁱtus hermanas, las mayores que tú y las menores que tú, las cuales yo te daré por hijas, mas no por tu pacto.

62 Y estableceré mi pacto contigo, y sabrás que yo soy Jehová;

63 Para que te acuerdes, y te avergüences, y ˡnunca más abras la boca a causa de tu vergüenza, cuando yo hiciere expiación por todo lo que has hecho, dice Jehová el Señor.

CAPÍTULO 17

Y vino a mí palabra de Jehová, diciendo:

2 Hijo de hombre, propón una enigma, y relata una parábola a la casa de Israel.

3 Y dirás: Así dice Jehová el Señor: ᵠUna gran águila, de grandes alas y de largos miembros, llena de plumas

de diversos colores, vino al Líbano, y tomó el cogollo del cedro;

4 arrancó el más alto de sus renuevos, y lo llevó a la tierra de comerciantes, y lo puso en una ciudad de mercaderes.

5 Tomó también de la semilla de la tierra, y la puso en ᵇun campo bueno para sembrar, la plantó junto a aguas abundantes, la puso como un sauce.

6 Y creció, y se hizo una vid ᵈde mucho ramaje, baja de estatura, que sus ramas miraban al *águila*, y sus raíces estaban debajo de ella; así que se hizo una vid, y arrojó renuevos y echó sarmientos.

7 Hubo también otra gran águila, de grandes alas y de muchas plumas; y he aquí que ᶠesta vid juntó cerca de ella sus raíces, y extendió hacia ella sus ramas, para ser regada por ella por los surcos de su plantío.

8 En un buen campo, junto a aguas abundantes fue plantada, para que echase ramas y llevase fruto, y para que fuese vid robusta.

9 Di: Así dice Jehová el Señor: ¿Será prosperada? ¿No arrancará sus raíces, y destruirá su fruto, y se secará? Todas sus hojas lozanas se secarán, y no con gran poder ni con mucha gente para arrancarla de sus raíces.

10 Y he aquí que *estando* plantada, ¿será prosperada? ᵏ¿No se secará del todo cuando ˡel viento solano la tocare? En los surcos de su verdor se secará.

11 Y vino a mí palabra de Jehová, diciendo:

12 Di ahora a la casa rebelde: ¿No habéis entendido qué *significan* estas cosas? Diles: He aquí que ᑫel rey de Babilonia vino a Jerusalén, y tomó tu rey y sus príncipes, y los llevó consigo a Babilonia.

13 Tomó ʳtambién de la simiente del reino, e hizo pacto con él, y ˢle hizo prestar juramento; y tomó a ᵗlos poderosos de la tierra,

14 para que el reino fuese abatido y no se levantase, *sino* que guardase su alianza y estuviese en ella.

15 ʸPero se rebeló contra él enviando sus embajadores a ˣEgipto para que le diese caballos y mucha gente.

a 2 Re 25:7

b Dt 8:7-9

c Jer 44:30

d ver 14

e 1 Cr 29:24

f ver 15

g cp 12:13

h cp 20:35

i cp 12:14

j ver 3
k cp 19:12
Jer 4:11
Os 13:15
l Jer 18:17
m Is 53:2
Mt 1:12-13
n Sal 2:6
o cp 20:40
p cp 31:6
Dn 4:12
Mt 13:32
q 2 Re 24:11
r 2 Re 24:17
Jer 37:1
s 2 Cr 36:13
t 2 Re 24:15
u cp 22:14

v 2 Re 24:20
2 Cr 36:13
x Jer 37:5-7
y cp 16:44

La parábola del águila

¿Será prosperado, escapará el que hace tales *cosas*? ¿Podrá romper el pacto y escapar?

16 Vivo yo, dice Jehová el Señor, que ciertamente morirá ᵃen medio de Babilonia, en el lugar donde *habita* el rey que le hizo reinar, cuyo juramento menospreció, y cuyo pacto hecho con él rompió.

17 Y ᶜno con grande ejército, ni con mucha compañía hará por él Faraón en la batalla, cuando funden baluarte y edifiquen bastiones para cortar muchas vidas.

18 Pues ha despreciado el juramento, al quebrar el pacto cuando, he aquí, él ᵉhabía dado su mano pero hizo todas estas cosas. No escapará.

19 Por tanto, así dice Jehová el Señor: Vivo yo, que el juramento mío que despreció, y mi pacto que ha quebrado, haré recaer sobre su cabeza.

20 Y ᵍextenderé sobre él mi red, y será preso en mi malla; y lo haré venir a Babilonia, y ʰallí estaré a juicio con él, por su prevaricación con que contra mí se ha rebelado.

21 Y todos sus fugitivos con todos ⁱsus escuadrones caerán a espada, y los que quedaren serán esparcidos a todos los vientos; y sabréis que yo Jehová he hablado.

22 Así dice Jehová el Señor: Y yo ʲtomaré el más alto de los renuevos de aquel alto cedro, y *lo* plantaré; del principal de sus renuevos ᵐcortaré un tallo, y ⁿ*lo* plantaré sobre un monte alto y sublime.

23 En el monte alto de Israel ᵒlo plantaré, y alzará ramas, y llevará fruto, y se hará magnífico cedro; y todas las especies de ᵖaves habitarán debajo de él, a la sombra de sus ramas habitarán.

24 Y sabrán todos los árboles del campo que yo Jehová abatí el árbol sublime, levanté el árbol bajo, hice secar el árbol verde, e hice reverdecer el árbol seco. ᵘYo Jehová hablé e hice.

CAPÍTULO 18

Y vino a mí palabra de Jehová, diciendo:

2 ¿Qué pensáis vosotros, ʸvosotros que usáis este refrán sobre la tierra

El alma que pecare, esa morirá

de Israel, diciendo: ªLos padres comieron las uvas agrias, y los dientes de los hijos tienen la dentera?

3 Vivo yo, dice Jehová el Señor, que nunca más tendréis *por qué* usar este refrán en Israel.

4 He aquí que todas las almas son mías; como el alma del padre, así el alma del hijo es mía; ᶜel alma que pecare, esa morirá.

5 Y el hombre que fuere justo, e hiciere juicio y justicia;

6 que no comiere ᵉsobre los montes, ᶠni alzare sus ojos a los ídolos de la casa de Israel, ni ᵍdeshonrare a la esposa de su prójimo, ni se llegare a la mujer menstruosa,

7 ni oprimiere a ninguno; ʲal deudor devolviere su prenda, no cometiere robo, diere de su pan al hambriento, y cubriere con ropa al desnudo,

8 el *que* ᵐno diere a usura, ni prestare a ⁿinterés; de la maldad retrajere su mano, e ᵒhiciere juicio de verdad entre hombre y hombre,

9 en mis estatutos caminare, y guardare mis ordenanzas para hacer rectamente, éste *es* justo; éste vivirá, dice Jehová el Señor.

10 Mas si engendrare hijo ladrón, derramador de sangre, o *que* haga alguna cosa de éstas,

11 y que no haga las otras; antes comiere sobre los montes, o deshonrare a la esposa de su prójimo,

12 al pobre y menesteroso oprimiere, cometiere robos, no devolviere la prenda, o alzare sus ojos a los ídolos, e hiciere abominación,

13 diere a usura y prestare a interés; ¿vivirá éste? No vivirá. Todas estas abominaciones hizo, de cierto morirá; ᵗsu sangre será sobre él.

14 Pero *si* éste engendrare hijo, el cual viere todos los pecados que su padre hizo, y viéndolos no hiciere según ellos;

15 no comiere sobre los montes, ni alzare sus ojos a los ídolos de la casa de Israel; a la esposa de su prójimo no deshonrare,

16 ni oprimiere a nadie; la prenda no retuviere, ni cometiere robos; al hambriento diere de su pan, y cubriere de ropa al desnudo;

17 ᵘapartare su mano del pobre,

EZEQUIEL 18

usura e interés no recibiere; hiciere mis derechos y anduviere en mis estatutos, éste no morirá por la maldad de su padre; de cierto vivirá.

18 Su padre, por cuanto hizo agravio, despojó violentamente al hermano, e hizo en medio de su pueblo lo *que* no *es* bueno, he aquí que ᵇél morirá por su maldad.

19 Y si dijereis: ᵈ¿Por qué el hijo no llevará el pecado del padre? Porque el hijo hizo juicio y justicia, guardó todos mis estatutos y los hizo, de cierto vivirá.

20 ʰEl alma que pecare, esa morirá. ⁱEl hijo no llevará el pecado del padre, ni el padre llevará el pecado del hijo; ᵏla justicia del justo será sobre él, y la impiedad del impío será sobre él.

21 Mas ˡsi el impío se apartare de todos sus pecados que hizo, y guardare todos mis estatutos, e hiciere juicio y justicia, de cierto vivirá; no morirá.

22 Todas sus rebeliones que cometió, no le serán recordadas; en su justicia que hizo vivirá.

23 ᵖ¿Quiero yo la muerte del impío? dice Jehová el Señor. ¿No vivirá, si se apartare de sus caminos?

24 Mas ᵠsi el justo se apartare de su justicia, y cometiere maldad, e hiciere conforme a todas las abominaciones que el impío hizo; ¿vivirá él? ʳNinguna de las justicias que hizo le serán recordadas; por su rebelión con que prevaricó, y por su pecado que cometió, por ello morirá.

25 Y si dijereis: ˢNo es recto el camino del Señor: Oíd ahora, casa de Israel: ¿No es recto mi camino? ¿No son torcidos vuestros caminos?

26 Cuando el justo se apartare de su justicia, e hiciere iniquidad, él morirá por ello; por su iniquidad que hizo, morirá.

27 Y cuando el impío se apartare de su impiedad que hizo, e hiciere juicio y justicia, hará vivir su alma.

28 Porque miró, y se apartó de todas sus prevaricaciones que hizo, de cierto vivirá, no morirá.

29 Si aún dijere la casa de Israel: No es recto el camino del Señor: ¿No son rectos mis caminos, casa de Israel? Cierto, vuestros caminos no son rectos.

---

a Jer 31:29
b cp 3:16
c Jer 31:30
   Gá 3:10
d Éx 20:5
e Dt 12:2
f Dt 4:19
   Sal 123:1
g Lv 18:19
h ver 4
i Dt 24:16
j Éx 22:26
k Is 3:10-11
l cp 33:19
m Éx 22:25
   Jer 15:10
n Lv 25:36
o Dt 1:16
   Zac 8:16
p cp 33:11
   1 Tim 2:4-6
   2 Pe 3:9
q cp 3:20
   y 33:12-18
r 2 Pe 2:20
s cp 33:17-20
t Lv 20:9-11
u Job 9:33

30 Por tanto, ªyo os juzgaré a cada uno según sus caminos, oh casa de Israel, dice el Señor Jehová. ᶜConvertíos, y volveos de todas vuestras iniquidades; y no os será la iniquidad causa de ruina.
31 Echad de vosotros todas vuestras iniquidades con que habéis prevaricado, y haceos ᵉcorazón nuevo y espíritu nuevo. ¿Por qué moriréis, casa de Israel?
32 Porque yo no quiero la muerte del que muere, dice Jehová el Señor, convertíos, pues, y viviréis.

CAPÍTULO 19

Y tú ᶠlevanta endecha sobre los príncipes de Israel.
2 Y dirás: ¡Cómo se echó entre los leones tu madre la leona! entre los leoncillos crió sus cachorros.
3 E hizo subir uno de sus cachorros: vino a ser leoncillo, y aprendió a capturar presa, y a devorar hombres.
4 Y las naciones oyeron de él; fue capturado en la trampa de ellas, y lo llevaron con grillos ⁱa la tierra de Egipto.
5 Y viendo ella que había esperado mucho tiempo, y que se perdía su esperanza, ˡtomó otro de sus cachorros, y lo puso por leoncillo.
6 Y él andaba ᵐentre los leones; se hizo leoncillo, aprendió a capturar la presa, devoró hombres.
7 Y conoció sus lugares desolados, y arrasó sus ciudades; y fue desolada la tierra y su abundancia, a la voz de su rugido.
8 Y ᵖarremetieron contra él las gentes de las provincias de su alrededor, y extendieron sobre él su red; y en su foso fue capturado.
9 Y lo pusieron en jaula ʳcon cadenas, y lo llevaron al rey de Babilonia; lo metieron en fortalezas, para que su voz no se oyese más sobre los montes de Israel.
10 Tu madre es como ᵗuna vid en tu sangre, plantada junto a las aguas, dando fruto y echando vástagos a causa de las muchas aguas.
11 Y ella tuvo varas fuertes para cetros de señores; y ᵘse levantó su estatura por encima entre las ramas, y fue vista en su altura, y con la multitud de sus sarmientos.

a cp 7:3-8
y 33:20
b cp 17:10
c Mt 3:2
Ap 2:5
d 2 Re 24:12

e cp 11:19
y 36:26
Ef 4:23

f Jer 7:29
g cp 8:1

h cp 14:3
i 2 Re 23:33
2 Cr 36:6
Jer 22:11-12
j cp 22:2
k cp 16:2
l 2 Re 23:34
2 Cr 36:5
m Jer 22:13
n Éx 6:7
Dt 7:6
o Éx 20:2

p 2 Re 24:2

q Sal 48:2
Zac 7:14
r 2 Cr 36:6
Jer 22:18

s Lv 18:3
Jos 24:14
t cp 15:6

u cp 31:3
v cp 7:8

Ancianos consultan a Jehová

12 Pero fue arrancada con ira, derribada en tierra, y ᵇviento solano secó su fruto; fueron quebradas y se secaron sus varas fuertes; las consumió el fuego.
13 Y ahora está plantada ᵈen el desierto, en tierra de sequedad y de aridez.
14 Y ha salido fuego de la vara de sus ramas, ha consumido su fruto, y no ha quedado en ella vara fuerte, cetro para señorear. Endecha es ésta, y de endecha servirá.

CAPÍTULO 20

Y aconteció en el año séptimo, en el mes quinto, a los diez del mes, que vinieron ᵍalgunos de los ancianos de Israel a consultar a Jehová, y se sentaron delante de mí.
2 Y vino a mí palabra de Jehová, diciendo:
3 Hijo de hombre, habla a los ancianos de Israel, y diles: Así dice Jehová el Señor: ¿A consultarme venís vosotros? ʰVivo yo, que yo no os responderé, dice Jehová el Señor.
4 ¿Quieres tú juzgarlos? ʲ¿Los quieres juzgar tú, hijo de hombre? ᵏHazles saber las abominaciones de sus padres.
5 y diles: Así dice Jehová el Señor: El día que ⁿescogí a Israel, e hice juramento a la simiente de la casa de Jacob, y que fui conocido de ellos en la tierra de Egipto, cuando alcé mi mano a ellos y les juré, diciendo: ᵒYo soy Jehová vuestro Dios;
6 Aquel día que les alcé mi mano, jurando así que los sacaría de la tierra de Egipto a la tierra que les había provisto, que fluye leche y miel, ᑫla cual es la más hermosa de todas las tierras;
7 entonces les dije: Cada uno eche de sí las abominaciones de sus ojos, y no os contaminéis con ˢlos ídolos de Egipto. Yo soy Jehová vuestro Dios.
8 Mas ellos se rebelaron contra mí, y no quisieron obedecerme; no echó de sí cada uno las abominaciones de sus ojos, ni dejaron los ídolos de Egipto; y dije ᵛque derramaría mi ira sobre ellos, para cumplir mi enojo en ellos en medio de la tierra de Egipto.

Os haré pasar bajo la vara

9 ªPero actué ᵇpor causa de mi nombre, para que no se infamase ante los ojos de las naciones en medio de las cuales *estaban*, en cuyos ojos me di a conocer, sacándolos de la tierra de Egipto.

10 ᶜLos saqué, pues, de la tierra de Egipto, y los traje al desierto;

11 y ᵈles di mis ordenanzas, y les declaré mis decretos, los cuales el hombre que los hiciere, vivirá por ellos.

12 Y les di también mis ᶠsábados que fuesen por señal entre mí y ellos, para que supiesen que ᵍyo soy Jehová que los santifico.

13 Mas se rebeló contra mí la casa de Israel en el desierto; no anduvieron en mis ordenanzas, y desecharon mis decretos, los cuales el hombre que los hiciere, vivirá por ellos; y mis sábados profanaron en gran manera; ⁱdije, por tanto, que había de derramar sobre ellos mi ira en ᵏel desierto para consumirlos.

14 Pero actué por causa de mi nombre, para que *éste* no se infamase a vista de las naciones, delante de cuyos ojos los saqué.

15 Y también ᵐyo les alcé mi mano en el desierto, *jurando* que no los metería en la tierra que les había dado, que fluye leche y miel, la cual *es* ⁿla más hermosa de todas las tierras;

16 porque desecharon mis decretos, y no anduvieron en mis ordenanzas, y mis sábados profanaron; porque ᵖtras sus ídolos iba su corazón.

17 Con todo, los perdonó mi ojo, no matándolos, ni los consumí en el desierto;

18 antes dije en el desierto a sus hijos: No andéis en las ᑫordenanzas de vuestros padres, ni guardéis sus leyes, ni os contaminéis con sus ídolos.

19 Yo soy Jehová vuestro Dios; ʳandad en mis estatutos, y guardad mis decretos, y ponedlos por obra;

20 y santificad mis sábados, y ˢsean por señal entre mí y vosotros, para que sepáis que yo soy Jehová vuestro Dios.

21 Sin embargo ᵗlos hijos se rebelaron contra mí; no anduvieron en mis estatutos, ni guardaron mis decretos para ponerlos por obra, los cuales el hombre que los hiciere,

EZEQUIEL 20

vivirá por ellos; profanaron mis sábados. Dije entonces que derramaría mi ira sobre ellos, para cumplir mi enojo contra ellos en el desierto.

22 Mas retraje mi mano, y actué por causa de mi nombre, para que no se infamase a la vista de las naciones, delante de cuyos ojos los saqué.

23 Y también les alcé yo mi mano en el desierto, *jurando* que ᵉlos dispersaría entre las naciones, y que los esparciría por las tierras;

24 porque no pusieron por obra mis decretos, y desecharon mis ordenanzas, y profanaron mis sábados, y tras los ídolos de sus padres se les fueron sus ojos.

25 Por eso yo ʰtambién les di estatutos *que no eran* buenos, y decretos por los cuales no podrían vivir.

26 Y los contaminé en sus ofrendas cuando ʲhacían pasar por *el fuego* todo primogénito, para desolarlos, ˡa fin de que supiesen que yo soy Jehová.

27 Por tanto, hijo de hombre, habla a la casa de Israel, y diles: Así dice Jehová el Señor: Aun en esto me blasfemaron vuestros padres cuando cometieron contra mí rebelión.

28 Porque yo los metí en la tierra sobre la cual había alzado mi mano *jurando* que había de dársela, y miraron a ᵒtodo collado alto, y a todo árbol frondoso, y allí sacrificaron sus víctimas, y allí presentaron la provocación de sus ofrendas, allí pusieron también el olor de su suavidad, y allí derramaron sus libaciones.

29 Y yo les dije: ¿Qué *es* ese lugar alto adonde vosotros vais? Y fue llamado su nombre Bama hasta el día de hoy.

30 Di, pues, a la casa de Israel: Así dice Jehová el Señor: ¿No os contamináis vosotros a la manera de vuestros padres, y fornicáis tras sus abominaciones?

31 Porque ofreciendo vuestras ofrendas, haciendo pasar vuestros hijos por el fuego, os habéis contaminado con todos vuestros ídolos hasta hoy; ¿y he de ser consultado por vosotros, oh casa de Israel? Vivo yo, dice Jehová el Señor, que no os responderé.

32 Y no ha de ser lo que habéis pensado. Porque vosotros decís: ªSeamos como las naciones, como las familias de las tierras, que sirven a ᵇla madera y a la piedra.

33 Vivo yo, dice Jehová el Señor, que con mano fuerte, y brazo extendido, y enojo derramado, he de reinar sobre vosotros;

34 y os sacaré de entre los pueblos, y os juntaré de las tierras en que estáis esparcidos, con mano fuerte, y brazo extendido, y enojo derramado;

35 y os traeré al ᵈdesierto de los pueblos, y allí ᵉentraré en juicio con vosotros ᶠcara a cara.

36 Como entré en juicio con vuestros ᵍpadres en el desierto de la tierra de Egipto, así entraré en juicio con vosotros, dice Jehová el Señor.

37 Y ʰos haré pasar bajo la vara y os haré entrar en el vínculo del pacto;

38 y ⁱapartaré de entre vosotros a los rebeldes, y a los que se rebelaron contra mí; de la tierra de sus peregrinaciones los sacaré, mas ᵏa la tierra de Israel no entrarán, y sabréis que yo soy Jehová.

39 Y vosotros, oh casa de Israel, así dice Jehová el Señor: ᵐAndad cada uno tras sus ídolos, y servidles, pues que a mí no me obedecéis; y ⁿno profanéis más mi santo nombre con vuestras ofrendas y con vuestros ídolos.

40 Porque ᵖen mi santo monte, en el alto monte de Israel, dice Jehová el Señor, allí me servirá toda la casa de Israel, toda ella en la tierra; allí ᵠlos aceptaré, y allí ʳdemandaré vuestras ofrendas, y las primicias de vuestros dones, con todas vuestras cosas consagradas.

41 En olor de suavidad os aceptaré, cuando os hubiere sacado de entre los pueblos, y os hubiere reunido de entre las tierras en que estáis esparcidos; y ᵘseré santificado en vosotros a los ojos de las naciones.

42 Y sabréis que yo soy Jehová, cuando os hubiere metido en la tierra de Israel, en la tierra por la cual alcé mi mano *jurando* que la daría a vuestros padres.

43 Y allí ᵛos acordaréis de vuestros caminos, y de todos vuestros hechos en que os contaminasteis; y os

a Jer 44:17
b Dt 4:28
2 Re 19:18

c cp 6:2
y 21:2

d ver 10
e cp 17:20
f Dt 5:4

g Nm 14:21

h Lv 27:32
Jer 33:13
i cp 34:17-22
j cp 21:4

k cp 13:9
l cp 16:44

m Jue 10:14
Am 4:4
n cp 39:7
o cp 20:46

p Is 56:7

q Is 60:7
Mal 3:4
r cp 40:33
s Job 9:22
t cp 20:47

u vers 26,39

v cp 16:61
x cp 7:17

detestaréis a vosotros mismos por todos vuestros pecados que cometisteis.

44 Y sabréis que yo soy Jehová cuando haga con vosotros por amor a mi nombre, no según vuestros malos caminos, ni según vuestras perversas obras, oh casa de Israel, dice Jehová el Señor.

45 Y vino a mí palabra de Jehová, diciendo:

46 Hijo de hombre, ᶜpon tu rostro hacia el sur, y derrama *tu palabra* hacia la parte austral, y profetiza contra el bosque de la región del sur.

47 Y dirás al bosque del sur: Oye palabra de Jehová: Así dice Jehová el Señor: He aquí que yo enciendo en ti fuego, el cual consumirá en ti todo árbol verde, y todo árbol seco; no se apagará la llama del fuego; y serán quemados en ella todos los rostros, ʲdesde el sur hasta el norte.

48 Y verá toda carne que yo Jehová lo encendí; no se apagará.

49 Y dije: ¡Ah, Señor Jehová! ellos dicen de mí: ¿No profiere éste ˡparábolas?

CAPÍTULO 21

Y vino a mí palabra de Jehová, diciendo:

2 Hijo de hombre, ᵒpon tu rostro contra Jerusalén, y derrama *palabra* sobre los santuarios, y profetiza contra la tierra de Israel.

3 Y dirás a la tierra de Israel: Así dice Jehová: He aquí, que yo contra ti, y sacaré mi espada de su vaina, y ˢcortaré de ti al justo y al impío.

4 Y por cuanto he de cortar de ti al justo y al impío, por tanto, mi espada saldrá de su vaina contra toda carne, ᵗdesde el sur hasta el norte.

5 Y sabrá toda carne que yo Jehová saqué mi espada de su vaina; no volverá más *a su vaina*.

6 Y tú, hijo de hombre, gime con quebrantamiento de *tus* lomos, y con amargura; gime delante de los ojos de ellos.

7 Y será, que cuando te dijeren: ¿Por qué gimes tú? dirás: Por la noticia que viene; y todo corazón desfallecerá, y ˣtoda mano se debilitará, y se angustiará todo espíritu, y toda rodilla será débil *como* el agua; he

La espada ya está desenvainada

aquí que viene, y se hará, dice Jehová el Señor.

8 Y vino a mí palabra de Jehová, diciendo:

9 Hijo de hombre, profetiza, y di: Así dice el Señor: Di: ªLa espada, la espada está afilada y también pulida.

10 Para degollar víctimas está afilada, pulida está para que relumbre. ¿Hemos de alegrarnos? Al cetro de mi hijo ha menospreciado *como* a una vara cualquiera.

11 Y la dio a pulir para tenerla a mano: la espada está afilada, y pulida está ella, para entregarla en mano del matador.

12 Clama y gime, oh hijo de hombre; porque ésta *será* sobre mi pueblo, será ella sobre todos los príncipes de Israel. Temores de espada serán a mi pueblo: por tanto, ᵉhiere el muslo;

13 porque *está* probado. ¿Y qué, si la espada desprecia aun el cetro? Él no será *más*, dice Jehová el Señor.

14 Tú, pues, hijo de hombre, profetiza y bate una mano con otra; que sea duplicada la espada la tercera vez, la espada para los muertos; la espada de los ⁱgrandes *hombres que han sido* muertos, que entra en sus cámaras,

15 para que el corazón desmaye, y los estragos se multipliquen; en todas las puertas de ellos he puesto espanto de espada. ¡Ah! dispuesta está para que relumbre, y preparada para degollar.

16 Ponte a una parte, ya sea a la derecha, *o* a la izquierda, hacia donde tu rostro se determine.

17 Y yo también batiré mi mano con mi mano, y ˡharé reposar mi ira. Yo Jehová he hablado.

18 Y vino a mí palabra de Jehová, diciendo:

19 Y tú, hijo de hombre, señálate dos caminos por donde venga la espada del rey de Babilonia; de una misma tierra salgan ambos; y elige un lugar; escógelo en el principio del camino que conduce a la ciudad.

20 El camino señalarás por donde venga la espada a ᵒRabá de los hijos de Amón, y a Judá contra Jerusalén la fortificada.

21 Porque el rey de Babilonia se paró en una encrucijada, al principio de dos caminos, para tomar adivinación; acicaló las saetas, consultó en ídolos, miró el hígado.

22 La adivinación señaló a su mano derecha, sobre Jerusalén, para poner capitanes, para abrir la boca a la matanza, para levantar la voz en grito de guerra, ᵇpara poner arietes contra las puertas, para levantar baluarte, y edificar fuerte.

23 Y les será como adivinación mentirosa en sus ojos, por estar ᶜjuramentados con juramento a ellos; pero él trae a la memoria la maldad de ellos, ᵈpara prenderlos.

24 Por tanto, así ha dicho el Señor Jehová: Por cuanto habéis hecho venir en memoria vuestras maldades, manifestando vuestras traiciones, y descubriendo vuestros pecados en todas vuestras obras; por cuanto habéis venido en memoria, seréis apresados por *su* mano.

25 Y tú, profano e ᶠimpío príncipe de Israel, cuyo día vino en el tiempo de la consumación de la maldad.

26 así dice Jehová el Señor: Depón ᵍla diadema, quita la corona; ésta ya no *será* la misma; ʰsea exaltado lo bajo, y lo alto sea humillado.

27 La derribaré, derribaré, derribaré, y ʲya no será *más*, hasta que venga Aquél a quien pertenece el derecho, y se la entregaré.

28 Y tú, hijo de hombre, profetiza, y di: Así dice Jehová el Señor ᵏsobre los hijos de Amón, y su oprobio. Dirás, pues: La espada, la espada está desenvainada para degollar, para consumir; pulida con resplandor.

29 Te profetizan vanidad, y te adivinan mentira, para entregarte con los cuellos de los malos sentenciados a muerte, cuyo día vino en tiempo de la consumación de la maldad.

30 ¿La volveré a su vaina? En el lugar donde te criaste, en la tierra donde has vivido, ᵐte juzgaré.

31 Y derramaré sobre ti mi ira; ⁿel fuego de mi enojo haré encender sobre ti, y te entregaré en mano de hombres temerarios, artífices de destrucción.

32 Serás pasto para el fuego; tu sangre quedará en medio de la tierra, y ᵖno habrá *más* memoria de ti; porque yo Jehová he hablado.

EZEQUIEL 22
CAPÍTULO 22

Y vino a mí palabra de Jehová, diciendo:
2 Y tú, hijo de hombre, ¿no juzgarás tú, ^cno juzgarás tú a la ciudad derramadora de sangre? Sí, tú le mostrarás todas sus abominaciones.
3 Dirás, pues: Así dice Jehová el Señor: ¡Ciudad derramadora de sangre en medio de sí, ^epara que venga su hora, y que hizo ídolos contra sí misma para contaminarse!
4 En tu sangre que ^gderramaste has pecado, y te has contaminado en tus ídolos que hiciste; y has hecho acercar tus días, y has llegado al término de tus años; por tanto te he dado en ⁱoprobio a las naciones, y en escarnio a todas las tierras.
5 Las que están cerca de ti y las que están lejos se reirán de ti, que eres amancillada de nombre y de gran turbación.
6 He aquí que los príncipes de Israel, cada uno según su poder, estuvieron en ti para derramar sangre.
7 Despreciaron en ti al padre y ^ja la madre; ^kal extranjero trataron con violencia en medio de ti; y despojaron en ti al huérfano y a la viuda.
8 Has menospreciado mis cosas sagradas, y mis sábados has profanado.
9 Calumniadores hubo en ti para derramar sangre; y ^lsobre los montes comieron en ti; hicieron en medio de ti perversidades.
10 La desnudez ⁿdel padre descubrieron en ti; ^ola inmunda de menstruo humillaron en ti.
11 Y cada uno hizo abominación con la esposa de su prójimo; y otro contaminó pervertidamente a su nuera; y en ti otro humilló a su hermana, hija de su padre.
12 Precio recibieron en ti para derramar sangre; ^rinterés y usura tomaste, y a tus prójimos defraudaste con violencia; te olvidaste de mí, dice Jehová el Señor.
13 Y he aquí, que ^tgolpeé mi mano a causa de tu avaricia que cometiste, y a causa de la sangre que derramaste en medio de ti.
14 ^v¿Estará firme tu corazón? ¿Tus manos serán fuertes en los días que

a Dt 4:27
b cp 24:11
c cp 20:4
d cp 6:7

e cp 21:25
f Sal 119:119
Is 1:22-25
g 2 Re 21:16
h Jer 6:30
Mal 3:3

i 2 Cr 36:13
Jer 52:2

j Dt 27:16
k Éx 22:21

l cp 18:6
m Sal 68:9

n Lv 18:7-8
o Lv 18:19

p Jer 20:5

q Mal 2:8

r cp 18:8

s Jer 17:22

t cp 21:17
u Mi 3:1-11

v cp 21:7

El horno de aflicción

yo actúe contra ti? Yo Jehová he hablado, y lo haré.
15 Y yo te dispersaré por las naciones, y ^ate esparciré por las tierras; y ^bharé fenecer de ti tu inmundicia.
16 Y tomarás heredad para ti a los ojos de las naciones; y ^dsabrás que yo soy Jehová.
17 Y vino a mí palabra de Jehová, diciendo:
18 Hijo de hombre, la casa de Israel se me ha vuelto ^fen escoria; todos ellos son bronce y estaño y hierro y plomo en medio del horno; y en ^hescorias de plata se volvieron.
19 Por tanto, así dice Jehová el Señor: Por cuanto todos vosotros os habéis vuelto en escorias, por tanto, he aquí que yo os juntaré en medio de Jerusalén.
20 Como quien junta plata y bronce y hierro y plomo y estaño en medio del horno, para encender fuego en él para fundir; así os juntaré en mi furor y en mi ira, y os dejaré allí, y os fundiré.
21 Yo os juntaré y soplaré sobre vosotros en el fuego de mi furor, y en medio de él seréis fundidos.
22 Como se funde la plata en medio del horno, así seréis fundidos en medio de él; y sabréis que yo Jehová habré derramado mi furor sobre vosotros.
23 Y vino a mí palabra de Jehová, diciendo:
24 Hijo de hombre, di a ella: Tú no eres tierra limpia, ^mni rociada con lluvia en el día del furor.
25 Hay conspiración de sus profetas en medio de ella, como león rugiente que arrebata presa; devoraron almas, tomaron haciendas y ^phonra, aumentaron sus viudas en medio de ella.
26 ^qSus sacerdotes quebrantaron mi ley, y contaminaron mis santuarios; entre lo santo y lo profano no hicieron diferencia, ni distinguieron entre inmundo y limpio; y de mis sábados ^sescondieron sus ojos, y yo he sido profanado en medio de ellos.
27 ^uSus príncipes en medio de ella como lobos que arrebataban presa, derramando sangre, para destruir las almas, para obtener ganancia deshonesta.

Ahola y Aholiba, las dos rameras

28 Y sus profetas los recubrieron ªcon *lodo* suelto, profetizándoles ᵇvanidad, y adivinándoles mentira, diciendo: Así dice Jehová el Señor; y Jehová no había hablado.

29 El pueblo de la tierra usaba de opresión y cometía robo, y al pobre y menesteroso hacían violencia, y al extranjero oprimían sin derecho.

30 Y busqué entre ellos ᶜhombre que hiciese vallado y que se pusiese en la brecha delante de mí por la tierra, para que yo no la destruyese; y no lo hallé.

31 Por tanto derramé sobre ellos mi ira; con el fuego de mi ira los consumí; ᵈhice recaer el camino de ellos sobre su cabeza, dice Jehová el Señor.

CAPÍTULO 23

Y vino a mí palabra de Jehová, diciendo:

2 Hijo de hombre, hubo ᵉdos mujeres, hijas de una madre,

3 las cuales ᶠse prostituyeron ᵍen Egipto; en su juventud se prostituyeron. Allí fueron apretados sus pechos, y allí fueron estrujados los pechos de su virginidad.

4 Y se llamaban, la mayor, Ahola, y su hermana, Aholiba; las cuales ⁱfueron mías, y dieron a luz hijos e hijas. Y llamaron a Samaria, Ahola; y Jerusalén, Aholiba.

5 Y Ahola se prostituyó *aun* cuando era mía; y se enamoró de sus amantes, ʲlos asirios *sus* vecinos,

6 vestidos de púrpura, capitanes y príncipes, todos ellos jóvenes codiciables, jinetes que montaban a caballo.

7 Y se prostituyó con ellos, con todos los más escogidos de los hijos de los asirios, y con todos aquellos de quienes se enamoró; se contaminó con todos los ídolos de ellos.

8 Y no dejó sus prostituciones *traídas* de Egipto; porque con ella se echaron en su juventud, y ellos estrujaron los pechos de su virginidad, y derramaron sobre ella su prostitución.

9 Por lo cual la entregué en mano de sus amantes, en mano de los hijos de los asirios, de quienes se había enamorado.

10 Ellos descubrieron su desnudez, tomaron sus hijos y sus hijas, y a ella mataron a espada; y vino a ser famosa entre las mujeres, pues en ella ejecutaron juicios.

11 Y lo vio su hermana Aholiba, y se corrompió en sus deseos más que ella; y sus prostituciones, *fueron* más que las prostituciones de su hermana.

12 Y se enamoró de los hijos de los asirios, *sus* vecinos, capitanes y príncipes, vestidos en perfección, jinetes que andaban a caballo, todos ellos jóvenes codiciables.

13 Y vi que se había contaminado; un mismo camino era el de ambas.

14 Y aumentó sus prostituciones; pues cuando vio hombres pintados en la pared, imágenes de caldeos pintadas de color,

15 ceñidos de talabartes por sus lomos, y turbantes de colores en sus cabezas, teniendo todos ellos parecer de capitanes, a la manera de los hombres de Babilonia, nacidos en tierra de caldeos,

16 al verlos se enamoró de ellos, y ʰles envió mensajeros a la tierra de los caldeos.

17 Y entraron a ella los hombres de Babilonia al lecho de amores, y la contaminaron con su prostitución; y ella también se contaminó con ellos, y su deseo se sació de ellos.

18 Así hizo patentes sus prostituciones, y descubrió su desnudez; por lo cual mi alma se hastió de ella, como se había ya hastiado mi alma de su hermana.

19 ᵏAun multiplicó sus prostituciones trayendo en memoria los días de su juventud, en los cuales se había prostituido en la tierra de Egipto.

20 Y se enamoró de sus rufianes, cuya carne *es como* carne de asnos, y cuyo flujo *como* flujo de caballos.

21 Así trajiste a la memoria la lujuria de tu juventud, cuando los egipcios comprimieron tus pechos, los pechos de tu juventud.

22 Por tanto, Aholiba, así dice Jehová el Señor: He aquí que yo despierto tus amantes contra ti, de los cuales se sació tu deseo, y yo ˡles haré venir contra ti en derredor;

---

a cp 13:10
b cp 13:6

c Jer 5:1

d cp 7:4

e Jer 3:7
  y 6:10
f cp 16:15
g cp 20:7

h Is 57:9

i cp 16:8

j 2 Re 15:19
  y 17:3
  Os 8:9
k cp 15:28

l cp 16:37

23 Los de Babilonia, y todos los caldeos, los de Pecod, Soa y Coa, y todos los de Asiria con ellos; jóvenes todos ellos codiciables, ªcapitanes y gobernadores, nobles y varones de renombre, que montan a caballo todos ellos.

24 Y vendrán contra ti carros, carretas, y ruedas, y multitud de pueblos. Escudos, y paveses, y yelmos pondrán contra ti en derredor; y yo daré el juicio delante de ellos, y ᵈpor sus leyes te juzgarán.

25 Y pondré mi celo contra ti, y obrarán contigo con furor; te quitarán tu nariz y tus orejas, y lo que te quedare caerá a espada. Ellos tomarán a tus hijos y a tus hijas, y tu remanente será consumido por el fuego.

26 Y te despojarán de tus vestidos, y tomarán tus hermosas joyas.

27 Y haré cesar de ti tu suciedad, y tu prostitución de la tierra de Egipto; y no levantarás más a ellos tus ojos, ni nunca más te acordarás de Egipto.

28 Porque así dice Jehová el Señor: He aquí, yo te entrego en mano *de aquellos* que tú ʲaborreciste, en mano *de aquellos* de los cuales se hastió tu alma;

29 los cuales obrarán contigo con odio, y tomarán todo lo que tú trabajaste, y te dejarán desnuda y descubierta; y se descubrirá la vergüenza de tus prostituciones; tanto tu lujuria como tus prostituciones.

30 Estas cosas se harán contigo, porque ˡte prostituiste en pos de las naciones, en las cuales te contaminaste con sus ídolos.

31 En el camino de tu hermana anduviste; yo, pues, ᵐpondré su cáliz en tu mano.

32 Así dice Jehová el Señor: Beberás el hondo y ancho cáliz de tu hermana; de ti se mofarán las gentes, y te escarnecerán; de grande cabida es.

33 Serás llena de ºembriaguez y de dolor por el cáliz de soledad y desolación, por el cáliz de tu hermana Samaria.

34 Lo beberás, pues, y *lo* agotarás, y quebrarás sus ᵖtiestos; y rasgarás tus pechos; porque yo he hablado, dice Jehová el Señor.

Contaminan el santuario

35 Por tanto, así dice Jehová el Señor: Por cuanto te has olvidado de mí, y me has echado tras tus espaldas, por eso, lleva tú también tu suciedad y tus fornicaciones.

36 Y me dijo Jehová: Hijo de hombre, ᵇ¿no juzgarás tú a Ahola, y a Aholiba, y les denunciarás sus abominaciones?

37 Porque han adulterado, y hay ᶜsangre en sus manos, y han cometido adulterio con sus ídolos; y aun sus hijos que habían dado a luz para mí, ᵉhicieron pasar por *el fuego*, quemándolos.

38 Además me hicieron esto: ᶠcontaminaron mi santuario en aquel día, y ᵍprofanaron mis sábados;

39 pues habiendo sacrificado sus hijos a sus ídolos, ʰentraban en mi santuario el mismo día para contaminarlo; y he aquí, así hicieron ⁱen medio de mi casa.

40 Y aun más, pues enviaron por hombres que viniesen de lejos, a los cuales *había* sido enviado mensajero; y he aquí vinieron; y para ellos te lavaste, y te pintaste los ojos, y te ataviaste con adornos;

41 y te sentaste sobre suntuoso estrado, y fue aderezada mesa delante de él, y sobre ella pusiste ᵏmi incienso y mi óleo.

42 Y se oyó en ella voz de compañía en holganza; y con los varones de la gente común *fueron* traídos los sabeos del desierto; y pusieron brazaletes sobre sus manos, y hermosas coronas sobre sus cabezas.

43 Y dije *acerca de* la envejecida en adulterios: ¿Cometerán ahora prostituciones con ella, y ella con ellos?

44 Porque han venido a ella como quien viene a mujer ramera; así vinieron a Ahola y a Aholiba, mujeres depravadas.

45 Por tanto, hombres justos ⁿlas juzgarán por la ley de las adúlteras, y por la ley de las que derraman sangre; porque *son* adúlteras, y sangre hay en sus manos.

46 Por lo que así dice Jehová el Señor: Yo haré subir contra ellas ᑫcompañías, las entregaré a turbación y a rapiña:

a Jer 50:21
b cp 20:4
c cp 22:2
d 2 Re 25:6
e cp 16:20
f cp 5:11
g cp 22:8
h cp 44:7
i 2 Re 21:4
j cp 16:37
k cp 16:18
l cp 6:9
m Jer 25:15
n cp 16:38
o Jer 1:13
p Is 30:14
q cp 16:40

La parábola de la olla

47 Y la asamblea las apedreará, y las atravesarán con sus espadas; matarán a sus hijos y a sus hijas, y a sus casas consumirán con fuego.

48 Y haré cesar la depravación de la tierra, y escarmentarán todas las mujeres, y no harán según vuestra depravación.

49 Y sobre vosotras pondrán vuestra depravación, y ᵇllevaréis el pecado de *adorar* vuestros ídolos; y ᶜsabréis que yo Jehová el Señor.

a cp 5:13
b ver 35
c cp 6:7

CAPÍTULO 24

Y vino a mí palabra de Jehová en el noveno año, en el mes décimo, a los diez del mes, diciendo:

2 Hijo de hombre, escríbete la fecha de este día; el rey de Babilonia se puso contra Jerusalén ᵉeste mismo día.

3 Y ʰpronuncia una parábola a la casa rebelde, y diles: Así dice Jehová el Señor: ᵏPon una olla, ponla, y echa también agua en ella;

4 junta sus piezas *de carne* en ella; todas buenas piezas, pierna y espalda; llénala de huesos escogidos.

5 Toma una oveja escogida; y también enciende los huesos debajo de ella; haz que hierva bien; cuece también sus huesos dentro de ella.

6 Pues así dice Jehová el Señor: ᵐ¡Ay de la ciudad sanguinaria, de la olla enmohecida, y cuyo moho no salió de ella! Por sus piezas, por sus piezas sácala; ᵒno caiga suerte sobre ella.

7 Porque su sangre está ᑫen medio de ella; sobre una roca alisada la derramó; no la derramó sobre la tierra para que fuese cubierta con polvo.

8 Habiendo, pues, hecho subir la ira para hacer venganza, yo pondré su sangre sobre la roca alisada, para que no sea cubierta.

9 Por tanto, así dice Jehová el Señor: ¡Ay de la ciudad sanguinaria! Pues también haré yo grande la hoguera,

10 multiplicando la leña, encendiendo el fuego, para consumir la carne y hacer la salsa; y los huesos serán quemados.

11 Asentando después la olla vacía sobre sus brasas, para que se caldee, y se queme su fondo, y ᵘse funda en ella su suciedad, y se consuma su herrumbre.

d 1 Re 20:6
e 2 Re 25:1
Jer 39:1
y 52:4
f Jer 16:5-7
g Lv 10:6
h cp 16:44
i 2 Sm 15:30
j Mi 3:7
k cp 11:3-11
Jer 1:13
l cp 12:9
m cp 16:14
n Gn 34:12
o 2 Sm 8:2
Jl 3:3
p cp 23:47
q Lv 17:13
Dt 12:16-24
r cp 4:17
s cp 12:6
t cp 6:7
u cp 22:15

EZEQUIEL 24

12 Se fatigó con mentiras, y no salió de ella su mucha herrumbre. En fuego su herrumbre *será* consumida.

13 En tu suciedad perversa padecerás; porque te limpié, y tú no te limpiaste de tu suciedad; nunca más te limpiarás, hasta que ᵃyo haga que mi ira repose sobre ti.

14 Yo Jehová he hablado; vendrá, y *lo* haré. No me volveré atrás, ni tendré misericordia, ni me arrepentiré; según tus caminos y tus obras te juzgarán, dice Jehová el Señor.

15 Y vino a mí palabra de Jehová, diciendo:

16 Hijo de hombre, he aquí que yo te quito de golpe ᵈel deleite de tus ojos; no endeches, ni llores, ni corran tus lágrimas.

17 Reprime el suspirar, ᶠno hagas luto de mortuorios; ᵍata tu mitra sobre ti, y ⁱpon tus zapatos en tus pies, y ʲno te cubras con rebozo, ni comas pan de hombres.

18 Y hablé al pueblo por la mañana, y a la tarde murió mi esposa; y a la mañana hice como me fue mandado.

19 Y me dijo el pueblo: ˡ¿No nos enseñarás qué significan para nosotros estas cosas que tú haces?

20 Y yo les dije: La palabra de Jehová vino a mí, diciendo:

21 Di a la casa de Israel: Así dice Jehová el Señor: He aquí ⁿyo profano mi santuario, la gloria de vuestra fortaleza, el deseo de vuestros ojos, y el deleite de vuestra alma; ᵖvuestros hijos y vuestras hijas que dejasteis caerán a espada.

22 Y haréis de la manera que yo hice: no os cubriréis con rebozo, ni comeréis pan de hombres;

23 Y vuestras mitras *estarán* sobre vuestras cabezas, y vuestros zapatos en vuestros pies; no endecharéis ni lloraréis, sino que ʳos consumiréis a causa de vuestras maldades, y gemiréis unos con otros.

24 Ezequiel, pues, ˢos será por señal; según todas las cosas que él hizo, haréis; cuando esto suceda, entonces ᵗsabréis que yo soy Jehová el Señor.

25 Y tú, hijo de hombre, el día que yo quite de ellos su fortaleza, el gozo de su gloria, el deleite de sus ojos, y el anhelo de sus almas, sus hijos y sus hijas,

26 ese día vendrá a ti ªuno que haya escapado para traer la noticia.

27 En aquel día se abrirá ᵇtu boca para hablar con el que haya escapado, y hablarás, y no estarás más mudo; y les serás por señal, y sabrán que yo soy Jehová.

CAPÍTULO 25

Y vino a mí palabra de Jehová, diciendo:

2 Hijo de hombre, pon tu rostro ᵍhacia los hijos de Amón, y profetiza contra ellos.

3 Y dirás a los hijos de Amón: Oíd palabra de Jehová el Señor: Así dice Jehová el Señor: Por cuanto dijiste ¡Ea, bien! contra mi santuario cuando ⁱfue profanado, y contra la tierra de Israel cuando fue asolada, y contra la casa de Judá, cuando fueron en cautiverio;

4 por tanto, he aquí, yo te entrego por heredad a ᵏlos orientales, y pondrán en ti sus apriscos, y colocarán en ti sus tiendas; ellos comerán tus sementeras, y beberán tu leche.

5 Y pondré a ˡRabá por establo de camellos, y a los hijos de Amón por majada de ovejas; y sabréis que yo soy Jehová.

6 Porque así dice Jehová el Señor: Por cuanto tú batiste *tus* manos, y golpeaste con tus pies, y te regocijaste en tu corazón con todo tu menosprecio contra la tierra de Israel;

7 por tanto, he aquí yo extenderé mi mano contra ti, y te entregaré a las naciones ⁿpara ser saqueada; y yo te cortaré de entre los pueblos, y te destruiré de entre las tierras; te raeré; y sabrás que yo soy Jehová.

8 Así dice Jehová el Señor: Por cuanto dijo ᵖMoab y ᵠSeir: He aquí la casa de Judá *es* como todas las naciones;

9 por tanto, he aquí yo abro el lado de Moab desde las ciudades, desde sus ciudades *que están* en su confín, las tierras deseables de ˢBet-jesimot, y ᵗBaal-meón, y ᵘQuiriataim,

10 a los hijos del oriente contra los hijos de Amón; y le entregaré por heredad para que no haya más memoria de los hijos de Amón entre las naciones.

a	cp 33:21-22
b	cp 29:21
c	Sal 137:7
	Is 34:5
d	1 Cr 1:45
e	cp 27:15-20
f	Jer 49:7-22
	Jl 3:4 Am 1:6
g	cp 21:28
h	Is 14:29-32
	Jer 25:20
	Jl 3:4 Am 1:6
i	cp 26:2
j	1 Sm 30:14
k	cp 21:20
l	cp 21:20
m	Is 23:1
n	cp 7:21
o	Jer 34:1
p	Is 15:1
q	cp 35:2
r	cp 24:7
s	Jos 12:3
t	1 Cr 5:8
u	Jer 48:1
v	cp 16:17

Profecía contra Amón

11 También en Moab haré juicios; y sabrán que yo soy Jehová.

12 Así dice Jehová el Señor: Por lo que hizo ᶜEdom tomando venganza de la casa de Judá, pues delinquieron en extremo, y se vengaron de ellos;

13 por tanto, así dice Jehová el Señor: Yo también extenderé mi mano sobre Edom, y cortaré de ella hombres y bestias, y la asolaré; desde ᵈTemán y ᵉDedán caerán a espada.

14 Y ᶠpondré mi venganza en Edom por la mano de mi pueblo Israel; y harán en Edom según mi enojo y según mi ira; y conocerán mi venganza, dice Jehová el Señor.

15 Así dice Jehová el Señor: Porque ʰlos filisteos procedieron con venganza, cuando se vengaron con despecho de ánimo, destruyendo por antiguas enemistades;

16 por tanto, así dice Jehová el Señor: He aquí, yo extiendo mi mano contra los filisteos, y cortaré a los ʲcereteos, y destruiré el remanente de la costa del mar.

17 Y ejecutaré sobre ellos grandes venganzas con reprensiones de ira; y sabrán que yo soy Jehová, cuando descargue mi venganza sobre ellos.

CAPÍTULO 26

Y aconteció en el undécimo año, en el primero del mes, *que* vino a mí palabra de Jehová, diciendo:

2 Hijo de hombre, ᵐpor cuanto dijo Tiro sobre Jerusalén: Ea, bien; destruida está la *que era* puerta de las naciones; a mí se volvió; yo seré llena; y ella desierta;

3 por tanto, así dice Jehová el Señor: He aquí yo contra ti, oh Tiro, y haré subir contra ti ᵒmuchas naciones, como el mar hace subir sus olas.

4 Y demolerán los muros de Tiro, y derribarán sus torres; y raeré de ella su polvo, y la dejaré como una ʳroca lisa.

5 Tendedero de redes será en medio del mar, porque yo he hablado, dice Jehová el Señor; y será saqueada para las naciones.

6 Y ᵛsus hijas que *están* en el campo, serán muertas a espada; y sabrán que yo soy Jehová.

Profecía contra Tiro   **EZEQUIEL 27**

7 Porque así dice Jehová el Señor: He aquí que ᵃdel norte traigo yo contra Tiro a Nabucodonosor, rey de Babilonia, ᵇrey de reyes, con caballos, y carros, y jinetes, y compañías, y mucho pueblo.

8 Matará a espada a tus hijas que están en el campo; y pondrá contra ti fortaleza, y levantará contra ti baluarte, y escudo afirmará contra ti.

9 Y pondrá arietes contra tus muros, y con sus hachas demolerá tus torres.

10 Por la multitud de sus caballos te cubrirá el polvo de ellos; con el estruendo de la caballería, y de las ruedas, y de los carros, temblarán tus muros, cuando él entre por tus puertas como por portillos de ciudad destruida.

11 Con los cascos de sus caballos hollará todas tus calles; a tu pueblo matará a espada, y las estatuas de tu fortaleza caerán a tierra.

12 Y robarán tus riquezas, y saquearán tus mercaderías; y arruinarán tus muros, y tus casas preciosas destruirán; y pondrán tus piedras y tu madera y tu polvo en medio de las aguas.

13 Y haré cesar el estrépito de tus canciones, y no se oirá más el sonido de tus arpas.

14 Y te pondré como una roca lisa; tendedero de redes serás; nunca más serás edificada; porque yo Jehová he hablado, dice Jehová el Señor.

15 Así dice Jehová el Señor a Tiro: ¿No se estremecerán las islas al ʰestruendo de tu caída, cuando griten los heridos, cuando se haga la matanza en medio de ti?

16 Entonces todos ʲlos príncipes del mar descenderán de sus tronos, y se quitarán sus mantos, y desnudarán sus ropas bordadas; se vestirán de espanto, se sentarán sobre la tierra, y temblarán a *cada* momento y estarán ante ti atónitos.

17 Y levantarán sobre ti endechas, y te dirán: ¿Cómo pereciste tú, poblada por gente de mar, ciudad que fue alabada, ⁿque fue fuerte en el mar, ella y sus habitantes, ᵒque infundían terror a todos sus vecinos?

18 Ahora se estremecerán las islas en el día de tu caída, sí, las islas que *están* en el mar se espantarán de tu partida.

19 Porque así dice Jehová el Señor: Yo te tornaré en ciudad asolada, como las ciudades que no se habitan; ᶜharé subir sobre ti el abismo, y las muchas aguas te cubrirán.

20 Y te haré descender ᵈcon los que descienden a la fosa, con el pueblo de antaño; y te pondré en las profundidades de la tierra, como los desiertos antiguos, con los que descienden a la fosa, para que nunca más seas poblada; y yo daré gloria en la tierra de los vivientes.

21 Yo ᵉte convertiré en espanto, y dejarás *de ser*; aunque seas buscada, nunca más serás hallada, dice Jehová el Señor.

CAPÍTULO 27

Y vino a mí palabra de Jehová, diciendo:

2 Tú, hijo de hombre, ᶠlevanta endechas sobre Tiro.

3 Y dirás a Tiro: Oh tú que estás asentada a las entradas del mar, *que eres* mercader de los pueblos de muchas islas: Así ha dicho el Señor Jehová: Tiro, tú has dicho: Yo soy de perfecta hermosura.

4 En el corazón de los mares *están* tus términos; los que te edificaron completaron tu belleza.

5 De cipreses del ᵍmonte Senir te fabricaron toda tu armazón; tomaron cedros del Líbano para hacerte el mástil.

6 *De* encinas de Basán hicieron tus remos; compañía de asirios hicieron tus bancos *de* marfil de ⁱlas islas de Quitim.

7 De lino fino bordado de Egipto era tu cortina, para que te sirviese de ᵏvela; de azul y púrpura de las costas de ˡElisa era tu pabellón.

8 Los moradores de Sidón y de Arvad fueron tus remeros; tus sabios, oh Tiro, *estaban* en ti; ellos fueron tus timoneles.

9 Los ancianos de ᵐGebal y sus expertos calafateadores reparaban tus junturas; todas las galeras del mar y los remeros de ellas estuvieron en ti para negociar contigo.

10 Persas y los de Lud, y los de ᵖFut, fueron en tu ejército tus hombres de guerra; escudos y yelmos colgaron en ti; ellos te dieron tu honra.

---

a Jer 1:14
b Esd 7:12
  Dn 2:37
c cp 27:34
d cp 31:14
  y 32:18

e cp 27:36
  y 28:19

f cp 28:12

g Dt 3:9

h Jer 49:21
i Gn 10:4-5

j Is 23:8
k Is 33:23
l Gn 10:4

m 1 Re 5:18
  Sal 83:7

n Is 23:4
o cp 32:23
p Is 66:19
  Jer 46:9

11 Y los hijos de Arvad con tu ejército *estuvieron* sobre tus muros alrededor, y los gamadeos en tus torres; sus escudos colgaron sobre tus muros alrededor; ellos completaron tu hermosura.

12 ᵇTarsis tu mercader a causa de la multitud de todas *tus* riquezas; con plata, hierro, estaño y plomo, comerciaba en tus ferias.

13 Grecia, ᶜTubal, y Mesec, fueron tus mercaderes, con hombres y con utensilios de bronce, comerciaban en tus ferias.

14 De la casa de ᵈTogarma, caballos y jinetes y mulos, comerciaban en tu mercado.

15 Los hijos de ᵉDedán *eran* tus negociantes; muchas costas tomaban mercadería de tu mano; colmillos de marfil y ébano te dieron en presente.

16 Siria *fue* tu mercader por la multitud de tus productos; venía a tus ferias con esmeraldas, púrpura, vestidos bordados, linos finos, corales y rubíes.

17 Judá, y la tierra de Israel, *eran* tus mercaderes; con trigos de ʰMinit y Panag, miel, aceite y ⁱresina comerciaban en tu mercado.

18 Damasco, *era* tu mercader por la multitud de tus productos, por la abundancia de toda riqueza, con vino de Helbón y lana blanca.

19 Asimismo Dan y el errante Javán vinieron a tus ferias, para negociar en tu mercado con hierro labrado, ᵏcasia y caña aromática.

20 Dedán *fue* tu mercader con paños preciosos para carros.

21 Arabia y todos los príncipes de Cedar, comerciaban contigo en corderos, y carneros, y machos cabríos; en estas cosas *fueron* tus mercaderes.

22 Los mercaderes de Seba y de Raama *fueron* tus mercaderes; con lo principal de toda especiería, y toda piedra preciosa, y oro, vinieron a tus ferias.

23 Harán, Cane, Edén, y los mercaderes de Seba, de Asiria y de Quilmad comerciaban contigo.

24 Éstos *eran* tus mercaderes en varias cosas; en mantos de azul, y bordados, y en cajas de ropas preciosas, enlazadas con cordones, y en madera de cedro.

a Sal 48:7
Is 2:16

b 1 Re 10:22

c Gn 10:2

d Gn 10:3

e cp 25:13
f Ap 18:17-18

g Job 1:20
Is 3:24
h Jue 11:33
i Jer 8:22

j Ap 18:15-19

k Éx 30:24

l cp 26:19

m cp 26:15

25 Las naves de Tarsis, eran tus ᵃflotas que llevaban tus mercancías; y llegaste a ser opulenta y muy gloriosa en medio de los mares.

26 En muchas aguas te engolfaron tus remeros; viento solano te quebrantó en medio de los mares.

27 Tus riquezas, tus mercancías, tu comercio, tus marineros, tus timoneles, tus calafateadores, los agentes de tus negocios y todos tus hombres de guerra que *hay* en ti, con toda tu compañía que en medio de ti se halla, caerán en medio de los mares el día de tu caída.

28 Al estrépito de las voces de tus timoneles temblarán las costas.

29 Y ᶠdescenderán de sus naves todos los que toman remo; remeros, y todos los timoneles del mar se pararán en tierra:

30 Y harán oír su voz sobre ti, y gritarán amargamente, y echarán polvo sobre sus cabezas, y se revolcarán en la ceniza.

31 Y ᵍse raparán la cabeza por causa de ti, y se ceñirán con cilicio, y llorarán por ti con amargura de corazón y amargo duelo.

32 Y en sus endechas levantarán sobre ti lamentaciones, y endecharán sobre ti *diciendo*: ¿Quién como Tiro, como la *ciudad* destruida en medio del mar?

33 Cuando tus mercaderías ʲsalían de las naves, saciabas a muchos pueblos; a los reyes de la tierra enriqueciste con la multitud de tus riquezas y de tus mercancías.

34 En el tiempo en que ˡserás destrozada por los mares en las profundidades de las aguas, tu comercio y toda tu compañía caerán en medio de ti.

35 Todos los moradores ᵐde las islas se maravillarán sobre ti, y sus reyes temblarán de espanto; y demudarán *sus* rostros.

36 Los mercaderes en los pueblos silbarán sobre ti; vendrás a ser espanto, y para siempre dejarás *de ser*.

CAPÍTULO 28

Y vino a mí palabra de Jehová, diciendo:

Profecía contra Sidón

2 Hijo de hombre, di al príncipe de Tiro: Así dice Jehová el Señor: Por cuanto se enalteció tu corazón y dijiste: Yo soy Dios; en la silla de Dios estoy sentado ªen medio de los mares ᵇ(siendo tú hombre y no Dios), y has puesto tu corazón como corazón de Dios.
3 He aquí que ᶜtú *eres* más sabio que Daniel; no hay secreto que te sea oculto;
4 con tu sabiduría y con tu prudencia has acumulado riquezas, y has adquirido oro y plata en tus tesoros.
5 Con la grandeza de tu sabiduría y tu comercio has multiplicado tus riquezas; y a causa de tus riquezas se ha enaltecido tu corazón.
6 Por tanto, así dice Jehová el Señor: Por cuanto pusiste tu corazón como corazón de Dios,
7 por tanto, he aquí yo traigo sobre ti ᵉextranjeros, ᶠlos violentos de las naciones, que desenvainarán sus espadas contra la hermosura de tu sabiduría, y mancharán tu esplendor.
8 A la fosa te harán descender, y morirás de la muerte de *los que* mueren en medio de los mares.
9 ¿Hablarás delante del que te mate, diciendo: Yo soy Dios? Tú, hombre *eres*, y no Dios, en la mano de tu matador.
10 De muerte ʰde incircuncisos morirás por mano de extranjeros; porque yo he hablado, dice Jehová el Señor.
11 Y vino a mí palabra de Jehová, diciendo:
12 Hijo de hombre, ᵏlevanta endechas sobre el rey de Tiro, y dile: Así dice Jehová el Señor: ᵐTú eras el sello a la proporción, lleno de sabiduría y perfecto en hermosura.
13 En Edén, ⁿen el huerto de Dios estuviste; toda piedra preciosa *fue* tu vestidura; el sardio, el topacio, el diamante, el berilo, el ónice, el jaspe, el zafiro, la esmeralda, el carbunclo y el oro; los primores de tus tamboriles y flautas fueron preparados en ti el día que fuiste creado.
14 Tú, ʳquerubín ungido, protector; yo te puse *allí*; ˢen el santo monte de Dios estuviste; en medio de ᵗpiedras de fuego has andado.
15 Perfecto *eras* en todos tus caminos desde el día que fuiste creado, hasta que se halló en ti maldad.
16 A causa de la multitud de tus contrataciones te llenaste de violencia, y pecaste; por lo cual yo te echaré por profano del monte de Dios y te destruiré, oh querubín protector, de entre las piedras del fuego.
17 Se enalteció tu corazón a causa de tu hermosura, corrompiste tu sabiduría a causa de tu esplendor; yo te arrojaré por tierra; delante de los reyes te pondré para que miren en ti.
18 Con la multitud de tus maldades, y con la iniquidad de tus contrataciones profanaste tus santuarios; ᵈyo, pues, sacaré fuego de en medio de ti, el cual te consumirá, y te reduciré a ceniza sobre la tierra a los ojos de todos los que te miran.
19 Todos los que te conocieron de entre los pueblos se maravillarán sobre ti; espanto serás, y para siempre dejarás *de ser*.
20 Y vino a mí palabra de Jehová, diciendo:
21 Hijo de hombre, pon tu rostro ᵍhacia Sidón, y profetiza contra ella;
22 y dirás: Así dice Jehová el Señor: He aquí yo contra ti, oh Sidón, y en medio de ti seré glorificado; y sabrán que yo soy Jehová, cuando ejecute en ella juicios, y en ella ⁱsea santificado.
23 Porque pestilencia enviaré a ella, y ʲsangre en sus calles; y caerán muertos en medio de ella; con espada contra ella por todos lados; y sabrán que yo soy Jehová.
24 Y ˡnunca más será a la casa de Israel espina que le hiera, ni aguijón que le dé dolor, en medio *de cuantos* la rodean y la desprecian; y sabrán que yo soy Jehová el Señor.
25 Así dice Jehová el Señor: Cuando ᵒreúna la casa de Israel de los pueblos entre los cuales está esparcida, entonces me santificaré en ellos a los ojos de las naciones, y ᵖhabitarán en su tierra, la cual di a mi siervo Jacob.
26 Y habitarán en ella seguros, y ᵠedificarán casas, y plantarán viñas, y habitarán confiadamente, cuando yo haya ejecutado juicios en todos los que los desprecian en sus alrededores; y sabrán que yo soy Jehová su Dios.

---

a cp 27:4
b Is 31:3

c Zac 9:2

d cp 30:8
Ap 18:9

e cp 30:12
f cp 30:11

g Is 23:4-12
Jer 25:22
y 27:3

h cp 31:18
i cp 20:41
j cp 38:22

k cp 32:2
l Nm 33:55
Jos 23:13
m cp 27:3

n cp 31:8-9
o cp 39:27

p cp 37:25

q Jer 23:6

r Éx 25:20
s cp 20:40
t Mal 3:17

Profecía contra Egipto

CAPÍTULO 29

En el año décimo, en *el mes* décimo, a los doce del mes, vino a mí palabra de Jehová, diciendo:

2 Hijo de hombre, pon tu rostro contra Faraón rey de Egipto, y profetiza contra él y contra todo Egipto.

3 Habla, y di: Así dice Jehová el Señor: He aquí yo contra ti, Faraón rey de Egipto, el gran dragón que yace en medio de sus ríos, el cual dijo: Mío *es* mi río, y yo *lo* hice para mí.

4 Yo pues, pondré anzuelos en tus quijadas, y haré que los peces de tus ríos se peguen a tus escamas, y te sacaré de en medio de tus ríos, y todos los peces de tus ríos se pegarán a tus escamas.

5 Y te dejaré en el desierto, a ti y a todos los peces de tus ríos; sobre la faz del campo caerás; no serás recogido, ni serás juntado; a las fieras de la tierra y a las aves del cielo te he dado por comida.

6 Y sabrán todos los moradores de Egipto que yo soy Jehová, por cuanto fueron bordón de caña a la casa de Israel.

7 Cuando te tomaron con la mano, te quebraste, y les rompiste todo el hombro; y cuando se recostaron sobre ti, te quebraste, y les rompiste sus lomos enteramente.

8 Por tanto, así dice Jehová el Señor: He aquí que yo traigo contra ti espada, y cortaré de ti hombres y bestias.

9 Y la tierra de Egipto será asolada y desierta; y sabrán que yo soy Jehová: porque dijo: Mío *es* mi río, y yo *lo* hice.

10 Por tanto, he aquí yo contra ti, y contra tus ríos; y pondré a la tierra de Egipto en total desolación, en la soledad del desierto, desde Migdol hasta Sevene, hasta el término de Etiopía.

11 No pasará por ella pie de hombre, ni pie de bestia pasará por ella; ni será habitada por cuarenta años.

12 Y pondré a la tierra de Egipto en soledad entre las tierras asoladas, y sus ciudades entre las ciudades destruidas estarán asoladas por cuarenta años; y esparciré a Egipto entre las naciones, y los dispersaré por las tierras.

13 Porque así dice Jehová el Señor: Al fin de cuarenta años juntaré a Egipto de los pueblos entre los cuales fueren esparcidos;

14 y volveré a traer a los cautivos de Egipto, y los volveré a la tierra de Patros, a la tierra de su origen; y allí serán un reino humilde.

15 En comparación de los otros reinos será humilde; nunca más se alzará sobre las naciones; porque yo los disminuiré, para que no se enseñoreen sobre las naciones.

16 Y no será más a la casa de Israel por confianza, que les haga recordar el pecado, mirando en pos de ellos; y sabrán que yo soy Jehová el Señor.

17 Y aconteció en el año veintisiete, en *el mes* primero, al primer *día* del mes, que vino a mí palabra de Jehová, diciendo:

18 Hijo de hombre, Nabucodonosor rey de Babilonia sometió a su ejército a una ardua labor contra Tiro. Toda cabeza *fue* rapada, y todo hombro *fue* desgarrado; y ni para él ni para su ejército hubo paga de Tiro, por el servicio que prestó contra ella.

19 Por tanto, así dice Jehová el Señor: He aquí que yo doy a Nabucodonosor, rey de Babilonia, la tierra de Egipto; y él tomará su multitud, y recogerá sus despojos, y arrebatará su presa, y habrá paga para su ejército.

20 Por su trabajo con que sirvió contra ella le he dado la tierra de Egipto: porque trabajaron para mí, dice Jehová el Señor.

21 En aquel tiempo haré reverdecer el cuerno a la casa de Israel, y abriré tu boca en medio de ellos; y sabrán que yo soy Jehová.

CAPÍTULO 30

Y vino a mí palabra de Jehová, diciendo:

2 Hijo de hombre, profetiza, y di: Así dice Jehová el Señor: Clamad: ¡Ay de aquel día!

3 Porque cerca *está* el día, cerca *está* el día del Señor; día de nublado, tiempo de las naciones será.

Profecía contra Egipto

4 Y la espada vendrá a Egipto, y habrá gran dolor en Etiopía, cuando caigan los heridos en Egipto; y ᵃtomarán sus riquezas, y serán destruidos sus fundamentos.

5 Etiopía, y ᵇLibia, y Lidia, y ᶜtodo el pueblo mezclado, y Cub, y los hijos de las tierras aliadas, caerán con ellos a espada.

6 Así dice Jehová: También caerán los que sostienen a Egipto, y la altivez de su poderío caerá; ᵉdesde Migdol hasta Sevene caerán en él a espada, dice Jehová el Señor.

7 Y serán asolados ᶠentre las tierras asoladas, y sus ciudades serán entre las ciudades desiertas.

8 Y sabrán que yo soy Jehová, cuando ponga fuego a Egipto, y sean destruidos todos sus ayudadores.

9 En aquel tiempo saldrán mensajeros de delante de mí en navíos, para espantar a Etiopía la confiada, y tendrán espanto como en el día de Egipto; porque he aquí viene.

10 Así dice Jehová el Señor: ʰHaré cesar la multitud de Egipto por mano de Nabucodonosor, rey de Babilonia.

11 Él, y con él su pueblo, ⁱlos más violentos de las naciones, serán traídos para destruir la tierra; y desenvainarán sus espadas contra Egipto, y llenarán la tierra de muertos.

12 Y secaré los ríos, y entregaré la tierra en manos de malos, y destruiré la tierra y su plenitud por mano de extranjeros; yo Jehová he hablado.

13 Así dice Jehová el Señor: ʲDestruiré también las imágenes, y haré cesar los ídolos de Nof; y no habrá más príncipe de la tierra de Egipto, y en la tierra de Egipto pondré temor.

14 Y ᵏasolaré a Patros, y pondré fuego a ˡZoán, y ejecutaré juicios en ᵐNo.

15 Y derramaré mi ira sobre Sin, fortaleza de Egipto, y exterminaré la multitud de No.

16 Y pondré fuego a Egipto; Sin tendrá gran dolor, y No será destrozada, y Nof *tendrá* angustias todos los días.

17 Los jóvenes de Avén y de Pibeset caerán a espada; y ellas irán en cautiverio.

18 Y en ᵒTafnes se oscurecerá el día, cuando yo quiebre allí los yugos de Egipto, y cesará en ella la soberbia de su poderío; una nube la cubrirá, y sus hijas irán en cautiverio.

19 Ejecutaré, pues, juicios en Egipto y sabrán que yo soy Jehová.

20 Y aconteció en el año undécimo, en *el mes* primero, a los siete del mes, *que* vino a mí palabra de Jehová, diciendo:

21 Hijo de hombre, ᵈhe quebrado el brazo de Faraón rey de Egipto; y he aquí que no ha sido vendado para que pueda sanar, ni le han puesto faja para ligarlo, a fin de fortalecerle para que pueda sostener la espada.

22 Por tanto, así dice Jehová el Señor: Heme aquí contra Faraón rey de Egipto, y quebraré sus brazos, el fuerte y el fracturado, y haré que la espada se le caiga de la mano.

23 Y esparciré a los egipcios entre las naciones, y los dispersaré por las tierras.

24 Y ᵍfortaleceré los brazos del rey de Babilonia, y pondré mi espada en su mano; mas quebraré los brazos de Faraón, y delante de aquél gemirá con gemidos de herido de muerte.

25 Fortaleceré, pues, los brazos del rey de Babilonia, y los brazos de Faraón caerán; y sabrán que yo soy Jehová, cuando yo ponga mi espada en la mano del rey de Babilonia, y él la extendiere contra la tierra de Egipto.

26 Y esparciré a los egipcios entre las naciones, y los dispersaré por las tierras; y sabrán que yo soy Jehová.

CAPÍTULO 31

Y aconteció en el año undécimo, en *el mes* tercero, al primer *día* del mes, *que* vino a mí palabra de Jehová, diciendo:

2 Hijo de hombre, di a Faraón rey de Egipto, y a su pueblo: ¿A quién te comparaste en tu grandeza?

3 He aquí *era* el asirio cedro en el Líbano, hermoso en ramas, y de ⁿfrondoso ramaje y de grande altura, y su copa estaba entre densas ramas.

4 Las aguas lo hicieron crecer, lo encumbró el abismo; sus ríos corrían alrededor de su pie, y a todos los árboles del campo enviaba sus corrientes.

5 Por tanto, ªse encumbró su altura sobre todos los árboles del campo, y se multiplicaron sus ramas, y a causa de las muchas aguas se alargó su ramaje que había echado.

6 En sus ramas ᶜhacían su nido todas las aves del cielo, y debajo de su ramaje parían todas las bestias del campo, y a su sombra habitaban todas las grandes naciones.

7 Se hizo, pues, hermoso en su grandeza con la extensión de sus ramas; porque su raíz estaba junto a muchas aguas.

8 Los cedros no lo cubrieron en el huerto de Dios; las hayas no fueron semejantes a sus ramas, ni los castaños fueron semejantes a su ramaje; ningún árbol en ᶠel huerto de Dios fue semejante a él en su hermosura.

9 Lo hice hermoso con la multitud de sus ramas; y todos los árboles de Edén, que *estaban* en el huerto de Dios, tuvieron de él envidia.

10 Por tanto, así dice Jehová el Señor: Por cuanto se encumbró en altura, y puso su cumbre entre densas ramas, y ʰsu corazón se elevó con su altura,

11 por eso yo lo he entregado en mano del poderoso de las naciones, que de cierto tratará con él. Yo lo he desechado por su impiedad.

12 Y los extranjeros, ⁱlos violentos de las naciones, le han cortado, y lo han abandonado. Sus ramas caerán sobre los montes y por todos los valles, y por todos los ríos de la tierra será quebrado su ramaje; y se irán de su sombra todos los pueblos de la tierra, y lo dejarán.

13 Sobre sus ruinas habitarán todas ᵐlas aves del cielo, y sobre sus ramas estarán todas las bestias del campo,

14 para que no se exalten en su altura todos los árboles que están junto a las aguas, ni levanten su cumbre entre las espesuras, ni en sus ramas se paren por su altura todos los que beben aguas; porque todos son entregados a muerte, a la parte más baja de la tierra, en medio de los hijos de los hombres, con los que descienden a la fosa.

15 Así dice Jehová el Señor: El día que descendió a la sepultura, hice hacer luto, hice cubrir por él el abismo, y detuve sus ríos, y las muchas aguas fueron detenidas; y al Líbano cubrí de tinieblas por él, y todos los árboles del campo desmayaron por él.

16 Del estruendo de ᵇsu caída hice temblar a las naciones, cuando les hice descender al infierno con los que descienden a la fosa; y ᵈtodos los árboles del Edén, los escogidos y mejores del Líbano, todos los que beben aguas, ᵉfueron consolados en las partes más bajas de la tierra.

17 También ellos descendieron con él al infierno, con los muertos a espada, *los que fueron* su brazo, los *que* habitaron a su sombra en medio de las naciones.

18 ¿A quién te has comparado así en gloria y en grandeza entre los árboles del Edén? Pues derribado serás con los árboles del Edén a la parte más baja de la tierra; ᵍentre los incircuncisos yacerás, con los muertos a espada. Éste *es* Faraón y toda su multitud, dice Jehová el Señor.

CAPÍTULO 32

Y aconteció en el año duodécimo, en el mes duodécimo, al primer *día* del mes, *que* vino a mí palabra de Jehová, diciendo:

2 Hijo de hombre, levanta endechas sobre Faraón, rey de Egipto, y dile: ʲA leoncillo de las naciones eres semejante, y *eres* como ᵏla ballena en los mares; y sales con tus ríos, y enturbias las aguas con tus pies y ensucias sus riberas.

3 Así dice Jehová el Señor: Yo ˡextenderé sobre ti mi red en compañía de muchos pueblos, y te harán subir en mi red.

4 Y ⁿte dejaré en tierra, te arrojaré sobre la faz del campo, ᵒy haré posar sobre ti a todas las aves del cielo, y saciaré de ti a las bestias de toda la tierra.

5 Y pondré tus carnes ᵖsobre los montes, y llenaré los valles de tus cadáveres.

6 Y regaré con tu sangre la tierra donde nadas, hasta los montes; y los ríos se llenarán de ti.

7 Y cuando te haya extinguido, cubriré ᑫlos cielos, y haré entenebrecer sus estrellas; el sol cubriré

Endecha sobre Faraón — EZEQUIEL 32

con nublado, y la luna no hará resplandecer su luz.

8 Haré entenebrecer todas las lumbreras del cielo por ti, y pondré tinieblas sobre tu tierra, dice Jehová el Señor.

9 Y entristeceré el corazón de muchos pueblos, cuando traiga tu destrucción entre las naciones, por las tierras que no conociste.ᵃ

10 Y dejaré atónitos sobre ti a muchos pueblos, ᵇy sus reyes tendrán horror grande a causa de ti, cuando haga resplandecer mi espada delante de sus rostros, y ᶜtodos se sobresaltarán en sus ánimos a *cada* momento en el día de tu caída.

11 Porque ᵉasí dice Jehová el Señor: La espada del rey de Babilonia vendrá sobre ti.

12 Con las espadas de los fuertes haré caer tu multitud; los terribles de las naciones, todos ellos; y destruirán la soberbia de Egipto, y toda su multitud será deshecha.

13 Todas sus bestias destruiré de sobre las muchas aguas; ni más las enturbiará pie de hombre, ni pezuña de bestias las enturbiará.

14 Entonces haré asentarse sus aguas, y haré que sus ríos corran como aceite, dice Jehová el Señor.

15 Cuando asuele la tierra de Egipto, y la tierra fuere despojada de su plenitud, cuando hiera a todos los que en ella moran, entonces ᵍsabrán que yo soy Jehová.

16 Ésta *es* la endecha, y la cantarán; las hijas de las naciones la cantarán: endecharán sobre Egipto, y sobre toda su multitud, dice Jehová el Señor.

17 Y aconteció en el año duodécimo, a los quince del mes, *que* vino a mí palabra de Jehová, diciendo:

18 Hijo de hombre, endecha sobre la multitud de Egipto, y despéñalo a él, y a las hijas de las naciones poderosas, a las partes más bajas de la tierra, con los que descienden a la fosa.

19 ʲ¿A quién superas en hermosura? Desciende, y yace con ᵏlos incircuncisos.

20 Entre los muertos a espada caerán: a la espada es entregado: traedlo a él y a todos sus pueblos.

21 De en medio del infierno ᵐhablarán a él los fuertes de entre los poderosos, con los que le ayudaron, que descendieron y yacen con los incircuncisos muertos a espada.

22 Allí *está* Asiria con toda su gente; en derredor de él *están* sus sepulcros; todos ellos cayeron muertos a espada.

23 Sus sepulcros fueron ᵃpuestos a los lados de la fosa, y su gente está por los alrededores de su sepulcro; todos ellos cayeron muertos a espada, los cuales causaron terror en la tierra de los vivientes.

24 Allí *está* ᵈElam, y toda su multitud por los alrededores de su sepulcro; todos ellos cayeron muertos a espada, los cuales descendieron incircuncisos a las partes más bajas de la tierra, porque causaron terror en la tierra de los vivientes, mas llevaron su confusión con los que descienden a la fosa.

25 En medio de los muertos le pusieron cama con toda su multitud; a sus alrededores *están* sus sepulcros; todos ellos incircuncisos, muertos a espada, porque causaron terror en la tierra de los vivientes, mas llevaron su confusión con los que descienden a la fosa; él fue puesto en medio de los muertos.

26 Allí *está* ᶠMesec, y Tubal, y toda su multitud; sus sepulcros en sus alrededores; todos ellos incircuncisos muertos a espada, porque habían causado su terror en la tierra de los vivientes.

27 Y no yacerán con ʰlos fuertes *que* cayeron de los incircuncisos, los cuales descendieron al infierno con sus armas de guerra, y pusieron sus espadas debajo de sus cabezas; mas sus pecados estarán sobre sus huesos, porque *fueron* terror de fuertes en la tierra de los vivientes.

28 Tú, pues, serás destruido entre los incircuncisos, y yacerás con los muertos a espada.

29 Allí *está* ⁱIdumea, sus reyes y todos sus príncipes, los cuales con su poderío fueron puestos con los muertos a espada; ellos yacerán con los incircuncisos, y con los que descienden a la fosa.

30 Allí *están* los príncipes del norte, todos ellos, y todos los de ˡSidón, que con su terror descendieron con los

---

a Is 14:15
b cp 27:35
c cp 26:16
d Jer 49:34
e Jer 46:26
f cp 27:13
g Éx 7:5
h Is 14:18-19
i cp 25:12
j Mt 24:29
k cp 28:10
l cp 28:21
m Is 14:9-10

muertos, avergonzados de su poderío, yacen también incircuncisos con los muertos a espada, y llevaron su confusión con los que descienden a la fosa.

31 A éstos verá Faraón, y ªse consolará sobre toda su multitud; Faraón muerto a espada, y todo su ejército, dice Jehová el Señor.

32 Porque yo puse mi terror en la tierra de los vivientes, también yacerá entre los incircuncisos con los muertos a espada, Faraón y toda su multitud, dice Jehová el Señor.

CAPÍTULO 33

Y vino a mí palabra de Jehová, diciendo:

2 Hijo de hombre, habla a ᵉlos hijos de tu pueblo, y diles: ᶠCuando trajere yo espada sobre la tierra, y el pueblo de la tierra tomare un hombre de sus términos, y lo pusiere por atalaya;

3 y él viere venir la espada sobre la tierra, y tocare trompeta, y avisare al pueblo;

4 cualquiera que oyere ʰel sonido de la trompeta, y no se apercibiere, y viniendo la espada lo tomare, su sangre será sobre su cabeza.

5 El sonido de la trompeta oyó, y no se apercibió; su sangre será sobre él; mas el que se apercibiere, librará su vida.

6 Pero si el atalaya viere venir la espada, y no tocare la trompeta, y el pueblo no se apercibiere, y viniendo la espada, tomare de él a alguno; por causa de su pecado fue tomado, pero ᵐdemandaré su sangre de mano del atalaya.

7 A ti, pues, hijo de hombre, ᵒte he puesto por atalaya a la casa de Israel, y oirás la palabra de mi boca, y los amonestarás de mi parte.

8 Cuando yo dijere al impío: Impío, de cierto morirás; si tú no hablares para que se guarde el impío de su camino, el impío morirá por su pecado, pero su sangre yo la demandaré de tu mano.

9 Y ᵠsi tú avisares al impío de su camino para que de él se aparte, y él no se apartare de su camino, él morirá por su pecado, pero tú libraste tu alma.

a cp 31:16

b cp 18:23
2 Sm 14:14

c cp 18:31

d cp 18:24

e Os 4:4
f cp 14:17

g cp 3:18
y 18:27
h Is 58:1
Jer 6:17
Am 3:6

i cp 18:7
j Éx 22:1-7
Lv 6:2-5
Nm 5:6-7

k Lv 18:5
l cp 18:22

m cp 3:18
n cp 18:26
o Jer 1:18

p cp 18:30

q cp 3:19
r cp 1:2
s 2 Re 25:2-11
Jer 39:2 y 52:5

Su sangre demandaré de tu mano

10 Tú, pues, hijo de hombre, di a la casa de Israel: Vosotros habéis hablado así, diciendo: Nuestras transgresiones y nuestros pecados *están* sobre nosotros, y a causa de ellos somos consumidos: ¿cómo, pues, viviremos?

11 Diles: Vivo yo, dice Jehová el Señor, que ᵇno me complazco en la muerte del impío, sino en que se vuelva el impío de su camino, y que viva. Volveos, volveos de vuestros caminos; ᶜ¿por qué moriréis, oh casa de Israel?

12 Y tú, hijo de hombre, di a los hijos de tu pueblo: ᵈLa justicia del justo no lo librará el día que se rebelare; y la impiedad del impío no le será estorbo el día que se volviere de su impiedad; y el justo no podrá vivir por su *justicia* el día que pecare.

13 Diciendo yo al justo: De cierto vivirás, y él confiado en su justicia hiciere iniquidad, todas sus justicias no serán recordadas, sino que morirá por su iniquidad que hizo.

14 Y ᵍdiciendo yo al impío: De cierto morirás; si él se volviere de su pecado, e hiciere juicio y justicia,

15 *si* el impío ⁱrestituyere la prenda, ʲdevolviere lo que hubiere robado, caminare en los estatutos de ᵏla vida, no haciendo iniquidad, vivirá ciertamente y no morirá.

16 No se le recordará ˡninguno de sus pecados que había cometido; hizo según el derecho y la justicia; vivirá ciertamente.

17 Luego dirán los hijos de tu pueblo: No es recto el camino del Señor. ¡El camino de ellos es el que no es recto!

18 Cuando el justo ⁿse apartare de su justicia, e hiciere iniquidad, morirá por ello.

19 Y cuando el impío se apartare de su impiedad, e hiciere según el derecho y la justicia, vivirá por ello.

20 Y dijisteis: No es recto el camino del Señor. ᵖYo os juzgaré, oh casa de Israel, a cada uno conforme a sus caminos.

21 Aconteció en el año duodécimo de ʳnuestro cautiverio, en *el mes* décimo, a los cinco del mes, *que* vino a mí uno que había escapado de Jerusalén, diciendo: ˢLa ciudad ha sido herida.

Profecía contra malos pastores

22 Y ªla mano de Jehová había sido sobre mí la tarde antes que viniese el que había escapado, y había abierto mi boca, hasta que vino a mí por la mañana; y abrió mi boca, y ᵈya no más estuve callado.

23 Y vino a mí palabra de Jehová, diciendo:

24 Hijo de hombre, los que habitan aquellos ᶠdesiertos en la tierra de Israel, hablan diciendo: Abraham era uno, y poseyó la tierra; pues nosotros *somos* muchos; a nosotros es dada la tierra en posesión.

25 Por tanto, diles: Así dice Jehová el Señor: ᵍ¿Coméis con sangre, y a vuestros ídolos alzáis vuestros ojos, y sangre derramáis, y poseeréis vosotros la tierra?

26 Estáis sobre vuestras espadas, hacéis abominación y contamináis cada cual a la esposa de su prójimo, ¿y habréis de poseer la tierra?

27 Les dirás así: Así dice Jehová el Señor: Vivo yo, que los que *están* en aquellos asolamientos caerán a espada, y al que *está* sobre la faz del campo entregaré a las fieras para que lo devoren; y los que *están* en las fortalezas y en las cuevas, de pestilencia morirán.

28 Y pondré la tierra en desierto y en soledad, y cesará la soberbia de su fortaleza; y los montes de Israel serán asolados, que no habrá quien pase.

29 Y sabrán que yo soy Jehová, cuando pusiere la tierra en soledad y desierto, por todas las abominaciones que han hecho.

30 Y tú, hijo de hombre, los hijos de tu pueblo se mofan de ti junto a las paredes y a las puertas de las casas, y ʲhabla el uno con el otro, cada uno con su hermano, diciendo: Venid ahora, y oíd qué palabra viene de Jehová.

31 Y vendrán a ti como viene el pueblo, y estarán delante de ti *como* mi pueblo, y oirán tus palabras, y no las pondrán por obra; porque ˡcon su boca muestran mucho amor, *pero* ⁿsu corazón va en pos de su avaricia.

32 Y he aquí que tú *eres* a ellos como cantor de amores, agradable de voz y que toca bien un instrumento; y oyen tus palabras, pero no las ponen por obra.

33 Pero cuando esto sucediere ᵇ(he aquí, viene) ᶜsabrán que hubo profeta entre ellos.

CAPÍTULO 34

Y vino a mí palabra de Jehová, diciendo:

2 Hijo de hombre, ᵉprofetiza contra los pastores de Israel; profetiza, y diles a los pastores: Así dice Jehová el Señor: ¡Ay de los pastores de Israel, que se apacientan a sí mismos! ¿No deben los pastores apacentar los rebaños?

3 Coméis la grosura, y os vestís de la lana; la engordada degolláis, *pero* no apacentáis las ovejas.

4 No fortalecisteis las débiles, ni curasteis la enferma; no vendasteis la perniquebrada, no hicisteis volver la descarriada, ni buscasteis la perdida; sino que ʰos habéis enseñoreado de ellas con dureza y con violencia;

5 Y ellas fueron dispersadas por falta de pastor; y fueron para ser comidas de toda bestia del campo, y fueron dispersadas.

6 Y anduvieron perdidas mis ovejas por todos los montes, y en todo collado alto; y por toda la faz de la tierra fueron dispersadas mis ovejas, y no hubo quien las buscase ni preguntase *por ellas*.

7 Por tanto, pastores, oíd palabra de Jehová:

8 Vivo yo, dice Jehová el Señor, que por cuanto mi rebaño ha venido a ser por presa, y por falta de pastor mis ovejas han venido a ser por comida a todas las fieras del campo; y mis pastores no buscaron mis ovejas, sino que ⁱlos pastores se apacentaron a sí mismos, y no apacentaron mis ovejas;

9 Por tanto, oh pastores, oíd palabra de Jehová:

10 Así dice Jehová el Señor: He aquí, yo *estoy* contra los pastores; y ᵏrequeriré mis ovejas de su mano, y les haré dejar de apacentar las ovejas; ᵐni los pastores se apacentarán más a sí mismos; pues yo libraré mis ovejas de sus bocas, y no les serán más por comida.

11 Porque así dice Jehová el Señor: He aquí, yo mismo iré a buscar mis ovejas, y las reconoceré.

EZEQUIEL 35

12 Como reconoce su rebaño el pastor el día que está en medio de sus ovejas esparcidas, así reconoceré mis ovejas, y las libraré de todos los lugares en que fueron esparcidas ᵈel día del nublado y de la oscuridad.

13 Y yo las sacaré de los pueblos, y las juntaré de las tierras; y las traeré a su propia tierra, y las apacentaré en los montes de Israel por las riberas, y en todos los lugares habitados del país.

14 En buenos pastos ᵉlas apacentaré, y *en* los altos montes de Israel estará su aprisco; ᶠallí dormirán en buen redil, y en delicados pastos serán apacentadas sobre los montes de Israel.

15 Yo apacentaré mis ovejas, y yo les haré descansar, dice Jehová el Señor.

16 Yo buscaré la perdida, y ᵍharé volver la descarriada, y vendaré la perniquebrada, y fortaleceré a la enferma. Mas destruiré a la engordada y a la fuerte. Yo ʲlas apacentaré con justicia.

17 Mas vosotras, ovejas mías, así dice Jehová el Señor: He aquí yo juzgo ᵏentre oveja y oveja, entre carneros y machos cabríos.

18 ¿*Os* es poco que comáis los buenos pastos, sino que holláis con vuestros pies lo que de vuestros pastos queda; y que después de beber ˡlas aguas profundas, ᵐenturbiáis además con vuestros pies las que quedan?

19 Y mis ovejas comen lo hollado de vuestros pies, y beben lo que con vuestros pies habéis enturbiado.

20 Por tanto, así les dice Jehová el Señor: He aquí, yo, yo juzgaré entre la oveja engordada y la oveja flaca,

21 por cuanto empujasteis con el costado y con el hombro, y acorneasteis con vuestros cuernos a todas las débiles, hasta que las esparcisteis lejos.

22 Yo salvaré a mis ovejas, y nunca más serán por rapiña; y juzgaré entre oveja y oveja.

23 Y levantaré sobre ellas a ᑫun pastor, y él las apacentará; a ʳmi siervo David; él las apacentará, y le será su pastor.

24 ˢYo Jehová seré su Dios, y mi

---

a cp 37:22
y 44:3
b cp 37:26
c Lv 26:6
Is 11:6-9
y 35:9
Os 2:18
d cp 30:3
Jl 2:2

e Sal 23:2

f Jer 33:12

g Mi 4:6
Mt 18:11
h Is 60:21
y 61:3
i cp 36:6
j Is 10:16
Am 4:1

k Mt 25:32

l cp 32:14
m cp 32:2

n Gn 32:3
Dt 2:1-5
Is 21:11
o Jer 49:7-8
Jl 3:19
Am 1:11
Abd 1:21

p ver 17

q Jer 23:4-5
Jn 10:11
r Jer 30:9

s Éx 29:45

Profecía contra Seir

siervo David *será* ᵃpríncipe en medio de ellos. Yo Jehová he hablado.

25 Y ᵇestableceré con ellos pacto de paz, y ᶜharé cesar de la tierra las malas bestias; y habitarán en el desierto seguramente, y dormirán en los bosques.

26 Y daré bendición a ellas y a los alrededores de mi collado; y haré descender la lluvia en su tiempo, lluvias de bendición serán.

27 Y el árbol del campo dará su fruto, y la tierra dará su fruto, y estarán a salvo sobre su tierra; y sabrán que yo soy Jehová, cuando yo haya quebrado las coyundas de su yugo, y los haya librado de mano de los que se sirven de ellos.

28 Y no serán más por presa a las naciones, ni las fieras de la tierra las devorarán; sino que habitarán seguros, y no habrá quien *los* espante.

29 Y levantaré para ellos ʰuna planta de renombre, y no serán ya más consumidos de hambre en la tierra, ⁱni ya más serán avergonzados por las naciones.

30 Y sabrán que yo Jehová su Dios *soy* con ellos, y ellos *son* mi pueblo, la casa de Israel, dice Jehová el Señor.

31 Y vosotras, ovejas mías, ovejas de mi prado, hombres *sois*, y yo vuestro Dios, dice Jehová el Señor.

CAPÍTULO 35

Y vino a mí palabra de Jehová, diciendo:

2 Hijo de hombre, pon tu rostro hacia ⁿel monte de Seir, y ᵒprofetiza contra él,

3 y dile: Así dice Jehová el Señor: He aquí yo *estoy* contra ti, oh monte de Seir, y extenderé mi mano contra ti, y te convertiré en desolación y en soledad.

4 A tus ciudades asolaré, y tú serás asolado; y sabrás que yo soy Jehová.

5 ᵖPor cuanto tuviste enemistad perpetua, y derramaste *la sangre de* los hijos de Israel con el poder de la espada en el tiempo de su aflicción, en el tiempo extremadamente malo;

6 por tanto, vivo yo, dice Jehová el Señor, que a sangre te destinaré, y sangre te perseguirá; y porque la sangre no aborreciste, sangre te perseguirá.

Profecía a favor de Israel

7 Y convertiré al monte de Seir en desolación y en soledad, y cortaré de él al que pasa y al que vuelve.

8 Y llenaré sus montes de sus muertos; en tus collados y en tus valles, y en todos tus arroyos ellos caerán muertos a espada.

9 Yo te pondré en asolamientos perpetuos, y tus ciudades nunca más se restaurarán; y ᶜsabréis que yo soy Jehová.

10 Por cuanto dijiste: Estas dos naciones y estas dos tierras serán mías, y las poseeremos, aunque Jehová esté allí.

11 Por tanto, vivo yo, dice Jehová el Señor, yo haré conforme a tu ira, y conforme a tu celo con que procediste, a causa de tus enemistades con ellos; y seré conocido en ellos, cuando te haya juzgado.

12 Y sabrás que yo Jehová he oído todas tus injurias que proferiste contra los montes de Israel, diciendo: Destruidos son, nos han sido dados para que los devoremos.

13 Y ᵈos engrandecisteis contra mí con vuestra boca, y multiplicasteis contra mí vuestras palabras. Yo lo oí.

14 Así dice Jehová el Señor: Para que se alegre toda la tierra, yo te haré una desolación.

15 Como te alegraste sobre la heredad de la casa de Israel, porque fue asolada, así te haré a ti; asolado será el monte de Seir, y toda Idumea, toda ella; y sabrán que yo soy Jehová.

CAPÍTULO 36

Y tú, hijo de hombre, ʰprofetiza a los montes de Israel, y di: Montes de Israel, oíd palabra de Jehová:

2 Así dice Jehová el Señor: Por cuanto ⁱel enemigo dijo sobre vosotros: ¡Ea! ʲtambién las alturas perpetuas nos han sido dadas por heredad.

3 Profetiza por tanto, y di: Así dice Jehová el Señor: Por cuanto os desolaron y os tragaron de todas partes, para que fueseis heredad a las otras naciones, y ˡse os ha hecho caer en boca de habladores, y *ser* el oprobio de los pueblos,

4 por tanto, montes de Israel, oíd palabra de Jehová el Señor: Así dice

a Sal 44:13
b Dt 4:24
c cp 6:7 7:4 y 36:11
d 1 Sm 2:13 Ap 13:6
e Is 56:1
f Is 61:4
g cp 16:55
h cp 6:2
i cp 35:5
j Dt 32:13
k Jer 15:7
l Dt 28:37 Lm 2:15-16

Jehová el Señor a los montes y a los collados, a los arroyos y a los valles, a las ruinas y asolamientos, y a las ciudades desamparadas, que fueron puestas por presa y ᵃescarnio al resto de las naciones alrededor;

5 por eso, así dice Jehová el Señor: ᵇHe hablado por cierto en el fuego de mi celo contra las demás naciones, y contra toda Idumea, que se adjudicaron mi tierra por heredad con alegría de todo corazón, con enconamiento de ánimo, para arrojarla por presa.

6 Por tanto, profetiza acerca de la tierra de Israel, y di a los montes y a los collados, y a los arroyos y a los valles: Así dice Jehová el Señor: He aquí, en mi celo y en mi furor he hablado, porque habéis llevado el oprobio de las naciones.

7 Por lo cual así dice Jehová el Señor: Yo he alzado mi mano, he jurado que las naciones que *están* a vuestro alrededor han de llevar su afrenta.

8 Mas vosotros, oh montes de Israel, daréis vuestras ramas, y llevaréis vuestro fruto a mi pueblo Israel; porque ᵉcerca están para venir.

9 Porque he aquí, yo *estoy* por vosotros, y a vosotros me volveré, y seréis labrados y sembrados.

10 Y haré multiplicar sobre vosotros hombres, a toda la casa de Israel, toda ella; y las ciudades serán habitadas, y ᶠlas ruinas serán edificadas.

11 Y multiplicaré sobre vosotros hombres y bestias, y serán multiplicados y crecerán; y os haré morar ᵍcomo solíais antiguamente, y os haré mayor bien que en vuestros principios; y sabréis que yo soy Jehová.

12 Y haré andar hombres sobre vosotros, a mi pueblo Israel; y te poseerán, y les serás por heredad, y nunca más les privarás *de varones*.

13 Así dice Jehová el Señor: Por cuanto dicen de vosotros: Comedora de hombres, y ᵏmatadora de los hijos de tu nación has sido;

14 por tanto, ya no devorarás hombres, y nunca más privarás de hijos a tu nación, dice Jehová el Señor.

15 Y nunca más te haré oír injuria de naciones, ni más llevarás el oprobio

de pueblos, ni harás más morir a los hijos de tu nación, dice Jehová el Señor.

16 Y vino a mí palabra de Jehová, diciendo:

17 Hijo de hombre, morando en su tierra la casa de Israel, ᵇla contaminaron con sus caminos y con sus obras; ᶜcomo inmundicia de menstruosa fue su camino delante de mí.

18 Y derramé mi ira sobre ellos por la sangre que derramaron sobre la tierra; porque con sus ídolos la contaminaron.

19 Y los esparcí por las naciones, y fueron dispersados por las tierras; conforme a sus caminos y conforme a sus obras los juzgué.

20 Y entrados a las naciones a donde fueron, ᵍprofanaron mi santo nombre, diciéndose de ellos: Éstos *son* el pueblo de Jehová, y de la tierra de Él han salido.

21 Pero he tenido compasión ʰpor causa de mi santo nombre, el cual profanó la casa de Israel entre las naciones adonde fueron.

22 Por tanto, di a la casa de Israel: Así dice Jehová el Señor: ⁱNo lo hago por vosotros, oh casa de Israel, sino ʲpor causa de mi santo nombre, el cual profanasteis vosotros entre las naciones adonde habéis llegado.

23 Y santificaré mi grande nombre, el cual fue profanado entre las naciones, el cual profanasteis vosotros en medio de ellas; y sabrán las naciones que yo soy Jehová, dice Jehová el Señor, cuando yo sea santificado en vosotros delante de sus ojos.

24 Y ᵐyo os tomaré de las naciones, y os reuniré de todas las tierras, y os traeré a vuestro país.

25 Y ⁿrociaré sobre vosotros agua limpia, y seréis limpiados de todas vuestras inmundicias; y de todos vuestros ídolos os limpiaré.

26 Y os daré °corazón nuevo, y pondré espíritu nuevo dentro de vosotros; y ᵖquitaré de vuestra carne el corazón de piedra, y os daré un corazón de carne.

27 Y ᵠpondré dentro de vosotros mi Espíritu, y haré que andéis en mis mandamientos, y guardéis mis decretos y los pongáis por obra.

a Lv 26:12

b Lv 18:25
c cp 22:10

d cp 16:61
e cp 6:9

f ver 2

g Is 52:5
  Rm 2:24

h cp 29:9

i Dt 9:5

j Sal 106:8
  Is 43:25
  y 48:11

k cp 28:13

l Sal 126:2

m cp 17:24

n Is 52:15

o cp 18:31
  Jer 31:33
p cp 11:19

q cp 37:14
  Jl 2:28
r cp 1:3

28 Y habitaréis en la tierra que di a vuestros padres; y ᵃvosotros seréis mi pueblo, y yo seré vuestro Dios.

29 Y os libraré de todas vuestras inmundicias; y llamaré al trigo, y lo multiplicaré, y no os daré hambre.

30 Multiplicaré asimismo el fruto de los árboles, y el fruto de los campos, para que nunca más recibáis oprobio de hambre entre las naciones.

31 Y ᵈos acordaréis de vuestros malos caminos, y de vuestras obras que no *fueron* buenas; y ᵉos avergonzaréis de vosotros mismos por vuestras iniquidades, y por vuestras abominaciones.

32 ᶠNo lo hago por vosotros, dice Jehová el Señor, sabedlo bien. Avergonzaos y confundíos de vuestros caminos, casa de Israel.

33 Así dice Jehová el Señor: El día que os limpie de todas vuestras iniquidades, haré también que habitéis las ciudades, y las ruinas serán edificadas.

34 Y la tierra asolada será labrada, en lugar de haber permanecido asolada a la vista de todos los que pasaron.

35 Y dirán: Esta tierra que estaba asolada ha venido a ser como el ᵏhuerto del Edén; y las ciudades que estaban desiertas y asoladas y arruinadas, *están* fortificadas y habitadas.

36 Y ˡlas naciones que queden en vuestros alrededores, sabrán que yo Jehová reedifiqué lo que estaba derribado, y planté lo que estaba asolado. Yo Jehová he hablado, y lo haré.

37 Así dice Jehová el Señor: Aún seré consultado por la casa de Israel, para hacerles esto; los multiplicaré con hombres como un rebaño.

38 Como las ovejas consagradas, como las ovejas de Jerusalén en sus fiestas solemnes, así las ciudades desiertas serán llenas de rebaños de hombres; y sabrán que yo soy Jehová.

CAPÍTULO 37

Y ʳla mano de Jehová vino sobre mí, y me llevó en el Espíritu de Jehová, y me puso en medio de un campo que *estaba* lleno de huesos.

Pacto de paz, pacto perpetuo

2 Y me hizo pasar cerca de ellos por todo alrededor: y he aquí *que eran* muchísimos sobre la faz del campo, y por cierto secos en gran manera.

3 Y me dijo: Hijo de hombre, ¿vivirán estos huesos? Y dije: Señor Jehová, ᶠtú lo sabes.

4 Me dijo entonces: Profetiza sobre estos huesos, y diles: Huesos secos, oíd palabra de Jehová.

5 Así dice Jehová el Señor a estos huesos: He aquí, ʰyo hago entrar ⁱespíritu en vosotros, y viviréis.

6 Y pondré tendones sobre vosotros, y haré subir sobre vosotros carne, y os cubriré de piel, y pondré en vosotros espíritu, y viviréis; y sabréis que yo soy Jehová.

7 Profeticé, pues, como me fue mandado; y hubo un ruido mientras yo profetizaba, y he aquí un temblor, y los huesos se juntaron cada hueso a su hueso.

8 Y miré, y he aquí tendones sobre ellos, y la carne subió, y la piel cubrió por encima de ellos; pero no *había* en ellos espíritu.

9 Y me dijo: Profetiza al espíritu, profetiza, hijo de hombre, y di al espíritu: Así dice Jehová el Señor: Espíritu, ven de ⁿlos cuatro vientos, y sopla sobre estos muertos, y vivirán.

10 Y profeticé como me había mandado, y ᵒentró espíritu en ellos, y vivieron, y estuvieron sobre sus pies, un ejército grande en extremo.

11 Me dijo luego: Hijo de hombre, todos estos huesos son la casa de Israel. He aquí, ellos dicen: ʳNuestros huesos se secaron, y ˢpereció nuestra esperanza, y somos del todo talados.

12 Por tanto, profetiza, y diles: Así dice Jehová el Señor: He aquí, yo abro ᵘvuestros sepulcros, pueblo mío, y os haré subir de vuestras sepulturas, y ᵛos traeré a la tierra de Israel.

13 Y sabréis que yo soy Jehová, cuando abriere vuestros sepulcros, y os sacare de vuestras sepulturas, pueblo mío.

14 Y ᶻpondré mi Espíritu en vosotros, y viviréis, y os haré reposar sobre vuestra tierra; y sabréis que yo Jehová hablé, y *lo* hice, dice Jehová.

15 Y vino a mí palabra de Jehová, diciendo:

EZEQUIEL 37

16 Tú, hijo de hombre, tómate ahora ᵃuna vara, y escribe en ella: ᵇPara Judá, y ᶜ*para* los hijos de Israel sus compañeros. Toma después otra vara, y escribe en ella: ᵈPara José, vara de ᵉEfraín, y *para* toda la casa de Israel sus compañeros.

17 ᵍJúntalos luego el uno con el otro, para que sean uno solo, y serán uno solo en tu mano.

18 Y cuando te hablaren los hijos de tu pueblo, diciendo: ¿No nos enseñarás qué te *propones* con eso?,

19 diles: Así dice Jehová el Señor: He aquí, yo tomo la vara de José que *está* en la mano de Efraín, y a las tribus de Israel sus compañeros, y los pondré con él, con la vara de Judá, y los haré una sola vara, y vendrán a ser uno en mi mano.

20 Y las varas sobre que escribieres, estarán en tu mano ʲdelante de sus ojos.

21 y les dirás: Así dice Jehová el Señor: He aquí, ᵏyo tomo a los hijos de Israel de entre las naciones a las que fueron, y los recogeré de todas partes, y los traeré a su tierra;

22 y ˡlos haré una nación en la tierra, en los montes de Israel; y ᵐun rey será a todos ellos por rey; y nunca más serán dos naciones, ni nunca más serán divididos en dos reinos.

23 No se contaminarán ya más ᵖcon sus ídolos, ni con sus abominaciones, y con ninguna de sus transgresiones; y los salvaré de todas sus habitaciones en las cuales pecaron, y ᵠlos limpiaré; y ellos serán mi pueblo, y yo seré su Dios.

24 Y mi siervo David ᵗ*será* rey sobre ellos, y todos ellos tendrán un pastor. Andarán en mis decretos y guardarán mis estatutos y los pondrán por obra.

25 Y habitarán en la tierra que di a mi siervo Jacob, en la cual habitaron vuestros padres, en ella habitarán ellos, y sus hijos, y los hijos de sus hijos ˣpara siempre; y ʸmi siervo David les *será* príncipe para siempre.

26 Y haré con ellos pacto de paz, pacto perpetuo será con ellos; y los estableceré, y los multiplicaré, y ᵃpondré mi santuario en medio de ellos para siempre.

27 Y estará en ellos mi tabernáculo, y yo seré su Dios, y ellos serán mi pueblo.

---

a Nm 17:2
b Zac 10:6
c 2 Cr 11:12
d 1 Cr 5:1
e Gn 48:13
Os 5:3-5
f Dt 32:39
Jn 5:25
2 Co 1:9
g Is 11:13
h Sal 104:30
i Gn 2:7

j Nm 12:3

k Os 11:11

l Jer 50:4
m cp 34:24
n Dn 7:2
y 11:4
Ap 7:1

o Ap 11:11
p cp 36:25

q cp 36:29
r Sal 102:3
s Is 49:14
t cp 34:26

u Is 26:19
Os 13:14
v cp 36:24

x Is 60:21
Jl 3:20
y Jn 12:34
z cp 36:27

a Jl 2:27
Jn 1:14
2 Co 6:16

EZEQUIEL 38 — Profecía contra Gog

28 Y sabrán las naciones ªque yo Jehová ᵇsantifico a Israel, estando mi santuario en medio de ellos para siempre.

a cp 36:23
b cp 20:12

CAPÍTULO 38

Y vino a mí palabra de Jehová, diciendo:

2 Hijo de hombre, pon tu rostro contra Gog en tierra de Magog, príncipe de la cabecera de Mesec y Tubal, y profetiza contra él.

3 Y di: Así dice Jehová el Señor: He aquí, yo *estoy* contra ti, oh Gog, príncipe de la cabecera de Mesec y Tubal.

4 Y yo te quebrantaré, y ᶜpondré anzuelos en tus quijadas, y te sacaré a ti, y a todo tu ejército, caballos y jinetes, todos ellos vestidos de toda *armadura*, gran multitud *con* pavés y escudo, todos ellos empuñando espada.

c cp 29:4

5 ᵈPersia, y Etiopía, y Libia con ellos; todos ellos con escudo y yelmo;

d cp 27:10

6 ᵉGomer, y todas sus tropas; la casa de Togarma, a los lados del norte, y todas sus tropas; muchos pueblos contigo.

e Gn 10:2-3

7 Prepárate y apercíbete, tú, y toda tu multitud que se ha reunido a ti, y sé tú su guarda.

8 ᶠDe aquí a muchos días serás visitado; al cabo de años vendrás a la tierra salvada de la espada, ᵍrecogida de muchos pueblos, a los montes de Israel, que siempre fueron una desolación; pero fue sacada de las naciones, y todos ellos morarán confiadamente.

f Is 24:2
g cp 34:13

9 Y subirás tú, vendrás ʰcomo tempestad; como nublado para cubrir la tierra serás tú y todas tus tropas, y muchos pueblos contigo.

h Is 28:2

10 Así dice Jehová el Señor: Y será en aquel día, *que* subirán palabras en tu corazón, y concebirás mal pensamiento;

11 y dirás: Subiré contra tierra de aldeas indefensas, iré contra gentes tranquilas, que habitan confiadamente; todos ellos habitan sin muros, y no tienen cerrojos ni puertas;

12 ⁱpara arrebatar despojos y para tomar presa; para poner tu mano sobre las tierras desiertas ya pobladas, y sobre el pueblo recogido de entre las naciones, que ha adquirido ganados y posesiones, que habita en medio de la tierra.

i cp 29:19

13 Seba, y Dedán, y los mercaderes de Tarsis, y todos sus leoncillos, te dirán: ¿Has venido a arrebatar despojos? ¿Has reunido tu multitud para tomar presa, para quitar plata y oro, para tomar ganados y posesiones, para tomar grandes despojos?

14 Por tanto profetiza, hijo de hombre, y di a Gog: Así dice Jehová el Señor: En aquel tiempo, cuando mi pueblo Israel habite seguramente, ¿no *lo* sabrás tú?

15 Y vendrás de tu lugar, de las partes del norte, tú y muchos pueblos contigo, todos ellos a caballo, gran multitud y poderoso ejército:

16 Y subirás contra mi pueblo Israel como nublado para cubrir la tierra; será al cabo de los días; y te traeré sobre mi tierra, para que las naciones me conozcan, cuando yo sea santificado en ti, oh Gog, delante de sus ojos.

17 Así dice Jehová el Señor: ¿No eres tú aquél de quien hablé yo en tiempos pasados por mis siervos los profetas de Israel, los cuales profetizaron en aquellos tiempos que yo te había de traer sobre ellos?

18 Y será en aquel tiempo, cuando vendrá Gog contra la tierra de Israel, dice Jehová el Señor, *que* subirá mi ira en mi enojo.

19 Porque he hablado en mi celo, y en el fuego de mi ira: Que en aquel tiempo habrá gran temblor sobre la tierra de Israel;

20 que los peces del mar, y las aves del cielo, y las bestias del campo, y todo reptil que se arrastra sobre la tierra, y todos los hombres que *están* sobre la faz de la tierra, temblarán a mi presencia; y se arruinarán los montes, y los vallados caerán, y todo muro caerá a tierra.

21 Y en todos mis montes llamaré contra él espada, dice Jehová el Señor; la espada de cada cual será contra su hermano.

22 Y yo haré juicio contra él con pestilencia y con sangre; y haré llover sobre él, sobre sus tropas, y sobre los muchos pueblos que *están* con él,

Ensalzamiento de Israel

impetuosa lluvia, y piedras de granizo, fuego y azufre.

23 Y seré engrandecido y santificado, y seré conocido en ojos de muchas naciones; y sabrán que yo soy Jehová.

CAPÍTULO 39

Tú, pues, hijo de hombre, profetiza ᵇcontra Gog, y di: Así dice Jehová el Señor: He aquí yo contra ti, oh Gog, príncipe de la cabecera de Mesec y Tubal:

2 Y te quebrantaré, y dejaré de ti sólo la sexta parte, y te haré subir de las partes del norte, y te traeré sobre los montes de Israel;

3 y romperé tu arco de tu mano izquierda, y derribaré tus saetas de tu mano derecha.

4 Sobre los montes de Israel caerás tú, y todas tus tropas, y los pueblos que *fueron* contigo; a toda ave de rapiña de toda especie, y *a* las fieras del campo, te daré por comida.

5 Sobre la faz del campo caerás; porque yo he hablado, dice Jehová el Señor.

6 Y ᵈenviaré fuego sobre Magog, y sobre los que moran seguros en las islas; y sabrán que yo soy Jehová.

7 Y haré notorio mi santo nombre en medio de mi pueblo Israel, y nunca más dejaré profanar mi santo nombre; y ᵉsabrán las naciones que yo soy Jehová, el Santo en Israel.

8 He aquí, ha venido, y se ha cumplido, dice Jehová el Señor; éste *es* el día del cual he hablado.

9 Y los moradores de las ciudades de Israel saldrán y ᵍencenderán y quemarán las armas; escudos y paveses, arcos y saetas, dardos de mano y lanzas; y las quemarán en fuego por siete años.

10 Y no traerán leña del campo, ni cortarán de los bosques, sino que quemarán las armas en el fuego; y ʰdespojarán a sus despojadores, y robarán a los que los robaron, dice Jehová el Señor.

11 Y será ⁱen aquel tiempo, *que* yo daré a Gog lugar para sepultura allí en Israel, el valle de los que pasan al oriente del mar, y obstruirá el paso a los transeúntes, pues allí enterrarán a Gog y a toda su

EZEQUIEL 39

multitud; y *lo* llamarán, el valle de Hamón-gog.

12 Y la casa de Israel los estará enterrando por siete meses, ᵃpara limpiar la tierra:

13 Todo el pueblo de la tierra los enterrará; y será célebre para ellos el día que yo sea glorificado, dice Jehová el Señor.

14 Y tomarán hombres a jornal, que vayan por el país con los que viajen, para enterrar a los que queden sobre la faz de la tierra, a fin de limpiarla; al cabo de siete meses harán el reconocimiento.

15 Y pasarán los *que* irán por el país, y el que viere los huesos de algún hombre, pondrá junto a ellos una señal, hasta que los entierren los sepultureros en el valle de Hamón-gog.

16 Y también el nombre de la ciudad *será* Hamona; y limpiarán la tierra.

17 Y tú, hijo de hombre, así dice Jehová el Señor: Di a todas las aves, a toda bestia del campo: ᶜJuntaos, y venid; reuníos de todas partes a mi víctima que sacrifico para vosotros, un sacrificio grande sobre los montes de Israel, y comeréis carne y beberéis sangre.

18 Comeréis carne de poderosos, y beberéis la sangre de príncipes de la tierra; de carneros, de corderos, de machos cabríos, de bueyes, de ᶠtoros, engordados todos de Basán.

19 Y comeréis gordura hasta saciaros y beberéis sangre hasta embriagaros, de mis víctimas que yo sacrifiqué por vosotros.

20 Y os hartaréis sobre mi mesa, de caballos, y de jinetes fuertes, y de todos los hombres de guerra, dice Jehová el Señor.

21 Y pondré mi gloria entre las naciones, y todas las naciones verán mi juicio que habré hecho, y mi mano que sobre ellos puse.

22 Y de aquel día en adelante sabrá la casa de Israel que yo soy Jehová su Dios.

23 Y sabrán las naciones que la casa de Israel fue llevada cautiva por su pecado; por cuanto se rebelaron contra mí, y ʲyo escondí de ellos mi rostro, y ᵏlos entregué en mano de sus enemigos, y cayeron todos a espada.

24 Conforme a su inmundicia y ªconforme a sus rebeliones hice con ellos; y de ellos escondí mi rostro.

25 Por tanto, así dice Jehová el Señor: ᶜAhora volveré la cautividad de Jacob, y tendré misericordia de toda ᵉla casa de Israel, y ᶠme mostraré celoso por mi santo nombre.

26 Y ellos sentirán su vergüenza, y toda su rebelión con que prevaricaron contra mí, cuando habiten seguros en su tierra, sin que nadie *los* espante;

27 cuando los haga volver de los pueblos, y los reúna de las tierras de sus enemigos, y sea santificado en ellos ante los ojos de muchas naciones.

28 Y sabrán que yo soy Jehová su Dios, cuando después de que hice que fuesen llevados en cautiverio entre las naciones, los reúna sobre su tierra, sin dejar allá a ninguno de ellos.

29 ʰNo esconderé más de ellos mi rostro; porque habré ⁱderramado de mi Espíritu sobre la casa de Israel, dice Jehová el Señor.

CAPÍTULO 40

En el año veinticinco de nuestro cautiverio, al principio del año, a los diez del mes, ʲa los catorce años ᵏdespués que la ciudad fue tomada, en aquel mismo día vino sobre mí la mano de Jehová, y me llevó allá.

2 En visiones de Dios me llevó a la tierra de Israel, y me puso sobre un monte muy alto, ˡsobre el cual *había* como la estructura de una ciudad en el sur.

3 Y me llevó allí, y he aquí un varón, cuyo aspecto *era* como aspecto de bronce, y tenía un cordel de lino en su mano, y ⁿuna caña de medir; y él estaba a la puerta.

4 Y me habló aquel varón, diciendo: Hijo de hombre, mira con tus ojos, y oye con tus oídos, y pon tu corazón a todas las cosas que te muestro; pues para que yo te *las* mostrase eres traído aquí. Declara todo lo que ves a la casa de Israel.

5 Y he aquí, un muro fuera de la casa, alrededor; y la caña de medir que aquel varón tenía en la mano,

a cp 36:19
b Ap 21:16

c cp 16:53
d cp 43:1
Ap 7:2
e Jer 30:3
f cp 5:13
g 1 Re 14:28

h Is 54:8
i Jl 2:28

j cp 26:1-2
k cp 33:21

l Ap 21:10

m 1 Re 6:4
n Ap 11:1

o 1 Re 6:30
p cp 41:18
q cp 44:4
Ap 11:2

El varón con el cordel y la caña de medir

era de seis codos, de a codo y palmo menor; y midió ᵇla anchura del edificio de una caña, y la altura, de otra caña.

6 Después vino a la puerta que ᵈdaba hacia el oriente, y subió por sus gradas, y midió el poste de la puerta, de una caña de ancho, y el otro poste de otra caña de ancho.

7 Y *cada* ᵍcámara *tenía* una caña de largo, y una caña de ancho; y entre las cámaras había cinco codos de ancho; y cada poste de la puerta junto a la entrada de la puerta por dentro, una caña.

8 Midió asimismo la entrada de la puerta por dentro, una caña.

9 Midió luego la entrada del portal, de ocho codos, y sus postes de dos codos; y la puerta del portal *estaba* por dentro.

10 Y la puerta que daba hacia el oriente *tenía* tres cámaras a cada lado, las tres de una medida; también de una medida los portales a cada lado.

11 Y midió el ancho de la entrada de la puerta, de diez codos; la longitud del portal de trece codos.

12 Y el espacio de delante de las cámaras, de un codo a un lado, y de otro codo al otro lado; y cada cámara *tenía* seis codos de un lado, y seis codos del otro lado.

13 Y midió la puerta desde el techo de *una* cámara hasta el techo de la otra, veinticinco codos de anchura, puerta contra puerta.

14 E hizo los postes de sesenta codos, cada poste del atrio y del portal por todo alrededor.

15 Y desde el frente de la puerta de la entrada hasta el frente de la entrada de la puerta interior, cincuenta codos.

16 Y había ᵐventanas estrechas en las cámaras, y en sus portales por dentro de la puerta alrededor, y asimismo en los corredores; y las ventanas *estaban* alrededor ᵒpor dentro; y en *cada* poste había ᵖpalmeras.

17 Me llevó luego ᵍal atrio exterior, y he aquí, *había* cámaras, y un enlosado hecho en derredor del atrio; treinta cámaras *había* sobre el enlosado.

18 Y el enlosado a los lados de las puertas, en proporción a la longitud

Restauración del templo

de los portales, *era* el enlosado más bajo.

19 Y midió la anchura desde el frente de la puerta de abajo hasta el frente del atrio interior por fuera, de cien codos hacia el oriente y el norte.

20 Y de la puerta que estaba hacia el norte en el atrio exterior, midió su longitud y su anchura.

21 Y sus cámaras eran tres de un lado, y tres del otro, y sus postes y sus arcos eran como la medida de la puerta primera; cincuenta codos su longitud, y veinticinco su anchura.

22 Y sus ventanas, y sus arcos, y sus palmeras, *eran* conforme a la medida de la puerta que estaba hacia el oriente; y subían a ella por siete gradas; y delante de ellas estaban sus arcos.

23 Y la puerta del atrio interior *estaba* enfrente de la puerta al norte; y así al oriente; y ªmidió de puerta a puerta cien codos.

24 Me llevó después hacia el sur, y he aquí una puerta hacia el sur; y midió sus portales y sus arcos conforme a estas medidas.

25 Y *tenía* sus ventanas y sus arcos alrededor, como las otras ventanas; la longitud era de cincuenta codos, y la anchura de veinticinco codos.

26 Y sus gradas *eran* de siete escalones, con sus arcos delante de ellas; y tenía palmeras, una de un lado, y otra del otro, en sus postes.

27 Y *había* una puerta que daba hacia el sur del atrio interior; y midió de puerta a puerta hacia el sur cien codos.

28 Me metió después en ᶠel atrio de adentro a la puerta del sur, y midió la puerta del sur conforme a estas medidas.

29 Y sus cámaras, y sus postes y sus arcos, eran conforme a estas medidas; y *tenía* sus ventanas y sus arcos alrededor; la longitud *era* de cincuenta codos, y de veinticinco codos la anchura.

30 Y los arcos alrededor *eran* de veinticinco codos de largo, y cinco codos de ancho.

31 Y sus arcos caían afuera al atrio, con palmeras en sus postes; y sus gradas *eran* de ocho escalones.

32 Y me llevó al atrio interior hacia el oriente, y midió la puerta conforme a estas medidas.

33 Y eran sus cámaras, y sus postes, y sus arcos, conforme a estas medidas; y *tenía* sus ventanas y sus arcos alrededor; la longitud *era* de cincuenta codos, y la anchura de veinticinco codos.

34 Y sus arcos caían hacia el atrio exterior, con palmeras en sus postes de un lado y otro; y sus gradas *eran* de ocho escalones.

35 Me llevó luego a la puerta del norte, y midió conforme a estas medidas:

36 Sus cámaras, y sus postes, y sus arcos, y sus ventanas alrededor; la longitud *era* de cincuenta codos, y de veinticinco codos el ancho.

37 Y sus postes caían *hacia* el atrio exterior, con palmeras a cada uno de sus postes de un lado y otro; y sus gradas *eran* de ocho escalones.

38 Y *había* allí una cámara, y su puerta con postes de portales; allí lavaban ᵇel holocausto.

39 Y en la entrada de la puerta *había* dos mesas a un lado, y otras dos al otro, para degollar sobre ellas ᶜel holocausto y ᵈla expiación y ᵉel sacrificio por el pecado.

40 Y por el lado de fuera de las gradas, a la entrada de la puerta del norte, *había* dos mesas; y al otro lado que *estaba* a la entrada de la puerta, dos mesas.

41 Cuatro mesas a un lado, y cuatro mesas al otro lado, junto a la puerta; ocho mesas, sobre las cuales degollaban *los sacrificios*.

42 Y las cuatro mesas para el holocausto *eran* de piedra labrada, de un codo y medio de longitud, y codo y medio de ancho, y de altura de un codo; sobre éstas ponían los instrumentos con que degollaban el holocausto y el sacrificio.

43 Y adentro, ganchos de un palmo menor, dispuestos en derredor; y sobre las mesas la carne de las ofrendas.

44 Y fuera de la puerta interior, en el atrio de adentro que *estaba* al lado de la puerta del norte, ᵍestaban las cámaras de los cantores, las cuales miraban hacia el sur; una estaba al lado de la puerta del oriente que miraba hacia el norte.

a cp 42:2
b cp 46:2

c Lv 1:3-17
d Lv 4:2-3
e Lv 5:6
y 6:6

f cp 8:16

g 1 Cr 6:31

EZEQUIEL 41

Medidas del templo

45 Y me dijo: Esta cámara que mira hacia el sur es de los sacerdotes que tienen ªla guarda del templo.

46 Y la cámara que mira hacia el norte *es* de los sacerdotes que tienen ᵇla guarda del altar; éstos *son* ᶜlos hijos de Sadoc, los cuales son llamados de los hijos de Leví para ministrar a Jehová.

47 Y midió el atrio, cien codos de longitud, y la anchura de cien codos cuadrados; y el altar *estaba* delante de la casa.

48 Y me llevó al pórtico del templo, y midió *cada* poste del pórtico, cinco codos de un lado, y cinco codos de otro; y la anchura de la puerta tres codos de un lado, y tres codos del otro.

49 La longitud del pórtico era de ᶠveinte codos, y la anchura de once codos, *y me llevó* por las gradas por donde subían; y había ᵍcolumnas junto a los postes, una de un lado, y otra de otro.

CAPÍTULO 41

Me metió luego en el templo, y midió los postes, siendo el ancho seis codos de un lado, y seis codos de otro, que *era* la anchura del tabernáculo.

2 Y la anchura de la puerta *era* de diez codos; y los lados de la puerta, de cinco codos de un lado, y cinco de otro. Y midió ʰsu longitud de cuarenta codos, y ⁱla anchura de veinte codos.

3 Y pasó al interior, y midió cada poste de la puerta de dos codos; y la puerta de seis codos; y la anchura de la entrada de siete codos.

4 Midió también su longitud, de veinte codos, y la anchura de veinte codos, delante del templo; y me dijo: Éste es ʲel *lugar* santísimo.

5 Después midió el muro de la casa, de seis codos; y de cuatro codos la anchura de las cámaras, en torno de la casa alrededor.

6 Y las tres cámaras laterales *estaban* ᵏsobrepuestas unas a otras, treinta por orden; y entraban modillones en la pared de la casa alrededor, sobre los que las cámaras estribasen, para que no estribasen en la pared de la casa.

7 Y *había* ᵐmayor anchura y espiral en las cámaras a lo más alto; la escalera de caracol de la casa subía muy alto alrededor por dentro de la casa; por tanto la casa tenía más anchura arriba, y de la cámara baja se subía a la *cámara* alta por la del medio.

8 Y miré la altura de la casa alrededor; los cimientos de las cámaras *eran* ᵈuna caña entera de seis codos largos.

9 Y la anchura de la pared de afuera de las cámaras *era* de cinco codos, y el espacio *que* quedaba de las cámaras de la casa por dentro.

10 Y entre las cámaras *había* anchura de ᵉveinte codos por todos lados alrededor de la casa.

11 Y la puerta de cada cámara salía al *espacio que quedaba*; una puerta hacia el norte, y otra puerta hacia el sur; y la anchura del espacio que quedaba *era* de cinco codos por todo alrededor.

12 Y el edificio que *estaba* delante del área reservada al final, hacia el occidente *era* de setenta codos; y la pared del edificio, de cinco codos de anchura alrededor, y noventa codos de largo.

13 Y midió la casa, cien codos de largo; y el área reservada, y el edificio, y sus paredes, de longitud de cien codos.

14 y la anchura de la delantera de la casa, y del área reservada al oriente, de cien codos.

15 Y midió la longitud del edificio que estaba delante del área reservada que *había* detrás de él, y las cámaras de un lado y otro, cien codos; y el templo de dentro, y los portales del atrio.

16 Los umbrales y las ventanas estrechas y las cámaras alrededor de los tres pisos estaba todo cubierto de madera alrededor, desde el suelo hasta las ventanas; y las ventanas también *estaban* cubiertas.

17 Por encima de la puerta, y hasta la casa de dentro, y de fuera, y por toda la pared en derredor por dentro y por fuera, tomó medidas.

18 Y *estaba* labrada ˡcon querubines y palmeras; entre querubín y querubín una palmera; y *cada* querubín tenía dos rostros.

19 Un rostro de hombre hacia la palmera de un lado, y un rostro de

---

a cp 44:8-16
y 48:11

b Nm 18:5
c 1 Re 2:35

d cp 40:5
y 43:13

e cp 42:3

f 1 Re 6:3

g 1 Re 7:21

h 1 Re 6:17
i 1 Re 6:2

j 1 Re 6:16

k 1 Re 6:6

l 1 Re 6:29-35

m 1 Re 6:8

Medidas del templo

león hacia la palmera del otro lado, por toda la casa alrededor.

20 Desde el suelo hasta encima de la puerta había querubines labrados y palmeras, por toda la pared del templo.

21 Cada poste del templo era cuadrado, y el frente del santuario era como el otro frente.

22 La altura ªdel altar de madera era de tres codos, y su longitud de dos codos; y sus esquinas, y su superficie, y sus paredes, eran de madera. Y me dijo: Ésta es ᵇla mesa que está delante de Jehová.

23 Y el templo y el santuario ᶜtenían dos puertas.

24 Y en cada puerta había dos hojas, dos hojas ᵈque giraban; dos hojas en una puerta, y otras dos en la otra.

25 Y en las puertas del templo había labrados de querubines y palmeras, como los que estaban labrados en las paredes, y sobre la fachada del pórtico por fuera, había ᵉunas vigas de madera.

26 Y había ventanas estrechas, y palmeras de uno y otro lado, por los lados del pórtico, y sobre las cámaras laterales de la casa, y por las vigas.

a Éx 30:1
Ap 11:1

b cp 44:16
Mal 1:7-12

c 1 Re 6:31

d 1 Re 6:34

e 1 Re 7:6

CAPÍTULO 42

Me sacó luego al atrio de afuera hacia el norte, y me llevó a la cámara que estaba delante del área reservada que quedaba enfrente del edificio, hacia el norte.

2 Por delante de la puerta del norte su longitud era de cien codos, y la anchura de cincuenta codos.

3 Frente a los veinte codos que había en el atrio de adentro, y enfrente del enlosado que había en el atrio exterior, estaban las cámaras, las unas enfrente de las otras en tres pisos.

4 Y delante de las cámaras había un corredor de diez codos de ancho hacia adentro, con una vía de un codo; y sus puertas daban hacia el norte.

5 Y las cámaras más altas eran más estrechas; porque las galerías quitaban de ellas más que de las bajas y de las de en medio del edificio.

6 Porque estaban en tres pisos, y no tenían columnas como las columnas

f cp 11:25

g cp 40:46
h Lv 6:16

i Lv 2:3-10
j cp 40:39

de los atrios: por tanto, eran más estrechas que las de abajo y las del medio desde el suelo.

7 Y el muro que estaba afuera enfrente de las cámaras, hacia el atrio exterior enfrente de las cámaras, tenía cincuenta codos de largo.

8 Porque la longitud de las cámaras del atrio de afuera era de cincuenta codos; y delante de la fachada del templo había cien codos.

9 Y debajo de las cámaras estaba la entrada al lado oriental, para entrar en él desde el atrio de afuera.

10 A lo largo del muro del atrio, hacia el oriente, enfrente del área reservada, y delante del edificio, había cámaras.

11 Y el corredor que había delante de ellas era semejante al de las cámaras que estaban hacia el norte, conforme a su longitud, asimismo su anchura, y todas sus salidas; conforme a sus puertas, y conforme a sus entradas.

12 Y conforme a las puertas de las cámaras que estaban hacia el sur, había una puerta ᶠal comienzo del corredor, del corredor frente al muro hacia el oriente a los que entran.

13 Y me dijo: Las cámaras del norte y las del sur, que están delante del área reservada, son cámaras santas, en las cuales ᵍlos sacerdotes que se acercan a Jehová ʰcomerán las cosas santísimas; allí pondrán las ofrendas santas, ⁱel presente y ʲla expiación, y el sacrificio por el pecado; porque el lugar es santo.

14 Cuando los sacerdotes entren, no saldrán del lugar santo al atrio de afuera, sino que allí dejarán sus vestimentas con que ministran, porque son santas; y se vestirán otras vestiduras, y así se acercarán a lo que es del pueblo.

15 Y luego que acabó las medidas de la casa de adentro, me sacó por el camino de la puerta que miraba hacia el oriente, y lo midió todo alrededor.

16 Midió el lado oriental con la caña de medir, quinientas cañas de la caña de medir en derredor.

17 Midió al lado del norte, quinientas cañas de la caña de medir alrededor.

18 Midió al lado del sur, quinientas cañas de la caña de medir.
19 Rodeó al lado del occidente, y midió quinientas cañas de la caña de medir.
20 A los cuatro lados lo midió; tenía un muro todo alrededor de quinientas *cañas* de longitud, y quinientas cañas de anchura, para hacer separación entre el santuario y el lugar profano.

CAPÍTULO 43

Luego me llevó a la puerta, a la puerta que mira hacia el oriente;
2 y he aquí ᵇla gloria del Dios de Israel, que venía del oriente; y su voz *era* como el sonido de ᵈmuchas aguas, y la tierra ᵉresplandecía a causa de su gloria.
3 Y el aspecto de la visión que vi *era* como aquella visión que vi cuando vine para destruir la ciudad; y las visiones *eran* como la visión que vi junto al río de Quebar; y caí sobre mi rostro.
4 Y la gloria de Jehová entró en la casa por la vía de la puerta que daba hacia el oriente.
5 Y ᶠme alzó el Espíritu, y me metió en el atrio de adentro; y he aquí que ᵍla gloria de Jehová llenó la casa.
6 Y oí *a uno* que me hablaba desde la casa; y el varón estaba junto a mí,
7 y me dijo: Hijo de hombre, éste es el lugar de mi trono, y ʰel lugar de las plantas de mis pies, en el cual habitaré en medio de los hijos de Israel para siempre; y nunca más profanará la casa de Israel mi santo nombre, *ni* ellos ni sus reyes, con sus fornicaciones, ni con los cuerpos muertos de sus reyes en sus lugares altos.
8 Porque al poner ellos ʲsu umbral junto a mi umbral, y su poste junto a mi poste, y *sólo* una pared entre ellos y yo, así han contaminado mi santo nombre con las abominaciones que han hecho; por tanto los consumí en mi furor.
9 Ahora, que echen lejos de mí su fornicación, y los cuerpos muertos de sus reyes, y habitaré en medio de ellos para siempre.
10 Tú, hijo de hombre, muestra a la casa de Israel esta casa, y avergüén-

a cp 40:2

b cp 11:23
Ap 21:11
c Éx 27:1-8
d cp 1:24
e Ap 18:1

f cp 3:13
Ap 21:10
g 1 Re 8:10

h Is 60:13

i Lv 1:5
j 2 Re 16:14

k Lv 8:14

l Éx 29:14

cense de sus pecados, y midan el diseño de ella.
11 Y si se avergonzaren de todo lo que han hecho, hazles entender la forma de la casa, y su diseño, y sus salidas y sus entradas, y todas sus formas, y todas sus descripciones, y todas sus configuraciones, y todas sus leyes; y descríbelo delante de sus ojos, para que guarden toda su forma, y todas sus reglas, y las pongan por obra.
12 Ésta *es* la ley de la casa: Sobre ᵃla cumbre del monte, todo su término alrededor *será* santísimo. He aquí que ésta *es* la ley de la casa.
13 Y éstas *son* ᶜlas medidas del altar por codos (*cada* codo de un codo y un palmo menor). La base, de un codo, y de un codo el ancho; y su remate por su borde alrededor, de un palmo menor. Éste *será* el podio del altar.
14 Y desde la base de *sobre* el suelo hasta el lugar de abajo, dos codos, y la anchura de un codo; y desde el lugar menor hasta el lugar mayor, cuatro codos, y la anchura de un codo.
15 Y el altar, de cuatro codos, y encima del altar, cuatro cuernos.
16 Y el altar tenía doce codos de largo, y doce de ancho, cuadrado a sus cuatro lados.
17 Y el área, de catorce *codos* de longitud y catorce de anchura en sus cuatro lados, y de medio codo el borde alrededor; y la base de un codo por todos lados; y sus gradas estaban al oriente.
18 Y me dijo: Hijo de hombre, así dice Jehová el Señor: Éstas *son* las ordenanzas del altar el día en que sea hecho, para ofrecer sobre él holocausto, y ⁱpara esparcir sobre él sangre.
19 A los sacerdotes levitas que son del linaje de Sadoc, que se acercan a mí para ministrarme, dice Jehová el Señor, darás un becerro de la vacada ᵏpara expiación.
20 Y tomarás de su sangre, y pondrás en los cuatro cuernos del altar, y en las cuatro esquinas del descanso, y en el borde alrededor; así lo limpiarás y purificarás.
21 Tomarás luego el becerro de la expiación, y ˡlo quemarás conforme

No meterás extranjeros en mi santuario — EZEQUIEL 44

a la ley de la casa, fuera del santuario.

22 Y al segundo día ofrecerás un macho cabrío sin defecto, para expiación; y purificarán el altar como lo purificaron con el becerro.

23 Cuando acabes de expiar, ofrecerás un becerro de la vacada sin defecto, y un carnero sin tacha de la manada.

24 Y los ofrecerás delante de Jehová, y ᵉlos sacerdotes echarán sal sobre ellos y los ofrecerán en holocausto a Jehová.

25 Por siete días sacrificarán ᵍun macho cabrío cada día en expiación; asimismo sacrificarán el becerro de la vacada y un carnero sin defecto del rebaño.

26 Por siete días harán expiación por el altar, y lo limpiarán, y así se consagrarán.

27 Y acabados estos días, del ʰoctavo día en adelante, los sacerdotes sacrificarán sobre el altar vuestros holocaustos y vuestras ofrendas de paz; y ʲme seréis aceptos, dice Jehová el Señor.

CAPÍTULO 44

Y me hizo volver hacia la puerta de afuera del santuario, la cual mira hacia el oriente; y *estaba* cerrada.

2 Y me dijo Jehová: Esta puerta estará cerrada; no se abrirá, ni entrará por ella hombre, porque Jehová, el Dios de Israel entró por ella; por tanto permanecerá cerrada.

3 *Es* para el príncipe; el príncipe, él se sentará en ella ᵐpara comer pan delante de Jehová; por el camino del vestíbulo de la puerta entrará, y por el mismo camino saldrá.

4 Y me llevó hacia la puerta del norte por delante de la casa, y miré, y he aquí, ⁿla gloria de Jehová había llenado la casa de Jehová; y caí sobre mi rostro.

5 Y me dijo Jehová: Hijo de hombre, pon tu corazón, y mira con tus ojos, y oye con tus oídos todo lo que yo hablo contigo sobre todas las ordenanzas de la casa de Jehová, y todas sus leyes; y pon tu corazón a las entradas de la casa, y a todas las salidas del santuario.

a cp 3:5
b cp 49:8
c Lv 3:11
d Lv 3:16-17
e Lv 2:13
f cp 40:45
g Éx 29:35
  Lv 8:33
h Lv 9:1
i cp 48:11
j Job 42:8
  Rm 12:1
  1 Pe 2:5
k Nm 16:9
l Nm 18:3
  2 Re 23:9
m Gn 31:54
n cp 43:5
o Dt 10:8

6 Y dirás ᵃa los rebeldes, a la casa de Israel: Así dice Jehová el Señor: ¡Ya basta de todas vuestras abominaciones, oh casa de Israel!

7 De traer ᵇextranjeros, incircuncisos de corazón e incircuncisos de carne, para estar en mi santuario, y para contaminar mi casa; de ofrecer ᶜmi pan, ᵈla grosura y la sangre; y de quebrantar mi pacto con todas vuestras abominaciones.

8 Y no habéis guardado las ordenanzas de mis cosas santas, sino que ᶠhabéis puesto *extranjeros como* guardas de mis ordenanzas en mi santuario.

9 Así dice Jehová el Señor: Ningún hijo de extranjero, incircunciso de corazón e incircunciso de carne, entrará en mi santuario, de todos los hijos de extranjeros que *están* entre los hijos de Israel.

10 Y los levitas ⁱque se apartaron lejos de mí cuando Israel se descarrió, el cual se alejó de mí, yendo en pos de sus ídolos, llevarán su iniquidad.

11 Y serán ministros en mi santuario, porteros a las puertas de la casa, y sirvientes en la casa; ellos matarán el holocausto y la víctima para el pueblo, y ᵏestarán delante de ellos para servirles.

12 Por cuanto les sirvieron delante de sus ídolos, y fueron a la casa de Israel por tropezadero de maldad; por tanto, he alzado mi mano contra ellos, y llevarán su iniquidad, dice Jehová el Señor.

13 ˡNo se acercarán a mí para servirme como sacerdotes, ni se acercarán a ninguna de mis cosas santas en el *lugar* santísimo; sino que llevarán su vergüenza, y las abominaciones que hicieron.

14 Así los pondré, pues, por guardas de las ordenanzas del templo para todo su servicio, y para todo lo que en él hubiere de hacerse.

15 Mas los sacerdotes levitas, ᵒhijos de Sadoc, que guardaron el ordenamiento de mi santuario, cuando los hijos de Israel se desviaron de mí, ellos se acercarán a mí para ministrarme, y estarán delante de mí para ofrecerme la grosura y la sangre, dice Jehová el Señor.

EZEQUIEL 45

16 Ellos entrarán en mi santuario, y se acercarán a ᵇmi mesa para servirme, y guardarán mis ordenanzas.

17 Y será *que* cuando entraren por las puertas del atrio interior, se ᵉvestirán de vestiduras de lino; no llevarán sobre ellos lana, cuando ministraren en las puertas del atrio de adentro y en el templo.

18 ᵍMitras de lino tendrán sobre sus cabezas, y ʰcalzoncillos de lino en sus lomos; no se ceñirán nada que los haga sudar.

19 Y cuando salgan al atrio exterior, al atrio de afuera, al pueblo, ʲse despojarán de sus vestiduras con que ministraron, y las dejarán en las cámaras del santuario, y se vestirán de otras vestimentas; ˡpara no santificar al pueblo con sus vestiduras.

20 Y ᵒno raparán su cabeza, ni dejarán crecer su cabello; sólo se recortarán el pelo de su cabeza.

21 Y ᵖninguno de los sacerdotes beberá vino cuando haya de entrar en el atrio interior.

22 ᑫNi viuda ni repudiada tomarán por esposa; sino que tomarán vírgenes del linaje de la casa de Israel, o viuda que fuere viuda de sacerdote.

23 ʳY enseñarán a mi pueblo a *hacer diferencia* entre lo santo y lo profano, y les enseñarán a discernir entre lo limpio y lo no limpio.

24 Y ᵗen el pleito ellos estarán para juzgar; conforme a mis derechos juzgarán; y mis leyes y mis decretos guardarán en todas mis fiestas solemnes, y santificarán mis sábados.

25 ᵘY a hombre muerto no entrarán para contaminarse; mas por padre, o madre, o hijo, o hija, hermano o hermana que no haya tenido marido, sí podrán contaminarse.

26 ᵛY después de su purificación, le contarán siete días.

27 Y el día que entrare al santuario, al atrio de adentro, para ministrar en el santuario, ofrecerá su expiación, dice Jehová el Señor.

28 Y será a ellos por heredad; ʸYo seré su heredad; y no les daréis posesión en Israel: Yo soy su posesión.

29 ᵃComerán la ofrenda y la expiación y el sacrificio por el pecado, comerán; y ᶜtoda cosa dedicada en Israel, será de ellos.

30 Y ᵈlas primicias de todos los primeros frutos de todo, y toda ofrenda de todo lo que se ofreciere de todas vuestras ofrendas, será de los sacerdotes; daréis asimismo ᶠlas primicias de todas vuestras masas al sacerdote, para que haga reposar la bendición en vuestras casas.

31 Ninguna cosa mortecina, ⁱni desgarrada, así de aves como de animales, comerán los sacerdotes.

Repartición de la tierra

CAPÍTULO 45

Y cuando ᵏrepartáis por suertes la tierra en heredad, ᵐconsagraréis para Jehová una porción de la tierra, de longitud de veinticinco mil ⁿcañas, y diez mil de ancho; esto *será* santificado en todo su término alrededor.

2 De esto serán para el santuario quinientas *cañas* de longitud, y quinientas *de ancho*, en cuadro alrededor; y cincuenta codos en derredor para sus ejidos.

3 Y de esta medida medirás en longitud veinticinco mil cañas, y en anchura diez mil, en lo cual estará el santuario y el *lugar* santísimo.

4 ˢLo consagrado de esta tierra será para los sacerdotes ministros del santuario, que se acercan para ministrar a Jehová; y servirá de lugar para sus casas, y *como* lugar santo para el santuario.

5 Asimismo veinticinco mil de longitud, y diez mil de anchura, lo cual será para los levitas ministros de la casa, por su posesión, con veinte cámaras.

6 Y para la posesión de la ciudad daréis cinco mil de anchura y veinticinco mil de longitud, delante de lo que se apartó para el santuario; será para toda la casa de Israel.

7 Y *la parte* ˣdel príncipe estará junto a lo que se apartó para el santuario, de uno y otro lado, y junto a la posesión de la ciudad, delante de lo que se apartó para el santuario, y delante de la posesión de la ciudad, desde el extremo occidental hacia el occidente, hasta el extremo oriental hacia el oriente; y su longitud será

La puerta del príncipe

de una parte a la otra, desde el límite del occidente hasta el límite del oriente.

8 Esta tierra tendrá por posesión en Israel; y [a]mis príncipes nunca más oprimirán a mi pueblo; y [b]darán la tierra a la casa de Israel [c]por sus tribus.

9 Así dice Jehová el Señor: ¡Basta ya, oh príncipes de Israel! Dejad la violencia y la rapiña; haced juicio y justicia; quitad vuestras imposiciones de sobre mi pueblo, dice Jehová el Señor.

10 [e]Balanza justa, [f]efa justo, y bato justo, tendréis.

11 El efa y el bato serán de una misma medida; que el bato tenga la décima parte del homer, y la décima parte del [h]homer el efa; la medida de ellos será según el homer.

12 Y [i]el siclo será de veinte geras. Veinte siclos, con veinticinco siclos, y quince siclos, os serán una mina.

13 Ésta *es* la ofrenda que ofreceréis: la sexta parte de un efa de homer del trigo, y la sexta parte de un efa de homer de la cebada.

14 En cuanto a la ordenanza del aceite: *ofreceréis* un bato de aceite, que es la décima parte de un coro, que es un homer de diez batos (porque diez batos son un homer).

15 Y una cordera del rebaño de doscientas, de los delicados pastos de Israel, para sacrificio, y para holocausto y para ofrendas de paz, para expiación por ellos, dice Jehová el Señor.

16 Todo el pueblo de la tierra dará esta ofrenda para el príncipe de Israel.

17 Mas [k]del príncipe será *el dar* el holocausto, y el sacrificio, y [l]la libación, en [m]las fiestas solemnes, y en [n]las lunas nuevas, y en los sábados, y en todas las fiestas de la casa de Israel; [o]él dispondrá la expiación, la ofrenda, el holocausto y las ofrendas de paz, para hacer expiación por la casa de Israel.

18 Así dice Jehová el Señor: El *mes* primero, el primer *día* del mes, tomarás un becerro sin defecto de la vacada, y purificarás el santuario.

19 Y el sacerdote tomará de la sangre de la expiación, y pondrá sobre los postes de la casa, y sobre los cuatro ángulos del descanso del altar, y sobre los postes de las puertas del atrio interior.

20 Así harás el séptimo *día* del mes por el que peca por error o por ser simple; y harás expiación por la casa.

21 [d]El *mes* primero, a los catorce días del mes, tendréis la pascua, fiesta de siete días; se comerá pan sin levadura.

22 Y aquel día el príncipe sacrificará por sí mismo y por todo el pueblo de la tierra, un becerro *por* el pecado.

23 Y en los siete días de la fiesta solemne hará holocausto a Jehová, siete becerros y siete carneros sin defecto, cada día de los siete días; y [g]*por* el pecado un macho cabrío cada día.

24 Y con cada becerro ofrecerá presente de un efa, y con cada carnero un efa; y por cada efa un hin de aceite.

25 [j]En el *mes* séptimo, a los quince del mes, en la fiesta, hará como en estos siete días, en cuanto a la expiación, en cuanto al holocausto, en cuanto a la ofrenda y en cuanto al aceite.

CAPÍTULO 46

Así dice Jehová el Señor: La puerta del atrio interior que mira al oriente, estará cerrada los seis días de trabajo, y el día del sábado se abrirá; se abrirá también el día de la luna nueva.

2 Y el príncipe entrará por el camino del portal de la puerta exterior, y estará de pie junto al umbral de la puerta, mientras los sacerdotes harán su holocausto y sus ofrendas de paz, y adorará a la entrada de la puerta; después saldrá; mas no se cerrará la puerta hasta la tarde.

3 Asimismo adorará el pueblo de la tierra delante de Jehová, a la entrada de la puerta, en los sábados y en las lunas nuevas.

4 Y el holocausto que el príncipe ofrecerá a Jehová [p]el día del sábado, *será de* seis corderos sin defecto, y un carnero sin tacha;

5 y por ofrenda [q]un efa con cada carnero; y con cada cordero una ofrenda, [r]según sus posibilidades, y un hin de aceite con el efa.

---

a Jer 2:17
b cp 46:18
c cp 47:13
d Lv 23:5

e Lv 19:35
f Dt 25:14-15
Am 8:5
g Nm 28:15

h Lv 27:16

i Éx 30:13

j Lv 23:34

k cp 46:4-7
l Éx 29:40
m cp 46:9
n Nm 28:11

o Lv 14:19

p Nm 28:9

q cp 45:24

r Dt 16:17

6 Mas el día de la luna nueva, ofrecerá un becerro sin defecto de la vacada, y seis corderos, y un carnero; deberán ser sin defecto.

7 Y hará ofrenda de un efa con el becerro, y un efa con cada carnero; mas con los corderos, según sus posibilidades; y un hin de aceite por cada efa.

8 Y cuando el príncipe entrare, entrará por el camino del portal de la puerta: y por el mismo camino saldrá.

9 Mas cuando el pueblo de la tierra ᵈentrare delante de Jehová en las fiestas, el que entrare por la puerta del norte, saldrá por la puerta del sur; y el que entrare por la puerta del sur, saldrá por la puerta del norte; no volverá por la puerta por donde entró, sino que saldrá por la de enfrente de ella.

10 Y el príncipe, cuando ellos entraren, entrará en medio de ellos; y cuando ellos salieren, él saldrá.

11 Y en las fiestas y en las solemnidades será la ofrenda un efa con cada becerro, y un efa con cada carnero; y con los corderos, según sus posibilidades; y un hin de aceite con cada efa.

12 Mas cuando el príncipe ᵍlibremente hiciere holocausto u ofrendas de paz a Jehová, le abrirán la puerta que mira al oriente, y hará su holocausto y sus ofrendas de paz, como hace en el día del sábado; y luego saldrá; y cerrarán la puerta después que saliere.

13 ʰY sacrificarás para Jehová cada día en holocausto un cordero de un año sin defecto, cada mañana lo sacrificarás.

14 Y con él harás todas las mañanas ofrenda de la sexta parte de un efa, y la tercera parte de un hin de aceite para mezclar con la flor de harina; ofrenda para Jehová continuamente, por estatuto perpetuo.

15 Ofrecerán, pues, el cordero, y la ofrenda y el aceite, todas las mañanas en holocausto continuo.

16 Así dice Jehová el Señor: Si el príncipe diere algún don de su heredad a alguno de sus hijos, será de ellos; posesión de ellos *será* por herencia.

17 Mas ᵏsi de su heredad diere presente a alguno de sus siervos, será de él hasta ᵃel año del jubileo, y volverá al príncipe; mas su herencia será de sus hijos.

18 Y el príncipe ᵇno tomará nada de la herencia del pueblo, para no defraudarlos de su posesión; de lo que él posee dará herencia a sus hijos; para que mi pueblo no sea echado cada uno de su posesión.

19 Me metió después por la entrada que *estaba* hacia la puerta, a ᶜlas cámaras santas de los sacerdotes, las cuales miraban al norte, y vi que *había* allí un lugar a los lados del occidente.

20 Y me dijo: Éste *es* el lugar donde los sacerdotes cocerán ᵉel sacrificio por el pecado y la expiación; ᶠallí cocerán la ofrenda, para no sacarla al atrio exterior para santificar al pueblo.

21 Luego me sacó al atrio exterior, y me llevó por los cuatro rincones del atrio; y en cada rincón *había* un patio.

22 En los cuatro ángulos del atrio *había* patios unidos de cuarenta *codos* de longitud, y treinta de anchura; los cuatro ángulos *tenían* una misma medida.

23 Y *había* una pared alrededor de ellos, alrededor de los cuatro, y fogones hechos abajo de las paredes de alrededor.

24 Y me dijo: Éstos *son* los aposentos de los cocineros, donde los servidores de la casa cocerán el sacrificio del pueblo.

CAPÍTULO 47

Me hizo volver luego a la entrada de la casa; y he aquí ⁱaguas que salían de debajo del umbral de la casa hacia el oriente; porque la fachada de la casa estaba al oriente: y las aguas descendían de debajo, hacia el lado derecho de la casa, al sur del altar.

2 Y me sacó por el camino de la puerta del norte, y me hizo rodear por el camino exterior, fuera de la puerta, al camino de la que mira al oriente; y he aquí que las aguas salían del lado derecho.

3 Y saliendo el varón hacia el oriente, tenía ʲun cordel en su mano; y midió mil codos, y me hizo pasar por las aguas hasta los tobillos.

Los linderos de la tierra

4 Y midió otros mil, y me hizo pasar por las aguas hasta las rodillas. Midió luego otros mil, y me hizo pasar por las aguas hasta los lomos.
5 Y midió otros mil, y era ya un río que yo no podía pasar; porque las aguas habían crecido, aguas para nadar, y el río no se podía pasar.
6 Y me dijo: ¿Has visto, hijo de hombre? Después me llevó, y me hizo volver por la ribera del río.
7 Y cuando volví, he aquí en la ribera del río *había* muchísimos árboles a uno y otro lado.
8 Y me dijo: Estas aguas salen a la región del oriente, y descenderán a la llanura, y entrarán en ᶜel mar; y entradas en el mar, recibirán sanidad las aguas.
9 Y será *que* todo ser viviente que nadare por dondequiera que entraren estos dos ríos, vivirá; y habrá muchísimos peces por haber entrado allá estas aguas, y recibirán sanidad; y vivirá todo lo que entrare en este río.
10 Y será *que* junto a él estarán pescadores; y desde ᵉEngadi hasta ᶠEneglaim será tendedero de redes; en su especie será su pescado como el pescado del Mar Grande, mucho en gran manera.
11 Sus pantanos y sus lagunas no se sanearán; quedarán para salinas.
12 Y junto al río, en su ribera de uno y otro lado, crecerá todo árbol frutal; ʰsu hoja nunca caerá, ni faltará su fruto; a sus meses madurará, porque sus aguas salen del santuario; y su fruto será para comer, y su hoja para medicina.
13 Así dice Jehová el Señor: Éste *será* el término, en el cual recibiréis la tierra por heredad entre las doce tribus de Israel; ʲJosé *tendrá* dos partes.
14 Y la heredaréis así los unos como los otros; por ella alcé mi mano jurando que la había de dar a vuestros padres; por tanto, esta tierra os será por heredad.
15 Y éste *será* el término de la tierra hacia el lado del norte; desde ᵏel Mar Grande, camino de Hetlón viniendo a Sedad;
16 Hamat, Berota, Sibrahim, que está entre el término de Damasco y el término de Hamat; Hazar-haticón, que *es* el término de Haurán.
17 Y será el término del norte desde el mar de Hazar-enán al término de Damasco al norte, y al término de Hamat al lado del norte.
18 Y el lado oriente lo mediréis por medio de Haurán y de Damasco, y de Galaad y de la tierra de Israel, al Jordán; desde el término hasta ᵃel mar del oriente; este es el lado oriental.
19 Y al lado del Neguev, hacia el sur, desde Tamar hasta ᵇlas aguas de las rencillas; desde Cades y el arroyo hasta el Mar Grande; y esto será el lado sur, hacia el Neguev.
20 Del lado del occidente el Mar Grande *será* el término hasta enfrente de la entrada de Hamat; éste *será* el lado occidental.
21 Repartiréis, pues, esta tierra entre vosotros conforme a las tribus de Israel.
22 Y será *que* ᵈecharéis sobre ella suertes por herencia para vosotros, y para los extranjeros que peregrinan entre vosotros, que entre vosotros han engendrado hijos; y los tendréis ᵍcomo naturales entre los hijos de Israel; echarán suertes con vosotros para heredar entre las tribus de Israel.
23 Y será que en la tribu en que peregrinare el extranjero, allí le daréis su heredad, dice Jehová el Señor.

CAPÍTULO 48

1 Y éstos *son* los nombres de las tribus: Desde el extremo norte por la vía de Hetlón viniendo a Hamat, Hazar-enán, al término de Damasco, al norte, al término de Hamat; tendrá ⁱDan una *porción*, desde el lado oriental hasta el occidental.
2 Y junto al término de Dan, desde el lado del oriente hasta el lado del mar, para Aser una *porción*.
3 Y junto al término de Aser, desde el lado oriental hasta el lado del mar, Neftalí, otra.
4 Y junto al término de Neftalí, desde el lado del oriente hasta el lado del mar, ˡManasés, otra.
5 Y junto al término de Manasés, desde el lado del oriente hasta el lado del mar, Efraín, otra.

EZEQUIEL 48

6 Y junto al término de Efraín, desde el lado del oriente hasta el lado del mar, Rubén, otra.

7 Y junto al término de Rubén, desde el lado del oriente hasta el lado del mar, Judá, otra.

8 Y junto al término de Judá, desde el lado del oriente hasta el lado del mar, ªserá la suerte que apartaréis de veinticinco mil *cañas* de anchura, y de longitud como cualquiera de las *otras* partes, desde el lado del oriente hasta el lado del mar; y el santuario estará en medio de ella.

9 La porción que apartaréis para Jehová, *será* de longitud de veinticinco mil cañas, y de diez mil de ancho.

10 Y allí será la porción santa de los sacerdotes, de veinticinco mil cañas al norte, y de diez mil de anchura al occidente, y de diez mil de ancho al oriente, y de veinticinco mil de longitud al sur; y el santuario de Jehová estará en medio de ella.

11 Los sacerdotes santificados de ᵇlos hijos de Sadoc, que guardaron mi observancia, que no erraron cuando erraron los hijos de Israel, como erraron ᶜlos levitas,

12 tendrán como parte santísima la porción de la tierra reservada, junto al término de los levitas.

13 Y la de los levitas, al lado del término de los sacerdotes, será de veinticinco mil cañas de longitud, y de diez mil de anchura; toda la longitud de veinticinco mil, y la anchura de diez mil.

14 No venderán de ello, ᵈni lo permutarán, ᵉni traspasarán las primicias de la tierra; porque *es* cosa consagrada a Jehová.

15 Y las ᶠcinco mil cañas de anchura que quedan de las veinticinco mil, serán profanas, para la ciudad, para habitación y para ejido; y la ciudad estará en medio.

16 Y éstas *serán* sus medidas: al lado ᵍdel norte cuatro mil quinientas cañas, y al lado del sur cuatro mil quinientas, y al lado del oriente cuatro mil quinientas, y al lado del occidente cuatro mil quinientas.

17 Y el ejido de la ciudad será al norte de doscientas cincuenta cañas, y al sur de doscientas

a cp 45:1-6

b cp 40:46

c cp 44:10-15

d Lv 27:10-33
e cp 44:30

f cp 42:20

g Ap 21:16

h cp 47:22

Porciones de los sacerdotes y levitas

cincuenta, y al oriente de doscientas cincuenta, y de doscientas cincuenta al occidente.

18 Y lo que quedare de longitud delante de la *porción* santa, diez mil cañas al oriente y diez mil al occidente, que será lo que quedará de la porción santa, será para sembrar para los que sirven a la ciudad.

19 Y los que servirán a la ciudad, serán de todas las tribus de Israel.

20 Toda la porción reservada de veinticinco mil cañas por veinticinco mil en cuadro, apartaréis como porción para el santuario, y para la posesión de la ciudad.

21 Y del príncipe *será* lo que quedare a uno y otro lado de la porción santa, y de la posesión de la ciudad, *esto es*, delante de las veinticinco mil cañas de la porción hasta el término oriental, y al occidente delante de las veinticinco mil hasta el término occidental, delante de las partes dichas será del príncipe; y porción santa será; y el santuario de la casa *estará* en medio de ella.

22 Y desde la posesión de los levitas, y desde la posesión de la ciudad, en medio estará lo que pertenecerá al príncipe, entre el término de Judá y el término de Benjamín estará la porción del príncipe.

23 En cuanto a las demás tribus, desde el lado del oriente hasta el lado del mar, Benjamín *tendrá* una *porción*.

24 Y junto al término de Benjamín, desde el lado del oriente hasta el lado del mar, Simeón, otra.

25 Y junto al término de Simeón, desde el lado del oriente hasta el lado del mar, Isacar, otra.

26 Y junto al término de Isacar, desde el lado del oriente hasta el lado del mar, Zabulón, otra.

27 Y junto al término de Zabulón, desde el lado del oriente hasta el lado del mar, Gad, otra.

28 Y junto al término de Gad, al lado del austro, al sur, será el término desde Tamar hasta las aguas de las rencillas, y desde Cades y el arroyo hasta el Mar Grande.

29 Ésta *es* la tierra que ʰrepartiréis por suertes en heredad a las tribus de Israel, y éstas son sus porciones, dice Jehová el Señor.

Daniel y sus compañeros

30 Y éstas *son* las ªsalidas de la ciudad al lado del norte, cuatro mil quinientas cañas por medida.
31 Y ᵇlas puertas de la ciudad *serán* según los nombres de las tribus de Israel; tres puertas al norte: la puerta de Rubén, una; la puerta de Judá, otra; la puerta de Leví, otra.
32 Al lado oriental cuatro mil quinientas cañas, y tres puertas; la puerta de José, una; la puerta de Benjamín, otra; la puerta de Dan, otra.
33 Y al lado del sur, cuatro mil quinientas cañas por medida, y tres puertas; la puerta de Simeón, una; la puerta de Isacar, otra; la puerta de Zabulón, otra.
34 Y al lado del occidente cuatro mil quinientas cañas, y sus tres puertas; la puerta de Gad, una; la puerta de Aser, otra; la puerta de Neftalí, otra.
35 En derredor tendrá dieciocho mil cañas. Y el nombre de la ciudad desde aquel día *será* JEHOVÁ ᶜSAMA.

a Nm 34:4-12
b Ap 21:12-13
<SAMA> "Jehová allí"
c cp 35:10
Jer 3:17
Jl 3:21
Zac 2:10
Ap 21:3

Libro De
DANIEL

CAPÍTULO 1

En el año tercero del reinado de Joacim, rey de Judá, ªvino Nabucodonosor, rey de Babilonia, a Jerusalén y la sitió.
2 Y el Señor entregó en sus manos a Joacim, rey de Judá, y ᵇparte de los vasos de la casa de Dios, y ᶜlos trajo a tierra de Sinar, a la casa de su dios; ᵈy metió los vasos en la casa del tesoro de su dios.
3 Y dijo el rey a Aspenaz, príncipe de sus eunucos, que trajese de los hijos de Israel, del linaje real de los príncipes,
4 muchachos en quienes no *hubiese* tacha alguna, y de buen parecer, e instruidos en toda sabiduría, y sabios en ciencia, y de buen entendimiento, e idóneos para estar en el palacio del rey; y que les enseñase las letras y la lengua de los caldeos.
5 Y el rey les señaló una porción ᵉpara cada día de la comida del rey y del vino que él bebía; y que los criase tres años, para que al fin de ellos estuviesen delante del rey.
6 Y estaban entre ellos, de los hijos de Judá, Daniel, ᶠAnanías, Misael y Azarías;
7 a los cuales el príncipe de los eunucos ᵍpuso nombres. A Daniel llamó ʰBeltsasar; y ⁱa Ananías, Sadrac; y a Misael, Mesac; y a Azarías, Abed-nego.
8 Y Daniel propuso en su corazón no contaminarse con ʲla porción de la comida del rey, ni con el vino que él bebía; pidió, por tanto, al príncipe de los eunucos que se *le permitiese* no contaminarse.
9 Y Dios puso a Daniel en gracia y en buena voluntad con el príncipe de los eunucos;
10 y dijo el príncipe de los eunucos a Daniel: Tengo temor de mi señor el rey, que señaló vuestra comida y vuestra bebida; pues luego que él vea vuestros rostros más demacrados que los de los muchachos que *son* semejantes a vosotros, condenaréis para con el rey mi cabeza.
11 Entonces dijo Daniel a Melsar, que estaba puesto por el príncipe de los eunucos sobre Daniel, Ananías, Misael y Azarías:
12 Prueba, te ruego, con tus siervos *por* diez días, y que nos den legumbres a comer, y agua a beber.
13 Parezcan luego delante de ti nuestros rostros, y los rostros de los muchachos que comen de la porción de la comida del rey; y según lo que vieres, harás con tus siervos.
14 Consintió, pues, con ellos en esto, y probó con ellos diez días.
15 Y al cabo de los diez días pareció el rostro de ellos mejor y más robusto que el de los otros muchachos que comían de la porción de la comida del rey.
16 Así fue que Melsar tomaba la porción de la comida de ellos, y el vino que habían de beber, y les daba legumbres.

a 2 Re 24:1-2
2 Cr 36:6
b 2 Re 24:13
c Zac 5:11
d 2 Cr 36:7
Esd 1:7

e 2 Cr 31:16

f vers 11,19

g 2 Re 23:34
h cp 4:8
i cp 2:49
y 3:12
j Dt 32:38
Ez 4:13

DANIEL 2

Sueño de Nabucodonosor

17 Y a estos cuatro muchachos Dios [a]les dio conocimiento e inteligencia en todas las letras y sabiduría; mas Daniel tuvo [b]entendimiento en toda visión y [c]sueños.

18 Pasados, pues, los días al fin de los cuales había dicho el rey que los trajesen, el príncipe de los eunucos los trajo delante de Nabucodonosor.

19 Y el rey habló con ellos, y de entre todos ellos no se halló ninguno como Daniel, Ananías, Misael y Azarías; y así estuvieron delante del rey.

20 Y en todo asunto de sabiduría e inteligencia que el rey les demandó, los halló diez veces mejores que todos los [d]magos y astrólogos que había en todo su reino.

21 Y continuó Daniel hasta el año primero del rey Ciro.

CAPÍTULO 2

Y en [g]el segundo año del reinado de Nabucodonosor, soñó Nabucodonosor sueños, y se perturbó su espíritu, y su sueño se fue de él.

2 Y el rey [h]mandó llamar a los magos, los astrólogos, los encantadores y a los [i]caldeos, para que declarasen al rey sus sueños. Vinieron, pues, y se presentaron delante del rey.

3 Y el rey les dijo: He tenido un sueño, y mi espíritu se ha perturbado por saber del sueño.

4 Entonces hablaron los caldeos al rey en lengua aramea: Rey, para siempre vive; di el sueño a tus siervos, y mostraremos la interpretación.

5 Respondió el rey y dijo a los caldeos: El asunto se me fue; si no me mostráis el sueño y su interpretación, seréis [k]descuartizados, y vuestras casas serán puestas por muladares.

6 Y [l]si mostrareis el sueño y su interpretación, recibiréis de mí dones y recompensas y grande honra; por tanto, mostradme el sueño y su interpretación.

7 Respondieron la segunda vez, y dijeron: Diga el rey el sueño a sus siervos, y mostraremos su interpretación.

8 El rey respondió, y dijo: Yo conozco ciertamente que vosotros ponéis dilaciones, porque veis que el asunto se me ido.

a cp 2:20,28
b cp 8:16
  9:23 y 10:1,14
c cp 5:12
  y 7:1

d cp 2:2

e cp 5:11,14

f cp 4:6,18
y 5:7-8
g 2 Re 23:36
y 24:12
Jer 52:28
h cp 4:6
y 5:7
i cp 1:4

j cp 1:6

k cp 3:29

l cp 5:7,16

m Sal 113:2
y 115:18
n 1 Cr 29:11
Ap 5:12
o Hch 1:7
p cp 5:20
y 7:12
q cp 1:17

9 Si no me mostráis el sueño, una sola sentencia será de vosotros. Ciertamente preparáis respuesta mentirosa y perversa que decir delante de mí, entre tanto que se pasa el tiempo; por tanto, decidme el sueño, para que yo entienda que me podéis mostrar su interpretación.

10 Los caldeos respondieron delante del rey, y dijeron: No hay hombre sobre la tierra que pueda declarar el asunto del rey; pues ningún rey, príncipe, o señor, preguntó cosa semejante a ningún mago, ni astrólogo, ni caldeo.

11 Finalmente, el asunto que el rey demanda, es singular, ni hay quien lo pueda declarar delante del rey, [e]salvo los dioses cuya morada no es con la carne.

12 Por esta causa el rey se enojó, y enfurecido, mandó que matasen a todos [f]los sabios de Babilonia.

13 Y se publicó el decreto, de que los sabios fueran llevados a la muerte; y buscaron a Daniel y a sus compañeros para matarlos.

14 Entonces Daniel habló avisada y prudentemente a Arioc, capitán de la guardia del rey, que había salido para matar a los sabios de Babilonia.

15 Habló y dijo a Arioc capitán del rey: ¿Cuál es la causa por la que este decreto se publique de parte del rey tan apresuradamente? Entonces Arioc declaró el asunto a Daniel.

16 Y Daniel entró, y pidió al rey que le diese tiempo, y que él mostraría al rey la interpretación.

17 Se fue luego Daniel a su casa, y declaró el asunto [j]a Ananías, Misael y Azarías, sus compañeros,

18 para que pidiesen misericordias del Dios del cielo sobre este misterio, y que Daniel y sus compañeros no pereciesen con los otros sabios de Babilonia.

19 Entonces el secreto fue revelado a Daniel en visión de noche; por lo cual bendijo Daniel al Dios del cielo.

20 Y Daniel habló, y dijo: [m]Sea bendito el nombre de Dios desde la eternidad hasta la eternidad; porque [n]suyos son la sabiduría y el poder.

21 Y Él cambia [o]los tiempos y las sazones; [p]quita reyes, y pone reyes; da la sabiduría a los sabios, [q]y la ciencia a los entendidos.

Daniel interpreta el sueño

22 Él revela lo profundo y lo escondido; conoce lo que *está* en tinieblas, y ªa la luz mora con Él.

23 A ti, oh ᵇDios de mis padres, te doy gracias y te alabo, que me diste sabiduría y fortaleza, y ahora me enseñaste lo que te pedimos; pues nos has enseñado el asunto del rey.

24 Después de esto Daniel entró a Arioc, al cual el rey había puesto para matar a los sabios de Babilonia; fue, y le dijo así: No mates a los sabios de Babilonia; llévame delante del rey, que yo mostraré al rey la interpretación.

25 Entonces Arioc llevó prestamente a Daniel delante del rey, y le dijo así: He hallado a un varón de los cautivos de Judá, el cual declarará al rey la interpretación.

26 Respondió el rey, y dijo a Daniel, ᶠal cual llamaban Beltsasar: ¿Podrás tú hacerme entender el sueño que vi, y su interpretación?

27 Daniel respondió delante del rey, y dijo: El misterio que el rey demanda, ni sabios, ni astrólogos, ni magos, ni adivinos lo pueden enseñar al rey.

28 Mas hay ʲun Dios en el cielo, el cual revela los misterios, y Él ha hecho saber al rey Nabucodonosor lo que ha de acontecer en los postreros días. Tu sueño, y las visiones de tu cabeza sobre tu cama, es esto:

29 Estando tú, oh rey, en tu cama subieron tus pensamientos por saber lo que había de suceder en lo por venir; y el que revela los misterios te mostró lo que ha de suceder.

30 Y ˡa mí me ha sido revelado este misterio, no porque en mí haya más sabiduría que en todos los vivientes, sino por aquellos que debían hacer saber al rey la interpretación, y para que tú entendieses los pensamientos de tu corazón.

31 Tú, oh rey, veías, y he aquí una gran imagen. Esta imagen, que era muy grande, y cuya gloria *era* muy sublime, estaba en pie delante de ti, y su aspecto *era* terrible.

32 La cabeza de esta imagen *era* de oro fino; su pecho y sus brazos, de plata; su vientre y sus muslos, de bronce;

33 sus piernas de hierro; sus pies, en parte de hierro, y en parte de barro cocido.

34 Estabas mirando, hasta que una piedra fue cortada, ᶜno con mano, la cual hirió a la imagen en sus pies de hierro y de barro cocido, y los desmenuzó.

35 Entonces fue también desmenuzado el hierro, el barro cocido, el bronce, la plata y el oro, y se tornaron como tamo de las eras del verano; y los levantó el viento, y nunca más se les halló lugar. Mas la piedra que hirió a la imagen, vino a ser una gran montaña, que llenó toda la tierra.

36 Éste *es* el sueño; también la interpretación de él diremos en presencia del rey.

37 Tú, oh rey, *eres* ᵈrey de reyes; porque ᵉel Dios del cielo te ha dado reino, poder, fortaleza y majestad.

38 Y todo lo que habitan los hijos de los hombres, bestias del campo y aves del cielo, Él los ha entregado en tu mano, y te ha dado dominio sobre todo; ᵍtú *eres* aquella cabeza de oro.

39 Y después de ti se levantará ʰotro reino menor que tú; y ⁱotro tercer reino de bronce, el cual dominará sobre toda la tierra.

40 Y el cuarto reino ᵏserá fuerte como hierro; y como el hierro desmenuza y pulveriza todas las cosas, y como el hierro que quebranta todas estas cosas, desmenuzará y quebrantará.

41 Y lo que viste de los pies y los dedos, en parte de barro cocido de alfarero, y en parte de hierro, el reino será dividido; mas habrá en él algo de fortaleza de hierro, según que viste el hierro mezclado con el barro cocido.

42 Y por ser los dedos de los pies en parte de hierro, y en parte de barro cocido, en parte será el reino fuerte, y en parte será frágil.

43 En cuanto a lo que viste, el hierro mezclado con el barro, se mezclarán por medio de simiente humana, mas no se unirán el uno con el otro, como el hierro no se mezcla con el barro.

44 Y en los días de estos reyes, el Dios del cielo levantará ᵐun reino que jamás será destruido; y este reino no será dejado a otro pueblo; desmenuzará y consumirá a todos estos reinos, y él permanecerá para siempre.

---

a Stg 1:17
b Dt 26:7
c Zac 4:6

d Esd 7:12
e Esd 1:2
f cp 1:7

g ver 32
h cp 5:28-31
i cp 7:6
j Gn 40:8
y 41:16
k cp 7:7,23

l Gn 41:16

m Is 60:12
Mi 4:7
Lc 1:33
1 Co 15:24

45 De la manera ªque viste que del monte fue cortada una piedra, no con manos, la cual desmenuzó al hierro, al bronce, al barro, a la plata, y al oro; el gran Dios ha mostrado al rey lo que ha de acontecer en lo por venir; y el sueño *es* verdadero, y fiel su interpretación.

46 Entonces el rey Nabucodonosor ᶜcayó sobre su rostro, y se humilló ante Daniel, y ᵈmandó que le ofreciesen presentes y perfumes.

47 El rey habló a Daniel, y dijo: Ciertamente que el Dios vuestro *es* ᵉDios de dioses, y Señor de los reyes, y el que revela los misterios, pues pudiste revelar este misterio.

48 Entonces el rey engrandeció a Daniel, y le dio muchos y grandes dones, y lo puso por gobernador de toda ᵍla provincia de Babilonia, y por ʰpríncipe de los gobernadores sobre todos los sabios de Babilonia.

49 Y Daniel solicitó del rey, y él puso sobre los negocios de la provincia de Babilonia ᵏa Sadrac, Mesac y Abed-nego; y Daniel ˡ*estaba* a la puerta del rey.

CAPÍTULO 3

El rey Nabucodonosor hizo una ⁱestatua de oro, la altura de la cual era de sesenta codos, su anchura de seis codos; la levantó en ᵏel campo de Dura, en la provincia de Babilonia.

2 Y envió el rey Nabucodonosor a juntar los grandes, los asistentes y capitanes, oidores, receptores, los del consejo, presidentes, y a todos los gobernadores de las provincias, para que viniesen a la dedicación de la estatua que el rey Nabucodonosor había levantado.

3 Fueron, pues, reunidos los príncipes, los asistentes y capitanes, los jueces, los tesoreros, los consejeros, los magistrados y todos los gobernadores de las provincias, a la dedicación de la estatua que el rey Nabucodonosor había levantado; y estaban en pie delante de la estatua que había levantado el rey Nabucodonosor.

4 Y el pregonero anunciaba en alta voz: Se ordena a vosotros, ˡoh pueblos, naciones, y lenguas,

a Is 28:16
b Ap 13:14-15
c 2 Sm 2:14
d Hch 14:13
e Dt 10:17
f cp 1:4
g cp 3:1
h cp 4:9
y 5:11
i cp 2:32-36
j cp 2:49
k Gn 11:2
l cp 4:1 5:19
6:25 y 7:14

5 que al oír el son de la bocina, de la flauta, del tamboril, del arpa, del salterio, de la zampoña, y de todo instrumento de música, os postréis y adoréis la estatua de oro que el rey Nabucodonosor ha levantado;

6 y cualquiera que no se postre y adore, en la misma hora ᵇserá echado dentro de un horno de fuego ardiendo.

7 Por lo cual, al oír todos los pueblos el son de la bocina, de la flauta, del tamboril, del arpa, del salterio, de la zampoña, y de todo instrumento de música, todos los pueblos, naciones, y lenguas, se postraron, y adoraron la estatua de oro que el rey Nabucodonosor había levantado.

8 Por esto en aquel tiempo algunos varones ᶠcaldeos vinieron, y denunciaron a los judíos.

9 Hablando y diciendo al rey Nabucodonosor: Rey, para siempre vive.

10 Tú, oh rey, diste una ley que todo hombre al oír el son de la bocina, de la flauta, del tamboril, del arpa, del salterio, de la zampoña, y de todo instrumento de música, se postrase y adorase la estatua de oro;

11 y el que no se postrase y adorase, fuese echado dentro de un horno de fuego ardiendo.

12 Hay unos varones judíos, ʲlos cuales pusiste tú sobre los negocios de la provincia de Babilonia; Sadrac, Mesac y Abed-nego; estos varones, oh rey, no han hecho cuenta de ti; no adoran a tus dioses ni adoran la estatua de oro que tú levantaste.

13 Entonces Nabucodonosor con ira y con enojo mandó que trajesen a Sadrac, Mesac y Abed-nego. Y al punto fueron traídos estos varones delante del rey.

14 Habló Nabucodonosor, y les dijo: ¿*Es* verdad Sadrac, Mesac y Abed-nego, que vosotros no honráis a mis dioses, ni adoráis la estatua de oro que he levantado?

15 Ahora, pues, ¿estáis dispuestos para que al oír el son de la bocina, de la flauta, del tamboril, del arpa, del salterio, de la zampoña, y de todo instrumento de música, os postréis y adoréis la estatua que he hecho? Porque si no la adorareis, en la

El Hijo de Dios

misma hora seréis echados en medio de un horno de fuego ardiendo; ª¿y quién será el Dios que os pueda librar de mis manos?

16 Sadrac, Mesac y Abed-nego respondieron y dijeron al rey Nabucodonosor: No tenemos necesidad de responderte sobre este asunto.

17 He aquí nuestro Dios a quien servimos, puede librarnos del horno de fuego ardiendo; y de tu mano, oh rey, nos librará.

18 Y si no, sepas, oh rey, que no serviremos a tus dioses, ni tampoco adoraremos la estatua de oro que has levantado.

19 Entonces Nabucodonosor se llenó de ira, y se demudó el aspecto de su rostro contra Sadrac, Mesac y Abed-nego; por lo cual habló, y ordenó que el horno se calentase siete veces más de lo que solían calentarlo.

20 Y mandó a hombres muy vigorosos que tenía en su ejército, que atasen a Sadrac, Mesac y Abed-nego, para echarlos en el horno de fuego ardiendo.

21 Entonces estos varones fueron atados con sus mantos, y sus calzas, y sus mitras, y sus *demás* vestiduras, y fueron echados dentro del horno de fuego ardiendo.

22 Y porque la orden del rey era apremiante, y habían calentado mucho el horno, la llama del fuego mató a aquellos que habían alzado a Sadrac, Mesac y Abed-nego.

23 Y estos tres varones, Sadrac, Mesac y Abed-nego, cayeron atados dentro del horno de fuego ardiendo.

24 Entonces el rey Nabucodonosor se espantó, y se levantó ʲde prisa, y habló, y dijo a ᵏlos de su consejo: ¿No echaron tres varones atados dentro del fuego? Ellos respondieron y dijeron al rey: Es verdad, oh rey.

25 Respondió él y dijo: He aquí yo veo cuatro varones sueltos, que se pasean en medio del fuego, y ningún daño hay en ellos; y el parecer del cuarto es semejante ⁿal Hijo de Dios.

26 Entonces Nabucodonosor se acercó a la puerta del horno de fuego ardiendo y habló y dijo: Sadrac, Mesac y Abed-nego, siervos del Dios Altísimo, salid y venid.

DANIEL 4

Entonces Sadrac, Mesac y Abed-nego salieron de en medio del fuego.

27 Y se juntaron los grandes, los gobernadores, los capitanes, y los del consejo del rey, para mirar estos varones, ᵇcómo el fuego no se enseñoreó de sus cuerpos, ni cabello de sus cabezas fue quemado, ni sus ropas se mudaron, ni olor de fuego había pasado por ellos.

28 Nabucodonosor habló y dijo: Bendito el Dios de ellos, de Sadrac, Mesac y Abed-nego, ᶜque envió su Ángel, y libró sus siervos que esperaron en Él, y el mandamiento del rey mudaron, y entregaron sus cuerpos antes que servir o adorar a otro dios que su Dios.

29 Por tanto, yo decreto que todo pueblo, nación o lengua, que dijere blasfemia contra el Dios de Sadrac, Mesac y Abed-nego, ᵈsea descuartizado, y su casa sea puesta por muladar; por cuanto ᵉno hay otro Dios que pueda librar como Éste.

30 Entonces el rey engrandeció a Sadrac, Mesac y Abed-nego en la provincia de Babilonia.

CAPÍTULO 4

Nabucodonosor rey, ᶠa todos los pueblos, naciones y lenguas que moran en toda la tierra: ᵍPaz os sea multiplicada:

2 Me ha parecido bien publicar las señales y milagros que ʰel Dios Altísimo ha hecho conmigo.

3 ¡Cuán grandes *son* sus señales, y cuán poderosas sus maravillas! Su reino, ⁱreino sempiterno, y su señorío de generación en generación.

4 Yo Nabucodonosor estaba tranquilo en mi casa, y próspero en mi palacio.

5 Vi un sueño que me espantó, y ˡlas imaginaciones y visiones de mi cabeza me turbaron en mi cama.

6 ᵐPor lo cual yo di mandamiento para hacer venir delante de mí a todos los sabios de Babilonia, a fin de que me hiciesen saber la interpretación del sueño.

7 Y vinieron magos, astrólogos, caldeos y adivinos; y dije el sueño delante de ellos, mas ellos no me dieron a conocer su interpretación;

---

a cp 6:20
Éx 5:2
2 Re 18:35

b Heb 11:34

c cp 6:22
Sal 34:7
Mt 18:10

d cp 2:5

e cp 6:27

f cp 3:4 6:25

g 1 Pe 1:2
2 Pe 1:2

h cp 3:26

i cp 2:44

j cp 2:25
k cp 4:36
y 6:7
l cp 7:28

m cp 3:29

n ver 28

DANIEL 4 — Sueño del árbol grande y frondoso

8 Hasta que entró delante de mí Daniel, [a]cuyo nombre *es* Beltsasar, como el nombre de mi dios, y [b]en el cual hay espíritu de los dioses santos, y dije el sueño delante de él, *diciendo*:

9 Beltsasar, [c]príncipe de los magos, ya que he entendido que hay en ti espíritu de los dioses santos, y que ningún misterio se te esconde, dime las visiones de mi sueño que he visto, y su interpretación.

10 Éstas *son* las visiones de mi cabeza *cuando estaba* en mi cama: Me parecía que veía un árbol [f]en medio de la tierra, cuya altura era grande.

11 Crecía este árbol, y se hacía fuerte, y su altura llegaba hasta el cielo, y su vista hasta el cabo de toda la tierra.

12 Su follaje *era* hermoso, y su fruto en abundancia, y para todos había en él mantenimiento. Debajo de él se ponían a la sombra [g]las bestias del campo, y en sus ramas hacían morada las aves del cielo, y se mantenía de él toda carne.

13 Veía en las visiones de mi cabeza *estando* en mi cama, y he aquí que [i]un vigilante y [j]santo descendía del cielo.

14 Y clamaba fuertemente y decía así: [k]Derribad el árbol, y cortad sus ramas, quitadle su follaje y desparramad su fruto; váyanse las bestias que están debajo de él, y las aves de sus ramas.

15 Mas la cepa de sus raíces dejaréis en la tierra, y con atadura de hierro y de bronce entre la hierba del campo; y sea mojado con el rocío del cielo, y su parte con las bestias en la hierba de la tierra.

16 Sea mudado su corazón de hombre, y le sea dado corazón de bestia, y [n]pasen sobre él siete tiempos.

17 La sentencia *es* por decreto de los vigilantes, y por dicho de los santos la demanda: [o]para que conozcan los vivientes que [p]el Altísimo señorea en el reino de los hombres, y que a quien Él quiere lo da, y constituye sobre él al más bajo de los hombres.

18 Yo el rey Nabucodonosor he visto este sueño. Tú, pues, Beltsasar, dirás la interpretación de él, porque todos [q]los sabios de mi reino no han podido mostrarme su interpretación; mas tú puedes, porque *hay* en ti espíritu de los dioses santos.

19 Entonces Daniel, cuyo nombre *era* Beltsasar, estuvo atónito por una hora, y sus pensamientos lo espantaban: El rey habló, y dijo: Beltsasar, no te espante el sueño ni su interpretación. Respondió Beltsasar, y dijo: Señor mío, [d]el sueño sea para los que te aborrecen, y su interpretación para tus enemigos.

20 El árbol que viste, [e]que crecía y se hacía fuerte, y que su altura llegaba hasta el cielo, y que era visible a toda la tierra;

21 y cuyo follaje *era* hermoso, y su fruto en abundancia, y que para todos había mantenimiento en él; debajo del cual moraban las bestias del campo, y en sus ramas habitaban las aves del cielo,

22 *eres* tú mismo, oh rey, que creciste, y te hiciste fuerte, pues creció tu grandeza, y ha llegado hasta el cielo, y [h]tu señorío hasta el cabo de la tierra.

23 Y en cuanto a lo que vio el rey, un vigilante y santo que descendía del cielo, y decía: Cortad el árbol y destruidlo; mas la cepa de sus raíces dejaréis en la tierra, y con atadura de hierro y de bronce en la hierba del campo; y sea mojado con el rocío del cielo, y su parte *sea* con las bestias del campo, hasta que pasen sobre él siete tiempos;

24 ésta *es* la interpretación, oh rey, y la sentencia del Altísimo, que ha venido sobre el rey mi señor:

25 Que [l]te echarán de entre los hombres, y con las bestias del campo será tu morada, y [m]te harán comer hierba del campo, como los bueyes, y con rocío del cielo serás bañado; y siete tiempos pasarán sobre ti, hasta que entiendas que el Altísimo señorea en el reino de los hombres, y que a quien Él quiere lo da.

26 Y lo que dijeron, que dejasen *en la tierra* la cepa de las raíces del mismo árbol, significa que tu reino te quedará firme, luego que reconozcas que el señorío es de los cielos.

27 Por tanto, oh rey, acepta mi consejo, y rompe con tus pecados haciendo justicia, y con tus iniquidades mostrando misericordia

---

a cp 1:7
b vers 9,18
c cp 2:41
d 1 Sm 25:26
  2 Sm 18:32
e vers 10,11
f Ez 31:3
g Ez 17:23
  y 31:6
h Jer 27:6-8
i cp 3:4 6:25
j Dt 33:2-3
  Zac 14:5
  Jud 14
k Mt 3:10
l cp 5:21
m Sal 106:20
n cp 7:25
  y 11:13
o Sal 9:16
p cp 2:21
  y 5:21
q cp 5:8,15

La locura de Nabucodonosor

para con los pobres; que tal vez será eso una prolongación de tu tranquilidad.

28 Todo esto vino sobre el rey Nabucodonosor.

29 Al cabo de doce meses, paseando en el palacio del reino de Babilonia,

30 habló el rey, y dijo: ¿No es ésta la gran Babilonia, que yo edifiqué para ^dcasa del reino, con la fuerza de mi poder, y para gloria de mi grandeza?

31 Aún *estaba* la palabra en la boca del rey, cuando descendió una voz del cielo, *diciendo*: A ti se te dice, rey Nabucodonosor; el reino es traspasado de ti:

32 Y de entre los hombres te echan, y con las bestias del campo *será* tu morada, y como a los bueyes te apacentarán: y siete tiempos pasarán sobre ti, hasta que reconozcas que el Altísimo señorea en el reino de los hombres, y que a quien Él quiere lo da.

33 En la misma hora se cumplió la palabra sobre Nabucodonosor, y fue echado de entre los hombres; y comía hierba como los bueyes, y su cuerpo se bañaba con el rocío del cielo, hasta que su pelo creció como *las plumas* de águila, y sus uñas como de aves.

34 Mas al fin del tiempo yo Nabucodonosor alcé mis ojos al cielo, y mi sentido me fue vuelto; y bendije al Altísimo, y alabé y glorifiqué al que vive para siempre; porque su señorío *es* eterno, y su reino por todas las edades.

35 Y todos los moradores de la tierra son estimados como nada, y Él hace según su voluntad en el ejército del cielo, y en los habitantes de la tierra; y ^mno hay quien estorbe su mano y le diga: ⁿ¿Qué haces?

36 En el mismo tiempo mi sentido me fue vuelto, y la majestad de mi reino, mi dignidad y mi grandeza volvieron a mí, y mis gobernadores y mis grandes me buscaron; y fui restituido a mi reino, y mayor grandeza me fue añadida.

37 Ahora yo Nabucodonosor ^oalabo, engrandezco y glorifico al Rey del cielo, ^pporque todas sus obras *son* verdad, y sus caminos juicio; y humillar puede a ^qlos que andan con soberbia.

---

a cp 7:1 y 8:1

b Esd 5:14
6:5 y 7:19
c Jer 52:19
d Am 7:13

e ver 23
cp 4:34-37

f Is 5:27
g Sal 69:23
h Nah 2:10
i cp 2:2 y 4:6
j cp 2:12
k cp 2:6

l cp 6:2

m Is 14:27
n Job 9:12
Rm 9:20

o ver 34
cp 5:4
p Dt 32:4
Sal 33:4
Ap 15:3
q cp 5:20

CAPÍTULO 5

El rey^a Belsasar hizo un gran banquete a mil de sus príncipes, y en presencia de los mil bebía vino.

2 Belsasar, con el gusto del vino, mandó ^bque trajesen los vasos de oro y de plata que ^cNabucodonosor, su padre, había sacado del templo de Jerusalén; para que bebiesen en ellos el rey y sus príncipes, sus esposas y sus concubinas.

3 Entonces fueron traídos los vasos de oro que habían sido sacados del templo, de la casa de Dios que *estaba* en Jerusalén, y bebieron en ellos el rey y sus príncipes, sus esposas y sus concubinas.

4 Bebieron vino, y ^ealabaron a los dioses de oro y de plata, de bronce, de hierro, de madera y de piedra.

5 En aquella misma hora salieron unos dedos de mano de hombre, y escribían delante del candelero sobre lo encalado de la pared del palacio real, y el rey veía la palma de la mano que escribía.

6 Entonces se demudó el semblante del rey, y sus pensamientos lo turbaron, y se soltaron ^flas coyunturas de sus ^glomos, y ^hsus rodillas se batían la una con la otra.

7 El rey gritó en alta voz ⁱque hiciesen venir magos, caldeos, y adivinos. Habló el rey, y dijo a ^jlos sabios de Babilonia: ^kCualquiera que leyere esta escritura y me mostrare su interpretación, será vestido de púrpura, y *tendrá* collar de oro a su cuello; ^ly gobernará como el tercero en el reino.

8 Entonces fueron introducidos todos los sabios del rey, y no pudieron leer la escritura, ni mostrar al rey su interpretación.

9 Entonces el rey Belsasar se turbó en gran manera, y se le demudó su semblante y sus príncipes quedaron atónitos.

10 La reina, por las palabras del rey y de sus príncipes, entró a la sala del banquete. Y habló la reina, y dijo: Rey, para siempre vive, no te asombren tus pensamientos, ni se demude tu semblante.

11 En tu reino hay un varón, en el cual mora el espíritu de los dioses

santos; y en los días de tu padre se halló en él luz e inteligencia y sabiduría, como la sabiduría de los dioses; al cual tu padre, el rey Nabucodonosor, *digo*, ᵇtu padre el rey, constituyó príncipe sobre todos los magos, astrólogos, caldeos y adivinos;

12 por cuanto fue hallado en él un mayor espíritu, y conocimiento e inteligencia, *para* interpretar sueños, declarar enigmas, y deshacer dudas, *es decir*, en Daniel; ᵈal cual el rey puso por nombre Beltsasar. Llámese, pues, ahora a Daniel, y él mostrará la interpretación.

13 Entonces Daniel fue traído delante del rey. Y habló el rey, y dijo a Daniel: ¿*Eres* tú aquel Daniel ᵍde los hijos de la cautividad de Judá, que mi padre trajo de Judea?

14 Yo he oído de ti que el espíritu de los dioses santos *está* en ti, y que en ti se halló luz, y entendimiento y mayor sabiduría.

15 Y ahora fueron traídos delante de mí, sabios, astrólogos, que leyesen esta escritura, y me mostrasen su interpretación; pero no han podido mostrar la declaración del asunto.

16 Yo pues he oído de ti que puedes interpretar *sueños* y disolver las dudas. ʲSi ahora pudieres leer esta escritura, y mostrarme su interpretación, serás vestido de púrpura, y collar de oro tendrás en tu cuello, y en el reino serás el tercer señor.

17 Entonces Daniel respondió, y dijo delante del rey: ᵒTus dones sean para ti, y tus presentes dalos a otro. La escritura yo la leeré al rey, y le declararé la interpretación.

18 El Altísimo Dios, oh rey, ᑫdio a Nabucodonosor tu padre el reino, y la grandeza, y la gloria y la honra:

19 Y por la grandeza que le dio, todos los pueblos, naciones, y lenguas, ˢtemblaban y temían delante de él. A quien quería, mataba, y a quien quería, dejaba con vida; a quien quería, engrandecía, y a quien quería, humillaba.

20 Mas cuando su corazón ᵘse ensoberbeció, y su espíritu se endureció en altivez, fue depuesto del trono de su reino, y traspasaron de él la gloria;

21 Y ᵃfue echado de entre los hijos de los hombres; y su corazón fue hecho como el de las bestias, y con los asnos monteses fue su morada. Hierba le hicieron comer como a buey, y ᶜsu cuerpo fue bañado con el rocío del cielo, hasta que reconoció que el Altísimo Dios señorea en el reino de los hombres, y que pone sobre él a quien le place.

22 Y tú, su hijo Belsasar, no has humillado tu corazón, sabiendo todo esto;

23 sino que contra ᵉel Señor del cielo te has ensoberbecido, ᶠe hiciste traer delante de ti los vasos de su casa, y tú y tus príncipes, tus esposas y tus concubinas habéis bebido vino en ellos; además de esto ʰdiste alabanza a dioses de plata y de oro, de bronce, de hierro, de madera y de piedra, que ni ven, ni oyen ni saben; y al Dios en cuya mano *está* tu vida y de quien *son* todos tus caminos, no honraste.

24 ⁱEntonces de su presencia fue enviada la palma de la mano que esculpió esta escritura.

25 Y la escritura que esculpió *es*: MENE, MENE, TEKEL, UPARSIN.

26 Ésta *es* la interpretación del asunto: MENE: Contó Dios tu reino, y le ha puesto fin.

27 TEKEL: ᵏPesado has sido en balanza y fuiste hallado falto.

28 PERES: Tu reino ha sido dividido y dado a los ˡmedos y a los ᵐpersas.

29 Entonces, mandándolo Belsasar, ⁿvistieron a Daniel de púrpura, y le pusieron un collar de oro en su cuello, y pregonaron acerca de él, que él sería el tercer señor en el reino.

30 ᵖEn esa misma noche fue muerto Belsasar, rey de los caldeos.

31 Y Darío de Media ʳtomó el reino, *siendo* de sesenta y dos años.

CAPÍTULO 6

Pareció bien a Darío constituir sobre ᵗel reino ciento veinte gobernadores, que estuviesen en todo el reino.

2 Y sobre ellos ᵛtres presidentes (de los cuales Daniel *era* el primero), a quienes estos gobernadores diesen cuenta, para que el rey no recibiese daño.

Daniel en el foso de los leones

DANIEL 6

3 Pero el mismo Daniel era más estimado que estos gobernadores y presidentes, porque ᵇen él *había* un espíritu excelente; y el rey pensaba en ponerlo sobre todo el reino.

4 Entonces los presidentes y gobernadores buscaban ocasión contra Daniel por parte del reino; mas no podían hallar alguna ocasión o falta, porque él era fiel, y ningún vicio ni falta fue hallado en él.

5 Entonces dijeron aquellos hombres: No hallaremos contra este Daniel ocasión alguna, si no *la* hallamos contra él en relación a la ley de su Dios.

6 Entonces estos gobernadores y presidentes se juntaron delante del rey, y le dijeron así: Rey Darío, para siempre vive:

7 Todos los presidentes del reino, magistrados, gobernadores, grandes y ᶜcapitanes, han acordado por consejo promulgar un real edicto, y confirmarlo, que cualquiera que demandare petición de cualquier dios u hombre en el espacio de treinta días, excepto de ti, oh rey, sea echado en el foso de los leones.

8 Ahora, oh rey, confirma el edicto, y firma la escritura, para que no pueda ser cambiada, conforme a la ᶠley de Media y de Persia, la cual no puede ser revocada.

9 Firmó, pues, el rey Darío la escritura y el edicto.

10 Y Daniel, cuando supo que la escritura estaba firmada, entró en su casa, y abiertas las ventanas de su cámara que estaban ʰhacia Jerusalén, ʲse hincaba de rodillas tres veces al día, y oraba, y daba gracias delante de su Dios, como lo solía hacer antes.

11 Entonces se juntaron aquellos hombres, y hallaron a Daniel orando y suplicando delante de su Dios.

12 Se llegaron luego, y hablaron delante del rey acerca del edicto real: ¿No has confirmado edicto que cualquiera que pidiere a cualquier dios u hombre en el espacio de treinta días, excepto a ti, oh rey, fuese echado en el foso de los leones? Respondió el rey y dijo: Verdad *es*, ⁿconforme a la ley de Media y de Persia, la cual no se abroga.

13 Entonces respondieron y dijeron delante del rey: Ese Daniel, ᵃque es de los hijos de la cautividad de los judíos, no ha hecho cuenta de ti, oh rey, ni del edicto que confirmaste; antes tres veces al día hace su petición.

14 Entonces el rey, al oír *estas* palabras, se disgustó mucho consigo mismo y dispuso su corazón para librar a Daniel, y trabajó hasta la puesta del sol para librarlo.

15 Pero aquellos hombres se reunieron cerca del rey, y dijeron al rey: Sepas, oh rey, que *es* ley de Media y de Persia, que ningún decreto u ordenanza que el rey confirmare puede ser cambiado.

16 Entonces el rey mandó, y trajeron a Daniel, y *le* echaron en el foso de los leones. Y hablando el rey dijo a Daniel: El Dios tuyo, a quien tú continuamente sirves, Él te librará.

17 Y fue traída una piedra, ᵈy puesta sobre la puerta del foso, la cual ᵉselló el rey con su anillo, y con el anillo de sus príncipes, para que el acuerdo acerca de Daniel no se cambiase.

18 Se fue luego el rey a su palacio, y pasó la noche en ayuno; ni instrumentos de música fueron traídos delante de él, y se le fue el sueño.

19 Entonces el rey se levantó muy de mañana, y fue aprisa al foso de los leones;

20 y llegándose cerca del foso llamó a voces a Daniel con voz triste. Y el rey habló a Daniel y le dijo: Daniel, siervo del ᵍDios viviente, ʰel Dios tuyo, a quien tú continuamente sirves ¿te ha podido librar de los leones?

21 Entonces habló Daniel con el rey: ᵏOh rey, para siempre vive.

22 El Dios mío ˡenvió su ángel, el cual ᵐcerró la boca de los leones, para que no me hiciesen mal; porque delante de Él fui hallado inocente; y aun delante de ti, oh rey, yo no he hecho ningún mal.

23 Entonces se alegró el rey en gran manera a causa de él, y mandó sacar a Daniel del foso. Y Daniel fue sacado del foso, y ninguna lesión se halló en él, porque creyó en su Dios.

24 Y el rey ordenó que fueran traídos aquellos hombres que habían acusado a Daniel, y fueron echados

---

a cp 1:6
b cp 5:12

c Esd 5:14
d Lm 3:53
e Mt 27:66

f Est 1:19
y 8:8

g ver 26
h cp 3:15
i 1 Re 8:44
Sal 5:7 y 28:2
j Sal 95:6
k ver 6
l cp 3:28
m Heb 11:33

n ver 8

en el foso de los leones, ªellos, sus hijos y sus esposas; y aún no habían llegado al suelo del foso, cuando los leones se apoderaron de ellos, y quebraron todos sus huesos.

25 Entonces el rey Darío escribió ᶜa todos los pueblos, naciones, y lenguas, que habitan en toda la tierra: Paz os sea multiplicada:

26 De parte mía es puesta ordenanza, que en todo el señorío de mi reino todos teman y tiemblen ante la presencia del Dios de Daniel; porque ᶠÉl *es* ᵍel Dios viviente y permanece por la eternidad, y su reino no será destruido, y su señorío *permanecerá* hasta el fin.

27 Que salva y libra, y hace señales y maravillas en el cielo y en la tierra; el cual libró a Daniel del poder de los leones.

28 Y este Daniel fue prosperado durante el reinado de Darío, y durante el reinado de ˡCiro, el persa.

CAPÍTULO 7

En el primer año de ᵒBelsasar, rey de Babilonia, tuvo Daniel un sueño y visiones de su cabeza *estando* en su cama; luego escribió el sueño, y relató la suma de los asuntos.

2 Habló Daniel y dijo: Veía yo en mi visión de noche, y he aquí que los cuatro vientos del cielo combatían en el gran mar.

3 Y cuatro bestias grandes, diferentes la una de la otra, ˢsubían del mar.

4 La primera era ᵗcomo un león, y tenía alas de águila. Yo estaba mirando hasta que sus alas fueron arrancadas, y fue levantada de la tierra; y se paró sobre los pies como un hombre, y le fue dado corazón de hombre.

5 Y he aquí otra segunda ᵛbestia, semejante a un oso, la cual se puso a un lado, y *tenía* en su boca tres costillas entre los dientes; y le fue dicho así: Levántate, traga mucha carne.

6 Después de esto yo miraba, y he aquí otra, semejante a un leopardo, y tenía cuatro alas de ave en sus espaldas: tenía también esta bestia ᵃcuatro cabezas; y le fue dado dominio.

a Est 9:10

b cp 2:41

c cp 4:1

d Ap 13:1
y 17:12

e cp 8:9

f Rt 1:16
Esd 1:3

g Sal 42:2

h Ap 9:7

i Ap 13:5-6

j Ap 4:2
y 20:4

k Ap 1:14

l cp 10:1

m Ez 1:15-16

n Ap 5:11

o cp 5:1

p Ap 11:18
y 20:4

q Ap 20:12

r Ap 19:20
y 20:10

s Ap 13:1-2

t Dt 28:49
Jer 4:13

u Jn 5:25-27
Ap 1:13

v cp 2:39

x Sal 2:6-8
8:6 y 110:1-2
y Ap 11:15
y 22:5

z cp 16:14
y 28:15

a cp 8:8
y 11:3

La visión de las cuatro bestias

7 Después de esto miraba yo en las visiones de la noche, y he aquí la cuarta bestia, espantosa y terrible y en gran manera fuerte; la cual tenía ᵇunos dientes grandes de hierro: devoraba y desmenuzaba, y las sobras hollaba con sus pies; y era muy diferente de todas las bestias que habían sido antes de ella, ᵈy tenía diez cuernos.

8 Y mientras yo contemplaba los cuernos, he aquí que ᵉotro cuerno pequeño subía entre ellos, y delante de él fueron arrancados tres cuernos de los primeros; y he aquí, en este cuerno *había* ojos como ojos ʰde hombre, ⁱy una boca que hablaba grandezas.

9 Estuve mirando ʲhasta que fueron puestos unos tronos. Y el Anciano de días se sentó, ᵏcuya vestidura era blanca como la nieve, y el cabello de su cabeza como lana pura; su trono *era como* llama de fuego, y ᵐsus ruedas, *como* fuego ardiente.

10 Un río de fuego procedía y salía de delante de Él: ⁿmillares de millares le servían, y millones de millones asistían delante de Él. ᵖEl Juez se sentó, y ᵠlos libros fueron abiertos.

11 Yo entonces miraba a causa de la voz de las grandes palabras que hablaba el cuerno; miré ʳhasta que mataron a la bestia, y su cuerpo fue destrozado y entregado para ser quemado en el fuego.

12 Habían también quitado a las otras bestias su dominio, y les había sido dada prolongación de vida hasta cierto tiempo.

13 Miraba yo en las visiones de la noche, y he aquí en las nubes del cielo *uno* ᵘcomo el Hijo del Hombre que vino al Anciano de días, y le hicieron llegar delante de Él.

14 ˣY le fue dado dominio, gloria y reino, para que todos los pueblos, naciones y lenguas le sirvieran; ʸsu dominio *es* dominio eterno, que no pasará, y su reino *uno* que no será destruido.

15 Yo Daniel, fui turbado en mi espíritu en medio de *mi* cuerpo, y las visiones de mi cabeza me asombraron.

16 Me acerqué a uno de los que asistían, y le pregunté la verdad

acerca de todo esto. Y me habló, y me dio a conocer la interpretación de las cosas.

17 Estas cuatro grandes bestias, *son* cuatro reyes *que* se levantarán en la tierra.

18 Después tomarán el reino los santos del Altísimo, y ᵇposeerán el reino por siempre, eternamente y para siempre.

19 Entonces quise saber la verdad acerca de la cuarta bestia, que tan diferente era de todas las otras, espantosa en gran manera, que tenía dientes de hierro, y sus uñas de bronce, que devoraba y desmenuzaba, y las sobras hollaba con sus pies;

20 Asimismo acerca de los diez cuernos que *tenía* en su cabeza, y ᶠdel otro que había subido, de delante del cual habían caído tres; y este mismo cuerno tenía ojos, y boca que hablaba grandezas, y parecía más grande que sus compañeros.

21 Y veía yo que ᵍeste cuerno hacía guerra contra los santos, y los vencía,

22 hasta tanto que vino el Anciano de días, y se dio el juicio a los santos del Altísimo; y vino el tiempo, y los santos poseyeron el reino.

23 Dijo así: La cuarta bestia será un cuarto reino en la tierra, el cual será diferente de todos los *otros* reinos, y a toda la tierra devorará, y la hollará y la despedazará.

24 Y los diez cuernos significan que de aquel reino se levantarán diez reyes; y tras ellos se levantará otro, el cual será diferente de los primeros, y a tres reyes subyugará.

25 Y hablará palabras contra ʲel Altísimo, y a los santos del Altísimo afligirá, y ˡpensará en mudar los tiempos y la ley; y serán entregados en su mano ᵐhasta un tiempo, y tiempos, y el medio de un tiempo.

26 Pero se sentará el Juez, y le quitarán su dominio, para que sea destruido y arruinado hasta el extremo;

27 y que el reino, el dominio y la majestad de los reinos debajo de todo el cielo, sea dado al pueblo de los santos del Altísimo; ⁿcuyo reino *es* reino eterno, y todos los dominios le servirán y obedecerán.

a cp 8:27
y 10:8

b Mt 25:34
Ap 20:4
y 22:5
c cp 5:1
d cp 7:1

e Neh 1:1

f ver 8

g cp 8:12
y 11:31
Ap 11:7
h cp 11:40
i cp 11:3

j cp 8:24-25
y 11:36
k cp 11:11
l cp 2:21
m cp 12:7
Ap 12:14

n ver 14
o cp 7:8

28 Hasta aquí *fue* el fin del asunto. En cuanto a mí, ᵃDaniel, mucho me turbaron mis pensamientos, y mi rostro se demudó, pero guardé el asunto en mi corazón.

CAPÍTULO 8

En el año tercero del reinado del rey ᶜBelsasar, me apareció una visión a mí, Daniel, después de aquella ᵈque me había aparecido antes.

2 Vi en visión, y sucedió cuando la vi, que yo *estaba* en ᵉSusán, que *es* cabecera del reino en la provincia de Elam; vi, pues, en visión, estando junto al río Ulai.

3 Y alcé mis ojos, y miré, y he aquí un carnero que estaba delante del río, el cual *tenía* dos cuernos; y los dos cuernos *eran* altos, pero uno *era* más alto que el otro; y el más alto subió a la postre.

4 Vi que el carnero hería con los cuernos ʰal poniente, al norte y al sur, y que ninguna bestia podía mantenerse de pie delante de él, ni *había* quien librara de su mano; y ⁱhacía conforme a su voluntad, y se engrandecía.

5 Y mientras yo consideraba, he aquí un macho cabrío venía de la parte del poniente sobre la faz de toda la tierra, el cual no tocaba la tierra; y aquel macho cabrío *tenía* un cuerno notable entre sus ojos.

6 Y vino hasta el carnero que tenía los *dos* cuernos, al cual yo había visto que estaba delante del río, y corrió contra él con la ira de su poder.

7 Y lo vi que llegó junto al carnero, ᵏy se levantó contra él, y lo hirió, y quebró sus dos cuernos, porque en el carnero no había fuerzas para pararse delante de él; lo derribó, por tanto, en tierra, y lo pisoteó; y no hubo quien librase al carnero de su mano.

8 Y el macho cabrío se engrandeció en gran manera; y estando en su mayor fuerza, aquel gran cuerno fue quebrado, y en su lugar subieron otros cuatro *cuernos* notables hacia los cuatro vientos del cielo.

9 Y de uno de ellos salió ᵒun cuerno pequeño, el cual creció mucho al sur, y al oriente y hacia la *tierra* gloriosa.

Daniel enfermo y quebrantado

10 Y se engrandeció hasta el ejército del cielo; y *parte* del ejército y de las estrellas echó por tierra y las pisoteó.

11 Aun contra el príncipe de la fortaleza se engrandeció, y por él fue quitado [b]el continuo *sacrificio*, y el lugar de su santuario fue echado por tierra.

12 Y el ejército le fue entregado a causa de la prevaricación sobre el continuo *sacrificio*; y echó por tierra la verdad, e hizo cuanto quiso, y prosperó.

13 Y oí a [d]un santo que hablaba; y otro de los santos dijo a aquél que hablaba: ¿Hasta cuándo durará la visión del continuo *sacrificio*, y la prevaricación asoladora que pone el santuario y el ejército para ser hollados?

14 Y él me dijo: Hasta dos mil trescientas tardes y mañanas; y el santuario será purificado.

15 Y aconteció que mientras yo Daniel consideraba la visión, y buscaba su significado, he aquí uno con apariencia de hombre se puso delante de mí.

16 Y oí una voz de hombre entre *las riberas* de [j]Ulai, que gritó y dijo: [k]Gabriel, enseña a éste la visión.

17 Vino luego cerca de donde yo estaba; y con su venida me asombré, y caí sobre mi rostro. Pero él me dijo: Entiende, hijo de hombre, porque la visión *será* para el tiempo del fin.

18 Y mientras él hablaba conmigo, caí dormido en tierra sobre mi rostro; y él me tocó, y me hizo estar en pie.

19 Y dijo: He aquí yo te enseñaré lo que ha de venir en el fin de la ira: porque al tiempo señalado el fin *se cumplirá*:

20 [o]Aquel carnero que viste, que tenía *dos* cuernos, *son* los reyes de Media y de Persia.

21 Y [p]el macho cabrío *es* el rey de Grecia; y el cuerno grande que tenía entre sus ojos *es* [q]el rey primero.

22 Y *en cuanto al cuerno* que fue quebrado y sucedieron cuatro en su lugar, significa que cuatro reinos se levantarán de esa nación, mas no con la fuerza de él.

23 Y al fin del reinado de éstos, cuando los transgresores hayan llegado a su colmo, se levantará un rey altivo de rostro, y entendido en enigmas.

24 Y su poder se fortalecerá, mas [a]no por su propio poder; y destruirá maravillosamente, y prosperará; y hará arbitrariamente y destruirá a los fuertes y al pueblo de los santos.

25 Y con [c]su sagacidad hará prosperar el engaño en su mano; y en su corazón se engrandecerá, y con paz destruirá a muchos; y contra el Príncipe de los príncipes se levantará; mas [e]sin mano será quebrantado.

26 Y la visión [f]de la tarde y la mañana que está dicha, es verdadera; y tú [g]guarda la visión, porque *es* para muchos días.

27 Y yo Daniel desfallecí, y estuve enfermo *algunos* días; y cuando convalecí, [h]atendí el asunto del rey; mas yo estaba espantado acerca de la visión, y no había quien la entendiese.

a Ap 17:17
b cp 11:31
y 12:11
c cp 11:23
d cp 4:13
e cp 2:34
f ver 14
g cp 12:4
h cp 6:2-3
i cp 11:1
j ver 2
k cp 9:21
Lc 1:19:26
l Jer 25:12
m Neh 1:4
n Esd 10:1
Neh 1:6
o ver 3
p ver 5
q cp 11:3
r 2 Cr 36:15

CAPÍTULO 9

En [i]el año primero de Darío, hijo de Asuero, de la nación de los medos, el cual fue puesto por rey sobre el reino de los caldeos;

2 en el año primero de su reinado, yo Daniel miré atentamente en los libros el número de los años, de los cuales vino palabra de Jehová al [l]profeta Jeremías, que había de concluir la asolación de Jerusalén en setenta años.

3 Y volví mi rostro [m]al Señor Dios, buscándole en oración y ruego, en ayuno, y cilicio y ceniza.

4 Y [n]oré a Jehová mi Dios, y confesé, y dije: Oh Señor, Dios grande y digno de ser temido, que guardas el pacto y la misericordia con los que te aman y guardan tus mandamientos;

5 hemos pecado, hemos hecho iniquidad, hemos obrado impíamente, hemos sido rebeldes y nos hemos apartado de tus mandamientos y de tus juicios.

6 No hemos obedecido a [r]tus siervos los profetas que en tu nombre hablaron a nuestros reyes, a nuestros príncipes, a nuestros padres y a todo el pueblo de la tierra.

La oración de Daniel

7 Tuya oh Señor, es la justicia, y nuestra la confusión de rostro, como en el día de hoy *sucede* a todo hombre de Judá, y a los moradores de Jerusalén, y a todo Israel, a ᵇlos de cerca y a los de lejos, en todas las tierras adonde los has echado a causa de su rebelión con que contra ti se rebelaron.

8 Oh Jehová, nuestra es la confusión de rostro, de nuestros reyes, de nuestros príncipes, y de nuestros padres; porque contra ti pecamos.

9 Del Señor nuestro Dios es ᶜel tener misericordia, y el perdonar, aunque contra Él nos hemos rebelado;

10 y no obedecimos a la voz de Jehová nuestro Dios, para andar en sus leyes, las cuales Él puso delante de nosotros por medio de sus siervos los profetas.

11 ᶠY todo Israel traspasó tu ley apartándose para no oír tu voz: por lo cual ha caído sobre nosotros la maldición, y el juramento que *está* escrito ᵍen la ley de Moisés, siervo de Dios; porque contra Él pecamos.

12 Y Él ha confirmado su palabra que habló contra nosotros, y contra nuestros jueces que nos gobernaron, trayendo sobre nosotros tan grande mal; que nunca fue hecho debajo del cielo como fue hecho en Jerusalén.

13 Según *está* escrito en la ley de Moisés, todo este mal vino sobre nosotros; pero no hemos rogado a la faz de Jehová nuestro Dios, para convertirnos de nuestras maldades, y entender tu verdad.

14 Por tanto, ˡJehová veló sobre el mal, y lo trajo sobre nosotros; porque justo *es* Jehová nuestro Dios en todas sus obras que Él hace, porque no obedecimos a su voz.

15 Ahora pues, Señor Dios nuestro, que sacaste a tu pueblo de la tierra de Egipto con mano poderosa, y te hiciste nombre cual en este día; hemos pecado, impíamente hemos hecho.

16 Oh Señor, ᵖsegún todas tus justicias, apártese ahora tu ira y tu furor de sobre tu ciudad, Jerusalén, ᑫtu santo monte: porque a causa de nuestros pecados, y por la maldad de nuestros padres, ˢJerusalén y tu pueblo *son* el oprobio de todos en derredor nuestro.

DANIEL 9

17 Ahora pues, Dios nuestro, oye la oración de tu siervo, y sus súplicas, y ᵃhaz que tu rostro resplandezca sobre tu santuario asolado, por amor del Señor.

18 Inclina, oh Dios mío, tu oído, y oye; abre tus ojos, y mira nuestros asolamientos, y la ciudad sobre la cual es llamado tu nombre: porque no derramamos nuestros ruegos ante tu presencia confiados en nuestras justicias, sino en tus muchas misericordias.

19 Oye, Señor; oh Señor, perdona; presta oído, Señor, y haz; ᵈno pongas dilación, ᵉpor amor a ti mismo, Dios mío; porque tu nombre es invocado sobre tu ciudad y sobre tu pueblo.

20 Aún estaba yo hablando, y orando, y confesando mi pecado y el pecado de mi pueblo Israel, y presentaba mi súplica delante de Jehová mi Dios por el monte santo de mi Dios;

21 y todavía *estaba* yo hablando en oración, cuando aquel varón ʰGabriel, al cual había visto en visión al principio, volando con presteza, ⁱme tocó ʲcomo a la hora del sacrificio de la tarde.

22 Y me hizo entender, y habló conmigo, y dijo: Daniel, ahora he salido para darte sabiduría y entendimiento.

23 Al principio de tus súplicas fue dada la orden, y yo he venido para enseñártela, porque tú *eres* muy amado. Entiende, pues, el asunto, y considera la visión.

24 ᵏSetenta semanas están determinadas sobre tu pueblo y sobre tu santa ciudad, para acabar la prevaricación, y concluir el pecado, y expiar la iniquidad; ᵐy para traer la justicia eterna, y sellar la visión y la profecía, y ungir al ⁿSanto de los santos.

25 Sabe, pues, y entiende, *que* desde la salida de la orden para restaurar y edificar a Jerusalén hasta ᵒel Mesías Príncipe, *habrá* siete semanas, y sesenta y dos semanas; la plaza volverá a ser edificada, y el muro, ʳen tiempos angustiosos.

26 Y después de las sesenta y dos semanas ˢse quitará la vida al Mesías, ᵘmas no por sí; y el pueblo del príncipe que ha de venir, destruirá

---

a Nm 6:25
b Est 9:20

c Neh 9:17
Sal 130:4
d Sal 40:17
y 70:5
e Sal 79:9
y 102:15-16

f Is 1:4-6
Jer 8:5-10

g Lv 26:14
Dt 17:15

h cp 8:16

i cp 8:18

j 1 Re 18:36

k cp 10:2-3
Lv 25:8
l Jer 31:28
y 44:27
m Is 53:11

n Mr 1:24

o Jn 1:41
y 4:25
p Sal 31:1
q Zac 8:3
r Neh 4:8-18
s Lm 2:15-16
t Mr 9:12
Lc 24:26-46
u 1 Pe 2:21
y 3:18

la ciudad y el santuario; con inundación *será* el fin de ella, y hasta el fin de la guerra las asolaciones están determinadas.

27 Y por una semana confirmará el pacto con muchos, y a la mitad de la semana hará cesar el sacrificio y la ofrenda. Después con la muchedumbre de las abominaciones vendrá ªel desolar, aun hasta una entera consumación; y ᶜlo que está determinado se derramará sobre el pueblo asolado.

CAPÍTULO 10

En el tercer año de Ciro, rey de Persia, fue revelada palabra a Daniel, cuyo nombre era Beltsasar; y la palabra *era* verdadera, mas el tiempo fijado *era* largo; pero él comprendió la palabra, y tuvo inteligencia en la visión.

2 En aquellos días yo Daniel me contristé por espacio de tres semanas.

3 No comí pan delicado, ni entró carne ni vino en mi boca, ᵍni me unté con ungüento, hasta que se cumplieron tres semanas.

4 Y a los veinticuatro días del mes primero estaba yo a la orilla del gran río ʲHidekel;

5 y alzando mis ojos miré, y he aquí un varón ᵏvestido de lino, ˡy ceñidos sus lomos de oro de Ufaz:

6 Y su cuerpo *era* como el ᵐberilo, y su rostro ⁿparecía un relámpago, y sus ojos como antorchas de fuego, y sus brazos y sus pies como de color de bronce resplandeciente, y ᵒla voz de sus palabras como la voz de una multitud.

7 Y sólo yo, Daniel, vi aquella visión, y no la vieron los hombres que estaban conmigo; sino que cayó sobre ellos un gran temor y huyeron a esconderse.

8 Quedé, pues, yo solo, y vi esta gran visión, y no quedó fuerza en mí; antes mi fuerza se me cambió en debilidad, sin retener vigor alguno.

9 Y oí la voz de sus palabras: y cuando oí la voz de sus palabras, estaba yo en un profundo sueño sobre mi rostro, y mi rostro en tierra.

10 Y he aquí una mano me tocó e hizo que me pusiese sobre mis rodillas y *sobre* las palmas de mis manos.

11 Y me dijo: Daniel, varón muy amado, está atento a las palabras que te hablaré, y levántate sobre tus pies; porque a ti he sido enviado ahora. Y cuando él hablaba conmigo estas palabras, yo me puse de pie, temblando.

12 Entonces me dijo: Daniel, ᵇno temas: porque desde el primer día que diste tu corazón a entender, y a afligirte en la presencia de tu Dios, fueron oídas tus palabras; y a causa de tus palabras yo he venido.

13 Mas el príncipe del reino de Persia se puso contra mí veintiún días; y he aquí, ᵈMiguel, uno de los primeros príncipes, vino para ayudarme, y yo me quedé allí con los reyes de Persia.

14 Yo he venido para hacerte saber lo que ha de venir a tu pueblo ᵉen los postreros días; porque ᶠla visión *es* aún para *muchos* días;

15 y cuando él habló conmigo estas palabras, puse mi rostro en tierra, y enmudecí.

16 Y he aquí, uno ʰcon semejanza de hijo de hombre ⁱtocó mis labios. Entonces abrí mi boca y hablé, y dije a aquel que estaba delante de mí: Señor mío, con la visión se revolvieron mis dolores sobre mí, y no me quedó fuerza.

17 ¿Cómo, pues, podrá el siervo de mi señor hablar con este mi señor? Porque al instante me faltó la fuerza, y no me ha quedado aliento.

18 Entonces vino otra vez el que tenía semejanza de hombre y me tocó y me fortaleció;

19 y me dijo: ᵖVarón muy amado, no temas; la paz sea contigo; ᵍten buen ánimo y esfuérzate. Y cuando me habló recobré las fuerzas, y dije: Habla mi señor, porque me has fortalecido.

20 Y dijo: ¿Sabes por qué he venido a ti? Porque luego tengo que volver para pelear con ʳel príncipe de Persia; y saliendo yo, he aquí, el príncipe de ˢGrecia vendrá.

21 Pero yo te declararé lo que está anotado en ᵗla Escritura de la verdad. Y ninguno *hay* que se esfuerce conmigo en estas cosas, sino ᵘMiguel, vuestro príncipe.

Los reyes de Persia
CAPÍTULO 11

Y en ªel año primero de Darío el medo, yo estuve para animarlo y fortalecerlo.

2 Y ahora yo te mostraré la verdad. He aquí que aún habrá tres reyes en Persia, y el cuarto se hará de grandes riquezas más que todos; y fortificándose con sus riquezas, incitará a todos contra el reino de Grecia.

3 Se levantará luego ᵇun rey poderoso, el cual señoreará con gran dominio y hará según su voluntad.

4 Pero cuando se haya levantado, ᵈsu reino será quebrantado y repartido por los cuatro vientos del cielo; y no a sus descendientes, ni según el señorío con que él señoreó; porque su reino será arrancado, y *será* para otros fuera de ellos.

5 Y se hará fuerte el rey del sur; mas uno de sus príncipes se hará más fuerte que él; su dominio *será* un gran dominio.

6 Y al cabo de años harán alianza entre ellos, y la hija del rey del sur vendrá al rey del norte para hacer un convenio. Pero ella no podrá retener la fuerza del brazo; ni permanecerá él, ni su brazo; porque será entregada ella, y los que la habían traído, con el que la engendró y con el que la sostenía en *aquellos* tiempos.

7 Mas del renuevo de sus raíces se levantará uno en su lugar, el cual vendrá con ejército y entrará en la fortaleza del rey del norte, y peleará contra ellos y prevalecerá.

8 Y aun los dioses de ellos, con sus príncipes, con sus vasos preciosos de plata y de oro, llevará cautivos a Egipto; y por *muchos* años se mantendrá él contra el rey del norte.

9 Así entrará en *su* reino el rey del sur, y volverá a su tierra.

10 Mas sus hijos se airarán y reunirán una multitud de grandes ejércitos: y uno ciertamente vendrá y desbordará y pasará adelante; entonces volverá y llegará con ira hasta su fortaleza.

11 Por lo cual se enfurecerá el rey del sur, y saldrá y peleará con el rey del norte; y pondrá en marcha una gran multitud, y *toda* aquella multitud será entregada en su mano.

a cp 9:1

b cp 7:6 8:5
c Hch 13:27

d cp 8:8,22

e Job 20:8
Sal 37:36
Ez 26:21

DANIEL 11

12 Y la multitud se ensoberbecerá, se elevará su corazón, y derribará muchos millares; mas no prevalecerá.

13 Y el rey del norte volverá, y pondrá en campaña una multitud mayor que la primera, y al cabo de algunos años ciertamente vendrá con un gran ejército y muchas riquezas.

14 Y en aquellos tiempos se levantarán muchos contra el rey del sur; e hijos de disipadores de tu pueblo se levantarán ᶜpara confirmar la profecía, pero caerán.

15 Vendrá, pues, el rey del norte, y fundará baluartes, y tomará la ciudad fuerte; y los brazos del sur no podrán permanecer, ni su pueblo escogido, ni *habrá* fortaleza que pueda resistir.

16 Y el que vendrá contra él, hará conforme a su voluntad, y no habrá quien se pueda parar delante de él; y permanecerá en la tierra gloriosa, la cual será consumida por su poder.

17 Pondrá luego su rostro para venir con el poder de todo su reino; y hará con aquél cosas rectas, y le dará una hija de mujeres para corromperle; pero no le respaldará ni estará de su lado.

18 Volverá después su rostro a las islas, y tomará muchas; mas un príncipe le hará parar su afrenta, y aun tornará sobre él su oprobio.

19 Luego volverá su rostro a las fortalezas de su tierra; mas tropezará y caerá, ᵉy no será hallado.

20 Entonces se levantará en su lugar un recaudador de impuestos en la gloria del reino; pero a los pocos días será destruido, no en enojo, ni en batalla.

21 Y en su lugar se levantará un hombre vil, al cual no darán la honra del reino; pero vendrá con paz, y tomará el reino con halagos.

22 Y con los brazos de inundación serán inundados delante de él, y serán quebrantados; y aun también el príncipe del pacto.

23 Y después de la alianza *hecha* con él, él hará engaño, y subirá, y saldrá vencedor con poca gente.

24 Estando la provincia en paz y en abundancia, entrará y hará lo que no hicieron sus padres, ni los padres

Levantamiento de Miguel

de sus padres; presa, despojos y riquezas repartirá a sus soldados; y contra las fortalezas formará sus designios: y esto por un tiempo.

25 Y despertará sus fuerzas y su corazón contra el rey del sur con grande ejército; y el rey del sur se moverá a la guerra con grande y muy fuerte ejército; mas no prevalecerá, porque le harán traición.

26 Aun los que comen de su pan [a]le destruirán; y su ejército será destruido, y muchos caerán muertos.

27 Y el corazón de estos dos reyes *será* para hacer mal, y en una misma mesa tratarán mentira; mas no servirá de nada, porque el plazo aún *ha de venir* al tiempo señalado.

28 Y se volverá a su tierra con grande riqueza, y su corazón será contra el pacto santo; actuará, pues, *contra éste*, y se volverá a su tierra.

29 Al tiempo señalado volverá, y vendrá hacia el sur; mas no será la postrera venida como la primera.

30 Porque vendrán contra él naves de Quitim, y él se contristará, y volverá, y se enojará contra el pacto santo, y actuará *contra éste*; volverá, pues, y se entenderá con los que abandonan el santo pacto.

31 Y se levantarán brazos de su parte; y [e]contaminarán el santuario de fortaleza, y quitarán el continuo *sacrificio*, y pondrán la abominación desoladora.

32 Y con lisonjas hará pecar a los violadores del pacto; mas el pueblo que conoce a su Dios, se esforzará y hará *proezas*.

33 Y los sabios del pueblo instruirán a muchos; mas caerán a espada y a fuego, en cautividad y despojo, por *muchos* días.

34 Y en su caer serán ayudados de pequeño socorro; y muchos se juntarán a ellos con lisonjas.

35 Y *algunos* de los sabios [h]caerán para ser purificados, y limpiados, y emblanquecidos, hasta el tiempo determinado; porque aún para esto *hay* plazo.

36 Y el rey hará a su voluntad; y [k]se enaltecerá y se engrandecerá sobre todo dios; y contra [m]el Dios de los dioses hablará maravillas, y prosperará, hasta que sea consumada la ira; porque lo que está determinado se cumplirá.

37 Y del Dios de sus padres no se cuidará, ni del amor de las mujeres: ni se cuidará de dios alguno, porque sobre todo se engrandecerá.

38 Mas honrará en su lugar al dios de las fortalezas, dios que sus padres no conocieron; lo honrará con oro, y plata, y piedras preciosas, y con cosas de gran precio.

39 Y actuará contra los baluartes más fuertes con el dios ajeno que él reconocerá y colmará de honores; y los hará señorear sobre muchos, y por interés repartirá la tierra.

40 Pero [b]al cabo del tiempo el rey del sur se enfrentará con él; y el rey del norte se levantará contra él [c]como tempestad, con carros y gente de a caballo, y muchos navíos; y entrará por las tierras, y desbordará y pasará adelante.

41 Y vendrá a la tierra gloriosa, y muchas *naciones* caerán; mas éstas escaparán de su mano: [d]Edom y Moab, y lo mejor de los hijos de Amón.

42 Asimismo extenderá su mano contra las otras tierras, y no escapará el país de Egipto.

43 Y se apoderará de los tesoros de oro y plata, y de todas las cosas preciosas de Egipto. Libios y etíopes seguirán sus pasos.

44 Pero noticias del oriente y del norte lo estremecerán; y saldrá con grande ira para destruir y matar a muchos.

45 Y plantará las tiendas de su palacio [f]entre los mares, [g]en el monte deseable del santuario; y vendrá hasta su fin, y no tendrá quien le ayude.

CAPÍTULO 12

Y en aquel tiempo se levantará [i]Miguel, el gran príncipe que está por los hijos de tu pueblo; y será tiempo de angustia, [j]cual nunca fue después que hubo gente hasta entonces; mas en aquel tiempo será libertado tu pueblo, todos los que se hallen escritos en [l]el libro.

2 Y muchos de los que duermen en el polvo de la tierra serán despertados, unos para vida eterna,

---

a vers 10,22

b ver 35

c Zac 9:14

d Is 11:14

e cp 12:11

f Ez 47:18-19

g cp 9:16-20

h Zac 13:9
i cp 10:13
j Mt 24:21

k 2 Ts 2:4
l Éx 32:32
Lc 10:20
m Dt 10:17

Oseas se casa con una ramera

y otros para vergüenza y confusión perpetua.

3 Y los entendidos ªresplandecerán como el resplandor del firmamento; y los que guiaron a muchos a la justicia, como las estrellas, a perpetua eternidad.

4 Pero tú Daniel, ᵇcierra las palabras y sella el libro hasta ᶜel tiempo del fin. Muchos correrán de un lado a otro, y la ciencia se aumentará.

5 Y yo, Daniel, miré, y he aquí otros dos que estaban de pie, el uno a este lado del río, y el otro al otro lado del río.

6 Y dijo *uno* al varón vestido ᵉde lino, que estaba sobre las aguas del río: ᵍ¿Cuándo *será* el fin de estas maravillas?

7 Y oí al varón vestido de lino, que *estaba* sobre las aguas del río, el cual alzó su mano derecha y su mano izquierda al cielo, y ⁱjuró por Aquél que vive por siempre, que *será* por ʲtiempo, tiempos y la mitad *de un* tiempo. Y cuando él acabe de dispersar el poder del pueblo santo, todas estas cosas serán cumplidas.

8 Y yo oí, mas no entendí. Y dije: Señor mío, ¿cuál *será* el fin de estas cosas?

9 Y dijo: Anda, Daniel, que estas palabras *están* cerradas y selladas hasta el tiempo del fin.

10 Muchos serán limpios, y emblanquecidos, y purificados; mas los impíos obrarán ᵈimpíamente, y ninguno de los impíos entenderá, pero entenderán los entendidos.

11 Y desde el tiempo que fuere quitado ᶠel continuo *sacrificio* hasta ʰla abominación desoladora, *habrá* mil doscientos noventa días.

12 Bienaventurado el que espere, y llegue hasta mil trescientos treinta y cinco días.

13 Pero tú sigue hasta el fin. Porque tú te levantarás y reposarás en tu heredad al fin de los días.

a	Mt 13:43
b	Ap 5:1 10:4
c	vers 9,13
d	Ap 22:11
e	cp 10:5
f	cp 11:31
g	cp 8:13
h	cp 9:27
i	Ap 10:6
j	cp 8:19

Libro De
OSEAS

CAPÍTULO 1

Palabra de Jehová que vino a Oseas, hijo de Beeri, ᵇen días de Uzías, Jotam, Acaz y Ezequías, reyes de Judá, y en días de ᵈJeroboam, hijo de Joás, rey de Israel.

2 El principio de la palabra de Jehová por medio de Oseas. Y dijo Jehová a Oseas: Ve, toma para ti a una esposa ramera, e hijos de prostitución; porque ᶠla tierra gravemente se ha prostituido, *apartándose* de Jehová.

3 Fue, pues, y tomó a Gomer, hija de Diblaim, la cual concibió y le dio a luz un hijo.

4 Y le dijo Jehová: Ponle por nombre Jezreel; porque de aquí a poco yo ⁱvengaré la sangre de Jezreel sobre la casa de Jehú, y ʲharé cesar el reino de la casa de Israel.

5 Y acontecerá que ᵐen aquel día quebraré yo el arco de Israel en el valle de Jezreel.

a	2 Re 17:6
b	Is 1:1
	Am 1:1
	Mi 1:1
c	2 Re 19:35
d	2 Re 14:23
	Zac 4:6
f	Ez 16:15
g	Gn 32:12
h	Rm 9:26
i	2 Re 10:11
j	2 Re 15:10
k	Dt 14:1
l	Jos 3:10
	Sal 42:2
m	2 Re 15:29
n	Is 11:12-13
	Ez 37:16-24

6 Y concibió otra vez, y dio a luz una hija. Y le dijo *Dios*: Ponle por nombre Lo-ruhama; porque ªya no tendré misericordia de la casa de Israel, sino que los quitaré del todo.

7 Mas de la casa ᶜde Judá tendré misericordia, y los salvaré en Jehová su Dios: y ᵉno los salvaré con arco, ni con espada, ni con batalla, ni con caballos ni jinetes.

8 Y después de haber destetado a Lo-ruhama, concibió y dio a luz un hijo.

9 Y dijo *Dios*: Ponle por nombre Lo-ammi: porque vosotros no *sois* mi pueblo, ni yo seré vuestro *Dios*.

10 Con todo, ᵍel número de los hijos de Israel será como la arena del mar, que no se puede medir ni contar. Y ʰsucederá que en el lugar donde se les ha dicho: Vosotros no *sois* mi pueblo, les será dicho: ᵏ*Sois* hijos ˡdel Dios viviente.

11 Y ⁿlos hijos de Judá y los hijos de Israel serán congregados en uno, y levantarán para sí una cabeza, y

CAPÍTULO 2

Decid a vuestros hermanos, ¹Ammi, y a vuestras hermanas, ²Ruhama:

2 Contended con vuestra madre, contended; porque ᶜella no *es* mi esposa, ni yo soy su marido; quite, pues, de su rostro sus prostituciones, y sus adulterios de entre sus pechos;

3 ᵉno sea que yo la despoje y desnude, y la deje como el día en que nació, y la ponga como un desierto, y la deje como tierra seca y la mate de sed.

4 Y no tendré misericordia de sus hijos, porque *son* hijos de prostitución.

5 Porque su madre se prostituyó; la que los engendró se deshonró; porque dijo: Iré tras mis amantes, que me dan mi pan y mi agua, mi lana y mi lino, mi aceite y mi bebida.

6 Por tanto, he aquí yo ʰvoy a cercar con espinos su camino, y le pondré vallado para que no encuentre sus senderos.

7 Y seguirá a sus amantes, y no los alcanzará; los buscará, y no los hallará. Entonces dirá: ʲIré y me volveré a mi primer marido, porque mejor me iba entonces que ahora.

8 Y ella no reconoció que ᵏyo le daba el trigo, el vino y el aceite, y que les multipliqué la plata y el oro que ofrecían a Baal.

9 Por tanto yo volveré, y tomaré mi trigo a su tiempo, y mi vino a su sazón, y quitaré mi lana y mi lino *que le había dado* para cubrir su desnudez.

10 Y ahora descubriré yo su locura delante de los ojos de sus amantes, y nadie la librará de mi mano.

11 Y ʳharé cesar todo su gozo, sus fiestas, ˢsus nuevas lunas y sus sábados, y todas sus festividades.

12 Y haré talar sus vides y sus higueras, de las cuales ha dicho: Mi pago son, que me han dado mis amantes. Y las reduciré a un matorral, y las comerán las bestias del campo.

13 Y visitaré sobre ella ᵗlos tiempos de los Baales, a los cuales incensaba,

a Is 40:2
1 Pueblo mío
2 La compadecida
b Jos 7:26
c Is 50:1
d Ex 15:1,20
e Ez 16:39
3 Mi señor
f Is 11:6-9
Ez 34:25
g Sal 46:9
h Job 3:23
i Zac 8:12
j Lc 15:17-18
k Ez 16:17-19
l Sal 67:6
y 85:12
m Jer 31:27
Zac 10:9
n Rm 9:25
o 1 Pe 2:10
p Zac 13:9
q cp 1:2-3
r Jer 7:34
s 2 Re 4:23
Am 8:5
t cp 11:2
u Dt 21:13

La mujer comprada en la subasta

y se adornaba de sus zarcillos y de sus joyeles, y se iba tras sus amantes olvidándose de mí, dice Jehová.

14 Pero he aquí, yo la atraeré, y la llevaré al desierto, y ᵃhablaré a su corazón.

15 Y le daré sus viñas desde allí, y ᵇel valle de Acor por puerta de esperanza; y allí cantará como en los tiempos de su juventud, y como en ᵈel día de su subida de la tierra de Egipto.

16 Y será que en aquel tiempo, dice Jehová, me llamarás Ishi, y nunca más me llamarás ³Baali.

17 Porque quitaré de su boca los nombres de los Baales, y nunca más serán mencionados por sus nombres.

18 Y en aquel tiempo ᶠharé por ellos un pacto con las bestias del campo, con las aves del cielo y con los reptiles de la tierra; y ᵍquebraré arco y espada y la batalla de la tierra, y los haré dormir seguros.

19 Y te desposaré conmigo para siempre; te desposaré conmigo en justicia, y juicio, en compasión, y en misericordias.

20 Y te desposaré conmigo en fe, y conocerás a Jehová.

21 Y será que en aquel tiempo ᶦresponderé, dice Jehová, yo responderé a los cielos, y ellos responderán a la tierra;

22 Y la tierra responderá al trigo, y al vino, y al aceite, y ellos responderán a Jezreel.

23 Y ᵐla sembraré para mí en la tierra, y ⁿtendré misericordia de la que no ha obtenido misericordia; y ᵒdiré al que no *era* mi pueblo: ᵖTú eres mi pueblo, y él dirá: Tú eres mi Dios.

CAPÍTULO 3

Y me dijo otra vez Jehová: ᵠVe, ama a una mujer amada de su compañero (aunque adúltera), como el amor de Jehová para con los hijos de Israel; los cuales miran a dioses ajenos, y aman frascos de vino.

2 La compré entonces para mí por quince *piezas* de plata y un homer y medio de cebada.

3 Y le dije: Tú ᵘte quedarás para mí por muchos días; no te prostituirás

Efraín es dado a los ídolos, déjalo OSEAS 4-5

ni tomarás otro varón; así también yo seré para ti.

4 Porque muchos días estarán los hijos de Israel ᵃsin rey, y sin príncipe, y ᵇsin sacrificio, y sin estatua, y sin efod y sin terafim.

5 Después volverán los hijos de Israel, y buscarán a Jehová su Dios, y a ᵈDavid su rey; y temerán a Jehová y a ᵉsu bondad en el fin de los días.

CAPÍTULO 4

Oíd la palabra de Jehová, hijos de Israel, porque ᶠJehová contiende con los moradores de la tierra; porque no hay verdad, ni misericordia, ni conocimiento de Dios en la tierra.

2 Perjurar, mentir, matar, hurtar y adulterar prevalecen, y derramamiento de sangre tras derramamiento de sangre.

3 Por lo cual, ᵏse enlutará la tierra, y se extenuará todo morador de ella, con las bestias del campo y las aves del cielo; y aun los peces del mar fallecerán.

4 Ciertamente hombre no contienda ni reprenda a hombre, porque tu pueblo es ⁿcomo los que resisten al sacerdote.

5 Por tanto, caerás en el día, y el profeta caerá también contigo por la noche; y a tu madre destruiré.

6 Mi pueblo fue destruido ᵒporque le faltó conocimiento. Porque tú desechaste el conocimiento, ᵖyo te echaré del sacerdocio; y porque olvidaste la ley de tu Dios, también yo me olvidaré de tus hijos.

7 Conforme a su grandeza así pecaron contra mí; por tanto, ᵗcambiaré su honra en afrenta.

8 ᵘComen del pecado de mi pueblo, y en su maldad levantan su alma.

9 Tal será el pueblo como el sacerdote: y visitaré sobre él sus caminos, y le pagaré conforme a sus obras.

10 Y ˣcomerán, mas no se saciarán; fornicarán, mas no se aumentarán; porque dejaron de escuchar a Jehová.

11 Fornicación, vino y mosto ᶻquitan el corazón.

12 Mi pueblo ᵃa su ídolo de madera consulta, ᶜy su vara le responde; porque el espíritu de fornicaciones los ha engañado, y se han dado a la fornicación dejando a su Dios.

13 Sobre las cabezas de los montes sacrificaron, e incensaron sobre los collados, debajo de ᶜencinas, y álamos, y olmos que tuviesen buena sombra; por tanto, vuestras hijas fornicarán, y adulterarán vuestras nueras.

14 No visitaré sobre vuestras hijas cuando fornicaren, y sobre vuestras nueras cuando adulteraren: porque ellos ofrecen sacrificios con las rameras, y con las malas mujeres sacrifican; por tanto, el pueblo sin entendimiento caerá.

15 Si fornicares tú, Israel, a lo menos no peque Judá; y no entréis en ᵍGilgal, ni subáis a ʰBetaven; ⁱni juréis: Vive Jehová.

16 Porque ʲcomo becerra rebelde se apartó Israel: ¿los apacentará ahora Jehová como a carneros en lugar espacioso?

17 Efraín ˡes dado a ídolos; déjalo.

18 Su bebida se corrompió; fornicaron pertinazmente; sus príncipes amaron lo que avergüenza.

19 ᵐLa ató el viento en sus alas, y se avergonzarán de sus sacrificios.

CAPÍTULO 5

Sacerdotes, oíd esto, y estad atentos, casa de Israel; y casa del rey, escuchad; porque contra vosotros es el juicio, pues habéis sido lazo en ᵠMizpa, y red extendida sobre ʳTabor.

2 Y haciendo víctimas ˢhan bajado hasta lo profundo; por tanto yo castigaré a todos ellos.

3 Yo conozco a Efraín, e Israel no me es desconocido; porque ahora, oh Efraín, te has prostituido, y se ha contaminado Israel.

4 No pondrán sus pensamientos en volverse a su Dios, porque ᵛespíritu de prostitución está en medio de ellos, y no conocen a Jehová.

5 Y la soberbia de Israel ʸle desmentirá en su cara; e Israel y Efraín tropezarán en su pecado; tropezará también Judá con ellos.

6 Con sus ovejas y ᵇcon sus vacas andarán buscando a Jehová, y no le hallarán; se apartó de ellos.

---

a cp 10:3
b cp 9:4
c Gn 35:8
Am 2:9

d Jer 3:5
e Jer 31:12

f Is 1:18
Jer 25:31

g cp 12:2
h Am 4:4
i Am 8:14
j Jer 3:6

k Jer 4:28
Jl 1:10
Am 8:8
l cp 5:3

m Is 57:13

n Dt 17:12

o Is 5:13

p Éx 19:6
q Gn 31:49
r Jos 19:12
s cp 9:9

t 1 Sm 2:30
Sal 106:20
Jer 2:11
u Lv 6:25-26

v cp 4:12
x Lv 26:26
Mi 6:14
y cp 7:10
z 1 Re 11:4

a Jer 2:27
Hab 2:19
b Is 1:11
Mi 6:6-7
c Ez 21:21

7 Contra Jehová prevaricaron, porque hijos extraños han engendrado: ahora los devorará un mes con sus heredades.

8 ᵇTocad bocina en Gabaa, trompeta en Ramá; sonad alarma en Betaven; tras ti, oh Benjamín.

9 Efraín será asolado el día del castigo; en las tribus de Israel hice conocer verdad.

10 Los príncipes de Judá fueron como los que ᶠtraspasan los linderos; derramaré sobre ellos como agua mi ira.

11 Efraín ʰes vejado, quebrantado en juicio, porque quiso andar en pos de mandatos *de hombres*.

12 Yo, pues, *seré* como polilla a Efraín, y como carcoma a la casa de Judá.

13 Y verá Efraín su enfermedad, y Judá su llaga; irá entonces Efraín a Asiria, y enviará al rey Jareb; mas él no os podrá sanar, ni os curará la llaga.

14 Porque ʲyo *seré* como león a Efraín, y como cachorro de león a la casa de Judá; yo, yo arrebataré, y andaré; tomaré, y no habrá quien liberte.

15 Andaré y volveré a mi lugar hasta que reconozcan su pecado, y busquen mi rostro. En su angustia temprano me buscarán.

CAPÍTULO 6

Venid y volvámonos a Jehová; porque ᵏÉl arrebató, y nos curará; hirió, y nos vendará.

2 ˡNos dará vida después de dos días; al tercer día nos resucitará y viviremos delante de Él.

3 Y ᵐconoceremos, y proseguiremos en conocer a Jehová; su salida está dispuesta ⁿcomo el alba, y vendrá a nosotros como la lluvia, ᵒcomo la lluvia tardía y temprana a la tierra.

4 ¿Qué haré a ti, Efraín? ¿Qué haré a ti, oh Judá? La piedad vuestra *es* como la nube de la mañana, y ᵠcomo el rocío que de madrugada viene.

5 Por esta causa los corté por medio de los profetas, con las palabras de mi boca los maté; y tus juicios *serán* como luz que sale.

6 Porque misericordia quiero, ᵃy no sacrificio; y conocimiento de Dios más que holocaustos.

7 Mas ellos, cual Adán, traspasaron el pacto; allí prevaricaron contra mí.

8 Galaad, ᶜciudad de obradores de iniquidad, ensuciada de sangre.

9 Y como ᵈladrones que esperan a algún hombre, *así* ᵉuna compañía de sacerdotes en consentimiento, asesina en el camino; porque cometen vileza.

10 En la casa de Israel ᵍhe visto suciedad; allí *está* la prostitución de ⁱEfraín, se ha contaminado Israel.

11 También para ti oh Judá, está preparada una cosecha, cuando yo haga volver el cautiverio de mi pueblo.

CAPÍTULO 7

Mientras curaba yo a Israel, se descubrió la iniquidad de Efraín y las maldades de Samaria; porque obran con engaño; y el ladrón entra, y los salteadores despojan por fuera.

2 Y no consideran en su corazón que tengo en la memoria toda su maldad; ahora los rodearán sus obras; delante de mí están.

3 Con su maldad alegran al rey, y a los príncipes con sus mentiras.

4 Todos ellos *son* adúlteros; son como horno encendido por el hornero, el cual cesará de avivar después que esté hecha la masa, hasta que esté leuda.

5 En el día de nuestro rey los príncipes lo hicieron enfermar con vasos de vino; extendió su mano con los escarnecedores.

6 Porque aplicaron su corazón, semejante a un horno, a sus artificios: toda la noche duerme su hornero; a la mañana está encendido como llama de fuego.

7 Todos ellos arden como un horno, y devoraron a sus jueces; cayeron todos sus reyes; ᵖno *hay* entre ellos quien a mí clame.

8 Efraín ʳse mezcló con los pueblos; Efraín es torta no volteada.

9 Extranjeros devoraron su sustancia, y él no *lo* supo; y aun la vejez se ha esparcido sobre él, y él no lo sabe.

Israel se olvida de su Hacedor

10 Y la soberbia de Israel testificará contra él en su cara; y con todo esto, no se volvieron a Jehová su Dios, ni lo buscaron.

11 Y Efraín es ªcomo paloma incauta, sin entendimiento; ᶜllama a Egipto, acude a Asiria.

12 Cuando fueren, ᵉextenderé sobre ellos mi red, los haré caer como aves del cielo; los castigaré conforme a lo que se ha oído ᶠen sus congregaciones.

13 ¡Ay de ellos! porque se apartaron de mí; destrucción vendrá sobre ellos, porque contra mí se rebelaron; ʰyo los redimí, y ellos hablaron mentiras contra mí.

14 Y no clamaron ⁱa mí con su corazón cuando aullaron sobre sus camas, para el trigo y el mosto se congregaron, se rebelaron contra mí.

15 Aunque yo ceñí y fortalecí sus brazos, contra mí pensaron mal.

16 Se vuelven, *pero* no al Altísimo; son como arco engañoso; sus príncipes caerán a espada ˡpor la soberbia de su lengua; esto *será* su escarnio ᵐen la tierra de Egipto.

CAPÍTULO 8

Pon a tu boca trompeta. *Vendrá* como ᵒáguila contra la casa de Jehová, porque ᵖtraspasaron mi pacto y se rebelaron contra mi ley.

2 Israel clamará a mí: ʳDios mío, te conocemos.

3 Israel ha rechazado el bien; el enemigo lo perseguirá.

4 Ellos hicieron reyes, ᵘmas no de parte mía; constituyeron príncipes, mas yo no *lo* supe: ᵛde su plata y de su oro hicieron ídolos para sí, para ser talados.

5 Tu becerro, oh Samaria, te hizo alejar; se encendió mi enojo contra ellos, hasta que no pudieron alcanzar inocencia.

6 Porque de Israel *es*, y artífice lo hizo; que no es Dios; por lo que en pedazos será deshecho el becerro de Samaria.

7 Porque sembraron viento, torbellino segarán; no tendrán mies, y la espiga no dará harina, y si la diere, ʸextraños la tragarán.

a cp 11:11
b Jer 2:24
c 2 Re 17:4
d Ez 16:33
e Ez 12:13
f Lv 26:14

g Dt 4:6-8
h Mi 6:4

i Jer 3:10

j Dt 28:68

k Am 2:5
l Sal 73:9
m cp 9:3

n cp 5:3
o Dt 28:49
p cp 6:7
q cp 2:5
r Mt 7:21-23
s Jer 2:7
t cp 8:13
u 1 Re 12:20
v cp 2:8
x Dt 26:14
Jer 16:7

y cp 7:9

OSEAS 8-9

8 Será devorado Israel; ahora serán entre los gentiles como vaso en que no *hay* placer.

9 Porque ellos subieron a Asiria, *como* ᵇasno montés por sí solo: Efraín ᵈcon salario alquiló amantes.

10 Aunque alquilen entre las naciones, ahora los juntaré; y serán afligidos un poco por la carga del rey y de los príncipes.

11 Porque Efraín multiplicó altares para pecar, altares para pecar tendrá.

12 Yo escribí para él ᵍcosas grandes de mi ley, *pero* fueron tenidas como cosa extraña.

13 Para los sacrificios de mis ofrendas sacrificaron carne, y se la comieron; *pero* no los aceptó Jehová; ahora se acordará de su iniquidad y visitará su pecado; ʲellos volverán a Egipto.

14 Israel se ha olvidado de su Hacedor y ha edificado templos; y Judá ha multiplicado ciudades fortificadas; pero yo ᵏenviaré fuego a sus ciudades, el cual devorará sus palacios.

CAPÍTULO 9

No te alegres, oh Israel, hasta saltar de gozo como los *otros* pueblos, pues ⁿte has prostituido apartándote de tu Dios; amaste ᑫsalario por todas las eras de trigo.

2 La era y el lagar no los mantendrán, y les fallará el mosto.

3 No quedarán ˢen la tierra de Jehová, sino que Efraín ᵗvolverá a Egipto, y en Asiria comerán viandas inmundas.

4 No darán ofrendas de vino a Jehová, ni Él se agradará de ellos; sus sacrificios, como ˣpan de enlutados les *serán* a ellos; todos los que coman de él serán inmundos. Será, pues, el pan de ellos para sí mismos; no entrará en la casa de Jehová.

5 ¿Qué haréis en el día de la solemnidad, y en el día de la fiesta de Jehová?

6 Porque, he aquí se fueron ellos a causa de la destrucción: Egipto los recogerá, Menfis los enterrará; espino poseerá por heredad lo deseable de su plata, ortiga *crecerá* en sus moradas.

OSEAS 10

7 Vinieron los días de la visitación, vinieron los días de la paga; lo conocerá Israel; necio es el profeta, insensato es el varón de espíritu, a causa de la multitud de tu maldad, y el grande odio.

8 ªAtalaya era Efraín para con mi Dios: Pero el profeta es lazo de cazador en todos sus caminos, y odio en la casa de su Dios.

9 Profundamente se han corrompido, como en los días de ᵇGabaa; ahora se acordará de su iniquidad; visitará su pecado.

10 Como uvas en el desierto hallé a Israel; ᵈcomo la fruta temprana de la higuera en su principio vi a vuestros padres. Ellos entraron a ᵉBaal-peor, y se apartaron para vergüenza, y se hicieron abominables como aquello que amaron.

11 Efraín, cual ave volará su gloria desde el nacimiento, aun desde el vientre y desde la concepción.

12 Y ʰsi llegaren a grandes sus hijos, los quitaré de entre los hombres, porque ¡ay de ellos también, cuando de ellos me aparte!

13 Efraín, según veo, es semejante a Tiro, plantado en lugar delicioso; mas Efraín sacará sus hijos al matador.

14 Dales, oh Jehová, lo que les has de dar; dales matriz que aborte, y pechos enjutos.

15 Toda la maldad de ellos fue en Gilgal; allí, pues, les tomé aversión; por la perversidad de sus obras los echaré de mi casa; no los amaré más; todos sus príncipes son desleales.

16 Efraín fue herido, se secó su raíz, no dará más fruto; aunque engendren, yo mataré el amado fruto de su vientre.

17 Mi Dios los desechará, porque ellos no le oyeron; ºy andarán errantes entre las naciones.

CAPÍTULO 10

Israel es una viña vacía que da fruto qpara sí mismo; conforme a la multiplicación de su fruto multiplicó los altares, conforme a la bondad de su tierra ʳaumentaron sus imágenes.

a Ez 3:17
b Jue 19:16
c 1 Re 12:28
d Jer 24:2
e Nm 23:28
f cp 12:2
g cp 5:13
h Job 27:14
i cp 4:15
j Lc 23:30
Ap 6:16
y 9:6
k Jue 20:18
l Jer 48:34
m Gn 6:8
n Jer 4:3
o Dt 28:64
p Is 45:8
q Lc 12:21
r cp 8:4
s cp 13:16

Israel es una viña vacía

2 Su corazón está dividido. Ahora serán hallados culpables; Él quebrantará sus altares, asolará sus imágenes.

3 Porque dirán ahora: No tenemos rey, porque no temimos a Jehová; ¿y qué haría el rey por nosotros?

4 Han hablado palabras jurando en vano al hacer pacto; por tanto, el juicio florecerá como ajenjo en los surcos del campo.

5 Por ᶜlas becerras de Betaven serán atemorizados los moradores de Samaria; porque su pueblo lamentará a causa del becerro, y sus sacerdotes que en él se regocijaban por su gloria, la cual será disipada.

6 Y ᶠaun será él llevado a Asiria ᵍcomo presente al rey Jareb: Efraín será avergonzado, e Israel se avergonzará de su propio consejo.

7 De Samaria fue cortado su rey como la espuma sobre la superficie de las aguas.

8 Y los altares de ⁱAvén serán destruidos, el pecado de Israel; crecerá sobre sus altares espino y cardo. ʲY dirán a los montes: Cubridnos; y a los collados: Caed sobre nosotros.

9 Desde los días de Gabaa has pecado, oh Israel; allí estuvieron; no los tomó ᵏla batalla en Gabaa contra los hijos de iniquidad.

10 Cuando yo lo desee, los castigaré; y pueblos se juntarán contra ellos cuando sean atados en sus dos surcos.

11 Efraín es ˡbecerra domada, amadora del trillar; mas yo pasaré sobre su lozana cerviz; yo haré llevar yugo a Efraín; arará Judá, quebrará sus terrones Jacob.

12 ᵐSembrad para vosotros en justicia, segad para vosotros en misericordia; ⁿarad para vosotros barbecho; porque es tiempo de buscar a Jehová, hasta que venga y ᵖos enseñe justicia.

13 Habéis arado impiedad, segasteis iniquidad; comeréis fruto de mentira; porque confiaste en tu camino, en la multitud de tus valientes.

14 Por tanto, en tus pueblos se levantará alboroto, y todas tus fortalezas serán destruidas, como destruyó Salmán a Betarbel el día de la batalla; cuando ˢla madre fue estrellada sobre sus hijos.

De Egipto llamé a mi hijo

15 Así hará a vosotros Betel por causa de vuestra gran maldad; al amanecer será del todo cortado el rey de Israel.

CAPÍTULO 11

Cuando[a] Israel *era* muchacho, yo lo amé, y [b]de Egipto [c]llamé a mi hijo.
2 Cuanto más [d]los llamaban, así ellos se iban de su presencia; [e]a los Baales sacrificaban, y a los ídolos quemaban incienso.
3 Yo con todo [h]enseñé a caminar a Efraín, tomándolo de los brazos; y no conocieron que [i]yo los cuidaba.
4 [k]Con cuerdas de hombre los atraje, con cuerdas de amor; y fui para ellos como los que alzan el yugo de sobre su cerviz, y puse comida delante de ellos.
5 No volverá a la tierra de Egipto, sino que [m]el asirio será su rey, porque no se quisieron convertir.
6 Y caerá espada sobre sus ciudades, y consumirá sus aldeas; las consumirá a causa de sus propios consejos.
7 Entre tanto, mi pueblo está inclinado a rebelarse contra mí; aunque ellos invocan al Altísimo, ninguno absolutamente quiere enaltecerle.
8 °¿Cómo he de dejarte, oh Efraín? ¿He de entregarte yo, Israel? ¿Cómo podré yo hacerte como Adma, o ponerte como a Zeboim? Mi corazón se conmueve dentro de mí, se inflama toda mi compasión.
9 No ejecutaré el furor de mi ira, no volveré para destruir a Efraín; [q]porque Dios soy, y no hombre; el Santo en medio de ti; y no entraré en la ciudad.
10 En pos de Jehová caminarán; [u]Él rugirá como león; de cierto rugirá, y los hijos vendrán temblando [v]desde el occidente.
11 De Egipto vendrán temblando como ave, y como paloma de la tierra de Asiria; [x]y yo los pondré en sus casas, dice Jehová.
12 Efraín me ha rodeado con mentira, y la casa de Israel con engaño; mas Judá aún gobierna con Dios, y es fiel con los santos.

a cp 2:15
b Éx 4:22
c Mt 2:15
d Jer 7:25
e 2 Re 17:16
f Gn 25:26
g Gn 32:28
h Dt 1:31
i Gn 28:12
j Éx 15:26
k Jn 6:44
l Éx 3:15

m cp 8:13
n Zac 11:5

o Jer 9:7

p Gn 28:5
q Nm 23:19
r Gn 29:20
s Dt 18:15
t Éx 12:50
u Jl 3:16
v Is 11:11

x Ez 37:21

CAPÍTULO 12

Efraín se apacienta de viento, y sigue al viento solano; mentira y destrucción aumenta continuamente; porque hicieron alianza con los asirios, y el aceite es llevado a Egipto.
2 Pleito tiene Jehová con Judá para castigar a Jacob conforme a sus caminos; le pagará conforme a sus obras.
3 En el vientre [f]tomó por el calcañar a su hermano, y con su poder [g]luchó con Dios.
4 Sí, luchó con el Ángel, y prevaleció; lloró, y le rogó; [j]en Betel le encontró, y allí habló con nosotros.
5 Mas Jehová es Dios de los ejércitos: Jehová *es* [l]su memorial.
6 Tú, pues, vuélvete a tu Dios; guarda misericordia y juicio, y en tu Dios espera siempre.
7 Es mercader que tiene en su mano peso falso, amador de opresión.
8 Y dijo Efraín: [n]Ciertamente yo he enriquecido, he hallado riquezas para mí: nadie hallará en mí iniquidad, ni pecado en todos mis trabajos.
9 Pero yo *soy* Jehová tu Dios desde la tierra de Egipto; aún te haré morar en tiendas, como en los días de la fiesta solemne.
10 Y he hablado a los profetas, y yo aumenté la profecía, y por medio de los profetas puse semejanzas.
11 ¿*Hay* iniquidad *en* Galaad? Ciertamente vanidad han sido; en Gilgal sacrificaron bueyes; y aún sus altares son como montones en los surcos del campo.
12 Mas Jacob [p]huyó a la tierra de Aram, y [r]sirvió Israel por esposa, y por esposa fue pastor.
13 [s]Y por un profeta [t]hizo subir Jehová a Israel de Egipto, y por un profeta fue preservado.
14 Efraín ha provocado *a* Dios con amarguras; por tanto, su sangre se derramará sobre él, y su Señor le pagará su oprobio.

CAPÍTULO 13

Cuando Efraín hablaba, hubo temor; se exaltó en Israel; mas pecó en Baal, y murió.

OSEAS 14

2 Y ahora añadieron a su pecado, y de su plata se han hecho según su entendimiento, estatuas de fundición, ídolos, toda obra de artífices; acerca de los cuales dicen a los hombres que sacrifican, que besen los becerros.

3 Por tanto, serán como la niebla de la mañana, y como el rocío de la madrugada que se pasa; ^ccomo el tamo que la tempestad arroja de la era, y ^ecomo el humo que sale de la chimenea.

4 Mas yo soy Jehová tu Dios desde la tierra de Egipto; no conocerás dios fuera de mí, ^fni otro salvador sino a mí.

5 Yo te conocí ^gen el desierto, ^hen tierra seca.

6 En sus pastos ⁱse saciaron, se llenaron, y se ensoberbeció su corazón; por esta causa se olvidaron de mí.

7 Por tanto, yo seré para ellos como león; como un leopardo en el camino los espiaré.

8 Como osa que ha sido privada de sus cachorros los encontraré, y desgarraré las telas de su corazón, y allí los devoraré como león; fiera del campo los despedazará.

9 ^lTe destruiste a ti mismo, oh Israel, ^mmas en mí está tu ayuda.

10 ¿Dónde está tu rey, para que te salve con todas tus ciudades; y tus jueces, de los cuales dijiste: ⁿDame rey y príncipes?

11 Te di rey en mi furor, y lo quité en mi ira.

12 Atada está la maldad de Efraín; su pecado está guardado.

13 Dolores de mujer de parto le vendrán; es un hijo no sabio, que de otra manera no se detuviera tanto ^pen el tiempo del nacimiento de los hijos.

14 De la mano del sepulcro los redimiré, los libraré de la muerte. ^rOh muerte, yo seré tu muerte; y seré tu destrucción, oh sepulcro; el ^aarrepentimiento será escondido de mis ojos.

a Rm 11:29

b cp 12:2

c Sal 1:4
d cp 10:14
e Sal 68:2

f Dt 32:37

g Dt 2:7
h Dt 8:15
i Dt 8:12-14

j Sal 10:14

k Ef 2:8

l cp 14:1
m Sal 33:20
y 121:1

n 1 Sm 8:5

o Sal 91:1

p Is 37:3

q Pr 10:29
r 1 Co 15:55

Los amaré de pura gracia

15 Aunque él fructifique entre sus hermanos, ^bvendrá el viento solano, viento de Jehová, subiendo de la parte del desierto, y se secará su manantial, y se agotará su fuente; él saqueará el tesoro de todos los vasos preciosos.

16 Samaria será asolada, porque se rebeló contra su Dios; ^dcaerán a espada; sus niños serán estrellados, y sus mujeres encintas serán abiertas.

CAPÍTULO 14

Vuelve, oh Israel, a Jehová tu Dios; pues por tu pecado has caído.

2 Tomad con vosotros palabras, y volved a Jehová y decidle: Quita toda iniquidad, y acéptanos con gracia, y daremos becerros de nuestros labios.

3 No nos librará Asiria; no montaremos sobre caballos, ni nunca más diremos a la obra de nuestras manos: Vosotros sois nuestros dioses; ^jporque en ti el huérfano alcanzará misericordia.

4 Yo sanaré su rebelión, ^klos amaré de pura gracia; porque mi ira se apartó de ellos.

5 Yo seré a Israel como rocío; él florecerá como lirio, y extenderá sus raíces como el Líbano.

6 Se extenderán sus ramas, y será su gloria como la del olivo, y su fragancia como el Líbano.

7 Volverán, y ^ose sentarán bajo su sombra; serán vivificados como trigo, y florecerán como la vid; su olor será como el del vino del Líbano.

8 Efraín dirá: ¿Qué más tendré ya con los ídolos? Yo lo oiré, y miraré; yo seré a él como el ciprés verde; ^tde mí será hallado tu fruto.

9 ¿Quién es sabio para que entienda esto, y prudente para que lo sepa? Porque ^qlos caminos de Jehová son rectos, y los justos andarán por ellos; mas los rebeldes tropezarán en ellos.

Libro De
JOEL

CAPÍTULO 1

Palabra de Jehová que vino a Joel, hijo de Petuel.

2 Oíd esto, ancianos, y escuchad, todos los moradores de la tierra. ¿Ha acontecido esto en vuestros días, o en los días de vuestros padres?

3 De esto ^bcontaréis a vuestros hijos, y vuestros hijos a sus hijos, y sus hijos a la otra generación.

4 Lo que dejó ^cla oruga, lo comió la langosta, y lo que dejó la langosta, lo comió el pulgón; y el revoltón comió lo que el pulgón había dejado.

5 Despertad, borrachos, y llorad; aullad todos los que bebéis vino, a causa del vino nuevo, ^fporque os es quitado de vuestra boca.

6 Porque nación fuerte y sin número ^gsubió a mi tierra; sus dientes, son dientes de león, y sus colmillos, de un gran león.

7 Asoló mi vid y descortezó mi higuera; del todo la desnudó y derribó: sus ramas quedaron blancas.

8 Llora tú como virgen vestida de cilicio por ⁱel marido de su juventud.

9 La ofrenda y la libación han desaparecido de la casa de Jehová; los sacerdotes ministros de Jehová están de duelo.

10 El campo fue desolado, se enlutó la tierra; porque el trigo fue destruido, se secó el mosto, languideció el aceite.

11 Confundíos, labradores, aullad, viñeros, por el trigo y la cebada; porque se perdió la mies del campo.

12 Se secó la vid, se marchitó la higuera, el granado también, la palmera y el manzano; se secaron todos los árboles del campo; por lo cual se secó el gozo de los hijos de los hombres.

13 Ceñíos y lamentad, ^msacerdotes; aullad, ministros del altar; venid, dormid en cilicio, ministros de mi Dios; porque quitada es de la casa de vuestro Dios la ofrenda y la libación.

14 ^oPregonad ayuno, ^pconvocad a asamblea; congregad a los ancianos y a todos los moradores de la tierra en la casa de Jehová vuestro Dios, y clamad a Jehová.

15 ¡Ay del día! porque cercano *está* ^ael día de Jehová, y vendrá como destrucción por el Todopoderoso.

16 ¿No fue quitado el alimento de delante de nuestros ojos, la alegría y el placer de la casa de nuestro Dios?

17 El grano se pudrió debajo de los terrones, los graneros fueron asolados, los alfolíes destruidos; porque se secó el trigo.

18 ¡Cómo gimieron ^dlas bestias! ¡Cuán turbados anduvieron los hatos de los bueyes, porque no tuvieron pastos! ^etambién fueron asolados los rebaños de las ovejas.

19 A ti, oh Jehová, clamaré: porque fuego consumió los pastos del desierto, y llama abrasó todos los árboles del campo.

20 Las bestias del campo ^hbraman también a ti; porque se secaron los arroyos de las aguas, y fuego consumió las praderías del desierto.

CAPÍTULO 2

Tocad trompeta en Sión, y pregonad en mi santo monte: tiemblen todos los moradores de la tierra; porque viene ^jel día de Jehová, porque *está* cercano.

2 ^kDía de tinieblas y de oscuridad, día de nube y de sombra, que sobre los montes se extiende como el alba; un pueblo grande y fuerte; nunca desde el siglo fue semejante, ni después de él será jamás en años de generación en generación.

3 Delante de ellos consumirá el fuego, tras de ellos ^labrasará llama; como el huerto del Edén será la tierra delante de ellos, y detrás de ellos como desierto asolado; ni tampoco habrá quien de ellos escape.

4 Su parecer, ⁿcomo parecer de caballos; y como gente de a caballo correrán.

---

a Is 13:6-9
Jer 46:10
Ez 30:3

b Sal 78:4

c Dt 28:38

d Os 4:3

e Os 13:16
f Is 32:10

g cp 2:2
h Sal 104:21
y 145:15

i Pr 2:27
Jer 3:4

j vers 11,31

k Am 5:18

l Ez 28:13

m Jer 4:8

n Ap 9:7
o 2 Cr 20:3
p Lv 23:36

JOÉL 2

5 Como estruendo de carros saltarán sobre las cumbres de los montes; como sonido de llama de fuego que consume hojarascas, como pueblo fuerte dispuesto para la batalla.

6 Delante de Él temerán los pueblos, ᶜse pondrán mustios todos los semblantes.

7 Como valientes correrán, como hombres de guerra subirán la muralla; y cada cual irá en sus caminos, y no torcerán sus sendas.

8 Ninguno oprimirá a su compañero, cada uno irá por su sendero; y aun cayendo sobre la espada no se herirán.

9 Irán por la ciudad, correrán por el muro, subirán por las casas, entrarán por las ventanas como ladrones.

10 Delante de Él temblará la tierra, se estremecerán los cielos; el sol y la luna se oscurecerán, y las estrellas retraerán su resplandor.

11 Y Jehová dará su voz delante de su ejército; porque muy grande es su campamento, fuerte es el que ejecuta su palabra; porque grande es el día de Jehová, y muy terrible; ʰ¿y quién podrá soportarlo?

12 Por eso pues, ahora, dice Jehová: ⁱConvertíos a mí con todo vuestro corazón, con ayuno y lloro y lamento.

13 ᵏRasgad vuestro corazón, y no vuestras vestiduras; y convertíos a Jehová vuestro Dios; porque ˡÉl es misericordioso y clemente, lento para la ira y grande en misericordia, y que se arrepiente del castigo.

14 ¿Quién sabe si volverá y ᵐse apiadará ⁿy dejará bendición tras sí, es decir, ofrenda y libación para Jehová Dios vuestro?

15 Tocad trompeta en Sión, pregonad ayuno, llamad a congregación.

16 Reunid el pueblo, ᑫsantificad la reunión, juntad a los ancianos, congregad a los niños y a los que maman; ˢsalga de su cámara el novio, y de su tálamo la novia.

17 Entre la entrada y el altar, lloren los sacerdotes, ministros de Jehová, y digan: Perdona, oh Jehová, a tu pueblo, y no pongas en oprobio tu heredad, para que las gentes se enseñoreen de ella. ¿Por qué han de decir entre los pueblos: ᵃ¿Dónde está su Dios?

a Éx 32:11-12
Dt 9:26-29
Sal 42:3

b cp 1:10
Mal 3:10-12
c Jer 8:21
Neh 2:10

d Jer 1:14

e Ez 47:18
Zac 14:8
f Dt 11:24

g Jer 5:24
Os 6:3
h Nm 24:23
Mal 3:2
i Dt 4:30
1 Sm 7:3
Os 12:7
j cp 3:13
k Sal 34:18
l Jon 4:2
Nah 1:3

m Am 5:15
Jon 3:9
n Is 65:8
Hag 2:19
Mal 3:10
o Lv 26:11-12
Os 11:9
p Is 45:5
Ez 39:22
q Éx 19:10
r Is 44:3
Ez 39:29
Zac 12:10
Hch 2:17-21
s 1 Co 7:5
t Is 54:13

Derramaré de mi Espíritu

18 Entonces Jehová celará su tierra, y perdonará a su pueblo.

19 Y responderá Jehová, y dirá a su pueblo: He aquí yo ᵇos enviaré trigo, vino nuevo y aceite, y seréis saciados de ellos; y nunca más os pondré en oprobio entre las gentes.

20 Y haré alejar de vosotros al ᵈejército del norte, y lo echaré en la tierra seca y desierta: su faz será hacia ᵉel mar oriental, ᶠy su fin al mar occidental, y exhalará su hedor; y subirá su pudrición, porque hizo grandes cosas.

21 Tierra, no temas; alégrate y gózate: porque Jehová ha de hacer grandes cosas.

22 Animales del campo, no temáis; porque los pastos del desierto reverdecerán, porque los árboles llevarán su fruto, la higuera y la vid darán sus frutos.

23 Vosotros también, hijos de Sión, alegraos y gozaos en Jehová vuestro Dios; porque os ha dado la primera lluvia moderadamente, ᵍy hará descender sobre vosotros la lluvia temprana y la lluvia tardía como al principio.

24 Y las eras se llenarán de trigo, y ʲlos lagares rebosarán de vino y aceite.

25 Y os restituiré los años que comió la oruga, la langosta, el pulgón y el revoltón; mi grande ejército que envié contra vosotros.

26 Y comeréis hasta saciaros, y alabaréis el nombre de Jehová vuestro Dios, el cual hizo maravillas con vosotros; y mi pueblo nunca más será avergonzado.

27 Y conoceréis que ᵒen medio de Israel ᵖestoy yo, y que yo soy Jehová vuestro Dios, y no hay otro: y mi pueblo nunca más será avergonzado.

28 Y será que después de esto, ʳderramaré mi Espíritu sobre toda carne, ᵗy profetizarán vuestros hijos y vuestras hijas; vuestros viejos soñarán sueños, y vuestros jóvenes verán visiones.

29 Y también sobre los siervos y sobre las siervas derramaré mi Espíritu en aquellos días.

Juicios contra las naciones

30 ªY daré prodigios en el cielo y en la tierra, sangre, y fuego, y columnas de humo.

31 El sol se tornará en tinieblas, y ᵇla luna en sangre, ᶜantes que venga el día grande y terrible de Jehová.

32 Y será que ᵉcualquiera que invocare el nombre de Jehová, será salvo; porque ᶠen el monte de Sión y en Jerusalén habrá salvación, como Jehová ha dicho, y en los que quedaren, a los cuales Jehová habrá llamado.

CAPÍTULO 3

Porque he aquí que ʲen aquellos días, y en aquel tiempo en que haré volver la cautividad de Judá y de Jerusalén,

2 ˡreuniré a todas las naciones, y las haré descender al valle de Josafat, y allí entraré en juicio con ellas a causa de mi pueblo, y de Israel mi heredad, a los cuales esparcieron entre las naciones, y repartieron mi tierra;

3 ⁿy echaron suertes sobre mi pueblo, y a los niños dieron por una ramera, y vendieron las niñas por vino para beber.

4 Y también, ¿qué tengo yo con vosotras, ᵒTiro y Sidón, y todos los términos de Filistea? ¿Queréis vengaros de mí? Y si de mí os vengáis, bien pronto haré yo recaer la paga sobre vuestra cabeza.

5 Porque habéis llevado mi plata y mi oro, y mis cosas preciosas y hermosas metisteis en vuestros templos;

6 y vendisteis los hijos de Judá y los hijos de Jerusalén a los hijos de los griegos, para alejarlos de sus términos.

7 He aquí los levantaré yo del lugar donde los vendisteis, y volveré vuestra paga sobre vuestra cabeza.

8 Y venderé vuestros hijos y vuestras hijas en la mano de los hijos de Judá, y ellos los venderán a los sabeos, nación lejana; porque Jehová ha hablado.

a Lc 21:11
b Ap 6:12
c Mal 4:5
d Is 2:4
e Rm 10:13
f Is 46:13
Abd 17
g 2 Cr 20:26
h Sal 96:13
Is 2:4
Mi 4:3
i Ap 14:15
j Jer 30:3
k Ap 14:18
l Sof 3:8
Zac 14:2-4
m cp 2:10
n Abd 11
Nah 3:10
o Am 1:9
p Abd 16
Zac 8:3
q Is 35:8
Nah 1:15
Zac 14:21
Ap 21:27
Y 22:15
r Am 9:13
s Ez 47:1
t Jer 49:8
Ez 25:12

9 Pregonad esto entre las naciones, proclamad guerra, despertad a los valientes, acérquense, vengan todos los hombres de guerra.

10 ᵈHaced espadas de vuestros azadones, lanzas de vuestras hoces; diga el débil: Fuerte soy.

11 Juntaos y venid, gentes todas de alrededor, y congregaos; haz venir allí, oh Jehová, tus fuertes.

12 Las gentes se despierten, y suban al ᵍvalle de Josafat; porque allí me sentaré ʰpara juzgar a todas las gentes de alrededor.

13 Echad la hoz, porque ⁱla mies está ya madura. Venid, descended; porque ᵏel lagar está lleno, rebosan las lagaretas; porque grande es la maldad de ellos.

14 Multitudes, multitudes en el valle de la decisión; porque cercano está el día de Jehová en el valle de la decisión.

15 ᵐEl sol y la luna se oscurecerán, y las estrellas retraerán su resplandor.

16 Jehová rugirá desde Sión, y dará su voz desde Jerusalén, y temblarán los cielos y la tierra; mas Jehová será la esperanza de su pueblo, y la fortaleza de los hijos de Israel.

17 Y conoceréis que yo soy Jehová vuestro Dios, que habito en Sión, ᵖmonte de mi santidad; y será Jerusalén santa, ᑫy extraños no pasarán más por ella.

18 Y será en aquel tiempo, que los montes ʳdestilarán mosto, y los collados fluirán leche, y por todos los arroyos de Judá correrán aguas; y ˢsaldrá una fuente de la casa de Jehová, y regará el valle de Sitim.

19 Egipto será destruido, y ᵗEdom será vuelto en desierto asolado, por la injuria hecha a los hijos de Judá; porque derramaron en su tierra la sangre inocente.

20 Mas Judá para siempre será habitada, y Jerusalén por generación y generación.

21 Y limpiaré su sangre que aún no he limpiado; y Jehová morará en Sión.

Libro De
AMÓS

CAPÍTULO 1

Las palabras de Amós, que fue entre los pastores de Tecoa, las cuales vio acerca de Israel en días de Uzías, rey de Judá, y en días de Jeroboam, hijo de Joás, rey de Israel, dos años antes del terremoto.

2 Y dijo: Jehová rugirá desde Sión, y dará su voz desde Jerusalén; y las habitaciones de los pastores se enlutarán, y se secará la cumbre del Carmelo.

3 Así dice Jehová: Por tres pecados de Damasco, y por el cuarto, no revocaré *su castigo*; porque trillaron a Galaad con trillos de hierro.

4 Y meteré fuego en la casa de Hazael, y consumirá los palacios de Benadad.

5 Y quebraré la barra de Damasco, y cortaré a los moradores del valle de Avén, y al que empuña el cetro de Bet-edén; y el pueblo de Aram será trasportado a Kir, dice Jehová.

6 Así dice Jehová: Por tres pecados de Gaza, y por el cuarto, no revocaré *su castigo*; porque llevó cautiva toda la cautividad, para entregarlos a Edom.

7 Y meteré fuego en el muro de Gaza, y quemará sus palacios.

8 Y cortaré a los moradores de Asdod, y al que empuña el cetro de Ascalón; y volveré mi mano contra Ecrón y el remanente de los filisteos perecerá, dice Jehová el Señor.

9 Así dice Jehová: Por tres pecados de Tiro, y por el cuarto, no revocaré *su castigo*; porque entregaron la cautividad entera a Edom, y no se acordaron del pacto de hermanos.

10 Y meteré fuego en el muro de Tiro, y consumirá sus palacios.

11 Así dice Jehová: Por tres pecados de Edom, y por el cuarto, no revocaré *su castigo*; porque persiguió a espada a su hermano, y desechó la misericordia; y con su furor siempre le ha destrozado, y perpetuamente ha guardado el enojo.

12 Y meteré fuego en Temán, y consumirá los palacios de Bosra.

13 Así dice Jehová: Por tres pecados de los hijos de Amón, y por el cuarto, no revocaré *su castigo*; porque para ensanchar su término abrieron a las mujeres de Galaad *que estaban* encintas.

14 Y encenderé fuego en el muro de Rabá, y consumirá sus palacios con estruendo en el día de la batalla, con tempestad en día tempestuoso;

15 y su rey irá en cautiverio, él y todos sus príncipes, dice Jehová.

CAPÍTULO 2

Así dice Jehová: Por tres pecados de Moab, y por el cuarto, no revocaré *su castigo*; porque quemó los huesos del rey de Idumea hasta calcinarlos.

2 Y meteré fuego en Moab, y consumirá los palacios de Queriot; y morirá Moab en alboroto, en estrépito y sonido de trompeta.

3 Y quitaré el juez de en medio de él, y mataré con él a todos sus príncipes, dice Jehová.

4 Así dice Jehová: Por tres pecados de Judá, y por el cuarto, no revocaré *su castigo*; porque despreciaron la ley de Jehová, y no guardaron sus ordenanzas; y los hicieron errar sus mentiras, en pos de las cuales anduvieron sus padres.

5 Meteré por tanto fuego en Judá, el cual consumirá los palacios de Jerusalén.

6 Así dice Jehová: Por tres pecados de Israel, y por el cuarto, no revocaré *su castigo*; porque vendieron por dinero al justo, y al pobre por un par de zapatos;

7 Que codician *aun* el polvo de la tierra sobre la cabeza de los pobres, y tuercen el camino de los humildes; y el hombre y su padre entran a la misma joven, profanando mi santo nombre.

8 Y sobre las ropas empeñadas se acuestan junto a cualquier altar; y beben el vino de los condenados en la casa de sus dioses.

9 Y yo destruí delante de ellos al ªamorreo, cuya altura *era* como la altura de los cedros, y fuerte como un alcornoque; y destruí su fruto arriba, y sus raíces abajo.

10 Y ᶜyo os hice a vosotros subir de la tierra de Egipto, y os traje por el desierto ᵈcuarenta años, para que poseyeseis la tierra del amorreo.

11 Y levanté de vuestros hijos para profetas, y de vuestros jóvenes para que fuesen ᶠnazareos. ¿No *es* esto así, dice Jehová, hijos de Israel?

12 Mas vosotros ᵍdisteis de beber vino a los nazareos; y a los profetas mandasteis, diciendo: No profeticéis.

13 Pues he aquí, yo os apretaré en vuestro lugar, como se aprieta el carro lleno de gavillas;

14 y la huida perecerá del ʰligero, y al fuerte no le ayudará su fuerza, ni el valiente librará su vida;

15 y el que toma el arco no resistirá, ni escapará el ligero de pies, ⁱni el que cabalga en caballo salvará su vida.

16 El esforzado entre los valientes huirá desnudo aquel día, dice Jehová.

CAPÍTULO 3

Oíd esta palabra que ha hablado Jehová contra vosotros, hijos de Israel, contra toda la familia que hice subir de la tierra de Egipto. Dice así:

2 A vosotros solamente ⁿhe conocido de todas las familias de la tierra; por tanto ºvisitaré contra vosotros todas vuestras maldades.

3 ¿Andarán dos juntos, si no estuvieren de acuerdo?

4 ¿Rugirá el león en la selva sin haber presa? ¿Dará el leoncillo su rugido desde su guarida, sin haber apresado algo?

5 ¿Caerá el ave en el lazo en la tierra, sin haber cazador? ¿Se alzará el lazo de la tierra, si no se ha atrapado nada?

6 ¿Se tocará la trompeta en la ciudad, y no se alborotará el pueblo? ˢ¿Habrá algún mal en la ciudad, el cual Jehová no haya hecho?

7 Porque no hará nada Jehová el Señor, ᵗsin que revele su secreto a sus siervos los profetas.

a Nm 21:21
b Hch 4:20
1 Co 9:16

c Éx 12:51

d Nm 14:33
Dt 2:7

e Jer 23:13

f Nm 6:2
Lm 4:7

g Nm 6:3

h Ec 9:11

i Sal 33:17

j Os 10:15
y 12:5
k 2 Re 23:15
l Jer 36:22
m 1 Re 22:39

n Dt 7:6

o Ez 9:6
Dn 9:12
Mt 10:15
Lc 12:47
Rm 2:9
1 Pe 4:17
p Sal 22:12
q Sal 89:35

r Jer 16:16

s Is 45:7

t Gn 16:13

8 Rugiendo el león, ¿quién no temerá? Hablando Jehová el Señor, ᵇ¿quién no profetizará?

9 Haced pregonar sobre los palacios de Asdod, y sobre los palacios de tierra de Egipto, y decid: Reuníos sobre los montes de ᵉSamaria, y ved muchas opresiones en medio de ella, y violencias en medio de ella.

10 Y no saben hacer lo recto, dice Jehová, atesorando rapiñas y despojos en sus palacios.

11 Por tanto, así dice Jehová el Señor: Un enemigo *vendrá* aún por todos lados de la tierra, y derribará de ti tu fortaleza, y tus palacios serán saqueados.

12 Así dice Jehová: De la manera que el pastor libra de la boca del león dos piernas, o la punta de una oreja, así escaparán los hijos de Israel que moran en Samaria en el rincón de una cama, y al lado de un lecho.

13 Oíd y testificad en la casa de Jacob, dice el Señor Jehová, el Dios de los ejércitos:

14 Que el día que visite las rebeliones de Israel sobre él, visitaré también sobre los altares de ʲBetel; y serán cortados ᵏlos cuernos del altar, y caerán a tierra.

15 Y heriré ˡla casa de invierno con la casa de verano, y ᵐlas casas de marfil perecerán; y las grandes casas serán destruidas, dice Jehová.

CAPÍTULO 4

Oíd esta palabra, ᵖvacas de Basán, que estáis en el monte de Samaria, que oprimís a los pobres, que quebrantáis a los menesterosos, que decís a sus señores: Traed, y beberemos.

2 Jehová el Señor ᑫjuró por su santidad: He aquí, vienen días sobre vosotros en que os llevará con ganchos, y ʳa vuestros descendientes con anzuelos de pescar.

3 Y saldréis por las brechas la una en pos de la otra, y seréis echadas del palacio, dice Jehová.

4 Id a Betel, y prevaricad; en Gilgal aumentad la rebelión, y traed de mañana vuestros sacrificios, y vuestros diezmos cada tres años.

AMÓS 5

5 Y ofreced ªsacrificio de alabanza ᵇcon leudo, y pregonad y publicad ᶜofrendas voluntarias; pues que así lo queréis, hijos de Israel, dice Jehová el Señor.

6 Yo también os di limpieza de dientes en todas vuestras ciudades, y falta de pan en todos vuestros pueblos; ᵈpero no os volvisteis a mí, dice Jehová.

7 Y también ᵉyo os detuve la lluvia tres meses antes de la siega; e hice llover sobre una ciudad, y sobre otra ciudad no hice llover; sobre una parte llovió; la parte sobre la cual no llovió, se secó.

8 Y venían dos o tres ciudades a una ciudad para beber agua, y no se saciaban; con todo no os volvisteis a mí, dice Jehová.

9 Os herí con viento solano y oruga; vuestros muchos huertos y vuestras viñas, y vuestros higuerales y vuestros olivares comió la langosta; pero nunca os volvisteis a mí, dice Jehová.

10 Envié entre vosotros mortandad ᵏtal como en Egipto; maté a espada a vuestros jóvenes, ᵐcon cautiverio de vuestros caballos; e hice subir el hedor de vuestros campamentos hasta vuestras narices; pero no os volvisteis a mí, dice Jehová.

11 Os trastorné, ᵒcomo cuando Dios trastornó a Sodoma y a Gomorra, y fuisteis ᵖcomo un tizón arrebatado del fuego; mas no os volvisteis a mí, dice Jehová.

12 Por tanto, de esta manera haré a ti, oh Israel; y porque te he de hacer esto, prepárate para venir al encuentro con tu Dios, oh Israel.

13 Porque he aquí, el que forma los montes, y crea el viento, ʳy declara al hombre su pensamiento; el que ˢhace a las tinieblas mañana, y pasa sobre las alturas de la tierra; Jehová, Dios de los ejércitos es su nombre.

CAPÍTULO 5

Oíd esta palabra que yo levanto por lamentación sobre vosotros, oh casa de Israel.

2 ˣCayó la virgen de Israel, y no podrá levantarse ya más; fue dejada sobre su tierra, no *hay* quien la levante.

a	Lv 7:13
b	Lv 23:17
c	Éx 35:29
d	vers 8,11
	Hag 2:17
e	Jer 3:3
f	cp 6:12
g	Job 9:9
	y 38:31
h	Job 24:17
i	cp 8:9
j	Job 5:4
	Sal 127:5
k	Éx 12:29
l	Is 29:21
m	2 Re 13:7
n	Dt 28:30
	Mi 6:5
	Sof 1:13
	Hag 1:6
o	Is 13:19
p	Zac 3:2
	Jud 23
q	Is 29:21
r	Sal 139:2
	Dn 2:22-28
s	cp 5:8 8:9
t	Mi 3:11
u	Sal 97:10
	Rm 12:9
v	Sof 2:7
x	Is 47:1

Buscad a Jehová y vivid

3 Porque así dice Jehová el Señor a la casa de Israel: La ciudad que salía con mil, quedará con cien; y la que salía con cien, quedará con diez.

4 Mas así dice Jehová a la casa de Israel: Buscadme, y viviréis;

5 y no busquéis a Betel ni entréis en Gilgal, ni paséis a Beerseba; porque ciertamente Gilgal será llevada en cautiverio, y Betel será deshecha.

6 Buscad a Jehová, y vivid; no sea que Él acometa como fuego a la casa de José y la consuma, sin haber en Betel quien lo apague.

7 ᶠLos que convertís en ajenjo el juicio, y echáis por tierra la justicia,

8 *buscad* ᵍal que hace las Pléyades y el Orión, ʰy las tinieblas vuelve en mañana, ⁱy hace oscurecer el día como noche; el que llama a las aguas del mar, y las derrama sobre la faz de la tierra: Jehová es su nombre:

9 Que da fuerzas al despojado sobre el fuerte, de modo que el despojado venga contra la fortaleza.

10 Ellos aborrecen en ʲla puerta de la ciudad ˡal que reprende, y abominan al que habla lo recto.

11 Por tanto, pues que vejáis al pobre y recibís de él carga de trigo; ⁿedificasteis casas de piedra labrada, mas no las habitaréis; plantasteis hermosas viñas, mas no beberéis el vino de ellas.

12 Porque yo conozco vuestras muchas rebeliones, y vuestros grandes pecados; que afligen al justo, y reciben cohecho, y ᑫa los pobres en la puerta hacen perder su causa.

13 Por tanto, el prudente en tal tiempo calla, porque el tiempo es malo.

14 Buscad lo bueno, y no lo malo, para que viváis; porque así Jehová Dios de los ejércitos será con vosotros, ᵗcomo decís.

15 ᵘAborreced el mal, y amad el bien, y estableced juicio en la puerta; quizá Jehová, Dios de los ejércitos, tendrá piedad del ᵛremanente de José.

16 Por tanto, así dice Jehová Dios de los ejércitos, el Señor: En todas las plazas habrá llanto, y en todas las calles dirán: ¡Ay! ¡Ay! Y al labrador llamarán a lloro, y a endecha a los que saben endechar.

El día de Jehová será día de tinieblas

AMÓS 6-7

17 Y en todas las viñas *habrá* llanto; porque ªpasaré por en medio de ti, dice Jehová.

18 ¡Ay de los que desean ᵇel día de Jehová! ¿Para qué queréis este día de Jehová? ᵈ*Será* de tinieblas, y no de luz:

19 Como el que huye de delante del león, y se topa con el oso; o que entra en casa y apoya su mano en la pared, y le muerde una serpiente.

20 ¿No *será* el día de Jehová tinieblas, y no luz; oscuridad, que no tiene resplandor?

21 ʰAborrecí, abominé vuestras solemnidades, y no me darán buen olor vuestras asambleas.

22 Aunque me ofrezcáis holocaustos y vuestros presentes, ʲno *los* aceptaré; ᵏni miraré a las ofrendas de paz de vuestros animales engordados.

23 Aleja de mí el ruido de tus cantos, que no escucharé las salmodias de tus instrumentos.

24 Pero corra el juicio como las aguas, y la justicia como impetuoso arroyo.

25 ¿Me habéis ofrecido ⁿsacrificios y presentes en el desierto en cuarenta años, oh casa de Israel?

26 Antes bien llevabais el tabernáculo de ᵒvuestro Moloc y Quiún, ídolos vuestros, la estrella de vuestros dioses que os hicisteis.

27 Por tanto, os haré trasportar más allá de Damasco, ha dicho Jehová, cuyo nombre *es* Dios de los ejércitos.

CAPÍTULO 6

1 Ay de ˢlos reposados en Sión, y de los confiados en el monte de Samaria, *los que son* llamados príncipes de las naciones, ante quienes acude la casa de Israel!

2 Pasad a Calne, y mirad; y de allí id a la gran Hamat; descended luego a Gat de los filisteos; ᵘved si son aquellos reinos mejores que estos reinos, si su término es mayor que vuestro término.

3 Vosotros que ᵛdilatáis el día malo, y acercáis la silla de la iniquidad.

4 Duermen en camas de marfil, y se extienden sobre sus lechos; y comen los corderos del rebaño, y los becerros de en medio del engordadero;

5 gorjean al son de la flauta, e ᶜinventan instrumentos de música, como David;

6 beben vino en tazones, y se ungen con los ungüentos más preciosos; y no se afligen por el quebrantamiento de José.

7 Por tanto, ahora ᵉirán cautivos, a la cabeza de los que van en cautiverio, y el banquete de los disolutos será removido.

8 Jehová el Señor ᶠjuró por sí mismo, Jehová, Dios de los ejércitos ha dicho: Aborrezco ⁱla grandeza de Jacob, y detesto sus palacios; por tanto entregaré la ciudad y cuanto hay en ella.

9 Y acontecerá que si diez hombres quedaren en una casa, morirán.

10 Y su tío tomará a cada uno, y le quemará ˡpara sacar los huesos de casa; y dirá al que estará ᵐen los rincones de la casa: ¿*Hay* aún *alguno* contigo? Y dirá: No. Entonces dirá *aquél*: Calla que no podemos hacer mención del nombre de Jehová.

11 Porque he aquí, Jehová mandará, y herirá con hendiduras la casa mayor, y la casa menor con aberturas.

12 ¿Correrán los caballos por las peñas? ¿Ararán *en ellas* con bueyes? Porque vosotros habéis tornado ᵖel juicio en veneno, y el fruto de justicia en ajenjo.

13 Vosotros que os alegráis en nada, que decís: ¿No nos hemos tomado poderíos ʳcon nuestra propia fuerza?

14 Pues he aquí, levantaré yo sobre vosotros, oh casa de Israel, dice Jehová, Dios de los ejércitos, gente que os oprimirá desde ᵗla entrada de Hamat hasta el arroyo del desierto.

CAPÍTULO 7

Así me ha mostrado el Señor Jehová; y he aquí, Él criaba langostas al principio que comenzaba a crecer el heno tardío; y he aquí, era el heno tardío después de las siegas del rey.

2 Y aconteció que cuando acabaron de comer la hierba de la tierra, yo

---

a Éx 12:12
Nah 1:12
b Jl 1:15
c 1 Cr 23:5
2 Cr 29:26
d Jl 2:2

e cp 7:11-17

f Jer 51:14
Heb 6:13-17
h Is 1:14
Mal 1:10
i Sal 47:4
ʲ Ez 24:21
j Os 8:13
k Lv 3:1-6

l 1 Sm 31:12
m Sal 128:3

n Dt 32:17
Ez 20:16-24
Hch 7:42

o Is 29:21

p Os 10:4

r Dt 33:17
1 Re 22:11
s Sof 1:12
Lc 6:24

t 1 Re 8:65
2 Re 14:25

u Nah 3:8

v Ez 12:27

AMÓS 8

dije: Señor Jehová, perdona, te ruego; ¿quién levantará a Jacob? Porque es pequeño.

3 Se arrepintió Jehová de esto: [b]No será así, dice Jehová.

4 El Señor Jehová me mostró así; y he aquí, llamaba para juzgar por fuego el Señor Jehová; y consumió un gran abismo, y consumió una parte de la tierra.

5 Y dije: Señor Jehová, cesa ahora; ¿quién levantará a Jacob? Porque *es* pequeño.

6 Se arrepintió Jehová de esto: No será esto tampoco, dijo el Señor Jehová.

7 Me enseñó así: He aquí, el Señor estaba sobre un muro *hecho* a plomo, y en su mano una plomada de albañil.

8 Jehová entonces me dijo: ¿Qué ves, Amós? Y dije: Una plomada de albañil. Y el Señor dijo: He aquí, yo [d]pongo plomada de albañil en medio de mi pueblo Israel; no le pasaré más.

9 Y los altares de Isaac serán destruidos, y los santuarios de Israel serán asolados; y me levantaré con espada sobre la casa de Jeroboam.

10 Entonces Amasías, sacerdote de Betel, envió *a decir* a Jeroboam, rey de Israel: Amós ha conspirado contra ti en medio de la casa de Israel; la tierra no puede soportar todas sus palabras.

11 Porque así ha dicho Amós: Jeroboam morirá a espada, e Israel pasará de su tierra en cautiverio.

12 Y Amasías dijo a Amós: [i]Vidente, vete, y huye a tierra de Judá, y [j]come allá tu pan, y profetiza allí;

13 y no profetices más en Betel, porque [k]es santuario del rey y cabecera del reino.

14 Entonces respondió Amós, y dijo a Amasías: Yo no *era* profeta, ni [m]hijo de profeta, [n]sino que *era* boyero y recogía higos silvestres.

15 Y Jehová me tomó de detrás del ganado, y me dijo Jehová: Ve, y profetiza a mi pueblo Israel.

16 Ahora, pues, oye palabra de Jehová. Tú dices: No profetices contra Israel, ni hables contra la casa de Isaac.

17 Por tanto, así dice Jehová: Tu esposa será ramera en la ciudad, y tus

a 2 Sm 8:2
Sal 60:6
b Dt 32:36
Jon 3:10

c cp 7:8

d 2 Re 21:13

e Ez 45:10
Mi 6:10-11
f Os 12:8

g cp 2:8

h Os 8:13 9:9

i 2 Re 24:11
j Mi 3:5-11

k 2 Re 2:3
m Is 60:20
Jer 15:9
Mi 3:6
Mt 24:29
n Zac 13:5
o Is 3:24
p Jer 6:26
Zac 12:10

La plomada de albañil

hijos y tus hijas caerán a espada, y tu tierra [a]será repartida a cordel; y tú morirás en tierra inmunda, e Israel será llevado cautivo lejos de su tierra.

CAPÍTULO 8

Así me ha mostrado el Señor Jehová; y he aquí un canastillo de fruta de verano.

2 Y dijo: ¿Qué ves, Amós? Y dije: Un canastillo de fruta de verano. Y me dijo Jehová: Ha venido el fin sobre mi pueblo Israel; [c]no le pasaré más.

3 Y los cantores del templo aullarán en aquel día, dice Jehová el Señor; muchos *serán* los cuerpos muertos; en todo lugar serán echados en silencio.

4 Oíd esto, los que devoráis a los menesterosos, y arruináis a los pobres de la tierra,

5 diciendo: ¿Cuándo pasará la luna nueva, para que vendamos el grano; y el sábado, para que abramos los alfolíes del trigo, para que [e]achiquemos la medida, y aumentemos el precio, y [f]falseemos con engaño la balanza;

6 para comprar a los pobres [g]por dinero, y a los necesitados por un par de zapatos, y para vender los desechos del trigo?

7 Jehová juró por la gloria de Jacob: Ciertamente yo [h]no me olvidaré de ninguna de sus obras.

8 ¿No se estremecerá por esto la tierra? ¿No llorará todo aquel que habite en ella? Y subirá toda como un río, y será arrojada, y se hundirá como el río de Egipto.

9 Y acontecerá en aquel día, dice el Señor Jehová, que [l]haré que se ponga el sol al mediodía, y la tierra cubriré de tinieblas en el día claro.

10 Y tornaré vuestras fiestas en lloro, y todos vuestros cantares en endechas; y pondré cilicio sobre todo lomo, y [o]calvicie sobre toda cabeza; y haré que sea [p]como duelo por hijo único, y su postrimería como día de amargura.

11 He aquí vienen días, dice Jehová el Señor, en los cuales enviaré hambre a la tierra, no hambre de pan, ni sed de agua, sino de oír la palabra de Jehová.

Yo restauraré el tabernáculo de David

12 E irán errantes de mar a mar: desde el norte hasta el oriente discurrirán buscando palabra de Jehová, y no *la* hallarán.

13 En aquel tiempo las doncellas hermosas y los jóvenes desmayarán de sed.

14 Los que juran ᵇpor el pecado de Samaria, y dicen: Vive tu dios, oh Dan; y: Vive el camino de Beerseba, caerán, y nunca más se levantarán.

a Mt 3:9
Rm 2:25

b Dt 9:21
Os 10:8
c Jer 30:11
Abd 17

CAPÍTULO 9

Vi ᵈal Señor que estaba sobre el altar, y dijo: Hiere el umbral, y estremézcanse las puertas: y córtales en piezas la cabeza de todos; y ᵉel postrero de ellos mataré a espada; ᶠno habrá de ellos quien se fugue, ni quien escape.

2 Aunque caven ᵍhasta el infierno, de allá los tomará mi mano; y si subieren hasta el cielo, de allá los haré descender.

3 Y si se escondieren en la cumbre del Carmelo, allí los buscaré y los tomaré; y aunque se escondieren de delante de mis ojos en lo profundo del mar, allí mandaré a la serpiente y los morderá.

4 Y si fueren en cautiverio, delante de sus enemigos, allí mandaré la espada y los mataré; y pondré sobre ellos mis ojos para mal, y no para bien.

5 El Señor Jehová de los ejércitos es el que toca esta tierra, y ᵏse derretirá, y ᵐllorarán todos los que en ella moran; y subirá toda como un río, y menguará luego como el río de Egipto.

6 El que edifica en el cielo sus cámaras, y ha establecido su firmamento sobre la tierra; El que ⁿllama a las aguas del mar y las

d cp 7:1

e Is 9:14

f 2 Sm 21:8

g cp 2:14
h Jer 30:18

i Lv 26:5

j Jer 30:3
k Sal 46:6
l Is 61:4
Ez 36:10
Zac 8:7
m cp 8:8

n cp 6:8

AMÓS 9

derrama sobre la faz de la tierra; Jehová *es* su nombre.

7 Hijos de Israel, ª¿no me *sois* vosotros, dice Jehová, como hijos de etíopes? ¿No hice yo subir a Israel de la tierra de Egipto, y a los filisteos de Caftor, y de Kir a los arameos?

8 He aquí los ojos del Señor Jehová *están* contra el reino pecador, y yo ᶜlo asolaré de la faz de la tierra; mas no destruiré del todo a la casa de Jacob, dice Jehová.

9 Porque he aquí yo mandaré, y haré que la casa de Israel sea zarandeada entre todas las naciones, como se zarandea *el grano* en un harnero, y no cae un granito en la tierra.

10 A espada morirán todos los pecadores de mi pueblo, que dicen: No se acercará, ni nos alcanzará el mal.

11 En aquel día ʰyo levantaré el tabernáculo caído de David, y cerraré sus portillos, y levantaré sus ruinas, y lo edificaré como en el tiempo pasado;

12 para que aquellos sobre los cuales es invocado mi nombre, posean el resto de Idumea, y a todas las naciones, dice Jehová que hace esto.

13 He aquí vienen días, dice Jehová en que el que ara alcanzará al segador, y ⁱel pisador de las uvas al que lleva la semilla; y los montes destilarán mosto, y todos los collados se derretirán.

14 Y yo ʲtraeré el cautiverio de mi pueblo Israel, y ellos ˡedificarán las ciudades asoladas, y las habitarán; y plantarán viñas, y beberán el vino de ellas; y harán huertos, y comerán el fruto de ellos.

15 Pues los plantaré sobre su tierra, y nunca más serán arrancados de su tierra que yo les di, dice Jehová tu Dios.

Libro De
ABDÍAS

CAPÍTULO 1

Visión de Abdías. Así dice Jehová el Señor ªen cuanto a Edom: ᶜHemos oído el pregón de Jehová, y mensajero es enviado a las gentes. Levantaos, y levantémonos contra ella en batalla.

2 He aquí, te he hecho pequeño entre las naciones; despreciado eres tú en gran manera.

3 La soberbia de tu corazón te ha engañado, tú que moras en las hendiduras de las peñas, en tu altísima morada; que dices en tu corazón: ¿Quién me derribará a tierra?

4 Aunque te remontares como el águila, aunque ᵈentre las estrellas pusieres tu nido, de ahí te derribaré, dice Jehová.

5 Si ladrones vinieren a ti, o robadores de noche (¡cómo has sido destruido!), ¿no hurtarán lo que les bastase? Si entraran a ti vendimiadores, ʰ¿no dejarían *algún* rebusco?

6 ¡Cómo fueron escudriñadas *las cosas* de Esaú y sus tesoros escondidos fueron buscados!

7 Hasta el término te hicieron llegar todos tus aliados; aquellos que estaban en paz contigo te han engañado, y prevalecieron contra ti; *los que comían* tu pan, pusieron el lazo debajo de ti; no *hay* en él entendimiento.

8 ¿No haré que perezcan ˡen aquel día, dice Jehová, los sabios de Edom, y la prudencia del monte de Esaú?

9 Y tus valientes, oh ᵒTemán, serán quebrantados; porque todo hombre será cortado del monte de Esaú por el estrago.

10 ᵖPor la injuria contra tu hermano Jacob te cubrirá vergüenza, y serás cortado para siempre.

11 El día que estando tú delante, el día que extraños llevaban cautivo su ejército, y los extranjeros entraban por sus puertas, y echaban suertes sobre Jerusalén, tú también *eras* como uno de ellos.

12 Pues no debiste tú haber estado mirando en ᵇel día de tu hermano, el día en que fue traspasado; no debiste haberte alegrado de los hijos de Judá en el día de su ruina, ni debiste haber ensanchado tu boca en el día de la angustia.

13 No debiste haber entrado por la puerta de mi pueblo en el día de su quebrantamiento; no, debiste haber mirado su mal el día de su quebranto, ni haber echado mano a sus bienes el día de su calamidad.

14 Tampoco debiste haberte parado en las encrucijadas, para matar a los que de ellos escapasen; ni debiste tú haber entregado a los que quedaban en el día de angustia.

15 Porque ᵉcercano *está* el día de Jehová sobre todas las naciones; ᶠcomo tú hiciste se hará contigo; ᵍtu galardón volverá sobre tu cabeza.

16 De la manera que vosotros ᵇbebisteis en mi santo monte, así beberán continuamente todas las gentes; beberán, y engullirán, y serán como si no hubieran sido.

17 Mas ʲen el monte de Sión habrá liberación, y habrá santidad, y la casa de Jacob, poseerá sus posesiones.

18 Y la casa de Jacob será fuego, y la casa de José ᵏserá llama, y la casa de Esaú estopa, y los quemarán y los consumirán; y ni aun uno quedará de la casa de Esaú, porque Jehová *lo* habló.

19 Y *los del* Neguev ᵐposeerán el monte de Esaú, ⁿy la llanura de los filisteos; poseerán también los campos de Efraín y los campos de Samaria; y Benjamín a Galaad.

20 Y los cautivos de este ejército de los hijos de Israel *poseerán* lo de los cananeos hasta Sarepta; y los cautivos de Jerusalén, que *están* en Sefarad, poseerán las ciudades del sur.

21 Y vendrán ᵠsalvadores al monte de Sión para juzgar al monte de Esaú; y ʳel reino será de Jehová.

---

a Ez 25:12
Jl 3:19
b Sal 37:13
c Jer 49:14

d Hab 2:9

e Ez 30:3
Jl 3:14
f Jer 50:29
Ez 35:15
Hab 2:8
g Jl 3:4-7
h Dt 24:21
Is 17:6
i Jer 25:28
Nah 3:11
j Jl 2:32

k Is 10:17
Zac 12:6

l Is 2:11
m Am 9:12
n Sof 2:5-7

o Am 1:12

p Sal 137:7
Ez 35:5
Am 1:1
q 1 Tim 4:16
Stg 5:20
r Sal 22:28
Dn 2:44
Ap 19:6

Libro De
JONÁS

CAPÍTULO 1

Y la palabra de Jehová vino a ªJonás, hijo de Amitai, diciendo:
2 Levántate, y ve a ᵇNínive, la gran ciudad, y pregona contra ella; porque su maldad ha subido delante de mí.
3 Y Jonás se levantó para huir de la presencia de Jehová a ᶜTarsis, y descendió a ᵈJope; y halló un navío que partía para Tarsis; y pagando su pasaje, entró en él, para irse con ellos a Tarsis ᶠde delante de Jehová.
4 Mas Jehová hizo levantar un gran viento en el mar, y se hizo una tan gran tempestad en el mar, que se pensó la nave se rompería.
5 Y los marineros tuvieron miedo, y ᵍcada uno clamaba a su dios; y ʰecharon al mar los enseres que había en la nave, para descargarla de ellos. Pero Jonás se había bajado a los lados del buque, y se había echado a dormir.
6 Y el maestre de la nave vino a él y le dijo: ¿Qué tienes, dormilón? Levántate, y clama a tu Dios; quizá Dios tendrá compasión de nosotros, y no pereceremos.
7 Y dijeron cada uno a su compañero: Venid, y ʲechemos suertes, para saber por quién nos ha venido este mal. Y echaron suertes, y la suerte cayó sobre Jonás.
8 Entonces le dijeron ellos: ᵏDecláranos ahora por qué nos ha venido este mal. ¿Qué oficio tienes, y de dónde vienes? ¿Cuál *es* tu tierra, y de qué pueblo *eres*?
9 Y él les respondió: Soy hebreo, y temo a Jehová, Dios de los cielos, que hizo el mar y la tierra.
10 Y aquellos hombres temieron sobremanera, y le dijeron: ¿Por qué has hecho esto? Porque ellos entendieron que huía de delante de Jehová, porque él se los había declarado.
11 Y le dijeron: ¿Qué te haremos, para que el mar se nos aquiete? porque el mar se embravecía más y más.
12 Él les respondió: Tomadme, y echadme al mar, y el mar se os aquietará; porque yo sé que por mi causa *ha venido* esta grande tempestad sobre vosotros.
13 Y aquellos hombres trabajaron por tornar la nave a tierra; mas no pudieron, porque el mar iba a más, y se embravecía sobre ellos.
14 Entonces clamaron a Jehová, y dijeron: Te rogamos oh Jehová, te rogamos, no dejes que perezcamos por la vida de este hombre, ᵉni pongas sobre nosotros la sangre inocente; porque tú, oh Jehová, has hecho como has querido.
15 Y tomaron a Jonás y lo echaron al mar; y el mar se aquietó de su furia.
16 Y temieron aquellos hombres a Jehová con gran temor; y ofrecieron sacrificio a Jehová, y prometieron votos.
17 Pero Jehová había prevenido un gran pez que tragase a Jonás. Y ⁱestuvo Jonás en el vientre del pez tres días y tres noches.

CAPÍTULO 2

Entonces oró Jonás a Jehová su Dios desde el vientre del pez,
2 y dijo: Clamé de mi tribulación a Jehová, y Él me oyó; Del vientre del infierno clamé, y mi voz oíste.
3 Me echaste en el profundo, en medio de los mares, y me rodeó la corriente; ˡTodas tus ondas y tus olas pasaron sobre mí.
4 Y ᵐyo dije: Echado soy de delante de tus ojos: Mas aún veré ⁿtu santo templo.
5 ᵒLas aguas me rodearon ᵖhasta el alma, me rodeó el abismo; Las algas se enredaron a mi cabeza.
6 Descendí a los cimientos de los montes; La tierra echó sus cerraduras sobre mí para siempre: Mas tú ᵠsacaste mi vida de la corrupción, oh Jehová Dios mío.
7 Cuando ʳmi alma desfallecía en mí, me acordé de Jehová; ˢY mi oración entró hasta ti en tu santo templo.

a Mt 12:39
b 2 Re 19:36
c 1 Re 10:22
d Jos 19:46
e Dt 21:8
f Gn 4:16
g Sal 107:28
h Hch 27:18
i Mt 12:40
y 16:4
Lc 11:30
j Jue 20:9
k Jos 7:19
l Sm 14:23
l Sal 42:7
m Sal 31:22
n Sal 5:7
o Sal 40:12
p Sal 69:1
q Sal 16:10
30:9 y 35:7
r Sal 107:5
y 142:3
s Sal 18:6

8 Los que guardan las vanidades ilusorias, ᵃsu misericordia abandonan.

9 Pero yo con voz de acción de gracias te ofreceré sacrificios; Pagaré lo que prometí. La salvación *pertenece* a Jehová.

10 Y mandó Jehová al pez, y vomitó a Jonás en *tierra* seca.

CAPÍTULO 3

Y vino palabra de Jehová por segunda vez a Jonás, diciendo:

2 Levántate y ve a Nínive, aquella gran ciudad, y predica en ella el mensaje que yo te diré.

3 Y se levantó Jonás y fue a Nínive, conforme a la palabra de Jehová. Y era Nínive ciudad sobremanera grande, de tres días de camino.

4 Y comenzó Jonás a entrar por la ciudad, camino de un día, y pregonaba diciendo: De aquí a cuarenta días Nínive será destruida.

5 Y los hombres de Nínive ᶜcreyeron a Dios, y pregonaron ayuno, y se vistieron de cilicio desde el mayor de ellos hasta el menor de ellos.

6 Y llegó la noticia hasta el rey de Nínive, y se levantó de su silla, y echó de sí su vestidura, y ᵈse cubrió de cilicio, y se sentó sobre ceniza.

7 E hizo pregonar y anunciar en Nínive, por mandato del rey y de sus grandes, diciendo: Hombres y ᵉanimales, bueyes y ovejas, no gusten cosa alguna, no se les dé alimento, ni beban agua;

8 y que se cubran de cilicio los hombres y los animales, y clamen a Dios fuertemente; y conviértase cada uno de su mal camino, de la rapiña que *está* en sus manos.

9 ᶠ¿Quién sabe *si* se volverá y arrepentirá Dios, y se apartará del furor de su ira, y no pereceremos?

10 Y vio Dios lo que hicieron, que ᵍse convirtieron de su mal camino; y se arrepintió del mal que había dicho que les había de hacer, y no *lo* hizo.

a Sal 144:2

b Jl 2:13

c Mt 12:41
Lc 11:32

d Is 58:5
Lc 10:13

e cp 4:11
Sal 36:6

f 2 Sm 12:22

g Jer 18:8
h Dt 1:39

CAPÍTULO 4

Pero esto desagradó a Jonás en gran manera, y se enojó.

2 Y oró a Jehová, y dijo: Ahora, oh Jehová, ¿no es esto lo que yo decía estando aún en mi tierra? Por eso me precaví huyendo a Tarsis; porque yo sabía que tú *eres* ᵇDios clemente y piadoso, lento para la ira y grande en misericordia, y que te arrepientes del mal.

3 Ahora pues, oh Jehová, te ruego que me quites la vida; porque mejor me *es* la muerte que la vida.

4 Y Jehová le dijo: ¿Haces tú bien en enojarte *tanto*?

5 Entonces salió Jonás de la ciudad, y asentó hacia el oriente de la ciudad, y se hizo allí un cobertizo, y se sentó debajo de él a la sombra, hasta ver qué sería de la ciudad.

6 Y preparó Jehová Dios una calabacera, la cual creció sobre Jonás para que hiciese sombra sobre su cabeza, y le librase de su mal; y Jonás se alegró grandemente por la calabacera.

7 Mas Dios preparó un gusano al venir la mañana del día siguiente, el cual hirió a la calabacera, y se secó.

8 Y aconteció que al salir el sol, preparó Dios un recio viento solano; y el sol hirió a Jonás en la cabeza, y desmayaba; y deseaba la muerte, diciendo: Mejor *sería* para mí la muerte que la vida.

9 Entonces dijo Dios a Jonás: ¿Tanto te enojas por la calabacera? Y él respondió: Mucho me enojo, hasta la muerte.

10 Y dijo Jehová: Tuviste tú lástima de la calabacera, en la cual no trabajaste, ni tú la hiciste crecer; que en espacio de una noche nació, y en espacio de otra noche pereció:

11 ¿Y no tendré yo piedad de Nínive, aquella grande ciudad donde hay más de ciento veinte mil personas que ʰno pueden discernir entre su mano derecha y su mano izquierda, y muchos animales?

Juicios contra la avaricia

Libro De
MIQUEAS

CAPÍTULO 1

Palabra de Jehová que vino a ªMiqueas el morastita ᵇen días de Jotam, Acaz y Ezequías, reyes de Judá: lo que vio sobre ᶜSamaria y Jerusalén.

2 Oíd, pueblos todos: está atenta, tierra, y todo lo que en ella hay: y el Señor Jehová, el Señor desde su santo templo sea testigo contra vosotros.

3 Porque he aquí, Jehová sale de su lugar, y descenderá, y hollará sobre las alturas de la tierra.

4 Y debajo de Él ᶠse derretirán los montes, y los valles se hendirán ᵍcomo la cera delante del fuego, como las aguas que corren por un precipicio.

5 Todo esto por la rebelión de Jacob, y por los pecados de la casa de Israel. ¿Cuál *es* la rebelión de Jacob? ¿No *es* ⁱSamaria? ¿Y cuáles *son* ʲlos lugares altos de Judá? ¿No *es* Jerusalén?

6 Haré pues, de Samaria un montón de ruinas, tierra de viñas; y derramaré sus piedras por el valle, y ˡdescubriré sus fundamentos.

7 Y todas sus estatuas serán despedazadas y ᵐtodos sus dones serán quemados en fuego, y asolaré todos sus ídolos; porque de dones de rameras *los* juntó, y a dones de rameras volverán.

8 Por tanto lamentaré y aullaré, y andaré despojado y desnudo; haré gemido como de dragones y lamento como de búhos.

9 Porque su llaga *es* dolorosa, que llegó hasta Judá; ᵖllegó hasta la puerta de mi pueblo, hasta Jerusalén.

10 No *lo* digáis en ᵠGat, ni lloréis del todo: revuélcate en el polvo de Bet-le-afra.

11 Pásate desnuda con vergüenza, oh moradora de Safir: la moradora de Saanán no salió en el llanto de Bet-esel: tomará de vosotros su tardanza.

12 Porque la moradora de Marot esperaba por el bien; pero el mal descendió de Jehová hasta la puerta de Jerusalén.

MIQUEAS 1-2

a Jer 26:18
b Is 1:1 Os 1:1
c Jer 23:13
d Dt 12:9

e Is 3:24
f Jue 5:5
Is 64:1-2
Hab 3:6-10
g Sal 63:2

h Sal 36:4
i Jer 23:13
j 2 Cr 28:4
k Is 5:8

l Ez 13:14

m Os 2:5-12
n Jer 8:3
Am 3:2

o Is 14:4
Hab 2:6

p Is 8:7-8
y 10:28-32
q 1 Sm 17:4
r Dt 32:8-9
Sal 16:5-6

13 Unce al carro dromedarios, oh moradora de Laquis: Ella es el principio de pecado a la hija de Sión; porque en ti se encontraron las transgresiones de Israel.

14 Por tanto, tú darás dones a ᵈMoreset-gat: las casas de Aczib *serán* una mentira a los reyes de Israel.

15 Aun te traeré heredero, oh moradora de Maresa; la gloria de Israel vendrá hasta Adulam.

16 ᵉRápate y aféitate por los hijos de tus delicias; ensancha tu calva como águila; porque fueron llevados cautivos *lejos* de ti.

CAPÍTULO 2

¡Ay de los que piensan iniquidad, y de los que ʰfabrican el mal en sus camas! Cuando viene la mañana lo ponen por obra, porque tienen en su mano el poder.

2 Y codiciaron las heredades, y ᵏlas robaron; y casas, y las tomaron: oprimieron al hombre y a su casa, al hombre y a su heredad.

3 Por tanto, así dice Jehová: He aquí, ⁿyo pienso sobre esta familia un mal del cual no sacaréis vuestros cuellos, ni andaréis erguidos; porque el tiempo *será* malo.

4 En aquel tiempo ᵒse levantará sobre vosotros refrán, y se endechará una amarga lamentación, diciendo: Del todo fuimos destruidos; Él ha cambiado la porción de mi pueblo. ¡Cómo nos quitó nuestros campos! Los dio y los repartió a otros.

5 Por tanto, no tendrás quien eche ʳcordel para suerte en la congregación de Jehová.

6 No profeticéis, *dicen a los que* profetizan; no les profetizarán, para no llevar la vergüenza.

7 Tú que te dices casa de Jacob, ¿se ha acortado el Espíritu de Jehová? ¿*Son* éstas sus obras? ¿Mis palabras no hacen bien al que camina rectamente?

8 El que ayer era mi pueblo, se ha levantado como enemigo; tras las vestiduras quitasteis las capas atrevidamente a los que pasaban, como los que vuelven de la guerra.
9 A las mujeres de mi pueblo echasteis fuera de las casas de sus delicias; a sus niños quitasteis mi perpetua alabanza.
10 Levantaos, y andad, pues éste no es ^b*vuestro* reposo; y porque está contaminado, *os* destruirá con grande destrucción.
11 Si alguno que anda en el espíritu de falsedad mintiere, *diciendo*: Yo te profetizaré de vino y de sidra; ^feste tal será profeta a este pueblo.
12 De cierto te reuniré todo, oh Jacob; ciertamente recogeré el remanente de Israel; los reuniré ⁱcomo ovejas de Bosra, como rebaño en medio de su aprisco; harán estruendo por *la multitud* de hombres.
13 Subirá rompedor delante de ellos; romperán y pasarán la puerta, y saldrán por ella; y ^jsu rey pasará delante de ellos, y ^ka la cabeza de ellos Jehová.

CAPÍTULO 3

Y dije: Oíd ahora, príncipes de Jacob, y cabezas de la casa de Israel: ^m¿No pertenece a vosotros saber el derecho?
2 A vosotros que aborrecéis lo bueno y amáis lo malo, que les arrancáis su piel y su carne de sobre sus huesos;
3 que coméis asimismo ⁿla carne de mi pueblo, y les desolláis su piel de sobre ellos y les quebráis sus huesos, y los hacéis pedazos como para la olla, y ^pcomo carne en caldero.
4 Entonces ^qclamarán a Jehová y no les responderá; antes esconderá de ellos su rostro en aquel tiempo, por cuanto hicieron malvadas obras.
5 Así dice Jehová ^racerca de los profetas que hacen errar a mi pueblo, ^tque muerden con sus dientes, y claman: Paz, y contra el que no les da de comer, declaran guerra.
6 Por tanto, noche será para vosotros, no tendréis visión; os será oscuridad, de manera que no adivinéis; y ^xsobre los profetas se pondrá el sol y el día se oscurecerá sobre ellos.

a Lv 13:45
Ez 24:17-22

b Dt 12:9

c Jer 22:13
d Ez 22:27
e Ez 22:12
f Jer 5:31
g Jer 6:13
h Is 48:2

i Jer 26:18

j Os 3:5
k Is 52:12

l Is 2:2-4

m Jer 5:5

n Sal 14:4

o Sal 110:6
p Ez 11:3-7
q Pr 1:28

r Is 9:14-15
Jer 23:13,32
s 1 Re 4:25
Zac 3:10
t Mt 7:15
u Os 6:3

v Zac 10:12
x Am 8:9

7 Y los videntes serán avergonzados, y confundidos los adivinos; y todos ellos ^acubrirán sus labios, porque no *hay* respuesta de Dios.
8 Mas yo estoy lleno de poder del Espíritu de Jehová, y de juicio, y de fortaleza, para denunciar a Jacob su rebelión, y a Israel su pecado.
9 Oíd ahora esto, cabezas de la casa de Jacob, y capitanes de la casa de Israel, que abomináis el juicio y pervertís todo el derecho;
10 ^cQue edificáis a Sión ^dcon sangre, y a Jerusalén con injusticia;
11 Sus cabezas ^ejuzgan por cohecho, y ^gsus sacerdotes enseñan por precio, y sus profetas adivinan por dinero; y ^hse apoyan en Jehová diciendo: ¿No está Jehová entre nosotros? No vendrá mal sobre nosotros.
12 Por tanto, a causa de vosotros ^jSión será arada *como* un campo, y Jerusalén vendrá a ser un montón de ruinas, y el monte de la casa como las cumbres del bosque.

CAPÍTULO 4

Y acontecerá ^len los postreros días *que* el monte de la casa de Jehová será establecido por cabecera de montes, y será exaltado más que los collados, y los pueblos correrán a él.
2 Y vendrán muchas naciones, y dirán: Venid, y subamos al monte de Jehová, y a la casa del Dios de Jacob; y Él nos enseñará en sus caminos, y andaremos por sus sendas; porque de Sión saldrá la ley, y de Jerusalén la palabra de Jehová.
3 Y ^ojuzgará entre muchos pueblos, y corregirá a naciones poderosas hasta muy lejos; y martillarán sus espadas para azadones, y sus lanzas para hoces; no alzará espada nación contra nación, ni se adiestrarán más para la guerra.
4 Y ^scada uno se sentará debajo de su vid y debajo de su higuera, y no habrá quien amedrente; ^uporque la boca de Jehová de los ejércitos *lo* ha hablado.
5 Bien que todos los pueblos anduvieren cada uno en el nombre de sus dioses, ^vnosotros con todo andaremos en el nombre de Jehová nuestro Dios eternamente y para siempre.

Venida del Mesías

MIQUEAS 5-6

6 En aquel día, dice Jehová, juntaré ᵇa la que cojea, y recogeré a la descarriada, y a la que afligí:

7 Y haré un remanente de la que cojea, y de la descarriada una nación poderosa; y ᶜJehová reinará sobre ellos en el monte de Sión desde ahora y para siempre.

8 Y tú, oh torre del rebaño, la fortaleza de la hija de Sión vendrá hasta ti: y el señorío primero, el reino vendrá a la hija de Jerusalén.

9 Ahora ¿por qué gritas tanto? ᵈ¿No hay rey en ti? ¿Pereció tu consejero, que ᶠte ha tomado dolor como de mujer de parto?

10 Duélete y gime, hija de Sión como mujer de parto; porque ahora saldrás de la ciudad, y morarás en el campo, y ᵍllegarás hasta Babilonia; ʰallí serás librada, allí te redimirá Jehová de la mano de tus enemigos.

11 Ahora también ⁱmuchas naciones se han juntado contra ti, y dicen: Sea profanada, y vean nuestros ojos su deseo ʲsobre Sión.

12 Mas ellos no conocieron los pensamientos de Jehová, ni entendieron su consejo; por lo cual ᵏlos juntó como gavillas en la era.

13 Levántate y trilla, hija de Sión, porque ᵐtu cuerno tornaré de hierro, y tus uñas de bronce, y desmenuzarás muchos pueblos; y ⁿconsagrarás a Jehová su despojo, y sus riquezas al Señor de toda la tierra.

CAPÍTULO 5

Reúnete ahora en tropas, oh hija de guerreros; nos han sitiado; ᵠcon vara herirán en la mejilla al Juez de Israel.

2 Pero tú, ʳBelén Efrata, aunque eres pequeña entre los millares de Judá, de ti me saldrá el que será Señor en Israel; y ˢsus salidas han sido desde el principio, ᵗdesde la eternidad.

3 Por tanto, Él los dejará hasta el tiempo que dé a luz la que ha de dar a luz; entonces el resto de sus hermanos volverán a los hijos de Israel.

4 Y Él estará, y apacentará con el poder de Jehová, con la majestad del nombre de Jehová su Dios; y permanecerán; porque ˣahora Él será engrandecido hasta los confines de la tierra.

5 Y ᵃÉste será nuestra paz. Cuando el asirio venga a nuestra tierra, y cuando pise nuestros palacios, entonces levantaremos contra él siete pastores, y ocho hombres principales;

6 y destruirán la tierra de Asiria a espada, y la tierra de Nimrod con sus espadas; y Él nos librará del asirio, cuando viniere contra nuestra tierra y hollare nuestros términos.

7 Y el remanente de Jacob será en medio de muchos pueblos, ᵉcomo el rocío de Jehová, como las lluvias sobre la hierba, las cuales no esperan a hombre, ni aguardan a los hijos de los hombres.

8 Y el remanente de Jacob será entre los gentiles, en medio de muchos pueblos, como el león entre las bestias de la selva, como el cachorro del león entre los rebaños de ovejas, el cual si pasa, pisotea y arrebata, y no hay quien pueda librar.

9 Tu mano se alzará sobre tus adversarios, y todos tus enemigos serán cortados.

10 Y acontecerá en aquel día, dice Jehová, que ˡexterminaré tus caballos de en medio de ti, y destruiré tus carros.

11 Y destruiré las ciudades de tu tierra, y derribaré todas tus fortalezas.

12 Asimismo destruiré de tu mano ᵒlas hechicerías, y no se hallarán en ti agoreros.

13 Y destruiré tus esculturas y tus imágenes de en medio de ti, y nunca más adorarás la obra de tus manos.

14 Y ᵖarrancaré tus imágenes de Asera de en medio de ti, y destruiré tus ciudades.

15 Y con ira y con furor haré venganza en las gentes que no escucharon.

CAPÍTULO 6

Oíd ahora lo que dice Jehová: Levántate, pleitea con los montes, y oigan los collados tu voz.

2 Oíd, montes, y fuertes fundamentos de la tierra, ᵘel pleito de Jehová: porque ᵛJehová tiene controversia con su pueblo, y altercará con Israel.

---

a Ef 2:14
b Sof 2:19

c Is 24:23
Lc 1:32

d Jer 8:1-2
e cp 14:49
f Is 13:8
Jer 6:24

g Is 39:6-7
h Is 44:22-23

i Zac 12:3

j Abd 12

k Mt 3:12
l Hag 2:22
Zac 9:10
m Am 6:13

n Lv 27:28
Dt 7:26
o 2 Re 9:22
Is 47:9-12
Nah 3:4

p Jer 17:2
q 1 Re 23:24

r Mt 2:6
Jn 7:42

s Os 6:3
t Sal 90:2
Jn 1:1

u Is 43:26
v Is 5:4
x Zac 9:10

3 Pueblo mío, ¿qué te he hecho, o en qué te he molestado? Responde contra mí.

4 Porque yo te hice subir ᵈde la tierra de Egipto, y de la casa de siervos te redimí; y envié delante de ti a Moisés, y a Aarón, y a Miriam.

5 Pueblo mío, acuérdate ahora qué aconsejó Balac rey de Moab, y qué le respondió Balaam, hijo de Beor, ᵈdesde Sitim hasta Gilgal, para que conozcas las justicias de Jehová.

6 ᵉ¿Con qué me presentaré delante de Jehová, y adoraré al Dios Altísimo? ¿Vendré ante Él con holocaustos, con becerros de un año?

7 ᵍ¿Se agradará Jehová de millares de carneros, o de diez mil arroyos de aceite? ⁱ¿Daré mi primogénito por mi rebelión, el fruto de mis entrañas por el pecado de mi alma?

8 Oh hombre, ᵏÉl te ha declarado lo que es bueno, y ¿qué pide Jehová de ti? Solamente hacer justicia, y amar misericordia, y caminar humildemente con tu Dios.

9 La voz de Jehová clama a la ciudad, y el sabio mirará a tu nombre. Oíd ᵐla vara, y a quien lo ha establecido.

10 ¿Hay aún tesoros de impiedad en casa del impío, y medida escasa que es detestable?

11 ¿Tendré por inocente al que tiene balanza falsa, ᵒy bolsa de pesas engañosas?

12 Con lo cual sus ricos se llenaron de rapiña, y sus moradores hablaron mentira, y su lengua es engañosa en su boca.

13 Por eso yo también te haré enfermar, hiriéndote, asolándote por tus pecados.

14 Tú comerás, y ᵗno te saciarás; y tu abatimiento estará en medio de ti: Recogerás, pero no conservarás; y lo que conservares, yo lo entregaré a la espada.

15 Tú sembrarás, ˣpero no segarás; pisarás aceitunas, pero no te ungirás con el aceite; y mosto, pero no beberás el vino.

16 Porque los mandamientos de ʸOmri se han guardado, y toda obra de la casa de Acab; y en los consejos de ellos anduvisteis, para que yo te pusiese en asolamiento, y a tus moradores para escarnio.

a Jer 51:51
Ez 34:29

b Éx 12:51
Am 2:10

c Am 8:1

d Nm 25:1

e Os 5:6
f Is 57:1

g 1 Sm 15:22
h cp 3:11
i Lv 18:21
2 Re 3:27
j 2 Sm 23:-6
k Dt 10:12

l Jer 9:4

m Is 10:5
y 30:32
n Mt 10:35
Lc 12:53

o Os 12:7

p Pr 24:16
q Sal 107:10
r Sal 27:1

s Lm 3:39
t Lv 26:26
u Sal 37:6

v Sal 42:3
x Dt 28:38

y 1 Re 16:16

Llevaréis, por tanto, ᵃel oprobio de mi pueblo.

CAPÍTULO 7

¡Ay de mí! porque he venido a ser como cuando han recogido ᶜlos frutos del verano, como cuando han rebuscado después de la vendimia, que no queda racimo para comer; mi alma desea los primeros frutos.

2 ᶠFaltó el misericordioso de la tierra, y ninguno hay recto entre los hombres: todos acechan por sangre; cada cual arma red a su hermano.

3 Para completar la maldad con ambas manos, el príncipe demanda, y ʰel juez juzga por recompensa; el grande habla el antojo de su alma, y lo confirman.

4 El mejor de ellos ʲes como el abrojo, y el más recto, como el zarzal; el día de tus atalayas y de tu visitación viene; ahora será su confusión.

5 No creáis en amigo, ˡni confiéis en príncipe; de la que duerme a tu lado, guarda, no abras tu boca.

6 Porque ⁿel hijo deshonra al padre, la hija se levanta contra la madre, la nuera contra su suegra; y los enemigos del hombre son los de su propia casa.

7 Pero yo miraré a Jehová, esperaré en el Dios de mi salvación; el Dios mío me oirá.

8 No te alegres de mí, oh enemiga mía, porque aunque caiga, ᵖme volveré a levantar; ᵠaunque more en tinieblas, ʳJehová será mi luz.

9 La ira de Jehová soportaré, porque ˢpequé contra Él, hasta que juzgue mi causa y haga mi juicio; ᵘÉl me sacará a luz; veré su justicia.

10 Entonces mi enemiga me verá, y la cubrirá vergüenza; la que me decía: ᵛ¿Dónde está Jehová tu Dios? Mis ojos la verán; ahora será hollada como el lodo de las calles.

11 En el día en que se edificarán tus muros, en ese día será alejado el mandato.

12 En ese día vendrán hasta ti desde Asiria y las ciudades fortificadas, y desde las ciudades fortificadas hasta el Río, y de mar a mar, y de monte a monte.

Carga contra Nínive

13 Y la tierra con sus moradores será asolada por el fruto de sus obras.

14 Apacienta a tu pueblo con tu cayado, ªel rebaño de tu heredad, que mora solo *en* el bosque, en medio del Carmelo; Que pasten *en* Basán y Galaad, como en el tiempo pasado.

15 Yo ᵈles mostraré maravillas como el día que saliste de la tierra de Egipto.

16 Las naciones verán, y quedarán confundidas de todo su poderío; pondrán la mano sobre *su* boca, ensordecerán sus oídos.

17 ᵍLamerán el polvo como la serpiente; saldrán de sus agujeros como los gusanos de la tierra, temblarán en sus encierros; tendrán pavor de Jehová nuestro Dios, y temerán de ti.

18 ᵇ¿Qué Dios como tú, ᶜque perdona la maldad y olvida el pecado del remanente de su heredad? No retuvo para siempre su enojo, porque se complace en la misericordia.

19 Él volverá, Él tendrá misericordia de nosotros; ᵉÉl sujetará nuestras iniquidades, y echará en lo profundo del mar todos nuestros pecados.

20 Otorgarás a Jacob ᶠla verdad, y a Abraham la misericordia, que tú juraste a nuestros padres desde tiempos antiguos.

a Is 65:10
b Éx 15:11
c Éx 34:7
  Jer 31:34
d Sal 78:12
e Rm 6:14
f Lc 1:72-73
g Sal 72:9

Libro De
NAHÚM

CAPÍTULO 1

Carga de ªNínive. Libro de la visión de Nahúm de Elcos.

2 Dios ᵇceloso y vengador es Jehová; vengador es Jehová, y *está* furioso; Jehová tomará venganza de sus adversarios, y reserva *la ira* para sus enemigos.

3 Jehová *es* ᵈlento para la ira, y grande en poder, no tendrá por inocente *al perverso*. Jehová marcha en la tempestad y el torbellino, y las nubes *son* el polvo de sus pies.

4 Él ᵉreprende al mar, y lo hace secar, y agosta todos los ríos: Languidecen Basán y el Carmelo, y la flor del Líbano se marchita.

5 Los montes tiemblan delante de Él, y los collados se disuelven; y la tierra se enciende a su presencia, y el mundo, y todos los que en él habitan.

6 ¿Quién permanecerá delante de su ira? ¿Y quién quedará en pie en el furor de su enojo? Su ira se derrama como fuego, y por Él las rocas son quebradas.

7 Bueno *es* Jehová, ᵍ*es* fortaleza en el día de la angustia; y ʰconoce a los que en Él confían.

8 Mas con inundación impetuosa hará consumación de su lugar, y tinieblas perseguirán a sus enemigos.

a Hab 1:1
  Zac 9:1 y 12:1
  Mal 1:1
b Éx 20:5
c Mal 4:1

d Éx 34:5-7

Cristo
e Sal 106:9
  Mt 8:26-27
  Mr 4:39
  Lc 8:24

f Is 52:7
  Rm 10:15

g 1 Cr 16:34
  Sal 100:5
  Jer 33:11
  Lm 3:25
h Sal 1:6
  2 Tim 2:19

9 ¿Qué tramáis contra Jehová? Él hará consumación; la tribulación no se levantará dos veces.

10 Porque como espinas entretejidas, estando embriagados con su vino, serán consumidos ᶜ*como* paja completamente seca.

11 De ti salió el que tramó mal contra Jehová, un consejero perverso.

12 Así dice Jehová: Aunque reposo tengan, y sean muchos, aun así serán cortados y él pasará. Aunque te he afligido, no te afligiré más.

13 Porque ahora quebraré su yugo de sobre ti, y romperé tus coyundas.

14 Mas acerca de ti mandará Jehová, *que* nunca más sea sembrado alguno de tu nombre; de la casa de tus dioses arrancaré escultura y estatua de fundición, la haré tu sepulcro; porque fuiste vil.

15 He aquí ᶠsobre los montes los pies del que trae buenas nuevas, del que pregona la paz. Celebra, oh Judá, tus fiestas, cumple tus votos; porque nunca más pasará por ti el malvado; pereció del todo.

CAPÍTULO 2

Subió el destructor contra ti. Guarda la fortaleza, vigila el camino, fortifica los lomos, fortalece mucho tu poder.

NAHÚM 3

2 Porque Jehová restituirá ªla gloria de Jacob como la gloria de Israel; porque vaciadores los vaciaron, y estropearon sus pámpanos.

3 El escudo de sus valientes estará enrojecido, los varones de su ejército vestidos de escarlata; los carros *serán* como fuego de antorchas en el día de su preparación, y las hayas temblarán.

4 Los carros se precipitarán en las calles, discurrirán por las plazas; su parecer como antorchas encendidas; correrán como relámpagos.

5 Él se acordará de sus valientes; andando tropezarán; se apresurarán a su muro y se preparará la defensa.

6 Las compuertas de los ríos se abrirán, y el palacio será destruido.

7 Y la reina será llevada en cautividad; le mandarán que suba, y sus criadas *la* llevarán gimiendo como palomas, golpeándose su pecho.

8 Y fue Nínive de tiempo antiguo como estanque de aguas; mas ellos huyen: Parad, parad; y ninguno mira.

9 Saquead la plata, saquead el oro; no hay fin de las riquezas y suntuosidad de todos los objetos preciosos.

10 Vacía, y agotada, y despedazada está, y el corazón derretido; temblor de rodillas, y dolor en todos los lomos, y ʰlos rostros de todos tomarán negrura.

11 ¿Qué *es* de la guarida de ⁱlos leones, y de la majada de los cachorros de los leones, donde se recogía el león y la leona, y los cachorros del león, y no había quien *los* atemorizase?

12 El león arrebataba en abundancia para sus cachorros, y ahogaba para sus leonas, y llenaba de presa sus cavernas, y de robo sus guaridas.

13 Heme aquí contra ti, dice Jehová de los ejércitos. ʲEncenderé y reduciré a humo tus carros, y espada devorará tus leoncillos; y raeré de la tierra tu robo, y nunca más se oirá la voz de tus ˡembajadores.

CAPÍTULO 3

A ¡y de la ciudad sanguinaria, toda llena de mentira y de rapiña, no se aparta del pillaje!

---

a Is 10:12
Jer 25:29
b Jer 47:8

c Is 47:9-12

d Jer 13:22

e Jer 46:25

f Ez 27:10
g 2 Cr 12:3
h Jl 2:6
i Jer 2:15

j Sal 46:9

k Jer 51:30

l 2 Re 19:9

m Is 22:11
n cp 2:1

Pecados y castigo de Nínive

2 Sonido de látigo, y ᵇestruendo de ruedas; caballo atropellador y carros que saltan;

3 caballero enhiesto, resplandor de espada y resplandor de lanza; multitud de muertos, y multitud de cadáveres; de *sus* cadáveres no *hay* fin, y sobre sus cadáveres tropiezan:

4 A causa de la multitud de las prostituciones de la ramera de hermosa gala, ᶜmaestra de hechizos, que vende a las naciones con sus prostituciones, y a los pueblos con sus hechizos.

5 Heme aquí contra ti, dice Jehová de los ejércitos, y ᵈdescubriré tus faldas en tu cara, y mostraré a las naciones tu desnudez, y a los reinos tu vergüenza.

6 Y echaré sobre ti inmundicias, y te haré vil, y haré de ti un espectáculo.

7 Y será *que* todos los que te vieren, se apartarán de ti, y dirán: Nínive es asolada: ¿quién se compadecerá de ella? ¿Dónde te buscaré consoladores?

8 ¿Eres tú mejor que No-amón, ᵉque estaba asentada entre ríos, rodeada de aguas, cuyo baluarte era el mar, y el mar *era* su muralla?

9 Etiopía *era* su fortaleza, y Egipto sin límite; ᶠFut y ᵍLibia fueron en tu ayuda.

10 También ella *fue* llevada en cautiverio; también sus chiquitos fueron estrellados en las encrucijadas de todas las calles; y sobre sus varones echaron suertes, y todos sus magnates fueron aprisionados con grillos.

11 Tú también serás embriagada, serás encerrada; tú también buscarás fortaleza a causa del enemigo.

12 Todas tus fortalezas serán cual higueras con brevas; que si las sacuden, caen en la boca del que las ha de comer.

13 He aquí, tu pueblo ᵏserá como mujeres en medio de ti; las puertas de tu tierra se abrirán de par en par a tus enemigos; fuego consumirá tus cerrojos.

14 ᵐProvéete de agua para el asedio, ⁿrefuerza tus fortalezas; entra en el lodo, pisa el barro, refuerza el horno.

Durmieron sus pastores

15 Allí te consumirá el fuego, te cortará la espada, te devorará como el pulgón; multiplícate como el pulgón, multiplícate como la langosta.
16 Multiplicaste ᶜtus mercaderes más que las estrellas del cielo; el pulgón hizo presa, y voló.
17 Tus príncipes *son* como langostas, y tus grandes como nubes de langostas que se sientan en vallados en día de frío; salido el sol se van, y no se conoce el lugar donde están.
18 ªDurmieron tus pastores, ᵇoh rey de Asiria, reposaron tus valientes; tu pueblo se dispersó por los montes, y no hay quien *lo* junte.
19 No *hay* alivio para tu quebranto; tu herida es incurable; todos los que oigan ᵈtu fama ᵉaplaudirán sobre ti, porque ¿sobre quién no pasó continuamente tu maldad?

a Sal 76:5
b Jer 50:18
Ez 31:3
c Ez 27:23

d Jer 10:22
e Sal 47:1

Libro De
HABACUC

CAPÍTULO 1

La carga que vio el profeta Habacuc.
2 ¿Hasta cuándo, oh Jehová, clamaré, y no oirás; y daré voces a ti a causa de la violencia, y no salvarás?
3 ¿Por qué me haces ver iniquidad, y haces que vea molestia? Pues saqueo y violencia están delante de mí, y hay además quien levanta pleito y contienda.
4 Por lo cual la ley es debilitada, y el juicio no sale verdadero; por cuanto ᵉel impío asedia al justo, por eso sale torcido el juicio.
5 Mirad en las naciones, y ved, y maravillaos y asombraos; porque haré una obra en vuestros días, *que* aun cuando se *os* contare, no la creeréis.
6 Porque he aquí, yo levanto a los caldeos, gente amarga y presurosa, que camina por la anchura de la tierra para poseer las habitaciones ajenas.
7 Espantosa *es* y terrible; de ella misma saldrá su derecho y su grandeza.
8 Y sus caballos serán más ligeros que leopardos, y más feroces que lobos nocturnos; y sus jinetes se multiplicarán: vendrán de lejos sus caballeros, y volarán como águila que se apresura a la comida.
9 Toda ella vendrá a la presa; sus rostros hacia adelante *como* el viento solano; y recogerá cautivos como arena.

a Dn 11:38
b Dt 33:27
c Sal 118:17
d Is 10:5-7

e Sal 22:12

f Jer 16:16

g ver 11

h Is 21:8

i Is 8:1
j Dt 1:5

10 Y escarnecerá a los reyes, y de los príncipes hará burla; se reirá de toda fortaleza, y levantará terraplén, y la tomará.
11 Luego cambiará de parecer, y pasará adelante, y ofenderá ᵃatribuyendo este su poder a su dios.
12 ᵇ¿No *eres* tú desde el principio, oh Jehová, Dios mío, Santo mío? ᶜ¡No moriremos! Oh Jehová, ᵈpara juicio lo pusiste; y tú, oh Roca, lo fundaste para castigar.
13 Muy limpio *eres* de ojos para ver el mal, y no puedes ver el agravio. ¿Por qué, pues, ves a los traidores, y callas cuando el impío destruye al más justo que él,
14 y haces que sean los hombres como los peces del mar, como reptiles *que* no *tienen* señor?
15 Sacará a todos ᶠcon anzuelo, los atrapará con su red, y los juntará en su malla; por lo cual se gozará y se alegrará.
16 ᵍPor esto hará sacrificios a su red, y quemará incienso a sus mallas; porque con ellos engordó su porción, y engrasó su comida.
17 ¿Vaciará por eso su red, o tendrá piedad de matar gentes continuamente?

CAPÍTULO 2

Sobre ʰmi guarda estaré, y sobre la fortaleza estaré firme; y velaré para ver qué habrá de decirme, y qué habré de responder cuando yo sea reprendido.
2 Y Jehová me respondió, y dijo: ⁱEscribe la visión, y ʲdeclárala en

tablas, para que corra el que leyere en ella.

3 Aunque ᵃla visión tardará aún por un tiempo, mas al fin hablará, y no mentirá; aunque se tardare, espéralo, que sin duda ᵇvendrá; no tardará.

4 He aquí se enorgullece aquel cuya alma no es recta en él; mas ᵈel justo por su fe vivirá.

5 Y también, ᵉpor cuanto peca por el vino, *es* un hombre soberbio, y no queda en casa; el cual ensancha como el infierno su alma, y *es* como la muerte, que no se sacia; antes reúne para sí todas las naciones, y amontona para sí todos los pueblos.

6 ¿No han de levantar todos éstos refrán sobre él, y sarcasmos contra él? Y dirán: ¡Ay del que multiplicó lo que no era suyo! Y, ¿hasta cuándo había de amontonar sobre sí barro espeso?

7 ¿No se levantarán de repente los que te han de morder, y se despertarán los que te han de quitar de tu lugar, y serás a ellos por rapiña?

8 Porque tú has despojado a muchas naciones, todos los que han quedado de los pueblos te despojarán; a causa de la sangre de los hombres, y de la violencia de la tierra, de las ciudades y de todos los que moran en ellas.

9 ¡Ay del que ⁱcodicia ganancia deshonesta para su casa, para poner en alto su nido, para ser librado del poder del mal!

10 Tomaste consejo vergonzoso para tu casa, asolaste muchos pueblos, y has pecado *contra* tu alma.

11 Porque la piedra clamará desde el muro, y la viga del árbol le responderá.

12 ¡Ay del que edifica la ciudad ᵏcon sangre, y del que funda una ciudad con iniquidad!

13 ¿No *es* esto de Jehová de los ejércitos? ᵐLos pueblos pues, trabajarán para el fuego, y las gentes se fatigarán en vano.

14 Porque la tierra será llena ⁿdel conocimiento de la gloria de Jehová, como las aguas cubren el mar.

15 ¡Ay del que da de beber a su compañero! ¡Ay de ti que le acercas tu odre y le embriagas para mirar su desnudez!

16 Te has llenado de deshonra más que de honra; bebe tú también, y serás descubierto; el cáliz de la mano derecha de Jehová volverá sobre ti, y vómito de afrenta sobre tu gloria.

17 Porque la rapiña ᶜdel Líbano caerá sobre ti, y la destrucción de las fieras lo quebrantará; a causa de la sangre de los hombres, y de la violencia de la tierra, de las ciudades, y de todos los que moran en ellas.

18 ᶠ¿De qué sirve la escultura que esculpió el que la hizo? ¿La estatua de fundición, que enseña mentira, para que haciendo imágenes mudas confíe el hacedor en su obra?

19 ¡Ay del que dice al palo; Despiértate; y a la piedra muda: Levántate! ¿Podrá él enseñar? He aquí él está cubierto de oro y plata, y no *hay* aliento dentro de él.

20 Mas Jehová ᵍestá en su santo templo: ʰcalle delante de Él toda la tierra.

CAPÍTULO 3

Oración del profeta Habacuc, sobre Sigionot.

2 Oh Jehová, he oído tu palabra, y temí: Oh Jehová, aviva tu obra en medio de los tiempos, en medio de los tiempos hazla conocer; En la ira acuérdate de la misericordia.

3 Dios viene de Temán, y el Santo del monte de Parán (Selah). Su gloria cubrió los cielos, y la tierra se llenó de su alabanza.

4 Su resplandor era como la luz, y cuernos salían de su mano; ʲallí estaba escondido su poder.

5 Delante de su rostro iba mortandad, y a sus pies salían carbones encendidos.

6 Se paró, y midió la tierra; miró, e hizo temblar a las naciones; ˡlos montes eternos fueron desmenuzados, y los collados perpetuos se humillaron. Sus caminos *son* eternos.

7 He visto las tiendas de Cusán en aflicción; las tiendas de la tierra de Madián temblaron.

8 ¿Se airó Jehová contra los ríos? ¿Contra los ríos *fue* tu enojo? ¿Tu ira fue contra el mar, cuando subiste

Aunque la higuera no florezca

sobre tus caballos, y sobre tus carros de salvación?

9 Se descubrió enteramente tu arco, los juramentos a las tribus, palabra segura (Selah). Hendiste la tierra con ríos.

10 Te vieron, y ᵇtuvieron temor los montes; pasó la inundación de las aguas; el abismo dio su voz, y a lo alto alzó sus manos.

11 El sol y la luna ᶜse pararon en su estancia; a la luz de tus saetas anduvieron, y al resplandor de tu fulgente lanza.

12 Con ira hollaste la tierra, con furor trillaste las naciones.

13 Saliste para salvar a tu pueblo, para salvar con tu ungido. ᵈTraspasaste la cabeza de la casa del impío, desnudando el cimiento hasta el cuello (Selah).

14 Horadaste con sus propias varas las cabezas de sus villas, que como tempestad acometieron para dispersarme; su regocijo *era* como para devorar al pobre encubiertamente.

15 Hiciste camino en el mar a tus caballos, *por* montón de grandes aguas.

16 Oí, y ᵃse conmovieron mis entrañas; a la voz temblaron mis labios; pudrición entró en mis huesos, y dentro de mí me estremecí; si bien estaré quieto en el día de la angustia, cuando suba al pueblo el que lo invadirá con sus tropas.

17 Aunque la higuera no florezca, ni *haya* fruto en las vides; aunque falte el fruto del olivo, y los labrados no den mantenimiento; y las ovejas sean quitadas del redil, y no *haya* vacas en los corrales;

18 Con todo, ᵉyo me alegraré en Jehová, y me gozaré en el Dios de mi salvación.

19 Jehová el Señor es mi fortaleza, Él hará mis pies ᶠcomo de ciervas, y ᵍme hará andar sobre mis alturas. (Al principal de los cantores, sobre mis instrumentos de cuerdas)

a Sal 119:120
Jer 29:9

b Éx 19:16-18
Sal 68:7-8

c Jos 10:12-13

d Sal 68:21
e Sal 9:14
y 13:5

f 2 Sm 22:34
Sal 18:33
g Dt 32:13
y 33:29

Libro De
SOFONÍAS

CAPÍTULO 1

Palabra de Jehová que vino a Sofonías, hijo de Cusi, hijo de Gedalías, hijo de Amarías, hijo de Ezequías, en días de Josías, hijo de Amón, rey de Judá.

2 Destruiré del todo todas *las cosas* de sobre la faz de la tierra, dice Jehová.

3 Destruiré hombres y bestias; destruiré las aves de los cielos y los peces del mar, y ᶜlas piedras de tropiezo con los impíos; y cortaré al hombre de sobre la faz de la tierra, dice Jehová.

4 Y extenderé mi mano sobre Judá, y sobre todos los moradores de Jerusalén, y ᵉexterminaré de este lugar el remanente de Baal, y el nombre de los ministros idólatras junto con los sacerdotes;

5 y a los que se inclinan sobre los terrados al ejército del cielo; y a los que se inclinan ʰjurando por Jehová y ⁱjurando por Milcom;

a Is 13:6
Ez 30:3
b Is 34:6
Jer 46:10

c Ez 7:19

d 1 Sm 5:5

e 2 Cr 34:3-4
f 2 Cr 33:13
g 2 Re 22:14

h Is 48:1
Os 4:15
i 1 Re 11:5,33

6 y a los que vuelven atrás de en pos de Jehová; y a *los* que no buscaron a Jehová, ni preguntaron por Él.

7 Calla en la presencia del Señor Jehová, porque ᵃel día de Jehová *está* cercano; porque ᵇJehová ha preparado sacrificio, ha llamado a sus convidados.

8 Y será que en el día del sacrificio de Jehová, haré visitación sobre los príncipes, y sobre los hijos del rey, y sobre todos los que visten ropa extranjera.

9 Asimismo haré visitación en aquel día sobre todos ᵈlos que saltan la puerta, los que llenan de robo y de engaño las casas de sus señores.

10 Y habrá en aquel día, dice Jehová, voz de clamor ᶠdesde la puerta del Pescado, y aullido desde ᵍla segunda, y grande quebrantamiento desde los collados.

11 Aullad, moradores de Mactes, porque todo el pueblo mercader es destruido; cortados son todos los que traían dinero.

SOFONÍAS 2-3

12 Y será en aquel tiempo, *que* yo escudriñaré a Jerusalén con candiles, y haré visitación sobre los hombres que están ªsentados sobre sus residuos de vino, los cuales ᵇdicen en su corazón: Jehová ni hará bien ni mal.

13 Será por tanto saqueada su hacienda, y sus casas asoladas; y edificarán casas, mas ᵈno *las* habitarán; y plantarán viñas, mas no beberán el vino de ellas.

14 Cercano *está* ᶠel día grande de Jehová, cercano y muy presuroso; clamor del día de Jehová; amargamente ʰgritará allí el valiente.

15 Día de ira aquel día, día de angustia y de aprieto, día de alboroto y de asolamiento, día de tiniebla y de oscuridad, día de nublado y de densa niebla,

16 día ᵏde trompeta y de pregón de guerra sobre las ciudades fortificadas, y sobre las altas torres.

17 Y atribularé a los hombres, y andarán ᵐcomo ciegos, porque pecaron contra Jehová; y ⁿla sangre de ellos será derramada como polvo, y su carne como estiércol.

18 Ni su plata ni su oro podrá librarlos en el día de la ira de Jehová; pues toda la tierra ᵖserá consumida con el fuego de su celo; porque ciertamente exterminio apresurado hará con todos los moradores de la tierra.

CAPÍTULO 2

Congregaos y meditad, ˢgente indeseable,

2 ᵗantes que venga a luz el decreto, y el día se pase como el tamo; antes que venga sobre vosotros el furor de la ira de Jehová, antes que el día de la ira de Jehová venga sobre vosotros.

3 ᵘBuscad a Jehová todos los humildes de la tierra, que pusisteis en obra su juicio; buscad justicia, buscad mansedumbre; ˣquizá seréis guardados en el día de la ira de Jehová.

4 Porque ᶻGaza será desamparada, y Ascalón asolada; saquearán a Asdod en el mediodía, y Ecrón será desarraigada.

5 ¡Ay de ᵇlos que habitan en la ribera del mar, de la gente de Ceretim! La palabra de Jehová *es* contra vosotros,

---

a Jer 48:11
b Sal 94:7
c Jos 19:29

d Dt 28:30
e cp 3:20

f Jl 2:11
g Jer 48:1

h Hab 3:4

i Jer 49:1

j Dt 29:23
 Is 13:19
k Jer 4:19

l Is 16:6
 Jer 48:29
m Dt 28:29
 Is 59:10
n Sal 79:3
o Sal 50:12
p cp 3:8

q Is 18:1

r Is 10:12

s Jl 2:16

t cp 3:8

u Sal 105:4
 Am 5:6
v Jer 22:14-15
x Am 5:15
y Is 47:8

z Jer 47:5
 Am 1:6-8
a Jer 19:8
 Zac 9:5
b Jer 47:7
 Ez 25:18

El oro y la plata no podrá librarles

oh Canaán, tierra de filisteos, que te haré destruir hasta no quedar morador.

6 Y la ribera del mar será para moradas de cabañas de pastores, y corrales de ovejas.

7 Y ᶜla ribera será para el resto de la casa de Judá; allí apacentarán: en las casas de Ascalón dormirán al anochecer; porque Jehová su Dios los visitará, y ᵉhará volver a sus cautivos.

8 Yo he oído ᵍlas afrentas de Moab, y las injurias de los hijos de Amón con que deshonraron a mi pueblo, y se ⁱengrandecieron sobre su término.

9 Por tanto, vivo yo, dice Jehová de los ejércitos, el Dios de Israel, que Moab será como Sodoma, y los hijos de Amón como Gomorra; ʲcampo de ortigas, y mina de sal, y asolamiento perpetuo: el remanente de mi pueblo los saqueará, y el resto de mi gente los heredará.

10 Esto les vendrá ˡpor su soberbia, porque afrentaron, y se engrandecieron contra el pueblo de Jehová de los ejércitos.

11 Terrible *será* Jehová contra ellos, porque ᵒhará enflaquecer a todos los dioses de la tierra; y cada uno desde su lugar se inclinará a Él, todas las islas de las naciones.

12 También vosotros, ᵠetíopes, *seréis* muertos con mi espada.

13 Y extenderá su mano sobre el norte, y ʳdestruirá a Asiria, y pondrá a Nínive en asolamiento, y en sequedal como un desierto.

14 Y rebaños de ganado reposarán en ella, todas las bestias de las naciones; el pelícano y también el mochuelo dormirán en sus umbrales; *su* voz cantará en las ventanas; asolación será en las puertas, porque ᵛsu enmaderamiento de cedro *será* descubierto.

15 Ésta *es* la ciudad alegre que estaba confiada, la que decía en su corazón: ʸYo, y no más. ¡Cómo fue en asolamiento, en cama de bestias! ªCualquiera que pasare junto a ella silbará, agitará su mano.

CAPÍTULO 3

¡Ay de la ciudad ensuciada y contaminada y opresora!

Castigo de Jerusalén

2 No escuchó la voz, ni recibió la corrección; no confió en Jehová, no se acercó a su Dios.

3 Sus príncipes ^ben medio de ella *son* leones rugientes; sus jueces, ^clobos nocturnos que no dejan hueso para la mañana.

4 Sus profetas *son* ^elivianos, hombres prevaricadores; sus sacerdotes contaminaron el santuario, ^gfalsearon la ley.

5 Jehová justo en medio de ella, no hará iniquidad; cada mañana Él saca a luz su juicio, nunca falta; mas el perverso no tiene vergüenza.

6 Hice derribar naciones; sus torres están asoladas; hice desiertas sus calles, hasta no quedar quien pase: sus ciudades están asoladas hasta no quedar hombre, hasta no quedar morador.

7 Dije: Ciertamente me temerás, recibirás corrección; y así su habitación no será destruida sobre todo aquello por lo cual la castigué. Pero ellos ⁱse levantaron de mañana y corrompieron todas sus obras.

8 Por tanto, ^jesperadme, dice Jehová, hasta el día que me levante al despojo: porque mi determinación *es* ^kreunir a las naciones, juntar a los reinos, para derramar sobre ellos mi enojo, todo el furor de mi ira; porque del fuego de mi celo será consumida toda la tierra.

9 Entonces daré a los pueblos pureza de labios, para que todos invoquen el nombre de Jehová, para que de un consentimiento le sirvan.

10 De más allá de los ríos de Etiopía, mis suplicantes, *aun* la hija de mis esparcidos, ^mme traerán ofrenda.

11 En aquel día ⁿno serás avergonzada por ninguna de tus obras con que te rebelaste contra mí; porque

a Jer 7:4
Mi 3:11
b Ez 22:27
c Hab 1:8
d Zac 11:7-11
e Jer 23:32
f Ap 14:5
g Ez 22:26
h Is 17:2

i 2 Cr 36:15

j Hab 2:3

k Jl 3:2

l Is 11:12

m Sal 68:29
Mal 1:11
n Is 54:4

SOFONÍAS 3

entonces quitaré de en medio de ti a los que se alegran en tu soberbia, y ^anunca más te ensoberbecerás en mi monte santo.

12 Y dejaré en medio de ti a un pueblo ^dhumilde y pobre, los cuales esperarán en el nombre de Jehová.

13 El remanente de Israel no hará iniquidad, ^fni dirá mentira, ni en boca de ellos se hallará lengua engañosa: porque ellos serán apacentados y dormirán, y ^hno habrá quien *los* espante.

14 Canta, oh hija de Sión; da voces de júbilo, oh Israel; gózate y regocíjate de todo corazón, hija de Jerusalén.

15 Jehová ha quitado tus juicios, ha echado fuera a tus enemigos: Jehová, el Rey de Israel, *está* en medio de ti; nunca más verás el mal.

16 En aquel tiempo se dirá a Jerusalén: No temas: Sión, no se debiliten tus manos.

17 Jehová tu Dios *está* en medio de ti, poderoso, Él salvará; se gozará sobre ti con alegría, callará de amor, se regocijará sobre ti con cantar.

18 Reuniré *a los* que se afligen por la fiesta solemne, que son tuyos; para quienes el oprobio de ella era una carga.

19 He aquí, en aquel tiempo yo desharé a todos tus opresores; y salvaré la coja, y recogeré la descarriada; y los pondré por alabanza y por renombre en todo país donde han sido avergonzados.

20 En aquel tiempo ^lyo os traeré, en aquel tiempo yo os reuniré; pues os daré por renombre y por alabanza entre todos los pueblos de la tierra, cuando haga volver vuestra cautividad delante de vuestros ojos, dice Jehová.

Libro De
HAGEO

CAPÍTULO 1

En ªel año segundo del rey Darío en el mes sexto, en el primer día del mes, vino palabra de Jehová, por medio del profeta Hageo, a Zorobabel, hijo de Salatiel, gobernador de Judá, y a Josué, hijo de Josadac, ᵈel sumo sacerdote, diciendo:

2 Así habla Jehová de los ejércitos, diciendo: Este pueblo dice: El tiempo aún no ha venido, el tiempo de que la casa de Jehová sea reedificada.

3 Vino, pues, palabra de Jehová por medio ᵉdel profeta Hageo, diciendo:

4 ¿*Es* para vosotros tiempo, para vosotros, de morar en vuestras casas artesonadas, y esta casa *está* desierta?

5 Pues así dice Jehová de los ejércitos: Considerad vuestros caminos.

6 Sembráis mucho, y ᶠencerráis poco; coméis, y no os saciáis; bebéis, y no estáis satisfechos; os vestís, y no os calentáis; y el que trabaja a jornal recibe su jornal en saco horadado.

7 Así dice Jehová de los ejércitos: Considerad vuestros caminos.

8 Subid al monte, traed madera y reedificad la casa; y pondré en ella mi voluntad y seré glorificado, dice Jehová.

9 Buscáis mucho, y hallaréis poco; y encerráis en casa, y soplo en ello. ¿Por qué? dice Jehová de los ejércitos. Por cuanto mi casa *está* desierta, y cada uno de vosotros corre a su propia casa.

10 Por eso ʰse detuvo de los cielos sobre vosotros la lluvia, y la tierra detuvo sus frutos.

11 Y llamé la sequía sobre esta tierra, y sobre los montes, y sobre el trigo, y sobre el vino, y sobre el aceite, y sobre todo lo que la tierra produce; y sobre los hombres y sobre el ganado y sobre todo trabajo de manos.

12 Y ˡoyó Zorobabel, hijo de Salatiel, y Josué, hijo de Josadac, el sumo sacerdote, y todo el resto del pueblo, la voz de Jehová su Dios, y las palabras del profeta Hageo, como

a Esd 4:24
b Mal 2:7 3:1
c cp 2:4
d Zac 3:1
e Esd 5:1
f Dt 28:38
Is 5:10
Mi 6:15
g Esd 3:12
h Dt 28:23
i cp 1:13-14
j Éx 29:45:46
k Is 63:11
Zac 4:6
l Esd 5:2
m Is 13:13
Ez 38:19
Jl 2:10
n Mal 3:1
o Sal 24:7-10
Is 60:1

lo había enviado Jehová su Dios; y temió el pueblo delante de Jehová.

13 Entonces Hageo, mensajero de Jehová, habló ᵇel mensaje de Jehová al pueblo, diciendo: ᶜYo estoy con vosotros, dice Jehová.

14 Y despertó Jehová el espíritu de Zorobabel, hijo de Salatiel, gobernador de Judá, y el espíritu de Josué, hijo de Josadac, el sumo sacerdote, y el espíritu de todo el resto del pueblo; y vinieron y trabajaron en la casa de Jehová de los ejércitos, su Dios,

15 en el día veinticuatro del mes sexto, en el segundo año del rey Darío.

CAPÍTULO 2

En el *mes* séptimo, a los veintiún *días* del mes, vino palabra de Jehová por medio del profeta Hageo, diciendo:

2 Habla ahora a Zorobabel, hijo de Salatiel, gobernador de Judá, y a Josué, hijo de Josadac, el sumo sacerdote, y al resto del pueblo, diciendo:

3 ¿Quién ha quedado entre vosotros ᵍque haya visto esta casa en su primera gloria? ¿Y cómo la veis ahora? ¿No *es* ella como nada delante de vuestros ojos?

4 Pues ahora, Zorobabel, esfuérzate, dice Jehová; esfuérzate también, Josué, hijo de Josadac, el sumo sacerdote; y esforzaos, pueblo todo de la tierra, dice Jehová, ˡy trabajad; porque yo estoy con vosotros, dice Jehová de los ejércitos.

5 *Según* ʲel pacto que hice con vosotros cuando salisteis de Egipto, así ᵏmi Espíritu estará en medio de vosotros: no temáis.

6 Porque así dice Jehová de los ejércitos: De aquí a poco aún ᵐyo haré temblar los cielos y la tierra, y el mar y la *tierra* seca;

7 y haré temblar a todas las naciones, y ⁿvendrá el Deseado de todas las naciones; y ᵒllenaré de gloria esta

¿Todavía está la semilla en el granero? ZACARÍAS 1

casa, ha dicho Jehová de los ejércitos.

8 ᶜMía *es* la plata, y mío *es* el oro, dice Jehová de los ejércitos.

9 La gloria de ᵈesta casa postrera será mayor que la de la primera, ha dicho Jehová de los ejércitos; y ᵉdaré paz en este lugar, dice Jehová de los ejércitos.

10 ᶠEl día veinticuatro del noveno *mes*, en el segundo año de Darío, vino palabra de Jehová por medio del profeta Hageo, diciendo:

11 Así dice Jehová de los ejércitos: ʰPregunta ahora a los sacerdotes *acerca* de la ley, diciendo:

12 Si llevare alguno las carnes santificadas en el extremo de su vestidura, y con el extremo de ella tocare pan, o vianda, o vino, o aceite, o cualquier otra comida, ¿será santificada? Y respondieron los sacerdotes, y dijeron: No.

13 Y dijo Hageo: Si un inmundo a causa de cuerpo muerto tocare alguna cosa de éstas, ¿será inmunda? Y respondieron los sacerdotes, y dijeron: Inmunda será.

14 Y respondió Hageo y dijo: Así *es* este pueblo y esta nación delante de mí, dice Jehová; y asimismo toda obra de sus manos; y lo que aquí ofrecen inmundo *es*.

15 Ahora, pues, considerad *esto* en vuestro corazón desde este día en adelante, antes que pongáis piedra sobre piedra en el templo de Jehová.

16 Antes que fuesen estas cosas,

a	Éx 29:45
b	Is 5:2
c	1 Cr 29:14
d	cp 1:8
e	Sal 85:8-9
f	Zac 1:1-7
g	Esd 3:10 Zac 8:9
h	Lv 10:10-11 2 Cr 35:3
i	Mi 5:10
j	Zac 14:13
k	Jer 22:24

venían al ᵃmontón de veinte, y había diez; venían ᵇal lagar para sacar cincuenta *cántaros* del lagar, y había veinte.

17 Os herí con viento solano, y con tizoncillo, y con granizo en toda obra de vuestras manos; mas no os *convertisteis* a mí, dice Jehová.

18 Considerad, pues, ahora en vuestro corazón desde este día en adelante, desde el día veinticuatro del noveno *mes*, ᵍdesde el día que se echó el cimiento del templo de Jehová; consideradlo.

19 ¿Todavía está la semilla en el granero? Aunque la vid, la higuera, el granado y el árbol de olivo aún no han florecido; sin embargo desde este día *os* daré bendición.

20 Y vino otra vez palabra de Jehová a Hageo, el día veinticuatro del mes, diciendo:

21 Habla a Zorobabel, gobernador de Judá, diciendo: Yo haré temblar los cielos y la tierra;

22 y ⁱtrastornaré el trono de los reinos, y destruiré la fuerza del reino de las naciones; y trastornaré el carro, y los que en él suben; y vendrán abajo los caballos, y los que en ellos montan, ʲcada cual por la espada de su hermano.

23 En aquel día, dice Jehová de los ejércitos, te tomaré, oh Zorobabel, hijo de Salatiel, siervo mío, dice Jehová, y ᵏte pondré como anillo de sellar; porque yo te escogí, dice Jehová de los ejércitos.

Libro De
ZACARÍAS

CAPÍTULO 1

En ᵃel mes octavo, en ᵇel año segundo de Darío, vino palabra de Jehová al profeta Zacarías, hijo de Berequías, hijo de ᶜIddo, diciendo:

2 Jehová está muy enojado contra vuestros padres.

3 Por tanto, diles: Así dice Jehová de los ejércitos: ᵈVolveos a mí, dice Jehová de los ejércitos, y yo me volveré a vosotros, dice Jehová de los ejércitos.

4 No seáis como vuestros padres, a

a	Hag 2:1-10
b	Hag 1:1
c	Neh 12:4,16
d	Mal 3:7
e	Mt 24:35

los cuales hablaron los primeros profetas, diciendo: Así dice Jehová de los ejércitos: Volveos ahora de vuestros malos caminos, y *de* vuestras malas obras; pero no atendieron, ni me escucharon, dice Jehová.

5 Vuestros padres, ¿dónde están? Y los profetas ¿han de vivir para siempre?

6 Pero ᵉmis palabras y mis ordenanzas que mandé a mis siervos los profetas, ¿no alcanzaron a vuestros padres? Y ellos se volvieron y dijeron: Así como Jehová de los

ZACARÍAS 2

ejércitos pensó hacer con nosotros ªconforme a nuestros caminos y conforme a nuestras obras, así ha hecho con nosotros.

7 El día veinticuatro del mes undécimo, que es el mes de Sebat, en el año segundo de Darío, vino palabra de Jehová al profeta Zacarías, hijo de Berequías, hijo de Iddo, diciendo:

8 Vi de noche, y he aquí ᵈun varón que cabalgaba sobre un caballo alazán, el cual estaba entre los mirtos que había en la hondura; y detrás de él había ᵉcaballos alazanes, overos y blancos.

9 Entonces dije: ¿Qué son éstos, Señor mío? Y me dijo el Ángel que hablaba conmigo: Yo te enseñaré qué son éstos.

10 Y aquel varón que estaba entre los mirtos respondió, y dijo: Éstos son los que Jehová ha enviado a recorrer la tierra.

11 Y ellos respondieron al Ángel de Jehová que estaba entre los mirtos, y dijeron: Hemos recorrido la tierra, y he aquí toda la tierra está reposada y quieta.

12 Y respondió el Ángel de Jehová, y dijo: Oh Jehová de los ejércitos, ⁱ¿hasta cuándo no tendrás piedad de Jerusalén, y de las ciudades de Judá, ʲcon las cuales has estado indignado estos setenta años?

13 Y Jehová respondió buenas palabras, ˡpalabras consoladoras, al Ángel que hablaba conmigo.

14 Y me dijo el Ángel que hablaba conmigo: Clama, diciendo: Así dice Jehová de los ejércitos: Celé a Jerusalén y a Sión con gran celo:

15 Y estoy muy indignado contra las naciones que están reposadas; porque cuando ⁿyo estaba enojado un poco, ellos ayudaron para el mal.

16 Por tanto, así dice Jehová: Yo me he vuelto a Jerusalén con misericordia; ᵒen ella será edificada mi casa, dice Jehová de los ejércitos, y ᑫel cordel será tendido sobre Jerusalén.

17 Clama aún, diciendo: Así dice Jehová de los ejércitos: Aún serán ensanchadas mis ciudades por la abundancia del bien; y aún ʳconsolará Jehová a Sión, y escogerá todavía a Jerusalén.

a Jer 35:15
Ez 36:31
b Dn 8:3,8, 9,21
c 1 Re 22:11

d Jos 5:13
Dn 9:21
Ap 6:4

e cp 6:2-7

f Sal 75:4-5

g Ez 40:3
y 47:3

h Ap 11:1

i Hab 2:6
Ap 6:10
j Mal 1:4
Jer 25:11
k Est 9:19
Ez 38:11
l Jer 19:10
m Is 60:19
Ap 21:23

n Is 47:6

o Esd 6:14
p Dt 32:10
q Jer 31:39
Ez 47:3

r Is 51:3
s Sal 40:7

Jerusalén volverá a ser edificada

18 Después alcé mis ojos y miré, y he aquí ᵇcuatro cuernos.

19 Y dije al Ángel que hablaba conmigo: ¿Qué son éstos? Y me respondió: ᶜÉstos son los cuernos que dispersaron a Judá, a Israel y a Jerusalén.

20 Me mostró luego Jehová cuatro carpinteros.

21 Y yo dije: ¿Qué vienen a hacer éstos? Y me respondió, diciendo: Éstos son los cuernos que dispersaron a Judá, tanto que ninguno alzó su cabeza; mas éstos han venido para hacerlos temblar, para derribar los cuernos de las naciones, que ᶠalzaron el cuerno sobre la tierra de Judá para dispersarla.

CAPÍTULO 2

Alcé después mis ojos, y miré y he aquí ᵍun varón que tenía en su mano un cordel de medir.

2 Y le dije: ¿A dónde vas? Y Él me respondió: ʰA medir a Jerusalén, para ver cuánta es su anchura, y cuánta su longitud.

3 Y he aquí, salía aquel Ángel que hablaba conmigo, y otro ángel le salió al encuentro,

4 y le dijo: Corre, habla a este joven, diciendo: ᵏSin muros será habitada Jerusalén a causa de la multitud de hombres y de ganado en medio de ella.

5 Yo seré para ella, dice Jehová, muro de fuego en derredor, y ᵐseré la gloria en medio de ella.

6 Eh, eh, huid de la tierra del norte, dice Jehová, pues por los cuatro vientos de los cielos os esparcí, dice Jehová.

7 Oh Sión, la que moras con la hija de Babilonia, escápate.

8 Porque así dice Jehová de los ejércitos: Después de la gloria Él me ha enviado a las naciones que os despojaron; porque ᵖel que os toca, toca a la niña de su ojo.

9 Porque he aquí yo alzo mi mano sobre ellos, y serán despojo a sus siervos, y sabréis que Jehová de los ejércitos me ha enviado.

10 Canta y alégrate, hija de Sión: porque ˢhe aquí vengo, y moraré en medio de ti, dice Jehová.

No con ejército sino con mi Espíritu

ZACARÍAS 3-4

11 Y ªmuchas naciones se unirán a Jehová en aquel día, y serán mi pueblo, y moraré en medio de ti; y entonces conocerás que Jehová de los ejércitos me ha enviado a ti.

12 Y Jehová poseerá a Judá su heredad en la tierra santa, y escogerá aún a Jerusalén.

13 ᶜCalle toda carne delante de Jehová, porque Él se ha levantado de su santa morada.

CAPÍTULO 3

Y me mostró a Josué, ªel sumo sacerdote, el cual estaba delante del Ángel de Jehová; y Satanás estaba a su mano derecha para acusarle.

2 Y dijo Jehová a Satanás: Jehová te reprenda, oh Satanás; Jehová, que ha escogido a Jerusalén, te reprenda. ¿No es éste un ᶠtizón arrebatado del fuego?

3 Y Josué estaba vestido de ᵍvestiduras viles, y estaba delante del Ángel.

4 Y habló el *Ángel*, y mandó a los que estaban delante de Él, diciendo: ʲQuitadle esas vestiduras viles. Y a él dijo: Mira que ᵏhe hecho pasar de ti tu pecado, y ˡte vestiré con ropas de gala.

5 Después dijo: Pongan mitra limpia sobre su cabeza. Y pusieron una mitra limpia sobre su cabeza, y le vistieron las ropas. Y el Ángel de Jehová estaba en pie.

6 Y el Ángel de Jehová amonestó a Josué, diciendo:

7 Así dice Jehová de los ejércitos: Si anduvieres por mis caminos, y si guardares mi ordenanza, también tú gobernarás mi casa, también tú guardarás mis atrios, y entre éstos que aquí están te daré plaza.

8 Escucha pues, ahora, Josué, sumo sacerdote, tú y tus amigos que se sientan delante de ti; porque *son* ᵖvarones admirables: He aquí, yo traigo a qmi siervo, ʳEL RENUEVO.

9 Porque he aquí aquella piedra que puse delante de Josué; sobre esta única piedra *hay* ˢsiete ojos; he aquí, yo grabaré su escultura, dice Jehová de los ejércitos, y quitaré el pecado de la tierra ᵗen un día.

10 En aquel día, dice Jehová de los ejércitos, cada uno de vosotros llamará a su compañero debajo de la vid, y debajo de la higuera.

a Is 2:2-3
49:22 55:5
60:3 y 66:23

b Éx 25:31
c Hab 2:20
d Éx 25:37
Ap 1:12 y 4:5

e Hag 1:1

f Am 4:11

g Is 64:6
Jud 23
h Dn 2:34
Hag 2:21.23
i Hag 2:5
j Ap 7:14
k Is 6:7
l Is 61:10
Ez 16:10
m Sal 118:22
n Esd 3:10

o Hag 2:3

p Ez 12:11
y 24:24
q Is 42:1
r Jer 23:5
y 33:15
Lc 1:78
s Ap 5:6
t Heb 7:27

u Ap 11:4

CAPÍTULO 4

Y volvió el Ángel que hablaba conmigo, y me despertó como un hombre que es despertado de su sueño.

2 Y me dijo: ¿Qué ves? Y respondí: He mirado, y he aquí ᵇun candelero todo *de* oro, con un tazón sobre la parte superior, y sus ᵈsiete lámparas encima del candelero; y siete canales para las lámparas que *están* encima de él;

3 Y sobre él dos olivos, uno a la derecha del tazón, y el otro a su izquierda.

4 Proseguí, y hablé a aquel Ángel que hablaba conmigo, diciendo: ¿Qué *es* esto, mi Señor?

5 Y el Ángel que hablaba conmigo respondió, y me dijo: ¿No sabes qué es esto? Y dije: No, mi Señor.

6 Entonces respondió y me habló, diciendo: Ésta es palabra de Jehová a Zorobabel, que dice: ʰNo con ejército, ni con fuerza, sino ⁱcon mi Espíritu, dice Jehová de los ejércitos.

7 ¿Quién *eres* tú, oh gran monte? Delante de Zorobabel *serás* reducido a llanura; él sacará ᵐla primera piedra ⁿcon aclamaciones, *diciendo*: Gracia, gracia a ella.

8 Entonces la palabra de Jehová vino a mí, diciendo:

9 Las manos de Zorobabel echarán el fundamento a esta casa, y sus manos la acabarán; y conocerás que Jehová de los ejércitos me envió a vosotros.

10 ¿Pues quién ha menospreciado el día de ᵒlas pequeñeces? Pues estos se alegrarán y verán la plomada en la mano de Zorobabel. Estos siete *son* los ojos de Jehová que recorren por toda la tierra.

11 Hablé más, y le dije: ¿Qué significan estos dos olivos a la derecha del candelero, y a su izquierda?

12 Hablé aún de nuevo, y le dije: ¿Qué *significan* las dos ramas de olivo que por medio de dos tubos de oro vierten de sí *aceite* como oro?

13 Y me respondió, diciendo: ¿No sabes qué *es* esto? Y dije: No, mi Señor.

14 Entonces Él dijo: Éstos *son* ᵘlos dos ungidos que están delante del Señor de toda la tierra.

CAPÍTULO 5

Y me volví, y alcé mis ojos, y miré, y he aquí ªun rollo que volaba.

2 Y me dijo: ¿Qué ves? Y respondí: Veo un rollo que vuela, de veinte codos de largo y diez codos de ancho.

3 Me dijo entonces: Ésta es ᶜla maldición que sale sobre la faz de toda la tierra; porque todo aquel que hurta será destruido según *lo escrito en* un lado, y todo aquel que jura será destruido según *lo escrito en* el otro lado.

4 Yo la haré salir, dice Jehová de los ejércitos, y vendrá a la casa del ladrón, y a la casa del que jura falsamente en mi nombre; y permanecerá en medio de su casa, y ᶠla consumirá, con su madera y sus piedras.

5 Y salió aquel Ángel que hablaba conmigo, y me dijo: Alza ahora tus ojos, y mira qué *es* esto que sale.

6 Y dije: ¿Qué *es*? Y Él dijo: Éste *es* un ᵍefa que sale. Además dijo: Ésta es la semejanza de ellos en toda la tierra.

7 Y he aquí, levantaron un talento de plomo, y una mujer estaba sentada en medio de aquel efa.

8 Y Él dijo: Ésta *es* la maldad; y la echó dentro del efa, y echó la masa de plomo en la boca *del efa.*

9 Alcé luego mis ojos, y miré, y he aquí dos mujeres que salían, y traían viento en sus alas, y tenían alas como de cigüeña, y alzaron el efa entre la tierra y el cielo.

10 Y dije al Ángel que hablaba conmigo: ¿A dónde llevan el efa?

11 Y Él me respondió: Para que le sea edificada casa en tierra de Sinar; y será establecido y puesto allí sobre su base.

CAPÍTULO 6

Y me volví, y alcé mis ojos y miré, y he aquí cuatro carros que salían de entre dos montes; y aquellos montes *eran* montes de bronce.

2 En el primer carro había ᵒcaballos alazanes, y en el segundo carro caballos negros,

3 y en el tercer carro caballos blancos, y en el cuarto carro caballos overos bayos rodados.

a Jer 36:2
b Sal 104:4
Heb 1:7,14

c Jer 29:18

d cp 1:10

e Jue 8:3
Ec 10:4
f Lv 14:45

g Ez 45:11

h cp 3:5
Ap 19:12

i cp 3:8

j Mt 16:18
Ef 2:20-22
Heb 3:3
k Ez 21:27
l Sal 110:4
Heb 3:1

m Is 57:19
Ef 2:13-19
n Is 60:10

o Ap 6:2-5

p Neh 1:1

La visión de los cuatro carros

4 Respondí entonces, y dije al Ángel que hablaba conmigo: Señor mío, ¿qué *es* esto?

5 Y el Ángel me respondió, y me dijo: Éstos *son* ᵇlos cuatro espíritus de los cielos, que salen después de presentarse ante el Señor de toda la tierra.

6 Y los caballos negros que estaban allí, salían hacia la tierra del norte; y los blancos salían tras ellos; y los overos salían hacia la tierra del sur.

7 Y los bayos salieron, y se afanaron por ir a ᵈrecorrer la tierra. Y dijo: Id, recorred la tierra. Y recorrieron la tierra.

8 Luego me llamó, y me habló diciendo: Mira, los que salieron hacia la tierra del norte hicieron reposar ᵉmi Espíritu en la tierra del norte.

9 Y vino a mí palabra de Jehová, diciendo:

10 Toma *de los* del cautiverio, de Heldai, y de Tobías, y de Jedaías, los cuales volvieron de Babilonia; y vendrás tú en aquel día, y entrarás en casa de Josías hijo de Sofonías.

11 Tomarás, pues, plata y oro, y harás ʰcoronas, y *las* pondrás en la cabeza del sumo sacerdote Josué, hijo de Josadac;

12 y le hablarás, diciendo: Así ha hablado Jehová de los ejércitos, diciendo: He aquí el varón cuyo nombre *es* ⁱEL RENUEVO, el cual brotará de su lugar y edificará el templo de Jehová:

13 ʲÉl edificará el templo de Jehová, y Él ᵏllevará gloria y se sentará y reinará en su trono. ˡY será sacerdote sobre su trono y consejo de paz habrá entre ambos.

14 Y Helem, y Tobías, y Jedaías, y Hen, hijo de Sofonías, tendrán coronas por memorial en el templo de Jehová.

15 Y ᵐlos *que están* lejos ⁿvendrán y edificarán en el templo de Jehová, y conoceréis que Jehová de los ejércitos me ha enviado a vosotros. Y *esto* sucederá si con diligencia obedecéis la voz de Jehová vuestro Dios.

CAPÍTULO 7

Y aconteció en el año cuarto del rey Darío, que vino palabra de Jehová a Zacarías a los cuatro *días* del mes noveno, *que es* ªQuisleu;

Dios retorna a Sión

2 cuando fue enviado a la casa de Dios, Sarezer, con Regem-melec y sus hombres, a implorar el favor de Jehová,
3 y a hablar a ªlos sacerdotes que estaban en la casa de Jehová de los ejércitos, y a ᶜlos profetas, diciendo: ¿Lloraremos en el mes quinto? ¿Haremos abstinencia como hemos hecho ya algunos años?
4 Entonces vino a mí palabra de Jehová de los ejércitos, diciendo:
5 Habla a todo el pueblo del país, y a los sacerdotes, diciendo: Cuando ayunasteis y ᵍllorasteis en el quinto y en el séptimo *mes* estos setenta años, ¿habéis ayunado para mí?
6 Y cuando comisteis y bebisteis, ¿no comisteis y bebisteis para *vosotros mismos*?
7 ¿No *oiréis* las palabras que proclamó Jehová por medio de los profetas primeros, cuando Jerusalén estaba habitada y quieta, y sus ciudades en sus alrededores, y el Neguev y la llanura estaban habitados?
8 Y vino palabra de Jehová a Zacarías, diciendo:
9 Así habló Jehová de los ejércitos, diciendo: ʲJuzgad juicio verdadero, y haced misericordia y piedad cada cual con su hermano:
10 No oprimáis a la viuda, ni al huérfano, ni al extranjero, ni al pobre; ni ninguno piense mal en su corazón contra su hermano.
11 Pero no quisieron escuchar, antes volvieron la espalda, y ˡtaparon sus oídos para no oír;
12 y pusieron su corazón *como* diamante, para no oír la ley ni las palabras que Jehová de los ejércitos enviaba por su Espíritu, por medio de los profetas primeros; vino, por tanto, grande ira de parte de Jehová de los ejércitos.
13 Y aconteció *que* como Él clamó, y no escucharon, así ellos clamaron, y yo no escuché, dice Jehová de los ejércitos;
14 antes los esparcí con torbellino por todas las naciones que ellos no conocían, y la tierra fue desolada tras ellos, ⁿsin quedar quien fuese ni viniese; pues convirtieron en ruinas la tierra deseable.

a Mal 2:7
b Jl 2:8
c Esd 5:1-2
d 2 Sm 21:8
e cp 1:16

f Is 1:21-26

g Is 58:5

h Sof 2:7

i Is 43:5
y 49:12
Mal 1:11
j Mi 6:8

k Hag 2:4

l Neh 9:30
m Hag 2:18

n Sof 3:6

ZACARÍAS 8
CAPÍTULO 8

Y vino *a mí* palabra de Jehová de los ejércitos, diciendo:
2 Así dice Jehová de los ejércitos: Yo ᵇhe celado a Sión con grande celo, y con grande ira la celé.
3 Así dice Jehová: Yo ᵉhe retornado a Sión, y moraré en medio de Jerusalén: y Jerusalén se llamará ᶠCiudad de la Verdad, y el monte de Jehová de los ejércitos, Monte de Santidad.
4 Así dice Jehová de los ejércitos: Aún han de morar ancianos y ancianas en las plazas de Jerusalén, y cada cual con bordón en su mano por la multitud de los días.
5 Y las calles de la ciudad se llenarán de muchachos y muchachas que jugarán en sus calles.
6 Así dice Jehová de los ejércitos: Si esto parecerá maravilloso a los ojos del ʰremanente de este pueblo en aquellos días, ¿deberá también ser maravilloso delante de mis ojos? dice Jehová de los ejércitos.
7 Así dice Jehová de los ejércitos: He aquí, yo salvo a mi pueblo de ⁱla tierra del oriente, y de la tierra del poniente;
8 Y los traeré, y habitarán en medio de Jerusalén; y ellos serán mi pueblo, y yo seré su Dios en verdad y en justicia.
9 Así dice Jehová de los ejércitos: ᵏFortaleced vuestras manos, vosotros los que oís en estos días estas palabras de la boca de los profetas, desde ᵐel día *que* se echó el cimiento de la casa de Jehová de los ejércitos, para edificar el templo.
10 Porque antes de estos días no había paga para el hombre, ni paga para la bestia, ni *había* paz alguna para el que entraba ni para el que salía, a causa de la aflicción; y yo puse a todo hombre, cada cual contra su compañero.
11 Mas ahora no lo haré con el remanente de este pueblo como en los días pasados, dice Jehová de los ejércitos.
12 Porque *habrá* simiente de paz; la vid dará su fruto, y la tierra dará su producto, y los cielos darán su rocío; y haré que el remanente de este pueblo posea todo esto.

13 Y será *que* como ªfuisteis maldición entre las naciones, oh casa de Judá y casa de Israel, así os salvaré, y ᶜseréis bendición. No temáis, mas esfuércense vuestras manos.

14 Porque así dice Jehová de los ejércitos: ᵈComo pensé haceros mal cuando vuestros padres me provocaron a ira, dice Jehová de los ejércitos, y no me arrepentí;

15 así otra vez he pensado hacer bien a Jerusalén y a la casa de Judá en estos días. No temáis

16 Éstas *son* las cosas que habéis de hacer: ᵍHablad verdad cada cual con su prójimo; juzgad con verdad y juicio de paz en vuestras puertas.

17 Y ninguno de vosotros piense mal en su corazón contra su prójimo, ni améis juramento falso; porque todas éstas *son cosas* que aborrezco, dice Jehová.

18 Y vino a mí palabra de Jehová de los ejércitos, diciendo:

19 Así dice Jehová de los ejércitos: El ayuno del ˡcuarto *mes*, y el ayuno del ⁿquinto, y el ayuno del ᵒséptimo, y el ayuno del ᵖdécimo, se convertirán en gozo y alegría para la casa de Judá, y en fiestas de regocijo. Amad, pues, la verdad y la paz.

20 Así dice Jehová de los ejércitos: Aún vendrán pueblos, y moradores de muchas ciudades;

21 Y vendrán los habitantes de una *ciudad* a otra, y dirán: Vamos a implorar el favor de Jehová, y a buscar a Jehová de los ejércitos. Yo también iré.

22 Y ᵘvendrán muchos pueblos y fuertes naciones a buscar a Jehová de los ejércitos en Jerusalén, y a implorar el favor de Jehová.

23 Así dice Jehová de los ejércitos: En aquellos días *acontecerá* que ʸdiez hombres ᶻde todas las lenguas de las naciones, trabarán del manto de un judío, diciendo: Iremos con vosotros, porque hemos oído que Dios está con vosotros.

CAPÍTULO 9

Carga de la palabra de Jehová contra la tierra de Hadrac, y de Damasco, su reposo; cuando los ojos de los hombres y de todas las tribus de Israel se vuelvan a Jehová.

a Jer 42:18
b Ez 28:3-5
c Gn 12:2

d Jer 31:28
e Ez 26:17

f Sof 2:4

g Ef 4:25
h Am 1:8

i Lv 3:17

j Nm 16:9

k Sal 37:4
l Jer 39:2
m cp 7:14
n cp 7:3-5
o cp 7:3-5
p 2 Re 25:1
q Is 12:6
r Jer 23:5
Mi 5:2
s Mt 11:29

t Ef 2:14
u cp 2:11
v Sal 72:8
x Éx 24:8
Heb 10:29

y Gn 31:7
z Is 66:18
Ap 5:9
a Is 61:7

b Ez 27:13

c Is 18:3

Las naciones buscarán a Dios

2 Y también Hamat tendrá término en ella; Tiro y Sidón, ᵇaunque muy sabias sean.

3 Bien que Tiro se edificó fortaleza, y amontonó plata como polvo, y oro como lodo de las calles,

4 he aquí, el Señor la empobrecerá, y ᵉherirá en el mar su fortaleza, y ella será consumida por el fuego.

5 Ascalón verá, y temerá; ªGaza también, y se dolerá en gran manera: asimismo Ecrón, porque su esperanza será confundida; y de Gaza perecerá el rey, y Ascalón no será habitada.

6 Y un bastardo habitará ʰen Asdod, y yo cortaré la soberbia de los filisteos;

7 Y quitaré ⁱla sangre de su boca, y sus abominaciones de entre sus dientes, mas el que quedare, aun él *será* para nuestro Dios, y será como capitán en Judá, y Ecrón como ʲel jebuseo.

8 Y ᵏyo acamparé junto a mi casa a causa del ejército, ᵐa causa del que va y del que viene; y no pasará más sobre ellos el opresor; porque ahora he visto con mis ojos.

9 ᑫAlégrate mucho, hija de Sión; da voces de júbilo, hija de Jerusalén; he aquí, ʳtu Rey vendrá a ti; Él *es* justo y salvador; ˢhumilde, y cabalgando sobre un asno, sobre un pollino hijo de asna.

10 Y de Efraín destruiré los carros, y los caballos de Jerusalén; y los arcos de guerra serán quebrados; y hablará ᵗpaz a las naciones; y su señorío *será* ᵛde mar a mar, y desde el río hasta los confines de la tierra.

11 Y tú también ˣpor la sangre de tu pacto serás salva; yo he sacado a tus presos de la cisterna en la que no *hay* agua.

12 Volveos a la fortaleza, oh prisioneros de esperanza; hoy también os anuncio *que* os restauraré ªel doble.

13 Porque he entesado para mí a Judá como arco, llené a Efraín; y despertaré tus hijos, oh Sión, contra tus hijos, oh ᵇGrecia, y te haré como espada de valiente.

14 Y Jehová será visto sobre ellos; y su saeta saldrá como un relámpago; y Jehová ᶜel Señor tocará la trompeta, e irá con torbellinos del sur.

15 Jehová de los ejércitos los defenderá, y ellos devorarán y subyugarán con piedras de la honda, y beberán y harán estrépito como embriagados de vino; y se llenarán como tazones y como las esquinas del altar.

16 Y los salvará en aquel día Jehová su Dios como rebaño de su pueblo; porque ellos ᶜ*serán* como piedras de corona, enaltecidos como una insignia en su tierra.

17 Porque ¡cuán grande *es* su bondad, y cuán grande su hermosura! El trigo alegrará a los jóvenes, y el vino nuevo a las doncellas.

CAPÍTULO 10

Pedid a Jehová lluvia en la estación ᶠtardía: Jehová hará relámpagos, y os dará lluvia abundante, y hierba en el campo a cada uno.

2 Porque las imágenes han hablado vanidad, y ᵍlos adivinos han visto mentira, y han hablado ʰsueños vanos, en vano consuelan; por eso ellos vagan como ovejas, fueron afligidos ⁱporque no *tenían* pastor.

3 Contra los pastores se ha encendido mi enojo, y castigaré a ʲlos machos cabríos; mas Jehová de los ejércitos visitará su rebaño, la casa de Judá, y los hará como su caballo de honor en la batalla.

4 De él saldrá ᵏla piedra angular, de él la clavija, de él el arco de guerra, de él también todo opresor.

5 Y serán como valientes, que en la batalla pisotean *al enemigo* en el lodo de las calles; y pelearán, porque Jehová *será* con ellos; y los que cabalgan en caballos serán avergonzados.

6 Porque yo fortaleceré la casa de Judá, y guardaré la casa de José; y los volveré a traer porque tendré misericordia de ellos; y serán como si no los hubiera desechado; porque yo soy Jehová su Dios, y los oiré.

7 Y *será* Efraín como valiente, y ᵐse alegrará su corazón como por el vino; sus hijos también verán y se alegrarán; su corazón se gozará en Jehová.

8 Yo ⁿles silbaré y los reuniré, porque los he redimido; y se multiplicarán como *antes* fueron multiplicados.

9 Y ᵒlos sembraré entre los pueblos, aun ᵖen lejanos países se acordarán de mí; y vivirán con sus hijos, y volverán.

10 Yo los traeré de la tierra de Egipto, y los recogeré ᵃde Asiria; y los traeré a la tierra de Galaad y del Líbano, y ᵇno les bastará.

11 Y la tribulación pasará por el mar, y en el mar herirá las ondas, y se secarán todas las profundidades del río; y la soberbia de Asiria será derribada, y ᵈse perderá el cetro de Egipto.

12 Y yo los fortaleceré en Jehová, y ᵉcaminarán en su nombre, dice Jehová.

CAPÍTULO 11

Oh Líbano, abre tus puertas, y que el fuego devore tus cedros.

2 Aúlla, oh ciprés, porque el cedro cayó, porque los poderosos son derribados. Aullad, alcornoques de Basán, porque el bosque espeso es derribado.

3 Voz de aullido de pastores, porque su magnificencia es asolada; estruendo de rugidos de cachorros de leones, porque la soberbia del Jordán es destruida.

4 Así dice Jehová mi Dios: Apacienta las ovejas de la matanza;

5 a las cuales matan sus compradores, y no se tienen por culpables; y el que las vende, dice: Bendito *sea* Jehová, porque me he enriquecido; y sus propios pastores no tienen piedad de ellas.

6 Por tanto, no tendré ya más piedad de los moradores de la tierra, dice Jehová; porque he aquí, yo entregaré los hombres, cada cual en mano de su compañero, y en mano de su rey; y herirán la tierra, y yo no *los* libraré de sus manos.

7 Apacentaré, pues, las ovejas de la matanza, *esto es*, a vosotros, ˡlos pobres del rebaño. Y tomé para mí dos cayados; al uno puse por nombre Hermosura, y al otro Lazos; y apacenté las ovejas.

8 Y destruí a tres pastores en un mes, y mi alma los detestó, y también el alma de ellos me aborreció a mí.

9 Y dije: No os apacentaré; la que ha de morir, que muera; y la que se ha de perder, que se pierda; y las que quedaren, que cada una coma la carne de su compañera.

ZACARÍAS 12-13

10 Tomé *luego* mi cayado Hermosura, y lo quebré, para deshacer mi pacto que concerté con todos los pueblos.

11 Y fue deshecho en ese día, y así conocieron los pobres del rebaño que miraban a mí, que *era* la palabra de Jehová.

12 Y les dije: Si os parece bien, dadme mi salario; y si no, dejadlo. Y pesaron por mi salario ᶜtreinta *piezas* de plata.

13 Y me dijo Jehová: Échalo al tesoro, ᵈ¡hermoso precio con que me han apreciado! Y tomé las treinta *piezas* de plata, y las eché en la casa de Jehová al tesoro.

14 Quebré luego mi segundo cayado, Lazos, para romper la hermandad entre Judá e Israel.

15 Y me dijo Jehová: ᶠToma aún los aperos de un pastor insensato;

16 porque he aquí, yo levanto pastor en la tierra, *que* no visitará las perdidas, no buscará la pequeña, no curará la perniquebrada, ni llevará la cansada a cuestas; sino que comerá la carne de la engordada, y romperá sus pezuñas.

17 ¡Ay del ʲpastor inútil que abandona el rebaño! Espada *caiga* sobre su brazo y sobre su ojo derecho; del todo se secará su brazo, y su ojo derecho será totalmente oscurecido.

CAPÍTULO 12

Carga de la palabra de Jehová acerca de Israel. Jehová, que extiende los cielos, y funda la tierra, y ⁿforma el espíritu del hombre dentro de él, ha dicho:

2 He aquí, yo pongo a Jerusalén por copa de temblor a todos los pueblos de alrededor cuando estén en el sitio contra Judá y contra Jerusalén.

3 Y será en aquel día, que yo pondré a Jerusalén por piedra pesada a todos los pueblos; todos los que se la cargaren serán despedazados, aunque todas las naciones de la tierra se junten contra ella.

4 En aquel día, dice Jehová, heriré ᵖcon aturdimiento a todo caballo, y con locura al que en él sube; mas sobre la casa de Judá abriré mis ojos, y a todo caballo de los pueblos heriré con ceguera.

a Jer 5:14

b cp 2:4
c Éx 21:32
 Os 3:2

d Mt 27:9-10

e Jl 3:10

f Ez 34:3-4
g Éx 32:34

h Ez 39:29

i Jn 19:37
 Ap 1:7
j Jer 23:1
 Jn 10:12
k Jer 6:26
l Mt 24:30

m Jl 2:16

n Nm 16:22

o Ez 36:25

p Dt 28:28

Treinta piezas de plata

5 Y los capitanes de Judá dirán en su corazón: Los habitantes de Jerusalén *serán* mi fortaleza en Jehová de los ejércitos su Dios.

6 En aquel día pondré a los capitanes de Judá ᵃcomo un brasero de fuego entre la leña, y como una tea de fuego en gavillas; y consumirán a derecha y a izquierda a todos los pueblos alrededor: y ᵇJerusalén será otra vez habitada en su lugar, en Jerusalén.

7 Y librará Jehová las tiendas de Judá primero, para que la gloria de la casa de David y la gloria del morador de Jerusalén no se engrandezca sobre Judá.

8 En aquel día Jehová defenderá al morador de Jerusalén: y ᵉel que entre ellos fuere débil, en aquel tiempo será como David; y la casa de David *será* como Dios, como ᵍel Ángel de Jehová delante de ellos.

9 Y será *que* en aquel día yo procuraré destruir a todas las naciones que vinieren contra Jerusalén.

10 Y ʰderramaré sobre la casa de David y sobre los moradores de Jerusalén el espíritu de gracia y de oración; y ⁱmirarán a mí, a quien traspasaron, y harán llanto sobre Él, como llanto sobre unigénito, afligiéndose sobre Él ᵏcomo quien se aflige sobre primogénito.

11 En aquel día habrá ˡgran llanto en Jerusalén, como el llanto de Hadadrimón en el valle de Meguido.

12 Y la tierra lamentará, cada linaje de por sí; el linaje de la casa de David por sí, y ᵐsus esposas por sí; el linaje de la casa de Natán por sí, y sus esposas por sí;

13 El linaje de la casa de Leví por sí, y sus esposas por sí; el linaje de Simeí por sí, y sus esposas por sí;

14 todos los linajes que quedaren, cada linaje por sí, y sus esposas por sí.

CAPÍTULO 13

En aquel tiempo ᵒhabrá un manantial abierto para la casa de David y para los moradores de Jerusalén, para *lavar* el pecado y la inmundicia.

2 Y será en aquel día, dice Jehová de los ejércitos, que borraré de la tierra los nombres de los ídolos, y nunca

Viene el día de Jehová

más serán recordados; y también quitaré de la tierra a los profetas y al espíritu inmundo.

3 Y será *que* cuando alguno profetizare todavía, su padre y su madre que lo engendraron le dirán: No vivirás, porque has hablado mentira en el nombre de Jehová; y su padre y su madre que lo engendraron, ªlo traspasarán cuando profetizare.

4 Y será en aquel tiempo, *que* todos ᵈlos profetas se avergonzarán de su visión cuando profetizaren; y nunca más se vestirán de ᵉmanto velloso para mentir.

5 Y dirá: ᶠNo soy profeta; labrador soy de la tierra; porque esto aprendí del hombre desde mi juventud.

6 Y le preguntarán: ¿Qué heridas *son* éstas en tus manos? Y Él responderá: Con ellas fui herido *en* casa de mis amigos.

7 Levántate, oh espada, ⁱsobre el pastor, y sobre el hombre ʲcompañero mío, dice Jehová de los ejércitos. ˡHiere al pastor, y se dispersarán las ovejas; y volveré mi mano sobre los pequeñitos.

8 Y acontecerá en toda la tierra, dice Jehová, que dos partes serán cortadas en ella, y perecerán; mas la tercera quedará en ella.

9 Y meteré en el fuego la tercera parte, y ᵐlos refinaré como se refina la plata, y ⁿlos probaré como se prueba el oro. Invocarán mi nombre, y yo les oiré, y diré: Pueblo mío; y ellos dirán: Jehová *es* mi Dios.

CAPÍTULO 14

He aquí, ᵒel día de Jehová viene, y tus despojos serán repartidos en medio de ti.

2 Porque ᵖyo reuniré a todas las naciones en batalla contra Jerusalén; y la ciudad será tomada, y las casas serán saqueadas, y violadas las mujeres; y la mitad de la ciudad irá en cautiverio, mas el resto del pueblo no será cortado de la ciudad.

3 Después saldrá Jehová y peleará contra aquellas naciones, ʳcomo peleó el día de la batalla.

4 Y se afirmarán sus pies en aquel día ˢsobre el monte de los Olivos, que *está* en frente de Jerusalén al oriente; y el monte de los Olivos se partirá por medio de sí hacia el oriente y hacia el occidente *haciendo* un valle muy grande; y la mitad del monte se apartará hacia el norte, y la otra mitad hacia el sur.

5 Y huiréis al valle de los montes; porque el valle de los montes llegará hasta Azel; y huiréis de la manera que huisteis por causa ᵇdel terremoto en los días de Uzías, rey de Judá: y vendrá Jehová mi Dios, ᶜy todos los santos con Él.

6 Y acontecerá *que* en ese día no habrá luz clara, ni oscura.

7 Y será un día, el cual es conocido de Jehová, que ni será día ni noche; mas acontecerá *que* ᵍal tiempo de la tarde habrá luz.

8 Acontecerá también en aquel día, *que* ʰsaldrán de Jerusalén aguas vivas; la mitad de ellas hacia el mar oriental, y la otra mitad hacia el mar occidental, en verano y en invierno.

9 Y Jehová ᵏserá Rey sobre toda la tierra. En aquel día Jehová será uno, y uno su nombre.

10 Y toda la tierra se volverá como llanura desde Geba hasta Rimón al sur de Jerusalén; y ésta será enaltecida, y será habitada en su mismo lugar desde la puerta de Benjamín hasta el lugar de la puerta primera, hasta la puerta del Ángulo; y *desde* la torre de Hananeel hasta los lagares del rey.

11 Y morarán en ella, y no habrá allí más destrucción; sino que Jerusalén será habitada confiadamente.

12 Y ésta será la plaga con que herirá Jehová a todos los pueblos que pelearon contra Jerusalén: la carne de ellos se disolverá estando ellos sobre sus pies, y se consumirán sus ojos en sus cuencas, y su lengua se les deshará en su boca.

13 Y acontecerá en aquel día *que* habrá en ellos gran quebrantamiento de Jehová; y trabará cada uno de ᑫla mano de su compañero, y su mano se levantará contra la mano de su compañero.

14 Y Judá también peleará en Jerusalén. Y serán reunidas las riquezas de todas las naciones de alrededor; oro y plata, y ropa de vestir, en gran abundancia.

---

a Dt 13:6-8
b Am 1:1
c Dt 33:2
1 Ts 3:13
d Mi 3:6-7
e 2 Re 1:8
f Am 7:14
g Is 30:26
y 60:19-20
Ap 21:23
h Ez 47:1
Jn 4:10
i Is 40:11
j Lv 6:2
Jn 10:30
k Sal 47:7
l Mt 26:31
Mr 14:27
m Mal 3:2-3
n 1 Pe 1:7
o Is 13:9
Jl 2:1
p Jl 3:2
Ap 16:14
q Jue 7:22
1 Sm 14:20
2 Cr 20:23
r Éx 15:3
s Ez 11:23

15 Y así será la plaga de los caballos, de los mulos, de los camellos, de los asnos, y de todas las bestias que estuvieren en aquellos campamentos, como esta plaga.

16 Y sucederá que todos los *que* quedaren de las naciones que vinieron contra Jerusalén ªsubirán de año en año a adorar al Rey, Jehová de los ejércitos, ᶜy a celebrar la fiesta de los tabernáculos.

17 Y acontecerá *que* a los de las familias de la tierra que no subieren a Jerusalén a adorar al Rey, Jehová de los ejércitos, no vendrá sobre ellos lluvia.

18 Y si la familia de Egipto no subiere, y no viniere, ᶠsobre ellos no *habrá lluvia*; vendrá la plaga con que Jehová herirá a las naciones que no subieren a celebrar la fiesta de los tabernáculos.

19 Éste será el castigo de Egipto, y el castigo de todas las naciones que no subieren a celebrar la fiesta de los tabernáculos.

20 En aquel tiempo estará grabado sobre las campanillas de los caballos: ᵇSANTIDAD A JEHOVÁ; y ᵈlas ollas en la casa de Jehová serán como los tazones delante del altar.

21 Y toda olla en Jerusalén y en Judá será santificada a Jehová de los ejércitos; y todos los que sacrificaren, vendrán y tomarán de ellas, y cocerán en ellas; ᵉy no habrá más cananeo alguno en la casa de Jehová de los ejércitos en aquel tiempo.

a Is 66:23
b Éx 28:36
c Lv 23:34
d 2 Cr 35:13

e Ez 44:9
f Dt 11:10

Libro De
MALAQUÍAS

CAPÍTULO 1

Carga de la palabra de Jehová ªa Israel, por medio de Malaquías.

2 ᵇYo os he amado, dice Jehová: y dijisteis: ¿En qué nos amaste? ¿No era Esaú hermano de Jacob? dice Jehová. Pero ᵈyo amé a Jacob,

3 y a Esaú aborrecí, y torné sus montes en asolamiento, y su posesión para los dragones del desierto.

4 Aunque Edom dijere: Nos hemos empobrecido, pero volveremos y edificaremos lo arruinado; así dice Jehová de los ejércitos: Ellos edificarán, pero yo destruiré; y les llamarán provincia de Impiedad, y pueblo contra quien Jehová se indignó para siempre.

5 Y vuestros ojos lo verán, y diréis: Sea Jehová engrandecido sobre la provincia de Israel.

6 El hijo honra a *su* padre, y el siervo a su señor. Si, pues, *soy* yo Padre, ¿dónde *está* mi honra? Y si soy Señor, ¿dónde *está* mi temor?, dice Jehová de los ejércitos a vosotros, oh sacerdotes, que menospreciáis mi nombre. Y decís: ¿En qué hemos menospreciado tu nombre?

a cp 2:11
Ez 7:2
b Dt 7:8
Jer 31:3
c Lv 22:22
Dt 15:21
d Rm 9:13

e Zac 7:2

f Is 1:11
Am 5:21
g Sal 113:3
Is 45:6

h Is 66:20

7 En que ofrecéis sobre mi altar pan inmundo. Y dijisteis: ¿En qué te hemos deshonrado? En que decís: La mesa de Jehová *es* despreciable.

8 Y ᶜcuando ofrecéis el *animal* ciego para el sacrificio, ¿no *es* malo? Asimismo cuando ofrecéis el cojo o el enfermo, ¿no *es* malo? Ofrécelo, pues, a tu príncipe; ¿acaso se agradará de ti, o le serás acepto? dice Jehová de los ejércitos.

9 Ahora pues, os pido, ᵉrogad que Dios tenga piedad de nosotros (esto de vuestra mano vino). ¿Le seréis agradables? dice Jehová de los ejércitos.

10 ¿Quién también *hay* de vosotros que cierre las puertas o alumbre mi altar de balde? Yo no recibo contentamiento en vosotros, dice Jehová de los ejércitos, ᶠni de vuestra mano aceptaré ofrenda.

11 Porque ᵍdesde donde el sol nace hasta donde se pone, *será* grande mi nombre entre los gentiles; y ⁱen todo lugar se ofrecerá incienso a mi nombre, y ofrenda limpia; porque ʰmi nombre *será* grande entre las naciones, dice Jehová de los ejércitos.

12 Y vosotros lo habéis profanado cuando decís: Inmunda *es* la mesa

No es en balde el servir a Dios

de Jehová; y cuando hablan que su alimento es despreciable.

13 Además dijisteis: ¡Oh qué fastidio! y lo despreciasteis, dice Jehová de los ejércitos; y trajisteis lo hurtado, o cojo, o enfermo, y presentasteis ofrenda. ^c¿Aceptaré yo eso de vuestra mano? dice Jehová.

14 Maldito el engañador, ^dque tiene macho en su rebaño, y promete, y ^fsacrifica lo dañado a Jehová; porque yo soy Gran Rey, dice Jehová de los ejércitos, y mi nombre *es* temible entre las naciones.

CAPÍTULO 2

Ahora pues, oh sacerdotes, para vosotros *es* este mandamiento.

2 Si no oyereis, y si no pusiereis en vuestro corazón el dar gloria a mi nombre, dice Jehová de los ejércitos, yo enviaré maldición sobre vosotros, y maldeciré vuestras bendiciones; y ya las he maldecido, porque no *lo* ponéis en vuestro corazón.

3 He aquí, yo os dañaré vuestra sementera, y ⁱarrojaré sobre vuestros rostros el estiércol, ^jel estiércol de vuestras fiestas solemnes, ^ky con él seréis removidos.

4 Y sabréis que yo os envié este mandamiento, para que fuese ^lmi pacto con Leví, dice Jehová de los ejércitos.

5 ^mMi pacto fue con él de vida y de paz, y estas cosas yo le di *por su* temor; porque me temió, y delante de mi nombre estuvo humillado.

6 ^oLa ley de verdad estuvo en su boca, e iniquidad no fue hallada en sus labios; en paz y en justicia anduvo conmigo, y a muchos hizo apartar de la iniquidad.

7 Porque ^plos labios del sacerdote han de guardar la sabiduría, y de su boca buscarán la ley; ^qporque él *es* el mensajero de Jehová de los ejércitos.

8 Mas vosotros os habéis apartado del camino; habéis hecho tropezar a muchos en la ley; habéis corrompido el pacto de Leví, dice Jehová de los ejércitos.

9 Por tanto, yo también ^tos he hecho despreciables y bajos ante todo el pueblo, así como vosotros no habéis guardado mis caminos, y en la ley hacéis acepción de personas.

MALAQUÍAS 2-3

10 ^a¿No tenemos todos un mismo padre? ^b¿No nos ha creado un mismo Dios? ¿Por qué menospreciaremos cada uno a su hermano, quebrantando el pacto de nuestros padres?

11 Prevaricó Judá, y en Israel y en Jerusalén se ha cometido abominación; porque Judá ha profanado la santidad de Jehová, que él amó, y ^ese casó con la hija de un dios extraño.

12 Jehová cortará de las tiendas de Jacob al hombre que hiciere esto, al que vela, y al que responde, y al que ofrece presente a Jehová de los ejércitos.

13 Y esta otra vez haréis cubrir el altar de Jehová de lágrimas, de llanto, y de clamor; así que no miraré más a la ofrenda, para aceptarla con gusto de vuestra mano.

14 Mas diréis: ¿Por qué? Porque Jehová ha sido testigo entre ti y ^gla esposa de tu juventud, contra la cual tú has sido desleal, aun *siendo* ella tu compañera y la esposa de tu pacto.

15 ^h¿No hizo Él uno, aunque tenía el remanente del espíritu? ¿Y por qué uno? Para que procurara una simiente de Dios. Guardaos, pues, en vuestro espíritu, y no seáis desleales contra la esposa de vuestra juventud.

16 Porque Jehová Dios de Israel dice que Él aborrece el divorcio; y al que cubre la violencia con su vestidura, dice Jehová de los ejércitos. Guardaos, pues, en vuestro espíritu, y no seáis desleales.

17 ⁿHabéis cansado a Jehová con vuestras palabras. Y diréis: ¿En qué *le* hemos cansado? Cuando decís: Cualquiera que hace mal agrada a Jehová, y en los tales Él toma contentamiento; de otra manera, ^a¿dónde *está* el Dios de juicio?

CAPÍTULO 3

He aquí, ^ryo envío mi mensajero, ^sel cual preparará el camino delante de mí; y ^tvendrá repentinamente a su templo el Señor a quien vosotros buscáis, y el mensajero del pacto, a quien deseáis vosotros. He aquí viene, dice Jehová de los ejércitos.

2 ¿Y quién podrá permanecer en ^uel día de su venida? ¿O quién podrá sostenerse en pie cuando Él se manifieste? Porque Él *es* como fuego

MALAQUÍAS 4

Os nacerá el sol de justicia

purificador, y como jabón de lavadores.

3 Y Él se sentará como refinador y purificador de plata y purificará a los hijos de Leví, y los refinará como a oro y como a plata, para que ofrezcan a Jehová ofrenda en justicia.

4 Entonces será grata a Jehová la ofrenda de Judá y de Jerusalén, como en los días pasados, y como en los años antiguos.

5 Y vendré a vosotros a juicio; y seré pronto testigo contra los hechiceros y adúlteros; y contra los que juran mentira, y ᶜlos que defraudan en *su* salario al jornalero, a la viuda y al huérfano, y *contra* los que privan de *su derecho* al extranjero, no teniendo temor de mí, dice Jehová de los ejércitos.

6 Porque yo Jehová ᵉno cambio; por eso vosotros, hijos de Jacob, no habéis sido consumidos.

7 Desde los días de vuestros padres os habéis apartado de mis leyes, y no *las* guardasteis. ᵍVolveos a mí, y yo me volveré a vosotros, dice Jehová de los ejércitos. Mas dijisteis: ʰ¿En qué nos hemos de volver?

8 ¿Robará el hombre a Dios? Pues vosotros me habéis robado. Y dijisteis: ʲ¿En qué te hemos robado? En los diezmos y las ofrendas.

9 Malditos *sois* con maldición, porque vosotros, la nación toda, me habéis robado.

10 Traed todos los diezmos al alfolí, y haya ⁿalimento en mi casa; y ᵒprobadme ahora en esto, dice Jehová de los ejércitos, si no os abriré las ventanas de los cielos, y derramaré sobre vosotros bendición hasta que sobreabunde.

11 Reprenderé también por vosotros al devorador, y no os destruirá el fruto de vuestra tierra; ᵠni vuestra vid en el campo abortará, dice Jehová de los ejércitos.

12 Y ˢtodas las naciones os dirán bienaventurados; porque seréis tierra deseable, dice Jehová de los ejércitos.

13 Vuestras palabras ᵛhan sido duras contra mí, dice Jehová. Y todavía decís: ¿Qué hemos hablado contra ti?

a Job 21:15
Jer 12:1
Sof 1:12

b Sal 56:8
y 149:9
Dn 7:10
Ap 20:12

c Lv 19:13
1 Tim 5:18
Stg 5:4

d Sal 103:13
e Stg 1:17
f Sal 58:10

g Zac 1:3

h cp 1:6
i 2 Ts 1:8

j Neh 13:10
k Is 47:14
l Mt 3:10
Lc 3:9

m Sal 84:11
Lc 1:78
Jn 1:4-9
2 Pe 1:19
Ap 2:28
n Sal 111:5
o 2 Co 9:6

p Éx 20:3
q Jer 8:13

r Mt 11:14
s Lc 1:48
t Jl 2:31
u Lc 1:17

v cp 2:17

14 Habéis dicho: ᵃPor demás *es* servir a Dios; ¿y qué aprovecha que guardemos su ley, y que andemos tristes delante de Jehová de los ejércitos?

15 Decimos, pues, ahora, que son bienaventurados los soberbios, y también que los obreros de iniquidad son los prosperados; y aunque tentaron a Dios, escaparon.

16 Entonces los que temen a Jehová hablaron cada uno a su compañero; y Jehová escuchó y oyó, ᵇy fue escrito libro de memoria delante de Él para los que temen a Jehová, y para los que piensan en su nombre.

17 Y ellos serán míos, dice Jehová de los ejércitos, en el día que yo prepare mi especial tesoro; y ᵈlos perdonaré como un hombre perdona a su hijo que le sirve.

18 Entonces os volveréis, y ᶠdiscerniréis la diferencia entre el justo y el impío, entre el que sirve a Dios y el que no le sirve.

CAPÍTULO 4

Porque he aquí, ⁱviene el día ardiente como un horno; y todos los soberbios, y todos los que hacen maldad, ᵏserán estopa; y ˡaquel día vendrá y los abrasará, dice Jehová de los ejércitos, el cual no les dejará ni raíz ni rama.

2 Mas para vosotros los que teméis mi nombre, nacerá ᵐel Sol de Justicia, y en sus alas traerá salvación; y saldréis, y saltaréis como becerros de la manada.

3 Y hollaréis a los malos, los cuales serán ceniza bajo las plantas de vuestros pies, en el día en que yo haré esto, dice Jehová de los ejércitos.

4 Acordaos ᵖde la ley de Moisés mi siervo, al cual encargué en Horeb ordenanzas y leyes para todo Israel.

5 He aquí, yo os envío a ʳElías el profeta, ᵗantes que venga el día de Jehová grande y terrible.

6 Él ᵘconvertirá el corazón de los padres hacia los hijos, y el corazón de los hijos hacia los padres; no sea que yo venga y hiera la tierra con maldición.

FIN DEL ANTIGUO TESTAMENTO

El Santo Evangelio según
MATEO

CAPÍTULO 1

El libro de la ªgeneración de Jesucristo, ᵇhijo de David, ᶜhijo de Abraham.

2 Abraham engendró a Isaac; e Isaac engendró a Jacob; y Jacob engendró a Judá y a sus hermanos;

3 y Judá engendró de Tamar a Fares y a Zara: Y Fares engendró a Esrom, y Esrom engendró a Aram;

4 y Aram engendró a Aminadab; y Aminadab engendró a Naasón; y Naasón engendró a Salmón;

5 y Salmón engendró de Rahab a Boaz; y Boaz engendró a Obed de Ruth; y Obed engendró a Isaí;

6 e ᶠIsaí engendró al rey David; ᵍy el rey David engendró a Salomón de la *que fue esposa* de Urías;

7 y Salomón engendró a Roboam; y Roboam engendró a Abías; y Abías engendró a Asa;

8 y Asa engendró a Josafat; y Josafat engendró a Joram; y Joram engendró a Ozías;

9 y Ozías engendró a Jotam; y Jotam engendró a Acaz; y Acaz engendró a Ezequías;

10 y Ezequías engendró a Manasés; y Manasés engendró a Amón; y Amón engendró a Josías;

11 y Josías engendró a Jeconías y a sus hermanos, en el tiempo en que fueron ᵏexpatriados a Babilonia.

12 Y después que fueron traídos a Babilonia, Jeconías engendró a Salatiel; y Salatiel engendró a Zorobabel;

13 y Zorobabel engendró a Abiud; y Abiud engendró a Eliaquim; y Eliaquim engendró a Azor;

14 y Azor engendró a Sadoc; y Sadoc engendró a Aquim; y Aquim engendró a Eliud;

15 y Eliud engendró a Eleazar; y Eleazar engendró a Matán; y Matán engendró a Jacob;

16 y Jacob engendró a José, esposo de María, de la cual nació Jesús, quien es llamado Cristo.

17 De manera que todas las generaciones desde Abraham hasta David *son* catorce generaciones; y de David hasta la expatriación a Babilonia *son* catorce generaciones; y desde la expatriación a Babilonia hasta Cristo *son* catorce generaciones.

18 ᵈEl nacimiento de Jesucristo fue así: Estando María su madre desposada con José, antes que se juntasen, se halló que había concebido del Espíritu Santo.

19 Y José su marido, como era un *hombre* justo y ᵉno quería infamarla, quiso dejarla secretamente.

20 Y pensando él en esto, he aquí el ángel del Señor le apareció en un sueño, diciendo: José hijo de David, no temas recibir a María tu esposa, porque lo que en ella es engendrado, del Espíritu Santo es.

21 Y dará a luz un hijo, y ʰllamarás su nombre JESÚS; porque ⁱÉl salvará a su pueblo de sus pecados.

22 Todo esto aconteció para que se cumpliese lo que fue dicho del Señor, por el profeta que dijo:

23 He aquí una virgen concebirá ʲy dará a luz un hijo, y llamarás su nombre Emmanuel, que interpretado es: Dios con nosotros.

24 Y despertando José del sueño, hizo como el ángel del Señor le había mandado, y recibió a su esposa,

25 pero no la conoció hasta que dio a luz a su hijo ˡprimogénito; y ᵐllamó su nombre JESÚS.

CAPÍTULO 2

Y cuando Jesús nació en Belén de Judea ⁿen días del rey Herodes, he aquí unos ᵒhombres sabios ᵖdel oriente vinieron a Jerusalén,

2 diciendo: ¿Dónde está el Rey de los judíos, que ha nacido? Porque ᵠsu estrella hemos visto en el oriente, y venimos a adorarle.

3 Oyendo *esto* el rey Herodes, se turbó, y toda Jerusalén con él.

MATEO 3

4 Y convocando a todos los príncipes de los sacerdotes, y a los ªescribas del pueblo, les preguntó dónde había de nacer el Cristo;

5 y ellos le dijeron: En Belén de Judea; porque así está escrito por ᶜel profeta:

6 Y tú Belén, de la tierra de Judá, no eres la más pequeña entre los príncipes de Judá; porque de ti saldrá ᵈun Guiador, que apacentará a mi pueblo Israel.

7 Entonces Herodes, llamando en secreto a los sabios, inquirió de ellos diligentemente el tiempo de la aparición de la estrella;

8 y enviándolos a Belén, dijo: Id y preguntad con diligencia por el niño; y cuando *le* hubiereis hallado, hacédmelo saber, para que yo también vaya y le adore.

9 Y ellos, habiendo oído al rey, se fueron; y he aquí la estrella que habían visto en el oriente iba delante de ellos, hasta que llegando, se detuvo sobre donde estaba el niño.

10 Y al ver la estrella, se regocijaron con muy grande gozo.

11 Y entrando en la casa, vieron al niño con María su madre, y postrándose lo adoraron; y abriendo sus tesoros, le ofrecieron dones, ⁱoro, incienso y ʲmirra.

12 Y siendo avisados por Dios en un sueño que no volviesen a Herodes, se volvieron a su tierra por otro camino.

13 Y habiendo ellos partido, he aquí el ángel del Señor apareció en un sueño a José, diciendo: Levántate, toma al niño y a su madre, y huye a Egipto, y quédate allá hasta que yo te diga; porque Herodes buscará al niño para matarlo.

14 Y despertando él, tomó de noche al niño y a su madre y se fue a Egipto;

15 y estuvo allá hasta la muerte de Herodes; para que se cumpliese lo que dijo el Señor por medio del profeta, diciendo: ᵐDe Egipto llamé a mi Hijo.

16 Herodes entonces, al verse burlado de los sabios, se llenó de ira, y mandó matar a todos los niños de dos años para abajo que había en Belén y en todos sus alrededores, conforme al tiempo que había inquirido de los sabios.

a Est 7:6

b Jer 31:15

c Mi 5:2
Jn 7:42

d Jer 23:5

e cp 3:13

f cp 4:13
Mr 1:9
Lc 1:26
Jn 1:45

g Mr 1:2-8
Lc 3:2-17
h Jn 1:28
y 3:23
i Sal 72:10
Is 60:6
j Jn 19:39

k 2 Re 1:8

l 1 Sm 14:26

m Os 11:1
n cp 22:23

o cp 12:34
y 23:33

El nacimiento de Jesús

17 Entonces se cumplió lo que fue dicho por el profeta Jeremías, que dijo:

18 Voz fue oída en ᵇRamá, lamentación, lloro y gemido grande, Raquel que llora a sus hijos, y no quiso ser consolada, porque perecieron.

19 Y muerto Herodes, he aquí un ángel del Señor apareció en un sueño a José en Egipto,

20 diciendo: Levántate, toma al niño y a su madre, y vete a la tierra de Israel, porque han muerto los que procuraban la muerte del niño.

21 Entonces él se levantó, y tomó al niño y a su madre, y vino a tierra de Israel.

22 Pero cuando oyó que Arquelao reinaba en Judea en lugar de Herodes su padre, tuvo temor de ir allá. Y siendo avisado por Dios en un sueño, se fue a la región de ᵉGalilea,

23 y vino y habitó en la ciudad que se llama ᶠNazaret; para que se cumpliese lo dicho por los profetas, que habría de ser llamado nazareno.

CAPÍTULO 3

En aquellos días vino ᵍJuan el Bautista predicando ʰen el desierto de Judea,

2 y diciendo: Arrepentíos, porque el reino de los cielos se ha acercado.

3 Porque éste es aquél de quien habló el profeta Isaías, diciendo: Voz del que clama en el desierto: Preparad el camino del Señor: Enderezad sus sendas.

4 Y Juan mismo tenía su vestidura ᵏde pelo de camello, y un cinto de cuero alrededor de sus lomos; y su comida era langostas y ˡmiel silvestre.

5 Entonces salía a él Jerusalén, y toda Judea, y toda la región de alrededor del Jordán;

6 y eran bautizados por él en el Jordán, confesando sus pecados.

7 Pero cuando vio que muchos de los fariseos y de ⁿlos saduceos venían a su bautismo, les dijo: Generación de víboras, º¿quién os enseñó a huir de la ira que vendrá?

8 Haced, pues, frutos dignos de arrepentimiento.

9 y no penséis decir dentro de vosotros mismos: A Abraham

La tentación en el desierto

tenemos por padre; [a]porque yo os digo que Dios puede levantar hijos a Abraham aun de estas piedras.

10 Y ya también el hacha está puesta a la raíz de los árboles; por tanto, todo árbol que no da buen fruto es cortado y echado en el fuego.

11 Yo a la verdad os bautizo en agua para arrepentimiento; [c]mas el que viene tras mí, es más poderoso que yo; cuyo calzado no soy digno de llevar; [d]Él os bautizará con el Espíritu Santo, y con [f]fuego.

12 Su aventador *está* en su mano, y limpiará su era; y recogerá su trigo en el granero, y quemará la paja en fuego que nunca se apagará.

13 Entonces Jesús vino [h]de Galilea a Juan al Jordán, para ser bautizado por él.

14 Pero Juan le resistía, diciendo: Yo necesito ser bautizado por ti, ¿y tú vienes a mí?

15 Pero Jesús respondió, y le dijo: Deja ahora; porque nos es preciso cumplir así toda justicia. Entonces le dejó.

16 Y Jesús, después que fue bautizado, subió luego del agua; y he aquí los cielos le fueron abiertos, y vio al [l]Espíritu de Dios que descendía como paloma, y venía sobre Él.

17 Y he aquí [m]una voz del cielo que decía: Éste es mi Hijo amado, en quien tengo contentamiento.

CAPÍTULO 4

Entonces [o]Jesús fue llevado por el Espíritu al desierto, para ser tentado por el diablo.

2 Y después que hubo ayunado cuarenta días y cuarenta noches, tuvo hambre.

3 Y vino a Él el tentador, y le dijo: Si eres el Hijo de Dios, di que estas piedras se conviertan en pan.

4 Pero Él respondió y dijo: Escrito está: [p]No sólo de pan vivirá el hombre, sino de toda palabra que sale de la boca de Dios.

5 Entonces el diablo lo llevó a la santa ciudad, y lo puso sobre el pináculo del templo,

6 y le dijo: Si eres el Hijo de Dios, échate abajo; porque escrito está: [u]A sus ángeles mandará acerca de ti, y en *sus* manos te sostendrán para que no tropieces con tu pie en piedra.

7 Jesús le dijo: Escrito está también: [b]No tentarás al Señor tu Dios.

8 Otra vez el diablo lo llevó a un monte muy alto, y le mostró todos los reinos del mundo, y la gloria de ellos,

9 y le dijo: Todo esto te daré, si postrado me adorares.

10 Entonces Jesús le dijo: Vete, Satanás, porque escrito está: [e]Al Señor tu Dios adorarás, y a Él sólo servirás.

11 Entonces el diablo le dejó, y he aquí, ángeles vinieron y le servían.

12 Y cuando Jesús oyó que [g]Juan había sido encarcelado, se fue a Galilea;

13 y dejando Nazaret, vino y habitó en [i]Capernaúm, ciudad marítima, en los confines de Zabulón y Neftalí;

14 para que se cumpliese lo dicho por el profeta Isaías, que dijo:

15 Tierra de [j]Zabulón y tierra de Neftalí, camino del mar, al otro lado del Jordán, Galilea de los gentiles:

16 [k]El pueblo asentado en tinieblas vio gran luz; y a los asentados en región y sombra de muerte, luz les resplandeció.

17 Desde entonces comenzó Jesús a predicar, y a decir: Arrepentíos, porque el reino de los cielos se ha acercado.

18 Y andando Jesús junto al mar de Galilea, vio a [n]dos hermanos, Simón, llamado Pedro, y Andrés su hermano, que echaban la red en el mar; porque eran pescadores.

19 Y les dijo: Venid en pos de mí, y yo os haré pescadores de hombres.

20 Ellos entonces, dejando luego las redes, le siguieron.

21 Y pasando de allí, vio a otros dos hermanos, Jacobo *hijo* de Zebedeo, y Juan su hermano, en la barca con Zebedeo su padre, que remendaban sus redes; y los llamó.

22 Y ellos, dejando luego la barca y a su padre, le siguieron.

23 Y recorría Jesús toda Galilea, [q]enseñando en las sinagogas de ellos, y predicando [r]el evangelio del reino, y [s]sanando toda enfermedad y toda dolencia en el pueblo.

24 Y corrió su fama por toda [t]Siria. Y le traían a todos los enfermos que eran tomados de diversas

enfermedades y tormentos; los endemoniados, los lunáticos y los paralíticos; y los sanaba.

25 Y ᵇle seguían grandes multitudes de Galilea, de ᶜDecápolis, de Jerusalén, de Judea y del otro lado del Jordán.

CAPÍTULO 5

Y viendo las multitudes, subió al ᵉmonte; y sentándose, sus discípulos vinieron a Él.

2 Y abriendo su boca, les enseñaba, diciendo:

3 ᵍBienaventurados ʰlos pobres en espíritu; porque de ellos es el reino de los cielos.

4 Bienaventurados los que lloran; porque ellos serán consolados.

5 Bienaventurados los mansos; porque ellos ⁱheredarán la tierra.

6 Bienaventurados los que tienen hambre y sed de justicia; porque ellos serán saciados.

7 Bienaventurados los misericordiosos; porque ellos alcanzarán misericordia.

8 Bienaventurados los de ᵏlimpio corazón; porque ellos verán a Dios.

9 Bienaventurados los pacificadores; porque ellos serán llamados hijos de Dios.

10 Bienaventurados ᵐlos que padecen persecución por causa de la justicia; porque de ellos es el reino de los cielos.

11 Bienaventurados sois cuando por mi causa os vituperen y os persigan, y digan toda clase de mal contra vosotros, mintiendo.

12 Regocijaos y alegraos; porque vuestro galardón es grande en el cielo; porque ᵒasí persiguieron a los profetas que fueron antes de vosotros.

13 Vosotros sois la sal de la tierra; pero si ᵖla sal pierde su sabor, ¿con qué será salada? No sirve más para nada, sino para ser echada fuera y ser hollada por los hombres.

14 Vosotros sois ᵠla luz del mundo. Una ciudad asentada sobre un monte no se puede esconder.

15 Ni se enciende ˢun candil y se pone debajo del almud, sino sobre el candelero, y alumbra a todos los que están en casa.

16 Así alumbre vuestra luz delante de los hombres, ᵃpara que vean vuestras buenas obras, y glorifiquen a vuestro Padre que está en el cielo.

17 No penséis que he venido para abrogar la ley o los profetas; no he venido para abrogar, sino para cumplir.

18 Porque de cierto os digo que ᵈhasta que pasen el cielo y la tierra, ni una jota ni una tilde pasará de la ley, hasta que todo sea cumplido.

19 De manera que ᶠcualquiera que quebrantare uno de estos mandamientos muy pequeños, y así enseñare a los hombres, muy pequeño será llamado en el reino de los cielos; mas cualquiera que los hiciere y enseñare, éste será llamado grande en el reino de los cielos.

20 Porque os digo que si vuestra justicia no fuere mayor que la de los escribas y fariseos, no entraréis en el reino de los cielos.

21 Oísteis que fue dicho por los antiguos: ʲNo matarás; y cualquiera que matare estará expuesto a juicio.

22 Mas yo os digo que cualquiera que sin razón se enojare contra su hermano, estará en peligro del juicio; y cualquiera que dijere a su hermano: Raca, estará en peligro ˡdel concilio; y cualquiera que le dijere: Fatuo, estará expuesto al infierno de fuego.

23 Por tanto, si trajeres ⁿtu ofrenda al altar, y allí te acordares que tu hermano tiene algo contra ti;

24 deja allí tu ofrenda delante del altar, y ve, reconcíliate primero con tu hermano, y entonces ven y presenta tu ofrenda.

25 Ponte de acuerdo pronto con tu adversario, mientras estás con él en el camino, no sea que el adversario te entregue al juez, y el juez te entregue al alguacil, y seas echado en la cárcel.

26 De cierto te digo que no saldrás de allí, hasta que pagues el último cuadrante.

27 Oísteis que fue dicho por los antiguos: ʳNo cometerás adulterio.

28 Pero yo os digo que cualquiera que mira a una mujer para codiciarla, ya adulteró con ella en su corazón.

29 Por tanto, ᵗsi tu ojo derecho te es ocasión de caer, sácalo, y échalo de

El Sermón del Monte

ti; pues mejor te es que se pierda uno de tus miembros, y no que todo tu cuerpo sea lanzado al infierno.

30 Y si ^btu mano derecha te es ocasión de caer, córtala, y échala de ti; pues mejor te es que uno de tus miembros se pierda, y no que todo tu cuerpo sea lanzado al infierno.

31 También fue dicho: ^dCualquiera que repudiare a su esposa, déle carta de divorcio.

32 Pero yo os digo que ^ecualquiera que repudiare a su esposa, salvo por causa de fornicación, hace que ella adultere; y el que se casa con la divorciada, comete adulterio.

33 Además, oísteis que fue dicho por los antiguos: ^fNo perjurarás; mas cumplirás al Señor tus juramentos.

34 Pero yo os digo: No juréis en ninguna manera; ni por el cielo, porque es el trono de Dios;

35 ni por la tierra, porque es el estrado de sus pies; ni por Jerusalén, porque es ^gla ciudad del gran Rey.

36 Ni por tu cabeza jurarás, porque no puedes hacer blanco o negro un solo cabello.

37 Mas sea vuestro hablar: Sí, sí; No, no; porque lo que es más de esto, de mal procede.

38 Oísteis que fue dicho: ^hOjo por ojo, y diente por diente.

39 ⁱPero yo os digo: ^jNo resistáis el mal; antes a cualquiera que te hiera en la mejilla derecha, vuélvele también la otra;

40 y a cualquiera que te demande ante la ley y tome tu túnica, déjale tomar también la capa;

41 y cualquiera que te obligue a ir una milla, ve con él dos.

42 Al que te pida, dale; y al que quiera tomar de ti prestado, no le rehúses.

43 Oísteis que fue dicho: ^kAmarás a tu prójimo, y ^laborrecerás a tu enemigo.

44 Pero yo os digo: ^mAmad a vuestros enemigos, bendecid a los que os maldicen, haced bien a los que os aborrecen, y orad por los que os ultrajan y os persiguen;

45 para que seáis hijos de vuestro Padre que está en el cielo; porque Él hace que su sol salga sobre malos y buenos; y envía lluvia sobre justos e injustos.

MATEO 6

46 Porque si amáis ^aa los que os aman, ¿qué recompensa tendréis? ¿No hacen también así los publicanos?

47 Y si saludáis solamente a vuestros hermanos, ¿qué hacéis de más? ¿No hacen también así los publicanos?

48 ^cSed, pues, vosotros perfectos, como vuestro Padre que está en el cielo es perfecto.

CAPÍTULO 6

Mirad que no hagáis vuestras limosnas delante de los hombres, para ser vistos de ellos; de otra manera no tenéis recompensa de vuestro Padre que está en el cielo.

2 Cuando, pues, des limosna, no hagas tocar trompeta delante de ti, como hacen los hipócritas en las sinagogas y en las calles, para ser alabados de los hombres; de cierto os digo: Ya tienen su recompensa.

3 Mas cuando tú des limosna, no sepa tu mano izquierda lo que hace tu mano derecha.

4 Que tu limosna sea en secreto, y tu Padre que ve en lo secreto, Él te recompensará en público.

5 Y cuando ores, no seas como los hipócritas; porque ellos aman el orar en pie en las sinagogas y en las esquinas de las calles, para ser vistos de los hombres. De cierto os digo: Ya tienen su recompensa.

6 Mas tú, cuando ores, entra en tu alcoba, y cerrada tu puerta ora a tu Padre que está en secreto; y tu Padre que ve en lo secreto, te recompensará en público.

7 Y cuando ores, no uses vanas repeticiones, como hacen los gentiles; que piensan que por su palabrería serán oídos.

8 No seáis, pues, semejantes a ellos; porque vuestro Padre sabe de qué cosas tenéis necesidad, antes que vosotros le pidáis.

9 Vosotros, pues, oraréis así: ⁿPadre nuestro que estás en el cielo, santificado sea tu nombre.

10 Venga tu reino. Hágase tu voluntad, así en la tierra como en el cielo.

11 El pan nuestro de cada día, dánoslo hoy.

---

a Lc 6:32
b cp 18:8
  Mr 9:43
c Col 1:28
  Stg 1:4 y 3:2
d Dt 24:1
e cp 19:9
  Mr 10:11-12
  Lc 16:18
f Lv 19:10
g Sal 48:2
h Éx 21:24
  Lv 24:20
  Dt 19:21
i Lc 6:29-30
j Rm 12:17
  1 Co 6:7
  1 Ts 5:15
  1 Pe 3:9
k Lv 19:18
l Dt 23:8
m Lc 6:27-35
n Lc 11:2-4

12 Y ªperdónanos nuestras deudas, como también nosotros perdonamos a nuestros deudores.

13 ᵇY no nos metas en tentación, mas líbranos del mal; porque tuyo es el reino, y el poder, y la gloria, por siempre. Amén.

14 Porque ᶜsi perdonáis a los hombres sus ofensas, vuestro Padre celestial también os perdonará a vosotros.

15 Mas ᵉsi no perdonáis a los hombres sus ofensas, tampoco vuestro Padre os perdonará vuestras ofensas.

16 Y ᶠcuando ayunéis, no seáis austeros, como los hipócritas; porque ellos demudan sus rostros para parecer a los hombres que ayunan. De cierto os digo que *ya* tienen su recompensa.

17 Pero tú, cuando ayunes, ʰunge tu cabeza y lava tu rostro;

18 para no parecer a los hombres que ayunas, sino a tu Padre que está en secreto; y tu Padre que ve en lo secreto, te recompensará en público.

19 No os hagáis tesoros en la tierra, donde la polilla y el orín corrompen, y donde ladrones minan y hurtan.

20 Mas ʲhaceos tesoros en el cielo, donde ni la polilla, ni el orín corrompen, y donde ladrones no minan ni hurtan.

21 Porque donde esté vuestro tesoro, allí estará también vuestro corazón.

22 La lámpara del cuerpo es ᵏel ojo; así que, si tu ojo fuere sincero, todo tu cuerpo estará lleno de luz.

23 Mas si tu ojo fuere maligno, todo tu cuerpo estará en oscuridad. Así que, si la luz que hay en ti es tinieblas, ¿cuánto más lo *serán* las mismas tinieblas?

24 ᵐNinguno puede servir a dos señores; porque o aborrecerá al uno, y amará al otro; o apreciará al uno, y menospreciará al otro. No podéis servir a Dios y a las riquezas.

25 Por tanto os digo: ᵒNo os afanéis por vuestra vida, qué habéis de comer, o qué habéis de beber; ni por vuestro cuerpo, qué habéis de vestir. ¿No es la vida más que el alimento, y el cuerpo *más* que el vestido?

26 Mirad las aves del cielo, que no siembran, ni siegan, ni recogen en graneros; y vuestro Padre celestial las alimenta. ¿No sois vosotros mucho mejores que ellas?

27 ¿Y quién de vosotros podrá, por mucho que se afane, añadir a su estatura un codo?

28 Y por el vestido, ¿por qué os afanáis? Considerad los lirios del campo, cómo crecen; no trabajan ni hilan;

29 pero os digo, que ni aun ᵈSalomón con toda su gloria se vistió como uno de ellos.

30 Y si a la hierba del campo que hoy es, y mañana es echada en el horno, Dios la viste así, ¿no *hará* mucho más por vosotros, ᵍhombres de poca fe?

31 Por tanto, no os afanéis, diciendo: ¿Qué comeremos, o qué beberemos, o qué vestiremos?

32 Porque los gentiles buscan todas estas cosas; mas vuestro Padre celestial sabe que tenéis necesidad de todas estas cosas.

33 ⁱMas buscad primeramente el reino de Dios y su justicia, y todas estas cosas os serán añadidas.

34 Así que, no os afanéis por el mañana, que el mañana traerá su afán. Bástele al día su propio mal.

CAPÍTULO 7

No juzguéis, para que no seáis juzgados.

2 Porque con el juicio con que juzgáis, seréis juzgados, y ˡcon la medida con que medís, os volverán a medir.

3 ¿Y por qué miras la paja que está en el ojo de tu hermano, pero no consideras la viga que está en tu propio ojo?

4 ¿O cómo dirás a tu hermano: Déjame sacar la paja de tu ojo, y he aquí, *hay* una viga en tu propio ojo?

5 ¡Hipócrita! saca primero ⁿla viga de tu propio ojo, entonces mirarás claramente para sacar la paja del ojo de tu hermano.

6 No deis lo santo a los perros; ni echéis vuestras perlas delante de los puercos, no sea que las pisoteen, y se vuelvan y os despedacen.

7 ᵖPedid, y se os dará; buscad, y hallaréis; llamad, y se os abrirá.

8 Porque todo aquel que pide, recibe; y el que busca, halla; y al que llama, se le abrirá.

---

a cp 18:21-35

b cp 26:41
Mr 14:38
Lc 22:40-46

c Mr 11:25-26

d Mt 11:25
e Stg 2:13

f Is 58:5
g cp 8:26
14:31 y 16:8
Lc 12:28

h 2 Sm 12:20

i Lc 12:31

j cp 19:21
Lc 12:33-34

k Lc 11:34
l Mr 4:24

m Lc 16:3
n Lc 6:41-42

o Sal 55:22
Fil 4:6
Heb 13:5
1 Pe 5:7
p Lc 11:9-13

La casa sobre la roca: La fe del centurión

9 ¿Y qué hombre hay de vosotros, a quien si su hijo le pide pan, le dará una piedra?

10 ¿O si le pide un pez, [a]le dará una serpiente?

11 Pues si vosotros, siendo malos, sabéis dar buenas dádivas a vuestros hijos, ¿cuánto más vuestro Padre que está en el cielo dará buenas cosas a los que le pidan?

12 Así que, todas las cosas que queráis que los hombres os hagan, así también haced vosotros a ellos; porque esto es la ley y los profetas.

13 Entrad por [d]la puerta estrecha; porque ancha *es* la puerta, y espacioso el camino que lleva a la perdición y muchos son los que entran por ella.

14 Porque estrecha *es* la puerta, y angosto el camino que lleva a la vida, y pocos son los que la hallan.

15 [f]Guardaos de los falsos profetas, que vienen a vosotros vestidos de ovejas, pero por dentro son lobos rapaces.

16 [g]Por sus frutos los conoceréis. ¿Se recogen uvas de los espinos, o higos de los abrojos?

17 Así todo buen árbol da buenos frutos, mas el árbol malo da malos frutos.

18 El árbol bueno no puede dar frutos malos, ni el árbol malo dar frutos buenos.

19 Todo árbol que no da buen fruto es cortado y echado en el fuego.

20 Así que, por sus frutos los conoceréis.

21 [j]No todo el que me dice: Señor, Señor, entrará en el reino de los cielos, sino el que hace la voluntad de mi Padre que está en el cielo.

22 Muchos me dirán en aquel día: Señor, Señor, ¿no profetizamos en tu nombre, y en tu nombre echamos fuera demonios, y en tu nombre hicimos muchos milagros?

23 Y entonces les protestaré: Nunca os conocí; apartaos de mí, obradores de maldad.

24 Cualquiera, pues, que oye estas mis palabras, y las hace, le compararé a un hombre prudente, que [l]edificó su casa sobre la roca.

25 Y descendió lluvia, y vinieron ríos, y soplaron vientos, y golpearon contra aquella casa; y no cayó, porque estaba fundada sobre la roca.

26 Y todo el que oye estas mis palabras y no las hace, será comparado al hombre insensato, que edificó su casa sobre la arena;

27 y descendió lluvia, y vinieron ríos, y soplaron vientos, y dieron con ímpetu contra aquella casa; y cayó; y fue grande su ruina.

28 Y fue que, cuando Jesús hubo acabado estas palabras, [b]la gente se maravillaba de su doctrina;

29 porque [c]les enseñaba como quien tiene autoridad, y no como los escribas.

CAPÍTULO 8

Y cuando Él descendió del monte, grandes multitudes le seguían.

2 Y he aquí vino [e]un leproso y le adoraba, diciendo: Señor, si quieres, puedes limpiarme.

3 Y Jesús extendiendo *su* mano lo tocó, diciendo: Quiero; sé limpio. Y al instante quedó limpio de su lepra.

4 Entonces Jesús le dijo: Mira, no lo digas a nadie; mas ve, muéstrate al sacerdote, y ofrece [h]el presente que mandó Moisés, para testimonio a ellos.

5 [i]Y entrando Jesús en Capernaúm, vino a Él un centurión, rogándole,

6 y diciendo: Señor, mi siervo está postrado en casa, paralítico, gravemente atormentado.

7 Y Jesús le dijo: Yo iré y le sanaré.

8 Respondió el centurión y dijo: Señor, no soy digno de que entres bajo mi techo; mas solamente di la palabra, y mi siervo sanará.

9 Porque también yo soy hombre bajo autoridad, y tengo soldados bajo mi cargo; y digo a éste: Ve, y va; y a otro: Ven, y viene; y a mi siervo: Haz esto, y lo hace.

10 Y oyéndolo Jesús, se maravilló, y dijo a los que le seguían: De cierto os digo, que ni aun en Israel he hallado tanta fe.

11 Y os digo que [k]vendrán muchos del oriente y del occidente, y se sentarán con Abraham e Isaac y Jacob en el reino de los cielos.

12 Mas los hijos del reino serán echados a las tinieblas de afuera; allí será [m]el lloro y el crujir de dientes.

MATEO 9

13 Entonces Jesús dijo al centurión: Ve, y como creíste te sea hecho. Y su siervo fue sano en aquella misma hora.

14 Y vino Jesús ªa casa de Pedro, y vio a la suegra de éste, postrada, y con fiebre.

15 Y tocó su mano, y la fiebre la dejó; y ella se levantó, y les servía.

16 Y caída la tarde, trajeron a Él muchos endemoniados; y con *su* palabra echó fuera a los espíritus, y sanó a todos los que estaban enfermos;

17 para que se cumpliese lo que fue dicho por el profeta Isaías, cuando dijo: ᵇÉl mismo tomó nuestras enfermedades, y llevó *nuestras* dolencias.

18 Y viendo Jesús a una gran multitud alrededor de sí, mandó que pasasen al otro lado.

19 ᶜY cierto escriba vino y le dijo: Maestro, te seguiré adondequiera que vayas.

20 Y Jesús le dijo: Las zorras tienen guaridas, y las aves del cielo nidos; mas el Hijo del Hombre ᵈno tiene donde recostar *su* cabeza.

21 Y otro de sus discípulos le dijo: Señor, permíteme que vaya primero y entierre a mi padre.

22 Pero Jesús le dijo: Sígueme; y ᶠdeja que los muertos entierren a sus muertos.

23 ʰY cuando Él hubo entrado en una barca, sus discípulos le siguieron.

24 Y he aquí que se levantó en el mar una tempestad tan grande que las olas cubrían la barca; mas Él dormía.

25 Y vinieron sus discípulos y le despertaron, diciendo: Señor, sálvanos, *que* perecemos.

26 Y Él les dijo: ¿Por qué teméis, hombres de ʲpoca fe? Entonces, levantándose, reprendió a los vientos y al mar, y se hizo grande bonanza.

27 Y los hombres ᵏse maravillaron, diciendo: ¿Qué clase de hombre es Éste, que aun los vientos y el mar le obedecen?

28 Y cuando Él llegó a la otra ribera, a la región de ˡlos gergesenos, vinieron a su encuentro dos endemoniados que salían de los sepulcros, fieros en gran manera, tanto que nadie podía pasar por aquel camino.

Jesús calma la tempestad

29 Y he aquí, clamaron diciendo: ¿Qué tenemos que ver contigo, Jesús, Hijo de Dios? ¿Has venido acá para atormentarnos antes de tiempo?

30 Y lejos de ellos, estaba paciendo un hato de muchos puercos.

31 Y los demonios le rogaron diciendo: Si nos echas fuera, permítenos ir a aquel hato de puercos.

32 Y *Él* les dijo: Id. Y ellos saliendo, se fueron a aquel hato de puercos; y he aquí, todo el hato de puercos se precipitó en el mar por un despeñadero, y perecieron en las aguas.

33 Y los que los apacentaban huyeron; y viniendo a la ciudad, contaron todas las cosas, y lo que había acontecido con los endemoniados.

34 Y he aquí, toda la ciudad salió a encontrar a Jesús; y cuando le vieron, *le* rogaron que se fuera de sus contornos.

CAPÍTULO 9

Y entrando Él en una barca, pasó al otro lado, y vino a su ciudad.

2 Y he aquí, ᵉle trajeron a un paralítico echado en una cama; y ᵍviendo Jesús la fe de ellos, dijo al paralítico: Hijo, ten ánimo, tus pecados te son perdonados.

3 Y he aquí, ciertos de los escribas decían dentro de sí: Éste blasfema.

4 Y ¹conociendo Jesús los pensamientos de ellos, dijo: ¿Por qué pensáis mal en vuestros corazones?

5 Porque, ¿qué es más fácil, decir: ⁱ*Tus* pecados te son perdonados, o decir: Levántate y anda?

6 Pues para que sepáis que el Hijo del Hombre tiene potestad en la tierra de perdonar pecados (dijo entonces al paralítico): Levántate, toma tu lecho, y vete a tu casa.

7 Entonces él se levantó y se fue a su casa.

8 Pero cuando las multitudes vieron *esto*, se maravillaron y glorificaron a Dios, que había dado tal potestad a los hombres.

9 Y pasando Jesús de allí, vio a ᵐun hombre llamado Mateo, que estaba sentado al banco de los tributos

---

a Lc 4:38-40
b Is 53:6
1 Pe 2:24
c Lc 9:57-60
d 2 Co 8:9
e Mr 2:3-12
f Lc 9:60
g cp 15:28
Mr 10:52
Lc 7:9
h Mr 4:35
Lc 8:22-37
1 Jesús es omnisciente
Lc 16:30
Jn 2:25
16:30 y 21:17
Sal 139:2
i Mr 2:5-11
Jn 5:8-14
j cp 6:30
14:31 y 16:8
Lc 8:26
k Mr 6:51
y 7:37
l Mr 5:1-20
Lc 8:26-39
m Mr 2:14-17
Lc 15:27-28

La misión de los doce

MATEO 10

públicos; y le dijo: Sígueme. Y él se levantó y le siguió.

10 Y aconteció que estando Él sentado a la mesa en la casa, he aquí, ªmuchos publicanos y pecadores, que habían venido, se sentaron a la mesa con Jesús y sus discípulos.

11 Y cuando vieron esto los fariseos, dijeron a sus discípulos: ¿Por qué come vuestro Maestro con los publicanos y pecadores?

12 Y oyéndolo Jesús, les dijo: ᵇLos que están sanos no tienen necesidad de médico, sino los que están enfermos.

13 Id, pues, y aprended lo que significa: Misericordia quiero, y no sacrificio. Porque no he venido a llamar a justos, sino a pecadores al arrepentimiento.

14 Entonces vinieron a Él los discípulos de Juan, diciendo: ¿Por qué nosotros y los fariseos ᵈayunamos muchas veces, y tus discípulos no ayunan?

15 Y Jesús les dijo: ¿Pueden, ᵉlos que están de bodas tener luto entre tanto que el esposo está con ellos? Mas los días vendrán, cuando el esposo les será quitado, y entonces ayunarán.

16 Nadie pone ᵍremiendo de paño nuevo en vestido viejo; porque tal remiendo tira del vestido, y se hace peor la rotura.

17 Tampoco echan vino nuevo en odres viejos; de otra manera los odres se rompen, y el vino se derrama, y los odres se pierden; mas echan el vino nuevo en odres nuevos, y ambos se conservan.

18 Hablándoles Él estas cosas, he aquí ⁱvino un principal y le adoró, diciendo: Mi hija ahora estará muerta; mas ven y pon tu mano sobre ella, y vivirá.

19 Y Jesús se levantó, y le siguió, y sus discípulos.

20 Y he aquí ᵏuna mujer que estaba enferma de flujo de sangre por ya doce años, se le acercó por detrás y tocó el borde de su manto.

21 Porque decía dentro de sí: Si tan sólo tocare su manto, seré sana.

22 Mas Jesús, volviéndose, y mirándola, dijo: Hija, ten ánimo, tu fe te ha salvado. Y la mujer fue sana desde aquella hora.

23 Y cuando Jesús llegó a casa del principal, y vio los tañedores de flautas, y la gente que hacía bullicio,

24 les dijo: Apartaos, que la muchacha no está muerta, sino duerme. Y se burlaban de Él.

25 Mas cuando hubieron echado fuera a la gente, entró, y la tomó de la mano, y la muchacha se levantó.

26 Y la fama de esto salió por toda aquella tierra.

27 Y partiendo Jesús de allí, le siguieron dos ciegos, dando voces y diciendo: ¡Hijo de David, ten misericordia de nosotros!

28 Y llegado a casa, ᶜlos ciegos vinieron a Él; y Jesús les dijo: ¿Creéis que puedo hacer esto? Ellos le dijeron: Sí, Señor.

29 Entonces les tocó los ojos, diciendo: Conforme a vuestra fe os sea hecho.

30 Y los ojos de ellos fueron abiertos. Y Jesús les encargó rigurosamente, diciendo: Mirad que nadie lo sepa.

31 Pero cuando ellos salieron, divulgaron su fama por toda aquella tierra.

32 Y al salir ellos, he aquí, le trajeron a ᶠun hombre mudo, endemoniado.

33 Y echado fuera el demonio, el mudo habló; y las multitudes se maravillaban, y decían: Jamás se había visto cosa semejante en Israel.

34 Pero los fariseos decían: Por el príncipe de los demonios echa fuera los demonios.

35 Y recorría Jesús ʰtodas las ciudades y aldeas, enseñando en las sinagogas de ellos, y predicando el evangelio del reino, y sanando toda enfermedad y todo achaque en el pueblo.

36 Y al ver las multitudes, ʲtuvo compasión de ellas; porque estaban desamparadas y dispersas como ovejas que no tienen pastor.

37 Entonces dijo a sus discípulos: A la verdad la mies *es* mucha, mas los obreros pocos.

38 Rogad, pues, al Señor de ˡla mies, que envíe obreros a su mies.

CAPÍTULO 10

Entonces llamando a sus ᵐdoce discípulos, les dio potestad *contra* los espíritus inmundos, para que los echasen fuera, y sanasen toda enfermedad y toda dolencia.

---

a cp 11:19
Lc 5:29-32
y 15:1

b Mr 2:17
Lc 5:31

c cp 20:30
Mr 8:22
y 10:46
Jn 9:21

d Mr 2:18
Lc 5:33

e Jn 3:29

f Mr 9:17
Lc 11:14

g Mr 2:21
Lc 5:36-38

h Mr 1:32-39
Lc 4:43
y 13:22

i Lc 8:49
j Mr 6:34-35
y 8:2
Lc 19:41
Heb 4:15

k Mr 5:25-28
Lc 8:43
Lv 15:25-33
l Lc 10:2
Jn 4:35

m Mr 3:13-14
Lc 6:13
Jn 6:70

MATEO 10

No temáis a los que matan el cuerpo

2 Y los nombres de ªlos doce apóstoles son estos: El primero, Simón, que es llamado Pedro, y Andrés su hermano; Jacobo *hijo* de Zebedeo, y Juan su hermano,

3 Felipe, y Bartolomé; Tomás, y Mateo el publicano; Jacobo *hijo* de Alfeo, y Lebeo, por sobrenombre Tadeo,

4 Simón el cananita, y ᵈJudas Iscariote, quien también le entregó.

5 A estos doce envió Jesús, y les mandó, diciendo: No vayáis por camino de los gentiles, y no entréis en ciudad de samaritanos,

6 sino id antes a ᶠlas ovejas perdidas de la casa de Israel.

7 Y yendo, predicad, diciendo: El reino de los cielos se ha acercado.

8 Sanad enfermos, limpiad leprosos, resucitad muertos, echad fuera demonios; de gracia recibisteis, dad de gracia.

9 No os proveáis oro, ni plata, ni cobre en vuestras bolsas;

10 ni alforja para el camino, ni dos túnicas, ni calzado, ni bordón; porque el obrero digno es de su alimento.

11 Y en cualquier ciudad o aldea donde entréis, inquirid quién en ella sea digno y quedaos allí hasta que salgáis.

12 Y cuando entréis en una casa, saludadla.

13 Y si la casa fuere digna, vuestra paz vendrá sobre ella; mas si no fuere digna, vuestra paz se volverá a vosotros.

14 Y si alguno no os recibiere, ni oyere vuestras palabras, salid de aquella casa o ciudad, y sacudid ʲel polvo de vuestros pies.

15 De cierto os digo: En el día del juicio, ᵏserá más tolerable *el castigo* para la tierra de Sodoma y de Gomorra, que para aquella ciudad.

16 He aquí yo os envío como ovejas en medio de lobos; sed, pues, sabios como serpientes, y sencillos como palomas.

17 Y guardaos de los hombres, porque os entregarán a los concilios, y en sus sinagogas os azotarán.

18 Y seréis llevados ante reyes y gobernadores por causa de mí, para testimonio a ellos y a los gentiles.

a Mr 3:13-14
Lc 6:13
Jn 6:70

b Hch 4:8
2 Sm 23:2
Lc 21:15
Hch 2:4

c Mr 13:12-13
Lc 12:53
Jn 9:21

d cp 26:14
e cp 24:9-13

f cp 15:24

g Mr 2:21
Lc 5:36-38

h Mr 3:22
Lc 11:15

i Lc 12:4

j Hch 13:51

k Lc 10:12
Jn 4:35

l Rm 10:9-10

m 2 Tim 2:12

19 Mas cuando os entregaren, no os preocupéis de cómo o qué habéis de hablar; porque en aquella misma hora, os será dado lo que habéis de hablar.

20 Porque ᵇno sois vosotros los que habláis, sino el Espíritu de vuestro Padre que habla en vosotros.

21 Y ᶜel hermano entregará a la muerte al hermano, y el padre al hijo; y los hijos se levantarán contra *sus* padres, y los harán morir.

22 Y ᵉseréis aborrecidos de todos por causa de mi nombre, mas el que perseverare hasta el fin, éste será salvo.

23 Y cuando os persiguieren en esta ciudad, huid a la otra; porque de cierto os digo: No acabaréis de recorrer todas las ciudades de Israel, sin que haya venido el Hijo del Hombre.

24 ᵍEl discípulo no es más que *su* maestro, ni el siervo más que su señor.

25 Bástale al discípulo ser como su maestro, y al siervo como su señor. Si al padre de familia llamaron ʰBelcebú, ¿cuánto más a los de su casa?

26 Así que, no les temáis; porque nada hay encubierto, que no haya de ser manifestado; ni oculto, que no haya de saberse.

27 Lo que os digo en tinieblas, decidlo en la luz; y lo que oís al oído, proclamadlo desde las azoteas.

28 ⁱY no temáis a los que matan el cuerpo, mas el alma no pueden matar; temed más bien a Aquél que puede destruir el alma y el cuerpo en el infierno.

29 ¿No se venden dos pajarillos por un cuadrante? Y ni uno de ellos cae a tierra sin vuestro Padre.

30 Pues aun los cabellos de vuestra cabeza están todos contados.

31 Así que, no temáis; de más estima sois vosotros que muchos pajarillos.

32 ˡCualquiera, pues, que me confesare delante de los hombres, también yo le confesaré delante de mi Padre que está en el cielo.

33 Y cualquiera que me ᵐnegare delante de los hombres, también yo le negaré delante de mi Padre que está en el cielo.

La grandeza de Juan el Bautista

34 ªNo penséis que he venido para meter paz en la tierra; no he venido para meter paz, sino espada.

35 Porque he venido para poner en disensión al hombre contra su padre, a la hija contra su madre, y a la nuera contra su suegra.

36 Y ᶜlos enemigos del hombre *serán* los de su propia casa.

37 El que ama padre o madre más que a mí, no es digno de mí; y el que ama hijo o hija más que a mí, no es digno de mí.

38 Y ᵉel que no toma su cruz y sigue en pos de mí, no es digno de mí.

39 El que hallare su vida, la perderá; mas el que perdiere su vida por causa de mí, la hallará.

40 El que a vosotros recibe, ᶠa mí me recibe, y el que me recibe a mí, recibe al que me envió.

41 El que recibe a un profeta en nombre de profeta, recompensa de profeta recibirá; y el que recibe a un justo en nombre de justo, recompensa de justo recibirá.

42 Y cualquiera que diere a uno de estos pequeñitos ᵍun vaso de *agua* fría solamente, en nombre de discípulo, de cierto os digo que no perderá su recompensa.

CAPÍTULO 11

Y aconteció que cuando Jesús terminó de dar comisión a sus doce discípulos, se fue de allí a enseñar y predicar en las ciudades de ellos.

2 Y oyendo ᵏJuan en la prisión los hechos de Cristo, envió dos de sus discípulos,

3 diciéndole: ¿Eres tú Aquél que había de venir, o esperaremos a otro?

4 Y respondiendo Jesús les dijo: Id, y decid a Juan las cosas que oís y veis.

5 Los ciegos ven y los cojos andan, los leprosos son limpiados y los sordos oyen, los muertos son resucitados y a los pobres es predicado el evangelio.

6 Y bienaventurado es el que no fuere escandalizado en mí.

7 Y yéndose ellos, comenzó Jesús a decir a las multitudes acerca de Juan: ¿Qué salisteis a ver al desierto? ¿Una caña sacudida por el viento?

8 ᵇ¿O qué salisteis a ver? ¿Un hombre cubierto de ropas delicadas? He aquí, los que visten *ropas* delicadas, en las casas de los reyes están.

9 Mas, ¿qué salisteis a ver? ¿A un profeta? Sí, os digo, y más que profeta.

10 Porque éste es de quien está escrito: ᵈHe aquí, yo envío mi mensajero delante de tu faz, el cual preparará tu camino delante de ti.

11 De cierto os digo: Entre los nacidos de mujer jamás se levantó otro mayor que Juan el Bautista; pero el que es menor en el reino de los cielos, mayor es que él.

12 Y desde los días de Juan el Bautista hasta ahora, el reino de los cielos sufre violencia, y los violentos lo arrebatan.

13 Porque todos los profetas y la ley, hasta Juan profetizaron.

14 Y si queréis recibirlo, él es aquel Elías que había de venir.

15 El que tiene oídos para oír, oiga.

16 Mas ¿a qué compararé esta generación? Es semejante a los muchachos que se sientan en las plazas, y dan voces a sus compañeros,

17 diciendo: ʰOs tocamos flauta, y no bailasteis; os endechamos, y no lamentasteis.

18 Porque vino Juan, que ni comía ni bebía y dicen: Demonio tiene.

19 Vino el Hijo del Hombre, que come y bebe, y dicen: He aquí ⁱun hombre glotón y bebedor de vino, ʲamigo de publicanos y pecadores. Pero la sabiduría es justificada por sus hijos.

20 Entonces comenzó a reconvenir a las ciudades donde la mayoría de sus milagros habían sido hechos, porque no se habían arrepentido, *diciendo*:

21 ˡ¡Ay de ti, Corazín! ¡Ay de ti, Betsaida! Porque si los milagros hechos en vosotras, se hubiesen hecho en ᵐTiro y en Sidón, hace mucho que se hubieran arrepentido en cilicio y en ceniza.

22 Por tanto os digo: En el día del juicio, será más tolerable *el castigo* para Tiro y para Sidón, que para vosotras.

23 Y tú, Capernaúm, que ⁿhasta el cielo eres levantada, hasta el infierno

serás abajada; porque si en Sodoma hubiesen sido hechos los milagros hechos en ti, habría permanecido hasta el día de hoy.

24 Por tanto os digo, que en el día del juicio, ªserá más tolerable *el castigo* para la tierra de Sodoma, que para ti.

25 En aquel tiempo, respondió Jesús y dijo: Te doy gracias, Padre, Señor del cielo y de la tierra, porque ᵇescondiste estas cosas de los sabios y de los entendidos, y las revelaste a los niños.

26 Sí, Padre, porque así agradó a tus ojos.

27 ᵈTodas las cosas me son entregadas por mi Padre; y nadie conoce al Hijo, sino el Padre, ni nadie conoce al Padre, sino el Hijo, y aquel a quien el Hijo lo quisiere revelar.

28 Venid a mí todos los que estáis trabajados y cargados, y yo os haré descansar.

29 Llevad mi yugo sobre vosotros, y aprended de mí, que soy manso y humilde de corazón; y hallaréis descanso para vuestras almas.

30 Porque mi yugo *es* fácil, y ligera mi carga.

CAPÍTULO 12

En aquel tiempo iba Jesús por ⁱlos sembrados en sábado; y sus discípulos tuvieron hambre, y comenzaron a arrancar espigas y a comer.

2 Y viéndolo los fariseos, le dijeron: He aquí tus discípulos hacen lo que no es lícito hacer en sábado.

3 Mas Él les dijo: ¿No habéis leído qué hizo David cuando tuvo hambre, él y los que con él estaban;

4 cómo entró en la casa de Dios, y comió del pan de la proposición que no le era lícito comer, ni a los que estaban con él, sino sólo a los sacerdotes?

5 ¿O no habéis leído en la ley, cómo los sábados en el templo ᵐlos sacerdotes profanan el sábado y son sin culpa?

6 Pues os digo que *uno* mayor que el templo está aquí.

7 Mas si supieseis qué significa: Misericordia quiero, y no sacrificio, no condenaríais a los inocentes.

a cp 10:15
Mr 6:11
Lc 10:12

b Mr 10:14
1 Co 1:27

c cp 6:26
Lc 12:24

d cp 28:18
Jn 3:35
5:21-29
y 17:2
1 Co 15:27
e Cp 27:1
Mr 3:6
Lc 6:11
Jn 11:53
f Cp 9:30
Mr 7:36
Lc 5:14
g Is 49:5
52:13 y
53:11
Zac 3:11
Fil 2:6,7
h Mt 3:17
y 17:5
Mr 1:11
y 9:7
Lc 9:35
Ef 1:6
Col 1:13
2 Pe 1:17
i Mr 2:23
Lc 6:1
j Is 11:11
Rm 5:12
Col 1:27
k cp 9:32
Lc 11:14
l cp 21:15
Mr 10:47
Lc 18:38
m Jn 7:22-23
n Mr 3:22
Lc 11:15

8 Porque el Hijo del Hombre es Señor aun del sábado.

9 Y partiendo de allí, vino a la sinagoga de ellos;

10 y he aquí había un hombre que tenía seca una mano. Y le preguntaron para acusarle, diciendo: ¿Es lícito sanar en sábado?

11 Y Él les dijo: ¿Qué hombre habrá de vosotros, que tenga una oveja, y si ésta cayere en un pozo en sábado, no le eche mano, y *la* levante?

12 Pues ᶜ¿cuánto más vale un hombre que una oveja? Así que es lícito hacer bien en sábado.

13 Entonces dijo a aquel hombre: Extiende tu mano. Y él *la* extendió, y le fue restaurada sana como la otra.

14 Entonces salieron los fariseos y ᵉtomaron consejo contra Él, de cómo le matarían.

15 Mas sabiéndolo Jesús, se apartó de allí; y grandes multitudes le seguían, y sanaba a todos.

16 Y ᶠles encargaba rigurosamente que no le diesen a conocer:

17 Para que se cumpliese lo dicho por el profeta Isaías, que dijo:

18 He aquí ᵍmi siervo, a quien he escogido; ʰMi amado en quien se agrada mi alma; Pondré mi Espíritu sobre Él, y a los gentiles anunciará juicio.

19 No contenderá ni voceará; Ni nadie oirá en las calles su voz.

20 La caña cascada no quebrará, y el pábilo que humea no apagará, hasta que saque a victoria el juicio.

21 Y ʲen su nombre esperarán los gentiles.

22 Entonces fue traído a Él ᵏun endemoniado, ciego y mudo; y lo sanó, de tal manera que el ciego y mudo veía y hablaba.

23 Y todo el pueblo estaba maravillado, y decía: ¿No es Éste ˡel Hijo de David?

24 Mas los fariseos oyéndolo decían: Éste no echa fuera los demonios sino por ⁿBelcebú, príncipe de los demonios.

25 Y conociendo Jesús los pensamientos de ellos, les dijo: Todo reino dividido contra sí mismo, es asolado; y toda ciudad o casa dividida contra sí misma, no permanecerá.

Blasfemia contra el Espíritu Santo

26 Y ªsi Satanás echa fuera a Satanás, contra sí mismo está dividido; ¿cómo, pues, permanecerá su reino?

27 Y si yo por Belcebú echo fuera los demonios, ¿por quién los echan vuestros hijos? Por tanto, ellos serán vuestros jueces.

28 Pero si yo por el Espíritu de Dios echo fuera los demonios, entonces el reino de Dios ha llegado a vosotros.

29 De otra manera, ¿cómo puede uno entrar a la casa ᶠdel hombre fuerte y saquear sus bienes, si primero no ata al hombre fuerte? Y entonces podrá saquear su casa.

30 ᵍEl que no es conmigo, contra mí es, y el que conmigo no recoge, desparrama.

31 Por tanto os digo: Todo pecado y blasfemia será perdonado a los hombres; mas la blasfemia *contra* el Espíritu *Santo* no les será perdonada a los hombres.

32 Y a cualquiera que dijere palabra contra el Hijo del Hombre, le será perdonado; pero a cualquiera que hablare contra el Espíritu Santo, no le será perdonado, ni en este mundo, ni en el venidero.

33 ⁱO haced el árbol bueno y su fruto bueno, o haced el árbol malo y su fruto malo, porque el árbol por *su* fruto es conocido.

34 ¡Generación de víboras! ¿Cómo podéis hablar lo bueno, siendo malos? Porque ᵏde la abundancia del corazón habla la boca.

35 El hombre bueno, del buen tesoro del corazón saca buenas cosas; y el hombre malo, del mal tesoro saca malas cosas.

36 Pero yo os digo que de toda palabra ociosa que los hombres hablaren, de ella ᵐdarán cuenta en el día del juicio.

37 Porque por tus palabras serás justificado, y por tus palabras serás condenado.

38 Entonces respondieron unos de los escribas y de los fariseos, diciendo: Maestro ᵒquerríamos ver de ti señal.

39 Pero Él respondió y les dijo: La generación perversa y adúltera demanda señal; mas señal no le será dada, sino la señal del profeta Jonás.

40 Porque como estuvo ᵇJonás en el vientre de la ballena ᶜtres días y tres noches; así estará el Hijo del Hombre tres días y tres noches en el corazón de la tierra.

41 ᵈLos hombres de Nínive se levantarán en el juicio con esta generación y la condenarán; porque ellos se arrepintieron a la predicación de Jonás; y he aquí, uno mayor que Jonás en este lugar.

42 ᵉLa reina del Sur se levantará en el juicio con esta generación, y la condenará; porque ella vino de los confines de la tierra para oír la sabiduría de Salomón; y he aquí, uno mayor que Salomón en este lugar.

43 ʰCuando el espíritu inmundo ha salido del hombre, anda por lugares secos, buscando reposo, y no lo halla.

44 Entonces dice: Volveré a mi casa de donde salí; y cuando llega, la halla desocupada, barrida y adornada.

45 Entonces va, y toma consigo otros siete espíritus peores que él, y entrados, moran allí; y el postrer *estado* de aquel hombre viene a ser peor que el primero. Así también acontecerá a esta perversa generación.

46 Y cuando Él aún hablaba a la gente, he aquí ʲsu madre y sus hermanos estaban afuera, y querían hablar con Él.

47 Y le dijo uno: He aquí tu madre y tus hermanos están afuera, y quieren hablar contigo.

48 Y respondiendo Él al que le decía *esto*, dijo: ¿Quién es mi madre, y quiénes son mis hermanos?

49 Y extendiendo su mano hacia sus discípulos, dijo: ˡHe aquí mi madre y mis hermanos.

50 Porque todo aquel que hace la voluntad de mi Padre que está en el cielo, ése es mi hermano, y hermana, y madre.

CAPÍTULO 13

Y aquel día salió Jesús de casa, y ⁿse sentó junto al mar.

2 Y se le juntó una gran multitud, y entrando Él en la barca, se sentó, y toda la multitud estaba a la ribera.

3 Y les habló muchas cosas en parábolas, diciendo: He aquí, el sembrador salió a sembrar.

La parábola del sembrador

4 Y cuando sembraba, parte *de la semilla* cayó junto al camino; y vinieron las aves y la comieron.

5 Y parte cayó en pedregales, donde no había mucha tierra; y brotó luego, porque no tenía profundidad de tierra;

6 pero cuando salió el sol, se quemó; y porque no tenía raíz, se secó.

7 Y parte cayó entre espinos; y los espinos crecieron, y la ahogaron.

8 Mas parte cayó en buena tierra y dio fruto, cuál [a] a ciento, cuál a sesenta, y cuál a treinta por uno.

9 El que tiene oídos para oír, oiga.

10 Entonces vienen los discípulos, y le dicen: ¿Por qué les hablas por parábolas?

11 Él respondiendo, les dijo: Porque a vosotros os es dado el saber los misterios del reino de los cielos; mas a ellos no les es dado.

12 Porque a cualquiera que tiene, [c] se le dará, y tendrá más; mas al que no tiene, aun lo que tiene le será quitado.

13 Por eso les hablo por parábolas; porque viendo no ven, y oyendo no oyen, ni entienden.

14 Y en ellos se cumple [d] la profecía de Isaías, que dijo: De oído oiréis, y no entenderéis; Y viendo veréis, mas no percibiréis.

15 Porque el corazón de este pueblo se ha engrosado, y con los oídos oyen pesadamente, y han cerrado sus ojos; para que no vean con los ojos, y oigan con los oídos, y con el corazón entiendan, y se conviertan, y yo los sane.

16 Mas bienaventurados vuestros ojos, porque ven, y vuestros oídos porque oyen.

17 Porque de cierto os digo, que muchos profetas y justos [e] desearon ver lo que veis, y no lo vieron; y oír lo que oís, y no lo oyeron.

18 Oíd, pues, vosotros [g] la parábola del sembrador.

19 Cuando alguno oye la palabra del reino y no la entiende, viene el malo, y arrebata lo que fue sembrado en su corazón. Éste es el que fue sembrado junto al camino.

20 Y el que fue sembrado en pedregales, éste es el que oye la palabra, y al instante la recibe con gozo,

21 pero no tiene raíz en sí, sino que es temporal; pues cuando viene la aflicción o la persecución por causa de la palabra, luego se ofende.

22 Y el que fue sembrado entre espinos, es el que oye la palabra; pero el afán de este mundo, y el engaño de las riquezas ahogan la palabra, y se hace infructuosa.

23 Mas el que fue sembrado en buena tierra, éste es el que oye la palabra y la entiende, y lleva fruto; y lleva uno a ciento, y otro a sesenta, y otro a treinta por uno.

24 Les relató [b] otra parábola, diciendo: El reino de los cielos es semejante al hombre que sembró buena semilla en su campo;

25 pero mientras dormían los hombres, vino su enemigo y sembró cizaña entre el trigo y se fue.

26 Y cuando la hierba salió y dio fruto, entonces apareció también la cizaña.

27 Y vinieron los siervos del padre de familia y le dijeron: Señor, ¿no sembraste buena semilla en tu campo? ¿De dónde, pues, tiene cizaña?

28 Y él les dijo: Un enemigo ha hecho esto. Y los siervos le dijeron: ¿Quieres, pues, que vayamos y la arranquemos?

29 Mas él dijo: No; no sea que al arrancar la cizaña, arranquéis también con ella el trigo.

30 Dejad crecer juntamente lo uno y lo otro hasta la siega; y en el tiempo de la siega yo diré a los segadores: Recoged primero la cizaña, y atadla en manojos para quemarla; mas recoged el trigo en mi granero.

31 Otra parábola les relató, diciendo: El reino de los cielos es semejante al grano de [f] mostaza, que un hombre tomó y sembró en su campo.

32 El cual a la verdad es la más pequeña de todas las semillas; mas cuando ha crecido, es la mayor de las hortalizas, y se hace árbol, tal, que vienen las aves del cielo y anidan en sus ramas.

33 Otra parábola les dijo: El reino de los cielos es semejante a la levadura que tomó una mujer, y escondió en tres medidas de harina, hasta que todo fue leudado.

El mercader y la perla preciosa

34 Todas estas cosas habló Jesús ᵃpor parábolas a la multitud, y sin parábolas no les hablaba;

35 para que se cumpliese lo que fue dicho por el profeta que dijo: ᶜEn parábolas abriré mi boca; Enunciaré cosas que han estado escondidas desde la fundación del mundo.

36 Entonces Jesús despidió a la multitud, y se fue ᵈa casa, y sus discípulos vinieron a Él, y le dijeron: Decláranos la parábola de la cizaña del campo.

37 Respondiendo Él les dijo: El que siembra la buena semilla es el Hijo del Hombre;

38 ᶠel campo es el mundo; la buena semilla son ᵍlos hijos del reino; y la cizaña son ʰlos hijos del malo.

39 El enemigo que la sembró es el diablo; ʲla siega es el fin del mundo, y los segadores son los ángeles.

40 Así como la cizaña es recogida y quemada en el fuego; así será en el fin de este mundo.

41 El Hijo del Hombre enviará a sus ángeles, y recogerán de su reino a todo lo que hace tropezar, y a los que hacen iniquidad;

42 Y ˡlos lanzarán al horno de fuego; allí será el lloro y el crujir de dientes.

43 Entonces ᵐlos justos resplandecerán como el sol en el reino de su Padre. El que tiene oídos para oír, oiga.

44 Además, el reino de los cielos es semejante a un tesoro escondido en un campo; el cual hallándolo un hombre, lo esconde, y gozoso por ello, va y ᵒvende todo lo que tiene, y compra aquel campo.

45 También el reino de los cielos es semejante a un mercader que busca buenas perlas;

46 el cual, hallando una perla preciosa, fue y vendió todo lo que tenía, y la compró.

47 Asimismo el reino de los cielos es semejante a una red, que fue echada en el mar, y atrapó de toda clase;

48 la cual llenándose, la sacaron a la orilla, y sentados, recogieron lo bueno en cestas, y lo malo echaron fuera.

49 Así será en el fin del mundo; los ángeles vendrán, y apartarán a los malos de entre los justos,

50 y los lanzarán en el horno de fuego; allí será ᵇel lloro y el crujir de dientes.

51 Jesús les dice: ¿Habéis entendido todas estas cosas? Ellos respondieron: Sí, Señor.

52 Entonces Él les dijo: Por eso todo escriba docto en el reino de los cielos es semejante a un padre de familia, que saca de su tesoro cosas nuevas y cosas viejas.

53 Y aconteció que acabando Jesús estas parábolas, se fue de allí.

54 Y venido a su tierra, les enseñaba en la sinagoga de ellos, de tal manera que ellos estaban ᵉatónitos, y decían: ¿De dónde tiene Éste esta sabiduría y *estos* milagros?

55 ¿No es Éste el hijo del ⁱcarpintero? ¿No se llama su madre María, y sus hermanos Jacobo y José, y Simón, y Judas?

56 ¿Y no están todas sus hermanas con nosotros? ¿De dónde, pues, tiene Éste todas estas cosas?

57 Y se escandalizaban en Él. Mas Jesús les dijo: ᵏNo hay profeta sin honra, sino en su tierra y en su casa.

58 Y no hizo allí muchos milagros, a causa de la incredulidad de ellos.

CAPÍTULO 14

En aquel tiempo ⁿHerodes el tetrarca oyó de la fama de Jesús,

2 y dijo a sus siervos: Éste es Juan el Bautista; él ha resucitado de los muertos, y por eso maravillas se manifiestan en él.

3 Porque Herodes había prendido a Juan, y le había aprisionado y puesto en la cárcel, por causa de ᵖHerodías, esposa de Felipe su hermano,

4 porque Juan le decía: No te es lícito tenerla.

5 Y quería matarle, pero temía al pueblo, porque le tenían como a profeta.

6 Mas celebrándose el cumpleaños de Herodes, la hija de Herodías danzó delante de ellos, y agradó a Herodes;

7 por lo cual él prometió con juramento darle cualquier cosa que ella pidiese.

8 Y ella, siendo instruida primero de su madre, dijo: Dame aquí en un plato la cabeza de Juan el Bautista.

MATEO 15

9 Entonces el rey se entristeció, mas por causa del juramento, y de los que estaban sentados con él a la mesa, mandó que se le diese,

10 y envió decapitar a Juan en la cárcel.

11 Y fue traída su cabeza en un plato, y dada a la damisela, y ésta la presentó a su madre.

12 Entonces vinieron sus discípulos, y tomaron el cuerpo y lo enterraron; y fueron y dieron las nuevas a Jesús.

13 Y oyéndolo Jesús, se apartó de allí en una barca a un lugar desierto, apartado; y cuando el pueblo lo oyó, le siguió a pie de las ciudades.

14 Y saliendo Jesús, vio una gran multitud, y [b]tuvo compasión de ellos, y sanó a los que de ellos estaban enfermos.

15 Y cuando fue la tarde, sus discípulos vinieron a Él, diciendo: Éste es un lugar desierto, y la hora es ya pasada; despide a la multitud para que vayan a las aldeas y compren para sí de comer.

16 Mas Jesús les dijo: No tienen necesidad de irse; dadles vosotros de comer.

17 Y ellos le dijeron: No tenemos aquí sino cinco panes y dos peces.

18 Y Él les dijo: Traédmelos acá.

19 Entonces mandó a la multitud recostarse sobre la hierba, y tomó los cinco panes y los dos peces, y levantando los ojos al cielo, bendijo, y partió y dio los panes a *sus* discípulos, y los discípulos a la multitud.

20 Y comieron todos, y [g]se saciaron, y de los pedazos que sobraron, alzaron doce canastos llenos.

21 Y los que comieron fueron como cinco mil hombres, sin contar las mujeres y los niños.

22 Y luego Jesús hizo a sus discípulos [h]entrar en la barca e ir delante de Él al otro lado, mientras Él despedía a la multitud.

23 Y despedida la multitud, subió al monte a [i]orar aparte. Y cuando llegó la noche, estaba allí solo.

24 Y ya la barca estaba en medio del mar, [j]azotada por las olas, porque el viento era contrario.

25 Y a la cuarta vigilia de la noche, Jesús vino a ellos andando sobre el mar,

a Mr 4:49
b Mr 6:34-35
y 8:2
Lc 19:41
Heb 4:15
c cp 16:8
Lc 12:28
d cp 15:25
y 28:9,17
Lc 24:52
e cp 16:16
f Mr 9:17
Lc 11:14
g Mr 6:42-44
Jn 6:12-14
h cp 15:39
Mr 6:45
i cp 6:6 26:36
Mr 6:46
Lc 6:12
Jn 6:15
j cp 8:24
Mr 6:48
Jn 6:18
k Mr 7:10-13

Juan es decapitado

26 Y los discípulos viéndole andar sobre el mar, se turbaron, diciendo: ¡Un fantasma! Y [a]dieron voces de miedo.

27 Pero enseguida Jesús les habló, diciendo: ¡Tened ánimo; yo soy, no temáis!

28 Entonces le respondió Pedro, y dijo: Señor, si eres tú, manda que yo vaya a ti sobre las aguas.

29 Y Él dijo: Ven. Y descendiendo Pedro de la barca, caminó sobre las aguas para ir a Jesús.

30 Pero viendo el viento fuerte, tuvo miedo; y comenzando a hundirse, dio voces, diciendo: ¡Señor, sálvame!

31 Y al instante Jesús, extendiendo *su* mano, trabó de él, y le dijo: [c]¡Hombre de poca fe! ¿Por qué dudaste?

32 Y cuando ellos entraron en la barca, se calmó el viento.

33 Entonces los que estaban en la barca vinieron y [d]le adoraron, diciendo: Verdaderamente tú eres [e]el Hijo de Dios.

34 Y cruzando al otro lado, vinieron a la tierra de [f]Genezaret.

35 Y cuando le reconocieron los hombres de aquel lugar, enviaron por toda aquella tierra alrededor, y trajeron a Él todos los enfermos,

36 y le rogaban que les dejase tocar tan sólo el borde de su manto; y todos los que le tocaban, quedaban sanos.

CAPÍTULO 15

Entonces vinieron a Jesús ciertos escribas y fariseos de Jerusalén, diciendo:

2 ¿Por qué tus discípulos quebrantan la tradición de los ancianos? Pues no se lavan sus manos cuando comen pan.

3 Pero Él respondió y les dijo: ¿Por qué también vosotros quebrantáis el mandamiento de Dios por vuestra tradición?

4 Porque Dios mandó, diciendo: Honra a tu padre y a tu madre, y: El que maldijere a *su* padre o a *su* madre, muera de muerte.

5 [k]Pero vosotros decís: Cualquiera que dijere a *su* padre o a *su* madre: Es mi ofrenda todo aquello con que pudiera ayudarte,

La fe de la mujer cananea

6 y no honra a su padre o a su madre, *será libre*. Así habéis invalidado el mandamiento de Dios por vuestra tradición.

7 Hipócritas, bien profetizó de vosotros Isaías, diciendo:

8 Este pueblo se acerca a mí con su boca, y ªde labios me honra, pero su corazón lejos está de mí.

9 Pero en vano me honran; enseñando *como* doctrinas ᶜmandamientos de hombres.

10 Y llamó a sí a la multitud, y les dijo: Oíd, y entended:

11 No lo que entra en la boca contamina al hombre; sino lo que sale de la boca, esto contamina al hombre.

12 Entonces vinieron los discípulos, y le dijeron: ¿Sabes que los fariseos se ofendieron cuando oyeron esta palabra?

13 Mas Él respondió y dijo: Toda planta que no plantó mi Padre celestial, será desarraigada.

14 Dejadlos; son ciegos guías de ciegos; y si ᶠel ciego guiare al ciego, ambos caerán en el hoyo.

15 Entonces respondió Pedro, y le dijo: Decláranos esta parábola.

16 Y Jesús les dijo: ¿También vosotros estáis aún ᵍsin entendimiento?

17 ¿Aún no entendéis que todo lo que entra en la boca va al vientre, y es arrojado en la letrina?

18 Pero lo que sale de la boca, del corazón sale, y esto contamina al hombre.

19 Porque del corazón salen los ⁱmalos pensamientos, homicidios, adulterios, fornicaciones, hurtos, falsos testimonios, blasfemias.

20 Estas cosas son las que contaminan al hombre, pero el comer con las manos sin lavar no contamina al hombre.

21 Y saliendo Jesús de allí, se fue a las costas de ᵏTiro y de Sidón.

22 Y he aquí ˡuna mujer cananea que había salido de aquella región clamaba, diciéndole: Señor, Hijo de David, ten misericordia de mí, mi hija es gravemente atormentada de un demonio.

23 Pero Él no le respondió palabra. Y sus discípulos vinieron y le rogaron, diciendo: Despídela, pues da voces tras nosotros.

24 Y Él respondiendo, dijo: No soy enviado sino a las ovejas perdidas de la casa de Israel.

25 Entonces ella vino y le adoró, diciendo: ¡Señor, socórreme!

26 Mas Él respondió, y dijo: No está bien tomar el pan de los hijos, y echarlo a ᵇlos perrillos.

27 Y ella dijo: Sí, Señor, mas los perrillos comen de las migajas que caen de la mesa de sus señores.

28 Entonces respondiendo Jesús, le dijo: ¡Oh mujer, grande *es* tu fe! Sea hecho contigo como quieres. Y su hija fue sanada desde aquella hora.

29 Y partiendo Jesús de allí, ᵈvino junto al mar de Galilea; y subiendo al monte, se sentó allí.

30 Y grandes multitudes vinieron a Él, trayendo consigo, ᵉa cojos, ciegos, mudos, mancos, y muchos otros, y los pusieron a los pies de Jesús, y los sanó;

31 De manera que la multitud se maravillaba, viendo a los mudos hablar, a los mancos ser sanados, a los cojos andar, y a los ciegos ver; y glorificaban al Dios de Israel.

32 Y llamando Jesús a sus discípulos, dijo: Tengo ʰcompasión de la multitud, porque hace ya tres días que están conmigo, y no tienen qué comer; y enviarlos en ayunas no quiero, no sea que desmayen en el camino.

33 Entonces sus discípulos le dijeron: ¿De dónde obtendremos tanto pan en el desierto, para saciar a tan grande multitud?

34 Y Jesús les dijo: ¿Cuántos panes tenéis? Y ellos dijeron: Siete, y unos cuantos pececillos.

35 Y mandó a la multitud que se recostasen en tierra.

36 Y tomando los siete panes y los peces, ʲhabiendo dado gracias, *los* partió y dio a sus discípulos, y los discípulos a la multitud.

37 Y todos comieron, y se saciaron; y recogieron lo que sobró de los pedazos, siete canastos llenos.

38 Y los que habían comido fueron cuatro mil hombres, además de las mujeres y los niños.

39 Entonces, despedida la multitud, entró en una barca, y vino a las costas de Magdala.

CAPÍTULO 16

Y vinieron los fariseos y los saduceos [b]para tentarle, y le pidieron que les mostrase señal del cielo.

2 Mas Él respondiendo, les dijo: Cuando anochece, decís: *Hará* buen tiempo, porque el cielo tiene arreboles.

3 Y por la mañana: Hoy *habrá* tempestad, porque el cielo tiene arreboles y está nublado. ¡Hipócritas! que sabéis discernir la faz del cielo; ¿Mas las señales de los tiempos no podéis?

4 La [e]generación perversa y adúltera demanda señal; mas señal no le será dada, sino la señal del profeta Jonás. Y dejándolos, se fue.

5 Y viniendo los discípulos al otro lado, se habían [h]olvidado de traer pan.

6 Entonces Jesús les dijo: Mirad, y guardaos de la levadura de los fariseos y de los saduceos.

7 Y ellos hablaban entre sí, diciendo: *Esto dice* porque no trajimos pan.

8 Y entendiéndolo Jesús, les dijo: ¿Por qué discutís entre vosotros, hombres de poca fe, que no trajisteis pan?

9 ¿No entendéis aún, ni os acordáis de los cinco panes *entre* cinco mil, y cuántas cestas alzasteis?

10 ¿Ni de los siete panes *entre* cuatro mil, y cuántas canastas recogisteis?

11 ¿Cómo es que no entendéis que no por el pan os dije, que os guardaseis de [k]la levadura de los fariseos y de los saduceos?

12 Entonces entendieron que no *les* había dicho que se guardasen de la levadura de pan, sino de la doctrina de los fariseos y de los saduceos.

13 Y viniendo Jesús a la región de Cesarea de Filipo, preguntó a sus discípulos, diciendo: [n]¿Quién dicen los hombres que es el Hijo del Hombre?

14 Y ellos dijeron: Unos, Juan el Bautista; otros, Elías; y otros, Jeremías, o alguno de los profetas.

15 Él les dice: ¿Y vosotros quién decís que soy yo?

16 Y respondiendo Simón Pedro, dijo: Tú eres el Cristo, [a]el Hijo del Dios viviente.

17 Y respondiendo Jesús, le dijo: Bienaventurado eres Simón hijo de Jonás; porque no te lo reveló carne ni sangre, sino mi Padre que está en el cielo.

18 Y yo también te digo que tú eres Pedro, y sobre [c]esta roca edificaré mi iglesia, y las puertas del infierno no prevalecerán contra ella.

19 Y a ti te daré [d]las llaves del reino de los cielos; y todo lo que atares en la tierra será atado en el cielo; y todo lo que desatares en la tierra será desatado en el cielo.

20 Entonces mandó a sus discípulos que [f]a nadie dijesen que Él era Jesús el Cristo.

21 Desde aquel tiempo [g]comenzó Jesús a declarar a sus discípulos que le era necesario ir a Jerusalén y padecer mucho de los ancianos, y de los príncipes de los sacerdotes y de los escribas; y ser muerto, y [i]resucitar al tercer día.

22 Y Pedro, tomándole aparte, comenzó a reprenderle, diciendo: Señor, ten compasión de ti; en ninguna manera esto te acontezca.

23 Entonces Él, volviéndose, dijo a Pedro: Quítate de delante de mí Satanás; me eres tropiezo; porque no piensas en las cosas de Dios, sino en las de los hombres.

24 Entonces Jesús dijo a sus discípulos: [j]Si alguno quiere venir en pos de mí, niéguese a sí mismo, y tome su cruz, y sígame.

25 Porque cualquiera que quisiere salvar su vida, la perderá; y cualquiera que perdiere su vida por causa de mí, la hallará.

26 Porque, [l]¿qué aprovechará el hombre, si ganare todo el mundo, y perdiere su alma? O, [m]¿qué recompensa dará el hombre por su alma?

27 Porque el Hijo del Hombre vendrá en la gloria de su Padre con sus ángeles; y entonces [o]pagará a cada uno conforme a sus obras.

28 De cierto os digo que hay algunos de los que están aquí, que no gustarán la muerte, hasta que hayan visto al Hijo del Hombre viniendo en su reino.

La transfiguración
CAPÍTULO 17

Y después de seis días, Jesús tomó a Pedro, y a Jacobo, y a Juan su hermano, y los llevó aparte a un monte alto:

2 Y °se transfiguró delante de ellos; y su rostro resplandeció como el sol, y su vestidura se hizo blanca como la luz.

3 Y he aquí les aparecieron Moisés y Elías, hablando con Él.

4 Entonces respondiendo Pedro, dijo a Jesús: Señor, bueno es que nos quedemos aquí; si quieres, hagamos aquí tres tabernáculos; uno para ti, uno para Moisés, y uno para Elías.

5 Mientras Él aún hablaba, una nube resplandeciente los cubrió; y he aquí una voz desde la nube, que decía: Éste es mi Hijo amado, en quien tengo contentamiento; a Él oíd.

6 Y oyendo esto los discípulos, cayeron sobre sus rostros, y temieron en gran manera.

7 Entonces Jesús vino y los tocó, y dijo: Levantaos, y no temáis.

8 Y alzando ellos sus ojos a nadie vieron, sino a Jesús solo.

9 Y cuando descendieron del monte, Jesús les mandó, diciendo: No digáis a nadie la visión, hasta que el Hijo del Hombre resucite de los muertos.

10 Entonces sus discípulos le preguntaron, diciendo: ¿Por qué, pues, dicen los escribas que es necesario que Elías venga primero?

11 Y respondiendo Jesús, les dijo: A la verdad, Elías vendrá primero, y restaurará todas las cosas.

12 Mas os digo que Elías ya vino, y no le conocieron; sino que hicieron de él todo lo que quisieron: ʲAsí también el Hijo del Hombre padecerá de ellos.

13 Entonces los discípulos entendieron que les había hablado de Juan el Bautista.

14 Y cuando llegaron a la multitud, vino a Él un hombre, y cayendo de rodillas delante de Él, dijo:

15 Señor, ten misericordia de mi hijo, que ᵏes lunático, y padece mucho, porque muchas veces cae en el fuego, y muchas en el agua.

16 Y le traje a tus discípulos, y no le pudieron sanar.

17 Entonces respondiendo Jesús, dijo: ¡Oh ᵃgeneración incrédula y perversa! ¿Hasta cuándo he de estar con vosotros? ¿Hasta cuándo os he de soportar? Traédmele acá.

18 ᵇY reprendió Jesús al demonio, el cual salió del muchacho, y éste quedó sano desde aquella hora.

19 Entonces viniendo los discípulos a Jesús, aparte, dijeron: ¿Por qué nosotros no pudimos echarlo fuera?

20 Y Jesús les dijo: Por vuestra incredulidad; porque de cierto os digo, que ᵈsi tuviereis fe como un grano de mostaza, diréis a este monte: Pásate de aquí allá, y se pasará, y ᵉnada os será imposible.

21 Pero ᶠeste género no sale sino por oración y ayuno.

22 Y estando ellos en Galilea, Jesús les dijo: ᵍEl Hijo del Hombre será entregado en manos de hombres,

23 y le matarán; pero ʰal tercer día resucitará. Y ellos se entristecieron en gran manera.

24 Y cuando llegaron a Capernaúm, vinieron a Pedro los que cobraban los tributos, diciendo: ¿Vuestro maestro no paga los tributos?

25 Él dijo: Sí. Y entrando él en casa, Jesús le habló antes, diciendo: ¿Qué te parece, Simón? Los reyes de la tierra, ¿de quién cobran los impuestos o tributos? ¿De sus hijos, o de los extranjeros?

26 Pedro le dice: De los extranjeros. Jesús le dice: Luego los hijos están francos.

27 Mas para no ofenderles, ve al mar, y echa el anzuelo, y el primer pez que saques, tómalo, y al abrirle su boca, hallarás un estatero; tómalo y dáselo por mí y por ti.

CAPÍTULO 18

En aquella hora vinieron los discípulos a Jesús, diciendo: ¿Quién es el mayor en el reino de los cielos?

2 Y llamando Jesús a un niño, lo puso en medio de ellos,

3 y dijo: De cierto os digo: Si no os volvéis y os hacéis como niños, no entraréis en el reino de los cielos.

4 Cualquiera, pues, que se humillare como este niño, ése es el mayor en el reino de los cielos.

5 Y cualquiera que recibiere en mi nombre a un niño como éste, a mí me recibe.

6 Y ªcualquiera que haga tropezar a uno de estos pequeñitos que creen en mí; mejor le fuera que se le colgase al cuello una piedra de molino de asno, y que se le sumergiese en lo profundo del mar.

7 ¡Ay del mundo por los tropiezos! porque necesario es que vengan tropiezos, mas ¡ay de aquel hombre por quien viene el tropiezo!

8 Por tanto, ᶜsi tu mano o tu pie te hacen caer, córtalos y échalos de ti; mejor te es entrar cojo o manco en la vida, que teniendo dos manos o dos pies ser echado en el fuego eterno.

9 Y si tu ojo te hace caer, sácalo y échalo de ti; porque mejor te es entrar con un solo ojo en la vida, que teniendo dos ojos ser echado en el fuego del infierno.

10 Mirad que no tengáis en poco a uno de estos pequeñitos; porque os digo que sus ángeles en el cielo ven siempre la faz de mi Padre que está en el cielo.

11 Porque el Hijo del Hombre ᵈvino a salvar lo que se había perdido.

12 ¿Qué os parece? Si un hombre tiene ᵉcien ovejas, y se descarría una de ellas, ¿no deja las noventa y nueve y va por los montes a buscar la que se había descarriado?

13 Y si acontece que la halla, de cierto os digo que se regocija más por aquélla, que por las noventa y nueve que no se descarriaron.

14 Así, ᶠno es la voluntad de vuestro Padre que está en el cielo, que se pierda uno de estos pequeñitos.

15 Por tanto, si tu hermano pecare contra ti, ve y repréndele estando tú y él solos; si te oyere, ᵍhas ganado a tu hermano.

16 Mas si no te oyere, toma aún contigo uno o dos, para que ʰen boca de dos o tres testigos conste toda palabra.

17 Y si no los oyere a ellos, dilo a la iglesia, y si no oyere a la iglesia, tenle por gentil y publicano.

18 De cierto os digo: ʲTodo lo que atéis en la tierra, será atado en el cielo; y todo lo que desatéis en la tierra, será desatado en el cielo.

19 Otra vez os digo: Que si dos de vosotros se pusieren de acuerdo en la tierra, acerca de cualquier cosa que pidieren, les será hecho por mi Padre que está en el cielo.

20 Porque donde están dos o tres congregados en mi nombre, allí estoy yo en medio de ellos.

21 Entonces Pedro viniendo a Él, dijo: Señor, ᵇ¿cuántas veces perdonaré a mi hermano que pecare contra mí? ¿Hasta siete?

22 Jesús le dijo: No te digo hasta siete, sino aun hasta setenta veces siete.

23 Por lo cual el reino de los cielos es semejante a un rey que quiso hacer cuentas con sus siervos.

24 Y comenzando a hacer cuentas, le fue traído uno que le debía diez mil talentos.

25 Mas a éste, no teniendo con qué pagar, su señor mandó venderle, y a su esposa e hijos, con todo lo que tenía, y que se le pagase.

26 Entonces aquel siervo, postrado le rogaba, diciendo: Señor, ten paciencia conmigo, y yo te lo pagaré todo.

27 Entonces el señor de aquel siervo, fue movido a misericordia, y le soltó y le perdonó la deuda.

28 Mas saliendo aquel siervo, halló a uno de sus consiervos, que le debía cien denarios, y sujetándolo del cuello, le dijo: Págame lo que me debes.

29 Entonces su consiervo, postrándose a sus pies, le rogaba diciendo: Ten paciencia conmigo, y yo te lo pagaré todo.

30 Pero él no quiso, sino fue y le echó en la cárcel, hasta que pagase la deuda.

31 Y cuando sus consiervos vieron lo que pasaba, se entristecieron mucho, y viniendo, dijeron a su señor todo lo que había pasado.

32 Entonces llamándole su señor, le dijo: Siervo malvado, toda aquella deuda te perdoné porque me rogaste.

33 ⁱ¿No debías tú también tener misericordia de tu consiervo, así como yo tuve misericordia de ti?

34 Entonces su señor se enojó, y le entregó a los verdugos, hasta que pagase todo lo que le debía.

35 Así también hará con vosotros mi Padre celestial, ªsi no perdonáis de vuestro corazón cada uno a su hermano sus ofensas.

CAPÍTULO 19

Y aconteció que cuando Jesús hubo acabado estas palabras, ᵇse fue de Galilea, y vino a las costas de Judea al otro lado del Jordán.

2 Y le siguieron grandes multitudes, ᶜy los sanó allí.

3 Entonces vinieron a Él los fariseos, tentándole y diciéndole: ᵈ¿Es lícito al hombre repudiar a su esposa por cualquier causa?

4 Él respondiendo, les dijo: ¿No habéis leído que el que *los* hizo al principio, ᵍvarón y hembra los hizo?

5 Y dijo: Por esto dejará el hombre a su padre y a su madre, y se unirá a su esposa, y los dos serán una sola carne.

6 Así que no son ya más dos, sino una sola carne. Por tanto, lo que Dios unió, no lo separe el hombre.

7 Le dijeron: ¿Por qué, pues, mandó Moisés dar carta de divorcio, y repudiarla?

8 Él les dijo: Por la dureza de vuestro corazón Moisés os permitió repudiar a vuestras esposas; pero al principio no fue así.

9 Y yo os digo: Cualquiera que repudiare a su esposa, ʲa no ser por causa de fornicación, y se casare con otra, adultera; y el que se casare con la repudiada, adultera.

10 Le dijeron sus discípulos: Si así es la condición del hombre con *su* esposa, no conviene casarse.

11 Entonces Él les dijo: No todos pueden recibir esta palabra, sino *aquellos* a quienes es dado.

12 Porque hay eunucos que nacieron así del vientre de su madre; y hay eunucos que fueron hechos eunucos por los hombres, y hay eunucos que a sí mismos se hicieron eunucos por causa del reino de los cielos. El que sea capaz de recibir esto, que lo reciba.

13 Entonces le fueron presentados unos niños, para que pusiese las manos sobre ellos, y orase; y los discípulos les reprendieron.

14 Pero Jesús dijo: Dejad a los niños venir a mí, y no se los impidáis, porque de los tales es el reino de los cielos.

15 Y habiendo puesto *sus* manos sobre ellos, partió de allí.

16 Y he aquí, vino uno y le dijo: Maestro bueno, ¿qué bien haré para tener la vida eterna?

17 Y Él le dijo: ¿Por qué me llamas bueno? Ninguno hay bueno, sino uno, Dios. Y si quieres entrar en la vida, guarda los mandamientos.

18 Él le dijo: ¿Cuáles? Y Jesús dijo: ᵉNo matarás. No cometerás adulterio. No hurtarás. No dirás falso testimonio.

19 Honra a tu padre y a *tu* madre; y: ᶠAmarás a tu prójimo como a ti mismo.

20 El joven le dijo: Todo esto he guardado desde mi juventud. ¿Qué más me falta?

21 Jesús le dijo: Si quieres ser perfecto, ʰve, vende lo que tienes, y da a los pobres, y tendrás tesoro en el cielo, y ven y sígueme.

22 Y oyendo el joven esta palabra, se fue triste, porque tenía muchas posesiones.

23 Entonces Jesús dijo a sus discípulos: De cierto os digo, que ⁱdifícilmente entrará un rico en el reino de los cielos.

24 Y otra vez os digo: Es más fácil pasar un camello por el ojo de una aguja, que entrar un rico en el reino de Dios.

25 Al oír *esto*, sus discípulos se asombraron en gran manera, diciendo: ¿Quién, entonces, podrá ser salvo?

26 Mas Jesús, mirándoles, les dijo: Con los hombres esto es imposible, pero ᵏcon Dios todo es posible.

27 Entonces respondiendo Pedro, le dijo: He aquí, nosotros lo hemos dejado todo y te hemos seguido; ¿qué, pues, tendremos?

28 Y Jesús les dijo: De cierto os digo: ˡEn la regeneración, cuando el Hijo del Hombre se siente en el trono de su gloria, vosotros que me habéis seguido os sentaréis sobre doce tronos, ᵐpara juzgar a las doce tribus de Israel.

29 ⁿY cualquiera que haya dejado casas, o hermanos, o hermanas, o

padre, o madre, o esposa, o hijos o tierras por mi nombre, recibirá cien tantos, y heredará la vida eterna.

30 Pero ªmuchos primeros serán postreros, y postreros, primeros.

a cp 20:16
Mr 10:31
Lc 13:30

CAPÍTULO 20

Porque el reino de los cielos es semejante a un hombre, padre de familia, que salió por la mañana a contratar obreros para su viña.

2 Y habiendo concertado con los obreros en un denario al día, los envió a su viña.

3 Y saliendo cerca de la hora tercera, vio a otros en la plaza que estaban ociosos,

4 y les dijo: Id también vosotros a mi viña, y os daré lo que sea justo. Y ellos fueron.

5 Salió otra vez cerca de las horas sexta y novena, e hizo lo mismo.

6 Y saliendo cerca de la hora undécima, halló otros que estaban ociosos, y les dijo: ¿Por qué estáis aquí todo el día ociosos?

7 Ellos le dicen: Porque nadie nos ha contratado. Él les dijo: Id también vosotros a la viña, y recibiréis lo que sea justo.

8 Y cuando cayó la tarde, el señor de la viña dijo a su mayordomo: Llama a los obreros y págales el jornal, comenzando desde los postreros hasta los primeros.

9 Y viniendo los que habían ido cerca de la hora undécima, recibieron cada uno un denario.

10 Y cuando vinieron los primeros, pensaban que habían de recibir más, pero ellos también recibieron cada uno un denario.

11 Y al recibirlo, murmuraban contra el padre de familia,

12 diciendo: Estos postreros han trabajado *sólo* una hora, y los has hecho iguales a nosotros, que hemos llevado la carga y el calor del día.

13 Mas él respondiendo, dijo a uno de ellos: Amigo, no te hago agravio; ¿no concertaste conmigo por un denario?

14 Toma *lo que es* tuyo y vete; pero quiero dar a este postrero igual que a ti.

b cp 17:23
Jn 2:19
1 Co 15:14
c Mt 4:21
Mr 1:19
Lc 5:10
Jn 21:2

d cp 26:39
Mr 10:38
y 14:36
Lc 22:42
Jn 18:11

e Lc 12:50

f Mr 10:41

g Mr 10:42
Lc 22:25-27

h Jn 13:12-15

i Mr 11:1

j Mr 10:46
Lc 18:35

La madre de los hijos de Zebedeo

15 ¿No me es lícito hacer con lo mío lo que quiero? ¿O es malo tu ojo porque yo soy bueno?

16 Así los primeros serán postreros, y los postreros, primeros: Porque muchos son llamados, mas pocos escogidos.

17 Y subiendo Jesús a Jerusalén, tomó a sus doce discípulos aparte en el camino, y les dijo:

18 He aquí subimos a Jerusalén, y el Hijo del Hombre será entregado a los príncipes de los sacerdotes y a los escribas, y le condenarán a muerte;

19 y le entregarán a los gentiles para ser escarnecido, azotado, y crucificado, mas ᵇal tercer día resucitará.

20 Entonces vino a Él la madre de ᶜlos hijos de Zebedeo con sus hijos, adorándole y pidiéndole algo.

21 Y Él le dijo: ¿Qué quieres? Ella le dijo: Concede que en tu reino se sienten estos mis dos hijos, el uno a tu mano derecha, y el otro a tu izquierda.

22 Entonces Jesús respondiendo, dijo: No sabéis lo que pedís: ᵈ¿Podéis beber la copa que yo he de beber, y ser bautizados del bautismo de que yo soy bautizado? Ellos le dijeron: Podemos.

23 Y Él les dijo: A la verdad de mi copa beberéis, y seréis bautizados con ᵉel bautismo que yo soy bautizado, pero el sentaros a mi mano derecha y a mi izquierda, no es mío darlo, sino a aquellos para quienes está preparado por mi Padre.

24 Y ᶠoyéndolo los diez, se indignaron contra los dos hermanos.

25 Entonces Jesús, llamándolos, dijo: Sabéis que ᵍlos príncipes de los gentiles se enseñorean sobre ellos, y los que son grandes ejercen sobre ellos autoridad.

26 Mas entre vosotros no será así, sino que ʰel que quisiere ser grande entre vosotros sea vuestro servidor,

27 y el que quisiere ser el primero entre vosotros, sea vuestro servidor;

28 así como ⁱel Hijo del Hombre no vino para ser servido, sino para servir, y para dar su vida en rescate por muchos.

29 ʲY saliendo ellos de Jericó, le seguía una gran multitud.

La entrada triunfal a Jerusalén

30 Y he aquí, dos ciegos sentados junto al camino, cuando oyeron que Jesús pasaba, clamaron, diciendo: ¡Señor, Hijo de David, ten misericordia de nosotros!

31 Y la multitud les reprendía para que callasen; pero ellos más clamaban, diciendo: ¡Señor, Hijo de David, ten misericordia de nosotros!

32 Y deteniéndose Jesús, los llamó, y les dijo: ¿Qué queréis que os haga?

33 Ellos le dijeron: Señor, que sean abiertos nuestros ojos.

34 Entonces Jesús, teniendo compasión *de ellos*, tocó sus ojos, y al instante sus ojos recibieron la vista; y le siguieron.

CAPÍTULO 21

Y ᵉcuando se acercaron a Jerusalén, y vinieron a Betfagé, al monte de los Olivos; entonces Jesús envió dos discípulos,

2 diciéndoles: Id a la aldea que está delante de vosotros, y luego hallaréis una asna atada, y un pollino con ella; desatadla, y traédmelos.

3 Y si alguno os dijere algo, decid: El Señor los necesita; y luego los enviará.

4 Todo esto fue hecho para que se cumpliese lo que fue dicho por el profeta, que dijo:

5 Decid a la hija de Sión: ⁱHe aquí tu Rey viene a ti, manso, y sentado sobre una asna, y un pollino hijo de animal de yugo.

6 Y los discípulos fueron, e hicieron como Jesús les mandó;

7 y trajeron el asna y el pollino, y pusieron sobre ellos sus mantos, y le sentaron encima.

8 Y la multitud, que era muy numerosa, tendía sus mantos en el camino, y otros cortaban ramas de los árboles y las tendían en el camino.

9 Y las multitudes que iban delante y los que iban detrás aclamaban, diciendo: ¡Hosanna al Hijo de David! ¡Bendito el que viene en el nombre del Señor! ¡Hosanna en las alturas!

10 Y entrando Él en Jerusalén, toda la ciudad se conmovió, diciendo: ⁿ¿Quién es Éste?

11 Y la multitud decía: Éste es Jesús el profeta, de Nazaret de Galilea.

12 Y entró Jesús en el templo de Dios, y ᵃechó fuera a todos los que vendían y compraban en el templo, y volcó las mesas de los cambistas, y las sillas de los que vendían palomas;

13 y les dijo: Escrito está: ᵇMi casa, casa de oración será llamada, mas vosotros la habéis hecho cueva de ladrones.

14 Y ᶜlos ciegos y los cojos venían a Él en el templo, y los sanaba.

15 Y cuando los príncipes de los sacerdotes y los escribas vieron las maravillas que hacía, y a los muchachos aclamando en el templo y diciendo: ¡Hosanna al Hijo de David! se indignaron,

16 y le dijeron: ¿Oyes lo que éstos dicen? Y Jesús les dijo: Sí; ¿nunca leísteis: ᵈDe la boca de los niños y de los que maman perfeccionaste la alabanza?

17 Y dejándolos, salió fuera de la ciudad a ᶠBetania; y posó allí.

18 Y por la mañana volviendo a la ciudad, tuvo hambre.

19 Y viendo ᵍuna higuera cerca del camino, vino a ella, y no halló nada en ella, sino hojas solamente, y le dijo: Nunca más nazca fruto de ti, por siempre. Y al instante se secó la higuera.

20 Y ʰviéndolo los discípulos, se maravillaron y decían: ¡Cómo es que tan pronto se secó la higuera!

21 Y respondiendo Jesús les dijo: De cierto os digo que ʲsi tuviereis fe, y no dudareis, no sólo haréis esto de la higuera, sino que si a este monte dijereis: Quítate y échate en el mar, será hecho.

22 Y ᵏtodo lo que pidiereis en oración, creyendo, lo recibiréis.

23 Y cuando vino al templo, mientras enseñaba, ˡvinieron los príncipes de los sacerdotes y los ancianos del pueblo, diciendo: ᵐ¿Con qué autoridad haces estas cosas? ¿Y quién te dio esta autoridad?

24 Y respondiendo Jesús, les dijo: Yo también os preguntaré una cosa, la cual si me respondiereis, también yo os diré con qué autoridad hago estas cosas.

25 El bautismo de Juan, ¿de dónde era? ¿Del cielo, o de los hombres? Ellos entonces hablaban entre sí,

diciendo: Si dijéremos del cielo, nos dirá: ¿Por qué, pues, no le creísteis?
26 Y si dijéremos, de los hombres, tememos al pueblo; porque [b]todos tienen a Juan por [c]profeta.
27 Y respondiendo a Jesús, dijeron: No sabemos. Y Él les dijo: Tampoco yo os digo con qué autoridad hago estas cosas.
28 Mas, ¿qué os parece? Un hombre tenía dos hijos, y llegando al primero le dijo: Hijo, ve hoy a trabajar en mi viña.
29 Y respondiendo él, dijo: No quiero; pero después, arrepentido, fue.
30 Y vino al segundo, y le dijo de la misma manera; y respondiendo él, dijo: Yo señor, voy, y no fue.
31 ¿Cuál de los dos hizo la voluntad de su padre? Ellos le dijeron: El primero. Jesús les dijo: De cierto os digo, que los publicanos y [g]las rameras van delante de vosotros al reino de Dios.
32 Porque vino a vosotros Juan [h]en camino de justicia, y no le creísteis; pero [i]los publicanos y las rameras le creyeron; y vosotros, viendo esto, no os arrepentisteis después para creerle.
33 Oíd otra parábola: Hubo [j]un hombre, padre de familia, el cual plantó una viña, y la cercó de vallado, y [k]cavó en ella un lagar, y edificó una torre, y la arrendó a labradores, y se fue lejos.
34 Y cuando se acercó el tiempo de los frutos, envió sus siervos a los labradores, para que recibiesen sus frutos.
35 Mas los labradores, tomando a los siervos, [l]golpearon a uno, [m]y a otro mataron, [n]y a otro apedrearon.
36 Otra vez, envió otros siervos, más que los primeros; e hicieron con ellos de la misma manera.
37 Y a la postre les envió su hijo, diciendo: Respetarán a mi hijo.
38 Mas los labradores cuando vieron al hijo, dijeron entre sí: Éste es [p]el heredero, [q]venid, matémosle, y apoderémonos de su heredad.
39 Y tomándole, le echaron fuera de la viña, y le mataron.
40 Cuando viniere, pues, el señor de la viña, ¿qué hará a aquellos labradores?

a Hch 13:46
15:7 18:6
y 28:28
b cp 14:5
c cp 11:9
d Sal 118:22
Is 28:16
Mr 12:10
Lc 20:27
Hch 4:11
1 Pe 2:6-8

e Is 8:14-15
Lc 2:34
1 Pe 2:7-8

f cp 20:19
g Lc 7:37-50

h cp 3:1 y 8:12

i Lc 3:12-13
y 7:29

j Mr 12:1-12
Lc 20:9-19

k Is 5:2

l Heb 11:36-37
m Jer 26:23
n 1 Cr 24:21
o Lc 14:18

p Heb 1:2
q Jn 11:53

Los labradores malvados

41 Ellos le dijeron: A los malos destruirá sin misericordia, y [a]su viña arrendará a otros labradores que le paguen el fruto a su tiempo.
42 Jesús les dijo: ¿Nunca leísteis en las Escrituras: [d]La piedra que desecharon los edificadores, ha venido a ser cabeza de ángulo: El Señor ha hecho esto, y es cosa maravillosa en nuestros ojos?
43 Por tanto os digo: El reino de Dios será quitado de vosotros, y será dado a una nación que haga los frutos de él.
44 Y el que cayere sobre esta piedra, [e]será quebrantado; y sobre quien ella cayere, le desmenuzará.
45 Y oyendo sus parábolas los príncipes de los sacerdotes y los fariseos, entendieron que hablaba de ellos.
46 Pero cuando [f]buscaron cómo echarle mano, tuvieron miedo de la multitud; porque ellos le tenían por profeta.

CAPÍTULO 22

Y respondiendo Jesús, les volvió a hablar en parábolas, diciendo:
2 El reino de los cielos es semejante a un rey que hizo bodas a su hijo,
3 y envió a sus siervos para que llamasen a los convidados a las bodas; mas no quisieron venir.
4 Volvió a enviar otros siervos, diciendo: Decid a los convidados: He aquí, mi comida he preparado, mis toros y animales engordados han sido muertos, y todo está preparado; venid a las bodas.
5 Pero ellos lo tuvieron en poco y se fueron; [o]uno a su labranza, otro a sus negocios,
6 y los otros, tomando a sus siervos, los afrentaron y los mataron.
7 Y oyéndolo el rey, se indignó; y enviando sus ejércitos, destruyó aquellos homicidas, y puso a fuego su ciudad.
8 Entonces dijo a sus siervos: Las bodas a la verdad están preparadas, pero los que fueron convidados no eran dignos.
9 Id, pues, a las salidas de los caminos, y llamad a las bodas a cuantos halléis.

Las bodas del hijo del rey

10 Y saliendo los siervos por los caminos, juntaron a todos los que hallaron, juntamente malos y buenos; y las bodas fueron llenas de convidados.
11 Y cuando el rey vino para ver los convidados, vio allí a un hombre que no estaba vestido de boda,
12 y le dijo: Amigo, ¿cómo entraste acá sin estar vestido de boda? Mas él enmudeció.
13 Entonces el rey dijo a los que servían: Atadle de pies y manos, llevadle y echadle en las tinieblas de afuera; allí será ᶜel lloro y el crujir de dientes.
14 Porque muchos son llamados, pero pocos *son* escogidos.
15 Entonces los fariseos fueron y consultaron de ᶠcómo le prenderían en *alguna* palabra.
16 Y le enviaron los discípulos de ellos, con ᵍlos herodianos, diciendo: Maestro, sabemos que eres veraz, y que enseñas ʰcon verdad el camino de Dios, y que no te cuidas de nadie, porque no miras la apariencia de los hombres.
17 Dinos, pues, qué te parece: ʲ¿Es lícito dar tributo a César, o no?
18 Pero Jesús, ᵏconociendo la malicia de ellos, les dijo: ¿Por qué me tentáis, hipócritas?
19 Mostradme la moneda del tributo. Y ellos le presentaron un denario.
20 Entonces les dijo: ¿De quién *es* esta imagen, y la inscripción?
21 Le dicen: De César. Entonces Él les dijo: ᵐDad, pues, a César lo que es de César, y a Dios lo que es de Dios.
22 Y oyendo esto, se maravillaron, y dejándole, se fueron.
23 Aquel día, vinieron a Él los saduceos, que dicen que no hay resurrección, y le preguntaron,
24 diciendo: Maestro, Moisés dijo: ⁿSi alguno muriere sin hijos, su hermano se casará con su esposa, y levantará descendencia a su hermano.
25 Hubo, pues, entre nosotros siete hermanos; y el primero se casó, y murió; y no teniendo descendencia, dejó su esposa a su hermano;
26 así también el segundo, y el tercero, hasta el séptimo.
27 Y después de todos murió también la mujer.
28 En la resurrección, pues, ¿de cuál de los siete será esposa, pues todos la tuvieron?
29 Entonces respondiendo Jesús, les dijo: Erráis, ᵃno conociendo las Escrituras, ni el poder de Dios.
30 Porque en la resurrección ni se casan, ni se dan en casamiento, sino que son ᵇcomo los ángeles de Dios en el cielo.
31 Pero en cuanto a la resurrección de los muertos, ¿no habéis leído lo que os fue dicho por Dios, cuando dijo:
32 Yo soy ᵈel Dios de Abraham, y el Dios de Isaac, y el Dios de Jacob? Dios no es Dios de muertos, sino de vivos.
33 Y oyéndolo la multitud, ᵉse maravillaban de su doctrina.
34 Y cuando los fariseos oyeron que había hecho callar a los saduceos, se juntaron a una.
35 Entonces uno de ellos, *que era* intérprete de la ley, preguntó por tentarle, diciendo:
36 Maestro, ¿cuál *es* el gran mandamiento en la ley?
37 Y Jesús le dijo: ⁱAmarás al Señor tu Dios con todo tu corazón, y con toda tu alma, y con toda tu mente.
38 Éste es el primero y grande mandamiento.
39 Y el segundo es semejante a éste: ˡAmarás a tu prójimo como a ti mismo.
40 De estos dos mandamientos pende toda la ley y los profetas.
41 Y juntándose los fariseos, Jesús les preguntó,
42 diciendo: ¿Qué pensáis del Cristo? ¿De quién es hijo? Le dicen: De David.
43 Él les dice: ¿Cómo entonces David en el Espíritu le llama Señor, diciendo:
44 Dijo el Señor a mi Señor: Siéntate a mi diestra, hasta que ponga a tus enemigos por estrado de tus pies?
45 Pues si David le llama Señor, ¿cómo es su hijo?
46 Y nadie le podía responder palabra; ni osó alguno desde aquel día preguntarle más.

CAPÍTULO 23

Entonces habló Jesús a ᵒla multitud y a sus discípulos,

2 diciendo: ᵃEn la cátedra de Moisés se sientan los escribas y los fariseos:

3 Así que, todo lo que os digan que guardéis, guardadlo y hacedlo, pero no hagáis conforme a sus obras, porque ellos dicen, y no hacen.

4 Porque atan ᶜcargas pesadas y difíciles de llevar, y las ponen en hombros de los hombres; pero ellos ni con su dedo las quieren mover.

5 Antes, hacen todas sus obras ᵈpara ser vistos por los hombres; porque ensanchan sus ᵉfilacterias, y extienden los ᶠflecos de sus mantos;

6 y aman los primeros asientos en las cenas, y las primeras sillas en las sinagogas,

7 y las salutaciones en las plazas, y ser llamados por los hombres: Rabí, Rabí.

8 Mas vosotros ʰno seáis llamados Rabí; porque ⁱuno es vuestro Maestro, *el* Cristo, y todos vosotros sois hermanos.

9 Y no llaméis vuestro padre a nadie en la tierra; porque uno es vuestro Padre, el que está en el cielo.

10 Ni seáis llamados maestros; porque uno es vuestro Maestro, *el* Cristo.

11 Y el que es mayor entre vosotros, sea vuestro siervo.

12 Porque ʲel que se enaltece será humillado, y el que se humilla será enaltecido.

13 Mas ¡ay de vosotros, escribas y fariseos, hipócritas! porque ˡcerráis el reino de los cielos delante de los hombres; porque ni entráis, ni a los que están entrando dejáis entrar.

14 ¡Ay de vosotros, escribas y fariseos, hipócritas! porque devoráis las casas de las viudas, y por pretexto, hacéis largas oraciones; por tanto llevaréis mayor condenación.

15 ¡Ay de vosotros, escribas y fariseos, hipócritas! porque recorréis mar y tierra para hacer un prosélito, y una vez hecho, lo hacéis dos veces más hijo del infierno que vosotros.

16 ¡Ay de vosotros, guías ciegos! que decís: Si alguno jura por el templo, no es nada; pero si alguno jura por el oro del templo, es deudor.

17 ¡Insensatos y ciegos! porque ¿cuál es mayor, el oro, o ᵒel templo que santifica al oro?

18 Y *decís*: Cualquiera que jura por el altar, no es nada; pero cualquiera que jura por la ofrenda que está sobre él, es deudor.

19 ¡Necios y ciegos! porque ¿cuál es mayor, la ofrenda, o ᵇel altar que santifica la ofrenda?

20 Pues el que jura por el altar, jura por él, y por todo lo que está sobre él;

21 y el que jura por el templo, jura por él, y por el que en él habita;

22 y el que jura por el cielo, jura por el trono de Dios, y por Aquél que está sentado sobre él.

23 ¡Ay de vosotros, escribas y fariseos, hipócritas! porque diezmáis la menta y el eneldo y el comino, y ᵍomitís lo más importante de la ley; la justicia, y la misericordia y la fe. Esto era necesario hacer, sin dejar de hacer lo otro.

24 ¡Guías ciegos, que coláis el mosquito, y tragáis el camello!

25 ¡Ay de vosotros, escribas y fariseos, hipócritas! porque limpiáis lo de fuera del vaso y del plato, pero por dentro estáis llenos de robo y de desenfreno.

26 ¡Fariseo ciego! Limpia primero lo de adentro del vaso y del plato, para que también lo de fuera sea limpio.

27 ¡Ay de vosotros, escribas y fariseos, hipócritas! porque sois semejantes a ᵏsepulcros blanqueados, que por fuera, a la verdad, se muestran hermosos, pero por dentro están llenos de huesos de muertos y de toda inmundicia.

28 Así también vosotros, por fuera a la verdad, os mostráis justos a los hombres; pero por dentro estáis llenos de hipocresía e iniquidad.

29 ¡Ay de vosotros, escribas y fariseos, hipócritas! porque edificáis los sepulcros de los profetas, y ᵐadornáis los monumentos de los justos.

30 y decís: Si hubiésemos *vivido* en los días de nuestros padres, no hubiéramos participado con ellos en la sangre de los profetas.

31 Así que dais testimonio contra vosotros mismos, de que ⁿsois hijos de aquellos que mataron a los profetas.

32 ¡Vosotros también colmad la medida de vuestros padres!

El tiempo del fin MATEO 24

33 ¡Serpientes, [a]generación de víboras! ¿Cómo escaparéis de la condenación del infierno?

34 Por tanto, he aquí [c]yo os envío profetas, y sabios, y escribas; y de ellos, a *unos* mataréis y crucificaréis; y [d]a *algunos* azotaréis en vuestras sinagogas, y perseguiréis de ciudad en ciudad;

35 [e]para que venga sobre vosotros toda la sangre justa que ha sido derramada sobre la tierra, desde [g]la sangre de Abel el justo, hasta [h]la sangre de Zacarías, hijo de Baraquías, al cual matasteis entre el templo y el altar.

36 De cierto os digo que todo esto vendrá sobre esta generación.

37 ¡Jerusalén, Jerusalén, que [j]matas a los profetas y apedreas a los que te son enviados! ¡Cuántas veces quise juntar tus hijos, como la gallina junta sus polluelos debajo de *sus* alas, y no quisiste!

38 He aquí vuestra casa os es dejada desierta.

39 Porque os digo que desde ahora no me veréis, hasta que digáis: Bendito el que viene en el nombre del Señor.

CAPÍTULO 24

Y *cuando* Jesús [l]salió del templo y se iba, vinieron sus discípulos para mostrarle los edificios del templo.

2 Y Jesús les dijo: ¿No veis todo esto? De cierto os digo: [m]No quedará piedra sobre piedra, que no sea derribada.

3 Y sentándose Él en el monte de los Olivos, los discípulos se le acercaron aparte, diciendo: Dinos, ¿cuándo serán estas cosas, y [n]qué señal *habrá* de tu venida, y del fin del mundo?

4 Respondiendo Jesús, les dijo: [p]Mirad que nadie os engañe.

5 Porque vendrán muchos en mi nombre, diciendo: Yo soy el Cristo; y a muchos engañarán.

6 Y oiréis de guerras, y rumores de guerras; mirad que no os turbéis, porque es menester que todo *esto* acontezca, pero aún no es el fin.

7 Porque se levantará [s]nación contra nación, y reino contra reino; y habrá hambres, y pestilencias, y terremotos en muchos lugares.

8 Y todo esto *será* principio de dolores.

9 Entonces [b]os entregarán para ser atribulados, y os matarán; y seréis aborrecidos de todas las naciones por causa de mi nombre.

10 Y entonces muchos se escandalizarán; y se entregarán unos a otros, y unos a otros se aborrecerán.

11 Y [f]muchos falsos profetas se levantarán, y engañarán a muchos,

12 y por haberse multiplicado la maldad, el amor de muchos se enfriará.

13 Mas el que perseverare hasta el fin, éste será salvo.

14 Y [i]será predicado este evangelio del reino en todo el mundo, para testimonio a todas las naciones; y entonces vendrá el fin.

15 Por tanto, cuando viereis la [k]abominación desoladora, que fue dicha por el profeta Daniel, que estará en el lugar santo (el que lee, entienda).

16 Entonces los que estén en Judea, huyan a los montes.

17 El que esté en la azotea, no descienda a tomar algo de su casa;

18 y el que esté en el campo, no vuelva atrás a tomar su ropa.

19 Y ¡Ay de las que estén encintas, y de las que amamanten en aquellos días!

20 Orad, pues, que vuestra huida no sea en invierno ni en sábado;

21 porque habrá entonces gran tribulación, cual no ha habido desde el principio del mundo hasta ahora, ni jamás habrá.

22 Y si aquellos días no fuesen acortados, ninguna carne sería salva; mas por causa de [o]los escogidos, aquellos días serán acortados.

23 Entonces si alguno os dijere: He aquí *está* el Cristo, o allí, no lo creáis.

24 Porque se levantarán falsos Cristos, y falsos profetas; y harán [q]grandes señales y prodigios, de tal manera que engañarán, si *fuese* posible, aun a los escogidos.

25 He aquí [r]os lo he dicho antes.

26 Así que, si os dijeren: He aquí, está en el desierto, no salgáis: He aquí, en las alcobas, no lo creáis.

27 Porque como el relámpago que sale del oriente y se muestra hasta

el occidente, así será también ᵃla venida del Hijo del Hombre.

28 Porque ᵇdondequiera que esté el cuerpo muerto, allí se juntarán también las águilas.

29 E inmediatamente después de la tribulación de aquellos días, ᶜel sol se oscurecerá, y la luna no dará su resplandor, y las estrellas caerán del cielo, y las potencias de los cielos serán conmovidas.

30 Y entonces aparecerá ᵉla señal del Hijo del Hombre en el cielo; entonces se lamentarán todas las tribus de la tierra, y verán al Hijo del Hombre viniendo en las nubes del cielo, con poder y gran gloria.

31 Y enviará a sus ángeles ᶠcon gran voz de trompeta, y juntarán a sus escogidos de los cuatro vientos, desde un extremo del cielo hasta el otro.

32 De la higuera aprended la parábola: Cuando ya su rama enternece, y las hojas brotan, sabéis que el verano *está* cerca.

33 Así también vosotros, cuando veáis todas estas cosas, sabed que está cerca, a las puertas.

34 De cierto os digo: ʰNo pasará esta generación, hasta que todo esto acontezca.

35 El cielo y la tierra pasarán, mas ⁱmis palabras no pasarán.

36 Pero ʲdel día y la hora, nadie sabe, ni los ángeles del cielo, sino sólo mi Padre.

37 Y ᵏcomo en los días de Noé, así también será la venida del Hijo del Hombre.

38 Porque como en los días antes del diluvio estaban comiendo y bebiendo, casándose y dándose en casamiento, hasta el día en que Noé entró en el arca,

39 y no entendieron hasta que vino el diluvio y se los llevó a todos; así también será la venida del Hijo del Hombre.

40 Entonces estarán dos en el campo; el uno será tomado, y el otro será dejado.

41 Dos *mujeres estarán* moliendo en un molino; la una será tomada, y la otra será dejada.

42 Velad, pues, ᵐporque no sabéis a qué hora ha de venir vuestro Señor.

43 Pero sabed esto, que si el padre de familia supiese en qué vela el ladrón habría de venir, velaría, y no dejaría minar su casa.

44 Por tanto, también vosotros estad apercibidos; porque el Hijo del Hombre vendrá a la hora que no pensáis.

45 ¿Quién es, pues, ᵈel siervo fiel y prudente, al cual su señor puso sobre su familia para que les dé el alimento a tiempo?

46 Bienaventurado aquel siervo al cual, cuando su señor venga, le halle haciendo así.

47 De cierto os digo que sobre todos sus bienes le pondrá.

48 Pero si aquel siervo malo dijere en su corazón: Mi señor tarda en venir;

49 y comenzare a golpear *a* sus compañeros, y aun a comer y a beber con los borrachos,

50 vendrá el señor de aquel siervo en el día que no lo espera, y a la hora que no sabe,

51 y le apartará, y pondrá su parte ᵍcon los hipócritas; allí será el lloro y el crujir de dientes.

CAPÍTULO 25

Entonces el reino de los cielos será semejante a diez vírgenes que tomando sus lámparas, salieron a recibir al esposo.

2 Y cinco de ellas eran prudentes, y cinco insensatas.

3 Las insensatas, tomaron sus lámparas, no tomando consigo aceite.

4 Mas las prudentes tomaron aceite en sus vasos, juntamente con sus lámparas.

5 Y tardándose el esposo, ˡcabecearon todas y se durmieron.

6 Y a la media noche fue oído un clamor: He aquí, viene el esposo; salid a recibirle.

7 Entonces todas aquellas vírgenes se levantaron, y aderezaron sus lámparas.

8 Y las insensatas dijeron a las prudentes: Dadnos de vuestro aceite; porque nuestras lámparas se apagan.

9 Mas las prudentes respondieron, diciendo: No; no sea que no haya

El juicio de las naciones

MATEO 25

suficiente para nosotras y vosotras, id más bien a los que venden, y comprad para vosotras.

10 Y entre tanto que ellas iban a comprar, vino el esposo; y las que estaban apercibidas entraron con él a las bodas; y ªse cerró la puerta.

11 Y después vinieron también las otras vírgenes, diciendo: ¡Señor, señor, ábrenos!

12 Pero él, respondiendo, dijo: De cierto os digo: ᵇNo os conozco.

13 Velad, pues, porque no sabéis el día ni la hora en que el Hijo del Hombre ha de venir.

14 Porque *el reino de los cielos* es como ᶜun hombre que yéndose lejos, llamó a sus siervos y les entregó sus bienes.

15 A uno dio cinco talentos, y a otro dos, y a otro uno, a cada uno ᶠconforme a su facultad; y luego partió lejos.

16 Y el que había recibido cinco talentos, fue y negoció con ellos, y ganó otros cinco talentos.

17 Asimismo el que *había recibido* dos, ganó también otros dos.

18 Mas el que había recibido uno fue y cavó en la tierra, y escondió el dinero de su señor.

19 Y después de mucho tiempo, vino el señor de aquellos siervos, y hizo cuentas con ellos.

20 Y el que había recibido cinco talentos, vino y trajo otros cinco talentos, diciendo: Señor, cinco talentos me entregaste; he aquí, he ganado sobre ellos otros cinco talentos.

21 Y su señor le dijo: Bien hecho, ᵏsiervo bueno y fiel, sobre poco has sido fiel, sobre mucho te pondré; entra en el gozo de tu señor.

22 Llegando también el que había recibido dos talentos, dijo: Señor, dos talentos me entregaste; he aquí, he ganado sobre ellos, otros dos talentos.

23 Su señor le dijo: Bien hecho, siervo bueno y fiel; sobre poco has sido fiel, sobre mucho te pondré, entra en el gozo de tu señor.

24 Entonces vino el que había recibido un talento, y dijo: Señor, te conocía que eres hombre duro, que ᵐsiegas donde no sembraste y recoges donde no esparciste;

25 y tuve miedo, y fui y escondí tu talento en la tierra; aquí tienes *lo que es* tuyo.

26 Respondiendo su señor, le dijo: Siervo malo y negligente, sabías que siego donde no sembré, y que recojo donde no esparcí.

27 Por tanto, debías haber dado mi dinero a los banqueros, y al venir yo, hubiera recibido lo mío con intereses.

28 Quitadle, pues, el talento, y dadlo al que tiene diez talentos.

29 Porque a todo el que tiene le será dado, y tendrá abundancia; pero al que no tiene, aun lo que tiene le será quitado.

30 Y al siervo inútil echadle en las tinieblas de afuera; allí será ᵈel lloro y el crujir de dientes.

31 ᵉCuando el Hijo del Hombre venga en su gloria, y todos ᵍlos santos ángeles con Él, entonces se sentará sobre el trono de su gloria;

32 y ʰserán reunidas delante de Él todas las naciones; y apartará los unos de los otros, como aparta el pastor las ovejas de los cabritos;

33 y pondrá las ovejas a su derecha, y los cabritos a la izquierda.

34 Entonces ⁱel Rey dirá a los de su derecha: Venid, benditos de mi Padre, heredad el reino preparado para vosotros desde la fundación del mundo.

35 Porque tuve hambre, y me disteis de comer; tuve sed, y me disteis de beber; fui extranjero, y me recogisteis;

36 *estuve* desnudo, y me cubristeis; enfermo, y ʲme visitasteis; en la cárcel, y vinisteis a mí.

37 Entonces los justos le responderán, diciendo: Señor, ¿cuándo te vimos hambriento, y te sustentamos, o sediento, y te dimos de beber?

38 ¿Y cuándo te vimos extranjero, y te recogimos, o desnudo, y te cubrimos?

39 ¿O cuándo te vimos enfermo o en la cárcel, y vinimos a ti?

40 Y respondiendo el Rey, les dirá: De cierto os digo: ˡEn cuanto lo hicisteis a uno de estos mis hermanos más pequeños, a mí lo hicisteis.

41 Entonces dirá también a los de la izquierda: Apartaos de mí, malditos,

---

a Gn 7:16
Lc 13:25

b cp 7:23

c Lc 19:12-27

d Lc 13:28

e cp 16:27
f Rm 12:6
1 Co 12:11
Ef 4:6
g Mr 8:38
Ap 14:10
h 2 Co 5:10
Ap 20:12

i ver 40
Ap 17:14
y 19:6

j Stg 1:27
k Lc 16:10

l cp 10:42
Mr 14:5
Jn 12:5
m Lc 19:20-21

al ªfuego eterno ᵇpreparado para el diablo y sus ángeles.

42 Porque tuve hambre, y no me disteis de comer; tuve sed, y no me disteis de beber;

43 fui extranjero, y no me recogisteis; *estuve* desnudo, y no me cubristeis; enfermo, y en la cárcel, y no me visitasteis.

44 Entonces también ellos le responderán, diciendo: Señor, ¿cuándo te vimos hambriento, o sediento, o extranjero, o desnudo, o enfermo, o en la cárcel, y no te servimos?

45 Entonces les responderá, diciendo: De cierto os digo, en cuanto no lo hicisteis a uno de estos más pequeños, tampoco a mí lo hicisteis.

46 E irán éstos ᵍal castigo eterno, y los justos a la vida eterna.

CAPÍTULO 26

Y aconteció que cuando Jesús hubo acabado todas estas palabras, dijo a sus discípulos:

2 Sabéis que dentro de dos días se celebra ʰla pascua; y el Hijo del Hombre ⁱserá entregado para ser crucificado.

3 Entonces los príncipes de los sacerdotes, y los escribas, y los ancianos del pueblo, se reunieron en el palacio del sumo sacerdote llamado Caifás,

4 y tuvieron ˡconsejo para prender con engaño a Jesús, y matarle.

5 Pero decían: No en el *día* de fiesta, para que no se haga alboroto en el pueblo.

6 Y estando Jesús en ⁿBetania, en casa de Simón el leproso,

7 vino a Él ᵒuna mujer, trayendo un frasco de alabastro de ungüento de mucho precio, y lo derramó sobre la cabeza de Él, estando Él sentado a la mesa.

8 Al ver esto sus discípulos, ᵖse indignaron, diciendo: ¿Por qué este desperdicio?

9 Porque este ungüento podía haberse vendido a ʳgran precio, y haberse dado a los pobres.

10 Y entendiéndolo Jesús, les dijo: ¿Por qué molestáis a esta mujer? pues buena obra me ha hecho.

a cp 18:8
Jud 7
b Rm 9:22
2 Pe 2:24
Jud 6
Ap 12:9
c Jn 19:40

d Lc 22:3-6
Jn 13:2,30

e Éx 21:32

f Éx 12:8
Lv 23:5
Nm 28:16
g Jn 5:29

h Lc 22:1
Jn 12:1
i Mr 9:31
Lc 9:44
Jn 18:2
j Dt 16:6
Mr 14:17
Lc 22:14
Jn 13:21
k Mr 14:17-21
Lc 22:14-16
Jn 12:21
l Sal 2:2
m Jn 13:18
n Mr 14:3
Jn 11:1 12:1
o Lc 7:38
Jn 12:3

p Jn 12:4

q Mr 14:22
Lc 22:19
y 24:30
1 Co 11:23
r Mr 14:5
Jn 12:5

11 Porque a los pobres siempre los tenéis con vosotros, pero a mí no siempre me tenéis.

12 Porque derramando este ungüento sobre mi cuerpo, ᶜpara mi sepultura lo ha hecho.

13 De cierto os digo: Dondequiera que se predique este evangelio, en todo el mundo, también lo que ésta ha hecho, será dicho para memoria de ella.

14 ᵈEntonces uno de los doce, llamado Judas Iscariote, fue a los príncipes de los sacerdotes,

15 y *les* dijo: ¿Qué me queréis dar, y yo os lo entregaré? Y convinieron con él por ᵉtreinta piezas de plata.

16 Y desde entonces buscaba oportunidad para entregarle.

17 Y ᶠel primer *día de la fiesta* de los panes sin levadura, vinieron los discípulos a Jesús, diciéndole: ¿Dónde quieres que preparemos para que comas la pascua?

18 Y Él dijo: Id a la ciudad, a cierto hombre, y decidle: El Maestro dice: Mi tiempo está cerca; en tu casa celebraré la pascua con mis discípulos.

19 Y los discípulos hicieron como Jesús les mandó, y ʲprepararon la pascua.

20 Y cuando llegó la noche, ᵏse sentó a la mesa con los doce.

21 Y comiendo ellos, dijo: De cierto os digo, que uno de vosotros me ha de entregar.

22 Y entristecidos en gran manera, comenzó cada uno de ellos a decirle: ¿Soy yo, Señor?

23 Entonces Él respondiendo, dijo: ᵐÉl que mete la mano conmigo en el plato, ése me ha de entregar.

24 A la verdad el Hijo del Hombre va, como está escrito de Él, mas ¡ay de aquel hombre por quien el Hijo del Hombre es entregado! Bueno le fuera a tal hombre no haber nacido.

25 Entonces Judas, el que *le* entregaba, respondió y dijo: ¿Soy yo, Maestro? *Él* le dijo: Tú lo has dicho.

26 Y mientras comían, Jesús ᑫtomó el pan, y *lo* bendijo, y *lo* partió y dio a sus discípulos, y dijo: Tomad, comed; esto es mi cuerpo.

27 Y tomando la copa, habiendo dado gracias, les dio, diciendo: Bebed de ella todos;

Jesús es arrestado en el Getsemaní

28 porque [a]esto es mi sangre del nuevo testamento, la cual es derramada por muchos para remisión de pecados.

29 Y os digo, que desde ahora no beberé más de este fruto de la vid, hasta aquel día cuando lo beba nuevo con vosotros en [b]el reino de mi Padre.

30 Y cuando hubieron cantado un himno, salieron al [c]monte de los Olivos.

31 Entonces Jesús les dijo: Todos vosotros os escandalizaréis de mí esta noche; porque está escrito: [d]Heriré al pastor, y las ovejas del rebaño serán dispersadas.

32 Pero después [e]que haya resucitado, iré delante de vosotros a Galilea.

33 Respondiendo Pedro, le dijo: [f]Aunque todos se escandalicen por causa de ti, yo nunca me escandalizaré.

34 Jesús le dijo: De cierto te digo que esta noche, antes que el gallo cante, me negarás tres veces.

35 Pedro le dice: Aunque me sea necesario morir contigo, no te negaré. Y todos los discípulos dijeron lo mismo.

36 Entonces llegó Jesús con ellos a un lugar que se llama Getsemaní, y dijo a sus discípulos: Sentaos aquí, entre tanto que voy allí y oro.

37 Y tomando a Pedro y a los dos hijos de Zebedeo, [i]comenzó a entristecerse y a angustiarse en gran manera.

38 Entonces *Él* les dijo: Mi alma está muy triste hasta la muerte; quedaos aquí, y velad conmigo.

39 Y yendo un poco más adelante, se postró sobre su rostro, y oró diciendo: Padre mío, si es posible, pase de mí esta copa, pero no sea mi voluntad, sino la tuya.

40 Y vino a sus discípulos y los halló durmiendo, y dijo a Pedro: ¿Así que no habéis podido velar conmigo una hora?

41 [k]Velad y orad, para que no entréis en tentación; el espíritu a la verdad *está* dispuesto, pero la carne *es* débil.

42 Otra vez fue, y oró por segunda vez, diciendo: Padre mío, si no puede pasar de mí esta copa sin que yo la beba, hágase tu voluntad.

43 Y vino, y otra vez los halló durmiendo, porque los ojos de ellos estaban cargados *de sueño*.

44 Y dejándolos, se fue de nuevo, y oró por tercera vez, diciendo las mismas palabras.

45 Entonces vino a sus discípulos y les dijo: Dormid ya, y descansad; he aquí ha llegado la hora, y el Hijo del Hombre es entregado en manos de pecadores.

46 Levantaos, vamos; he aquí, se acerca el que me entrega.

47 Y cuando Él aún hablaba, vino Judas, uno de los doce, y una gran multitud con él, con espadas y palos, de parte de los príncipes de los sacerdotes y de los ancianos del pueblo.

48 Y el que le entregaba les había dado señal, diciendo: Al que yo besare, ése es; prendedle.

49 Y luego se acercó a Jesús, y dijo: ¡Salve Maestro! Y [g]le besó.

50 Y Jesús le dijo: Amigo, ¿a qué vienes? Entonces vinieron y echaron mano a Jesús, y le prendieron.

51 Y he aquí, uno de los que estaban con Jesús, extendiendo *su* mano, sacó su espada, e hiriendo a un siervo del sumo sacerdote, le cortó su oreja.

52 Entonces Jesús le dijo: Vuelve tu espada a su lugar; porque [h]todos los que tomen espada, a espada perecerán.

53 O ¿piensas que no puedo ahora orar a mi Padre, y Él me daría más de doce legiones de ángeles?

54 ¿Pero cómo entonces [j]cumplirían las Escrituras, de que es necesario que así se haga?

55 En aquella hora, dijo Jesús a la multitud: ¿Como contra un ladrón habéis salido, con espadas y palos para prenderme? Cada día me sentaba con vosotros enseñando en el templo, y no me prendisteis.

56 Pero todo esto es hecho, para que se cumplan las Escrituras de los profetas. Entonces todos los discípulos, dejándole, huyeron.

57 Y los que prendieron a Jesús, le llevaron a Caifás el sumo sacerdote, donde los escribas y los ancianos estaban reunidos.

58 Mas [l]Pedro le seguía de lejos hasta el patio del sumo sacerdote; y

---

a Éx 24:8
b Lc 22:18
c Mr 14:26
  Lc 21:37
  Jn 18:1-4
d Zac 13:7
e Mr 9:9-10
  y 14:28
  Lc 18:33-34
f Mr 14:29
  Lc 22:33
  Jn 13:36
  y 21:15
g 2 Sm 3:27
  y 20:9-10
  Sal 28:3
  y 55:20-21
  Mr 14:44
h Ap 13:10
i Mr 14:33
  Lc 22:44
  Jn 12:27
j Is 53:7-10
  Lm 4:20
k Mr 13:33
  Lc 22:40
  1 Co 16:13
  Ef 6:18
  1 Pe 4:7; 5:8
  Ap 16:15
l Jn 18:15-25

MATEO 27

entrando, se sentó con los siervos, para ver el fin.

59 Y los príncipes de los sacerdotes y los ancianos y todo el concilio, buscaban falso testimonio contra Jesús, para entregarle a muerte,

60 pero no lo hallaron; aunque muchos [b]testigos falsos venían, *pero* no lo hallaron. Y a la postre vinieron dos testigos falsos,

61 que dijeron: Éste dijo: [c]Puedo derribar el templo de Dios, y en tres días reedificarlo.

62 Y levantándose el sumo sacerdote, le dijo: [d]¿No respondes nada? ¿Qué testifican éstos contra ti?

63 Mas Jesús callaba. Y el sumo sacerdote respondiendo, le dijo: Te conjuro por el Dios viviente, que nos digas si eres tú el Cristo, [f]el Hijo de Dios.

64 Jesús le dijo: Tú lo has dicho. Además os digo: Desde ahora veréis al Hijo del Hombre [g]sentado a la diestra de poder, y viniendo en las nubes del cielo.

65 Entonces el sumo sacerdote rasgó sus vestiduras, diciendo: ¡Ha blasfemado! ¿Qué más necesidad tenemos de testigos? He aquí, ahora habéis oído su blasfemia.

66 ¿Qué os parece? Y respondiendo ellos, dijeron: ¡Culpable es de muerte!

67 Entonces le escupieron en su rostro, y le dieron de puñetazos; y otros [j]le abofeteaban,

68 diciendo: Profetízanos, Cristo, ¿quién es el que te golpeó?

69 Y Pedro estaba sentado [l]fuera en el patio; y se le acercó una criada, diciendo: Tú también estabas con Jesús [m]el galileo.

70 Mas él negó delante de todos, diciendo: No sé lo que dices.

71 Y cuando salió al pórtico, le vio otra, y dijo a los que estaban allí: También éste estaba con Jesús el Nazareno.

72 Y negó otra vez con juramento: [o]No conozco al hombre.

73 Y un poco después llegaron unos que por allí estaban, y dijeron a Pedro: Verdaderamente también tú eres de ellos, porque tu habla te descubre.

Pedro niega a Jesús

74 Entonces comenzó a maldecir, y a jurar, *diciendo*: No conozco al hombre. Y en seguida cantó el gallo.

75 Y Pedro se acordó de las palabras de Jesús, que le dijo: [a]Antes que el gallo cante, me negarás tres veces. Y saliendo fuera, lloró amargamente.

CAPÍTULO 27

Y venida la mañana, todos los príncipes de los sacerdotes y los ancianos del pueblo tomaron consejo contra Jesús para entregarle a muerte.

2 [e]Y le llevaron atado, y le entregaron a Poncio Pilato, el gobernador.

3 Entonces Judas, el que le había entregado, viendo que era condenado, arrepentido, devolvió las treinta monedas de plata a los príncipes de los sacerdotes y a los ancianos,

4 diciendo: Yo he pecado entregando la sangre inocente. Pero ellos dijeron: ¿Qué a nosotros? Míralo tú.

5 Y arrojando las piezas de plata en el templo, [h]salió, y fue y se ahorcó.

6 Y los príncipes de los sacerdotes, tomando las piezas de plata, dijeron: No es lícito echarlas en el tesoro, porque es [i]precio de sangre.

7 Y tomando consejo, compraron con ellas el campo del alfarero, para sepultura de los extranjeros.

8 Por lo cual aquel campo fue llamado: Campo de Sangre, hasta el día de hoy.

9 Entonces se cumplió lo que fue dicho por [k]el profeta Jeremías, que dijo: Y tomaron las treinta piezas de plata, el precio del estimado, el cual fue apreciado por los hijos de Israel;

10 y las dieron por el campo del alfarero, como me ordenó el Señor.

11 Y Jesús estaba en pie delante del gobernador; y el gobernador le preguntó, diciendo: [n]¿Eres tú el Rey de los judíos? Y Jesús le dijo: Tú lo dices.

12 Y siendo acusado por los príncipes de los sacerdotes y por los ancianos, nada respondió.

13 Pilato entonces le dijo: ¿No oyes cuántas cosas testifican contra ti?

14 Y Él no le respondió ni una palabra; de tal manera que el gobernador se maravillaba mucho.

---

a ver 34
Lc 22:61

b Sal 27:12
y 35:11

c Mr 15:29
Jn 2:19
Hch 6:3

d Cp 27:12
Mr 14:60
Lc 23:9

e Lc 23:1
Jn 18:28

f Dn 3:25
Mr 14:61

y 15:39
Lc 22:70
Jn 1:34
y 20:31

g Sal 110:1
Hch 7:55
Heb 1:3
y 12:2

h Hch 1:18

i Dt 23:18

j Lm 3:30
k Zac 11:13
l Mr 14:66
Lc 22:55-62
Jn 18:6

m cp 2:32

n Mr 15:2
Lc 23:3
Jn 18:33

o Lc 22:34

Jesús es crucificado

15 Y en el día de la fiesta el gobernador ªacostumbraba soltar al pueblo a un preso, el que quisiesen.
16 Y tenían entonces un preso famoso llamado ᵇBarrabás.
17 Y reuniéndose ellos, Pilato les dijo: ¿A quién queréis que os suelte; a Barrabás, o a Jesús que es llamado el Cristo?
18 Porque sabía que ᶜpor envidia le habían entregado.
19 Y estando él sentado en el tribunal, su esposa envió a él, diciendo: No tengas nada que ver con ese justo; porque hoy he padecido muchas cosas en sueños por causa de Él.
20 Mas los príncipes de los sacerdotes y los ancianos persuadieron a la multitud que pidiese a Barrabás, y que dieran muerte a Jesús.
21 Y el gobernador respondiendo, les dijo: ¿A cuál de los dos queréis que os suelte? Y ellos dijeron: A Barrabás.
22 Pilato les dijo: ¿Qué, pues, haré con Jesús, que es llamado el Cristo? Todos le dijeron: ¡Sea crucificado!
23 Y el gobernador les dijo: Pues, ¿qué mal ha hecho? Pero ellos gritaban aún más, diciendo: ¡Sea crucificado!
24 Y viendo Pilato que nada adelantaba, antes se hacía más alboroto, tomó agua y se lavó las manos delante del pueblo, diciendo: Inocente soy yo de la sangre de este justo; vedlo vosotros.
25 Y respondiendo todo el pueblo dijo: ⁱSu sangre *sea* sobre nosotros, y sobre nuestros hijos.
26 Entonces les soltó a Barrabás; y habiendo azotado a Jesús, le entregó para ser crucificado.
27 Entonces los soldados del gobernador llevaron a Jesús al ᵏpretorio, y reunieron alrededor de Él a toda la cuadrilla;
28 y desnudándole, le pusieron encima un manto escarlata.
29 Y tejiendo una ᵐcorona de espinas, la pusieron sobre su cabeza; y una caña en su mano derecha, e hincada la rodilla delante de Él, le escarnecían, diciendo: ¡Salve, Rey de los judíos!
30 Y escupían en Él, y tomando la caña, le herían en la cabeza.

31 Y después que le hubieron escarnecido, le quitaron el manto, y poniéndole sus vestiduras, le llevaron para crucificarle.
32 Y saliendo, hallaron a un hombre de Cirene que se llamaba Simón; a éste obligaron a cargar su cruz.
33 Y cuando llegaron al lugar llamado Gólgota, que quiere decir, ᵈel lugar de la calavera,
34 ᵉle dieron a beber vinagre mezclado con hiel; y después de haberlo probado, no quiso beberlo.
35 Y cuando le hubieron crucificado, repartieron sus vestiduras, echando suertes; para que se cumpliese lo que fue dicho por el profeta: ᶠRepartieron entre sí mis vestiduras, y sobre mi ropa echaron suertes.
36 Y sentados le guardaban allí.
37 Y pusieron sobre su cabeza su causa escrita: ÉSTE ES JESÚS EL REY DE LOS JUDÍOS.
38 Entonces ᵍfueron crucificados con Él, dos ladrones, uno a la derecha, y otro a la izquierda.
39 Y los que pasaban le injuriaban, meneando sus cabezas,
40 y diciendo: ʰTú que derribas el templo, y en tres días lo reedificas, sálvate a ti mismo. Si eres el Hijo de Dios, desciende de la cruz.
41 De esta manera también los príncipes de los sacerdotes, escarneciéndole con los escribas y los ancianos, decían:
42 A otros salvó; a sí mismo no se puede salvar. Si es el Rey de Israel, descienda ahora de la cruz, y creeremos en Él.
43 Confió en Dios; ʲlíbrele ahora si le quiere, porque ha dicho: Yo soy el Hijo de Dios.
44 Los ladrones que estaban crucificados con Él, también le injuriaban.
45 Y ˡdesde la hora sexta hubo tinieblas sobre toda la tierra hasta la hora novena.
46 Y cerca de ⁿla hora novena, Jesús exclamó a gran voz, diciendo: Elí, Elí, ¿lama sabactani? Esto es: Dios mío, Dios mío, ¿por qué me has desamparado?
47 Y algunos de los que estaban allí, oyéndolo, decían: A Elías llama Éste.

48 Y al instante, corriendo uno de ellos, tomó una esponja, y la empapó de vinagre, y poniéndola ªen una caña, le dio a beber.

49 Y los otros decían: Deja, veamos si viene Elías a librarle.

50 Mas ᵇJesús, habiendo otra vez clamado a gran voz, entregó el espíritu.

51 Y he aquí, ᶜel velo del templo se rasgó en dos, de arriba abajo, y ᵈla tierra tembló, y las piedras se partieron:

52 Y los sepulcros fueron abiertos, y muchos cuerpos de los santos que habían dormido, se levantaron;

53 y saliendo de los sepulcros, después de su resurrección, vinieron a la santa ciudad y aparecieron a muchos.

54 Y el centurión y los que estaban con él guardando a Jesús, visto el terremoto, y las cosas que habían sido hechas, temieron en gran manera, y dijeron: Verdaderamente Éste era el Hijo de Dios.

55 Y muchas mujeres estaban allí mirando de lejos, las cuales habían seguido a Jesús desde Galilea, sirviéndole.

56 Entre las cuales estaban ᵍMaría Magdalena, y ʰMaría la madre de Jacobo y de José, y ⁱla madre de los hijos de Zebedeo.

57 Y cayendo la tarde, vino un hombre rico ᵏde Arimatea, llamado José, el cual también era discípulo de Jesús.

58 Éste fue a Pilato y pidió el cuerpo de Jesús. Entonces Pilato mandó que el cuerpo le fuese entregado.

59 Y tomando José el cuerpo, lo envolvió en una sábana limpia,

60 y ᵐlo puso en su sepulcro nuevo, que él había labrado en la roca; y rodó una gran piedra a la puerta del sepulcro, y se fue.

61 Y estaban allí María Magdalena, y la otra María, sentadas delante del sepulcro.

62 Y el día siguiente, después del día de la preparación, se reunieron los príncipes de los sacerdotes y los fariseos ante Pilato,

63 diciendo: Señor, nos acordamos que aquel engañador, viviendo aún, dijo: Después de tres días resucitaré.

64 Manda, pues, que se asegure el sepulcro hasta el tercer día; no sea que vengan sus discípulos de noche, y le hurten, y digan al pueblo: Resucitó de los muertos. Y será el postrer error peor que el primero.

65 Y Pilato les dijo: Tenéis una guardia, id y aseguradlo como sabéis.

66 Entonces ellos fueron y aseguraron el sepulcro, sellando la piedra, y poniendo guardia.

CAPÍTULO 28

Pasado el sábado, al amanecer del primer *día* de la semana, vinieron María Magdalena y la otra María a ver el sepulcro.

2 Y he aquí, fue hecho un gran terremoto; porque el ángel del Señor descendió del cielo y llegando, removió la piedra de la puerta, y se sentó sobre ella.

3 Y su aspecto era como relámpago, y su vestidura blanca como la nieve.

4 Y de miedo de él, ᵉlos guardias temblaron y se quedaron ᶠcomo muertos.

5 Y respondiendo el ángel, dijo a las mujeres: No temáis vosotras; porque yo sé que buscáis a Jesús, el que fue crucificado.

6 No está aquí, pues ʲha resucitado, como dijo. Venid, ved el lugar donde fue puesto el Señor.

7 E id pronto y decid a sus discípulos que ha resucitado de los muertos, y he aquí va delante de vosotros a Galilea; allí le veréis, he aquí, os lo he dicho.

8 Y ellas, saliendo aprisa del sepulcro, ˡcon temor y gran gozo, fueron corriendo a dar las nuevas a sus discípulos.

9 Y mientras iban a dar las nuevas a sus discípulos, he aquí, Jesús les sale al encuentro, diciendo: ¡Salve! Y ellas, acercándose, abrazaron sus pies, y ⁿle adoraron.

10 Entonces Jesús les dijo: No temáis; id, dad las nuevas a mis hermanos para que vayan a Galilea, y allí me verán.

11 Y yendo ellas, he aquí unos de la guardia vinieron a la ciudad, y dieron aviso a los príncipes de los sacerdotes

La gran comisión

de todas las cosas que habían acontecido.

12 Y reuniéndose con los ancianos, y habido consejo, dieron mucho dinero a los soldados,

13 diciendo: Decid: Sus discípulos vinieron de noche, mientras dormíamos, y lo hurtaron.

14 Y si esto llegare a oídos del gobernador, nosotros le persuadiremos, y os haremos seguros.

15 Y ellos tomando el dinero, hicieron como fueron instruidos; y este dicho ha sido divulgado entre los judíos hasta el día de hoy.

16 Entonces los once discípulos se fueron a Galilea, al monte donde Jesús les había ordenado.

17 Y cuando le vieron, le adoraron, mas unos dudaban.

18 Y Jesús vino y les habló, diciendo: aToda potestad me es dada en el cielo y en la tierra.

19 Por tanto, id, y benseñad a todas las naciones, bautizándoles en el nombre del Padre, y del Hijo, y del Espíritu Santo;

20 enseñándoles que guarden todas las cosas que os he mandado; y he aquí yo estoy con vosotros todos los días, hasta el fin del mundo. Amén.

a Rm 14:9
1 Co 15:27
Fil 2:9-11
b Is 52:10
Lc 24:47
Hch 2:39

El Santo Evangelio según
MARCOS

CAPÍTULO 1

Principio bdel evangelio de Jesucristo, el Hijo de Dios.

2 Como está escrito en dlos profetas: He aquí yo envío mi mensajero delante de tu faz, El cual epreparará tu camino delante de ti.

3 Voz del que clama en el desierto: Preparad el camino del Señor; Enderezad sus sendas.

4 Bautizaba Juan en el desierto, y predicaba el bautismo de arrepentimiento para remisión de pecados.

5 Y salía a él toda la provincia de Judea, y los de Jerusalén, y eran todos bautizados por él en el río Jordán, confesando sus pecados.

6 Y Juan estaba vestido de pelo de camello, y portaba un cinto de cuero alrededor de sus lomos; y comía langostas y miel silvestre.

7 Y predicaba, diciendo: Viene tras mí uno que es más poderoso que yo, a quien kno soy digno de desatar encorvado la correa de su calzado.

8 Yo a la verdad os he bautizado en agua; pero lÉl os bautizará con el Espíritu Santo.

9 Y aconteció en aquellos días, que Jesús vino de Nazaret de Galilea, y nfue bautizado por Juan en el Jordán.

10 Y luego, subiendo del agua, vio abrirse los cielos, yoal Espíritu como paloma que descendía sobre Él.

a cp 9:7
Mt 17:5
Lc 9:35
Jn 12:28
2 Pe 1:17
b Rm 1:16
c Mt 4:1
Lc 4:1
d Mal 3:1
Lc 1:70
y 18:31
e Is 40:3
f Heb 2:7
y 4:15
g Mt 4:12
h Rm 1:16
i Mt 3:16-18
j Ez 47:10
Mt 4:19
Lc 5:10
Hch 2:38-41
k Mt 3:11
Lc 3:16
Jn 1:27
Hch 13:25
l Lc 3:16
m Mt 4:21
Mr 10:35
Hch 1:13
Mt 3:15
Lc 3:21
o Mt 3:16
Jn 1:31

11 Y vino auna voz del cielo que decía: Tú eres mi Hijo amado, en ti tengo contentamiento.

12 Y enseguida cel Espíritu le impulsó al desierto.

13 Y estuvo allí en el desierto cuarenta días, siendo ftentado por Satanás; y estaba con las fieras; y los ángeles le servían.

14 Mas gdespués que Juan fue encarcelado, Jesús vino a Galilea predicando hel evangelio del reino de Dios,

15 y diciendo: El tiempo se ha cumplido, y el reino de Dios se ha acercado: Arrepentíos, y creed el evangelio.

16 Y caminando junto al mar de Galilea, vio a iSimón y a Andrés su hermano, que echaban la red en el mar, porque eran pescadores.

17 Y Jesús les dijo: Venid en pos de mí, y haré que seáis jpescadores de hombres.

18 Y dejando al instante sus redes, le siguieron.

19 Y pasando de allí un poco más adelante, vio ma Jacobo, *hijo* de Zebedeo, y a Juan su hermano, que estaban también en la barca remendando sus redes.

20 Y al instante los llamó; y dejando a su padre Zebedeo en la barca con los jornaleros, fueron en pos de Él.

MARCOS 2

21 Y entraron en Capernaúm; y luego en el día sábado, entrando en la sinagoga, enseñaba.

22 Y [b]se admiraban de su doctrina; porque les enseñaba como quien tiene autoridad, y no como los escribas.

23 Y había en la sinagoga de ellos un hombre con un espíritu inmundo, el cual dio voces,

24 diciendo: ¡Déjanos! ¿Qué tenemos que ver contigo, Jesús nazareno? ¿Has venido para destruirnos? Sé quién eres, el Santo de Dios.

25 Y Jesús le reprendió, diciendo: ¡Enmudece, y sal de él!

26 Y el espíritu inmundo, sacudiéndole con violencia, y clamando a gran voz, salió de él.

27 Y todos estaban maravillados, de tal manera que se preguntaban entre sí, diciendo: ¿Qué es esto? ¿Qué nueva doctrina *es* ésta, que con autoridad manda aun a [e]los espíritus inmundos, y le obedecen?

28 Y pronto [f]corrió su fama por toda la región alrededor de Galilea.

29 Y en seguida, saliendo de la sinagoga, vinieron [g]a casa de Simón y Andrés, con Jacobo y Juan.

30 Y la suegra de Simón estaba acostada con fiebre, y le dijeron luego de ella.

31 Entonces vino Él, y tomándola de la mano la levantó; y al instante le dejó la fiebre, y [i]ella les servía.

32 Y caída la tarde, cuando el sol se puso, le trajeron a [k]todos los enfermos, y a los endemoniados;

33 y toda la ciudad se agolpó a la puerta.

34 Y [m]sanó a muchos que estaban enfermos de diversas enfermedades, y echó fuera muchos demonios; y no dejaba hablar a los demonios, porque le conocían.

35 Y [o]levantándose muy de mañana, mucho antes del amanecer, salió y se fue a [p]un lugar desierto, y allí oraba.

36 Y Simón y los que estaban con él salieron a buscarle;

37 y hallándole, le dijeron: Todos te buscan.

38 Y Él les dijo: Vamos a las ciudades vecinas, para que predique también allí, porque [q]para esto he venido.

a Mt 4:23

b Mt 7:28
Lc 4:32
Jn 7:46

c Mt 8:2-4
Lc 5:12-14

d Lv 14:2-32

e Lc 4:36

f Mt 4:24
Lc 4:37

g Mt 8:14
Lc 4:38

h Rm 10:8
2 Tim 4:12

i Mt 15:41
Lc 8:3
j Mt 9:2-8
Lc 5:18-26
k Mt 8:16
l Lc 5:19
m Mt 4:23
n Mt 9:2

o Lc 4:42

p Mt 14:28

q Is 61:1

Un paralítico traído por cuatro

39 Y predicaba en [a]las sinagogas de ellos por toda Galilea, y echaba fuera los demonios.

40 Y vino a Él [c]un leproso, rogándole; y arrodillándose ante Él, le dijo: Si quieres, puedes limpiarme.

41 Y Jesús, teniendo compasión *de* él, extendió *su* mano y le tocó, y le dijo: Quiero, sé limpio.

42 Y así que hubo Él hablado, al instante la lepra se fue de aquél, y quedó limpio.

43 Entonces le apercibió rigurosamente, despidiéndole luego,

44 y le dijo: Mira, no digas a nadie nada, sino ve, muéstrate al sacerdote, y ofrece por tu limpieza [d]lo que Moisés mandó, para testimonio a ellos.

45 Pero él, en cuanto salió, comenzó a publicarlo mucho, y a divulgar el hecho, de manera que Jesús ya no podía entrar abiertamente a la ciudad, sino que se estaba fuera en los lugares desiertos; y venían a Él de todas partes.

CAPÍTULO 2

Y después de *algunos* días entró otra vez en Capernaúm, y se oyó que estaba en casa.

2 E inmediatamente se juntaron muchos, tanto que ya no había lugar, ni aun a la puerta; y [h]les predicaba la palabra.

3 [j]Entonces vinieron a Él unos trayendo un paralítico, que era cargado por cuatro.

4 Y no pudiendo llegar a Él por causa del gentío, [l]descubrieron el techo de donde estaba, y haciendo una abertura, bajaron el lecho en que yacía el paralítico.

5 Y al ver Jesús la fe de ellos, dijo al paralítico: Hijo, [n]tus pecados te son perdonados.

6 Y estaban sentados allí unos de los escribas, los cuales pensaban en sus corazones:

7 ¿Por qué habla Éste así? Blasfemias dice. ¿Quién puede perdonar pecados, sino sólo Dios?

8 Y al instante Jesús, conociendo en su espíritu que pensaban de esta manera dentro de sí mismos, les dijo: ¿Por qué pensáis estas cosas en vuestros corazones?

Ordenación de las doce   **MARCOS 3**

9 ¿Qué es más fácil, decir al paralítico: *Tus* pecados te son perdonados, o decirle: Levántate, ªtoma tu lecho y anda?

10 Pues para que sepáis que el Hijo del Hombre ᶜtiene potestad en la tierra de perdonar pecados (dijo al paralítico):

11 A ti te digo: Levántate, toma tu lecho, y vete a tu casa.

12 Y al instante él se levantó, y tomando su lecho, salió delante de todos; de manera que todos estaban asombrados, y glorificaban a Dios, diciendo: ᵉ¡Nunca tal hemos visto!

13 Y volvió a irse al mar; y toda la multitud venía a Él, y les enseñaba.

14 Y pasando, vio a ᵍLeví *hijo* de Alfeo, sentado al banco de los tributos públicos, y le dijo: Sígueme. Y levantándose, le siguió.

15 Y aconteció que estando Jesús a la mesa en su casa, muchos publicanos y pecadores estaban también a la mesa con Jesús y sus discípulos; porque eran muchos, y le seguían.

16 Y los escribas y los fariseos, viéndole comer con los publicanos y los pecadores, dijeron a sus discípulos: ¿Qué es esto, que ʲÉl come y bebe con publicanos y pecadores?

17 Y oyéndolo Jesús, les dijo: ᵏLos sanos no tienen necesidad de médico, sino los enfermos: No he venido a llamar a justos, sino a pecadores al arrepentimiento.

18 Y los discípulos de Juan y los de los fariseos ayunaban; y vinieron, y le dijeron: ˡ¿Por qué los discípulos de Juan, y los de los fariseos ayunan, y tus discípulos no ayunan?

19 Y Jesús les dijo: ¿Pueden ayunar los que están de bodas, mientras ᵐel esposo está con ellos? Entre tanto que tienen consigo al esposo, no pueden ayunar.

20 Pero vendrán días cuando el esposo les será quitado, y entonces en aquellos días ayunarán.

21 Nadie cose remiendo de paño nuevo en vestido viejo, de otra manera el remiendo nuevo tira de lo viejo, y se hace peor la rotura.

22 Y nadie echa ᑫvino nuevo en odres viejos; de otra manera el vino nuevo rompe los odres, y se derrama el vino, y los odres se pierden; mas el vino nuevo en odres nuevos se ha de echar.

23 Y aconteció que ᵇpasando Él por los sembrados en sábado, sus discípulos, andando, comenzaron a arrancar espigas.

24 Entonces los fariseos le dijeron: Mira, ¿por qué hacen en sábado lo que no es lícito?

25 Y Él les dijo: ᵈ¿No habéis leído qué hizo David cuando tuvo necesidad y sintió hambre, él y los que con él estaban;

26 cómo entró en la casa de Dios, en los días de ᶠAbiatar el sumo sacerdote, y comió los panes de la proposición, de los cuales no es lícito comer sino a los sacerdotes, y dio aun a los que con él estaban?

27 También les dijo: ʰEl sábado fue hecho por causa del hombre, y no el hombre por causa del sábado.

28 Así que el Hijo del Hombre es Señor aun del sábado.

CAPÍTULO 3

Y ⁱotra vez entró en la sinagoga; y había allí un hombre que tenía seca una mano.

2 Y le acechaban, si en sábado le sanaría, para poder acusarle.

3 Entonces dijo al hombre que tenía seca la mano: Levántate y ponte en medio.

4 Y les dijo: ¿Es lícito hacer bien en sábado, o hacer mal; salvar la vida, o quitarla? Pero ellos callaban.

5 Entonces mirándolos alrededor con enojo, entristecido por la dureza de sus corazones, dijo al hombre: Extiende tu mano. Y él la extendió, y su mano le fue restaurada sana como la otra.

6 Y saliendo los fariseos, en seguida tomaron consejo con ⁿlos herodianos contra Él, de cómo le matarían.

7 Mas Jesús se retiró al mar con sus discípulos, y le siguió una gran multitud de Galilea, y de Judea,

8 y de Jerusalén, y de ᵒIdumea, y del otro lado del Jordán, y los de alrededor de ᵖTiro y de Sidón, una gran multitud, que oyendo cuán grandes cosas hacía, vinieron a Él.

9 Y dijo a sus discípulos que le tuviesen siempre apercibida una

---

Referencias:
a Jn 5:8-10
b Mt 12:1-8
  Lc 6:1-5
c Mt 9:10
  Lc 5:24
d 1 Sm 21:1-6
  Mt 12:16
e Mt 9:33
f 1 Cr 24:6
  2 Sm 8:17
g Mt 9:9
  Lc 15:27
h Éx 23:12
  Dt 5:14
i Mt 12:9-14
  Lc 6:6-11
j Lc 15:2
k Mt 9:12-13
  Lc 5:31-32
  y 15:7
l Mt 9:14-17
  Lc 5:33-39
m Is 54:5
  y 62:5
  Jn 3:29
n Mt 22:16
o Is 34:6-6
p Mt 15:21
q Mt 9:17
  Lc 5:37

10 Porque había sanado a muchos, de manera que ªpor tocarle, caían sobre Él todos los que tenían plagas.

11 Y los espíritus inmundos, al verle, se postraban delante de Él, y daban voces, diciendo: Tú eres el Hijo de Dios.

12 Mas Él les reprendía mucho que no le diesen a conocer.

13 Y cuando subió al monte, ᵈllamó *a sí* a los que Él quiso, y vinieron a Él.

14 Y ᵉordenó a doce, para que estuviesen con Él, y para enviarlos a predicar.

15 Y que tuviesen poder para sanar enfermedades y para echar fuera demonios:

16 A ᶠSimón, a quien puso por sobrenombre Pedro;

17 a Jacobo, *hijo* de Zebedeo, a Juan hermano de Jacobo, a quienes puso por sobrenombre Boanerges, que es, Hijos del trueno;

18 a Andrés, a Felipe, a Bartolomé, a Mateo, a Tomás, a Jacobo, *hijo* de Alfeo, a Tadeo, a Simón el cananita,

19 y a ᵍJudas Iscariote, el que le entregó. Y vinieron a casa.

20 Y otra vez se agolpó la multitud, de manera que ellos ni aun podían comer pan.

21 Y cuando *lo* oyeron los suyos, vinieron para prenderle; porque decían: Está fuera de sí.

22 Y los escribas que habían venido de Jerusalén ⁱdecían que tenía a Belcebú, y que por el príncipe de los demonios echaba fuera los demonios.

23 Y llamándoles, les dijo en parábolas: ¿Cómo puede Satanás, echar fuera a Satanás?

24 Y si un reino está dividido contra sí mismo, tal reino no puede permanecer.

25 Y si una casa está dividida contra sí misma, tal casa no puede permanecer.

26 Y si Satanás se levanta contra sí mismo, y se divide, no puede permanecer, antes ha llegado su fin.

27 Nadie puede entrar en la casa ᵏdel hombre fuerte y saquear sus bienes, si primero no ata al hombre fuerte, y entonces podrá saquear su casa.

barca, por causa de la multitud, para que no le oprimiesen.

a cp 5:27-28
Mt 14:26
b Lc 12:10

c Mt 12:46
Lc 8:19,21
d Mt 10:1
Lc 6:12-13
e Lc 9:1-6

f Mr 1:16
y 16:16-18
Jn 1:42
Hch 1:13
1 Co 1:12
3:22 y 9:5
Gá 2:7
2 Pe 1:1

g Mt 26:4-16
y 27:3-5
Jn 6:64-71
12:4-6
y 13-26-30
Hch 1:16
h Mt 13:1-15
Lc 8:4-10

i Sal 22:6
Mt 9:36
10:25 y 12:24
Lc 11:15
Jn 7:20
8:48,52
j Mt 13:3-26
Mr 4:3-20
Lc 8:5-8

k Mt 12:29
Lc 11:21-23

La madre y los hermanos de Jesús

28 De cierto os digo que todos los pecados serán perdonados a los hijos de los hombres, y las blasfemias cualesquiera con que blasfemaren;

29 pero ᵇcualquiera que blasfemare contra el Espíritu Santo, no tiene jamás perdón, sino que está en peligro de condenación eterna.

30 Porque decían: Tiene espíritu inmundo.

31 Entonces vienen ᶜsus hermanos y su madre, y estando afuera, envían a Él, llamándole.

32 Y la multitud estaba sentada alrededor de Él, y le dijeron: He aquí, tu madre y tus hermanos están afuera, y te buscan.

33 Y Él les respondió diciendo: ¿Quién es mi madre, o mis hermanos?

34 Y mirando alrededor a los que estaban sentados en derredor de Él, dijo: He aquí mi madre y mis hermanos.

35 Porque todo aquel que hiciere la voluntad de Dios, ése es mi hermano, y mi hermana, y mi madre.

CAPÍTULO 4

Y ʰotra vez comenzó a enseñar junto al mar, y una gran multitud se reunió alrededor de Él; tanto que entró en una barca, y se sentó *en ella* en el mar, y toda la multitud estaba en tierra junto al mar.

2 Y les enseñaba por parábolas muchas cosas, y les decía en su doctrina:

3 Oíd: He aquí, ʲel sembrador salió a sembrar;

4 y aconteció que al sembrar, una parte cayó junto al camino; y vinieron las aves del cielo y la devoraron.

5 Y otra parte cayó en pedregales, donde no tenía mucha tierra; y enseguida brotó, porque no tenía profundidad de tierra;

6 pero cuando salió el sol, se quemó; y porque no tenía raíz, se secó.

7 Y otra parte cayó entre espinos; y crecieron los espinos y la ahogaron, y no dio fruto.

8 Pero otra parte cayó en buena tierra, y dio fruto que brotó y creció; y produjo, una a treinta, otra a sesenta, y otra a ciento *por uno*.

La tempestad en el mar

9 Y les dijo: El que tiene oídos para oír, oiga.

10 Y cuando estuvo solo, los que estaban cerca de Él con los doce le preguntaron sobre la parábola.

11 Y les dijo: A vosotros es dado el saber los misterios del reino de Dios; mas a ªlos que están fuera, todo es hecho por parábolas;

12 ᵇpara que viendo, vean y no perciban; y oyendo, oigan y no entiendan; para que no se conviertan y les sean perdonados *sus* pecados.

13 Y les dijo: ¿No entendéis esta parábola? ¿Cómo, pues, entenderéis todas las parábolas?

14 El sembrador *es el que* siembra la palabra.

15 Y éstos son los de junto al camino; en quienes se siembra la palabra, pero después que la oyen, en seguida viene Satanás y quita la palabra que fue sembrada en sus corazones.

16 Y de igual modo, éstos son los que son sembrados en pedregales; quienes habiendo oído la palabra, al momento la reciben con gozo;

17 pero no tienen raíz en sí, sino que duran poco tiempo; después, cuando viene la aflicción o la persecución por causa de la palabra, enseguida se escandalizan.

18 Y éstos son los que fueron sembrados entre espinos; los que oyen la palabra,

19 pero los afanes de este mundo, y el engaño de las riquezas, y las codicias de otras cosas, entran y ahogan la palabra, y se hace infructuosa.

20 Y éstos son los que fueron sembrados en buena tierra; los que oyen la palabra y la reciben, y llevan fruto, uno a treinta, otro a sesenta, y otro a ciento por uno.

21 Y les dijo: ¿Se trae el candil para ponerse debajo del almud, o debajo de la cama? ¿No es para ponerse en el candelero?

22 Porque ⁿnada hay oculto que no haya de ser manifestado; ni secreto, que no haya de ser descubierto.

23 Si alguno tiene oídos para oír, oiga.

24 Y les dijo: Mirad lo que oís; porque ᵒcon la medida que medís, se os medirá, y a vosotros los que oís, más os será añadido.

25 Porque al que tiene, se le dará; y al que no tiene, aun lo que tiene le será quitado.

26 Y dijo: Así es el reino de Dios, como cuando un hombre echa semilla en la tierra;

27 y duerme y se levanta, de noche y de día, y la semilla brota y crece sin saber él cómo.

28 Porque de suyo fructifica la tierra, primero hierba, luego espiga, después grano lleno en la espiga.

29 Y cuando ha dado el fruto, en seguida ᶜse mete la hoz, porque la siega es llegada.

30 Y dijo: ᵈ¿A qué haremos semejante el reino de Dios, o con qué parábola le compararemos?

31 ᵉ*Es* como el grano de mostaza, que cuando se siembra en tierra, es la más pequeña de todas las semillas que hay en la tierra;

32 pero después de sembrado, crece, y se hace ᶠla más grande de todas las hortalizas, y echa grandes ramas, de manera que las aves del cielo pueden anidar bajo su sombra.

33 Y con muchas parábolas semejantes les hablaba la palabra, ᵍconforme ellos podían oír.

34 Y sin parábola no les hablaba, mas a sus discípulos ʰen privado les aclaraba todas las cosas.

35 Y aquel día, ⁱcuando cayó la tarde, les dijo: Pasemos al otro lado.

36 Y ʲdespidiendo a la multitud, le recibieron como estaba en la barca; y había también con Él otras barcas.

37 Y se levantó ᵏuna gran tempestad de viento, y las olas azotaban la barca, de manera que ya se anegaba.

38 Y Él estaba en la popa, durmiendo sobre un cabezal, y despertándole, le dijeron: Maestro, ¿no tienes cuidado que perecemos?

39 Y levantándose, ᵐreprendió al viento, y dijo al mar: Calla, enmudece. Y cesó el viento. Y se hizo grande bonanza.

40 Y les dijo: ¿Por qué estáis así amedrentados? ¿Cómo es que no tenéis fe?

41 Y temieron en gran manera, y se decían el uno al otro: ᵖ¿Qué clase de hombre es Éste, que aun el viento y el mar le obedecen?

El endemoniado gadareno

CAPÍTULO 5

Y vinieron al otro lado del mar, a la provincia de ªlos gadarenos.

2 Y saliendo Él de la barca, en seguida le salió al encuentro, de los sepulcros, ᵇun hombre con un espíritu inmundo.

3 que tenía ᵈsu morada entre los sepulcros, y nadie podía atarle, ni aun con cadenas.

4 Porque muchas veces había sido atado con grillos y cadenas, mas las cadenas habían sido hechas pedazos por él, y desmenuzados los grillos, y nadie le podía domar.

5 Y siempre, de día y de noche, andaba en los montes y en los sepulcros, dando voces e hiriéndose con piedras.

6 Y cuando vio a Jesús de lejos, corrió y le adoró.

7 Y clamando a gran voz, dijo: ¿Qué tengo contigo, Jesús, Hijo del Dios Altísimo? Te conjuro por Dios que no me atormentes.

8 Porque le decía: Sal de este hombre, espíritu inmundo.

9 Y le preguntó: ¿Cómo te llamas? Y respondió diciendo: ʲLegión me llamo; porque somos muchos.

10 Y le rogaba mucho que no los enviase fuera de aquella provincia.

11 Y estaba allí cerca del monte un hato grande de puercos paciendo.

12 Y le rogaron todos los demonios, diciendo: Envíanos a los puercos para que entremos en ellos.

13 Y luego Jesús se lo permitió. Y saliendo aquellos espíritus inmundos, entraron en los puercos (los cuales eran como dos mil); y el hato se precipitó al mar por un despeñadero; y en el mar se ahogaron.

14 Y los que apacentaban los puercos huyeron, y dieron aviso en la ciudad y en los campos. Y salieron para ver qué era aquello que había acontecido.

15 Y vinieron a Jesús, y vieron al que había sido poseído del demonio y había tenido la legión, sentado, vestido y en su juicio cabal; y tuvieron miedo.

16 Y los que lo habían visto les contaron cómo le había acontecido al que había tenido el demonio, y lo de los puercos.

17 Y comenzaron a rogarle que se fuera de sus contornos.

18 Y entrando Él en la barca, el que había estado poseído del demonio le rogaba que le dejase estar con Él.

19 Mas Jesús no se lo permitió, sino que le dijo: Vete a tu casa, a los tuyos, y ᶜcuéntales cuán grandes cosas el Señor ha hecho contigo, y *cómo* ha tenido misericordia de ti.

20 Y yéndose, comenzó a publicar en ᵉDecápolis cuán grandes cosas Jesús había hecho con él; y todos se maravillaban.

21 Y cuando ᶠJesús pasó otra vez en una barca al otro lado; una gran multitud se reunió alrededor de Él; y Él estaba junto al mar.

22 Y he aquí, vino ᵍuno de los príncipes de la sinagoga llamado Jairo, y luego que le vio, se postró a sus pies,

23 y le rogaba mucho, diciendo: Mi hija está a punto de morir; ven y ʰpon tus manos sobre ella para que sea sana, y vivirá.

24 Y *Jesús* fue con él, y mucha gente le seguía, y le apretaban.

25 Y ⁱuna mujer que padecía flujo de sangre por ya doce años,

26 y había sufrido mucho de muchos médicos, y había gastado todo lo que tenía, y no había mejorado, antes le iba peor,

27 cuando oyó hablar de Jesús, vino por detrás entre la multitud y tocó su manto.

28 Porque decía: Si tan sólo tocare su manto, seré sana.

29 Y al instante la fuente de su sangre se secó, y sintió en *su* cuerpo que estaba sana de aquel azote.

30 Y enseguida Jesús, sabiendo en sí mismo el poder que había salido de Él, volviéndose a la multitud, dijo: ᵏ¿Quién ha tocado mi manto?

31 Y le dijeron sus discípulos: Ves que la multitud te aprieta, y dices: ¿Quién me ha tocado?

32 Pero Él miraba alrededor para ver a la que había hecho esto.

33 Entonces la mujer, temiendo y temblando, sabiendo lo que en ella había sido hecho, vino y se postró delante de Él, y le dijo toda la verdad.

34 Y Él le dijo: Hija, tu fe te ha salvado; ve en paz, y queda sana de tu azote.

---

a Lc 8:22-37
b Mr 1:23
y 7:25
Lc 9:42
c Sal 9:1
Dn 4:2-3
y 6:25-27
Jn 4:29
d Is 65:4
Lc 8:27
e Mt 4:25
Lc 8:39
f Mt 9:18.26
Lc 8:40
g Mt 9:24
Lc 8:53
y 23:35
h 2 Re 5:11
cp 6:5-13
y 16:18
Mt 8:3
Lc 4:40
y 13:13
Hch 28:8
Stg 5:14-15
i Lv 15:25-33
Mt 9:20-22
Lc 8:43
j Lc 8:8-30
k Mt 13:54

Los envía de dos en dos — **MARCOS 6**

35 Mientras Él aún hablaba, vinieron *unos de la casa* del príncipe de la sinagoga, diciendo: Tu hija ha muerto; ¿para qué molestas más al Maestro?
36 Y tan pronto como Jesús oyó la palabra que fue dicha, dijo al príncipe de la sinagoga: No temas, ᵇcree solamente.
37 Y no permitió que le siguiese nadie, salvo Pedro, y Jacobo, y Juan hermano de Jacobo.
38 Y vino a casa del príncipe de la sinagoga, y vio el alboroto y a los que lloraban y lamentaban mucho.
39 Y entrando, les dijo: ¿Por qué alborotáis y lloráis? La muchacha no está muerta, sino duerme.
40 Y ᶜse burlaban de Él. Pero Él, echando fuera a todos, tomó al padre y a la madre de la muchacha, y a los que estaban con Él, y entró a donde la muchacha yacía.
41 Y tomando la mano de la muchacha, le dijo: Talita cumi; que es si lo interpretares: Muchacha, a ti te digo: Levántate.
42 Y al instante la muchacha se levantó y anduvo; porque tenía doce años. ᶠY estaban atónitos, muy asombrados.
43 Y Él les encargó mucho ᵍque nadie lo supiese, y mandó que se le diese de comer.

CAPÍTULO 6

Y salió *Él* de allí y ʰvino a su tierra, y le siguieron sus discípulos.
2 Y llegado el sábado, comenzó a enseñar en la sinagoga; y muchos, oyéndole, estaban atónitos, diciendo: ¿De dónde tiene Éste estas cosas? ¿Y qué sabiduría es ésta que le es dada, que tales maravillas son hechas por sus manos?
3 ¿No es Éste ᵏel carpintero, el hijo de María, hermano de Jacobo, y de José, y de Judas y de Simón? ¿No están también aquí con nosotros sus hermanas? Y se escandalizaban de Él.
4 Mas Jesús les dijo: ˡNo hay profeta sin honra sino en su propia tierra, y entre sus parientes, y en su casa.
5 Y no pudo hacer allí una gran obra, salvo que sanó a unos pocos enfermos, poniendo sus manos sobre *ellos*.
6 Y estaba maravillado de ᵃla incredulidad de ellos. Y recorría las aldeas de alrededor, enseñando.
7 Y llamó a los doce, y comenzó a enviarlos de dos en dos; y les dio potestad sobre los espíritus inmundos.
8 Y les mandó que no llevasen nada para el camino, sino solamente bordón; ni alforja, ni pan, ni dinero en la bolsa;
9 sino que calzasen sandalias, y no vistiesen dos túnicas.
10 Y les dijo: Dondequiera que entréis en una casa, posad en ella hasta que salgáis de allí.
11 Y todos aquellos que no os recibieren ni os oyeren, saliendo de allí, sacudid el polvo de debajo de vuestros pies para testimonio contra ellos. De cierto os digo que en el día del juicio, será más tolerable *el castigo* para ᵈSodoma y Gomorra, que para aquella ciudad.
12 Y saliendo, predicaban que los hombres ᵉse arrepintiesen.
13 Y echaban fuera muchos demonios, y ungían con aceite a muchos enfermos, y los sanaban.
14 Y oyó el rey Herodes *la fama de Jesús*, porque su nombre se había hecho notorio, y dijo: Juan el Bautista ha resucitado de los muertos, y por eso milagros obran en él.
15 Otros decían: ⁱEs Elías. Y otros decían: Es un profeta, o alguno de los profetas.
16 Mas oyéndolo Herodes, dijo: Es Juan, al que yo decapité, él ha resucitado de los muertos.
17 Porque Herodes mismo había enviado y ʲprendido a Juan, y le había atado en la cárcel a causa de Herodías, esposa de Felipe su hermano; pues se había casado con ella.
18 Porque Juan decía a Herodes: No te es lícito tener la esposa de tu hermano.
19 Y Herodías le aborrecía, y deseaba matarle, pero no podía;
20 porque Herodes temía a Juan, sabiendo que era varón justo y santo, y le guardaba; y cuando le oía, él hacía muchas cosas, y le oía de buena gana.

---

a Mt 13:58
y 17:20

b cp 9:23
2 Cr 20:20
Mt 9:28
y 17:20
Lc 8:50
Jn 4:50
y 11:40

c Mt 9:24
Lc 8:53
y 23:35
d Ez 16:48
Mt 10:15
y 11:20-24
Lc 10:12
e Mt 3:2-8
9:13 y 11:20
Lc 13:3-5
15:7-10
y 24:47
Hch 3:19
11:18 20:21
y 26:20
2 Co 7:9
2 Tim 2:25
f cp 1:47
6:51 y 7:37
g cp 7:36
Mt 9:30
Lc 5:14
y 8:56
h Mt 13:54
i Lc 8:8-19
Jn 1:21
j Mt 4:12
11:2 y 14:3-12
Lc 3:19-20
k Is 49:7
y 53:2-3
Mt 13:55
Lc 4:22
Jn 6:42
1 Pe 2:4
l Jer 11:21
y 12:26
Mt 13:57
Lc 4:24
Jn 4:44

MARCOS 6 — Juan es decapitado

21 Pero viniendo un día oportuno, en que Herodes en su cumpleaños, hizo una cena a sus príncipes y tribunos y a los principales de Galilea;

22 entrando la hija de Herodías, danzó, y agradó a Herodes y a los que estaban con él a la mesa; y el rey dijo a la damisela: Pídeme lo que quieras, y yo te lo daré.

23 Y le juró: Todo lo que me pidieres te daré, [c]hasta la mitad de mi reino.

24 Y saliendo ella, dijo a su madre: ¿Qué pediré? Y ella dijo: [d]La cabeza de Juan el Bautista.

25 Entonces ella entró apresuradamente ante el rey, y pidió, diciendo: Quiero que ahora mismo me des en un plato la cabeza de Juan el Bautista.

26 Y el rey se entristeció mucho, *mas* por causa del juramento y de los que estaban con él a la mesa, no quiso desecharla.

27 Y en seguida el rey envió a un verdugo, y mandó que fuese traída su cabeza; y *el verdugo* fue y le decapitó en la cárcel,

28 y trajo su cabeza en un plato, y la dio a la damisela, y la damisela la dio a su madre.

29 Y cuando oyeron esto sus discípulos, vinieron y tomaron el cuerpo y lo pusieron en un sepulcro.

30 Entonces los apóstoles se reunieron con Jesús, y le contaron todo lo que habían hecho, y lo que habían enseñado.

31 Y Él les dijo: Venid vosotros aparte a [g]un lugar desierto y descansad un poco. Porque eran muchos los que iban y venían, y ni aun tenían tiempo para comer.

32 Y se fueron en la barca a un lugar desierto, a solas.

33 Pero la gente les vio partir, y muchos le reconocieron, y corrieron allá a pie de todas las ciudades, y llegaron antes que ellos, y se juntaron a Él.

34 Y saliendo Jesús, vio [j]una gran multitud, y tuvo compasión de ellos porque eran [l]como ovejas que no tenían pastor, y comenzó a enseñarles muchas cosas.

35 Y cuando el día era ya muy avanzado, sus discípulos se acercaron a Él y le dijeron: El lugar es desierto, y la hora ya muy avanzada.

36 Despídelos para que vayan a los cortijos y aldeas de alrededor, y compren pan para sí; porque no tienen qué comer.

37 Respondiendo Él, les dijo: [a]Dadles vosotros de comer. Y ellos le dijeron: ¿Que vayamos y compremos pan por doscientos denarios, y les demos de comer?

38 Él les dijo: [b]¿Cuántos panes tenéis? Id y vedlo. Y enterándose, dijeron: Cinco, y dos peces.

39 Y les mandó que hiciesen recostar a todos por grupos sobre la hierba verde.

40 Y se sentaron por grupos, de cien en cien, y de cincuenta en cincuenta.

41 Entonces tomó los cinco panes y los dos peces, y [e]alzando los ojos al cielo, bendijo y partió los panes, y dio a sus discípulos para que los pusiesen delante de ellos; y repartió los dos peces entre todos.

42 Y todos comieron y se saciaron.

43 Y recogieron de los pedazos doce cestas llenas, y de los peces.

44 Y los que comieron de los panes eran como cinco mil hombres.

45 Y en seguida hizo a sus discípulos entrar en la barca e ir delante de Él al otro lado, a Betsaida, entre tanto que Él despedía a la multitud.

46 Y habiéndoles despedido [f]se fue al monte a orar.

47 Y al anochecer, la barca estaba en medio del mar, y Él solo en tierra.

48 Y al ver que se fatigaba remando, porque [h]el viento les era contrario, como a la cuarta vigilia de la noche vino a ellos [i]andando sobre el mar, y quería pasarlos de largo.

49 Y viéndole ellos andar sobre el mar, [i]pensaron que era un fantasma, y dieron voces;

50 porque todos le veían, y se turbaron. Pero en seguida habló con ellos y les dijo: Tened buen ánimo, yo soy, no temáis.

51 Y subió a ellos en la barca, [k]y cesó el viento, y ellos estaban asombrados sobremanera, y se maravillaban.

52 Porque aún no habían entendido *el milagro* de los panes, por cuanto estaban [m]endurecidos sus corazones.

La mujer sirofenicia

53 Y habiendo pasado al otro lado, vinieron a tierra de Genezaret, y tomaron puerto.

54 Y saliendo ellos de la barca, enseguida le reconocieron;

55 y corriendo a través de toda la región de alrededor, comenzaron a ᵇtraer en lechos a los que estaban enfermos, a donde oían que estaba.

56 Y dondequiera que entraba, en aldeas, ciudades o campos, ponían en las calles a los que estaban enfermos, y le rogaban que les dejase ᶜtocar tan siquiera el borde de su manto; y todos los que le tocaban quedaban sanos.

CAPÍTULO 7

Entonces se juntaron a Él los fariseos, y ciertos de los escribas, que habían venido de Jerusalén.

2 Y cuando vieron a algunos de sus discípulos comer pan con ᵈmanos inmundas, es decir, no lavadas, los condenaban.

3 Porque los fariseos y todos los judíos, guardando la tradición de los ancianos, si muchas veces no se lavan las manos, no comen.

4 Y *volviendo* del mercado, si no se lavan, no comen. Y muchas otras cosas hay que han recibido para guardar, como el lavar las copas, los jarros, los vasos de bronce, y las mesas.

5 Entonces los fariseos y los escribas le preguntaron: ¿Por qué tus discípulos no andan conforme a la tradición de los ancianos, sino que comen pan sin lavarse las manos?

6 Y respondiendo Él, les dijo: Hipócritas, bien profetizó de vosotros Isaías, como está escrito: ᵉEste pueblo de labios me honra, pero su corazón lejos está de mí.

7 Pero en vano me honran, enseñando como doctrinas, mandamientos de hombres.

8 Porque haciendo a un lado el mandamiento de Dios, os aferráis a la tradición de los hombres; el lavamiento de jarros, de copas; y hacéis muchas otras cosas semejantes.

9 Y les decía: Bien invalidáis el mandamiento de Dios para guardar vuestra tradición.

10 Porque Moisés dijo: ʲHonra a tu padre y a tu madre; y: ᵏEl que maldijere a su padre o a su madre, muera de muerte.

11 Pero vosotros decís: Si un hombre ᵃdice a su padre o a su madre: *Es* corbán (que quiere decir, mi ofrenda) todo aquello con que pudiera ayudarte, *quedará libre*,

12 y no le dejáis hacer más por su padre o por su madre,

13 invalidando la palabra de Dios por vuestra tradición que disteis. Y muchas cosas hacéis semejantes a éstas.

14 Y llamando *a sí* a toda la multitud, les dijo: Oídme todos, y entended:

15 Nada hay fuera del hombre que entrando en él, le pueda contaminar, mas lo que sale de él, eso es lo que contamina al hombre.

16 Si alguno tiene oídos para oír, oiga.

17 Y apartado de la multitud, habiendo entrado en casa, sus discípulos le preguntaron acerca de la parábola.

18 Y les dijo: ¿También vosotros estáis sin entendimiento? ¿No entendéis que todo lo de fuera que entra en el hombre no le puede contaminar?

19 Porque no entra en su corazón, sino en el vientre, y sale a la letrina, limpiando todas las viandas.

20 Y decía: Lo que sale del hombre, eso contamina al hombre.

21 Porque de dentro, del corazón del hombre, salen los malos pensamientos, los adulterios, las fornicaciones, los homicidios,

22 los hurtos, las avaricias, las maldades, los engaños, las lascivias, el ojo maligno, la blasfemia, la soberbia, la insensatez.

23 Todas estas maldades de dentro salen, y contaminan al hombre.

24 Y levantándose de allí, se fue a la región de ᶠTiro y de Sidón; y entrando en una casa, quiso que nadie lo supiese; pero no pudo esconderse.

25 Porque ᵍuna mujer, cuya hija tenía un espíritu inmundo, oyendo de Él, vino y se postró a sus pies.

26 Y la mujer era ʰgriega, ⁱsirofenicia de nación; y le rogaba que echase fuera de su hija al demonio.

27 Pero Jesús le dijo: Deja que primero se sacien los hijos, porque no está bien quitar el pan de los hijos y echarlo a los perrillos.

28 Y ella respondió y le dijo: Sí, Señor, pero aun los perrillos debajo de la mesa, comen de las migajas de los hijos.

29 Entonces le dijo: Por esta palabra, ve; el demonio ha salido de tu hija.

30 Y cuando ella llegó a su casa, halló que el demonio había salido, y a su hija acostada sobre la cama.

31 Y saliendo otra vez de ªla región de Tiro y de Sidón, vino al mar de Galilea, a través de las costas de ᵇDecápolis.

32 Y le trajeron a uno que era ᶜsordo y tartamudo, y le rogaron que pusiera su mano sobre él.

33 Y tomándole aparte de la multitud, metió sus dedos en las orejas de él, y escupiendo, tocó su lengua;

34 y alzando los ojos al cielo, gimió, y le dijo: Efata; que es: Sé abierto.

35 Y al instante sus oídos fueron abiertos, y fue suelta la atadura de su lengua, y hablaba bien.

36 Y les mandó ᵈque no lo dijesen a nadie; pero cuanto más les mandaba, tanto más y más lo divulgaban.

37 Y se maravillaban en gran manera, diciendo: ᶠTodo lo ha hecho bien; hace a los sordos oír y a los mudos hablar.

CAPÍTULO 8

En aquellos días, ᶠsiendo tan grande la multitud, y no teniendo qué comer, Jesús llamó a sus discípulos y les dijo:

2 Tengo ʰcompasión de la multitud, porque son ya tres días que están conmigo, y no tienen qué comer;

3 Y si los envío en ayunas a sus casas, desmayarán en el camino; porque algunos de ellos han venido de lejos.

4 Y sus discípulos le respondieron: ¿De dónde podrá alguien saciar de pan a éstos aquí en el desierto?

5 Y les preguntó: ¿Cuántos panes tenéis? Y ellos dijeron: Siete.

6 Entonces mandó a la multitud que se sentase en tierra; y tomando los siete panes, habiendo dado gracias, los partió, y dio a sus discípulos para que los pusiesen delante; y los pusieron delante de la multitud.

7 Tenían también unos pocos pececillos; y los bendijo, y mandó que también los pusiesen delante.

8 Y comieron, y se saciaron; y levantaron de los pedazos que habían sobrado, siete canastos.

9 Y los que comieron eran, como cuatro mil; y los despidió.

10 Y luego entrando en la barca con sus discípulos, vino a la región de Dalmanuta.

11 Y vinieron los fariseos y comenzaron a altercar con Él, y tentándole, le pedían señal del cielo.

12 Y gimiendo en su espíritu, dijo: ¿Por qué pide señal esta generación? De cierto os digo que no se dará señal a esta generación.

13 Y dejándolos, volvió a entrar en la barca, y se fue al otro lado.

14 Y *los discípulos* se habían olvidado de tomar pan, y no tenían sino un pan consigo en la barca.

15 Y les mandó, diciendo: Mirad, guardaos de la levadura de los fariseos, y *de* la levadura de Herodes.

16 Y discutían entre sí, diciendo: *Es* porque no tenemos pan.

17 Y cuando Jesús lo entendió, les dijo: ¿Por qué discutís, porque no tenéis pan? ¿Aún no comprendéis ni entendéis? ¿Aún tenéis endurecido vuestro corazón?

18 ¿Teniendo ojos no veis, y teniendo oídos no oís? ¿Y no os acordáis?

19 Cuando partí ᵉlos cinco panes entre cinco mil, ¿cuántas canastas llenas de los pedazos alzasteis? Y le dijeron: Doce.

20 Y cuando ᵍlos siete panes entre cuatro mil, ¿cuántas canastas llenas de los pedazos alzasteis? Y ellos dijeron: Siete.

21 Y les dijo: ¿Cómo es que aún no entendéis?

22 Y vino a ⁱBetsaida; y le trajeron a un ciego, y le rogaron que le tocase.

23 Entonces tomando de la mano al ciego, lo condujo fuera de la aldea; y escupiendo en sus ojos, y poniendo sus manos sobre él, le preguntó si veía algo.

24 Y él mirando, dijo: Veo a los hombres como árboles que caminan.

25 Luego le puso otra vez las manos sobre sus ojos, y le hizo que mirase; y fue restablecido y vio claramente a todos.

La transfiguración

26 Y lo envió a su casa, diciendo: No entres en la aldea, ni lo digas a nadie en la aldea.

27 Y ᵇsalieron Jesús y sus discípulos por las aldeas de Cesarea de Filipo. Y en el camino preguntó a sus discípulos, diciéndoles: ᶜ¿Quién dicen los hombres que soy yo?

28 Y ellos respondieron: Juan el Bautista; y otros: Elías; y otros: Alguno de los profetas.

29 Entonces Él les dijo: ¿Y vosotros, quién decís que soy yo? Y respondiendo Pedro, le dijo: Tú eres ᵉel Cristo.

30 Y les apercibió que no hablasen de Él a ninguno.

31 Y ᵍcomenzó a enseñarles que era necesario que el Hijo del Hombre padeciese mucho, y ser rechazado de los ancianos, y *de* los príncipes de los sacerdotes y *de* los escribas, y ser muerto, y resucitar después de tres días.

32 Y claramente decía esta palabra. Entonces ⁱPedro tomándole aparte, comenzó a reprenderlo.

33 Pero Él, volviéndose y mirando a sus discípulos, reprendió a Pedro, diciendo: Quítate de delante de mí, Satanás; porque no piensas en las cosas de Dios, sino en las de los hombres.

34 Y llamando a la multitud y sus discípulos, les dijo: ʲSi alguno quiere venir en pos de mí, niéguese a sí mismo, y tome su cruz, y sígame.

35 Porque el que quisiere salvar su vida, la perderá; y el que perdiere su vida por causa de mí y del evangelio, éste la salvará.

36 Porque ᵏ¿qué aprovechará el hombre, si ganare todo el mundo, y perdiere su alma?

37 ¿O ᵐqué recompensa dará el hombre por su alma?

38 Porque ᵒel que se avergonzare de mí y de mis palabras en esta generación perversa y adúltera, el Hijo del Hombre se avergonzará también de él, cuando venga en la gloria de su Padre con los santos ángeles.

CAPÍTULO 9

También les dijo: De cierto os digo que hay algunos de los que están aquí que no gustarán la muerte hasta que hayan visto el reino de Dios venido ᵃcon poder.

2 Y seis días después Jesús tomó a Pedro, a Jacobo y a Juan, y los sacó solos aparte a un monte alto; y fue transfigurado delante de ellos.

3 Y ᵈsus vestiduras se volvieron resplandecientes, tan blancas como la nieve; tanto que ningún lavador en la tierra las puede hacer tan blancas.

4 Y les apareció Elías con Moisés, que hablaban con Jesús.

5 Entonces respondiendo Pedro, dijo a Jesús: Maestro, bueno es para nosotros que estemos aquí; y hagamos ᶠtres tabernáculos; uno para ti, otro para Moisés y otro para Elías.

6 Porque no sabía lo que hablaba; pues estaban aterrados.

7 Y vino una nube que les cubrió de sombra, y desde la nube ʰuna voz que decía: Éste es mi Hijo amado; a Él oíd.

8 Y luego, mirando alrededor, no vieron más a nadie consigo, sino a Jesús solo.

9 Y descendiendo ellos del monte, les mandó que a nadie dijesen lo que habían visto, sino hasta que el Hijo del Hombre hubiese resucitado de los muertos.

10 Y retuvieron la palabra entre sí, preguntándose entre ellos qué significaría eso de resucitar de los muertos.

11 Y le preguntaron, diciendo: ¿Por qué dicen los escribas que es necesario que Elías venga primero?

12 Y respondiendo Él, les dijo: Elías a la verdad vendrá primero, y restaurará todas las cosas; y como ˡestá escrito del Hijo del Hombre, que debe padecer mucho y ser tenido en nada.

13 Pero os digo que ⁿElías ya vino, y le hicieron todo lo que quisieron, como está escrito de él.

14 Y ᵖcuando vino a *sus* discípulos, vio una gran multitud alrededor de ellos, y escribas que disputaban con ellos.

15 Y enseguida todo el pueblo, al verle, se asombró, y corriendo hacia Él, le saludaron.

16 Y preguntó a los escribas: ¿Qué disputáis con ellos?

17 Y uno de la multitud respondiendo, dijo: Maestro, traje a ti mi hijo, que tiene un espíritu mudo,
18 el cual, dondequiera que le toma, le desgarra; y echa espumarajos, y cruje los dientes, y se va secando; y dije a tus discípulos que le echasen fuera, y no pudieron.
19 Y respondiendo Él, les dijo: ¡Oh ^cgeneración incrédula! ¿Hasta cuándo he de estar con vosotros? ¿Hasta cuándo os tengo que soportar? Traédmele.
20 Y se lo trajeron; y cuando le vio, al instante ^eel espíritu le desgarraba; y cayendo en tierra, se revolcaba, echando espumarajos.
21 Y Jesús preguntó a su padre: ¿Cuánto tiempo hace que le sucede esto? Y él dijo: Desde niño:
22 Y muchas veces le echa en el fuego y en el agua para matarle; pero si puedes hacer algo, ten compasión de nosotros, y ayúdanos.
23 Y Jesús le dijo: Si puedes creer, ^gal que cree todo le *es* posible.
24 Y al instante el padre del muchacho, clamando con lágrimas, dijo: Señor, creo, ayuda mi incredulidad.
25 Y cuando Jesús vio que la multitud se agolpaba, reprendió al espíritu inmundo, diciéndole: Espíritu mudo y sordo, yo te mando, sal de él, y no entres más en él.
26 Entonces *el espíritu*, clamando y desgarrándole mucho, salió; y él quedó como muerto, de modo que muchos decían: Está muerto.
27 Pero Jesús, tomándole de la mano, le enderezó; y se levantó.
28 Y cuando Él entró en casa, sus discípulos le preguntaron aparte: ¿Por qué nosotros no pudimos echarle fuera?
29 Y Él les dijo: Este género por nada puede salir, sino por ^koración y ayuno.
30 Y habiendo salido de allí, caminaron por Galilea; y no quería que nadie *lo* supiese.
31 Porque enseñaba a sus discípulos, y les decía: El Hijo del Hombre será entregado en manos de hombres, y le matarán; pero después de muerto, resucitará al tercer día.
32 Pero ellos no entendían este dicho, y tenían miedo de preguntarle.

33 Y llegó a Capernaúm; y estando ya en casa, les preguntó: ¿Qué disputabais entre vosotros en el camino?
34 Pero ellos callaron; porque en el camino habían ^adisputado entre sí, de quién *había de ser* el mayor.
35 Entonces sentándose, llamó a los doce, y les dijo: ^bSi alguno quiere ser el primero, será el postrero de todos, y el servidor de todos.
36 Y ^dtomó a un niño, y lo puso en medio de ellos; y tomándole en sus brazos, les dijo:
37 El que recibiere en mi nombre a un niño como éste, a mí me recibe; y el que a mí me recibe, no me recibe a mí, sino al que me envió.
38 Y Juan le respondió, diciendo: Maestro, ^fhemos visto a uno que en tu nombre echaba fuera demonios, el cual no nos sigue; y se lo prohibimos, porque no nos sigue.
39 Pero Jesús dijo: No se lo prohibáis; porque ninguno hay que haga milagro en mi nombre que luego pueda decir mal de mí.
40 Porque ^hel que no es contra nosotros, por nosotros es.
41 Y cualquiera que os dé un vaso de agua en mi nombre, porque sois de Cristo, de cierto os digo que no perderá su recompensa.
42 Y ⁱcualquiera que haga tropezar a uno *de estos* pequeñitos que creen en mí, mejor le fuera si se le atase una piedra de molino al cuello, y se le arrojase al mar.
43 Y si tu mano te es ocasión de caer, córtala; mejor te es entrar en la vida manco, que teniendo dos manos ir al infierno, al fuego que nunca será apagado;
44 donde ^jel gusano de ellos no muere, y el fuego nunca se apaga.
45 Y si tu pie te es ocasión de caer, córtalo; mejor te es entrar en la vida cojo, que teniendo dos pies ser echado en ^lel infierno, al fuego que nunca será apagado,
46 donde el gusano de ellos no muere, y el fuego nunca se apaga.
47 Y si tu ojo te es ocasión de caer, sácalo; mejor te es entrar en el reino de Dios con un ojo, que teniendo dos ojos ser echado al fuego del infierno,

El joven rico   **MARCOS 10**

48 donde ᵃel gusano de ellos no muere, y el fuego nunca se apaga.
49 Porque todos serán salados ᵇcon fuego, y ᶜtodo sacrificio será salado con sal.
50 Buena *es* la sal; pero ᵈsi la sal pierde su sabor, ¿con qué será sazonada? ᶠTened sal en vosotros mismos; y tened paz los unos con los otros.

CAPÍTULO 10

Y levantándose de allí, ʰvino a las costas de Judea al otro lado del Jordán. Y volvió el pueblo a acudir a Él, y otra vez les enseñaba como solía.
2 Y viniendo los fariseos, para tentarle, le preguntaron: ¿Es lícito al marido divorciarse de *su* esposa?
3 Y Él respondiendo, les dijo: ¿Qué os mandó Moisés?
4 Y ellos dijeron: Moisés permitió escribir carta de divorcio y repudiarla.
5 Y Jesús respondiendo, les dijo: Por la dureza de vuestro corazón os escribió este mandamiento,
6 pero al principio de la creación, ᵐvarón y hembra los hizo Dios.
7 Por esto ⁿdejará el hombre a su padre y a su madre, y se unirá a su esposa;
8 y los dos serán una sola carne; así que no son ya más dos, sino una carne.
9 Por tanto, lo que Dios unió, no lo separe el hombre.
10 En casa sus discípulos volvieron a preguntarle de lo mismo.
11 Y Él les dijo: Cualquiera que se divorcia de su esposa y se casa con otra, comete adulterio contra ella;
12 y si la mujer se divorcia de su marido y se casa con otro, comete adulterio.
13 Y le presentaban niños para que los tocase; y los discípulos reprendían a los que los presentaban.
14 Y viéndolo Jesús, se indignó, y les dijo: Dejad los niños venir a mí, y no se lo impidáis; porque de los tales es el reino de Dios.
15 De cierto os digo que el que no recibiere el reino de Dios como un niño, no entrará en él.

16 Y tomándolos en sus brazos, poniendo sus manos sobre ellos, los bendecía.
17 Y saliendo Él para continuar su camino, vino uno corriendo, y arrodillándose delante de Él, le preguntó: Maestro bueno, ᵉ¿qué haré para heredar la vida eterna?
18 Y Jesús le dijo: ¿Por qué me llamas bueno? Ninguno *hay* bueno, sino sólo uno, Dios.
19 ᵍLos mandamientos sabes: No adulteres: No mates: No hurtes: No des falso testimonio: No defraudes: Honra a tu padre y a tu madre.
20 Y él respondiendo, le dijo: Maestro, todo esto he guardado desde mi juventud.
21 Entonces Jesús, mirándole, le amó, y le dijo: ⁱUna cosa te falta: Ve, vende todo lo que tienes y da a los pobres; y tendrás ʲtesoro en el cielo; y ven, ᵏtoma tu cruz, y sígueme.
22 Pero él, afligido por estas palabras, ˡse fue triste, porque tenía muchas posesiones.
23 Entonces Jesús, mirando alrededor, dijo a sus discípulos: ¡Cuán difícilmente entrarán en el reino de Dios los que tienen riquezas!
24 Y los discípulos se asombraron de sus palabras. Pero Jesús, respondiendo otra vez, les dijo: Hijos, ¡cuán difícil les es entrar en el reino de Dios, a ᵒlos que confían en las riquezas!
25 ᵖMás fácil es pasar un camello por el ojo de una aguja, que entrar un rico en el reino de Dios.
26 Y ellos, se asombraban aun más, diciendo entre sí: ᑫ¿Quién, entonces, podrá ser salvo?
27 Y mirándolos Jesús, dijo: Con los hombres *es* imposible; pero con Dios, no; porque con Dios todas las cosas son posibles.
28 Entonces Pedro comenzó a decirle: He aquí, nosotros ʳlo hemos dejado todo, y te hemos seguido.
29 Y respondiendo Jesús, dijo: De cierto os digo, que ninguno hay que haya dejado casa, o hermanos, o hermanas, o padre, o madre, o esposa, o hijos, o tierras, por causa de mí y del evangelio,
30 que no haya de recibir ˢcien tantos ahora en este tiempo; casas,

---

a ver 36
Is 66:24
b Mt 3:11
c Lv 2:13
Ez 43:24
d Mt 5:13
Lc 14:34
e Mt 19:16
Lc 10:25
y 18:18
Hch 16:30
f Col 4:6
g Éx 20:13-17
Dt 5:16-24
Rm 13:9
Gá 5:14
Stg 2:11
h Mt 19:1-9
i Lc 18:22
j Mt 6:19-21
k cp 8:34
Mt 16:24
Lc 9:23
l Mt 19:22
Lc 18:23
m Gn 1:27
y 2:20-23
n Gn 2:24
Mt 19:5-6
Ef 5:31
o Sal 52:7
p Mt 19:24
Lc 18:25
q Lc 18:26
Jn 3:16
Hch 16:31
Rm 10:9-13
r cp 1:16-20
Mt 19:27-30
Lc 14:33
y 18:28-30
Fil 3:7-9
s Lc 18:30

MARCOS 11 — El ciego Bartimeo

hermanos, hermanas, madres, hijos, y tierras, con persecuciones; y en el mundo venidero, vida eterna.

31 Pero muchos ^bprimeros serán postreros, y los postreros, primeros.

32 E iban por el camino subiendo a Jerusalén, y Jesús iba delante de ellos; y estaban asombrados, y le seguían con miedo. Entonces volviendo a tomar a los doce aparte, ^dles comenzó a decir las cosas que le habían de acontecer:

33 He aquí subimos a Jerusalén, y el Hijo del Hombre ^eserá entregado a los príncipes de los sacerdotes y a los escribas, y le condenarán a muerte, y le entregarán a los gentiles;

34 y le escarnecerán, y le azotarán, y escupirán en Él, y le matarán; mas al tercer día resucitará.

35 Entonces ^fJacobo y Juan, hijos de Zebedeo, vinieron a Él, diciendo: Maestro, querríamos que nos hagas lo que pidiéremos.

36 Y Él les dijo: ¿Qué queréis que os haga?

37 Y ellos le dijeron: Concédenos que en tu gloria nos sentemos el uno a tu derecha, y el otro a tu izquierda.

38 Pero Jesús les dijo: No sabéis lo que pedís. ¿Podéis beber ^gla copa que yo bebo, o ser bautizados con el bautismo con que yo soy bautizado?

39 Y ellos le dijeron: Podemos. Y Jesús les dijo: A la verdad, beberéis de la copa de que yo bebo, y con el bautismo con que yo soy bautizado, seréis bautizados;

40 pero el sentarse a mi derecha o a mi izquierda, no es mío darlo, sino que *será dado a aquellos* para quienes está preparado.

41 Y cuando lo oyeron ^jlos diez, comenzaron a indignarse contra ^kJacobo y contra Juan.

42 Pero Jesús, llamándolos, les dijo: Sabéis que los que parecen ser príncipes de los gentiles, ^lse enseñorean sobre ellos; y los que entre ellos son grandes, tienen potestad sobre ellos.

43 Pero no será así entre vosotros; antes el que quisiere ser grande entre vosotros, será vuestro servidor;

44 y el que de vosotros quisiere ser el primero, será siervo de todos.

45 Porque ^ael Hijo del Hombre no vino para ser servido, sino para servir, y dar su vida en rescate por muchos.

46 Entonces ^cvinieron a Jericó; y saliendo Él de Jericó, con sus discípulos y una gran multitud, Bartimeo el ciego, hijo de Timeo, estaba sentado junto al camino mendigando.

47 Y cuando oyó que era Jesús el Nazareno, comenzó a dar voces, diciendo: ¡Jesús, Hijo de David, ten misericordia de mí!

48 Y muchos le reprendían para que callara; pero él, mucho más gritaba: ¡Hijo de David, ten misericordia de mí!

49 Entonces Jesús, deteniéndose, mandó llamarle; y llamaron al ciego, diciéndole: Ten confianza; levántate, te llama.

50 Él entonces, arrojando su capa, se levantó y vino a Jesús.

51 Y respondiendo Jesús, le dijo: ¿Qué quieres que te haga? Y el ciego le dijo: Señor, que reciba la vista.

52 Y Jesús le dijo: Vete, tu fe te ha salvado. Y al instante recibió su vista, y seguía a Jesús en el camino.

CAPÍTULO 11

Y ^hcuando llegaron cerca de Jerusalén a Betfagé y a Betania, al monte de los Olivos, *Él* envió a dos de sus discípulos,

2 y les dijo: Id a la aldea que está enfrente de vosotros, y luego que entréis en ella, hallaréis un pollino atado, ⁱsobre el cual ningún hombre se ha sentado; desatadlo y traedlo.

3 Y si alguien os dijere: ¿Por qué hacéis eso? decid que el Señor lo necesita, y que enseguida lo devolverá.

4 Y fueron, y hallaron el pollino atado afuera a la puerta, donde se unían dos caminos, y le desataron.

5 Y unos de los que estaban allí les dijeron: ¿Qué hacéis desatando el pollino?

6 Ellos entonces les dijeron como Jesús había mandado; y los dejaron.

7 Y ^mtrajeron el pollino a Jesús, y echaron sobre él sus mantos, y se sentó sobre él.

La entrada triunfal en Jerusalén

8 Y muchos ᵃtendían sus mantos sobre el camino, y otros cortaban ramas de los árboles, y las tendían en el camino.

9 Y los que iban delante y los que seguían detrás, aclamaban, diciendo: ¡Hosanna! ᶜ¡Bendito el que viene en el nombre del Señor!

10 ¡Bendito el reino de nuestro padre David, que viene en el nombre del Señor! ᵉ¡Hosanna en las alturas!

11 Y entró Jesús en Jerusalén, y en el templo; y habiendo mirado alrededor todas las cosas, y como ya anochecía, se fue a Betania con los doce.

12 Y al día siguiente, cuando salieron de Betania, ʰtuvo hambre.

13 Y viendo de lejos una higuera que tenía hojas, vino a ver si quizá hallaría en ella algo; y cuando vino a ella, nada halló sino hojas, porque no era tiempo de higos.

14 Entonces Jesús respondiendo, dijo a la higuera: ⁱNunca más coma nadie fruto de ti, por siempre. Y sus discípulos lo oyeron.

15 Y vinieron a Jerusalén; y entrando Jesús en el templo, comenzó a echar fuera a ᵏlos que vendían y compraban en el templo; y trastornó las mesas de los cambistas, y las sillas de los que vendían palomas;

16 y no consentía que nadie atravesase el templo llevando vaso *alguno*.

17 Y les enseñaba, diciendo: ¿No está escrito: ⁿMi casa, casa de oración será llamada por todas las naciones? Pero vosotros la habéis hecho ᵒcueva de ladrones.

18 Y lo oyeron los escribas y los príncipes de los sacerdotes, y ᵖbuscaban cómo le matarían; porque le tenían miedo, por cuanto todo el pueblo estaba maravillado de su doctrina.

19 Y al llegar la noche, *Él* salió de la ciudad.

20 Y ʳen la mañana, pasando por allí, vieron que ˢla higuera se había secado desde las raíces.

21 Y Pedro, acordándose, le dijo: Maestro, he aquí la higuera que maldijiste se ha secado.

22 Y respondiendo Jesús les dijo: Tened fe en Dios.

23 Porque de cierto os digo que cualquiera que dijere a este monte: ᵇQuítate y échate en el mar; y no dudare en su corazón, mas creyere que será hecho lo que dice, lo que dijere le será hecho.

24 Por tanto os digo que ᵈtodo lo que pidiereis orando, creed que lo recibiréis, y os vendrá.

25 Y cuando estuviereis orando, ᶠperdonad, si tuviereis algo contra alguno, para que también vuestro Padre que está en el cielo os perdone a vosotros vuestras ofensas.

26 Porque ᵍsi vosotros no perdonáis, tampoco vuestro Padre que está en el cielo os perdonará vuestras ofensas.

27 Y vinieron de nuevo a Jerusalén; y andando Él por el templo, vienen a Él los príncipes de los sacerdotes y los escribas, y los ancianos,

28 y le dijeron: ¿Con qué autoridad haces estas cosas? ¿Y quién te dio la autoridad para hacer estas cosas?

29 Y Jesús, respondiendo, les dijo: Yo también os haré una pregunta; y respondedme, y os diré con qué autoridad hago estas cosas:

30 ʲEl bautismo de Juan, ¿era del cielo, o de los hombres? Respondedme.

31 Y ellos discutían entre sí, diciendo: Si dijéremos: Del cielo, dirá: ˡ¿Por qué, pues, no le creísteis?

32 Y si dijéremos: De los hombres, ᵐtememos al pueblo; porque todos tenían a Juan como un verdadero profeta.

33 Y ellos, respondiendo, dijeron a Jesús: No sabemos. Entonces respondiendo Jesús, les dijo: Tampoco yo os diré con qué autoridad hago estas cosas.

CAPÍTULO 12

Y comenzó a hablarles por parábolas: ᵠUn hombre plantó una viña, y la cercó con vallado, y cavó un lagar, y edificó una torre, y la arrendó a labradores, y partió lejos.

2 Y al tiempo envió un siervo a los labradores, para que recibiese de los labradores del fruto de su viña.

3 Mas ellos tomándole, le hirieron, y le enviaron vacío.

MARCOS 12

4 Y volvió a enviarles otro siervo, mas ellos apedreándole, le hirieron en la cabeza, y le enviaron afrentado.

5 Y volvió a enviar a otro, y a éste mataron; y a otros muchos, hiriendo a unos y matando a otros.

6 Por último, teniendo aún ªun hijo, su amado, lo envió también a ellos, diciendo: Tendrán respeto a mi hijo.

7 Pero aquellos labradores dijeron entre sí: Éste es el heredero, venid, matémosle, y la heredad será nuestra.

8 Y prendiéndole, le mataron, y le echaron fuera de la viña.

9 ¿Qué, pues, hará el señor de la viña? Vendrá y destruirá a estos labradores, y dará su viña a otros.

10 ¿Ni aun esta Escritura habéis leído: ᵇLa piedra que desecharon los edificadores, ha venido a ser cabeza del ángulo;

11 El Señor ha hecho esto, y es cosa maravillosa en nuestros ojos?

12 Y procuraban prenderle, ᵈporque sabían que decía contra ellos aquella parábola; pero temían al pueblo, y dejándole se fueron.

13 Y enviaron a Él algunos de los fariseos y de los herodianos, para que le prendiesen en alguna palabra.

14 Y viniendo ellos, le dijeron: Maestro, sabemos que eres veraz, y que no te cuidas de nadie; porque no miras la apariencia de los hombres, sino que enseñas el camino de Dios ᶠen verdad; ¿Es lícito dar tributo a César, o no? ¿Daremos, o no daremos?

15 Pero Él, ᵍconociendo la hipocresía de ellos, les dijo: ¿Por qué me tentáis? Traedme una moneda para que la vea.

16 Y ellos se la trajeron. Y les dijo: ¿De quién *es* esta imagen e inscripción? Y ellos le dijeron: De César.

17 Y respondiendo Jesús, les dijo: ⁱDad a César lo que es de César, y a Dios lo que es de Dios. Y se maravillaron de Él.

18 Entonces vinieron a Él los saduceos, que dicen que no hay resurrección, y le preguntaron, diciendo:

19 Maestro, ᵏMoisés nos escribió,

a Mt 3:17

b Sal 118:22
Is 28:16
Mt 21:42
Lc 20:17-18
Hch 4:11

c Mt 20:30
Lc 20:35
1 Co 15:42
Heb 12:23

1 Jn 3:2
d cp 11:18
e Éx 3:6
Hch 7:32
Heb 11:16

f Mal 2:6
Jn 7:18 14:6
y 18:37
1 Jn 5:20

g Mt 22:18
Lc 20:23
Jn 2:24-25
Heb 4:13
Ap 2:23

h Mt 22:36
Lc 10:27

i Mt 22:19-22
Lc 20:24-26

j Mt 22:39
Lc 10:27
Rm 13:8-9
Gá 5:14
Stg 2:8
1 Jn 4:7,8,21

k Dt 25:5

Los labradores malvados

que si el hermano de alguno muere, y deja esposa y no deja hijos, que su hermano tome su esposa y levante descendencia a su hermano.

20 Hubo siete hermanos; y el primero tomó esposa; y murió sin dejar descendencia.

21 Y la tomó el segundo, y murió, y tampoco él dejó descendencia; y el tercero, de la misma manera.

22 Y la tomaron los siete, y no dejaron descendencia; a la postre murió también la mujer.

23 En la resurrección, pues, cuando resuciten, ¿de cuál de ellos será esposa? Porque los siete la tuvieron por esposa.

24 Entonces respondiendo Jesús, les dijo: ¿No erráis por esto, porque no conocéis las Escrituras, ni el poder de Dios?

25 Porque cuando resuciten de entre los muertos, no se casarán, ni se darán en casamiento, mas ᶜserán como los ángeles que están en el cielo.

26 Y de que los muertos hayan de resucitar, ¿no habéis leído en el libro de Moisés, cómo le habló Dios en la zarza, diciendo: ᵉYo soy el Dios de Abraham, y el Dios de Isaac, y el Dios de Jacob?

27 Él no es Dios de muertos, sino Dios de vivos; así que vosotros mucho erráis.

28 Y uno de los escribas que los había oído disputar, y sabía que les había respondido bien, vino y le preguntó: ¿Cuál es el primer mandamiento de todos?

29 Y Jesús le respondió: El primer mandamiento de todos *es*: Oye, oh Israel, el Señor nuestro Dios, el Señor uno es.

30 ʰAmarás al Señor tu Dios con todo tu corazón, y con toda tu alma, y con toda tu mente, y con todas tus fuerzas. Éste *es* el principal mandamiento.

31 Y el segundo *es* semejante a éste: ʲAmarás a tu prójimo como a ti mismo. No hay otro mandamiento mayor que éstos.

32 Entonces el escriba le dijo: Bien, Maestro, verdad has dicho, porque hay un Dios, y no hay otro fuera de Él.

La ofrenda de la viuda pobre

33 Y el amarle con todo el corazón, y con todo el entendimiento, y con toda el alma, y con todas las fuerzas, y amar al prójimo como a sí mismo, es más que todos los holocaustos y sacrificios.

34 Y viendo Jesús que él había respondido sabiamente, le dijo: No estás lejos del reino de Dios. Y ya ninguno osaba preguntarle.

35 Y enseñando en el templo, respondió Jesús y dijo: ¿Cómo dicen los escribas que el Cristo es hijo de David?

36 Porque el mismo David dijo por el Espíritu Santo: ᶜDijo el Señor a mi Señor: Siéntate a mi diestra, hasta que ponga tus enemigos por estrado de tus pies.

37 Y si David mismo le llama Señor; ¿cómo, pues, es su hijo? Y el pueblo común le oía de buena gana.

38 Y les decía en su doctrina: Guardaos de los escribas, que gustan de andar con vestiduras largas, y *aman* las salutaciones en las plazas,

39 y las primeras sillas en las sinagogas, y los primeros asientos en las cenas;

40 que ᵍdevoran las casas de las viudas, y por pretexto hacen largas oraciones. Éstos recibirán mayor condenación.

41 Y estando Jesús sentado delante del arca de la ofrenda, miraba cómo el pueblo echaba dinero en el arca; y muchos ricos echaban mucho.

42 Y vino ʰuna viuda pobre, y echó dos blancas, que es un cuadrante.

43 Entonces llamando a sus discípulos, les dijo: De cierto os digo que esta viuda pobre echó más que todos los que han echado en el arca;

44 porque todos han echado de lo que les sobra; mas ésta, de su pobreza echó todo lo que tenía, todo su sustento.

CAPÍTULO 13

Y saliendo Él del templo, le dijo uno de sus discípulos: Maestro, mira qué piedras, y qué edificios.

2 Y Jesús, respondiendo, le dijo: ¿Ves estos grandes edificios? ʲNo quedará piedra sobre piedra que no sea derribada.

3 Y sentándose en el monte de los Olivos, frente al templo, Pedro, Jacobo, Juan y Andrés le preguntaron aparte:

4 Dinos, ᵃ¿cuándo serán estas cosas? ¿Y qué señal habrá cuando todas estas cosas hayan de cumplirse?

5 Y Jesús, respondiéndoles, comenzó a decir: Mirad que nadie os engañe;

6 porque vendrán muchos en mi nombre, diciendo: Yo soy *el Cristo*; y a muchos engañarán.

7 Y ᵇcuando oyereis de guerras y de rumores de guerras, no os turbéis; porque es necesario que así acontezca; pero aún no *es* el fin.

8 Porque se levantará ᵈnación contra nación, y reino contra reino; y habrá terremotos en diversos lugares, y habrá hambres y alborotos; principios de dolores *son* estos.

9 Pero mirad por vosotros mismos; porque ᵉos entregarán a los concilios, y en las sinagogas seréis azotados; y delante de gobernadores y de reyes seréis llevados por causa de mí, para testimonio contra ellos.

10 Y es necesario que ᶠel evangelio sea predicado antes a todas las naciones.

11 Y cuando os llevaren y entregaren, no os preocupéis por lo que habéis de decir, ni lo premeditéis; sino lo que os fuere dado en aquella hora, eso hablad; porque no sois vosotros los que habláis, sino el Espíritu Santo.

12 Y el hermano entregará a muerte al hermano, y el padre al hijo; y se levantarán los hijos contra los padres, y los harán morir.

13 Y seréis aborrecidos de todos por causa de mi nombre; mas el que perseverare hasta el fin, éste será salvo.

14 Mas cuando viereis ⁱla abominación desoladora, de que habló el profeta Daniel, que estará donde no debe estar (el que lee, entienda), entonces los que estén en Judea, huyan a los montes;

15 y el que esté sobre el terrado, no descienda a la casa, ni entre para tomar algo de su casa;

16 Y el que estuviere en el campo, no vuelva atrás para tomar su capa.

17 Mas ¡ay de las que estén encinta, y de las que amamanten en aquellos días!

18 Orad, pues, que vuestra huida no acontezca en invierno.

19 Porque ᵃaquellos días serán de tribulación cual nunca ha habido desde el principio de la creación que Dios creó, hasta este tiempo, ni habrá.

20 Y si el Señor no hubiese acortado aquellos días, ninguna carne sería salva; mas por causa de ᵇlos elegidos que Él escogió, acortó aquellos días.

21 Y entonces si alguno os dijere: Mirad, aquí está el Cristo, no le creáis; o: Mirad, allí está, no le creáis.

22 Porque se levantarán falsos Cristos y falsos profetas, y mostrarán señales y prodigios, para engañar, si *fuese* posible, aun a los escogidos.

23 Mas vosotros mirad, he aquí, os lo he dicho todo antes.

24 Pero ᵈen aquellos días, después de aquella tribulación, el sol se oscurecerá, y la luna no dará su resplandor;

25 y las estrellas caerán del cielo, y las potencias que están en los cielos serán conmovidas.

26 Y ᶠentonces verán al Hijo del Hombre, viniendo en las nubes con gran poder y gloria.

27 Y entonces enviará sus ángeles, y reunirá a sus escogidos de los cuatro vientos, desde el extremo de la tierra hasta el extremo del cielo.

28 De la higuera aprended la parábola: Cuando ya su rama enternece, y brotan las hojas, sabéis que el verano está cerca:

29 Así también vosotros, cuando veáis que suceden estas cosas, sabed que está cerca, a las puertas.

30 De cierto os digo que no pasará esta generación, hasta que todo esto acontezca.

31 El cielo y la tierra pasarán, mas mis palabras no pasarán.

32 ʰPero de aquel día y de la hora nadie sabe, ni aun los ángeles que están en el cielo, ni el Hijo, sino el Padre.

33 Mirad, velad y orad, porque no sabéis cuándo es el tiempo.

34 *Porque el Hijo del Hombre es* ⁱcomo el hombre que partió lejos, el cual dejó su casa, y dio autoridad a sus siervos, y a cada uno su obra, y al portero mandó que velase.

35 Velad, pues, porque no sabéis cuándo el señor de la casa ha de venir; si a la tarde, o a la media noche, o al canto del gallo, o al amanecer;

36 no sea que viniendo de repente, os halle durmiendo.

37 Y lo que a vosotros digo, a todos lo digo: Velad.

CAPÍTULO 14

Y dos días después era *la fiesta de* ᶜla pascua, y de los panes sin levadura; y los príncipes de los sacerdotes y los escribas buscaban cómo prenderle por engaño y matarle.

2 Y decían: No en el día de la fiesta, para que no se haga alboroto del pueblo.

3 Y estando Él en Betania, en casa de ᵉSimón el leproso, y sentado Él a la mesa, vino una mujer trayendo un frasco de alabastro de ungüento de nardo puro, de mucho precio, y quebrando el frasco de alabastro, se lo derramó sobre su cabeza.

4 Y hubo algunos que se indignaron dentro de sí, y dijeron: ¿Por qué se ha hecho este desperdicio de ungüento?

5 Porque podía esto haberse vendido por más de trescientos denarios, y haberse dado a los pobres. Y murmuraban contra ella.

6 Pero Jesús dijo: Dejadla, ¿por qué la molestáis? Buena obra me ha hecho.

7 Pues ᵍsiempre tenéis a los pobres con vosotros, y cuando quisiereis, les podéis hacer bien; pero a mí no siempre me tenéis.

8 Ésta ha hecho lo que podía; y se ha anticipado a ungir mi cuerpo para la sepultura.

9 De cierto os digo: Dondequiera que se predique este evangelio, en todo el mundo, lo que ella ha hecho, también será contado para memoria de ella.

10 Entonces Judas Iscariote, uno de los doce, fue a los príncipes de los sacerdotes para entregárselo.

11 Y ellos, al oírlo, se regocijaron, y prometieron darle dinero. Y buscaba cómo poder entregarle.

12 Y el primer día de ʲlos panes sin

La última cena — MARCOS 14

levadura, cuando sacrificaban la pascua, sus discípulos le dijeron: ¿Dónde quieres que vayamos y preparemos para que comas la pascua?

13 Y envió ªdos de sus discípulos, y les dijo: Id a la ciudad, y os encontrará un hombre que lleva un cántaro de agua; seguidle,

14 y donde él entrare, decid al señor de la casa: El Maestro dice: ¿Dónde está el aposento donde he de comer la pascua con mis discípulos?

15 Y él os mostrará un aposento alto ya dispuesto; preparad para nosotros allí.

16 Y fueron sus discípulos y entraron en la ciudad, y hallaron como Él les había dicho, y prepararon la pascua.

17 Y cuando llegó la noche, ᵈvino Él con los doce.

18 Y sentándose ellos a la mesa, mientras comían, Jesús dijo: De cierto os digo: ᵉUno de vosotros, que come conmigo, me va a entregar.

19 Entonces ellos comenzaron a entristecerse, y a decirle uno tras otro: ¿Seré yo? Y el otro: ¿Seré yo?

20 Y respondiendo Él, les dijo: Es uno de los doce, que moja conmigo en el plato.

21 A la verdad el Hijo del Hombre va, según está escrito de Él; mas ¡ay de aquel hombre por quien el Hijo del Hombre es entregado! Bueno le fuera a tal hombre nunca haber nacido.

22 ʰY comiendo ellos, Jesús tomó pan y bendijo, y lo partió y les dio, diciendo: Tomad, comed; esto es mi cuerpo.

23 Y tomando la copa, habiendo dado gracias, les dio; y bebieron de ella todos.

24 Y les dijo: Esto es mi sangre del nuevo testamento, que por muchos es derramada.

25 ⁱDe cierto os digo, que no beberé más del fruto de la vid, hasta aquel día, cuando lo beberé nuevo en el reino de Dios.

26 Y ʲhabiendo cantado un himno, salieron al monte de los Olivos.

27 Entonces Jesús les dijo: Todos seréis escandalizados de mí esta noche; porque escrito está: ᵏHeriré al pastor, y serán dispersadas las ovejas.

28 Pero después que haya resucitado, iré delante de vosotros a Galilea.

29 Entonces Pedro le dijo: Aunque todos sean escandalizados, mas yo no.

30 Y Jesús le dijo: De cierto te digo que tú, hoy, en esta noche, ᵇantes de que el gallo haya cantado dos veces, me negarás tres veces.

31 Mas él con más vehemencia decía: Si me fuere necesario morir contigo, no te negaré. También todos decían lo mismo.

32 Y ᶜvinieron al lugar que se llama Getsemaní; y dijo a sus discípulos: Sentaos aquí, entre tanto que yo oro.

33 Y tomó consigo a Pedro, a Jacobo y a Juan, y comenzó a entristecerse y a angustiarse en gran manera.

34 Y les dijo: Mi alma está muy triste, hasta la muerte; quedaos aquí y velad.

35 Y yéndose un poco adelante, se postró en tierra, y oró que si fuese posible, pasase de Él aquella hora.

36 Y dijo: ᶠAbba, Padre, todas las cosas te *son* posibles; aparta de mí esta copa; ᵍpero no *sea* mi voluntad, sino la tuya.

37 Y vino y los halló durmiendo; y dijo a Pedro: Simón, ¿duermes? ¿No has podido velar una hora?

38 Velad y orad, para que no entréis en tentación; el espíritu a la verdad *está* dispuesto, pero la carne *es* débil.

39 Y otra vez fue y oró, diciendo las mismas palabras.

40 Y al volver, otra vez los halló durmiendo, porque los ojos de ellos estaban cargados *de sueño*, y no sabían qué responderle.

41 Y vino la tercera vez, y les dijo: Dormid ya y descansad; basta, la hora ha venido; he aquí, el Hijo del Hombre es entregado en manos de los pecadores.

42 Levantaos, vamos; he aquí, se acerca el que me entrega.

43 Y en ese momento, mientras Él aún hablaba, vino Judas, que era uno de los doce, y con él una gran multitud con espadas y palos, de parte de los príncipes de los sacerdotes y de los escribas y de los ancianos.

44 Y el que le entregaba les había dado señal, diciendo: Al que yo

besare, ése es, prendedle, y llevadle con seguridad.

45 Y cuando vino, enseguida se acercó a Él, y le dijo: Maestro, Maestro. Y le besó.

46 Entonces ellos le echaron mano, y le prendieron.

47 Y uno de los que estaban allí, sacó una espada, e hirió a un siervo del sumo sacerdote, y le cortó la oreja.

48 Y respondiendo Jesús, les dijo: ¿Como contra un ladrón habéis venido con espadas y palos para prenderme?

49 Cada día estaba con vosotros ᵇenseñando en el templo, y no me prendisteis; pero *es así*, para que se cumplan las Escrituras.

50 Entonces todos dejándole, huyeron.

51 Y cierto joven le seguía, cubierta *su* desnudez con una sábana; y los jóvenes le prendieron.

52 Mas él, dejando la sábana, huyó de ellos desnudo.

53 Y trajeron a Jesús ante el sumo sacerdote; y estaban reunidos con él todos los príncipes de los sacerdotes y los ancianos y los escribas.

54 Y Pedro le siguió de lejos hasta adentro del patio del sumo sacerdote; y estaba sentado con los siervos, ᵉcalentándose al fuego.

55 Y los príncipes de los sacerdotes y todo el concilio ᶠbuscaban testimonio contra Jesús, para entregarle a muerte, mas no lo hallaban.

56 Porque ʰmuchos decían falso testimonio contra Él; pero sus testimonios no concordaban.

57 Entonces levantándose unos, dieron falso testimonio contra Él, diciendo:

58 Nosotros le oímos decir: ⁱYo derribaré este templo que es hecho a mano, y en tres días edificaré otro hecho sin mano.

59 Pero ni aun así concordaba el testimonio de ellos.

60 Entonces el sumo sacerdote, levantándose en medio, preguntó a Jesús, diciendo: ¿No respondes nada? ¿Qué testifican éstos contra ti?

61 Mas Él callaba, y nada respondía. ˡEl sumo sacerdote le volvió a preguntar, y le dijo: ¿Eres tú el Cristo, el Hijo del Bendito?

a Lv 24:16
1 Re 21:10
Mt 26:65
Jn 10:33

b Lc 19:47

c ver 30

d Lc 22:59
Hch 2:7
e Jn 18:18-25
f Dn 6:4
1 Pe 3:16-18
g cp 15:29
h Sal 27:12
y 35:11
Mt 26:59
Hch 6:11

i cp 15:29

j Mt 27:1
Lc 22:66

k Mt 27:11-14
Lc 23:2-3
Jn 18:20-38
l Lc 22:66
m Is 53:7
Mt 27:12
Jn 19:9

62 Y Jesús le dijo: Yo soy; y veréis al Hijo del Hombre sentado a la diestra del poder, y viniendo en las nubes del cielo.

63 Entonces el sumo sacerdote rasgando su vestidura, dijo: ¿Qué más necesidad tenemos de testigos?

64 Habéis oído ᵃla blasfemia; ¿qué os parece? Y todos le condenaron a ser culpable de muerte.

65 Y algunos comenzaron a escupirle, y a cubrir su rostro, y a abofetearle, diciéndole: Profetiza; y los siervos le herían a bofetadas.

66 Y estando Pedro abajo en el patio, vino una de las criadas del sumo sacerdote;

67 y cuando vio a Pedro que se calentaba, mirándole, dijo: Y tú también estabas con Jesús el Nazareno.

68 Pero él lo negó, diciendo: No le conozco, ni entiendo lo que dices. Y salió al portal; y ᶜcantó el gallo.

69 Y la criada, viéndole otra vez, comenzó a decir a los que estaban allí: Éste es de ellos.

70 Y él lo negó otra vez. Y poco después, los que estaban allí, dijeron otra vez a Pedro: Verdaderamente tú eres de ellos, porque ᵈeres galileo, y tu hablar es semejante.

71 Entonces él comenzó a maldecir y a jurar: No conozco a este hombre de quien habláis.

72 Y ᵍel gallo cantó la segunda vez. Entonces Pedro se acordó de las palabras que Jesús le había dicho: Antes que el gallo cante dos veces, me negarás tres veces. Y pensando en esto, lloraba.

CAPÍTULO 15

Y luego ʲpor la mañana, tomando consejo los príncipes de los sacerdotes con los ancianos y con los escribas y con todo el concilio, llevaron a Jesús atado, y le entregaron a Pilato.

2 Y Pilato le preguntó: ᵏ¿Eres tú el Rey de los judíos? Y respondiendo Él, le dijo: Tú lo dices.

3 Y los príncipes de los sacerdotes le acusaban mucho, ᵐmas Él no respondía nada.

Crucifixión de Jesús

4 Y Pilato le preguntó otra vez, diciendo: ¿No respondes nada? Mira cuántas cosas testifican contra ti.

5 Pero Jesús ni aun con eso respondió nada; de modo que Pilato se maravillaba.

6 Ahora bien, ᵇen el día de la fiesta les soltaba un preso, cualquiera que pidiesen.

7 Y había ᶜuno que se llamaba Barrabás, preso con sus compañeros de motín, que habían cometido homicidio en una insurrección.

8 Y la multitud, gritando, comenzó a pedir *que hiciera* como siempre les había hecho.

9 Y Pilato les respondió, diciendo: ¿Queréis que os suelte al Rey de los judíos?

10 Porque él sabía que los príncipes de los sacerdotes ᶠpor envidia le habían entregado.

11 Mas los príncipes de los sacerdotes incitaron a la multitud, para que les soltase más bien a Barrabás.

12 Y respondiendo Pilato, les dijo otra vez: ¿Qué, pues, queréis que haga del que llamáis Rey de los judíos?

13 Y ellos volvieron a gritar: ¡ⁱCrucifícale!

14 Entonces Pilato les dijo: ¿Pues qué mal ha hecho? Pero ellos gritaban aun más: ¡Crucifícale!

15 Y Pilato queriendo agradar al pueblo, les soltó a Barrabás, y entregó a Jesús, después de azotarle, para que fuese crucificado.

16 Entonces los soldados le llevaron dentro de ˡla sala que es llamada Pretorio; y convocaron a toda la cohorte.

17 Y le vistieron de púrpura; y tejiendo ⁿuna corona de espinas, la pusieron sobre su *cabeza*.

18 Y comenzaron a saludarle: ¡Salve, Rey de los judíos!

19 Y le herían en la cabeza con una caña, y escupían en Él, y arrodillándose le adoraban.

20 Y cuando le hubieron escarnecido, le desnudaron la púrpura, y le pusieron sus propias vestiduras, y ᵒle sacaron para crucificarle.

21 Y obligaron a uno que pasaba, ᵖSimón cireneo, padre de Alejandro y de Rufo, que venía del campo, para que *le* llevase su cruz.

22 Y le llevaron al lugar *llamado* ᵃGólgota, que interpretado es: El lugar de la Calavera.

23 Y le dieron a beber vino mezclado con mirra; mas Él no lo tomó.

24 Y cuando le hubieron crucificado, repartieron sus vestiduras echando suertes sobre ellas, *para ver* qué llevaría cada uno.

25 Y era la hora tercera cuando le crucificaron.

26 Y el título escrito de su causa era: ᵈEL REY DE LOS JUDÍOS.

27 Y crucificaron con Él a dos ladrones, uno a su derecha, y otro a su izquierda.

28 Y se cumplió la Escritura que dice: Y ᵉcon los transgresores fue contado.

29 Y los que pasaban le injuriaban, meneando sus cabezas y diciendo: ¡Ah! Tú que derribas el templo *de Dios* y en tres días lo reedificas,

30 ᵍsálvate a ti mismo, y desciende de la cruz.

31 De esta manera también los príncipes de los sacerdotes escarneciendo, decían unos a otros, con los escribas: ʰA otros salvó, a sí mismo no se puede salvar.

32 El Cristo, el Rey de Israel, descienda ahora de la cruz, para que veamos y creamos. ʲTambién los que estaban crucificados con Él le injuriaban.

33 Y cuando vino ᵏla hora sexta, hubo tinieblas sobre toda la tierra hasta la hora novena.

34 Y a la hora novena Jesús clamó a gran voz, diciendo: Eloi, Eloi, ¿lama sabactani? Que interpretado, es: ᵐDios mío, Dios mío, ¿por qué me has desamparado?

35 Y oyéndole unos de los que estaban allí, dijeron: He aquí, llama a Elías.

36 Y corrió uno, y empapando una esponja en vinagre, y poniéndola en una caña, le dio a beber, diciendo: Dejad, veamos si viene Elías a bajarle.

37 Mas Jesús, clamando a gran voz, entregó el espíritu.

38 Entonces el velo del templo se rasgó en dos, de arriba abajo.

La resurrección de Jesús

39 Y cuando el centurión que estaba delante de Él, vio que así clamando entregó el espíritu, dijo: Verdaderamente este hombre era el Hijo de Dios.

40 Y estaban también *algunas* mujeres mirando de lejos, entre las cuales estaba María Magdalena, y María la madre de Jacobo el menor y de José, y Salomé;

41 las cuales, cuando estuvo en Galilea, le habían seguido, y le servían; y muchas otras que habían subido con Él a Jerusalén.

42 Y cuando ya atardecía, porque era la preparación, esto es, la víspera del sábado,

43 José de Arimatea, consejero honorable, que también esperaba el reino de Dios, vino, y entró osadamente a Pilato, y pidió el cuerpo de Jesús.

44 Y Pilato se maravilló de que ya hubiese muerto; y llamando al centurión, le preguntó si ya había muerto.

45 Y enterado del centurión, dio el cuerpo a José,

46 el cual compró una sábana, y bajándole, le envolvió en la sábana, y le puso en un sepulcro que estaba cavado en una roca, y rodó una piedra a la puerta del sepulcro.

47 Y María Magdalena, y María *la madre* de José, miraban dónde era puesto.

CAPÍTULO 16

Y cuando hubo pasado el sábado, María Magdalena, y María *la madre* de Jacobo, y Salomé, compraron especias aromáticas para venir a ungirle.

2 Y muy de mañana, el primer *día* de la semana, a la salida del sol, vinieron al sepulcro.

3 Y decían entre sí: ¿Quién nos removerá la piedra de la puerta del sepulcro?

4 Y cuando miraron, vieron removida la piedra, que era muy grande.

5 Y entrando en el sepulcro, vieron a un joven sentado al lado derecho, cubierto de una larga ropa blanca; y se espantaron.

6 Y él les dijo: No os asustéis; buscáis a Jesús el Nazareno, el que fue crucificado; ha resucitado, no está aquí; he aquí el lugar en donde le pusieron.

7 Pero id, decid a sus discípulos y a Pedro, que Él va delante de vosotros a Galilea; allí le veréis, como os dijo.

8 Y ellas se fueron aprisa, huyendo del sepulcro, porque les había tomado temblor y espanto; y no dijeron nada a nadie, porque tenían miedo.

9 Mas cuando *Jesús* resucitó por la mañana, el primer *día* de la semana, apareció primeramente a María Magdalena, de la cual había echado siete demonios.

10 Y ella fue y lo hizo saber a los que habían estado con Él, que estaban tristes y llorando.

11 Y ellos, cuando oyeron que vivía, y que había sido visto por ella, no lo creyeron.

12 Y después de esto, apareció en otra forma a dos de ellos que iban de camino, yendo al campo.

13 Y ellos fueron, y lo hicieron saber a los demás; y ni aun a ellos creyeron.

14 Finalmente se apareció a los once, estando ellos sentados a la mesa, y les reprochó su incredulidad y dureza de corazón, porque no habían creído a los que le habían visto resucitado.

15 Y les dijo: Id por todo el mundo y predicad el evangelio a toda criatura.

16 El que creyere y fuere bautizado, será salvo; mas el que no creyere, será condenado.

17 Y estas señales seguirán a los que creen: En mi nombre echarán fuera demonios; hablarán nuevas lenguas;

18 tomarán serpientes; y si bebieren cosa mortífera, no les dañará; sobre los enfermos pondrán sus manos y sanarán.

19 Y el Señor, después que les habló, fue recibido arriba en el cielo, y se sentó a la diestra de Dios.

20 Y ellos saliendo, predicaron en todas partes, obrando con *ellos* el Señor, y confirmando la palabra con señales que les seguían. Amén.

El Santo Evangelio según
LUCAS

CAPÍTULO 1

Puesto que ya muchos han intentado poner en orden la historia de las cosas que entre nosotros son ciertísimas,

2 así como nos lo enseñaron ^blos que desde ^del principio lo vieron con sus ojos, y fueron ^eministros de la palabra;

3 me ha parecido también a mí, después de haber entendido perfectamente todas las cosas desde el principio, escribírtelas por orden, ^hoh excelentísimo ⁱTeófilo,

4 para que conozcas la certeza de ^jlas cosas en las que has sido instruido.

5 Hubo ^len los días de Herodes, rey de Judea, un sacerdote llamado Zacarías, de la clase de Abías; y su esposa era de las hijas de Aarón, y se llamaba Elisabet.

6 Y ambos ^meran justos delante de Dios, andando irreprensibles en todos los mandamientos y ordenanzas del Señor.

7 Y no tenían hijo, porque Elisabet era estéril, y ambos eran *ya* de edad avanzada.

8 Y aconteció que ejerciendo Zacarías el sacerdocio delante de Dios en ⁿel orden de su clase,

9 conforme a la costumbre del sacerdocio, le tocó en suerte ^oencender el incienso, entrando en el templo del Señor.

10 Y toda la multitud del pueblo ^pestaba fuera orando a la hora del incienso.

11 Y se le apareció un ángel del Señor puesto en pie a la derecha ^rdel altar del incienso.

12 Y viéndole, se turbó Zacarías, y cayó temor sobre él.

13 Mas el ángel le dijo: Zacarías, no temas; porque tu oración ha sido oída, y tu esposa Elisabet te dará a luz un hijo, y ^vllamarás su nombre Juan.

14 Y tendrás gozo y alegría, ^xy muchos se regocijarán de su nacimiento.

15 Porque será grande delante del Señor; y ^ano beberá vino ni sidra, y será lleno del Espíritu Santo, aun desde el vientre de su madre.

16 Y a muchos de los hijos de Israel convertirá al Señor Dios de ellos.

17 Porque ^cél irá delante de Él en el espíritu y el poder de Elías, para hacer volver los corazones de los padres a los hijos, y los desobedientes a la sabiduría de los justos, ^fpara preparar un pueblo dispuesto para el Señor.

18 Y dijo Zacarías al ángel: ^g¿En qué conoceré esto? Porque yo soy viejo, y mi esposa es de edad avanzada.

19 Y respondiendo el ángel le dijo: Yo soy ^kGabriel, que estoy delante de Dios; y soy enviado a hablarte y darte estas buenas nuevas.

20 Y he aquí estarás mudo y no podrás hablar, hasta el día que esto sea hecho, por cuanto no creíste mis palabras, las cuales se cumplirán a su tiempo.

21 Y el pueblo estaba esperando a Zacarías, y se maravillaban de que él se demorase en el templo.

22 Y cuando salió, no les podía hablar; y entendieron que había visto visión en el templo, pues les hablaba por señas, y permanecía mudo.

23 Y aconteció que cumpliéndose los días de su ministerio, se fue a su casa.

24 Y después de aquellos días concibió su esposa Elisabet, y se encubrió por cinco meses, diciendo:

25 Así me ha hecho el Señor en los días en que miró ^qpara quitar mi afrenta entre los hombres.

26 Y al sexto mes, el ángel Gabriel fue enviado de Dios a una ciudad de Galilea, llamada Nazaret,

27 a ^suna virgen ^tdesposada con un varón que se llamaba José, ^ude la casa de David; y el nombre de la virgen *era* María.

28 Y entrando el ángel a donde ella estaba, dijo: ¡Salve, muy favorecida! El Señor *es* contigo; ^ybendita tú entre las mujeres.

LUCAS 1

29 Y cuando ella le vio, se turbó por sus palabras, y pensaba qué salutación sería ésta.

30 Entonces el ángel le dijo: María, no temas, porque has hallado gracia delante de Dios.

31 Y he aquí, ᵇconcebirás en tu vientre, y darás a luz un hijo, y llamarás su nombre JESÚS.

32 Éste será grande, y será llamado Hijo del ᶠAltísimo; y el Señor Dios le dará el trono de David, su padre;

33 y reinará sobre ᵍla casa de Jacob por siempre; y de su reino no habrá fin.

34 Entonces María dijo al ángel: ¿Cómo será esto? pues no conozco varón.

35 Y respondiendo el ángel le dijo: El Espíritu Santo vendrá sobre ti, y el poder del Altísimo te cubrirá con su sombra; por lo cual también lo Santo que de ti nacerá, será llamado ᵐel Hijo de Dios.

36 Y he aquí tu prima Elisabet, la que llamaban estéril, ella también ha concebido hijo en su vejez; y éste es el sexto mes para ella.

37 Porque ⁿcon Dios nada será imposible.

38 Entonces María dijo: He aquí la sierva del Señor; hágase a mí conforme a tu palabra. Y el ángel se fue de ella.

39 Y en aquellos días levantándose María, se fue aprisa a ᵖla montaña, a una ciudad de Judá;

40 y entró en casa de Zacarías, y saludó a Elisabet.

41 Y aconteció que cuando oyó Elisabet la salutación de María, la criatura saltó en su vientre; y Elisabet fue ʳllena del Espíritu Santo,

42 y exclamó a gran voz, y dijo: Bendita tú entre las mujeres, y bendito el fruto de tu vientre.

43 ¿Y de dónde esto a mí, que la madre de mi Señor venga a mí?

44 Porque he aquí, tan pronto como llegó la voz de tu salutación a mis oídos, la criatura saltó de alegría en mi vientre.

45 Y ᵗbienaventurada la que creyó, porque se cumplirán las cosas que le fueron dichas de parte del Señor.

46 Entonces María dijo: Mi alma ˣengrandece ʸal Señor;

a 1 Sm 1:11
Sal 138:6

b Is 7:14
Mt 1:21
cp 2:21

c Sal 71:19
y 126:2-3
d Sal 111:9
e Sal 103:17
f vers 35,76
g Dn 2:44
y 7:14-27
h Sal 98:1
Is 40:10
i Sal 33:10
j 1 Sm 2:6-8
k cp 18:14
Job 5:11-13
y 34:24
Sal 113:7-8
Ec 4:14
Stg 4:10
l Sal 34:10
y 107:9
Mt 5:6
m Mt 14:33
n Mt 19:26
Mr 10:27
Cp 18:27
o Gn 17:12
cp 2:21
p Jos 20:7
y 21:11

q ver 13

r ver 67

s ver 20

t Jn 20:29
u ver 39
v Sal 80:17
Hch 11:21
x 1 Sm 2:1-10
y Dn 2:44
y Sal 33:2-3

El nacimiento de Juan el Bautista

47 y mi espíritu se regocijó en Dios mi Salvador;

48 porque ha mirado ᵃla bajeza de su sierva; y he aquí, desde ahora me dirán bienaventurada todas las generaciones.

49 Porque ᶜme ha hecho grandes cosas el Poderoso; y ᵈsanto es su nombre.

50 Y ᵉsu misericordia es en los que le temen, de generación en generación.

51 Hizo proezas con ʰsu brazo; ⁱesparció a los soberbios en las imaginaciones de sus corazones;

52 ʲderribó de los tronos a los poderosos, y ᵏexaltó a los humildes.

53 ˡA los hambrientos colmó de bienes, y a los ricos envió vacíos.

54 Socorrió a Israel su siervo, acordándose de su misericordia;

55 tal como habló a nuestros padres, a Abraham, y a su simiente para siempre.

56 Y se quedó María con ella como tres meses, y se regresó a su casa.

57 Y a Elisabet se le cumplió el tiempo de su alumbramiento, y dio a luz un hijo.

58 Y oyeron sus vecinos y sus parientes que el Señor había mostrado para con ella grande misericordia, y se regocijaron con ella.

59 Y aconteció que ᵒal octavo día vinieron para circuncidar al niño; y le llamaban por el nombre de su padre, Zacarías.

60 Y respondiendo su madre, dijo: No; sino ᵠJuan será llamado.

61 Y le dijeron: No hay nadie en tu parentela que se llame con ese nombre.

62 Entonces hicieron señas a su padre, preguntándole cómo le quería llamar.

63 Y pidiendo una tablilla, escribió, diciendo: Juan es su nombre. Y todos se maravillaron.

64 Y al instante ˢfue abierta su boca y suelta su lengua, y habló bendiciendo a Dios.

65 Y vino temor sobre todos sus vecinos; y todas estas cosas se divulgaron por todas ᵘlas montañas de Judea.

66 Y todos los que las oían las guardaban en su corazón, diciendo: ¿Quién será este niño? Y ᵛla mano del Señor era con él.

El nacimiento de Jesús

67 Y Zacarías su padre fue ªlleno del Espíritu Santo, y profetizó, diciendo:

68 Bendito ᵇel Señor Dios de Israel, porque ᶜha visitado y redimido a su pueblo,

69 y nos alzó ᵈcuerno de salvación en la casa de David su siervo,

70 tal como habló ᵉpor boca de sus santos profetas que fueron desde el principio del mundo;

71 que habríamos de ser ᶠsalvos de nuestros enemigos, y de mano de todos los que nos aborrecen;

72 para hacer misericordia con nuestros padres, y ᵍacordarse de su santo pacto;

73 ʰdel juramento que hizo a Abraham nuestro padre,

74 que nos habría de conceder, que liberados de la mano de nuestros enemigos, sin temor le serviríamos,

75 en santidad y justicia delante de Él, todos los días de nuestra vida.

76 Y tú, niño, ⁱprofeta del Altísimo serás llamado; porque ⁿirás delante de la faz del Señor, para preparar sus caminos;

77 para dar conocimiento de ᵒsalvación a su pueblo, para remisión de sus pecados,

78 por la entrañable misericordia de nuestro Dios, con que ᵖla aurora nos visitó de lo alto,

79 ᵘpara dar luz a los que habitan en tinieblas y sombra de muerte; para encaminar nuestros pies por camino de paz.

80 Y ᵛel niño crecía, y se fortalecía en espíritu; y ˣestuvo en el desierto hasta el día que se mostró a Israel.

CAPÍTULO 2

Y aconteció en aquellos días que salió ʸun edicto de parte de Augusto César, que todo el mundo fuese empadronado.

2 Este empadronamiento ᶻprimero fue hecho siendo Cirenio ᵇgobernador de Siria.

3 E iban todos para ser empadronados, cada uno a su ciudad.

4 Y José también subió de ᶜGalilea, de ᵉla ciudad de Nazaret, a Judea, a la ciudad de David, que se llama Belén, por cuanto era de la casa y familia de David;

5 para ser empadronado con María su esposa, desposada con él, la cual estaba a punto de dar a luz.

6 Y aconteció que estando ellos allí, se cumplieron los días de su alumbramiento.

7 Y dio a luz a su hijo primogénito, y le envolvió en pañales, y le acostó en un pesebre, porque no había lugar para ellos en el mesón.

8 Y había pastores en la misma región, que velaban y guardaban las vigilias de la noche sobre su rebaño.

9 Y he aquí, el ángel del Señor vino sobre ellos, y la gloria del Señor los cercó de resplandor; y tuvieron gran temor.

10 Mas el ángel les dijo: No temáis; porque he aquí os doy ⁱnuevas de gran gozo, que será para todo el pueblo:

11 Que ʲos ha nacido hoy, en la ciudad de David, ᵏun Salvador, que es ᵐCristo el Señor.

12 Y esto os *será* por señal; hallaréis al niño envuelto en pañales, acostado en un pesebre.

13 Y repentinamente fue con el ángel ᵖuna multitud de los ejércitos celestiales, que alababan a Dios, y decían:

14 Gloria a Dios en las alturas, y ᵠen la tierra ˢpaz, ᵗbuena voluntad para con los hombres.

15 Y aconteció que cuando los ángeles se fueron de ellos al cielo, los pastores se dijeron unos a otros: Pasemos, pues, hasta Belén, y veamos esto que ha sucedido, que el Señor nos ha manifestado.

16 Y vinieron aprisa, y hallaron a María, y a José, y al niño acostado en el pesebre.

17 Y al verlo, hicieron notorio lo que les había sido dicho acerca del niño.

18 Y todos los que oyeron, se maravillaron de lo que los pastores les decían.

19 Pero ªMaría guardaba todas estas cosas, meditándolas en su corazón.

20 Y se volvieron los pastores glorificando y alabando a Dios por todas las cosas que habían oído y visto, como se les había dicho.

21 Y cumplidos ᵈlos ocho días para circuncidar al niño, llamaron su nombre ᶠJESÚS; como fue llamado por el ángel antes que Él fuese concebido en el vientre.

LUCAS 3

22 Y cuando se cumplieron ªlos días de la purificación de ella, conforme a la ley de Moisés, le trajeron a Jerusalén para presentarle al Señor.

23 (Como está escrito en la ley del Señor: ᵈTodo varón que abriere la matriz, será llamado santo al Señor),

24 y para ofrecer sacrificio, conforme a lo que está dicho en la ley del Señor; ᵉun par de tórtolas, o dos palominos.

25 Y he aquí había en Jerusalén un hombre llamado Simeón, y este hombre, justo y piadoso, ᵍesperaba la consolación de Israel; y el Espíritu Santo estaba sobre él.

26 Y le había sido revelado por el Espíritu Santo, que ʰno vería la muerte antes que viese al Cristo del Señor.

27 Y vino ⁱpor el Espíritu al templo. Y cuando los padres metieron al niño Jesús en el templo, ʲpara hacer por Él conforme a la costumbre de la ley,

28 él entonces le tomó en sus brazos, y bendijo a Dios, diciendo:

29 Señor, ᵏahora despides a tu siervo en paz, conforme a tu palabra;

30 porque han visto mis ojos tu salvación,

31 la cual ⁿhas preparado en presencia de todos los pueblos;

32 luz para revelación ᵒa los gentiles, y la gloria de tu pueblo Israel.

33 Y José y su madre estaban maravillados de las cosas que se decían de Él.

34 Y los bendijo Simeón, y dijo a su madre María: He aquí, Éste es puesto para ᵠcaída y levantamiento de muchos en Israel; y por señal a la que será contradicho

35 (Y ʳuna espada traspasará también tu misma alma), para que sean revelados los pensamientos de muchos corazones.

36 Estaba también allí Ana, profetisa, hija de Fanuel, de la tribu de ˢAser; la cual era grande de edad, y había vivido con su marido siete años desde su virginidad;

37 y *era* viuda como de ochenta y cuatro años, que no se apartaba del templo, ᵗsirviendo *a Dios* de noche y de día con ayunos y oraciones.

38 Y ésta, viniendo en la misma hora, también daba gracias al Señor, y hablaba de Él a todos los que ᵇesperaban la redención en Jerusalén.

Jesús es presentado en el templo

39 Y cuando cumplieron todas las cosas según la ley del Señor, se volvieron a Galilea, a ᶜsu ciudad de Nazaret.

40 Y el niño crecía, y se fortalecía en espíritu, lleno de sabiduría; y la gracia de Dios era sobre Él.

41 E iban sus padres ᶠtodos los años a Jerusalén en la fiesta de la pascua.

42 Y cuando tuvo doce años, subieron ellos a Jerusalén conforme a la costumbre de la fiesta.

43 Y cuando cumplieron los días, regresando ellos, el niño Jesús se quedó en Jerusalén, sin saberlo José y su madre.

44 Y pensando que estaba en la compañía, anduvieron camino de un día; y le buscaban entre los parientes y entre los conocidos;

45 y como no le hallaron, volvieron a Jerusalén buscándole.

46 Y aconteció que tres días después le hallaron en el templo, sentado en medio de ˡlos doctores, oyéndoles y preguntándoles.

47 Y todos los que le oían, ᵐse admiraban de su inteligencia, y de sus respuestas.

48 Y cuando le vieron, se asombraron; y le dijo su madre: Hijo, ¿por qué nos has hecho así? He aquí, tu padre y yo te hemos buscado con angustia.

49 Entonces Él les dijo: ¿Por qué me buscabais? ¿No sabíais que ᵖen los negocios de mi Padre me es necesario estar?

50 Mas ellos no entendieron las palabras que les habló.

51 Y descendió con ellos, y vino a Nazaret, y estaba sujeto a ellos. Y su madre guardaba todas estas cosas en su corazón.

52 Y Jesús crecía en sabiduría y en estatura, y en gracia para con Dios y los hombres.

CAPÍTULO 3

Y en el año quince del imperio de ᵘTiberio César, siendo gobernador de Judea Poncio Pilato, y ᵛHerodes tetrarca de Galilea, y su hermano ˣFelipe tetrarca de Iturea y

Predicación de Juan el Bautista

de la provincia de Traconite, y Lisanias tetrarca de Abilinia,

2 siendo sumos sacerdotes [a]Anás y [b]Caifás, vino palabra de Dios a Juan, hijo de Zacarías, en el desierto.

3 Y él vino por toda la tierra alrededor del Jordán [e]predicando el bautismo del arrepentimiento para la remisión de pecados,

4 como está escrito en el libro de las palabras del profeta Isaías que dice: [g]Voz del que clama en el desierto: Preparad el camino del Señor; Enderezad sus sendas.

5 Todo valle será llenado, y se bajará todo monte y collado; y [i]lo torcido será enderezado, y los caminos ásperos *serán* allanados;

6 y toda carne verá la salvación de Dios.

7 Y decía a las multitudes que salían para ser bautizadas por él: ¡Oh [l]generación de víboras! ¿Quién os enseñó a huir de la ira que vendrá?

8 Haced, pues, frutos dignos de arrepentimiento, y no comencéis a decir en vosotros mismos: Tenemos a Abraham por padre; porque os digo que Dios puede levantar hijos a Abraham aun de estas piedras.

9 Y ya también el hacha está puesta a la raíz de los árboles; por tanto, todo árbol que no da buen fruto es cortado y echado en el fuego.

10 Y la gente le preguntaba, diciendo: ¿Qué, pues, haremos?

11 Y respondiendo, les dijo: [o]El que tiene dos túnicas, dé al que no tiene; y el que tiene qué comer, haga lo mismo.

12 Y vinieron también [p]publicanos para ser bautizados, y le dijeron: Maestro, ¿qué haremos?

13 Y él les dijo: [q]No exijáis más de lo que os está ordenado.

14 Y le preguntaron también los soldados, diciendo: Y nosotros, ¿qué haremos? Y les dice: No hagáis extorsión a nadie ni calumniéis; y contentaos con vuestro salario.

15 Y el pueblo estaba a la expectativa, y se preguntaban todos en sus corazones en cuanto a Juan, [t]si él sería el Cristo.

16 Respondió Juan, diciendo a todos: Yo a la verdad os bautizo en agua; pero viene quien es más poderoso que yo, de quien [x]no soy digno de desatar la correa de su calzado: Él os bautizará con el Espíritu Santo y fuego.

17 Su [c]aventador está en su mano, y limpiará su era, y juntará el trigo en su granero, y [d]quemará la paja en fuego que nunca se apagará.

18 Y así, muchas otras cosas predicaba al pueblo en su exhortación.

19 Entonces Herodes [f]el tetrarca, siendo reprendido por él a causa de [h]Herodías, esposa de Felipe su hermano, y de todas las maldades que Herodes había hecho,

20 sobre todas ellas, añadió además ésta; que [j]encerró a Juan en la cárcel.

21 Y aconteció que cuando todo el pueblo se bautizaba, también [k]Jesús fue bautizado; y orando, el cielo se abrió,

22 y descendió el Espíritu Santo sobre Él en forma corporal, como paloma, y vino una voz del cielo que decía: [m]Tú eres mi Hijo amado, en ti tengo complacencia.

23 Y el mismo Jesús comenzaba a ser [n]como de treinta años, siendo (como se creía) hijo de José, *hijo de* Elí,

24 *hijo de* Matat, *hijo de* Leví, *hijo de* Melqui, *hijo de* Jana, *hijo de* José,

25 *hijo de* Matatías, *hijo de* Amós, *hijo de* Nahúm, *hijo de* Esli, *hijo de* Nagai,

26 *hijo de* Maat, *hijo de* Matatías, *hijo de* Simeí, *hijo de* José, *hijo de* Judá,

27 *hijo de* Joana, *hijo de* Rhesa, *hijo de* Zorobabel, *hijo de* Salatiel, *hijo de* Neri,

28 *hijo de* Melqui, *hijo de* Abdi, *hijo de* Cosam, *hijo de* Elmodam, *hijo de* Er,

29 *hijo de* José, *hijo de* Eliezer, *hijo de* Joreim, *hijo de* Matat, *hijo de* Leví,

30 *hijo de* Simeón, *hijo de* Judá, *hijo de* José, *hijo de* Jonán, *hijo de* Eliaquim,

31 *hijo de* Melea, *hijo de* Mainán, *hijo de* Matata, *hijo de* [r]Natán, *hijo de* [s]David,

32 *hijo de* Isaí, *hijo de* [u]Obed, *hijo de* [v]Boaz, *hijo de* Salmón, *hijo de* Naasón,

33 *hijo de* Aminadab, *hijo de* Aram, *hijo de* Esrom, *hijo de* Fares, *hijo de* Judá,

34 *hijo* de Jacob, *hijo* de Isaac, *hijo* de Abraham, *hijo* de Taré, *hijo* de Nacor,

35 *hijo* de Serug, *hijo* de Reu, *hijo* de Peleg, *hijo* de Heber, *hijo* de Sala,

36 *hijo* de Cainán, *hijo* de Arfaxad, *hijo* de Sem, *hijo* de Noé, *hijo* de Lamec,

37 *hijo* de Matusalén, *hijo* de Enoc, *hijo* de Jared, *hijo* de Mahalaleel, *hijo* de Cainán,

38 *hijo* de Enós, *hijo* de Set, *hijo* de Adán, *hijo* de Dios.

CAPÍTULO 4

Y Jesús, lleno del Espíritu Santo, volvió del Jordán, y fue llevado por el Espíritu al desierto

2 por ^ccuarenta días, y era tentado por el diablo. Y no comió nada en aquellos días; pasados los cuales, luego tuvo hambre.

3 Entonces el diablo le dijo: Si eres el Hijo de Dios, di a esta piedra que se convierta en pan.

4 Y Jesús, respondiéndole, dijo: Escrito está: ^dNo sólo de pan vivirá el hombre, sino de toda palabra de Dios.

5 Y le llevó el diablo a un monte alto, y le mostró en un momento de tiempo todos los reinos de la tierra.

6 Y le dijo el diablo: A ti te daré toda esta potestad, y la gloria de ellos; porque ^fa mí me es entregada, y a quien quiero la doy.

7 Si tú, pues, me adorares, todos serán tuyos.

8 Y respondiendo Jesús, le dijo: Quítate de delante de mí, Satanás, porque escrito está: ^gAl Señor tu Dios adorarás, y a Él solo servirás.

9 Y le llevó a Jerusalén, y le puso sobre las almenas del templo, y le dijo: Si eres el Hijo de Dios, échate de aquí abajo;

10 porque escrito está: ^jA sus ángeles mandará acerca de ti, que te guarden;

11 y: En *sus* manos te sostendrán, para que no tropieces tu pie en piedra.

12 Y respondiendo Jesús, le dijo: Dicho está: ^mNo tentarás al Señor tu Dios.

13 Y cuando el diablo hubo acabado toda tentación, se apartó de Él ⁿpor un tiempo.

a Mt. 4:24

b Is 61:1-2

c Mr 1:3

d Dt 8:3

e Mt 13:55
Mr 6:3
Jn 6:42
f Jn 12:31

g cp 24:52
Dt 6:13
Mt 4:10
Ap 19:10
y 22:8-9
h Mt 13:57
Mr 6:4
Jn 4:44
i 1 Re 17:1
y 18:1
j Sal 91:11-12
k 1 Re 17:1
l 2 Re 5:1-14
m Dt 6:16
n cp 22:28
Jn 14:30
Hch 2:18
y 4:5

Jesús es tentado en el desierto

14 Y Jesús volvió en el poder del Espíritu a Galilea, y ^asalió su fama por toda la tierra de alrededor.

15 Y Él enseñaba en las sinagogas de ellos, y era glorificado de todos.

16 Y vino a Nazaret, donde había sido criado; y entró el día sábado en la sinagoga, conforme a su costumbre, y se levantó a leer.

17 Y le fue dado el libro del profeta Isaías. Y abriendo el libro, halló el lugar donde estaba escrito:

18 ^bEl Espíritu del Señor *está* sobre mí: Por cuanto me ha ungido para dar buenas nuevas a los pobres: Me ha enviado para sanar a los quebrantados de corazón: Para predicar libertad a los cautivos: Y a los ciegos vista: Para poner en libertad a los quebrantados:

19 Para predicar el año agradable del Señor.

20 Y enrollando el libro, *lo* dio al ministro, y se sentó: Y los ojos de todos en la sinagoga estaban fijos en Él.

21 Y comenzó a decirles: Hoy se ha cumplido esta Escritura en vuestros oídos.

22 Y todos daban testimonio de Él, y estaban maravillados de las palabras de gracia que salían de su boca, y decían: ^e¿No es Éste el hijo de José?

23 Y les dijo: Sin duda me diréis este refrán: Médico, cúrate a ti mismo; de tantas cosas que hemos oído haber sido hechas en Capernaúm, haz también aquí en tu tierra.

24 Y dijo: De cierto os digo, que ^hningún profeta es acepto en su tierra.

25 Pero en verdad os digo *que* muchas viudas había en Israel en los días de Elías, cuando el cielo fue cerrado por ⁱtres años y seis meses, en que hubo una gran hambre en toda la tierra;

26 pero a ninguna de ellas fue enviado Elías, sino a ^kSarepta de Sidón, a una mujer viuda.

27 Y ^lmuchos leprosos había en Israel en tiempo del profeta Eliseo; pero ninguno de ellos fue limpiado, sino Naamán el sirio.

28 Y cuando oyeron estas cosas, todos en la sinagoga se llenaron de ira;

La pesca milagrosa

LUCAS 5

29 Y levantándose, le echaron fuera de la ciudad, y le llevaron hasta la cumbre del monte sobre el cual la ciudad de ellos estaba edificada, para despeñarle.

30 Pero Él, ᵇpasando por en medio de ellos, se fue.

31 Y descendió a ᵈCapernaúm, ciudad de Galilea; y les enseñaba en los sábados.

32 Y se maravillaban de ᵉsu doctrina, porque su palabra era con autoridad.

33 Y estaba en la sinagoga ᶠun hombre que tenía un espíritu de un demonio inmundo, el cual exclamó a gran voz,

34 diciendo: Déjanos, ¿qué tenemos contigo, Jesús de Nazaret? ¿Has venido a destruirnos? Yo te conozco quién eres, el Santo de Dios.

35 Y Jesús le reprendió, diciendo: Enmudece, y sal de él. Entonces el demonio, derribándole en medio, salió de él, y no le hizo daño alguno.

36 Y todos estaban asombrados, y hablaban entre sí, diciendo: ¿Qué palabra es ésta, que con autoridad y poder manda a los espíritus inmundos, y salen?

37 Y ʲsu fama se divulgaba por todos los lugares contiguos.

38 Y levantándose, salió de la sinagoga, y entró en casa de Simón. Y ˡla suegra de Simón estaba con una gran fiebre; y le rogaron por ella.

39 Y acercándose a ella, reprendió a la fiebre; y la fiebre la dejó; y al instante ella se levantó y les servía.

40 Y ᵐa la puesta del sol, todos aquellos que tenían enfermos de diversas enfermedades los traían a Él; y Él ponía las manos sobre cada uno de ellos, y los sanaba.

41 Y también ᵒsalían demonios de muchos, dando voces y diciendo: Tú eres Cristo, el Hijo de Dios. Pero Él *les* reprendía y no les dejaba hablar; porque sabían que Él era el Cristo.

42 Y cuando se hizo de día, salió y se fue a un lugar desierto; y la gente le buscaba, y llegando hasta Él, ᶠle detenían para que no se fuera de ellos.

43 Pero Él les dijo: Es necesario que también a otras ciudades yo predique el evangelio del reino de Dios; porque para esto he sido enviado.

44 Y predicaba en las sinagogas de Galilea.

a Mt 4:18
Mr 1:16

b Jn 8:59
y 10:39

c Mt 4:18-22
Mr 1:16-20
Jn 1:40-42

d Mt 14:13
Mr 1:21-28

e Mt 7:28-29
Mr 1:22
Jn 6:63

f Mr 1:23

g Mt 13:2

h Lc 21:6

i Jn 21:3

j Is 52-13
Mt 9:26
Mr 1:28

k Is 6:5

l Mt 8:14
Mr 1:30

m Mt 8:16-17
Mr 1:32-34

n Mr 1:17

o Mr 3:11-12

p ver 28
Mt 4:20
y 9:27
Mr 1:18-25
y 10:29-30
Fil 3:7-8

q Éx 4:6
Lv 13:1-14
2 Re 5:1,27
2 Cr 26:19
Mt 8:2-4
y 26:6
Mr 1:40-45
r Lc 24:29
Jn 4:40

s Lv 14:1

CAPÍTULO 5

Y aconteció, que estando Él ᵃjunto al lago de Genezaret, la multitud se agolpaba sobre Él para oír la palabra de Dios.

2 Y vio ᶜdos barcas que estaban cerca de la orilla del lago; y los pescadores, habiendo descendido de ellas, lavaban *sus* redes.

3 Y entrado en una de las barcas, la cual era de Simón, le rogó que la apartase de tierra un poco; y sentándose, enseñaba ᵍdesde la barca a la multitud.

4 Y cuando terminó de hablar, dijo a Simón: ʰBoga mar adentro, y echad vuestras redes para pescar.

5 Y respondiendo Simón, le dijo: Maestro, ⁱhemos trabajado toda la noche, y nada hemos pescado; mas en tu palabra echaré la red.

6 Y habiéndolo hecho, encerraron gran cantidad de peces, y su red se rompía.

7 E hicieron señas a los compañeros que estaban en la otra barca para que viniesen a ayudarles; y vinieron, y llenaron ambas barcas, de tal manera que se hundían.

8 Al ver esto Simón Pedro, cayó a las rodillas de Jesús, diciendo: ᵏApártate de mí, Señor, porque soy hombre pecador.

9 Porque temor le había rodeado, y a todos los que estaban con él, a causa de la presa de los peces que habían tomado;

10 y asimismo a Jacobo y a Juan, hijos de Zebedeo, que eran compañeros de Simón. Y Jesús dijo a Simón: No temas; desde ahora ⁿpescarás hombres.

11 Y cuando trajeron las barcas a tierra, ᵖdejándolo todo, le siguieron.

12 Y aconteció que estando en una ciudad, he aquí ᵠun hombre lleno de lepra, el cual viendo a Jesús, se postró sobre su rostro, y le rogó, diciendo: Señor, si quieres, puedes limpiarme.

13 Y extendiendo *su* mano, le tocó, diciendo: Quiero; sé limpio. Y al instante la lepra se fue de él.

14 Y Él le mandó que no lo dijese a nadie; ˢpero ve, *le dijo*, muéstrate al sacerdote, y ofrece por tu limpieza, según mandó Moisés, para testimonio a ellos.

15 Pero su fama mucho más se extendía, y grandes multitudes se reunían para oírle y ser sanados por Él de sus enfermedades.

16 Mas Él ªse apartaba al desierto, y oraba.

17 Y aconteció un día, que Él estaba enseñando, y los fariseos y doctores de la ley estaban sentados; los cuales habían venido de todas las aldeas de Galilea, y de Judea y Jerusalén: Y el poder del Señor estaba allí para sanarlos.

18 Y he aquí unos hombres que traían sobre un lecho a un hombre que estaba paralítico; y procuraban meterle, y ponerle delante de Él.

19 Y no hallando por dónde meterlo a causa de la multitud, subieron a la azotea y por el tejado lo bajaron con el lecho y *lo pusieron* en medio, delante de Jesús.

20 Y ᵈal ver Él la fe de ellos, le dijo: Hombre, tus pecados te son perdonados.

21 Entonces los escribas y los fariseos comenzaron a murmurar, diciendo: ¿Quién es Éste que habla blasfemias? ¿Quién puede perdonar pecados sino sólo Dios?

22 Y Jesús, ᶠpercibiendo los pensamientos de ellos, respondió y les dijo: ¿Qué pensáis en vuestros corazones?

23 ¿Qué es más fácil, decir: Tus pecados te son perdonados, o decir: Levántate y anda?

24 Pues para que sepáis que ᵉel Hijo del Hombre tiene potestad en la tierra de perdonar pecados (dijo al paralítico): A ti digo, levántate, toma tu lecho, y vete a tu casa.

25 Y al instante, se levantó en presencia de ellos, y tomando el lecho en que había estado acostado, se fue a su casa, glorificando a Dios.

26 Y todos estaban ᵍasombrados, y glorificaban a Dios, y llenos de temor, decían: Hoy hemos visto ªmaravillas.

27 Y después de estas cosas salió, y vio a ʰun publicano llamado Leví, sentado al banco de los tributos públicos, y le dijo: Sígueme.

28 Y dejándolo todo, se levantó, y le siguió.

29 Y Leví le hizo un gran banquete en su casa; y había mucha compañía de publicanos y de otros que estaban sentados a la mesa con ellos.

30 Y los escribas y los fariseos murmuraban contra sus discípulos, diciendo: ¿Por qué coméis y bebéis con los publicanos y pecadores?

31 Respondiendo Jesús, les dijo: Los que están sanos no tienen necesidad de médico, sino los que están enfermos.

32 ᵇNo he venido a llamar a justos, sino a pecadores al arrepentimiento.

33 Entonces ellos le dijeron: ¿Por qué los discípulos de Juan ayunan muchas veces y hacen oraciones, y asimismo los de los fariseos, ᶜpero los tuyos comen y beben?

34 Y Él les dijo: ¿Podéis hacer que los que están de bodas ayunen, entre tanto que el esposo está con ellos?

35 Pero los días vendrán cuando el esposo les será quitado; entonces, en aquellos días ayunarán.

36 Y les dijo también una parábola: Nadie pone remiendo de paño nuevo en vestido viejo; de otra manera el nuevo lo rompe, y el remiendo *sacado* del nuevo no armoniza con el viejo.

37 Y nadie echa vino nuevo en odres viejos; de otra manera el vino nuevo romperá los odres, y el vino se derramará, y los odres se perderán.

38 Mas el vino nuevo en odres nuevos se ha de echar; y ambos se conservan.

39 Y ninguno que bebiere el añejo, quiere luego el nuevo; porque dice: El añejo es mejor.

CAPÍTULO 6

Y aconteció en el segundo sábado después del primero, que ᶠpasando Él por los sembrados, sus discípulos arrancaban espigas, y comían, restregándolas con las manos.

2 Y algunos de los fariseos les dijeron: ¿Por qué hacéis lo que no es lícito hacer en los sábados?

3 Respondiendo Jesús les dijo: ¿Ni aun esto habéis leído, ᶦlo que hizo David cuando tuvo hambre él, y los que con él estaban?

4 cómo entró en la casa de Dios, y tomó los panes de la proposición, de

Llamamiento de los doce

los cuales no es lícito comer sino sólo a los sacerdotes, y comió, y dio también a los que estaban con él?

5 Y les decía: El Hijo del Hombre es Señor aun del sábado.

6 Y aconteció también en otro sábado, que Él entró en la sinagoga y enseñaba; y estaba allí un hombre que [b]tenía seca la mano derecha.

7 Y [c]le acechaban los escribas y los fariseos, *para ver* si sanaría en sábado, para hallar de qué acusarle.

8 Pero [1]Él conocía los pensamientos de ellos; y dijo al hombre que tenía seca la mano: Levántate, y ponte en medio. Y él, levantándose, se puso en pie.

9 Entonces Jesús les dijo: Os preguntaré una cosa: ¿Es lícito en sábados hacer bien, o hacer mal? ¿Salvar la vida, o quitarla?

10 Y mirándolos a todos alrededor, dijo al hombre: Extiende tu mano. Y él lo hizo así, y su mano fue restaurada, sana como la otra.

11 Y ellos se llenaron de ira; y hablaban entre sí de qué podrían hacer a Jesús.

12 Y aconteció en aquellos días, que [h]fue al monte a orar, y pasó la noche orando a Dios.

13 Y cuando fue de día, [j]llamó a sus discípulos, y escogió doce de ellos, a los cuales también llamó apóstoles.

14 A Simón, a quien también llamó Pedro, y a Andrés su hermano, Jacobo y Juan, Felipe y Bartolomé,

15 Mateo y Tomás, Jacobo *hijo* de Alfeo, y Simón el que se llama Zelotes;

16 Judas *hermano* de Jacobo, y Judas Iscariote, que también fue el traidor.

17 Y descendió con ellos, y se detuvo en [n]un lugar llano, en compañía de sus discípulos y de [o]una gran multitud de gente de toda Judea y de Jerusalén, y de la costa de [p]Tiro y de Sidón, que habían venido para oírle, y para ser sanados de sus enfermedades;

18 y los que habían sido atormentados de espíritus inmundos; y fueron sanados.

19 Y toda la multitud procuraba tocarle; porque poder salía de Él, y sanaba a todos.

20 Y alzando Él sus ojos hacia sus discípulos, decía: [a]Bienaventurados *vosotros* los pobres; porque vuestro es el reino de Dios.

21 Bienaventurados los que ahora tenéis hambre; porque seréis saciados. Bienaventurados los que ahora lloráis, porque reiréis.

22 Bienaventurados seréis, cuando los hombres os aborrecieren, y cuando os apartaren *de sí*, y os vituperaren, y desecharen vuestro nombre como malo, por causa del Hijo del Hombre.

23 Regocijaos en aquel día, y [d]saltad de gozo; porque he aquí vuestro galardón *es* grande en el cielo; porque así hacían sus padres a los profetas.

24 Mas ¡ay de vosotros, [e]ricos! porque tenéis vuestro consuelo.

25 ¡Ay de vosotros, los que [f]estáis llenos! porque tendréis hambre. ¡Ay de vosotros, los que ahora reís! porque lamentaréis y lloraréis.

26 ¡Ay de vosotros, [g]cuando todos los hombres hablaren bien de vosotros! Porque así hacían sus padres a los falsos profetas.

27 Pero a vosotros los que oís, os digo: [i]Amad a vuestros enemigos, haced bien a los que os aborrecen;

28 Bendecid a los que os maldicen, y orad por los que os calumnian;

29 Y al que [k]te hiriere en una mejilla, dale también la otra; y al que te quitare la capa, no le impidas llevar aun la túnica.

30 Y a cualquiera que te pida, dale; y al que tome lo que es tuyo, no pidas que te lo devuelva.

31 Y [l]como queréis que os hagan los hombres, así también hacedles vosotros:

32 Porque [m]si amáis a los que os aman, ¿qué gracia tenéis? Porque también los pecadores aman a los que los aman.

33 Y si hacéis bien a los que os hacen bien, ¿qué gracia tenéis? Porque también los pecadores hacen lo mismo.

34 Y si prestáis *a aquellos* de quienes esperáis recibir, ¿qué gracia tenéis? Porque también los pecadores prestan a los pecadores, para recibir otro tanto.

35 [q]Amad, pues, a vuestros enemigos, y haced bien, y prestad,

no esperando nada a cambio; y vuestro galardón será grande, y seréis hijos del Altísimo; porque Él es benigno para con los ingratos y malos.

36 Sed, pues, misericordiosos, como también vuestro Padre es misericordioso.

37 ªNo juzguéis, y no seréis juzgados: No condenéis, y no seréis condenados: Perdonad, y seréis perdonados.

38 Dad, y se os dará; medida buena, apretada, remecida y rebosando darán en vuestro regazo; porque con la misma medida con que midiereis, se os volverá a medir.

39 Y les dijo una parábola: ^c¿Puede el ciego guiar al ciego? ¿No caerán ambos en el hoyo?

40 ^dEl discípulo no es mayor que su maestro; mas todo el que es perfecto, será como su maestro.

41 ¿Y por qué miras ^fla paja que está en el ojo de tu hermano, y no miras la viga que está en tu propio ojo?

42 ¿O cómo puedes decir a tu hermano: Hermano, déjame sacar la paja que está en tu ojo, cuando tú mismo no miras la viga que está en tu propio ojo? Hipócrita, saca primero la viga de tu propio ojo, y entonces verás bien para sacar la paja que está en el ojo de tu hermano.

43 Porque el árbol bueno ^gno da mal fruto; ni el árbol malo da buen fruto.

44 Pues ^hcada árbol por su fruto es conocido. Porque no cosechan higos de los espinos, ni vendimian uvas de las zarzas.

45 El hombre bueno ⁱdel buen tesoro de su corazón saca lo bueno; y el hombre malo del mal tesoro de su corazón saca lo malo; porque ^jde la abundancia del corazón habla su boca.

46 ¿Por qué me llamáis, ^kSeñor, Señor, y no hacéis lo que yo digo?

47 Todo aquel que viene a mí, y oye mis palabras, y las hace, os enseñaré a quién es semejante:

48 ^lSemejante es al hombre que edificó una casa, y cavó profundo, y puso ^mel fundamento sobre la roca; y cuando vino un torrente, el río dio

a Is 65:5
Mt 7:1
Rm 2:1-2
y 14:3,4,10

b Mt 8:5-13

c Is 65:10
Mt 15:14
y 23:24
Rm 2:19

d Mt 10:24
Jn 13:16
y 15:20
e Mt 8:5-10
f Mt 7:3-5

g Mt 7:16-18

h Mt 12:33

i Mt 12:35

j Mt 12:34

k Mt 7:21

l Mt 5:44-45
m Mt 7:24
1 Co 3:10-12

con ímpetu contra aquella casa, mas no la pudo mover; porque estaba fundada sobre la roca.

49 Mas el que oye y no hace, es semejante al hombre que edificó su casa sobre tierra, sin fundamento; contra la cual el río dio con ímpetu, y cayó luego; y fue grande la ruina de aquella casa.

CAPÍTULO 7

Y cuando acabó todas sus palabras a oídos del pueblo, entró en ^bCapernaúm.

2 Y el siervo de un centurión, a quien éste tenía en estima, estaba enfermo y a punto de morir.

3 Y cuando oyó de Jesús, le envió unos ancianos de los judíos, ^erogándole que viniese y sanase a su siervo.

4 Y viniendo ellos a Jesús, en seguida le rogaron, diciéndole: Es digno de que le concedas esto;

5 porque ama a nuestra nación, y él nos edificó una sinagoga.

6 Entonces Jesús fue con ellos. Y cuando ya no estaban lejos de su casa, el centurión le envió unos amigos, diciéndole: Señor, no te molestes, pues no soy digno de que entres bajo mi techo;

7 por lo que ni siquiera me tuve por digno de venir a ti; mas di la palabra, y mi siervo será sano.

8 Porque también yo soy hombre puesto bajo autoridad, y tengo soldados bajo mi cargo; y digo a éste: Ve, y va; y al otro: Ven, y viene; y a mi siervo: Haz esto, y *lo* hace.

9 Al oír esto, Jesús se maravilló de él, y volviéndose, dijo a la gente que le seguía: Os digo que ni aun en Israel he hallado ⁱtanta fe.

10 Y volviendo a casa los que habían sido enviados, hallaron sano al siervo que había estado enfermo.

11 Y aconteció el siguiente día, que Él iba a la ciudad que se llama Naín, e iban con Él muchos de sus discípulos, y una gran multitud.

12 Y cuando llegó cerca de la puerta de la ciudad, he aquí que llevaban a enterrar a un difunto, hijo único de su madre, la cual también era viuda; y había con ella mucha gente de la ciudad.

Los mensajeros de Juan

13 Y cuando el Señor la vio, se compadeció de ella, y le dijo: No llores.
14 Y acercándose, tocó el féretro; y los que lo llevaban, se detuvieron. Y dijo: Joven, a ti digo: Levántate.
15 Entonces se incorporó el que había muerto, y comenzó a hablar. Y lo dio a su madre.
16 Y todos tuvieron miedo, y glorificaban a Dios, diciendo: Un gran profeta se ha levantado entre nosotros; y: Dios ha visitado a su pueblo.
17 Y ^besta fama de Él salió por toda Judea, y por toda la región de alrededor.
18 Y ^alos discípulos de Juan le dieron las nuevas de todas estas cosas.
19 Y llamó Juan a dos de sus discípulos, y *los* envió a Jesús, para preguntarle: ¿Eres tú Aquél que había de venir, o esperaremos a otro?
20 Y cuando los hombres vinieron a Él, dijeron: Juan el Bautista nos ha enviado a ti, para preguntarte: ¿Eres tú Aquél que había de venir, o esperaremos a otro?
21 Y en la misma hora sanó a muchos de enfermedades y plagas, y de malos espíritus; y a muchos ciegos dio la vista.
22 Y respondiendo Jesús, les dijo: Id, decid a Juan lo que habéis visto y oído; cómo ¹los ciegos ven, los cojos andan, los leprosos son limpiados, los sordos oyen, los muertos son resucitados y a los pobres es predicado el evangelio;
23 y bienaventurado es *aquel* que no fuere escandalizado en mí.
24 Y cuando se fueron los mensajeros de Juan, comenzó a decir de Juan a las gentes: ¿Qué salisteis a ver al desierto? ¿Una caña que es agitada por el viento?
25 Mas ¿qué salisteis a ver? ¿Un hombre cubierto de vestiduras delicadas? He aquí, los que visten preciosas ropas y viven en delicias, en los palacios de los reyes están.
26 Mas ¿qué salisteis a ver? ^e¿Un profeta? Sí, os digo, y aun más que profeta.
27 Éste es de quien está escrito: He aquí, envío ^fmi mensajero delante de tu faz, el cual preparará tu camino delante de ti.
28 Porque os digo que entre los nacidos de mujer, no hay mayor profeta que Juan el Bautista; pero el más pequeño en el reino de Dios, mayor es que él.
29 Y todo el pueblo y los publicanos, al oírle, justificaron a Dios, bautizándose con ^ael bautismo de Juan.
30 Pero los fariseos y los doctores de la ley, rechazaron el consejo de Dios contra sí mismos, no siendo bautizados por él.
31 Y dijo el Señor: ¿A quién, pues, compararé los hombres de esta generación, y a qué son semejantes?
32 ^cSemejantes son a los muchachos sentados en la plaza, que dan voces unos a otros, y dicen: Os tocamos flauta, y no bailasteis; os endechamos, y no llorasteis.
33 Porque vino Juan el Bautista, que ni comía pan, ni bebía vino, y decís: Demonio tiene.
34 Vino el Hijo del Hombre, que come y bebe, y decís: He aquí un hombre glotón y bebedor de vino, ^damigo de publicanos y de pecadores.
35 Mas la sabiduría es justificada por todos sus hijos.
36 Y uno de los fariseos le rogó que comiese con él. Y entrado en casa del fariseo, se sentó a la mesa.
37 Y he aquí una mujer de la ciudad que era pecadora, cuando supo que *Jesús* estaba a la mesa en casa del fariseo, trajo un frasco de alabastro con ungüento,
38 y estando detrás *de Él*, a sus pies, llorando, comenzó a regar sus pies con lágrimas, y los enjugaba con los cabellos de su cabeza; y besaba sus pies, y *los* ungía con el perfume.
39 Y cuando vio esto el fariseo que le había convidado, habló entre sí, diciendo: Éste, si fuera profeta, conocería quién y qué clase de mujer es la que le toca, que es pecadora.
40 Entonces respondiendo Jesús, le dijo: Simón, una cosa tengo que decirte. Y él dijo: Di, Maestro.
41 Un acreedor tenía dos deudores; el uno le debía quinientos denarios, y el otro cincuenta;
42 y no teniendo éstos con qué pagar, perdonó a ambos. Di, pues, ¿cuál de ellos le amará más?

---

a Mt 21:32
Hch 1:22
18:25 y 19:3

b Mt 4:24
y 9:31
Mr 1:28
y 6:14
c Mr 11:16-19

d Mt 2:2
y 27:37
Lc 23:37-38
Jn 19:18-22

1
Jehová=Jesús
tienen los
mismos
atributos
Sal 146:8
Is 29:18
35:5-6 42:7
y 61:1

e cp 1:76
y 20:6
Mt 11:9-14
f cp 1:15-17
Is 40:3
Mal 3:1
y 4:5-6
Jn 1:23

LUCAS 8

43 Y respondiendo Simón, dijo: Pienso que *aquel* a quien le perdonó más. Y Él le dijo: Rectamente has juzgado.

44 Y vuelto a la mujer, dijo a Simón: ¿Ves esta mujer? Entré en tu casa, no me diste ªagua para mis pies; mas ésta ha lavado mis pies con lágrimas, y los ha enjugado con los cabellos de su cabeza.

45 ᶜNo me diste beso, mas ésta, desde que entré, no ha cesado de besar mis pies.

46 No ᵈungiste mi cabeza con aceite; mas ésta, ha ungido con ungüento mis pies.

47 Por lo cual te digo que sus muchos pecados le han sido perdonados; porque amó mucho; mas a quien se le perdona poco, poco ama.

48 Y a ella le dijo: ᵉTus pecados te son perdonados.

49 Y los que estaban juntamente sentados a la mesa, comenzaron a decir entre sí: ᶠ¿Quién es Éste, que también perdona pecados?

50 Más Él dijo a la mujer: ᵍTu fe te ha salvado, ʰve en paz.

CAPÍTULO 8

Y aconteció después, que caminaba Él por todas las ciudades y aldeas, predicando y anunciando el evangelio del reino de Dios, y los doce con Él,

2 y ʲalgunas mujeres que habían sido sanadas de malos espíritus y de enfermedades: María, que se llamaba ˡMagdalena, de la cual habían salido siete demonios,

3 y ᵐJuana, esposa de Chuza, mayordomo de Herodes, y Susana, y otras muchas que le servían de sus bienes.

4 Y ᵒcuando se juntó una gran multitud, y vinieron a Él de cada ciudad, les dijo por parábola:

5 ᵖEl sembrador salió a sembrar su semilla; y al sembrarla, una parte cayó junto al camino, y fue hollada, y las aves del cielo la comieron.

6 Y otra parte cayó sobre la piedra; y nacida, se secó, porque no tenía humedad.

7 Y otra parte cayó entre espinos; y creciendo los espinos juntamente con ella, la ahogaron.

---

a Gn 18:4
b Mr 4:11
c 2 Sm 15:5
  Rm 16:16
d Sal 23:5
e Mt 9:2
f Mr 2:7
g Mr 9:2
h cp 8:48
i cp 11:28
  Job 23:12
  Sal 119:11
  y 119:129
  Pr 3:1
  Jer 15:16
  Jn 14:15
  y 15:10
  Stg 1:22-25
  1 Jn 2:3
j cp 23:27
  Mt 27:55-56
  Mr 15:40-41
  y 16:1
  Jn 19:25
  Hch 1:14
k cp 12:2-3
  Ec 12:4
  Mt 10:26
  1 Co 4:5
l Mt 27:55-56
m cp 24:10
n Mt 25:9
  Lc 19:26
o Mt 13:2-11
p Mt 13:3
  Mr 3:14

Las mujeres que sirven a Jesús

8 Y otra parte cayó en buena tierra, y nació, y llevó fruto a ciento por uno. Y hablando estas cosas, dijo a gran voz: El que tiene oídos para oír, oiga.

9 Y sus discípulos le preguntaron, diciendo: ¿Qué significa esta parábola?

10 Y Él dijo: ᵇA vosotros os es dado conocer los misterios del reino de Dios; mas a los otros por parábolas, para que viendo no vean, y oyendo no entiendan.

11 Ésta es, pues, la parábola: La semilla es la palabra de Dios.

12 Y los de junto al camino, éstos son los que oyen; y luego viene el diablo y quita la palabra de su corazón, para que no crean y sean salvos.

13 Y los de sobre la piedra, *son* los que habiendo oído, reciben la palabra con gozo; pero éstos no tienen raíces; que por un tiempo creen, pero en el tiempo de la prueba se apartan.

14 Y la que cayó entre espinos; éstos son los que oyen; mas yéndose, son ahogados de los afanes y las riquezas y los placeres de *esta* vida, y no llevan fruto.

15 Mas la que en buena tierra, éstos son los que con corazón bueno y recto ⁱretienen la palabra oída, y llevan fruto con paciencia.

16 Ninguno que enciende un candil lo cubre con una vasija, o lo pone debajo de la cama; mas lo pone en un candelero, para que los que entran vean la luz.

17 Porque ᵏnada hay oculto, que no haya de ser manifestado; ni escondido, que no haya de ser conocido, y de salir a luz.

18 Mirad, pues, cómo oís; porque a todo ⁿel que tiene, le será dado; y a todo el que no tiene, aun lo que parece tener le será quitado.

19 Entonces vinieron a Él *su* madre y sus hermanos; y no podían llegar a Él a causa de la multitud.

20 Y le fue dado aviso, diciendo: Tu madre y tus hermanos están fuera, y quieren verte.

21 Entonces respondiendo Él, les dijo: Mi madre y mis hermanos son aquellos que oyen la palabra de Dios, y la ponen por obra.

22 Y aconteció un día que Él entró en una barca con sus discípulos, y

El endemoniado gadareno

LUCAS 8

les dijo: Pasemos al otro lado del lago. Y partieron.

23 Pero mientras navegaban, Él se durmió. Y sobrevino una tempestad de viento en el lago; y se anegaban, y peligraban.

24 Y viniendo a Él, le despertaron, diciendo: ¡Maestro, Maestro, que perecemos! Y despertado Él, reprendió al viento y al levantamiento de las aguas; y cesaron, y fue hecha bonanza.

25 Y les dijo: ¿Dónde está vuestra fe? Y atemorizados, se maravillaban, y se decían unos a otros: ¿Qué clase de hombre es Éste, que aun a los vientos y a las aguas manda, y le obedecen?

26 Y arribaron a la tierra de los gadarenos, que está al lado opuesto de Galilea.

27 Y llegando Él a tierra, le salió al encuentro un hombre de la ciudad que tenía demonios por ya mucho tiempo; y no vestía ropa, ni moraba en casa, sino en los sepulcros.

28 Éste, cuando vio a Jesús, dio voces, y postrándose delante de Él, dijo a gran voz: ¿Qué tengo yo contigo, Jesús, Hijo del Dios Altísimo? Te ruego que no me atormentes.

29 (Porque mandaba al espíritu inmundo que saliese del hombre; pues hacía mucho tiempo que le arrebataba; y le guardaban preso con cadenas y grillos; pero rompiendo las cadenas, era arrastrado por el demonio a los desiertos.)

30 Y Jesús le preguntó, diciendo: ¿Cómo te llamas? Y él dijo: Legión. Porque muchos demonios habían entrado en él.

31 Y le rogaban que no les mandase ir al abismo.

32 Y había allí un hato de muchos puercos que pacían en el monte; y le rogaron que los dejase entrar en ellos; y los dejó.

33 Y los demonios, salidos del hombre, entraron en los puercos; y el hato se arrojó por un despeñadero en el lago, y se ahogó.

34 Y cuando los que los apacentaban, vieron lo que había acontecido, huyeron, y yendo dieron aviso en la ciudad y por los campos.

35 Y salieron a ver lo que había acontecido; y vinieron a Jesús,

---

a Mt 8:18-27
y 14:22
Mr 4:35-41
5:21 6:45
y 8:13 Jn 6:1

1
Jehová=Cristo
tienen el
mismo poder

Éx 14:16
Job 38:11
Sal 8:6-8
89:9 93:3-4
y 107:29
Nah 1:4
Mr 4:39
b Sal 126:2-3
Dn 4:2-3

c Is 65:4
Mr 5:2-5
d Mt 9:18-25
Mr 5:22-43

e Mr 5:27-28
y 6:58

f Mr 9:2
g cp 7:50

---

hallaron al hombre de quien habían salido los demonios, sentado a los pies de Jesús; vestido, y en su juicio cabal, y tuvieron miedo.

36 Y los que lo habían visto, les contaron cómo había sido sanado aquel endemoniado.

37 Entonces toda la multitud de la tierra de los gadarenos alrededor, le rogó que se fuese de ellos; porque tenían gran temor. Y Él, subiendo en la barca, se volvió.

38 Y aquel hombre de quien habían salido los demonios le rogaba que le permitiese estar con Él; mas Jesús le despidió, diciendo:

39 Vuélvete a tu casa, y cuenta cuán grandes cosas ha hecho Dios contigo. Y él se fue, publicando por toda la ciudad cuán grandes cosas había hecho Jesús con él.

40 Y aconteció que cuando Jesús volvió, la multitud le recibió con gozo; porque todos le esperaban.

41 Y he aquí un varón llamado Jairo, que era príncipe de la sinagoga, vino, y postrándose a los pies de Jesús, le rogaba que entrase en su casa;

42 porque tenía una hija única, como de doce años, y ella se estaba muriendo. Y yendo, la multitud le apretaba.

43 Y una mujer que tenía flujo de sangre hacía ya doce años, la cual había gastado en médicos todo cuanto tenía, y por ninguno había podido ser curada,

44 vino por detrás y tocó el borde de su manto; y al instante se estancó el flujo de su sangre.

45 Entonces Jesús dijo: ¿Quién me ha tocado? Y negando todos, dijo Pedro y los que estaban con él: Maestro, la multitud te aprieta y oprime, y dices: ¿Quién me ha tocado?

46 Y Jesús dijo: Alguien me ha tocado; porque sé que ha salido poder de mí.

47 Entonces, viendo la mujer que no se había ocultado, vino temblando, y postrándose delante de Él le declaró delante de todo el pueblo por qué causa le había tocado, y cómo al instante había sido sanada.

48 Y Él le dijo: Hija, ten buen ánimo; tu fe te ha salvado; ve en paz.

49 Hablando aún Él, vino uno del príncipe de la sinagoga a decirle: Tu hija ha muerto, ᵇno molestes *mas* al Maestro.
50 Y oyéndolo Jesús, le respondió, diciendo: No temas; cree solamente, y será sanada.
51 Y entrado en casa, ᵈno dejó entrar a nadie, sino a Pedro, y a Jacobo, y a Juan, y al padre y a la madre de la muchacha.
52 Y lloraban todos, y hacían duelo por ella. Y Él dijo: No lloréis; no está muerta, sino duerme.
53 Y se burlaban de Él, sabiendo que estaba muerta.
54 Mas Él echó fuera a todos, y tomándola de la mano, le habló, diciendo: Muchacha, levántate.
55 Entonces su espíritu volvió, y se levantó en seguida; y Él mandó que le diesen de comer.
56 Y sus padres estaban atónitos; pero Él les mandó ᵉque a nadie dijesen lo que había sido hecho.

CAPÍTULO 9

Entonces ᶠllamando a sus doce discípulos, les dio poder y autoridad sobre todos los demonios, y para sanar enfermedades.
2 Y ᵍlos envió a predicar el reino de Dios, y a sanar a los enfermos.
3 Y les dijo: ʰNo toméis nada para el camino, ni bordón, ni alforja, ni pan, ni dinero; ni llevéis dos túnicas cada uno.
4 Y en cualquier casa en que entrareis, quedad allí, y de allí salid.
5 Y si algunos no os recibieren, saliendo de aquella ciudad, aun el polvo sacudid de vuestros pies para testimonio contra ellos.
6 Y saliendo, recorrían todas las aldeas, predicando el evangelio y sanando por todas partes.
7 Y oyó ⁱHerodes el tetrarca todas las cosas que Él hacía; y estaba perplejo, porque algunos decían: Juan ha resucitado de los muertos;
8 y otros: Elías ha aparecido; y otros: Algún profeta de los antiguos ha resucitado.
9 Y dijo Herodes: A Juan yo decapité; ¿quién, pues, será Éste, de quien yo oigo tales cosas? Y procuraba verle.

a Mr 6:30
b Mr 5:35
c Lc 19:47

d Mr 5:37-40

e cp 5:14
Mt 8:4
y 9:30
Mr 5:42-43

1
Multiplicación de panes y peces
Mt 14:15-21
Mr 6:35-44
Jn 6:5-13

f Mt 10:1
g cp 10:1-9
Mt 10:5-8
Mr 6:7

h cp 10:4-11
Mt 10:9-14
Mr 6:8-11

i Mt 14:1-12
Mr 6:14
cp 3:1

j Mt 17:22

k Mt 10:38

Jesús envía a los doce

10 Y ᵃcuando los apóstoles regresaron, le contaron todas las cosas que habían hecho. Y ᶜtomándolos, se retiró aparte a un lugar desierto de la ciudad que se llama Betsaida.
11 Y cuando la gente *lo* supo, le siguió; y Él les recibió, y les hablaba del reino de Dios, y sanaba a los que necesitaban ser curados.
12 Y cuando comenzó a declinar el día; vinieron los doce, y le dijeron: Despide la multitud, para que vayan a las aldeas y campos de alrededor, y se alojen y hallen alimentos; porque aquí estamos en lugar desierto.
13 Y Él les dijo: Dadles vosotros de comer. Y dijeron ellos: No tenemos más que cinco panes y dos pescados, a menos que vayamos a comprar alimentos para toda esta multitud.
14 Y eran como cinco mil hombres. Entonces dijo a sus discípulos: Hacedlos sentar en grupos, de cincuenta en cincuenta.
15 Y así lo hicieron, haciéndolos sentar a todos.
16 Y tomando ¹los cinco panes y los dos pescados, mirando al cielo los bendijo, y partió, y dio a sus discípulos para que pusiesen delante de la multitud.
17 Y comieron todos, y se saciaron; y alzaron lo que les sobró, doce cestas de pedazos.
18 Y aconteció que mientras Él oraba aparte, estaban con Él los discípulos; y les preguntó, diciendo: ¿Quién dice la gente que soy yo?
19 Y ellos respondiendo, dijeron: Juan el Bautista; y otros, Elías; y otros, que algún profeta de los antiguos ha resucitado.
20 Y les dijo: ¿Y vosotros, quién decís que soy yo? Entonces respondiendo Pedro, dijo: El Cristo de Dios.
21 Y Él, amonestándoles, *les* mandó que a nadie dijesen esto,
22 diciendo: ʲEs necesario que el Hijo del Hombre padezca muchas cosas, y sea rechazado por los ancianos, y por los príncipes de los sacerdotes y por los escribas, y que sea muerto, y resucite al tercer día.
23 Y decía a todos: ᵏSi alguno quiere venir en pos de mí, niéguese a sí mismo, y tome su cruz cada día, y sígame.

La transfiguración

24 Porque el que quisiere salvar su vida, la perderá; y cualquiera que perdiere su vida por causa de mí, éste la salvará.

25 Porque ª¿qué aprovechará al hombre, si ganare todo el mundo, y se pierde a sí mismo, o se destruye?

26 Porque ᶜel que se avergonzare de mí y de mis palabras, de éste se avergonzará el Hijo del Hombre cuando viniere en su gloria, y *en la* del Padre, y de los santos ángeles.

27 Y os digo en verdad, que hay algunos de los que están aquí, que no gustarán la muerte, hasta que vean el reino de Dios.

28 Y aconteció como ocho días después de estas palabras, que tomó a Pedro y a Juan y a Jacobo, y subió al monte a orar.

29 Y entre tanto que oraba, ᵉla apariencia de su rostro se hizo otra, y su vestidura *se hizo* blanca y resplandeciente.

30 Y he aquí dos varones que hablaban con Él, los cuales eran Moisés y Elías;

31 que aparecieron con gloria, y hablaban de su partida, la cual Él había de cumplir en Jerusalén.

32 Y Pedro y los que estaban con él, estaban cargados de sueño; y despertando, vieron su gloria, y a los dos varones que estaban con Él.

33 Y aconteció que apartándose ellos de Él, Pedro dijo a Jesús: Maestro, bien es que nos quedemos aquí, y hagamos tres tabernáculos, uno para ti, y uno para Moisés, y uno para Elías; no sabiendo lo que decía.

34 Y diciendo él esto, vino una nube que los cubrió; y tuvieron temor al entrar en la nube.

35 Y vino ʲuna voz desde la nube, que decía: Éste es mi Hijo amado; a Él oíd.

36 Y pasada aquella voz, Jesús fue hallado solo; y ellos callaron; y por aquellos días no dijeron nada a nadie de lo que habían visto.

37 Y aconteció que al día siguiente, cuando descendieron del monte, una gran multitud les salió al encuentro.

38 Y he aquí, un hombre de la multitud clamó, diciendo: Maestro, te ruego que veas a mi hijo; porque es mi único hijo;

39 y he aquí un espíritu le toma, y de repente da gritos; y le sacude y le hace echar espuma, e hiriéndole difícilmente se aparta de él.

40 Y ᵇrogué a tus discípulos que le echasen fuera, y no pudieron.

41 Y respondiendo Jesús, dijo: ¡Oh generación incrédula y perversa! ¿Hasta cuándo he de estar con vosotros, y os he de soportar? Trae acá tu hijo.

42 Y cuando aún se iba acercando, el demonio le derribó y le sacudió violentamente; mas Jesús reprendió al espíritu inmundo, y sanó al muchacho, y le devolvió a su padre.

43 Y ᵈtodos estaban maravillados de la grandeza de Dios. Y admirándose todos de todas las cosas que Jesús hacía, dijo a sus discípulos:

44 Dejad que estas palabras penetren en vuestros oídos, porque el Hijo del Hombre ᶠserá entregado en manos de hombres.

45 Pero ellos no entendían estas palabras, y les eran encubiertas para que no las entendiesen; y temían preguntarle de estas palabras.

46 Entonces ᵍentraron en discusión sobre cuál de ellos sería el más grande.

47 Y Jesús, percibiendo los pensamientos de sus corazones, tomó a un niño, y lo puso junto a sí,

48 y les dijo: ʰCualquiera que reciba a este niño en mi nombre, a mí me recibe; y cualquiera que me recibe a mí, recibe al que me envió; porque el que es más pequeño entre todos vosotros, ése será grande.

49 Entonces respondiendo Juan, dijo: Maestro, ⁱhemos visto a uno que echaba fuera demonios en tu nombre; y se lo prohibimos, porque no sigue con nosotros.

50 Jesús le dijo: No *se lo* prohibáis; porque ᵏel que no es contra nosotros, por nosotros es.

51 Y aconteció, que cumpliéndose el tiempo en que había de ser recibido arriba, Él ˡafirmó su rostro para ir a Jerusalén.

52 Y envió mensajeros delante de sí, los cuales fueron y entraron en una aldea de samaritanos, para preparar para Él.

53 Pero no le recibieron, porque su apariencia era como de ir a Jerusalén.

LUCAS 10

54 Y viendo *esto* sus discípulos Jacobo y Juan, dijeron: Señor, ¿quieres que mandemos que descienda fuego del cielo, y los consuma, así como hizo Elías?

55 Entonces volviéndose Él, los reprendió, diciendo: Vosotros no sabéis de qué espíritu sois;

56 porque el Hijo del Hombre ªno ha venido para perder las almas de los hombres, sino para salvarlas. Y se fueron a otra aldea.

57 Y aconteció que yendo ellos, uno le dijo en el camino: Señor, te seguiré adondequiera que vayas.

58 Y le dijo Jesús: ᶜLas zorras tienen guaridas, y las aves del cielo *tienen* nidos; pero el Hijo del Hombre no tiene donde recostar *su* cabeza.

59 Y dijo a otro: Sígueme. Y él dijo: Señor, ᶠdéjame que primero vaya y entierre a mi padre.

60 Y Jesús le dijo: Deja que los muertos entierren a sus muertos; y tú, ve y predica el reino de Dios.

61 Entonces también dijo otro: Te seguiré, Señor; pero déjame que me despida primero de los que están en mi casa.

62 Y Jesús le dijo: Ninguno que poniendo su mano en el arado y mira hacia atrás, es apto para el reino de Dios.

CAPÍTULO 10

Después de estas cosas, designó el Señor también a otros ʰsetenta, y los envió ᶦde dos en dos delante de su faz, a toda ciudad y lugar a donde Él había de venir.

2 Y les decía: ᵏLa mies a la verdad es mucha, mas los obreros pocos; por tanto, rogad al Señor de la mies que envíe obreros a su mies.

3 Id, he aquí yo os envío ᵐcomo corderos en medio de lobos.

4 ⁿNo llevéis bolsa, ni alforja, ni calzado; y a nadie saludéis por el camino.

5 En cualquier casa donde entréis, primeramente decid: ᵖPaz sea a esta casa.

6 Y si hubiere allí algún hijo de paz, vuestra paz reposará sobre él; y si no, se volverá a vosotros.

7 Y posad en aquella misma casa, comiendo y bebiendo lo que os

La mies es mucha, los obreros pocos

dieren; porque ªel obrero digno es de su salario. No os paséis de casa en casa.

8 Y en cualquier ciudad donde entréis y os reciban, comed lo que os pongan delante;

9 Y sanad a los enfermos que en ella haya, y decidles: El reino de Dios se ha acercado a vosotros.

10 Pero en cualquier ciudad donde entréis, y no os reciban, saliendo por sus calles, decid:

11 Aun ᵇel polvo que se nos ha pegado de vuestra ciudad, sacudimos contra vosotros: Pero esto sabed, que ᵈel reino de Dios se ha acercado a vosotros.

12 Y os digo que será más tolerable *el castigo* para ᵉSodoma en aquel día, que para aquella ciudad.

13 ¡Ay de ti, ᵍCorazín! ¡Ay de ti, Betsaida! que si en Tiro y en Sidón se hubieran hecho las maravillas que se han hecho en vosotras, hace mucho tiempo que sentadas en cilicio y ceniza, se habrían arrepentido.

14 Por tanto, en el juicio será más tolerable *el castigo* para Tiro y Sidón que para vosotras.

15 Y tú, Capernaúm, que hasta el cielo eres levantada, hasta el infierno serás arrojada.

16 El que a vosotros oye, a mí me oye; y el que a vosotros desecha, a mí me desecha; y el que a mí me desecha, desecha al que me envió.

17 Y volvieron los setenta con gozo, diciendo: Señor, aun los demonios se nos sujetan en tu nombre.

18 Y Él les dijo: ʲYo vi a Satanás caer del cielo como un rayo.

19 He aquí ˡos doy potestad de hollar sobre las serpientes, y sobre los escorpiones, y sobre toda fuerza del enemigo, y nada en ningún modo os dañará.

20 Mas no os regocijéis en esto de que los espíritus se os sujetan; antes ᵒregocijaos de que vuestros nombres están escritos en el cielo.

21 En aquella misma hora Jesús se regocijó en su espíritu, y dijo: ᑫTe doy gracias, oh Padre, Señor del cielo y de la tierra, porque escondiste estas cosas de los sabios y entendidos, y ʳlas has revelado a los niños. Sí Padre, porque así te agradó.

---

a cp 19:10
Mt 18:11
Jn 3:17 10:10
y 12:47
1 Tim 1:15
b Hch 13:51
c Mt 8:21
y 19:29
d Mt 3:2
e Mt 10:15
Mr 6:11
f Mt 8:21
y 19:29
g Mr 11:21-23

h Nm 11:16
y 11:24-26
i Mr 6:7
Hch 13:2-4
Ap 11:3-10
j Jn 12:31
k Mt 27:11-14
Lc 23:2-3
Jn 18:20-38
l Sal 91:13
Hch 28:5
m Mt 10:16
n Mt 10:9-15
Mr 6:8-11
o Éx 32:32
Is 4:3
Heb 12:23
p cp 24:36
1 Sm 25:6
q Mt 11:25-26
r Sal 8:2
Mt 21:16

El buen samaritano

22 ^aTodas las cosas me son entregadas por mi Padre; y nadie sabe quién es el Hijo sino el Padre; ni quién es el Padre, sino el Hijo, y a quien el Hijo lo quisiere revelar.

23 Y volviéndose a sus discípulos, les dijo en privado: ^cBienaventurados los ojos que ven lo que vosotros veis:

24 Porque os digo que muchos profetas y reyes desearon ver lo que vosotros veis, y no lo vieron; y oír lo que oís, y no lo oyeron.

25 Y he aquí un doctor de la ley se levantó y dijo, para probarle: Maestro, ¿qué haré para heredar la vida eterna?

26 Y Él le dijo: ¿Qué está escrito en la ley? ¿Cómo lees?

27 Y él respondiendo, dijo: ^dAmarás al Señor tu Dios con todo tu corazón, y con toda tu alma, y con todas tus fuerzas, y con toda tu mente; y ^fa tu prójimo como a ti mismo.

28 Y le dijo: Bien has respondido; haz esto, y vivirás.

29 Pero él, ^gqueriendo justificarse a sí mismo, dijo a Jesús: ¿Y quién es mi prójimo?

30 Y respondiendo Jesús, dijo: Un hombre descendía de Jerusalén a Jericó, y cayó en manos de ladrones, los cuales le despojaron; e hiriéndole, se fueron, dejándole medio muerto.

31 Y aconteció, que descendió un sacerdote por aquel camino, y cuando lo vio, pasó por el otro lado.

32 Y asimismo un levita, cuando llegó cerca de aquel lugar y lo vio, pasó por el otro lado.

33 Pero un samaritano, que iba de camino, vino adonde él estaba, y cuando lo vio, tuvo compasión *de él*;

34 y acercándose, vendó sus heridas, echándoles aceite y vino; y poniéndolo sobre su cabalgadura, lo llevó al mesón, y cuidó de él.

35 Y otro día al partir, sacó dos ⁱdenarios, y *los* dio al mesonero, y le dijo: Cuida de él; y todo lo que de más gastares, yo cuando vuelva te lo pagaré.

36 ¿Quién, pues, de estos tres te parece que fue el prójimo del que cayó en manos de los ladrones?

37 Y él dijo: El que mostró con él misericordia. Entonces Jesús le dijo: Ve, y haz tú lo mismo.

a Mt 11:27
y 28:18
Jn 3:35 y 13:3
Ef 1:21
Fil 2:9-11
Heb 2:8
b Jn 11:1-5
y 12:2-3
c Mt 13:16

d Dt 6:5
Mt 22:37-40
Mr 12:30-34
e cp 6:12
f Lv 19:18

g cp 16:15

h Mt 6:9-13

i Mt 20:2

j Mt 7:7-11

LUCAS 11

38 Y aconteció que yendo ellos, entró Él en una aldea; y una mujer llamada ^bMarta lo recibió en su casa.

39 Y ésta tenía una hermana que se llamaba María, la cual, sentándose a los pies de Jesús, oía su palabra.

40 Pero Marta se distraía en muchos servicios; y vino a Él, diciendo: Señor, ¿no tienes cuidado que mi hermana me deja servir sola? Dile, pues, que me ayude.

41 Y respondiendo Jesús, le dijo: Marta, Marta, estás afanada y turbada con muchas cosas:

42 Pero una cosa es necesaria; y María ha escogido la buena parte, la cual no le será quitada.

CAPÍTULO 11

Y aconteció que ^eestaba Él orando en cierto lugar, y cuando terminó, uno de sus discípulos le dijo: Señor, enséñanos a orar, como también Juan enseñó a sus discípulos.

2 Y les dijo: Cuando oréis, decid: ^hPadre nuestro que estás en el cielo; santificado sea tu nombre. Venga tu reino. Hágase tu voluntad, como en el cielo, así también en la tierra.

3 El pan nuestro de cada día, dánoslo hoy.

4 Y perdónanos nuestros pecados, porque también nosotros perdonamos a todos los que nos deben. Y no nos metas en tentación, mas líbranos del mal.

5 Y también les dijo: ¿Quién de vosotros tendrá un amigo, e irá a él a media noche, y le dirá: Amigo, préstame tres panes,

6 porque un amigo mío ha venido a mí de camino, y no tengo qué ponerle delante;

7 y él, desde adentro, respondiendo, le dice: No me molestes; la puerta ya está cerrada, y mis niños están conmigo en cama; no puedo levantarme y dártelos?

8 Os digo, que aunque no se levante a dárselos por ser su amigo, no obstante, por su importunidad, se levantará y le dará todo lo que necesite.

9 Y yo os digo: ^jPedid, y se os dará; buscad, y hallaréis; llamad, y se os abrirá.

10 Porque todo aquel que pide, recibe; y el que busca, halla; y al que llama, se le abrirá.

11 ¿Y quién de vosotros, siendo padre, si su hijo le pide pan, le dará una piedra? ¿O si pescado, en lugar de pescado, le dará una serpiente?

12 ¿O si le pide un huevo, le dará un escorpión?

13 Pues si vosotros, siendo malos, sabéis dar buenas dádivas a vuestros hijos, ¿cuánto más vuestro Padre celestial dará ᵇel Espíritu Santo a los que se lo pidan?

14 Y estaba Él lanzando ᶜun demonio, el cual era mudo; y aconteció que salido fuera el demonio, el mudo habló y la gente se maravillaba.

15 Mas algunos de ellos decían: Por ᵉBelcebú, príncipe de los demonios, echa fuera los demonios.

16 Y otros, tentándole, le pedían señal del cielo.

17 Mas Él, conociendo los pensamientos de ellos, les dijo: ᵍTodo reino dividido contra sí mismo, es asolado; y una casa dividida contra sí misma, cae.

18 Y si también Satanás está dividido contra sí mismo, ¿cómo permanecerá su reino? pues decís que por Belcebú echo yo fuera los demonios.

19 Pues si yo echo fuera los demonios por Belcebú, ¿vuestros hijos por quién los echan fuera? Por tanto, ellos serán vuestros jueces.

20 Pero si yo por el dedo de Dios echo fuera los demonios, ciertamente el reino de Dios ha llegado a vosotros.

21 Cuando ˡel hombre fuerte armado guarda su palacio, en paz está lo que posee.

22 Pero cuando viene otro más fuerte que él, y lo vence, le quita todas sus armas en que confiaba, y reparte sus despojos.

23 ᵐEl que no es conmigo, contra mí es; y el que conmigo no recoge, desparrama.

24 Cuando ⁿel espíritu inmundo sale del hombre, anda por lugares secos, buscando reposo; y no hallándolo, dice: Regresaré a mi casa de donde salí.

25 Y viniendo, la halla barrida y arreglada.

26 Entonces va, y toma otros siete espíritus peores que él; y entrados, habitan allí; y el postrer estado de aquel hombre viene a ser peor que el primero.

27 Y aconteció que diciendo estas cosas, una mujer de entre la multitud, levantando la voz, le dijo: ᵃBienaventurado el vientre que te trajo, y los pechos que mamaste.

28 Y Él dijo: Antes bienaventurados los que oyen la palabra de Dios, y la guardan.

29 Y juntándose la multitud, comenzó a decir: Esta generación es mala: Demandan señal, y señal no le será dada, sino ᵈla señal de Jonás el profeta.

30 Porque como Jonás fue señal a los ninivitas, así también lo será el Hijo del Hombre a esta generación.

31 ᶠLa reina del Sur se levantará en juicio con los hombres de esta generación, y los condenará; porque vino de los confines de la tierra para oír la sabiduría de Salomón; y he aquí uno mayor que Salomón en este lugar.

32 ʰLos hombres de Nínive se levantarán en juicio con esta generación, y la condenarán; porque ⁱa la predicación de Jonás se arrepintieron; y he aquí uno mayor que Jonás en este lugar.

33 ʲNadie pone en oculto el candil encendido, ni debajo del almud, sino en el candelero, para que los que entran vean la luz.

34 ᵏLa luz del cuerpo es el ojo; así que cuando tu ojo es sencillo, también todo tu cuerpo está lleno de luz; pero cuando tu ojo es malo, también tu cuerpo está en tinieblas.

35 Mira pues, que la luz que en ti hay, no sea tinieblas.

36 Así que, si todo tu cuerpo está lleno de luz, no teniendo parte alguna de tinieblas, será todo luminoso, como cuando una lámpara con su resplandor te alumbra.

37 Y luego que hubo hablado, le rogó un fariseo que comiese con él; y entrando Jesús, se sentó a la mesa.

38 Y el fariseo, cuando lo vio, se maravilló de que ᵒno se lavó antes de comer.

El que me confesare, yo le confesaré

39 Y el Señor le dijo: Ahora, vosotros los fariseos limpiáis lo de fuera de la copa y del plato; pero por dentro estáis llenos de rapiña y de maldad.

40 Necios, ¿el que hizo lo de fuera, no hizo también lo de dentro?

41 Pero dad limosna de lo que tenéis; y he aquí, todo os es limpio.

42 Mas ¡ay de vosotros, fariseos! que ᵇdiezmáis la menta, y la ruda, y toda hortaliza; mas el juicio y el amor de Dios pasáis por alto. Esto os era necesario hacer, sin dejar de hacer lo otro.

43 ¡Ay de vosotros, fariseos! que ᵈamáis las primeras sillas en las sinagogas, y las salutaciones en las plazas.

44 ¡Ay de vosotros, escribas y fariseos, hipócritas! que sois como ᵉsepulcros encubiertos, y los hombres que andan encima no lo saben.

45 Y respondiendo uno de los doctores de la ley, le dice: Maestro, cuando dices esto, también nos afrentas a nosotros.

46 Y Él dijo: ¡Ay de vosotros también, doctores de la ley! que ʰabrumáis a los hombres con cargas pesadas de llevar; mas vosotros ni aun con un dedo las tocáis.

47 ¡Ay de vosotros! que ⁱedificáis los sepulcros de los profetas, y los mataron vuestros padres.

48 De cierto dais testimonio que consentís en los hechos de vuestros padres; porque a la verdad ellos los mataron, y vosotros edificáis sus sepulcros.

49 Por tanto, la sabiduría de Dios también dijo: ᵏLes enviaré profetas y apóstoles; y de ellos a *unos* matarán y a otros perseguirán;

50 para que la sangre de todos los profetas, que ha sido derramada desde la fundación del mundo, sea demandada de esta generación;

51 desde la sangre de Abel, hasta la sangre de Zacarías, que murió entre el altar y el templo. De cierto os digo que será demandada de esta generación.

52 ¡Ay de vosotros, doctores de la ley! que habéis quitado la llave de la ciencia; vosotros mismos no entrasteis, y ⁿa los que entraban se lo impedisteis.

LUCAS 12

53 Y diciéndoles estas cosas, los escribas y los fariseos comenzaron a acosarle en gran manera, para provocarle a que hablase de muchas cosas;

54 acechándole, y ªprocurando cazar alguna *palabra* de su boca para acusarle.

CAPÍTULO 12

En esto, juntándose una innumerable multitud, tanto que unos a otros se atropellaban, comenzó a decir a sus discípulos primeramente: ᶜGuardaos de la levadura de los fariseos, que es hipocresía.

2 Porque nada hay encubierto, que no haya de ser revelado; ni oculto, que no haya de saberse.

3 Por tanto, lo que dijisteis en tinieblas, a la luz será oído; y lo que hablasteis al oído en las alcobas, será pregonado en las azoteas.

4 Y yo os digo, ᶠamigos míos: No temáis a ᵍlos que matan el cuerpo, y después nada más pueden hacer.

5 Mas os enseñaré a quién debéis temer: Temed a Aquél que después de haber quitado la vida, tiene poder de echar en el infierno: Sí, os digo: A Éste temed.

6 ¿No se venden ʲcinco pajarillos por dos blancas? Y ni uno de ellos está olvidado delante de Dios.

7 Pues aun los cabellos de vuestra cabeza están todos contados. No temáis, pues; de más estima sois vosotros que muchos pajarillos.

8 Y os digo que todo aquel que me confesare delante de los hombres, también el Hijo del Hombre le confesará delante de ˡlos ángeles de Dios;

9 pero el que me negare delante de los hombres, será negado delante de los ángeles de Dios.

10 Y todo aquel ᵐque dijere palabra contra el Hijo del Hombre, le será perdonado; pero al que blasfemare contra el Espíritu Santo, no le será perdonado.

11 Y cuando os trajeren a las sinagogas, y *ante* los magistrados y potestades, no os preocupéis de cómo o qué habéis de responder, o qué habéis de decir;

LUCAS 12

Parábola del hombre necio

12 porque el Espíritu Santo os enseñará en la misma hora lo que debéis decir.

13 Y le dijo uno de la multitud: Maestro, di a mi hermano que parta conmigo la herencia.

14 Mas Él le dijo: Hombre, ¿quién me puso por juez o partidor sobre vosotros?

15 Y les dijo: Mirad, y ^cguardaos de la avaricia; porque la vida del hombre no consiste en la abundancia de los bienes que posee.

16 Y les refirió una parábola, diciendo: La heredad de un hombre rico había producido mucho;

17 y él pensaba dentro de sí, diciendo: ¿Qué haré, porque no tengo dónde almacenar mis frutos?

18 Y dijo: Esto haré; derribaré mis graneros, y los edificaré mayores, y allí almacenaré todos mis frutos y mis bienes;

19 y diré a mi alma: Alma, muchos bienes tienes almacenados para muchos años; repósate, come, bebe, regocíjate.

20 Pero Dios le dijo: Necio, esta noche vienen a pedirte tu alma; y lo que has provisto, ¿de quién será?

21 Así es el que hace para sí tesoro, y no es rico para con Dios.

22 Y dijo a sus discípulos: Por tanto os digo: No os preocupéis por vuestra vida, qué comeréis; ni por el cuerpo, qué vestiréis.

23 La vida es más que la comida, y el cuerpo *más* que el vestido.

24 Considerad los cuervos, que no siembran, ni siegan; que no tienen almacén, ni granero, y Dios los alimenta. ¿Cuánto más sois vosotros de más estima que las aves?

25 ¿Y ^kquién de vosotros podrá con afanarse añadir a su estatura un codo?

26 Pues si no podéis ni aun lo que es menos, ¿por qué os afanáis por lo demás?

27 ^lConsiderad los lirios, cómo crecen; no labran, ni hilan; y os digo, que ni aun Salomón con toda su gloria, se vistió como uno de ellos.

28 Y si así viste Dios la hierba, que hoy está en el campo, y mañana es echada en el horno; ¿cuánto más a vosotros, hombres de poca fe?

a Mt 6:31

b 1 Re 3:11
Sal 37:19-25
Mt 6:31-34
c cp 8:14
Jos 7:21
Job 31:24-25
Sal 62:10
Sal 119:36
Pr 23:4-5
Ec 6:13
Jer 33:31
Ez 33:31
Mi 2:2
Hab 2:2
Mr 7:22
d Is 40:11
Zac 13:7
Jn 21:15-17
e Mt 19:21
f Mt 6:20-21
g Mt 25:7-8

h Mt 24:46

i Éx 14:24

j Mt 24:42
Mr 13:33-36
k Mt 6:27

l Mt 6:28-30

m Mt 24-51

29 Vosotros, pues, ^ano os afanéis de qué habéis de comer, o qué habéis de beber; ni estéis ansiosos.

30 Porque todas estas cosas buscan las gentes del mundo; pero vuestro Padre sabe que tenéis necesidad de estas cosas.

31 Mas ^bbuscad primeramente el reino de Dios, y todas estas cosas os serán añadidas.

32 No temáis, ^dmanada pequeña; porque a vuestro Padre le ha placido daros el reino.

33 Vended lo que poseéis, y dad limosna; ^ehaceos bolsas que no se envejezcan, tesoro en el cielo que no se agote; donde ladrón no llega, ni polilla corrompe.

34 Porque ^fdonde está vuestro tesoro, allí también estará vuestro corazón.

35 Estén ceñidos vuestros lomos, ^gy *vuestras* lámparas encendidas;

36 y vosotros sed semejantes a hombres que esperan cuando su señor ha de volver de las bodas; para que cuando venga y toque, en seguida le abran.

37 ^hBienaventurados aquellos siervos a quienes el señor, cuando venga, halle velando; de cierto os digo que se ceñirá, y hará que se sienten a la mesa, y vendrá y les servirá.

38 Y si viene ⁱa la segunda vigilia, o aunque venga a la tercera vigilia, y *los* halla así, bienaventurados son aquellos siervos.

39 Y esto sabed, que si supiese el padre de familia a qué hora había de venir el ladrón, velaría ciertamente, y no dejaría minar su casa.

40 Vosotros, pues, también, estad apercibidos; porque ^ja la hora que no penséis, el Hijo del Hombre vendrá.

41 Entonces Pedro le dijo: Señor, ¿dices esta parábola a nosotros, o también a todos?

42 Y dijo el Señor: ¿Quién es el mayordomo fiel y prudente, a quien *su* señor pondrá sobre su familia, para que a tiempo les dé su ración?

43 Bienaventurado aquel siervo a quien, cuando su señor venga, lo halle haciendo así.

44 En verdad os digo que él le pondrá sobre todos sus bienes.

45 Pero si aquel siervo dice en su corazón: ^mMi señor tarda en venir; y

La higuera y el viñador

comienza a golpear a los siervos y a las criadas, y a comer y beber y a embriagarse;

46 vendrá el señor de aquel siervo el día que no lo espera, y a la hora que no sabe, y le apartará, y pondrá su parte con los incrédulos.

47 Y aquel siervo que sabía la voluntad de su señor y no se preparó, ni hizo conforme a su voluntad, recibirá muchos azotes.

48 Pero el que sin saberla, hizo cosas dignas de azotes, será azotado poco; porque ªal que mucho le es dado, mucho le será demandado; y al que encomendaron mucho, más le será pedido.

49 ᵇFuego vine a meter en la tierra; ¿y qué quiero, si ya está encendido?

50 Pero de ᵈun bautismo me es necesario ser bautizado; y ¡cómo me angustio hasta que se cumpla!

51 ¿Pensáis ᵉque he venido a la tierra para dar paz? Os digo: No, sino disensión.

52 Porque de aquí en adelante cinco en una casa estarán divididos; tres contra dos, y dos contra tres.

53 ᵍEl padre estará dividido contra el hijo, y el hijo contra el padre; la madre contra la hija, y la hija contra la madre; la suegra contra su nuera, y la nuera contra su suegra.

54 Y decía también a la gente: Cuando veis la nube que sale del poniente, luego decís: Agua viene; y es así.

55 Y cuando sopla el viento del sur, decís: Hará calor; y lo hace.

56 ¡Hipócritas! ʰSabéis discernir la faz del cielo y de la tierra; ¿y cómo no discernís este tiempo?

57 ¿Y por qué aun de vosotros mismos no juzgáis lo que es justo?

58 ʲCuando vayas al magistrado con tu adversario, procura en el camino librarte de él; para que no te arrastre al juez, y el juez te entregue al alguacil, y el alguacil te meta en la cárcel.

59 Te digo que no saldrás de allí, hasta que hayas pagado hasta la última blanca.

CAPÍTULO 13

En este mismo tiempo estaban allí unos que le contaban acerca de los galileos, cuya sangre Pilato había mezclado con sus sacrificios.

2 Y respondiendo Jesús, les dijo: ¿Pensáis que estos galileos, porque padecieron tales cosas, eran más pecadores que todos los galileos?

3 Os digo: No, antes si no os arrepentís, todos pereceréis igualmente.

4 O aquellos dieciocho sobre los cuales cayó la torre en Siloé, y los mató, ¿pensáis que ellos eran más pecadores que todos los hombres que habitan en Jerusalén?

5 Os digo: No, antes si no os arrepentís, todos pereceréis igualmente.

6 Dijo también esta parábola: ᶜUn *hombre* tenía una higuera plantada en su viña, y vino a buscar fruto en ella, y no lo halló.

7 Y dijo al viñador: He aquí, estos tres años he venido a buscar fruto en esta higuera, y no lo hallo; ᶠcórtala, ¿para qué ocupa aún la tierra?

8 Él entonces respondiendo, le dijo: Señor, déjala aún este año, hasta que cave a su alrededor, y la estercole.

9 Y si da fruto, *bien*; y si no, la cortarás después.

10 Y enseñaba en una sinagoga en sábado.

11 Y he aquí, había una mujer que tenía un espíritu de enfermedad hacía dieciocho años, y andaba encorvada, y en ninguna manera se podía enderezar.

12 Y cuando Jesús la vio, la llamó y le dijo: Mujer, eres libre de tu enfermedad.

13 Y puso *sus* manos sobre ella; y luego se enderezó, y glorificaba a Dios.

14 Pero ⁱel príncipe de la sinagoga respondió indignado porque Jesús había sanado en sábado, y dijo a la gente: Seis días hay en que se debe trabajar; en éstos, pues, venid y sed sanados, y no en día de sábado.

15 Entonces el Señor le respondió y dijo: Hipócrita, ᵏcada uno de vosotros, ¿no desata en sábado su buey o *su* asno del pesebre y *lo* lleva a beber?

16 Y esta hija de Abraham, a la que Satanás había atado dieciocho años, ¿no debía ser desatada de esta ligadura en día de sábado?

---

a Mt 25:15
b Mt 3:11
c Is 5:2
  Mt 21:19
  Mr 11:13
d Mt 20:22
  Mr 10:38
e Mt 10:34
f Mt 3:10
g Mi 7:6
  Mt 10:21,22
  y 24:10
h Mt 16:2-4
i Mr 5:22
j Mt 5:25-26
k cp 14:5

LUCAS 14

17 Y diciendo Él estas cosas, se avergonzaban todos sus adversarios. Y todo el pueblo se regocijaba de todas ªlas cosas gloriosas que eran hechas por Él.

18 Y dijo: ᵇ¿A qué es semejante el reino de Dios, y a qué lo compararé?

19 Es semejante al grano de mostaza que un hombre tomó y sembró en su huerto; y creció, y se hizo árbol grande, y las aves del cielo anidaron en sus ramas.

20 Y otra vez dijo: ¿A qué compararé el reino de Dios?

21 Es semejante a la levadura que una mujer tomó y escondió en tres medidas de harina, hasta que todo fue leudado.

22 Y pasaba por todas las ciudades y aldeas, enseñando, y avanzando hacia Jerusalén.

23 Y le dijo uno: Señor, ᵍ¿son pocos los que serán salvos? Y Él les dijo:

24 Porfiad a ʰentrar por la puerta angosta; porque os digo que muchos procurarán entrar, y no podrán.

25 Después que el Padre de familia se haya levantado y ʲcerrado la puerta, y estando afuera comencéis a tocar la puerta, diciendo: Señor, Señor, ábrenos; y Él respondiendo, os dirá: ᵏNo os conozco de dónde seáis.

26 Entonces comenzaréis a decir: Delante de ti hemos comido y bebido, y en nuestras plazas enseñaste.

27 Pero Él dirá: Os digo que no os conozco de dónde seáis; ˡapartaos de mí todos *vosotros*, obradores de maldad.

28 Allí será ⁿel lloro y el crujir de dientes, cuando veáis a Abraham, y a Isaac, y a Jacob y a todos los profetas en el reino de Dios, y vosotros excluidos.

29 Y vendrán del oriente y del occidente, del norte y del sur, y se sentarán a la mesa en el reino de Dios.

30 Y he aquí, ᵒhay postreros que serán primeros; y primeros que serán postreros.

31 Aquel mismo día vinieron unos fariseos, diciéndole: Sal, y vete de aquí, porque Herodes te quiere matar.

Los primeros serán postreros

32 Y Él les dijo: Id, y decid a aquella zorra: He aquí, echo fuera demonios y hago sanidades hoy y mañana, y al tercer *día* seré consumado.

33 Sin embargo, es necesario que camine ᶜhoy, y mañana, y pasado mañana; porque no es posible que un profeta muera fuera de Jerusalén.

34 ¡Jerusalén, Jerusalén, ᵈque matas a los profetas, y apedreas a los que te son enviados! ¡Cuántas veces quise juntar a tus hijos, como la gallina a sus polluelos debajo de sus alas, y no quisiste!

35 He aquí, ᵉvuestra casa os es dejada desierta; y de cierto os digo que no me veréis, hasta que venga *el tiempo* en que digáis: ᶠBendito el que viene en el nombre del Señor.

CAPÍTULO 14

Y aconteció un día de sábado, que habiendo entrado para comer pan en casa de un príncipe de los fariseos, ellos ⁱle acechaban.

2 Y he aquí un hombre hidrópico estaba delante de Él.

3 Y respondiendo Jesús, habló a los doctores de la ley y a los fariseos, diciendo: ¿Es lícito sanar en sábado?

4 Y ellos callaron. Entonces Él tomándole, le sanó, y le despidió.

5 Y les respondió, diciendo: ¿Quién de vosotros, si su asno o su buey cayere en un pozo, no lo sacará luego en día de sábado?

6 Y no le podían replicar a estas cosas.

7 Y observando cómo escogían ᵐlos primeros asientos a la mesa, relató una parábola a los convidados, diciéndoles:

8 Cuando seas convidado por alguno a bodas, no te sientes en el primer lugar, no sea que otro más distinguido que tú esté convidado por él,

9 y el que te convidó a ti y a él, venga y te diga: Da lugar a éste; y entonces comiences con vergüenza a tomar el último lugar.

10 ᵖMas cuando seas convidado, ve, y siéntate en el último lugar; para que cuando venga el que te convidó, te diga: Amigo, sube más arriba; entonces tendrás gloria delante de los que se sientan contigo a la mesa.

---

a 18:43

b Mt 13:31-32
Mr 4:30-32
c Jn 11:9
d Mt 23:37

e Sal 69:25
Mi 3:12

f Sal 118:26
Mt 21:9
y 23:39
Mr 11:9
cp 19:38
Jn 12:13
g 1 Co 1:18
2 Co 2:15
h Mt 7:13
i Mr 3:2
cp 6:7
y 20:20

j Mt 25:10

k Mt 7:23

l Sal 6:8
y 119:115
Mt 25:41
m Mt 23:6
n Mt 8:12
y 25:30

o Mt 19:30
p Pr 25:6-7

La gran cena y los convidados

11 Porque ªcualquiera que se enaltece, será humillado; y el que se humilla, será enaltecido.

12 Y dijo también al que le había convidado: Cuando haces comida o cena, no llames a tus amigos, ni a tus hermanos, ni a tus parientes, ni a vecinos ricos; no sea que también ellos te vuelvan a convidar, y te sea hecha recompensa.

13 Mas cuando hagas banquete, llama a los pobres, los mancos, los cojos, y a los ciegos;

14 y serás bienaventurado; porque ellos no te pueden recompensar; pues ᵈtú serás recompensado ᵉen la resurrección de los justos.

15 Y oyendo esto uno de los que estaban sentados con Él a la mesa, le dijo: ᶠBienaventurado el que coma pan en el reino de Dios.

16 Él entonces le dijo: Un hombre hizo una gran cena, y convidó a muchos.

17 Y a la hora de la cena envió a su siervo a decir a los que habían sido convidados: ᵍVenid, que ya todo está preparado.

18 Y comenzaron todos a una a excusarse. El primero le dijo: He comprado una hacienda, y necesito ir a verla; te ruego que me excuses.

19 Y el otro dijo: He comprado cinco yuntas de bueyes, y voy a probarlos; te ruego que me excuses.

20 Y el otro dijo: Acabo de casarme, y por tanto no puedo ir.

21 Y vuelto el siervo, hizo saber estas cosas a su señor. Entonces enojado el padre de familia, dijo a su siervo: Ve pronto por las plazas y las calles de la ciudad, y mete acá a los pobres, los mancos, los cojos y los ciegos.

22 Y dijo el siervo: Señor, se ha hecho como mandaste, y aún hay lugar.

23 Y dijo el señor al siervo: Ve por los caminos y por los vallados, y fuérzalos a entrar, para que se llene mi casa.

24 Porque os digo que ninguno de aquellos hombres que fueron convidados, gustará mi cena.

25 Y grandes multitudes iban con Él; y volviéndose, les dijo:

26 Si alguno viene a mí, ᵐy no aborrece a su padre, y madre, y esposa, e hijos, y hermanos, y hermanas, y aun también su propia vida, no puede ser mi discípulo.

27 Y cualquiera que no trae su cruz ᵇy viene en pos de mí, no puede ser mi discípulo.

28 Porque ¿quién de vosotros, queriendo edificar una torre, no se sienta primero ᶜy cuenta el costo, *para ver* si tiene *lo que necesita* para acabarla?

29 No sea que después que haya echado el cimiento, y no pueda acabarla, todos los que lo vean comiencen a burlarse de él,

30 diciendo: Este hombre comenzó a edificar, y no pudo acabar.

31 ¿O qué rey, yendo a hacer guerra contra otro rey, no se sienta primero y consulta si con diez mil puede salir al encuentro del que viene contra él con veinte mil?

32 De otra manera, cuando el otro aún está lejos, le envía una embajada y le pide condiciones de paz.

33 Así, pues, cualquiera de vosotros que no renuncia a todo lo que posee, no puede ser mi discípulo.

34 Buena es la sal; pero ʰsi la sal pierde su sabor, ¿con qué será sazonada?

35 No es útil ni para la tierra, ni para el muladar; la arrojan fuera. El que tiene oídos para oír, oiga.

CAPÍTULO 15

Y se acercaban a Él todos ⁱlos publicanos y pecadores para oírle.

2 Y los fariseos y los escribas ʲmurmuraban, diciendo: Éste a los pecadores recibe, y con ellos come.

3 Y Él les relató esta parábola, diciendo:

4 ¿Qué hombre de vosotros, teniendo cien ovejas, ᵏsi perdiere una de ellas, no deja las noventa y nueve en el desierto, y ˡva tras la que se perdió, hasta encontrarla?

5 Y cuando la encuentra, *la* pone sobre sus hombros, gozoso;

6 y viniendo a casa, reúne a sus amigos y a *sus* vecinos, diciéndoles: Regocijaos conmigo, porque he hallado mi oveja que se había perdido.

7 Os digo que así habrá más gozo en el cielo por un pecador que se

---

a Mt 23:12
b Mt 10:38
c ver 33; Hech 21:13
d Mt 6:4
e Jn 11:24
1 Co 15:23
1 Ts 4:16
Ap 20:4-5
f cp 13:29
Ap 19:9
g Pr 9:5
Mt 22:3-4
h Mt 5:13
Mr 9:50
i Mt 18:17
j cp 19:7
k Ez 34:6-16
l Is 40:11
m Dt 13:6-8
y 33:9
Mt 10:37

arrepiente, que por noventa y nueve justos, que no necesitan arrepentimiento.

8 ¿O qué mujer que tiene diez dracmas, si perdiere una dracma, no enciende el candil, y barre la casa, y busca con diligencia hasta encontrarla?

9 Y cuando *la* halla, reúne a *sus* amigas y a *sus* vecinas, diciendo: Regocijaos conmigo, porque he hallado la dracma que había perdido.

10 Así os digo que hay gozo [b]delante de los ángeles de Dios por un pecador que se arrepiente.

11 Y dijo: Un hombre tenía dos hijos;

12 y el menor de ellos dijo a *su* padre: Padre, dame [c]la parte de los bienes que *me* pertenece. Y *él* les repartió *sus* bienes.

13 Y no muchos días después, juntándolo todo el hijo menor, partió lejos a una provincia apartada; y allí desperdició sus bienes viviendo perdidamente.

14 Y cuando todo lo hubo malgastado, vino una gran hambre en aquella provincia, y comenzó a faltarle.

15 Y fue y se arrimó a uno de los ciudadanos de aquella tierra, el cual le envió a su hacienda para que apacentase puercos.

16 Y deseaba llenar su vientre de las algarrobas que comían los puercos; mas nadie le daba.

17 Y volviendo en sí, dijo: ¡Cuántos jornaleros en casa de mi padre tienen abundancia de pan, y yo aquí perezco de hambre!

18 Me levantaré e iré a mi padre, y le diré: Padre, he pecado contra el cielo y contra ti;

19 ya no soy digno de ser llamado tu hijo; hazme como a uno de tus jornaleros.

20 Y levantándose, vino a su padre. Y cuando aún estaba lejos, su padre lo vio, y fue movido a misericordia; y [d]corrió, y se echó sobre su cuello, y le besó.

21 Y el hijo le dijo: Padre, he pecado contra el cielo, y [e]contra ti, y ya no soy digno de ser llamado tu hijo.

22 Pero el padre dijo a sus siervos: Traed [f]la mejor vestidura, y vestidle; y poned [g]un anillo en su mano, y calzado en *sus* pies;

23 y traed el becerro grueso y matadlo, y comamos y hagamos fiesta;

24 porque este mi hijo [a]muerto era, y ha revivido; se había perdido, y es hallado. Y comenzaron a regocijarse.

25 Y su hijo mayor estaba en el campo; el cual cuando vino, y llegó cerca de la casa, oyó la música y las danzas;

26 y llamando a uno de los criados, le preguntó qué era aquello.

27 Y él le dijo: Tu hermano ha venido; y tu padre ha matado el becerro grueso, por haberle recibido sano y salvo.

28 Entonces él se enojó, y no quería entrar. Salió por tanto su padre, y le rogaba *que entrase*.

29 Pero él, respondiendo, dijo a *su* padre: He aquí, tantos años te he servido, no habiendo desobedecido jamás tu mandamiento, y nunca me has dado un cabrito para gozarme con mis amigos.

30 Pero cuando vino éste, tu hijo, que ha consumido tus bienes con rameras, has matado para él el becerro grueso.

31 Él entonces le dijo: Hijo, tú siempre estás conmigo, y todo lo que tengo es tuyo.

32 Mas era necesario hacer fiesta y gozarnos, porque éste, tu hermano, muerto era, y ha revivido; se había perdido, y es hallado.

CAPÍTULO 16

Y dijo también a sus discípulos: Había un hombre rico, el cual tenía un mayordomo, y éste fue acusado ante él de que había disipado sus bienes.

2 Y le llamó, y le dijo: ¿Qué es esto que oigo de ti? Da cuenta de tu mayordomía, porque ya no podrás ser mayordomo.

3 Entonces el mayordomo dijo dentro de sí: ¿Qué haré? Porque mi señor me quita la mayordomía. Cavar, no puedo; mendigar, me da vergüenza.

4 Ya sé lo que haré para que cuando sea quitado de la mayordomía, me reciban en sus casas.

---

a Ef 2:1-5
y 5:14
Col 2:13
Ap 3:1

b Mt 18:10

c Dt 21:17

d Stg 4:8
e Sal 51:4
f Zac 3:4
Is 61:10
Rm 13:14
Gá 3:27
Ef 4:24
Ap 3:4,5,18
7:9 y 19:8
g Gn 41:42
Est 3:10 8:2

Lázaro y el rico

5 Y llamando a cada uno de los deudores de su señor, dijo al primero: ¿Cuánto debes a mi señor?

6 Y él dijo: Cien barriles de aceite. Y le dijo: Toma tu cuenta, y siéntate pronto, y escribe cincuenta.

7 Después dijo a otro: ¿Y tú, cuánto debes? Y él dijo: Cien medidas de trigo. Y él le dijo: Toma tu cuenta, y escribe ochenta.

8 Y alabó el señor al mayordomo injusto por haber hecho astutamente; porque [a]los hijos de este siglo son en su generación más astutos que [b]los hijos de luz.

9 Y yo os digo: [c]Haceos amigos de las riquezas de maldad, para que cuando fallareis, os reciban en las moradas eternas.

10 El que es fiel en lo muy poco, también en lo más es fiel; y el que en lo muy poco es injusto, también en lo más es injusto.

11 Pues si en las riquezas injustas no fuisteis fieles, ¿quién os confiará lo verdadero?

12 Y si en lo ajeno no fuisteis fieles, ¿quién os dará lo que es vuestro?

13 [g]Ningún siervo puede servir a dos señores; porque o aborrecerá al uno y amará al otro, o se apegará al uno y despreciará al otro. No podéis servir a Dios y a las riquezas.

14 Y oían también todas estas cosas los fariseos, los cuales [h]eran avaros, y se burlaban de Él.

15 Y les dijo: Vosotros sois [i]los que os justificáis a vosotros mismos delante de los hombres; pero Dios conoce vuestros corazones; porque lo que los hombres tienen en alta estima, delante de Dios es abominación.

16 La ley [j]y los profetas *fueron* hasta Juan; desde entonces el reino de Dios es predicado, y todos se esfuerzan por entrar en él.

17 Pero [m]es más fácil que pasen el cielo y la tierra, que fallar una tilde de la ley.

18 Cualquiera [n]que repudia a su esposa, y se casa con otra, comete adulterio; y el que se casa con la repudiada del marido, comete adulterio.

19 Había un hombre rico, que se vestía de púrpura y de lino fino, y hacía cada día banquete con esplendidez.

20 Había también un mendigo llamado Lázaro, el cual estaba echado a la puerta de él, lleno de llagas,

21 y deseaba saciarse de las migajas que caían de la mesa del rico; y aun los perros venían y le lamían las llagas.

22 Y aconteció que murió el mendigo, y fue llevado por los ángeles al seno de Abraham. Y murió también el rico, y fue sepultado.

23 Y en el infierno alzó sus ojos, estando en tormentos, y vio a Abraham de lejos, y a Lázaro en su seno.

24 Entonces él, dando voces, dijo: [d]Padre Abraham, ten misericordia de mí, y envía a Lázaro para que moje la punta de su dedo en agua, y refresque mi lengua; porque [e]soy atormentado en esta llama.

25 Y Abraham *le* dijo: Hijo, [f]acuérdate que recibiste tus bienes en tu vida, y Lázaro también males; mas ahora éste es consolado, y tú atormentado.

26 Y además de todo esto, una gran sima está puesta entre nosotros y vosotros, de manera que los que quieran pasar de aquí a vosotros, no puedan, ni de allá pasar acá.

27 Entonces él dijo: Te ruego, pues, padre, que le envíes a la casa de mi padre,

28 porque tengo cinco hermanos, para que les testifique, para que no vengan ellos también a este lugar de tormento.

29 Y Abraham le dijo: A Moisés y a los profetas tienen; óiganlos.

30 Él entonces dijo: No, padre Abraham; mas si alguno va a ellos de entre los muertos, se arrepentirán.

31 Mas Abraham le dijo: [k]Si no oyen a Moisés y a los profetas, [l]tampoco se persuadirán aunque alguno se levante de los muertos.

CAPÍTULO 17

Entonces dijo a los discípulos: [o]¡Imposible es que no vengan tropiezos; mas ¡ay de aquel por quien vienen!

2 Mejor le fuera si se le atase al cuello [p]una piedra de molino, y se le lanzase

Fe como un grano de mostaza

en el mar, que hacer tropezar a uno de estos pequeñitos.

3 Mirad por vosotros mismos. ᵇSi tu hermano peca contra ti, repréndele; y si se arrepiente, perdónale.

4 Y ᶜsi siete veces al día peca contra ti, y siete veces al día vuelve a ti, diciendo: Me arrepiento; perdónale.

5 Y los apóstoles dijeron al Señor: ᵍAuméntanos la fe.

6 Y el Señor dijo: ʰSi tuviereis fe como un grano de mostaza, podríais decir a este ¹sicómoro: Desarráigate, y plántate en el mar; y os obedecería.

7 ¿Y quién de vosotros teniendo un siervo que ara o apacienta ganado, al volver él del campo le dice en seguida: Pasa, siéntate a la mesa?

8 ¿No le dice más bien: Adereza qué cene, y cíñete, y sírveme hasta que haya comido y bebido; y después de esto, come y bebe tú?

9 ¿Da gracias al siervo porque hizo lo que le había sido mandado? Pienso que no.

10 Así también vosotros, cuando hubiereis hecho todo lo que os es mandado, decid: Siervos inútiles somos, porque lo que debíamos hacer, hicimos.

11 Y aconteció que ᵐyendo Él a Jerusalén, pasó por medio de ⁿSamaria y de ᵒGalilea.

12 Y entrando en una aldea, le vinieron al encuentro diez hombres leprosos, que ᵖse pararon a lo lejos,

13 y alzaron la voz, diciendo: Jesús, Maestro, ᑫten misericordia de nosotros.

14 Y cuando Él *los* vio, les dijo: Id, mostraos a los sacerdotes. Y aconteció que yendo ellos, fueron limpiados.

15 Entonces uno de ellos, viendo que había sido sanado, volvió, glorificando a Dios a gran voz;

16 y se postró sobre *su* rostro a sus pies, dándole gracias; y éste era samaritano.

17 Y respondiendo Jesús, dijo: ¿No son diez los que fueron limpiados? ¿Y los nueve dónde *están*?

18 ¿No hubo quien volviese y diese gloria a Dios sino este extranjero?

19 Y le dijo: ᵘLevántate, vete; tu fe te ha salvado.

20 Y preguntándole los fariseos, ᵃcuándo había de venir el reino de Dios, respondió y les dijo: El reino de Dios no vendrá con advertencia;

21 ni dirán: Helo aquí, o helo allí; porque he aquí ᵈel reino de Dios entre vosotros está.

22 Y dijo a sus discípulos: ᵉTiempo vendrá, cuando ᶠdesearéis ver uno de los días del Hijo del Hombre, y no *lo* veréis.

23 Y os dirán: ⁱHelo aquí, o helo allí. No vayáis tras *ellos*, ni los sigáis.

24 Porque como el relámpago, que resplandeciendo, alumbra de un extremo al otro bajo del cielo, así también será el Hijo del Hombre en su día.

25 Pero primero ʲes necesario que padezca mucho, y sea rechazado por esta generación.

26 Y ᵏcomo fue en los días de Noé, así también será en los días del Hijo del Hombre.

27 Comían, bebían, se casaban y se daban en casamiento, hasta el día en que Noé entró en el arca; y vino el diluvio, y destruyó a todos.

28 Asimismo también ˡcomo fue en los días de Lot; comían, bebían, compraban, vendían, plantaban, edificaban;

29 pero el día en que Lot salió de ¹Sodoma, llovió del cielo fuego y azufre, y destruyó a todos.

30 Así también será el día en que el Hijo del Hombre se manifieste.

31 En aquel día, el que esté en la azotea, y sus pertenencias en casa, no descienda a tomarlas; y el que esté en el campo, igualmente, no vuelva atrás.

32 Acordaos de la esposa de Lot.

33 Cualquiera ʳque procure salvar su vida, la perderá; y cualquiera que la pierda, la salvará.

34 Os digo que en aquella noche estarán dos en una cama; el uno será tomado, y el otro será dejado.

35 ˢDos *mujeres* estarán moliendo juntas; la una será tomada, y la otra dejada.

36 Dos estarán en el campo; el uno será tomado, y el otro dejado.

37 Y respondiendo, le dijeron: ¿Dónde, Señor? Y Él les dijo: ᵗDonde *esté* el cuerpo, allí también se juntarán las águilas.

---

a Mt 18:21
b Mt 18:5
c Mt 18:21
d Jn 1:26
y 12:35
e Mt 9:15
f Jn 8:56
g Mr 9:24
h Mt 17:20
y 21:21
Mr 11:22-23
i Mt 24:23
Mr 13:21
1 ved 19:4
j cp 9:22
k Mt 24:37
l Gn 13:13
y 18:20-21
Ez 19:49-50
m cp 13:22
n Jn 4:4
o Mr 19:1
1 Sodoma y Gomorra
Gn 19:16-25
Dt 29:23
Is 1:9 y 13:19
Jr 50:14
Ez 16:49
Am 4:11
Sof 2:9
Mt 11:23
Mr 6:11
Rm 9:29
2 Pe 2:6
Jud 7
p Lv 13:46
q Mt 9:27
y 20:31
r Mt 10:39
y 16:25
Mr 8:35
Jn 12:25
s Mt 18:15
t Mt 24:28
u Mt 18:15

El fariseo y el publicano

LUCAS 18

CAPÍTULO 18

Y les dijo también una parábola *sobre* que es necesario ªorar siempre, ᵇy no desmayar,

2 diciendo: Había un juez en una ciudad, el cual ni temía a Dios, ni respetaba a hombre.

3 Había también en aquella ciudad una viuda, la cual venía a él diciendo: Hazme justicia de mi adversario.

4 Y él no quiso por algún tiempo; pero después de esto dijo dentro de sí: Aunque ni temo a Dios, ni tengo respeto a hombre,

5 sin embargo, ᵉporque esta viuda me es molesta, le haré justicia, no sea que viniendo, al fin me fastidie.

6 Y dijo el Señor: Oíd lo que dijo el juez injusto.

7 ᶠ¿Y no cobrará Dios venganza por ᵍsus escogidos, que claman a Él día y noche, aunque sea longánimo para con ellos?

8 Os digo que ʰpronto cobrará venganza por ellos. Pero cuando el Hijo del Hombre venga, ¿ⁱhallará fe en la tierra?

9 Y también dijo esta parábola a unos que confiaban en sí mismos como justos, y menospreciaban a los otros:

10 Dos hombres subieron al templo a orar; uno *era* fariseo, y el otro publicano.

11 El fariseo, puesto en pie, oraba consigo mismo de esta manera: Dios, te doy gracias porque no soy como los otros hombres, ladrones, injustos, adúlteros, ni aun como este publicano;

12 ayuno dos veces a la semana, doy diezmos de todo lo que poseo.

13 Mas el publicano, estando lejos, no quería ni siquiera alzar los ojos al cielo, sino que golpeaba su pecho, diciendo: Dios, sé propicio a mí, pecador.

14 Os digo que éste descendió a su casa justificado antes que el otro; porque ᵖcualquiera que se enaltece, será humillado; y el que se humilla, será enaltecido.

15 Y también ʳle traían los niños para que los tocase; lo cual viendo los discípulos, les reprendían.

16 Pero Jesús, llamándolos, dijo: Dejad los niños venir a mí, y no se lo impidáis; porque de los tales es el reino de Dios.

17 De cierto os digo, que el que no recibiere el reino de Dios como un niño, no entrará en él.

18 Y ᶜle preguntó un príncipe, diciendo: Maestro bueno, ¿qué haré para heredar la vida eterna?

19 Y Jesús le dijo: ¿Por qué me llamas bueno? Nadie *es* bueno sino sólo uno, Dios.

20 Los mandamientos sabes: ᵈNo cometerás adulterio: No matarás: No hurtarás: No dirás falso testimonio: Honra a tu padre y a tu madre.

21 Y él dijo: Todo esto lo he guardado desde mi juventud.

22 Y cuando Jesús oyó esto, le dijo: Aún te falta una cosa: Vende todo lo que tienes, y da a los pobres, y tendrás tesoro en el cielo; y ven, sígueme.

23 Entonces él, al oír esto, se puso muy triste, porque era muy rico.

24 Y viendo Jesús que se había entristecido mucho, dijo: ⁱ¡Cuán difícilmente entrarán en el reino de Dios los que tienen riquezas!

25 Porque es más fácil pasar un camello por el ojo de una aguja, que entrar un rico en el reino de Dios.

26 Y los que oyeron *esto*, dijeron: ¿Quién, entonces, podrá ser salvo?

27 Y Él les dijo: ᵏLo que es imposible con los hombres, es posible con Dios.

28 Entonces Pedro dijo: He aquí, nosotros ˡlo hemos dejado todo, y te hemos seguido.

29 Y Él les dijo: De cierto os digo, que nadie hay que haya dejado casa, o padres, o hermanos, o esposa o hijos, por el reino de Dios,

30 que no haya de recibir mucho más ᵐen este tiempo, y en el mundo venidero la vida eterna.

31 ⁿY tomando a los doce, les dijo: He aquí subimos a Jerusalén, ᵒy se cumplirán todas las cosas que fueron escritas por los profetas acerca del Hijo del Hombre.

32 Porque ᵠserá entregado a los gentiles, y será escarnecido, e injuriado, y escupido.

33 Y después que *le* hubieren azotado, le matarán; mas ˢal tercer día resucitará.

34 Pero ellos no entendían nada de estas cosas, y esta palabra les era

---

a cp 11:5-7
y 21:36
Rm 12:12
Ef 6:18
1 Ts 5:17
b 2 Co 4:1,16
Ef 3:13
c Mt 19:16
Mr 10:17
d Éx 20:12-16
e cp 11:8
f Ap 6:10
g Mt 24:22-31
Rm 8:33
Col 3:12
h Heb 10:37
2 Pe 3:9
i 1 Pe 1:28
Mt 19:23
Mr 10:23
j cp 13:23
k Gn 18:14
Job 42:2
Sal 62:11
Mt 19:26
Mr 10:27
Lc 1:37
l cp 5:11
Mt 4:20-22
y 19:27
Mr 10:28
Fil 3:7
m Mr 10:30
n Mt 20:17-19
Mr 10:32-34
o Sal 22
Is 53
p Mt 23:12
q Jn 18:32
r Mt 19:13
Mr 10:13-16
s cp 24:7,21
Mt 27:63
1 Co 15:4

encubierta, y no entendían lo que se decía.

35 Y aconteció que [b]acercándose Él a Jericó, [c]un ciego estaba sentado junto al camino mendigando;

36 y oyendo a la multitud que pasaba, preguntó qué era aquello.

37 Y le dijeron que pasaba Jesús de Nazaret.

38 Entonces dio voces, diciendo: ¡Jesús, Hijo de David, ten misericordia de mí!

39 Y los que iban delante, le reprendían para que se callara; pero él gritaba mucho más: ¡Hijo de David, ten misericordia de mí!

40 Jesús entonces, deteniéndose, mandó traerle a sí; y cuando él llegó, le preguntó,

41 diciendo: ¿Qué quieres que te haga? Y él dijo: Señor, que reciba la vista.

42 Y Jesús le dijo: Recibe la vista, tu fe te ha salvado.

43 Y al instante recibió la vista, y le seguía, glorificando a Dios. Y todo el pueblo cuando lo vio, dio alabanza a Dios.

CAPÍTULO 19

Y [i]entrando *Jesús* pasó por Jericó.

2 Y he aquí un varón llamado Zaqueo, que era jefe de los publicanos, y era rico.

3 y procuraba ver quién era Jesús; pero no podía a causa de la multitud, porque era pequeño de estatura.

4 Y corriendo delante, se subió a un árbol [1]sicómoro para verle; porque había de pasar por allí.

5 Y cuando Jesús llegó a aquel lugar, mirando hacia arriba, le vio, y le dijo: Zaqueo, date prisa, desciende, porque hoy es necesario que pose yo en tu casa.

6 Entonces él descendió aprisa, y le recibió gozoso.

7 Y viendo esto, todos [j]murmuraban, diciendo que había entrado a posar con un hombre pecador.

8 Entonces Zaqueo, puesto en pie, dijo al Señor: He aquí, Señor, la mitad de mis bienes doy a los pobres; y si en algo he defraudado a alguno, se lo devuelvo cuadruplicado.

9 Y Jesús le dijo: Hoy ha venido la salvación a esta casa; por cuanto él también es [l]hijo de Abraham.

a cp 9:56
Mt 18:11
b Jn 3:17 10:10
y 12:47
1 Tim 1:15
b Mt 20:29
Mr 10:46
c Mt 10:46
d cp 17:20
Hch 1:6
e Mt 25:14-30
f Mt 25:14

g ver 24

h Mt 25:21
i cp 18:35
Mt 20:29

1
Árbol egipcio del mismo género que la higuera
cp 17:6

j Jn 18:32

k Mt 13:22

l cp 13:16

La salvación de Zaqueo

10 Porque el Hijo del Hombre [a]vino a buscar y a salvar lo que se había perdido.

11 Y oyendo ellos estas cosas, Él prosiguió y dijo una parábola, por cuanto estaba cerca de Jerusalén, y porque [d]ellos pensaban que pronto se manifestaría el reino de Dios.

12 Dijo, pues: [e]Un hombre noble partió a una provincia lejos, para tomar para sí un reino, y volver.

13 Y [f]llamando a diez siervos suyos, les dio diez minas, y les dijo: Negociad entre tanto que vengo.

14 Pero sus ciudadanos le aborrecían, y enviaron tras él una embajada, diciendo: [g]No queremos que éste reine sobre nosotros.

15 Y aconteció que cuando él regresó, después de recibir el reino, mandó llamar ante él a aquellos siervos a los cuales había dado el dinero, para saber lo que había negociado cada uno.

16 Y vino el primero, diciendo: Señor, tu mina ha ganado diez minas.

17 Y él le dijo: Bien, buen siervo; pues que [h]en lo poco has sido fiel, tendrás autoridad sobre diez ciudades.

18 Y vino otro, diciendo: Señor, tu mina ha ganado cinco minas.

19 E igualmente dijo a éste: Tú también sé sobre cinco ciudades.

20 Y vino otro, diciendo: Señor, he aquí tu mina, la cual he tenido guardada en un pañuelo;

21 pues tuve miedo de ti, porque eres hombre severo, que tomas lo que no pusiste, y siegas lo que no sembraste.

22 Entonces él le dijo: Mal siervo, por tu propia boca te juzgo. Sabías que yo era hombre severo, que tomo lo que no puse, y que siego lo que no sembré;

23 ¿por qué, pues, no diste mi dinero al banco, para que al venir yo, lo hubiera recibido con los intereses?

24 Y dijo a los que estaban presentes: Quitadle la mina, y dadla al que tiene diez minas.

25 Y ellos le dijeron: Señor, tiene diez minas.

26 Pues yo os digo que [k]a todo el que tiene le será dado; y al que no tiene, aun lo que tiene le será quitado.

La viña arrendada

27 Y también a aquellos mis enemigos que no querían que yo reinase sobre ellos, traedlos acá, y matadlos delante de mí.

28 Y dicho esto, ᵇiba delante subiendo a Jerusalén.

29 Y aconteció que ᵈllegando cerca de Betfagé y de Betania, al monte que se llama de los Olivos, envió dos de sus discípulos,

30 diciendo: Id a la aldea de enfrente; y entrando en ella, hallaréis un pollino atado sobre el cual ningún hombre se ha sentado jamás; desatadlo, y traedlo.

31 Y si alguien os preguntare, ¿por qué lo desatáis? le responderéis así: Porque el Señor lo necesita.

32 Y fueron los que habían sido enviados, y hallaron como Él les había dicho.

33 Y cuando desataban el pollino, sus dueños les dijeron: ¿Por qué desatáis el pollino?

34 Y ellos dijeron: Porque el Señor lo necesita.

35 Y lo trajeron a Jesús; y ʰhabiendo echado sus mantos sobre el pollino, pusieron a Jesús encima.

36 Y yendo Él, tendían sus mantos por el camino.

37 Y cuando Él llegó ya cerca de la bajada del monte de los Olivos, toda la multitud de los discípulos, gozándose, comenzaron a alabar a Dios a gran voz por todas las maravillas que habían visto,

38 diciendo: ¡ⁱ¡Bendito el Rey que viene en el nombre del Señor; paz en el cielo, y gloria en las alturas!

39 Entonces algunos de los fariseos de entre la multitud le dijeron: Maestro, reprende a tus discípulos.

40 Y Él respondiendo, les dijo: Os digo que si éstos callaran, las piedras clamarían.

41 Y cuando llegó cerca de la ciudad, al verla, lloró sobre ella,

42 diciendo: ¡Oh si hubieses conocido, aun tú, a lo menos en este tu día, lo que *toca* a tu paz! Pero ahora está encubierto a tus ojos.

43 Porque vendrán días sobre ti, que tus enemigos ᵏte cercarán con vallado, y te pondrán cerco, y de todas partes te pondrán en estrecho,

44 y te derribarán a tierra, y a tus hijos dentro de ti; ᵃy no dejarán en ti piedra sobre piedra; por cuanto no conociste el tiempo de tu visitación.

45 Y ᶜentrando en el templo, comenzó a echar fuera a todos los que vendían y compraban en él,

46 diciéndoles: Escrito está: ᵉMi casa, es casa de oración; mas vosotros la habéis hecho ᶠcueva de ladrones.

47 Y ᵍenseñaba cada día en el templo; pero los príncipes de los sacerdotes, y los escribas, y los principales del pueblo procuraban matarle.

48 Y no hallaban qué hacer, porque todo el pueblo estaba muy atento oyéndole.

CAPÍTULO 20

Y aconteció un día, que enseñando Él al pueblo en el templo, y predicando el evangelio, vinieron los príncipes de los sacerdotes y los escribas, con los ancianos,

2 y le hablaron, diciendo: Dinos: ¿Con qué autoridad haces estas cosas? ¿O quién es el que te ha dado esta autoridad?

3 Respondiendo entonces Jesús, les dijo: Os preguntaré yo también una cosa; respondedme:

4 El bautismo de Juan, ¿era del cielo, o de los hombres?

5 Y ellos razonaban entre sí, diciendo: Si decimos, del cielo, dirá: ¿Por qué, pues, no le creísteis?

6 Y si decimos: De los hombres, todo el pueblo nos apedreará; porque están convencidos de que Juan era profeta.

7 Y respondieron que no sabían de dónde *era*.

8 Entonces Jesús les dijo: Yo tampoco os digo con qué autoridad hago estas cosas.

9 Y comenzó a decir al pueblo esta parábola: ʲUn hombre plantó una viña, y la arrendó a labradores, y partió lejos por mucho tiempo.

10 Y al tiempo, envió un siervo a los labradores, para que le diesen del fruto de la viña; pero los labradores, le golpearon, y le enviaron vacío.

11 Y volvió a enviar otro siervo; mas ellos a éste también golpearon, y ultrajándole, le enviaron vacío.

12 Y volvió a enviar un tercer siervo; y ellos también a éste hirieron, y le echaron fuera.

13 Entonces el señor de la viña dijo: ¿Qué haré? Enviaré a mi hijo amado; quizá le respetarán cuando le vean.

14 Pero cuando los labradores lo vieron, razonaron entre sí, diciendo: Éste es el heredero; venid, matémosle, para que la heredad sea nuestra.

15 Y echándole fuera de la viña, le mataron. ¿Qué, pues, les hará el señor de la viña?

16 Vendrá, y destruirá a estos labradores, y dará su viña a otros. Y cuando ellos oyeron *esto*, dijeron: ¡Dios nos libre!

17 Y Él mirándolos, dijo: ¿Qué, pues, es lo que está escrito: ᵇLa piedra que desecharon los edificadores, ésta vino a ser cabeza del ángulo?

18 Cualquiera que cayere sobre aquella piedra, será quebrantado; pero sobre el que ella cayere, le desmenuzará.

19 Y ᶜprocuraban los príncipes de los sacerdotes y los escribas echarle mano en aquella hora, porque entendieron que contra ellos había dicho esta parábola; pero temieron al pueblo.

20 Y acechándole ᵉenviaron espías que se fingiesen justos, para sorprenderle en palabras, y así poder entregarle a la potestad y autoridad del gobernador.

21 Y le preguntaron, diciendo: Maestro, sabemos que dices y enseñas rectamente, y que no haces acepción de personas; sino que enseñas el camino de Dios con verdad.

22 ¿Nos es lícito dar tributo a César, o no?

23 Pero Él, entendiendo la malicia de ellos, les dijo: ¿Por qué me tentáis?

24 Mostradme ʰuna moneda. ¿De quién tiene la imagen y la inscripción? Y respondiendo dijeron: De César.

25 Entonces les dijo: Pues ⁱdad a César lo que es de César; y a Dios lo que es de Dios.

26 Y no pudieron prenderle en sus palabras delante del pueblo; y maravillados de su respuesta, se callaron.

27 Entonces vinieron unos de los saduceos, los cuales niegan que hay resurrección, y le preguntaron,

28 diciendo: Maestro, Moisés nos escribió: ᵃSi el hermano de alguno muriere teniendo esposa, y él muriere sin hijos, que su hermano tome a su esposa, y levante simiente a su hermano.

29 Hubo, pues, siete hermanos; y el primero tomó esposa, y murió sin hijos.

30 Y el segundo la tomó como esposa, el cual también murió sin hijos.

31 Y la tomó el tercero; asimismo también los siete; y murieron sin dejar descendencia.

32 Y a la postre de todos murió también la mujer.

33 En la resurrección, pues, ¿de cuál de ellos será esposa? Porque los siete la tuvieron por esposa.

34 Entonces respondiendo Jesús, les dijo: Los hijos de este mundo se casan, y se dan en casamiento;

35 pero ᵈlos que fueren tenidos por dignos de aquel mundo y de la resurrección de los muertos, ni se casan, ni se dan en casamiento.

36 Porque no pueden morir ya más; pues son iguales a los ángeles, y son hijos de Dios, siendo hijos de la resurrección.

37 Y que los muertos hayan de resucitar, ᶠaun Moisés lo enseñó en el pasaje de la zarza, cuando llama al Señor: Dios de Abraham, y Dios de Isaac, y Dios de Jacob.

38 Porque Él no es Dios de muertos, sino de vivos; porque ᵍtodos viven para Él.

39 Y respondiéndole unos de los escribas, dijeron: Maestro, bien has dicho.

40 Y ya no se atrevieron a preguntarle nada.

41 Y Él les dijo: ¿Cómo dicen que Cristo es ⁱhijo de David?

42 Pues David mismo dice en el libro de los Salmos: Dijo el Señor a mi Señor: Siéntate a mi diestra,

43 Hasta que ponga a tus enemigos por estrado de tus pies.

44 Así que David le llama Señor; ¿cómo entonces es su hijo?

45 Y ᵏoyéndole todo el pueblo, dijo a sus discípulos:

Señales antes del fin

46 Guardaos de los escribas, que gustan de andar con ropas largas, y aman las salutaciones en las plazas, y las primeras sillas en las sinagogas, y los primeros asientos en las cenas;

47 que devoran las casas de las viudas, y por pretexto hacen largas oraciones; éstos recibirán mayor condenación.

CAPÍTULO 21

Y levantando la vista, [e]vio a los ricos que echaban sus ofrendas en el arca de las ofrendas.

2 Y vio también a una viuda pobre, que echaba allí [g]dos blancas.

3 Y dijo: En verdad os digo que esta viuda pobre echó más que todos.

4 Porque todos éstos, de lo que les sobra echaron para las ofrendas de Dios; pero ésta de su pobreza echó todo el sustento que tenía.

5 Y a unos que hablaban del templo, de que estaba adornado de hermosas piedras y dones, dijo:

6 *En cuanto a* estas cosas que veis, días vendrán que [l]no quedará piedra sobre piedra que no sea derribada.

7 Y le preguntaron, diciendo: Maestro, ¿cuándo será esto? ¿Y qué señal *habrá* cuando estas cosas hayan de suceder?

8 Él entonces dijo: [m]Mirad que no seáis engañados; porque vendrán muchos en mi nombre, diciendo: Yo soy *el Cristo*; y: El tiempo está cerca. No vayáis, pues, en pos de ellos.

9 Y cuando oyereis de guerras y sediciones, no os aterréis; porque es necesario que estas cosas acontezcan primero; pero aún no *es* el fin.

10 Entonces les dijo: Se levantará nación contra nación, y reino contra reino;

11 Y habrá grandes terremotos en varios lugares, y hambres y pestilencias; y habrá terror y [p]grandes señales del cielo.

12 Pero antes de todas estas cosas [q]os echarán mano, y *os* perseguirán, *os* entregarán a las sinagogas y [r]a las cárceles, y os traerán ante reyes y gobernadores por causa de mi nombre.

13 Y esto [a]os será para testimonio.

14 Proponed, pues, [b]en vuestros corazones no pensar antes cómo habéis de responder;

15 porque yo [c]os daré palabra y sabiduría, la cual ninguno de vuestros adversarios podrá resistir ni contradecir.

16 Y seréis entregados aun por vuestros padres, y hermanos, y parientes, y amigos; y matarán a *algunos* de vosotros.

17 Y [d]seréis aborrecidos de todos por causa de mi nombre.

18 Pero [f]ni un cabello de vuestra cabeza perecerá.

19 En vuestra paciencia poseed vuestras almas.

20 Y cuando veáis a Jerusalén [h]rodeada de ejércitos, sabed entonces que [i]su destrucción está cerca.

21 Entonces los que estén en Judea, huyan a los montes; y los que estén en medio de ella, váyanse; y [j]los que estén en los campos, no entren en ella.

22 Porque éstos son días de venganza, [k]para que se cumplan todas las cosas que están escritas.

23 Pero ¡ay de las que estén encintas, y de las que amamantan en aquellos días! porque habrá gran angustia sobre la tierra, e ira sobre este pueblo.

24 Y caerán a filo de espada, y serán llevados cautivos a todas las naciones; y Jerusalén [n]será hollada por los gentiles, [o]hasta que los tiempos de los gentiles sean cumplidos.

25 Entonces habrá señales en el sol, en la luna y en las estrellas; y en la tierra, angustia de naciones en confusión; bramando el mar y las olas;

26 desfalleciendo los hombres a causa del temor y expectación de las cosas que vendrán sobre la tierra; porque las potencias de los cielos serán conmovidas.

27 Y entonces verán al Hijo del Hombre, viniendo en una nube con poder y gran gloria.

28 Y cuando estas cosas comiencen a suceder, erguíos y levantad vuestras cabezas, porque [s]vuestra redención está cerca.

29 Y les dijo una parábola: [t]Mirad la higuera y todos los árboles:

30 Cuando ya brotan, viéndolo, de vosotros mismos sabéis que el verano ya está cerca.

31 Así también vosotros, cuando veáis que suceden estas cosas, sabed que está cerca el reino de Dios.

32 De cierto os digo, que no pasará esta generación hasta que todo esto acontezca.

33 ªEl cielo y la tierra pasarán, mas mis palabras no pasarán.

34 Y mirad por vosotros mismos, que vuestros corazones no sean cargados de glotonería y embriaguez y de los afanes de esta vida, y ᶜvenga de repente sobre vosotros aquel día.

35 Porque como un lazo vendrá sobre todos los que habitan sobre la faz de toda la tierra.

36 Velad, pues, orando en todo tiempo, que seáis tenidos por dignos de escapar de todas estas cosas que han de venir, y de estar en pie delante del Hijo del Hombre.

37 Y ᶠenseñaba de día en el templo; y de noche, saliendo, se estaba en el monte que se llama de los Olivos.

38 Y por la mañana todo el pueblo venía a Él para oírle en el templo.

CAPÍTULO 22

Y se acercaba ᵍel día de la fiesta de los panes sin levadura, que es llamada la Pascua.

2 Y los príncipes de los sacerdotes y los escribas buscaban cómo matarle; porque temían al pueblo.

3 Y ʰentró Satanás en Judas, por sobrenombre Iscariote, el cual era uno del número de los doce;

4 y éste fue y habló con los príncipes de los sacerdotes, y con ʲlos magistrados, de cómo se lo entregaría.

5 Y ellos se alegraron, y convinieron en darle dinero.

6 Y él prometió, y buscó oportunidad para entregárselo en ausencia del pueblo.

7 ᵏY vino el día de los panes sin levadura, en el cual era necesario sacrificar la pascua.

8 Y envió a Pedro y a Juan, diciendo: Id y preparadnos la pascua para que comamos.

9 Y ellos le dijeron: ¿Dónde quieres que la preparemos?

10 Y Él les dijo: He aquí, cuando entrareis en la ciudad, os encontrará un hombre que lleva un cántaro de agua; seguidle hasta la casa donde entrare,

11 y decid al padre de familia de esa casa: El Maestro te dice: ¿Dónde está el aposento donde he de comer la pascua con mis discípulos?

12 Entonces él os mostrará ᵇun gran aposento alto, ya dispuesto; preparad allí.

13 Fueron, pues, y hallaron como les había dicho; y prepararon la pascua.

14 Y cuando llegó la hora, ᵈse sentó a la mesa, y con Él los doce apóstoles.

15 Y les dijo: ¡Con cuánto anhelo he deseado comer con vosotros esta pascua antes que padezca!

16 Porque os digo que no comeré más de ella, hasta que se cumpla en el reino de Dios.

17 Y tomando la copa, ᵉdio gracias, y dijo: Tomad esto, y repartidlo entre vosotros;

18 porque os digo que no beberé del fruto de la vid, hasta que el reino de Dios venga.

19 Y tomando el pan, dio gracias, y *lo* partió y les dio, diciendo: Esto es mi cuerpo, que por vosotros es dado; haced esto en memoria de mí.

20 De igual manera, después que hubo cenado, *tomó* también la copa, diciendo: Esta copa es el nuevo testamento en mi sangre, que por vosotros es derramada.

21 Mas he aquí, conmigo en la mesa, ⁱla mano del que me entrega.

22 Y a la verdad el Hijo del Hombre va, según lo que está determinado; pero ¡ay de aquel hombre por quien Él es entregado!

23 Ellos entonces comenzaron a preguntar entre sí, quién de ellos sería el que había de hacer esto.

24 Y hubo también entre ellos una discusión sobre quién de ellos sería el mayor.

25 Y Él les dijo: Los reyes de los gentiles se enseñorean de ellos; y los que sobre ellos tienen autoridad son llamados bienhechores;

26 pero no así vosotros; antes ˡel que es mayor entre vosotros, sea como el menor; y el que es príncipe, sea como el siervo.

Jesús ora en Getsemaní

27 Porque, ¿cuál es mayor, el que se sienta a la mesa, o el que sirve? ¿No es el que se sienta a la mesa? Pero yo soy entre vosotros como el que sirve.

28 Mas vosotros sois los que habéis permanecido conmigo ^cen mis pruebas.

29 Yo, pues, os asigno un reino, como mi Padre me lo asignó a mí,

30 ^epara que comáis y bebáis a mi mesa en mi reino, ^fy os sentéis sobre tronos juzgando a las doce tribus de Israel.

31 Dijo también el Señor: Simón, Simón, he aquí ^hSatanás os ha pedido para zarandearos como a trigo;

32 pero ⁱyo he rogado por ti, para que tu fe no falte; y tú, una vez vuelto, fortalece a tus hermanos.

33 Y él le dijo: Señor, dispuesto estoy a ir contigo a la cárcel, y ^jaun a la muerte.

34 Y Él le dijo: Pedro, te digo que el gallo no cantará hoy antes que tú hayas negado tres veces que me conoces.

35 Y a ellos dijo: ^lCuando os envié sin bolsa, y sin alforja, y sin zapatos, ^m¿os faltó algo? Y ellos dijeron: Nada.

36 Entonces les dijo: Pues ahora, el que tiene bolsa, tómela, y también la alforja, y el que no tiene espada, venda su capa y compre una.

37 Porque os digo que es necesario que se cumpla todavía en mí aquello que está escrito: ^qY con los malos fue contado; porque lo que concierne a mí, ^scumplimiento tiene.

38 Entonces ellos dijeron: Señor, he aquí dos espadas. Y Él les dijo: Basta.

39 Y saliendo, se fue, como solía, al monte de los Olivos; y sus discípulos también le siguieron.

40 Y cuando llegó a aquel lugar, les dijo: Orad que no entréis en tentación.

41 Y Él se apartó de ellos como a un tiro de piedra; y puesto de rodillas oró,

42 diciendo: Padre, si quieres, pasa de mí esta copa; pero no se haga mi voluntad, sino la tuya.

43 Y le apareció un ángel del cielo para fortalecerle.

44 Y estando en agonía, ^toraba más intensamente; y fue su sudor como grandes gotas de sangre que caían hasta la tierra.

45 Y cuando se levantó de la oración, y vino a sus discípulos, ^alos halló durmiendo de tristeza.

46 y les dijo: ¿Por qué dormís? Levantaos, y ^borad que no entréis en tentación.

47 Y mientras Él aún hablaba, he aquí ^duna turba; y el que se llamaba Judas, uno de los doce, iba delante de ellos; y se acercó a Jesús para besarle.

48 Entonces Jesús le dijo: Judas, ^g¿con un beso entregas al Hijo del Hombre?

49 Y viendo los que estaban con Él lo que estaba por acontecer, le dijeron: Señor, ¿heriremos a espada?

50 Y uno de ellos hirió a un siervo del sumo sacerdote, y le cortó la oreja derecha.

51 Entonces respondiendo Jesús, dijo: Dejad hasta aquí. ^kY tocando su oreja, le sanó.

52 Entonces Jesús dijo a los príncipes de los sacerdotes, y a los magistrados del templo, y a los ancianos que habían venido contra Él: ¿Como contra un ladrón habéis salido, con espadas y palos?

53 Habiendo estado con vosotros cada día en el templo, no extendisteis las manos contra mí; pero ésta es ⁿvuestra hora, y ^ola potestad de las tinieblas.

54 Y prendiéndole ^ple trajeron, y le metieron en casa del sumo sacerdote. Y ^rPedro le seguía de lejos.

55 Y habiendo encendido ellos fuego en medio del patio, y sentándose todos alrededor, se sentó también Pedro entre ellos.

56 Pero una criada le vio que estaba sentado al fuego, y observándole, dijo: Éste también con Él estaba.

57 Entonces él lo negó, diciendo: Mujer, no le conozco.

58 Y un poco después, viéndole otro, dijo: Tú también eres de ellos. Y Pedro dijo: Hombre, no soy.

59 Y como una hora después, otro afirmó, diciendo: Verdaderamente éste también estaba con Él, porque es galileo.

60 Y Pedro dijo: Hombre, no sé qué dices. Y al instante, mientras él aún hablando, el gallo cantó.

61 Entonces, vuelto el Señor, miró a Pedro; y Pedro se acordó de la palabra del Señor como le había dicho: Antes que el gallo cante, me negarás tres veces.

62 Y Pedro, saliendo fuera, lloró amargamente.

63 Y los hombres que custodiaban a Jesús se burlaban de Él y le golpeaban;

64 y vendándole los ojos, le golpeaban el rostro, y le preguntaban, diciendo: Profetiza, ¿quién es el que te golpeó?

65 Y muchas otras blasfemias decían contra Él.

66 Y cuando fue de día, se reunieron los ancianos del pueblo, y los príncipes de los sacerdotes y los escribas, y le trajeron al concilio de ellos, diciendo:

67 ¿Eres tú el Cristo? Dínoslo. Y Él les dijo: Si os lo dijere, no creeréis;

68 y también si os preguntare, no me responderéis, ni me soltaréis.

69 Desde ahora el Hijo del Hombre se sentará a la diestra del poder de Dios.

70 Entonces todos dijeron: ¿Luego eres tú el Hijo de Dios? Y Él les dijo: Vosotros decís que lo soy.

71 Entonces ellos dijeron: ¿Qué más testimonio necesitamos? porque nosotros mismos lo hemos oído de su boca.

CAPÍTULO 23

Levantándose entonces toda la multitud de ellos, le llevaron a Pilato.

2 Y comenzaron a acusarle, diciendo: Hemos hallado que Éste pervierte la nación; y que prohíbe dar tributo a César, diciendo que Él mismo es Cristo, un Rey.

3 Entonces Pilato le preguntó, diciendo: ¿Eres tú el Rey de los judíos? Y respondiendo Él, dijo: Tú lo dices.

4 Y Pilato dijo a los príncipes de los sacerdotes, y a la gente: Ninguna falta hallo en este hombre.

5 Pero ellos porfiaban, diciendo: Alborota al pueblo, enseñando por toda Judea, comenzando desde Galilea hasta aquí.

6 Entonces Pilato, al oír, de Galilea, preguntó si el hombre era galileo.

7 Y luego que supo que era de la jurisdicción de Herodes, le remitió a Herodes, que también estaba en Jerusalén en aquellos días.

8 Y Herodes, viendo a Jesús, se alegró mucho, pues hacía mucho tiempo que quería verle; porque había oído de Él muchas cosas, y tenía esperanza que le vería hacer algún milagro.

9 Y le preguntaba con muchas palabras; pero Él nada le respondió.

10 Y estaban los príncipes de los sacerdotes y los escribas acusándole con gran vehemencia.

11 Mas Herodes con sus soldados le menospreció y escarneció, vistiéndole de una ropa espléndida; y le volvió a enviar a Pilato.

12 Y aquel mismo día Pilato y Herodes se hicieron amigos; pues antes estaban enemistados entre sí.

13 Entonces Pilato, convocando a los príncipes de los sacerdotes, y a los magistrados, y al pueblo,

14 les dijo: Me habéis presentado a Éste como un hombre que pervierte al pueblo; y he aquí, yo, habiéndole interrogado delante de vosotros, no he hallado en este hombre falta alguna de aquellas cosas de que le acusáis.

15 Y ni aun Herodes; porque os remití a él; y he aquí, nada digno de muerte ha hecho.

16 Le castigaré, pues, y le soltaré.

17 Y tenía necesidad de soltarles uno en la fiesta.

18 Pero toda la multitud dio voces a una, diciendo: Fuera con Éste, y suéltanos a Barrabás.

19 (El cual había sido echado en la cárcel por una sedición hecha en la ciudad, y por un homicidio.)

20 Y les habló otra vez Pilato, queriendo soltar a Jesús.

21 Pero ellos volvieron a dar voces, diciendo: ¡Crucifícale, crucifícale!

22 Y él les dijo la tercera vez: ¿Por qué? ¿Qué mal ha hecho Éste? No he hallado culpa de muerte en Él; le castigaré, pues, y le soltaré.

23 Pero ellos instaban a grandes voces, pidiendo que fuese crucificado. Y las voces de ellos y de los príncipes de los sacerdotes prevalecieron.

Jesús es crucificado

24 Entonces Pilato juzgó que se hiciese lo que ellos pedían;

25 y ªles soltó a aquél que había sido echado en la cárcel por sedición y homicidio, al cual habían pedido; y entregó a Jesús a la voluntad de ellos.

26 Y llevándole, tomaron a un ᵇSimón cireneo, que venía del campo, y le pusieron encima de la cruz para que la llevase en pos de Jesús.

27 Y le seguía una gran multitud del pueblo, y de mujeres que le lloraban y lamentaban.

28 Mas Jesús, volviéndose a ellas, les dijo: Hijas de Jerusalén, no lloréis por mí, sino llorad por vosotras mismas y por vuestros hijos.

29 Porque he aquí ᵈvendrán días en que dirán: Bienaventuradas las estériles, y los vientres que no engendraron, y los pechos que no amamantaron.

30 Entonces ᶠcomenzarán a decir a los montes: Caed sobre nosotros; y a los collados: Cubridnos.

31 Porque si en ᵍel árbol verde hacen estas cosas, ʰ¿en el seco, qué se hará?

32 Y llevaban también con Él a ⁱotros dos, *que eran* malhechores, para ser muertos.

33 Y cuando llegaron al lugar que es llamado ʲEl Calvario, le crucificaron allí, y a los malhechores, uno a la derecha y otro a la izquierda.

34 Y Jesús decía: ᵏPadre, perdónalos, porque no saben lo que hacen. Y partiendo sus vestiduras, echaron suertes.

35 Y ᵐel pueblo estaba mirando; y también ⁿlos príncipes con ellos se burlaban *de Él*, diciendo: A otros salvó: sálvese a sí mismo, si Él es el Cristo, el escogido de Dios.

36 Y los soldados también le escarnecían, acercándose y ᵒpresentándole vinagre,

37 y diciendo: Si tú eres el Rey de los judíos, sálvate a ti mismo.

38 Y había también sobre él un título escrito con letras griegas, y latinas, y hebreas: ᑫÉSTE ES EL REY DE LOS JUDÍOS.

39 Y ˢuno de los malhechores que estaban colgados le injuriaba, diciendo: Si tú eres el Cristo, sálvate a ti mismo y a nosotros.

40 Y respondiendo el otro, le reprendió, diciendo: ¿No temes tú a Dios, aun estando en la misma condenación?

41 Y nosotros, a la verdad, justamente *padecemos*; porque recibimos lo que merecieron nuestros hechos; mas Éste ningún mal hizo.

42 Y dijo a Jesús: Señor, acuérdate de mí cuando vengas en tu reino.

43 Entonces Jesús le dijo: De cierto te digo: Hoy estarás conmigo en ᶜel paraíso.

44 Y era como la hora sexta, y hubo tinieblas sobre toda la tierra hasta la hora novena.

45 Y el sol se oscureció, y el velo del templo se rasgó por el medio.

46 Entonces Jesús, clamando a gran voz, dijo: Padre, ᵉen tus manos encomiendo mi espíritu. Y habiendo dicho esto, entregó el espíritu.

47 Y cuando el centurión vio lo que había acontecido, dio gloria a Dios, diciendo: Verdaderamente este hombre era justo.

48 Y toda la multitud de los que estaban presentes en este espectáculo, viendo lo que había acontecido, se volvían golpeándose el pecho.

49 Y todos sus conocidos, y las mujeres que le habían seguido desde Galilea, estaban lejos mirando estas cosas.

50 Y he aquí *había* ˡun varón llamado José, *el cual era* consejero y un varón bueno y justo

51 (Éste, no había consentido con el consejo ni con los hechos de ellos), de Arimatea, ciudad de los judíos, y quien también esperaba el reino de Dios.

52 Éste fue a Pilato, y pidió el cuerpo de Jesús.

53 Y bajándolo, lo envolvió en una sábana, y lo puso en un sepulcro abierto en una peña, en el cual aún nadie había sido puesto.

54 Y era ᵖel día de la preparación; y estaba para comenzar el sábado.

55 Y ʳlas mujeres que habían venido con Él desde Galilea, también lo acompañaron, y vieron el sepulcro y cómo fue puesto su cuerpo.

56 Y regresando, prepararon especias aromáticas y ungüentos; y reposaron el sábado, conforme al mandamiento.

CAPÍTULO 24

Y el primer día de la semana, muy de mañana, vinieron al sepulcro trayendo las especias aromáticas que habían preparado, y algunas otras *mujeres* con ellas.

2 Y hallaron removida la piedra del sepulcro.

3 Y entrando, no hallaron el cuerpo del Señor Jesús.

4 Y aconteció que estando ellas perplejas de esto, he aquí se pararon junto a ellas ᵇdos varones con vestiduras resplandecientes;

5 y como ellas tuvieron temor, y bajaron el rostro a tierra, ellos les dijeron: ¿Por qué buscáis entre los muertos al que vive?

6 No está aquí, mas ha resucitado. ᶜAcordaos de lo que os habló, cuando aún estaba en Galilea,

7 diciendo: Es necesario que el Hijo del Hombre sea entregado en manos de hombres pecadores, y que sea crucificado, y resucite al tercer día.

8 Entonces ellas ᵈse acordaron de sus palabras.

9 Y regresando del sepulcro, dijeron todas estas cosas a los once, y a todos los demás.

10 Eran ᵉMaría Magdalena, y ᶠJuana, y María la *madre* de Jacobo, y las demás *que estaban* con ellas, quienes dijeron estas cosas a los apóstoles.

11 Pero a ellos ᵍles parecían locura las palabras de ellas, y no las creían.

12 Entonces levantándose Pedro, ⁱcorrió al sepulcro; y asomándose hacia adentro, miró los lienzos puestos solos; y se fue maravillándose en sí mismo de aquello que había acontecido.

13 Y he aquí, el mismo día dos de ellos iban a una aldea llamada Emaús, que estaba *como* a sesenta estadios de Jerusalén.

14 Y conversaban entre sí de todas estas cosas que habían acontecido.

15 Y sucedió que mientras conversaban y discutían entre sí,

a Mt 21:11
Lc 7:16
Jn 4:19 y 6:14
Hch 2:22
b Jn 20:12
Hch 1:10

c Mt 17:22-23
Mr 9:30-31

d Jn 2:19-22
12:16 y 14:26

e Mt 27:56
f cp 8:3

g vers 25,41
h vers 7,44
i Jn 20:3-10
j Is 7:14 9:6
40:10 50:6
52:13 53:12
61:1 y 63:1-6
Jer 23:5-6
y 33:14-15
Ez 34:23
y 37:25
Dn 9:24-27
Os 11:1
Mi 5:2
Zac 9:9 11:13
12:10 y 12:7
Mal 3:1 y 4:2

La resurrección de Jesús

Jesús mismo se acercó y caminó con ellos.

16 Mas los ojos de ellos estaban embargados, para que no le conociesen.

17 Y les dijo: ¿Qué pláticas son estas que tenéis entre vosotros mientras camináis y estáis tristes?

18 Y respondiendo uno de ellos, que se llamaba Cleofas, le dijo: ¿Eres tú sólo un forastero en Jerusalén, y no has sabido las cosas que en ella han acontecido en estos días?

19 Entonces Él les dijo: ¿Qué cosas? Y ellos le dijeron: De Jesús Nazareno, que fue ᵃvarón profeta, poderoso en obra y en palabra delante de Dios y de todo el pueblo;

20 y cómo los príncipes de los sacerdotes y nuestros magistrados, le entregaron a condenación de muerte, y le crucificaron.

21 Pero nosotros esperábamos que Él era el que había de redimir a Israel; y además de todo esto, hoy es el tercer día que estas cosas acontecieron.

22 Aunque también unas mujeres de entre nosotros nos han asombrado, las cuales antes del amanecer fueron al sepulcro;

23 y no hallando su cuerpo, vinieron diciendo que también habían visto visión de ángeles, los cuales dijeron que Él vive.

24 Y fueron algunos de los nuestros al sepulcro, y hallaron así como las mujeres habían dicho; pero a Él no lo vieron.

25 Entonces Él les dijo: ¡Oh insensatos, y tardos de corazón para creer todo lo que los profetas han dicho!

26 ʰ¿No era necesario que el Cristo padeciera estas cosas, y que entrara en su gloria?

27 Y comenzando desde Moisés, y de ʲtodos los profetas, les declaró en todas las Escrituras lo concerniente a Él.

28 Y llegando a la aldea a donde iban, Él hizo como que iba más lejos.

29 Pero ellos le constriñeron, diciendo: Quédate con nosotros, porque se hace tarde, y el día ya ha declinado. Entró, pues, a quedarse con ellos.

Jesús es el Creador de todo

30 Y aconteció que estando sentado con ellos a la mesa, tomó el pan y *lo* bendijo, y partió, y les dio.

31 Entonces les fueron abiertos los ojos y le reconocieron; mas Él se desapareció de su vista.

32 Y se decían el uno al otro: ¿No ardía nuestro corazón en nosotros, mientras nos hablaba en el camino, y cuando nos abría las Escrituras?

33 Y levantándose en la misma hora, se regresaron a Jerusalén, [b]y hallaron a los once reunidos, y a los que estaban con ellos,

34 que decían: Ha resucitado el Señor verdaderamente, y ha aparecido a Simón.

35 Entonces ellos contaron las cosas que les habían acontecido en el camino, [d]y cómo le habían reconocido al partir el pan.

36 Y [g]mientras ellos hablaban estas cosas, Jesús mismo se puso en medio de ellos, y les dijo: Paz a vosotros.

37 Pero ellos estaban aterrorizados y asustados, y pensaban que veían un espíritu.

38 Y Él les dijo: ¿Por qué estáis turbados, y vienen a vuestros corazones *estos* pensamientos?

39 Mirad mis manos y mis pies, que yo mismo soy; [j]palpadme y ved; porque un espíritu no tiene carne ni huesos, como veis que yo tengo.

40 Y habiendo dicho esto, les mostró las manos y los pies.

41 Y como todavía ellos, de gozo, no lo creían, y estaban maravillados, les dijo: [l]¿Tenéis aquí algo de comer?

42 Entonces ellos le presentaron parte de un pez asado, y un panal de miel.

43 Y Él [a]lo tomó y comió delante de ellos.

44 Y les dijo: Éstas *son* las palabras que os hablé, estando aún con vosotros; que era necesario que se cumpliesen todas las cosas que están escritas de mí en la ley de Moisés, y *en* los profetas, y *en* los Salmos.

45 Entonces les abrió el entendimiento, para que comprendiesen las Escrituras;

46 y les dijo: Así está escrito, y así [c]fue necesario que el Cristo padeciese, y resucitase de los muertos al tercer día;

47 y que se predicase en su nombre [e]el arrepentimiento y la remisión de pecados [f]en todas las naciones, comenzando desde Jerusalén.

48 [h]Y vosotros sois testigos de estas cosas.

49 Y he aquí, [i]yo enviaré sobre vosotros la promesa de mi Padre; mas vosotros quedaos en la ciudad de Jerusalén hasta que seáis investidos con poder de lo alto.

50 Y los condujo fuera hasta Betania, y alzando sus manos, los bendijo.

51 Y aconteció que bendiciéndolos, se separó de ellos y fue llevado arriba al cielo.

52 Y ellos, habiéndole [l]adorado, regresaron a Jerusalén con gran gozo;

53 y estaban siempre en el templo, alabando y bendiciendo a Dios. Amén.

a Jn 21:13
Hch 10:41
b Mr 16:13
c vers 7,26
d vers 30,31
e Hch 13:38
f Is 49:6
g Jn 20:29
h Hch 1:8,22
i Jn 1:1
i Jn 14:26
Hch 1:4
j Jn 20:20-27
l Jn 1:1

1
Jesús y Jehová son Dignos de adoracion
Dt 6:13
Mt 4:10
Lc 4:8
Ap 19:10
y 22:8-9

El Santo Evangelio según
JUAN

CAPÍTULO 1

En el principio era [a]el Verbo, y el Verbo era con Dios, y el Verbo [c]era Dios.

2 Éste era en el principio con Dios.

3 [e]Todas las cosas por Él fueron hechas, y sin Él nada de lo que ha sido hecho, fue hecho.

4 En Él estaba la vida, y la vida era la luz de los hombres.

5 Y la luz en las tinieblas res-

a cp 17:5
Gn 1:1
Col 1:17
1 Jn 1:1
b Mal 3:1
Lc 3:2-3
c Fil 2:6
Rm 9:5
1 Tim 3:16
Tit 2:13
e Jn 5:7
Ap 19:13

plandece, mas las tinieblas no la comprendieron.

6 Hubo un hombre [b]enviado de Dios, el cual se llamaba Juan.

7 Éste vino por testimonio, para que diese testimonio de la Luz, para que todos creyesen por él.

8 No era él la Luz, sino para que diese testimonio de la Luz.

9 *Aquél* era la Luz verdadera que alumbra a todo hombre que viene a este mundo.

JUAN 1

10 En el mundo estaba, y ᵃel mundo por Él fue hecho; pero el mundo no le conoció.

11 A lo suyo vino, y los suyos no le recibieron.

12 Mas a todos los que le recibieron, a los que creen en su nombre, ᶜles dio potestad de ser hechos hijos de Dios.

13 Los cuales ᵈson engendrados, no de sangre, ni de voluntad de carne, ni de voluntad de varón, sino de Dios.

14 Y el Verbo ᵉfue hecho carne, y habitó entre nosotros (y vimos su gloria, gloria como del unigénito del Padre), lleno de gracia y de verdad.

15 Juan dio testimonio de Él, y clamó diciendo: Éste es de quien yo decía: El que viene después de mí, es antes de mí; porque era primero que yo.

16 Y de su ᵍplenitud tomamos todos, y gracia por gracia.

17 Porque la ley por Moisés fue dada, *pero* ʰla gracia y la verdad vinieron por Jesucristo.

18 A Dios ⁱnadie le vio jamás; el unigénito Hijo, que está en el seno del Padre, Él le ha dado a conocer.

19 Y éste es el testimonio de Juan, cuando los judíos enviaron de Jerusalén sacerdotes y levitas, a preguntarle: ¿Tú, quién eres?

20 Y confesó, y no negó; sino confesó: Yo no soy el Cristo.

21 Y le preguntaron: ¿Qué, pues? ¿Eres tú ᵏElías? Y dijo: No soy. ¿Eres tú ˡel Profeta? Y él respondió: No.

22 Entonces le dijeron: ¿Quién eres? para que demos respuesta a los que nos enviaron. ¿Qué dices de ti mismo?

23 Él dijo: ᵐYo *soy* la voz de uno que clama en el desierto: Enderezad el camino del Señor, como dijo el profeta Isaías.

24 Y los que habían sido enviados eran de los fariseos.

25 Y preguntándole, le dijeron: ¿Por qué, pues, bautizas, si tú no eres el Cristo, ni Elías, ni el Profeta?

26 Juan les respondió, diciendo: Yo bautizo en agua, mas en medio de vosotros está uno a quien vosotros no conocéis.

27 Él es el que viene después de mí, es antes de mí; del cual yo ʳno soy digno de desatar la correa del calzado.

a ver 3

b Éx 12:3
Is 53:3-11
Lc 24:27

c 1 Jn 3:1

d cp 3:3-7

e Gá 4:4
1 Tim 3:16
Heb 2:14
f Mt 3:16
Mr 1:10
Lc 3:22

g Ef 4:13
Col 1:19
y 2:9-10
h ver 14
Rm 6;14
i Dt 4:12
Mt 11:27

j ver 29

k Mt 11:14
l cp 6:14
Dt 18:15-18

m Is 40:3
Mt 3:3
Mr 1:3
Lc 3:4-6
n Mt 4:18-22
Mr 1:16-20
Lc 5:2-11
o Sal 2:2

p Mt 16:17
q Mt 10:2
y 16:18
r Mr 1:7
Lc 3:16
s cp 6:5-7
12:21-22
y 14:8-9

El testimonio de Juan

28 Estas cosas acontecieron en Betábara, al otro lado del Jordán, donde Juan estaba bautizando.

29 El siguiente día vio Juan a Jesús que venía a él, y dijo: He aquí ᵇel Cordero de Dios, que quita el pecado del mundo.

30 Éste es Aquél de quien yo dije: Después de mí viene un varón, el cual es antes de mí; porque era primero que yo.

31 Y yo no le conocía; mas para que fuese manifestado a Israel, por eso vine yo bautizando en agua.

32 Y Juan dio testimonio, diciendo: ᶠVi al Espíritu descender del cielo como paloma, y permanecer sobre Él.

33 Y yo no le conocía; pero el que me envió a bautizar en agua, Éste me dijo: Sobre quien veas descender el Espíritu, y que permanece sobre Él, Éste es el que bautiza con el Espíritu Santo.

34 Y yo le vi, y doy testimonio de que Éste es el Hijo de Dios.

35 El siguiente día otra vez estaba Juan, y dos de sus discípulos.

36 Y mirando a Jesús que andaba por allí, dijo: He aquí ʲel Cordero de Dios.

37 Y los dos discípulos le oyeron hablar, y siguieron a Jesús.

38 Entonces volviéndose Jesús, y viendo que le seguían, les dijo: ¿Qué buscáis? Y ellos le dijeron: Rabí (que se dice, si lo interpretares; Maestro), ¿dónde moras?

39 Él les dijo: Venid y ved. Vinieron y vieron dónde moraba; y se quedaron con Él aquel día, porque era como la hora décima.

40 ⁿAndrés, hermano de Simón Pedro, era uno de los dos que habían oído a Juan, y le habían seguido.

41 Éste halló primero a su hermano Simón, y le dijo: Hemos hallado al Mesías (que si lo interpretares es, ᵒel Cristo).

42 Y le trajo a Jesús. Y mirándole Jesús, dijo: ᵖTú eres Simón hijo de Jonás; tú serás llamado ᑫCefas (que quiere decir, piedra).

43 El siguiente día quiso Jesús ir a Galilea, y halló a Felipe, y le dijo: Sígueme.

44 Y ˢFelipe era de Betsaida, la ciudad de Andrés y de Pedro.

Las bodas de Caná

45 Felipe halló a ªNatanael, y le dijo: Hemos hallado a Aquél de quien escribió ᵇMoisés en la ley, y los profetas: a Jesús de Nazaret, el hijo de José.

46 Y Natanael le dijo: ᶜ¿De Nazaret puede salir algo bueno? Felipe le dijo: ᵈVen y ve.

47 Jesús viendo que Natanael venía hacia Él, dijo de él: He aquí un verdadero israelita en quien no hay engaño.

48 Le dijo Natanael: ¿De dónde me conoces? Respondió Jesús y le dijo: Antes que Felipe te llamara, cuando estabas debajo de la higuera, te vi.

49 Respondió Natanael y le dijo: Rabí, ᵍtú eres el Hijo de Dios; ʰTú eres el Rey de Israel.

50 Respondió Jesús y le dijo: ¿Porque te dije: Te vi debajo de la higuera, crees? Cosas mayores que éstas verás.

51 Y le dijo: De cierto, de cierto os digo: ʲDe aquí en adelante veréis el cielo abierto, y a los ángeles de Dios subiendo y descendiendo sobre el Hijo del Hombre.

CAPÍTULO 2

Y al tercer día se hicieron unas bodas en ᵐCaná de Galilea; y estaba allí la madre de Jesús.

2 Y fueron también invitados a las bodas Jesús y sus discípulos.

3 Y faltando el vino, la madre de Jesús le dijo: No tienen vino.

4 Jesús le dijo: ¿Qué tengo yo contigo, mujer? ᵒAún no ha venido mi hora.

5 Su madre dijo a los siervos: Haced todo lo que Él os dijere.

6 Y estaban allí seis tinajas de piedra para agua, ᵠconforme a la purificación de los judíos, y en cada una cabían dos o tres cántaros.

7 Jesús les dijo: Llenad de agua estas tinajas. Y las llenaron hasta arriba.

8 Y les dijo: Sacad ahora, y llevadla al maestresala. Y se *la* llevaron.

9 Y cuando el maestresala probó el agua hecha vino, y no sabía de dónde era (mas lo sabían los siervos que habían sacado el agua), el maestresala llamó al esposo,

10 y le dijo: Todo hombre sirve primero el buen vino, y cuando ya han bebido mucho, entonces el que es inferior, *pero* tú has guardado el buen vino hasta ahora.

JUAN 2-3

11 Este principio de milagros hizo Jesús en Caná de Galilea, y manifestó su gloria; y sus discípulos creyeron en Él.

12 Después de esto descendió a Capernaúm, Él, y su madre, y sus hermanos y sus discípulos; y estuvieron allí no muchos días.

13 Y estaba cerca ᵉla pascua de los judíos, y subió Jesús a Jerusalén.

14 Y halló en el templo a ᶠlos que vendían bueyes y ovejas y palomas, y a los cambistas sentados.

15 Y haciendo un azote de cuerdas, echó fuera del templo a todos, y las ovejas y los bueyes; y desparramó el dinero de los cambistas, y trastornó las mesas;

16 y dijo a los que vendían palomas: Quitad de aquí esto, y no hagáis de ⁱla casa de mi Padre una casa de mercado.

17 Entonces se acordaron sus discípulos que está escrito: ᵏEl celo de tu casa me consumió.

18 Y respondieron los judíos y le dijeron: ¿Qué señal nos muestras, ya que haces esto?

19 Respondió Jesús y les dijo: ˡDestruid este templo, y en tres días lo levantaré.

20 Entonces dijeron los judíos: En cuarenta y seis años fue edificado este templo, ¿y tú lo levantarás en tres días?

21 Pero ⁿÉl hablaba del templo de su cuerpo.

22 Por tanto, cuando resucitó de los muertos, ᵖsus discípulos se acordaron que les había dicho esto; y creyeron la Escritura y la palabra que Jesús había dicho.

23 Y estando en Jerusalén, en la pascua, en el *día* de la fiesta, muchos creyeron en su nombre, viendo los milagros que hacía.

24 Pero Jesús mismo no se fiaba de ellos, porque ʳlos conocía a todos.

25 Y no tenía necesidad de que alguien le diese testimonio del hombre, porque Él sabía lo que había en el hombre.

CAPÍTULO 3

Había un hombre de los fariseos que se llamaba Nicodemo, príncipe de los judíos.

Referencias:
a cp 21:2
b Lc 24:27
c cp 7:41-52
d cp 4:29
e cp 6:4; 11:55; Éx 12:14
f Mt 21:12-13; Mr 11:15-17
g ver 34; Mt 14:43; Sal 2:6; Is 33:22; Jer 23:5; Mt 27:42
j Jn 12:15 y 19:19; Ap 19:16; Is 56:7; Jer 7:11; Lc 2:49
j Gn 28:12
k Sal 69:9
l Mt 26:61 y 27:40; Mr 14:58
m cp 4:46 y 21:2
n 1 Co 6:19
o cp 7:6
p Lc 24:8
q Mr 7:3-4
r Jn 5:42; 6:64; 13:11; 16:30 y 21:17

JUAN 3 — La grandeza de su amor

2 Éste vino a Jesús de noche y le dijo: Rabí, sabemos que has venido de Dios por maestro; pues ªnadie puede hacer los milagros que tú haces, si no está Dios con él.

3 Respondió Jesús y le dijo: De cierto, de cierto te digo: ᶜEl que no naciere otra vez, no puede ver el reino de Dios.

4 Nicodemo le dijo: ¿Cómo puede un hombre nacer siendo viejo? ¿Puede entrar por segunda vez en el vientre de su madre, y nacer?

5 Respondió Jesús: De cierto, de cierto te digo, que el que no naciere de agua y del Espíritu, no puede entrar en el reino de Dios.

6 ᵉLo que es nacido de la carne, carne es, y lo que es nacido del Espíritu, espíritu es.

7 No te maravilles de que te dije: Os es necesario nacer otra vez.

8 El viento sopla de donde quiere, y oyes su sonido, pero no sabes de dónde viene, ni a dónde va; así es todo aquel que es nacido del Espíritu.

9 Respondió Nicodemo, y le dijo: ¿Cómo puede hacerse esto?

10 Respondió Jesús y le dijo: ¿Eres tú maestro de Israel, y no sabes esto?

11 De cierto, de cierto te digo, que lo que sabemos hablamos, y lo que hemos visto testificamos, y no recibís nuestro testimonio.

12 Si os he dicho cosas terrenales, y no creéis, ¿cómo creeréis si os dijere las celestiales?

13 Y ᵏnadie subió al cielo, sino el que descendió del cielo, el Hijo del Hombre que está en el cielo.

14 Y ⁿcomo Moisés levantó la serpiente en el desierto, así es necesario que el Hijo del Hombre sea levantado;

15 para que todo aquel que en Él cree, no se pierda, mas ᵖtenga vida eterna.

16 Porque de tal manera ˢamó Dios al mundo, que ᵗha dado a su Hijo unigénito, para que todo aquel que en Él cree, no se pierda, mas tenga vida eterna.

17 Porque no envió Dios ᵘa su Hijo al mundo para condenar al mundo, sino para que el mundo sea salvo por Él.

18 El que en Él cree, ˣno es condenado, pero el que no cree, ya es condenado, porque no ha creído en el nombre del unigénito Hijo de Dios.

19 Y ésta es la condenación; que ᵇla luz vino al mundo, y los hombres amaron más las tinieblas que la luz, porque sus obras eran malas.

20 Porque ᵈtodo el que hace lo malo aborrece la luz, y no viene a la luz, para que sus obras no sean reprobadas.

21 Pero el que obra verdad, viene a la luz, para que sea manifiesto que sus obras son hechas en Dios.

22 Después de estas cosas, vino Jesús con sus discípulos a la tierra de Judea; y estuvo allí con ellos, y bautizaba.

23 Y también Juan bautizaba en Enón, junto a Salim, porque allí había mucha agua; y venían, y eran bautizados.

24 Porque ᶠJuan no había sido aún puesto en la cárcel.

25 Entonces hubo una discusión entre los discípulos de Juan y los judíos acerca de ᵍla purificación.

26 Y vinieron a Juan y le dijeron: Rabí, el que estaba contigo ʰal otro lado del Jordán, de quien ⁱtú diste testimonio, he aquí Él bautiza, y todos vienen a Él.

27 Respondió Juan y dijo: No puede el hombre recibir nada si no le es dado del cielo.

28 Vosotros mismos me sois testigos de que dije: ʲYo no soy el Cristo, sino que soy enviado delante de Él.

29 El que tiene la esposa, es ˡel esposo, mas ᵐel amigo del esposo, que está en pie y le oye, se goza grandemente de la voz del esposo. Así pues, este mi gozo es cumplido.

30 ᵒEs necesario que Él crezca, y que yo mengüe.

31 ᑫEl que viene de arriba, sobre todos es; ʳel que es de la tierra, es terrenal, y cosas terrenales habla; el que viene del cielo, sobre todos es.

32 Y lo que ha visto y oído, esto testifica; y nadie recibe su testimonio.

33 El que recibe su testimonio certifica que ᵛDios es veraz.

34 Porque el que Dios envió habla las palabras de Dios, pues Dios no le da el Espíritu por medida.

35 ʸEl Padre ama al Hijo y todas las cosas ha dado en su mano.

---

a cp 2:11-23; 5:36 y 9:16
b cp 1:4-9
c cp 1:13; Gá 6:15; 1 Jn 3:9
d Rm 13:12; Ef 5:13
e cp 1:13; 1 Co 15:50
f Mt 4:12
g cp 2:6
h cp 1:28
i cp 1:7,15,34
j cp 1:20-27
k cp 6:62
l Mt 25:1
m Jue 14:21
n Nm 21:9
o Mt 3:11
p ver 36; cp 6:40-47
q ver 13
r 1 Co 15:47
s Rm 5:8; 1 Jn 4:9
t Rm 8:32
u cp 10:36
v 1 Jn 5:10
x cp 5:24
y cp 5:20; Mt 3:17

La mujer samaritana

36 El que cree en el Hijo tiene vida eterna; mas el que es incrédulo al Hijo no verá la vida, sino que la ira de Dios está sobre él.

CAPÍTULO 4

Y cuando el Señor entendió que los fariseos habían oído que Jesús hacía y [b]bautizaba más discípulos que Juan

2 (aunque Jesús no bautizaba, sino sus discípulos),

3 dejó Judea, y se fue [d]otra vez a Galilea.

4 Y le era necesario pasar por Samaria.

5 Vino, pues, a una ciudad de Samaria que se llamaba Sicar, junto a [g]la heredad que Jacob dio a su hijo José;

6 y estaba allí el pozo de Jacob. Entonces Jesús, cansado del camino, se sentó así junto al pozo; y era como la hora sexta.

7 Y vino una mujer de Samaria a sacar agua; y Jesús le dijo: Dame de beber

8 (Pues los discípulos habían ido a la ciudad a comprar de comer).

9 Entonces la mujer samaritana le dijo: ¿Cómo es que tú, siendo judío, me pides a mí de beber, que soy mujer samaritana? Porque los judíos no tienen tratos con los samaritanos.

10 Respondió Jesús y le dijo: Si conocieses el don de Dios, y quién es el que te dice: Dame de beber; tú le pedirías a Él, y Él te daría [m]agua viva.

11 La mujer le dijo: Señor, no tienes con qué sacarla, y el pozo es hondo. ¿De dónde, pues, tienes el agua viva?

12 ¿Eres tú mayor que nuestro padre Jacob, que nos dio este pozo, del cual bebieron él, sus hijos y su ganado?

13 Respondió Jesús y le dijo: Cualquiera que bebiere de esta agua volverá a tener sed,

14 pero [o]el que bebiere del agua que yo le daré, no tendrá sed jamás; sino que el agua que yo le daré será en él una fuente de agua que salte para [q]vida eterna.

15 La mujer le dijo: [r]Señor, dame esa agua, para que yo no tenga sed, ni venga acá a sacarla.

16 Jesús le dijo: Ve, llama a tu marido, y ven acá.

17 Respondió la mujer y dijo: No tengo marido. Jesús le dijo: Bien has dicho: No tengo marido;

18 porque cinco maridos has tenido, y el que ahora tienes no es tu marido; esto has dicho con verdad.

19 La mujer le dijo: Señor, [a]me parece que tú eres profeta.

20 Nuestros padres adoraron en [c]este monte, y vosotros decís que en Jerusalén es el lugar donde se debe adorar.

21 Jesús le dijo: Mujer, créeme que la hora viene [e]cuando ni en este monte ni en Jerusalén adoraréis al Padre.

22 Vosotros adoráis [f]lo que no sabéis; nosotros adoramos lo que sabemos; porque [h]la salvación viene de los judíos.

23 Pero la hora viene, y ahora es, cuando los verdaderos adoradores adorarán al Padre [i]en espíritu y [j]en verdad; pues también el Padre tales *adoradores* busca que le adoren.

24 Dios *es* Espíritu; y los que le adoran, en espíritu y en verdad es necesario que *le* adoren.

25 La mujer le dijo: Sé que [k]el Mesías ha de venir, el que es llamado, el Cristo; cuando Él venga [l]nos declarará todas las cosas.

26 Jesús le dijo: Yo soy, el que habla contigo.

27 Y en esto llegaron sus discípulos, y se maravillaron de que hablaba con la mujer; pero ninguno dijo: ¿Qué preguntas? O: ¿Por qué hablas con ella?

28 Entonces la mujer dejó su cántaro, y fue a la ciudad, y dijo a los hombres:

29 Venid, ved a un hombre que [n]me ha dicho todo lo que he hecho: ¿No será Éste el Cristo?

30 Entonces salieron de la ciudad, y vinieron a Él.

31 Entre tanto, los discípulos le rogaban, diciendo: Rabí, [p]come.

32 Pero Él les dijo: Yo tengo una comida que comer, que vosotros no sabéis.

33 Entonces los discípulos se decían el uno al otro: ¿Le habrá traído alguien de comer?

34 Jesús les dijo: [s]Mi comida es que haga la voluntad del que me envió, y que acabe su obra.

---

a cp 6:14
b cp 3:22-26
c Gn 12:6-7
  13:4 y 33:18
d cp 2:11-12
e Mal 1:11
  1 Tim 2:8
f 2 Re 17:28
g Gn 33:19
  y 48:22
h Rm 3:1-2
  y 9:4-5
i Fil 3:3
j Sal 145:18
k cp 1:41
l Dt 18:18
m cp 7:38
  Jer 2:13
  Zac 14:8
n vers 17,18
o cp 6:55-58
p vers 6,8
q cp 6:54
r cp 6:34
s cp 5:30-36
  6:38 y 17:4

JUAN 5

35 ¿No decís vosotros: Aún faltan cuatro meses para que venga la siega? He aquí os digo: Alzad vuestros ojos y mirad los campos, porque *ya* están blancos para la siega.

36 Y el que siega recibe salario, y recoge fruto para vida eterna; para que ªel que siembra como ᵇel que siega juntos se regocijen.

37 Porque en esto es verdadero el dicho: Uno es el que siembra, y otro es el que siega.

38 Yo os he enviado a segar lo que vosotros no labrasteis; otros labraron, y ᵈvosotros habéis entrado en sus labores.

39 Y muchos de los samaritanos de ᵉaquella ciudad creyeron en Él por la palabra de la mujer, que testificaba *diciendo*: Me ha dicho todo lo que he hecho.

40 Entonces, cuando los samaritanos vinieron a Él, le rogaron que se quedase con ellos; y se quedó allí dos días.

41 Y creyeron muchos más por la palabra de Él.

42 Y decían a la mujer: Ahora creemos, no *sólo* por tu dicho, *sino* porque ᶠnosotros mismos *le* hemos oído, y sabemos que verdaderamente Éste es el Cristo, el Salvador del mundo.

43 Y ᵍdos días después, salió de allí y se fue a Galilea.

44 Porque ʰJesús mismo dio testimonio de que el profeta no tiene honra en su propia tierra.

45 Y cuando vino a Galilea, los galileos ⁱle recibieron, ʲhabiendo visto todas las cosas que Él hizo en Jerusalén en el día de la fiesta; pues también ellos habían ido a la fiesta.

46 Vino, pues, ᵏJesús otra vez a Caná de Galilea, donde había convertido el agua en vino. Y había en Capernaúm un oficial del rey, cuyo hijo estaba enfermo.

47 Éste, cuando oyó que Jesús venía de Judea a Galilea, vino a Él y le rogó que descendiese y sanase a su hijo, porque estaba a punto de morir.

48 Entonces Jesús le dijo: ⁿSi no viereis señales y prodigios, no creeréis.

49 El oficial del rey le dijo: Señor, desciende antes que mi hijo muera.

a Mr 4:14
b ver 38

c cp 2:11
d 8:5-25

e vers 5,8

f 1 Jn 4:14

g ver 40
h Mt 13:57
i vers 17,18
j cp 2:23
y 3:2
k cp 2:1
l Mr 2:11
m cp 9:14
n Mt 12:38
o Éx 20:10
Neh 13:19
Jer 17:21-22

El paralítico de Betesda

50 Jesús le dijo: Ve, tu hijo vive. Y el hombre creyó la palabra que Jesús le dijo, y se fue.

51 Y cuando ya él descendía, sus siervos salieron a recibirle, y *le* dieron las nuevas, diciendo: Tu hijo vive.

52 Entonces les preguntó a qué hora había comenzado a mejorar. Y le dijeron: Ayer a la hora séptima le dejó la fiebre.

53 Entonces el padre entendió que aquella hora *era* cuando Jesús le dijo: Tu hijo vive; y creyó él, y toda su casa.

54 ᶜÉste además *es* el segundo milagro que Jesús hizo, cuando vino de Judea a Galilea.

CAPÍTULO 5

Después de estas cosas había una fiesta de los judíos, y subió Jesús a Jerusalén.

2 Y hay en Jerusalén, a la puerta de las Ovejas, un estanque, que en hebreo es llamado Betesda, el cual tiene cinco pórticos.

3 En éstos yacía gran multitud de enfermos, ciegos, cojos, secos, que esperaban el movimiento del agua.

4 Porque un ángel descendía a cierto tiempo al estanque y agitaba el agua; y el que primero descendía al estanque después del movimiento del agua, quedaba sano de cualquier enfermedad que tuviese.

5 Y estaba allí un hombre que hacía treinta y ocho años que estaba enfermo.

6 Cuando Jesús le vio postrado, y entendió que hacía mucho tiempo que estaba *enfermo*, le dijo: ¿Quieres ser sano?

7 Señor, le respondió el enfermo, no tengo hombre que me meta en el estanque cuando el agua es agitada; pues entre tanto que yo vengo, otro desciende antes que yo.

8 Jesús le dijo: ˡLevántate, toma tu lecho y anda.

9 Y al instante aquel hombre fue sanado, y tomó su lecho, y anduvo. Y ᵐera sábado aquel día.

10 Entonces los judíos decían a aquel que había sido sanado: Sábado es; ᵒno te es lícito llevar *tu* lecho.

11 Él les respondió: El que me sanó, Él mismo me dijo: Toma tu lecho y anda.

Escudriñad las Escrituras

12 Entonces le preguntaron: ¿Quién es el que te dijo: Toma tu lecho y anda?

13 Y el que había sido sanado no sabía quién fuese; porque Jesús se había apartado de la multitud que estaba en *aquel* lugar.

14 Después le halló Jesús en el templo, y le dijo: Mira, has sido sanado; ᶜno peques más, no sea que te venga alguna cosa peor.

15 El hombre se fue, y dio aviso a los judíos, que Jesús era el que le había sanado.

16 Y por esta causa los judíos perseguían a Jesús, y procuraban matarle, porque hacía estas cosas en sábado.

17 Y Jesús les respondió: ᵍMi Padre hasta ahora trabaja, y yo trabajo.

18 Por esto, más procuraban los judíos matarle, porque no sólo quebrantaba el sábado, sino que también decía que Dios era su Padre, ʲhaciéndose igual a Dios.

19 Respondió entonces Jesús, y les dijo: De cierto, de cierto os digo: ᵏNo puede el Hijo hacer nada de sí mismo, sino lo que ve hacer al Padre; porque todo lo que Él hace, eso también hace el Hijo igualmente.

20 Porque ᵐel Padre ama al Hijo, y le muestra todas las cosas que Él hace; y mayores obras que éstas le mostrará, de manera que vosotros os maravilléis.

21 Porque como el Padre levanta a los muertos, y ᵒ*les* da vida; así también el Hijo a los que quiere da vida.

22 Porque el Padre a nadie juzga, sino ʳtodo juicio encomendó al Hijo;

23 para que todos honren al Hijo como honran al Padre. ˢEl que no honra al Hijo, no honra al Padre que le envió.

24 De cierto, de cierto os digo: El que oye mi palabra, y cree al que me envió, tiene vida eterna; y no vendrá a condenación, ᵛmas ha pasado de muerte a vida.

25 De cierto, de cierto os digo: Vendrá hora, y ahora es, cuando los muertos oirán ʸla voz del Hijo de Dios; y los que oyeren vivirán.

26 Porque como el Padre tiene vida en sí mismo, ᶻasí también ha dado al Hijo el tener vida en sí mismo;

27 y ᵃtambién le dio autoridad de hacer juicio, por cuanto es el Hijo del Hombre.

28 No os maravilléis de esto; porque viene la hora cuando todos los que están en los sepulcros oirán su voz;

29 y los que hicieron bien, ᵇsaldrán a resurrección de vida; y los que hicieron mal, a resurrección de condenación.

30 ᵈNo puedo yo hacer nada de mí mismo; como oigo, juzgo; y mi juicio es justo; porque ᵉno busco mi voluntad, sino la voluntad del Padre que me envió.

31 Si yo doy ᶠtestimonio de mí mismo, mi testimonio no es verdadero.

32 ʰOtro es el que da testimonio de mí; y sé que el testimonio que da de mí es verdadero.

33 ⁱVosotros enviasteis a preguntar a Juan, y él dio testimonio de la verdad.

34 Pero yo no recibo el testimonio de hombre; pero digo esto para que vosotros seáis salvos.

35 Él era antorcha que ardía y alumbraba; y vosotros quisisteis regocijaros por un tiempo en su luz.

36 Mas ˡyo tengo mayor testimonio que *el de* Juan; porque las obras que el Padre me dio que cumpliese, las mismas obras que yo hago, dan testimonio de mí, que el Padre me ha enviado.

37 Y ⁿel Padre mismo que me envió da testimonio de mí. Vosotros nunca habéis oído su voz, ᵖni habéis visto su parecer,

38 ᵠy no tenéis su palabra morando en vosotros; porque al que Él envió, a Éste vosotros no creéis.

39 Escudriñad las Escrituras; porque a vosotros os parece que en ellas tenéis la vida eterna; y ᵗellas son las que dan testimonio de mí.

40 Y no queréis venir a mí ᵘpara que tengáis vida.

41 Gloria de los hombres no recibo.

42 Pero yo os conozco, que no tenéis amor de Dios en vosotros.

43 Yo he venido en el nombre de mi Padre, y no me recibís; ˣsi otro viniere en su propio nombre, a ése recibiréis.

44 ¿Cómo podéis vosotros creer, pues recibís gloria los unos de otros, y no buscáis la gloria que sólo de Dios *viene*?

JUAN 6 — Jesús Multiplica los panes

45 No penséis ªque yo os acusaré delante del Padre; hay quien os acusa, Moisés, en quien vosotros confiáis.

46 Porque si hubieseis creído a Moisés, me creeríais a mí; ᵈporque de mí escribió él.

47 Pero si no creéis a sus escritos, ᵉ¿cómo creeréis a mis palabras?

CAPÍTULO 6

Después de estas cosas, Jesús ᵍse fue al otro lado del mar de Galilea, que es de Tiberias.

2 Y le seguía gran multitud, porque veían sus milagros que hacía en los enfermos.

3 Y subió Jesús a ʲun monte, y se sentó allí con sus discípulos.

4 Y estaba cerca ᵏla pascua, la fiesta de los judíos.

5 Cuando Jesús alzó *sus* ojos, y vio una gran multitud que había venido a Él, dijo a ˡFelipe: ¿De dónde compraremos pan para que coman éstos?

6 Pero esto decía para probarle; pues Él sabía lo que iba a hacer.

7 Felipe le respondió: Doscientos denarios de pan no les bastarían para que cada uno de ellos tome un poco.

8 Uno de sus discípulos, ⁿAndrés, hermano de Simón Pedro, le dijo:

9 Un muchacho está aquí que tiene cinco panes de cebada y dos pececillos; pero ¿qué es esto entre tantos?

10 Entonces Jesús dijo: Haced recostar los hombres. Y había mucha hierba en aquel lugar; y se recostaron, en número como de cinco mil varones.

11 Y Jesús tomando los panes, ᵒhabiendo dado gracias, *los* repartió a los discípulos, y los discípulos a los que estaban recostados; y asimismo de los peces, cuanto querían.

12 Y cuando se hubieron saciado, dijo a sus discípulos: Recoged los pedazos que sobraron, para que no se pierda nada.

13 Recogieron, pues, y llenaron doce cestas de pedazos, que de los cinco panes de cebada sobraron a los que habían comido.

14 Entonces aquellos hombres, cuando vieron el milagro que Jesús había hecho, dijeron: Verdaderamente Éste es ᵇel Profeta que había de venir al mundo.

15 Y ᶜpercibiendo Jesús que habían de venir para tomarle por fuerza y hacerle rey, volvió a retirarse al monte Él solo.

16 Y al anochecer, descendieron sus discípulos al mar;

17 y entrando en una barca, se fueron al otro lado del mar hacia ᶠCapernaúm. Y era ya oscuro, y Jesús no había venido a ellos.

18 Y se levantó el mar por un gran viento que soplaba.

19 Y cuando hubieron remado como ʰveinticinco o treinta estadios, vieron a Jesús que andaba sobre el mar y se acercaba a la barca; y tuvieron miedo.

20 Pero Él les dijo: Yo soy, no temáis.

21 Ellos entonces con gusto le recibieron en la barca; y en seguida la barca llegó a la tierra adonde iban.

22 El día siguiente, cuando la gente que estaba ᵐal otro lado del mar vio que no había otra barca sino aquella en la que habían entrado sus discípulos, y que Jesús no había entrado con sus discípulos en la barca, sino que sus discípulos se habían ido solos;

23 (Aunque otras barcas habían arribado de Tiberias junto al lugar donde habían comido el pan después de haber dado gracias el Señor.)

24 cuando vio, pues, la gente que Jesús no estaba allí, ni sus discípulos, ellos también entraron en unas barcas y vinieron a Capernaúm, buscando a Jesús.

25 Y hallándole al otro lado del mar, le dijeron: Rabí, ¿cuándo llegaste acá?

26 Respondió Jesús y les dijo: De cierto, de cierto os digo: Me buscáis, no porque visteis los milagros, sino porque comisteis el pan y os saciasteis.

27 Trabajad, no por la comida que perece, sino por la comida ᵖque a vida eterna permanece, la cual el Hijo del Hombre os dará; ᵍporque a Éste señaló Dios el Padre.

28 Entonces le dijeron: ¿Qué debemos hacer para realizar las obras de Dios?

Jesús es el pan de vida

JUAN 6

29 Respondió Jesús y les dijo: Ésta es la obra de Dios, que creáis en el que Él ha enviado. ^aver 40 / Jn 3:36

30 Entonces le dijeron: ^b¿Qué señal, pues, haces tú, para que veamos, y te creamos? ¿Qué obra haces? ^bMt 12:38

31 Nuestros padres comieron el maná en el desierto, como está escrito: ^cPan del cielo les dio a comer. ^cÉx 16:15

32 Entonces Jesús les dijo: De cierto, de cierto os digo: No os dio Moisés pan del cielo; mas mi Padre os da el verdadero pan del cielo. Sal 78:24 / ^dcp 3:13 / ^eHeb 10:5-10 / ^fLc 22:19

33 Porque el pan de Dios es aquel que descendió del cielo y da vida al mundo.

34 Entonces le dijeron: ^gSeñor, danos siempre este pan. ^gcp 4:15

35 Y Jesús les dijo: Yo soy ⁱel pan de vida; ^jel que a mí viene, nunca tendrá hambre; y el que en mí cree, no tendrá sed jamás. ^hMt 26:26 / Mr 14:22-24 / Lc 22:19-20 / 1 Co 11:23-27 / ⁱver 51 4:10

36 Mas os he dicho, que aunque me habéis visto, no creéis. ^jcp 4:14 / y 7:37

37 ^kTodo lo que el Padre me da, vendrá a mí; y al que a mí viene, yo no le echo fuera. ^kcp 17:2

38 Porque ^lhe descendido del cielo, ⁿno para hacer mi voluntad, sino la voluntad del que me envió. ^lcp 3:13 / ^m1 Jn 3:24 / 1 Jn 4:15-16

39 Y ésta es la voluntad del Padre que me envió: ^oQue de todo lo que me ha dado, no pierda yo nada, sino que lo resucite en el día postrero. ⁿcp 5:30 / ^ocp 17:12 / y 18:9 / ^pvers 31,49

40 Y ésta es la voluntad del que me envió: Que todo aquel que ve al Hijo, y cree en Él, tenga vida eterna; y yo le resucitaré en el día postrero.

41 ^qY murmuraban de Él los judíos, porque dijo: Yo soy el pan que descendió del cielo. ^qver 52 / cp 5:10

42 Y decían: ¿No es Éste Jesús, el hijo de José, cuyo padre y madre nosotros conocemos? ¿Cómo, pues, dice Éste: Yo he descendido del cielo? ^rcp 2:25 / ^sMt 11:6

43 Entonces respondiendo Jesús, les dijo: No murmuréis entre vosotros. ^tLc 24:51 / ^ucp 3:13

44 Ninguno puede venir a mí, si el Padre que me envió ^vno le trajere; y yo le resucitaré en el día postrero. ^vcp 12:32

45 Escrito está en los profetas: ^xY serán todos enseñados por Dios. Así que, todo aquel que oyó y aprendió del Padre, viene a mí. ^xIs 54:13 / y ver 71 / cp 13:11

46 ^zNo que alguno haya visto al Padre, sino Aquél que vino de Dios, Éste ha visto al Padre. ^zcp 1:18 / ^aver 44

47 De cierto, de cierto os digo: ^aEl que cree en mí tiene vida eterna.

48 Yo soy el pan de vida.

49 Vuestros padres comieron el maná en el desierto, y murieron.

50 Éste es el pan que desciende del cielo, para que el que de él comiere, no muera.

51 Yo soy el pan vivo ^dque descendió del cielo; si alguno comiere de este pan, vivirá para siempre; y ^eel pan que yo daré es mi carne, la cual ^fyo daré por la vida del mundo.

52 Entonces los judíos contendían entre sí, diciendo: ¿Cómo puede Éste darnos a comer *su* carne?

53 Y Jesús les dijo: De cierto, de cierto os digo: ^hSi no coméis la carne del Hijo del Hombre, y bebéis su sangre, no tenéis vida en vosotros.

54 El que come mi carne y bebe mi sangre, tiene vida eterna; y yo le resucitaré en el día postrero.

55 Porque mi carne es verdadera comida, y mi sangre es verdadera bebida.

56 El que come mi carne y bebe mi sangre, ^men mí permanece, y yo en él.

57 Como me envió el Padre viviente, y yo vivo por el Padre, así el que me come, él también vivirá por mí.

58 Éste es el pan que descendió del cielo; ^pNo como vuestros padres que comieron el maná, y murieron; el que come de este pan vivirá eternamente.

59 Estas cosas dijo en la sinagoga, enseñando en Capernaúm.

60 Entonces muchos de sus discípulos al oírlo, dijeron: Dura es esta palabra; ¿quién la puede oír?

61 Y sabiendo Jesús ^ren sí mismo que sus discípulos murmuraban de esto, les dijo: ^s¿Esto os escandaliza?

62 ¿Pues qué, si viereis al Hijo del Hombre ^tsubir ^uadonde estaba primero?

63 El Espíritu es el que da vida; la carne para nada aprovecha; las palabras que yo os hablo son espíritu y son vida.

64 Mas hay algunos de vosotros que no creen. Porque ^yJesús sabía desde el principio quiénes eran los que no creían, y quién le iba a entregar.

65 Y dijo: Por eso os he dicho que ^aninguno puede venir a mí, si no le es dado de mi Padre.

66 Desde entonces muchos de sus discípulos volvieron atrás, y ya no andaban con Él.

67 Entonces Jesús dijo a los doce: ¿Queréis iros vosotros también?

68 Y ^bSimón Pedro le respondió: Señor, ¿a quién iremos? Tú tienes ^clas palabras de vida eterna.

69 Y nosotros ^ecreemos, y conocemos que tú eres el Cristo, ^fel Hijo del Dios viviente.

70 Jesús les respondió: ¿No os he ^hescogido yo a vosotros doce, y uno de vosotros es diablo?

71 Y hablaba de Judas Iscariote, ⁱhijo de Simón, porque éste era el que le iba a entregar, y era uno de los doce.

CAPÍTULO 7

Después de estas cosas, andaba Jesús en Galilea; pues ^kno quería andar en Judea, ^mporque los judíos procuraban matarle.

2 Y estaba cerca ⁿla fiesta de los judíos, la de los tabernáculos.

3 Entonces ^psus hermanos le dijeron: Sal de aquí, y vete a Judea, para que también tus discípulos vean las obras que haces.

4 Pues nadie hace algo en secreto cuando procura darse a conocer. Si estas cosas haces, manifiéstate al mundo.

5 Porque ni aun sus hermanos creían en Él.

6 Entonces Jesús les dijo: ^tMi tiempo aún no ha venido; mas vuestro tiempo siempre está presto.

7 No puede ^uel mundo aborreceros a vosotros, mas a mí me aborrece, porque yo testifico de él, que sus obras son malas.

8 Subid vosotros a esta fiesta; yo no subo todavía a esta fiesta, porque mi tiempo aún no se ha cumplido.

9 Y habiéndoles dicho esto, se quedó en Galilea.

10 Pero cuando sus hermanos habían subido, entonces Él también subió a la fiesta, no abiertamente, sino como en secreto.

11 Y ^zle buscaban los judíos en la fiesta, y decían: ¿Dónde está Aquél?

12 Y había gran murmuración acerca de Él entre el pueblo; porque ^dunos decían: Es bueno; y otros decían: No, sino que engaña al pueblo.

13 Pero ninguno hablaba abiertamente de Él, ^apor miedo a los judíos.

14 Mas a la mitad de la fiesta subió Jesús al templo, y enseñaba.

15 Y se maravillaban ^dlos judíos, diciendo: ¿Cómo sabe Éste letras, no habiendo aprendido?

16 Jesús les respondió y dijo: ^gMi doctrina no es mía, sino de Aquél que me envió.

17 Si alguno quiere hacer su voluntad, conocerá de la doctrina, si es de Dios, o *si* yo hablo de mí mismo.

18 El que habla ^jde sí mismo, su propia gloria busca; pero el que busca la gloria del que le envió, Éste es verdadero, y no hay injusticia en Él.

19 ¿No os dio Moisés la ley, y ninguno de vosotros guarda la ley? ¿Por qué procuráis matarme?

20 Respondió el pueblo, y dijo: ^oDemonio tienes; ¿quién procura matarte?

21 Respondió Jesús y les dijo: Una obra hice, y todos os maravilláis.

22 Por eso ^qMoisés os dio la circuncisión (no porque sea de Moisés, ^rsino de los padres); y ^sen sábado circuncidáis al hombre.

23 Si recibe el hombre la circuncisión en sábado, para que la ley de Moisés no sea quebrantada, ¿os enojáis conmigo porque en sábado sané completamente a un hombre?

24 No juzguéis según la apariencia, mas juzgad justo juicio.

25 Decían entonces unos de Jerusalén: ¿No es Éste a quien buscan para matarle?

26 Mas he aquí, habla públicamente y no le dicen nada: ^v¿Habrán en verdad reconocido los príncipes que verdaderamente Éste es el Cristo?

27 Pero nosotros ^xsabemos de dónde es Éste; mas cuando venga el Cristo, nadie sabrá ^yde dónde sea.

28 Entonces Jesús, enseñando en el templo, alzó la voz y dijo: Vosotros me conocéis, y sabéis de dónde soy; y ^ano he venido de mí mismo; pero el que me envió ^bes verdadero, ^ca quien vosotros no conocéis.

29 Pero yo le conozco, porque de Él procedo, y Él me envió.

La mujer tomada en adulterio

30 Entonces ªprocuraban prenderle; ᵇpero ninguno puso mano sobre Él, porque ᶜaún no había llegado su hora.

31 Y muchos del pueblo creyeron en Él, y decían: El Cristo, cuando venga, ¿hará más milagros que los que Éste ha hecho?

32 Los fariseos oyeron al pueblo que murmuraba de Él estas cosas; y los príncipes de los sacerdotes y los fariseos enviaron ᵈalguaciles para que le prendiesen.

33 Entonces Jesús les dijo: Aún un poco de tiempo estoy con vosotros, y *luego* voy al que me envió.

34 Me buscaréis, y no *me* hallaréis; y donde yo estaré, vosotros no podréis venir.

35 Entonces los judíos dijeron entre sí: ¿A dónde se ha de ir Éste que no le hallemos? ¿Se irá a ᶠlos dispersos entre los ᵍgriegos, y enseñará a los griegos?

36 ¿Qué palabra es ésta que dijo: Me buscaréis, y no me hallaréis; y a donde yo estaré, vosotros no podréis venir?

37 En el último día, ʰel gran *día* de la fiesta, Jesús se puso en pie y alzó su voz, diciendo: ⁱSi alguno tiene sed, venga a mí y beba.

38 El que cree en mí, como dice la Escritura, de su interior correrán ríos de ᵏagua viva.

39 (Esto dijo del ˡEspíritu Santo que habían de recibir los que creyesen en Él; porque el Espíritu Santo ᵐaún no había *sido dado*; ᵒporque Jesús no había sido aún glorificado.)

40 Entonces muchos del pueblo, oyendo este dicho, decían: Verdaderamente Éste es ᵖel Profeta.

41 Otros decían: ᑫÉste es el Cristo. Pero algunos decían: ʳ¿De Galilea ha de venir el Cristo?

42 ¿No dice la Escritura que ᵗde la simiente de David, y ᵛde la aldea de Belén, ˣde donde era David, ha de venir el Cristo?

43 Así que había disensión entre el pueblo a causa de Él.

44 Y algunos de ellos querían prenderle; pero ninguno le echó mano.

45 Y los ᶻalguaciles vinieron a los principales sacerdotes y a los fariseos; y éstos les dijeron: ¿Por qué no le trajisteis?

46 Los alguaciles respondieron: ¡Jamás hombre alguno ha hablado como este hombre!

47 Entonces los fariseos les respondieron: ¿También vosotros habéis sido engañados?

48 ¿Acaso ha creído en Él alguno de los príncipes, o de los fariseos?

49 Pero esta gente que no sabe la ley, maldita es.

50 Les dijo ᵉNicodemo (el que vino a Jesús de noche, el cual era uno de ellos);

51 ¿Acaso juzga nuestra ley a un hombre, sin antes oírle y saber lo que hace?

52 Respondieron y le dijeron: ¿Eres tú también galileo? Escudriña y ve que de Galilea nunca se ha levantado profeta.

53 Y cada uno se fue a su casa.

CAPÍTULO 8

Y Jesús se fue al monte de los Olivos.

2 Y ⁱpor la mañana vino otra vez al templo, y todo el pueblo vino a Él; y sentándose, les enseñaba.

3 Entonces los escribas y los fariseos le trajeron a una mujer tomada en adulterio; y poniéndola en medio,

4 le dijeron: Maestro, esta mujer ha sido tomada en el acto mismo de adulterio;

5 y en la ley Moisés nos mandó ⁿapedrear a las tales: ¿Tú, pues, qué dices?

6 Mas esto decían tentándole, para poder acusarle. Pero Jesús, inclinado hacia el suelo, escribía en tierra con el dedo, *como si no les oyera*.

7 Y como persistían en preguntarle, se enderezó y les dijo: ˢEl que de vosotros esté sin pecado, sea el primero en ᵘarrojar la piedra contra ella.

8 Y volviéndose a inclinar hacia el suelo, escribía en tierra.

9 Y oyéndolo ellos, ʸredargüidos por *su* conciencia, salieron uno a uno, comenzando desde los más viejos hasta los postreros; y quedó solo Jesús, y la mujer que estaba en medio.

10 Y enderezándose Jesús, y no viendo a nadie sino a la mujer, le

---

a ver 44
cp 10:39
b ver 44
cp 8:20
c cp 12:23-27
y 13:1

d Mt 26:58

e cp 3:1-2

f Stg 1:1
1 Pe 1:1
g cp 12:20

h Lc 23:36
i Lc 21:37-38
j cp 4:13-14
y 6:35 Is 51:1
Ap 21:6
y 22:17
k cp 4:10
l cp 16:17

m Hch 2:4
y 17:33-38
n Lv 20:10
Dt 22:22
o cp 16:17
p cp 16:14
q cp 4:42
y 6:69
r ver 52 1:46
s Rm 2:1
t Mt 1:1
u Dt 17:7
v Mi 5:2
x 1 Sm 16:1-4
y Rm 2:15

z ver 32

JUAN 8

Jesús es la luz del mundo

dijo: Mujer, ¿dónde están los que te acusaban? ¿Ninguno te condenó?

11 Y ella dijo: Ninguno, Señor. Entonces Jesús le dijo: Ni yo te condeno; vete, y [b]no peques más.

12 Y otra vez Jesús les habló, diciendo: [c]Yo soy la luz del mundo; el que me sigue, no andará en tinieblas, mas tendrá la luz de la vida.

13 Entonces los fariseos le dijeron: Tú das testimonio de ti mismo; tu testimonio no es verdadero.

14 Jesús respondió y les dijo: [h]Aunque yo doy testimonio de mí mismo, mi testimonio es verdadero, porque [j]sé de dónde he venido y [k]a dónde voy; pero vosotros [m]no sabéis de dónde vengo ni a dónde voy.

15 Vosotros juzgáis según la carne; [n]yo no juzgo a nadie.

16 Y si yo juzgo, mi juicio es verdadero; porque [o]no soy yo solo, sino yo y el Padre que me envió.

17 También está escrito en vuestra ley que [s]el testimonio de dos hombres es verdadero.

18 Yo soy el que doy testimonio de mí mismo; y el Padre que me envió da testimonio de mí.

19 Entonces le dijeron: ¿Dónde está tu Padre? Respondió Jesús: Ni a mí me conocéis, ni a mi Padre; [v]si a mí me conocieseis, también a mi Padre conoceríais.

20 Estas palabras habló Jesús en [y]el lugar de las ofrendas, enseñando en el templo; y [a]nadie le prendió, porque aún no había llegado su hora.

21 Entonces Jesús les dijo otra vez: Yo me voy, y [b]me buscaréis, y en vuestro pecado moriréis; a donde yo voy, vosotros no podéis venir.

22 Decían entonces los judíos: [e]¿Se ha de matar a sí mismo, pues dice: A donde yo voy, vosotros no podéis venir?

23 Y les dijo: [g]Vosotros sois de abajo, [h]yo soy de arriba; vosotros sois de este mundo, yo [i]no soy de este mundo.

24 Por eso os dije que moriréis en vuestros pecados; porque si no creéis que yo soy, en vuestros pecados moriréis.

25 Entonces le dijeron: ¿Tú quién eres? Y Jesús les dijo: El *mismo* que os he dicho desde el principio.

26 Muchas cosas tengo que decir y juzgar de vosotros; pero [a]el que me envió, es verdadero; y yo, lo que he oído de Él, esto hablo al mundo.

27 Mas no entendieron que les hablaba del Padre.

28 Entonces Jesús les dijo: [d]Cuando hayáis levantado al Hijo del Hombre, entonces entenderéis que yo soy, y que [e]nada hago de mí mismo; sino que [f]como mi Padre me enseñó, así hablo estas cosas.

29 Y el que me envió, está conmigo; [g]no me ha dejado solo el Padre, [i]porque yo hago siempre lo que le agrada.

30 Hablando Él estas cosas, [l]muchos creyeron en Él.

31 Entonces dijo Jesús a los judíos que habían creído en Él: Si vosotros permanecéis en mi palabra, seréis verdaderamente mis discípulos;

32 y conoceréis [p]la verdad, y [q]la verdad os hará libres.

33 Le respondieron: [r]Simiente de Abraham somos, y jamás fuimos esclavos de nadie. ¿Cómo dices tú: Seréis libres?

34 Jesús les respondió: De cierto, de cierto os digo: [t]Todo aquel que hace pecado, esclavo es del pecado.

35 Y [u]el esclavo no queda en casa para siempre; el Hijo *sí* permanece para siempre.

36 Así que, [x]si el Hijo os libertare, seréis verdaderamente libres.

37 Sé que sois [z]simiente de Abraham, mas procuráis matarme, porque mi palabra no tiene cabida en vosotros.

38 Yo hablo [c]lo que he visto cerca de mi Padre; y vosotros hacéis lo que habéis visto cerca de [d]vuestro padre.

39 Respondieron y le dijeron: Nuestro padre es Abraham. Jesús les dijo: [f]Si fueseis hijos de Abraham, las obras de Abraham haríais.

40 Mas ahora procuráis matarme a mí, hombre que os he hablado la verdad, la cual he oído de Dios; Abraham no hizo esto.

41 Vosotros hacéis las obras de vuestro padre. Le dijeron entonces: [j]Nosotros no somos nacidos de fornicación; [k]un Padre tenemos, *que es* Dios.

42 Jesús entonces les dijo: Si Dios fuese vuestro Padre, ciertamente

Llaman a Jesús, "samaritano"

me amaríais; [a]porque yo de Dios he salido, y he venido; pues no he venido de mí mismo, sino que Él me envió.

43 ¿Por qué no entendéis mi lenguaje? Porque no podéis escuchar mi palabra.

44 Vosotros sois de *vuestro* padre el diablo, y los deseos de vuestro padre queréis hacer; él ha sido [e]homicida desde el principio, y no permaneció en la verdad porque no hay verdad en él. Cuando [f]habla mentira, de suyo habla, porque es mentiroso y padre de mentira.

45 Y porque yo os digo la verdad, no me creéis.

46 [g]¿Quién de vosotros me redarguye de pecado? Y si digo la verdad, ¿por qué vosotros no me creéis?

47 El que es de Dios, las palabras de Dios oye; por eso no *las* oís vosotros, porque no sois de Dios.

48 Respondieron entonces los judíos, y le dijeron: ¿No decimos bien nosotros, que tú eres samaritano, y que [l]tienes demonio?

49 Respondió Jesús: Yo no tengo demonio, antes honro a mi Padre; y vosotros me deshonráis.

50 Y [o]yo no busco mi gloria, hay quien la busca, y juzga.

51 De cierto, de cierto os digo, [q]si alguno guarda mi palabra, jamás verá muerte.

52 Entonces los judíos le dijeron: Ahora conocemos que tienes demonio. Abraham murió, y los profetas; y tú dices: El que guarda mi palabra, jamás probará muerte.

53 ¿Eres tú mayor que nuestro padre Abraham, el cual murió? También los profetas murieron. ¿Quién te haces a ti mismo?

54 Respondió Jesús: Si yo me glorifico a mí mismo, mi gloria nada es; [r]mi Padre es el que me glorifica; el que vosotros decís que es vuestro Dios.

55 Y vosotros no le conocéis; pero yo le conozco; y si dijere que no le conozco, sería mentiroso como vosotros, pero yo le conozco, y guardo su palabra.

56 Abraham vuestro padre [t]se regocijó de ver mi día; y *lo* vio, y se gozó.

a	cp 13:5
	y 16:27-30
b	cp 17:5,24
	Col 1:17
	Ap 1:8-11
	y 22:13
c	cp 10:31-39
d	cp 12:36
e	Gn 4:8-9
f	Gn 3:4
g	Heb 4:5
h	Éx 20:5
i	cp 11:4
j	cp 4:34
	5:19 y 17:4
k	cp 11:9
l	cp 7:20
m	cp 1:4-9
n	Mr 7:33
	y 8:23
o	cp 5:41
p	Neh 3:15
q	cp 14:23
	15:20
	y 17:10
r	cp 16:14
s	cp 5:9
t	Mt 13:17
	Lc 10:24

57 Le dijeron entonces los judíos: Aún no tienes cincuenta años, ¿y has visto a Abraham?

58 Jesús les dijo: De cierto, de cierto os digo: Antes que Abraham fuese, [b]yo soy.

59 Entonces [c]tomaron piedras para arrojárselas; pero Jesús [d]se encubrió, y salió del templo atravesando por en medio de ellos, y así pasó.

CAPÍTULO 9

Y pasando *Jesús*, vio a un hombre ciego de nacimiento.

2 Y sus discípulos le preguntaron, diciendo: Rabí, ¿quién pecó, éste o [h]sus padres, para que naciese ciego?

3 Respondió Jesús: No es que haya pecado éste, ni sus padres; [i]sino para que las obras de Dios se manifestasen en él.

4 Me es necesario hacer [j]las obras del que me envió, [k]entre tanto que el día dura; la noche viene, cuando nadie puede obrar.

5 Entre tanto que estoy en el mundo, [m]yo soy la luz del mundo.

6 Habiendo dicho esto, [n]escupió en tierra, e hizo lodo con la saliva, y untó con el lodo los ojos del ciego,

7 y le dijo: Ve, [p]lávate en el estanque de Siloé (que interpretado significa, Enviado). Fue entonces, y se lavó, y regresó viendo.

8 Entonces los vecinos, y los que antes le habían visto que era ciego, decían: ¿No es éste el que se sentaba y mendigaba?

9 Unos decían: Éste es; y otros: A él se parece. Él decía: Yo soy.

10 Y le dijeron: ¿Cómo fueron abiertos tus ojos?

11 Respondió él y dijo: El hombre que se llama Jesús hizo lodo, y me untó los ojos, y me dijo: Ve al estanque de Siloé, y lávate, y fui y me lavé, y recibí la vista.

12 Entonces le dijeron: ¿Dónde está Él? Él dijo: No sé.

13 Llevaron ante los fariseos al que había sido ciego.

14 Y [s]era sábado cuando Jesús hizo el lodo y le abrió los ojos.

15 Volvieron, pues, a preguntarle también los fariseos cómo había recibido la vista. Y él les dijo: Puso lodo sobre mis ojos, y me lavé, y veo.

JUAN 10

16 Entonces unos de los fariseos decían: Este hombre no es de Dios, pues °no guarda el sábado. Otros decían: ¿Cómo puede un hombre pecador hacer tales milagros? Y había disensión entre ellos.

17 Vuelven a decir al ciego: ¿Tú, qué dices del que abrió tus ojos? Él dijo: Que es profeta.

18 Pero los judíos no creían de que él había sido ciego, y que había recibido la vista, hasta que llamaron a los padres del que había recibido la vista,

19 y les preguntaron, diciendo: ¿Es éste vuestro hijo, el que vosotros decís que nació ciego? ¿Cómo, pues, ve ahora?

20 Respondiendo sus padres, les dijeron: Sabemos que éste es nuestro hijo, y que nació ciego;

21 pero cómo vea ahora, no lo sabemos; o quién le haya abierto los ojos, nosotros no lo sabemos; edad tiene, preguntadle a él; él hablará por sí mismo.

22 Esto dijeron sus padres porque ʲtenían miedo de los judíos; porque ᵏlos judíos ya habían acordado que si alguno confesase que Él era el Cristo, debía ser ᵐexpulsado de la sinagoga.

23 Por eso dijeron sus padres: Edad tiene, preguntadle a él.

24 Entonces volvieron a llamar al hombre que había sido ciego, y le dijeron: Da gloria a Dios; nosotros sabemos que este hombre es pecador.

25 *Mas* él respondió y dijo: Si es pecador, no lo sé; una cosa sé, que habiendo yo sido ciego, ahora veo.

26 Y le volvieron a decir: ¿Qué te hizo? ¿Cómo te abrió los ojos?

27 Él les respondió: Ya os lo he dicho antes, y no habéis oído; ¿por qué lo queréis oír otra vez? ¿Queréis también vosotros haceros sus discípulos?

28 Entonces le injuriaron, y dijeron: Tú eres su discípulo; pero nosotros discípulos de Moisés somos.

29 Nosotros sabemos que Dios habló a Moisés; *pero* Éste, ⁿno sabemos de dónde sea.

30 Respondió el hombre, y les dijo: Por cierto, cosa maravillosa es ésta, que vosotros no sepáis de dónde sea, y a mí me abrió los ojos.

Yo era ciego, ahora veo

31 Y sabemos que ᵃDios no oye a los pecadores; pero ᵇsi alguno es temeroso de Dios y hace su voluntad, a éste oye.

32 Desde el principio del mundo no fue oído que alguno abriese los ojos de uno que nació ciego.

33 ᵈSi Éste hombre no fuese de Dios, nada podría hacer.

34 Respondieron y le dijeron: Naciste enteramente en pecado, ¿y tú nos enseñas? Y ᵉle expulsaron.

35 Oyó Jesús que le habían expulsado; y hallándole le dijo: ¿Crees tú en ᶠel Hijo de Dios?

36 Respondió él y dijo: ¿Quién es, Señor, para que crea en Él?

37 Y Jesús le dijo: Le has visto, y ᵍel que habla contigo, Él es.

38 Y él dijo: Creo, Señor; y le adoró.

39 Y dijo Jesús: ʰPara juicio yo he venido a este mundo, ⁱpara que los que no ven, vean; y los que ven, sean cegados.

40 Entonces *algunos* de los fariseos que estaban con Él, al oír esto, dijeron: ¿Acaso nosotros también somos ciegos?

41 Jesús les dijo: ˡSi fuerais ciegos, no tendríais pecado; pero ahora porque decís: Vemos; vuestro pecado permanece.

CAPÍTULO 10

De cierto, de cierto os digo: El que no entra por la puerta en el redil de las ovejas, sino que sube por otra parte, el tal es ladrón y salteador.

2 Mas el que entra por la puerta, el pastor de las ovejas es.

3 A éste abre el portero, y las ovejas oyen su voz; y a sus ovejas llama por nombre, y las conduce afuera.

4 Y cuando ha sacado sus propias ovejas, va delante de ellas; y las ovejas le siguen, porque conocen su voz.

5 Mas al extraño no seguirán, sino que huirán de él; porque no conocen la voz de los extraños.

6 Esta parábola les dijo Jesús, ᵒpero ellos no entendieron qué era lo que les decía.

7 Volvió, pues, Jesús a decirles: De cierto, de cierto os digo: Yo soy la puerta de las ovejas.

Jesús es el buen pastor

8 Todos los que antes de mí vinieron, ladrones son y salteadores; pero no los oyeron las ovejas.

9 Yo soy ᵃla puerta; el que por mí entrare, será salvo; y entrará, y saldrá, y ᵇhallará pastos.

10 El ladrón no viene sino para hurtar y matar y destruir; yo he venido para que tengan vida, y para que *la* tengan en abundancia.

11 Yo soy el buen pastor; ᵈel buen pastor su vida da por las ovejas.

12 Mas el asalariado, y que no es el pastor, de quien no son propias las ovejas, ve venir al lobo y ᵉdeja las ovejas y huye, y el lobo arrebata las ovejas y las dispersa.

13 Así que el asalariado huye, porque es asalariado, y no tiene cuidado de las ovejas.

14 Yo soy el buen pastor y ʰconozco mis *ovejas*, y las mías me conocen.

15 Como el Padre ʲme conoce, así también yo conozco al Padre; ᵈy pongo mi vida por las ovejas.

16 También tengo ᵐotras ovejas que no son de este redil; ᵒaquéllas también debo traer, y oirán mi voz; y habrá un rebaño, y un pastor.

17 ᵠPor eso me ama el Padre, porque ʳyo pongo mi vida, para volverla a tomar.

18 Nadie me la quita, sino que yo la pongo de mí mismo. Tengo poder para ponerla, y ᵘtengo poder para volverla a tomar. ᵛEste mandamiento recibí de mi Padre.

19 Y ˣvolvió a haber disensión entre los judíos por estas palabras.

20 Y muchos de ellos decían: ᵃDemonio tiene, y ᵇestá fuera de sí; ¿por qué le oís?

21 Otros decían: Estas palabras no son de endemoniado; ᶜ¿Puede acaso el demonio abrir los ojos de los ciegos?

22 Y *en esos días* se celebraba en Jerusalén la fiesta de la dedicación, y era invierno.

23 Y Jesús andaba en el templo por ᶠel pórtico de Salomón.

24 Y le rodearon los judíos y le dijeron: ¿Hasta cuándo nos has de turbar el alma? Si tú eres el Cristo, dínoslo abiertamente.

25 Jesús les respondió: Os lo he dicho, y no creéis; ʰlas obras que yo hago en nombre de mi Padre, ellas dan testimonio de mí;

26 pero vosotros no creéis, porque no sois de mis ovejas, como os he dicho.

27 Mis ovejas oyen mi voz, y yo las conozco, y me siguen;

28 y yo les doy vida eterna, y ᶜno perecerán jamás, ni nadie las arrebatará de mi mano.

29 Mi Padre que me *las* dio, mayor que todos es, y nadie *las* puede arrebatar de la mano de mi Padre.

30 Yo y *mi* Padre ᵉuno somos.

31 Entonces los judíos ᶠvolvieron a tomar piedras para apedrearle.

32 Les respondió Jesús: Muchas buenas obras os he mostrado de mi Padre, ¿por cuál de esas obras me apedreáis?

33 Le respondieron los judíos, diciendo: Por buena obra no te apedreamos, sino por ʲla blasfemia; y porque tú, siendo hombre, ᵏte haces Dios.

34 Jesús les respondió: ¿No está escrito ⁿen vuestra ley: Yo dije, ᵖdioses sois?

35 Si llamó dioses a aquellos a quienes vino la palabra de Dios (y la Escritura no puede ser quebrantada),

36 ¿a quien el Padre ˢsantificó y envió al mundo, vosotros decís: Tú blasfemas, porque dije: ᵗYo soy el Hijo de Dios?

37 Si no hago las obras de mi Padre, no me creáis.

38 Pero si las hago, aunque a mí no me creáis, ʸcreed a las obras; para que conozcáis y creáis que ᶻel Padre *está* en mí, y yo en Él.

39 Y otra vez procuraron prenderle; pero Él se escapó de sus manos.

40 Y se fue otra vez al otro lado del Jordán, al lugar ᵈdonde primero Juan bautizaba; y se quedó allí.

41 Y muchos venían a Él, y decían: Juan, a la verdad, ningún milagro hizo, pero ᵉtodo lo que Juan dijo de Éste, era verdad.

42 Y ᵍmuchos creyeron en Él allí.

CAPÍTULO 11

Estaba entonces enfermo uno *llamado* Lázaro, de Betania, la aldea de ⁱMaría y de Marta su hermana.

---

a ver 7
cp 14:6
Ef 2:18
b Sal 23:2
c cp 6:37
y 17:2-24
d Is 40:11
Ez 34:12
Heb 13.20
1 Pe 2:25 3:4
e cp 17:11,22
f cp 8:59
g Zac 11:15-16
h 2 Tim 2:19
i Lv 24:16
j Mt 11:27
k cp 5:18
l cp 15:13
m Is 56:8
n cp 12:34
y 15:25
o cp 11:52
Ef 2:14-17
p Sal 82:6
q Fil 2:9
r Is 53-7-12
s cp 17:19
t cp 9:35
u cp 2:19
Hch 2:24
v cp 6:38
y 14:31
x cp 7:43
y cp 14:11
z cp 14:10
a cp 7:20
b Mr 3:21
c cp 9:7,32
d cp 1:28
y 3:26
e cp 1:29-34
3:30 y 5:33
f Hch 3:11
y 5:12
g cp 8:30
h cp 5:36
i Lc 10:38-39

JUAN 11 — Muerte de Lázaro

2 (María, cuyo hermano Lázaro estaba enfermo, era ªla que ungió al Señor con ungüento, y enjugó sus pies con sus cabellos.)

3 Enviaron, pues, sus hermanas a Él, diciendo: Señor, he aquí el que amas está enfermo.

4 Y oyéndolo Jesús, dijo: Esta enfermedad no es para muerte, ᶜsino para la gloria de Dios, para que el Hijo de Dios sea glorificado por ella.

5 Y amaba Jesús a Marta, y a su hermana, y a Lázaro.

6 Cuando oyó, pues, que estaba enfermo, ᵍse quedó aún dos días en el mismo lugar donde estaba.

7 Luego, después de esto, dijo a *sus* discípulos: Vamos a Judea otra vez.

8 *Sus* discípulos le dijeron: Rabí, ahora procuraban los judíos apedrearte, ¿y otra vez vas allá?

9 Respondió Jesús: ¿No tiene el día doce horas? ¡Si alguien anda de día, no tropieza, porque ve la luz de este mundo.

10 Pero ʲsi alguien anda de noche, tropieza, porque no hay luz en él.

11 Estas cosas dijo Él; y después de esto les dijo: Nuestro amigo Lázaro ᵏduerme; mas yo voy a despertarle del sueño.

12 Dijeron entonces sus discípulos: Señor, si duerme, sano estará.

13 Pero esto decía Jesús de su muerte; y ellos pensaban que hablaba del reposar del sueño.

14 Y entonces Jesús les dijo claramente: Lázaro ha muerto;

15 y me alegro por vosotros, que yo no haya estado allí, para que creáis; mas vamos a él.

16 Dijo entonces ˡTomás, llamado el Dídimo, a sus condiscípulos: Vamos también nosotros, para que muramos con él.

17 Vino, pues, Jesús, y halló que hacía ᵐya cuatro días que él *estaba* en el sepulcro.

18 Y Betania estaba cerca de Jerusalén como a quince estadios.

19 Y muchos de los judíos habían venido a Marta y a María, para consolarlas por su hermano.

20 Entonces Marta, cuando oyó que Jesús venía, salió a encontrarle; pero María se quedó sentada en casa.

21 Y Marta dijo a Jesús: Señor, si hubieras estado aquí, mi hermano no habría muerto.

22 Pero también sé ahora que todo lo que pidas a Dios, Dios te lo dará.

23 Jesús le dijo: Tu hermano resucitará.

24 Le dijo Marta: Yo sé que resucitará en ᵇla resurrección, en el día postrero.

25 Jesús le dijo: Yo soy ᵈla resurrección y ᵉla vida; el que cree en mí, aunque esté muerto, vivirá.

26 Y todo aquel que vive y cree en mí, ᶠno morirá eternamente. ¿Crees esto?

27 Ella le dijo: Sí, Señor, ʰyo creo que tú eres el Cristo, el Hijo de Dios que había de venir al mundo.

28 Y habiendo dicho esto, fue y llamó en secreto a María su hermana, diciendo: El Maestro está aquí y te llama.

29 Ella, oyéndolo, se levantó aprisa y vino a Él.

30 Porque Jesús aún no había llegado a la aldea, sino que estaba en aquel lugar donde Marta le había encontrado.

31 Entonces los judíos que estaban en casa con ella y la consolaban, cuando vieron que María se levantó aprisa y salió, la siguieron, diciendo: Va al sepulcro a llorar allí.

32 Y cuando María llegó a donde estaba Jesús, al verle, se postró a sus pies, diciéndole: Señor, si hubieras estado aquí, mi hermano no habría muerto.

33 Jesús entonces, al verla llorando, y a los judíos que habían venido con ella, también llorando, se conmovió en espíritu y se turbó,

34 y dijo: ¿Dónde le pusisteis? Le dijeron: Señor, ven y ve.

35 Jesús lloró.

36 Dijeron entonces los judíos: ¡Mirad cuánto le amaba!

37 Y algunos de ellos dijeron: ¿No podía Éste, que ⁿabrió los ojos al ciego, hacer también que éste no muriera?

38 Y Jesús, conmoviéndose otra vez en sí mismo, vino al sepulcro. Era una cueva, y ᵒtenía una piedra puesta encima.

39 Dijo Jesús: Quitad la piedra. Marta, la hermana del que había muerto, le dijo: Señor, hiede ya, porque es de cuatro días.

Referencias:
a cp 12:3; Mt 26:7
b cp 5:29; Lc 14:14
c cp 9:3
d cp 6:39-54
e Jn 14:6; Col 3:4
f cp 8:51-52
g cp 10:40
h Mt 16:16
i cp 9:4
j cp 12:35
k 2 Sm 7:12; Mt 27:52
l cp 14:5; 20:24-29; y 21:2
m ver 6
n cp 9:6-7
o cp 20:1; Mt 27:60

La cena en Betania

40 Jesús le dijo: ª¿No te he dicho que si crees, verás ᵇla gloria de Dios?

41 Entonces quitaron la piedra de donde el muerto había sido puesto: Y Jesús alzando *sus* ojos, dijo: Padre, gracias te doy que me has oído.

42 Yo sabía que siempre me oyes; pero lo dije ᵈpor causa de la gente que está alrededor, para que crean que tú me has enviado.

43 Y habiendo dicho esto, clamó a gran voz: ¡Lázaro, ven fuera!

44 Y el que había muerto salió, atadas las manos y los pies con vendas; y su rostro estaba envuelto en un sudario. Jesús les dijo: Desatadle, y dejadle ir.

45 Entonces muchos de los judíos que habían venido a María, y ʲhabían visto lo que hizo Jesús, creyeron en Él.

46 Pero algunos de ellos fueron a los fariseos y les dijeron lo que Jesús había hecho.

47 Entonces los príncipes de los sacerdotes y ˡlos fariseos reunieron el concilio, y dijeron: ¿Qué haremos? Porque este hombre hace muchos milagros.

48 Si le dejamos así, todos creerán en Él; y vendrán los romanos y nos quitarán nuestro lugar y nuestra nación.

49 Entonces ⁿCaifás, uno de ellos, sumo sacerdote ᵒaquel año, les dijo: Vosotros no sabéis nada;

50 ni consideráis que nos conviene que un hombre muera por el pueblo, y no que toda la nación perezca.

51 Y esto no lo dijo de sí mismo; sino que como era el sumo sacerdote aquel año, profetizó que Jesús había de morir por la nación;

52 y ʳno solamente por aquella nación, sino también ˢpara reunir en uno a los hijos de Dios que estaban dispersos.

53 Así que, desde aquel día consultaban juntos para matarle.

54 Por tanto, Jesús ᵘya no andaba abiertamente entre los judíos, sino que se fue de allí a la tierra que está junto al desierto, a una ciudad llamada Efraín; y se quedó allí con sus discípulos.

55 Y la pascua de los judíos estaba cerca; y muchos de aquella tierra subieron a Jerusalén antes de la pascua, ᶜpara purificarse.

56 Y buscaban a Jesús, y estando en el templo, se decían unos a otros: ¿Qué os parece? ¿No vendrá a la fiesta?

57 Y los príncipes de los sacerdotes y los fariseos habían dado orden, que si alguno supiese dónde estaba, lo manifestase, para que le prendiesen.

CAPÍTULO 12

Entonces ᵉJesús, seis días antes de ᶠla pascua, vino a Betania, donde estaba ᵍLázaro, el que había estado muerto, a quien había resucitado de los muertos.

2 Y ʰle hicieron allí una cena; y Marta servía; y Lázaro era uno de los que estaban sentados a la mesa con Él.

3 Entonces María tomó ʲuna libra de ungüento de nardo puro, de mucho precio, y ᵏungió los pies de Jesús, y los enjugó con sus cabellos; y la casa se llenó de la fragancia del ungüento.

4 Entonces dijo uno de sus discípulos, Judas Iscariote, ᵐ*hijo* de Simón, el que le había de entregar:

5 ¿Por qué no fue este ungüento vendido por trescientos denarios, y dado a los pobres?

6 Y dijo esto, no porque tuviese cuidado de los pobres; sino porque era ladrón, y ᵖtenía la bolsa, y traía lo que se echaba en ella.

7 Entonces Jesús dijo: Déjala; para el día de ᵠmi sepultura ha guardado esto.

8 Porque a los pobres siempre los tenéis con vosotros, pero a mí no siempre me tenéis.

9 Entonces mucha gente de los judíos supieron que Él estaba allí; y vinieron no solamente por causa de Jesús, sino también por ver a Lázaro, ᵗa quien había resucitado de los muertos.

10 Pero los príncipes de los sacerdotes consultaron para matar también a Lázaro.

11 Pues por causa de él, muchos de los judíos se apartaban y creían en Jesús.

12 El siguiente día, ᵛmucha gente que había venido a la fiesta, al oír que Jesús venía a Jerusalén,

JUAN 12

El que ama su vida la perderá

13 tomaron ᵃramas de palmas, y salieron a recibirle, y aclamaban: ¡Hosanna! ᵇ¡Bendito el Rey de Israel, que viene en el nombre del Señor!

14 Y halló Jesús un asnillo, y se montó sobre él; como está escrito:

15 No temas ᵈhija de Sión: He aquí tu Rey viene, sentado sobre un pollino de asna.

16 Estas cosas ᶠno las entendieron sus discípulos al principio; pero cuando Jesús fue glorificado, entonces se acordaron de que estas cosas estaban escritas de Él, y que le habían hecho estas cosas.

17 Y la gente que estaba con Él cuando llamó a Lázaro del sepulcro, y le resucitó de los muertos, daba testimonio.

18 ⁱTambién por esta causa la gente había venido a recibirle, porque había oído que Él había hecho este milagro.

19 Pero los fariseos dijeron entre sí: ˡ¿Veis que nada ganáis? He aquí el mundo se va tras Él.

20 Y había ciertos griegos de los que habían subido a adorar en la fiesta.

21 Éstos, pues, se acercaron a ⁿFelipe, que era de Betsaida de Galilea, y le rogaron, diciendo: Señor, querríamos ver a Jesús.

22 Felipe vino y lo dijo a Andrés; y después Andrés y Felipe lo dijeron a Jesús.

23 Entonces Jesús les respondió, diciendo: Ha llegado ᵖla hora en que el Hijo del Hombre ha de ser glorificado.

24 De cierto, de cierto os digo ʳque si el grano de trigo no cae en la tierra y muere, queda solo; pero si muere, lleva mucho fruto.

25 El que ᵗama su vida, la perderá; y el que ᵘaborrece su vida en este mundo, para vida eterna la guardará.

26 Si alguno me sirve, sígame; y ˣdonde yo estuviere, allí estará también mi servidor. Si alguno me sirviere, *mi* Padre le honrará.

27 Ahora ᶻestá turbada mi alma; ¿y qué diré? ¡Padre, sálvame de esta hora! Mas para esto he venido a esta hora.

28 Padre, glorifica tu nombre. Entonces vino ᵇuna voz del cielo, *que decía*: *Lo* he glorificado, y *lo* glorificaré otra vez.

29 Y la multitud que estaba presente, y había oído, decía que había sido un trueno. Otros decían: Un ángel le ha hablado.

30 Respondió Jesús y dijo: ᶜNo ha venido esta voz por causa mía, sino por causa de vosotros.

31 Ahora es ᵉel juicio de este mundo; ahora el príncipe de este mundo será echado fuera.

32 Y yo, ᵍsi fuere levantado de la tierra, a todos atraeré a mí mismo.

33 Y esto decía indicando de qué muerte había de morir.

34 La multitud le respondió: Nosotros hemos oído de la ley, que ʰel Cristo permanece para siempre: ¿Cómo, pues, dices tú que es necesario que el Hijo del Hombre sea levantado? ¿Quién es este Hijo del Hombre?

35 Entonces Jesús les dijo: Aún por un poco ʲestá la luz entre vosotros; ᵏandad entre tanto que tenéis luz, no sea que os sorprendan las tinieblas; porque ᵐel que anda en tinieblas, no sabe a dónde va.

36 Entre tanto que tenéis luz, creed en la luz, para que seáis hijos de luz. Estas cosas habló Jesús, y ᵒse fue y se ocultó de ellos.

37 Pero a pesar de que Él había hecho tantos milagros delante de ellos, no creían en Él;

38 para que se cumpliese la palabra del profeta Isaías, que dijo: Señor, ᑫ¿quién ha creído a nuestro anuncio? ¿Y a quién se ha revelado el brazo del Señor?

39 Por esto no podían creer; porque en otra ocasión dijo Isaías:

40 Cegó los ojos de ellos, y ˢendureció su corazón; para que no vean con los ojos, ni entiendan con el corazón, y se conviertan, y yo los sane.

41 Estas cosas dijo Isaías ᵛcuando vio su gloria, y habló acerca de Él.

42 Con todo eso, ʸaun muchos de los príncipes creyeron en Él; mas ᵃpor causa de los fariseos no lo confesaban, para no ser expulsados de la sinagoga.

43 Porque amaban más la gloria de los hombres que la gloria de Dios.

44 Jesús clamó y dijo: El que cree en mí, no cree en mí, sino en el que me envió;

Jesús amó a los suyos hasta el fin — **JUAN 13**

45 y ᵃel que me ve, ve al que me envió.

46 Yo, la luz, ᵇhe venido al mundo, para que todo aquel que cree en mí no permanezca en tinieblas.

47 Y si alguno oye mis palabras, y no cree, ᵈyo no le juzgo; porque ᵉno vine para juzgar al mundo, sino para salvar al mundo.

48 El que me rechaza, y no recibe mis palabras, tiene quien le juzgue; ᶠla palabra que he hablado, ésta le juzgará en ᵍel día final.

49 Porque yo no he hablado de mí mismo; sino que el Padre que me envió, Él me dio mandamiento de ⁱlo que he de decir, y de lo que he de hablar.

50 Y sé que su mandamiento es vida eterna; así que, lo que yo hablo, como el Padre me lo ha dicho, así hablo.

CAPÍTULO 13

Y antes de ˡla fiesta de la pascua, sabiendo Jesús que su hora había llegado para que pasase de este mundo al Padre, como había amado a los suyos ᵒque estaban en el mundo, los amó hasta el fin.

2 Y cuando terminó la cena, ᵖel diablo habiendo ya puesto en el corazón de Judas Iscariote, *hijo* de Simón, que le entregase;

3 sabiendo Jesús que el Padre le había dado todas las cosas en sus manos, y que había venido de Dios, y a Dios iba,

4 se levantó de la cena, y se quitó su túnica, y tomando una toalla, se ciñó.

5 Luego puso agua en un lebrillo, y comenzó a lavar los pies de los discípulos, y a enjugarlos con la toalla con que estaba ceñido.

6 Entonces vino a Simón Pedro; y Pedro le dijo: Señor, ¿tú me lavas los pies?

7 Respondió Jesús y le dijo: Lo que yo hago, tú no lo entiendes ahora; pero lo entenderás después.

8 Pedro le dijo: No me lavarás los pies jamás. Jesús le respondió: ˣSi no te lavare, no tendrás parte conmigo.

9 Le dijo Simón Pedro: ʸSeñor, no sólo mis pies, sino también *mis* manos y *mi* cabeza.

10 Le dijo Jesús: El que ha sido lavado, no necesita sino que lave *sus* pies, porque está todo limpio; y vosotros sois limpios, aunque no todos.

11 Pues Él ᶜsabía quién le iba a entregar, por eso dijo: No sois limpios todos.

12 Así que, después que les hubo lavado los pies, y que hubo tomado su túnica, se sentó otra vez, y les dijo: ¿Sabéis lo que os he hecho?

13 Vosotros me llamáis Maestro, y Señor, y decís bien, porque lo soy.

14 Pues si yo, *vuestro* Señor y Maestro, he lavado vuestros pies, ʰvosotros también debéis lavaros los pies los unos a los otros.

15 Porque ʲejemplo os he dado, para que también vosotros hagáis como yo os he hecho.

16 ᵏDe cierto, de cierto os digo: El siervo no es mayor que su señor, ni el enviado es mayor que el que le envió.

17 Si sabéis estas cosas, bienaventurados seréis si las hiciereis.

18 ᵐNo hablo de todos vosotros; yo conozco a los que he escogido; mas para que se cumpla la Escritura: ⁿEl que come pan conmigo, levantó contra mí su calcañar.

19 Desde ahora os lo digo, ᑫantes que suceda, para que cuando suceda, creáis ʳyo soy.

20 ˢDe cierto, de cierto os digo: El que recibe al que yo enviare, a mí me recibe; y el que a mí recibe, recibe al que me envió.

21 Habiendo dicho esto, Jesús ᵗse turbó en espíritu, y testificó diciendo: ᵘDe cierto, de cierto os digo, que uno de vosotros me va a entregar.

22 Entonces los discípulos se miraban unos a otros, dudando de quién hablaba.

23 Y uno de sus discípulos, ᵛal cual Jesús amaba, estaba recostado en el pecho de Jesús.

24 A éste, pues, hizo señas Simón Pedro, para que le preguntase quién era aquel de quien hablaba.

25 Él entonces, recostado en el pecho de Jesús, le dijo: Señor, ¿quién es?

26 Respondió Jesús: A quien yo diere el pan mojado, aquél es. Y mojando el pan, ᶻlo dio a Judas Iscariote, *el hijo* de Simón.

---

a cp 14:9
b cp 3:19
c cp 6:64
d cp 8:15
e cp 3:17
f Dt 18:19
g cp 5:28-29
h 1 Tim 5:10
i Dt 18:18
j Mt 11:29
k cp 15:20
l cp 12:1-20
m cp 17:11
n Sal 41:9
o cp 17:11
p cp 6:70
   Mt 26:14
   Mr 14:10
q cp 14:29
r cp 8:24
s Mt 10:40
t cp 11:33
u Mt 26:21
   Mr 14:18
v cp 19:26
   20:2 y 21:7
x cp 3:5
   1 Co 6:11
y Lc 5:8
z Mt 26:25

JUAN 14

Jesús es el camino, la verdad y la vida

27 Y tras el bocado Satanás ªentró en él. Entonces Jesús le dijo: Lo que vas a hacer, hazlo pronto.

28 Pero ninguno de los que estaban a la mesa entendió por qué le dijo esto.

29 Porque algunos pensaban, ya que Judas ᵍtraía la bolsa, que Jesús le dijo, compra lo que necesitamos ªpara la fiesta; o que diese algo a los pobres.

30 Entonces él, habiendo recibido el bocado, salió en seguida; y era ya noche.

31 Entonces, cuando él hubo salido, Jesús dijo: Ahora ʰes glorificado el Hijo del Hombre, y ʲDios es glorificado en Él.

32 Si Dios es glorificado en Él, ᵏDios también le glorificará en sí mismo; y en seguida le glorificará.

33 Hijitos, aún un poco estaré con vosotros. Me buscaréis; pero ⁿcomo dije a los judíos, así os digo a vosotros ahora: A donde yo voy, vosotros no podéis venir.

34 ᵖUn mandamiento nuevo ᵠos doy: Que os améis unos a otros; que como yo os he amado, así también os améis unos a otros.

35 En esto conocerán todos que ʳsois mis discípulos, si tuviereis amor los unos con los otros.

36 Simón Pedro le dijo: Señor, ᵘ¿a dónde vas? Jesús le respondió: A donde yo voy, no me puedes seguir ahora, pero ᵘme seguirás después.

37 Pedro le dijo: Señor, ¿por qué no te puedo seguir ahora? ˣMi vida pondré por ti.

38 Jesús le respondió: ¿Tu vida pondrás por mí? De cierto, de cierto te digo: No cantará ᵇel gallo, ᶜsin que me hayas negado tres veces.

CAPÍTULO 14

No se turbe vuestro corazón; creéis en Dios, creed también en mí.

2 En la casa de mi Padre muchas mansiones hay; si *así no fuera*, yo os lo hubiera dicho. Voy, *pues*, a preparar lugar para vosotros.

3 Y si me fuere y os preparare lugar, ʰvendré otra vez, y os tomaré a mí mismo; para que donde yo estoy, vosotros también estéis.

4 Y sabéis a dónde voy, y sabéis el camino.

5 ªLe dijo Tomás: Señor, no sabemos a dónde vas, ¿cómo, pues, podemos saber el camino?

6 Jesús le dijo: Yo soy ᶜel camino, ᵈla verdad y ᵉla vida; ᶠnadie viene al Padre, sino por mí.

7 Si me conocieseis, también a mi Padre conoceríais; y desde ahora le conocéis, y le habéis visto.

8 Felipe le dijo: Señor, muéstranos al Padre, y nos basta.

9 Jesús le dijo: ¿Tanto tiempo hace que estoy con vosotros, y aún no me has conocido, Felipe? ⁱEl que me ha visto a mí, ha visto al Padre; ¿cómo, pues, dices tú: Muéstranos al Padre?

10 ¿No crees que ˡyo soy en el Padre, y el Padre en mí? Las palabras que yo os hablo, ᵐno las hablo de mí mismo; sino que el Padre que mora en mí, Él hace las obras.

11 Creedme que yo soy en el Padre, y el Padre en mí; ᵒde otra manera, creedme por las mismas obras.

12 De cierto, de cierto os digo: El que cree en mí, las obras que yo hago él también las hará; y mayores que éstas hará, porque yo voy a mi Padre.

13 Y ˢtodo lo que pidiereis ᵗen mi nombre, esto haré; para que el Padre sea glorificado en el Hijo.

14 Si algo pidiereis en mi nombre, yo lo haré.

15 Si me amáis, ʸguardad mis mandamientos;

16 y yo rogaré al Padre, y *Él* ʸos dará otro Consolador, para que esté con vosotros para siempre;

17 el Espíritu ᶻde verdad, a quien ªel mundo no puede recibir, porque no le ve, ni le conoce; pero vosotros le conocéis; porque mora con vosotros, y estará en vosotros.

18 No os dejaré ᵈhuérfanos; vendré a vosotros.

19 Todavía un poco, y el mundo no me verá más; pero ᵉvosotros me veréis; ᶠporque yo vivo, vosotros también viviréis.

20 ᵍEn aquel día vosotros conoceréis que yo *estoy* en mi Padre, y vosotros en mí, y yo en vosotros.

21 El que tiene mis mandamientos, y los guarda, éste es el que me ama; y el que me ama, será amado por

---

a Sal 41:9
y 55:12-14
Mt 26:12
Lc 22:3
b cp 11:16
c Ef 2:18
Heb 9:8
y 10:19-22
d cp 1:17
e cp 11:25
f cp 10:9
g cp 15:29
h cp 7:39
i cp 10:30
y 12:45
j cp 14:13
y 17:4
k cp 17:5
l cp 10:38
m cp 5:19
n cp 7:34-36
y 8:21
o cp 5:36
p 1 Jn 2:7-8
q cp 15:12-17
Lv 19:18
r 1 Jn 2:5
y 4:20
s cp 15:7,16
y 16:23-24
t Ef 2:18
ver 33
y cp 14:5
u cp 21:18-19
2 Pe 1:14
v 1 Jn 5:3
x Mt 26:33
Mr 14:29-31
y cp 15:26
y 16:7
z cp 15:26
y 16:13
a 1 Co 2:14
b cp 18:27
c cp 21:17
d Mt 28:20
Mr 14:29-31
e cp 16:16
f 1 Co 15:20
g cp 16:23-26
h vers 18,28
Hch 1:11

Jesús, la vid verdadera　　　　　　　　　　　　　　　　　　　　　　　　　　**JUAN 15**

mi Padre, y yo le amaré, y me manifestaré a él.

22 ᵇJudas le dijo (no el Iscariote): Señor, ¿cómo es que te manifestarás a nosotros, y no al mundo?

23 Respondió Jesús y le dijo: Si alguno me ama, mis palabras guardará; y mi Padre le amará, y vendremos a él, y haremos con él morada.

24 El que no me ama, no guarda mis palabras; y la palabra que habéis oído no es mía, sino del Padre que me envió.

25 Estas cosas os he hablado estando con vosotros.

26 Mas ᵉel Consolador, ᶠel Espíritu Santo, a quien el Padre enviará en mi nombre, ᵍÉl os enseñará todas las cosas, y os recordará todo lo que yo os he dicho.

27 ʰLa paz os dejo, ⁱmi paz os doy; no como el mundo la da, yo os la doy. ʲNo se turbe vuestro corazón, ni tenga miedo.

28 Habéis oído que yo os he dicho: Voy, y vengo a vosotros. Si me amarais, os habríais regocijado, porque he dicho que ⁿvoy al Padre; porque ᵒmi Padre mayor es que yo.

29 Y ahora os lo he dicho antes que acontezca, para que cuando acontezca, creáis.

30 Ya no hablaré mucho con vosotros; porque viene ᵠel príncipe de este mundo; y no tiene nada en mí.

31 Mas para que el mundo conozca que yo amo al Padre, y ˢcomo el Padre me dio mandamiento, así hago. Levantaos, vámonos de aquí.

CAPÍTULO 15

Yo soy ᵛla vid verdadera, y mi Padre es el labrador.

2 Todo pámpano ˣque en mí no lleva fruto, lo quita; y todo aquel que lleva fruto, lo limpia, para que lleve más fruto.

3 Ya vosotros ᶻsois limpios por la palabra que os he hablado.

4 ᶜPermaneced en mí, y yo en vosotros. Como el pámpano no puede llevar fruto de sí mismo, si no permanece en la vid, así tampoco vosotros, si no permanecéis en mí.

a Rm 6:5
Ef 4:15-16
y 5:30
b Lc 6:16
Hch 1:13

c Mt 13:40-42

d ver 16
cp 14:13

e ver 16
f cp 15:26
Lc 24:29
Hch 2:33
g cp 2:22
12:16 y 16:13
1 Jn 2:20-27
h cp 20:19-26
Lc 24:36
i cp 16:33
Fil 4:7
Col 3:15
j cp 14:1
k 2 Co 2:3
l cp 16:24
y 17:13
m cp 13:34
n ver 12
o cp 10:30
Fil 2:6
p Rm 5:7-8
Ef 5:2
q cp 12:31
r cp 17:26
s cp 10:18
Heb 5:6
t cp 6:7
u ver 7
cp 14:13
v Sal 80:8
x Mt 15:13
y 1 Jn 3:13

z cp 13:10
a 1 Jn 4:5
b cp 17:4
c cp 6:56

d cp 13:16

5 Yo soy la vid, vosotros ᵃlos pámpanos; el que permanece en mí, y yo en él, éste lleva mucho fruto; porque sin mí nada podéis hacer.

6 Si alguno no permanece en mí, será echado fuera como pámpano, y se secará; y ᶜlos recogen, y *los* echan en el fuego, y arden.

7 Si permanecéis en mí, y mis palabras permanecen en vosotros, ᵈpediréis todo lo que quisiereis, y os será hecho.

8 En esto es glorificado mi Padre, en que llevéis mucho fruto, y seáis así mis discípulos.

9 Como el Padre me ha amado, así también yo os he amado; permaneced en mi amor.

10 Si guardáis mis mandamientos, permaneceréis en mi amor; como también yo he guardado los mandamientos de mi Padre, y permanezco en su amor.

11 Estas cosas os he hablado, para que ᵏmi gozo esté en vosotros, y ˡvuestro gozo sea cumplido.

12 Éste es mi mandamiento: ᵐQue os améis unos a otros, como yo os he amado.

13 Nadie tiene ᵖmayor amor que éste, que uno ponga su vida por sus amigos.

14 Vosotros sois mis amigos, si hacéis lo que yo os mando.

15 Ya no os llamaré siervos, porque el siervo no sabe lo que hace su señor; mas os he llamado amigos, porque ʳos he dado a conocer todas las cosas que he oído de mi Padre.

16 No me elegisteis vosotros a mí; sino que ᵗyo os elegí a vosotros; y os he puesto para que vayáis y llevéis fruto, y vuestro fruto permanezca; para que ᵘtodo lo que pidiereis al Padre en mi nombre, Él os lo dé.

17 Esto os mando: Que os améis unos a otros.

18 Si el mundo os aborrece, ʸsabed que a mí me aborreció antes que a vosotros.

19 Si fuerais del mundo, ᵃel mundo amaría lo suyo; mas ᵇporque no sois del mundo, antes yo os elegí del mundo, por eso el mundo os aborrece.

20 Acordaos de la palabra que yo os dije: ᵈEl siervo no es más que su señor. Si a mí me han perseguido, también a vosotros perseguirán; si

JUAN 16 — La promesa del Consolador

han guardado mi palabra, también guardarán la vuestra.

21 Pero todo esto os harán ᵇpor causa de mi nombre; ᵈporque no conocen al que me envió.

22 Si yo no hubiera venido, ᶠni les hubiera hablado, no tendrían pecado, pero ahora no tienen excusa de su pecado.

23 El que me aborrece, también a mi Padre aborrece.

24 Si yo no hubiese hecho entre ellos ⁱobras que ningún otro ha hecho, no tendrían pecado; pero ahora también ellos las han visto, y nos han aborrecido a mí y a mi Padre.

25 Pero *esto es* para que se cumpla la palabra que está escrita en su ley: ᵏSin causa me aborrecieron.

26 Pero cuando venga ˡel Consolador, a quien yo os enviaré del Padre, el Espíritu de verdad que procede del Padre, Él dará testimonio de mí.

27 Y vosotros también daréis testimonio, porque habéis estado conmigo ⁿdesde el principio.

CAPÍTULO 16

Estas cosas os he hablado ᵒpara que no os escandalicéis.

2 Os echarán de las sinagogas; y aun viene la hora cuando ᵖcualquiera que os mate, pensará que rinde servicio a Dios.

3 Y esto os harán, porque no han conocido al Padre, ni a mí.

4 Pero os he dicho esto, para que cuando llegue la hora, os acordéis que yo os lo había dicho; pero esto no os lo dije al principio, porque yo estaba con vosotros.

5 Mas ahora ˢvoy al que me envió; y ᵗninguno de vosotros me pregunta: ¿A dónde vas?

6 Antes, porque os he dicho estas cosas, ᵘtristeza ha llenado vuestro corazón.

7 Pero yo os digo la verdad: Os es necesario que yo me vaya; porque si yo no me fuere, ˣel Consolador no vendría a vosotros; mas si me fuere, os lo enviaré.

8 Y cuando Él venga, redargüirá al mundo de pecado, y de justicia, y de juicio.

9 ᵃDe pecado, por cuanto no creen en mí;

10 ᶜde justicia, por cuanto voy a mi Padre y no me veréis más;

11 y de juicio, por cuanto ᵉel príncipe de este mundo ya es juzgado.

12 Aún tengo muchas cosas que deciros, ᵍmas ahora no las podéis llevar.

13 Pero cuando el Espíritu de verdad venga, ʰÉl os guiará a toda verdad; porque no hablará de sí mismo, sino que hablará todo lo que oiga, y os hará saber las cosas que han de venir.

14 Él me glorificará; porque tomará de lo mío, y os lo hará saber.

15 Todo lo que tiene el Padre, ʲes mío; por eso dije que tomará de lo mío, y os lo hará saber.

16 Un poco más, y ᵐno me veréis; y otra vez un poco, y me veréis; porque yo voy al Padre.

17 Entonces *algunos* de sus discípulos dijeron entre ellos: ¿Qué es esto que nos dice: Un poco, y no me veréis; y otra vez, un poco, y me veréis, y: Porque yo voy al Padre?

18 Así que decían: ¿Qué es esto que dice: Un poco? No entendemos lo que habla.

19 Y Jesús sabía que le querían preguntar, y les dijo: ¿Preguntáis entre vosotros de esto que dije: Un poco, y no me veréis; y otra vez un poco, y me veréis?

20 De cierto, de cierto os digo, que vosotros lloraréis y lamentaréis, y el mundo se alegrará; pero aunque vosotros estéis tristes, ᵠvuestra tristeza se convertirá en gozo.

21 La mujer cuando da a luz, ʳtiene dolor, porque ha venido su hora; pero después que ha dado a luz un niño, ya no se acuerda de la angustia, por el gozo de que haya nacido un hombre en el mundo.

22 Así vosotros ahora ciertamente tenéis tristeza; pero os volveré a ver, y se gozará vuestro corazón, y nadie os quitará vuestro gozo.

23 ᵛEn aquel día no me preguntaréis nada. ʸDe cierto, de cierto os digo, que todo cuanto pidiereis al Padre en mi nombre, os *lo* dará.

24 Hasta ahora nada habéis pedido en mi nombre; pedid, y recibiréis, ᶻpara que vuestro gozo sea cumplido.

Confiad, Yo he vencido al mundo

25 Estas cosas os he hablado en parábolas, pero la hora viene cuando ya no os hablaré en parábolas, sino que ᵇclaramente os anunciaré del Padre.
26 Aquel día pediréis en mi nombre, y no os digo que yo rogaré al Padre por vosotros;
27 pues ᵉel Padre mismo os ama, porque vosotros me habéis amado, y ᵍhabéis creído que yo salí de Dios.
28 Salí del Padre, y he venido al mundo; otra vez, dejo el mundo y ʰvoy al Padre.
29 Sus discípulos le dijeron: He aquí ahora hablas claramente, y ninguna parábola dices.
30 Ahora entendemos que sabes todas las cosas, y no necesitas que nadie te pregunte; por esto creemos que has venido de Dios.
31 Jesús les respondió: ¿Ahora creéis?
32 He aquí la hora viene, y ⁿya ha venido, en que seréis dispersados cada uno a los suyos, y me dejaréis solo; mas no estoy solo, porque el Padre está conmigo.
33 Estas cosas os he hablado para que ᑫen mí tengáis paz. ʳEn el mundo tendréis aflicción; pero confiad, ˢyo he vencido al mundo.

CAPÍTULO 17

Estas cosas habló Jesús, y ʸlevantando los ojos al cielo, dijo: Padre, la hora ha llegado; ᶻglorifica a tu Hijo, para que tu Hijo también te glorifique a ti.
2 Como ᵃle has dado potestad sobre toda carne, para que dé vida eterna ᵇa todos los que le diste.
3 Y ésta es la vida eterna: Que te conozcan a ti, el único ᶜDios verdadero, y a Jesucristo, a quien tú has enviado.
4 Yo ᶠte he glorificado en la tierra; ᵍhe acabado la obra que me diste que hiciese.
5 Y ahora, oh Padre, ʰglorifícame tú contigo mismo, con la gloria ʲque tuve contigo ᵏantes que el mundo fuese.
6 He manifestado tu nombre a los hombres que del mundo me diste; tuyos eran, y me los diste, y ᵐhan guardado tu palabra.

---

a cp 6:69

b cp 7:13,26
  10:24 11:14
  y 18:20
c Lc 22:32
d vers 20,23
e cp 14:21-23
f ver 6
g cp 17:8

h cp 14:12

i vers 21,22
j cp 10:30

k cp 18:9
l 2 Ts 2:3
m Sal 109:7
n Mt 26:31
  Mr 14:27
o cp 15:11
p cp 15:19
q cp 14:27
r cp 15:20
s Rm 8:37
  1 Jn 4:4 y 5:4
  Ap 12:11
t Mt 13:19
u 1 Pe 1:22
v ver 19
x cp 15:3
y cp 11:41
z cp 12:23-28
y 13:31-32
a Mt 28:18
b cp 6:37
y 18:9
c 1 Jn 5:20
d Rm 12:5
  Gá 3:28
e 1 Jn 1:3
f cp 13:31
g cp 19:20
h cp 13:32
i cp 1:14
j cp 1:1-2
k ver 24
l 1 Jn 2:5
  y 4:12-17
m cp 15:11

JUAN 17

7 Ahora ᵃhan conocido que todas las cosas que me has dado, son de ti;
8 porque las palabras que me diste, les he dado; y ellos *las* recibieron, y en verdad han conocido que salí de ti, y han creído que tú me enviaste.
9 ᶜYo ruego por ellos; ᵈno ruego por el mundo, sino por los que me diste; ᶠporque tuyos son.
10 Y todo lo mío es tuyo, y lo tuyo mío; y yo soy glorificado en ellos.
11 Y ya no estoy en el mundo; pero éstos están en el mundo, y yo a ti vengo. Padre Santo, a los que me has dado, guárdalos en tu nombre, para ⁱque sean uno, así ʲcomo nosotros.
12 Cuando estaba con ellos en el mundo, yo los guardaba en tu nombre; a los que me diste yo los guardé; y ᵏninguno de ellos se perdió, sino ˡel hijo de perdición; ᵐpara que la Escritura se cumpliese.
13 Y ahora vengo a ti, y hablo estas cosas en el mundo, para que tengan ᵒmi gozo cumplido en sí mismos.
14 Yo les he dado tu palabra; y ᵖel mundo los aborreció, porque no son del mundo, como tampoco yo soy del mundo.
15 No ruego que los quites del mundo, sino que los guardes ᵗdel mal.
16 No son del mundo, como tampoco yo soy del mundo.
17 ᵘSantifícalos ᵛen tu verdad; ˣTu palabra es verdad.
18 Como tú me enviaste al mundo, así yo los he enviado al mundo.
19 Y por ellos yo me santifico a mí mismo, para que también ellos sean santificados en la verdad.
20 Y no ruego solamente por éstos, sino también por los que han de creer en mí por la palabra de ellos.
21 Para que todos ᵈsean uno; como tú, oh Padre, en mí, y yo en ti, ᵉque también ellos sean uno en nosotros; para que el mundo crea que tú me enviaste.
22 Y ⁱla gloria que me diste, yo les he dado; para que sean uno, como nosotros somos uno.
23 Yo en ellos, y tú en mí, ˡpara que sean perfeccionados en uno; y para que el mundo conozca que tú me enviaste, y que los has amado como también a mí me has amado.

24 Padre, ªaquellos que me has dado, quiero que donde yo estoy, también ellos estén conmigo; para que vean mi gloria que me has dado; porque me has amado desde antes de la fundación del mundo.

25 Padre justo, el mundo no te ha conocido, pero yo te he conocido, y éstos han conocido que tú me enviaste.

26 Y yo les he dado a conocer tu nombre, y *lo* daré a conocer *aún*; para que el amor con que me has amado, esté en ellos, y yo en ellos.

CAPÍTULO 18

Cuando Jesús hubo dicho estas palabras, ᵍsalió con sus discípulos al otro lado del arroyo de Cedrón, donde había un huerto, en el cual Él entró, y sus discípulos.

2 Y también Judas, el que le entregaba, conocía aquel lugar; porque ʰJesús muchas veces se había reunido allí con sus discípulos.

3 Entonces Judas, ⁱtomando una compañía y alguaciles de los principales sacerdotes y de los fariseos, vino allí con linternas y antorchas, y con armas.

4 Pero Jesús, sabiendo todas las cosas que habían de venir sobre Él, salió y les dijo: ¿A quién buscáis?

5 Le respondieron: A Jesús de Nazaret. Jesús les dijo: Yo soy. Y Judas, el que le entregaba, también estaba con ellos.

6 Y cuando Él les dijo: Yo soy, retrocedieron y cayeron a tierra.

7 Entonces les volvió a preguntar: ¿A quién buscáis? Y ellos dijeron: A Jesús de Nazaret.

8 Respondió Jesús: Os he dicho que yo soy; pues si me buscáis a mí, dejad ir a éstos;

9 para que se cumpliese la palabra que había dicho: De ˡlos que me diste, no perdí ninguno.

10 Entonces Simón Pedro, que tenía una espada, la sacó, e hirió a un siervo del sumo sacerdote, y le cortó la oreja derecha. Y el siervo se llamaba Malco.

11 Entonces Jesús dijo a Pedro: Mete tu espada en la vaina; ⁿla copa que mi Padre me ha dado, ¿no la he de beber?

12 Entonces la compañía y el tribuno y los alguaciles de los judíos, prendieron a Jesús, y le ataron,

13 y ᵇle llevaron primero a Anás, porque era suegro de ᶜCaifás, que era el sumo sacerdote aquel año.

14 Y Caifás era ᵈel que había dado el consejo a los judíos, de que convenía que un hombre muriese por el pueblo.

15 Y ᵉSimón Pedro seguía a Jesús, y *también* otro discípulo; y aquel discípulo era conocido del sumo sacerdote, y entró con Jesús al patio del sumo sacerdote.

16 Mas Pedro ᶠestaba fuera, a la puerta. Entonces salió aquel discípulo que era conocido del sumo sacerdote, y habló a la criada que guardaba la puerta, y metió dentro a Pedro.

17 Entonces la criada que guardaba la puerta, dijo a Pedro: ¿No eres tú también de los discípulos de este hombre? Él dijo: No soy.

18 Y los siervos y los alguaciles que habían encendido unas brasas, porque hacía frío, estaban de pie y se calentaban; y Pedro *también* estaba con ellos de pie, calentándose.

19 Y ʲel sumo sacerdote preguntó a Jesús acerca de sus discípulos y de su doctrina.

20 Jesús le respondió: Yo manifiestamente he hablado al mundo; yo siempre he enseñado ᵏen la sinagoga y en el templo, donde siempre se reúnen los judíos, y nada he hablado en oculto.

21 ¿Por qué me preguntas a mí? Pregunta a los que me han oído, qué les haya yo hablado; he aquí, ellos saben lo que yo he dicho.

22 Y cuando Él hubo dicho esto, uno de los alguaciles que estaba allí, dio una bofetada a Jesús, diciendo: ᵐ¿Así respondes al sumo sacerdote?

23 Le respondió Jesús: Si he hablado mal, da testimonio del mal; y si bien, ¿por qué me hieres?

24 Entonces Anás le envió atado a Caifás, el sumo sacerdote.

25 Y estaba Pedro en pie, calentándose. Y le dijeron: º¿No eres tú también *uno* de sus discípulos? Él negó, y dijo: No soy.

Jesús ante Pilato

26 Uno de los siervos del sumo sacerdote, pariente de aquél ªa quien Pedro había cortado la oreja, le dijo: ¿No te vi yo en el huerto con Él?

27 Y Pedro negó otra vez; y ᵇen seguida cantó el gallo.

28 Y llevaron a Jesús de Caifás al pretorio; y era de mañana; y ᵈellos no entraron al pretorio para no ser contaminados, ᵉy así poder comer la pascua.

29 Entonces ᶠPilato salió a ellos, y dijo: ¿Qué acusación traéis contra este hombre?

30 Respondieron y le dijeron: Si Éste no fuera malhechor, no te lo habríamos entregado.

31 Entonces Pilato les dijo: Tomadle vosotros, y juzgadle según vuestra ley. Y los judíos le dijeron: A nosotros no nos es lícito dar muerte a nadie;

32 para que se cumpliese ᵍla palabra de Jesús, que había dicho, indicando de qué muerte había de morir.

33 Entonces Pilato entró de nuevo al pretorio, y llamó a Jesús y le dijo: ¿Eres tú el Rey de los judíos?

34 Jesús le respondió: ¿Dices tú esto de ti mismo, o te lo han dicho otros de mí?

35 Pilato respondió: ¿Soy yo judío? Tu nación misma, y los principales sacerdotes, te han entregado a mí. ¿Qué has hecho?

36 Respondió Jesús: ᵏMi reino ˡno es de este mundo; si mi reino fuera de este mundo, mis servidores pelearían para que yo no fuera ᵐentregado a los judíos; pero ahora mi reino no es de aquí.

37 Pilato entonces le dijo: ¿Acaso eres tú rey? Jesús respondió: ᵖTú dices que yo soy rey. ᑫYo para esto he nacido, y para esto he venido al mundo, para dar testimonio de ʳla verdad. ˢTodo aquel que es de la verdad, oye mi voz.

38 Pilato le dijo: ¿Qué es la verdad? Y cuando hubo dicho esto, salió otra vez a los judíos, y les dijo: Ninguna falta hallo en Él.

39 Pero vosotros tenéis ᵗla costumbre de que os suelte uno en la pascua: ¿Queréis, pues, que os suelte al Rey de los judíos?

40 Entonces todos dieron voces otra vez, diciendo: No a Éste, sino a Barrabás. Y Barrabás era ladrón.

a ver 10
b cp 13:38
c Mt 27:27-29
Mr 15:16-18
d Hch 10:28
y 11:3
e cp 19:14
f Mt 27:11-14
Mr 15:2-5
Lc 23:2-3
g cp 12:32-33
h Lv 24:16
i Mt 27:19
j cp 18:37
k cp 6:15
l cp 8:23
m cp 19:16
n Rm 13:1
o cp 18:14
p Mt 27:11
q cp 12:27
r cp 17:17-19
s 1 Jn 3:18-19
t Mt 27:15-26
Mr 15:6-15
Lc 23:17-25
u vers 31-42
cp 18:28
Mt 27:62
v Mr 15:25

CAPÍTULO 19

Así que, entonces tomó Pilato a Jesús y le azotó.

2 Y ᶜlos soldados entretejieron una corona de espinas, y la pusieron sobre su cabeza, y le vistieron de una ropa de púrpura;

3 y decían: ¡Salve, Rey de los judíos! Y le daban de bofetadas.

4 Entonces Pilato salió otra vez, y les dijo: He aquí, os lo traigo fuera, para que entendáis que ᵍninguna falta hallo en Él.

5 Entonces salió Jesús, llevando la corona de espinas y la ropa de púrpura. Y *Pilato* les dijo: ¡He aquí el hombre!

6 Y cuando le vieron los príncipes de los sacerdotes y los alguaciles, dieron voces, diciendo: ¡Crucifícale, crucifícale! Pilato les dijo: Tomadle vosotros, y crucificadle; porque yo no hallo falta en Él.

7 Los judíos respondieron: ʰNosotros tenemos una ley, y según nuestra ley debe morir, porque se hizo a sí mismo el Hijo de Dios.

8 Y cuando Pilato oyó estas palabras, ⁱtuvo más miedo,

9 y entró otra vez en el pretorio, y dijo a Jesús: ¿De dónde eres tú? ʲPero Jesús no le dio respuesta.

10 Entonces le dijo Pilato: ¿A mí no me hablas? ¿No sabes que tengo potestad para crucificarte, y que tengo potestad para soltarte?

11 Respondió Jesús: Ninguna potestad tendrías contra mí, si no te fuese ⁿdada de arriba; por tanto, ᵒel que a ti me ha entregado, mayor pecado tiene.

12 Desde entonces procuraba Pilato soltarle; pero los judíos daban voces, diciendo: Si a Éste sueltas, no eres amigo de César; cualquiera que se hace rey, se declara contra César.

13 Entonces Pilato oyendo este dicho, llevó fuera a Jesús, y se sentó en el tribunal en el lugar que es llamado el Enlosado, y en hebreo, Gabata.

14 Y ᵘera la preparación de la pascua, y como ᵛla hora sexta. Entonces dijo a los judíos: He aquí vuestro Rey.

JUAN 19 — Jesús es crucificado

15 Pero ellos dieron voces: ¡Fuera, fuera, crucifícale! Pilato les dijo: ¿A vuestro Rey he de crucificar? Los principales sacerdotes respondieron: No tenemos rey sino a César.

16 Así que entonces lo entregó a ellos para que fuese crucificado. ᵇY tomaron a Jesús, y le llevaron.

17 Y Él, ᵈcargando su cruz, salió al lugar llamado de la Calavera, y en hebreo, Gólgota;

18 donde le crucificaron, y con Él a otros dos, uno a cada lado, y Jesús en medio.

19 Y escribió también ʰPilato un título, que puso sobre la cruz. Y el escrito era: JESÚS DE NAZARET, EL REY DE LOS JUDÍOS.

20 Y muchos de los judíos leyeron este título, porque el lugar donde Jesús fue crucificado estaba cerca de la ciudad, y estaba escrito en hebreo, y en griego, y en latín.

21 Y los principales sacerdotes de los judíos dijeron a Pilato: No escribas: El Rey de los judíos; sino que Él dijo: Yo soy Rey de los judíos.

22 Pilato respondió: Lo que he escrito, he escrito.

23 Y cuando ᵏlos soldados hubieron crucificado a Jesús, tomaron sus vestiduras e hicieron cuatro partes, para cada soldado una parte; y también su túnica, y la túnica era sin costura, toda tejida desde arriba.

24 Entonces dijeron entre sí: No la partamos, sino echemos suertes sobre ella, a ver de quién será; para que se cumpliese la Escritura que dice: ᵒRepartieron entre sí mis vestiduras, y sobre mi ropa echaron suertes. Esto, pues, hicieron los soldados.

25 Y ᵠestaban junto a la cruz de Jesús su madre, y la hermana de su madre, María *esposa* de Cleofás, y María Magdalena.

26 Y cuando Jesús vio a su madre, ᵗy al discípulo a quien Él amaba, que estaba presente, dijo a su madre: ᵘMujer, he ahí tu hijo.

27 Después dijo al discípulo: He ahí tu madre. Y desde aquella hora el discípulo la recibió en su casa.

28 Después de esto, sabiendo Jesús que ya todo estaba consumado, para que la Escritura se cumpliese, dijo: ˣTengo sed.

29 Y estaba allí una vasija llena de vinagre; entonces ellos ᵃempaparon en vinagre una esponja, y puesta sobre un hisopo, se la acercaron a la boca.

30 Y cuando Jesús tomó el vinagre, dijo: ᶜConsumado es. Y habiendo inclinado la cabeza, entregó el espíritu.

31 Entonces los judíos, ᵉpor cuanto era *el día de* la preparación, ᶠpara que los cuerpos no quedasen en la cruz en el sábado (porque ᵍera gran día aquel sábado), rogaron a Pilato que se les quebrasen las piernas, y fuesen quitados.

32 Y vinieron los soldados y quebraron las piernas al primero, y al otro que había sido crucificado con Él.

33 Pero cuando llegaron a Jesús, como le vieron ya muerto, no le quebraron las piernas.

34 Pero uno de los soldados le abrió el costado con una lanza, y al instante salió ⁱsangre y agua.

35 Y el que lo vio, da testimonio, y su testimonio es verdadero; y ʲél sabe que dice verdad, para que vosotros creáis.

36 Porque estas cosas fueron hechas para que se cumpliese la Escritura: ˡHueso suyo no será quebrado.

37 Y también otra Escritura dice: ᵐMirarán a Aquél a quien traspasaron.

38 Y después de estas cosas, ⁿJosé de Arimatea, el cual era discípulo de Jesús, aunque secreto por miedo a los judíos, rogó a Pilato que le dejase quitar el cuerpo de Jesús; y Pilato se lo permitió. Entonces vino, y quitó el cuerpo de Jesús.

39 Y vino también ᵖNicodemo, el que antes había venido a Jesús de noche, trayendo un compuesto de ʳmirra y de áloe, como cien ˢlibras.

40 Y tomaron el cuerpo de Jesús, y lo envolvieron en lienzos con especias, como es costumbre de los judíos sepultar.

41 Y en el lugar donde había sido crucificado había un huerto; y en el huerto un sepulcro nuevo, en el cual aún no había sido puesto ninguno.

42 Allí, pues, pusieron a Jesús, ᵛpor causa *del día* de la preparación de los judíos, porque aquel sepulcro estaba cerca.

---

a Mt 27:48
b Mt 27:48
  Mr 15:36
  Lc 23:36
c cp 17:4
d Lc 14:27
e Mr 15:42
f Dt 21:23
g Éx 12:16
h Mt 27:37
i 1 Jn 5:6
j cp 21:24
k Mt 27:11-14
  Lc 23:2-3
  Jn 18:20-38
l Éx 12:46
  Nm 9:12
  1 Co 5:7
m Zac 12:10
  Ap 1:7
n Mt 27:57-61
  Mr 15:42-47
  Lc 23:50-56
o Sal 22:18
p cp 3:1
q Mt 27:55
  Mr 15:40
  Lc 23:49
r Sal 45:8
  Mt 2:11
  Mr 15:23
s cp 12:3
t Zac 12:10
  Ap 1:7
u cp 2:4
v vers 14,31
x Sal 22:15
y 69:21

La resurrección de Jesús
CAPÍTULO 20

Y ᶜel primer *día* de la semana, de mañana, siendo aún oscuro, María Magdalena vino al sepulcro, y vio quitada ᵉla piedra del sepulcro.

2 Entonces corrió, y vino a Simón Pedro, y ᶠal otro discípulo, a quien amaba Jesús, y les dijo: Se han llevado del sepulcro al Señor, y no sabemos dónde le han puesto.

3 Pedro entonces salió, y ʰel otro discípulo, y fueron al sepulcro.

4 Y corrían los dos juntos; pero el otro discípulo corrió más aprisa que Pedro, y llegó primero al sepulcro.

5 Y bajándose *a mirar*, vio ᵏlos lienzos puestos *allí*; mas no entró.

6 Luego llegó Simón Pedro tras él, y entró en el sepulcro, y vio los lienzos puestos *allí*,

7 y el sudario que había estado sobre su cabeza, no puesto con los lienzos, sino envuelto en un lugar aparte.

8 Entonces entró también el otro discípulo, que había llegado primero al sepulcro, y vio, y creyó.

9 Porque aún no habían entendido la Escritura, que ᵖera necesario que Él resucitase de los muertos.

10 Entonces los discípulos se volvieron a sus casas.

11 Pero María estaba fuera llorando junto al sepulcro; y llorando se inclinó y miró dentro del sepulcro;

12 y vio dos ángeles en ropas blancas que estaban sentados, el uno a la cabecera, y el otro a los pies, donde el cuerpo de Jesús había sido puesto.

13 Y le dijeron: Mujer, ¿por qué lloras? Ella les dijo: Porque se han llevado a mi Señor, y no sé dónde le han puesto.

14 Y habiendo dicho esto, volteó hacia atrás, y vio a Jesús que estaba allí; mas ˢno sabía que era Jesús.

15 Jesús le dijo: Mujer, ¿por qué lloras? ¿A quién buscas? Ella, pensando que era el hortelano, le dijo: Señor, si tú le has llevado, dime dónde le has puesto, y yo lo llevaré.

16 Jesús le dijo: María. Volviéndose ella, le dijo: ¡Raboni! (que quiere decir, Maestro).

17 Jesús le dijo: No me toques; porque aún no he subido a mi Padre; mas ve a ʸmis hermanos, y diles: Subo ᵃa mi Padre y a vuestro Padre, ᵇa mi Dios y a vuestro Dios.

18 Vino María Magdalena ᵈdando las nuevas a los discípulos de que había visto al Señor, y que Él le había dicho estas cosas.

19 Y el mismo día al anochecer, siendo ᵍel primero de la semana, estando las puertas cerradas en donde los discípulos estaban reunidos por miedo a los judíos, vino Jesús, y poniéndose en medio, les dijo: ⁱPaz a vosotros.

20 Y habiendo dicho esto, les mostró *sus* manos y su costado. Entonces ʲlos discípulos se regocijaron viendo al Señor.

21 Entonces Jesús les dijo otra vez: Paz a vosotros: ˡComo me envió el Padre, así también yo os envío.

22 Y habiendo dicho esto, ᵐsopló *en ellos*, y les dijo: Recibid el Espíritu Santo.

23 A quienes remitiereis ⁿlos pecados, les son remitidos; a quienes se los retuviereis, les son retenidos.

24 Pero Tomás, uno de los doce, llamado ᵒDídimo, no estaba con ellos cuando Jesús vino.

25 Le dijeron, pues, los otros discípulos: Hemos visto al Señor. Y él les dijo: ᑫSi no viere en sus manos la señal de los clavos, y metiere mi dedo en el lugar de los clavos, y metiere mi mano en su costado, no creeré.

26 Y ocho días después, estaban otra vez sus discípulos dentro, y con ellos Tomás. *Entonces* vino Jesús, estando ʳlas puertas cerradas, y poniéndose en medio, dijo: Paz a vosotros.

27 Entonces dijo a Tomás: Mete tu dedo aquí, y ve mis manos; y da acá tu mano, y métela en mi costado; y no seas incrédulo, sino creyente.

28 Y Tomás respondió, y le dijo: ¡Señor mío, y Dios mío!

29 Jesús le dijo: Tomás, porque me has visto, creíste; ᵗbienaventurados los que no vieron, y creyeron.

30 Y ciertamente muchas ᵘotras señales hizo Jesús en presencia de sus discípulos, las cuales no están escritas en este libro.

31 Pero éstas se han escrito, ᵛpara que creáis que Jesús es el Cristo, el Hijo de Dios; y ˣpara que creyendo, tengáis vida ᶻen su nombre.

CAPÍTULO 21

Después de estas cosas Jesús se manifestó otra vez a sus discípulos junto al mar de Tiberias; y se manifestó de esta manera.

2 Estaban juntos Simón Pedro, y Tomás llamado el Dídimo, y ᵇNatanael, de ᶜCaná de Galilea, y ᵈlos *hijos* de Zebedeo, y otros dos de sus discípulos.

3 Simón Pedro les dijo: A pescar voy; Ellos le dijeron: Nosotros también vamos contigo. Fueron, y luego entraron en una barca; y aquella noche no pescaron nada.

4 Y al amanecer, Jesús se puso a la ribera; mas los discípulos ᵍno sabían que era Jesús.

5 Entonces Jesús les dijo: Hijitos, ¿tenéis algo de comer? Le respondieron: No.

6 Y Él les dijo: ʰEchad la red a la derecha de la barca, y hallaréis. Entonces la echaron, y ya no la podían sacar por la multitud de peces.

7 Entonces ʲaquel discípulo, a quien Jesús amaba, dijo a Pedro: ¡Es el Señor! Y cuando Simón Pedro oyó que era el Señor, se ciñó su ropa (porque estaba desnudo), y se echó al mar.

8 Y los otros discípulos vinieron en una barca (porque no estaban lejos de tierra, sino como a doscientos codos), trayendo la red con los peces.

9 Y cuando llegaron a tierra, vieron brasas puestas, y un pez sobre ellas, y pan.

10 Jesús les dijo: Traed de los peces que pescasteis ahora.

11 Simón Pedro subió, y trajo la red a tierra, llena de grandes peces, ciento cincuenta y tres; y siendo tantos, la red no se rompió.

12 Jesús les dijo: Venid, comed. Y ninguno de los discípulos osaba preguntarle: ¿Tú, quién eres? Sabiendo que era el Señor.

13 Entonces vino Jesús, y ᵒtomó el pan y les dio; y asimismo del pez.

14 Ésta era ya ᵖla tercera vez que Jesús se manifestaba a sus discípulos, después de haber resucitado de los muertos.

Tomás duda de la resurrección

15 Y cuando hubieron comido, Jesús dijo a Simón Pedro: Simón, *hijo* de Jonás, ᵃ¿me amas más que éstos? Le respondió: Sí Señor, tú sabes que te amo. Él le dijo: Apacienta mis corderos.

16 Vuelve a decirle la segunda vez: Simón, *hijo* de Jonás, ¿me amas? Le responde: Sí, Señor; tú sabes que te amo. Él le dijo: ᵉApacienta mis ovejas.

17 Le dijo la tercera vez: Simón, *hijo* de Jonás, ¿me amas? Pedro, entristecido de que le dijese ᶠla tercera vez: ¿Me amas? Le dijo: Señor, tú sabes todas las cosas; tú sabes que te amo. Jesús le dijo: Apacienta mis ovejas.

18 De cierto, de cierto te digo: Cuando eras más joven, te ceñías e ibas a donde querías; pero cuando ya seas viejo, extenderás tus manos, y te ceñirá otro, y te llevará a donde no quieras.

19 Esto dijo, dando a entender ⁱcon qué muerte había de glorificar a Dios. Y dicho esto, le dijo: ᵏSígueme.

20 Entonces Pedro, volviéndose, ve a aquel discípulo al cual Jesús amaba, que los seguía, el que también se había recostado en su pecho en la cena, y le había dicho: Señor, ¿quién es el que te va a entregar?

21 Cuando Pedro lo vio, dijo a Jesús: Señor, ¿y éste qué?

22 Jesús le dijo: Si quiero que él quede hasta que yo venga, ¿qué a ti? Tú sígueme.

23 Salió entonces este dicho entre ˡlos hermanos, que aquel discípulo no moriría. Pero Jesús no le dijo: No morirá; sino: Si quiero que él quede hasta que yo venga, ¿qué a ti?

24 Éste es el discípulo que da testimonio de estas cosas, y escribió estas cosas; y ᵐsabemos que su testimonio es verdadero.

25 Y hay también muchas ⁿotras cosas que Jesús hizo, las cuales si se escribiesen una por una, pienso que ni aun en el mundo cabrían los libros que se habrían de escribir. Amén.

Recibiréis poder

LOS HECHOS
De Los Apóstoles

CAPÍTULO 1

En el primer tratado, oh ªTeófilo, he hablado de todas las cosas que Jesús comenzó a hacer y a enseñar, 2 hasta el día en que fue recibido arriba, ᶜdespués de haber dado mandamientos por el Espíritu Santo ᵈa los apóstoles que Él había escogido;

3 a quienes también, ᵉdespués de haber padecido, se presentó vivo con muchas pruebas indubitables, siendo visto de ellos por cuarenta días, y hablándoles acerca del reino de Dios.

4 Y estando reunido con ellos, ʲles mandó que no se fuesen de Jerusalén, sino que esperasen ᵏla promesa del Padre, la cual, *les dijo*, oísteis de mí.

5 Porque Juan a la verdad bautizó ᵐen agua, mas vosotros seréis ⁿbautizados con el Espíritu Santo no muchos días después de estos.

6 Entonces los que se habían reunido le preguntaron, diciendo: Señor, ʳ¿restaurarás el reino a Israel en este tiempo?

7 Y Él les dijo: No toca a vosotros saber los tiempos o las sazones, que el Padre puso en su sola potestad;

8 pero recibiréis ᵘpoder cuando haya venido sobre vosotros el Espíritu Santo; y me seréis ᵗtestigos, a la vez, en Jerusalén, en toda Judea, en ˣSamaria, y hasta lo último de la tierra.

9 Y habiendo dicho estas cosas, viéndolo ellos, ˣfue alzado; y una nube lo recibió y lo encubrió de sus ojos.

10 Y estando ellos con los ojos puestos en el cielo, entre tanto que Él se iba, he aquí ªdos varones en ᵇvestiduras blancas se pusieron junto a ellos;

11 los cuales también *les* dijeron: Varones galileos, ¿qué estáis mirando al cielo? Este mismo Jesús que ha sido tomado de vosotros al cielo, ᶜasí vendrá como le habéis visto ir al cielo.

12 Entonces se volvieron a Jerusalén desde el monte que se llama del Olivar, el cual está cerca de Jerusalén ᵇcamino de un sábado.

13 Y entrados, subieron al aposento alto, donde moraban Pedro y Jacobo, y Juan y Andrés, Felipe y Tomás, Bartolomé y Mateo, Jacobo *hijo* de Alfeo, y Simón Zelotes, y Judas *hermano* de Jacobo.

14 Todos éstos ᶠperseveraban ᵍunánimes en oración y ruego, ʰcon las mujeres, y con María la madre de Jesús, y con ⁱsus hermanos.

15 Y en aquellos días Pedro se levantó en medio de los discípulos (el número de las personas allí reunidas, era como de ciento veinte), y dijo:

16 Varones hermanos, era necesario que ˢse cumpliese la Escritura la cual el Espíritu Santo habló antes por boca de David acerca de Judas, que ᵒfue guía de los que prendieron a Jesús.

17 Porque él ᵖera contado con nosotros y ᑫtuvo parte en este ministerio.

18 Éste, pues, ˢadquirió un campo con ᵗel salario de su iniquidad, y cayendo rostro abajo, se reventó por la mitad, y todas sus entrañas se derramaron.

19 Y fue notorio a todos los moradores de Jerusalén; de tal manera que aquel campo es llamado en su propia lengua, Acéldama, que significa, ᵛcampo de sangre.

20 Porque está escrito en el libro de los Salmos: ʸSea hecha desierta su habitación, y no haya quien more en ella; y: ᶻTome otro su obispado.

21 Por tanto, es necesario que de estos hombres que han estado junto con nosotros todo el tiempo que el Señor Jesús entraba y salía entre nosotros,

22 comenzando desde el bautismo de Juan hasta el día que fue recibido arriba de entre nosotros, uno sea hecho testigo con nosotros de su resurrección.

HECHOS 2

23 Y señalaron a dos; a José, llamado Barsabás, que tenía por sobrenombre Justo, y a Matías.

24 Y ᵃorando, dijeron: Tú, Señor, que conoces los corazones de todos, muestra cuál de estos dos has escogido

25 para que tome el oficio de este ministerio y apostolado, del cual cayó Judas por transgresión, para irse a ᵇsu propio lugar.

26 Y les echaron suertes, y la suerte cayó sobre Matías; y fue contado con los once apóstoles.

CAPÍTULO 2

Y cuando llegó el día de Pentecostés, estaban todos unánimes en un mismo lugar.

2 Y de repente vino un estruendo del cielo como de un viento recio que corría, el cual llenó toda la casa donde estaban sentados;

3 y se les aparecieron lenguas repartidas, ᵉcomo de fuego, asentándose sobre cada uno de ellos.

4 Y fueron todos llenos del Espíritu Santo, y comenzaron a hablar ᶠen otras lenguas, según el Espíritu les daba que hablasen.

5 Moraban entonces en Jerusalén judíos, varones piadosos, de todas las naciones debajo del cielo.

6 Y cuando esto fue divulgado, se juntó la multitud; y estaban confusos, porque cada uno les oía hablar en su propia lengua.

7 Y todos estaban atónitos y maravillados, diciéndose unos a otros: Mirad, ¿no son galileos todos estos que hablan?

8 ¿Cómo, pues, les oímos nosotros hablar cada uno en nuestra lengua en la que hemos nacido?

9 Partos y medos, y elamitas, y los que habitamos en ᵏMesopotamia, en Judea y en ˡCapadocia, en el ᵐPonto y en ⁿAsia,

10 en Frigia y Panfilia, en ᵖEgipto y en las partes de Libia que está más allá de Cirene, y ᵠromanos extranjeros, tanto judíos como prosélitos,

11 cretenses y árabes, les oímos hablar en nuestras lenguas las maravillas de Dios.

12 Y estaban todos atónitos y perplejos, diciéndose unos a otros: ¿Qué significa esto?

13 Mas otros, burlándose, decían: Están llenos de mosto.

14 Entonces Pedro, poniéndose en pie con los once, alzó su voz, y les habló diciendo: Varones judíos, y todos los que habitáis en Jerusalén, esto os sea notorio, y oíd mis palabras.

15 Porque éstos no están borrachos, como vosotros pensáis, siendo *apenas* la hora tercera del día.

16 Mas esto es lo que fue dicho por el profeta Joel:

17 Y será que en los postreros días, dice Dios: ᶜDerramaré de mi Espíritu sobre toda carne; y vuestros hijos y ᵈvuestras hijas profetizarán; y vuestros jóvenes verán visiones; y vuestros ancianos soñarán sueños:

18 Y de cierto sobre mis siervos y sobre mis siervas derramaré de mi Espíritu en aquellos días, y profetizarán.

19 Y mostraré prodigios arriba en el cielo; y señales abajo en la tierra; sangre y fuego, y vapor de humo:

20 El sol se tornará en tinieblas; y la luna en sangre; antes que venga el día del Señor; grande y memorable;

21 Y sucederá que ᵍtodo aquel que invocare el nombre del Señor, será salvo.

22 Varones israelitas, oíd estas palabras: ʰJesús Nazareno, varón aprobado de Dios entre vosotros con milagros y prodigios, y señales que Dios hizo en medio de vosotros, por medio de Él como también vosotros sabéis.

23 A Éste, ⁱentregado por determinado consejo y presciencia de Dios, prendisteis y matasteis por manos de los inicuos, crucificándole;

24 a quien Dios resucitó, ʲhabiendo soltado los dolores de la muerte, por cuanto era imposible ser retenido por ella.

25 Porque David dice de Él: ᵒVeía al Señor siempre delante de mí; porque está a mi diestra, no seré conmovido.

26 Por lo cual mi corazón se alegró, y se gozó mi lengua; y aun mi carne descansará en esperanza;

27 Porque ʳno dejarás mi alma en el infierno, ni permitirás que tu Santo vea corrupción.

28 Me hiciste conocer los caminos de la vida; me llenarás de gozo con tu presencia.

---

a cp 18:2
23:11 y 28:15
Rm 1:7,15
2 Tim 1:17

b Nm 24:5

c Jl 2:28-32

d cp 20:9

e Lc 22:47

f cp 10:46
y 19:6
Mr 16:17
1 Co 12:10
g Rm 10:13
h Lc 24:19
i cp 3:18
y 4:28
Lc 22:22
j Sal 116:3-16
k Gn 24:10
De 23:4
Jue 3:8
1 Cr 19:6
Hch 7:2
l 1 Pe 1:1
m Hch 18:2
1 Pe 1:1
n Hch 6:9
16:6 19:10
y 20:16-18
o Sal 16:8-11
p cp 16:6
y 18:23
q cp 18:2
23:11 28:15
Rm 1:7,15
2 Tim 1:17
r cp 13:35
Sal 16:10
y 86:13

29 Varones hermanos, permitidme hablaros libremente del patriarca David, que murió, y fue sepultado, ªy su sepulcro está con nosotros hasta el día de hoy.

30 Pero siendo profeta, y sabiendo que con juramento Dios le había jurado que ᵈdel fruto de sus lomos, en cuanto a la carne, levantaría al Cristo que se sentaría sobre su trono;

31 viéndolo antes, habló de la resurrección de Cristo, que ᶠsu alma no fue dejada en el infierno, ni su carne vio corrupción.

32 A este Jesús ʲresucitó Dios, de lo cual todos nosotros somos testigos.

33 Así que, exaltado por la diestra de Dios, y habiendo recibido del Padre la promesa del Espíritu Santo, ha derramado esto que ahora vosotros veis y oís.

34 Porque David no subió a los cielos; pero él mismo dice: ᵏDijo el Señor a mi Señor: Siéntate a mi diestra,

35 hasta que ponga a tus enemigos por estrado de tus pies.

36 Sepa, pues, ciertísimamente toda la casa de Israel, que a este Jesús que vosotros crucificasteis, Dios le ha hecho ˡSeñor y Cristo.

37 Y al oír esto, se compungieron de corazón, y dijeron a Pedro y a los otros apóstoles: Varones hermanos, ¿qué haremos?

38 Entonces Pedro les dijo: ᵐArrepentíos, y bautícese cada uno de vosotros en el nombre de Jesucristo para perdón de los pecados; y recibiréis el don del Espíritu Santo.

39 Porque para vosotros es la promesa, y ᵒpara vuestros hijos, y para todos ᵖlos que están lejos; para cuantos el Señor nuestro Dios llamare.

40 Y con otras muchas palabras testificaba y exhortaba, diciendo: Sed salvos de esta perversa generación.

41 Así que, los que con gozo recibieron su palabra, fueron bautizados; y aquel día fueron añadidas *a ellos* ᵍcomo tres mil almas.

42 Y perseveraban en ʳla doctrina de los apóstoles, y en la comunión, y en ˢel partimiento del pan, y en las oraciones.

43 Y vino temor sobre toda persona; y muchas maravillas y señales eran hechas por los apóstoles.

44 Y todos los que habían creído estaban ᵇjuntos; y tenían en común todas las cosas;

45 y ᶜvendían sus propiedades y sus bienes, y lo repartían a todos, según cada uno tenía necesidad.

46 Y perseverando unánimes cada día ᵉen el templo, y partiendo el pan en las casas, comían juntos con alegría y sencillez de corazón,

47 ᵍalabando a Dios, y teniendo favor con todo el pueblo. Y ʰel Señor añadía cada día a la iglesia los que eran salvos.

CAPÍTULO 3

Y Pedro y Juan subían juntos al templo a la hora ʲnovena, la de la oración.

2 Y un hombre que era cojo desde el vientre de su madre, era traído; al cual ponían cada día a la puerta del templo que se llama la Hermosa, para que pidiese limosna de los que entraban en el templo.

3 Éste, como vio a Pedro y a Juan que iban a entrar en el templo, les rogaba que le diesen limosna.

4 Y Pedro, con Juan, fijando en él los ojos, *le* dijo: Míranos.

5 Entonces él les estuvo atento, esperando recibir de ellos algo.

6 Y Pedro le dijo: No tengo plata ni oro; mas lo que tengo te doy: En el nombre de Jesucristo de Nazaret, levántate y anda.

7 Y tomándole por la mano derecha le levantó; y al instante fueron afirmados sus pies y tobillos;

8 y ⁿsaltando, se puso en pie, y anduvo; y entró con ellos en el templo, andando, y saltando, y alabando a Dios.

9 Y todo el pueblo le vio andar y alabar a Dios.

10 Y sabían que él era el que se sentaba a pedir limosna a la puerta del templo, la Hermosa; y fueron llenos de asombro y admiración por lo que le había sucedido.

11 Y teniendo asidos a Pedro y a Juan el cojo que había sido sanado, todo el pueblo, atónito, concurrió a ellos al ᶠpórtico que se llama de Salomón.

12 Y viendo esto Pedro, respondió al pueblo: Varones israelitas, ¿por qué

HECHOS 4

os maravilláis de esto? ¿o por qué ponéis los ojos en nosotros, como si por nuestro poder o piedad hubiésemos hecho andar a éste?

13 El Dios de Abraham, de Isaac y de Jacob, ªel Dios de nuestros padres ha ᵇglorificado a su Hijo Jesús, a quien vosotros entregasteis, y negasteis delante de Pilato, cuando éste había determinado dejarle en libertad.

14 Mas vosotros ᶜal Santo y al Justo negasteis, y pedisteis que se os diese un hombre homicida;

15 y matasteis al ¹Autor de la vida, a quien Dios resucitó de los muertos; de lo cual nosotros somos testigos.

16 Y por la fe en su nombre, a éste, que vosotros veis y conocéis, en su nombre le ha confirmado: Así que, la fe que por Él es, le ha dado esta completa sanidad en presencia de todos vosotros.

17 Y ahora, hermanos, yo sé que por ignorancia lo habéis hecho, como también vuestros príncipes.

18 Pero Dios ha cumplido así lo que había antes anunciado por boca de todos sus profetas, que Cristo había de padecer.

19 Así que, arrepentíos y convertíos, para que sean borrados vuestros pecados; para que vengan ²tiempos de refrigerio de la presencia del Señor,

20 y Él envíe a Jesucristo, que os fue antes predicado;

21 a quien ciertamente es necesario que el cielo reciba hasta los tiempos de la restauración de todas las cosas, de que habló Dios por boca de todos sus santos profetas que han sido desde el principio del mundo.

22 Porque Moisés en verdad dijo a los padres: El Señor vuestro Dios os levantará Profeta de vuestros hermanos, como yo; a Él oiréis en todas las cosas que os hablare.

23 Y será, que toda alma que no oyere a aquel Profeta, será desarraigada del pueblo.

24 Sí, y todos los profetas desde ʰSamuel y en adelante, cuantos han hablado, también han predicho estos días.

25 Vosotros sois los hijos de los profetas, y del pacto que Dios hizo con nuestros padres, diciendo a Abraham: Y ʲen tu simiente serán benditas todas las familias de la tierra.

26 A vosotros primeramente, Dios, habiendo resucitado a su Hijo Jesús, le envió para que os bendijese, al convertirse cada uno de su maldad.

Pedro y Juan son encarcelados

CAPÍTULO 4

Y hablando ellos al pueblo, los sacerdotes y el magistrado del templo y los saduceos, vinieron sobre ellos,

2 resentidos de que enseñasen al pueblo, y predicasen en Jesús la resurrección de los muertos.

3 Y les echaron mano, y los pusieron en la cárcel hasta el día siguiente; porque era ya tarde.

4 Pero muchos de los que habían oído la palabra creyeron; y el número de los varones era como cinco mil.

5 Y aconteció que al día siguiente se reunieron en Jerusalén los príncipes de ellos, y los ancianos y los escribas;

6 y ᵈAnás, el sumo sacerdote, y ᵉCaifás y Juan y Alejandro, y todos los que eran del linaje sacerdotal.

7 Y poniéndoles en medio, les preguntaron: ¿Con qué poder, o en qué nombre, habéis hecho vosotros esto?

8 Entonces Pedro, ᶠlleno del Espíritu Santo, les dijo: Príncipes del pueblo, y ancianos de Israel:

9 Puesto que hoy se nos interroga acerca del beneficio hecho a un hombre enfermo, de qué manera éste haya sido sanado;

10 sea notorio a todos vosotros, y a todo el pueblo de Israel, que por el nombre de Jesucristo de Nazaret, al que vosotros crucificasteis y a quien Dios resucitó de los muertos, por Él este hombre está en vuestra presencia sano.

11 Este *Jesús* es ᵍla piedra reprobada de vosotros los edificadores, la cual ha venido a ser cabeza del ángulo.

12 Y en ningún otro hay salvación; porque no hay otro nombre bajo del cielo, dado a los hombres, en que debamos ser salvos.

13 Entonces viendo el denuedo de Pedro y de Juan, y sabiendo que eran hombres ⁱsin letras e ignorantes, se maravillaban; y les reconocían que habían estado con Jesús.

Los creyentes, de un corazón y un alma

14 Y viendo al hombre que había sido sanado, que estaba de pie con ellos, no podían decir nada en contra.

15 Y habiendo ordenado que salieran del concilio, deliberaban entre sí,

16 diciendo: ᵇ¿Qué haremos con estos hombres? Porque de cierto, un milagro notable ha sido hecho por ellos, manifiesto a todos los que moran en Jerusalén, y no lo podemos negar.

17 Sin embargo para que no se divulgue más por el pueblo, amenacémosles, para que no hablen de aquí en adelante a hombre alguno en este nombre.

18 Y llamándolos, ᵍles intimaron que en ninguna manera hablasen ni enseñasen en el nombre de Jesús.

19 Mas Pedro y Juan, ⁱrespondiendo, les dijeron: Juzgad si es justo delante de Dios obedecer a vosotros antes que a Dios;

20 Porque no podemos dejar de decir lo que hemos visto y oído.

21 Y después de amenazarles más, y no hallando nada de qué castigarles, les dejaron ir ˡpor causa del pueblo; porque todos glorificaban a Dios por lo que había sido hecho.

22 Porque el hombre en quien había sido hecho este milagro de sanidad, tenía más de cuarenta años.

23 Y puestos en libertad, vinieron a los suyos y contaron todo lo que los príncipes de los sacerdotes y los ancianos les habían dicho.

24 Y ellos, habiéndolo oído, alzaron unánimes la voz a Dios, y dijeron: Señor, tú eres Dios, que ⁿhiciste el cielo y la tierra, el mar y todo lo que en ellos hay;

25 que por boca de David, tu siervo, dijiste: ᵖ¿Por qué se amotinan las gentes, y los pueblos piensan cosas vanas?

26 Se levantaron los reyes de la tierra, y los príncipes se juntaron en uno contra el Señor, y contra su Cristo.

27 Pues verdaderamente se juntaron contra tu santo Hijo Jesús, a quien ʳtú ungiste, Herodes y Poncio Pilato, con los gentiles y el pueblo de Israel,

28 para hacer lo que tu mano y tu consejo habían predeterminado que se hiciese.

29 Y ahora, Señor, mira sus amenazas, y concede a tus siervos que con todo denuedo hablen tu palabra;

30 y extiende tu mano para que sanidades, y milagros y prodigios sean hechos por ᵃel nombre de tu santo Hijo Jesús.

31 Y cuando hubieron orado, ᶜel lugar en que estaban congregados tembló; y ᵈtodos fueron llenos del Espíritu Santo, y ᵉhablaron la palabra de Dios con denuedo.

32 Y la multitud de los que habían creído era de un corazón y un alma; y ninguno decía ser suyo propio lo que poseía, sino que ᶠtenían todas las cosas en común.

33 Y con gran poder los apóstoles ʰdaban testimonio de la resurrección del Señor Jesús; y abundante gracia había sobre todos ellos.

34 Y ningún necesitado había entre ellos; porque todos ʲlos que poseían heredades o casas, las vendían, y traían el precio de lo vendido,

35 y lo ponían a los pies de los apóstoles; y ᵏse repartía a cada uno según su necesidad.

36 Entonces José, a quien los apóstoles pusieron por sobrenombre ᵐBernabé (que interpretado es, hijo de consolación), levita, natural de Chipre,

37 teniendo una heredad, la vendió, y trajo el precio y lo puso a los pies de los apóstoles.

CAPÍTULO 5

Pero un varón llamado Ananías, con Safira su esposa, vendió una heredad,

2 y retuvo parte del precio, sabiéndolo también su esposa; y ᵒtrayendo una parte, la puso a los pies de los apóstoles.

3 Y dijo Pedro: Ananías, ᑫ¿por qué ha llenado Satanás tu corazón para que mintieses al Espíritu Santo, y defraudases del precio de la heredad?

4 Reteniéndola, ¿no se te quedaba a ti? y vendida, ¿no estaba en tu poder? ¿Por qué pusiste esto en tu corazón? No has mentido a los hombres, sino a Dios.

5 Entonces Ananías, oyendo estas palabras, cayó y expiró. Y vino gran temor sobre todos los que lo oyeron.

6 Y levantándose los jóvenes, lo envolvieron, y sacándolo, lo sepultaron.

7 Y pasado un lapso como de tres horas, entró también su esposa, no sabiendo lo que había acontecido.

8 Entonces Pedro le dijo: Dime, ¿vendisteis en tanto la heredad? Y ella dijo: Sí, en tanto.

9 Y Pedro le dijo: ¿Por qué os pusisteis de acuerdo para tentar al Espíritu del Señor? He aquí a la puerta los pies de los que han sepultado a tu marido, y te sacarán a ti.

10 Y al instante cayó a los pies de él, y expiró; y entrando los jóvenes, la hallaron muerta; y la sacaron, y la sepultaron junto a su marido.

11 Y vino gran temor sobre toda la iglesia, y sobre todos los que oyeron estas cosas.

12 Y [b]por mano de los apóstoles eran hechos muchos milagros y prodigios en el pueblo; y estaban todos unánimes en el pórtico de Salomón.

13 Y de los demás, ninguno osaba juntarse con ellos; pero [c]el pueblo los alababa grandemente.

14 Y más creyentes [e]se añadían al Señor, multitudes, así de hombres como de mujeres;

15 tanto que [f]sacaban los enfermos a las calles, y los ponían en camas y en lechos, [g]para que al pasar Pedro, a lo menos su sombra cayese sobre alguno de ellos.

16 Y aun de las ciudades vecinas muchos venían a Jerusalén, trayendo enfermos y atormentados de espíritus inmundos; y todos eran sanados.

17 Entonces se levantó el sumo sacerdote y todos los que estaban con él, que es la secta de los saduceos, y se llenaron de celos;

18 y echaron mano a los apóstoles y los pusieron en la cárcel pública.

19 Mas [l]el ángel del Señor abrió de noche las puertas de la cárcel, y sacándolos, dijo:

20 Id, y puestos en pie en el templo, hablad al pueblo todas las palabras de esta vida.

21 Y habiendo oído *esto*, entraron de mañana en el templo, y enseñaban. Entre tanto, vinieron el sumo sacerdote y los que estaban con él, y convocaron al concilio y a todos los ancianos de los hijos de Israel, y enviaron a la cárcel para que fuesen traídos.

22 Pero cuando llegaron los oficiales, y no los hallaron en la cárcel, volvieron y dieron aviso,

23 diciendo: De cierto, la cárcel hemos hallado cerrada con toda seguridad, y los guardas afuera de pie ante las puertas; pero cuando abrimos, a nadie hallamos dentro.

24 Y cuando oyeron estas palabras el sumo sacerdote y [a]el magistrado del templo y los príncipes de los sacerdotes, dudaban en qué vendría a parar aquello.

25 Y viniendo uno, les dio la noticia, diciendo: He aquí, los varones que echasteis en la cárcel están en el templo, y enseñan al pueblo.

26 Entonces fue el magistrado con los oficiales, y los trajo sin violencia; porque temían ser apedreados por el pueblo.

27 Y cuando los trajeron, los presentaron ante el concilio, y el sumo sacerdote les preguntó,

28 diciendo: [d]¿No os ordenamos rigurosamente, que no enseñaseis en este nombre? Y he aquí, habéis llenado a Jerusalén con vuestra doctrina, y queréis echar sobre nosotros la sangre de este hombre.

29 Respondiendo Pedro y los apóstoles, dijeron: [h]Es necesario obedecer a Dios antes que a los hombres.

30 El Dios de nuestros padres [i]resucitó a Jesús, al cual vosotros matasteis colgándole en un madero.

31 A Éste, Dios ha exaltado con su diestra por Príncipe y [j]Salvador, para dar a Israel arrepentimiento y perdón de pecados.

32 Y nosotros [k]somos testigos suyos de estas cosas, y también el Espíritu Santo, el cual ha dado Dios a los que le obedecen.

33 Ellos, oyendo *esto*, se enfurecieron, y [m]tomaron consejo para matarlos.

34 Entonces levantándose en el concilio un fariseo llamado [n]Gamaliel, doctor de la ley, honorable ante todo el pueblo, mandó que hiciesen sacar por un momento a los apóstoles,

La elección de los diáconos

35 y les dijo: Varones israelitas, mirad por vosotros lo que vais a hacer acerca de estos hombres.
36 Porque antes de estos días se levantó Teudas, diciendo que era alguien; al que se agregó un número de como cuatrocientos hombres; el cual fue muerto, y todos los que le obedecían fueron dispersados y reducidos a nada.
37 Después de éste, se levantó Judas el galileo, en los días del empadronamiento, y llevó en pos de sí a mucho pueblo. Éste también pereció; y todos los que le obedecían fueron dispersados.
38 Y ahora os digo: Apartaos de estos hombres, y dejadlos; porque si este consejo o esta obra es de los hombres, se desvanecerá;
39 pero si es de Dios, no la podréis deshacer; no seáis tal vez hallados iluchando contra Dios.
40 Y convinieron con él; y llamando a los apóstoles, después de azotarlos, les intimaron que no hablasen en el nombre de Jesús, y los dejaron libres.
41 Y ellos partieron de la presencia del concilio, gozosos de haber sido tenidos por dignos de padecer afrenta por su Nombre.
42 Y todos los días, men el templo y por las casas, no cesaban de enseñar y predicar a Jesucristo.

CAPÍTULO 6

Y en aquellos días, °multiplicándose el número de los discípulos, hubo murmuración de Plos griegos contra los hebreos, de que sus viudas eran desatendidas en qel ministerio cotidiano.
2 Entonces los doce convocaron a la multitud de los discípulos, y dijeron: No es justo que nosotros dejemos la palabra de Dios, para servir a las mesas.
3 Buscad, pues, hermanos, de entre vosotros a rsiete varones de buen testimonio, llenos del Espíritu Santo y de sabiduría, a quienes pongamos sobre este trabajo.
4 Y nosotros persistiremos en la oración, y en el ministerio de la palabra.

5 Y lo dicho agradó a toda la multitud; y eligieron a ªEsteban, varón lleno de fe y del Espíritu Santo, y a Felipe, y a Prócoro, y a Nicanor, y a Timón, y a Parmenas, y a Nicolás, bun prosélito de cAntioquía.
6 A éstos presentaron delante de los apóstoles, quienes dorando, les eimpusieron las manos.
7 Y fcrecía la palabra de Dios, y el número de los discípulos se multiplicaba grandemente en Jerusalén; y guna gran multitud de los sacerdotes obedecía a la fe.
8 Y hEsteban, lleno de fe y de poder, hacía grandes prodigios y milagros entre el pueblo.
9 Entonces se levantaron unos de la sinagoga que se llama de los libertinos, y cireneos, y alejandrinos, y de los de Cilicia, y de Asia, disputando con Esteban.
10 Pero jno podían resistir a la sabiduría y al Espíritu con que hablaba.
11 Entonces ksobornaron a unos hombres que dijeron: Le hemos oído hablar palabras blasfemas contra Moisés y contra Dios.
12 Y lalborotaron al pueblo, y a los ancianos y a los escribas; y tomándole, le trajeron al concilio.
13 Y pusieron testigos falsos, que decían: Este hombre no cesa de hablar palabras blasfemas en contra de este lugar santo y de la ley;
14 Pues le hemos oído decir que este Jesús de Nazaret ndestruirá este lugar, y cambiará las costumbres que nos dio Moisés.
15 Entonces todos los que estaban sentados en el concilio, puestos los ojos en él, vieron su rostro como el rostro de un ángel.

CAPÍTULO 7

Entonces el sumo sacerdote dijo: ¿Es esto así?
2 Y él dijo: Varones hermanos y padres, oíd: El Dios de gloria apareció a nuestro padre Abraham, estando en Mesopotamia, antes que morase en Harán,
3 y le dijo: sSal de tu tierra y de tu parentela, y ven a la tierra que te mostraré.

HECHOS 7

La predicación de Esteban

4 Entonces ªsalió de la tierra de los caldeos, y habitó en Harán: y de allí, muerto su padre, Él le trasladó a esta tierra, en la cual vosotros habitáis ahora.

5 Y no le dio herencia en ella, ni siquiera para asentar un pie; mas le prometió que se la daría en posesión a él, y a su simiente después de él, cuando él aún no tenía hijo.

6 Y le dijo Dios así: Que ᵈsu simiente sería extranjera en tierra ajena, y que los reducirían a servidumbre y los maltratarían por cuatrocientos años.

7 Mas yo juzgaré, dijo Dios, a la nación a la cual serán siervos; y después de esto saldrán y me servirán en este lugar.

8 Y le dio el pacto de ᵍla circuncisión; y así *Abraham* engendró a Isaac y le circuncidó al octavo día; e Isaac a Jacob, y Jacob a los doce patriarcas.

9 Y los patriarcas, ʰmovidos de envidia, vendieron a José para Egipto; pero Dios estaba con él,

10 y le libró de todas sus aflicciones, y ⁱle dio gracia y sabiduría en la presencia de Faraón, rey de Egipto, el cual le puso por gobernador sobre Egipto y sobre toda su casa.

11 Vino entonces hambre en toda la tierra de Egipto y de Canaán, y grande aflicción; y nuestros padres no hallaban alimentos.

12 Y cuando Jacob oyó que ʲhabía trigo en Egipto, envió a nuestros padres la primera vez.

13 Y en la segunda, José se dio a conocer a sus hermanos, y el linaje de José fue dado a conocer a Faraón.

14 Y ᵏenviando José, hizo venir a su padre Jacob, y ᵐa toda su parentela, en número de setenta y cinco almas.

15 Así descendió Jacob a Egipto, donde murió él y nuestros padres;

16 y fueron ᵒtrasladados a Siquem, y puestos en el sepulcro que compró Abraham a precio de dinero de los hijos de Hamor de Siquem.

17 Pero ᵠcuando se acercaba el tiempo de la promesa que Dios había jurado a Abraham, ʳel pueblo creció y se multiplicó en Egipto,

18 hasta que ˢse levantó otro rey que no conocía a José.

19 Éste, usando de astucia con nuestro linaje, maltrató a nuestros padres, ᵇechando *a la muerte* a sus niños para que no viviesen.

20 En aquel mismo tiempo ᶜnació Moisés, y fue hermoso a Dios; y fue criado tres meses en casa de su padre.

21 Pero siendo expuesto *a la muerte*, la hija de Faraón le tomó, y le crió como a hijo suyo.

22 Y Moisés fue instruido en toda la sabiduría de los egipcios; y era poderoso en palabras y en hechos.

23 Y cuando ᵉcumplió la edad de cuarenta años, le vino a su corazón el visitar a sus hermanos, los hijos de Israel.

24 Y ᶠviendo a uno que era maltratado, lo defendió, y matando al egipcio, vengó al oprimido.

25 Pues él pensaba que sus hermanos entendían que Dios les había de dar libertad por su mano; pero ellos no lo habían entendido.

26 Y al día siguiente, riñendo ellos, se les mostró, y los ponía en paz, diciendo: Varones, hermanos sois, ¿por qué os maltratáis el uno al otro?

27 Entonces el que maltrataba a su prójimo, le empujó, diciendo: ¿Quién te ha puesto por príncipe y juez sobre nosotros?

28 ¿Quieres tú matarme, como mataste ayer al egipcio?

29 Al *oír* esta palabra, Moisés huyó, y se hizo extranjero en tierra de Madián, donde engendró dos hijos.

30 Y pasados cuarenta años, ʲel Ángel del Señor le apareció en el desierto del monte Sinaí, en una llama de fuego en una zarza.

31 Y mirándolo Moisés, ˡse maravilló de la visión; y acercándose para observar, vino a él la voz del Señor,

32 *diciendo*: ⁿYo *soy* el Dios de tus padres, el Dios de Abraham, y el Dios de Isaac, y el Dios de Jacob. Y Moisés, temblando, no se atrevía a mirar.

33 Entonces le dijo el Señor: ᵖQuita las sandalias de tus pies, porque el lugar en que estás tierra santa es.

34 Ciertamente, he visto la aflicción de mi pueblo que está en Egipto, y he oído su gemido, y he descendido para librarlos. Ahora, pues, ven, te enviaré a Egipto.

35 A este Moisés, a quien habían rechazado, diciendo: ¿Quién te ha

Saulo persigue a la Iglesia

puesto por príncipe y juez?, a éste envió Dios por príncipe y libertador por mano ᵃdel Ángel que le apareció en la zarza.

36 ᶜÉste los sacó, habiendo hecho ᵈprodigios y señales en la tierra de Egipto, y en el Mar Rojo, y en el desierto por cuarenta años.

37 Este es aquel Moisés que dijo a los hijos de Israel: ᵉProfeta os levantará el Señor Dios vuestro de entre vuestros hermanos, como yo; a Él oiréis.

38 Éste es aquél que estuvo en la iglesia en el desierto con ᵍel Ángel que le hablaba en el monte Sinaí, y con nuestros padres; y recibió ⁱlos oráculos de vida para dárnoslos.

39 Al cual nuestros padres no quisieron obedecer; antes le desecharon, y ʲen sus corazones se volvieron a Egipto,

40 diciendo a Aarón: ˡHaznos dioses que vayan delante de nosotros; porque a este Moisés, que nos sacó de la tierra de Egipto, no sabemos qué le haya acontecido.

41 Y en aquellos días hicieron un becerro, y ofrecieron sacrificio al ídolo, y se regocijaron en la obra de sus manos.

42 Entonces Dios se apartó, y ᵒlos entregó a que sirviesen al ejército del cielo; como está escrito en el libro de los profetas: ᵖ¿Acaso me ofrecisteis víctimas y sacrificios en el desierto por cuarenta años, oh casa de Israel?

43 Antes, trajisteis el tabernáculo de ᵗMoloc, y la estrella de vuestro dios Remfan: Figuras que os hicisteis para adorarlas: Os transportaré, pues, más allá de Babilonia.

44 Nuestros padres tuvieron ᵛel tabernáculo del testimonio en el desierto, tal como Él lo había ordenado cuando dijo a Moisés que lo hiciese según ʸel modelo que había visto.

45 El cual también nuestros padres introdujeron con ᶻJesús en la posesión de los gentiles, a los cuales Dios echó de la presencia de nuestros padres, hasta los días de David;

46 el cual halló gracia delante de Dios, y ᶜpidió hacer tabernáculo para el Dios de Jacob.

47 Pero ᵈSalomón le edificó casa.

a Nm 20:16
b Is 66:1-2
c Éx 12:41
y 33:1
d Éx cps 7,11

e cp 3:22
Dt 18:15
f Lv 26:41
Dt 10:16

g ver 53
Is 63:9
h 2 Cr 36:16
Mt 21:35
i Rm 3:2

j Éx 14:11-12
16:3 y 17:3
Nm 11:5 14:3
y 21:5
Neh 9:17
k ver 38
Dt 33:2
Gá 3:19
l Éx 32:4-6
m cp 6:5
n Sal 110:1
o Sal 81:12

p Am 5:25
q Nm 15:35
Mt 21:39
r Lv 24:16
s Dt 13:9-10
y 17:7
t 1 Re 11:7
u Sal 31:5

v Nm 17:7
x Lc 23:34
y Éx 25:40
z Heb 4:8
a cp 11:19
b cp 1:8
c 1 Cr 22:7
d 2 Sm 7:13
1 Re 8:20

48 Si bien el Altísimo no habita en templos hechos de mano; como dice el profeta:

49 El cielo es mi trono, y ᵇla tierra es el estrado de mis pies. ¿Qué casa me edificaréis? dice el Señor: ¿O cuál es el lugar de mi reposo?

50 ¿No hizo mi mano todas estas cosas?

51 ᶠDuros de cerviz, e incircuncisos de corazón y de oídos, vosotros resistís siempre al Espíritu Santo; como vuestros padres, así también vosotros.

52 ʰ¿A cuál de los profetas no persiguieron vuestros padres? Y mataron a los que antes anunciaron la venida del Justo, de quien vosotros ahora habéis sido entregadores y matadores;

53 que recibisteis la ley ᵏpor disposición de ángeles, y no la guardasteis.

54 Cuando oyeron estas cosas, se enfurecieron en sus corazones, y crujían los dientes contra él.

55 Pero él, ᵐlleno del Espíritu Santo, puestos los ojos en el cielo, vio la gloria de Dios, y a Jesús en pie ⁿa la diestra de Dios,

56 y dijo: He aquí, veo los cielos abiertos, y al Hijo del Hombre en pie a la diestra de Dios.

57 Entonces ellos gritaron a gran voz, y tapándose sus oídos arremetieron a una contra él.

58 Y ᑫechándole fuera de la ciudad, ʳle apedrearon; y ˢlos testigos pusieron sus vestiduras a los pies de un joven que se llamaba Saulo.

59 Y apedrearon a Esteban, mientras él invocaba a Dios y decía: Señor Jesús, ᵘrecibe mi espíritu.

60 Y arrodillándose, clamó a gran voz: ˣSeñor, no les tomes en cuenta este pecado. Y habiendo dicho esto, durmió.

CAPÍTULO 8

Y Saulo consentía en su muerte. Y en aquel tiempo fue hecha una gran persecución contra la iglesia que estaba en Jerusalén; y ᵃtodos fueron esparcidos por las tierras de Judea y de ᵇSamaria, salvo los apóstoles.

2 Y unos varones piadosos llevaron a enterrar a Esteban, e hicieron gran lamentación por él.

HECHOS 8

Felipe y el eunuco

3 Y Saulo ªasolaba la iglesia entrando de casa en casa, y arrastrando a hombres y a mujeres *los* entregaba en la cárcel.

4 Pero ᵇlos que fueron esparcidos, iban por todas partes predicando la palabra.

5 Entonces ᶜFelipe descendió a la ciudad de Samaria, y les predicaba a Cristo.

6 Y el pueblo, unánime, escuchaba atentamente las cosas que decía Felipe, oyendo y viendo los milagros que hacía.

7 Porque espíritus inmundos, dando grandes voces, salían de muchos poseídos; y muchos paralíticos y cojos eran sanados.

8 Y había gran gozo en aquella ciudad.

9 Pero había un hombre llamado Simón, el cual había ejercido la magia en aquella ciudad, y había engañado a la gente de Samaria, diciéndose ser algún grande.

10 A éste oían atentamente todos, desde el más pequeño hasta el más grande, diciendo: Éste es ᵍel gran poder de Dios.

11 Y le estaban atentos, porque con sus artes mágicas los había hechizado mucho tiempo.

12 Pero cuando creyeron a Felipe, que les predicaba ⁱacerca del reino de Dios y el nombre de Jesucristo, fueron bautizados, así hombres como mujeres.

13 Entonces Simón mismo también creyó, y cuando fue bautizado, permaneció con Felipe, y viendo las maravillas y grandes milagros que se hacían, estaba atónito.

14 Y los apóstoles que estaban en Jerusalén, habiendo oído que Samaria había recibido la palabra de Dios, les enviaron ᵏa Pedro y a Juan;

15 quienes habiendo descendido, oraron por ellos para que recibiesen el Espíritu Santo;

16 porque ˡaún no había descendido sobre ninguno de ellos, sino que solamente habían sido bautizados en el nombre del Señor Jesús.

17 Entonces ⁿles impusieron las manos, y recibieron el Espíritu Santo.

18 Y cuando vio Simón que por la imposición de las manos de los apóstoles se daba el Espíritu Santo, les ofreció dinero,

19 diciendo: Dadme también a mí este poder, para que cualquiera a quien yo impusiere las manos, reciba el Espíritu Santo.

20 Entonces Pedro le dijo: Tu dinero perezca contigo, porque ᵈhas pensado que el don de Dios se adquiere con dinero.

21 No tienes tú ni parte ni suerte en este asunto; porque tu corazón no es recto delante de Dios.

22 Arrepiéntete, pues, de esta tu maldad, y ruega a Dios, si quizás te sea perdonado el pensamiento de tu corazón.

23 Porque en ᵉhiel de amargura y en prisión de maldad veo que estás.

24 Respondiendo entonces Simón, dijo: Rogad vosotros por mí al Señor, que ninguna de estas cosas que habéis dicho, venga sobre mí.

25 Y ellos, habiendo testificado y predicado la palabra del Señor, se volvieron a Jerusalén, y ᶠen muchas aldeas de los samaritanos predicaron el evangelio.

26 Y el ángel del Señor habló a Felipe, diciendo: Levántate y ve hacia el sur, al camino que desciende de Jerusalén a ʰGaza, el cual es desierto.

27 Entonces él se levantó, y fue. Y he aquí un etíope, eunuco, hombre de gran autoridad bajo Candace reina de los etíopes, el cual estaba a cargo de todos sus tesoros, y ʲhabía venido a Jerusalén para adorar,

28 regresaba, y sentado en su carro, leía el profeta Isaías.

29 Y el Espíritu dijo a Felipe: Acércate y júntate a este carro.

30 Y corriendo Felipe *hacia él*, le oyó que leía el profeta Isaías, y *le* dijo: ¿Entiendes lo que lees?

31 Y dijo: ¿Cómo podré, a no ser que alguien me enseñe? Y rogó a Felipe que subiese y se sentase con él.

32 Y el lugar de la Escritura que leía era éste: ᵐComo oveja fue llevado al matadero; y como cordero mudo delante del trasquilador, así no abrió su boca.

33 En su humillación su juicio fue quitado: Mas su generación, ¿quién la contará? Porque es quitada de la tierra su vida.

---

a cp 9:1
y 13:21

b cp 11:9

c cp 6:5
y 21:8
d 2 Re 5:16
Dn 5:16-17

e Dt 29:18
Mt 27:34

f Mt 3:16
Mr 1:10
Lc 3:22
g cp 14:11
y 28:6
h Jos 13:3
y 15:47
Zac 9:5
i cp 1:3

j 1 Re 8:41-42
Jn 12:20

k cp 3:1
y 4:13-19

l cp 19:2
m Is 53:7-8

n cp 6:6
y 19:6
Heb 6:2

La conversión de Saulo

34 Y respondiendo el eunuco a Felipe, dijo: Te ruego ¿de quién dice el profeta esto? ¿De sí mismo, o de algún otro?

35 Entonces Felipe, abriendo su boca, y ªcomenzando desde esta Escritura, le predicó el evangelio de Jesús.

36 Y yendo por el camino, llegaron a cierta agua; y dijo el eunuco: He aquí agua; ¿qué impide que yo sea bautizado?

37 Y Felipe dijo: Si crees de todo corazón, bien puedes. Y él respondiendo, dijo: ᵈCreo que Jesucristo es el Hijo de Dios.

38 Y mandó detener el carro; y descendieron ambos al agua, Felipe y el eunuco; y le bautizó.

39 Y cuando subieron del agua, el Espíritu del Señor arrebató a Felipe; y el eunuco no le vio más, y gozoso, siguió su camino.

40 Pero Felipe se halló en Azoto; y pasando, predicaba el evangelio en todas las ciudades, hasta que llegó a ᶠCesarea.

CAPÍTULO 9

Y ⁱSaulo, respirando aún amenazas y muerte contra los discípulos del Señor, fue al sumo sacerdote,

2 y pidió de él cartas para las sinagogas de Damasco, para que si hallase algunos de ᵏeste Camino, ya fuesen hombres o mujeres, los trajese presos a Jerusalén.

3 Y ᵐyendo él por el camino, al acercarse a Damasco, súbitamente le cercó un resplandor de luz del cielo;

4 y cayendo en tierra, oyó una voz que le decía: Saulo, Saulo, ¿por qué me persigues?

5 Y él dijo: ¿Quién eres, Señor? Y el Señor dijo: Yo soy Jesús a quien tú persigues; dura cosa te es dar coces contra los aguijones.

6 Y él, temblando y temeroso, dijo: Señor, ¿qué quieres que yo haga? Y el Señor le dijo: Levántate y entra en la ciudad, y se te dirá lo que debes hacer.

7 Y los hombres que iban con Saulo, se pararon atónitos, oyendo a la verdad la voz, pero sin ver a nadie.

8 Entonces Saulo se levantó de tierra, y abriendo los ojos, no veía a nadie; así que, llevándole de la mano, lo trajeron a Damasco.

9 Y estuvo tres días sin ver, y no comió ni bebió.

10 Y había un discípulo en Damasco llamado ᵇAnanías, al cual el Señor dijo en visión: Ananías. Y él respondió: Heme aquí, Señor.

11 Y el Señor le *dijo*: Levántate, y ve a la calle que se llama Derecha, y busca en casa de Judas a uno llamado Saulo, de ᶜTarso; porque he aquí, él ora;

12 y ha visto en visión a un varón llamado Ananías, que entra y pone *sus* manos sobre él, para que recobre la vista.

13 Entonces Ananías respondió: Señor, he oído de muchos acerca de este hombre, de ᵉcuántos males ha hecho a tus santos en Jerusalén;

14 y aun aquí tiene autoridad de los príncipes de los sacerdotes para prender a todos los que invocan tu nombre.

15 Y le dijo el Señor: Ve; porque instrumento escogido me es éste, para que lleve mi nombre en presencia ᵍde los gentiles, ʰy de reyes, y de los hijos de Israel;

16 porque ʲyo le mostraré cuánto le es necesario padecer por mi nombre.

17 Y Ananías fue y entró en la casa, y poniendo sobre él las manos, dijo: Hermano Saulo, el Señor Jesús, que te apareció en el camino por donde venías, me ha enviado para que recobres la vista y seas ˡlleno del Espíritu Santo.

18 Y al momento le cayeron de los ojos como escamas, y al instante recobró la vista; y levantándose, ⁿfue bautizado.

19 Y habiendo tomado alimento, recobró fuerzas. Y ᵒestuvo Saulo por algunos días con los discípulos que estaban ᵖen Damasco.

20 Y luego predicaba a Cristo en las sinagogas, *diciendo* que Éste es el Hijo de Dios.

21 Y todos los que le oían estaban atónitos, y decían: ᵠ¿No es éste el que asolaba en Jerusalén a los que invocaban este nombre, y a eso vino acá, para llevarlos presos ante los príncipes de los sacerdotes?

22 Pero Saulo mucho más se esforzaba, y confundía a los judíos

que moraban en Damasco, demostrando que Éste, es el Cristo.

23 Y ªdespués de muchos días, los judíos tomaron entre sí consejo para matarle;

24 pero sus asechanzas fueron entendidas de Saulo. Y ellos ᵇguardaban las puertas de día y de noche para matarle.

25 Entonces los discípulos, tomándole de noche, ᶜle bajaron por el muro en una canasta.

26 Y cuando Saulo vino a Jerusalén, intentó juntarse con los discípulos; pero ᵈtodos le tenían miedo, no creyendo que él era discípulo.

27 Entonces ᶠBernabé, tomándole, le trajo a los apóstoles, y les contó cómo había visto al Señor en el camino, y que Él le había hablado, y cómo en Damasco había predicado con denuedo en el nombre de Jesús.

28 Y estaba con ellos, entrando y saliendo en Jerusalén;

29 y hablaba con denuedo en el nombre del Señor Jesús; y disputaba con ʰlos griegos; pero éstos ⁱprocuraban matarle.

30 Y cuando lo supieron los hermanos, le trajeron hasta Cesarea, y le enviaron a Tarso.

31 Entonces ʲlas iglesias tenían paz por toda Judea, y Galilea, y Samaria, y eran edificadas, andando en el temor del Señor; y en ˡel consuelo del Espíritu Santo se multiplicaban.

32 Y aconteció que Pedro, visitando a todos, vino también a ᵐlos santos que habitaban en Lida.

33 Y halló allí a cierto hombre llamado Eneas, que hacía ocho años que estaba en cama, pues era paralítico.

34 Y Pedro le dijo: Eneas, ⁿJesucristo te sana; levántate, y haz tu cama. Y al instante se levantó.

35 Y le vieron todos los que habitaban en Lida y en Sarón, los cuales se convirtieron al Señor.

36 Había entonces en Jope una discípula llamada Tabita, que interpretado quiere decir, ˡDorcas. Ésta era llena de buenas obras y de limosnas que hacía.

37 Y aconteció en aquellos días que enfermando, murió; la cual, después de lavada, la pusieron en un aposento alto.

38 Y como Lida estaba cerca de Jope, los discípulos, oyendo que Pedro estaba allí, le enviaron dos hombres, rogándole que no se detuviese en venir a ellos.

39 Pedro entonces levantándose, fue con ellos. Y cuando llegó, le llevaron al aposento alto, y todas las viudas le rodearon, llorando y mostrando las túnicas y los vestidos que Dorcas hacía cuando estaba con ellas.

40 Entonces, ᵉsacando a todos, Pedro se puso de rodillas y oró; y volviéndose al cuerpo, dijo: ᵍTabita, levántate. Y ella abrió sus ojos, y viendo a Pedro, se incorporó.

41 Y él, dándole la mano, la levantó; y llamando a los santos y a las viudas, la presentó viva.

42 Esto fue notorio por toda Jope; y muchos creyeron en el Señor.

43 Y aconteció que se quedó muchos días en Jope, en casa de un cierto Simón, curtidor.

CAPÍTULO 10

Y había un varón en Cesarea llamado Cornelio, centurión de la compañía llamada la Italiana,

2 ᵏpiadoso y temeroso de Dios con toda su casa, que daba muchas limosnas al pueblo y oraba a Dios siempre.

3 Éste vio claramente en visión, como a la hora novena del día, al Ángel de Dios que entraba a *donde él estaba* y le decía: Cornelio.

4 Y mirándole, tuvo miedo, y dijo: ¿Qué es, Señor? Y le dijo: Tus oraciones y tus limosnas han subido como un memorial delante de Dios.

5 Envía, pues, ahora hombres a Jope, y haz venir a Simón, que tiene por sobrenombre Pedro.

6 Éste posa en casa de cierto Simón, curtidor, que tiene su casa junto al mar; él te dirá lo que debes hacer.

7 Y cuando se fue el Ángel que habló con Cornelio, éste llamó dos de sus criados, y a un devoto soldado de los que continuamente le asistían;

8 a los cuales, después de contarles todo, los envió a Jope.

Lo que Dios limpió, no lo llames común

9 Y al día siguiente, yendo ellos de camino, y llegando cerca de la ciudad, ªPedro subió a la azotea a orar, cerca de la hora sexta;

10 y le vino una gran hambre, y quiso comer; pero mientras ellos preparaban, le sobrevino ᵇun éxtasis;

11 y vio el cielo abierto, y un vaso que descendía hacia él, como un gran lienzo atado de los cuatro cabos, y era bajado a la tierra;

12 en el cual había de toda clase de cuadrúpedos terrestres, y fieras, y reptiles, y aves del cielo.

13 Y le vino una voz: Levántate, Pedro, mata y come.

14 Entonces Pedro dijo: Señor, no; porque ninguna cosa común o inmunda he comido jamás.

15 Y le habló la voz la segunda vez: ᵈLo que Dios limpió, no lo llames tú común.

16 Y esto fue hecho tres veces; y el vaso volvió a ser recogido en el cielo.

17 Y mientras Pedro dudaba dentro de sí qué sería la visión que había visto, he aquí, los hombres que habían sido enviados por Cornelio, que, preguntando por la casa de Simón, llegaron a la puerta.

18 Y llamando, preguntaron si Simón que tenía por sobrenombre Pedro, posaba allí.

19 Y mientras Pedro pensaba en la visión, el Espíritu le dijo: He aquí, tres hombres te buscan.

20 Levántate, pues, y desciende, y no dudes de ir con ellos; porque yo los he enviado.

21 Entonces Pedro, descendiendo a los hombres que le eran enviados por Cornelio, dijo: He aquí, yo soy el que buscáis; ¿cuál es la causa por la que habéis venido?

22 Y ellos dijeron: Cornelio, el centurión, varón justo y temeroso de Dios, y de buen testimonio en toda la nación de los judíos, fue avisado de Dios por un santo Ángel, de hacerte venir a su casa, y oír de ti palabras.

23 Entonces los invitó a entrar y los hospedó. Y al día siguiente Pedro se fue con ellos; y lo acompañaron algunos de los hermanos de Jope.

24 Y al otro día entraron en Cesarea. Y Cornelio los estaba esperando, habiendo convocado a sus parientes y amigos más íntimos.

25 Y cuando Pedro entraba, Cornelio salió a recibirle; y postrándose a sus pies, le adoró.

26 Mas Pedro le levantó, diciendo: Levántate; yo mismo también soy hombre.

27 Y hablando con él, entró, y halló a muchos que se habían reunido.

28 Y les dijo: Vosotros sabéis que es abominable a un varón judío juntarse o acercarse a extranjero; pero Dios me ha mostrado que ᶜa ningún hombre llame común o inmundo;

29 por lo cual, al ser llamado, vine sin objetar. Así que pregunto: ¿Por qué causa me habéis hecho venir?

30 Entonces Cornelio dijo: Hace cuatro días que a esta hora yo estaba en ayuno; y a ᵉla hora novena oraba en mi casa, y he aquí un varón se puso delante de mí en vestidura resplandeciente.

31 y dijo: Cornelio, tu oración es oída, y tus limosnas han venido en memoria delante de Dios.

32 Envía, pues, a Jope, y haz venir a un Simón, que tiene por sobrenombre Pedro; éste posa en casa de Simón, curtidor, junto al mar; el cual cuando venga, te hablará.

33 Así que en seguida envié por ti; y tú has hecho bien en venir. Ahora, pues, todos nosotros estamos aquí en la presencia de Dios, para oír todo lo que Dios te ha encomendado.

34 Entonces Pedro, abriendo su boca, dijo: A la verdad entiendo que Dios ᶠno hace acepción de personas;

35 sino que en toda nación, del que le teme y hace justicia, Él se agrada.

36 La palabra que *Dios* envió a los hijos de Israel, predicando la paz por Jesucristo; ¹Éste es Señor de todos.

37 Palabra que, vosotros sabéis, fue publicada por toda Judea; comenzando desde Galilea después del bautismo que Juan predicó,

38 cómo Dios ungió a Jesús de Nazaret con el Espíritu Santo y con poder; el cual anduvo haciendo el bien, y sanando a todos los oprimidos del diablo; porque Dios estaba con Él.

HECHOS 11

39 Y nosotros somos testigos de todas las cosas que hizo en la tierra de Judea y en Jerusalén; al cual mataron colgándole en un madero.

40 A Éste ªDios resucitó al tercer día, y lo manifestó abiertamente,

41 ᵇno a todo el pueblo, sino a los testigos que Dios antes había escogido, a nosotros que ᶜcomimos y bebimos con Él después que resucitó de los muertos.

42 Y nos mandó que predicásemos al pueblo, y testificásemos que ᵈÉl es el que Dios ha puesto por Juez de vivos y muertos.

43 De Éste dan testimonio ᵉtodos los profetas, de que todos los que en Él creyeren, recibirán perdón de pecados por su nombre.

44 Mientras aún hablaba Pedro estas palabras, el Espíritu Santo cayó sobre todos los que oían la palabra.

45 Y los creyentes de la circuncisión, que habían venido con Pedro, estaban asombrados de que también sobre los gentiles se derramase el don del Espíritu Santo.

46 Porque los oían hablar en lenguas y magnificar a Dios. Entonces respondió Pedro:

47 ʰ¿Puede alguno impedir el agua, para que no sean bautizados éstos que han recibido el Espíritu Santo también como nosotros?

48 Y les mandó que fueran bautizados ᵏen el nombre del Señor. Entonces le rogaron que se quedase por algunos días.

CAPÍTULO 11

Y los apóstoles y los hermanos que estaban en Judea, oyeron que también ᵐlos gentiles habían recibido la palabra de Dios.

2 Y cuando Pedro subió a Jerusalén, los que eran de la circuncisión contendían con él,

3 diciendo: ⁿ¿Por qué has entrado a hombres incircuncisos, y has comido con ellos?

4 Entonces comenzó Pedro a narrarles por orden *lo sucedido*, diciendo:

5 Estaba yo en la ciudad de ᵗJope orando, y vi en éxtasis una visión; un vaso, como un gran lienzo, que

El Espíritu Santo en los gentiles

descendía, que por los cuatro cabos era bajado del cielo, y venía hasta mí.

6 En el cual al fijar los ojos, consideré y vi cuadrúpedos terrestres, y fieras, y reptiles, y aves del cielo.

7 Y oí una voz que me decía: Levántate, Pedro, mata y come.

8 Y dije: Señor, no; porque ninguna cosa común o inmunda entró jamás en mi boca.

9 Entonces la voz me respondió del cielo por segunda vez: Lo que Dios limpió, no lo llames tú común.

10 Y esto fue hecho tres veces; y volvió todo a ser llevado arriba al cielo.

11 Y he aquí, en seguida vinieron tres hombres a la casa donde yo estaba, enviados a mí de Cesarea.

12 Y el Espíritu me dijo que fuese con ellos sin dudar. Y estos seis hermanos también me acompañaron, y entramos en casa de un varón,

13 el cual nos contó cómo había visto en su casa al Ángel, que se puso en pie, y le dijo: Envía hombres a Jope, y haz venir a Simón, que tiene por sobrenombre Pedro;

14 el cual ᶠte hablará palabras por las cuales serás salvo tú, ᵍy toda tu casa.

15 Y cuando comencé a hablar, cayó el Espíritu Santo sobre ellos, ⁱcomo sobre nosotros al principio.

16 Entonces ʲme acordé de la palabra del Señor, cuando dijo: Juan ciertamente bautizó en agua, mas vosotros seréis bautizados con el Espíritu Santo.

17 Así que, ˡsi Dios les dio el mismo don también como a nosotros que hemos creído en el Señor Jesucristo, ¿quién era yo que pudiese estorbar a Dios?

18 Entonces, oídas estas cosas, callaron, y glorificaron a Dios, diciendo: ⁿDe manera que también a los gentiles ha concedido Dios arrepentimiento para vida.

19 Y ᵖlos que habían sido esparcidos por causa de la persecución que se levantó con motivo de Esteban, anduvieron hasta ᵠFenicia, y ʳChipre, y ˢAntioquía, no predicando a nadie la palabra, sino sólo a los judíos.

20 Y de ellos había unos varones de Chipre y de ᵘCirene, los cuales, cuando entraron en Antioquía,

---

a cp 2:32

b cp 14:17-22

c cp 1:3
Lc 24:30-43
Jn 21:12-13

d Jn 5:22-27

e Jer 31:34
Mi 7:18

f cp 10:32-33
g cp 10:2
y 16:15,31,34
h 8:36 11:15
Rm 10:12
i cp 2:4
j cp 1:5
Lc 24:8
k cp 2:38
Mt 28:19
l cp 15:8-9

m Sal 22:27
y 96:1-10
Is 11:10 42:6
y 60:3
Mal 1:11
Lc 2:32
Rm 15:10
n cp 10:45
o cp 10:28
p cp 8:1-4
q cp 15:3 21:2
r cp 4:36
s ver 26
t cp 10:9-32
u Mt 27:32

Los cristianos en Antioquía

hablaron [a] a los griegos, predicando el evangelio del Señor Jesús.

21 Y [c] la mano del Señor estaba con ellos; y gran número creyó y [d] se convirtió al Señor.

22 Y la noticia de estas cosas llegó a oídos de la iglesia que estaba en Jerusalén; y enviaron a [e] Bernabé que fuese hasta Antioquía.

23 El cual, cuando llegó y vio la gracia de Dios, se regocijó, [g] y exhortó a todos a que con propósito de corazón permaneciesen en el Señor.

24 Porque era varón bueno, y lleno del Espíritu Santo y de fe; y mucha gente fue añadida al Señor.

25 Y Bernabé partió a [h] Tarso a buscar a Saulo;

26 y hallándole, le trajo a Antioquía. Y sucedió que por todo un año se congregaron allí con la iglesia, y enseñaron a mucha gente; y los discípulos fueron llamados [i] cristianos por primera vez en Antioquía.

27 Y en aquellos días [j] descendieron unos profetas de Jerusalén a Antioquía.

28 Y levantándose uno de ellos, llamado [k] Agabo, daba a entender por el Espíritu, que había de haber una gran hambre en toda la tierra; lo cual sucedió en tiempo de Claudio César.

29 Entonces los discípulos, cada uno conforme a lo que tenía, determinaron enviar [m] ayuda a los hermanos que habitaban en Judea;

30 Lo cual también hicieron, enviándolo a [n] los ancianos por mano de Bernabé y de Saulo.

CAPÍTULO 12

Y en el mismo tiempo el rey Herodes echó mano a algunos de la iglesia para maltratarlos.

2 Y mató a espada [o] a Jacobo, hermano de Juan.

3 Y viendo que había agradado a los judíos, procedió para prender también a Pedro. Eran entonces los días de los panes sin levadura.

4 Y habiéndole prendido, le puso en la cárcel, entregándole a [p] cuatro cuadrillas de soldados para que le guardasen; queriendo sacarle al pueblo [r] después de la pascua.

5 Así que, Pedro era guardado en la cárcel; pero [b] la iglesia hacía sin cesar oración a Dios por él.

6 Y cuando Herodes había de sacarle, aquella misma noche estaba Pedro durmiendo entre dos soldados, sujeto con dos cadenas, y los guardas delante de la puerta guardaban la cárcel.

7 Y he aquí, [f] el ángel del Señor vino, y una luz resplandeció en la cárcel; y golpeando a Pedro en el costado, le despertó, diciendo: Levántate pronto. Y las cadenas se le cayeron de las manos.

8 Y le dijo el ángel: Cíñete, y átate tus sandalias. Y lo hizo así. Y le dijo: Envuélvete en tu manto, y sígueme.

9 Y saliendo, le seguía; y no sabía que era verdad lo que hacía el ángel, sino que pensaba que veía visión.

10 Y cuando pasaron la primera y la segunda guardia, llegaron a la puerta de hierro que conduce a la ciudad, la cual se les abrió por sí misma; y salieron y pasaron una calle, y en seguida el ángel se apartó de él.

11 Entonces Pedro, volviendo en sí, dijo: Ahora entiendo en verdad que el Señor ha enviado su ángel, y me ha librado de la mano de Herodes, y de todo lo que el pueblo de los judíos esperaba.

12 Y habiendo considerado esto, llegó a casa de [l] María la madre de Juan, el que tenía por sobrenombre Marcos, donde muchos estaban reunidos orando.

13 Y tocando Pedro a la puerta del patio, salió a escuchar una muchacha, llamada Rode,

14 la cual, cuando reconoció la voz de Pedro, de gozo no abrió la puerta, sino que corrió adentro, y dio la nueva de que Pedro estaba a la puerta.

15 Y ellos le dijeron: Estás loca. Pero ella afirmaba que así era. Entonces ellos decían: Es su ángel.

16 Mas Pedro persistía en llamar; y cuando abrieron, le vieron, y se quedaron maravillados.

17 Pero él haciéndoles con la mano señal de que callasen, les contó cómo el Señor le había sacado de la cárcel. Y dijo: Haced saber esto a [q] Jacobo y a los hermanos. Y salió, y se fue a otro lugar.

18 Y luego que fue de día, hubo no poco alboroto entre los soldados sobre qué había sido de Pedro.
19 Y cuando Herodes le buscó y no le halló, habiendo interrogado a los guardas, ordenó que *éstos* fueran llevados a la muerte. Y él descendió de Judea a Cesarea, y se quedó allí.
20 Y Herodes estaba enojado contra los de Tiro y de Sidón; pero ellos vinieron de acuerdo ante él, y habiendo persuadido a Blasto, que era camarero del rey, pedían paz; porque el territorio de ellos era abastecido por el del rey.
21 Y un día señalado, Herodes vestido de ropa real, se sentó en su trono, y les arengó.
22 Y el pueblo aclamaba, *diciendo*: ¡Voz de un dios, y no de hombre!
23 Y al instante el ángel del Señor le hirió, por cuanto no dio la gloria a Dios; y expiró comido de gusanos.
24 Mas ^dla palabra de Dios crecía y se multiplicaba.
25 Y Bernabé y Saulo, ^ehabiendo cumplido su ministerio, regresaron de Jerusalén llevando consigo a Juan, el que tenía por sobrenombre Marcos.

CAPÍTULO 13

Había entonces en la iglesia que estaba en ⁱAntioquía ciertos profetas y ^jmaestros; Bernabé, y Simón el que se llamaba Niger, y Lucio cireneo, y Manahén, que había sido criado con Herodes el tetrarca, y Saulo.
2 Ministrando éstos al Señor, y ayunando, dijo el Espíritu Santo: Separadme a Bernabé y a Saulo para la obra ^mpara la cual los he llamado.
3 Y ⁿhabiendo ayunado y orado, les impusieron las manos, y los enviaron.
4 Así que ellos, enviados por el Espíritu Santo, descendieron a Seleucia; y de allí navegaron a ^qChipre.
5 Y llegados a Salamina, predicaban la palabra de Dios en las sinagogas de los judíos; y tenían también a Juan en el ministerio.
6 Y habiendo atravesado la isla hasta Pafos, hallaron a ^tun hombre hechicero, falso profeta, judío, llamado Barjesús;

7 el cual estaba con el procónsul Sergio Paulo, varón prudente. Éste, llamando a Bernabé y a Saulo, deseaba oír la palabra de Dios.
8 Mas les resistía Elimas, el hechicero (que así se interpreta su nombre), procurando apartar de la fe al procónsul.
9 Entonces Saulo, que también es Pablo, ^alleno del Espíritu Santo, fijando sus ojos en él,
10 dijo: Oh, lleno de todo engaño y de toda maldad, ^bhijo del diablo, enemigo de toda justicia: ¿No cesarás de torcer los caminos rectos del Señor?
11 Ahora pues, he aquí ^cla mano del Señor es contra ti, y serás ciego, y no verás el sol por un tiempo. Y al instante cayeron sobre él oscuridad y tinieblas; y andando alrededor, buscaba quién le condujese de la mano.
12 Entonces el procónsul, viendo lo que había sido hecho, creyó, maravillado de la doctrina del Señor.
13 Y zarpando de ^fPafos, Pablo y sus compañeros arribaron a Perge de Panfilia. Y ^gJuan, apartándose de ellos, se regresó a Jerusalén.
14 Y ellos pasando de Perge, llegaron a Antioquía de Pisidia, y ^hentrando en la sinagoga un día de sábado, se sentaron.
15 Y después de la lectura de ^kla ley y de ^llos profetas, los príncipes de la sinagoga enviaron a ellos, diciendo: Varones hermanos, si tenéis alguna palabra de exhortación para el pueblo, hablad.
16 Entonces Pablo, levantándose, hecha señal de silencio con la mano, dijo: Varones israelitas, y los que teméis a Dios, oíd:
17 El Dios de este pueblo de Israel ^oescogió a nuestros padres, y enalteció al pueblo, siendo ellos extranjeros en la tierra de Egipto, y ^pcon brazo levantado los sacó de ella.
18 Y por un tiempo como de ^rcuarenta años soportó sus costumbres en el desierto;
19 y habiendo destruido ^ssiete naciones en la tierra de Canaán, les repartió por herencia sus tierras.
20 Y después de esto, como por ^ucuatrocientos cincuenta años, les dio jueces hasta el profeta Samuel.

Pablo se va a los gentiles

HECHOS 13

21 Luego ᵃdemandaron rey; y Dios ᵇles dio a Saúl, hijo de Cis, varón de ᶜla tribu de Benjamín, por cuarenta años.

22 Y quitado éste, ᵈles levantó por rey a David, del cual dio también testimonio, diciendo: He hallado a David, *hijo* de Isaí, ᵉvarón conforme a mi corazón, el cual hará toda mi voluntad.

23 ʰDe la simiente de éste, conforme a la promesa, Dios levantó a Jesús por Salvador a Israel;

24 predicando ʲJuan, antes de su venida, el bautismo de arrepentimiento a todo el pueblo de Israel.

25 Y cuando Juan terminaba su carrera, dijo: ᵏ¿Quién pensáis que soy yo? No soy yo *Él*. Mas, he aquí, viene tras mí uno de quien no soy digno de desatar el calzado de sus pies.

26 Varones hermanos, hijos del linaje de Abraham, y los que entre vosotros temen a Dios, a vosotros es enviada la palabra de esta salvación.

27 Pues los que habitaban en Jerusalén, y sus príncipes, ᵐno conociendo a Éste, ni las palabras de los profetas que ⁿse leen todos los sábados, ᵒal condenarle, las cumplieron.

28 Y aunque ᵖno hallaron en Él causa de muerte, pidieron a Pilato que se le matase.

29 Y ʳhabiendo cumplido todas las cosas que de Él estaban escritas, ˢquitándole del madero, le pusieron en el sepulcro.

30 Pero ᵘDios le resucitó de los muertos.

31 Y Él ᵛfue visto muchos días por los que habían subido juntamente con Él de Galilea a Jerusalén, los cuales son sus testigos al pueblo.

32 Y nosotros os anunciamos el evangelio de ᶻaquella promesa que fue hecha a los padres,

33 la cual Dios ha cumplido a los hijos de ellos, a nosotros; resucitando a Jesús; como también en el salmo segundo está escrito: Mi Hijo eres tú, yo te he engendrado hoy.

34 Y que le resucitó de los muertos para nunca más volver a corrupción, lo dijo así: ᵇOs daré las misericordias fieles de David.

35 Por eso dice también en otro *salmo*: ᵈNo permitirás que tu Santo vea corrupción.

a 1 Sm 8:5
b 1 Sm 10:1
c 1 Sm 9:1-2
d 1 Sm 16:13
e 1 Sm 13:14
f Lc 24:47
1 Jn 2:12
g cp 5:31
h Mt 1:1
i Is 53:11
Rm 2:13
3:28 y 8:3
j Mt 3:1
k Jn 1:20-27
l Hab 1:1
m cp 3:17
n ver 15
o Lc 24:27
p Mt 27:22
Lc 23:22-23
Jn 18:38
y 19:4-6
q Lc 11:23
14:26 y 15:40
r Jn 19:28-37
s Lc 23:53
t cp 5:17
u cp 2:24
v Hch 1:3,11
Mr 16:12-14
Lc 24:36-42
Jn 20:19-29
x cp 3:26
y Mt 21:43
z Gn 13:3

a Is 49:6

b Is 55:3
c Jn 1:2
Rm 9:23
d Sal 16:10
cp 2:27-31

36 Porque a la verdad David, habiendo servido a su propia generación por la voluntad de Dios, durmió, y fue reunido con sus padres, y vio corrupción.

37 Mas Aquél a quien Dios resucitó, no vio corrupción.

38 Os sea, pues, notorio, varones hermanos, que ᶠpor Éste os es predicado ᵍel perdón de pecados,

39 y por Él, ⁱtodos los que creen, son justificados de todas las cosas que no pudieron ser justificados por la ley de Moisés.

40 Mirad, pues, que no venga sobre vosotros lo que está dicho en los profetas:

41 Mirad, oh ˡmenospreciadores, y asombraos, y pereced: Porque yo hago una obra en vuestros días, obra que no creeréis, aunque alguien os la contare.

42 Y cuando los judíos salieron de la sinagoga, los gentiles les rogaron que el sábado siguiente les predicasen estas palabras.

43 Y despedida la congregación, muchos de los judíos y de los religiosos prosélitos siguieron a Pablo y a Bernabé; quienes hablándoles, les persuadían a que permaneciesen en ᑫla gracia de Dios.

44 Y el sábado siguiente se reunió casi toda la ciudad para oír la palabra de Dios.

45 Pero cuando los judíos vieron las multitudes, ᵗse llenaron de celos, y se oponían a lo que Pablo decía, contradiciendo y blasfemando.

46 Entonces Pablo y Bernabé, tomando denuedo, dijeron: A vosotros a la verdad era necesario que ˣse os hablase primero la palabra de Dios; ʸmas ya que la desecháis, y os juzgáis indignos de la vida eterna, he aquí, nos volvemos a los gentiles.

47 Porque así nos ha mandado el Señor, *diciendo*: ᵃTe he puesto por luz de los gentiles, para que seas por salvación hasta lo último de la tierra.

48 Y los gentiles oyendo esto, se regocijaban y glorificaban la palabra del Señor; y creyeron ᶜtodos los que estaban ordenados para vida eterna.

49 Y la palabra del Señor era publicada por toda aquella región.

HECHOS 14

50 Mas los judíos ªinstigaron a ᵇmujeres piadosas y honorables, y a los principales de la ciudad, y levantaron persecución contra Pablo y Bernabé, y los echaron de sus términos.

51 Ellos entonces ᵈsacudiendo contra ellos el polvo de sus pies, se fueron a Iconio.

52 Y los discípulos estaban ᶠllenos de gozo ᵍy ᵃdel Espíritu Santo.

CAPÍTULO 14

Y aconteció en Iconio que entraron juntos en la sinagoga de los judíos, y hablaron de tal manera que creyó una gran multitud así de judíos, como de griegos.

2 Pero los judíos que fueron incrédulos, incitaron y corrompieron los ánimos de los gentiles contra los hermanos.

3 Con todo eso, ellos se detuvieron allí mucho tiempo, hablando con denuedo en el Señor, el cual daba testimonio a la palabra de su gracia, concediendo que señales y milagros fuesen hechos por las manos de ellos.

4 Pero la gente de la ciudad estaba dividida; y unos estaban con los judíos, y otros con los apóstoles.

5 Y cuando los judíos y los gentiles, juntamente con sus príncipes, se arrojaron para afrentarlos y apedrearlos,

6 entendiéndolo ellos, ºhuyeron a Listra y Derbe, ciudades de Licaonia, y por toda la tierra de alrededor.

7 Y allí predicaban el evangelio.

8 Y en Listra se hallaba sentado cierto hombre, ᵖimposibilitado de sus pies, cojo desde el vientre de su madre, que jamás había andado.

9 Éste oyó hablar a Pablo; el cual, fijando sus ojos en él, y viendo que ˢtenía fe para ser sanado,

10 dijo a gran voz: Levántate derecho sobre tus pies. Y él saltó, y anduvo.

11 Y cuando la gente vio lo que Pablo había hecho, alzaron su voz, diciendo en lengua licaónica: ᵘLos dioses en semejanza de hombres han descendido a nosotros.

12 Y a Bernabé llamaban Júpiter, y a Pablo, Mercurio, porque éste era el que llevaba la palabra.

a ver 45
cp 14:19
b cp 17:12

c ver 4
d Lc 9:5
e Mt 26:65

f Mt 5:12
g cp 2:4
h cp 10:26

i Mt 16:16
j Gn 1:1
Sal 124:8
y 146:6
Jer 32:17
k cp 17:30
Sal 81:12
l cp 17:27
Rm 1:20
m Lv 26:4
Sal 68:9
Mt 5:45

n 2 Co 11:25

o Mt 10:23

p cp 3:2
q cp 15:32-41

r Mr 10:30
Lc 22:28-29
Jn 16:33
s Mr 10:52
t cp 11:30

u cp 8:10
y 28:6

Contienda sobre la circuncisión

13 Entonces el sacerdote de Júpiter, que estaba delante de la ciudad de ellos, trayendo toros y guirnaldas delante de las puertas, quería ofrecer sacrificio con el pueblo.

14 Y cuando lo oyeron ᶜlos apóstoles Bernabé y Pablo, ᵉrasgando sus ropas, corrieron hacia la multitud, dando voces,

15 y diciendo: Varones, ¿por qué hacéis esto? Nosotros también ʰsomos hombres semejantes a vosotros, y os predicamos que de estas vanidades os convirtáis ⁱal Dios vivo, ʲque hizo el cielo y la tierra, y el mar, y todo cuanto en ellos hay.

16 El cual en las edades pasadas ᵏdejó a todas las gentes andar en sus propios caminos;

17 si bien ˡno se dejó a sí mismo sin testimonio, haciendo bien, ᵐdándonos lluvias del cielo y tiempos fructíferos, llenando de sustento y de alegría nuestros corazones.

18 Y diciendo estas cosas, apenas hicieron desistir al pueblo, para que no les ofreciesen sacrificio.

19 Entonces vinieron ciertos judíos de Antioquía y de Iconio, que persuadieron a la multitud, y ⁿhabiendo apedreado a Pablo, le arrastraron fuera de la ciudad, pensando que estaba muerto.

20 Mas rodeándole los discípulos, se levantó y entró en la ciudad, y al siguiente día, partió con Bernabé para Derbe.

21 Y habiendo predicado el evangelio a aquella ciudad, y después de enseñar a muchos, volvieron a Listra, y a Iconio, y a Antioquía,

22 ᵠconfirmando el alma de los discípulos, exhortándoles a que permaneciesen en la fe; y *diciéndoles* que ʳes necesario que a través de muchas tribulaciones entremos en el reino de Dios.

23 Y cuando les ordenaron ᵗancianos en cada iglesia, habiendo orado con ayunos, los encomendaron al Señor en quien habían creído.

24 Y habiendo pasado por Pisidia vinieron a Panfilia.

25 Y después de predicar la palabra en Perge, descendieron a Atalia.

26 Y de allí navegaron a Antioquía, donde habían sido encomendados a

Los gentiles, salvos igualmente

la gracia de Dios para la obra que habían cumplido.

27 Y habiendo llegado, reuniendo la iglesia, relataron todo lo que había hecho Dios con ellos, y ᵇde cómo había abierto la puerta de la fe a los gentiles.

28 Y se quedaron allí mucho tiempo con los discípulos.

CAPÍTULO 15

Entonces ᶜalgunos que venían de Judea enseñaban a los hermanos, diciendo: ᵈSi no os circuncidáis conforme a ᶠla costumbre de Moisés, no podéis ser salvos.

2 Así que, cuando Pablo y Bernabé tuvieron una disensión y contienda no pequeña con ellos, determinaron que Pablo y Bernabé, y algunos otros de ellos, subiesen a Jerusalén, a los apóstoles y a los ancianos, para tratar esta cuestión.

3 Ellos, pues, siendo ʰencaminados por la iglesia, pasaron por Fenicia y Samaria, contando la conversión de los gentiles; y causaban gran gozo a todos los hermanos.

4 Y cuando llegaron a Jerusalén, fueron ⁱrecibidos por la iglesia y los apóstoles y los ancianos, y les contaron todas las cosas que Dios había hecho con ellos.

5 Pero algunos de la secta de los fariseos, que habían creído, se levantaron, diciendo que era necesario circuncidarlos y mandarles que guardasen la ley de Moisés.

6 Y se reunieron los apóstoles y los ancianos para considerar este asunto.

7 Y después de mucha discusión, Pedro se levantó y les dijo: ⁿVarones hermanos, vosotros sabéis cómo ya hace algún tiempo que Dios escogió entre nosotros, que los gentiles oyesen por mi boca la palabra del evangelio, y creyesen.

8 Y Dios, que conoce los corazones, ᵒles dio testimonio, ᵖdándoles el Espíritu Santo también como a nosotros;

9 y ᑫninguna diferencia hizo entre nosotros y ellos, purificando por la fe sus corazones.

10 Ahora, pues, ¿por qué tentáis a Dios, ˢponiendo sobre la cerviz de los discípulos un yugo que ni nuestros padres ni nosotros hemos podido llevar?

11 Antes creemos que ᵃpor la gracia del Señor Jesucristo seremos salvos, del mismo modo que ellos.

12 Entonces toda la multitud calló, y oyeron a Bernabé y a Pablo, que contaban cuántos milagros y maravillas había hecho Dios por medio de ellos entre los gentiles.

13 Y después que hubieron callado, Jacobo respondió, diciendo: Varones hermanos, oídme.

14 ᵉSimón ha contado cómo Dios visitó por primera vez a los gentiles, para tomar de ellos pueblo para su nombre.

15 Y con esto concuerdan las palabras de los profetas, como está escrito:

16 Después de esto volveré, ᵍy reedificaré el tabernáculo de David, que está caído; y repararé sus ruinas, y lo volveré a levantar;

17 Para que el resto de los hombres busque al Señor, y todos los gentiles sobre los cuales es invocado mi nombre, dice el Señor, que hace todas estas cosas.

18 Conocidas son a Dios todas sus obras desde la eternidad.

19 Por lo cual yo juzgo, que no se moleste a los que de los gentiles ᵏse convierten a Dios;

20 sino que les escribamos que se abstengan de ˡlas contaminaciones de los ídolos, y de fornicación, y de estrangulado y de sangre.

21 Porque Moisés desde los tiempos antiguos tiene en cada ciudad quien ᵐlo predique en las sinagogas, donde es leído cada sábado.

22 Entonces pareció bien a los apóstoles y a los ancianos, con toda la iglesia, elegir varones de ellos, y enviarlos a Antioquía con Pablo y Bernabé; a Judas que tenía por sobrenombre Barsabás, y a Silas, varones principales entre los hermanos,

23 y escribir por mano de ellos, de esta manera: Los apóstoles y los ancianos y los hermanos: A los hermanos que son de los gentiles que están en Antioquía, y en ʳSiria, y en Cilicia, saludos.

24 Por cuanto hemos oído que ᵗalgunos que han salido de nosotros,

HECHOS 16

os han inquietado con palabras, turbando vuestras almas, mandando circuncidaros y guardar la ley, a los cuales no dimos *tal* mandato,

25 nos ha parecido bien, congregados en uno, elegir varones, y enviarlos a vosotros con nuestros amados Bernabé y Pablo,

26 hombres que [d]han expuesto sus vidas por el nombre de nuestro Señor Jesucristo.

27 Así que enviamos a Judas y a Silas, los cuales también por palabra os harán saber lo mismo.

28 Pues [f]ha parecido bien al Espíritu Santo, y a nosotros, no imponeros ninguna carga más que estas cosas necesarias.

29 Que os abstengáis de [g]lo sacrificado a ídolos, [i]y de sangre, y de estrangulado y de fornicación; de las cuales cosas si os guardareis, bien haréis. Pasadlo bien.

30 Así que cuando ellos fueron despedidos, vinieron a Antioquía; y reuniendo a la multitud, entregaron la carta;

31 la cual habiendo leído, se gozaron por la consolación.

32 Y Judas y Silas, siendo también [l]profetas, exhortaron y confirmaron a los hermanos con abundancia de palabras.

33 Y después de pasar *allí* algún tiempo, fueron enviados de los hermanos a los apóstoles en paz.

34 Mas a [m]Silas le pareció bien el quedarse allí aún.

35 Y Pablo y Bernabé se quedaron en Antioquía, enseñando y predicando la palabra del Señor, también con muchos otros.

36 Y después de algunos días, Pablo dijo a Bernabé: Volvamos y visitemos a nuestros hermanos en todas las ciudades en que hemos predicado la palabra del Señor, *para ver* cómo están.

37 Y Bernabé quería que llevasen consigo a [o]Juan, el que tenía por sobrenombre Marcos;

38 pero a Pablo no le parecía bien llevar consigo [p]al que se había apartado de ellos desde Panfilia, y no había ido con ellos a la obra.

39 Y hubo tal contención entre ellos, que se apartaron el uno del otro; y

a Col 4:10

b cp 14:26

c ver 32
cp 16:5

d cp 9:23-25
y 14:19

e cp 17:14-15
18:5 19:22
y 20:4

1 Ti 1:2,18
2 Ti 1:2
f Jn 16:13
1 Co 7:40
1 Pe 1:18
g ver 20
h 1 Co 9:20
Gá 2:3 y 5:2
i ver 20

cp 21:25
j cp 15:28-29

k cp 15:41

l cp 11:27

m ver 22
cp 16:19
17:4 y 18:5
2 Co 1:19
1 Ts 1:1
2 Ts 1:1
1 Pe 5:12
n cp 20:5-6

o Sal 2:2

p cp 15:13
q Fil 1:1

Timoteo en Derbe

[a]Bernabé tomando a Marcos, navegó a Chipre,

40 y Pablo, escogiendo a Silas, partió [b]encomendado por los hermanos a la gracia de Dios,

41 y pasó por Siria y Cilicia, [c]confirmando a las iglesias.

CAPÍTULO 16

Después llegó a Derbe y a Listra; y he aquí, estaba allí cierto discípulo llamado [e]Timoteo, hijo de una mujer judía creyente, pero su padre *era* griego.

2 De éste daban buen testimonio los hermanos que estaban en Listra y en Iconio.

3 Éste quiso Pablo que fuese con él; y tomándole, [h]le circuncidó por causa de los judíos que había en aquellos lugares; porque todos sabían que su padre era griego.

4 Y como pasaban por las ciudades, les entregaban [j]los decretos que habían sido ordenados por los apóstoles y los ancianos que estaban en Jerusalén para que los guardasen.

5 Así que [k]las iglesias eran confirmadas en la fe, y aumentaban en número cada día.

6 Y pasando a Frigia y a la provincia de Galacia, les fue prohibido por el Espíritu Santo predicar la palabra en Asia.

7 Y cuando llegaron a Misia, intentaron ir a Bitinia; pero el Espíritu no se lo permitió.

8 Y pasando por Misia, descendieron a [n]Troas.

9 Y de noche apareció a Pablo una visión: Un varón macedonio estaba en pie, y le rogaba, diciendo: Pasa a Macedonia y ayúdanos.

10 Y cuando él vio la visión, inmediatamente procuramos ir a Macedonia, dando por cierto que el Señor nos llamaba para que les predicásemos el evangelio.

11 Zarpando, pues, de Troas, fuimos rumbo directo a Samotracia, y al *día* siguiente a Neápolis;

12 y de allí a [q]Filipos, que es la ciudad principal de la provincia de Macedonia, y una colonia; y estuvimos en aquella ciudad algunos días.

Pablo, Silas y el carcelero en Filipos

HECHOS 16

13 Y el día ªsábado salimos de la ciudad, junto al río, donde solían hacer oración; y sentándonos, hablamos a las mujeres que se habían reunido.

14 Y una mujer llamada Lidia, que vendía púrpura en la ciudad de ᵈTiatira, temerosa de Dios, estaba oyendo; el corazón de la cual abrió el Señor para que estuviese atenta a lo que Pablo decía.

15 Y cuando fue bautizada, ella, ᵉy su familia, nos rogó, diciendo: Si habéis juzgado que yo sea fiel al Señor, entrad en mi casa; y nos constriñó a quedarnos.

16 Y aconteció que yendo nosotros a la oración, nos salió al encuentro una muchacha que tenía espíritu de adivinación, la cual daba ᶠgrande ganancia a sus amos, adivinando.

17 Ésta, siguiendo a Pablo y a nosotros, daba voces, diciendo: Estos hombres son siervos del Dios Altísimo, los cuales nos enseñan el camino de salvación.

18 Y esto lo hizo por muchos días; pero desagradando a Pablo, *éste* se volvió y dijo al espíritu: Te mando en el nombre de Jesucristo, que salgas de ella. Y salió en la misma hora.

19 Y viendo sus amos que había salido la esperanza de su ganancia, prendieron a Pablo y a Silas, y los trajeron al foro, ante las autoridades;

20 y presentándolos ante los magistrados, dijeron: Estos hombres, siendo judíos, ⁱalborotan nuestra ciudad,

21 y predican costumbres, las cuales no nos es lícito recibir ni hacer, pues ʲsomos romanos.

22 Y se agolpó el pueblo contra ellos; y los magistrados, rasgándoles sus ropas, mandaron ˡazotarles con varas.

23 Y después de haberles herido de muchos azotes, los echaron en la cárcel, mandando al carcelero que los guardase con seguridad.

24 El cual, habiendo recibido este mandato, los metió en el calabozo de más adentro; y les apretó los pies en el cepo.

25 Pero ⁿa media noche, Pablo y Silas oraban y cantaban himnos a Dios; y los presos los oían.

26 Y repentinamente hubo ªun gran terremoto, de tal manera que los cimientos de la cárcel fueron sacudidos; y al instante ᶜse abrieron todas las puertas, y las cadenas de todos se soltaron.

27 Y despertando el carcelero, como vio abiertas las puertas de la cárcel, sacó su espada y se quería matar, pensando que los presos se habían escapado.

28 Mas Pablo clamó a gran voz, diciendo: No te hagas ningún daño, pues todos estamos aquí.

29 Él entonces, pidiendo luz, entró corriendo, y temblando, se derribó a los pies de Pablo y de Silas;

30 y sacándolos, les dijo: Señores, ¿qué debo hacer para ser salvo?

31 Y ellos dijeron: ᵍCree en el Señor Jesucristo, y serás salvo tú, ʰy tu casa.

32 Y le hablaron la palabra del Señor, y a todos los que estaban en su casa.

33 Y él, tomándolos en aquella misma hora de la noche, les lavó las heridas; y enseguida fue bautizado él, y todos los suyos.

34 Y llevándolos a su casa, les puso la mesa; y se regocijó de haber creído en Dios con toda su casa.

35 Y cuando fue de día, los magistrados enviaron alguaciles, diciendo: Deja ir a aquellos hombres.

36 Y el carcelero hizo saber estas palabras a Pablo: Los magistrados han enviado a decir que se os suelte, así que ahora salid, e id en paz.

37 Entonces Pablo les dijo: Nos azotaron públicamente sin ser condenados; ᵏsiendo hombres romanos, nos echaron en la cárcel; ¿y ahora nos echan secretamente? No, de cierto, sino dejad que vengan ellos mismos y nos saquen.

38 Y los alguaciles dijeron estas palabras a los magistrados, los cuales tuvieron miedo al oír que eran romanos.

39 Y viniendo, *les* rogaron; y sacándolos, les pidieron ᵐque salieran de la ciudad.

40 Y saliendo de la cárcel, entraron en *casa de* Lidia; y habiendo visto a los hermanos, los consolaron, y se fueron.

---

a cp 13:14
b cp 4:31
c cp 5:19
y 12:7-10
d Ap 1:11
e cp 11:14
f cp 19:24
1 Tim 6:10
2 Pe 2:3
Ap 18:11-13
g Jn 6:47
h cp 11:14
i cp 17:6
j ver 12
k cp 22:25
l 1 Ts 2:2
m Mt 8:39
n Job 35:10
Sal 42:8 77:6
y 119:62
Is 30:29

CAPÍTULO 17

Y pasando por Amfípolis y Apolonia, llegaron a ªTesalónica, donde había una sinagoga de los judíos.

2 Y Pablo, como acostumbraba, ᵇfue a ellos, y por tres sábados disputó con ellos de ᶜlas Escrituras,

3 enseñando y exponiendo que era necesario que el Cristo padeciese y resucitase de los muertos; y que este Jesús, a quien yo os predico, *decía él*, es el Cristo.

4 Y algunos de ellos creyeron y se juntaron con Pablo y con Silas; y de ᵈlos griegos piadosos gran multitud, y mujeres nobles no pocas.

5 Pero los judíos que no eran creyentes, llenos de envidia, tomaron consigo a unos hombres perversos, de lo peor, y juntando una turba, alborotaron la ciudad; y asaltando la casa de Jasón, procuraban sacarlos al pueblo.

6 Y al no hallarlos, trajeron a Jasón y a ᵉalgunos hermanos ante los gobernadores de la ciudad, gritando: Estos que ᶠhan trastornado al mundo también han venido acá;

7 a los cuales Jasón ha recibido; y todos éstos, hacen contrario a los decretos de César, diciendo que hay otro rey, Jesús.

8 Y el pueblo y los magistrados de la ciudad se alborotaron al oír estas cosas.

9 Mas habiendo obtenido fianza de Jasón y de los demás, los soltaron.

10 Y de inmediato los hermanos, enviaron de noche a Pablo y a Silas a Berea; los cuales, habiendo llegado, entraron en la sinagoga de los judíos.

11 Y éstos eran más nobles que los que estaban en Tesalónica, pues ᵍrecibieron la palabra con toda solicitud, escudriñando cada día las Escrituras para ver si estas cosas eran así.

12 Así que creyeron muchos de ellos; y mujeres griegas ⁱdistinguidas, y no pocos hombres.

13 Pero cuando los judíos de Tesalónica supieron que también en Berea era predicada la palabra de Dios por Pablo, fueron también allá y alborotaron al pueblo.

14 Entonces los hermanos, inmediatamente enviaron a Pablo que fuese hacia el mar; y Silas y Timoteo se quedaron allí.

15 Y los que conducían a Pablo, le llevaron hasta Atenas; y habiendo recibido mandamiento para Silas y Timoteo, de que viniesen a él tan pronto como pudiesen, partieron.

16 Y mientras Pablo los esperaba en Atenas, su espíritu se enardecía en él, viendo la ciudad entregada a la idolatría.

17 Así que, disputaba en la sinagoga con los judíos, y los religiosos; y en la plaza cada día con los que concurrían.

18 Y ciertos filósofos de los epicúreos y de los estoicos, disputaban con él; y unos decían: ¿Qué querrá decir este palabrero? Y otros: Parece que es predicador de dioses extraños; porque les predicaba a Jesús y la resurrección.

19 Y tomándole, le trajeron al Areópago, diciendo: ¿Podremos saber qué es esta nueva doctrina de que hablas?

20 Pues traes a nuestros oídos ciertas cosas extrañas; queremos, pues, saber qué significan estas cosas.

21 (Porque todos los atenienses y los extranjeros que estaban allí, no se interesaban en ninguna otra cosa, sino en decir o en oír algo nuevo.)

22 Entonces Pablo, puesto en pie en medio del Areópago, dijo: Varones atenienses, en todo veo que sois muy supersticiosos;

23 porque pasando y mirando vuestros santuarios, hallé también un altar en el cual estaba esta inscripción: AL DIOS NO CONOCIDO. Aquél, pues, que vosotros adoráis sin conocerle, a Éste yo os anuncio.

24 ʰEl Dios que hizo el mundo y todas las cosas que en él hay; Éste, siendo Señor del cielo y de la tierra, no habita en templos hechos de manos;

25 ni es honrado por manos de hombres, como si necesitase algo; pues Él a todos da vida y aliento, y todas las cosas.

26 Y de una sangre ha hecho todo el linaje de los hombres, para que habiten sobre toda la faz de la tierra;

Aquila y Priscila   **HECHOS 18**

y ᵃles ha prefijado el orden de los tiempos, y los términos de su habitación;

27 para ᶜque busquen al Señor, si en alguna manera, palpando, le hallen; si bien no está lejos de cada uno de nosotros.

28 Porque ᵉen Él vivimos, y nos movemos, y somos; como también algunos de vuestros poetas han dicho: Porque también nosotros somos linaje suyo.

29 Siendo, pues, linaje de Dios, ᶠno debemos pensar que la Divinidad sea semejante a oro, o plata, o piedra, escultura de arte e imaginación de hombres.

30 ᵏPero Dios, habiendo pasado por alto los tiempos de esta ignorancia, ahora demanda a todos los hombres en todo lugar, ᵐque se arrepientan;

31 por cuanto ⁿha establecido un día en el cual juzgará al mundo con justicia, por *Aquel* varón a quien Él designó; dando fe a todos con haberle resucitado de los muertos.

32 Y cuando oyeron de la resurrección de los muertos, unos se burlaban, y otros decían: Te oiremos acerca de esto en otra ocasión.

33 Y así Pablo salió de en medio de ellos.

34 Mas algunos creyeron y se unieron a él; entre los cuales estaba Dionisio el areopagita, y una mujer llamada Dámaris, y otros con ellos.

CAPÍTULO 18

Después de estas cosas, Pablo partió de Atenas y vino a Corinto.

2 Y halló a un judío llamado Aquila, natural del Ponto, que recién había venido de Italia con Priscila su esposa (porque ʳClaudio había mandado que todos los judíos saliesen de Roma), y vino a ellos.

3 Y como él era del mismo oficio, se quedó con ellos, ᵗy trabajaba; pues el oficio de ellos era hacer tiendas.

4 Y disputaba en la sinagoga todos los sábados, y persuadía a judíos y a griegos.

5 Y ᵛcuando Silas y Timoteo vinieron de ˣMacedonia, Pablo, constreñido en espíritu, testificaba a los judíos ʸque Jesús era el Cristo.

6 Mas oponiéndose y blasfemando ellos, ᵇsacudiéndose él sus ropas, les dijo: Vuestra sangre sea sobre vuestra cabeza; yo limpio *estoy*; ᵈdesde ahora me iré a los gentiles.

7 Y partiendo de allí, entró en casa de uno llamado Justo, temeroso de Dios, cuya casa estaba junto a la sinagoga.

8 Y ᶠCrispo, ᵍel principal de la sinagoga, creyó en el Señor ʰcon toda su casa; y muchos de los corintios al oír, creían y eran bautizados.

9 Entonces ʲel Señor en una visión de noche, dijo a Pablo: No temas, sino habla, y no calles;

10 porque yo estoy contigo, y ˡnadie vendrá sobre ti para dañarte; porque yo tengo mucho pueblo en esta ciudad.

11 Y se detuvo allí un año y seis meses, enseñándoles la palabra de Dios.

12 Y siendo Galión procónsul de Acaya, los judíos se levantaron de común acuerdo contra Pablo, y le llevaron al tribunal,

13 diciendo: Éste persuade a los hombres a adorar a Dios contrario a la ley.

14 Y cuando Pablo estaba por abrir su boca, Galión dijo a los judíos: ᵒSi se tratara de algún agravio o algún crimen enorme, oh judíos, conforme a derecho yo os toleraría.

15 Pero si son ᵖcuestiones de palabras, y de nombres, y de vuestra ley, vedlo vosotros; porque yo no quiero ser juez de esas cosas.

16 Y los echó del tribunal.

17 Entonces todos los griegos, tomando a ᵠSóstenes, principal de la sinagoga, le golpeaban delante del tribunal; mas a Galión nada se le daba de ello.

18 Y Pablo, habiéndose detenido aún muchos días allí, despidiéndose de los hermanos, navegó a ˢSiria, y con él Priscila y Aquila, habiéndose ᵘrapado la cabeza en Cencrea, porque tenía voto.

19 Y llegó a Éfeso, y los dejó allí. Mas él entrando en la sinagoga disputaba con los judíos,

20 los cuales le rogaban que se quedase con ellos por más tiempo; pero él no accedió;

---

a Job 14:5
Sal 31:15
Dn 11:27,39
b cp 13:51
Mt 10:14
c cp 15:17
Rm 1:20
d cp 28:28
e Job 12:10
Sal 36:9 66:9
Lc 20:38
Jn 5:26 11:25
Col 1:17
Heb 1:3
f 1 Co 1:14
g ver 17
h cp 11:14
y 16:31
Sal 115:4-8
Is 40:18
j cp 23:11
y 27:23-24
k cp 14:16
Sal 50:21
Rm 3:25
1 Pe 4:3
l Jer 1:8,19
Mt 28:20
m Mt 3:2 4:17
Mr 6:12
Lc 33:3-5
y 24:47
n Jn 5:22
Rm 2:5,16
1 Co 4:5
2 Co 5:10
2 Tim 4:1
2 Pe 3:7
Jud 14,15
o cp 23:25
y 25:19
p cp 23:29
25:19 y 26:3
1 Tim 1:4 6:4
2 Tim 2:23
Tit 3:9
q 1 Co 1:1
r cp 11:28
s cp 15:23,41
20:3 y 21:3
t cp 20:34
1 Co 4:12
u cp 21:24
Nm 6:18
v cp 17:14-15
x cp 16:22
y ver 28
cp 17:3

HECHOS 19

21 sino que se despidió de ellos, diciendo: ªEs necesario que en todo caso yo guarde la fiesta que viene, en Jerusalén; mas otra vez volveré a vosotros, si Dios quiere. Y zarpó de Éfeso.

22 Y habiendo arribado a Cesarea, subió para saludar a la iglesia, y *luego* descendió a Antioquía.

23 Y después de pasar allí algún tiempo, partió, andando por orden la provincia de Galacia y de Frigia, ᵉconfirmando a todos los discípulos.

24 Y cierto judío llamado fApolos, natural de Alejandría, varón elocuente, poderoso en las Escrituras, vino a Éfeso.

25 Éste había sido instruido en el camino del Señor; y siendo ferviente de espíritu, hablaba y enseñaba diligentemente lo concerniente al Señor, *aunque* ⁱsólo conocía el bautismo de Juan.

26 Y comenzó a hablar con denuedo en la sinagoga; y cuando ʲAquila y Priscila le oyeron, le tomaron *aparte* y le expusieron con más exactitud ᵏel camino de Dios.

27 Y queriendo él pasar a Acaya, los hermanos escribieron, exhortando a los discípulos que le recibiesen; y cuando él llegó, ᵐayudó mucho a los que por la gracia habían creído.

28 Porque con gran vehemencia convencía públicamente ᵒa los judíos, demostrando por las Escrituras que Jesús era el Cristo.

CAPÍTULO 19

Y aconteció que mientras qApolos estaba en rCorinto, Pablo, habiendo pasado por las regiones superiores, vino a sÉfeso, y hallando a ciertos discípulos,

2 les dijo: ¿Recibisteis el Espíritu Santo cuando creísteis? Y ellos le dijeron: Ni siquiera hemos oído ᵗque hay Espíritu Santo.

3 Entonces les dijo: ¿En qué, pues, fuisteis bautizados? Y ellos dijeron: En el bautismo de Juan.

4 Y Pablo *les* dijo: ᵛJuan bautizó con el bautismo de arrepentimiento, diciendo al pueblo ˣque creyesen en Aquél que vendría después de él, esto es, en Cristo Jesús.

a cp 20:16	
b cp 8:16	
Mt 28:19	
c cp 10:46	
d cp 17:17	
e cp 14:22	
f cp 19:1	
1 Co 1:12	
3:4-5 y 6:22	
Tit 3:13	
g ver 23	
h ver 8	
cp 20:31	
i cp 19:5	
j vers 2,18	
k cp 9:2	
l Mt 14:36	
m 1 Co 3:6	
n Mt 12:27	
Lc 11:19	
o ver 5	
cp 17:2-3	
p cp 18:19	
q cp 18:24	
r cp 18:1	
s cp 18:19	
t Jn 7:39	
u cp 2:43	
v Mt 3:11	
x Jn 1:7	

Apolos viene a Éfeso

5 Cuando oyeron *esto*, fueron bautizados ᵇen el nombre del Señor Jesús.

6 Y habiéndoles impuesto Pablo las manos, vino sobre ellos el Espíritu Santo; y ᶜhablaban en lenguas, y profetizaban.

7 Y eran por todos unos doce varones.

8 Y entrando ᵈen la sinagoga, habló con denuedo por espacio de tres meses, disputando y persuadiendo acerca del reino de Dios.

9 Pero cuando algunos se endurecieron y no creyeron, sino que maldijeron ᵍel Camino delante de la multitud, él se apartó de ellos y apartó a los discípulos, disputando cada día en la escuela de un *tal* Tyrano.

10 Y ʰesto fue hecho por espacio de dos años; de manera que todos los que habitaban en Asia, judíos y griegos, oyeron la palabra del Señor Jesús.

11 Y hacía Dios milagros incomparables por mano de Pablo;

12 de tal manera que aun los pañuelos o ˡdelantales de su cuerpo eran llevados a los enfermos, y las enfermedades se iban de ellos, y los malos espíritus salían de ellos.

13 Pero ⁿalgunos de los judíos, vagabundos exorcistas, intentaron invocar el nombre del Señor Jesús sobre los que tenían espíritus malos, diciendo: Os conjuramos por Jesús, el que Pablo predica.

14 Y había siete hijos de un tal Sceva, judío, ᵖpríncipe de los sacerdotes, que hacían esto.

15 Y respondiendo el espíritu malo, dijo: A Jesús conozco, y sé quién es Pablo; pero vosotros, ¿quiénes sois?

16 Y el hombre en quien estaba el espíritu malo saltó sobre ellos, y dominándolos, prevaleció contra ellos, de tal manera que huyeron de aquella casa, desnudos y heridos.

17 Y esto fue notorio a todos los que habitaban en Éfeso, así judíos como griegos; y ᵘcayó temor sobre todos ellos, y el nombre del Señor Jesús era magnificado.

18 Y muchos de los que habían creído venían, confesando, y dando cuenta de sus hechos.

Diana, diosa de los efesios

19 Asimismo muchos de los que habían practicado la magia, trajeron sus libros, y los quemaron delante de todos; y contando el precio de ellos, se halló ser cincuenta mil *piezas* de plata.

20 Así crecía poderosamente ªla palabra del Señor, y prevalecía.

21 Y pasadas estas cosas, Pablo se propuso en espíritu ir a Jerusalén después de recorrer Macedonia y Acaya, diciendo: Después que haya estado allí, me será necesario ver también a Roma.

22 Y enviando a Macedonia a dos de los que le ayudaban, ᵇTimoteo y ᶜErasto, él se quedó por algún tiempo en Asia.

23 Y en aquel tiempo hubo un alboroto no pequeño acerca ᵈdel Camino.

24 Porque un platero llamado Demetrio, que hacía de plata templecillos de Diana, daba a los artífices no poca ganancia;

25 a los cuales, reunidos con los obreros del mismo oficio, dijo: Varones, sabéis que de este oficio obtenemos nuestra riqueza;

26 y veis y oís que este Pablo, no solamente en Éfeso, sino en casi toda Asia, ha persuadido y apartado a muchas gentes, diciendo que ᵉno son dioses los que se hacen con las manos.

27 Y no solamente hay peligro de que este negocio se nos deshaga, sino también que el templo de la gran diosa Diana sea despreciado, y venga a ser destruida su majestad, la cual adora toda Asia y el mundo.

28 Y oyendo *esto*, se llenaron de ira, y gritaron, diciendo: ¡Grande es Diana de los efesios!

29 Y toda la ciudad se llenó de confusión; y arrebatando a ᵍGayo y a ʰAristarco, macedonios, compañeros de Pablo, a una se abalanzaron al teatro.

30 Y queriendo Pablo salir al pueblo, los discípulos no le dejaron.

31 También algunos de los principales de Asia, que eran sus amigos, enviaron a él rogándole que no se presentase en el teatro.

32 Unos, pues, gritaban una cosa, y otros otra; porque la concurrencia estaba confusa, y la mayoría de ellos no sabían por qué se habían reunido.

a cp 6:7
y 12:24

b cp 16:11
c Rm 16:23
2 Tim 4:20

d ver 9

e Sal 115:4

f 1 Co 16:5-12
g Rm 16:23
1 Co 1:14
h cp 20:4
y 27:2
i cp 17:10-13
j cp 17:1
k cp 19:29
l cp 19:29
m cp 16:1
n Ef 6:21
Col 4:7
2 Tim 4:12
Tit 3:12
o cp 16:8

HECHOS 20

33 Y sacaron de entre la multitud a Alejandro, empujándole los judíos. Entonces Alejandro, haciendo señal con la mano, quería hablar en su defensa ante el pueblo.

34 Pero cuando supieron que era judío, todos a una voz gritaron casi por dos horas: ¡Grande es Diana de los efesios!

35 Entonces el escribano, cuando hubo apaciguado a la multitud, dijo: Varones efesios ¿qué hombre hay que no sepa que la ciudad de los efesios es adoradora de la gran diosa Diana, y de la *imagen* caída de Júpiter?

36 Y ya que esto no puede ser contradicho, conviene que os apacigüéis, y que nada hagáis precipitadamente;

37 pues habéis traído a estos hombres, sin ser sacrílegos, ni blasfemadores de vuestra diosa.

38 Que si Demetrio y los artífices que están con él tienen pleito contra alguno, audiencias se hacen, y procónsules hay; acúsense unos a otros.

39 Y si demandáis alguna otra cosa, en legítima asamblea se puede decidir.

40 Porque estamos en peligro de ser acusados de sedición por esto de hoy, no habiendo ninguna causa por la cual podamos dar razón de este concurso.

41 Y habiendo dicho esto, despidió la asamblea.

CAPÍTULO 20

Y después que cesó el alboroto, Pablo llamó a los discípulos, y abrazándoles, se despidió, ᶠy partió para ir a Macedonia.

2 Y habiendo recorrido aquellas regiones, después de exhortarles con abundancia de palabras, vino a Grecia.

3 Y estuvo allí tres meses. Y cuando los judíos le pusieron acechanza, estando él por navegar a Siria, decidió regresarse por Macedonia.

4 Y le acompañaba hasta Asia, Sópater de ⁱBerea, y de ʲlos tesalonicenses, ᵏAristarco y Segundo, y ˡGayo de Derbe, y ᵐTimoteo; y de Asia, ⁿTíquico y ᵒTrófimo.

HECHOS 20

5 Éstos, habiéndose adelantado, nos esperaron en ªTroas.
6 Y nosotros, pasados ᵇlos días de los panes sin levadura, navegamos de Filipos, y en cinco días vinimos a ellos a Troas, donde estuvimos siete días.
7 Y ᵈel primer *día* de la semana, reuniéndose los discípulos para ᵉpartir el pan, Pablo les predicaba; y habiendo de partir al día siguiente, alargó su discurso hasta la media noche.
8 Y había muchas lámparas en el aposento alto donde estaban reunidos.
9 Y un joven llamado Eutico, que estaba sentado en una ventana, cayó en un sueño profundo; y como Pablo predicaba largamente, se quedó dormido y cayó del tercer piso abajo, y fue levantado muerto.
10 Entonces descendió Pablo y ⁱse derribó sobre él, y abrazándole, dijo: No os turbéis, que su vida está en él.
11 Y cuando subió otra vez, y hubo partido el pan y comido, habló largamente hasta el alba, y así partió.
12 Y trajeron al joven vivo, y fueron consolados no poco.
13 Y nosotros, adelantándonos a tomar la nave, navegamos a Asón, para recoger allí a Pablo; pues él así lo había determinado, queriendo él ir por tierra.
14 Y cuando se encontró con nosotros en Asón, tomándolo a bordo, vinimos a Mitilene.
15 Y navegando de allí, al *día* siguiente llegamos delante de Quíos, y al otro *día* tomamos puerto en Samos; y habiendo reposado en Trogilio, al *día* siguiente llegamos a Mileto.
16 Porque Pablo había determinado navegar adelante de Éfeso, por no detenerse en Asia; pues ᵒse apresuraba para, si le fuese posible, estar en Jerusalén el día de Pentecostés.
17 Y desde Mileto envió a Éfeso, e hizo llamar a los ancianos de la iglesia.
18 Y cuando vinieron a él, les dijo: Vosotros sabéis cómo me conduciré entre vosotros todo el tiempo, desde el primer día que entré en Asia;
19 sirviendo al Señor con toda humildad, y con muchas lágrimas, y pruebas que me han venido por las ᶜasechanzas de los judíos;
20 y cómo nada que *os* fuese útil he rehuido de anunciaros y enseñaros, públicamente y por las casas,
21 testificando a los judíos y a los griegos arrepentimiento para con Dios, y la fe en nuestro Señor Jesucristo.
22 Y he aquí, ahora, ligado yo en espíritu, voy a Jerusalén, sin saber lo que allá me ha de acontecer;
23 salvo que ᶠel Espíritu Santo por todas las ciudades me da testimonio, ᵍdiciendo que prisiones y tribulaciones me esperan.
24 Pero ʰde ninguna cosa hago caso, ni estimo mi vida preciosa para mí mismo; con tal que acabe mi carrera con gozo, y el ministerio que recibí del Señor Jesús, para dar testimonio del evangelio de la gracia de Dios.
25 Y ahora, he aquí, yo sé que ninguno de vosotros, entre quienes he pasado predicando el reino de Dios, verá más mi rostro.
26 Por tanto, yo os protesto en el día de hoy, que ⁱestoy limpio de la sangre de todos;
27 porque no he rehuido anunciaros todo el consejo de Dios.
28 Por tanto, mirad por vosotros, y por todo ʲel rebaño en que el Espíritu Santo os ha puesto por ᵏobispos, para apacentar la iglesia de Dios, la cual ˡÉl compró con su propia sangre.
29 Porque yo sé esto, que después de mi partida ᵐentrarán en medio de vosotros lobos rapaces, que no perdonarán al rebaño.
30 Y ⁿde vosotros mismos se levantarán hombres que hablen cosas perversas, para llevar discípulos tras sí.
31 Por tanto, velad, acordándoos que ᵖpor tres años, de noche y de día, no he cesado de amonestar con lágrimas a cada uno.
32 Y ahora, hermanos, os encomiendo a Dios y a ᵠla palabra de su gracia, la cual es poderosa para sobreedificaros, y ʳdaros herencia con todos los santificados.
33 No he codiciado plata, u ˢoro, o vestidura de nadie.

El joven Eutico

a cp 16:8
b cp 21:29
2 Tim 4:20
c ver 3

d 1 Co 16:2

e cp 2:42-46

f cp 21:4-11

g cp 21:33

h cp 21:13
Rm 8:35-37
Fil 3:7-8

i cp 18:6
2 Sm 3:28
Ez 3:18-21
y 33:2-9

j Jn 21:15-17
1 Pe 5:2-3
k Fil 1:1
1 Tim 3:1
Tit 1:7
l Ef 1:7-14
Col 1:14
1 Tim 3:13
Heb 9:14
Ap 1:5
m Mt 7:15
n 1 Tim 1:19
1 Jn 2:18-19
o cp 18:21
y 19:21
p cp 19:8-10
y 24:17

q cp 14:3
r Ef 1:18
Heb 9:15
s 1 Sm 12:3
1 Co 9:12
2 Co 7:2 11:9

Felipe el evangelista: Mnasón

34 Antes vosotros sabéis que para lo que me ha sido necesario, y para ^blos que están conmigo, ^cestas manos me han servido.

35 En todo os he enseñado ^dque trabajando así, es necesario sobrellevar a los débiles, y recordar las palabras del Señor Jesús, que dijo: Más bienaventurado es dar que recibir.

36 Y habiendo dicho estas cosas, se puso de rodillas, y oró con todos ellos.

37 Entonces hubo gran llanto de todos; y echándose sobre el cuello de Pablo, le besaban,

38 entristeciéndose sobre todo por las palabras que había dicho, de que ya ^hno volverían a ver su rostro. Y le acompañaron hasta el barco.

CAPÍTULO 21

Y aconteció que después de separarnos de ellos, zarpamos y vinimos camino directo a Cos, y al *día* siguiente a Rodas, y de allí a Pátara.

2 Y hallando un barco que pasaba a Fenicia, nos embarcamos, y zarpamos.

3 Y cuando avistamos a Chipre, dejándola a mano izquierda, navegamos a Siria, y arribamos a Tiro; porque el barco había de descargar allí su cargamento.

4 Y hallando discípulos, nos quedamos allí siete días; y ellos decían a Pablo por ^kel Espíritu, que no subiese a Jerusalén.

5 Y cuando cumplimos aquellos días, partimos, y ^lnos encaminaron todos, con sus esposas e hijos, hasta fuera de la ciudad; y puestos de rodillas en la ribera, oramos.

6 Y abrazándonos unos a otros, subimos al barco, y ellos se volvieron a sus casas.

7 Y nosotros, cumplida la navegación, vinimos de Tiro a Tolemaida; y habiendo saludado a los hermanos, nos quedamos con ellos un día.

8 Y al día siguiente, partiendo Pablo y los que con él estábamos, vinimos a Cesarea; y entrando en casa de ^pFelipe ^qel evangelista, que era uno de los siete, posamos con él.

HECHOS 21

9 Y éste tenía cuatro hijas vírgenes que ^aprofetizaban.

10 Y deteniéndonos *allí* por muchos días, descendió de Judea un profeta llamado ^eAgabo.

11 Y cuando él vino a nosotros, tomó ^fel cinto de Pablo, y atándose los pies y las manos, dijo: Esto dice el Espíritu Santo: ^gAsí atarán los judíos en Jerusalén al varón de quien es este cinto, y *le* entregarán en manos de los gentiles.

12 Y cuando oímos esto, le rogamos nosotros y los de aquel lugar, que no subiese a Jerusalén.

13 Entonces Pablo respondió: ¿Qué hacéis llorando y quebrantándome el corazón? Porque yo estoy dispuesto no sólo a ser atado, sino aun a morir en Jerusalén por el nombre del Señor Jesús.

14 Y como no le pudimos persuadir, desistimos, diciendo: Hágase la voluntad del Señor.

15 Y después de estos días, tomando nuestro bagaje, subimos a Jerusalén.

16 Y vinieron también con nosotros de Cesarea algunos de los discípulos, trayendo consigo a un Mnasón, de Chipre, un discípulo antiguo, con quien nos hospedaríamos.

17 Y cuando llegamos a Jerusalén, los hermanos nos recibieron con gozo.

18 Y al día siguiente Pablo entró con nosotros a ver a ⁱJacobo, y todos ^jlos ancianos estaban presentes;

19 y después de saludarlos, les contó una por una las cosas que Dios había hecho entre los gentiles por su ministerio.

20 Y cuando ellos lo oyeron, ^mglorificaron al Señor, y le dijeron: Ya ves, hermano, cuántos millares de judíos hay que han creído; y todos son ⁿcelosos de la ley.

21 Y están informados acerca de ti, que ^oenseñas a todos los judíos que están entre los gentiles a apartarse de Moisés, diciéndoles que no deben circuncidar a sus hijos, ni andar según las costumbres.

22 ¿Qué hay, pues? La multitud se reunirá de cierto; porque oirán que has venido.

23 Haz, pues, esto que te decimos: Hay entre nosotros cuatro hombres que tienen ^rvoto sobre sí;

HECHOS 22

24 Tómalos contigo, y ªpuríficate con ellos, y paga con ellos para que ᵇrasuren sus cabezas, y todos entenderán que no hay nada de lo que fueron informados acerca de ti; sino que tú también andas ordenadamente, y guardas la ley.

25 Pero en cuanto a los gentiles que han creído, nosotros hemos escrito y acordado que no guarden nada de esto; solamente que ᵈse abstengan de lo que fue sacrificado a los ídolos, y de sangre, y de estrangulado y de fornicación.

26 Entonces Pablo tomó consigo aquellos hombres, y al día siguiente, habiéndose purificado con ellos, entró en el templo para anunciar el cumplimiento de los días de la purificación, hasta que ᶠuna ofrenda fuese ofrecida por cada uno de ellos.

27 Y cuando estaban por cumplirse los siete días, los judíos de Asia, al verle en el templo, alborotaron a todo el pueblo y le echaron mano,

28 dando voces: ¡Varones israelitas, ayudad! Éste es el hombre que por todas partes enseña a todos ʰcontra el pueblo, y la ley, y este lugar; y además ha metido a griegos en el templo, y ha profanado este santo lugar.

29 (Porque antes habían visto con él en la ciudad a ʲTrófimo, efesio, al cual pensaban que Pablo había metido en el templo.)

30 Así que toda la ciudad se agitó, y se agolpó el pueblo; y tomando a Pablo, lo arrastraron fuera del templo, y en seguida cerraron las puertas.

31 Y cuando iban a matarle, fue dado aviso al tribunal de la compañía, que toda la ciudad de Jerusalén estaba alborotada.

32 Éste, de inmediato tomó soldados y centuriones, y bajó corriendo hacia ellos. Y cuando ellos vieron al tribuno y a los soldados, cesaron de golpear a Pablo.

33 Entonces llegando el tribuno, le prendió, y ᵖle mandó atar con ᵍdos cadenas; y preguntó quién era, y qué había hecho.

34 Pero entre la multitud, unos gritaban una cosa, y otros otra; y como no podía entender nada de cierto a causa del alboroto, le mandó llevar a la fortaleza.

35 Y cuando llegó a las gradas, aconteció que fue llevado en vilo por los soldados a causa de la violencia del pueblo;

36 porque la multitud del pueblo venía detrás, gritando: ᶜ¡Fuera con él!

37 Y cuando estaban por meter a Pablo en la fortaleza, dijo al tribuno: ¿Me permites decirte algo? Y él dijo: ¿Sabes griego?

38 ¿No eres tú aquel egipcio que levantaste una sedición antes de estos días, y sacaste al desierto cuatro mil hombres sicarios?

39 Entonces Pablo *le* dijo: Yo de cierto soy hombre judío, ᵉde Tarso, ciudadano de una ciudad no insignificante de Cilicia; y te ruego que me permitas hablar al pueblo.

40 Y cuando él se lo permitió, Pablo estando en pie en las gradas, hizo señal con la mano al pueblo, y hecho gran silencio, habló ᵍen lengua hebrea, diciendo:

Pablo ante el tribunal

CAPÍTULO 22

Varones hermanos y padres, oíd mi defensa que *hago* ahora ante vosotros.

2 Y cuando oyeron que les hablaba ⁱen lengua hebrea, guardaron más silencio. Y *les* dijo:

3 Yo de cierto ᵏsoy hombre judío, nacido en Tarso de Cilicia, pero criado en esta ciudad, educado a los pies de ˡGamaliel, estrictamente conforme a la ley de nuestros padres, siendo celoso de Dios, como hoy lo sois todos vosotros.

4 Y ᵐperseguí ⁿeste Camino hasta la muerte, prendiendo y entregando en cárceles así hombres como mujeres;

5 como también el sumo sacerdote me es testigo, y todos los ancianos; de los cuales también ᵒrecibí cartas para con los hermanos; e iba a Damasco para traer presos a Jerusalén a los que estuviesen allí, para que fuesen castigados.

6 Y ʳaconteció que cuando hacía mi jornada, y llegaba cerca de Damasco, como a mediodía, repentinamente resplandeció del cielo una gran luz que me rodeó;

Pablo ante el concilio

7 y caí al suelo, y oí una voz que me decía: Saulo, Saulo, ¿por qué me ªpersigues?

8 Yo entonces respondí: ¿Quién eres, Señor? Y me dijo: Yo soy Jesús de Nazaret, a quién tú persigues.

9 Y los que estaban conmigo vieron a la verdad la luz, y se espantaron; mas no oyeron la voz del que hablaba conmigo.

10 Y dije: ¿Qué haré, Señor? Y el Señor me dijo: Levántate y ve a Damasco, y allí se te dirá todo lo que está ordenado que hagas.

11 Y como yo no podía ver a causa de la gloria de aquella luz, llevado de la mano por los que estaban conmigo, vine a Damasco.

12 Entonces un ᵈAnanías, varón piadoso conforme a la ley, que tenía buen testimonio de todos los judíos que moraban allí,

13 ᵉvino a mí, y acercándose, me dijo: Hermano Saulo, recibe la vista. Y yo en aquella hora le miré.

14 Y él dijo: ᶠEl Dios de nuestros padres te ha escogido, para que conozcas su voluntad, y veas al Justo, y oigas la voz de su boca.

15 Porque serás testigo suyo ante todos los hombres de ʰlo que has visto y oído.

16 Ahora, pues, ¿por qué te detienes? Levántate y ʲsé bautizado; y lava tus pecados invocando el nombre del Señor.

17 Y me aconteció, que vuelto a Jerusalén, mientras oraba en el templo, fui arrebatado en éxtasis.

18 Y le vi que me decía: Date prisa, y sal cuanto antes de Jerusalén; porque no recibirán tu testimonio acerca de mí.

19 Y yo dije: Señor, ellos saben que yo encarcelaba, y azotaba por las sinagogas a los que creían en ti;

20 y cuando se derramaba la sangre de Esteban tu mártir, yo también estaba presente, y ᵒconsentía en su muerte, y ᵖguardaba las ropas de los que le mataban.

21 Y me dijo: Ve, porque yo ʳte enviaré lejos, a los gentiles.

22 Y le oyeron hasta esta palabra; *entonces* alzaron la voz, diciendo: ᵗQuita de la tierra a tal *hombre*, porque no conviene que viva.

23 Y como ellos daban voces y

HECHOS 23

arrojaban *sus* ropas y echaban polvo al aire,

24 el tribuno mandó que le llevasen a ᵇla fortaleza, y ordenó que fuese interrogado con azotes, para saber por qué causa clamaban así contra él.

25 Y cuando le ataron con correas, Pablo dijo al centurión que estaba presente: ᶜ¿Os es lícito azotar a un hombre romano sin ser condenado?

26 Y cuando el centurión oyó esto, fue y dio aviso al tribuno, diciendo: Mira bien qué vas a hacer; porque este hombre es romano.

27 Entonces vino el tribuno y le dijo: Dime, ¿eres tú romano? Él dijo: Sí.

28 Y respondió el tribuno: Yo con grande suma alcancé esta ciudadanía. Entonces Pablo dijo: Pero yo *la* tengo de nacimiento.

29 Así que, en seguida se apartaron de él los que le iban a interrogar; y el tribuno, al saber que era romano, también ᵍtuvo temor por haberle atado.

30 Y al día siguiente, queriendo saber de cierto la causa por la que era acusado de los judíos, le soltó de las cadenas, y ᶦmandó venir a los príncipes de los sacerdotes y a todo su concilio; y sacando a Pablo, le presentó delante de ellos.

CAPÍTULO 23

Entonces Pablo, mirando fijamente al ᵏconcilio, dijo: Varones hermanos, yo ˡcon toda buena conciencia he vivido delante de Dios hasta el día de hoy.

2 Y el sumo sacerdote ᵐAnanías, mandó a los que estaban delante de él, que le golpeasen en la boca.

3 Entonces Pablo le dijo: Dios te golpeará a ti, ⁿpared blanqueada: ¿Pues tú estás sentado para juzgarme conforme a la ley, y ᑫcontra la ley me mandas golpear?

4 Y ˢlos que estaban presentes dijeron: ¿Al sumo sacerdote de Dios insultas?

5 Y Pablo dijo: No sabía, hermanos, que era el sumo sacerdote; pues escrito está: ᵘNo maldecirás al príncipe de tu pueblo.

Conjuración para matar a Pablo

6 Y cuando Pablo percibió que una parte era de ªsaduceos, y la otra de fariseos, alzó la voz en el concilio: Varones hermanos, ᵇyo siendo fariseo, hijo de fariseo; de ᶜla esperanza y de la resurrección de los muertos soy juzgado.

7 Y cuando hubo dicho esto, se levantó una disensión entre los fariseos y los saduceos, y la multitud se dividió.

8 Porque ᵈlos saduceos dicen que no hay resurrección, ni ángel, ni espíritu; pero los fariseos profesan estas cosas.

9 Y se levantó un gran vocerío; y levantándose los escribas de la parte de los fariseos, contendían diciendo: Ningún mal hallamos en este hombre; que si un espíritu le ha hablado, o un ángel, ᵉno peleemos contra Dios.

10 Y como hubo gran disensión, el tribuno, teniendo temor de que Pablo fuera despedazado por ellos, ordenó a los soldados que bajaran y lo arrebataran de en medio de ellos y lo llevaran a la fortaleza.

11 Y a la noche siguiente, se le presentó el Señor, y le dijo: Ten ánimo, Pablo; pues como has testificado de mí en Jerusalén, así es necesario que testifiques también ᵍen Roma.

12 Y cuando fue de día, algunos de los judíos se juntaron, e hicieron voto bajo maldición, diciendo que no comerían ni beberían hasta que hubiesen dado muerte a Pablo.

13 Y eran más de cuarenta los que habían hecho esta conjura;

14 los cuales vinieron a los príncipes de los sacerdotes y a los ancianos, y dijeron: Nosotros hemos hecho voto bajo maldición, que no hemos de gustar nada hasta que hayamos dado muerte a Pablo.

15 Ahora, pues, vosotros, con el concilio, pedid al tribuno que le traiga mañana ante vosotros, como que queréis inquirir acerca de él alguna cosa más cierta; y nosotros estaremos apercibidos para matarle antes que él llegue.

16 Pero cuando el hijo de la hermana de Pablo oyó de la asechanza, fue y entró en la fortaleza, y dio aviso a Pablo.

17 Y Pablo, llamando a uno de los centuriones, dijo: Lleva a este joven al tribuno, porque tiene algo que decirle.

18 Entonces él le tomó y le llevó al tribuno, y dijo: El preso Pablo, llamándome, me rogó que trajese a ti a este joven, porque tiene algo que decirte.

19 Y el tribuno, tomándole de la mano y retirándose aparte, le preguntó: ¿Qué es lo que tienes que decirme?

20 Y él dijo: Los judíos han concertado rogarte que mañana lleves a Pablo ante el concilio, como que van a inquirir de él alguna cosa más cierta.

21 Pero tú no les creas; porque más de cuarenta hombres de ellos le acechan, los cuales ᶠhan hecho voto bajo maldición, de no comer ni beber hasta que le hayan dado muerte; y ahora están apercibidos esperando de ti promesa.

22 Entonces el tribuno despidió al joven, mandándole que a nadie dijese que le había dado aviso de esto.

23 Y llamando a dos centuriones, les dijo: Preparad para la hora tercera de la noche doscientos soldados, y setenta de a caballo y doscientos lanceros, para que vayan hasta ʰCesarea;

24 y provéanles cabalgaduras en que poniendo a Pablo, lo lleven a salvo a Félix ⁱel gobernador.

25 Y escribió una carta de esta manera:

26 Claudio Lisias al excelentísimo gobernador Félix: ʲSalud.

27 A este hombre, aprehendido por los judíos, y que iban ellos a matar, libré yo acudiendo con la tropa, habiendo entendido que era romano.

28 Y queriendo saber la causa por qué le acusaban, le llevé ante el concilio de ellos;

29 y hallé que le acusaban de ᵏcuestiones de la ley de ellos, pero que ninguna acusación tenía digna de muerte o de prisión.

30 Y cuando me fue dicho de como los judíos asechaban a este hombre, al punto le he enviado a ti, mandando también a los acusadores que digan delante de ti lo que tienen contra él. Pásalo bien.

Defensa de Pablo ante Félix

31 Entonces los soldados, tomando a Pablo como les era mandado, le llevaron de noche a Antípatris.
32 Y al día siguiente, dejando a los de a caballo que fuesen con él, regresaron a la fortaleza.
33 Los cuales, como llegaron a Cesarea, y dieron la carta al gobernador, presentaron también a Pablo delante de él.
34 Y cuando el gobernador leyó *la carta*, preguntó ᶜde qué provincia era. Y cuando entendió que era de ᵈCilicia,
35 dijo: Te oiré cuando vengan tus acusadores. Y mandó que le guardasen en el pretorio de Herodes.

CAPÍTULO 24

Y cinco días después el sumo sacerdote ᶠAnanías, descendió con algunos de los ancianos y un cierto orador llamado Tértulo, y comparecieron ante el gobernador contra Pablo.
2 Y cuando éste fue llamado, Tértulo comenzó a acusarle, diciendo: Debido a ti gozamos de gran quietud, y muchas cosas son bien gobernadas en la nación por tu providencia;
3 en todo tiempo y en todo lugar lo recibimos con toda gratitud, oh excelentísimo Félix.
4 Pero por no serte muy tedioso, te ruego que nos oigas brevemente conforme a tu gentileza.
5 Pues hemos hallado que este hombre es pestilencial, y levantador de sediciones entre todos los judíos por todo el mundo, y cabecilla de la secta de los nazarenos.
6 Quien también intentó profanar el templo; y prendiéndole, le quisimos juzgar conforme a nuestra ley.
7 Pero interviniendo ⁿel tribuno Lisias, con gran violencia le quitó de nuestras manos,
8 mandando a sus acusadores que viniesen a ti. Tú mismo, al interrogarle, podrás enterarte de todas estas cosas de que le acusamos.
9 Y asentían también los judíos, diciendo ser así estas cosas.
10 Y habiéndole hecho señal el gobernador para que hablase, Pablo respondió: Porque sé que desde hace muchos años eres juez de esta nación, de buen ánimo haré mi defensa.
11 Porque tú puedes verificar que ᵃno hace más de doce días yo subí a adorar a Jerusalén;
12 y no me hallaron ᵇen el templo disputando con alguno, ni alborotando al pueblo, ni en las sinagogas, ni en la ciudad;
13 ni pueden probar las cosas de que ahora me acusan.
14 Pero te confieso esto, que conforme al Camino que ellos llaman herejía, así sirvo al Dios de mis padres, creyendo todas las cosas que en la ley y en los profetas están escritas;
15 teniendo esperanza en Dios que ᵉha de haber resurrección de los muertos, así de justos como de injustos, la cual también ellos esperan.
16 Y por esto yo procuro tener siempre ᵍuna conciencia sin ofensa ante Dios y ante los hombres.
17 Mas ʰpasados muchos años, ⁱvine a hacer limosnas a mi nación, y ofrendas.
18 Y en esto, unos judíos de Asia me hallaron ʲpurificado en el templo no con multitud ni con alboroto;
19 los cuales debían haber comparecido ante ti, y acusar, si contra mí tenían algo.
20 O digan estos mismos si hallaron en mí alguna cosa mal hecha, ᵏcuando comparecí ante el concilio,
21 a no ser por aquella voz, que ˡclamé estando entre ellos: Acerca de la resurrección de los muertos soy juzgado hoy por vosotros.
22 Entonces Félix, oídas estas cosas, teniendo mejor conocimiento de ᵐeste Camino, les puso dilación, diciendo: Cuando descendiere el tribuno Lisias acabaré de conocer de vuestro asunto.
23 Y mandó al centurión que se guardase a Pablo, y que tuviese libertades; y ᵒque no impidiesen a ninguno de los suyos servirle o venir a él.
24 Y algunos días después, viniendo Félix con Drusila, su esposa, la cual era judía, llamó a Pablo, y le oyó acerca de la fe en Cristo.

HECHOS 25

25 Y disertando él de la justicia, del dominio propio y del juicio venidero, Félix, se espantó, y dijo: Vete ahora, y ªcuando tenga oportunidad te llamaré.

26 Esperando también con esto, que de parte de Pablo le sería dado ^cdinero para que le soltase; por lo cual, haciéndole venir muchas veces, hablaba con él.

27 Pero al cabo de dos años recibió Félix por sucesor a Porcio Festo; y queriendo Félix ^dcongraciarse con los judíos, dejó preso a Pablo.

CAPÍTULO 25

Festo, pues, entrado en la provincia, tres días después subió de Cesarea a Jerusalén.

2 Entonces el sumo sacerdote y los principales de los judíos se presentaron ante él contra Pablo; y le rogaron,

3 pidiendo favor contra él, que le hiciese traer a Jerusalén, poniendo ellos asechanza para matarle en el camino.

4 Pero Festo respondió que Pablo estuviese guardado en Cesarea, y que él mismo iría *allá* en breve.

5 Los que de vosotros puedan, dijo, desciendan conmigo, y si hay algún crimen en este varón, acúsenle.

6 Y deteniéndose entre ellos más de diez días, descendió a Cesarea; y el día siguiente se sentó en el tribunal, y mandó que trajesen a Pablo.

7 Y cuando éste llegó, le rodearon los judíos que habían venido de Jerusalén, presentando contra Pablo muchas y graves acusaciones, las cuales no podían probar;

8 alegando él en su defensa: ⁱNi contra la ley de los judíos, ni contra el templo, ni contra César he pecado en nada.

9 Pero Festo, ^jqueriendo congraciarse con los judíos, respondió a Pablo, y dijo: ¿Quieres subir a Jerusalén, y allá ser juzgado de estas cosas delante de mí?

10 Y Pablo dijo: Ante el tribunal de César estoy, donde debo ser juzgado. A los judíos no les he hecho ningún agravio, como tú sabes muy bien.

a cp 17:32
b cp 26:32
y 28:19

c ver 17

d cp 25:9

e cp 24:27

f ver 2,6

g cp 23:30
y 24:19

h cp 18:15
y 23:29

i cp 21:28
y 24:12

j cp 24:47

Pablo ante Festo

11 Porque si algún agravio, o alguna cosa digna de muerte he hecho, no rehúso morir; pero si nada hay de las cosas de que éstos me acusan, nadie puede entregarme a ellos. ^bA César apelo.

12 Entonces Festo, habiendo hablado con el consejo, respondió: A César has apelado; a César irás.

13 Y pasados algunos días, el rey Agripa y Bernice vinieron a Cesarea a saludar a Festo.

14 Y como estuvieron allí muchos días, Festo declaró al rey la causa de Pablo, diciendo: ^eUn hombre ha sido dejado preso por Félix,

15 ^facerca del cual, cuando estuve en Jerusalén, comparecieron ante mí los príncipes de los sacerdotes y los ancianos de los judíos, pidiendo juicio contra él.

16 A los cuales respondí: No es costumbre de los romanos entregar alguno a la muerte antes que ^gel acusado tenga presentes a sus acusadores, y tenga oportunidad de defenderse de la acusación.

17 Así que, habiendo venido ellos juntos acá, sin ninguna dilación, al día siguiente, sentado en el tribunal, mandé traer al hombre.

18 Y estando presentes los acusadores, ningún cargo presentaron de los que yo suponía,

19 sino que ^htenían contra él ciertas cuestiones acerca de su superstición, y de un cierto Jesús, ya muerto, el cual Pablo afirmaba estar vivo.

20 Y yo, dudando en cuestión semejante, le pregunté si quería ir a Jerusalén y allá ser juzgado de estas cosas.

21 Pero como Pablo apeló para ser reservado para la audiencia de Augusto, mandé que le guardasen hasta que le enviara a César.

22 Entonces Agripa dijo a Festo: Yo también quisiera oír a ese hombre. Y él dijo: Mañana le oirás.

23 Y al otro día, viniendo Agripa y Bernice con mucha pompa, y entrando en la audiencia con los tribunos y principales hombres de la ciudad, por mandato de Festo fue traído Pablo.

24 Entonces Festo dijo: Rey Agripa, y todos los varones aquí presentes con nosotros; veis a este hombre,

Pablo testifica ante Agripa

del cual toda la multitud de los judíos me ha demandado en Jerusalén y aquí, dando voces ᶜque no debe vivir más;

25 pero yo, hallando que ninguna cosa digna de muerte ha hecho, y como él mismo ᵉapeló a Augusto, he determinado enviarle *a él*.

26 Del cual no tengo cosa cierta que escribir a mi señor; por lo que le he traído ante vosotros, y mayormente ante ti, oh rey Agripa, para que después de examinarle, tenga yo qué escribir.

27 Porque me parece fuera de razón enviar un preso, y no informar de los cargos que haya en su contra.

CAPÍTULO 26

Entonces Agripa dijo a Pablo: Se te permite hablar por ti mismo. Pablo entonces, extendiendo la mano, comenzó *así* su defensa:

2 Me tengo por dichoso, oh rey Agripa, de que hoy haya de defenderme delante de ti acerca de todas las cosas de que soy acusado por los judíos.

3 Mayormente *sabiendo* que tú eres conocedor de todas ᵍlas costumbres y cuestiones que hay entre los judíos; por lo cual te ruego que me oigas con paciencia.

4 Mi vida, pues, desde mi juventud, la cual desde el principio pasé en mi nación, en Jerusalén, la conocen todos los judíos;

5 los cuales saben que yo desde el principio, si quieren testificarlo, conforme a ʲla más estricta secta de nuestra religión, he vivido fariseo.

6 Y ahora por ᵏla esperanza de ˡla promesa que hizo Dios a nuestros padres, comparezco y soy juzgado;

7 *promesa* a la cual nuestras doce tribus, sirviendo constantemente de día y de noche, esperan han de llegar. Por esta esperanza, oh rey Agripa, soy acusado por los judíos.

8 ¿Por qué se juzga entre vosotros cosa increíble que Dios resucite a los muertos?

9 Yo ciertamente ᵖhabía pensado dentro de mí, que era mi deber hacer muchas cosas contra el nombre de Jesús de Nazaret;

10 lo cual ᵃtambién hice en Jerusalén, y yo ᵇencerré en cárceles a muchos de los santos, ᵈhabiendo recibido autoridad de los príncipes de los sacerdotes; y cuando los mataron, yo di mi voto.

11 Y muchas veces, castigándolos por todas las sinagogas, los forcé a blasfemar; y enfurecido sobremanera contra ellos, los perseguí hasta en las ciudades extranjeras.

12 Y ocupado en ello, ᶠyendo a Damasco con autoridad y comisión de los príncipes de los sacerdotes,

13 al mediodía, oh rey, yendo en el camino vi una luz del cielo, que sobrepasaba el resplandor del sol, iluminando en derredor de mí y de los que iban conmigo.

14 Y habiendo caído todos nosotros en tierra, oí una voz que me hablaba, y decía en lengua hebrea: Saulo, Saulo, ¿por qué me persigues? Dura cosa te es dar coces contra los aguijones.

15 Yo entonces dije: ¿Quién eres, Señor? Y Él dijo: Yo soy Jesús, a quien tú persigues.

16 Pero levántate, y ponte sobre tus pies; porque para esto te he aparecido, para ponerte por ministro y testigo de las cosas que has visto, y de aquellas en que me apareceré a ti,

17 librándote de este pueblo y *de* los gentiles, a los cuales ahora te envío,

18 ʰpara que abras sus ojos, para que se conviertan de las tinieblas a la luz, y de la potestad de Satanás a Dios; para que reciban, por la fe que es en mí, ⁱperdón de pecados y herencia entre los santificados.

19 Por lo cual, oh rey Agripa, no fui rebelde a la visión celestial,

20 sino que ᵐanuncié primeramente a los que están en Damasco, y Jerusalén, y ⁿpor toda la tierra de Judea, ᵒy a los gentiles, que se arrepintiesen y se convirtiesen a Dios, haciendo obras dignas de arrepentimiento.

21 Por causa de esto los judíos, prendiéndome en el templo, intentaron matarme.

22 Pero habiendo obtenido auxilio de Dios, persevero hasta el día de hoy, dando testimonio a pequeños y a grandes, no diciendo nada fuera

HECHOS 27

de las cosas que ᵃlos profetas y Moisés dijeron que habían de venir.

23 Que Cristo ᵇhabía de padecer, y ser ᶜel primero de la resurrección de los muertos, ᵈpara anunciar luz al pueblo y a los gentiles.

24 Y diciendo él estas cosas en su defensa, Festo a gran voz dijo: ᶠEstás loco, Pablo; las muchas letras te vuelven loco.

25 Pero él dijo: No estoy loco, excelentísimo Festo, sino que hablo palabras de verdad y de cordura.

26 Pues el rey sabe estas cosas, delante del cual también hablo confiadamente. Pues estoy seguro que no ignora nada de esto; pues no se ha hecho esto en algún rincón.

27 ¿Crees, oh rey Agripa, a los profetas? Yo sé que crees.

28 Entonces Agripa dijo a Pablo: Por poco me persuades a ser ʰcristiano.

29 Y Pablo dijo: ¡Quisiera Dios, que por poco o por mucho, no solamente tú, sino también todos los que hoy me oyen, fueseis hechos tales cual yo soy, ⁱexcepto estas cadenas!

30 Y cuando hubo dicho esto, se levantó el rey, y el gobernador, y Bernice, y los que estaban sentados con ellos;

31 Y cuando se retiraron aparte, hablaban entre sí, diciendo: ʲNinguna cosa digna de muerte ni de prisión, hace este hombre.

32 Y Agripa dijo a Festo: ᵏPodía este hombre ser puesto en libertad, ˡsi no hubiera apelado a César.

CAPÍTULO 27

Y cuando fue determinado que habíamos de navegar para Italia, entregaron a Pablo y a algunos otros presos a un centurión llamado Julio, de la compañía Augusta.

2 Y embarcándonos en una nave adrumentina, queriendo navegar junto a las costas de Asia, zarpamos, estando con nosotros ᵐAristarco, macedonio de Tesalónica.

3 Y al otro día llegamos a Sidón; y Julio, ⁿtratando humanamente a Pablo, le permitió que fuese a sus amigos, para ser asistido por ellos.

4 Y haciéndonos a la vela desde allí, navegamos a sotavento de Chipre, porque los vientos eran contrarios.

5 Y habiendo pasado el mar de Cilicia y Panfilia, arribamos a Mira, *ciudad* de Licia.

6 Y hallando allí el centurión ᵉuna nave de Alejandría que navegaba a Italia, nos embarcó en ella.

7 Y navegando muchos días despacio, y habiendo apenas llegado delante de Gnido, no dejándonos el viento, navegamos a sotavento de Creta, junto a Salmón.

8 Y costeándola difícilmente, llegamos a un lugar que llaman Buenos Puertos, cerca del cual estaba la ciudad de Lasea.

9 Y pasado mucho tiempo, y siendo ya peligrosa la navegación, habiendo ya ᵍpasado el ayuno, Pablo *les* amonestaba,

10 diciéndoles: Varones, veo que con perjuicio y mucho daño habrá de ser la navegación, no sólo del cargamento y de la nave, sino también de nuestras vidas.

11 Pero el centurión creía más al piloto y al patrón de la nave, que a lo que Pablo decía.

12 Y porque el puerto era incómodo para invernar, la mayoría acordaron zarpar también de allí, por si pudiesen arribar a Fenice, *que es* un puerto de Creta que mira hacia el nordeste y sudeste, e invernar allí.

13 Y soplando una suave brisa del sur, pareciéndoles que ya tenían lo que deseaban, izando velas, iban costeando Creta.

14 Pero no mucho después se levantó en su contra un viento tempestuoso, que se llama Euroclidón.

15 Y siendo arrebatada la nave, y no pudiendo resistir contra el viento, resignados, dejamos *la nave* a la deriva.

16 Y corriendo a sotavento de una pequeña isla que se llama Clauda, apenas pudimos salvar el esquife;

17 el cual subido a bordo, usaban de refuerzos, ciñendo la nave; y teniendo temor de que diesen en la Sirte, arriando velas, quedaron a la deriva.

18 Y siendo azotados por una vehemente tempestad, al día siguiente ᵒalijaron la nave;

Referencias:

a cp 10:43; 13:27 24:14; y 28:23; Lc 24:27,44
b Mt 26:24
c Co 15:20; Col 1:18
Ap 1:5
d Lc 2:32
e cp 28:11
f 1 Co 1:23; 2:14 y 4:10
g Lv 23:27-29
h cp 11:26
i cp 21:33; y 22:30
j cp 23.29
k cp 23:18
l cp 25:11
m cp 19:19; y 20:4; Col 4:10; Fil 1:24
n cp 24:23; y 28:16
o Jon 1:5

Pablo es mordido por una víbora

19 y al tercer día nosotros con nuestras manos arrojamos los aparejos de la nave.

20 Y no apareciendo ni sol ni estrellas por muchos días, siendo azotados por una tempestad no pequeña, ya habíamos perdido toda esperanza de salvarnos.

21 Entonces Pablo, como hacía ya mucho que no comíamos, puesto en pie en medio de ellos, dijo: Señores, debían por cierto haberme oído, y no haber zarpado de Creta, para recibir este daño y pérdida.

22 Mas ahora os exhorto a que tengáis buen ánimo; porque no habrá ninguna pérdida de vida entre vosotros, sino solamente de la nave.

23 Pues ᶜesta noche ha estado conmigo el Ángel del Dios de quien soy y ᵈa quien sirvo,

24 diciendo: Pablo, no temas; es necesario que comparezcas ante César; y he aquí, Dios te ha dado todos los que navegan contigo.

25 Por tanto, oh varones, tened buen ánimo; porque ᵉyo confío en Dios que será así como se me ha dicho.

26 Si bien, ᶠes necesario que demos en una isla.

27 Y venida la decimocuarta noche, y siendo llevados a la deriva por el mar Adriático, los marineros a la media noche presintieron que estaban cerca de alguna tierra;

28 y echando la sonda, hallaron veinte brazas, y pasando un poco más adelante, volviendo a echar la sonda, hallaron quince brazas.

29 Y temiendo dar en escollos, echaron cuatro anclas de la popa; y ansiaban que se hiciese de día.

30 Entonces como los marineros estaban por huir de la nave, habiendo echado ʰel esquife al mar, aparentando como que querían largar las anclas de proa,

31 Pablo dijo al centurión y a los soldados: Si éstos no permanecen en la nave, vosotros no podéis salvaros.

32 Entonces los soldados cortaron las cuerdas del esquife y dejaron que se perdiera.

33 Y cuando comenzaba a amanecer, Pablo exhortaba a todos que comiesen, diciendo: Éste es el decimocuarto día que veláis y permanecéis en ayunas, sin comer nada.

34 Por tanto, os ruego que comáis por vuestra salud; pues ᵃni aun un cabello de la cabeza de ninguno de vosotros perecerá.

35 Y habiendo dicho esto, tomó el pan y ᵇdio gracias a Dios en presencia de todos, y partiéndolo, comenzó a comer.

36 Entonces todos, teniendo ya mejor ánimo, comieron también.

37 Y era el total de los que estábamos en la nave doscientas setenta y seis almas.

38 Y ya saciados de comida, aligeraron la nave, echando el trigo al mar.

39 Y cuando se hizo de día, no reconocían la tierra; mas veían una bahía que tenía playa, en la cual acordaron encallar, si pudiesen, la nave.

40 Y alzando las anclas, se dejaron al mar; y soltando las amarras del timón y alzando al viento la vela de proa, se dirigieron hacia la playa.

41 Mas dando en un lugar de dos mares, hicieron encallar la nave; y la proa, hincada, quedó inmóvil, y la popa se abría con la violencia de las olas.

42 Entonces los soldados acordaron matar a los presos, para que ninguno se fugase nadando.

43 Pero el centurión, queriendo salvar a Pablo, estorbó este acuerdo, y mandó que los que pudiesen nadar, *fuesen* los primeros en echarse *al mar*, y saliesen a tierra;

44 y los demás, parte en tablas, parte en cosas de la nave. Y así aconteció que ᵍtodos se salvaron saliendo a tierra.

CAPÍTULO 28

Y ya a salvo, ⁱentonces supieron que la isla se llamaba Melita.

2 Y ʲlos bárbaros nos mostraron no poca humanidad; pues encendiendo un fuego, nos recibieron a todos, a causa de la lluvia que caía, y del frío.

3 Entonces, habiendo recogido Pablo algunos sarmientos, y poniéndolos en el fuego, una víbora,

HECHOS 28

huyendo del calor, le acometió a la mano.

4 Y como los bárbaros vieron la serpiente *venenosa* colgando de su mano, se decían unos a otros: Ciertamente ªeste hombre es homicida, a quien, escapado del mar, la justicia no deja vivir.

5 Mas él, sacudiendo la víbora en el fuego, ᵇningún mal padeció.

6 Y ellos estaban esperando cuándo se había de hinchar, o caer muerto de repente; mas habiendo esperado mucho, y viendo que ningún mal le venía, cambiaron de parecer y ᵈdijeron que era un dios.

7 En aquellos lugares había heredades del hombre principal de la isla, llamado Publio, quien nos recibió y nos hospedó amigablemente tres días.

8 Y aconteció que el padre de Publio estaba en cama, enfermo de fiebre y de disentería; al cual Pablo entró *a ver*, y ᵍdespués de haber orado, ʰpuso sobre él las manos, y le sanó.

9 Y hecho esto, también otros que en la isla tenían enfermedades, venían, y eran sanados;

10 los cuales también nos honraron con mucho aprecio; y cuando zarpamos, nos cargaron de las cosas necesarias.

11 Y después de tres meses, navegamos en ⁱuna nave de Alejandría que había invernado en la isla, la cual tenía por insignia a Cástor y Pólux.

12 Y llegados a Siracusa, estuvimos allí tres días.

13 De allí, costeando alrededor, llegamos a Regio; y después de un día, soplando el viento del sur, vinimos al segundo día a Puteoli,

14 donde hallando hermanos, nos rogaron que nos quedásemos con ellos siete días. Y así nos fuimos a Roma,

15 de donde, oyendo de nosotros los hermanos, salieron a recibirnos hasta el foro de Apio y Las Tres Tabernas; y al verlos, Pablo dio gracias a Dios y cobró aliento.

16 Y cuando llegamos a Roma, el centurión entregó los presos al prefecto de la guardia, mas ⁿPablo le fue permitido estar aparte, con un soldado que le guardase.

a Lc 13:2
b Mr 16:18
  Lc 10:19
c cp 26:32
d Lv 14:2-32
e cp 23:6
f cp 26:29
  Ef 6:20
g Stg 5:14-15
h cp 19:11-12
i cp 27:6
j cp 1:3
k cp 19:8
l cp 17:2-3
  y 26:22
m cp 14:4
  y 17:4
n cp 24:23
  y 27:3
o cp 13:42-47
  Mt 21:41-43
  Lc 2:32

Pablo sana al padre de Publio

17 Y aconteció que tres días después, Pablo convocó a los principales de los judíos; a los cuales, luego que estuvieron reunidos, les dijo: Yo, varones hermanos, no habiendo hecho nada contra el pueblo, ni *contra* las costumbres de nuestros padres, he sido entregado preso desde Jerusalén en manos de los romanos;

18 los cuales, habiéndome interrogado, ᶜme querían soltar; por no haber en mí ninguna causa de muerte.

19 Pero oponiéndose los judíos, me vi obligado a apelar a César; no que tenga de qué acusar a mi nación.

20 Así que por esta causa os he llamado para veros y hablaros; porque ᵉpor la esperanza de Israel estoy rodeado de ᶠesta cadena.

21 Entonces ellos le dijeron: Nosotros ni hemos recibido de Judea cartas acerca de ti, ni ha venido alguno de los hermanos que haya denunciado o hablado algún mal de ti.

22 Pero queremos oír de ti lo que piensas; porque de esta secta nos es notorio que en todas partes se habla contra ella.

23 Y habiéndole señalado un día, vinieron a él muchos a la posada, a los cuales declaraba y testificaba el ʲreino de Dios desde la mañana hasta la tarde, ᵏpersuadiéndoles acerca de Jesús, tanto ˡpor la ley de Moisés como por los profetas.

24 Y ᵐalgunos asentían a lo que se decía, pero algunos no creían.

25 Y como no estuvieron de acuerdo entre sí, partiendo ellos, les dijo Pablo esta palabra: Bien habló el Espíritu Santo por el profeta Isaías a nuestros padres,

26 diciendo: Ve a este pueblo, y diles: De oído oiréis, y no entenderéis; Y viendo veréis, y no percibiréis:

27 Porque el corazón de este pueblo se ha engrosado, y de los oídos oyen pesadamente, y han cerrado sus ojos; para que no vean con los ojos, y oigan con los oídos, y entiendan de corazón, y se conviertan, y yo los sane.

28 Os sea, pues, notorio, que ᵒa los gentiles es enviada esta salvación de Dios; y ellos oirán.

El evangelio de Cristo

29 Y habiendo dicho esto, los judíos salieron, teniendo gran discusión entre sí.
30 Y Pablo, se quedó dos años enteros en su casa de alquiler, y recibía a todos los que a él venían,
31 predicando el reino de Dios y enseñando acerca del Señor Jesucristo, ªcon toda confianza y sin impedimento.

a cp 4:29

Epístola Del Apóstol Pablo A Los
ROMANOS

CAPÍTULO 1

Pablo, siervo de Jesucristo, ªllamado *a ser* apóstol, ᵇapartado para el evangelio de Dios,
2 que Él había ᵈprometido antes por sus profetas en las Santas Escrituras,
3 tocante a su Hijo Jesucristo, nuestro Señor, ᵉque fue hecho de la simiente de David según la carne,
4 y que fue declarado *ser* el Hijo de Dios con poder, ᵍsegún el Espíritu de santidad, por la resurrección de entre los muertos,
5 por quien recibimos ʰla gracia y el apostolado, para obediencia de la fe en todas las naciones, por su nombre;
6 entre los cuales estáis también vosotros, los llamados de Jesucristo.
7 A todos los que estáis en Roma, amados de Dios, ˡllamados *a ser* santos. Gracia y paz a vosotros, de Dios nuestro Padre y del Señor Jesucristo.
8 Primeramente doy gracias a mi Dios mediante Jesucristo acerca de todos vosotros, ⁿde que en todo el mundo se habla de vuestra fe.
9 Porque testigo me es Dios, a quien sirvo en mi espíritu en el evangelio de su Hijo, que sin cesar °hago mención de vosotros siempre en mis oraciones,
10 rogando que de alguna manera ahora al fin, por la voluntad de Dios, haya de ᵠtener próspero viaje para ir a vosotros.
11 Porque deseo veros, para impartiros algún ˢdon espiritual, para que seáis afirmados,
12 esto es, para que sea yo confortado juntamente con vosotros por la fe mutua, mía y vuestra.
13 Mas no quiero, hermanos, que ignoréis que muchas veces me he propuesto ir a vosotros (pero hasta ahora he sido estorbado) para tener algún fruto también entre vosotros, así como entre los otros gentiles.
14 A griegos y a ᶜbárbaros; a sabios y a no sabios soy deudor.
15 Así que, en cuanto a mí, presto estoy a predicar el evangelio también a vosotros que estáis en Roma.
16 Porque no me avergüenzo del evangelio ᶠde Cristo; porque es el poder de Dios para salvación a todo aquel que cree; al judío primeramente, y también al griego.
17 Porque en él la justicia de Dios es revelada de fe en fe, como está escrito: Mas ⁱel justo por la fe vivirá.
18 Porque ʲla ira de Dios se revela desde el cielo contra toda impiedad e injusticia de los hombres, que con injusticia detienen la verdad;
19 porque lo que de Dios ᵏse conoce les es manifiesto; porque Dios se lo manifestó.
20 Porque las cosas ᵐinvisibles de Él, su eterno poder y Divinidad, son claramente visibles desde la creación del mundo, siendo entendidas por las cosas que son hechas; así que no tienen excusa.
21 Porque habiendo conocido a Dios, no *le* glorificaron como a Dios, ni le dieron gracias; ᵖantes se envanecieron en sus discursos, y su necio corazón fue entenebrecido.
22 Profesando ser sabios, se hicieron necios,
23 y cambiaron la gloria del Dios incorruptible, ʳen semejanza de imagen de hombre corruptible, y de aves, y de cuadrúpedos, y de reptiles.
24 Por lo cual también ᵗDios los entregó a la inmundicia, a las concupiscencias de sus corazones, a que deshonrasen entre sí sus propios cuerpos,

a cp 15:15-16
1 Co 15:10
b Hch 13:2
c Hch 28:2
d Dt 18:18
Is 9:6-7 53:1
Jer 23:5
e Mt 1:1
f cp 10:11
1 Co 1:23
y Gá 1:7
g Hch 10:38
h cp 15:15-16
i Hab 2:4
Gá 3:11
j Ef 5:6
k Hch 14:17
y 17:24-27
l 1 Co 1:2
m Col 1:16
n Mt 24:14
o 1 Ts 1:2
Flm 4
p Ef 4:17-18
q cp 15:23,32
r Dt 4:15-19
s 1 Co 1:17
y 14:1
t Sal 81:22

25 ya que ªcambiaron la verdad de Dios por la mentira, adorando y sirviendo a la criatura antes que al Creador, el cual es bendito por siempre. Amén.

26 Por esto Dios los entregó a pasiones vergonzosas; pues ᵈaun sus mujeres cambiaron el uso natural por el que es contra naturaleza;

27 y de la misma manera también los hombres, dejando el uso natural de la mujer, se encendieron en su lascivia unos con otros, cometiendo cosas nefandas ᶠhombres con hombres, recibiendo en sí mismos la recompensa que convino a su extravío.

28 Y como no les pareció retener a Dios en *su* conocimiento, Dios los entregó a ᵍuna mente reprobada, para hacer lo que no conviene;

29 estando atestados de toda iniquidad, fornicación, malicia, avaricia, maldad; llenos de envidias, homicidios, contiendas, engaños, malignidades;

30 murmuradores, detractores, aborrecedores de Dios, injuriosos, soberbios, altivos, inventores de males, desobedientes a los padres;

31 necios, desleales, sin afecto natural, implacables, sin misericordia;

32 quienes conociendo el juicio de Dios, que los que hacen tales cosas son dignos de muerte, no sólo las hacen, sino que aun ᵏconsienten a los que las hacen.

CAPÍTULO 2

Por lo cual eres inexcusable, oh hombre, quienquiera que seas tú que ⁿjuzgas; porque en lo que juzgas a otro, te condenas a ti mismo; porque tú que juzgas haces lo mismo.

2 Pero sabemos que el juicio de Dios contra los que hacen tales cosas es según verdad.

3 ¿Y piensas esto, oh hombre, que juzgas a los que hacen tales cosas y haces lo mismo, ˢque tú escaparás del juicio de Dios?

4 ¿O menosprecias las riquezas de su benignidad, y paciencia y longanimidad, ignorando que la bondad de Dios te guía al ᵛarrepentimiento?

a Is 44:20
b Ap 20:12-13
c Job 34:11
Sal 62:12
Is 3:11
Jer 17:10
y 32:19
Ez 18:30
Mt 16:27
1 Co 3:8; 5:10
Gá 6:7-8
Ap 2:23
20:12 y 22:12
d Gn 19:5
y Dt 23:17
e cp 5:21
6:23
f Lv 18:22
1 Co 6:9
1 Tim 1:10
g Sal 81:12
2 Co 13:5-7
2 Tim 3:8
Tit 1:16
h Dt 10:17
i Lc 12:47-48
j Mt 7:21
Lc 8:21
Stg 1:22
1 Jn 3:7
k Sal 50:18
Os 7:3
l Jn 8:9
1 Tim 4:2
Tit 1:5
m 1 Co 4:5
Ap 20:12
n Mt 7:1-2
o Mt 3:9
p cp 9:4
q ver 23
r cp 3:2
s 1 Ts 5:3
Heb 2:3
12:25
t 2 Tim 3:5
u Mt 23:3-32
v Mt 11:28-30

5 Mas por tu dureza, y tu corazón no arrepentido, atesoras ira para ti mismo, para ᵇel día de la ira y de la manifestación del justo juicio de Dios,

6 el cual ᶜpagará a cada uno conforme a sus obras:

7 A los que, perseverando en bien hacer, buscan gloria y honra e inmortalidad, ᵉvida eterna.

8 Pero indignación e ira, a los que son contenciosos y no obedecen a la verdad, antes obedecen a la injusticia.

9 Tribulación y angustia sobre todo ser humano que hace lo malo, el judío primeramente, y también el griego.

10 Pero gloria y honra y paz a todo el que hace lo bueno, al judío primeramente, y también al griego.

11 Porque ʰno hay acepción de personas para con Dios.

12 Porque todos ᶦlos que sin ley pecaron, sin ley también perecerán; y todos los que en la ley pecaron, por la ley serán juzgados.

13 Porque no *son* los oidores de la ley los justos para con Dios, sino ʲlos hacedores de la ley serán justificados.

14 Porque cuando los gentiles que no tienen ley, hacen por naturaleza lo que es de la ley, éstos, no teniendo ley, son ley a sí mismos,

15 mostrando ellos, la obra de la ley escrita ˡen sus corazones, dando testimonio su conciencia y *sus* pensamientos, acusándose o aun excusándose unos a otros,

16 en el día en que ᵐDios juzgará por Jesucristo, los secretos de los hombres, conforme a mi evangelio.

17 He aquí, tú tienes el sobrenombre ᵒde judío, y ᵖte apoyas en la ley, y ᵠte glorías en Dios,

18 y ʳconoces *su* voluntad, y apruebas lo mejor; siendo instruido por la ley;

19 y confías en que eres guía de los ciegos, luz de los que están en tinieblas,

20 instructor de los ignorantes, maestro de niños, que tienes la ᵗforma del conocimiento, y de la verdad en la ley.

21 Tú, pues, que ᵘenseñas a otro, ¿no te enseñas a ti mismo? Tú que predicas que no se ha de hurtar, ¿hurtas?

Todos pecaron   **ROMANOS 3**

22 Tú que dices que no se ha de adulterar, ¿adulteras? Tú que abominas a los ídolos, ª¿cometes sacrilegio?

23 Tú que te jactas de la ley, ¿con infracción de la ley deshonras a Dios?

24 Porque ᶜel nombre de Dios es blasfemado entre los gentiles por causa de vosotros, como está escrito.

25 Pues la circuncisión ciertamente aprovecha si guardas la ley; pero si eres transgresor de la ley, tu circuncisión es hecha incircuncisión.

26 De manera que si ᵉel incircunciso guarda la justicia de la ley, ¿no será su incircuncisión contada como circuncisión?

27 Así que el que es incircunciso por naturaleza, si cumple la ley, ¿no te juzgará a ti que con la letra y la circuncisión eres transgresor de la ley?

28 Porque no es judío el que lo es por fuera; ni *es* la circuncisión la que se hace exteriormente en la carne;

29 sino que *es* judío el que lo es en el interior; y ᶠla circuncisión *es la* del corazón, en espíritu, no en letra; cuya alabanza no *es* de los hombres, sino de Dios.

CAPÍTULO 3

¿Qué ventaja, pues, tiene el judío? ¿O de qué aprovecha la circuncisión?

2 Mucho, en todas maneras. Primero, porque ciertamente ⁱa ellos les ha sido confiada la palabra de Dios.

3 ¿Y qué si algunos de ellos no han creído? ¿La incredulidad de ellos hará nula la fe de Dios?

4 ¡En ninguna manera! Antes bien, ʲsea Dios veraz, y todo hombre mentiroso; como está escrito: Para que seas justificado en tus palabras, y venzas cuando seas juzgado.

5 Y si nuestra injusticia ᵏencarece la justicia de Dios, ¿qué diremos? ¿*Será* injusto Dios que da castigo? (Hablo como hombre.)

6 ¡En ninguna manera! De otro modo, ¿cómo juzgaría Dios al mundo?

7 Pero si por mi mentira ᵖla verdad de Dios abundó para su gloria, ¿por qué aún soy juzgado como pecador?

8 ¿Y por qué no decir (como somos difamados, y algunos afirman que decimos): ᵇHagamos males para que vengan bienes? La condenación de los cuales es justa.

9 ¿Qué, pues? ¿Somos mejores *que ellos*? En ninguna manera; porque ya hemos acusado a judíos y a gentiles, que todos están bajo pecado.

10 Como está escrito: ᵈNo hay justo, ni aun uno.

11 No hay quien entienda, no hay quien busque a Dios.

12 Todos se desviaron del camino, a una se hicieron inútiles; no hay quien haga lo bueno, no hay ni siquiera uno.

13 Sepulcro abierto es su garganta; con su lengua engañan, veneno de áspides hay debajo de sus labios;

14 cuya boca está llena de maldición y de amargura;

15 sus pies, prestos para derramar sangre;

16 destrucción y miseria *hay* en sus caminos;

17 y el camino de paz no han conocido.

18 No hay temor de Dios delante de sus ojos.

19 Pero sabemos que todo lo que la ley dice, a los que están bajo la ley lo dice; ᵍpara que toda boca se tape, y todo el mundo sea hallado culpable delante de Dios.

20 Por tanto, ʰpor las obras de la ley ninguna carne será justificada delante de Él; pues por la ley *es* el conocimiento del pecado.

21 Mas ahora, aparte de la ley, la justicia de Dios es manifestada, siendo testificada por la ley y los profetas;

22 la justicia de Dios *que es* por la fe de Jesucristo, para todos y sobre todos los que creen; porque no hay diferencia;

23 por cuanto todos pecaron, y están destituidos de la gloria de Dios;

24 siendo ˡjustificados gratuitamente por su gracia mediante ᵐla redención que es en Cristo Jesús;

25 a quien ⁿDios ha puesto en propiciación por medio de ᵒla fe en su sangre, para manifestar su justicia por la remisión de ᑫlos pecados pasados, en la paciencia de Dios,

---

a Mal 1:8-14
b cp 6:1,15

c Is 52:5

d Sal 14:1-3
y 53:1-3

e Lc 4:36

f Mt 4:24
Lc 4:37

g cp 8:7
1 Pe 3:22
Stg 2:10
h Gá 2:16 y
3:11, Tit 3:5

i Heb 5:12

j Jn 3:33

k cp 5:8
l cp 5:1
m Tit 3:5-7
n Lv 16:15
1 Jn 2:2
o Ef 2:13
Col 1:20
p ver 4
q Heb 9:15

26 para manifestar su justicia en este tiempo; para que Él sea justo, y el que justifica ᵇal que cree en Jesús.

27 ¿Dónde, pues, *está* ᵈla jactancia? Queda excluida. ¿Por cuál ley? ¿De las obras? No, sino por la ley de la fe.

28 Concluimos, pues, que el hombre es justificado por fe sin las obras de la ley.

29 *¿Es Dios* solamente Dios de los judíos? ¿No *lo es* también de los gentiles? Ciertamente, también de los gentiles.

30 Porque uno es Dios, el cual justificará por la fe *a los de* la circuncisión, y por medio de la fe, *a los de* la incircuncisión.

31 ¿Entonces invalidamos la ley por la fe? ¡En ninguna manera! ʰAntes bien, confirmamos la ley.

CAPÍTULO 4

1 ¿Qué, pues, diremos que halló Abraham, nuestro padre ʲsegún la carne?

2 Porque si Abraham fue justificado por las obras, tiene de qué gloriarse; pero no delante de Dios.

3 Porque ¿qué dice ˡla Escritura? Creyó Abraham a Dios, y le fue contado por justicia.

4 Ahora bien, al que obra no se le cuenta el salario como gracia, sino ⁿcomo deuda.

5 Pero al que no obra, pero cree en Aquél que justifica al impío, su fe le es contada por justicia.

6 Como ᵖDavid también describe la bienaventuranza del hombre a quien Dios atribuye justicia ᵠsin las obras,

7 *diciendo*: Bienaventurados aquellos cuyas iniquidades son perdonadas, y cuyos pecados son cubiertos.

8 Bienaventurado el varón a quien el Señor no imputará pecado.

9 ¿Es, pues, esta bienaventuranza *solamente* para *los de* la circuncisión, o también *para los de* la incircuncisión? ˢPorque decimos que a Abraham le fue contada la fe por justicia.

10 ¿Cómo, pues, le fue contada? ¿Estando él en la circuncisión, o en la incircuncisión? No en la circuncisión, sino en la incircuncisión.

11 Y recibió ᵃla señal de la circuncisión, el sello de la justicia de la fe que tuvo siendo *aún* incircunciso; ᶜpara que fuese padre de todos los creyentes no circuncidados; a fin de que también a ellos les sea imputada la justicia;

12 y padre de la circuncisión, a los que son, no sólo de la circuncisión sino que también siguen ᵉlas pisadas de la fe que tuvo nuestro padre Abraham antes de ser circuncidado.

13 Porque ᶠla promesa de que él sería heredero del mundo, no *fue dada* a Abraham o a su simiente por la ley, sino por la justicia de la fe.

14 Porque si los que son de la ley *son* los herederos, vana es la fe, y anulada es la promesa.

15 Porque ᵍla ley produce ira; pero donde no hay ley, tampoco *hay* transgresión.

16 Por tanto, *es* por la fe, para que *sea* ⁱpor gracia; a fin de que la promesa sea firme a toda simiente; no sólo al que es de la ley, sino también al que es de la fe de Abraham, quien es el padre de todos nosotros

17 (como está escrito: ᵏPadre de muchas naciones, te he hecho) delante de Dios, a quien creyó; el cual da vida a los muertos, y llama las cosas que no son, como si fuesen.

18 El cual creyó en esperanza contra esperanza, ᵐpara venir a ser padre de muchas naciones, conforme a lo que le había sido dicho: Así será tu simiente.

19 Y no se debilitó en la fe, ᵒni consideró su cuerpo ya muerto (siendo ya como de cien años), ni matriz muerta de Sara.

20 Tampoco dudó, por incredulidad, de la promesa de Dios, sino que se fortaleció en fe, dando gloria a Dios,

21 plenamente convencido que todo lo que Él había prometido, era también ʳpoderoso para hacerlo;

22 por lo cual también le fue ᵗimputado por justicia.

23 Y que le fue imputado, no fue escrito solamente por causa de él,

24 sino también por nosotros, a quienes será imputado, esto es, a los que creemos en ᵘel que levantó de los muertos a Jesús nuestro Señor;

Dios encarece su amor

25 el cual ªfue entregado por nuestras transgresiones, y resucitado para nuestra justificación.

CAPÍTULO 5

Justificados, pues, por la fe, tenemos ᶜpaz para con Dios por medio de nuestro Señor Jesucristo,

2 por quien también ᵈtenemos entrada por la fe a esta gracia en la cual estamos firmes, y nos gloriamos en la esperanza de la gloria de Dios.

3 Y no sólo esto, sino que también nos gloriamos ᵉen las tribulaciones, sabiendo que la tribulación produce ᶠpaciencia;

4 y la paciencia, ᵍprueba; y la prueba, esperanza;

5 y la esperanza ʰno avergüenza; porque el amor de Dios ha sido ⁱderramado en nuestros corazones por el Espíritu Santo que nos es dado.

6 Porque Cristo, cuando aún éramos débiles, ᵏa su tiempo murió por los impíos.

7 Porque apenas morirá alguno por un justo; con todo pudiera ser que alguno osara morir por el bueno.

8 Mas Dios ᵐencarece su amor para con nosotros, en que siendo aún pecadores, Cristo murió por nosotros.

9 Mucho más ahora, ᵒestando ya justificados en su sangre, por Él seremos salvos de la ira.

10 Porque ᵖsi siendo enemigos, ᵠfuimos reconciliados con Dios por la muerte de su Hijo; mucho más, estando reconciliados, seremos salvos por su vida.

11 Y no sólo esto, sino que también nos gloriamos en Dios por nuestro Señor Jesucristo, ˢpor quien hemos recibido ahora la reconciliación.

12 Por tanto, como el pecado entró en el mundo por un hombre, y por el pecado la muerte, y así ᵛla muerte pasó a todos los hombres, por cuanto todos pecaron.

13 Porque antes de la ley, el pecado estaba en el mundo; pero no se imputa pecado no habiendo ley.

14 No obstante, reinó la muerte desde Adán hasta Moisés, aun en los que no pecaron a la manera de la transgresión de Adán; el cual ᵃes figura del que había de venir.

a Is 53:5-10
2 Co 5:21
Gá 1:4 Ef 5:2
1 Pe 2:24
y 3:18
b cp 6:23
c Col 1:20
Heb 7:2
Stg 3:18
d Ef 2:18
Mt 7:13
Jn 10:7-9
e Mt 5:12
1 Pe 3:14
f Stg 1:3
g 2 Co 8:2
h Fil 1:20
i cp 4:25
j Is 44:3-5
Ef 3:16-19
k Gá 4:4
1 Tim 2:6
l 2 Co 5:21
m Jn 15:13
Ef 1:6-8
n Ef 1:3-8
o Ef 1:7
Col 1:20
Heb 10:19
p Col 1:21
q vers 18,19
Ef 2:16
Col 1:20-21
r Gá 5:13
1 Pe 2:16
Jud 4
s cp 11:15
2 Co 5:20
t Col 2:20
y 3:3
u Gá 3:27
v Gn 3:6-19
1 Co 15:21-22
x Col 2:12
y cp 7:6
z Sal 1:3
y 92:13
a 1 Co 15:45

15 Así también fue el don, mas no como el pecado. Porque si por el pecado de uno muchos murieron, mucho más la gracia de Dios abundó para muchos, y el don de gracia por un hombre, Jesucristo.

16 Y ᵇel don, no fue como por uno que pecó; porque ciertamente el juicio vino por uno para condenación, mas el don es de muchos pecados para justificación.

17 Porque si por un pecado reinó la muerte, por uno; mucho más los que reciben la gracia abundante y el don de la justicia reinarán en vida por uno, Jesucristo.

18 Así que, como por el pecado de uno vino la condenación a todos los hombres, así también, por la justicia de uno, vino la gracia a todos los hombres para ⁱjustificación de vida.

19 Porque como por la desobediencia de un hombre muchos fueron constituidos pecadores, ˡasí también por la obediencia de uno, muchos serán constituidos justos.

20 Y la ley entró para que el pecado abundase; pero cuando el pecado abundó, ⁿsobreabundó la gracia;

21 para que así como el pecado reinó para muerte, así también la gracia reine por la justicia para vida eterna, por Jesucristo, nuestro Señor.

CAPÍTULO 6

¿Qué, pues, diremos? ʳ¿Perseveraremos en el pecado para que la gracia abunde?

2 ¡En ninguna manera! Porque los que somos muertos al pecado, ᵗ¿cómo viviremos aún en él?

3 ¿O no sabéis que todos los que hemos sido ᵘbautizados en Cristo Jesús, hemos sido bautizados en su muerte?

4 Porque ˣsomos sepultados con Él en la muerte por el bautismo; para que como Cristo resucitó de los muertos por la gloria del Padre, así también nosotros andemos ʸen novedad de vida.

5 Porque si fuimos ᶻplantados juntamente con Él en la semejanza de su muerte, también lo seremos en la semejanza de su resurrección;

6 sabiendo esto, que ªnuestro viejo hombre fue crucificado con Él, para que el cuerpo de pecado fuera destruido, a fin de que no sirvamos más al pecado.

7 Porque ᶜel que ha muerto, libre es del pecado.

8 Y si morimos con Cristo, creemos que también viviremos con Él;

9 sabiendo que Cristo, habiendo resucitado de los muertos, ya no muere; ᵉla muerte ya no tiene dominio sobre Él.

10 Porque en cuanto murió, al pecado murió una vez; pero en cuanto vive, para Dios vive.

11 Así también vosotros consideraos en verdad muertos al pecado, ᵍpero vivos para Dios en Cristo Jesús, Señor nuestro.

12 ʰNo reine, pues, el pecado en vuestro cuerpo mortal, para que le obedezcáis en sus concupiscencias;

13 ʲni tampoco presentéis vuestros miembros al pecado *como* instrumentos de iniquidad; sino presentaos vosotros mismos a Dios como vivos de entre los muertos, y vuestros ˡmiembros a Dios *como* instrumentos de justicia.

14 Porque el pecado no se enseñoreará de vosotros; pues no estáis bajo la ley, sino bajo la gracia.

15 ¿Qué, pues? ¿Pecaremos porque no estamos bajo la ley, sino bajo la gracia? ¡En ninguna manera!

16 ¿No sabéis que si os sometéis a alguien como ᵒesclavos para obedecerle, sois esclavos de aquel a quien obedecéis; ya sea del pecado para muerte, o de la obediencia para justicia?

17 Mas a Dios gracias, que aunque fuisteis esclavos del pecado, ʳhabéis obedecido de corazón a aquella forma de doctrina a la cual fuisteis entregados;

18 y ᵗlibertados del pecado, vinisteis a ser ᵘsiervos de la justicia.

19 Hablo humanamente, por causa de ᵛla debilidad de vuestra carne; que así como presentasteis vuestros miembros como siervos a la inmundicia y a la iniquidad, así ahora presentéis vuestros miembros como siervos a la justicia y a ʸla santidad.

20 Porque ᵇcuando erais esclavos del pecado, libres erais de la justicia.

21 ¿Qué fruto teníais entonces en aquellas cosas de las que ahora os avergonzáis? Porque el fin de ellas es muerte.

22 Mas ahora, libertados del pecado, y hechos siervos de Dios, tenéis por vuestro fruto la santidad, y por fin la vida eterna.

23 Porque ᵈla paga del pecado *es* muerte; mas ᶠel don de Dios *es* vida eterna en Cristo Jesús Señor nuestro.

CAPÍTULO 7

¿Acaso ignoráis, hermanos (pues hablo a aquellos que conocen la ley), que la ley se enseñorea del hombre entre tanto que éste vive?

2 Porque ⁱla mujer que tiene marido está ligada por la ley a *su* marido mientras él vive; mas si el marido muere, ella queda libre de la ley del marido.

3 Así que, ᵏsi viviendo *su* marido, se casa con otro hombre, será llamada adúltera; pero si su marido muere, ella queda libre de la ley, y si se casa con otro hombre no será adúltera.

4 Así también vosotros mis hermanos, habéis ᵐmuerto a la ley ⁿpor el cuerpo de Cristo; para que seáis de otro, de Aquél que resucitó de entre los muertos, a fin de que llevemos fruto para Dios.

5 Porque cuando estábamos en la carne, ᵖla influencia del pecado, que era por la ley, obraba en nuestros miembros llevando fruto para muerte;

6 pero ahora somos ᑫlibres de la ley, habiendo muerto a lo que nos tenía sujetos, para que sirvamos en ˢnovedad de espíritu, y no *en* lo antiguo de la letra.

7 ¿Qué diremos entonces? ¿*Es* pecado la ley? ¡En ninguna manera! Al contrario, yo no hubiera conocido el pecado a no ser por la ley: Porque no conociera la codicia si la ley no dijera: ˣNo codiciarás.

8 Pero el pecado, tomando ocasión por el mandamiento, produjo en mí toda codicia. Porque sin la ley el pecado *estaba* muerto.

No hay condenación en Cristo

9 Y antes yo vivía sin ley, pero cuando vino el mandamiento, el pecado revivió y yo morí.

10 Y el mandamiento que *era* para vida, yo encontré *que era* para muerte.

11 Porque el pecado, tomando ocasión por el mandamiento, ᵇme engañó, y por él *me* mató.

12 De manera que ᵉla ley a la verdad *es* santa, y el mandamiento *es* santo, y justo, ᵍy bueno.

13 ¿Entonces lo que es bueno, vino a ser muerte para mí? ¡En ninguna manera! Pero el pecado, para mostrarse pecado, obró muerte en mí por lo que es bueno, a fin de que por el mandamiento, el pecado llegase a ser sobremanera pecaminoso.

14 Porque sabemos que ʲla ley es espiritual; pero yo soy carnal, ˡvendido bajo pecado.

15 Pues lo que hago, no lo entiendo, pues no hago lo que quiero; sino lo que aborrezco, eso hago.

16 Y si lo que no quiero, eso hago, apruebo que la ley es buena.

17 De manera que ya no soy yo quien lo hace, sino el pecado que mora en mí.

18 Y yo sé que ᵖen mí (esto es en mi carne) no mora el bien; pues el querer está en mí, pero el hacer el bien no.

19 Porque no hago el bien que quiero, sino el mal que no quiero, éste hago.

20 Y si hago lo que no quiero, ya no soy yo quien lo hace, sino ᵗel pecado que mora en mí.

21 Hallo, pues, esta ley, que cuando quiero hacer el bien, el mal está en mí.

22 Porque según ᵛel hombre interior ˣme deleito en la ley de Dios;

23 mas ᶻveo otra ley en mis miembros, que se rebela contra la ley de mi mente, y me lleva cautivo a la ley del pecado que está en mis miembros.

24 ¡Miserable hombre de mí! ¿Quién me librará de este ᵇcuerpo de muerte?

25 Gracias doy a Dios ᵈpor Jesucristo nuestro Señor: Así que, ᵉyo mismo con la mente sirvo a la ley de Dios; mas con la carne a la ley del pecado.

a Jn 5:24
b Gn 3:13
c 1 Co 15:45
d cp 7:24-25
e Sal 19:8
f Heb 7:19
y 10:1-2
g Sal 119:137
Lc 4:38
h 2 Co 5:21
i Heb 10:6-8

j 1 Co 3:1
k Gá 5:19-21
l 1 Re 21:20
m Gá 5:22-25
n cp 6:21

o Stg 4:4

p Gn 6:5 8:21
q Col 1:10
1 Ts 4:1
I Jn 3:22

r Jn 14:26
1 Co 2:11-12
s Col 1:27
t Ec 7:20

u Hch 2:24
v Ef 3:16
x Sal 1:2
119:24,77,92, 143,174
y Jn 5:21
z Gá 5:17
6:13
a 1 Co 6:19
1 Pe 4:2-3
b cp 6:6 8:23
c Col 3:5
d 1 Co 15:57
e Sal 116:16
Fil 3:3
f Gá 5:18

ROMANOS 8
CAPÍTULO 8

Ahora, pues, ᵃninguna condenación *hay* para los que están en Cristo Jesús, los que no andan conforme a la carne, sino conforme al Espíritu.

2 Porque ᶜla ley del Espíritu de vida en Cristo Jesús me ha librado de ᵈla ley del pecado y de la muerte.

3 Porque ᶠlo que era imposible para la ley, por cuanto era débil por la carne, Dios, ʰenviando a su Hijo en semejanza de carne de pecado y a ⁱcausa del pecado, condenó al pecado en la carne;

4 para que la justicia de la ley se cumpliese en nosotros, que no andamos conforme a la carne, sino conforme al Espíritu.

5 Porque ᵏlos que son de la carne, en las cosas de la carne piensan; pero los que son del Espíritu, en ᵐlas cosas del Espíritu.

6 Porque ⁿla mente carnal *es* muerte, pero la mente espiritual, *es* vida y paz.

7 Porque ᵒla mente carnal *es* enemistad contra Dios; porque no se sujeta a la ley de Dios, ni tampoco puede.

8 Así que, los que están en la carne ᑫno pueden agradar a Dios.

9 Mas vosotros no estáis en la carne, sino en el Espíritu, si es que el Espíritu de Dios mora en vosotros. ʳY si alguno no tiene el Espíritu de Cristo, el tal no es de Él.

10 ˢY si Cristo *está* en vosotros, el cuerpo a la verdad *está* muerto a causa del pecado pero el Espíritu vive a causa de la justicia.

11 Y si el Espíritu de Aquél que ᵘlevantó de los muertos a Jesús mora en vosotros, el que levantó a Cristo de entre los muertos, ᵛvivificará también vuestros cuerpos mortales por su Espíritu que mora en vosotros.

12 Así que, hermanos, ᵃdeudores somos, no a la carne, para que vivamos conforme a la carne.

13 Porque si vivís conforme a la carne, moriréis, mas ᶜsi por el Espíritu hacéis morir las obras de la carne, viviréis.

14 Porque ᶠtodos los que son guiados por el Espíritu de Dios, los tales son hijos de Dios.

15 Porque ªno habéis recibido el espíritu de servidumbre para estar otra vez en temor, sino que ᶜhabéis recibido el Espíritu de adopción, por el cual clamamos: ᵉAbba Padre.

16 El Espíritu mismo da testimonio a nuestro espíritu que somos hijos de Dios.

17 Y si hijos, también ʲherederos; herederos de Dios, y coherederos con Cristo; ᵏsi es que padecemos juntamente *con Él*, para que juntamente *con Él* seamos también glorificados.

18 Pues tengo por cierto que ᵐlas aflicciones del tiempo presente no *son* dignas de comparar con la gloria que en nosotros ha de ser manifestada.

19 Porque ᵖel anhelo ardiente de las criaturas espera la manifestación de los hijos de Dios.

20 Porque las criaturas fueron ᑫsujetadas a vanidad, no voluntariamente, sino ᵖpor causa de Aquél que las sujetó en esperanza,

21 porque las mismas criaturas serán libradas de ᵛla servidumbre de corrupción, en la libertad gloriosa de los hijos de Dios.

22 Porque sabemos que toda la creación gime a una, y está en dolores de parto hasta ahora;

23 y no sólo *ella*, sino que también nosotros que tenemos ᵃlas primicias del Espíritu, nosotros también gemimos dentro de nosotros mismos, esperando la adopción, *esto es*, ᶜla redención de nuestro cuerpo.

24 Porque ᵉen esperanza somos salvos; mas la esperanza que se ve no es esperanza, pues lo que uno ve ¿por qué esperarlo aún?

25 Mas si lo que no vemos esperamos, con paciencia lo esperamos.

26 Y de la misma manera, también el Espíritu ʰnos ayuda en nuestras debilidades; pues qué hemos de pedir como conviene, no lo sabemos; pero el Espíritu mismo ⁱintercede por nosotros con gemidos indecibles.

27 Y el que escudriña los corazones sabe cuál es la intención del Espíritu, porque ʲconforme a la voluntad de Dios intercede por los santos.

a Heb 2:15
b Gn 50:20
  Ap 3:19
c Hch 13:39
  Gá 4:5
d Ef 1:11
e Gá 4:6
f 1 Pe 1:2
g Ef 1:5-7
h 2 Co 3:18
i Col 1:15-18
  Heb 1:6
  Ap 1:5
j Gá 4:7
k Hch 14:22
  2 Co 1:7
  Fil 1:29
l 1 Co 1:9
m 2 Co 4:17
  1 Pe 1:6-7
  y 4:13
n Is 27:4
  Sal 118:6
o Is 53:10
  Jn 3:16
p 2 Pe 3:13
q Ec 1:2
r cp 16:13
s 1 Co 15:27
  Heb 2:8
t Is 50:8-9
u Sal 33:37
v 1 Co 15:42
x Sal 110:1
y Heb 7:25
z Jer 32:3
  Jn 13:1
a Stg 1:18
b Sal 44:22
c cp 7:24
d 2 Co 5:7
  2 Pe 1:10-11
e 1 Co 15:57
  2 Co 2:14
f 1 Co 15:55
g Sal 110:1

h 2 Co 5:7
  2 Pe 1:10-11

i Zac 12:10
  Jn 14:16
  Ef 6:18

j 1 Jn 5:14
k cp 10:1

Todas las cosas ayudan a bien

28 Y sabemos que ᵇtodas las cosas ayudan a bien, a los que aman a Dios, a los que ᵈconforme a *su* propósito son llamados.

29 Porque ᶠa los que antes conoció, también ᵍlos predestinó *para que fuesen* hechos ʰconforme a la imagen de su Hijo, ⁱpara que Él sea el primogénito entre muchos hermanos.

30 Y a los que predestinó, a éstos también ˡllamó; y a los que llamó, a éstos también justificó; y a los que justificó, a éstos también glorificó.

31 ¿Qué, pues, diremos a esto? ⁿSi Dios por nosotros, ¿quién contra nosotros?

32 El que ᵒno escatimó ni a su propio Hijo, sino que lo entregó por todos nosotros, ¿cómo no nos dará también con Él todas las cosas?

33 ¿Quién acusará a ʳlos escogidos de Dios? ᵗDios *es el* que justifica.

34 ¿Quién *es* ᵘel que condenará? Cristo es el que murió, y más aun, el que también resucitó, el que además está a ˣla diestra de Dios, el que también ʸintercede por nosotros.

35 ᶻ¿Quién nos separará del amor de Cristo? ¿Tribulación, o angustia, o persecución, o hambre, o desnudez, o peligro, o espada?

36 Como está escrito: ᵇPor causa de ti somos muertos todo el tiempo; somos contados como ovejas de matadero.

37 Antes, en todas estas cosas somos ᵉmás que vencedores por medio de Aquél que nos amó.

38 Por lo cual estoy seguro que ᶠni la muerte, ni la vida, ni ángeles, ᵍni principados, ni potestades, ni lo presente, ni lo por venir,

39 ni lo alto, ni lo profundo, ni ninguna otra criatura nos podrá separar del amor de Dios que es en Cristo Jesús Señor nuestro.

CAPÍTULO 9

Digo la verdad en Cristo, no miento, y mi conciencia me da testimonio en el Espíritu Santo.

2 Que tengo gran tristeza y ᵏcontinuo dolor en mi corazón.

Vasos de honra, y de deshonra

ROMANOS 9

3 Porque deseara yo mismo ser ªanatema, separado de Cristo, por mis hermanos, los que son mis parientes según la carne,

4 que son israelitas, de los cuales es ᵈla adopción, y ᵉla gloria, y ᶠlos pactos, y ᵍel dar de la ley, y el servicio a Dios y las promesas;

5 de quienes son ⁱlos padres, y de los cuales vino Cristo según la carne, el cual ʲes Dios sobre todas las cosas, bendito por siempre. Amén.

6 No como si la palabra de Dios haya fallado; porque ˡno todos los que son de Israel son israelitas;

7 ⁿni por ser simiente de Abraham, son todos hijos; sino que: ᵖEn Isaac te será llamada descendencia.

8 Esto es: No los que son hijos según la carne son los hijos de Dios, sino ʳlos que son hijos de la promesa son contados por simiente.

9 Porque la palabra de la promesa es ésta: ᵗA este tiempo vendré, y Sara tendrá un hijo.

10 Y no sólo esto, sino que también cuando ᵘRebeca concibió de uno, de Isaac nuestro padre

11 (aunque aún no habían nacido sus hijos, ni habían hecho bien ni mal, para que el propósito de Dios conforme a la elección permaneciese, ʸno por las obras, sino ᶻpor el que llama),

12 le fue dicho a ella: ᵇEl mayor servirá al menor.

13 Como está escrito: ᵈA Jacob amé; mas a Esaú aborrecí.

14 ¿Qué, pues, diremos? ¿Que hay injusticia en Dios? ¡En ninguna manera!

15 Porque a Moisés dice: ᶠTendré misericordia del que yo tenga misericordia, y me compadeceré del que yo me compadezca.

16 Así que no es del que quiere, ni del que corre, sino de Dios que tiene misericordia.

17 Porque ʰla Escritura dice a Faraón: Para esto mismo te he levantado, para mostrar en ti mi poder, ʲy que mi nombre sea predicado por toda la tierra.

18 De manera que del que quiere tiene misericordia; ˡy al que quiere endurecer, endurece.

19 Me dirás entonces: ¿Por qué, pues, inculpa? porque, ⁿ¿quién ha resistido a su voluntad?

a Éx 32:32
b Is 29:16
y 45:9
c Jer 18:6
d Éx 4:22
e 1 Sm 4:22
f Gn 17:2
g Jn 1:17
h 2 Tim 2:20
i cp 11:28
j 1 Jn 5:20
k cp 2:4
l Lc 5:19
m cp 2:4
n Jn 8:37-39
Gá 3:29
o cp 8:28-30
p Gn 21:12
Gá 3:29
q cp 3:29
r cp 4:16
Gá 4:28
s Os 2:23
1 Pe 2:10
t Gn 18:10
u Gn 25:21
v Os 1:10

x Is 10:20-23
y Ef 2:8-9
z cp 8:28
a Dt 30:12
Gá 3:29
b Gn 25:23
c Is 28:22
d Mal 1:2-3
e Is 1:9

f Éx 23:19

g cp 1:17 10:3
h Éx 9:22
i cp 10:2-3
y 11:7
j Jn 17:26
k Lc 2:34
1 Co 1:23
l Éx 10:1
m Is 8:14
1 Pe 2:8
n 2 Cro 20:6
Job 9:12-15
y 23:13
o cp 10:11

20 Mas antes, oh hombre, ¿quién eres tú, para que alterques contra Dios? ᵇ¿Dirá lo formado al que lo formó: Por qué me has hecho así?

21 ¿O no tiene potestad ᶜel alfarero sobre el barro, para hacer de la misma masa ʰun vaso para honra y otro para deshonra?

22 ᵞY qué si Dios, queriendo mostrar su ira y hacer notorio su poder, soportó ᵏcon mucha paciencia los vasos de ira, preparados para destrucción;

23 y para hacer notorias ᵐlas riquezas de su gloria para con los vasos de misericordia que ᵒÉl preparó de antemano para gloria,

24 a los cuales también ha llamado, aun a nosotros, ᑫno sólo de los judíos, sino también de los gentiles?

25 Como también en Oseas dice: ˢLlamaré pueblo mío al que no era mi pueblo, y a la no amada, amada.

26 Y acontecerá que en el lugar donde les fue dicho: ᵛVosotros no sois mi pueblo, allí serán llamados hijos del Dios viviente.

27 También Isaías clama tocante a Israel: ˣAunque el número de los hijos de Israel sea como la arena del mar, ªun remanente será salvo.

28 Porque Él consumará la obra, y la acortará en justicia, porque ᶜobra abreviada hará el Señor sobre la tierra.

29 Y como antes dijo Isaías: ᵉSi el Señor de los ejércitos no nos hubiera dejado simiente, como Sodoma habríamos venido a ser, y a Gomorra seríamos semejantes.

30 ¿Qué, pues, diremos? Que los gentiles, que no procuraban la justicia han alcanzado la justicia, es decir, ᵍla justicia que es por la fe;

31 pero Israel, ⁱque procuraba la ley de la justicia, no ha alcanzado la ley de la justicia.

32 ¿Por qué? Porque no la procuraron por fe, sino como por las obras de la ley, ᵏpor lo cual tropezaron en la piedra de tropiezo,

33 como está escrito: ᵐHe aquí pongo en Sión piedra de tropiezo, y roca de caída; ᵒy todo aquel que en Él creyere, no será avergonzado.

CAPÍTULO 10

Hermanos, ciertamente ᵃel deseo de mi corazón, y mi oración a Dios por Israel, es para su salvación.

2 Porque yo les doy testimonio de que ᶜtienen celo de Dios, pero no conforme a ciencia.

3 Porque ignorando la justicia de Dios, y procurando establecer su propia justicia, ᵉno se han sujetado a la justicia de Dios.

4 Porque ᵍel fin de la ley *es* Cristo, para justicia a todo aquel que cree.

5 Porque Moisés describe la justicia que es por la ley: ⁱEl hombre que hiciere estas cosas, vivirá por ellas.

6 Pero la justicia que es por la fe dice así: ʲNo digas en tu corazón: ¿Quién subirá al cielo? (esto es, para traer abajo a Cristo.)

7 O, ¿quién descenderá al abismo? (esto es, para volver a subir a Cristo de los muertos.)

8 Mas ¿qué dice? ˡCerca de ti está la palabra, en tu boca y en tu corazón. Ésta es la palabra de fe la cual predicamos:

9 Que ⁿsi confesares con tu boca al Señor Jesús, y creyeres en tu corazón que Dios le levantó de los muertos, serás salvo.

10 Porque con el corazón se cree para justicia, mas con la boca se hace confesión para salvación.

11 Porque la Escritura dice: ᵖTodo aquel que en Él creyere, no será avergonzado.

12 Porque ʳno hay diferencia entre judío y griego; porque el mismo que es Señor de todos, es rico para con todos los que le invocan.

13 Porque ᵘtodo aquel que invocare el nombre del Señor, será salvo.

14 ¿Cómo, pues, invocarán a aquel en el cual no han creído? ¿Y cómo creerán en aquel de quien no han oído? ˣ¿Y cómo oirán sin haber quien les predique?

15 ¿Y cómo predicarán si no fueren enviados? Como está escrito: ʸ¡Cuán hermosos son los pies de los que anuncian el evangelio de la paz, que predican el evangelio de los bienes!

16 Mas no todos obedecieron al evangelio, pues Isaías dice: ᵇSeñor, ¿quién ha creído a nuestro anuncio?

17 Así que la fe *viene* por el oír, y el oír, por la palabra de Dios.

18 Mas digo: ¿No han oído? ᵇAntes bien, por toda la tierra ha salido la voz de ellos, y sus palabras hasta los confines de la tierra.

19 Mas digo: ¿No lo sabe Israel? Primeramente Moisés dice: ᵈYo os provocaré a celos con *los que* no *son mi* pueblo; Con gente insensata os provocaré a ira.

20 También Isaías dice osadamente: ᶠFui hallado de los que no me buscaban: Me manifesté a los que no preguntaban por mí.

21 Pero acerca de Israel dice: ʰTodo el día extendí mis manos a un pueblo rebelde y contradictor.

CAPÍTULO 11

Digo, pues: ᵏ¿Ha desechado Dios a su pueblo? ¡En ninguna manera! Porque también yo soy israelita, de la simiente de Abraham, *de* la tribu de Benjamín.

2 Dios ᵐno ha desechado a su pueblo, al cual antes conoció. ¿O no sabéis qué dice la Escritura de Elías, cómo hablando con Dios contra Israel dice:

3 ᵒSeñor, a tus profetas han dado muerte, y tus altares han destruido, y sólo yo he quedado, y traman contra mi vida?

4 Pero, ¿qué le dice la respuesta divina? ᑫMe he reservado siete mil varones, que no han doblado la rodilla ante Baal.

5 Así también aun ˢen este tiempo ha quedado un remanente escogido según la elección de gracia.

6 Y si ᵗpor gracia, ya no *es* por obras, de otra manera la gracia ya no es gracia. Y si por obras, ya no es gracia; de otra manera la obra ya no es obra.

7 ¿Qué entonces? ᵛLo que buscaba Israel no lo ha alcanzado, pero los elegidos lo han alcanzado, y los demás fueron cegados.

8 Como está escrito: ᶻDios les dio espíritu de somnolencia, ojos que no vean; oídos que no oigan hasta el día de hoy.

9 Y David dice: ᵃSéales vuelta su mesa en trampa y en red, y en tropezadero y retribución:

Vuestro servicio racional

10 Sus ojos sean oscurecidos para que no vean, y agóbiales su espalda siempre.

11 Digo, pues: ¿Han tropezado para que cayesen? ¡En ninguna manera! Mas por su caída vino [b]la salvación a los gentiles, [d]para provocarles a celos.

12 Y si la caída de ellos es la riqueza del mundo, y el menoscabo de ellos, la riqueza de los gentiles, ¿cuánto más la plenitud de ellos?

13 Porque a vosotros hablo, gentiles. Por cuanto [g]yo soy apóstol de los gentiles, mi ministerio honro,

14 por si de alguna manera [i]provocase a celos a *los que son de* mi carne, e hiciese salvos a algunos de ellos.

15 Porque si el rechazamiento de ellos es la reconciliación del mundo, ¿qué *será* el recibimiento *de ellos*, sino vida de entre los muertos?

16 Porque [l]si el primer fruto *es* santo, también lo *es* la masa, y si la raíz *es* santa, también lo *son* las ramas.

17 Y si algunas de [m]las ramas fueron quebradas, [n]y tú, siendo olivo silvestre fuiste injertado entre ellas, y fuiste hecho partícipe con ellas de la raíz y de la savia del olivo;

18 no te jactes contra las ramas. Y si te jactas, *sabe que* no sustentas tú a la raíz, sino la raíz a ti.

19 Dirás entonces: Las ramas fueron quebradas para que yo fuese injertado.

20 Bien; por su incredulidad fueron quebradas, mas [s]tú por la fe estás en pie. No te enaltezcas, antes teme.

21 Porque si Dios no perdonó a las ramas naturales, *mira,* no sea que a ti tampoco te perdone.

22 Mira, pues, la bondad y la severidad de Dios; la severidad ciertamente en los que cayeron; mas la bondad para contigo, si permanecieres en *su* bondad; pues [x]de otra manera tú también serás cortado.

23 Y aun ellos, si no permanecen en incredulidad, serán injertados, pues poderoso es Dios para volverlos a injertar.

24 Porque si tú fuiste cortado del que por naturaleza es olivo silvestre, y contra naturaleza fuiste injertado en el buen olivo, ¿cuánto más éstos, que son las *ramas*

ROMANOS 12

naturales, serán injertados en su propio olivo?

25 Porque no quiero, hermanos, que ignoréis este misterio, [a]para que no seáis arrogantes en vosotros mismos, que en parte [c]el endurecimiento ha acontecido a Israel, [e]hasta que haya entrado la plenitud de los gentiles;

26 y así todo Israel será salvo; como está escrito: [f]De Sión vendrá el Libertador, que quitará de Jacob la impiedad.

27 Y éste *es* mi pacto con ellos, [h]cuando yo quite sus pecados.

28 Así que, en cuanto al evangelio, *son* enemigos por causa de vosotros; mas en cuanto a la elección, *son* muy amados por causa de los padres.

29 Porque [j]sin arrepentimiento *son* los dones y el llamamiento de Dios.

30 Porque como también vosotros en otro tiempo [k]no creísteis a Dios, mas ahora habéis alcanzado misericordia por la incredulidad de ellos;

31 así también éstos ahora no han creído, para que por la misericordia de vosotros, ellos también alcancen misericordia.

32 Porque [o]Dios encerró a todos en incredulidad, para tener misericordia de todos.

33 ¡Oh profundidad de las riquezas de la sabiduría y del conocimiento de Dios! ¡Cuán insondables *son* [p]sus juicios, e [q]inescrutables sus caminos!

34 Porque, [r]¿quién entendió la mente del Señor? ¿O quién fue su consejero?

35 [t]¿O quién le dio a Él primero, para que le sea recompensado?

36 Porque [u]de Él, y por Él, y para Él, *son* todas las cosas. [v]A Él *sea* la gloria por siempre. Amén.

CAPÍTULO 12

Por tanto, [y]os ruego hermanos por las misericordias de Dios, que [z]presentéis vuestros cuerpos en sacrificio vivo, santo, agradable a Dios, *que es* vuestro servicio racional.

2 [a]Y no os conforméis a este mundo; mas transformaos [b]por la renovación de vuestra mente, para que comprobéis cuál *sea* [c]la buena voluntad de Dios, agradable y perfecta.

---

a cp 12:16
b Hch 28:28
c 2 Co 3:14
d Hch 10:19
e Lc 21:24
f Is 59:20-21

g Hch 9:15
h Is 27:9

i 1 Co 9:22

j Nm 23:19

k Ef 2:2
l Lv 23:10
Nm 15:19

m Jer 11:16
Jn 15:19
n Ef 2:12

o cp 3:9
Gá 3:22

p Job 11:7
Sal 36:6
q Dt 29:29
r Jer 23:18
s 1 Co 10:12
2 Co 1:24
t Job 35:7
u 1 Co 8:6
Col 1:16
v Gá 1:5
1 Tim 1:17
2 Tim 4:18

x Jn 55:2
y 1 Co 1:10
2 Co 10:1
z cp 6:13

a 1 Pe 1:14
b Tit 3:5

c Ef 5:10-17

3 Digo, pues, por la gracia que me ha sido dada, a cada cual que está entre vosotros, que ᵇno tenga más alto concepto *de sí*, que el que debe tener, sino ᶜque piense de sí con mesura, conforme a la medida de la fe que Dios repartió a cada uno.

4 Porque ᵉde la manera que en un cuerpo tenemos muchos miembros, mas no todos los miembros tienen la misma función;

5 así nosotros, *siendo* muchos, ᵍsomos un cuerpo en Cristo, y todos miembros los unos de los otros.

6 Teniendo, pues, ⁱdiversidad de dones según la gracia que nos es dada, si profecía, *profeticemos* conforme a la medida de la fe;

7 o si ministerio, *úsemoslo* en ministrar; el que enseña, en la enseñanza;

8 el que exhorta, en la exhortación; el que da, *hágalo* con sencillez; el que preside, con diligencia; el que hace misericordia, con alegría.

9 El amor sea sin fingimiento. ᵐAborreced lo malo, apegaos a lo bueno.

10 ⁿAmaos los unos a los otros con amor fraternal, en cuanto a honra, prefiriéndoos los unos a los otros.

11 Diligentes, no perezosos; ᵒfervientes en espíritu, sirviendo al Señor.

12 Gozosos en la esperanza, sufridos en la tribulación, ᑫconstantes en la oración.

13 ʳCompartiendo para las necesidades de los santos; dados a la hospitalidad.

14 Bendecid ᵃa los que os persiguen; bendecid, y no maldigáis.

15 ᵘGozaos con los que se gozan; y llorad con los que lloran.

16 Unánimes entre vosotros, ˣno altivos; condescended para con los humildes. ᶻNo seáis sabios en vuestra propia opinión.

17 ᵃNo paguéis a nadie mal por mal; procurad lo bueno ᶜdelante de todos los hombres.

18 Si fuere posible, en cuanto esté en vosotros, ᵈvivid en paz con todos los hombres.

19 Amados, no os venguéis vosotros mismos, antes, dad lugar a la ira; porque escrito está: ᵍMía *es* la venganza, yo pagaré, dice el Señor.

20 Así que ᵃsi tu enemigo tuviere hambre, dale de comer, y si tuviere sed, dale de beber; pues haciendo esto, ascuas de fuego amontonarás sobre su cabeza.

21 No seas vencido de lo malo, mas ᵈvence con el bien el mal.

CAPÍTULO 13

Toda alma ᶠsométase a las potestades superiores; porque no hay potestad sino de Dios; ʰy las potestades que hay, de Dios son ordenadas.

2 Así que, ʲel que se opone a la potestad, se opone a la ordenanza de Dios; y los que resisten recibirán para sí condenación.

3 Porque los magistrados no están para atemorizar las buenas obras, sino las malas. ¿Quieres, pues, no temer la potestad? ᵏHaz lo bueno, y tendrás alabanza de ella.

4 Porque ˡes ministro de Dios para tu bien. Pero si haces lo malo, teme; pues no en vano lleva la espada; porque es ministro de Dios, vengador para ejecutar la ira sobre el que hace lo malo.

5 Por tanto, es necesario que os sujetéis, no sólo por la ira, sino también por causa de la conciencia.

6 Pues por esto también ᵖpagáis los impuestos; porque son ministros de Dios que atienden continuamente a esto mismo.

7 Pagad, pues, a todos lo que debéis; al que tributo, tributo; al que ˢimpuesto, impuesto; al que temor, temor; al que honra, honra.

8 No debáis a nadie nada, sino amaos unos a otros, porque ᵛel que ama a su prójimo, ha cumplido la ley.

9 Porque: ʸNo cometerás adulterio: No matarás: No hurtarás: No dirás falso testimonio: No codiciarás: Y cualquier otro mandamiento, se resume en esta frase: ᵇAmarás a tu prójimo como a ti mismo.

10 El amor no hace mal al prójimo; así que el amor *es* ᵉel cumplimiento de la ley.

11 Y esto, conociendo el tiempo, que ᶠya *es* hora de despertarnos del sueño; porque ahora *está* más cerca nuestra salvación que cuando creímos.

12 [h]La noche está avanzada, y el
día está por llegar; [c]desechemos,
pues, las obras de las tinieblas, y
[d]vistámonos las armas de luz.
13 Andemos honestamente, como
de día; no en desenfrenos y
borracheras; [f]no en lujurias y
lascivias, ni en contiendas y
envidias.
14 Mas vestíos del Señor Jesucristo,
y no proveáis para *satisfacer* los
deseos de la carne.

CAPÍTULO 14

Recibid [j]al débil en la fe, *pero*
no para contender sobre
opiniones.
2 Porque uno cree que se ha de
comer de todo, otro, que es débil,
come legumbres.
3 El que come, no menosprecie al
que no come, [l]y el que no come, no
juzgue al que come; porque Dios le
ha recibido.
4 ¿Tú quién eres, que juzgas al siervo
ajeno? Para su propio señor está en
pie, o cae; pero estará firme, que
poderoso es Dios para hacerle estar
firme.
5 Uno hace diferencia entre [p]un día
y otro; otro juzga *iguales* todos los
días. Cada uno esté plenamente
seguro en su propia mente.
6 El que hace caso del día, para el
Señor lo hace; y el que no hace caso
del día, para el Señor no lo hace. El
que come, para el Señor come,
porque [s]da gracias a Dios; y el que
no come, para el Señor no come, y
da gracias a Dios.
7 Porque [t]ninguno de nosotros
vive para sí, y ninguno muere para
sí.
8 Pues si vivimos, para el Señor
vivimos; y si morimos, para el Señor
morimos. Así que, [v]ya sea que
vivamos, o que muramos, del Señor
somos.
9 Porque Cristo [y]para esto murió, y
resucitó, y volvió a vivir, [z]para ser
Señor así de los muertos, como de
los que viven.
10 Pero tú, ¿por qué juzgas a tu
hermano? O tú también, ¿por qué
menosprecias a tu hermano? Porque
[d]todos compareceremos ante el
tribunal de Cristo.

a Jn 9:4
b Is 45:23
c Ef 5:11
d 2 Co 6:7
Ef 6 11-13
1 Ts 5:6
e Mt 12:36
1 Pe 4:5
f 1 Co 6:9
g 1 Co 8:13
y 10:32
h Hch 10:15
i 1 Co 8:7-10
j cp 15:1
1 Co 8:9-11
k 1 Co 8:11
l Col 2:16
m 1 Co 8:8
n 2 Tim2:22
Heb 12:14
o 2 Co 12:19
1 Ts 5:11
p Gá 4:10
q Tit 1:15
r 1 Co 8:13
s 1 Co 10:31
1 Tim 4:3-4
t 2 Co 5:15
u Hch 10:36
2 Co 1:2
v Hch 20:24
x 2 Co 12:19
1 Ts 5:11
y cp 8:34
z Hch 10:36
a Gá 6:1
1 Ts 5:14
b cp 14:1
c 1 Co 10:33
d Mt 25:31

11 Porque escrito está: [b]Vivo yo, dice
el Señor, que ante mí toda rodilla se
doblará, y toda lengua confesará a
Dios.
12 De manera que [e]cada uno de
nosotros dará cuenta a Dios de sí.
13 Por tanto, ya no nos juzguemos
los unos a los otros, antes bien, juzgad
esto; [g]que nadie ponga tropiezo u
ocasión de caer al hermano.
14 Yo sé, y confío en el Señor Jesús,
que [h]nada *es* inmundo en sí mismo,
mas [i]para aquel que piensa ser
inmunda alguna cosa, para él *es*
inmunda.
15 Mas si por causa de *tu* comida, tu
hermano es contristado, ya no andas
conforme al amor. [k]No destruyas con
tu comida a aquel por el cual Cristo
murió.
16 No sea, pues, difamado vuestro
bien:
17 Porque [m]el reino de Dios no es
comida ni bebida; sino justicia, y
paz, y gozo en el Espíritu Santo.
18 Porque el que en estas cosas sirve
a Cristo, agrada a Dios, y es aprobado
por los hombres.
19 Así que, [n]sigamos lo que ayuda a
la paz y [o]a la edificación de los unos
a los otros.
20 No destruyas la obra de Dios por
causa de la comida. [q]Todas las cosas
a la verdad *son* limpias; mas malo *es*
al hombre hacer tropezar con lo que
come.
21 Bueno *es* no comer carne, [r]ni
beber vino, ni *nada* en que tu
hermano tropiece, o se ofenda, o
sea debilitado.
22 ¿Tienes tú fe? Tenla para
contigo delante de Dios.
[u]Bienaventurado el que no se
condena a sí mismo con lo que
aprueba.
23 Pero el que duda, si come, se
condena, porque *come* sin fe, y
[x]todo lo que no es de fe, es pecado.

CAPÍTULO 15

Así que, [a]los que somos fuertes
debemos sobrellevar [b]las
flaquezas de los débiles, y no
agradarnos a nosotros mismos.
2 Cada uno de nosotros [c]agrade a
su prójimo para *su* bien, para
edificación.

3 Porque ª ni aun Cristo se agradó a sí mismo; antes bien, como está escrito: ᵇLos vituperios de los que te vituperaban, cayeron sobre mí.

4 Porque ᶜlas cosas que antes fueron escritas, para nuestra enseñanza fueron escritas; para que por la paciencia y ᶠconsolación de las Escrituras, tengamos esperanza.

5 Mas el Dios de la paciencia y de la consolación ʰos dé que entre vosotros seáis de un mismo sentir según Cristo Jesús;

6 para que unánimes, y a una voz ⁱglorifiquéis al Dios y Padre de nuestro Señor Jesucristo.

7 Por tanto, ᵏrecibíos los unos a los otros, ˡcomo también Cristo nos recibió para gloria de Dios.

8 Digo, pues, que ⁿCristo Jesús fue ministro de la circuncisión por la verdad de Dios, ᵖpara confirmar las promesas *hechas* a los padres,

9 y para que los gentiles glorifiquen a Dios por *su* misericordia, como está escrito: ˢPor tanto, yo te confesaré entre los gentiles, y cantaré a tu nombre.

10 Y otra vez dice: ᵘRegocijaos, gentiles, con su pueblo.

11 Y otra vez: ᵛAlabad al Señor todos los gentiles, y dadle gloria todos los pueblos.

12 Y otra vez Isaías dice: ʸSaldrá raíz de Isaí, y el que se levantará para reinar sobre los gentiles: Los gentiles esperarán en Él.

13 Y el Dios de esperanza os llene de todo gozo y paz en el creer, para que abundéis en esperanza por el poder del Espíritu Santo.

14 Y también yo mismo ᶜtengo confianza de vosotros, hermanos míos, que también vosotros estáis llenos de bondad, llenos de todo conocimiento, de manera que podéis amonestaros los unos a los otros.

15 Mas hermanos, os he escrito en parte osadamente, como recordándoos; ᶠpor la gracia que de Dios me es dada,

16 ᵍpara ser ministro de Jesucristo a los gentiles, ministrando el evangelio de Dios, para que la ofrenda de los gentiles sea acepta, santificada por el Espíritu Santo.

17 Tengo, pues, de qué gloriarme en Cristo Jesús en lo que a Dios toca.

18 Porque no osaría hablar de alguna cosa ᵈque Cristo no haya hecho por mí, ᵉpara hacer obedientes a los gentiles, con palabra y con obra,

19 con potencia de milagros y ᵍprodigios, por el poder del Espíritu de Dios; de manera que desde Jerusalén, y los alrededores hasta Ilírico, todo lo he llenado del evangelio de Cristo.

20 Y de esta manera me esforcé a predicar el evangelio, no donde Cristo fuese ya nombrado, ʲpara no edificar sobre fundamento ajeno,

21 sino, como está escrito: ᵐAquellos a los que no se habló de Él, verán; Y los que no han oído, entenderán.

22 Por esta causa muchas veces ᵒhe sido impedido de venir a vosotros.

23 Mas ahora, no teniendo más lugar en ᵠestas regiones, y ʳdeseando ir a vosotros por ya muchos años,

24 cuando partiere para España, iré a vosotros, porque espero veros en mi jornada, ᵗy que seré encaminado por vosotros hacia allá, si en parte primero hubiere disfrutado de vuestra *compañía*.

25 Mas ˣahora voy a Jerusalén para ministrar a los santos.

26 Porque ᶻlos de Macedonia y Acaya tuvieron a bien hacer ªuna contribución para los santos pobres que están en Jerusalén.

27 Pues les pareció bueno, y son deudores a ellos; ᵇporque si los gentiles han sido hechos partícipes de sus bienes espirituales, deben también ellos servirles en los carnales.

28 Así que, cuando haya cumplido esto, y les haya entregado ᵈeste fruto, pasaré entre vosotros rumbo a España.

29 Y estoy seguro que ᵉcuando venga a vosotros, vendré en plenitud de bendición del evangelio de Cristo.

30 Y os ruego, hermanos, por nuestro Señor Jesucristo, y por el amor del Espíritu, ʰque os esforcéis conmigo en oración por mí a Dios;

31 Para que sea librado ⁱde los incrédulos que están en Judea, y *la*

Saludos personales

ofrenda de mi servicio la cual *traigo* para Jerusalén ªsea acepta a los santos;

32 para que ᵇcon gozo llegue a vosotros por la voluntad de Dios, y que sea recreado juntamente con vosotros.

33 Y ᵈel Dios de paz *sea* con todos vosotros. Amén.

CAPÍTULO 16

Y os encomiendo a nuestra hermana Febe, la cual es sierva de la iglesia que está en ᵍCencrea;

2 que la recibáis en el Señor, ʰcomo es digno de los santos, y que la ayudéis en cualquier cosa que necesite de vosotros, porque ella ha ayudado a muchos, ʲy a mí mismo también.

3 Saludad a ˡPriscila y a Aquila, mis colaboradores en Cristo Jesús;

4 que pusieron sus cuellos por mi vida; a los cuales doy gracias, no sólo yo, sino también todas las iglesias de los gentiles.

5 *Saludad* también a ᵖla iglesia que está en su casa. Saludad a Epeneto, amado mío, que es de los primeros frutos de Acaya para Cristo.

6 Saludad a María, la cual ha trabajado mucho por nosotros.

7 Saludad a Andrónico y a Junia, ˣmis parientes y mis compañeros de prisiones, que son insignes entre los apóstoles; ʸy que también fueron antes de mí en Cristo.

8 Saludad a Amplias, amado mío en el Señor.

9 Saludad a Urbano, nuestro ayudador en Cristo, y a Estaquis, amado mío.

10 Saludad a Apeles, aprobado en Cristo. Saludad a los de *la casa* de Aristóbulo.

11 Saludad a Herodión, mi pariente. Saludad a los *de la casa* de Narciso, que están en el Señor.

12 Saludad a Trifena y a Trifosa, las cuales trabajan en el Señor. Saludad a la amada Pérsida, la cual ha trabajado mucho en el Señor.

13 Saludad a ᵈRufo, escogido en el Señor, y a su madre y mía.

14 Saludad a Asíncrito, a Flegonte, a Hermas, a Patrobas, a Hermes, y a los hermanos que están con ellos.

15 Saludad a Filólogo y a Julia, a Nereo y a su hermana, y a Olimpas, y a todos los santos que están con ellos.

16 Saludaos unos a otros con ᶜósculo santo. Os saludan las iglesias de Cristo.

17 Y os ruego hermanos, que señaléis a aquellos ᵉque causan divisiones y ᶠescándalos en contra de la doctrina que vosotros habéis aprendido; y que os apartéis de ellos.

18 Porque los tales, no sirven a nuestro Señor Jesucristo, sino ⁱa sus propios vientres; y con palabras suaves y lisonjas engañan los corazones de los simples.

19 Porque ᵏvuestra obediencia ha venido a ser notoria a todos. Así que me gozo de vosotros; mas quiero que seáis ᵐsabios para el bien, y simples para el mal.

20 Y ⁿel Dios de paz aplastará en breve a Satanás bajo vuestros pies. ºLa gracia de nuestro Señor Jesucristo *sea* con vosotros. Amén.

21 Os saludan Timoteo ᑫmi colaborador, y ʳLucio y ˢJasón, y ᵗSosípater, mis parientes.

22 Yo ᵘTercio, que escribí *esta* epístola, os saludo en el Señor.

23 Os saluda ᵛGayo, hospedador mío y de toda la iglesia. Os saluda Erasto, tesorero de la ciudad, y el hermano Cuarto.

24 La gracia de nuestro Señor Jesucristo *sea* con todos vosotros. Amén.

25 Y al que tiene poder ᶻpara confirmaros según mi evangelio y la predicación de Jesucristo, según la revelación ªdel misterio encubierto desde ᵇtiempos eternos,

26 pero ahora es hecho manifiesto, y por ᶜlas Escrituras de los profetas, según el mandamiento del Dios eterno, dado a conocer a todas las naciones para obediencia de la fe.

27 Al solo Dios sabio, *sea* gloria por Jesucristo para siempre. Amén.

Epístola del apóstol Pablo a los romanos. Escrita desde Corinto por mano de Tercio, y enviada con Febe, sierva de la iglesia en Cencrea.

Primera Epístola Del Apóstol Pablo A
LOS CORINTIOS

CAPÍTULO 1

Pablo, ᵇllamado a ser apóstol de Jesucristo ᶜpor la voluntad de Dios, y *nuestro* hermano Sóstenes,

2 a la iglesia de Dios que está en Corinto, a los santificados en Cristo Jesús, llamados *a ser* santos, con todos los que en todo lugar invocan el nombre de nuestro Señor Jesucristo, *Señor* de ellos y nuestro.

3 Gracia y paz *sean* a vosotros, de Dios ᵉnuestro Padre, y del Señor Jesucristo.

4 ᵍDoy gracias a mi Dios siempre por vosotros, por la gracia de Dios que os es dada en Cristo Jesús;

5 porque en todas las cosas sois enriquecidos en Él, ʲen toda palabra y *en* todo ᵏconocimiento;

6 así como ˡel testimonio de Cristo ha sido confirmado en vosotros:

7 De manera que nada os falta en ningún don; ⁿesperando la venida de nuestro Señor Jesucristo;

8 el cual también ᵒos confirmará hasta el fin, *para que seáis* irreprensibles en ᵖel día de nuestro Señor Jesucristo.

9 ᵠFiel es Dios, por el cual fuisteis llamados a ˢla comunión de su Hijo Jesucristo nuestro Señor.

10 Os ruego, pues, hermanos, por el nombre de nuestro Señor Jesucristo, que todos habléis una misma cosa, y que no haya entre vosotros divisiones, sino que seáis perfectamente unidos en una misma mente y en un mismo parecer.

11 Porque me ha sido dicho de vosotros, hermanos míos, por los que *son de la casa* de Cloé, que hay entre vosotros contiendas.

12 Digo esto ahora, porque cada uno de vosotros dice: Yo soy de Pablo; y yo de Apolos; y yo de Cefas; y yo de Cristo.

13 ¿Está dividido Cristo? ¿Fue crucificado Pablo por vosotros? ¿O fuisteis bautizados en el nombre de Pablo?

14 Doy gracias a Dios que ᵃa ninguno de vosotros he bautizado, sino a Crispo y a Gayo,

15 para que ninguno diga que yo he bautizado en mi nombre.

16 Y también bauticé a la familia de Estéfanas; mas no sé si bauticé a algún otro.

17 Porque no me envió Cristo a bautizar, sino a predicar el evangelio; ᵈno con sabiduría de palabras, para que no se haga vana la cruz de Cristo.

18 Porque la predicación de la cruz ᶠes locura a los que se pierden; pero a nosotros los salvos, es ʰpoder de Dios.

19 Porque está escrito: ⁱDestruiré la sabiduría de los sabios, y desecharé la inteligencia de los entendidos.

20 ¿Dónde *está* el sabio? ¿Dónde *está* el escriba? ¿Dónde *está* el disputador de este mundo? ᵐ¿No ha enloquecido Dios la sabiduría del mundo?

21 Y ya que en la sabiduría de Dios, el mundo no conoció a Dios por medio de la sabiduría; agradó a Dios salvar a los creyentes por la locura de la predicación.

22 Porque ʳlos judíos piden señal, y los griegos buscan sabiduría;

23 pero ᵗnosotros predicamos a Cristo crucificado, para los judíos ciertamente tropezadero, y para los griegos locura;

24 mas para los llamados, así judíos como griegos, Cristo ᵘpoder de Dios, y ᵛsabiduría de Dios.

25 Porque lo insensato de Dios es más sabio que los hombres; y lo débil de Dios es más fuerte que los hombres.

26 Pues mirad, hermanos, vuestro llamamiento, que no muchos sabios según la carne, no muchos poderosos, no muchos nobles *son llamados*.

27 Antes ˣlo necio del mundo escogió Dios para avergonzar a los sabios; y lo débil del mundo escogió Dios para avergonzar a lo fuerte;

---

a Hch 10:48
b Rm 1:1
c 2 Co 1:1
d cp 2:1-13
e Rm 1:7
f 2 co 2:15
2 Ts 2:10
g Rm 1:8
h Rm 1:16
i Is 29:14
Mt 11:25
j 2 Co 8:7
k Rm 15:14
l cp 2:1
2 Tim 1:8
m Rm 1:22
n 2 Pe 3:12
o Ts 3:13
p 2 Co 1:14
q cp 10:13
r Mt 12:38
s 1 Jn 1:3
t 2 Co 4:5
Gá 5:1
u ver 18
v Lc 11:49
x Stg 2:5

28 y lo vil del mundo y lo menospreciado escogió Dios, y ªlo que no es, para deshacer lo que es;
29 para que ninguna carne se jacte en su presencia.
30 Mas por Él estáis vosotros en Cristo Jesús, el cual de Dios nos es hecho ᵇsabiduría, y ᶜjustificación, y ᵈsantificación y ᵉredención;
31 para que, como está escrito: El que se gloría, gloríese en el Señor.

CAPÍTULO 2

Así que, hermanos, cuando fui a vosotros para predicaros el testimonio de Dios, ᶠno fui con excelencia de palabras o de sabiduría.
2 Pues me propuse no saber otra cosa entre vosotros, ᵍsino a Jesucristo, y a Éste crucificado.
3 Y estuve con vosotros ʰen flaqueza, y mucho temor y temblor;
4 y mi palabra y mi predicación no *fue* con palabras persuasivas de humana sabiduría, sino ᵏcon demostración del Espíritu y de poder;
5 para que vuestra fe no esté fundada en la sabiduría de los hombres, sino en ᵐel poder de Dios.
6 Pero hablamos sabiduría entre perfectos; y sabiduría, no de este mundo, ni de los príncipes de este mundo, que se desvanece.
7 Mas hablamos sabiduría de Dios en misterio, la *sabiduría* encubierta, la cual Dios predestinó antes de los siglos para nuestra gloria;
8 la que ᵍninguno de los príncipes de este mundo conoció; porque ˢsi la hubieran conocido, nunca hubieran crucificado ᵛal Señor de gloria.
9 Antes, como está escrito: Ojo no ha visto, ni oído ha escuchado, ni han subido en corazón de hombre, las cosas que Dios ha preparado para los que le aman.
10 Pero Dios nos *las* reveló a nosotros por su Espíritu; porque el Espíritu todo lo escudriña, aun lo profundo de Dios.
11 Porque ¿quién de los hombres sabe las cosas del hombre, sino el espíritu del hombre que está en él? Así tampoco nadie conoce las cosas de Dios, sino el Espíritu de Dios.

12 Y nosotros hemos recibido, no el espíritu del mundo, sino el Espíritu que es de Dios, para que conozcamos lo que Dios nos ha dado;
13 lo cual también hablamos, no con palabras que enseña la humana sabiduría, sino con las que enseña el Espíritu Santo, acomodando lo espiritual a lo espiritual.
14 Pero el hombre natural no percibe las cosas que son del Espíritu de Dios, porque para él son locura; y no las puede entender, porque se han de discernir espiritualmente.
15 Pero el que es espiritual juzga todas las cosas; mas él no es juzgado por nadie.
16 Porque ¿quién conoció la mente del Señor, para que le instruyese? Mas nosotros tenemos la mente de Cristo.

CAPÍTULO 3

De manera que yo, hermanos, no pude hablaros como a ⁱespirituales, sino como a ʲcarnales, como a niños en Cristo.
2 Os di a beber ˡleche, y no carne; porque aún no podíais *digerirla*, ni aún ahora podéis;
3 porque aún sois carnales; pues habiendo entre vosotros celos, y ⁿcontiendas, y divisiones, ¿no sois carnales, y andáis como hombres?
4 Porque cuando uno dice: Yo soy de Pablo; y otro: ºYo de Apolos; ¿no sois carnales?
5 ¿Qué, pues, es Pablo, y qué es Apolos? Sino ᵖministros por los cuales habéis creído, y eso según lo que ʳa cada uno ha concedido el Señor.
6 ᵗYo planté, ᵘApolos regó; pero el crecimiento lo ha dado Dios.
7 Así que, ni el que planta es algo, ni el que riega; sino Dios, que da el crecimiento.
8 Y el que planta y el que riega son una misma cosa; aunque ˣcada uno recibirá su recompensa conforme a su labor.
9 Porque nosotros, ʸcolaboradores somos de Dios; y vosotros *sois* labranza de Dios, ᶻedificio de Dios.
10 Conforme a la gracia de Dios que me es dada, yo como perito arquitecto puse el fundamento, y otro edifica encima; pero cada uno mire cómo sobreedifica.

11 Porque nadie puede poner otro fundamento que el que está puesto, el cual es Jesucristo.

12 Y si alguno edificare sobre este fundamento oro, plata, piedras preciosas, madera, heno, hojarasca;

13 ᵈla obra de cada uno se hará manifiesta; porque ᵉel día la declarará; porque ᶠpor el fuego será revelada; y la obra de cada uno cuál sea, el fuego la probará.

14 Si permaneciere la obra de alguno que sobreedificó, recibirá recompensa.

15 Si la obra de alguno fuere quemada, ʰsufrirá pérdida; si bien él mismo será salvo, aunque así ⁱcomo por fuego.

16 ¿No sabéis que ᵏsois templo de Dios, y que ˡel Espíritu de Dios mora en vosotros?

17 Si alguno destruye el templo de Dios, Dios le destruirá a él; porque el templo de Dios, el cual sois vosotros, santo es.

18 ⁿNadie se engañe a sí mismo; si alguno entre vosotros se cree ser sabio en este mundo, hágase ignorante, para que llegue a ser sabio.

19 Porque ᵒla sabiduría de este mundo insensatez es *para* con Dios; pues escrito está: ᵖÉl prende a los sabios en la astucia de ellos.

20 Y otra vez: ʳEl Señor conoce los pensamientos de los sabios, que son vanos.

21 Así que, ᵗninguno se glorie en los hombres; porque todo es vuestro,

22 sea Pablo, sea Apolos, sea ᵘCefas, sea el mundo, sea la vida, sea la muerte, sea lo presente, sea lo por venir; todo es vuestro,

23 y vosotros sois de Cristo, y Cristo de Dios.

CAPÍTULO 4

Téngannos los hombres por ᵃministros de Cristo, y ᵇadministradores de los misterios de Dios.

2 Ahora bien, se requiere de los administradores, que cada uno sea hallado ᶜfiel.

3 Yo en muy poco tengo ᵈdel ser juzgado por vosotros, o ᵉpor juicio humano; y ni aun yo mismo me juzgo.

4 Porque ᵃde nada tengo mala conciencia, mas ᵇno por eso soy justificado; pero el que me juzga es el Señor.

5 Así que, ᶜno juzguéis nada antes de tiempo, hasta que venga el Señor, el cual también traerá a luz lo encubierto de las tinieblas, y manifestará las intenciones de los corazones; y entonces cada uno tendrá de Dios la alabanza.

6 Pero esto, hermanos, lo he ᵍtransferido por ejemplo en mí y en Apolos por amor a vosotros; para que en nosotros aprendáis a no pensar más de lo que está escrito, ʲpara que ninguno de vosotros se envanezca, por causa de uno contra otro.

7 Porque ¿quién te distingue? ᵐ¿O qué tienes que no hayas recibido? Y si lo recibiste, ¿por qué te glorias como si no lo hubieras recibido?

8 Ya estáis saciados, ya estáis ricos, sin nosotros reináis: Y quisiera Dios que reinaseis, para que nosotros reinásemos también con vosotros.

9 Porque pienso que Dios nos ha puesto a nosotros los apóstoles como postreros, como a sentenciados a muerte; porque somos hechos espectáculo al mundo, y a los ángeles, y a los hombres.

10 Nosotros *somos* insensatos ᵠpor amor a Cristo, mas vosotros *sois* sabios en Cristo; nosotros *somos* débiles, mas vosotros *sois* fuertes; vosotros *sois* honorables, mas nosotros *somos* despreciados.

11 Hasta esta hora ʸpadecemos hambre, y tenemos sed, y estamos desnudos, y somos abofeteados, y no tenemos morada fija.

12 Y ˣtrabajamos obrando con nuestras manos; ʸsiendo maldecidos, bendecimos; ᶻsiendo perseguidos, lo sufrimos;

13 siendo difamados, rogamos; hemos venido a ser como la escoria del mundo, el desecho de todos hasta ahora.

14 No escribo esto para avergonzaros, sino que os amonesto como a hijos míos amados.

15 Porque aunque tengáis diez mil ayos en Cristo, no *tenéis* muchos padres; pues ᶠen Cristo Jesús yo os engendré por medio del evangelio.

Un caso de inmoralidad

16 Por tanto, os ruego que seáis ªseguidores de mí.

17 Por esta causa os envié a ᵇTimoteo, que es ᶜmi hijo amado y fiel en el Señor, el cual os recordará de mis caminos cuáles sean en Cristo, ᵈde la manera que enseño en todas partes en todas las iglesias.

18 Pero algunos están envanecidos, como si nunca hubiese yo de ir a vosotros.

19 Pero ᶠiré pronto a vosotros, si el Señor quiere; y conoceré, no las palabras de los que andan envanecidos, sino el poder.

20 Porque el reino de Dios no *consiste* en palabras, sino en poder.

21 ¿Qué queréis? ⁱ¿Iré a vosotros con vara, o con amor y espíritu de mansedumbre?

CAPÍTULO 5

Se oye por todas partes *que hay* entre vosotros ᵏfornicación, y tal fornicación cual ni aun se nombra entre los gentiles; tanto que ᵐalguno tiene la esposa de su padre.

2 Y vosotros estáis envanecidos, en vez de haberos entristecido, para que el que cometió tal acción fuese quitado de entre vosotros.

3 Porque yo ᵖciertamente, como ausente en cuerpo, mas presente en espíritu, ya he juzgado como si estuviera presente al que tal acción ha cometido.

4 En el nombre de nuestro Señor Jesucristo, congregados vosotros y mi espíritu, ˢcon el poder de nuestro Señor Jesucristo,

5 el tal ᵗsea entregado a Satanás para la destrucción de la carne, para que el espíritu sea salvo en ᵘel día del Señor Jesús.

6 No *es* buena vuestra jactancia. ¿No sabéis que ᵛun poco de levadura leuda toda la masa?

7 Limpiaos, pues, de la vieja levadura, para que seáis nueva masa, como sois sin levadura; porque Cristo, ʸnuestra pascua, ya fue sacrificado por nosotros.

8 Así que ᶻcelebremos la fiesta, no con la vieja levadura, ni con la levadura de malicia y de maldad, sino con panes sin levadura, de sinceridad y de verdad.

1 CORINTIOS 5-6

9 Os he escrito por carta, que no os asociéis con los fornicarios;

10 mas no del todo con los fornicarios de este mundo, o con los avaros, o con los ladrones, o con los idólatras; pues entonces os sería necesario salir del mundo.

11 Mas ahora os he escrito, que no os asociéis ᵉcon ninguno que, llamándose hermano, sea fornicario, o avaro, o idólatra, o maldiciente, o borracho, o ladrón, con el tal ni aun comáis.

12 Porque ¿qué me va a mí en juzgar a ᵍlos que están fuera? ¿No juzgáis vosotros a ʰlos que están dentro?

13 Porque a los que están fuera, Dios juzgará. ʲQuitad, pues, a ese perverso de entre vosotros.

CAPÍTULO 6

¿Osa alguno de vosotros, teniendo algo contra otro, ir a juicio delante de los injustos, ˡy no delante de los santos?

2 ¿O no sabéis que ⁿlos santos han de juzgar al mundo? Y si el mundo ha de ser juzgado por vosotros, ¿sois indignos de juzgar las cosas más pequeñas?

3 ¿O no sabéis que ºhemos de juzgar ángeles? ¿Cuánto más ᑫlas cosas de esta vida?

4 Por tanto, si tenéis juicios de cosas de esta vida, poned para juzgar a los que son de menor estima en la iglesia.

5 ʳPara vuestra vergüenza lo digo. ¿Será así, que no haya entre vosotros sabio, ni siquiera uno que pueda juzgar entre sus hermanos?

6 Sino que el hermano con el hermano pleitea en juicio, y esto ante los incrédulos.

7 Así que, por cierto es ya una falta en vosotros que tengáis pleitos entre vosotros mismos. ˣ¿Por qué no sufrís más bien el agravio? ¿Por qué no *sufrís* más bien el ser defraudados?

8 Mas vosotros hacéis la injuria, y defraudáis, y esto a *vuestros* hermanos.

9 ¿No sabéis que ªlos injustos no heredarán el reino de Dios? No os engañéis: ᵇNi los fornicarios, ni los idólatras, ni los adúlteros, ni los

afeminados, ªni los que se echan con varones,

10 ni los ladrones, ni los avaros, ni los borrachos, ni los maldicientes, ni los estafadores, heredarán el reino de Dios.

11 Y esto ᶜerais algunos de vosotros; mas ya ᵈsois lavados, ya sois santificados, ya ᵉsois justificados ᶠen el nombre del Señor Jesús, y por el Espíritu de nuestro Dios.

12 ᵍTodas las cosas me son lícitas, pero no todas convienen; todas las cosas me son lícitas, pero yo no me dejaré dominar por ninguna.

13 Los alimentos son para el vientre, y el vientre para los alimentos; pero tanto al uno como a los otros destruirá Dios. Pero el cuerpo no es para la fornicación, sino ⁱpara el Señor; y el Señor para el cuerpo.

14 Y ʲDios, que resucitó al Señor, también a nosotros nos resucitará con su poder.

15 ¿No sabéis que ˡvuestros cuerpos son ᵐmiembros de Cristo? ¿Tomaré, acaso, los miembros de Cristo, y los haré miembros de una ramera? ¡Dios me libre!

16 ¿O no sabéis que el que se une con una ramera, es hecho un cuerpo con ella? Porque dice: ᵒLos dos serán una sola carne.

17 Pero ᵖel que se une al Señor, un espíritu es.

18 ᑫHuid de la fornicación. Todo pecado que el hombre comete, está fuera del cuerpo; mas el que fornica, ʳcontra su propio cuerpo peca.

19 ¿O ignoráis que ˢvuestro cuerpo es templo del Espíritu Santo *que está* en vosotros, el cual tenéis de Dios, y que ᵗno sois vuestros?

20 Porque ᵘcomprados sois por precio; glorificad, pues, a Dios en vuestro cuerpo y en vuestro espíritu, los cuales son de Dios.

CAPÍTULO 7

En cuanto a las cosas de que me escribisteis, ˣbueno *es* al hombre no tocar mujer.

2 Mas ʸpara *evitar* fornicaciones, cada varón tenga su propia esposa, y cada mujer tenga su propio marido.

a Lv 18:22
Rm 1:27
b 1 Pe 3:7

c cp 12:2
d Hch 22:16
Heb 10:22
e Rm 8:30
f Jn 20:31
g cp 10:23

h cp 9:5

i vers 19,20

j Hch 2:24
k 1 Tim 5:14

l Ef 5:30
m Ef 5:23
n Mt 5:32

o Gn 2:24

p Jn 17:21-23
Ef 4:4
q Mt 15:19
Rm 1:29

r Rm 1:24

s cp 3:16
Jn 2:21
2 Co 6:16
t Rm 14:7-8
u cp 7:23
1 Pe 1:18-19
2 Pe 2:1

v 1 Pe 3:1

x vers 8,26

y cp 6:18
z Rm 12:3
a cp 4:17
y 14:33

3 ᵇEl marido pague a su esposa la debida benevolencia; y asimismo la esposa a su marido.

4 La esposa no tiene potestad de su propio cuerpo, sino el marido; e igualmente tampoco el marido tiene potestad de su propio cuerpo, sino la esposa.

5 No os defraudéis el uno al otro, a no ser por algún tiempo de *mutuo* consentimiento, para ocuparos en ayuno y oración; y volved a juntaros en uno, para que no os tiente Satanás a causa de vuestra incontinencia.

6 Pero esto digo por permisión, no por mandamiento.

7 Quisiera más bien que todos los hombres fuesen ʰcomo yo; pero cada uno tiene su propio don de Dios; uno de una manera, y otro de otra.

8 Digo, pues, a los solteros y a las viudas, que bueno les sería si se quedasen como yo,

9 pero ᵏsi no pueden contenerse, cásense; que mejor es casarse que quemarse.

10 Y a los casados mando, no yo, sino el Señor: ⁿQue la esposa no se separe de *su* marido;

11 y si se separa, que se quede sin casar, o reconcíliese con *su* marido; y que el marido no abandone a *su* esposa.

12 Y a los demás yo digo, no el Señor: Si algún hermano tiene esposa no creyente, y ella consiente en habitar con él, no la despida.

13 Y la mujer que tiene marido no creyente, y él consiente en habitar con ella, no lo deje.

14 Porque el marido no creyente es santificado en la esposa, y la esposa no creyente en el marido; pues de otra manera vuestros hijos serían inmundos; mas ahora son santos.

15 Pero si el no creyente se separa, sepárese. En tales casos el hermano o la hermana no están sujetos a servidumbre; antes a paz nos llamó Dios.

16 Porque ᵛ¿de dónde sabes, oh esposa, si harás salvo a *tu* marido? ¿O de dónde sabes, oh marido, si quizá harás salva a *tu* esposa?

17 Pero cada uno ᶻcomo Dios le repartió, y como el Señor llamó a cada uno, así ande. Y así ordeno ªen todas las iglesias.

Problemas del matrimonio

18 ¿Es llamado alguno siendo circunciso? Quédese circunciso. ¿Es llamado alguno incircunciso? ªQue no se circuncide.

19 ᵇLa circuncisión nada es, y la incircuncisión nada es, sino el guardar los mandamientos de Dios.

20 ᶜCada uno quédese en el llamamiento en que fue llamado.

21 ¿Eres llamado *siendo* siervo? No te dé cuidado; pero si puedes hacerte libre, procúralo más.

22 Porque el que en el Señor es llamado *siendo* siervo, liberto es del Señor; asimismo también el que es llamado *siendo* libre, siervo es de Cristo.

23 ᵈPor precio sois comprados; no os hagáis siervos de los hombres.

24 Cada uno, hermanos, en lo que es llamado, en ello permanezca con Dios.

25 En cuanto a las vírgenes no tengo mandamiento del Señor; mas doy mi parecer, como quien ha alcanzado misericordia del Señor para ser fiel.

26 Tengo, pues, esto por bueno a causa de la necesidad que apremia; que ᶠbueno *es* al hombre quedarse así.

27 ¿Estás ligado a esposa? No procures soltarte. ¿Estás libre de esposa? No procures esposa.

28 Mas también si te casas, no pecaste; y si la virgen se casa, no pecó; pero aflicción de carne tendrán los tales; pero yo os dejo.

29 Pero esto digo, hermanos, que ʰel tiempo es corto; resta, pues, que los que tienen esposa sean como si no la tuviesen,

30 y los que lloran, como si no llorasen; y los que se regocijan, como si no se regocijasen; y los que compran, como si no poseyesen;

31 y los que disfrutan de este mundo, como no abusando de ello; porque ᵏla apariencia de este mundo se pasa.

32 Quisiera, pues, que estuvieseis sin afán. ᵐEl soltero tiene cuidado de las cosas que son del Señor, de cómo ha de agradar al Señor;

33 pero el casado tiene cuidado de las cosas del mundo, de cómo ha de agradar a su esposa.

34 También hay diferencia entre la casada y la virgen. La soltera tiene cuidado de las cosas del Señor, para ser santa así en cuerpo como en espíritu; mas la casada tiene cuidado de las cosas del mundo, de cómo ha de agradar a su marido.

35 Y esto digo para vuestro provecho; no para tenderos lazo, sino para lo honesto y decente, y para que sin impedimento os acerquéis al Señor.

36 Pero si alguno considera que se va a comportar indecorosamente hacia su virgen y si ella pasa ya la flor de la edad, y necesita así hacerlo, haga lo que quiera, no peca. Cásense.

37 Pero el que está firme en su corazón, y no tiene necesidad, sino que tiene potestad sobre su propia voluntad, y determinó en su corazón el conservarla virgen, bien hace.

38 Así que el que la da en casamiento, bien hace; y el que no la da en casamiento hace mejor.

39 La esposa ᵉestá atada a la ley mientras vive su marido; pero si su marido muere, libre es; cásese con quien quiera, con tal *que sea* en el Señor.

40 Pero a mi parecer, será más dichosa si se queda así; y pienso que también yo tengo el Espíritu de Dios.

CAPÍTULO 8

Y en cuanto a ᵍlo sacrificado a los ídolos, sabemos que todos tenemos conocimiento. El conocimiento envanece, mas el amor edifica.

2 Y si alguno piensa que sabe algo, aún no sabe nada como debe saber.

3 Pero si alguno ama a Dios, el tal es conocido de Él.

4 Y en cuanto a comer de aquello que es sacrificado a los ídolos, sabemos que ⁱel ídolo nada es en el mundo, y que ʲno *hay* más que un solo Dios.

5 Porque aunque haya algunos que ˡse llamen dioses, ya sea en el cielo, o en la tierra (como hay muchos dioses y muchos señores),

6 mas para nosotros *sólo hay* un Dios, ⁿel Padre, de quien *son* todas las cosas, y nosotros en Él; y un Señor, Jesucristo, por el cual *son* todas las cosas, y nosotros por Él.

7 Pero no en todos *hay* este conocimiento; porque algunos con

1 CORINTIOS 9

conciencia del ídolo hasta ahora, ªcomen como sacrificado a ídolos; y su conciencia, siendo débil, ᵇse contamina.

8 Si bien el alimento no nos hace más aceptos a Dios; pues ni porque comamos, seremos más; ni porque no comamos, seremos menos.

9 Mas mirad que esta vuestra libertad de ninguna manera venga a ser tropezadero a los que son débiles.

10 Porque si te ve alguno a ti, que tienes conocimiento, sentado a la mesa en el templo de los ídolos, la conciencia de aquel que es débil, ¿no será incitada a comer de lo sacrificado a los ídolos?

11 Y por tu conocimiento se perderá el hermano débil por el cual Cristo murió.

12 De esta manera, pues, pecando contra los hermanos, e hiriendo su débil conciencia, contra Cristo pecáis.

13 Por lo cual, ʰsi la comida hace tropezar a mi hermano, jamás comeré carne para no ser tropiezo a mi hermano.

CAPÍTULO 9

¿No soy apóstol? ¿No soy libre? ¿No he visto a Jesucristo nuestro Señor? ¿No sois vosotros mi obra en el Señor?

2 Si para otros no soy apóstol, para vosotros ciertamente lo soy; porque ᵏel sello de mi apostolado sois vosotros en el Señor.

3 Ésta es mi respuesta a los que me preguntan.

4 ᵐ¿Acaso no tenemos derecho a comer y beber?

5 ¿No tenemos derecho de traer con nosotros una hermana, ⁿuna esposa, como también los otros apóstoles, y ᵖlos hermanos del Señor, y Cefas?

6 ¿O sólo yo y Bernabé no tenemos derecho a no trabajar?

7 ʳ¿Quién jamás fue a la guerra a sus propias expensas? ˢ¿Quién planta viña, y no come de su fruto? ¿O quién apacienta el rebaño, y no se alimenta de la leche del rebaño?

8 ¿Digo esto ᵘcomo hombre? ¿No dice esto también la ley?

9 Porque en la ley de Moisés está escrito: ʸNo pondrás bozal al buey

Derechos de un Apóstol

que trilla. ¿Tiene Dios cuidado de los bueyes?

10 ¿O lo dice enteramente por nosotros? Sí, ciertamente ᶜpor nosotros está escrito; porque con esperanza ha de arar el que ara; y el que trilla, con esperanza de participar de lo que espera.

11 Si nosotros sembramos en vosotros ᵈlo espiritual, ¿es gran cosa si cosechamos de vosotros lo material?

12 Si otros participan de este derecho sobre vosotros, ¿por qué no nosotros? ᵉPero no hemos usado de este derecho; antes todo lo sufrimos, por no poner ningún obstáculo al evangelio de Cristo.

13 ¿No sabéis que ᶠlos que ministran en las cosas sagradas, comen del templo; y que los que sirven al altar, del altar participan?

14 Así también ᵍordenó el Señor que los que predican el evangelio, vivan del evangelio.

15 Pero yo de nada de esto me he aprovechado; ni tampoco he escrito esto para que se haga así conmigo; porque ⁱprefiero morir, antes que nadie haga vana esta mi gloria.

16 Porque aunque predico el evangelio, no tengo de qué gloriarme porque me es impuesta necesidad; y ¡ay de mí si no predico el evangelio!

17 Por lo cual, si lo hago de voluntad, ʲrecompensa tendré; mas si por fuerza, la dispensación *del evangelio* me ha sido encomendada.

18 ¿Cuál, pues, es mi galardón? Que ˡpredicando el evangelio, presente gratuitamente el evangelio de Cristo, para no abusar de mi potestad en el evangelio.

19 Por lo cual, siendo libre para con todos, ᵒme he hecho siervo de todos para ganar a más.

20 ᵠMe he hecho a los judíos como judío, para ganar a los judíos; a los que están bajo la ley, como bajo la ley, para ganar a los que están bajo la ley;

21 ᵗa los que están sin ley, como si yo estuviera sin ley (no estando yo sin ley a Dios, mas ᵛbajo la ley a Cristo), para ganar a los que están sin ley.

22 ˣA los débiles, me he hecho como débil, para ganar a los débiles: A

Con la tentación dará la salida　　　　　　　　　　　　　　**1 CORINTIOS 10**

todos me he hecho todo, para que de todos modos salve a algunos.

23 Y esto hago por causa del evangelio, para hacerme copartícipe de él.

24 ¿No sabéis que los que corren en el estadio, todos a la verdad corren, mas *sólo* uno se lleva el premio? ᵉCorred de tal manera ᶠque lo obtengáis.

25 Y todo aquel que lucha, de todo se abstiene; y ellos, a la verdad, para recibir ᵍuna corona corruptible; pero nosotros, ʰuna incorruptible.

26 Así que, yo de esta manera corro, no como a la ventura; de esta manera peleo, no ʲcomo quien golpea el aire, 27 sino que sujeto mi cuerpo, ˡy lo pongo en servidumbre; no sea que habiendo predicado a otros, yo mismo venga a ser ᵐreprobado.

CAPÍTULO 10

Mas no quiero, hermanos, que ignoréis que nuestros padres todos estuvieron bajo ᑫla nube, y todos pasaron ʳa través del mar;

2 y todos en Moisés fueron bautizados en la nube y en el mar;

3 y todos comieron ᵗel mismo alimento espiritual;

4 y todos bebieron la misma ᵘbebida espiritual; porque bebían de la Roca espiritual que los seguía, y la Roca era Cristo.

5 Pero Dios no se agradó de muchos de ellos; por lo cual ʸquedaron postrados en el desierto.

6 Pero estas cosas fueron ejemplo para nosotros, a fin de que no codiciemos cosas malas, como ellos ᵃcodiciaron.

7 ᶜNi seáis idólatras, como algunos de ellos, según está escrito: ᵈSe sentó el pueblo a comer y a beber, y se levantaron a jugar.

8 ᶠNi forniquemos, como algunos de ellos fornicaron, y ᵍcayeron en un día veintitrés mil.

9 Ni tentemos a Cristo, como también ʰalgunos de ellos le tentaron, y perecieron por las serpientes.

10 Ni murmuréis, como algunos de ellos murmuraron, y fueron destruidos por el destructor.

11 Y todas estas cosas les

a Rm 15:4

b Rm 11:20

c cp 1:9
d 2 Pe 2:9
e Gá 2:2
Heb 12:1
f Fil 3:13
g 2 Tim 2:5
h 1 Pe 1:4
i cp 8:1
j cp 14:9
k Mt 26:27
l Rm 6:19

m 2 Co 13:5-7

n cp 12:27
Ef 4:4,16

o Rm 9:3-5
p Lv 3:5; 7:15
q Éx 13:21
r Éx 14:22
s cp 8:4
t Éx 16:15-36
u Éx 17:6
v Dt 32:17

x 2 Co 6:15-16
y Nm 14:29

z Éx 20:5
Nm 25:11
a Nm 11:4
b cp 6:12
c Dt 9:12-21
Sal 106:19
1 Jn 5:21
d Éx 32:6-8
e Rm 15:1-2
f cp 6:18
g Nm 25:1-9
h Nm 14:2,37

acontecieron como ejemplo; y ᵃestán escritas para amonestarnos a nosotros, sobre quienes los fines de los siglos han venido.

12 Así que, ᵇel que piensa estar firme, mire que no caiga.

13 No os ha tomado tentación, sino humana; mas ᶜfiel *es* Dios, que ᵈno os dejará ser tentados más de lo que podéis *soportar*; sino que con la tentación dará también la salida, para que podáis resistir.

14 Por tanto, amados míos, huid de la idolatría.

15 ⁱComo a sabios hablo; juzgad vosotros lo que digo.

16 ᵏLa copa de bendición que bendecimos, ¿no es la comunión de la sangre de Cristo? El pan que partimos, ¿no es la comunión del cuerpo de Cristo?

17 Porque nosotros, *siendo* muchos somos un solo pan, y ⁿun solo cuerpo; pues todos participamos de aquel mismo pan.

18 Mirad a Israel ᵒsegún la carne; ᵖlos que comen de los sacrificios, ¿no son partícipes del altar?

19 ¿Qué digo, pues? ˢ¿Que el ídolo es algo, o que sea algo lo que es sacrificado a los ídolos?

20 Antes *digo* que lo que los gentiles sacrifican, ᵛa los demonios lo sacrifican, y no a Dios; y no quiero que vosotros os hagáis partícipes con los demonios.

21 ˣNo podéis beber la copa del Señor, y la copa de los demonios; no podéis participar de la mesa del Señor, y de la mesa de los demonios.

22 ᶻ¿Provocaremos a celos al Señor? ¿Somos más fuertes que Él?

23 ᵇTodo me es lícito, pero no todo conviene; todo me es lícito, pero no todo edifica.

24 ᵉNinguno busque su propio bien, sino el del otro.

25 De todo lo que se vende en la carnicería, comed, sin preguntar nada por causa de la conciencia;

26 porque del Señor *es* la tierra y su plenitud.

27 Si algún no creyente os convida, y queréis ir, de todo lo que se os ponga delante comed, sin preguntar nada por causa de la conciencia.

28 Pero si alguien os dice: Esto fue sacrificado a los ídolos; no lo

comáis, por causa de aquel que lo declaró, y por causa de la conciencia; porque del Señor *es* la tierra y su plenitud.

29 La conciencia, digo, no la tuya, sino la del otro. Pues ¿por qué se ha de juzgar [a]mi libertad por la conciencia de otro?

30 Y si yo con agradecimiento participo, [b]¿por qué he de ser difamado por lo que doy gracias?

31 Si pues coméis, o bebéis, o hacéis otra cosa, [c]hacedlo todo para la gloria de Dios.

32 [d]No seáis ofensa, ni a judíos, ni a gentiles, ni a la iglesia de Dios;

33 Como también yo en todas las cosas [e]agrado a todos, no procurando mi propio beneficio, sino el de muchos, para que sean salvos.

CAPÍTULO 11

Sed [f]seguidores de mí, así como yo de Cristo.

2 Y os alabo, hermanos, porque en todo os acordáis de mí, y [j]retenéis las ordenanzas tal como os *las* entregué.

3 Mas quiero que sepáis que [h]Cristo es la cabeza de todo varón; y [i]el varón *es* la cabeza de la mujer; y [j]Dios la cabeza de Cristo.

4 Todo varón que ora o profetiza cubierta la cabeza, deshonra su cabeza.

5 Mas toda mujer que ora o profetiza no cubierta su cabeza, [l]deshonra su cabeza; porque lo mismo es que si se rapase.

6 Porque si la mujer no se cubre, que se corte también el cabello; y si le es vergonzoso a la mujer trasquilarse o raparse, cúbrase.

7 Pero el varón no debe cubrir *su* cabeza, ya que él es [p]la imagen y gloria de Dios; pero la mujer es la gloria del varón.

8 Porque el varón no procede de la mujer, sino la mujer del varón.

9 Porque tampoco el varón fue creado por causa de la mujer, sino [q]la mujer por causa del varón.

10 Por lo cual, la mujer debe tener *señal* de autoridad sobre su cabeza, por causa de los ángeles.

11 Mas en el Señor, [r]ni el varón es sin la mujer, ni la mujer sin el varón.

12 Porque así como la mujer *procede* del varón, también el varón *nace* por causa de la mujer; pero todo procede de Dios.

13 Juzgad vosotros mismos: ¿Es propio que la mujer ore a Dios sin cubrirse?

14 La naturaleza misma ¿no os enseña que es deshonroso al varón traer el cabello largo?

15 Pero si una mujer tiene cabello largo, le es honroso; porque en lugar de velo le es dado el cabello.

16 Con todo, si alguno quiere ser contencioso, nosotros no tenemos tal costumbre, ni las iglesias de Dios.

17 Pero en esto que *os* declaro, no *os* alabo; porque os reunís no para lo mejor, sino para lo peor.

18 Pues en primer lugar, cuando os reunís en la iglesia, oigo que hay entre vosotros divisiones; y en parte lo creo.

19 Porque [g]es necesario que también entre vosotros haya herejías, para que los que son aprobados se manifiesten entre vosotros.

20 Así que cuando vosotros os reunís en un lugar, *esto* no es comer la cena del Señor.

21 Pues al comer, cada uno se adelanta a tomar su propia cena; y uno tiene hambre, [k]y otro está embriagado.

22 ¿Acaso no tenéis casas en que comáis y bebáis? ¿O menospreciáis [m]la iglesia de Dios y avergonzáis a los que no tienen? ¿Qué os diré? ¿Os alabaré en esto? No os alabo.

23 Porque yo [n]recibí del Señor lo que también os he enseñado: Que [o]el Señor Jesús, la noche que fue entregado, tomó pan;

24 y habiendo dado gracias, lo partió, y dijo: Tomad, comed; esto es mi cuerpo que por vosotros es partido; haced esto en memoria de mí.

25 Asimismo *tomó* también la copa, después de haber cenado, diciendo: Esta copa es el nuevo testamento en mi sangre; haced esto todas las veces que *la* bebiereis, en memoria de mí.

26 Porque todas las veces que comiereis este pan, y bebiereis esta copa, la muerte del Señor anunciáis hasta que Él venga.

Los dones espirituales

27 De manera que cualquiera que comiere este pan, o bebiere la copa del Señor indignamente, será culpado del cuerpo y de la sangre del Señor.

28 Por tanto, ^dexamínese cada uno a sí mismo, y coma así del pan, y beba de la copa.

29 Porque el que come y bebe indignamente, come y bebe juicio para sí, no discerniendo el cuerpo del Señor.

30 Por lo cual *hay* muchos ^fdebilitados y enfermos entre vosotros; y ^gmuchos duermen.

31 Que si nos juzgásemos a nosotros mismos, no seríamos juzgados.

32 Mas siendo juzgados, ⁱsomos castigados por el Señor, para que no seamos condenados con el mundo.

33 Así que, hermanos míos, cuando os reunís a comer, esperaos unos a otros.

34 Y si ^lalguno tuviere hambre, coma en su casa; para que no os reunáis para condenación. Y ^mlas demás cosas las pondré en orden cuando yo fuere.

CAPÍTULO 12

Y en cuanto a ⁿlos *dones* espirituales, no quiero hermanos, que ignoréis.

2 Sabéis que vosotros ^oerais gentiles, llevados, como se os llevaba, a ^plos ídolos mudos.

3 Por tanto, os hago saber que ^qnadie que hable por el Espíritu de Dios, llama ^ranatema a Jesús; y ^snadie puede llamar a Jesús Señor, sino por el Espíritu Santo.

4 Ahora bien, hay ^tdiversidad de dones; pero ^uel mismo Espíritu *es*.

5 Y hay ^vdiversidad de ministerios; pero el mismo Señor *es*.

6 Y hay diversidad de operaciones; pero es el mismo Dios el que ^xhace todas las cosas en todos.

7 Pero a cada uno ^yle es dada manifestación del Espíritu para provecho.

8 Porque a la verdad, a éste es dada por el Espíritu ^zpalabra de sabiduría; a otro, palabra de conocimiento por el mismo Espíritu;

9 a otro, ^afe por el mismo Espíritu, y a otro, dones de sanidades por el mismo Espíritu;

a 1 Jn 4:1
b Hch 2:4
c cp 14:26

d 2 Co 13:5
1 Jn 3:20-21

e cp 10:17
Rm 12:4-5

f Jn 5:14

g Mt 27:52

h Gá 3:28
i Heb 12:7-10
j Jn 6:63
y 7:39
k vers 4,11

l ver 21

m cp 7:17

n cp 14:1

o cp 6:11
p Sal 115:5

q 1 Jn 4:2-3

r Rm 9:3
Gá 1:8-9
s Mt 16:17
t cp 7:7
Rm 12:4-6
u Ef 4:4-6
v Ef 4:11

x Ef 1:23

y Rm 12:6-8
1 Pe 4:10-11

z Ef 1:17
Col 1:9

a cp 13:2

10 a otro, el hacer milagros, y a otro, profecía; a otro, ^adiscernimiento de espíritus; a otro, ^b*diversos* géneros de lenguas; y a otro, ^cinterpretación de lenguas.

11 Pero todas estas cosas las hace uno y el mismo Espíritu, repartiendo en particular a cada uno como Él quiere.

12 Porque así como ^eel cuerpo es uno, y tiene muchos miembros, pero todos los miembros del cuerpo, siendo muchos, son un solo cuerpo, así también Cristo.

13 Porque por un solo Espíritu somos todos bautizados en un cuerpo, ya *sean* ^hjudíos o gentiles, ya *sean* siervos o libres; y ^jtodos hemos bebido de ^kun mismo Espíritu.

14 Porque el cuerpo no es un solo miembro, sino muchos.

15 Si dijere el pie: Porque no soy mano, no soy del cuerpo; ¿por eso no será del cuerpo?

16 Y si dijere la oreja: Porque no soy ojo, no soy del cuerpo; ¿por eso no será del cuerpo?

17 Si todo el cuerpo *fuese* ojo, ¿dónde *estaría* el oído? Si todo *fuese* oído, ¿dónde *estaría* el olfato?

18 Mas ahora Dios ha colocado los miembros cada uno de ellos en el cuerpo, como Él quiso.

19 Que si todos fueran un solo miembro, ¿dónde estaría el cuerpo?

20 Mas ahora *son* muchos los miembros, pero un solo cuerpo.

21 Y el ojo no puede decir a la mano: No te necesito: Ni tampoco la cabeza a los pies: No tengo necesidad de vosotros.

22 Antes bien, los miembros del cuerpo que parecen más débiles, son *los más* necesarios;

23 y los *miembros* del cuerpo que estimamos menos dignos, a éstos vestimos más dignamente; y los que en nosotros son menos decorosos, son tratados con mucho más decoro.

24 Porque los *miembros* que en nosotros son más decorosos, no tienen necesidad; pero Dios ordenó el cuerpo, dando más abundante honor al que le faltaba;

25 para que no haya desavenencia en el cuerpo, sino que los miembros todos se preocupen los unos por los otros.

1 CORINTIOS 13-14

26 Y si un miembro padece, todos los miembros se duelen con él; o si un miembro es honrado, todos los miembros ªcon él se regocijan.

27 Vosotros, pues, ᵇsois el cuerpo de Cristo, y miembros en particular.

28 Y a unos puso Dios en la iglesia, primeramente ᵉapóstoles, lo segundo ᶠprofetas, lo tercero ᵍmaestros; luego milagros; después dones de sanidades, ayudas, ʰgobernaciones, diversidad de lenguas.

29 ¿*Son* todos apóstoles? ¿*Son* todos profetas? ¿Todos maestros? ¿Hacen todos milagros?

30 ¿Tienen todos dones de sanidad? ⁱ¿Todos hablan lenguas? ¿Interpretan todos?

31 Procurad, pues, ʲlos dones mejores; mas yo os muestro un camino aun más excelente.

CAPÍTULO 13

Si yo hablase lenguas humanas y angélicas, y no tengo caridad, vengo a ser como metal que resuena, o címbalo que retiñe.

2 Y si tuviese *el don de* profecía, y entendiese todos los misterios y toda ciencia; y si tuviese ᵐtoda la fe, ⁿde tal manera que trasladase los montes, y no tengo caridad, nada soy.

3 Y si repartiese todos mis bienes para dar de comer a los pobres, y si entregase mi cuerpo para ser quemado, y no tengo caridad, de nada me sirve.

4 ᵖLa caridad es sufrida, es benigna; La caridad no tiene envidia, la caridad no es jactanciosa, ᵠno se envanece;

5 no hace nada indebido, ʳno busca lo suyo, no se irrita, no piensa el mal;

6 no se goza en la injusticia, mas ˢse goza en la verdad;

7 ᵗtodo lo sufre, todo lo cree, todo lo espera, todo lo soporta.

8 La caridad nunca deja de ser; mas ᵘlas profecías se acabarán, y cesarán las lenguas, y la ciencia acabará.

9 Porque en parte conocemos, y en parte profetizamos;

10 mas cuando venga lo que es perfecto, entonces lo que es en parte se acabará.

a Rm 12:15
b cp 10:17
Rm 12:5
Ef 1:23 3:6
y 4:12
Col 1:24
c 2 Co 3:18
4:18 y 5:7
d 1 Jn 3:2
Ap 22:4
e Ef 4:11
f Hch 11:27
g ver 10
h Rm 12:8
1 Tim 5:17
1 Pe 5:1-3
i ver 10
j cp 14:1,39

k Rm 14:19

l ver 17

m cp 12:8-9
n Mt 17:20

o ver 13

p 2 Co 6:6

q cp 4:6

r cp 10:24

s 2 Jn 4:6

t cp 9:12

u cp 14:39

La grandeza de la caridad

11 Cuando yo era niño, hablaba como niño, pensaba como niño, juzgaba como niño, mas cuando ya fui hombre hecho, dejé lo que era de niño.

12 Y ᶜahora vemos por espejo, oscuramente; mas entonces ᵈ*veremos* cara a cara; ahora conozco en parte; mas entonces conoceré como soy conocido.

13 Y ahora permanecen la fe, la esperanza y la caridad, estas tres; pero la mayor de ellas *es* la caridad.

CAPÍTULO 14

Seguid la caridad; y desead *los dones* espirituales, mas sobre todo que profeticéis.

2 Porque el que habla en lengua *desconocida*, no habla a los hombres, sino a Dios; pues nadie le entiende, aunque en espíritu hable misterios.

3 Mas el que profetiza, habla a los hombres *para* ᵏedificación, y exhortación, y consolación.

4 El que habla en lengua *desconocida*, a sí mismo se edifica; pero el que profetiza, ˡedifica a la iglesia.

5 Yo quisiera que todos vosotros hablaseis en lenguas, pero más que profetizaseis; porque mayor *es* el que profetiza que el que habla en lenguas, a no ser que °las interprete para que la iglesia reciba edificación.

6 Ahora pues, hermanos, si yo vengo a vosotros hablando en lenguas, ¿qué os aprovechará, si no os hablo, o con revelación, o con ciencia, o con profecía, o con doctrina?

7 Y aun las cosas inanimadas que hacen sonidos, ya sea la flauta, o el arpa; si no dieren distinción de sonidos, ¿cómo se sabrá lo que se toca con la flauta o con el arpa?

8 Y si la trompeta da un sonido incierto, ¿quién se preparará para la batalla?

9 Así también vosotros, si por la lengua no habláis palabra bien entendible, ¿cómo se sabrá lo que se dice? Pues hablaréis al aire.

10 Hay, por ejemplo, tantas clases de idiomas en el mundo, y ninguno de ellos carece de significado.

El hablar en lenguas

11 Pero si yo ignoro el significado de lo que se dice, seré extranjero al que habla, y el que habla *será* extranjero para mí.

12 Así también vosotros; pues que anheláis *dones* espirituales, procurad abundar en ellos para la edificación de la iglesia.

13 Por lo cual, el que habla en lengua *desconocida*, pida en oración que pueda interpretar.

14 Porque si yo oro en lengua *desconocida*, mi espíritu ora, pero mi entendimiento queda sin fruto.

15 ¿Qué hay entonces? Oraré con el espíritu, pero oraré también con el entendimiento; ʲcantaré con el espíritu, pero ᵏcantaré también con el entendimiento.

16 De otra manera, si bendices *sólo* con el espíritu, el que ocupa el lugar de ˡun simple oyente, ¿cómo dirá amén a tu acción de gracias? pues no sabe lo que has dicho.

17 Porque tú, a la verdad, bien das gracias; pero el otro no es edificado.

18 Doy gracias a mi Dios que hablo en lenguas más que todos vosotros;

19 pero en la iglesia prefiero hablar cinco palabras con mi entendimiento, para enseñar también a otros, que diez mil palabras en lengua *desconocida*.

20 Hermanos, ᵖno seáis niños en el entendimiento; sino ᑫsed niños en la malicia, pero hombres en el entendimiento.

21 ˢEn la ley está escrito: ᵗEn otras lenguas y con otros labios hablaré a este pueblo; y ni aun así me oirán, dice el Señor.

22 Así que, las lenguas son por señal, no a los creyentes, sino a los incrédulos; mas ᵛla profecía, no a los incrédulos, sino a los creyentes.

23 De manera que, si toda la iglesia se reúne en un lugar, y todos hablan en lenguas, y entran indoctos o incrédulos, ˣ¿no dirán que estáis locos?

24 Pero si todos profetizan, y entra algún incrédulo o indocto, por todos es convencido, ᶻpor todos es juzgado;

25 y de esta manera los secretos de su corazón se hacen manifiestos; y así, postrándose sobre *su* rostro, adorará a Dios, declarando que ᵇen verdad Dios está en vosotros.

---

a Ef 5:19
b ver 6
c cp 12:10
d ver 6
e cp 12:10
f 2 Co 12:19
y 13:10

g vers 33,37
h cp 12:10
i 1 Ts 5:19-20
j Ef 5:19
Col 3:16
k Sal 47:7

l vers 23,24

m cp 7:17

n 1 Tim 2:11

o Gn 3:16

p Ef 4:14
Heb 5:12-13
q Mt 11:25
Rm 16:19
r 2 Co 10:7
1 Jn 4:6
s Rm 3:19
t Is 28:11-12

u cp 12:31
v cp 11:4

x Hch 2:13

y Rm 2:16
z cp 2:15
a cp 3:6

b Is 45:14
Zac 8:23
c Gá 3:4

---

1 CORINTIOS 15

26 ¿Qué hay, pues, hermanos? Cuando os reunís, cada uno de vosotros tiene ᵃsalmo, tiene ᵇdoctrina, tiene ᶜlengua, tiene ᵈrevelación, tiene ᵉinterpretación: ᶠHágase todo para edificación.

27 Si alguno habla en lengua *desconocida*, sea esto por dos, o a lo más tres, y por turno; y uno interprete.

28 Y si no hay intérprete, calle en la iglesia, y hable a sí mismo y a Dios.

29 Asimismo, ᵍlos profetas hablen dos o tres, y ʰlos demás juzguen.

30 Y ⁱsi *algo* le es revelado a otro que está sentado, calle el primero.

31 Porque podéis profetizar todos uno por uno, para que todos aprendan, y todos sean exhortados.

32 Y los espíritus de los profetas están sujetos a los profetas;

33 porque Dios no es *autor* de confusión, sino de paz; ᵐcomo en todas las iglesias de los santos.

34 ⁿVuestras mujeres callen en las iglesias; porque no les es permitido hablar, sino ᵒque estén sujetas, como también la ley lo dice.

35 Y si quieren aprender alguna cosa, pregunten en casa a sus maridos; porque vergonzoso es que una mujer hable en la iglesia.

36 ¿Acaso ha salido de vosotros la palabra de Dios? ¿O solamente a vosotros ha llegado?

37 ʳSi alguno se cree profeta, o espiritual, reconozca que lo que os escribo, son mandamientos del Señor.

38 Pero si alguno es ignorante, sea ignorante.

39 Así que, hermanos, ᵘprocurad profetizar, y no impidáis el hablar lenguas.

40 Pero hágase todo decentemente y con orden.

CAPÍTULO 15

Además os declaro, hermanos, ʸel evangelio que ᵃos he predicado, el cual también recibisteis, en el cual estáis firmes;

2 por el cual asimismo sois salvos, si retenéis la palabra que os he predicado, ᶜsi no habéis creído en vano.

1 CORINTIOS 15

Enseñanza sobre la resurrección

3 Porque primeramente [a]os he entregado lo que asimismo recibí: Que Cristo murió [c]por nuestros pecados [d]conforme a las Escrituras;
4 y que fue sepultado, y que resucitó al tercer día, [e]conforme a las Escrituras;
5 y que [f]fue visto por [g]Cefas, y después [i]por los doce.
6 Y después, fue visto por más de quinientos hermanos a la vez; de los cuales muchos viven aún, y otros ya [k]duermen.
7 Después fue visto por Jacobo; luego [l]por todos los apóstoles.
8 Y al último de todos, como por un nacido a destiempo, Él fue visto también por mí.
9 Porque [n]yo soy el más pequeño de los apóstoles, que no soy digno de ser llamado apóstol, porque [p]perseguí la iglesia de Dios.
10 Mas [q]por la gracia de Dios soy lo que soy; y su gracia no ha sido en vano para conmigo; antes he trabajado más que todos ellos; pero no yo, sino la gracia de Dios que ha sido conmigo.
11 Así que, ya sea yo o ellos, así predicamos, y así habéis creído.
12 Y si se predica que Cristo resucitó de los muertos, ¿cómo dicen algunos entre vosotros que no hay resurrección de muertos?
13 Porque si no hay resurrección de muertos, Cristo tampoco resucitó.
14 Y si Cristo no resucitó, vana es entonces nuestra predicación, vana es también vuestra fe.
15 Y además somos hallados falsos testigos de Dios; porque [y]hemos testificado de Dios, que Él resucitó a Cristo; al cual no resucitó, si en verdad los muertos no resucitan.
16 Porque si los muertos no resucitan, tampoco Cristo resucitó.
17 Y si Cristo no resucitó, vana es vuestra fe; [a]aún estáis en vuestros pecados.
18 Entonces también los que durmieron en Cristo perecieron.
19 Si sólo en esta vida esperamos en Cristo, somos los más miserables de todos los hombres.
20 Mas ahora [d]Cristo ha resucitado de los muertos; [e]primicias de los que durmieron es hecho.

21 Y por cuanto [b]la muerte *entró* por un hombre, también por un hombre la resurrección de los muertos.
22 Porque así como en Adán todos mueren, así también en Cristo todos serán vivificados.
23 Pero cada uno en su debido orden: Cristo las primicias; [h]luego los que son de Cristo, en su venida.
24 Luego *vendrá* el fin; cuando haya entregado [j]el reino al Dios y Padre, cuando haya abatido todo dominio y toda autoridad y poder.
25 Porque es menester que Él reine, hasta que haya puesto [m]a todos sus enemigos debajo de sus pies.
26 Y el postrer enemigo que *será* destruido es la muerte.
27 Porque todas las cosas sujetó debajo de sus pies. Pero cuando dice: [o]Todas las cosas son sujetadas a Él, claramente se exceptúa a Aquél que sujetó a Él todas las cosas.
28 Y cuando todas las cosas [r]le estén sujetas, entonces [s]también el Hijo mismo se sujetará a Aquél que sujetó a Él todas las cosas, para que Dios sea todo en todos.
29 De otro modo, ¿qué harán los que se bautizan por los muertos, si en ninguna manera los muertos resucitan? ¿Por qué, pues, se bautizan por los muertos?
30 ¿Y por qué nosotros peligramos a toda hora?
31 Os aseguro por la gloria que de vosotros tengo en Cristo Jesús Señor nuestro, que [u]cada día muero.
32 Si como hombre [v]batallé [x]en Éfeso contra bestias, ¿qué me aprovecha? Si los muertos no resucitan, comamos y bebamos, que mañana moriremos.
33 No os engañéis; las malas conversaciones corrompen las buenas costumbres.
34 Despertad a justicia, y no pequéis; porque [z]algunos no conocen a Dios; [b]para vergüenza vuestra lo digo.
35 Pero dirá alguno: ¿Cómo resucitarán los muertos? ¿Con qué cuerpo vendrán?
36 Necio, [c]lo que tú siembras no revive, si antes no muere.
37 Y lo que siembras, no siembras el cuerpo que ha de ser, sino el grano desnudo, ya sea de trigo o de otro grano;

---

a cp 11:23
b Rm 5:12-18
c Jn 1:29
  Heb 5:1-3
d Mr 9:12
  Hch 3:18
e Hch 2:25
f Lc 24:34
g cp 1:12
h 1 Ts 4:15
i Lc 24:36
j Dn 7:14-27
k vers 18, 20, 55
l Lc 24:50
  Hch 1:3-4
m Sal 110:1

n Ef 3:8

o Sal 8:6
  Ef 1:22
p Hch 8:3
q Rm 1:5
r Fil 3:21
s cp 11:3

t 2 Tim 2:18

u 2 Co 4:10
v 2 Co 1:8
x Hch 18:19
y Hch 2:24

z 1 Ts 4:5
a Rm 4:25
b cp 6:5

c Jn 12:24

d 1 Pe 1:3
e Hch 26:23

La ofrenda para los santos

38 pero Dios le da el cuerpo como Él quiere, y a cada semilla su propio cuerpo.

39 No toda carne es la misma carne; pues una carne es la de los hombres, y otra carne la de los animales, y otra la de los peces, y otra la de las aves.

40 También hay cuerpos celestiales, y cuerpos terrenales; pero una es la gloria de los celestiales, y otra la de los terrenales.

41 Una es la gloria del sol, y otra la gloria de la luna, y otra la gloria de las estrellas; porque una estrella es diferente de otra estrella en gloria.

42 Así también es la resurrección de los muertos. Se siembra ᵉen corrupción, se levantará ᵍen incorrupción;

43 se siembra ⁱen deshonra, se levantará en gloria; se siembra en flaqueza, se levantará en poder;

44 se siembra cuerpo natural, resucitará cuerpo espiritual. ʲHay cuerpo natural, y hay cuerpo espiritual.

45 Y así está escrito: El primer hombre Adán fue hecho ᵖun alma viviente; ʳel postrer Adán, ˢun espíritu vivificante.

46 Mas lo espiritual no es primero, sino lo natural; luego lo espiritual.

47 El primer hombre, ᵘes de la tierra, terrenal; el segundo hombre que es el Señor, es del cielo.

48 Cual el terrenal, tales también los terrenales; ˣy cual el celestial, tales también los celestiales.

49 Y así como hemos llevado la imagen del terrenal, ʸllevaremos también la imagen del celestial.

50 Mas esto digo, hermanos; que ᵃla carne y la sangre ᵇno pueden heredar el reino de Dios; ni la corrupción hereda la incorrupción.

51 He aquí, os digo un misterio: ᵈNo todos dormiremos, pero ᵉtodos seremos transformados.

52 En un momento, en un abrir y cerrar de ojos, ᵍa la final trompeta; porque se tocará la trompeta, y los muertos serán resucitados incorruptibles, y nosotros seremos transformados.

53 Porque es necesario que esto corruptible se vista de incorrupción, y ᵐesto mortal se vista de inmortalidad.

a Is 25:8
Ap 20:14
y 21:4
b Os 13:14

c Rm 4:15

d 1 Jn 5:4-5

e ver 50
Rm 8:21
f cp 16:10
g Rm 2:7
h cp 3:8
i Fil 3:21
j cp 2:14
k Hch 24:17
l Rm 12:13
m cp 11:34
n cp 11:16
o Hch 16:6
p Gn 2:7
q Hch 20:7
Ap 1:10
r Rm 5:14
s Jn 5:21
y 6:33-57
Rm 8:2-10
t Fil 3:21
u Jn 3:31
v 2 Co 8:4-6
x Fil 3:20-21
y Rm 8:29
z Hch 19:21
a Mt 16:17
Jn 3:3-5
b cp 6:9
c Hch 15:3
d 1 Ts 4:15-17
e Fil 3:21
f 2 Co 1:15
g 1 Ts 4:16
h Hch 14:27
i 2 Co 5:4

m 2 Co 5:4

54 Y cuando esto corruptible se haya vestido de incorrupción, y esto mortal se haya vestido de inmortalidad, entonces se cumplirá la palabra que está escrita: ᵃSorbida es la muerte en victoria.

55 ¿Dónde está, ᵇoh muerte, tu aguijón? ¿Dónde, oh sepulcro, tu victoria?

56 El aguijón de la muerte es el pecado, y ᶜel poder del pecado es la ley.

57 Mas gracias sean dadas a Dios, que ᵈnos da la victoria por medio de nuestro Señor Jesucristo.

58 Así que, hermanos míos amados, estad firmes y constantes, creciendo ᶠen la obra del Señor siempre, sabiendo que ʰvuestro trabajo en el Señor no es en vano.

CAPÍTULO 16

En cuanto a ᵏla ofrenda para ˡlos santos, haced vosotros también de la manera que ᵐordené en ⁿlas iglesias de ᵒGalacia.

2 Cada ᵖprimer día de la semana cada uno de vosotros ponga aparte algo, atesorándolo, ᵗconforme Dios le haya prosperado; para que cuando yo llegue, no se recojan entonces ofrendas.

3 Y cuando yo haya llegado, enviaré a los que vosotros hayáis aprobado por cartas, para que lleven ᵛvuestra liberalidad a Jerusalén.

4 Y si es preciso que yo también vaya, irán conmigo.

5 Y vendré a vosotros, ᶻcuando hubiere pasado por Macedonia, pues por Macedonia tengo que pasar.

6 Y podrá ser que me quede y pase el invierno con vosotros, para que vosotros me encaminéis ᶜa donde haya de ir.

7 Porque no quiero ahora veros ᶠde paso; pues espero estar con vosotros algún tiempo, si el Señor lo permite.

8 Pero me quedaré en Éfeso hasta Pentecostés;

9 porque ʰse me ha abierto puerta grande y eficaz, y ⁱmuchos son los adversarios.

10 Y ˡsi llega Timoteo, mirad que esté con vosotros sin temor; porque como yo, también él hace la obra del Señor.

11 Por tanto, ªnadie le tenga en poco; sino encaminadle en paz, para que venga a mí; porque le espero con los hermanos.

12 En cuanto a *nuestro* hermano Apolos; mucho le rogué que fuese a vosotros con los hermanos; mas en ninguna manera tuvo voluntad de ir por ahora; pero irá cuando tenga oportunidad.

13 Velad, ᵉestad firmes en la fe; ᶠportaos varonilmente, esforzaos.

14 Todas vuestras cosas ᵍsean hechas con amor.

15 Hermanos, ya conocéis a la familia de Estéfanas, que son ⁱlas primicias de Acaya, y *que* se han hecho adictos ʲal ministerio de los santos,

16 os ruego que ᵠos sujetéis a los tales, y a todos los que con *nosotros* ayudan y trabajan.

17 Me gozo de la venida de Estéfanas y de Fortunato y de Acaico; porque ᵇlo que de vosotros faltaba, ellos lo suplieron.

18 Porque recrearon mi espíritu y el vuestro; reconoced, pues, a los tales.

19 Las iglesias de Asia os saludan. ᶜAquila y Priscila, con ᵈla iglesia que está en su casa, os saludan mucho en el Señor.

20 Os saludan todos los hermanos. ʰSaludaos los unos a los otros con ósculo santo.

21 La salutación de Pablo, de mi propia mano.

22 El que no amare al Señor Jesucristo, ᵏsea anatema. Maranata.

23 La gracia del Señor Jesucristo *sea* con vosotros.

24 Mi amor en Cristo Jesús *sea* con todos vosotros. Amén.

a 1 Tim 4:12
b 2 Co 11:9
Fil 2:30
c Hch 18:2
d Rm 16:5
e Fil 1:27 4:1
f 1 Sm 4:9
2 Sm 10:12
1 Cr 19:13
g cp 14:1
h Rm 16:16
I Rm 16:22
Col 4:18
i 2 Ts 3:17
j Rm 16:5
j 2 Co 8:4
k cp 12:3
q Ef 5:21
Heb 13:17
1 Pe 5:5

Segunda Epístola Del Apóstol Pablo A
LOS CORINTIOS

CAPÍTULO 1

Pablo, apóstol de Jesucristo por la voluntad de Dios, y *nuestro* hermano Timoteo, a la iglesia de Dios que está en Corinto, con todos los santos que están por toda Acaya:

2 Gracia *sea* a vosotros, y paz de Dios nuestro Padre, y del Señor Jesucristo.

3 Bendito *sea* el Dios y Padre de nuestro Señor Jesucristo, el Padre de misericordias, y el Dios de toda consolación,

4 el cual nos consuela en todas nuestras tribulaciones, ᵈpara que podamos nosotros consolar a los que están en cualquier angustia, con la consolación con que nosotros mismos somos consolados de Dios.

5 Porque de la manera que abundan en nosotros ᵍlas aflicciones de Cristo, así abunda también por Cristo nuestra consolación.

6 Pues si somos atribulados, *es* por vuestra consolación y salvación; la cual es eficaz para soportar las mismas aflicciones que nosotros también padecemos; o si somos consolados, *es* por vuestra consolación y salvación.

7 Y nuestra esperanza de vosotros *es* firme; sabiendo que como ᵃsois partícipes de las aflicciones, así también *lo seréis* de la consolación.

8 Porque hermanos, no queremos que ignoréis acerca de ᵇnuestra tribulación que nos aconteció en Asia; que en sobremanera fuimos cargados sobre nuestras fuerzas, de tal manera que ᶜperdimos la esperanza aun de seguir con vida.

9 Pero tuvimos en nosotros mismos sentencia de muerte, para que no confiásemos en nosotros mismos, sino en Dios que ᵉresucita a los muertos;

10 el cual nos libró, y nos libra; y en quien confiamos que aún nos librará de tan grande muerte;

11 ayudándonos ᶠvosotros también con oración por nosotros, para que por el don *concedido* a nosotros por medio de muchas personas, por muchas sean dadas gracias en nuestro favor.

12 Porque ésta es nuestra gloria; el testimonio de nuestra conciencia, que con simplicidad y sinceridad de Dios, ʰno con sabiduría carnal, sino por la gracia de Dios, nos hemos

a Mt 5:11-12
Lc 22:28
Rm 8:17-18
2 Ts 1:4-7
Stg 1:12
b Hch 19:23
1 Co 15:32
y 16:9
c cp 4:8-11
d Is 66:13
Jn 14:16-18
2 Co 1:5-6
1 Ts 4:18
y 5:11
e cp 4:4
f Rm 15:30
Fil 1:19
Flm 22
g cp 4:10
Gá 6:17
Fil 3:10
Col 1:24
h 1 Co 2:4,13
Stg 3:13-17

Vosotros sois nuestra carta 2 CORINTIOS 2

conducido en el mundo, y más abundantemente con vosotros.

13 Porque no os escribimos otras cosas de las que leéis, o también reconocéis; y espero que aun hasta el fin las reconoceréis;

14 como también ªen parte nos habéis reconocido, que somos vuestra gloria, así como también vosotros *seréis* la nuestra ᶜen el día del Señor Jesús.

15 Y con esta confianza quise ir primero a vosotros, para que tuvieseis una ᵉsegunda gracia;

16 y de vosotros pasar a Macedonia, y de Macedonia venir otra vez a vosotros, y ᵍser encaminado de vosotros a Judea.

17 Así que, cuando me propuse esto, ¿usé quizá de ligereza? ¿O lo que me propongo, me propongo según la carne, para que haya en mí Sí, Sí, y No, No?

18 Pero *como* Dios *es* fiel, nuestra palabra para con vosotros no fue Sí y No.

19 Porque el Hijo de Dios, Jesucristo, que entre vosotros ha sido predicado por nosotros, por mí y Silvano y Timoteo, no ha sido Sí y No; mas ha sido Sí en Él.

20 Porque ᵏtodas las promesas de Dios *son* Sí en Él, y Amén en Él, por medio de nosotros, para la gloria de Dios.

21 Y el que nos confirma con vosotros en Cristo, y ⁿ*el que* nos ungió, *es* Dios;

22 el cual también ᵒnos ha sellado, y ᵖnos ha dado las arras del Espíritu en nuestros corazones.

23 Mas yo invoco a Dios por testigo sobre mi alma, que ˢpor ser indulgente con vosotros no he pasado todavía a Corinto.

24 No que tengamos dominio sobre vuestra fe, mas somos ayudadores de vuestro gozo; porque ᵠpor la fe estáis firmes.

CAPÍTULO 2

Esto, pues, determiné para conmigo, no venir otra vez a vosotros con tristeza.

2 Porque si yo os contristo, ¿quién será luego el que me alegrará, sino aquel a quien yo contristare?

a cp 5:12
b cp 7:8-12
y 12:15
c 1 Co 1:8 5:5
Fil 1:6-10
2:16
d Pr 17:25
1 Co 5:1-5
Gá 4:12
e cp 12:14
g 13:1-2
g Hch 15:3
h Gá 6:1-2
Ef 4:32
Col 3:13
Heb 12:12-15

i Fil 2:12
2 Ts 3:14
Flm 1:21
j Mt 18:18
Jn 20:23
1 Co 5:4
k Mt 18:18
Jn 20:23
1 Co 5:4
l 1 Co 5:5
m 1 Pe 5:8
n 1 Jn 2:20-27
Ap 1:22
o Jn 6:27
Ef 1:13-14
y 4:20
2 Ti 2:19
Ap 7:3 9:4
p cp 5:5
Rm 8:9,14
Ef 1:14
q 2 Co 5:7
Rm 5:2 11:20
1 Co 15:1
Ef 6:14-16
r 1 Co 1:18
s 2 Ts 2:10
t 1 Pe 2:7-8
u cp 3:5-6
v cp 1:12 4:2
1 Co 5:8

3 Y esto mismo os escribí, para que cuando viniere no tenga tristeza de aquellos de quienes me debiera alegrar; confiando en vosotros todos que mi gozo es el de todos vosotros.

4 Porque por la mucha tribulación y angustia del corazón os escribí con muchas lágrimas; ᵇno para que fueseis contristados, sino para que supieseis cuán grande amor tengo para con vosotros.

5 Que ᵈsi alguno ha causado tristeza, no me ha entristecido a mí sino en parte; para no sobrecargaros a todos vosotros.

6 Bástele al tal el castigo que *le fue impuesto* por muchos;

7 así que, al contrario, vosotros más bien ʰdebierais perdonarle y consolarle, para que el tal no sea consumido de demasiada tristeza.

8 Por lo cual os ruego que confirméis *vuestro* amor para con él.

9 Porque también por este fin os escribí, para saber la prueba de si vosotros sois ⁱobedientes en todo.

10 Y ʲal que vosotros perdonareis algo, yo también; porque si algo he perdonado, a quien lo he perdonado, por vosotros *lo he hecho* en la persona de Cristo;

11 ᵖpara que no nos gane Satanás; pues ᵐno ignoramos sus maquinaciones.

12 Y cuando vine a Troas para *predicar* el evangelio de Cristo, y una puerta me fue abierta en el Señor,

13 no tuve reposo en mi espíritu, por no haber hallado a Tito mi hermano; mas despidiéndome de ellos, partí para Macedonia.

14 Mas a Dios gracias, el cual ᶻhace que siempre triunfemos en Cristo, y manifiesta la fragancia de su conocimiento por nosotros en todo lugar.

15 Porque para Dios somos de Cristo grata fragancia ʳen los que son salvos, y ˢen los que se pierden;

16 a éstos ciertamente ᵗolor de muerte para muerte; y a aquéllos fragancia de vida para vida. Y para estas cosas, ᵘ¿quién es suficiente?

17 Porque no somos como muchos que adulteran la palabra de Dios; antes ᵛcon sinceridad, como de parte de Dios, delante de Dios hablamos en Cristo.

1041

CAPÍTULO 3

1 ¿Comenzamos otra vez a recomendarnos a nosotros mismos? ¿O tenemos necesidad como algunos, de cartas de recomendación para vosotros, o de recomendación de vosotros?

2 Nuestra carta sois vosotros, escrita en nuestros corazones, sabida y leída de todos los hombres;

3 siendo manifiesto que sois carta de Cristo ministrada por nosotros, escrita no con tinta, sino con el Espíritu del Dios vivo; no en tablas de piedra, sino en tablas de carne del corazón.

4 Y tal confianza tenemos mediante Cristo para con Dios;

5 no que seamos suficientes de nosotros mismos para pensar algo como de nosotros mismos, sino que nuestra suficiencia viene de Dios;

6 el cual también nos ha hecho ministros suficientes del nuevo testamento; no de la letra, sino del espíritu; porque la letra mata, mas el espíritu vivifica.

7 Y si el ministerio de muerte escrito y grabado en piedras fue glorioso, tanto que los hijos de Israel no podían fijar los ojos en el rostro de Moisés a causa de la gloria de su parecer, la cual había de fenecer,

8 ¿cómo no será más glorioso el ministerio del espíritu?

9 Porque si el ministerio de condenación fue glorioso, mucho más abundará en gloria el ministerio de la justificación.

10 Porque aun lo que fue glorioso, no es glorioso en este respecto, en comparación a la gloria más excelente.

11 Porque si lo que perece fue glorioso, mucho más glorioso será lo que permanece.

12 Así que, teniendo tal esperanza, hablamos con mucha confianza;

13 y no como Moisés, que ponía un velo sobre su rostro, para que los hijos de Israel no pusiesen los ojos en el fin de aquello que había de ser abolido.

14 Pero sus mentes fueron cegadas; porque hasta el día de hoy cuando leen el antiguo testamento, permanece sin ser quitado el mismo velo, el cual Cristo abolió.

15 Y aun hasta el día de hoy, cuando Moisés es leído, el velo está puesto sobre el corazón de ellos.

16 Pero cuando se conviertan al Señor, el velo será quitado.

17 Porque el Señor es el Espíritu; y donde *está* el Espíritu del Señor, allí *hay* libertad.

18 Por tanto, nosotros todos, mirando con cara descubierta como en un espejo la gloria del Señor, somos transformados en la misma imagen, de gloria en gloria, como por el Espíritu del Señor.

CAPÍTULO 4

1 Por tanto, teniendo nosotros este ministerio según la misericordia que hemos recibido, no desmayamos;

2 antes bien hemos renunciado a lo oculto y deshonesto, no andando con astucia, ni usando la palabra de Dios con engaño; sino que por la manifestación de la verdad nos recomendamos a la conciencia de todo hombre delante de Dios.

3 Que si nuestro evangelio está aún encubierto, para los que se pierden está encubierto;

4 en los cuales el dios de este mundo cegó la mente de los incrédulos, para que no les resplandezca la luz del glorioso evangelio de Cristo, el cual es la imagen de Dios.

5 Porque no nos predicamos a nosotros mismos, sino a Jesucristo el Señor; y nosotros vuestros siervos por Jesús.

6 Porque Dios, que mandó que de las tinieblas resplandeciese la luz, es el que resplandeció en nuestros corazones, para iluminación del conocimiento de la gloria de Dios en la faz de Jesucristo.

7 Pero tenemos este tesoro en vasos de barro, para que la excelencia del poder sea de Dios, y no de nosotros.

8 que *estamos* atribulados en todo, pero no angustiados; en apuros, pero no desesperados;

9 perseguidos, pero no desamparados; derribados, pero no destruidos;

Somos nueva criatura en Cristo

10 ªllevando siempre por todas partes en el cuerpo la muerte del Señor Jesús, ᵇpara que también la vida de Jesús se manifieste en nuestros cuerpos.

11 Porque nosotros que vivimos, ᵈsiempre estamos entregados a muerte por Jesús, para que también la vida de Jesús sea manifestada en nuestra carne mortal.

12 De manera que la muerte obra en nosotros, y en vosotros la vida.

13 Pero teniendo el mismo espíritu de fe, conforme a lo que está escrito: ʰCreí, por lo cual también hablé; nosotros también creemos, por lo cual también hablamos;

14 sabiendo que el que ʲresucitó al Señor Jesús, a nosotros también nos resucitará por Jesús, y nos presentará con vosotros.

15 Porque ᵏtodas las cosas *son hechas* por amor a vosotros, para que la abundante gracia, mediante la acción de gracias de muchos, redunde para la gloria de Dios.

16 Por tanto, no desmayamos; antes aunque este nuestro hombre exterior se va desgastando, el interior no obstante se renueva de día en día.

17 Porque nuestra leve aflicción, la cual ᵐes momentánea, produce en nosotros un inmensurable y eterno peso de gloria;

18 no mirando nosotros a las cosas que se ven, sino a las que no se ven; porque las cosas que se ven *son* temporales, mas las que no se ven *son* eternas.

CAPÍTULO 5

Porque sabemos que si ᵠnuestra casa terrenal, *este* tabernáculo, se deshiciere, tenemos de Dios un edificio, una casa ʳno hecha de manos, eterna, en el cielo.

2 Y por esto también gemimos, deseando ser revestidos de aquella nuestra habitación celestial;

3 y si así ˢestamos vestidos, no seremos hallados desnudos.

4 Porque nosotros que estamos en *este* tabernáculo gemimos con angustia; porque no quisiéramos ser desnudados, sino ᵘrevestidos, para que lo mortal sea absorbido por la vida.

---

a cp 6:9
1 Co 4:9 15:21
b Rm 6:8
y 8:17
2 Tim 2:11
c cp 1:22
d Rm 8:36

e cp 4:18
f 1 Co 13:12
g Fil 1:23

h Sal 116:10

i Rm 14:10
j Rm 8:11

k Rm 8:28
l Job 6:14
y 28:28
Heb 10:31

m Sal 30:5
Is 54:8
Rm 8:18
1 Pe 1:16 5:10
n cp 11:1,16,
Hch 26:25

o Rm 5:15

p Rm 14:7
q 2 Pe 1:13-14

r Mr 14:58

s Ap 3:18

t Rm 11:36
u 1 Co 15:53

---

2 CORINTIOS 5

5 Mas el que nos hizo para esto mismo *es* Dios, el cual también ᶜnos ha dado las arras del Espíritu.

6 Por tanto *vivimos* confiados siempre, sabiendo que entre tanto que estamos en el cuerpo, ausentes estamos del Señor.

7 (porque ᵉpor fe andamos, ᶠno por vista):

8 Estamos confiados, y ᵍmás quisiéramos estar ausentes del cuerpo, y presentes con el Señor.

9 Por tanto procuramos también, o presentes, o ausentes, serle agradables.

10 Porque ⁱes menester que todos nosotros comparezcamos ante el tribunal de Cristo, para que cada uno reciba según lo que haya hecho mientras estaba en el cuerpo, *ya sea* bueno o *sea* malo.

11 Conociendo, pues, ˡel temor del Señor, persuadimos a los hombres, mas a Dios somos manifiestos; y espero que también en vuestras conciencias seamos manifiestos.

12 Pues no nos recomendamos otra vez a vosotros, sino os damos ocasión de gloriaros por nosotros, para que tengáis qué *responder* a los que se glorían en la apariencia y no en el corazón.

13 Porque ⁿsi estamos locos, *es* para Dios; y si somos cuerdos, *es* para vosotros.

14 Porque el amor de Cristo nos constriñe, pensando esto: Que si ᵒuno murió por todos, luego todos murieron;

15 y por todos murió, ᵖpara que los que viven, ya no vivan para sí, sino para Aquél que murió y resucitó por ellos.

16 De manera que nosotros de aquí en adelante a nadie conocemos según la carne; y aun si a Cristo conocimos según la carne, ahora ya no le conocemos *así*.

17 De modo que si alguno *está* en Cristo, nueva criatura *es*; las cosas viejas pasaron; he aquí todas son hechas nuevas.

18 Y todo esto ᵗ*proviene* de Dios, quien nos reconcilió consigo mismo por Jesucristo; y nos dio el ministerio de la reconciliación.

2 CORINTIOS 6-7

19 De manera que ªDios estaba en Cristo reconciliando consigo al mundo, no imputándole sus pecados, y nos encomendó a nosotros la palabra de la reconciliación.

20 Así que, somos ᶜembajadores de Cristo, como si Dios rogase por medio de nosotros; os rogamos en nombre de Cristo: Reconciliaos con Dios.

21 Al que no conoció pecado, ᵈlo hizo pecado por nosotros, para que nosotros fuésemos hechos justicia de Dios en Él.

CAPÍTULO 6

Así, pues, nosotros, como ᵍsus colaboradores, os exhortamos también a que no recibáis en vano la gracia de Dios.

2 Porque dice: En tiempo aceptable te he oído, y en día de salvación te he socorrido. He aquí ahora el tiempo aceptable, he aquí ahora el día de salvación.

3 No dando a nadie ninguna ocasión de tropiezo, para que el ministerio no sea vituperado;

4 antes, aprobándonos en todo como ministros de Dios, en mucha paciencia, ᵏen tribulaciones, ˡen necesidades, en angustias;

5 en azotes, ᵐen cárceles, en tumultos, en trabajos, en vigilias, en ayunos;

6 en pureza, en ciencia, en longanimidad, en bondad, en el Espíritu Santo, ⁿen amor no fingido;

7 en palabra de verdad, en poder de Dios, con ᵒarmas de justicia a derecha e izquierda;

8 por honra y por deshonra, por mala fama, y por buena fama; como engañadores, pero veraces;

9 como desconocidos, pero bien conocidos; como moribundos, mas he aquí vivimos; como castigados, mas no muertos;

10 como entristecidos, mas siempre gozosos; ˢcomo pobres, mas enriqueciendo a muchos; como no teniendo nada, mas poseyéndolo todo.

11 Nuestra boca está abierta a vosotros, oh corintios; nuestro corazón se ha ensanchado.

12 No estáis estrechos en nosotros, mas estáis estrechos en vuestras propias entrañas.

No os unáis en yugo desigual

13 Pues, para corresponder del mismo modo (como a hijos hablo), ensanchaos también vosotros.

14 No os unáis en yugo desigual con los incrédulos; porque ᵇ¿qué compañerismo tiene la justicia con la injusticia? ¿Y qué comunión la luz con las tinieblas?

15 ¿Y qué concordia Cristo con Belial? ¿O qué parte el creyente con el incrédulo?

16 ¿Y qué concierto tiene el templo de Dios con los ídolos? Porque vosotros ᵉsois el templo del Dios viviente, como Dios dijo: ᶠHabitaré y andaré entre ellos; y seré su Dios, y ellos serán mi pueblo.

17 Por lo cual ʰsalid de en medio de ellos, y apartaos, dice el Señor, y no toquéis lo inmundo; y yo os recibiré,

18 y ⁱseré Padre a vosotros, y vosotros me seréis hijos e hijas, dice el Señor Todopoderoso.

CAPÍTULO 7

Así que, amados, teniendo tales promesas, ʲlimpiémonos de toda inmundicia de la carne y del espíritu, perfeccionando la santidad en el temor de Dios.

2 Admitidnos; a nadie hemos dañado, a nadie hemos corrompido, a nadie hemos defraudado.

3 No lo digo para condenaros; porque ya he dicho antes, que estáis en nuestros corazones, para morir y para vivir *juntamente*.

4 Grande *es* ᵖmi franqueza para con vosotros; grande *es* mi gloria de vosotros; lleno estoy de consolación, ᑫsobreabundo de gozo en todas nuestras tribulaciones.

5 Porque ʳcuando vinimos a Macedonia, ningún reposo tuvo nuestra carne; antes en todo fuimos atribulados; de fuera, contiendas; de dentro, temores.

6 Mas Dios, que ᵗconsuela a los abatidos, nos consoló con la venida de Tito;

7 y no sólo con su venida, sino también con la consolación con que él fue consolado de vosotros, haciéndonos saber vuestro gran deseo, vuestro llanto, vuestro celo por mí, para que así yo más me regocijara.

La iglesia de Macedonia

8 Porque aunque [a]os contristé con la carta, no me arrepiento, bien que me arrepentí; porque veo que aquella carta, aunque por un poco de tiempo, os contristó.

9 Ahora me gozo, no porque hayáis sido contristados, sino porque fuisteis contristados para arrepentimiento; porque habéis sido contristados según Dios, para que ninguna pérdida padecieseis por nosotros.

10 Porque la tristeza que es según Dios produce arrepentimiento para salvación, de que no hay que arrepentirse; mas la tristeza del mundo produce muerte.

11 Porque he aquí, esto mismo que os contristó según Dios, ¡cuánta solicitud ha obrado en vosotros, y qué defensa, y qué indignación, y qué temor, y qué gran deseo, y qué celo, y aun vindicación! En todo os habéis mostrado limpios en este asunto.

12 Así que, aunque os escribí, no fue por causa del que hizo la injuria, ni por causa del que padeció la injuria, sino para que os fuese manifiesta nuestra solicitud que tenemos por vosotros delante de Dios.

13 Por tanto, tomamos consolación de vuestra consolación; pero mucho más nos gozamos por el gozo de [l]Tito, de que haya sido recreado su espíritu por todos vosotros.

14 Que [m]si de algo me he gloriado con él acerca de vosotros, no me avergüenzo; pues como os hemos hablado todo con verdad, así también nuestra gloria delante de Tito fue hallada verdadera.

15 Y [o]su entrañable afecto es más abundante para con vosotros, cuando se acuerda de la obediencia de todos vosotros, de cómo lo recibisteis con temor y temblor.

16 Me gozo de que en todo tengo confianza en vosotros.

CAPÍTULO 8

Asimismo, hermanos, os hacemos saber la gracia de Dios que ha sido dada a las iglesias de [q]Macedonia;

2 que en grande prueba de tribulación, la abundancia de su gozo y su

a cp 2:2-3
b Ap 2:9
c 1 Cr 29:9
Rm 12:8

d Hch 24:17
Rm 15:25-26
e cp 9:1
1 Co 16:15
f Rm 12:1

g 1 Co 1:5

h 1 Co 7:6

i cp 13:14
Jn 1:14-17
Rm 5:20-21
j cp 6:10
Rm 8:32
y 11:12
1 Co 3:22-23
k 1 Co 7:25
l vers 6,7

m cp 8:24
9:2 y 10:8

n cp 9:7
Éx 35:29
Pr 19:22
Mr 12:42
o Fil 1:8
Col 3:12

p Éx 16:18
q Hch 16:12

2 CORINTIOS 8

[b]profunda pobreza abundaron en riquezas de su [c]generosidad.

3 Porque de su voluntad *han dado* conforme a *sus* fuerzas, yo testifico, y aun más allá de *sus* fuerzas;

4 pidiéndonos con muchos ruegos que aceptásemos la ofrenda y [d]la comunicación [e]del servicio para los santos.

5 Y *esto hicieron*, no como lo esperábamos, sino que primero [f]se dieron a sí mismos al Señor, y a nosotros por la voluntad de Dios.

6 De manera que exhortamos a Tito, que como comenzó, así también acabe esta gracia entre vosotros también.

7 Por tanto, como [g]en todo abundáis, *en* fe, y *en* palabra, y *en* ciencia, y *en* toda solicitud, y *en* vuestro amor para con nosotros, *mirad* que también abundéis en esta gracia.

8 [h]No hablo como quien manda, sino por causa de la diligencia de otros, y para probar la sinceridad de vuestro amor.

9 Porque ya conocéis [i]la gracia de nuestro Señor Jesucristo, que por amor a vosotros, [j]siendo rico se hizo pobre; para que vosotros con su pobreza fueseis enriquecidos.

10 Y en esto [k]doy *mi* consejo; porque esto os conviene a vosotros, que comenzasteis antes, no sólo a hacerlo, sino también a quererlo, desde el año pasado.

11 Ahora, pues, llevad también a cabo el hecho, para que como *estuvisteis* prestos a querer, así también *lo estéis* en cumplir conforme a lo que tenéis.

12 Porque [n]si primero hay la disposición, *será* acepta según lo que uno tiene, no según lo que no tiene.

13 Pero no digo esto para que haya abundancia para otros, y para vosotros escasez;

14 sino para que con igualdad, ahora en este tiempo, vuestra abundancia *supla* lo que a ellos falta, para que también la abundancia de ellos *supla* lo que a vosotros falta, de modo que haya igualdad;

15 como está escrito: [p]El que *recogió* mucho, no tuvo más; y el que poco, no tuvo menos.

16 Mas gracias *sean* dadas a Dios, que puso en el corazón de Tito la misma solicitud por vosotros.

17 Pues a la verdad aceptó la exhortación; y estando también muy solícito, de su voluntad partió para ir a vosotros.

18 Y enviamos juntamente con él el ᵇhermano cuya alabanza en el evangelio es por todas las iglesias;

19 y no sólo esto, sino también fue ᵈescogido por las iglesias para viajar con nosotros con esta gracia, que es administrada por nosotros para gloria del Señor mismo, y *para demostrar* vuestra buena disposición;

20 evitando ᶠque nadie nos difame en esta abundancia que administramos;

21 procurando hacer ʰlo honesto, no sólo delante del Señor, sino también delante de los hombres.

22 Y enviamos con ellos a nuestro hermano, la diligencia del cual hemos comprobado muchas veces en muchas cosas, y ahora mucho más diligente por la mucha confianza que *tengo* en vosotros.

23 Si *alguno preguntare* acerca de Tito, *él es* mi compañero y colaborador para con vosotros; o *acerca* de nuestros hermanos; ellos *son* mensajeros de las iglesias, y la gloria de Cristo.

24 Mostrad, pues, para con ellos y ante las iglesias ᵐla prueba de vuestro amor, y de nuestro gloriarnos acerca de vosotros.

CAPÍTULO 9

Pero en cuanto a ⁿla suministración para los santos, por demás me es escribiros;

2 pues conozco vuestra buena disposición, de la cual me glorío entre los de Macedonia, que Acaya está preparada ᵒdesde el año pasado; y vuestro celo ha estimulado a muchos.

3 Mas he enviado a los hermanos, para que nuestra gloria de vosotros no sea vana en esta parte; para que, como lo he dicho, estéis preparados;

4 no sea que ᵠsi vinieren conmigo los de Macedonia, y os hallaren desprevenidos, nos avergoncemos nosotros, por no decir vosotros, de este firme gloriar.

5 Por tanto, consideré necesario exhortar a los hermanos a que

a Gn 33:11
1 Sm 25:27

b cp 12:18
c Gá 6:7-9
Pr 11:24
Ec 11:1
Lc 6:38
Heb 6:10
d Hch 14:24

e Éx 25:2
1 Cr 29:17

f Rm 14:16
g Fil 4:19

h Rm 12:17

i Sal 112:9

j Is 55:10

k Fil 1:11

l cp 8:14
m vers 7,8

n vers 12,13
cp 8:4
Gá 2:10

o cp 8:10
p Is 9:6
Jn 3:16
Rm 6:23
1 Jn 5:11

q Hch 20:4

r 1 Co 2:3

fuesen antes a vosotros, y preparasen primero ᵃvuestra bendición antes prometida para que esté preparada como de bendición, y no como de mezquindad.

6 Pero *esto digo*: ᶜEl que siembra escasamente, también segará escasamente; y el que siembra abundantemente, abundantemente también segará.

7 Cada uno *dé* como propuso en su corazón; no con tristeza, o por necesidad, porque ᵉDios ama al dador alegre.

8 Y poderoso es Dios ᵍpara hacer que abunde en vosotros toda gracia; a fin de que, teniendo siempre toda suficiencia en todas las cosas, abundéis para toda buena obra;

9 como está escrito: ⁱEsparció, dio a los pobres: Su justicia permanece para siempre.

10 Y ʲel que da semilla al que siembra, también dará pan para comer, y multiplicará vuestra sementera, y aumentará ᵏlos frutos de vuestra justicia;

11 para que enriquecidos en todo abundéis en toda liberalidad, la cual produce por medio de nosotros agradecimiento a Dios.

12 Porque la suministración de este servicio, ˡsuple no sólo lo que a los santos falta, sino también abunda en muchas acciones de gracias a Dios;

13 Pues por la experiencia de esta suministración glorifican a Dios por la obediencia que profesáis al evangelio de Cristo, y por *vuestra* liberal contribución para ellos y para todos;

14 y por la oración de ellos a favor vuestro, los cuales os quieren a causa de la supereminente gracia de Dios en vosotros.

15 Gracias a Dios por su ᵖdon inefable.

CAPÍTULO 10

Y yo, Pablo mismo, os ruego por la mansedumbre y bondad de Cristo; yo que ʳestando presente soy humilde entre vosotros, mas ausente soy osado para con vosotros;

2 ruego, pues, que cuando estuviere presente, no tenga que ser atrevido

El que se gloría, gloríese en el Señor

con la confianza con que pienso ser osado contra algunos, que nos tienen como si anduviésemos según la carne.

3 Pues aunque andamos en la carne, no militamos según la carne;

4 porque ªlas armas de nuestra milicia no *son* carnales, sino poderosas en Dios para la destrucción de fortalezas;

5 derribando argumentos y toda altivez que se levanta contra el conocimiento de Dios, y trayendo cautivo todo pensamiento a la obediencia de Cristo;

6 y estando prestos para castigar toda desobediencia, cuando vuestra obediencia fuere perfecta.

7 ¿Miráis las cosas ᶜsegún la apariencia? Si alguno está confiado en sí mismo que es de Cristo, esto también piense por sí mismo, que como él es de Cristo, así también nosotros *somos* de Cristo.

8 Porque aunque me gloríe algo más de nuestra autoridad, la cual el Señor nos dio para edificación y no para vuestra destrucción, no me avergonzaré;

9 para que no parezca como que os quiero amedrentar por cartas.

10 Porque a la verdad, dicen: *Sus* cartas son gravosas y fuertes; mas *su* presencia corporal *es* débil, y *su* palabra *es* menospreciable.

11 Esto piense el tal, que como somos en la palabra por carta estando ausentes, tales seremos también de hecho estando presentes.

12 Porque no osamos contarnos, o compararnos con algunos que ⁱse alaban a sí mismos; mas ellos, midiéndose a sí mismos por sí mismos, y comparándose consigo mismos, no son sabios.

13 Mas nosotros, no nos gloriaremos desmedidamente, sino conforme a la medida de la regla que Dios nos dio por medida, para llegar aun hasta vosotros.

14 Porque no nos extendemos más *de nuestra medida*, como si no alcanzásemos hasta vosotros; porque también hasta vosotros hemos llegado con el evangelio de Cristo.

15 No gloriándonos desmedidamente ᵒen trabajos ajenos; mas teniendo esperanza de que cuando vuestra fe crezca, seremos mucho más engrandecidos entre vosotros, conforme a nuestra regla.

16 Para predicar el evangelio en *las regiones* más allá de vosotros, sin entrar en el campo de otro para gloriarnos en lo que ya estaba preparado.

17 Mas el que se gloría, ᵇgloríese en el Señor.

18 Porque no el que se alaba a sí mismo, es aprobado; sino el que el Señor alaba.

CAPÍTULO 11

1 ¡Quiera Dios que toleraseis un poco ᵈmi locura! En verdad, toleradme.

2 Porque ᵉos celo con celo de Dios; porque os he desposado a un esposo, para presentaros ᶠ*como* una virgen pura a Cristo.

3 Mas temo que en alguna manera, ᵍcomo la serpiente engañó a Eva con su astucia, así sean corrompidas vuestras mentes, de la simplicidad que es en Cristo.

4 Porque si alguno viene y predica otro Jesús que el que os hemos predicado, o recibís otro espíritu del que habéis recibido, u ʰotro evangelio del que habéis aceptado, bien lo toleráis.

5 Mas yo pienso que en nada he sido inferior a aquellos grandes apóstoles.

6 Porque aunque *soy* rudo en la palabra, no así en el conocimiento; y en todo hemos sido enteramente manifiestos entre vosotros.

7 ¿Acaso pequéʲhumillándome a mí mismo (para que vosotros fueseis ensalzados), porque os he predicado el evangelio de Dios de balde?

8 ᵏHe despojado a otras iglesias, tomando salario *de ellas*, para serviros a vosotros.

9 Y estando con vosotros y teniendo necesidad, ˡa ninguno fui carga; porque lo que me faltaba, lo suplieron ᵐlos hermanos que vinieron de Macedonia; y en todo me guardé de seros carga, y *me* guardaré.

10 Como la verdad de Cristo está en mí; nadie me impedirá esta gloria en las regiones de ⁿAcaya.

11 ¿Por qué? ¿Porque no os amo? Dios lo sabe.

---

a cp 6:7
Rm 13:12
Ef 6:13-14
1 Ts 5:8
b Jer 4:2
y 9:23-24

c cp 5:12
Jn 7:24
d cp 5:13
e Gá 4:17-18
f Ef 5:27

g Gn 3:4

h Gá 1:7-8

i Pr 25:27
y 27:12
j cp 10:1

k Fil 4:14-16

l cp 12:13-14

m 1 Co 16:17
Fil 4:15-16
n cp 1:1 y 9:2
Hch 18:12,27
Rm 16:5
1 Co 16:15
1 Ts 1:7-8
o Rm 15:20

12 Mas lo que hago, haré aún, para cortar la ocasión de aquellos que la desean, a fin de que en aquello que se glorían, sean hallados semejantes a nosotros.

13 Porque éstos son ᵇfalsos apóstoles, ᶜobreros fraudulentos, disfrazándose como apóstoles de Cristo.

14 Y no es de maravillarse, porque el mismo Satanás se disfraza como ángel de luz.

15 Así que, no es gran cosa si también sus ministros se disfrazan como ministros de justicia; cuyo fin será conforme a sus obras.

16 Otra vez digo: ᵍQue nadie me tenga por loco; de otra manera, recibidme aun como a loco, para que me gloríe yo un poquito.

17 Lo que hablo, no lo hablo según el Señor, sino como en locura, con esta confianza de gloria.

18 Puesto que muchos se glorían según la carne, también yo me gloriaré.

19 Porque de buena gana toleráis a los necios, siendo vosotros sabios;

20 Porque toleráis si alguno os pone en servidumbre, si alguno os devora, si alguno toma de vosotros, si alguno se ensalza, si alguno os hiere en la cara.

21 Lo digo en cuanto a la afrenta, como si nosotros hubiésemos sido débiles. Pero en lo que otro tuviere osadía (hablo con locura), también yo tengo osadía.

22 ¿Son ʰhebreos? Yo también. ¿Son ˡisraelitas? Yo también. ¿Son simiente de Abraham? También yo.

23 ¿Son ᵐministros de Cristo? (como poco sabio hablo) Yo más; ⁿen trabajos más abundantes; ᵒen azotes sin medida; en cárceles más; en peligros de muerte muchas veces.

24 De los judíos cinco veces he recibido ᵖcuarenta azotes menos uno.

25 Tres veces fui azotado con varas; ᑫuna vez apedreado; tres veces padecí naufragio; una noche y un día estuve en las profundidades;

26 en jornadas muchas veces; peligros de ríos, peligros de ladrones, ʳpeligros de los de mi nación, ˢpeligros entre los gentiles, ᵗpeligros

a Gá 2:4

b Hch 15:1-24
y 20:29-30
Gá 1:7 y 2:4
c Fil 3:2
d Hch 20:18
e 1 Co 9:22

f cp 12:5-10

g cp 12:6
h Hch 9:24

i ver 7
Gá 1:12

j Gá 5:5
k Lc 23:43
l Rm 11:1
m cp 3:6
n cp 6:5
o Hch 16:23

p Dt 25:2-3
Mt 10:17
Mr 13:9
q Hch 14:19
r Hch 13:50
14:5 y 17:5
s Hch 14:5
y 19:23
t Hch 9:24
17:5 y 21:31

Sufrimientos del apóstol Pablo

en la ciudad, peligros en el desierto, peligros en el mar, peligros ᵃentre falsos hermanos;

27 en trabajo y fatiga, en muchas vigilias, en hambre y sed, en muchos ayunos, en frío y en desnudez.

28 Además de esto, lo que sobre mí se agolpa cada día, ᵈla carga de todas las iglesias.

29 ᵉ¿Quién enferma, y yo no enfermo? ¿A quién se le hace caer, y yo no me enfurezco?

30 Si es necesario gloriarme, ᶠme gloriaré en mis flaquezas.

31 El Dios y Padre de nuestro Señor Jesucristo, que es bendito por siempre, sabe que no miento.

32 En Damasco, ʰel gobernador bajo el rey Aretas guardaba la ciudad de los damascenos para prenderme;

33 y fui descolgado del muro en un canasto por una ventana, y escapé de sus manos.

CAPÍTULO 12

Ciertamente no me conviene gloriarme; mas vendré a las visiones y a ˡlas revelaciones del Señor.

2 Conozco a un hombre en Cristo, que hace catorce años (si en el cuerpo, no lo sé; si fuera del cuerpo, no lo sé: Dios lo sabe) fue arrebatado hasta el tercer cielo.

3 Y conozco al tal hombre (si en el cuerpo, o fuera del cuerpo, no lo sé; Dios lo sabe),

4 que fue arrebatado al ᵏparaíso, donde oyó palabras inefables, que al hombre no le es lícito expresar.

5 De tal hombre me gloriaré, mas de mí mismo no me gloriaré, sino en mis debilidades.

6 Por lo cual si quisiera gloriarme, no sería insensato; porque diría verdad; pero lo dejo, para que nadie piense de mí más de lo que en mí ve, u oye de mí.

7 Y para que no me enaltezca desmedidamente por la grandeza de las revelaciones, me es dado un aguijón en mi carne, un mensajero de Satanás que me abofetee, para que no me enaltezca sobremanera.

8 Por lo cual tres veces he rogado al Señor, que lo quite de mí.

Examinaos a vosotros mismos

9 Y me ha dicho: Bástate mi gracia; porque ªmi poder se perfecciona en la debilidad. Por tanto, de buena gana me gloriaré más bien en mis debilidades, para que habite en mí el poder de Cristo.

10 Por lo cual ᶜme gozo en las debilidades, en afrentas, en necesidades, en persecuciones, en angustias por *amor a* Cristo; porque ᵈcuando soy débil, entonces soy poderoso.

11 Me he hecho un necio al gloriarme; vosotros me obligasteis; pues yo debía de ser ᵉalabado por vosotros; porque ᶠen nada soy menos que aquellos grandes apóstoles, aunque nada soy.

12 Ciertamente ᵍlas señales de apóstol han sido hechas entre vosotros en toda paciencia, en señales, y en maravillas y prodigios.

13 Porque ¿qué hay en que hayáis sido menos que las otras iglesias, sino en que yo mismo no os he sido carga? Perdonadme este agravio.

14 He aquí estoy preparado para ir a vosotros la tercera vez, y no os seré gravoso; porque ᵏno busco lo vuestro, sino a vosotros: porque ˡno han de atesorar los hijos para los padres, sino los padres para los hijos.

15 Y yo de buena gana gastaré y seré desgastado por vuestras almas, aunque amándoos más, sea amado menos,

16 mas sea así: Yo no fui carga a vosotros; sino que, como soy astuto, os he tomado con engaño.

17 ᵒ¿Acaso os he engañado por alguno de los que os he enviado?

18 Rogué a Tito, y envié con *él* un hermano. ¿Os engañó quizá Tito? ¿No hemos procedido con el mismo espíritu, y en las mismas pisadas?

19 ¿Pensáis aún que nos excusamos con vosotros? Delante de Dios en Cristo hablamos; mas todo *lo hacemos,* muy amados, para vuestra edificación.

20 Pues temo que cuando llegare, no os halle tales como quiero, y yo sea hallado de vosotros cual no queréis; que *haya* entre vosotros contiendas, envidias, iras, disensiones, insidias, murmuraciones, presunciones, desórdenes.

21 No sea que cuando volviere, mi Dios me humille entre vosotros, y haya de llorar por muchos de los que antes han pecado, y no se han arrepentido de la inmundicia y ᵇfornicación, y la lascivia que han cometido.

CAPÍTULO 13

Ésta *es* la tercera *vez* que voy a vosotros. Por boca de dos o de tres testigos toda palabra será establecida.

2 Os he dicho antes, y ahora os digo otra vez como si estuviera presente, y ahora ausente lo escribo a los que antes pecaron, y a todos los demás, que si vengo otra vez, no seré indulgente;

3 pues que buscáis una prueba de que Cristo habla en mí, el cual no es débil para con vosotros, antes es poderoso en vosotros.

4 Porque aunque ʰfue crucificado en flaqueza, sin embargo ⁱvive por el poder de Dios. Pues ʲtambién nosotros somos débiles en Él, mas viviremos con Él por el poder de Dios para con vosotros.

5 ᵐExaminaos a vosotros mismos si estáis en la fe; probaos a vosotros mismos. ¿No os conocéis a vosotros mismos, que ⁿJesucristo está en vosotros, a menos que seáis reprobados?

6 Pero confío que sabréis que nosotros no somos reprobados.

7 Y oro a Dios que ninguna cosa mala hagáis; no para que nosotros aparezcamos aprobados, sino para que vosotros hagáis lo que es bueno, aunque nosotros seamos como reprobados.

8 Porque nada podemos contra la verdad, sino por la verdad.

9 Por lo cual nos gozamos en que seamos débiles, y que vosotros seáis fuertes; y aun ᵖdeseamos vuestra perfección.

10 Por tanto os escribo esto estando ausente, no sea que estando presente os trate con dureza, conforme a la potestad que el Señor me ha dado para edificación, y no para destrucción.

11 Finalmente, hermanos, gozaos, sed perfectos, tened consolación,

sed ªde una misma mente, tened paz; y el Dios de amor y paz será con vosotros.

12 Saludaos los unos a los otros con ᵇósculo santo.

13 Todos los santos os saludan.

14 La gracia del Señor Jesucristo, y el amor de Dios, y la comunión del Espíritu Santo *sea* con todos vosotros. Amén.

a Rm 12:16
1 Co 1:10
Ef 4:3 Fil 1:27
b Rm 16:16
1 Ts 5:20

Epístola Del Apóstol Pablo A Los
GÁLATAS

CAPÍTULO 1

Pablo, apóstol (ᵇno de hombres ni por hombre, sino ᶜpor Jesucristo, y por Dios el Padre que ᵈle resucitó de entre los muertos),

2 y todos ᵍlos hermanos que están conmigo, a las iglesias de ʰGalacia:

3 Gracia *sea* a vosotros, y paz de Dios el Padre y *de* nuestro Señor Jesucristo,

4 el cual ᵏse dio a sí mismo por nuestros pecados para librarnos ˡde este presente mundo malo, conforme a la voluntad de Dios y Padre nuestro;

5 al cual *sea* gloria por siempre y siempre: Amén.

6 Estoy maravillado de que tan pronto os hayáis traspasado del que os llamó a la gracia de Cristo, a otro evangelio;

7 No que haya otro, sino que ᵖhay algunos ᵠque os perturban, y quieren pervertir el evangelio de Cristo.

8 Mas si aun nosotros, o ʳun ángel del cielo os predicare otro evangelio del que os hemos predicado, sea anatema.

9 Como antes hemos dicho, así ahora digo otra vez: Si alguno os predicare otro evangelio del que habéis recibido, sea ᵛanatema.

10 Qué, ˣ¿persuado yo ahora a los hombres, o a Dios? ¿Acaso busco agradar a los hombres? Pues si todavía agradara a los hombres, no sería siervo de Cristo.

11 Mas os hago saber, hermanos, que ᶻel evangelio predicado por mí, no es según hombre;

12 pues yo ᶜni lo recibí de hombre, ni tampoco me fue enseñado, sino por revelación de Jesucristo.

13 Porque ya habéis oído acerca de mi conducta en otro tiempo en el judaísmo, que perseguía

a Hch 8:3
b vers 11,12
c Hch 9:6
1 Tim 1:1
Tit 1:3
d Hch 2:24
e Fil 3:6
f Mt 15:2
Col 2:8
g Fil 4:21
h Hch 16:6
i Rm 1:1-5
j cp 2:7-8
Hch 9:15
k cp 2:20
Mt 20:28
Rm 4:25
l Jn 15:19
m Hch 9:23
n Hch 9:26
o Hch 15:24
p 2 Co 11:4
q Hch 15:24
r 2 Co 11:14
s Hch 15:23
t Hch 9:30
u 2 Co 5:17
v cp 5:12
x 1 Ts 2:4
y Hch 15:2
z Rm 2:16
a Hch 4:36
b 2 Co 2:13
c 1 Co 11:23
d cp 1:12
e Hch 15:12
f cp 4:11
1 Ts 3:5

ªsobremanera a la iglesia de Dios, y la asolaba;

14 y que adelantaba en el judaísmo sobre muchos de mis contemporáneos en mi nación, ᵉsiendo mucho más celoso ᶠde las tradiciones de mis padres.

15 Mas cuando agradó a Dios, ⁱque me apartó desde el vientre de mi madre, y *me* llamó por su gracia,

16 revelar a su Hijo en mí, ˡpara que yo le predicase entre los gentiles; no consulté en seguida con carne y sangre;

17 ni subí a Jerusalén a los que eran apóstoles antes que yo; sino que fui a Arabia, y volví de nuevo a Damasco.

18 Después, pasados ᵐtres años, ⁿsubí a Jerusalén a ver a Pedro, y permanecí con él quince días;

19 mas no vi a ningún otro de los apóstoles, sino a ᵒJacobo el hermano del Señor.

20 Y en esto que os escribo, he aquí delante de Dios que no miento.

21 Después fui a las regiones de ˢSiria y de ᵗCilicia,

22 y no era conocido de vista a las iglesias de Judea, que eran ᵘen Cristo;

23 solamente habían oído *decir*: Aquel que antes nos perseguía, ahora predica la fe que en otro tiempo asolaba.

24 Y glorificaban a Dios en mí.

CAPÍTULO 2

Después, pasados catorce años, ʸsubí otra vez a Jerusalén con ªBernabé, llevando también conmigo a ᵇTito.

2 Y subí ᵈpor revelación, y ᵉles comuniqué el evangelio que predico entre los gentiles, pero en particular a los que tenían *cierta* reputación, ᶠpara no correr, o haber corrido en vano.

El justo por la fe vivirá

3 Mas ni aun Tito, que estaba conmigo, siendo griego, ªfue obligado a circuncidarse;

4 y esto a pesar de ᵈfalsos hermanos introducidos a escondidas, que entraron secretamente para espiar ᶠnuestra libertad que tenemos en Cristo Jesús, ᵍpara traernos a servidumbre;

5 a los cuales ni aun por un instante accedimos a someternos, para que la verdad del evangelio permaneciese con vosotros.

6 Pero de aquellos que parecían ser algo (lo que hayan sido, no me importa: Dios no hace acepción de personas); a mí, pues, los que parecían *ser algo* nada me comunicaron.

7 Antes por el contrario; ʰcuando vieron que el evangelio de la incircuncisión ᵏme había sido encomendado, como a Pedro el de la circuncisión

8 (Porque el que fue poderoso en Pedro para el apostolado de la circuncisión, ᵐfue poderoso también en mí para con los gentiles);

9 y cuando Jacobo, Cefas, y Juan, que parecían ser ºcolumnas, percibieron la gracia que me fue dada, nos dieron a mí y a Bernabé las diestras de compañerismo, para que nosotros *fuésemos* a los gentiles, y ellos a la circuncisión.

10 Solamente *nos pidieron* ᵠque nos acordásemos de los pobres, lo cual también fui solícito en hacer.

11 Pero cuando Pedro vino a ʳAntioquía, le resistí en su cara, porque era de condenar.

12 Porque antes que viniesen unos de parte de Jacobo, ᵛél comía con los gentiles, mas cuando vinieron, se retraía y se apartaba, teniendo miedo de ʸlos que eran de la circuncisión.

13 Y otros judíos también disimulaban con él; de tal manera que también Bernabé fue llevado con su simulación.

14 Pero cuando vi que no andaban rectamente conforme a la verdad del evangelio, dije a Pedro delante de todos: Si tú, siendo judío, vives como los gentiles y no como los judíos, ¿por qué obligas a los gentiles a judaizar?

GÁLATAS 3

15 Nosotros, *somos* judíos naturales, y no ᵇpecadores de los gentiles;

16 sabiendo ᶜque el hombre no es justificado por las obras de la ley, sino ᵉpor la fe de Jesucristo, nosotros también hemos creído en Jesucristo, para ser justificados por la fe de Cristo y no por las obras de la ley, por cuanto por las obras de la ley ninguna carne será justificada.

17 Y si buscando ser justificados en Cristo, también nosotros somos hallados pecadores, ¿*es* por eso Cristo ministro de pecado? ¡En ninguna manera!

18 Porque si las cosas que destruí, las mismas vuelvo a edificar, transgresor me hago.

19 Porque yo por la ley ⁱsoy muerto a la ley, ʲa fin de que viva para Dios.

20 Con Cristo estoy juntamente crucificado; mas vivo, ya no yo, sino que Cristo vive en mí; y la vida que ahora vivo en la carne, la vivo en la fe del Hijo de Dios, el cual ˡme amó y se entregó a sí mismo por mí.

21 No desecho la gracia de Dios, porque ⁿsi por la ley *fuese* la justicia, entonces Cristo murió en vano.

CAPÍTULO 3

1 Oh gálatas insensatos! ᵖ¿Quién os fascinó para no obedecer a la verdad, ante cuyos ojos Jesucristo fue ya descrito entre vosotros como crucificado?

2 Esto solo quiero saber de vosotros: ˢ¿Recibisteis el Espíritu por las obras de la ley, ᵗo por el oír de la fe?

3 ¿Tan necios sois, ᵘhabiendo comenzado en el Espíritu, ahora os perfeccionáis por la carne?

4 ¿Tantas cosas habéis padecido ˣen vano? si en verdad *fue* en vano.

5 Aquél, pues, que os suministra el Espíritu, y hace milagros entre vosotros ¿*lo hace* por las obras de la ley, o por el oír de la fe?

6 ᶻAsí como Abraham creyó a Dios, y le fue contado por justicia.

7 Sabed, por tanto, que ªlos que son de la fe, éstos son hijos de Abraham.

8 Y ᵇla Escritura, previendo que Dios ᶜhabía de justificar por la fe a los gentiles, predicó antes el evangelio

a Abraham, *diciendo*: En ti serán bendecidas ᵇtodas las naciones.

9 Así también los de la fe, son bendecidos con el creyente Abraham.

10 Porque todos los que son de las obras de la ley ᶜestán bajo maldición. Porque escrito está: ᵈMaldito todo aquel que no permaneciere en todas las cosas que están escritas en el libro de la ley, para hacerlas.

11 Y que ᶠpor la ley ninguno se justifica para con Dios, *es* evidente; porque: ᵍEl justo por la fe vivirá;

12 y la ley no es de fe, sino que *dice*: ⁱEl hombre que las hiciere, vivirá en ellas.

13 ˡCristo ᵐnos redimió de la maldición de la ley, hecho por nosotros maldición (porque escrito está: ᵖMaldito todo aquel ᑫque es colgado en un madero),

14 a fin de que la bendición de Abraham viniese sobre los gentiles a través de Jesucristo; para que por la fe recibamos ˢla promesa del Espíritu.

15 Hermanos, hablo como hombre: ᵗUn pacto, aunque *sea* de hombre, *si* fuere confirmado, nadie lo anula, o le añade.

16 Ahora bien, ᵘa Abraham ᵛfueron hechas las promesas, y a su simiente. No dice: Y a las simientes, como de muchos; sino como de uno: ˣY a tu simiente, el cual es Cristo.

17 Y esto digo: El pacto antes confirmado por Dios en Cristo, ʸla ley que vino cuatrocientos treinta años después, no le anula, ᵃpara invalidar la promesa.

18 Porque si la herencia *fuese* por la ley, ya no *sería* por la promesa: Mas Dios la dio a Abraham por la promesa.

19 ¿Para qué entonces, *sirve* la ley? ᵍFue añadida por causa de las transgresiones, ʰhasta que viniese la simiente a quien fue hecha la promesa, y ⁱ*fue* ordenada por ángeles en mano de un mediador.

20 Ahora bien, ʲun mediador no es de uno solo, pero Dios es uno.

21 ¿Luego la ley es contraria a las promesas de Dios? ¡En ninguna manera! Porque si se hubiera dado una ley que pudiera vivificar, la justicia verdaderamente habría sido por la ley.

a Rm 3:9
y 11:32
b Gn 12:3

c Rm 4:5
d Dt 27:26
e Mt 5:17

f cp 2:16

g Hab 2:4
Rm 1:17
Heb 10:38
h cp 4:5
Jn 1:12
l Jn 3:1-2
i Lv 18:5
j Rm 6:3
k Rm 13:14
l 2 Co 5:21
m cp 4:5
n cp 5:6 6:15
Rm 1:16
o 1 Co 12:13
p Dt 21:23
q Hch 5:30
r Rm 6:3
s Hch 2:33
t Rm 9:4
u ver 8
Rm 4:16
v Hch 13:32
x Gn 13:15
y 17:8
y Éx 12:40
z cp 2:4
Col 2:8
a Rm 4:14
Heb 6:12
b Mr 1:15
c Jn 1:14
Rm 1:3
d Mt 5:17
Lc 2:27
e cp 3:13
f cp 3:26
Rm 8:15
g Rm 4:15
1 Tim 1:9
h Gn 13:15
y 17:8
i Hch 7:53
j 1 Tim 2:5
k Rm 8:17
l 1 Co 8:4

Herederos de Dios por Cristo

22 Mas la Escritura ᵃencerró todo bajo pecado, para que la promesa por la fe de Jesucristo, fuese dada a los que creen.

23 Pero antes que viniese la fe, estábamos guardados bajo la ley, encerrados para aquella fe que había de ser revelada.

24 De manera que ᵉla ley fue nuestro ayo *para traernos* a Cristo, para que fuésemos justificados por la fe.

25 Mas venida la fe, ya no estamos bajo ayo,

26 porque ʰtodos sois hijos de Dios por la fe en Cristo Jesús,

27 porque ʲtodos los que habéis sido bautizados en Cristo, ᵏde Cristo estáis revestidos.

28 ⁿYa no hay judío ni griego; ᵒno hay esclavo ni libre; no hay varón ni mujer; porque todos vosotros sois ʳuno en Cristo Jesús.

29 Y si vosotros *sois* de Cristo, entonces simiente de Abraham sois, y herederos conforme a la promesa.

CAPÍTULO 4

Además digo: Entre tanto que el heredero es niño, en nada difiere del siervo, aunque es señor de todo;

2 mas está bajo tutores y mayordomos hasta el tiempo señalado por el padre.

3 Así también nosotros, cuando éramos niños, ᶻestábamos en esclavitud bajo los rudimentos del mundo.

4 Mas ᵇvenido el cumplimiento del tiempo, Dios envió a su Hijo, ᶜhecho de mujer, ᵈhecho bajo la ley,

5 ᵉpara que redimiese a los que estaban bajo la ley, ᶠa fin de que recibiésemos la adopción de hijos.

6 Y por cuanto sois hijos, Dios envió el Espíritu de su Hijo a vuestros corazones, el cual clama: Abba, Padre.

7 Así que ya no eres siervo, sino hijo; y ᵏsi hijo, también heredero de Dios por Cristo.

8 Mas entonces, no conociendo a Dios, servíais a los que por naturaleza ˡno son dioses.

9 Mas ahora, conociendo a Dios, o más bien, siendo conocidos por Dios, ¿cómo es que os volvéis de

Alegorías de Sara y Agar

nuevo a los ᵃdébiles y pobres rudimentos, a los cuales os queréis volver a esclavizar?

10 Guardáis los días, y ᶜlos meses, y los tiempos y los años.

11 Me temo de vosotros, ᵈque haya trabajado en vano con vosotros.

12 Os ruego, hermanos, que seáis como yo; porque yo *soy* como vosotros: Ningún agravio me habéis hecho.

13 Vosotros sabéis que ᵍen flaqueza de la carne os prediqué el evangelio ʰal principio,

14 y no desechasteis ni menospreciasteis mi prueba que estaba en mi carne, antes me recibisteis como a un ángel de Dios, ʲcomo a Cristo Jesús.

15 ¿Dónde está entonces vuestra bienaventuranza? Porque yo os doy testimonio de que si *hubiese sido* posible, os hubierais sacado vuestros propios ojos para dármelos.

16 ¿Me he hecho, pues, vuestro enemigo, porque os digo la verdad?

17 Ellos ᵐtienen celo de vosotros, *mas* no para bien; antes, os quieren apartar para que vosotros tengáis celo por ellos.

18 Bueno *es* ser celoso en lo bueno siempre, y no solamente cuando estoy presente con vosotros.

19 Hijitos míos, ᵖpor quienes vuelvo a sufrir dolores de parto, hasta que Cristo sea formado ᵠen vosotros,

20 quisiera estar ahora presente con vosotros y cambiar mi voz; porque estoy perplejo de vosotros.

21 Decidme, los que queréis estar bajo la ley; ¿no habéis oído la ley?

22 Porque está escrito que Abraham tuvo dos hijos; ᵛuno de la sierva, y ˣotro de la libre.

23 Pero ʸel de la sierva nació según la carne; mas ᵃel de la libre *lo fue* por la promesa.

24 Lo cual es una alegoría; porque éstos son los dos pactos; el uno del monte Sinaí, el cual engendra ᶜpara servidumbre; el cual es Agar.

25 Porque Agar es el monte Sinaí en ᵉArabia, que corresponde a la que ahora es Jerusalén, y está en servidumbre con sus hijos.

26 Mas ᵍla Jerusalén de arriba es libre; la cual es la madre de todos nosotros.

a	Heb 7:18
b	Is 54:1
c	Rm 14:5
	Col 2:16
d	cp 2:2
e	cp 3:29
f	Gn 21:9
g	1 Co 2:3
h	cp 1:6
i	Gn 21:10
j	Mt 10:40
	1 Ts 2:13
k	cp 2:4 4:31
	Jn 8:32-36
	Rm 6:18 8:2
	2 Co 3:17
l	cp 2:4
m	Rm 10:2
n	Hch 15:1
o	cp 3:10
	Rm 2:25
p	1 Co 4:15
	1 Ts 2:7
q	2 Co 13:5
r	Rm 8:23
s	cp 6:15
	1 Cor 7:19
	Col 3:11
t	1 Ts 1:3
	Stg 2:18-20
u	cp 3:1
v	Gn 16:15
x	Gn 21:2
y	Rm 9:7
z	cp 1:6
a	Gn 17:15-19
	18:10-14 21:1
b	1 Co 5:6
c	cp 1:6
d	cp 1:7
e	cp 1:17
f	cp 4:29 6:12
g	cp 3:1
h	Heb 12:22
	Ap 3:12 21:2
i	cp 1:8-9

GÁLATAS 5

27 Porque está escrito: ᵇAlégrate estéril, tú que no das a luz: Prorrumpe en júbilo y clama, tú que no tienes dolores de parto, porque más son los hijos de la dejada, que de la que tiene marido.

28 Así que, hermanos, nosotros, como Isaac, somos ᵉhijos de la promesa.

29 Pero como entonces ᶠel que nació según la carne, perseguía al que *nació* según el Espíritu; así también *es* ahora.

30 Mas ¿qué dice la Escritura? ⁱEcha fuera a la sierva y a su hijo; porque el hijo de la sierva no será heredero con el hijo de la libre.

31 Así que, hermanos, no somos hijos de la sierva, sino de la libre.

CAPÍTULO 5

Estad, pues, firmes en ᵏla libertad con que Cristo nos hizo libres; y no os sujetéis de nuevo al ˡyugo de esclavitud.

2 He aquí, yo Pablo os digo que ⁿsi os circuncidáis, de nada os aprovechará Cristo.

3 Y otra vez testifico a todo hombre que se circuncidare, que ᵒestá obligado a guardar toda la ley.

4 Cristo ha venido a ser sin efecto para vosotros los que por la ley os justificáis; de la gracia habéis caído.

5 Mas nosotros por el Espíritu ʳaguardamos la esperanza de la justicia por fe.

6 Porque ˢen Jesucristo ni la circuncisión vale algo, ni la incircuncisión, sino ᵗla fe que obra por amor.

7 Vosotros corríais bien; ᵘ¿quién os estorbó para que no obedezcáis a la verdad?

8 Esta persuasión no *viene* de ᶻAquél que os llama.

9 ᵇUn poco de levadura leuda toda la masa.

10 Yo confío de vosotros en el Señor, que no pensaréis ninguna otra cosa; mas ᵈel que os perturba, llevará el juicio, quienquiera que él sea.

11 Y yo, hermanos, si aún predico la circuncisión, ᶠ¿por qué padezco persecución todavía? Entonces ha cesado ʰla ofensa de la cruz.

12 ¡Oh ⁱque fuesen también cortados los que os perturban!

Los frutos del Espíritu

13 Porque vosotros, hermanos, a libertad habéis sido llamados; solamente que no *uséis* la libertad como ocasión para la carne, sino por amor servíos los unos a los otros.

14 Porque toda la ley en una palabra se cumple, en ésta: Amarás a tu prójimo como a ti mismo.

15 Mas si os mordéis y devoráis los unos a los otros, mirad que no os consumáis los unos a los otros.

16 Digo, pues: Andad en el Espíritu; y no satisfagáis la concupiscencia de la carne.

17 Porque la carne codicia contra el Espíritu, y el Espíritu contra la carne; y éstos se oponen entre sí, para que no podáis hacer lo que quisiereis.

18 Mas si sois guiados por el Espíritu, no estáis bajo la ley.

19 Y manifiestas son las obras de la carne, que son: Adulterio, fornicación, inmundicia, lascivia,

20 idolatría, hechicerías, enemistades, pleitos, celos, iras, contiendas, disensiones, herejías,

21 envidias, homicidios, borracheras, desenfrenos y cosas semejantes a estas; de las cuales os denuncio, como también ya *os* denuncié, que los que hacen tales cosas no heredarán el reino de Dios.

22 Mas el fruto del Espíritu es amor, gozo, paz, paciencia, benignidad, bondad, fe,

23 mansedumbre, templanza; contra tales cosas no hay ley.

24 Pero los que son de Cristo han crucificado la carne con sus pasiones y concupiscencias.

25 Si vivimos en el Espíritu, andemos también en el Espíritu.

26 No nos hagamos vanagloriosos, irritándonos unos a otros, envidiándonos unos a otros.

CAPÍTULO 6

Hermanos, si alguno fuere tomado en alguna falta, vosotros que sois espirituales, restaurad al tal en espíritu de mansedumbre, considerándote a ti mismo, no sea que tú también seas tentado.

2 Sobrellevad los unos las cargas de los otros, y cumplid así la ley de Cristo.

3 Porque si alguno piensa de sí que es algo, no siendo nada, a sí mismo se engaña.

4 Así que, cada uno examine su propia obra, y entonces tendrá de qué gloriarse, sólo en sí mismo, y no en otro;

5 porque cada uno llevará su propia carga.

6 El que es enseñado en la palabra, comunique en todos sus bienes al que lo instruye.

7 No os engañéis; Dios no *puede* ser burlado; pues todo lo que el hombre sembrare, eso también segará.

8 Porque el que siembra para su carne, de la carne segará corrupción; mas el que siembra para el Espíritu, del Espíritu segará vida eterna.

9 No nos cansemos, pues, de hacer el bien, porque a su tiempo segaremos, si no desmayamos.

10 Así que, según tengamos oportunidad, hagamos bien a todos; y mayormente a los de la familia de la fe.

11 Mirad cuán grandes letras os he escrito con mi propia mano.

12 Todos los que quieren agradar en la carne, éstos os constriñen a que os circuncidéis; solamente para no sufrir persecución por la cruz de Cristo.

13 Porque ni aun los mismos que se circuncidan guardan la ley, sino que quieren que vosotros seáis circuncidados, para gloriarse en vuestra carne.

14 Mas lejos esté de mí gloriarme, salvo en la cruz de nuestro Señor Jesucristo, por el cual el mundo me es crucificado a mí, y yo al mundo.

15 Porque en Cristo Jesús ni la circuncisión vale nada, ni la incircuncisión, sino una nueva criatura.

16 Y a todos los que anduvieren conforme a esta regla, paz y misericordia *sea* sobre ellos, y sobre el Israel de Dios.

17 De aquí en adelante nadie me cause molestias; porque yo llevo en mi cuerpo las marcas del Señor Jesús.

18 Hermanos, la gracia de nuestro Señor Jesucristo *sea* con vuestro espíritu. Amén.

Epístola Del Apóstol Pablo A Los
EFESIOS

CAPÍTULO 1

Pablo, ^bapóstol de Jesucristo por la voluntad de Dios, a los santos que están en Éfeso, y ^da los fieles en Cristo Jesús.

2 Gracia sea a vosotros, y paz de Dios nuestro Padre y del Señor Jesucristo.

3 ^fBendito sea el Dios y Padre de nuestro Señor Jesucristo, el cual nos ha bendecido con toda bendición espiritual en *los lugares* ^hcelestiales en Cristo,

4 según nos escogió ⁱen Él antes de la fundación del mundo, para que fuésemos santos y sin mancha ^jdelante de Él, en amor,

5 habiéndonos predestinado ^kpara ser adoptados hijos suyos ^lpor medio de Jesucristo, ^msegún el beneplácito de su voluntad,

6 para alabanza de la gloria de su gracia, en la cual nos hizo aceptos en ^oel Amado,

7 en quien tenemos redención por su sangre, ^pla remisión de pecados, según las riquezas de su gracia,

8 que sobreabundó para con nosotros en toda sabiduría e inteligencia;

9 dándonos a conocer el misterio ^rde su voluntad, según su beneplácito, el cual se había propuesto en sí mismo;

10 que en la dispensación del cumplimiento de los tiempos, había de ^vreunir todas las cosas en Cristo, así las que están en el cielo, como las que están en la tierra, *aun* en Él.

11 En quien también ^zobtuvimos herencia, habiendo sido predestinados conforme al propósito de Aquél que hace todas las cosas según el consejo de su voluntad;

12 ^bpara que seamos para alabanza de su gloria, nosotros quienes primero confiamos en Cristo.

13 En el cual también *confiasteis* vosotros, habiendo oído la palabra de verdad, el evangelio de vuestra salvación; en quien también, desde que creísteis, fuisteis sellados ^acon el Espíritu Santo de la promesa,

14 que es ^clas arras de nuestra herencia hasta la redención de la posesión adquirida, para alabanza de su gloria.

15 Por lo cual también yo, ^ehabiendo oído de vuestra fe en el Señor Jesús, y amor para con todos los santos,

16 ^gno ceso de dar gracias por vosotros, haciendo mención de vosotros en mis oraciones,

17 para que el Dios de nuestro Señor Jesucristo, el Padre de gloria, os dé espíritu de sabiduría y de revelación en el conocimiento de Él;

18 alumbrando los ojos de vuestro entendimiento, para que sepáis cuál es la esperanza de su llamamiento, y cuáles ⁿlas riquezas de la gloria de su herencia en los santos;

19 y cuál la supereminente grandeza de su poder para con nosotros los que creemos, según la operación del poder de su fortaleza,

20 la cual operó en Cristo, resucitándole de los muertos, y sentándole a su diestra en los *lugares* celestiales,

21 sobre ^qtodo principado y potestad y potencia y señorío, y ^s*sobre* todo nombre que se nombra, no sólo en este mundo, sino también en el venidero;

22 ^ty sometió todas las cosas bajo sus pies, y lo dio ^upor cabeza sobre todas las cosas a la iglesia,

23 ^xla cual es su cuerpo, ^yla plenitud de Aquél que todo lo llena en todo.

CAPÍTULO 2

Y Él ^aos dio vida a vosotros, que estabais muertos en vuestros delitos y pecados,

2 en los cuales anduvisteis en otro tiempo, conforme a la corriente de este mundo, conforme al ^cpríncipe de la potestad del aire, el espíritu que ahora opera en los hijos de desobediencia;

---

a cp 4:30
b Col 1:1-2
c 2 Co 1:22
d Rm 1:7

e Col 1:3-4

f 2 Co 1:3
g Rm 1:8

h Gá 1:20 2:6
y 3:10
i 2 Ts 2:13

j cp 5:27
1 Ts 4:7
k Gá 1:11
Rm 8:29-30
l Rm 8:15
1 Jn 3:1
m Gá 1:9
Mt 11:26
1 Co 1:21
n ver 11
o Mt 3:17
Col 1:13
p Hch 20:28
2 Co 1:22

q Col 2:10
r Rm 16:25
s Fil 2:9

t Sal 8:6
1 Co 1:16
u cp 4:15 5:23
Col 1:19
v Col 1:20
x 1 Co 12:12
y cp 4:13
Jn 1:16
Col 1:19
z Gá 1:14-18
a Col 2:13
b Gá 1:6,14
Fil 1:11
c cp 6:12
Jn 12:31

3 entre los cuales también todos nosotros vivimos en otro tiempo; en las concupiscencias de nuestra carne, haciendo la voluntad de la carne y de los pensamientos, y éramos por naturaleza hijos de ira, lo mismo que los demás.

4 Pero Dios, que es rico en misericordia, por su gran amor con que nos amó,

5 aun estando nosotros muertos en pecados, nos dio vida juntamente con Cristo (por gracia sois salvos),

6 y juntamente *con Él nos* resucitó, y asimismo *nos* hizo sentar con Él, en *lugares* celestiales en Cristo Jesús;

7 para mostrar en las edades venideras las abundantes riquezas de su gracia, en *su* bondad para con nosotros en Cristo Jesús.

8 Porque ᵏpor gracia sois salvos por medio de la fe, y esto no de vosotros; pues ˡes don de Dios;

9 no por obras, para que nadie se gloríe.

10 Porque ᵐsomos hechura suya, creados en Cristo Jesús para buenas obras, las cuales Dios preparó de antemano para que anduviésemos en ellas.

11 Por tanto, acordaos que en otro tiempo vosotros, los gentiles en la carne, erais llamados incircuncisión por la que es llamada circuncisión hecha por mano en la carne;

12 que en aquel tiempo estabais sin Cristo, alejados de la ciudadanía de Israel y extranjeros a los pactos de la promesa, ᵖsin esperanza y sin Dios en el mundo.

13 Pero ahora en Cristo Jesús, vosotros que en otro tiempo estabais lejos, ʳhabéis sido hechos cercanos por la sangre de Cristo.

14 Porque Él es nuestra paz, que ˢde ambos hizo uno, derribando la pared intermedia de separación;

15 aboliendo en su carne las enemistades, la ley de los mandamientos *contenidos* en ordenanzas, para hacer en sí mismo de los dos ᵘun nuevo hombre, haciendo *así* la paz;

16 y ᵛreconciliar con Dios a ambos en un cuerpo mediante la cruz, ˣmatando en sí mismo las enemistades.

17 Y vino, y ᵃpredicó la paz a vosotros que estabais lejos, y a los que estaban cerca;

18 porque ᵇpor medio de Él ambos ᶜtenemos entrada por un mismo Espíritu al Padre.

19 Así que ya no sois extranjeros ni advenedizos, sino ᵈconciudadanos de los santos, y de la familia de Dios;

20 ᵉedificados sobre el fundamento de ᶠlos apóstoles y ᵍprofetas, siendo ʰla principal piedra del ángulo Jesucristo mismo,

21 en quien todo el edificio, bien coordinado, va creciendo para ser ⁱun templo santo en el Señor;

22 en quien también ʲvosotros sois juntamente edificados, para morada de Dios en el Espíritu.

CAPÍTULO 3

Por esta causa yo Pablo, prisionero de Jesucristo por vosotros los gentiles,

2 si es que habéis oído de ⁿla dispensación de la gracia de Dios que me ha sido dada para con vosotros;

3 que ᵒpor revelación me hizo conocer el misterio, como antes escribí en breve,

4 leyendo lo cual, podéis entender mi conocimiento en el misterio de Cristo,

5 *misterio* que en otras edades no se dio a conocer a los hijos de los hombres, como ahora es revelado a sus santos apóstoles y profetas por el Espíritu;

6 de que los gentiles sean ᵠcoherederos y miembros del mismo cuerpo, y copartícipes de su promesa en Cristo por el evangelio,

7 del cual yo fui hecho ministro según el don de la gracia de Dios dado a mí por la operación de su poder.

8 A mí, que ᵗsoy menos que el más pequeño de todos los santos, me es dada esta gracia de predicar entre los gentiles el evangelio de las inscrutables riquezas de Cristo;

9 y de aclarar a todos cuál *es* la comunión del misterio escondido desde el principio del mundo en Dios, que ʸcreó todas las cosas por Jesucristo;

La unidad del Espíritu

10 para que la multiforme sabiduría de Dios sea dada a conocer por la iglesia a los principados y potestades en los *lugares* celestiales,
11 conforme al propósito eterno que hizo en Cristo Jesús Señor nuestro;
12 en quien tenemos seguridad °acceso con confianza por medio de la fe de Él.
13 Por lo cual pido que no desmayéis a causa de mis tribulaciones por vosotros, las cuales son vuestra gloria.
14 Por esta causa ᵉdoblo mis rodillas ante el Padre de nuestro Señor Jesucristo,
15 de quien es nombrada toda ᶠla familia en el cielo y en la tierra,
16 para que os dé, conforme a ᵍlas riquezas de su gloria, el ser fortalecidos con poder en ʰel hombre interior por su Espíritu;
17 que habite Cristo por la fe en vuestros corazones; para que, arraigados y fundados en amor,
18 podáis comprender con todos los santos cuál *sea* la anchura, la longitud, la profundidad y la altura;
19 y de conocer el amor de Cristo, que excede a todo conocimiento; para que seáis llenos de toda la plenitud de Dios.
20 Y a Aquél que es poderoso para hacer todas las cosas mucho más abundantemente de lo que pedimos, o entendemos, según el poder que opera en nosotros,
21 a Él *sea* gloria en la iglesia en Cristo Jesús, por todas las edades, por siempre jamás. Amén.

CAPÍTULO 4

Yo pues, preso en el Señor, os ruego que andéis como es digno del ˡllamamiento con que sois llamados;
2 con toda ⁿhumildad y mansedumbre, con paciencia soportándoos los unos a los otros en amor,
3 solícitos en guardar la unidad del Espíritu en ᵖel vínculo de la paz.
4 ᵠUn cuerpo, y un Espíritu, como sois también llamados en una misma esperanza de vuestro llamamiento;
5 Un Señor, una fe, un bautismo,
6 un Dios y Padre de todos, el cual *es* sobre todo, y por todo, y en todos vosotros.

a Rm 12:3
b Sal 68:18
c Heb 4:16
d 1 Pe 3:19
e Rm 4:11
  Fil 2:10
f cp 1:10
g cp 1:7,18
  Rm 9:23
  y 11:33
h Rm 7:22
  2 Co 4:16
  1 Pe 3:4
i Mt 5:48
  Fil 3:12
  Col 1:28
  2 Ti 3:17
j 1 Co 14:20
  Heb 5:12-14

k Col 2:19

l Rm 8:28
  2 Ts 1:11
  2 Tim 1:9
  Heb 3:1
m Hch 17:30
  1 Pe 1:14
n Mt 11:29
  Hch 20:19
o Rm 1:24-26
p Col 3:4
q cp 2:16
r Jn 14:6

7 Pero ᵃa cada uno de nosotros es dada la gracia conforme a la medida del don de Cristo.
8 Por lo cual dice: ᵇSubiendo a lo alto, llevó cautiva la cautividad, y dio dones a los hombres.
9 (Ahora, que Él subió, ¿qué es, sino que también había descendido primero a ᵈlas partes más bajas de la tierra?
10 El que descendió, es el mismo que también subió sobre todos los cielos para llenar todas las cosas).
11 Y Él mismo dio a unos, apóstoles; y a unos, profetas; y a unos, evangelistas; y a unos, pastores y maestros;
12 a fin de perfeccionar a los santos para la obra del ministerio, para la edificación del cuerpo de Cristo;
13 hasta que todos lleguemos en la unidad de la fe y del conocimiento del Hijo de Dios, a ⁱun varón perfecto, a la medida de la estatura de la plenitud de Cristo;
14 para que ʲya no seamos niños fluctuantes, llevados por doquiera de todo viento de doctrina, por estratagema de hombres que para engañar emplean con astucia las artimañas del error.
15 Antes hablando la verdad en amor, crezcamos en todas las cosas, en Aquél que es la cabeza, *en* Cristo;
16 de quien todo el cuerpo ᵏbien ligado entre sí, y unido por lo que cada coyuntura suple, conforme a la eficacia y medida de cada miembro, hace que el cuerpo crezca para la edificación de sí mismo en amor.
17 Esto, pues, digo y requiero en el Señor; que ya no andéis como los otros gentiles, que andan en la vanidad de su mente,
18 teniendo el entendimiento entenebrecido, ajenos a la vida de Dios por ᵐla ignorancia que en ellos hay, por la dureza de su corazón;
19 los cuales ᵒhabiendo perdido toda sensibilidad, se entregaron a la lascivia para con avidez cometer toda clase de impureza.
20 Pero vosotros no habéis aprendido así a Cristo,
21 si es que le habéis oído, y habéis sido por Él enseñados de cómo ʳla verdad está en Jesús.
22 En cuanto a la pasada manera de vivir, despojaos del viejo hombre,

EFESIOS 5

que está viciado conforme a las concupiscencias engañosas;

23 y renovaos en el espíritu de vuestra mente,

24 y vestíos del nuevo hombre, que es creado según Dios, en justicia y en santidad verdadera.

25 Por lo cual, desechando la mentira, hablad verdad cada uno con su prójimo; porque ᵈsomos miembros los unos de los otros.

26 Airaos, ᵉpero no pequéis: No se ponga el sol sobre vuestro enojo;

27 ni deis lugar al diablo.

28 El que hurtaba, no hurte más; antes trabaje, haciendo con *sus* manos lo que es bueno, para que tenga qué compartir con el que padeciere necesidad.

29 ʰNinguna palabra corrompida salga de vuestra boca; sino la que sea buena y sirva para edificación, para que dé gracia a los oyentes.

30 Y ⁱno contristéis al Espíritu Santo de Dios, con el cual ʲestáis sellados para el día de la redención.

31 Toda amargura, y enojo, e ira, y gritería, y maledicencia, y toda malicia, sea quitada de entre vosotros;

32 y ᵏsed benignos unos con otros, misericordiosos, ˡperdonándoos unos a otros, como también Dios en Cristo os perdonó.

CAPÍTULO 5

Sed, pues, ᵒseguidores de Dios como hijos amados;

2 y andad en amor, ᵖcomo también Cristo nos amó, y se entregó a sí mismo por nosotros a Dios, ᵠofrenda y sacrificio de dulce fragancia.

3 Pero fornicación y toda inmundicia, o avaricia, ni aun se nombre entre vosotros como conviene a santos;

4 ni palabras obscenas, ni necedades, ni truhanerías, que no convienen; sino antes bien acciones de gracias.

5 Porque sabéis esto, que ningún fornicario, o inmundo, o avaro, que es idólatra, tiene herencia en el reino de Cristo y de Dios.

6 Nadie os engañe con palabras vanas; porque ᵛpor estas cosas viene la ira de Dios sobre los hijos de desobediencia.

7 No seáis, pues, partícipes con ellos.

8 Porque en otro tiempo ᵃerais tinieblas, mas ahora *sois* luz en el Señor: Andad como ᵇhijos de luz

9 (porque ᶜel fruto del Espíritu *es* en toda bondad, justicia y verdad),

10 aprobando lo que es agradable al Señor,

11 y no participéis con las obras infructuosas de las tinieblas, sino antes reprobadlas.

12 Porque vergonzoso es ᶠaun hablar de lo que ellos hacen en oculto.

13 Pero todas las cosas que son reprobadas, son hechas manifiestas por la luz, porque lo que manifiesta todo, es la luz.

14 Por lo cual dice: ᵍDespiértate, tú que duermes, y levántate de los muertos, y te alumbrará Cristo.

15 Mirad, pues, que andéis con diligencia; no como necios, sino como sabios,

16 redimiendo el tiempo, porque los días son malos.

17 Por tanto, no seáis insensatos, sino entendidos de cuál *sea* la voluntad del Señor.

18 Y no os embriaguéis con vino, en lo cual hay disolución; mas sed llenos del Espíritu;

19 hablando entre vosotros ᵐcon salmos, e himnos, y cánticos espirituales, cantando y alabando al Señor en vuestros corazones.

20 ⁿDando gracias siempre por todas las cosas a Dios y al Padre en el nombre de nuestro Señor Jesucristo.

21 Sujetaos los unos a los otros en el temor de Dios.

22 Las casadas estén ʳsujetas a sus propios maridos, como al Señor.

23 Porque el marido ˢes cabeza de la esposa, así como ᵗCristo es cabeza de la iglesia; y Él es el Salvador del cuerpo.

24 Así que, como la iglesia está sujeta a Cristo, así también las casadas *lo estén* a sus propios maridos en todo.

25 Maridos, ᵘamad a vuestras esposas, así como Cristo amó a la iglesia, y se entregó a sí mismo por ella;

26 para santificarla limpiándola en el lavamiento del agua por la palabra,

Vestíos de la armadura de Dios

27 para presentársela [a]gloriosa para sí, una iglesia [b]que no tuviese mancha ni arruga, ni cosa semejante; sino que fuese santa y sin mancha.
28 Así los maridos deben amar a sus esposas como a sus propios cuerpos. El que ama a su esposa, a sí mismo se ama.
29 Porque ninguno aborreció jamás a su propia carne, antes la sustenta y la cuida, como también el Señor a la iglesia;
30 porque [e]somos miembros de su cuerpo, de su carne y de sus huesos.
31 Por esto, [f]dejará el hombre a su padre y a su madre, y se unirá a su esposa, y los dos serán una sola carne.
32 Este misterio grande es; mas [g]yo hablo en cuanto a Cristo y a la iglesia.
33 Por lo demás, cada uno de vosotros en particular, ame también a su esposa como a sí mismo; y la esposa [j]reverencie *a su* marido.

CAPÍTULO 6

Hijos, [l]obedeced en el Señor a vuestros padres; porque esto es justo.
2 [n]Honra a tu padre y a tu madre, que es el primer mandamiento con promesa,
3 para que te vaya bien, y seas de larga vida sobre la tierra.
4 Y vosotros padres, no provoquéis a ira a vuestros hijos; sino criadlos en disciplina y amonestación del Señor.
5 Siervos, obedeced a *vuestros* amos según la carne con temor y temblor, con sencillez de vuestro corazón, como a Cristo.
6 [r]No sirviendo al ojo, como los que agradan a los hombres; sino como siervos de Cristo, haciendo la voluntad de Dios de corazón.
7 Sirviendo con buena voluntad, como al Señor, y no a los hombres;
8 sabiendo que el bien que cada uno hiciere, [s]esto recibirá del Señor, *sea* siervo *o sea* libre.
9 Y vosotros, amos, haced con ellos lo mismo, dejando las amenazas,

a	Col 1:22
b	Cnt 4:7
c	1 Co 9:25
d	Lc 22:53
	Col 1:13
e	1 Co 6:15
	y 12:27
f	Gn 2:24
	Mt 19:5
	Mr 10:7-8
	1 Co 6:16
g	2 Co 11:2
h	Is 11:5
	1 Pe 1:13
i	Is 52:7
j	1 Pe 3:6
k	Heb 4:12
l	Col 3:20
m	Lc 18:1
	Col 4:2-4
n	Gn 28:7
	Éx 20:12
	Lv 19:3
	Pr 6:20
o	Col 4:3
p	2 Co 5:20
q	Hch 28:26
r	1 Ts 2:4
s	Col 3:23-24

sabiendo que vuestro Señor también está en el cielo; y para Él no hay acepción de personas.
10 Por lo demás, hermanos míos, fortaleceos en el Señor, y en el poder de su fortaleza.
11 Vestíos de toda la armadura de Dios, para que podáis estar firmes contra las asechanzas del diablo;
12 porque [c]no tenemos lucha contra sangre y carne, sino contra principados, contra potestades, contra [d]los gobernadores de las tinieblas de este mundo, contra malicias espirituales en las alturas.
13 Por tanto, tomad toda la armadura de Dios, para que podáis resistir en el día malo, y habiendo acabado todo, estar firmes.
14 [h]Estad, pues, firmes, ceñidos vuestros lomos de verdad, y vestidos de la coraza de justicia;
15 y calzados vuestros pies con [i]el apresto del evangelio de paz.
16 Sobre todo, tomad el escudo de la fe, con que podáis apagar todos los dardos de fuego del maligno;
17 y tomad el yelmo de la salvación, y [k]la espada del Espíritu, que es la palabra de Dios;
18 [m]orando en todo tiempo, con toda oración y súplica en el Espíritu, y velando en ello con toda perseverancia y súplica por todos los santos;
19 y por mí, para que al abrir mi boca [o]me sea dada palabra para dar a conocer con denuedo el misterio del evangelio;
20 por el cual soy [p]embajador [q]en cadenas; para que en ellas hable osadamente, como debo hablar.
21 Y para que también vosotros sepáis mis asuntos, y lo que hago; todo os lo hará saber Tíquico, hermano amado y fiel ministro en el Señor,
22 el cual envié a vosotros para esto mismo, para que sepáis lo tocante a nosotros, y que consuele vuestros corazones.
23 Paz *sea* a los hermanos, y amor con fe, de Dios el Padre, y del Señor Jesucristo.
24 La gracia *sea* con todos los que aman a nuestro Señor Jesucristo en sinceridad. Amén.

Epístola Del Apóstol Pablo A Los
FILIPENSES

CAPÍTULO 1

Pablo y Timoteo, siervos de Jesucristo, a todos ªlos santos en Cristo Jesús que están en ᵇFilipos, con los obispos y diáconos.
2 Gracia *sea* a vosotros, y paz de Dios nuestro Padre y del Señor Jesucristo.
3 ᶜDoy gracias a mi Dios siempre que me acuerdo de vosotros,
4 siempre en todas mis oraciones, suplicando con gozo por todos vosotros,
5 por vuestra comunión en el evangelio, desde el primer día hasta ahora;
6 estando confiado de esto, que el que comenzó en vosotros la buena obra, la perfeccionará hasta ᵈel día de Jesucristo.
7 Como me es justo sentir esto de todos vosotros, por cuanto os tengo en mi corazón; y en mis prisiones, como en la defensa y confirmación del evangelio, todos vosotros sois partícipes de mi gracia.
8 Porque ᵉDios me es testigo de cuánto os amo a todos vosotros entrañablemente en Jesucristo.
9 Y esto pido en oración, que vuestro amor abunde aún más y más en ᶠconocimiento y *en* todo discernimiento;
10 para que ᵍaprobéis lo mejor, a fin de que seáis sinceros e irreprensibles para el día de Cristo;
11 ʰllenos de frutos de justicia, que son por Jesucristo, para gloria y alabanza de Dios.
12 Mas quiero que sepáis, hermanos, que las cosas que me *han sucedido*, han redundado más bien para el progreso del evangelio;
13 de tal manera que mis prisiones en Cristo se han hecho notorias en todo el pretorio, y en todos los demás *lugares*.
14 Y muchos de los hermanos en el Señor, tomando ánimo con mis prisiones, se atreven mucho más a hablar la palabra sin temor.

15 Algunos, a la verdad, predican a Cristo por envidia y contienda; y otros también de buena voluntad.
16 Los unos predican a Cristo por contención, no sinceramente, pensando añadir aflicción a mis prisiones;
17 pero los otros por amor, sabiendo que estoy puesto para la defensa del evangelio.
18 ¿Qué, pues? Que no obstante, de todas maneras, o por pretexto o por verdad, Cristo es predicado; y en esto me gozo, y me gozaré aún.
19 Porque sé que por vuestra oración y la suministración del Espíritu de Jesucristo, esto se tornará para mi liberación;
20 conforme a mi expectación y esperanza, que en nada seré avergonzado; antes con toda confianza, como siempre, así también ahora, Cristo será magnificado en mi cuerpo, o por vida, o por muerte.
21 Porque para mí el vivir *es* Cristo, y el morir *es* ganancia.
22 Mas si vivo en la carne, éste *es* el fruto de mi trabajo; no sé entonces qué escoger.
23 Porque de ambas cosas estoy puesto en estrecho, teniendo deseo de partir y estar con Cristo, lo cual es muchísimo mejor;
24 pero quedar en la carne *es* más necesario por causa de vosotros.
25 Y confiado en esto, sé que quedaré y permaneceré con todos vosotros, para vuestro provecho y gozo de la fe,
26 para que abunde vuestro regocijo por mí en Jesucristo por mi presencia otra vez entre vosotros.
27 Solamente que os comportéis como es digno del evangelio de Cristo; para que, ya sea que vaya a veros, o que esté ausente, oiga de vosotros que estáis firmes en un mismo espíritu, unánimes ⁱcombatiendo juntos por la fe del evangelio;

28 y en nada intimidados por los que se oponen; que a ellos ciertamente es indicio de perdición, pero a vosotros de salvación, y esto de Dios.
29 Porque ᶜa vosotros es concedido por Cristo, no sólo que creáis en Él, sino también que padezcáis por Él,
30 teniendo el mismo conflicto que visteis en mí, y ahora oís *está* en mí.

CAPÍTULO 2

Por tanto, si *hay* alguna consolación en Cristo, si algún refrigerio de amor, si alguna comunión del Espíritu, si algún ᵍafecto entrañable y misericordias,
2 completad mi gozo, que sintáis lo mismo, teniendo el mismo amor, unánimes, sintiendo una misma cosa.
3 Nada *hagáis* por contienda o vanagloria; antes bien con humildad, estimándoos unos a otros como superiores a sí mismos,
4 no mirando cada uno a lo suyo propio, sino cada cual también ⁱpor lo de los demás.
5 Haya, pues, en vosotros este sentir que hubo también en Cristo Jesús;
6 el cual, siendo en forma de Dios, no tuvo por usurpación el ser ˡigual a Dios;
7 sino que ᵐse despojó a sí mismo, ⁿtomando forma de siervo, hecho semejante a los hombres;
8 y hallado en la condición de hombre, se humilló a sí mismo, haciéndose ᵒobediente hasta la muerte, y muerte de cruz.
9 Por lo cual Dios también ᵠle exaltó hasta lo sumo, y le dio un nombre que es sobre todo nombre;
10 para que al nombre de Jesús, ʳse doble toda rodilla; de los que están en el cielo, y en la tierra, y debajo de la tierra,
11 y toda lengua confiese que Jesucristo es el Señor, ˢpara la gloria de Dios Padre.
12 Por tanto, ᵗamados míos, como siempre habéis obedecido, no como en mi presencia solamente, sino mucho más ahora en mi ausencia, ocupaos en vuestra salvación, con temor y temblor,

13 porque es ᵃDios el que en vosotros obra así el querer como el hacer, por *su* buena voluntad.
14 Haced todo ᵇsin murmuraciones ni contiendas,
15 para que seáis ᵈirreprensibles y sencillos, hijos de Dios, ᵉsin mancha, en medio de una generación torcida y perversa, en la cual resplandecéis como luminares en el mundo;
16 reteniendo la palabra de vida, para que en ᶠel día de Cristo yo pueda gloriarme de que no he corrido en vano, ni en vano he trabajado.
17 Y aunque sea ofrecido sobre el sacrificio y servicio de vuestra fe, ʰme gozo y regocijo con todos vosotros.
18 Y asimismo gozaos también vosotros, y regocijaos conmigo.
19 Mas espero en el Señor Jesús enviaros pronto a Timoteo, para que yo también esté de buen ánimo, al saber vuestro estado;
20 porque a ninguno tengo del mismo ánimo, que sinceramente se interese por vosotros.
21 Porque ʲtodos buscan lo suyo propio, no lo que es de Cristo Jesús.
22 Mas vosotros conocéis su probidad, que ᵏcomo hijo a padre, ha servido conmigo en el evangelio.
23 Así que a éste espero enviaros, tan pronto vea cómo van las cosas conmigo,
24 y confío en el Señor que yo también iré pronto *a vosotros*.
25 Mas consideré necesario enviaros a Epafrodito, mi hermano, y colaborador y compañero de milicia, y vuestro mensajero, y ᵖministrador de mis necesidades,
26 porque él tenía gran deseo de veros a todos vosotros, y estaba muy apesadumbrado porque habíais oído que estuvo enfermo.
27 Pues en verdad estuvo enfermo, cercano a la muerte; mas Dios tuvo misericordia de él, y no sólo de él, sino también de mí, para que yo no tuviese tristeza sobre tristeza.
28 Así que le envío con mayor diligencia, para que al verle otra vez, os regocijéis, y yo esté con menos tristeza.
29 Recibidle, pues, en el Señor, con todo regocijo; y tened en estima a los que son como él;

FILIPENSES 3-4

30 porque por la obra de Cristo estuvo cercano a la muerte, exponiendo su vida ªpara suplir lo que os faltaba en vuestro servicio hacia mí.

CAPÍTULO 3

Finalmente, hermanos míos, ᵈregocijaos en el Señor. A la verdad, ᵉel escribiros las mismas cosas a mí no me es gravoso, y para vosotros *es* seguro.

2 Guardaos de ᶠlos perros, guardaos de ᵍlos malos obreros, guardaos de la concisión.

3 Porque nosotros somos la circuncisión, los que en espíritu adoramos a Dios y nos gloriamos en Cristo Jesús, no teniendo confianza en la carne.

4 Aunque yo tengo también de qué confiar en la carne, si alguno piensa que tiene de qué confiar en la carne, yo más;

5 circuncidado al octavo día, del linaje de Israel, de la tribu de Benjamín, hebreo de hebreos, en cuanto a la ley, fariseo;

6 en cuanto a celo, perseguidor de la iglesia; en cuanto a la justicia que es en la ley, irreprensible.

7 Pero cuantas cosas eran para mí ganancia, las ʰhe estimado como pérdida por amor a Cristo.

8 Y ciertamente, ᵐaun estimo todas las cosas *como* pérdida por la excelencia del conocimiento de Cristo Jesús, mi Señor, por el cual lo he perdido todo, y lo tengo *por* estiércol, para ganar a Cristo,

9 y ser hallado en Él, no teniendo mi propia justicia, que es de la ley, sino la que es por la fe de Cristo, ᵖla justicia que es de Dios por la fe;

10 a fin de conocerle, y el poder de su resurrección, y la participación de sus padecimientos, en conformidad a su muerte;

11 si en alguna manera llegase a la resurrección de los muertos.

12 No que lo haya ya alcanzado, ni que ya sea perfecto, mas prosigo para ver si alcanzo aquello para lo cual también fui alcanzado por Cristo Jesús.

13 Hermanos, yo mismo no pretendo haberlo ya alcanzado; pero una cosa *hago*: ᵗolvidando

a	1 Co 16:17
b	Heb 3:1
c	Mt 5:48
	1 Co 2:6
d	cp 2:17-18
	y 4:4
e	2 Pe 1:2 3:1
f	Is 56:10-11
	Mt 7:6,15
	Ap 22:15
g	Mt 7:22-23
	2 Co 11:13
	2 Ti 3:1-6
	Jud 1,4,10,13
h	cp 4:9
	1 Co 4:16 11:1
	1 Ts 1:6
	2Ts 3:9
	1 Tim 4:12
	Heb 13:7
	1 Pe 5:3
i	Rm 16:17
	2 Ts 3:14
j	Ef 2:19
	Heb 12:22
k	1 Co 1:7
	1 Ts 1:10
	2 Ts 4:8
	Tim 2:13
	Heb 9:28
	2 Pe 3:12-14
l	Lc 14:33
	y 17:33
m	Hch 20:24
	Rm 8:18
n	2 Co 1:14
	1 Ts 2:19-20
o	1 Co 1:10
	Heb 12:14
	1 Pe 3:8-11
p	Rm 1:17
q	Hch 9:36
	16:14-18
	Rm 16:2-4
	y 16:12
r	Éx 32:32
	Sal 69:28
	Is 4:3 Ez 13:9
	Dn 12:1
	Lc 10:20
	Ap 13:8 17:8
	20:12-15
	y 21:27
s	Mt 6:25-33
	Lc 12:29
	1 Pe 5:7
t	Lc 9:62
	Heb 6:1

Regocijaos en el Señor siempre

ciertamente lo que queda atrás, y extendiéndome a lo que está adelante,

14 prosigo al blanco, al premio del supremo ᵇllamamiento de Dios en Cristo Jesús.

15 Así que, todos los que somos ᶜperfectos, esto mismo sintamos; y si otra cosa sentís, esto también os lo revelará Dios.

16 Pero en aquello a que hemos llegado, andemos por una misma regla, sintamos una misma cosa.

17 Hermanos, ʰseguid mi ejemplo, y ⁱseñalad a los que así anduvieren, como nos tenéis por ejemplo.

18 Porque muchos andan, de los cuales os he dicho muchas veces, y aun ahora lo digo llorando, *que son* enemigos de la cruz de Cristo;

19 cuyo fin *será* destrucción, cuyo dios *es su* vientre, y *cuya* gloria *es* su vergüenza, que *sólo* piensan en lo terrenal.

20 Mas nuestra ʲciudadanía está en el cielo, de donde también ᵏesperamos al Salvador, el Señor Jesucristo;

21 el cual transformará nuestro cuerpo vil, para que sea semejante a su cuerpo glorioso, según el poder con el cual puede también sujetar a sí todas las cosas.

CAPÍTULO 4

Así que, hermanos míos amados y deseados, ⁿgozo y corona mía, estad así firmes en el Señor, amados.

2 A Euodias ruego, y ruego a Sintique, que ᵒsean de un mismo sentir en el Señor.

3 Y te ruego también a ti, fiel compañero, ayuda a aquellas *mujeres* que ᵠtrabajaron juntamente conmigo en el evangelio, con Clemente también, y los otros de mis colaboradores, cuyos nombres *están* en ʳel libro de la vida.

4 Regocijaos en el Señor siempre: Otra vez digo: Regocijaos.

5 Vuestra modestia sea conocida de todos los hombres. El Señor *está* cerca.

6 ˢPor nada estéis afanosos, sino sean conocidas vuestras peticiones delante de Dios en toda oración y súplica, con acción de gracias.

Todo lo puedo en Cristo

7 Y ªla paz de Dios que sobrepasa todo entendimiento, guardará vuestros corazones y vuestras mentes en Cristo Jesús.
8 Por lo demás, hermanos, ᶜtodo lo que es verdadero, todo lo honesto, todo lo justo, todo lo puro, todo lo amable, todo lo que es de buen nombre, si *hay* virtud alguna, si alguna alabanza, en esto pensad.
9 ᶠLo que aprendisteis y recibisteis y oísteis y visteis en mí, esto haced; y el Dios de paz será con vosotros.
10 Mas en gran manera me regocijé en el Señor de que ya al fin ha reflorecido ᶠvuestro cuidado de mí, de lo cual también estabais solícitos, pero os faltaba la oportunidad.
11 No lo digo porque tenga escasez; pues he aprendido a ᶦcontentarme, cualquiera que sea mi situación.
12 ⁿSé tener escasez, y sé tener abundancia; en todo y por todo estoy enseñado, así para hartura, como para hambre; para tener abundancia, como para padecer necesidad.
13 Todo lo puedo ᵠen Cristo que me fortalece.
14 Sin embargo, bien hicisteis al comunicar conmigo en mi aflicción.

15 Y sabéis también vosotros, oh filipenses, que al principio del evangelio, cuando partí de Macedonia, ᵇninguna iglesia comunicó conmigo en ᵈel asunto de dar y recibir, sino vosotros solos,
16 pues aun a Tesalónica me enviasteis lo necesario una y otra vez.
17 ᵉNo es que busque dádivas, sino que busco fruto que abunde a vuestra cuenta.
18 Pero todo lo he recibido, y tengo abundancia; estoy lleno, habiendo recibido de ᵍEpafrodito lo que enviasteis; ʰperfume de dulce fragancia, ᶦsacrificio acepto, agradable a Dios.
19 Mi Dios, pues, ʲsuplirá todo lo que os falte, ᵏconforme a sus riquezas en gloria en Cristo Jesús.
20 Y ᵐal Dios y Padre nuestro *sea* gloria por siempre jamás. Amén.
21 Saludad a todos los santos en Cristo Jesús. ᵒLos hermanos que están conmigo os saludan.
22 Todos los santos os saludan, y ᵖmayormente los que son de la casa de César.
23 ʳLa gracia de nuestro Señor Jesucristo *sea* con todos vosotros. Amén.

| a Nm 6:26 |
| Job 22:21 |
| Sal 29:11 |
| 85:8 |
| Is 26:3,12 |
| 48:18-22 |
| 55:12 y 57:19 |
| Jer 33:6 |
| Rm 5:1 |
| b 2 Co 11:8-9 |
| c 2 Pe 1:5-7 |
| d 1 Co 11:9 |
| e 2 Co 9:5 |
| f cp 3:17 |
| g cp 2:25 |
| h Ef 5:2 |
| i Heb 13:6 |
| j 2 Co 9:8 |
| k Ef 3:16 |
| l 1 Tim 6:6-9 |
| Heb 13:5-6 |
| m Rm 6:27 |
| Gá 1:4 |
| n 2 Co 11:27 |
| o Gá 1:2 |
| p cp 1:13 |
| q Jn 15:4-7 |
| 2 Co 3:5 |
| r Rm 16:20 |

Epístola Del Apóstol Pablo A Los
COLOSENSES

CAPÍTULO 1

Pablo, apóstol de Jesucristo por la voluntad de Dios, y *nuestro* hermano Timoteo,
2 a los santos y fieles hermanos en Cristo que están en Colosas: Gracia y paz *sean* a vosotros, de Dios nuestro Padre y del Señor Jesucristo.
3 Damos gracias al Dios y Padre de nuestro Señor Jesucristo, orando siempre por vosotros;
4 habiendo oído de vuestra fe en Cristo Jesús, y del amor *que tenéis* a todos los santos,
5 por ᵉla esperanza que os está guardada en el cielo, de la cual habéis oído por ᶠla palabra verdadera del evangelio,

6 el cual ha llegado hasta vosotros, así como ªa todo el mundo; y lleva fruto, como también en vosotros, desde el día que oísteis y conocisteis ᵇla gracia de Dios en verdad,
7 como lo habéis aprendido de ᶜEpafras, nuestro amado consiervo, el cual por vosotros es un fiel ministro de Cristo,
8 quien también nos ha declarado vuestro amor en el Espíritu.
9 Por lo cual también nosotros, desde el día que *lo* oímos, ᵈno cesamos de orar por vosotros, y de pedir que seáis llenos del conocimiento de su voluntad en toda sabiduría y entendimiento espiritual;

| a ver 23 |
| b 2 Co 6:1 |
| Ef 3:2 |
| c cp 4:12 |
| Flm 23 |
| d 1 Sm 12:23 |
| Hch 12:5 |
| Fil 1:4 |
| 1 Ts 5:17 |
| 2 Ts 1:11 |
| 2 Tim 1:3 |
| Flm 4 |
| e 2 Ts 4:8 |
| f Ef 1:13 |

COLOSENSES 2

En Él habita la Deidad

10 para ªque andéis como es digno del Señor, agradándole en todo, llevando fruto en toda buena obra y creciendo en el conocimiento de Dios;

11 ᵈfortalecidos con todo poder, conforme a la potencia de su gloria, para toda paciencia y longanimidad con gozo;

12 dando gracias al Padre que nos hizo aptos ᶠpara participar de la herencia de los santos en luz;

13 el cual ᵍnos ha librado de la potestad de las tinieblas, y trasladado al reino de su amado Hijo;

14 en quien ⁱtenemos redención por su sangre, el perdón de pecados.

15 El cual es ʲla imagen del Dios invisible, el primogénito de toda criatura.

16 Porque ᵏpor Él fueron creadas todas las cosas, las que hay en el cielo y las que hay en la tierra, visibles e invisibles; sean tronos, sean dominios, sean principados, sean potestades; todo fue creado por Él y para Él.

17 Y ˡÉl es antes de todas las cosas, y todas las cosas por Él subsisten;

18 y Él es ᵐla cabeza del cuerpo, que es la iglesia; el que es el principio, el primogénito de entre los muertos, para que en todo tenga la preeminencia,

19 por cuanto agradó *al Padre* que ⁿen Él habitase toda plenitud,

20 y por medio de Él reconciliar todas las cosas consigo, ᵒasí las que *están* en la tierra como las que *están* en el cielo, haciendo la paz mediante la sangre de su cruz.

21 Y también a vosotros, que erais en otro tiempo extraños y enemigos en *vuestra* mente por las malas obras, ahora *os* ha reconciliado

22 ᵠen su cuerpo de carne, mediante la muerte; para presentaros santos y sin mancha e irreprensibles delante de Él;

23 si en verdad ʳpermanecéis fundados y firmes en la fe, y sin moveros de la esperanza del evangelio que habéis oído, el cual es predicado a toda criatura que está debajo del cielo; del cual yo Pablo fui hecho ministro.

24 Que ahora ᵗme regocijo en lo que padezco por vosotros, y cumplo en mi carne lo que falta de las aflicciones de Cristo por ᵇsu cuerpo, que es la iglesia;

25 de la cual fui hecho ministro, según ᶜla dispensación de Dios que me fue dada para con vosotros, para cumplir la palabra de Dios,

26 ᵉel misterio que había estado oculto desde los siglos y por generaciones, pero que ahora ha sido manifestado a sus santos,

27 a quienes Dios quiso dar a conocer ʰlas riquezas de la gloria de este misterio entre los gentiles; que es Cristo en vosotros, la esperanza de gloria.

28 A quien nosotros predicamos, amonestando a todo hombre, y enseñando a todo hombre en toda sabiduría, a fin de presentar perfecto en Cristo Jesús a todo hombre.

29 Por lo cual también trabajo, luchando según su poder, el cual obra poderosamente en mí.

CAPÍTULO 2

Mas quiero que sepáis cuán grande lucha sostengo por vosotros, y *por* los que están en Laodicea, y *por* todos los que nunca han visto mi rostro en la carne;

2 para que sean consolados sus corazones, unidos en amor, hasta alcanzar todas las riquezas de la plena seguridad del entendimiento; a fin de conocer el misterio de Dios, y del Padre, y de Cristo,

3 en quien ᵖestán escondidos todos los tesoros de sabiduría y conocimiento.

4 Y esto digo para que nadie os engañe con palabras persuasivas.

5 Porque aunque esté ausente en la carne, no obstante en espíritu estoy con vosotros, gozándome y mirando vuestro orden y la firmeza de vuestra fe en Cristo.

6 Por tanto, de la manera que habéis recibido al Señor Jesucristo, andad en Él;

7 arraigados y ˢsobreedificados en Él, y confirmados en la fe, así como habéis sido enseñados, abundando en ella con acciones de gracias.

8 Mirad que nadie os engañe por medio de filosofías y vanas sutilezas, según ᵘlas tradiciones de los hombres, conforme a los

Buscad las cosas de arriba

rudimentos del mundo, y no según Cristo.

9 Porque ªen Él habita corporalmente toda ᶜla plenitud de la Deidad, 10 y vosotros ᵈestáis completos en Él, el cual es ᵉla cabeza de todo principado y potestad.

11 En quien también sois circuncidados de circuncisión ᶠno hecha de mano, en el despojamiento del cuerpo del pecado de la carne, en la circuncisión de Cristo;

12 ʰSepultados con Él en el bautismo, en el cual también sois ⁱresucitados con Él, mediante la fe en el poder de Dios que le levantó de los muertos.

13 Y a vosotros, ᵏestando muertos en pecados y en la incircuncisión de vuestra carne, ⁿos dio vida juntamente con Él; perdonándoos todos los pecados,

14 ºcancelando el manuscrito de las ordenanzas que había contra nosotros, que nos era contrario, quitándolo de en medio y clavándolo en la cruz;

15 y ˢdespojando a los principados y a las potestades, los exhibió públicamente, triunfando sobre ellos en sí mismo.

16 Por tanto, nadie os juzgue ᵘen comida o en bebida, o respecto a ᵛdías de fiesta o de ˣluna nueva, o de sábados;

17 que son ᶻla sombra de lo por venir; mas el cuerpo *es* de Cristo.

18 Nadie os prive de vuestra recompensa, afectando humildad y adoración a los ángeles, entremetiéndose en lo que no ha visto, vanamente hinchado por su propia mente carnal,

19 y no asiéndose de ᵉla Cabeza, de la cual todo el cuerpo, nutrido y enlazado por las coyunturas y los ligamentos, crece con el crecimiento de Dios.

20 ⁱSi habéis muerto con Cristo en cuanto a los rudimentos del mundo, ᵏ¿por qué, entonces, como si vivieseis en el mundo, os sometéis a ordenanzas

21 *tales como*: No toques, ˡno gustes, no manejes

22 (todas las cuales habrán de perecer con el uso), según mandamientos y doctrinas de hombres?

23 Tales cosas tienen a la verdad cierta apariencia de sabiduría en ᵇadoración voluntaria, en humildad, y en duro trato del cuerpo, pero no tienen ningún valor para la satisfacción de la carne.

CAPÍTULO 3

Si, pues, habéis ᵍresucitado con Cristo, buscad las cosas de arriba, donde está Cristo sentado a la diestra de Dios.

2 Poned vuestra mira en las cosas de arriba, no en las de la tierra.

3 Porque ʲmuertos sois, y vuestra vida está escondida con Cristo en Dios.

4 Cuando Cristo, ˡnuestra vida, ᵐse manifieste, entonces vosotros también seréis manifestados con Él en gloria.

5 ᵖHaced morir, pues, vuestros miembros que están en la tierra; ᑫfornicación, impureza, pasiones desordenadas, mala concupiscencia y avaricia, que ʳes idolatría;

6 cosas por las cuales viene la ira de Dios sobre ᵗlos hijos de desobediencia;

7 en las cuales también vosotros anduvisteis en otro tiempo cuando vivíais en ellas.

8 Mas ahora ʸdejad también vosotros todas estas cosas; ira, enojo, malicia, blasfemia, ªpalabras sucias de vuestra boca.

9 No mintáis los unos a los otros, habiéndoos ᵇdespojado del viejo hombre con sus hechos;

10 y ᶜvestíos del nuevo, el cual se va renovando en el conocimiento conforme a ᵈla imagen del que lo creó,

11 donde no hay ᶠgriego ni judío, ᵍcircuncisión ni incircuncisión, bárbaro ni escita, siervo ni libre; sino que ʰCristo *es* el todo, y en todos.

12 Vestíos, pues, ʲcomo escogidos de Dios, santos y amados, de entrañas de misericordia, de benignidad, de humildad, de mansedumbre, de longanimidad;

13 ᵐsoportándoos unos a otros, y ⁿperdonándoos unos a otros. Si alguno tuviere queja contra otro, de la manera que Cristo os perdonó, así también *hacedlo* vosotros.

14 Y sobre todas estas cosas, ªvestíos de amor que es el vínculo de perfección.

15 Y ᶜla paz de Dios reine en vuestros corazones; a la que asimismo sois llamados en un cuerpo; y ᵉsed agradecidos.

16 La palabra de Cristo more en abundancia en vosotros, en toda sabiduría; enseñándoos y exhortándoos unos a otros ᵍcon salmos, e himnos, y cánticos espirituales, cantando con gracia en vuestros corazones al Señor.

17 Y todo ⁱlo que hacéis, sea de palabra o de hecho, *hacedlo* todo en el nombre del Señor Jesús, dando gracias al Dios y Padre por medio de Él.

18 Casadas, estad ʲsujetas a vuestros maridos, como conviene en el Señor.

19 Maridos, ᵏamad *a vuestras* esposas, y no seáis amargos para con ellas.

20 Hijos, ᵐobedeced *a vuestros* padres en todo; porque esto agrada al Señor.

21 Padres, no provoquéis *a ira a* vuestros hijos, para que no se desanimen.

22 Siervos, obedeced en todo *a vuestros* amos según la carne, no sirviendo al ojo, como los que agradan a los hombres, sino con sencillez de corazón, temiendo a Dios.

23 Y todo lo que hagáis, hacedlo ⁿde corazón, como para el Señor y no para los hombres;

24 sabiendo que del Señor recibiréis la recompensa de la herencia; porque a Cristo el Señor servís.

25 Mas el que hace lo malo, recibirá el mal que hiciere, y ᵠno hay acepción de personas.

CAPÍTULO 4

Amos, tratad a *vuestros* siervos como es justo y recto, sabiendo que vosotros también tenéis un Amo en el cielo.

2 ˢPerseverad en la oración, velando en ella con acción de gracias;

3 ᵗorando juntamente también por nosotros, que Dios nos abra la puerta de la palabra, para que hablemos el misterio de Cristo, ᵇpor el cual estoy también preso;

4 para que lo manifieste como debo hablar.

5 Andad sabiamente para con ᵈlos de afuera, ᶠredimiendo el tiempo.

6 *Sea* vuestra palabra siempre con gracia, sazonada con sal, para que sepáis cómo debéis responder a cada uno.

7 ʰTodos mis asuntos os hará saber Tíquico, amado hermano y fiel ministro y consiervo en el Señor;

8 al cual os he enviado para esto mismo, para que conozca vuestro estado, y conforte vuestros corazones,

9 con Onésimo, fiel y amado hermano, el cual es *uno* de vosotros. Todo lo que acá acontece, os lo harán saber.

10 Aristarco, mi compañero de prisiones, os saluda, y ˡMarcos el sobrino de Bernabé, acerca del cual recibisteis mandamientos; si viniere a vosotros, recibidle;

11 y Jesús, que es llamado Justo; que son de la circuncisión. Sólo éstos son *mis* colaboradores en el reino de Dios; y me han sido consuelo.

12 Os saluda Epafras, el cual es *uno* de vosotros, siervo de Cristo; siempre esforzándose por vosotros en oración, para que estéis firmes, perfectos y completos en toda la voluntad de Dios.

13 Porque yo doy testimonio de él, que tiene gran celo por vosotros, y por los *que están* en Laodicea, y por los *que están* en Hierápolis.

14 Os saluda ᵒLucas, el médico amado, y ᵖDemas.

15 Saludad a los hermanos que están en Laodicea, y a Ninfas, y a la iglesia que está en su casa.

16 Y cuando ʳesta epístola haya sido leída entre vosotros, haced que también se lea en la iglesia de los laodicenses; y que la *epístola* de Laodicea la leáis también vosotros.

17 Y decid a Arquipo: Mira que cumplas el ministerio que recibiste en el Señor.

18 Las salutaciones de mi mano, de Pablo. Acordaos de mis prisiones. La gracia *sea* con vosotros. Amén.

Os convertisteis de los ídolos a Dios

Primera Epístola del Apóstol Pablo A
LOS TESALONICENSES

CAPÍTULO 1

Pablo, y ^aSilvano, y Timoteo, a la iglesia de ^blos tesalonicenses que es en Dios Padre y en el Señor Jesucristo: Gracia y paz *sean* a vosotros, de Dios nuestro Padre y del Señor Jesucristo.

2 ^dDamos siempre gracias a Dios por todos vosotros, haciendo mención de vosotros en nuestras oraciones;

3 recordando sin cesar vuestra ^fobra de fe, y trabajo de amor y paciencia en la esperanza en nuestro Señor Jesucristo, delante del Dios y Padre nuestro.

4 Sabiendo, hermanos amados de Dios, vuestra elección;

5 porque nuestro evangelio llegó a vosotros ^hno sólo en palabra, sino también ⁱen poder, y en el Espíritu Santo, y en plena certidumbre; como bien sabéis qué clase de hombres fuimos entre vosotros por amor a vosotros.

6 Y vosotros vinisteis a ser seguidores de nosotros y del Señor, ^krecibiendo la palabra en medio de mucha tribulación, con gozo del Espíritu Santo;

7 de tal manera que habéis sido ^lejemplo a todos los que han creído en ^mMacedonia y Acaya.

8 Porque partiendo de vosotros ha resonado la palabra del Señor; no sólo en Macedonia y Acaya, sino que también ^pen todo lugar vuestra fe en Dios se ha extendido, de modo que nosotros no tenemos necesidad de hablar nada;

9 porque ellos mismos cuentan de nosotros de qué manera nos recibisteis; y de cómo os convertisteis de los ídolos a Dios, para servir al Dios vivo y verdadero,

10 y esperar del cielo a su Hijo, al cual resucitó de los muertos; a Jesús, el cual nos libró de ^rla ira que ha de venir.

a Hch 15:34
b Hch 17:1-13
c Hch 16:12, 22,24,37
d Rm 1:8-9 y 6:17 Ef 1:15-16
Fil 1:3-4
Col 1:3
Fil 1:4
e Hch 17:2-5
f Heb 6:10
g Gá 1:10
h 1 Co 4:20
i 1 Co 2:5
j 2 Co 7:2
k Hch 17:5-10
l cp 4:10
m Hch 19:21
n 2 Co 12:15
Fil 2:17
o Hch 19:21
p 2 Ts 1:4
q 1 Co 4:14
r Mt 3:7
s cp 4:1
Ef 4:1

CAPÍTULO 2

Porque, hermanos, vosotros mismos sabéis que nuestra entrada a vosotros no fue en vano;

2 pues aun habiendo antes padecido y sido ^cafrentados en Filipos, como sabéis, tuvimos denuedo en nuestro Dios para anunciaros el evangelio de Dios en medio de ^egran oposición.

3 Porque nuestra exhortación no fue de error ni de impureza, ni por engaño;

4 sino según fuimos aprobados por Dios para que se nos encargase el evangelio, así hablamos; ^gno como los que agradan a los hombres, sino a Dios, el cual prueba nuestros corazones.

5 Porque nunca usamos de palabras lisonjeras, como sabéis; ^jni encubrimos avaricia; Dios es testigo;

6 ni buscamos gloria de los hombres, ni de vosotros, ni de otros, aunque podíamos seros carga como apóstoles de Cristo.

7 Antes fuimos tiernos entre vosotros, como nodriza que trata con ternura a sus hijos.

8 Tan grande es nuestro afecto por vosotros, que hubiéramos querido entregaros no sólo el evangelio de Dios, sino aun ⁿnuestras almas; porque nos erais muy amados.

9 Porque os acordáis, hermanos, de nuestro ^otrabajo y fatiga; que trabajando noche y día, para no ser carga a ninguno de vosotros, os predicamos el evangelio de Dios.

10 Vosotros sois testigos, y Dios, de cuán santa y justa e irreprensiblemente nos condujimos con vosotros que creísteis;

11 así como sabéis de qué manera exhortábamos y confortábamos a cada uno de vosotros, ^qcomo el padre a sus hijos.

12 y os encargábamos que anduvieseis ^scomo es digno de Dios, que os llamó a su reino y gloria.

1 TESALONICENSES 3-4

13 Por lo cual nosotros también sin cesar damos gracias a Dios, porque cuando recibisteis la palabra de Dios que oísteis de nosotros, la recibisteis no como palabra de hombres, sino como es en verdad, [a]la palabra de Dios, la cual también obra eficazmente en vosotros los que creéis.

14 Porque vosotros, hermanos, habéis seguido el ejemplo de las iglesias de Dios en Cristo Jesús que están en Judea; pues vosotros también habéis padecido las mismas cosas de los de vuestra propia nación, como también ellos de los judíos;

15 los cuales mataron al Señor Jesús y a [c]sus propios profetas, y a nosotros nos han perseguido; y no agradan a Dios, y se oponen a todos los hombres;

16 [e]impidiéndonos hablar a los gentiles para que éstos sean salvos; [f]colmando siempre la medida de sus pecados, pues vino sobre ellos la ira hasta el extremo.

17 Mas nosotros, hermanos, separados de vosotros por un poco de tiempo, [i]de vista, no de corazón, tanto más procuramos con mucho deseo ver vuestro rostro.

18 Por lo cual quisimos ir a vosotros, yo Pablo a la verdad, una y otra vez; mas Satanás nos estorbó.

19 Porque ¿cuál es nuestra esperanza, o gozo, o corona de gloria? ¿No *lo sois*, pues, vosotros, delante de nuestro Señor Jesucristo en su venida?

20 Porque vosotros sois nuestra gloria, y gozo.

CAPÍTULO 3

Por lo cual, no pudiendo soportarlo más, nos pareció bien, quedarnos solos en Atenas,

2 y enviamos a Timoteo, nuestro hermano, y ministro de Dios, y colaborador nuestro en el evangelio de Cristo, a confirmaros y exhortaros en cuanto a vuestra fe,

3 para que nadie se inquiete por estas tribulaciones; porque vosotros sabéis que [q]nosotros estamos puestos para esto.

4 Porque aun estando con vosotros, os predecíamos que habíamos de padecer tribulaciones, como ha acontecido y lo sabéis.

5 Por lo cual, también yo, no pudiendo esperar más, he enviado a reconocer vuestra fe, no sea que os haya tentado el tentador, y que [b]nuestro trabajo haya sido en vano.

6 Pero ahora que Timoteo vino de vosotros a nosotros, y nos trajo las buenas nuevas de vuestra fe y amor, y que siempre tenéis gratos recuerdos de nosotros, deseando vernos, como también nosotros a vosotros;

7 por ello, hermanos, fuimos confortados de vosotros en toda nuestra aflicción y angustia por vuestra fe;

8 porque ahora vivimos, [d]si vosotros estáis firmes en el Señor.

9 Por lo cual, ¿qué acción de gracias podremos dar a Dios por vosotros, por todo el gozo con que nos gozamos a causa de vosotros delante de nuestro Dios,

10 orando [g]de noche y de día con gran solicitud, que veamos vuestro rostro, y que [h]completemos lo que falta a vuestra fe?

11 Mas el mismo Dios y Padre nuestro, y nuestro Señor Jesucristo, dirija nuestro camino a vosotros.

12 Y el Señor os haga crecer y abundar en amor unos para con otros y para con todos, como también *lo hacemos* nosotros para con vosotros;

13 para que sean [j]afirmados vuestros corazones en santidad, irreprensibles delante de Dios y Padre nuestro, para [k]la venida de nuestro Señor Jesucristo [l]con todos sus santos.

CAPÍTULO 4

Además os rogamos hermanos y exhortamos en el Señor Jesús, que [m]de la manera que fuisteis enseñados de nosotros de cómo debéis conduciros y agradar a Dios, así abundéis más y más.

2 Porque ya sabéis qué mandamientos os dimos por el Señor Jesús.

3 Porque ésta es [n]la voluntad de Dios, [o]vuestra santificación; [p]que os abstengáis de fornicación;

4 que cada uno de vosotros sepa tener su vaso en santificación y honor;

La venida del Señor

5 no en pasión de ᵃconcupiscencia, ᵃcomo los gentiles que no conocen a Dios.

6 Que ninguno agravie ni tome ventaja de su hermano, ᵈen nada; porque el Señor es vengador de todo esto, como ya os hemos dicho y protestado.

7 Porque no nos ha llamado Dios a inmundicia, sino a santificación.

8 Así que, el que menosprecia, no menosprecia a hombre, sino a Dios, el cual también ᵍnos dio su Espíritu Santo.

9 Pero acerca del ʰamor fraternal no tenéis necesidad de que os escriba; porque vosotros mismos habéis aprendido de Dios ʲque os améis unos a otros;

10 y a la verdad lo hacéis así con todos los hermanos que están por toda Macedonia. Pero os rogamos, hermanos, que abundéis *en ello* más y más;

11 y que procuréis tener quietud, y ocuparos en vuestros propios negocios, y trabajar con vuestras manos de la manera que os hemos mandado;

12 a fin de que andéis honestamente para con los de afuera, y no tengáis necesidad de nada.

13 Mas no quiero, hermanos, que ignoréis acerca de los que duermen, para que no os entristezcáis como ᵖlos otros que no tienen esperanza.

14 Porque si creemos que Jesús murió y resucitó, así también traerá Dios con Él a los que durmieron en Jesús.

15 Por lo cual, os decimos esto por palabra del Señor; que ʳnosotros que vivimos, que habremos quedado hasta la venida del Señor, no precederemos a los que durmieron.

16 Porque ᵗel Señor mismo con aclamación, ᵘcon voz de arcángel, y ᵛcon trompeta de Dios, descenderá del cielo; y los muertos en Cristo ˣresucitarán primero.

17 Luego nosotros los que vivimos, los que hayamos quedado, juntamente con ellos seremos arrebatados ᵃen las nubes para recibir al Señor en el aire, y así ᵇestaremos siempre con el Señor.

18 Por tanto, consolaos unos a otros con estas palabras.

a Col 3:5
b Ef 4:17-18
c Hch 1:7
d 2 Co 7:11
e Lc 17:24
f Lc 21:34
g 1 Jn 3:24
h Heb 13:1
i Lc 16:8
j Jn 13:34
k Mt 25:5
Rm 13:11
l 1 Pe 5:8
m Rm 13:13
Ef 5:18
n Is 59:17
Ef 6:14-17
o Rm 14:9
p Ef 2:12
q 1 Co 16:18
r 1 Co 15:51
s Mr 9:50
t Mt 16:26
Hch 1:11
Ap 1:7
u Jud 9
v 1 Co 15:52
x 1 Co 15:23
y Rm 15:1
Ef Gá 6:1-2
z Mt 5:39
a Hch 1:9
Ap 11:12
b Jn 12:26
c Rm 12:12
Fil 3:1 y 4:4
d Lc 18:1

1 TESALONICENSES 5
CAPÍTULO 5

Pero acerca de ᶜlos tiempos y de los momentos, no tenéis necesidad, hermanos, de que yo os escriba.

2 Porque vosotros sabéis perfectamente que ᵉel día del Señor vendrá como ladrón en la noche,

3 que cuando digan: Paz y seguridad, entonces vendrá sobre ellos ᶠdestrucción repentina, como los dolores a la mujer que da a luz; y no escaparán.

4 Mas vosotros, hermanos, no estáis en tinieblas, para que aquel día os sorprenda como ladrón.

5 Porque todos vosotros ⁱsois hijos de luz, e hijos del día; no somos de la noche, ni de las tinieblas.

6 Por tanto, ᵏno durmamos como los demás; antes ˡvelemos y seamos sobrios.

7 Porque los que duermen, de noche duermen; y ᵐlos que se embriagan, de noche se embriagan.

8 Pero nosotros, que somos del día, seamos sobrios, ⁿvestidos de la coraza de fe y amor, y de la esperanza de salvación, como un yelmo.

9 Porque no nos ha puesto Dios para ira, sino para obtener salvación por nuestro Señor Jesucristo;

10 quien ᵒmurió por nosotros, para que ya sea que velemos, o que durmamos, vivamos juntamente con Él.

11 Por lo cual, consolaos unos a otros, y edificaos unos a otros, así como lo hacéis.

12 Y os rogamos, hermanos, ᑫque reconozcáis a los que trabajan entre vosotros, y os presiden en el Señor, y os amonestan;

13 y que los tengáis en mucha estima y amor por causa de su obra. ˢTened paz entre vosotros.

14 También os exhortamos, hermanos, que amonestéis a los que andan desordenadamente, que confortéis a los de poco ánimo, que ʸsoportéis a los débiles, que seáis pacientes para con todos.

15 Mirad que ᶻninguno pague a otro mal por mal; antes seguid lo bueno siempre unos para con otros, y para con todos.

16 ᶜEstad siempre gozosos,

17 ᵈOrad sin cesar.
18 ªDad gracias en todo; porque ésta es la voluntad de Dios para con vosotros en Cristo Jesús.
19 ᵇNo apaguéis el Espíritu.
20 ᶜNo menospreciéis las profecías.
21 ᵈExaminadlo todo; retened lo bueno.
22 ᶠAbsteneos de toda apariencia de mal.
23 Y el mismo Dios de paz os santifique enteramente; y *ruego a Dios que* todo vuestro ʰespíritu y alma y cuerpo sean guardados irreprensibles para la venida de nuestro Señor Jesucristo.
24 Fiel es el que os llama; el cual también lo hará.
25 Hermanos, orad por nosotros.
26 Saludad a todos los hermanos con ᵉósculo santo.
27 Os conjuro por el Señor, que ᵍesta carta sea leída a todos los santos hermanos.
28 La gracia de nuestro Señor Jesucristo *sea* con vosotros. Amén.

a Ef 5:20
Col 4:2
b Ef 4:30
2 Tim 1:6
c 1 Co 14:1,39
d 1 Jn 4:1
e Rm 16:16
f Fil 4:8
g Col 4:16
h Heb 4:12

Segunda Epístola del Apóstol Pablo A
LOS TESALONICENSES

CAPÍTULO 1

Pablo, y Silvano, y Timoteo, a la iglesia de los tesalonicenses en Dios nuestro Padre y en el Señor Jesucristo:
2 Gracia y paz a vosotros, de Dios nuestro Padre y del Señor Jesucristo.
3 Debemos siempre ᵈdar gracias a Dios por vosotros, hermanos, como es digno, por cuanto vuestra fe va creciendo sobremanera, y el amor de cada uno de vosotros, abunda más y más de unos para con otros;
4 tanto, que ᶠnosotros mismos nos gloriamos de vosotros ᵍen las iglesias de Dios, de vuestra paciencia y fe en todas vuestras persecuciones y tribulaciones que sufrís.
5 *Lo que es* una muestra evidente del justo juicio de Dios, para que seáis tenidos por dignos del reino de Dios, por el cual asimismo padecéis.
6 Porque ʲes justo para con Dios pagar con tribulación a los que os atribulan,
7 y a vosotros, que sois atribulados, *daros* ˡreposo con nosotros, cuando sea revelado del cielo el Señor Jesús con sus ángeles poderosos,
8 en llama de fuego, ᵐpara cobrar venganza de los que no conocen a Dios, y no obedecen al evangelio de nuestro Señor Jesucristo;
9 los cuales serán castigados con eterna perdición ᵖexcluidos de la presencia del Señor, y de la gloria de su poder,
10 cuando viniere ªpara ser glorificado en sus santos, y para ser admirado ᵇen aquel día en todos los que creen (porque nuestro testimonio ha sido creído entre vosotros).
11 Por lo cual asimismo ᶜoramos siempre por vosotros, que nuestro Dios os tenga por dignos de *este* llamamiento, y cumpla todo buen deseo de su bondad, y ᵉla obra de fe con poder,
12 para que el nombre de nuestro Señor Jesucristo sea glorificado en vosotros, y vosotros en Él, por la gracia de nuestro Dios y del Señor Jesucristo.

CAPÍTULO 2

Os rogamos, pues, hermanos, en cuanto a ʰla venida de nuestro Señor Jesucristo, y ⁱnuestra reunión con Él,
2 que ᵏno seáis prestamente movidos de vuestro pensar, ni seáis conturbados ni por espíritu, ni por palabra, ni por carta como nuestra, como que el día de Cristo está cerca.
3 Nadie os engañe en ninguna manera; porque no vendrá sin que antes venga ⁿla apostasía, y sea revelado el hombre de pecado, el hijo de perdición,
4 el cual ᵒse opone y se exalta contra todo lo que se llama Dios o es

a Sal 89:7
b 1 Co 3:13
c Ef 1:16
Col 1:9
d 1 Ts 2:1-3
e 1 Ts 1:3
f 1 Ts 2:19
g 1 Co 11:16
h 1 Ts 2:19
i Mt 24:31
Mr 13:27
j Ap 6:10
k 1 Jn 4:1
l Ap 6:11
m Heb 10:27
y 12:29
2 Pe 3:7
n 1 Tim 4:1
o 1 Co 8:5
p Mt 7:23
y 25:41
Lc 13:27

adorado; tanto que como Dios se sienta en el templo de Dios, haciéndose pasar por Dios.
5 ¿No os acordáis que cuando estaba todavía con vosotros, os decía esto?
6 Y ahora vosotros sabéis lo que lo detiene, para que sea revelado en su tiempo.
7 Porque ᶜel misterio de iniquidad ya opera; sólo espera hasta que sea quitado de en medio el que ahora lo detiene.
8 Y entonces será revelado aquel inicuo, al cual ᵉel Señor matará con ᵍel espíritu de su boca, y destruirá con el resplandor de su venida;
9 y aquel *inicuo*, cuya venida será según ʰla operación de Satanás, con todo poder y ⁱseñales, y prodigios mentirosos,
10 y con todo engaño de iniquidad en los que perecen; por cuanto no recibieron el amor de la verdad para ser salvos.
11 Y por causa de esto Dios ˡles envía un poder engañoso, para que crean la mentira;
12 para que sean condenados todos los que ᵐno creyeron a la verdad, antes ⁿse complacieron en la injusticia.
13 Mas nosotros debemos siempre dar gracias a Dios por vosotros, hermanos amados del Señor, de que Dios os haya ᵖescogido desde el principio para salvación, por la santificación del Espíritu y la fe en la verdad,
14 a lo cual os llamó por nuestro evangelio, para alcanzar la gloria de nuestro Señor Jesucristo.
15 Así que, hermanos, estad firmes, y retened ᑫla doctrina que os ha sido enseñada, sea por palabra, o por carta nuestra.
16 Y el mismo Jesucristo Señor nuestro, y el Dios y Padre nuestro, el cual nos amó, y nos dio consolación eterna, y buena esperanza por gracia,
17 consuele vuestros corazones, y os confirme en toda buena palabra y obra.

CAPÍTULO 3

Finalmente, hermanos, ᵘorad por nosotros, para que ᵛla palabra del Señor corra y sea glorificada así como entre vosotros;

a Rm 10:16
1 Jn 2:19

b Jn 17:15

c Ap 17:5
d 1 Ts 3:11

e Dn 7:10-11
f Rm 16:17
g Ap 2:16
y 19:15-21
h Ef 2:2
i Ap 12:3
y 13:14
j 1 Co 4:16
Fil 3:17 y 4:9
1 Ts 1:6-7
Tit 2:7
1 P 5:3
k 1 Ts 2:9
l Is 29:10-14
Jn 12:39-40
Rm 1:24-28
m Rm 2:8
n Rm 1:32
o Gn 3:19
1 Ts 4:11

p Ef 1:4

q cp 3:9
1 Co 8:5
r ver 6

s Lv 19:17
1 Ts 5:14

t 1 Co 16:21

u 1 Ts 5:25
v Hch 12:24
13:49 y 19:20
2 Tim 2:9

2 y que seamos librados de hombres malos y perversos; ᵃporque no es de todos la fe.
3 Mas fiel es el Señor, que os confirmará y ᵇguardará del mal.
4 Y confiamos en el Señor tocante a vosotros, en que hacéis y haréis lo que os hemos mandado.
5 Y el Señor ᵈdirija vuestros corazones en el amor de Dios, y en la paciencia de Cristo.
6 Ahora os mandamos, hermanos, en el nombre de nuestro Señor Jesucristo, que ᶠos apartéis de todo hermano que anduviere desordenadamente, y no conforme a la doctrina que recibió de nosotros:
7 Porque vosotros mismos sabéis cómo debéis ʲseguir nuestro ejemplo; porque no anduvimos desordenadamente entre vosotros,
8 ni comimos de balde el pan de ninguno; sino que ᵏtrabajamos con afán y fatiga día y noche, para no ser carga a ninguno de vosotros;
9 no porque no tuviésemos potestad, sino por daros en nosotros un ejemplo a seguir.
10 Porque aun cuando estábamos con vosotros, os mandábamos esto: ᵒSi alguno no quiere trabajar, tampoco coma.
11 Porque oímos que hay algunos de entre vosotros que andan desordenadamente, no trabajando en nada, sino ocupados en curiosear.
12 Y a los tales requerimos y exhortamos por nuestro Señor Jesucristo, que trabajando calladamente, coman su propio pan.
13 Y vosotros, hermanos, no os canséis de hacer bien.
14 Y si alguno no obedeciere a nuestra palabra por esta epístola, ʳseñalad al tal, y no os juntéis con él, para que se avergüence.
15 Mas ˢno lo tengáis como a enemigo, sino amonestadle como a hermano.
16 Y el mismo Señor de paz os dé siempre paz en toda manera. El Señor sea con todos vosotros.
17 ᵗLa salutación de mi propia mano, de Pablo, que es mi signo en toda epístola: Así escribo.
18 La gracia de nuestro Señor Jesucristo *sea* con todos vosotros. Amén.

Primera Epístola del Apóstol Pablo A
TIMOTEO

CAPÍTULO 1

Pablo, apóstol de Jesucristo ᵇpor mandato de Dios nuestro Salvador, y del Señor Jesucristo, nuestra esperanza,

2 a ᵈTimoteo, *mi* ᵉverdadero hijo en la fe: Gracia, misericordia y paz, de Dios nuestro Padre y de Cristo Jesús nuestro Señor.

3 Como te rogué que te quedases en Éfeso, cuando partí para Macedonia, para que exhortases a algunos ᶠque no enseñen diferente doctrina,

4 ni presten atención a ʰfábulas y genealogías sin término, que acarrean disputas en vez de edificación de Dios que es en la fe; *así te encargo ahora*.

5 Pues ⁱel fin del mandamiento es el amor de ʲcorazón puro, y de buena conciencia, y *de* fe no fingida,

6 de lo cual desviándose algunos, se apartaron a vanas palabrerías;

7 queriendo ser doctores de la ley, sin entender ni lo que hablan, ni lo que afirman.

8 Pero ᵒsabemos que la ley *es* buena, si uno la usa legítimamente;

9 sabiendo esto, que la ley no es puesta para el justo, sino para los injustos y desobedientes, para los impíos y pecadores, para los malos y profanos, para los parricidas y matricidas, para los homicidas,

10 para los fornicarios, para los sodomitas, para los secuestradores, para los mentirosos y perjuros, y para cualquier otra cosa que sea contraria a la sana doctrina,

11 según el glorioso evangelio del Dios bendito, que a mí me ha sido encomendado.

12 Y doy gracias al que me fortaleció, a Cristo Jesús nuestro Señor; porque me tuvo por fiel, poniéndome en el ministerio;

13 habiendo yo sido antes blasfemo, y ᵗperseguidor e injuriador; mas ᵘfui recibido a misericordia porque lo hice por ignorancia, en incredulidad.

14 Pero ªla gracia de nuestro Señor fue más abundante con la fe y el amor que es en Cristo Jesús.

15 Palabra fiel y digna de ser recibida por todos; que ᶜCristo Jesús vino al mundo para salvar a los pecadores, de los cuales yo soy el primero.

16 Mas por esto fui recibido a misericordia, para que Jesucristo mostrase en mí el primero, toda su clemencia, para ejemplo de los que habrían de creer en Él para vida eterna.

17 Por tanto, al ᵍRey eterno, inmortal, invisible, al único sabio Dios, *sea* honor y gloria por siempre jamás. Amén.

18 Este mandamiento, hijo Timoteo, te encargo, para que conforme a las pasadas profecías acerca de ti, milites por ellas ᵏla buena milicia;

19 reteniendo la fe y buena conciencia, la cual desechando algunos, naufragaron en cuanto a la fe.

20 De los cuales son ˡHimeneo y ᵐAlejandro, ⁿlos cuales entregué a Satanás, para que aprendan a no blasfemar.

CAPÍTULO 2

Exhorto, pues, ante todo, que se hagan ᵖsúplicas, oraciones, intercesiones y acciones de gracias, por todos los hombres;

2 por los reyes y *por* todos ᑫlos que están en eminencia, para que vivamos quieta y reposadamente en toda piedad y honestidad.

3 Porque esto *es* bueno y agradable delante de Dios nuestro Salvador,

4 el cual ʳquiere que todos los hombres sean salvos, y vengan al conocimiento de la verdad.

5 Porque *hay* un solo Dios, y ˢun solo mediador entre Dios y los hombres, Jesucristo hombre;

6 el cual ᵛse dio a sí mismo en rescate por todos, para testimonio a su debido tiempo.

Dios fue manifestado en carne — **1 TIMOTEO 3-4**

7 Para lo cual yo soy ordenado predicador y apóstol (digo verdad en Cristo, no miento), ªmaestro de los gentiles en fe y verdad.

8 Quiero, pues, que los hombres oren ᵇen todo lugar, ᶜlevantando manos santas, sin ira ni contienda.

9 Asimismo también, que ᵈlas mujeres se adornen con atavío decoroso, con vergüenza y modestia; no con cabellos encrespados, u oro, o perlas, o vestidos costosos;

10 sino con buenas obras, como corresponde a mujeres que profesan piedad.

11 La mujer ᵉaprenda en silencio, con toda sujeción.

12 Porque no permito a la mujer enseñar, ni usurpar autoridad sobre el varón, sino estar en silencio.

13 Porque Adán fue formado primero, después Eva;

14 y Adán no fue engañado, sino que ᵍla mujer, al ser engañada, cayó en transgresión:

15 Pero será salva engendrando hijos, si permanecieren en fe y amor y santidad, con modestia.

CAPÍTULO 3

Palabra fiel: Si alguno anhela obispado, buena obra desea.

2 Pero es necesario que ᵐel obispo sea irreprensible, marido de una sola esposa, vigilante, templado, decoroso, hospedador, apto para enseñar;

3 no dado al vino, no rencilloso, no codicioso de ganancias deshonestas, sino moderado, apacible, ajeno de avaricia;

4 que gobierne bien su propia casa, que tenga sus hijos en sujeción con toda honestidad

5 (Porque el que no sabe gobernar su propia casa, ¿cómo cuidará de la iglesia de Dios?).

6 No un neófito, no sea que envaneciéndose caiga en condenación del diablo.

7 También es necesario que tenga buen testimonio de los de afuera, para que no caiga en descrédito y en lazo del diablo.

8 ᵍLos diáconos asimismo *deben ser* honestos, sin doblez, no dados a mucho vino, no amadores de ganancias deshonestas;

9 que tengan el misterio de la fe con limpia conciencia.

10 Y éstos también sean primero puestos a prueba; y luego ejerzan el diaconado, si fueren irreprensibles.

11 Sus esposas asimismo *sean* honestas, no calumniadoras, *sino* sobrias, fieles en todo.

12 Los diáconos sean maridos de una sola esposa, que gobiernen bien sus hijos y sus casas.

13 Porque los que ejercen bien el diaconado, adquieren para sí un grado honroso, y mucha confianza en la fe que es en Cristo Jesús.

14 Esto te escribo, con la esperanza que vendré pronto a ti,

15 para que si tardo, sepas cómo debes conducirte en ᶠla casa de Dios, que es la iglesia del Dios viviente, columna y apoyo de la verdad.

16 Y sin contradicción, grande es el misterio de la piedad: Dios fue manifestado ʰen carne, ⁱjustificado en el Espíritu, ʲvisto de los ángeles, ᵏpredicado a los gentiles, ˡcreído en el mundo, recibido arriba en gloria.

CAPÍTULO 4

Pero el Espíritu dice expresamente que en ⁿlos postreros tiempos algunos apostatarán de la fe, escuchando a espíritus engañadores y a doctrinas de demonios;

2 que con hipocresía hablarán mentiras; teniendo cauterizada su conciencia;

3 ᵒprohibirán casarse, *y mandarán* ᵖabstenerse de alimentos que Dios creó para que con acción de gracias participasen de ellos los creyentes que han conocido la verdad.

4 Porque ᵠtodo lo que Dios creó es bueno, y nada es de desecharse, si se toma con acción de gracias;

5 porque por la palabra de Dios y por la oración es santificado.

6 Si esto propusieres a los hermanos, serás buen ministro de Jesucristo, ʳnutrido en las palabras de la fe y de la buena doctrina, la cual has alcanzado.

7 Mas desecha las fábulas profanas y de viejas, y ejercítate para la piedad;

---

a Hch 9:15
y 13:2

b Mal 1:11
Jn 4:21

c Sal 20:6
y 134:2
Stg 4:8

d 1 Pe 3:3
Tit 2:3-5

e 1 Co 14:34

f Heb 3:6

g 2 Co 11:3

h Jn 1:14
i Mt 3:16
j Mt 28:2
Lc 2:13 24:4
k Hch 13:47
Rm 10:12
Gá 2:8
Ef 3:5-8
Col 1:23,27
Ap 7:9
l Rm 1:8
m Hch 20:28
n Mi 4:1
2 Ti 3:1-9
Jud 18
o 1 Co 7:28
Heb 13:4
p Rm 14:3,17
1 Co 8:8
Col 2:20-23
Heb 13:9
q Gn 1:31

r Jer 15:16
Col 2:19
y 3:16
1 Pe 2:2
s Hch 6:1:12
Fil 1:1

8 porque el ejercicio corporal para poco es provechoso; mas la piedad para todo aprovecha, pues ᵇtiene promesa de la vida presente y de la venidera.

9 Palabra fiel *es* ésta, y ᵈdigna de ser recibida por todos.

10 Que por esto también trabajamos y sufrimos oprobios, porque ʰesperamos en el Dios viviente, el cual es el ⁱSalvador de todos los hombres, mayormente de los que creen.

11 Esto manda y enseña.

12 Ninguno tenga ʲen poco tu juventud; sino sé ejemplo de los creyentes en palabra, en conversación, en caridad, en espíritu, en fe, ᵏen pureza.

13 Entre tanto que vengo, ocúpate en la lectura, la ˡexhortación y la ᵐenseñanza.

14 No descuides ᵒel don que está en ti, que te fue dado ᵖpor profecía con ᑫla imposición de las manos del presbiterio.

15 Medita en estas cosas; ocúpate en ellas; para que tu aprovechamiento sea manifiesto a todos.

16 Ten cuidado de ti mismo y de la doctrina; persiste en ello; pues haciendo esto, te salvarás a ti mismo y a los que te oyeren.

CAPÍTULO 5

No reprendas al anciano, sino exhórtale como a padre; a los más jóvenes, como a hermanos;

2 a las ancianas, como a madres; a las jovencitas, como a hermanas, con toda pureza.

3 Honra a las viudas que ʸen verdad son viudas.

4 Pero si alguna viuda tuviere hijos, o nietos, aprendan éstos primero a ser piadosos en casa, y a recompensar a sus padres; porque esto es bueno y agradable delante de Dios.

5 Y la que en verdad es viuda y sola, confíe en Dios, y ᵃpermanezca en súplicas y oraciones noche y día.

6 Mas la que vive en placeres, ᵇviviendo está muerta.

7 Manda también estas cosas, para que sean irreprensibles.

8 Y si alguno no provee para los suyos, y mayormente para los de su casa, ᵃha negado la fe, y es peor que un incrédulo.

9 Sea puesta en la lista, la viuda no menor de sesenta años, que haya sido ᶜesposa de un solo marido.

10 Que tenga ᵉtestimonio de buenas obras; si crió hijos; si ha ejercitado ᶠla hospitalidad; si ha ᵍlavado los pies de los santos; si ha socorrido a los afligidos; si ha seguido toda buena obra.

11 Pero viudas más jóvenes no admitas; porque cuando, *atraídas de sus* concupiscencias, se rebelan contra Cristo, quieren casarse

12 incurriendo en condenación, por haber abandonado la primera fe.

13 Y así también aprenden *a ser* ociosas, andando de casa en casa; y no solamente ociosas, sino también ⁿchismosas e indiscretas, hablando cosas que no debieran.

14 Quiero, pues, que las mujeres jóvenes se casen, engendren hijos, ʳgobiernen su casa; que ninguna ocasión den al adversario para decir mal.

15 Porque ya algunas han vuelto atrás en pos de Satanás.

16 Si alguno, o alguna de los creyentes tiene viudas, manténgalas, y no sea gravada la iglesia; a fin de que pueda ayudar a ˢlas que en verdad son viudas.

17 ᵗLos ancianos que gobiernan bien, sean tenidos por ᵘdignos de doble honor; mayormente los que trabajan en predicar y en enseñar.

18 Porque la Escritura dice: ᵛNo pondrás bozal al buey que trilla. Y: ˣDigno *es* el obrero de su jornal.

19 Contra un anciano no recibas acusación sino ante ᶻdos o tres testigos.

20 A los que pecaren, repréndelos delante de todos, para que los otros también teman.

21 *Te* exhorto delante de Dios y del Señor Jesucristo, y de sus ángeles escogidos, a que guardes estas cosas sin prejuicios, que nada hagas con parcialidad.

22 ᶜNo impongas con ligereza las manos a ninguno, ᵈni participes en pecados ajenos; consérvate puro.

23 Ya no bebas agua, sino usa de ᵉun poco de vino por causa de tu

Contentos con sustento y abrigo

estómago y de tus frecuentes enfermedades.

24 Los pecados de algunos hombres se manifiestan ᵇantes que vengan ellos a juicio; mas a otros les vienen después.

25 Asimismo también las buenas obras *de algunos*, de antemano son manifiestas; y las que son de otra manera, no pueden ocultarse.

CAPÍTULO 6

Todos ᶠlos que están bajo yugo de servidumbre, tengan a sus señores por dignos de toda honra, para que ᵍno sea blasfemado ʰel nombre de Dios y *su* doctrina.

2 Y los que tienen amos creyentes, no *los* tengan en menos ⁱpor ser hermanos; sino sírvanles mejor, por cuanto son fieles y amados, y partícipes de los bienes. Esto enseña y exhorta.

3 Si alguno enseña otra cosa, y no asiente a las sanas palabras de nuestro Señor Jesucristo, y a ᵏla doctrina que es conforme a la piedad,

4 está envanecido, nada sabe, y enloquece acerca de cuestiones y ˡcontiendas de palabras, de las cuales nacen envidias, pleitos, ᵐmaledicencias, malas sospechas,

5 disputas perversas de hombres de ⁿmente corrompida, y privados de la verdad, que tienen la piedad por ganancia; apártate de los tales.

6 Pero ᵒgran ganancia es la piedad ᵖcon contentamiento.

7 Porque ʳnada hemos traído a *este* mundo, y sin duda nada podremos sacar.

8 Así que, teniendo sustento y abrigo, estemos contentos con esto.

9 Porque ᵘlos que quieren enriquecerse, caen en tentación y lazo, y en muchas codicias necias y dañosas, que hunden a los hombres en perdición y muerte.

1 TIMOTEO 6

a Pr 1:19
Is 1:23 56:11
Jer 5:27
Mi 3:11
Lc 12:21
b Hch 5:1-11
Tit 3:11
c 2 Tim 3:17
d 2 Tim 4:7
e Fil 3:12
f Ef 6:5
g Rm 1:8
h Stg 2:7
i cp 4:6
Fil 16
j Ap 17:14
k Tit 1:1
l 2 Tim 2:14
m Ef 4:31
n Tit 1:15
o cp 4:8
p Mt 19:21
q Mt 3:17
Col 1:13
r Job 1:21
Ec 5:15
Sal 49:17
s 2 Tim 2:16
t Tit 1:14
u Mt 13:22
y 19:23

10 Porque ᵃel amor al dinero es la raíz de todos los males; el cual codiciando algunos, se extraviaron de la fe, y se traspasaron con muchos dolores.

11 Mas tú, oh ᶜhombre de Dios, huye de estas cosas, y sigue la justicia, la piedad, la fe, el amor, la paciencia, la mansedumbre.

12 Pelea ᵈla buena batalla de la fe; ᵉecha mano de la vida eterna, a la cual asimismo eres llamado, habiendo hecho buena profesión delante de muchos testigos.

13 Te mando delante de Dios, que da vida a todas las cosas, y de Cristo Jesús, que testificó la buena profesión delante de Poncio Pilato,

14 que guardes *este* mandamiento sin mácula ni reprensión, hasta la aparición de nuestro Señor Jesucristo:

15 La cual a su tiempo mostrará el Bendito y solo Soberano, ʲRey de reyes, y Señor de señores;

16 el único que tiene inmortalidad, y habita en luz inaccesible; a quien ningún hombre ha visto ni puede ver. A Él *sea* honra y poder sempiterno. Amén.

17 A los ricos de este mundo manda que no sean altivos, ni pongan la esperanza en las riquezas inciertas, sino en el Dios vivo, quien nos da todas las cosas en abundancia para que las disfrutemos.

18 Que hagan bien, que sean ricos en buenas obras, generosos, que con facilidad comuniquen;

19 ᑫatesorando para sí buen fundamento para lo por venir; que echen mano de la vida eterna.

20 Oh Timoteo, guarda lo que se te ha encomendado, ˢevitando las profanas y vanas discusiones, y ᵗlos argumentos de la falsamente llamada ciencia;

21 la cual profesando algunos, han errado en cuanto a la fe. La gracia *sea* contigo. Amén.

Segunda Epístola del Apóstol Pablo A
TIMOTEO

CAPÍTULO 1

Pablo, apóstol de Jesucristo por la voluntad de Dios, según la promesa de la vida que es en Cristo Jesús;

2 a Timoteo, *mi* amado hijo: Gracia, misericordia, y paz de Dios el Padre y de Jesucristo nuestro Señor.

3 Doy gracias a Dios, a quien sirvo desde [d]*mis* mayores con limpia conciencia, de que [f]sin cesar me acuerdo de ti en mis oraciones noche y día;

4 acordándome de tus lágrimas, deseando verte para llenarme de gozo;

5 trayendo a [g]la memoria la fe no fingida que hay en ti, la cual residió primero en tu abuela Loida, y en [h]tu madre Eunice; y estoy seguro que en ti también.

6 Por lo cual te aconsejo [i]que avives el don de Dios que está en ti por la imposición de mis manos.

7 Porque no nos ha dado Dios un espíritu de temor, sino [m]de poder y de amor y [n]de templanza.

8 Por tanto, [o]no te avergüences del testimonio de nuestro Señor, ni de mí, preso suyo; antes [q]sé partícipe de las aflicciones del evangelio según el poder de Dios,

9 quien nos salvó y [s]llamó con llamamiento santo, [t]no conforme a nuestras obras, sino según su propósito y gracia, la cual nos fue dada en Cristo Jesús desde antes del principio de los siglos;

10 mas ahora se manifestada por la aparición de nuestro Salvador Jesucristo, el cual [x]quitó la muerte, y sacó a luz la vida y la inmortalidad por el evangelio,

11 del cual yo soy puesto predicador, y apóstol, y maestro de los gentiles.

12 Por cuya causa asimismo padezco estas cosas; mas [z]no me avergüenzo, porque [b]yo sé a quién he creído, y estoy seguro que es poderoso para guardar mi depósito para aquel día.

13 Retén la forma de [a]las sanas palabras que de mí oíste, en fe y amor que es en Cristo Jesús.

14 Guarda el buen depósito por [b]el Espíritu Santo que mora en nosotros.

15 Ya sabes esto, que [c]me han dado la espalda todos los que están en Asia, de los cuales son Figelo y Hermógenes.

16 Dé el Señor misericordia a la casa de [e]Onesíforo; que muchas veces me dio refrigerio, y no se avergonzó de mis cadenas;

17 antes, estando él en Roma, me buscó diligentemente, y *me* halló.

18 Déle el Señor que halle misericordia cerca del Señor en aquel día. Y cuánto *me* ayudó en Éfeso, tú lo sabes muy bien.

CAPÍTULO 2

Tú, pues, hijo mío, [j]esfuérzate en la gracia que es en Cristo Jesús.

2 Y [k]lo que has oído de mí ante muchos testigos, esto [l]encarga a hombres fieles que sean idóneos para enseñar también a otros.

3 Tú, pues, [p]sufre aflicciones como fiel soldado de Jesucristo.

4 Ninguno que milita [r]se enreda en los negocios de *esta* vida; a fin de agradar a aquel que lo escogió por soldado.

5 Y también [u]el que lucha como atleta, no es coronado si no lucha legítimamente.

6 El labrador que trabaja, [v]debe ser el primero en participar de los frutos.

7 Considera lo que digo; y el Señor te dé entendimiento en todo.

8 Acuérdate que Jesucristo, de [y]la simiente de David, resucitó de los muertos conforme a mi evangelio;

9 por el cual sufro aflicciones, hasta prisiones a modo de malhechor; mas la palabra de Dios no está presa.

10 Por tanto, [a]todo lo sufro por amor a los escogidos, para que ellos también obtengan la salvación que es en Cristo Jesús con gloria eterna.

Estudia con diligencia

11 Palabra fiel *es ésta*: Que ªsi somos muertos con *Él*, también viviremos con *Él*:

12 ᶜSi sufrimos, también reinaremos con *Él*; ᵈsi lo negáremos, Él también nos negará:

13 Si fuéremos incrédulos, ᶠÉl *aún* permanece fiel; ᵍÉl no puede negarse a sí mismo.

14 Recuérdales esto, y exhórtales delante del Señor a que ⁱno contiendan sobre palabras, lo cual para nada aprovecha, antes perjudica a los oyentes.

15 Estudia con diligencia para presentarte a Dios ᵏaprobado, como obrero que no tiene de qué avergonzarse, que traza bien la palabra de verdad.

16 Mas evita profanas y vanas palabrerías; porque irán en aumento para mayor impiedad.

17 Y la palabra de ellos carcomerá como gangrena; de los cuales son Himeneo y Fileto;

18 que se han descaminado de la verdad, diciendo que la resurrección ya pasó, y trastornan la fe de algunos.

19 Mas el fundamento de Dios está firme, teniendo este sello: Conoce el Señor a los que son suyos; y: ᵒApártese de iniquidad todo aquel que invoca el nombre de Cristo.

20 Pero en una casa grande, no sólo hay vasos de oro y de plata, sino también de madera y de barro; y asimismo ᵖunos para honra, y otros para deshonra.

21 Así que, si alguno se limpiare de estas cosas, será vaso para honra, santificado y útil para los usos del Señor, y preparado para toda buena obra.

22 Huye también de las concupiscencias juveniles; y ᑫsigue la justicia, la fe, la caridad, la paz, con los que invocan al Señor de corazón puro.

23 Pero evita las cuestiones necias e insensatas, sabiendo que engendran contiendas.

24 Porque ˢel siervo del Señor no debe ser contencioso, sino afable para con todos, ᵗapto para enseñar, sufrido;

25 que con mansedumbre corrija a los que se oponen; si quizá Dios les dé que se arrepientan para conocer la verdad,

26 y ᵇse zafen del lazo del diablo, en que están cautivos por él, a su voluntad.

CAPÍTULO 3

Sabe también esto; que ᵉen los postreros días vendrán tiempos peligrosos:

2 Porque habrá hombres ʰamadores de sí mismos, avaros, vanagloriosos, soberbios, blasfemos, desobedientes a sus padres, malagradecidos, sin santidad,

3 ʲsin afecto natural, desleales, calumniadores, incontinentes, crueles, aborrecedores de los que son buenos,

4 traidores, impulsivos, vanidosos, amadores de placeres más que amadores de Dios;

5 teniendo ˡapariencia de piedad, mas ᵐnegando la eficacia de ella; a éstos evita.

6 Porque de éstos son los que se entran por las casas, y llevan cautivas las mujercillas cargadas de pecados, llevadas de diversas concupiscencias,

7 que siempre están aprendiendo, y nunca pueden llegar al conocimiento de la verdad.

8 Y de la manera que ⁿJanes y Jambres resistieron a Moisés, así también éstos resisten a la verdad; hombres corruptos de entendimiento, réprobos en cuanto a la fe.

9 Mas no llegarán muy lejos; porque su insensatez será manifiesta a todos, como también lo fue la de aquéllos.

10 Pero tú has conocido mi doctrina, conducta, propósito, fe, longanimidad, caridad, paciencia,

11 persecuciones, aflicciones, como las que me sobrevinieron en Antioquía, en Iconio, en Listra, persecuciones que he sufrido; pero de todas *ellas* me ha librado el Señor.

12 Y también ʳtodos los que quieren vivir piadosamente en Cristo Jesús, padecerán persecución.

13 Mas los malos hombres y los engañadores irán de mal en peor, engañando y siendo engañados.

14 Pero persiste tú en lo que has aprendido y te persuadiste, sabiendo de quién has aprendido;

15 y que desde la niñez has sabido ᵘlas Sagradas Escrituras, las cuales te pueden hacer sabio para la

salvación por la fe que es en Cristo Jesús.

16 Toda Escritura ᵇes dada por inspiración de Dios, y *es útil para* enseñar, para redargüir, para corregir, para instruir en justicia,

17 para que ᵉel hombre de Dios sea perfecto, enteramente preparado para toda buena obra.

CAPÍTULO 4

Te requiero, pues, delante de Dios, y del Señor Jesucristo, que ha de juzgar a los vivos y a los muertos en ʰsu manifestación y en su reino:

2 ⁱPredica la palabra; insta a tiempo y fuera de tiempo; redarguye, reprende; exhorta con toda paciencia y doctrina.

3 Porque vendrá tiempo cuando ᵏno sufrirán la sana doctrina; antes, teniendo comezón de oír, se amontonarán maestros conforme a sus propias concupiscencias,

4 y apartarán de la verdad *sus* oídos y ᵐse volverán a las fábulas.

5 Pero tú ⁿvela en todo, ᵒsoporta las aflicciones, ᵖhaz la obra de evangelista, cumple tu ministerio.

6 Porque yo ᵠya estoy para ser sacrificado, y el tiempo de ʳmi partida está cercano.

7 ᵗHe peleado la buena batalla, ᵘhe acabado *mi* carrera, he guardado la fe.

8 Por lo demás, me está guardada ʸla corona de justicia, la cual me dará el Señor, juez justo, en aquel día; y no sólo a mí, sino también a todos los que aman su venida.

a Col 4:14
b 2 Sm 23:2
1 Pe 1:19-21
c Rm 15:4
d cp 1:15
e 1 Tim 6:11
f Hch 12:12
Col 4:10

g 1 Tim 1:20

h 2 Ts 2:8
i Is 61:1
Lc 4:18-19
y 9:60
j Jn 16:32
k 1 Tim 1:10

l Jer 15:20-21
Hch 18:9-10
y 27:23

m 1 Tim 1:6
n 1 Ts 5:6
o cp 2:3
p Ef 4:11
q Fil 2:17
r Fil 1:23
s Hch 18:2
t 1 Tim 6:12
u Jn 4:24
Hch 20:24
v Rm 16:23
x Hch 20:4
y cp 2:5
1 Co 9:25

9 Procura venir pronto a mí;

10 porque ᵃDemas me ha desamparado, amando este mundo presente, y se ha ido a Tesalónica; Crescente a Galacia, Tito a Dalmacia.

11 ᵈSólo Lucas está conmigo. Toma a ᶠMarcos y tráele contigo; porque me es útil para el ministerio.

12 A Tíquico envié a Éfeso.

13 Trae, cuando vinieres, el capote que dejé en Troas con Carpo; y los libros, mayormente los pergaminos.

14 ᵍAlejandro el calderero me ha causado muchos males; el Señor le pague conforme a sus hechos.

15 Guárdate tú también de él; pues en gran manera ha resistido a nuestras palabras.

16 En mi primera defensa ʲninguno estuvo a mi lado, antes todos me desampararon; *ruego a Dios* que no les sea imputado.

17 ˡPero el Señor estuvo a mi lado, y me esforzó, para que por mí fuese cumplida la predicación, y todos los gentiles oyesen; y fui librado de la boca del león.

18 Y el Señor me librará de toda obra mala, y *me* preservará para su reino celestial. A Él *sea* gloria por siempre jamás. Amén.

19 Saluda a ˢPrisca y a Aquila, y a la casa de Onesíforo.

20 ᵛErasto se quedó en Corinto; y a ˣTrófimo dejé en Mileto enfermo.

21 Procura venir antes del invierno. Eubulo te saluda, y Pudente, y Lino, y Claudia, y todos los hermanos.

22 El Señor Jesucristo *sea* con tu espíritu. La gracia *sea* con vosotros. Amén.

Epístola del Apóstol Pablo A
TITO

CAPÍTULO 1

Pablo, siervo de Dios, y apóstol de Jesucristo, conforme a la fe de ᵇlos escogidos de Dios y el conocimiento de la verdad que es según la piedad,

2 en la esperanza de la vida eterna, la cual Dios, que ᵉno puede mentir, ᶠprometió desde antes del principio de los siglos,

a 1 Tim 2:6
b Rm 8:33
c cp 2:10 3:4
Lc 1:47
d 1 Tim 1:2
e Nm 23:19
1 Sm 15:29
Heb 6:19
f 2 Tim 1:9
g 1 Tim 1:3

3 ᵃy manifestó a sus tiempos su palabra por medio de la predicación que me es encomendada por mandamiento de ᶜDios nuestro Salvador,

4 a Tito, ᵈmi verdadero hijo en la común fe: Gracia, misericordia y paz, de Dios Padre y del Señor Jesucristo nuestro Salvador.

5 ᵍPor esta causa te dejé en Creta,

Requisitos de obispos TITO 2-3

para que corrigieses lo deficiente, y ordenases ªancianos en cada ciudad, así como yo te mandé;
6 el ᵇque fuere irreprensible, marido de una esposa, que tenga hijos fieles, que no estén acusados de disolución, o rebeldía.
7 Porque es necesario que el obispo sea irreprensible, como ᵉadministrador de Dios; no arrogante, no iracundo, no dado al vino, no pendenciero, no codicioso de ganancias deshonestas;
8 sino hospitalario, amante de lo bueno, sobrio, justo, santo, templado;
9 retenedor de ᶠla palabra fiel como le ha sido enseñada, para que también pueda exhortar con sana doctrina, y convencer a los que contradicen.
10 Porque hay muchos contumaces, y habladores de vanidad y engañadores, ⁱmayormente los que son de la circuncisión,
11 a los cuales es preciso ʲtapar la boca, que trastornan casas enteras, enseñando ˡpor ganancia deshonesta lo que no conviene.
12 *Aun* uno de ellos, su propio profeta, dijo: Los cretenses, siempre mentirosos, malas bestias, vientres perezosos.
13 Este testimonio es verdadero; por tanto, ᵐrepréndelos duramente, para que sean ⁿsanos en la fe,
14 no atendiendo a ᵒfábulas judaicas, y a mandamientos de hombres que se apartan de la verdad.
15 Todas las cosas *son* puras para los puros; mas para los corrompidos e incrédulos nada *es* puro; pues aun ˢsu mente y su conciencia están corrompidas.
16 Profesan conocer a Dios, mas ᵘcon *sus* hechos *lo* niegan; siendo abominables y rebeldes, y reprobados para toda buena obra.

a Hch 14:23
2 Tim 2:2
b 1 Tim 3:2-4
c 1 Tim 5:14

d 1 Tim 6:1
e 1 Co 4:1-2

f 1 Tim 1:15
g 1 Pe 2:12

h Ef 6:5
1 Tim 6:1-2

i Hch 15:1
Gá 2:12
j Sal 63:11
y 107:42
Ez 16:63
Rm 3:19
k cp 1:3
l 1 Tim 6:5
Jud 16

m 1 Tim 5:20
n cp 2:2
o 1 Tim 6:20
p Col 3:4

q Rm 4:25
r 1 Tim 2:6
s Rm 1:28
t Éx 19:5
1 Pe 2:9
u 1 Co 4:1-2
v 1 Tim 4:12

CAPÍTULO 2

Pero tú habla lo que armoniza con ˣla sana doctrina.
2 Que los ancianos sean sobrios, honestos, templados, sanos en la fe, en la caridad, en la paciencia.
3 Las ancianas asimismo, *sean* de un porte santo, no calumniadoras, no

x 1 Tim 1:10

y Ef 5:8
z 1 Tim 3:3
2 Tim 2:24

dadas a mucho vino, maestras de honestidad;
4 que enseñen a las mujeres jóvenes a ser prudentes, a ᶜque amen a sus maridos, a que amen a sus hijos;
5 *a ser* discretas, castas, cuidadosas de su casa, buenas, sujetas a sus maridos; para que ᵈla palabra de Dios no sea blasfemada.
6 Exhorta asimismo a los jóvenes a que sean prudentes;
7 presentándote tú en todo como ejemplo de buenas obras; en doctrina, *mostrando* integridad, honestidad, sinceridad,
8 palabra sana *e* irreprochable; para ᵍque el adversario se avergüence, y no tenga nada malo que decir de vosotros.
9 *Exhorta* a ʰlos siervos a ser obedientes a sus amos, y a que *les* agraden en todo; que no *sean* respondones,
10 no defraudando, sino mostrando toda buena lealtad; para que en todo adornen la doctrina de ᵏDios nuestro Salvador.
11 Porque la gracia de Dios que trae salvación se ha manifestado a todos los hombres,
12 enseñándonos que, renunciando a la impiedad y a las concupiscencias mundanas, vivamos en este presente mundo, sobria, justa y piadosamente.
13 Aguardando aquella esperanza bienaventurada, y ᵖla manifestación gloriosa de nuestro gran Dios y Salvador Jesucristo,
14 quien ᵠse dio a sí mismo por nosotros ʳpara redimirnos de toda iniquidad, y purificar para sí ᵗun pueblo peculiar, celoso de buenas obras.
15 Estas cosas habla y exhorta, y reprende con toda autoridad. ᵛNadie te menosprecie.

CAPÍTULO 3

Recuérdales que se sujeten a los principados y potestades, que obedezcan a los magistrados, que estén dispuestos para toda buena obra.
2 Que ʸno hablen mal de nadie, ᶻque no sean pendencieros, *sino* amables,

1079

FILEMÓN

Zenas y Apolos

mostrando toda mansedumbre para con todos los hombres.

3 Porque nosotros también ªéramos en otro tiempo insensatos, rebeldes, extraviados, esclavos de concupiscencias y diversos placeres, viviendo en malicia y envidia, aborrecibles, aborreciéndonos unos a otros.

4 Pero cuando se manifestó la bondad de ᵈDios nuestro Salvador, y su amor para con los hombres,

5 nos salvó, ᵉno por obras de justicia que nosotros hayamos hecho, sino por su misericordia, por el lavamiento de la regeneración y de ᵍla renovación del Espíritu Santo,

6 el cual ʰderramó en nosotros abundantemente por Jesucristo nuestro Salvador,

7 para que ʲjustificados por su gracia, viniésemos a ser ᵏherederos conforme a la esperanza de la vida eterna.

8 Palabra fiel *es ésta*, ᵐy estas cosas quiero que afirmes constantemente, para que los que creen en Dios procuren ocuparse en buenas obras.

Estas cosas son buenas y útiles a los hombres.

9 Pero ᵇevita las cuestiones necias, y genealogías, y contenciones y discusiones acerca de la ley; porque son vanas y sin provecho.

10 Al ᶜhombre hereje, después de una y otra amonestación, deséchalo,

11 sabiendo que el tal se ha pervertido, y peca, siendo condenado por su propio juicio.

12 Cuando enviare a ti a Artemas o a ᶠTíquico, apresúrate a venir a mí a Nicópolis; porque allí he determinado pasar el invierno.

13 A Zenas ⁱdoctor de la ley, y a Apolos, encamínales con solicitud, de modo que nada les falte.

14 Y aprendan también los nuestros a ocuparse en buenas obras para ˡlos casos de necesidad, para que no sean sin fruto.

15 Todos los que están conmigo te saludan. Saluda a los que nos aman en la fe. La gracia *sea* con todos vosotros. Amén.

a	Ef 5:8
b	1 Tim 1:4
	2 Tim 2:16
c	1 Co 11:19
d	cp 1:3
e	Ef 2:8
	1 Tim 6:1
f	Hch 20:4
g	Rm 12:2
h	Rm 5:5
i	Mt 22:35
j	Rm 3:24
k	Rm 8:17
l	Ef 4:28
m	1 Tim 1:15

Epístola del Apóstol Pablo A
FILEMÓN

Pablo, ªprisionero de Jesucristo, y *nuestro* hermano Timoteo, a Filemón, amado, y ᵇcolaborador nuestro,

2 y a *nuestra* amada Apia, y a Arquipo, nuestro compañero de milicia, y a ᶜla iglesia que está en tu casa.

3 Gracia a vosotros, y paz de Dios nuestro Padre y del Señor Jesucristo.

4 Doy gracias a mi Dios, ᵈhaciendo siempre mención de ti en mis oraciones,

5 oyendo de tu amor, y de ᵉla fe que tienes hacia el Señor Jesús, y para con todos los santos;

6 para que la comunicación de tu fe sea eficaz en ᵍel reconocimiento de todo el bien que está en vosotros en Cristo Jesús.

7 Porque tenemos gran gozo y consolación en tu amor, de que por ti, oh hermano, ʰhan sido recreadas las entrañas de los santos.

8 Por lo cual, ⁱaunque tengo mucha

resolución en Cristo para mandarte lo que conviene,

9 más bien *te* ruego por amor, siendo como soy, Pablo ya anciano, y ahora además, prisionero de Jesucristo.

10 Te ruego por mi hijo Onésimo, a quien engendré en mis prisiones,

11 el cual en otro tiempo te fue inútil, mas ahora a ti y a mí nos es útil;

12 el cual vuelvo a enviarte; tú, pues, recíbele como a mis entrañas.

13 Yo quería retenerlo conmigo, para que en lugar tuyo me sirviese en ᶠlas prisiones del evangelio;

14 pero nada quise hacer sin tu consentimiento; para que tu favor no fuese como de necesidad, sino voluntario.

15 Porque quizá para esto se apartó *de ti* por algún tiempo, para que le recibieses para siempre;

16 no ya como siervo, sino *como* más que siervo, *como* hermano amado,

a	ver 9
	Ef 3:1
b	Col 1:1-2
c	Rm 16:5
d	Ef 1:16
	Fil 1:3
	Col 1:3
	1 Ts 1:2-3
	2 Tim 1:3
e	Ef 1:15
f	Fil 1:13
g	Fil 1:9
h	2 Tim 1:16
i	1 Ts 2:6

mayormente para mí, pero cuánto más para ti, tanto en la carne como en el Señor.

17 Así que, ªsi me tienes por compañero, recíbele como a mí mismo.

18 Y si en algo te dañó, o te debe, cárgalo a mi cuenta.

19 Yo Pablo lo escribí de mi propia mano, yo lo pagaré; por no decirte que aun tú mismo te me debes además.

20 Sí, hermano, góceme yo de ti en el Señor; recrea mis entrañas en el Señor.

21 Te he escrito confiando en tu obediencia, sabiendo que harás aun más de lo que te digo.

22 Y asimismo prepárame también alojamiento; porque espero que por vuestras oraciones os seré concedido.

23 Te saludan ᵇEpafras, mi compañero en la prisión por Cristo Jesús,

24 ᶜMarcos, ᵈAristarco, ᵉDemas, ᶠLucas, mis colaboradores.

25 La gracia de nuestro Señor Jesucristo sea con vuestro espíritu. Amén.

a 2 Co 8:23
b Col 1:7
c Hch 12:12
d Hch 19:29
e Col 4:14
f Col 4:14

Epístola del Apóstol Pablo A Los
HEBREOS

CAPÍTULO 1

Dios, habiendo hablado muchas veces y ᵇen muchas maneras en otro tiempo a los padres por los profetas,

2 en estos ᵈpostreros días nos ha hablado por *su* Hijo, a quien constituyó ᵉheredero de todo, por quien asimismo hizo el universo;

3 el cual, siendo ᶠel resplandor de *su* gloria, y ᵍla imagen misma de su sustancia, y ʰquien sustenta todas las cosas con la palabra de su poder, ʲhabiendo hecho la expiación de nuestros pecados por sí mismo, ᵏse sentó a la diestra de la Majestad en las alturas,

4 hecho tanto más superior que los ángeles, cuanto heredó más excelente nombre que ellos.

5 Porque ¿a cuál de los ángeles dijo Dios jamás: ˡMi Hijo eres tú, yo te he engendrado hoy, y otra vez: ᵐYo seré a Él Padre, y Él me será a mí Hijo?

6 Y otra vez, cuando introduce al Primogénito en el mundo, dice: Y adórenle todos los ángeles de Dios.

7 Y ciertamente de los ángeles dice: El que hace a sus ángeles espíritus, y a sus ministros llama de fuego.

8 Mas al Hijo *dice*: ᵖTu trono, oh Dios, por siempre jamás: Cetro de equidad es el cetro de tu reino.

9 Has amado la justicia, y aborrecido la maldad; por tanto

a Is 61:1-3
b Nm 12:6-8
c Sal 102:25
d cp 9:26
Gá 4:4
1 Pe 1:21
e Sal 2:8
Mt 21:38
Rm 8:17
f Jn 1:14
g 1 Co 4:4
h Col 1:17
i cp 12:2
Sal 110:1
j cp 9:14
k ver 13
Mr 16:19
Hch 2:34
Ef 1:20
1 Pe 3:22
l Sal 2:7
Mt 3:17
Jn 1:14
Rm 1:4
m 2 Sm 7:14
n Hch 7:53

o cp 10:28-29
y 12:25
p Sal 45:6-7
q Mt 4:17
Mr 1:14

Dios, el Dios tuyo, te ha ungido con ªóleo de alegría más que a tus compañeros.

10 Y: ᶜTú, Señor, en el principio fundaste la tierra, y los cielos son obra de tus manos:

11 Ellos perecerán, mas tú permaneces; y todos ellos se envejecerán como una vestidura;

12 y como un manto los envolverás, y serán mudados; pero tú eres el mismo, y tus años no acabarán.

13 Y, ¿a cuál de los ángeles dijo jamás: ʲSiéntate a mi diestra, hasta que ponga a tus enemigos por estrado de tus pies?

14 ¿No son todos espíritus ministradores, enviados para servicio a favor de los que serán herederos de salvación?

CAPÍTULO 2

Por tanto, es necesario que con más diligencia atendamos a las cosas que hemos oído, no sea que nos deslicemos.

2 Porque si ⁿla palabra dicha por los ángeles fue firme, y toda transgresión y desobediencia recibió justa retribución,

3 °¿cómo escaparemos nosotros, si tuviéremos en poco una salvación tan grande? ᵠLa cual, habiendo sido publicada primeramente por el Señor, nos fue confirmada por los que *le* oyeron;

4 testificando Dios juntamente con ellos, con ᵇseñales y prodigios y diversos milagros, y ᶜdones del Espíritu Santo según su voluntad.
5 Porque no sujetó a los ángeles ᵈdel mundo venidero, del cual hablamos;
6 pero alguien testificó en cierto lugar, diciendo: ᶠ¿Qué es el hombre, para que te acuerdes de él, o el hijo del hombre, para que le visites?
7 Le hiciste un poco menor que los ángeles, le coronaste de gloria y de honra, y le pusiste sobre las obras de tus manos.
8 ⁱTodo lo sujetaste bajo sus pies. Porque en cuanto le sujetó todas las cosas, nada dejó que no sea sujeto a Él; mas ᵏaún no vemos que todas las cosas le sean sujetas.
9 Pero vemos a Jesús coronado de gloria y de honra, el cual ˡfue hecho un poco menor que los ángeles, por el padecimiento de su muerte, para que por la gracia de Dios ⁿgustase la muerte por todos.
10 Porque le era preciso a Aquél ᵒpor cuya causa *son* todas las cosas y por quien todas las cosas subsisten, habiendo de llevar a la gloria a muchos hijos, ʳperfeccionar por aflicciones al autor de la salvación de ellos.
11 Porque ᵘel que santifica y los que son santificados, de uno *son* todos; por lo cual ᵛno se avergüenza de llamarlos hermanos,
12 diciendo: ʸAnunciaré tu nombre a mis hermanos, en medio de la iglesia te alabaré.
13 Y otra vez: ᶻYo en Él pondré mi confianza. Y otra vez: ᵃHe aquí, yo y los hijos que Dios me dio.
14 Así que, por cuanto los hijos participaron de carne y sangre, ᵇÉl también participó de lo mismo, ᶜpara destruir por medio de la muerte al que tenía el imperio de la muerte, esto es, al diablo,
15 y librar a ᵈlos que por el temor de la muerte estaban durante toda la vida sujetos a servidumbre.
16 Porque ciertamente no tomó *para sí la naturaleza de* los ángeles, sino que tomó la de la simiente de Abraham.
17 Por cuanto le era preciso ser en todo semejante a *sus* hermanos, para

a	cp 4:15-16
y	5:1-2
b	Hch 5:12
c	1 Co 12:4-11
d	cp 6:5
e	cp 4:15-16
y	5:1-2
	Mt 4:1-10
f	Sal 8:4-8
y	144:3
	Job 7:17-18
g	Fil 3:14
h	cp 2:17
	4:14-15 y 5:5
i	Ef 1:22
	Fil 3:21
j	1 Tim 6:13
k	1 Co 15:27
l	Hch 2:33
	Fil 2:7-9
m	Zac 6:12
	Mt 16:18
n	Mt 16:28
o	Rm 11:36
	1 Co 8:6
p	Éx 14:31
	Nm 12:7
q	Dt 18:15-19
r	cp 5:9
s	cp 5:8
t	1 Tim 1:15
u	Jn 17:9
v	Rm 8:29
x	Sal 95:7-11
y	Sal 22:22
z	Is 8:17
a	Is 8:18
b	Rm 8:3
c	Os 13:14
	2 Ti 1:10
	1 Jn 3:8
d	Rm 8:13-15
e	cp 10:24-25
f	Rm 7:11

venir a ser ᵃmisericordioso y fiel Sumo Sacerdote en lo que a Dios se refiere, para expiar los pecados del pueblo.
18 ᵉPorque en cuanto Él mismo padeció siendo tentado, es poderoso para socorrer a los que son tentados.

CAPÍTULO 3

Por tanto, hermanos santos, participantes del ᵍllamamiento celestial, considerad al ʰApóstol y Sumo Sacerdote de nuestra ʲprofesión, Cristo Jesús;
2 el cual fue fiel al que le constituyó, como también *lo fue* Moisés sobre toda su casa.
3 Porque de tanto mayor gloria que Moisés Éste es estimado digno, cuanto ᵐtiene mayor dignidad que la casa el que la edificó.
4 Porque toda casa es edificada por alguno; mas el que creó todas las cosas es Dios.
5 Y Moisés a la verdad *fue* fiel sobre toda su casa, ᵖcomo siervo, para testimonio de ᵠlo que después se había de decir;
6 pero Cristo, ˢcomo hijo sobre su casa; ᵗla cual casa somos nosotros, si retenemos firme hasta el fin la confianza y la gloria de la esperanza.
7 Por lo cual, como dice el Espíritu Santo: ˣSi oyereis hoy su voz,
8 no endurezcáis vuestros corazones, como en la provocación, en el día de la tentación en el desierto,
9 donde me tentaron vuestros padres; me probaron, y vieron mis obras cuarenta años.
10 A causa de lo cual me disgusté con aquella generación, y dije: Siempre divagan ellos de corazón, y no han conocido mis caminos.
11 Así que, juré yo en mi ira: No entrarán en mi reposo.
12 Mirad, hermanos, que en ninguno de vosotros haya corazón malo de incredulidad para apartarse del Dios vivo;
13 antes ᵉexhortaos los unos a los otros cada día, entre tanto que se dice: Hoy; para que ninguno de vosotros se endurezca por ᶠel engaño del pecado.

La Palabra de Dios, viva y eficaz

14 Porque somos hechos participantes de Cristo, si retenemos firme hasta el fin el principio de nuestra confianza;
15 entre tanto que se dice: [b]Si oyereis hoy su voz, no endurezcáis vuestros corazones, como en la provocación.
16 Porque [d]algunos de los que habían salido de Egipto con Moisés, habiendo oído, provocaron, aunque no todos.
17 Mas ¿con quiénes estuvo enojado cuarenta años? ¿No fue con los que pecaron, cuyos cuerpos cayeron en el desierto?
18 ¿Y a quiénes juró que no entrarían en su reposo, sino a aquellos que no creyeron?
19 Y vemos que no pudieron entrar a causa de incredulidad.

CAPÍTULO 4

Temamos, pues, que quedando aún la promesa de entrar en su reposo, alguno de vosotros parezca no haberlo alcanzado.
2 Porque también a nosotros se nos ha predicado el evangelio como a ellos; pero no les aprovechó la palabra predicada a los que la oyeron al no mezclarla con fe.
3 Pero nosotros que hemos creído entramos en el reposo, de la manera que Él dijo: Por tanto juré en mi ira: [p]No entrarán en mi reposo; aunque sus obras fueron acabadas desde el principio del mundo.
4 Porque en cierto lugar dijo así del séptimo *día*: Y reposó Dios de todas sus obras en el séptimo día.
5 Y otra vez aquí: No entrarán en mi reposo.
6 Así que, puesto que falta que algunos entren en él, y aquellos a quienes primero fue predicado no entraron por causa de incredulidad,
7 otra vez determina un cierto día, diciendo por medio de David: Hoy, después de tanto tiempo; como está dicho: [x]Si oyereis hoy su voz, no endurezcáis vuestros corazones.
8 Porque si Jesús les hubiera dado el reposo, no hablaría después de otro día.

9 Por tanto, queda un reposo para el pueblo de Dios.
10 Porque [a]el que ha entrado en su reposo, también ha reposado de sus obras, como Dios de las suyas.
11 Procuremos, pues, entrar en aquel reposo; que [c]ninguno caiga en semejante ejemplo de incredulidad.
12 Porque [e]la palabra de Dios *es* [f]viva y eficaz, y más penetrante que toda espada de dos filos, y penetra hasta partir [g]el alma y el espíritu, y las coyunturas y los tuétanos, y [h]discierne los pensamientos y las intenciones del corazón.
13 Y no hay cosa creada que no sea manifiesta en su presencia; antes todas las cosas *están* desnudas y abiertas a los ojos de Aquél a quien tenemos que dar cuenta.
14 Por tanto, teniendo un [i]gran Sumo Sacerdote, que [j]traspasó los cielos, Jesús el Hijo de Dios, retengamos *nuestra* profesión.
15 Porque [k]no tenemos un Sumo Sacerdote [l]que no pueda compadecerse de nuestras flaquezas; sino *uno* que fue [m]tentado en todo según nuestra semejanza, [n]pero sin pecado.
16 [o]Acerquémonos, pues, confiadamente al trono de la gracia, para alcanzar misericordia y hallar gracia para el oportuno socorro.

CAPÍTULO 5

Porque todo sumo sacerdote tomado de entre los hombres, [q]es constituido a favor de los hombres en lo que a Dios se refiere, [r]para que presente también ofrendas y sacrificios por los pecados;
2 que pueda compadecerse de [s]los ignorantes y extraviados, puesto que [t]él también está rodeado de flaqueza;
3 y [u]por causa de ella debe ofrecer por los pecados, tanto por el pueblo, como también por sí mismo.
4 Y [v]nadie toma para sí esta honra, sino el que es llamado de Dios, como *lo fue* [y]Aarón.
5 Así también Cristo [z]no se glorificó a sí mismo haciéndose Sumo Sacerdote, sino el que le dijo: [a]Tú eres mi Hijo, yo te he engendrado hoy;

6 como también dice en otro lugar: ªTú eres sacerdote para siempre, según el orden de Melquisedec.

7 El cual en los días de su carne, ᵇhabiendo ofrecido ruegos y súplicas ᶜcon gran clamor y lágrimas al que le podía librar de la muerte, fue oído por su temor reverente.

8 Y aunque era ᵈHijo, por lo que padeció ᵉaprendió la obediencia;

9 y ᶠhabiendo sido hecho perfecto, vino a ser autor de eterna salvación a todos los que le obedecen;

10 y fue llamado de Dios ᵍSumo Sacerdote según el orden de Melquisedec.

11 Del cual ʰtenemos mucho que decir, y difícil de describir, por cuanto sois tardos para oír.

12 Porque debiendo ser ya maestros, por causa del tiempo, tenéis necesidad de que se os vuelva enseñar cuáles son los primeros rudimentos de las palabras de Dios; y habéis llegado a ser tales que tenéis necesidad de ᵏleche, y no de alimento sólido.

13 Y todo el que participa de la leche es inhábil en la palabra de la justicia, porque es niño;

14 mas el alimento sólido es para los que han alcanzado madurez, para los que por el uso tienen los sentidos ejercitados en el discernimiento del bien y el mal.

CAPÍTULO 6

Por tanto, dejando los rudimentos de la doctrina de Cristo, vamos adelante a la perfección; no echando otra vez el fundamento del arrepentimiento de ᵖobras muertas, y de la fe en Dios,

2 de la doctrina de bautismos, y de la imposición de manos, y de la resurrección de los muertos, y del juicio eterno.

3 Y esto haremos a la verdad, si Dios lo permite.

4 Porque ᵗes imposible que los que una vez fueron iluminados, y gustaron del don celestial, y fueron hechos partícipes del Espíritu Santo,

5 y asimismo gustaron la buena palabra de Dios, y los poderes del mundo venidero,

6 y recayeron, sean otra vez renovados para arrepentimiento, crucificando de nuevo para sí mismos al Hijo de Dios y exponiéndole a vituperio.

7 Porque la tierra que bebe la lluvia que muchas veces cae sobre ella, y produce hierba provechosa a aquellos por los cuales es labrada, recibe bendición de Dios;

8 pero la que produce espinos y abrojos es reprobada, y cercana a ser maldecida; y su fin es el ser quemada.

9 Pero en cuanto a vosotros, oh amados, estamos persuadidos de cosas mejores y que acompañan la salvación, aunque hablamos así.

10 Porque Dios ⁱno es injusto para olvidar vuestra obra y el trabajo de amor que habéis mostrado a su nombre, habiendo ʲministrado a los santos y ministrándoles aún.

11 Y deseamos que cada uno de vosotros muestre la misma diligencia hasta el fin, para la plena certeza de la esperanza:

12 Que ˡno os hagáis perezosos, sino que sigáis el ejemplo de aquellos que por la fe y la paciencia heredan las promesas.

13 Porque cuando Dios hizo la promesa a Abraham, no pudiendo jurar por otro mayor, ᵐjuró por sí mismo,

14 diciendo: Ciertamente ⁿbendiciendo te bendeciré, y multiplicando te multiplicaré.

15 Y así, esperando con paciencia, alcanzó la promesa.

16 Porque los hombres ciertamente juran por el *que es* mayor; y ᵒel juramento para confirmación es para ellos el fin de toda controversia.

17 Por lo cual, queriendo Dios mostrar más abundantemente a ᵠlos herederos de la promesa la ʳinmutabilidad de su consejo, lo confirmó con juramento;

18 para que por dos cosas inmutables, en las cuales, ˢ*es* imposible que Dios mienta, tengamos un fortísimo consuelo, los que nos hemos refugiado asiéndonos de la esperanza puesta delante de nosotros.

19 La cual tenemos como ancla del alma, segura y firme, y que ᵘpenetra hasta dentro del ᵛvelo;

---

a cp 6:20
y 7:3,17,21
Sal 110:4
b Mt 26:39
c Mt 27:46

d Jn 14:31
e Fil 2:8

f cp 2:10

g ver 6

h 2 Pe 3:16

i Mt 10:42

j Rm 15:25
2 Tim 1:17

k 1 Co 3:2

l cp 5:11

m Lc 1:73
n Gn 22:16

o Éx 22:11

p Hch 19:4-5

q cp 11:9
r Sal 110:4

s Tit 1:2
t cp 10:26
Mt 12:31,45

u Lv 16:15
v cp 9:3

Él puede salvar perpetuamente

20 donde ªentró por nosotros Jesús, *nuestro* precursor, hecho ᵇSumo Sacerdote para siempre según el orden de Melquisedec.

CAPÍTULO 7

Porque este ᵈMelquisedec, rey de Salem, sacerdote del Dios Altísimo, el cual salió a recibir a Abraham que volvía de la matanza de los reyes, y le bendijo,

2 a quien asimismo dio Abraham los diezmos de todo; *cuyo nombre* significa primeramente Rey de justicia, y luego también Rey de Salem, que es, Rey de paz;

3 sin padre, sin madre, sin genealogía; que ni tiene principio de días, ni fin de vida, sino hecho semejante al Hijo de Dios, ᶠpermanece sacerdote para siempre.

4 Considerad, pues, cuán grande era Éste, a quien aun Abraham el patriarca dio el diezmo de los despojos.

5 Y ciertamente ʲlos que de entre los hijos de Leví reciben el sacerdocio, tienen mandamiento de tomar del pueblo los diezmos según la ley, es a saber, de sus hermanos aunque también éstos hayan salido de los lomos de Abraham.

6 Mas Aquél cuya genealogía no es contada entre ellos, tomó de Abraham los diezmos, y ᵏbendijo al que tenía las promesas.

7 Y sin contradicción alguna, el menor es bendecido por el mayor.

8 Y aquí ciertamente los hombres mortales toman los diezmos; pero allí, ᵐuno de quien se da testimonio de que vive.

9 Y por decirlo así, también Leví, que recibe los diezmos, pagó diezmos en Abraham;

10 porque aún estaba en los lomos de su padre cuando Melquisedec le salió al encuentro.

11 Así que, ᵠsi la perfección fuera por el sacerdocio levítico (porque bajo él recibió el pueblo la ley) ¿qué necesidad había aún de que se levantase otro sacerdote ᵗsegún el orden de Melquisedec, y que no fuese llamado según el orden de Aarón?

12 Pues mudado el sacerdocio, necesario es que se haga también mudanza de la ley;

13 porque Aquél de quien se dicen estas cosas, de otra tribu es, de la cual nadie atendió al altar.

14 Porque manifiesto *es* que ᶜnuestro Señor nació de Judá, de cuya tribu nada habló Moisés tocante al sacerdocio.

15 Y aun es mucho más manifiesto, si a semejanza de Melquisedec se levanta un sacerdote diferente;

16 el cual no es hecho conforme a la ley del mandamiento carnal, sino según el poder de una vida que no tiene fin.

17 Porque Él testifica: ᵉTú eres sacerdote para siempre, según el orden de Melquisedec.

18 Porque ciertamente el mandamiento precedente es abrogado por su ᵍdebilidad e ineficacia.

19 Porque la ley nada perfeccionó; mas *lo hizo* ʰla introducción de mejor esperanza, por la cual ⁱnos acercamos a Dios.

20 Y tanto más en cuanto no sin juramento *fue hecho Él sacerdote*;

21 porque los otros ciertamente sin juramento fueron hechos sacerdotes; pero Éste, con juramento por Aquél que le dijo: Juró el Señor, y no se arrepentirá: Tú *eres* sacerdote para siempre según el orden de Melquisedec.

22 Por tanto, Jesús es hecho fiador de ˡun mejor testamento.

23 Y los otros ciertamente fueron muchos sacerdotes, ya que por causa de la muerte no podían permanecer;

24 mas Éste, por cuanto permanece para siempre, tiene un sacerdocio inmutable;

25 por lo cual puede también salvar perpetuamente a ⁿlos que por Él se acercan a Dios, viviendo siempre para interceder por ellos.

26 Porque ᵒtal Sumo Sacerdote nos convenía; ᵖsanto, inocente, limpio, ʳapartado de los pecadores, y hecho ˢmás sublime que los cielos;

27 que no tuviese necesidad cada día, como los otros sumos sacerdotes, de ofrecer primero sacrificios por sus propios pecados, y luego por los del pueblo; porque ᵘesto lo hizo ᵛuna sola vez, ofreciéndose a sí mismo.

---

a cp 4:4
b cp 3:1 y 5:6

c Is 11:1
Mt 1:1-3
Ap 5:5
d Gn 14:18

e Sal 110:4

f ver 17 12:14
g Rm 8:3
h Gá 4:9
h Gá 3:24
i cp 4:16

j Nm 18:21-26
2 Cr 31:4-5

k Rm 4:13
Gá 3:16
l cp 8:6

m cp 5:6

n cp 11:6

o cp 3:1
p Ap 15:4
q cp 8:7
Gá 2:21
r 2 Cor 5:21
s Ef 1:20
t cp 5:6

u Rm 6:10
v cp 10:10

HEBREOS 8-9

28 Porque la ley constituye sumos sacerdotes a hombres débiles; mas ªla palabra del juramento, posterior a la ley, ᵇconstituye al Hijo, quien ᶜes perfecto para siempre.

CAPÍTULO 8

Así que, la suma de lo que hemos dicho *es*: Tenemos tal ᵉSumo Sacerdote el cual ᶠestá sentado a la diestra del trono de la Majestad en los cielos;

2 ᵍministro del santuario, y del verdadero tabernáculo que el Señor levantó, y no el hombre.

3 Porque ʰtodo sumo sacerdote es constituido para presentar ofrendas y sacrificios; por lo cual ʲ*es* necesario que también Éste tuviese algo que ofrecer.

4 Porque si Él estuviese sobre la tierra, ni siquiera sería sacerdote, habiendo aún sacerdotes que presentan ofrendas según la ley;

5 los cuales sirven de ejemplo y ᵒsombra de las cosas celestiales, como fue advertido por Dios a Moisés cuando estaba por comenzar el tabernáculo: ᵠMira, dice, haz todas las cosas conforme al modelo que te ha sido mostrado en el monte.

6 Mas ahora ᵘtanto mejor ministerio es el suyo, por cuanto Él es ᵛel mediador de ˣun mejor testamento, que ha sido establecido sobre mejores promesas.

7 Porque ʸsi aquel primer *pacto* hubiera sido sin falta, no se hubiera procurado lugar para el segundo.

8 Porque hallando falta en ellos, dice: ᶻHe aquí vienen días, dice el Señor, cuando estableceré con la casa de Israel y con la casa de Judá un nuevo pacto;

9 No como el pacto que hice con sus padres. El día que los tomé por la mano para sacarlos de la tierra de Egipto: Porque ellos no permanecieron en mi pacto, y yo los desatendí, dice el Señor.

10 Porque éste es el pacto que haré con la casa de Israel, después de aquellos días, dice el Señor: ᵉPondré mis leyes en sus mentes, y sobre sus corazones las escribiré; y seré a ellos por Dios, y ellos me serán a mí por pueblo:

11 Y ninguno enseñará a su prójimo, ni ninguno a su hermano, diciendo: Conoce al Señor: Porque todos me conocerán, desde el menor de ellos hasta el mayor.

12 Porque seré propicio a sus injusticias, y de sus pecados y de sus iniquidades no me acordaré más.

13 Y al decir: Nuevo *pacto*, ᵈda por viejo al primero; y lo que es dado por viejo y se envejece, cerca está a desvanecerse.

CAPÍTULO 9

Ahora bien, el primer *pacto* tenía en verdad ordenanzas de servicio a Dios y ⁱun santuario terrenal.

2 Porque el tabernáculo fue edificado *así*; la primera *parte*, en donde estaba ᵏel candelero, y ˡla mesa, y ᵐlos panes de la proposición; el cual es llamado el Santuario.

3 Y tras el segundo velo estaba *la parte* del tabernáculo que es llamado el Lugar Santísimo;

4 el cual tenía ⁿel incensario de oro, y ᵖel arca del pacto cubierta de todas partes alrededor de oro; en la que estaba una urna de oro que contenía ʳel maná, y la vara de ˢAarón que reverdeció, y ᵗlas tablas del pacto;

5 y sobre ella los querubines de gloria que cubrían con su sombra el propiciatorio; cosas de las cuales no podemos ahora hablar en particular.

6 Y cuando estas cosas fueron así ordenadas, los sacerdotes siempre entraban en la primera *parte* del tabernáculo para hacer los oficios del servicio a Dios;

7 pero en la segunda *parte*, sólo el sumo sacerdote una vez al año, no sin sangre, la cual ofrecía por sí mismo, y por los pecados de ignorancia del pueblo.

8 Dando en esto a entender ªel Espíritu Santo, que aún no estaba descubierto ᵇel camino al Lugar Santísimo, entre tanto que el primer tabernáculo estuviese en pie.

9 Lo cual era ᶜfigura de aquel tiempo presente, en el cual se presentaban ofrendas y sacrificios que ᵈno podían hacer perfecto, en cuanto a la conciencia, al que servía con ellos;

10 ya que *consistía* sólo en ᶠcomidas y bebidas, y en diversos lavamientos

Está establecido morir una sola vez

y ordenanzas acerca de la carne, *que les fueron* impuestas hasta el tiempo de la restauración.

11 Mas estando ya presente Cristo, Sumo Sacerdote de ᵇlos bienes que habían de venir, por ᶜel más amplio y más perfecto tabernáculo, no hecho de manos, es a saber, no de esta creación;

12 y no por sangre de machos cabríos ni de becerros, sino ᵍpor su propia sangre, ʰentró una sola vez en ⁱel lugar santísimo, habiendo obtenido *para nosotros* eterna redención.

13 Porque ˡsi la sangre de los toros y de los machos cabríos, y ᵐlas cenizas de una becerra, rociadas a los inmundos santifican para la purificación de la carne,

14 ¿cuánto más ᵠla sangre de Cristo, el cual mediante el Espíritu eterno se ofreció a sí mismo sin mancha a Dios, ˢlimpiará vuestras conciencias de ᵗobras muertas para que sirváis al Dios vivo?

15 Y por causa de esto Él es ᵘel mediador del nuevo testamento, para que interviniendo muerte para la redención de las transgresiones que había bajo el primer testamento, ʸlos llamados reciban la promesa de la herencia eterna.

16 Porque donde hay testamento, necesario es que intervenga muerte del testador.

17 Porque ᵃel testamento con la muerte es confirmado; de otra manera no tiene validez entre tanto que el testador vive.

18 De donde ni aun el primer *testamento* fue consagrado sin sangre.

19 Porque ᵈhabiendo hablado Moisés todos los mandamientos de la ley a todo el pueblo, tomando ᵉla sangre de los becerros y de los machos cabríos, ᵍcon agua, y lana de grana, e hisopo, roció al mismo libro, y también a todo el pueblo,

20 diciendo: Ésta es ⁱla sangre del testamento que Dios os ha mandado;

21 Y además de esto ˡroció también con sangre el tabernáculo y todos los vasos del ministerio.

22 Y casi todo es purificado según la ley con sangre; y ᵐsin derramamiento de sangre no hay remisión.

HEBREOS 10

23 Fue, pues, necesario que ᵃlas figuras de las cosas celestiales fuesen purificadas con estas cosas; pero las cosas celestiales mismas, con mejores sacrificios que éstos.

24 Porque no entró Cristo en el santuario hecho de mano, ᵈfigura del verdadero, sino en ᵉel mismo cielo ᶠpara presentarse ahora por nosotros en la presencia de Dios.

25 Y no para ofrecerse muchas veces a sí mismo, ʲcomo entra el sumo sacerdote en el lugar santísimo ᵏcada año con sangre ajena;

26 de otra manera le hubiera sido necesario padecer muchas veces desde el principio del mundo; pero ahora ᵒen la consumación de los siglos, se presentó ᵖuna sola vez por ʳel sacrificio de sí mismo para quitar el pecado.

27 Y de la manera que está establecido a los hombres que mueran una sola vez, y después de esto el juicio;

28 Así también Cristo fue ofrecido una sola vez, ˣpara llevar los pecados de muchos; y aparecerá por segunda vez, sin *relación con el* pecado, para salvación de ʸlos que le esperan.

CAPÍTULO 10

Porque la ley, teniendo ᶻla sombra de ᵇlos bienes venideros, no la imagen misma de las cosas, ᶜnunca puede, por los mismos sacrificios que se ofrecen continuamente cada año, hacer perfectos a los que se acercan.

2 De otra manera cesarían de ofrecerse, ya que los adoradores, limpios una vez, no tendrían más conciencia de pecado.

3 Pero ᶠen estos *sacrificios* cada año se hace memoria de los pecados.

4 Porque ʰla sangre de los toros y de los machos cabríos no puede quitar los pecados.

5 Por lo cual, ʲentrando en el mundo, dice: ᵏSacrificio y ofrenda no quisiste; Mas me preparaste cuerpo:

6 Holocaustos y *sacrificios* por el pecado no te agradaron.

7 Entonces dije: He aquí que vengo (en la cabecera del libro está escrito de mí) para hacer, oh Dios, tu voluntad.

---

a cp 8:5

b cp 10:1
c cp 8:2
d cp 8:2
e cp 4:14
f Rm 8:34
g Hch 20:28
h cp 10:10
i cp 10:19
j ver 7
k Lv 16:34
l Lv 16:14-16
m Nm 19:2-17

o cp 1:2
p ver 12
q Ap 7:14
r 1 Jn 3:5
s cp 10:22
Tit 2:14
Ap 1:5
t cp 6:1

u cp 8:6
v 1 Pe 2:24

x 1 Co 1:17
y cp 3:1

z cp 8:5
Col 2:17
a Gá 3:15
b cp 9:11
c cp 9:9

d Éx 24:7-8

e ver 12
f cp 9:7
Lv 16:21
g Lv 14:4-52
h Mi 6:6-8
i Mt 26:28
j cp 1:6
k Sal 40:6-8
l Éx 24:6
Lv 8:15-19
y 16:14

m Lv 17:11

HEBREOS 10

8 Diciendo arriba: Sacrificio y ofrenda, y holocaustos y *expiaciones* por el pecado no quisiste, ni te agradaron (cuyas cosas se ofrecen según la ley).

9 Entonces dijo: He aquí que vengo para hacer, oh Dios, tu voluntad. Quita lo primero, para establecer lo postrero.

10 En esa voluntad nosotros somos santificados, mediante la ofrenda del cuerpo de Jesucristo hecha ᵉuna sola vez.

11 Y ciertamente todo sacerdote se presenta ᶠcada día ministrando y ofreciendo muchas veces los mismos sacrificios, que nunca pueden quitar los pecados.

12 Pero Éste, habiendo ofrecido por los pecados ʰun solo sacrificio para siempre, se ha sentado a la diestra de Dios,

13 de aquí en adelante esperando hasta que ᵏsus enemigos sean puestos por estrado de sus pies.

14 Porque con una sola ofrenda hizo ᵐperfectos para siempre a los santificados.

15 Y el Espíritu Santo también ⁿnos da testimonio; porque después que había dicho:

16 Éste es el pacto que haré con ellos: Después de aquellos días, dice el Señor: ᵖDaré mis leyes en sus corazones, y en sus mentes las escribiré;

17 y nunca más me acordaré de sus pecados e iniquidades.

18 Pues donde hay remisión de éstos, no hay más ofrenda por el pecado.

19 Así que, hermanos, ᑫteniendo libertad para entrar en ˢel lugar santísimo por la sangre de Jesús,

20 por el camino nuevo y vivo que Él nos consagró a través del ᵘvelo, esto es, por su carne;

21 y *teniendo* ᵘun gran sacerdote sobre ᵛla casa de Dios,

22 acerquémonos con corazón sincero, ʸen plena certidumbre de fe, purificados los corazones de mala conciencia, y ᵃlavados los cuerpos con agua pura.

23 Mantengamos firme, sin fluctuar, ᶜla profesión de nuestra fe; que fiel es el que prometió;

24 y considerémonos unos a otros

a Hch 2:42
Jud 19

b Lc 17:24
1 Co 3:13

c cp 6:4

d 1 Jn 5:16
e cp 7:27
Rm 6:10

f cp 7:27
Nm 28:3
g Dt 7:26

h cp 7:27
i cp 6:6

j cp 13:20
k Sal 110:1

l Nm 32:35
Rm 12:19
m ver 1
n cp 3:7

o 2 Jn 8

p cp 8:10
Jer 31:33

q cp 4:16
Rm 5:2
r Mt 5:12
Stg 1:10
s cp 8:2
t Mt 6:20
u cp 3:1
v 1 Tim 3:15
x cp 12:1
Stg 1:3-4
y cp 6:11
Col 3:2
z cp 9:15
a 1 Co 6:11
b 1 Pe 5:10
c 1 Tim 6:13
d Hab 2:4
Rm 1:17
Gá 3:11

No dejemos nuestra congregación

para provocarnos al amor y a las buenas obras;

25 no dejando ᵃnuestra congregación, como algunos tienen por costumbre, sino exhortándonos *unos a otros*; y tanto más, cuanto veis que ᵇaquel día se acerca.

26 Porque ᶜsi pecáremos voluntariamente después de haber recibido el conocimiento de la verdad, ᵈya no queda más sacrificio por el pecado,

27 sino una horrenda expectación de juicio y hervor de fuego que ha de devorar a los adversarios.

28 ᵍEl que menospreciare la ley de Moisés, por el testimonio de dos o de tres testigos muere sin ninguna misericordia.

29 ¿De cuánto mayor castigo pensáis que será digno, ⁱel que pisoteare al Hijo de Dios, y tuviere por inmunda ʲla sangre del pacto en la cual fue santificado, e hiciere afrenta al Espíritu de gracia?

30 Pues conocemos al que dijo: ˡMía es la venganza, yo daré el pago, dice el Señor. Y otra vez: El Señor juzgará a su pueblo.

31 Horrenda cosa *es* caer en manos del Dios vivo.

32 Pero ᵒtraed a la memoria los días pasados, en los cuales, después de haber sido iluminados, sufristeis gran combate de aflicciones;

33 por una parte, ciertamente, con vituperios y tribulaciones fuisteis hechos espectáculo; y por otra parte fuisteis hechos compañeros de los que han estado en igual situación.

34 Y os compadecisteis de mí en mis cadenas, y ʳel despojo de vuestros bienes padecisteis con gozo, sabiendo en vosotros que ᵗtenéis una mejor y perdurable sustancia en los cielos.

35 No perdáis, pues, vuestra confianza, que tiene grande galardón;

36 porque ˣla paciencia os es necesaria; para que habiendo hecho la voluntad de Dios, ᶻobtengáis la promesa.

37 Porque aún ᵇun poco de tiempo, y el que ha de venir vendrá, y no tardará.

38 Mas ᵈel justo vivirá por fe; y si retrocediere, no agradará a mi alma.

La fe verdadera

39 Pero nosotros no somos de ªlos que retroceden para perdición, sino de los que creen para salvación del alma.

CAPÍTULO 11

Es, pues, la fe, la sustancia de las cosas que se esperan, la demostración de ᶜlo que no se ve.
2 Porque ᵈpor ella alcanzaron buen testimonio los antiguos.
3 Por fe entendemos haber sido constituido el universo ᵉpor la palabra de Dios, de manera que lo que se ve, ᶠfue hecho de lo que no se veía.
4 Por fe ᵍAbel ofreció a Dios más excelente sacrificio que Caín, por lo cual alcanzó testimonio de que era justo, dando Dios testimonio de sus ofrendas; y muerto, aún habla por ella.
5 Por fe ᵏEnoc fue traspuesto para no ver muerte, y no fue hallado, porque lo traspuso Dios. Y antes que fuese traspuesto, tuvo testimonio de haber agradado a Dios.
6 Pero sin fe *es* imposible agradar *a Dios*; porque es necesario que el que a Dios se acerca, crea que le hay, y que es ᵒgalardonador de los que le buscan.
7 Por fe Noé, ᑫsiendo advertido por Dios de cosas que aún no se veían, con temor preparó el arca en que ˢsu casa se salvase; y por esa *fe* ᵗcondenó al mundo, y fue hecho heredero de ᵘla justicia que es por la fe.
8 Por fe ˣAbraham, siendo llamado, obedeció para salir al lugar que había de recibir por herencia; y salió sin saber a dónde iba.
9 Por fe habitó en la tierra prometida como *en* tierra ajena, ᶻmorando en tiendas con Isaac y Jacob, coherederos de la misma promesa:
10 Porque esperaba la ciudad que ᵇtiene fundamentos, cuyo ᶜartífice y hacedor *es* Dios.
11 Por fe también ᵈSara misma recibió fuerza para concebir simiente; y dio a luz aun fuera del tiempo de la edad, porque creyó ser fiel el que lo había prometido.
12 Por lo cual también, de uno, y éste ᵍya casi muerto, salieron, ʰcomo las estrellas del cielo en multitud, y como la arena innumerable que está a la orilla del mar.
13 Conforme a la fe murieron todos éstos sin haber recibido las promesas, sino ᵇmirándolas de lejos, y creyéndolas, y saludándolas, y confesando que eran ᶜextranjeros y peregrinos sobre la tierra.
14 Porque los que esto dicen, claramente dan a entender que buscan una patria.
15 Que si hubiesen estado pensando en aquella de donde salieron, ciertamente tenían tiempo para volverse.
16 Pero ahora anhelaban una mejor *patria*, esto es, la celestial; por lo cual ʰDios no se avergüenza de ⁱllamarse Dios de ellos; porque les había preparado una ciudad.
17 Por fe Abraham ʲcuando fue probado, ofreció a Isaac, y él que había recibido las promesas, ofreció a su *hijo* unigénito,
18 habiéndole sido dicho: ˡEn Isaac te será llamada simiente;
19 pensando que ᵐaun de los muertos es Dios poderoso para levantar; de donde también le volvió a recibir por figura.
20 Por fe ᵖIsaac bendijo a Jacob y a Esaú acerca de cosas que habían de venir.
21 Por fe ʳJacob, al morir, bendijo a cada uno de los hijos de José, y adoró *apoyándose* sobre el extremo de su bordón.
22 Por fe ᵛJosé, al morir, hizo mención del éxodo de los hijos de Israel; y dio mandamiento acerca de sus huesos.
23 Por fe Moisés, cuando nació, ʸfue escondido de sus padres por tres meses, porque vieron *que era* niño hermoso; y no temieron el edicto del rey.
24 Por fe ᵃMoisés, hecho ya grande, rehusó ser llamado hijo de la hija de Faraón;
25 escogiendo antes ser afligido con el pueblo de Dios, que gozar de los placeres temporales de pecado.
26 Teniendo por mayores riquezas ᵉel vituperio de Cristo que los tesoros en Egipto; porque ᶠtenía puesta su mirada en el galardón.
27 Por fe dejó a Egipto, no temiendo la ira del rey; porque se sostuvo como viendo al Invisible.

28 Por fe celebró la pascua y ªel rociamiento de la sangre, para que el que mataba a los primogénitos no los tocase a ellos.

29 Por fe pasaron por ᶜel Mar Rojo como por tierra seca; lo cual probando los egipcios, fueron ahogados.

30 Por fe cayeron ᵈlos muros de Jericó después de rodearlos siete días.

31 Por fe ᵍRahab la ramera no pereció juntamente con los incrédulos, habiendo recibido a los espías en paz.

32 ¿Y qué más digo? Porque el tiempo me faltaría contando de ⁱGedeón, y de ʲBarac, y de ᵏSansón, y de ˡJefté; así como de ᵐDavid, y de ⁿSamuel y de los profetas;

33 que por fe ᵖconquistaron reinos, hicieron justicia, ᵠalcanzaron promesas, ʳtaparon bocas de leones,

34 apagaron ˢfuegos impetuosos, ᵗevitaron filo de espada, sacaron fuerzas de flaqueza, fueron hechos fuertes en batallas, ᵘhicieron huir ejércitos extranjeros.

35 Las mujeres ˣrecibieron sus muertos por resurrección; mas otros fueron torturados, no aceptando el rescate, a fin de obtener mejor resurrección.

36 Otros experimentaron vituperios y azotes; y a más de esto cadenas y cárceles.

37 Fueron apedreados, ᶻaserrados, probados, muertos a espada; anduvieron de acá para allá cubiertos de pieles de ovejas y pieles de cabras, pobres, angustiados, maltratados;

38 ᵇde los cuales el mundo no era digno; errantes por los desiertos, por los montes, por las cuevas y por las cavernas de la tierra.

39 Y todos éstos, aunque ᵈobtuvieron buen testimonio mediante la fe, no recibieron la promesa;

40 proveyendo Dios alguna cosa mejor para nosotros, para que no fuesen ellos perfeccionados sin nosotros.

CAPÍTULO 12

Por tanto, nosotros también, teniendo en derredor nuestro tan grande nube de testigos, despojémonos de todo peso, ᵏy del pecado que nos asedia, y ˡcorramos con paciencia la carrera que tenemos por delante,

2 puestos los ojos en Jesús, el autor y ᵇconsumador de la fe, ᶜel cual, por el gozo puesto delante de Él sufrió la cruz, menospreciando la vergüenza, y se sentó a la diestra del trono de Dios.

3 ᵉConsiderad, pues, a Aquél que sufrió ᶠtal contradicción de pecadores contra sí mismo, para que no os fatiguéis ni desmayen vuestras almas.

4 Porque aún no habéis resistido ʰhasta la sangre, combatiendo contra el pecado.

5 ¿Y habéis ya olvidado la exhortación que como a hijos se os dirige? ᵒHijo mío, no menosprecies la corrección del Señor, ni desmayes cuando eres de Él reprendido.

6 Porque el Señor al que ama castiga, y azota a todo el que recibe por hijo.

7 Si soportáis el castigo, Dios os trata como a hijos; porque ¿qué hijo es aquel a quien el padre no castiga?

8 Pero si estáis sin castigo, ᵛdel cual todos son hechos partícipes, entonces sois bastardos, y no hijos.

9 Por otra parte, tuvimos a los padres de nuestra carne que nos disciplinaban, y los reverenciábamos. ¿Por qué no obedeceremos mucho mejor al ʸPadre de los espíritus, y viviremos?

10 Y aquéllos, a la verdad, por pocos días nos castigaban como a ellos les parecía, mas Éste para lo que nos es provechoso, ªa fin de que participemos de su santidad.

11 A la verdad ningún castigo al presente parece ser causa de gozo, sino de tristeza; ᶜpero después da fruto apacible de justicia a los que por él son ejercitados.

12 Por lo cual alzad ᵉlas manos caídas y las rodillas paralizadas;

13 y haced sendas derechas ᶠpara vuestros pies, para que lo cojo no se salga del camino, antes ᵍsea sanado.

14 ʰSeguid la paz con todos, y ⁱla santidad, ʲsin la cual nadie verá al Señor.

15 Mirando bien que ninguno se aparte de la gracia de Dios; no sea que brotando alguna raíz de amargura, os perturbe, y por ella muchos sean contaminados;

16 que ninguno sea ᵃfornicario, o ᵇprofano, como ᶜEsaú, que por un bocado vendió su primogenitura. 17 Porque ya sabéis que aun después, deseando heredar la bendición, fue rechazado, y no halló lugar de arrepentimiento, aunque la procuró ᵉcon lágrimas. 18 Porque no os habéis acercado ᵍal monte que se podía tocar, que ardía con fuego, y al turbión, y a la oscuridad, y a la tempestad, 19 y ᶦal sonido de la trompeta, y a la voz que les hablaba, la cual los que la oyeron ᵏrogaron que no se les hablase más; 20 porque no podían soportar lo que se mandaba: Si aun una bestia tocare al monte, será apedreada, o pasada con dardo. 21 Y ⁿtan terrible era lo que se veía, que Moisés dijo: Estoy espantado y temblando. 22 sino que ᵖos habéis acercado al monte de Sión, ᵠy a la ciudad del Dios vivo, la Jerusalén celestial, y a una compañía innumerable de ángeles, 23 a ʳla congregación general e iglesia de ᵗlos primogénitos ᵘque están inscritos en el cielo, y a Dios el Juez de todos, y a los espíritus de los justos hechos perfectos, 24 y a Jesús ʸel Mediador del nuevo pacto, y a ᶻla sangre del rociamiento que habla ᵃmejor que la de Abel. 25 Mirad que no desechéis al que habla. Porque si ᶜno escaparon aquellos que desecharon al que hablaba en la tierra, mucho menos nosotros, si desecháramos al que *habla* desde el cielo. 26 ᵉLa voz del cual conmovió entonces la tierra; pero ahora ha prometido, diciendo: ᶠAun una vez, y yo conmoveré no solamente la tierra, sino también el cielo. 27 Y esta expresión: Aun una vez, significa la remoción de las cosas movibles, como de cosas hechas, para que permanezcan las que no pueden ser removidas. 28 Así que, recibiendo nosotros un reino inconmovible, tengamos gracia, por la cual sirvamos a Dios agradándole con temor y reverencia; 29 porque nuestro Dios es ᵐfuego consumidor.

CAPÍTULO 13

Permanezca el amor fraternal. 2 No os olvidéis de la hospitalidad, porque por ella algunos, sin saberlo, ᵈhospedaron ángeles. 3 ᶠAcordaos de los presos, como presos juntamente con ellos; y de los afligidos, como que también vosotros mismos estáis en el cuerpo. 4 ʰHonroso es en todo el matrimonio, y el lecho sin mancilla; mas ʲa los fornicarios y a los adúlteros juzgará Dios. 5 Sean vuestras costumbres sin avaricia; ˡcontentos con lo que tenéis; porque Él dijo: ᵐNo te dejaré ni te desampararé. 6 De manera que podemos decir confiadamente: ᵒEl Señor es mi ayudador; y: No temeré lo que me pueda hacer el hombre. 7 Acordaos de vuestros pastores, que os hablaron la palabra de Dios, y seguid el ejemplo de su fe, considerando cuál haya sido el éxito de ˢsu conducta. 8 Jesucristo es ʸel mismo ayer, y hoy, y por siempre. 9 No seáis llevados ˣde acá para allá por doctrinas diversas y extrañas; porque buena cosa es afirmar el corazón con la gracia, no con ᵇviandas, que nunca aprovecharon a los que se han ocupado en ellas. 10 Tenemos un altar, del cual no tienen derecho de comer los que sirven al tabernáculo. 11 Porque ᵈlos cuerpos de aquellos animales, cuya sangre a causa del pecado es introducida en el santuario por el sumo sacerdote, son quemados fuera del campamento. 12 Por lo cual también Jesús, ᵍpara santificar al pueblo con su propia sangre, ʰpadeció fuera de la puerta. 13 Salgamos, pues, a Él, fuera del campamento, llevando ᶦsu vituperio. 14 Porque ʲno tenemos aquí ciudad permanente, mas buscamos la por venir. 15 Así que, ᵏpor medio de Él ofrezcamos siempre a Dios ˡsacrificio de alabanza, es decir, el fruto de *nuestros* labios dando gracias a su nombre.

16 Y de hacer bien y de la comunicación no os olvidéis; porque de tales sacrificios se agrada Dios.

17 [b]Obedeced a vuestros pastores, y sujetaos *a ellos*; porque ellos velan por vuestras almas, como quienes [d]han de dar cuenta; [e]para que lo hagan con alegría, y no gimiendo; porque esto no os es provechoso.

18 Orad por nosotros; [f]porque confiamos que tenemos buena conciencia; deseando conducirnos en todo con honestidad.

19 Y más os ruego que lo hagáis así, para que yo os sea restituido más pronto.

20 Y el Dios de paz que resucitó de entre los muertos a nuestro Señor Jesucristo, [h]el gran pastor de las ovejas, por la sangre del [a]pacto eterno,

21 os haga perfectos para toda obra buena para que hagáis su voluntad, haciendo Él en vosotros lo que es agradable delante de Él por Jesucristo; [c]al cual *sea* gloria para siempre jamás. Amén.

22 Y os ruego, hermanos, que soportéis la palabra de exhortación; pues os he escrito brevemente.

23 Sabed que nuestro hermano Timoteo ha sido puesto en libertad; con el cual, si viniere pronto, iré a veros.

24 Saludad a todos vuestros [g]pastores, y a todos los santos. Los de Italia os saludan.

25 La gracia *sea* con todos vosotros. Amén.

a cp 10:29
b 1 Co 12:28
c Rm 11:36
d Lc 16:2
e Hch 20:24
f 1 Ts 5:25
g ver 7
h Jn 10:11-16
1 Pe 2:25 5:4

Epístola Universal De
SANTIAGO

CAPÍTULO 1

Jacobo, siervo de Dios y del Señor Jesucristo, a [a]las doce tribus que están [b]esparcidas, salud.

2 Hermanos míos, tened por sumo gozo cuando cayereis en diversas pruebas;

3 sabiendo que [d]la prueba de vuestra fe [e]produce paciencia.

4 Mas tenga la paciencia su obra perfecta, para [f]que seáis perfectos y cabales, y que nada os falte.

5 Si alguno de vosotros tiene falta de sabiduría, [h]pídala a Dios, el cual da a todos abundantemente y sin reproche, y le será dada.

6 Pero pida en fe, [j]no dudando nada; porque el que duda es semejante a [l]la onda del mar, que es llevada por el viento y echada de una parte a otra.

7 No piense, pues, el tal hombre que recibirá cosa alguna del Señor.

8 El hombre de [o]doble ánimo, es inconstante en todos sus caminos.

9 El hermano que es de humilde condición, regocíjese en su exaltación;

10 mas el que es rico, en su humillación; porque [r]él pasará como la flor de la hierba.

11 Porque apenas se levanta el sol con ardor, y [u]la hierba se seca, y la flor se cae, y perece su hermosa apariencia;

a Hch 26:7
b Jn 7:35
Hch 2:5-11
1 Pe 1:1
c Ap 2:10
d Mt 5:48
e Rm 5:3-4
f Rm 5:48
g Mt 5:28
h Pr 2:6
i Sal 7:14
j Mt 22:21
k Rm 5:12
l Ef 4:14
m Rm 6:23
Ef 2:8
n Nm 23:19
o cp 4:8
p 1 Pe 1:23
q Ap 14:4
r Is 40:6
1 Pe 1:24
s Ec 5:1
t Pr 10:19
Ec 5:2
u Is 40:7

así también se marchitará el rico en todos sus caminos.

12 Bienaventurado el varón que soporta la tentación; porque cuando hubiere sido probado, recibirá [c]la corona de vida, que el Señor ha prometido a los que le aman.

13 Cuando uno es tentado, no diga que es tentado de parte de Dios; porque Dios no puede ser tentado con el mal, ni Él tienta a nadie;

14 sino que cada uno es tentado cuando de [g]su propia concupiscencia es atraído, y seducido.

15 Y la concupiscencia, [i]cuando ha concebido, da a luz el pecado; y el pecado, siendo consumado, [k]engendra muerte.

16 Amados hermanos míos, no erréis.

17 Toda buena dádiva y [m]todo don perfecto desciende de lo alto, del Padre de las luces, [n]en el cual no hay mudanza, ni sombra de variación.

18 Él, de su voluntad [p]nos ha engendrado por la palabra de verdad, para que seamos [q]primicias de sus criaturas.

19 Por esto, mis amados hermanos, todo hombre sea [s]presto para oír, [t]tardo para hablar, tardo para airarse;

20 porque la ira del hombre no obra la justicia de Dios.

Advertencia contra la parcialidad

21 Por lo cual, ᵃdejad toda inmundicia y superfluidad de malicia, y recibid con mansedumbre la palabra implantada, la cual ᶜpuede salvar vuestras almas.

22 Mas sed ᵈhacedores de la palabra, y no solamente oidores, engañándoos a vosotros mismos.

23 Porque ᵉsi alguno es oidor de la palabra, y no hacedor, éste es semejante al hombre que considera en ʰun espejo su rostro natural.

24 Porque él se considera a sí mismo, y se va, y luego se olvida cómo era.

25 Mas el que mira atentamente en ⁱla perfecta ley de la libertad, y persevera en ella, no siendo oidor olvidadizo, sino hacedor de la obra, éste será bienaventurado en lo que hace.

26 Si alguno parece ser religioso entre vosotros, y ᵏno refrena su lengua, sino que engaña su corazón, la religión del tal es vana.

27 La religión pura y sin mácula delante de Dios y Padre es ésta: ˡVisitar a los huérfanos y a las viudas en sus tribulaciones, y ᵐguardarse sin mancha del mundo.

CAPÍTULO 2

Hermanos míos, no tengáis la fe de nuestro glorioso Señor Jesucristo, en ᵒacepción de personas.

2 Porque si en vuestra congregación entra un hombre con anillo de oro, con ropa fina, y también entra un pobre vestido en harapos,

3 y miráis con agrado al que trae ropa fina, y le decís: Siéntate tú aquí en buen lugar; y dijeres al pobre: Estate tú allí en pie, o siéntate aquí bajo mi estrado;

4 ¿no sois parciales en vosotros mismos, y venís a ser jueces de malos pensamientos?

5 Hermanos míos amados, oíd: ᵛ¿No ha escogido Dios a los pobres de este mundo, ˣricos en fe y ʸherederos del reino que ha prometido a los que le aman?

6 Pero ᵇvosotros habéis menospreciado al pobre. ¿No os oprimen los ricos, y os arrastran a los juzgados?

7 ¿No ᶜblasfeman ellos el buen nombre por el cual ᵉsois llamados?

8 Si en verdad cumplís ᶠla ley real,

a Ef 4:22
b Lv 19:18
Jn 13:34
c Rm 1:16
1 Co 15:2
d Rm 2:13
e Mt 7:24-27
f Gá 3:10
g Éx 20:13-14
h 1 Co 13:12

i Rm 8:32
Gá 5:1
j Mt 6:15
y 18:35
Mr 11:26
Lc 6:38 16:25
k cp 3:2-3

l Mt 25:36
m 1 Tim 5:22
1 Jn 5:18
n 1 Jn 3:17-18

o Dt 1:17
Jud 16
p 1 Ts 4:13
q 1 Co 8:6
r Mt 8:28-29
Lc 4:33-34
Hch 16:16-17
s ver 26
Rm 3:28
t Gn 22:9-12

u Heb 11:17

v 1 Co 1:27-28
x Lc 12:21
y Mt 25:34
z Gn 15:6
a 2 Cr 20:7
b Is 41:8
b 1 Co 11:22
c Hch 13:45
d Heb 11:31
e Hch 15:17
f Mt 22:38

SANTIAGO 2

conforme a la Escritura: ᵇAmarás a tu prójimo como a ti mismo, bien hacéis;

9 pero si hacéis acepción de personas, cometéis pecado, y sois convictos por la ley como transgresores.

10 Porque cualquiera que guardare toda la ley, pero ofendiere en un punto, se hace ᶠculpable de todos.

11 Porque el que dijo: ᵍNo cometerás adulterio, también dijo: No matarás. Ahora bien, si no cometes adulterio, pero matas, ya te has hecho transgresor de la ley.

12 Así hablad, y así haced, como los que habéis de ser juzgados por la ley de la libertad.

13 Porque ʲjuicio sin misericordia se hará con aquel que no hiciere misericordia; y la misericordia se gloría contra el juicio.

14 Hermanos míos, ¿qué aprovechará si alguno dice que tiene fe, y no tiene obras? ¿Podrá la fe salvarle?

15 Y si el hermano o la hermana están desnudos, y tienen necesidad del mantenimiento de cada día,

16 y ⁿalguno de vosotros les dice: Id en paz, calentaos y saciaos; pero no les da lo que necesitan para el cuerpo, ¿de qué aprovechará?

17 Así también la fe, si no tiene obras, es muerta en sí misma.

18 Pero alguno dirá: Tú tienes fe, y yo tengo obras; muéstrame tu fe sin tus obras, y yo te mostraré ᵖmi fe por mis obras.

19 ᑫTú crees que hay un Dios; bien haces; ʳtambién los demonios creen y tiemblan.

20 ¿Mas quieres saber, oh hombre vano, que ˢla fe sin obras es muerta?

21 ¿No fue justificado por las obras, ᵗAbraham nuestro padre, cuando ofreció a su hijo Isaac sobre el altar?

22 ¿No ves que ᵘla fe actuó con sus obras, y que la fe fue perfeccionada por las obras?

23 Y se cumplió la Escritura que dice: ᶻAbraham creyó a Dios, y le fue imputado por justicia, y fue llamado: ᵃAmigo de Dios.

24 Vosotros veis, pues, que el hombre es justificado por las obras, y no solamente por la fe.

25 Asimismo también ᵈRahab la ramera, ¿no fue justificada por obras, cuando recibió a los

SANTIAGO 3-4

Cuidado con la lengua

mensajeros y los envió por otro camino?

26 Porque como el cuerpo sin el espíritu está muerto, así también la fe sin obras está muerta.

CAPÍTULO 3

Hermanos míos, ᵇno os hagáis muchos maestros, sabiendo que recibiremos mayor condenación.

2 Porque todos ofendemos en muchas cosas. ᵈSi alguno no ofende en palabra, éste es ᵉvarón perfecto, ᶠcapaz también de refrenar todo el cuerpo.

3 He aquí nosotros ponemos frenos en la boca de los caballos para que nos obedezcan, y gobernamos todo su cuerpo.

4 Mirad también las naves; aunque tan grandes, y llevadas de impetuosos vientos, son gobernadas con un muy pequeño timón por donde quiere el que las gobierna.

5 Así también la lengua es un miembro muy pequeño, pero ˡse jacta de grandes cosas. He aquí, un pequeño fuego, ¡cuán grande bosque enciende!

6 Y ⁿla lengua es un fuego, un mundo de maldad. Así es la lengua entre nuestros miembros; ᵖcontamina todo el cuerpo, e inflama la rueda de la creación, y es inflamada del infierno.

7 Porque toda naturaleza de bestias, y de aves, y de serpientes, y de seres del mar se doma, y ha sido domada por la naturaleza humana;

8 pero ningún hombre puede domar la lengua; *que es un* mal sin freno, ᵗllena de veneno mortal.

9 Con ella bendecimos al Dios y Padre; y con ella maldecimos a los hombres, que son ᵛhechos a la semejanza de Dios.

10 De una misma boca proceden maldición y bendición. Hermanos míos, esto no debe ser así.

11 ¿Echa alguna fuente por una misma abertura agua dulce y amarga?

12 Hermanos míos, ¿puede la higuera producir aceitunas; o la vid higos? Así ninguna fuente puede dar agua salada y dulce.

13 ¿Quién es sabio y entendido entre vosotros? Muestre por buena conducta sus obras en mansedumbre de sabiduría.

14 Pero si tenéis celos amargos y contención en vuestro corazón, no os jactéis, ni seáis mentirosos contra la verdad.

15 ᵃEsta sabiduría no es la que desciende de lo alto, sino terrenal, ᶜanimal, diabólica.

16 Porque donde hay celos y contención, allí hay confusión y toda obra perversa.

17 Mas la sabiduría que es de lo alto, primeramente es pura, luego pacífica, modesta, benigna, ᵍllena de misericordia y de buenos frutos, imparcial y ʰsin hipocresía.

18 Y el fruto de justicia ⁱse siembra en paz para aquellos que hacen paz.

CAPÍTULO 4

¿De dónde vienen las guerras y los pleitos entre vosotros? ¿No es de ʲvuestras concupiscencias, ᵏlas cuales combaten en vuestros miembros?

2 Codiciáis, y no tenéis; ᵐmatáis y ardéis de envidia, y no podéis alcanzar, combatís y guerreáis, y no tenéis porque no pedís.

3 Pedís, y no recibís, porque ᵒpedís mal, para gastar en vuestros deleites.

4 ᑫAdúlteros y adúlteras, ¿no sabéis que ʳla amistad del mundo es enemistad contra Dios? ˢCualquiera, pues, que quisiere ser amigo del mundo, se constituye enemigo de Dios.

5 ¿Pensáis que la Escritura dice en vano: ᵘEl espíritu que mora en nosotros, codicia para envidia?

6 Mas Él da mayor gracia. Por esto dice: ˣDios resiste a los soberbios, y da gracia a los humildes.

7 Someteos, pues, a Dios. Resistid al diablo, y huirá de vosotros.

8 Acercaos a Dios, y Él se acercará a vosotros. Pecadores, limpiad vuestras manos; y vosotros de ʸdoble ánimo, ᶻpurificad vuestros corazones.

9 Afligíos, y lamentad, y llorad. Vuestra risa se convierta en lloro, y *vuestro* gozo en tristeza.

10 Humillaos ᵃdelante del Señor, y Él os exaltará.

---

a cp 1:17
b Mt 23:8
c 1 Co 2:14
d cp 1:19-26
e cp 1:4
f cp 1:26
g Gá 5:22
h Rm 12:9
i Fil 1:11
j Lc 8:14
k 1 Pe 2:11
l Sal 12:3-4
m cp 5:6
n Pr 16:27
o Rm 8:26
p Mt 15:11-18
q Mt 12:39
r Mt 6:24
1 Jn 2:15
s Jn 15:19
t Sal 140:3
u Gn 6:5
v Gn 1:26
x Pr 3:34
1 Pe 5:5
y cp 1:8
z 1 Pe 1:22
a 1 Pe 5:6

Clama el jornal de los obreros   **SANTIAGO 5**

11 Hermanos, ^ano habléis mal los unos de los otros. El que habla mal de su hermano, y ^bjuzga a su hermano, este tal habla mal de la ley, y juzga la ley; pero si tú juzgas a la ley, no eres hacedor de la ley, sino juez.

12 Uno es el dador de la ley, que puede salvar y ^eperder, ^f¿quién eres tú que juzgas a otro?

13 ¡Vamos ahora! los que decís: ^gHoy o mañana iremos a tal ciudad, y estaremos allá un año, compraremos y venderemos, y ganaremos;

14 cuando no sabéis lo que *será* mañana. Porque, ¿qué es vuestra vida? ⁱCiertamente es un vapor que aparece por un poco de tiempo, y luego se desvanece.

15 En lugar de lo cual *deberíais* decir: Si el Señor quisiere, y si viviéremos, haremos esto o aquello.

16 Mas ahora os jactáis en vuestras soberbias. ^lToda jactancia semejante es mala.

17 Así que, ⁿal que sabe hacer lo bueno, y no lo hace, le es pecado.

CAPÍTULO 5

¡Vamos ahora, ricos! ^oLlorad y aullad por vuestras miserias que os vendrán.

2 Vuestras riquezas están podridas; y ^svuestras ropas están comidas de polilla.

3 Vuestro oro y plata están corroídos, y su óxido testificará contra vosotros, y comerá vuestra carne como fuego. ^uHabéis acumulado tesoro para ^vlos días postreros.

4 He aquí, clama ^yel jornal de los obreros que han segado vuestros campos, el cual por engaño no les ha sido pagado de vosotros; y ^alos clamores de los que habían segado, han entrado en los oídos del ^cSeñor de los ejércitos.

5 Habéis vivido en placeres sobre la tierra, y habéis sido disolutos; habéis engrosado vuestros corazones como en día de matanza.

6 ^fHabéis condenado y ^gdado muerte al justo; y él no os resiste.

7 Por tanto, hermanos, tened paciencia hasta la venida del Señor.

Mirad cómo el labrador espera el precioso fruto de la tierra, aguardando con paciencia, hasta que reciba ^cla lluvia temprana y tardía.

8 Tened paciencia también vosotros; ^dafirmad vuestros corazones; porque la venida del Señor se acerca.

9 Hermanos, no os quejéis unos contra otros, para que no seáis condenados; he aquí el Juez ^hestá a la puerta.

10 Hermanos míos, tomad por ejemplo de aflicción y de paciencia a los profetas que han hablado en el nombre del Señor.

11 He aquí, tenemos por bienaventurados a los que sufren. Habéis oído de ^jla paciencia de Job, y habéis visto ^kel fin del Señor; que el Señor es muy misericordioso y compasivo.

12 Mas por sobre todas las cosas, mis hermanos, ^mno juréis, ni por el cielo, ni por la tierra, ni por ningún otro juramento; sino que vuestro sí sea sí, y vuestro no, sea no; para que no caigáis en condenación.

13 ¿Está alguno afligido entre vosotros? Haga oración. ¿Está alguno alegre? ^pCante salmos.

14 ¿Está alguno enfermo entre vosotros? Llame a ^qlos ancianos de la iglesia, y oren por él, ^rungiéndole con aceite en el nombre del Señor.

15 Y la oración de fe sanará al enfermo, y el Señor lo levantará; y ^tsi hubiere cometido pecados, le serán perdonados.

16 Confesaos vuestras faltas unos a otros, y rogad los unos por los otros, para que seáis sanados. ^xLa oración eficaz del justo, ^zpuede mucho.

17 Elías era un hombre sujeto a pasiones semejantes a las nuestras, y oró fervientemente que no lloviese, ^by no llovió sobre la tierra por tres años y seis meses.

18 Y otra vez oró, y ^del cielo dio lluvia, y la tierra produjo su fruto.

19 Hermanos, ^esi alguno de vosotros errare de la verdad, y alguno le convirtiere,

20 sepa que el que haga volver al pecador del error de su camino, salvará de muerte un alma, y ^hcubrirá multitud de pecados.

Primera Epístola del Apóstol
PEDRO

CAPÍTULO 1

Pedro, apóstol de Jesucristo, a los expatriados ªesparcidos por todo Ponto, Galacia, Capadocia, Asia y Bitinia,
2 elegidos según ᶜla presciencia de Dios Padre en santificación del Espíritu, para obedecer y ᵈser rociados con la sangre de Jesucristo: Gracia y paz os sean multiplicadas.
3 Bendito *sea* el Dios y Padre de nuestro Señor Jesucristo, que según su grande misericordia ᶠnos hizo renacer para una esperanza viva, ʰpor la resurrección de Jesucristo de entre los muertos;
4 para una herencia incorruptible, incontaminada e inmarcesible, ᵏreservada en el cielo para vosotros,
5 que ˡsois guardados por el poder de Dios mediante la fe, para la salvación que está lista para ser manifestada en el tiempo postrero.
6 En lo cual vosotros mucho os alegráis, aunque al presente por un poco de tiempo, si es necesario, estéis afligidos por diversas pruebas,
7 para que ᑫla prueba de vuestra fe, mucho más preciosa que el oro que perece, aunque sea ˢprobado con fuego, sea hallada en alabanza, gloria y honra, en la manifestación de Jesucristo;
8 a quien amáis sin haberle visto; ᵛen quien creyendo, aunque al presente no le veáis, ʸos alegráis con gozo inefable y glorioso;
9 ªobteniendo el fin de vuestra fe, *que es* la salvación de *vuestras* almas.
10 Acerca de esta salvación inquirieron y diligentemente indagaron ᵈlos profetas que profetizaron de la gracia *que había de venir* a vosotros,
11 escudriñando cuándo o en qué punto de tiempo indicaba ᵍel Espíritu de Cristo que estaba en ellos, cuando prenunciaba ʰlos sufrimientos de Cristo, y las glorias después de ellos.

12 A los cuales fue revelado, que no para sí mismos, sino para nosotros, administraban las cosas que ahora os son anunciadas por los que os han predicado el evangelio por ᵇel Espíritu Santo enviado del cielo; cosas en las cuales desean mirar los ángeles.
13 Por lo cual, ᵉceñid los lomos de vuestro entendimiento, sed sobrios, esperad por completo en la gracia que se os traerá en la manifestación de Jesucristo.
14 Como hijos obedientes, ᵍno os conforméis a las concupiscencias que antes *teníais* ⁱestando en vuestra ignorancia.
15 sino que, así ʲcomo Aquél que os llamó es santo, así también vosotros sed santos en toda *vuestra* manera de vivir;
16 porque escrito está: ᵐSed santos, porque yo soy santo.
17 Y si invocáis al Padre, que ⁿsin acepción de personas juzga según la obra de cada uno, ᵒconducíos en temor todo el tiempo de vuestra peregrinación;
18 sabiendo que ᵖfuisteis redimidos de vuestra vana manera de vivir, la cual ʳrecibisteis por tradición de vuestros padres, no con cosas corruptibles, *como* oro o plata;
19 sino con ᵗla sangre preciosa de Cristo, como de ᵘun cordero sin mancha y sin contaminación;
20 ya ˣpreordinado desde antes de la fundación del mundo, pero ᶻmanifestado en los postreros tiempos por amor a vosotros,
21 quienes por Él creéis en Dios, ᵇel cual le resucitó de los muertos, y ᶜle ha dado gloria, para que vuestra fe y esperanza sean en Dios.
22 Habiendo ᵉpurificado vuestras almas en la obediencia de la verdad, mediante el Espíritu, para ᶠel amor fraternal no fingido, amaos unos a otros entrañablemente, de corazón puro;
23 siendo ⁱrenacidos, no de simiente corruptible, sino de incorruptible,

Desead la Palabra para que crezcáis

[a]por la palabra de Dios [b]que vive y permanece para siempre.

24 Porque [d]toda carne *es* como la hierba, y toda la gloria del hombre como la flor de la hierba. La hierba se seca, y la flor se cae;

25 mas [g]la palabra del Señor permanece para siempre. Y ésta es la palabra que por el evangelio os ha sido predicada.

CAPÍTULO 2

[j]Desechando, pues, [k]toda malicia, y todo engaño, e hipocresía, y envidia, y [m]toda maledicencia,

2 desead, [n]como niños recién nacidos, [o]la leche no adulterada de la palabra, para que por ella crezcáis;

3 [q]si es que habéis gustado la benignidad del Señor;

4 al cual acercándoos, piedra viva, [s]desechada ciertamente por los hombres, mas escogida y preciosa para Dios.

5 Vosotros también, como piedras vivas, [u]sois edificados como [v]casa espiritual y sacerdocio santo, [x]para ofrecer sacrificios espirituales, [z]agradables a Dios por Jesucristo.

6 Por lo cual también contiene la Escritura: [a]He aquí, pongo en Sión la principal piedra del ángulo, escogida, preciosa; Y el que creyere en Él, no será avergonzado.

7 Para vosotros, pues, los que creéis; *Él es* precioso; mas para los desobedientes, [c]la piedra que los edificadores desecharon; ésta fue hecha la cabeza del ángulo;

8 Y: Piedra de tropiezo, y [e]roca de escándalo *a los* que tropiezan en la palabra, siendo desobedientes; [f]para lo cual fueron también ordenados.

9 Mas vosotros *sois* [h]linaje escogido, [i]real sacerdocio, [j]nación santa, [k]pueblo adquirido; para que anunciéis las virtudes de Aquel que os llamó [m]de las tinieblas a su luz admirable.

10 Vosotros, que [o]en tiempo pasado no *erais* pueblo, mas ahora *sois* el pueblo de Dios; que no habíais alcanzado misericordia, pero ahora habéis alcanzado misericordia.

11 Amados, yo *os* ruego como a extranjeros y peregrinos, que os abstengáis de las concupiscencias carnales que [t]batallan contra el alma;

12 manteniendo vuestra [c]honesta [c]manera de vivir entre los gentiles; para que, en lo que ellos murmuran de vosotros [e]como de malhechores, al ver *vuestras* buenas obras, glorifiquen a Dios [f]en el día de la visitación.

13 [h]Sujetaos a toda ordenación humana por causa del Señor; ya sea al rey, como a superior,

14 ya a los gobernadores, como por Él enviados [i]para castigo de los malhechores y alabanza de los que hacen bien.

15 Porque [l]ésta es la voluntad de Dios; que haciendo el bien, hagáis callar la ignorancia de los hombres vanos.

16 Como libres, mas [p]no usando la libertad para cobertura de malicia, sino [r]como siervos de Dios.

17 Honrad a todos. Amad la hermandad. Temed a Dios. Honrad al rey.

18 Siervos, [t]sujetaos con todo temor a vuestros amos; no solamente a los buenos y amables, sino también a los que son severos.

19 Porque [y]esto *es* loable, si alguno a causa de la conciencia delante de Dios, sufre molestias padeciendo injustamente.

20 Porque [b]¿qué gloria *es*, si pecando vosotros sois abofeteados, y lo sufrís? Pero si haciendo bien sois afligidos, y lo sufrís, esto ciertamente es agradable delante de Dios.

21 Porque para esto fuisteis llamados; pues que [d]también Cristo padeció por nosotros, dejándonos ejemplo, para que vosotros sigáis sus pisadas:

22 El cual no hizo pecado; [g]ni fue hallado engaño en su boca:

23 Quien cuando le maldecían [l]no respondía con maldición; cuando padecía, no amenazaba, sino que [n]se encomendaba a Aquél que juzga justamente:

24 Quien [p]llevó Él mismo nuestros pecados en su cuerpo sobre el madero, para que nosotros, [q]siendo muertos a los pecados, vivamos a la justicia; [r]por las heridas del cual habéis sido sanados.

25 Porque vosotros [s]erais como ovejas descarriadas; mas ahora

---

a	Stg 1:18
b	Heb 4:12
c	Fil 2:15
d	Is 40:6-8
e	cp 3:16
f	Lc 19:44
g	Sal 119:89
	Is 40:8
	Mt 5:18
	y 24:35
	Lc 16:17
h	Rm 13:1
i	1 Co 3:16
j	Ef 4:22
k	Ef 4:31
l	cp 3:17
m	Stg 4:11
n	Mt 18:3
o	1 Co 3:2
p	Gá 5:1
q	Heb 6:5
r	Fil 4:18
s	vers 6,7
t	1 Tim 1:15
u	Ef 2:20-22
v	Heb 3:6
x	Rm 12:1
y	Mt 5:10
	Rm 13:5
z	Fil 4:18
a	Is 28:16
	Rm 9:33
b	cp 3:14
c	Sal 118:22
d	cp 3:18
e	Is 8:14
f	Rm 9:22
g	Is 53:9
h	cp 1:2
	Dt 10:15
	Sal 33:12
i	Is 41:8 Ef 1:4
	1 Ap 1:6
j	Dt 26:19
k	Tit 2:14
l	Is 53:7
m	Hch 26:18
n	Lc 23:46
o	Rm 9:25-26
p	Is 53:4
q	Rm 6:2
r	Is 53:5
s	Is 53:6
t	Stg 4:1

habéis vuelto ªal Pastor y Obispo de vuestras almas.

CAPÍTULO 3

A simismo ᵈvosotras, esposas, sujetaos a vuestros propios maridos; ᶠpara que también los que no creen a la palabra, sean ganados sin palabra por la conducta de sus esposas,
2 al observar ellos vuestra casta conducta *que es* en temor.
3 Que *vuestro* adorno ʲno sea exterior, con encrespamiento del cabello y atavío de oro, ni vestidos costosos;
4 sino ᵏel del hombre interior, el del corazón, en incorruptible ornato de espíritu humilde y apacible, lo cual es de grande estima delante de Dios.
5 Porque así también se ataviaban en el tiempo antiguo aquellas santas mujeres que esperaban en Dios, siendo ⁿsujetas a sus maridos;
6 como Sara obedecía a Abraham, ᵖllamándole señor; de la cual vosotras sois hechas hijas, haciendo el bien, y no teniendo temor de ninguna amenaza.
7 Asimismo, vosotros, ʳmaridos, habitad con *ellas* sabiamente, dando honor a la esposa como a vaso más frágil, y como a coherederas de la gracia de vida; ᵘpara que vuestras oraciones no sean estorbadas.
8 Finalmente, *sed* todos de ᵛun mismo sentir, compasivos, amándoos fraternalmente, ᶻmisericordiosos, amigables;
9 ᵇno devolviendo mal por mal, ni maldición por maldición, sino por el contrario, bendiciendo; sabiendo que vosotros sois llamados para que heredaseis bendición.
10 Porque ᵈel que quiera amar la vida, y ver días buenos, refrene su lengua de mal, y sus labios no hablen engaño;
11 apártese del mal, y haga el bien; busque la paz, y sígala.
12 Porque los ojos del Señor *están* sobre los justos, y sus oídos atentos a sus oraciones: Pero el rostro del Señor está contra aquellos que hacen el mal.
13 ¿Y quién es aquel que os podrá dañar, si vosotros seguís el bien?

a cp 5:4
b Mt 5:10-12
c Is 8:12-13

d Ef 5:22
e Col 4:6
f 1 Co 7:16
g 2 Tim 2:25

h ver 21
i Mt 5:44
j 1 Tim 2:9

k Rm 7:22

l Heb 7:26-28
m 2 Co 5:21

n Ef 5:22
o Rm 8:11
p Gn 18:12
q Hch 2:27-31
Ef 4:9

r 1 Co 7:3
Ef 5:25
s Gn 6:3-14
Mt 24:37-39
t Heb 11:7
u 1 Co 7:5
v Rm 12:16
x Heb 9:24
y Ef 5:26
z Ef 4:22
Col 3:12
a Tit 3:5
b Mt 5:39
c 1 Co 15:24
Ef 1:21
d Sal 34:12-16

e cp 3:18

f Rm 6:2-7

g Rm 6:11-12
h Tit 2:12
i ver 19

El adorno interior

14 Mas también ᵇsi alguna cosa padecéis por la justicia, *sois* bienaventurados. Por tanto, ᶜno os amedrentéis por temor de ellos, ni seáis turbados;
15 sino santificad al Señor Dios en vuestros corazones, y ᵉ*estad* siempre preparados para responder ᵍcon mansedumbre y temor a todo el que os demande razón de la esperanza que hay en vosotros;
16 teniendo ʰbuena conciencia, para que ⁱen lo que murmuran de vosotros como de malhechores, sean avergonzados los que calumnian vuestra buena conducta en Cristo.
17 Porque mejor *es* que padezcáis haciendo el bien, si la voluntad de Dios así lo quiere, que haciendo el mal.
18 Porque también Cristo ˡpadeció una sola vez por los pecados, ᵐel justo por los injustos, para llevarnos a Dios, siendo a la verdad muerto en la carne, pero ᵒvivificado por el Espíritu;
19 en el cual también fue y ᵠpredicó a los espíritus encarcelados;
20 los cuales en tiempo pasado fueron desobedientes, ˢcuando una vez esperaba la paciencia de Dios en los días de Noé, mientras ᵗse preparaba el arca; en la cual pocas, es decir, ocho almas fueron salvadas por agua.
21 A ˣla figura de lo cual ʸel bautismo que ahora corresponde nos salva (no quitando ªlas inmundicias de la carne, sino como testimonio de una buena conciencia delante de Dios) por la resurrección de Jesucristo,
22 el cual habiendo subido al cielo, está a la diestra de Dios; ᶜestando sujetos a Él, ángeles, autoridades y potestades.

CAPÍTULO 4

Puesto que ᵉCristo ha padecido por nosotros en la carne, vosotros también armaos del mismo pensamiento; porque ᶠel que ha padecido en la carne, cesó de pecado;
2 para que ᵍya el tiempo que queda en la carne, viva, ʰno en las concupiscencias de los hombres, sino ⁱen la voluntad de Dios.

Echad toda ansiedad sobre Él

3 Baste ya el tiempo pasado de *nuestra* vida [b]para haber hecho la voluntad de los gentiles, andando en lascivias, concupiscencias, embriagueces, desenfrenos, banquetes y abominables [d]idolatrías.

4 En lo cual les parece cosa extraña que vosotros no corráis con *ellos* en el mismo desenfreno de disolución, y *os* ultrajan;

5 *pero* ellos darán cuenta al que está preparado [e]para juzgar a los vivos y a los muertos.

6 Porque por esto también [g]ha sido predicado el evangelio a los muertos; para que sean juzgados en la carne según los hombres, pero vivan en el espíritu según Dios.

7 Mas [h]el fin de todas las cosas se acerca; sed, pues, [i]sobrios, y velad en oración.

8 Y sobre todo, tened entre vosotros [k]ferviente amor; porque [l]el amor cubrirá multitud de pecados.

9 [m]Hospedaos los unos a los otros sin murmuraciones.

10 Cada uno [o]según el don que ha recibido, minístrelo a los otros, como buenos [q]administradores de [r]la multiforme gracia de Dios.

11 Si alguno habla, *hable* conforme a la palabra de Dios; si alguno ministra, *ministre* conforme al poder que Dios da; para que [v]en todo Dios sea glorificado por Jesucristo, al cual sea gloria e imperio para siempre jamás. Amén.

12 Amados, no os extrañéis acerca de [a]la prueba de fuego la cual se hace para probaros, como si alguna cosa extraña os aconteciese;

13 antes bien regocijaos en que sois participantes de los padecimientos de Cristo; para que cuando su gloria sea revelada, os regocijéis con gran alegría.

14 Si sois vituperados [d]por el nombre de Cristo, *sois* bienaventurados; porque el Espíritu de gloria y de Dios reposa sobre vosotros. Cierto según ellos, Él es blasfemado, mas según vosotros Él es glorificado.

15 Así que, ninguno de vosotros padezca como homicida, o ladrón, o malhechor, o [f]por entremeterse en asuntos ajenos.

16 Pero si *alguno padece* [a]como cristiano, no se avergüence; antes glorifique a Dios por ello.

17 Porque *es* tiempo de que el juicio comience por [c]la casa de Dios; y si primero *comienza* por nosotros, ¿cuál *será* el fin de aquellos que no obedecen al evangelio de Dios?

18 Y si el justo con dificultad es salvo; ¿en dónde aparecerá el impío y el pecador?

19 Por tanto, los que padecen según la voluntad de Dios, [f]encomienden *a* Él sus almas, como a fiel Creador, haciendo el bien.

CAPÍTULO 5

Ruego a los ancianos que están entre vosotros, yo anciano también con ellos, y [j]testigo de los padecimientos de Cristo, que soy también participante de la gloria que ha de ser revelada:

2 Apacentad [n]la grey de Dios que está entre vosotros, cuidando de ella, no por fuerza, sino voluntariamente; [p]no por ganancia deshonesta, sino de ánimo pronto;

3 y [s]no como teniendo señorío sobre [t]la heredad *de* Dios, sino siendo ejemplos de la grey.

4 Y [u]cuando apareciere el Príncipe de los pastores, vosotros recibiréis [x]la corona incorruptible de gloria.

5 Igualmente, jóvenes, sujetaos a los ancianos; y [y]todos sujetaos unos a otros, y vestíos de humildad; porque [z]Dios resiste a los soberbios, y da gracia a los humildes.

6 Humillaos, pues, bajo [b]la poderosa mano de Dios, para que Él os exalte cuando fuere tiempo;

7 [c]echando toda vuestra ansiedad sobre Él, porque Él tiene cuidado de vosotros.

8 Sed sobrios, y velad; porque vuestro adversario [e]el diablo, cual león rugiente, anda alrededor buscando a quien devorar;

9 al cual resistid firmes en la fe, sabiendo que las mismas aflicciones han de ser cumplidas en vuestros hermanos que están en el mundo.

10 Y el Dios de toda gracia, que nos ha llamado a su gloria eterna por Cristo Jesús, después que hubiereis

padecido un poco de tiempo, Él mismo os perfeccione, afirme, corrobore y establezca.

11 A Él *sea* gloria e ᵃimperio para siempre. Amén.

12 Os he escrito por conducto de ᵈSilvano, a quien considero ᵉun hermano fiel a vosotros, exhortándoos, y testificando que ésta es la verdadera gracia de Dios, en la cual estáis.

13 La *iglesia que está* en Babilonia, juntamente elegida con *vosotros*, os saluda, y ᵇMarcos mi hijo.

14 Saludaos unos a otros ᶜcon ósculo de amor. Paz a todos vosotros los que estáis en Cristo Jesús. Amén.

a cp 4:11
b Hch 12:12
c Rm 16:16
d Hch 15:34
e 2 Co 11:5

Segunda Epístola del Apóstol
PEDRO

CAPÍTULO 1

Simón Pedro, siervo y apóstol de Jesucristo, a los que habéis alcanzado fe igualmente preciosa con nosotros por la justicia de ᶜnuestro Dios y Salvador Jesucristo.

2 Gracia y paz os sean multiplicadas en el conocimiento de Dios, y de Jesús nuestro Señor.

3 Como todas las cosas que *pertenecen* a la vida y a la piedad nos han sido dadas por su divino poder, mediante el conocimiento de Aquél que nos ha llamado a gloria y ᶠvirtud,

4 por medio de las cuales nos ha dado preciosas y grandísimas promesas, para que por ellas fueseis hechos ʰparticipantes de la naturaleza divina, habiendo huido de la corrupción que hay en el mundo por la concupiscencia.

5 Vosotros también, poniendo toda diligencia en esto mismo, añadid a vuestra fe, virtud, y a la virtud, conocimiento;

6 y al conocimiento, templanza, y a la templanza, paciencia, y a la paciencia, piedad;

7 y a la piedad, ʲamor fraternal, y al amor fraternal, caridad.

8 Porque si en vosotros hay estas cosas, y abundan, no *os* dejarán *estar* ociosos, ni estériles en cuanto al conocimiento de nuestro Señor Jesucristo.

9 Pero el que no tiene estas cosas tiene la vista muy corta, ˡes ciego, y se ha olvidado que fue purificado de ᵐsus antiguos pecados.

10 Por lo cual, hermanos, procurad tanto más hacer firme vuestro llamamiento y elección; porque haciendo estas cosas, ᵃno caeréis jamás.

11 Porque de esta manera os será abundantemente administrada la entrada en ᵇel reino eterno de nuestro Señor y Salvador Jesucristo.

12 Por esto, yo no dejaré de recordaros siempre estas cosas, ᵈaunque vosotros *las* sepáis, y estéis afirmados en la verdad presente.

13 Porque tengo por justo, en tanto que estoy en ᵉeste tabernáculo, el incitaros con amonestación;

14 sabiendo que ᵍen breve debo dejar mi tabernáculo, como nuestro Señor Jesucristo me ha declarado.

15 También yo procuraré con diligencia, que después de mi muerte, vosotros podáis en todo momento tener memoria de estas cosas.

16 Porque no os hemos dado a conocer el poder y la venida de nuestro Señor Jesucristo, siguiendo fábulas artificiosas; sino ⁱcomo habiendo visto con nuestros propios ojos su majestad.

17 Porque Él recibió de Dios Padre honor y gloria, cuando le fue enviada desde la magnífica gloria una gran voz *que decía*: ᵏÉste es mi Hijo amado, en el cual tengo contentamiento.

18 Y nosotros oímos esta voz enviada del cielo, cuando estábamos con Él en el monte santo.

19 Tenemos además la palabra profética más segura, a la cual hacéis bien de estar atentos como a una ⁿlámpara que alumbra en lugar oscuro hasta que el día esclarezca, y

a 1 Jn 2:10

b Col 1:13
c Tit 2:13

d 1 Pe 5:12
1 Jn 2:21

e 2 Co 5:1

f Pr 31:10-29
Fil 4:8

g 2 Tim 4:6

h 1 Jn 1:12
y 3:2

i Mt 7:1-6
Mr 9:2
Lc 9:28-29

j Heb 13:1

k Mt 3:17
y 17:15
Mr 1:11 y 9:7
Lc 3:22 9:35
Is 42:1

l 1 Jn 2:9-11

m Ef 5:26
Tit 2:14

n Jn 5:35

El camino de Balaam

ᵃla estrella de la mañana salga en vuestros corazones;

20 entendiendo primero esto, que ninguna profecía de la Escritura es de interpretación privada;

21 porque ᶜla profecía no vino en tiempo pasado por la voluntad del hombre; sino que ᵈlos santos hombres de Dios hablaron *siendo* guiados por el Espíritu Santo.

CAPÍTULO 2

Pero hubo también ᶠfalsos profetas entre el pueblo, ʰcomo habrá entre vosotros falsos maestros, que introducirán encubiertamente ᵏherejías destructoras, y aun negarán al Señor que ˡlos rescató, atrayendo sobre sí mismos destrucción repentina.

2 Y muchos seguirán sus caminos perniciosos, y por causa de ellos ᵒel camino de la verdad será blasfemado;

3 y ᵖpor avaricia harán mercadería de vosotros con ᑫpalabras fingidas, sobre los cuales la condenación ya de largo tiempo no se tarda, y su perdición no se duerme.

4 Porque si Dios no perdonó a los ˢángeles que pecaron, sino que ᵗ*los* arrojó al infierno y *los* entregó a prisiones de oscuridad, a ser reservados para el juicio;

5 y si ᵛno perdonó al mundo antiguo, sino que ˣguardó a Noé, la octava *persona*, pregonero de justicia, trayendo ʸel diluvio sobre el mundo de los impíos;

6 y si condenó por destrucción las ciudades de ʸSodoma y de Gomorra, tornándolas en ceniza, y poniéndolas por ejemplo a los que habían de vivir impíamente;

7 y ᶻlibró al justo Lot, abrumado por la nefanda conducta de los malvados

8 (porque este justo, morando entre ellos, ᵃafligía cada día *su* alma justa, viendo y oyendo los hechos inicuos de ellos).

9 Sabe el Señor ᵇlibrar de tentación a los piadosos, y reservar a los injustos para ser castigados en el día del juicio;

10 y principalmente a aquellos que siguen la carne en la concupiscencia de inmundicia, y menosprecian todo gobierno. Atrevidos, contumaces, que no temen decir mal de las potestades superiores.

11 Mientras que ᵇlos ángeles, que son mayores en fuerza y en potencia, no pronuncian juicio de maldición contra ellas delante del Señor.

12 Pero éstos, ᵉcomo bestias brutas naturalmente nacidas para presa y destrucción, hablan mal de cosas que no entienden, y perecerán en su propia corrupción,

13 y recibirán ᵍla recompensa de su injusticia, ya que tienen por delicia ⁱel gozar del placer en pleno día. *Éstos son* suciedades y manchas, quienes aun mientras comen con vosotros, se recrean en ᵏsus engaños.

14 Tienen ᵐlos ojos llenos de adulterio, y ⁿno pueden dejar de pecar. Seducen a las almas inestables, tienen un corazón ejercitado en la codicia; *son* hijos de maldición.

15 Han dejado el camino recto, y se han extraviado, siguiendo ʳel camino de Balaam, hijo de Bosor, el cual amó la paga de la maldad.

16 Mas fue reprendido por su iniquidad; una asna muda, hablando con voz de hombre, refrenó la locura del profeta.

17 Éstos son fuentes sin agua, y ᵘnubes empujadas por la tempestad; para los cuales está guardada la oscuridad de las tinieblas para siempre.

18 Porque hablando *palabras* arrogantes de vanidad, seducen con las concupiscencias de la carne *mediante* lascivias a los que verdaderamente habían escapado de los que viven en error;

19 prometiéndoles libertad, siendo ellos mismos esclavos de corrupción. Porque el que es vencido de alguno, es hecho esclavo de aquel que lo venció.

20 Porque si habiendo ellos escapado de las contaminaciones del mundo, por el conocimiento del Señor y Salvador Jesucristo, y otra vez se enredan en ellas y son vencidos, ᶜsu postrimería viene a ser peor que su principio.

21 Porque mejor les hubiera sido no haber conocido el camino de la

---

a	Ap 2:28
	y 22:16
b	Jud 9
c	2 Tim 3:16
	1 Pe 1:10-11
d	2 Sm 23:2
	Lc 1:70
e	Jud 10
f	Dt 13:1
g	Hch 1:18
h	Mt 24:11
	Hch 20:30
i	Rm 13:13
j	1 Pe 2:5
l	1 Co 6:20
k	1 Co 11:21
m	Job 31:7
	Mt 5:28
n	Jer 13:23
	Mt 12:34
o	Hch 19:9
p	1 Tim 6:5
	Tit 1:11
q	Rm 16:18
r	Nm 22:5-7
s	Jud 6
t	Ap 20:2-10
u	Jud 12
v	Jud 14,15
x	1 Pe 3:20

1 El Diluvio
Gn 6:1 a 8:22
y Gn 19:24
Jud 7

z Gn 19:16
Jn 1:3

a Sal 119-136
Ez 9:4

b Sal 34:17-19

c Mt 12:45

justicia, que después de haberlo conocido, tornarse atrás del santo mandamiento que les fue dado.

22 Pero les ha acontecido lo del verdadero proverbio: ^cEl perro volvió a su vómito, y la puerca lavada a revolcarse en el cieno.

CAPÍTULO 3

Carísimos, esta segunda carta escribo ahora a vosotros; en la cual despierto vuestro sincero entendimiento, por recordatorio;

2 para que tengáis memoria de las palabras que antes han sido dichas por los santos profetas, y del mandamiento de nosotros los apóstoles del Señor y Salvador;

3 sabiendo primero esto, que en ⁱlos postreros días vendrán burladores, andando según sus propias concupiscencias,

4 y diciendo: ^k¿Dónde está la promesa de su venida? Porque desde que los padres durmieron, todas las cosas permanecen así como *estaban* desde el principio de la creación.

5 Porque ellos ignoran voluntariamente esto; que por la palabra de Dios ^mfueron *creados* los cielos en el tiempo antiguo, y la tierra, que por agua y en agua está asentada;

6 por lo cual el mundo de entonces pereció ⁿanegado en agua.

7 Pero los cielos que son ahora, y la tierra, son reservados por la misma palabra, guardados para el fuego en el día del juicio y de la perdición de los hombres impíos.

8 Mas, amados, no ignoréis esto: Que ^oun día delante del Señor *es* como mil años, y mil años como un día.

9 ^pEl Señor no tarda su promesa, como algunos la tienen por tardanza; sino que es paciente para con nosotros, ^ano queriendo que ninguno perezca, sino que todos vengan al arrepentimiento.

10 Pero ^bel día del Señor vendrá como ^dladrón en la noche; en el cual ^elos cielos pasarán con grande estruendo, y ^flos elementos ardiendo serán deshechos, y la tierra y las obras que en ella hay serán quemadas.

11 Puesto que todas estas cosas han de ser deshechas, ¿cómo no debéis vosotros de ^gconduciros en santa y piadosa manera de vivir?

12 Esperando y apresurándoos para la venida del ^hdía de Dios, en el cual los cielos, siendo encendidos, serán deshechos, y los elementos siendo quemados, se fundirán.

13 Pero nosotros esperamos según su promesa, ^jcielos nuevos y tierra nueva, en los cuales mora la justicia.

14 Por lo cual, amados, estando en espera de estas cosas, procurad con diligencia ^lque seáis hallados de Él en paz, sin mácula y sin reprensión.

15 Y considerad la paciencia de nuestro Señor por salvación; como también nuestro amado hermano Pablo, según la sabiduría que le ha sido dada, os ha escrito,

16 como también en todas sus epístolas, hablando en ellas de estas cosas; entre las cuales hay algunas difíciles de entender, las cuales los indoctos e inconstantes tuercen, como también las otras Escrituras, para su propia perdición.

17 Así que vosotros, amados, sabiéndolo de antemano, guardaos, no sea que siendo desviados con el error de los inicuos, caigáis de vuestra firmeza.

18 Mas creced en la gracia y *en* el conocimiento de nuestro Señor y Salvador Jesucristo. A Él *sea* gloria ahora y para siempre. Amén.

Primera Epístola del Apóstol
JUAN

CAPÍTULO 1

Lo que era desde ᵇel principio, lo que hemos oído, ᵈlo que hemos visto con nuestros ojos, lo que hemos contemplado y ᵉpalparon nuestras manos, tocante al Verbo de vida

2 (porque ʰla vida fue manifestada, y la vimos, y testificamos, y os anunciamos aquella vida eterna, ᵏla cual estaba con el Padre, y se nos manifestó).

3 Lo que hemos visto y oído, eso os anunciamos, para que también vosotros tengáis comunión con nosotros; y ᵒnuestra comunión verdaderamente *es* con el Padre, y con su Hijo Jesucristo.

4 Y estas cosas os escribimos, ᵠpara que vuestro gozo sea cumplido.

5 Y ˢéste es el mensaje que oímos de Él, y os anunciamos; que ᵗDios es luz, y en Él no hay ningunas tinieblas.

6 Si decimos que ᵛtenemos comunión con Él, ʸy andamos en tinieblas, mentimos, y no practicamos la verdad;

7 mas si andamos en luz, como Él está en luz, tenemos comunión unos con otros, y ᶻla sangre de Jesucristo su Hijo ᵇnos limpia de todo pecado.

8 Si decimos que no tenemos pecado, nos engañamos a nosotros mismos, y la verdad no está en nosotros.

9 Si confesamos ᵈnuestros pecados, Él es fiel y justo para perdonar *nuestros* pecados, y limpiarnos de toda maldad.

10 Si decimos que no hemos pecado, ᶠle hacemos a Él mentiroso, y su palabra no está en nosotros.

CAPÍTULO 2

Hijitos míos, estas cosas os escribo para que no pequéis; y si alguno hubiere pecado, ⁱabogado tenemos para con el Padre, a Jesucristo el justo.

a cp 4:10
  Rm 3:25
b cp 2:13-14
  Jn 1:1
c Jn 1:29
  y 11:51-52
d Jn 1:14
e Lc 24:39
f cp 3:22-24
  Jn 14:15 15:10
g cp 3:6
h Jn 1:4
i cp 4:20
j cp 1:8
  Jn 8:48
k Jn 1:1-2
l cp 4:12-17
m cp 4:13
n Jn 15:4-7
o cp 2:24
  Jn 17:21
p cp 3:11
  2 Jn 5
q Jn 15:11
r cp 3:11
s cp 3:11
t Jn 1:4
u Jn 13:34
v cp 2:4
x 1 Ts 5:5-8
y Jn 12:35
z Hch 20:28
  Ap 1:14
a cp 3:14
b 1 Co 6:11
c 2 Pe 1:10
d Sal 51:3
e cp 1:7
  Hch 13:38
f cp 5:10
g cp 1:1
h cp 5:18
i Rm 8:34

2 Y Él es ᵃla propiciación por nuestros pecados; y no solamente por los nuestros, sino ᶜtambién por *los de* todo el mundo.

3 Y en esto sabemos que nosotros le conocemos, ᶠsi guardamos sus mandamientos.

4 El que dice: ᵍYo le conozco, y no guarda sus mandamientos, ⁱ*el tal* es mentiroso, y ʲla verdad no está en él;

5 pero el que guarda su palabra, verdaderamente ˡel amor de Dios se ha perfeccionado en él; ᵐpor esto sabemos que estamos en Él.

6 El que dice que ⁿpermanece en Él, debe andar como Él anduvo.

7 Hermanos, ᵖno os escribo un mandamiento nuevo, sino el mandamiento antiguo que habéis tenido ʳdesde el principio; el mandamiento antiguo es la palabra que habéis oído desde el principio.

8 Otra vez, os escribo ᵘun mandamiento nuevo, que es verdadero en Él y en vosotros; porque ˣlas tinieblas han pasado, y la luz verdadera ya alumbra.

9 El que dice que está en luz, y aborrece a su hermano, está todavía en tinieblas.

10 ᵃEl que ama a su hermano, está en luz, y ᶜno hay tropiezo en él.

11 Pero el que aborrece a su hermano, está en tinieblas, y anda en tinieblas, y no sabe a dónde va; porque las tinieblas le han cegado sus ojos.

12 Os escribo a vosotros, hijitos, porque ᵉvuestros pecados os son perdonados por su nombre.

13 Os escribo a vosotros, padres, porque habéis conocido a ᵍAquél *que* es desde el principio. Os escribo a vosotros, jóvenes, porque habéis vencido al ʰmaligno. Os escribo a vosotros, hijitos, porque habéis conocido al Padre.

14 Os he escrito a vosotros, padres, porque habéis conocido al *que es* desde el principio. Os he escrito a vosotros, jóvenes, porque sois

1 JUAN 3

fuertes, y la palabra de Dios mora en vosotros, y habéis vencido al maligno.

15 No améis al mundo, ni ^blas cosas *que están* en el mundo. ^cSi alguno ama al mundo, el amor del Padre no está en él.

16 Porque todo lo que *hay* en el mundo, la concupiscencia de la carne, y la concupiscencia de los ojos, y ^fla soberbia de la vida, no es del Padre, sino del mundo.

17 Y ^gel mundo pasa, y su concupiscencia, pero el que hace la voluntad de Dios, permanece para siempre.

18 Hijitos, ya es ^jel último tiempo; y como vosotros habéis oído que ^kel anticristo ha de venir, así también al presente hay muchos anticristos; por lo cual sabemos que es el último tiempo.

19 Salieron de nosotros, pero ^ono eran de nosotros; porque si hubiesen sido de nosotros, habrían permanecido con nosotros; pero *salieron* para que se manifestase que no todos son de nosotros.

20 Mas vosotros tenéis ^sla unción del Santo, y conocéis todas las cosas.

21 No os he escrito porque ignoréis la verdad, sino ^uporque la conocéis, y porque ninguna mentira es de la verdad.

22 ¿Quién es mentiroso, sino ^zel que niega que Jesús es el Cristo? Éste es anticristo, que niega al Padre y al Hijo.

23 Todo aquel ^bque niega al Hijo, ^ctampoco tiene al Padre. El que confiesa al Hijo tiene también al Padre.

24 Lo que habéis oído desde el principio, permanezca, pues, en vosotros. Si lo que oísteis desde el principio permaneciere en vosotros, también vosotros permaneceréis en el Hijo y en el Padre.

25 Y ésta es la promesa que Él nos hizo; la vida eterna.

26 Os he escrito esto acerca de los que os engañan.

27 Pero ^hla unción que vosotros habéis recibido de Él permanece en vosotros, y no tenéis necesidad de que alguien os enseñe; sino que como la unción misma os enseña acerca de todas las cosas, y es verdadera, y no es mentira, y así como os ha enseñado, vosotros ^apermaneceréis en Él.

28 Y ahora, hijitos, permaneced en Él; para que ^dcuando Él apareciere, tengamos confianza, y no seamos avergonzados delante de Él en su venida.

29 Si sabéis que Él es justo, sabed también que ^etodo el que hace justicia es nacido de Él.

CAPÍTULO 3

Mirad ^hcuál amor nos ha dado el Padre, que ⁱseamos llamados hijos de Dios; por esto el mundo no nos conoce, ^lporque no le conoció a Él.

2 Amados, ^mahora somos hijos de Dios, y ⁿaún no se ha manifestado lo que hemos de ser; pero sabemos que cuando Él apareciere, ^pseremos semejantes a Él, porque le veremos como Él es.

3 Y cualquiera que tiene esta esperanza en Él, ^qse purifica a sí mismo, así ^rcomo Él es puro.

4 Cualquiera que comete pecado, traspasa también la ley; pues ^tel pecado es transgresión de la ley.

5 Y sabéis que ^vÉl apareció ^xpara quitar nuestros pecados, y ^yno hay pecado en Él.

6 Todo aquel que permanece en Él, no peca; todo aquel que peca, no le ha visto, ni le ha conocido.

7 Hijitos, ^anadie os engañe; el que hace justicia, es justo, como también Él es justo.

8 ^dEl que hace pecado, es del diablo; porque ^eel diablo peca desde el principio. Para esto apareció el Hijo de Dios, ^fpara deshacer las obras del diablo.

9 Todo aquel que es nacido de Dios, no peca, porque su simiente permanece en él; y no puede pecar, porque es ^gnacido de Dios.

10 En esto son manifiestos los hijos de Dios, y los hijos del diablo; todo el que no hace justicia, y que no ama a su hermano, no es de Dios.

11 Porque, ⁱéste es el mensaje que habéis oído desde el principio: ^jQue nos amemos unos a otros.

12 ^kNo como Caín, *que* era del maligno, y mató a su hermano. ¿Y

Él nos amó primero   **1 JUAN 4**

por qué causa le mató? Porque sus obras eran malas, y las de su hermano justas.

13 Hermanos míos, no os maravilléis si ᶜel mundo os aborrece.

14 Nosotros sabemos que ᵉhemos pasado de muerte a vida, en que amamos a los hermanos. El que no ama a su hermano, permanece en muerte.

15 ᵍTodo aquel que aborrece a su hermano, ʰes homicida; y sabéis que ningún homicida tiene vida eterna morando en sí.

16 ᵏEn esto conocemos el amor *de Dios*, en que ˡÉl puso su vida por nosotros; también nosotros debemos poner *nuestras* vidas por los hermanos.

17 Pero ᵐel que tiene bienes de este mundo, y ve a su hermano tener necesidad, y le ⁿcierra sus entrañas, ¿cómo mora el amor de Dios en él?

18 Hijitos míos, ᵒno amemos de palabra ni de lengua, sino de hecho y en verdad.

19 Y en esto conocemos que somos de la verdad, y aseguraremos nuestros corazones delante de Él.

20 Porque ʳsi nuestro corazón nos reprende, ˢmayor es Dios que nuestro corazón, y Él conoce todas las cosas.

21 Amados, si nuestro corazón no nos reprende, confianza tenemos para con Dios;

22 y ᵛcualquier cosa que pidamos, la recibiremos de Él, porque guardamos sus mandamientos y ˣhacemos las cosas que son agradables delante de Él.

23 Y éste es su mandamiento: ʸQue creamos en el nombre de su Hijo Jesucristo, y nos amemos unos a otros como nos lo ha mandado.

24 Y el que guarda sus mandamientos, permanece en Él, y Él en él. Y en esto sabemos que Él permanece en nosotros, por ᶻel Espíritu que nos ha dado.

CAPÍTULO 4

Amados, ᵈno creáis a todo espíritu, sino ᶠprobad los espíritus si son de Dios; porque muchos ᵍfalsos profetas han salido por el mundo.

a	cp 5:1
b	Jn 1:14
	1 Ts 3:16
c	Jn 15:18-19
	y 17:14
d	2 Jn 7
e	Jn 5:24
f	cp 2:18
g	Gn 27:41
	Lv 19:17
	Mt 5:21-22
h	Jn 8:48
i	Rm 8:31
j	Jn 12:31
k	cp 4:9-11
l	Jn 15:13
m	Stg 2:15-16
n	Dt 15:7-11
	Pr 19:17
	Lc 3:11
	Col 3:12
	1 Tim 6:18
o	Mt 25:41-43
	Rm 12:9
p	cp 3:10
q	Jn 3:16
	Rm 5:8
r	Job 27:6
	Jn 8:9
s	1 Co 4:4
	Job 33:12
	Jn 10:29
	He 6:13
t	Dt 7:7-8
	Jn 15:16
u	Rm 3:25
v	Mt 7:7
	Stg 5:16
x	Jn 8:29 9:31
	Col 1:10
y	Jn 6:29 14:1
	Hch 16:31
	Rm 10:9-10
z	Rm 8:9
	Gá 4:6
a	Jn 1:14 3:11
b	Jn 3:17
c	Is 45:15
	Jn 3:17 4:42
d	Mt. 24:4
e	Mr 14:33
	Mt 27:54
	Jn 1:34 11:27
	y 20:31
f	1 Co 14:29
	1 Ts 5:21
g	Mt 7:15

2 En esto conoced el Espíritu de Dios: ᵃTodo espíritu que confiesa que Jesucristo ᵇha venido en carne, es de Dios;

3 y ᵈtodo espíritu que no confiesa que Jesucristo ha venido en carne, no es de Dios; y éste es el *espíritu* del anticristo, del cual vosotros habéis oído que ha de venir, y que ahora ᶠya está en el mundo.

4 Hijitos, vosotros sois de Dios, y los habéis vencido; porque ⁱmayor es el que está en vosotros, que ʲel que está en el mundo.

5 Ellos son del mundo; por eso hablan del mundo, y el mundo los oye.

6 Nosotros somos de Dios; el que conoce a Dios, nos oye; el que no es de Dios, no nos oye. En esto conocemos el espíritu de verdad y el espíritu de error.

7 Amados, amémonos unos a otros; porque el amor es de Dios. Todo el que ama, es nacido de Dios, y conoce a Dios.

8 ᵖEl que no ama no conoce a Dios, porque Dios es amor.

9 ᑫEn esto se mostró el amor de Dios para con nosotros, en que Dios envió a su Hijo unigénito al mundo, para que vivamos por Él.

10 En esto consiste el amor; ᵗno en que nosotros hayamos amado a Dios, sino que Él nos amó a nosotros, y envió a su Hijo en ᵘpropiciación por nuestros pecados.

11 Amados, si Dios así nos ha amado, debemos también nosotros amarnos unos a otros.

12 A Dios nadie le vio jamás. Si nos amamos unos a otros, Dios permanece en nosotros, y su amor se perfecciona en nosotros.

13 En esto conocemos que permanecemos en Él, y Él en nosotros, en que nos ha dado de su Espíritu.

14 Y ᵃnosotros hemos visto y testificamos que ᵇel Padre ha enviado al Hijo *para ser* ᶜel Salvador del mundo.

15 Todo aquel que confiese que ᵉJesús es el Hijo de Dios, Dios permanece en él, y él en Dios.

16 Y nosotros hemos conocido y creído el amor que Dios tiene para con nosotros. Dios es amor; y el que

1 JUAN 5 — El Padre, el Verbo y el Espíritu Santo

permanece en amor, permanece en Dios, y Dios en él.

17 En esto es perfeccionado el amor en nosotros, para que tengamos confianza en ᵇel día del juicio; pues como Él es, así somos nosotros en este mundo.

18 En el amor no hay temor; mas ᵈel perfecto amor echa fuera el temor, porque el temor conlleva castigo. Y el que teme no ha sido perfeccionado en el amor.

19 ᵍNosotros le amamos a Él, porque Él nos amó primero.

20 Si alguno dice: ʰYo amo a Dios, y aborrece a su hermano, ⁱes mentiroso; porque el que no ama a su hermano a quien ha visto, ¿cómo puede amar a Dios a quien no ha visto?

21 Y nosotros tenemos este mandamiento de Él: Que el que ama a Dios, ame también a su hermano.

CAPÍTULO 5

Todo aquel que cree que ˡJesús es el Cristo, ᵐes nacido de Dios; y ᵒtodo aquel que ama al que engendró, ama también al que es engendrado por Él.

2 En esto conocemos que amamos a los hijos de Dios, cuando amamos a Dios y guardamos sus mandamientos.

3 Porque ᵠéste es el amor de Dios, que guardemos sus mandamientos; y sus mandamientos no son gravosos.

4 Porque todo lo que es nacido de Dios vence al mundo; y ˢésta es la victoria que ha vencido al mundo, nuestra fe.

5 ¿Quién es el que vence al mundo, sino el que cree que Jesús es el Hijo de Dios?

6 Éste es el que vino mediante agua y sangre, Jesucristo; ᵘno mediante agua solamente, sino mediante agua y sangre. Y el Espíritu es el que da testimonio; porque ˣel Espíritu es la verdad.

7 Porque tres son los que dan testimonio en el cielo, el Padre, el Verbo y el Espíritu Santo; y estos tres son uno.

8 Y tres son los que dan testimonio en la tierra; el Espíritu, el agua y la sangre; y estos tres concuerdan en uno.

9 ᵃSi recibimos el testimonio de los hombres, el testimonio de Dios es mayor; porque éste es el testimonio de Dios que ᶜÉl ha dado acerca de su Hijo.

10 El que cree en el Hijo de Dios, ᵉtiene el testimonio en sí mismo; el que no cree a Dios, ᶠle ha hecho mentiroso; porque no ha creído en el testimonio que Dios ha dado de su Hijo.

11 Y éste es el testimonio: Que Dios nos ha dado ʲvida eterna; y esta vida está en su Hijo.

12 ᵏEl que tiene al Hijo, tiene la vida; el que no tiene al Hijo de Dios, no tiene la vida.

13 Estas cosas os he escrito a vosotros que creéis en el nombre del Hijo de Dios, para que sepáis que tenéis vida eterna, y para que creáis en el nombre del Hijo de Dios.

14 Y ésta es la confianza que tenemos en Él, que si pedimos alguna cosa ⁿconforme a su voluntad, ᵖÉl nos oye.

15 Y si sabemos que Él nos oye en cualquier cosa que pidamos, sabemos que tenemos las peticiones que le hayamos hecho.

16 Si alguno ve a su hermano cometer pecado no de muerte, pedirá, y *Dios* le dará vida; digo a los que pecan no de muerte. ʳHay pecado de muerte, por el cual yo no digo que se pida.

17 Toda maldad es pecado; mas hay pecado no de muerte.

18 Sabemos que ᵗcualquiera que es nacido de Dios, no peca, porque el que es engendrado de Dios, se guarda a sí mismo, y el maligno no le toca.

19 Sabemos que somos de Dios, y el mundo entero ʸyace en maldad.

20 Y sabemos que el Hijo de Dios ha venido, y nos ha dado entendimiento para conocer ʸal que es verdadero, y estamos en el verdadero, en su Hijo Jesucristo. Éste es el verdadero Dios, y la vida eterna.

21 Hijitos, ᶻguardaos de los ídolos. Amén.

---

a Jn 5:34-36
y 8:17
b cp 2:28
c Mt 3:17
d Rm 8:15
e Rm 8:16
Ap 12:17
y 19:10
f cp 1:10
g ver 10
h cp 3:17
i cp 2:4
j Jn 1:4
k Jn 3:15,36
y 5:24
l cp 2:22
m Jn 1:13
n Rm 8:27
o Jn 8:42
p Sal 34:17
Pr 15:29
Jn 9:31 11:42
q Jn 14:15
r Mt 12:31-32
Heb 6:4-6
y 10:26
s cp 4:4
t cp 3:9
u Jn 19:34
v Rm 1:28-32
x cp 2:22
y Jn 17:3
Ap 3:7-14
z 1 Co 10:14

Segunda Epístola del Apóstol
JUAN

El anciano a ªla señora elegida y a sus hijos, a quienes yo amo en la verdad; y no sólo yo, sino también todos los que han conocido la verdad,

2 por causa de la verdad que mora en nosotros, y estará para siempre con nosotros.

3 Gracia sea con vosotros, misericordia y paz, de Dios Padre y del Señor Jesucristo, Hijo del Padre, en verdad y en amor.

4 Mucho me regocijé porque he hallado de tus hijos, ᵉque andan en la verdad, tal como nosotros hemos recibido el mandamiento del Padre.

5 Y ahora te ruego, señora, ᵍno como escribiéndote un mandamiento nuevo, sino aquel que hemos tenido desde el principio, que nos amemos unos a otros.

6 Y este es el amor, que andemos según sus mandamientos. Éste es el mandamiento: Que andéis en él, como vosotros habéis oído desde el principio.

7 Porque muchos engañadores han entrado en el mundo, los cuales ᵇno confiesan que Jesucristo ha venido en carne. El que tal *hace* es engañador y anticristo.

8 Mirad por vosotros mismos, para que ᶜno perdamos aquello por lo que hemos trabajado, sino que recibamos galardón completo.

9 Cualquiera que se rebela, y ᵈno persevera en la doctrina de Cristo, no tiene a Dios; el que persevera en la doctrina de Cristo, el tal tiene al Padre y al Hijo.

10 Si alguno viene a vosotros y no trae esta doctrina, ᶠno lo recibáis en *vuestra* casa, ni le digáis: Bienvenido.

11 Porque el que le dice: Bienvenido, participa de sus malas obras.

12 Aunque tengo muchas cosas que escribiros, no he querido *hacerlo* por medio de papel y tinta, pues espero ir a vosotros y hablar cara a cara, para que ʰnuestro gozo sea cumplido.

13 Los hijos de tu hermana elegida te saludan. Amén.

Referencias:
a 1 Pe 5:1; 3 Jn 1
b 1 Jn 2:22; y 4:3
c Gá 3:4 4:11; Fil 2:6; Ap 3:11
d 1 Jn 2:19-24
e 1 Co 4:15
f Rm 16:17; Gá 1:8-9
g 1 Jn 2:7 3:11
h Jn 15:11; 16:24 y 17:23; 2 Tim 1:4

Tercera Epístola del Apóstol
JUAN

El anciano al muy amado ªGayo, a quien yo amo en la verdad.

2 Amado, mi oración es que tú seas prosperado en todas las cosas, y que tengas salud, así como prospera tu alma.

3 Pues mucho ᵈme regocijé cuando vinieron los hermanos y dieron testimonio de la verdad que está en ti, y de cómo tú andas en la verdad.

4 No tengo mayor gozo que el oír que ᵉmis hijos andan en la verdad.

5 Amado, fielmente haces todo lo que haces para ᶠcon los hermanos, y con los extranjeros;

6 los cuales han dado testimonio de tu amor en presencia de la iglesia; a los cuales si encaminares en su jornada, como es digno según Dios, harás bien.

7 Porque ellos partieron por amor a su nombre, ᵇno tomando nada de los gentiles.

8 Nosotros, pues, debemos recibir a los tales, para que seamos ᶜcooperadores con la verdad.

9 Yo he escrito a la iglesia; mas Diótrefes, que ama tener la preeminencia entre ellos, no nos recibe.

10 Por esta causa, si yo viniere, recordaré las obras que hace parloteando con palabras maliciosas contra nosotros; y no contento con estas cosas, no recibe a los hermanos, y a los que quieren recibirlos se lo impide, y *los* expulsa de la iglesia.

11 Amado, ᵍno sigas lo malo, sino lo bueno. ʰEl que hace lo bueno es de Dios; mas el que hace lo malo, ⁱno ha visto a Dios.

Referencias:
a Hch 19:29; Rm 16:23
b 1 Co 9:12-15; 2 Co 11.9
c 1 Co 3:5-9; Fil 4:23; Flm 24
d 2 Jn 4; 3 Jn 4
e 1 Co 4:15
f Gá 6:10
g Éx 23:2; Sal 37:27; Pr 12:11; 1 Pe 3:13
h 1 Jn 2:29
i 1 Jn 3:6

JUDAS

12 Todos dan testimonio de Demetrio, y aun la misma verdad; y también nosotros damos testimonio; y vosotros sabéis que ᵇnuestro testimonio es verdadero.

13 Yo tenía muchas cosas que escribirte, pero ᵃno quiero escribírtelas con tinta y pluma,

14 porque espero verte en breve, y hablaremos cara a cara. La paz *sea* contigo. Los amigos te saludan. Saluda tú a los amigos por nombre.

a 2 Jn 12
b Jn 21:24

Epístola de
JUDAS

Judas, ᵃsiervo de Jesucristo, y hermano de ᵇJacobo, a los llamados, santificados en Dios el Padre, y preservados en Jesucristo:

2 Misericordia y ᵈpaz y amor os sean multiplicados.

3 Amados, por la gran solicitud que tenía de escribiros tocante a la ᶠcomún salvación, me ha sido necesario escribiros exhortándoos a que ⁱcontendáis ardientemente por la fe que ha sido una vez dada a los santos.

4 Porque ᵏciertos hombres han entrado encubiertamente, los cuales desde antes fueron ordenados para esta condenación, hombres impíos, que cambian la gracia de nuestro Dios en libertinaje, negando al único Señor Dios, y a nuestro Señor Jesucristo.

5 Quiero, pues, recordaros, ya que una vez lo habéis sabido, que el Señor, habiendo salvado al pueblo sacándolo de la tierra de Egipto, ᵐdespués destruyó a los que no creyeron.

6 Y a ᵒlos ángeles que no guardaron su dignidad, sino que dejaron su propia habitación, los ha reservado bajo oscuridad en cadenas eternas para el juicio del gran día.

7 Como ᑫSodoma y Gomorra, y las ciudades vecinas, las cuales de la misma manera que ellos, habiéndose dado a la fornicación e ido en pos de carne extraña, fueron puestas por ejemplo; sufriendo el castigo del fuego eterno.

8 De la misma manera también estos soñadores mancillan la carne, ˢrechazan la autoridad y maldicen a las potestades superiores.

9 Pero cuando el ᵗarcángel Miguel contendía con el diablo, disputando acerca del cuerpo de Moisés, no se atrevió a usar juicio de maldición

a Stg 1:1
b Hch 12:17
c 2 Pe 2:12
d 1 Pe 1:12

e 1 Jn 3:12
f Tit 1:4
g 2 Pe 2:15
h 2 Pe 2:1-4
i 2 Tim 4:7
j 2 Pe 2:13-17
k Gá 2:4
2 Pe 2:1

l Is 57:20

m Nm 14:29
n Dt 33:2
l Ts 3:13
o 2 Pe 2:1-4
p Sal 9:7-8
y 98:9
Hch 17:31
l Co 4:5
q 2 Pe 2:6-10

r Dt 1:17

s Rm 13:1

t Dt 34:6
Dn 10:13
u 2 Pe 3:3

contra él, sino que dijo: El Señor te reprenda.

10 Pero éstos ᶜmaldicen las cosas que no conocen; y en las que por naturaleza conocen, se corrompen como bestias brutas.

11 ¡Ay de ellos! porque han seguido ᵉel camino de Caín, y por recompensa, se lanzaron en ᵍel error de Balaam, y perecieron en ʰla contradicción de Coré.

12 Éstos son manchas en ʲvuestros ágapes, que banquetean con vosotros, apacentándose a sí mismos sin temor; *son* nubes sin agua, las cuales son llevadas de acá para allá por los vientos; árboles otoñales, sin fruto, dos veces muertos y desarraigados;

13 ˡfieras ondas del mar, que espuman su propia vergüenza; estrellas erráticas, a las cuales está reservada la oscuridad de las tinieblas para siempre.

14 De éstos también profetizó Enoc, séptimo desde Adán, diciendo: ⁿHe aquí, el Señor viene con decenas de millares de sus santos,

15 ᵖpara ejecutar juicio contra todos, y convencer a todos los impíos de entre ellos, de todas sus obras impías que han cometido impíamente, y de toda *palabra* dura que los pecadores impíos han hablado contra Él.

16 Éstos son murmuradores, querellosos, andando según sus concupiscencias; y su boca habla *palabras* infladas, ʳadulando a las personas para sacar provecho.

17 Pero vosotros, amados, ʳacordaos de las palabras que antes fueron dichas por los apóstoles de nuestro Señor Jesucristo;

18 de que os decían: En ᵘel postrer tiempo habrá burladores, que andarán según sus malvadas concupiscencias.

Jesús, el Alfa y la Omega

19 ªÉstos son los que se separan a sí mismos, sensuales, ᵇno teniendo el Espíritu.

20 Pero vosotros, amados, edificándoos sobre vuestra santísima fe, ᵈorando en el Espíritu Santo,

21 conservaos en el amor de Dios, ᶠesperando la misericordia de nuestro Señor Jesucristo para vida eterna.

22 Y de algunos ʰtened compasión, haciendo diferencia.

23 Y a otros salvad con temor, arrebatándolos del fuego; aborreciendo incluso la ropa que es ᶜcontaminada por su carne.

24 Y a Aquél que es poderoso para guardaros sin caída, y ᵉpresentaros sin mancha delante de su gloria con gran alegría,

25 al ᵍúnico sabio Dios Salvador nuestro, *sea* gloria y majestad, dominio y potestad, ahora y siempre. Amén.

a Rm 16:17
b Rm 8:9
c Ap 3:4
d Jn 17:11
1 Pe 1:5
e 2 Co 11:2
Ef 5:27
f 1 Pe 1:2
g 1 Tim 1:17
h Tit 1:4

APOCALIPSIS
Revelación a Juan El Teólogo

CAPÍTULO 1

La ªrevelación de Jesucristo, que ᵇDios le dio, para manifestar a sus siervos las cosas que deben acontecer pronto; y la declaró enviándola ᶜpor su ángel a Juan su siervo,

2 el cual ha dado testimonio de ᵈla palabra de Dios, y del testimonio de Jesucristo, y de todas las cosas que él vio.

3 Bienaventurado ᶠel que lee, y los que oyen las palabras de esta profecía, y guardan las cosas en ella escritas; porque el tiempo *está* cerca.

4 Juan, a las siete iglesias que están en Asia: Gracia *sea* a vosotros, y paz del que ᵖes y que era y que ha de venir, y de los ᑫsiete Espíritus que están delante de su trono;

5 y de Jesucristo, ˢel testigo fiel, ᵗel primogénito de los muertos y príncipe de los reyes de la tierra. Al que nos amó y ᵛnos lavó de nuestros pecados con su propia sangre,

6 y ªnos hizo reyes y sacerdotes para Dios y su Padre; a Él *sea* la gloria y el poder por siempre jamás. Amén.

7 He aquí que viene con las nubes, y todo ojo le verá, y ᶜlos que le traspasaron, y todos los linajes de la tierra harán lamentación a causa de Él. Así sea. Amén.

8 Yo soy el Alfa y la Omega, el principio y el fin, dice el Señor, el que es y que era y que ha de venir, el Todopoderoso.

9 Yo Juan, que también *soy* vuestro hermano y compañero en la tribulación y en el reino y en la paciencia de Jesucristo, estaba en la isla que es llamada Patmos, por la palabra de Dios y por el testimonio de Jesucristo.

10 Yo fui en el Espíritu en el día del Señor, y oí detrás de mí una gran voz, como de trompeta,

11 que decía: Yo soy ᵉel Alfa y la Omega, el primero y el último. Escribe en un libro lo que ves, y envíalo a ᵍlas siete iglesias que están en Asia; a ʰÉfeso, y a ⁱEsmirna, y a ʲPérgamo, y a ᵏTiatira, y a ˡSardis, y a ᵐFiladelfia, y a ⁿLaodicea.

12 Y me volví para ver la voz que hablaba conmigo; y vuelto, vi ᵒsiete candeleros de oro;

13 y en medio de los siete candeleros, a ʳuno semejante al Hijo del Hombre, ᵘvestido de ᵛuna ropa que llegaba hasta los pies, y ˣceñido por el pecho con un cinto de oro.

14 Su cabeza y ᶻsus cabellos *eran* blancos como la lana, tan blancos como la nieve; y ᵇsus ojos *eran* como llama de fuego;

15 y sus pies semejantes al latón fino, ardientes como en un horno; y su voz como el ruido de muchas aguas.

16 Y tenía en su diestra siete estrellas; y de su boca salía una espada aguda de dos filos, y su rostro *era* como el sol cuando resplandece en su fuerza.

17 Y cuando le vi, caí como muerto a sus pies. Y ᵈÉl puso su diestra sobre mí, diciéndome: No temas; ᵉyo soy el primero y el último;

a Rm 16:25
Gá 1:12 y 2:2
b Jn 8:26
c cp 22:16
cp 1:9 6:9
12:17 y 19:10
e cp 1:8-17
2:8   21:6
y 22:13
f cp 22:7
g cp 1:4-20
h Hch 18:19
i cp 2:8
j cp 2:12
k cp 2:18-24
l cp 3:1-4
m cp 3:7
n Col 4:13-16
cp 3:14
o Éx 25:37 y 37:23 Zac 4:2
p Éx 3:14
cp 1:8 y 4:8
q cp 3:1 4:5
y 5:6
r Dn 7:13
cp 14:14
s 1 Tim 6:13
cp 3:14 19:11
t Hch 26:23
Col 1:18
u Dn 10:5
v Éx 28:4
x cp 15:6
y cp 7:14
z Dn 7:9
a cp 5:10 20:6
b Dn 10:6
cp 2:18 19:12
c Zac 12:10
Jn 19:37
d Dn 8:18
e ver 11

APOCALIPSIS 2 — Mensajes a las iglesias

18 y el que vivo, y estuve muerto; y he aquí que vivo para siempre, amén. Y ᵈtengo las llaves de la muerte ᵉy del infierno.

19 Escribe las cosas que has visto, y las que son, y ᵍlas que han de ser después de éstas.

20 El misterio de las siete estrellas que viste en mi diestra, y de los siete candeleros de oro. Las siete estrellas son los ángeles de las siete iglesias; y los siete candeleros que viste, son las siete iglesias.

CAPÍTULO 2

Escribe al ᵏángel de la iglesia de ÉFESO: El que tiene ˡlas siete estrellas en su diestra, ᵐel que anda en medio de los siete candeleros de oro, dice estas cosas:

2 Yo conozco tus obras, y tu trabajo, y tu paciencia; y que no puedes soportar a los malos, y has probado a los que ᵖse dicen ser apóstoles y no lo son, y los has hallado mentirosos;

3 y has sufrido, y tienes paciencia, y has trabajado por mi nombre y no has desmayado.

4 Pero tengo contra ti, que has dejado ʳtu primer amor.

5 Recuerda, por tanto, de dónde has caído, y arrepiéntete, y haz las primeras obras; pues si no, ˢvendré pronto a ti, y quitaré ᵘtu candelero de su lugar, si no te hubieres arrepentido.

6 Pero tienes esto, que aborreces las obras de los nicolaítas; las cuales yo también aborrezco.

7 El que tiene oído, oiga lo que el Espíritu dice a las iglesias. Al que venciere, le daré a comer del ᵃárbol de la vida, el cual está en medio ᵇdel paraíso de Dios.

8 Y escribe ᶜal ángel de la iglesia de ᵈESMIRNA: El primero y el postrero, que ᵉestuvo muerto y vive, dice estas cosas:

9 Yo conozco tus obras, y tu tribulación, y ᵍtu pobreza (pero tú eres rico), y la blasfemia de ʰlos que se dicen ser judíos, y no lo son, mas son ⁱsinagoga de Satanás.

10 No tengas ningún temor de las cosas que has de padecer. He aquí, el diablo echará a *algunos* de vosotros a la cárcel, para que seáis probados; y ᵃtendréis tribulación de ᵇdiez días. ᶜSé fiel hasta la muerte, y yo te daré ᶠla corona de la vida.

11 El que tiene oído, oiga lo que el Espíritu dice a las iglesias. El que venciere no recibirá daño de ᵃla muerte segunda.

12 Y escribe al ʰángel de la iglesia en ⁱPÉRGAMO: ʲEl que tiene la espada aguda de dos filos, dice estas cosas:

13 Yo conozco tus obras, y dónde moras, donde *está* la silla de Satanás; y retienes mi nombre, y no has negado mi fe, ni aun en los días en que Antipas *fue* mi fiel mártir, el cual fue muerto entre vosotros, donde Satanás mora.

14 Pero tengo unas pocas cosas contra ti; que tú tienes ahí a los que retienen la doctrina de ⁿBalaam, el cual enseñaba a Balac a poner tropiezo delante de los hijos de Israel, a ᵒcomer de cosas sacrificadas a los ídolos, y ᑫa cometer fornicación.

15 Así también tú tienes a los que retienen la doctrina de los nicolaítas, la cual yo aborrezco.

16 Arrepiéntete, porque si no, vendré pronto a ti, y pelearé contra ellos con la espada de mi boca.

17 El que tiene oído, oiga lo que el Espíritu dice a las iglesias. Al que venciere, daré a comer ᵗdel maná escondido, y le daré una piedrecita blanca, y en la piedrecita ᵛun nombre nuevo escrito, el cual ninguno conoce sino aquel que lo recibe.

18 Y escribe al ˣángel de la iglesia en ʸTIATIRA: El Hijo de Dios, que tiene sus ᶻojos como llama de fuego, y sus pies semejantes al latón fino, dice estas cosas:

19 Yo conozco tus obras, y caridad, y servicio, y fe, y tu paciencia, y que tus obras postreras *son* más que las primeras.

20 Pero tengo ᶠunas pocas cosas contra ti; porque permites a esa mujer Jezabel, que se dice profetisa, enseñar y seducir a mis siervos a fornicar y a comer cosas sacrificadas a los ídolos.

21 Y le he dado tiempo para que ʲarrepienta de su fornicación; y no se ha arrepentido.

22 He aquí, yo la arrojaré en cama, y a los que adulteran con ella, en muy

Mensajes a las iglesias

grande tribulación, si no se arrepienten de sus obras.

23 Y heriré a sus hijos con muerte; y todas las iglesias sabrán que yo soy el que [b]escudriño los riñones y los corazones; y [c]daré a cada uno de vosotros según sus obras.

24 Pero a vosotros digo, y a los demás en Tiatira, a cuantos no tienen esta doctrina, y no han conocido lo que ellos llaman las profundidades de Satanás. [e]No pondré sobre vosotros otra carga.

25 Pero lo que tenéis, retenedlo hasta que [g]yo venga.

26 Y [h]al que venciere y guardare mis obras hasta el fin, [i]yo le daré potestad sobre las naciones;

27 y las regirá con [j]vara de hierro, y serán quebradas como vaso de alfarero; como también yo he recibido de mi Padre;

28 y le daré [m]la estrella de la mañana.

29 El que tiene oído, oiga lo que el Espíritu dice a las iglesias.

CAPÍTULO 3

Y escribe al ángel de la iglesia en SARDIS: El que tiene los siete Espíritus de Dios, y las siete estrellas, dice estas cosas: Yo conozco tus obras, que tienes nombre de que vives, y [t]estás muerto.

2 Sé vigilante, y afirma las otras cosas que están para morir; porque no he hallado tus obras perfectas delante de Dios.

3 Acuérdate, pues, de lo que has recibido y oído, y guárdalo, y arrepiéntete. Pues si no velares, vendré sobre ti [y]como ladrón, y no sabrás a qué hora vendré sobre ti.

4 *Pero* aún tienes [z]unas pocas personas en Sardis que [a]no han contaminado sus vestiduras; y andarán conmigo [b]en vestiduras blancas; porque son dignas.

5 [d]El que venciere [e]será vestido de vestiduras blancas; y [f]no borraré su nombre [g]del libro de la vida, y [h]confesaré su nombre delante de mi Padre y delante de sus ángeles.

6 El que tiene oído, oiga lo que el Espíritu dice a las iglesias.

7 Y escribe al ángel de la iglesia en FILADELFIA: El Santo, el Verdadero,

a	Mt 16:19
b	Sal 7:9
	Jer 17:10
c	Sal 62:12
	Is 3:10-11
	Mt 16:27
	Rm 2:5-11
	y 14:12
	2 Co 5:10
	Gá 6:5-7
	1 Pe 1:17
d	cp 2:9
e	Hch 15:28
f	Is 49:23
	y 60:14
g	cp 3:3,11
h	cp 2:7,11,17
	3:5,12,21
	y 21:7 1 Jn 5:5
i	cp 3:21 20:4
	Mt 19:28
	Lc 22:29-30
	1 Co 6:2-4
j	cp 12:5 19:15
	Sal 2:9
k	cp 22:7,20
l	cp 2:25
m	cp 22:16
	2 Pe 1:19
n	cp 1:4,16
	4:5 y 5:6
o	ver 5
p	Jer 1:18
	Gá 2:9
q	cp 14:1 22:4
r	cp 21:2
	Gá 4:26
s	cp 2:17
t	Ef 2:1-5
	Col 2:13
	1 Tim 5:6
	Stg 2:26
	Jud 12
u	cp 1:11
v	cp 19:11 22:6
	Jn 8:14
x	Col 1:15
y	cp 16:15
	Mt 24:43
	1 Ts 5:2
	2 Pe 3:10
z	Hch 1:15
	1 Re 19:18
	Rm 11:4-6
	cp 14:14
	Jud 23
b	cp 6:11 7:9
c	Is 55:1
	Mt 13:44 25:9
d	cp 2:7
e	cp 19:8
	Zac 3:3-6
f	Éx 32:32
	Sal 69:28
	y 109:13
g	cp 13:8 17:8
	20:12 20:15
	21:27 y 22:19
	Fil 4:3
h	Mt 10:32

APOCALIPSIS 3

el que tiene la llave de David, el que [a]abre y ninguno cierra, y cierra y ninguno abre, dice estas cosas:

8 Yo conozco tus obras: he aquí, he dado una puerta abierta delante de ti, la cual ninguno puede cerrar; porque *aún* tienes un poco de fuerza, y has guardado mi palabra, y no has negado mi nombre.

9 He aquí, yo entrego de la [d]sinagoga de Satanás a los que se dicen ser judíos y no lo son, sino que mienten; he aquí, [f]yo haré que vengan y adoren delante de tus pies, y que reconozcan que yo te he amado.

10 Por cuanto has guardado la palabra de mi paciencia, yo también te guardaré de la hora de la prueba que ha de venir sobre todo el mundo, para probar a los que moran sobre la tierra.

11 He aquí, [k]yo vengo pronto; [l]retén lo que tienes, para que ninguno tome [n]tu corona.

12 [o]Al que venciere, yo lo haré [p]columna en el templo de mi Dios, y nunca más saldrá de allí; y escribiré sobre él [q]el nombre de mi Dios, y el nombre de la ciudad de mi Dios, [r]la nueva Jerusalén, la cual desciende del cielo, de mi Dios, y [s]mi nombre nuevo.

13 El que tiene oído, oiga lo que el Espíritu dice a las iglesias.

14 Y escribe al ángel de la iglesia de los [u]LAODICENSES: Estas cosas dice el Amén, [v]el testigo fiel y verdadero, [x]el principio de la creación de Dios:

15 Yo conozco tus obras, que ni eres frío, ni caliente. ¡Quisiera que fueses frío o caliente!

16 Mas porque eres tibio, y no frío ni caliente, te vomitaré de mi boca.

17 Porque tú dices: Yo soy rico, y estoy enriquecido, y no tengo necesidad de nada; y no conoces que tú eres un desventurado, y miserable, y pobre, y ciego, y desnudo.

18 Yo te aconsejo que [c]de mí compres oro refinado en fuego, para que seas rico, y vestiduras blancas para que te vistas, y no se descubra la vergüenza de tu desnudez; y unge tus ojos con colirio, para que veas.

19 Yo reprendo y castigo a todos los que amo; sé, pues, celoso, y arrepiéntete.

APOCALIPSIS 4-5 — El Cordero como inmolado

20 He aquí, yo estoy a la puerta y ^allamo; si alguno oye mi voz y abre la puerta, ^bentraré a él, y cenaré con él, y él conmigo.

21 Al que venciere, ^cyo le daré que se siente conmigo en mi trono; así como también ^dyo he vencido, y me he sentado con mi Padre en su trono.

22 El que tiene oído, oiga lo que el Espíritu dice a las iglesias.

CAPÍTULO 4

Después de estas cosas miré, y he aquí una puerta abierta en el cielo; y ^hla primera voz que oí, *era* como de trompeta que hablaba conmigo, diciendo: Sube acá, y ^kte mostraré las cosas que han de ser después de éstas.

2 Y al instante ^mestaba yo en el Espíritu; y he aquí, ⁿun trono que estaba puesto en el cielo, y *uno* sentado sobre el trono.

3 Y el parecer del que estaba sentado era semejante al jaspe y a la piedra de sardonia; y *había* alrededor del trono un arco iris, semejante en aspecto a la esmeralda.

4 Y alrededor del trono ^o*había* veinticuatro sillas; y vi sobre las sillas ^sveinticuatro ancianos sentados, ^tvestidos de ropas blancas; y tenían sobre sus cabezas coronas de oro.

5 Y del trono salían ^urelámpagos y truenos y voces; y delante del trono ardían siete lámparas de fuego, las cuales son los siete Espíritus de Dios.

6 Y delante del trono *había* un mar de vidrio semejante al cristal; y en medio del trono, y alrededor del trono, cuatro seres vivientes llenos de ojos delante y detrás.

7 Y el primer ser viviente *era* semejante a un león; y el segundo ser viviente *era* semejante a un becerro; y el tercer ser viviente tenía la cara como de hombre; y el cuarto ser viviente *era* semejante a un águila volando.

8 Y los cuatro seres vivientes tenían cada uno seis alas alrededor, y por dentro estaban llenos de ojos; y no reposaban día y noche, diciendo: Santo, santo, santo, Señor Dios Todopoderoso, que era, y que es, y que ha de venir.

9 Y cuando aquellos seres vivientes dan gloria y honra y gracias al que está sentado en el trono, al que vive para siempre jamás,

10 los veinticuatro ancianos se postran delante del que está sentado en el trono, y adoran al que vive para siempre jamás, y echan sus coronas delante del trono, diciendo:

11 Señor, ^edigno eres de recibir la gloria y la honra y el poder; porque tú ^fcreaste todas las cosas, y ^gpor tu placer existen y fueron creadas.

CAPÍTULO 5

Y vi en la mano derecha ⁱdel que estaba sentado sobre el trono ^jun libro escrito por dentro y por atrás, ^lsellado con siete sellos.

2 Y vi a un ángel fuerte proclamando en alta voz: ¿Quién es digno de abrir el libro, y de desatar sus sellos?

3 Y ninguno, ni en el cielo ni en la tierra ni debajo de la tierra, podía abrir el libro, ni aun mirarlo.

4 Y yo lloraba mucho, porque ninguno fue hallado digno de abrir el libro, ni de leerlo, ni de mirarlo.

5 Y uno de los ancianos me dijo: No llores; he aquí ^pel León de ^qla tribu de Judá, ^rla raíz de David, que ha vencido para abrir el libro y desatar sus siete sellos.

6 Y miré; y, he aquí, en medio del trono y de los cuatro seres vivientes, y en medio de los ancianos, estaba en pie ^vun Cordero como inmolado, que tenía ¹siete cuernos y siete ojos, que son ²los siete Espíritus de Dios enviados a toda la tierra.

7 Y Él vino, y tomó el libro de la mano derecha de Aquél que estaba sentado en el trono.

8 Y cuando hubo tomado el libro, ^xlos cuatro seres vivientes y los veinticuatro ancianos se postraron delante del Cordero, teniendo cada uno arpas, y tazones de oro llenos de perfumes, que son ^ylas oraciones de los santos.

9 Y cantaban un cántico nuevo, diciendo: Digno eres de tomar el libro y de abrir sus sellos; porque tú fuiste inmolado, y nos has redimido para Dios con tu sangre, de todo linaje y lengua y pueblo y nación;

10 y nos has hecho para nuestro Dios reyes y sacerdotes, y reinaremos sobre la tierra.

---

a Lc 12:36-37
b Jn 14:23
c Mt 19:28
Lc 2:30
1 Co 6:2-3
2 Tim 2:12
d cp 5:5 6:2
y 17:14
Jn 16:33
1 Jn 5:4
e cp 5:9-12
2 Sm 22:4
Sal 18:3
f Gn 1:1
Éx 20:11
Is 40:26-28
Jer 32:17
Jn 1:1-3
Col 1:16-17
Heb 1:2-10
g Pr 16:4
Rm 11:36
h cp 1:10
i cp 4:2
j Ez 2:9-10
k cp 1:1,19
l cp 6:1
Is 29:11
Dn 8:26
y 12:4-9
m cp 1:10
n Sal 11:4
o cp 11:16
p Gn 49:9-10
q Heb 7:14
r Is 11:10
Jer 23:5
Rm 1:3 15;12
s cp 4:10
5;6,14 7:11
y 19:4
t cp 3:4-5
6:11 7:9-14
y 19:14
u cp 8:5 11:19
y 16:18
Éx 19:16
y 20:18
v Jn 1:29-36
1 emblema del poder perfecto de Cristo
1 Sm 2:10
Dn 7:14
2 símbolo de la plenitud de su Espíritu
cp 1:4 3:1 4:5
x cp 4:8
y cp 8:3-4
Sal 141:2

El cántico del Cordero

11 Y miré, y oí la voz de muchos ángeles alrededor del trono, y de los seres vivientes, y de los ancianos; y ᵃel número de ellos era millones de millones,

12 que decían en alta voz: ᶜEl Cordero que fue inmolado es digno de recibir ᵈel poder, las riquezas, la sabiduría, la fortaleza, el honor, la gloria y la alabanza.

13 Y oí a toda criatura que está en el cielo, y sobre la tierra, y debajo de la tierra, y que está en el mar, y todas las cosas que en ellos hay, diciendo: ⁱAl que está sentado en el trono, y al Cordero, *sea* la alabanza, y la honra, y la gloria y el poder, por siempre jamás.

14 Y ᵏlos cuatro seres vivientes decían: ᵐAmén. Y los veinticuatro ancianos se postraron, y adoraron al que vive por siempre jamás.

CAPÍTULO 6

Y vi cuando el Cordero abrió uno de los sellos, y oí a uno de los cuatro seres vivientes, como con voz de trueno, diciendo: Ven y mira.

2 Y miré, y he aquí ᑫun caballo blanco; y ʳel que estaba sentado sobre él tenía un arco; y ˢle fue dada una corona, y salió venciendo, y para vencer.

3 Y cuando Él abrió el segundo sello, oí al segundo ser viviente decir: Ven y mira.

4 Y salió ˣotro caballo, bermejo; y al que estaba sentado sobre él le fue dado ʸ*poder* de quitar la paz de la tierra, y que se matasen unos a otros; y le fue dada una grande espada.

5 Y cuando abrió el tercer sello, oí al tercer ser viviente, que decía: Ven y mira. Y miré, y he aquí ᵇun caballo negro; y el que estaba sentado sobre él tenía ᵈuna balanza en su mano.

6 Y oí una voz en medio de los cuatro seres vivientes, que decía: Una medida de trigo por un denario, y tres medidas de cebada por un denario; y no hagas daño al ᵍvino ni al aceite.

7 Y cuando abrió el cuarto sello, oí la voz del cuarto ser viviente, que decía: Ven y mira.

8 Y miré, y he aquí ⁱun caballo pálido; y el que estaba sentado

---

APOCALIPSIS 6-7

sobre él tenía por nombre Muerte; y el infierno le seguía. Y le fue dada potestad sobre la cuarta parte de la tierra, ᵇpara matar con espada, con hambre, con mortandad, y con las fieras de la tierra.

9 Y cuando abrió el quinto sello, vi ᵉdebajo del altar ᶠlas almas de los que habían sido muertos ᵍpor causa de la palabra de Dios y por el testimonio que ellos tenían.

10 Y clamaban en alta voz diciendo: ¿Hasta cuándo, Señor, santo y verdadero, ʰno juzgas y vengas nuestra sangre de los que moran en la tierra?

11 Y ʲles fueron dadas vestiduras blancas a cada uno de ellos, y les fue dicho ˡque reposasen todavía un poco de tiempo, hasta que se completaran sus consiervos y sus hermanos, que también habían de ser muertos como ellos.

12 Y miré cuando Él abrió el sexto sello, y he aquí fue hecho ⁿun gran terremoto; y ᵒel sol se puso negro como un saco de cilicio, y la luna se volvió como sangre;

13 Y ᵖlas estrellas del cielo cayeron sobre la tierra, como caen los higos verdes de la higuera cuando es sacudida por un fuerte viento.

14 Y el cielo se apartó ᵗcomo un pergamino que es enrollado; y ᵘtoda montaña y ᵛtoda isla fue movida de su lugar.

15 Y los reyes de la tierra, y los magistrados, y los ricos, y los capitanes, y los poderosos, y todo siervo y todo libre, ᶻse escondieron en las cuevas y entre las peñas de las montañas;

16 y decían a las montañas y a ᵃlas peñas: Caed sobre nosotros, y escondednos del rostro de ᶜAquél que está sentado sobre el trono, y de la ira del Cordero;

17 porque ᵉel gran día de su ira ha llegado; ᶠ¿y quién podrá sostenerse en pie?

CAPÍTULO 7

Y después de estas cosas vi cuatro ángeles en pie sobre los cuatro ángulos de la tierra, ʰdeteniendo los cuatro vientos de la tierra, para que no soplase viento sobre la tierra, ni sobre el mar, ni sobre ningún árbol.

APOCALIPSIS 8

2 Y vi otro ángel que subía de donde nace el sol, teniendo ªel sello del Dios viviente. Y clamó con gran voz a los cuatro ángeles, a los cuales era dado hacer daño a la tierra y al mar,

3 diciendo: ᶜNo hagáis daño a la tierra, ni al mar, ni a los árboles, hasta que hayamos sellado a los siervos de nuestro Dios en sus frentes.

4 Y oí el número de ᵉlos sellados; ᵍciento cuarenta y cuatro mil sellados de todas las tribus de los hijos de Israel.

5 De la tribu de Judá, doce mil sellados. De la tribu de Rubén, doce mil sellados. De la tribu de Gad, doce mil sellados.

6 De la tribu de Aser, doce mil sellados. De la tribu de Neftalí, doce mil sellados. De la tribu de Manasés, doce mil sellados.

7 De la tribu de Simeón, doce mil sellados. De la tribu de Leví, doce mil sellados. De la tribu de Isacar, doce mil sellados.

8 De la tribu de Zabulón, doce mil sellados. De la tribu de José, doce mil sellados. De la tribu de Benjamín, doce mil sellados.

9 Después de estas cosas miré, y he aquí una gran multitud, la cual ninguno podía contar, ᵒde todas las naciones y tribus y pueblos y lenguas, que estaban delante del trono y en la presencia del Cordero, ᵖvestidos de ropas blancas, y ᵠpalmas en sus manos;

10 y aclamaban en alta voz, diciendo: ˢSalvación a nuestro Dios que ᵗestá sentado sobre el trono, y al Cordero.

11 Y todos los ángeles estaban en pie alrededor del trono, y de los ancianos y de los cuatro seres vivientes; y se postraron sobre sus rostros delante del trono, y adoraron a Dios,

12 diciendo: ʸAmén: La alabanza y la gloria y la sabiduría y la acción de gracias y la honra y el poder y la fortaleza, *sean* a nuestro Dios por siempre jamás. Amén.

13 Y respondió uno de los ancianos, diciéndome: Estos que están vestidos de ropas blancas, ¿quiénes son, y de dónde han venido?

14 Y yo le dije: Señor, tú lo sabes. Y él me dijo: Éstos son los que han salido de gran tribulación, y han ᵇlavado sus ropas, y las han emblanquecido en la sangre del Cordero.

15 Por esto están delante del trono de Dios, y ᵈle sirven día y noche en su templo; y el que está sentado sobre el trono extenderá su tabernáculo sobre ellos.

16 No tendrán más hambre, ᶠni sed; y el sol no caerá más sobre ellos, ni ningún calor;

17 porque el Cordero que está en medio del trono ʰlos pastoreará, y los guiará a fuentes vivas de aguas: Y ⁱDios enjugará toda lágrima de los ojos de ellos.

CAPÍTULO 8

Y cuando abrió ʲel séptimo sello, fue hecho ᵏsilencio en el cielo como por media hora.

2 Y vi ˡlos siete ángeles que estaban en pie delante de Dios; y les fueron dadas siete ᵐtrompetas.

3 Y otro ángel vino y se puso en pie delante del altar, teniendo un incensario de oro; y le fue dado mucho incienso para que lo ofreciese con ⁿlas oraciones de todos los santos sobre el altar de oro que estaba delante del trono.

4 Y el humo del incienso subió de la mano del ángel delante de Dios con las oraciones de los santos.

5 Y el ángel tomó el incensario, y ʳlo llenó del fuego del altar, y lo arrojó a la tierra; y hubo voces, y truenos, y relámpagos, y terremotos.

6 Y los siete ángeles que tenían las siete trompetas se aprestaron para tocarlas.

7 Y el primer ángel tocó la trompeta, y hubo ᵘgranizo y fuego mezclados con sangre, y ᵛfueron arrojados sobre la tierra; y ˣla tercera parte de los árboles fue quemada, y toda la hierba verde fue quemada.

8 Y el segundo ángel tocó la trompeta, y ᶻcomo una gran montaña ardiendo con fuego fue lanzada en el mar; y ªla tercera parte del mar se convirtió en sangre.

9 Y murió la tercera parte de las criaturas que estaban en el mar, las cuales tenían vida; y la tercera parte de los navíos fue destruida.

Las trompetas: Las plagas APOCALIPSIS 9

10 Y el tercer ángel tocó la trompeta, y ªcayó del cielo una grande estrella, ardiendo como una antorcha, y ᶜcayó sobre la tercera parte de los ríos, y sobre las fuentes de las aguas.

11 Y el nombre de la estrella se dice ᵉAjenjo. Y la tercera parte de las aguas fue tornada en ajenjo; y muchos hombres murieron por las aguas, porque fueron hechas amargas.

12 Y el cuarto ángel tocó la trompeta, y ᶠfue herida la tercera parte del sol, y la tercera parte de la luna, y la tercera parte de las estrellas; de tal manera que se oscureció la tercera parte de ellos, y no alumbraba la tercera parte del día, y lo mismo de la noche.

13 Y miré, y oí un ángel volar por medio del cielo, diciendo en alta voz: ¡¡Ay, ay, ay de los que moran en la tierra! A causa de los otros sonidos de trompeta de los tres ángeles que están por tocar.

CAPÍTULO 9

Y el quinto ángel tocó la trompeta, y vi ˡuna estrella que cayó del cielo a la tierra; y le fue dada ᵐla llave ⁿdel pozo del abismo.

2 Y abrió el pozo del abismo, y subió humo del pozo como el humo de un gran horno; y se oscureció el sol y el aire por el humo del pozo.

3 Y del humo salieron ᵖlangostas sobre la tierra; y les fue dado poder, como tienen poder los escorpiones de la tierra.

4 Y les fue mandado que ʳno hiciesen daño a ˢla hierba de la tierra, ni a ninguna cosa verde, ni a ningún árbol, sino solamente a los hombres que no tienen ᵗel sello de Dios en sus frentes.

5 Y les fue dado que no los matasen, sino que los atormentasen cinco meses; y su tormento era como tormento de escorpión, cuando hiere al hombre.

6 Y en aquellos días los hombres ᵘbuscarán la muerte, y no la hallarán; y desearán morir, pero la muerte huirá de ellos.

7 Y ᵛel parecer de las langostas era semejante a caballos preparados para la guerra; y sobre sus cabezas tenían como coronas semejantes al oro; y sus caras eran como caras de hombres;

8 y tenían cabello como cabello de mujer; y ªsus dientes eran como dientes de leones;

9 y tenían corazas como corazas de hierro; y el ruido de sus alas era como ᵈel estruendo de muchos carros de caballos corriendo a la batalla.

10 Y tenían colas como de escorpiones, y tenían en sus colas aguijones, y el poder de hacer daño a los hombres cinco meses.

11 Y tenían ᵍpor rey sobre ellos al ángel del abismo, cuyo nombre en hebreo es Abadón, y en griego, Apolyón.

12 El primer ay es pasado; he aquí, ʰvienen aún dos ayes más después de estas cosas.

13 Y el sexto ángel tocó la trompeta; y oí una voz de ʲlos cuatro cuernos del ᵏaltar de oro que estaba delante de Dios,

14 diciendo al sexto ángel que tenía la trompeta: Desata los cuatro ángeles que están atados en ˡel gran río Éufrates.

15 Y fueron desatados los cuatro ángeles que estaban preparados para la hora y el día, y el mes y el año, para matar la tercera parte de los hombres.

16 Y ᵒel número del ejército de los de a caballo era doscientos millones. Y oí el número de ellos.

17 Y así vi en visión los caballos y a los que sobre ellos estaban sentados, los cuales tenían ᵠcorazas de fuego, de jacinto, y de azufre. Y las cabezas de los caballos eran como cabezas de leones; y de la boca de ellos salía fuego y humo y azufre.

18 Por estas tres plagas fue muerta la tercera parte de los hombres; por el fuego, y por el humo, y por el azufre que salía de su boca.

19 Porque su poder está en su boca y en sus colas; porque sus colas eran semejantes a serpientes, y tenían cabezas, y con ellas dañan.

20 Y los otros hombres que no fueron muertos con estas plagas, ni aun así se arrepintieron de ˣlas obras de sus manos, para que no adorasen a los demonios, y a ʸlas imágenes de oro, y plata, y bronce, y piedra, y de madera; las cuales no pueden ver, ni oír, ni andar,

---

a cp 9:1
b Sal 57:4
Jl 1:6
c cp 16:4

d 2 Re 7:6
Is 9:5
Ez 10:5
Jl 2:5-7
Dt 29:18
Éx 15:23
Pr 5:4
Jer 9:15
Lm 3:19
Os 10:4
Am 5:7 6:12
f Is 13:10
y 24:23
Jl 2:10,31
Am 8:9
Mt 24:29
Mr 13:24
Lc 21:25
Hch 2:20
g Pr 30:27
h cp 8:13
9:13-21 11:14
i cp 9:12 11:14
j Éx 30:3
k cp 8:3
l cp 8:10
m cp 20:1
n Lc 8:31
o Sal 68:17
p Éx 10:4-15

q cp 14:1 22:4
r cp 6:6 y 7:3
s cp 8:7

t cp 7:2-4
Éx 12:23
Ez 9:4-6
Ef 4:30

u Jer 8:3
v Jl 2:4-5
x cp 2:21-22
Dt 31:29
Sal 106:37
Is 2:8 Jer 5:3
y Sal 115:4-7
y 135:15-17
Hch 7:41
y 19:26

APOCALIPSIS 10-11

21 y no se arrepintieron de ªsus homicidios, ni de ᵇsus hechicerías, ni de ᵈsu fornicación, ni de sus hurtos.

CAPÍTULO 10

Y vi otro ángel fuerte descender del cielo, envuelto en una nube, y ʰun arco iris sobre su cabeza; y ⁱsu rostro era como el sol, y ᵏsus pies como columnas de fuego.

2 Y tenía en su mano un librito abierto; y puso su pie derecho sobre el mar, y el izquierdo sobre la tierra;

3 y clamó con gran voz, como *cuando* un león ruge; y cuando hubo clamado, siete truenos emitieron sus voces.

4 Y cuando los siete truenos hubieron emitido sus voces, yo iba a escribir; y oí una voz del cielo que me decía: ᵠSella las cosas que los siete truenos han dicho, y no las escribas.

5 Y el ángel que vi en pie sobre el mar y sobre la tierra, ˢlevantó su mano al cielo,

6 y juró ᵘpor el que vive para siempre jamás, que ᵛcreó el cielo y las cosas que están en él, y la tierra y las cosas que están en ella, y el mar y las cosas que están en él, que el tiempo no sería más.

7 Pero en los días de la voz del séptimo ángel, cuando él comience a tocar la trompeta, el misterio de Dios será consumado, como Él lo anunció a sus siervos los profetas.

8 Y la voz que oí del cielo habló otra vez conmigo, y dijo: Ve y toma el librito que está abierto en la mano del ángel que está en pie sobre el mar y sobre la tierra.

9 Y fui al ángel, y le dije: Dame el librito; y él me dijo: ᵈToma, y cómetelo; y te amargará tu vientre, pero en tu boca será dulce como la miel.

10 Y tomé el librito de la mano del ángel, y lo comí; y en mi boca fue ᵍdulce como la miel; y cuando lo hube comido, amargó mi vientre.

11 Y él me dijo: Es necesario que profetices otra vez ante muchos pueblos, y naciones, y lenguas, y reyes.

CAPÍTULO 11

Y me fue dada ʲuna caña semejante a una vara, y el ángel se

a	cp 11:7-9
	13:7-15 16:6
	Dn 7:21-25
b	cp 13:13
	y 18:23
	Is 47:9- 12
	y 57:3
	Mal 3:5
c	cp 8:3
	Ez 41:22
d	cp 14:8
	17:2-5 18:3
	y 19:2
	Mt 15:19
	2 Co 12:21
e	Ez 40:17-20
f	Lc 21:24
g	cp 12:6 13:5
h	cp 4:5
	Gn 9:11-17
	Is 54:9
	Ez 1:28
i	cp 1:16
	Mt 17:2
j	cp 11:10
k	cp 1:15
l	Zac 4:3-14
m	cp 1:12-13
	Zac 4:2
n	cp 1:4,16
	4:5 y 5:6
o	cp 10:7
p	Stg 5:17
q	Dt 29:29
	Is 8:16 29:11
	Dn 8:26 12:4
r	cp 8:8
	Éx 7:19
s	Dn 12:7
t	Éx cp 7 y 10
u	cp 4:9
v	cp 4:11
x	cp 1:2
y	cp 13:1
	y 17:18
z	cp 9:1
a	Dn 7:21
b	cp 14:8
c	Is 1:10
d	Ez 2:8 3:1
e	ver 3
f	1 Re 18:17
g	Ez 3:3
h	Ez 37:5-14
i	1 Ts 4:17
j	Ez 40:3
	Zac 2:1
k	cp 16:19

Los dos testigos

puso en pie diciendo: Levántate, y mide el templo de Dios, y ᶜel altar, y a los que adoran en él.

2 Pero el patio ᵉque está fuera del templo, déjalo aparte, y no lo midas, porque ᶠes dado a los gentiles; y ellos hollarán la ciudad santa ᵍcuarenta y dos meses.

3 Y daré *potestad* a mis ʲdos testigos, y ellos profetizarán por mil doscientos sesenta días, vestidos de cilicio.

4 Éstos son ˡlos dos olivos, y ᵐlos dos candeleros que están en pie delante del Dios de la tierra.

5 Y si alguno quisiere dañarles, ᵒsale fuego de la boca de ellos, y devora a sus enemigos; y si alguno quisiere hacerles daño, debe morir él de la misma manera.

6 Éstos ᵖtienen potestad de cerrar el cielo, para que no llueva en los días de su profecía, y tienen potestad sobre las aguas ʳpara tornarlas en sangre, y ᵗpara herir la tierra con toda plaga cuantas veces quisieren.

7 Y cuando ellos hubieren acabado ˣsu testimonio, ʸla bestia que sube ᶻdel abismo ᵃhará guerra contra ellos, y los vencerá, y los matará.

8 Y sus cadáveres *yacerán* en la plaza de ᵇla gran ciudad, que espiritualmente es llamada ᶜSodoma y Egipto, donde también nuestro Señor fue crucificado.

9 Y los de los pueblos, y tribus, y lenguas, y naciones verán los cadáveres de ellos por tres días y medio, y no permitirán que sus cadáveres sean puestos en sepulcros.

10 Y los moradores de la tierra se regocijarán sobre ellos, y se alegrarán, y se enviarán dones unos a otros; porque ᵉestos dos profetas ᶠhan atormentado a los que moran sobre la tierra.

11 Y después de tres días y medio el ʰEspíritu de vida enviado de Dios, entró en ellos, y se alzaron sobre sus pies, y vino gran temor sobre los que los vieron.

12 Y oyeron una gran voz del cielo, que les decía: Subid acá. Y subieron al cielo ⁱen una nube, y sus enemigos los vieron.

13 Y en aquella hora fue hecho gran terremoto, y ᵏla décima parte de la

1116

La mujer y el dragón: Las dos bestias

ciudad se derrumbó, y siete mil hombres murieron en el terremoto; y los demás se espantaron, y dieron gloria al Dios del cielo.

14 ªEl segundo ay es pasado; he aquí, el tercer ay viene pronto.

15 Y ᶜel séptimo ángel tocó la trompeta; y fueron hechas grandes voces en el cielo, que decían: ᵉLos reinos de este mundo han venido a ser de nuestro Señor, y de ᵍsu Cristo; ⁱy reinará para siempre jamás.

16 Y ʲlos veinticuatro ancianos que estaban sentados delante de Dios en sus sillas, se postraron sobre sus rostros, y adoraron a Dios,

17 Diciendo: Te damos gracias, oh Señor Dios Todopoderoso, ᵒque eres y que eras y que has de venir, porque has tomado tu gran poder, y has reinado.

18 Y se han airado las naciones, ᑫtu ira ha venido, y ʳel tiempo para que los muertos sean juzgados, y para que des el galardón a tus siervos los profetas, y a los santos, y a los que temen tu nombre, pequeños y grandes, y para que destruyas los que destruyen la tierra.

19 Y ˣel templo de Dios fue abierto en el cielo, y ʸel arca de su pacto fue vista en su templo. Y hubo ªrelámpagos, y voces, y truenos, y un terremoto, y grande granizo.

CAPÍTULO 12

Y apareció en el cielo una gran señal; una mujer vestida del sol, y ᶜla luna debajo de sus pies, y sobre su cabeza una corona de doce estrellas.

2 Y ᵈestando embarazada, clamaba con dolores de parto, y angustia por dar a luz.

3 Y fue vista otra señal en el cielo; y he aquí un gran ᶠdragón bermejo, que tenía siete cabezas y ᵍdiez cuernos, y en sus cabezas siete diademas.

4 Y su cola arrastró la tercera parte de las estrellas del cielo y ʰlas arrojó sobre la tierra. Y el dragón se paró delante de la mujer que estaba para dar a luz, ⁱa fin de devorar a su hijo tan pronto como naciese.

5 Y ella dio a luz un hijo varón, el cual había de ᵏregir todas las naciones con vara de hierro; y su hijo fue arrebatado para Dios y para su trono.

6 Y la mujer huyó al desierto, donde tiene lugar preparado por Dios, para que allí la sustenten ᵇmil doscientos sesenta días.

7 Y hubo una *gran* batalla en el cielo: ᵈMiguel y sus ángeles luchaban contra el ᶠdragón; y luchaban el dragón y sus ángeles,

8 pero no prevalecieron, ʰni fue hallado ya el lugar de ellos en el cielo.

9 Y ᵏfue lanzado fuera aquel gran dragón, ˡla serpiente antigua, llamada Diablo y ᵐSatanás, ⁿel cual engaña a todo el mundo; fue arrojado en tierra, y sus ángeles fueron arrojados con él.

10 Y oí una gran voz en el cielo que decía: ᵖAhora ha venido la salvación, y el poder, y el reino de nuestro Dios, y la potestad de su Cristo; porque el acusador de nuestros hermanos ha sido derribado, el cual ˢlos acusaba delante de nuestro Dios día y noche.

11 Y ᵗellos le han vencido por la sangre del Cordero, y ᵘpor la palabra de su testimonio; y ᵛno han amado sus vidas hasta la muerte.

12 Por lo cual alegraos, cielos, y los que moráis en ellos. ᶻ¡Ay de los moradores de la tierra y del mar! porque el diablo ha descendido a vosotros, teniendo grande ira, sabiendo que le queda poco tiempo.

13 Y cuando vio el dragón que había sido arrojado a la tierra, persiguió a ᵇla mujer que había dado a luz al *hijo* varón.

14 Y fueron dadas a la mujer dos alas de grande águila, para que de la presencia de la serpiente volase al desierto, a su lugar, donde es sustentada por ᵉun tiempo, y tiempos, y la mitad de un tiempo.

15 Y la serpiente echó de su boca, tras la mujer, agua como un río, a fin de hacer que fuese arrastrada por el río.

16 Pero la tierra ayudó a la mujer, pues la tierra abrió su boca, y sorbió el río que el dragón había echado de su boca.

17 Entonces el dragón se enfureció contra la mujer; y ʲse fue a hacer guerra contra el remanente de la simiente de ella, ˡlos cuales guardan

los mandamientos de Dios, y tienen ªel testimonio de Jesucristo.

CAPÍTULO 13

Y me paré sobre la arena del mar, y vi subir del mar ᵈuna bestia que tenía ᵉsiete cabezas y diez cuernos; y sobre sus cuernos diez diademas; y sobre sus cabezas un nombre de blasfemia.

2 Y la bestia que vi, era ᶠsemejante a un leopardo, y ᵍsus pies como de oso, y ʰsu boca como boca de león. Y ᶦel dragón le dio su poder y su trono, y grande autoridad.

3 Y vi una de sus cabezas como herida de muerte, y su herida de muerte fue sanada; y ᵏse maravilló toda la tierra en pos de la bestia.

4 Y adoraron al dragón que había dado autoridad a la bestia, y adoraron a la bestia, diciendo: ¿Quién es semejante a la bestia, y quién podrá luchar contra ella?

5 Y le fue dada ⁿboca que hablaba grandes cosas y blasfemias; y le fue dada potestad de actuar ºcuarenta y dos meses.

6 Y abrió su boca en blasfemias contra Dios, para blasfemar su nombre y su tabernáculo, y a los que moran en el cielo.

7 Y le fue dado hacer guerra contra los santos, y vencerlos. También le fue dado poder sobre toda tribu, y lengua y nación.

8 Y le adorarán todos los moradores de la tierra cuyos nombres no están escritos en ᵘel libro de la vida ᵛdel Cordero, el cual fue inmolado ˣdesde la fundación del mundo.

9 Si alguno tiene oído, ᶻoiga.

10 ªEl que lleva en cautividad, irá en cautividad; ᵇel que a espada matare, a espada debe ser muerto. ᶜAquí está la paciencia y la fe de los santos.

11 Después vi otra bestia que ᵈsubía de la tierra; y tenía dos cuernos semejantes a los de ᵉun cordero, pero hablaba como un dragón.

12 Y ejerce ʰtodo el poder de la primera bestia en presencia de ella; y hace a la tierra y a los moradores de ella adorar la primera bestia, ʲcuya herida de muerte fue sanada.

13 Y hace ᵐgrandes señales, ⁿde tal manera que aun hace descender fuego del cielo a la tierra delante de los hombres.

14 Y ᵇengaña a los moradores de la tierra con ᶜlas señales que le ha sido dado hacer en presencia de la bestia, mandando a los moradores de la tierra que le hagan imagen a la bestia que tiene la herida de espada, y vivió.

15 Y le fue dado que diese vida a la imagen de la bestia, para que la imagen de la bestia hablase; e hiciese que todos los que no adorasen la imagen de la bestia fuesen muertos.

16 Y hace que a todos, pequeños y grandes, ricos y pobres, libres y siervos, se les ponga ʲuna marca en su mano derecha, o en su frente;

17 y que ninguno pueda comprar o vender, sino el que tenga la marca, o el nombre de la bestia, o ˡel número de su nombre.

18 Aquí hay sabiduría. El que tiene entendimiento, cuente el número de la bestia; porque es ᵐel número del hombre; y su número es seiscientos sesenta y seis.

CAPÍTULO 14

Y miré, y he aquí ᵖun Cordero estaba en pie sobre ᵠel monte de Sión, y con Él ʳciento cuarenta y cuatro mil, que tenían el nombre de su Padre escrito en sus frentes.

2 Y oí una voz del cielo como ˢestruendo de muchas aguas, y como sonido de un gran trueno; y oí una voz de tañedores de ᵗarpas que tañían con sus arpas.

3 Y ʸcantaban como un cántico nuevo delante del trono, y delante de los cuatro seres vivientes, y de los ancianos; y ninguno podía aprender el cántico sino aquellos ciento cuarenta y cuatro mil, los cuales fueron redimidos de entre los de la tierra.

4 Éstos son los que no fueron contaminados con mujeres; porque ᶠson vírgenes. Éstos son los que ᵍsiguen al Cordero por dondequiera que Él va. Éstos fueron redimidos de entre los hombres por ᶦprimicias para Dios y para el Cordero.

5 Y ᵏen sus bocas no fue hallado engaño; porque ellos son ˡsin mácula delante del trono de Dios.

Los que mueren en el Señor

6 Y vi a otro ángel volar en medio del cielo, que tenía ᵇel evangelio eterno, para predicarlo a los moradores de la tierra, y a toda nación y tribu y lengua y pueblo,

7 diciendo en alta voz: Temed a Dios y ᵈdadle gloria; porque ᵉla hora de su juicio ha venido; y adorad a Aquél que hizo el cielo y la tierra, y el mar y las fuentes de las aguas.

8 Y otro ángel le siguió, diciendo: ʰHa caído, ha caído Babilonia, ⁱaquella gran ciudad, porque ella ha dado a beber a todas las naciones del vino de la ira de su fornicación.

9 Y el tercer ángel los siguió, diciendo en alta voz: ʲSi alguno adora a la bestia y a su imagen, y recibe la marca en su frente, o en su mano,

10 él también ᵐbeberá del vino de la ira de Dios, el cual es vaciado puro en ᵒel cáliz de su ira; y ᵖserá atormentado ᵠcon fuego y azufre delante de los santos ángeles, y delante del Cordero.

11 Y ˢel humo del tormento de ellos sube para siempre jamás; y los que adoran a la bestia y a su imagen ᵛno tienen reposo ni *de* día ni *de* noche, ni cualquiera que reciba la marca de su nombre.

12 Aquí está ᵃla paciencia de los santos; aquí *están* los que guardan los mandamientos de Dios y la fe de Jesús.

13 Y oí una voz del cielo que me decía: ᶜEscribe: ᵈBienaventurados de aquí en adelante los muertos que mueren en el Señor. Sí, dice el Espíritu, porque ʰdescansan de sus trabajos; pero sus obras con ellos continúan.

14 Y miré, y he aquí una nube blanca; y sobre la nube uno sentado ⁱsemejante al Hijo del Hombre, que tenía en su cabeza una corona de oro, y en su mano una hoz aguda.

15 Y otro ángel salió ˡdel templo, clamando en alta voz al que estaba sentado sobre la nube: ⁿMete tu hoz, y siega; porque la hora de segar te es venida, porque la mies de la tierra está madura.

16 Y el que estaba sentado sobre la nube metió su hoz en la tierra, y la tierra fue segada.

17 Y salió otro ángel ʳdel templo que está en el cielo, teniendo también una hoz aguda.

18 Y otro ángel salió ᵃdel altar, el cual tenía poder sobre el fuego, y clamó con gran voz al que tenía la hoz aguda, diciendo: ᶜMete tu hoz aguda, y vendimia los racimos de la tierra, porque sus uvas están maduras.

19 Y el ángel metió su hoz aguda en la tierra, y vendimió la viña de la tierra, y echó en ᶠel gran lagar de la ira de Dios.

20 Y ᵍel lagar fue hollado fuera de la ciudad, y del lagar salió sangre hasta los frenos de los caballos por mil seiscientos estadios.

CAPÍTULO 15

Y ᵏvi en el cielo otra señal, grande y admirable; ˡsiete ángeles que tenían las siete plagas postreras; ⁿporque en ellas es consumada la ira de Dios.

2 Y vi como ʳun mar de vidrio mezclado con fuego; y los que habían alcanzado la victoria sobre la bestia, y ᵗsobre su imagen, y sobre su marca, y sobre ᵘel número de su nombre, en pie sobre el mar de vidrio, ˣteniendo las arpas de Dios.

3 Y cantan ʸel cántico de Moisés siervo de Dios, y ᶻel cántico del Cordero, diciendo: Grandes y maravillosas son tus obras, Señor Dios Todopoderoso; ᵇjustos y verdaderos son tus caminos, Rey de los santos.

4 ᵉ¿Quién no te temerá, oh Señor, y glorificará tu nombre? pues ᶠsólo tú eres santo; por lo cual ᵍtodas las naciones vendrán, y adorarán delante de ti, porque tus juicios se han manifestado.

5 Y después de estas cosas miré, y he aquí el templo del ʲtabernáculo del testimonio fue abierto ᵏen el cielo;

6 y salieron del templo los ᵐsiete ángeles, que tenían las siete plagas, ᵒvestidos de un lino puro y resplandeciente, y ceñidos alrededor del pecho con cintos de oro.

7 Y uno de los cuatro ᵖseres vivientes dio a los siete ángeles ᵠsiete copas de oro, llenas de la ira de Dios, que vive por siempre jamás.

8 Y ˢel templo se llenó de humo de ᵗla gloria de Dios, y de su poder; y ᵘnadie podía entrar en el templo,

APOCALIPSIS 16-17

hasta que fuesen consumadas las siete plagas de los siete ángeles.

CAPÍTULO 16

Y oí una gran voz que decía desde el templo a ᵈlos siete ángeles: Id, y derramad ᶠlas copas de la ira de Dios sobre la tierra.

2 Y fue el primero, y derramó su copa ⁱsobre la tierra; y ʲvino una pestilente y maligna úlcera *sobre* los hombres ˡque tenían la marca de la bestia y ⁿque adoraban su imagen.

3 Y el segundo ángel derramó su copa ᵖsobre el mar, y éste se convirtió en sangre como de muerto; y ᑫmurió todo ser viviente en el mar.

4 Y el tercer ángel derramó su copa ˢsobre los ríos, y sobre las fuentes de las aguas, y ᵗse tornaron en sangre.

5 Y oí al ángel de las aguas, que decía: ᵛJusto eres tú, oh Señor, ˣque eres y que eras, y serás, porque has juzgado así.

6 Por cuanto ellos derramaron ᵃla sangre de santos y de profetas, y ᵇtú les has dado a beber sangre; pues lo merecen.

7 Y ᵉoí a otro desde ᶠel altar decía: Ciertamente, ᵍSeñor Dios Todopoderoso, tus juicios *son* verdaderos y justos.

8 Y el cuarto ángel derramó su copa ʲsobre el sol; y le fue dado quemar a los hombres con fuego.

9 Y los hombres ʲse quemaron con el gran calor, y ˡblasfemaron el nombre de Dios, que tiene potestad sobre estas plagas, y ⁿno se arrepintieron ᵒpara darle gloria.

10 Y el quinto ángel derramó su copa ᑫsobre la silla de la bestia; y ʳsu reino se cubrió de tinieblas, y se mordían sus lenguas de dolor;

11 y blasfemaron contra el Dios del cielo por causa de sus dolores, y por sus plagas, y no se arrepintieron de sus obras.

12 Y el sexto ángel derramó su copa ˣsobre el gran río Éufrates; y ʸel agua de éste se secó, ᶻpara que fuese preparado el camino de los reyes del oriente.

13 Y vi *salir* de la boca ᵇdel dragón, y de la boca de ᵈla bestia, y de la boca del ᵉfalso profeta, tres espíritus inmundos ᵃa manera de ranas;

14 porque son espíritus de demonios, ᵇhaciendo milagros, *que* van a los reyes de la tierra y a todo el mundo, para congregarlos para ᶜla batalla de ᵉaquel gran día del Dios Todopoderoso.

15 He aquí, yo vengo ᵍcomo ladrón. ʰBienaventurado el que vela, y guarda sus vestiduras, para que ᵏno ande desnudo, y vean su vergüenza.

16 Y los congregó ᵐen el lugar que en hebreo es llamado ᵒArmagedón.

17 Y el séptimo ángel derramó su copa por el aire; y salió una gran voz ʳdel templo del cielo, del trono, diciendo: ¡Hecho está!

18 Y hubo voces, y relámpagos y truenos; y hubo un gran temblor, ᵘun terremoto tan grande, cual no hubo jamás desde que los hombres han estado sobre la tierra.

19 Y ʸla gran ciudad fue partida ᶻen tres partes, y las ciudades de las naciones cayeron; y la gran Babilonia vino en memoria delante de Dios, ᶜpara darle el cáliz del vino del furor de su ira.

20 Y ᵈtoda isla huyó, y los montes no fueron hallados.

21 Y ʰcayó del cielo sobre los hombres un grande granizo como del peso de un talento: y ⁱlos hombres blasfemaron a Dios por la plaga del granizo; porque su plaga fue muy grande.

CAPÍTULO 17

Y vino uno de ᵐlos siete ángeles que tenían las siete copas, y habló conmigo, diciéndome: Ven acá, y te mostraré la condenación de ᵖla gran ramera, ˢla cual está sentada sobre muchas aguas;

2 con la cual han fornicado ᵗlos reyes de la tierra, y ᵘlos que moran en la tierra se han embriagado con el vino de su fornicación.

3 Y me llevó ᵛen el Espíritu al desierto; y vi una mujer sentada sobre una bestia escarlata llena de ᵃnombres de blasfemia y que tenía siete cabezas y diez cuernos.

4 Y la mujer estaba vestida de púrpura y de escarlata, y ᶜadornada con oro, piedras preciosas y perlas, y ᶠtenía en su mano un cáliz de oro

lleno de abominaciones y de la suciedad de su fornicación;

5 y en su frente un nombre escrito: ᵇMISTERIO, BABILONIA LA GRANDE, LA MADRE DE LAS RAMERAS Y DE LAS ABOMINACIONES DE LA TIERRA.

6 Y vi a ᵉla mujer embriagada de la sangre de los santos, y de la sangre de ᶠlos mártires de Jesús; y cuando la vi, quedé maravillado con gran asombro.

7 Y el ángel me dijo: ¿Por qué te maravillas? Yo te diré el misterio de la mujer, y de la bestia que la trae, la cual tiene siete cabezas y diez cuernos.

8 La bestia que has visto, era, y no es; y ᵏha de subir del ˡabismo, y ha de ir a perdición; y los moradores de la tierra, ⁿcuyos nombres no están escritos en el libro de la vida desde la fundación del mundo, se maravillarán cuando vean la bestia, que era y no es, aunque es.

9 ᑫAquí hay mente que tiene sabiduría. ʳLas siete cabezas son siete montes, sobre los cuales se sienta la mujer.

10 Y son siete reyes. Cinco son caídos; uno es, el otro aún no ha venido; y cuando viniere, es necesario que dure breve tiempo.

11 Y la bestia que era, y no es, es también el octavo, y es de los siete, y va a perdición.

12 Y ˣlos diez cuernos que has visto, son diez reyes, que aún no han recibido reino; mas recibirán potestad por una hora como reyes con la bestia.

13 Éstos tienen un mismo propósito, y darán su poder y autoridad a la bestia.

14 ᵃEllos pelearán contra el Cordero, y ᵇel Cordero los vencerá, porque ᶜÉl es Señor de señores y Rey de reyes; y ᵉlos que están con Él *son* llamados, y elegidos, y fieles.

15 Y me dijo: ᵍLas aguas que viste, donde se sienta la ramera, son pueblos y multitudes y naciones y lenguas.

16 Y ʲlos diez cuernos que viste en la bestia, éstos aborrecerán a la ramera, y la harán desolada y ˡdesnuda; y comerán sus carnes, y ᵐla quemarán con fuego;

17 porque ᵃDios ha puesto en sus corazones ejecutar su voluntad, y el ponerse de acuerdo, y dar su reino a la bestia, ᶜhasta que sean cumplidas las palabras de Dios.

18 Y la mujer que has visto, es ᵈla gran ciudad que tiene reino sobre los reyes de la tierra.

CAPÍTULO 18

Y ᵍdespués de estas cosas vi otro ángel descender del cielo teniendo gran poder; y ʰla tierra fue alumbrada de su gloria.

2 Y clamó fuertemente en alta voz, diciendo: ⁱ¡Caída es, caída es Babilonia la grande! Y es hecha ʲhabitación de demonios, y guarida de todo espíritu inmundo, y albergue ᵐde toda ave inmunda y aborrecible.

3 Porque todas las naciones ᵒhan bebido del vino del furor de su fornicación; y los reyes de la tierra han fornicado con ella, y ᵖlos mercaderes de la tierra se han enriquecido de la abundancia de sus deleites.

4 Y oí otra voz del cielo, que decía: ˢSalid de ella, pueblo mío, para que no seáis partícipes de sus pecados, y para que no recibáis de sus plagas;

5 porque ᵗsus pecados han llegado hasta el cielo, y ᵘDios se ha acordado de las maldades de ella.

6 Dadle ᵛcomo ella os ha dado, y pagadle al doble según sus obras; en la copa que ella os preparó, preparadle el doble.

7 ʸCuanto ella se ha glorificado, y ha vivido en deleites, tanto dadle de tormento y llanto; porque dice en su corazón: ᶻYo estoy sentada *como* reina, y no soy viuda, y no veré llanto.

8 Por lo cual en un día vendrán sus plagas, muerte, llanto y hambre, y ᵈserá quemada con fuego; porque poderoso es el Señor Dios que la juzga.

9 Y llorarán y ᶠse lamentarán sobre ella ʰlos reyes de la tierra, los cuales han fornicado con ella, y han vivido en deleites, ⁱcuando ellos vieren el humo de su incendio,

10 parándose lejos por el temor de su tormento, diciendo: ᵏ¡Ay, ay, de la gran ciudad de Babilonia, la ciudad poderosa; porque en una hora vino tu juicio!

APOCALIPSIS 19

11 Y ᵃlos mercaderes de la tierra llorarán y se lamentarán sobre ella, porque ninguno compra más sus mercaderías;

12 mercadería de oro, y plata, y piedras preciosas, y perlas, y lino fino, y púrpura, y seda, y escarlata, y toda madera olorosa, y todo artículo de marfil, y todo artículo de madera preciosa, y de bronce, y de hierro, y de mármol;

13 y canela, y aromas, y ungüentos, e incienso, y vino, y aceite; y flor de harina y trigo, y bestias, y ovejas; y caballos, y carros, y esclavos, y almas de hombres.

14 Y los frutos codiciados de tu alma se han ido de ti; y todas las cosas suntuosas y espléndidas se han ido de ti, y nunca más las hallarás.

15 Los mercaderes de estas cosas, que ᵏse han enriquecido por ella, se pararán lejos por el temor de su tormento, llorando y lamentando,

16 y diciendo: ¡Ay, ay, de aquella gran ciudad, que estaba vestida de lino fino y de púrpura y de escarlata, y adornada con oro y piedras preciosas y perlas!

17 Porque en una hora ha sido desolada tanta riqueza. Y ᵖtodo timonel, y todos los que navegan en barcos, y marineros, y todos los que trabajan en el mar, se pararon lejos;

18 y ʳviendo el humo de su incendio, dieron voces, diciendo: ᵗ¿Qué *ciudad era* semejante a esta gran ciudad?

19 Y ᵘecharon polvo sobre sus cabezas; y dieron voces, llorando y lamentando, diciendo: ¡Ay, ay, de aquella gran ciudad, en la cual todos los que tenían navíos en el mar se habían enriquecido de sus riquezas; porque en una hora ha sido desolada!

20 Alégrate sobre ella, ᶻcielo, y *vosotros*, santos apóstoles y profetas; porque ᵇDios os ha vengado en ella.

21 Y un ángel fuerte tomó ᵈuna piedra como una gran piedra de molino, y la arrojó en el mar, diciendo: ᶠCon esta violencia será derribada Babilonia, aquella gran ciudad, y nunca más será hallada.

22 Y ʰvoz de arpistas, y de ⁱmúsicos, y de flautistas, y de trompetistas, no se oirá más en ti; y ningún artífice de cualquier oficio, no se hallará

a	Ez 27:36
b	Ec 12:6
c	Jer 7:34
d	Is 23:8
e	Nah 3:4
f	cp 16:6
g	cp 11:15
h	cp 7:10
i	cp 4:9
j	cp 16:7
k	Ez 27:33
l	cp 17:1
m	Dt 32:43
n	cp 14:11
o	cp 5:8-14
p	Ez 27:29
q	cp 5:14
r	Ez 27:32
s	Sal 134:1
	y 135:1
t	cp 13:4
u	Ez 27:30-31
v	Ez 1:24
	Dn 10:6
x	Col 1:15
y	Mt 22:2 25:1
z	cp 12:12
	Jer 51:48
a	cp 21:2-9
	Is 54:5
	2 Co 11:2
b	cp 6:10
c	Sal 45:14
	Ez 16:10
d	Jer 51:63
e	cp 3:5,18
	Is 49:18
	y 61:10
f	Jer 51:63
g	Lc 14:15
h	Is 22:12
	Jer 25:10
i	Ez 26:13
j	cp 21:5
k	cp 22:8
l	cp 22:8
	Hch 10:26

Las bodas del Cordero

más en ti; y ᵇel ruido de la piedra de molino no se oirá más en ti.

23 Y luz de candelero no alumbrará más en ti; y ᶜvoz de desposado y de desposada no se oirá más en ti; porque ᵈtus mercaderes eran los magnates de la tierra; porque ᵉpor tus hechicerías fueron engañadas todas las naciones.

24 Y ᶠen ella fue hallada la sangre de los profetas y de los santos, y de todos los que han sido muertos en la tierra.

CAPÍTULO 19

Y después de estas cosas ᵍoí una gran voz de gran multitud en el cielo, que decía: ¡Aleluya! ʰSalvación y ⁱhonra y gloria y poder al Señor nuestro Dios.

2 Porque ʲsus juicios *son* justos y verdaderos; porque Él ha juzgado a ˡla gran ramera, que ha corrompido la tierra con su fornicación, y ᵐha vengado la sangre de sus siervos de la mano de ella.

3 Y otra vez dijeron: ¡Aleluya! Y ⁿsu humo subió para siempre jamás.

4 Y los veinticuatro ancianos y ᵒlos cuatro seres vivientes se postraron en tierra, y adoraron a Dios que estaba sentado sobre el trono, diciendo: ᑫAmén: Aleluya.

5 Y salió una voz del trono, que decía: ˢLoad a nuestro Dios todos sus siervos, y los que le teméis, así pequeños como grandes.

6 Y oí ᵛcomo la voz de una gran multitud, y ˣcomo el estruendo de muchas aguas, y como la voz de grandes truenos, diciendo: ¡Aleluya, porque reina el Señor Dios Todopoderoso!

7 Gocémonos y alegrémonos y démosle gloria; porque ʸhan venido las bodas del Cordero, y ᵃsu esposa se ha preparado.

8 Y a ella ᶜse le ha concedido que ᵉse vista de lino fino, limpio y resplandeciente; porque el lino fino es la justicia de los santos.

9 Y él me dijo: Escribe: ᵍBienaventurados los que son llamados a la cena de las bodas del Cordero. Y me dijo: ʲÉstas son palabras verdaderas de Dios.

10 Y ᵏyo me postré a sus pies para adorarle. Y él me dijo: ˡMira, no *lo*

hagas; yo soy consiervo tuyo, y de tus hermanos que tienen ᵃel testimonio de Jesús. Adora a Dios; porque el testimonio de Jesús es ᵇel espíritu de la profecía.

11 Y vi ᵈel cielo abierto; y he aquí ᶠun caballo blanco, y el que estaba sentado sobre él, era llamado ʰFiel y ⁱVerdadero, y ʲen justicia juzga y pelea.

12 Y ˡsus ojos *eran* como llama de fuego, y ᵐ*había* en su cabeza muchas coronas; y tenía ⁿun nombre escrito que ninguno conocía sino Él mismo.

13 Y estaba vestido de ᵒuna ropa teñida en sangre; y su nombre es llamado EL VERBO DE DIOS.

14 Y los ejércitos ˢque están en el cielo le seguían en caballos blancos, vestidos de ᵗlino fino, blanco y limpio.

15 Y ˣde su boca sale una espada aguda, para herir con ella a las naciones; y Él las regirá con ᶻvara de hierro; y ᵃÉl pisa el lagar del vino del furor y de la ira del Dios Todopoderoso.

16 Y en su vestidura y en su muslo tiene escrito este nombre: ᶜREY DE REYES Y SEÑOR DE SEÑORES.

17 Y vi a un ángel que estaba en pie en el sol, y clamó a gran voz, diciendo a todas las aves que volaban por medio del cielo: ᵉVenid, y congregaos a la cena del gran Dios,

18 para que ᵍcomáis carnes de reyes, y carnes de ʰcapitanes, y carnes de fuertes, y carnes de caballos, y de los que están sentados sobre ellos; y carnes de todos, libres y siervos, pequeños y grandes.

19 Y vi a ᵏla bestia, a los reyes de la tierra y a sus ejércitos, reunidos ᵐpara hacer guerra contra el que estaba sentado sobre el caballo, y contra su ejército.

20 Y la bestia fue apresada, y con ella ᵖel falso profeta que había hecho los ᑫmilagros delante de ella, con los cuales había ʳengañado a los que recibieron la marca de la bestia, y habían adorado su imagen. Estos dos ᵗfueron lanzados vivos dentro de un lago de fuego ardiendo con azufre.

21 Y los demás fueron muertos con la espada que salía de la boca ᵘdel que estaba sentado sobre el caballo, y ˣtodas las aves fueron saciadas de las carnes de ellos.

CAPÍTULO 20

Y vi a un ángel descender del cielo, que tenía ᶜla llave del abismo, y una cadena grande en su mano.

2 Y prendió al ᵉdragón, aquella ᵍserpiente antigua, que es el Diablo y Satanás, y le ató por mil años;

3 y lo arrojó al abismo, y lo encerró, y ᵏpuso sello sobre él, para que no engañase más a las naciones, hasta que los mil años fuesen cumplidos; y después de esto es necesario que sea desatado un poco de tiempo.

4 Y vi ᵖtronos, y *a los que* se sentaron sobre ellos ᑫles fue dado juicio; y *vi* ʳlas almas de los decapitados por el testimonio de Jesús, y por la palabra de Dios, y que ᵘno habían adorado la bestia, ni a ᵛsu imagen, y que no recibieron la marca en sus frentes ni en sus manos, y vivieron y ʸreinaron con Cristo mil años.

5 Mas los otros muertos no volvieron a vivir hasta que se cumplieron mil años. Ésta *es* ᵇla primera resurrección.

6 Bienaventurado y santo el que tiene parte en la primera resurrección; ᵈla segunda muerte no tiene potestad sobre éstos; sino que serán ᶠsacerdotes de Dios y de Cristo, y reinarán con Él mil años.

7 Y cuando los mil años fueren cumplidos, Satanás será suelto de ⁱsu prisión,

8 y saldrá para engañar a las naciones que están sobre los cuatro ángulos de la tierra, ʲGog y Magog, ˡa fin de reunirlos para la batalla; el número de los cuales *es* como la arena del mar.

9 Y ⁿsubieron sobre la anchura de la tierra, y rodearon el campamento de los santos, y ᵒla ciudad amada; y de Dios descendió fuego del cielo, y los devoró.

10 Y el diablo que los engañaba, fue lanzado en el lago de fuego y azufre, ˢdonde están la bestia y el falso profeta; y serán atormentados día y noche por siempre jamás.

11 Y vi un gran trono blanco y al que estaba sentado sobre él, de delante del cual ᵛhuyeron la tierra y el cielo; y ʸno fue hallado lugar para ellos.

APOCALIPSIS 21

12 Y vi los muertos, grandes y pequeños, de pie ante Dios; y ᵇlos libros fueron abiertos; y ᵈotro libro fue abierto, el cual es *el libro* de la vida; y fueron juzgados los muertos por las cosas que estaban escritas en los libros, ᶠsegún sus obras.

13 Y el mar dio los muertos que estaban en él; y ʰla muerte y el infierno dieron los muertos que estaban en ellos; y fueron juzgados cada uno según sus obras.

14 Y ʲla muerte y el infierno fueron lanzados en el lago de fuego. Ésta es ˡla muerte segunda.

15 Y el que no fue hallado escrito en el libro de la vida fue lanzado en el lago de fuego.

CAPÍTULO 21

Y vi un cielo nuevo y ᵒuna tierra nueva; porque ᵖel primer cielo y la primera tierra habían pasado, y el mar no existía ya más.

2 Y yo ᵠJuan vi ʳla ciudad santa, ˢla nueva Jerusalén, ᵘque descendía de Dios, del cielo, dispuesta ᵛcomo una novia ˣataviada para su marido.

3 Y oí una gran voz del cielo que decía: He aquí ᶻel tabernáculo de Dios con los hombres, y Él morará con ellos; y ellos serán su pueblo, y ᵃDios mismo estará con ellos, y *será* su Dios.

4 Y enjugará Dios toda lágrima ᵇde los ojos de ellos; y ᶜya no habrá muerte; ni habrá más ᵈllanto, ni clamor, ni dolor; porque las primeras cosas pasaron.

5 Y ᵉel que estaba sentado en el trono dijo: ᶠHe aquí, yo hago nuevas todas las cosas. Y me dijo: Escribe; porque ᵍestas palabras son fieles y verdaderas.

6 Y me dijo: Hecho es. ʲYo soy el Alfa y la Omega, el principio y el fin. ʲAl que tuviere sed, yo le daré de la fuente del agua de vida ᵏgratuitamente.

7 El que venciere, ˡheredará todas las cosas; y ᵐyo seré su Dios, y él será mi hijo.

8 Pero los temerosos e incrédulos, los abominables y ⁿhomicidas, los fornicarios y hechiceros, los idólatras y todos los mentirosos

a	cp 19:20
b	Dn 7:10
c	cp 20:6
d	cp 3:5
	Dn 12:1
e	cp 17:1
f	cp 2:23
g	cp 21:2
h	cp 6:8
i	cp 17:3
j	cp 21:4
	1 Co 15:26,54
k	cp 21:23
	Ez 43:2-4
l	cp 20:6
m	cp 4:3
n	Ez 48:31-34
o	Is 65:17-19
y	66:22
	2 Pe 3:13
p	2 Pe 3:10
q	cp 22:8
r	cp 22:19
	Is 52:1
	Gá 4:26
s	cp 3:12
t	Ef 2:20
u	Heb 11:10
v	cp 21:9
x	Is 61:10
y	cp 11:11
	Mt 24:43
	1 Ts 5:2
	2 Pe 3:10
z	Lv 26:11-12
a	cp 22:3
	Ez 48:35
b	cp 7:17
c	cp 20:14
d	Is 35:10
	51:11 y 65:19
e	cp 4:2,9
f	2 Co 5:17
g	cp 22:6
h	Is 54:11-12
i	cp 1:8
j	cp 22:17
	Jn 4:10 7:37
k	Is 55:1
l	Sal 25:13
	Is 65:9
	Mt 19:29
	y 25:34
	Mr 10:17
	1 Pe 1:3-4
m	Jer 31:33
n	cp 22:15
o	cp 22:2

El lago de fuego

tendrán su parte en ᵃel lago que arde con fuego y azufre, que es ᶜla muerte segunda.

9 Y vino a mí ᵉuno de los siete ángeles que tenían las siete copas llenas de las siete plagas postreras, y habló conmigo, diciendo: Ven acá, yo te mostraré ᵍla desposada, la esposa del Cordero.

10 Y ᶦme llevó en el Espíritu a un monte grande y alto, y me mostró la gran ciudad santa de Jerusalén, que descendía del cielo de Dios,

11 ᵏteniendo la gloria de Dios; y su luz era semejante a una piedra preciosísima, como ᵐpiedra de jaspe, diáfana como el cristal.

12 Y tenía un muro grande y alto, y tenía ⁿdoce puertas; y a las puertas, doce ángeles, y nombres escritos en ellas, que son *los nombres* de las doce tribus de los hijos de Israel.

13 Al oriente tres puertas; al norte tres puertas; al sur tres puertas; al poniente tres puertas.

14 Y el muro de la ciudad tenía doce fundamentos, y ᵗen ellos los nombres de los doce apóstoles del Cordero.

15 Y el que hablaba conmigo, tenía ᵞuna caña de oro para medir la ciudad, y sus puertas, y su muro.

16 Y la ciudad está situada y puesta en cuadro, y su longitud es tanta como su anchura; y él midió la ciudad con la caña, doce mil estadios: La longitud y la altura y la anchura de ella son iguales.

17 Y midió su muro, ciento cuarenta y cuatro codos de medida de hombre, la cual es de ángel.

18 Y el material de su muro era *de* jaspe; y la ciudad *era* de oro puro, semejante al vidrio limpio;

19 Y los fundamentos del muro de ʰla ciudad estaban adornados de toda piedra preciosa. El primer fundamento era jaspe; el segundo, zafiro; el tercero, calcedonia; el cuarto, esmeralda;

20 el quinto, ónice; el sexto, sardio; el séptimo, crisólito; el octavo, berilo; el noveno, topacio; el décimo, crisopraso; el undécimo, jacinto; el duodécimo, amatista.

21 Y las doce puertas *eran* doce perlas; cada una de las puertas era de una perla. Y ᵒla plaza de la ciudad

La nueva Jerusalén   **APOCALIPSIS 22**

era de oro puro, como vidrio transparente.

22 Y no vi templo en ella; porque ª el Señor Dios Todopoderoso y el Cordero son el templo de ella.

23 Y la ciudad ᵇno tenía necesidad de sol ni de luna para que resplandezcan en ella; porque la gloria de Dios la iluminaba, y el Cordero *es* su luz.

24 Y ᵉlas naciones de ᶠlos que hubieren sido salvos andarán en la luz de ella; y ʰlos reyes de la tierra traerán su gloria y honor a ella.

25 Y ⁱ sus puertas nunca serán cerradas de día, pues allí ʲno habrá noche.

26 Y traerán la gloria y la honra de las naciones a ella.

27 Y ᵐno entrará en ella ninguna cosa inmunda, o que hace abominación o mentira; sino sólo aquellos que están escritos en ᵖel libro de la vida del Cordero.

CAPÍTULO 22

Y me mostró ˢun río puro de agua de vida, límpido como el cristal, que provenía del trono de Dios y del Cordero.

2 En el medio de ᵛla calle de ella, y ʸde uno y de otro lado del río, estaba ᶻel árbol de la vida, que lleva doce frutos, dando cada mes su fruto; y las hojas del árbol *eran* para la sanidad de las naciones.

3 Y ᵈno habrá más maldición; y ᵉel trono de Dios y del Cordero estará en ella, y sus siervos le servirán;

4 y ᵍverán su rostro, y ʰsu nombre estará en sus frentes.

5 Y allí ⁱno habrá más noche; y no tienen necesidad de lámpara, ni de luz de sol, porque ʲel Señor Dios los alumbrará; y reinarán por siempre jamás.

6 Y me dijo: ˡEstas palabras son fieles y verdaderas. Y el Señor Dios de los santos profetas ⁿha enviado su ángel, para mostrar a sus siervos las cosas que deben acontecer en breve.

7 ᑫHe aquí, yo vengo pronto. ʳBienaventurado el que guarda las palabras de la profecía de este libro.

8 Y yo Juan vi y oí estas cosas. Y después que *las* hube oído y visto, ˢme postré para adorar a los pies

a Jn 4:23
1 Co 15:28
b Is 60:19-20
c cp 10:4
d cp 1:3
e Is 60:3
y 66:12
f cp 22:2
g Ez 3:27
Dn 12:10
h Is 60:5-16
i Is 60:11
j cp 22:5
Ia 60:20
k Is 40:10
y 62:11
l cp 2:23
m 52:1 Jl 3:17
n cp 1:8
o Mt 19:17
p cp 3:5
q cp 21:17
r cp 21:2
Gá 4:26
s Ez 47:1
Zac 14:8
t Fil 3:2
u cp 21:8
v cp 21:21
x cp 1:1
y Ez 47:12
z cp 2:7
Gn 2:9
a cp 5:5
b cp 2:28
c cp 21:2
d Gn 3:17
Zac 14:11
e Ez 48:35
f cp 21:6
g Mt 5:8
h cp 14:1
i cp 21:25
j cp 21:11,23
Sal 36:9
y 84:11
k Dt 4:2
l cp 21:5
m Éx 32:33
n cp 1:1
o cp 3:5
p cp 22:12-20
r cp 1:3
s cp 19:10

del ángel que me mostraba estas cosas.

9 Y él me dijo: Mira que no *lo hagas*; porque yo soy consiervo tuyo, y de tus hermanos los profetas, y de los que guardan las palabras de este libro. Adora a Dios.

10 Y me dijo: ᶜNo selles las palabras de la profecía de este libro, porque ᵈel tiempo está cerca.

11 El que es injusto, ᵍsea injusto todavía; y el que es sucio, ensúciese todavía; y el que es justo, sea justo todavía; y el que es santo, santifíquese todavía.

12 Y he aquí, yo vengo pronto, y ᵏmi galardón conmigo, para ˡrecompensar a cada uno según fuere su obra.

13 Yo soy el Alfa y la Omega, ⁿel principio y el fin, el primero y el postrero.

14 Bienaventurados ᵒlos que guardan sus mandamientos, para tener derecho al ᑫárbol de la vida, y ʳpoder entrar por las puertas en la ciudad.

15 Mas ᵗlos perros estarán afuera, y ᵘlos hechiceros, y los disolutos, y los homicidas, y los idólatras, y cualquiera que ama y hace mentira.

16 Yo Jesús he enviado ˣmi ángel para daros testimonio de estas cosas en las iglesias. ªYo soy la raíz y el linaje de David, y ᵇla estrella resplandeciente de la mañana.

17 Y el Espíritu y ᶜla esposa dicen: Ven. Y el que oye, diga: Ven. Y ᶠel que tiene sed, venga; y el que quiere, tome del agua de la vida gratuitamente.

18 Porque yo testifico a cualquiera que oye las palabras de la profecía de este libro: Si alguno añadiere a estas cosas, Dios añadirá sobre él ᵏlas plagas que están escritas en este libro.

19 Y si alguno quitare de las palabras del libro de esta profecía, ᵐDios quitará su parte del ᵒlibro de la vida, y de ᵖla santa ciudad, y de las cosas que están escritas en este libro.

20 El que da testimonio de estas cosas, dice: Ciertamente vengo en breve. Amén, así sea. Ven: Señor Jesús.

21 La gracia de nuestro Señor Jesucristo *sea* con todos vosotros. Amén.

FIN DE LAS SAGRADAS ESCRITURAS

PESOS, MONEDAS Y MEDIDAS

Pesos y monedas

Asarión	Igual al denario y a la dracma	
Blanca	1/8 de asarión	moneda romana de ínfimo valor
Cuadrante	1/4 de asarión	
Denario	asarión, dracma	
Dracma	asarión, denario	3.6 gramos de plata
Estatero	cuatro dracmas	
Gera	1/20 de siclo 0.57 gramos	0.57 gramos de plata
Libra de plata	50 siclos	570 gramos de plata
Siclo		11.4 gramos de plata
Talento A.T.		aprox. 34 kilogramos
Talento N.T.	6,000 dracmas	21,600 gramos de plata

Medidas Lineales

Tiro de piedra	aprox 50 pasos	
Braza	4 codos 1.80 metros	
Codo	del codo a la punta de los dedos	45 centímetros
Caña	aprox 3 metros	
Día de camino	camino de un día de reposo	1.080 metros
Estadio	400 codos	180 metros
Milla	aprox. 1.6 kilometros	
Palmo	del pulgar al meñique	
Palmo menor	el ancho de la mano	

Medidas de capacidad

Almud	Mt 5:15 Mr 4:21 y Lc 11:33	8.75 litros
Barril	bato, efa Lc 16:6	37 litros
Bato	Barril efa	
Cántaro	(Jn 2:6)	40 litros
Coro	10 batos 370 litros	
Gomer	1/10 de un efa	3.7 litros
Hin	1/6 de un bato	6.2 litros
homer	10 efas	370 litros
Libra	(Lc 16:7)	327.5 gramos
Medida, de trigo	(Lc 16:7)	370 litros

Tiempo

Día	24 horas	doce el día y doce la noche
Vigilia	La noche se componía de cuatro vigilias	

GLOSARIO

Abadón. Significa en hebreo <destrucción> aparece como el ángel del abismo, que en su traducción griega es Apolión, <destructor>.

Ágape. Caridad, Amor, Santa Cena, Banquete. Vocablo que en las Biblias castellanas se traduce por (amor, y caridad). El amor que los creyentes deben sentir los unos por los otros. Cena fraternal que los primeros cristianos celebraban.

Aguijada. Una vara con una punta de metal para incitar a los bueyes a andar.

Agorero. Que predice males o desdichas. Que adivina por agüeros.

Ajenjo. Planta como de un metro de altura. Es medicinal, amarga y aromática.

Alabastro. Variedad de piedra blanca, compacta, a veces translúcida, de apariencia marmórea. Se usaba para enlosado y frascos de ungüentos costosos.

Alejandría. La ciudad más importante de Egipto, cuna del Texto Crítico

Alfa. Primera letra del alfabeto griego (Á, á), que corresponde a *a* del latino. ~ **y omega.** Principio y fin. 2. Se dice de Cristo en cuanto es Dios, principio y fin de todas las cosas.

Aloe, (planta, sábila) de sus hojas se extrae un jugo resinoso y amargo que se emplea en medicina.

Anatema. Maldición o maldecido.

Añublo. honguillo

Aperos. Instrumentos y demás cosas para la labranza

Apostema. Divieso, tumorcillo puntiagudo y doloroso que se forma en la piel.

Arabá, estéril, desierto

Arenga. Discurso para enardecer los ánimos.

Areópago. (Colina de Marte) 1. Tribunal superior de la antigua Atenas, Grecia. (Hch 17:22)

Ariel. Nombre hebreo aplicado a Jerusalén <león de Dios, u hogar de Dios>

Ariete. Máquina militar que se empleaba para derribar murallas, un madero largo con punta de hierro o bronce.

Artesa. Cajón de madera que sirve para amasar la harina, y para otros usos

Astarot, diosa de la fertilidad, sus seguidores practicaban las orgías sexuales en templos y altares dedicados a Baal, esposa de Baal.

Atalaya. 1. Torre hecha comúnmente en lugar alto, para observar desde ella el campo o el mar y dar aviso de lo que se descubre. 2. Hombre destinado a observar desde la atalaya y avisar de lo que descubre. Hombre que atisba o procura inquirir y averiguar lo que sucede.

Aventador; (rastrillo) Instrumento para separar del grano la paja.

Ayo. Persona encargada de cuidar niños o jóvenes para su crianza y educación.

Baal, En lengua babilónica, Belu o Bel, <señor>, era el título del dios supremo de los cananeos. Su adoración procedía de Babilonia,

Baluarte. Amparo y defensa.

Bárbaro. Bruto, salvaje, bestial, irracional, violento, inhumano.

Belcebú. Del caldeo, Beelzeboul, dios de los ecronitas, el señor del estiércol, el señor de las moscas. Nombre dado a **Satanás.** Nombre que se da en varios pasajes del Nuevo Testamento al <príncipe de los demonios>

Belial, maldad <hijo de Belial> perverso, impío, La personificación del mal.

Biblia. (Del lat. bibl-a, y este del gr. âéâëwá, libros). Sagrada Escritura, Libros canónicos del Antiguo y Nuevo Testamento.

Cantones cantón1. (De canto2). Esquina, lado; Cada uno de los cuatro ángulos (Á sitio de tropas acantonadas).

Canon. Catálogo de los libros tenidos como auténticamente sagrados. Libros canónicos.

Caridad. En la religión cristiana, una de las tres virtudes teologales, que consiste en amar a Dios sobre todas las cosas, y al prójimo como a nosotros mismos. 2. Virtud cristiana opuesta a la envidia y a la animadversión. 3. Limosna que se da, o auxilio que se presta a los necesitados. 4. Actitud solidaria con el sufrimiento ajeno.

Centurión, militar romano jefe de cien.

Cepo. Instrumento de dos maderos gruesos para asegurar el cuello o las piernas de un reo.

Cetro, vara de oro u otra materia preciosa, labrada con primor, que usaban solamente emperadores y reyes por insignia de su dignidad,

Cilicio. Saco o vestidura áspera para la penitencia. Faja de cerda o de cadenillas de hierro con puntas, ceñida al cuerpo para mortificar la carne.

Circuncisión. El corte del prepucio del miembro viril.

Cizaña. Planta gramínea parecida al

GLOSARIO

trigo hasta que desarroya su espiga. Su harina es venenosa.
Concupiscencia, apetito desordenado de placeres deshonestos.
Decacordio, instrumento de música de diez cuerdas
Diana. diosa de los griegos y romanos: el nombre griego era <Artemisa> Era adorada en toda Asia. Su templo se hallaba en Éfeso, construido de mármol escogido. (Hch 19:24-35)
Dorcas. Gacela. Mujer hermosa.
Dote, bienes y derechos aportados por la mujer al contraer matrimonio.
Efod, vestidura de lino fino que se ponen los sacerdotes judíos.
Enajenar; pasar o trasmitir a alguien el dominio de algo o el derecho sobre algo. Jer 19:4
Enervar. Agotar la energía nerviosa.
Era. Espacio de tierra, para trillar las mieses, o para el cultivo de flores u hortalizas.
Escaramujo, rosal silvestre de tallo liso con dos aguijones.
Escita. Una tribu nómada; de origen y lengua iraní del noreste. Eran famosos por su habilidad de disparar flechas con una precisión mortal a caballo. Al igual que los asirios y los medos luchaban por la supremacía en el Cercano Oriente.
Escriba. Entre los hebreos, doctor e intérprete de la ley; copista, amanuense.
Eunuco. 1. Hombre castrado. 2. Hombre poco viril, afeminado. 3. Hombre castrado que se destinaba en los harenes a la custodia de las mujeres. 4. En la historia antigua y oriental, ministro o empleado favorito de un rey.
Epicúreos. Una escuela de filósofos que derivaban su nombre de Epicuro, en Atenas. Su teoría era que el objetivo de la vida humana debía ser el de experimentar emociones placenteras, y que el resumen de la felicidad era la tranquilidad apacible de la mente. Su clave era <u>la experiencia, no la verdad</u>. Pablo intentó hacer volver el pensamiento de los atenienses de sus filosofías inventadas, y de sus ídolos hechos de manos, al Dios único y verdadero (Hch 17:18).
Espigar. Recoger las espigas que han quedado en el rastrojo. Rebuscar.
Estacte. Destilado. Aceite esencial oloroso, sacado de la mirra fresca, molida y bañada en agua. Éx 30:34.
Estatero. Una moneda (cuatro dracmas)

Estirpe. Raíz, tronco de una familia o linaje.
Estoicos. Adherentes a cierta filosofía en Atenas.
Expiación. Borrar las culpas, purificar de ellas por medio de un sacrificio.
Éxtasis, estado del alma caracterizado por cierta unión mística con Dios mediante la contemplación y el amor, y por la suspensión del ejercicio de los sentidos.
Fariseo. Del lat. pharisaeus, separados [de los demás]. 1. Entre los judíos, miembro de una secta muy rigorosa y austera, pero eludía los preceptos de la ley, y, sobre todo, su espíritu. 2. Hombre hipócrita. La secta de los fariseos apareció antes de la guerra de los macabeos, como reacción contra la inclinación de ciertos judíos hacia las costumbres griegas. Los judíos fieles vieron horrorizados la creciente influencia del helenismo, y se aferraron con mayor fuerza a la ley mosaica. El farisaísmo perdió su carácter de lucha religiosa y empezó a perseguir objetivos políticos.
Helénico. Perteneciente o relativo a Grecia. 2. Perteneciente o relativo a la Hélade o a los antiguos helenos.
Hermenéutica, (Del gr. ñìçíåõôéêòò). Arte de interpretar textos y especialmente el de interpretar los textos sagrados.
Hin. Medida hebrea capacidad de 5 o 6 litros
Hojaldre. Torta delgada hecha de flor de harina sin levadura.
Holocausto. del gr. Sacrificio en que se quemaba toda la víctima.
Homilética. Arte de elaborar y predicar sermones.
Hosanna. Del hebr. salva, te rogamos que salves.
Icabod. «La gloria ha sido traspasada; sin gloria». (1 Sm 4:19-22).
Inefable. Que no se encuentran palabras apropiadas para expresarlo. Viene de la palabra **efable** que es el arte o facultad de expresar debidamente lo que se quiere.
Lagar. Recipiente donde se pisa la uva para obtener el mosto: Sitio donde su prensa la aceituna, para extraer el aceite, o donde se machaca la manzana para obtener la sidra.
Legión. Cuerpo de tropa romana compuesto de infantería y caballería. Número indeterminado y copioso de personas, espíritus, demonios, y aun de

GLOSARIO

ciertos animales.
Lenguaraz. Deslenguado, atrevido y nocivo en su hablar.
Leva. Un impuesto monetario; un trabajo forzado.
Leviatán. Monstruo marino fantástico
Lezna. hierro de punta muy fina que se usa para agujerar.
Libación, ceremonia religiosa que consistía en derramar vino o licor a su Dios, o dioses.
Mandrágora, planta que se ha usado en la medicina como narcótico.
Majar, machacar, golpear.
Maranata. arameo: <El Señor viene> (1Co 16:22) pequeña oración "Ven Señor Jesús"
Mesopotamia. Toda la región entre el Tigris y el Éufrates, se considera la cuna de la civilización.
Mosto. Jugo, néctar, extracto de la uva.
Nazaret. De Nazaret.
Nazareo. Separado, consagrado a Dios.
Neguev. Región desértica del sur de Israel.
Oblación. Ofrenda y sacrificio que se hace a Dios.
Odre. Botija de cuero, cantimplora, bota.
Oratoria. (Prédica, Disertación). Arte de hablar con elocuencia. Máxima, "Un mar de significado en una gota de palabras"
Orín, óxido rojizo que se forma en la superficie del hierro.
Oruga, larva, insecto que devora las hojas
Ósculo, beso de respeto o afecto.
Parábola, narración de un suceso fingido, por comparación o semejanza.
Paraíso, jardín de delicias y amurallado.
Pascua. del gr. ðqó÷á La fiesta más solemne de los hebreos en memoria de la libertad del cautiverio en Egipto. Todas y cada una de las fiestas cristianas.
Pavés. Escudo para cubrir el cuerpo, más largo que ancho.
Pectoral. Prenda del mismo material que el efod; lo llevaba el sacerdote en su pecho y debía llevar doce piedras con los nombres de las doce tribus de Israel.
Pentateuco. (Penta, del gr. ðåíôá) Significa 'cinco'. Pentágono, pentagrama.
Pléyades. Constelación de estrellas
Postilla. Costra o erupción en la piel.
Pretorio. (Del lat. praetorius). Palacio donde habitaban y donde juzgaban las causas los magistrados (pretores) romanos o los presidentes de las provincias.
Proeza. valentía o acción valerosa.
Propiciatorio, (cubierta) lámina cuadrada de oro, asiento de misericordia.
Publicano, recaudador de impuestos.
Pústula. Vejiga inflamatoria de la piel, que está llena de pus.
Quicio. Parte de las puertas o ventanas en que entra el espigón del quicial, y en que se mueve y gira.
Rabsaces. Jefe de los oficiales
Redaño. mesenterio, grosura que se acumula entre los intestinos, el hígado y el estómago. También significa Valor, fuerzas, bríos, arrojo, intrepidez
Saduceo. Individuo de cierta secta de judíos que negaba la inmortalidad del alma y la resurrección del cuerpo.
Sanedrín. Concilio (heb. <Talmúdico>, derivado del gr. <synedrion>: consejo, tribunal). Cuerpo gubernamental judío. Los persas otorgaron a los judíos el derecho a juzgar sus propios litigios (Esd 7:25)
Sicario. Asesino a sueldo.
Sicómoro Árbol de higos silvestres originario de Egipto.
Sinagoga. (gr. <asamblea», «lugar de reunión»). Edificio destinado especialmente a la lectura y enseñanza públicas de la Ley de Moisés y que servía asimismo de tribunal y escuela.
Sirte. Bancos de arena movedizos.
Sortílego. que adivina o pronostica algo por medio de suertes.
Sotavento. La parte opuesta a aquella de donde viene el viento con respecto a un punto o lugar determinado. Navegar hacia abajo.
Talabarte. Pretina o cinturón de cuero, que lleva pendientes los tiros de que cuelga la espada o el sable.
Tálamo. Cámara de los desposados
Terafim, ídolo (s)
Ternilla. Lóbulo, perilla de la oreja, porción redondeada de un órgano cualquiera.
Terraplén. (Del fr. terre-plein, y este del lat. terra y planus) Macizo de tierra que se levanta para hacer una defensa, un camino u otra obra semejante.
Tirsata. gobernador.
Tribuno. Capitán militar romano. Estaba al mando de una cohorte. Es traducción del gr. <chiliarchos>, <capitán de mil>
Vallado. Cerco que se levanta y se forma de tierra apisonada, o de bardas, estacas, etc. para defender un sitio e impedir la entrada en él.
Vínculo, Unión, enlace.

Lo que dice la Biblia acerca de...

El Pecado

Cuando eres tentado a hacer el mal
- Mateo 4:1-11

Cuando has pecado
- 1 Juan 1:9

Cuando la tentación parece ser muy fuerte
- Efesios 6:10-18

Cuando necesitas perdón
- Salmos 51

Cuando sientes vergüenza
- Proverbios 28:13
- 1 Juan 1:9

Cuando deseas vengarte
- Romanos 12:19-21

Cuando luchas con el orgullo
- 1 Pedro 5:5-6
- Santiago 4:10

Cuando tu pasado te atormenta
- Filipenses 3:13-14

Cuando enfrentas tentaciones
- 1 Corintios 10:13

Cuando sientes amargura
- Hebreos 12:15

Cuando te ofenden o te tratan injustamente
- Colosenses 3:12-13

Cuando personas malas prosperan
- Salmos 37:1-9

Cuando sientes ira
- Romanos 12:19-21
- Mateo 18:21-35
- Eclesiastés 7:9
- Efesios 4:26, 31-32

Tus Luchas

Cuando luchas con adicciones
- Romanos 8:1-8
- Gálatas 5:16

Cuando tienes problemas financieros
- Filipenses 4:19
- Salmos 37:25-26

Cuando el diablo te ataca
- Santiago 4:7-8
- 1 Pedro 5:8-9

Cuando te has alejado de Dios
- Lucas 15:11-32

Cuando alguien te decepciona
- Deuteronomio 31:6
- Gálatas 6:1

¿Problemas con tu esposa?
- Efesios 5:25-33
- 1 Pedro 3:7

¿Problemas con tu esposo?
- Efesios 5:22-24
- 1 Pedro 3:1-6

Ante una tentación sexual
- 1 Corintios 6:18-20
- 1 Tesalonicenses 4:3-8

Preocupación

¿Preocupado por tus hijos?
- Proverbios 22:6

Cuando estás preocupado
- 1 Pedro 5:7

Cuando Dios parece tardar
- Juan 11:1-44

Lo que dice la Biblia acerca de...

Duda

Cuando temes fracasar
- Salmos 37:23-24

Cuando dudas de tu valía
- Salmos 139:13-18

Cuando dudas de que Dios te ame
- Juan 3:16

Acercándote a Dios

¿Puedo estar seguro de que tengo la salvación?
- Juan 20:31
- 1 Juan 5:11-13

¿Cuántos caminos hay para llegar a Dios?
- Juan 14:6

Cómo debo orar
- Mateo 6:5-15
- Filipenses 4:6

Mensajes de aliento de la Biblia

Cuando nada marcha bien
- Salmos 37:1-5
- Romanos 8:28

Dios promete ayudarnos
- Isaías 41:10

El secreto de una larga vida
- Deuteronomio 5:16

Cuando sientes temor
- Salmos 27

Cuando alguien te hiere
- Mateo 5:38-45
- Mateo 6:14-15

Por qué puedo confiar en la Biblia
- Mateo 24:35
- 2 Timoteo 3:16-17

Cuando sientes que nadie te entiende
- Hebreos 4:14-16

Cuando Dios parece estar lejos
- Salmos 139

Cuando necesitas más que ayuda humana
- Salmos 46

Cuando estás deprimido
- Isaías 40:31

Todos rendiremos cuentas
- Mateo 12:36-37
- Gálatas 6:7

Cuando necesitas una guía
- Proverbios 3:5-6

Cuando quieres darte por vencido
- 2 Corintios 12:9
- Lucas 11:5-13

Nada puede separarnos del amor de Dios
- Romanos 8:35-39

Cuando necesitas ayuda
- Salmos 28:7
- Salmos 37:39-40
- Salmos 121